Erich-Dieter Krause

Vollständiges Wörterbuch Deutsch-Esperanto in drei Bänden
Band 1 (A - G)

Plena Vortaro Germana-Esperanto en tri volumoj
Volumo 1 (A - G)

Erich-Dieter Krause

Vollständiges Wörterbuch Deutsch-Esperanto

in drei Bänden

Band 1 (A - G)

❖

Plena Vortaro Germana-Esperanto

en tri volumoj

Volumo 1 (A - G)

❖

Mondial

2023

Mondial
Novjorko

Erich-Dieter Krause

Vollständiges Wörterbuch Deutsch-Esperanto in drei Bänden

Band 1 (A - G)

Plena Vortaro Germana-Esperanto en tri volumoj

Volumo 1 (A - G)

Band 1 / Volumo 1 – A - G: ISBN 9781595694423

Band 2 / Volumo 2 – H-R: ISBN 9781595694430
Band 3 / Volumo 3 – S-Z: ISBN 9781595694447

www.esperantoliteraturo.com
www.mondialbooks.com

Inhalt / Enhavo

Band 1 / Volumo 1

Band 2 / Volumo 2

Band 3 / Volumo 3

Vorwort

Seit das *Große Wörterbuch Deutsch-Esperanto* im Jahr 2007 im BUSKE-Verlag in Hamburg erschienen ist, hat sich natürlich die Lexik des Esperanto weiterentwickelt. In den vergangenen fünfzehn Jahren ist durch die Digitalisierung und den wissenschaftlich-technischen Fortschritt enorm viel neues Wortgut entstanden, wofür im Esperanto Äquivalente geschaffen werden mussten. Diesem Umstand trägt das vorliegende *Vollständige Wörterbuch Deutsch-Esperanto* Rechnung. Im Vergleich zu seinem Vorläufer (1679 Seiten) umfasst dieses neue mehrbändige Wörterbuch (2511 Seiten) den gesamten Esperanto-Wortschatz nicht nur der Alltagssprache mit zahlreichen Wortverbindungen und Anwendungsbeispielen, sondern es präsentiert in relevantem Maße auch Wortgut aus allen, auch den neu entstandenen Fachsprachbereichen.

Das vorliegende *Vollständige Wörterbuch Deutsch-Esperanto* enthält mehr als 250 000 Wortstellen (das sind Stichwörter, Wortverbindungen, Wendungen) und ist damit das umfassendste zweisprachige Esperanto-Wörterbuch, das bislang in der Welt erarbeitet wurde. Besonders wurde die Aufnahme von Wortgut aus den Fachbereichen Diplomatie, Genetik, Biochemie, Epidemiologie, Infektiologie, Islamkunde, Virologie, außereuropäische Flora und Fauna, Tropenmedizin, Vulkanologie sowie Umweltschutz stark erweitert.

Das verarbeitete lexikalische Material geht damit weit über das des aktuellen einsprachigen Standardwörterbuchs *La Nova Plena Ilustrita Vortaro de Esperanto* (Paris 2002) hinaus. Das Wörterbuch ist das Ergebnis einer über fünfzigjährigen lexikologischen Sammlung und Auswertung umfangreicher Textkorpora, darunter Esperanto-Publikationen aus allen Teilen der Welt, sodass z. B. auch die außereuropäischen Einflüsse auf das Esperanto entsprechende Berücksichtigung finden.

In den Wissenschaftsgebieten Botanik (Mykologie ist getrennt gekennzeichnet), Zoologie (mit Einzelausweis von Entomologie, Ichthyologie und Ornithologie) und Medizin (Anatomie, Chirurgie, Gynäkologie, Kardiologie, Neurologie, Physiologie, Ophthalmologie, Tropenmedizin, Veterinärmedizin sowie Zahnmedizin haben eigene Kennzeichnung) wurden darüber hinaus durchgängig auch die lateinischen Termini genannt. Das Wörterbuch berücksichtigt und kennzeichnet den Sprachgebrauch in Österreich und in der Schweiz sowie Regionalismen. Geografische Namen, Eigennamen und Abkürzungen wurden alphabetisch eingeordnet. Bei den weiblichen Eigennamen wurde generell für das Esperanto die Endung auf -a gewählt, wie dies bereits *G. Waringhien* im *Plena Ilustrita Vortaro* (Paris 1970) vorgeschlagen hat. Dem Benutzer ist es bei esperantisierten Eigennamen und Städtenamen natürlich freigestellt an deren Stelle die nationalsprachigen Schreibungen zu verwenden.

Durch die klare Gliederung der Bedeutungen, durch ausführliche Sachgebietshinweise und erläuternde Zusätze ist das Lexikon ausgesprochen benutzerfreundlich. Außerdem ist es auf der Grundlage der neuen amtlichen Rechtschreibregeln für das Deutsche verfasst.

Der Autor spricht seinem Sohn, *Tilo Krause*, für die computertechnische Betreuung sowie dem *Verlag MONDIAL*, New York, insbesondere Herrn *Ulrich Becker*, für eine sehr kooperative Zusammenarbeit seinen besonderen Dank aus.

Prof. Dr. phil. habil. Erich-Dieter Krause

Leipzig, im Januar 2023

Antaŭparolo

Post la apero de la *Granda Vortaro Germana-Esperanto* en la jaro 2007 ĉe BUSKE-eldonejo en Hamburgo la leksiko de Esperanto nature pluevoluis. Dum la pasintaj dek kvin jaroj kaŭze de diĝitigo de nia vivomedio kaj pro la scienc-teknika progreso ekestis enorme granda stoko da novaj vortoj, por kiu devis esti kreataj Esperanto-ekvivalentoj. Tiun ĉi evoluproceson la nuna *Plena Vortaro Germana-Esperanto* ekzakte respegulas. Kompare al sia antaŭulo (1679-paĝa) ĉi tiu plurvoluma vortaro (2511-paĝa) enhavas ne nur la kompletan Esperanto-leksikon de la ĉiutaga lingvo kun multnombraj vortkunmetoj kaj ekzemplodonaj frazoj, sed ĝi ankaŭ prezentas, grandskale, leksikon el ĉiuj, ankaŭ la tute novaj faklingvaj sferoj.

Ĉi tiu *Plena Vortaro Germana-Esperanto* enhavas pli ol 250 000 leksikajn unuojn (t. e. kapvortoj, vortkunmetoj, parolturnoj) kaj konsekvence estas la plej ampleksa dulingva Esperanto-vortaro iam ellaborita en la mondo.
Aparte aldoniĝis plia leksiko el la fakoj diplomatio, genetiko, biokemio, epidemiologio, infektologio, islamologio, virusologio, ekstereŭropaj flaŭro kaj faŭno, tropika medicino, vulkanologio kaj medioprotektado.

La leksika materialo, ĉi-vortare akumulita, konsiderinde superas tiun prezentitan en la *La Nova Plena Vortaro de Esperanto* (Parizo 2002), la aktuala unulingva normverko por Esperanto. La nova vortaro germana-esperanta estas la rezulto de pli ol kvindekjara leksikologia kolektado kaj esplorado de plej variaj tekstoj, inter kiuj Esperanto-publicaĵoj el ĉiuj partoj de la mondo. Tio ĉi konsekvence rezultigis ekzemple, ke ankaŭ la ekstereŭropaj influoj al Esperanto estas adekvate reflektataj en la vortaro.

Plie, en la sciencobranĉoj botaniko (mikologio estas aparte markita), zoologio (kun apartaj indikiloj por entomologio, iĥtiologio kaj ornitologio) kaj medicino (kun preciza markado por anatomio, kirurgio, ginekologio, kardiologio, neŭrologio, fiziologio, oftalmologio, tropika medicino, veterinara scienco kaj dentkuraca medicino), estas ĝenerale aldonitaj la latinaj fakterminoj. La vortaro krome konsideras la apartajn uzojn de la germana lingvo en Aŭstrio kaj Svislando kaj mencias, certagrade, ankaŭ regionismojn. Nomoj geografiaj kaj propraj, sed ankaŭ mallongigoj estas enmetitaj rekte laŭ la alfabeta ordo. Koncerne la proprajn nomojn de virinoj mi ĝenerale elektis la a-finaĵon, do same kiel jam proponis *G. Waringhien* en sia *Plena Ilustrita Vortaro* (Parizo 1970). Koncerne la esperantigitajn proprajn kaj urbajn nomojn la uzanto de la vortaro estas libera uzi, anstataŭe, la nacilingvan skribmanieron.

La klara aranĝo de la diversaj vort-signifoj kaj la klasifiko per ciferoj aŭ liter-signoj ene de la kapvortaj artikoloj, la aldono de koncizaj mallongigoj pri faklingva uzo kaj, krome, la ofta prezento de germanlingva klarigo por povi pli bone kompreni la koncernan tradukon faras ĉi tiun vortaron facile uzebla por kiu ajn. Cetere ĝi estas verkita surbaze de la novaj oficialaj reguloj por la germana ortografio.

La aŭtoro esprimas dankojn al sia filo, *Tilo Krause,* pro la komputoteknika konsilado kaj al *Eldonejo MONDIAL*, Novjorko, aparte al sinjoro *Ulrich Becker*, pro la komprenoplena kooperado.

Prof. d-ro fil. habil. Erich-Dieter Krause

Lepsiko, en januaro 2023

Hinweise für die Benutzung

Aufbau der Stichwortartikel

1. Die *Stichwörter* sind streng alphabetisch geordnet. Sie erscheinen in fetter Schrift.

2. Zum Stichwort gehörende *Wendungen* stehen in halbfetter kursiver Schrift, wobei das Stichwort jeweils durch eine Tilde (~) ersetzt wird. Vor jeder Wendung steht ein Semikolon.
Beispiel: **Aberration** ...; ***chromatische (sphärische) ~*** ...
lies: ***chromatische Aberration*** und ***sphärische Aberration*** ...
Eine Tilde mit Punkt (~̥) kennzeichnet Wandel von Klein- zu Großschreibung oder umgekehrt.

3. *Homonyme* werden als verschiedene Stichwörter behandelt und durch hochgestellte arabische Ziffern vor dem Stichwort gekennzeichnet. *Beispiel*: **¹Attika** *f Arch* ...
²Attika (*n*) *griech. Landschaft* ...

4. Wörter, die in *unterschiedlichen syntaktischen Funktionen* verwendet werden (Wortartenwechsel), sind unter einem Stichwort durch arabische Nummerierung unterschieden.
Beispiel: **ab 1.** *Präp* ... **2.** *Adv* ... **3.** *verkürzte Verbalform* ...

5. Im Text werden *Synonyme* durch Komma, Äquivalente bei *abweichender Bedeutung* durch Semikolon getrennt. Häufig, besonders in größeren Stichwortkomplexen, werden die deutschen Äquivalente mit *stark abweichender Bedeutung* durch Kleinbuchstaben ***a) b) c)*** ... gekennzeichnet.
Beispiel: **Bahn** *f* ***a)*** *Astron, Raumf (Umlauf~̥)* ... ***b)*** *Fahrspur* ...; *Sport (Kampf~̥)* ...; *(Leichtathletik)* ... ***c)*** *Eisen~̥* ...; *Hoch- bzw. U-~* ...; *Straßen~̥* ... ***d)*** *[langer] Streifen* ... ***e)*** *Handw (glatte Fläche eines Werkzeugs)* ...

6. *Erläuternde Zusätze*, die den Bedeutungsinhalt eines Stichwortes verdeutlichen, stehen in kursiver Schrift.
Beispiele: **Alderney** (*n*) *eine brit. Kanalinsel* Aldernejo
Bairam *m od n Islam (ein türk. Fest am Ende des Fastenmonats Ramadan)* bajramo

Instrukcioj pri la uzo de la vortaro

Aranĝo de la kapvortaj artikoloj

1. La *kapvortoj* estas strikte alfabete ordigitaj. Ili aperas en grasa preso.

2. *Parolturnoj* rilatantaj al la kapvorto prezentiĝas en duone grasa kursiva preso. Tiukaze la kapvorton anstataŭas tildo (~). Antaŭ ĉiu parolturno troviĝas punktokomo.
Ekz.: **Aberration** ...; ***chromatische (sphärische) ~*** ...
legu: ***chromatische Aberration*** und ***sphärische Aberration*** ...
Tildo kun punkto (~̥) indikas ŝanĝon de minuskla skribo al majuskla aŭ inverse.

3. *Homonimoj* estas traktitaj kiel diversaj kapvortoj kaj signitaj per levitaj arabaj ciferoj antaŭ la kapvortoj.
Ekz.: **¹Attika** *f Arch* ...
²Attika (*n*) *griech. Landschaft* ...

4. Vortoj uzitaj en diferencaj sintaksaj funkcioj (ŝanĝiĝo de la vortspeco), ene de la sama kapvorta artikolo, estas markitaj per arabaj ciferoj.
Ekz.: **ab 1.** *Präp* ... **2.** *Adv* ... **3.** *verkürzte Verbalform* ...

5. En la teksto *sinonimoj* estas disigitaj pere de komoj, ekvivalentoj *kun iom disa signifo* tamen per punktokomoj. Ofte, ĉefe en pli ampleksaj kapvortaj kompleksoj, la germanaj ekvivalentoj *kun grave diferenca signifo* estas markitaj per minuskloj ***a) b) c)*** ...
Ekz.: **Bahn** *f* ***a)*** *Astron, Raumf (Umlauf~̥)* ... ***b)*** *Fahrspur* ...; *Sport (Kampf~̥)* ...; *(Leichtathletik)* ... ***c)*** *Eisen~̥* ...; *Hoch- bzw. U-~* ...; *Straßen~̥* ... ***d)*** *[langer] Streifen* ... ***e)*** *Handw (glatte Fläche eines Werkzeugs)* ...

6. *Klarigaj aldonoj*, kiuj plie klarigas la signifon de kapvorto, aperas en kursiva preso.
Ekzemploj: **Alderney** (*n*) *eine brit. Kanalinsel* Aldernejo
Bairam *m od n Islam (ein türk. Fest am Ende des Fastenmonats Ramadan)* bajramo

7. *Verweise* von der wenig gebräuchlichen Form auf die allgemein übliche oder vorzuziehende oder auf eine andere Schreibweise des Stichworts erfolgen durch Gleichheitszeichen (=).
Beispiele: **Akkra** (*n*) = ***Accra***
Zwillingspflaume *f* = ***Longane***

8. Mit einem *Pfeil* (↑) wird auf jenes Stichwort verwiesen, bei dem die deutschen Synonyme zusammengefasst sind und die Esperanto-Übersetzung(en) angegeben sind.
Beispiele: **Attich** *m Bot* ↑ ***Zwergholunder***
Chinakunde *f* ↑ ***Sinologie***

9. In *runden Klammern* ( ) stehen
- Rektionsangaben
beruhen *intr* baziĝi (***auf*** sur) ...
- Varianten des Esperanto in Wortverbindungen, Wendungen oder Beispielsätzen
Bullenhitze *f umg* terura (*od* infera) varmego
- die Genusangabe bei Länder-, Städte- und Eigennamen
Albanien (*n*) Albanio
Berlin (*n*) Berlino
Rudolf (*m*) Rudolfo
- lateinische Fachausdrücke
Blutserum *n* (Serum sanguinis)
- Abkürzungen und Kurzformen eines Wortes
Firma *f* (*Abk* ***Fa.***)
- Vergleichsangebote
Beil *n* ... (*vgl. dazu* ***Axt***)

10. In *eckigen Klammern* [ ] stehen
- Angaben zur Aussprache.
Beispiel: **Caisson** [*kɛ'sõ:*]
- mögliche Auslassungen von Buchstaben, Wortelementen und Bestandteilen von Fügungen im Deutschen oder im Esperanto.
Beispiele: **wink[e]lig**
flussab[wärts]
kloriz[ad]o
halti [ĉe la kajo *u.a.*]

11. In *Winkelklammern* < > stehen Angaben zum Sprachgebrauch in Österreich und in der Schweiz und die Angabe <*wiss*> vor streng wissenschaftlichen Fachausdrücken.
Beispiel: **Fisolen** *f/Pl* <*österr*> ***verdaj fazeoloj***

7. *Referencoj* de vortformo malmulte uzata al formo ĝenerale uzata aŭ preferenda aŭ al skribmaniero alia ol tiu de la kapvorto estas indikitaj per signo de egaleco (=).
Ekz.: **Akkra** (*n*) = ***Accra***
Zwillingspflaume *f* = ***Longane***

8. Pere de *sago* (↑) referenco estas farita al tiu kapvorto, post kiu pluraj germanaj sinonimoj troviĝas kune kun la esperantlingva(j) traduko(j).
Ekz.: **Attich** *m Bot* ↑ ***Zwergholunder***
Chinakunde *f* ↑ ***Sinologie***

9. En *rondaj krampoj* ( ) troviĝas
- postverbaj aŭ postsubstantivaj prepozicioj
beruhen *intr* baziĝi (***auf*** sur) ...
- Esperanto-variantoj de vortkombinoj, parolturnoj aŭ ekzemplodonaj frazoj
Bullenhitze *f umg* terura (*od* infera) varmego
- la mencio de genro ĉe landnomoj, nomoj de urboj kaj de personaj nomoj
Albanien (*n*) Albanio
Berlin (*n*) Berlino
Rudolf (*m*) Rudolfo
- latinaj fakesprimoj
Blutserum *n* (Serum sanguinis)
- mallongigoj kaj mallongigitaj vortoj
Firma *f* (*Abk* ***Fa.***)
- proponoj por kompari similajn vortojn
Beil *n* ... (*vgl. dazu* ***Axt***)

10. En *rektaj krampoj* [ ] troviĝas
- indikoj pri la prononco.
Ekz.: **Caisson** [*kɛ'sõ:*]
- eblaj ellasoj de unuopaj literoj, vortelementoj aŭ parolturnoj en la germana aŭ en Esperanto.
Ekzemploj: **wink[e]lig**
flussab[wärts]
kloriz[ad]o
halti [ĉe la kajo *u.a.*]

11. En *pintaj krampoj* < > troviĝas indikoj pri lingvouzoj en Aŭstrio kaj Svislando, krome la indiko <*wiss*>, kiu antaŭas strikte sciencajn fakesprimojn.
Ekz.: **Fisolen** *f/Pl* <*österr*> ***verdaj fazeoloj***

12. Der *Rhombus* ◇ steht vor idiomatischen Redewendungen, die am Ende eines Stichworts zusammengefasst sind.
Beispiel: ◇ ***im Trüben fischen*** fiŝi en malklara akvo

13. Der *Doppelpunkt* : steht dann nach einem Stichwort, wenn diesem unmittelbar ein Kompositum oder eine Wendung folgt.
Beispiel: **beileibe** *Adv*: ***das ist ~ nicht so*** ...

14. Die meisten *Länderbezeichnungen* und alle *Städtenamen* werden im Deutschen, wenn sie ohne Attribut stehen, ohne Artikel verwendet. Aus diesem Grund steht der Artikel im Wörterbuch bei diesen Stichwörtern in runden Klammern.
Beispiele: **Frankreich** (*n*)
Magdeburg (*n*)

15. *Betonungsangaben* lauten wie folgt:
['---] Ton auf der ersten Silbe
[-'--] Ton auf der zweiten Silbe
[--'-] Ton auf der dritten Silbe

12. La *rombo-signo* ◇ troveblas antaŭ idiomaĵoj, kiuj troviĝas fine de la koncerna kapvorta artikolo.
Ekz.: ◇ ***im Trüben fischen*** fiŝi en malklara akvo

13. La *dupunkto* : troviĝanta tuj post iu kapvorto indikas, ke senpere sekvas kunmetita [plur-elementa] vorto aŭ parolturno.
Ekz.: **beileibe** *Adv*: ***das ist ~ nicht so*** ...

14. En la germana lingvo preskaŭ ĉiuj *nomoj de landoj kaj urboj* ne alprenas la artikolon kiam ili staras senatribute. Kaŭze de tio ĉi-vortare troviĝas la artikolo por tiaj vortoj kutime en rondaj krampoj.
Ekzemploj: **Frankreich** (*n*)
Magdeburg (*n*)

15. *Indikoj de vortakcento* estas jenaj:
['---] akcento sur la unua silabo
[-'--] akcento sur la dua silabo
[--'-] akcento sur la tria silabo

Abkürzungsliste (Listo de mallongigoj)

Abk	Abkürzung (*mallongigo*)
abs	absolut (*absoluta, sen komplemento [ĉe transitivaj verboj]*)
Adj	Adjektiv (*adjektivo*)
Adv	Adverb (*adverbo*)
afrik.	afrikanisch (*afrika*)
ägypt.	ägyptisch (*egipta*)
ähnl.	ähnlich (*simila/simile*)
Akk	Akkusativ (*akuzativo*)
allg	allgemein (*ĝenerale*)
alt	veralteter Ausdruck (*malnoviĝinta esprimo*)
amerik.	amerikanisch (*amerika*)
amtl	amtliche Benennung (*oficiala nomo [de ŝtato k.s.]*)
Anat	Anatomie (*anatomio*)
Anthropol	Anthropologie (*antropologio*)
arab.	arabisch (*araba/arabe*)
Arch	Architektur (*arkitekturo*)
Archäol	Archäologie (*arkeologio*)
Art	Artikel, Geschlechtswort (*artikolo*)
asiat.	asiatisch (*azia*)
assyr.	assyrisch (*asiria*)
austral.	australisch (*aŭstrala/aŭstralia*)
Astron	Astronomie (*astronomio*)
Bakt	Bakteriologie (*bakteriologio*)
Bauw	Bauwesen (*konstrufako*)
bed.	bedeutend (*grava/fama*)
Bed, Bed.	Bedeutung (*signifo*)
Bergb	Bergbau (*minekspluato*)
bes., bes.	besonders (*precipe*)
Bez, Bez.	Bezeichnung (*esprimo, termino*)
bibl	biblisch (*biblia esprimo*)
bildh	bildhaft (*bildesprime*)
Bildh	Bildhauerei (*skulptoarto*)
Biol	Biologie (*biologio*)
Bot	Botanik (*botaniko*)
brit.	britisch (*brita*)
Buchw	Buchwesen (*libroaferoj*)
bulg.	bulgarisch (*bulgara/bulgare*)
bzw., bzw.	beziehungsweise (*respektive*)
Chem	Chemie (*kemio*)
chin.	chinesisch (*ĉina/ĉine*)
Chir	Chirurgie (*kirurgio*)
christl.	christlich (*kristana*)
dän.	dänisch (*dana/dane*)
Dat	Dativ (*dativo*)
Dem Pron	Demonstrativpronomen (*demonstrativo*)
DeterPron	Determinativpronomen (*determina pronomo*)
dgl., dgl.	dergleichen, desgleichen (*similaj*)
d.h., d.h.	das heißt (*tio signifas, tio estas*)
dial	mundartlich (*dialekta formo*)
Dim	Diminutiv (*diminutivo*)
Dipl	Diplomatie (*diplomatio*)
dt., dt.	deutsch (*germana/germane*)
EDV	elektronische Datenverarbeitung (*elektronika datumprilaborado*)
ehem	ehemals (*iam, estintatempe*)
Eig	Eigenname (*propra nomo*)
eigtl	eigentlich (*proprasence*)
Eisenb	Eisenbahn (*fervojo*)
El	Elektrotechnik (*elektrotekniko*)
engl.	englisch (*angla/angle*)
Ent	Entomologie (*entomologio*)
Esp, Esp.	Esperanto
etc., etc.	et cetera (*kaj ceteraj*)
Ethn	Ethnologie (*etnologio*)
etw.	etwas (*io, ion*)
f	feminin, weiblich (*ina*)
Fachspr	Fachsprache (*faka lingvo*)
fam	familiär (*familiara*)
Fin	Finanzwesen (*financaj aferoj*)
finn.	finnisch (*finna/finn[lingv]e*)
Flugw	Flugwesen (*aeronaŭtiko*)
Forstw	Forstwesen (*forsta fako*)
Foto	Fotografie (*fotografio*)
franz.	französisch (*franca/france*)
Fut	Futur (*futuro, estonteco*)
Gartenb	Gartenbau (*hortikulturo*)
geh	gehobene Sprache (*altstila lingvo*)
Gen	Genitiv (*genitivo*)
Geogr	Geographie (*geografio*)
Geol	Geologie (*geologio*)
Geom	Geometrie (*geometrio*)
Gesch	Geschichte (*historio*)
ggf.	gegebenenfalls (*eventuale*)
Ggs	Gegensatz[wort] (*antonimo*)
Gramm	Grammatik (*gramatiko*)
griech.	griechisch (*greka/greke*)
Großschr	Großschreibung (*majuskle skribita*)
Handw	Handwerk (*metio*)
Hausw	Hauswirtschaft (*mastrumado*)
Hdl	Handel (*komerco*)
hist	historisch (*historia, historie*)

Hptst.	Hauptstadt (*ĉefurbo*)
Ichth	Ichthyologie (*ĥtiologio*)
i.e.S.	im engeren Sinn (*striktasence*)
Imp	Imperativ (*imperativo*)
ind.	indisch (*hinda/hinde*)
Ind	Industrie (*industrio*)
Indef Pron	Indefinitpronomen (*nedifina pronomo*)
indian.	indianisch (*indiana*)
indones.	indonesisch (*indonezia/indonezie*)
Inf	Infinitiv (*infinitivo*)
Interj	Interjektion (*interjekcio*)
internat.	international (*internacia*)
InterrPron	Interrogativpronomen (*demanda pronomo*)
intr	intransitiv (*netransitiva*)
iron	ironisch (*ironia/ironie*)
ital.	italienisch (*itala/itale*)
i.w.S.	im weiteren Sinn (*vastasence*)
Jägerspr	Jägersprache (*ĉasista esprimo*)
jap.	japanisch (*japana/japane*)
Jh., Jh.	Jahrhundert (*jarcento*)
jmd.	jemand (*iu*)
jmdm.	jemandem (*al iu*)
jmdn.	jemanden (*iun*)
jmds.	jemandes (*ies, de iu*)
jüd.	jüdisch (*juda*)
Jugendspr	Jugendsprache (*dirmaniero de junuloj*)
Jur	Rechtswesen (*juro, jurscienco*)
kanad.	kanadisch (*kanada*)
Kart	Kartenspiel (*kartludo*)
Kartogr	Kartographie (*kartografio*)
kath.	katholisch (*katolika*)
kaukas.	kaukasisch (*kaŭkaza/kaŭkaze*)
Kfz	Kraftfahrzeugtechnik (*tekniko de motorveturiloj*)
Kleinschr	Kleinschreibung *(minuskle skribita)*
Kochk	Kochkunst (*kuirarto*)
Komp	Komparativ (*komparativo*)
Konj	Konjunktion, Bindewort (*konjunkcio*)
kuban.	kubanisch (*kuba*)
Kurzf	Kurzform (*mallonga formo de vorto*)
Kurzw	Kurzwort (*mallong[igit]a vorto*)
Landw	Landwirtschaft (*agrokulturo*)
lat.	lateinisch (*latina/latine*)
Ling	Linguistik (*lingvistiko*)
Lit	Literatur (*literaturo*)
m	maskulin, männlich (*vira*)
Mal	Malerei (*pentroarto*)
Mar	Schifffahrt, Seewesen (*maraj aferoj*)
Masch	Maschinenbau (*maŝinkonstruado*)
Math	Mathematik (*matematiko*)
Med	Medizin (*medicino*)
Met	Meteorologie (*meteologio*)
Metr	Metrik, Messwesen (*metriko*)
Mil	Militärwesen (*militaj aferoj*)
Min	Mineralogie (*mineralogio*)
mongol.	mongolisch (*mongola/mongole*)
Mus	Musik (*muziko*)
Myth	Mythologie (*mitologio*)
n	neutral, sächlich (*neŭtra*)
nachgest	nachgestellt (*[post] sekvanta*)
Nahr	Ernährungswesen (*nutraĵoj*)
Naturw	Naturwissenschaft (*naturscienco*)
niederl.	niederländisch (*nederlanda/nederlande*)
Nom	Nominativ (*nominativo*)
norweg.	norwegisch (*norvega/norvege*)
Num	Numerale, Zahlwort (*numeralo*)
od, od.	oder (*aŭ*)
Opt	Optik (*optiko*)
Orn	Ornithologie, Vogelkunde (*ornitologio*)
orth.	othodox (*ortodoksa*)
örtl	örtlich (*loka, koncernanta lokon*)
<*österr*>	österreichisch (*lingvouzo en Aŭstrio*)
Päd	Pädagogik (*pedagogio*)
Parl	Parlament (*parlamento*)
Part	Partizip (*participo*)
Pass	Passiv (*pasivo, pasiva voĉo*)
pej	pejorativ, verächtlich (*malestima esprimo*)
Perf	Perfekt (*perfekta preterito*)
Pers	Person (*persono*)
pers.	persisch (*persa/perse*)
Pers Pron	Personalpronomen (*persona pronomo*)
Pharm	Pharmazie (*farmacio*)
Phil	Philosophie (*filozofio*)
Philat	Philatelie (*filatelo*)
Phon	Phonetik (*fonetiko*)
Phys	Physik (*fiziko*)

Physiol	Physiologie (*fiziologio*)
Pl	Plural (*pluralo*)
poet	poetisch, dichterisch (*poete*)
Pol	Politik (*politiko*)
poln.	polnisch (*pola/pole*)
pop	populär, volkstümlich (*populara esprimo*)
portugies.	portugiesisch (*portugala/portugale*)
Poss Pron	Possessivpronomen (*poseda pronomo*)
präd	prädikativ [gebraucht] (*uzata kiel predikativo*)
Präf	Präfix, Vorsilbe (*prefikso*)
Präp	Präposition, Verhältniswort (*prepozicio*)
Präs	Präsens (*prezenco*)
Prät	Präteritum (*preterito*)
Pron	Pronomen, Fürwort (*pronomo*)
Psych	Psychologie (*psikologio*)
Raumf	Raumfahrt (*astronaŭtiko*)
refl	reflexiv (*refleksiva*)
Refl Pron	Reflexivpronomen (*refleksivo*)
reg	gebietsweise gebräuchlich (*regiona lingvouzo*)
Rel	Religion (*religio*)
Rel Pron	Relativpronomen (*rilativa pronomo*)
Rep.	Republik (*respubliko*)
röm.	römisch (*romia*)
rumän.	rumänisch (*rumana/rumane*)
russ.	russisch (*rusa/ruse*)
scherzh	scherzhaft (*ŝerca/ŝerce*)
Schimpfw	Schimpfwort (*insulta vorto*)
schwed.	schwedisch (*sveda/svede*)
<schweiz>	schweizerisch (*lingvouzo en Svislando*)
selt	selten [gebraucht] (*malofta vorto*)
serb.	serbisch *(serba/serbe)*
sex	sexueller Bereich (*seksa sfero*)
Sg	Singular (*singularo*)
sibir.	sibirisch (*siberia*)
slowak.	slowakisch (*slovaka/slovake*)
span.	spanisch (*hispana/hispane*)
Subst	Substantiv (*substantivo*)
Suff	Suffix, Nachsilbe (*sufikso*)
Sup	Superlativ (*superlativo*)
Syn	Synonym, sinnverwandtes Wort (*sinonimo*)
Tech	Technik (*tekniko*)
Tel	Telekommunikation (*telekomunikado*)
Textil	Textilindustrie (*tekstila industrio*)
Theat	Theater (*teatro*)
Tour	Touristik (*turistiko, turismo*)
tr	transitiv (*transitiva*)
trop.	tropisch (*tropika*)
tschech.	tschechisch (*ĉeĥa/ĉeĥe*)
türk.	türkisch (*turka/turke*)
TV	Fernsehen (*televido*)
Typ	Typographie (*tipografio*)
u., u.	und (*kaj*)
u.a., u.a.	und andere(s) (*kaj aliaj*)
u.Ä., u.Ä.	und Ähnliche(s) (*kaj similaj*)
übertr	übertragen (*en metafora senco*)
u.dgl.	dergleichen (*kaj tiaj similaj [aferoj]*)
ukrain.	ukrainisch (*ukraina/ukraine*)
umg	umgangssprachlich (*komunlingve, en ĉiutaga lingvo*)
ungar.	ungarisch (*hungara/hungare*)
Univ	Universität (*universitato*)
unpers	unpersönlich (*en nepersona dirmaniero*)
usw., usw.	und so weiter (*kaj tiel plu*, *ktp.*)
Verk	Verkehrswesen (*trafiko*)
Verw	Verwaltung (*administrado*)
Vet	Veterinärmedizin (*veterinara medicino*)
vgl.	vergleiche (*komparu*)
vor.	vorig (*antaŭa, pasinta*)
vorangest	vorangestellt (*antaŭenmetita*)
vulg	vulgär (*vulgara dirmaniero*)
Wirtsch	Wirtschaft (*ekonomiko*)
Wiss	Wissenschaft (*scienco*)
<wiss>	wissenschaftlich (*scienca, de sciencistoj/fakuloj uzata*)
Zam	Ausdruck stammt von Zamenhof (*esprimo uzita de Zamenhof*)
z.B., z.B.	zum Beispiel (*ekzemple*)
zeitl	zeitlich (*tempa, koncernanta la tempon*)
Zool	Zoologie (*zoologio*)
Ztgsw	Zeitungswesen (*gazetaraj aferoj, ĵurnalistiko*)
Zus	Zusammensetzung(en) (*kunmetita[j] vorto[j]*)
zw., zw.	zwischen (*inter*)
z. Z.	zur Zeit (*en la tempo de*)
®	geschütztes Markenzeichen (*re- gistrita varmarko*)

Bibliographische Angaben (Bibliografiaj indikoj)

Die nachfolgende Bibliographie erhebt in keiner Weise Anspruch auf Vollständigkeit. Sie ist als eine Auswahl der Werke und Wörterbücher zu betrachten, die bei der Erarbeitung des vorliegenden *Vollständigen Wörterbuchs Deutsch-Esperanto* häufig konsultiert wurden, wobei einsprachige Lexika, ohne die lexikografische Arbeit undenkbar ist, hier meist keine gesonderte Erwähnung finden.
Es sei insbesondere darauf hingewiesen, dass der Autor über fünfzig Jahre hinweg Esperanto-Schrifttum (Zeitungen, Zeitschriften und Belletristik) lexikalisch ausgewertet hat, desgleichen Rundfunksendungen und mündliche Belege, die auf Esperanto-Treffen und -Konferenzen gesammelt wurden. Die daraus entstandenen Zettelkarteien bilden die Basis des vorliegenden Wörterbuchs und sind somit Garantie dafür, dass nur Wortgut Eingang gefunden hat, das in der Tat auch so von den Sprechern der internationalen Plansprache Esperanto verwendet wird.

La sekva bibliografio neniel pretendas esti kompleta. Tiu ĉi listo prezentas nur elekton el la verkoj kaj vortaroj ofte konsultitaj dum la kompilado de la Plena Vortaro Germana-Esperanta, tamen unulingvaj leksikonoj, sen kiuj nenia leksikografia laboro eblas, ĝenerale ne estas en ĝi aparte menciitaj.
Precipe notinda estas la fakto, ke la aŭtoro esploris kaj analizis, dum daŭro de pli ol kvindek jaroj, la leksikon de Esperanto-publicaĵoj (gazetoj, revuoj kaj beletra literaturo), same li kolektis leksikan materialon el radio-disaŭdigoj kaj leksemojn de la nuntempa Internacia Lingvo uzitaj dum Esperanto-renkontiĝoj kaj -konferencoj. La sliparoj naskiĝintaj el tiu kolektada laboro formas la bazon de ĉi tiu vortaro kaj sekve estas la garantio por tio, ke eniris la vortaron nur esprimoj kaj idiomaĵoj de la internacia planlingvo Esperanto, kiuj fakte ankaŭ estas tiel ĉi uzataj de la parolantaro esperantista.

Akademiaj Studoj, 1988-1990. Bailieboro 1990.
Albault, A., *Mult-lingva glosaro pri land-nomoj.* Saarbrücken 1991.
Albault, A., *Vojaĝo tra la landoj. Historia lingva studo pri la land-nomoj.* Saarbrücken 1991.
Atlaso de insekta morfologio. [Latina originalo de H. Steinmann kaj L. Zombori, esperantigita de Li Kexi]. Beijing <Pekino> 1987.
Bastien, L. [red.], *Militista vortareto.* Paris 1955.
Bastien, L., *Naŭlingva etimologia leksikono.* London 1950.
Becker-Meisberger, M., *Internacie kuiri.* Antwerpen 1990.
Bennemann, P., *Esperanto Hand-Wörterbuch.* Leipzig 1926.
Benson, P., *Comprehensive English-Esperanto Dictionary.* El Cerrito <USA> 1995.
Blanke, D., *Interlinguistische Beiträge. Zum Wesen und zur Funktion internationaler Plansprachen.* Frankfurt am Main 2006.
Blanke, D., *Internationale Plansprachen. Eine Einführung.* Berlin 1985.
Blanke, D./Dahlenberg, T., *Konversationsbuch Deutsch-Esperanto.* Wien 1998.
Blanke, W., *Esperanto – Terminologie und Terminologiearbeit.* New York 2008.
Blanke, W., *Pri terminologia laboro en Esperanto. (Elektitaj publikaĵoj).* Nov-Jorko 2013.
Bokarev, E.A., *Esperanta-Rusa Vortaro.* Moskva 1974.
Bokarev, E.A. [red.], *Rusa-Esperanta Vortaro.* Moskva 1966.
Borčić, L., *Veliki Rječnik Hrvatsko-Esperantski.* Zagreb 2009.

Butin, M./Sommer, J., *Wörterbuch Esperanto-Deutsch.* Limburg/Lahn 1952.
Cailleux, A. kaj aliaj, *Éléments de géologie en six langues.* Paris 1965.
Chandler, W., *Komunlingva Nomaro de Australiaj Birdoj [manuskripto].* Sen loko kaj dato.
Cherpillod, A., *Etimologia vortaro de la propraj nomoj.* Rotterdam 2005.
Cherpillod, A., *Mil ekzotaj vortoj.* Courgenard 1992.
Cherpillod, A., *NePIVaj vortoj.* Courgenard 1988.
Christaller, P., *Deutsch-Esperanto Wörterbuch.* Berlin 1923.
Corsetti, R. [red.], *Knedu min, sinjorino.* Paris 1987.
Ĉen Ŝjaŭji [red.], *Ĉinaj protektataj bestoj.* Beijing <Pekino>1987.
de Kock, E., *Leksikoneto de mal-anstataŭaĵoj dudirekta.* Pretoria 1987.
Eichholz, R., *Esperanta Bildvortaro.* Bailieboro 1988.
Eichholz, R. kaj aliaj, *Per-komputora termino-kolekto I-III.* Bailieboro 1992.
Eichkorn, B., *Plurlingva nomaro de sovaĝaj plantoj en Eŭropo.* Villingen 1992.
Eyama, T., *Aŭta Terminaro. Esperanta-Japana-Angla kaj Japana-Esperanta-Angla.* Tokio 1969.
Fervoja Terminaro en Esperanto [Suplemento al Lexique général des termes ferroviaires]. 1989.
Fiedler, S./Rak, P., *Ilustrita frazeologio.* Dobřichovice 2004.
Flammer, W., *Katolika Terminaro.* 1963.
Fox, B., *Komunlingva nomaro de nov-zelandaj birdoj.* 2nd ed. Auckland 2012.
Frequency Dictionary Esperanto / Oftecvortaro de Esperanto. Hrsg. von U. Quasthoff, S. Fiedler u. E. Hallsteinsdóttir. Leipzig 2014.
Futbol. Sportivnye Terminy na pjati jazykach. Moskva 1979.
Günkel, C.J., *Gunkela Vortaro.* Paderborn 1994.
Ĝang Hongfan, *Esperanto-Ĉina Vortaro.* Peking 1985.
Harry, R. kaj B. Fox, *Australian and New Zealand Esperanto Dictionary of Australian and New Zealand words not in other Esperanto dictionaries.* 2nd Internet Edition. 2003.
Hatnyelvű geodéziai szakszótár. I-V. [Fakvortaro pri geodezio seslingva]. Budapest 1976-1985.
Høeg, T.A., *Geologia Vortaro.* Oslo 1989.
Høeg, T.A., *Juraj Vortoj kaj Esprimoj.* Oslo 1990.
Hradil, J., *Esperanta Medicina Terminaro.* Praha 1982.
Internacia Elektroteknika Vortaro [pluraj partoj]. Warszawa 1963-1965.
Isaev, M.I., *Jazyk Esperanto.* Moskva 1981.
Jorritsma, R., *Komunlingva Nomaro de la Okcidentpalearktaj Birdoj.* Zoetermeer 1989.
Kalckhoff, G. kaj A. C. Pick, *Komputada Baza Terminaro.* München 1985.
Kalocsay, K., G. Waringhien kaj R. Bernard, *Parnasa Gvidlibro.* 1968.
Kalocsay, K. kaj G. Waringhien, *Plena Analiza Gramatiko de Esperanto.* Rotterdam 1980.
Knappert, J., *Lexikon der indischen Mythologie.* Weyam 1997.
Kolbe, I., *Zur Geschichte des Deutschen Arbeiter-Esperanto-Bundes in Leipzig (Westsachsen), Teil I und II.* Leipzig 1996.
Kraft, K. kaj M. Malovec, *Vortaro Esperanta-*Ĉeĥa. Dobřichovice 1995.
Krause, E.-D., *Großes Wörterbuch Deutsch-Esperanto.* Hamburg 2007.
Krause, E.-D., *Großes Wörterbuch Esperanto-Deutsch.* Hamburg 1999.
Krause, E.-D., *Kompaktwörterbuch Esperanto. Esperanto-Deutsch. Deutsch-Esperanto.* Leipzig 1995.

Krause, E.-D., *Vollständiges Wörterbuch Esperanto-Deutsch in zwei Bänden.* New York 2018.
Krause, E.-D., *Wörterbuch Deutsch-Esperanto.* Leipzig 1993.
Kretschmer, R., *Technik-Wörterbuch Textilfärberei.* Berlin 1961.
Kucharský, P., *Fremdsprachige Korrespondenz für Philatelisten. (in neun Sprachen)* Praha 1966.
Le Puil, J. kaj J.-P. Danvy [red.], *Grand Dictionnaire Français-Espéranto.* Paris 1992.
Lexicon silvestre. Tertia pars. Vortaro de forsta fako. Esperantlingva versio kun difinoj. Eberswalde 1999.
Lexicon silvestre. Quinta pars. Wörterbuch des Forstwesens. Deutsche Version. Eberswalde 2001.
Lexikon Arabische Welt. Hrsg. von Günter Barthel u. Kristina Stock. Wiesbaden 1994.
Liem Tjong Hie, *Selayang Pandang Bahasa Esperanto.* Semarang/Indonezio (sen dato).
Lindstedt, J., *Hejma Vortaro.* Rotterdam 1999.
Matubara, Hatirô, *Katolika Terminaro por Japanaj Esperantistoj.* Kisiwada 1966.
McLinen, A., *Pocket English-Esperanto, Esperanto-English Dictionary.* Gdynia 1992.
Mészáros, B., *Oklingva Nomaro de Eŭropaj Birdoj.* Debrecen 1980.
Michalski T.J., *Esperanta-Pola Vortaro.* Warszawa 1991.
Middelkoop, A.J., *Nederlands-Esperanto-Nederlands.* Utrecht/Antwerpen 1986.
Minnaja, C., *Vocabolario Italiano-Esperanto.* Milano 1996.
Müller, H., *Dome, Kirchen, Klöster.* 2. Aufl., Berlin/Leipzig 1986.
Multilingual Ice Terminology. Budapest 1980.
Munniksma, F., *International Business Dictionary in nine languages.* Deventer 1974.
Nakamura, T., *Enciklopedieto Japana.* Osaka 1964.
Oljanov, V. kaj aliaj, *Bulgara-Esperanta Vortaro.* Sofia 1981.
Pareira de Souza, Délio, *Brazilaj geografiaj nomoj.* Brasilia 1981.
Pechan, A., *Esperanta-Hungara Vortaro.* Budapest 1968.
Pechan, A., *Esperanta-Hungara Turista Vortaro.* Budapest 1968.
Pechan, A., *Hungara-Esperanta Vortaro.* Budapest 1968.
Pokrovskij, S., *Komputika Leksikono.* Jekaterinburg 1995.
Poŝatlaso de la Mondo. Praha 1971.
Praktika Bildvortaro de Esperanto. Oxford 1979.
Rybař, J., *Terminaro de hidraŭlaj meĥanismoj.* Praha 1982.
Sarafov, I. kaj aliaj, *Esperanto-Bulgara Vortaro.* Sofia 1963.
Schaefer, M. u. W. Tischler, *Ökologie.* 2. Aufl., Jena 1983.
Seemann, Št. R., *Esperanta-Slovaka kaj Slovaka-Esperanta Vortaro.* Bratislava 1970.
Simon, K.-H., *Beiträge zum multilingualen Wörterbuch des Forstwesens. Kontribuoj pri la multlingva vortaro de la forstfako.* Hrsg. von D. Blanke u. St. Panka. Eberswalde 2010.
Speisekarte Deutsch-Esperanto. Hrsg. vom Deutschen Esperanto-Bund. 1915.
Szerdahelyi, I., *Metodologio de Esperanto.* Budapest 1976.
Szerdahelyi, I., *Miscellanea Interlinguistica.* Budapest 1980.
Thoraval, Y., *Lexikon der islamischen Kultur.* Hamburg 2005.
Ujlaki-Nagy, T., *La sporta lingvo en Esperanto.* Budapest 1972.
Urban, E., *Gastronomia vortaro.* Rotterdam 1958.
Vatré, H. *Neologisma glosaro.* Saarbrücken 1989.
Vilborg, E., *Etimologia Vortaro, vol. I-V.* Malmö 1989-2001.

Vilborg, E., *Ordbok Svenska-Esperanto.* Malmö 1992.
Waringhien, G., *Plena Ilustrita Vortaro de Esperanto (kun suplemento).* Paris 1987.
Waringhien, G./Duc Goninaz, M., *Nova Plena Ilustrita Vortaro de Esperanto.* Paris 2002.
Wells, J.C., *Esperanto-English Dictionary.* Liverpool 1969.
Wennergren, B., *Neologismoj uzataj en la popularmuzika vortaro [manuskripto].* Stockholm sen dato.
Werner, J., *Konstrufaka Kolekto.* Brno 2016.
Werner, J., *Terminaro de betono kaj de betonistaj laboroj.* Brno 2002.
Werner, J., *Terminologiaj konsideroj.* Dobřichovice 2004.
Willkommen, D., *Esperanto-Grammatik.* Hamburg 2001.
Wingen, H., *Wörterbuch Deutsch-Esperanto.* Limburg/Lahn 1954.
Wüster, E., *Enciklopedia Vortaro Esperanto-Germana I-IV (plus mikrofiĉoj ĝis manuskripto-fino).* Leipzig 1923.
Zamenhof, L.L., *Lingvaj respondoj. Plena kolekto.* Paris 1925.
Zamenhof, L.L., *Proverbaro Esperanta.* La Laguna 1962.
Zimpel, H.-G., *Lexikon der Weltbevölkerung <Geografie · Kultur · Gesellschaft>.* Hamburg 2000.

A

[1]A *n Mus* La; ***A-Dur*** La-maĵora; ***der Buchstabe A*** la litero A; ***das ~ und [das] O*** la alfo kaj [la] omego ◇ ***von A bis Z*** *vom Ersten bis zum Letzten* la tuta gamo; ***wer ~ sagt, muss auch B sagen*** kiu levis la piedon, devas ekpaŝi *od* se vi prenis la violonon, prenu ankaŭ la arĉon *(beide: Zam)*

[2]A = *Abk für* ***[2]Agora***

[3]A = *Zeichen für* ***Ampere***

Å = *Zeichen für* ***Ångström***

à *Präp zu [je]* [por] po; ***das Stück ~ zwei Euro*** unu peco por po du eŭroj

Aa *[a:ˈa] n Kindersprache für «Kot»*: ***~ machen****, auch* ***ein Häufchen machen*** kaki

Aachen (*n*) *eine Stadt in NRW* Aĥeno

Aachener ***a)*** *m Einwohner von Aachen* aĥenano ***b)*** *attr Adj*: ***~ Dom*** *m* Katedralo de Aĥeno

Aakerbeere *f, auch* ***arktische Brombeere*** *f* (Rubus arcticus) *Bot* arkta rubuso

Aal *m* (Anguilla) *Ichth, Nahr* angilo (↑ *auch* ***Inger****,* ***Meer-****,* ***Messer-****,* ***Räucher-****,* ***Sand-****,* ***See-****,* ***Sumpf-*** *u.* ***Zitteraal***); ***amerikanischer ~*** (Anguilla rostrata) amerika angilo; ***gemeiner*** (*od* ***europäischer***) *~, auch* ***Flussaal*** *m* (Anguilla anguilla) rivera angilo; ***japanischer ~*** (Anguilla japonica) japana angilo; ***einem ~ die Haut abziehen*** *Nahr* senhaŭtigi angilon, detiri de angilo la haŭton; ***sich winden wie ein ~*** serpentumi kiel angilo

Aalartige *Pl, auch* ***Aalfische*** *m/Pl* (*Ordnung* Anguilliformes) *Ichth (schlangenähnliche Fische ohne Bauchflossen)* angiloformaj [fiŝoj] *Pl*

Aaleidechse *f* (Lacerta anguina) *eine Eidechse mit einem langen aalförmigen Körper* angila lacerto

Aalen (*n*) *eine Stadt in Württemberg [mit Sitz der Deutschen Esperanto-Bibliothek]* Aleno

aalen, sich *refl* dolĉe (*od* ĝue) ripozi (↑ *auch* ***sich ausruhen***); ***sich in der Sonne aalen*** sidi (*bzw.* kuŝi) kaj ĝui la sunbrilon

Aalenium *n, auch* ***Aalenien*** *n Geol (älteste der vier chronostratigrafischen Stufen des Mitteljura)* alenio

Aalfang *m* angil[o]kaptado

Aalfische *m/Pl Ichth* ↑ ***Aalartige***

aal|förmig 1. *Adj* angiloforma **2.** *Adv* angiloforme; **~glatt** *Adj* glitema kiel angilo *auch übertr*

Aalmolche *m/Pl Ichth* ↑ ***Fischmolche***

Aalmutter *f* (*Gattung* Zoarces) *Ichth* zoarco; ***[europäische] ~*** (Zoarces viviparus) vivnaska zoarco; ***[Familie der] ~n*** *f/Pl od* ***Gebärfische*** *m/Pl* (Zoarcidae) *den Schleimfischen u. Seewölfen nahestehende Meeresfische* zoarcedoj *Pl*

Aalquappe *f Ichth* ↑ ***Aalraupe***

Aal|räucherei *f* angil[o]fumaĵejo; **~raupe** *od* **~rutte** *f, auch* ***Aalquappe*** *f, reg* ***Trüsche*** *f* (Lota lota) *Ichth* lojto; **~reuse** *f* naso por kapti angilojn

Aalsmeer (*n*) *ein Ort in der Provinz Nordholland* Alsmero *<Zentrum der holländischen Schnittblumen- u. Topfpflanzenzucht>*

Aar *m poet* ↑ ***Adler***

Aarau (*n*) *Hptst. des Kantons Aargau (Schweiz)* Araŭo

Aare *f zweitgrößter Fluss der Schweiz* [rivero] Aro

Aargau *m ein Schweizer Kanton* [kantono] Argovio *[Hptst.: Aarau]*

Aargauer *m Bewohner des Kantons Aargau* argoviano

Aargauerin *f* argovianino

aargauisch *Adj* argovia

Aarlen (*n*) ↑ ***Arlon***

Aaron (*m*) *bibl. männl. Eig* Aarono

Aas *n* ***a)*** kadavraĵo; *etw. Verwesendes* putraĵo; *Tierkadaver* bestokadavro ◇ ***wo ~ ist, da sammeln sich die Geier*** *bildh für «wo etw. zu erraffen ist, sammeln sich Habgierige»* putraĵo allogas vulturojn ***b)*** *übertr umg für «schlauer Fuchs»* [absoluta *od* vera] ruzulo, *(als Schimpfw)* fiulo, *[derber:]* kanajlo

Aasblume *f Bot* ↑ ***Stapelie***

Aasfliege *f Ent* ↑ ***Schmeißfliege***

Aas|fresser *m Zool* kadavromanĝanto, kadavromanĝa besto *z.B. Hyänen, Geier u.a.*; **~geier** *m, reg* ***Schmutzgeier*** *m* (Neophron percnopterus) *Orn* kadavrogrifo *[Vorkommen: Afrika, Kapverdische u. Kanarische Inseln] <kleinster Geier Europas>*; *übertr für «raubgierige Person»* vulturo, persono avida [je heredaĵo *u.a.*]; **~geruch** *m* kadavra odoro (*vgl. dazu* ***Kadaverin***); *i.w.S. übler Geruch* naŭza odoro; **~käfer** *m, auch* ***Totengräber*** *m* (*Gattung* Necrophorus) *Ent* nekroforo; (*Gattung* Silpha) silfo

Aaskrähe *f* (Corvus corone) *Orn* ↑ *die bei-*

*den Unterarten **Nebelkrähe** u. **Rabenkrähe***

Aas|made *f* kadavrovermo; ~**vogel** *m Orn* kadavromanĝa birdo

[1]ab 1. *Präp **a)** Ort* de; ~ ***Dresden*** de Dresdeno; ~ ***Flughafen Kairo*** de flughaveno Kairo ***b)*** *Zeit* ek[de]; ~ ***heute*** ekde hodiaŭ; ~ (***nach dem***) ***1. Januar*** [ek]de (post) la unua de januaro; ~ ***sieben Uhr*** [ek]de la sepa horo **2.** *Adv*: ~ ***und an*** *od* ~ ***und zu*** *von Zeit zu Zeit* de tempo al tempo; *dann und wann* iam kaj iam; ***auf und*** ~ *hoch und nieder* supren-malsupren; *hin und her (z.B. gehen)* tien kaj reen, for kaj returne **3.** *verkürzte Verbalform*: ***der Knopf ist*** ~ la butono deŝiriĝis (*od kurz* deiĝis), *umg auch* la butono estas for

[2]Ab *m 11. Monat des jüdischen Jahres [Mitte Juli/Mitte August]* abo

AB = *Abk für **Anrufbeantworter***

Abadan (*n*) *eine Hafenstadt in SW-Iran/ Provinz Khusestan* Abadano

Abaddon *m bibl (1. Engel des Abgrunds od der Unterwelt 2. [Abgrund der] Hölle, Ort des Verderbens, Totenreich)* Abadono

Abaillard (*m*) *Eig* ↑ ***Abälard***

Abakan (*n*) *Hptst. der Rep. Chakassien/ Russische Föderation* Abakano

abakteriell *Adj nicht durch bakterielle Erreger verursacht* ne kaŭzita de bakterioj, *<wiss> auch* abakteria; *bakterienfrei* senbakteria

Abakus *m 1. [antikes] Rechenbrett <in Asien oft heute noch als Rechengerät> 2. Säulendeckplatte beim Kapitell* abako

Abälard (*m*), *häufig auch franz.* ***Abélard*** *od* ***Abaillard*** *Eig (franz. frühscholastischer Philosoph u. Theologe [1079-1142])* Abelardo (↑ *auch* ***Héloïse***)

abänderbar *od* **abänderlich** *Adj* ŝanĝebla (↑ *auch* ***veränderbar***)

abändern *tr* ŝanĝi, ali[form]igi; *modifizieren* modifi; *korrigieren* korekti; *Gesetzesvorlage* amendi; *Schneiderei (nachbessern, [nochmals] ändern)* retuŝi; ***die Schultern müssen noch ein wenig abgeändert werden*** *Schneiderei* la ŝultroj devas esti iom retuŝataj

Abänderung *f das Abändern (als Vorgang)* ŝanĝ[ad]o, aliformigo, *(von Konfektionskleidung)* retuŝ[ad]o; *Modifikation* modif[ad]o; *Korrektur* korekt[ad]o; *Parl* amend[ad]o; *das Abgeänderte (als Ergebnis)* ŝanĝ[it]aĵo; modifaĵo; korektaĵo

Abänderungsantrag *m Parl* amendo; ***über einen*** ~ ***abstimmen*** voĉdoni pri amendo; ***einen*** ~ ***stellen*** prezenti amendon

Abänderungs|recht *n* rajto pri amendo; ~**vorschlag** *m* propono pri ŝanĝo (*od i.w.S,* korekto)

Abandon *m od* **Abandonnement** *n Jur, Versicherungswesen, bes. Seetransportversicherung (Abtretung aller Eigentumsrechte auf ein verunglücktes Schiff an den Versicherer unter Beanspruchung der [gesamten] Versicherungssumme)* abandono

abarbeiten *tr Schuld* pagi (*od* kvitiĝi) per laboro; ***sich*** ~ *sich sehr anstrengen* ege peni, treege streĉi siajn fortojn; *bis zur Erschöpfung* elĉerpiĝi pro troa labor[ad]o

Abart *f Bot, Zool (Unterabteilung einer Art)* vari[aĵ]o, *<wiss>* varietato (*Abk* var.)

abarten *intr* (*selt für «von der Art abweichen»*) variiĝi, aliformiĝi, modifiĝi; *entarten* degeneri

Abartigkeit *f*: ***psychische*** ~ psikopatio

Abasie *f nur Fachspr Med u. Psych (psychogene Gehunfähigkeit infolge mangelnder Bewegungskoordination)* abazio; ***paralytische*** ~ (Abasia paralytica) *vollständige Lähmung des Bewegungsapparats* paraliza abazio; ***psychogene*** ~ (Abasia psychogenica) *psychogene Gehstörung* psikogena abazio

Abasiner *m/Pl Ethn (eine kleinere Ethnie im N-Kaukasus <mit den Abchasen verwandt, zum Teil von ihnen assimiliert>)* abazinoj *Pl*

Abasinisch[e] *n Ling (eine kaukasische Sprache)* la abazina [lingvo]

Abate *m* ↑ ***Abt***

abatisch *Adj an Abasie leidend, unfähig zu gehen bzw. die Abasie betreffend* abazia

Abaton *n Arch, Rel (das [abgeschlossene] Allerheiligste, der Altarraum in den Kirchen des orthodoxen Ritus, den nur die Priester betreten dürfen)* abatono

Abb. = *Abk für **Abbildung***

abbalgen *tr ein erlegtes od geschlachtetes Tier, auch beim Haar-Niederwild u. bei allem Federwild* senfeligi

Abbas (*m*) *arab. Eig* Abaso *auch Name früherer ägyptischer u. iranischer Herrscher*

Abbasiden *m/Pl Gesch (Kalifendynastie 750-1258 in Bagdad u. bis 1517 noch als Scheinkalifen in Kairo)* abasidoj *Pl*

Abbau *m **a)** eines Gerüsts* malkonstru[ad]o

(↑ *auch* ***Abriss a)***); *Demontage* malmunt[ad]o ***b)*** *Verringerung* [iompostioma] redukt[ad]o *od* malpliigo (↑ *auch* ***Eiweißabbau***); *Abschaffung, Beseitigung* forigo; *Bergb* ekspluat[ad]o; ~ ***von Privilegien*** forigo de privilegioj

abbaubar *Adj Bergb (Erz, Kohle u.a.)* ekspluatebla; ***biologisch*** ~ biologie malkombinebla

abbauen ***a)*** *tr auseinandernehmen, demontieren* malmunti, *Gerüst auch* malkonstrui; *Zelt* malstarigi; *allmählich verringern* [iom post iom] redukti *od* malpliigi; *Gehälter* malaltigi; *Bergb* ekspluati; ***[das] Personal*** ~ redukti la personaron ***b)*** *intr*: ◇ ***er hat in letzter Zeit sehr abgebaut*** *er ist sehr verfallen (od gebrechlich) geworden* lastatempe li ege kadukiĝis

abbauwürdig *Adj Bergb* ekspluatinda

Abbauwürdigkeit *f Bergb* ekspluatindeco

Abbé *m* ↑ ***Abt***

abbeeren *tr* senberigi; *abs* pluki (*od* forigi) la berojn de la arbedoj (*bzw.* tigetoj)

Abbeermaschine *f Weinbau* senberiga maŝino

abbeißen *tr* demordi, mordeti; *wegbeißen* formordi; ***etwas*** (*od* ***ein bisschen***) ***von der Schokolade*** ~ mordeti iomete de la ĉokolado ◇ ***lass mich mal*** ~ *gib mir einen Bissen davon* donu al mi [etan] mordaĵon de tio

abbekommen *tr*: ***etw.*** ~ *einen Schaden davontragen* fariĝi difektita, [iom] difektiĝi; *verletzt werden* fariĝi lezita; ***seinen Teil*** ~ ricevi sian parton (*vgl. dazu* ***kriegen***)

abberufen *tr* forvoki, revoki, revenigi; ***einen diplomatischen Vertreter*** ~ *Dipl* revoki diplomatian reprezentanton; ***jmdn. von seinem Posten*** ~ revoki iun de sia posteno; ***der himmlische Vater hat ihn abberufen*** (*od* ***zu sich gerufen***) *übertr* la ĉiela Patro revokis lin al si

Abberufung *f* revoko, revenigo

Abberufungsschreiben *n Dipl* letero de revoko

abbestellen *tr* malmendi (***etw.*** ion), nuligi la mendon (***etw.*** de io), *Zeitung meist* malaboni

Abbestellung *f* malmendo, *Zeitung auch* malabono

abbeuteln ↑ ***abschütteln***

Abbevillien *n Urgeschichte (Kultur der frühesten Altsteinzeit)* abevilio

abbezahlen *tr nach und nach bezahlen* iom post iom pagi; ***in Raten*** ~ pagi laŭ la partopaga sistemo

Abbiegeassistent *m*, *auch* ***Abbiegeassistenzsystem*** *n Verk (ein Warnsystem in Bussen u. LKWs)* avertsistemo pri morta angulo

abbiegen ***a)*** *tr zur Seite biegen* fleksi (*od* kurbigi) flanken; *übertr abwenden, verhindern* deturni, [lastmomente] preventi ***b)*** *intr abzweigen* debranĉiĝi, disbranĉiĝi; *eine andere Richtung einschlagen* preni alian direkton (***nach*** al); ***die Straße biegt nach rechts ab*** la strato flankeniĝas dekstren; ***vom Wege*** ~ deiri de la vojo, forlasi la vojon

Abbild *n* kopi[aĵ]o, respegul[aĵ]o; reflekto *bes. Phil*; ***sie ist das*** ~ ***ihrer Mutter*** ŝi estas la (*od* kvazaŭ) portreto de sia patrino

abbilden *tr* bildigi; *kopieren* kopii; *porträtieren* portreti; *Geom, Opt (im Bild darstellen)* figuri *auch allg*

Abbildung *f* ***a)*** *als Vorgang (das Abbilden) n* ilustrado, *Geom u. Opt* figurado ***b)*** *als Resultat (das Abgebildete)* (*Abk* ***Abb.***) ilustraĵo, *umg* bildo (↑ *auch* ***Illustration***); *Zeichnung* desegnaĵo; *Diagramm* diagramo

Abbildungsfehler *m Ophthalmologie* aberacio (*vgl. dazu* ***Aberration***)

abbinden ***a)*** *tr losbinden* liberigi de [liganta] ŝnuro; *ablegen od abnehmen (Kopftuch, Krawatte, Schürze)* demeti; ***eine [Schlag-] Ader*** ~ *Med* ligaturi (*od* premligi) arterion (↑ *auch* ***abschnüren***); ***Zement*** ~ *erhärten* hardi cementon ***b)*** *intr Gips, Mörtel, Zement* solidiĝi, hardiĝi

Abbinden *n das Festwerden od Erstarren* solidiĝo, hardiĝo; ~ ***des Zements*** (*od* ***von Zement***) solidiĝo de cemento

Abbitte *f Bitte um Verzeihung* pardonpeto; ***bei jmdm.*** ~ ***tun*** (*od* ***leisten***) pardonpeti iun (***wegen*** pro)

abblasen *tr* ***a)*** *wegblasen* forblovi (***von*** de) ***b)*** *umg für «absagen»* malokazigi, nuligi; ***die ganze Sache wurde abgeblasen*** oni simple malokazigis (*od* nuligis) la tutan aferon ◇ ***die Jagd*** ~ *durch Jagdsignale das Ende einer Gesellschaftsjagd od eines Treibens ankündigen* [korn]signali la finon de la ĉaso

abblättern ***a)*** *tr von den Blättern befreien, z.B. Kohlkopf, Rüben* senfoliigi, forigi la foliojn de ***b)*** *intr Farbe, Putz* deiĝi *od* defali [en tavoletoj]; *Pflanze* senfoliiĝi, perdi la (*od* siajn) foliojn; ***die Rose ist abgeblättert***

la rozo perdis la [flor]foliojn (*od* petalojn)

abblenden *tr Kfz* malintensigi la reflektorojn (*od umg* lumon); *Foto* diafragmi, plimalvastigi la aperturon de la diafragmo

Abblendlicht *n Kfz* proksimeca lumo

abblitzen *intr übertr umg* esti rifuzata, ne havi sukceson ◇ ***sie hat mich ganz schön ~ lassen*** ŝi sufiĉe abrupte rifuzis mian peton (*bzw.* proponon), *(Zam) auch* ŝi bele min forregalis

abblocken *tr*: ***den Angriff ~*** *auch Sport* bloki la atakon

ab|blühen *intr* senfloriĝi, ĉesi floradon; **~-böschen** *tr Bauw (mit einer Böschung abdachen)* talusi

Abbott-Tölpel *m Orn* ↑ ***Graufußtölpel***

abbrausen, sich *refl* sin duŝi, preni duŝon

abbrechen ***a)*** *tr* derompi, [for]rompi (***etw. von etw.*** ion de io); *abreißen, z.B. einen Zweig* deŝiri; *zerbrechen* disrompi; *[plötzlich] beenden* [subite] ĉesigi; *Gebäude, Mauer* malkonstrui; ***die diplomatischen Beziehungen zu ...*** ~ rompi la diplomatiajn rilatojn kun ...; ***der Kampf wurde abgebrochen*** *Boxen* oni ĉesigis la [bokso]maĉon; ***die Schwangerschaft*** ~ ĉesigi la gravedecon ***b)*** *intr zerbrechen, zu Bruch gehen* [dis]rompiĝi, forrompiĝi; *[plötzlich] aufhören* [subite] ĉesi; ***mein Absatz [am Schuh] ist abgebrochen*** la kalkanumo de mia ŝuo [for]rompiĝis

abbremsen *tr* [iom] bremsi; *abs*: ***du musst ~*** *die Geschwindigkeit verringern* vi devas redukti la rapidecon [de la aŭto]

abbrennen ***a)*** *tr niederbrennen* forbruligi; *Feuerwerk* ekflamigi; ***Feuerwerkskörper ~*** ekflamigi petardojn ***b)*** *intr verbrennen, niederbrennen* forbruli, konsumiĝi per fajro, brulkonsumiĝi; *in Flammen stehen* esti en flamoj; *zischend abbrennen [ohne Explosion], z.B. ein Zündstoff* fuzi; ***das Haus ist abgebrannt*** la domo forbrulis ◇ ***ich bin völlig*** (*od* ***vollkommen***) ***abgebrannt*** *völlig ohne Geld* mi estas tute bankrota

Abbreviation *od* **Abbreviatur** *f nur Fachspr Mus u. Typ* abreviacio (*vgl. dazu* ***Abkürzung***)

abbringen *tr* deturni, deflankigi (***von*** de); ***jmdn. von seiner Meinung*** ~ igi iun ŝanĝi (*od* forlasi) sian opinion; ***jmdn. vom Thema*** ~ deflankigi iun de la [priparolata *od* diskutata] temo

abbröckeln ***a)*** *tr* forigi en etaj pecoj (*od* en tavoletoj), depecigi ***b)*** *intr z.B. Putz von der Wand* foriĝi en etaj pecoj (*od* en tavoletoj), depeciĝi

abbrocken *tr* ↑ ***abpflücken***

Abbruch *m Abriss, z.B. von Gebäuden* malkonstruo; *von Beziehungen (auch Dipl)* [dis]rompo; *von Therapie, Verhandlungen u.a.* ĉesigo (↑ *auch* ***Spielabbruch***); *übertr Schaden* domaĝo, malutilo; ***~ der diplomatischen Beziehungen*** *(als Vorgang)* romp[ad]o de la diplomatiaj rilatoj; *(als Fakt)* romp[iĝ]o de la diplomatiaj rilatoj; ***das tut der Sache großen ~*** tio kaŭzas grandan domaĝon (*bzw.* malutilon) al la afero

Abbruch|haus *n* domo malkonstruata (*bzw.* malkonstruota); **~kosten** *Pl* kostoj de malkonstruado

abbrühen *tr mit kochendem Wasser übergießen* brogi ◇ ***er ist völlig abgebrüht*** li estas tute sen sento por honest[ec]o (*od* honoro)

abbuchen *tr*: ***hundert Euro von jmds. Konto ~*** debeti ies konton per cent eŭroj

Abbuchung *f Bankw* debeto de [ies] konto

ab|bürsten *tr* purigi (*od* froti *od* forigi) per broso, [for]brosi; **~büßen** *tr* esti punata pro, pune repagi, [el]suferi

Abc *n* aboco *auch übertr für «Anfangsgründe»*; *Alphabet* alfabeto; *übertr Grundlage* fundamento, bazo; ***nach dem ~*** laŭ la alfabeto; ***nach dem ~ geordnet*** (*od* ***sortiert***) alfabete ordigita

Abc-Buch *n Schule* abocolibro, alfabetumo (↑ *auch* ***¹Fibel***)

ABC-Code *m Telegrammschlüssel, der auf dem Abc basiert* ABC-kodo

Abchasen *m/Pl Ethn (ein mit den Tscherkessen verwandtes Volk im westl. Kaukasus)* abĥazoj *Pl*

Abchasien (*n*) *eine autonome Rep. in NW-Georgien* Abĥazio

abchasisch *Adj* abĥaza

Abchasisch[e] *n Ling (eine kaukasische Sprache)* la abĥaza [lingvo]

Abchlor *od* **Restchlor** *n Chem* rezidua kloro

Abc-Schütze *m* abocolernanto

ABC|-Staaten *m/Pl Argentinien, Brasilien u. Chile* ABC-ŝtatoj *Pl*; **~-Waffen** *f/Pl atomare, biologische u. chemische Waffen* ABC-armiloj *Pl*

abdachen *tr abböschen* talusi

Abdachung *f* taluso, deklivo; *Festungsbau*

(innere Grabenböschung) eskarpo; *Abschüssigkeit, Gefälle* dekliveco (*vgl. dazu* ***Neigung a)***)

abdämmen *tr einen Wasserlauf* digi, bari (*od* reteni) per digo (*vgl. dazu* ***stauen***)

Abdampf *m Dampf, der nach Arbeitsleistung der Dampfturbine od einer Industrieanlage entströmt u. ins Freie abgelassen od in der Fernheizung weiter ausgenutzt wird* rezidua vaporo

abdampfen ***a)*** *tr*: ~ ***lassen*** [el]vaporigi, forvaporigi; ***Flüssigkeiten*** ~ vaporigi likvaĵojn ***b)*** *intr* elvaporiĝi, forvaporiĝi; *umg salopp od scherzh für «abreisen» bzw. «losgehen»* forvojaĝi, forveturi (***nach*** al) *bzw.* ekiri

abdanken *intr* [memvole] eksiĝi, demeti sian oficon, demisii; *Herrscher, Papst* abdiki (↑ *auch* ***abtreten b)***)

¹**Abdankung** *f Rücktritt* [memvola] eksiĝo, demisio; *von der Herrschaft od einem hohen Posten* abdiko; *Thronverzicht* rezigno (*bzw.* forlaso) de la trono

²**Abdankung** *od* **Abdankungsfeier** *f* ↑ ***Trauerfeier***

abdecken *tr herunternehmen* forpreni, depreni; *die Decke, den Deckel u. dgl. (von etw.) wegnehmen* forpreni la kovrilon de ... (↑ *auch* ***abnehmen a)***); *zudecken* kovri ... [per kovrilo *u.a.*]; *Fell abziehen* senfeligi, detiri la felon de; ***den [Ess-]Tisch*** ~ forpreni la manĝilaron de la [manĝo]tablo; ***den Bedarf an ...*** ~ plenumi (*od* kontentigi) la bezonon je ...; ***mit Platten*** ~ kovri per slaboj; ***der Sturm hat das Dach abgedeckt*** la ŝtormo forŝiris la tegmenton de la domo, *auch* la ŝtormo sentegmentigis la domon

Abdecker *m, alt* ***Schinder*** *m* senfeligisto

Abdeckerei *f, alt* ***Schindanger*** *m* senfeligejo

Abdeck|leiste *f* kovrolato, *(als Randleiste)* kovrolistelo; ~**plane** *f allg* kovrotuko; *für LKW, offenen Güterwagen* baŝo, *für im Freien lagernde Materialien u.a.* ŝirmtolo *od* ŝirma tolo; ~**platte** *f aus Beton, Stein od Marmor* slabo; *Arch (Säulendeckplatte)* abako

Abdeckung *f etw. zum Abdecken* kovraĵo (↑ *auch* ***¹Verkleidung***); *Deckel* kovrilo; *Glocke zum Überstülpen, Sturz* kloŝo; *Stülpkorb* kloŝforma korbo

Abdera (*n*) *eine altgriech. Stadt an der Küste Thrakiens* Abdero

Abderit *m Bewohner von Abdera* abderano

auch übertr für «einfältiger Mensch» od «Schildbürger»

abdichten *tr mit Harz, Kitt, Pech od Werg* kalfatri *auch Schiffsplanken*; *hermetisch verschließen* hermetike fermi; *zustopfen, zupfropfen* ŝtopi

Abdichtung *f mit Abdichtmasse* kalfatrado; *Isolieren* izolado; *hermetisches Verschließen* hermetika fermado; *Material zum Zustopfen* ŝtopaĵo (*vgl. dazu* ***²Dichtung*** *u.* ***Werg***)

abdienen *tr* servofini, finservi, servi sian tempon ĉe (*bzw.* en) ...; ***er muss seine Probezeit*** ~ li devas finservi sian provotempon

Abdikation *f alt* = ***Abdankung***

Abdimstorch *m* (Ciconia abdimii) *Orn* blankpuga cikonio

Abdomen *n 1. Zool (Hinterleib von Kerb-, Krebs- u. Spinnentieren) 2. Fachspr Med (Unterleib)* abdomeno (*vgl. dazu* ***Bauch***); ***akutes*** ~ *Med (ein Symptom für eine lebensbedrohliche Erkrankung im Bauchraum)* akuta abdomeno; ***geblähtes*** ~ ↑ ***Blähbauch***

abdominal, *auch* ***abdominell*** *Adj zum Unterleib (od i.w.S. Bauch) gehörig od im Unterleib gelegen* abdomena (*vgl. dazu die Zus mit* ***Bauch-*** *u.* ***Unterleibs-***; ↑ *auch* ***intraabdominal***)

Abdominalatmung *f Physiol* ↑ ***Bauchatmung***

Abdominalgravidität *f Med* ↑ ***Bauchhöhlenschwangerschaft***

Abdominalhöhle *f Anat* ↑ ***Bauchhöhle***

Abdominal|reflex *m, auch* ***Bauchdeckenreflex*** *m Med* abdomena reflekso; ~-**schmerz** *m Med* abdomena doloro

Abdominaltyphus *m Med* ↑ ***Unterleibstyphus***

abdrängen *tr* flankenpremi, forpremi (↑ *auch* ***verdrängen***); *stoßend drängen* forpuŝi, puŝe forigi (***jmdn.*** iun)

abdrehen ***a)*** *tr drehend lösen, z.B. einen Deckel* turne malfermi; *zudrehen, z.B. einen Hahn* fermi [la kranon]; *Licht, Radio* elŝalti, malŝalti (↑ *auch* ***abschalten*** *u.* ***ausdrehen a)***); *auf der Drehbank* [per tornilo] glatigi ***b)*** *intr sich abwenden* sin deturni, forturniĝi; *die Richtung ändern* ŝanĝi la direkton (***nach*** al; ***nach Osten*** orienten); *Mar [plötzlich] seinen Kurs ändern* [subite] ŝanĝi sian kurson; ***das Schiff drehte nach Süden ab*** la ŝipo [subite] ŝanĝis sian

kurson suden (*od* al [la] suda direkto)
Abdrift *f Flugw, Mar* driv[ad]o
abdriften *intr bes. Flugw u. Mar* drivi (*vgl. dazu* ***abtreiben b)***)
Abdrift|messer *m Flugw, Mar* drivometro; ~**winkel** *m Flugw, Mar (Winkel zw. Fahrt- u. Kursrichtung)* drivangulo (↑ *auch* ***Abweichungswinkel***)
abdrosseln *tr Motor u. übertr* sufoki
Abdruck *m* ***a)*** *Typ (Abgedrucktes)* depres[aĵ]o, repres[aĵ]o, *(etw. Eingedrucktes)* enpres[aĵ]o, *(als Druckvorgang)* presado; *i.w.S. Kopie* kopio; *Abklatsch* premkopio ***b)*** *Eindruck [z.B. im Sand], hinterlassene Spur* premsigno(j) (↑ *auch* ***Fuß-*** *u.* ***Reifenabdruck***); *Gips*~ gipskopio; *Stempel*~ *[der Post]* poŝtstampo
abdrucken *tr Typ* [re]presi (↑ *auch* ***publizieren***); ***der Artikel wird in der nächsten Nummer abgedruckt*** la artikolo estos presata en la sekva numero
abdrücken *tr Schusswaffe* ekpafi, *abs* premi la ĉanon; ***es drückt mir das Herz ab, wenn ich das sehe*** vidante tion mia koro sufokiĝas; ***die Mutter drückte ihr Kind ab*** la patrino karesis kaj kis[ad]is sian infanon ***jmdn.*** ~ *umarmen* brakumi iun; ***die Füße drücken sich im Schnee ab*** la piedoj postlasas premspurojn en la neĝo
Abduktion *f Physiol (Muskel- od Gliedbewegung vom Körper weg [z.B. Heben des Arms nach außen])* movo flanken kaj for de la korpo, *Fachspr* abdukcio
Abduktor *m, auch* ***abziehender Muskel*** *od* ***Abziehmuskel*** *m* (Musculus abductor) *Anat* abduktoro, abdukcia muskolo
Abdullah (*m*) *arab.männl. Vorname* Abdulo
Abduzens *m, auch* ***Abziehnerv*** *m Anat (der IV. Hirnnerv)* abdukcia nervo
abduzieren *tr von der Meridianebene des Körpers nach außen wegführen, spreizen (z.B. auch der Finger)* abdukcii
abebben *intr geringer werden (auch Schmerzen)* malpliiĝi (↑ *auch* ***abflauen***); *leiser werden* iom post iom mallaŭtiĝi; *verrauchen (Zorn)* forvaporiĝi; ***die Flut ebbt ab*** *Mar* la alta tajdo iom post iom malkreskas
Abel (*m*) *Eig ([im Alten Testament:] Sohn Adams und Evas, den sein Bruder Kain aus Eifersucht erschlägt)* Habelo
Abélard (*m*) *Eig* ↑ ***Abälard***
Abelie *f Bot*: ***chinesische*** ~ (Abelia chinensis) ĉina abelio *[Vorkommen: China, Taiwan, Japan]*; ***koreanische*** ~ (Abelia mosanensis) korea abelio
Abelsonit *m* (*auch* ***Nickelporphyrin*** *n genannt*) *Min* abelsonito
Abend *m* vespero *auch i.w.S.* (↑ *auch* ***Abschieds-***, ***Begrüßungs-***, ***Fest-***, ***Folklore-***, ***Frühlings-***, ***Gala-***, ***Gesellschafts-***, ***Gruppen-***, ***Lebens-***, ***Sommer-***, ***Tanz-***, ***Theater-***, ***Vor-*** *u.* ***Winterabend***); ~ ***für*** ~ ĉiun vesperon, ĉiuvespere; ***als es auf den*** ~ ***zu ging*** *od geh* ***als der*** ~ ***nahte*** kiam la vespero [al]proksimiĝis; ***am*** ~ en (*od* je) la vespero, *umg* vespere; ***eines*** ~***s*** iun vesperon, iuvespere; ***den ganzen*** ~ ***lang*** (*od* ***über***) la tutan vesperon; ***gegen*** ~ ĉirkaŭ la vespero, je vesperiĝo; ***gestern*** ~ hieraŭ vespere; ***guten*** ~***!*** bonan vesperon!; ***der Heilige*** ~ *Kirche* la Sankta Vespero; ***heute*** ~ hodiaŭ vespere; ***jeden*** ~ ĉiun vesperon, *umg* ĉiuvespere; ***morgen*** ~ morgaŭ vespere; ***zu*** ~ ***essen***, *<österr>* ***nachtmahlen***, *<schweiz> u. reg* ***zu Nacht essen*** vespermanĝi; ***es wird*** ~ *der Abend kommt* vesperiĝas ◇ ***man soll den Tag nicht vor dem*** ~ ***loben*** laŭdu tagon nur vespere *(Zam)*; ***noch ist nicht aller Tage*** ~ *man kennt das Ende noch nicht* oni ankoraŭ ne konas la finon (*bzw.* la finan rezulton); *es kann noch viel geschehen* povas ankoraŭ multe okazi
Abend|andacht *f abendlicher liturgischer Gottesdienst* vespera diservo, *auch* vespro(j) *(Pl)*; ~**anzug** *m* vesperkostumo; ~**ausgabe** *f Ztgsw* vespera eldono [de gazeto]; ~**brot** *n* vespermanĝo; ~**dämmerung** *f* vespera krepusko (*vgl. dazu* ***Zwielicht***)
Abendessen *n, reg u. <schweiz>* ***Nachtessen*** *n, <österr> auch* ***Nachtmahl*** *n* vespermanĝo (*vgl. dazu* ***Souper***); ***nach*** (***vor***) ***dem*** ~ post (antaŭ) la vespermanĝo
Abend|gebet *n* vespera preĝo, *auch* vesperpreĝo (*vgl. dazu* ***¹Komplet***); ***zum*** ~ ***läuten*** sonorigi al vespera preĝo
Abend|gesellschaft *f* vespera societo; ~**gottesdienst** *m* vespera diservo; ~**kernbeißer** *m* (Hesperiphona vespertina) *Orn* vesperkernrompulo; ~**kleid** *n* vespera robo; ~**kurs[us]** *m Päd* vespera kurso
Abendland *n die westliche Welt* okcidento; ***der Untergang des*** ~***s*** la dekadenco de la okcidento
abendländisch *Adj* okcidenta; *i.w.S. westeu-*

ropäisch okcidenteŭropa (↑ *auch* ***hesperisch***)

abendlich *Adj* [dum]vespera; ***zu ~er Stunde*** je vespera horo; *vor dem Schlafengehen* antaŭ enlitiĝo

Abendmahl *n* ***a)*** *Kirche* Sankta Manĝo; *kath. Rel (Kommunion [1. das Abendmahl als Gemeinschaftsmahl der Gläubigen mit Christus 2. der erste Empfang des Abendmahls])* komunio; ***~ für einen Sterbenden****, auch* ***heilige Wegzehrung*** *f* viatiko; ***das [heilige] ~ empfangen*** ricevi la komunion, *auch* komuniiĝi ***b)*** *reg auch für «Abendessen»* vespermanĝo

Abendmahlsbrot *n Kirche* ↑ ***Hostie***

Abendmahlsfeier *f Kirche* ↑ ***Eucharistie***

Abendmahlskelch *m Kirche* kaliko por la Sankta Manĝo

Abend|messe *f kath. Kirche* vespera meso, *auch* meso vespere celebrata; **~programm** *n* vespera programo *auch Radio u. TV*; **~rot** *n od* **~röte** *f* vesperruĝo

abends *Adv* vespere; ***~ spät od spätabends*** malfrue en la vespero, malfruvespere; ***bis 9 Uhr ~*** ĝis la naŭa [horo] vespere; ***von morgens früh bis spät ~*** de frumatene ĝis malfrue en la vespero

Abend|schule *f* vesperlernejo *od* vespera lernejo; **~sonne** *f* vespera suno; **~spaziergang** *m* vespera promeno; **~stern** *m* vesperstelo, *auch* vespera astro (*vgl. dazu* ***¹Venus***); **~ständchen** *n* serenado [dum vespero] (↑ *auch* ***Notturno***); **~studium** *n* vespera studado; **~veranstaltung** *od* **~vorstellung** *f* [dum]vespera aranĝo; **~weite** *f Astron (der Winkel am Horizont zw. dem Westpunkt u. dem Untergangspunkt eines Gestirns)* vespera amplitudo; **~zeitung** *f* vespera gazeto; **~zug** *m Eisenb* vespera trajno (↑ *auch* ***Nachtzug***)

Abenteuer *n* aventuro (*vgl. dazu* ***Desperado***; ↑ *auch* ***Liebesabenteuer***); *außergewöhnliches Erlebnis* eksterordinara travivaĵo; ***auf ~ ausgehen*** serĉi aventurojn; ***ein ~ erleben*** travivi aventuron (***mit jmdm.*** kun iu); ***er liebt das ~*** li ŝatas aventurojn, *auch* li estas aventurema; ***sich in ein militärisches ~ stürzen*** sin ĵeti en militan aventuron

Abenteuer|buch *n* aventurlibro **~film** *m* aventura filmo

abenteuerlich *Adj Mensch* aventurema, *nachgest auch* inklina al aventuroj; *Erlebnis* aventur[o]plena (*vgl. dazu* ***exzentrisch u. gewagt***); ***~es Leben*** *n* aventurplena vivo

Abenteuer|reise *f* aventura vojaĝo; **~roman** *m Lit* aventura romano; **~tourismus** *m* aventura turismo

Abenteurer *m* aventur[em]ulo (*vgl. dazu* ***Wagehals***); *im Sinne von «Spekulant»* aventuristo; ***politischer ~*** politika aventuristo

Abenteu[r]erin *f* aventur[em]ulino; aventuristino

aber 1. *Konj* sed; ***~ doch*** sed tamen; ***jetzt wird es ~ Zeit!*** *zum Aufbruch* nun finfine vi (*bzw.* ni *od* mi) devas ekiri!; *dass du kommst* nu, finfine vi venas! **2.** *Adv*: ***tausend und ~ tausend*** miloj kaj miloj

Aber *n*: ***die Sache hat ein ~*** estas malfacilaĵo en la afero

Aberdeen (*n*) *drittgrößtee Stadt Schottlands* Aberdeno

Aberglaube *m* superstiĉo

abergläubisch *Adj* superstiĉa

aberhundert[e], *auch* ***Aberhundert[e]*** *Num* centoj kaj centoj (*mit nachfolgendem* da); ***~ Sterne*** centoj kaj centoj da steloj

aberkennen *tr für ungültig erklären* deklari malvalida; *annullieren* nuligi; ***ihm wurde die Staatsbürgerschaft aberkannt*** *Jur* [per juĝa decido] oni forprenis de li la ŝtatanecon; ***ein Tor ~*** *Sport* nuligi golon

Aberkennung *f von Rechten, Titeln u. dgl.* nuligo

aber|malig *Adj* refoja; *erneut* denova; **~mals** *Adv* refoje, denove, ankoraŭfoje

abernten *tr* rikolti; *die Ernte einbringen* kolekti la rikolt[aĵ]on; ***der Baum ist abgeerntet*** la fruktoj de l' arbo estas [jam] rikoltitaj (*od* plukitaj)

aberrant *Adj [von der normalen Form] abweichend* aberacia

Aberration *f Astron, Biol, Opt, Psych* aberacio (*vgl. dazu* ***Abweichung*** *u.* ***Anomalie***; ↑ *auch* ***Chromosomen-*** *u.* ***Planetenaberration***); ***chromatische*** (***sphärische***) ***~*** *Opt* kromata (sfera) aberacio

Aberrations|ellipse *f Astron* aberacia elipso; **~konstante** *f Astron (der stets gleichbleibende Wert der jährlichen Aberration des Sternenlichtes)* aberacia konstanto *od* konstanto de aberacio

Aberraute *f Bot* ↑ ***Eberraute***

aberrieren *intr Astron, Biol, Opt* aberacii (*vgl. dazu* ***abirren*** *u.* ***abweichen***)

abertausend[e], *auch* ***Abertausend[e]*** *Num*

miloj kaj miloj (*mit nachfolgendem* da)
aberwitzig *Adj geh [völlig] sinnlos* [plene] sensenca; *[ganz] absurd* [tute] absurda (*vgl. dazu* ***unsinnig*** *u.* ***widersinnig***)
abessen *tr* formanĝi; ***den Teller*** ~ formanĝi ĉion de sur la telero
Abessinien (*n*) (*ältere Bez für* ***Äthiopien*** [↑ *dort*]) Abisenio
Abessinier *m Ethn* abiseno; ~**katze** *f, Kurzf* ***Abessinier*** *m eine Rasse der Kurzhaarkatzen [eine der ältesten gezüchteten Katzenrassen]* abisena kato
abessinisch *Adj* abisena
Abessiv *m Kasus in den finnisch-ugrischen Sprachen zum Ausdruck des Nicht-vorhanden-Seins eines Gegenstandes* abesivo
Abf. = *Abk für* ***Abfahrt***
Abfahrauftrag *m nur Fachspr Eisenb* ordono por ekveturo
abfahrbereit 1. *Adj* ekveturpreta, *nachgest* preta por ekveturi (*od* ekveturo) **2.** *Adv* ekveturprete (*vgl. dazu* ***startklar***)
abfahren ***a)*** *tr auf einem Fahrzeug fortschaffen [lassen], z.B. Müll* forveturigi, fortransporti; ***wir sind*** (*od* ***haben***) ***die ganze Region abgefahren*** *z.B. auf der Suche nach etw.* ni traveturis la tutan [tiean] regionon [kaj serĉis] ◇ ***jmdn.*** ~ ***lassen*** *zurückweisen* [draste] rifuzi iun (*bzw.* ies proponon) ***b)*** *intr losfahren* ekveturi; ***um wie viel Uhr fährt unser Zug ab?*** je kioma horo nia trajno ekveturos?; ***der Zug fährt vom Hauptbahnhof ab*** la trajno ekveturas (*bzw.* ekveturos) de la ĉefa stacidomo, *umg auch* la trajno ekiros de la ĉefstacidomo; ***wann fährt das Schiff in ... ab?*** kiam la ŝipo ekiros en ...?; ***wo fährt der Bus*** (***die Straßenbahn***) ***ab?*** kie estas la haltejo de la buso (tramo)?
Abfahrsignal *n Eisenb* ↑ ***Abfahrt[s]signal***
Abfahrt *f* (*Abk* ***Abf.***) ekveturo, forveturo; *Abreise* forvojaĝo, *umg auch* ekiro; *bergab* malsupreniro, descendo; *Verk (z.B. Ausfahrt von der Autobahn)* elveturejo; *Skilauf (Abfahrtshang)* descendejo, *(als Vorgang)* descendo; ***auf die*** ~ ***des Zuges warten*** atendi la ekveturon de la trajno
Abfahrt[s]bahnsteig *m Eisenb* ekvetura kajo
Abfahrts|lauf *m Skisport* descenda skiado; ~**läufer** *m* descenda skiisto
Abfahrt[s]signal *n, Fachspr Eisenb* ***Abfahrsignal*** *n* ekveturisignalo, signalo por ekveturo
Abfahrts|ski *m* descenda skio; ~**strecke** *f Skilauf* descend[o]vego
Abfahrt[s]|zeichen *n* signo por ekveturi; ~**zeit** *f* ekveturtempo, tempo de ekveturo
Abfall *m* ***a)*** *Rückstand* defalaĵo(j) *(Pl)* (↑ *auch* ***Eisen-*** *u.* ***Industrieabfall***); *Abgeschnittenes, Schnipsel* detranĉaĵo(j) *(Pl)*; *Weggeworfenes* forĵetaĵo(j) (↑ *auch* ***Holz-, Papierabfälle*** *u.* ***Unrat***); *Müll* rub[aĵ]o (↑ *auch* ***Küchenabfall***); *Kehricht* balaaĵo; ***nuklearer*** ~ nuklea defalaĵo; ***radioaktive Abfälle*** *Pl* radioaktivaj defalaĵoj *Pl* ***b)*** *Lossagung, Treubruch* defalo, malaniĝo, malfideliĝo; *Rel (Abfall vom Glauben)* apostateco ***c)*** *Schräge* dekliv[ec]o ***d)*** *Fallen, Rückgang [in der Intensität]* falo, descendo (↑ *auch* ***Druck-*** *u.* ***Spannungsabfall***)
Abfall|behälter *m* ujo por defalaĵo (*bzw.* forĵetaĵo); *für Müll* ujo por rubo (*bzw.* balaaĵo), rubujo; ~**beseitigung** *f Müllabfuhr* ruboforigo; ~**eimer** *m* sitelo por defalaĵo (*bzw.* balaaĵo); *Mülleimer* rubositelo (↑ *auch* ***Mülltonne***); ~**eisen** *n* ferrubo (*vgl. dazu* ***Eisenabfall***)
abfallen *intr* ***a)*** *Laub, Obst* [de]fali; *allg herunterfallen* fali (***von*** de); ***im Herbst fallen die Blätter ab*** en aŭtuno la folioj falas [teren] ***b)*** *sich senken (Straße)* malsupreniĝi, descendi, *(Wasserspiegel)* malaltiĝi ***c)*** *abtrünnig werden* apostat[iĝ]i; *sich abwenden* sin deturni (***von*** de) ***d)*** *in schroffem Gegensatz stehen zu ...* [ege] kontrasti al ... ***e)*** *alt od poet für «mager werden»* malgrasiĝi ◇ ***es wird nicht viel für uns*** ~ *nicht viel übrig bleiben* ne [post]restos multo por ni; *kaum Gewinn erzielen* [supozeble] ni grandan profiton ne rikoltos
abfallend *Adj abwärts geneigt, abschüssig* dekliva (*vgl. dazu* ***steil***); *schräg* oblikva, klinita; *Zool (Geweih)* decidua; ***sanft*** ~ *ein wenig geneigt* dekliveta
Abfallglas *n* ↑ ***Glasmüll***
Abfallgrube *f* fos[aĵ]o por defalaĵo; *für Müll* rubofosaĵo (*vgl. dazu* ***Mülldeponie***)
abfällig 1. *Adj von oben herab* disdegna; *missbilligend* malaproba; *tadelnd* mallaŭda; *verächtlich* malestima; *ungünstig* malfavora: *Urteil auch* negativa (↑ *auch* ***abschätzig***) **2.** *Adv*: ***sich*** ~ ***über jmdn. äußern*** paroli malfavore pri iu, kritiki iun en malaproba maniero
Abfälligkeit *f* disdegno (*vgl. dazu* ***Miss-***

billigung)
Abfall|korb *m* korbo por forĵetaĵo (*bzw.* rub[aĵ]o) (*vgl. dazu* ***Papierkorb***); ~**produkt** *n unverwertbarer Rest* ruboprodukto; *Ind, Landw (Nebenprodukt)* kromprodukto, *auch* subprodukto; ~**tonne** *f* rubobarel[eg]o
Abfallverwertung *f* = ***Recycling***
abfangen *tr* [for]kapti; *Kunden* forlogi; ***jmdn. vor dem Haus[e]*** ~ [embuske] atendi iun antaŭ la pordo de lia (*bzw.* ŝia) loĝejo [por povi kapti *bzw.* renkonti lin (*bzw.* ŝin)]
abfärben *intr* perdi (*od* lasi) farbon; *auf etw. Darunterliegendes* transfarbi ◇ ***auf jmdn.*** ~ *Einfluss haben* [iel] influi iun
abfassen *tr formulieren* formuli; *ausarbeiten* ellabori; *Artikel* skribi; *Roman* verki, *auch* skribi (*vgl. dazu* ***redigieren***); ***ein Testament*** ~ skribi (*od auch* fari) testamenton
Abfassen *n von Schriftstücken* redaktado
Abfassung *f Formulierung* formulado; *Ausarbeitung* ellaborado; *Schreiben, z.B. eines Artikels* skribado
ab|faulen *intr* forputri; ~**federn** *tr Tech (mit Federn versehen)* provizi per risortoj; ~**fegen** *tr wegfegen* forbalai; *durch Fegen reinigen* purigi per balaado; ~**feilen** *tr* defajli, forfajli, fajlante forigi
abfertigen *tr* ***a)*** *bedienen (Kunden, Publikum)* [pri]servi; *Frachtgut* registri por ekspedado; *versenden* forsendi, ekspedi; ***Fahrgäste*** (*od* ***Reisende***) ***bei der Passkontrolle*** ~ kontroli pasaĝerojn ĉe la pasporta kontrolejo ***b)*** *abweisen* rifuzi (***jmdn.*** iun)
Abfertigung *f Bedienung* priservado; *Versand* ekspedregistrado, ekspedado; *Abfertigungsschalter* ekspeda giĉeto, ekspedejo; *Kontrolle* kontrol[ad]o; ~ ***des Gepäcks*** *Eisenb* ekspedado de pakaĵoj; ***wir bitten die Passagiere zur*** ~ *im Flughafen* la pasaĝeroj estas petataj veni al la flugbileta giĉeto
Abfertigungshalle *f für Fluggäste* ↑ ***Terminal b)***
Abfertigungsschalter *m* ekspeda giĉeto, *bei klarem Kontext kurz* giĉeto (↑ *auch* ***Fahrkartenschalter***)
abfeuern *tr*: ***ein Geschütz*** ~ ekpafi kanonon; ***eine Rakete*** ~ *Mil* ekpafi raketon; *Raumf* lanĉi raketon; ***eine Fliegerabwehrrakete*** ~ *Mil* ekpafi kontraŭaviadilan raketon
abfieseln ↑ ***abnagen***
abfinden *tr Schaden ersetzen* kompensi damaĝon [per mono], *auch* repagi; *zufriedenstellen* kontentigi; ***sich mit etw.*** ~ [rezigne] kontentiĝi per (*od* je) io; ***sich mit jmdm.*** ~ [iel] interkonsentiĝi (*od* akordiĝi) kun iu
Abfindung *f* ***a)*** *Entschädigung, Ersatz* kompens[aĵ]o, *(in Form einer Geldzahlung)* monkompensaĵo; *Schadenersatz* damaĝokompenso; *Ersatz für erlittenen Verlust* perdokompenso; ***jmdm. eine*** ~ ***zahlen*** pagi al iu kompensan sumon ***b)*** *auch* ***Abfindungssumme*** *f bei Entlassung* maldunga mono
ab|flachen ***a)*** *tr* platigi ***b)*** *intr* fariĝi plata *od* platiĝi; *übertr: nachlassen, z.B. Leistungen* malkreski, malpliiĝi; ~**flauen** *intr Wind* fariĝi malpli forta, [iom] malfortiĝi; *Begeisterung* malpliiĝi; ~**fliegen** *intr Flugzeug, Zugvögel* forflugi; *Person* ekflugi [per aviadilo] (***nach*** al)
abfließen *intr* forflui, *auch* deflui; ~ ***lassen*** *tr* forfluigi
Abfließen *n* forflu[ad]o
abfluchten *tr Tech* ebenigi
Abflug *m* forflugo, ekflugo, *Flugw auch* starto; ~**ort** *m* loko de ekflugo; ~**zeit** *f* tempo de ekflugo
Abfluss *m Ab- od Wegfließen* deflu[ad]o *od* forflu[ad]o; *Abflussstelle* defluejo (*vgl. dazu* ***Ausguss***; ↑ *auch* ***Wasserabfluss***); *Rinnstein, Gosse* strata defluejo, strata kanaleto; *von Devisen, Kapital* forflu[ad]o (***ins Ausland*** eksterlanden); ~**graben** *m* defluiga fosaĵo; ~**rohr** *n* defluiga tubo
Abfolge *f Aufeinanderfolge* sinsekvo (*vgl. dazu* ***Chronologie***); *Rangfolge* rangordo; *Serie* serio; *Reihe* vico *z.B. von inhaltlich ähnlichen Dingen*; ***in chronologischer*** (***logischer***) ~ en kronologia (logika) sinsekvo
abfordern *tr*: ***jmdm. etw.*** ~ postuli ion de iu (*vgl. dazu* ***verlangen***)
ab|formen *tr zum Guss formen* muldi (*vgl. dazu* ***modellieren***); ~**fragen** *tr* ekzamene demand[ad]i (***jmdn. etw.*** iun pri io); *i.w.S.* ekzameni *od* kontroli (↑ *auch* ***abhören b)***); ~**fressen** *tr* [tute] formanĝi; *Hund einen Knochen* ĉirkaŭmordi (*vgl. dazu* ***abnagen***); ~**frieren** *intr* forfrostiĝi, detruiĝi kaŭze de frosto (↑ *auch* ***absterben***); ~**frottieren** *tr* froti [ĉion] per mantuko
Abfuhr *f Abtransport* fortransport[ad]o, *von Müll auch* forigo; *schroffe Zurückweisung* bruska (*od* akra) rifuzo, *auch* bruska malakcepto; ***eine*** ~ ***erhalten*** *od pop* ***sich eine***

~ ***holen*** esti bruske rifuzata (*bzw.* malakceptata)

abführen ***a)*** *tr wegführen* forkonduki [al alia loko]; *verhaften* aresti; *Gelder, Steuern* [trans]pagi (***an*** al); *Med (für Stuhlgang sorgen)* laksigi; ***das führt zu weit vom Thema ab*** tio [ĉi] tro deturnas [nin] de la temo; ***einen Verbrecher*** ~ aresti krimulon ***b)*** *intr abzweigen* disbranĉiĝi, debranĉiĝi; ***nach 500 Metern führt ein Weg von der Hauptstraße ab*** post kvin cent metroj debranĉiĝas vojo disde la ĉefstrato

Abführmittel *n Med, Pharm* laksiga medikamento, laksigilo (↑ *auch* ***Drastikum*** *u.* ***Purgativ***); ***ein*** ~ ***nehmen*** preni laksigilon

Abführpillen *f/Pl Pharm* laksigaj piloloj *Pl*

Abfüllanlage *f Tech* pleniga instalaĵo; *zum Füllen von Flaschen* enboteliga instalaĵo; *Brauerei (Fassabfüllanlage)* enbareliga instalaĵo

abfüllen *tr [in ein kleineres Gefäß] umgießen od umschütten* transverŝi *od* transŝuti [en pli malgrandan ujon]; ***in Flaschen*** ~ enboteligi; ***Getreide in Säcke*** ~ ensakigi grenon *od* plenigi sakojn per (*od* je) greno

[1]**abfüttern** *tr*: ***das Vieh*** ~ *Landw* doni nutraĵon (*od* furaĝon) al la brutoj, *auch* nutri la bestojn

[2]**abfüttern** *tr*: ***ein Kleid*** ~ subŝtofi robon

Abg. = *Abk für* ***Abgeordnete***

Abgabe *f Übergabe* transdono; *Weggabe* fordono; *Rückgabe* redono; *Verkauf* vendo; *Beitrag, Spende* kontribu[aĵ]o; *Steuer* imposto; *Gesch (Tribut)* tributo; ***die*** ~ ***des Balles*** *Hand- od Fußball* la pasigo (*od* transludo) de la pilko (*vgl. dazu* ***Ballabgabe*** *u.* [3]***Pass***); ***die*** ~ ***der Stimmzettel*** la voĉdono per balotiloj

Abgabedatum *n für Übergabe* transdon-dato; *für Rückgabe* redon-dato

abgaben|frei *Adj steuerfrei* senimposta, libera je imposto(j); *zollfrei* doganlibera, libera je doganpago(j); ~**pflichtig** *Adj steuerpflichtig* impostodeva

Abgang *m Abfahrt, z.B. eines Zuges* forveturo, *umg* foriro; *Ausscheiden, z.B. aus dem Amt* eksiĝo; *Absendung von Post od Ware* forsendo, ekspedo; *Ausgang (bzw. Treppe) nach unten* elirejo (*bzw.* ŝtuparo) suben; *Theat* (*Ggs: Auftritt*) foriro [de la scenejo]; *reg für «Verlust»* perdo; ~ ***der Leibesfrucht*** aborto

Abgangs|hafen *m Mar* haveno de foriro; ~**prüfung** *f Päd* fina ekzameno; *Abitur* abiturienta ekzameno; ~**zeugnis** *n Schule* atesto pri fina ekzameno; *Abiturzeugnis* abiturienta diplomo

Ab|gase *n/Pl* elflu-gasoj *Pl*, *von Kfz auch* elmotoraj gasoj *od* [aŭto]emisiaj gasoj *Pl*; ~**-gasnorm** *f* [aŭto]emisia normo

abgearbeitet *Adj durch vieles Arbeiten erschöpft* elĉerpita pro troa laboro

abgeben *tr übergeben* transdoni; *zurückgeben* redoni; *verkaufen* vendi; *hinterlegen, in Verwahrung geben* deponi (***bei*** ĉe); ***den Ball*** ~ *Sport* pasigi la pilkon (***an*** al); ***eine offizielle Erklärung*** ~ fari oficialan deklaron; ***er musste den ersten Satz*** ~ *Tennis (er verlor den ersten Satz)* li malgajnis (*od umg* perdis) la unuan seton; ***einen Schuss*** ~ [unufoje] pafi; ***seine Stimme*** ~ voĉdoni (***für*** por); ***ein Urteil über ...*** ~ esprimi sian opinion pri ...; ***ein Sachverständigengutachten*** ~ doni ekspertizon; ***sich mit etw.*** ~ *beschäftigen* sin okupi pri io; ***er wird einen guten Ehemann*** ~ *umg* li estos bona edzo; ***ich gebe dir die Hälfte [von meiner Portion] ab*** mi donos al vi la duonon [de mia porcio]; ***ich werde dir einen Teil davon*** ~ mi cedos al vi parton de ĝi (*od* tio)

abge|blockt *Adj* blokita; ~**böscht** *Adj schräg [verlaufend]* talusa (*vgl. dazu* ***Böschung***); ~**brannt** *Adj* forbrulinta (↑ *auch* ***abbrennen***); *umg für «ohne Geld»* bankrota (↑ *auch* ***pleite***); ~**brochen** *Adj* forrompita (↑ *auch* ***abbrechen***)

Abgebrochene *n abgebrochenes Stück od Teil* deromp[it]aĵo

abgebrüht *Adj unverschämt* senhonta; *frech* impertinenta; *skrupellos* senskrupola (↑ *auch unter* ***abbrühen***)

abgedroschen *Adj* banala, triviala; *abgeleiert* gurdita; *langweilig* enuiga (*vgl. dazu* ***stereotyp***); ~***e Redensart*** *f* banala frazo (*od* diraĵo)

Abgedroschenheit *f* banaleco, trivialeco

Abgefallene *n etw. Heruntergefallenes* defalaĵo

abge|feimt *Adj* ruzega, [ruz]artifika, rafinita; ~**griffen** *Adj* eluzita, trivita; *banal* banala; *Geldschein, Münze* erodita; ~**hackt** *Adj* kvazaŭ hakita *auch Redeweise* (↑ *auch* ***abhacken***)

Abgehackte *n* dehakitaĵo

abgehärtet *Adj gestählt* hardiĝinta

Abgehärtetsein *n* harditeco

abgehen *intr abfahren* forveturi, foriĝi; *abzweigen, z.B. ein Weg von der Straße, eine Nebenstrecke* debranĉiĝi, disbranĉiĝi, disforkiĝi (***von*** de); *sich lösen, z.B. Farbe, Heftpflaster* deiĝi, foriĝi (***von*** de); *Geklebtes* malgluiĝi; *abgesandt werden* esti forsendata; *von einem Grundsatz, einer Behauptung od Forderung* forlasi *mit Akk*, rezigni pri *mit Nom*; *Gallen- od Nierenstein* eliĝi; *Ware* vendiĝi; ***von seiner Meinung nicht*** ~ persisti en sia opinio; ***von der Schule*** ~ forlasi la lernejon, *nach erfolgtem Abschluss* fini la lernejon; ***dafür geht mir jedes Verständnis ab*** por tio mankas al mi ĉiu kompreno; ***davon gehe ich nicht ab*** mi ne agos alie; *ich bestehe darauf* mi insistas (*bzw.* insistos) pri tio ◇ ~ ***wie warme Semmeln*** vendiĝi furore, treege rapide vendiĝi

abge|kämpft *Adj umg für «erschöpft»* elĉerpita; *sehr müde* treege laca; ~**kartet** *Adj* antaŭarangîta *od* [jam] antaŭe aranĝita (*bzw.* priparolita); ~**klärt** *Adj Person* trankvilkaraktera (↑ *auch* ***bedächtig***); *reif* matura; ~**kocht** *Adj Wasser* boligita (↑ *auch* ***abkochen***); ~**lagert** *Adj Wein* [bone] maturiĝinta; ~**laufen** *Adj verfallen* eksvalida *od* malvalida; ~**lebt** *Adj verbraucht* forkonsumiĝinta

abgelegen *Adj weit entfernt* [tre *od* ege] fora [de ĉi tie]; *einsam* soleca; *schwer zugänglich* malfacile alirebla (*od* atingebla); *isoliert* izolita (↑ *auch* ***gottverlassen***); ***eine weit ~e Stadt*** urbo tre fora [kaj malfacile atingebla]

abge|leiert *Adj* gurdita; *abgedroschen* banala, triviala; ~**macht 1.** *Adj* firma, definitiva; *beschlossen* decidita **2.** *Adv*: ~**!** *Ausruf* decidite!; *einverstanden!* konsentite!; *versprochen!* promesite!; ~**magert** *Adj* malgrasiĝinta, fariĝinta magra; ~**messen** *Adj genau überlegt* ekzakte pripensita; *Mus (rhythmisch)* ritma; *Schritt* digna, dignoplena (↑ *auch* ***abmessen***)

abgeneigt *Adj* malinklina, malema (***gegen etw.*** al io *od* kontraŭ io *bzw. mit nachfolg. Verb im Inf*); *nicht mögen* ne ŝati; ***ich bin nicht ~ das zu tun*** mi ne estas malinklina fari tion *od* mi ne kontraŭas fari (*od* realigi) tion

Abgeneigtheit *f* malinklino, malemo (↑ *auch* ***Unlust***)

abgenutzt *Adj* eluzita; *zerschlissen, bes. Kleidung* trivita (↑ *auch* ***abnutzen***)

Abgeordnete *m* (*Abk* ***Abg.***) *Parl* deputito, parlamentano; *Repräsentant* reprezentanto; *Delegierter* delegito; ***ein parteiloser ~r*** sendependa deputito; ***eine Gruppe von ~n*** grupo da deputitoj (*od* parlamentanoj)

Abgeordneten|bank *f Parl* parlamenta(j) seĝo(j); ~**haus** *n od* ~**kammer** *f Parl* ĉambro de [la] deputitoj; *i.w.S.* parlamento; ~**immunität** *f Jur, Parl* imuneco de deputito (*od* parlamentano); ~**mandat** *n Parl* deputita mandato

abgeplattet ↑ *unter* ***abplatten***

abgeriegelt ↑ *unter* ***abriegeln***

abgerissen *Adj* deŝirita; *Knopf* de[ŝir]iĝinta; *Kleidung (zerschlissen)* [ege] trivita, *(zerlumpt [gekleidet])* ĉifonvestita; *Haus, Mauer* derompita; *Gedanken, Worte* nekohera, senkohera (↑ *auch* ***abreißen***)

Abgesandte *m* sendito, delegito; *Beauftragte* komisiito

abgeschieden 1. *Adj einsam* soleca; *entlegen* ege fora [kaj izolita] (*vgl. dazu* ***abgelegen***); *abgesondert, isoliert* izolita; *getrennt* disigita, forigita (***von*** de) **2.** *Adv*: ~ ***leben*** *allein für sich leben* vivi [tute] sola; *isoliert von anderen leben* vivi izolite de aliaj homoj

Abgeschiedenheit *f Einsamkeit* soleco; *Isoliertheit* izoliteco; *das Sichzurückziehen* retiriĝo; *abgeschiedener Ort* soleca (*bzw.* izolita) loko

abgeschlagen *Adj erschöpft* elĉerpita; *entkräftet* senfortigita, senforta (↑ *auch unter* ***abschlagen***)

Abgeschlagenheit *f Erschöpftheit* elĉerpiteco

abgeschlossen *Adj* ↑ *unter* ***abschließen***

abgeschmackt *Adj* absurda; banala, triviala

Abgeschnittene *n*: ***etw.*** ~***s*** *abgeschnittene Scheibe, Schnitte* tranĉaĵo, *(mit der Schere)* fortondaĵo, *etw. Herausgeschnittenes* eltondaĵo

abgeschürft *Adj Haut* defrotita

abgesehen *Partizip Perfekt*: ~ ***von ...*** aparte de ...; *nicht gerechnet* nekalkulite ...; *außer* krom ... *mit Nom*; ~ ***davon, dass ...*** aparte de tio, ke ...; krom tio, ke ...; ~ ***davon ist sie eine hübsche Frau*** aparte de tio ŝi estas bela (*od* ĉarma) virino

abgesondert *Adj* apart[igit]a (*vgl. dazu* ***partikular***); *isoliert* izolita

Abgesondertheit *f* aparteco

abgespannt *Adj* elĉerpita, *auch* lac[eg]a

Abgespanntheit *f* elĉerpiteco; *große Müdig-*

keit [ega] laceco

abgesplittert ↑ *unter* ***absplittern***

abge|standen *Adj fade im Geschmack, schal* malfreŝa; ~**storben** *Adj* formortinta, mort[int]a *auch ein Baum*

abgestumpft *Adj die Spitze verloren habend* malpintiĝinta; *oben abgeschnitten* supre tranĉita; *stumpf geworden (Messer, Schneide)* malakriĝinta; *Geom (Winkel)* obtuza, malakuta; *übertr (apathisch)* apatia, *(geistig träge)* spirite inerta (*od* eluzita), *(gefühllos)* sensenta; *Psych (stumpfsinnig)* hebeta; ***sie ist in ihren Gefühlen so ~, dass ...*** ŝia kunsentemo estas tiom pereinta, ke ...

abgetan *Adj*: ***die Sache ist für mich ~*** *existiert für mich nicht mehr* la afero por mi ne plu ekzistas; *ist erledigt* por mi la afero estas tute finita

abgetragen *Adj Kleidung, Schuh* eluzita, trivita; *verwaschen od von verblichener Farbe* paliĝinta [pro tro ofta lavado]; ***~ werden*** *Geol: Gestein durch Wind od Regen* ablacii; ***~e Jeans anhaben*** surhavi trivitan ĵinson

abgewinnen *tr*: ***jmdm. Geld ~*** gajni monon de iu; ***jmdm. einen Vorteil ~*** akiri avantaĝon kontraŭ iu; ***ich kann dem*** (*od* ***der Sache***) ***keinen Geschmack ~*** mi ne povas trovi plaĉon en tio (*od* en tiu afero)

abgewirtschaftet *Adj Firma* preskaŭ bankrota; ***er macht einen total ~en Eindruck*** li aspektas kvazaŭ li tute neglektas sin mem

abgewöhnen *tr*: ***jmdm. etw. ~*** dekutimigi iun de io; ***sich das Rauchen ~*** dekutimiĝi (*od* malkutimiĝi *od* sin malkutimigi) de fumado; *Rauchen aufgeben* ĉesi fumadon

abgezehrt *Adj* forkonsumiĝinta; *marasmisch* marasma; *i.w.S. ausgesprochen mager [und blass]* ekstreme magra [kaj palaspekta]

abgießen *tr* ***a)*** deverŝi, forverŝi (***etw. aus ...*** ion el ...), verŝi (***etw. in ...*** ion en ... *mit Akk*) ***b)*** *auch* ***dekantieren*** *Chem (vom Bodensatz abgießen), Tech od i.w.S. (vorsichtig abgießen od umfüllen)* dekanti

abgipfeln *od* **abwipfeln** *tr Forstw* senpintigi

Abgipfeln *od* **Abwipfeln** *n*, *auch* ***Abkappen*** *n Forstw* senpintigo

Abglanz *m* rebrilo, reflekto; *übertr (schwacher Abglanz, Schatten)* ombro

Abgleich *m* kompar[ad]o (*vgl. dazu* ***Vergleich***; ↑ *auch* ***DNA-Abgleich***)

ab|gleichen *tr* kompar[ad]i (***mit*** kun); *Handw (schlichten)* ebenigi; ~**gleiten** *intr* degliti (***von*** de)

Abgott *m* idolo *auch übertr* (*vgl. dazu* ***Götze*** *u.* ***Idol***)

abgöttisch *Adv*: ***jmdn. ~ lieben*** ami iun kvazaŭ idolon

Abgott- *od* **Königsschlange** *f* (Boa constrictor) *Zool* konstrikta boao *[Vorkommen: im tropischen Amerika <bis 4 m lang>]* (*vgl. dazu* ***Anakonda***)

abgraben *tr Erdreich* fosante forigi; *Teich* dreni ◇ ***jmdm. das Wasser ~*** endanĝerigi (*bzw.* detrui) ies ekzistadon

abgrenzbar *Adj* limigebla

abgrenzen *tr* limigi (***durch*** per); *wie durch eine Grenzlinie voneinander trennen* dislimi; *durch eine Umzäunung* ĉirkaŭbari

Abgrenzung *f das Abgrenzen* limigo; *Demarkation* demarkacio; *Trennlinie* apartiga linio, dividlinio; *Grenze* limo

Abgrund *m*, *geh* ***Abyssus*** *m* abismo *auch übertr* (*vgl. dazu* ***Abhang*** *u.* ***Schlucht***); *bodenlose Tiefe* senfundaĵo; ***~ der Hölle*** *bibl* Abadono *auch übertr (bes. geh od poet)*; ***am Rand[e] des ~s sein*** (*od* ***stehen***) *bes. übertr* esti sur la bordo de la abismo; ***in einen ~ stürzen*** (*od* ***versinken***) fali (*od* sinki) en abismon, enabismiĝi *auch übertr*

abgrundtief *Adj* abisme profunda *od* abismoprofunda *od nachgest* profunda kiel abismo; *i.w.S. auch* profund[eg]a, nemezurеble granda, nemezurebla (↑ *auch* ***unergründlich***); ***~er Hass*** profundega malamo

abgucken, *<österr> u. reg* ***abschauen*** *intr vom Nachbarn abschreiben (Schüler)* kopii el la kajero de la najbaro

Abguss *m Kunst, Tech (Abformung in einer weichen od flüssigen, später erhärtenden Masse)* muldado, *(der in dieser Weise geformte Gegenstand)* muldaĵo; *i.w.S. (Kopie)* kopio; *Gießerei (das Abgießen)* gisado, *(Gussstück)* gisaĵo; ***ein ~ in Bronze*** bronza kopio

ab|hacken *tr* dehaki; *weghacken* forhaki; ~**haken** *tr vom Haken [ab]nehmen od lösen* malkroĉi, forpreni de [la] hoko; *mit einem Häkchen kennzeichnen* marki (*od* signi) per hoketo

abhalftern *tr*: ***ein Pferd ~*** forpreni la kolbridon de ĉevalo

abhalten *tr zurückhalten* deteni, reteni (***jmdn. von etw.*** iun de io); *hindern* malhelpi, malebligi; *durchführen* okazigi, aranĝi, *umg auch* fari; ***Gespräche ~*** *bes. Dipl,*

Pol okazigi interparolojn (***in*** en; ***mit*** kun); ***ein Manöver*** ~ *Mil* okazigi manovron; ***eine Sitzung*** (***Pressekonferenz***) ~ aranĝi (*od* fari) kunsidon (gazetaran konferencon) ◇ ***lass dich von mir nicht*** ~ *nicht stören* ne estu ĝenata pro mia ĉeesto; *nicht verlegen machen* ne estu embarasata pro mia ĉeesto (*od* pro tio, ke mi estas ĉi tie)

Abhaltung *f Durchführung, z.B. einer Konferenz* okazigo; *Verhinderung* malebligo; *Störung* ĝeno

abhandeln *tr* ***a)*** *[wissenschaftlich] behandeln* [science] trakti; *besprechen* priparoli; *erörtern* debati, diskuti ***b)*** *herunterhandeln (vom Preis)* redukti la prezon per marĉandado

abhanden *Adv*: ~ ***kommen*** *verloren gehen* perdiĝi (↑ *auch* ***flöten gehen***); ***mir ist meine Brille*** ~ ***gekommen*** miaj okulvitroj perdiĝis *od* mi perdis miajn okulvitrojn

Abhandlung *f* ***a)*** *Behandlung od Darlegung einer Frage u. dgl. (als Vorgang)* traktado, [profunda] klarigo ***b)*** *als Resultat: [wissenschaftlicher] Aufsatz* [scienca] artikolo (*od* [konciza] traktaĵo); *Traktat, längere Abhandlung* traktato; ***wissenschaftliche*** ~ scienca disertaĵo (*od* traktato) (↑ *auch* ***Dissertation***)

Abhang *m* deklivo (*vgl. dazu* ***Abgrund***; ↑ *auch* ***Steilhang***); *Böschung* taluso; *innere Grabenböschung (beim Festungsbau)* eskarpo; ***der*** ~ ***eines Berges*** deklivo de monto; ***am*** ~ ***des Berges*** sur (*od* je) la deklivo de la monto, sur (*od* je) la montoflanko

¹abhängen *tr Anhänger, Waggon* malpendigi, malkupli; *abhaken* dekroĉi, forpreni de [la] hoko; *herunternehmen, z.B. ein Bild von der Wand* [de]preni (***von*** de)

²abhängen *intr* dependi (***von*** de); ***das hängt von den Umständen ab*** tio dependas de la cirkonstancoj; ***das hängt vom Wetter ab*** tio dependas de la vetero

abhängig *Adj* dependa (***von*** de) (↑ *auch* ***alkohol-*** *u.* ***drogenabhängig***); *untertan* subula; ***von ...*** ~ ***sein*** esti dependa de ... *od* dependi de ...; ***sich*** ~ ***fühlen von ...*** senti sin dependa de ...

Abhängige *m Drogen*≗ toksikodependulo; *Drogenabhängige* toksikomaniulo (*vgl. dazu* ***Opiumraucher***)

Abhängigkeit *f* dependeco (***von*** de) *auch Med* (↑ *auch* ***Alkohol-*** *u.* ***Drogenabhängigkeit***); *Sucht nach etw.* manio; *Gesch auch (Lehnsverhältnis)* vasaleco; ***gegenseitige*** ~ *od* ***Interdependenz*** *f* reciproka dependeco, interdependeco; ***in*** ~ ***von ...*** dependе de ...; ***ökonomische*** ~ ***vom Ausland*** ekonomia dependeco de eksterlando; ***in*** ~ ***von jmdm. geraten*** fariĝi dependa de iu, *bes. Gesch* fariĝi vasalo de iu

Abhängigkeits|gefühl *n* sento de [daŭra] dependeco; ~**verhältnis** *n* [rilato de] reciproka dependeco, interdependeco

abhärmen, sich *refl sich in Kummer verzehren* afliktiĝi, konsumiĝi pro [daŭra] aflikto (***um*** *od* ***wegen*** pro)

abhärten *tr* hardi; ***sich*** ~ hardiĝi *od* sin hardi, sin fortikigi (***gegen Kälte*** kontraŭ malvarmo); ***abgehärtet sein*** esti hardiĝinta

Abhärtung *f* [sin]hardado

abhauen ***a)*** *tr* forhaki, dehaki; *abschlagen* forbati; *fällen* faligi ***b)*** <*österr*> *umg* ***abpaschen*** *intr umg für «[heimlich] verschwinden»* [kaŝe] foriri *od* forkuri, foriĝi; ***hau ab!*** *salopp* foriĝu!

abhäuten *tr die Haut von ... entfernen* senhaŭtigi (*vgl. dazu* ***das Fell abziehen*** [↑ *unter* ***abziehen***]

abheben *tr* demeti, [de]preni, ekpreni *auch Telefonhörer*; ***Geld [vom Bankkonto]*** ~ preni monon de sia bankkonto (↑ *auch* ***Barabhebung***); ***[die Karten]*** ~ *Kart* tranĉi la kartaron (*od* kartojn); ***sich*** ~ *kontrastieren* kontrasti (***von*** al *od* kun), *(reliefartig)* reliefe elstari (***von*** de)

abheften *tr*: ***Akten*** (***Rechnungen***) ~ meti aktojn (fakturojn) en dosierujon

abhelfen *intr*: ***dem lässt sich leicht*** ~ *od* ***dem ist leicht abzuhelfen*** oni povas facile ŝanĝi (*bzw.* forigi *od* aliigi) tion; ***dem ist nicht abzuhelfen*** nenio estas farebla kontraŭ tio

abhetzen, sich *refl* hasti ĝis elĉerpiĝo; *sich aufs Äußerste abmühen* penegi

Abhidharma *n Buddhismus (dritter Teil des buddhistischen Kanons [Tripitaka])* abidarmo

Abhilfe *f*: ~ ***schaffen*** *Schwierigkeiten beseitigen* forigi malfacilaĵojn; *Mittel u. Wege finden, um zu helfen* trovi vojo(j)n por helpi *bzw.* serĉi rimedojn kontraŭ tio (*od* tiu nekontentiga situacio *u.a.*)

abhobeln *tr Handw* raboti, forigi per rabotado; *glätten* glatigi [per rabotilo]

abholen *tr Bereitliegendes* iri (*bzw.* veni) por preni (***von*** de); *vom Bahnhof, Flug-*

hafen, Hotel iri (*bzw.* veni) por akcepti (***jmdn. von*** iun de); *i.w.S. eskortieren* eskorti; ***darf ich Sie am Hotel ~?*** ĉu mi rajtas veni al la hotelo por akcepti vin?; ***ein Paket von der Post*** ~ iri por akcepti (*od* preni) paketon de la poŝtoficejo ◇ ***man hat ihn gestern abgeholt*** *umg für «verhaftet»* hieraŭ ili (*od* la polico *u.a.*) venis kaj arestis lin

abholzen *tr* senarbigi; ***völlig*** ~ plenplene (*od* totale) senarbigi

Abholzung *f* senarbig[ad]o

abhorchen *tr Med* aŭskultumi, [klinike] esplori per stetoskopo

abhören *tr **a)** aufmerksam anhören* atente aŭskulti; *heimlich horchen* kaŝe (*od* sekrete) aŭskulti; ***die Geheimpolizei hat sein Telefon abgehört*** la sekreta polico subaŭskultis lian telefon-lineon ***b)*** *examinierend abfragen*: ***einen*** (*od* ***einem***) ***Schüler etw.*** ~ ekzamene testi lernejanon pri io ***c)*** *Med*: ***das Herz*** (***die Lunge***) ~ aŭskultumi la koron (la pulmon) (*vgl. dazu* ***abhorchen*** *u.* ***Auskultation***)

Abhör|gerät *n, pop auch* ***Wanze*** *f* kaŝaŭskultilo (*vgl. dazu* ***Lauschangriff***); **~skandal** *m Pol* kaŝaŭskulta skandalo

Abi *n* ↑ ***Abitur***

Abidjan (*n*) *Regierungssitz u. frühere Hptst. der Rep. Elfenbeinküste* Abiĝano (*vgl. dazu* ***Yamoussoukro***)

Abietin *n Chem (ein Destillationsprodukt aus Harzöl), Hdl* ***Tannenharz*** *n* abietino; **~säure** *f Chem (zu den Terpenen gehörende organische Säure)* abietinacido <*Hauptbestandteil des Kollophoniums u. des Tallöls*>

Abimelech (*m*) *Name mehrerer biblischer Personen*: ***a)*** *ein Richter des Volkes Israel* ***b)*** *König von Gerar* ***c)*** *auch* ***Ahimelech*** *Hoherpriester zur Zeit Davids* Abimeleĥo

Abiogenese *od* **Abiogenesis** *f, auch* ***Spontan-*** *od* ***Urzeugung*** *f od* ***abiogene Entstehung*** *f* ***von Leben*** (Generatio spontanea) *Biol (die Annahme, dass Lebewesen ursprünglich aus unbelebter Materie entstanden seien)* abiogenezo, estiĝo de la vivo el neorganika materio, *auch* spontanea generado

Abiose *od* **Abiosis** *f nur Fachspr für «Leblosigkeit»* abioteco

abiotisch *Adj nur Fachspr für «unbelebt»* abiota

Abiotrophie *f nur Fachspr Med (vorzeitiges Erlöschen der Gewebefunktion einzelner Organ[teil]e als Folge unzureichender Ernährung [z.B. der Netzhaut des Auges])* abiotrofio

abirren *intr Astron, Opt (von Licht)* aberacii; *von der Regel bzw. vom Normaltyp abweichen* devii; ***vom Weg*** ~ perdi la vojon, devojiĝi

Abirrung *f*: ~ ***des Lichts*** *Opt* aberacio de la lumo

Abisko (*n*) *ein Ort im nordschwedischen Lappland (Provinz Norrbotten)* Abisko <*mit Polarforschungsstation*>

Abisolierzange *f El, Handw* senmanteliga tenajlo

Abitur *n, umg (bes. Schülersprache) auch* ***Abi*** *n*, <*österr u. schweiz*> ***Matura*** *f* abiturienta ekzameno (↑ *auch* ***Abschlussexamen*** *u.* ***Fachabitur***)

Abiturient *m*, <*schweiz*> ***Maturand*** *m*, <*österr*> ***Maturant*** *m* abituriento

Abiturientin *f* abiturientino

Abiturzeugnis *n* abiturienta diplomo

abjagen *tr*: ***jmdm. etw.*** ~ forkapti (*od* forrabi) ion de iu; ***sich*** ~ elĉerpiĝi kurante, elĉerpiĝi pro [daŭra] hastado

Abk. = *Abk für* ***Abkürzung***

Abkalbestall *m Viehzucht* naskostalo

abkanten *tr Handw (scharfe Kanten von etw. beseitigen)*: ***Bretter*** ~ forigi la [akrajn] eĝojn de [ligno]tabuloj

abkanzeln *tr* bruske riproĉ[ad]i (***jmdn.*** iun)

Abkappen *n Forstw* ↑ ***Abgipfeln***

ab|kapseln, sich *refl sich isolieren* sin izoli; **~kassieren** *tr abs* enkasigi [la] monon; **~kaufen** *tr* aĉeti (***etw. von jmdm.*** ion de iu)

Abkehr *f* deturniĝo *od* forturniĝo (***von*** de); *[völliger] Verzicht* [plena] rezigno (***von*** pri)

[1]**abkehren** *tr abfegen* forbalai, purigi per balailo

[2]**abkehren, sich** *refl* sin deturni (***von jmdm.*** de iu); *[völlig] verzichten* [plena] rezigno (***von*** pri)

ab|kippen *tr Müll, Schutt, Schüttgut* dumpi; **~ketten** *tr* deĉenigi, elĉenigi

Abklatsch *m* [prem]kopio; *Typ* kliŝo; *übertr [schlechte] Nachahmung* [tre simpla] imitaĵo [de originalo]

ab|klemmen *tr El (durch eine Klemme verschließen)* fermi per klemo; **~klingen** *intr Getöse, Schmerz* malpliiĝi; *Fieber* malaltiĝi; *Gewitter* malfortiĝi; *allmählich verschwinden* iom post iom malaperi; *leiser werden* iom post iom mallaŭtiĝi; *Begeisterung* formorti; *verhallen* eĥe perdiĝi; ~**klopfen** *tr* ***a)*** *durch Klopfen entfernen* frape (*bzw.* bate) forigi, forbati ***b)*** *Med (z.B. den Thorax)* perkuti (↑ *auch* ***perkutieren***)

Abklopfen *n*, *fachsprachl.* ***Perkussion*** *f Med* perkutado

ab|knabbern *tr ein wenig abbeißen von etw.* formordi iomete [de io]; *abnagen* ĉirkaŭmord[et]i, ronĝi; ~**knallen** *tr salopp für «[skrupellos] niederschießen»* [senskrupule] mortpafi; ~**kneifen** *tr* [per tenajlo] forpinĉi; ~**knicken** *tr Zweig* [de]rompi, forrompi; *i.w.S. zerbrechen* disrompi

Abknickung *f*: ~ ***der Gebärmutter nach hinten*** (Retroflexio uteri) retroflekso de [la] utero

abknöpfen *tr* ***a)*** <*österr*> *umg* ***abknöpfeln*** *Hosenträger, Kapuze* malbutonumi; ***der Kragen kann abgeknöpft werden*** la kolumon oni povas malbutonumi ***b)*** *übertr salopp* per ruzo (*od* trompo) akiri, kvazaŭ elsuĉi; ***er hat mir den letzten Groschen abgeknöpft*** per ruzo li elsuĉis de mi lastan mian moneron

ab|knutschen *tr* senbride (*od* pasie) kisadi [kaj ĉirkaŭpreni]; ~**kochen** *tr Kochk* kuiri; *Wasser* boligi; *Med (durch Kochen keimfrei machen [Instrumente])* sterilizi; *Pharm (absieden [einen Auszug aus Pflanzenteilen herstellen])* dekokti

Abkochung *f*, *auch* ***Absud*** *m*, *fachsprachl.* ***Dekokt*** *n Pharm (meist wässriger Auszug aus Pflanzenteilen)* dekoktaĵo

abkommandieren *tr* forkomandi *bzw.* alkomandi; ***er wurde hierher abkommandiert*** li estis alkomandita ĉi tien

Abkochung *f*, *auch* ***Absud*** *m*, <*wiss*> ***Dekokt*** *n Pharm* dekoktaĵo

Abkomme *m* ido, posteulo

abkommen *intr vom Wege* devojiĝi; *vom Thema* deflankiĝi, *auch* deiĝi (***von*** de); *abmagern* malgrasiĝi, fariĝi [ege] magra; ***von einer Angewohnheit*** ~ forlasi kutimon; ***ich kann jetzt nicht*** ~ momente ne eblas forlasi mian laboron (*bzw.* laborejon), mi ne povas liberigi min nun

Abkommen *n* interkonsento, *bes. zw. Staaten auch* konvencio (*vgl. dazu* ***Übereinkunft***; ↑ *auch* ***Auslieferungs-***, ***Clearing-***, ***Fischerei-***, ***Friedens-***, ***Geheim-***, ***Handels-***, ***Konsular-***, ***Kultur-***, ***Schfffahrts-***, ***Wirtschafts-***, ***Zahlungs-***, ***Zoll-*** *u.* ***Zusatzabkommen***); ~ ***auf Treu und Glauben*** ↑ ***Gentleman's Agreement***; ~ ***über technische Zusammenarbeit*** konvencio pri teknika kunlaboro; ***ein*** ~ ***unterzeichnen*** subskribi interkonsenton (*bzw.* konvencion)

abkömmlich *Adj*: ~ ***sein*** *nicht benötigt werden* esti nebezonata; *gehen können* povi foriri; ***sie ist im Moment durchaus*** ~ momente (*od* nuntempe) ŝi estas ne nepre bezonata

Abkömmling *m* ido, posteulo

abkoppeln *tr aus- od loskuppeln* malkupli (***von*** de)

abkratzen ***a)*** *tr* degrati, forgrati; *mit einem Schaber u. dgl.* forskrapi, *auch* deskrapi (***von*** [dis]de) (*vgl. dazu* ***wegkratzen***); ***den Schorf*** (*od* ***Grind***) ***von einer Wunde*** ~ forgrati la kruston de vundo ***b)*** *intr salopp für «sterben»* morti, *(derb)* mortaĉi, *umkommen* perei

abkühlen ***a)*** *tr* [iom] malvarmigi *od* fridigi; *übertr (jmds. Feuer od Leidenschaft)* senardigi, *(beruhigen, lindern)* kvietigi ***b)*** *intr od* ***sich*** ~ malvarmiĝi, fridiĝi *od* fariĝi frida; *übertr* senardiĝi; *ruhig werden* kvietiĝi; ***gegen Abend hat es sich merklich abgekühlt*** ĉirkaŭ la vespero la aero rimarkinde malvarmiĝis

Abkühlung *f das Abkühlen* malvarmigo, fridigo; *das Sichabkühlen* malvarmiĝo; *übertr* malardiĝo; *i.w.S. Verschlechterung, z.B. von Beziehungen* malpliboniĝo

Abkunft *f Abstammung* deveno; *Herkunft* origino

ab|kuppeln *tr entkuppeln* malkupli; ~**kürzen** *tr Gespräch, Weg, Wort* mallongigi; *Buchinhalt, Pressemeldung auch* koncizigi

Abkürzung *f* (*Abk* ***Abk.***) *eines Wortes* mallongigo (*Abk* mll.); *abkürzender Weg* [pli] mallonga [rekta] vojo

abküssen *tr* kovri per kisoj, [daŭre *bzw.* pasie] kisadi; ***sie küssten sich ab*** ili [pasie] interkisadis

abladen *tr Wagen* malŝarĝi; *Waren u.Ä. ausladen* elŝarĝi

Abladen *n* malŝarĝado

Abladeplatz *m* loko de malŝarĝado (↑ *auch* ***Löschplatz***); *für Müll* [rubo]demetejo

Ablage *f Depot* deponejo; *für Garderobe* vest[gard]ejo (↑ *auch* ***Hut-*** *u.* ***Kleiderablage***); *Filiale* filio (↑ *auch* ***Zweigstelle***)

ablagern *tr in einem Vorratslager od Speicher* stoki; *am Boden absetzen, z.B. Schlamm od Sinkstoffe* deponi (*vgl. dazu* ***abscheiden*** *u.* ***sedimentieren***); ***sich*** ~ *sedimentieren (1. sich als Bodensatz einer Flüssigkeit absetzen 2. Geol [sich als Gesteinsmaterial ablagern])* sedimentiĝi

Ablagerung *f* ***a)*** *Lagerung* stokado; *das Abladen* malŝarĝado ***b)*** *das Am-Boden-Absetzen* deponado [sur la fundo]; *Geol (Sediment)* sedimento, *(Vorgang der Sedimentbildung)* sedimentiĝo (*vgl. dazu* ***Sedimentation***)

ablaktieren *tr nur Fachspr Med (abstillen, von der Muttermilch entwöhnen)* ablakti

Ablaktation *f* ↑ ***Abstillen***

ablandig ↑ *unter* ***Landwind***

Ablängsäge *f Handw* ↑ ***Schrotsäge***

[1]**Ablass** *m für Dampf, Wasser (als Vorgang)* ellaso *bzw. (Stelle des Ablassens)* ellasejo (*vgl. dazu* ***Dränage***)

[2]**Ablass** *m kath. Kirche* indulgenco; ***jmdm.*** ~ ***gewähren*** indulgenci iun

Ablass|brief *m hist: kath. Kirche* letero de indulgenco (*vgl. dazu* ***Indulgenz***); ~**bulle** *f hist: kath. Kirche* indulgenca buleo

ablassen ***a)*** *tr Dampf* ellasi; *Flüssigkeiten* elfluigi, ellasi, forfluigi, *Tech (z.B. das Wasser aus einer Dampfrohrleitung) auch* dreni; *Teich* malplenigi *vom Preis* malplialtigi *od* [iom] redukti; *überlassen* cedi; *verkaufen* vendi ***b)*** *intr aufhören* ĉesi, fini; *nicht mehr (auf etw.) beharren* ne plu persisti [en]; *aufgeben* forlasi *mit Akk, verzichten auf* rezigni pri; *nicht mehr tun* ne plu fari

Ablass|handel *m hist* indulgenco-komerco; ~**prediger** *m* indulgenco-predikanto

Ablation *f* ***a)*** *Fachspr Chir* ***Ablatio*** *f* ablacio; ***Ablatio retinae***, *umg* ***Netzhautablösung*** *f* ablacio de la retino, retina disiĝo ***b)*** *Geol* ↑ ***Abschmelzen***

Ablativ *m Gramm (der 5. Fall in der lateinischen Sprache u. in anderen Sprachen)* ablativo; ***Ablativus absolutus*** *im Lateinischen* absoluta ablativo

Ablauf *m* ***a)*** *Ausflussstelle* elfluejo; *das Ablaufen von Flüssigkeiten* elflu[ad]o, defluo ***b)*** *zeitl: Verlauf [von Ereignissen]* paso, irado (↑ *auch* ***Arbeitsablauf***); *Ende* fino; ***nach*** ~ ***eines Jahres*** post paso de unu jaro

Ablauf|berg *m Eisenb: auf Verschiebebahnhöfen* ranĝadmonteto; ~**diagramm** *od* ~**schema** *n Betriebsorganisation, Tech* organigramo; ~**gleis** *n im Rangierbahnhof* ranĝadmonteta trako

ablaufen ***a)*** *tr Schuhe* eluzi (*od* trivi) pro multa marŝado; ***jmdm. den Rang*** ~ superi iun ***b)*** *intr* deflui, elflui, forflui; *nach draußen abfließen* flui eksteren, elflui; *nach unten fließen* flui suben; *Frist* finiĝi *auch ein Abonnement*, pasi; *Pass* malvalidiĝi *auch rlöschen (Vertrag)*; *Uhr (stehen bleiben)* halti, *(nicht aufgezogen sein)* esti malstreĉita; ***seine Amtszeit läuft am ... ab*** lia oficperiodo finiĝas je la ...; ***mein Visum ist abgelaufen*** mia vizo malvalidiĝis ◇ ***alles ist gut abgelaufen*** ĉio bonorde okazis; *gut zu Ende gebracht worden* ĉio bone finiĝis; ***sich die Beine nach etw.*** ~ kuri kaj kuri por ricevi ion, senĉese klopodadi pri io

Ablaufschema *n* ↑ ***Ablaufdiagramm***

Ablaugen *n Chem, Textilindustrie* lesivado

ablauschen *tr* kaŝe aŭskulti (*bzw.* esplori); *übertr*: ***er hat seinen Roman dem Leben abgelauscht*** lia romano atestas profundan kaj subtilan konon de l' homa vivo

Ablaut *m nur Fachspr Ling* apofonio, *selt auch* ablaŭto

abläutern *tr Glas, Kunststoff* rafini

Ableben *n*, *<schweiz> auch* ***Hinschied*** *m verhüllend für «Tod»* forpaso (↑ *auch* ***Sterben*** *u.* ***Tod***)

ablecken, *<österr> u. reg* ***abschlecken***, *<österr> umg auch* ***abzuzeln*** *tr Teller* leki; *weglecken* forleki; *daran herumlecken* lekumi, ĉirkaŭleki; ***sich die Finger*** (***Lippen***) ~ leki al si la fingrojn (la lipojn)

Ablecken *n* lekado; *Weglecken* forlekado

ablegen ***a)*** *tr beiseitelegen* demeti, formeti; *Gewohnheit* forlasi, forĵeti, liberiĝi de; ***einen Eid*** ~ fari (*od* diri) ĵuron; *schwören* ĵuri; ***ein Examen*** (***od eine Prüfung***) ~ pasigi (*od* trapasi) ekzamenon; ***ein Geständnis*** ~ fari konfeson; ***Zeugnis*** ~ atesti (***für*** por; ***gegen*** kontraŭ) ***b)*** *intr Schiff* ekveturi

Ableger *m*, *auch* ***Absenker*** *m Bot (Senkreis)* markoto

ablehnen *tr z.B. ein Angebot* malakcepti, rifuzi; *schroff ablehnen* repuŝi; *missbilligen* malaprobi; *anderer Meinung sein* malkonsenti; *absolut nicht mögen* absolute ne ŝati; *Abneigung empfinden gegen* antipatii; ***jmds. Einladung*** ~ malakcepti (*od [krasser]* rifuzi) ies inviton; ***eine Petition*** ~ rifuzi peticion; ***die Verantwortung für etw.***

~ ne esti preta transpreni la respondecon por (*od* pri) io

ablehnend 1. *Adj z.B. eine Geste* rifuza; *nicht einverstanden* malkonsenta **2.** *Adv*: ~ ***den Kopf schütteln*** malkonsente skui la kapon

Ablehnung *f Nichtannahme* malakcepto; *Verweigerung* rifuzo; *versagte Zustimmung* malkonsento; *Missbilligung* malaprobo; ~ ***von Gewalt*** malaprobo de perforto

Ablehnungsschreiben *n* rifuza letero

ableisten *tr*: ***seinen Militärdienst*** ~ plenumi sian militservon

ableiten *tr* ***a)*** *mit einem Drän* dreni; *über Gräben, Kanäle u.a.* forfluigi, forkonduki (***in*** en *mit Akk*) ***b)*** *Abstammung, Herkunft* devenigi; *Ling, Math* derivi (***von*** de); *Logik (deduzieren, herleiten)* dedukti, *(schlussfolgern)* konkludi (***aus*** el); ***dieses Wort ist abgeleitet von*** (*od* ***aus***) **...** ĉi tiu vorto estas derivita de ...

Ableitung *f* ***a)*** *mit einem Drän* drenado; *Wasser* forfluigado, forkondukado ***b)*** *Fachspr Med auch* ***Revulsion*** *f Ableitung von Blut, bes. durch Schröpfen, Kauterisation u.a.* revulsio ***c)*** *Herleitung* devenigo, *(Ableitung des Besonderen aus dem Allgemeinen [Ggs: Induktion])* dedukt[ad]o; *Chem, Math (das Ableiten [als Vorgang])* derivado, *(das Abgeleitete [Resultat einer Ableitung])* derivaĵo; *Ling (Derivation)* derivado *(Derivat, abgeleitetes Wort)* derivaĵo, derivita vorto (↑ *auch* ***Verbalableitung***); *Schlussfolgerung (Vorgang)* deduktado, konkludado, *(Ergebnis)* dedukto, konkludo; ***kovariante*** (***partielle***) ~ *Math* kovarianta (parta) derivaĵo

Ableitungssilbe *f* (*Syn*: ***Affix*** *n*) *Ling* derivilo, afikso (*vgl. dazu* ***Präfix*** *u.* ***Suffix***)

Ablenkeinheit *f TV (ein Teil an der Bildschirmröhre)* [bildtuba] jugo

ablenken *tr abwenden, abbringen von etw.* deturni, deflankigi; *die normale Position od Richtung von etw. ändern* deviigi; *aus dem Konzept bringen* konfuzi (***jmdn.*** iun); *Astron (Sternenlicht), Opt (Strahlen)* refrakti; *auf andere Gedanken bringen, zerstreuen* distri (***jmdn.*** iun); ***jmds. Aufmerksamkeit*** ~ [provi] ĝeni ies atenton; ***sich*** ~ *sich auf andere Gedanken bringen* distriĝi; ***sich nicht*** ~ ***lassen*** ne lasi sin distri

Ablenkspannung *f El* devia tensio

Ablenkung *f* deturno, deflankigo; *von der normalen Position od Richtung* deviigo *auch des Kompasses*; *Zerstreuung (etw., das Ablenkung bringt)* distraĵo, *(als Vorgang)* distrado

Ablenkungsgenerator *m El* ↑ ***Zeitbasisgenerator***

Ablenkungs|koeffizient *m z.B. einer Kathodenstrahlröhre* koeficiento de devio; ~**manöver** *n* manovro de deviigo

Ablepharie *f nur Fachspr Med (angeborenes od erworbenes, vollständiges od teilweises Fehlen des Augenlids)* ablefario

ablesbar *Adj* legebla

Ablese|fehler *m bes. Tech* lega eraro; ~**mikroskop** *n* lega mikroskopo

ablesen *tr Skale, Text* legi; *Beeren* pluki; ***Steine*** ~ *von Steinen befreien, z.B. Beete od Felder* senŝtonigi ◇ ***vom Mund*** ~ legi de la lipoj; ***er liest ihr jeden Wunsch von den Augen ab*** li ekkonas (*od* komprenas) ĉion kion ŝi deziras el ŝia mieno; ***ich habe ihm das vom Gesicht abgelesen*** mi komprenis tion el lia mieno

Ablesen *n* ***a)*** *auch* ***Ablesung*** *f* leg[ad]o (↑ *auch* ***Mikroskopablesung***) ***b)*** *Abpflücken* plukado

ab|leugnen *tr* [for]nei, malkonfesi; *bestreiten* kontesti; ~**lichten** *tr* fotokopii (***etw.*** ion) *od* fari fotokopion (***etw.*** de io) (*vgl. dazu* ***fotografieren***)

Ablichtung *f das Fotokopieren (Vorgang)* fotokopiado; *Fotokopie (Ergebnis)* fotokopio; *beim Fotografen (Vorgang)* fotografado, *(Ergebnis)* fotografaĵo; ***eine*** ~ ***machen*** fari fotokopion (***von*** de)

abliefern *tr* liveri; *übergeben* transdoni (*vgl. dazu* ***zurückgeben***)

Ablieferung *f* liverado; *Übergabe* transdon[ad]o

abliegen *intr*: ***weit*** ~ *Ort* situi [ege] malproksime (***von*** de) (*vgl. dazu* ***abgelegen*** *u.* ***entfernt***); *i.w.S. schwer zugänglich sein* esti malfacile alirebla (*od* atingebla)

ablöschen *tr*: ***Kalk*** ~ estingi kalkon

ablösen *tr* ***a)*** *loslösen, lockern* deigi *od* forigi, disigi; *Angeklebtes* malglui *auch eine Briefmarke vom Umschlag* ***b)*** *vertreten* anstataŭi (***jmdn.*** iun); *Bankw (durch Zahlung tilgen)* kvitigi; ***eine Hypothek*** ~ kvitigi hipotekon; ***die Wache*** ~ anstataŭi la gardostaranton; ***sich*** ~ *Geklebtes* malgluiĝi; *sich abwechseln* alterni, [regule] anstataŭi unu la alian

Ablösesumme *f* ↑ ***Transfersumme***
Ablösung *f Loslösung* deigo, disigo (*vgl. dazu* ***Abtrennung***); *Vertretung (als Vorgang)* anstataŭigo, *(Vertreter)* anstataŭanto(j) *(Pl)*; *wechselseitige Ablösung* alternado (↑ *auch* ***Dienstablösung***); *Personen, die einander ablösen* alternularo; *finanzielle Abgeltung, Tilgung* kvitigo, amortizo
abmachen *tr lösen* deigi, malfiksi; *etw. Hängendes od Aufgehängtes* malpendigi; *losbinden* disligi, malligi; *abreißen* deŝiri; *vereinbaren* aranĝi; *verabreden* interkonsenti pri; *zum Abschluss bringen, erledigen* fini (*vgl. dazu* ***abgemacht!***); ***wir haben abgemacht, dass wir das tun werden*** ni interkonsentis, ke ni faros tion; ***es ist noch nichts abgemacht worden*** nenio estas jam interkonsentita
Abmachung *f **a)** Übereinkunft* interkonsento; *Abkommen od Übereinkunft in Vertragsform (bes. zw. Staaten)* konvencio; ***geheime*** ~ sekreta interkonsento; ***regionale ~en** Pl* regionaj interkonsentoj *Pl*; ***eine ~ treffen*** interkonsenti (***über*** pri); ***entsprechend unserer*** ~ konforme al nia interkonsento ***b)** Jur (Einigung)* aranĝo, *(gütliche Einigung)* aranĝo per interkonsento
abmagern *intr* malgrasiĝi, fariĝi magra
Abmagerung *f* malgrasiĝo
Abmagerungskur *f* malgrasiga kuracado; *Schlankheitskur* sveltiga kuracado
abmähen *tr*: ***Gras*** ~ falĉi herbon
abmalen *tr* [kopie] pentri; *porträtieren* portreti; *übertr* kopii, imiti
Abmarsch *m* ekmarŝo, formarŝo
abmarschieren *intr* ekmarŝi, formarŝi; *losgehen, sich auf den Weg machen* ekiri
Abmaße *n/Pl Abmessungen, z.B. in Bauplänen* mezuraĵo *Sg*
abmeißeln *tr* forĉizi (↑ *auch* ***wegstemmen***)
abmelden *tr* anonci sian foriron (*bzw.* eksiĝon); *bei Wohnungswechsel* anonci sian transloĝiĝon (***nach*** al); *von einer Organisation* malmembriĝi, ellistiĝi (↑ *auch* ***ausloggen***)
Abmeldung *f **a)*** anonco de foriro (*bzw.* eksiĝo); *bei Wohnungswechsel* anonco de transloĝiĝo; *Austrittserklärung* deklaro de eksiĝo (*od* malmembriĝo) ***b)** auch engl.* ***Logoff*** *n EDV* adiaŭo
abmessbar *Adj* mezurebla
abmessen *tr* mezuri *auch Flüssigkeiten*
Abmessung *f das Abmessen* mezurado; *Abmaße* mezuraĵo *Sg*; *Maß* mezuro; *Dimension* dimensio; ***eine ~ vornehmen*** fari mezuradon (***von*** de)
abmontieren *tr demontieren* malmunti; *abschrauben* malŝraŭbi; ***einen Autoreifen*** ~ malmunti [aŭtomobilan] pneŭmatikon
Abmühen *n* penado
ab|mühen, sich *refl* penadi; *sich aufs Äußerste anstrengen* ekstreme pen[ad]i, penegi; *sich abschinden* labori ĝis turmentiĝo, laboregi kvazaŭ sklavo (*vgl. dazu* ***sich abrackern***); **~mustern** *tr* maldungi; *intr* lasi la servon [sur ŝipo], maldungiĝi; **~nabeln** *tr Obstetrik (die Nabelschnur durchtrennen)* tranĉi la umbilikan ŝnuron
abnagen, *<österr> umg* ***abfieseln*** *tr* demordeti; ***der Hund nagt den Knochen ab*** la hundo ĉirkaŭmord[et]as (*od* ronĝas) la oston
Abnahme *f Wegnahme* forpreno; *Annahme, Entgegennahme* akcepto; *Annahmestelle* akceptejo; *Kauf* aĉeto; *Verminderung* malpliiĝo, malmultiĝo, malkresko; *Rückläufigkeit, Zurückgehen, z.B. der Geburtenrate* regreso; *von Wind* malfortiĝo; *Amputation* amputado; ~ ***der Beichte*** *kath. Kirche* konfespren[ad]o; ~ ***der Mitgliederzahl*** malkresko de la membronombro; ~ ***des Mondes*** malkresko de [la] luno; ***gute ~ finden*** *eine Ware* bone vendiĝi
abnehmbar *Adj* forprenebla, demetebla
abnehmen ***a)*** *tr* depreni *auch Maske, Schleier, Deckel vom Topf, Telefonhörer*; *wegnehmen* forpreni; *rauben* rabi; *Brille, Hut* demeti; *abstreifen, z.B. einen Ring* demeti, *auch* deglitigi, deŝovi; *Beeren, Obst* pluki, deŝiri; *von oben wegnehmen* forpreni de supre; *fallen lassen (Maschen)* diminui; *technische Anlage, Neubau u.a.* [inspekti kaj] kontroli la korektecon (*od* korektan funkci[ad]on) *bzw.* kontroli la laŭnormecon de la konstruado; *kaufen* aĉeti (***etw. von jmdm.*** ion de iu); *Chir (amputieren)* amputi; ***sich den Bart*** ~ forrazi al si la barbon; ***ihm musste das Bein abgenommen werden*** oni devis amputi la kruron (*bzw.* la gambon) al li; ***Blut***~ *Med* eltiri sangon; ***jmdm. einen Eid*** ĵurigi iun; ***jmdm.*** *mit List od Bluff* ***Geld*** ~ pripluki iun ◇ ***kann ich dir etw. ~?*** *tragen* ĉu mi povas ion porti por vi?; ***so etw. nimmt dir kein Mensch ab*** *das glaubt dir niemand* neniu tion kredos al vi ***b)** intr sich verringern, schwinden* mal-

multiĝi, malpliiĝi; *seltener werden* maloftiĝi; *sich zahlenmäßig verringern* nombre (*od* laŭ nombro) malpliiĝi, *(rückläufig sein)* regresi (***wegen*** pro); *an Intensität abnehmen* malintensiĝi; *fallen (Fieber)* [iom post iom] fali; *kleiner werden* malgrandiĝi; *Mond* malkreski *auch Hoffnung*; *sinken (Wasserspiegel)* malleviĝi; *Körperkräfte auch* [for]konsumiĝi; ***im Herbst nehmen die Tage ab*** en aŭtuno la tagoj fariĝas pli mallongaj; ***sie hat [um] fünf Kilo abgenommen*** ŝi malplipeziĝis je kvin kilogramoj *od* ŝi perdis kvin kilogramojn de sia korpopezo

abnehmend *Adj*: ***der ~e Mond*** la malkreskanta lunarko

Abnehmer *m Hdl (Kunde)* kliento, *(Käufer)* aĉetanto; *regelmäßiger Bezieher, Abonnent* abonanto; *Verbraucher* konsumanto; ***einen ~ finden*** trovi aĉetanton (***für*** por)

Abnehmkur *f* malplipeziga kuracado (↑ *auch* ***Schlankheitskur***)

Abneigung *f* malinklino; *Abgeneigtheit, Unlust* malemo; *Antipathie* antipatio; *Abscheu* abomeno; *Ekel* naŭzo; ~ ***gegen alles Englische*** anglofobio; ~ ***gegen jmdn. empfinden*** senti antipation kontraŭ iu; ***gefühlsmäßige*** ~ *Ressentiment* resentimento

abnorm *Adj* nenorma, malnorma (*vgl. dazu* ***anomal***)

Abnormität *f* nenormeco, malnormeco (*vgl. dazu* ***Anomalie***); *etw. Abnormes* nenormaĵo *od* malnormaĵo

abnötigen *tr* [el]devigi, necesigi; *gewaltsam fordern* perforte postuli; ***er nötigt mir Achtung ab*** vole-nevole mi devas lin respekti

abnutzen *od* **abnützen** *tr* eluzi, forkonsumi; *Schuhwerk, techn. Geräte*; *Kleidung* trivi (↑ *auch* ***verschleißen***); ***sich*** ~ eluziĝi *od* foruziĝi, forkonsumiĝi, iĝi trivita(j)

Abnutzung *f* eluziĝo, *Verschleiß* triviĝo

Abo *n* ↑ ***Abonnement***

Åbo (*n*) *schwedischer Name der finnischen Stadt Turku* Abo

Abolition *f Jur (Niederschlagung eines Strafverfahrens vor seinem rechtskräftigen Abschluss)* abolicio

Abolitionismus *m Gesch (Bewegung zur Abschaffung der Sklaverei in Nordamerika [bes. im 19. Jh.])* aboliciismo

Abolitionist *m* aboliciisto

abolitionistisch *Adj auf den Abolitionismus bezogen* aboliciisma; *auf die Abolitionisten bezogen* aboliciista

A-Bombe *f* ↑ ***Atombombe***

abominabel ↑ ***verabscheuenswert***

Abonnement *n*, *Kurzw* ***Abo*** *n* abono (↑ *auch* ***Zeitungsabonnement***); ***im ~ beziehen*** aboni; ***das ~ auf die Zeitschrift «Monato» erneuern*** renovigi sian abonon por la revuo «Monato», *umg* reaboni la revuon «Monato» *od salopp (im Esperanto-Milieu)* reaboni Monaton

Abonnementenkreis *m die Abonnenten als Gesamtheit* abonantaro

Abonnements|bezug *m* abono; **~karte** *f Dauerkarte* abonbileto, *auch* abonkarto (↑ *auch* ***Monatskarte***); **~preis** *m* abonkosto *od* abonprezo (↑ *auch* ***Bezugspreis***)

Abonnent *m*, *auch* ***Bezieher*** *m*, *<schweiz>* ***Bezüger*** *m* abonanto *bzw.* aboninto

Abonnentenkreis *m* abonantaro

abonnieren *tr Zeitung* aboni; *Fortsetzungswerk* subskripcii

aboral *Adj nur Fachspr Med (vom Mund wegführend od weggerichtet)* aborala

abordnen *tr delegieren* delegi; *[einen Bevollmächtigten] entsenden, bes. ins Parlament* deputi; *allg* sendi (***jmdn. nach ...*** iun al ...)

Abordnung *f Delegation* delegacio, delegitaro

Aborigener *m Myth (Angehöriger eines sagenhaften italischen Urvolkes)* aborigeno

Aborigines *m/Pl Ethn* aborigenoj, *auch* praloĝantoj *Pl* de Aŭstralio

[1]**Abort** *m*, *fam* ***Lokus*** *m* klozeto, necesejo; *Latrine* latrino (*vgl. dazu* ***Toilette***)

[2]**Abort** *m*, *Fachspr meist* ***Abortus*** *m*, *umg* ***Fehlgeburt*** *f Med* aborto (↑ *auch* ***Spontanabort***); ***Abortus arteficialis*** ↑ ***Schwangerschaftsabbruch***; ***drohender*** ~, *Fachspr auch* ***Abortus imminens*** minaca aborto; ***einzeitiger*** (*od* ***vollständiger***) ~, *Fachspr auch* ***Abortus completus*** kompleta aborto; ***septischer*** ~ sepsa aborto; ***unvollständiger*** (*od* ***zweizeitiger***) ~, *Fachspr auch* ***Abortus incompletus*** nekompleta aborto

Abortbecken *n* = ***Klosettbecken***

abortieren ↑ ***fehlgebären***

abortiv *Adj eine Fehlgeburt verursachend* abortiga

Abortivum *n* (*Pl*: ***Abortiva***), *auch* ***Abortivmittel*** *n*, *umg* ***Abtreibungsmittel*** *n Pharm* abortigilo

Abortus *m* ↑ [2]***Abort***

abpacken *tr* pak[um]i

Abpackmaschine *f* pakuma maŝino

Abpackung *f Einpacken, Verpacken* pakado; *Einfüllen in Behältnisse* enujigo (*vgl. dazu* ***Verpackung***)

abpaschen ↑ ***abhauen b)***

abpassen *tr* ***a)*** [ĝis]atendi; ***eine günstige Gelegenheit*** ~ [ĝis]atendi favoran okazon ***b)*** *aus dem Hinterhalt auflauern* embuski (***jmdn.*** kontraŭ iu) ***c)*** *passend machen* alĝustigi, almezuri

abpausen *tr* paŭsi

abpellen ↑ ***abschälen***

Abpfiff *m Sport (Spielbeendigung)* finfajfo

abpflücken, *<österr> u. reg* ***abbrocken*** *od* ***klauben*** *tr Beeren, Blumen, Obst* [pluke] deŝiri, pluki

Abpflücken *n* plukado

ab|plagen, sich *refl* peni ĝis laciĝo, longe penadi; *sich abquälen* turmentiĝi *od* sin turmenti; ~**plaggen** *tr Forstw, Landw (die organische Bodendecke mit einer Hacke in größeren Stücken abschälen)* skalpi

Abplaggen *n Forst, Landw* skalpado [de la supra grundotavolo]

abplatten *tr* platigi; ***abgeplattet*** *platt geworden* platiĝinta; *platt* plata

Abplattung *f das Abplatten* platigo; *das Sichabplatten* platiĝo; *das Abgeplattetsein* plateco; *platte Fläche von etw.* platâjo; *Astron (Elliptizität)* elipseco; ~ ***der Erde*** *Astron, Geodäsie* elipseco (*od auch* plateco) de la Tero

abplatzen *intr* deiĝi, defali [en pecoj *od* tavoletoj *u.a.*]

Abprall *m* resalto

abprallen *intr* resalti, reĵetiĝi (***von*** de)

abprotzen *tr*: ***ein Geschütz*** ~ *Mil* forigi la antaŭĉareton de kanono

ab|putzen *tr säubern* purigi; *mit einem Lappen u.a.* per viŝtuko (*bzw.* broso *u.a.*) purigi, forviŝi, senpolvigi; *Bauw (stuckieren)* stuki; ~**quälen, sich** *refl* turmentiĝi *od* sin turmenti; ~**quetschen** *tr* forprem[eg]i; ~**rackern, sich** *refl* pene laboregi, ekstreme pen[ad]i

Abraham (*m*), *ursprünglich* ***Abram*** (*m*) *Eig (Stammvater Israels)* Abrahamo, *ursprünglich* Abramo *<im Islam gilt Abraham zusammen mit Ismael als Gründer der Kaaba in Mekka u. wird als Gottesgesandter u. erster Muslim verehrt>* ◇ ***in*** ~***s Schoß*** *Bez für «geborgen sein»* ĉe la brusto de Abrahamo

Abrahamiten *m/Pl Rel (eine deistische Sekte in Böhmen [im 18. Jh.])* abrahamanoj *Pl*

abrahamitisch *Adj*: ~***e Religion*** *od* ***Abrahamsreligion*** *f* abrahama religio

abrahmen *tr*: ***Milch*** ~ senkremigi lakton

Abrakadabra *n magisches Zauberwort* abrakadabro

Abram (*m*) ↑ ***Abraham***

abrasieren *tr* forrazi; *übertr* tranĉi kvazaŭ [farita] per razoklingo

Abrasio *f* ↑ ***Ausschabung***

Abrasion *f Geol* ↑ ***Abtragung***; *Gynäkologie* ↑ ***Ausschabung***

Abrasions|platte *f od* ~**plattform** *f*, *auch* ***Schorre*** *f Geol* abrazia platformo

abraspeln *tr* [for]raspi

abraten *tr*: ***ich möchte Ihnen davon*** ~ mi emas malkonsili vin, ke vi faru tion (*bzw.* ke vi akceptu tion *u.a.*); *empfehlen etw. nicht zu tun* mi malrekomendas al vi, ke vi faru tion

Abraum *m Bergb* neuzebla [minerala] tavolo

Abraumbau *m Bergb* ↑ ***Tagebau***

abräumen *tr leer machen* forpreni, forigi; ***das Geschirr*** ~ *nach dem Essen* forpreni (*od* forigi) la manĝilaron [de la tablo]; ***den [Ess-]Tisch*** ~ reordigi la manĝotablon [post la manĝo]

abraupen, *reg* ***raupen*** *tr Gartenb (die Raupen ablesen, z.B. von befallenen Pflanzen)* senraŭpigi

Abraxas *m eine gnostische Gottheit [der Sekte des Basilides]* Abrakso

abreagieren, sich *refl Psych* fariĝi denove trankvila, retrankviliĝi (*vgl. dazu* ***sich beruhigen***)

abrechnen ***a)*** *tr abziehen* dekalkuli, forkalkuli, subtrahi (***von*** de); *bilanzieren* bilanci ***b)*** *intr*: ***mit jmdm.*** ~ reguligi la konton kun iu; *übertr* reguligi aferon kun iu; *sich rächen* fari venĝon kontraŭ (*od* al) iu (*vgl. dazu* ***heimzahlen***)

Abrechnung *f Fin* finkalkul[ad]o, *(kontrollierend)* kontrolkalkulo; *Abzug* dekalkulo, subtraho, redukto; *Hdl (Liquidation)* likvido; *übertr: Rache* venĝo (↑ *auch* ***Vergeltung***); ***nach*** ~ ***der Unkosten*** post subtraho de la kostoj (*od* elspezoj)

Abrechnungstage *m/Pl Börse* likvidotagoj *Pl*

Abrede *f Übereinkunft* interkonsento (↑

auch ***Nebenabrede***); *Leugnung* kontesto; ***etw. in ~ stellen*** malkonfirmi ion; *bestreiten, negieren* kontesti ion, nei ion (↑ *auch* ***dementieren***)

abreden ***a)*** *tr vereinbaren*: ***mit jmdm. etw. ~*** interkonsenti ion kun iu ***b)*** *intr abraten*: ***jmdm. etw. ~*** malkonsili ion al iu; *warnen* averti iun fari (*od* entrepreni) ion

abregen, sich *refl* senkoleriĝi

abreiben *tr durch Reiben entfernen* forigi per frotado, defroti (***von*** de); *sauber reiben* frote purigi (↑ *auch* ***abtrocknen a)***); ***den Körper ~*** froti la (*od* sian) korpon

Abreibung *f* [de]frotado

Abreise *f* forvojaĝo, ekvojaĝo; *Abfahrt* forveturo; ***bereit*** (*od* ***fertig***) ***zur ~*** preta por ekvojaĝi (*od* forvojaĝi); ***die ~ um zwei Tage verschieben*** prokrasti la forveturon je du tagoj

Abreisedatum *n* dato de forvojaĝo

abreisen *intr* forvojaĝi, ekvojaĝi (***nach*** al); ***wann reisen Sie ab?*** kiam vi ekvojaĝos?

abreißen ***a)*** *tr* deŝiri; *Gebäude* malkonstrui ***b)*** *intr sich lösen* deiĝi; *Verbindung* [subite] interrompiĝi ◇ ***es reißt nicht ab*** *es nimmt kein Ende* ĝi ne finiĝas

Abreißkalender *m* ŝirfolia kalendaro

abrennen *intr salopp für «suchend herumlaufen»*: ***er hat die ganze Stadt danach abgerannt*** li serĉe trakuris ĉiujn magazenojn de la urbo [por trovi tion (*od* ĝin)]

abrichten *tr Hund* trejni, *auch* dresi; *zähmen (Raubtiere)* dresi; *Tech (Werkstücke)* alĝustigi; ***Hunde für die Jagd ~*** trejni hundojn por [la] ĉaso

Abrichten *n von Tieren* dresado, *(von Hunden auch:)* trejnado; ***das ~ von Falken*** *zur Beizjagd* falkdresado

abriegeln *tr durch einen Riegel versperren* rigli, fermi per riglilo; *blockieren, sperren* blok[ad]i (*vgl. dazu* ***absperren***); ***die Tür ist noch abgeriegelt*** la pordo estas ankoraŭ riglita

abringen *tr mit Gewalt nehmen* perforte preni (***jmdm. etw.*** ion de iu) ◇ ***sie hat ihm das Versprechen abgerungen, dass ...*** per granda peno ŝi atingis, ke li promesis estonte ... *u. folg. Verb im Inf*

Abriss *m* ***a)*** *von Gebäuden, Slums* malkonstru[ad]o; ***der ~ dauerte einen Monat*** la malkonstruado daŭris unu monaton ***b)*** *Skizze* skizo; *wiss. Überblick* kompendio; ~**kosten** *Pl* kosto(j) *(Pl)* de malkonstruado

Abrogation *f Jur (Aufhebung od Abschaffung [eines Gesetzes])* abrogacio

abrogieren *tr Jur (aufheben, abschaffen [ein Gesetz])* abrogacii

abrollen ***a)*** *tr* deruli, forruli; *von einer Rolle* malvolvi; *abspulen* malbobeni ***b)*** *intr* deruliĝi, forruliĝi; malvolviĝi; *übertr (vor sich gehen, sich abspielen)* okazi, *(sich entfalten)* disvolviĝi, *(vorbeilaufen)* preterkuri

abrücken ***a)*** *tr wegschieben* forŝovi (***von*** de) ***b)*** *intr* foriĝi; *abmarschieren* formarŝi; *sich zurückziehen* retiriĝi *auch Mil*; ***von jmdm. ~*** *sich von jmdm. distanzieren* distanciĝi de iu

Abruf *m Rückruf* revoko; ***auf ~*** [tuj] post informo (*bzw.* peto)

abrufen *tr*: ***den Zug ~*** *Eisenb* anonci la baldaŭan ekveturon de la trajno

abrunden *tr Summe, Zahl* rondigi malsupren (*vgl. dazu* ***aufrunden***); *Tech (rund machen)* rondigi

Abrundungsfehler *m Math* eraro de rondigo

abrupfen *tr fam für «abreißen»* forŝiri, forŝire pluki

abrupt 1. *Adj* abrupta **2.** *Adv* abrupte (*vgl. dazu* ***jäh***, ***plötzlich*** *u.* ***schroff***)

Abruptheit *f* abrupteco

abrüsten *tr abs Mil* malarmi (↑ *auch* ***entmilitarisieren***); *Bauw* forpreni (*od* forigi) la skafaldon

Abrüstung *f* malarmado; ***allgemeine*** (***kontrollierte***, ***vollständige***) ~ ĝenerala (kontrolita, plena) malarmado; ***zu weltweiter ~ aufrufen*** alvoki al mondvasta malarmado

Abrüstungs|ausschuss *m od* ~**kommission** *f* komisiono por (*od* pri) malarmado; ~**konferenz** *f* konferenco por (*od* pri) malarmado; ~**kontrolle** *f* kontrolo de malarmado; ~**politik** *f* malarmada politiko

abrutschen *intr abgleiten (auch Erdreich nach starkem Regen)* degliti, malsuprengliti (***von*** de); *zur Seite rutschen* [abrupte] flankengliti

Abruzzen *Pl, ital.* ***Abruzzi*** *eine mittelitalienische Gebirgslandschaft u. höchster Teil des Apennin* Abruzoj *Pl*; ~**gämse** *f* (Rupicaria cyrenaica ornata) *Zool (eine Unterart der Pyrenäengämse)* apenina ĉamo

Abs. = *Abk für* ***Absender***

absacken *intr* ***a)*** *im Wasser versinken*: ***das Boot ist plötzlich abgesackt*** la boato subite subakviĝis ***b)*** *an Höhe verlieren*: ***das Flugzeug sackte ab*** la aviadilo abrupte faletis pro aerkavo

Absage *f Ablehnung* malakcepto, rifuzo; *seine Mitwirkung od Teilnahme* renonco, *auch* informo pri nepartopreno (*bzw.* neĉeesto); ~**brief** *m* letero kun informo pri malakcepto; *Ablehnungsschreiben* rifuza letero

ab|sagen ***a)*** *tr Veranstaltung* malokazigi; *seine Teilnahme* renonci, informi pri [ies] neĉeesto (↑ *auch* ***canceln***); ***wir müssen leider die Konferenz ~, weil ...*** bedaŭrinde ni ne povas okazigi la konferencon, ĉar ... ***b)*** *intr nicht teilnehmen/anwesend sein können* ne povi partopreni (*od* ĉeesti); *entsagen* [definitive] rezigni pri

ab|sägen *tr* forsegi; ~**sahnen** *tr* ***a)*** *Milch* senkremigi (↑ *auch* ***abrahmen***) ***b)*** *salopp für «heimlich auf die Seite bringen»* [kaŝe] rezervi parton por si mem

Absalom (*m*), *ökumenisch* ***Abschalom*** (*m*) *bibl Eig (der rebellische Sohn Davids)* Abŝalomo

absatteln *tr ein Reit- od Lasttier*: ***ein Pferd ~*** senseligi ĉevalon *od* demeti la selon de ĉevalo

Absatz *m* ***a)*** *auch* ***Alinea*** *f Typ (neue Zeile)* alineo, nova linio; *Paragraf (Abschnitt eines Schriftstücks od einer Rede)* paragrafo ***b)*** *Schuh*≗ kalkanumo (↑ *auch* ***Gummi-, Leder-, Pfennig-*** *u.* ***Stiefelabsatz***); ***flacher ~*** plata kalkanumo; ***ein Schuh mit spitzem ~*** pikkalkanuma ŝuo; ***die Absätze sind zu flach*** (***zu hoch***, ***zu breit***) la kalkanumoj estas tro plataj (tro altaj, tro larĝaj); ***mit den Absätzen klappern*** klaketi per la kalkanumoj; ***die Absätze schief treten*** trivi la kalkanumojn; ***sich auf den Absätzen umdrehen*** sin turni sur la kalkano *(Zam)* ***c)*** *Treppen*≗ ŝtupara placeto (*od* platformo); *Arch (Vorsprung)* elstaraĵo; ***d)*** *Verkauf* vendo(j) *(Pl)*; *Vertrieb, Warenumsatz* debito; *Marketing* merkatado, *auch* marketingo; *Markt* merkato; ***großen ~ finden*** havi grandan debiton; ***diese Ware findet guten ~*** ĉi tiu varo bone vendiĝas ***e)*** *Bodensatz* surfundaĵo; *Geol (Ablagerung)* sedimento

Absatz|abteilung *f Wirtsch* sekcio pri vendoj; ~**förderung** *f Wirtsch* vendostimulado; ~**gebiet** *n Wirtsch* vendoteritorio

Absatzgestein *n Geol* ↑ ***Sedimentgestein***

Absatz|prognose *f Wirtsch* vendoprognozo

absatzweise *Adv Typ* alineon post alineo

ab|saugen *tr* elsuĉi, forsuĉi; *mit dem Saugheber* sifoni (↑ *auch* ***aushebern***); *mit dem Staubsauger* purigi per polvosuĉilo, polvosuĉi; ~**schaben** *tr* forskrapi, skrape forigi, *auch* deskrapi

abschaffen *tr* forigi, nuligi, ĉesigi; *für ungültig od nichtig erklären* malvalidigi; *Gesetz, Sklaverei, Todesstrafe* abolicii; *außer Kraft setzen (ein Gesetz)* abrogacii, *auch* eksvalidigi; ***die Sklaverei ~*** abol[ici]i la sklavecon

Abschaffung *f* forigo, nuligo, ĉesiĝo (↑ *auch* ***Beseitigung***); abolicio; *Zerschlagung* disbato; *Jur (Abrogation, Aufhebung* abrogacio; ~ ***der Grenzkontrolle(n)*** forigo de [la] limkontrolo(j); ~ ***der Sklaverei*** (***Todesstrafe***) abolicio de la sklaveco (mortpuno)

abschälen, *reg* ***abpellen*** *tr* senŝeligi; ***mit den Fingernägeln ~*** *z.B. eine Apfelsine* senŝeligi per la ungoj

Abschälen *n*, *reg* ***Abpellen*** *n* senŝeligado

Abschalom (*m*) *bibl Eig* ↑ ***Absalom***

abschalten *tr Gerät, Licht, Radio* malŝalti, elŝalti (↑ *auch* ***abdrehen a)***); *übertr salopp für «die Konzentration einfach aufgeben»* simple ne plu koncentriĝi, *nicht mehr aufmerksam sein* esti ne plu atentema; ***während des Unterrichts hat sie einfach abgeschaltet*** dum la instruado (*od* instru-horoj) ŝi simple ne plu atentis

abschätzbar *Adj* taksebla; ***schwer ~*** malfacile taksebla

abschätzen *tr veranschlagen* taksi [la prezon de]; *bewerten* taksi la valoron (***etw.*** de io); *beurteilen* [pri]juĝi; *berechnen* kalkuladi

abschätzig 1. *Adj* malŝata **2.** *Adv* malŝate; ~ ***über jmdn. reden*** (*od* ***sprechen***) malŝate paroli pri iu

Abschätzung *f* taks[ad]o (*vgl. dazu* ***Beurteilung***)

abschauen ↑ ***abgucken***

Abschaum *m Schaum, der sich auf kochenden Flüssigkeiten oben absetzt* ŝaŭmo [sur bolantaj fluidaĵoj]; *übertr* elĵetaĵo, feĉo; *Gesindel* kanajlaro; ***der ~ der Menschheit*** la elĵetaĵo (*od* feĉo) de la homaro

abscheiden *tr trennen* apartigi; *ausscheiden* eligi, *Flüssigkeiten auch* elfluigi; *Chem, Geol ([am Boden] ablagern, absetzen)* deponi (*vgl. dazu* ***ablagern***); *Bot (Wasserdampf abscheiden, bes. an den Blattspitzen), Physiol* sekrecii; ***sich ~*** *Chem* sedimentiĝi

Abscheider *m Tech (Separator)* apartigilo

Abscheidung *f Chem (Auskristallisierung)*

segregacio (↑ *auch* ***Ölabscheidung***)

abscheren *tr* fortondi *auch Tech* (*vgl. dazu* ***abschneiden***)

Abscheren *n* fortond[ad]o; ~ ***des Haupthaares*** *bibl: als Zeichen von Trauer, Gram u.a.* tonsur[ad]o (↑ *auch* ***Tonsur***)

Abscheu *m, selt f Widerwille* abomeno; *Ekel* naŭzo (***vor*** al *od* pri); ~ ***empfinden*** senti abomenon (***vor*** al *od* kontraŭ) (*vgl. dazu* ***sich ekeln***); ~ ***erregend*** abomeniga; ~ ***hervorrufen*** kaŭzi (*od* estigi) abomenon

abscheuern *tr durch Scheuern entfernen* forigi per frotlavado

abscheulich *Adj* abomena, fia; *verabscheuenswürdig* abomeninda; *abstoßend hässlich* hida; *eklig, widerlich* naŭza; *grausig* horora (*vgl. dazu* ***grässlich***)

Abscheulichkeit *f* abomenindeco; *etw. Abscheuliches, abscheuliche Tat* abomen[ind]aĵo, abomeninda faro (*od* ago), fiaĵo

abschicken *tr* forsendi; *expedieren* ekspedi

abschieben *tr wegrücken* forŝovi (***von*** de); *zur Seite schieben* ŝovi flanken; *machen, dass jmd. geht* foririgi (***jmdn.*** iun); ***jmdn.*** ~ *des Landes verweisen* eksigi iun el la lando; ***ins Herkunftsland*** ~ *illegal Eingereiste* [devige] repatriigi; ***die Schuld auf jmdn.*** ~ transŝovi la kulpon al iu

Abschiebung *f*: ~ ***ins Herkunftsland*** *bei illegal Eingereisten* [deviga] repatriigo

Abschied *m* adiaŭo (*vgl. dazu* ***Trennung***); *i.w.S. (Weggang)* foriro, *(Abreise)* forvojaĝo; *Ausscheiden aus dem Amt* eksiĝo [el sia ofico]; ***ein*** ~ ***für immer*** (*od* ***auf ewig***) porĉiama adiaŭo; ***von jmdm.*** ~ ***nehmen*** diri adiaŭ al iu *od* adiaŭi iun

Abschieds|abend *m* adiaŭa vespero; ~**audienz** *f* adiaŭa aŭdienco; ~**besuch** *m* adiaŭa vizito *auch Dipl*; ~**brief** *m* adiaŭa letero; ~**essen** *n* adiaŭa bankedo *auch Dipl*; ~**feier** *f* adiaŭa festo; ~**geschenk** *n* adiaŭa donaco; ~**kuss** *m* adiaŭa kiso; ~**lied** *n* adiaŭa kanto; ~**spiel** *n Sport* adiaŭa ludo; ~**tränen** *Pl* adiaŭaj larmoj; ~**worte** *n/Pl* adiaŭaj vortoj

abschießen *tr Flugzeug* pafe faligi; *Vögel, Wild* forpafi, pafmortigi; *abfeuern (ein Geschoss, eine Kugel)* ekpafi, *(eine Rakete od einen Torpedo)* lanĉi; *Raumf (auf eine Umlaufbahn bringen)* surorbitigi; ***einen Pfeil*** ~ ekpafi sagon; ***jmdm. die Hand*** ~ forpafi al iu [la] manon ◇ ***er hat wieder einmal den Vogel abgeschossen*** *alle übertroffen* denove li superis ĉiujn; *ist absolute Spitze* denove li estas la absoluta rekordulo [pri tio]

abschilfern *intr Haut* deskvamiĝi

Abschilferung *f* deskvamiĝo (↑ *auch* ***Abschuppung***)

abschinden, sich *refl* labori ĝis turmentiĝo, laboregi kvazaŭ sklavo (↑ *auch* ***sich abrackern***)

Abschirmdienst *m Spionageabwehr* kontraŭspionada servo (*od* taĉmento)

abschirmen *tr* ŝirmi (***vor*** kontraŭ)

abschlachten *tr* buĉi *auch übertr*; *bei einem Massaker* masakri, amasbuĉi

Abschlachten *n* buĉado *auch übertr*; *Massaker* masakro, amasbuĉado

[1]**Abschlag** *m* ***a)*** *Preisnachlass* rabato (↑ *auch* ***Preisabsxhlag***); *Disagio (Abschlag, um den der Kurs von Wertpapieren od Geldsorten unter dem Nennwert od der Parität steht)* disaĝio ***b)*** *Teilzahlung* partopago; ***auf*** ~ *auf Raten* laŭ la partopaga sistemo

[2]**Abschlag** *m Hockey* bulio; *vom Fußballtor* kiko de la golej-areo

abschlagen *tr* ***a)*** forbati; *abhacken, fällen (Baum)* dehaki, forhaki; *etw. reduzieren (Verkaufspreis)* iom redukti (*od* malplikostigi); ***einen feindlichen Angriff*** ~ rebati atakon de malamiko; ***jmdm. den Kopf*** ~ dehaki al iu la kapon; ***abgeschlagen*** *am Rand abgesplittert, z.B. eine Tasse* iom difekta ĉe la rando ***b)*** *Angebot, Bitte* rifuzi

abschlägig *Adj*: ***eine*** ~***e Antwort*** *od* ***ein*** ~***er Bescheid*** rifuza (*od i.w.S.* negativa) respondo

Abschlagsdividende *f, auch* ***Interimsdividende*** *f Fin* intertempa dividendo

Abschlagszahlung *f Teilzahlung* partopago; ***jährliche*** ~ *Jahresrate* anuitato

abschlecken ↑ ***ablecken***

abschleifen *tr* ŝlifi; *glätten* glatigi; *übertr* poluri; ***sich*** ~ *glatt werden* [pro konstanta interfrotiĝo] fariĝi polurita (*od* [tute] glata); *Tech auch* abradi

Abschleppdienst *m Kfz* aŭtotrena servo

abschleppen *tr* treni; *ins Schlepptau nehmen* remorki; ***mit einem Kranwagen*** ~ treni per gruokamiono; ***können Sie meinen Wagen*** ~ ***[helfen]?*** ĉu vi povos treni mian aŭton? ◇ ***sich*** ~ *sich mit einer Last abmühen* penege portadi [tro] peza(j)n ŝarĝo(j)n

Abschleppen *n* remorkado

Abschlepp|fahrzeug *n od* ~**wagen** *m Kfz, Verkehrspolizei* gruokamiono; ~**seil** *n Kfz*

trenkablo [por la aŭto] (↑ *auch* ***Schlepptau***)

abschließen ***a)*** *tr beenden* fini (***etw. mit*** ion per); *zum Abschluss bringen* ĉesigi, *auch* finigi; *zuschließen* ŝlosi; *Vertrag* fari; ***die Beweisaufnahme*** ~ *Jur* fini la pruvokolektadon; ***die Grundschule*** ~ fini la elementan lernejon; ***ein Konto*** ~ saldi (*od* bilanci) konton; ***mit einer Prüfung*** ~ fini per ekzameno; ***eine Wette*** ~ fari veton (***auf*** je); ***abgeschlossen [sein]*** *Tür* [esti] ŝlosita ***b)*** *intr mit od in etw. enden* finiĝi (***mit*** per); ***c)*** *refl:* ***sich*** ~ sin izoli; *sich zurückziehen* retiriĝi

abschließend *Adj* fina; *zusammenfassend* konkluda; *endgültig* definitiva

Abschluss *m Ende* fino; *(das) Zuendegehen* finiĝo; *das Beendigen* ĉesigo; *das Abschließen* ŝlosado; *Fin (Bilanz)* bilanco (↑ *auch* ***Jahres-*** *u.* ***Kassenabschluss***); *Abschlussprüfung* fina ekzameno; *eines Vertrages* farado; *Transaktion* transakcio; *Übereinkunft* interkonsento; ***etw. zum*** ~ ***bringen*** *beendigen* fini ion

Abschluss|bericht *m, auch* ***Schlussbericht*** *m* fina raporto; ~**demonstration** *f* ferma manifestacio; ~**erklärung** *f* fina deklaro; ~**kommuniqué** *n* fina komunikaĵo; ~**prüfung** *f* fina ekzameno; *Abitur* abiturienta ekzameno; ~**sitzung** *f* ferma kunsido; ~**training** *n Sport* fina trejnado; ~**zeugnis** *n* finekzamena atesto; *Diplom* diplomo

abschmecken, *<österr> umg* ***gustieren*** *tr Kochk* prove gustumi; ***die Soße mit Salz und Pfeffer*** ~ prove gustumi la saŭcon kaj ankoraŭ [iom] spici per salo kaj pipro

Abschmecken *n Kochk* gustumado

abschmelzen *intr* ***a)*** *Geol (von Gletschereis od Schnee)* ablacii ***b)*** *Gletscher (durch Klimaerwärmung)* [for]fandiĝi

Abschmelzen *n* ***a)*** *Fachspr* ***Ablation*** *f Geol (von Schnee od Gletschereis)* ablacio (*vgl. dazu* ***Zehrgebiet***) ***b)*** [for]fandiĝo

ab|schmieren *tr Kfz, Tech* lubriki (↑ *auch* ***einfetten***); *etw. unsauber abschreiben* aĉe kopii; ~**schminken** *tr* forigi la ŝminkon de sur la vizaĝo, malŝminki; ~**schmirgeln** *tr Handw* smirgi, glatigi per smirga papero; ~**schnallen** *tr eine Schnalle lösen* malbuki; *von einem Haken lösen* malkroĉi; *auf-, losbinden* malligi; *i.w.S. auch* forigi *bzw.* demeti

abschneiden ***a)*** *tr* fortranĉi, *allg auch* [de]tranĉi; *Gartenb ([kurz über der Erde] abschneiden bes. einen Strauch, um später kräftigeren Wuchs zu erzielen)* recepi; *mit der Schere, z.B. Bart od Haar* fortondi, *allg auch* [de]tondi *auch Gras mit dem Rasenmäher;* ***ein Stück Brot*** ~ [de]tranĉi pecon da pano; ***jmdm. den Weg*** ~ *übertr* bari al iu la vojon; ***jmdm. die Ehre*** ~ senhonorigi iun; *jmdn. verleumden* kalumnii iun; ***sich die Haare*** ~ fortondi al si la harojn *od* fortondi siajn harojn; ***während des ganzen Winters war die Region von der Außenwelt abgeschnitten*** dum la tuta vintro tiu regiono estis fortranĉita [for] de la mondo ***b)*** *intr* ◇ ***er hat gut abgeschnitten*** *bei Prüfung, Wettbewerb* li atingis bona(j)n rezulto(j)n, *auch* li bone sukcesis; *bei einem Geschäft u.Ä.* [fine] li multe profitis [el tio]

Abschneiden *n* fortranĉ[ad]o; fortondado

Abschnitt *m Kapitel [eines Buches]* ĉapitro; *Paragraph* paragrafo; *neue Zeile, Text≗* alineo; *an Eintritts- od Fahrkarten, Formularen, Lebensmittelkarten* kupono (↑ *auch* ***Kontrollabschnitt***); *Teil* parto; *Gebiet, Sphäre* regiono, sfero; *Zeit≗* periodo; *Etappe, Strecken≗* etapo, sekcio; *zw. zwei Haltestellen* distanco [inter du haltejoj]; *Mil* sektoro; *Geom (Kreis≗)* segmento [de disko] (*vgl. dazu* ***Segment***); *Bibel≗ als Predigttext od zur Vorlesung im Gottesdienst* perikopo

abschnittsweise *Adv* ĉapitron post ĉapitro; paragrafon post paragrafo

Abschnürbinde *f, auch* ***Staubinde*** *f od* ***Aderpresse*** *f, alt* ***Tourniquet*** *m od* ***Tourniquet-Presse*** *f Med* turniketo; ***behelfsmäßige*** ~ improviza turniketo

abschnüren *tr Med* premigi la turniketon [por haltigi la sangofluon] (↑ *auch* ***abbinden a)***); *übertr* stringi, sufoki

abschöpfen *tr:* ***den Rahm [von der Milch]*** ~ deĉerpi la kremon [de sur la lakto], senkremigi la lakton; ***den Schaum*** ~ senŝaŭmigi *auch von einem Getränk* ◇ ***das Fett*** ~ *das Beste für sich nehmen* kolekti (*od* preni) la plej bonajn aĵojn por si mem; *den Profit einstreichen* forpreni la profiton (*od auch* la kremon)

abschotten *tr Mar (mit Schotten versehen)* provizi per fakmuroj (*od* hermetike fermeblaj septoj); ***sich*** ~ *übertr* sin [plene] fermi (***gegen etw.*** antaŭ io), sin [tute] izoli (***gegen etw.*** disde io)

Abschottung *f:* ***Politik der*** ~ politiko de

izolismo
abschrägen *tr* oblikve tranĉi; *gehren (Leiste, Spiegelglas)* beveli
Abschrägung *f Schrägfläche, schräge Richtung [z.B. zweier Flächen]* bevelo
ab|schrammen *tr Haut* defroti; **~schrauben** *tr* malŝraŭbi
abschrecken *tr* ***a)*** fortimigi (***jmdn.*** iun); *abhalten* deteni, reteni; *entmutigen* senkuraĝigi; ***sich nicht ~ lassen*** ne lasi sin [for]timigi (***durch*** per *od* pro) ***b)*** *Eier* trempi en malvarman akvon; *Metall* tremphardi
abschreckend *Adj* [for]timiga; *abstoßend* repuŝa; *Ekel erregend* kaŭzanta naŭzon *nachgest*; ***als ~es Beispiel anführen*** mencii kiel fortimigan ekzemplon
Abschreckung *f* [for]timigo
Abschreckungs|effekt *m* efekto de fortimigo *auch Mil*; **~mittel** *n* rimedo de fortimigo
abschreiben *tr* ***a)*** *kopieren* kopii; *Plagiat begehen* plagiati; *Schüler* kaŝe kopii [el la kajero de samklasano] (***in der Prüfung*** dum la ekzameno); ***falsch ~*** miskopii; ***voneinander ~*** kopii (*bzw.* plagiati) unu de la alia ***b)*** *Wertminderung an Wirtschaftsgütern od Anlagevermögen vornehmen* amortizi; ***der Kaufpreis der Maschine ist in zehn Jahren abgeschrieben*** la aĉetprezo de la maŝino estas amortizota en kvin jaroj
Abschreiben *n Kopieren* kopiado
Abschreiber *m* kopiisto; *jmd., der Plagiat begeht* plagiatulo, plagiatisto
Abschreibung *f Fin* amortizo (↑ *auch* ***Amortisation***)
Abschreibungsfonds *m* ↑ ***Amortisationsfonds***
Abschreibungsreserve *f Fin* rezervo por deprecado
abschreiten *tr mit Schritten abmessen* paŝe mezuri, mezuri per paŝoj; *Front* [inspekte] preterpaŝi; *allg* preterpasi; ***die Ehrenkompanie ~*** revui la honoran gvardion
Abschrift *f Kopie* kopio (↑ *auch* ***Zeugnisabschrift***); *Zweitschrift* duplikato; *Durchschrift* karbokopio; ***eine notariell beglaubigte ~*** kopio atestita fare de notario (*od* notariejo)
abschuppen *tr Fisch* senskvamigi; ***sich ~*** *Haut* deskvamiĝi
Abschuppung *f*, <*wiss*> ***Desquamation*** *f Geomorphologie, Med* deskvamiĝo
abschürfen *tr* defroti; ***sich die Haut ~*** defroti al si la haŭton (*vgl. dazu* ***abgeschürft***)
Abschürfung *f allg* defrotaĵo; *Med (Haut~)* haŭtdefrotaĵo, *fachsprachl.* ekskoriaĵo
Abschuss *m das Abfeuern* [ek]pafo; *von Wild u. dgl.* pafado [al]; *Rakete, Torpedo* lanĉ[ad]o (↑ *auch* ***Raketenabschuss***); *Vernichtung* detruo, neniigo, *von Flugzeugen auch* faligo; ***den ~ einer feindlichen Maschine melden*** raporti la faligon de malamika aviadilo
Abschussbasis *f Mil* bazo (*od* lanĉejo) [de raketo]
abschüssig *Adj abfallend* dekliva; *steil abfallend* krute malleviĝanta, *häufig dafür kurz (steil)* kruta; *schräg* oblikva, klinita; ***~ sein*** descendi
Abschüssigkeit *f Abwärtsneigung, Gefälle* dekliveco
Abschuss|prämie *f Jagd* pago por mortpafo; **~rampe** *f allg* gantro; *Raumf* raketolanĉejo, instalaĵo por lanĉi raketojn
abschütteln, <*österr*> *u. reg* ***abbeuteln*** *tr* deskui, forskui, skue forigi; *übertr* forskui, sin liberigi de; ***Früchte vom Baum ~*** faligi [la] fruktojn skuante la arbon; ***das Joch ~*** *übertr* forskui (*od Zam* deĵeti) la jugon; ***quälende Gedanken von sich ~*** forskui de si turmentajn pensojn
abschwächen *tr* malfortigi, febligi; *mildern* mildigi, malintensigi; *mäßigen* moderigi; *vermindern* malgrandigi; *Foto* heligi, malintensigi; *El (Amplitude dämpfen)* atenui; *Phys (Schwingungen dämpfen)* amortizi; ***sich ~*** malfortiĝi *od* fariĝi [pli] malforta; *abnehmen* malgrandiĝi
Abschwächer *m El (regelbares Dämpfungsglied)* atenuilo; ***magnetischer ~*** magneta atenuilo
Abschwächung *f das Abschwächen* malfortigo; *Milderung* mildigo; *Mäßigung* moderigo; *das Schwächerwerden* malfortiĝo; mildiĝo; moderiĝo; *El* atenuiĝo; *Foto* heligo, malintensigo
abschweifen *intr vom Gespräch* deflankiĝi (***von*** de); *[vom Normalen bzw. vom richtigen Weg u.Ä.] abweichen* devii; ***vom Thema ~*** deflankiĝi de la [priparolata] temo
Abschweifung *f* deflankiĝo; *vom Thema od Argument [in einer Rede]* digresio; *Abweichung [vom normalen Entwicklungsverlauf]* devio
abschwellen *intr* malŝveli; *sich zurückbilden (falls auf Wachstum bezogen)* malkreski (↑

auch ***schwinden*** *u.* ***sich zurückbilden***); ***die Flut schwillt ab*** la fluso malŝvelas (*od auch* regresas); ***die Hand schwillt [wieder] ab*** *Med* la ŝvelaĵo je la mano malkreskas (*od auch* malpliiĝas)

Abschwellen *n* malŝvel[ad]o; malkresk[ad]o

ab|schwemmen *tr z.B. die reißende Strömung, ein Stück vom Ufer* erozii (*vgl. dazu* ***erodieren***); **~schwenken** *intr Richtung ändern* ŝanĝi la direkton (***nach*** al); *sich zur Seite wenden* sin turni flanken *od* turniĝi flanken; *seitwärts [ab]marschieren* [for]marŝi flanken

abschwören, *alt* ***abjurieren*** *intr Jur (unter Eid entsagen)* ĵure malagnoski, abĵuri, ĵure rezigni pri, *alt* forĵuri; ***seinem Glauben ~*** forĵuri sian kredon

absegeln *intr* fornavigi, forveturi [per velŝipo]; *vom Ufer ablegen* debordiĝi

absehbar *Adj* [antaŭ]videbla; ***in ~er Zeit*** en proksima estonteco

absehen ***a)*** *tr voraussehen* antaŭvidi; *erkennen, verstehen* ekkoni, kompreni; *vermuten* supozi; *nachahmen* imiti, adopti; ***die Folgen sind schon abzusehen*** la konsekvencoj estas jam antaŭvideblaj; ***von jmdm. etw. ~*** *abgucken* imiti ies kutimon; ***er hat es auf mich abgesehen*** estas mi, kiun li celas (*bzw.* atakas); ***man hat es auf sein Leben abgesehen*** oni celas lian vivon (↑ *auch* ***trachten nach***) ***b)*** *intr verzichten*: ***~ von*** rezigni pri

ab|seifen *tr* purigi per [akvo kaj] sapo; *mit Seife abscheuern od abreiben* frotlavi per [akvo kaj] sapo; **~seilen** *tr Bergsteiger* malsuprenigi pere de ŝnuro; *mit Seilen absperren* bari per ŝnuroj

abseits 1. *Präp*: ***~ des Weges (od vom Wege)*** flanke (*od* for) de la vojo **2.** *Adv* ***a)*** *Ort: an der Seite von* flanke de; *fern* fore, malproksime (***von*** de); *isoliert* izolite; ***das Dorf liegt ganz ~*** la vilaĝo situas tute izolite ***b)*** *Richtung:* flanken; *dort drüben hin* transen ***c)*** *<österr> auch* ***abseit***, *<schweiz>* ***offside*** *Sport* ofsajde

Abseits *n*, *<österr> auch* ***Abseit*** *n*, *<schweiz>* ***Offside*** [*ˈɔfsaid*] *n Sport* ofsajdo; ***passives ~*** pasiva ofsajdo; ***im ~ sein*** esti en ofsajdo

Abseits|falle *f Sport* ofsajda kaptilo; **~pfiff** *m* ofsajda fajfo; **~position** *od* **~stellung** *f Sport* ofsajda pozicio; **~regel** *f Eishockey, Fußball, Rugby* ofsajda regulo; **~tor** *n Sport* ofsajda golo

absenden *tr* [for]sendi; *expedieren* ekspedi

Absender *m* (*Abk* ***Abs.***) sendinto; *Expedient* ekspedinto; ***zurück an ~!*** *postalischer Vermerk* reen al sendinto!

Absendung *f* [for]sendado; ekspedado

absenken *tr Gartenb* markoti

Absenken *n Gartenb (Einlegen [eines Reises]* markotado

Absenker *m* ↑ ***Ableger***

absensen *tr abmähen* falĉi

abservieren *abs*: ***der Kellner möchte ~*** la kelnero ŝatus forpreni la uzitan manĝilaron

absetzbar *prädikatives Adj* ***a)*** *Ware* vendebla; *von einer Summe* reduktebla; ***schwer ~*** *Ware* malfacile vendebla ***b) nicht ~*** *von Richtern, Senatoren* ne eksoficigebla

Absetzbecken *n z.B. in Kläranlagen* baseno por sedimentiĝo

Absetzbewegung *f*: ***strategische ~*** *Mil* strategia retiriĝo

absetzen ***a)*** *tr abnehmen, z.B. Brille, Kopfbedeckung, Last* demeti; *aussteigen lassen (Passagiere)* lasi eliri; *niedersetzen, hinstellen* loki *od* meti al, starigi al (*bzw.* en, sur, sub *usw.*); *des Amtes entheben* eksoficigi (***jmdn.*** iun); *Hdl (verkaufen)* vendi, *(auf dem Warenmarkt)* debiti, surmerkatigi; *streichen* forstreki (***von*** de); *Theat (aus dem Spielplan nehmen)* forstreki el la repertuaro; *annullieren, z.B. Termin, Veranstaltung* nuligi; ***den König ~*** *Gesch* sentronigi (*od auch* senkronigi) la reĝon; ***ich habe ihn am Bahnhof abgesetzt*** *Mitfahrer im Auto* mi lasis lin eliri (*od* elaŭtiĝi) apud la stacidomo ***b)*** *intr unterbrechen* interrompiĝi, *(periodisch unterbrechen)* intermite halt[et]i, intermiti; *allg* fari halt[et]on (*od* paŭzon) ***c)*** *refl*: ***sich ~*** *als Bodensatz od Sediment* sediment[iĝ]i, formi sedimenton; *fliehen* fuĝi; *Mil (sich zurückziehen)* retiriĝi; ***sich vom Feind ~*** formoviĝi (*od* distanciĝi) de la malamiko

Absetzen *n*: ***~ von der Mutterbrust*** ↑ ***Abstillen***

Absetzung *f Amtsenthebung* forigo el la ofico, eksoficigo; *Entthronung* detronigo; *Annullierung* nuligo

absichern *tr* sekurigi; *abschirmen, schützen* protekti

Absicht *f Vorhaben, Vorsatz* intenco; *Ziel, Zweck* celo; *i.w.S. Plan* plano; ***betrügerische*** (***feste, verbrecherische***) ***~*** fraŭda (firma, krima) intenco ***in böswilliger*** (***schlechter***) ~ kun malica (malbona) intenco; ***in dieser*** ~ kun tiu ĉi intenco; ***in guter*** ~ kun bona intenco *od* bonintence; ***mit*** ~ intence; ***die ~ haben zu ...*** havi la intencon *od kurz* intenci *u. das folg. Verb im Inf; i.w.S. auch* plani, projekti *u.a.*; ***böse*** (*od* ***schlechte***) ~***en haben*** havi malbon[far]ajn intencojn; ***es war nicht meine*** ~, ***Sie zu beleidigen*** ne estis mia intenco ofendi vin

absichtlich 1. *Adj* intenc[it]a; *vorher geplant* antaŭe planita **2.** *Adv* intence

Absichtserklärung *f* deklaro de intenco *auch in einem internationalen Vertrag*

absichts|los *Adv* senintence; ~**voll** *Adv* tute (*od* vere) intence

absingen *tr*: ***ein Lied*** ~ kanti kanton [uzante kantlibron]

absinken = ***sinken***

absinthgrün *Adj* absintverda

Absinthismus *m*, *auch* ***Absinthvergiftung*** *f Med (Krämpfe, Lähmungen u. Verwirrungszustände infolge übermäßigen Absinthgenusses)* absintismo

Absinth[likör] *m* absinta likvoro (*vgl. dazu* ***Wermut b)***)

Absinthvergiftung *f* ↑ ***Absinthismus***

Absis *f Arch* ↑ ***Apsis***

absitzen ***a)*** *tr*: ***eine Strafe*** ~ *Jur* esti en malliberejo (*bzw.* punejo) ***b)*** *intr*: ***vom Pferd*** ~ deiri de la ĉevalo, deĉevaliĝi

absolut 1. *Adj* absoluta *auch Naturw u. Phil* (*vgl. dazu* ***autoritär*** *u.* ***unumschränkt***); ~***er*** (*od* ***wasserfreier***) ***Alkohol*** *m* (Alcoholus absolutus) *für techn. u. med. Zwecke* absoluta alkoholo; ~***es Gehör*** *n Mus* absoluta tonsentivo; ***die ~e Macht besitzen*** (***haben***) posedi (havi) la absolutan potencon; ~***e Mehrheit*** *f* absoluta plimulto; ~***e Monarchie*** *f Monarchie mit uneingeschränkter Gewalt eines Monarchen* absoluta monarkio; ~***er Nullpunkt*** *m Phys (nach Kelvin)* absoluta nulpunkto; ~***es Partizip*** *n Gramm (Partizip mit auffordernder Bedeutung [z.B. «aufgepasst!»])* absoluta participo; ~***er Wert*** *od* ***Absolutwert*** *m Phys* absoluta valoro **2.** *Adv* absolute; *völlig* tute, komplete (*vgl. dazu* ***gänzlich***); *durchaus* nepre; ~ ***nicht*** absolute (*od* tute) ne; ~ ***unverständlich*** *Adj* absolute nekomprenebla; *Adv* absolute nekompreneble; ~ ***nichts verstehen*** absolute nenion kompreni

Absolutbetrag *m Math (die Größe einer Zahl unabhängig von ihrem Vorzeichen)* absoluta valoro *od kurz* absoluto

Absolute *n Phil*: ***das*** ~ la absoluto; ***Lehre vom ~n*** absolutismo

Absolutheit *f* absoluteco

Absolution *f kath. Kirche (Freisprechung von Sünden)* absolvo, pekopardono (↑ *auch* ***Generalabsolution***); ***jmdm. die ~ erteilen*** absolvi iun de siaj pekoj

Absolutismus *m Pol (Staatsform, in der ein Monarch unbeschränkte Macht ausübt)* absolutismo <*bes. im Europa des 17./18. Jh.s*>

Absolutist *m Anhänger od Vertreter des Absolutismus* absolutisto

Absolutwert *m Phys* ↑ *unter* ***absolut 1.***

Absolvent *m Univ* finstudinto [de universitato *bzw.* altlernejo]; *eines Kurses* [kurs]fininto

absolvieren *tr* ***a)*** *Studium* fini [la studadon ĉe]; finistudi en la kurso de ***b)*** *kath. Rel (lossprechen [von Sünden])* absolvi (***jmdn.*** iun)

Absolvierung *f z.B. eines Lehrgangs* finigo

absonderlich *Adj eigenartig* stranga; *kurios* kurioza; *wundersam* mirakla

Absonderlichkeit *f* strangeco; kuriozeco (*vgl. dazu* ***Wunder***); *absonderliche Tat* strangaĵo *bzw.* kuriozaĵo

absondern *tr trennen, separieren* apartigi; *isolieren* izoli (***von*** [dis]de, *auch* for de); *ausscheiden* sekrecii *auch Physiol*, *(von im Stoffwechsel entstandenen für den Organismus nicht mehr verwertbaren Endprodukte)* ekskrecii (*vgl. dazu* ***ausscheiden***); ***Eiter*** ~ *eitern* eligi puson, pusi; ***Schleim*** ~ *schleimen* sekrecii mukon, *auch* muki; ***sich*** ~ *sich isolieren* sin izoli; *sich abseits halten* sin apartigi (***von*** de); *sich fern halten* sin deteni (***von*** de)

Absonderung *f Trennung* apartigo; *Isolierung* izolado; *Phys* disigo; *Ausscheidung (als Vorgang) bes. Physiol* sekreciado; *Sekret* sekrecio (↑ *auch* ***Speichelabsonderung***); *Pol* segregacio

Absorbens *n Chem* substanco, kiu povas sorbi gason aŭ likvaĵon

Absorber *m Tech* sorbilo

absorbieren *tr* ***a)*** *physikalische Chem (ein- od aufsaugen)* [en]sorbi ***b)*** *geistig [gänzlich] in Anspruch nehmen, jmds. Aufmerksamkeit fesseln* absorbi; ***völlig absorbiert sein*** esti tute absorbita (***von*** de); ***absorbiert***

werden *Chem, Phys* sorbiĝi ***c)*** *bildh für «(in sich) aufnehmen»* absorbi

Absorption *f Naturw* sorbado, ensorbo

Absorptions|spektrum *n Opt* [en]sorba spektro; ~**vermögen** *n Saugfähigkeit* sorbopovo *od* sorbokapablo

abspalten *tr* [for]fendi, spliti; ***sich*** ~ fendiĝi en splitojn; *übertr* dissplitiĝi (***in*** en *mit Akk*)

Abspaltung *f Loslösung, Sezession* apartiĝo, secesio (***von*** disde) (*vgl. dazu* ***Schisma***)

abspannen *tr Zugtier* maljungi ◇ ***ich bin heute sehr abgespannt*** hodiaŭ mi sentas min lacega

Abspannseil *n Stag (stählernes Seil an Brückenpfeilern, Masten)* stajo

Abspannung *f Müdigkeit* [ega *od* forta] laceco (*vgl. dazu* ***Erschöpfung***)

absparen *tr* ◇ ***sich etw. vom Munde*** ~ pere de enorma ŝparado ion akiri [por si]

abspeisen *tr* manĝigi ◇ ***jmdn. mit leeren Worten*** ~ kontentigi (*od auch* regali) iun per nuraj vortoj

abspenstig *Adj*: ***jmdm. sein Mädchen ~ machen*** forlogi (*od* forpreni) la knabinon de iu

absperren *tr Ventil* fermi, ŝtopi; *Tür, Zimmer* ŝlosi; *mit einem Querbalken od Riegel* rigli; *versperren (bes. für Durchgang od Durchfahrt)* bari, bloki; *durch Postenkette sperren* kordoni; ***das Wasser*** ~ fermi la [ĉefan] akvokranon

Absperrklappe *f Tech* ŝtopklapo

Absperrung *f das Absperren* barado; *Sperre* baraĵo; *Kordon, Postenkette* kordono

Abspiel *n Fußball, Handball* pasigo [de la pilko] (***zu*** al) (*vgl. dazu* ***³Pass***)

abspielen ***a)*** *tr Kassette, Schallplatte* ludi; ***den Ball*** ~ pasigi (*od* transludi) la pilkon (***zu*** al); ***vom Blatt*** ~ *Mus* senprepare ludi ***b)*** *refl*: ***sich*** ~ *sich ereignen* okazi (***in*** en); ***sich unter der Oberfläche*** ~ okazi absolute sekrete

Abspielen *n*: ***das ~ von Videokassetten*** la ludado de videokasedoj

absplittern *intr* desplitiĝi, deŝiriĝi en splitojn; ***[am Rand] abgesplittert*** *abgeschlagen, z.B. Geschirr* iomete difekta ĉe la rando

Absprache *f Übereinkunft* interakordo, interkonsento (↑ *auch* ***Abmachung***); ***geheime*** (*od* ***sittenwidrige***) ~ *zu Ungunsten eines Dritten* koluzio

absprachegemäß *Adv* laŭ interkonsento

absprechen *tr*: ***etw. mit jmdm.*** ~ *besprechen* priparoli ion kun iu; *übereinkommen* interakordiĝi, veni en akordon, interkonsenti; ***jmdm. etw.*** ~ *bestreiten* kontesti; *verbieten* malpermesi; *erklären, dass jmd. nicht berechtigt zu etw. ist* deklari, ke iu ne rajtas [diri *bzw.* deklari] ...

abspreizen *tr*: ***die Arme*** ~ *Gymnastik* disetendi la brakojn, *(rasch u. stoßartig)* dispuŝi la brakojn

abspringen *intr herunterspringen* [de]salti (***von*** de); *nach unten springen* salti malsupren *auch Fallschirmspringer*; *herausspringen* elsalti (***aus*** el); *Turnen ([nach einem Anlauf] vom Absprungbrett)* trampli; *abprallen, zurückspringen* resalti; ***vom Zug*** ~ salti malsupren de [veturanta] trajno; ***sie ist schon bald von dem Kurs abgesprungen*** *sie hat schon bald die Teilnahme an diesem Kurs aufgegeben* post nur kelkaj ĉeestoj ŝi eksiĝis el la kurso

abspritzen ***a)*** *tr durch Spritzen reinigen* purigi per ŝprucado ***b)*** *intr fam für «ejakulieren»* ĉuri

Absprung *m* desalto, elsalto, forsalto; *mit Fallschirm*² salto per paraŝuto, paraŝuta salto

ab|spulen *tr Faden, Garn* malbobeni; ~**spülen** *tr mit klarem Wasser wegspülen* forlavi per fluanta akvo; *durch Spülen säubern* lavi [por purigi]; ~**stammen** *intr* deveni (***von*** de)

Abstammung *f Herkunft* deveno (***von*** de) (↑ *auch* ***Abkunft***); *Geburt* nasko; *Ursprung* origino; *Ling (Etymologie)* etimologio; ***der ~ nach*** laŭdevene; ***von adeliger ~ sein*** esti de nobela deveno; ***niederländischer*** (***jüdischer***) ~ ***[sein]*** esti de nederlanda (juda) deveno

Abstammungslehre *f Biol* teorio pri deveno de la specioj (*vgl. dazu* ***Darwinismus***)

Abstand *m Entfernung* distanco (↑ *auch* ***Achs- u. Mindestabstand***); *Unterschied* diferenco (***zwischen ... und ...*** inter ... kaj ...); *Zwischenraum* interspaco (↑ *auch* ***Zeilenabstand***); *Zeit*² intertempo, *auch* tempointervalo; ~ ***halten!*** *z.B. zur Infektionsvermeidung* tenu distancon!; ~ ***nehmen von ...*** distanciĝi de ...; *verzichten auf* rezigni pri ...; ***im ~ von [jeweils] einem Monat*** [ĉiufoje] en tempointervalo de unu monato

Abstand|halten *n räumliche Distanzierung*

(auch in Zeiten einer Pandemie) [socia] distancado; ~**hülse** *f, auch* ***Distanzbuchse*** *f Handw, Tech* distanciga mufo

abstatten *tr geh:* ***jmdm. einen Besuch*** ~ fari viziton al iu, *umg auch* iri por viziti iun; ***jmdm. seinen Dank*** ~ esprimi sian dankon al iu (***für etw.*** pro io)

abstauben ***a)*** *reg auch* ***abstäuben*** *tr:* ***etw.*** ~ *den Staub von etw. entfernen, z.B. von Möbel* senpolvigi ion ***b)*** *salopp für «etw. schnorren»* ***etw.*** ~ ruze akiri ion (***von*** *od* ***bei jmdm.*** de iu)

Abstaubertor *n Fußball* hazardgolo

abstechen ***a)*** *tr durch einen Stich töten* pikmortigi, *(ein Schlachttier meist:)* [pik]buĉi; *Hoch- od Schmelzofen* elfluigi [la fanditan metalon]; *mit dem Spaten o. Ä. abtrennen, z.B. Grasnarbe od Torf* tranĉi [-per ŝpato]; *aus einem Fass abfließen lassen, z.B. Most, Wein* malfermi la ŝtopkejlon [de barelo] por elfluigi (***etw.*** ion) ***b)*** *intr Kontrast bilden* kontrasti (***von*** de); *sich deutlich abheben* [forte] diferenci, *(reliefartig)* reliefe elstari (***von*** de)

Abstecher *m:* ***einen*** ~ ***machen*** fari mallongan ekskurson (***ins Gebirge*** en la montaron; ***nach*** *bzw.* ***zur*** *od* ***zum*** al)

Abstechstahl *m Drechselei* gravurĉizilo

abstecken *tr Geodäsie* marki per celstangoj; *eine Grenze* marki [per fostoj]; *eingrenzen* limigi; *fixieren bzw. skizzieren, z.B. Arbeitsbereich, Programm, Ziel u. dgl.* fiksi *bzw.* skizi; *Schneiderei (ein Kleid, einen Saum)* [provizore] alĝustigi per metado de pingloj en la [kudrotan] ŝtofon

abstehen *intr entfernt sein von* esti distanca (*od* for) de; *hervorstehen, herausragen* elstar[iĝ]i, disstar[iĝ]i *auch jmds. Haare, auch* elŝoviĝi; ~***de Ohren*** *n/Pl* protrudaj (*od pop* disstarantaj) oreloj *Pl*; ***abgestandenes Bier*** *n schales Bier* malfreŝa biero

Absteige *f:* ***eine billige*** ~ *pej* ĉipa hotelaĉo

ab|steigen *intr* ***a)*** *von einem Berg, vom Fahrrad, von einem Reittier* descendi, malsupreniri (***von*** de); ***vom Fahrrad*** ~ deiri de [la] biciklo, *umg auch* debicikliĝi; ***vom Pferd*** ~ deiri de [la] ĉevalo, *umg auch* deĉevaliĝi ***b)*** *[vorübergehend] wohnen* loĝi, tranokti; ***im Hotel Astoria*** ~ loĝi en hotelo Astoria ***c)*** *Sport (in eine niedrigere Leistungsklasse kommen od eingestuft werden):* ***aus der ersten Liga*** ~ malsupreniĝi al la dua [ludo]klaso

absteigend *Adj* descenda

Absteigequartier *n* tranoktejo

Abstellaltar *m kath. Kirche* ↑ ***Ruhealtar***

abstellen *tr* ***a)*** *auf den Boden stellen (um sich zu entlasten)* meti teren (*od* demeti) [por momento] ***b)*** *an einem Platz aufbewahren, deponieren* deponi; *parken (Kfz, Güterzug)* parkadi *od* parkumi; ***das Auto in einer Seitenstraße*** ~ parkumi la aŭton en flanka strato ***c)*** *außer Betrieb, außer Tätigkeit setzen (Maschine, Motor)* malfunkciigi, haltigi, *(Gerät, Radio)* malŝalti; *vom Elektronetz nehmen* malkonekti *auch Tel*; *Gas- od Wasserhahn* fermi ***d)*** *beseitigen* forigi; ***Fehler*** ~ forigi mankojn (*od* malperfektaĵojn); ***Missstände*** ~ forigi (*od* ĉesigi) misuzojn (*od krasser* fiuzojn *bzw.* krimuzojn)

Abstell|gleis *n Eisenb* parkad-trako; ~**kammer** *f od* ~**raum** *m* formetejo; ~**schuppen** *m bes. für Boote, Geräte od Wagen* remizo

abstempeln *tr einen Stempel auf Briefmarken, ein offizielles Papier u.a. drücken* stampi

Abstempeln *n* stampado

absterben *intr* [for]morti; *zugrunde gehen* perei; *vertrocknen (Baum, Pflanzen)* [el]sekiĝi; *das Gefühl, z.B. in den Gliedmaßen verlieren* perdi la sensivecon, senviviĝi; *durch Frosteinwirkung* frostmorti; *atrophieren (Gewebe, Zellen)* atrofiiĝi

Abstich *m Hüttenwesen (Ablassen von flüssigem Metall)* elfluigo [de la fandita metalo]

Abstieg *m* descendo, malsupreniro, *(vom Berg) auch* malsuprengrimp[ad]o; *übertr (Fall)* falo, *(Verschlechterung)* malpliboniĝo, *(Degeneration)* degener[ad]o, *(Dekadenz, Verfall)* dekadenco; ~ ***vom Gipfel [des Berges]*** descendo de la [monto]pinto

abstillen *tr, auch* ***entwöhnen*** *von der Mutterbrust* demamigi, *Fachspr Med auch* ablakti

Abstillen *n, auch* ***Absetzen*** *od* ***Entwöhnen [von der Mutterbrust]****, Fachspr* ***Ablaktation*** *f* demamig[ad]o, *Fachspr auch* ablaktado

abstimmen ***a)*** *tr in Einklang bringen* akordigi (***mit*** kun); *koordinieren* kunordigi; *harmonisieren, auch Farben od Interessen* harmoniigi (***auf*** *od* ***mit*** kun); *Frequenz, Radio* agordi ***b)*** *intr Pol (die Stimme abgeben)* voĉdoni, baloti (***über*** pri)

Abstimmung *f* ***a)*** akordigo; kunordigo; *von*

Farben od Interessen harmoniigo; *Funk, Radar* agord[ad]o (↑ *auch* ***Feinabstimmung***) ***b)*** *Stimmabgabe, Wahl* voĉdon[ad]o, balot[ad]o, *(durch Zuruf)* aklamo; ***eine geheime*** (***öffentliche***) ~ sekreta (publika) balotado; ***etw. durch*** (*od* ***per***) ~ ***entscheiden*** decidi ion per voĉdono; ~ ***durch Handzeichen*** voĉdono per mansigno (*od* per levita mano); ***zur ~ schreiten*** procedi al voĉdono; ***eine Frage zur ~ stellen*** meti demandon je decido per voĉdono

Abstimmungs|ergebnis *n* rezulto de la voĉdonado (*od* balotado) (*vgl. dazu* ***Stimmenauszählung***); **~gebiet** *n* plebiscita teritorio; **~modus** *m* formo (*od* metodo) de voĉdonado; **~verfahren** *n bes. Parl* voĉdona proceduro

Abstinenz *f Enthaltsamkeit* abstin[ad]o; *sex* seksa abstinado (*vgl. dazu* ***Verzicht***)

Abstinenzler *m* abstinulo, *in Bezug auf Alkohol auch* kontraŭalkoholulo

Abstinenzsyndrom *n, auch* ***Entzugserscheinungen*** *f/Pl Med (Bez für die beim Entzug eines Suchtmittels auftretende körperliche Symptomatik, deren Ausprägung vom Suchtmittel u. dem Allgemeinzustand des Patienten abhängt* sindromo de abstinado

Abstoß *m* forpuŝo; *Fußball* ekkiko de [la] golejlinio (*od auch* golejo)

abstoßen ***a)*** *tr fortstoßen* forpuŝi; *nach vorn stoßen* antaŭenpuŝi; *zurückstoßen* repuŝi *auch übertr*; *schnell bzw. billig verkaufen* rapide (*bzw.* malmultekoste) vendi, *verkaufen, um etw. loszuwerden,* <*österr*> ***abverkaufen*** forvendi; *Abscheu erregen* abomenigi (***jmdn.*** iun) (*vgl. dazu* ***anekeln***) ***b)*** *intr vom Ufer* [puŝe] debordiĝi (***von*** de) ***c)*** *refl*: ***sich*** ~ forpuŝiĝi, *(mit beiden Beinen [vor dem Absprung, bes. beim Turnen])* trampli; *sich [durch ständigen Gebrauch] abnutzen* iĝi trivita(j), *(sich abschaben)* defrotiĝi, *(allg: kaputtgehen)* difektiĝi

abstoßend 1. *Adj* repuŝa, forpuŝa; *Ekel erregend* naŭza *od nachgest* kaŭzanta naŭzon **2.** *Adv*: ~ ***hässlich*** forpuŝe (*od* naŭze) malbela, hida (*vgl. dazu* ***grässlich***)

abstrahieren *tr [gedanklich] verallgemeinern* abstrakti

Abstrahieren *n* abstraktado

abstrahlen *tr* [el]radii

Abstrahlung *f* [el]radiado

abstrakt *Adj losgelöst von der Wirklichkeit, rein gedanklich (bzw. begrifflich)* abstrakta (*vgl. dazu* ***theoretisch***); ~***e Kunst*** (***Malerei***) *f* abstrakta arto (pentroarto); ~***e Zahl*** *f Math* abstrakta nombro

Abstrakte *n etw. Abstraktes* abstraktaĵo

Abstraktheit *f Begrifflichkeit* abstrakteco

Abstraktion *f als Denkvorgang* abstraktado; *Ergebnis des Denkvorgangs (etw. Abstraktes)* abstrakt[aĵ]o

Abstraktismus *m Bildh, Grafik, Mal* abstraktismo

Abstraktum *n* ***a)*** *auch* ***abstraktes Substantiv*** *n Gramm* abstrakta substantivo ***b)*** *Phil (allgemeiner Begriff)* abstraktaĵo

abstrampeln, sich *refl umg für «sich äußerst bemühen»* streĉe pen[eg]i

abstreichen ***a)*** *tr wegstreichen, abwischen* forviŝi; *glatt streichen, z.B. ein gefülltes Hohlmaß* glatigi; *entfernen* forigi; *durch Streichen entfernen* forstreki; *verzichten auf* rezigni pri; ***sich die Füße*** ~ forskrapi (*od* forigi) la malpuraĵon (*bzw.* koton) de siaj ŝuoj ***b)*** *intr wegfliegen* forflugi

¹Abstreicher *m Fußabtreter* ŝuskrapilo, kotskrapilo (↑ *auch* ***Abtreter*** *u.* ***Fußmatte***)

²Abstreicher *m Textildruck* ↑ ***Rakel***

abstreifen *tr* deglitigi, deŝovi; *i.w.S. (ablegen)* demeti; *abwerfen* deĵeti *auch übertr*; ***den Ring*** ~ deglitigi la ringon; ***die Schlange hat ihre Haut abgestreift*** la serpento deĵetis sian haŭton

abstreiten *tr* kontesti, [forte] nei, *auch* fornei (↑ *auch* ***ableugnen***); ***die Tatsache lässt sich nicht*** ~ ĉi tiu fakto estas nekontestebla *od* [tute] ne eblas kontesti ĉi tiun fakton

Abstrich *m* ***a)*** *beim Schreiben* malsuprenstreko ***b)*** *Reduzierung* redukto; *Rabatt* rabato; ~***e am Budget vornehmen*** redukti la buĝeton; ~***e machen*** *seine Forderungen zurückschrauben* [iom] redukti siajn postulojn; ~***e bei sich machen*** *seine Ansprüche einschränken* redukti siajn postulojn

abstrus *Adj ohne gedankliche Ordnung, verworren* abstruza, *auch (konfus)* konfuza, *(absonderlich)* vere stranga, *(schwer verständlich)* malfacile komprenebla; *(kaum verständlich)* apenaŭ komprenebla

abstufen *tr stufenförmig machen, terrassieren (Gelände)* terase aranĝi; *in Grade einteilen, eine Graduierung vornehmen, staffeln* gradigi (*vgl. dazu* ***differenzieren***); *in Gruppen einteilen* grupigi, kunigi (*od* ordigi) en grupojn; *Farbton* nuanci *auch übertr*; *Mus* moduli

Abstufung *f Terrassierung* terasoforma aranĝ[ad]o; *Graduierung* gradado; *Grad* grado; *Stufe* ŝtupo; *Nuance* nuanco; *Mus* modulado; *Ling (stufenweise Steigerung des Ausdrucks)* gradacio (*vgl. dazu* ***Gradation***); *Differenzierung* diferencigo

abstumpfen ***a)*** *tr stumpf machen* malakrigi *auch übertr, (die Zähne durch Säuren)* agaci; *Spitze entfernen* senpintigi ***b)*** *intr stumpf werden* malakriĝi *auch übertr, (Zähne durch Säuren)* agaciĝi; senpintiĝi (*vgl. dazu* ***sich entschärfen***); *übertr (gleichgültig werden)* indiferentiĝi, fariĝi indiferenta (***gegenüber*** por *od* kontraŭ), *(den Eifer verlieren)* perdi la fervoron

Absturz *m* ***a)*** [subita] falo; *Flugzeug auch* kraŝo (↑ *auch* ***Flugzeugabsturz***) ***b)*** *Geogr (sehr steiler, hoher Abhang)* tre abrupta kaj alta deklivo, *(Abgrund)* abismo ***c)*** *EDV (System*≗*)* sistemkraŝo

abstürzen *intr* subite [malsupren]fali (***von*** de); *Börsenkurse, Flugzeug* kraŝi *auch EDV*; *steil abfallen, z.B. Felswand* abrupte deklivi

Absturz|gefahr *f* danĝero de falo (*bzw.* kraŝo); **~stelle** *f eines Flugzeugs* loko de [aviadila] kraŝo

abstützen *tr* [de sube] apogi *auch Bauw*; ***mit Pfählen die Äste eines Obstbaums ~*** subteni per palisoj la branĉojn de fruktarbo

absuchen *tr* traserĉi; *durchkämmen, z.B. eine Gegend (durch Polizeikräfte u.Ä.)* rasti; ***das Fell des Hundes nach Ungeziefer ~*** serĉadi [kaj kolekti] parazitojn el la felo de la hundo

Absud *m* ↑ ***Abkochung***

absurd *Adj* absurda *auch Math* (*vgl. dazu* ***unsinnig*** *od* ***widersinnig***); *umg auch für «lächerlich»* ridinda (↑ *auch* ***albern***)

Absurde *n* absurdo

Absurdität *f* absurdeco *auch Math*; *etw. Absurdes* absurdaĵo

abszedieren *intr Med (fachsprachl. für «eitern»)* abscedi (↑ *auch* ***eitern*** *u.* ***schwären***)

Abszess *m, <österr> auch n* (Abscessus), *pop* ***Eiterbeule*** *f od* ***Eitergeschwür*** *n Med* absceso, *auch* pusoŝvelaĵo (↑ *auch* ***Alveolar-, Anal-, Helminthen-, Nieren-, Ovarial-*** *u.* ***Zahnabszess***); ***~ im Unterhautzellgewebe*** subhaŭta absceso; ***anorektaler ~*** ↑ ***Analabszess***; ***heißer ~*** (Abscessus calidus) varma absceso; ***intrahepatischer ~*** ↑ ***Leberabszess***; ***intrazerebraler ~*** ↑ ***Hirnabszess***; ***kalter ~*** (Abscessus frigidus) frida (*od* malvarma) absceso; ***paranephritischer ~*** (Abscessus paranephriticus) paranefrita absceso; ***pulmonaler ~*** ↑ ***Lungenabszess***; ***der ~ ist aufgegangen*** la absceso disrompiĝis; ***einen ~ bilden*** *abszedieren* abscesi

Abszisse *f Geom (erste Koordinate im kartesischen Koordinatensystem)* absciso

Abszissenachse *f Geom* abscisa akso *od* akso de abscisoj

Abt *m, in Frankreich* ***Abbé*** *m, in Italien u. Spanien* ***Abate*** *m* abato

Abt. = *Abk für* ***²Abteilung***

abtakeln *tr*: ***ein Schiff ~*** malrigi ŝipon

abtasten *tr* ***a)*** *betasten* [pri]palpi; *tastend absuchen* palpante [tra]serĉi ***b)*** *auch* ***palpieren*** *Med* palpi ***c)*** *Radar, TV* skani, *auch* skeni (*vgl. dazu* ***einscannen***)

Abtasten *n* ***a)*** palpado *auch Med* (↑ *auch* ***Palpation***) ***b)*** *Radar, TV* skanado (↑ *auch* ***Abtastung***)

Abtaster *m Scanner* skanilo

Abtaststrahl *m El, Fernsehtechnik* skanradio

Abtastung *f* skanado (↑ *auch* ***Abtasten***); ***spirale ~*** spirala skanado; ***unmittelbar aufeinander folgende ~*** *Zeilenfolgeverfahren* sinsekva skanado

Abtastverfahren *n Tech (Aufzeichnung über Scanning)* skanografio

abtauen *tr Kühlschrank* degeligi, senfrostigi

Abtei *f unter einem Abt stehendes klösterliches Stift* abatejo (*vgl. dazu* ***Kloster***)

Abteil *n Eisenbahn*≗ kupeo (↑ *auch* ***Raucherabteil***); ***~ für vier Personen*** kupeo por kvar personoj *od* kvarpersona kupeo; ***bestelltes ~*** rezervita kupeo; ***dieses ~ ist noch leer*** tiu ĉi kupeo estas ankoraŭ vaka

abteilen *tr abtrennen* disigi, malligi; *trennen, separieren* apartigi (***von*** disde); *durch eine Trennwand* apartigi per septo, septi; *[durch Schneiden] zerteilen* [dis]tranĉi; *in zwei od mehr Teile teilen* disigi en du (*bzw.* plurajn) partojn, dividi; ***am Zeilenende muss abgeteilt werden*** *Wort* ĉe fino de linio oni dividas la vortojn

Abteilfenster *n Eisenb* kupea fenestro

¹Abteilung *f* ['---] *Trennung* disigo, malligo; apartigo

²Abteilung *f* [-'--] (*Abk* ***Abt.***) *Abschnitt, Sachgebiet* fako (↑ *auch* ***Unterabteilung***); *in Behörden, Kliniken, Warenhäusern u.a.* sekcio (↑ *auch* ***Export-, Gardinen-, Logis-***

*tik-, Schuh-, Spezial- u. **Strumpfwarenabteilung***); *Rubrik* rubriko; *Teil* parto; *Gruppe* grupo; *Wald*², *Jagen* arbarkvartalo; *Bot* (Divisio) *in der Systematik* divizio; *Mil* taĉmento (↑ *auch **Vorausabteilung***); ***berittene** ~ Mil* kavaleria taĉmento; ***neurologische*** (***psychiatrische***) *~ einer Klinik* neŭrologia (psikiatria) sekcio; ***in welcher Etage ist die ...-Abteilung?*** *im Warenhaus od in einer Klinik* en kiu etaĝo troviĝas la sekcio de ...?

Abteilungs|leiter *m* sekciestro (↑ *auch **Sektionschef***); ~**zeichen** *n Typ* vortdivida streketo

abteufen *tr Bergb (einen Schacht)* fosi

Abteufen *n Bergb* fosado [de ŝakto]

abtippen *tr*: ***einen Text auf einem PC** ~* [kopie] klavi tekston per persona komputilo

Äbtissin *f* abatino

abtöten *tr* mortigi, senvivigi, pereigi; *vernichten* neniigi; *ausrotten* ekstermi; *Bakterien, Keime, Viren auch* detrui; *Nerv, Schmerz auch* analgeziigi

abtragen *tr einebnen* ebenigi; *Gebäude* malkonstrui; *Schuld* [el]pagi, amortizi; *wegnehmen* forpreni, *allg* forigi; *Kleidung* eluzi [pro ĉiama uzo], *(verschleißen)* trivi; ***abgetragen werden** Geol (Gestein durch Brandung, Wind od Regen)* ablacii, *(Ausfurchung der Erdoberfläche bewirken [durch fließendes Wasser od Gletscher])* erozii; ***abgetragene Schuhe*** *m/Pl* trivitaj ŝuoj *Pl*

abträglich *Adj* malutila, kaŭzanta damaĝon (*vgl. dazu **schädlich***); *i.w.S. (nachteilig)* malavantaĝa, *(negativ)* negativa

Abträglichkeit *f* malutileco (↑ *auch **Schädlichkeit***)

Abtragung *f Chir (von Geweben, Körperteilen od Organen), Geol (Abschmelzen [von Schnee od Gletschereis])* ablacio, *(durch Brandung, Wind u.a.* abrazio (↑ *auch **Ausschabung***); *~ **der Küste durch die Brandung** Geol* abrazio de la bordo; ***untermeerische** ~ Geol* submara abrazio

Abtransport *m von Schutt u.a.* fortransport[ad]o [al loko ekster la urbo]; *von Kranken, Opfern, Verletzten u.a.* evaku[ad]o (***aus*** el)

abtransportieren *tr* fortransporti; *von Flüchtlingen, Opfern, Verwundeten* evakui (***aus*** el) (*vgl. dazu **evakuieren***)

abtreiben ***a)*** *tr durch Strömung od Windeinwirkung vom Kurs abtreiben lassen (ein Flugzeug od Schiff, auch ein Geschoss od einen Schwimmer)* drivigi; *zur Seite treiben (jagen)* peli flanken; *Leibesfrucht* abortigi, kaŭzi aborton; ***sie hat das Kind abgetrieben*** (*od* ~ ***lassen***) ŝi abortigis la infanon ***b)*** *intr Flugw, Mar (vom Kurs abkommen, abdriften)* drivi [flanken]

Abtreiben *n od* **Abdrift** *f durch Windeinwirkung (bes. Flugw u. Mar)* driv[ad]o

Abtreibung *f Med (das Abtreiben)* abortigo, *(Operation, um eine Abtreibung vorzunehmen)* abortiga operacio; ***legale** ~* leĝa (*od* leĝe permesita) abortigo; ***eine ~ vornehmen*** estigi aborton

Abtreibungs|gesetz *n Jur* leĝo pri abortigo; ~**klinik** *f* abortiga kliniko *od* kliniko de abortigo

Abtreibungsmittel *n* ↑ ***Abortivum***

abtrennbar *Adj* apartigebla

abtrennen *tr abteilen* [dis]apartigi (***von*** de) (↑ *auch **absondern***); *i.w.S. (abschneiden)* detranĉi, *(durchschneiden)*; *Schneiderei (auftrennen)* [for]malkudri; *lösen* malligi

Abtrennfilter *m Tech* apartiga filtrilo

Abtrennung *f* [dis]apartigo; *Abschneiden* detranĉado; *Schneiderei (Auftrennen)* malkudrado

abtretbar *Adj bes. Jur* cedebla (↑ *auch **zessibel***); *Bankw (begebbar, übertragbar)* ĝirebla

abtreten ***a)*** *tr durch vieles Gehen od Begehen abnutzen (Absätze, Teppich, Türschwelle u.a.)* foruzi, eluzi; *überlassen, zedieren (bes. Jur)* cedi (***jmdm. etw.*** *od* ***etw. an jmdn.*** ion al iu); ***ein Gebiet** ~ an einen anderen Staat* cedi teritorion; ***Rechte an jmdn.*** ~ cedi rajtojn al iu; ***sich die Füße*** (*od* ***Schuhe***) ~ purigi la ŝuojn sur la antaŭporda mato (*bzw.* ŝuskrapilo) ***b)*** *intr sich zurückziehen* sin retiri; *vom Amt* forlasi sian oficon (*od* postenon); *abdanken* abdiki; ***vom Schauplatz** ~* [plene] retiriĝi *bzw.* [tute] rezigni pri sia [ĝisnuna] influo

Abtreter *m Fußmatte vor der Tür* antaŭporda mato, *auch* skraptapiŝo; *Fuß*² *(als Metallklinge)* ŝuskrapilo, kotskrapilo

Abtretung *f* ced[ad]o; *Übergabe* transdono; *~ **aller Eigentumsrechte auf ein verunglücktes Schiff an den Versicherer** bei Seetransportversicherung* abandono

Abtretungserklärung *f Jur* deklaro de cedo

Abtrieb *m Alm*² *(Überführung des Viehs von den Bergweiden ins Tal)* rekonduko de la bov[in]oj el la montaraj paŝtejoj en la valon

Abtrift *f Flugw, Mar* ↑ ***Abtreiben***

[1]**Abtritt** *m Rücktritt (vom Amt)* abdiko, demisio; *Theat: Abgang* (*Ggs Auftritt*) foriro

[2]**Abtritt** *m reg für «[1]Abort»* klozeto, necesejo (*vgl. dazu* ***Toilette***); *Latrine* latrino

abtrocknen ***a)*** *tr* sekigi *auch Geschirr* ***b)*** *intr* sekiĝi

Abtrocknen *n* sekig[ad]o; *das Trockenwerden* sekiĝo

abtropfen *intr*: ~ ***lassen*** elgutigi

abtrünnig *Adj Rel u. Pol* apostata; *schismatisch* skisma; *illoyal* mallojala; *i.w.S. untreu [geworden]* [fariĝinta] malfidela; ~ ***werden*** *Rel u. Pol* apostati

Abtrünnige *m jmd., der seine bisherige politische od religiöse Überzeugung wechselt* apostato *auch übertr*, *(Renegat)* renegato; *Schismatiker* skismulo; *[im Altertum:] zum Judentum übergetretener Heide* prozelito; *i.w.S. umg* malfidelulo; *Sezessionist* secesiisto

Abtsschaft *od* **Abtswürde** *f* abateco

abtupfen *tr betupfen* dabi; ***eine Schürfwunde mit Watte*** ~ dabi skrapvundon per vato

Abu Bakr (*m*) *Eig (erster Kalif des Islam [um 573-634])* Abubakro

Abu Dhabi (*n*) *ein Scheichtum der Vereinigten Arabischen Emirate (mit gleichnamiger Hptst.]* Abu Dab[i]o *od* Abudab[i]o

Abuja [*a'budscha*] (*n*) *Hptst. von Nigeria* Abuĝo (*vgl. dazu* ***Lagos***)

Abukir (*n*) *ägypt. Küstenort westl. des Nildeltas, das antike Kanopos* Abukiro

Abulie *f nur Fachspr Med (krankhafte Willenlosigkeit, z.B. bei Depressionen sowie bei organischen Hirnschädigungen)* abulio

abundant *Adj fachsprachl. für «reichlich vorhanden»* abunda (↑ *auch* ***in Hülle und Fülle***)

Abundanz *f geh für «Überfluss» od «Überfülle»* abundo

aburteilen *tr Jur*: ***jmdn.*** ~ eldiri la verdikton pri iu; *übertr* [malfavore] juĝi pri iu

Aburteilung *f Jur* eldiro de la verdikto, *i.w.S. (Rechtsprechung)* juĝado, *auch* juĝofarado

Abu Sayyaf *f eine islamische Rebellengruppe, die seit 1991 auf den südlichen Philippinen für einen islamistischen Staat kämpft* Abusajafo

Abusus *m Fachspr* = ***Missbrauch*** *bes. von Pharmaka, Alkohol, Tabak* [↑ *dort*]

abverkaufen ↑ *unter* ***abstoßen a)***

abverlangen *tr*: ***jmdm. etw.*** ~ postuli ion de iu

abwägen *tr mit einer Waage wiegen* pesi *auch übertr (im Sinne von «wägend prüfen», z.B. auf seinen Gehalt, Sinn od Wert hin)*; *seine Gedanken* [bone] pripensadi, konsideri; *Möglichkeiten, Konsequenzen u.a.* pondi; ***etw. gegeneinander*** ~ kompare prijuĝi (*bzw.* esplori) ion; ***das Für und Wider*** ~ konsideri la por kaj la kontraŭ; ***jedes Wort*** ~ pesi ĉiun vorton

Abwägen *n od* **Abwägung** *f* pesado, pondado; *Betrachtung, Erwägung* konsiderado

abwägend *Adj* konsiderema (↑ *auch* ***besonnen***

abwälzen *tr*: ***die Schuld auf andere*** ~ transŝovi la kulpon al aliaj [homoj]; ***sie wollte alles auf ihren Mann*** ~ ŝi volis ĉion ĵeti sur sian edzon; ***den Verdacht von sich*** ~ forigi la suspekton de si

abwandeln *tr anders machen* aliigi; *modifizieren* modifi (*vgl. dazu* ***variieren***); *flektieren (ein Nomen od ein Verbum)* fleksii

Abwandelung *f* = ***Abwandlung***

abwandern ***a)*** *wandernd durchqueren (ein Gebiet)* migrante trapasi, migri tra ***b)*** *intr* formigri, transmigri (***nach*** al); *auswandern* elmigri; *in einen anderen Ort ziehen* transloĝiĝi [en alian lokon]

Abwanderung *f* formigrado, elmigrado (***aus*** el)

Abwandlung *f allg: das Andersmachen* aliigo; *das Verändern od Abwandeln von etw.* variig[ad]o; *Modifizierung* modif[ad]o (*vgl. dazu* ***Flexion***)

abwandlungsfähig *Adj* modifebla

Abwärme *f, auch* ***Restwärme*** *f* rezidua varmo

abwarten ***a)*** *tr* [ĝis]atendi *auch z.B. weitere Befehle*; ***eine günstige Gelegenheit*** ~ atendi favoran okazon (*od* ĝis ekestos favora okazo) ***b)*** *intr* [iom] atendi; *sich gedulden* pacienci (***bis*** ĝis) ◇ ~ ***und Tee trinken!*** estu pacienca [kaj poste vi ja vidos]!

abwärts *Adv nach unten* malsupren (↑ *auch* ***hangabwärts***); ***den Fluss*** ~ *stromabwärts* laŭflue; ~ ***führen*** (*od* ***gehen***) *z.B. Weg ins Tal* konduki malsupren (*bzw.* valen); ~ ***gehen*** *umg schlechter werden* malpliboniĝi; ***mit seiner Gesundheit geht es*** ~ lia

sano [daŭre] malpliboniĝas
Abwasch *m*: ***den ~ machen*** *Hausw* [tra]lavi la telerojn [kaj la manĝilaron]
abwaschbar *Adj* [for]lavebla (***von*** de sur)
abwaschen *tr* forlavi, forigi per lavado; *spülen* gargari, *Geschirr auch* rinsi; *allg (reinigen)* purigi
Abwasser *n Tech* poluakvo [de uzinoj]; *Schmutzwasser* malpura akvo; ***häusliches ~*** dommastruma poluakvo
Abwasser|aufbereitungsanlage *f* traktadejo de poluakvo; **~kanal** *m* malpurakva kanalo, *(unterirdisch angelegter)* kulverto; *Unratkanal* kloaka kanalo; **~last** *f* ŝarĝo per poluakvo [al riceva akvejo]; **~reinigungsanlage** *f* purigejo de poluakvo *od* instalaĵo por purigi poluakvon; **~rücklauf** *m* recirkulado de poluakvo
abwechseln *intr u.* ***sich ~*** *refl* alterni, sin sekvi laŭvice (***mit jmdm.*** kun iu); *i.w.S. (sich verändern)* ŝanĝiĝi, *(variieren)* varii; ***einander ~*** alterni unu kun la alia
abwechselnd 1. *Adj* alterna; *intermittierend* intermita **2.** *Adv* alterne; *der Reihe nach* laŭvice; *intermittierend, stoßweise* intermite; ***~ etw. bewachen*** alterne gardi ion; ***~ lesen*** alterne legi
Abwechslung *f* alternado, *(einzelner Wechsel)* alterno; *Veränderung* ŝanĝo(j) *(Pl)*; *Verschiedenheit* varieco, diverseco; *Zerstreuung* distr[ad]o; ***zur ~*** *zur Unterhaltung* por sin distri; *zum Vergnügen* por plezuro; ***~ bringen*** *variieren, vielfältig gestalten* variigi, diversigi (***in etw.*** ion)
abwechslungsreich *Adj* tre varia, varioplena, *(in der Form)* diversforma
Abweg *m meist übertr* erarvojo, malĝusta vojo; ***jmdn. auf ~e bringen*** *jmdn. verderben* malvirtigi iun; ***auf ~e geraten*** devojiĝi, deflankiĝi de la ĝusta vojo; *verkommen* malvirtiĝi
abwegig *Adj unwirklich* nereala; *sehr sonderbar* ege stranga (*vgl. dazu* ***eigenartig*** *u.* ***exzentrisch***); *nicht verständlich* nekomprenebla; *[völlig] falsch* [tute] erara; ***~e Triebhandlung*** *meist sex* perversaĵo; ***das ist gänzlich ~*** *völlig unpassend* tio estas tute malkonvena
Abwehr *f Biol, Med, Mil, Psych u. Sport* defendo (***gegen*** kontraŭ) (↑ *auch* ***Flug-, Immun-, Infektions-, Luft-, Panzer-*** *u.* ***Spionageabwehr***); *des Torhüters* parato (↑ *auch* ***Faust-, Fuß-*** *u.* ***Kopfballabwehr***); *Defensive, taktische Abwehr* ariero, defensivo; *Schutz, Verhütung* protekto; ***in der ~*** *Sport* en la ariero *od* en la defensiva sektoro, *(die Abwehrspieler)* la arieruloj *Pl*
Abwehrdienst *m gegen Spionage* kontraŭspionada servo
abwehren *tr Angriff* rebati; *zurückstoßen* repuŝi; *abwenden, fern halten* deturni, forigi; *sich widersetzen* rezisti; *parieren, bes. Sport* parati; ***eine drohende Gefahr ~*** deturni minacantan danĝeron
Abwehr|feuer *n Mil* pafado por sin defendi; **~kette** *f Fußball* defenda ĉeno; **~mechanismus** *m des Immunsystems* defend-mekanismo [de la imunsistemo]; **~politik** *f* politiko de defendo; **~rakete** *f Mil* defenda raketo (↑ *auch* ***Raketenabwehrrakete***); **~-reaktion** *f Physiol, Psych* defend-reakcio
Abwehrspieler *m Sport (Verteidiger)* arierulo; ***drei ~ umspielen*** (*od salopp* ***aussteigen lassen***) drible pasi tri arierulojn
[1]**abweichen** ***a)*** *tr Angeklebtes ablösen* malglui ***b)*** *sich lösen* malgluiĝi, deiĝi pro humideco
[2]**abweichen** *intr von der Richtung od der normalen Lage* devii (***von*** de) *auch übertr*; *sich unterscheiden* diferenci (***von*** de); *Biol, Med ([meist pathologisch] vom Normalen abweichen)* aberacii, *auch* devii; *von der Schussebene abweichen, d.h. horizontal von der Geraden* drivi; *vom Standardwert bzw. vom Zielpunkt* ekarti (*vgl. dazu* ***streuen b)***); ***vom Thema ~*** deflankiĝi de la [priparolata] temo; ***vom Wege ~*** devojiĝi; ***voneinander ~*** *Ansichten, Meinungen* diverĝi
abweichend *Adj von der normalen Richtung od Position* devianta; *von der Regel* devianta de la regulo (*od* normo); *i.w.S. regelwidrig* kontraŭregula; *anomal* anomalia; ***[voneinander] ~*** *Ansichten, Meinungen* diverĝ[ant]a
Abweichler *m Pol* deviaciisto; *Dissident* disidento (↑ *auch* ***Links-*** *u.* ***Rechtsabweichler***)
Abweichlertum *n, auch* ***Deviationismus*** *m Pol (Abweichung von der Generallinie)* deviaciismo
Abweichung *f vom normalen Entwicklungsablauf* devio *auch Biol, Math, Phys u. Statistik (Abweichung vom Mittelwert)*, deflankiĝo (***von*** de) (↑ *auch* ***Annäherungsfehler*** *u.* ***Deviation***); *Astron, Opt, Pathologie* aberacio; *der Magnetnadel [des Kom-*

passes] bzw. (Mil) vom Treff- od Zielpunkt ekarto (*vgl. dazu* ***Seitenabweichung***); *Differenz, Unterschied* diferenco; *das Sichunterscheiden* diferenciĝo; *vom rechten Weg, von Vorschriften* deflankiĝo; *[in einer Rede vom Thema od Argument]* digresio; ~ ***des Lichtes*** *durch Brechung* aberacio de la lumo; ~ ***von der Parteidoktrin*** *Pol* devio de la partiodoktrino, deviacio; ***pathologische*** ~ *1. Med (fehlerhafte Lage od Verlagerung von Organen) 2. Biol (Abweichung von der Regel od vom Normaltyp)* aberacio; ***sexuelle*** ~ seksa devio; ***zufällige*** ~ aleatora devio; ***zulässige*** ~ *von der Norm* tolero

Abweichungswinkel *m eines Geschosses* driv-angulo

abweiden *tr Wiese* sin paŝti [sur herbejo]

abweisen *tr ablehnen, z.B. einen Antrag* rifuzi; *nicht [her] einlassen* ne enlasi; *nicht heranlassen* ne allasi (*vgl. dazu* ***zurückweisen***); *Einladung, Geschenk, Heiratsantrag* malakcepti; ***einen Asylanten*** ~ rifuzi doni restadpermeson al azilpetanto

abweisend *Adj z.B. jmds. Haltung* rifuza

Abweisung *f* rifuzo; *Nichtannahme* malakcepto

abwendbar *Adj* deturnebla; *vermeidbar* preventebla

abwenden *tr Blick, Gesicht* deturni, forturni; *zur Seite wenden* flankenturni; *verhindern (Gefahr, Krieg)* preventi, *(Unglück, Unheil) auch* deturni *od* forturni, forigi; ***sich*** ~ sin deturni *auch übertr*, sin forturni; deturniĝi, forturniĝi (***von*** de); *zur Seite* sin flankenturni (***nach*** al); *indem man etw. meidet* [tute] forlasi, ĉesi (***von etw.*** ion); ***das Gesicht*** ~ *od kurz* ***sich*** ~ forturni la (*od* sian) vizaĝon

Abwendung *f* deturniĝo *od* forturniĝo

abwerfen *tr Schlange ihre Haut* deĵeti *Bomben, Last u.a.* faligi [teren]; *zu Boden werfen* ĵeti (***etw.*** ion) teren; ***Gewinn*** ~ doni (*od* alporti) profiton; ***im Herbst werfen die Bäume ihre Blätter ab*** en aŭtuno la arboj perdas siajn foliojn; ***das Joch*** ~ forskui la jugon

Abwerfen *n* deĵeto; *von Sorgen* forĵet[ad]o

abwerfend *Adj*: ***Laub*** (*od* ***die Blätter***) ~ *Bot* falfolia, *fachsprachl. meist* decidua

abwerten *tr Fin* devaluti; depreci (*vgl. dazu* ***Abwertung***)

abwertend *Adj*: ~***e Äußerung*** pejorativa (*od* malŝata *bzw.* senvaloriga) eldiro

Abwertung *f Geld*$^{\underline{o}}$*: Senkung des Wechselkurses der eigenen Währung* devaluto; *Verringerung des Devisenmarktwerts* deprecado; ~ ***der indonesischen Rupiah gegenüber dem US-Dollar*** devaluto de la indonezia rupio kompare al (*od* kun) la usona dolaro

abwesend *Adj*: ~ ***sein*** *a) nicht da sein* esti forestanta *od* foresti; *nicht anwesend sein* ne ĉeesti *b) zerstreut sein* esti distrita; *unaufmerksam sein* esti malatenta

Abwesende *m* forestanto

Abwesenheit *f* ***a)*** foresto, neĉeesto; ***in*** ~ ***von ...*** foreste de ... ***b)*** *Zerstreutheit* distriteco

Abwesenheitsliste *f* listo de neĉeestantoj

abwickelbar *Adj Geom* elvolvebla

abwickeln *tr* ***a)*** *von einer Rolle od Spule* malbobeni, malvolvi, *auch* disvolvi (***etw. von etw.*** ion de io) ***b)*** *erledigen* plenumi; *verwirklichen* realigi; *durchführen* efektivigi; *liquidieren* likvidi; *beenden* fini; ***sich*** ~ *Faden, Gerolltes* malvolviĝi; *übertr (geschehen, vonstatten gehen)* okazi

abwiegen *tr* pesi; ***etw. in der Hand*** ~ mane pesi ion

Abwiegen *n* pesado

Abwind *m Met* descenda vento (*vgl. dazu* ***Aufwind***)

abwinken *tr etw. durch Winken abweisen* fari per mano rifuzan signon [al], rifuze mansigni [al]

Abwipfeln *n Forstw* ↑ ***Abgipfeln***

abwirtschaften ***a)*** *tr [durch schlechtes Wirtschaften] zugrunde richten* [pro mismanaĝado] ruinigi *od* bankrotigi ***b)*** *intr [durch schlechtes Wirtschaften] zugrunde gehen* [pro mismanaĝado] ruiniĝi *od* bankroti

abwischen *tr* forviŝi *auch an die Tafel Geschriebenes*; *und dabei säubern* viŝpurigi *od* viŝante purigi *allg (reinigen)* purigi; ***sich das Gesicht*** ~ viŝi al si la vizaĝon; ***sich die Tränen*** ~ forviŝi [al si] la larmojn; *trocknen* sekigi siajn larmojn; ***den Tisch*** ~ *Hausw* purigi la tablon per [viŝ]tuko

Abwischen *n* [for]viŝado

abwracken *tr*: ***ein Schiff*** ~ malmunti [kaj diserigi] ne plu uzeblan ŝipon

Abwurf *m* malsuprenĵeto; *von Bomben* faligo (↑ *auch* ***Bombenabwurf***); *Wegwerfen* forĵeto; *des Handballtorwarts* [golula] elĵeto

abwürgen *tr ein Lebewesen* strangoli; *übertr*

(ein Konkurrenzunternehmen u.a.) sufoki; ***den Motor*** ~ *umg* sufoki la motoron

abydisch *Adj auf Abydos bezogen* abida, koncernanta Abidon

Abydos (*n*): *1. eine altgriechische Stadt am Hellespont 2. [heute:]* ***Arabat el-Madfune*** (*n*) *eine antike oberägyptische Stadt am Nil [Kultstätte des Osiris]* Abido; ***Bewohner von*** ~ abidano

abyssal *Adj* abisma; ~***e Fauna*** *f Zool* abisma faŭno

Abyssal *n tiefste, lichtlose Zone des Meeres u. tiefer Binnengewässer* abismo

Abyssus *m* ↑ ***Abgrund***

abzählbar *Adj* nombrebla; *berechenbar* kalkulebla ◇ ***an den Fingern einer Hand*** ~ kalkulebla per la fingroj de unu mano

abzahlen *tr tilgen, begleichen* amortizi; ***in Raten*** ~ partopage [re]pagi; ***alte Schulden*** ~ [iom post iom] repagi malnovajn ŝuldojn

abzählen *tr* nombri [unu post la alia]; *abziehen* dekalkuli, subtrahi ◇ ***das kannst du dir an den [fünf] Fingern*** ~ tio estas kalkulebla per la fingroj *(Zam)*, por tion diveni, ne necesas peni *(Zam)*, tio estas ja tute evidenta

Abzählreim *od* **Abzählvers** *m bes. bei Kinderspielen* nombrad-rimaĵo

Abzahlung *f Tilgung* amortizo; *Teilzahlung* partopago; ***etw. auf*** ~ ***kaufen*** aĉeti ion laŭ (*od* surbaze de) la partopaga sistemo

abzapfen *tr Flüssigkeit* eltiri (***aus*** el); ***Blut*** ~ *zur Ader lassen* eltiri [vejnan] sangon

ab|zäumen *tr einem Reit- od Zugtier den Zaum abnehmen* senbridigi; ~**zäunen** *tr* apartigi per barilo; *umzäunen* ĉirkaŭbari *od* ĉirkaŭi per barilo

Abzäunung *f das Abzäunen* apartigo pere de barilo, starigo de barilo; *Zaun* barilo, *(aus Pfählen)* palisaro

abzehren ***a)*** *tr* malgrasigi, forkonsumi; ***die lange Krankheit hat ihn abgezehrt*** la longedaŭra malsano malgrasigis lin (*od* forkonsumis [tutan] lian forton) ***b)*** *intr* malgrasiĝi, forkonsumiĝi, *(durch Atrophie)* atrofiiĝi

Abzeichen *n* ***a)*** *eines Amtes od Standes bzw. um Mitgliedschaft zu dokumentieren* insigno (↑ *auch* ***Parteiabzeichen***); ~ ***sammeln*** kolekti insignojn ***b)*** *[kleines] Abzeichen mit den Nationalfarben an der Dienst- od Uniformmütze* kokardo (↑ *auch* ***Emblem***, ***Hoheitszeichen*** *u.* ***Kokarde***)

abzeichnen *tr Bild* kopidesegni, *meist einfach:* kopii; *Brief, Schriftstück* subskribi (↑ *auch* ***paraphieren***); ***sich*** ~ *sich abheben* konturiĝi, distingiĝi, *(vom Horizont) auch* desegniĝi; *sich widerspiegeln* reflektiĝi, speguliĝi (***auf*** sur; ***in*** en)

Abziehbild *n* transgluebla bildo

abziehen ***a)*** *tr wegziehen* detiri, fortiri (***von*** de); *zurückziehen, z.B. Truppen* retiri; *Fin (zurückziehen von Geldern von einer Bank od einem Depot)* retrati; *wegnehmen* forpreni; *Math* dekalkuli, subtrahi; *Fell* senfeligi; *Ring* deglitigi, *auch* detiri *od* forpreni; *Bett, Kissen, Möbelschutzhülle* maltegi, depreni la tegaĵon for de; *Schlüssel* eltiri [el la seruro]; ***die Haut*** ~ (***von etw.*** ion) *ab- od enthäuten* senhaŭtigi; ***einem Hasen das Fell*** ~ senfeligi leporon; ***das Parkett*** ~ raboti la pargeton; ***ein Rasiermesser*** ~ *schärfen* akrigi razilon [sur razrimeno]; ***Wein aus einem Fass*** ~ tiri (*od auch* subĉerpi) vinon el barelo ***b)*** *intr sich entfernen* foriĝi; *aufbrechen, losmarschieren* ekmarŝi, formarŝi (***aus*** el); *sich zurückziehen* retiriĝi; *vorbei- od vorübergehen* pasi

Abziehfeile *f Handw* ↑ ***Schlichtfeile***

Abziehmuskel *m Anat* ↑ ***Abduktor***

Abziehnerv *m Anat* ↑ ***Abduzens***

Abziehriemen *m* akriga rimeno, razrimeno

abzielen *intr gerichtet sein* celi (***auf etw.*** ion); *anspielen* aludi (***auf etw.*** ion); ***auf wen zielt das ab?*** kiun oni celas per tio [ĉi]?

abzirkeln *tr selt für «mit einem Zirkel abmessen»* mezuri per cirkelo; *i.w.S. (genau abmessen)* ekzakte mezuri, *(genau überdenken od planen)* ekzakte pripensadi (*od* plan[ad]i)

Abzug *m* ***a)*** *Weggang* foriro; *Abmarsch [von Truppen]* formarŝo; *Rückzug* retiro, retreto ***b)*** dekalkulaĵo; *Verminderung (bei Preisen)* rabato; *Einschränkung, Minderung* redukto; ***ohne*** ~ *zum Nettopreis* senrabate, nete ***c)*** *Tech (Abzugsrohr für Rauch)* fumtubo (↑ *auch* ***Rauchabzug***) ***d)*** *Abzugshahn an Schusswaffen* ĉano; ***den*** ~ ***betätigen*** (*od umg* ***drücken***) *an einer Schusswaffe* premi la ĉanon ***e)*** *Typ (Probe*[2]*)* presprovaĵo (↑ *auch* ***Korrekturabzug***); *Film* print[aĵ]o, *umg* kopio; ***machen Sie von diesen Aufnahmen je zwei Abzüge*** faru de ĉi tiuj fotoj po du printojn (*od* kopiojn)

Abzugbügel *m an einer Schusswaffe* ponteto

abzüglich *Präp* minus, post redukto (*od* dekalkulo) de

Abzugsgraben *m Drängraben* drenfosaĵo; *Abflussgraben* defluiga fosaĵo

Abzugs|hahn *od* **~hebel** *m an Waffen* ĉano; **~rohr** *n Rauchabzugsrohr* fumtubo

abzupfen *tr* [pinĉe] pluki (***etw. von etw.*** ion de io)

abzuzeln *tr* ↑ ***ablecken***

abzweigen ***a)*** *tr* debranĉigi, disbranĉigi; *absondern, beiseite nehmen* apartigi; *El* derivi (*vgl. dazu* ***shunten***) ***b)*** *intr* debranĉiĝi, disbranĉiĝi

Abzweig|stelle *f allg (auch Eisenb)* branĉejo; **~stromkreis** *m El* derivlineo

Abzweigung *f* debranĉiĝo, disbranĉiĝo; *Verk* disbranĉejo (***nach*** al); *Eisenb* disforkejo; *El (als Vorgang)* derivado, *(Zweigleitung)* derivlineo

abzwingen *tr geh*: ***er zwang sich ein Lächeln ab*** li devigis sin rideti

Académie française *f* [la] Franca Akademio

Acajoubaum *m Bot* ↑ ***Cashewnussbaum***

Acanthosis *f Med* ↑ ***Akanthose***

A-cappella-Chor *m Chor ohne Begleitung von Instrumenten* akapela koruso, *auch* koruso kantanta sen instrumenta akompano

Acapulco [de Juárez] (*n*) *ein mexikan. Badeort am Pazifik* Akapulko

Acariasis *od* **Acarinosis** *f* ↑ ***Akariasis***

Acarusräude *f* ↑ ***Demodikose***

Acayucan (*n*) *eine Stadt in Mexiko* Akajukano

Accessoire [*aksɛ'soa:*] *n [modisches] Beiwerk* [moda(j)] akcesoraĵo(j) *(Pl)*

Acciaccatura [*atʃaka'tu:ra*] *f Cembalomusik (Akkordbrechung mit harmoniefremden Nebennoten)* aĉakaturo

Accra (*n*) *Hptst. der Rep. Ghana* Akro

Aceh (*n*), *früher* ***Atjeh*** *eine Region im Norden Sumatras* Aĉeo *[Hptst.: Banda Aceh]*

Aceher *m/Pl, früher* ***Atjeher*** *od* ***Atchinesen*** *m/Pl Ethn* aĉeanoj *Pl*

Acerola[kirsche] *od* **Antillenkirsche** *f, auch* ***Ahornkirsche*** *od* ***Barbadoskirsche*** *f* (Malpighia emarginata = Malpighia glabra) *Bot 1. (ein immergrüner Baum od Strauch mit kugeligen Steinfrüchten* acerolo *[Vorkommen: Mittel- bis Südamerika, heute auch auf Hawaii u. in SO-Asien]) 2. Bez für die Frucht meist* aceroloĉerizo

Acetabulum *n* ↑ *unter* ***Gelenkpfanne***

Acetabulumfraktur *f od* **Hüftpfannenfraktur** *f Med* acetabula frakturo *od* frakturo de la acetabulo

Acetaldehyd *m Chem* ↑ ***Azetaldehyd***

Acetamid *n Chem* ↑ ***Azetamid***

Acetat *n Chem* ↑ ***Azetat***

Aceto balsamico *m* ↑ ***Balsam[ico]essig***

Aceton *n Chem* ↑ ***Azeton***

Acetonämie *f Med* ↑ ***Azetonämie***

Acetonitril *n Chem* acetilonitrilo

Acetylameisensäure *Biochemie* ↑ ***Brenztraubensäure***

Acetyle *n/Pl Chem* ↑ ***Azetyle***

Acetylen *n Chem* ↑ ***Azetylen***

Acetylcholin *n Biochemie* ↑ ***Azetylcholin***

Acetylsalcylsäure *f Chem* ↑ ***Azetylsalizylsäure***

ach! *Interj Klage, Bedauern, Irritation* aĥ!

Ach *n* ◇ ***mit ~ und Krach*** pene apenaŭ

Achalasie *f nur Fachspr Med (neuromuskuläre Störung von glattmuskulären Hohlorganen)* akalazio

Achämenes (*m*) *Eig (ein altpersischer Fürst)* Aĥemeno

Achämeniden *m/Pl eine persische Herrscherdynastie [um 700-330 v. Chr.]* aĥemenidoj *Pl* (↑ *auch* ***Kyros***); **~reich** *n Gesch* aĥemenida regno

achämenidisch *Adj* aĥemenida

Achäne *f Bot* ↑ *unter* ***Schließfrucht***

Achang *Pl Ethn (Stamm mit einer tibetobirmanischen Eigensprache, verstreut in N-Myanmar u. in der chinesischen Provinz Yünnan)* aĉangoj *Pl*

Achat *m Min (ein farbig gebänderter Chalzedon [ein Schmuckstein])* agato

[1]**Acheloos** (*m*) *griech. Myth (Vater der Sirenen)* Aĥeloo

[2]**Acheloos** *m griech. Antike* [rivero] Aĥeloo, *[heute:]* ***Aspropotamus*** *m zweitlängster Fluss Griechenlands* [rivero] Aspropotamo

Achernar *m Astron (der hellste Stern im Sternbild Eridanus)* Aĥernaro

Acheron *m griech. Myth (Fluss in der Unterwelt, den die Toten überqueren mussten)* Aĥerono

Acheuléen *eine Kulturstufe der Altsteinzeit* aĉeŭleo *<so benannt nach Saint-Acheul bei Amiens/Frankreich>*

Achik *Pl Ethn* ↑ ***Garo***

Achilles (*m*), *auch* ***Achill*** (*m*) *griech. Myth* Aĥilo; **~ferse** *f übertr (jmds. verwundbare Stelle)* aĥila kalkano, *auch* kalkano de Aĥilo; **~sehne** *f* (Tendo calcaneus, *auch*

Tendo Achillis) *Anat* aĥila (*od* kalkanea) tendeno, *auch* tendeno de Aĥilo; ~**sehnenruptur** *f Fachspr für «Riss der Achillessehne»* ŝiriĝo de la aĥila tendeno

Achlorhydrie *f* (Achylia gastrica) *nur Fachspr Med* aklorhidrio *Salzsäuremangel [im Magen], z.B. bei perniziöser Anämie*

Achmed (*m*), *türkisch* ***Ahmet*** (*m*) *männl. Vorname* Aĥmedo

Acholie *f nur Fachspr Med (fehlende Sekretion von Galle in den Darm)* akolio, manko de galosekrecio

Achondroplasie *f, auch* ***Parrot-Kaufmann-Syndrom*** *n Med (eine erbliche Störung der Knorpelbildung)* akondroplazio

Achroit *m Min (farbloser Turmalin)* akroito

Achromasie *f Med =* ***Albinismus*** *bzw.* ***Achromatopsie***

Achromat *m* ↑ *unter* ***achromatisch***

Achromatin *n Biol (nicht färbbarer Teil des Kerngerüsts der fixierten Zelle)* akromatino

achromatisch *Adj Opt* akromata (↑ *auch* ***farblos***); ~***e Linse*** *f, auch* ***Achromat*** *m* akromata lenso

Achromatopsie *f nur Fachspr Med (totale Farbenblindheit)* akromatopsio (*vgl. dazu* ***Daltonismus***)

Achsabstand *m* interaksa distanco

Achse *f* ***a)*** *Astron, Geom, Naturw, Tech* akso; *i.e.S. Rad*$^{\underline{o}}$ radakso (↑ *auch* ***Abszissen-***, ***Affinitäts-***, ***Antriebs-***, ***Blüten-***, ***Doppel-***, ***Drehungs-***, ***Erd-***, ***Fokal-***, ***Halb-***, ***Koordinaten-***, ***Mittel-***, ***Polar-***, ***Quer-***, ***Radikal-***, ***Rotations-***, ***Symmetrie-*** *u.* ***Vertikalachse***); ***bewegliche*** (***feste***) ~ movebla (fiksita) akso; ***sich um eine ~ drehen*** aksumi (*vgl. dazu* ***rotieren***); ***sich um seine eigene ~ drehen*** turniĝi ĉirkaŭ sia akso ***b)*** *Pol u. Gesch* akso (*vgl. dazu* ***Bündnis***); ***die ~ Berlin – Rom*** *Gesch (faschistisches Bündnis zw. Deutschland u. Italien [1936/1943])* la akso Berlino – Romo ◇ ***ständig auf [der] ~ sein*** esti daŭre (*bzw.* ĉiam) survoje *od* esti daŭre vojaĝanta

Achsel *f Achselhöhle* akselo, *Anat* (Fossa axillaris) aksela kavo; *reg für «Schulter»* ŝultro; ***die ~n*** (*od* ***mit den ~n***) ***zucken*** levi (*od* suprentiri) la ŝultrojn ◇ ***jmdn. über die ~ ansehen*** *jmdn. verächtlich ansehen* malŝate rigardi iun

Achsel|haare *n/Pl* akselharoj *Pl*; ~**höhle** *f* (Fossa axillaris) aksela kavo

Achselklappe *f od* **Achselstücke** *n/Pl* ↑ ***Schulterklappe*** *od* ***Schulterstücke***

Achsel|knospe *f, auch* ***Axillarknospe*** *f Bot (in einer Blattachsel entspringende Knospe)* aksela burĝono; ~**schweiß** *m* aksela ŝvito; ~**spross** *od* ~**trieb** *m Bot (in einer Blattachsel entspringender Spross)* aksela ŝoso

achsel|ständig, *auch* ***axillar*** *Adj Bot (unmittelbar über einer Blattansatzstelle hervorbrechend od gewachsen)* aksela; ~**zuckend** *Adv* suprentirante la ŝultrojn

Achsen|bruch *m* aksoromp[iĝ]o *Kfz auch* rompiĝo de la radakso; ~**kreuz** *n Geom (die Koordinatenachsen eines ebenen Koordinatensystems)* aksokruco; ~**mächte** *f/Pl Gesch (Deutschland u. Italien 1936/43)* Aksaj Potencoj *Pl*

Achsenskelett *n Zool* ↑ ***Rückensaite***

Achsensymmetrie *f Geom* ↑ ***Axialsymmetrie***

Achsenzylinderfortsatz *m Biol* ↑ ***Axon***

Achs|lager *n Tech* aks[o]lagro *od* lagro de [rad]akso; ~**stange** *f Tech (Wellbaum)* ŝafto; ~**stand** *m, auch* ***Radstand*** *m Kfz (Abstand der Fahrzeugachsen)* interaksa distanco; ~**zapfen** *m Tech* pivoto de akso

acht *Num* ok; ~ ***Tage lang*** unu semajnon; ***heute in ~ Tagen*** post unu semajno; ***es ist jetzt um ~ [Uhr]*** estas nun je la oka [horo]; ***wir sind zu ~***, *auch* ***wir sind [unser] ~*** ni estas ok personoj

[1]**Acht** *f Zahl, Ziffer* oko, cifero ok

[2]**Acht** *f alt für «Aufmerksamkeit, Fürsorge»*: ~ ***geben*** *aufpassen* atenti (***auf etw.*** pri io); *bewachen, behüten* gardi, ŝirmi; ***gib ~!*** *bzw.* ***geben Sie ~!*** atentu!; ***außer ~ lassen*** preteratenti; *nicht beachten* malatenti; *nicht erwägen* ne konsideri; *vernachlässigen* neglekti; *ignorieren* ignori; ***sich in ~ nehmen*** *auf sich aufpassen* esti singarda; *vorsichtig sein* [bone] gardi sin; ***nimm dich in ~!*** *[ermahnend:]* [bone] gardu vin! (↑ *auch* ***warte nur!*** *[unter* [2]***warten]***)

[3]**Acht** *f alt: Ächtung, Bann* proskribo

achtbar *Adj* estiminda; *ehrwürdig* honorinda; *respektabel* respektinda (↑ *auch* ***reputierlich***)

Achtbarkeit *f* estimindeco; honorindeco; respektindeco

achte(r, -s) *Num* oka

Achteck *n Geom* okangulo

achteckig *Adj* okangula

Achtel *n* okono *auch Mus*

Achtel[bogen]größe *f Typ* ↑ ***Oktav b)***

Achtel|finale *n Sport* okonfinalo; ~**kreis** *m, Fachspr auch* ***Oktant*** *m Geom* oktanto

achteln *tr in acht [gleich große] Teile zerlegen* okonigi

Achtel|note *f Mus* okona noto; ~**pause** *f Mus* okona silento

achten *tr* ***a)*** *ehren* honori; *wertschätzen* estimi; *respektieren* respekti; ***[all]zu sehr*** ~ troestimi (***jmdn.*** iun) ***b)*** *Acht od Obacht geben* atenti (***auf etw.*** ion); ***auf seine Figur*** (*od* ***Linie***) ~ atenti pri sia talio, *auch* atenti sian talion; ***[absolut] nicht auf seine Kleidung*** ~ [absolute] ne atenti pri tio, kion li (*bzw.* ŝi) vestas; ~ ***Sie auf Ihre Gesundheit!*** vi devas atenti vian sanon! (*od* pri via sano!); ***du musst*** (*bzw.* ***Sie müssen***) ***ein bisschen mehr aufs Essen*** ~ *darauf achten, was man isst* vi devas iompli bone zorgi pri tio, kion vi manĝas

ächten *tr proskribieren, verbannen [von politischen Gegnern]* proskribi; *boykottieren* bojkoti

Achtender *m Jägerspr (ein Hirsch mit acht Geweihenden)* okkornulo, cervo okkorna

achtens *Adv* oke

achtenswert *Adj* estiminda (*vgl. dazu* ***ehrenwert***)

Achter *m Sport* okopa remboato, *kurz* okopo; ~**bahn** *f* reltobogano [sur onda fera vojo]; ~**deck** *n Mar* malantaŭa (*od* poba) ferdeko

achtern *Adv Mar* malantaŭe, *Fachspr meist* en la pobo *od* pobe; ***den Wind von*** ~ ***haben*** havi la venton el pobo-direkto

Achter|schiff *n Heck* pobo; ~**steven** *m, auch* ***Hintersteven*** *m Mar* posta steveno (*vgl. dazu* ***Vordersteven***)

achtfach **1.** *Adj* okobla **2.** *Adv* okoble

Achtflach *n od* **Achtflächner** *m, bes. Fachspr auch* ***Oktaeder*** *m Geom* okedro, *auch* oktaedro; ***regelmäßiges Achtflach*** regula okedro

Achtfuß *od* **Vielfuß** *m* (Polypus) *Zool (eine Gattung der Tintenschnecken)* polpo

Achtfüß[l]er *m,* <*wiss*> ***Oktopode*** *m Zool* okpiedulo, <*wiss*> oktopodo (*vgl. dazu* ***Krake*** *u.* ***Tintenfisch***)

acht|hundert *Num* okcent; ~**jährig** *Adj* okjara

achtlos **1.** *Adj* senatenta; *fahrlässig* malzorga *od [stärker.]* senzorga; *gleichgültig* indiferenta; *i.w.S. (taktlos)* sentakta **2.** *Adv* senatente; senzorge; indiferente; sentakte

Achtlosigkeit *f* senatent[ec]o; *Fahrlässigkeit* senzorgeco *bzw.* senzorgemo; *Taktlosigkeit* sentakteco

achtmal, *bei besonderer Betonung auch* ***acht Mal*** *Adv* okfoje, ok fojojn

achtmalig *Adj* okfoja

Achtopol (*n*) *bulgarischer Kurort an der südwestl. Schwarzmeerküste [nahe der Grenze zur Türkei]* Aĥtopolo <*ursprünglich eine thrakische Siedlung*>

Achtpunktschrift *f Typ* ↑ ***Petitschrift***

achtsam *Adj* atent[em]a; *auf sich achtend* singarda (*vgl. dazu* ***akkurat*** *u.* ***sorgsam***)

Achtsamkeit *f* atentemo; singardemo; *Sorgfalt* zorgemo

acht|seitig *Adj* okflanka; *Geom* oklatera; ~**silbig** *Adj* oksilaba; ~**stöckig** *Adj Gebäude* oketaĝa

Achtstundentag *m* okhora labortago

acht|stündig *Adj* okhora; ~**tägig** *Adj* oktaga; *eine Woche dauernd* unusemajna; ~**tausend** *Num* okmil; ~**teilig** *Adj* okparta

Achtundvierzigflächner *m, auch* ***Hexakisoktaeder*** *n Kristallografie* kvardekokedro

Achtung *f* ***a)*** *Hochschätzung* [alt]estimo (↑ Selbstachtung); *Respekt* respekto; ~ ***gebietend*** inspiranta respekton; ~ ***der Menschenrechte*** estimo (*od* respekto) al la homaj rajtoj; ***gegenseitige*** ~ reciproka estimo; ***jmdm. seine*** ~ ***bezeigen*** elmontri sian respekton al iu; ***[die] höchste*** ~ ***vor jmdm. haben*** havi [la] plej grandan respekton al iu; ***sogar die*** ~ ***vor sich selbst verlieren*** perdi eĉ la respekton al (*od* antaŭ) si mem; ***ohne [jede]*** ~ *Adv* senrespekte ***b)*** *Aufmerksamkeit* atento; ~***!*** atentu!

Ächtung *f Proskription, Ächtung politischer Gegner* proskribo; *Entrechtung* senrajtigo; *Boykott[ierung]* bojkot[ad]o; ~ ***der Atombombe*** proskribo de la atombombo

Achtungssignal *n durch Hup- od Pfeifton (Eisenb)* akustika avertsignalo

achtungsvoll **1.** *Adj* estim[oplen]a; *respektvoll* respektoplena **2.** *Adv* kun [alta] estimo, altestime; *voller Respekt* respektoplene

acht|zehn *Num* dek ok; ~**zehnte** *Num* dek-oka

achtzig *Num* okdek ◇ ***auf*** ~ ***sein*** *wütend sein* esti terure kolera

achtzigjährig *Adj* okdekjara

Achtzigjährige ***a)*** *m* okdekjarulo ***b)*** *f* okdekjarulino

achtzigste *Num* okdeka

Achtzigstel *n* okdekono

Achwas ↑ ***Ahvaz***

ächzen *intr* ĝem[eg]i; ***vor Schmerzen*** ~ ĝemi pro doloroj

Acidimeter *n Chem* ↑ ***Azidimeter***

Acidimetrie *f Chem* ↑ ***Azidimetrie***

Acidose *f Med* ↑ ***Azidose***

Ačinsk (*n*) ↑ ***Atschinsk***

Acinus *m Anat* ↑ ***Azinus***

Acker *m* ***a)*** agro, [plug]kampo (*vgl. dazu* ***Feld***) ***b)*** *ein altes deutsches Feldmaß* akreo (*vgl. dazu* ***Hufe***); ~**bau** *m* agrokulturo; *i.w.S. Bodenbearbeitung* kultivado de la tero (*vgl. dazu* ***Landwirtschaft***); ~**bauer** *m* agrokulturisto, *i.w.S. auch* terkultivisto (*vgl. dazu* ***Fellache*** *u.* ***Landwirt***)

ackerbaulich *Adj* agrokultura (*vgl. dazu* ***landwirtschaftlich***)

Ackerboden *m* kultivebla grundo (*od* tero); *Ackerland* plugeblaj kampoj *Pl od i.w.S.* plugejo *Sg*

Ackerbrombeere *f Bot* ↑ *unter* ***Brombeere***

Ackerehrenpreis *m* (Veronica agrestis) *Bot* kampa veroniko

Ackererbse *f Bot* ↑ ***Felderbse***

Acker|fadenkraut *od* ~**filzkraut** *n* (Filago arvensis) *Bot* kampa filago

Ackerfrauenmantel *m Bot* ↑ ***Ackersinau***

Acker|fuchsschwanz *m* (Alopecurus myosuroides) *Bot* kampa alopekuro, *pop* kampa vulpovosto; ~**furche** *f Landw* plugosulko, sulko [en plugita kampo]; ~**gänsedistel** *f* (Sonchus arvensis) *Bot* kampa sonko

Ackergauchheil *m Bot* ↑ *unter* ***Gauchheil***

Acker|gaul *m* plugĉevalo; ~**gelbstern** *m* (Gagea arvensis) *Bot* kampa gageo; ~**glockenblume** *f* (Campanula rapuncoloides) *Bot* unuflanka kampanulo; ~**hahnenfuß** *m* (Ranunculus arvensis) *Bot* kampa ranunkolo *[Vorkommen: Europa u. Kleinasien]*; ~**hellerkraut** *n* (Thlaspi arvense) *Bot* kampa tlaspo; ~**hornkraut** *n* (Cerastium arvense) *Bot* kampa cerastio; ~**hummel** *f* (Bombus agrorum) *Ent* kampa burdo; ~**klettenkerbel** *m* (Torilis arvensis) *Bot* kampa torilido; ~**knoblauch** *m, auch* ***Sommerknoblauch*** *m* (Allium ampeloprasum) *Bot* ampeloprazo; ~**kratzdistel** *f* (Cirsium arvense) *Bot* kampa cirsio *<häufiges Unkraut auf Äckern u. Schuttplätzen>*; ~**krume** *f, auch* ***Muttererde*** *f* humtero; ~**labkraut** *n* (Galium spurium) *Bot* falsa galio

Acker|land *n* plugeblaj kampoj *Pl*, areo de [plug]kampoj, *i.w.S.* plugejo; ~**leinkraut** *n* (Linaria arvensis) *Bot* blua (*od* kampa) linario

Ackerling *m Mykologie* agrocibo (↑ *auch* ***Frühlingsackerling***)

Ackerminze *f* (Mentha arvensis) *Bot* kampa mento

ackern *intr pflügen* plugi *auch bildh*; *übertr umg für «angestrengt arbeiten»* streĉe labori

Ackerrettich *m Bot* ↑ ***Hederich***

Ackerringelblume *f* (Calendula arvensis) *Bot* kampa kalendulo

Ackerrübe *f* ↑ ***Wasserrübe***

Acker|schachtelhalm *m* (Equisetum arvense) *Bot* kampa ekvizeto; ~**schmalwand** *f* (Arabidopsis thaliana) *Bot* sabla arabidopso *<bedeutsam auch als schnellwüchsiges genetisches Untersuchungsobjekt>*

Ackerschmiele *f Bot* ↑ ***Windhalm***

Ackerschnecke *f Zool* ↑ ***Nacktschnecke***

Acker|schöterich *m* (Erysimum cheiranthoides) *Bot* malgrandflora erizimo; ~**schwarzkümmel** *m* (Nigella arvensis) *Bot* kampa nigelo; ~**senf** *m, auch* ***wilder Senf*** (Sinapis arvensis) *Bot* agrosinapo; ~**sinau** *m, auch* ***Ackerfrauenmantel*** *m* (Aphanes arvensis) *Bot* kampa afano; ~**spark** *m, auch* ***Feldspark*** *m* (Spergula arvensis) *Bot* kampa spergulo; ~**steinsame** *m* (Lithospermum arvense) *Bot* kampa litospermo; ~**stiefmütterchen** *n* (Viola arvensis) *Bot* kampa violo; ~**stück** *n [ein] Stück Feld* kampoparto; ~**trespe** *f* (Bromus arvensis) *Bot* kampa bromuso; ~**wachtelweizen** *m* (Melampyrum arvense) *Bot* kampa (*od* rozkolora) melampiro; ~**walze** *f Landw* kamporulo; ~**wicke** *f, auch* ***Saat-*** *od* ***Futterwicke*** *f* (Vicia sativa) *Bot, Landw* agrovicio, *auch* furaĝa vicio; ~**winde** *f, reg* ***Drehwurz*** *f* (Convolvulus arvensis) *Bot (ein schwer ausrottbares Feld- u. Gartenunkraut)* agra (*od* kampa) konvolvulo; ~**witwenblume** *f* (Knautia arvensis) *Bot* kampa knaŭcio

Ackerwurz *f Bot* ↑ ***Kalmus***

Acker|zahntrost *m* (Odontites verna) *Bot* printempa odontito; ~**ziest** *m* (Stachys arvensis) *Bot* kampa stakiso

Acoelomata *Pl Zool (Tiere ohne Coelom, nur mit Mesoderm [z.B. die Plattwürmer])*

sencelomuloj *Pl* (*vgl. dazu* ***Pseudocoelomata***)

Aconcagua *m höchster Berg Amerikas [in den argentinischen Anden]* [monto] Akonkagvo

Aconitin *od* **Akonitin** *n Chem, Pharm (ein giftiges Pflanzenalkaloid)* akonitino

a conto *Adv als Abschlag od Vorauszahlung* antaŭpage, *nominativisch (akkusativisch)* kiel antaŭpago(n) (*vgl. dazu* ***Akonto*** *u.* ***Anzahlung***)

Acre (*n*) *ein Gliedstaat Brasiliens* Akreo *[Hptst.: Rio Branco]*

Acryl *od* **Akryl** *n Chem* akrilo

Acryl|amid *n Chem (Ausgangsstoff für die als Polyacrylamide bezeichneten Kunststoffe)* akrilamido; **~farbe** *f* akrilfarbo, *auch* akrila farbo; **~fasern** *f/Pl Chem, Textilherstellung* akrilaj fibroj *Pl*; **~glas** *n* akrila vitro (*vgl. dazu* ***Plexiglas***); **~säure** *f Chem* akrila acido

ACTH = *Abk für* ***Adrenokortikopin***

Actiniden *Pl veraltete Bez für die Gruppe der chemische Elemente, die vom Aktinium bis zum Lawrencium reicht* aktinidoj *Pl*

Actinium *n Chem* ↑ ***Aktinium***

Actinon *n, auch* ***Aktinium-Emanation*** *f Chem* aktinono

Actomyosin *n Biochemie (ein Muskelprotein)* aktomiozino

acyclisch ↑ ***azyklisch***

a. D. = *Abk für* ***außer Dienst***

Adab (*n*) *Gesch (antiker Name von Bismaya in Süd-Mesopotamien)* Adabo <*Kultort der sumerischen Göttin Ninhursanga*>

ad absurdum *in Zus*: ***etw. ~ führen*** konduki ion al absurdo, montri [per ekzemploj], ke tio estas absurda (*od* absurdaĵo)

ad acta *in Zus*: *~* ***legen*** *zu den Akten legen* meti al la aktoj; *bes. übertr* meti en la keston de forgeso

Adad (*m*) *Myth (akkadischer Wettergott)* Adado

adagio [*a'da:dʒɔ*] *Adv musikalische Tempobezeichnung (langsam, ruhig)* adaĝe

Adagio *n Mus* adaĝo

Adaja *m ein spanischer Fluss [mündet bei Valladolid in den Duero]* [rivero] Adaĥo

Adaktylie *f nur Fachspr Med ([angeborenes] Fehlen von Fingern od Zehen)* adaktilio

Adalbert (*m*) *männl. Vorname* Adalberto *auch Name einiger Bischöfe*; ~ ***von Prag*** *Bischof von Prag, christlicher Missionar u. Märtyrer [956-997]* Adalberto el Prago, *auch* Sankta Adalberto

Adalia (*n*) ↑ ***Antalya***

Adam (*m*) *Eig (auch bibl)* Adamo; ~ ***und Eva*** *bibl* Adamo kaj Eva ◇ ***bei ~ und Eva anfangen***, *salopp* ***beim Urschleim anfangen*** *sehr weit ausholen [beim Erzählen]* komenci de Adamo *(Zam)*

Adamantin *n* ↑ ***Zahnschmelz***

Adamantinom *n, auch* ***Schmelzzellengeschwulst*** *f Zahnmedizin (eine Geschwulst am Kieferknochen)* adamantinomo

Adamellit *m Geol (eine Art des Granits)* adamelito

Adamsapfel *m* (Prominentia laryngea, *auch* Pomum Adami) *Anat* gorĝa pomo, *auch* Adam-pomo, <*wiss*> laringa prominenco

Adamskostüm *m* ◇ ***im*** *~ scherzh für «ganz nackt»* en la kostumo de Adamo

Adamstown (*n*) *Hauptort der Pitcairninseln* Adamstaŭno

Adana (*n*) *eine Stadt im Süden der Türkei* Adano

Adaptation *od* **Adaption** *f das Adaptierte* adaptaĵo; *das Adaptieren* adapt[ad]o *auch Biol* (↑ *auch* ***Präadaptation***)

Adapter *m El, Tech* adaptilo

Adaptibilität *f* = ***Anpassungsfähigkeit***

adaptieren *tr* adapti *auch Literatur bzw. Theaterwerke für Verfilmungen* (↑ *auch* ***anpassen***)

Adaptierte *n*: ***etw. ~s*** adaptaĵo

Adaptierung *f* = ***Adaptation***

Adaption *f* ↑ ***Adaptation***

adäquat *Adj* adekvata *auch Phil* (*vgl. dazu* ***angemessen*** *u.* ***zulänglich***)

Adäquatsein *n* adekvateco

Adar *m 6. Monat des jüdischen Jahres [Mitte Februar/Mitte März]* adaro

Addend *m* (*Syn:* ***Summand*** *m*) *Math (Teilglied einer Summe)* adiciato, sumigato

Addendum *n* (*alt für* ***Zusatz*** *od* ***Nachtrag*** *m* [↑ *dort*]) aldonaĵo *od* suplemento

addieren *tr* adicii, sumigi

Addiermaschine *f* adicia maŝino

Addis Abeba (*n*) *Hptst. von Äthiopien* Adis-Abebo

Addison-Krankheit *f, auch* ***Bronze[haut]krankheit*** *f* (Morbis Addison) *Med* adisona malsano (*od* morbo)

Addition *f* adicio

Additionswort *n Ling* ↑ ***Kopulativum***

Additionszeichen *n*, *auch* ***Summationszeichen*** *n Math* signo de adicio

additiv *Adj* adicia

ad-Doha (*n*) ↑ ***Doha***

Adduktion *f Physiol (das Heranführen der Gliedmaßen zur Medianebene des Körpers)* adukcio

Adduktor *m*, *auch* ***heranführender Muskel*** *m* (Musculus adductor) *Anat* aduktoro, adukcia muskolo (*vgl. dazu* ***Großzehenanzieher***)

adduzieren *tr nach der Mittellinie [des Körpers] heranführen* adukcii

ade! *Interj alt od reg* adiaŭ! (↑ *auch* ***tschüss!***)

Adel *m Adelsstand* nobeleco; *die Adligen als Gesamtheit* la nobelaro, la aristokrataro (↑ *auch* ***Erb-***, ***Feudal-***, ***Hoch-***, ***Klein-*** *u.* ***Landadel***); ***der niedere*** ~ la malalta nobelaro ◇ ~ ***verpflichtet***, *geh auch franz.* ***noblesse oblige*** nobeleco devontigas

Adelaide [ˈɛdəlit] (*n*) *Hptst. des australischen Gliedstaats Südaustralien* Adelajdo; ~**sittich** *m* (Platycercus adelaidae) *Orn* adelajda rozelo

adelig ↑ ***adlig***

Adelie|land *n von Frankreich beanspruchtes Territorium in Antarktika* Adelilando; ~**pinguin** *m* (Pygoscelis adeliae) *Orn* adelia pingveno

Adelina (*f*) *weibl. Vorname* Adelina

adeln *tr* ***a)*** *in den Adelsstand erheben* nobeligi ***b)*** *übertr (edelmütig machen, veredeln)* nobligi; *[besonders] auszeichnen* [aparte] distingi (***jmdn.*** iun)

Adelsberg (*n*) ↑ ***Postojna***

Adels|brief *m od* ~**patent** *n Urkunde, mit der jmdm. der Adel verliehen wird* dokumento pri nobeleco; ~**krone** *f* kavalira krono; ~**rang** *m* rango de nobelo

Adelsstand *m* nobeleco (*vgl. dazu* ***Adlige***); ***jmdn. in den*** ~ ***erheben*** proklami iun nobela, nobeligi iun

Adelstitel *m* nobeltitolo

Adelung *f* nobeligo

Aden (*n*), *arab.* ***'Adan*** *eine Stadt im südlichen Jemen* Adeno <*ehemals bedeutender britischer Stützpunkt am Roten Meer*>; ***Golf von*** ~ Golfo de Adeno *od* Adena Golfo; ***Protektorat*** ~ *Gesch* Adena Protektorato (↑ *auch* ***Hadramaut a)***)

Adenin *n Biochemie (eine Purinbase, wichtiger Bestandteil der DNA u. zahlreicher Enzyme)* adenino <*als Baustein der Nukleinsäuren in der Natur ubiquitär verbreitet*>

Adenitis *f Med* ↑ ***Drüsenentzündung***

adenoid, *auch* ***drüsenähnlich*** *od* ***drüsig*** *Adj* adenoida (↑ *auch unter* ***Vegetation***), glandosimila

Adenoitis *f* ↑ ***Rachenmandelentzündung b)***

Adeno|karzinom *n Med (ein vom Drüsenepithel ausgehender Krebs)* adenokarcinomo; ~**lipom** *n Med (gutartige Geschwulst aus Drüsen- u. Fettgewebe)* adenolipomo; ~**lymphom** *n*, *auch* ***Warthin-Tumor*** *m Med (eine gutartige Mischgeschwulst der Ohrspeicheldrüse)* adenolimfomo

Adenom *n*, *auch* ***Drüsengeschwulst*** *f* (Epithelioma adenomatosum) *Med* adenomo, *auch* glanda tumoro (↑ *auch* ***Bronchial-***, ***Fibro-***, ***Hypophysen-***, ***Pankreas-*** *u.* ***Zystadenom***)

Adenopathie *f Med* ↑ ***Drüsenerkrankung***

Adenosarkom *n Med (maligner Mischtumor aus Drüsengewebe)* adenosarkomo

Adenosin *n* (*fachsprachl. Abk* ***Ado***) *Biochemie (Nukleoid aus der Purinbase Adenin u. Ribose [Baustein der Ribonukleinsäuren])* adenozino; ~**diphosphat** (*Abk* ***ADP***) *eine aus Adenin, Adenosin u. zwei Phosphorsäureestern aufgebaute chemische Verbindung, die im Energiestoffwechsel der Organismen eine Schlüsselstellung einnimmt* adenozin-difosfato; ~-**phosphate** *n/Pl* adenozin-fosfatoj *Pl*; ~-**triphosphat** *n* (*Abk* ***ATP***) *ein Nukleid* adenozin-trifosfato

Adenosis *f* ↑ ***Drüsenerkrankung***

Adenosklerose *f Med (Drüsenverhärtung)* adenosklerozo

Adenosyl *n Biochemie* adenozilo; ~**methionin** *n* adenozilmetionino

Adenovirus *n od m Virologie* adenoviruso

Adept *m* adepto (↑ *auch* ***Anhänger*** *u.* ***Jünger***)

Ader *f* ***a)*** *Anat (Vene, Blut≗)* vejno, *(Arterie, Schlag≗)* arterio (↑ *auch* ***Pfort-*** *u.* ***Pulsader***); ***in seinen*** ~***n fließt spanisches Blut*** en liaj vejnoj fluas hispana sango; ***jmdn. zur*** ~ ***lassen*** fari flebotomion ĉe iu ***b)*** *im Blatt, Maser[ung] in Holz od in Marmor* vejno; *Bergb, Geol i.e.S.* vejno, *i.w.S. Gang (mit Mineralien od Erzen ausgefüllte Felsspalte)* gango (↑ *auch* ***Erz-*** *u.* ***Goldader***) ***c)*** *Ent: eines Insektenflügels* nervuro, *auch* vejno ***d)*** *übertr (Veranlagung, Talent)* ta-

lento, *(Fähigkeit)* kapablo; ***er hat eine musikalische*** ~ li havas talenton por muziko
Äderchen *n kleine Ader* vejneto
Adergeflecht *n* (Plexus chorioideus) *Anat* korioida plekso
Adergneis *m Min* ↑ ***Arterit***
Aderhaut *f*: ~ ***des Auges*** (Choroidea *od* Chorioidea) *Anat* koroido
Aderhautentzündung *f Med* koroidito
ad[e]rig *od* **äd[e]rig** *Adj Biol* vejnohava (*vgl. dazu* ***aderdurchzogen, dickaderig, gemasert*** *u.* ***genervt***)
aderdurchzogen *Adj, nachgest* ***von Adern durchzogen*** vejnostriita
Aderlass *m, Fachspr* ***Phlebotomie*** *f Med* ellaso (*od* eltiro) de sango, *Fachspr* flebotomio (*vgl. dazu* ***Schröpfen***); *übertr* [teruraj] perdoj *Pl*; ***einen*** ~ ***an*** (*od* ***bei***) ***jmdm. machen*** fari flebotomion ĉe iu
Adermin *n Biochemie (Vitamin B6)* adermino
ädern *tr [wie] mit Adern durchziehen od bedecken* vejni (*vgl. dazu* ***marmorieren*** *u.* ***masern***)
Aderpresse *f Med* ↑ ***Abschnürbinde***
Adessiv *m Ling ([in finnisch-ugrischen Sprachen:] ein grammatikalischer Lokalkasus, der die Position in der Nähe eines Objekts ausdrückt)* adesivo
adhärent *Adj anhaftend* adhera
adhärieren *intr anhaften* alteniĝi, *(Geleimtes)* algluiĝi; *Phys (aneinanderhaften)* adheri
Adhäsion *f Phys (durch Molekularkräfte bewirktes Aneinanderhaften zweier Körper)* adhero
Adhäsionspapier *n* alteniĝa glupapero
adhäsiv *Adj* adhera
Ad hoc-Sitzung *f ad hoc*-kunveno [...*hɔk*...]
ADHS = *Abk für* ***Aufmerksamkeitsdefizit-Hyperaktivitätssyndrom***
Adiabate *f Phys, Met (Kurve der adiabatisch erfolgenden Zustandsänderung von Gas od Luft in einem Zustandsdiagramm [z.B. Druck gegen Volumen]* adiabato (↑ *auch* ***Pseudoadiabate***)
adiabatisch *Adj Phys, Met ([bei Gasen od Luft] ohne Energieaustausch mit der Umgebung verlaufend)* adiabata
adieu! [*ad'jö:*] *Interj alt od reg* adiaŭ! (↑ *auch* ***ade!***)
Adieu [*ad'jö:*] *n* adiaŭo (*vgl. dazu* ***Abschied*** *u.* ***Lebewohl***); ***jmdm.*** ~ (*od* ***adieu***) ***sagen*** diri adiaŭ al iu
Adige *m* ↑ ***Etsch***
Ädil *m Antike (altröm. Beamter)* edilo
ad infinitum *Adv bes. Math* ĝis infinito
ad interim *Adv lat. in der Zwischenzeit* intertempe (*vgl. dazu* ***vorübergehend***)
Adipektomie *f, auch* ***[operative] Fettentfernung*** *od* ***Fett[gewebe]extirpation*** *f Chir* adipektomio
Adipinsäure *f Chem* adipa acido
Adipocire *f* ↑ ***Leichenwachs***
Adipom[a] *n, auch* ***Fett[gewebs]geschwulst*** *f Med* adipomo
Adiponekrose *f, auch* ***Fett[gewebs]nekrose*** *f Med* adiponekrozo
Adiponektin *n Biochemie (ein Peptidhormon)* adiponektino
adipös *Adj* adipös, verfettet
Adipositas *f, auch* ***Fettleibigkeit*** *od* ***Fettsucht*** *f Med* adipozo, trograseco
Adipsie *f nur Fachspr Med (Mangel des Bedürfnisses nach Wasseraufnahme)* adipsio
Adirondacks *Pl Bergland im NO des US-Staates New York [Teil des Kanadischen Schildes]* Adirondakoj *Pl*
Adjektiv *n Gramm* adjektivo
adjektivisch 1. *Adj* adjektiva **2.** *Adv*: ~ ***gebraucht*** adjektive uzata (*bzw.* uzita)
Adjudikation *f, auch* ***richterliche Zuerkennung*** *f Jur* adjudik[ad]o
adjudizieren *tr Jur* adjudiki
Adjunkt *m* adjunkto <*in Österreich u. in der Schweiz als Beamtentitel*>
Adjustierung *f* ↑ ***Uniform***
Adjutant *m Mil (beigeordneter Offizier)* adjutanto
Adjutantur *f, auch* ***Adjutantenstelle*** *f od* ***Stellung*** *f* ***als Adjutant*** adjutanteco
Adlativ *m Gramm* ↑ ***Allativ***
¹Adler *m* (Aquila) *Orn* aglo, *poet* ***Aar*** *m auch Wappentier* (↑ *auch* ***Fisch-, Habichts-, Kaffern-, Kaiser-, Kampf-, Kaninchen-, Keilschwanz-, Kronen-, Philippinen-, Raub-, Schell-, Schlangen-, Schrei-, See-, Stein-, Steppen-*** *u.* ***Zwergadler***); ***der preußische*** ~ *Heraldik* la prusa aglo
²Adler *m, Fachspr* ***Aquila*** *f* (*Abk* ***Aql*** *od* ***Aqil***) *Astron (ein Sternbild der Äquatorzone)* Aglo
³Adler *f* ↑ ***Orlice***
Adleraugen *n/Pl* aglo-okuloj *Pl bes. übertr*; ***ein Detektiv mit*** ~ aglo-okula detektivo

Adler|blick *m übertr* agla rigardo; ~**bussard** *m* (Buteo rufinus) *Orn* aglobuteo; ~**farn** *m Bot* (*Gattung* Pteridium) pteridio; (*Art* Pteridium aquilinum) agla pteridio; ~**-fregattvogel** *m* (Fregata aquila) *Orn* agla fregato *[Vorkommen: endemisch auf Boatswain Bird Island im Atlantik]*; ~**gebirge** *n*, *tschech.* ***Orlické hory*** *Teil der Ostsudeten* Agla (*od* Orlica) Montaro; ~**horst** *m* aglonesto; ~**kopf** *m* agla kapo

Adlernase *f gekrümmte Nase* agla nazo; *Hakennase* hoka nazo; ***mit einer ~*** *nachgest* aglonaza

Adlerstein *n Min* ↑ ***Aetit***

adlig, *auch (meist poet)* ***adelig*** *Adj* nobela (*vgl. dazu* ***aristokratisch*** *u.* ***blaublütig***); ***von ~em Geschlecht*** de nobela gento; ***von ~er Herkunft sein*** esti de nobela deveno

Adlige ***a)*** *m* nobelo; ***die Adligen*** *Pl od* ***der Adel*** *Gesamtheit der Adligen* la nobelaro, la aristokrataro (*vgl. dazu* ***Adelsstand*** *u.* ***Junker***) ***b)*** *f* nobelino

Admet[os] (*m*) *griech. Myth (König von Thessalien, Sohn des Pheres)* Admeto

Administration *f* administrado; *Verwaltung als Gesamtheit, Verwaltungsbehörde* administracio

administrativ **1.** *Adj* administrada, administracia **2.** *Adv* administrade, administracie, pere de la administracio

Administrator *m* administranto

administrieren *tr u. abs* administr[ad]i (↑ *auch* ***verwalten***)

[1]**Admiral** *m Marineoffizier im Generalsrang* admiralo (↑ *auch* ***Groß-***, ***Konter-*** *u.* ***Vizeadmiral***)

[2]**Admiral** *m Ent (ein Tagfalter)* (Pyrameis atalanta = Vanessa atalanta) atalanto

Admiralität *f 1. Gesamtheit der Admirale 2. oberste Verwaltungs- u. Kommandobehörde der Seestreitkräfte einiger Länder* admiralitato

Admiralitätsanker *m* ↑ ***Stockanker***

Admiralitätsinseln *Pl eine Inselgruppe im Pazifik (Hauptinsel: Manus)* Admiraltoj *Pl* *<die Inseln gehören seit 1975 zu Papua-Neuguinea>*

Admiralsamt *n od* **Admiralswürde** *f* admiraleco

Admittanz *f El (Kehrwert der Impedanz)* admitanco

Adnan (*m*) *1. nach arab. Genealogie der legendäre Stammvater der ‹nördlichen› Araber (Adnaniten), die den südlichen Arabern, deren Stammvater Qahtan sein soll, gegenübergestellt werden* (↑ *auch* ***Anaza***) *2. arab. männl. Vorname* Adnano

Adnaniten *m/Pl* adnananoj *Pl* (*vgl. dazu* ***Adnan 1.***; ↑ *auch* ***Anaza***)

Adnexe *m/Pl Anat (beiderseitige Anhänge der Gebärmutter [bestehend aus Eierstöcken u. Eileitern])* aneksaĵoj *Pl*

Adnexitis *f Med (Entzündung der Adnexe)* aneksito, inflamo de la aneksaĵoj

Ado = *fachsprachl. Abk für* ***Adenosin***

Adobe[ziegel] *m luftgetrockneter, ungebrannter Tonziegel [bes. in Spanien u. Lateinamerika]* adobo (↑ *auch* ***Backstein***)

Adoleszenz *f späterer Abschnitt der Jugendzeit* adoleskanteco (↑ *auch* ***Reifezeit***)

Adolf (*m*) *männl. Vorname* Adolfo

adolfactorius ↑ *unter* ***Riechlappen***

Adonidin *n Biochemie, Pharm (ein giftiges, herzwirksames Glykosid)* adonidino

Adonija (*m*) *bibl: vierter Sohn des israelitischen Königs David* Adonijo

Adonis (*m*) ***a)*** *Myth (Geliebter der Venus)* Adoniso ***b)*** *übertr (schöner Jüngling, i.w.S. schöner Mann)* adoniso

adonisch *Adj von schönem Aussehen [bei Männern]* adonisa

Adonisröschen *n* (*Gattung* Adonis) *Bot* adonido (↑ *auch* ***Amur-***, ***Frühlings-***, ***Kreta-*** *u.* ***Sommer-Adonisröschen***); ***brennendes*** (*od* ***flammendes***) ~, *reg* ***Blutströpfchen*** *n* (Adonis flammea) flama adonido

adoptieren *tr*: ***ein Kind ~*** adopti infanon

Adoption *f Annahme an Kindes Statt* adopt[ad]o

Adoptiv|eltern *Pl*, *<österr> auch* ***Wahleltern*** *Pl* adoptaj gepatroj *od* adoptogepatroj *Pl*; ~**kind** *n*, *auch* ***adoptiertes Kind*** *n* adoptita infano, adoptito; ~**sohn** *m* adoptita filo; ~**vater** *m* adopta patro

adorabel ↑ ***anbetungswürdig***

Adorant *m* ↑ ***Anbetende***

Adoration *f* ↑ ***Anbetung***

adorieren ↑ ***anbeten***

Adorno (*m*) *Eig (dt. Philosoph, Soziologe u. Musiktheoretiker [1903-1969])* Adorno

ADP = *fachsprachl. Abk für* ***Adenosindiphosphat***

Adr. = *Abk für* ***Adresse***

Adrastea *f Astron (ein Jupitermond)* Adrasteo

Adrast[os] (*m*) *griech. Myth (König von Ar-*

gos, Sohn des Talaos u. der Lysimache) Adrasto

Adrema *f* ↑ ***Adressiermaschine***

Adrenalin *n* (*selt auch Syn:* ***Epinephrin*** *od* ***Suprarenin*** *n*) *ein Hormon u. Neurotransmitter* adrenalino, *selt* epinefrino *od* suprarenino; **~diabetes** *m Med (Anstieg des Blutzuckerspiegels nach Adrenalininjektion)* adrenalina diabeto

adrenerg[isch] *Adj Physiol*: ***~e Nervenfasern*** *f/Pl* adrenergiaj nervofibroj *Pl*

Adrenochrom *n Chem* adrenokromo

adrenokortikotrop *Adj*: ***~es Hormon*** (*fachsprachl. Abk* ***ACTH***), *auch* ***Adrenokortikopin*** *n* adren[al]okortikotropa hormono (*Abk* AKTH)

Adressant *m* = ***Absender***

Adressat *m* adresato *bzw.* adresito, *auch* adresulo (*vgl. dazu* ***Empfänger***)

Adressbuch *n* adreslibro

Adresse *f* (*Abk* ***Adr.***) adreso *auch EDV* (↑ *auch* ***Begleit-***, ***Deck-***, ***E-Mail-***, ***Internet-***, ***Kontakt-***, ***Privat-***, ***Skype-***, ***Telegramm-*** *u.* ***Wohnsitzadresse***); ***absolute*** (***symbolische***, ***virtuelle***) ~ *EDV* absoluta (simbola, virtuala) adreso; ***per*** ~ (*Abk* ***p. A.***) *Post* per adreso de (*Abk* p.a.); ***die ~n austauschen*** interŝanĝi la adresojn; ***hier ist meine*** ~ jen [estas] mia adreso

Adressen|änderung *f*, *auch* ***Anschriftenänderung*** *f* adresŝanĝo *od* ŝanĝo de [la] adreso; **~liste** *f* adreslisto; **~verzeichnis** *n*, *auch* ***Anschriftenverzeichnis*** *n* adresaro

adressieren *tr* adresi (***an*** al); *i.w.S. schicken an* sendi (***an*** al)

Adressieren *n od* **Adressierung** *f* adresado

Adressiermaschine *f* (*Kurzw* ***Adrema*** *f*) adresaparato, *auch* adresografo

adrett *Adj* [pura kaj] belaspekta

Adria *f* ↑ *unter* ***adriatisch***

Adriaküste *f* adriatika marbordo

Adrian (*m*) *männl. Vorname* Adriano

Adriana *od* **Adriane** (*f*) *weibl. Vorname* Adriana

Adrianopel (*n*) ↑ ***Edirne***

adriatisch *Adj*: ***das ≗e Meer***, *auch* ***die Adria*** la Adriatika Maro, *auch* la Adriatiko

adrig *od* **ädrig** ↑ ***aderig***

Adscharen *m/P Ethn (islam. Stamm der Georgier an der Schwarzmeerküste)* aĝaroj *Pl*

adscharisch *Adj* aĝara; ***≗e Autonome Republik*** *f autonome Rep. in Georgien* Aĝara Aŭtonoma Respubliko *[Hptst.: Batumi]*

Adschman (*n*), *auch* ***Ajman*** (*n*), *arab.* ***'Ağmān*** *kleinstes Emirat der VAE am Persischen Golf mit gleichnamiger Hauptstadt* Aĝmano, *auch* Aĵmano

Adsorbens *n*, *auch* ***Adsorptionsmittel*** *n Chem, Pharm* adsorbilo

adsorbierbar *Adj* adsorbebla

adsorbieren *Chem, Phys (Gase, Dämpfe od gelöste Stoffe an der Oberfläche eines festen Stoffs anlagern [und binden bzw. verdichten]* adsorbi

Adsorbieren *n od* **Adsorption** *f Chem (als Vorgang)* adsorbado, *(als Eigenschaft)* adsorbeco

adsorbierend *Adj* adsorba (↑ *auch* ***verdichtend***)

Adsorptionsisotherme *f* adsorb-izotermo

Adsorptionsmittel *n* ↑ ***Adsorbens***

Adstringens *n*, *auch* ***adstringierendes Mittel*** *n Pharm* adstringaĵo

adstringieren *tr u. abs Med (das Zellgewebe zusammenziehen)* adstringi

adstringierend *Adj* adstringa *i.w.S. auch für «[übermäßig] herb»*

Adular *m Min* ↑ ***Mondstein***

adult *Adj bes. Fachspr Biol u. Med* adolta (*vgl. dazu* ***erwachsen***)

A-Dur *n* ↑ *unter* ***¹A***

Advektion *f nur Fachspr Met (in waagerechter Richtung erfolgende Zufuhr von Luftmassen [Ggs: Konvektion]) u. Ozeanologie (in waagerechter Richtung erfolgende Verfrachtung von Wassermassen in den Weltmeeren)* advekcio

Advektions|nebel *m Met* advekcia nebulo; **~wolken** *f/PlMet* advekciaj nuboj *Pl*

Advent *m christl. Kirche* advento

Adventismus *m Rel (Glaubenslehre der Adventisten)* adventismo

Adventisten *m/Pl Angehörige einer christlichen Sekte, die die Wiederkehr Christi erwarten* adventistoj *Pl* (↑ *auch* ***Siebenten-Tags-Adventisten***)

Adventitia *f* (Tunica adventitia) *nur Fachspr Anat (äußerste Gefäßhaut [von Blutgefäßen])* adventico, *auch* adventica membrano

adventiv *Adj nur Fachspr Bot (an ungewöhnlicher Stelle [der Pflanze] entstehend)* adventiva

Adventiv|knospe *f Bot (an Stämmen, Wurzeln od Blättern sich bildende Spross- od Blattanlage* adventiva burĝono; **~pflanzen** *f/Pl Bot (durch den Menschen in ein neues*

Gebiet gebrachte Pflanzen, die ursprünglich dort nicht beheimatet waren) adventivaj plantoj *Pl*; ~**sprosse** *f Bot (aus Adventivknospen hervorgegangene Sprosse [z.B. Wurzelsprosse])* adventiva ŝoso; ~**wurzel** *f Bot* adventiva radiko

adventlich 1. *Adj* adventa **2.** *Adv* advente; ~ ***geschmückt*** advente ornamita

Advents|gesteck *n* adventa plektaĵo; ~**kalender** *m*, *<österr>* ***Adventkalender*** *m* adventa kalendaro; ~**kerze** *f* adventa kandelo; ~**kranz** *m* adventa krono *od* adventkrono; ~**sonntag** *m* adventa dimanĉo

Adventsstern *m* ↑ ***Weihnachtsstern a)***

Adverb *n, auch* ***Umstandswort*** *n Gramm* adverbo (↑ *auch* ***Relativ-*** *u.* ***Temporaladverb***)

adverbial *Adj Gramm* adverba

Adverbialpartizip *n Gramm* adverba participo

adversativ *Adj*: ~***e Konjunktion*** *f, auch* ***entgegensetzendes Bindewort*** *n Ling* adversa konjunkcio

Advokat *m* ↑ ***Anwalt***

Advokatur *f* ↑ ***Anwaltschaft a)***

Advokaturbüro *n* ↑ ***Anwaltsbüro***

Adygeisch[e] *n Ling (eine Kaukasussprache)* la adigea [lingvo]

Adynamie *f nur Fachspr Med für «Kraftlosigkeit» od «Schwäche»* adinamio

Adzukibohne *f Bot* ↑ ***Azukibohne***

AE = *Abk für* ***astronomische Einheit***

Aecidium *od* **Aecium** *n nur Fachspr Mykologie (Sporenlager von Rostpilzen [Uredinales])* ecidio *od* ecio

Aedes *f eine Stechmückengattung* aedo, *auch* stegomijo; ~ ***aegypti*** *Ent (Überträger des Gelbfiebers)* egipta aedo (*od* stegomijo)

Aepyornis *f Paläozoologie (ausgestorbener riesenhafter Madagaskarstraußvogel)* epiornito

Aerämie *f, auch* ***Gasembolie*** *f Med (Bildung von Gasbläschen im Blut [bei der Caisson-Krankheit])* aeremio

aerob *Adj Biol (Sauerstoff zum Leben brauchend, nur bei Sauerstoffanwesenheit lebensfähig)* aerobia, *auch* aerbezona

Aerobic *n* aerobiko (↑ *auch* ***Aquaaerobic***)

Aerobiologie *f Teilgebiet der Biologie, auf dem man sich mit der Erforschung der lebenden Mikroorganismen in der Atmosphäre befasst* aerobiologio

Aerobiose *f, auch* ***Oxybiose*** *f nur Fachspr Biol (Existenz von Organismen bei Gegenwart von Sauerstoff)* aerobiozo

Aerodynamik *f* aerodinamiko; ***angewandte*** (***teoretische***) ~ praktika (teoria) aerodinamiko

aerodynamisch *Adj* aerodinamika; ~***e Bremse*** *f Flugw, Raumf* aerodinamika bremso

Aeroelastizität *f Flugw* aeroelasteco

Aerogramm *n* = ***Luftpostleichtbrief***

Aerolith *m Astron, Min* aerolito (*vgl. dazu* ***Meteorit***)

Aeologe *m* aerologo

Aerologie *f, auch* ***Höhenwetterkunde*** *f Met (Wissenschaft von den physikalischen u. chemischen Prozessen der von den Bodenschichten unbeeinflusste Atmosphäre)* aerologio

Aeromechanik *f Wissenschaftszweig, der sich mit dem Gleichgewicht u. der Bewegung der Gase, bes. der Luft, befasst* aeromekaniko

Aeromedizin *f Teilgebiet der Medizin, das sich mit den Wirkungen der Luftfahrt auf den Körper befasst* aeromedicino

Aerometer *n, auch* ***Luftdichtemesser*** *m Phys* aerometro

Aerometrie *f, auch* ***Luftdichtemessung*** *f Phys* aerometrio

Aeronaut *m alt* = ***Luftfahrer***

Aeronautik *f alt* = ***Luftfahrt***

Aeronomie *f Geophysik, Met* aeronomio

Aerophagie *f, auch* ***[krankhaftes] Luftschlucken*** *n Med, Psych* aerofagio *<oft ein hysterisches Syndrom>*

Aero|philatelie *f* aerofilatelo; ~**phobie** *f Med (krankhafte Scheu vor [Zug-] Luft)* aerofobio

aerophobisch, *auch* ***luftscheu*** *Adj* aerofobia

Aerophor *n Tech (Sauerstoffapparat)* aeroforo

Aerophyt *m Bot (auf einer anderen Pflanze lebende, den Boden nicht berührende Pflanze)* aerofito

Aeroplan *n alt* = ***Flugzeug***

Aeroplankton *n, auch* ***Anemo-*** *od* ***Luftplankton*** *n Biol* aeroplanktono

Aeronautik *f Flugw* aeronaŭtiko

Aerosol *n Kolloidchemie, Pharm* aerosolo; ~**therapie** *f Med (Inhalationsbehandlung mit gelösten u. zerstäubten Heilmitteln)* aerosolterapio

Aerostat *m gasgetragenes Luftfahrzeug*

aerostato

Aerostatik *f Phys (Lehre von den Gleichgewichtszuständen der kompressiblen Gase, insbes. der Luft)* aerostatiko

aerostatisch *Adj* aerostatika

Aesculapius (*m*) ↑ ***Asklepios***

Aesculin *n Biochemie (Cumarinderivat aus Rinde u. Samen der Rosskastanie [auch pharmazeutisch verwendet])* eskulino

Aeshma *ohne Art* ↑ ***Ashmodai***

Aëta *Pl Ethn (ein Zwergvolk auf den Philippinen, bes. im Norden der Insel Luzon)* aetoj *Pl* (↑ *auch* ***Negritos***)

Aetit *n, auch* ***Adlerstein*** *n Min (ein Eisenmineral)* aetito

Aetius (*m*) *Eig (ein röm. Feldherr unter Valentinian [um 390-454])* Aetio

Af = *Abk für* **Afghani**

Afanasjevo-Kultur *f erste Ackerbaukultur des frühen 2. Jahrtausends in Südsibirien (am oberen Jenissej)* afanasjevo-kulturo

Afar ***a)*** *Pl Ethn (Volksstamm in NO-Afrika, vor allem in Djibouti)* afaroj *Pl* ***b)*** *n Ling (eine in Eritrea u. Djibouti gesprochene Sprache)* la afara [lingvo]

AfD = *Abk für* ***Alternative für Deutschland***

afebril ↑ ***fieberfrei***

Affäre *f Angelegenheit* afero; *Liebes*~ amafero (↑ *auch* ***Korruptionsaffäre*** *u.* ***Liebesabenteuer***); *[unangenehmer] Vorfall* malagrabla okazaĵo; ***eine ~ haben*** havi amaferon (***mit*** kun)

Äffchen *n* simieto (↑ *auch* ***Löwen-***, ***Seiden-*** *u.* ***Totenkopfäffchen***)

Affe *m* ***a)*** simio (↑ *auch* ***Bart-***, ***Brüll-***,***Halb-***, ***Hunds-***, ***Husaren-***, ***Hut-***, ***Greifschwanz-***, ***Javaner-***. ***Kapuziner-***, ***Krallen-***, ***Kurzschwanz-***, ***Langarm-***, ***Langschwanzaffe***, ***Magot***, ***Makak***, ***Menschen-***, ***Nacht-***, ***Nasenaffe***, ***Orang-Utan***, ***Rhesus-***, ***Rollschwanz-***, ***Schlank-***, ***Schweins-***, ***Seiden-***, ***Stummel-*** *u.* ***Wollaffe***) ***b)*** *übertr Geck* dando; *affektierter Kerl* afektulo ◇ ***so ein [blöder] ~!*** *umg pej* kia [idiota] stultulo!

Affekt *m Psych (intensiver Gefühlsausbruch, starke Gemütsbewegung)* afekcio; *Emotion* emocio; ~**handlung** *f* afekci-ago

affektiert *Adj geziert, gekünstelt* afekt[it]a; *sich gern in Szene setzend* pozema; *kokett* koketa; *Stil* afektmaniera, bombasta

Affektion *f Med (krankhafte Reizung, krankhafter Vorgang od Zustand)* afekcio; ***kardiovaskuläre*** ~ kardio-vaskula afekcio

affektiv *Adj gefühlsbetont* multemocia

Affektstörungen *f/Pl Psych* ↑ *unter* ***Störung***

äffen *tr geh für «nachahmen»* simii; *foppen* mistifiki, trompi (***jmdn.*** iun)

Affenadler *m Orn* ↑ ***Philippinenadler***

affenähnlich **1.** *Adj* simiosimila **2.** *Adv* simiosimile

affenartig *Adj* simieca *od* simieska; ***~es Grinsen*** *n* simieska rikano ◇ ***mit ~er Geschwindigkeit*** kun simieska rapideco

Affenbrotbaum *m, auch* ***Baobab*** *m* (Adansonia digitata) *Bot* baobabo

Affenente *f Orn* ↑ ***Pünktchenente***

Affen|haus *n im Zoo* simiodomo; ~**hitze** *f umg* terura (*od* bruliga) varmego; ~**käfig** *m* simiokaĝo; ~**knabenkraut** *n* (Orchis simia) *Bot* simia orkido; ~**könig** *m im hinduistischen Pantheon* simioreĝo *<im Ramayana: Retter des verwundeten Rama und Anführer des Affenheeres im Feldzug gegen den Dämonenkönig Ravana* (*vgl. dazu* ***Hanuman***); ~**liebe** *f umg für «übertriebene Liebe»* tro[igit]a amo; ~**mensch** *m* simiohomo; *Pithekanthropus* pitekantropo; ~**schande** *f umg salopp* [aĉa *od* terura] hontindaĵo, *i.w.S.* skandalo

Affiche [*a'fi:ʃ*] *f alt* ↑ ***Anschlagzettel***

affichieren *tr u. abs <österr> [öffentlich] anschlagen* afiŝi

Affidavit *n Jur ([im angelsächsischen Recht:] eidesstattliche Versicherung od eidliche Erklärung)* afidavito

affig *Adj wie ein Affe* [same] kiel simio (*vgl. dazu* ***eitel*** *u.* ***geziert***)

affigiert *Adj Ling* afiksita, afikshava

Affigierung *f Ling* afiksado

affin *Adj Chem (reaktionsfähig), Geom (parallel verwandt: bestimmte Punkte auf jeweils parallelen Strahlen aufweisend), Biol, Jur, Ling, Phil verwandt, [strukturell] ähnlich* afina; ~***e Funktion*** *f* afina funkcio; ~***er Raum*** *m* afina spaco

Äffin *f weibl. Affe* simiino, femala simio

Affinität *f Chem, Geom, Phil, Psych* afineco (*vgl. dazu* ***Ähnlichkeit***); ***perspektive*** ~ *Geom* perspektiva afineco

Affinitätsachse *f Geom* akso de afineco

Affix *n Ling (Wortbildungssilbe als Präfix, Infix od Suffix)* afikso

Affixoid *n, auch* ***Halbaffix*** *Ling (an den Wortstamm tretendes Morphem in Form eines Präfixoids od Suffixoids)* afiksoido, duonafikso

Affixsystem *n Ling* afiksara sistemo
affizieren *tr bes. Fachspr 1. Psych (seelisch [und damit auch physisch mehr od weniger] heftig erregen, heftig bewegen) 2. Med (krankhaft reizen od verändern, umg auch angreifen [jmdn. od ein Organ]) 3. allg i.w.S. [stark] erregen* afekcii
Affodill *m* ↑ ***Asphodill***
Affrikata *od* **Affrikate** *f Phon (Verschlusslaut mit folgendem Reibelaut [im Esperanto z.B. c, dz, ĉ, ĝ])* afrikato
Afghane *m **a)** Einwohner Afghanistans* afgano ***b)*** *eine Windhundrasse* afganhundo
Afghanfuchs *m* (Vulpes cana) *Zool* afgana vulpo
Afghani *m* (*Abk* ***Af***) *Währungseinheit in Afghanistan* afgan[i]o (*vgl. dazu* ***Pul***)
Afghanin *f* afganino
afghanisch *Adj* afgana
Afghanistan (*n*) Afganistano
Aflatoxine *n/Pl Biochemie, Mykologie (zu den Mycotoxinen zählende mikrobielle Stoffwechselprodukte: Giftstoffe von zwei Arten der Schimmelpilzgattung Aspergillus <äußerst karzinogen>)* aflatoksinoj *Pl*
Afonso (*m*) *Eig* ↑ ***Alfons***
Afrika (*n*) Afriko (↑ *auch* ***Schwarz-*** *u.* ***Südafrika***); ***das subsaharische*** ~ la subsahara Afriko
Afrikaans *n, früher auch* ***Kapholländisch*** *n Ling* la afrikansa [lingvo], *auch* afrikanso *<neben Englisch Staatssprache in der Rep. Südafrika>*
Afrika|-Bekassine *f, auch* ***afrikanische Bekassine*** *f* (Gallinago nigripennis) *Orn* afrika galinago; ~**-Habicht** *m* (Accipiter tachiro) *Orn* afrika akcipitro; ~**-Klaffschnabel** *m* (Anastomus lamelligerus) *Orn (eine kleine schwarze Storchenart in Afrika)* afrika anastomo
Afrikaner *m* afrikano
Afrikanerin *f* afrikanino
Afrikanerkuckuck *m Orn* ↑ *unter* ***Kuckuck***
afrikanisch *Adj* afrika; ***≗er Nationalkongress*** *m, engl.* ***African National Congress*** (*Abk* ***ANC***) *Pol* Afrika Nacia Kongreso; ***≗e Union*** *f* (*Abk* ***AU***) *Pol (2001 gegründetes Bündnis afrikanischer Staaten nach dem Vorbild der EU)* Afrika Unio; ***Organisation f für ≗e Einheit*** (*Abk* ***OAE***, *engl. Abk* ***OAU***) *Pol (Vorgängerin der Afrikanischen Union)* Organizaĵo por Afrika Unueco (*Abk* OAU)
Afrikanist *m* afrikanisto
Afrikanistik *f Wissenschaft, die sich mit der Geschichte, der Kultur u. den Sprachen der afrik. Völker beschäftigt* afrikanistiko
Afrika-Sultansralle *f Orn* ↑ *unter* ***Sultansralle***
Afrika-Zwergohreule *f, auch* ***Senegaleule*** *f* (Otus senegalensis) *Orn* afrika orelstrigo
Afroamerikaner *m* afrik-amerikano, *i.e.S.* afrik-usonano
afro|amerikanisch *Adj* afrik-amerika, *i.e.S.* afrik-usona; ~**asiatisch** *Adj* afrik-azia
Afrorock *m Mus* afroroko
After *m* (Anus) *Anat* anuso; ***künstlicher*** ~ (*Syn*: ***künstlicher Darmausgang*** *m*), *Fachspr meist* ***Stoma*** *n* (Anus preternaturalis) *Med* anuso preternatura
After|drüse *f, <wiss>* ***Analdrüse*** *f* (Glandula anales) *Biol (im od am After mündende Drüse bei zahlreichen Insekten u. Wirbeltieren)* anusa glando; ~**falte** *f* interglutea sulko; ~**flosse** *f Ichth* anusa naĝilo; ~**furche** *f Anat* interglutea sulko; ~**jucken** *n, fachsprachl.* ***Analjucken*** *n od* ***Analpruritus*** *m* (Pruritus ani) *Med* anusa prurito; ~**klaue** *f bei Paarhufern* hufrudimento; *bei Vögeln (Sporn)* ergoto
Aftermieter *m alt* ↑ ***Untermieter***
Afterplastik *f Chir* ↑ ***Anusplastik***
Afterschmerz *m Med* proktalgio
Afterschrunde *f Med* ↑ ***Analfissur***
Aftershave-Lotion *f, umg auch kurz* ***Aftershave*** *n Rasierwasser nach der Rasur* postraza locio (↑ *auch* ***Preshave-Lotion***)
Ag = *Abk für* ***Antigen***
AG = *Abk für* ***Aktiengesellschaft***
Aga *m früherer türk. Titel* agao
Agadir (*n*) *Hafenstadt in Marokko* Agadiro
ägäisch *Adj* egea; ***≗e Inseln*** *f/Pl od* ***Ägäis*** *f* Egeaj Insuloj *Pl* (↑ *auch* ***Dodekanes*** *u.* ***Kykladen***); ***≗es Meer*** *n* Egea Maro
Agalaktie *f nur Fachspr Med (Ausbleiben der Muttermilch nach der Entbindung)* agalakcio
agam *Adj 1. Bot (geschlechtslos) 2. Biol (sich ohne Befruchtung fortpflanzend)* agamia
Agame *f Zool (eine tropische Eidechse)* agamo (↑ *auch* ***Bart-***, ***Blaukehl-***, ***Horn-***, ***Kragenagame***, ***²Moloch***, ***Schwarzhalsagame*** *u.* ***Segelechse***); ~***n*** *Pl* (Agamidae) *Familie der Echsen* agamedoj *Pl*
Agamemnon (*m*) *griech. Myth (sagenhafter*

König von Mykenä, Sohn des Atreus) Agamemnono

Agamet *m nur Fachspr Biol (Keimzelle od Spore, die keine sexuelle Verschmelzung ausführt)* agameto

Agamospermie *f nur Fachspr Bot (Bildung von Samen ohne sexuelle Prozesse [eine Form der Amixis])* agamospermio

Agana (*n*) *Hauptort der Insel Guam* Agano

Agape *f frühchristl. Kirche (gemeinsame Mahlzeit mit Armenspeisung, Liebesmahl der ersten Christen)* agapo

Agar-Agar *m od n, auch* ***Ceylontang*** *m Pflanzenschleim verschiedener Rotalgenarten [Rotalgenextrakt] (auch als Nährsubstrat für Bakterienkulturen)* agaragaro (↑ *auch* ***Gelose***)

Agatha *od* **Agathe** (*f*) *weibl. Vorname (ersterer auch Name einer sizilianischen Märtyrerin [† 249 od 251 n. Chr.])* Agata

Agave *f Bot* (*Gattung* Agave) agavo (↑ *auch* ***Sisalagave***); ***amerikanische*** ~ (Agava americana) amerika agavo

Agavenfaser *f* agava fibro

Agavengewächse *n/Pl Bot*: ***[Familie der]*** ~ *Pl* (Agavaceae) agavacoj *Pl*

Agavenwein *m* ↑ ***Pulque***

Agenda *f Liste von Gesprächspunkten (bes. Dipl u. Pol), Verzeichnis zu erledigender Dinge, auch Vormerkbuch* agendo (*vgl. dazu* ***Geschäfts-*** *u.* ***Tagesordnung***)

Agenesie *f nur Fachspr Med (völliges Fehlen einer Organanlage)* agenezio

Agens *n* (*Pl*: ***Agenzien***) *Chem, Med, Pharm, Tech (Wirkstoff)* aganto, efikanto

Agent *m Hdl (Geschäftsvermittler), Pol (Bevollmächtigter)* agento (*vgl. dazu* ***Vertreter***; ↑ *auch* ***General-***, ***Import-***, ***Versicherungs-*** *u.* ***Zollagent***); *Geheim*~ sekreta agento; *Spion, Spitzel* spiono, kaŝobservanto

Agentur *f Geschäftsstelle* agentejo (↑ *auch* ***Film-***, ***General-***, ***Handels-***, ***Post-***, ***Presse-***, ***Reise-***, ***Reklame-***, ***Theater-*** *u.* ***Zollagentur***); *Tätigkeit eines Agenten* agenteco; *Hdl (Vertretungsrecht für eine bestimmte Warenart)* agenturo

Agesilaos (*m*), *auch* ***Agesilaus*** (*m*) *Eig (König von Sparta [444/443-360/359 v. Chr.])* Agezilao

Agglomerat *n Geol* aglomeraĵo

Agglomeration *f* aglomera zono; *[städtischer] Ballungsraum* [urba] aglomeraĵo

agglomerieren *tr zusammenballen, [lose] zusammenhäufen* aglomeri (*vgl. dazu* ***konglomerieren***)

Agglutination *f Bakt, Chem, Ling, Med* aglutin[ad]o

agglutinieren *Ling, Naturw* ***a)*** *tr* aglutini ***b)*** *intr* aglutiniĝi

agglutinierend *Adj* aglutina; ~***e Sprache*** *f Ling* aglutina lingvo

Agglutinine *n/Pl Biochemie (spezielle Antikörper im Blutserum, die Agglutination bewirken)* aglutininoj *Pl*

Agglutinogene *n/Pl Biochemie (in den Erythrozyten vorkommende Antigene)* aglutinogenoj *Pl*

Aggregat *n Phys, Geol* agregaĵo; ~**zustand** *m Chem, Phys* agrega stato, *auch* stato de materio

aggregieren *tr Geol, Tech* agregi

Aggression *f* agreso *auch Psych* (↑ *auch* ***Autoaggression***); ***bewaffnete*** (***militärische***) ~ armita (milita) agreso (***gegen*** kontraŭ)

Aggressions|krieg *m* agresa milito *od* agresmilito (***gegen*** kontraŭ); ~**politik** *f* politiko de agres[em]o; ~**trieb** *m Psych* agresimpulso

aggressiv *Adj* agresa, *(Person)* agresema; ***in einem*** ~***en Ton sprechen*** paroli en (*od* per) agresa tono

Aggressivität *f aggresive Art* agreseco; *Angriffslust* agresemo *auch Psych*

Aggressor *m* agresanto *bzw.* agresinto

Ägide *f geh für «Obhut» od «Schutz»*: ***unter der*** ~ ***von ...*** *unter dem Schutz (od der Schirmherrschaft) von ...* sub la egido (*od auch* protekto) de ...

Ägidius *od* **Egidius** (*m*) *männl. Vorname* Egidio

agieren *intr handeln* agi (*vgl. dazu* ***wirken***); ***auf der Bühne*** ~ *Theat* ludi sur la scenejo

agil *Adj rührig* agema; *flink* lertmova (↑ *auch* ***aktiv***)

Agilität *f* agemo; *Flinkheit* lertmoveco

Ägina *od* **Aigina** (*n*) *griech. Insel im Saronischen Golf zw. Attika u. Peloponnes* [insulo] Egino *<ursprünglich dorische Kolonie>*

Agio [*ˈa:dʒo*] *n, auch* ***Aufgeld*** *n Bankw (Betrag, um den der Preis eines Wertpapiers über dem Nennwert liegt)* aĝio; ~**rücklage** *f* aĝiorezerva konto

Agiotage [*aʒoˈtaʒə*] *f Ausnutzung von Börsenkursschwankungen* aĝiotado

Agioteur [*aʒo'tö:r*] *m Börsenspekulant* aĝiotisto (↑ *auch* ***Baisse-Spekulant***)

Ägir *od* **Ægir** (*m*) (*auch* ***Gymir*** *od* ***Hlér*** *genannt*) *germanische u. nordische Myth (Meeresriese)* Egiro

Ägirin *m*, *auch* ***Akmit*** *m Min (schwarzes od rötlich-braunes Mineral aus der Gruppe der Pyroxene)* egirino

Ägis *f griech. Myth (Schild des Zeus u. der Athene)* egido

Ägisth *od* **Aigisthos** (*m*) *griech. Myth (Sohn des Thyestes, Geliebter der Klytämnestra)* Egisto

Agitation *f meist Pol* agitado (*vgl. dazu* ***Hetze***)

Agitator *m jmd., der Agitation betreibt* agitanto, *auch* agitisto

agitieren *intr* agiti (***für*** por; ***kontra****ŭ* gegen) (*vgl. dazu* ***aufwiegeln*** *u.* ***hetzen***)

Aglaia (*f*) *Myth (eine der drei Chariten [Töchter des Zeus])* Aglaja

Agmatin *n Biochemie (eine Guanidin-Verbindung)* agmatino

Agmatit *m Min (ein Migmatit)* agmatito

Agnat *m Blutsverwandter väterlicherseits* agnato (*vgl. dazu* ***Kognat***)

Agnes (*f*) *weibl. Vorname (auch Name einer römischen Märtyrerin [† 258/259 od 304 n. Chr.])* Agnesa

Agneta (*f*) *weibl. Vorname* Agneta

Agni (*m*) *Myth (ind. Gott des Feuers)* Agnio *<Agni stellt auch das Feuer der Sonne u. das Feuer des Blitzes dar>*

Agnosie *f Med (Störung im Erkennen von Berührungs-, Gehörs- u. Gesichtseindrücken)* agnozio (↑ *auch* ***Fingeragnosie***)

agnostisch *Adj Phil (die Möglichkeit wirklicher Erkenntnis verneinend)* agnostika

Agnostiker *m Phil (Verfechter des Agnostizismus)* agnostikulo

Agnostizismus *m philosophische Lehre, die das übersinnliche Sein für unerkennbar hält* agnostikismo

agnostizistisch *Adj den Agnostizismus betreffend* agnostikisma

Agonie *f Todeskampf* agonio *auch i.w.S. für «Niedergang» od «nahes Ende», z.B. einer Herrschaft*

Agonistik *f griech. Antike (Streben nach sportlichen Erfolgen im Ggs zu der seit dem 5. und bes. dem 4. Jh. v. Chr. mehr u. mehr das Bild der großen Spiele bestimmenden Athletik, i.w.S. Wettkampfwesen od Wettkampffähigkeit)* agonistiko

[1]**Agora** *f griech. Antike (Marktplatz [als Mittelpunkt des öffentl. Lebens])* agoro (↑ *auch* ***Forum 1.***)

[2]**Agora** *f* (*Abk* ***A***) (*Pl*: ***Agorot***) *kleinste israelische Währungseinheit* agoro

Agoraphobie *f* ↑ ***Platzangst***

Agraffe *f* agrafo; ***mit einer ~ zusammenhaken*** kunfiksi per agrafo(j), agrafi

Agrafie *f, auch* ***Agraphie*** *f Med (Verlust des Schreibvermögens)* agrafio

Agram (*n*) ↑ ***Zagreb***

Agrammatismus *m nur Fachspr Med (Unfähigkeit Sätze zu bilden)* agramatismo

Agranulozytose *f, auch* ***maligne*** (*od* ***perniziöse***) ***Neutrozytopenie*** *f nur Fachspr Med* agranulocitozo

Agraphie *f Med* ↑ ***Agrafie***

Agrarausschuss *m Parl* agrokomisiono *od* komisiono pri agraraj aferoj

Agrarchemie *f* ↑ ***Agrochemie***

Agrargesellschaft *f* agrara socio

Agrarier *m Großgrundbesitzer* grandbienulo

Agrarindustrie *f, auch* ***Agroindustrie*** *f* agroindustrio

agrarisch *Adj* agrara; *landwirtschaftlich* agrokultura, *auch* agrikultura

Agrar|krise *f* agrara (*od* agrokultura) krizo; **~markt** *m* agrokultura merkato; **~politik** *f* agrokultura politiko; **~produkt** *n* agrara (*od* agrokultura) produkto; **~recht** *n Jur* agrara juro; **~reform** *f* agrara reformo; **~staat** *m Staat, in dem die landw. Produktion gegenüber den anderen Wirtschaftsbereichen überwiegt* agrara (*od* agrokultura) ŝtato; **~unternehmen** *n* agrara entrepreno; **~wissenschaft** *f* agronomio

Agrégé [*agre'ʒe:*] *m in Frankreich* ***a)*** *Rang eines Bewerbers, der erfolgreich an dem Wettbewerb der «agrégation» teilgenommen hat und an einem Lyzeum unterrichtet* agregacio ***b)*** *der Träger eines solchen Ranges* agregaciulo

Agrément *n Dipl (Zustimmung zur Ernennung eines diplomatischen Vertreters [Botschafter, Gesandter] des Entsenderstaates durch den Empfängerstaat)* agremento; ***das ~ erhalten*** (***erteilen***) ricevi (doni) la agrementon

Agrigent (*n*), *ital.* ***Agrigento*** *eine Stadt an der Südküste Siziliens* Agriĝento *<mit Überresten von Akragas, einer antiken griech. Stadt auf Sizilien>*

Agrikultur *f* = ***Ackerbau*** *od* ***Landwirtschaft***

Agro|biodiversität *f Biodiversität in der Landwirtschaft* agrobiodiverseco; ~**biozönose** *f Biol (Lebensgemeinschaft der Kulturfelder)* agrobiocenozo; ~**chemie** *f, auch* ***Agrarchemie*** *f* agrokemio; ~**chemikalien** *f/Pl* agrokemiaĵoj *Pl*; ~**chemiker** *m* agrokemiisto

agrochemisch *Adj* agrokemia

Agroethanol *n* ↑ ***Bioethanol***

Agrogeologie *f* agrogeologio

Agroindustrie *f* ↑ ***Agrarindustrie***

Agrometeorologie *f* agrometeorologio

Agronom *m akademisch gebildeter Landwirt* agronomo

Agronomie *f, auch* ***Landwirtschaftswissenschaft*** *f* agronomio

agronomisch *Adj* agronomia

Agro-Ökosystem *n stark vom Menschen geprägtes Ökosystem der Agrarlandschaft* agroekosistemo

Agrotechnik *f Lehre von der Landwirtschaftstechnik* agrotekniko

agrotechnisch *Adj* agroteknika

Agrotourismus *m, auch* ***Landtourismus*** *m* kampara (*od* rura) turismo

Agulhasstrom [*a'guljas...*] *m warme Meeresströmung im Indischen Ozean vor der Küste Südafrikas* Aguljasa Fluo

Aguti *m od n, auch* ***Guti*** *m od* ***Goldhase*** *m* (Dasyprocta aguti) *Zool (ein südamerik. hasenähnliches Nagetier)* agutio (*vgl. dazu* ***Paka***); ***mittelamerikanisches*** ~ (Dasyprocta punctata) mezamerika agutio (↑ *auch* ***Orinokoaguti***)

Ägypten (*n*), *arab.* ***Misr*** Egiptio; ***das Alte*** ~ *Bez für das Land Ägypten im Altertum* la Antikva Egiptio; ***Arabische Republik*** ~ (*Abk* ***ARÄ***) Araba Respubliko Egiptio *[Hptst.: Kairo]*; ***das Ptolemäische*** ~ *Ägypten zur Zeit der ptolemäischen Dynastie [323-30 v.Chr.]* la Ptolemea Egiptio

Ägypter *m* egipto

Ägypterin *f* egiptino

ägyptisch *Adj* egipta; ~***e Augenkrankheit*** *f, auch* ***Trachom*** *n* (*auch* ***Körnerkrankeit*** *genannt*) *Ophthalmologie* trakomo; ~***es Königsgrab*** *n* tombo de egipta reĝo

Ägyptologe *m* egiptologo

Ägyptologie *f Wissenschaft vom ägyptischen Altertum* egiptologio *<Beginn 1822 mit der Entzifferung der Hieroglyphen durch Champollion>*

Ah = *Zeichen für* ***Amperestunde***

äh! *Interj (Ekel, Gestank)* pu! (↑ *auch* ***pfui!***)

aha! *Interj* aha!; ~ ***so geht's!*** aha jen tiel ĉi!

Ahafo *Pl Ethn (eine Volksgruppe der Akan in Ghana)* ahafoj *Pl* (*vgl. dazu* ***Akan a)***)

Ahasver[us] *m, hebräisch* ***Ahasverosch*** *im christl. Volksglauben legendäre Symbolgestalt für den Ewigen Juden* Ahasvero

Ahd. = *Abk für* ***Althochdeutsch***

Ahimelech (*m*) *Eig* ↑ ***Abimelech c)***

Ahimsa *f zentrales Gebot im Hinduismus, Buddhismus u. Jainismus, keine lebenden Wesen zu töten [von Gandhi zur politischen Moral erhoben]* ahimso

Ahle *f, auch* ***Pfriem*** *m Handw* aleno (*vgl. dazu* ***Reib-***, ***Schuster*** *u.* ***Winkelreibahle***)

Ahlkirsche *f Bot* = ***Traubenkirsche***

Ahmadabad (*n*), *auch* ***Ahmedabad*** (*n*) *frühere Hptst. des indischen Unionsstaats Gujarat* Aĥmadabado *<fünftgrößte Stadt Indiens u. wirtschaftliches Zentrum von Gujarat>*

Ahmadiyya *f* (*auch* ***Badawiyya*** *genannt*) *Islam (eine Bruderschaft, deren Mitglieder Anhänger des ägyptischen Heiligen Ahmad al-Badawi sind)* aĥmadismo

Ahmet (*m*) ↑ ***Achmed***

Ahn *od* **Ahne** *m* praulo, prapatro (↑ *auch* ***Ahnherr*** *u.* ***Vorfahr***); ***den Spuren der Ahnen folgen*** sekvi la spurojn de la prauloj

ahnden *tr bestrafen* puni; *rächen* venĝi

Ahndl *od* **Ahnl** *f* ↑ ***Großmutter***

Ahne *m* ↑ ***Ahn***

ähneln *intr* simili *od* esti simila (***jmdm.*** al iu)

ahnen *tr eine Vorahnung (von etw.) haben* antaŭsenti, antaŭscii; *vermuten* supozi; *pop «riechen»* flari ◊ ***wenn ich das geahnt hätte!*** se mi estus sciinta tion!

Ahnen|forschung *f* genealogio; ~**kult** *m* kulto al la prauloj; ~**opfer** *n/Pl Opfergaben für die Ahnen, z.B. auf Bali* oferaĵoj *Pl* al la prauloj; ~**tafel** *f* genealogia tabulo (*vgl. dazu* ***Stammbaum***); ~**verehrung** *f* ador[ad]o al la prauloj; *als Zeremonie* ceremonio de adoro al la prauloj (*vgl. dazu* ***Ahnenkult***)

Ahnherr *m* praavo

Ahnl *f* ↑ ***Ahndl***

ähnlich *Adj* simila (*mit Dat* al) *auch Geom*; *Begriff* analoga; *von ähnlicher Form od Gestalt* de simila formo (*od* figuro); *i.w.S. (gleich)* sama, *(gleichförmig)* samforma; ~ ***machen*** *tr* similigi; ~ ***werden*** similiĝi, *auch* fariĝi simila; ***er sieht seiner Mutter [sehr]*** ~ li [tre] similas al sia patrino; ***in ~en Fällen*** en similaj okazoj; *Jur, Med* en similaj kazoj; ***sie sehen einander*** ~ ili similas unu la alian; ***zum Verwechseln ~ sein*** esti erarige simila ◇ ***das sieht ihm [ganz]*** ~ *das passt zu ihm* tio estas tipa por li; *daran erkenne ich ihn genau* el tio mi tute rekonas lin; *etw. anderes kann man von ihm nicht erwarten* ion alian oni [tute] ne povis atendi de li

Ähnliche *n*: ***etw. ~s*** similaĵo

Ähnlichkeit *f* simileco *auch Math*; *Analogie* analogio; *Gleichförmigkeit* samformeco; *von Formen, Sprachen od Vorstellungen auch* afineco; *Parallele, Parallelität* paralelo, paraleleco (*vgl. dazu* ***Gleichheit*** *u.* ***Übereinstimmung***); ~ ***mit etw. haben*** simili ion (*od* al io); *strukturell ähnlich sein* esti afina al io

Ähnlichkeitsschluss *m* ↑ ***Analogieschluss***

Ähnlichkeitszeichen *n* (*Zeichen ~*) *Geom* signo de samformeco

Ähnlichsein *n* simileco

Ahnung *f Vorgefühl* antaŭsento (*vgl. dazu* ***Divination*** *u.* ***Vorahnung***); *Vermutung* supozo; *Idee, Vorstellung* ideo; *Ahnung (Kenntnisse), die man von etw. hat* nocio; ***er hat nicht die leiseste ~ von Physik*** li ne havas ian nocion pri fiziko; ***hast du eine ~, wo ich meine Brille hingelegt habe?*** ĉu vi eble scias, kien mi metis miajn okulvitrojn?; ***keine ~!*** *umg* nenia ideo!; ***keine ~ haben*** *gar nichts wissen od verstehen* scii (*od* kompreni) absolute nenion; *keinerlei Vermutung haben* havi nenian supozon; *nichts zustande bringen* havi neniajn kapablojn (***von etw.*** pri io)

ahnungslos **1.** *Adj unwissend* [absolute] nenion scianta; *[total] unerfahren* [absolute] nenion spertinta *od* [tute] sensperta **2.** *Adv ohne jede Ahnung* sen ia antaŭsento; supozante nenion; *unerfahren* sen ia sperto, sensperte; *ohne Verdacht zu hegen* sensuspekte

ahoi! *Interj Mar* [ho] hoj!

Ahorn *m Bot* acero (*Gattung* Acer) (↑ *auch* ***Berg-***, ***Eschen-***, ***Feld-***, ***Feuer-***, ***Oregon-***, ***Samt-***, ***Schlangenhaut-***, ***Silber-***, ***Spitz-***, ***Weinblatt-***, ***Zimt-*** *u.* ***Zuckerahorn***); ***griechischer ~*** *od* ***Heldreichs ~*** (Acer heldreichii) greka acero; ***großblättriger ~*** (Acer macrophyllum) grandfolia acero; ***hainbuchenblättriger ~*** (Acer caprinifolium) karpenofolia acero; ***immergrüner ~***, *auch* ***Kreta-Ahorn*** *m* (Acer sempervirens) ĉiamverda acero; ***italienischer ~*** (Acer lobelii) itala acero *[Vorkommen: in den Bergwäldern am Golf von Neapel u. in Kalabrien]*; ***japanischer ~*** (Acer japonicum) japana acero; ***rot blühender ~*** *od* ***Rotahorn*** *m* (Acer rubrum) ruĝflora (*od* ruĝa) acero; ***schneeballblättriger ~*** *od* ***Schneeball-Ahorn*** *m* (Acer opalus) loba acero *[Vorkommen: Südeuropa bis SW-Deutschland]*; ***tatarischer ~*** (*auch* ***tatarischer Steppenahorn*** *genannt*) (Acer tataricum) tatara acero

ahornblätt[e]rig, *Fachspr Bot auch lat.* ***acerifolius*** *Adj* acer[o]folia

Ahorngewächse *Pl*: ***[Familie der]*** ~ (Aceraceae) *Bot* aceracoj *Pl*

Ahornkirsche *f Bot* ↑ ***Acerola[kirsche]***

Ahorn|sirup *m Nahr* acera siropo; ~**wald** *m* acera arbaro; ~**zucker** *m Nahr* acera sukero, *auch* acersukero <*hergestellt aus dem Saft des Zuckerahorns*>

Ährchen *n* ↑ ***Grasährchen***

Ähre *f Bot (als Form des Blütenstands)* spiko (*vgl. dazu* ***Kolben b)***; ↑ *auch* ***Korn-***, ***Roggen-*** *u.* ***Weizenähre***); ***~n ausbilden*** *od* ***in ~n schießen*** *Pflanze* formi spikojn, spikiĝi; ***~n lesen*** kolekti (*od* pluki) forgesitajn spikojn [de sur la tero post la rikolto], *kurz* spikumi; ***mit ~n [versehen]*** spikohava; ***voller ~n*** plena de spikoj, spikoplena ◇ ***eine leere ~ reckt sich am höchsten*** spiko malplena plej alte sin tenas *(Zam)*

Ähren|büschel *n* spik[o]fasko; ~**christophskraut** *n* (Actaea spicata) *Bot* nigrabera akteo, *pop* herbo de Kristoforo

ährenförmig *Adj* spikoforma

Ährenlese *f* spikumado

Ährenlilie *f Bot* ↑ ***Moorlilie***

ährentragend *Adj* spikoporta

Ahrenshoop (*n*) *ein Ostseebad auf Fischland* Ahrenshopo

Ährenträgerpfau *m Orn* ↑ *unter* ***Pfau***

ährig *Adj Bot* spik[ec]a

Ahriman *m, altiran.* ***Angra Mainyu*** *Zoroastrismus (der böse Geist in der Glaubenslehre der alten Iraner)* Ahrimano

Ahura Mazda (*m*) *Myth (ein altiran. Gott, den Zarathustra zum Hauptgott seiner Lehre machte)* Ahura-Mazdo, *auch* Mazdao (*vgl. dazu* ***Mazdaismus***)

Ahvaz *od* **Achwas** (*n*) *Hptst. der Provinz Khusestan in SW-Iran* Aĥvazo

Aiakos (*m*) *griech. Myth (Sohn des Zeus u. der Aigina, einer Tochter des Flussgottes Asopos [einer der drei Richter in der Unterwelt])* Eako

Aida (*f*) *weibl. Vorname* Aida *auch Name einer Oper von G. Verdi*

Aids *od* **AIDS** *ohne Art* aidoso, *selt in der Vollform:* akirita imuno-deficita sindromo; ***an ~ leiden*** suferi je aidoso; ***Kampf gegen ~*** lukto kontraŭ aidoso; ***die Verbreitung von ~*** la disvastiĝo de aidoso

Aids|fälle *m/Pl* kazoj *Pl* de aidoso; **~forscher** *m* esploristo pri aidoso; **~forschung** *f* esplorado pri aidoso; **~gefahr** *f* danĝero infektiĝi je aidoso; **~infektion** *f* infektiĝo je aidoso (***durch*** pere de); **~infizierte** *m bzw. f* aidoso-infektito

aidskrank *Adj* aidoso-malsana

Aids|kranke *m* aidoso-malsanulo; **~medikament** *n Pharm* medikamento kontraŭ aidoso; **~patient** *m* aidoso-paciento

Aidstest *m* = ***HIV-Test***

Aids|therapie *f* aidoso-terapio (*vgl. dazu* ***Kombinationstherapie***); **~tote** *m/(Pl)* aidoso-viktimo(j) *(Pl)*; **~virus** *n* (*Pl:* ***Aidsviren***) aidoso-viruso

Aigina (*n*) ↑ ***Ägina***

Aigisthos (*m*) ↑ ***Ägisth***

Aikido *n ein jap. System der Selbstverteidigung (jap. «Weg der geistigen Harmonie»)* aikido

Aineias (*m*) *griech. Myth* ↑ ***Äneas***

Aïnu *m/Pl Ureinwohner Japans* ajnuo, *auch* aino

Aiolos *od* **Äolus** (*m*) *Myth (griech. Gott des Windes)* Eolo

Airbag *m Kfz* aerkuseno (↑ ***Fahrer-***, ***Front-***, ***Kopf-*** *u.* ***Seitenairbag***)

Airbus *m Flugw* aerbuso

Airconditioner *m* = ***Klimaanlage***

Aïscha (*f*) *arabischer u. türkischer weibl. Vorname* Aiŝa

Aischylos (*m*), *auch* ***Äschylus*** (*m*) *Eig (altgriech. Tragiker [um 525-um 456 v. Chr.])* Esĥilo

Aisopos (*m*) *Eig* ↑ ***Äsop***

Aitel *m Ichth* ↑ ***Döbel***

Ait Hadiddu *Pl Ethn (berberische Bevölkerungsgruppe im östlichen Hohen Atlas/ Marokko [Hauptort: Imilchil])* hadidoj *Pl*

Aix-en-Provence [ɛ*ksãpro'vãs*] (*n*) *eine Stadt in Südfrankreich* Aikso Provenca

Aix-les-Bains [ɛ*ksle'b*ɛ̃] (*n*) *Heilbad in den franz. Alpen (Savoyen)* Aikso-Banurbo

Ajaccio (*n*) *Hptst. der Insel Korsika* Aĵakĉo

Ajax (*m*) *Eig (Name zweier griechischer Helden des Trojanischen Krieges)* Ajakso

Ajman (*n*) ↑ ***Adschman***

à jour *Adj mit Löchern durchsetzt, durchbrochen (von Gewebe u. Spitzen, auch von Schmuck od Edelsteinfassungen)* aĵura

Ajourarbeit *f Textil (Handarbeit mit durchbrochener Stickerei)* aĵuro *auch durchbrochene Näh-, Strick- od Goldschmiedearbeit*

ajourieren *tr* <*österr*> *Handarbeiten mit Löchern durchsetzen* aĵuri

Ajourstickerei *f Textil (Vorgang)* aĵura brodado, *(Produkt)* aĵura brodaĵo (↑ *auch* ***Lochstickerei***)

Ajvar *m*, *auch* ***Ajwar*** *m Nahr (ein Mus aus Paprika od aus Paprika u. Auberginen [typisch für die Küche des Balkans])* ajvaro

¹AK = *Abk für* ***Ansichtskarte***

²AK = *fachsprachl. Abk für* ***Antikörper***

³AK = *postalische Abk für* ***Alaska***

Akaba (*n*), *arab.****Al-'Aqaba*** *die einzige jordanische Hafenstadt am Golf von Akaba* Akabo; ***Golf von ~*** *Teil des Roten Meeres [trennt Arabien von der Halbinsel Sinai]* Golfo de Akabo *od* Akaba Golfo

Akademie *f* (*Abk* ***Akad.***) akademio (↑ *auch* ***Film-***, ***Forst-***, ***Kunst-***, ***Marine-***, ***Musik-*** *u.* ***Polizeiakademie***); ***die Académie Française*** la Franca Akademio; ~ ***der Künste*** (***Wissenschaften***) Akademio de Artoj (Sciencoj); ***Esperanto-Akademie*** Akademio de Esperanto (*Abk* AdE)

Akademie|institut *f* akademia instituto; **~-mitglied** *n* membro de akademio, akademiano

Akademiker *m Person mit akademischen Examen* ekzamenito (*od* diplomito) de universitato

akademisch *Adj* akademia; *übertr: allzu gelehrt* tro akademia, teorie seka; ***~er Grad*** *m Univ* akademia (*od* universitata) grado; ***~er Senat*** *m* akademia senato

Akademismus *m in Regeln u. Formen erstarrte Betätigung in Kunst od Wissenschaft* akademiismo

Akadien (*n*) *Name für die ehemaligen franz. Besitzungen südöstlich der Mündung des St.-Lorenz-Stromes [umfasst größtenteils die kanadischen Provinzen Neuschottland*

u. Neubraunschweig] Akadio

Akalephen *Pl Zool (seltene Bez für «Tiere der früheren taxonomischen Gruppe Acalephae, also Nesseltiere od Nesselquallen»)* akalefoj *Pl*

[1]**Akan** *Pl Ethn (Sammelname für Völker mit Twi-Sprache im SO der Elfenbeinküste u. im südlichen Ghana)* akanoj *Pl*

[2]**Akan** *n Ling (eine im SO der Elfenbeinküste u. im südl. Ghana gesprochene Sprache)* la akana [lingvo]

Akanthit *m Min* akantito

Akantholyse *f nur Fachspr Med (Lösung des Zellgefüges der Epidermis)* akantolizo

Akanthom *n* (Acanthoma) *Med (Tumor der Stachelzellenschicht der Haut)* akantomo

Akanthose *f, Fachspr auch* ***Acanthosis*** *f nur Fachspr Med (Erkrankung der Stachelzellenschicht der Haut)* akantozo

Akanthozyt(en) *m/(Pl) nur Fachspr Zytologie* akantocito(j) *(Pl)*

Akanthus *m Bot* ↑ ***Bärenklau a)***

Akanthusblatt *n Arch (eine Ornamentform, z.B. an korinthischen Säulenkapitellen u.a.)* akanta folio *<in der antiken und dann wieder in der Renaissance- u. Barockkunst weit verbreitet>*

Akanthusgewächse *n/Pl Bot*: ***[Gattung der]*** *~ Pl* (Acanthaceae) akantacoj *Pl*

Akariasis *od* **Akarinose** *f, Fachspr auch* ***Acariasis*** *od* ***Acarinosis*** *f Med (durch Milben verursachte Hautkrankheit)* akarozo

Akarizide *n/Pl Schädlingsbekämpfungsmittel gegen Milben (bes. Spinnmilben)* akaricidoj *Pl* (↑ *auch* ***Ovizide***)

Akarnanien (*n*) *eine westgriechische Gebirgslandschaft* Akarnanio

Akarodermatitis *f Med (durch Milben verursachte Hautentzündung)* akarodermatito

Akarologie *f Teilgebiet der Zoologie, auf dem man sich mit der Untersuchung der Zecken u. Milben befasst* akarologio

Akarophobie *f nur Fachspr Med (krankhafte Angst, von tierischen Hautparasiten befallen zu sein)* akarofobio

Akazie *f* (*Gattung* Acacia) *Bot* akacio (*vgl. dazu* ***Giraffendorn*** *u.* ***Robinie***; ↑ *auch* ***Katechu-*** *u.* ***Seyalakazie***); ***arabische*** *~, auch* ***ägyptischer Schotendorn*** *m* (Acacia arabica) araba akacio; ***sibirische*** *~* (Caragana arborescens) siberia akacio; ***süße*** *~* (Acacia farnesiana) farneza akacio *[Vorkommen: tropisches Amerika]*

Akazien|drossling *m* (Turdoides fulvus) *Orn* bruna moktimalio; *~***grasmücke** *f* (Sylvia leucomelaena) *Orn* araba silvio

Akaziengummi *m* ↑ ***Gummiarabikum***

Akazienholz *n* akacia ligno

Akazienhonig *m* ↑ ***Robinienhonig***

Akebie *f* (*Gattung* Akebia) *Bot (in China u. Japan beheimatete Gattung von Schlinggewächsen)* akebio

Akelei *f* (*Gattung* Aquilegia) *Bot* akvilegio; ***schwarzviolette*** *~* (Aquilegia atrata) nigra akvilegio *[Vorkommen: in den Alpen u. Apenninen]*

Akihito (*m*) *Eig (persönlicher Name des 125. Tenno von Japan <* 1933> [nur im Ausland gebräuchlich, in Japan tabuisiert])* Akihito

Akinese *od* **Akinesie** *f nur Fachspr 1. Med für «Bewegungslosigkeit» 2. Biol [bei Tieren:] für «Sichtotstellen»* akinezio

akinetisch *Adj Med für «bewegungslos» od «bewegungsarm»* akinezia

Akk. = *Abk für* ***Akkusativ***

Akka (*n*) ↑ ***Akko***

Akkad (*n*) *altbabylonische Stadt am Euphrat <Hptst. des Reichs der semitischen Akkader>* Akado

Akkader *m/Pl Volk in Babylonien* akadanoj *Pl*

akkadisch *Adj* akada

Akkadisch[e] *n Ling (semit. Sprache Babyloniens u. Assyriens)* la akada [lingvo]

Akklamation *f Beifalls- od Freudenruf* aklamo *auch Parl* (*vgl. dazu* ***Beifall***); ***per*** (*od* ***durch***) *~ durch Zuruf (bei Abstimmung od Wahl)* per aklamo, *auch* aklame

akklamieren *tr zujubeln, begeistert zurufen* aklami

Akklimatisation *f etw. od jmdn. ans Klima gewöhnen* alklimatigo; *das Sichakklimatisieren* alklimatiĝo

akklimatisieren *tr* alklimatigi; ***sich*** *~* alklimatiĝi, alkutimiĝi al alia klimato

Akklimatisierung *f* = ***Akklimatisation***

Akko (*n*), *auch* ***Akka*** *od* ***Akkon*** (*n*) *eine Stadt im nördlichen Israel am Mittelmeer [einst bedeutender Hafen der Phönizier u. Römer <wichtiger Stützpunkt der Kreuzfahrer im 12. u. 13. Jh.>]* Akko

Akkolade *f Typ (geschweifte [verbindende] Klammer)* akolado, kuniga krampo

Akkomodation *f* = *fachsprachl. für* ***Anpassung*** [↑ *dort*]

Akkon (*n*) ↑ ***Akko***

[1]**Akkord** *m Mus (Zusammenklang)* akordo (↑ *auch* ***Arpeggio***, ***Dur-***, ***Moll-*** *u.* ***Sept[imen]akkord***); ***dreistimmiger*** ~, *auch* ***Dreiklang*** *m* trisona akordo, *auch* trisono

[2]**Akkord** *m Akkord- od Stücklohn* pago popeca; ***im*** ~ ***arbeiten*** labori laŭ pago popeca

Akkordarbeit *f* laboro popeca

Akkordbrechung *f Mus*: ~ ***mit harmoniefremden Nebennoten*** *Cembalomusik* ↑ ***Acciacatura***

Akkordeon *n, pop auch* ***Ziehharmonika*** *f od* ***Schifferklavier*** *n Mus* akordiono; ~ ***spielen*** ludi akordionon

Akkordeonspieler *m, selt auch* ***Akkordeonist*** *m pop auch* ***Ziehharmonikaspieler*** *m* akordionisto

Akkordlohn *m* pago popeca

Akkra (*n*) = ***Accra***

akkreditieren *tr* ***a)*** *Dipl, Fin, Hdl* akrediti; ***jmdn. als Botschafter*** ~ *Dipl* akrediti iun kiel ambasadoron; ***ein akkreditierter Journalist*** akreditita ĵurnalisto ***b)*** *Bankw, Hdl (ein Akkreditiv einräumen)* akrediti

Akkreditierung *f Dipl* akreditado

Akkreditiv *n* ***a)*** *Dipl* akreditaĵo ***b)*** *auch* ***Kreditbrief*** *m Fin* kreditletero, *auch* akreditivo; ***unbestätigtes*** (***unwiderrufliches***) ~ nekonfirmita (nenuligebla) akreditivo

Akku *m El* ↑ ***Akkumulator***

Akkulturation *f, auch* ***kultureller Anpassungsprozess*** *m od* ***kulturelle Angleichung*** *f* proceso de asimiliĝo de kulturoj

Akkumulation *f das Anhäufen* akumul[ad]o; *das Sichanhäufen* akumuliĝo

akkumulativ *Adj* akumula

Akkumulator *m* (*Kurzw* ***Akku*** *m*) *El, Tech* akumulatoro, *auch* akumulilo (↑ *auch* ***Bleiakku***); ***hydraulischer*** ~, *auch* ***Druckwasserspeicher*** *m [in Hochbehältern]* hidraŭl[ik]a akumulatoro

Akkumulatorenbatterie *f El* akumulatora baterio

Akkumulatorzelle *f El* elemento de akumulatoro

akkumulieren ***a)*** *tr* akumuli ***b)*** *intr* akumuliĝi (↑ *auch* ***anhäufen*** *u.* ***speichern***)

akkumulierend *Adj* akumuliĝa

Akkurasenmäher *m Gartenb* akumulatora gazontondilo

akkurat *Adj* akurata; *sauber gearbeitet* akurate farita; *nett angeordnet* akurate aranĝita; *präzis* preciza, *(auf Präzision bedacht, akkurat [Person]* precizema (*vgl. dazu* ***sorgfältig*** *u.* ***ordentlich***)

Akkuratesse *f* akurateco (↑ *auch* ***Präzision***)

Akkusativ *m* (*Abk* ***Akk.***), *alt* ***Wenfall*** *m Gramm* akuzativo; ~**endung** *f* akuzativa finaĵo; ~**objekt** *n, auch* ***direktes Objekt*** *n* akuzativ-objekto *od* akuzativa objekto, *auch* rekta objekto

Akkuschrauber *m Handw* akumulatora drilo (↑ *auch* ***Bohrschrauber***)

Akme *f Med (Höhepunkt [in einem Krankheitsverlauf])* akmeo (↑ *auch* ***Krise a)***)

Akmit *m Min* ↑ ***Ägirin***

Akmola (*n*) ↑ ***Astana***

Akne *f* (Acne) *Med (Knötchen- od Pustelbildung auf der Haut)* akneo (↑ *auch* ***Chlor-***, ***Jod-***, ***Komedonen-*** *u.* ***Sommerakne***); ***jugendliche*** ~ (Acne juvenilis) juneca akneo

Akneknötchen *n* akno

Aknidarier *Pl* (Acnidaria) *Zool (frei schwimmende, im Meer lebende Hohltiere)* senknidulој *Pl*

A-Kohle *f* = *Kurzw für* ***Aktivkohle*** [↑ *dort*]

Akoluth *od* **Akolyth** *m kath. Kirche (Laie, der während der Messe bestimmte Dienste am Altar verrichtet)* akolito *<früher: katholischer Kleriker im 4. Grad der niederen Weihen>* (*vgl. dazu* ***Ministrant***)

Akonitin *n Chem, Pharm* ↑ ***Aconitin***

Akonto *n* ↑ ***Anzahlung***

AKP-Staaten *m/Pl (Bez für «die Entwicklungsländer des afrikanischen, karibischen u. pazifischen Raums, die das Lomé-Abkommen mit der Europäischen Gemeinschaft unterzeichnet haben»)* AKP-ŝtatoj *Pl*

akquirieren *tr anschaffen, erwerben* akiri; ***Kunden*** ~ *Wirtsch* akiri (*bzw.* varbi) [novajn] klientojn

Akquisition *f, auch* ***Akquise*** *f (als Vorgang)* akir[ad]o; *(als Resultat [Erworbenes])* akiraĵo (↑ *auch* ***Ankauf*** *u.* ***Erwerbung***)

Akribie *f höchste Genauigkeit* [plej] perfekta akurateco (*bzw.* precizeco)

akribisch *Adj* altgrade akurata, plej preciza

Akrobat *m* akrobato (*vgl. dazu* ***Artist***, ***Luftakrobat*** *u.* ***Seiltänzer***)

Akrobatenstück *n* akrobataĵo (*vgl. dazu* ***Kunststück***)

Akrobatik *f* akrobatiko

Akrobatin *f* akrobatino

akrobatisch *Adj* akrobata (↑ *auch* ***luftakrobatisch***)

Akrodynie *f, auch* ***Feer'sche Krankheit*** *f od*

Gliedendenschmerz *m Med* akrodinio

akrogen[isch] *Adj nur Fachspr Bot (sich an der Blattspitze entwickelnd)* akrogena

Akrolein *n Chem (scharf riechender, sehr reaktionsfähiger Aldehyd)* akroleino

Akromegalie *f nur Fachspr Med (ungewöhnliches Größenwachstum [der Ohren, Nase, Hände od Füße], bedingt durch zu hohe Ausschüttung des Wachstumshormons)* akromegalio (*vgl. dazu* ***Marfan-Syndrom***)

Akromion *n Anat (den höchsten Punkt bildender Schulterfortsatz)* akromio

Akronym *n, auch* ***Initialwort*** *n Ling (aus den Anfangsbuchstaben mehrerer Wörter gebildetes Kurzwort, z.B. Aids, NATO, UNESCO)* akronimo (*vgl. dazu* ***Initialkürzung***)

Akropolis *f hoch gelegene, befestigte Siedlung od Burg der griech. Antike* akropolo; ***die ~ von Athen*** la Akropolo de Ateno

Akrostichon *n Lit (eine Gedichtform in Antike, Mittelalter u. Barock, in der die Anfangsbuchstaben der Verszeilen ein Wort, einen Namen od Sinnspruch ergeben)* akrostiko (↑ *auch* ***Meso-*** *u.* ***Telestichon***)

Akroterion *n antike Arch (ein Zierglied an Spitzen u. Ecken eines Tempelgiebels [ein First- u. Giebelschmuck])* akrotero

Akrozephalie *f, auch* ***Spitzköpfigkeit*** *od* ***Spitzschädeligkeit*** *f Med* akrocefaleco

Akrozephalus *m,, auch* ***Hochkopf*** *m od* ***Spitzschädel*** *m Med (eine Schädeldeformität)* akrocefalo

Akrozyanose *f nur Fachspr Med (blaurote Verfärbung der Gliedmaßenenden, Ohren, Nase, Lippen)* akrocianozo

Akryl *n Chem* ↑ ***Acryl***

Aksum (*n*), *auch* ***Axum*** (*n*) *altheilige Stadt in N-Äthiopien (Provinz Tigre)* Aksumo *<Krönungsort der äthiopischen Kaiser>*

[1]**Akt** *m* ***a)*** *Handlung, Tat* ago, faro; *Fest~, Staats~* soleno; *Schritt* paŝo; ***unfreundlicher Akt*** *m auch im Völkerrecht* neamika ago ***b)*** *sex (geh für «Koitus»)* koito ***c)*** *auch* ***Aufzug*** *m Theat* akto; ***ein Drama*** (*od* ***Schauspiel***) ***in fünf ~en*** dramo en kvin aktoj; ***Pause f zwischen zwei ~en*** *auch zw. zwei Filmen* interakto ***d)*** *bildende Kunst, Mal (Wiedergabe des nackten menschlichen Körpers)* nudaĵo, [prezento de] nuda persono skulptita (*bzw.* pentrita) (↑ *auch* ***Aktgemälde***) ***e)*** *<österr> für «Akte» (bes. Jur)* [↑ *unter* ***Akte***]

[2]**Akt** *m <österr>* ↑ ***Akte***

Aktäon (*m*), *griech.* ***Aktaion*** *griech. Myth (ein böotischer Jäger, der nach der Sage die Göttin Artemis mit ihren Nymphen beim Bade belauscht <er wird zur Strafe in einen Hirsch verwandelt und von seinen Hunden zerrissen>)* Akteono

Akte *f, <österr>* ***Akt*** *m* akto *auch Jur* (↑ *auch* ***General-***, ***Gerichts-***, ***Gründungsakte***, ***Prozessakten***, ***Notariats-*** *u.* ***Schlussakte***); *Dokument* [oficiala] dokumento (*vgl. dazu* ***Urkunde***); *Dossier* dosiero; ***zu den ~n legen*** *Verw* meti en la respondan fakon, enfakigi; *übertr* meti al la aktoj ◇ meti en la keston de forgeso; *allg: nicht mehr sprechen über* ne plu paroli pri

Aktei *f* ↑ ***Aktensammlung***

Akten|bündel *n Faszikel* fasko da aktoj; *Aktenheft, Dossier* dosiero; **~deckel** *m* dosierkovrilo

Akteneinsicht *f:* ***~ gewähren*** permesi vidon (*od* inspektadon) de la aktoj (*od* dosiero)

Akten|mappe *f* aktujo, dokumentujo; **~material** *n alle zu einem bestimmten Vorgang gehörigen Akten* aktaro; **~ordner** *m* dosierujo; **~sammlung** *f* aktaro, dokumentaro; **~schrank** *m* aktoŝranko; **~stück** *n* [oficiala] dokumento; **~tasche** *f* aktujo, teko

Akteur [*ak'tö:r*] *m Handelnder* aganto (↑ *auch* ***Hauptakteur***)

Akt|foto *n* nud-foto; **~gemälde** *n Mal* pentraĵo pri nuda persono

Aktie *f, auch* ***Anteilschein*** *m Fin, Wirtsch* akcio (↑ *auch* ***Gratis-***, ***Namens-***, ***Stamm-***, ***Teil-***, ***Vorzugsaktie*** *u.* ***Wertpapier***); ***börsennotierte ~*** akcio kvotata ĉe la borso; ***die ~n steigen*** la akcioj ascendas [laŭ valoro]; ***25% der ~n sind im Besitz von*** (*od mit Gen*) **...** 25% de la akcioj estas posedataj (*od* en posedo) de ...

Aktien|bank *f Fin* akcia banko; **~besitzer** *m* akci[o]havanto, akciulo; **~börse** *f* akcioborso; **~emission** *f Bankw* emesio de akcioj; **~fonds** *m Investmentfonds, der seinen Bestand an Wertpapieren vor allem in Aktien anlegt)* akcia fonduso; **~gesellschaft** *f* (*Abk* ***AG***) akcia kompanio (*od* societo)

Aktienindex *m Bankw, Börse (Messzahl für den durchschnittl. Börsenkurs eines Aktienmarktes)* akcia indekso; ***Deutscher ~*** (*Abk* ***DAX***®) *Börse* Germana Akcia Indekso

Aktieninhaber *m =* ***Aktionär***

Aktien|kapital *n* akcia kapitalo; ~**kauf** *m* aĉeto de akcioj; ~**käufer** *m* aĉetanto de akcioj; ~**kurs** *m Preisentwicklung für Aktien an den Aktienmärkten* akcia kurzo; ~**-markt** *m* akcia merkato *od* akciomerkato; ~**mehrheit** *f* akcioplimulto; ~**option** *f Verkaufsrecht auf Aktien* opcio pri aĉeto de akcioj; ~**paket** *n Wirtsch (Bündelung von Aktien eines Aktienunternehmens)* akciopaketo; ~**spekulation** *f Börse* spekulado pri akcioj; ~**verkäufe** *m/Pl* vendo(j) de akcioj; ~**vermerk** *m* noto en la aktoj

Aktin *n Biochemie (ein Muskelprotein von globulärer Form)* aktino

Aktiniden *Pl Chem* = ***Actiniden***

Aktinie *f* (Actinia), *pop auch* ***Seerose*** *od* ***Seeanemone*** *f Zool (eine sechsstrahlige Koralle)* aktinio, *pop auch* marrozo *od* maranemono (↑ *auch* ***Mantelaktinie***); ***[Ordnung der]*** ~***n*** *Pl* (Actiniaria) aktiniuloj *Pl*

aktinisch *Adj durch Strahlung verursacht* aktina, kaŭzita de lumradioj (*od* sunradioj); ~***e Keratose*** *f Dermatologie* aktina keratozo

Aktinität *f Chem, Phys (Lichtstrahlenwirkung)* aktineco

Aktinium *n*, *Fachspr* ***Actinium*** *n* (*Symbol Ac*) *Chem* aktinio; ~***-Emanation*** *f* ↑ ***Actinon***

Aktinodermatitis *f* ↑ *unter* ***Dermatitis***

Aktinolith *m*, *auch* ***Strahlstein*** *m Min* aktinolito (↑ *auch* ***Amiant***)

Aktinometer *n Phys* ↑ ***Strahlungsmesser b)***

Aktinometrie *f Strahlungsmessung* aktinometrio

Aktinomykose *f Med, bes. Vet* ↑ ***Strahlenpilzerkrankung***

Aktinomyzeten *Pl* ↑ ***Strahlenpilze***

Aktinomyzetom *n Med (chronische, granulomatös-eitrige Infektion der Haut u. des subktanen Bindegewebes mit Neigung zu Befall von Periost u. Knochen)* aktinomicetomo *[Befall vor allem der Beine, sog. «Madurafuß» <Hauptverbreitungsgebiet: Tropen u. Subtropen>]*

Aktinotherapie *f* = ***Strahlentherapie***

Aktion *f bes. Pol* ag[ad]o (↑ *auch* ***Hilfs-, Protest-*** *u.* ***Spendenaktion***; *Mil* operacio (↑ *auch* ***Blitzaktion***); *Schritte* paŝoj *Pl*; ***direkte*** ~ *Sozialgeschichte* rekta agado; ***gezielte*** ~ kampanjo; ***terroristische*** ~ terorisma (*od* terorista) ag[ad]o; ***in*** ~ ***treten*** ekagi, komenci sian agadon

Aktionär *m*, *auch* ***Anteilseigner*** *m* akciulo

Aktionärsversammlung *f*, *auch* ***Hauptversammlung*** *f* ***[der Aktionäre]*** kunveno de [la] akciuloj

Aktionsart *f Gramm*: ***faktitive*** (***mediale***) ~ faktitiva (mediala) voĉo

Aktions|ausschuss *m od* ~**komitee** *n* agad-komitato; ~**plan** *m* plano de agado *od* agad-plano; ~**radius** *m* agada radiuso *od* radiuso de [ies] agado; ~**sequenz** *f* agosekvo; ~**spektrum** *n* aga spektro *auch Biochemie*; ~**woche** *f* ag[ad]osemajno

aktiv *Adj* aktiva *auch Gramm (in der Tatform [stehend])*; *eifrig* fervora (↑ *auch* ***tätig***); ~ ***sein*** esti aktiva *od* aktivi (***in*** en); ~***er Teilhaber*** *m* aktiva partnero; ~***er Wehrdienst*** *m Mil* aktiva militservo

Aktiv *n*, *auch* ***Aktivum*** *n Gramm (Tatform, Handlungsrichtung des Verbums)* aktivo, *auch* aktiva voĉo [de la verbo]

Aktiva *Pl Fin (Summe der Vermögenswerte [eines Unternehmens], Geschäftsvermögen* aktivo, *auch* aktivaĵo; ~ ***und Passiva*** *Forderungen u. Verbindlichkeiten* aktivo kaj pasivo

Aktivator *m Biochemie, Chem* aktivigilo

aktivieren *tr* [pli]aktivigi *auch Tech*

Aktivierung *f* [pli]aktivigo

Aktivierungsenergie *f El* aktiviga energio

Aktivismus *m Phil (Tätigkeitsdrang, zielstrebiges Handeln)* aktivismo

Aktivist *m* aktivisto (↑ *auch* ***Klimaaktivist***)

Aktivität *f aktive Handlung, Betätigung, geschäftiges Treiben* aktivado; *das Aktivsein* aktiveco *auch Astron u. Biol* (↑ *auch* ***Sonnenaktivität***); *Tat* faro; *Wirksamkeit* efikeco; ***körperliche*** ~ korpa aktivado; ***kriminelle*** ~ krima aktivado; ***sexuelle*** ~***en*** *Pl* seksaj aktivadoj *Pl*; ***in kriminelle*** ~***en verstrickt sein*** esti implikita en krimaj aktivadoj (*od* faroj)

Aktiv|kohle *f* ***a)*** *Tech (eine feinporige Kohle)* aktiva karbono ***b)*** *auch* ***medizinische Kohle*** *f* (Carbo medicinalis) *Pharm* medicina karbo; ~**posten** *m übertr für «Garant»* garantianto; ~**sauerstoff** *m* aktiva oksigeno

Aktivum *n Gramm* ↑ ***Aktiv***

Aktiv|urlaub *m* aktiva libertempo; ~**urlauber** *m* aktiva libertempanto

aktualisieren *tr* aktualigi; *auf den neuesten Stand bringen* ĝisdatigi

Aktualisierung *f* aktualig[ad]o (↑ *auch* ***Da-***

tei- u. ***Softwareaktualisierung***)

Aktualismus *m historische Geol, Phil, Psych* aktualismo

Aktualität *f* aktualeco; ***seine ~ verlieren*** perdi sian aktualecon; ***nicht an ~ verlieren*** perdi neniom de sia altualeco

Aktualitätstheorie *f* = ***Aktualismus***

Aktuar *m alt für «Gerichtsschreiber»* aktuaro

aktuell *Adj* aktuala, *Meldung auch* freŝdata (↑ *auch* ***brandaktuell***); *bedeutsam [für die Gegenwart]* grava [por la nuntempo]; ***ein ~er Bericht*** aktuala raporto; ***~e Fragen*** *f/Pl* (*bzw.* ***Dinge*** *n/Pl*) aktualaĵoj *Pl*

Akupressur *f Med (der Akupunktur verwandtes Verfahren, bei dem durch kreisende Bewegungen der Fingerkuppen – unter leichtem Druck – auf bestimmten Körperstellen Schmerzen behoben werden sollen)* digitopunkturo

Akupunkteur *m Med* akupunkturisto

akupunktieren *tr Med* akupunkturi, terapii per akupunkturo

Akupunktur *f Med* akupunkturo (*vgl. dazu* ***Moxibustion***; ↑ *auch* ***Elektro-*** *u.* ***Laserakupunktur***); **~nadel** *f* akupunktura nadlo

Akupunkturpunkte *m/Pl Med* akupunkturaj punktoj *Pl*; ~ ***für Moxibustion*** moksaj punktoj *Pl*

Akureyri (*n*) *zweitgrößte Stadt Islands* Akurejro

Akustik *f* akustiko (↑ *auch* ***Bio-***, ***Elektro-*** *u.* ***Hydroakustik***); **~decke** *f, auch* ***Schallschluckdecke*** *f Bauw* akustika plafono; **~gitarre** *f* akustika gitaro

akustisch *Adj* akustika; ***~e Verbindung*** *f* akustika komunikado

akut *Adj Med (plötzlich auftretend bzw. schnell u. heftig verlaufend) u. übertr* akuta (↑ *auch* ***heftig***); *dringend, dringlich* urĝa; ***~es Abdomen*** *n* ↑ *unter* ***Abdomen***; ***~ werden*** fariĝi akuta; ***eine ~e Infektionskrankheit*** akuta infekta malsan[iĝ]o

Akut *m* (*franz.* ***accent aigu***) *Phon (ein Betonungszeichen [Zeichen ´])* akuta supersigno

Akutheit *f rascher Verlauf, Heftigkeit [bes. einer Erkrankung]* akuteco

AKW = *Abk für* ***Atomkraftwerk***

Akzeleration *f Anthropol, Phys* akcel[ad]o

Akzelerator *f* akcelilo

Akzent *m* ***a)*** *Mus, Phon (ein Betonungszeichen)* akcento (*vgl. dazu* ***Intonation***; ↑ *auch* ***Satz-*** *u.* ***Wortakzent***); ***dynamischer ~*** *Phon (Druck~)* dinamika akcento; ***freier*** (*od* ***beweglicher***) ~ *z.B. im Russischen [zur Unterscheidung unterschiedlicher grammatischer Formen eines Wortes]* libera (*od* movebla) akcento; ***musikalischer ~*** *z:B. im Litauischen* muzika akcento ***b)*** *Klangfärbung, eigenartige od fremdländische Aussprache* akĉento; ***er spricht mit stark russischem ~*** li parolas kun forta rusa akĉento ***c)*** *übertr (Emphase, Nachdruck)* emfazo, akcento; ***auf etw. besonderen ~ legen*** meti apartan akcenton sur ion, *auch* aparte (*od* speciale) akcenti ion

akzentfrei **1.** *Adj* senakĉenta **2.** *Adv* senakĉente

akzentuieren *tr Mus, Phon* akcenti *auch übertr* (*vgl. dazu* ***betonen***); ***akzentuiert*** akcentita

Akzentuierung *f* akcentado (↑ *auch* ***Betonung***)

Akzept *n Bankw (Annahme [eines Wechsels])* akcepto (↑ *auch* ***Blankoakzept***)

akzeptabel *Adj* akceptebla (*vgl. dazu* ***annehmbar***); ***ein akzeptabler Vorschlag*** akceptebla propono

Akzeptabilität *f* akceptebl[ec]o

Akzeptant *m Bankw* akceptanto

Akzeptanz *f das Annehmen* akceptado; *Bereitschaft, etw. anzunehmen* preteco akcepti ion (*vgl. dazu* ***Akzeptabilität***)

akzeptieren *tr* akcepti *auch einen Wechsel*; ***jmds. Meinung*** (***Standpunkt***) ~ akcepti ies opinion (starpunkton)

Akzept|kredit *m Fin, Hdl* akcepta kredito; **~provision** *f Bankw* akcepta provizio

akzessorisch *Adj [da]zugehörig, zusätzlich* akcesora; ***~e Atmung*** *f Biol, Physiol (Sauerstoffaufnahme z.B. durch die Haut, durch lungenartige Organe, Kiemen u. Darmausstülpungen zur Unterstützung der vorhandenen Atmungsorgane)* akcesora spirado

Akzidens *n Phil (zufälliges Merkmal, das Zufällige, was einer Sache nicht wesenhaft zukommt)* akcidenco

akzidentell *od* **akzidentiell** *Adj geh* akcidenca *[Ggs: essenziell]* (*vgl. dazu* ***zufällig***); ***~es Herzgeräusch*** *n Med* akcidenca kormurmuro

Akzise *f indirekte Verbrauchs- od Warensteuer* akcizo (*vgl. dazu* ***Zoll***)

akzis|frei *Adj steuerfrei* senakciza; ~-

pflichtig *Adj* akcizenda
Alabama (*n*) (*Abk* ***Ala.***, *[postalisch]* ***AL***) *ein Bundesstaat im Süden der USA* Alabamo *[Hptst.: Montgomery]*
Alabaster *m Min (feinkörnige, durchscheinende Abart des Gipses)* alabastro
alabastern *Adj* alabastra; *aus Alabaster* [far-ita] el alabastro; *wie Alabaster* kiel alabastro
Alabasterpapier *f* (*auch* ***Eispapier*** *od* ***Eiskarton*** *genannt*) *eine für Visitenarten verwendete Papiersorte* alabastra papero
à la carte ↑ *unter* ***Karte***
Aladdin (*m*), *arab.* ***ʿAlāʾ Ad-Dīn*** *Gestalt aus der Märchensammlung «Tausendundeine Nacht»* Aladino
Alagoas (*n*) *ein ostbrasilianischer Gliedstaat* Alagoaso *[Hptst.: Maceió]*
Aland *m*, *auch* ***Orfe*** *f*, *reg* ***Nerfling*** *m* (Leuciscus idus) *Ichth* alando
Åland (*n*) Alando; ~**inseln** *Pl eine finnische Inselgruppe in der Ostsee* Alandaj Insuloj *Pl [Hptst.: Mariehamn]*
åländisch *Adj* alanda
Ålandsee *f* Alanda Maro
Alanen *m/Pl Gesch (Stammesverband skythisch-sarmatischer Herkunft)* alanoj *Pl* *<Vorläufer der heute im Kaukasus lebenden Osseten>* (*vgl. dazu* ***Osseten***)
Alanin *n eine der wichtigsten Aminosäuren, die in fast allen Eiweißkörpern vorkommt* alanino
Alant *m* (*Gattung* Inula) *Bot* inulo (↑ *auch* ***Salz-*** *u.* ***Wiesenalant***); ***deutscher*** ~ (Inula germanica) germana inulo; ***echter*** ~ (Inula helenium) greka inulo; ***klebriger*** ~ (Inula graveolens) glua inulo; ***langhaariger*** (*od* ***rauhaariger***) ~ (Inula hirta) longhara (*od* hirta) inulo; ***Schweizer*** (*od* ***grauer***) ~ (Inula helvetica) svisa inulo; ***weidenblättriger*** ~ (Inula salicina) salikfolia inulo
Alantdistel *f Bot* ↑ *unter* ***Kratzdistel***
Alanya (*n*) *eine südtürkische Hafenstadt* Alanjo
Al-Aqsa-Moschee *f auf dem Tempelberg in Jerusalem* Al-Aksa-Moskeo
Alarich (*m*) *Eig, Gesch (Könige der Westgoten [z.B. Alarich I.: * um 370, † 410])* Alariko
Alarm *m* alarmo (↑ *auch* ***Bomben-***, ***Feuer-***, ***Flieger-***, ***Gas-***, ***Luft-*** *u.* ***Smogalarm***); ***blinder*** (*od* ***falscher***) ~ falsa alarmo; ~ ***schlagen*** sonorigi alarmon
Alarmanlage *f Tech* arlarma instalaĵo, *auch* alarmilo (↑ *auch* ***¹Sirene***)
alarmbereit *Adj* alarmopreta
Alarm|bereitschaft *f Mil* alarm[o]preteco; ~**glocke** *f*, *auch* ***Sturmglocke*** *f* alarmsonorilo
alarmieren *tr allg u. Mil* alarmi
alarmierend *Adj* alarma (↑ *auch* ***beunruhigend***)
Alarm|ruf *m eines Vogels* alarmvoko, *auch* alarmpepo; ~**schrei** *m* alarmkrio; ~**signal** *n* alarma signalo; ~**system** *n* alarmsistemo
Alaska (*n*) (*Abk* ***Alas.***, *[postalisch]* ***AK***) *eine nordamerikanische Halbinsel u. ein US-Bundesstaat* Alasko *[Hptst.: Juneau]*; ~ ***Peninsula*** *f Halbinsel an der Südküste Alaskas* Alaska Duoninsulo *[trennt den Golf von Alaska vom Beringmeer u. setzt sich in den Aleuten fort]*; ***Golf von*** ~ Golfo de Alasko *od* Alaska Golfo
Alaskabär *m Zool* ↑ ***Kodiakbär***
Alaska|elch *m* (Alces alces giga = Alces alces americana) *Zool* amerika alko; ~**kette** *f*, *engl.* ***Alaska Range*** *ein Gebirge im südlichen Alaska* Alaska Montoĉeno; ~**-Pollack** *m*, *auch* ***Mintai*** *m Ichth* (Theragra chalcogramma) alaska teragro
Alaska-Schneeschaf *n Zool* ↑ ***Dall-Schaf***
Alaska|-Seelachs *m Ichth, Nahr* alaska salmo; ~**-Strandläufer** *m* (Calidris mauri) *Orn* tundrokalidro; ~**wolf** *m* (Canis lupus pambasileus) *Zool* alaska lupo *[Vorkommen: Nordamerika]*
alaskisch *Adj* alaska
Alastrim *n*, *auch* ***weiße Pocken*** *od* ***Milchpocken*** *Pl* (*früher auch* ***Kaffernpocken*** *genannt*) (Variola minor) *Med (eine abgeschwächte Form der Pocken)* alastrimo
Alaun *m Chem, Pharm* aluno
alaunen *od* **alaunisieren** *tr in Alaun tränken od waschen bzw. mit Alaun behandeln* aluni, sorbigi (*od* lavi *bzw.* trakti) per aluno
Alaunerde *f Min* aluna tero *od* aluntero
alaunisieren ↑ ***alaunen***
Alaun|schiefer *m Geol (ein dunkelgrauer Schiefer, der bei Verwitterung Alaun liefert)* alunskisto; ~**siederei** *f* alunejo
Alaunstein *m Min* ↑ ***Alunit***
Alaunstift *m zum Blutstillen* alunstangeto, adstringa stangeto
Álava (*n*) *eine der baskischen Provinzen Nordspaniens* Alavo *[Hptst.: Vitoria]*
Alawiten *m/Pl*, *auch* ***Nusairier*** *m/Pl Rel*

(eine islamische Sekte schiitischer Richtung, deren Lehre Elemente der Gnosis sowie der altsyrischen u. persischen Religion aufweist u. teilweise nur Eingeweihten zugänglich ist) alavitoj *Pl [Hauptsiedlungsraum: Syrien u. Libanon]*

Al-Ayun (*n*), *auch* ***El Aaiún*** *Hptst. der Westsahara* Ajuno

[1]**Alb** *f* ↑ *unter* [2]***Jura***

[2]**Alb** *m Myth ([im Volksglauben:] ein Nachtgespenst, das Angstträume verursacht)* inkubo

Albacete (*n*) *Hptst. einer gleichnamigen Provinz in SO-Spanien* Albaceto

Alban (*m*), *auch* ***Albanus*** (*m*) *männl. Vorname* Albano

Albaner *m* albano (↑ *auch* ***Kosovo-Albaner***)

Albanerin *f* albanino

Albanien (*n*), *albanisch* ***Shqipëri*** *ein südosteuropäischer Staat an der Adria* Albanio *[Hptst.: Tirana]*

albanisch *Adj* albana; ***~e Alpen*** *Pl* Albanaj Alpoj *Pl*

Albanisch[e] *n Ling* la albana [lingvo] (↑ *auch* ***Gegisch*** *u.* ***Toskisch***)

Albanologie *f* albanologio

Albanus (*m*) ↑ ***Alban***

Albany (*n*) *Hptst. des US-Bundesstaates New York* Albeno

Albatros *m Orn* albatroso (↑ *auch* ***Antipoden-***, ***Chatham-***, ***Galapagos-***, ***Gelbnasen-***, ***Graukopf-***, ***Graumantel-***, ***Königs-***, ***Kurzschwanzalbatros***, ***Mollymauk***, ***Ruß-***, ***Schwarzbrauen-***, ***Schwarzfuß-***, ***Tristan-*** *u.* ***Weißkappenalbatros***); ***gemeiner*** *~ od* ***Wanderalbatros*** *m* (Diomedea exulans) vag-albatroso; ***[Familie der] ~se*** *Pl* Diomedeidae) diomedeedoj *Pl*

Albdruck *m od* **Albdrücken** *n* ↑ ***Albtraum***

Albe *f weißes liturgisches Gewand katholischer u. anglikanischer Priester* albo

Albedo *f Astron, Opt (das Verhältnis des zurückgeworfenen Lichts zum auffallenden)* albedo

Albedometer *n Astron, Opt (Gerät zum Messen der Albedo)* albedometro

Albena (*n*) *ein bulgarischer Kurortkomplex am Schwarzen Meer* Albeno

albern *Adj dümmlich-naiv, einfältig* stulte naiva; *absurd* absurda; *kindisch* infanaĵa; *lächerlich* ridinda (*vgl. dazu* ***verrückt***); ***~ sein*** *den Harlekin spielen* arleken[ad]i

Albernheit *f* [naiva] stulteco; *kindisches Benehmen, Kinderei* infanaĵa konduto, infanaĵo; *[übermütiger] Streich* petolaĵo

Albert (*m*) *männl. Vorname* Alberto; ***Albert I.*** *Eig (König der Belgier [1875-1934])* Alberto la Unua; *~* ***der Große*** *od* ***Albertus Magnus*** (*m*), *ursprünglich* ***Graf Albrecht von Bollstädt*** *Eig (scholastischer Theologe, Philosoph u. Naturforscher [um 1193 -1280] <Wegbereiter des christl. Aristotelismus des hohen Mittelalters>)* Alberto la Granda

Alberta (*n*) *eine Provinz Kanadas* Alberto *[Hptst.: Edmonton]*

Alberton (*n*) *eine Stadt in der Rep. Südafrika (Prov. Transvaal)* Albertono

Albigenser *m/Pl Rel (Angehörige einer mittelalterlichen Sekte in Südfrankreich <eine Sekte der Katharer>)* albigensoj *Pl*; ***Lehre der*** *~* albigensismo

Albinismus *m*, *alt* ***Weißsucht*** *f Med (meist angeborener Pigmentmangel bei Tieren u. beim Menschen)* albinismo; ***partieller*** (***totaler***) *~* partieller (totaler) Albinismus

Albino *m Mensch, Tier bzw. Pflanze mit fehlender Farbstoffbildung* albino; *~***kaninchen** *n* albinokuniklo

albinotisch, *auch* ***weißsüchtig*** *Adj zu den Albinos gehörig* albina

Albion (*n*) *alter dichterischer [wahrscheinlich vorkeltischer] Name für «Britannien»* Albiono

Albireo *m Astron (ein Stern im Sternbild Cygnus [Schwan])* Albireo

Albit *m Geol, Min (weißliches od schwach getöntes Mineral aus der Gruppe Plagioklase)* albito

Albizzie *f* (*Gattung* Albizzia) *Bot (zu den Hülsenfrüchtlern gehörender Zierstrauch od Baum mit etwa 150 Arten im tropischen Asien, Afrika u. Australien)* albizio

Albizziin *n Biochemie (eine nichtproteinogene Aminosäure, die vor allem in Arten der Gattung Albizzia vorkommt)* albiziino

Ålborg (*n*) *eine dänische Hafenstadt in N-Jütland [am Limfjord]* Alborgo

Albtraum *m*, *auch* ***Albdruck*** *m od* ***Albdrücken*** *n Angsttraum* inkubsonĝo, koŝmaro; *i.w.S. (etw. Bedrückendes)* inkubo; *grausige Erfahrung* horora travivaĵo

Albuginea *f Anat (derbfibröse Haut [z.B. als Umhüllung des Hodens])* albugineo, *auch* albuginea tuniko; ***Entzündung*** *f* ***der*** *~ nur Fachspr Med* albugineito

Albugo *f Med (weißer Fleck auf der Hornhaut des Auges)* albugo

Album *n* albumo *auch Mus u. Philat* (↑ *auch* ***Briefmarken-***, ***Einsteck-***, ***Foto-*** *u.* ***Vordruckalbum***); ~ ***mit Klemmbinder*** (***Schraubbinder***) *Philat* risortbinda (ŝraŭbobinda) albumo; ***vordruckloses*** ~ *Philat* blankfolia albumo

Albumen *n Bot (Sameneiweiß)* albumeno

Albumin *n Chem (wasserlösliches einfaches Eiweiß)* albumino (*vgl. dazu* ***Protein***; ↑ *auch* ***Serumalbumin***)

Albuminurie *f, pop* ***Eiweißharnen*** *n Med (Ausscheidung von Albumin im Urin)* albuminurio

Albumose *f Chem (ein Spaltpodukt der Eiweißkörper)* albumozo

Albuquerque (*m*) *Eig (ein portugiesischer Seefahrer [1453-1515])* Albukerko

al-Bustani (*m*) *Eig (christlich-libanesischer Schriftsteller u. Lexikograf [1819-1883])* Bustanio <*Verfasser der ersten arabischen Enzyklopädie*>

Alcantara® *n ein Vliesstoff [Velourslederimitat]* alkantaro

Alcazaba *f [in Nordafrika u. Südspanien:] maurische Festung, befestigte Stadt od ein befestigter Stadtteil, [in Andalusien auch:] Oberviertel einer Ortschaft* alkazabo

Alcázar *od* **Alkazar** *m Bez für «ein fürstliches Schloss od eine Stadtburg im maurischen Spanien»* alkazaro *(auch Großschr)* <*die bemerkenswertesten der in Spanien erhaltenen Alcázare befinden sich in Toledo u. Sevilla*>

Alchemie *f, auch* ***Alchimie*** *f vermeintliche Goldmacherkunst* alkemio

Alchemist *m, auch* ***Alchimist*** *m* alkemiisto

alchemistisch, *auch* ***alchimistisch*** *Adj* alkemia

Alcinous (*m*) ↑ ***Alkinoos***

Alcocks Fichte *f* (Picea bicolor) *Bot* dukolora piceo

Alcopop *n od m alkoholhaltiges Limonadenmischgetränk* alkopopo

Alcyone *od* **Alkyone** *f Astron (hellster Stern der Plejaden)* Alciono

Aldabra|-Atoll *n* Aldabra Atolo <*größtes Korallenatoll des Indischen Ozeans [Teil der Äußeren Seychellen]*>; ~**-Weißkehlralle** *f* (Dryolimnas cuvieri aldabranus) *Orn* aldabra blankgorĝa ralo *[Vorkommen: endemisch auf dem Aldabra-Atoll]*

Aldebaran *m Astron (der hellste Stern im Sternbild Taurus [Stier])* Aldebarano

Aldehyd *m Chem* aldehido (↑ *auch* ***Akrolein*** *u.* ***Azetaldehyd***); ~**harz** *n* aldehida rezino

Alderman *m im angelsächsischen Recht ([früher:] oberster Beamter einer Grafschaft, [heute:] Ratsherr)* aldermano

Alderney (*n*) *eine brit. Kanalinsel* Aldernejo *[Hauptort: Saint Anne]*

Aldol *n Chem (ein Zwischenprodukt der Buna-Synthese)* aldolo

Aldona (*f*) *weibl. Vorname* Aldona

Aldose *f Biochemie* aldozo

Aldosteron *n ein Hormon der Nebennierenrinde* aldosterono

Aldosteronismus *m, auch* ***Hyperaldosteronismus*** *m Med (übermäßige Sekretion von Aldosteron aus der Nebennierenrinde)* aldosteronismo; ***primärer Hyperaldosteronismus*** *m, auch* ***Conn-Syndrom*** *n* primara aldosteronismo

Aldoxime *n/Pl Chem (Reaktionsprodukte von Aldehyden mit Hydroxylamin)* aldoksimoj *Pl*

Aldrin *n ein seit 2004 weltweit verbotenes Insektizid* <*wurde früher gegen Termiten u. Heuschrecken eingesetzt*> aldrino

Ale [*e:l*] *n ein englisches Bier* elo; ***Pale*** ~ *helles Ale* pala elo

aleatorisch *Adj Statistik (vom Zufall abhängig)* aleatora *auch Mus*

Alekto *f griech. Myth (eine der drei Erinnyen)* Alekta

Alemannen *m/Pl ein westgermanischer Stamm suebischer Herkunft* alemanoj *Pl*

alemannisch *Adj* alemana *auch Ling*

Alemannisch[e] *n Ling (eine oberdeutsche Mundart)* la alemana [dialekto *od auch* lingvo]

Alençon (*n*) *Hptst. des franz. Départements Orne* Alensono; ~**spitzen** *f/Pl Textil* alensonaj puntoj *Pl*

Aleph *n Anfangsbuchstabe des hebräischen Alphabets und Zahlzeichen für 1* alefo; ~**-hypotese** *f Math* alefhipotezo; ~**-Null** *n Math* alef-nulo

Aleppo (*n*), *arab.* ***Halab*** *od* ***Haleb*** *zweitgrößte Stadt u. Provinzzentrum in Syrien* Alepo; ~**beule** *f, auch* ***Orientbeule*** *od* ***Bagdadbeule*** *f* (Leishmaniosis tropica) *Tropenmedizin (eine geschwürige Hauterkrankung [Erreger: Leishmania tropica])* tropika leiŝmaniozo, *pop* orienta butono

Alessandria (*n*) *ital. Prov.-Hptst. in Piemont* Alesandrio

Ålesund (*n*) *eine norwegische Hafenstadt am Storfjord <Fischereizentrum>* Alesundo

Aletschgletscher *m mächtigster u. längster Alpengletscher [in den Berner Alpen (Schweiz)]* Aleĉ-Glaĉero

Aletschhorn *n zweithöchster Gipfel der Berner Alpen (4195 m)* Aleĉhorno

Aleuron *n, auch* ***Kleber-Eiweiß*** *n Biol (Reserveeiweiß pflanzlicher Zellen)* aleŭrono (*vgl. dazu* ***Gluten***)

Aleuten *Pl* ***a)*** *Inselkette zw. Alaska und Kamtschatka* Aleutoj *Pl [Hauptort: Unalaska]* ***b)*** *Eigenbez.* ***Unangan*** *Bewohner der Aleuten u. an der Westküste Alaskas* aleutoj *Pl*; ~**alk** *m* (Ptychoramphus aleuticus) *Orn* aleuta aŭko; ~**seeschwalbe** *f* (Sterna aleutica) *Orn* aleuta ŝterno

aleutisch *Adj* aleuta

Aleutisch[e] *n Ling (eine auf den Aleuten u. in West-Alaska gesprochene Sprache)* la aleuta [lingvo]

Alevismus *m* ↑ ***Alevitentum***

Aleviten *m/Pl Islam (eine in Anatolien entstandene schiitische Glaubensgemeinschaft)* alevoj *Pl* (*vgl. dazu* ***Alawiten***)

Alevitentum *n, auch* ***Alevismus*** *m* alevismo

alevitisch *Adj* aleva

Alex (*m*) *männl. Vorname* Alekso

Alexander (*m*) *männl. Vorname* Aleksandro *auch Name von Königen, Kaisern u. einiger Päpste u. russ. Zaren*; ~ ***der Große*** *Gesch (König von Makedonien [* 356 v. Chr., † 323])* Aleksandro la Granda

Alexander-Newski-Kathedrale *f Kathedrale des bulgarischen Patriarchen in Sofia* Katedralo de Aleksandro Newski

Alexander|platz *m in Berlin* Aleksandra Placo; ~**segler** *m* (Apus alexandri) *Orn* verdkaba apuso

Alexandersittich *m Orn* ↑ ***Halsbandsittich***

Alexandra (*f*) *weibl. Vorname* Aleksandra; ~ ***Feodorowna*** *letzte Kaiserin von Russland [1872-1918]* Aleksandra Feodorovna

Alexandria (*n*), *arab.* ***Al-Iskandarija*** *zweitgrößte Stadt u. wichtigster Hafen Ägyptens* Aleksandrio

Alexandriner *m, auch* ***Zwölfsilbner*** *m Metr* aleksandra verso, *auch* aleksandro *<so benannt nach dem altfranz. Alexanderepos>*

alexandrinisch *Adj aus Alexandria [stammend]* aleksandria *od nachgest* [devenanta] el Aleksandrio

Alexandrit *m Min (eine Abart des Chrysoberylls)* aleksandrito *<so benannt nach Zar Alexander II.>*

Alexandros (*m*) ↑ [1]***Paris***

Alexie *f Med (Leseunfähigkeit bei erhaltenem Sehvermögen)* aleksio

Alexin *n Biol, Med (natürlicher, im Blutserum gebildeter Schutzstoff gegen Bakterien)* aleksino

Alexius (*m*) *Eig* Aleksio

Alfagras *n, auch* ***Halfagras*** *n* (Stipa tenacissima) *Bot* alfo (↑ *auch* ***Espartogras***)

Al Fatah *f Pol* ↑ ***Fatah***

Alfatradiol *n Chem (ein Haarwuchsmittel)* alfatradiolo

Alfenid *n [galvanisch versilbertes] Neusilber* alfenido (*vgl. dazu* ***Argentan***)

Alfons (*m*), *span.* ***Alfonso***, *portugies.* ***Afonso*** *männl. Vorname* Alfonso *auch Name spanischer u. portugiesischer Könige*

Alfred (*m*), *ital. u. span.* ***Alfredo*** *männl. Vorname* Alfredo; ~ ***der Große*** *Gesch (angelsächsischer König von Wessex [849-899])* Alfredo la Granda

Alfuren *m/Pl Ethn (altmalaiische u. den Papua verwandte Inlandsstämme Ostindonesiens <auf Flores, Timor, Ceram u. Halmahera>)* alfuroj *Pl*

Algarve *f südlichste Provinz Portugals* Algarvo *[Hptst.: Faro]*

Alge *f Bot* algo (↑ *auch* ***Armleuchter-***, ***Blau-***, ***Braun-***, ***Grün-***, ***Kiesel-***, ***Meeres-***, ***Rot-*** *u.* ***Schraubenalge***); ***reich an*** ~***n*** algoriĉa; ***voller*** ~***n*** algoplena *od* plena de algoj

Algebra *f Math (Buchstabenrechnung)* algebro (*vgl. dazu* ***Arithmetik***; ↑ *auch* ***Matrizen-***, ***Mengen-***, ***Tensoral-*** *u.* ***Vektoralgebra***); ***lineare*** ~ lineara algebro

Algebraiker *m Mathematiker, der sich bes. mit Algebra beschäftigt* algebristo

algebraisch 1. *Adj* algebra; ~***es Element*** *n Math* algebra elemento; ~***e Gleichung*** *f Math* algebra ekvacio; ~***e Zahl*** *f Math* algebra nombro **2.** *Adv*: ~ ***abgeschlossen*** algebre fermita; ~ ***abhängig*** algebre dependa

Algenblüte *f, auch* ***Wasserblüte*** *f Limnologie (plötzliche massenhafte Vermehrung von Algen, bes. Blaualgen [Cyanobakterien], in einem Gewässer)* algoflorado

Algenfarn *m* (*Gattung* Azolla) *Bot (eine Gattung vorwiegend tropischer Wasser-*

farne azolo (↑ *auch* ***Carolina-Algenfarn***); ***großer*** ~ (Azolla filicoides) ŝajnfilika azolo

Algenfarngewächse *n/Pl*: ***[Familie der]*** ~ (Azollaceae) *Bot* azolacoj *Pl*

Algenkalk *m Geol* ↑ ***Stromatolith***

Algen|kultur *f Biol, Med* kultiv[ad]o de algoj; ~**kunde** *f*, *<wiss>* ***Algologie*** *f Biol* algoscienco, *<wiss>* algologio; ~**pest** *f* algopesto; ~**pilze** *m/Pl Biol (mikroskopisch kleine, algenähnliche Pilze [leben zum Teil parasitisch auf Tieren u. Pflanzen])* fukofungoj, *<wiss>* (Phycomycetes) fikomicetoj *Pl*, (Oomycetes) oomicetoj *Pl*

Algenzelle *f Bot*: ~ ***in Flechten***, *<wiss>* ***Gonidium*** *n* gonidio

Algerien (*n*), *arab.* ***Al-Djazair*** *ein Staat in Nordafrika* Alĝerio *[Hptst.: Algier]*; ~-**krieg** *m* alĝeria milito [pri sendependeco] *<1954-1962>* (*vgl. dazu* ***FLN***)

Algerier *m* alĝeriano

Algerierin *f* alĝerianino

algerisch *Adj* alĝeria

Algesie *f nur Fachspr Med (physiologische Schmerzempfindung)* algezio (↑ *auch* ***Hyperalgesie***)

Algesiologie *f Teilgebiet der Medizin, das sich mit der Erforschung der Schmerzentstehung u. der Schmerztherapie befasst* algeziologio

Algier (*n*) *Hptst. von Algerien* Alĝero

Algin *n Chem, Pharm (Bez für Salze und Ester der Alginsäure [Bestandteil der Zellwände von Braunalgen])* algino

Alginate *n/Pl Biochemie (Salze u. Ester des Polysaccharids Alginsäure)* alginatoj *Pl*

Alginsäure *f ein Polysaccharid aus Braunalgen* alginata acido

Algizid *n Mittel, das zur Bekämpfung von Algen eingesetzt wird* algicido

[1]**Algol** *m Astron (ein Stern im Sternbild Perseus)* Algolo

[2]**ALGOL** (*n*) *EDV (eine Programmiersprache)* Algolo

Algologe *m Experte auf dem Gebiet der Algenkunde* algologo

Algologie *f Biol* ↑ ***Algenkunde***

Algonkin *Pl* ***a)*** *Ling (eine Sprachgruppe nordamerik. Indianer)* algonkena lingvogrupo ***b)*** *auch* ***Algonkin-Stamm*** *m Ethn (große Völkerfamilie im östl. Nordamerika)* algonkenoj *Pl*, *auch* algonkena tribo

Algonkium *n Geol* ↑ ***Proterozoikum***

algorithmisch *Adj* algoritma

Algorithmisierung *f Math* algoritmigo

Algorithmus *m EDV, Math* algoritmo (↑ *auch* ***Regelungsalgorithmus***); ***euklidischer*** (***heuristischer***, ***iterativer***, ***kreisfreier***, ***linearer***, ***regelbasierter***) ~ eŭklida (heŭristika, iteracia, sencirkla, lineara, regulbazita) algoritmo

Alhambra *f Palast bei Granada [im 13. u. 14. Jh. errichtet]* Alhambro *<Hauptbeispiel der weltlichen maurisch-islamischen Kunst in Europa>*

Alhidade *f 1. Geom ([drehbarer] Zeiger zum Ablesen von Winkeln am Winkelmesser) 2. Vermessung (Peilvorrichtung)* alidado (↑ *auch* [1]***Sextant***)

Ali (*m*) *arabischer männl. Vorname* Alio

alias *Adv auch ... genannt* ankaŭ nomata, ali[a]nome, ankaŭ konata sub la nomo ...

Ali Baba (*m*), *arab.* ***ʻAlī Bābā*** *Gestalt aus der Märchensammlung «Tausendundeine Nacht»* Ali-Babo

Alibi *n Jur* alibio; ***sein*** ~ ***beibringen*** (*od* ***nachweisen***) pruvi sian alibion; ***ein ausgezeichnetes*** (*od umg* ***handfestes***) ~ ***haben*** havi fortan (*od* konvinkan) alibion

Alicante (*n*) *Hptst. der span. Provinz Alicante* Alikanto

Alice *f weibl. Vorname* Alica ◇ ~ ***im Wunderland*** *eine Märchensammlung* Alica en Mirlando

alicyclisch, *auch* ***alizyklisch*** *Adj Chem (in wechselnder Folge wiederkehrend)* alicikla; ~***e Verbindungen*** *f/Pl ringförmig aufgebaute organische Verbindungen [im strukturellen Ggs zu den «aromatischen Verbindungen»]* aliciklaj kombinaĵoj *Pl*

Alien *m od n Außerirdischer* eksterterano

Alighieri ↑ ***Dante Alighieri***

Alimentation *f* = ***Lebensunterhalt***

Alimente *n/Pl*, *auch* ***Unterhaltsbeiträge*** *m/Pl bes. für nicht eheliche Kinder Jur* alimento *Sg*

alimentieren *tr mit Geldmitteln unterstützen* finance subteni

Alinea *f Typ* ↑ ***Absatz a)***

aliphatisch *Chem (in offenen Ketten zu Molekülen angeordnet)* alifata; ~***e Reihe*** *f*, *auch* ***Fettreihe*** *f* alifata serio; ~***e Verbindungen*** *f/Pl Verbindungen mit offenen Kohlenstoffketten* alifataj kombinaĵoj *Pl*

Aliquotregister *n Mus* ↑ ***Obertonregister***

Alizarin *n*, *auch* ***Krapprot*** *n ein Pflanzenfarbstoff* alizarino *<früher aus der Krapp-*

wurzel gewonnen, heute synthetisch hergestellt>

alizyklisch ↑ ***alicyclisch***

Aljon|a (*f*) *russ. u. ukrain. weibl. Vorname* Aljona

Alk *m Tord*♀ (Alca torda) *Orn* aŭko (↑ *auch* ***Aleuten-***, ***Marmel-***, ***Papagei-*** *u.* ***Riesenalk***); ***[Familie der] ~en*** *Pl* (Alcidae) aŭkedoj *Pl*

Alkadien *n Chem* alkadieno

Al Kaida *od* **El Kaida** *f ein Netzwerk islamistischer Extremisten* Alkaido

Alkaios (*m*) *Eig* ↑ ***Alkäus***

alkäisch *Adj*: ***~e Strophe*** *f Metr (vierzeilige Odenstrophe der griech. Antike)* alkaja strofo; ***~er Vers*** *m Metr* alkaja verso *<nach Alkäus benannt>*

Alkalde *m [in Spanien:] Bürgermeister od Dorfrichter* alkado

Alkali *n, auch* ***Laugensalz*** *n Chem* alkalo; ***sich in ein ~ verwandeln*** alkaliĝi

Alkaliämie *f nur Fachspr Med (lebensbedrohlicher Alkaliüberschuss im Blut mit Anstieg des pH-Wertes auf über 7,44)* alkalemio (*vgl. dazu* ***Alkalose***)

alkaliartig *Adj* alkaleca

Alkalimetalle *n/Pl sehr reaktionsfähige Metalle* alkalaj metaloj *Pl*

Alkalimetrie *f Chem (Messung des Gehalts [einer Lösung] an Alkali)* alkalometrio

Alkalinität *f* ↑ ***Alkalität***

alkaliresistent *Adj* alkalorezista

Alkalisation *f* alkalizo

alkalisch *Adj laugenhaft* alkala; ***~e Erden*** *f/Pl Chem* alkalaj teroj *Pl*; ***~e Reaktion*** *f Chem* alkala reakcio

alkalisieren *tr Chem (Alkali zusetzen)* alkalizi, *(in ein Alkali verwandeln)* alkaligi

Alkalität *f, auch* ***Alkalinität*** *f Chem (alkalische Eigenschaft od Beschaffenheit)* alkaleco

Alkali|zelle *f Fotozelle, deren Kathode mit einem Alkalimetall beschichtet ist)* alkala fotoĉelo (*bzw.* baterio); **~zellulose** *f Textilindustrie* alkala celulozo

Alkaloide *n/Pl Biochemie (basische, meist giftige, in Pflanzen vorkommende Naturstoffe [heute zum Teil auch synthetisch hergestellt])* alkaloido (↑ *auch* ***Opium-***, ***Pyrrol-*** *u.* ***Vinca-Alkaloide*** *u.* ***Vincamin***)

Alkalose *f Med (erhöhter Alkaligehalt in Blut u. Geweben)* alkalozo (*vgl. dazu* ***Alkaliämie***); ***kongenitale ~*** *angeborene Stoffwechselanomalie mit Störung des Säure-Basen-Haushalts* denaska alkalozo; ***metabolische ~*** metabola alkalozo

Alkamenes (*m*) *Eig (athenischer Bildhauer [5. Jh. v. Chr.])* Alkameno

Alkane *n/Pl Chem (Sammelbez. für «gesättigte, aliphatische Kohlenwasserstoffe [früher auch Paraffine genannt], die in entweder verzweigten od unverzweigten Ketten vorliegen)* alkanoj *Pl* (*vgl. dazu* ***Alkene***; ↑ *auch* ***Cycloalkane***)

Alkäus (*m*), *griech.* ***Alkaios*** *Eig (griech. Lyriker aus Lesbos [um 600 v. Chr.])* Alkajo

Alkazar *m* ↑ ***Alcázar***

Alkene *n/Pl Chem (zweifach ungesättigte aliphatische Kohlenwasserstoffe)* alkenoj *Pl* (*vgl. dazu* ***Alkane***)

Alkibiades (*m*) *Eig (athenischer Staatsmann u. Feldherr [5. Jh. v. Chr.])* Alcibiado

Alkinoos (*m*), *lat.* ***Alcinous*** (*m*) *griech. Myth (König der Phaiaken)* Alcinoo

Alkmaar (*n*) *eine Stadt in Nordholland <mit berühmtem Käsemarkt>* Alkmaro

Alkman (*m*) *Eig (altgriechischer Dichter [2. Hälfte des 7. Jh.s v. Chr.])* Alkmano *<Alkman begründete die Chorlyrik>*

Alkmene (*f*) *griech. Myth (Gemahlin des Amphitryon, Mutter des Herakles)* Alkmena

Alkohol *m Chem ([gereinigter] Weingeist)* alkoholo, *als Getränk auch* alkoholaĵo (↑ *auch* ***Allyl-***, ***Amino-***, ***Amyl-***, ***Äthyl-***, ***Blut-***, ***Butyl-***, ***Poly-***, ***Rest-*** *u.* ***Zetylalkohol***); ***denaturierter*** (*od* ***vergällter***) ~ denaturigita alkoholo; ***mit ~ versetzen*** alkoholigi; ***der ~ ist ihm in den Kopf*** (*od* ***zu Kopf***) ***gestiegen*** la alkoholo nebuligis lian kapon

alkoholabhängig *Adj*: ~ ***sein*** esti dependa de alkoholo

Alkoholabhängigkeit *f* dependeco de alkoholo (*vgl. dazu* ***Alkoholismus***)

Alkoholabusus *m* ↑ ***Alkoholmissbrauch***

alkoholarm *Adj* malmultalkohola *od nachgest* enhavanta malmultan alkoholon

Alkoholat *n Chem (aromatischer Weingeist)* alkoholato

Alkoholeinfluss *m*: ***unter ~ stehen*** esti sub influo de alkoholo (*od* alkoholaĵoj)

alkoholfrei *Adj* senalkohola; ***~es Getränk*** *n* senalkohola trinkaĵo

Alkoholgegner *m* kontraŭalkoholulo (↑ *auch* ***Abstinenzler***)

Alkoholgehalt *m* enhavo de (*od* je) alkoholo; ***Bier mit geringem*** ~ biero kun malmulte da alkoholo

Alkoholgenuss *m* alkoholtrinkado

alkoholhaltig, *<österr>* ***alkoholhältig*** *Adj* alkoholhava

Alkoholika *Pl* alkoholaĵoj *Pl*

Alkoholiker *m [gewohnheitsmäßiger] Trinker* alkohol[ism]ulo (*vgl. dazu* ***Quartalssäufer***; ↑ *auch* ***Säufer*** *u.* ***Trinker***)

alkoholisch *Adj* alkohola; ~***e Gärung*** *f* alkohola fermentado; ~***es*** (*od geh* ***geistiges***) ***Getränk*** *n* alkohola trinkaĵo, alkoholaĵo (↑ *auch* ***Chicha***)

alkoholisieren *tr bes. Tech (mit Alkohol versetzen)* alkoholigi; ***er ist ganz schön alkoholisiert*** li estas sufiĉe alkoholumita

Alkoholismus *m, auch* ***Trunksucht*** *f Med* alkoholismo (*vgl. dazu* ***Dipsomanie***)

Alkoholkonsum *m, auch* ***Alkoholverbrauch*** *m* alkoholkonsumo, brandokonsumo

alkoholkrank *Adj* alkoholmalsana

Alkohol|krankheit *f Med* alkoholmalsano; ~**missbrauch** *m, fachsprachl.* ***Alkoholabusus*** *m* misuzo (*od auch* trouzo) de alkoholo (*od* alkoholaĵoj)

Alkoholometer *n Spindel zur Ermittlung des Alkoholgehalts von Spiritus u. Branntwein* alkoholometro

Alkoholometrie *f Ermittlung des Alkoholgehalts von Flüssigkeiten* alkoholometrio

Alkohol|säule *f des Thermometers* alkohola kolono; ~**schmuggler** *m* kontrabandisto de alkoholo (*od* alkoholaĵoj); ~**spiegel** *m Med* procentaĵo de alkoholo [en la sango]

Alkoholtester *od* **Alkomat** *m Gerät zur Messung des Alkoholspiegels im Blut* alkoholtestilo; ***der Alkomat ergab einen Wert von ... Promille*** la alkoholtestilo indikis valoron de ... promilo

Alkoholverbrauch *m* ↑ ***Alkoholkonsum***

Alkoholvergiftung *f* veneniĝo pro [troo da] alkoholo, alkohola toksiĝo

Alkor *m, auch* ***Reiterlein*** *n Astron (ein kleiner Stern im Sternbild Großer Bär)* Alkoro

Alkoven *m **a)** Arch (eine fensterlose Raumnische, die früher meist als Schlafstelle genutzt wurde)* alkovo ***b)*** *i.w.S. auch* ***Bettnische*** *f* alkovo, *auch* [enĉambra] litniĉo

al-Kufra (*n*) ↑ ***Kufra***

Alkyd[harz] *n Chem* alkido, alkida rezino

Alkydharzfarbe *f* alkidfarbo

Alkyl *n, auch* ***Alphyl*** *n Chem (einwertiger Kohlenwasserstoffrest)* alkilo; ~**gruppen** *f/Pl* alkilgrupoj *Pl*

alkylieren *tr Chem* alkilizi

Alkylierung *f Chem* alkiliz[ad]o

Alkyone *f Astron* ↑ ***Alcyone***

all 1. *Indef Pron*: ***a)*** ~***e*** *Pl* ĉiuj *Pl* (*vgl. dazu* ***alles***); ~***e beide*** *jede(r, ~s) von beiden* ambaŭ el ili; ~***e Länder der Erde*** ĉiuj landoj de la tero ***b)*** *in Fügungen*: ~***e fünf Jahre*** ĉiun kvinan jaron; ~***er drei Tage*** ĉiun trian tagon; ***für*** ~***e Zeiten*** por ĉiam [kaj eterne]; ***in*** ~***er Frühe*** ege frumatene; ***trotz*** ~***em*** malgraŭ ĉio; ***unter*** ~***en Umständen*** ĉiuokaze; *unter jeder Bedingung* ĉiukondiĉe; ***vor*** ~***em*** antaŭ ĉio; *besonders* precipe; ***vor*** ~***en Dingen*** antaŭ ĉio, ĉefe; ***zu*** ~***em Unglück ...*** [kaj] malfeliĉe krom tio ... **2.** *prädikatives Adj:* ~***e*** *umg für «aufgebraucht» od «ausverkauft» bzw. «beendet» od «vorbei»*: ***mein Geld ist*** ~***e*** mia mono estas finita (*od* [tute] elspezita); ***die Vorräte sind*** ~***e*** la provizoj elĉerpiĝis **3.** *Präf* ***a)*** *mit der Bed «alles»* ĉio... ***b)*** *mit der Bed «jede(r)»* ĉiu... ***c)*** *mit der Bed «gesamt»* tut...

All *n* universo (*vgl. dazu* ***Kosmos*** *u.* ***Weltall***)

allabendlich 1. *Adj* ĉiuvespera; ***der*** ~***e Spaziergang*** la [regula] ĉiuvespera promeno **2.** *Adv* ĉiuvespere

Allagiren *Pl Ethn (ein Stamm der Osseten im zentralen Kaukasus)* alagiroj *Pl*

Allah (*m*) *Name für den einzigen Gott im Islam* Alaho *<Mohammed erklärte ihn zur alleinigen Gottheit>*; ***im Namen*** ~***s*** en (*od* je) la nomo de Alaho

Allahabad (*n*) *eine Stadt im indischen Unionsstaat Uttar Pradesh* Alahabado *<hinduistischer Wallfahrtsort>*

Allantois *f, auch* ***Harnsack*** *m Biol (sackförmiges Organ der Embryonen von Reptilien, Vögeln u. Säugetieren)* alantoido

Allativ *m, auch* ***Adlativ*** *m Gramm (ein Kasus der finno-ugrischen Sprachen, der das Ziel angibt, auf das eine Bewegung gerichtet ist)* alativo

allbekannt *Adj* ĉie konata; *berühmt* fama

alldeutsch ↑ ***pangermanisch***

alle ↑ *unter* ***all 1.*** *u.* ***all 2.***

Allee *f von zwei od mehr Baumreihen gesäumte Straße* aleo (*vgl. dazu* ***Avenue*** *u.* ***Boulevard***; ↑ *auch* ***Parkallee***)

Alleghenies *Pl, auch* ***Alleghenygebirge*** *n, engl.* ***Allegheny Mountains*** *ein Gebirgszug der Appalachen (im Osten der USA)* Aleganoj *Pl*

Allegorie *f bildende Kunst, Lit* alegorio (↑ *auch* ***Gleichnis*** *u.* ***Sinnbild***)

allegorisch *Adj gleichnishaft, sinnbildlich* alegoria

Allegorist *m Kunst, Lit* alegoriisto

allegretto *Adv Mus* alegrete

Allegretto *n Musikstück in mäßig lebhaftem Tempo* alegreto

allegro *Adv Mus (lebhaft, munter)* alegre

Allegro *n Musikstück in lebhaftem Tempo* alegro

allein 1. *prädikatives Adj* sola; *einsam* soleca; *abgesondert* izolita (↑ *auch* ***mutterseelenallein***); ~ ***arbeiten*** (***bleiben***, ***spazieren gehen***, ***wohnen***) labori (resti, promeni, loĝi) sola; ***ich gehe*** ~ mi iras (*bzw. Fut* iros) sola; ***er*** ~ ***ist schuldig*** *od* ***er*** ~ ***trägt die Schuld*** li sola estas kulpa **2.** *Adv* sole, en soleco; *selbst* [por si] mem; *nur, bloß* nur; *ungeachtet aller anderen Dinge* escepte de ĉio alia; *schon* jam; ~ ***[schon] der Gedanke schreckt ab*** la nura penso pri tio estas terura; ***einer*** ~ ***schafft das nicht*** unu sola homo (*od* persono) ne kapablas tion fari **3.** *Konj jedoch* sed; *dennoch* tamen

Allein|besitz *m* monopolo; ~**erbe** *m* sola heredanto (*bzw.* heredonto)

Alleingang *m*: ***im*** ~ ***handeln*** agi sola

Allein|herrschaft *f* aŭtokrateco, aŭtokratismo; *als System* aŭtokratio; *uneingeschränkte Herrschaft eines Monarchen, Willkürherrschaft* absolutismo; *Herrschaft eines/einer Einzelnen* monokratio; ~**herrscher** *m* aŭtokrato

alleinig *Adj* ***a)*** sola, nura (*vgl. dazu* ***einzig***) ***b)*** *<österr> alleinstehend* senfamilia, ne havanta parencojn; *ohne Begleitung [auftretend], bes. eine Dame* sen akompananto

Allein|inhaber *m alleiniger Besitzer* sola posedanto; ~**recht** *n*, *auch* ***ausschließliches Recht*** *n* ekskluziva rajto; ~**sein** *n Einsamkeit* soleco; *Verlassenheit* forlasiteco

alleinstehend *Adj allein lebend* vivanta sola; *ohne Familie* senfamilia; *ohne Verwandte* sen parencoj, senparenca *od* ne havanta parencojn *nachgest*; *Haus* izole situanta;

Allein|verkaufsrecht *n Hdl* ekskluziva vendorajto, *auch* sol-vendorajto; ~**vertreter** *m* sola agento; ~**vertretung** *f od* ~**vertrieb** *m* sola agentejo; *Monopol* monopolo

Allele *n/Pl*, *auch* ***Allelomorphe*** *Pl Genetik (Gene, die auf homologen Chromosomen zweier od mehrerer Chromosomensätze genau den gleichen Genort besetzen)* aleloj *Pl* (↑ *auch* ***Isoallele*** *u.* ***Pseudoallele***)

Allel|frequenz *od* ~**häufigkeit** *f Genetik (die relative Häufigkeit eines Allelsin einer Population)* alelfrekvenco

Allelie *f Genetik (das Vorkommen von Allelen)* aleleco

Allelopathie *f nur Fachspr Bot (gegenseitige Beeinflussung von Pflanzen durch Stoffwechselausscheidungen)* alelopatio

alleluja! ↑ ***halleluja!***

allemal *Adv jedes Mal* ĉiufoje; *immer* ĉiam; *auf jeden Fall* ĉiuokaze; *ganz sicher* tutcerte (↑ *auch* ***Mal***)

Allemande *f ein alter Schreittanz [16./17. Jh.]* alemando

allenfalls *Adv falls nötig* se necese; *falls man gezwungen ist* se oni estas devigata; *im äußersten Fall, höchstens* en ekstrema okazo; *falls es nicht anders geht* se ne estas alia ebleco; *eventuell* eventuale; *vielleicht* eble; *nach Bedarf* laŭ bezono

Allenstein (*n*) ↑ ***Olsztyn***

allenthalben *Adv überall* ĉie

Aller *f ein Nebenfluss der Weser in Sachsen-Anhalt u. Niedersachsen* [rivero] Alero

allerbeste(r, -s) *Adj* plej bona, *umg auch* plej-plej bona

allerdings *Adv die Aussage einschränkend (zögernd zugestehend)* mi (*od* oni) devas konfesi, ke ...; *die Aussage verstärkend* efektive; kompreneble; certe; *als Einräumung od Zugeständnis (freilich, wohl)* ja; ~ ***unter der Veraussetzung***, ***dass ...*** kondiĉe nur, ke ...; ***das ist*** ~ ***eine andere Sache*** *das ist freilich etw. anderes* tio ja estas alia afero

allererst|(e, ~**er,** ~**es)** *Adj* [plej] unua; *herausragendst* plej elstara; ***von*** ~***er Güte*** de plej bona kvalito; ***zu*** ~ antaŭ ĉio

allergen *Adj* alergena

Allergen *n Med (Substanz, die über Vermittlung des Immunsystems Überempfindlichkeitsreaktionen auslöst)* alergeno (↑ *auch* ***Kontaktallergen***); ***maskiertes*** (*od* ***verstecktes***) ~ maskita (*od* kaŝita) alergeno

Allergie *f Med (Überempfindlichkeit [des Organismus] gegen bestimmte Stoffe* alergio (***gegen*** al *od* kontraŭ) (↑ *auch* ***Arzneimittel-***, ***Gluten-***, ***Hausstaub-***, ***Hühnerei-***, ***Insektengift-***, ***Insulin-***, ***Kuhmilch-***, ***Nah-***

rungsmittel-, Penizillin-** u. **Pollenallergie); ***bakterielle*** ~ bakteria alergio; ***eine ~ hervorrufen*** kaŭzi alergion
Allergietest *m Dermatologie* alergitesto
Allergiker *m* alergiulo (↑ *auch* ***Pollenallergiker***
allergisch *Adj* alergia *auch übertr* (***gegen*** al *od* kontraŭ); ***~e Beschwerden*** *Pl* alergiaj perturboj *Pl*; ***~er Eiweißschock*** *m Med* ↑ ***Anaphylaxie***; ***~e Erkrankung*** *f* alergia malsano; ***~er Schnupfen*** *m* (Rhinitis allergica) alergia nazkataro, *Fachspr Med* alergia rinito ***eine ~e Reaktion hervorrufen*** kaŭzi alergian reakcion (***bei*** ĉe)
Allergoide *n/Pl chemisch modifizierte Allergene, die in der spezifischen Immuntherapie (Hyposensibilisierung) eingesetzt werden* alergoidoj *Pl*
Allergologie *f Med (Wissenschaft u. Lehre von den Allergien)* alergiologio
allergologisch **1.** *Adj* alergiologia **2.** *Adj* alergologie; ~ ***bedingt*** alergologie kaŭzita
allerhand *Adj verschiedenartige* divers[spec]aj; *ziemlich viel(e)* sufiĉe multa(j) *(Pl)* ◇ ***das ist ja ~!*** *als Ausdruck der Entrüstung* tio estas [bela] impertinentaĵo!
Aller|heiligen *ohne Art: kath. Kirche* festo de ĉiuj sanktuloj *(auch Großschr) [am 1. November]*; ~**heiligste** *n* ***a)*** *auch* ***innerstes*** (*od* ***höchstes***) ***Heiligtum*** *n (Stätte)* plejsanktejo ***b)*** *(Gegenstand)* plejsanktaĵo
allerhöchst *Adj auf die Höhe bezogen* plej alta; ***es ist ~e Zeit*** estas plej urĝa tempo
allerhöchstens *Adv* maksimume
allerlei *Adj attributiv* kelkspeca,diversa; *substantivisch* kelkspecaj (*od* diversaj) aferoj *Pl* (↑ *auch* ***mancherlei*** *u.* ***verschiedenerlei***)
Allerlei *n* diversspecaj (*od* ĉiuspecaj) aĵoj *Pl od* diversaĵoj *Pl*; *Durcheinander* pelmelo
allerletzt **1.** *Adj* plej lasta; ***der*** (*bzw.* ***die*** *od* ***das***) ***≗e*** la plej lasta **2.** *Adv*: ***zu*** ~ plej laste, tute ĉe (*od* en) la fino; *schließlich* finfine
aller|liebst *Adj* plej kara; *ganz reizend* treege ĉarma; *niedlich* minjona (↑ *auch* ***anbetungswürdig***); ~**meist** *Adj* plej multa; ~**nächst** *Adj* plej proksima; ~**neueste** *Adj* plej nova; ~**orten** *od* ~**orts** *Adv* ĉiuloke; *überall* ĉie; ~**schönste** *Adj* plej bela
Allerseelen *n kath. Gedächtnistag für alle Verstorbenen* Tago de Ĉiuj Forpasintoj *[am 2. November]*
allerspätestens *Adv* plej malfrue
Allerwelts|kerl *m salopp* ĉiospertulo; ~**künstler** *m scherzh* universala geni[ul]o
allerwenigst *Adv*: ***am ~en*** malplej, plej malmulte; *am schlechtesten* plej malbone
allerwichtigste *Adj* plej grava
alles **1.** *Pron* ĉio (↑ *auch* ***all 1.***); ~ ***auf einmal essen*** manĝi ĉion per unu fojo; ~ ***in allem*** *insgesamt* entute; *zusammenfassend* resume; ~ ***Übrige*** ĉio cetera; ~ ***zusammen*** ĉio kune, *(akkusativisch)* ĉion kune, *auch* ĉiom; ***dies*** (*od* ***das***) ~ *od* ~ ***das*** ĉi ĉio *od* ĉio ĉi; ***danke, das ist*** ~ *beim Einkauf, im Lokal* dankon, tio estas ĉio; ~ ***Gute zum*** (*bzw.* ***zur***) ***...!*** ĉion bonan okaze de ...!; ~ ***Gute zum Geburtstag!*** ĉion bonan okaze de via naskiĝtago!; ***um*** ~ ***in der Welt*** pro ĉio en la mondo *(Zam)* ◇ ***da hört doch*** ~ ***auf!*** *nun ist es aber genug!* sufiĉas [nun]!; *das ist die Höhe!* jen (*od* tio estas) la supro de impertinenteco (*bzw.* aroganteco)!; ~ ***wird gut!*** ĉio iros bone! **2.** *Rel Pron*: ~, ***was ich hier sah*** ĉio, kion mi vidis ĉi tie
allesamt *Indef Pron* [senescepte] ĉiuj
Alles|fresser *m/Pl*, *<wiss>* ***Omnivoren*** *m/Pl Zool* ĉiomanĝuloj *Pl*; ~**kleber** *m* universala gluo; ~**könner** *m* ĉiopovulo (*vgl. dazu* ***Universalgenie***)
allezeit *Adv alt od reg* ĉiutempe; *immer* ĉiam
allfällig ↑ ***eventuell***
Allgäu *n* Algovio; ***Ober≗*** Supra Algovio; ***Ost≗*** Orienta Algovio; ***Unter≗*** Malsupra Algovio
Allgäuer *m* **1.** *Subst: Bewohner des Allgäu* algoviano **2.** *in Zus*: ~ ***Alpen*** *Pl* Algoviaj Alpoj *Pl*
Allgäuerin *f* algovianino
allgäuisch *Adj* algovia
Allgegenwart *f* ĉieesto; ***die*** ~ ***Gottes*** la ĉieesto de Dio
allgegenwärtig *Adj* ĉieesta, ĉiam ĉeesta
Allgegenwärtige *m eine Bez für «Gott»* ĉieestanto (↑ *auch* ***Allmächtige***)
allgemein **1.** *Adj* ĝenerala, universala; *alle betreffend* komuna; *öffentlich* publika; *gebräuchlich, üblich* kutima; ***eine ~e Feststellung*** ĝenerala konstato; ***im ~en Interesse*** en la publika intereso; ***~e Meinung*** *f* ĝenerala (*od* publika) opinio; ***~e Unzufriedenheit*** *f* ĝenerala nekontent[ec]o; ***im ≗en*** (*Abk* ***i. Allg.***) ĝenerale **2.** *Adv*: ~ ***bekannt*** ĉie konata; ~ ***bildend*** ĝenerale kleriga; ~ ***gebräuchlich*** ĝenerale uzata, komunuza; *populär* populara; ~ ***gesagt*** (*od* ***gesprochen***) ĝenerale dirite; ~ ***gültig*** ĝenerale va-

lida; *überall geltend* ĉie valida; *allgemein akzeptiert* ĝenerale (*od* ĉie) akceptita; ~ ***verständlich*** facile komprenebla; *populär* populara

Allgemein|befinden *n Med* ĝenerala farto; ~**begriff** *m* ĝenerala nocio

allgemeinbildend *Adj z.B. Schule* ĝenerale kleriga

Allgemein|bildung *f* ĝenerala klereco; *vielseitiges Wissen* multflankaj scioj *Pl*; ~**gültigkeit** *f* ĝenerala valideco; ~**gut** *n* komuna propraĵo

Allgemeinheit *f* ***a)*** *allgemeiner Charakter von etw.* ĝeneraleco, universaleco ***b)*** *alle [Menschen]* ĉiuj [homoj] *Pl*; *Öffentlichkeit, Publikum* publiko (*vgl. dazu* ***Volk***); *[menschliche] Gesellschaft* [homa] socio (*vgl. dazu* ***Standesgesellschaft***); ***nicht für die ~ [bestimmt]*** nekomuna (↑ *auch* ***persönlich*** *u.* ***privat***)

Allgemein|infektion *f Med (Ausbreitung von Krankheitserregern über den gesamten Organismus)* ĝenerala infektiĝo; ~**kenntnisse** *f/Pl od* ~**wissen** *n* ĝeneralaj konoj *Pl*, ĝenerala scio; ~**medizin** *f* ĝenerala medicino; ~**mediziner** *m* ĝenerala medicinisto; ~**platz** *m abgegriffene Redensart* banala diraĵo (↑ *auch* ***Plattitüden***); ~**wissen** *n* ĝeneralaj scioj *Pl*; ~**wohl** *n* publika bono (*od auch* bonstato)

Allgewalt *f* ↑ ***Allmacht***

allgewaltig ↑ ***allmächtig***

Allgriechentum *n* ↑ ***Panhellenismus***

Allheilmittel *n* universala kuracilo, *bes. übertr od geh (Wundermittel)* panaceo

Allianz *f 1. Staatenbündnis 2. Vertragsgemeinschaft* alianco (*vgl. dazu* ***Bund***; ↑ *auch* ***Quadrupel-*** *u.* ***Tripelallianz***); ***Heilige ~*** *Gesch (1815 in Paris geschlossener Vertrag zw. den Herrschern Russlands, Preußens u. Österreichs zur Aufrechterhaltung der vom Wiener Kongress vereinbarten Neuordnung Europas)* Sankta Alianco

Allianzpolitik *f* ↑ ***Bündnispolitik***

Alligator *m* (*Gattung* Alligator) *Zool* aligatoro (↑ *auch* ***China-Alligator***, ***Kaiman*** *u.* ***Mississippi-Alligator***)

alliieren *tr* alianci; ***sich ~*** *sich verbünden* alianciĝi (***mit*** kun)

alliiert *Adj* aliancita; ***die ~en Mächte*** *f/Pl Pol* la aliancitaj potencoj *Pl*

Alliierte *m Verbündete* aliancano; ***die ~n*** *Pl Pol* la Aliancitaj Ŝtatoj *Pl*

Alliin *n Biochemie (ein schwefelhaltiger Abkömmling der Aminosäure Cystein [Vorkommen in Knoblauch u. Zwiebeln])* aliino

Alliteration *f*, *auch* ***Stabreim*** *m Metr* aliteracio

alliterieren *intr einen Stabreim bilden, sich im Stabreim reimen* formi aliteracion, aliteracii

alliterierend *Adj* aliteracia

alljährlich 1. *Adj* ĉiujara **2.** (*Abk* ***allj.***) *Adv* ĉiujare; *jedes Jahr* ĉiun jaron

Allmacht *f*, *auch* ***Allgewalt*** *f geh* ***Omnipotenz*** *f* ĉiopotenco, ĉiopovo

allmächtig, *auch* ***allgewaltig***, *geh* ***omnipotent*** *Adj* ĉiopotenca, *[allgemeiner ausgedrückt:]* ĉiopova; ***der ~e Gott*** la Ĉiopotenca Dio, *der Allmächtige* la Plejpotenculo

allmählich 1. *Adj* iompostioma **2.** *Adv* iom post iom (*vgl. dazu* ***langsam***, ***mittlerweile*** *u.* ***Schritt für Schritt***)

allmonatlich 1. *Adj* ĉiumonata **2.** *Adv* ĉiumonate; *jeden Monat* ĉiun monaton

all|morgendlich 1. *Adj* ĉiumatena **2.** *Adv* ĉiumatene; *jeden Morgen* ĉiun matenon; ~-**nächtlich 1.** *Adj* ĉiunokta **2.** *Adv* ĉiunokte; *jede Nacht* ĉiun nokton

Allobroger *m/Pl Gesch (Keltenstamm in SO-Frankreich zw. Rhône u. Isère)* alobrogoj *Pl*

allochthon *Adj 1. Biol (von außerhalb eines bestimmten Biotops stammend, biotopfremd, fremdbürtig)* <*Ggs:* ***indigen*** [↑ *auch dort*]>, *2. Geol (an anderer Stelle entstanden, nicht am Fundplatz heimisch [von Lebewesen u. Gesteinen])* aloktona

Allod *n*, *auch* ***Allodium*** *n Feudalismus (dem Lehensträger persönlich gehörender Grund u. Boden [lehensfreies Eigentum])* alodo

allodial *Adj lehnzinsfrei* aloda (*vgl. dazu* ***Freilehen***)

Allodromie *f Med* = ***Allorhythmie***

Allogamie *f*, *auch* ***Xenogamie*** *f*, *auch* ***[Fortpflanzung durch]Fremd-*** *od* ***Kreuzbestäubung*** *f Bot* alogamio, ksenogamio, fremdpolenado

Allomorph *n Ling ([phonetishe od lexikalische] Variante eines Morphems)* alomorfo

Allonge [*a'lõ:ʒə*] *f Wirtsch (Verlängerungsstreifen [an Wechseln] für weitere wechselrechtliche Erklärungen)* alonĝo

Allopath *m Med (Arzt, der Anhänger der Allopathie ist)* alopato *od* alopatiisto

Allopathie *f Med (Schulmedizin im Ggs zur Homöopathie)* alopatio
allopathisch *Adj Med* alopatia
Allophon *n Phon ([lautliche] Variante eines Phonems)* alofono *[Zungen-R und Zäpfchen-R sind Varianten des Phonems /r/]*
Allorhythmie *f nur Fachspr Med (Herzrhythmusstörung periodischen Charakters bei regelmäßigen Extrasystolen)* aloritmio
Allosterie *f Biochemie (Eigenschaft vieler aus mehreren Untereinheiten zusammengesetzter Proteine, in mehr als einer stabilen Konformation der Gesamtstruktur vorzukommen)* alostereco
allosterisch *Adj Biochemie* alostera
Allotria *n [übermütiger] Streich* petolaĵo
allotrop *Adj Chem (vielgestaltig)* alotropa
Allotrophie *f Med* alotrofio
Allotropie *f Chem (Vielgestaltigkeit: Vorkommen eines chemischen Elements in mehreren verschiedenen Zustandsformen [Kohlenstoff z.B. als Graphit u. Diamant)* alotropeco, *auch* alotropio
All|parteienregierung *f Pol* ĉiupartia registaro; ~**quantor** *m (Symbol* ∀*) Math* universala kvantizanto; ~**radantrieb** *m Kfz* ĉiurada propulso; ~**richtungsfunkfeuer** *n, auch* ***Drehfunkfeuer*** *n El, Flugw, Mar* ĉiudirekta faroso (*vgl. dazu* ***Funkfeuer***)
allseitig 1. *Adj* ĉiuflanka; *universell* universala **2.** *Adv* ĉiuflanke; universale; ~ ***entwickelt*** ĉiuflanke disvolvita
Allseitigkeit *f* ĉiuflankeco; universaleco
allseits *Adv: auf allen Seiten* ĉiuflanke; *allerorts* ĉiuloke; *überall* ĉie
Allstromgerät *n Radio* ricevilo por ambaŭ kurentospecoj
Alltag *m gewöhnlicher Tag* ordinara tago; *Werktag* labortago; *alltägliches Leben* ĉiutaga vivo
alltäglich *Adj* ĉiutaga; *üblich* kutima; *durchschnittlich* averaĝa; *banal* banala; *Gesicht, Mensch* ordinara; ***eine ~e Sache*** ĉiutaga afero (*bzw.* okazaĵo), ĉiutagaĵo; *etw. Gewöhnliches* ordinaraĵo
Alltäglichkeit *f* ĉiutageco; *Gewöhnlichkeit, Mittelmäßigkeit* ordinareco
Alltags|kleid *n* labortaga vesto; ~**leben** *n* ĉiutaga vivo; ~**sorgen** *f/Pl* ĉiutagaj zorgoj *Pl*; ~**sprache** *f* ĉiutaga lingvo; *i.w.S. gesprochene Sprache* parola lingvo
All Terrain Bike *n* (*Abk* ***ATB***) *vielseitiges, auch auf schlechten Straßen benutzbares Fahrrad, mit 28-Zoll-Rädern, Schaltungs- und Bremsentechnik vom Mountainbike* ĉiuterena biciklo
allumfassend *Adj* ĉion ampleksanta *od* tutampleksa, ĉioma; *universell od die ganze Welt umfassend* universala; *enzyklopädisch* enciklopedia
Allüren *Pl* kapric[et]oj *Pl* (↑ *auch* ***Starallüren***)
alluvial *Adj Geol (angeschwemmt)* aluvia
Alluvialboden *m* = ***Schwemmboden***
Alluvion *f Geol (neu angeschwemmtes Land, Schwemmland)* aluvio
Alluvium *n Geol (ältere Bez für «Holozän»)* aluvio
allweil *od* **alle[r]weil** *Adv <österr> umg für «immer»* ĉiam
allwissend *Adj* ĉio[n]scia
Allwissenheit *f* ĉioscio
allwöchentlich 1. *Adj* ĉiusemajna **2.** *Adv* ĉiusemajne; *jede Woche* ĉiun semajnon
Allyl *n Chem* alilo; ~**alkohol** *m Chem* alila alkoholo
allzu *Adv* tro; ~ ***sehr*** *od* ~ ***viel*** tro multe; ~ ***große Hoffnungen darfst du nicht haben!*** tro grandajn esperojn vi ne havu [pri tio]!; ***sich nicht ~ sehr bemühen*** ne tro multe klopodi
Allzwecklokomotive *f Eisenb* universala lokomotivo
Alm *f, reg u. <schweiz>* ***Alp*** *f, auch* ***Almweide*** *od* ***alpine Weide*** *f Berg- od Hochgebirgsweide* [paŝtejo sur la] alpo, alpa (*od* altmontara) paŝtejo; ***die Kühe*** (*od i.w.S.* ***das Vieh***) ***im Sommer auf die ~ treiben*** konduki la bovinojn somere sur la alpon (*vgl. dazu* ***Sommerweide***)
Alma-Ata (*n*) ↑ ***Almaty***
Almabtrieb *m, <schweiz>* ***Alpabzug*** *m, <im Allgäu>* ***Viehscheid*** *m Überführung des Viehs von den Bergweiden ins Tal* rekonduko (*od* subenpelado) de la bovinoj el la montaraj paŝtejoj en la valon
Almagest *m Hauptwerk des Ptolemäos [enthält sein astronomisches Lehrgebäude]* almagesto
Alma Mater *f = geh für* ***Universität*** *od* ***Hochschule*** [↑ *dort*]
Almanach *m [bebildertes] Jahrbuch mit Kalendarium* almanako
Almandin *m* (*häufig* ***Karfunkel*** *genannt*) *Min (dunkelrotes Mineral aus der Gruppe der Granate, Schmuckstein)* almandino

al-Mansura (*n*) ↑ ***Mansura***

Almanzora *m ein Fluss in Südspanien* [rivero] Almanzoro *[mündet nordöstl. von Almeria ins Mittelmeer]*

Al-Masira (*n*) *zu Oman gehörende Insel im Arabischen Meer* [insulo] Masiro

Almaty (*n*), *früher* ***Alma-Ata*** (*n*) *größte Stadt Kasachstans* Almato, *früher* Alma-Atao *bis 1997 Hptst. von Kasachstan* (*vgl. dazu* ***Astana***)

Almbauer *m*, *auch* ***Älpler*** *m Bauer, der Gebirgsweidewirtschaft betreibt* suralpa agrokulturisto (↑ *auch* ***Bergbauer*** *u.* ***Senner***)

Almeh *f orientalische, bes. ägyptische Tänzerin u. Sängerin* almeo

Almer *m* ↑ ***Senn***

Almere (*n*) *größte Stadt der Provinz Flevoland/NL*

Almería (*n*) *eine südspan. Hafenstadt (in Andalusien)* Almerio <*mit maurischer Altstadt*>

Almerin *f* ↑ ***Sennerin***

Almhütte *f* kabano sur alpo

Almnagerl *n Bot* ↑ ***Alpennelke***

Almohaden *Pl*, *arab.* ***Al-Muwahhidūn*** *Gesch (eine muslimische Berber-Dynastie, die zw. 1147 u. 1269 über den Maghreb u. al-Andalus herrschte)* almohadoj *Pl*

Almoraviden *Pl*, *arab.* ***Al-Murābitūn*** *Gesch (islamisches Herrscherhaus, das von den Almohaden abgelöst wurde)* almoravidoj *Pl*

Almosen *n milde Gabe* almozo; ~ ***geben*** (*od* ***spenden***) doni almozon, *abs auch* almozdoni; ***um [ein]*** ~ ***bitten*** *od* ~ ***erbitten*** petadi pri almozo, *Zam auch* petadi almozon (***bei jmdm.*** de iu), *abs* almozpeti; ***Kästchen*** *n* ***für*** ~ *z.B. an Kircheneingängen* almozokesto

Almosen|empfänger *m* ricevanto de almozoj (↑ *auch* ***Bettler***); ~**spender** *m* almozdonanto

Almqvist (*m*) *Eig (schwedischer Dichter [1793-1866])* Almkvisto

Almrausch *m Bot* ↑ ***Alpenrose***

Almweide *f* ↑ ***Alm***

Alnico *ohne Art*: *Sammelbez. für dauermagnetische Legierungen aus Aluminium, Nickel und Kobalt* alniko

Aloe *f* (*Gattung* Aloë) *Bot* aloo; ***echte*** ~, *auch* ***Aloe vera*** *f* aloo vera <*der eingedickte Pflanzensaft wird pharmazeutisch genutzt*>

Alofi (*n*) *Hauptort der Insel Niue* Alofo

alogisch *Adj der Logik widersprechend* kontraŭa al la logiko (↑ *auch* ***unlogisch***); *vernunftwidrig* kontraŭracia

Alopezie *f* (Alopecia) *Med (krankhafter Haarausfall)* alopecio, [patologia] harperdo; ***hereditäre*** ~ (Alopecia hereditaria), *auch* ***Atrichie*** *f* hereda alopecio

Alor (*n*) *eine indonesische Insel nördl. von Timor* [insulo] Aloro

Alor-Archipel *m* Alor-Insularo

[1]**Alp** *m Myth* ↑ ***Inkubus***

[2]**Alp** *f* ↑ ***Alm***

Alpabzug *m* ↑ ***Almabtrieb***

[1]**Alpaka** *n* (Vicugna pacos) *Zool (eine Haustierform des Guanokos)* alpako

[2]**Alpaka** *m Textil (ein Wollstoff)* alpako

Alpan *od* **Alpanu** (*f*) *Myth (etruskische Liebes- u. Unterweltsgöttin)* Alpana

Alpe *f hoher Berg* alpo (*vgl. dazu* ***Alm***)

Alpen: ***die*** ~ *Pl Gebirge in Zentraleuropa* la Alpoj *Pl* (*vgl. dazu* ***Hochgebirge***; ↑ *auch* ***Dinarische***, ***Friauler*** *u.* ***Provenzalische Alpen***); ***die Australischen*** ~ la Aŭstraliaj Alpoj; ***die Bayerischen*** ~ la Bavaraj Alpoj; ***die Japanischen*** ~ *zentrales Gebirgssystem auf der jap. Hauptinsel Hondo* la Japanaj Alpoj; ***die Savoyer*** ~ la Savojaj Alpoj; ***die Steiner*** ~, *auch* ***Kamniške Alpe*** *Gebirge in Slowenien* la Kamnikaj Alpoj; ***die Tiroler*** ~ la Tirolaj Alpoj

Alpenampfer *m*, *reg* ***Mönchsrhabarber*** *m* (Rumex alpinus) *Bot* alpa rumekso

Alpenamsel *f Orn* ↑ ***Ringdrossel***

Alpen|aster *f* (Aster alpinus) *Bot* alpa astero; ~**balsam** *m* (Erinus alpinus) *Bot* alpa erino; ~**bärentraube** *f* (Arctostaphilos alpina) *Bot* alpa arktostafilo; ~**bergminze** *f*, *auch* ***Alpensteinquendel*** *m* (Calamintha alpina) *Bot* alpa kalaminto; ~**berufkraut** *n* (Erigeron alpinus) *Bot* alpa erigerono; ~**bewohner** *m*, *auch* ***Älpler*** *m* alpa loĝanto, *i.w.S. Hochgebirgsbewohner* altmontara loĝanto; ~**birkenzeisig** *m* (Carduelis flammea cabaret) *Orn (kleinste Birkenzeisigart)* malgranda flamkardelo; ~**blasenfarn** *m* (Cystopteris alpina) alpa cistopterido (*od pop* vezikfiliko); ~**bock** *m* (Cerambyx alpinus = Rosalia alpina) *Ent (ein Käfer aus der Familie der Bockkäfer)* alpa cerambiko, *pop* alpa kaproskarabo <*er gehört zu den farbenprächtigsten Bockkäfern*>; ~**braunelle** *f* (Prunella collaris *bzw.* Prunella himalayana) *Orn (ein Sperlingsvogel im Hochgebirge)* alpopronelo *bzw.* rokpronelo

Alpendistel *f Bot* ↑ ***Alpenmannstreu***

Alpendohle *f* (Pyrrhocorax graculus) *Orn* flavbeka montokorvo

Alpendollar *m <österr> umg scherzh für* ***Schilling*** [↑ *dort*]

Alpen|ehrenpreis *m* (Veronica alpina) *Bot* alpa veroniko; ~**enzian** *m* (Gentiana alpina) *Bot* alpa genciano; ~**fauna** *f* alpa faŭno; ~**flachbärlapp** *m* (Diphasium alpinum) *Bot* alpa difasio; ~**flora** *f* alpa flaŭro (↑ *auch* ***Hochgebirgsflora***); ~**frauenmantel** *m* (Alchemilla alpina) *Bot* alpa alkemilo; ~**gämskresse** *f* (Hutchinsia alpina) *Bot* alpa hutkinsio; ~**gänsekresse** *f* (Arabis alpina) *Bot* alpa arabiso; ~**garten** *m, auch* ***Alpinum*** *n* alpa ĝardeno; ~**geißklee** *m* (Cytisus alpinus) *Bot* alpa citizo; ~**gletscher** *m* alpa glaĉero; ~**glöckchen** *n, auch* ***Alpentroddelblume*** *od* ***Alpensondanelle*** *f* (Soldanella alpina) *Bot* alpa kloŝo (*od* soldanelo) (↑ *auch* ***Zwergsoldanelle***); ~**glühen** *n z.B. in den Dolomiten* alpa ardo; ~**goldregen** *m* (Laburnum alpinum) *Bot* alpa laburno; ~**grasnelke** *f, reg (in Südtirol)* ***Schlernhexe*** *f* (Armeria alpina) *Bot* alpa armerio ~**hahnenfuß** *m* (Ranunculus alpestris) *Bot* alpa ranunkolo; ~**heckenkirsche** *f* (Lonicera alpigena) *Bot* brunflora lonicero; ~**heckenrose** *f* (Rosa pendulina) *Bot* penda rozo; ~**helmkraut** *n* (Scutellaria alpina) *Bot* alpa skutelario; ~**hornkraut** *n* (Cerastium alpinum) *Bot* alpa cerastio; ~**jäger** *m Mil* alpa ĉasisto; ~**johannisbeere** *f, reg* ***Bergjohannisbeere*** *od* ***Fleischbeere*** *f* (Ribes alpinum) *Bot* alpa ribo; ~**klima** *n Met* alpa klimato; ~**krähe** *f* (Pyrrhocorax pyrrhocorax) *Orn* ruĝbeka montokorvo; ~**kreuzdorn** *m* (Rhamnus alpinus) *Bot* alpa ramno; ~**küchenschelle** *od* ~**kuhschelle** *f* (Pulsatilla alpina) *Bot* alpa pulsatilo

Alpenlattich *m* (*Gattung* Homogyne) *Bot* homogino; ***[gemeiner]*** ~ (*Art* Homogyne alpina) alpa homogino (*vgl. dazu* ***Alpen-Milchlattich***)

Alpen|lein *m* (Linum alpinum) *Bot* alpa lino; ~**leinblatt** *n, pop auch* ***Bergflachs*** *m od* ***Vermainkraut*** *n* (Thesium alpinum) *Bot* alpa tezio; ~**leinkraut** *n* (Linaria alpina) *Bot* alpa linario; ~**lichtnelke** *f* (Lychnis alpina) *Bot* alpa liknido; ~**lieschgras** *n* (Phleum alpina) alpa fleo

Alpenliliensimse *f Bot* ↑ ***Kelchsimse[nlilie]***

Alpen|mannstreu *m, auch* ***Alpendistel*** *f* (Eryngium alpinum) *Bot* alpa eringio; ~-**maßlieb** *n* (Aster bellidiastrum) *Bot* alpa lekanteto; ~-**Milchlattich** *m* (Lactuca alpina = Cicerbita alpina) *Bot* alpa (*od* ruĝhara) laktuko (*od* cicerbito) (*vgl. dazu* ***Alpenlattich***); ~**mohn** *m* (Papaver alpinum) *Bot* alpa papavo

Alpenmolch *m Zool* ↑ ***Bergmolch***

Alpen|murmeltier *n* (Marmota marmota) *Zool* alpa marmoto; ~**nelke** *f, reg* ***Almnagerl*** *n* (Dianthus alpinus) *Bot* alpa dianto; ~**pass** *m Geogr* transpasejo (*od* montpasejo) en la Alpoj; ~**pechnelke** *f* (Lychnis alpina) *Bot* alpa liknido; ~**pestwurz** *f* (Petasites paradoxus) *Bot* alpa petasito; ~**pfeifhase** *m, auch* ***Altaipfeifhase*** *m* (Ochotona alpina) *Zool* alpa (*od* altaja) fajfleporo; ~-**pippau** *m* (Crepis alpestris) *Bot* alpa krepido; ~**randsee** *m Geogr* alpranda lago

Alpenrebe *f Bot* ↑ ***Alpenwaldrebe***

Alpenregion *f* alpa regiono

Alpenrose *f, auch* ***Rhododendron*** *m, <österr> u. reg* ***Almrausch*** *m* (*Gattung* Rhododendron) *Bot* rododendro, *auch* alpa rozo; ***behaarte*** ~ (Rhododendron hirsutum) hara rododendro; ***gelbe*** ~, *auch* ***gelbblütige Azalie*** (Rhododendron luteum) flava rododendro; ***lappländische*** ~ (Rhododendron lapponicum) laplanda (*od* lapona) rododendro; ***rostblättrige*** (*od <schweiz>* ***rostrote)*** ~ (Rhododendron ferrugineum) rustfolia (*od* rustkolora) rododendro

Alpen|salamander *m* (Salamandra atra) *Zool* nigra salamandro, *auch* alpa salamandro *[Vorkommen: endemisch in den europäischen Alpen]*; ~**schneehuhn** *n* (Lagopus mutus) *Orn* monta lagopo

Alpenschneemaus *f Zool* ↑ ***Schneemaus***

Alpen|see *m* alpa lago (↑ *auch* ***Alpenrandsee***); ~**segler** *m* (Apus melba) *Orn* alpa apuso; ~**seidelbast** *m* (Daphne alpina) *Bot* alpa dafno; ~**sockenblume** *f* (Epimedium alpinum) *Bot* alpa epimedio

Alpensondanelle *f Bot* ↑ ***Alpenglöckchen***

Alpenspitzmaus *f* (Sorex alpinus) *Zool* alpa (*od* monta) soriko

Alpensteinbock *m Zool* ↑ ***Steinbock a)***

Alpensteinquendel *m Bot* ↑ ***Alpenbergminze***

Alpen|stiefmütterchen *n* (Viola calcarata) (*auch* ***Langspornveilchen*** *od* ***gesporntes***

Stiefmütterchen *genannt) Bot* alpa (*od* sprona) violo *[Vorkommen: vor allem in den Westalpen]*; ~**strandläufer** *m* (Calidris alpina) *Orn* bunta kalidro; ~**tal** *n* alpa valo

Alpentroddelblume *f* ↑ ***Alpenglöckchen***

Alpentundra *f Geogr* alpa (*od auch* altmontara) tundro

Alpenveilchen *n, auch* ***Zyklamen*** *n,* <*österr*> *u.* <*schweiz*> ***Zyklame*** *f Bot* ciklameno; ***wildes*** ~ (Cyclamen purpurascens) purpura ciklameno

Alpenveilchennarzisse *f* (Narcissus cyclamineus) *Bot* ciklamena narciso

Alpenverein *m* alpa asocio (*od* klubo); ***Deutscher*** ~ (*Abk* ***DAV***) Germana Alpa Asocio <*gegründet 1869*>

Alpen|vergissmeinnicht *n, auch* ***Bergvergissmeinnicht*** *n* (Myosotis alpestris) *Bot* alpa (*od* monta) miozoto; ~**wachsblume** *f* (Cerinthe glabra *od* Cerinthe alpina) *Bot* alpa cerinto; ~**[wald]rebe** *f* (Clematis alpina ssp. alpina) *Bot* alpa klematido; ~**wegerich** *m* (Plantago alpina) *Bot* alpa plantago; ~**wiese** *f* alpa herbejo; ~**wimperfarn** *m* (Woodsia hyperborea = Woodsia alpina) *Bot* alpa vodsio; ~**zeitlose** *f* (Colchicum alpinum) *Bot* alpa kolĉiko

Alpha *n erster Buchstabe des griech. Alphabets* alfa

Alphabet *n* alfabeto (↑ *auch* ***Buchstabier-*** *u.* ***Morsealphabet***); ***arabisches*** (***kyrillisches***, ***lateinisches***) ~ araba (cirila, latina) alfabeto; ***das Internationale Phonetische*** ~ la Internacia Fonetika Alfabeto (*Abk* IFA); ***nach dem*** ~ laŭ la alfabeto *od* laŭalfabete

alphabetisch **1.** *Adj* alfabeta; ~***e Anordnung*** (***Kodierung***, ***Ordnung***) *f* alfabeta aranĝo (kodado, ordo); ~***es Verzeichnis*** *n* alfabeta indekso **2.** *Adv* [laŭ]alfabete, laŭ la alfabeto; ~ ***[an]geordnet*** alfabete ordigita

alphabetisieren *tr Analphabeten lesen und schreiben lehren* alfabetigi

alpha-Hederin *n, auch* ***α-Hederin*** *n Biochemie (ein Pflanzengift im Efeu)* alfa-hederino, *auch* α-hederino

α-Helixstruktur *f Biochemie (sekundäre Proteinstruktur einer Polypeptidkette)* alfahelico

Alphahn *m selt für* ***Auerhahn*** [↑ *dort*]

alphanumerisch *Adj EDV (Buchstaben u. Ziffern enthaltend)* alfanumera

Alphaprädator *m Zool* ↑ ***Spitzenprädator***

Alphard *m Astron (der hellste Stern im Sternbild Hydra)* Alfardo

Alpha|rhythmus *m EEG* alfaritmo; ~**strahlen** *od* **α-Strahlen** *m/(Pl) Kernphysik (beim Zerfall von Atomkernen bestimmter radioaktiver Elemente auftretende Strahlen)* alfaradioj *Pl*; ~**strahlung** *f* alfaradiado; ~**teilchen** *od* **α-Teilchen** *n/(Pl) Kernphysik* alfapartikloj *Pl*; ~**tier** *n ranghöchstes Tier in einer Gruppe (od einem Rudel)* alfabesto *auch übertr für «durchsetzungsfähige, andere Menschen dominierende Person»*; ~**virus** *n od m* alfaviruso; ~**wolf** *m, auch* ***Leitwolf*** *m* alfalupo; ~**zerfall** *m eine Kernreaktion, bei der ein Alphateilchen aus einem Atomkern ausgestoßen wird* alfamalintegriĝo

Alphorn *n Mus (ein Holzblasinstrument von 2-5 m Länge)* alpa korno

Alphyl *n Chem* ↑ ***Alkyl***

alpin *Adj* alp[ec]a; ~***e Disziplinen*** *f/Pl Skisport* alpaj disciplinoj *Pl*; ~***e Rasse*** *f Anthropol* alpa raso; ~***e Weide*** *f* ↑ *unter* ***Alm***

Alpinie *f Bot* ↑ *unter* ***Ingwer***

Alpinismus *m, auch* ***Alpinistik*** *f das Bergsteigen u. Bergwandern im Hochgebirge aus sportlichem, wissenschaftlichem od künstlerischem Interesse* alpismo

Alpinist *m* alpisto (*vgl. dazu* ***Bergsteiger***)

Alpinistenexpedition *f* alpista ekspedicio

Alpinistik *f* ↑ ***Alpinismus***

alpinistisch *Adj auf den Alpinisten bezogen* alpista; *auf den Alpinismus bezogen* alpisma

Alpinsport *m* ↑ ***Bergsport***

Alpinum *n* ↑ ***Alpengarten***

Älpler *m* ↑ ***Almbauer*** *u.* ***Alpenbewohner***

Alpstein *m* [monto] Alpŝtono; ~**gebirge** *n ein Gebirgsmassiv der Appenzeller Alpen* Alpŝtona Montaro

Alptraum *m* = ***Albtraum***

Alraun *m od* **Alraune** *f, auch* ***Mandragora*** *f Wurzel der Art «Mandragora officinarum», sogen. Zauberwurzel* mandragoro

Alraunwurzel *f Bot*: ***falsche Alraunwurzel*** (*auch* ***Fransenbecher*** *genannt*) (Tellima grandiflora) grandflora telimo *[Vorkommen: westl. Nordamerika von Alaska bis Kalifornien]*

als *Konj* ***a)*** *in der Eigenschaft als* kiel; ~ ***Arzt*** kiel kuracisto; ~ ***Kind bin ich oft dort gewesen*** kiel (*od* estante) infano mi ofte estis tie ***b)*** *zeitl* kiam; ~ ***ich noch klein*** (*od* ***ein Kind***) ***war*** kiam mi estis ankoraŭ infano; ~ ***der Krieg ausbrach*** kiam la milito eksplodis; ~ ***er geboren wurde*** kiam li naskiĝis; ***gerade ~ ich gehen wollte, klingelte das Telefon*** ĝuste kiam mi volis [ek]iri, la telefono sonoris; ***gleich ~ ...*** tuj kiam ... ***c)*** *Folge der im Hauptsatz angedeuteten Handlung*: ~ ***ob [es ... sei]*** kvazaŭ ...; *unter dem Vorwand, dass ...* pretekste de ...; ***er liegt da, ~ ob er tot sei*** li kuŝas, kvazaŭ mortinta; ***er tat so, ~ ob er es nicht wisse*** *(umg auch* ***weiß)*** li ŝajnigis nescianton (*od* kvazaŭ li ne scias) ***d)*** *Vergleich (nach Komparativ)* ol; ***mehr ~ ...*** pli ol ...; ***nichts [anderes] ~ ...*** nenio alia ol ...; *im Akk* nenion alian ol ...; ***er ist besser ~ ich dachte*** li estas pli bona ol mi kredis; ***nicht weniger ~ ...*** ne malpli ol ...; ***man braucht länger ~ zwei Stunden*** oni bezonas pli ol du horojn; ***umso mehr ~ ...*** tiom pli ĉar (*od* ke) ... ***e)*** *verknüpft im Wortpaar*: ***sowohl ... ~ auch ...*** kaj ... kaj ... ***f)*** *zur Aufzählung:* ~ ***[da sind] ...*** ekzemple ...

ALS = *Abk für* ***amyotrophe Lateralsklerose***

Alsace *f* ↑ ***Elsass***

alsbald *Adv alt für «sogleich»* tuj poste *od* tuj post tio

Alse *f Ichth* ↑ ***Maifisch***

Alsen (*n*), *dän.* ***Als*** *eine dän. Insel zw. Flensburger Förde u. Kleinem Belt* [insulo] Also

also *Konj* do; *deshalb* tial; *folglich* sekve ◇ ~ ***doch!*** do tamen!; ***na ~!*** *na endlich!* [do] finfine!; *da siehst du's!* do, jen vi vidas!; *wie ich's doch gesagt habe!* do, kiel mi diris!; ***ich muss mich ~ entscheiden*** mi devas do decidiĝi

[1]**Alster** *f rechter Nebenfluss der unteren Elbe* [rivero] Alstro

[2]**Alster** *f selt für* [1]***Elster*** [↑ *dort*]

alt *Adj* ***a)*** *Ggs jung* maljuna, *poet auch* olda; *betagt, im höheren Alter* grandaĝa; *Ggs neu* malnova; *altertümlich, antik* antikva; *klassisch* klasika; *auf die Vorzeit bezogen* pratempa; *Ggs frisch (Lebensmittel)* malfreŝa, *(ausgetrocknet)* sekiĝinta, *Brot auch* [seka kaj] malfreŝa (↑ *auch* ***altbacken***); *vorig, vergangen* antaŭa, pasinta; *erfahren* sperta; ~ ***werden*** *Lebewesen* maljuniĝi *od* fariĝi maljuna; *Dinge* malnoviĝi *od* fariĝi malnova; *Lebensmittel* malfreŝiĝi *od* fariĝi malfreŝa; ***am ≗en festhaltend*** ortodoksa; ***ein ~er Freund*** malnova amiko; ***die ~en Griechen*** *m/Pl* la antikvaj grekoj; ***ein ~er Hase*** *salopp für «Experte»* multsperta fakulo; ***ein ~es Klavier*** malnova piano; ***~es Zeug*** *n od* ***~er Kram*** *m* malnova(j) aĵo(j) *(Pl)*, aĉaĵo(j) *(Pl)*, eluzitaĵo(j) *(Pl)*; ***wie ~ sind Sie?*** kiun aĝon vi havas?; ***ich bin ... Jahre ~*** mi havas ... jarojn *od* mi estas ...-jara; ***ich bin älter als Sie*** (*bzw.* ***du***) mi estas pli aĝa (*od* maljuna) ol vi; ***er ist doppelt so ~ wie sie*** li estas duoble pli aĝa ol ŝi; ***nicht so ~ wie ...*** malpli aĝa ol ...; ***im ~en Rom*** en [la] antikva Romo; ***in der guten ~en Zeit*** en la bona malnova tempo *(Zam)*; ***zu ~ sein, um ...*** esti tro maljuna por ... ***b)*** *in herabminderndem Sinne kann «alt» in einigen Fällen auch durch das Suff ...*aĉ... *ausgedrückt werden:* ***ein ~er Gaul*** *Mähre, Klepper* ĉevalaĉo

Alt *m Mus (Stimmlage)* aldo (↑ *auch* ***Kontraalt***), *(Altistin)* aldistino

Altai *m Gebirge in Zentralasien* Altajo; ***der Mongolische ~*** la Mongola Altajo

Altaier *m/Pl Ethn (Sammelbez. für mehrere kleine ehemals nomadisierende turksprachige Völker in Südsibirien u. in mongolischen u. chinesischen Randgebieten)* altajanoj *Pl*

Altai-Murmeltier *n* (Marmota baibacina) *Zool* altaja marmoto *[Vorkommen: Zentralasien, Altai- u. Tienschan-Gebirge]*

Altaipfeifhase *m Zool* ↑ ***Alpenpfeifhase***

Altair *m, auch* ***Atair*** *m Astron (der hellste Stern im Sternbild Adler)* Altairo

altaisch *Adj* altaja; ***~e Sprachen*** *f/Pl Ling (ein Sprachstamm in Asien, der die Turk-, Mongol- u. tungisischen Sprachen umfasst)* altajaj lingvoj *Pl*

Altaistik *f eine Disziplin der Orientalistik* altajistiko

Altai-Türkisch[e] *n Ling (eine der Turksprachen)* la altaj-turka [lingvo]

Altaiwiesel *n* (Mustela altaica) *Zool* altaja (*od* montara) mustelo *[Vorkommen: südl. Sibirien u. Himalaya-Region]*

Altamira (*f*) *Höhle mit altsteinzeitlichen Malereien bei Santillana del Mar (NW-Spanien) <1879 entdeckt>* [kaverno] Altamiro

Altan *m Arch (mit einer Brüstung versehener, balkonartiger offener Austritt am Obergeschoss eines Gebäudes)* altano

Altar *m 1. Antike (Steinplatte für Opfer, [erhöhte] Opferstätte, Ritualpodest) 2. Kirche* altaro *auch übertr* (↑ *auch* ***Abaton***, ***Barock-***, ***Flügel-***, ***Hoch-***, ***Neben-***, ***Ruhe-***,

Trag- u. Traualtar); ***einen ~ errichten*** starigi altaron (***für*** por *od* al); ***ein Mädchen zum ~ führen*** konduki knabinon al altaro

Altaraufsatz *m, auch* ***Altarretabel*** *od kurz* ***Retabel*** *n mit dem Altar fest verbundene, künstlerisch gestaltete Rückwand* retablo

Altarbild *od* **Altargemälde** *n* altarpentraĵo; ***zweiflügeliges ~*** diptiko; ***dreiteiliges ~*** (*auch* ***Triptychon*** *genannt*) triptiko

Altar|himmel *m* baldakeno super [la] altaro; ~**kerze** *f* [sur]altara kandelo; ~**kreuz** *n* altarkruco; ~**seitentisch** *m Kirche* kredenco

Altar[s]sakrament *n Kirche* ↑ ***Eucharistie***

Altar|stein *m hist: als Opferstätte* altarŝtono; ~**stufen** *f/Pl* altarŝtupoj; ~**teppich** *m* altartapiŝo; ~**tuch** *n* [sur]altara tuko; *Corporale (Altartuch für Hostie u. Kelch [Symbol des Leichentuchs Christi])* korporalo

altbacken *Adj*: ~***es Brot*** *n* [seka kaj] malfreŝa pano

Altbau|modernisierung *f* modernigo de malnovaj domoj; ~**wohnung** *f* loĝejo en malnova domo

alt|bewährt *Adj* delonge elprovita; ~**bulgarisch** *Adj* malnovbulgara

Altbulgarisch[e] *n Ling* la malnovbulgara [lingvo] (*vgl. dazu* ***Altkirchenslawisch***)

altchristlich ↑ ***frühchristlich***

altdeutsch *Adj* malnovgermana

Altdorf (*n*) *Hauptort des schweiz. Kantons Uri* Altdorfo *<hier die Tell-Festspiele>*

[1]**Alte** ***a)*** *m* maljunulo ***b)*** *f* maljunulino; ***die ~n*** *alte Leute (beiderlei Geschlechts)* la gemaljunuloj *Pl*, *(die alten Menschen)* la maljunaj homoj *Pl*, *(als Gesamtheit)* la maljunularo; *Gesch (Menschen der Antike)* antikvuloj *Pl*; ***ein ehrwürdiger ~r*** respektinda (*od* honorinda) maljunulo, *i.w.S. auch* patriarko ◇ ***wie die ~n sungen, so zwitschern auch die Jungen*** bojas hundido kiel ĝi aŭdas de hundoj *(Zam)*

[2]**Alte** *n* ↑ *unter* ***alt***

altehrwürdig *Adj patriarchalisch* patriarka

alteingesessen *Adj*: ***eine ~e Firma*** delonge ekzistanta firmo

Alteisen *n* ferrubo, malnova feraĵo

Altenberg (*n*) *eine Stadt im östl. Erzgebirge* Altenbergo *<Wintersportplatz>*

Altenburg (*n*) *eine Kreisstadt im östlichen Thüringen* Altenburgo

Alten|heim *n, auch* ***Altersheim*** *n* hejmo por maljunuloj, maljunulejo; ~**pflege** *f* flegado de maljunuloj; ~**pfleger** *m* flegisto de maljunuloj

Alter *n Lebens*~ aĝo (↑ *auch* ***Knaben-, Greisen-*** *u.* ***Pensionsalter***); *Altsein* maljuneco; ***im ~*** en la [tempo de] maljuneco; ***im ~ von ... [Jahren]*** en [la] aĝo de ... [jaroj]; ***eine Frau im mittleren ~*** virino de meza aĝo, *auch* mezaĝa virino; ***ein Kind im schulpflichtigen ~*** infano en aĝo de lernejano (↑ *auch* ***Schulalter***); ***das arbeitsfähige ~ erreichen*** atingi la aĝon de laborkapablo; ***ein hohes ~ erreichen*** atingi grandan aĝon ◇ ~ ***schützt vor Torheit nicht*** maljunaj jaroj, sed ne saĝaj faroj *(Zam) od* griza barbo saĝon ne atestas *(Zam)*

älter(e, ~es) *Adj* pli aĝa; ***mein ~er Bruder*** mia pli aĝa frato (↑ *auch* ***alt***)

Alterchen *n altes Männchen* maljunuleto (↑ *auch* ***Männlein***)

alterieren, sich *refl geh für «sich aufregen» bzw. «sich ärgern»* ekscitiĝi *bzw.* ĉagreniĝi (***über*** pri *od* pro)

altern *intr alt werden* maljuniĝi; *[immer] älter werden* fariĝi pli kaj pli maljuna

Altern *n* maljuniĝo

Alternante *f Math* alternanto

alternativ *Adj 1. die Wahl zw. zwei Möglichkeiten bietend 2. anders als üblich (od als bisher)* alternativa (↑ *auch* ***umweltbewusst***); ~***e Energie*** (***Lebensweise***, ***Medizin***, ***Methode***) *f* alternativa energio (vivmaniero, medicino, metodo) ~***e Energiequellen*** *f/Pl* alternativaj fontoj de energio

Alternative *f Wahl zw. zwei Möglichkeiten* alternativo *auch Logik*; ~ ***für Deutschland*** (*Abk* ***AfD***) *Pol (eine rechtsgerichtete Partei)* Alternativo por Germanio; ***es gibt keine andere ~ als ...*** ne ekzistas (*od* estas) alia alternativo ol ...

Alternativhypothese *f math. Statistik* alternativa hipotezo

alternativlos *Adj* senalternativa

Alternativ|medizin *f, auch* ***alternative Medizin*** *od* ***Komplementärmedizin*** *f* alternativa medicino, *auch* komplementa medicino; ~**strategie** *f* alternativa strategio

alternieren *intr* alterni

Alternieren *n* alternado

alternierend *Adj* altern[ant]a

Alternsforschung *f* ↑ ***Gerontologie***

alters *Adv*: ***seit ~ [her]*** *od* ***von ~ her*** depost nememorebla (*od* antikva *bzw.* tre[ege] longa) tempo

altersabhängig 1. *Adj* aĝodependa **2.** *Adv* aĝodepende

Alters|armut *f* maljunula malriĉeco *od* malriĉeco en maljunaĝo; ~**aufbau** *m Demografie* distribuo de la aĝogrupoj

altersbedingt *Adj* kaŭzita de la maljunaĝo *nachgest*

Alters|beschwerden *Pl* perturboj *Pl* de la maljun[aĝ]uloj; ~**brand** *m* (Gangraena senilis) *Med* senila gangreno; ~**demenz** *f, auch* ***Altersschwachsinn*** *m* (Dementia senilis) senila demenco; ~**diabetes** *m Med* maljunula diabeto *od* diabeto de [la] maljunuloj; ~**flecken** *m/Pl* (Lentigines senilis) haŭtmakuloj de la maljunuloj, *Fachspr Med* senilaj lentugoj *Pl*; ~**genosse** *m* samaĝulo (↑ *auch* ***Gleichaltrige***)

altersgerecht 1. *Adj* aĝokonforma **2.** *Adv* aĝokonforme

Alters|grenze *f* aĝolimo; ~**gruppe** *f* aĝogrupo

Altersheilkunde *f Med* ↑ ***Geriatrie***

Altersheim *n* ↑ ***Altenheim***

Altersjahr *n* ↑ ***Lebensjahr***

Alters|klasse *f* aĝoklaso; ~**präsident** *m Parl* aĝoprezidanto, dojeno laŭ aĝo; ~**psychose** *f* senila psikozo; ~**pyramide** *f grafische Darstellung des Altersaufbaus einer Bevölkerung in Form einer Pyramide* aĝopiramido *od* demografia piramido; ~**rente** *f, auch* ***Alterspension*** *f* maljunaĝa pensio (*vgl. dazu* ***Ruhegehalt***)

altersschwach *Adj* [aĝo]kaduka (↑ *auch* ***gebrechlich*** *u.* ***senil***); ~ ***werden*** kadukiĝi [pro granda aĝo]

Altersschwäche *f* aĝokadukeco; *Marasmus* [maljunula] marasmo (*vgl. dazu* ***Kachexie***); ***an ~ sterben*** morti pro maljunula marasmo

Altersschwachsinn *m, Fachspr* ***senile Demenz*** *f* (Dementia senilis) *Med* senila demenco

alterssichtig ↑ ***altersweitsichtig***

Alterssichtigkeit *f* ↑ ***Altersweitsichtigkeit***

Alters|star *m* (Cataracta senilis) *Med* maljunula (*od* senila) katarakto; ~**stufe** *f* aĝokategorio; ~**unterschied** *m* aĝodiferenco; ~**versorgung** *f* provizado por la maljunaĝo; *Unterstüzung* maljunaĝa subteno; ~**warze** *f* (Verruca senilis) *Med* senila veruko

alters[weit]sichtig *Adj Ophthalmologie* presbiopa

Alters[weit]sichtigkeit *f, Fachspr* ***Presbyopie*** *f Ophthalmologie* presbiopeco

Altertum *n die Antike* antikva epoko (*od umg* tempo), *auch* antikveco; ***Altertümer*** *Pl Antiquitäten* antikvaĵoj *Pl*

altertümlich *Adj* antikva (↑ *auch* ***antik***); *urzeitlich* pratempa; *archaisch* arkaika; *i.w.S. konservativ* konservativa

Altertums|forscher *m* arkeologo; ~**kunde** *od* ~**wissenschaft** *f* arkeologio

Alterung *f* maljuniĝo

Alterungsprozess *m* proceso de maljuniĝo

Alterungspsychose *f Med* ↑ ***Degenerationspsychose***

Älterwerden *n* pliaĝiĝo

Altgläubige *Pl kirchl. Bewegung in der russ.-orthodoxen Kirche* raskolnikoj *Pl* (*vgl. dazu* ***Raskolniki***)

altgriechisch *Adj* malnovgreka

Altgriechisch[e] *n Ling* la malnovgreka [lingvo]

Althebräisch[e] *n Ling* la malnovhebrea [lingvo]

althergebracht *Adj* delonge uzata (*od* praktikata), tradicia

Althing *n seit 930 Volksvertretung von Island* alzingo *(auch Großschr)*

althochdeutsch *Adj* malnovgermana

Althochdeutsch[e] *n* (*Abk* ***Ahd.***) *Ling (älteste schriftlich bezeugte Form der hochdeutschen Sprache [etwa 750-1050])* la malnovgermana [lingvo]

Altistin *f Altsängerin* aldistino

Alt|javanisch[e] *n Ling* la malnovjava [lingvo]; ~**kastilien** (*n*), *span.* ***Castilla la Vieja*** *hist. Landschaft im nördl. Spanien [alte Hptst.: Valladolid]* Malnov-Kastilio; ~**katholiken** *m/Pl*, *<schweiz>* ***Christkatholiken*** *m/Pl katholische Religionsgemeinschaft, die sich aus Protest gegen das auf dem I. Vatikanischen Konzil verkündete Dogma von der Unfehlbarkeit des Papstes von der römisch-katholischen Kirche abspaltete* malnovkatolikoj *Pl*

altkatholisch, *<schweiz>* ***christkatholisch*** *Adj* malnovkatolika

Alt|[kirchen]slawisch[e] *n* (*früher* ***Altbulgarisch*** *genannt*) *Ling (älteste slawische Schriftsprache)* la malnovslava [lingvo] (*vgl. dazu* ***Kirchenslawisch***)

Altkleider *n/Pl gebrauchte Kleidung* uzitaj vestoj *Pl*; ~**sammlung** *f (Vorgang)* kolekt[ad]o de uzitaj vestoj, *(Ort)* kolektejo de uzitaj vestoj

altklug *Adj* saĝa kvazaŭ plenkreska homo

Altlatein *od* **Altlateinisch[e]** *n Ling* arkaika latino (*vgl. dazu* ***klassisches Latein***)

ältlich *Adj* ne plu tiom juna, iom maljuna

Altmark *f westl. der Elbe gelegener Teil von Sachsen-Anhalt* Altmarko *[Hptst.: Stendal]*

altmärkisch *Adj* altmarka

Alt|material *n* malnova(j) materialo(j) *(Pl)*; ~**metall** *n* metalrubo

altmodisch *Adj Kleidung u.a.* eksmoda, malnovmoda

altnordisch *Adj Sage, Mythologie* norena *od* pranordia; ~***e Literatur*** *f od* ~***es Schrifttum*** *n* norena literaturo

Altnordisch[e] *n Ling (Sprache der Edda, der Sagas und der Skalden)* la norena [lingvo]

Altoboe *f Mus* ↑ ***Englischhorn***

Altokumulus *m Met (hohe Schichtwolke mit deutlicher Struktur [zw. 2500 und 5000 m])* altokumuluso (*vgl. dazu* ***Altostratus***)

Alto Paraíso (*n*) *eine Stadt im brasilianischen Bundesstaat Goiás [nahebei die Esperanto-Bildungsstätte «Bona Espero»]* Alto-Paraizo

Altostratus *m*, *auch* ***hohe Schichtwolke*** *f Met (hohe Schichtwolke ohne sichtbare Struktur [zw. 2500 und 5000 m])* altostratuso (*vgl. dazu* ***Altokumulus***)

Alt|papier *n* uzita papero, forĵet-papero, *auch* rubopapero; *Makulatur* makulaturo; ~**persisch[e]** *n Ling* la malnovpersa [lingvo] (↑ *auch* ***Avestisch***); ~**philologe** *m* klasika filologo; ~**philologie** *f*, *auch* ***klassische Philologie*** *Wissenschaft von den alten Sprachen (Griechisch u. Lateinisch) u. ihrer Literaturen* klasika filologio; ~**posaune** *f Mus* alda trombono; ~**preußisch[e]** *n Ling (eine westbaltische Sprache, die von den Prußen gesprochen wurde [seit dem 17. Jh. als eigenständige Sprache ausgestorben])* la praprusa [lingvo]; ~**reifen** *m eines Kfz* eluzita pneŭmatiko

altrömisch *Adj* romia, malnovroma

Altruismus *m* altruismo *auch bei Brutfürsorge u. bei Staaten bildenden Insekten*; *i.w.S. Nächstenliebe* amo al la proksimulo (↑ *auch* ***Selbstlosigkeit*** *u.* ***Uneigennützigkeit***)

Altruist *m* altruisto

altruistisch *Adj* altruisma

altrussisch *Adj* malnovrusa

Altsibirier *m/Pl Ethn* ↑ ***Paläoasiaten***

altslawisch *Adj* malnovslava

Altslawisch[e] *n Ling* ↑ ***Alt[kirchen]slawisch[e]***

Altstadt *f* malnova urboparto, *auch* malnova (*bzw.* historia) kvartalo [de (la) urbo]

Altsteinzeit *f Geol* ↑ ***Paläolithikum***

Alt|stimme *f Mus* aldo; ~**stoffsammlung** *f* kampanjo por kolektado de uzita papero kaj rubmetalo

alttestamentlich *Adj* malnovtestamenta; ~***e Studien*** *f/Pl* malnovtestamentaj studoj *Pl*

Alt|vogel *m Orn* maljun-birdo; ~**ware** *f* brokantaĵo; ~**warenhändler** *m* brokantisto (*vgl. dazu* ***Antiquitätenhändler***); ~**weibersommer** *m* somero de Sankta Marteno, *auch* postsomero (*vgl. dazu* ***Marienfäden***)

Alufolie *f* ↑ ***Aluminiumfolie***

Aluminium *n* (*Symbol* ***Al***) *Chem* aluminio; ~**bronze** *f* aluminia bronzo; ~**dose** *f* aluminia skatolo; ~**folie** *f*, *umg (bes. Hausw)* ***Alufolie*** *f* aluminia folio; ~**hydroxid** *n Chem* aluminia hidroksido; ~**laktat** *n* aluminia laktato; ~**legierung** *f Chem* aluminia alojo (↑ *auch* ***Duralumin***®); ~**oxid** *n Chem* aluminia oksido (*vgl. dazu* ***[reine] Tonerde***); ~**pfanne** *f Hausw* aluminia pato (*bzw.* kaserolo); ~**ring** *m* aluminia ringo; ~**salze** *n/Pl* aluminiaj saloj *Pl*; ~**silikat** *n Chem* aluminia silikato; ~**topf** *m* aluminia poto; ~**verbindung** *f Chem* aluminia kombinaĵo; ~**werk** *n* fabriko de aluminio

Alumnat *n* internulejo

Alumne *m 1. [früher:] Zögling einer Ausbildungsstätte für Geistliche 2. bes.* <österr> *Internatsschüler* ano de internulejo, *kurz auch* internulo

Alunit *m*, *auch* ***Alaunstein*** *m Min* alunito

Alvaro (*m*) *span. männl. Vorname* Alvaro

Alveolar *m*, *auch* ***Zungenzahnlaut*** *m Phon* (*nämlich* d *und* t) alveolaro; ***palataler*** ~ gingivalo, *auch* palata alveolaro

alveolär *Adj* alveola; *i.e.S.* ***a)*** *auch* alveoleca *wabenartig [ausgebuchtet]* ***b)*** *mit Bläschen od kleinen Hohlräumen [versehen]* alveolhava

Alveolarabszess *m Zahnmedizin* alveola absceso

Alveole *f* (Alveolus) *Anat* ***a)*** *Zahn*≗, *Zahnfach [im Kiefer]* (Alveolus dentalis) denta alveolo ***b)*** *Lungen*≗, *Lungenbläschen* (Alveolus pulmonis) pulma alveolo

Alveolitis *f Med* ***a)*** *Zahnfachentzündung* denta alveolito ***b)*** *Entzündung der Lungenbläschen* pulma alveolito

Alwar (*n*) *eine Stadt in Indien [südlich von Delhi]* Alvaro
Alwin (*m*) *männl. Vorname* Alvino
Alwine (*f*) *weibl. Vorname* Alvina
Alzheimer-Krankheit *f*, *umg auch kurz* ***Alzheimer*** *m* (Morbus Alzheimer) *Med (mit fast völligem Gedächtnisverlust verbundene Gehirnkrankheit* Alzheimer-malsano, *auch* alchajmero; ***an Alzheimer leiden*** suferi je (*od* de) Alzheimer-malsano
am (= ***an dem***) ***a)*** *örtl*: ~ ***Fuß des Berges*** piede de la monto; ~ ***Meer*** ĉe (*od* apud) la maro ***b)*** *zeitl*: ~ ***Abend*** je (*od* en) la vespero; ~ ***Ende*** en la fino, fine, finfine; ~ ***Ende des Krieges*** je la fino de la milito, *auch* militofine; ~ ***1. Mai*** je la unua de majo *od* la unuan de majo; ~ ***Wochenende*** semajnofine ***c)*** *vor Sup*: ~ ***besten*** plej bone; ~ ***schnellsten*** plej rapide ***d)*** *nur reg: Verlaufsform*: ~ ***Trinken sein*** esti trinkanta
AM = *fachsprachl. Abk für* ***Amplitudenmodulation***
Amadeus (*m*) *männl. Vorname* Amadeo
Amadine *f Orn* estrelo (↑ *auch* ***Gould-***, ***Papagei-*** *u.* ***Rotkopfamadine***)
Amado (*m*) *Eig (brasilianischer Schriftsteller [1912-2001])* Amado
Amagasaki (*n*) *eine Industrie- u. Hafenstadt auf Honshu/Japan* Amagasako
Amalekiter *m/Pl (antike Nomadenstämme nördlich der Sinai-Halbinsel <diese waren ständig im Kampf mit den Israeliten>)* amalekidoj *Pl*
Amalgam *n eine Quecksilberlegierung* amalgamo (↑ *auch* ***Zahnlegierung***)
Amalgamation *f Chem, Tech* amalgamado
Amalgamfüllung *f Zahnmedizin* amalgama plombaĵo
amalgamieren ***a)*** *tr Chem, Tech (mit Quecksilber legieren)* amalgami ***b)*** *intr zu Amalgam werden* amalgamiĝi
Amalgamschiene *f Stomatologie* amalgamsplinto
Amalia *od* **Amalie** (*f*) *weibl. Vorname* Amalia
¹Amalthea (*f*), *griech.* ***Amaltheia*** (*f*) *griech. Myth (Ziege, die Zeus nach seiner Geburt nährte [ihr abgebrochenes Horn machte dieser zum Symbol des Reichtums (nie sich leerendes Füllhorn)])* Amaltea
²Amalthea *m*, *auch* ***Jupiter V*** *m Astron (ein innerer Jupitermond)* Amalteo
Amanda (*f*) *weibl. Vorname* Amanda
Amanitin *n Gift des Knollenblätterpilzes* amanitino
Amapá (*n*) *nördlichstes brasilianisches Küstengebiet (Bundesterritorium)* Amapao *[Hptst.: Macapá]*
Amar *Pl Ethn* ↑ ***²Hamar***
¹Amarant *m Bot* ↑ ***Fuchsschwanz b)*** *bzw.* ↑ ***Gomphrene***
²Amarant *m Orn (ein afrikanischer Prachtfink)*: ***roter*** ~ ↑ ***Senegalamarant*** (↑ *auch* ***Schwarzbauchamarant***)
Amarapura (*n*) *[früher:] zeitweilige Hptst. von Burma; [heute:] kleiner buddhistischer Wallfahrtsort in Oberburma am Irawadi [Vorort von Mandalay]* Amarapuro
Amaryllis *f* (*Gattungen* Amaryllis *u.* Hippeastrum) *Bot (Zierpflanzen, meist Hippeastrum-Hybriden)* amarilido *u.* hipeastro
Amaryllisgewächse *n/Pl Bot*: ***[Familie der]*** ~ (Amaryllidaceae) amarilidacoj *Pl*
Amaterasu (*f*), *auch* ***Amaterasu Omikami*** *Myth (japanische Sonnengöttin [angebliche Stammmutter des Kaiserhauses])* Amaterasa
Amateur *m* amatoro *auch Sport* (*vgl. dazu* ***Nichtfachmann***; ↑ *auch* ***Funkamateur***); ~**astronom** *m* amatora astronomo; ~**boxer** *m* amatora boksisto; ~**film** *m* amatora filmo; ~**fotograf** *m* amatora fotografo; ~-**fußball** *m* amatora futbalo; ~**golfer** *m* amatora golfisto
amateurhaft *Adj* amator[ec]a
Amateur|kamera *f Foto* kodako; ~**klub** *m bes. Sport* amatora klubo; ~**liga** *f Sport* amatora ligo; ~**theater** *n*, *auch* ***Laientheater*** *n* amatora teatro
Amaurose *f Ophthalmologie* ↑ *unter* ***¹Star***
Amazonas *m* ***a)*** *größter Strom Brasiliens* Amazono ***b)*** *ein brasilianischer Gliedstaat* Amazono *[Hptst.: Manaus]*; ~**becken** *n*, *portugies.* ***Bacia do Rio Amazonas*** Amazona Baseno; ~**delfin** *m*, *auch* ***Boto*** *m* (Inia geoffrensis) *Zool* amazona (*od* rozkolora) delfeno; ~**ente** *f* (Amazonetta brasiliensis) *Orn* amazona (*od* brazila) anaso; ~**[grün]-fischer** *m* (Chloroceryle amazona) *Orn* amazona alciono *[Vorkommen: Südmexiko bis Nordargentinien]*; ~-**Regenwald** *m* amazona pluvarbaro; ~**seeschwalbe** *f* (Sternula superciliaris) *Orn* flavbeka ŝterno *[Vorkommen: Südamerika]*; ~-**Zwergbeutelratte** *f* (Marmosa domina) *Zool* amazona marmozo

[1]Amazone *f Myth* amazono *auch übertr* (↑ *auch* ***Mannweib***)

[2]Amazone *f eine Gattung der Papageien* amazono (↑ *auch* ***Puerto-Rica-Amazone***)

amazonenhaft, *auch* ***amazonisch*** *Adj wie eine Amazone* amazona *übertr auch für «streitbar»*

Amazonenpapagei *m* (*Gattung* Chrysotis *[mit 31 rezenten Arten]*) *Orn* amazona papago

Amazonenstein *m Min* ↑ ***Amazonit***

Amazonien *n eine Großlandschaft in Brasilien* Amazonio

amazonisch ↑ ***amazonenhaft***

Amazonit *m*, *auch* ***Amazonenstein*** *m Min (eine bläulich grüne Abart des Mikroklins)* amazonito

Ambarella *f Bot, Nahr* ↑ ***Goldpflaume***

Amber *m od* **Ambra** *f ein Duftstoff* ambro

Amberbaum *m* (*Gattung* Liquidambar) *Bot* likvidambaro; ***amerikanischer*** ~ (Liquidambar styraciflua) storaka likvidambaro; ***orientalischer*** ~ (Liquidambar orientalis) orienta likvidambaro

Amberg (*n*) *eine Stadt in der Oberpfalz* Ambergo

ambidexter *Adj mit beiden Händen gleich geschickt* ambaŭdekstra

Ambiente *n* [ĉirkaŭanta] atmosfero

ambig *od* **ambigue** = ***mehrdeutig***

Ambiguität *f* ambigueco

Ambika (*f*) *Muttergöttin der Jaina-Religion* Ambika

Ambiorix (*m*) *Eig ([Antike:] Anführer des keltischen Stammes der Eburonen im Gebiet des heutigen Belgien, die sich 54 v. Chr. Caesar zur Wehr setzten)* Ambiorikŝo

Ambition *f* ambicio; ***wissenschaftliche ~en haben*** havi sciencajn ambiciojn

ambitiös, *geh u. <österr>* ***ambitioniert*** *Adj* ambicia, *Person* ambiciema (*vgl. dazu* ***ehrgeizig*** *u.* ***strebsam***)

Ambitus *m Mus* ↑ ***Tonumfang***

ambivalent *Adj auf die Ambivalenz bezogen, doppelwertig* ambivalenca

Ambivalenz *f bes. Psych (Zwiespältigkeit, Zerrissenheit [der Gefühle u. Bestrebungen])* ambivalenco

Amblyopie *f Med* ↑ ***Schwachsichtigkeit***

Ambo *od* **[1]Ambon** *m Lesepodest in altchristl. und mittelalterl. Kirchen* ambono

Amboina (*n*) ↑ ***[2]Ambon a)***

[1]Ambon *m* ↑ ***Ambo***

[2]Ambon (*n*) ***a)*** *alt* ***Amboina*** *eine Molukkeninsel* [insulo] Ambono ***b)*** *Hptst. der Provinz Molukken* [urbo] Ambono; ~**-Brillenvogel** *m* (Zosterops kuehni) *Orn* ambona zosteropo *[Vorkommen: endemisch auf der südmolukkischen Insel Ambon/Indonesien]*

Ambonese *m Bewohner der Insel Ambon* ambonano, loĝanto de insulo Ambono

Ambongo (*n*) *hist. Landschaft im Westen von Madagaskar* Ambongo

Amboss *m* ***a)*** *Handw (stählerner Block als Unterlage zum Bearbeiten von Eisen)* amboso (↑ *auch* ***Feilenamboss***) ◇ ***zwischen Hammer und ~ sein*** (*od* ***liegen***) *von zwei feindlichen Gewalten zermalmt werden* esti inter martelo kaj amboso *(Zam)* ***b)*** *Anat* (Incus) *mittleres der drei Gehörknöchelchen* inkudo

Amboss|horn *n* korno de amboso; ~**stock** *od* ~**untersatz** *m* bloko de amboso; ~**wolke** *f Met* ambosnubo

Ambra *f* ↑ ***Amber***

ambraduftend *Adj* ambra

Ambronen *m/Pl ein Stammesverband im antiken Germanien* ambronoj *Pl*

Ambrosia *f*, *auch* ***Götterspeise*** *f griech. Myth (eine Unsterblichkeit verleihende Speise der olympischen Götter)* ambrozio *auch übertr (bes. poet) für «köstliche Speise»*

Ambrosiana *f* ↑ ***Biblioteca Ambrosiana***

Ambrosie *f od* **Ambrosienkraut** *n* (*Gattung* Ambrosia) *Bot* ambrozio; ***beifußblättrige Ambrosie*** *f* (Ambrosia artemisiifolia) artemizifolia ambrozio

Ambrosius (*m*) *Eig (einer der vier großen Kirchenlehrer der lat. Kirche)* Ambrozio; ~ ***von Mailand*** *od* ***Heiliger*** ~ *römischer Politiker, Kirchenlehrer u. Bischof von Mailand [339-397]*

Ambulacralfüßchen *n/Pl nur Fachspr Zool (Fortbewegungsorgane der Stachelhäuter)* ambulakraj piedetoj *Pl*

ambulant *Adj* ***a)*** *umherziehend, ohne festen Sitz* migra; ~***er Handel*** *m* migra (*od* stratvenda) komerco ***b)*** *Med (nicht stationär)* ambulatoria; ***in ~er Behandlung sein*** *Med* esti en ambulatoria terapio, esti ambulatorie kuracata; ~***e Versorgung*** *f* ambulatoria prizorg[ad]o

Ambulanz *f* ***a)*** *Kranken[transport]wagen* ambulanco ***b)*** *Krankenhausabteilung* ambulatoria sekcio [de hospitalo] (↑ *auch* ***Not-***

fallambulanz)

Ambulatorium *n Med* ambulatorio (↑ *auch* ***Landambulatorium***)

Ambulombo *m ein aktiver Vulkan auf der indonesischen Insel Flores* [vulkano] Ambulombo

Ambundu *Pl Ethn (eine Ethnie in Nordangola [mehrere Stämme])* ambundoj *Pl*

Ame *n ein in Japan übliches Naschwerk aus Gluten u. Malzzucker in Form von Bonbons* ameo

Ameise *f* (*Gattung* Formica *u. weitere Gattungen [mit etwa 6000 Arten]*) *Ent* formiko (↑ *auch* ***Blattschneide-***, ***Bulldogg[en]-***, ***Ernte-***, ***Feuer-***, ***Honig-***, ***Pharao-***, ***Rasen-***, ***Spinner-***, ***Wald-***, ***Wander-***, ***Weber-***, ***Weg-*** *u.* ***Wüstenameise***); ***schwarze ~*** nigra formiko; ***weiße ~*** ↑ ***Termite***; ***[Familie der] ~n*** *Pl* (Formicidae) formikedoj *Pl* *<viele der europäischen Arten sind als Vertilger von Schadinsekten nützlich>*

Ameisen|bär *m* (*Gattung* Myrmecophaga) *Zool* mirmekofago, *pop* formikurso (↑ *auch* ***Tamandua***); **~beutler** *m*, *auch* ***Numbat*** *m* (Myrmecobius fasciatus) *Zool (eine Beutelsäugerart in SW-Australien [eine stark bedrohte Spezies])* mirmekobo

Ameisengast *m Ent* ↑ ***Myrmekophile***

Ameisenhaufen *m* formikejo

Ameisenigel *m Zool* ↑ ***Schnabeligel***

Ameisen|kolonie *f* formikokolonio; **~königin** *f* formikoreĝino

Ameisenkunde *f* ↑ ***Myrmekologie***

Ameisen|larve *f* larvo de formiko; **~laufen** *n* (Formicatio) *Med (Missempfindung [Kribbeln] auf der Haut)* formikado; **~löwe** *m* (Myrmeleon formicarius) *Zool* mirmeleono, *pop* formikleono; **~nest** *n* formika nesto, *i.w.S.* formikejo

Ameisenpflanzen *f/Pl Bot u. Ent* ↑ ***Myrmekophyten***

Ameisensäure *f* (Acidum formicicum) *Chem* formiata (*od* formika) acido

Ameisensäureamid *n Chem* ↑ ***Formamid***

Ameisen|staat *m Biol* socio de formikoj; **~straße** *f* formika pado; **~wespe** *f* (Mutilla europaea) *Ent* [eŭropa] formikovespo *[Vorkommen: Europa u. Asien]*

Ameland (*n*) *eine der Westfriesischen Inseln vor der niederländischen Küste* [insulo] Amelando

Amelia *od* **Amelie** (*f*) *weibl. Vorname* Amelio

Amelioration *f* = ***Melioration***

amen! *Interj Rel (so geschehe es!)* amen

Amen *n* ◇ ***zu allem Ja und ~ sagen*** diri al ĉio amen *(Zam)*; ***das ist so sicher wie das ~ in der Kirche*** *od* *<österr>* ***das ist so sicher wie das ~ im Gebet*** tio estas certaĵo kaj leĝo, kiel amen en preĝo *(Zam)*

Amend[e]ment *n Parl (Zusatz- od Abänderungsantrag zu einem Gesetz)* amendo

amendieren *tr Parl* amendi

Amenophis (*m*) *Eig (Name mehrerer ägyptischer Könige [18. Dynastie])* Amenofiso (↑ *auch* ***Echnaton***)

Amenorrhö *f Med (Ausbleiben der Menstruation)* amenoreo; ***primäre*** (***sekundäre***) **~** primara (sekundara) amenoreo

Americium *n* (*Symbol* ***Am***) *Chem* americio

Amerika (*n*) Ameriko (↑ *auch* ***Mittel-*** *u.* ***Südamerika***); ***die Konföderierten Staaten von ~*** *Gesch USA* la Konfederaciitaj Ŝtatoj de Ameriko; ***die Vereinigten Staaten von ~*** Unuiĝintaj Ŝtatoj de Nord-Ameriko, *meist kurz (USA)* Usono

Amerikaner *m* amerikano; *US-Amerikaner* usonano (↑ *auch* ***Mittel-*** *u.* ***Südamerikaner***)

Amerikanerin *f* amerikanino; *US-Amerikanerin* usonanino

amerikanisch *Adj* amerika; *US-amerikanisch* usona; ***~es Englisch*** *n Ling* usona varianto de la angla [lingvo]

Amerikanisch-Samoa (*n*) Usona Samoo *[Hptst.: Pago-Pago]*

amerikanisieren *tr* amerik[an]igi

Amerikanisierung *f* amerik[an]igo *bzw.* usonig[ad]o

Amerikanismus *m 1. auf die USA od ganz Amerika beschränkter Brauch 2. Ling (amerikanische Redewendung od sprachliche Eigenheit)* amerikanismo

Amerikanist *m Erforscher od Kenner Amerikas* amerikanisto

Amerikanistik *f Univ*: *wissenschaftliche Beschäftigung mit Geschichte, Sprache u. Kultur 1. der amerikanischen Urbevölkerung 2. der USA* amerikanistiko

Amerika-Rotschwanz *m* (Setophaga ruticilla) *Orn* ruĝvosta parulio

Amerika-Sandregenpfeifer *m Orn* ↑ *unter* ***Sandregenpfeifer***

Amerika-Sultansralle *f Orn* ↑ ***Zwergsultanshühnchen***

Amerika-Zwergdommel *f* (Ixobrychus exi

lis) *Orn* indiana malgranda botaŭro

Amersfoort (*n*) *eine niederländische Stadt [bei Utrecht]* Amersforto

Amethyst *m Min (ein violetter Quarz, Schmuckstein)* ametisto

amethysten, *auch* ***amethystfarben*** *Adj purpurviolett* ametista, *auch* ametistkolora

Amethystglanzstar *m* (Cinnyricinclus leucogaster) *Orn* ametista sturno

ametrop, *auch* ***fehlsichtig*** *Adj Ophthalmologie* ametropa

Ametropie *f, auch* ***Fehlsichtigkeit*** *f Ophthalmologie* ametropeco

Amgun *m ein Nebenfluss des Amur* [rivero] Amguno

Amhara *Pl* ***a)*** *Ethn (hamitisches Volk in Äthiopien)* amharoj *Pl* <*das ehemalige Staatsvolk des früheren Königreichs Äthiopien [seit dem 4. Jh. koptische Christen]*> (↑ *auch* ***Habesha***) ***b)*** *Landesteil von Äthiopien, um den Tanasee* regiono Amharo <*Siedlungsgebiet der Amhara*>; ~**taube** *f, auch* ***abessinische Taube*** *f* (Columba albitorques) *Orn* blankkola kolombo *[Vorkommen: endemisch in Äthiopien u. Eritrea]*

amharisch *Adj auf Amhara, die Kernlandschaft Äthiopiens bezüglich* amhara; *~**e Christen** Pl Rel (Mitglieder einer seit 1937 von der koptischen unabhängigen, seit 1951 autokephalen Kirche)* amharaj kristanoj *Pl*

Amharisch[e] *n Ling (Amtssprache in Äthiopien u. Verkehrssprache in Teilen Ostafrikas)* la amhara [lingvo]

Ami *m salopp für* ***US-Amerikaner*** [↑ *dort*]

Amiant *m Min (eine Abart des Aktinoliths)* amianto <*wird als Asbest verwendet*>

Amida (*m*), *auch (sanskritisch)* ***Amitabha*** *od* ***Amitayus*** (*m*) *die jap. Bez für «Amitabha», ein Buddha im Mahayana- u. Vajrayana-Buddhismus* Amido, *auch* Amitabo *od* Amitajo <*einer der am meisten verehrten Buddhas*> (*vgl. dazu* ***Jodo-shin--shu***)

Amidasen *f/Pl Chem (Enzyme, die Kohlenstoff-Stickstoff-Bindungen spalten)* amidazoj *Pl*

Amide *n/Pl Chem (Abkömmlinge des Ammoniaks)* amidoj *Pl* (↑ *auch* ***Säureamid***)

Amiens (*n*) *eine nordfranz. Stadt [alte Hptst. der Picardie]* Amieno

Amikt *m, auch* ***Humerale*** *n kath. Kirche (Hals u. Schultern bedeckendes weißes Leinentuch des Priesters bei der Messe)* amikto

[1]**Amin** *n Chem* amino; ***biogene ~e*** *Pl* biogenaj aminoj *Pl*

[2]**Amin** (*m*) *arab. männl. Vorname* Amino

Amindiven *Pl eine indische Inselgruppe im Arabischen Meer (Teil der Lakkadiven)* Amindivoj *Pl* (*vgl. dazu* ***Lakkadiven***)

Aminoalkohol *m Chem* aminoalkoholo

Aminoessigsäure *f Chem* ↑ ***Glyzin***

Amino|gruppe *f Chem (funktionelle Gruppe der primären Amine u. der meisten Aminosäuren)* aminogrupo; ~**oxydasen** *f/Pl* aminooksidazoj *Pl*; ~ **phenazon** *n Pharm* aminofenacono; ~**phenole** *n/Pl Chem* aminofenoloj *Pl*; ~**pyridin** *n Chem* aminopiridino

Aminosäure *f Biochemie* aminoacido *[wichtiger Baustein der Eiweißkörper]* (↑ *auch* ***Threonin***, ***Tryptophan*** *u.* ***Tyrosin***); ***aliphatische*** (***aromatische***, ***essenzielle***, ***halbessenzielle***, ***heterozyklische***, ***zyklische***) ***~n*** *Pl* alifataj (aromaj, esencaj, duonesencaj, heterociklaj, ciklaj) aminoacidoj *Pl*

Aminozucker *m Biochemie* aminosukero

Amiodaron *n Chem, Med (ein Antiarrhythmikum vom Chinidintyp)* amiodarono

Amische *Pl Rel (Splittergruppe der Mennoniten im Osten der USA)* amiŝoj *Pl*

Amitabha *od* **Amitayus** (*m*) ↑ ***Amida***

Amitose *f Genetik, Zytologie (direkte Kernteilung bei der der Zellkern hantelförmig durchgeschnürt wird)* amitozo

Amman (*n*) *Hptst. von Jordanien* Amano

Amme *f Nährmutter* [mam]nutristino

Ammenmärchen *n/Pl* fabeloj *Pl* de maljunaj virinoj *(Zam)*

Ammer *f Orn* emberizo (↑ *auch* ***Berg-***, ***Braunbürzel-***, ***Braunkopf-***, ***Dachs-***, ***Fichten-***, ***Fuchs-***, ***Garten-***, ***Gold-***, ***Grau-***, ***Grund-***, ***Haus-***, ***Heuschrecken-***, ***Kappen-***, ***Kleinasien-***, ***Masken-***, ***Pracht-***, ***Prärie-***, ***Rain-***, ***Rohr-***, ***Rost-***, ***Rötel-***, ***Schmuck-***, ***Schnee-***, ***Silberkopf-***, ***Sporn-***, ***Wald-***, ***Weiden-***, ***Weißkehl-***, ***Wiesen-***, ***Wüsten-***, ***Zaun-*** *u.* ***Zwergammer***); ***kleinasiatische ~***, *auch* ***Kleinasien-*** *od* ***Türkenammer*** (Emberiza cineracea) flavgriza emberizo; ***[Familie der] ~n*** *Pl* (Emberizidae) emberizedoj *Pl*

Ammi *f, auch* ***Knorpelmöhre*** *f* (*Gattung* Ammi) *Bot* amio

[1]**Ammon**, *auch* ***Amon*** *ohne Art: Myth* ↑ ***Amun***

²Ammon (*n*) *ein biblisches Reich östl. des Jordan* [biblia regno] Amono

Ammoniak *n Chem* amoniako; ~**lösung** *f* amoniaka solvaĵo

Ammoniten *m/Pl*, *auch* ***Ammonshörner*** *n/Pl* (Ammonoidea) *Paläontologie (ausgestorbene, formenreiche Gruppe der Kopffüßer [mit zumeist großen spiraligen Kalkgehäusen])* amonitoj *Pl*

Ammoniter *m/Pl bibl (ein alttestamentliches Nachbarvolk der Israeliten [ein semitisches Volk, das sich um 1200 v. Chr. am Oberlauf des Jabbok im Ostjordanland ansiedelte])* amonidoj *Pl*

Ammonium *n Chem* amonio; ~**chlorid** *n*, *auch* ***Salmiak*** *m*, *auch n* amonia klorido; ~**dünger** *m Landw* amonia sterkaĵo; ~**karbonat** *n*, *Pharm* ***Ammonium carbonatum***; *pop* ***Hirschhornsalz*** *n* amonia karbonato; ~**nitrat** *n Chem* amonia nitrato; ~**salze** *n/Pl* amoniaj saloj *Pl*

Ammonshörner *n/Pl* ↑ ***Ammoniten***

Amnesie *f*, *auch* ***Erinnerungsverlust*** *m od* ***Gedächtnisschwund*** *od* ***Gedächtnisausfall*** *m Med* amnezio, *auch* memorperdo; ***psychogene*** ~ *inhaltliche Amnesie durch Verdrängung unangenehmer Erinnerungen bei abnormen Erlebnisreaktionen* psikogena amnezio; ***retrograde*** ~ *Erinnerungsverlust für die Ereignisse kürzere od längere Zeit vor Krankheitsbeginn* retrograda (*od* retroira) amnezio

Amnestie *f Jur* amnestio (↑ *auch* ***General-***, ***Steuer-***, ***Teilamnestie*** *u.* ***Straferlass***); ***eine*** ~ ***erlassen*** (*od* ***verkünden***) promulgi amnestion; ~ ***gewähren*** amnestii (***jmdm.*** iun)

Amnestiegesetz *n Jur* amnestia leĝo

amnestieren *Jur (begnadigen)* amnestii

amnestisch *Adj die Amnestie betreffend* amnezia

Amnesty International *ohne Art*: *eine internationale Hilfsorganisation* Amnestio Internacia

Amniografie *f*, *auch* ***Amniographie*** *f Med (intrauterine Röntgendarstellung des Fetus u. der Plazenta)* amniografio

Amnion *n*, *auch* ***Fruchtwasser-*** *od* ***Schafhaut*** *f Embryologie (innere Embryonalhülle)* amnio

Amnionpunktion *f Med* ↑ ***Amniozentese***

Amnioskopie *f*, *auch* ***Fruchtwasserspiegelung*** *f Med* amnioskopio

Amnioten *m/Pl Zool (Wirbeltiere, deren Gruppe durch den Besitz eines Amnions gekennzeichnet ist [Reptilien, Vögel, Säugetiere])* amniuloj *Pl*

Amniozentese *f*, *auch* ***Amnionpunktion*** *f Med (Entnahme von Fruchtwasser durch Punktion der Amnionhöhle [z.B. zur Anlage von Zellkulturen])* amniocentezo

Amöbe *f*, *auch* ***Wechseltierchen*** *n* (*Ordnung* Amoebina) *Zool* amebo

amöbenartig, *Fachspr* ***amöboid*** *Adj* amebosimila, *Fachspr* ameboida; ~***e Bewegung*** *f* ameboida(j) movo(j) *(Pl)*

Amöben|dysenterie *od* ~**ruhr** *f*, *Fachspr auch* ***Amöbiasis*** *f Med* ameba disenterio; ~**hepatitis** *f Med* ameba hepatito

Amöbiasis *f Med (durch Amöben verursachte Krankheit [in diesem Sinne auch für «Amöbenruhr» gebraucht])* amebozo

amöboid ↑ ***amöbenartig***

Amoghasiddhi (*m*) *ein transzendenter Buddha* Amoghasido

Amok *m* amoko; ~ ***laufen*** amoke kuri

Amok|lauf *m* amok-kuro; ~**läufer** *m* amok--kuranto; ~**schütze** *m* amokpafisto

Amon (*m*) *Myth* ↑ ***¹Ammon***

¹Amor (*m*) *Myth (röm. Liebesgott)* Amoro (*vgl. dazu* ***¹Eros***)

²Amor *m Astron (ein Planetoid)* Amoro

amoralisch *Adj* nemorala, *[stärker:]* malmorala

Amorces *f/Pl [früher:] Munition für Kinderpistolen, Zündblättchen für Feuerwerkskörper u.Ä.* amorco

Amoriter *m/Pl bibl Bez für «vorisraelitische Einwohner des west- u. ostjordanischen Kulturlandes»* amoridoj *Pl*

amoroso *Adv musikalische Vortragsbezeichnung (zärtlich, schmachtend)* amoroze

amorph[isch] *Adj gestaltlos* amorfa

amortisabel *od* **amortisierbar** *Adj [durch Amortisation] tilgbar (Anleihe, Hypothek)* amortizebla

Amortisation *f Tilgung* amortizo

Amortisations|fonds *m*, *auch* ***Abschreibungs-*** *od* ***Tilgungsfonds*** *m* amortiza fonduso; ~**quote** *od* ~**rate** *f* amortiza kvoto *od* kvoto de amortizo

amortisierbar ↑ ***amortisabel***

amortisieren *tr* amortizi

Amos (*m*) *Eig (ein biblischer Prophet [des 9. vorchristlichen Jh.s])* Amoso

Amourettengras *n Bot* ↑ ***Zittergras***

Amoxicillin *n Pharm (ein Breitbandantibiotikum)* amoksicilino

Ampel *f* ***a)*** *Leuchte* lucerno; *[kleine] Hängelampe* [malgranda] pendanta lampo; *Blumenschale* pendanta [lucernoforma] florujo; ***b)*** *Verkehrs≗* trafiklumoj *Pl*, lumsignalo(j) *(Pl)*,*(als Säule)* semaforo, *(hängend)* trafika lucerno; ***die ~ zeigt*** (*od* ***steht auf***) ***Rot*** la lumsignalo montras ruĝon

Ampelographie *f, auch* ***Rebsortenkunde*** *f* ampelografio

Ampelschaltung *f Verk* ŝalto de [la] trafiklumoj

[1]**Ampére** [*am'pɛr*] (*m*) *Eig (französischer Physiker u. Mathematiker)* Ampero

[2]**Ampere** [*am'pɛr*] *n* (*Zeichen* ***A***) *El* ampero

Ampère'sches Gesetz *n El* leĝo de Ampero

Ampere|meter *n El (Stromstärkemesser)* ampermetro; **~sekunde** *f* (*Zeichen* ***As***) *El* ampersekundo; **~stunde** *f* (*Zeichen* ***Ah***) *El* amperhoro; **~windung** *f* ampervolvo

Amperometrie *f Elektrochemie (ein Verfahren der elektrochemischen Analyse* amperometrio *<Anmendung zur Endpunktbestimmung bei Titrationen>*

amperometrisch **1.** *Adj* amperometria **2.** *Adv* amperometrie

Ampfer *m* (*Gattung* Rumex) *Bot* rumekso (↑ *auch* ***Alpen-***, ***Berg-***, ***Gemüse-***, ***Hain-***, ***Küsten-***, ***Rispen-***, ***Sauer-***, ***Strand-*** *u.* ***Sumpfampfer***); ***krauser ~*** (Rumex crispus) krispa rumekso; ***schmalblättriger ~*** (Rumex tenuifolius) mallarĝfolia rumekso; ***stumpfblättriger ~*** (Rumex obtusifolius) stumpfolia rumekso

Ampferknöterich *m* (Polygonum nodosum = Polygonum lapathifolium) *Bot* noda poligono

Amphetamin *n, auch* ***Weckamin*** *n Chem, Pharm (eine psychotrope Substanz)* amfetamino *<ein stark stimulierendes u. aufputschendes Mittel [in der Drogenszene beliebt u. unter Bezeichnungen wie «**Pep**» u. «**Speed**» weit verbreitet]>* (↑ *auch* ***Designerdroge***)

Amphiarthrose *f, auch* ***Wackelgelenk*** *n Anat (straffes Gelenk mit nur geringer Beweglichkeit)* amfiartro

Amphibie *f Zool* amfibio (*vgl. dazu* ***Kriechtier***; ↑ *auch* ***Froschlurche*** *u.* ***Lurch***)

Amphibien|fahrzeug *n* amfibia veturilo, *falls PKW-ähnlich auch* amfibia aŭto; **~flugzeug** *n* amfibia aviadilo; **~hubschrauber** *m* amfibia helikoptero; **~panzer** *m, auch* ***Schwimmpanzer*** *m* amfibia tanko

amphibisch *Adj im Wasser u. auf dem Lande lebend (od sich bewegend)* amfibia *auch Mil*; ***~er Angriff*** *m Mil* amfibia atako; ***~e Operation*** *f Mil* amfibia operacio

Amphibol *m, auch* ***Hornblende*** *f Min (Vertreter einer Gruppe gesteinsbidender, meist dunkler Mineralien)* [ordinara] amfibolo; ***monokliner ~*** monoklina amfibolo

Amphibolie *f geh od Fachspr Ling (Doppelsinn, Mehrdeutigkeit)* amfibologio

amphibol[isch] *Adj geh od Fachspr Ling für «zweideutig» od «schwankend»* amfibologia; ***~es Stadium*** *Med* amfibologia stadio

Amphibolit *m Min (ein amphibolreiches metamorphes Gestein)* amfibolito

Amphibrach[us] *m, auch* ***Amphibrachys*** *m Metr (antiker dreisilbiger Versfuß)* amfibrako; ***in Amphibrachen abgefasst*** *Vers* amfibraka

Amphigonie *f nur Fachspr Biol (zweigeschlechtliche Fortpflanzung [durch Ei und Samenzellen])* amfigonio

Amphiktyone *m Antike (Vertreter eines altgriechischen Staatenbundes)* amfiktiono

Amphineuren *Pl Zool (zusammenfassende Bez. für die Wurmmollusken u. Käferschnecken [ein Unterstamm der Weichtiere])* amfineŭroj *Pl*

Amphipoden *m/Pl Zool* ↑ ***Flohkrebse***

Amphitheater *n* amfiteatro (↑ *auch* ***Arena*** *u.* ***Kolosseum***)

amphitheatralisch *Adj im Kreis od Halbkreis ansteigend* amfiteatra

Amphitrite (*f*) *griech. Myth (eine Meeresgöttin [Tochter des Nereus u. der Okeanide Doris])* Amfitrita

Amphitryon (*m*) *griech. Myth (Gemahl der Alkmene, König von Tiryns, später von Theben)* Amfitriono

Ampholyte *m/Pl Elektrolyte, die amphoteres Verhalten zeigen* amfolitoj *Pl*

Amphora *od* **Amphore** *f griech. Antike (Tongefäß mit schmalem Hals u. Doppelhenkel)* amforo

amphorisch *Adj hohl klingend* amfora

amphoter *Adj Chem (teils sauer, teils basisch reagierend)* amfotera; ***~e Reaktion*** *f Chem* amfotera reakcio

Amplitude *f, auch* ***Schwingungsweite*** *f Phys* amplitudo (↑ *auch* ***Strom-*** *u.* ***Trägertamplitude***); ***komplexe ~*** *od* ***Komplex-***

amplitude *f* kompleksa amplitudo
Amplitudenmodulation *f* (*Abk* ***AM***) *Phys* amplitud-modulado
amplitudenmoduliert *Adj* amplitud-modulita
Amplitudenwert *m El* amplituda valoro
Ampulle *f* ***a)*** *Med (Glasröhrchen, bes. für Injektionslösungen) od Chem (kolbenförmiges Gefäß für Laborzwecke)* ampolo ***b)*** *Anat (kolbenförmige Erweiterung, erweiterter Abschnitt eines röhrenförmigen Hohlorgans)*: ***Ampulla canaliculi lacrimalis*** *Ampulle des Tränenkanälchens* larmodukta ampolo; ***Ampulla membranacea*** *f Ampulle der häutigen Bogengänge* membrana ampolo
Amputation *f Chir (operative Abtrennung eines Körperteils)* amputado (↑ *auch* ***Bein-*** *u.* ***Unterschenkelamputation***); ***eine ~ vornehmen*** fari amputadon
amputieren *tr Chir* amputi; ***jmdm. den Fuß ~*** amputi la piedon al iu; ***ein Bein war amputiert*** unu gambo estis amputita
Amputierte *m* amputito (↑ *auch* ***Versehrte***)
Amritsar (*n*) *eine indische Stadt in Pandschab* Amritsaro <*heilige Stadt der Sikhs*>
Amrum (*n*) *eine nordfriesische Insel* [insulo] Amrumo
Amsel *f*, *auch* ***Schwarzdrossel*** *f*, *reg* ***Merle*** *f* (Turdus merula) *Orn* merlo (↑ *auch* ***Wasseramsel***
Amstelraute *f Bot* ↑ *unter* ***Wiesenraute***
Amsterdam (*n*) *Hptst. der Niederlande* Amsterdamo (*vgl. dazu* ***Den Haag***)
Amt *n Stellung* ofico (*vgl. dazu* ***Posten b)***; ↑ *auch* ***Ehrenamt***); *Behörde, Dienststelle* oficejo (↑ *auch* ***Fürsorge-*** *u.* ***Sozialamt***); *Fernsprech*~ telefoncentralo; ***das Auswärtige ~*** la Ministerio de Ekster[land]aj Aferoj; ***ein öffentliches ~*** publika ofico (*od auch* funkcio) ***ein ~ ausüben*** (*od* ***bekleiden***) plenumi oficon, ofici (***als*** kiel); ***jmdn. in ein ~ einführen*** enoficigi iun; ***sein ~ niederlegen*** demeti sian oficon; ***das ~ des Bürgermeisters übernehmen*** transpreni la oficon (*od auch* funkcion) de la urbestro ***b)*** *Aufgabe* tasko; *Pflicht* devo; *Dienst* deĵoro ***c)*** *Rel (Messe)* meso
Ämterschacher *m* simonio (*vgl. dazu* ***Simonie***)
amtieren *intr* ofici
amtlich (*Abk* ***amtl.***) **1.** *Adj* ***a)*** *offiziell* oficiala (↑ *auch* ***behördlich***); *rechtsgültig* leĝe valida; *umg auch für «sicher»* certa; ***~e Mitteilung*** *f* oficiala komuniko; ***~es Schreiben*** *n* oficiala skribaĵo (*od* letero) **2.** *Adv* oficiale
amtlicherseits *Adj* flanke de la ofico, ofice
Amtlichkeit *f* oficialeco
Amts|antritt *m* komenco en [nova] ofico, ekofico; **~arzt** *m* publiksana kuracisto; **~bereich** *m eines Ministers* portfolio; **~befugnis** *od* **~gewalt** *f* oficiala aŭtoritato; **~blatt** *n Ztgsw* oficiala bulteno (*od* gazeto); **~dauer** *f* ofica daŭro
Amtseinführung *f*, *auch* ***Amtseinsetzung*** *f* enoficigo; ***feierliche ~*** solena enoficigo (↑ *auch* ***Investitur***)
Amtsenthebung *f* suspendo [de sia ofico], forigo el la ofico, eksoficigo, senpostenigo; ***einstweilige ~*** provizora suspendo [de sia ofico]
Amts|enthebungsverfahren *n Jur, Pol* proceduro de eksoficigo (*od* senpostenigo); **~geheimnis** *n* ofica sekreto
Amtsgehilfe *m* adjunkto; *~* ***eines Bischofs*** *kath. Kirche* koadjutoro
Amtsgericht *n Jur* tribunalo de unua instanco, *auch* loka tribunalo
Amtsgewalt *f* ↑ ***Amtsbefugnis***
Amts|handlung *f* ofica ago; **~inhaber** *m* oficohavanto; **~kette** *f um den Hals getragen (auf der Brust spitz zulaufend)* saltiero; **~missbrauch** *m* misuzo de [sia] aŭtoritato *od* aŭtoritat-misuzo, *Jur auch* malversacio; **~niederlegung** *f Demission* demisio; *Verzicht auf ein Amt* abdiko; **~periode** *f Dipl, Parl* ofic-periodo *od* ofica periodo; **~person** *f* oficiala komisiito, ŝtatoficisto; **~pflichten** *f/Pl* oficaj devoj *Pl*; **~schimmel** *m umg* burokratismo
Amtsschreibstube *f* ↑ ***Kanzlei***
Amts|siegel *n* oficiala sigelo (↑ *auch* ***Pfarrsiegel***); **~sitz** *m Residenz* rezidejo; **~sprache** *f* oficiala lingvo
Amtstracht *f* oficiala robo (*vgl. dazu* ***Robe a)*** *u.* ***Talar***); ***feierliche ~*** *bes. Kirche (z.B. liturgische Gewänder)* ornato
Amts|verzicht *m Rücktritt vom Amt* rezigno pri la ofico; **~vorsteher** *m* oficejestro
Amtsweg *m*: ***auf dem ~e*** tra (*od* pere de) oficialaj kanaloj
Amtszeichen *n Tel* ↑ ***Rufzeichen***
Amtszeit *f* ofica daŭro, *Parl* ofic-periodo *od* daŭro de mandato [de parlamentano] (↑

auch ***Mandatsdauer***); ***vierjährige*** ~ kvarjara oficperiodo

Amtszimmer *n* oficejo

Amu-Darja *m ein Strom in Zentralasien* [rivero] Amudarjo

Amulett *n am Körper getragener Schutzzauber* amuleto (*vgl. dazu* ***Schutzzauber*** *u.* ***Talisman***)

Amun *ohne Art, auch* ***Amon*** *Myth (ein altägypt. Gott)* Amono; ***Amon-Re*** *Hauptgott Thebens u. Götterkönig* Amon-Reo

Amur *m, chin.* ***Heilongjiang*** *m ein ostasiat. Strom* [rivero] Amuro

Amur-Ahorn *m Bot* ↑ ***Feuerahorn***

Amur|-Adonisröschen *n* (Adonis amurensis) amura adonido; ~**falke** *f* (Falco amurensis) *Orn* amura falko

Amurfrosch *m Zool* ↑ *unter* ***Frosch a)***

Amur|igel *m, auch* ***chinesischer Igel*** (Erinaceus amurensis) *Zool* amura erinaco *[Vorkommen: Amur-Gebiet, Nordchina u. Korea]*; ~**-Korkbaum** *m* (Phellodendron amurensis) *Bot* amura felodendro; ~**-Lemming** *m* (Lemmus amurensis) *Zool* amura lemingo; ~**-Leopard** *m* (Panthera pardus orientalis) *Zool* amura leopardo *[Vorkommen: im Dreiländereck Russland-China-Nordkorea]*; ~**-Stör** *m* (Acipenser schrencki) *Ichth* amura sturgo

Amurtiger *m Zool* ↑ *unter* ***Tiger***

amüsant *Adj* amuza, plezuriga; *voller Vergnügungen* plezurplena; *erheiternd* gajiga (*vgl. dazu* ***unterhaltsam*** *u.* ***vergnüglich***)

Amüsement *n* amuz[ad]o (*vgl. dazu* ***Vergnügen***)

amüsieren *tr* amuzi (***jmdn. mit etw.*** iun per io); ***sich*** ~ sin amuzi, amuziĝi (***über*** pri)

Amüsiermeile *f* kvartalo de amuzejoj

Amygdalin *n Biochemie (ein blausäurehaltiges Glykosid [Vorkommen z.B. in bitteren Mandeln u. in Kernen von Steinobst])* amigdalino *od* migdalino

Amyl *n Chem* amilo; ~**alkohol** *m, auch* ***Pentanol*** *n gesättigter Alkohol* amilalkoholo, *auch* pentanolo *<dient als Lösungsmittel für Harze u. Fette>*

Amylase *f Biochemie (ein Stärke spaltendes Enzym)* amelazo (↑ *auch* ***Speichelamylase***); ~ ***im Mundspeichel*** ptialino *<wichtig für die Verdauung>*

amyloid, *auch* ***stärkemehlartig*** *Adj* ameloida

Amyloid *n Histochemie (stärkeähnlicher Eiweißkörper, der durch krankhafte Prozesse im Organismus entsteht u. sich im Bindegewebe der Blutgefäße ablagert))* ameloido

Amyloidose *f nur Fachspr Med (Gewebsentartung durch Amyloid)* amiloidozo

an 1. *Adv* ***a)*** *als Glied eines Wortpaares*: ~ ***[und für] sich*** por si mem; *in Wirklichkeit* en realo; ***ab und*** ~ de tempo al tempo; *manchmal* kelkfoje; ***von ...*** ~ [ek]de ...; ***von heute*** (***jetzt***) ~ [ek]de hodiaŭ (nun) ***b)*** *in Verbindung mit Modalverb*: ~ ***sein*** *umg für «eingeschaltet sein, laufen»* esti ŝaltita, funkcii, *umg oft auch* labori; ***ist die [Wasser-] Pumpe ~?*** ĉu la akvopumpilo laboras? ***c)*** *Maß*: ~ ***die*** *umg für «etwa» od «zirka»* ĉirkaŭ, proksimume; ~ ***die tausend Menschen*** ĉirkaŭ mil homoj (*od* personoj) ***d)*** *auf Fahrplänen*: ***3.10*** ~ ***Halle*** je la tria kaj dek [minutoj] alveno en Halle **2.** *Präp* ***a)*** *Ort* ĉe, *in einzelnen Fällen auch* sur *bzw.* en; *neben* apud;~ ***der Ecke*** ĉe la [strat]angulo;~ ***der Tür*** ĉe la pordo; ***Professor*** ~ ***der Universität*** profesoro en la universitato; ***Schulter*** ~ ***Schulter*** ŝultron ĉe ŝultro; ~ ***der Wand hängen*** pendi sur la muro ***b)*** *die Richtung kennzeichnend: auf ... zu, nach ... hin* al; *bis zu* ĝis; ~***s Fenster gehen*** iri al la fenestro; ~ ***die Tür klopfen*** frapi al la pordo; ***[bis]*** ~ ***das*** (*od* ***ans***) ***Ufer gehen*** iri ĝis la bordo; ~ ***die See fahren*** veturi al la maro; ***ein Bild*** ~ ***die Wand hängen*** pendigi bildon sur la muron ***c)*** *Zeit* en, je, *oft auch durch ein Adverb übersetzt*: ~ ***diesem Abend*** en tiu [ĉi] vespero *od* tiun [ĉi] vesperon, *auch (bes. umg)* tiuvespere; ***es war*** (*od* ***passierte***) ~ ***einem Freitag*** okazis en iu vendredo *od* okazis iun vendredon, *auch (bes. umg)* okazis iuvendrede; ~ ***Werktagen*** en (*od* dum) labortagoj, *auch* labortage ***d)*** *nach Subst*: ***Interesse*** ~ intereso pri; ***Mangel*** ~ manko de; ***Vergnügen*** ~ plezuro en (*od* per); ***Zweifel*** ~ dubo pri ***e)*** *nach Verben*: ***leiden*** ~ suferi je (*od* de *od* pro); ***schreiben*** ~ skribi al; ***teilnehmen*** ~ partopreni *mit Akk* (*od* en *mit Nom*); ***sich*** ~ ***einem Stein stoßen*** puŝiĝi kontraŭ ŝtono; ***sich [wieder] erinnern*** ~ rememori pri; ***sie hatte fast nichts*** ~ ŝi surhavis preskaŭ nenion *od* ŝi estis preskaŭ nuda (*vgl. dazu* ***anhaben a)***) ◇ ***ich sehe es dir*** ~ ***den Augen ab*** mi legas tion el viaj okuloj

Anabaptismus *m Rel (Lehre der Wiedertäufer)* anabaptismo

Anabaptist *m, auch* ***Wiedertäufer*** *m Rel* anabaptisto

Anabasis *ohne Art (Titel zweier Schriften von a. Xenophon b. Arrianos)* Anabazo

anabatisch *Adj Met (nach oben ziehend [Luftstrom])* anabata; *~**er Wind** m, umg* ***Aufwind*** *m* [↑ *auch dort*], *auch* ***Hangwind*** *m Segelflug* anabata vento, *umg* dekliva vento

Anabiose *f Biol (latentes Leben: Fähigkeit vieler wirbelloser Tiere, unter Umständen über Jahre in einem Zustand anscheinend völliger Leblosigkeit zu verharren)* anabiozo (↑ *auch* ***Scheintod***)

Anabolika *n/Pl* (*Sg*: ***Anabolikum***) *Substanzen, die den Aufbaustoffwechsel anregen <häufig missbräuchlich eingesetzt zum Muskelaufbau bei Sportlern>* anaboligaj medikamentoj (*od* substancoj) *Pl*

anabol[isch] *Adj* anabola

Anabolismus *m, auch* ***Aufbaustoffwechsel*** *m Physiol (aufbauende, energieverbrauchende Stoffwechselvorgänge [Ggs: Katabolismus])* anabol[ism]o

Anacharsis (*m*) *Eig (ein skythischer Philosoph)* Anakarsiso

Anachoret *m frühchristlicher Einsiedler, der streng eremtisch seinem Glauben lebt* anakoreto *auch übertr für «zurückgezogen lebende Person»*

anachoretisch *Adj* anakoreta (↑ *auch* ***einsiedlerisch***)

Anachronismus *m Zeitwidrigkeit* anakronismo

anachronistisch *Adj* anakronisma

Anadiplosis *f Rhetorik (Wiederholung des letzten Wortes od der letzten Wörter am Anfang des folgenden Satzes)* anadiplozo

Anadyr *m ein Fluss im russ. Fernen Osten* [rivero] Anadiro; ~**-Golf** *m Teil des Beringmeers* Anadira Golfo

anaerob *Adj Biol, Chem (ohne Sauerstoff lebend, unabhängig vom Luftsauerstoff, sauerstoffunabhängig)* malaerobia, *<wiss>* anaerobia; *~**e Atmung** f Biol (Zellatmung unter Sauerstoffausschluss bei Anaerobiern)* anaerobia spirado

Anaglyphe *f Bildh (1. [halb] erhabene Bildhauerarbeit 2. eines von zwei zusammengehörenden Bildern eines Stereobildverfahrens)* anaglifo

anaglyphisch *Adj* anaglifa

Anagramm *n* ***a)*** *Ling (durch Umstellung von Buchstaben od Silben eines Wortes entstandenes neues Wort)* anagramo ***b)*** *auch* ***Buchstabenrätsel*** *n* anagramo, *auch* logogrifo

Anahita (*f*) *Myth (iranische Fruchtbarkeitsgöttin im 5./4. Jh. v. Chr. [als babylonisches Erbe in den Kult der Achämeniden aufgenommen])* Anahita

Anaklet[us] (*m*) *Eig (ein altrömischer Name [auch Name von Päpsten])* Anakleto

Anakoluth *n od m, auch* ***Satz[ab]bruch*** *m Ling, Stilistik (das Fortfahren in einer anderen als der begonnenen Satzkonstruktion)* anakoluto

anakoluthisch *Adj* anakoluta

Anakonda *f* (*Gattung* Eunectes) *Zool (südamerik. Riesenschlange)* anakondo

Anakreon (*m*) *Eig (altgriech. Lyriker [6. Jh. v. Chr.])* Anakreono

anakreontisch *Adj in der Dichtweise Anakreons [verfasst]* anakreona *i.w.S. auch für «anmutig» od «zart»*

Anakrusis *f, auch* ***Vorschlagsilbe*** *f Metr (unbetonte Silbe am Versanfang)* anakruzo

anal *Adj 1. Med (den After betreffend bzw. zum After gehörig) 2. Psych (auf die anale Phase bezogen)* anusa; ~ ***verkehren*** *sex* bugri *od* anuskoiti, *vulg* anusfiki (***mit jmdm.*** iun)

Analabszess *m, auch* ***anorektaler Abszess*** *m Med* anusa absceso

Analbereich *m Anat* ↑ ***Analgegend***

Analbluten *n Med* [el]anusa sangado

Analcim *m Min (ein Mineral aus der Gruppe der Zeolithe)* analcimo

Analdrüse *f Biol* ↑ ***Afterdrüse***

Analekten *Pl Lit (Sammlung von Zitaten, vermischten Gedichten, Aufsätzen od Literaturausügen)* analektoj *Pl*

Analeptikum *n Med (anregendes u. belebendes Mittel)* analeptiko (*vgl. dazu* ***Tonikum***)

Anal|ekzem *n* (Ekzema analis) *Med* anusa ekzemo; ~**fissur** *f, auch* ***Afterschrunde*** *f* (Fissura ani) *Med* anusa fisuro; ~**fistel** *f* (Fistula ani) *Med* anusa fistulo; ~**gegend** *f, auch* ***Analbereich*** *m* (Regio analis) *Anat* anusa regiono

Analgesie *od* **Analgie** *f Med (Aufhebung der Schmerzempfindung)* analgezio

Analgetikum *n* (*Pl:* ***Analgetika***) *Med,*

Pharm (schmerzstillendes Mittel) analgeziko (↑ *auch* ***Indometazin*** *u.* ***Paracetamol***)
analgetisch *Adj Med (ohne Schmerzempfindung)* analgezia; ~***es Stadium*** *n* analgezia stadio
Analgie *f* ↑ ***Analgesie***
Analjucken *n Med* ↑ ***Afterjucken***
Anal|kanal *m* (Canalis analis) *Anat (Endabschnitt des Rektums)* anusa kanalo; ~-**karzinom** *n* (Carcinoma ani) *Med (am Analrand od im Analkanal lokalisiertes Karzinom)* anusa karcinomo
analog 1. *Adj* analoga (***zu*** al) **2.** *Adv* analoge
Analogie *f Verhältnisgleichheit* analogio *auch Jur, Ling u. Phil*; *Übereinstimmung* konformeco; ~**schluss** *m*, *auch* ***Ähnlichkeitsschluss*** *m Logik* inferenco (*od* dedukto) per analogio; *Vernunftschluss* rezonado per analogio
Analogon *n Wiss (ähnlicher, gleichartiger Fall)* analogo; ***numerisches*** ~ *Math* cifera analogo
Analog|rechner *m EDV* analoga komputilo; ~**uhr** *f* analoga horloĝo
Analphabet *m* analfabeto
Analphabetentum *n od* **Analphabetismus** *m* analfabeteco *od* analfabetismo
analphabetisch *Adj des Lesens u. Schreibens unkundig* analfabeta
Anal|polyp *m* (Polypus ani) *Med* anusa polipo; ~**prolaps** *m* (Prolapsus ani) *Med (Vorfall der Analschleimhaut)* anusa prolapso
Analpruritus *m* ↑ ***Afterjucken***
Analschleimhaut *f* anusa mukozo
Analverkehr *m*, *umg* ***Analsex*** *m sex* anusa koito (*od* seks[umad]o), *umg auch* bugrado; ~ ***mit Tieren*** sodomio
Analysator *m Math, Opt* analizilo, *Math u. Phys auch* analizatoro
Analyse *f als Auswertung* analizo *auch als wissenschaftlich-kritische Untersuchung* (↑ *auch* ***Boden-***, ***Daten-***, ***Kosten-***, ***Lumineszenz-***, ***Mikro-***, ***Markt-***, ***Objekt-***, ***Problem-***, ***Psycho-***, ***Risiko-***, ***Satz-***, ***Stil-***, ***Struktur-***, ***System-***, ***Text-***, ***Thermo-*** *u.* ***Vektoranalyse***); ***bioenergetische*** (***metallografische***, ***qualitative***, ***radiometrische***, ***statistische***, ***thermografische***, ***wissenschaftliche***) ~ bioenergetika (metalografia, kvaliteca, radiometria, statistika, termografia, scienca) analizo; ***eine*** ~ ***anfertigen*** (*od* ***erstellen***) fari analizon
Analysen|waage *f Radiochemie* analiza pesilo; ~**zertifikat** *n* atesto pri analizo
analysierbar *Adj* analizebla
analysieren *tr bes. Chem u. Naturw* analizi (*vgl. dazu* ***untersuchen*** *u.* ***zergliedern***)
Analysis *f Teilgebiet der Mathematik, das mit Grenzwerten arbeitet)* analitiko
Analytik *f Logik (Kunst der Analyse)* analitiko
Analytiker *m Naturw* analizisto (↑ *auch* ***Psychoanalytiker***); *Logik* analitikisto
analytisch *Adj* analiza; analitika; ~***e Chemie*** (***Geometrie***, ***Psychologie***) *f* analitika kemio (geometrio, psikologio); ~***e Sprachen*** *f/Pl* analizaj lingvoj *Pl*
Anämie *f*, *umg* ***Blutarmut*** *f Med* anemio (↑ *auch* ***Blutungs-***, ***Eisenmangel-***, ***Insulin-Sichelzellenanämie*** *u.* ***Thalassämie***); ***hämolytische*** (***perniziöse***) ~ hemoliza (pernicioza) anemio; ***renale*** ~ *Anämie bei chronischer Niereninsuffizienz* rena anemio
anämisch, *umg auch* ***blutarm*** *Adj* anemia, *auch* sangomanka; ~ ***werden*** anemiiĝi
Anamnese *f Med (Vorgeschichte einer Krankheit)* anamnezo
anamnestisch, *auch* ***anamnetisch*** *Adj Med (in Bezug auf die Krankheitsgeschichte)* anamneza
Anamorphose *f bildende Kunst, Opt ([perspektivisches] Zerrbild)* anamorfozo
Ananas *f* (Ananas sativus *od* Ananas comosus) *Pflanze* ananasplanto; *Frucht* ananaso
Ananasgewächse *n/Pl Bot* ↑ ***Bromeliengewächse***
Ananas|saft *m* ananas-suko, *auch* ananasa suko; ~**schneider** *m Hausw (Gerät zum Aufschneiden von Ananasfrüchten)* ananastranĉilo; ~**staude** *f Bot* ananasplanto
Ananke (*f*) *griech. Myth (Göttin des unvermeidlichen Schicksals)* Ananka
Anapäst *m Metr (Versfuß aus zwei kurzen, unbetonten u. einer langen betonten Silbe)* anapesto
anapästisch *Adj Metr* anapesta
Anaphase *f Biol (später Zeitabschnitt der indirekten Zellteilung od Mitose)* anafazo
Anapher *od* **Anaphora** *f Stilistik (Wiederholung eines Wortes od einer Wortgruppe am Beginn aufeinander folgender Sätze, Satzteile od Verse)* anaforo
anaphorisch *Adj Ling, Stilistik* anafora
Anaphrodisiakum *n Med, Pharm* malafrodiziigaĵo, medikamento por malafro-

diziigi

Anaphrodisie *f fehlender od verminderter Geschlechtstrieb* malafrodizio

anaphylaktisch *Adj Med*: ~***e Reaktion*** *f* anafilaksia reakcio; ~***er Schock*** *m* anafilaksia ŝoko

Anaphylaxie *f Überempfindlichkeit gegen artfremde Eiweiße* anafilaksio

Anaplasmose *f Vet* anaplasmozo

Anarchie *f Pol (Zustand, in dem Verfassung, Recht u. Gesetz ihre Geltung verloren haben) u. übertr (Chaos [bes. in politischer, wirtschaftlicher u. a. Hinsicht])* anarkio

anarchisch *Adj* anarkia (↑ *auch* ***gesetzlos***)

Anarchismus *m Pol (politische Lehre, die jede staatliche Gewalt und Ordnung ablehnt)* anarkismo

Anarchist *m* anark[i]isto

anarchistisch *Adj auf den Anarchismus bezogen* anarkiisma; *auf die Anarchisten bezogen* anark[i]ista

Anarcho|feminismus *m Pol* anarko-feminismo; ~**kapitalismus** *m* anarko-kapitalismo; ~**kommunismus** *m Pol* anarko-komunismo; ~**pazifismus** *m, auch* ***anarchistischer Pazifismus*** *m Gesch, Pol* anarko-pacismo, *auch* anarkiisma pacismo

Anasarka *f nur Fachspr Med* (*Wassereinlagerung in der Haut*) anasarko

Anastasia (*f*) *weibl. Vorname* Anastazia

Anästhesie *f Med (Schmerzbetäubung)* anestezo, *als Vorgang (das Anästhesieren) auch* anestezado (↑ *auch* ***Infiltrations-***, ***Leitungs-***, ***Lokal-***, ***Lumbal-***, ***Plexus-*** *u.* ***Spinalanästhesie***)

anästhesieren *tr Med* anestezi (*vgl. dazu* ***betäuben***)

Anästhesiologie *f Med (Lehre von der allgemeinen u. örtlichen Betäubung)* anestez[iologi]o

Anästhesist *m, auch* ***Narkose[fach]arzt*** *m Med* anestezisto, [fak]kuracisto pri anesteziologio

Anästhetikum *n Med, Pharm* anestezilo, anesteza medikamento (*bzw.* substanco) (↑ *auch* ***Evipan***, ***Lokalanästhetikum*** *u.* ***Narkotikum***)

anästhetisch *Adj Med (die Schmerzempfindung aufhebend)* anesteza

Anastigmat *m Opt (Linsenkombination für Fotoobjektive, die von Abbildungsfehlern weitgehend frei ist)* anastigmato

anastigmatisch *Adj Opt (unverzerrt)* anastigmata

Anastomose *od* **Anastomosis** *f Anat* (*[natürliche] Querverbindung zw. Gefäßen, Hohlorganen od Nerven*) anastomozo (↑ *auch* ***Enteroanastomose***)

anastomosieren ***a)*** *tr Chir (durch Ineinandermünden verbinden)* anastomozi ***b)*** *intr Anat (ineinander münden od zusammenmünden)* anastomoziĝi

Anastrophe *f Lit (Umkehrung der Wortstellung, Wortversetzung)* anastrofo

Anatexis *f nur Fachspr Geol (das Wiederaufschmelzen von Gesteinen in der Erde durch tektonische Vorgänge)* anatekso

Anatexite *n/Pl Geol (Mischgesteine mit bes. hohem aufgeschmolzenem Anteil)* anateksitoj *Pl*, *auch* anateksaj petroj *Pl*

anathematisieren ↑ *unter* ***Bann***

Anatolien (*n*), *türk.* ***Anadolu*** *asiatischer Teil der Türkei [Kerngebiet des Landes]* Anatolio

Anatolier *m* anatoliano

Anatolierin *f* anatolianino

anatolisch *Adj* anatolia; ~***e Sprachen*** *f/Pl eine Gruppe von indogermanischen Sprachen, die im 2. Jt. v. Chr. in Kleinasien verbreitet war, vor allem die Keilschriftsprachen Hethitisch, Luwisch u. Papaisch, ferner das Bildhethitische sowie Lykisch u. Lydisch [heute auch als hethitisch-luwische Sprachen bezeichnet]* anatoliaj lingvoj *Pl*

Anatom *m* anatomo

Anatomie *f* anatomio (↑ *auch* ***Phytotomie***); ~ ***des menschlichen Körpers*** anatomio de la homa korpo; ***mikroskopische*** (***vergleichende***) ~ mikroskopa (kompara) anatomio; ***topografische*** ~ *Beschreibung der Körpergegenden u. der gegenseitigen Lageverhältnisse der Organe* topografia anatomio

anatomisch *Adj* anatomia

Anatoxin *n entgiftetes Toxin* anatoksino

anatrop *Adj Biol (gegenläufig [Samenanlagen])* anatropa

Anaxagoras (*m*) *Eig (altgriech. Philosoph [um 500-427 v.Chr.])* Anaksagoro

Anaximander (*m*) *Eig (altgriech. Naturphilosoph)* Anaksimandro *[um 610-um 546 v.Chr.]*

Anaximenes (*m*) *Eig (altgriech. Philosoph)* Anaksimeno *[um 585-um 525 v. Chr.]*

Anaza *Pl Ethn (Stammesgruppe der Adnaniten im N der Arab. Halbinsel [Saudi-*

Arabien, Jordanien, Irak, Syrien] anazoj *Pl* (*vgl. dazu* ***Ruwala***)

Anazidität *f Med (Fehlen von freier Salzsäure im Magensaft)* stomaka malacideco

anbahnen *tr initiieren, in die Wege leiten* iniciati; *den Weg bereiten für* prepari (*od* pavimi) la vojon por; *i.w.S. beginnen* komenci; ***sich*** ~ *sich zeigen* montriĝi; *sichtbar werden* [ek]vidiĝi, fariĝi videbla; *i.w.S. beginnen* komenciĝi

anbändeln, *<österr> u. reg* ***anbandeln*** *intr* flirte (*od* kokete) serĉi kontakton, ekflirti (***mit jmdm.*** al *od* kun iu)

[1]**Anbau** *m Gartenb, Landw* kultiv[ad]o (↑ *auch* ***Bananen-***, ***Gemüse-***, ***Hopfen-***, ***Kaffee-***, ***Kartoffel-***, ***Mais-***, ***Obst-***, ***Reis-***, ***Spargel-***, ***Tabak-***, ***Tee-*** *u.* ***Weizenanbau***)

[2]**Anbau** *m Bauw (etw. An- od Hinzugebautes)* alkonstruaĵo (↑ *auch* ***Nebengebäude***)

[1]**anbauen** *tr Gartenb, Landw* kultivi; ***Kartoffeln*** (***Reis***) ~ kultivi terpomojn (rizon)

[2]**anbauen** *tr*: ***einen Schuppen ans Haus*** ~ alkonstrui ŝedon (*bzw.* remizon) al la domo (*vgl. dazu* ***Schuppen***)

anbaufähig *Adj Pflanze* kultivebla (↑ *auch* ***kultivierbar***)

Anbau|fläche *f Landw* tereno (*od* kampoj *Pl*) por kultivado, *(bereits bestellte Fläche)* kultivita tereno; ~**gebiet** *n* kultivejo; ~**methode** *f Lansw* kultiva metodo *od* metodo de kultivado; ~**möbel** *n* ero-meblo

Anbeginn *m*: ***seit (od von)*** ~ [ek]de la komenco, dekomence

anbehalten *tr Kleidungsstück* ne demeti

anbei *Adv* ĉi-kune; *beiliegend* almetite (↑ *auch* ***hiermit***)

anbeißen ***a)*** *tr* ekmordi, mordeti [iom de]; ***er hat den Apfel nur angebissen*** li nur mordetis la pomon ***b)*** *intr Fisch am Köder* mordi la hokon; *übertr* lasi sin delogi (*bzw.* persvadi); ***es hat einer angebissen*** *Fisch an der Angel* iu mordis la hokon

an[be]langen *tr* koncerni; ***was mich anbelangt*** kio koncernas min, *auch kurz* koncerne min *od* rilate min

anbellen *tr*: ***jmdn.*** ~ boji al (*od* kontraŭ) iu

anberaumen *tr einen Zeitpunkt für etw. festlegen*: ***den Prozesstermin auf den ...*** ~ *Jur* fiksi la procesdaton je (*od* por) la ...

an|beschreiben *Geom (z.B. einen Kreis)* eksterskribi (↑ *auch* ***umbeschreiben***)

anbeten, *geh* ***adorieren*** *tr Rel u. übertr* adori (*vgl. dazu* ***verehren*** *u.* ***vergöttern***) ◇ ***das Goldene Kalb*** ~ *von Geldgier erfüllt sein* adori la oran bovidon

Anbetende *od* **Anbeter** *m*, *geh* ***Adorant*** *m* *1. anbetende, kniende Gestalt [in Kunstwerken] 2. übertr (Verehrer, Bewunderer)* adoranto (↑ *auch* ***Sonnenanbeter***)

Anbetracht: ***in*** ~ *mit Gen* en konsidero al *od* kondidere al, *auch* konsiderante *mit Akk* (↑ *auch* ***angesichts***); ***in*** ~ ***dessen, dass ...*** konsiderante, ke ...

anbetreffen = ***betreffen***

anbetteln *tr*: ***jmdn. um Geld*** ~ petadi monon de iu; *Bettler auch* petadi almozo(j)n de iu

Anbetung *f*, *geh* ***Adoration*** *f* ador[ad]o (↑ *auch* ***Sonnenanbetung***); *i.w.S. Kult (übertriebene Verehrung)* kulto; ~ ***Gottes*** ador[ad]o al Dio; ***Stätte f der*** ~ adorejo (↑ *auch* ***Heiligtum*** *u.* ***Kultstätte***)

anbetungswürdig, *geh* ***adorabel*** *Adj* adorinda (↑ *auch* ***allerliebst***)

anbiedern, sich *refl* [plumpe] altrudi sin (***bei jmdm.*** al iu); *sich einschmeicheln* [humile] kaĵoli (***bei jmdm.*** iun)

anbieten *tr Getränke, Speisen* prezenti, *auch* proponi (***jmdm. etw.*** ion al iu); *jmdm. Geld, einen Stuhl* proponi; *zum Kauf* oferti *auch i.w.S.* (↑ *auch* ***feilbieten***); ***jmdm. seine Dienste*** ~ proponi al iu siajn servojn; ***was darf ich Ihnen*** ~***?*** *zum Gast gesagt* kion mi povas prezenti al vi?; ***sich*** ~ sin proponi; *seine Bereitschaft erklären* deklari sin preta

Anbieter *m* ***a)*** *häufig <engl>* ***Provider*** *m EDV* provizanto (↑ *auch* ***Internetdienstanbieter***) ***b)*** *Hdl, Wirtsch* ofertanto

anbinden *tr* [al]ligi (***an*** al); ***angebunden sein*** esti alligita ◇ ***er war kurz angebunden*** *er antwortete [ziemlich] brüsk* li respondis [iom] bruske

anblasen *tr Flamme* blove (*od* per blovado) eksciti; *Hochofen* [ek]bruligi; ***die Jagd*** ~ *durch Blassignal ankündigen* kornosignali por komenci la ĉason

Anblick *m Blick* rigardo, vido; *Aussehen, Anblick, den jmd. od etw. gewährt* aspekto (*vgl. dazu* ***Äußere***); *übertr: Schauspiel (auch im Sinne von «ein Vorgang, der Auge u. Ohr fesselt»)* spektaklo; ***bei diesem*** ~ vidante (*bzw.* vidinte) tion; ***beim ersten*** ~ *auf den ersten Blick* laŭ (*od* je la) unua vido, unuavide; ***ein großartiger*** (***schöner***) ~ grandioza (bela) aspekto; ***jmdn. nur vom***

~ *[her] kennen* koni iun nur laŭ la vido
an|blicken *tr* rigardi (*jmdn.* iun, *auch (u. zwar im Sinne von «zu jmdm. blicken»)* al iu); ~**bohren** *tr* [ek]bori; *mit dem Drill- od Steinbohrer* drili; *hineinbohren* enbori
anbrassen *intr Mar*: ***angebrasst liegen*** panei
Anbrassen *n Mar* panco
anbraten *tr Kochk* subrosti
anbrechen *tr **a)** ein wenig brechen* rompi iomete ***b)*** *öffnen (Büchse, Flasche)* malfermi; *anschneiden (Brot)* ektranĉi; *umg beginnen, etw. zu verbrauchen (bes. Esswaren, Konserven)* ekkonsumi, ekuzi *intr **c)** geh für «beginnen»* komenciĝi; ***der Tag bricht an*** *es wird Tag* tagiĝi, la tago komenciĝas; *die Morgenröte zieht auf* la matenruĝo aperas; ***bei anbrechender Dunkelheit*** ĉe malheliĝo, ĉe noktiĝo
anbrennen ***a)*** *tr Kerze, Lampe, Pfeife, Zigarette* ekbruligi; *Licht* ŝalti; ***b)*** *intr in Brand geraten* ekbruliĝi; *Speisen* bruldifektiĝi; ***er brannte sich eine Zigarette an*** li ekbruligis cigaredon
anbringen *tr befestigen* fiksi (***an*** al); *installieren* instali; *herbeibringen* alporti; *machen* fari; ***eine Bitte*** ~ fari peton; ***nicht angebracht sein*** *nicht passend od schicklich sein* esti nekonvena; *nicht am richtigen Platz sein* esti ne en (*bzw.* sur) la ĝusta loko
Anbringen *n od* **Anbringung** *f Festmachen, Anstecken, Fixierung* fiksado; *Installierung* instalado
Anbruch *m Beginn* [ek]komenc[iĝ]o; ***bei ~ des Tages*** ĉe tagiĝo
Anchises (*m*) *griech. Myth (König von Dardanos bei Troja)* Anĥizo
ANC = *Abk **African National Congress*** [↑ *unter **afrikanisch***]
Anchovis *f Nahr [gesalzene] kleine Sardelle* anĉovo (*vgl. dazu **Sardelle***); ~**butter** *f, auch **Sardellenbutter** f Nahr* anĉovobutero; ~**paste** *f, auch **Sardellenpaste** f Nahr* anĉovopasto; ~**röllchen** *n/Pl Nahr* volvitaj anĉovoj *Pl*
Ancona (*n*) *Hptst. der mittelital. Region Marken* Ankono
Ancyluszeit *f Geol (eine nacheiszeitliche Entwicklungsstufe der Ostsee [6200-5500 v. Chr.])* ancilusa tempo
Andacht *f **a)** Rel (fromme Hingabe)* devoteco, *(Gottesdienst)* [mallonga] diservo *auch Großschr* (↑ *auch **Abendandacht** u. **¹Vesper***), *(Messe)* meso, *(Beten)* [edifa] preĝado, *(Frömmigkeit)* pieco ***b)*** *übertr (Meditation)* meditado, *(Konzentration, z.B. zum Lesen)* koncentriĝo (↑ *auch **Sammlung b)***)
andächtig **1.** *Adj gottergeben* devota; *fromm* [sindone *od* fervore] pia; *ehrfürchtig* respektoplena; *voller Aufmerksamkeit* atentoplena, ege atent[em]a **2.** *Adv* devote; pie; respektoplene; atentoplene, ege atent[em]e
andalusisch *Adj* andaluzia
Andalusien (*n*) *span. **Andalucía** eine Landschaft in Südspanien* Andaluzio *[Hptst.: Sevilla]*
Andalusier *m* andaluziano
Andalusierin *f* andaluzianino
Andalusit *m Min* andaluzito *<findet sich in Metamorphitgesteinen>*
Andamanen *Pl eine hinterindische Inselkette im Golf von Bengalen* Andamanoj *Pl, auch* Andamanaj Insuloj *Pl [Hauptort: Port Blair]*; ~**see** *f Meeresgebiet im NO des Indischen Ozeans* Andamana Maro; ~**star** *m* (Sturnia erythropygia) *Orn* andamana [blankkapa] sturno *[Vorkommen: endemisch auf den Andamanen u. Nikobaren]*
andante *Adv Mus (eine Tempobezeichnung: mäßig langsam, gemessen)* andante
Andante *n Mus (ein mäßig langsamer, ruhig bewegter Satz)* andanto
andantino *Adv Mus* andantine *<etwas beschleunigter als andante>*
Andantino *n Mus* andantino
andauern *intr* daŭri; *sich in die Länge ziehen* daŭr[ad]i longan tempon
andauernd **1.** *Adj* daŭra, konstanta, permanenta; *immerwährend* ĉiama; *lange anhaltend* longedaŭra; *unaufhörlich* senĉesa **2.** *Adv* daŭre, konstante, permanente; *immer* ĉiam; *unaufhörlich* senĉese
Anden: ***die*** ~ *Pl südamerikanischer Teil der Kordilleren* la Andoj
Andenbär *m Zool* ↑ ***Brillenbär***
Anden|beere *f, auch **Kapstachelbeere** f, Hdl meist **Physalis** f* (Physalis peruviana) *Bot (ein ursprünglich in den südamerikanischen Anden [Peru, Bolivien, Chile] beheimatetes Nachtschattengewächs mit kugeligen gelben Beeren) auch Nahr* perua fizalido; ~**bekassine** *f* (Gallinago jamesoni) *Orn* anda galinago; ~**flamingo** *m* (Phoenicopterus andicus) *Orn* anda fla-

mengo *[Vorkommen: Chile u. NW-Argentinien]*

Andenfuchs *m Zool* ↑ ***Andenschakal***

Andenhirsch *m Zool* ↑ ***Huemul***

Andenken *n Gedenken* memoro; *Souvenir, Erinnerungsstück* suveniro, memoraĵo; ***jmdn. in gutem ~ behalten*** gardi (*od* teni) bonan memoron pri iu; ***zum ~ an ...*** por memoro al ...

Andenken|geschäft *n od* **~laden** *m* butiko de memoraĵoj (*od* suveniroj)

Anden|kondor *m* (Vultur gryphus) *Orn* anda (*od* sudamerika) kondoro; **~möwe** *f* (Larus serranus) *Orn* anda mevo; **~schakal** *m, auch* ***Anden-*** *od* ***Feuerlandfuchs*** *m* (Lycalopex culpaeus) *Zool* anda vulpo, <*wiss*> kulpea lupovulpo *[Vorkommen: Südamerika]* <*nach dem Mähnenwolf der zweitgrößte Wildhund Südamerikas [es handelt sich aber weder um einen Schakal noch um einen echten Fuchs]*>

Andentapir *m Zool* = ***Bergtapir***

andere|(r, -s) 1. *Indef Pron*: ***am ~n Tag*** la sekvan tagon, *umg auch* sekvatage; ***ein ~r*** *bzw.* ***eine ~*** *(Person)* alia persono, aliulo, *allg* iu alia, *(Mann) auch* alia viro, *(Frau) auch* alia virino; *(Gegenstand) auch* io alia, alia aĵo (*od* objekto); ***das ist etwas ganz ~s*** tio estas tute alia afero; ***einer nach dem ~n*** unu post [la] alia; ***einer neben dem ~n*** unu apud la alia; ***einen Tag um den ~n*** ĉiun duan tagon; ***haben Sie nicht etwas ~s?*** *beim Einkauf* ĉu vi ne povas prezenti ion alian?; ***etw. ~s*** io alia, alia afero; ***etw. ganz*** (*od* ***völlig***) ***~s*** io tute alia, tute alia afero; *etw. ganz Neues* io tute nova; ***kein ~r als ...*** neniu alia krom ... *mit Nom*, neniu alia ol ... *mit Nom*; ***mir bleibt nichts ~s übrig als ...*** por mi restas nenio alia ol ...; ***unter ~m*** (*od umg auch* ***anderm***) interalie; ***sich eines ~n besinnen*** *seine Meinung ändern* ŝanĝi sian opinion; ***sie ist ein ganz ~r Mensch geworden*** ŝi fariĝis tute alia homo **2.** *Adj* alia; *nächste* sekv[ant]a; ***ein ~s Hemd anziehen*** surmeti alian ĉemizon, *auch* ŝanĝi sian ĉemizon; ***auf ~e Art [und Weise]*** ali[a]maniere; ***auf der ~n Seite*** je (*od* sur) la alia flanko; *da drüben* tie transe; ***mit ~n Worten*** per aliaj vortoj, ali[a]vorte

anderenfalls ↑ ***andernfalls***

anderenteils ↑ ***andernteils***

and[e]rerseits *Adv* ali[a]flanke; ***~ befürchte ich, dass ...*** aliaflanke mi timas, ke ...

andermal *Adv*: ***ein ~*** *od* ***ein and[e]res Mal*** alian fojon *od* ali[a]foje; *bei anderer Gelegenheit* aliaokaze

Andermatt (*n*) *schweiz. Luftkurort u. Wintersportplatz* Andermato

ändern *tr* ŝanĝi, ali[form]igi; *modifizieren* modifi; *Schneiderei* retuŝi; ***seine Meinung ~*** ŝanĝi sian opinion; ***können Sie das ~?*** *zur Schneiderin gesagt* ĉu vi povas (*od* povos) retuŝi tion ĉi?; ***sich ~*** ŝanĝiĝi, ali[form]iĝi (*vgl. dazu* ***mutieren***) ◇ ***daran kann man nichts ~*** oni nenion povas fari pri tio

andern|falls, *auch* ***anderenfalls*** *Adv* ali[a]kaze, alie; **~orts**, *auch* ***anderenorts*** *Adv* ali[a]loke; **~teils**, *auch* ***anderenteils*** *Adv* ali[a]parte

anders *Adv* alie; ***~ ausgedrückt*** aliadire; *mit anderen Worten* per aliaj vortoj, *auch* aliavorte; ***~ werden*** *umg: sich verändern* ŝanĝiĝi; ***jmd. ~*** iu alia; ***~ als in Deutschland*** alie ol en Germanio; ***er ist ganz ~ als sein Bruder*** li estas tre diferenca de sia frato; ***ich fasse das*** (*od* ***es***) ***~ auf*** mi komprenas tion aliamaniere; ***es geht nicht ~*** ne estas alia ebleco (*bzw.* vojo); ***jedes Kind ist ~*** *z.B. veranlagt* ĉiu infano estas aliakaraktera; ***sich ~ anziehen*** *umg für «sich umkleiden»* alie vesti sin, *umg* alivestiĝi; ***sich ~ besinnen*** ŝanĝi sian opinion; ***niemand ~ als ...*** neniu alia ol (*od* krom) ...; ***wenn es nicht ~ geht*** se ne estas alia ebleco (*bzw.* vojo); *i.w.S. zum Mindesten* minimume

andersartig *Adj* ali[a]speca; *auf andere Art u. Weise* ali[a]maniere

Andersartigkeit *f od* **Anderssein** *n* alieco

Andersdenkende *m bzw. f* disidento

anderseits = ***and[e]rerseits***

anders|farbig *Adj* ali[a]kolora; **~gläubig** *Adj* ali[a]religia

Andersgläubige *m Rel* alireligiano

Anderssein *n* ↑ ***Andersartigkeit***

anderssprachig 1. *Adj* ali[a]lingva **2.** *Adv* ali[a]lingve

anders|wie *Adv umg* [iel] aliamaniere, *auch* aliel; **~wo** *Adv an einem anderen Ort* en alia loko, ali[a]loke; **~woher** *Adv* de (*od* el) [iu] alia loko; **~wohin** *Adv* al [iu] alia loko, ali[a]loken

anderthalb *Num* unu kaj duona; ***nach ~ Stunden*** post unu horo kaj duona

Anderthalbfache *n*: ***das ~*** la unu kaj duoblo

Änderung *f* ŝanĝo, ali[form]igo; *Modifika-*

tion modif[ad]o; *Umgestaltung* transform-[ad]o (↑ *auch* ***Abänderung, Adressen-, Namens-,Programm-,Richtungs-, Windänderung*** *u.* ***Veränderung***); *das Sichändern* ŝanĝiĝo, ali[form]iĝo; transformiĝo; ~ ***der Lage*** (*od* ***Situation***) ŝanĝo de la situacio

Änderungs|gesetz *n, auch* ***Anpassungsgesetz*** *n Parl* amendoleĝo *od* amendanta leĝo; ~**vorschlag** *m* ŝanĝopropono *od* modifopropono; *Parl auch (Amendement)* amendo

anderweitig 1. *Adj andere* alia; *weitere* plia; *[noch] außerdem vorhanden* kroma **2.** *Adv* aliamaniere; *noch dazu* plie; *außerdem, ferner* krome

Andesit *m ein Vulkanitgestein* andezito

andeuten *tr* supraĵe tuŝi, nerekte esprimi; *zu verstehen geben* komprenigi; *anspielen od versteckt hinweisen auf* aludi; *erwähnen* mencii; *markieren* marki; ***leise*** ~ aludeti; ***sich*** ~ fariĝi videbla, konturiĝi

Andeutung *f Anspielung* aludo; *Erwähnung* mencio; *Hinweis* atentigo

andeutungsweise *Adv nicht direkt ausgedrückt* duonvorte; *andeutend* [nur] alude

Andhra Pradesh (*n*) *Gliedstaat der Indischen Union* Andrapradeŝo

andichten *tr*: ***jmdm. etw.*** ~ imputi ion al iu

Andong (*n*) *eine Stadt in Südkorea [nördl. von Taegu]* Andongo

Andorn *m* (*Gattung* Marrubium) *Bot* marubio (↑ *auch* ***Stinkandorn***); ***gewöhnlicher*** (*od* ***weißer***) ~ (Marrubium vulgare) ordinara marubio <*seine Inhaltsstoffe werden medizinisch genutzt*>

Andorra (*n*), *auch* ***Fürstentum Andorra***, *amtl* ***Principat d'Andorra*** *ein Kleinstaat in den östl. Pyrenäen* Andoro, *auch* Princlando Andoro *[Hptst.: Andorra la Vella]*

Andorraner *m* andorano

Andorranerin *f* andoranino

andorranisch *Adj* andora

Andouille [*ã'duj*] *f Nahr (eine franz. Wurst aus Eigeweideteilen im Schweinedarm)* andujo

Andradit *m* (*auch* ***Kalkeisengranat*** *genannt) ein Mineral aus der Gruppe der Granate)* andradito (↑ *auch* ***Melanit***)

Andragogik *f Päd (Wissenschaft von der Erwachsenenbildung)* andragogio

andragogisch *Adj die Andragogik betreffend* andragogia

Andrang *m* ***a)*** alkuro, alfluo (↑ *auch* ***Massenandrang***); *Gedränge* interpuŝ[iĝ]o; *Ansammlung [von Menschen]* [hom]amasiĝo; *Auflauf, Getümmel* tumulto ***b)*** *Blut*~ *zum Kopf* kongesto

Andra Pradesh (*n*) *ein Gliedstaat der Indischen Union* Andrapradeŝo *[Hptst.: Hyderabad]*

Andrea (*f*) *weibl. Vorname* Andrea

Andreas (*m*), *franz.* ***André***, *poln.* ***Andrzej*** *männl. Vorname* Andreo

Andreaskreuz *n, auch* ***Schrägkreuz*** *n od* ***burgundisches Kreuz*** *n* kruco de Sankta Andreo

andrehen *tr Gas, Heizung, Licht, Radio* ŝalti; *Gas- od Wasserhahn* malfermi

andrerseits ↑ ***andererseits***

Andrić (*m*) *Eig (serbischer Schriftsteller [1892-1975])* Andriĉo

Androgene *n/Pl Sammelbegriff für die männlichen Sexualhormone [Keimdrüsenhormone]* androgenoj *Pl* (*vgl. dazu* ***Testosteron***)

androgyn *Adj Bot (mit sowohl männlichen als auch weiblichen Blüten)* androgina (↑ *auch* ***zwittrig***)

Androgynie *f 1. Bot (Zwitterbildung bei Pflanzen) 2. Vereinigung männlicher und weiblicher Körpermerkmale und Wesenszüge in einer Person* androgineco

androhen *tr* minaci (***jmdm. etw.*** iun per io); ***jmdm. eine Strafe*** ~ minaci iun per puno

Androhung *f* minac[ad]o (↑ *auch* ***Gewaltandrohung***)

Androloge *m Med* andrologo

Andrologie *f, auch* ***Männerheilkunde*** *f Med* andrologio <*bes. die männl. Geschlechtsorgane betreffend*>

Andromache (*f*) *griech. Myth (Eig) [in Homers Ilias:] die Frau des Trojaners Hektor* Andromaĥa

[1]**Andromeda** *f eine weibl. griech. Sagengestalt (Tochter des Äthiopierkönigs Kepheus u. der Kassiopeia)* Andromeda

[2]**Andromeda** *f* (*Abk* ***And*** od ***Andr***) *Astron (ein Sternbild des nördl. Himmels)* Andromedo; ~**galaxie** *f, auch* ***Andromedanebel*** *m Astron (eine Spiralgalaxie, ein Spiralnebel im Sternbild Andromeda)* galaksio de Andromedo, *auch* nebulozo de Andromedo

Andronikos [von Rhodos] (*m*) *Eig (altgriech. Philosoph [1. Jh. v. Chr.])* Androniko

Androphobie *f Psych (krankhafte Angst od Scheu vor Männern)* androfobio

Andros *n eine griech. Kykladeninsel* [insulo] Androso

Androsteron *n ein männl. Keimdrüsenhormon* androsterono

Androtropismus *m od* **Androtropie** *f nur Fachspr Med (das gehäufte Vorkommen bestimmter Erkrankungen u. erblicher Syndrome beim männlichen Geschlecht)* androtropismo

Andrözeum *n nur Fachspr Bot (Gesamtheit aller Staubblätter einer Blüte)* androceo (*vgl. dazu* ***Gynäkeion b)***)

andrücken *tr* alpremi (***an*** al); *niederdrücken* malsuprenpremi *od* subenpremi

Äneas (*m*), *griech.* ***Aineias*** (*m*) *Myth (Held des trojanischen Sage)* Eneo *<Äneas gilt als Stammvater der Römer>*

aneifern ↑ ***anspornen b)***

aneignen, sich *refl Besitz* [al]proprigi al si; *Fähigkeiten, Kenntnisse* akiri [al si], alproprigi [al si]; *gewaltsam od widerrechtlich an sich reißen* uzurpi *auch Macht, fremdes Gebiet*; ***sich Kenntnisse aneignen*** akiri [al si] konojn

Aneignung *f* alproprigo; *widerrechtliche Besitzergreifung, Usurpation* uzurp[ad]o; ~ ***herrenlosen Gutes***, *Fachspr* ***Okkupation*** *f Jur* okupacio

aneinander *Adv einer am anderen* unu ĉe la alia; *zusammen* kune; *nebeneinander* unu apud la alia; *der Reihe nach* laŭvice; *einer an den anderen* unu al la alia; ~ ***denken*** pensi unu al la alia; ~***fesseln*** kunkateni; ~***fügen*** kunligi, kunigi; ~***geraten*** ekmalpaciĝi, kolizii, *(heftig)* karamboli; *sich zanken* kvereli [inter] si; *handgreiflich werden* perforte (*od* per batoj) ataki unu la alian; ~***grenzen*** limi unu al la alia, esti najbara (***an*** al); ~***haften*** kungluiĝi; ~***haken*** kunkroĉi; ~***hängen*** *zusammenhängen* esti interligita(j) *(Pl) auch eine Reihe von Dingen Waggons u.a.*; *einander gern haben od lieben* ŝati (*bzw.* ami) unu la alian; ~***reiben*** interfrotiĝi; ~***schlagen*** *a) tr* interfrapi *od* kunfrapi *b) intr* interfrapiĝi *od* kunfrapiĝi; ~***stoßen*** interpuŝiĝi; *kollidieren* kolizii; *angrenzen* limi unu al la alia

Äneis *f Lit (ein Epos von Vergil)* Eneado

Anekdote *f kleinere [oft humorvolle] Erzählung* anekdoto

anekdotenhaft *Adj* anekdoteca

anekdotisch *Adj* anekdota, *nachgest* kiel anekdoto

anekeln *tr* naŭzi; ***das ekelt mich an*** tio min naŭzas *od* tio kaŭzas al mi senton de naŭzo

Anemogamie *f Bot* ↑ ***Windbestäubung***

Anemogramm *n Aufzeichnung eines Windmessers* anemogramo

Anemograf *m, auch* ***Anemograph*** *m, auch* ***[selbst schreibender] Windmesser*** *m Met* anemografo

Anemometer *n, auch* ***Wind[geschwindigkeits]messer*** *m Met* anemometro

Anemometrie *f, auch* ***Wind[geschwindigkeits]messung*** *f* anemometrio

Anemone *f Bot* ↑ ***Windröschen***

Anemonenfisch *m, auch* ***Clownfisch*** *m Ichth (ein riffbewohnender Fisch <lebt im Schutz von Seeanemonen>)* anemona fiŝo

anemophil, *auch* ***windblütig*** *Adj Bot* anemofila; ~***e Blüten*** *f/Pl Blüten, denen der Wind Pollen zur Bestäubung zuträgt* anemofilaj floroj *Pl*

Anemophilie *f, auch* ***Windblütigkeit*** *f Bot* anemofileco

Anemoplankton *n Biol* ↑ ***Aeroplankton***

anempfehlen *tr* rekomendi (***jmdm. etw.*** ion al iu)

Äneolithikum *n, auch* ***Steinkupferzeit*** *f Geol* eneolitiko

Anerbieten *n Angebot, Vorschlag* propono; *i.w.S. Anregung* sugesto

anerkannt *Adj* agnoskita; *bekannt* konata; *renommiert* renoma

anerkanntermaßen *Adv* kiel ĝenerale agnoskite, laŭ ĝenerala juĝo

anerkennen *tr für richtig erkennen* agnoski *auch Forderung* (*vgl. dazu* ***akzeptieren***); *hoch schätzen* respekti; *gutheißen* aprobi; *loben* laŭdi (*vgl. dazu* ***würdigen***); ***formal*** ~ formale agnoski

anerkennend **1.** *Adj* aproba; *lobend* laŭda **2.** *Adv* aprobe, kun aprobo; laŭd[ant]e, kun laŭdo

anerkennenswert *Adj* respektinda, laŭdinda, aprezinda

Anerkennung *f der Richtigkeit von etw.* agnosko; *Hochschätzung* respekto, *auch* rekono; *Würdigung* aprezo; *Lob* laŭdo; *Billigung, billigende Zustimmung* aprobo; ~ ***einer Regierung*** (***eines Staates***) *Dipl, Pol* agnosko de registaro (ŝtato); ***große*** ~ ***genießen*** ĝui grandan renomon; ***in*** ~ ***seiner Verdienste*** aprezante liajn meritojn

Anerkennungsschreiben *n* apreza letero (*vgl. dazu* ***Empfehlungsschreiben***)

Aneroidbarometer *n, auch* ***Dosen-*** *od* ***Federbarometer*** *n Met* aneroida barometro
anerziehen *tr:* ***jmdm. etw.*** ~ per edukado alproprigi (*od* alkutimigi) ion al iu
Aneta *od* **Annette** (*f*) *weibl. Vorname* Aneta
Anethol *n Chem (wichtigster Bestandteil des Anis-, Sternanis- u. Fenchelöls)* anetolo
Aneto (*m*), *auch* ***Pico de Aneto*** *höchster Berg der Pyrenäen* [monto] Aneto
aneuploid *Adj Biol, Genetik ([von Lebewesen od Zellen:] eine von der Norm abweichende, ungleiche Anzahl Chromosomen od ein nicht ganzzahliges Vielfaches davon aufweisend)* aneŭploida
Aneurin *n eine Bez für «Vitamin B1»* aneŭrino (↑ *auch* ***Thiamin***)
Aneurysma *n* (*Pl*: ***Aneurysmata***) *Med* aneŭrismo (↑ *auch* ***Aorten-*** *u.* ***Kapillaraneurysma***); ***intrakranielles*** ~ *Aneurysma an einem Gefäß innerhalb des Schädels* intrakrania aneŭrismo (↑ *auch* ***Hirnaneurysma***)
Aneurismaruptur *f Med* rompiĝo de aneŭrismo
an|fachen *tr Feuer* blovekscíti *od* blove eksciti; *übertr (anreizen)* instigi, *(anstacheln, aufreizen)* inciti; ~**fahren** ***a)*** *tr Material, z.B. im LKW* alveturigi; *dagegenstoßen, rammen* veturi (*od* puŝi) kontraŭ; *übertr* bruske (*bzw.* insulte) alparoli (***jmdn.*** iun) ***b)*** *intr Fahrzeug* ekveturi, ekmoviĝi
Anfahrt *f Fahrt dorthin* veturo tien; *Heranfahren* alvetur[ad]o; *Antransportieren, Herbeischaffen* alveturigo; *Zufahrtsweg* alveturejo (*vgl. dazu* ***Zufahrtsstraße***)
Anfall *m* ***a)*** *allg u. Med* atako, *Med selt auch (Ictus)* ikto; *Paroxysmus* paroksismo (↑ *auch* ***Asthma-***, ***Fieber-***, ***Herz-***, ***Husten-***, ***Nies-***, ***Ohnmachts-***, ***Panik-***, ***Schwindel-*** *u.* ***Wutanfall***); ***einen*** ~ ***erleiden*** (*od umg* ***bekommen***) suferi atakon; ***einen epileptischen*** ~ ***haben*** ekhavi (*od* suferi) atakon (*od auch* ikton) de epilepsio; ***es geschah in einem*** ~ ***von Eifersucht*** okazis en afekcio de ĵaluzo ***b)*** *Ind (Ausbeute, Ertrag)* [produkto]kvanto; *Gewinn* gajno, profito
anfallen ***a)*** *tr herfallen über, angreifen* ataki (***jmdn.*** iun) ***b)*** *intr auftreten, entstehen* [ek]esti; *produziert werden* esti produktata(j); ***wir werden ja sehen, wie viel Arbeit anfällt*** ni ja vidos kiom da laboro estos
anfällig *Adj* ***a)*** *empfänglich, zugänglich* akceptema (***für*** por), inklina (***für*** al) ***b)*** *alt auch* ***suszeptibel*** *anfällig für eine Krankheit* susceptiva (↑ *auch* ***infektions-*** *u.* ***verletzungsanfällig***); *i.w.S. schnell erkrankend* malsaniĝema; ~ ***für Infekte sein*** esti susceptiva (*od umg* inklina) al infektiĝo
Anfälligkeit *f Aufnahmebereitschaft* akceptemo; *Med allg* malsaniĝemo, *(Neigung zu einer Krankheit, zu Infekten, Infektanfälligkeit)* susceptiv[ec]o al infektiĝo, inklino al infektiĝo; *(Anlage [für eine bestimmte Krankheit])* predispozicio (↑ *auch* ***Verletzungsanfälligkeit***)
anfallsweise [auftretend] *Adj bes. Med* paroksisma
Anfang *m* komenc[iĝ]o (↑ *auch* ***Frühlings-*** *u.* ***Jahresanfang***); *Ursprung* origino; ~ ***Dezember*** komence de decembro; ~ ***nächsten Jahres*** komence de [la] venonta jaro; ***am*** (*od* ***im***) ~ komence, en la komenco; ***von*** ~ ***an*** de la komenco, *auch* dekomence; ***von*** ~ ***bis Ende*** de komenco ĝis fino; ***zu*** ~ komence; *zuerst* unue; ***sie ist*** ~ ***zwanzig*** ŝi estas iom pli ol dudekjara; ***am*** ~ ***fürchtete sie sich*** komence ŝi timis; ***den*** ~ ***machen mit ...*** komenci per ...; ***seinen*** ~ ***nehmen*** *beginnen* komenciĝi ◇ ***aller*** ~ ***ist schwer*** ĉiu komenco estas malfacila *(Zam)*
anfangen ***a)*** *tr* komenci (***etw.*** ion); *unternehmen* entrepreni, iniciati; *Geschäft* fondi, establi; ~ ***zu reden*** (*od* ***sprechen***) ekparoli; ***ich habe gerade mit dieser Arbeit angefangen*** mi ĵus komencis tiun ĉi laboron; ***damit kann ich nichts*** ~ per tio mi povas fari nenion; tion mi ne povas utiligi; ***mit ihm ist nichts anzufangen*** *er taugt zu nichts* li taŭgas por nenio; ***mit nichts*** ~ *d.h. ohne Geld* komenci per nenio; ***was fangen wir nun an?*** kion nun fari? ***b)*** *intr* komenc[iĝ]i; ***ich fange an alt zu werden*** mi komencas maljuniĝi; ***das Jahr fängt gut an*** la [nova] jaro bone komenciĝas; ***morgen fängt alles wieder von vorne an*** morgaŭ ĉio denove rekomenciĝos; ~ ***zu arbeiten*** (***essen***) komenci labori (manĝi); ***noch einmal von vorn*** ~ ankoraŭfoje tute denove komenci; *unpers*: ***es fängt an zu regnen*** (***schneien***) komencas pluvi (neĝi)
Anfänger *m allg* komencanto, *bes. Päd auch* lernanto; *Neuling* novulo, novico; *Mensch ohne [jede] Erfahrung* homo [absolute] sensperta; *Elementarschüler* bazlernejano
Anfängerin *f* komencantino; *Unerfahrene* senspertulino (*vgl. dazu* ***Novizin***)
Anfänger|kurs *od* ~**lehrgang** *m Päd* kurso

por komencantoj; *Grundkurs* elementa (*od* baza) kurso

anfänglich 1. *Adj* komenca; *erste(r)* unua **2.** *auch* ***anfangs*** *Adv* komence; *zu Beginn* en la komenco; *zuerst* unue; *ursprünglich* origine; *früher [einmal]* [iam] antaŭe

anfangs ↑ ***anfänglich 2.***

Anfangsbuchstabe *m* [vort]komenca litero (*vgl. dazu* ***Initiale***)

Anfangserfolg *m*: ***schnelle ~e erringen*** rapide atingi komencajn sukcesojn

Anfangs|formation *f, auch* ***Startelf*** *f Fußball* komenca formacio; **~gehalt** *n* komenca salajro; **~geschwindigkeit** *f* komenca rapid[ec]o; **~gründe** *m/Pl* fundamentoj *Pl*, elementoj *Pl*; *Rudimente, elementare Ansätze* rudimentoj *Pl* (↑ *auch* ***Abc***)

Anfangsjahr *n*: ***in den ~en*** en la komencaj jaroj

Anfangs|kapazität *f* komenca kapacito; **~kapital** *n* komenca (*od* starta) kapitalo; **~phase** *f* komenca fazo; **~schwierigkeiten** *f/Pl* komencaj malfacilaĵoj *Pl*; **~stadium** *n* komenca stadio; **~unterricht** *m* elementa instruo

anfassen ***a)*** *tr ergreifen* [ek]preni, [ek]kapti; *berühren, betasten* tuŝi [per la mano] ***b)*** *intr behandeln* trakti; *beginnen* komenci; ***mit ~*** *helfen* [kun]helpi

an|fauchen *tr Raubtier* kraĉospiri (***jmdn.*** al iu); *übertr salopp für «brüsk anfahren»* bruske alparoli, ekscitite ataki (***jmdn.*** iun); **~faulen** *intr* ekputri

anfechtbar *Adj* kontestebla; *von zweifelhafter Gültigkeit* ne nepre valida

anfechten *tr Urteil, Testament* kontesti [la ĝustecon *bzw.* validecon de], *pop auch* ataki; *Berufung [bei einem höheren Gericht] einlegen* apelacii [kontraŭ]; ***die Gültigkeit einer Wahl ~*** kontesti la validecon de la elekto ◇ ***das ficht mich gar nicht an*** *geh für «das beunruhigt mich überhaupt nicht»* tio tute ne malkvietigas min

Anfechtung *f* kontesto; *i.w.S.* kontraŭo, atako; *Jur* apelacio

anfeinden *tr* kontraŭi (***etw.*** ion; ***jmdn.*** iun), malamike rilati (***jmdn.*** al iu)

Anfeindung *f* atako; *unfreundlicher Akt* malamikaĵo, *auch* malbonvolo

anfertigen *tr allg (machen)* fari *auch Analyse, Übersetzung*; *Kleidung auch* konfekcii, *(nach Maß beim Schneider)* tajlori; *Arznei* prepari; *produzieren* produkti, *fabrikmäßig herstellen auch* fabriki; ***zwei Kopien*** (*od* ***Abschriften***) ***von ...*** ~ fari du kopiojn de ...

Anfertigung *f* farado; preparado; *eines Anzugs* tajlorado (↑ *auch* ***Maßanfertigung***); *Fabrikation* fabrikado (*vgl. dazu* ***Produktion***)

an|feuchten *tr* [iom] malsekigi; **~feuern** *tr Ofen* ekhejti; *übertr (anspornen)* sproni, *(stimulieren)* stimuli; *Sport* [laŭtvoĉe] entuziasmigi, fanatike stimuli; **~flehen** *tr* petegi (***jmdn. um etw.*** iun pri io); **~flicken** *tr* alfliki

anfliegen *tr* alflugi *mit Akk*, flugi al *mit Nom*; ***das Flugzeug wird Paris*** ~ la aviadilo alflugos Parizon [por tie surteriĝi]

Anflug *m* ***a)*** *Vogel* alflugo; *Flugw (Lande~)* alteriĝa flugo ***b)*** *plötzlicher Gedanke* [subita] ekpenso *bzw.* ideo; *Nuance* nuanco; *Schimmer* iometo, grajno, ombro; ***mit einem ~ von ...*** kun iometo (*od* grajno) da ..., kun ombro da ...

Anflug|befeuerung *f auf Flugplätzen* lumoj por indiki la alteriĝan direkton; **~phase** *f Flugw* alteriĝa fazo [de la flugo]

anfordern *tr* [strikte] postuli (*vgl. dazu* ***einfordern***)

Anforderung *f* postulo; *Anspruch* pretendo; *Bedarf* bezono; ***auf ~*** *nach Bedarf* laŭbezone; ***den ~en entsprechen (od gewachsen sein)*** esti konformaj al la [faritaj] postuloj; ***hohe ~en stellen*** fari altajn postulojn

Anfrage *f Frage* demando; *Bitte um Auskunft* informpeto; ***parlamentarische ~*** interpelacio; ***auf ~*** se petite; ***ich erlaube mir die ~*** mi permesas al mi demandi (***ob*** ĉu)

an|fragen *intr* demandi (***wegen*** pri); *um Auskunft bitten* peti pri informo(j); *Parl* interpelacii; **~fressen** *tr Motte, Nagetier* [ek]mordeti; *Chem (annagen, ätzen)* mordi, *(korrodieren)* korodi

anfreunden, sich *refl*: ***sich mit jmdm. anfreunden*** [ek]amikiĝi kun iu, fariĝi ies amiko; ***sie haben sich schnell angefreundet*** ili rapide amikiĝis; ***sich wieder anfreunden*** reamikiĝi

an|frieren *intr* alfrostiĝi, pro frostiĝo fiksiĝi (*od* gluiĝi) (***an*** al); **~fügen** *tr hinzufügen* almeti, aldoni; *als Beilage Gesamtwerk od auch zu einem Schriftstück* suplemente aldoni; *noch dazu sagen* aldone diri, *auch*

aldiri
Anfügung *f Beilage* almetaĵo, aldonaĵo (*vgl. dazu* ***Ergänzung***); *Supplement* suplemento
anfühlen *tr betasten* pripalpi, palpante esplori; ***man fühlt es ihr an, dass sie unglücklich ist*** [vidante ŝin] oni sentas, ke ŝi estas malfeliĉa; ***der Stoff fühlt sich weich an*** kiam vi palpas la ŝtofon, vi sentas, ke ĝi estas mola
Anfuhr *f von Gütern* alveturigo
anführen *tr* ***a)*** *leiten* konduki *auch Mil od i.w.S. Bewegung, Krieger, Volksmassen,* estri; *befehligen* komandi ***b)*** *erwähnen* mencii; *zitieren* citi; ***etw. als Beispiel ~*** mencii ion kiel ekzemplon ***c)*** *zum Narren halten*: ***jmdn. ~*** *täuschen* trompi iun; *belügen* mensogi al iu; *jmdn. hinters Licht führen* mistifiki iun
Anführer kondukanto; *Chef, Führer, Leiter, Oberhaupt* ĉefo, estro; *Anstifter* instiganto *bzw.* instiginto; *Befehlshaber* komandanto
Anführungs|striche *m/Pl od* **~zeichen** *n/Pl Typ* citosignoj *od* citiloj *Pl* (↑ *auch* ***Gänsefüßchen***); ***in Anführungszeichen*** en citiloj
anfüllen *tr* plenigi (***mit*** per)
Angabe *f* indiko (↑ *auch* ***Fachgebiets-***, ***Literatur-***, ***Preis-*** *u.* ***Quellenangabe***); *Erklärung, Deklaration* klarigo, deklaro; *Erwähnung* mencio; *Mitteilung* informo (***über*** pri); *Anleitung, Anweisung* instrukcio; *These* tezo; *umg für «Prahlerei»* fanfaronado; ***~ des Inhalts*** *eines längeren Artikels u. dgl.* resumo de l' enhavo; ***~n*** *Pl Daten* datenoj *Pl*; *gegebene Größen* donitaĵoj *Pl*; ***nach offiziellen ~n*** laŭ oficialaj indikoj; ***nach seinen ~n*** *Mitteilungen* laŭ liaj informoj; *Anweisungen* laŭ liaj instrukcioj; ***statistische*** (***technische***) ***~n*** *Pl* statistikaj (teknikaj) donitaĵoj *Pl*; ***ohne ~ von Gründen*** sen mencio de [la] kaŭzoj
angaffen *tr* gapi (***etw.*** al io; ***jmdn.*** al iu); *mit offenem Mund anstarren* gapi kun buŝo malfermita; ***alle gafften ihn an*** ĉiuj gapis al li
angängig *Adj zulässig* permesebla; *erlaubt* permesita
Angara *f ein Nebenfluss des Jenissej in Mittelsibirien* [rivero] Angaro
Angarsk (*n*) *eine Industriestadt an der oberen Angara/Russland* Angarsko
angeben ***a)*** *tr mitteilen* informi; *nennen* nomi; *zitieren* citi; *zeigen* indiki, montri; *[beim Zoll] deklarieren, zu Versteuerndes, den Inhalt od Wert von Postsendungen* deklari [ĉe la dogano *bzw.* ĉe la financoficejo *u.a.*] ***b)*** *geh* ***renommieren*** *intr prahlen* fanfaroni (***vor jmdm.*** al *od* kontraŭ iu), *umg auch* scenumi; ***er gibt nur an*** li nur fanfaronas (*od* scenumas)
Angeber *m*, *geh* ***Renommist*** *m* fanfaronulo
Angeberei *f*, *geh* ***Renommisterei*** *f* fanfaronado
angeberisch *Adj* fanfaron[em]a
Angebetete *f* adoratino, adorata knabino (*od* virino) (*vgl. dazu* ***Geliebte***)
Angebinde *n* ↑ ***Geschenk***
angeblich **1.** *Adj mutmaßlich, vermeintlich* supozita; *scheinbar* [laŭ]ŝajna, kvazaŭa; *fiktiv* fikcia; *vorgeblich* pretekstita **2.** *Adv wie man sagt* laŭdire, *auch* oni diras ke ...; *dem Anschein nach* [laŭ]ŝajne; *vermutlich* supozeble
angeboren *Adj Instinkt* kunnaskita; *von Geburt an (Fachspr auch lat.* ***congenitalis***) denaska (*vgl. dazu* ***kongenital***; ↑ *auch* ***genuin*** *u.* ***immanent***); ***eine ~e Missbildung*** denaska anomalio (*bzw.* misformiĝo)
Angebot *n Vorschlag* propono (↑ *auch* ***Friedens-***, ***Gegen-*** *u.* ***Impfangebot***); *Hdl, Wirtsch* oferto (↑ *auch* ***Kauf-***, ***Preis-***, ***Programm-***, ***Sonder-***, ***Stellen-***, ***Über-***, ***Waren-*** *u.* ***Zusatzangebot***); ***~ und Nachfrage*** propon[ad]o kaj postul[ad]o; ***bemustertes ~*** *Hdl* specimenita oferto; ***jmdm. ein ~ machen*** (*od* ***unterbreiten***) *als Vorschlag* fari proponon al iu; *Hdl* fari oferton al iu; ***ein großes ~ an Waren*** granda oferto (*bzw.* spektro) de ofertitaj varoj
Angebotsmuster *n Hdl (Muster aus Angebotsware)* ofertospecimeno
angebracht *Adj*: ***es ist ~ zu ...*** estas nun la loko (*bzw.* la ĝusta tempo) por ...; ***ich halte es für ~, zu ...*** mi opinias, ke estas dezirinde (*bzw.* konsilinde) ...
angebrannt *Adj Speise* bruldifektita; *angebrannt riechend, brenzlig* brul-odora; ***der Reis schmeckt ~*** la rizo estas brulgusta *od* la rizo havas brulan guston
angedeihen *intr*: ***jmdm. etw. ~ lassen*** *geh* havigi (*od* doni) ion al iu; ***jmdm. seine Hilfe ~ lassen*** doni al iu helpon
ange|fault *Adj* putreta, ekputriĝinta; **~graut** *Adj Haar* grizeta
angegriffen *Adj Organ* afekciita; *erschöpft* elĉerpita (*vgl. dazu* ***übermüdet***); *schwach* malforta; ***~ aussehen*** aspekti elĉerpita

angeheitert *Adj*: ***in ~em Zustand*** en stato ebri[et]e gaja (*vgl. dazu* ***beschwipst***)

angehen ***a)*** *tr betreffen* koncerni; *bitten* peti (***jmdn. um etw.*** iun pri io); ***was mich angeht*** kio koncernas min, *auch kurz* koncerne min; ***das geht uns alle an*** tio koncernas nin ĉiujn; ***die Sache geht mich nichts an*** *od* ***das geht mich nichts an*** tio ne estas mia afero; ***misch dich nicht in Dinge ein, die dich nichts ~*** ne miksu vin en malproprajn aferojn ◇ ***jmdn. um Geld ~*** sin turni al ies poŝo *(Zam)* ***b)*** *intr beginnen* komenciĝi; *erträglich sein* esti tolerebla; ***es geht nicht an, dass ...*** *damit kann man nicht einverstanden sein* ne estas konsenteble, ke ...

angehend *Adj* estonta (*vgl. dazu* ***zukünftig***); ***ein ~er Künstler*** estonta artisto; ***eine ~e Vierzigerin*** virino eniranta la kvaran jardekon [de sia vivo]

angehören *intr gehören zu, fallen unter* aparteni (***jmdm.*** al iu); ***einer Partei ~*** esti membro (*od* ano) de partio; ***das gehört der Vergangenheit an*** tio apartenas al la pasinteco

angehörig *Adj* apartenanta al

Angehörige *m bzw. f Verwandte(r)* parenco; *Familien*≗ familiano; *von Klub, Partei, Verein* membro, ano; ***die ~n dieses Betriebes*** la personaro de tiu ĉi entrepreno; ***verständigen Sie die ~n!*** informu la familion!

Angehörigkeit *f Zugehörigkeit* aparten[ad]o

Angeklagte ***a)*** *m* akuzato *bzw.* akuzito ***b)*** *f* akuzatino *bzw.* akuzitino (↑ *auch* ***Hauptangeklagte***)

[1]**Angel** *f Fischfanggerät* fiŝkaptilo fiŝhoko; *i.w.S. Angel[haken]* fiŝhoko (↑ *auch* ***Angelrute***) ◇ ***jmdn. an der ~ haben*** havi iun sur la hoko

[2]**Angel** *Tür*≗ pordhoko, hinĝo

Angela (*f*) *weibl. Vorname* Angela *od* Anĝela

angelangen *intr* alveni (***in*** en)

angelaufen *Adj Fensterscheibe, Glas* vaporkovrita

angelegen *Adj*: ***sich etw. ~ sein lassen*** *sich um etw. kümmern* zorgi pri io; *sich um etw. bemühen* klopodi (*od stärker* peni) pri io

Angelegenheit *f Sache* afero *auch Rechtssache* (*vgl. dazu* ***Fall***); *[zufälliges] Geschehnis* okazaĵo; *Ereignis, Begebenheit* evento; *Vorfall, Vorkommnis* incidento; *Belange* interesoj *Pl*; ***innere ~en*** *Pl Pol* internaj aferoj *Pl*; ***auswärtige ~en*** *Pl Pol* eksterlandaj aferoj *Pl*; ***das ist ganz allein deine ~*** tio estas sole via [propra] afero; ***das ist eine heikle ~*** tio estas delikata afero; ***damit ist die ~ erledigt*** (*od* ***abgeschlossen***) per tio la afero estas finita; ***in welcher ~ kommen Sie?*** *Frage z.B. auf einer Behörde* pro kiu afero vi venas?; ***sich in jmds. ~en [ein]mischen*** miksiĝi en ies aferojn; ***sich um seine eigenen ~en kümmern*** zorgi pri siaj propraj aferoj; ***seine ~en ordnen*** (*od* ***in Ordnung bringen***) ordigi siajn aferojn ◇ ***misch dich nicht in fremde ~en*** ne miksu vin en malproprajn aferojn (*od* en aferojn de aliaj homoj)

Angelhaken *m* fiŝhoko; ***am ~ festsitzen*** *Fisch* esti en la hoko

Angelicabaum *m Bot*: ***japanischer ~***, *auch* ***mandschurische Aralie*** *f* (Aralia mandshurica = Aralia elata) manĉura aralio *[Verbreitungsgebiet: Japan, Korea, Sachalin u. die Mandschurei]*

[1]**Angelika** (*f*) *weibl. Vorname* Angelika

[2]**Angelika** *f*, *auch* ***Engelwurz*** *f*, *reg* ***Brustwurz*** *f* (*Gattung* Angelica) angeliko (↑ *auch* ***Sumpf-*** *u.* ***Waldengelwurz***); ***chinesische ~*** (Angelica sinensis) ĉina angeliko

Angelina (*f*) *weibl. Vorname* Anĝelina

Angelköder *m* logaĵo por fiŝhokado

angeln *tr* fiŝkapti, fiŝhoki; ***er ist ~ gegangen*** li iris por fiŝhoki (*od* kapti fiŝojn)

[1]**Angeln** *n* fiŝhokado

[2]**Angeln** *Pl hist: ein westgermanischer Stamm in Schleswig* engloj *Pl*

Angelologie *f Theologie (Lehre von den Engeln)* anĝelologio, *auch* doktrino pri la anĝeloj

Angelrute *f* fiŝkapta vergo, *auch* vergo por fiŝhokado

Angelsachsen *m/Pl 1. Gesch: Angehörige der altenglischen germanischen Stämme 2. Bewohner der Englisch sprechenden Welt 3. Personen englischer Abstammung und mit englischen Traditionen* anglosaksoj *Pl*

angelsächsisch *Adj* anglosaksa

Angel|schnur *f* fadeno por fiŝhoki, *auch* fiŝfadeno *od* hokfadeno; **~sport** *m* fiŝkapta sporto; *Angeln* fiŝhokado

Angelus *m, auch n kath. Kirche (Engelsgruß, Gebet zur Heiligen Jungfrau)* anĝeluso; **~läuten** *n, auch* ***Aveläuten*** *n* anĝelusa sonor[il]ado

Angelverbot *n* malpermeso de fiŝhokado
angemessen *Adj passend* konvena *auch Kleidung*; *adäquat* adekvata; *schicklich* deca; *hinreichend* sufiĉa, sufiĉe da; *akzeptabel* akceptebla; *adäquat* adekvata; *entsprechend* konforma; ***ein ~er Preis*** *Hdl* akceptebla prezo (***für*** por); ***ich halte es für ~*** mi opinias ĝin konvena
Angemessenheit *f* konveneco; *Adäquatsein* adekvateco
angenagelt ↑ *unter* ***annageln***
angenehm 1. *Adj* agrabla *auch Anblick, Geruch, Geschmack*; *gefällig, nett* plaĉa; *vergnüglich* plezura; *Vergnügen bereitend* pleziga; ***~e Reise!*** bonan vojaĝon!; ***~e Ruhe!*** *geh für «schlafen Sie gut!»* dormu bone! **2.** *Adv* agrable; plaĉe; plezure
angenommen 1. *Adj adoptiert*: ***ein ~es Kind*** adoptita infano **2.** *Partizip Präteritum Pass*: ~, ***dass ...*** supoz[it]e, ke ...; ***einmal ~, ich sei an Ihrer Stelle*** supozite mi estus en via situacio
Angepflanzte *n Gartenb* plantitaĵo
Anger *m reg für «Wiese [mitten in einem Dorf]»* herbejo [meze de vilaĝo]; *Weide* paŝtejo; *Dorfplatz* vilaĝa placo
angeregt *Adj*: ***ein ~es Gespräch*** vivoplena (*bzw.* interesa) [inter]parolado
Angers (*n*) *Hptst. des Départements Maine--et-Loire* Anĝevo
angeschlagen *Adj schartig (Geschirr, Glas)* breĉetita, iom difektita [ĉe la rando]; *Boxer* duone senkonscia, preskaŭ nokaŭtita; *übertr (erschöpft)* elĉerpita; ***ein [am Rand] ~er Teller*** randorompita telero
ange|schossen *Adj* pafvundita; **~schwemmt** *Adj an Land gespült* alportita de la akvo (*od* maro); *Geol (Land)* aluvia; **~schwollen** *Adj* [iom] ŝvelinta
angesehen *Adj respektiert* respektata; *namhaft* multkonata, eminenta; *geehrt* [alte] estimata, honorata; ***schlecht ~ [sein]*** havi malbonan reputacion
Angesicht *n geh* vizaĝo; ***jmdm. von ~ zu ~ gegenüberstehen*** stari kontraŭrigarde (*od* vidalvide) al iu ◇ ***im ~ des Todes stehen*** *bald sterben müssen* devi baldaŭ morti
angesichts *Präp vis-a-vis* vidalvide al (*od* kun); *im Hinblick auf* konsidere al; *wegen* pro; ~ ***des Todes*** vidalvide kun la morto
angespannt *Adj Atmosphäre, Gesicht, Nerven* streĉ[it]a (↑ *auch* ***straff***); *Bemühungen, Tätigkeit* intensa; *konzentriert* koncentrita; *kritisch* kriza; ***eine ~e Lage*** (*od* ***Situation***) streĉita (*od* kriza) situacio
angespült *Adj an den Strand gespült* alportita al la bordo, albordigita
angestammt *Adj ererbt* hered[it]a; *seit alters her üblich* kutima depost longaj tempoj
Angestellte ***a)*** *m in Dienst Genommener* dungito, *bes. in staatlichen Dienststellen* oficisto; *Diensthabender* deĵoranto (↑ *auch* ***Bank-***, ***Büro-***, ***Flughafen-***, ***Hotelangestellte*** *u.* ***Personal***); *Gehaltsempfänger* salajrulo; *Handlungsgehilfe* komizo; ~ ***im staatlichen Dienst*** ŝtata oficisto ***b)*** *f* oficistino
angestockt *Adj Holz* putreta *auch Forstw*
angestrengt 1. *Adj Arbeit* streĉa, koncentrita; *Aufmerksamkeit* intensa **2.** *Adv*: ~ ***arbeiten*** streĉe (*bzw.* intense) labori
angetrunken *Adj* iom ebria
angewandt *Adj* aplikata *bzw.* aplikita; ***~e Wissenschaften*** *f/Pl* aplikataj sciencoj *Pl*
angewidert *Adj*: ~ ***sein von ...*** esti naŭzita de ...
angewiesen *Adj*: ~ ***sein auf*** *abhängen von* dependi de (***jmdn.*** iu); *brauchen* bezoni; ***auf sich selbst ~ sein*** povi kalkuli nur je sia propra forto; ***ich bin auf seine Hilfe ~*** mi estas dependa de lia helpo *bzw.* mi bezonas lian helpon
angewöhnen *tr* kutimigi (***an*** al); ***sich etw. ~*** [al]kutimiĝi al io
Angewohnheit *f* kutimo; ***zur ~ werden*** fariĝi kutimo
Angeworbene *m* varbito
Angina *f Med (Rachen- od Halsentzündung)* angino (↑ *auch* ***Pneumokokkenangina***); *umg für «Mandelentzündung»* tonsilito; ~ ***Ludovici*** *eine bakterielle, einschmelzende Entzündung des Mundbodens* angino ludovika; ~ ***Pectoris*** *f*, *auch* ***Brustenge*** *f*, *Fachspr* ***Stenokardie*** *f* brustangoro, *Fachspr* stenokardio; ~ ***mit schleimig-eitrigen Belägen*** pultacea angino; ***septische ~*** sepsa angino
Angina-Pectoris-Anfall *m Med* atako de stenokardio
Angioblastom *n Med (Neoplasma des Gefäßgewebes)* angioblastomo (*vgl. dazu* ***Angiom***)
Angiografie *f*, *auch* ***Vasografie*** *f Med (röntgenologische Darstellung der Blutgefäße)* angiografio, *auch* vazografio (↑ *auch* ***Katheter-***, ***Koronar-*** *u.* ***Nierenangiografie***);

zerebrale ~ cerebra angiografio

Angiologie *f Med (Lehre von den Blutgefäßen u. ihren Krankheiten)* angiologio

Angiom *n (fachsprachl. für* ***Gefäßgeschwulst*** *f) Med* angiomo (↑ *auch* ***Blutgefäßgeschwulst, Leber-*** *u.* ***Lymphangiom***)

Angioneurose *f Med* ↑ ***Gefäßneurose***

Angioödem *n, auch* ***angioneurotisches Ödem*** *od* ***Quinke-Ödem*** *n Med* angioedemo

Angiopathie *f Med (Gefäßerkrankung im Allgemeinen)* angiopatio; ***diabetische*** ~ (Angiopathia diabetica) diabeta angiopatio *<häufigster Gefäßschaden bei schlecht eingestelltem Diabetes mellitus>*

Angioplastie *f nur Fachspr Med (Aufdehnung verengter Gefäßabschnitte, z.B. mit einem Ballonkatheter od einem Katheter mit steigendem Durchmesser)* angioplastio

Angiosarkom *n Med* angiosarkomo

Angiosklerose *f Med (arteriosklerotische Verhärtung der Gefäßwände)* angiosklerozo (*vgl. dazu* ***Arteriosklerose***)

Angiospasmus *m Med* ↑ ***Gefäßkrampf***

Angiospermen *f/Pl, auch* ***bedecktsamige Blütenpflanzen*** *f/Pl od kurz* ***Bedecktsamer*** *m/Pl Bot Bot (Blütenpflanzen mit Fruchtknoten <höchste Abteilung im System der Pflanzen>)* angiospermoj, kovritsemaj florplantoj *Pl*

Angiotensin *n Biochemie (ein Gewebehormonmit Polypeptidstruktur)* angiotensino

Angiotomografie *f, auch* ***Angiotomographie*** *f Med (kombinierte Angiografie und Tomografie [z.B. zur Darstellung von Hämangiomen, Aneurysmen od Tumoren]* angiotomografio

Angklung *n od m Mus (ein sundanesisches Musikinstrument aus Bambusröhren)* anklungo; ~**-Orchester** *n* anklung-orkestro

Angkor (*n*) *eine Region nahe der Stadt Siem Reap in Kambodscha [nahebei die große Tempelanlage Angkor Wat])* Ankoro

Anglaise *f ein alter engl. Volkstanz* anglezo

angleichen *tr assimilieren* asimili *auch Ling u. Physiol*; *adaptieren* adapti; *anpassen, in Übereinstimmung bringen* [al]konformigi; ***sich*** ~ asimiliĝi; adaptiĝi; [al]konformiĝi (***an*** al)

Angleichung *f* asimil[ad]o; adaptado; [al]konformigo; *das Sichangleichen* asimiliĝo; adaptiĝo; [al]konformiĝo

Angleichungsprozess *m* proceso de asimiliĝo, *Ling auch* proceso de adaptiĝo

Angler *m* fiŝhokisto

angliedern *tr* aligi (***an*** al); *annektieren* aneksi

Angliederung *f* aligo; *Annexion* aneksado; *Fusion, Zusammenschluss* fuzio

Anglikaner *m Rel* anglikano

anglikanisch *Adj* anglikana; ~***e Kirche*** *f umg Bez für «Kirche von England»* anglikana eklezio

Anglikanismus *m Lehre u. Ordnung der anglikanischen Kirche* anglikanismo

Anglist *m* anglisto

Anglistik *f Wissenschaft von der englischen Sprache u. Literatur* anglistiko

anglistisch *Adj* anglistika

Anglizismus *m Spracheigentümlichkeit des Englischen, bes. wenn sie in eine andere Sprache übernommen wird* anglismo

angloamerikanisch *Adj* angloamerika; *englisch-US-amerikanisch* anglousona

Anglofranzösisch[e] *n* = ***Anglonormannisch[e]***

Anglomane *m übertriebener Bewunderer Eglands und seiner Kultur* anglomaniulo

Anglomanie *f übersteigerte Form der Anglophilie* anglomanio

Anglonormanne *m* anglonormando

anglonormannisch *Adj* anglonormanda

Anglonormannisch[e] *n ein nordfranz. Dialekt* la anglonormanda dialekto

Anglophile *m, auch* ***Englandfreund*** *m* anglofilo

Anglophilie *f, auch* ***Vorliebe*** *f* ***für alles Englische*** anglofilio

Anglophobie *f, auch* ***Abneigung*** *f* ***gegen alles Englische*** anglofobio

anglotzen *tr*: ***jmdn.*** ~ *salopp* [fikse] gapi grandokule al iu

Angola (*n*) *ein Staat in SW-Afrika* Angolo *[Hptst.: Luanda]*

Angola|barbe *f, auch* ***Blaustrichbarbe*** *f* (Barbus fasciolatus) *Ichth* afrika stria barbofiŝo; ~**-Colobus** *od* ~**-Stummelaffe** *m* (Colobus angolensis) *Zool* angola kolobo

Angolaerbse *f Bot* ↑ ***Erderbse***

Angola|giraffe *f* (Giraffa camelopardalis angolensis) *Zool* angola ĝirafo *[Vorkommen in Süd-Angola u. Nord-Namibia]*; ~**-lerche** *f* (Mirafra angolensis) *Orn* angola alaŭdo

Angolaner *m* angolano

Angolanerin *f* angolanino

angolanisch *Adj* angola

Angola|pitta *f* (Pitta angolensis) *Orn (ein prächtig gefiederter Singvogel)* angola pito; ~**-Python** *m* (Python anchietae) *Zool* angola pitono *[Vorkommen: endemisch in Angola u. Namibia]*

Angora (*n*) *früherer Name der türk. Hptst. Ankara* Anguro; ~**kaninchen** *n* angura kuniklo; ~**katze** *f* angura kato

Angorawolle *f* ↑ ***Mohair***

Angoraziege *f* angura kapro

Angostura ***a)*** *auch* ***Angosturarinde*** *f Pharm* angosturo ***b)*** *auch* ***Angosturabitter*** *m ein Bitterlikör (als Zusatz zu Cocktails)* angostura likvoro, *auch kurz* angosturo

Angoulême (*n*) *Hptst. des westfranzösischen Départements Charente* Angulemo

Angraecum *n Bot (ein Gattung weiß blühender Orchideen)* angreko

angreifen *tr* ***a)*** *Mil, Sport u. übertr* ataki; *Rost od Säuren das Metall od andere Substanzen* korodi, *auch* ataki; ***pausenlos*** ~ senpaŭze ataki; ***ohne Warnung*** ~ ataki senaverte, ataki sen averto ***b)*** *schwächen* malfortigi, *(die Gesundheit) auch* afekcii; *beschädigen* difekti; *Schaden zufügen* damaĝi ***c)*** *reg für «berühren»* tuŝi [per la mano]; *leicht berühren* tuŝeti ***c)*** *anfangen zu verbrauchen (Geld, Vorräte)* komenci forkonsumi

Angreifer *m Mil, Sport* atakanto *auch übertr* (*vgl. dazu* ***Stürmer***); *i.w.S. Aggressor* agresanto *bzw.* agresinto

angrenzen *intr* limi (***an*** al), esti apuda (*od* najbara) (***an*** al)

angrenzend *Adj nebenan gelegen* apude situanta, apuda; *an derselben Grenze gelegen* samlime situanta, samlima; *daneben befindlich* apude troviĝanta (*od* estanta), [ĉi]-apuda; *i.w.S. benachbart* najbara, najbare situanta; ***in der ~en Region*** en la apuda regiono

Angriff *m Mil, Pol, Sport* atako (***auf*** *od* ***gegen*** kontraŭ) (↑ *auch* ***Bomben-***, ***Cyber-***, ***Flanken-***, ***Flieger-***, ***Gas-***, ***Gegen-***, ***General-***, ***Hacker-***, ***Hai-***, ***Luft-***, ***Raketen-***, ***Schein-***, ***Sturm-***, ***Terror- Torpedo-*** *u.* ***Überraschungsangriff***); *Groß*~ grandskala atako, *(Offensive)* ofensivo; ~***e*** *Pl Beschuldigungen* kulpigoj *Pl*, *(bes. Jur)* akuzoj *Pl*; ***bewaffneter*** ~ atako per armiloj; ***einen feindlichen*** ~ ***abwehren*** (*od* ***abweisen***) rebati (*od* repuŝi) atakon de malamiko; ***der*** ~ ***ist gescheitert*** la atako malsukcesis; ***etw. in*** ~ ***nehmen*** *beginnen* komenci (*od* entrepreni) ion; *initiieren* [ek]iniciati ion; *planen* plani ion; *die Absicht haben zu ...* havi la intencon ...; *herangehen an etw., z.B. an eine Aufgabe* alpaŝi ion *od* alpaŝi al io; ***zum*** ~ ***übergehen*** ekataki; ***einen*** ~ ***unternehmen*** (*od* ***vortragen***) komenci atakon ◇ ~ ***ist die beste Verteidigung*** atako estas la plej bona formo de defendo

angriffig ↑ ***angriffslustig***

Angriffs|befehl *m* ordono por ataki; ~**formation** *f* atak-formacio; ~**handlung** *f Mil* agres-ago, atak[ad]o; ~**krieg** *m* agresa milito *od* agresmilito (***gegen*** kontraŭ) (*vgl. dazu* ***Eroberungskrieg***)

angriffslustig, *<schweiz> auch* ***angriffig*** *Adj* atakema; *aggressiv* agresema

Angriffs|operation *f Mil* ataka operacio; ~**phase** *f Mil* fazo de [la] atako; ~**punkt** *m Phys u. Tech (einer Kraft)* agopunkto; *übertr* atakebleco, *(wunder Punkt)* vund-[ebl]a punkto; ~**spiel** *n Sport* atakludo *od* ataka ludo; ~**truppen** *Pl Mil* atakaj trupoj *Pl*; ~**welle** *f* ondo de atako; ~**ziel** *n* celo de [la] atako

angrinsen *tr*: ***jmdn.*** ~ ridaĉi al iu; *höhnisch* rikani al iu

Angst *f* timo (***vor*** al *od* antaŭ) (*vgl. dazu* ***Furcht***; ↑ *auch* ***Examens-***, ***Existenz-***, ***Mords-***, ***Nacht-***, ***Platz-***, ***Prüfungs-*** *u.* ***Zukunftsangst***); *wahnsinnige od Todes*~ angoro *auch Phil*; *Psych* anksi[ec]o; *Unruhe* maltrankvilo (***um*** pro); ~ ***vor Altersarmut*** timo al malriĉeco en maljunaĝo; ~ ***vor Schlangen*** timo al (*od* je) serpentoj, serpentofobio; ~ ***ausstehen*** senti angoron, angori; ***[plötzlich]*** ~ ***bekommen*** [subite] ektimi; ~ ***haben*** havi (*od* senti) timon (***vor jmdm.*** antaŭ iu), timi (***vor jmdm.*** iun); ***schon vorher*** ~ ***haben*** jam antaŭe timi (***dass*** ke); ***hab keine*** ~***!*** ne timu!; *sei unbesorgt!* estu senzorga!; *beunruhige dich nicht!* ne maltrankviliĝu!; ~ ***vor dem Fliegen haben*** timi flugadon; ***jmdm.*** ~ ***einjagen*** timigi iun, *[stärker:]* angorigi iun; ***ihm kann man absolut keine*** ~ ***einjagen*** li estas absolute ne timigebla; ***keine*** ~ ***kennen*** ne koni timon; ***mit der*** ~ ***leben*** vivi kun ĉiama timo *od* daŭre timi (***dass*** ke); ***vor*** ~ ***ins Schwitzen geraten*** ekŝviti pro timo; ***vor*** ~ ***davonlaufen*** forkuri pro timo; ***vor*** ~ ***sterben*** (***zittern***) morti (tremi) pro tim[eg]o;

seine ~ überwinden superi sian timon; ◇ ***mir war angst und bange*** mi estis en grand[eg]a timo *od* mi terur[eg]e timis

angsterfüllt *Adj furchterfüllt, voller [Todes-]Angst* angora *od nachgest* plena de tim[eg]o (*bzw.* angoro)

Angstgefühl *n* sento de timo (↑ *auch* ***Angstzustand***); ***~ in geschlossenen Räumen*** *Med* klostrofobio

Angsthase *m* timulo, senkuraĝulo (↑ *auch* ***Feigling***, ***Hasenfuß*** *u.* ***Phobiker***)

ängstigen *tr Angst machen* timigi; *beunruhigen* maltrankviligi; *in Sorge versetzen* kaŭzi [egajn] zorgojn (***jmdn.*** al iu); ***sich ~*** tim[eg]i, senti tim[eg]on (***vor*** antaŭ); *in Sorge sein* esti en zorgo (***um*** pri *od* pro)

Ängstigung *f* timigo (↑ *auch* ***Einschüchterung***)

ängstlich *Adj furchtsam* timema (*vgl. dazu* ***beunruhigt***)

Ängstlichkeit *f* timemo; *Kleinmut* malkuraĝo; *Unruhe* maltrankvil[ec]o

Angstneurose *f Psych* angora neŭrozo

Ångström *n* (*Zeichen Å*) *Spektroskopie (veraltende Einheit der Licht- u. Röntgenwellenlänge)* anstromo

Angst|schweiß *m* ŝvito de angoro; **~störung** *f Med* anksia perturbo (↑ *vgl. dazu* ***Angst***); **~traum** *m* angorsonĝo

angstvoll *Adj* timoplena, *voller Todesangst* plena de angoro *nachgest*

Angstzustand *m Psych* (Anxietas) anksio; ***im ~ sein*** esti en stato de anksio (*bzw.* angoro *od* timo); *in Panik sein* esti en paniko

Anguilla [äŋˈgwilə] (*n*), *engl.* ***Snake Island*** *Insel im Norden der Kleinen Antillen (britische Kolonie)* Angvilo

angular *Adj Geom (zu einem Winkel gehörend)* angula, rilata al angulo

Angussfarbe *f* ↑ ***Engobe***

anhaben *tr* ***a)*** *Kleidung* surhavi, *auch* porti ***b)*** *jmdm. schaden bzw. etw. nachweisen (meist mit Modalverben)*: ***jmdm. etw. ~ wollen*** voli damaĝi (*od* malutili) al iu; ***man kann ihm nichts ~*** *kann nichts gegen ihn tun* oni povas nenion fari kontraŭ li [ĉar mankas pruvoj]

anhaften *intr* adheri, [al]gluiĝi (***an*** al)

Anhaftung *f* adhero, algluiĝo, alteniĝo (↑ *auch* ***Adhäsion*** *u.* ***Haftkraft***)

anhaken *tr* [al]kroĉi (***an*** al)

Anhalt (*n*) *ehem. Land des Deutschen Reiches* Anhalto (*vgl. dazu* ***Sachsen-Anhalt***)

anhalten ***a)*** *tr zum Stehen bringen* haltigi, *Maschine auch* stopi; *ermahnen od ermahnend zureden* admoni; *ermuntern* instigi (***zu*** al); ***den Atem ~*** reteni la spiron; ***um ein Mädchen ~*** peti la manon de fraŭlino, sin svati al knabino ***b)*** *intr stehen bleiben* halti (***in*** en; ***vor*** antaŭ); *andauern* daŭri, kontinui, ne ĉesi; ***sich ~*** *sich an etw. halten* sin teni (***an*** je); *sich anklammern* alkroĉiĝi (***an*** je)

anhaltend **1.** *Adj* senĉesa, daŭra, konstanta; *ununterbrochen* seninterrompa; *kontinuierlich* kontinua; *beharrlich* persista **2.** *Adv* senĉese, daŭre, konstante; seninterrompe; kontinue; persiste

[1]**Anhalter** *m* petveturanto; ***per ~*** *Adv* petveture; ***per ~ fahren*** petveturi

[2]**Anhalter** *od* **Anhaltiner** *m Einwohner von Anhalt* anhaltano

Anhaltevorrichtung *f allg u. Tech* haltigilo

anhaltisch *od* **anhaltinisch** *Adj* anhalta

Anhaltspunkt *m Stütze für eine Ansicht* signo por apogi [ĉi] tiun opinion; *i.w.S. Vermutung* konjekto, supozo

anhand *Präp* surbaze de, per; ***etw. ~ von Tatsachen beweisen*** pruvi ion per faktoj

Anhang *m Anhängerschaft* anaro; *Zusatz* aldonaĵo (↑ *auch* ***Annex***); *Buchw* apendico *auch zu einem Schriftstück*, suplemento; *Jur (Zusatz zu einem Testament)* kodicilo; *Mar (eines Schleppers)* remorko; ***ohne ~*** *ohne Angehörige* sen familianoj; *allein* sola

anhängen ***a)*** *tr Wagen* alpendigi (*vgl. dazu* ***ankuppeln***); *an einen Haken* alkroĉi (***an*** al); *hinzufügen* aldoni ***b)*** *intr*: ***jmdm. ~*** *jmdm. ergeben sein* esti sindona al iu

Anhänger *m* ***a)*** *allg für «Anhängsel»* alpendaĵo; *i.e.S. (Schmuck~)* ornama alpendaĵo, *(für die Uhrkette)* breloko, *(Medaillon)* medaliono; *am Gepäck od Koffer* [alligita] adresetiketo (↑ *auch* ***Kofferanhänger***); *am Fahrrad, Kfz, an der Straßenbahn* remorko, *alt* postveturilo (↑ *auch* ***Langholz-*** *u.* ***Sattelanhänger***) ***b)*** *jmd., der Gefolgschaft leistet (auch einer Ideologie)* ano (*wird häufig suffixartig verwendet, z.B.* ekleziano = Anhänger der Kirche); *Parteigänger* partiano; *eifriger (und dazu oft unkritischer) Anhänger* partizano; *Schüler (eines Gelehrten), Jünger (auch i.w.S.)* disĉiplo; *Unterstützer* subtenanto; *Anhänger einer Philosophie od These auch* sekvanto; *Fan (Sport)* zeloto; ***~ des Islam sein*** esti

ano de islamo *od* esti islamano
Anhängerkupplung *f* remorko-alkroĉilo
Anhängerschaft *f* anaro; *Sport* [la] zelotoj *Pl* (*vgl. dazu **Anhang** u. **Fan***)
anhänglich *Adj treu* [sindoneme] fidela *auch Haustier od Hund* (*vgl. dazu* [2]***ergeben** u. **loyal***)
Anhänglichkeit *f Treue* [sindonema] fideleco, sindonemo
Anhängsel *n **a)*** alpendaĵo; *Anhang, Appendix* apendico (↑ *auch **Annex***) ***b)*** *übertr, meist pej (ergebener Gefolgsmann)* satelito (*vgl. dazu **Handlanger***); **~röhrling** *m* (Boletus appendiculatus) *Mykologie* apendicpieda boleto
an|hauchen *tr* [blove] elspiri (***jmdn.*** al iu); spiri sur (***etw.*** ion); **~häufeln** *tr Gartenb, Landw* buti
Anhäufeln *n Gartenb, Landw* butado
anhäufen *tr* amasigi, akumuli; *Phys (aggregieren)* agregi; *übereinander stapeln* stakigi, *(Waren auf Stapelplätzen od in Warenlagern) auch* stapli; *aufkaufen und horten, hamstern* akapari, *auch* hamstri; ***Reichtümer*** ~ amasigi (*od* akumuli) riĉaĵo(j)n; ***sich*** ~ amasiĝi, akumuliĝi
Anhäufung *f das Anhäufen* amasigo, akumulado; *das Sichanhäufen* amasiĝo, akumuliĝo; *Aggregat* agregaĵo; *Stapel* stako; *Warenniederlage* staplo
anheben *tr* eklevi, [iom] levi (*vgl. dazu **hieven***); ~ ***zu sprechen*** *geh für «zu sprechen beginnen»* komenci paroli, ekparoli
Anheftband *n Anat* ↑ ***Retinaculum***
anheften *tr* alkroĉi; *i.w.S.* fiksi; *mit Heftstichen* duonkudri, provizore kudri; ***mit einer [Steck-] Nadel*** ~ [al]fiksi per pinglo, *auch kurz* alpingli; ***mit einer Zwecke*** ~ fiksi per prempinglo
anheim: ~ ***fallen*** [for]fali al; ***der Vergessenheit*** ~ ***fallen*** fali al la forgeso; ***ich stelle es Ihnen*** ~, ***ob ...*** *überlassen (zur Entscheidung)* mi lasas al vi la decidon, ĉu ..., *(zur Beurteilung)* mi lasas al vi la juĝon, ĉu ...
anheimeln *tr* sentigi hejmecon
anheischig *Adv*: ***sich*** ~ ***machen*** proponi sin por ...; deklari sin preta por ...; *sich verpflichten* sin devontigi
anheizen *tr Ofen, Sauna* ekhejti; *Feuer anmachen in ...* ekbruligi [la] fajron en ...; *verschlimmern (Atmosphäre, Situation)* [pli]malbonigi, [pli]akrigi (*vgl. dazu **anstacheln***)
anheuern ***a)*** *tr*: ***Matrosen*** ~ dungi maristojn (*od* matrosojn *od* ŝipanojn) ***b)*** *intr **er hat auf einem Frachter angeheuert*** li dungiĝis [kiel matroso] sur kargoŝipo
Anhieb *m*: ***auf*** ~ *beim ersten Versuch* ĉe la unua provo; *ohne lange zu überlegen* sen longa pripensado
Anhöhe *f* altaĵo, eta monto *od* monteto
anholen *tr Mar (Taue)* haŭli; *(anbrassen)* panei
Anholen *n Mar (Anbrassen)* paneo
anhören *tr Musik, Textprobe* aŭskulti; ***einen Zeugen*** ~ *Jur* aŭskulti atestanton (↑ *auch **Zeugenanhörung***); *unpers*: ***das hört sich an, wie ... (als ob ...)*** tio aŭdiĝas kiel ... (kvazaŭ ...); ***sich jmds. Sorgen*** ~ aŭskulti al ies zorgoj ◇ ***es ist nicht anzuhören*** *klingt furchtbar laut* la oreloj doloras kiam tion oni aŭdas
Anhui (*n*) *eine ostchin. Provinz* Anĥujo *[Hptst.: Hefei]*
Anhydrid *n Chem (Sauerstoffverbindung, die mit Wasser eine Säure od Base bildet)* anhidrido
anhydrisch *Adj Chem (wasserfrei, bes. ohne Kristallisationswasser)* anhidra
Anhydrit *m* (*auch **Anhydritspat** genannt*) *Min (wasserfreier Gips <Anhydrit kommt in Salzlagern, gesteinsbildend im Zechstein vor>)* anhidrito
Anhydrobiose *f Biol (Fähigkeit von Organismen, ohne Wasser in eingetrocknetem Zustand zu überleben)* anhidrobiozo
änigmatisch ↑ ***enigmatisch***
Anilid *n Chem* anilido
Anilin *n*, *auch **Blauöl** n Chem* anilino; **~farbe** *f* anilinfarbo; **~farbstoff** *m* anilinfarbo; **~rot** *n* anilinruĝaĵo
Anilingus *m*, *auch **Zungenanal** m sex (eine orale Sexualpraktik)* anusa lekado
Anilin|krebs *m Med* anilina karcinomo; **~öl** *n* anilin-oleo *od* anilina oleo; **~rot** *n* anilinruĝ[aĵ]o (*vgl. dazu **Fuchsin***); **~schwarz** *n ein Baumwollfarbstoff* anilinnigr[aĵ]o; **~-vergiftung** *f Med* anilina veneniĝo
animalisch *Adj tierisch* animala
Animalische *n animalische Natur, Tierhaftigkeit* animaleco
Animation *f Belebung (bzw. Bewegung) der Figuren im Trickfilm* animacio
Animationsfilm *m* animacia filmo
Anime [...ˈme:] *m*, *auch **Anime-Film** m jap. Zeichentrickfilm* animeo

animieren *tr beseelen* animi; *beleben* vivigi; *aufmuntern* instigi; *drängen* urĝigi; *verleiten* persvadi
Animismus *m Phil u. Rel* animismo
Animist *m Rel (Anhänger des Animismus)* animisto
animistisch *Adj auf den Animismus bezogen* animisma; *auf die Animisten bezogen* animista
Anion *n Phys* aniono, *auch* anjono
Anionenaustausch *m* aniono-interŝanĝo
Anis *m* ***a)*** *Bot* (Pimpinella anisum) *Pflanze* anizo[planto] (↑ *auch* ***Sternanis***) ***b)*** *Frucht des Anisbaums, Gewürz* anizo; ~**aldehyd** *m Chem* anizaldehido *[Vorkommen in Anisöl, Fenchelöl u. Cassiablüten]*
Anischampignon *m*, *auch* ***Anisegerling*** *m Mykologie*: ***dünnfleischiger*** ~ (Agaricus silvicola) flavblanka ŝampinjono; ***weißer*** ~ ↑ ***Schafchampignon***
Anisette *m* ↑ ***Anislikör***
Anisidin *n Chem* anizidino
Anislikör *m*, *auch* ***Anisette*** *m* aniza likvoro *od* anizlikvoro; *Pastis (ein Anislikör mit zusätzlichem Süßholzextrakt)* pastiso
Anisogameten *m/Pl Biol (ungleich gestaltete Geschlechtszellen)* anizogametoj *Pl*
Anisogamie *f Biol (Fortpflanzung durch getrenntgeschlechtliche Gameten)* anizogamio
Anisokorie *f nur Fachspr Ophthalmologie (ungleiche Weite der Pupillen [bei Augen- u. Nervenkrankheiten])* anizokorio
Anisol *n*, *auch* ***Methoxybenzol*** *n Chem (eine charakteristisch riechende, farblose, entzündliche Flüssigkeit)* anizolo, *auch* metoksibenzeno
Anisöl *n* (Anisi oleum *od* Anisi aetheroleum) aniza oleo
Anisometropie *f nur Fachspr Ophthalmologie (ungleiche optische Brechkraft beider Augen)* anizometropio
Anisosphygmie *f nur Fachspr Med (zwar regelmäßiger, aber unterschiedlich starker Puls)* anizosfigmio
Anisotropie *f nur Fachspr Biol u. Phys (ungleiche Reaktionsweise auf gleiche Einflüsse)* anizotropio
Anistrichterling *m Mykologie*: ***[grüner]*** ~ (Clitocybe odora) aniz-odora klitocibo
Anita *(f) weibl. Vorname* Anita
Anja *(f) weibl. Vorname* Anja
anjochen *tr*, *auch* ***ins Joch spannen*** *Landw* jugi, *auch* jungi per jugo
Anjou [ã'ʒu:] *(n) eine hist. Landschaft in NW-Frankreich* Anĵuo *[Hptst.: Angers]*
Ank. = *Abk für* ***Ankunft***
Anka *od* **Anke** *(f) weibl. Vorname* Anka
ankämpfen *intr* batali, *auch* barakti *od* lukti (***gegen*** kontraŭ)
Ankara *(n) Hptst. der Türkei* Ankaro (*vgl. dazu* ***Angora***)
Ankathete *f Geom* apuda kateto
Ankauf *m* aĉeto; *das Ankaufen* aĉetado; ~ ***zum Tageskurs*** *z.B. von Gold* aĉeto laŭ la taga kurzo
ankaufen *tr Hdl* aĉet[ad]i; *für sich selbst* aĉet[ad]i por si mem
Ankaufspreis *m* aĉetprezo
Anke *(f)* ↑ ***Anka***
Anker *m* ***a)*** *Mar, auch Tech u. der Uhr* ankro (↑ *auch* ***Dregg-***, ***Heck-***, ***Patent-***, ***Pilz-***, ***Stock-***, ***Such-*** *u.* ***Treibanker***); ~ ***werfen*** *od* ***den*** ~ ***auswerfen*** ĵeti la ankron; ***den*** ~ ***lichten*** (*od* ***einholen***) levi la ankron; ***vor*** ~ ***liegen*** esti (*od* stari) je la ankro; ***sich vom*** ~ ***lösen*** deankriĝi ***b)*** *El (umlaufender)* rotoro, *(feststehender)* induktato
Anker|arm *m Mar* brako de [la] ankro; ~-**boje** *f Mar* ankrobuo
ankerförmig **1.** *Adj* ankroforma **2.** *Adv* ankroforme
Anker|geschirr *n Mar (das zur Bedienung von Anker u. Ankerkette nötige Gerät)* ankrada ekipaĵo; ~**kegel** *m Tech* ankrokonuso, *auch* ankra konuso; ~**kette** *f Mar* ankroĉeno; ~**klüse** *f Mar)Bugöffnung für die Ankerkette)* ankrokluso (*vgl. dazu* ***Klüse***); ~**kreuz** *n eine Form des [christlichen] Kreuzes* ankra kruco; ~**lichten** *n Mar* ankrolevado *od* lev[ad]o de la ankro
ankern *intr* ankri *auch Tech*; *den Anker auswerfen* ĵeti la ankron; *vor Anker liegen* esti (*od* stari) je la ankro, *auch* ankrumi
Ankern *n Mar* ankrado
Anker|nische *f*, *auch* ***Ankertasche*** *f Mar* ankroniĉo; ~**platte** *f Tech* ankroplato, *auch* ankra plato; ~**platz** *m Mar* loko por ankri, ankrejo (↑ *auch* ***Reede***); ~**spill** *n Mar* ankrokapstano *<früher handbetrieben>*
Ankertasche *f Mar* ↑ ***Ankernische***
Anker|tau *n Mar* ankrokablo; ~**werfen** *n Mar* ankroĵetado; ~**wicklung** *f El* rotorvolvaĵo; ~**winde** *f Mar* ankrovinĉo (*vgl. dazu* ***Gangspill***)
anketten *tr* ligi per ĉeno, ĉeni

ankläffen *tr*: ***der Hund kläffte mich an*** la hundo jelpis al mi

Anklage *f Jur* akuz[ad]o (↑ *auch* ***Mord-*** *u.* ***Selbstanklage***); *Anklagepunkt, das im Einzelnen zur Last Gelegte* akuzaĵo; *Beschuldigung* kulpigo; ~ ***wegen Hochverrats***, *auch* ***Hochverratsanklage*** akuzo pro ŝtatperfido; ***gegen jmdn.*** ~ ***erheben*** levi akuzon kontraŭ iu *od* akuzi iun (***wegen*** pro *od* pri); ***unter*** ~ ***stehen*** esti akuzata

Anklagebank *f Jur* benko de juĝato(j)

anklagen *tr **a)** Jur* akuzi (***jmdn. einer Sache*** *od* ***wegen etw.*** iun pri [*od* pro] io); ***angeklagt werden*** (***worden***) esti akuzata (akuzita); ***er ist des Mordes angeklagt*** oni akuzis lin pri (*od* pro) murdo; ***irrtümlicherweise*** ~ misakuzi (***jmdn.*** iun) ***b)*** *beschuldigen* kulpigi

Anklagepunkt *m Jur* akuz-punkto, akuzaĵo

Ankläger *m Jur* akuzanto; *i.w.S. (staatlicher Ankläger)* ŝtata akuzisto, *(öffentlicher Ankläger)* publika akuzisto, *(Staatsanwalt)* prokuroro (↑ *auch* ***Hauptankläger***)

Anklagerede *f*: ***stürmische*** ~ katilina parolado *<nach dem römischen Verschwörer Catilina>*

Anklageschrift *f Jur* akto de akuzado *od* akuz-akto

anklammern *tr* alkroĉi (*vgl. dazu* ***anhaken*** *u.* ***klammern***); *mit Eisenklammer(n)* fiksi per krampo(j), krampi; ***sich*** ~ alkroĉiĝi (***an*** al *od* je); ***sie klammerte sich an meine Hände*** ŝi alkroĉiĝis al miaj manoj

Anklang *m Anerkennung* aprobo; *Echo* eĥo; ~ ***finden*** esti favore akceptata (***bei jmdm.*** de iu), trovi eĥon (***bei jmdm.*** ĉe iu); *gefallen* [tre] plaĉi (***bei jmdm.*** al iu); ***Anklänge*** *Ähnlichkeiten* similaĵoj *Pl* (***an*** al); *Reminiszenzen* rememoroj *Pl*

ankleben ***a)*** *tr* [al]glui *auch Plakate*; *draufkleben* surglui [sur *mit Akk*]; ***wieder*** ~ denove alglui, reglui ◇ ***Zettel*** ~ ***verboten!*** malpermesate afiŝi! ***b)*** *intr klebenbleiben, festhaften* algluiĝi

ankleiden *tr*: ***jmdn.*** ~ vesti iun; ***sich*** ~ sin vesti; ***sich wieder*** ~ sin revesti

Ankleiden *n* vestado

Ankleideraum *m* ĉambro por sin vesti

an|klicken *tr EDV* alklaki (↑ *auch* ***doppelklicken***); ~**klopfen** *intr* frapi [la pordon]; ~**knabbern** *tr Nagetier* mordeti; ~**knöpfen** *tr* albutonumi *bzw.* butonumi sur *mit Akk*

anknüpfen ***a)*** *tr anknoten* fiksi (*od* kunligi) per nodo, nodi; *Beziehungen* komenci, ligi; ***eine Liebesbeziehung*** ~ komenci amaferon (***mit*** kun) ***b)*** *intr*: ***an etw.*** ~ *etw. fortführen* daŭrigi ion

Anknüpfungspunkt *m* punkto de kontakto

ankommen *intr **a)*** alveni (***in*** en), *mit dem Zug od Auto auch* alveturi; ***ich bin gerade*** (*od* ***eben erst***) ***angekommen*** mi ĵus alvenis; ***wann sind Sie in ... angekommen?*** kiam vi alvenis (*od* alveturis) en ...? ***b)*** *einen Studienplatz bekommen, eine Anstellung finden u. dgl.*: ***sie ist bei der Uni angekommen*** oni akceptis ŝin por studi en la universitato; ***er ist bei dem Unternehmen angekommen*** *hat dort eine Stellung bekommen* li ekhavis laboron en tiu [ĉi] entrepreno ***c)*** *abhängig sein* dependi (***von*** de); ***es kommt darauf an, dass ...*** dependas de tio, ke ...; *die Hauptsache ist, dass ...* la ĉefaĵo estas, ke ... ***d)*** *Gefühl u. dgl.*: ***mich kommt die Lust an zu ...*** mi eksentas (*od* subite sentas) emon por ... ***e)*** *sich durchsetzen*: ***er ist zu stark, gegen ihn komme ich nicht an*** li estas tro forta por mi, konkuri kun li ne eblas ***f)*** *in weiteren Fügungen*: ***es kommt auf dich an*** *es hängt von dir ab* dependas de vi; ***wir ließen es darauf*** ~ ni simple riskis ĝin (*bzw.* tiun eksperimenton)

Ankömmling *m* alvenanto *bzw.* alveninto; *gerade Angekommener* ĵusalveninto

ankönnen *intr umg für «sich gegen jmdn. durchsetzen können»*: ***nicht*** ~ ***gegen ...*** ne povi konkuri kun ... *bzw.* ne povi sukcesi kontraŭ ... (*vgl. dazu* ***ankommen e)***)

an|koppeln, *auch* ***ankuppeln*** *tr Waggon* [ek]kupli (*vgl. dazu* ***anhaken***); ~**körnen** *tr Tech* punktadi

Ankörnen *n Tech* punktado

ankreiden *tr umg*: ***diese Unverschämtheit werde ich dir ~!*** tiun vian impertinentaĵon mi ne forgesos!

Ankreis *m Geom (angeschriebener Kreis)* ekstercirklo

ankreuzen *tr mit einem Kreuz kennzeichnen, z.B. eine Textpassage* krucosigni, signi per kruco(j)

ankündigen *tr wissen lassen* sciigi; *avisieren* avizi; *öffentlich* anonci, publikigi; *feierlich verkünden* proklami; *vorhersagen* antaŭdiri, profeti; ***sich*** ~ sin anonci (↑ *auch* ***sich anmelden***); ***vorher*** ~ antaŭsciigi; ***die Glocken der Kirche kündigen den großen Feiertag an*** la sonoriloj de la preĝejo proklamas la grandan festotagon; ***mir wurde angekündigt, dass ...*** oni sciigis al mi, ke ..., *auch* oni informis min, ke ...

Ankündiger *m* anoncisto (↑ *auch* ***Ausrufer*** *u.* ***Sprecher***)

Ankündigung *f* sciigo; *Avis* avizo; *Bekanntmachung* anonco, publikigo; *Proklamation* proklam[ad]o (*vgl. dazu* ***Anzeige a)***); ***ohne vorherige*** ~ sen antaŭa sciigo

Ankunft *f* (*Abk* ***Ank.***) alveno *auch eines Zuges*; ***nach*** ~ ***in ...*** post alveno en ...

Ankunfts|bahnsteig *m Eisenb* alvena kajo; ~**datum** *n* dato de alveno; ~**tag** *m* tago de alveno, *auch* alventago; ~**zeit** *f* tempo de alveno

ankuppeln ↑ ***ankoppeln***

ankurbeln *tr Motor* kranki, ekfunkciigi per kranko; *übertr* [energie] stimuli; *[noch mehr] beleben, z.B. ein Geschäft* [pli]vigligi

Ankyloglosson *n nur Fachspr Med (Behinderung der Zungenbeweglichkeit durch verkürztes Zungenbändchen)* ankilogloso

Ankylose *f Med* ↑ ***Gelenkversteifung***

Ankylostomiasis *f, auch* ***Hakenwurmkrankheit*** *f Med* ankilostomozo

anlächeln *tr* [ek]rideti (***jmdn.*** al iu)

Anlage *f* ***a)*** *Tech* instalaĵo, *(Apparatur)* aparataro, *(Maschinenpark)* maŝinaro, *(System)* sistemo (↑ *auch* ***Chemie-***, ***Hafen-***, ***Nuklear-*** *u.* ***Versuchsanlage***); *El* stacio (↑ *auch* ***Umspannwerk***); *Plan* plano; *Garten- od Grünanlage* ĝardenaĵo, *(parkähnlich)* parkaĵo; *Park* parko; *das Anlegen, z.B. von Straßen* konstru[ad]o; ***militärische*** ~ milita instalaĵo; ***zentrale*** (***dezentrale***) ~ *Tech* centra (malcentra) instalaĵo ***b)*** *Anhang, Beilage* aldon[aĵ]o, suplemento; ***in der*** ~ ***senden wir Ihnen ...*** ĉi-letere ni inkludas ... ***c)*** *Begabung* talento; *[natürliche] Veranlagung* dispozicio (***zu*** al); *Disposition, z.B. zu einer Krankheit* [pre]dispozicio; *Neigung* inklino (***zu*** al) (↑ *auch* ***Zuneigung***); *Tendenz* tendenco ***d)*** *Fin (Investition)* invest[ad]o; ~ ***von Kapital in der Industrie*** investado de kapitalo en la industrio

Anlage|bank *f Bankw* investa banko; ~**kapital** *n Fin* fiksa (*od* investita) kapitalo

anlanden *tr an Land bringen* alterigi, *Mar meist* elŝipigi

anlangen *intr* ***a)*** *ankommen* alveni; *bis zu einer gewissen Stelle kommen* veni ĝis; ***wir sind beim dritten Kapitel angelangt*** ni venis ĝis la tria ĉapitro ***b)*** *betreffen* ↑ ***anbelangen***

Anlass *m Grund, Ursache* kaŭzo; *Beweggrund* motivo; *Gelegenheit* okazo; ~ ***geben zu ...*** doni kaŭzon (*od* motivon) por ...; ~ ***zur Sorge gebend*** zorgoveka, *auch* zorgiga; ***aus*** ~ *mit Gen* okaze de; ***aus diesem*** ~ ĉi-okaze; *aus diesem Grunde* pro [ĉi] tiu kaŭzo; ***aus gleichem*** ~ samokaze; ***aus welchem*** ~***?*** *aus welchem Grund?* pro kiu kaŭzo?; *aus welchem Beweggrund?* pro kiu motivo?; *warum?* kial?; ***beim geringsten*** ~ ĉe la plej malgrava (*od* malgranda) okazo; ***je nach*** ~ laŭokaze; ***ohne jeden*** ~ sen iu kaŭzo, tute senkaŭze (*bzw.* senmotive); ***einen*** ~ ***suchen für ...*** serĉi kaŭzon por ...

anlassen *tr Motor* ekfunkciigi, startigi; ***das lässt sich gut*** (***schlecht***) ***an*** *beginnt gut (schlecht)* tio estas esperiga (malesperiga)

Anlassen *n Starten des Motors od einer Maschine* startigo

Anlasser *m Kfz* startigilo

anlässlich *Präp mit Gen* okaze de (*vgl. dazu* ***aus Anlass***); *zur Erinnerung an* memore al

Anlauf *m* ***a)*** *Sport* ekkuro, kurstarto; *vor Absprüngen* impet-dona alkuro; ~ ***nehmen*** alkuri por [ek]salti ***b)*** *Versuch* provo

Anlaufbahn *f Skispringen* alkura deklivo

anlaufen ***a)*** *tr*: ***einen Hafen*** ~ halti ĉe (*bzw.* en) haveno ***b)*** *intr allg (beginnen)* komenciĝi; *Maschine, Motor* ekfunkcii; *Fensterscheibe* vaporkovriĝi; *Metall* oksidiĝi; *vor einem Sprung* impet-done alkuri; ***blau*** ~ bluiĝi; ***er kam angelaufen*** *angerannt* li venis kurante

Anlauf|hafen *m, Fachspr oft* <engl> ***port of call*** (*Abk* ***POC***) *Mar* dumvoja haveno, navig-halta haveno; ~**zeit** *f Anfangsperiode* komenca periodo; *Anfangsphase* komenca fazo

Anlaut *m Phon* komenca sono

anläuten *tr reg für «telefonisch anrufen»* telefone voki (***bei jmdm.*** iun)

Anlegemanöver *n Mar u. Flussschifffahrt* albordiĝa manovro

anlegen ***a)*** *tr hinanlegen* meti al; *danebenlegen* meti apud; *bauen, errichten, z.B. eine Straße* konstrui; *installieren, z.B. eine Wasserleitung* instali; *einrichten, gründen* establi, fondi; *Liste* fari; *Schmuck od geh für «etw. anziehen» (Kleidung)* surmeti (***etw.*** ion), sin vesti (***etw.*** per io); *investieren* investi, *platzieren auch* plasi; ***einen Be-***

wässerungskanal ~ konstrui (*od* fosi) irigacian kanalon; ***Geld*** ~ plasi monon; *i.w.S. Geld investieren* investi monon (***in*** en); *Geld sparen* ŝpari monon; ***Geld in Bergbauaktien*** ~ plasi monon en minakciojn; ***das Gewehr*** ~ alŝultrigi la pafilon, levi la fusilon al la ŝultro; ***einen Verband*** ~ *Med* surmeti bandaĝon; ***Trauer*** ~ sin vesti funebre; ***Vorrat an ...*** ~ sin provizi je ...; ***jmdm. Zügel*** ~ *übertr* bridi iun ***b)*** *intr Schiff* albordiĝi (***in*** en) ◇ ***du hast es wohl darauf angelegt, mich zu ärgern?*** ĉu do estis via intenco ĉagreni min? ***c)*** *refl*: ***sich mit jmdm.*** ~ *reg: Streit beginnen* [intence] komenci kverelon kun iu

Anlege|platz *m od* **~stelle** *f Mar* albordiĝejo; *für Passagierbetrieb* enŝipiĝejo *bzw.* elŝipiĝejo, *auf Flüssen u. Seen im Linienbetrieb auch* ŝiphaltejo (↑ *auch* ***Bootsanlegeplatz***); *i.w.S. Ankerplatz* loko por ankri, ankrejo; *Kai* kajo

Anleger *m Kapital*≗ investanto [de kapitalo]

Anlegesteg *m Mar* ↑ ***Landungssteg***

anlehnen *tr*: ***etw.*** ~ apogi ion (***an*** al *od* kontraŭ *bzw.* sur); ***seinen Kopf an jmds. Schulter lehnen*** apogi sian kapon sur ies ŝultron; ***die Leiter an die Wand lehnen*** apogi la eskalon al (*od* kontraŭ) la muro; ***die Tür*** ~ ne tute fermi la pordon, duonfermi la pordon; ***sich*** ~ sin apogi

Anleihe *f Fin (ausgegebene)* [mon]pruntedono, *(aufgenommene)* [mon]pruntepreno, *(allg: geliehene Summe)* pruntaĵo (↑ *auch* ***Bankanleihe***, ***Darlehen***, ***Kommunalobligation***, ***Kredit***, ***Obligation***, ***Obligations-*** *u.* ***Zwangsanleihe***); *Staats*≗ ŝtata [mon]prunto; ***eine*** ~ ***aufnehmen*** [ek]preni pruntaĵon, *umg* prunti (*od* prunte preni) ion

anleimen *tr* alglui; ***wieder*** ~ denove alglui, reglui

Anleinpflicht *f, auch* ***Leinenzwang*** *m*: ~ ***für Hunde*** devo ligi hundon al hundoŝnuro

anleiten *tr*: ***jmdn.*** ~ *jmdm. den Weg weisen* gvidi iun; *jmdn. in eine Sache einführen, jmdn. unterweisen* instrukcii iun; *jmdm. zeigen, wie es geht* montri al iu kiel (*od* kiamaniere) fari ion

Anleitung *f* gvid[ad]o; *Instruktion, Unterweisung* instrukcio (↑ *auch* ***Bedienungs-*** *u,* ***Betriebsanleitung***)

anlernen *tr* instrui, lernigi, trejni (***jmdn.*** iun)

Anlernling *m Handwerkslehrling* metilernanto (*vgl. dazu* ***Trainee***)

anliefern *tr*: ***jmdm. etw.*** ~ liveri ion al (*od* ĝis) la loĝejo (*bzw.* magazeno *od* uzino *u.a.*)

anliegen *intr* ***a)*** *eng am Körper liegen (Kleidung)* esti [tute] streta ***b)*** *[einem Brief] beigefügt sein* esti aldonita (*od* almetita) ***c)*** *zu erledigen sein*: ***was liegt heute an?*** *was ist heute [Wichtiges] zu erledigen?* kio estas hodiaŭ por fari?; *was ist heute vorrangig zu erledigen?* kiuj estas la ĉefaj farendaĵoj por hodiaŭ? ***d)*** *auch* ***anrainen*** *(mit Dativ) an etw. angrenzen*: ***der Straße*** ~ limi al la strato

Anliegen *n Bitte* peto; *Wunsch* deziro (*vgl. dazu* ***Bedarf***); ***wenn Sie [irgend]ein*** ~ ***haben, läuten*** (*od* ***klingeln***) ***Sie bitte!*** se vi ion deziras (*bzw.* bezonas) bonvolu sonorigi al la servanto (*bzw.* servantino)!

anliegend 1. *Adj nebenan liegend* apude situanta, *auch* apude estanta; *knapp, eng* streta; *beiliegend* aldonita, almetita; ***ein eng*** ~***er Rock*** streta jupo **2.** *Adv anbei* ĉikune; *beiliegend* almetite

Anliegerstaat *m* apuda (*od* apude situanta) ŝtato

an|locken *tr verlocken, verführen* allogi, delogi (***jmdn. mit etw.*** iun per io); **~löten** *tr* alluti (↑ *auch* ***zusammenlöten***); **~luven** *tr Mar (windwärts gehen)* lofi; **~lügen** *tr* mensogi (***jmdn.*** al iu)

Anm. = *Abk für* ***Anmerkung***

anmachen *tr befestigen* fiksi; *Licht, elektr. Gerät, Radio* ŝalti; ***Feuer*** ~ fari fajron (*vgl. dazu* ***anheizen***) ◇ ***das macht mich ganz an*** *lockt mich* tio ege logas min; *erregt mich [sexuell]* tio [sekse] ekscitas min

anmahnen *tr fällige Zahlung* postuli pagon (*bzw.* repagon); *nochmals (od wieder) erinnern* rememorigi; ***jmdn. wegen des geborgten Geldes*** ~ postuli de iu repagon de [la] pruntedonita mono

anmalen *tr umg: mit Farbe streichen* farbi, kolorigi [per farbo] (*vgl. dazu* ***malen***)

Anmarsch *m*: ***es ist ein langer*** ~ ***bis ...*** estas longa marŝo ĝis (*bzw.* por atingi) ...; ***im*** ~ ***sein*** *sich nähern* esti alproksimiĝanta(j), alproksimiĝi; *Mil (das Heranmarschieren)* marŝ[ad]o [al ...]

anmarschieren *intr* marŝante alveni (*od* alproksimiĝi)

anmaßen, sich *refl sich die Frechheit herausnehmen* arogi al si (***etw.*** ion); *vorgeben zu sein* pretendi; *sich benehmen, als ob ...* konduti kvazaŭ ...; ***sich das Recht*** ~ ***zu ...***

arogi al si la rajton ...

anmaßend *Adj hochmütig* aroganta; *prätentiös, anspruchsvoll* pretendema; *dreist, frech* impertinenta; *unverschämt* senhonta; *überheblich* orgojla; *i.w.S. willkürlich, unumschränkt* arbitra

Anmaßung *f Arroganz* aroganteco; *Prätention* pretendo; *Dreistigkeit, Frechhheit* impertinent[ec]o

Anmelde|formular *n Beitrittserklärung, Vordruck für die Anmeldung [z.B. für die Teilnahme an einem Kongress]* aliĝilo; ~**frist** *f* [tempo ĝis la] limdato por [la] aliĝo; ~**gebühr** *f z.B. für einen Kongress* aliĝ[o]kotizo *od* kotizo por aliĝo

anmelden *tr avisieren, z.B. jmds. Ankunft* avizi; *öffentlich ankündigen* anonci, publikigi; *feierlich ankündigen, proklamieren* proklami; *registrieren lassen* registrigi; ***Konkurs*** ~ *Jur* anonci (*od* deklari) bankroton; ***sich im Hotel*** ~ registrigi sian nomon [kaj la alvendaton] en la hotelo; ***sich bei der Polizei*** ~ sin registrigi ĉe la polico; ***sich [als Teilnehmer] zum Weltkongress*** ~ aliĝi al la Universala Kongreso; ***sind Sie angemeldet?*** *z.B. beim Arzt* ĉu vi anoncis vian venon [antaŭe]?

Anmelde|schein *m* aliĝilo; ~**schluss** *m* limdato por [la] aliĝo *od* aliĝa limdato

Anmeldung *f* ***a)*** *das Sichanmelden, z.B. zur Kongressteilnahme* aliĝo (*vgl. dazu* ***Beitritt***); *das Sichmelden* sinregistrigo ***b)*** *Anmelderaum (Behörde)* registrejo, *(Klinik)* sekcio por akcepto de pacientoj; *Schalter beim Arzt* giĉeto por akcepto de pacientoj, *im Hotel* akceptejo [de hotelo]

anmerken *tr etw. dazu sagen* rimarkigi; *vermerken* noti; *markieren, kennzeichnen* marki [per signo *u. Ä.*]; *bemerken* rimarki; ***man merkte ihm die Müdigkeit an*** oni povis rimarki (*od* senti) lian lacecon; ***sich nichts*** ~ ***lassen*** kaŝi siajn sentojn

Anmerkung *f* (*Abk* ***Anm.***) noto; *Fußnote* piednoto; *Glosse* gloso; *Annotation* prinotaĵo; *Erläuterung* klarigo (*vgl. dazu* ***Kommentar***)

anmessen *tr*: ***jmdm. einen Mantel*** ~ almezuri mantelon al iu *od* preni ies mezurojn por tajlori mantelon

Anmut *f Grazie* graci[ec]o; *Charme* ĉarmo

anmuten *tr*: ***das mutet mich seltsam (od sonderbar) an*** tio tuŝas min stranga

anmutig *Adj* gracia; *charmant* ĉarma (*vgl. dazu* ***grazil***)

anmut[s]voll *Adj voller Grazie* plena de gracio; *voller Charme* plena de ĉarmo

[1]**Anna** *od* **Anne** (*f*) *weibl. Vorname* Anna

[2]**Anna** *m frühere Münzeinheit in Indien* anao

Annaba (*n*), *früher* ***Bône*** (*n*) *eine Hafenstadt in Ostalgerien* Anabo

Annabella *od* **Annabelle** (*f*) *weibl. Vorname* Anabela

annageln *tr* [al]najli (***an*** al) ◇ ***wie angenagelt dastehen*** stari kiel alforĝita [al la loko] *(Zam)*

annagen *tr* iom ronĝi (***etw.*** ĉe io)

annähen *tr* alkudri (*vgl. dazu* ***einnähen***); ***einen Knopf*** ~ alkudri butonon (***an*** al); ***einen Knopf wieder*** ~ rekudri butonon

annähern *tr* [al]proksimigi (***an*** al); ***sich*** ~ [al]proksimiĝi; *sich gegenseitig näher kommen* reciproke proksimiĝi, interproksimiĝi; *fast gleich werden* fariĝi preskaŭ sama(j)

annähernd 1. *Adj* proksimuma; *Fachspr approximativ* proksimuma **2.** *Adv ungefähr* proksimume; *etwa* ĉirkaŭ; *fast* preskaŭ

Annäherung *f* proksimigo; *das Herannahen, das Sichannähern* proksimiĝo (***zwischen ... und ...*** inter ... kaj ...); *übertr* interamikiĝo

Annäherungs|fehler *m Astron, Math (Abweichung vom genauen bzw. wahrscheinlichsten Wert)* ekarto; ~**politik** *f* politiko de proksimiĝo; ~**versuch** *m* provo de [al]proksimiĝo (*bzw.* interamikiĝo)

annäherungsweise *Adv* proksimume (*Abk* proks.) (*vgl. dazu* ***ungefähr***)

Annäherungswert *m bes. Math* proksimuma valoro

Annahme *f* ***a)*** *das Annehmen* akcepto (↑ *auch* ***Ehrenannahme***); *Annahmestelle* akceptejo; *Schalter* giĉeto; ~ ***an Kindes statt*** adopto; ***die*** ~ ***verweigern*** rifuzi la akcepton *auch Post* ***b)*** *Billigung* aprobo ***c)*** *Mutmaßung, Vermutung* supozo *auch Math, (aufgrund von Schlüssen)* konjekto; *Hypothese* hipotezo; *Voraussetzung* premiso; ***in der*** ~, ***dass ...*** supozante, ke ...; ***ich habe Grund zu der*** ~, ***dass ...*** mi havas kaŭzojn supozi (*od* konjekti), ke ...

annahmebereit *Adj* akceptema

Annahme|stelle *f* akceptejo; *Schalter* giĉeto; ~**verweigerung** *f* rifuzo pri akcepto

Annalen *Pl [geschichtliche] Jahrbücher* analoj *Pl* (*vgl. dazu* ***Chronik***)

Annalist *m Verfasser von Annalen* analisto
Annam (*n*) *Zentralteil von Vietnam* Anamo
Annamiten *m/Pl Ethn (ein Volk im östl. Hinterindien <mit einer thai-austronesischen Mischsprache>)* anamanoj *Pl* (*vgl. dazu* ***Vietnamesen***)
annamitisch *Adj* anama
Annamitisch[e] *n Ling* ↑ ***Vietnamesisch[e]***
Annapolis (*n*) *Hptst. des US-Bundesstaates Maryland* Anapoliso
[1]**Annapurna** (*f*) *ind. Myth* (*Göttin des täglichen Brotes)* Anapurna
[2]**Annapurna** *m ein Gebirgsmassiv im Himalaja (Zentral-Nepal)* [montara masivo] Anapurno
Anne (*f*) *weibl. Vorname* ↑ ***Anna***
annehmbar *Adj* akceptebla; *der An- od Aufnahme wert* akceptinda; ***ein sehr ~er Vorschlag*** akceptinda propono
Annehmbarkeit *f* akceptebl[ec]o
annehmen *tr* ***a)*** *entgegennehmen, akzeptieren* akcepti *auch Bewerber, Patienten*; ***eine Arbeit ~*** akcepti laboron; ***den Ball mit der Brust ~*** *Fußball* bruste preni la pilkon; ***dankend ~*** danke akcepti; ***eine andere Form ~*** aliformiĝi (↑ *auch* ***sich verwandeln***); ***verschiedene Formen ~*** [al]preni diversajn formojn; ***Gestalt ~*** elformiĝi; *konkret werden* konkretiĝi; ***die Herausforderung ~*** akcepti la defion; ***mit großer Mehrheit ~*** akcepti per granda plimulto; ***eine Resolution ~*** alpreni rezolucion (*zu* pri); ***sich einer Sache ~*** *sich mit etw. beschäftigen* okupi sin pri io; *sich um etw. kümmern* [bone] zorgi pri io; ***sich jmds. ~*** *umsorgend* [bone] zorgi pri iu; *beschützend* protekti iun ***b)*** *amtlich bestätigen* oficiale konfirmi; *ratifizieren* ratif[ik]i ***c)*** *billigen* aprobi, *auch* akcepti ***d)*** *vermuten* supozi, *(aufgrund von Schlüssen)* konjekti (***dass*** ke) ***e)*** *adoptieren* adopti *auch Gesetz, Methode, Namen, Resolution*; ***ein Kind ~*** adopti infanon
Annehmlichkeit *f etw. Angenehmes bzw. Bequemes* agrablaĵo, komfortaĵo; *Komfort* komforto; ***eine Wohnung mit allen ~en*** loĝejo kun ĉia komforto
annektieren *tr Pol (sich [gewaltsam] aneignen)* aneksi
Annektierung *f* ↑ ***Annexion***
Anneliden *Pl* (Annelida) *Zool (Klasse der Ringelwürmer)* anelidoj *Pl*
Anneliese (*f*) *weibl. Vorname* Aneliza
Annelore (*f*) *weibl. Vorname* Anelora
Annemarie (*f*) *weil. Vorname* Anemaria
An[n]ette (*f*) *weibl. Vorname* Aneta
Annex *m Anhang, Anhängsel* aneks[aĵ]o
Annexion *f, auch* ***Annektierung*** *f* aneksado
Annexionismus *m Bestrebungen, eine Annexion herbeizuführen* aneksismo
Annexions|krieg *m* milito de aneksado; **~politik** *f* politiko de aneksado
anno, *auch* ***Anno*** ◇ ***~ dazumal*** en iamaj tempoj
Annonce *f Ztgsw* anonco (*vgl. dazu* ***Anzeige***); ***eine ~ [in der Zeitung] aufgeben*** anonci en gazeto (*od* ĵurnalo); ***ich werde eine ~ in die Zeitung setzen*** mi aperigos anoncon en la gazeto
annoncieren *tr ankündigen, anzeigen* anonci; *abs Ztgsw* anonci en gazeto (*od* ĵurnalo)
Annone *f, auch* ***Flaschenbaum*** *m* (*Gattung* Annona) *Bot* anono *auch Frucht* (*vgl. dazu* ***Stachelannone*** *u.* ***Zuckerapfel***); ***peruanischer Flaschenbaum*** ↑ ***Cherimoyabaum***
Annonengewächse *n/Pl Bot*: ***[Familie der]*** ~ (Annonaceae) anonacoj *Pl*
Annotation *f Buchw (erläuternder Vermerk)* prinotaĵo, *(das Annotieren [als Vorgang])* prinotado
annotieren *tr* prinoti *bes. Buchw*; ***annotierte Bibliographie*** *f* prinotita bibliografio
Annullation *f* ↑ ***Annullierung***
annullierbar *Adj* nuligebla
annullieren *tr* nuligi *auch einen Flug*; *Jur (Urteil)* kasacii, *auch* leĝe nuligi (*vgl. dazu* ***aufheben***)
Annullierung *f*, <*schweiz*> ***Annullation*** *f* nuligo; *Jur* [leĝa] nuligo, *(Kassation)* kasacio
Anoa *m* (Anoa depressicornis) *Zool (ein Wildrind, endemisch auf Sulawesi/Indonesien)* anoo
Anode *f El (positive Elektrode, Pluspol)* anodo (↑ *auch* ***Antikathode***, ***Beschleunigungs-***, ***End-*** *u.* ***Zinkanode***)
anöden *tr umg für «langweilen»*: ***das ödet mich gewaltig an*** tio aĉe enuas min
Anoden|batterie *f El* anoda baterio; **~brücke** *f El* anoda ponto; **~fall** *m El* falo de [la] anoda tensio; **~spannung** *f El* anoda tensio; **~strahlen** *m/Pl El* anodaj radioj *Pl*; **~strom** *m El* anoda kurento
anodisch *Adj El* anoda
anomal *Adj* anomalia (*vgl. dazu* ***abnorm***, ***abweichend***, ***anormal*** *u.* ***unregelmäßig***)

Anomalie *f bes. Kristallografie, Ling, Med u. Phys* anomalio (*vgl. dazu* ***Unregelmäßigkeit*** *u.* ***Missbildung***; ↑ *auch* ***Schwereanomalie***)
anonym *Adj ungenannt, ohne Nennung des Namens; ohne Verfassernamen* anonima; ***ein ~er Anruf*** *Tel* anonima telefonvoko; ***ein ~er Brief*** anonima letero
anonymisieren *tr* anonimigi
Anonymität *f* anonimeco
Anonymus *m Ungenannter, Namenloser* anonimulo
Anopheles[mücke] *f Ent* ↑ ***Malariamücke***
Anoplastik *f Chir* ↑ ***Anusplastik***
Anoplura *Pl Ent (taxonomische Bez für «Läuse»)* anopluroj *Pl*
Anopsie *f nur Fachspr Ophthalmologie für «Sehunvermögen»* anopsio
Anorak *m Windbluse [mit Kapuze]* anorako (*vgl. dazu* ***Parka*** *u.* ***Windjacke***)
anordnen *tr* ***a)*** *arrangieren, herrichten* aranĝi; *ordnen* ordigi; *zusammenstellen* kunmeti; *klassifizieren* klasifiki; *gruppieren* grupigi; *schriftl. Entwürfe gliedern* dispozicii; ***chronolgisch angeordnet [sein]*** [esti] kronologie aranĝita (*od* ordigita) ***b)*** *anweisen* ordoni; *vorschreiben (auch Arzt), was man zu tun hat* preskribi; *bestimmen, disponieren, verfügen* disponi (***dass*** ke)
Anordnung *f* ***a)*** *das Anordnen* aranĝado; *das Angeordnetsein* aranĝo; *das Ordnen* ordigo; *Ordnung* ordo; *Klassifizieren* klasifikado; *Gliederung (bei schriftl. Entwürfen)* dispozicio; ***~ der Größe nach*** aranĝo laŭ grandeco; ***~ der Worte*** *in einem Satz* vortaranĝo; ***alphabetische*** (***systematische***, ***thematische***) ***~*** alfabeta (sistema, [laŭ]tema) aranĝo ***b)*** (*Abk* ***AO***) *[Dienst-] Anweisung* instrukcio; *Erlass* dekreto; *Befehl* ordono; *Vorschrift* preskribo; *Verfügung, Maßregel* dispono; *Planung, Vorbereitung* dispozicio; ***testamentarische ~*** testamenta dispozicio; ***laut polizeilicher ~*** laŭ polica ordono; ***auf behördliche ~ [hin]*** *ex officio* laŭ oficiala ordono; ***~en treffen*** fari disponojn
Anorektikum *n Pharm* = ***Appetitzügler***
Anorexie *f* (Anorexia) *nur Fachspr Med (Verlust od nervös bedingte Abnahme des Appetits, i.w.S. auch die dadurch bedingte Abmagerung)* anoreksio (*vgl. dazu* ***Bulimie***); ***Anorexia nervosa*** ↑ ***Magersucht***
anorganisch *Adj Chem* neorganika (↑ *auch* ***unbelebt***); ***~e Chemie*** *f* neorganika kemio; ***~e Substanz*** *f* neorganika substanco
anormal *Adj* anormala *auch im Sinne von «geistig bzw. körperlich zurückgeblieben», Jahreszeit, Wetter auch* nenormala, eksterordinara; *außerhalb der Norm liegend* eksternorma (↑ *auch* ***ungewöhnlich*** *u.* ***krankhaft***)
Anorthit *m Min (ein Mineral aus der Gruppe der Plagioklase)* anortito
Anosmie *f nur Fachspr Med (Verminderung bzw. Verlust des Geruchssinns)* anosmio
Anoxämie *f nur Fachspr Med (Sauerstoffmangel im Blut)* anoksemio, nesufiĉeco de oksigeno en la sango
Anoxie *nur Fachspr Med (Fehlen von Sauerstoff im Gewebe)* anoksio, manko de oksigeno en [la] histo(j)
anoxisch *Adj nur Fachspr Biol u. Med* anoksia
anpacken *tr* ***a)*** *anfassen* preni [per la mano(j)]; *mit festem Griff halten* forte teni [per la mano(j)] ***b)*** *umg beginnen* komenci ◇ ***jmdn. hart ~*** trakti iun [pli] severe; ***mit ~*** *mithelfen* kunhelpi; ***man weiß nicht***, ***wie man sie ~ soll*** oni [tute] ne scias kiamaniere trakti ŝin (*bzw.* konduti kontraŭ ŝi)
anpassen *tr* akomodi, konformigi, adapti; *in Einklang bringen* akordigi (***mit*** kun); *passend machen, justieren* alĝustigi (***an*** al); *Kleid* almezuri, alĝustigi; ***sich ~*** sin akomodi *od* akomodiĝi, sin [al]konformigi *od* alkonformiĝi, adaptiĝi (***an*** al); ***sich einander*** (*od* ***gegenseitig***) ***~*** alkonformiĝi unu al la alia; ***sich einer neuen Situation ~*** sin akomodi al nova situacio
Anpassung *f* ***a)*** *das Anpassen* akomodo, [al]konformigo, adapt[ad]o; *das Passendmachen* alĝustigo (↑ *auch* ***Rentenanpassung***); *an ein fremdes Milieu* asimilado ***b)*** *das Sichanpassen, z.B. der Augen ans Licht* [sin]akomodo, *auch* akomodiĝo (***an*** al)
anpassungsfähig *Adj* adaptokapabla, adaptiĝema
Anpassungs|fähigkeit *f od* **~vermögen** *n* adaptokapablo, adaptiĝemo
Anpassungsgesetz *n Parl* ↑ ***Änderungsgesetz***
Anpassungsprozess *m* proceso de adaptiĝo (↑ *auch unter* ***Akkulturation***)
Anpassungsvermögen *n* ↑ ***Anpassungsfähigkeit***
anpeilen *tr* biri
Anpeilung *f* birado

anpfeifen *tr*: ***ein Fußballspiel*** ~ fajfsignali la komencon de futbalmaĉo

Anpfiff *m Sport* fajfosignalo [por ludokomenco *od* por komenco de maĉo]

anpflanzen *tr* planti; *anbauen, kultivieren* kultivi; ***Reis*** **(*Roggen*, *Weizen*)** ~ kultivi rizon (sekalon, tritikon)

Anpflanzung *f das Anpflanzen* plantado; *Anbau* kultiv[ad]o; *Plantage* plantejo, kultivejo

an|picken *tr* ***a)*** *mit dem Schnabel* [komenci] bekobati (***etw.*** ion) ***b)*** *reg u.* <*österr*> *für «ankleben»* alglui; ~**pirschen, sich** *refl umg für «sich heranschleichen»* kaŝe aliri, alŝteliĝi, ŝteliri (***an*** al); ~**pöbeln** *tr umg pej für «in grober Weise belästigen»* [per krudaj vortoj] molesti (***jmdn.*** iun)

Anprall *m* ekfrapiĝo *od* kunfrapiĝo, alpuŝiĝo (***an*** al; ***auf*** *od* ***gegen*** kontraŭ) (*vgl. dazu* ***Kollision*** *u.* ***Zusammenstoß***)

anprallen *intr* ekfrapiĝi, alpuŝiĝi (***an*** al) (*vgl. dazu* ***kollidieren*** *u.* ***zusammenstoßen***)

anprangern *tr*: ***etw.*** ~ *öffentlich anklagen bzw. kritisieren* publike akuzi (*bzw.* kritiki) ion (*vgl. dazu* ***Pranger***; ↑ *auch* ***geißeln b)***)

anpreisen *tr lobpreisen* laŭdegi; ***etw. in groß angelegter Reklame*** ~ grandskale reklami ion

Anpressdruck *m* ↑ ***Kontaktdruck***

Anprobe *f eines Kleidungsstücks* prova surmeto [de vesto tajlorata]

anprobieren *tr Kleidungsstück* prove surmeti (*od* vesti), *auch kurz* [sur]provi; ***kann ich das mal ~?*** ĉu mi povas tion [sur]provi (*od* prove surmeti)?

anpumpen *tr umg für «sich Geld leihen»*: ***jmdn.*** ~ pruntepreni monon de iu

anquatschen *tr*: ***jmdn.*** ~ *in aufdringlicher Weise* trude alparoli iun

anrainen *intr* ↑ ***anliegen d)***

Anrainerstaaten *m/Pl* najbaraj ŝtatoj *Pl*

anranzen *tr* bruske skoldi (*vgl. dazu* ***anschnauzen***)

Anranzer *m Anschnauzer* bruska skold[ad]o

anraten *tr* konsili; *empfehlen* rekomendi; ***das ist nicht anzuraten*** tio ne estas konsilinda

Anraten *n Ratschlag* konsilo; *Anregung, Vorschlag* sugesto; ***auf*** ~ ***des Arztes*** laŭ konsilo de la kuracisto

anrauchen *tr*: ***[sich] eine Zigarette*** ~ <*österr*> ekfumi cigaredon

anrechnen *tr* ***a)*** *Hdl (in Rechnung stellen)* fakturi, enskribi sur fakturon ***b)*** *übertr (werten)* taksi, *(zuschreiben)* atribui; ***das rechne ich dir hoch an*** mi alte taksas vin pro tiu faro; ***es sich als hohe Ehre*** ~ rigardi [tion] kiel grandan honoron

Anrecht *n Recht* rajto (***auf*** sur *mit Akk, auch* je, por *od* pri); *Anspruch* pretendo (*vgl. dazu* ***Forderung***); *Kino, Konzert, Theat* abon[kart]o; ***ein*** ~ ***auf etw. haben*** havi rajton je io (*od* sur ion)

Anrede *f* alparolo; *i.e.S. (Titulierung)* titolado, *(Titel)* titolo

Anredefall *m Gramm* ↑ ***Vokativ***

Anredeform *f Gramm* alparola formo

anreden *tr* alparoli (***jmdn.*** iun) *z.B. auf der Straße*; *i.e.S. (titulieren)* titoli; *nennen* nomi; ***er kiebt es, mit Präsident angeredet zu werden*** li ŝatas esti titolata prezidanto

anregen *tr* ***a)*** *stimulieren* stimuli; *[zu einer Handlung] anreizen* instigi; *erregen (z.B. Gefühle, Neugier u.a.)* eksciti; *initiieren* iniciati; *inspirieren* inspiri; ***den Appetit*** **(*die Verdauung*)** ~ stimuli la apetiton (digest[ad]on); ***Kaffee regt an*** [trinkado de] kafo stimulas (*od* [pli]vigligas); ***einen Kern*** ~ *Kernphysik* eksciti nukleon; ***die Phantasie*** ~ inspiri (*od bildh auch* flamigi) la fantazion ***b)*** *vorschlagen* proponi, sugesti

anregend *Adj Genussmittel, Medikament* stimula; *anreizend, anspornend* instiga; *erregend* ekscita; ~***es Mittel*** *n Med, Pharm, auch sex* stimulilo (↑ *auch* ***Stimulans***); ***zum Nachdenken*** ~ pensiga

Anregung *f Stimulation* stimul[ad]o; *Ansporn* instigo; *Impuls* impulso; *Initiative* iniciato; *Vorschlag* sugesto; ***auf*** ~ ***von*** (*od mit Gen*) **...** laŭ sugesto de ...

Anregungs|energie *f El* energio de ekscito; ~**mittel** *n Pharm* stimula medikamento, stimulilo; ~**spannung** *f El* tensio de ekscito

anreichern *tr Chem* riĉigi (***mit*** per); ***angereichertes Uran*** *n* riĉigita uranio

Anreicherung *f Chem* riĉigo, koncentrado; *Speicherung* akumulado

anreihen, sich *refl* alviciĝi

Anreise *f Fahrt zum Reiseziel* alvojaĝo (***nach*** al); *Herfahrt* vojaĝo ĉi tien; *Ankunft* alveno

anreisen *intr*: ***mit dem Auto*** **(*Zug*)** ~ [al]veni [ĉi tien] per aŭto (trajno)

anreißen *tr* ***a)*** *öffnen, z.B. eine neue Packung* malfermi ***b)*** *Handw (mit dem Reißstock vorreißen)* truskeni

Anreiz *m Ansporn, Antrieb* instigo; *Stimulus, Reiz (bes. Med)* stimulo (*vgl. dazu* ***Reizstrom***); *Lockung* allogo
anreizen *tr* instigi; *stimulieren* stimuli
anrempeln *tr* puŝegi
anrennen *intr*: ***angerannt kommen*** [al]veni kurante
Anrichte *f* kredenco (*vgl. dazu* ***Serviertisch***)
anrichten *tr zubereiten (Speisen)* prepari, pretigi; *Schaden, Unheil* kaŭzi, fari; ***es ist angerichtet!*** la [manĝo]tablo estas preta [bonvolu eksidi]!; ***einen Salat mit Petersilie*** ~ *garnieren* garni salaton per petroselo ◇ ***da hast du ja was Schönes angerichtet!*** estas bela implikaĵo, kiun vi kaŭzis!
anrösten *tr*: ***leicht*** ~ *Kochk* subrosti
anrüchig *Adj von schlechtem Ruf* malbonfama, *[derber:]* fifama; *suspekt* suspektinda; *unanständig (Ausdruck)* maldeca
Anruf *m Zuruf* alvoko; *Ausruf* ekkrio; *Tel* telefonvoko, *auch* telefona alvoko, *(Telefonat)* telefonaĵo; ***einen ~ von ... erhalten*** ricevi telefonaĵon de ...
Anrufbeantworter *m* (*Abk* ***AB***) *Tel* [telefona] alvokrespondilo
anrufen *tr rufen* voki (***jmdn.*** al iu), alvoki (***jmdn.*** iun); *Tel* telefoni (***jmdn.*** al iu); *anflehen* petegi; ***Allah*** ~ alvoki la nomon de Alaho, *i.w.S.* [preĝe] petegi Alahon; ***sie riefen den Namen Gottes*** ili alvokis la nomon de la Eternulo; ***eine höhere Instanz*** ~ *Jur* apelacii al pli alta instanco; ***bitte rufen Sie vorher an*** bonvolu antaŭe telefoni [al mi]; ***wer hat angerufen?*** kiu telefonis?
Anrufer *m bzw.* **Anruferin** *f Tel* alvokanto, *auch* telefonanto *bzw.* alvokinto, *auch* telefoninto
Anrufinduktor *m Tel* vokinduktoro
Anrufung *f* ***a)*** *bes. Gottes* alvokado ***b)*** ↑ *unter* ***Berufung b)***
anrühren *tr* ***a)*** *[leicht] berühren* tuŝ[et]i; *anfassen* [ek]preni [per la mano] ***b)*** *[mit Wasser] mischen* miksi [per akvo]
ans = ***an das***
Ansage *f* ***a)*** *Ankündigung* anonco; *Mitteilung [über das Radio]* sciigo *od* komuniko [de radiostacio] ***b)*** *das, was angesagt wird (Diktat)* diktaĵo
ansagen *tr* ***a)*** *bekannt geben* anonci, komuniki [al la publiko]; *Radio, TV (Nachrichten) auch* elsendi ◇ ***jmdm. den Kampf*** ~ deklari al iu militon ***b)*** *diktieren* dikti (***jmdm. etw.*** ion al iu) ***c)*** *Kart: Punkte od Trumpf* deklari
ansägen *tr* iom[et]e tranĉi per segilo, iom segi
Ansager *m Radio, TV* [program]anoncisto, *Sprecher im Radio auch* [radio]parolisto
ansammeln *tr anhäufen* amasigi; *konzentrieren, an einem Ort zusammenfassen* koncentri *auch Truppen*; *[auf]speichern, aufhäufen* akumuli (*vgl. dazu* ***sammeln***); ***Reichtum*** ~ akumuli riĉaĵon; ***sich*** ~ *sich anhäufen* amasiĝi; *sich versammeln* kolektiĝi, *(Menschen auch:)* ariĝi, [amasa] kunveni; *sich aufhäufen, akkumulieren* akumuliĝi
Ansammlung *f* ***a)*** *das Anhäufen* amasigo; *das Konzentrieren* koncentrado; *das Aufhäufen od Aufspeichern* akumul[ad]o ***b)*** *Haufen von Gegenständen od Personen* amaso, *auch* aro (*vgl. dazu* ***Menge***); *Stapel* stako; *Auflauf, Menschenmenge* popolamasiĝo, homamaso
ansässig *Adj* [daŭre] loĝanta (***in*** en); ***sind Sie hier ~?*** ĉu vi [daŭre] loĝas ĉi tie? *od* ĉu vi estas loĝanto de tiu ĉi urbo (*bzw.* vilaĝo)?
Ansatz *m* ***a)*** *angesetztes Stück* al[fiks]aĵo, alfiksita parto; *Verlängerungsstück* plilongiga parto; *aufsitzendes od eingefügtes Teil* insertaĵo *auch Biol* ***b)*** *Voranschlag, Berechnung von Kosten* kostotakso ***c)*** *übertr (Anfang)* komenc[iĝ]o, *(Keim)* ĝermo; ***elementare Ansätze*** *Pl Rudimente* rudimentoj *Pl*; ***sie hat den ~ zur Korpulenz*** ŝi inkliniĝas al korpulenteco
Ansatz|rohr *n an Kondensationsgefäßen (für Metalldämpfe)* alonĝo; ~**stück** *n Verlängerungsstück, z.B. an Ausziehtischen* alonĝo (*vgl. dazu* ***Ansatz a)***)
ansaugen *tr* eksuĉi; *Mechanik, Tech* ensuĉi; ***sich*** ~ *durch Saugen haften bleiben* suĉ[ant]e fiksiĝi (*od* aliĝi)
Ansaug|leitung *f Tech* suĉdukto; ~**takt** *m Kfz-Motor, Tech* ensorba takto; ~**trichter** *m Tech* suĉfunelo; ~**ventil** *n Tech* ensorba valvo
anschaffen *tr* ***a)*** *erwerben* akiri; *[häufig dafür:] kaufen* aĉeti; ***sich etw.*** ~ akiri (*od* havigi) ion al si; ***sie wollen sich noch keine Kinder*** ~ *umg* ili ne jam volas havi infanojn ***b)*** *sex:* ***sie geht*** ~ *geht auf den Strich* ŝi surstrate prostituas sin *od* ŝi estas surstrata putino

Anschaffung *f Erwerbung (das Erwerben)* akir[ad]o, *(das Erworbene)* akiraĵo; *Kauf* aĉeto; *Gekauftes* aĉetita objekto (*bzw. i.w.S.* libro *u.a.*)

Anschaffungspreis *m Kaufpreis* aĉet-prezo

anschalten *tr Licht, Fernseher, Radio* ŝalti

anschauen *tr betrachten* rigardi; *als Zuschauer* spekti; *inspizierend od überprüfend* inspekti, esplore rigardi, *(Arzt einen Patienten)* ekzameni; ***einander*** (*od* ***sich gegenseitig***) ~ rigardi unu la alian; ***noch einmal*** ~ denove (*od* duafoje) rigardi, rerigardi; ***sich einen Film*** ~ spekti (*od umg auch* rigardi) filmon; ***sie schaute sich ihr Gesicht im*** (*od* ***vor dem***) ***Spiegel an*** ŝi rigard[ad]is sian vizaĝon en la spegulo

Anschauen *n* ◇ ~ ***kostet ja nichts*** la rigardado estas ja senpaga

anschauenswert *Adj ein Film od Theaterstück* spektinda

anschaulich **1.** *Adj leicht zu verstehen* facile komprenebla; *veranschaulichend* ilustriva; *lebendig* viva; *klar* klara; *plastisch* plastika; *konkret* konkreta **2.** *Adv* ilustrive; vive; klar[bild]e; plastike; konkrete

Anschaulichkeit *f* ilustriveco; viveco; klareco; plastikeco; konkreteco

Anschauung *f Auffassung* koncepto (↑ *auch* ***Weltanschauung***); *Meinung* opinio (***über*** pri); *Erfahrung* sperto; ***aus eigener*** ~ el propra sperto, *auch* proprasperte

Anschauungs|material *n* ilustriva materialo, demonstrebla(j) instruilo(j) *(Pl)*; ~**unterricht** *m Päd* perobjekta instruado; ~**weise** *f Denkweise, Mentalität* mentaleco

Anschein *m äußere Erscheinung* aspekto; *äußerer Schein, Vorspiegelung* ŝajno; *Eindruck* impreso; ***allem*** ~ ***nach*** [laŭ]ŝajne *od* laŭ ŝajno; *aller Wahrscheinlichhkeit nach* plej verŝajne, laŭ ĉia probableco; *offensichtlich* evidente; *es sieht so aus, als ob ...* ŝajnas, ke ...; ***den*** ~ ***erwecken, als ob ...*** *so tun, als ob ...* ŝajnigi ...; *den Eindruck vermitteln, als ob ...* doni la impreson, ke ...; ***es hat den*** ~, ***als ob ...*** ŝajnas, ke ...; ***sie gibt sich den*** ~, ***naiv zu sein*** ŝi ŝajnigas sin [esti] naiva

anscheinend, *<schweiz> dial* ***scheint's*** *Adv* ŝajne; *wahrscheinlich* verŝajne; *offenkundig* evidente; *augenscheinlich* videble

anscheren ↑ *unter* ***Kette b)***

an|schicken, sich *refl geh für «sich bereit machen»* sin pretigi (***zu*** por); *gerade dabei sein* ĝuste voli (***zu*** *im Esp folgt Verb im Inf*), *auch Bildung mit* esti ...onta; ***ich schickte mich eben an, wegzugehen*** mi ĝuste nun volis foriri *od* ĝuste nun mi estis forironta; *i.w.S. ich hatte die Absicht, gerade wegzugehen* mi havis la intencon foriri nun

an|schieben *tr* ekŝovi; ~**schielen** *tr* strabi (***jmdn.*** al iu) *od* strabe rigardi (***jmdn.*** al iu, *auch* iun); ~**schießen** *tr durch einen Schuss verwunden* pafvundi (***jmdn.*** iun); *übertr (scharf kritisieren)* akre kritiki, *(angreifen)* ataki

anschirren *tr*: ***ein Pferd*** ~ jungi ĉevalon, surmeti la jungilaron al ĉevalo (*vgl. dazu* ***anspannen b)***)

Anschirren *n* jungado

Anschlag *m* ***a)*** *<österr u. schweiz>* ***Affiche*** *f Aushang an Mauern, Säulen u. Ä., Plakat* afiŝo; *Bekanntmachung* publikigo ***b)*** *Attentat, Mord*² atenco (***auf jmdn.*** kontraŭ iu) (↑ *auch* ***Bomben-***, ***Gift-***, ***Milzbrand-***, ***Säure-*** *u.* ***Terroranschlag***); *Verschwörung* komploto; *Konspiration* konspiro; *hinterhältige Nachstellung* insido (*vgl. dazu* ***Machination***); *Überfall* [surpriza] atako; ***einen*** ~ ***auf jmdn. verüben*** atenci la vivon de iu, fari atencon kontraŭ [la vivo] de iu; ***einem*** ~ ***zum Opfer fallen*** fariĝi (*od* esti) viktimo de atenco ***c)*** *Schätzung* taks[ad]o; *Kosten*² kostotakso ***d)*** *Anschlag beim Schießen* celumo; *Abschussposition* pafopreta pozicio; ***das Gewehr in*** ~ ***bringen*** *das Gewehr anlegen* alŝultrigi la pafilon; ***die Maschinenpistole in*** ~ ***bringen*** levi la mitraleton ĝis pafopreta pozicio ***e)*** *Tech (Vorrichtung, die die Bewegung eines Maschinenteils begrenzt)* buteo ***f)*** *Bellen* bojado [de hundo] ***g)*** *auf dem Klavier (einmaliger Anschlag)* tuŝo, *(jmds. Art Klavier zu spielen)* tuŝado [de la klavoj]; *auf der Schreibmaschine* frap[ad]o ***h)*** *Schwimmen (Anschlag am Beckenrand), Fechten (Treffer)* tuŝo

Anschlagbrett *n od* **Anschlagtafel** *f* afiŝtabulo; *schwarzes Brett* nigra tabulo

anschlagen ***a)*** *tr festmachen* fiksi (***an die Wand*** al la muro); *i.w.S. ankleben* alglui *od* glui (***an*** al); *annageln* alnajli *od* najli (***an*** al); *Tasten, Instrument* frapi, *Klavier meist* tuŝi; *durch Anschlagen zum Tönen bringen (Glocke)* tintigi, *(Stimmgabel)* sonigi, *(Saiteninstrument, bes. eine Harfe)* pinĉi, *(mit* *einem Plektron zupfen)* plektri; *schätzen* taksi; ***ein Plakat*** ~ fiksi (*bzw.* glui) afiŝon (↑ *auch* ***affichieren***) ***b)*** *intr anstoßen* ekpuŝi (***an etw.*** ion); *ertönen (Glocke)* [komenci] tintadi, *(Uhr)* eksoni; *Hund (plötzlich zu bellen beginnen)* ekboji; *Arznei, Kur* [bone] efiki, komenci esti efika

Anschlagsäule *f, auch* ***Litfaßsäule*** *f* afiŝkolono

Anschlags|pläne *m/Pl* atencoplanoj *Pl*; ~**risiko** *n* atencorisko, risko esti trafita de atenco

Anschlagtafel *f* ↑ ***Anschlagbrett***

Anschlagzettel *m*, *<österr u. schweiz>* ***Affiche*** *f* afiŝo, *an Wände geklebt auch* murafiŝo (↑ *auch* ***Aushang*** *u.* ***Plakat***)

anschleichen, sich *refl sich schleichend nähern (verstohlen)* kaŝe [al]proksimiĝi, *(kriechend)* ramp[ant]e [al]proksimiĝi

anschließen *tr durch ein Schloss sichern, z.B. ein Fahrrad* sekurigi per [pend]seruro, *auch kurz (abschließen)* ŝlosi; *anketten* ligi per ĉeno (***an*** al); *befestigen* fiksi (***an*** al); *einbauen, installieren* instali; *El, Radio* konekti; *ankoppeln* [ek]kupli; *anknüpfen* ligi (***etw. an etw.*** ion al io); *fortsetzen* daŭrigi; ***ein Telefon*** ~ instali telefon[konekt]on; ***sich*** ~ *angrenzen* limi (***an*** al); *Mitglied werden [von]* fariĝi membro [de]; *sich beteiligen* partopreni (***an*** en); ***sich jmdm.*** ~ *jmds. Partei ergreifen* preni [la] partion de iu; *sich mit jmdm. vereinigen* kuniĝi kun iu; *sich hinzugesellen* aliĝi al iu; *mit jmdm. mitgehen* [kun]iri kun iu; ***sich an einen Freund fest*** ~ kunforĝi sin al amiko *(Zam)*; ***sich leicht an andere*** ~ *schnell Freundschaften schließen* facile trovi amikojn; *gesellig sein* esti [tre] societema; ***sich einer Partei*** ~ fariĝi membro de [politika] partio, aniĝi al partio; ***wir können uns Ihrer Meinung nicht*** ~ ni ne povas akcepti vian opinion

anschließend **1.** *Adj angrenzend, nebeneinander gelegen* apude situanta *od kurz* apuda, *auch* najbara; *darauf folgend* sekva, *auch* sekvanta *bzw.* sekvonta **2.** *Adv [unmittelbar] danach* [tuj] poste; ~ ***gingen wir in ein Café*** poste ni iris en kafejon

Anschluss *m das Herstellen einer Verbindung, bes. El u. Tel* konektado, *(der so hergestellte Anschluss)* konekto (↑ *auch* ***Fernsprech-*** *u.* ***Netzanschluss***); *Verk* konekso, korespond[ad]o, *i.e.S. ([fahrplanmäßige] Zugverbindung)* trajnkorespondo (***nach*** al); *Verbindung* interligo; *Kontakt* kontakto; *Beziehungen* rilatoj *Pl*; *das Installieren, z.B. einer Leitung* instal[ad]o; *das Installierte* instalaĵo; *Zusammenschluss, z.B. zu einer Einheit od Vereinigung* kuniĝo (***an*** kun); *Beitritt* aliĝo; *Telefon*≗ telefonkonekto; ***gewaltsamer*** ~ *Pol* aneksado; ***keinen*** ~ ***bekommen*** *Tel* ricevi nenian konekton; ~ ***haben an ...*** *Verk* havi korespondon al ...; ~ ***suchen*** *Bekanntschaft* serĉi kontakton; ***im*** ~ ***an unser Schreiben vom ...*** konekse kun nia letero de ...; ***wann habe ich*** ~ ***nach ...?*** *Bus, Eisenb, Flugzeug, Schiff* kiam mi havos korespondon al ...?

Anschlussbahn *f Eisenb* klienta fervojinstalaĵo (↑ *auch* ***Gleisanschluss***)

Anschlussdose *f El* = ***Steckdose***

Anschluss|flug *m* koneksa flugo; ~**gleis** *n Eisenb* klienta trako (↑ *auch* ***Gleisanschluss***); ~**kabel** *n* konekta kablo; ~**klemme** *f El* konekta klemo; ~**rohr** *n* konekta tubo; ~**stück** *n bei Rohrleitungen* fitingo; *Adapter* adaptilo

Anschlusszug *m Eisenb* koresponda (*od* koneksa) trajno; ***den*** ~ ***verpassen*** (*od umg* ***nicht kriegen***) maltrafi la trajnkorespondon

an|schmieden *tr* [al]forĝi (***an*** al); ~**schmiegen, sich** *refl* sin [karese] alprem[et]i (***an jmdn.*** al iu); ~**schmieren** *tr* ŝmiri, *(und dabei beschmutzen)* ŝmire malpurigi (***etw.*** ion); *i.w.S. beschmutzen* malpurigi; *übertr umg für «betrügen»* trompi

anschnallen *tr* [al]buki (***an*** al); ***sich*** ~ *z.B. im Flugzeug* sin albuki [per seĝozono]

Anschnallgurt *m im Auto, Flugzeug* sekurzono, *umg auch* seĝ[o]zono

anschnauzen *tr umg (barsch u. laut anreden)* bruske [kaj laŭte] alparoli (***jmdn.*** iun), *(derb rügen)* krude skoldi

Anschnauzer *m*: ***einen*** ~ ***bekommen*** esti bruske skoldata

anschneiden *tr* ***a)*** *Brot, Wurst u.a.* ektranĉi, [for]tranĉi la unuan pecon (***etw.*** de io) ***b)*** *zur Sprache bringen*: ***eine Frage*** ~ levi demandon; ***ein anderes Thema*** ~ ekparoli pri alia temo *od* ektrakti alian problemon

Anschovis *f Nahr* = ***Anchovis***

anschrauben *tr* [al]ŝraŭbi, alfiksi per ŝraŭbo(j) (↑ *auch* ***aufschreiben***)

anschreiben *tr schriftlich Mitteilung machen* skribi (***jmdn. wegen*** al iu pro); *an die Schultafel* skribi sur *mit Akk*; ***können Sie***

das mal ~? *an die Tafel* ĉu vi povus skribi tion sur la [nigran] tabulon? ◇ ***etw. ~ lassen*** *auf Kredit kaufen* aĉeti ion kredite; ***ich bin bei ihm schlecht angeschrieben*** *stehe bei ihm in schlechtem Ansehen* mi tute ne ĝuas lian favoron *od (Zam) auch* mi estas malbone enskribita ĉe li

anschreien *tr*: ***jmdn.*** ~ krii al iu *od* alkrii iun

Anschrift *f* adreso (↑ *auch* ***Postanschrift***)

Anschriftenänderung *f* ↑ ***Adressenänderung***

Anschriftenverzeichis *n* ↑ ***Adressenverzeichnis***

anschuldigen *tr* kulpigi, akuzi (***jmdn.*** iun); *zur Last legen* imputi (***jmdn. wegen etw.*** ion al iu)

Anschuldigung *f* akuz[ad]o; *Beschuldigung* kulpigo (↑ *auch* ***Anklage***); ***falsche*** ~ falsa akuzo

an|schwärzen *tr* ***a)*** *ein wenig schwarz machen* iom[ete] nigrigi ***b)*** *verleumden* kalumnii, malbonfamigi (***jmdn. bei jmdm.*** iun ĉe iu) ***c)*** denunci; **~schweißen** *tr Tech* alveldi *od* veldi al

anschwellen *intr* ***a)*** *Med, auch Segel u. übertr* ŝveli, *(Kitzler, Penis) auch* erektiĝi; *plötzlich zu schwellen beginnen* ekŝveli; *durch eingeblasene Luft auch* blovŝveli; *sich aufbauschen* pufiĝi; ~ ***lassen*** ŝveligi; ***sein Gesicht war angeschwollen*** lia vizaĝo estis ŝvelinta; ***plötzlich*** ~ ekŝveli ***b)*** *stärker werden* [pli]fortiĝi, *(Menschenmenge)* [pli]grandiĝi; *anwachsen* kreski *auch Fluss bei Hochwasser*

Anschwellung *f das Anschwellen* ŝvel[ad]o (*vgl. dazu* ***Erektion***); *das Geschwollensein* ŝvelinteco; *geschwollene Stelle* ŝvelaĵo

anschwemmen ***a)*** *tr* alnaĝigi, *auch* alporti [sur la bordon] (*vgl. dazu* ***anspülen***) ***b)*** *intr ans Ufer kommen* albordiĝi *bzw.* surbordiĝi

anschwitzen *tr*: ***Mehl*** ~ *Kochk* rosti farunon [en graso] (*vgl. dazu* ***Einbrenne***)

ansehen *tr betrachten* rigardi; *als Zuschauer, z.B. einen Film, eine Vorstellung* spekti; *halten für, der Meinung sein* rigardi, konsideri, opinii, kredi; *dulden* toleri (***als*** kiel *u. nachfolgendes Subst im Akk*); *überprüfen* [rigardi kaj] kontroli; *inspizieren* inspekti; ***etw.*** (***jmdn.***) ***mit großen Augen*** ~ grandokule rigardi ion (iun); ***einander*** (*od* ***sich gegenseitig***) ~ reciproke sin rigardi, rigardi unu la alian; ***jmdn. von oben herab*** ~ [malŝate] rigardi iun de alte *(Zam)*; ***jmdn. über die Brille hinweg*** ~ rigardi iun super siajn okulvitrojn; ***ich kann das nicht mit*** ~ *kann das nicht ertragen* mi ne povas elteni (*od* toleri) la aspekton de tio; ***er sah sie starr*** (*od geh* ***unverwandt***) ***an*** li fikse rigardis ŝin; ***es ist eine Freude anzusehen, wie ...*** estas ĝojo vidi kiel ...; ***man sieht ihm die Gesundheit an*** lia vizaĝo spegulas sanon; ***[sich] etw. genau*** ~ tute skrupule rigardi ion; ***sich einen Film*** (***ein Fußballspiel***) ~ spekti filmon (futbalmaĉon); ***sich im Spiegel*** ~ rigardi sin [mem] en la spegulo; ***sieh mal an!*** *[verwundert:] ach so ist das!* jen tia ĝi estas!; ***als Verdienst*** ~, ***dass ...*** kalkuli kiel meriton, ke ...

Ansehen *n* ***a)*** *das Anschauen od Betrachten* rigardado; *Anblick, Sehen* vido; ***jmdn. nur vom*** ~ ***[her] kennen*** koni iun nur laŭ la vido ***b)*** *Achtung* estimo; *Renommee, [guter] Ruf, Reputation* renomo, reputacio; *Autorität* aŭtoritato; *Prestige* prestiĝo; *Renommee* renomo; ***zu hohem*** ~ ***gelangen*** renomiĝi; ~ ***genießen*** ĝui [altan] estimon; ***sein*** ~ ***wieder herstellen*** *sich rehabilitieren* sin rehabiliti; ***jmds.*** ~ ***schädigen*** kompromiti iun; ***sein*** ~ ***aufs Spiel setzen*** sin kompromiti; ***in großem*** ~ ***stehen*** havi grandan renomon; ***ohne*** ~ ***der Person*** sen konsidero al la persono

ansehnlich *Adj imposant* impona; *schön von Gestalt* belfigura; *beträchtlich* konsiderinda, *(z.B. Summe) auch* ne malgranda; *bemerkenswert* rimarkinda (↑ *auch* ***reputierlich***); *Landbesitz* vast[eg]a

anseilen *tr Alpinismus* kunŝnuri

Anselm *od* **Anshelm** (*m*) *männl. Vorname* Anselmo

ansetzen ***a)*** *tr Kurs, Preis, Termin, Wert* fiksi; *veranschlagen (Kosten, Zeitspanne)* kalkuli; *annähen* alkudri (***an*** al); *ein Rohr, Verlängerungsstück u. dgl.* almeti, alfiksi, aligi; ***das Glas*** ~ *um zu trinken* levi la glason al la lipoj [por trinki]; ***ich muss erst die Kartoffeln*** ~ *Hausw* unue mi devas meti la poton kun la terpomoj sur la fornelon; ***Knospen*** ~ *Bot* naski burĝonojn, burĝoni; ***Kräuter in Alkohol*** ~ *und weichen lassen* trempadi herbojn en alkoholo; ***ein Stück Stoff*** ~ *Schneiderei* alkudri (*od auch* almeti) pecon da ŝtofo ***b)*** *intr dicker werden* [pli]dikiĝi, fariĝi [pli] korpulenta; ***Fett*** ~ grasiĝi *od* fariĝi grasa; ***zur Landung*** ~ *Flugw* komenci alteriĝan flugon, malleviĝi por surteriĝi; ***Rost*** ~ ekrusti, komenci kovriĝi de rusto; ***zum Sprung*** ~ voli eksalti, esti eksaltonta

Anshan (*n*) *eine chinesische Stadt in der südl. Mandschurei* Anŝano

Anshelm (*m*) *männl. Vorname* ↑ ***Anselm***

Ansicht *f **a)** Blick od Sicht auf etw.* vido; *Panorama* panoramo; *Anblick, den jmd. od etw. gewährt* aspekto (↑ *auch* ***Außen-***, ***Flanken-***, ***Gesamt-***, ***Innen-***, ***Total-*** *u.* ***Vorderansicht***) ***b)*** *Auffassung* koncepto; *Meinung* opinio (***über*** pri); ***meiner*** ~ ***nach*** laŭ mia opinio; ***ich bin der*** ~, ***dass ...*** mi opinias, ke ...; ***ich bin anderer*** ~ mi havas alian opinion ***c)*** *[prüfende] Besichtigung* inspekt[ad]o; *i.w.S. Auswahl* elekto; ***etw. zur*** ~ ***schicken*** *Hdl* sendi ion por elekto

Ansichts[post]karte *f* (*Abk* ***AK***) ilustrita poŝtkarto (*Abk* il.pk.), *umg auch* bildkarto

Ansichtssache *f*: ***das ist*** ~ tio estas afero de la vidpunkto

Ansichtssendung *f* specimena sendaĵo [por elekto]

ansiedeln *tr* loĝigi; ***sich*** ~ *refl* eklogi, setli (***in*** en) (↑ *auch* ***sich niederlassen***)

Ansiedler *m* setlanto; *Kolonist* koloniisto; *i.w.S. Zugewanderter* [nov]alveninto

Ansiedlung *f* setlejo; *Kolonie* kolonio

Ansinnen *n Forderung* postulo; *übertriebene Bitte* troa peto; *kaum annehmbarer Vorschlag* apenaŭ akceptebla propono

Ansitz *od* **Anstand** *m Jagd* embusk[ej]o; *Hochsitz* altembusko; ***auf den*** ~ ***gehen*** embuskiĝi; ***auf dem*** ~ ***sein*** (*od* ***lauern*** *od* ***sitzen***) embuski *bzw.* sidi sur la altembusko

ansonsten *Adv im Allgemeinen* ĝenerale; *im Übrigen* cetere; *außerdem* krome, krom tio; *andernfalls* aliakaze, alie

anspannen *tr **a)** straffen, z.B. Bogen, Muskeln, Seil u.a.* streĉi; ***alle [seine] Kräfte*** ~ streĉi ĉiujn [siajn] fortojn; ***die Muskeln*** ~ streĉi la muskolojn ***b)*** *Zugtier* jungi, surmeti la jungilaron [al] (↑ *auch* ***anschirren***)

Anspannen *n eines Zugtiers* jungado

Anspannung *f das Anspannen* streĉ[ad]o; *das Angespanntsein* streĉ[it]eco; *Kräfte*~ fortostreĉo; ***nervliche*** ~, *auch* ***Nervenanspannung*** nerva streĉiteco, *auch* nervostreĉo

an|speien *tr* kraĉi (***etw.*** sur ion; ***jmdn.*** al iu); ~**spielen** *intr ein Spiel eröffnen* ekludi *auch Kart*; *andeuten, versteckt hinweisen* aludi (***auf etw.*** ion)

Anspielung *f* aludo

anspitzen *tr Bleistift, Pfahl* pintigi, [pli]akrigi

Ansporn *m* instigo, stimulo (↑ *auch* ***Antrieb***); *bildh auch* sprono

anspornen *tr **a)** Pferd* sproni ***b)*** <*österr*> *u. reg auch* ***aneifern*** *übertr* inciti, stimuli, *auch* sproni; *ermutigen* kuraĝigi (***zu*** *Verb im Inf*)

anspornend *Adj* instiga

Ansprache *f* [al]parolado (***an*** al) (↑ *auch* ***Eröffnungs-***, ***Fernseh-***, ***Fest-*** *u.* ***Schlussansprache***); ***eine*** ~ ***halten*** fari paroladon

ansprechen ***a)*** *tr anreden* alparoli (***jmdn.*** iun), ekparoli (***jmdn.*** al iu); *sich wenden an* sin turni al; *[guten] Eindruck machen (hinterlassen)* fari (postlasi) bonan impreson (***jmdn.*** ĉe iu); ***jmdn. um Hilfe*** ~ *von jmdm. Hilfe erbitten* sin turni al iu kaj peti pri helpo; ***der Angesprochene*** *die angesprochene Person* la alparolato ***b)*** *intr gefallen* plaĉi (***jmdn.*** al iu); *reagieren, Wirkung zeigen* reagi, esti sensiva (***auf*** al)

ansprechend *Adj Gefallen erregend* plaĉa; *angenehm* agrabla; *sympathisch* simpatia; *anziehend* alloga

Ansprechpartner *m zuständiger Fachmann* kompetenta fakulo (***für Finanzfragen*** pri financaferoj); *allg auch für «Kontaktperson»* kontaktpersono, *i.w.S. Vermittler* peranto

anspringen ***a)*** *tr* salte ataki (***jmdn.*** iun), salti al (*od* kontraŭ) (***jmdn.*** iu); ***sie ist von einem Hund angesprungen worden*** *angefallen worden* ŝi estis atakita de hundo ***b)*** *intr Motor* starti, ekfunkcii

anspritzen *tr* surŝprucigi

Anspruch *m den man erhebt* pretendo (***auf*** pri *od* je) (↑ *auch* ***Gebiets-*** *u.* ***Machtanspruch***); *Forderung* postulo; *Anspruch, den man auf etw. hat (Recht)* rajto (***auf*** pri, je *od* sur) (↑ *auch* ***Rechtsanspruch***); ***seine Ansprüche einschränken*** redukti siajn postulojn; ~ ***auf etw. erheben*** pretendi pri (*od* je) io; *sein Recht fordern* postuli sia(j)n rajto(j)n je io; ***territoriale Ansprüche erheben*** prezenti teritoriajn pretendojn; ~ ***haben*** havi rajton (***auf etw.*** pri io *od* sur ion); ***in*** ~ ***nehmen*** *beschäftigen* okupi; *geistig [gänzlich] in Anspruch nehmen, fesseln* [plene] absorbi; ***jmds. Hilfe in*** ~ ***nehmen*** uzi (*bzw.* akcepti) ies helpon; ***zu hohe Ansprüche stellen*** pretendi tro multe; ***den***

~ ***auf etw. unterstützen*** subteni la postulon je io; ***sehr in ~ genommen sein*** *sehr beschäftigt sein* esti treege okupita

anspruchslos *Adj unprätentiös* senpretenda; *bescheiden* modesta; *einfach* simpla

Anspruchslosigkeit *f* senpretendeco; *Bescheidenheit* modest[ec]o; *Einfachheit* simpleco

anspruchsvoll *Adj prätentiös* pretendema; *fordernd* postulema; *wählerisch* elektema; *i.w.S. nörglerisch* grumblema

an|spucken *tr* kraĉi sur (***jmdn.*** iun); ~**spülen** *tr ans Ufer spülen* albordigi (*vgl. dazu* ***anschwemmen***); ~**stacheln** *tr anspornen* sproni *auch Pferd*, inciti (***jmdn.*** iun)

Anstalt *f öffentliche Einrichtung* institucio; *Erziehungs*~ eduka instituto, edukejo; *Stiftung* fondaĵo; *Institut* instituto; *Heilstätte, Sanatorium* sanigejo, kuracejo, sanatorio ◇ ***~en machen*** (*od* ***treffen***) ***für*** (*od* ***zu***) ***...*** sin pretigi por (*od* al) ...

[1]**Anstand** *m gutes Benehmen* bona (*od* deca) konduto; *Schicklichkeit* deco; *Höflichkeit* ĝentileco; ***keinen ~ haben*** ne scii [bone *od* dece] konduti; ***den ~ verletzen*** agi kontraŭ la deco

[2]**Anstand** *m Jagd* ↑ ***Ansitz***

anständig *Adj* deca (↑ *auch* ***fair*** *u.* ***grundanständig***); *höflich* ĝentila; ***ein ~es Gehalt*** *umg* sufiĉe bona salajro

Anstands|besuch *m* etiketa vizito; ~**dame** *f, ursprünglich span.* ***Dueña***, *eingedeutscht* ***Duenja*** *f* duenjo

anstandshalber *Adv* pro deco; *umg: aus Höflichkeit* pro ĝentileco; *pro forma* pro la formo

anstandslos *Adv ohne Schwierigkeiten* sen iuj malfacilaĵoj; *ohne zu zögern* senhezite; *reibungslos, glatt* glate; *ohne weiteres* sen pluaĵoj; ***ich habe die Eintrittskarten ~ bekommen*** mi ricevis la [enir]biletojn sen iuj malfacilaĵoj

anstarren *tr* fikse rigardi (***jmdn.*** iun *od* al iu); *salopp: angaffen* gapi; ***starr mich nicht so an!*** ne gapu al mi!

anstatt 1. *Präp* anstataŭ **2.** *Konj*: ~ ***dass ...*** anstataŭ ke ...; ~ ***zu stöhnen, solltest du lieber arbeiten*** anstataŭ ĝemi vi pli bone laboru

anstauen *tr*: ***einen Fluss ~*** reteni riveron per [malgranda] digo

anstaunen *tr verwundert ansehen* mire (*od* kun miro) rigardi (***etw.*** ion; ***jmdn.*** iun *od* al iu); *bewundernd anschauen* admire rigardi, admir[eg]i

anstechen *tr*: ***ein Fass ~*** spili barelon

anstecken ***a)*** *tr mit einer Nadel* fiksi [per pinglo(j) *u.Ä.*]; *anzünden, z.B. eine Zigarre, Pfeife* ekbruligi; *Kerze, Lampe* eklumigi; *Feuer an etw. legen* ekflamigi; *Med (durch direkten Kontakt)* kontaĝi (***jmdn.*** iun), *(infizieren)* infekti (***jmdn.*** iun) *auch übertr*; ***ein Fass ~*** *reg für «anzapfen»* spili barelon; ***einen Ring ~*** ŝovi ringon sur la fingron; ***sich eine Zigarette ~*** ekbruligi cigaredon [por si] ***b)*** *intr Med* esti kontaĝa (*bzw.* infekta); ***diese Krankheit steckt an*** *überträgt sich leicht* ĉi tiu malsano estas kontaĝa ***c)*** *refl* ***sich ~*** *Med* infektiĝi (***bei jmdm.*** ĉe iu; ***mit ...*** per ... *od* je ...) *auch übertr*

ansteckend *Adj Med (übertragbar)* kontaĝa; *(infektiös)* infekta (↑ *auch* ***virulent***); ***~e Krankheit*** *f* kontaĝa malsano; *Infektionskrankheit* infekta malsano

Anstecknadel *f Brosche* broĉpinglo; *i.w.S. Abzeichen* insigno

Ansteckung *f Med (Übertragung, bes. durch direkten Kontakt)* kontaĝo, *(Infektion [das Anstecken])* infektado, *[das Sichanstecken]* infektiĝo, *[als Zustand]* infekto (↑ *auch* ***Virulenz*** *u.* ***Wiederansteckung***); ***durch Geschlechtsverkehr erfolgte ~*** venera kontaĝo

Ansteckungs|fähigkeit *od* **Ansteckungskraft** *f* kontaĝeco; *Virulenz* virulenteco; ~-**gefahr** *f od* ~**risiko** *n* dangero (*od* risko) de infektiĝo; ~**herd** *m* fokuso de infektiĝo; ~-**stoff** *m* kontaĝaĵo

anstehen *intr* ***a)*** *Schlange stehen* stari en vico [de atendantoj] (***vor*** antaŭ) ***b)*** *sich geziemen* deci, konveni; ***es steht mir nicht an zu ...*** *geziemt sich nicht* al mi ne decas ...; ***anstehende Aufgaben*** *f/Pl* taskoj *Pl* starantaj antaŭ ni, plenumendaj taskoj *Pl*

Anstehen *n Schlangestehen* vicostarado

ansteigen *intr Gelände, Straße* supreniri, ascendi; *Einwohnerzahl* kreski, pligrandiĝi; *Flut, Luftfeuchtigkeit, Wasser* altiĝi (***auf*** je); *aufragen* [alte] leviĝi; ~ ***lassen*** *Wasserspiegel, z.B. durch Flutung* ŝveligi; ***sprunghaft ~*** *z.B. Mitgliederzahl, Preise u.a.* salti (***auf*** al *od* je); ***die Temperatur steigt an*** *Met* la temperaturo [pli]altiĝas

Ansteigen *n* supreniro, ascendo; kresko, pligrandiĝo; [pli]altiĝo (↑ *auch* ***Anstieg***,

Steigung u. Zunahme)

anstelle *od* **an Stelle** *Präp mit Gen* anstataŭ, kiel anstataŭanto (*vgl. dazu* ***statt***)

anstellen *tr* ***a)*** *Gerät, Maschine, Motor* ekfunkciigi; *Licht, Radio* ŝalti ***b)*** *zur Arbeit einstellen* dungi (↑ *auch* ***dingen*** *u.* ***engagieren b)***; *machen, tun, z.B. einen Versuch* fari; ***er ist in der Fabrik angestellt worden*** oni dungis lin en la fabriko ***c)*** *in bestimmten Wendungen*: ***sich*** ~ *eine Reihe bilden* formi vicon, *(sich hinten anstellen)* alvicigi sin [malantaŭe]; *sich benehmen wie* konduti kiel; *handeln als ob* agi kvazaŭ; ***du stellst dich wie ein kleines Kind an*** vi kondutas kiel eta infano; ***sich ungeschickt*** ~ mallertumi ◇ ***da hast du was Schönes angestellt*** jen bona afero kiun vi faris

anstellig *Adj* lerta, taŭga, bone uzebla

Anstellung *f Einstellung* dungado [de oficisto *u.a.*]; *Arbeit, Job* laborloko; ***eine*** ~ ***bekommen*** ekhavi laboron (***bei*** ĉe; ***in*** en)

Anstellungsvertrag *m* dungokontrakto (*vgl. dazu* ***Arbeitsvertrag***)

Anstieg *m* ***a)*** *das Aufwärtssteigen* suprenir[ad]o, ascendo *auch Aufstieg auf einen Gipfel* ***b)*** *der Erträge, Preise u.a.* [pli]altiĝo (*vgl. dazu* ***Anwachsen***; ↑ *auch* ***Kurs*** *u.* ***Temperaturanstieg***); ~ ***der Arbeitslosigkeit*** plialtiĝo (*od* kresko) de senlaboreco; ~ ***des Meeresspiegels*** plialtiĝo de la marnivelo (***um ... Millimeter*** je ... milimetroj)

anstiften *tr* instigi, elvoki; *veranlassen* kaŭzi; ***jmdn. zu etw.*** ~ instigi (*od* inciti) iun al io

Anstifter *m jmd., der etw. anzettelt* instiganto; *Aufwiegler* agitisto; *Aufrührer* ribelanto *od* ribelulo; *Unruhestifter* instiganto al tumulto

Anstiftung *f Aufreizung, Provokation* provok[ad]o

anstimmen *tr*: ***ein Lied*** ~ ekkanti *od* komenci kantadon; ***ein [großes] Geschrei*** ~ [laŭte] ekkriadi

Anstoß *m* ***a)*** *[plötzlicher] Stoß* ekpuŝo; *Antrieb* instigo; *Impuls* impulso ***b)*** *beim Fußball* <*schweiz*> ***Kick-off*** *m* starta kiko, *auch* ekkiko ***c)*** *Ärgernis* skandalo; *Beleidigung* ofendo; ~ ***an ... nehmen*** skandaliĝi pro ...; ofendiĝi pro ...; *sich entrüsten über* ... indigni pro (*od* pri) ... ◇ ***der Stein des*** ~***es*** la ŝtono de falpuŝiĝo *(Zam)*

anstoßen ***a)*** *tr* [ek]puŝi (***etw. gegen etw.*** ion kontraŭ io) ***b)*** *intr* puŝiĝi (***an*** kontraŭ); *angrenzen* limi al; ***mit den Gläsern*** ~ ***[und trinken]*** tintigi la glasojn [kaj trinki]; ***auf jmds. Gesundheit*** (*od* ***Wohl***) ~ trinki je ies sano; ***mit der Zunge*** ~ lispi

anstößig *Adj* maldeca; *schockierend* ŝoka; *skandalös* skandala; *obszön* obscena

Anstößigkeit *f* maldeco; ŝokeco; skandaleco; obsceneco; *etw. Anstößiges, anstößige Bemerkung u. dgl.* maldecaĵo, obscenaĵo

Anstoßpunkt *m Fußball* ekkika punkto

anstrahlen *tr beleuchten, auch durch die Sonne* prilumi; *illuminieren* ilumini; ***von bunten Lampen angestrahlt werden*** esti iluminata de buntaj lampoj

Anstrahlen *n z.B. von Baudenkmälern* iluminado

anstreben *tr* aspiri (***etw.*** ion), strebi (***etw.*** al io); *hinzielen auf, es abgesehen haben auf* celi (***etw.*** al io); ***eine politische Lösung*** ~ aspiri politikan solvon

anstreichen *tr mit Farbe bemalen* farb[oŝmir]i, kolorigi; *tünchen* kalki ***b)*** *durch einen Strich kennzeichnen, z.B. einen Fehler, eine Stelle im Buch u.a.* marki [per streko], *(unterstreichen)* substreki ***c)*** *durch Streichen anzünden*: ***ein Zündholz*** ~ ekbruligi alumeton

Anstreichen *n Färben* farbado

Anstreicher *m reg für «Maler»* murfarbisto

anstrengen *tr* streĉi; *ermüden* lacigi; ***einen Prozess gegen jmdn.*** ~ *Jur* iniciati (*od auch* komenci) proceson kontraŭ iu; ***sich*** ~ *Geist* streĉi sian memoron; *Kräfte* streĉi siajn fortojn; *sich bemühen* peni, klopod[eg]i (***damit*** por ke); *sich den Kopf zerbrechen* rompi al si la kapon

anstrengend *Adj Kraft erfordernd* [forto]streĉa (↑ *auch* ***strapaziös***); *Mühe bereitend* peniga (↑ *auch* ***mühevoll***)

Anstrengung *f* streĉ[ad]o, streĉiĝo; *Mühe* peno; *Kraft*[2] fortostreĉo; *Strapaze* penegado; ~***en*** *Pl Bemühungen* klopodoj *Pl*; ***er machte keine*** ~***en, um ...*** li tute ne klopodis por ...

Anstrich *m das Anstreichen* farbado; *Tünchen* kalkado; *Farbschicht* farbotavolo (↑ *auch* ***Grund-*** *u.* ***Schutzanstrich***); *Farbe* farbo; *übertr* ŝajno, aspekto; *Nuance* nuanco

an|stricken *tr* altriki, triki al; ~**stücken** *tr* aldoni pec[et]on [da ...], alfiksi [plilongigan] pecon (*od* parton) al

Ansturm *m Mil* sturmo, [kur]atako (***auf***

kontraŭ); *Andrang [von Menschen]* hommamasiĝo; *Getümmel* tumulto (↑ *auch* ***Kundenansturm***)

anstürmen *intr*: ***gegen etw.*** ~ *Mil* sturmi (*od* ataki) ion; *gegen Wellen, Wind* kontraŭi (*od* kontraŭbatali) ion; *übertr* ataki ion; ***angestürmt kommen*** *Mil* kure ataki; *auf einen zu* alkur[eg]i [al iu]

Ansuchen *n* [formala] peto; *schriftlich* [formala] petskribo; ***auf jmds.*** ~ je ies peto

Antagonismus *m [unüberbrückbarer] Gegensatz* antagonismo *auch Pol*

Antagonist *m* antagonisto *auch Pol, Med u. Naturw* (*vgl. dazu* ***Gegenspieler***; ↑ *auch* ***Kalziumantagonist***); ~***en*** *Pl in der Ökologie auch: Bez für Arten, die in Konkurrenz od direkter Feindbeziehung zueinander stehen* antagonistoj *Pl*

antagonistisch *Adj auf den Gegensatz bezogen* antagonisma *auch entgegengesetzt wirkend (Med u. Naturw)*; *auf den Gegenspieler bezogen* antagonista

Antalya (*n*), *früher* ***Adalia*** (*n*) *eine südtürkische Stadt* Antaljo; ***Golf von*** ~ Golfo de Antaljo

Antananarivo (*n*), *franz.* ***Tananarive*** (*n*) *Hptst. der Rep. Madagaskar* Antananarivo, *früher* Tananarivo

Antares *m Astron (Hauptstern im Sternbild Skorpion)* Antareso

Antarktika *ohne Art, auch* ***Südpolarkontinent*** *m* Antarktio, *auch* antarkta (*od* sudpolusa) kontinento

Antarktis *f* Antarkto

antarktisch *Adj* antarkta; ~***e Halbinsel*** *f langgestreckte Halbinsel des antarktischen Kontinents zw. Bellinghausen- u. Weddellmeer* Antarkta Duoninsulo; ~***er Kontinent*** *m* antarkta kontinento, Antarktio; ~***e Region*** *f* antarkta regiono

Antarktisforschung *f* antarkta esplorado

Antarktissturmvogel *m* (Thalassoica antarctica) *Orn* antarkta petrelo

Antarktis-Walvogel *m Orn* ↑ ***Taubensturmvogel***

antasten *tr berühren* tuŝi; *betasten* palpi; *übertr (beleidigen)* ofendi, *(angreifen)* ataki, *auch (berühren)* tuŝi; ***jmds. Ehre*** ~ ofendi ies honoron

Antazidum *n* (*Pl*: ***Antazida***) *Pharm (ein Arzneimittel zur Neutralisierung der Magensäure)* antiacidaĵo, *auch* kontraŭacida medikamento

Antefix *n antike Arch (mit Figuren od einem Palmettenornament bemalte Tonplatten in der antiken griechischen u. etruskischen Architektur, mit denen die Traufe verkleidet war [eine Dachverzierung, bes. ein vorgesteckter Stirnziegel])* antefikso

Anteil *m* parto, porcio (↑ *auch* ***Löwenanteil***); *verhältnismäßiger Anteil, Quote* procentaĵo, kvoto (↑ *auch* ***Gewinn-***, ***Markt-*** *u.* ***Stimmenanteil***); *Aktie* akcio; *übertr (Aufmerksamkeit)* atento, *(Interesse)* intereso, *(Mitgefühl)* kunsent[em]o; *Sympathie* simpatio; ~ ***nehmen an etw.*** havi simpation por io

anteilig *od* **anteilmäßig 1.** *Adj* proporcia **2.** *Adv* proporcie

Anteilnahme *f Mitgefühl* kunsento; *Sympathie* simpatio; *Mitleid* kompato

Anteilschein *m Fin* ↑ ***Aktie***

Anteilseigner *m Fin* ↑ ***Aktionär***

Antenne *f* ***a)*** *Funktechnik* anteno (↑ *auch* ***Außen-***, ***Bifilar-***, ***Dach-***, ***Empfangs-***, ***Fächer-***, ***Ferrit-***, ***Gemeinschafts-***, ***Kegel-***, ***Mehrfach-***, ***Parabol-***, ***Peil-***, ***Peitschen-***, ***Radar-***, ***Rahmen-***, ***Richt-***, ***Satelliten-***, ***Schirm-***, ***Sende-***, ***Spiegel-***, ***Stab-***, ***Telekommunikations-***, ***Turm-***, ***Yagi-***, ***Zeppelin-***, ***Zickzack-*** *u.* ***Zimmerantenne***); ***abgestimmte*** ~ akordita anteno; ***ausziehbare*** ~ *od* ***Teleskopantenne*** *f* teleskopa anteno; ***gerichtete*** ~ = ***Richtantenne*** [↑ *dort*]; ***ortsveränderliche*** ~ movebla anteno; ***zweistrahlige*** ~ du-direkta anteno ***b)*** *auch* ***Fühler*** *m od (bei Schnecken)* ***Fühl-*** *od* ***Stielhorn*** *n Zool (Kopfanhang bei Insekten, Krebsen u. Tausendfüßern u.a.)* anteno, *auch* korno

Antennen|anlage *f Funktechnik* antena instalaĵo; ~**blindwiderstand** *m* antena reaktanco; ~**draht** *m* antena drato; ~**kabel** *n* antena kablo; ~**kapazität** *f* antena kapacito; ~**kondensator** *m* antena kondensilo; ~**mast** *m* antena masto; ~**montage** *f* muntado de anteno; ~**rahmen** *m* antena framo; ~**rauschen** *n* antena bruo; ~**scheinwiderstand** *m* antena impedanco; ~**strom** *m* antena kurento; ~**verstärker** *m El* amplifilo de anteno; ~**[wirk]widerstand** *m* antena rezistanco

Anteversion *f* (Anteversio) *nur Fachspr Med (anormale Neigung od Verdrehung nach vorne)* anteversio; ***Anteversio uteri*** *Neigung der Gebärmutter im kleinen Be-*

ckenraum nach vorn utera anteversio

Anthelium *n, auch* ***Gegensonne*** *f Astron, atmosphärische Opt* anthelio

Anthelminthikum *n Pharm* ↑ ***Wurmmittel***

Anthem *n anglikanische Kirche (Mus: ein motettenartiges Stück über einen nicht liturgischen Text od eine Kantate)* antemo

Anthere *f Bot* ↑ ***Staubbeutel***

Antheridien *n/Pl Bot (männl. Geschlechtsorgane bei niederen Pflanzen [Algen, Moosen u. Farnen])* anteridioj *Pl*

Anthistenes (*m*) *Eig (Begründer der kynischen Philosophie)* Antisteno

Anthocyane *n/Pl Biochemie (eine Gruppe pflanzlicher Farbstoffe)* antocianoj *Pl*

Anthologie *f, auch* ***Blütenlese*** *f Lit (Auswahl von Gedichten od Prosastücken)* antologio

anthologisch *Adj ausgewählt* antologia

Anthony (*m*) ↑ ***Antonius***

Anthozoen *n/Pl Biol* ↑ ***Korallentiere***

Anthrachinon *n Chem* antrakinono

Anthracen *od* **Anthrazen** *n Chem* antraceno

Anthrakonit *m, auch* ***Kohlenkalkstein*** *od* ***Kohlenspat*** *n Min* antrakonito

Anthrakose *f Med* ↑ ***Kohlenstaublunge***

Anthrax *m Med* ↑ ***Milzbrand***

Anthraxtoxin *n* antrakstoksino

Anthrazen *n Chem* ↑ ***Anthracen***

Anthrazit *m, auch* ***Glanzkohle*** *f Min* antracito

anthrazit[farben] *od* **anthrazitfarbig** *Adj schwarzgrau* antracitkolora

anthrazithaltig *Adj* antracithava

Anthropobiologie *f* ↑ ***Anthropologie***

anthropogen *Adj vom Menschen geschaffen bzw. unter seinem Einfluss entstanden od verändert* antropogena; ***starker ~er Einfluss*** *m* forta antropogena influo

Anthropo|geografie *f Lehre von der menschenbelebten Erde od auch vom Lebensraum des Menschen [ein Teil der allgemeinen Geografie]* antropogeografio; **~geologie** *f erforscht die Wechselbeziehungen zw. der menschlich-technischen Tätigkeit u. der geologischen Umwelt* antropogeologio

anthropoid, *auch* ***menschenähnlich*** *Adj* antropoida, *auch* homsimila

Anthropoid *m Zool (Menschenaffe)* antropoido

Anthropologe *m* antropologo

Anthropologie *f, auch* ***Anthropobiologie*** *f* antropologio, *auch* antropobiologio (↑ *auch* ***Palä-*** *u.* ***Sozialanthropologie***); ***evolutionäre*** (***kulturelle, physische, psychische***) *~* evolua (kultura, fizika, psikologia) antropologio

Anthropologin *f* antropologino

anthropologisch *Adj* antropologia

Anthropometrie *f Anthropol (Wissenschaft von den menschlichen Körper- u. Skelettmerkmalen u. deren exakter Bestimmung)* antropometrio

anthropomorph *Adj von menschlicher Gestalt, menschenähnlich* antropomorfa

Anthropomorphismus *m Vermenschlichung [von Nichtmenschlichem]* antropomorfismo

Anthroponym *n* ↑ ***Personenname***

Anthropophagie *f wiss. Bez für «Menschenfresserei»* antropofagio *od* antropofagismo (*vgl. dazu* ***Kannibalismus***)

Anthropophobie *f wiss. Bez für «Menschenscheu»* antropofobio

Anthroposophie *f eine aus der Theosophie hervorgegangene, christlich orientierte Weltanschauung [von R. Steiner 1912 begründet]* antropozofio

anthroposophisch *Adj* antropozofia; ***~e Medizin*** *f, auch* ***Ganzheitsmedizin*** *f* antropozofia medicino

Anthroposphäre *f der vom Menschen beeinflusste u. gestaltete Bereich der Biosphäre* antroposfero

anthropozentrisch *Adj* antropocentra

Anthropo|zentrismus *m Phil* antropocentrismo <*der Anthropozentrismus sieht den Menschen als Mittelpunkt und Zweck sowohl der Natur als auch der Geschichte*>; **~zoonose** *f Med, Vet (Infektionskrankheit, die sowohl Menschen als auch Tiere befallen und vom Menschen auf Tiere übertragen werden kann [Ggs: Zoo-Anthroponose])* antropozoonozo

Anthurie *f, auch* ***Flamingoblume*** *f* (*Gattung* Anthurium *u. Art* Anthurium scherzerianum)) *Bot* anturio, *auch* flamengofloro

anti..., Anti... *Präf* kontraŭ..., *in Internationalismen u.* <*wiss*> *meist* anti...

Anti|abortivum *n Präparat zur Verhinderung einer Fehlgeburt* antiabortigilo *od* kontraŭabortigilo; **~alkoholiker** *m* kontraŭalkoholulo; **~alkoholismus** *m* kontraŭalkoholismo

antiallergisch *Adj*: ***~es Medikament*** *od pop* ***~es Mittel*** *n, Fachspr* ***Antiallergikum*** (*Pl:*

Antiallergika) *Med, Pharm* kontraŭalergia medikamento, antialergiaĵo

Anti|apartheidbewegung *f* anti-apartisma movado; ~**atomkraftbewegung** *f* antiatomenergia (*od* kontraŭatomenergia) movado

antiautoritär *Adj gegen jegliche Unterwerfung gerichtet* antiaŭtoritata; ~***e Erziehung*** *f* antiaŭtoritata edukado

Antiauxine *n/Pl Bot (Wachstumsregulatoren, die die Wirkung von Auxinen bei Pflanzen durch kompetitive Hemmung am Wuchsort mindern (z.B. in Herbiziden])* antiaŭksinoj *Pl*

Antibabypille *f* antikoncipa (*od* kontraŭkoncipa) pilolo, *i.w.S. Empfängnisverhütungsmittel* kontraŭkoncipilo; ***die ~ nehmen*** preni antikoncipan pilolon

antibakteriell *Adj* kontraŭbakteria

Antibiotika|gabe *f Med* dono de antibiotiko(j); ~**resistenz** *f Med* rezisto al (*od* kontraŭ) antibiotikoj *od* kontraŭantibiotika rezisto

Antibiotikum *n* (*Pl*: ***Antibiotika***) *Med, Pharm* antibiotiko (↑ *auch* ***Azomycin***, ***Breitband-Antibiotikum***, ***Erythromyzin***, ***Kanamycin***, ***Neomycin***, ***Oxytetracyclin***, ***Rosamicin***, ***Streptomyzin***, ***Terramyzin***, ***Tetracyclin*** *u.* ***Xenobiotika***); ***Behandlung mit Antibiotika*** terapio per antibiotikoj

antibiotisch *Adj* antibiotika

Anti|christ *m Rel (die personalisierte Verkörperung des Bösen)* Antikristo; *i.w.S. Teufel* diablo; ~**christentum** *n gegen das Christentum gerichtete Weltanschauung* antikristanismo

antichristlich *Adj* kontraŭkristana

Anticodon *n Genetik* antikodono

anti|demokratisch *Adj* antidemokratia *od* kontraŭdemokratia; ~**depressiv** *Adj* antidepresia

Anti|depressivum *n* (*Pl*: ***Antidepressiva***) *Med, Pharm* antidepresia medikamento (↑ *auch* ***Stimmungsaufheller***); ~**diabetikum** *n* (*Pl*: ***Antidiabetika***) *Pharm* antidiabetaĵo *od* kontraŭdiabetaĵo, *auch* antidiabeta (*od* kontraŭdiabeta) medikamento (↑ *auch* ***Tolbutamid***); ~**diarrhoikum** *n* (*Pl*: ***Antidiarrhoika***) *Pharm* antidiareaĵo, *auch* kontraŭlaksa medikamento; ~**diuretikum** *n* (*Pl*: ***Antidiuretika***) *Pharm* antidiureza rimedo

antidiuretisch *Adj die Harnsekretion hemmend* antidiureza

Antidot *n*, *auch* ***Gegengift*** *od i.w.S.* ***Gegenmittel*** *n Med* antidoto, *auch* kontraŭveneno

Anti|drogenkampagne *f* kampanjo kontraŭ toksikoj; ~**emetikum** *n* (*Pl*: ***Antiemetika***) *Pharm (Mittel zur Verhinderung des Erbrechens)* antiemetiko; ~**enzym** *n Biochemie* antienzimo; ~**epileptikum** *n Pharm* antiepilepsia medikamento; ~**faltencreme** *f Kosmetik* kontraŭsulka kremo; ~**faschismus** *m* antifaŝismo; ~**faschist** *m* antifaŝisto

antifaschistisch *Adj auf den Antifaschismus bezogen* antifaŝisma; *auf die Antifaschisten bezogen* antifaŝista

Antifäulnis... *in Zus* kontraŭputra

antifebril *od* **antipyretisch** *Adj Pharm (gegen das Fieber gerichtet, Fieber senkend)* kontraŭfebra, febroredukta, senfebriga

Antifon *f*, *auch* ***Antiphon*** *f kath. Liturgie (Wechselgesang [zw. zwei Chören od dem Priester u. dem Chor])* antifono

Antigene *n/Pl* (*Abk* ***Ag***) *Biol, Med (artfremde Substanzen, die im Organismus die Bildung von Antikörpern bewirken)* antigenoj *Pl* (↑ *auch* ***Australia-***, ***Tumor-***, ***Xenoantigen*** *u. unter* ***tumorspezifisch***)

Antigone (*f*) *griech. Myth (Tochter des Ödipus u. der Iokaste)* Antigona

antigrippal *Adj gegen Grippe wirksam (z.B. ein Medikament)* kontraŭgripa

Antigua und Barbuda (*n*) *ein Inselstaat in der Karibik* Antigvo-Barbudo *[Hptst.: Saint John's]*

Anti|guerillaoperation *f Mil* operacio kontraŭ gerilanoj; ~**histamin[ikum]** *n Pharm (Arzneimittel gegen allergische Reaktionen)* antihistamino *od* antihistamina medikamento (↑ *auch* ***Tolpropamin***); ~**hitlerkoalition** *f Gesch* kontraŭhitlera koalicio

anti|imperialistisch *Adj* antiimperialista *od* kontraŭimperiisma; ~**infektiös** *Adj gegen Infektionen gerichtet* antiinfekta; ~**inflationär**, *auch* ***gegeninflationär*** *Adj* antiinflacia *od* kontraŭinflacia

Anti-Islam-Bewegung *f* antiislama movado

antiislamisch *Adj* antiislama *od* kontraŭislama; ~***e Haltung*** *f* antiislama sinteno

anti|japanisch *Adj* antijapana *od* kontraŭjapana; ~**jüdisch** *Adj* antijuda *od* kontraŭjuda

antik *Adj* antikva; *Lit* klasika (↑ *auch* ***altertümlich***); ~***e Kunst*** *f* antikva arto; ~***e Kunstgegenstände*** *m/Pl* antikvaj artaĵoj *Pl*

Anti|kapitalismus *m* kontraŭkapitalismo;

~kathode *f El (Anode bei Röntgenröhren)* kontraŭkatodo, *auch* antikatodo

Antike *f Gesch (das griechisch-römische Altertum)* antikva epoko (↑ *auch* ***Spätantike***); *das Antike, die Altertümlichkeit* antikveco; ~***n*** *Pl antike Kunstgegenstände* antikvaĵoj *Pl*, antikvaj artaĵoj *Pl*

antiklerikal *Adj* antiklerikala

Anti|klerikalismus *m kirchenfeindliche Einstellung* antiklerikalismo; ~**klimax** *f Rhetorik, Stilistik (Übergang vom stärkeren zum schwächeren Ausdruck, Aufzählung in fallender Linie)* antiklimakso, inversa gradacio (*vgl. dazu* ***Gradation***)

antiklinal *Adj u. Adv Geol (sattelförmig)* antiklinala

Anti|klinale *f Geol (Sattel: aufgewölbter Teil einer geologischen Falte)* antiklinalo; ~**klinorium** *n Geol (Faltenbündel, dessen mittlere Falten höher als die äußeren liegen)* antiklinorio; ~**koagulanzien** *n/Pl Pharm (Mittel zur Hemmung der Blutgerinnung)* antikoagulantoj *Pl*

antikolonial *Adj* antikolonia *od* kontraŭkolonia

Antikolonialismus *m* antikoloniismo *od* kontraŭkoloniismo

antikolonialistisch *Adj* antikoloniisma *od* kontraŭkoloniisma

Anti|kommunismus *m* antikomunismo; ~**kommunist** *m* antikomunisto

anti|kommunistisch *Adj gegen den Kommunismus gerichtet* antikomunisma; *gegen Kommunisten gerichtet* antikomunista; ~**konzeptionell** *Adj Med (die Empfängnis verhütend)* antikoncipa *od* kontraŭkoncipa

Antikörper *m/Pl* (*Abk* ***AK***), *auch* ***Immunkörper*** *m/Pl Physiol (im Blutserum als Reaktion auf das Eindringen von Antigenen gebildeter Abwehrstoff)* antikorpoj *Pl*

Antikriegs|demonstration *f* kontraŭmilita manifestacio; ~**propaganda** *f* kontraŭmilita propagando; ~**roman** *m* kontraŭmilita romano

Antilibanon *m ein Gebirgszug im libanesisch-syrischen Grenzgebiet* [montaro] Antilebanono

Antillaner *od* **Antiller** *m Bewohner der Antillen* antilano

Antillen *Pl*: ***die*** ~ *Inselbogen zw. Nord- u. Südamerika* Antiloj *Pl*; ***Kleine*** ~ *Pl* Malgrandaj Antiloj *Pl*; ***Niederländische*** ~ *Pl* Nederlandaj Antiloj *Pl*

Antillenkirsche *f Bot* ↑ ***Acerolakirsche***

Antilleniederländer *m/Pl Bewohner der Niederländischen Antillen* antilaj nederlandanoj *Pl*

Antiller *m* ↑ ***Antillaner***

Antilogarithmus *od* **Gegenlogarithmus** *m Math* antilogaritmo *od* kontraŭlogaritmo

Antilope *f* (*Unterfamilie* Antilopinae) *Zool* antilopo (↑ *auch* ***Ducker***, ***Gabelbock***, ***Impala***, ***Kleinstböckchen***, ***Kudu***, ***Elen-***, ***Hirschziegen-***, ***Kuh-***, ***Mendes-***, ***Oryx-***, ***Pferde-***, ***Rappen-***, ***Säbel-***, ***Saiga-Antilope***, ***Sitatunga***, ***Springbock*** *u.* ***Tschiru***)

Antilopenziesel *m* (*Gattung* Ammospermophilus) *Zool (eine Gattung der Erdhörnchen)* antilopa zizelo *[Vorkommen: in den Wüsten Arizonas/USA u. in Mexiko]*

Anti|malariamittel *n Pharm* kontraŭmalaria medikamento; ~**materie** *f Phys* antimaterio

antimikrobiell *Adj* antimikroba *od* kontraŭmikroba (↑ *auch* ***aseptisch***); ~***e Substanzen*** *f/Pl* kontraŭmikrobaj substancoj *Pl*

Antimilitarist *m* antimilitaristo *od* kontraŭmilitaristo

antimilitaristisch *Adj* antimilitarisma *od* kontraŭmilitarisma

Antimilitarismus *m* antimilitarismo *od* kontraŭmilitarismo

Antimon *n*, *früher* ***Stibium*** *n* (*Symbol* ***Sb***) *Chem* antimono, *früher* stibio; ~**chlorid** *n Chem* antimona klorido

Antimykotikum *n* (*Pl*: ***Antimykotika***) *Wirkstoff, der das Wachstum von Pilzen hemmt* (↑ *auch* ***Fungizid***)

Anti|neutrino *n Kernphysik* antineŭtrino; ~**neutron** *n Kernphysik* antineŭtrono

Antinomie *f Jur (Widerspruch innerhalb eines Gesetzes, auf das sich z.B. streitende Personen mit entgegengesetzter Absicht berufen), Phil* antinomio

Antinoos (*m*) *Eig (ein schöner Jüngling u. Günstling des Kaisers Hadrian [später zum Gott erhoben])* Antinoo

Antiochia (*n*) *Gesch (Hptst. des Seleukidenreichs [im antiken Syrien])* Antioĥio

Antiochos (*m*) *Gesch Eig (Name verschiedener Könige der Seleukiden-Dynastie)* Antioĥo

antiödematös *Adj Pharm (gegen Ödeme wirkend)* antiedema *od* kontraŭedema

Antiope (*f*) *griech. Myth* ***a)*** *Geliebte des Zeus* ***b)*** *von Theseus geraubte Königin der*

Amazonen Antiopa

Anti|oxidans *n* (*Pl*: ***Antioxidantien***) *Chem* antioksidanto, *auch* kontraŭoksidilo; ~**papist** *m Gegner des Papsttums* antipapisto *od* kontraŭpapisto

antiparallel *Adj Geom (parallel verlaufend, jedoch entgegengesetzt gerichtet)* antiparalela

Antiparasitikum *n Parasiten tötendes Mittel* paraziticido

Antipassat *m Met (dem Passat entgegengesetzter Wind der Tropen)* kontraŭalizeo

Antipasto *Pl* ↑ ***Vorspeise***

Antipathie *f ([gefühlsmäßige] Abneigung, Widerwille)* antipatio (↑ *auch* ***Abneigung***); ~ ***empfinden*** senti antipation (***gegen*** al *od* kontraŭ)

antipathisch *Adj Abneigung erregend, widerwillig, zuwider* antipatia

Anti|pellagra-Vitamin *n*, *auch* ***PP-Faktor*** *m* (*nach* <*engl*> pellagra preventive factor) kontraŭpelagra vitamino, *auch* vitamino PP [ˈ*po*ˈ*po*]; ~**personenmine** *f*, *umg* ***Tretmine*** *f Mil* antipersona (*od* kontraŭpersona) mino, tretmino (↑ *auch* ***Tellermine***)

Antiphon *f* ↑ ***Antifon***

Antiphrase *f Ling (Stilmittel, bei dem das Gegenteil von dem gesagt wird, was gemeint ist; i.w.S. ironischer Gegensinn)* antifrazo

Antipode *m* antipodulo *auch übertr*

Antipoden|-Albatros *m* (Diomedea antipodensis) *Orn* antipoda albatroso; ~**inseln** *Pl eine neuseeländ. Inselgruppe im südwestlichen Pazifik* Antipodaj Insuloj *Pl*; ~**seeschwalbe** *f*, *auch* ***antarktische Seeschwalbe*** *od* ***Gabelschwanzseeschwalbe*** *f* (Sterna vittata) *Orn* antarkta ŝterno *[Vorkommen: Antarktis u. auf Tristan da Cunha u. weiteren antarktischen Inseln]*

antipodisch *Adj diametral gegenüberliegend* antipoda *auch übertr für «völlig entgegengesetzt»*

Antiproton *n Kernphysik* antiprotono

antipsychotisch *Adj* antipsikoza *od* kontraŭpsikoza; ~***e Wirkung*** *f z.B. eines Neuroleptikums* kontraŭpsikoza efiko

antippen *tr*: ***etw. [mit dem Finger] leicht*** ~ tuŝeti (*bzw.* frapeti) ion [per la fingro]

Antipyretikum *n* ↑ *unter* ***fiebersenkend*** *u.* ↑ *auch* ***Butazolidin***®

antipyretisch ↑ ***antifebril***

Antipyrin® *n Pharm (ein Fiebermittel)* antipirino

Antiqua *f Typ (Sammelbez. für mehrere lateinische Druckschriften)* rektaj tipoj *Pl* (↑ *auch* ***Bodoni***)

Antiquar *m Altbuchhändler* librobrokantisto, *(jmd., der mit gebrauchten meist wertvollen Büchern, Kunstblättern u.Ä. handelt)* rarlibristo; *i.w.S. Antiquitätenhändler* antikvaĵisto

Antiquariat *n* librobrokantejo, malnovlibrejo *bzw.* rar-librejo

antiquarisch *Adj gebraucht* uzita; *alt* nenova, malnova

Antiquarks *n/Pl Phys (Antiteilchen der normalen Quarks)* antikvarkoj *Pl*

antiquiert *Adj* antikviĝinta; *Standpunkt* tute malmoderna, eksmoda

Antiquitäten *f/Pl* antikvaĵoj *Pl*; *antike Kunstgegenstände* antikvaj artaĵoj *Pl*; ~**händler** *m* antikvaĵisto; ~**laden** *m* butiko de antikvaĵoj (*vgl. dazu* ***Trödelladen***); ~**sammler** *m* kolektanto de antikvaĵoj

antirachitisch *Adj* antirkita, *pop auch* antiskorbuta *od* kontraŭskorbuta (↑ *auch unter* ***Vitamin***)

Anti-Raketen-Rakete *f Mil* antibalistika raketo

Antirassismus *m ideologische Haltung, die sich gegen den Rassismus richtet* antirasismo *od* kontraŭrasismo; ~**demonstration** *f* antirasisma manifestacio; ~**konferenz** *f* antirasisma konferenco

Antirheumatika *n/Pl*, *pop* ***Rheumamittel*** *n/Pl Med, Pharm* antireŭmatismaj medikamentoj *Pl*

antirheumatisch *Adj* antireŭmatisma *od* kontraŭreŭmatisma

Antisemit *m Judenfeind* antisemito

antisemitisch *Adj judenfeindlich* antisemita

Anti|semitismus *m* antisemitismo; ~**septikum** *n* (*Pl*: ***Antiseptika***) *Med* antisepsaĵo

antiseptisch *Adj Med* antisepsa *od* kontraŭsepsa (↑ *auch* ***keimtötend***)

Antiserum *n Med, Pharm* antiserumo

antisozial *Adj gegen die Gesellschaft gerichtet* antisocia (*vgl. dazu* ***unsozial***)

Antistrepto|lysine *n/Pl gegen Toxine von Streptokokken gerichtete neutralisierende Antikörper* antistreptolizinoj *Pl*; ~**lysin-Titer** *m Med* antistreptolizin-titro

Anti|strophe *f*, *auch* ***Gegengesang*** *m Metr [im griech. Drama u. in der Lyrik]* antistrofo; ~**symmetrie** *f Math [Mengenlehre]*

antisimetrio

antisymmetrisch *Adj Math* antisimetria

Antiteilchen *n Phys* antikorpusklo

Antiterror|gesetz *n* kontraŭterorisma leĝo; **~kampf** *m* kontraŭterorisma batalo, kontraŭterorismo

Anti|these *f, auch* ***Gegenbehauptung*** *f Ling, Phil* antitezo; **~thrombin** *n ein endogenes Serpin, das die Serinproteasen der plasmatischen Gerinnung hemmt <Gegenspieler des Thrombin>* antitrombino (*vgl. dazu* ***Thrombin***); **~toxin** *n, auch* ***Gegengift*** *n Chem, Med* antitoksino, *auch* kontraŭtoksino (↑ *auch* ***Antikörper***); **~tragus** *m, auch* ***Gegenbock*** *m nur Fachspr Anat (der dem Tragus gegenüberliegende Teil der Ohrmuschel [Ohrmuschelhöcker])* antitrago (*vgl. dazu* ***Tragus***); **~trypsin** *n Med (ein Trypsininhibitor)* antitripsino

antiviral *Adj* kontraŭvirusa, *Fachspr Med auch* antivirusa; ***~e Wirkung*** *f* kontraŭvirusa efiko (↑ *auch* ***Virostatika***)

Antiviren|programm *n EDV (Programm gegen Computerviren)* kontraŭvirusa programo; **~software** *f EDV* kontraŭvirusa softvaro

Antivitamine *n/Pl* antivitaminoj *Pl*

Antizipation *f bes. Phil u. Wirtsch* anticipo

antizipieren *tr vorwegnehmen* anticipi

antizyklisch *Adj dem Konjunkturverlauf entgegengerichtet [Ggs:prozyklisch]* anticikla

antizyklonal *Adj Met (1. das Hochdruckgebiet betreffend 2. unter hohem Luftdruck stehend)* anticiklona

Anti|zyklone *f Met* (*fachsprachlich für «Hochdruckgebiet»*) anticiklono; **~zyklotron** *n El* anticiklotrono

Antlitz *n geh od poet für «Gesicht»* vizaĝo; ***das ~ der Erde*** la vizaĝo de la tero

Antofagasta (*n*) ***a)*** *auch* [regiono] Antofagasto *eine nordchilenische Region* ***b)*** *auch* [urbo] Antofagasto *eine Hafenstadt in N-Chile <bedeutender Ausfuhrhafen>*

Anton (*m*) *männl. Vorname* Antono

Antonia *od* **Antonie** (*f*) *weibl. Vorname* Antonia

Antonius (*m*), *ital. u. span.* ***Antonio*** (*m*), *engl.* ***Anthony*** (*m*) *männl. Vorname* Antonio; ***heiliger ~ von Padua*** (*m*) *Eig (ein franziskanischer Theologe [1195-1231])* Sankta Antonio la Padovano

Antoniuskreuz *n* kruco de Sankta Antonio

Antonomasie *f Rhetorik (Umschreibung eines Eigennamens)* antonomazio

Antonym *n Ling (entgegengesetzter Begriff)* antonimo, *[auf Esp angewendet auch:]* mal-vorto <*z.B.* nigra *im Ggs zu* blanka>

Antonymie *f Ling* antonimeco *od* antonimio

antonym[isch] *Adj Ling* antonima

Antrag *m Vorschlag* propono; *offizielles Schreiben* oficiala skribo (***an*** al); *Bitte, Gesuch* peto [al instanco *bzw.* al la estraro *u. dgl.*] (↑ *auch* ***Asyl-***, ***Aufnahme-*** *u.* ***Visumantrag***); *Bittschrift, Petition* petskribo, peticio (***an*** al); *Parl* mocio (↑ *auch* ***Abänderungs-***, ***Ergänzungs-*** *u.* ***Verfahrensantrag***); *Heirats*≗ edziĝopropono; ***auf ~ von*** (*od* ***des*** *bzw.* ***der*** *mit Gen*) ***...*** laŭ propono (*bzw.* peto) de ...; ***einen ~ annehmen*** *od* ***einem ~ stattgeben*** aprobi proponon; *Parl auch* aprobi mocion; ***einen ~ stellen*** (*od* ***einbringen***) *Parl* proponi mocion; ***einen ~ unterstützen*** subteni proponon, *im Parlament* subteni mocion; ***einen ~ zurückziehen*** *Parl* retiri mocion

antragen *tr in Vorschlag bringen* proponi; ***jmdm. seine Dienste*** (***Hilfe***) ~ proponi al iu siajn servojn (sian helpon)

Antragsdelikt *n Jur* akuz-delikto

Antragsteller *m jmd., der etw. vorschlägt* proponanto *bzw.* proponinto *auch Parl*; *Bittsteller* petskribanto *bzw.* petskribinto; *Bewerber* aspiranto *bzw.* aspirinto, sinproponanto *bzw.* sinproponinto; ***das Wort hat der ~*** *bes. Parl* parolos la proponinto

antreffen ***a)*** *tr* trovi, [hazarde] renkonti (↑ *auch* ***begegnen*** *u.* ***vorfinden***); ***jmdn. zu Hause ~*** trovi iun hejme; ***den Komodo-Waran trifft man nur auf der indonesischen Insel Komodo an*** la Komodo-varano troviĝas nur sur la indonezia Komodo-insulo ***b)*** *intr vorkommen* ekzisti, vivi, troviĝi

antreiben ***a)*** *tr Motoren u. Raketentriebwerke* propulsi; *in Bewegung setzen* movigi, irigi *bzw.* kurigi, *(eine Schiffsschraube) auch* peli; *ein Reit- od Zugtier* inciti [per vokoj *bzw.* vipo *u.a.*], [antaŭen]peli *auch übertr*; *an Land spülen* albordigi; *übertr (drängen)* urĝi, *auch* peli *od* puŝi, *(anreizen, anstacheln)* instigi, *(stimulieren)* stimuli, *(bezogen auf etw., das jmdn. antreibt, wie z.B. Beweggründe, Ehrgeiz, Liebe) auch* puŝi ***b)*** *intr*: ***ans Ufer ~*** *ans Ufer getrieben werden* albordiĝi, alnaĝi

Antreiber *m Sklaven*≗ sklavopelisto

antreten ***a)*** *tr*: ***ein [neues] Amt ~*** transpreni [novan] oficon, enoficiĝi; ***den Beweis für ...*** ~ alporti la pruvon de ...; ***eine Erbschaft*** ~ akcepti heredaĵon; ***das Motorrad*** ~ *mit dem Kickstarter* kike (*od* piedpuŝe) startigi la motorciklon; ***eine Reise*** ~ komenci vojaĝon; ***den Urlaub*** ~ komenci sian libertempon, [ek]veturi al feriejo ***b)*** *intr Mil* sin vicigi, sin starigi laŭvice; ~***!*** *militärisches Kommando* viciĝu!

Antrieb *m* ***a)*** *Tech (als Vorgang)* movigo; *(als Gerät od Mechanismus)* moviga mekanismo, *(von Motoren u. Raketentriebwerken)* propulso (↑ *auch* ***Allrad-***, ***Elektro-***, ***Ketten-***, ***Motor-***, ***Raketenantrieb*** *u.* ***Riementrieb***); *i.w.S. (Antriebsmechanismus)* moviga mekanismo, *(Übertragungsmechanismus)* transmisiilo; *Eisenb (Traktion)* trakcio; ***kettenloser*** ~ *Tech* senĉena transmisio ***b)*** *Biol, Phys u. übertr* impulso; *übertr (Anreiz)* instigo, *(innerer Antrieb)* impeto, *(Motivation)* motivado, *(Initiative)* iniciato, *(Reiz, Stimulus)* stimulo (***zu*** por) (↑ *auch* ***Spontaneität***); ***aus eigenem*** ~ per [sia] propra impulso, *auch* propraimpulse; *aus eigener Initiative* el propra iniciato, *auch* proprainiciate (*vgl. dazu* ***spontan***)

Antriebs|achse *f Tech* moviga akso; ~**kraft** *f Tech* moviga forto, *als Schub od Rückstoß* puŝforto *od* puŝa forto; ~**mechanismus** *m* moviga mekanismo; ~**mangel** *m* manko de impeto (*bzw.* motivado); ~**motor** *m* moviga motoro, trakcimotoro; ~**rad** *n* moviga rado, *auch* pelrado, *(bei Achsantrieb)* trakcia radakso; ~**riemen** *m Treibriemen* transmisia rimeno; ~**system** *n* transmisia sistemo *auch eines Kfz*; ~**walze** *f beim Fahrrad* transmisia cilindro; ~**welle** *f Tech* moviga ŝafto; *Kardanwelle* kardanŝafto

antrinken *tr*: ***sich einen [Rausch]*** ~ *umg* sin ebriigi (↑ *auch* ***angetrunken***); ***sich Mut*** ~ *umg* trinki alkoholon por sin kuraĝigi

Antritt *m Beginn* komenco; ***bei*** (***vor***, ***nach***) ~ ***der Fahrt*** ĉe (antaŭ, post) [la] ekveturo; ~ ***eines Amtes*** *od* ***Amtsantritt*** *m* transpreno de [nova] ofico, enoficiĝo *od* komenco en [nova] ofico, ekofico

Antritts|besuch *m bes. Dipl (erster [offizieller] Besuch)* unua [oficiala[vizito; ~**rede** *f* debuta parolado [post transpreno de nova ofico (*od* funkcio)] *auch Parl*

antrocknen *intr anfangen trocken zu werden* komenci sekiĝi; *Tapete an der Wand beim Tapezieren* ekgluiĝi

Antrum *n nur Fachspr Anat* antro; ~ ***mastoideum*** mastoida antro; ~ ***pyloricum*** pilora antro

Antrumgastritis *f nur Fachspr Med* antrogastrito

antun *tr*: ***jmdm. Gewalt*** ~ perforti iun; ***jmdm. ein Leid*** ~ kaŭzi aflikton (*od* doloron) al iu; ***sie hat es ihm angetan*** *sie gefällt ihm sehr* ŝi ege plaĉas al li; *er ist verliebt in sie* li estas enamiĝinta en ŝin (*od* je ŝi); ***warum hast du mir das angetan?*** kial vi faris tion al mi? ◇ ***sich etw.*** ~ *sich umbringen* sin mem mortigi, fari suicidon; ***tun Sie sich keinen Zwang an!*** bonvolu esti tute senĝena! (*vgl. dazu* ***zulangen a)***)

Antwerpen (*n*), *franz.* ***Anvers*** *eine belgische Hafenstadt u. Hptst. der Provinz Antwerpen* Antverpeno

Antwort *f* respondo; *Gegen*≗, *Replik* repliko; ***als*** ~ ***auf ...*** responde al ...; ***eine*** ~ ***geben*** doni respondon (***auf*** je); ***keine*** ~ ***bekommen*** (*od* ***erhalten***) ne ricevi respondon; ***eine zustimmende*** ~ ***erwarten*** atendi jesan respondon (***auf*** *z.B. eine Frage* al); ***eine*** ~ ***auf alles haben*** havi respondon al ĉio; ***das ist keine*** ~ ***auf meine Frage*** tio ne respondas mian demandon; ***sie ist um keine*** ~ ***verlegen*** neniam ŝi estas embarasata pri tuja respondo; ***zur*** ~ ***geben*** respondi

Antwortangriff *m Fechten* ↑ ***Riposte***

Antwort|brief *m od* ~**schreiben** *n* responda letero

antworten *tr u. intr* respondi *auch auf einen Brief* (*vgl. dazu* ***entgegnen***, ***erwidern*** *u.* ***replizieren***); ***auf seine Frage antwortete ich, dass ...*** responde al lia demando (*od* respondante lian demandon) mi diris, ke ...; ***mündlich*** (***schriftlich***) ~ buŝe (skribe) respondi; ***mit einer Replik*** ~ *z.B. auf einen Artikel bzw. einen schriftlichen Angriff* repliki; ***ohne Zögern*** ~ senhezite respondi

Antworten *n Beantwortung* respondado

Antwortende *m* respondanto

Antwortkarte *f Post* responda [poŝt]karto

Antwortschein *m Post* respondkupono; ***internationaler*** ~ *Post* internacia respondkupono (*Abk* ***IRK***)

Antwortschreiben *n* ↑ ***Antwortbrief***

Antworttelegramm *n* responda telegramo

Anubis (*m*) *Myth (ägypt. Schutzgott der Nekropolen [als liegender Hund od schakalsköpfiger Mensch dargestellt])* Anubo

Anubispavian *m*, *auch* ***grüner Pavian*** *m*

(Papio anubis) *Zool* anuba paviano *[Vorkommen: Afrika]*

Anuradhapura (*n*) *Ruinen der ältesten Hptst. Sri Lankas <Hauptkultstätte des ceylonesischen Buddhismus>* Anuradapuro

Anurie *f nur Fachspr Med (Harnausscheidung unter 100 ml/24 h)* anurio (*vgl. dazu* ***Harnverhaltung***)

Anus *m nur Fachspr Med* anuso (*vgl. dazu* ***After***); **~plastik** *f, auch* ***Afterplastik*** *od* ***Anoplastik*** *f Chir (Plastik des Afterschließmuskels [z.B. bei chronischer Analfissur])* anusoplastio

Anvers (*n*) ↑ ***Antwerpen***

anvertrauen *tr* konfidi (***jmdm. etw.*** ion al iu) *auch Geheimnis, Geld od eine Mission*; *in Gewahrsam geben* doni por esti gardata; ***jmdm. sein Leben ~*** konfidi al iu sian vivon; ***sich jmdm. ~*** *jmdn. ins Vertrauen ziehen* sin konfidi al iu, *(bildh)* malkaŝi sian koron al iu

anvisieren *tr Mil u. übertr* [ek]celi (***etw.*** ion) (↑ *auch* ***visieren*** *u.* ***aufs Korn nehmen*** [*unter* ***Korn a)***])

Anvisieren *n Mil* celado

anwachsen *intr* ***a)*** *Bot* alkreski (***an*** al); *anwurzeln* ekradiki, enradikiĝi ***b)*** *zunehmen* kreski *auch Hochwasser, übertr auch von Gefühlen od vom Verlangen nach etw.* (↑ *auch* ***anschwellen*** *u.* ***steigen***); *sich erhöhen* plialtiĝi, leviĝi

Anwachsen *n* ***a)*** *Bot* alkreskado, enradikiĝo ***b)*** *Zunahme* kresko, plialtiĝo, leviĝo; ***im ~ [begriffen] sein*** esti kreskanta

Anwalt *m, auch* ***Rechtsanwalt*** *m, reg u. <schweiz>* ***Advokat*** *m Jur* advokato (*vgl. dazu* ***Fürsprecher***; ↑ *auch* ***General-*** *u.* ***Scheidungsanwalt***); *i.w.S. (jmd., der für etw. plädiert)* pledanto, *(Verteidiger)* pledisto *auch Jur*; *[in Großbritannien:] Anwalt, der nur vor bestimmten niederen Gerichten plädieren darf)* solicitoro; ***ein erfolgreicher ~*** sukcesa advokato

Anwaltsbüro *n, auch* ***Rechtsanwaltsbüro*** *n <schweiz>* ***Advokaturbüro*** *n* advokata oficejo

Anwaltschaft *f Jur* ***a)*** *auch* ***Advokatur*** *f Eigenschaft bzw. Tätigkeit als Rechtsanwalt* advokateco ***b)*** *alle Anwälte* advokataro

Anwalts|gehilfin *f* advokat-helpistino; **~kammer** *f als Instanz* Advokata Ĉambro; **~praxis** *f* advokata kabineto (*od* konsultejo)

Anwandlung *f Psych* [subite aperanta] inklino, impulso; *Laune* kaprico; *leichter Anfall* neforta atako, ataketo; ***in einer ~ von Schwäche*** en iu malforta momento

anwärmen *tr* ekvarmigi, iom varmigi

Anwärter *m* aspiranto (↑ *auch* ***Titelanwärter***); *Kandidat* kandidato (***für*** al *od* por) (*vgl. dazu* ***Bewerber*** *u.* ***Prätendent***)

Anwärterin *f* aspirantino; kandidatino

Anwartschaft *f Kandidatur* kandidateco; *i.w.S. Recht* rajto (***auf*** je)

anweisen *tr* ***a)*** *Weisung erteilen, bes. per Dienstanweisung* instrukcii; *beauftragen* komisii (***jmdn.*** iun); *anordnen, befehlen* ordoni, doni ordonon [al] ***b)*** *anleiten, unterweisen* instrui (***jmdn.*** iun) ***c)*** *zuteilen, zuweisen* asigni *auch finanzielle Mittel*; ***jmdm. einen Platz ~*** montri al iu ies sidlokon ***d)*** *transferieren, überweisen*: ***Geld ~*** sendi (*od* ĝiri) mon[sum]on

Anweisung *f* ***a)*** *Dienst*≗ instrukcio; *Auftrag zu einer Besorgung u.Ä.* komisio; *Befehl, Order* ordono, *(das Anweisen [als Handlung])* ordonado; *Erlass, Verfügung* dekreto, regularo (*vgl. dazu* ***Anordnung*** *u.* ***Vorschrift***); ***eine ~ herausgeben*** disdoni ordonon; ***nach ~ des Arztes*** laŭ kuracista ordono ***b)*** *Anleitung, Unterweisung* instruado, donado de instrukcioj (*vgl. dazu* ***Hinweis***) ***c)*** *Zuteilung, auch von Geldern* asigno; *Zahlungs*≗ mandato, *(Post*≗*)* poŝtmandato

anwendbar *Adj* aplikebla (***auf*** al; ***bei*** en) (*vgl. dazu* ***verwendbar***)

Anwendbarkeit *f* aplikebl[ec]o

anwenden, *fachsorachl. od geh* ***applizieren*** *tr* apliki (***auf*** al) *auch Arznei* (↑ *auch unter* ***angewandt***); *verwenden* uzi; ***falsch*** (*od* ***fälschlich***) ~ *z.B. einen Terminus* misapliki; ***eine völlig neue Methode ~*** apliki tute novan metodon

Anwendersoftware *f EDV* aplika softvaro, *Fachspr meist* aplika softvo

Anwendung *f, fachsprachl. od geh* ***Applikation*** *f* aplik[ad]o; *Verwendung* uzo (↑ *auch* ***Gebrauch, Nutzanwendung*** *u.* ***Praxis***); ***unter ~ von Gewalt*** perforte; ***~ von Zwangsmaßnahmen*** apliko de devigaj (*bzw.* perfortaj) rimedoj ***zur ~ gelangen*** (*od* ***kommen***) esti aplikata(j), *auch* aplikiĝi, esti uzata(j)

Anwendungs|bereich *m od* **~gebiet** *n* aplik-tereno; **~dauer** *f z.B. eines Medikaments*

daŭro de aplikado

Anwendungsmerkmal *n* ↑ ***Zweckmerkmal***

Anwendungs|möglichkeit *f* aplikebl[ec]o *auch EDV*; ~**programm** *n EDV Computerprogramm, das für einen bestimmten Anwendungsbereich konzipiert ist [z.B. ein Textverarbeitungs- od ein Datenbankprogramm]* aplika programo; ~**weise** *f* metodo de aplik[ad]o

anwerben *tr Arbeitskräfte, Rekruten, Saisonarbeiter* varbi (*vgl. dazu* ***rekrutieren***)

Anwerbung *f* varbado

anwerfen *tr*: ***den Motor*** ~ kranki la motoron *od* ekfunkciigi la motoron per kranko (*vgl. dazu* ***anlassen***)

Anwesen *n Landgut* bieno; *Gelände* tereno

anwesend *Adj* ĉeestanta; ~ ***sein bei*** (*bzw.* ***auf***) ***...*** ĉeesti ... *u. nachfolg. Subst im Akk* (*vgl. dazu* ***besuchen***, ***beiwohnen*** *u.* ***teilnehmen***)

Anwesende *m* ĉeestanto *bzw.* ĉeestinto; ***alle*** ~***n werden gebeten ...*** ĉiuj ĉeestantoj estas petataj ... *od* la ĉeestantaro estas petata; ***sehr verehrte*** ~***!*** tre estimataj ĉeestantoj!

Anwesenheit *f das Zugegensein* ĉeesto (*vgl. dazu* ***Beisein***); ***in*** ~ ***von ...*** en ĉeesto de ..., *umg auch* ĉeeste de ...

Anwesenheitskontrolle *f* ĉeestokontrolo

Anwesenheisliste *f* listo de ĉeestantoj; ***eine*** ~ ***herumgehen*** (*od* ***zirkulieren***) ***lassen*** cirkuligi liston dc ĉcestantoj

Anwesenheitspflicht *f*, *geh* ***Präsenzpflicht*** *f* devo ĉeesti

anwidern *tr* naŭzi (*vgl. dazu* ***abstoßen***)

anwinkeln *tr*: ***den Arm*** ~ fleksi la brakon

Anwohner *m* homo, kiu loĝas ĉi tie (*bzw.* tie), *selt* apudloĝanto (*vgl. dazu* ***Nachbar***); ***die*** ~ *Pl* ***dieses Flusses*** la loĝantoj *Pl* laŭlonge de ĉi tiu rivero *od* la loĝantoj *Pl* apud ĉi tiu rivero

Anwurf *m* ***a)*** *Handball* komenca ĵeto ***b)*** *Bauw (Kalkbewurf)* kalktegaĵo ***c)*** *Verleumdung, Schmähung* kalumnio

anwurzeln *intr Pflanze* ekradiki, enradikiĝi ◇ ***wie angewurzelt dastehen*** stari kvazaŭ alforĝita al la loko *(Zam)*

Anzahl *f [gewisse] Zahl* [certa] nombro; *Menge* aro; *Quantum* kvanto; *bestimmte zweckgebundene Anzahl, Quote* kvoto; ***eine gewisse*** ~ ***von Jahren*** certa nombro da jaroj

anzahlen *tr im Voraus einen Teilbetrag zahlen* antaŭpagi parton de la sumo

Anzahlung *f*, <*österr*> *u.* <*schweiz*> ***Akonto*** *n Vorauszahlung* antaŭpago; *erste Teilzahlung* unua partopago (*vgl. dazu* ***Vorschuss***)

anzapfen *tr Fass* spili *auch übertr* (↑ *auch* ***anstechen***); ***einen Baum zur Harzgewinnung*** ~ tranĉi arboŝelon por fluigi [kaj kolekti] rezinon ◇ ***jmdn. um Geld*** ~ *salopp* prunti monon el ies poŝo

Anzapfgerät *n* spililo

Anzeichen *n* [antaŭ]signo; *Symptom* simptomo *auch Med*; ***erste*** ~ ***einer Erkältung*** unuaj simptomoj de malvarmumo

anzeichnen *tr markieren* marki [per signo]; ***etw. an der Wandtafel*** ~ desegni ion sur la [nigran] tabulon

Anzeige *f* ***a)*** *Voranzeige* avizo (↑ *auch* ***Lieferanzeige***; *Mitteilung* sciigo; *private Mitteilung über Geburt, Hochzeit u. dgl. (auf einer Karte)* [privata] anonc[kart]o (↑ *auch* ***Geburts-*** *u.* ***Traueranzeige***); *Inserat in der Zeitung* [gazet]anonco (↑ *auch* ***Kleinanzeige***); ***amtliche*** ~ oficiala informo (*od* sciigo); ***ganzseitige*** ~ tutpaĝa anonco; ***eine*** ~ ***in der Zeitung aufgeben*** aperigi anoncon en [la] gazeto ***b)*** *Kontroll≗* [kontrol]indiko (↑ *auch* ***LED-Anzeige***) ***c)*** *Jur* denunco; ***eine*** ~ ***wegen Diebstahls bei der Polizei machen*** denunci ŝtelon al la polico

anzeigen *tr* ***a)*** *[amtlich] mitteilen* [oficiale] sciigi *od* konigi; *annoncieren* anonci [en gazeto] ***b)*** *Richtung, Temperatur* indiki, montri ***c)*** *Jur* denunci (***jmdn. wegen*** iun pri); ***einen Diebstahl*** ~ denunci ŝtelon (***bei*** al)

Anzeigen|beilage *f Ztgsw* suplemento kun [privataj] anoncoj, *mit Reklame* reklama suplemento; ~**tarif** *m Ztgsw* anonc-tarifo

Anzeigepflicht *f*, *auch* ***Meldepflicht*** *f*: ~ ***für bestimmte Krankheiten*** deviga anonco (*od* registrigo) de certaj malsanoj

Anzeiger *m* ***a)*** *allg* indikilo, markilo ***b)*** *Chem, El, Phys, Tech auch* indikatoro (*vgl. dazu* ***Indikator***, ***Messinstrument***, ***Richtungs-***, ***Wasserstands-*** *u.* ***Windanzeiger***); ~ ***für [Dreh-*** *u.a.****] Geschwindigkeit*** rapidoindikilo *od* rapidindikatoro, *Kfz* rapidometro ***c)*** *Ztgsw: Lokal≗* loka gazeto

Anzeigetafel *f im Stadion u. anderswo* anonc-tabulo; ***elektronische*** ~ videotabulo; ~ ***für die Meldung verspäteter Züge*** *Eisenb* anonctabulo pri trajnmalfruoj

anzetteln *tr* ***a)*** sekrete prepari (*od* iniciati);

ein Komplott (*od eine Verschwörung*) ~ ŝpini komploton ***b)*** ↑ *unter **Kette b)***

anziehen *a)* *tr Kleidung, Schuhe* vesti, surmeti; *anlocken* allogi *auch Käufer*; *straffen* ŝtreĉi *auch Bremse*; ***einen Bolzen*** ~ ekstreĉi bolton; ***eine Schraube*** ~ [streĉ]fiksi ŝraŭbon; ***sich*** ~ *sich ankleiden* sin vesti (*vgl. dazu **sich kleiden***); ***sich wieder*** ~ sin revesti; ***sich anders*** ~ *d.h. umziehen, z.B. für eine bestimmte Tätigkeit* sin transvesti; ***sich den Mantel*** ~ surmeti [sian] mantelon ***b)*** *intr steigen (Aktien, Preise)* altiĝi; *Brettspiel (den ersten Zug machen)* fari la unuan movon, *(anfangen)* komenci

anziehend *Adj* altira, alloga; *attraktiv* atrakcia (*vgl. dazu **sympathisch***); ***Wasser*** ~ higroskopa; ***sie ist eine höchst ~e Frau*** ŝi estas ekstreme alloga (*od* atrakcia) virino

Anziehung *f Phys* altiro *auch übertr*; *i.w.S. (Anziehungskraft)* altira forto, *(Reiz)* allogo, *(Charme)* ĉarmo

Anziehungs|kraft *f **a)** Phys* altira forto; *Erdanziehungskraft* [tera] gravito ***b)*** *übertr* alloga forto *od kurz* allogo (***auf*** je); *Charme* ĉarmo; ~**punkt** *m Phys (Schwerpunkt)* gravita punkto (*od* centro); *übertr* centro de altiro (*od* allogo)

Anzuchtbeet *n*, *auch **Samenbeet** n Gartenb* sembedo

[1]**Anzug** *m Kleidung* kostumo, vest[aĵ]o (↑ ***Abend-***, ***Bade-***, ***Gesellschafts-***, ***Gymnastik-***, ***Haus-***, ***Jagd-***, ***Kampf-***, ***Maß-***, ***Matrosen-***, ***Ski-***, ***Sonntags-***, ***Spiel-***, ***Sport-***, ***Tarn-*** *u.* ***Tropenanzug***); ***einen hellbraunen ~ tragen*** porti (*od* surhavi) helbrunan kostumon (*od* veston)

[2]**Anzug** *m das Nahen* [al]proksimiĝo; ***ein Gewitter ist im*** ~ fulmotondro estas alproksimiĝanta (*od umg* venanta)

anzüglich *Adj* kaŝe ofenda; *anstößig* maldeca (*vgl. dazu **schockierend***); *obszön* obscena

Anzugstoff *m Textil* ŝtofo por vira kostumo

anzünden *tr Feuer, Zigarette* ekbruligi; *Kerze, Licht* [ek]lumigi; *einschalten (Lampe, elektrisches Licht)* ŝalti; ***ein Streichholz*** ~ ekbruligi alumeton; ***sich zufrieden eine Zigarre*** ~ kontente ekbruligi cigaron

ANZUS-Pakt *m* (*auch **Pazifik-Pakt** genannt*) *Pol (Pakt zw. Australien, Neuseeland u. den USA zur Sicherung des pazifischen Raums [später zur SEATO erweitert])* ANZUS-pakto

anzutreffend *prädikatives Adj*: ***selten ~e Güte*** *eines Menschen* malofte renkontebla bonkoreco

anzweifeln *tr* pridubi (*vgl. dazu **bezweifeln***); ***den Nutzen von ...*** ~ pridubi la utilon de ...

AO = *Abk für **Anordnung***

Aöde *m*, *auch **Aoede** od **Aoide** m griech. Antike (Dichtersänger der homerischen Zeit, der sich auf der Phorminx selbst begleitete)* aedo

Äolien (*n*) *antike Landschaft an der NW-Küste Kleinasiens* Eolio

Äolier *m/Pl ein altgriech. Volksstamm, Bewohner von Äolien* eolianoj *Pl*

äolisch *Adj durch Windeinwirkung entstanden bzw. vom Wind geformt (od abgelagert)* eola

Äolsharfe *f*, *auch **Windharfe** f Mus* eola harpo

Äolus *m griech. Myth* ↑ ***Aiolos***

Aomen (*n*) ↑ ***Macau***

Äon *m 1. Zeit- od Weltalter 2. Gnostik (Emanation des höchsten Wesens)* eono

Äonothem *n Geol (Chronostratigraphie: Bez für die höchstrangige Einheit in der Untergliederung der Erdgeschichte)* eonotemo

Aorist *m Gramm (Form des Verbs zur Bez des perfektiven Aspekts der Vergangenheit im Altindischen, Griechischen u. Slawischen)* aoristo

Aorta *f Anat* ↑ ***Hauptschlagader***

aortal *Adj zur Aorta gehörig* aorta

Aorten|aneurysma *n Med* aorta aneŭrismo; ~**bogen** *m* (Arcus aortae) *Anat* aorta arko; ~**insuffizienz** *f Med* aorta insuficienco; ~**klappe** *f* (Valva aortae) *Anat* aorta valvo; ~**ruptur** *f Med (Zerreißung der Aorta)* aorta ŝiriĝo; ~**sklerose** *f Med (Arteriosklerose der Aorta)* aorta sklerozo; ~**stenose** *f Med (Verengung der Aorta od der Aortenklappe)* aorta stenozo

Aortitis *f Med (Entzündung der Aorta)* aortito, inflamo de la aortaj tunikoj

Aortografie *f*, *auch **Aortographie** f Med (Röntgenuntersuchung der Aorta mit Kontrastmitteln)* aortografio

Aosta (*n*) *Hauptort des Aostatals* Aosto; ~**tal** *n*, *ital. **Val d'Aosta** in Norditalien* Aosta Valo

Apachen [aˈpatʃən] *m/Pl Ethn (ein nordamerik. Indianerstamm [im SW der USA])* apaĉoj *Pl*

Apanage [*apa'na:ʒə*] *f, alt* ***Leibgedinge*** *n Zuwendung [in Form von Grundbesitz] od Leibrente bzw. Jahrgeld an nicht regierende Mitglieder von Fürstenhäusern* apanaĝo; ***jmdn. mit einer ~ ausstatten*** apanaĝi iun

apanagiert *Part*: ***~er Fürst*** *m* apanaĝita princo, *auch* apanaĝulo

apart *Adj von ganz eigener Art* aparta; *reizvoll* ĉarma; *ungewöhnlich* eksterordinara

Apartheid *f Pol* apartismo, *(Rassentrennung)* rasa apartigo; **~politik** *f* politiko de apartismo; **~regime** *n* apartismo-reĝimo

Apastron *n Astron (Punkt der größten Entfernung bei Umlaufbahn von Doppelsternen)* apastro

Apathie *f* apatio (***gegen*** kontraŭ)

apathisch 1. *Adj* apatia (*vgl. dazu* ***stumpfsinnig*** *u.* ***teilnahmslos***); ***~ werden*** fariĝi apatia **2.** *Adv*: ***er saß ~ da*** apatie li sidis tie

apathogen *Adj Med (ohne krankheitserregende Eigenschaften)* nepatogena, *Fachspr auch* apatogena *[Ggs:* ***pathogen****]*

Apatit *m Min* apatito (*vgl. dazu* ***Phosphorit***) *<ein wichtiger Phosphatdünger>*

Apatosaurus *m Paläozoologie (eine Dinosauriergattung)* apatosaŭro

APEC = *Abk für* ***Asia-Pacific Economic Cooperation*** (= Asiatisch-Pazifische Wirtschafts-Kooperation) Azia-Pacifika Ekonomia Kooperado *[auf Initiative Australiens 1989 gegründet; Sitz: Singapur]*

Apelles (*m*) *Eig (altgriech. Maler)* Apelo *<wirkte im 4. Jh. v. Chr. am Hof Alexanders des Großen>*

Apennin *m, auch* ***Apenninen*** *Pl, ital.* ***Appennini*** *ein Gebirge in Italien* Apeninoj *Pl*

Apenninenhase *m Zool* ↑ ***Korsika-Hase***

Apenninen-Sonnenröschen *n* (Helianthemum apenninum) *Bot* apenina heliantemo *[Vorkommen: Mittelmeerregion]*

Apepsie *f Med (mangelhaftes Verdauungsvermögen)* apepsio

aper ↑ ***schneefrei***

aperiodisch *Adj zeitlich unregelmäßig, bes. hinsichtlich des Erscheinens von Fortsetzungswerken, mehrbändigen Buchausgaben u. dgl.* neperioda, malperioda

Aperitif *m, <schweiz> auch* ***Apéro*** *m appetitanregendes alkohol. Getränk* aperitivo

Aperitivum *n* ↑ *unter* ***appetitanregend***

Apertur *f Opt (Maß für die Leistung eines optischen Systems u. für die Bildhelligkeit)* aperturo; ***numerische ~*** numera aperturo

Aperturblende *f, auch* ***Öffnungsblende*** *f Foto, Opt* apertura diafragmo

apetal *Bot* ↑ *unter* ***Blumenkrone***

Apetalen *Pl Bot* ↑ *unter* ***Blütenpflanzen***

Apex *m* (*Pl*: ***Apizes***) *1. Anat (Spitze [eines Organs], Scheitel) 2. Astron (Zielpunkt der Bewegung eines Systems od Gestirns)* apekso (*vgl. dazu* ***Herz-*** *u.* ***Lungenspitze***)

Apfel *m* pomo (↑ *auch* ***Brat-, Holz-*** *u.* ***Wildapfel***); ***ein gefüllter*** (***kandierter, reifer***) ~ farĉita (kandita, matura) pomo; ***einen ~ schälen*** senŝeligi pomon ◇ ***der ~ fällt nicht weit vom Stamm[e]*** ne falas frukto malproksime de l'arbo kia patro *od* tia filo *(beide: Zam)*; ***in den sauren ~ beißen*** *das Unangenehme hinnehmen* akcepti la malagrablaĵon; *etw. ungern tun* realigi la malagrablaĵon [kvankam kontraŭvole]; *wohl od übel etw. tun müssen* vole-nevole devi fari ion

Apfel|auflauf *m Kochk* pomosufleo; **~baum** *m* (Malus communis) *Bot* pomarbo

Apfelbeere *f*: ***schwarzfrüchtige ~*** (Aronia melanocarpa), *Hdl* ***Aronia*** *f eine essbare, süß-säuerlich-herbe, heidelbeerähnliche Frucht* nigrafrukta aronio[bero] *[Vorkommen im östlichen N-Amerika <seit dem 20. Jh. obstbaulich genutzt>]*

Apfel|blüte *f* pomfloro; **~essig** *m ein Speiseessig aus Apfelwein* poma vinagro (↑ *auch* ***Obstessig***)

apfelförmig 1. *Adj* pomoforma **2.** *Adv* pomoforme

Apfel|gehäuse *n, umg reg* ***Apfelgriebs*** *m* pom[o]kernujo; **~gelee** *n, auch m* pomoĵeleo

Apfelgriebs *m* ↑ ***Apfelgehäuse***

apfelgrün, *Fachspr Bot auch lat.* ***pomaceus*** *Adj* pomoverda

Apfel|jambuse *f, auch* ***Malaysiaapfel*** *m* (Syzygium malaccense) *(Baum od Frucht)* malaja jambozo; **~kern** *m* pomkern[et]o

Apfelkoch *n* ↑ ***Apfelmus***

Apfel|kompott *n* pom[o]kompoto; **~konfitüre** *f* pomokonfitaĵo; **~kuchen** *m* pom[o]kuko; **~marmelade** *f* pom[o]marmelado; **~mehltau** *m eine Pilzkrankheit der Apfelbäume* pom[o]melduo; **~mus** *n, <österr>* ***Apfelkoch*** *n* pomkaĉo; **~plantage** *f* pomplantejo; **~quitte** *f* pom[o]cidonio; **~reis** *m Kochk* riz[aĵ]o kun pomoj; **~rose** *f* (Rosa villosa) *Bot* vila rozo

Apfelsaft *m* pom[o]suko; ***naturtrüber*** ~ nature opaka pomsuko; ***(un)gefilterter*** ~ ne(filtrita) pomsuko

Apfel|säure *f, Fachspr* ***Monohydroxybernsteinsäure*** *f* (Acidum malicum) *Biochemie* pomata acido, *auch* malata acido; ~**schale** *f* pomŝelo, *auch* pomhaŭto; ~**schalentee** *m* teo el pomŝeloj; ~**schimmel** *m grau getupftes weißes Pferd* grize makulita blanka ĉevalo

Apfelsine *f, auch* ***Orange*** *f* (Citrus aurantium, *auch* Citrus sinensis) *(Baum)* oranĝarbo, *(Frucht)* oranĝo (↑ *auch Zus mit* ***Orange...***)

Apfelsinenmarmelade *f* oranĝa marmelado

Apfel|sorte *f* speco de pomo; ~**stiel** *m* pomtig[et]o, tigeto de pomo; ~**strudel** *m ein Gebäck* pomostrudlo; ~**torte** *f* pomtorto; ~**wein** *m* ***a)*** *auch* ***Zider*** *m* pomvino ***b)*** *auch* ***Schaumapfelwein*** *m ein moussierender Apfelwein* [franca] cidro (*vgl. dazu* ***Cidre***); ~**wickler** *m Ent (ein Kleinschmetterling)* pomtortriko, *pop* pomtordulo

Aphagie *f nur Fachspr Med (Unfähigkeit zu schlucken)* afagio

Aphakie *f nur Fachspr Ophthalmologie ([Zustand des Auges nach] Verlust der Linse)* afakio *<nach Verletzung od Operation)*

Aphanit *m, auch* ***Diorit*** *m Min (ein körniges Tiefengestein)* afanito, *auch* diorito *<in der Frühzeit verwendet für Steinbeilklingen>* (↑ *auch* ***Quarzdiorit*** *u.* ***Tonalit***)

Aphärese *od* **Aphäresis** *f Ling (Lautschwund im Anlaut [z.B.* Tonio *statt* Antonio *od* raus *statt* heraus*])* aferezo

Aphasie *f Med* ↑ ***Sprachverlust*** *u. unter* ***Aphemie***

Aphasiker *m Med (jmd., der an Aphasie leidet)* afaziulo

Aphel[ium] *n, auch* ***Sonnenferne*** *f Astron (Punkt der größten Entfernung eines Planeten von der Sonne [Ggs: Perihel])* afelio

Aphemie *f nur Fachspr Med (Verlust der artikulierten Sprache, motorische Aphasie)* afemio

aphidophag *od* **aphidivor** *Adj Biol <wiss> für «Blattläuse fressend» [z.B. Marienkäfer]* afidomanĝa

Aphonie *f, auch* ***Stimmlosigkeit*** *f od* ***Verlust*** *m* ***der Stimme*** *durch Krankheit* afonio

Aphorismus *m geistreicher Sinnspruch* aforismo

aphoristisch *Adj kurz und treffend formuliert, geistvoll* aforisma

aphotisch *Adj*: ~***e Zone*** *f Biol (Tiefenbereich in Gewässern, in den kein Licht mehr eindringt)* afotika zono (*vgl. dazu* ***euphotisch***)

Aphrasie *f nur Fachspr Med u. Psych (Unvermögen, richtige Sätze zu bilden)* afrazio

Aphrodisiakum *n sex (den Geschlechtstrieb u. die Potenz stärkendes Mittel)* afrodiziigaĵo

Aphrodisie *f sex (abnorm gesteigerter Geschlechtstrieb)* afrodizio

aphrodisierend *Adj den Geschlechtstrieb steigernd, die Sinneslust reizend* afrodiziiga

aphrodisisch *Adj mit gesteigertem Geschlechtstrieb* afrodizia

Aphrodite *(f) griech. Myth (Göttin der Liebe, der Schönheit u. Fruchtbarkeit <[nach Hesiod:] aus dem Schaum des Meeres entstanden, daher «die Schaumgeborene»>)* Afrodita; ~ ***Kallipygos*** *«die Venus mit dem schönen Hintern» röm. Marmorstatue im Nationalmuseum in Neapel* Belpuga Afrodita

aphroditisch *Adj* afrodita

Aphthen *f/Pl Med (Bläschen in der Mundschleimhaut)* aftoj *Pl* (*vgl. dazu* ***Soor***)

Aphthenseuche *f Vet* ↑ ***Maul- und Klauenseuche***

aphtös *Adj Med, Vet* afta

Apia *(n) Hptst. von Westsamoa [auf der Insel Upolu]* Apio

Apigenin *n Biochemie (ein gelber Pflanzenfarbstoff [z.B. in Kamillenblüten])* apigenino

apikal *Adj nur Fachspr Med (den Scheitel od die Spitze betreffend) u. Zahnmedizin (die Wurzelspitze betreffend)* apeksa (*vgl. dazu* ***Zahnwurzelgranulom***)

Apikultur *f* = ***Imkerei***

Apis *m Myth (Stier von Memphis [bekanntester der ägyptischen Stiergötter])* Apiso

Apitherapie *f alternative Med (therapeutische Verwendung von Bienenprodukten [u.a. von Propolis])* apiterapio

Aplanat *m od n Opt (Linsenkombination, durch die die Aberration korrigiert wird)* aplanato

aplanatisch *Adj Opt (ohne sphärische Abweichung)* aplanata

Aplanatismus *m als Erscheinung* aplanatismo; *aplanatische Beschaffenheit* aplanateco

Aplasie *f nur Fachspr Med (vorhandene Gewebe- od Organanlage mit ausgebliebener Entwicklung, i.w.S. angeborenes Fehlen eines Organs)* aplazio (↑ *auch* ***Thymusaplasie***)

aplastisch *Adj die Aplasie betreffend* aplazia

Aplazentalier *m/Pl* (Aplacentalia) *Zool (Säugetiere, deren Embryonalentwicklung ohne Ausbildung einer Plazenta erfolgt)* senplacentuloj *Pl*

Aplit *m Min (ein helles feinkörniges Ganggestein)* aplito

Aplomb *m* ↑ *unter* ***Auftreten***

Apnoe *f Med ([zeitweiliger] Atemstillstand bei funktionstüchtigem Atemzentrum)* apneo (↑ *auch* ***Schlafapnoe***)

APO = *Abk für* ***außerparlamentarische Opposition***

Apochromat *m Opt (ein Linsensystem, das Farbfehler korrigiert)* apokromato

apochromatisch *Adj Opt* apokromata; *~**es Objektiv** n* apokromata objektivo

Apoden *Pl Zool (fußlose Tiere, z.B. Aale, Blindwühlen)* senpieduloj *Pl*, <*wiss*> apodoj *Pl*

apodiktisch *Adj Logik (von stärkster Beweiskraft, unumstößlich gewiss)* apodikta (*vgl. dazu* ***unwiderlegbar***); *keinen Widerspruch duldend* ne permesanta kontraŭdiron (*od* kontraŭargumentadon), *auch* apodikta

Apodiktizität *f Logik (unbezweifelbare Richtigkeit eines Urteils)* apodikteco

Apodosis *f, auch* ***Nachsatz*** *m Gramm (Nebensatz, der nach dem übergeordneten Satz steht)* apodozo

Apoenzym *n Biochemie (der hochmolekulare Eiweißanteil eines funktionsfähigen Enzyms)* apoenzimo

Apoferritin *n Biochemie (Substanz in der Darmschleimhaut u. den Eisendepots des Körpers)* apoferitino

Apogalaktikum *n Astron (vom Zentrum des Milchstraßensystems entferntester Punkt auf der Bahn eines Sterns der Milchstraße)* apogalaktiko

Apogamie *od* **Apomixis** *f Bot (Entstehung des Embryos in der Samenanlage ohne Befruchtung [z.B. bei Farnen])* apogamio *od* apomikso

Apogäum *n Astron ([größte] Erdferne eines Sterns)* apogeo *auch übertr für «Gipfel» od «Högepunkt»*; ***im ~ sein*** esti en sia apogeo, *auch* apogei

Apokalypse *f **a)** Rel* (*kurz für* ***Apokalipso de Johano***) Apokalypse *f* (*kurz für* Offenbarung des [Apostels] Johannes) *letztes und das einzig durchgehende Buch des kanonischen christlichen Neuen Testaments* Apokalipso ***b)*** *übertr* (*Ende der Welt)* apokalipso

apokalyptisch *Adj* apokalipsa *auch übertr* ◇ ***die vier ~en Reiter*** *bibl (die vier Reiter, die der Welt Krieg, Hunger, Pest u. Tod bringen)* la kvar apokalipsaj rajdantoj

Apokope *f, auch* ***Lautschwund*** *m* ***im Auslaut*** *Ling* apokopo

apokopieren *tr Ling* apokopi

Apokryphen *Pl **a)** bibl (apokryphische Bücher des Alten Testaments)* apokrifoj *Pl*, apokrifaj libroj *Pl* [de la biblio] ***b)*** *i.w.S. Schriften mit unbekannter Verfasserschaft* apokrifoj *Pl*, apokrifaj verkoj *Pl*

apokryph[isch] *Adj* apokrifa *übertr auch für «unecht» od «später hinzugefügt»*

Apolda (*n*) *eine Kreisstadt in Mittelthüringen* Apoldo

apolitisch *Adj* malpolitika

Apollinaire (*m*) *Eig* (*franz. Dichter polnisch-italienischer Herkunft [1880-1918]*) Apolinero

¹Apollo *m, geh* ***Apoll*** *m schöner junger Mann* apolono

²Apollo *m Ent*: ***roter ~***, *auch* ***[roter] Apollofalter*** *m* (Parnassius apollo) *ein Tagfalter* [ruĝa] apolono-papilio

Apollodor[os] [von Athen] (*m*) *Eig* (*altgriech. Gelehrter [2. Hälfte des 2. Jh.s v. Chr.]*) Apolodoro [el Ateno]

Apollofalter *m Ent* ↑ ***²Apollo***

Apollo[n] (*m*), *geh* ***Apoll*** *m Myth (griech.-römischer Gott, bes. der Dichtkunst)* Apolono (*vgl. dazu* ***Phöbus***)

Apollonia (*f*) *weibl. Vorname* Apolonia *auch Name einer ägyptischen Märtyrerin [† um 249] (eine Heilige)*

Apollonios (*m*) *griech. männl. Vorname* Apolonio *auch Name altgriechischer Gelehrter*; ~ ***von Rhodos*** *griech. Gelehrter u. Epiker des 3. Jh.s v. Chr.* Apolonio el Rodiso <*Autor der ‹Argonautika›*>

Apollo|-Projekt *n Raumf* Apollo-projekto; **~-Raumschiff** *n* Apollo-spacoŝipo

Apolog *m lehrhafte Fabel* apologo

Apologet *m* apologianto *bzw.* apologiisto (*vgl. dazu* ***Verfechter*** *u.* ***Verteidiger***)

Apologetik *f Theologie (Rechtfertigung der christlichen Lehren)* apologetiko
apologetisch *Adj verteidigend, rechtfertigend* apologia
Apologie *f Verteidigungsschrift* apologio
Apomixis *f Bot* ↑ ***Apogamie***
Apomorphin *n Pharm (ein Abkömmling des Morphins)* apomorfino
Aponeurose *f, auch* ***Sehnenhaut*** *f Anat: an den Ansatzstellen der Sehnen* aponeŭrozo
Apophyse *f Anat ([vorspringender] Knochenfortsatz als Ansatz für Muskeln u. Sehnen) u. Bot (Ansatz unter der Fruchtkapsel von Moosen)* apofizo (↑ *auch* ***Jochbeinfortsatz***)
apoplektisch *Adj Med (auf Apoplexie beruhend)* apopleksia
Apoplexie *f Med **a)** plötzliches Aussetzen einer Organtätigkeit **b)*** ↑ ***Schlaganfall***
Aposiopese *f Stilistik (Satzabbruch als bewusst eingesetztes Stilmittel)* aposiopezo
Aposporie *f nur Fachspr Bot (eine Form der Apomixis [bei einigen Farnen])* aposporio
Apostasie *f Abfall [eines Christen] vom Glauben* apostatiĝo
Apostat *m [vom Glauben] Abgefallener, i.w.S. auch Abtrünniger* apostato
Apostatin *f* apostatino
apostatisch *Adj* apostata (*vgl. dazu* ***abtrünnig***)
Apostel *m Rel* apostolo *auch übertr* (*vgl. dazu* ***Jünger*** *u.* ***Verfechter***); ***der*** ~ ***Paulus*** la apostolo Paŭlo
Apostelamt *n* apostoleco
Apostelgeschichte *f Rel*: ***die*** ~ la Agoj de la Apostoloj
Apostelkirche *f*: ***georgische orthodoxe*** ~ kartvela eklezio
Apostelkonzil: ***das*** ~ *Treffen der Heidenmissionare Paulus und Barnabas mit den Ältesten der Urgemeinde in Jerusalem [um 48 n. Chr.]* la Apostola Koncilio
aposteriorisch **1.** *Adj bes. Naturw u. Phil (aus der Wahrnehmung od Erfahrung gewonnen bzw. im Einklang mit der Erfahrung)* aposteriora; ~***e Sprache*** *f Ling* aposteriora lingvo **2.** *Adv* aposteriore
Aposteriorität *f* aposterioreco
Apostolat *n Apostelamt* apostoleco; *das Wirken als Apostel* apostolado
Apostolikum *n Theologie* ↑ *unter* ***Glaubensbekenntnis***
apostolisch *Adj 1. von den Aposteln herrührend od sie betreffend 2. mit päpstl. Vollmacht ausgestattet* apostola; ***der*** ≗***e Nuntius*** la apostola nuncio *(vor Namen u. als Titel Großschr)*; ***der*** ≗***e Stuhl*** *zusammenfassende Bez für «das Amt des Papstes u. die Behörden der Römischen Kurie»* la Apostola Seĝo; ~***er Vikar*** *m* apostola vikario; ~***es Vikariat*** *n* apostola vikariejo
Apostroph *m, auch* ***Auslassungszeichen*** *n Ling, Typ* apostrofo
Apostrophe *f Rhetorik (feierliche Anrede des Publikums)* apostrofo
apostrophieren *tr Gramm, Rhetorik* apostrofi
Apotheke *f* apoteko (↑ *auch* ***Offizin***)
Apotheker *m* apotekisto; ~**assel** *f* (Armadilla officinalis) *Zool* armadelo
Apothema *n, auch* ***Mantellinie*** *f Geom* apotemo
Apotheose *f **a)** Erhebung zur Gottheit* apoteozo *auch übertr* (*vgl. dazu* ***Vergöttlichung***) ***b)*** *Theat (wirkungsvolles Schlussbild [eines Bühnenwerks])* apoteozo
Apothezie *f od* **Apothezium** *n Bot, Mykologie (becher- od schlüsselförmiger Sporenbehälter [der Scheibenpilze u. bei Flechten])* apotecio
App *f EDV (mobile Internetseiten, die man auf seinem Tablet od Smartphone abrufen kann)* apo (↑ *auch* ***Smartphone-App***)
Appalachen *Pl, engl.* ***Appalachians*** *ein Gebirgssystem im östlichen Nordamerika* Apalaĉoj *Pl*
Apparat *m **a)** Tech* aparato (*vgl. dazu* ***Gerät***); *Telefon* telefono; *Foto*≗ fotoaparato, *Kamera* kamerao; *Radio*≗ radioaparato; *Fernseh*≗ televidilo; ***bleiben Sie am*** ~***!*** *Tel* restu ĉe la telefono!; ***wer ist am*** ~***?*** *Tel* kiu parolas? ***b)*** *von Staat od Behörde* aparato (↑ *auch* ***Polizei-***, ***Ataats-*** *u.* ***Verwaltungsapparat***) ***c)*** *Anat (Bez für «System»)* aparato (*vgl. dazu* ***Verdauungsapparat***) ***d)*** *Lit*: ***kritischer*** ~ kritika aparato
Apparatebau *m* konstruado de aparatoj
Apparatur *f* aparataro (*vgl. dazu* ***Instrumentar***)
Apparatschik *m pej für «Funktionär, der Maßnahmen bürokratisch durchzusetzen versucht» (bes. in totalitären Staaten)* aparatulo
Appartement *n* apartamento; ~**haus** *n* domo kun apartamentoj
Appeasement-Politik *f, auch* ***Beschwichti-***

gungspolitik *f* politiko de cedoj

Appell *m Mil* apelo (↑ *auch* ***Fahnen-*** *od* ***Flaggenappell***); *Aufruf* [publika] alvoko, apelacio [al la publika opinio]

Appellant *m Jur* ↑ ***Berufungskläger***

Appellation *f Jur* ↑ ***Berufung***

Appelationsgericht *n Jur* ↑ ***Berufungsgericht***

appellieren *intr Jur u. übertr* apelacii (***an*** al), *allg auch* alvoki (***an jmdn.*** iun); ***an die Öffentlichkeit*** ~ apelacii al la publika opinio

Appellplatz *m* apelplaco

Appendektomie *f Chir* ↑ *unter* ***Blinddarm***

Appendikularien *f/Pl* (*Klasse* Appendicularia) *Zool (im Meer schwimmende Manteltiere mit Ruderschwanz)* apendikularioj *Pl*

[1]**Appendix** *m* ↑ ***Anhang***

[2]**Appendix** *n, umg auch m, auch* ***Wurmfortsatz*** *m* ***[des Blinddarms]*** apendico (*vgl. dazu* ***Blinddarm***)

Appendizitis *f Med* apendicito, inflamo de la apendico; ***akute*** (***chronische***) ~ akuta (kronika) apendicito

Appenzell (*n*) *Hauptort des Halbkantons Appenzell Innerrhoden* Apencelo; ~ ***Außerrhoden*** (***Innerrhoden***) Apencelo Ekstera (Interna) *zwei Halbkantone im NO der Schweiz*

Appenzeller 1. *m/Pl Subst*: *Einwohner (als Territorialbevölkerung) der beiden Halbkantone Außer- u. Innerrhoden* apencelanoj *Pl* **2.** *attr in Zus*: ~ ***Alpen*** *Pl eine Gebirgsgruppe der Westalpen* Apencelaj Alpoj *Pl*; ~ ***Sennenhund*** *m eine Hunderasse* apencela alphundo

apperzeptieren *tr [bewusst] wahrnehmen, gewahren* apercepti

Apperzeption *f Psych ([bewusste] Wahrnehmung; Eingliederung eines Bewusstseinsinhalts in den Vorstellungszusammenhang)* apercepto

Appetenz *f, auch* ***Naturtrieb*** *m Biol (triebhaftes Verlangen)* apetenco; ~**verhalten** *n auf die Befriedigung grundlegender Triebe gerichtetes Verhalten von Tieren, z.B. bei der Nahrungssuche* apetenca konduto

Appetit *m* apetito *auch übertr*; ***den*** ~ ***anregen*** (*od* ***wecken***) stimuli (*od* vekas) la apetiton; ***guten*** ~***!*** bonan apetiton!; ***einen guten*** ~ ***haben*** havi bonan apetiton; ***keinen*** ~ ***haben*** havi nenian apetiton; ~ ***verspüren*** senti apetiton; ***das macht*** ~ tio donas (*od* kaŭzas) apetiton; ***wie ist Ihr*** ~***?*** *Frage beim Arzt* kia estas via apetito?; ***ich habe kaum*** ~ mi havas apenaŭ apetiton ◇ ***der*** ~ ***kommt beim Essen*** dum manĝado venas [la] apetito *(Zam)*

appetitanregend *Adj, auch* ***den Appetit anregend*** apetitveka, apetitstimula; ***Appetizer*** *m od* ~***es Mittel*** *n, Med auch* ***Aperitivum*** *n* apetitstimulilo, *auch* apetitigilo

appetitlich, *<österr> auch* ***gustiös*** *Adj* apetit[ig]a *auch übertr* (*vgl. dazu* ***lecker***); *übertr u. i.w.S. (adrett)* [pura kaj] belaspekta; *(anziehend)* alloga

appetitlos *Adj* senapetita

Appetit|losigkeit *f* senapetiteco, [absoluta] manko de apetito (*vgl. dazu* ***Anorexie***); ~**mangel** *m* apetitmanko, *auch* manko de apetito (*vgl. dazu* ***Anorexie***); ~**zügler** *m/Pl Pharm* apetitreduktilo, *pop auch* piloloj *Pl* kontraŭ malsato

Appetizer *m* ↑ *unter* ***appetitanregend***

Appische Straße *f* ↑ ***Via Appia***

applaudieren *intr* aplaŭdi (***jmdm.*** iun) (*vgl. dazu* ***klatschen***)

Applaudieren *n* aplaŭdado

Applaus *m* aplaŭd[ad]o; ***donnernder*** ~ tondra aplaŭdo

Applikation *f* ***a)*** *aufgenähte Verzierung* surkudrita brodaĵo (*vgl. dazu* ***Besatz***) ***b)*** *Med (Verabreichung [von Arzneimitteln])* aplikado [de medikamentoj]

Applikator *m Med (lange, schmale Röhre aus Kunststoff zum Applizieren von Salben auf die Haut od zum Einführen von Salben od Zäpfchen im Genital- od Analbereich)* aplikilo

applizieren *tr fachsprachl. od geh für «anwenden»* apliki

Appogiatur *f, auch* ***Vorschlag*** *m Mus* apoĝaturo

Appoint *m Fin* ***a)*** *eine Restschuld vollständig ausgleichender Wechsel* ***b)*** *Gelddokument [z.B. Wertpapier]* apunto

apportieren *tr herbeibringen [auf Hunde bezogen]* alporti [en la muzelo]

Apposition *f, auch* ***Beisatz*** *m od* ***substantivische Beifügung*** *f Gramm* apozicio

appositionell *Adj Gramm* apozicia

Appreteur *m* apretisto

appretieren *tr textile Stoffe od Leder* apreti

Appretieren *n* apretado

Appretur *f* apreturo

Approbation *f eines Arztes* [ŝtata] aprobo

approbieren *tr* aprobi (↑ *auch* ***autorisieren*** *u.* ***billigen***); ***approbierter Arzt*** (***Apotheker***) *m* aprobita kuracisto (apotekisto)

Approximation *f, auch* ***Näherung*** *f od* ***Näherungsverfahren*** *n Math (angenäherte Bestimmung od Darstellung einer unbekannten Größe od Funktion)* aproksimo, proksimumado; ***sukzessive*** ~ progresiva aproksimo

approximativ *Adj* ***a)*** *Math (angenähert)* aproksima ***b)*** = ***annähernd***

approximieren *tr bes. Math (sich nähern, fast erreichen)* aproksimi

approximierend *Adj* aproksimanta; ~***e Funktion*** *f Math* aproksimanta funkcio, *auch kurz* aproksimanto

Apr. = *Abk für* ***April***

Apraxie *f nur Fachspr Med (Unfähigkeit, bestimmte Bewegungen sinnvoll auszuführen [bei krankhaften Hirnverletzungen])* apraksio

Apricot Brandy *m* abrikot-brando

Aprikose *f,* *<österr> u. reg* ***Marille*** *f* abrikoto; ***getrocknete*** ~***n*** *Pl Nahr* sekigitaj abrikotoj *Pl*; ***japanische*** ~ (Prunus armeniaca var. ansu) *Baum od Frucht* anzuo

Aprikosen|baum *m* (Prunus armeniaca) *Bot* abrikotarbo; ~**blatt** *n* abrikotfolio; ~**blüte** *f* abrikotfloro; ~**kompott** *n* abrikota kompoto *od* kompoto el abrikotoj; ~**marmelade** *f* abrikota marmelado; ~**zweig** *m* abrikotbranĉo

April *m* (*Abk* ***Apr.***) aprilo (*Abk* apr.); ~**wetter** *n* aprila vetero; *i.w.S. ([sehr] wechselhaftes Wetter)* [ege] ŝanĝiĝema vetero

a priori *Adv* apriore

apriorisch *Adj Phil (allein durch Denken gewonnen, aus Vernunftgründen [erschlossen])* apriora *auch Naturw*; ~***e Sprachen*** *f/Pl Ling* aprioraj lingvoj *Pl*

Apriorismus *m Phil (Methode der Ableitung der Eigenschaft eines Gegenstands aus seinem Begriff, nicht aus der Erfahrung)* apriorismo

apropos [...'po:] *Adv übrigens* cetere

Apsaras *Pl indische Myth (Nymphen in Indras Himmel, die nach hinduistischer Überlieferung bei der Quirlung des Milchozeans entstanden)* apsaroj *Pl* (*vgl. dazu* ***Huri***)

[1]**Apside** *f Astron* apsido

[2]**Apside** *f Arch* ↑ ***Apsis***

Apsidenlinie *f Astron* apsida linio

Apsis *f, auch* ***Absis*** *od* ***Apside*** *f Arch (halbkreisförmiger, später polygonaler Raumabschluss in christlichen Kirchen [als Altar- od Chornische])* absido

Aptien *od* **Aptium** *n Geol (eine Stufe der Unteren Kreide <so benannt nach dem Ort Apt bei Avignon/Südfrankreich>)* aptio

Apuken *m/Pl, Eigenbez.* ***Apuka****, russ.* ***Apukincy*** *Ethn (eine Territorialgruppe der Korjaken)* apukoj *Pl* (*vgl. dazu* ***Korjaken***)

Apulien (*n*), *ital.* ***Pùglia*** *eine Region in SO-Italien* Apulio *[Hptst.: Bari]*

Apulier *m* apuliano

Apulierin *f* apulianino

apulisch *Adj* apulia

Aquaaerobic *n* akvoaerobiko

Aqua destillata *n* distilita akvo

Aquädukt *m od n Arch (über eine vielbogige gemauerte Steinbrücke geführte [altrömische] Wasserleitung)* akvedukto

Aquagymnastik *f* ↑ ***Wassergymnastik***

Aquakultur *f kontrollierte Aufzucht von aquatischen, also im Wasser lebenden Organismen, insbesondere Fischen, Muscheln, Krebsen u. Algen [sie gewinnt bes. wegen der Überfischung zunehmend an Bedeutung]* akvokulturo (↑ *auch* ***Austernpark*** *u.* ***Fischfarm***)

Aquamarin *m Min (ein Edelstein)* akvamarino, *auch* marblua smeraldo

Aquaplaning *n Kfz* akvoglitado

Aquarell *n Mal (mit Wasserfarben gemaltes Bild)* akvarelo; ~**farbe** *f [durchsichtige] Wasserfarbe* akvarela farbo; ~**maler** *m, auch* ***Aquarellist*** *m* pentristo de akvareloj, akvarelisto; ~**malerei** *f* akvarela pentrado; ~**technik** *f* tekniko de akvarela pentrado

Aquarien|fisch *m* akvaria fiŝo; ~**pflanze** *f* akvaria planto

Aquaristik *f* akvaristiko

Aquarium *n* akvario (↑ *auch* ***Meerwasseraquarium***)

Aquarius *m Astron* ↑ ***Wassermann***

Aquatintaverfahren *n Mal (Verfahren der künstlerischen Grafik zur Wiedergabe von Sepia- u. Tuschpinseltönen mittels kontrollierter Ätzung von Flächen auf gestochenen od radierten Metalldruckplatten)* akvatinto; ***im*** ~ ***hergestelltes Kunstblatt*** *n od* ***Aquatintastich*** *m* akvatintaĵo

aquatisch *Adj bes. Biol (dem Wasser angehörend bzw. im Wasser lebend)*: ~***e Fauna*** *f* enakva faŭno (*vgl. dazu* ***pelagisch***; ↑ *auch*

Meeres- u. Tiefseefauna)

Äquator *m Geogr, Geom* ekvatoro (↑ *auch* ***Himmelsäquator***); ***magnetischer*** ~ *Geogr* magneta ekvatoro

Äquatoreal *od* **Äquatorial** *n Astron (ein früher verwendetes Fernrohr, mit dem man Stundenwinkel u. Deklination ablesen kann)* akvatorialo (*vgl. dazu* ***Refraktor***)

Äquatorhöhe *f Astron* kolatitudo

äquatorial *Adj in der Nähe des Äquators befindlich* ekvatora

Äquatorial *n* ↑ ***Äquatoreal***

Äquatorial|guinea (*n*) *ein Staat in W-Afrika* Ekvatora Gvineo *[Hptst.: Malabo]*; ~**klima** *n Met* ekvatora klimato; ~**punkte** *m/Pl Astron* ekvinoksaj punktoj *Pl*; ~**wald** *m ein Waldtyp* ekvatora arbaro

Aquila *f Astron* ↑ ***²Adler***

Äquilibrismus *m Phil (Lehre, dass Handlungsfreiheit nur dann besteht, wenn alle Motive zur Tat gleich stark sind)* ekvilibrismo

Äquilibrist *m* ↑ ***Gleichgewichtsakrobat***

Aquilo (*m*) *Myth (Gott des stürmischen Nordwinds)* Akvilono (*vgl. dazu* ***Boreas***)

Aquin[o] (*m*) ↑ *unter* ***Thomas***

Äquinoktial|punkte *m/Pl Astron* ekvinoksaj punktoj *Pl*; ~**stürme** *m/Pl Met* ekvinoksaj tempestoj *Pl*

Äquinoktium *n* ↑ ***Tagundnachtgleiche***

äquipollent *Adj Logik (gleichbedeutend, aber verschieden formuliert)* ekvipolenta

Äquipollenz *f Phil (logisch gleiche Bedeutung von Begriffen od Urteilen, die verschieden formuliert sind)* ekvipolento

äquipotential *Adj Naturw* ekvipotenciala

Aquitanien (*n*) *1. franz.* ***Aquitaine*** *f südwestfranz. Region 2. Gesch: eine der vier römischen Provinzen Galliens* Akvitanio

aquitanisch *Adj* akvitania *auch als pflanzengeografische Bez*; ***≗es Becken*** *n* Akvitania Baseno

äquivalent *Adj* ekvivalenta (*vgl. dazu* ***gleichwertig***)

Äquivalent *n etw. Gleichwertiges* ekvivalento *auch Gramm u. Math, auch* egalvaloro (*vgl. dazu* ***Synonym***); ***kalorisches*** ~ kaloria ekvivalento

Äquivalent|klasse *f Mengenlehre (Zusammenfassung gleich mächtiger Mengen zu einer Klasse)* ekvivalentklaso; ~**relation** *f* (*Symbol* =) *eine Beziehung, die Gleichwertigkeit zw. verschiedenen Dingen herstellt* ekvivalentrilato

Äquivalenz *f* ***a)*** *Gleichwertigkeit* ekvivalent[ec]o (↑ *auch* ***Basenäquivalenz***) ***b)*** *Mengenlehre* ekvivalento; ~**klasse** *f Mengenlehre (Zusammenfassung gleich mächtiger Mengen zu einer Klasse)* ekvivalentklaso; ~**relation** *f eine Beziehung, die Gleichwertigkeit zw. verschiedenen Dingen herstellt (Symbol: =)* ekvivalentrilato *od* rilato de ekvivalento

Ar *n, auch m* (*Zeichen* ***a***) *ein Flächenmaß* aro

AR = *fachsprachl. Abk für* ***Rektaszension***

Ara *m Orn (ein Langschwanzpapagei)* arao (↑ *auch* ***Grünflügel-***, ***Hyazinth-*** *u.* ***Scharlachara***); ***blaugelber*** ~ (*auch* ***Ararauna*** *genannt*) blu-flava arao *[Vorkommen: Panama, Trinidad bis Brasilien]*

Ära *f* erao (*vgl. dazu* ***Zeitalter*** *u.* ***Zeitrechnung***

Arabella (*f*) *weibl. Vorname* Arabela *auch Name einer Oper von R. Strauss*

Araber *m* ***a)*** *Ethn* arabo (↑ *auch* ***Sarazenen***) ***b)*** *eine Pferderasse* araba ĉevalo

Araberin *f* arabino

Araber|specht *m* (Dendrocopos dorae) *Orn* araba pego; ~**trappe** *f* (Ardeotis arabs) *Orn* araba otido

Arabeske *f 1. islamische u. maurische Kunst (stilisiertes Blattrankenornament [oft auch mit arabischen Schriftzeichen verbunden]) 2. Mus (melodische Zierfigur; figuriertes Charakterstück) 3. Lit (stilistischer Schnörkel)* arabesko (↑ *auch* ***Schnörkel***)

Arabien (*n*) Arabio (*vgl. dazu* ***Saudi-Arabien***); ~**-Wüstenhuhn** *n* (Ammoperdrix heyi) *Orn* sabloperdriko

Arabinose *f Biochemie (zu den Pentosen gehöriger Zucker in Pflanzenfasern u.a.)* arabinozo

arabisch *Adj* araba; ***die ≗e Halbinsel*** la Araba Duoninsulo; ***die ≗e Liga*** *Pol* la Araba Ligo *[Sitz: Kairo (gegründet 1945 ebenda)]*; ***das ≗e Meer*** *Teil des nördlichen Indischen Ozeans* la Araba Maro; ***~e Schrift*** *f nach links laufende Konsonantenschrift [mit 28 Zeichen]* araba skribo; ***die ~en Staaten*** *Pl* la arabaj ŝtatoj *Pl*; ***~e Ziffern*** *f/Pl* arabaj ciferoj *Pl*; ***Vereinigte ≗e Emirate*** *Pl* (*Abk* ***VAE***) *Föderation von sieben autonomen Emiraten [besteht seit 1971]* Unuiĝintaj Arabaj Emirlandoj *Pl* (*Abk UAE*); ***Vereinigte ≗e Republik*** *f*

(*engl. Abk* ***UAR***) *Gesch* Unuiĝinta Araba Respubliko
Arabisch[e] *n Ling* la araba [lingvo]
arabisieren *tr* arabigi
Arabisierung *f* arabigo
Arabismus *m Ling (arabische Spracheigenheit)* arabismo
Arabist *m Wissenschaftler auf dem Gebiet der Arabistik* arabisto
Arabistik *f Wissenschaft von der arabischen Sprache, Literatur u. Kultur* arabistiko
Aracaju [*araka'ʒu:*] (*n*) *Hptst. des mittelbrasilianischen Gliedstaates Sergipe* Arakaĵuo
Arachnoidea *f Anat* ↑ ***Spinnwebenhaut***
Arachnoiditis *f od* **Arachnitis** *f, auch* ***Entzündung f der Spinnwebenhaut*** *Med* araknoidito
Arachnologie *f Ent* ↑ ***Araneologie***
Arad (*n*) *eine Stadt in W-Rumänien* Arado
[1]**Arafat** *m heiliger Berg östlich von Mekka* Arafato *<nach der islamischen Legende trafen sich hier Adam und Eva nach der Vertreibung aus dem Paradies wieder>*
[2]**Arafat** (*m*) *Eig (palästinensischer Politiker [1929-2004])* Arafato
Arafurasee *f flaches Meeresgebiet zw. N-Australien, Neuguinea u. Timor* Arafura Maro
Aragon (*m*) *Eig (franz. Schriftsteller u. Publizist [1897-1982])* Aragono
aragonesisch, *auch* ***aragonisch*** *Adj* aragona
Aragonesisch[e] *n Ling (ein Dialekt des Spanischen)* la aragona [dialekto]
Aragonien (*n*), *span.* ***Aragón*** *eine historische Landschaft in NO-Spanien* Aragono *[Hptst.: Zaragoza]*
Aragonier *m, auch* ***Aragonese*** *m* aragonano
Aragonit *m Min* aragonito
Araguaia (*m*) ↑ ***Rio Araguaia***
Arahat *od* **Arhat** *m buddhistischer Asket, der den höchsten Grad der Selbstbeherrschung erreicht hat, so dass er von der Wiedergeburt befreit wird* arahato
Arak (*n*), *früher* ***Sultanabad*** (*n*) *eine Provinzhptst. in Iran* Arako
Ara-Kakadu *m* (Proposciger aterrimus) *Orn* ara-kakatuo, *auch* palm[o]kakatuo *[Vorkommen: Aru-Inseln/Indonesien, Neuguinea u. N-Queensland/Australien]*
Arakan (*n*) *eine westbirmanische Landschaft und ein Gliedstaat Myanmars an der Ostküste des Golfs von Bengalen [Hptst.: Sittwe]* Arakano
Arakaner *od* **Arakanesen** *m/Pl Ethn (kleine protoburmesische Ethnie in Myanmar)* arakananoj *Pl*
arakanesisch *Adj* arakana
Arakanesisch[e] *n Ling (eine tibetobirmanische Sprache im Grenzgebiet von Myanmar, Bangladesh u. Indien)* la arakana [lingvo]
Aralie *f* (*Gattung* Aralia) *Bot* aralio *[Zierpflanze(n) aus Japan]* (↑ *auch* ***Zimmeraralie***); ***mandschurische ~*** ↑ *unter* ***Angelicabaum***
Araliengewächse *n/Pl, auch* ***Efeugewächse*** *n/Pl Bot:* ***[Familie der] ~*** (Araliaceae) araliacoj *Pl*
Aralsee *m ein zentralasiatisches Binnenmeer* [lago] Aralo
Aralsk (*n*) *eine Stadt in Kasachstan* Aralsko
Aram *Pl od* **Aramäer** *m/Pl Ethn (ein westsemitisches Nomadenvolk)* arameoj *Pl*
aramäisch *Adj* aramea
Aramäisch[e] *n Ling* la aramea [lingvo]
Araneologie *od* **Arachnologie** *f, auch* ***Spinnenkunde*** *f Ent (Lehre von den Spinnentieren)* araneologio
Aräometer *n, auch* ***Senkwaage*** *f Gerät zur Messung der Dichte von Flüssigkeiten nach dem archimedischen Prinzip* areometro
Aräometrie *f Phys (Bestimmung der Dichte von Flüssigkeiten)* areometrio
Ararat *m, türk.* ***Ağri Daği***, *armenisch* ***Masis*** *ein Berg an der türkisch-armenischen Grenze* [monto] Ararato
Ararauna *m Orn* ↑ *unter* ***Ara***
Ärathem *n Chronostratigrafie (eine Zeiteinheit, die zur chronostratigrafischen Untergliederung der Erdgeschichte benutzt wird)* eratemo
Araucanía, *auch* ***La Araucanía*** *eine mittelchilenische Region* [regiono] Araŭkanio
Araukaner *m/Pl, auch* ***Mapuche*** *Pl Ethn (ein indian. Volk im südl. Mittelchile u. in Westargentinien)* araŭkanoj *Pl*
Araukarie *f, auch* ***Schmuck-*** *od* ***Zimmertanne*** *f* (*Gattung* Araucaria) araŭkario (↑ *auch* ***Dammarafichte***)
Arawak *Pl Ethn* ↑ ***Aruak***
Arawakisch[e] *n Ling* la aravaka [lingvo] *[noch gesprochen in Surinam u. Guyana]*
Arbeit *f* laboro *auch Phys* (↑ *auch* ***Büro-***, ***Fabrik-***, ***Ganztags-***, ***Halbtags-***, ***Heim-***, ***Hunde-***, ***Kinder-***, ***Kollektiv-***, ***Kopf-***,***Lohn-***,

Muskel-, Qualitäts-, Pionier-, Präzisions-, Reparatur-, Saison-, Schicht-, Sklaven-** u.* ***Wertarbeit); *Beschäftigung* okupo; *Amt* ofico; *Aufgabe* tasko; *ausgeführte Arbeit, Erzeugnis* laboraĵo, far[it]aĵo; *Werk eines Autors, Künstlers od Literaten* verko; *Mühe* peno; ~ ***am Fließband*** *od* ***Fließbandarbeit*** ĉenstabla laboro; ***didaktische*** ~ didaktika laboro; ***ehrenamtliche*** ~ honorofica laboro; *freiwillig geleistete Arbeit* volontula laboro; ***geistige*** ~ mensa laboro; ***körperliche*** ~ korpa (*od* fizika) laboro; ~ ***auf Probe*** prova laboro; ***jed[wed]e*** ~ ***annehmen*** akcepti ĉian laboron; ***die*** ~ ***erleichtern*** faciligi la laboron; ***in*** ~ ***ersticken*** (*od* ***versinken***) droni en laboro; ***zur*** (*od reg* ***auf***) ~ ***gehen*** iri al la laborejo; ***keine*** ~ ***haben*** *arbeitslos sein* esti senlabora (*od* senlaborulo); ***eine Menge*** ~ ***haben*** havi amas[eg]on da laboro; ***eine gut bezahlte*** ~ bone pagita laboro; ***seine*** ~ ***ist beendet*** lia tasko estas finita; ***die*** ~ ***hinwerfen*** ĵeti la laboron; ***sich auf die*** ~ ***konzentrieren*** koncentriĝi je sia laboro (*od* tasko *u.a.*); ***sich an die*** ~ ***machen*** eklabori; ***vor und nach der*** ~ antaŭ kaj post la laboro ◇ ***die*** ~ ***für andere tun, aber selbst nichts [vom Ertrag] abbekommen*** Petro kornojn tenas, Paŭlo lakton prenas *(Zam)*; ***die*** ~ ***läuft nicht davon*** laboro ne estas leporo *(Zam)*

arbeiten ***a)*** *tr schneidern* tajlori, fari; ***ein gut gearbeitetes Kostüm*** bone tajlorita kostumo ***b)*** *intr* labori (***bei*** ĉe; ***für*** por; ***in*** en); *Autor, Künstler, Literat auch* verki; *Maschine* funkcii; *Most, Teig* fermenti, *auch* labori; ***am Fließband*** ~ labori ĉe ruliĝanta stablo, *umg* ĉenlabori; ***als Arzt*** (***Lehrer***) ~ labori kiel kuracisto (instruisto); ***an etw.*** ~ labori super (*od* pri) io; ***bei der Post*** ~ labori ĉe la poŝto; ***halbtags*** (*od* ***halbe Tage***) ~ labori duontage; ***Tag und Nacht*** ~ labori tage kaj nokte; ***zwölf Stunden am Tag*** ~ labori dek du horojn en unu tago; ***unter Tage*** ~ labori sub la tero, *auch* labori en minejo ***c)*** *unpers*: ***es arbeitet sich gut mit ihm zusammen*** oni povas bone labori kune kun li

Arbeiten *n* laborado

Arbeiter *m* laboristo (↑ *auch* ***Fabrik-, Gast-, Geistes-, Hafen-, Lohn-, Metall-, Saison-, Straßen-, Transport-, Untertage-, Wald-*** *u.* ***Wanderarbeiter***); ***gelernter*** (***ungelernter***) ~ kvalifikita (nekvalifikita) laboristo; ~ ***auf einer Teeplantage*** laboristo en te-plantejo

Arbeiter|bewegung *f* laborista movado; ~-**familie** *f* laborista familio; ~**gewerkschaft** *f* laborista sindikato (↑ *auch* ***Transportarbeitergewerkschaft***)

Arbeiterin *f* ***a)*** *allg* laboristino ***b)*** *Ent (bei Ameisen)* labor-formiko ***c)*** *Imkerei* ↑ ***Arbeitsbiene a)***

Arbeiterinnenzellen *f/Pl Imkerei* labor--abelaj ĉeloj *Pl*

Arbeiter|jugend *f* laborista junularo; ~**kind** *n* laborista infano; ~**klasse** *f Pol, Soziologie* laborista klaso; ~**partei** *f Pol* laborista partio

Arbeiterschaft *f* laboristaro

Arbeiter-und-Bauernstaat *m Gesch DDR* laborista-kamparana ŝtato

Arbeiterviertel *n* laborista kvartalo

Arbeitgeber *m* labordonanto, dunganto, mastro; *Boss* ĉefo; ~**verband** *m* organizaĵo de labordonantoj

Arbeitnehmer *m* laborprenanto, dungito; *Gehaltsempfänger* salajrulo (*vgl. dazu* ***Arbeiter***)

Arbeits|ablauf *m* laborfluo; ~**agentur** *f, umg* ***Jobcenter*** *n* [federacia *od* ŝtata] laboragentejo

arbeitsam *Adj* laborema (*vgl. dazu* ***fleißig*** *u.* ***flink***)

Arbeitsamkeit *f* laboremo (*vgl. dazu* ***Fleiß***)

Arbeits|amt *n* labor[o]-oficejo; ~**analyse** *f* laboranalizo

Arbeitsanzug *m* laborvesto (↑ *auch* ***Overall***); ***einteiliger*** ~, *auch* ***Kombination*** *bes. der Flieger, Monteure od Techniker* kombineo

Arbeitsaufgabe *f* labortasko

arbeitsaufwändig *Adj* laborpostula

Arbeits|ausschuss *m* laborkomitato; ~**bedingungen** *f/Pl* laborkondiĉoj *Pl*; ~**beginn** *m* laborkomenco; ~**bereich** *m* kampo de laborado; ~**beschaffung** *f* laborhavigo; ~**besuch** *m* laborvizito; ~**bescheinigung** *f* atesto pri dungiteco; ~**biene** *f* ***a)*** *auch* ***Arbeiterin*** *f Ent* labor-abelo ***b)*** *übertr* persono kun abela diligenteco; ~**bühne** *f für Montagearbeiten u. dgl.* laborplatformo; ~**bummelant** *m* laborevitulo (*vgl. dazu* ***Drückeberger***); ~**diagramm** *n* labora diagramo

Arbeitsdisziplin *f* labordisciplino; ***strenge Einhaltung*** *f* ***der*** ~ severa observado de la labordisciplino; ***gegen die*** ~ ***verstoßen*** peki kontraŭ la labordisciplino

Arbeits|effizienz *f* laborefikeco; ~**eifer** *m* fervoro [al laboro]; ~**einheit** *f* laborunuo; *Phys* laborunito; ~**einkommen** *n* laborenspezo; ~**einsatz** *m ehem. DDR* subotniko; ~**ende** *n* laborfino; ~**enthusiasmus** *m* laborentuziasmo; ~**erfahrung** *f* laborsperto; ~**ergebnis** *n* rezulto [de la laboro]

Arbeitserlaubnis *f* laborpermeso; *in Form einer amtl. Bescheinigung* laborpermesilo; ***eine ~ erhalten*** akiri laborpermes[il]on

Arbeitserleichterung *f* plifaciligo de la laboro

arbeitsfähig *Adj* laborkapabla; ***im ~en Alter sein*** esti en [la] laborkapabla aĝo

Arbeits|fähigkeit *f* laborkapabl[ec]o; ~**feld** *n* laborkampo

arbeitsfrei *Adj*: ***~er Tag*** *m* senlabora tago

Arbeits|freude *f* laborĝojo; ~**frieden** *m* laborpaco; ~**gang** *m Phys* fazo; ~**gemeinschaft** *f* laborkolektivo, laborgrupo; *(als Körperschaft)* laborunuiĝo; ~**gerät** *od* ~**mittel** *n* laborilo; ~**grundlage** *f* bazo por labori

Arbeitsgruppe *f* laborgrupo; ***eine ~ bilden*** formi laborgrupon

Arbeits|hypothese *f Wiss* laborhipotezo; ~**intensität** *f* laborintenso

arbeitsintensiv *Adj* laborintensa

Arbeits|kittel *m* laborkitelo; ~**kleidung** *f* laborvesto(j) *(Pl)* (*vgl. dazu* ***Dienstkleidung*** *u.* ***Montur a)***); ~**klima** *n* laborklimato; ~**kollege** *m* laborkolego, kolego en (*bzw.* el) la [sama] laborejo, *auch* samlaborejano; ~**kolonne** *f* skipo [de (*od* da) laboristoj]; ~**konflikt** *m, auch* ***Arbeitsstreit*** *m* laborkonflikto

Arbeitskraft *f* laborforto; ***Arbeitskräfte*** *Pl Menschen* laborantoj *Pl*, laboristoj *Pl*; ***Bedarf an Arbeitskräften*** *od* ***Arbeitskräftebedarf*** *m* bezono de laboristoj; ***Mangel*** *m* ***an Arbeitskräften*** *od* ***Arbeitskräftemangel*** *m* manko de laboristoj

Arbeits|kreis *m* laborrondo; ~**lager** *n* labortendaro; *für Zwangsarbeiter* tendaro de punlaboro; ~**leistung** *f* laborpresto(j) *(Pl)*; ~**lohn** *m* laborpago (*vgl. dazu* ***Gehalt***)

arbeitslos *Adj* senlabora; ***~es Einkommen*** *n z.B. aus Dividende, Mieten, Rente u. dgl.* nelukrita enspezo

Arbeitslose *m* senlaborulo

Arbeitslosen|geld *n* [ŝtata] mono por senlaboruloj; ~**heer** *n* armeo de senlaboruloj; ~**problem** *n* senlaborula problemo; ~**quote** *od* ~**rate** *f* kvoto (*od* procentaĵo) de senlaboruloj (*od* senlaboreco); ~**unterstützung** *f* senlaborula subvencio; ~**versicherung** *f* asekuro pri senlaboreco

Arbeitslosigkeit *f* senlaboreco; ***Kampf gegen die ~*** lukto kontraŭ senlaboreco; ***das Problem der ~*** la senlaboreca problemo; ***saisonal bedingte ~*** [laŭ]sezona senlaboreco; ***verdeckte ~*** kaŝita senlaboreco

Arbeitsmangel *m* labormanko

Arbeitsmarkt *m, auch* ***Stellenmarkt*** *m* labormerkato; ~**politik** *f* labormerkata politiko

Arbeits|material *n* labormaterialo; ~**medizin** *f* industria medicino; ~**methode** *f* labormetodo; ~**minister** *m* ministro pri laboro; ~**ministerium** *n* ministerio de (*od* pri) laboro; ~**möglichkeit** *f* laborebleco; ~**moral** *f* labormoralo, sinteno al [la] laboro; ~**niederlegung** *f Streik* striko; ~**norm** *f* labornormo, normo por produktado de objekto (*bzw.* de produktado de substanco *u.a.*); ~**organisation** *f* organizado de [la] laboro; ~**pause** *f* laborpaŭzo; ~**pferd** *n* laborĉevalo; ~**plan** *m* laborplano

Arbeitsplatz *m* laborloko; *i.w.S.* *Arbeitsstelle* laborejo; *Arbeit* laboro; ***Arbeitsplätze schaffen*** (***schützen***, ***sichern***) krei (protekti, sekurigi) laborlokojn

Arbeits|produktivität *f* laborproduktiv[ec]o; ~**programm** *n* laborprogramo; ~**prozess** *m* laborproceso; ~**raum** *m* laborejo; ~**recht** *n Jur* labor-afera juro *od* laborjuro

arbeitsreich *Adj* laborplena, *nachgest* plena de laboro

Arbeitsrhythmus *m* laborritmo

arbeitsscheu *Adj* laborevit[em]a, mallaborema (*vgl. dazu* ***faul***); ***~er Mensch*** *m* laborevitulo (↑ *auch* ***Drückeberger***)

Arbeits|schluss *m* laborfino (↑ *auch* ***Feierabend***); ~**schutz** *m* laborprotekto; ~**sicherheit** *f* laborsekureco, *auch* labora sekureco; ~**sitzung** *f* laborkunsido, *Parl auch* laborsesio; ~**sprache** *f z.B. eines Kongresses* laborlingvo; ~**stätte** *f* laborejo

Arbeitsstelle *f* laborejo; *Arbeit* laboro; ***eine ~ bekommen*** (*od* ***kriegen***) ricevi (*od* ekhavi) laboron; ***sich um eine ~ bewerben*** aspiri pri laborloko (*bzw.* ofico *od* posteno); ***die ~*** (*bzw.* ***den Betrieb***) ***wechseln*** ŝanĝi la laborlokon

Arbeitsstil *m* laborstilo

Arbeitsstreit *m* ↑ ***Arbeitskonflikt***

Arbeits|stunde *f* laborhoro; ~**suche** *f* laborserĉ[ad]o; ~**suchende** *m* laborserĉanto; ~**tag** *m* labortago; ~**tagung** *f* laborkunveno, laborkonferenco (↑ *auch* ***Workshop***); ~**takt** *m Zeitmaß zur Bestimmung der Arbeitsfolge* labortakto; *Phys* fazo; ~**teilung** *f* divido de [la] laboro, labordivido; ~**therapie** *f Med, Psych* laborterapio, ergoterapio (*vgl. dazu* ***Beschäftigungstherapie***)

arbeitsunfähig *Adj* nekapabla labori, labornekapabla

Arbeitsunfähigkeit *f* nekapabl[ec]o labori, labornekapabl[ec]o

Arbeitsunfall *m*, *auch* ***Betriebsunfall*** *m* labor-akcidento *od* dumlabora akcidento, *auch* [en]laboreja akcidento; ~**versicherung** *f* laborakcidenta asekuro

Arbeits|unterlagen *f/Pl* labordokumentoj *Pl*; ~**verbot** *n* malpermeso labori; ~**verdienst** *m Erwerbseinkünfte* lukrita enspezo; ~**verhältnisse** *Pl* laborkondiĉoj *Pl*; ~**vermittlung** *f (als Vorgang)* laborperado; *(als Instanz)* laborperejo (↑ *auch* ***Arbeitsamt***); ~**vertrag** *m* laborkontrakto; *Anstellungsvertrag* dungokontrakto; ~**verweigerung** *f* rifuzo de labor[ad]o; ~**vorgang** *m* operacio; ~**vieh** *n Landw* laborbestoj *Pl*; ~**weise** *f* labormaniero; ~**werkzeug** *n* laborilo

arbeitswillig *Adj* laborvola

Arbeitswissenschaft *f* ↑ ***Ergonomie***

Arbeits|woche *f* laborsemajno; ~**wütige** *m* labormaniulo (*vgl. dazu* ***Workaholic***)

Arbeitszeit *f* labortempo; *Arbeitsstunden* laborhoroj *Pl*; *[gesamte] Arbeitsdauer, z.B. pro Tag* labordaŭro (↑ *auch* ***Teilzeitarbeit***); ***feste*** ~ fiksaj laborhoroj *Pl*; ***nach der*** ~ post la labortempo *od* en la postlaboraj horoj; ***Verkürzung f der*** ~ mallongigo de la labortempo (*od* labordaŭro)

Arbeitszimmer *n* laborĉambro, *eines Intellektuellen auch* kabineto; *Studierzimmer* studĉambro, studejo

Arbitrage [*arbi'tra:ʒə*] *f* ***a)*** *Börsengeschäft unter Ausnutzung der Kursunterschiede* arbitraĝo (↑ *auch* ***Zinsenarbitrage***) ***b)*** *Jur (Schiedsspruch)* arbitracio

arbiträr *Adj geh für «willkürlich»* arbitra

Arboretum *n Lehrgarten od Park ausgesuchter Baumarten bzw. ein besonderer Gartenbereich, in dem exotische Pflanzen zu wissenschaftlichen Zwecken gezüchtet werden* arboreto (*vgl. dazu* ***botanischer Garten***)

arc = *Zeichen für* ***Arcus***

Arc de Triomphe *m Arch* ↑ ***Triumphbogen***

Archaikum *od* **Archäikum** *n*, *alt auch* ***Azoikum*** *n Geol (älterer Abschnitt des Präkambiums)* azoiko

archaisch *Adj* arkaika (*vgl. dazu* ***altertümlich*** *u.* ***vorzeitlich***)

Archaismus *m Kunst, Ling* arkaismo

Archangelsk (*n*) *eine russ. Hafenstadt am Weißen Meer* Arĥangelsko

Archäoastronomie *f* arkeoastronomio <*befasst sich mit den astronomischen Kenntnissen alter Kulturen*>

Archäobotanik *f* arkeobotaniko

Archäologe *m* arkeologo

Archäologie *f Altertumskunde* arkeologio (↑ *auch* ***Industrie-***, ***Landschafts-***, ***Unterwasser-*** *u.* ***Zooarchäologie***)

archäologisch 1. *Adj* arkeologia; ~***e Expedition*** *f* arkeologia ekspedicio; ~***e Funde*** *m/Pl* arkeologiaj trovaĵoj *Pl* **2.** *Adv* arkeologie

Archäometrie *f Gesamtheit der naturwissenschaftlichen Methoden und Verfahren, die in der Archäologie zur Auffindung, Untersuchung u. Bestimmung von Objekten angewandt werden* arkeometrio

Archäopteryx *m od f*, *auch* ***[ausgestorbener] Urvogel*** *m Paläontologie* arkeopterigo

Archäozoikum *n Geol (die erdgeschichtliche Frühzeit mit den Abschnitten Archaikum u. Algonikum)* arkeozoiko

Arche *f* arkeo; ***die*** ~ ***Noah*** *bibl* la Arkeo de Noa

Archegonien *n/Pl* (*Sg:* ***Archegonium***) *nur Fachspr Bot (winzige, flaschenförmige Gewebekörper bei Moosen, Farnen, Schachtelhalmen, Bärlappgewächsen u. Nacktsamern [stellen die weibl. Geschlechtsorgane dar])* arkegonioj *Pl*

Archetyp[us] *m Psych u. Typ* arketipo

Archibald (*m*) *männl. Vorname* Arĉibaldo

Archidiakon[us] *m*, *auch* ***Erzdechant*** *m kath. Kirche* arkidiakono

Archilochos (*m*) *Eig (altgriech. Lyriker)* Arĥiloĥo, *auch* Arkiloĥo *[um 650 v. Chr.]*

Archimandrit *m Ostkirche (Haupt eines od mehrerer Klöster)* arkimandrito *auch Titel höherer Mönchspriester*

Archimedes (*m*) *Eig (altgriech. Mathematiker, Physiker u. Konstrukteur)* Arkimedo

archimedisch *Adj*: ***das*** ~***e Prinzip*** *Naturw* la principo de Arkimedo; ~***e Schraube*** *f* arkimeda ŝraubo

Archipel *m* arkipelago (*vgl. dazu* ***Inselgruppe***)

Archiphonem *n Phon* arkifonemo

Archiptera *Pl*: ***[Ordnung der]*** ~ *Ent* arkipteroj *Pl*, <*wiss*> arĥipteroj *Pl*

Architekt *m* arkitekto *auch übertr* (*vgl. dazu* ***Baumeister***; ↑ *auch* ***Gartenarchitekt***)

Architektonik *f Wissenschaft von der Baukunst* arkitektoniko (*vgl. dazu* ***Architektur***)

architektonisch 1. *Adj* arkitektura **2.** *Adv* arkitekture, *nachgest auch* laŭ arkitektura vidpunkto

Architektur *f* arkitekturo (↑ *auch* ***Architektonik***, ***Baukunst***, ***Barock-***, ***Garten-***, ***Innen-***, ***Kolonial-***, ***Landschafts-***, ***Sakral*** *u.* ***Sofzwarearchitektur***); ***postmoderne*** ~ postmoderna arkitekturo

Architektur|kritik *f ein Teilaspekt der Kunstkritik* arkitekturkritiko; ~**student** *m* arkitektura studento, studento pri arkitekturo

Architrav *m antike Arch (waagerechter Steinbalken über Säulen od Pfeilern, der den Oberbau trägt)* arkitravo

Archiv *n Urkundensammlung* arkivo *auch EDV u. i.w.S.* (↑ *auch* ***Bild-***, ***Foto-***, ***Presse-***, ***Reichs-*** *u* ***Tonarchiv***); *als Gebäude auch* arkivejo

Archivalien *Pl* arkivaĵoj *Pl*

archival[isch] *Adj* arkiva (*vgl. dazu* ***urkundlich***)

Archivar *m* arkivisto (↑ *auch* ***Chef-*** *u.* ***Stadtarchivar***)

Archiv|exemplar *n* arkiv-ekzemplero; ~**gut** *od* ~**material** *n* arkiv-materialo

archivieren *tr*: ***etw.*** ~ enarkivigi ion, meti ion en la arkivon

Archivierung *f* arkivado

Archivierungs|stelle *f* arkivejo; ~**system** *n* sistemo de arkivado

Archivistik *f od* **Archivwesen** *n* arkivistiko

Archivolte *f Arch (plastisch geschmücktes Band an der Stirnseite od Leibung von Bogen über Portalen, Fenstern u. Säulen)* arkivolto

Archivwesen *n* ↑ ***Archivistik***

Archonten *m/Pl* (*Sg:* ***Archon***) *oberste Staatsbeamte im antiken Athen* arkontoj *Pl*

Archosaurier *m/Pl* (Archosauria) *Paläozoologie (Unterklasse der Reptilien im Mesozoikum)* arkosaŭroj *Pl*

Arcus *m* ↑ ***Arkus***; ~ ***superciliaris*** *m nur Fachspr Anat (bogenförmiger Knochenwulst oberhalb des Randes der Augenhöhle)* brova arko

Ardèche *f* ***a)*** *ein Département in Südfrankreich* [departemento] Ardeŝo ***b)*** *Fluss* [rivero] Ardeŝo

Ardennen *Pl*, *franz.* ***Ardennes*** *ein Gebirge in SO-Belgien* Ardenoj *Pl*

Ardenner Wald *m* Ardena Arbaro

Ardisie *f* (Ardisia) *Bot (eine Gattung der Myrsinengewächse)* ardizio (↑ *auch* ***Spitzblume***)

Ardon *m ein Nebenfluss des Terek im Kaukasus* [rivero] Ardono

Areafunktion *f Geom* inversa hiperbola funkcio

Areal *n* areo (*vgl. dazu* ***Fläche*** *u.* ***Gebiet a)***); ~**expansion** *f*, *auch* ***Arealausweitung*** *f Biogeografie (Ausdehnung eines Verbreitungsgebiets)* ekspansio de [la] areo de disvastiĝo

Arecanuss *f* ↑ ***Betelnuss***

Arecapalme *f Bot* ↑ ***Betel[nuss]palme***

Arekaalkaloide *n/Pl in den Samen der Arecapalme enthaltene Alkaloide* arekoalkaloidoj *Pl*

Arelat (*n*), *auch* ***Arelatisches Reich*** *n*, *lat.* ***Burgunda cisjurana*** *Gesch (ein 879 errichtetes und nach der Hptst. Arles benanntes Königreich [Burgund diesseits des Jura])* Arelato, *auch* Arelata Regno

arelatisch *Adj* arelata

Aremonie *f Bot*: ***gewöhnliche*** ~ (*auch* ***Nelkenwurz-Odermennig*** *genannt*) (Aremonia agrimonioides) monta aremonio *[Hauptverbreitungsgebiet: Süd- u. SO-Europa]*

Aremorica (*f*) ↑ ***Armorica***

Arena *f* areno *auch übertr* (*vgl. dazu* ***Amphitheater***, ***Kampf-*** *u.* ***Schauplatz***; ↑ *auch* ***Stierkampfarena***)

Arenal *m ein Stratovulkan im NW von Costa Rica* [vulkano] Arenalo

Arengapalme *f Bot* ↑ ***Zuckerpalme***

areolar *Adj* areola (↑ *auch* ***netzförmig***)

Areole *f* ***a)*** *Biol (kleine begrenzte Fläche zw. Blattnerven, auf Insektenflügeln u.a.)* areolo (↑ *auch* ***Kaktusareole***) ***b)*** *Med (entzündeter Hautring um eine Pustel)* areolo ***c)*** *Anat* ↑ ***Brustwarzenhof***

Areopag *m Antike (höchster Gerichtshof im alten Athen)* areopago

Arepa *f Nahr* ↑ ***Tortilla***

Ares (*m*) *griech. Myth (Gott des zerstörerischen Krieges, Sohn von Zeus u. Hera, Geliebter der Aphrodite)* Areso (*vgl. dazu* **[1]Mars**)

Arethusa (*f*) *Myth (griechische Quellennymphe)* Aretuza

Aretia *Myth (armenische Göttin der Erde [Mutter aller Lebewesen])* Aretia

arg 1. *Adj enorm* enorma; *sehr groß* tre granda; *boshaft* malica; *schlecht, schlimm* malbona; *Fehler* grava, kruda; *stark, z.B. Schmerz* forta; ***in ~er Verlegenheit sein*** esti (*od* troviĝi) en granda embaraso; ***sein ärgster Feind*** lia plej granda malamiko ◇ ***im Argen liegen*** esti en malbon[eg]a stato *bzw.* esti [tute] malzorgita **2.** *Adv sehr* tre; *äußerst, überaus* treege

Argentan *n, auch* ***Neusilber*** *n* arĝentano

Argentinien (*n*) Argentino ein *Staat in Südamerika [Hptst.: Buenos Aires]*

Argentinier *m* argentinano

Argentinierin *f* argentinanino

argentinisch *Adj* argentina

Argentum *n* = ***Silber***

Ärger *m* ĉagreno; *das Sichärgern, Verärgerung* ĉagreniĝo (↑ *auch* ***Verdruss***); *Entrüstung* indigno; *Zorn* kolero; *Unannehmlichkeiten* malagrablaĵoj *Pl*; *Schwierigkeiten* malfacilaĵoj *Pl*; ***jmdm. ~ bereiten*** kaŭzi ĉagrenon al iu; ***viel ~ haben*** havi grandan ĉagrenon (*od* multajn malagrablaĵojn); ***es wird ~ geben*** tio kaŭzos ĉagrenon; ***was für ein ~!*** kia ĉagreno!; ***wenn das die Polizei erfährt, kriegen wir ~*** se tion ekscios la policо ni havos malfacilaĵojn ◇ ***seinem ~ Luft machen*** ellasi sian koleron

ärgerlich *Adj verdrießlich* ĉagrena; *Ärger verursachend* kaŭzanta ĉagrenon; *verärgert* ĉagrenita (***über*** pro); *empörend* indigniga; *zornig* kolera; *zornig machend* koleriga; *unangenehm* malagrabla; ***auf jmdn. ~ sein*** senti ĉagrenon (*bzw.* kolereton) kontraŭ iu; ***das ist ~!*** tio ĉagrenas!; *was für ein Ärger!* kia ĉagreno!; *das ist eine ärgerliche Sache!* tio estas ĉagrenaĵo (*od* ĉagrena afero)!

ärgern *tr verärgern* ĉagreni; *üble Laune hervorrufen* malbonhumorigi; *zornig machen* kolerigi; ***sich ~*** ĉagreniĝi (***über*** pro); *zornig werden* fariĝi kolera, koleriĝi; ***sich mächtig*** (*od* ***schrecklich***) ***~*** terure ĉagreniĝi ◇ ***er ärgerte sich zu Tode*** li ĉagreniĝis terurege; ***sich schwarz ~*** *od salopp reg* ***sich die Platze ~*** preskaŭ krevi pro ĉagreniĝo

Ärgernis *n* ĉagren[aĵ]o (*vgl. dazu* ***Unannehmlichkeit***); *bedauerliche Sache* domaĝa afero, domaĝo; *Skandal* skandalo; ***öffentliches ~ erregen*** kaŭzi publikan skandalon

Argeş ***a)*** [distrikto] Arĝeŝo *ein südrumänischer Bezirk [Hptst.: Piteşti]* ***b)*** *m* [rivero] Arĝeŝo *linker Nebenfluss der Donau in der Walachei/Rumänien*

Argillit *m Min (ein stark verhärteter Tonstein)* argilito

Arginin *n Biochemie (eine basische Aminosäure)* arginino <*Zwischenprodukt beim Aufbau von Harnstoff*>

Arglist *f* malico, perfido

arg|listig *Adj* malica, perfida (*vgl. dazu* ***hinterlistig***); **~listigerweise** *Adj* kun malica intenco; **~los** *Adj unschuldig, z.B. ein Kind* senkulpa; *ohne Verdacht [zu hegen], ahnungslos* sensuspekta; *vertrauensselig* fidema (*vgl. dazu* ***naiv***); *vertrauensvoll* konfidoplena

Argolis *ohne Art (eine griech. Landschaft im nordöstlichen Peleponnes [im Altertum Zentrum der mykenischen Kultur])* Argolando *od* Argolido (*vgl. dazu* ***Nemea***)

Argon *n* (*Symbol* ***Ar***) *Chem (ein Edelgas)* argono

Argonauten *m/Pl Helden der griech. Sage* Argonaŭtoj *Pl*

Argo Navis *f Astron* ↑ ***[2]Schiff***

Argos (*n*) *alte Hptst. von Argolis* Argo

Argot [*ar'go:*] *n od m Gauner- od Diebessprache [bes. im mittelalterlichen Frankreich]* argoto (*vgl. dazu* ***Jargon***)

Argument *n* argumento *auch Math* (*vgl. dazu* ***Beweis***; ↑ *auch* ***Gegen-*** *u.* ***Hauptargument***); ***ein entscheidendes*** (***unwiderlegbares***) ~ decida (nerefutebla) argumento; ***ein ~ widerlegen*** refuti argumenton

Argumentation *f* argumentado (*vgl. dazu* ***Beweisführung***)

argumentieren *intr* argument[ad]i (***für*** por; ***gegen*** kontraŭ)

Argun *m, chin.* ***Ergun He*** *ein Quellfluss des Amur [in NO-China]* [rivero] Arguno

Argus (*m*) *griech. Myth (hundertäugiger Wächter)* Arguso

Argusaugen *n/Pl*: ***mit ~ beobachten*** observi per okuloj de Arguso

Argus|fasan *m* (Argusianus argus) *Orn* argusfazano *[Vorkommen: Thailand, Malakka-Halbinsel bis nach Sumatra u. Kali-*

mantan]; ~**nachtschwalbe** *f* (Eurostopodus guttatus = Caprimulgus guttatus) *Orn (eine australische Nachtschwalbe)* makula kaprimulgo

Argwohn *m* suspekto (***gegen*** kontraŭ) (*vgl. dazu* ***Misstrauen*** *u.* ***Verdacht***)

argwöhnen ***a)*** *tr* suspekti (***etw.*** ion); *unbedacht urteilen* senpripense juĝi ***b)*** *intr den Verdacht hegen* suspekti (***dass*** ke)

argwöhnisch *Adj* suspekt[em]a (***gegen[über]*** kontraŭ); *Argwohn erregend* kaŭzanta suspekton; ~ ***werden*** fariĝi suspekta

Argwöhnischkeit *f die Neigung [einer Person] anderen zu misstrauen* suspektemo

Argyrodit *m ein sehr seltenes Mineral* argirodito

Arhat *m Buddhismus* ↑ ***Arahat***

Århus (*n*) *eine Stadt in Dänemark [an der Ostseeküste Jütlands]* Arhuzo

Ariadne (*f*) *griech. Myth, Eig (Tochter des Königs Minos)* Ariadna; ~**faden** *m griech. Myth od bildh für «rettendes Mittel [in einer ausweglosen Situation]»* ariadna fadeno

Ariana *od* **Ariane** (*f*) *weibl. Vorname* Ariana

Arianer *m Rel (Anhänger des Arianismus)* ariano

arianisch *Adj Rel* aria

Arianismus *m Rel (eine christl. Glaubenslehre)* arianismo (*vgl. dazu* ***Arius***)

arid *Adj bes. Klimatologie [Ggs: humid]* arida; ~***es Klima*** *od* ***Trockenklima*** *n* arida klimato *[Ggs: humides Klima]* (↑ *auch* ***Steppen-*** *u.* ***Wüstenklima***)

Aridität *f fachsprachl. für «Trockenheit»* arideco *auch übertr (z.B. des Stils)*

Arie *f Mus (Gesangsstück für Solostimme in einer Oper od einem Oratorium* ario (*vgl. dazu* ***Arietta***; ↑ *auch* ***Opernarie***)

Ariel *m Astron (ein Uranusmond)* Arielo; ~**schwalbe** *f* (Hirundo ariel) *Orn* feina hirundo

Arier *m 1. ursprünglich Selbstbez. des iranischen Adels 2. in der nationalsozialistischen Ideologie Bez für «Nichtjude»* arjo

Aries *m Astron* ↑ ***²Widder***

Arietta *f Mus (einfache Arie [der ital. Oper des 17./18. Jh.s])* arieto

Arillus *m nur Fachspr Bot für «[fleischige] Samenhülle»* arilo

Arion (*m*) *Eig (altgriech. Lyriker [um 600 v. Chr.])* Ariono

Ariosto (*m*) *Eig (ital. Dichter [1474-1533])* Ariosto

Ariovist (*m*) *Eig (Heerführer der Sweben [1. vorchristliches Jh.])* Ariovisto

arisch *Adj die Arier betreffend bzw. zu den Ariern gehörend* arja

Arisch (*n*), *arab.* ***al-'Arīš*** *an der Mittelmeerküste gelegener Verwaltungsort des ägyptischen Bezirks Sinai* Ariŝo

Aristarch[os] (*m*) *Eig (altgriech. Bibliothekar, Kritiker u. Philologe [um 217-um 145 v. Chr.])* Aristarko

Aristeides *od* **Aristides** (*m*) *Eig (athenischer Politiker u. Feldherr [um 535-um 467 v. Chr.])* Aristido

Aristipp[os] (*m*) *Eig (altgriech. Philosoph [um 435-um 355 v. Chr.])* Aristipo

Aristokrat *m* aristokrato (↑ *auch* ***Adlige***)

Aristokratie *f die Aristokraten* aristokrataro (*vgl. dazu* ***Adel***; ↑ *auch* ***Finanzaristokratie***); *aristokratisches Wesen* aristokrateco; *Herrschaftsform* aristokratio

aristokratisch *Adj* aristokrata (*vgl. dazu* ***adlig***); ***einer ~en Familie entstammen*** deveni de aristokrata familio; ***von ~er Herkunft*** de aristokrata deveno

Aristomenes (*m*) *Eig (Held der Messenier in ihrem Freiheitskampf gegen Sparta [Mitte 7. Jh. n. Chr.])* Aristomeno

Ariston (*m*) *Eig (altgriech. Stoiker)* Aristono

Aristophanes (*m*) *Eig (bedeutendster altgriech. Komödiendichter [um 445-um 385 v. Chr.])* Aristofano

aristophanisch *Adj 1. auf Aristophanes u. sein Werk bezogen 2. übertr: spöttisch, witzig-geistreich* aristofana

Aristoteles (*m*) *Eig (altgriech. Philosoph u. Naturforscher [384-322 v. Chr.])* Aristotelo; ***Lehre des ~*** *Phil* aristotelismo

Aristoteleswels *m* (Silurus aristotelis) *Ichth (eine in griech. Gewässern vorkommende Welsart)* aristotela siluro

Aristototeliker *m Anhänger [der Lehre] des Aristoteles* ano [de la doktrino] de Aristotelo

aristotelisch *Adj*: ~***e Logik*** *f* aristotela logiko

Arithmetik *f Math* aritmetiko (*vgl. dazu* ***Algebra***); ***binäre*** ~ binara aritmetiko

Arithmetiker *m Forscher od Wissenschaftler auf dem Gebiet der Arithmetik* aritmetikisto

arithmetisch *Adj* aritmetika; ~***e Folge*** (*od*

Reihe *od* ***Progression***) *f* aritmetika vico; *~**es Mittel** n Durchschnittswert einer Zahlenreihe* aritmetika meznombro, *auch kurz* aritmo

Arithmetisierung *f Math* aritmetikigo

Arithmogriph *m, auch* ***Zahlenrätsel*** *n* aritmogrifo *<die Buchstaben sind durch Ziffern ersetzt >*

Arithmomanie *f, auch* ***Zählzwang*** *m nur Fachspr Psych (Zwangsvorstellung, Dinge zählen zu müssen)* aritmomanio

Arius (*m*) *Eig (ein alexandrinischer Presbyter [um 260-336])* Ario (*vgl. dazu* ***Arianismus***)

Arizona (*n*) (*Abk* ***Ariz.***, *[postalisch]* ***AZ***) *ein US-Bundesstaat [Hptst.: Phoenix]* Arizono; ~**-Eiche** *od* ~**-Weißeiche** *f* (Quercus arizonica) *Bot* arizona [blanka] kverko *[Vorkommen: südwestl. Nordamerika]*; ~**-Zypresse** *f* (Cupressus arizonica) *Bot* arizona cipreso

Arkade *f, auch* ***Bogenreihe*** *od* ***Bogenhalle*** *f Arch (auf Säulen od Platten ruhender offener Bogen)* arkado

Arkadenhof *m* arkada korto

Arkadien (*n*) *eine Gebirgslandschaft im inneren Peloponnes* Arkadio *übertr auch für «Schauplatz idyllischen Landlebens»*

Arkadier *m Bewohner Arkadiens* arkadiano

arkadisch *Adj* arkadia; *~**e Poesie** f Hirten- u. Schäferdichtung* arkadia poezio (↑ *auch* ***Bukolik***)

Arkandisziplin *f Geheimhaltung von Lehre u. Praxis einer Sekte vor Außenstehenden* arkana disciplino

Arkansas (*n*) (*Abk* ***Ark.***, *postalisch* ***AR***) *ein US-Bundesstaat* Arkans[as]o *[Hptst.: Little Rock]*

Arkansit *m Min* arkansito

Arkanum *n Mittelalter (Geheimmittel der Alchimisten)* arkano *auch übertr* (*vgl. dazu* ***Geheimnis***)

Arkatur *f Arch (auf Pfeilern od Bogen ruhende Bogenreihe)* arkaturo

Arkebuse *f, auch* ***Hakenbüchse*** *f hist Mil* arkebuzo *<ursprünglich eine Armbrust>*

Arkose *f Min (ein feldspatreicher Sandstein)* arkozo

Arktikluft *f* ↑ *unter* ***arktisch***

Arktis *f Gebiet um den Nordpol* arkto *(auch Großschr)*

arktisch *Adj* arkta; *~**e Kälte** f* arkta malvarmo; *~**e Luft**, auch* ***Arktikluft*** *f Met (Luftmasse arktischen Ursprungs)* arkta aero; *~**e Region** f* arkta regiono

Arktur[us] *m, auch* ***Bärenhüter*** *m Astron (Hauptstern im Sternbild des Bootes)* Arkturo

Arkus *m, auch* ***Arcus*** *m* (*Zeichen* ***arc***) *Geom (Bogenmaß eines Winkels)* arko (*Zeichen ark*), *alt* arkuso (*vgl. dazu* ***Kreisbogen***); ~**kosekans** *m* (*Zeichen* ***arc cosec***) arkokosekanto; ~**kosinus** *m* (*Zeichen* ***arc cos***) arkokosinuso; ~**kotangens** *m* (*Zeichen* ***arc cot***) arkokotangento; ~**sekans** *m* (*Zeichen* ***arc sec***) arkosekanto; ~**sinus** *m* (*Zeichen* ***arc sin***) arkosinuso; ~**tangens** *m* (*Zeichen* ***arc tan***) arkotangento

Arles [sur Rhône] [*arl*] (*n*) *eine südfranz. Stadt* Arlezo [ĉe Rodano]

Arlington (*n*) *eine Stadt in Virginia/USA [Wohnvorort Washingtons]* Arlingtono *<hier: Nationalfriedhof der USA>*

Arlon (*n*), *flämisch* ***Aarlen*** *Hptst. der belgischen Provinz Luxemburg [regionales Zentrum für Belgisch-Lothringen]* Arlono

arm *Adj* malriĉa (↑ *auch* ***besitzlos***); *armselig* povra; *elend* mizera; *bedauernswert* bedaŭrinda; *bemitleidenswert* kompatinda; *unglücklich* malfeliĉa; *~**er Kerl** m* povrulo; *bedauernswerter Mensch* bedaŭrindulo; *bemitleidenswerter Mensch* kompatindulo; ~ ***an ...*** malriĉa je ...; ~ ***machen*** malriĉigi; ~ ***werden*** [far]iĝi malriĉa, malriĉiĝi ◇ ***er ist ~ dran*** li estas en bedaŭrinda stato (*od* situacio); ***besser ~ in Ehren als reich in Schanden*** pli bone ĉifona vesto, ol riĉeco en malhonoro *(Zam)*; ***sie ist ~ wie eine Kirchenmaus*** ŝi estas malriĉa kiel muso preĝeja *(Zam)*; ***mein ~es Kind!*** *(bedauernd)* mia povra infano!

Arm *m Anat* brako (↑ *auch* ***Fang-***, ***Ober-*** *u.* ***Unterarm***) *auch Tech (z.B. eines Ankers)*; *eines Kandelabers* branĉo; *Fluss*≗ riverbrako; ~ ***eines Krans*** *Tech* brako de gruo (*vgl. dazu* ***Ausleger a)***); ~ ***in*** ~ ***gehen*** iri brako en brako (*od* brak' en brako); ***ein*** ~ ***voll[er] Stroh*** brakpleno (*od* plenbrako) da pajlo; ***den ~ anwinkeln*** (*od* ***beugen***) fleksi la brakon; ***sich den ~ brechen*** rompi al si la brakon; ***jmdn. mit offenen ~en aufnehmen*** (*od* ***empfangen***) akcepti (*od* bonvenigi) iun kun brakoj malfermaj (*od* etenditaj); ***ein Mädchen in den ~en halten*** teni knabinon en la brakoj; ***den ~ heben*** levi la brakon; ***etw. unter den ~ klemmen*** premi ion sub la brakon; ***auf den Arm*** (*od* ***die Arme***) ***nehmen*** surbrakigi; ***jmdn. beim ~ nehmen*** preni iun ĉe la brako; ***jmdn. in die ~e nehmen*** (*od geh* ***schließen***) ĉirkaubraki iun, ĉirkaŭpreni iun; ***mit den ~en [in der Luft] rudern*** svingegi la brakojn; ***etw. unter dem ~ tragen*** porti ion sub la brako; ***komm in meine ~e!*** venu en miajn brakojn!; ***die ~e verschränken*** kruci la brakojn; ***ich habe mir den ~ verstaucht*** mi distordis mian brakon ◇ ***jmdm. unter die ~e greifen*** *jmdn. unterstützen* subten[ad]i (*od* apogi) iun; *jmdm. helfen* helpi al iu; ***jmdn. auf den ~ nehmen*** *jmdn. veralbern* mistifiki iun (↑ *auch* ***verarschen***)

Armada *f Kriegsflotte* militfloto

Armadeira *f Ent* ↑ ***Bananenspinne***

Armadill *m Zool* = ***Gürteltier***

Armageddon *od* **Har-Magedon** *n 1. Theologie (mythischer Name für den Ort der endzeitlichen Schlacht zw. den Königen der Welt und Gott) 2. übertr ([politische] Katastrophe)* Armagedono

Armagnac [*arman'jak*] ***a)*** (*n*) *eine südfranz. Landschaft in der Gascogne [eine frühere Grafschaft]* Armanjako ***b)*** *m ein franz. Weinbrand* armanjako

Armatur *f El (eines Kondensators), Tech* armaturo; *Instrument* instrumento; ***mit ~en*** (*od* ***einer Armatur***) ***bestücken*** (*od* ***versehen***) armaturi

Armaturenbrett *n, auch* ***Instrumentenbrett*** *n Kfz* instrumenta panelo

Armband *n* braceleto (↑ *auch* ***Uhr[en]armband***); **~uhr** *f* bracelethorloĝo, *umg* brakhorloĝo

Armbeuge *f Anat* kubuta faldo, *umg auch* brakfaldo

Armbeuger *m Anat* ↑ ***Armmuskel***

Armbinde *f* brakbendo; *Med (Trageschlinge [um den Hals gelegt, zum Tragen des Armes])* skarpo [por la (lezita) brako]

Armbrust *f* arbalesto <*heute nur noch als Sportgerät*>; **~schütze** *m* arbalestisto

Ärmchen *n kleiner Arm* braketo

Arme ***a)*** *m* malriĉulo; *armseliger Mensch* povrulo; *bedauernswerter Mensch* bedaŭrindulo; *bemitleidenswerter Mensch* kompatindulo; ***du ~r!*** povrulo vi!; bedaŭrindulo vi! ***b)*** *f* malriĉulino; povrulino; bedaŭrindulino; kompatindulino

Armee *f Mil* armeo *auch übertr* (↑ *auch* ***Heer, Befreiungs-, Freiwilligen-, Heimat-, Invasions-, Reserve-*** *u.* ***Territorialarmee***); *Landstreitkräfte* ter-armeo; ***die Rote ~*** *Gesch* la Ruĝa Armeo; ***ständige ~*** *stehendes Heer* konstanta armeo; ***zur ~ gehen*** fariĝi armeano (*od* soldato)

Armee|angehöriger *m* armeano; **~führer** *m* armeestro; **~geistliche** *m, auch* ***Militärgeistliche*** *od* ***Feldprediger*** *m* armea pastro; **~general** *m* armea generalo; **~korps** *n Mil* armekorpuso; **~museum** *n* armea muzeo; **~zelt** *n* armea tendo

Ärmel *m* maniko (↑ *auch* ***Kimono-, Raglan-*** *u.* ***Pagodenärmel***); ***aufgekrempelter ~*** kuspita maniko; ***halblanger ~*** *od* ***Halbärmel*** *m* duonmaniko; ***die ~ aufkrempeln*** (*od* ***hochkrempeln***) kuspi la manikojn ◇ ***das lässt sich nicht aus dem ~ schütteln*** tio ne estas facile farebla (*od* realigebla), tio ne improviziĝas

Ärmel|aufschlag *m* manika refaldaĵo; **~brett** *n Hausw (kleines Bügelbrett für Ärmel)* tabulo por gladi manikojn; **~halter** *m* manika ĝartero; **~kanal** *m zw. GB u. Frankreich* Manika Kanalo, *auch kurz* Maniko; **~loch** *n Schneiderei* maniktruo

ärmellos *Adj* senmanika; ***~es Kleid*** *n* senmanika robo

Ärmelpuffe *f an hist. Kostümen* manikpufo

Armenhaus *n* azilo por malriĉuloj, *auch* malriĉulejo

Armenien (*n*) Armenio *[Hptst.: Eriwan]*

Armenier *m* armeno

Armenierin *f* armenino

Armeniermöwe *f* (Larus armenicus) *Orn* armena arĝentmevo *[Vorkommen: Kleinasien u. Kaukasus]*

armenisch *Adj* armena; ***die ≗e Kirche*** la armena eklezio (↑ *auch unter* ***gregorianisch***)

Armenisch[e] *n Ling* la armena [lingvo]

Armenviertel *n* kvartalo de [la] malriĉuloj (↑ *auch* ***Favela*** *u.* ***Slum***)

Arm|feile *f Handw* brakfajlilo; **~flosserartige** *Pl* (*Ordnung* Lophiiformes) *Ichth (Knochenfische mit muskulöser, armartiger Verlängerung der Brustflossenbasis)* lofioformaj [fiŝoj] *Pl*; **~fraktur** *f Med* frakturo de la brako, frakturiĝinta brako; **~füß[l]er** *m/Pl*, <*wiss*> ***Brachiopoden*** *m/Pl* (Brachiopoda) *Zool (fest sitzende, muschelähnliche Meerestiere)* brakpieduloj *Pl* (↑ *auch* ***Terebratel***); **~geflecht** *n* (Plexus brachialis) *Anat* braka plekso

Armgeige *f Mus* ↑ ***Bratsche***

armieren *tr Bauw, Tech* armi; ***armierter Beton*** *Bauw* armita betono

Armierung *f Bauw, Tech (Bewehrung)* armado

Arminianer *m/Pl Rel* ↑ ***Remonstranten***

Arminius (*m*) *Eig (1. ein Cheruskerfürst 2. ein niederl. Theologe [Begründer der Remonstrantischen Bruderschaft]* Arminio

Arm|lehne *od* ~**stütze** *f* brakapogilo

[1]**Armleuchter** *m* kandelabro

[2]**Armleuchter** *m* (*Gattung* Chara) *Bot (eine Gattung von Grünalgen)* karao

Armleuchteralgen *f/Pl Bot*: ***[Familie der]*** ~ (Characeae) karaacoj *Pl*

ärmlich *Adj* povra, [iom] mizera (*vgl. dazu* ***elend***); *sehr einfach* tre simpla; ***aus ~en Verhältnissen stammen*** deveni de malriĉa familio

Ärmlichkeit *f* povreco, mizereco

Armloch *n* ***a)*** *Ausschnitt an einem Kleidungsstück für den Arm* braktruo *od* manika truo ***b)*** *vulg: verhüllendes Schimpfw für «Arschloch»* [↑ *dort*]

armlos *Adj ohne Arme* senbraka

Armmuskel *m, auch* ***Armbeuger*** *m* (Musculus brachialis) *Anat* braka muskolo, *fachsprachl. auch* brakialo; ***zweiköpfiger*** ~ (Musculus biceps brachii) braka bicepso

Armorica (*f*), *auch* ***Aremorica*** (*f*) *[in der Antike] Bez für die nordwestliche Küste Galliens zw. Seine u. Loire [entspricht den heutigen Landschaften Bretagne u. Normandie]* Armoriko

Armorikanisches Massiv *n ein Gebirgszug in der Bretagne* Armorika Masivo

Armprothese *f* brakprotezo

Armreif *od* **Armring** *m* brakringo; ***ein ~ aus Elfenbein*** brakringo el eburo; ***ein goldener*** ~ ora brakringo

Arm|schlagader *f* (Arteria brachialis) *Anat* braka arterio; ~**schlinge** *f Med (Trageschlinge für den [verletzten] Arm)* skarpo [por porti la lezitan brakon]; ~**schmerz** *m* doloro en la brako, *Fachspr Med* brakalgio; ~**sein** *n Armut* malriĉeco

armselig *Adj* povra (↑ *vgl. dazu* ***bemitleidenswert***); *elend* mizera; *kleingeistig* pitanima

Armseligkeit *f* povreco

Arm|sessel *m*, *<österr>* ***Fauteuil*** [*fo'tœj*] *m* brakseĝo, fotelo; ~**strecker** *m* (Musculus triceps brachii) *Anat* braka tricepso

Armstütze *f* ↑ ***Armlehne***

Armut *f* malriĉ[ec]o (*vgl. dazu* ***Elend*** *u.* ***Not***; ↑ *auch* ***Alters-*** *u.* ***Massenarmut***); *Armseligkeit* povreco; ***geistige*** ~ intelekta povreco; ***tiefe*** ~ profunda malriĉeco; ***die ~ bekämpfen*** kontraŭbatali [la] malriĉecon *od* batali kontraŭ [la] malriĉeco; ***in ~ geraten*** fali en malriĉecon, ekmalriĉiĝi; ***in ~ leben*** vivi en malriĉ[ec]o, vivi malriĉe

Armutsgrenze *od* **Armutsschwelle** *f*: ***unter[halb] der ~ leben*** vivi sub la limo (*od* sojlo) de malriĉeco

Armutsrisiko *n* risko fali en malriĉecon

Armutszeugnis *n übertr*: ***das ist ein ~ für ihn*** tio pruvas lian nekapabl[ec]on (*vgl. dazu* ***Blöße*** *u.* ***Schwäche***)

Armvene *f* (Vena brachialis) *Anat* braka vejno

Arnhem (*n*), *dt.* ***Arnheim*** (*n*) *Hptst. der Provinz Gelderland/NL* Arnhemo

Arnhemland (*n*) *eine Halbinsel im australischen Nordterritorium* Arnhemlando

Arnicin *n Biochemie (ein Inhaltsstoff der Arnika)* arnicino

Arnika *f, auch* ***Wohlverleih*** *m Bot* ***a)*** (*Gattung* Arnica) arniko ***b)*** (*Art* Arnica montana), *auch* ***Bergwohlverleih*** *m* monta arniko, *pop auch kurz* arniko; ~**extrakt** *m* (Extractum arnicae) *Pharm* arnika ekstrakto; ~**tinktur** *f* (Arnicae tinctura) *Pharm (Auszug von Arnikablüten mit verdünntem Alkohol)* arnika tinkturo, *pop auch* arnikaĵo; ~**wurzel** *f* (Arnicae radix) arnika radiko

[1]**Arno** *m ein Fluss in Mittelitalien* [rivero] Arno

[2]**Arno** (*m*) *männl. Vorname* Arno

Arnold (*m*) *männl. Vorname* Arnoldo

Arnsberg (*n*) *eine Stadt in NRW [an der oberen Ruhr]* Arnsbergo

Arnulf (*m*) *männl. Vorname* Arnulfo *auch Name historischer Persönlichkeiten*; ~ ***von Kärnten*** *[* um 850; † 899] ostfränkischer König (887) u. Kaiser (896)* Arnulfo de (*od auch* el) Karintio

Arolium *n nur Fachspr Ent (bei Insekten der unpaarige, lappenförmige Anhang des letzten Tarsengliedes, der zwischen od unter den Klauen liegt <dient als Haftlappen, z.B. bei Hautflüglern>)* arolio

Aroma *n würziger Duft od Geschmack* aromo (*vgl. dazu* ***Würze***; ↑ *auch* ***Tabakaroma***); *Wohlgeruch* bonodoro; *aromatische Essenz* aroma esenco; ~**therapie** *f,* *auch* ***Dufttherapie*** *f Naturheilkunde* aromoterapio

Aromatikum *n* aromaĵo

aromatisch *Adj* aroma, *nachgest auch* havanta aromon; *von angenehmem Geruch* bonodora (*vgl. dazu* ***duftend***); *wohlschmeckend* bongusta; *Chem (zyklisch)* aromata

aromatisieren *tr* aromigi (*vgl. dazu* ***würzen***)

Aromatisierung *f* aromigo; *Chem (Cyclisierung)* aromatigo

Aromunen *Pl Ethn (eine räumlich abgegrenzte Teilethnie in Griechenland, Mazedonien, Albanien u. Serbien)* aromunoj *Pl*

Aronia *f* ↑ *unter* ***Apfelbeere***

Aronstab *m* (*Gattung* Arum) *Bot* arumo; ***gefleckter*** ~ *m*, *reg* ***Aasblume*** *f* (Arum maculatum) makula arumo; ***kretischer*** ~ (Arum creticum) kreta arumo; ***südlicher*** ~ (Arum italicum) itala arumo

Aronstabgewächse *n/Pl*: ***[Familie der]*** ~ (Araceae) *Bot* arumacoj *Pl*

Árpád (*m*) *Eig (erster Großfürst der Magyaren [† 907])* Arpado

arpeggieren [*arpe'dʒi:rən*] *intr Mus* arpeĝi

Arpeggieren *n Mus* arpeĝado

Arpeggio [*ar'pedʒo*] *n Mus (harfenartig gebrochener Akkord)* arpeĝo

Arpent *m*, *auch* ***französischer Morgen*** *m ein altfranz. Feldmaß* arpento

Arrak *m farbloser Branntwein aus Reis, Palmsäften u. Zuckerrohrmelasse [aus dem karibischen Raum]* arako (↑ *auch* ***Palm-*** *u.* ***Reiswein***)

Arrangement *n* ***a)*** aranĝo, *(bei Betonung der Handlung)* aranĝado *auch Mus* (↑ *auch* ***Komposition a)***); *Blumen*≗ flor-aranĝaĵo ***b)*** *Übereinkunft* interkonsento; *gütliche Einigung* aranĝo per interkonsento

Arrangeur *m Mus (Einrichter eines Musikstücks)* aranĝanto *bzw.* aranĝinto, *beruflich auch* aranĝisto

arrangierbar *Adj* aranĝebla (↑ *auch* ***machbar***)

arrangieren *tr* aranĝi *auch Mus*; *zusammenstellen* meti en taŭgan pozicion; *organisieren* organizi; *in Ordnung bringen* ordigi; ***das lässt sich*** ~ tio estas aranĝebla; ***sich mit jmdm.*** ~ *eine Übereinkunft suchen* serĉi interkonsenton kun iu

Arras [*a'ras*] (*n*), *dt. u. niederl.* ***Atrecht*** (*n*) *Hptst. des nordfranz. Departements Pas-de-Calais u. des Artois* Araso

Arrest *m Haft* aresto (↑ *auch* ***Hausarrest***); *Festnahme, Verhaftung* arestado; ***in*** ~ ***sein*** *od* ***sich in*** ~ ***befinden*** esti arestita; ***jmdn. in*** ~ ***setzen*** aresti iun

Arrestzelle *f*, <*österr*> ***Kotter*** *m* arestejo (↑ *auch* ***Bau b)*** *u.* ***Karzer***)

arretieren *tr* ***a)*** *alt für «festnehmen»* aresti ***b)*** *Tech* bloki, fiksi

Arretierstift *m im Türschloss* haltiga stifto

Arretierung *f Tech (als Vorgang)* blokado, fiksado, *(als Vorrichtung)* blokilo, fiksilo

Arrhenius (*m*) *Eig (schwedischer Chemiker u. Physiker [1859-1927])* Arhenio; ~**-Gleichung** *f chemische Kinetik* arhenia ekvacio, *auch* ekvacio de Arhenio

ar-Riad ↑ ***Riad***

ar-Rif ↑ ***Rif***

Arroba *f im Weinbau traditionelle span. Maßeinheit [etwa 16 Liter]* arobo

arrogant *Adj* aroganta; *überheblich, hochnäsig* orgojla (*vgl. dazu* ***anmaßend***); ~***er Mensch*** *m*, *pej* ~***er Kerl*** *m* arogantulo

Arroganz *f* aroganteco

Arrondissement *n Unterabteilung eines franz. Departements od (in Paris) Stadtbezirk* arondismento

Arrowroot *n* (Maranta arundinacea) *Bot (Stärkemehl aus der Pfeilwurzel u. anderen tropischen Pflanzen)* aroruto (↑ *auch* ***Coco-Yam*** *u.* ***¹Taro***)

Arsacetin *n Chem, Pharm (ein Mittel, das früher gegen Schlafkrankheit u. Syphilis eingesetzt wurde)* arsacetino

Arsakiden *Pl Dynastie des Partherreichs [um 247 v. Chr.-224 n. Chr.]* arsakidoj *Pl*

Arsch *m vulg* pug[aĉ]o (↑ *auch* ***Fettarsch*** *u.* ***Hintern***); ~**ficker** *m vulg* pugofikanto, *auch* bugranto

Arschin *m ein altes russ. Längenmaß* arŝino

arschkriecherisch *Adj vulg* pugoleka

Arschloch *n vulg* pugotruo

Arsen *n* (*Symbol* ***As***) *Chem* arseno

Arsenal *n*, *alt* ***Zeughaus*** *n Mil* arsenalo *auch übertr* (↑ *auch* ***Atom-*** *u.* ***Waffenarsenal***)

Arsenat *n Chem (Salz der Arsensäure)* arsenato

Arsenfahlerz *n Min* ↑ ***Tennantit***

arsenhaltig, <*österr*> ***arsenhältig*** *Adj* arsenhava

Arsenid *n Chem* arsenido

Arsenik *n Chem, Rattengift* arseniko

Arsen|säure *f* (Acidum arsenicum) *Chem* arsenata acido; ~**sulfid** *n Chem* arsena sulfido (↑ *auch* ***Realgar***)

Arsin *n, auch* ***Arsenwasserstoff*** *m Chem* arsino

Arsonvalisation *f Med (Behandlung mit Hochfrequenzströmen u. teslaschen Strömen)* arsonvaliz[ad]o (↑ *auch* ***Diathermie***)

arsonvalisieren *tr Med* arsonvalizi

Art *f* ***a)*** *Weise* maniero; *Eigenart* karaktero (*vgl. dazu* ***Eigenschaft***); *Stil* stilo; ***auf diese ~ [und Weise]*** tiamaniere, tiele; ***auf eigene ~*** laŭ sia maniero; ***auf jed[wed]e ~ [und Weise]*** ĉiamaniere, ĉiel; ***auf solche ~ [und Weise]*** tiamaniere; ***in der ~ [und Weise] von ...*** laŭ la maniero de ...; ***in dieser ~*** en tiu ĉi maniero; *solcher Art, dergleichen, derartig* tiaspeca *od* tiuspeca;; ***von anderer ~*** *anders geartet* alispeca; ***von [ganz] eigener ~*** *apart, wie man es sonst nicht [oft] findet* [tute] aparta; ***von gleicher ~*** samspeca; ***von jeder ~*** ĉiuspeca; ***von jedweder ~*** ĉiaspeca; ***aus der ~ schlagen*** degeneri; ***von verschiedener ~*** *verschiedenerlei* diversspeca; ***das ist doch keine ~!*** *so benimmt man sich doch nicht!* tiel oni [vere] ne kondutas!; ***das ist überhaupt nicht seine ~*** tio absolute ne konformas al lia karaktero (*od* naturo); ***sie ist einzig in ihrer ~*** ŝi estas unika ***b)*** *Sorte* speco; ***haben Sie etw. in dieser ~?*** *beim Einkauf* ĉu vi havas ion alian tiaspecan?; ***eine der größten Fabriken dieser ~*** unu el la plej grandaj fabrikoj de tiu speco *od* unu el la plej grandaj tiuspecaj fabrikoj ***c)*** *Biol* specio (↑ *auch* ***Charakter-***, ***Pflanzen-***, ***Tier-*** *u.* ***Unterart***); ***bedrohte*** (***domestizierte***, ***einheimische***, ***gefährdete***, ***invasive***, ***seltene***) ***~en*** *Pl Biol* minacataj (domestikitaj, indiĝenaj, endanĝerigitaj, invadaj, raraj) specioj *Pl*; ***mehrere ~en der Gattung ...*** pluraj specioj de la genro ...; ***die Entstehung der ~en*** *Biol* la origino de la specioj

Art. = *Abk für* ***Artikel***

Artaphernes (*m*) *Eig (Name mehrerer altpersischer Adliger)* Artaferno

Artaxerxes (*m*) *Gesch Eig (Name mehrerer pers. Könige)* Artakserkso

Artbestand *m Biol (Tier- od Pflanzenbestand eines bestimmten Lebensraums)* populacio (↑ *auch* ***Wildbestand***)

Artbildung *f Biol* ↑ ***Speziation***

Artefakt *n Archäol (urgeschichtliches Stein- od Knochenwerkzeug)* artefakto

arteigen *Adj Biol* karakteriza [por tiu specio]

Artemis (*f*) *Myth (griech. Göttin der Jagd)* Artemisa (*vgl. dazu* ***Aktäon***)

Artemisia *f Bot* = ***Beifuß***

Artemistempel *m Heiligtum der Artemis in Ephesus* templo de Artemisa

Artendiversität *f Biol* ↑ ***Artenvielfalt***

Artenkreis *m Biol* ↑ ***Superspezies***

Artenname *m Bot, Zool* specia nomo

artenreich *Adj* specioabunda *od nachgest* kun granda nombro da specioj

Artenreichtum *m Biol* abundo da specioj, granda nombro da specioj

Artenschutz *m Biol (Schutz von seltenen und/oder in ihrem Bestand gefährdeten Pflanzen- u. Tierarten* specioprotekt[ad]o (↑ *auch* ***Umwelt-*** *u.* ***Vogelschutz***); **~programm** *n* specioprotekta programo

Artenschutzübereinkommen *n*: ***Washingtoner ~*** (*engl. Abk* ***CITES***) Vaŝingtona Specioprotekta Konvencio *<Erstunterzeichnung am 5.5.1973 in Washington>*

Arten|sterben *n Biol* mortado de la [biologiaj] specioj; **~vielfalt** *f, auch* ***Artendiversität*** *f Biol* diverseco de [vivantaj] specioj (↑ *auch* ***Biodiversität***)

arterhaltend *Adj*: ***das wirkte sich ~ aus*** *Biol* tio kontribuis al la transvivado de la specio

Arterhaltung *f Biol* transvivado de la specio

Arterie *f, auch* ***Puls-*** *od* ***Schlagader*** *f Anat* arterio (*vgl. dazu* ***Arteriole***; ↑ *auch* ***Bauch-***, ***Hirn-***, ***Interkostal-***, ***Kranz-***, ***Leber-***, ***Lungen-***, ***Nabel-***, ***Nieren-***, ***Scham-***, ***Schläfen-*** *u.* ***Wangenarterie***)

arteriell *Adj* arteria; ***~es Blut*** *n* arteria sango

Arterienentzündung *f, Fachspr* ***Arteriitis*** *f Med* inflamo de arterio, *Fachspr* arteriito (↑ *auch* ***Thromboarteriitis***)

Arterienerweiterung *f Med* = ***Aneurysma***

Arterienschnitt *m Chir* ↑ ***Arteriotomie***

Arterienverkalkung *f, auch* ***Arteriosklerose*** *f Med (Verkalkung der kleinen Arterien)* arteriosklerozo (*vgl. dazu* ***Atheromatose*** *u.* ***Sklerose***); ~ ***des Gehirns*** cerebra sklerozo

Arteriitis *f Med* ↑ ***Arterienentzündung***

Arteriografie *f, auch* ***Arteriographie*** *f Med* arteriografio

Arteriole *f Anat (kleinste, vor den Kapillaren befindliche Arterie)* arterieto, malgranda arterio

Arteriolosklerose *f Med* arterietosklerozo

arteriosklerotisch *Adj* arterioskleroza

Arteriotomie *f, auch* ***Arterienschnitt*** *m Chir*

arteriotomio

Arterit *m, auch* ***Adergneis*** *m Min* arterito

artesisch *Adj*: *~**er Brunnen*** *m* arteza puto

Artgenosse *m **a)** Biol (Pflanze)* planto de la sama specio, *(Tier)* animalo de la sama specio ***b)*** *Mensch* persono de la sama tipo

artgerecht *Adj* speciokonforma; *~**e Tierhaltung*** *f* speciokonforma tenado de bestoj

Arthralgie *f, umg* ***Gelenkschmerz*** *m Med* artralgio, *umg* artikdoloro

Arthritiker *m* artritulo

Arthritis *f, umg* ***Gelenkentzündung*** *f Med* artrito, *umg* inflamo de artiko (*vgl. dazu* ***Osteo-*** *u.* ***Periarthritis***; ↑ *auch* ***¹Gicht*** *u.* ***Yersinia-Arthritis***); ***eitrige*** ~ (Arthritis purulenta) pusa artrito; ***rheumatoide*** ~ reŭmatoida artrito; ~ ***tuberculosa*** tuberkuloza artrito; ***an*** ~ ***leiden*** suferi je artrito

arthritisch *Adj an Gelenkentzündung leidend* artrita

Arthritismus *m nur Fachspr Med (angeborene Verlangsamung des Stoffwechsels)* artritismo

Arthropathie *f, auch* ***Gelenkleiden*** *n nur Fachspr Med (Oberbegriff für alle Gelenkerkrankungen)* artropatio (↑ *auch* ***Kristallarthropathie***)

Arthropoden *Pl Zool* ↑ ***Gliederfüßler***

Arthrose *od* **Arthrosis** *f, auch* ***Gelenkverschleiß*** *m Med* artrozo (↑ *auch* ***Hüftarthrose Kniegelenks*** *u.* ***Pseudarthrose***); ***degenerative*** ~ *od* ~ ***mit Gelenkdeformierung***, *<wiss>* ***Arthrosis deformans*** deforma artrozo

Arthroskop *n Medizintechnik* artroskopo

Arthroskopie *f, auch* ***Gelenkspiegelung*** *f Med (endoskopische Untersuchung des Gelenkinnenraumes mit einem optischen Gerät)* artroskopio

arthrotisch *Adj an Arthrose erkrankt* artroza

Arthur (*m*) *männl. Vorname* Arturo *auch Name des sagenhaften keltischen Königs Artus* (**reĝo Arturo**) *[um 500 n. Chr.] (Vorbild tapferen Rittertums)*; ***Tafelrunde f des Artus*** Ronda Tablo de Arturo

artifiziell *Adj geh für «künstlich»* artefarita

artig *Adj Kind* obeema (↑ *auch* ***folgsam***); *von gutem Betragen* bonkonduta; *alt für «höflich»* ĝentila (↑ *auch* ***galant*** *u.* ***gesittet***)

Artigkeit *f Wohlerzogenheit* bona konduto; *alt für «höfliche Bemerkung»* ĝentilaĵo (↑ *auch* ***Kompliment***); ***jmdm. einige ~en sagen*** diri kelkajn ĝentilaĵojn al iu

Artikel *m **a)** Gramm* artikolo; ***bestimmter*** (***unbestimmter***) ~ *Gramm* difina (nedifina) artikolo ***b)*** *Abschnitt, bes. in Gesetzestexten, Verträgen u.a.* (*Abk* ***Art.***) artikolo, paragrafo; ***nach*** ~ ***10 der Verfassung*** laŭ artikolo 10 de la konstitucio; ***sich auf*** ~ ***... berufen*** invoki artikolon ... ***c)*** *Hdl* artiklo, *(Erzeugnis)* produkto, *(Ware)* varo (↑ *auch* ***Bedarfs-***, ***Gebrauchs-***, ***Luxus-***, ***Marken-***, ***Massen-*** *u.* ***Modeartikel***); ~ *Pl* ***des täglichen Bedarfs*** varoj *Pl* de ĉiutaga bezono; ***ein begehrter*** ~ [tre] serĉata artiklo ***d)*** *Ztgsw* artikolo (↑ *auch* ***Hetz-*** *u.* ***Leitartikel***); ***ein halbseitiger*** ~ duonpaĝa artikolo

Artikel|schreiber *m Schreiber eines [bestimmten] Artikels* skribinto de la artikolo; *Schreiber von Artikeln* skribanto (*od* verkanto) de artikoloj; ~**serie** *f Ztgsw* artikolserio *od* artikola serio

artikulär *Adj Anat (zu einem Gelenk gehörig bzw. ein Gelenk betreffend)* artika

¹Artikulation *f Phon* artikulacio *auch Mus*

²Artikulation *f Bot* ↑ ***Gelenkknoten***

Artikulations|ort *m od* ~**stelle** *f Phon* artikulacia loko (*od* punkto) *od* loko de artikulacio

artikulatorisch *Adj die Artikulation* (*od Aussprache) betreffend* artikulacia

artikulieren *tr Phon* artikulacii

Artillerie *f Mil* artilerio *auch Waffengattung* (↑ *auch* ***Feld-***, ***Flak-***, ***Flugabwehr-***, ***Gebirgs-***, ***Küsten-***, ***Panzer-***, ***Panzerabwehr-***, ***Raketen-*** *u.* ***Schiffsartillerie***); ***leichte*** ~ leĝera (*od auch* malpeza) artilerio; ***schwere*** ~ peza artilerio; ***75mm-Geschütz*** *n* ***der*** ~ artileria kanono de 75-milimetra kalibro

Artillerie|bataillon *n Mil* artileria bataliono; ~**beschuss** *m, auch* ***Artilleriefeuer*** *n* artileria pafado; ~**einheit** *f* [artileria] baterio; ~**feuer** *n* artileria bombardado; ~**geschoss** *n* artileria obuso; ~**korps** *n* artileria korpuso; ~**vorbereitung** *f* artileria preparo

Artillerist *m* artileriisto *od* artileriano

artilleristisch *Adj* artileria

Artischocke *f, auch* ***echte Artischocke*** *od* ***Gemüseartischocke*** *f* (Cynara scolymus) *Bot, Nahr* artiŝoko; ***spanische*** ~ ↑ ***Kardone***

Artischockenherzen *n/Pl Nahr* artiŝokaj koroj *Pl*

Artist *m Akrobat* akrobato; *Varietékünstler* varietea artisto; *Zirkus*~ cirka artisto *od* cirk-artisto (*vgl. dazu* ***Seiltänzer***)

Artistik *f Akrobatik* akrobatiko; *Zirkuskunst*

cirk-arto

artistisch *Adj* akrobata; *nach Art eines Artisten* en maniero de akrobato; *virtuos* virtuoza

Art nouveau [*ˈa:r nuˈvo:*] *m od n Kunst* ↑ ***Jugendstil***

Artois [*artoˈa*] *n eine hist. Provinz in Nordfrankreich* Artezo *[alte Hptst.: Arras]*

Artothek *f Verleihstelle für Kunstwerke* artoteko

artspezifisch *Adj Biol* speciospecifa

Artuqiden *Pl Gesch (turkmenische Dynastie in Vorderasien vom 11. bis 15. Jh. [begründet durch Artuq, Heerführer der Seldschuken])* artukidoj *Pl* (*vgl. dazu* ***Seldschuken***)

artverwandt *Adj* ***a)*** *Biol (von einer ähnlichen Spezies abstammend)* speciosimila ***b)*** *allg: von ähnlicher Art u. Weise* de simila maniero *nachgest*

Artur (*m*) *männl. Vorname* Arturo

Aruak *Pl, auch* ***Arawak*** *Pl Ethn (indianische Völkerfamilie im oberen Amazonasbecken [ca. 200 größere u. kleinere Stämme])* aruakoj *Pl* (↑ *auch* ***Taíno***)

Aru-Archipel *m, auch* ***Aru-Inseln*** *f/Pl eine Inselgruppe der Molukken* Aru-Arkipelago, *auch* Aru-Insularo

Aruba (*n*) *eine Insel der Kleinen Antillen (autonomes Überseegebiet der Niederlande) [Hptst.: Oranjestad]* [insulo] Arubo; **~-Florin** *m, auch* ***Aruba-Gulden*** *m* (*Abk* ***Afl.***, *Währungscode* ***AWG***) *Währung auf Aruba* aruba guldeno

Aru-Insulaner *m Bewohner derAru-Inseln* Aru-insulano

Aruna (*m*) *Myth (brahmanistisch-hinduistischer Gott der Morgenröte, Wafenlenker des Sonnengottes)* Aruno

Arunachalmakak *m* (Macaca munzala) *Zool (eine Makakenart im NO Indiens im Bundesstaat Arunachal Pradesh [erst 2004 entdeckt])* arunaĉala makako

Arunachal Pradesh (*n*) *ein Gliedstaat der Indischen Union* Arunaĉalpradeŝo *[Hptst.: Itanagar]*

Arve *f Bot* ↑ ***Zirbelkiefer***

Arverner *m/Pl Gesch (ein keltischer Stamm im einstigen Mittelgallien, der heutigen Auvergne)* arvernoj *Pl*

Aryaman (*m*) *hinduistische Myth (1. vedischer Gott der Gastlichkeit, auch Stifter des Ehebundes 2. brahmanistisch-hinduistischer Sonnengott)* Arjamano

Aryl *n Chem (einwertiger Rest eines aromatischen Kohlenwasserstoffs)* arilo

Arznei *f* medikamento (***gegen*** kontraŭ); *Heilmittel* kuracilo; ~ ***[ein]nehmen*** (***schlucken***) preni (gluti) medikamenton; ***die ~ muss [erst] angefertigt werden*** la medikamenton ni devas prepari por vi; ***eine ~ zubereiten*** prepari medikamenton

Arzneibaldrian *m* ↑ *unter* ***Baldrian***

Arzneibeinwell *m Bot* ↑ *unter* ***Beinwell***

Arzneibuch *n Verzeichnis der offizinellen Arzneimittel* farmakopeo; ***im ~ aufgeführt*** oficin[al]a

Arzneidosis *f* medikamenta dozo

Arznei-Eibisch *m Bot* ↑ *unter* ***Eibisch***

Arzneikräuter *n/Pl* drogherboj *Pl*, medicinaj herboj

Arzneikugel *f Pharm* boluso (↑ *auch* ***Pille***)

arzneilich *Adj [die] Arzneimittel betreffend* medikamenta

Arzneimittel *n* medikamento, kuracilo (↑ *auch* ***Naturarzneimittel***); ***rezeptfreie ~*** *Pl* medikamentoj *Pl* haveblaj sen [kuracista] recepto; ***symptomatisch wirkendes ~*** paliativo

Arzneimittel|allergie *f z.B. nach Einnahme von Antibiotika, nach Lokalanästhetika u.a.* medikamenta alergio; **~fabrik** *f od* **~werk** *n* medikamentfabriko; **~hersteller** *m* produktanto de medikamentoj (↑ *auch* ***Pharmaindustrie***); **~kunde** *od* **~lehre** *f* farmakologio (*vgl. dazu* ***Pharmazie***); **~missbrauch** *m* misuzo de medikamentoj

Arzneimittelverabreichung *f* = ***Medikation***

Arzneimittelwerk *n* ↑ ***Arzneimittelfabrik***

Arznei|pflanze *f Heilpflanze* kuraca (*od* medicina) planto, *auch* drogherbo; **~pflaster** *n, auch* ***Arzneistoffpflaster*** *n Pharm* medikamenta plastro (*vgl. dazu* ***Kataplasma***); **~schränkchen** *n* medikamentŝranketo; **~trank** *m flüssige Arznei* pocio; *Aufguss aus Heilkräutern* tizano (*vgl. dazu* ***Kräutertee***)

Arzneithymian *m* ↑ *unter* ***Thymian***

Arzt *m* kuracisto, *fam auch* doktoro (↑ *auch* ***Assistenz-, Augen-, Bäder-, Bereitschafts-, Bezirks-, Chef-, Fach-, Frauen-, Hals-Nasen-Ohren-, Haus-, Haut-, Hotel-, Kreis-, Land-, Mannschafts-, Missions-, Not-, Ober-, Schiffs-, Sport-, Stations-*** *u.* ***Unfallarzt***); ***diensthabender*** (***praktischer***) ~ deĵoranta (praktikanta) kuracisto; ***frei praktizierender ~*** libere praktikanta kuracisto;

Ärzte ohne Grenzen*, franz.* ***Médecins Sans Frontières*** *eine 1971 in Frankreich gegründete Hilfsorganisation* Kuracistoj Sen Limoj; ***einen ~ aufsuchen*** (*od* ***konsultieren*** *od* ***zu Rate ziehen***) konsulti kuraciston; ***zum ~ gehen*** iri al kuracisto; ***sich an einen ~ wenden*** sin turni al kuracisto; ***von einem ~ zum anderen laufen*** (*od salopp* ***rennen***) kuri de unu kuracisto al la alia

Arztbesuch *m Visite* kuracista vizito

Ärztemangel *m* manko de kuracistoj

Arzt|helfer *m* kuracista helpanto; **~helferin** *f* kuracista helpantino; **~honorar** *n* kuracista honorario

Ärztin *f* kuracistino

Arzt|kittel *m* kuracista kitelo; **~kosten** *Pl* kostoj por [la] kuracado

ärztlich *Adj* kuracista; *i.w.S.* medicina; ***~e Befragung*** (*od* ***Beratung***) *f* kuracista konsultado; ***~e Hilfe*** *f* kuracista (*od* medicina) helpo; ***~er Rat*** *m* kuracista konsilo; ***~es Rezept*** *n, auch* ***Arztrezept*** *n* kuracista recepto; ***auf ~e Empfehlung [hin]*** laŭ kuracista rekomendo; ***unter ~er Aufsicht*** (*od* ***Kontrolle***) sub kuracista kontrolo

Arzt-Patient-Beziehung *f* rilato inter kuracisto kaj paciento, *auch* rilato kuracista-pacienta

Arztrezept *n* ↑ *unter* ***ärztlich***

[1]**As** *n Mus (Zeichen für As-Dur)* Labe-minora

[2]**As** *m altröm. Gewichts- u. Münzeinheit* aso

[3]**As** = *Zeichen für* ***Amperesekunde***

Asa foetida *f, auch* ***Stinkasant*** *m od* ***Teufelsdreck*** *m Pharm (Pflanzenmilchsaft aus der Wurzel von ‹Ferula assa-foetida›)* asafetido

A-Saite *f z.B. bei de Geige* A-kordo

Asamayama *m ein Vulkan auf der japanischen Hauptinsel Hondo [nordwestl. von Tokio]* [vulkano] Asamajamo

Asana *f eine ruhende Körperstellung im Yoga, bes. im Hatha Yoga* asano (↑ *auch* ***Lotossitz***)

Asande *Pl Ethn* = ***Azande*** [↑ *dort*]

Asant *m* ↑ ***Asa foetida***

Asarhaddon (*m*) *Eig (ein assyrischer König [7. Jh. v. Chr.])* Asarhadono

Asbest *m Min* asbesto (↑ *auch* ***Kupferasbest***)

Asbestose *f, auch* ***Asbeststaublunge*** *f* (Asbestosis pulmonum) *Med* asbestozo (*vgl. dazu* ***Pneumokoniose***)

Asbest|pappe *f* asbesta kartono; **~platte** *f* asbesta plato

Asbeststaublunge *f Med* ↑ ***Asbestose***

Asbestzement *m Bauw* asbesta cemento (↑ *auch* ***Eternit®***)

Ascaridol *n Biochemie (ein pflanzlicher Wirkstoff)* askaridolo

Asch *m* ↑ ***Napf***

Aschaffenburg (*n*) *eine Stadt in Unterfranken [in der Main-Ebene]* Aŝafenburgo

Aschanti *Pl Ethn* ↑ ***Ashanti***

Aschantinuss *f Bot, Nahr* ↑ ***Erdnuss***

aschblond *Adj*: ***~ sein*** *od* ***~es Haar haben*** havi cindroblondajn harojn

Aschchabad (*n*) *Hptst. von Turkmenistan* Aŝĥabado

Aschdod *od* **Ashdod** (*n*) *eine Hafenstadt in Israel* Aŝdodo

Asche *f* cindro (↑ *auch* ***Flug-***, ***Holz-*** *u.* ***Zigarrenasche***); ***vulkanische ~*** vulkana cindro; ***in Schutt und ~ legen*** totale detrui kaj cindrigi, forbruli ĝisfunde; ***in ~ verwandeln*** cindrigi (*vgl. dazu* ***einäschern***); ***sich in ~ verwandeln*** *od* ***zu ~ werden*** cindriĝi ◇ ***Friede seiner ~!*** paco[n] al lia cindro!

Äsche *f, auch* ***gemeine*** (*od* ***gewöhnliche***) ***Äsche*** *f* (Thymallus thymallus) *Ichth (ein Süßwasserfisch)* [eŭropa] timalo *auch Nahr* (↑ *auch* ***Gold[meer]äsche***); ***sibirische ~*** (Thymallus arcticus) arkta (*od* siberia) timalo

ascheartig *od* **aschig** *Adj* cindreca

Aschegehalt *m* enteno je cindro; ***Bestimmung*** *f* ***des ~es*** *Chem* cindrodeterminado

aschen ↑ ***aschfarben***

Aschen|bad *n Chem* cindrobano; **~bahn** *f Sport* skoria kurejo; **~becher** *m, umg auch* ***Ascher*** *m* cindrujo (↑ *auch* ***Kippaschenbecher***)

Aschenbrödel *od* **Aschenputtel** *n im Märchen od übertr* cindrulino

Aschen|fall *m Tech (einer Feuerung)* cindrujo; **~grube** *f* cindrofosaĵo; **~kasten** *m* cindrokesto *auch einer Dampflokomotive*

Aschenpflanze *f Bot* ↑ ***Zinerarie***

Aschenputtel *n* ↑ ***Aschenbrödel***

Asche[n]regen *m bes. vulkanischer Natur* cindropluvo

Aschentuff *m Min* cindra tofo

Aschenurne *f* ↑ *unter* ***Urne b)***

Aschepartikel *n od m* cindropartiklo

Ascher *m* ↑ ***Aschenbecher***

Aschermittwoch *m Mittwoch nach Fastnacht* Cindromerkredo

Aschewolke *f* cindronubo (*über* super)
asch|farben *od* ~**grau**, *geh auch* ***aschen*** *Adj* cindrokolora *od* cindrogriza
aschig ↑ ***ascheartig***
Aschkelon *od* **Ashqelon** (*n*) *eine Stadt in Israel, nordöstl. des antiken Askalon* Aŝkelono
Aschkenasim *Pl von Deutschland nach Osteuropa ausgewanderte Juden* aŝkenazoj *Pl*
Aschkrähe *f Orn* ↑ ***Nebelkrähe***
Aschkuchen *m* ↑ ***Napfkuchen***
Aschlauch *m Bot* ↑ ***Schalotte***
Aschram *m* ↑ ***Ashram***
Aschschur (*m*) *Myth* ↑ ***²Assur***
Aschweide *f Bot* ↑ ***Grauweide***
Äschylus (*m*) *Eig* ↑ ***Aischylos***
ASCII|-Code [*'aski...*] *m EDV* askia kodo; ~**-Datei** *f EDV* askia dosiero
Ascona (*n*) *ein Kurort am Lago Maggiore/ Kanton Tessin (Schweiz)* Askono
Ascorbinsäure *f* ↑ ***Askorbinsäure***
Ascosporen *f/Pl Mykologie (geschlechtliche Sporen der Schlauchpilze, die im Ascus gebildet wurden)* askosporoj *Pl*
Asculum (*n*), *auch* ***Ausculum*** (*n*) *antiker Name zweier italienischer Städte [Ascoli Piceno und Ascoli Satriano]* Askolo; ***Schlacht von ~*** *Gesch (zw. Römern und Karthagern im Zweiten Punischen Krieg [um 209 v. Chr.])* Batalo de Askolo
Ascus *m* (*Pl*: ***Asci***), *auch* ***Askus*** *m Fachspr Mykologie (schlauch- od keulenförmiger Sporenbehälter der Schlauchpilze)* asko
Ase *m nordische Myth (eine germanische Gottheit)* Aso
ASEAN *f = Abk für* ***Association of South-East Asian Nations*** (= Vereinigung südostasiatischer Staaten) ASEAN, Asocio de Sudorientaziaj Ŝtatoj; ~**-Staaten** *m/Pl* ASEAN-ŝtatoj *Pl*
äsen *intr Jägerspr* gresi, paŝtiĝi (***auf*** sur)
Asepsis *f Med ([Prinzip der] Keimfreiheit)* asepso
aseptisch *Adj* asepsa (*vgl. dazu* ***keimfrei***)
Aserbaidschan (*n*) Azerbajĝano *[Hptst.: Baku]*
Aserbaidschaner *m* azerbajĝanano
Aserbaidschanerin *f* azerbajĝananino
aserbaidschanisch *Adj* azerbajĝana
Aserbaidschanisch[e] *n Ling (eine Turksprache)* la azerbajĝana [lingvo]
asexual *od* **asexuell** ↑ ***geschlechtslos***
Asexualität *f Biol* sensekseco
Asgard *ohne Art: in der germanischen Mythologie (Wohnsitz der Götter [Asen])* asgardo *(auch Großschr)*
Ashanti *Pl, auch* ***Aschanti*** *Pl Ethn (ein Volk im südlichen Ghana)* aŝantoj *Pl*
Ashaqlun (*m*) *Myth (Hauptdämon bei den Manichäern, der mit seiner Partnerin Namrael das erste Menschenpaar zeugte)* Aŝakluno
Ashdod (*n*) ↑ ***Aschdod***
Ashmodai *od* **Aeshma** *ohne Art: bibl, Eig ([im iranischen Parsismus:] Dämon der Begierde u. des Zorns)* Aŝmodeo
Ashoka (*m*) *Gesch (ein König des nordindischen Maurya-Reiches)* Aŝoko; ~**baum** *m* (Saraca asoka) *Bot* aŝoko
Ashqelon (*n*) ↑ ***Aschkelon***
Ashram *m, auch* ***Aschram*** *m [in Indien:] a) ursprümglich Einsiedelei eines Asketen b) heute klosterähnliches Meditationszentrum* aŝramo
Asiat *m* aziano
Asiatin *f* azianino
asiatisch *Adj* azia; *aus Asien* el Azio; ***≗e Entwicklungsbank*** (*engl. Abk* ***ADB***) Azia Banko por Evoluigo; ***≗-Pazifischer Rat*** (*engl. Abk* ***ASPAC***) Azia-Pacifika Konsilio; ***≗-Pazifische Wirtschaftskooperation*** *f, engl.* ***Asia-Pacific Economic Cooperation*** *f* (*Abk* ***APEC***) Azia-Pacifika Ekonomia Kooperado *[auf Initiative Australiens 1989 gegründet]*
Asien (*n*) Azio (↑ *auch* ***Inner-***, ***Klein-***, ***Ost-***, ***Süd-***, ***Vorder-*** *u.* ***Zentralasien***)
Askalon (*n*) *eine antike Stadt in Südisrael* Askalono (*vgl. dazu* ***Aschkelon***)
Askariasis *f* ↑ *unter* ***Spulwurm***
Askaridenmittel *n* ↑ *unter* ***spulwurmabtötend***
Askaridiasis *f* ↑ *unter* ***Spulwurm***
Askese *f enthaltsame Lebensweise* asketismo
Asket *m streng enthaltsamer Mensch* asketo (↑ *auch* ***Arahat***, ***Dschaina*** *u.* ***Sadhu***)
Asketin *f* asketino
asketisch *Adj* asketa; ~***es Leben*** *n* asketa vivo
Asklepiades (*m*) *Eig (ein altgriech. Dichter aus Samos)* Asklepiado *[um 300 v. Chr.]*
asklepiadisch *Adj*: ~***er Vers*** *m Metr* asklepiada verso
Asklepios *od* **Äskulap** (*m*), *lat.* ***Aesculapius*** (*m*) *Myth (griech.-römischer Gott der Heilkunde)* Asklepio *od* Eskulapo

Askorbinsäure *f, Fachspr* ***Ascorbinsäure*** *f* (Acidum ascorbicum) *Biochemie* askorbata acido
Äskulap (*m*) *Myth* ↑ ***Asklepios***
Äskulap|schlange *f, auch* ***Äskulapnatter*** *f* (Elapha lomgissima = Zamensis longissimus) eskulapa serpento; ~**stab** *m Med (von einer Schlange umwundener Stab [Symbol der Ärzte])* eskulapa bastono
Askus *m Mykologie* ↑ ***Ascus***
Asmara (*n*), *auch* ***Asmera*** (*n*) *Hptst. von Eritrea* Asmero
Asmat *Pl Ethn (eine Ethnie im Süden der indonesischen Provinz Irian Jaya)* asmatoj *Pl*
Äsop (*m*), *griech.* ***Aisopos*** (*m*) *Eig (altgriech. Fabeldichter phrygischer Herkunft [Mitte 6. Jh. v. Chr.])* Ezopo
äsopisch *Adj in der Art, im Geist des Fabeldichters Äsop* ezopa *i.w.S. auch «witzig»*
Asow (*n*) *eine Stadt in der Russischen Föderation [nahe der Mündung des Don ins Asowsche Meer]* Azovo
Asowsches Meer *n Teil des Schwarzen Meeres* Azova Maro
asozial *Adj gegen die Gesellschaft gerichtet* nesocia, kontraŭsocia
Asozialität *f* kontraŭsocieco
Asparagin (*Zeichen* ***Asn***) *Biochemie (ein Amid der Asparaginsäure [Vorkommen im Spargel u. in Lupinenkeimlingen])* asparagino
Asparaginase *f Biochemie (ein Enzym, das Asparagin in Asparaginsäure umwandelt)* asparaginazo
Asparaginsäure *f* (*Zeichen* ***Asp***) *Biochemie* asparaginacido
Aspartat *n Biochemie* aspartato
Asparuch (*m*), *auch* ***Isperich*** (*m*) *Eig (Begründer u. Herrscher des ersten Bulgarenreiches [um 644-700])* Asparuĥo
Aspasia [aus Milet] (*f*) *Eig (altgriechische Hetäre, zweite Frau des Perikles [* um 470 v. Chr.])* Aspazia
Aspekt *m* aspekto *auch Astron, Astrologie u. Ling; Gesichtspunkt* vidpunkto; ***sozialer*** ~ sociala aspekto
Aspektualität *f Ling* aspekteco
Asperger-Syndrom *n Med (eine Variante des Autismus [eine Störung der neurologischen Entwiklung])* Asperger-sindromo
Aspergill *n kath.Kirche* ↑ ***Weihwasserwedel***
Aspergillose *f, auch* ***Aspergillus-Mykose*** *f nur Fachspr Med u. Vet* aspergilozo
Aspergillus *m, auch* ***Gießkannen-*** *od* ***Kolbenschimmel*** *m Bot (eine Gattung der Schlauchpilze)* aspergilo; ~**säure** *f Biochemie (eine Hydroxamsäure)* aspergila acido
Asphalt *m, auch* ***Erdpech*** *n* asfalto (*vgl. dazu* ***Bitumen***; ↑ *auch* ***Natur-*** *u.* ***Stampfasphalt***); ~**beton** *m Bauw* asfaltbetono; ~**decke** *f z.B. einer Straße* asfalta tegaĵo
asphaltieren *tr* asfalti, [sur]kovri per asfalto; ***asphaltiert*** asfaltita, kovrita per asfalto
Asphaltieren *n* asfaltado
Asphalt|lack *m* asfalta lako, ~**makadam** *m Straßenbau* asfalta makadamo; ~**pflaster** *n* asfalta pavimo; ~**sand** *m ein Naturasphalt* asfalta sablo; ~**straße** *f* asfaltita strato
Asphodill *m, auch* ***Affodill*** *m* (*Gattung* Asphodelus) *Bot (Zierpflanze der Mittelmeerländer)* asfodelo (↑ *auch* ***Kirschenasphodill***); ***röhriger*** ~ (Asphodelus fistulosus) tuba asfodelo; ***weißer*** ~ (Asphodelus albus) blanka asfodelo
Asphyxie *f Med* ↑ ***Atemstillstand***
Aspik *m, auch n, selt auch* ***Fleischgelee*** *n, auch m Nahr* aspiko; ***Aal*** (***Schinken***) ***in*** ~ angilo (ŝinko) en aspiko
Aspirant *m* aspiranto *auch Univ; Kandidat* kandidato (↑ *auch* ***Anwärter*** *u.* ***Bewerber***)
Aspirantin *f* aspirantino; kandidatino
Aspirantur *f* aspiranteco *auch Univ*
Aspirata *f, auch* ***behauchter Verschlusslaut*** *m Phon* aspiracia sono
Aspiration *f, auch* ***[Aussprache mit] Behauchung*** *f Phon* aspiracio
Aspirator *m Med, Met, Phys* aspiratoro
aspiriert *Phon (behaucht)* aspiracia
Aspirin® *n Pharm* aspirino; ~**tablette** *f* aspirina tablojdo
Aspisviper *f* (Vipera aspis) *Zool (giftige Viper Südeuropas mit dunklem Zackenband)* eŭropa aspido *[Vorkommen: Spanien, Frankreich, Schweiz u. Italien, in Deutschland nur im Schwarzwald]*
Aspropotamus *m griech. Antike* ↑ ***Acheloos***
Ass *n, auch* ***Daus*** *n Kart* aso (↑ *auch* ***Eichel-***, ***Herz-***, ***Karo-***, ***Pik-*** *u.* ***Trumpfass***)
as-Sadat *Eig* ↑ ***Sadat***
Assam (*n*) *ein Gliedstaat der Indischen Union* Asamo *[Hptst.: Dispur]*
Assamer *od* **Assamesen** *m/Pl* asamanoj *Pl*
assam[es]isch *Adj* asama
Assamesisch[e] *od* **Assami** *n Ling (offizielle Amtssprache des ind. Bundesstaates As-*

sam) la asama [lingvo]

Assam-Makak *m* (Macaca assamensis) *Zool* asama makako *[Vorkommen: Süd- u. SO-Asien]*

Assassinen *m/Pl Angehörige eines um 1080 gegründeten ismailitischen Geheimbunds, der den Vorderen Orient fast zwei Jahrhunderte in Schrecken hielt* asasinoj *Pl*

Assaut [*a'so:*] *n, auch m, auch* ***Freigefecht*** *n eine Übungsform des Fechtens* asalto

Assekurant *m* ↑ ***Versicherer***

Assekuranz *f* ↑ ***Versicherung*** *bzw.* ***Versicherungsgesellschaft***

Assel *f* (*Gattung* Oniscus) *Zool (Mauer*≗*)* onisko (↑ *auch* ***Gleichfüßer*** *u.* ***Landassel***); ***[Ordnung der] ~n*** *Pl* (Isopoda) *Taxonomie (eine Ordnung der Krebstiere)* izopodoj *Pl*

Assembler *m EDV (ein Computerprogramm)* asemblilo, *auch* asemblero; **~sprache** *f eine maschinenorientierte Programmiersprache* asembla lingvo

assemblieren *tr EDV* asembli

Asservat *n Jur (ein als Beweismittel für eine Straftat in amtliche Verwahrung genommener Gegenstand)* konfiskita pruvobjekto

Asservatenkammer *f* deponejo de [konfiskitaj] pruvobjektoj

Assessor *m Jur, Verw* asesoro (↑ *auch* ***Gerichtsassessor***)

Assiduität *geh für «Pflichteifer» od «[beharrliche] Emsigkeit»* asidueco

Assignaten *Pl hist: Papiergeld der Franz. Revolution* asignato *Sg*

Assimilation *f Bot, Ethn, Phon, Physiol, Soziologie* asimil[ad]o (*vgl. dazu* ***Aufnahme d)***); ***progressive*** (***regressive***) *~ Phon* progresiva (regresiva) asimilo

Assimilationsprozess *m* asimil[ad]a proceso

assimilatorisch *Adj auf dem Wege der Assimilation* pere de asimilado

assimilierbar *Adj* asimilebla

assimilieren *tr* asimili; ***assimiliert werden*** fariĝi asimilita, asimiliĝi; ***sich*** *~* sin asimili; ***sich gegenseitig*** *~ sich einander angleichen* interasimiliĝi

Assisi (*n*) *eine Stadt in Umbrien/Italien* Asizo; ***Franz von*** *~ Eig* [Sankta] Francisko de (*od* el) Asizo *[*1181 od 1182, † 1226]*

Assistent *m* asistanto *auch Univ*; *Helfer* helpanto (↑ *auch* ***Sprachassistent***); ***persönlicher*** *~* privata asistanto; ***stellvertretender*** *~* vicasistanto; ***wissenschaftlicher*** *~ Univ* scienca asistanto

Assistentin *f* asistantino; helpantino

Assistenz *f* asist[ad]o; **~arzt** *m*, <*österr*> ***Sekundararzt*** *m* asistanto-kuracisto

Assistenztrainer *m* ↑ ***Kotrainer***

assistieren *intr* asisti (***jmdm.*** al iu) (↑ *auch* ***helfen*** *u.* ***mitwirken***)

assistierend *Adj* asist[ant]a

Associé *m Wirtsch (Teilhaber, Sozius)* asociito

Assonanz *f Metr (Gleichklang nur der Vokale, nicht aber der Konsonanten beim Reim)* asonanco

assonieren *tr Metr* asonanci

assortieren *tr Hdl (mit Waren bzw. allen Sorten versehen)* sortimenti; ***ein gut sortiertes [Waren-] Lager*** bone sortimentita stoko

Assoziation *f, auch* ***Assoziierung*** *f* ***a)*** *Vereinigung od Verbindung (als Zustand)* asocieco, *(als Handlung)* asociado *auch Biol u. Psych (Vorstellungsverknüpfung)*; *das Sichzusammenschließen [organisatorisch]* asociiĝo; ***absolute*** (***partielle***) *~* absoluta (parta) asocieco ***b)*** *alt für «Bund» od «Verband»* asocio

assoziativ *Adj* asoci[ec]a; ***~es Gesetz*** *od* ***Assoziativgesetz*** *n Math* aksiomo de asocieco

assoziieren *tr verknüpfen* asocii *auch Psych*; ***assoziiert werden*** fariĝi asociita (***mit*** kun); ***sich*** *~* sin asocii, asociiĝi (***mit*** kun)

Assoziierung *f* ↑ ***Assoziation***

Assoziierungs|abkommen *n od* **~vertrag** *m Pol* traktato pri asociiĝo

Assuan (*n*), *arab.* ***Aswān*** *Provinzhptst. in Oberägypten am Nil* Asuano; **~-Staudamm** *m* reten-digo de Asuano <*Fertigstellung im Juli 1970*>

[1]**Assur** (*n*) *älteste Hptst. Assyriens* Asiro

[2]**Assur** (*m*), *auch* ***Aschschur*** (*m*) *Myth (Stadt- u. Reichsgott der Assyrer)* Aŝuro

Assurbanipal (*m*) *Eig (ein assyrischer König [7. Jh. v. Chr.])* Asurbanipalo

Assyrer *m* asiriano

Assyrien (*n*) Asirio

Assyriologe *m* asiriologo

Assyriologie *f Erforschung des assyrisch-babylonischen Altertums, bes. der Keilschriften* asiriologio

assyrisch *Adj* asiria

Ast *m* ***a)*** [dika] branĉo *auch Geom (Ast einer Kurve)* (*vgl. dazu* ***Zweig***); ***voller Äste*** branĉoplena ◇ ***auf dem absteigenden*** *~* ***sein***

schlechter werden [daŭre] malpliboniĝi, iĝi pli kaj pli malbona ***b)*** *im Holz* nodo (*vgl. dazu* ***Astloch***) ***c)*** *salopp (Rücken)* dorso, *(Buckel)* ĝibo ◇ ***sich einen ~ lachen*** krevi pro ridado

Astana (*n*) (*bis 1998* ***Akmola*** *genannt*) *Hptst. von Kasachstan (zweitgrößte Stadt des Landes)* Astano (*vgl. dazu* ***Almaty***)

Astarte (*f*), *aramäisch* ***Attar*** (*f*) *Myth (phönizische Liebes- u. Fruchtbarkeitsgöttin [auch in Ägypten bekannt])* Astarta

Astasie *f nur Fachspr Med ([völlige] Unfähigkeit zu stehen)* astazio

Astat[in] *n* (*Symbol* ***At***) *Chem* astat[en]o

astatisch *Adj Phys (1. in jeder Lage im Gleichgewicht 2. von der Beeinflussung durch äußere elektrische od. magnetische Felder unabhängig [bei Präzisionsmesswerken])* astata; ***~es Nadelpaar*** *n* astata nadloparo

Astaxanthin *n Biochemie (ein natürlicher Farbstoff, der zur Xanthophyll-Klasse von Carotinoiden zählt [ein Antioxidans])* astaksantino

Ästchen *n* branĉeto

Astenopie *f nur Fachspr Ophthalmologie (rasche Ermüdbarkeit der Augen [beim Nahesehen])* astenopio

Aster *f, auch* ***Sternblume*** *f* (*Gattung* Aster) *Bot* astero (↑ *auch* ***Alpen-***, ***Berg-***, ***Gold-*** *u.* ***Tibetaster***); ***chinesische ~*** (Callistephus chinensis) [ĉina] kalistefo, *auch* ĉina astero; ***neuenglische Aster***, *auch* ***Raublattaster*** *f* (Aster novae-angliae) nov-angla astero; ***weidenblättrige ~*** (Aster salignus) salika astero

Asteriiden *Pl Zool* ↑ *unter* ***Seestern***

Asterisk[us] *m* (*Zeichen * [z.B. als Hinweis auf eine Fußnote]*), *umg* ***Sternchen*** *n Typ* asterisko

Asterix (*m*) *Titelfigur einer französischen Comicserie* Asterikso

Asteroiden *m/Pl* (*Syn:****Kleinplaneten*** *m/Pl*) *Astron (die kleinen Planeten unseres Sonnensystems)* asteroidoj *Pl* (↑ *auch* ***Planetoiden***)

Asterozoa *Pl Zool (Unterstamm [umfasst alle frei lebenden sternförmigen tierischen Formen mit Armausbildungen <seit dem Ordovicium bekannt>])* asterozooj *Pl*

Astgabel *f* branĉoforko

Asthenie *f Med* (*fachsprachl. für* ***Kraftlosigkeit*** *od* ***Schwäche*** *f* [↑ *dort*]) astenio

asthenisch *Adj nur Fachspr Med* astenia (*vgl. dazu* ***kraftlos***)

Asthenopie *f nur Fachspr Ophthalmologie* astenopio

Asthenosphäre *f Geol (eine Zone im oberen Erdmantel: Teil der Erdkruste unter der Tektonosphäre, in dem keine formbeständigen Deformationen stattfinden)* astenosfero

Ästhesiologie *f Med (Lehre von den Sinnesorganen u. ihren Funktionen)* estezologio

ästhesiologisch **1.** *Adj* estezologia **2.** *Adv* estezologie

Ästhesiometer *m Medizintechnik (Apparat zur Prüfung der Hautempfindlichkeit)* estezometro

Ästhet *m Mensch mit ausgeprägtem Schönheitssinn* estetikulo

Ästhetik *f Wissenschaft vom Schönen, Lehre von der Gesetzmäßigkeit und Harmonie in Natur u, Kunst* estetiko (↑ *auch* ***Musikästhetik***)

Ästhetiker *m Phil* estetikisto

ästhetisch *Adj 1. die Ästhetik betreffend 2. stilvoll schön, geschmackvoll* estetika

Ästhetizismus *m Lebens- u. Kunstanschauung, die dem Ästhetischen einen absoluten Vorrang vor anderen Werten einräumt* estetikismo

Ästhetizist *m Vertreter des Ästhetizismus* estetikisto

Asthippe *f Gartenb, Obstbau* serpeto

Asthma *n Med* astmo; ***allergisches ~*** alergia astmo (↑ *auch* ***Bronchialasthma***); ***an ~ leiden*** suferi je astmo

Asthma|anfall *m Med* atako de astmo; **~patient** *m* astmopaciento

Asthmatiker *m* astmulo

asthmatisch *Adj* astma

Astholz *n Forstw* branĉa ligno

ästig *Adj mit Ästen* branĉohava (↑ *auch* ***verzweigt***)

astigmatisch *Adj Opt (Punkte strichförmig verzerrend [von Linsen bzw. vom Auge])* astigmata

Astigmatismus *m Opt (Abbildungsfehler von Linsen)* astigmateco; *Ophthalmologie (Stabsichtigkeit)* astigmatismo

Astilbe *f, auch* ***Prachtspiere*** *f* (*Gattung* Astilbe) *Bot* astilbo

Ästimation *f alt od geh für «Hochschätzung»* estimado

ästimieren *tr alt od geh für «[hoch] achten»*

estimi
Ästivation *f, auch* ***Knospendeckung*** *f nur Fachspr Bot (eine Art der Anordnung der Blattanlagen in der Knospe)* estivacio
Ast|knorren *od* ~**knoten** *m od* ~**loch** *n* nodotruo; ~**quirl** *m Wirtel* branĉoverticilo
[1]**Astrachan** (*n*) *eine Hafenstadt im Wolgadelta* Astraĥano
[2]**Astrachan** *m Fell der Lämmer des südruss. Astrachanschafs [eine Lammfellart]* astrakano; ~**schaf** *n* astrakana ŝafo
Astragal[us] *m ein Rundprofil [meist Perlschnur] an ionischen Säulen* astragalo
Astraios *Myth (einer der Titanen [Vater des Zephyros])* Astreo
astral *Adj die Sterne betreffend* astra
Astralleib *m Neoplatonismus* astrala korpo; *Okkultismus (den Tod überdauernder unsichtbarer Leib des Menschen)* astra korpo, perispirito
Astrid (*f*) *weibl. Vorname* Astrida
Astrild *m, auch* ***Prachtfink*** *m* (Estrilda) *Orn* estrildo (↑ *auch* ***Goldbrüstchen***, ***Grau-***, ***Kappen-***, ***Wellen-*** *u.* ***Zügelastrild***)
Astrobiologie *f, auch* ***Kosmobiologie*** *od* ***Exobiologie*** *f Lehre von den außerirdischen Einflüssen auf die Gesamtheit der Lebenserscheinungen* astrobiologio, *auch* kosmobiologio *od* ekzobiologio
Astrochemie *f* ↑ ***Kosmochemie***
Astrodynamik *f Raumf* astrodinamiko <*sie befasst sich mit der Bahnberechnung*
Astrofotografie *f Astron* astrofotografio
Astrogeologie *f* astrogeologio
Astrografie *f, auch* ***Astrographie*** *f Sternbeschreibung* astrografio
Astroide *f, auch* ***Sternkurve*** *f Geom (Spezialfall einer Hypozykloide>* astroido
Astrolab[ium] *n Winkelmessgerät im Mittelalter* astrolabo
Astrologe *m, auch* ***Sterndeuter*** *m* astrologo
Astrologie *f, auch* ***Sterndeutung*** *f* astrologio
astrologisch *Adj* astrologia
Astrometrie *f, auch* ***Positionsastronomie*** *f (auch* ***sphärische Astronomie*** *genannt) Astron* astrometrio
Astronaut *m Raumf* astronaŭto, *russischer auch* [rusa] kosmonaŭto
Astronautik *f gelegentlich verwendete Bez für «Weltraumfahrt»* astronaŭtiko
Astronautin *f Raumf* astronaŭtino
astronautisch *Adj* astronaŭtika
Astronavigation *f* ↑ *unter* ***astronomisch***
Astronom *m* astronomo (↑ *auch* ***Amateurastronom***)
Astronomie *f, auch* ***Himmels-*** *od* ***Sternkunde*** *f* astronomio (↑ *auch* ***Archäo-*** *u.* ***Radarastronomie***); ***extragalaktische*** ~ *od* ~ ***der extragalaktischen Sternsysteme*** ekstergalaksia astronomio; ***geodätische*** (***sphärische***) ~ geodezia (sfera) astronomio
astronomisch *Adj* astronomia *auch übertr*; ~***e Dämmerung*** *f* astronomia krepusko; ~***e Einheit*** *f* (*fachsprachl. Abk* ***AE***) astronomia unuo; ***eine neue*** ~***e Entdeckung*** nova astronomia malkovro; ~***es Jahr*** *n* astronomia jaro; ~***e Navigation*** *f, auch* ***Astronavigation*** *f Flugw, Raumf* astronomia navigacio, *auch* astronavigacio; ***Internationale*** ≗***e Union*** *f* (*Abk* ***IAU***) Internacia Astronomia Unuiĝo; ~***e Ziffern*** *f/Pl* (*od i.w.S.* ***Ausmaße*** *n/Pl*) ***erreichen*** *umg für «eine gewaltige Größe erreichen»* atingi astronomiajn ciferojn
Astrophysik *f Astron* astrofiziko
astrophysikalisch *Adj* astrofizika
Astrophysiker *m* astrofizikisto
Astrospektroskopie *f Astron (Untersuchung des Spektrums von Gestirnen)* astrospektroskopio
Astrozyt *m Anat (sternförmige Nervenzelle in der Großhirnrinde)* astrocito
Astrozytom *n nur Fachspr Med (aus stark verzweigten sternförmigen Zellen u. reichlich Faserwerk bestehende Hirngeschwulst)* astrocitomo (*vgl. dazu* ***Gliom***)
Ast|säge *f, auch* ***Baumsäge*** *f Gartenb* branĉosegilo; ~**schere** *f Gartenb* branĉotondilo
Ästuar[ium] *n* ↑ *unter* ***Flussmündung*** *od* ***Trichtermündung***
Asturien (*n*), *span.* ***Asturias*** *eine Region in Spanien* Asturio; ***Königreich*** ~ (Asturorum regnum) *Gesch* Reĝlando Asturio *[718-925]*
Asturien-Narzisse *f* (Narcissus asturiensis) *Bot* asturia narciso *[Vorkommen in N-Spanien]*
Asturier *m* asturiano
Asturierin *f* asturianino
asturisch *Adj* asturia; ≗***es Gebirge*** *n westlicher Teil des Kantabrischen Gebirges in N-Spanien* Asturia Montaro
Asturisch[e] *n Ling (eine ibero-romanische Sprache [ein Dialekt der span. Sprache])* la asturia [lingvo]
Astverhau *m* ↑ ***Baumverhau***

Astwerk *n Geäst, bes. abgeschlagene Äste* branĉ[et]aĵo; *die Zweige eines Baums* branĉaro

Astyages (*m*) *Eig (letzter König des medischen Reiches [regierte um 585-549 v. Chr., gestürzt von Kyros II.])* Astiago

Astyanax (*m*) *griech. Myth (Sohn der Andromache u. des Trojaners Hektor)* Astianakso

Asunción (*n*) *Hptst. von Paraguay* Asunciono

Asyl *n* azilo; *Zufluchtsort* rifuĝejo; ***inneres ~*** interna (*od* teritoria) azilo (↑ *auch* ***Kirchenasyl***); ***jmdm. ~ gewähren*** doni azilon al iu; ***um politisches ~ bitten*** peti politikan azilon *od* peti pri politika azilo

Asyl|antrag *m* [oficiala] peto pri azilo, azilpeto; **~bewerber** *od* **~suchende** *m* azilpetanto, azilserĉanto; **~land** *n* lando de azilo; **~missbrauch** *m* azilmisuzo; **~politik** *f* azilpolitiko; **~recht** *n* ***a)*** *allg: (jmds.) Recht auf Asyl* rajto je (*od* pri) azilo, *auch* azilrajto ***b)*** *Jur (als Rechtsmaterie)* aziljuro

Asylsuchende *m* ↑ ***Asylbewerber***

Asymmetrie *f* nesimetri[ec]o, *Fachspr meist* asimetrio

asymmetrisch 1. *Adj* nesimetria, *Fachspr auch* asimetria **2.** *Adv* nesimetrie, *Fachspr auch* asimetria

asymptomatisch *Adj Fachspr Med für «ohne Symptome»* sensimptoma

Asymptote *f Geom* asimptoto

Asymptotenrichtung *f Geom* asimptota direkto

asymptotisch *Adj wie eine Asymptote verlaufend* asimptota

asynchron *Adj **a)** nicht mit gleicher Geschwindigkeit laufend, nicht im Gleichtakt laufend **b)** nicht gleichzeitig **c)** entgegenlaufend* nesinkrona

Asynchronmotor *m der am häufigsten verwendete Elektromotor* nesinkrona motoro

Asyndeton *n Gramm (ohne Bindewort stehende Wort- od Satzgruppe, z.B. im Deutschen [als rhetorisches Stilmittel]: alles rennet, rettet, flüchtet)* asindeto

Asystolie *f nur Fachspr Med (Ausfall od Verminderung der Systole des Herzens)* asistolio

aszendierend *Adj aufsteigend (auch Fachspr Med)* ascenda; ***~e Entzündung*** *f z.B. von der Harnblase zu den Nieren* ascenda inflamo

Aszension *f Astron* ascensio

Aszidien *od* **Seescheiden** *f/Pl Zool*: ***[Klasse der] Aszidien*** ascidioj *Pl* (Ascidiae) *[sackförmige, festsitzende Manteltiere aller Meere]*

Aszites *m Med* ↑ ***Bauchwassersucht***; ***hämorrhagischer ~*** hemoragia ascito

At *m kleinste Währungseinheit in Laos* ato (*vgl. dazu* ***Kip***)

Atacama *f **a)** auch **Atacama-Wüste*** Atakamo, *auch* Atakama-Dezerto ***b)*** *auch* ***Provinz Atacama*** *Provinz im nördl. Chile* provinco Atakamo

Atacamit *od* **Atakamit** *m*, *auch* ***Salzkupfererz*** *n od* ***Kupfersmaragd*** *m Min* atakamito

Atahualpa (*m*) *Eig (letzter vorspanischer Herrscher der Inka [1533 ermordet])* Atahualpo

Atair *m Astron* ↑ ***Altair***

Atakamit *m Min* ↑ ***Astacamit***

ataktisch *Adj fahrig, unkoordiniert (Bewegungen, Gang)* ataksia; ***~e Bewegungen*** *f/ Pl* ataksiaj movoj *Pl*

Atalante (*f*) *griech. Myth (eine arkadische Jägerin)* Atalanta; ***Mission «Atalanta»*** *Benennung einer 2008 begonnenen Abwehraktion gegen Piraterie vor der somalischen Küste* Misio «Atalanta»

Ataman *m [gewählter] Anführer einer Kosakengruppe* hetmano

Ataraxie *f Phil (Gleichmut [in allen Lebenslagen], Seelenruhe [der Stoiker])* ataraksio

Atavismus *m Biol* atavismo

atavistisch *Adj* atavisma

Ataxie *f Med (Muskeldysharmonie: Störung im geordneten Ablauf u. in der Koordination von Muskelbewegungen)* ataksio

ATB = *Abk für **All Terrain Bike***

Atebrin *n ein Malariamittel* atebrino

Atelektase *od* **Atelektasis** *f nur Fachspr Med (Zustand der Luftverknappung od Luftleere in Teilen der Lunge)* atelektaz[i]o

Atelier *n Werkstätte, bes. eines Bildhauers, Fotografen od Malers* ateliero, artista laborejo (↑ *auch* ***Zeichenatelier***); *eines Maßschneiders* tajlora ateliero (*od* laborejo); *Studio* studio (↑ *auch* ***Filmatelier***); **~mikrofon** *n Film* studia mikrofono; **~wohnung** *f* ateliera loĝejo

Atem *m* spiro; *die ausgeatmete Luft* spiraĵo; ***frischer ~*** freŝa spiro; ***den ~ anhalten*** reteni la (*od* sian) spiron; ***das bringt einen ganz schön außer ~*** *umg* tio estas vere senspiriga afero; ***ganz außer ~*** *(od umg auch* ***Puste) sein*** esti tute perdinta la spiron; ***tief ~ holen*** profunde enspiri; ***außer ~ kommen*** perdi la spiron, *keuchen* anheli ◇ ***jmdn in ~ halten*** *nicht ruhen lassen* ne lasi ripozi iun; *dauernd beschäftigen* daŭre okupi iun [per io]; ***das verschlägt einem den ~*** tio rabas la spiron

Atem|anhalten *n* spiroreteno; **~beklemmung** *f Med* opresio

atemberaubend *Adj Anblick, Thriller u.a.* senspiriga, spir-retena, spir[o]haltiga; ***von ~er Schönheit sein*** esti de spir-retena beleco

Atem|beschwerden *f/Pl Med* perturboj *Pl* dum [la] spirado; **~frequenz** *f (Zahl der Atemzüge pro Minute im Ruhezustand)* spirofrekvenco; **~gerät** *n Med* spir-aparato

Atemgeräusch *m*: ***pfeifendes ~*** ↑ ***Stridor***

Atemloch *n der Kaulquappen u. Landlungenschnecken* spir[o]truo

atemlos 1. *Adj* senspira **2.** *Adv* senspire

Atem|losigkeit *f* senspireco; **~luft** *f* spir-aero

Atemmaske *f Med* ↑ ***Atemschutzmaske***

Atemmessgerät *n* ↑ ***Spirometer***

Atem|muskeln *m/Pl Anat* spiraj muskoloj *m/Pl*; **~not** *f* spirmanko, *Fachspr Med (Dyspnoe)* dispneo, stato de spirmalfacilo; *Keuchen* anhelado (↑ *auch* ***Apnoe***); **~pause** *f* paŭzo por ekspiri; *übertr* [mallonga] paŭzo por ripozi; **~probleme** *n/Pl* spiraj problemoj *od* spirproblemoj *Pl*; **~quotient** *m Med* spirkvociento; **~reflex** *m Physiol* spirreflekso; **~[schutz]maske** *f Med* medicina [protekta] masko; **~spende** *f z.B. bei Wiederbelebung* spirdono

Atemstillstand *m*, *<wiss>* ***Asphyxie*** *f Med* spirohalto, *<wiss>* asfiksio; ***zeitweiliger ~*** *bei funktionstüchtigem Atemzentrum, Fachspr* ***Apnoe*** *f* apneo

Atem|technik *f* spirotekniko; **~therapie** *f* spir[ad]oterapio; **~tiefe** *f* profundo de spirado; **~übungen** *f/Pl* spiraj ekzercoj *od* spirekzercoj *Pl*; **~volumen** *n Physiol (Luftmenge, die pro Atemzug eingeatmet wird)* spir[o]volumeno

Atemwege *m/Pl Anat* spir-vojoj *od* spiraj vojoj *Pl*; ***die oberen ~*** la supraj spiraj vojoj

Atemwegs|beschwerden *f/Pl Med* spirafekcio, *pop* perturboj *Pl* dum [la] spirado; **~erkrankung** *f Med* malsano de la spiraj vojoj; **~infekt** *m Med* infekto de la spir-vojoj

Atemzug *m* [en]spiro; ***bis zum letzten ~*** ĝis la lasta spiro; ***im gleichen*** (*od* ***selben***) ~ en la sama spiro, *auch* samspire; ***seinen letzten ~ tun*** fari sian lastan spiron

Athabasca *m ein Fluss im westlichen Kanada (Provinz Alberta)* [rivero] Atabasko

Athalja *(f) bibl: eine böse Herrscherin in Judäa* Atalja

Äthan *n, Fachspr auch* ***Ethan*** *n Chem (gasförmiger Kohlenwasserstoff)* etano (↑ *auch* ***Chlor-*** *u.* ***Tetrachloräthan***)

Athanasius *(m) Eig (ein griech. Kirchenlehrer u. Bischof von Alexandria [295-373])* Atanazio, *auch* Atanazio la Granda

Äthandial *n Chem* ↑ ***Glyoxal***

Äthanol *n, Fachspr auch* ***Ethanol*** *n Chem* etanolo (↑ *auch* ***Bioethanol***)

Atheismus *m, auch* ***Gottesleugnung*** *f* ateismo

Atheist *m, auch* ***Gottesleugner*** *m* ateisto

atheistisch *Adj auf den Atheisten bezogen* ateista; *auf den Atheismus bezogen* ateisma

Athen *(n) Hptst. von Griechenland* Ateno; ***das alte ~*** la antikva Ateno

Äthen *n Chem* ↑ ***Äthylen***

Athenäum *n* ***a)*** *Heiligtum der Pallas Athene* Ateneo ***b)*** *Bez für eine wiss. Gesellschaft* ateneo, *falls mit einem Namen verbunden Großschr* Ateneo

Athene *(f), auch* ***Pallas Athene*** *(f) Myth (griechische Göttin [die Lieblingstochter des Zeus (aus seinem Haupte geboren)])* Atena, *auch* Palas-Atena (*vgl. dazu* ***Athenäum a)***); ***Schutzbild*** *n* ***der Pallas Athene*** *griech. Myth (im Altertum Bild der Schutzgottheit einer Stadt, dessen Besitz deren Bestand garantierte)* paladio

Athener *m* atenano

Athenerin *f* atenanino

athenisch *Adj* atena

Äther *m Chem, Med* etero ◇ ***über den ~*** *im Radio* en la radio

ätherisch *Adj* etera *auch übertr für «himmlich» od «zart»*; ***~es Öl*** *n* etera oleo

Ätherismus *m Med (krankhafte Äthersucht)* eterismo

Äthermaske *f Med* ↑ ***Narkosemaske***

Atherom *n, umg* ***Grützbeutel*** *m Med (eine Epidermalzyste)* ateromo

Atheromatose *f nur Fachspr Med (krankhafte Veränderung der Arterieninnenhaut im Verlauf einer Arteriosklerose)* ateromatozo

Äther|sucht *f Med, Psych* eteromanio; **~-süchtige** *m* eteromaniulo

Athetose *f nur Fachspr Med (Erkrankung des extrapyramidalen Systems)* atetozo

Äthin *n Chem* ↑ ***Azetylen***

Äthiopien (*n*) Etiopio *[Hptst.: Addis Abeba]*

Äthiopier *m* etiopo

Äthiopierin *f* etiopino

äthiopisch *Adj* etiop[i]a

Athlet *m* atleto; *i.w.S. Sportsmann* sportulo; *allg: Sportler* sportisto

Athletik *f Sport* atletiko (↑ *auch* ***Leicht-*** *u.* ***Schwerathletik***)

Athletin *f* atletino

athletisch 1. *Adj* atleta (*vgl. dazu* ***muskulös***); ***er hat einen ~en Körper*** li havas atletan korpon *od* li havas korpon de atleto **2.** *Adv* atlete

Athos *nur in Zus*: ***der Heilige Berg ~*** *eine orthodoxe Mönchsrepublik mit autonomem Status unter griechischer Souveränität auf der Halbinsel Chalkidiki* la Sankta Monto Atoso

Athrepsie *f nur Fachspr Med (eine Ernährungsstörung beim Säugling)* atrepsio

Äthrioskop *n Phys (ein Thermometer für die Messung von Raumstrahlung)* etrioskopo

Äthyl *od* **Ethyl** *n Chem* etilo

Äthylacetat *n Chem* ↑ ***Essigester***

Äthylal *od* **Ethylal** *n Chem* etilato

Äthyl|alkohol *m Chem (vom Äthan ableitbarer Alkohol [Weingeist])* etila alkoholo; ***[chronische] Vergiftung mit ~*** etilismo

Äthyl|amin *n Chem* etilamino; **~bromid** *n Chem* etila bromido

Äthylen *n*, *auch* ***Äthen*** *n fachsprachl. auch* ***Ethylen*** *od* ***Ethen*** *n Chem (einfachster ungesättigter Kohlenwasserstoff [im Leuchtgas]) enthalten* etileno, *auch* eteno; **~-diamin** *n Chem* etilendiamino

Äthylschwefelharnstoff *m* ↑ ***Thiosinamin***

Atilántaucher *m* (Podilymbus gigas) *Orn* giganta grebo *[ehemals endemisch in Guatemala (1989 ausgestorben)]*

Ätiologie *f Med (1. Lehre von den Krankheitsursachen 2. Gesamtheit der Faktoren, die zu einer bestehenden Krankheit geführt haben)* etiologio

ätiologisch 1. *Adj* etiologia **2.** *Adv* etiologie

Atitlán *m ein Vulkan in Guatemala* [vulkano] Atitlano

Atjeh (*n*) ↑ ***Aceh***

Atlant *m*, *auch* ***Gebälkträger*** *m Arch (männliche Figur nach der griech. Sagenfigur des Titanen Atlas)* atlanto

Atlanta (*n*) *Hptst. des US-Bundesstaates Georgia* Atlanto

Atlantik *m* ↑ *unter* ***atlantisch***

Atlantikcharta *f Pol* Atlantika Ĉarto

Atlantikküste *f*: ***an der ~*** ĉe la bordo de Atlantiko

Atlantikwall *m Gesch, Mil* Atlantika Muro

Atlantis (*f*) *sagenhafter im Meer versunkene Inselkontinent* Atlantido

atlantisch *Adj auf den Atlantik bezogen* atlantika *in Eig Großschr* (*vgl. dazu* ***euatlantisch*** *u.* ***transatlantisch***); ***≗e Atomstreitmacht*** *f* (*engl. Abk* ***ANF = Atlantic Nuclear Force***) Atlantikaj Nukleaj Militfortoj *Pl*; ***≗er Ozean*** *m*, *auch* ***Atlantik*** *m* Atlantika Oceano

[1]**Atlas** *m Buchw, Kartogr* atlaso (↑ *auch* ***Dialekt-***, ***Sprach-***, ***Taschen-*** *u.* ***Weltatlas***); ***anatomischer ~*** *Med* anatomia atlaso

[2]**Atlas** *m ein Seidengewebe* sateno

[3]**Atlas** *m Anat (oberster Halswirbel)* atlaso

[4]**Atlas** *m griech. Myth (Träger des Himmelsgewölbes)* Atlaso

[5]**Atlas** *m* ↑ ***Atlasgebirge***

Atlasbär *m*, *auch* ***Berberbär*** *m* (Ursus crowtheri) *Zool (ausgestorbene Unterart des Braunbären [er bewohnte das nordafrikanische Atlasgebirge])* atlasa urso

Atlasbindung *f Weberei* ↑ ***Satinbindung***

Atlasgebirge *n*, *auch* ***Atlas*** *m in NW-Afrika* Atlas-Montaro, *auch* Atlaso (↑ *auch* ***Sahara-*** *u.* ***Tellatlas***); ***Hoher Atlas*** *höchste Gebirgskette des Atlas [im Süden Marokkos]* Alta Atlaso

Atlasgrasmücke *f* (Sylvia deserticola) *Orn* atlas-silvio

atlasisch *Adj pflanzengeografische Bez für Vorkommen in den Atlasgebirgen NW-Afrikas* atlasa

Atlasschnäpper *m* (Ficedula speculigera) *Orn* atlasa muŝkaptulo *[Vorkommen: westliches Nordafrika]*

Atlasseide *f Textil* ↑ ***Satin***

Atlaszeder *f*, *auch* ***atlantische Zeder*** *f* (Cedrus atlantica) *Bot* Atlas-cedro

Atman *m ind. Phil («Lebensodem», seit den Upanishaden zentraler Begriff hinduistisch-philosophischer Heilssuche)* atmano

atmen *intr* ***a)*** spiri (*vgl. dazu* ***Atem holen*** *u.* ***einatmen***); ***durch den Mund*** (***die Nase***) ***~*** spiri tra la buŝo (nazo); ***schwach*** (*od* ***leise***)

~ malforte spiri, spireti; ***tief*** ~ profunde spiri, *auch* spiregi ***b)*** *übertr geh*: ***dieser Ort atmet den Geruch der Freiheit*** tiu loko (*od* ejo) spiras la odoron de libereco

Atmen *n* spirado

Atmometer *n*, *auch* ***Verdunstungsmesser*** *m Met, Phys* atmometro

Atmosphäre *f* ***a)*** *Met, Phys, Tech u. übertr* atmosfero (↑ *auch* ***Erdatmosphäre***); ***obere*** (***untere***) ***Schichten*** *Pl* ***der*** ~ *Met* supraj (subaj) tavoloj *Pl* de la atmosfero ***b)*** *Milieu od Atmosphäre, die irgendwo herrscht bzw. die von etw. ausgestrahlt wird* etoso, *auch* atmosfero (↑ *auch* ***Fluidum*** *u.* ***Kolorit***); ***in entspannter*** ~ en kvieta etoso; ***in feindlicher*** (***freundlicher***, ***nüchterner***) ~ *übertr* en malamika (afabla, sobra) atmosfero

Atmosphären|chemie *f ein Gebiet der Atmosphärenforschung* atmosfera kemio <*die Atmosphärenchemie befasst sich mit der Zusammensetzung u. den chemischen Stoffumsetzungenin der Erdatmosphäre*>; **~-physik** *f* atmosfera fiziko *od* fiziko de la atmosfero

atmosphärisch *Adj* atmosfera; ~***er Druck*** *m* atmosfera premo; ~***er Niederschlag*** *m Met* atmosfera precipitaĵo; ~***e Störungen*** *f/Pl Met, Radio, TV* atmosferaj perturboj *Pl*, *umg* atmosferaĵoj *Pl*

Atmosphärologie *f Lehre von der Atmosphäre [ein Zweig der Meteorologie]* atmosferologio

Atmung *f* spirado (↑ *auch* ***Bauchatmung***, ***Bradypnoe***, ***Eupnoe***, ***Hyper-***, ***Hypoventilation***, ***Nasen-***, ***Normal-***, ***Zell-*** *u.* ***Zwerchfellatmung***); ***abgeflachte*** ~ hipoventolado; ***akzessorische*** ~ ↑ *unter* ***akzessorisch***; ***gleichmäßige*** (***oberflächliche***, ***schwere***) ~ egalritma (supraĵa, peza) spirado

atmungsaktiv *Adj*: ~***er Stoff*** *m Textil* spirebla teksaĵo

Atmungsapparat *m Anat* spira sistemo

Atmungskettenphosphorylisierung *f Biochemie* ↑ *unter* ***Phosphorylisierung***

Atmungs|organe *n/Pl Anat* spirorganoj *Pl*; **~zentrum** *n Anat* spira centro

Ätna *m*, *ital.* ***Etna*** *ein Vulkan auf Sizilien* [vulkano] Etno <*größter europäischer Vulkan*>; **~-Ginster** *m* (Genista aetnensis) *Bot* genisto de Etno

Ätolien (*n*) *eine Region in Mittelgriechenland* [regiono] Etolio

Atoll *n Geogr* atolo (↑ *auch* ***Koralleninsel***); **~lagune** *f* atola laguno

Atom *n Chem (als Teil eines Moleküls), Kernphysik (als komplexes System)* atomo

atomar *Adj* atoma; *nuklear* nuklea; ~***e Abrüstung*** (***Bewaffnung***) *f* atoma malarmado (armado)

Atomarsenal *n*, *auch* ***Atomwaffenlager*** *n* atomarsenalo

Atombatterie *f* ↑ ***Atommeiler*** *u.* ***Radioisotopengenerator***

Atomausstieg *m Pol* forlaso de atomenergio

Atombombe *f*, *selt* ***A-Bombe*** *f* atombombo; ***eine*** ~ ***zünden*** (*od* ***zur Explosion bringen***) eksplodigi atombombon

Atombomben|explosion *f* atombomba eksplodo; **~versuch** *m* provo de atombomba eksplodo (*vgl. dazu* ***Kernwaffentest***)

Atomeisbrecher *m Mar* atoma glacirompa ŝipo, *auch* atoma glacirompilo

Atomenergie *f* atomenergio; *Kernenergie* nuklea energio; ***friedliche Verwendung*** *f* ***der*** ~ *od* ***Nutzung*** *f* ***der*** ~ ***für friedliche Zwecke*** uzo de atomenergio por pacaj celoj

Atomenergie|-Kommission *f des Sicherheitsrats* Komisio pri Atomenergio; **~-Organisation** *f*: ***Internationale*** ~ (*engl. Abk* ***IAEO***) Internacia Agentejo pri Atomenergio *od* Internacia Atomenergia Organizaĵo (*Abk* IAEO) *[Sitz: Wien]*

Atom|energieprogramm *n* atomenergia programo; **~forscher** *m* atomesploristo; **~-gefahr** *f* atoma danĝero; **~gewicht** *n Phys* atompezo; **~industrie** *f* atomindustrio

atomisch *Adj winzig [klein]* atoma *auch übertr*

Atomismus *m od* **Atomistik** *f Phil griech. Antike (Lehre vom Urstoff)* atomismo

Atomist *m Phil (Anhänger des Atomismus)* atomisto

Atomistik *f* ↑ ***Atomismus***

atomistisch *Adj Phil* atomisma *auch i.w.S.*

Atom|kern *m* nukleo, atomkerno (*vgl. dazu* ***Isobar***); **~kraft** *f* atomenergio, *Kernkraft* nuklea energio; **~kraftgegner** *m* kontraŭanto de atomenergio; **~kraftwerk** *n* (*Abk* ***AKW***) nukleo-energia centralo, *umg* atomcentralo (↑ *auch* ***Kernkraftwerk***); **~krankheit** *f Med* atommalsano; **~krieg** *m* atommilito, nuklea milito; **~kriegsgefahr** *f* danĝero de nuklea milito, atommilita danĝero

Atomlehre *f* ↑ ***Nukleonik***

Atom|masse *f Phys* atommaso; **~meiler** *m*, *auch* ***Atombatterie*** *f* atompilo

Atommüll *m* atomrubaĵo; ~**transport** *m* transporto de atomrubaĵo(j)

Atomnummer *f Chem* ↑ ***Ordnungszahl b)***

Atom|physik *f Wissenschaft vom Aufbau der Atome* atomfiziko; ~**physiker** *m* atomfizikisto; ~**pilz** *m* fungo de atombombo (*od [exakter:]* de atombomba eksplodo); ~**programm** *n* atomprogramo; ~**rakete** *f Mil* atoma raketo; ~**reaktor** *m* atomreaktoro, nuklea reaktoro; ~**spaltung** *f Phys* atomfendado; ~**spektrum** *n* atomspektro; ~**sprengkopf** *m Mil* nuklea eksplodkapo; ~**strom** *m El (in Kernkraftwerken erzeugter elektrischer Strom)* atomkurento

Atomtest *m*: ***unterirdischer*** ~ subtera atombomba testo

Atomtheorie *f Chem, Phys* atomteorio

Atomunfall *m* ↑ ***Nuklearunfall***

Atomunterseeboot *od* **Atom-U-Boot** *n Mil* atoma (*od* nuklea) submara ŝipo

Atomversuch *m* ↑ ***Atomwaffenversuch***

Atomvolumen *n Chem* atomvolumeno *od* [gram-]atoma volumeno

Atomwaffen *f/Pl* atomarmiloj *Pl*; ***taktische*** ~ taktikaj atomarmiloj; ***Lagerung f von*** ~ stokado de atomarmiloj

atomwaffenfrei *Adj*: ~***e Zone*** *f* sennuklearmila zono *od* zono sen nukleaj armiloj

Atomwaffenlager *n* ↑ ***Atomarsenal***

Atomwaffensperrvertrag *m* ↑ *unter* ***Vertrag***

Atom[waffen]versuch *m* testo de atomarmilo(j), nuklea testo

Atomwaffen|verbot *n* malpermeso de atomarmiloj; ~**verzicht** *m* rezigno pri atomarmiloj

Atom|wissenschaft *f* nuklea scienco; ~**zeitalter** *n* atomepoko; ~**zerfall** *m* atomdiseriĝo

Atomzertrümmerung *f alt* = ***Kernspaltung***

Aton (*m*) *Myth (eine altägypt. Gottheit, die in ihrer Erscheinung als Sonnenscheibe verehrt wurde)* Atono

atonal *Adj Mus (an keine Tonart gebunden)* atonala; ~***e Musik*** *f* atonala muziko

Atonalität *f Mus (auf atonaler Grundlage beruhende Kompositionsweise)* atonaleco, *(Atonalität als Prinzip)* atonalismo

Atonie *f nur Fachspr Biol u. Med* atonio (↑ *auch* ***Schlaffheit***)

atonisch *Adj Med (erschlafft)* atonia

Atopie *f nur Fachspr Med (körperliche Bereitschaft zu einer krankhaft erhöhten Bildung von IgE-Antikörpern)* atopio (↑ *auch* ***Allergie***)

atopisch *Adj* atopia; ~***e Dermatitis*** *f Med* atopia dermatito

Atout [*a'tu:*] *n, auch m Kart* atuto (↑ *auch* ***Trumpf***)

atoxisch *Adj ungiftig* netoksa

Atoxyl *n Chem* atoksilo *auch Pharm*

ATP = *fachsprachl. Abk für* ***Adenosintriphosphat***

Atrecht (*n*) ↑ ***Arras***

Atresie *f* (Atresia) *nur Fachspr Med (angeborenes Fehlen od Verschluss einer normalen [natürlichen] Körperöffnung)* atrezio

Atreus (*m*) *griech. Myth (Sohn des Pelops u. der Hippodameia)* Atreo (↑ *auch* ***Atriden***)

Atrichie *f Med* ↑ *unter* ***Alopezie***

Atriden *Pl griech. Myth (die Söhne des Atreus)* Atreidoj *Pl*

Atrioventrikularknoten *m* (Nodus atrioventricularis), *auch* ***AV-Knoten*** *m Anat (sekundäres Erregungsbildungszentrum [des Herzens])* atrioventrikla nodo

Atrium *n* ***a)*** *Arch u. römische Antike* atrio (↑ *auch* ***Innenhof***) ***b)*** *Anat* ↑ *unter* ***Vorhof***

Atrophie *f Med (Schwund, Verkümmerung von Zellen. Geweben, Organen durch Unterernährung, Stoffwechselstörungen od ungenügenden Gebrauch, z.B. Muskelatrophie)* atrofio *<nicht mit Hypoplasie zu verwechseln!>* (↑ *auch* ***Hunger-***, ***Iris-***, ***Leber-***, ***Muskel-***, ***Nieren-*** *u.* ***Optikusatrophie***)

atrophieren *intr bes. Med (schwinden, verkümmern, schrumpfen)* atrofii

atrophisch, *auch* ***atroph*** *Adj* atrofia; ~ ***werden*** atrofiiĝi (*vgl. dazu* ***absterben***)

Atropin *n Chem, Pharm (Gift der Tollkirsche* atropino; ~**vergiftung** *f, Fachspr* ***Atropinintoxikation*** *f Med* atropinismo, toksiĝo per atropino

Atropos *f griech. Myth (eine der drei Schicksalsgöttinen, die den Lebensfaden abschneidet)* Atropa

ätsch! *Interj* ha, ha, ha!

Atschinsk (*n*), *auch* ***Ačinsk*** (*n*) *eine russ. Stadt an der Transsibirischen Eisenbahn* Aĉinsko

Attaché *m Dipl* ataŝeo (↑ *auch* ***Botschafts-***, ***Finanz-***, ***Handels-***, ***Kultur-***, ***Landwirtschafts-***, ***Militär-*** *u.* ***Wirtschaftsattaché***)

Attacke *f Mil, Sport (bes. Fechten) u. i.w.S.* atako *auch Med* (↑ *auch* ***Anfall***, ***Angriff***, ***Cyber-***, ***Hai-***, ***Messer-*** *u.* ***Schmerzattacke***)

attackieren *tr* ataki (*vgl. dazu* ***angreifen***)
Attackieren *n* atakado
Attalos (*m*) *Antike Eig (Könige der Attaliden-Dynastie von Pergamon)* Atalo
Attar (*f*) *Myth* ↑ ***Astarte***
Attentat *n* atenco (*vgl. dazu* ***Anschlag***; ↑ *auch* ***Säureattentat***); ***ein fehlgeschlagenes*** ~ malsukcesinta atenco; ***ein*** ~ ***auf jmdn. verüben*** fari atencon kontraŭ [la vivo de] iu
Attentäter *m* atencanto *bzw.* atencinto; *i.w.S. Mörder* murdinto; ***potenzieller*** ~ ebla atenconto
Attentatsversuch *m* atenca provo
Attentismus *m*, *auch* ***Politik*** *f* ***des Abwartens*** atendismo
Attest *n* atesto, *auch* atestilo (*vgl. dazu* ***Bescheinigung*** *u.* ***Zeugnis***; ↑ *auch* ***Impfattest***); ***ärztliches*** ~ kuracista atesto
attestieren *tr*: ***jmdm. etw.*** ~ atesti al iu ion (*vgl. dazu* ***bescheinigen***)
Attich *m Bot* ↑ ***Zwergholunder***
[1]**Attika** *f Arch ([Skulpturen tragender] Aufsatz über dem Hauptgesims eines Bauwerks)* atiko
[2]**Attika** (*n*) *griech. Landschaft* Atiko
Attikus *m*, *auch* ***Kuppelraum*** *m* (Recessus epitympanicus) *Anat (oberer Teil der Paukenhöhle)* atiko
Attila (*m*), *in der dt. Sage* ***Etzel*** (*m*) *Eig (Hunnenkönig [† 453 n. Chr.])* Atilo
Attis (*m*) *Myth (phrygischer Vegetationsgott)* Atiso
attisch *Adj aus Attika [stammend] bzw. zu Attika gehörig; i.e.S. der athenischen Bildung gemäß*; *i.w.S. fein, gebildet, elegant (z.B. Ausdruck, Stil)* atika; ~***e Basis*** *f Arch (eine Säulenbasis ionischer Ausprägung, die aus Torus [Wulst] u. Trochilus [Hohlkehle] besteht)* atika bazo
Attizismus *m griech. Antike (Sprachgebrauch der attischen Schriftsteller)* atikismo *auch übertr für «Eleganz des Ausdrucks»*
Attraktion *f* atrakcio (↑ *auch* ***Touristenattraktion***)
attraktiv *Adj* atrakcia (*vgl. dazu* ***anziehend***)
Attraktivität *f Anziehungskraft* atrakcieco
Attrappe *f Nachbildung* postiĉo, *auch* kartona imitaĵo (↑ *auch* ***Imitation***); *übertr Schwindel* trompaĵo
Attribuierung *f Psych* atribu[ad]o
Attribut *n* ***a)*** *bildende Kunst, Logik, Phil* atributo *auch i.w.S.* ***b)*** *auch* ***Beifügung*** *f Gramm* atributo; ***adjektivisches*** ~, *auch* ***attributiver adjektivischer Zusatz*** *m* adjektiva atributo
attributiv *Adj Gramm* atributa; ~***es Adjektiv*** (***Pronomen***, ***Substantiv***) *n* atributa adjektivo (pronomo, substantivo)
Attrition *f kath. Kirche (unvollkommene, nur aus Furcht vor Strafe empfundene Reue)* atricio (*vgl. dazu* ***Kontrition***)
atypisch *Adj* netipa *od* ne-tipa; ~***e Pneumonie*** *f Med* netipa pneŭmonio
Atzel *f Orn* ↑ [1]***Elster***
atzen *tr Jägerspr (füttern [Greifvögel])* beknutri
ätzen *tr mit Säure, Lauge u. Ä. bearbeiten* korodi, *Kupferplatte* akvaforti; *Med* kaŭterizi
ätzend *Adj* kaŭstika *auch Spott, bissig* vitriola *z.B. eine Bemerkung*
Ätzende *n* kaŭstikeco *auch i.w.S.*
Ätz|kali *n*, *auch* ***Kaliumhydroxid*** *n Chem* kaŭstika potaso, *auch* kalia hidroksido, *Kalilauge* kalia lesivo; ~**kraft** *f* kaŭstikeco; ~**mittel** *m Chem* korodaĵo; *(Kaustikum)* kaŭstikaĵo; ~**natron** *n* ***a)*** *Chem* ↑ ***Natronlauge*** ***b)*** *auch* ***kaustische Soda*** *f (technisches Ätznatron)* kaŭstika sodo
Ätzung *f* korod[ad]o (*vgl. dazu* ***ätzen***)
au! *Interj (Ausruf bei körperlichem Schmerz)* aj! *od* aŭ!
Aubade [*o'ba:...*] *f Mus (eine aus der Provence stammende Gattung des Minnesangs)* aŭbado
Aubergine *f*, *reg* ***Eierfrucht*** *f* (Solanum melongena) *Bot (Pflanze), Nahr (Frucht)* melongeno; ***gefüllte*** ~***n*** *Pl Kochk* farĉitaj melongenoj *Pl*
Aubrietie *f Bot* ↑ ***Blaukissen***
auch *Adv* ankaŭ (*vgl. dazu* ***ebenfalls***); *außerdem* krome; *sogar* eĉ; ***nicht nur ..., sondern*** ~ ***...*** ne nur ..., sed ankaŭ ...; ***sowohl ... als*** ~ ***...*** kaj ... kaj ...; ***was*** ~ ***[immer]*** kio ajn, *im Akk* kion ajn; ***wenn*** ~ eĉ kiam; *obgleich* kvankam; ***wer*** ~ ***[immer]*** *od* ***wer es*** ~ ***[immer] sei*** (*od* ***ist***) kiu ajn, *im Akk* kiun ajn; ***wie viel*** ~ ***[immer]*** kiom ajn; ***woher*** ~ ***immer*** de kie ajn; ***wohin*** ~ ***immer*** kien ajn
Auckland [*'o:k...*] (*n*) *eine Hafenstadt in Neuseeland* Aŭklando; ~**ente** *f* (Anas aucklandica) *Orn* aŭklanda anaso *[Vorkommen: endemisch auf den subantarktischen Auckland Islands]*; ~**-Inseln** *Pl eine neuseeländ. Inselgruppe im Pazifik* Aŭklandaj Insuloj

Pl; ~**säger** *m* (Mergus australis) *Orn* aŭklanda merĝo *[1902 ausgestorben]*; ~**scharbe** *f* (Phalacrocorax colensoi) *Orn* aŭklanda kormorano

Aucubin *n Biochemie (ein sekundärer Pflanzenstoff aus der Gruppe der Iridoide)* aŭkubino *[Vorkommen im Saft von Spitzwegerich]*

Audienz *f* aŭdienco (*vgl. dazu* ***Durbar*** *u.* ***Empfang***; ↑ *auch* ***Abschieds-*** *u.* ***Privataudienz***); ***öffentliche*** ~ *Dipl* publika aŭdienco; ***um eine ~ bitten*** (*od* ***nachsuchen***) peti pri aŭdienco *od* peti aŭdiencon (***bei*** ĉe); ***jmdm. eine ~ gewähren*** konsenti aŭdiencon al iu

Audiogramm *n, auch* ***Hörkurve*** *f* aŭdogramo

Audiologie *f, auch* ***Lehre f vom Hören*** *Med* aŭdologio

Audiometer *n, auch* ***Hörmessgerät*** *n* aŭdometro, *auch* aparato por mezuri la aŭdan akrecon

Audiometrie *f, auch* ***Prüfung f der Hörfähigkeit*** *Med* aŭdometrio, mezurado de la aŭda akreco [per aŭdometro]

audiovisuell *Adj* aŭd-vida; ~***e Anlage*** *f* aŭd-vida instalaĵo; ~***e Ausrüstung*** *f* aŭd-vida ekipaĵo; ~***e Hilfsmittel*** *n/ Pl Päd* aŭd-vidaj [instru-]helpiloj *Pl*; ~***e Methode*** *f Päd* aŭd-vida metodo

Auditor *m Jur (Mitglied eines höheren Gerichtshofs)* aŭditoro

Auditorium *n Hörsaal [einer Hochschule]* aŭditorio (*vgl. dazu* ***Aula***); *Zuhörerschaft* aŭskultantaro (*vgl. dazu* ***Publikum***); *i.w.S. Anwesende* ĉeestantoj *Pl*

Audubon-Sturmtaucher *m* (Puffinus lherminieri) *Orn* makulpufino

Aue *f Fluss*^{2}*: Wiese längs eines Flusses* apudrivera herbejo; *kleinere Wiese (bes. poet)* prato

Auerbachsprung *m Wasserspringen* Aŭerbaĥ-plonĝo

Auer|hahn *m bzw.* ~**huhn** *n* (Tetrao urogallus) *Orn* urogalo (↑ *auch* ***Ural-Auerhuhn***)

Auerochse *m, auch* ***Ur*** *m* (Bos primigenius) *Zool* uro

Au[e]wald *m* apudrivera (*od* riverborda) arbaro; *i.w.S. Überschwemmungswald* inundarbaro

auf 1. *Präp* ***a)*** *Ort (Frage: wo?)* sur *mit Nom*; *in* en; ~ ***dem Tisch*** sur la tablo; ***etw. vom Tisch wegnehmen*** (*od umg auch* ***unternehmen***) preni ion de sur la tablo; ~ ***der Straße*** sur la strato, surstrate; ~ ***dem Lande*** en la kamparo (*od* ruro); ~ ***der Reise*** dum la vojaĝo, dumvojaĝe; ~ ***der linken*** (***rechten***) ***Seite*** je la maldekstra (dekstra) flanko; ~ ***der Universität*** en la universitato; ~ ***meinem Zimmer*** en mia ĉambro ***b)*** *Richtung (Frage: wohin?)* sur *bzw.* en *mit Akk*; ~ ***einen Baum klettern*** grimpi sur arbon; ~***s Land fahren*** veturi en la kamparon; ***etw.*** ~ ***den Tisch legen*** meti ion sur la tablon ***c)*** *Zeitdauer* por [daŭro de]; ~ ***einen Augenblick*** por momento; ~ ***Jahre hinaus*** por jaroj [venontaj]; ~ ***zwei Jahre*** por [daŭro de] du jaroj; ~ ***Lebenszeit*** por [la daŭro de] la tuta vivo ***d)*** *Art und Weise*: ~ ***einmal*** *mit einem Mal, gleichzeitig* per unu fojo; *plötzlich* [tute] subite; ***etw.*** ~ ***Deutsch sagen*** diri ion en la germana [lingvo]; ~ ***Einladung von*** (*od Gen*) je invito de; ~ ***jeden Fall*** en ĉiu okazo, *umg* ĉiuokaze; ~ ***Regierungskosten*** je kostoj de la registaro; ***etw.*** ~ ***sich nehmen*** preni ion sur sin; ~ ***welche Weise?*** kiamaniere?; ~ ***diese Weise*** laŭ (*od* en tiu ĉi) maniero, *umg* tiumaniere; ~ ***solche Weise*** *dergestalt* tiamaniere; ~ ***Ihr Wohl!*** je via sano! ***e)*** *vor od nach Verben*: ~ ***einen Brief antworten*** respondi leteron; ~ ***den Bus warten*** atendi la buson; ***ich habe*** ~ ***dich gewartet*** mi atendis vin; ***ich trinke*** ~ ***Ihre Gesundheit*** mi trinkas je via sano ***f)*** *vor od nach Substantiven*: ***Einfluss*** ~ ***etw. haben*** havi influon sur io (*od auch* ion); ***Recht*** ~ ***etw.*** rajto je io *od* rajto sur ion; ~ ***Schritt und Tritt*** ĉiupaŝe; ***die Verantwortung*** ~ ***sich nehmen*** preni la respondecon sur sin; ~ ***Wiederhören*** *Tel* ĝis reaŭdo!; ~ ***Wiedersehen!*** ĝis [la] revido! **2.** *Adv*: ~ ***und ab*** *hin und her* tien kaj reen; *hinauf und hinunter, rauf und runter* supren-malsupren; ~ ***und nieder*** supren-malsupren; ***sich*** ~ ***und davon machen*** [haste] forkuri (***mit jmdm.*** kun iu); *flüchten* fuĝi [por savi sin *u.a.*]; ***noch*** ~ ***sein*** *noch nicht schlafen* ne jam dormi; *noch nicht geschlossen sein* esti ankoraŭ malferm[it]a; ***das Fenster ist*** ~ *umg offen* la fenestro estas malferm[it]a; ***von klein*** ~ de infanaĝo **3.** *Konj*: *alt* ~ ***dass ...*** por ke ... *Verb folgt in der u-Form* **4.** *Interj*: ~***!*** ek!; ~ ***geht's!*** ek!; *lass(t) uns losgehen!* ni ekiru!, ek al la vojo!; ***Augen*** ~***!*** atenton!

aufarbeiten *tr* finlabori, finfari *od auch kurz*

fini; *Hut, Kleidung* renovigi, refari; *reparieren* ripari; ***wir müssen noch vieles*** ~ ni devas ankoraŭ fari multon, kio estas ne jam finfarita

aufatmen *intr* ekspiri *auch übertr* ◇ ***wir können wieder*** ~ *übertr* ni povas senti nin nun senŝarĝa (*od* liberigita de ŝarĝo)

aufbahren *tr*: ***einen Leichnam*** ~ meti mortinton sur katafalkon

Aufbau *m bes. Bauw* konstru[ad]o; *Gründung* fondo; *Erneuerung* renovigo; *Struktur* strukturo *auch Biol u. Phys* (↑ *auch* ***Bau c)***); *eines Kunstwerks, Romans u.Ä.* kompon[ad]o; *Montage* muntado; *Wiederaufbau, z.B. von Zerstörtem* rekonstru[ad]o; ***der*** ~ ***einer Alge*** (***eines Mooses***, ***eines Pilzes***) *Biol* la strukturo de algo (musko, fungo)

aufbauen *tr Bauw* konstru[ad]i *auch i.w.S., z.B. einen Staat, die Industrie eines Landes*; *aufstocken* surkonstrui *od* konstrui sur; *aufstellen, errichten* starigi; *gründen* fondi; *schaffen* krei; *installieren, z.B. eine Lautsprecheranlage* instali; *montieren* munti; *anordnen* aranĝi; *gruppieren* grupigi; *listenmäßig zusammenstellen* listigi; *bilden* formi; *wieder aufbauen* rekonstru[ad]i; ***ein Zelt*** ~ starigi tendon; ***sich*** ~ ***auf*** *basieren auf, gründen auf* bazi sur

aufbäumen, sich *refl Pferd* baŭmi; *übertr: sich auflehnen* ribele leviĝi *od kurz* ribeli (***gegen*** kontraŭ); *sich empören* [obstine] indigni (***gegen*** kontraŭ, pri *od* pro)

Aufbau|phase *f* stadio de [re]konstruo; **~programm** *n* programo de [re]konstruado

aufbauschen *tr* ***a)*** *bauschig machen, aufblähen* pufigi (↑ *auch* ***aufschütteln***); *anschwellen lassen* ŝveligi ***b)*** *übertr übertreiben* [ĝis ekstremo] troigi; *größer machen [als es eigentlich ist]* trograndigi; *wichtiger machen [als es eigentlich ist]* trogravigi, supergravigi; ***eine Kleinigkeit*** ~ trogravigi bagatelon ***c)*** *refl*: ***sich*** ~ pufiĝi; ŝvel[iĝ]i; *übertr* troiĝi

Aufbaustoffe *m/Pl in der Nahrung* fortigaj substancoj *Pl* (*vgl. dazu* ***Stärkungsmittel***)

Aufbaustoffwechsel *m* ↑ ***Anabolismus***

Aufbauten *m/Pl Schiffs*~ kastelo (*vgl. dazu* ***Roof***; ↑ *auch* ***Heck- u. Vorschiffsaufbau***)

aufbegehren *intr* [ribele] protesti, [forte] indigni (↑ *auch* ***rebellieren***); *revoltieren* revolti (***gegen*** kontraŭ); ***er begehrt immer gleich auf*** *umg* li ĉiam tuj protestas (*od* ekindignas)

aufbehalten *tr z.B. die Brille* ne demeti, *Kopfbedeckung auch* lasi sur la kapo; ***den Hut*** ~ ne demeti la ĉapelon ◇ ***die Augen*** ~ *reg für «die Augen aufhalten» im Sinne von «aufpassen, Acht geben»* ĉiam [bone] atenti

aufbeigen ↑ ***aufstapeln***

aufbekommen *tr* ***a)*** *öffnen können* povi malfermi; ***ich bekomme den Koffer nicht auf*** mi ne povas malfermi la valizon ***b)*** *aufessen können*: ***ich bekomme den Kuchen nicht auf*** mi ne povas (*bzw.* povos) finmanĝi la kukon ***c)*** *Schularbeit*: ***habt ihr heute keine Hausaufgaben ~?*** ĉu hodiaŭ vi ne [ek]havis hejmtaskojn por la lernejo?

aufbereiten *tr*: ***Erz*** ~ riĉigi ercon; ***Trinkwasser*** ~ purigi trinkakvon; ***wieder*** ~ *rückgewinnen, erneut nutzbar machen* (*vgl. dazu* ***Wiederaufbereitung***)

Aufbereitung *f von Erz* riĉigo; *von Wasser* purig[ad]o (*vgl. dazu* ***Recycling***)

aufbessern *tr verbessern* [kvalite] plibonigi; *vermehren* plimultigi; *vergrößern* pligrandigi; ***jmdm. das Gehalt*** ~ pagi al iu pli altan salajron *od* salajri iun pli bone [ol antaŭe]

Aufbesserung *f das Aufbessern* plibonigo; plimultigo; pligrandigo; *Zuschlag, z.B. zum Lohn* alpago, krompago, ekstra pago

aufbewahren *tr in einem Zustand erhalten* konservi, teni; *Gepäck* gardi; *lagern* stoki, teni en stoko; *reservieren, zurücklegen [für später]* rezervi; *hinterlegen* deponi; ***Sie müssen dieses Dokument gut*** ~ vi devas konservi ĉi tiun dokumenton en sekura loko; ***das Medikament muss im Kühlschrank aufbewahrt werden*** la medikamento devas esti konservata (*od* stokata) en fridujo

Aufbewahrung *f das Aufbewahren* konservado; gardado; stokado; *Hinterlegung* deponado (↑ *auch* ***Verwahrung***); *Gepäck*~ deponejo por bagaĝo (*od* pakaĵo[j])

Aufbewahrungs|ort *bzw.* **~raum** *m* deponejo, konservejo (↑ *auch* ***Depot a)***); **~schein** *m* depon-atesto

aufbieten *tr Kräfte* streĉi, uzi; ***alles*** ~, ***um zu ...*** *alles tun, was möglich ist* uzi ĉiujn eblojn por ...; *alle Energie verwenden* uzi ĉiujn fortojn (*od* ĉian energion) por ...

aufbinden *tr hochbinden* ligi [supren]; *etw. Verschnürtes lösen* malligi, malnodi; *Korsett, Schuh* mallaĉi; *Haare* suprenigi kaj ligi; ***einen Knoten*** ~ malligi nodon ◇

jmdm. einen Bären ~ ege blufi iun

aufblähen *tr Leib* kaŭzi meteorismon; *Segel* ŝveligi; *aufbauschen, bauschig machen* pufigi (↑ *auch* ***aufschütteln***); ***sich*** ~ *Leib* ŝveli [pro meteorismo]; *Segel* ŝveli; *sich aufbauschen* pufiĝi; *übertr: sich großtun, prahlen* sin mem gravigi, fanfaroni, brustoŝveli; ***aufgebläht*** ŝvelinta *auch Segel*; pufiĝinta

Aufblähung *f des Leibes infolge Gasbildung* [ŝveliĝo pro] meteorismo, timpanio (*vgl. dazu* ***Meteorismus***, ***Trommelsucht*** *u.* ***Tympanie***); *des Segels* ŝvelo

aufblasen *tr* enblovi aeron en *mit Akk*, plenblovi, [per blovado] ŝveligi; ***die Backen*** ~ [blove] pufigi la vangojn; ***sich*** ~ *protzen* sin plenblovi, brustoŝveli

auf|bleiben *intr nicht zu Bett gehen* ne enlitiĝi, ne dormi; *geöffnet bleiben* resti nefermita; ~**blenden** *intr abs Kfz* ŝalti la malproksim-lumon; ~**blicken** *intr* rigardi supren, levi la okulojn; *übertr: respektvoll betrachten* respektoplene rigardi (***zu jmdm.*** iun); *verehren* adori; *bewundern* admiri (***zu jmdm.*** iun); ~**blitzen** *intr* ekfulmi (↑ *auch* ***aufleuchten***); *von Gedanken* ekaperi; ~**blühen** *intr Blume, Knospe, Mädchen* ekflori; *übertr: gedeihen* prosperi

Aufblühen *n* ekflorado; *übertr* prosperado

aufbocken *tr auf einen Bock stellen, bes. zu handwerkl. Arbeiten* surstabligi; ***ein Auto*** ~ *mit dem Wagenheber* levi per kriko, *auch* krikolevi

aufbohren *tr*: ***etw.*** ~ bori truon en io, *mit Drill- od Steinbohrer* drili truon en io (↑ *auch* ***trepanieren***); ***einen Zahn*** ~ bori denton

aufbranden *intr*: ***Beifall brandete immer wieder auf*** ekestis aplaŭdo ĉiam denove (*od auch* ondon post ondo), *i.w.S. auch* aplaŭdo [ŝtorme] furiozis

aufbrauchen *tr* [tute] foruzi, [for]konsumi (↑ *auch* ***verbrauchen***); ***aufgebraucht werden*** foruziĝi, forkonsumiĝi; ***nicht aufzubrauchen sein*** esti nekonsumebla

aufbrausen *intr* ***a)*** *tosen, z.B. Meer, Wasserfall, Sturm* [ek]muĝi, *Wogen auch* muĝante leviĝi; *Motor* ektondri; *Beifall, Jubel* ekbru[eg]i, ektondri; *aufschäumen* ekŝaŭmi, *Limonade, Sekt auch* eferveski; *reg für «sieden»* boli (↑ *auch* ***aufwallen***) ***b)*** *zornig werden* ekkoleri, [facile] ekscitiĝi *od* ekflam[iĝ]i; ***du musst nicht immer gleich*** ~ vi ne devas ekscitiĝi pro kio ajn

Aufbrausen *n von Limonade, Sekt* efervesko

aufbrausend *Adj* ekkolerema, eksplodema; *cholerisch* kolerika (*vgl. dazu* ***jähzornig***)

aufbrechen *tr* ***a)*** *Kiste, Tür* rompe malfermi, *auch* romp[malferm]i; *Brief* [senrajte] malfermi; ***etw. mit Gewalt*** ~ rompi per uzo de forto; ***mein Auto*** (*od* ***Wagen***) ***ist aufgebrochen worden*** mia aŭto estis rompe malfermita ***b)*** *intr sich öffnen* malfermiĝi; *sich entfalten* malfaldiĝi *auch übertr*; *losgehen* ekiri, foriri, ekmarŝi; *losfahren* ekveturi; *knospen* [ek]burĝoni; *zu Tage treten, z.B. eine Kontroverse* evidentiĝi; *zum Vorschein kommen* ekaperi; ***die Eisdecke bricht auf*** *wird rissig* la glacitavolo (*od kurz* glacio) komencas fendiĝi; ***los, wir brechen auf!*** *umg* venu, ni ekiru!

aufbringen *tr beschaffen, zusammenbringen* havigi, kolekti; *Brauch, Mode, neuen Ausdruck* enkonduki, lanĉi; *auf dem Weg abfangen* [survoje] kapti; *ein Schmugglerschiff auf hoher See* kaperi, [surmare] kapti; *umg reg: etw. öffnen können* sukcesi malfermi (*bzw.* malŝlosi), povi malfermi; *übertr: erzürnen* kolerigi (***jmdn.*** iun); *reizen* inciti (***jmdn.*** iun); ***ein Gerücht*** ~ cirkuligi onidiron; ***eine neue Mode*** ~ lanĉi novan modon; (***nicht***) ***den Mut*** ~ ***zu ...*** (ne) esti sufiĉe kuraĝa por ...; ***ich kann dafür kein Verständnis*** ~ mi ne povas kompreni tion (*od* tian konduton *u. Ä.*)

Aufbringung *f*: ~ ***eines Kontrabande führenden Schiffs*** kapero de kontrabanda ŝipo

Aufbruch *m* ekmarŝo *auch Mil*; *Losgehen* ekiro; *Abreise* forvojaĝo, ekvojaĝo; ***das Zeichen zum*** ~ ***geben*** doni la signalon por ekmarŝi (*od* ekiri)

auf|brühen *tr Kaffee, Tee* infuzi; ~**bügeln** *tr sorgsam bügeln* [tre zorgeme] gladi; *nochmals bügeln* ankoraŭfoje gladi, *auch* regladi; ~**bürden** *tr* ŝarĝi (***jmdm. etw.*** ion al iu) *auch übertr*; *zur Last legen, unterstellen* imputi (***jmdm.*** ion al iu)

aufdecken *tr auflegen, z.B. ein Tischtuch* surmeti, sterni [kovraĵon *od* tukon] sur *mit Akk*; *bloßlegen, enthüllen* malkovri; *Geheimes* malkaŝi, *auch* malkovri; *das Geheimnis von ... lüften* malsekretigi; *Unbekanntes ans Licht bringen* riveli; ***sensationelle Fakten*** ~ malkovri (*od* senvualigi) sensaciajn faktojn; ***ein Komplott*** (***eine Verschwörung***) ~ malkovri komploton (konspiron);

ein neues Tischtuch ~ surmeti novan tablotukon
Aufdeckung *f z.B. eines Skandals* malkovro (*vgl. dazu* ***Enthüllung***)
aufdonnern, sich *refl sich auffallend kleiden u. mit Schmuck behängen* sin vesti puce
aufdrängen *tr* [al]trudi (***jmdm. etw.*** ion al iu); *mit Gewalt aufdrängen, oktroyieren* perforte altrudi; ***die Frage drängt sich uns auf, ob ...*** la demando sin trudas al ni, ĉu ...; ***das drängt sich einem ja förmlich auf*** tio estas ja tute evidenta; ***er versuchte, mir seinen Willen aufzudrängen*** li provis altrudi al mi sian volon; ***sich*** ~ [al]trudiĝi, sin [al]trudi; ***sich jmdm.*** ~ sin trudi al iu
Aufdrängen *n* trud[ad]o
aufdrehen ***a)*** *tr anstellen, z.B. Hahn, Heizung, Ventil* [turni por] malfermi; *aufschrauben* malŝraŭbi, malfiksi la ŝraubo(j)n (***etw.*** de io); *verdrehte Kabeldrähte, verfitzte Schnur* maltordi; ***sich*** ~ *Zusammengedrehtes* maltordiĝi ***b)*** *intr <österr> für «in Wut geraten»* furioziĝi
aufdringlich, *<österr>* ***sekkant*** *Adj Person* sintruda *od* [sin]trudema, [al]trudiĝema; *Geruch, Parfüm* tro penetra; ~ ***wegen dauernden Bittens [und Bettelns]*** tropetema; ~***er Mensch*** *m* sintrudulo
Aufdringlichkeit *f* sintrudemo, altrudiĝemo
aufdröseln *tr Kabeldrähte, Schnur* maltordi
Aufdruck *m* surpres[aĵ]o *auch Philat*; *das Aufdrucken* surpres[ad]o; ***glänzender*** (***kopfstehender, matter***) ~ *Philat* brila (renversita, nebrila) surpreso
aufeinander *Adv* unu sur la alia; *gegenseitig* reciproke; *Reihenfolge* unu post la alia, sinsekve; *in Schichten übereinander* tavolo sur tavolo; ~ ***abstimmen*** reciproke akordigi; ~ ***abgestimmte Interessen*** *n/Pl* harmoniigitaj interesoj *Pl*; ~ ***folgen*** [kontinue] sekvi unu la alian, sekvi unu post la alia; ~ ***folgend*** sekvanta unu la alian; ***drei*** ~ ***folgende Tage*** tri sinsekvaj tagoj; ~ ***hängen*** *intr* pendi unu sur la alia; ~ ***legen*** meti unu sur la alian; ~ ***losstürzen*** *aufeinander zu eilen* ekrapidegi unu renkonte al la alia; *aufeinander zu stürmen (Mil, Sport)* sturmopaŝe ataki unu la alian; ~ ***prallen*** kolizii unu kun la alia *auch übertr*; ~ ***treffen*** *sich begegnen* renkonti unu la alian, renkontiĝi; *zufällig bzw. unerwartet treffen* hazarde (*bzw.* senatendite) trafi unu la alian
Aufeinanderfolge *f* sinsekvo; *Reihe* vico; *Serie* serio
Aufeinandertreffen *n* renkontiĝo; ***Ort*** *m* ***des*** ~***s*** (*od* ***der Zusammenkunft***) renkont[iĝ]ejo
Aufenthalt *m Verweilen* restado (***in*** en) (↑ *auch* ***Auslands-***, ***Ferien-*** *u.* ***Klinikaufenthalt***); *Verk (Fahrtunterbrechung)* halto, *Zug auch* haltodaŭro; ***[eine Stunde]*** ~ ***haben*** halti [dum unu horo]; ***ohne*** ~ sen halto, senhalte; ***wie lange hat der Zug in ...*** ~***?*** kiom longe la trajno haltas en ...?; ***der Zug hat hier eine halbe Stunde*** ~ la trajno haltas ĉi tie duonan horon; ***während meines*** ~***s in ...*** dum mia restado en ...
Aufenthalts|dauer *f* restad-daŭro; ~**erlaubnis** *od* ~**genehmigung** *f* permeso por [limigita] restado, restadpermeso; ~**kosten** *Pl* restadkostoj *Pl*; ~**ort** *m* restadejo; ~**raum** *m bes. Hotellerie* restadsalono; ~**recht** *n Jur (im objektiven Sinn)* juro pri restado, *(im subjektiven Sinn)* rajto pri restado; ~**verbot** *n* malpermeso por restado
auf|erlegen *tr aufbürden* ŝarĝi, surmeti; *verpflichten zu* devontigi; ***jmdm. die Verantwortung dafür*** ~, ***dass ...*** surmeti al iu la respondecon por tio, ke ...
auferstehen *intr von den Toten* releviĝi [el la tombo] *auch übertr*, resurekti; ***Christus ist auferstanden*** Kristo resurektis
Auferstehung *f*, *selt auch* ***Resurrektion*** *f Rel* releviĝo, resurekto; *i.w.S. Wiedergeburt* renaskiĝo *auch übertr*
aufessen, *umg auch* ***auffuttern*** *tr zu Ende essen* finmanĝi; *wegessen* formanĝi
auffädeln *tr Perlen u. dgl.* tredi fadenon (***in*** en *mit Akk*, *auch* tra *mit Nom*)
auffahren ***a)*** *tr Geschütz* alveturi [kaj loki en pozicio ataka]; *salopp: große Mengen auftischen (von Getränken od Speisen)* alporti abundon da ... *od* malavare surtabligi ***b)*** *intr Bergmann aus der Grube* suprenveturi, supreniri; *Rel* leviĝi en la ĉielon, ĉieliri; *hochschrecken* time (*od* abrupte) suprensalti (***aus*** el); *plötzlich zornig werden* ekkoleri, ekflam[iĝ]i (*vgl. dazu* ***aufbrausen b)***); ***von vorn*** (***hinten***) ~ *z.B. bei Kfz-Unfall* karamboli de antaŭe (malantaŭe); ***das Schiff ist auf ein Riff aufgefahren*** la ŝipo veturis sur rifon, *auch* la ŝipo surrifiĝis
Auffahrt *f* ***a)*** *Fahrt nach oben* suprenvetur[ad]o; *das Vorfahren* alvetur[ad]o; *zur Autobahn, zu einem Gebäude* alveturejo,

alkonduka strato (*bzw.* vojo *u.a.*) (***zu*** al); ***schräge*** ~ *vor einem Palast od Herrenhaus* ramplo (*vgl. dazu* ***Rampe***) ***b)*** *reg u.* *<schweiz> Himmelfahrt* ĉieliro

Auffahrunfall *m* karambola akcidento

auffallen *intr* ***a)*** *auftreffen, z.B. Licht od Regen* fali sur *mit Akk* ***b)*** *ins Auge fallen* frapi [la atenton *od* la okulojn] (***durch*** pro, *auch* per); ***angenehm*** ~ agrable impresi; ***mir fiel auf, dass ...*** mi notis (*od* rimarkis), ke ...

auf|fallend *od* **~fällig** **1.** *Adj frappant* frap[ant]a; *ins Auge fallend* okulfrapa; *Aufmerksamkeit erweckend* atentokapta; *bemerkenswert* notinda, rimarkinda; *merkwürdig* kurioza, stranga; *von den Farben her, z.B. ein grellfarbenes Kleid* tro multkolora, tro bunta **2.** *Adv*: ***sie ist ~ still*** ŝi estas eksterordinare silent[em]a

auf|fangen *tr Ball, Funkspruch, Gesprächsfetzen* kapti; *etw. Fallendes mit Händen fangen* kapti [dum flugo]; *sammeln, z.B. Regenwasser in einem Behälter* kolekti; *parieren, z.B. einen Schlag* bloki, parati; **~-fasern** *intr aufgehen [von einem Fadengeflecht]* disfadeniĝi

auffassen *tr geistig wahrnehmen, mit den Sinnen aufnehmen* percepti; *geistig erfassen, begreifen* koncepti; (***als*** kiel); *verstehen* kompreni; *auslegen, interpretieren* interpreti (***als*** kiel); ***ich fasse das anders auf*** mi komprenas tion aliamaniere *od* mi ne tiel[e] komprenas tion; ***etw. falsch*** ~ *etw. falsch verstehen* malĝuste kompreni ion; ***etw. als Schmeichelei*** ~ preni ion por flataĵo

Auffassung *f sinnliche Erfassung, Wahrnehmung* percepto; *Phil (Konzeption, geistiges Erfassen, schöpferischer Gedanke)* koncepto; *Ansicht, Meinung* opinio; *Verständnis* kompreno; *Standpunkt* starpunkto; *jmds. Sicht [der Dinge]* vidpunkto; *Interpretation* interpret[ad]o; *Vorstellung* imago; ~ ***von Gerechtigkeit*** *Rechtsauffassung* koncepto pri justeco; ***der ~ sein, dass ...*** opinii, ke ...; ***nach meiner*** ~ laŭ mia koncepto (*bzw.* opinio *bzw.* vidpunkto)

Auffassungs|gabe *f od* **~vermögen** *n* komprenkapablo, *auch* komprenpovo, *bes. Phil* kapablo de koncepto; *i.w.S. Intelligenz* inteligenteco ***das übersteigt mein Auffassungsvermögen***, *umg auch* ***das ist mir [viel] zu hoch*** tio transcendas mian intelekton

auffindbar *Adj* trovebla

auffinden *tr plötzlich finden* [ek]trovi; *aufdecken, ausfindig machen* malkovri

Auffinden *n od* **Auffindung** *f* trovado

auf|flackern *intr* ekflagri; *funkeln, bes. Stern* scintili; **~flammen** *intr* ekflami *auch übertr*; **~flattern** *intr* ekflirti; **~flechten** *tr* malplekti

auffliegen *intr losfliegen* ekflugi; *nach oben fliegen* suprenflugi *od* flugi supren; *aufwirbeln, z.B. Staub* kirliĝi en la aero; *übertr scheitern* fiaski; ***etw. ~ lassen*** *scheitern lassen* fiaskigi ion

auffordern *tr befehlen* ordoni; *[mit Nachdruck] verlangen* [energie] postuli; *bitten* peti; *einladen* inviti; ***er forderte mich auf mitzukommen*** li postulis, ke mi kuniru; ***jmdn. zum Duell*** ~ elvoki iun al duelo; ***ein Mädchen zum Tanz*** ~ peti knabinon al danco; ***jmdn. zu zahlen*** ~ postuli pagon de iu

Aufforderung *f Befehl* ordono; *Forderung* postulo (↑ *auch* ***Zahlungsaufforderung***); *Bitte* peto; *Einladung* invito (***zu*** al)

aufforsten *tr* planti novan forston (*od* arbaron); ***wieder*** ~ reforstizi *od* reforstumi

Aufforstung *f* plantado de nova forsto (*od* arbaro), *auch* forstizo; *Wiederaufforstung* reforstum[ad]o (*vgl. dazu* ***Begrünung***)

auffressen *tr* formanĝ[eg]i; *gierig hinunterschlingen* avide engluti (*od* formanĝi) *auch übertr*; ***er fraß sie fast mit seinen Blicken auf*** per sia rigardo li preskaŭ ŝin manĝis

auffrischen ***a)*** *tr Altes erneuern* renovigi (*vgl. dazu* ***restaurieren***); *Erinnerung auch* revivigi, refreŝigi; ***seine Garderobe*** ~ akiri al si iom pli da moderna vestaĵo; ***sein Gedächtnis*** ~ refreŝigi sian memoron; ***seine französischen Sprachkenntnisse*** ~ reaktivigi siajn konojn de la franca lingvo ***b)*** *intr Wind* refortiĝi

aufführen ***a)*** *tr Theat* prezenti, surscenigi, *allg auch (spielen)* ludi, *(zeigen)* montri; ***einen Kriegstanz*** ~ prezenti militdancon; ***einen Sketch*** (***ein Theaterstück***) ~ ludi (*od* prezenti *od* surscenigi skeĉon (teatraĵon) ***b)*** *tr nennen* nomi; *zitieren* citi; *auflisten* [en]listigi; *aufzählen* [laŭvice] nombradi; ***einzeln*** ~ *spezifizieren* specifi ***c)*** *refl* ***sich*** ~ *sich benehmen* konduti (***wie*** kiel); ***sich unmöglich*** ~ konduti en maniero tute maldeca

Aufführung *f Mus, Theat (als Vorgang)* prezentado, *(das Dargebotene)* prezentaĵo (↑ *auch* ***Erst-*** *u.* ***Opernaufführung*** *u.* ***Premiere***); *Nennung* mencio, citado; *Aufzählung* [laŭvica] nombrado; ***wie lange dauert die ~?*** kiom longe daŭros la prezentado?

auffüllen *tr* [re]plenigi; *vervollständigen* [re]kompletigi; ***Benzin ~*** replenigi la benzinujon; ***sich wieder ~*** repleniĝi

auffuttern ↑ ***aufessen***

Aufgabe *f* ***a)*** tasko (↑ *auch* ***Extra-***, ***Haupt-***, ***Herkules-***, ***Lebens-*** *u.* ***Schwerpunktaufgabe***); *Pflicht* devo; *Funktion* funkcio; *Auftrag* komisio; *Schul~*, *Haus~* lerneja tasko, hejme farota tasko; *noch der Lösung harrende Aufgabe* problemo; *Math (Rechen~)* [aritmetika] problemo; ***vorrangige ~*** prioritata tasko; ***sie ist ihrer ~ nicht gewachsen*** ŝi fakte ne kapablas (*od umg* povas) plenumi sian funkcion; ***eine ~ lösen*** *Math* solvi problemon; ***jmdm. etw. zur ~ machen*** *jmdn. mit etw. beauftragen* taski ion al iu; ***sich eine ~ stellen*** starigi al si taskon ***b)*** *Verzicht* rezigno [pri]; *Geschäfts~* likvido [de komercejo *u.Ä.*]; ***er riet ihr zur ~ ihres Studiums*** li konsilis ŝin rezigni pri la daŭrigo de ŝia studado ***c)*** *Abgabe, Übergabe* fordono, transdono; *von Brief- od Postsendung* alpoŝtigo, transdono al la poŝto ***d)*** *Volleyball* serviro (*vgl. dazu* ***Aufschlag d)***)

aufgabeln *tr Heu, Mist u.a.* forki, piki kaj levi per forko; *Schnupfen* kapti ◇ ***wen hast du denn da wieder aufgegabelt?*** *leicht abschätzig* kiun tipon vi ĉi-foje kunvenigas?

Aufgabe|ort *m Post* ekspedloko; **~raum** *m Volleyball* servirareo; **~schein** *m* eksped-atesto; **~wechsel** *m Volleyball* servirŝanĝo

Aufgang *m Weg nach oben* suprenirejo, vojo supren; *Treppen~* ŝtuparo [supren]; *Astron* leviĝo (↑ *auch* ***Mond-*** *u.* ***Sonnenaufgang***)

aufgebauscht *Adj bauschig* pufa; *übertrieben* troigita

aufgeben ***a)*** *tr Brief, Sendung* ekspedi; *zur Post bringen od geben* enpoŝtigi; *zur Verwahrung geben* deponi; *im Stich lassen, zurücklassen* lasi fali, forlasi, postlasi; *verzichten auf* rezigni pri; ***eine Annonce*** (*od* ***Anzeige***) ~ aperigi anoncon [en gazeto]; ***den Kindern Hausaufgaben ~*** doni al la infanoj hejme farotajn taskojn; ***einen Patienten ~*** jam ne esperi ke la paciento resaniĝos; ***das gibt uns Rätsel auf*** tio prezentas al ni enigmon; ***ein Telegramm ~*** ekspedi (*od* sendi) telegramon; ***sein Vorhaben ~*** rezigni pri sia projekto (*od* plano *bzw.* intenco) ***b)*** *intr kapitulieren* kapitulaci; *sich zurückziehen aus* sin retiri el, eksiĝi el; *keine Hoffnung mehr haben* jam ne havi esperon ◇ ***den*** (*od* ***seinen***) ***Geist ~*** *seinen letzten Atemzug tun* spiri sian lastan spiron (*vgl. dazu* ***sterben***); *umg auch für «völlig kaputt gehen»* plenplene (*od* totale) difektiĝi

aufge|bläht *Adj* ***a)*** *Leib* ŝvelinta [pro meteorismo] ***b)*** *pej für «großtuerisch»* fanfaron[em]a; **~blasen** *Adj* ***a)*** plenblovita *auch Frosch*; *bauschig* puf[iĝint]a ***b)*** *übertr* orgojla, tromemfinda, memgraviga (*vgl. dazu* ***eingebildet b)***; ↑ *auch unter* ***aufblasen***)

Aufgebot *n Brautpaar* [publika] avizo pri [okazonta] geedziĝo; *Sport (Mannschaft)* teamo; ***mit dem ~ aller Kräfte*** streĉante ĉiujn [siajn] fortojn

aufgebracht *Adj erbost, zornig* kolera (***gegen*** kontraŭ; ***über*** pro); *wütend* furioza; *verärgert* ĉagrenita; ***leicht*** (***schnell***) ***~ sein*** facile (rapide) koleriĝi, *auch* esti ekkolerema

aufge|donnert, *auch* ***aufgetakelt*** *Adj* puca; **~dunsen**, *<österr> umg* ***dostig*** *Adj* ŝvelinta (↑ *auch* ***schwammig***)

Aufgedunsensein *n* ŝvelinteco

aufgehen *intr Fenster, Tür* malfermiĝi; *Gestirn* leviĝi; *Teig* [komenci] ŝveli, *auch* ŝveliĝi; *Blüte, Knospe* malfermiĝi, ekflori; *Saat* elkreski; *Geschwür* krevi; *Knoten* disvolviĝi; *Naht* malkudriĝi, *auch* malligiĝi; *Fadengeflecht* disfadeniĝi; *etw. Zusammengedrehtes* maltordiĝi; *Math* dividiĝi sen resto; ***in Flammen ~*** *verbrennen* esti [tute] konsumita de fajro, forbruli; ***die Tür geht leicht auf*** la pordo facile malfermeblas; ***ineinander ~*** *von Partnern* ideale harmonii, ideale kompletigi unu la alian; ***der Mond geht auf*** la luno leviĝas (*od* aperas) [en la ĉielo]; ***die Sonne geht im Osten auf*** la suno leviĝas en oriento; ***völlig ~ in ...*** *völlig absorbiert sein von ... (z.B. einer Sache)* esti tute absorbita de ... ◇ ***das Land der ~en Sonne*** *bildhaft für «Japan»* la lando de la Leviĝanta Suno; ***mir geht ein Licht auf*** mi nun komencas kompreni [la aferon]

Aufgehen *n das Sichöffnen* malfermiĝo; *das Sichlösen von einem Knoten* disvolviĝo; *von einem Fadengeflecht* disfadeniĝo; *von* *etw. Zusammengedrehtem* maltordiĝo; *Aufquellen, z.B. von Teig* ŝvel[ad]o (↑ *auch* ***Aufgang***); ***das ~ des Mondes*** *Mondaufgang* la leviĝo de la luno

aufgeien *tr Mar* ↑ ***geien***

Aufgeien *n Mar (Heranholen der Schothörner des Segels mit den Geitauen zur Rah, um den Wind aus den Segeln zu nehmen)* brajlado

aufgeilend *Adj sex* amorveka, libidoveka (*vgl. dazu* ***aufreizend***)

aufgeklärt *Adj* klerigita, klera, klarvida; *über etw.* [bone] informita (***über*** pri)

Aufgeld *n Bankw* ↑ ***Agio***

aufgelegt *Adj*: ***~ sein zu ...*** esti ema (*od* inklina) al ..., esti en dispozicio por ...; ***er ist heute gut ~*** li havas hodiaŭ bonan humoron, li estas gaja hodiaŭ

aufgelöst *Adj*: ***in Tränen ~ sein*** droni en larmoj

aufgepasst! *Imp* atentu!

aufgepflanzt *Adj*: ***mit ~em Bajonett*** kun bajoneto fiksita

aufge|quollen *Adj* ŝvelinta; **~räumt** *Adj in Ordnung* [bone] ordigita, *nachgest* en bona ordo; *fröhlich, heiter* gaj[em]a (*vgl. dazu* ***jovial***); *gut gelaunt* bonhumora; **~regt** *Adj* ekscitita; *nervös* nervoza; **~schabt** *Adj z.B. das Knie* frotvundita; **~schlossen** *Adj Tür* malŝlosita; *übertr (offen)* aperta, spirite akceptema, sensiva (***für*** por), *(interessiert)* interesita (***für*** pri), *(mitteilsam)* komunikema

aufgeschoben ↑ *unter* ***aufschieben***

aufgeschossen *Adj*: ***lang ~*** *Mensch* enorme altkreska

aufgeschlossen *Adj*: ***er ist sehr ~ für neue Ideen*** li estas tre akceptema por novaj ideoj

aufgeschwollen *Adj* ŝvelinta (↑ *auch* ***aufgedunsen*** *u.* ***schwammig***); *Med (durch Blutandrang)* pletora, *(durch Blutfülle [in einem Organ])* turga

Aufgeschwollensein *n* ŝvelinteco; *Turgeszenz* turgeco, *(Fachspr)* turgesko

aufgesteppt *Adj z.B. Jackentasche* surstebita

aufgetakelt ↑ ***aufgedonnert***

aufge|trieben *Adj durch Luft od Gase, z.B. im Leib* ŝvelinta [pro meteorismo] (*vgl. dazu* ***aufgedunsen***); **~weckt** *Adj von geistiger Regheit* [spirite] vigla; *intelligent* inteligenta; *findig* lerta, elturniĝema (*vgl. dazu* ***aufwecken***)

Aufgewecktheit *f [geistige] Regheit* [spirita] vigleco

aufgewühlt *Adj Meer* turbulenta *auch Gefühle*

aufgießen *tr* surverŝi; *aufbrühen (Kaffee, Tee)* infuzi, verŝi bolantan akvon sur *mit Akk*; *hinzugießen* [ankoraŭ] iom alverŝi; ***etwas Weißwein ~*** *Kochk* alverŝi (*od* surverŝi) iom da blanka vino

Aufgleisen *n od* **Aufgleisung** *f Fachspr Eisenb* surtrakigo

auf|gliedern *tr klassifizieren* klasifiki; *in Kategorien einteilen* kunigi (*od* grupigi *bzw.* ordigi) en kategorioj; *i.w.S. aufteilen* disdividi; **~graben** *tr z.B. die Straßendecke* disfosi, malfermi per fosado

aufgreifen *tr*: ***einen Dieb ~*** [ek]kapti (*bzw.* aresti) ŝteliston; ***eine Frage*** (*od* ***ein Problem***) ~ kontinuigi [tiun ĉi] problemon

aufgrund, *auch* ***auf Grund*** *Präp mit Gen* surbaze de; *sich auf ... stützend* sin apogante sur ...; *verursacht durch* kaŭze de (*vgl. dazu* ***infolge***); ***~ der Beweise*** surbaze de la pruvoj; ***~ dessen, dass ...*** kaŭze de tio ke ...

Aufguss *m* infuzaĵo; *Pharm (Aufguss aus Heilkräutern)* tizano (↑ *auch* ***Kamillen-*** *u.* ***Kräuteraufguss***); *das Aufgießen (als Vorgang)* infuzado

Aufgusstierchen *n/Pl Zool, Mikrobiologie* = ***Infusorien***

aufhaben ***a)*** *tr umg: Kopfbedeckung* surhavi, *auch* porti (*vgl. dazu* ***tragen***); ***einen Hut ~*** surhavi (*od* porti) ĉapelon; ***Schulaufgaben ~*** devi fari lernejajn taskojn ***b)*** *intr umg für «geöffnet sein» Geschäft* esti malfermita, *umg auch* labori

auf|hacken *tr Boden, Eisdecke* dishaki; **~haken** *tr von einem Haken lösen* malkroĉi; *etw. mit einer Agraffe od Spange Zusammengehaltenes lösen* malagrafi; *i.w.S. abmachen, abnehmen* malfiksi (***etw.*** ion)

aufhalsen *tr umg für «aufbürden»*: ***jmdm. etw. ~*** ŝarĝi ion al iu

aufhalten *tr offen halten* teni malfermita; *zum Stehen bringen* haltigi, stopi; *behindern* bari, malhelpi, *auch* obstakli; *hemmen, verzögern* malakceli; *zurückhalten* reteni; *stören* ĝeni; ***nicht aufzuhalten*** ne haltigebla; ***den Verkehr ~*** haltigi (*bzw.* malakceli) la trafikon; ***halte ich Sie auf?*** ĉu mi forprenas vian tempon?; ***sich ~*** *sich befinden* troviĝi; *verweilen* restadi (***in*** en); *Zeit verlieren* perdi tempon; *abfällig reden* indigne (*bzw.* riproĉe *od* moke *u.a.*) paroli (***über jmdn.*** pri iu); ***sich im Ausland*** ~ restadi en eksterlando; ***sich zu einem Staatsbesuch in …*** ~ restadi en … dum (*od* okaze de) ŝtatvizito

aufhängen *tr* pendigi (***an*** al; ***auf*** sur); *an einen Haken, Nagel u. Ä.* alkroĉi *od* kroĉi (***an*** al *od* sur); ***Wäsche zum Trocknen*** ~ pendigi (*od auch* etendi) [ĵus lavitan] tolaĵon por sekigo; ***sich*** ~ *sich erhängen* sin pendigi

Aufhängen *n* pendigo

Aufhänger *m an Kleidungsstücken* pendigbendo *od auch kurz* pendigilo

Aufhängung *f Tech* suspensio (↑ *auch* ***Pendelaufhämgung***); *Kfz (Rad²)* rada suspensio; ***kardanische*** ~ *z.B. eines Kompasses* kardana suspensio

aufhäufen *tr anhäufen* amasigi *auch Vorräte*; *akkumulieren, aufspeichern* akumuli; ***sich*** ~ amasiĝi; akumuliĝi

aufheben *tr hochheben* levi; *mit den Fingern fassen und aufnehmen (meist etw. Winziges od etw. am Boden Liegendes)* pluki (*vgl. dazu* ***auflesen***); *aufbewahren, nicht wegwerfen* konservi, ne forĵeti; *annullieren, für nichtig erklären* nuligi, deklari (ion) malvalida; *Gesetz, Sklaverei* abolicii; *Gerichtsurteil* kasacii; *abschaffen* forigi (*vgl. dazu* ***rückgängig machen***); *stoppen* haltigi, stopi; *beendigen* ĉesigi, fini; ***zeitweilig*** ~ *außer Kraft setzen, z.B. ein Gesetz* suspendi (↑ *auch unter* ***einstellen***); ***sich*** ~ *sich ausgleichen* kompensiĝi; ***die Belagerung*** ~ *Mil* ĉesigi (*od* levi) la sieĝon; ***eine Münze vom Fußboden*** ~ pluki [falintan] moneron de la planko; ***die Sitzung*** (***Versammlung***) ~ ĉesigi (*od* fini) la kunsidon (kunvenon) ◇ ***dort sind Sie gut aufgehoben*** *dort werden Sie sich wohlfühlen* tie vi [nepre] bone fartos; *in guten Händen sein* tie vi estos en bonaj manoj, *auch* tie vi estos bone prizorgata

Aufheben *n* ◇ ***viel ~[s] von etw. machen*** fari multan bruon (*bzw.* [grandan] skandalon) pri io

Aufhebung *f Annullierung* nuligo; *Beendigung* ĉesigo; *Jur (Abolition: Niederschlagung eines Strafverfahrens vor seinem rechtskräftigen Abschluss)* abolicio, *(Kassation: Aufhebung eines Gerichtsurteils durch die nächsthöhere Instanz)* kasacio, *(eines Gesetzes durch ein neues Gesetz)* abrogacio; ~ ***der Schmerzempfindung*** *Med* analgezio; ~ ***des Todesurteils*** abolicio de la mortopuno

aufheitern *tr* gajigi, serenigi; *i.w.S. zum Lachen bringen* ridigi; ***es*** (*od* ***das Wetter***) ***heitert sich auf*** la vetero [pli kaj pli] sereniĝas

aufhellen *tr* heligi; *Flüssigkeiten* klarigi; ***sich*** ~ *Blick, Wetter u.a.* [pli]heliĝi; *klarer werden* [pli]klariĝi

Aufhellung *f das Aufhellen* heligo; *das Sichaufhellen* heliĝo

aufhetzen *tr* agiti (***jmdn. gegen …*** iun kontraŭ …); *aufstacheln* incit[eg]i; ***jmdn. zur Meuterei*** ~ inciti iun tiel, ke li estas pelata ĝis ribelado

Aufhetzung *f* agitado; incitado

aufheulen *intr Hund, Wolf* ekhurli *auch Motor*; *laut aufweinen* laŭte ekplori; *jammernd losheulen* lamente ekplori

aufholen ***a)*** *tr* regajni; *in die Höhe ziehen, z.B. Anker, Boot* [supren]levi, haŭli supren; ***b)*** *intr Läufer, Rennfahrer* [re]gajni terenon; ***er hat im letzten halben Jahr mächtig aufgeholt*** *in seinen Leistungen* dum la pasinta duonjaro li sukcesis ege pliboniĝi [en siaj prestoj]

aufhorchen *intr* ekaŭskulti, atente aŭskulti; *übertr* subite esti singarda [kaj ekatentema]

aufhören *intr* ĉesi; *zu Ende gehen* finiĝi; ***hör auf!*** *bzw.* ***hören Sie auf!*** *bzw.* ***hört auf!*** ĉesu!; ***hör auf zu klagen!*** ĉesu plendadi!, *zu stöhnen* ĉesu la ĝemadon!; ***er hat aufgehört zu rauchen***, *umg auch* ***er hat mit dem Rauchen aufgehört*** li ĉesis fumadon; ***es hat aufgehört zu regnen*** (***schneien***) ĉesis pluvi (neĝi) *od* la pluvo (neĝo) ĉesis ◇ ***da hört [sich] doch alles auf!*** *das übertrifft alles* tio superas ĉiujn mezurojn!; *das ist der Gipfel der Frechheit* tio estas la supro de l'impertinenteco!

auf|jagen *tr verscheuchen* forpeli; **~jauchzen** *intr* ĝoje ekkrii; **~jubeln** *intr* [ek]jubili

Aufkauf *m* [multkvanta] aĉeto; *zu Wucherzwecken* akapar[ad]o

aufkaufen *tr en gros kaufen* [multkvante] aĉeti; *zu Wucherzwecken od um zu hamstern* akapari (*vgl. dazu* ***hamstern***)

Aufkäufer *m* aĉetisto; ***wucherhafter*** ~ akaparisto (*vgl. dazu* ***Hamsterer***)

auf|keimen *intr Gräser, Saat* ekĝermi *auch übertr*, komenci ĝermi; *übertr (plötzlich auftauchen)* subite aperi, *auch* ekaperi, *(aufkommen)* ekesti; **~klappen** *tr Buch, Liegestuhl, Messer u.a.* malfermi; **~klaren**

intr Himmel, Wetter [pli]heliĝi (*vgl. dazu* ***sich aufheitern***)
aufklären *tr klarstellen, erklären* klarigi (***jmdn. über etw.*** ion al iu); *bilden* klerigi; *darlegen, auseinander setzen* elmontri, prezenti, fari [ion] tre klare videbla; *Mil* skolti, rekognoski; ***jmdn. über etw.*** ~ doni klarigon al iu pri io; ***er klärte mich darüber auf*** *er machte mir die Sache klar* li klarigis al mi la aferon; ***den Sohn*** ~ *sex* doni priseksan informadon al la filo; ***sich*** ~ *klar od deutlich werden* klariĝi; *Wetter* sereniĝi, sennubiĝi; *übertr* [poste] klariĝi, [poste] fariĝi tute evidenta
Aufklärer *m Rationalist, Prediger für die Vernunft* racionalisto; *Mil: Späher* skolto; *Aufklärungsflugzeug* skoltaviadilo *od* rekognoska aviadilo
Aufklärung *f Klärung, Erklärung* klarigo (↑ *auch* ***Aufschluss a)***); *Auskunft, Information* informado; *Darlegung* elmontro, prezentado; *Bildung* klerigo; *Mil* skoltado, rekognosko; ***sexuelle*** ~ ***der Kinder*** [pri]seksa edukado (*od* klarigo) al la infanoj, seksklerigo al infanoj; ***das Zeitalter der*** ~ *im 18. Jh.* la epoko de l' racionalismo
Aufklärungs|arbeit *f ehem. DDR* agitada laboro; ~**flugzeug** *n, auch kurz* ***Aufklärer*** *m Mil* skoltaviadilo *od* rekognoska aviadilo; ~**satellit** *m* rekognoska satelito (*vgl. dazu* ***Spionagesatellit***)
aufkleben *tr, umg auch* ***draufkleben***, *<österr> auch* ***aufpicken*** surglui (***auf*** sur)
Auf|klebemarke *f od* ~**kleber** *m*, *<österr>* ***Pickerl*** *n*, *<schweiz> auch* ***Kleber*** *m* glumarko; *Etikett [zum Aufkleben]* [glu]etikedo
auf|klopfen *tr* frape malfermi; ~**knacken** *tr Nüsse* krevigi; *Safe* rompi; ~**knöpfen** *tr* malbuton[um]i; ~**knoten** *od* ~**knüpfen** *tr Verschnürtes* malligi [nodon]; *aufhängen* pendigi
Aufknoten *od* **Aufknüpfen** *n* malnodado
aufkochen ***a)*** *tr aufwallen lassen* [re]boligi [por mallonga tempo]; ***nochmals*** ~ *Kochk* reboligi; *i.w.S.: nochmals aufwärmen, bes. Speisen* revarmigi ***b)*** *intr* ekboli (*vgl. dazu* ***aufwallen***)
Aufkochen *n Aufwallen* ekbolo
aufkohlen *Metallurgie* ↑ ***karburieren***
Aufkohlung *f Metallurgie* ↑ ***Karburation***
aufkommen *intr* ***a)*** *entstehen* ekesti, estiĝi *auch Gefühl*, naskiĝi; *plötzlich auftauchen* subite aperi, ekaperi; *Gewitter* [al]proksimiĝi; *Wind* komenci blovi; *in Mode kommen* ekmodiĝi, [en]modiĝi; ***niemanden neben sich*** ~ ***lassen*** neniun toleri apud si, ne toleri rivalon; ***um keine Zweifel*** ~ ***zu lassen, werde ich ...*** por ke ne ekestu iuj duboj, mi ... *u. nachfolgendes Verb in der os-Form* ***b)*** *für etw. einstehen, zahlen* kompensi, pagi; *verantwortlich sein* respondeci (***für*** por *od* pri); *bürgen* garantii (***für etw.*** ion *od* por io); ***für die Kosten*** ~ pagi la kostojn; ***für den Schaden*** ~ *den Schaden ersetzen* kompensi la damaĝon ***c)*** *alt für «gesund werden»* resaniĝi
auf|kratzen *tr* disgrati; *eine Kratzwunde zufügen* gratvundi; ~**kreischen** *intr* ŝriki, [akre] ekkrii; *Bremse, Vogel* kriĉi; ~**krempeln** *tr Ärmel, Hosenbeine, Strümpfe* kuspi, kuspe faldi, refaldi (↑ *auch* ***hochstreifen***)
Aufkrempeln *n* kusp[ad]o
auf|kreuzen *intr salopp für «plötzlich erscheinen»* ekaperi *od* subite aperi; *unerwartet ankommen* neatendite alveni; ~**kriegen** *tr* ***a)*** *umg für «aufbekommen»* kapabli (*od* povi) malfermi ***b)*** *umg für «aufessen können»* povi finmanĝi; ~**kündigen** *tr Vertrag* denonci
Aufkündigung *f* denonco
Aufl. = *Abk für* ***Auflage***
auflachen *intr loslachen, plötzlich lachen* ekridi
aufladen *tr* ***a)*** *Last, Frachtgüter* ŝarĝi *auch übertr* (↑ *auch* ***beladen***); ***etw. auf etw.*** ~ ŝarĝi ion sur ion ***b)*** *Akku, Batterie* ŝargi; ***wieder*** ~ *Akku* reŝargi; ***sich*** ~ ŝargiĝi
Auflage *f* ***a)*** (*Abk* ***Aufl.***) *Buchw* eldono (↑ *auch* ***Erst-, Nach-*** *u.* ***Neuauflage***); *Auflagenhöhe* eldonkvanto (↑ *auch* ***Gesamtauflage***); ***zweite überarbeitete*** (***verbesserte***) ~ dua reviziita (plibonigita) eldono; ***eine Zeitung mit einer*** ~ ***von 100.000*** gazeto kun eldonkvanto de cent mil ekzempleroj ***b)*** *Bedingung* kondiĉo; *Norm, Soll* normo ***c)*** *Abgabe, Steuer* imposto ***d)*** *das Aufgelegte* surmetaĵo; *Überzug, Umhüllung* tegaĵo; *Plattierung aus Email, Metall u.a. als Überzug* plak[aĵ]o (*vgl. dazu* ***Dublee***)
Auflagenhöhe *od* **Auflageziffer** *f Buchw, Philat, Ztgsw* eldonkvanto (↑ *auch* ***Gesamtauflage***)
Auflagerbock *m z.B. für Stämme beim Holzsägen* tresto
auflandig ↑ *unter* ***Seewind***

auflassen *tr umg geöffnet lassen* lasi malfermita; *Hut, Mütze* ne demeti, *auch* lasi sur la kapo; ***den Laden bis um acht*** ~ *reg: nicht schließen* lasi la vendejon (*od* butikon) malfermita ĝis la oka horo; ***ich werde die Kinder heute Abend etwas länger*** ~ *umg* mi permesos al la infanoj hodiaŭ vespere enlitiĝi iom pli poste ol kutime

auflauern *intr*: ***jmdm.*** ~ embuski kontraŭ iu, *auch tr* embuski iun

[1]**Auflauf** *m Menschenansammlung* hommasiĝo, popolamasiĝo; *Tumult, Wirrwarr, Getümmel* tumulto

[2]**Auflauf** *m, auch* ***Soufflé*** *n Kochk* sufleo (*vgl. dazu* ***Cassoulet, Gratin*** *u.* ***Moussaka***; ↑ *auch* ***Apfel-, Brokkoli-, Eier-, Kartoffel-, Nudel-*** *u.* ***Reisauflauf***)

auflaufen ***a)*** *tr*: ***ich habe mir die Füße aufgelaufen*** *wund gescheuert* mi frotvundiĝis je la piedoj ***b)*** *intr auf Grund geraten (Schiff)* surfundiĝi, *auf ein Riff* surrifiĝi; *aufgehen (Saat)* elkreski; *Guthaben* kreski, altiĝi (***auf*** je *od* ĝis); *reg anschwellen* ŝveli

aufleben ***a)*** *intr* [re]viviĝi, [re]vigliĝi *auch übertr*; ***wieder*** ~ *alte Streitigkeiten u. dgl.* reviviĝi (↑ *auch* ***wieder lebendig werden*** [*unter* ***lebendig***]); ***er ist richtig [wieder] aufgelebt*** *umg wieder zu Kräften gekommen* li videble refortiĝis; *wieder heiter geworden* [dum la lasta tempo] li fariĝis multe pli serena [homo] ***b)*** *tr*: ***wieder*** ~ ***lassen*** revivigi

auflecken *tr* forleki (***etw.*** ion); *schlürfend lecken* ŝmace [for]leki; ***etw. vom Fußboden*** ~ leki ion de sur la planko

auflegen *tr auf etw. legen* surmeti; *Buch* eldoni, publikigi; *Wertpapiere* disponigi ... [kaj inviti al aĉeto]; ***ein Buch neu*** ~ *wieder herausgeben* reeldoni libron; ***den Hörer*** ~ relokigi la aŭskultilon; *einhängen (bei Apparat an der Wand)* rependigi la aŭskultilon; ***Rouge*** ~ surmeti ruĵon; ***ein Pflaster [auf eine Wunde]*** ~ surmeti (*od* apliki) plastron (*od* pansaĵon) [sur vundon]; ***eine [Schall-] Platte*** ~ surmeti (*od i.w.S.* ludi) [son]diskon; ***ein neues Tischtuch*** ~ surmeti novan tablotukon

auflehnen, sich *refl* ***a)*** *sich stützen* sin apogi (***auf*** sur *od* kontraŭ); ***sich mit den Ellenbogen auf etw. lehnen*** per la kubutoj sin apogi sur (*od* kontraŭ) io ***b)*** *sich widersetzen*: ***sich gegen etw. auflehnen*** kontraŭstari (*od* opozicii *od* rezisti) al io; *revoltieren gegen* ribeli kontraŭ io (↑ *auch* ***rebellieren***)

Auflehnung *f* kontraŭstaro, rezistado; *Revolte* ribelo (***gegen*** kontraŭ)

auflesen *tr vom Boden aufnehmen, pflücken* pluke levi, pluki (***von*** de); *einsammeln* kolekti [per la mano(j)]

aufleuchten *intr* eklumi (↑ *auch* ***aufblitzen***); *erstrahlen* ekbrili *auch Augen*; ~ ***lassen*** eklumigi; *erstrahlen lassen* ekbriligi

Aufleuchten *n* eklumo; *plötzlicher Glanz od Schein* ekbrilo

aufliegen *intr auf etw. liegen* kuŝi sur; *getragen werden (von einer Stütze)* esti apogita; *[zur Ansicht] ausgelegt sein* esti elmetita; *zur Benutzung ausliegen* esti je dispono; ***sich*** ~ *Med* ekhavi kuŝvundon *bzw.* suferi pro kuŝvundo

Aufliegen *n, Fachspr Med* ***Dekubitus*** *m bei langer Bettlägrigkeit* dekubito

auflockern *tr Boden od etw. Festes* maldensigi, malkompaktigi; *übertr: abwechslungsreich gestalten* aranĝi en plaĉa (*od* varia) maniero; ***den Boden mit einer Hacke*** ~ *Gartenb, Landw* malkompaktigi la grundon per hojo

auflodern *intr* ekflami *auch übertr* (*vgl. dazu* ***aufflammen***)

auflösbar *Adj bes. Chem* [dis]solvebla

auflösen *tr Chem* [dis]solvi *auch Zucker*; *etw. Gebundenes* malligi; *etw. Geflochtenes* malplekti; *Geschäft* likvidi; *Gesellschaft, Kommission* malfondi; *für nichtig erklären* nuligi; *Rätsel, Problem* solvi *auch Math*; ***eine Gleichung*** ~ *Math* redukti ekvacion; ***das Parlament*** ~ dissolvi la parlamenton; ***die Verlobung*** ~ eksfianĉiĝi; ***sich*** ~ *in Flüssigkeit* [dis]solviĝi; *in seine Teile zerfallen* diseriĝi; *sich zersetzen, zerfallen, z.B. Zellen* malintegriĝi; *verdaut werden* esti digestata; *Menschenmenge* disiri; ***sich in Luft*** ~ *bildh für «total verschwinden»* formalaperi; ***sich in Nebel*** ~ *bes. übertr* dissolviĝi en nebulo; ***der Nebel löste sich bei Sonnenaufgang langsam auf*** la nebulo svenis ĉe la sunleviĝo; ***sie war ganz in Tränen aufgelöst*** ŝia vizaĝo dronis en larmoj

Auflösung *f das Sichauflösen (von Festem in Flüssigkeit)* dissolv[iĝ]o; *Auseinanderfallen* diseriĝo; *eines Rätsels, eines Problems* solvo *auch Math*; *Zergliederung, Analyse* analizo; *Annullierung* nuligo *auch eines*

Vertrags; *Liquidation* likvido; *Außerkraftsetzung* eksvalidigo; *Zerfall* malintegriĝo; *Biol, Med (Zerfall von Zellen, Gewebe u.a.)* lizo; ~ ***eines [Bank-] Kontos*** fermo de bankkonto; ~ ***des Parlaments*** dissolvo de [la] parlamento

Auflösungs|prozess *m Zerfallsprozess* proceso de malintegriĝo; ~**zeichen** *n* (*Zeichen* ♮) *Mus* bekvadrato

auflüpfig ↑ ***aufrührerisch***

aufmachen *tr* ***a)*** *öffnen* malfermi, *entkorken (Flasche) auch* malkorki; *Knoten* malligi, malplekti; *aufschließen* malŝlosi, malfermi [per ŝlosilo]; ***eine Flasche Wein*** ~ malfermi botelon da vino; ***den Schirm*** ~ *aufspannen* malfermi (*od* disfaldi) la ombrelon; ***die Tür*** ~ malfermi la pordon ***b)*** *eröffnen, gründen, z.B. ein Unternehmen* establi, fondi ***c)*** *zurechtmachen* aranĝi ***d)*** *refl*: ***sich*** ~ *losgehen* ekiri, ekpaŝi, ekmarŝi (***nach*** al); *sich anschicken* sin pretigi (***zu*** por); *beginnen etw. zu tun* komenci; *geh: zu wehen beginnen (Wind)* ekblovi

Aufmachung *f Präsentation* [maniero de] prezentado; *Äußeres* eksteraĵo; *Aussehen* aspekto; *Verpackung* pakumo

Aufmarsch *m* almarŝado; *Parade* parado (↑ *auch* ***Defilee***); *Kundgebung* manifestacio

aufmarschieren *intr* almarŝi; *demonstrieren, <schweiz> manifestieren* manifestacii; ***[in Linie]*** ~ ***lassen*** *Mil* deploji

aufmerken *intr* atente aŭskulti, [ek]atenti

aufmerksam **1.** *Adj* ***a)*** *achtsam* atent[em]a; ~***er Beobachter*** *m* atent[em]a observanto; ~***e Zuhörer*** *m/Pl* atent[em]aj aŭskultantoj *Pl*; ***jmdn. auf etw.*** ~ ***machen*** atentigi iun pri io; *jmdn. warnend auf etw. hinweisen* averti iun pri io; *jmdn. an etw. erinnern* memorigi iun pri io; ***b)*** *zuvorkommend, höflich* komplezema, ĝentila (***gegenüber*** al); *i.w.S. hilfsbereit* helpema, helpopreta (***gegenüber*** al) **2.** *Adv*: ~ ***lesen*** atente legi; ~ ***zuhören*** atente aŭskulti; *ganz Ohr sein* streĉi la orelojn

Aufmerksamkeit *f* atento (*vgl. dazu* ***Konzentration***); *Zuvorkommenheit, Höflichkeit* komplezemo, ĝentileco; *kleine Gefälligkeit* komplezo, afablaĵo; *kleines Geschenk* donaceto, *auch* afablaĵo (*vgl. dazu* ***Andenken***); ***mit ganzer*** (*od* ***voller***) ~ kun plena atento; ***seine*** ~ ***auf etw. richten*** direkti (*od* meti *od* turni) sian atenton al io (*od* sur ion); ***einer Sache besondere*** ~ ***schenken*** (*od geh* ***beimessen*** *od* ***widmen***) atribui apartan atenton al io; ***jmds.*** ~ ***auf ... ziehen*** altiri ies atenton al ...; ***sie zog jedermanns*** ~ ***auf sich*** ŝi altiris ĉies atenton

Aufmerksamkeitsdefizit-Hyperaktivitätssyndrom *n* (*Abk* ***ADHS***), *auch* ***Aufmerksamkeitsdefizitstörung*** *f* atentomanka-hiperaktiva sindromo

aufmuntern *tr aufheitern* gajigi, serenigi; *ermutigen* kuraĝigi; *beleben* vigligi

Aufmunterung *f* gajigo, serenigo; kuraĝigo; vigligo

aufnähen *tr* surkudri (***auf*** sur *mit Akk*)

Aufnahme *f* ***a)*** *Empfang* akcepto; *Empfangsraum, Empfangsschalter* akceptejo; *Ort, an dem die Registrierung stattfindet* loko de registrado, *auch* registrejo; ~ ***als Mitglied*** akcepto kiel membron; ***freundliche*** ~ afabla akcepto; *Willkommen* bonveno; ***wie war die*** ~ ***beim Publikum?*** *bei den Zuschauern* kia estis la reago de la spektantaro?; ***dieses Buch hat eine enthusiastische*** ~ ***gefunden*** tiu [ĉi] libro estis entuziasme akceptita; ***sich für die herzliche*** ~ ***bedanken*** danki pro la kora akcepto ***b)*** *in eine Liste, z.B. von Inventar* enlistigo; *Geodäsie (Gelände≗)* topografiado; *Kartogr* kartografiado; *Tonaufzeichnung* [son]registrado, *das Aufgezeichnete* [son]registraĵo; *Schallplatten≗* surdiskigo; *Tonband≗* surbendigo ***c)*** *das Fotografieren* fotado; *Foto* foto, *auch* kapto; *das Filmen* filmado (↑ *auch* ***Farb-***, ***Film-*** *u.* ***Nahaufnahme***); ***eine*** ~ ***von jmdm. machen*** fari foton pri iu ***d)*** *von Gedankengut, Überführung der von einem Lebewesen aufgenommenen Nährstoffe in körpereigene Stoffe* asimilado ***e)*** *Beginn, z.B. von Gesprächen* komenco ***f)*** *von Geldern od einer Hypothek* prunto; ~ ***von Kapital*** prunto de kapitalo

Aufnahme|antrag *m Bitte um Mitgliedschaft* peto pri membriĝo; ~**fähigkeit** *f geistig* percepteblo; *Tech (Kapazität)* kapacito; ~**gebühr** *f* membriĝa kotizo; ~**gerät** *n Elektroakustik* sonregistrilo, sonregistra aparato; *Film, TV* filmaparato, kamerao; ~**lautstärke** *f Elektroakustik* registra forteco; ~**prüfung** *f* akceptoekzameno, *[meist:] Eignungsprüfung* ekzameno pri taŭgeco; ~**qualität** *f Elektroakustik* registrada [son]kvalito; ~**studio** *n Film* pozejo; ~**taste** *f z.B. am Recorder* registra klavo

Aufnahmezentrum *n*: ~ ***für Flüchtlinge*** akceptocentro por rifuĝintoj

aufnehmen *tr* ***a)*** *hochheben* levi; *vom Boden auflesen, pflücken* pluki; *allg: nehmen* preni; ***etw. mit zwei Fingern*** ~ preni ion per du fingroj ***b)*** *empfangen* akcepti *auch einen Wechsel*; *Verbindung* starigi; ***zu (od mit) jmdm. Kontakt*** ~ starigi kontakton al (*od* kun) iu, *auch* kontakti iun; ***einen Kredit*** ~ preni krediton; ***in eine Liste*** ~ enlistigi; ***etw. ins Programm*** ~ enmeti ion en la programon, *auch* enprogramigi ion; ***seine Rede wurde schlecht aufgenommen*** lia parolado estis malbone akceptita ***c)*** *[gierig] in sich aufnehmen, z.B. Wissen, jmds. Bericht u.a.* [en]sorbi; *mit den Sinnen aufnehmen* percepti ***d)*** *vermessen, z.B. Gelände* topografi, plandesegni; *Tonband, Video* registri; *Foto* fari; ***auf Kassette[ntonband]*** ~ surkasedigi; ***ein Protokoll*** ~ fari protokolon ***e)*** *Anleihe* prunti (***bei jmdm.*** ĉe iu) ***f)*** *Phys (Flüssigkeit, Gase absorbieren)* sorbi; *Nährstoffe [in sich] aufnehmen (auch über den Darm od die Poren)* sorbi (↑ *auch* ***assimilieren*** *u.* ***resorbieren***); ***Sauerstoff aus der Luft*** ~ *Biol* preni oksigenon el la aero ***g)*** *beginnen* komenci; ***die Arbeit*** ~ *zu arbeiten beginnen* komenci la laboron; ***ein Studium an der Universität*** ~ komenci studadon en [la] universitato ◇ ***mit ihm kann ich es nicht*** ~ *kann ich nicht konkurrieren* kun li mi ne povas konkuri

aufnötigen *tr* trudi (***jmdm. etw.*** ion al iu) (↑ *auch* ***aufdrängen***)

aufopfern *tr* oferi; ***sich*** ~ sin ofer[don]i, sin fordoni, sin foroferi (***für etw.*** por io)

aufopfernd *Adj* sinofer[em]a, sinfordona

Aufopferung *f* sinofer[em]o, sinfordono; *Selbstverleugnung* abnegacio, sinforgeso

aufpassen *intr Acht geben* atenti (***auf*** pri); *aufmerksam od vorsichtig sein* esti atentema; *wachsam sein* esti gardema, *(gegenüber sich selbst) auch* esti singarda; *aufmerksam beobachten, im Auge behalten* atente observi, ne perdi el la vido; *betreuen, warten, z.B. ein Kleinkind* varti; ***aufgepasst!*** *Imp* atentu!; *Achtung!* atenton!; ***pass bitte auf!*** estu ja atentema (*od* singarda)! ◇ ***pass auf, was du sagst!*** gardu vian langon!

Aufpassen *n* atentado

Aufpasser *m* observanto (*vgl. dazu* ***Spion***); *Wächter* gardanto *bzw. (falls beruflich)* gardisto

aufpeitschen *tr Nerven* stimule eksciti

aufpflanzen *tr Fahne* starigi (*vgl. dazu* ***hissen***); *Bajonett* surfiksi, fiksi [al la fusilo]; ***sich vor jmdm.*** ~ *salopp* sin pompe (*bzw.* plumpkorpe) starigi antaŭ iu

aufpfropfen *tr Gartenb* grefti (***auf*** sur *mit Akk*); ***nicht aufgepfropft*** *z.B. Stammobst* ne greftita, *auch* radikpropra

auf|picken *tr* ***a)*** piki per [la] beko, *auch* pikpluki *od kurz* beki ***b)*** <*österr*> *aufkleben* surglui (***auf*** sur *mit Akk*); ~**plätten** *tr sorgsam plätten* [tre zorgeme] gladi; *nochmals plätten* ankoraŭfoje gladi, *auch* regladi; ~**platzen** *intr* krevi, supraĵe fendiĝi; *Fruchtschale bei Reife (bei Kapselfrüchten)* dehiski; *einen Riss bekommen, z.B. Hauswand, Haut, Porzellan* fendetiĝi; ~**polieren** *tr* repoluri, per polurado renovigi; *wieder strahlen lassen* rebriligi; ~**polstern** *tr* renovigi la remburaĵon [de]; ~**prägen** *tr* surstampi

Aufprall *m Kollision* kolizio, karambolo (***auf*** kun), *bei Kfz-Unfall auch* kraŝo; *Zusammenstoß* kunpuŝiĝo (***auf*** al *od* kontraŭ); *das Aufeinanderschlagen od Zusammenschlagen* kunfrapiĝo

aufprallen *intr kollidieren* kolizii, karamboli (***auf*** kun); *zusammenstoßen* kunpuŝiĝi; *aufeinander schlagen* kunfrapiĝi (***auf*** al *od* kontraŭ)

aufpumpen *tr* pumpi aeron en *mit Akk*; ***einen Fahrradreifen*** ~ *od pop* ***das Fahrrad*** ~ pumpi aeron en la [biciklan] pneŭmatikon

aufputschen *tr dopen* dopi; *stimulieren* stimul[eg]i; *aufhetzen (Pol)* agiti (***gegen*** kontraŭ); *zum Fanatismus anstacheln* fanatikigi (***jmdn.*** iun)

Aufputschmittel *n Dopingmittel* dopilo; *zur Stimulanz* stimulilo, stimula medikamento (*vgl. dazu* ***Amphetamin***)

aufputzen, sich *refl sich übermäßig schmücken* sin tro multe ornami ◇ ***aufgeputzte Frau*** *f bildh (wie ein Pfau)* pavino

aufquellen *intr Brei, Teig* ŝveli; ~ ***lassen*** ŝveligi

aufraffen *tr*: ***etw. [vom Boden]*** ~ [rapide *od* haste] pluki ion [de sur la planko *bzw.* tero; *gierig heben od nehmen* avide levi (*od* preni); ***sich [wieder]*** ~ *alle Kräfte zusammennehmen* [re]kolekti [ĉiujn] siajn fortojn

auf|ragen *intr* leviĝi alten, altiĝi; *hervorste-*

hen elstari (***aus*** el); ~**rauchen** *tr zu Ende rauchen* finfumi; ~**rauen** *tr* malglatigi [la supraĵon de]; ~**räufeln** *tr in Fäden zertrennen* disfadenigi

aufräumen ***a)*** *tr in Ordnung bringen* ordigi; *i.w.S. auch säubern* purigi; *ab- od wegräumen* formeti (*od* forigi) [ne plu bezonatajn aĵojn]; ***ein Zimmer*** ~ ordigi ĉambron [kaj purigi ĝin] ***b)*** *intr*: ***mit etw.*** ~ *Gewohnheiten radikal ändern* radikale ŝanĝi la [ĝisnunajn] kutimojn; *etw. definitiv abschaffen* definitive forigi ion

Aufräum[ungs]arbeiten *f/Pl* laboroj *Pl* por forigi rubon (*bzw.* [la] ruinojn); *Ordnungsarbeiten* ordigadaj laboroj *Pl*

aufrechnen *tr* kalkuladi; *addieren* adicii

aufrecht 1. *Adj gerade* rekta; *vertikal* vertikala; *stehend* star[ant]a; *aufrichtig, ehrlich* sincera, honesta; *rechtschaffen auch* brava; ~***e Körperhaltung*** *f* rekta korpoteno **2.** *Adv* rekte; vertikale; starante; ~ ***gehen*** iri rektakorpe; ~ ***stehen*** stari rekte

aufrechterhalten *tr* konservi; *beharren, bestehen auf* persisti je (*od* pri); *weiterführen* daŭrigi; ***den Frieden in der Welt*** ~ konservi la pacon en la mondo; ***die Versorgung mit Lebensmitteln*** ~ sekurigi la provizadon de manĝaĵoj (***für*** por)

Aufrechterhaltung *f von Disziplin, Ordnung od Recht* konserv[ad]o (↑ *auch* ***Erhaltung***); *Beharren* persist[ad]o [pri]; *Fortführung* daŭrigo; *Erhaltung durch Instandhaltung od Pflege* prizorgado; ~ ***der internationalen Sicherheit*** konserv[ad]o de la internacia sekureco

aufregen *tr erregen* eksciti; *seelisch und damit auch physisch mehr od weniger heftig erregen* afekcii; *i.w.S. Ärger bereiten* ĉagreni, kaŭzi ĉagrenon; ***sich über etw.*** ~ ekscitiĝi pri (*od* pro) io; *sich über etw. ärgern* ĉagreniĝi pro io; ***sich bei der kleinsten Kleinigkeit*** ~ ekscitiĝi ĉe la plej malgranda bagatelo (↑ *auch* ***aufgeregt***)

aufregend *Adj* ekscita; *Aufsehen erregend* kaŭzanta sensacion

Aufregung *f* ekscito (***über*** pri *od* pro); *das Sicherregen* ekscitiĝo; *das Aufgeregtsein* ekscit[it]eco; *[innerliche] Unruhe* maltrankvil[ec]o; *[äußere] Unruhe (z.B. bezogen auf das Leben, die Zeit, den Lärm der Straße)* malkvieto; ***das ganze Dorf in*** ~ ***versetzen*** malkvietigi la tutan vilaĝon; ***nur keine*** ~***!*** *umg* ne maltrankviliĝu!; *keine Panik!* ne [ek]paniku!; ***vor*** ~ ***konnte ich nicht schlafen*** pro ekscititeco mi ne povis dormi

aufreiben *tr Haut* frotvund[et]i; *übertr: aufzehren, erschöpfen* [forto]konsumi; ***die Kompanie wurde völlig aufgerieben*** *vernichtet* la kompanio estis plene neniigita

aufreihen *tr auf eine Reihe anordnen* survicigi; *Korallen, Glasperlen u.Ä. auf eine Schnur ziehen* surfadenigi, tredi [fadenon tra]; ***aufgereiht stehen*** stari en vicoj

aufreißen ***a)*** *tr öffnen durch Aufreißen* ŝire malfermi (***etw.*** ion); *zerreißen* disŝiri; *aufschlitzen* fende ŝiri; ***die Augen [weit]*** ~ vaste malfermi la okulojn; *gaffend* gape ekrigardi ***b)*** *intr Riss(e) bildend* fend[et]iĝi; *splitternd* splitiĝi; *berstend* krevi; ***die Naht ist aufgerissen*** *an einem Kleidungsstück* la kunkudro malfiksiĝis

aufreizen *tr erregen* [forte] eksciti; *in Harnisch bringen* inciti; *anstacheln, antreiben* instigi (***jmdn. zu etw.*** iun al io)

aufreizend *Adj erregend* ekscita, *(durch Necken)* incita, *(durch weibl. Gehabe od Körperformen, Slang: «stark»)* gruva; *aufreizend elegant [gekleidet]* pimpa; *aufgeilend* amorveka (*vgl. dazu* ***sexy***); *provokant* provok[ant]a (↑ *auch* ***prickelnd***); ***ein*** ~***er Tanz*** ekscita (*bzw.* amorveka *u.a.*) danco

Aufrichte *f* ↑ ***Richtfest***

aufrichten *tr in aufrechte Lage bringen* rektigi; *aufstellen* starigi; *Physiol ([durch Blutfüllung] aufrichten)* erekti; *übertr (trösten)* konsoli, *(ermutigen)* kuraĝigi; ***sich*** ~ *a)* rektigi sin *od* rektiĝi; *aufstehen* ekstari, sin starigi; *Physiol, sex (sich versteifen [Glied bei der Erektion], sich aufrichten [Brustwarzen, Kitzler])* erektiĝi; *sich sträuben (Haare)* hirtiĝi *b) übertr (sich trösten)* konsoliĝi (***an*** per), *(sich ermuntern)* kuraĝigi sin; ***sich [aus einer zusammengesunkenen Haltung] wieder*** ~ elrektiĝi; ***die Schlange richtete sich auf*** la serpento rektigis sin

aufrichtig *Adj* sincera; *ehrlich* honesta (***gegen*** *od* ***zu*** al); *rechtschaffen, redlich* brava, lojala; ***sei*** ~***!*** estu honesta!; *sag es offen!* sincere diru vian opinion!

Aufrichtigkeit *f* sincer[ec]o; honest[ec]o; braveco, lojaleco

aufriegeln *tr den Riegel lösen* malrigli

Aufriss *m Bauw* vertikala projekcio; *Überblick* [konciza] superrigardo

aufrollen *tr zusammenrollen, aufwickeln* rulvolvi; *auseinander rollen, entrollen* malvolvi; ***die [Hemds-] Ärmel*** ~ kuspi la manikojn; ***seine Hosen*** ~ kuspi sian pantalonon; ***ein Problem*** ~ *übertr* detale (*od* ĝisfunde trakti problemon; ***sich*** ~ *z.B. ein trockenes Blatt* [kun]ruliĝi

aufrücken *intr aufschließen* densigi la vico(j)n; *[im Amt od Rang] befördert werden* avanci *auch Mil*; ***zum Vordermann*** ~ antaŭeniĝi ĝis la antaŭulo

Aufruf *m* alvoko (***an*** al) *auch inhaltlich*; *mahnender od bittender Aufruf* apelacio (*vgl. dazu* **Appell**; ↑ *auch* **Boykottaufruf**)

aufrufen *tr* [al]voki; ***bitte warten Sie, bis Sie aufgerufen werden!*** bonvolu atendi ĝis oni vokos vin!; ***dem Alphabet nach*** ~ voki la nomojn laŭ la alfabeto; ***zur Zusammenarbeit*** ~ apelacii al kunlaboro

Aufruhr *m Pol (Revolte, Unruhe)* ribelo (*vgl. dazu* ***Erhebung b)*** *u.* **Revolte**); *Durcheinander, Wirrwarr* tumulto; *heftige seelische Erregung* forta emocio; ***sozialer*** ~ socia tumulto ***in*** ~ ***sein*** tumulti; ***in*** ~ ***geraten*** tumultiĝi; ***in*** ~ ***versetzen*** tumultigi (↑ *auch* **aufwühlen**); ***zum*** ~ ***verleiten*** *rebellisch machen* rebeligi

aufrühren *tr Kochk* [ek]kirli; *übertr (erregen)* eksciti, *([seelisch] heftig bewegen)* afekcii; ***einen alten Streit wieder*** ~ reaperigi jam pasintan (*od* forgesitan) kverelon

Aufrührer *m Rebell* ribelanto *od* ribelulo; *Aufwiegler* agitanto *bzw.* agitisto; *Unruhestifter* incitanto al tumulto (*bzw.* ribelo)

aufrührerisch, *<schweiz> auch* ***auflüpfig*** *Adj* ribel[em]a (↑ *auch* **rebellisch**); *in Aufruhr versetzend* tumultiga *zum Aufruhr aufstachelnd* instig[ant]a al tumulto (*bzw.* ribelo)

aufrunden *tr Betrag, Zahl* rondigi supren (***auf*** al), plenigi [la dekon *bzw.* la eŭron *u.a.*]

aufrüsten ***a)*** *tr* armi; ***ein Land wieder*** ~ rearmi landon ***b)*** *intr u. abs* sin armi

Aufrüstung *f* armado (*vgl. dazu* **Wiederaufrüstung**)

aufrütteln *tr wachrütteln (einen Schlafenden)* per skuado veki (***jmdn.*** iun); *übertr (wieder zur Vernunft bringen)* admoni (*od* instigi) al prudento, reprudentigi (***jmdn.*** iun)

aufs = ***auf das***

auf|sagen *tr Gedicht* reciti; *kunstgerecht vortragen* deklami; ~**sammeln** *tr auflesen* pluke levi, pluki (***von*** de); *einsammeln* kolekti (*vgl. dazu* ***Ähren lesen***)

aufsässig *Adj rebellisch* ribelema; *i.w.S. störrisch, starrsinnig* obstina; *widerspenstig* kontraŭstarema, kalcitrema; *herausfordernd, trotzig* defia

Aufsässige *m* ribelema homo

Aufsässigkeit *f* ribelemo; *i.w.S. Starrsinn* obstin[ec]o (↑ *auch* **Widerspenstigkeit**)

[1]**Aufsatz** *m Buchw, Ztgsw (Artikel)* artikolo, *(Essay [Abhandlung, die eine literar. od wissenschaftliche Frage in knapper u. anspruchsvoller Form behandelt])* eseo, *(Traktat [längere wissenschaftliche Abhandlung])* traktato; *Schule* stilekzercaĵo

[2]**Aufsatz** *m auf einem Möbelstück* surmetaĵo *auch Tech*; *Oberteil* supra parto (↑ *auch* **Altaraufsatz**); *Zusatzteil* aldona parto, aldonaĵo

aufsaugen *tr Flüssigkeit* [en]sorbi *auch übertr*, *([ein]saugen)* [en]suĉi; ***aufgesogen werden*** ensorbiĝi

auf|schauen *intr* ekrigardi, rigardi supren *od* suprenrigardi, levi la okulojn (***zu jmdm.*** al iu); *respektvoll aufblicken* respektoplene rigardi (***zu jmdm.*** al iu) (*vgl. dazu* ***bewundern*** *u.* ***verehren***); *einen schnellen Blick werfen* ekrigardi [al]; ~**schäumen** *intr* ekŝaŭmi; ~**scheuchen** *tr* ektimigi, fortimigi (*vgl. dazu* **aufschrecken**); ~**schichten** *tr*, *<österr> auch* **schlichten** *tr* stakigi, tavoligi; ~**schiebbar** *Adj zeitl* prokrastebla

aufschieben *tr* ***a)*** *Schiebefenster* ŝovi por malfermi; *Riegel* ŝovi flanken [por malfermi] ***b)*** *zeitl (einen Termin u. dgl.)* prokrasti (***bis*** ĝis) *auch übertr*, suspenda (↑ *auch* ***verschieben*** *u.* ***vertagen***); ***immer wieder*** ~ ĉiam denove prokrasti ◇ ***aufgeschoben ist nicht aufgehoben*** prokrastita ne estas perdita *(Zam)* *od* kelktempa ĉeso ne estas forgeso *(Zam)*

aufschiebend *Adj* prokrasta (↑ *auch* **suspensiv**)

Aufschlag *m* ***a)*** *Einschlag, Treffer z.B. einer Granate* [sur]trafo ***b)*** *Umschlag an Kleidungsstücken, Revers* refaldaĵo, reverso (↑ *auch* ***Ärmel-*** *u.* **Hosenaufschlag**) ***c)*** *Preis*≗ prezaltigo *bzw.* prezaltiĝo; *Zuschlag, Zuzahlung* alpago, krompago ***d)*** *Tennis* serviro (*vgl. dazu* ***Aufgabe d)***); ***wer hat*** ~***?*** kiu serviras [la pilkon]?

aufschlagen ***a)*** *tr zerschlagen* disbati; *durch*

Schlagen öffnen, z.B eine Nuss krevigi, bate malfermi (↑ *auch* ***aufknacken***); *Buch* malfermi; *aufstellen, z.B. ein Zelt* starigi; ***die Augen*** ~ [ek]malfermi la okulojn; ***die Bettdecke*** ~ refaldi la litkovrilon; ***Eier*** ~ *Kochk* bati ovojn; ***diese Kosten werden auf den Preis der Ware aufgeschlagen*** ĉi tiuj kostoj estos aldonitaj al la prezo de la varo; ***schlagen Sie das Lehrbuch auf Seite ... auf!*** malfermu la lernolibron sur paĝo ...; ***die Zeitung*** ~ disfaldi la gazeton ***b)*** *intr [beim Niederfallen] auftreffen* [falante] trafi, *bei Absturz* kraŝi; *sich stoßen u. verletzen* puŝvundiĝi; *sich öffnen* malfermiĝi; *Flamme* ekflami [alten]; *Tennis* serviri; ***das Flugzeug schlug in einem Waldstück auf*** la aviadilo kraŝis en arbareto

Aufschläger *m Tennis, Volleyball (derjenige, der aufschlägt)* serviranto

Aufschlag|feld *n Tennis* servirkorto (*vgl. dazu* ***Aufgaberaum***); ~**linie** *f Tennis* servirlinio; ~**wechsel** *m Tennis* servirŝanĝo (*vgl. dazu* ***Aufgabewechsel***); ~**zünder** *m Mil* perkuta fuzeo

aufschlappen *tr mit heraushängender Zunge aufschlürfen, z.B. ein Hund eine Flüssigkeit* langoĉerpi

aufschließen ***a)*** *tr Tür* malŝlosi, malfermi per ŝlosilo (↑ *auch* ***aufsperren***); *allg öffnen* malfermi *auch übertr*; *Land* evoluigi (*vgl. dazu* ***erschließen***) ***b)*** *intr die Reihe(n) schließen* densigi la vico(j)n; *aufrücken*: ***zum Vordermann*** ~ antaŭeniĝi ĝis la antaŭulo

auf|schlitzen *tr* disfendi [per tranĉilo]; *der Länge nach aufreißen* laŭlonge ŝiri; *Harakiri begehen* fari harakiron, harakiri; ~**schluchzen** *intr* [ek]plorĝemi

Aufschluss *m* ***a)*** *Aufklärung, Klarlegung* klarigo; *das Klarwerden* klariĝo; *Auskunft* informo; *Explikation, ausführliche Darlegung* ekspliko; ~ ***erhalten*** ricevi informon (***über*** pri); ~ ***geben*** doni klarigon (*bzw.* informon); *deutlich od verständlich machen* ekspliki ***b)*** *Bergb* ekekspluato [de minejo]

aufschlüsseln *tr spezifizieren, einzeln anführen* specifi; *in Klassen einteilen* klasifiki; *in Gruppen unterteilen* grupigi; *kontingentieren* kontingentigi

Aufschlüsselung *f* specifado; klasifikado

aufschlussreich *Adj* [mult]instrua, multklariga, [mult]informa

auf|schnallen *tr* disbuki *od* malbuki, malfermi la bukon; ~**schnappen** *tr mit dem Maul schnappen* kapti per la muzelo (*od* buŝo); *zufällig hören bzw. erfahren* hazarde aŭdi (*bzw.* sciiĝi), ekkapti

aufschneiden ***a)*** *tr* [ek]tranĉi, distranĉi; ***sich die Pulsader*** ~ tranĉi al si la arterion [de la manartiko] ***b)*** *intr umg (angeben, prahlen), geh* ***renommieren*** fanfaroni, blagi; *(übertreiben)* troigi

Aufschneider *m* fanfaronulo, blagulo (*vgl. dazu* ***Scharlatan*** *u.* ***Schwindler***)

Aufschneiderei *f* fanfaronado, blago

aufschneiderisch *Adj* fanfarona (↑ *auch* ***großsprecherisch***)

aufschnellen *intr* suprensalti, haste leviĝi

Aufschnitt *m Nahr* [tranĉaĵoj de] diversaj viandaĵoj *Pl*

auf|schnüren *tr* senŝnurigi; ~**schraubbar** *Adj* surŝraŭbebla (*vgl. dazu* ***Schraubdeckel***); ~**schrauben** *tr anschrauben* [al]ŝraŭbi *od* ŝraŭbofermi, [al]fiksi per ŝraŭbo(j); *draufschrauben* surŝraŭbi; *losschrauben* malŝraŭbi, malfiksi la ŝraŭbojn de

aufschrecken ***a)*** *tr* fortimigi, forpeli per timigo ***b)*** *intr* timigite suprensalti (*bzw.* vekiĝi), ektimi; ***aus einem Albtraum*** ~ timigite vekiĝi el inkubsonĝo

Aufschrecken *n*: ***nächtliches*** ~ *bes. bei Kindern* (Pavor nocturnus) *Med* pavoro nokta

Aufschrei *m* ekkrio

aufschreiben *tr* noti; *in eine Liste eintragen* enlistigi; ***schreiben Sie sich bitte meine Telefonnummer auf*** bonvolu noti mian telefonnumeron

aufschreien *intr* ekkrii (↑ *auch* ***losschreien***)

Aufschrift *f* surskribo (***auf*** sur); *Anschrift* adreso; ***etw. mit einer*** ~ ***versehen*** fari surskribon sur io *od* surskribi ion; ***ein Schild mit der*** ~ ***...*** ŝildo kun surskribo ...

Aufschub *m* prokrasto (↑ *auch* ***Zahlungsaufschub***); *Vertagung, Verzögerung (als Handlung)* prokrastado; ***keinen*** ~ ***duldend*** *unaufschiebbar* neprokrastebla; ***die Sache duldet keinen*** ~ la afero ne toleras prokraston; ***jmdn. um*** ~ ***der Schuldenzahlungen bitten*** peti iun pri prokrasto por pagi la ŝuldojn, *bei einem Gläubigerstaat* peti pri moratorio

aufschürfen *tr*: ***sich das Knie*** ~ skrapvundi al si la genuon

aufschütteln *tr* [per skuado] pufigi; ***ein Kopfkissen*** ~ *und dadurch bauschig ma-*

chen pufigi kapkusenon
aufschütten *tr Erde* surŝuti, ŝute amasigi; *Flüssigkeit* surverŝi
Aufschüttung *f das Aufschütten* surŝutado; *das Daraufgeschüttete* surŝutaĵo
auf|schwatzen *tr* persvade trudi (***jmdm. etw.*** ion al iu); *zum Kauf* trud-aĉetigi, altrudi [varon]; **~schwellen** *intr Leib* ŝveliĝi
Auf|schwellen *n* ŝveliĝo; **~schwemmung** *f Chem (als Flüssigkeit: Aufschwemmung sehr kleiner, fester, unlöslicher Teilchen in einer Flüssigkeit)* suspensiaĵo, *(als Zustandsbeschreibung)* suspensio
aufschwingen, sich *refl* sin svingi supren, suprenflugi al; *sich endlich entschließen [etw. zu tun]* finfine decidi (***zu etw.*** fari ion); *sich endlich getrauen [etw. zu tun]* finfine kuraĝi (***zu etw.*** fari *bzw.* entrepreni ion)
Aufschwung *m* suprensvingo *auch Turnen*; *übertr (Aufblühen)* ekflorado, *bes. der Künste u. Wissenschaften auch* renesanco, *i.w.S. (Prosperität)* [ek]prospero (*vgl. dazu* ***Konjunktur***), *(Fortschritt)* progreso, *(mitreißender Schwung)* impeto, *(Elan)* elano; ***einen neuen ~ nehmen*** ricevi novan impeton
aufsehen *intr nach oben sehen* [de malsupre] suprenrigardi, levi la okulojn (***zu*** al); *übertr:* ***mit Bewunderung zu jmdm. ~*** kun admiro rigardi ies talenton (*bzw.* superecon), admire rigardi [supren] al iu
Aufsehen *n* sensacio; *Furore* furoro; ***~ erregen*** kaŭzi sensacion; furori; *ärgerliches Aufsehen* kaŭzi skandal[et]on; ***~ erregend*** *sensationell* kaŭzanta sensacion, sensacia (*vgl. dazu* ***skandalös u. spektakulär***)
Aufseher *m* inspektisto (↑ *auch* ***Gefangenenaufseher u. Inspizient***); *Kontrolleur* kontrolisto
aufsetzen ***a)*** *tr Brille, Kopfbedeckung* surmeti; *Schriftstück* formuli, *auch* vortigi; *entwerfen* skizi, malnete skribi; *Kegel* [re]starigi; *Miene* alpreni, fari; ***einen Flicken ~*** *aufnähen* surkudri flikaĵon ***b)*** *intr Flugzeug* surteriĝi, tuŝi la teron; ***auf dem Wasser ~*** tuŝi la akvosurfacon, surakviĝi *auch Flugboot*; ***sich ~*** *sich aufrichten* [rektiĝi kaj] alpreni sidan pozicion, sin eksidigi
aufseufzen *intr* ekĝem[et]i; *vor Kummer, Sehnsucht* eksuspiri
Aufsicht *f* ***a)*** *als Vorgang* inspekt[ad]o, kontrol[ad]o; *über ein Kind, einen Kranken* gard[ad]o; ***technische ~*** teknika kontrolado; ***unter jmds. ~ stehen*** esti sub ies kontrolo; ***unter ~ eines Arztes*** *od* ***unter ärztlicher ~*** sub kuracista kontrolo; ***unter ~ der UNO*** sub kontrolo de UNO ***b)*** *Person* kontrolisto; *Eisenb («der Mann mit der roten Mütze»)* kajoĉefo
Aufsichts|beamte *m Aufseher* inspektisto (*vgl. dazu* ***Aufsicht b)***); **~rat** *m* kontrolkonsilio
aufsitzen *intr* ***a)*** *Reiter i.w.S. (in den Sattel steigen)* enseliĝi, *i.e.S. auch (aufs Pferd steigen)* surĉevaliĝi, *(auf ein Kamel steigen)* surkameliĝi, *(auf einen Esel aufsitzen)* surazeniĝi ***b)*** *reg für «aufbleiben»* sidi maldorme ***c)*** *Mar:* ***auf einer Sandbank ~*** grundi sur sablobenko ◇ ***er hat mich gehörig ~ lassen*** *zum Narren gehalten* li treege mistifikis min; *warten lassen* li long[atemp]e atendigis min kaj finfine eĉ ne aperis
Aufsitzer *m* ↑ ***Reinfall***
Aufsitzerpflanzen *f/Pl Bot* ↑ ***Epiphyten***
Aufsitzstange *f für Vögel od Hühner* bird[o]stang[et]o
aufspalten *tr* spliti; *mit einem Keil spalten* spliti per kejlo; ***sich ~*** [dis]splitiĝi; ***sich in zwei Teile ~*** dissplitiĝi en du partojn
Aufspaltung *f das Sichaufspalten* dissplitiĝo
aufspannbar *Adj* etendebla, *Schirm auch* disfaldebla
aufspannen *tr* [dis]etendi; ***den Schirm ~*** malfermi (*od* disfaldi) la ombrelon
auf|sparen *tr* ŝpari (***für*** por); *reservieren, beiseite legen, zurücklegen [für die Zukunft]* rezervi; *zurückbehalten, z.B. für schlechte Zeiten* reteni; **~speichern** *tr auf Lager legen* enmagazenigi; *auf Lager halten* teni en stoko; *als Proviant horten* amasigi [kiel provizon]
aufsperren *tr reg für «aufschließen»* malŝlosi; *übertr:* ***die Augen ~*** *große Augen machen* rigardi grandokule *od* rigardi per larĝe malfermitaj okuloj; *erstaunt starren* fiksrigardi pro mir[eg]o; ***den Mund ~*** *gaffend* [gape] malfermegi la buŝon; *verwundert staunen* mirigite rigardi
aufspielen *intr:* ***zum Tanz ~*** fari muzikon por danco; ***sich ~*** *abs (sich in Szene setzen)* scenumi; *sich prahlerisch benehmen* fanfarone konduti (***wie*** kiel); ***sich ~ als ob ...*** konduti kvazaŭ ...; *so tun als ob ...* ŝajnigi

mit Akk; ***spiel dich nicht so auf!*** ne scenumu!

aufspießen *tr*: ***etw.*** ~ *etw. Liegendes mit einem spitzen Gegenstand aufnehmen* [ek]piki [per forko *bzw.* lanco *u.a.*]; *etw. mit einem spitzen Gegenstand auf etw. befestigen* alpiki (***auf*** sur); *umg auch für «etw. anprangern»* senkaŝe kritiki [antaŭ la publiko]; ***mit den Hörnern*** ~ piki per la kornoj, kornopiki

aufsplittern ***a)*** *tr Holz* spliti; *Gruppe* disspliti ***b)*** *refl*: ***sich*** ~ ***in ...*** *z.B. in einzelne Gruppierungen* dissplitiĝi en ...

auf|sprayen *tr* sursprayi; ~**sprengen** *tr* perforte rompi (*od* krevigi); *mit Sprengstoff* eksplode (*od* per eksplodilo *bzw.* grenado *u.a.*) malfermi

aufspringen *intr hochspringen* suprensalti; *plötzlich hochfahren* eksalti (***von*** de; ***vor*** pro); *Schloss, Tür* [subite] malfermiĝi; *rissig werden* fend[et]iĝi; *aufplatzen (Knospe)* krevi, *(Fruchtschale von Kapselfrüchten bei Reife)* dehiski (*vgl. dazu* ***extrors***); ***auf einen LKW*** ~ salti sur ŝarĝaŭton; ***vom Stuhl*** ~ suprensalti de la (*od* sia) seĝo

aufspritzen ***a)*** *tr Farbe* surŝprucigi ***b)*** *intr [im Strahl] emporspritzen* suprenŝpruci, [ek]ŝpruci (***aus*** el)

Aufsprungbahn *f Skispringen* surteriĝa deklivo

aufspulen *tr Baumwollfäden u. dgl.* bobeni, volvi ĉirkaŭ bobeno(j) (*vgl. dazu* ***aufwickeln*** *u.* ***haspeln***)

Aufspulen *n* bobenado

auf|spüren *tr Fährte* elflari, malkovri per flarado; *Versteck* [el]trovi; *mit einem Ortungsgerät* malkovri (*od* [el]trovi) per detektilo; ~**stacheln** *tr* incit[eg]i (***jmdn. zu etw.*** iun, ke li/ŝi faru ion) (↑ *auch* ***aufhetzen***)

aufstampfen *intr* stamfi, bati la grundon per la piedo(j); ***[vor Wut] mit dem Fuß auf den Boden stampfen*** bati la grundon (*od* teron) per la piedo [pro furiozo *od* kolerego]

Aufstand *m* ribelo; *Volks≗* popolleviĝo, insurekcio (*vgl. dazu* ***Erhebung***, ***Meuterei*** *u.* ***Revolte***; ↑ *auch* ***Bauern-***, ***Massen-***, ***Sklaven-*** *u.* ***Volksaufstand***); ***bewaffneter*** ~ armita ribelo; ***ein*** ~ ***ist ausgebrochen*** eksplodis ribelo; ***einen*** ~ ***ersticken*** (*od* ***niederschlagen*** *od* ***unterdrücken***) sufoki ribelon

aufständisch *Adj* ribel[ant]a, insurekcia

Aufständische *m* ribelanto *od* ribelulo (*vgl. dazu* ***Insurgent*** *u.* ***Rebell***)

auf|stapeln *tr*, *<schweiz> u. reg* ***[auf]beigen*** stakigi, *Waren auch* stapli *od* amasigi en staplo (*vgl. dazu* ***aufschichten***); ~**starren** *intr* [daŭre] fikse suprenrigardi

aufstauen *tr*: ***den Fluss durch einen Damm*** ~ reteni la akvon de rivero per digo

aufstechen *tr* pikmalfermi; *Med* incizi per lanceto

aufstecken ***a)*** *tr* alpiki, [pik]fiksi (***auf*** sur); *aufsetzen* meti sur *mit Akk*; ***sich das Haar [zu einem Knoten]*** ~ per pinglo(j) fiksi la harplektaĵon sur la kapo ***b)*** *intr umg auch für «aufgeben» (Plan, Vorhaben)* rezigni pri, forlasi sian intencon

aufstehen *intr vom Sitzen* ekstari; *nach dem Schlafen* leviĝi *od* sin levi [post dormado]; *i.e.S. aus dem Bett aufstehen* leviĝi el la lito, *umg* ellitiĝi; *offen stehen (Fenster, Tür)* esti malferma (*od* nefermita); *sich rebellisch erheben* ribeli (***gegen*** kontraŭ); ***das Fenster steht auf*** la fenestro estas nefermita; ***wann darf ich*** ~***?*** *nach Krankheit* kiam mi povos forlasi la liton?; ***beim ersten Hahnenschrei*** ~ ellitiĝi ĉe la unua krio de koko

Aufstehen *n* ekstaro; leviĝo *aus dem Bett* ellitiĝo

aufsteigen *intr* ascendi *auch Flugzeug*, supreniri; *Nebel, Rauch* leviĝi; ***steil*** ~ *Flugzeug, Rakete* zomi; ***aufs Rad*** ~ eksidi sur [la] biciklo; ***einen Drachen*** ~ ***lassen*** flugigi kajton; ***Erinnerungen aus meiner Jugend stiegen in mir auf*** rememoroj el mia juneco leviĝis en mi; ***Zweifel stiegen in mir auf*** [subite] mi eksentis dubon, [subite] mi estis atakita de duboj

Aufsteiger *m Sport (Mannschaft, die in die nächsthöhere Spielklasse aufgestiegen ist)* supreniĝinto

aufstellen *tr* starigi *auch ein Zelt*; *Maschine* munti; *installieren* instali; *Liste, Rechnung* fari; *Posten, Wache* loki, postenigi; *Kandidaten, Mannschaft* nomumi, *auch* prezenti; ***eine Behauptung*** ~ fari aserton, aserti; ***ein Denkmal zu Ehren von ...*** ~ starigi monumenton honore al ...; ***eine Hypothese*** ~ starigi hipotezon; ***ein Kabinett*** ~ *Parl* formi kabineton; ***einen Rekord*** ~ starigi rekordon; ***den Schwanz*** ~ *Katze, Skorpion* suprenstarigi sian voston; ***sich*** ~ sin starigi, stariĝi; *sich postieren* sin loki (***vor jmdm.*** antaŭ iu, ***um etw. [herum]*** ĉirkaŭ io), *bes. Mil* posteniĝi; ***sich in Reih und Glied*** ~ sin starigi en vico kaj linio

Aufstellung *f **a)*** starigo; *Montage* muntado; *Installation* instalado; *Postierung* lokado, postenigo; *Nominierung, z.B. von Kandidaten* nomumo; *Zusammenstellung (als Vorgang)* formado; *Anordnung* aranĝo ***b)*** *Liste* listo; *Tabelle* tabelo; *Stückliste* specifo; *rechnerische Zusammenstellung, z.B. von Spesen* specifita kalkulaĵo ***c)*** *Sport* ↑ ***Mannschaftsaufstellung***; ***in unveränderter*** ~ kun senŝanĝa anaro

aufstemmen *tr*: ***etw. mit einem Meißel*** ~ levumi (*od* malfermi) ion per ĉizilo; ***die Ellenbogen*** ~ *od* ***sich mit den Ellenbogen*** ~ apogi sin sur la kubutoj

auf|stempeln *tr* surstampi (***etw. auf etw.*** ion sur ion); ~**stieben** *intr Schnee, Staub* [kirle] suprenflugi (*vgl. dazu* ***aufwirbeln***)

Aufstieg *m **a)** auf eine Anhöhe od einen Berg* ascendo, supreniro, *(kletternd)* suprengrimp[ad]o; *der Weg bergan* vojo supren (*od* montosupren); *von Flugkörpern* ascendo *auch eines Ballons od einer Rakete*, supreniĝo, *allg (das Sicherheben)* leviĝo ***b)*** *übertr (Fortschritt)* progres[ad]o, prospero, *([ständige] Entwicklung)* evolu[ad]o, *(Karriere)* avanc[ad]o, promociiĝo, *(gesellschaftlicher Aufstieg, Hochkommen)* ascendo

Aufstiegs|chance *f* ŝanco por avanci en la kariero; ~**möglichkeit** *f im Beruf* ebleco profesie avanci

aufstöbern *tr aufschrecken* fortimigi [... el sia kaŝejo]; *aufspüren* elflari; *entdecken* eltrovi, serĉinte malkaŝi

aufstocken *tr Kapital, Personal u.a.* plimultigi, pligrandigi; ***ein Gebäude*** ~ surkonstrui [unu plian] etaĝon [sur jam ekzistanta konstruaĵo]

aufstöhnen *intr* ekĝemegi

aufstören *tr aufschrecken, z.B. ein Tier im Wald* fortimigi; *übertr geh* ĝeni; ***jmdn. aus dem Schlaf*** ~ ĝeni iun dum li/ŝi estas dormanta

aufstoßen ***a)*** *tr Tür* puŝe (*od krass:* perforte) malfermi ***b)*** *intr rülpsen* rukti ◇ *umg für «auffallen, ins Auge fallen»* okulfrapi (***jmdm.*** iun)

Aufstoßen *n Rülpsen* rukt[ad]o (↑ *auch* ***Bäuerchen***); *i.w.S. Regurgitation (bes. Fachspr Med)* regurgito

aufstreben *intr **a)** aufragen* leviĝi alten ***b)*** *übertr (nach Hohem streben)* celi alten, aspiri multon (*od* altajn celojn)

aufstrebend *Adj Land, Volk* celanta progreson; *junger Mann* ambicia; *hist: Bürgertum* leviĝanta

auf|streichen *tr Butter, Farbe u.a.* [sur]ŝmiri (***auf*** sur *mit Akk*); ~**streuen** *tr* disŝuti (***etw. auf etw.*** ion sur ion)

Aufstrich *m Brot*[2] ŝmiraĵo sur (*bzw.* por) [la] pano, panŝmiraĵo

aufstülpen *tr Deckel, Hut* [iom senzorge] surŝovi (***auf*** sur *mit Akk*); *aufkrempeln* refaldi, kuspi; ***die Lippen*** ~ *schmollen* paŭti

aufstützen, sich *refl* sin apogi (***auf*** sur *mit Akk*); *einen Gehstock benutzen* sin apogi sur bastono

aufsuchen *tr einen Bekannten* viziti (***jmdn.*** iun), vizite veni (***jmdn.*** al iu); *Arzt, Ort, Toilette* iri al; *kontakten* kontakti (***jmdn.*** iun); ***Sie sollten einen Arzt*** ~ vi devus konsulti (*od* viziti) kuraciston, *umg auch* vi devas iri al kuracisto; ***eine Gaststätte*** ~ eniri gastejon; ***suchen Sie mich auf, falls es irgendwelche Schwierigkeiten geben sollte*** venu al mi, se ekestos iuj malfacilaĵoj

aufsummieren = ***addieren***

auftakeln *tr Mar* rigi; ***ein Schiff*** ~ *mit der Takelung versehen* rigi ŝipon ◇ ***aufgetakelt gekleidet sein*** *überladen gekleidet sein* esti vestita [tro] puca

Auftakt *m Mus* antaŭtakto, *auch* anakruzo; *übertr: Beginn* komenco (*vgl. dazu* ***Start***; ↑ *auch* ***Saison-*** *u.* ***Trainingsauftakt***); *i.w.S. Prolog* prologo; *Vorspiel* preludo

auftanken *tr Kfz* plenigi la benzinujon, *umg* preni benzinon

auftauchen *intr an die Wasseroberfläche kommen* malmergiĝi *auch Taucher, U-Boot*, surakviĝi; *allg: nach oben gehen* supreniĝi; *plötzlich zum Vorschein kommen* ekaperi *od* subite aperi; *einer Insel am Horizont* emerĝi; *sichtbar werden* videbliĝi; *Verdacht, Zweifel auch* naskiĝi; ***in der Ferne*** ~ ekaperi (*od* emerĝi) en la malproksimo

auftauen ***a)*** *tr*: ***etw.*** ~ *auftauen lassen, z.B. Gefriergut* degeligi *auch Bankguthaben* ***b)*** *intr* degeli; *übertr umg (ungezwungener werden)* [iom post iom] perdi senton de singêno, *(allmählich heimisch werden)* [iom post iom] senti sin hejmeca; ***aufgetaute Stelle*** (*bzw.* ***[Schnee-*** *u.a.**]** **Masse***

degelaĵo

aufteilen *tr verteilen* disdoni, distribui; *zerteilen, in Teile teilen* dispartigi; *parzellieren* parceligi

Aufteilung *f* disdon[ad]o, distribu[ad]o; dispartigo (***in*** en *mit Akk*); *Parzellierung* parceligo; ***territoriale*** ~ dispartigo de la teritorio

auftischen *tr Essen* meti sur la [manĝo]-tablon, surtabligi (*vgl. dazu* ***bewirten***); *übertr erzählen* rakonti ◇ ***Märchen*** ~ rakonti fantazi[aĵ]ojn (*od* fabelaĵojn)

Auftrag *m Beauftragung* komisio; *Instruktion, Weisung* instrukcio; *Hdl (Bestellung)* mendo; *Befehl* ordono; *Mission* misio; *i.w.S. (Aufgabe)* tasko, *(Pflicht)* devo; ~ ***zum Tageskurs***, *auch* ***Tageskursauftrag*** *m Börse, Fin* tagkurza komisio; ***unlimitierter*** ~ *Börse* nelimigita komisio; ***einen*** ~ ***ausführen*** plenumi komision; ***jmdm. einen*** ~ ***geben*** (*od* ***erteilen***) *beauftragen* komisii al iu ion; *befehlen* doni al iu ordonon; *Hdl* fari mendon al iu; ***im*** ~ ***von*** (*od mit Gen*) (*Abk* ***i.A.***) *auch in Unterschriften* en (*od* laŭ) komisio de ... *od* komisie de ...; *im Namen von* en la nomo de ... *od* nome de ...; *auf Weisung bzw. Befehl von* laŭ instrukcio (*bzw.* ordono) de ...; ***im*** ~ ***von ... handeln*** agi laŭ instrukcio (*bzw.* ordono) de ...

auftragen *tr* ***a)*** *Speisen* meti sur la [manĝo]-tablon, surtabligi ***b)*** *Puder, Schminke* surmeti; *Salbe auf eine Wunde* apliki, *auch* surmeti; *aufstreichen (Farbe, Lack)* surŝmiri, surigi ***c)*** *mit etw. beauftragen:* ***jmdm. etw.*** ~ *eine Erledigung übertragen* komisii al iu ion ◇ *intr:* ***das ist entschieden zu dick aufgetragen*** *weit übertrieben* tio estas terure troigita

Auftrag|geber *m Kommittent* komisianto; *Hdl (Besteller)* mendanto *bzw.* mendinto; *für Bauvorhaben* investanto *bzw.* investinto; ~**nehmer** *m Hdl* firmo akceptinta mendon; *Wirtsch (Vertragschließender)* kontraktanto *bzw.* kontraktinto

Auftrags|bestätigung *f Hdl* mendokonfirmo *od* konfirmo de mendo; ~**boom** [*...bu:m*] *m* abundo da mendoj

Auftragsbuch *n Wirtsch*: ***die Auftragsbücher sind voll*** la mendoj superas la liverkapablon

auftragsgemäß *Adv* konforme al la [ricevita] komisio; *Hdl* konforme al la (*od* via) mendo, mendokonforme

Auftrags|killer *od* ~**mörder** *m* dungita murdisto; ~**mord** *m* murdo fare de dungita murdisto, *auch* kontraktita murdo; ~**nummer** *f* (*Abk* ***Auftr.-Nr.***) mendonumero

Auftreffpunkt *m von Strahlen* incida punkto

auftreiben *tr* ***a)*** *Leib, Teig* ŝveligi *auch Med (blähen)*; ***der Leib ist aufgetrieben*** la abdomeno estas ŝvelinta ***b)*** *umg für «beschaffen» (z.B. Geld) od «ausfindig machen» (z.B. eine Ware am Markt)* [pene] akiri (*od* havigi [al si], trovi; ***das Buch war schwer aufzutreiben*** la libro estis [tre] malfacile akirebla (*od* havebla) ***c)*** *Wild bei der Treibjagd* ekpeli ***d)*** *Böttcherei:* ***einen Reifen auf ein Fass*** ~ [prem]fiksi ringon sur barelon

auftrennen *tr Naht* malkudri; *Gestricktes* dismaŝigi, maltriki

auftreten ***a)*** *tr*: ***die Tür*** ~ kiki la pordon malferma, piedpuŝe malfermi pordon ***b)*** *intr den Fuß aufsetzen* meti la piedon sur, surpaŝi; *schreiten* paŝi; *handeln, vorgehen* agi (***gegen*** kontraŭ); *erscheinen* aperi (***als*** kiel); *in Erscheinung treten, figurieren* figuri; *sich benehmen* konduti; *würdevoll od sich der gesellschaftlichen Stellung entsprechend verhalten* reprezenti; *Theat* ludi [la rolon de], aktori; ***erstmalig*** ~ *Theat (debütieren)* debuti; ***leise*** ~ [sur]paŝi mallaŭte (*od* softe); ***er trat auf dem Kongress als Dolmetscher auf*** en la kongreso li figuris kiel interpretisto; ***als Zeuge*** ~ *Jur* aperi kiel atestanto [antaŭ kortumo]; ***im Fernsehen*** ~ aperi en televido; ***im Gebiet von ... ist Maul- und Klauenseuche aufgetreten*** en la regiono de ... estis unuaj kazoj de afta epidemio; ***diese Krankheit tritt hauptsächlich in den Tropen auf*** ĉi tiu malsano (*od Fachspr* morbo) estas tipa por la tropikaj landoj; ***sie tritt heute zum ersten Mal auf*** *Theat* hodiaŭ estas ŝia debuto *od* hodiaŭ ŝi sin prezentas unuafoje antaŭ la publiko

Auftreten *n* ***a)*** *mit den Füßen* [sur]paŝado ***b)*** *Benehmen* konduto; *Haltung* sinteno; *Handlungsweise, Vorgehen* ag[ad]maniero *od* maniero de agado; ***erstes*** ~ *Theat* debuto *auch übertr*, unuafoja prezentiĝo; ***selbstsicheres*** ~ *od* ***Sicherheit im*** ~, *geh* ***Aplomb*** *m* aplomba sinteno, aplombo ***c)*** *Erscheinen* apero; *Vorkommen* troviĝo, ekzisto, *Bergb (von Erzen u. dgl.)* trovejo, kuŝejo

Auftrieb *m Phys* vertikala puŝo, *(im Was-*

ser) flosiva forto; *Aerodynamik (bes. Flugw)* levoforto; *übertr ([mitreißender] Schwung)* impeto, *(Elan)* elano, *(Anreiz, Stimulus)* instigo, stimulo

Auftritt *m Theat* sceno *auch übertr*; *[heftige] Auseinandersetzung* [akra] disputo

Auftr.-Nr. = *Abk für* ***Auftragsnummer***

auftrumpfen *intr übertr*: ***mit ...*** ~ *seine Überlegenheit kundtun durch ...* akcenti sian superecon per ...; *mit etw. angeben* fanfaron[ad]i per ...; *sich durch etw. wichtig machen* gravigi sin dirante ke ...

auftun ***a)*** *tr*: ***den Mund*** ~ *umg für «anfangen zu reden»* komenci paroli ***b)*** *refl*: ***sich*** ~ *geh für «sich öffnen» (Tür, Vorhang)* malfermiĝi *auch übertr*; *entstehen* estiĝi, establiĝi; *sichtbar werden* videbliĝi

auftürmen *tr*: ***etw.*** ~ amasigi ion [kiel turon], turforme stapli ion (↑ *auch* ***aufstapeln***); ***sich*** ~ amasiĝi [kiel turo], turforme stapliĝi, *(als Masse)* turalte amasiĝi; *in die Höhe ragen* turalte leviĝi; *sich erheben* altiĝi (***vor jmdm.*** antaŭ iu) *auch Gebirge*

aufwachen *intr* vekiĝi *auch übertr*; ***beim geringsten Geräusch*** ~ vekiĝi ĉe la plej mallaŭta (*od* eta) bruo; ***aus seiner Lethargie*** ~ vekiĝi el sia letargio; ***aus der Narkose*** ~ vekiĝi el narkoteco

Aufwachen *n* vekiĝo

aufwachsen *intr* [el]kreski, grandiĝi; *erwachsen werden* fariĝi adolta; ***er ist in Südamerika aufgewachsen*** li pasigis sian junaĝon en Sud-Ameriko; ***wir sind zusammen aufgewachsen*** ni kune pasigis nian infanaĝon (*od* junaĝon)

Aufwachtemperatur *f* ↑ ***Basaltemperatur***

aufwallen *intr Wasser* ekboli *auch See*, bol[eg]i; *schäumen* ekŝaŭmi, ŝaŭmegi (*vgl. dazu* ***aufbrausen a)***); *übertr Gefühl* boli, ekardi; *plötzlich hochkommen* subite ekesti

Aufwallen *n auch übertr (z.B. des Blutes)* ekbolo; *Wasser nach Zugabe von Brausepulver* efervesko

Aufwallung *f* bol[ad]o; ŝaŭmado; *übertr* bolado, [ek]ardado, [ek]flamiĝo

aufwalzen *tr plattieren (Schmuck)* plaki (***auf*** sur *mit Akk*)

Aufwand *m* ***a)*** *Ausgaben, Kosten* elspezo(j) *(Pl)*, kostoj *Pl*; *Bedarf* bezono; *Bemühungen* klopodoj *Pl* (↑ *auch* ***Zeitaufwand***); ***das erfordert einen*** ~ ***von ... Euro*** tio kaŭzos elspezojn de ... eŭroj *od* tio kostos ... eŭrojn; ***unnützer*** ~ *nutzlose Bemühungen* senutilaj (*od* vanaj) klopodoj; *unnötige Kosten* nenecesaj kostoj; ***viel*** ~ ***an Energie*** uzante multe da energio ***b)*** *Verschwendung* disipo; *Prunk* pompo; *Luxus* lukso

aufwändig, *auch* ***aufwendig*** *Adj* ***a)*** *kostenintensiv* elspeziga, kaŭzanta altajn kostojn (*od* elspezojn), *allg auch* multekosta; ***das Projekt ist sehr*** ~ tiu projekto postulas ege altajn kostojn (*vgl. dazu* ***kostspielig*** *u.* ***teuer***) ***b)*** *üppig* abunda; *pompös* pompa; *luxuriös* luksa

Aufwandsentschädigung *f* restituado de elspezoj [kaŭzitaj de deĵoraj taskoj] *auch für Abgeordnete*

aufwärmen *tr* revarmigi *auch ein Essen*; ***sich am offenen Feuer*** ~ revarmigi sin apud [la] fajro

Aufwartefrau *f*, *<schweiz>* ***Spetterin*** *od* ***Spettfrau*** *f für die Wohnung* dommastruma helpantino; *im Büro* purigistino [en la oficejo] (*vgl. dazu* ***spetten***)

aufwarten *intr geh*: ***jmdm. mit einer Erfrischung*** ~ regali iun per refreŝiga trinkaĵo; ***bei Tisch*** ~ servi ĉe la tablo

aufwärts *Adv nach oben* supren; *in die Höhe* alten; *bergan, bergauf* [sur]monten; ~ ***gehen*** *nach oben gehen* iri supren; *ansteigen (Pfad, Straße)* supreniĝi, ascendi; *umg für «besser werden»* pliboniĝi, *auch (sich gut entwickeln)* bone disvolviĝi; ***den Fluss*** ~ kontraŭ la fluo, kontraŭflue; ***für hundert Euro*** ~ por cent eŭroj aŭ pli

Aufwärtshaken *m*, *auch* ***Uppercut*** *m Boxen* hoko supren

Aufwartung *f* ***a)*** *alt für «Bedienung»* servado; *Aufwartefrau* dommastruma helpantino, purigistino ***b)*** *förmlicher Besuch* prohonora vizito; ***jmdm. seine*** ~ ***machen*** *jmdm. einen Höflichkeitsbesuch abstatten* viziti iun por montri sian respekton al li/ŝi *od* fari prohonoran viziton al iu; *Dipl auch* prezenti sian omaĝon al iu

aufwaschen *tr abs: den Aufwasch machen* lavi la manĝilaron (*vgl. dazu* ***abwaschen***)

Aufwaschtisch *m Hausw* [kuireja] lavkompleto

aufwecken *tr* veki [el dormado]; ***weck Vater nicht auf!*** ne veku patron!; ***aufgeweckt werden*** esti vekata (***von*** *od* ***durch*** de)

Aufwecken *n* vekado

aufweichen ***a)*** *tr weich machen* moligi; *einwässern* trempadi [en akvo]; *durch Eintauchen erweichen* trempante moligi (***etw.***

ion) ***b)*** *intr weich werden* moliĝi, fariĝi mola

aufweisen *tr aufzeigen* montri; *erkennen lassen* [ek]konigi; *vorführen* prezenti; *besitzen, enthalten* enhavi; *sichtbar sein* esti videbla; ***das Buch weist einige Fehler auf*** la libro enhavas kelkajn erarojn *od* estas kelkaj eraroj en la libro; ***der Tote weist keinerlei Verletzungen auf*** la [trovita] mortinto ne montras iujn lezojn

aufwenden *tr*: ***alle Kräfte ~*** uzi ĉiujn fortojn; ***große Summen ~ für [die Finanzierung von] ...*** elspezi grandajn sumojn por [financi] la ...; ***eine Menge Zeit für dieses Problem ~*** uzi multan tempon por tiu ĉi problemo

aufwendig ↑ ***aufwändig***

Aufwendungen *f/Pl Fin (Ausgaben)* elspezoj *Pl*, *(Kosten)* kostoj *Pl*; ***finanzielle ~*** financaj elspezoj

aufwerfen *tr emporwerfen* suprenĵeti; *Frage* prezenti, starigi, estigi, levi; ***einen Damm ~*** fari (*od* konstrui) digon; ***eine Frage ~*** levi demandon; ***die Lippen ~*** *schmollen* paŭti; ***dies wirft eine Menge Fragen und Probleme auf*** [ĉi] tio levas (*od* starigas) amason da demandoj kaj problemoj

aufwerten *tr Bankw* plivalorigi *auch übertr*; *Währung* revaluti

Aufwertung *f* plivalorigo; *Neubewertung [einer Währung]* revaluto

aufwickeln *tr zusammenwickeln* rulvolvi; *auseinanderwickeln* disvolvi; *auf eine Spule wickeln* bobeni, volvi ĉirkaŭ bobeno; *abwickeln* malvolvi; ***sich ~*** disvolviĝi

Aufwickeln *n von etw.* disvolv[ad]o; *das Sichaufwickeln* disvolviĝo

Aufwickelspule *f* volva bobeno

aufwiegeln *tr zum Aufstand anstiften* inciti [ĝis ribelado], ribeligi; *i.w.S. provozieren* provoki (↑ *auch* ***agitieren*** *u.* ***aufputschen***)

aufwiegen *tr* kompensi (***mit*** per); *übertr (ausbalancieren, ausgleichen)* ekvilibrigi; ***etw. mit Gold ~*** pagi ion per sampezo da oro

Aufwiegler *m* agitisto; *Anstifter* instiganto

Aufwind *m Met, Segelsport* ascenda vento (*vgl. dazu* ***Abwind***); *<wiss> anabatischer Wind* anabata vento; ***im ~ segeln*** *Segelsport* sori, suprenglisi en leviĝanta termika fluo

aufwirbeln ***a)*** *intr* [supren]kirliĝi ***b)*** *tr* [supren]kirli, flugigi; ***der Wind wirbelte den Staub auf*** la vento [ek]kirlis la polvon ◇ ***die Sache hat viel Staub aufgewirbelt*** la afero kaŭzis multe da sensacio

aufwischen *tr* [for]viŝi; ***den Fußboden ~*** viŝi la plankon

aufwühlen *tr* [tra]fosi; *aufpeitschen* vip[eg]i; *übertr* [ege] emocii, agiti; *erregen* eksciti; *in Aufruhr versetzen* tumultigi; ***diese Sache hat mich [innerlich] aufgewühlt*** *übertr* tiu ĉi afero ege emociis min; ***der Sturm wühlte den See auf*** la ŝtormo vipegis la lagon

aufzählen *tr* [laŭvice] nombri; ***alle seine Verdienste ~*** detale nomi ĉiujn siajn meritojn

Aufzählung *f* [laŭvica] nombrado

aufzäumen *tr*: ***ein Pferd ~*** bridumi ĉevalon *od* surmeti la brid[aĵ]on al ĉevalo

Aufzäumung *f eines Reittiers* brid[um]ado

auf|zehren *tr geh für «aufessen»* formanĝi, [for]konsumi; **~zeichnen** *tr notieren* noti (*vgl. dazu* ***dokumentieren***); *auf Film, Tonträger od Video* registri (*vgl. dazu* ***aufnehmen***); *zeichnen* desegni; *flüchtig zeichnen, skizzieren* skizi

Aufzeichnung *f* ***a)*** *Notieren* notado; *Notiz* noto (*vgl. dazu* ***Dokumentation***) ***b)*** *Ton- od Videoaufzeichnung (als Vorgang)* registrado, *(als Ergebnis)* registraĵo (↑ *auch* ***Ton- u. Videoaufzeichnung***); ***[sich] ~en machen über ...*** fari notojn pri ...

Aufzeichnungsgerät *n für Ton- u. Videoaufzeichnung* [elektromagneta] registrilo (↑ *auch* ***Videogerät***)

aufzeigen *tr* montri (*vgl. dazu* ***vorzeigen***); *demonstrieren* demonstri; *ans Licht bringen* aperigi; *sehen lassen* vidigi

aufziehen ***a)*** *tr hochziehen* suprentiri, suprenigi; *öffnen* malfermi *auch Schlagbaum, Schleuse*; *Schubkasten* [tire] malfermi; *zur Seite ziehen* flankentiri; *Uhr* streĉi; *necken* inciteti; *zum Besten halten, verspotten* mistifiki, [pri]moki (***jmdn.*** iun); *reg für «arangieren» (z.B. ein Fest)* aranĝi, okazigi; *Kinder* eduki; *Junge* [plen]kreskigi; *Tiere (halten)* teni, *(züchten)* bredi; *Pflanzen* kultivi, kreskigi; ***eine Fahne ~*** hisi flagon; ***auf Leinwand ~*** glui sur tolon; ***einen Reifen ~*** munti pneŭmatikon; ***den Reißverschluss ~*** malfermi zipon; ***eine neue Saite auf die (od der) Geige ~*** etendi novan kordon sur la violonon ◇ ***andere Saiten ~*** enkonduki pli severan reĝimon *bzw.* multe pli energie trakti ion *b) intr Posten, Wache* almarŝi, alpaŝi; *Sterne, Wolken* aperi; *Dunst, Nebel* ekesti; *Gewitter* [al]proksimiĝi

Aufzucht *f von Tieren* bredado; *von Pflanzen* kultiv[ad]o, *(von Schösslingen) auch* kreskigo

Aufzug *m* ***a)*** *Aufmarsch* almarŝo; *Parade* parado; *Prozession* procesio ***b)*** *Fahrstuhl* lifto (↑ *auch* ***Paternoster***); *Lasten*≗ ŝarĝolevilo, ŝarĝlifto, elevatoro (↑ *auch* ***Bau-*** *u.* ***Speisenaufzug***) ***c)*** *umg für «wenig schickliche Kleidung»* vesto(j) ne konvena(j) [por tiu okazo] ◇ ***in diesem ~ kannst du dich nirgends sehen lassen*** en tiaj vestoj vi povas iri nenien ***d)*** *Weberei (Kettfäden)* ↑ ***Kette b)*** ***e)*** *Theat* ↑ ***Akt c)***

Aufzugs|plattform *f Bauw, Tech* liftplatformo; **~schacht** *m* lift[o]ŝakto

aufzwingen *tr aufnötigen* [al]trudi (***jmdm. etw.*** ion al iu); *mit Gewalt aufdrängen, oktroyieren* perforte altrudi; ***anderen seinen Willen ~*** altrudi sian volon al aliaj

Aug. = *Abk für* ***August***

Augapfel *m* (Bulbus oculi) *Anat* okulglobo, *auch* okulbulbo; *übertr* plejvaloraĵo, plejkaraĵo ◇ ***etw. wie seinen ~ hüten*** gardi ion kiel la globon (*od* pupilon) de la (*od* sia) okulo *(Zam)*

Auge *n Anat* okulo (↑ *auch* ***Adler-, Argus-, Falken-, Frosch-, Glas-, Luchs-, Mandel-, Schiel-, Schlitz-, Stiel-*** *u.* ***Teleskopaugen***); *auf Karten u. Würfeln* poento; *im Käse* truo (↑ *auch* ***Fettauge***); *Bot* okulo, *(Knospe)* burĝono; ***das ~ des Hurrikans*** la okulo de la uragano; ***das ~ des Sturms*** *Met* la ŝtorm-okulo; ***eingefallene*** *Pl* [profunde] enfalintaj (*od* profundiĝintaj) okuloj *Pl*; ***geschwollene ~n*** *Pl* ŝvelintaj okuloj *Pl*; ***ein Mädchen mit glänzenden*** (*od* ***strahlenden***) ***~n*** knabino kun bril[ant]aj okuloj; ***hervorquellende*** (*od* ***hervortretende***) ***~n*** *Pl* protrudaj okuloj *Pl* (↑ *auch* ***Frosch-*** *u.* ***Glotzaugen***); ***verweinte ~n haben*** havi plorintajn okulojn; ***vorspringende ~n haben*** havi elstarantajn okulojn; ***~n rechts!*** *Mil* rigardu dekstren!; ***~ in ~ mit jmdm.*** vidalvide kun iu; ***in meinen ~n*** *meiner Meinung nach* en mia opinio, *umg auch* miaopinie; ***~n auf im Straßenverkehr!*** atentu la [surstratan] trafikon!; ***die ~n weit aufreißen*** vaste malfermi la okulojn; ***mit eigenen ~n*** propraokule; ***mit müden ~n blicken*** rigardi per lacaj okuloj; ***ins ~ fallend*** *auffällig* okulfrapa; ***jmdm. mit den ~n folgen*** sekvi iun per la okuloj; ***gute*** (***schlechte***) ***~n haben*** havi bonan (malbonan) vidkapablon; ***große ~n machen*** *sich erstaunt wundern* miri (*od* gapi) grandokule; ***sich die ~n reiben*** froti al si la okulojn; ***seine ~n auf jmdn. richten*** fiksi siajn okulojn al iu; ***die ~n schließen*** (*od* ***zumachen***) fermi la okulojn (*vgl. dazu* ***sterben***); ***ins ~ sehen*** *gegenüberstehen, z.B. einem Problem* alfronti *od passivisch* esti alfrontata de ...; ***etw. mit eigenen ~n sehen*** vidi ion propraokule (*od* per propraj okuloj); ***etw.*** (***jmdn.***) ***mit anderen ~n sehen*** prijuĝi ion (iun) tute alie; ***mit bloßem ~ nicht zu sehen sein*** esti ne videbla per nura okulo; ***die ~n tränen*** la okuloj larmas; ***die ~n verdrehen*** grimaci per la okuloj; ***vier ~n sehen mehr als zwei*** kvar okuloj vidas pli ol du ◇ ***~ um ~, Zahn um Zahn*** *bibl* okulon pro okulo, denton pro dento *(Zam)*; *auch* egala repago; ***aus den ~n, aus dem Sinn*** for de l'okuloj, for de la koro *(Zam)*, *auch* ne plu vidita kaj tial forgesita; ***geh mir aus den ~n!*** for de miaj okuloj!; ***das kann leicht ins ~ gehen*** tio facile povos malsukcesi (*od* fiaski); ***die ~n sind größer als der Bauch*** (*od* ***Magen***) la okuloj estas pli grandaj ol la ventro *(Zam)*; ***die ~n überall haben*** *alles sehen* vidi ĉion; *alles bemerken* rimarki ĉion; ***nicht aus den ~n lassen*** ne perdi el la vido (*od Zam* okuloj); ***er hat ~n wie ein Luchs*** li havas [la] okulojn de linko; ***jmdm. schöne ~n machen*** ĵeti amdezirajn rigardojn al iu *od* ame okulumi al iu, *i.w.S. mit jmdm. flirten* flirti kun iu; ***jmdm. die ~n öffnen*** *jmdn. die Realität od Wahrheit erkennen lassen* malfermi la okulojn al iu; ***die ~n für immer schließen*** fermi la okulojn por ĉiam (*vgl. dazu* ***sterben***); ***er konnte kaum aus den ~n sehen*** li apenaŭ povis teni la okulojn malfermitaj; ***jmdm. Sand in die ~en streuen*** ĵeti (*od* ŝuti) al iu polvon en la okulojn *(Zam)*; ***Tränen traten in ihre ~n*** *od auch* ***die ~n gingen ihr über*** larmoj aperis en ŝiaj okuloj; ***er verdrehte die ~n*** liaj okulgloboj turniĝis; ***unter vier ~n*** sen atestantoj, inter ni [du] solaj; ***mit jmdm. unter vier ~n sprechen*** *ohne Zeugen* paroli kun iu sen atestantoj; ***vor aller ~n*** antaŭ ĉies okuloj; ***die ~n vor etw. verschließen*** *etw. absichtlich nicht sehen wollen* fermi la okulojn antaŭ io ◇ ***ein ~ zudrücken*** *tolerant sein* esti tolerema; *nicht zu streng sein* esti ne tro severa; ***dann und wann muss man schon einmal ein ~ zudrücken*** iafoje oni devas fermeti okulon *(Zam)*

Augeias (*m*) *griech. Myth* ↑ ***Augias***

äugeln *intr* [kaŝe] okulumi (***nach etw.*** al io)

Äugeln *n od* **Augenveredlung** *f Gartenb* burĝona greftado (*vgl. dazu* ***Okulieren***)

Augen|arzt *m*, *Fachspr* ***Ophthalmologe*** *m* okulkuracisto, *Fachspr auch* oftalmologo; **~bad** *n* okulbano *od* okullavo; **~binde** *f* okulbendo

Augenblick *m* momento; ***einen ~ [lang]*** por [daŭro de] momento; ***warten Sie [bitte] einen ~!*** [bonvolu] atendi momenton!; ***für einen ~*** por (*od* dum) momento; ***in dem ~, als ...*** ĵus kiam ...; ***in diesem ~*** en tiu ĉi momento, tiumomente; ***im gleichen ~*** *od* ***im selben ~*** en la sama momento, sammomente; ***im letzten ~*** en la lasta momento, lastmomente; *in letzter Minute* lastminute; ***jeden ~*** ĉiumomente, *auch* ĉiun momenton; *bald* baldaŭ; ***er kann jeden ~ hier sein*** ĉiumomente li povas alveni [ĉi tie]; ***im rechten*** (*od* ***richtigen***) ~ en la ĝusta momento, ĝustamomente; *i.w.S. zur richtigen Zeit* ĝustatempe; ***noch einen ~*** ankoraŭ [unu] momenton; ***von dem*** (*od* ***diesem***) ***~ an*** ekde tiu [ĉi] momento; ***entschuldigen Sie mich einen ~!*** bonvolu pardoni min por momento!

augenblicklich 1. *Adj sofortig* tuja, senprokrasta; *derzeitig* [ĉi-]momenta **2.** *Adv sofort* tuj; *unverzüglich* senprokraste; *im jetzigen Augenblick* [ĉi-]momente, en la nuna momento *od* en tiu ĉi momento

Augenbrauen *f/Pl* brovoj *Pl*; ***die ~ senken*** (***zusammenziehen***) mallevi (kuntiri) la brovojn

Augenbrauen|bogen *m Anat* brova arko; **~ente** *f* (Anas superciliosa) *Orn* brovanaso

Augenbrauenmuskel *m Anat* ↑ ***Stirnmuskel***

Augenbrauen|stift *m Kosmetik* brovokrajono; **~wülste** *m/Pl des Urmenschen* superorbitaj krestoj *Pl*

Augendruck *m* ↑ ***Augeninnendruck***

Augenentzündung *f Med* okulinflamo, <*wiss*> oftalmito

augenfällig *Adj* okulfrapa; *offensichtlich* evidenta

Augen|fältchen *n/Pl* ĉirkaŭokulaj faldetoj *od* faldetoj *Pl* ĉirkaŭ la okuloj; **~farbe** *f* okulkoloro

Augenfleck *m Ent* ↑ ***Stigma d)***

Augenflimmern *n Ophthalmologie* ↑ ***Flimmerskotom***

Augen|glas *n alt für «Brille»* okulvitroj *Pl*; *Zwicker* nazumo; *Monokel* monoklo; **~gneis** *m Min (in Genese u. Mineralbestand dem Gneis ähnliches, jedoch augenförmige Feldspate enthaltendes Gestein)* okulgnejso

Augenheilkunde *f* ↑ ***Ophthalmologie***

Augenhintergrund *m* (Fundus oculi) *Anat* okulfundo

Augenhintergrundspiegelung *f* ↑ ***Retinoskopie***

Augenhöhe *f*: ***auf ~*** *auf gleichem Niveau* samnivela; *von gleichem Wert* samvalora, egalvalora (↑ *auch* ***gleichwertig***)

Augen|höhle *f*, <*wiss*> ***Orbita*** *f Anat* okulkavo, <*wiss*> orbito; **~[innen]druck** *m*, *auch* ***intraokularer Druck*** *m Ophthalmologie* enokula (*od Fachspr* intraokula) premo; **~klappe** *f z.B. eines Piraten* okulklapo; **~klinik** *f* oftalmologia kliniko, *umg* okulkliniko

Augenkontakt *m* ↑ ***Blickkontakt***

augenkrank *Adj* okulmalsana

Augenkrankheit *f*, *auch* ***Augenleiden*** *n* okulmalsano; ***ägyptische ~*** trakomo

Augenlicht *n* vidpovo, vidkapablo; ***das ~ verlieren*** perdi la (*od* sian) vidpovon, *umg auch* perdi la vidadon; *erblinden* blindiĝi

Augenlid *n* (Palpebra) *Anat* palpebro; ***Entzündung*** *f* ***der ~er***, *Fachspr* ***Palpebritis*** *f Med* inflamo de la palpebroj, *Fachspr* palpebrito (*vgl. dazu* ***Lidrandentzündung***); ***unter dem ~ [befindlich]*** subpalpebra

Augenlidknorpel *m Anat* ↑ ***Tarsalplatte***

Augenlinse *f* (Lens cristallina) *Anat* okullenso, <*wiss*> kristalino

Augenmaß *n Fähigkeit mit dem Auge ein Maß zu bestimmen* okulmezuro *od* okultakso; ***nach [dem] ~*** okulmezure *od* okultakse

Augenmerk *n* atento; ***sein ~ auf ... richten*** direkti sian atenton al ...

Augen|migräne *f*, *auch* ***ophthalmische Migräne*** *f Med* oftalma migreno; **~muskel** *m Anat* okula muskolo

Augennerv *m Anat* ↑ ***Sehnerv***

Augenoperation *f Chir* okul-operacio

Augenringe *m/Pl*: ***~ haben*** *umg* havi bluringajn okulojn

Augensalbe *f Pharm* okul-ungvento, *auch* oftalma ungvento

Augenschein *m*: ***etw. in ~ nehmen*** [persone] inspekti (*od* rigardi) ion, atente (*bzw.* detale) pririgardi ion (*vgl. dazu* ***inspizieren***); ***nach dem ~ zu urteilen*** juĝante laŭ tio, kion oni vidas

augenscheinlich 1. *Adj* evidenta; *sichtbar* [facile] videbla **2.** *Adv offenkundig* evidente; *anscheinend* [ver]ŝajne

Augen|schutz *m* okulŝirmilo; **~spezialist** *m* oftalmologo; **~spiegel** *m, Fachspr auch* ***Ophthalmoskop*** *n Medizintechnik* oftalmoskopo; *zur Augenhintergrundspiegelung* retinoskopo, *alt auch* frunta spegulo; **~spinner** *m* (*Gattung* Saturnia) *Ent (eine Nachtfalter-Gattung)* saturnio; **~sprache** *f bildh* lingvo de la okuloj; **~tierchen** *n* (*Gattung* Euglena) *Biol (geißeltragender eukaryotischer Einzeller)* eŭgleno; **~triefen** *n (physiologisch od pathologisch)* larmofluo [sur la vango], *Med <wiss>* epiforo

Augentripper *m Med* ↑ ***Gonoblennorrhö***

Augentropfen *m/Pl* (Oculoguttae) *Pharm* oftalmaj gutoj, *umg auch* okulgutoj *Pl, Fachspr auch* kolirio

Augentrost *m* (*Gattung* Euphrasia) *Bot* eŭfrazio; ***gemeiner ~*** ↑ ***Wiesenaugentrost***; ***steifer ~*** (Euphrasia stricta) rigida eŭfrazio

Augenveredlung *f Gartenb* ↑ ***Äugeln***

Augen|weide *f übertr* plezuro *bzw.* ĝuo por la okuloj, ravaĵo; **~wimper** *f* okulharo

Augenwinkel *m* okulangul[et]o ◇ ***jmdn. aus den ~n betrachten*** *einen Seitenblick auf jmdn. werfen, auch im Sinne von «mit jmdm. liebäugeln»* okulumi al iu

Augenwurm *m Zool* ↑ ***Wanderfilarie***

Augen|wurz *f, auch* ***Filigrandolde*** *f* (*Gattung* Athamanta) *Bot* atamanto; **~zahn** *m oberer Eckzahn* okuldento, *<wiss>* supra kanino (*vgl. dazu* ***Stoßzahn***); **~zeuge** *m* vid-atestanto, *auch* okula atestanto, *allg* vidinto; **~zeugenbericht** *m* raporto de vid-atestanto

Augenzittern *n Med* ↑ ***Nystagmus***

Augias (*m*), *griech.* ***Augeias*** (*m*) *griech. Myth (König von Elis)* Aŭgio; **~stall** *m Myth* stalo de Aŭgio *auch übertr bildh für «verrottete Zustände»*

Augit *m Min* ↑ ***Pyroxen***

Äuglein *n* okuleto

Augment *n Ling (dem Verbalstamm vorangesetztes Präfix zur Tempusbildung [bes. im Griechischen u. im Sanskrit])* aŭgmento

Augmentativ[um] *n Ling (Vergrößerungsform, Vergröberungswort)* aŭgmentativo

Augment- *od* **Vergrößerungssuffix** *m* aŭgmentativa sufikso *[im Esp: ...eg...]*

Augsburg (*n*) *eine Stadt in Bayern* Aŭgsburgo

Augsburger 1. *Subst (Einwohner von Augsburg)* aŭgsburgano **2.** *attributives Adj* aŭgsburga; ***~ Bekenntnis*** *n* (*od* ***Konfession*** *f*), *lat.* ***Confessio Augustana*** *Kirche (von Luther gebilligte Zusammenstellung der evangelischen Lehre [auf dem Augsburger Reichstag 1530 verlesen])* Kredkonfeso de Aŭgsburgo; ***~ Religionsfriede*** *m Gesch* Paco de Aŭgsburgo *<1555 von Ferdinand I. mit den Reichsstäden abgeschlossen, anerkannte für evangelische Landesherren Gleichberechtigung>*

Augur *m, auch* ***Vogelzugdeuter*** *m altröm. Priester* aŭguristo (*vgl. dazu* ***Wahrsager***)

Augurenlächeln *n geh für «wissendes Lächeln Eingeweihter»* rideto de aŭguristo(j)

augurieren *tr Antike (aus dem Flug od dem Geschrei der Vögel deuten, wahrsagen od weissagen)* aŭguri

Augurium *n, auch* ***Vogelzugdeutung*** *f Antike (als Vorgang)* aŭgurado, *(als Faktum)* aŭguro

¹**August** [-'-] *m* (*Abk* ***Aug.***) *Kalendername* aŭgusto (*Abk* aŭg.); ***Ende ~*** fine de aŭgusto

²**August** ['--] (*m*) *männl. Vorname* Aŭgusto *auch Name sächsischer Kurfürsten*

¹**Augusta** *od* **Auguste** (*f*) *weibl. Vorname* Aŭgusta *(ersterer auch Titel der römischen Kaiserinnen [lat. «die Erhabene»])*

²**Augusta** (*n*) *Hptst. des US-Bundesstaates Maine* Aŭgusto

Augustiner *m, auch* ***Augustinermönch*** *m* aŭgustenano, *auch* aŭgustena monaĥo

Augustiner-Chorherren *m/Pl* aŭgustenaj kanonikoj *Pl*

Augustinerin *f* aŭgustenanino

Augustinerkloster *n* aŭgusten[an]a monaĥejo

Augustinermönch *m* ↑ ***Augustiner***

Augustinerorden *m kath. Kirche (ein im 11. Jh. gegründeter Orden)* aŭgustena ordeno

Augustinismus *m Theologie (eine sich auf Augustinus berufende Form der Gnadenlehre)* aŭgustenismo

Augustinus *m Eig*: ***[Aurelius] ~***, *auch* ***Augustinus von Hippo*** *christlicher Theo-*

loge u. Philosoph [354-430] (einer der vier Kirchenlehrer der Spätantike) Aŭgusteno, *auch* Aŭgusteno [de Hipono]

Augustus (*m*) *Beiname des röm. Kaisers Oktavian* Aŭgusto

Auktion *f* aŭkcio (↑ *auch* ***Briefmarken-***, ***Fisch-***, ***Internet-***, ***Kaffee-***, ***Münzauktion*** *u.* ***Versteigerung***); ***auf einer ~ verkaufen*** vendi per aŭkcio

Auktionator *m Versteigerer* aŭkciisto

auktionieren *tr* aŭkcii, vendi per aŭkcio

Auktions|haus *n* aŭkciejo; ~**katalog** *m* aŭkcia katalogo; ~**lokal** *n* aŭkcia salono; ~**preis** *m* aŭkcia prezo; ~**termin** *m* aŭkcia tago

auktionsweise *Adv (durch od im Wege der Versteigerung)* pere de aŭkcio

Aukube *f Bot* ***a)*** (*Gattung* Aucuba) aŭkubo ***b)*** (*Art* Aucuba japonica) *auch* ***Metzger-*** *od* ***Schusterpalme*** *f*, *auch* ***Goldorange*** *f* japana aŭkubo

Aul *m Zeltlager od ländliche Siedlung der Turkvölker* aŭlo

Aula *f* aŭlo (*vgl. dazu* ***Festsaal***)

Aulis (*n*) *eine griech. Hafenstadt, von der aus in der Sage die Flotte der Griechen nach Troja fuhr* Aŭlido

Aulos *m* (*Pl*: ***Aulen*** *od* ***Auloi***) *Mus (altgriech. Doppelschalmei)* aŭloso

Au-pair-Mädchen *n* gastvartistino

¹Aura *f geh für «Ausstrahlung»* aŭro *auch Anthroposophie, Med (z.B. vor einem epileptischen Anfall) u. Okkultismus*

²Aura (*f*) *griechische Myth (Gefährtin der Artemis [von Zeus in eine Quelle verwandelt])* Aŭra

Aurangabad (*n*) *eine Stadt im indischen Unionsstaat Maharashtra [im 17. Jh. Residenz der Mogulkaiser]* Aŭrangabado

Aurelian[us] (*m*) *Eig (röm. Kaiser)* Aŭreliano

Aurel[ius] (*m*) *ein altröm. Geschlechtername* Aŭrelio; ***Mark Aurel*** (*m*) *ein röm. Kaiser [121-180]* Mark-Aŭrelio

Aureole *f* ***a)*** *auch* ***Heiligenschein*** *m* aŭreolo; ***jmdn. mit einer ~*** (*od* ***mit Glanz***) ***umgeben*** *übertr* aŭreoli iun ***b)*** *Astron meist* ***Hof*** *m um Sonne und Mond* aŭreolo, haloo

Aureomycin® *n Pharm (Handelsname für ‹Chlortetracyclin› [ein Antibiotikum])* aŭreomicino

Aureus *m altröm. Goldmünze* aŭreuso

Aurignacien *n Geol (Kulturstufe des Paläolithikums in Mittel- u. Westeuropa [etwa 40.000 bis 20.000 v.Chr. <so benannt nach der franz. Stadt Aurignac>* aŭrignacio

Aurikel *f Bot Garten♀ (eine Doldenprimelart)* (Primula auricula) ĝardena aŭrikulo

aurikular *Adj nur Fachspr Anat* (*zum Ohr gehörig)* aŭrikla

Auripigment *n*, *auch* ***Rauschgelb*** *n Min (ein gelbes Arsenmineral)* aŭripigmento, *auch* orpigmento

¹Aurora *f Myth (röm. Göttin der Morgenröte)* Aŭrora (*vgl. dazu* ***Eos***)

²Aurora *f*: ***polare ~*** ↑ ***Polarlicht***

Aurorafalter *m* (Anthocharis cardamines) *Ent* aŭrora papilio

aus 1. *Präp* ***a)*** *Ort od Herkunft* el; ***~ Hamburg*** el Hamburgo; ***~ dem Gedächtnis*** *od* ***~ dem Kopf*** parkere; ***~ Richtung Berlin*** el la direkto de Berlino; ***~ dem Norden*** el [la] nordo; ***herauskommen ~ ...*** [el]veni el ..., eliĝi el ... ***b)*** *Zeit*: ***ein Gemälde ~ dem 17. Jahrhundert*** pentraĵo el la deksepa jarcento, *auch* deksepjarcenta pentraĵo ***c)*** *Grund* pro (*vgl. dazu* ***wegen***); ***~ Angst*** (*od* ***Furcht***) pro timo; ***~ Geldmangel*** pro manko de mono; ***~ diesem Grund[e]*** pro tiu [ĉi] kaŭzo; *deshalb* tial; ***~ irgendeinem ~[e]*** pro iu kaŭzo, iukaŭze, ial; ***~ Furcht zu spät zu kommen*** timante malfruiĝi; ***~ Liebe*** pro amo; ***~ Mangel an ...*** pro manko de ...; ***~ Zeitmangel*** pro manko de tempo; ***er handelt ~ Überzeugung*** li agas laŭ sia konvinko; ***von mir ~!*** *ich habe nichts dagegen!* mi ne kontraŭas! ***d)*** *Material* [farita] el; ***~ Gold*** [farita] el oro ***e)*** *in weiteren Fügungen:* ***~ seinen Fehlern lernen*** lerni el siaj eraroj (*bzw.* misfaroj); ***~ vollem Halse*** el [la] tuta gorĝo, plengorĝe **2.** *Adv zu Ende, vorbei* finita; *vergangen, vorüber* pasinta; *aufgebraucht* forkonsumita; *ausgeschaltet (Gerät, Licht)* elŝaltita, malŝaltita; *erloschen (Kerze)* estingiĝinta; ***~!*** *Schluss damit!* finon pri tio! *od* ĉesu tion!; ***von da ~*** de tiu loko, de tie; ***von meinem Haus ~*** de [el] mia domo; ***von meinem Standpunkt ~*** laŭ mia vidpunkto; *meiner Meinung nach* laŭ mia opinio; ***die Schule ist ~*** la instruo finiĝis ◇ ***auf etw. ~ sein*** *auf etw. abzielen, etw. bezwecken* celi ion; *auf etw. begierig sein* avidi ion; ***es ist ~ mit ihm*** *er ist verloren* li estas perdita; *er wird sterben* li estas mortonta; ***weder ~ noch ein wissen*** tute ne scii kion fari; *ohne jede*

Hoffnung sein esti tute sen [ia] espero
ausarbeiten *tr Plan, Rede, Vortrag* ellabori; *abfassen, formulieren* formuli; *Ingenieurbau* konstrukcii; *fertigstellen* finpretigi, fini; *Wohnungen* finkonstrui; ***einen Bericht (Empfehlungen)*** ~ ellabori raporton (rekomendojn); ***etw. schriftlich*** ~ ellabori ion skribe (*od* en skriba formo), *etw. redigieren* redakti ion; ***sich [körperlich]*** ~ fari fizikan (*od* korpan) laboron
Ausarbeitung *f Fertigstellung* ellaborado; *Schaffung* kre[ad]o; *Formulieren* formulado; ***körperliche*** ~ *Arbeit* fizika (*od* korpa) laboro; *Übungen* fizikaj (*od* korpaj) ekzercoj *Pl*
ausarten *intr entarten* degeneri (***in*** en *mit Akk*); *das Normalmaß überschreiten* ekscesi
Ausartung *f Entartung* degener[ad]o; *Exzess* eksceso (*vgl. dazu* ***Ausschweifung***)
ausatmen *tr u. intr* elspiri
Ausatmen *n od* **Ausatmung** *f, Fachspr Med auch* ***Exspiration*** *f* elspirado
ausbaden *tr*: ***etw.*** ~ ***müssen*** *die Konsequenzen tragen müssen* devi suferi pro ies eraroj
ausbaggern *tr mit Abraum-, Eimer- od Schwimmbagger* dragi *auch Fahrrinne*; *i.w.S. (herausbaggern) auch* elkavigi
Ausbaggern *n* dragado
ausbalancieren *tr* ekvilibrigi *auch übertr*
Ausball *m Sport* pilko ekster ludkampo
Ausbau *m Bauw* finkonstruo, *(Anbau)* alkonstruo, *(eines Stadtteils)* plenigo per konstruaĵoj, plukonstru[ad]o; *Demontage* elmuntado, malmuntado; *übertr (Erweiterung)* plivastigo, *(Entwicklung)* evoluigo, *(Vervollständigung)* kompletigo
ausbauen *tr* ***a)*** *Bauw* finkonstrui; *anbauen* alkonstrui; *weiterbauen* plukonstrui; *Tech (demontieren)* elmunti, malmunti; ***den Vergaser*** ~ malmunti la karburilon ***b)*** *übertr (erweitern)* plivastigi, *(entwickeln)* evoluigi, *(vervollständigen)* kompletigi; *verbessern* plibonigi; *modernisieren* modernigi
ausbaufähig *Adj*: ***das Projekt ist*** ~ *erweiterungsfähig* la projekton oni povas plivastigi; *entwicklungsfähig* la projekton oni povas evoluigi *od* la projekto estas evoluigebla
ausbedingen, sich *refl*: ***sich etw. ausbedingen*** *auf etw. bestehen* insisti pri io; *sich etw. reservieren* rezervi al si ion; *sich das Recht reservieren* rezervi al si la rajton (***dass*** ke); *zur Bedingung machen* meti kiel kondiĉon (***dass*** ke)
Ausbedingung *f Vorbehaltung* rezervado
ausbeißen *tr*: ***sich einen Zahn*** ~ rompi al si denton dum mordado ◇ ***daran hat er sich die Zähne ausgebissen*** *das hat ihm das Genick gebrochen* farinte tion li rompis al si la kolon
ausbessern *tr reparieren* ripari; *flicken, stopfen (Wäsche u.a.)* fliki, ŝtopi
Ausbesserung *f Reparatur* ripar[ad]o (*vgl. dazu* ***Restaurierung***); *das Flicken* flikado; *Stopfen* ŝtopado
Ausbesserungswerkstatt *f* riparejo (*vgl. dazu* ***Kfz-Werkstatt***); flikejo
ausbetonieren *tr* betoni
ausbeulen *tr*: ***den Kotflügel*** ~ *Handw* forigi la kavaĵo(j)n el la kotŝirmilo
Ausbeute *f Ertrag* produktaĵo; *an Halb- u. Fertigerzeugnissen aus Rohstoffen* rendimento; *Gewinn* gajno, profito; *Bergb* ekspluataĵo; *Fang* kaptaĵo (↑ *auch* ***Beute***)
ausbeuten *tr Arbeiter, Bodenschätze* ekspluati
Ausbeuter *m von Menschen* ekspluatanto *bzw.* ekspluatisto, elsuĉisto; ~**gesellschaft** *f* socio bazita sur ekspluatado
Ausbeutung *f* ekspluat[ad]o *auch von Bodenschätzen* (*vgl. dazu* ***Nutzbarmachung***); ***die*** ~ ***des Menschen durch den Menschen*** la ekspluatado de homo far (*od* fare de) [la] homo
Ausbeutungssystem *n* sistemo de ekspluatado
aus|bezahlen *für geleistete Arbeit bezahlen* pagi [por la farita laboro]; ~**biegen** *tr nach außen biegen* kurbigi eksteren
ausbilden *tr erziehen* eduki; *unterrichten* instrui; *Sportler, Truppen* trejni; *übertr kultivieren* kulturi; ***sich*** ~ *sich [heraus] bilden* elformiĝi; *sich üben* sin ekzerci; *sich vervollkommnen* sin perfektigi
Ausbilder *m Päd (Erzieher)* edukisto, *(Lehrender, Lehrer)* instruanto, instruisto; *Trainer* trejnisto; *Mil* instruktoro
Ausbildung *f* ***a)*** *Päd (Erziehung)* eduk[ad]o, *(Unterweisung)* instru[ad]o (↑ *auch* ***Berufsausbildung***); *Training* trejnado; *Qualifikation (das Qualifizieren)* kvalifiko, *(das Sichqualifizieren)* kvalifikiĝo ***b)*** *Entwicklung od das Sichformen, z.B. von Anlagen* elformiĝo; *Schulbildung* lerneja instruiĝo

Ausbildungs|dauer *f* daŭro de edukado (*od* instruado); ~**gelände** *n* tereno por trejnado *auch Mil*; ~**lager** *n Mil* trejnokampadejo; ~**lehrgang** *m* kurso pri kvalifikado *od* kvalifika kurso; ~**möglichkeit** *f* ebleco de kvalifikiĝo; ~**zentrum** *n* centro por edukado; *Trainingszentrum* trejnocentro

ausbitten, sich *refl* peti (*etw.* pri io); *verlangen* postuli; ***das bitte ich mir aus*** *darauf bestehe ich* pri tio mi insistas; *das fordere ich* tion mi postulas

ausblasen *tr Kerze* blovestingi; *leer blasen* blovante malplenigi

ausbleiben *intr nicht [an] kommen* ne alveni *auch Regelblutung*; *nicht erscheinen* ne aperi; *nicht anwesend sein* ne ĉeesti; *nicht geschehen* ne okazi; ***das wird wohl nicht*** ~ tio verŝajne okazos; ***ihre Strafe wird nicht*** ~ iam oni ŝin punos pri tio

Ausbleiben *n*: ~ ***der Menstruation*** *Med* amenoreo

ausbleichen ***a)*** *tr* paligi ***b)*** *intr* paliĝ[ad]i; *Wäsche* blankiĝi

ausblenden *tr Film, Radio, TV*: ***das Bild*** (***den Ton***)~ forigi la bildon (sonon)

Ausblick *m* elrigardo; *Blick nach draußen* rigardo (*od* vido) eksteren, elvido; *Panorama* panoramo; *übertr: Aussicht, Vorausschau* perspektivo

ausblühen *intr Geol (effloreszieren: an der Oberfläche Kristalle bilden [von Gesteinen])* efloreski

Ausblühung *f Geol* ↑ ***Effloreszenz***

aus|bluten *intr zu Tode bluten* sangadi ĝis morto; ~**bohren** *tr* ***a)*** *ein Loch* [el]bori; *einen Zahn* per borado kavigi ***b)*** *auch* ***ausdrehen*** *z.B. ein Rohr od einen Zylinder mit dem Drehstahl* alezi; ~**bomben** *tr durch Bombenangriff zerstören* per bomboj detrui *od* bombodetrui

ausbooten *tr Mar (von einem Schiff mit einem Boot an Land bringen)* [trans]porti per boato al la bordo; ***jmdn.*** ~ *übertr umg für «jmdn. aus einer Position verdrängen»* elpeli (*od* forigi) iun el sia pozicio (*od* ofico)

Ausbootung *f Mar* transportado per boato al la bordo

ausborgen *tr* pruntedoni (***jmdm. etw.*** ion al iu); ***sich ein Buch von jmdm.*** ~ prunti (*od* pruntepreni) libron de iu

ausbrechen ***a)*** *tr herausbrechen* elrompi; *ausspeien* elvomi *auch übertr* ***b)*** *intr* elrompiĝi *auch i.w.S.*; *Krieg, Revolte* eksplodi; *Hautausschlag, Vulkan* erupcii; *Gefangener* sin perforte liberigi (***aus*** el); *Aufstand, Brand, Feuer* ekesti, estiĝi; *Ausschlag, Schweiß auch* eliĝi; *Zahn* elrompiĝi; ***in lautes Gelächter*** ~ eksplodi per laŭta rido, subite ekridegi; ***in Tränen*** ~ ekplor[eg]i; *plötzlich zu schluchzen beginnen* subite komenci plorsingulti; ***in ... ist die Cholera ausgebrochen*** en [la regiono de] ... unuaj kazoj de ĥolero okazis

ausbreitbar *Adj* etendebla

ausbreiten ***a)*** *tr Arme od auch flächenmäßig* etendi; *der Länge nach hinlegen (Teppich, Tischtuch, auch Strohschütte im Stall u.Ä.)* sterni (*vgl. dazu* ***betten***); *entfalten* malfaldi; *auslegen (Waren)* elmeti; *Gegenstände verstreut hinlegen* dismeti; *Ideen* disvastigi; *Med, Phys* propagi; ***das Bettzeug auf dem Fußboden*** ~ sterni la litaĵon sur la planko; ***seine Flügel*** ~ etendi siajn flugilojn ***b)*** *refl*: ***sich*** ~ *sich ausdehnen, sich erstrecken* etendiĝi; *sich der Länge nach ausbreiten* sin sterni, *auch* sterniĝi; *sich entfalten* malfaldiĝi; *um sich greifen (eine Idee u.a.)* disvastiĝi (***in*** en; ***über*** tra) *auch Feuer*; *Med, Phys (z.B. Wellen)* propagiĝi *auch Epidemie*; *überallhin wuchern (Pflanzen)* kreskegi kaj ĉien disvastiĝi; ***die Epidemie breitete sich rasch aus*** la epidemio rapide propagiĝis

Ausbreitung *f (das Ausbreiten)* disvastig[ad]o, *(das Der-Länge-nach-Hinlegen)* sternado (↑ *auch* ***Hinstreuen***), *(das Sichausbreiten)* disvastiĝo (*vgl. dazu* ***Ausdehnung***); *das [flächenmäßige] Sicherstrecken* etendiĝo; *Phys (das Ausbreiten, z.B. von Druckwellen)* propagado, *(das Sichausbreiten)* propagiĝo *auch Med (das Umsichgreifen [einer Krankheit])*

ausbrennen ***a)*** *tr kauterisieren, verätzen (eine Wunde u.a.)* kaŭterizi ***b)*** *intr zu Ende brennen (Feuer, Kerze)* finbruli, brul[ad]i ĝis estingiĝo; *innen völlig verbrennen* interne [totale] brulkonsumiĝi (*vgl. dazu* ***abbrennen***)

ausbringen *tr*: ***Dünger*** ~ *Landw* disĵeti (*od* disŝuti) sterkon [sur la kampo(j)n]; ***einen Trinkspruch (od Toast) auf jmdn.*** ~ eldiri toston por [la sano de] iu *od* eldiri toston honore al iu

Ausbruch *m Krieg, Konflikt, Revolte* eksplodo, *von Gefühlen auch* tempesto (↑ *auch* ***Zornausbruch***); *Hautausschlag, Vulkan*

erupcio (↑ *auch* ***Vulkanausbruch***); *aus dem Gefängis* perforta sinliberigo, eskapo (***aus*** el); *eines Feuers, einer Krankheit* ekesto, estiĝo (↑ *auch* ***Paroxysmus***); *von Schweiß* eliĝo; *Mil (Durchbruch, z.B. aus einem Kessel)* trapenetro [el malamika ĉirkaŭfermejo]; ***zum ~ bringen*** eksplodigi; ***zum ~ kommen*** eksplodi *auch übertr*; *Hautausschlag* erupcii

ausbrüten *tr Eier* elkovi *auch übertr* (↑ *auch* ***aushecken***)

Ausbuchtung *f Bot (am Blattrand)* lobo; *kleiner Höcker* eta (*od* malgranda) ĝibo; *Anat (Tasche im Gewebe)* poŝo; *Wölbung* konveksaĵo, elstaraĵo; *Metallkunst (erhabene Verzierung [aus Metallbuckeln])* bos[aĵ]o

aus|buddeln *tr umg für «ausgraben»* elfosi; **~bügeln** *tr mit der Plätte* glatigi per gladilo; *übertr: wieder in Ordnung bringen* reordigi (***etw.*** ion)

Ausbund *m von Tugend, Schönheit* modelo, prototipo; ***er ist ein ~ an*** (*od* ***von***) ***Bosheit*** *pej* li estas la personigo de malico

ausbürgern *tr*: ***jmdn.*** ~ senigi iun je lia (*bzw.* ŝia) nacieco, sennaciigi iun

ausbürsten *tr* brosi, froti (*od* purigi) per broso; ***die Jacke ~*** brosi la jakon

Auschwitz *n, poln.* ***Oświęcim*** Aŭŝvico

Ausculum (*n*) ↑ ***Asculum***

Ausdauer *f* eltenivo; *Beharrlichkeit* persist[ec]o, *(auf Personen bezogen)* persistemo; *Standhaftigkeit, Widerstandskraft* eltenpovo *od* eltenkapablo

ausdauernd eltenema *od* elteniva; *beharrlich* persista, *(auf Personen bezogen)* persistema; *i.w.S. eifrig* fervora; *Pflanze* perena, vivrezista tra pluraj jaroj

Ausdauersport *m* elteniva sporto; **~art** *f* elteniva sportbranĉo

Ausdauer|training *n Sport* elteniva trejnado; **~wettbewerb** *m, auch* ***Endurowettbewerb*** *Sport* elteniva [sport]konkurso

ausdehnbar, *Fachspr* ***dilatabel*** *Adj Bot, Med, Phys* dilatebla

Ausdehnbarkeit *f* dilateblo

ausdehnen *tr räumlich* [pli]vastigi, etendi; *längen* [pli]longigi; *breiter machen* [pli]larĝigi; *Frist, Lieferzeit* plilongigi; *Med u. Phys* dilati; ***seinen Einfluss ~*** [pli]vastigi sian influon (***auf*** sur, *auch* al); ***sich ~*** *sich erstrecken* etendiĝi (***auf*** sur; ***bis*** ĝis); *weiter werden* [pli]vastiĝi (***zu*** al); *breiter werden* [pli]larĝiĝi; *Phys (z.B. durch Hitze)* dilatiĝi; *größer werden (jmds. Einfluss)* pligrandiĝi; *expandieren (bes. Pol, Phys u. Wirtsch)* ekspansii

Ausdehnung *f allg (das Erweitern)* plivastigo, plilarĝigo, *(das Sicherweitern)* plivastiĝo; *Ausbreitung, das [flächenmäßige] Sicherstrecken* etendiĝo; *von Einfluss, Herrschaft, Macht* pligrandigo *bzw.* pligrandiĝo; *Med u. Phys (das Ausdehnen)* dilatado (↑ *auch* ***Dilatation***), *(das Sichausdehnen)* dilatiĝo; *Umfang* amplekso, dimensio; *Expansion (von gasförmigen Stoffen), Pol (z.B. des Staatsgebietes)* ekspansio

Ausdehnungskoeffizient *m Phys*: ***thermischer ~*** koeficiento de termika dilato

Ausdehnungsvermögen *n Phys* dilatiĝa kapablo

ausdenken *tr ersinnen* elpensi; *sich vorstellen* imagi; *erfinden* eltrovi; ***das lässt sich nicht ~*** *ist nicht zu glauben* tio estas nepensebla; *ist nicht vorstellbar* tio (*od* io tia) estas ne imagebla; ***sich einen Plan ~*** elpensi planon *bzw.* imagi [al si] planon

ausdeuten *tr* interpreti (*vgl. dazu* ***interpretieren***); ***falsch ~*** misinterpreti

ausdienen *intr umg*: ***die Schuhe haben ausgedient*** la ŝuoj estas [trivitaj kaj tial] ne plu uzeblaj *od* la ŝuoj eluziĝis (*od* forkonsumiĝis)

aus|dorren *od* **~dörren** *intr* [el]sekiĝi, [tute] sekiĝi

ausdrehen *tr*: ***a)*** *ausschalten*: ***den Gasherd ~*** malŝalti la gasfornelon; ***das Licht ~*** elŝalti (*od* malŝalti) la lumon ***b)*** ↑ ***ausbohren***

Ausdruck *m* ***a)*** *von Gedanken, Gefühlen* esprimo *auch Ling od auf dem Gesicht*; *Wort* vorto; *Fach*~ termino; ***bildhafter ~*** *Ling* bildeca esprimo; ***derber*** (*od* *i.w.S.* ***gemeiner***) ~ *Ling* kruda esprimo (*vgl. dazu* ***Kraft-*** *u.* ***Vulgärausdruck***); ***euphemistischer ~*** *Ling* eŭfemismo; ***falscher*** (*bzw.* ***untauglicher***) ~ malĝusta (*bzw.* netaŭga) esprimo, *bes. als Missgriff auch* misesprimo; ***medizinischer*** (***technischer***) ~ medicina (teknika) termino; ***veralteter ~*** *Ling* arkaismo; ***etw. zum ~ bringen*** esprimi ion [per vortoj]; ***die Meinung zum ~ bringen, dass ...*** esprimi la opinion, ke ...; ***~ finden*** *od* ***zum ~ kommen*** *sich ausdrücken* esprimiĝi (***in*** en); ***den richtigen ~ finden***

für ... trovi la ĝustan vorton (*bzw.* terminon *[Fachausdruck]*) por ... ***b)*** *Typ* depres[aĵ]o; *von einem Printer od Schreibautomaten* printo (↑ *auch* ***Computerausdruck***)

ausdrucken *tr Typ* [fin]presi; *auf einem Printer od Schreibautomaten* printi

ausdrücken *tr* ***a)*** *auspressen, z.B. Schwamm od Zitrone* elpremi ***b)*** *zum Ausdruck bringen, äußern, z.B. Gedanken, Gefühle u.a.* esprimi; *darlegen* prezenti, elmontri; *erklären* klarigi; ***jmdm. seinen Dank*** ~ esprimi al iu sian dankon; ***das ist kaum auszudrücken*** tio estas apenaŭ esprimebla; ***sich*** ~ *Äußerungen tun* sin esprimi; *seine Meinung artikulieren* eldiri sian opinion (***zu*** pri); *zum Ausdruck kommen* esprimiĝi; ***sich klar*** (*od* ***deutlich***) ~ sin klare esprimi

Ausdrücken *n Herausdrücken* elprem[ad]o

ausdrücklich **1.** *Adj* klare esprimita, klara, strikta **2.** *Adv* klare, strikte; *explizit* eksplicite; ***ich habe ihn*** ~ ***davor gewarnt*** mi eksplicite (*bzw.* insiste) avertis lin ne fari tion

ausdrucksfähig *Adj* esprim[o]kapabla, *auch* esprimiva

Ausdrucks|fähigkeit *f* esprim[o]kapablo, *auch* esprimivo; ~**fülle** *f, auch* ***Fülle f des Ausdrucks*** esprimopleno, esprim[o]riĉeco; ~**kraft** *od* ~**stärke** *f* esprimivo, forto de esprimado *od* esprimforto

ausdruckslos *Adj* senesprima *auch Gesicht*; *emotionslos* senemocia

Ausdrucksmittel *n* esprimilo, esprimrimedo

ausdrucksstark *Adj* esprim[o]forta

Ausdruckstanz *m* esprimdanco

ausdrucksvoll *Adj* esprim[o]plena *auch jmds. Augen*; *voller Gefühl* sentoplena (*vgl. dazu* ***gefühlvoll***)

Ausdrucksweise *f* esprimmaniero (*vgl. dazu* ***Pathos*** *u.* ***Sprechweise***); *Stil* stilo

ausdünnen *tr Pflanzen* maldensigi (↑ *auch* ***[aus]lichten***)

ausdunsten, *häufiger* **ausdünsten** ***a)*** *tr* elspiri, eligi; ***üble Gerüche*** ~ eligi malbonajn odorojn (*bzw. [falls Gase]* haladzojn) ***b)*** *intr* elspiriĝi, elvaporiĝi; *durch die Haut* perspiri, *i.w.S. schwitzen* ŝviti; *üblen Dunst (bes. von schädlichen Gasen) ausströmen* haladzi *od* eligi haladzon

Ausdünstung *f Physiol (die Hautatmung)* perspirado, *(Schweiß)* ŝvito, *geh* perspiraĵo; *Geruch* odoro; *Dampf* vapor[aĵ]o; *übler od schädlicher Dunst* haladzo (*vgl. dazu* ***Miasma***); *Gestank* mefito

auseinander *Adv getrennt* apart[igit]e, dise, malkune; ~***biegen*** *tr* disfleksi; ~***blasen*** disblovi; ~***brechen*** *tr* disrompi; ~***bringen*** *tr trennen* apartigi, disigi; *entzweien, Zwietracht säen* malkonkordigi; ~***drehen*** *tr* distordi; ~***fallen*** *intr* disfali, diseriĝi (*vgl. dazu* ***zerbrechen***); ~***falten*** *tr* disfaldi; ~***fließen*** *intr* disflui; ~***gehen*** *intr entzweigehen* dis[er]iĝi, disfali; *in Stücke gehen* dispeciĝi; *sich trennen* [dis]apartiĝi. disiri, disiĝi; *abzweigen, z.B. ein Weg* debranĉiĝi, disforkiĝi; *divergieren* diverĝi; ***die Meinungen darüber gehen sehr*** ~ la opinioj pri tio tre diverĝas (*od* diferencas); ~***haken*** *tr mit einer Agraffe Zusammengehaltenes lösen* malagrafi; ~***halten*** *tr trennen* diferencigi; *übertr: unterscheiden* distingi (***etw. von etw.*** ion de io); ~***jagen*** *tr* dispeli (*vgl. dazu* ***auseinanderscheuchen***); ~***kratzen*** *tr* disgrati; ~***laufen*** *intr* diskuri; *nach allen Seiten laufen* kuri en diversaj direktoj; *Geom, Opt (divergieren)* diverĝi; ~***liegen*** *intr* situi dise [unu de la alia] *auch Orte*; ~***nehmen*** *tr in Einzelteile zerlegen* dispecigi, diserigi (↑ *auch* ***zergliedern***); *demontieren* malmunti; ~***platzen*** *intr* [dis]krevi; ~***reißen*** *tr zerreißen* disŝiri; *Familie, z.B. durch Kriegswirren* disapartigi; ~***sägen*** *tr* dissegi; ~***scheuchen*** *tr* diskurigi (*vgl. dazu* ***auseinanderjagen***); ~***schieben*** *tr* disŝovi, ŝovante disigi; ~***schlagen*** *tr* disbati; ~-***schnallen*** *tr* disbuki *od* malbuki; ~***schneiden*** *tr* distranĉi (↑ *auch* ***durchschneiden*** *u.* ***zerschneiden***); ~***schreiben*** *tr* skribi kiel apartan vorton; ~***setzen*** *tr erklären* klarigi (***jmdm. etw.*** ion al iu); ***sich*** ~ ***setzen*** *verschiedene Plätze einnehmen, sich nicht nebeneinander setzen* dislokiĝi; ***sich mit jmdm.*** ~***setzen*** *sich aussprechen* intertrakti (*bzw.* ordigi) ion kun iu; *jmdm. die Meinung sagen* libere diri al iu sian opinion; ~***spannen*** *tr* disstreĉi; ~***splittern*** *intr* dissplitiĝi (***in*** en *mit Akk*); ~***spritzen*** *intr* disŝpruci; ~***stieben*** *intr auseinanderlaufen* diskuri; *nach allen Seiten laufen* kuri en diversaj direktoj; ~***stoßen*** *tr* dispuŝi; ~***treiben*** *tr* dispeli; *gewaltsam trennen* perforte apartigi (*od* disigi); ~***wickeln*** *tr* disvolvi; ~***ziehen*** *tr* distiri; *einen Expander* streĉi

Auseinandersetzung *f* ***a)*** *Erläuterung von etw.* klarigo ***b)*** *Debatte* debato; *Streit* disputo (***mit jmdm.*** kun iu) (↑ *auch* ***Auftritt***); *Polemik* polemiko; *Konflikt* konflikto;

Zusammenstoß kolizio; ***bewaffnete ~*** *Mil* armita konflikto

Auseinanderwickeln *n von etw., das aufgewickelt ist* disvolv[ad]o

auserkoren *Adj geh* = ***auserlesen***

auserlesen *Adj* elektita; *elitär* elita; *von hoher Qualität* altkvalita; *erstrangig* unuaranga

ausersehen *tr* destini (***für*** por)

auserwählen *tr* [zorge] elekti; ***jmdn. ~ zu ...*** elekti iun por fariĝi (*bzw.* estiĝi) ...

ausessen *tr* finmanĝi

ausfahren ***a)*** *tr*: ***jmdn.*** *~ in der Kutsche, im Wagen* promenveturigi iun [en kaleŝo, en aŭto *u.a.*] ***b)*** *intr* promenveturi [en kaleŝo *u.a.*]; ***mit dem Boot ~*** boatveturi (***nach*** al); ***aus dem Schacht ~*** *Bergb* suprenveturi (*od* eliri el la ŝakto; ***der Zug fährt aus*** la trajno forlasas la stacion *od* la trajno elveturas el la stacidomo

Ausfahrt *f Herausfahren* elvetur[ad]o *auch Abfahrt bes. eines Schiffes od Zugs*; *Spazierfahrt* promenveturo [per aŭto *bzw.* boato *od* ŝipo *u.a.*]; *Verk (Tor zur Ausfahrt)* pordo [por veturi] eksteren, *(einer Straße, aus einem Grundstück)* elveturejo, *(der Autobahn) auch* elvetur-vojo

Ausfall *m* ***a)*** *Verlust* perdo; *Defizit, Manko* deficito, manko, minuso; *Tech (Nichtfunktionieren)* nefunkci[ad]o, *(Störung)* perturbo, *(Panne)* paneo; *Strom~* kurentoĉeso; ~ ***der Haare*** perdo de [la] haroj *od* harperdo, <*wiss*> alopecio ***b)*** *Mil*: ***einen ~ machen*** *z.B. aus einer belagerten Festung* subite ataki [el sieĝata fortreso] ***c)*** *Fechten* [subita] atako ***d)*** *Chem (Niederschlag)* precipitaĵo ***e)*** *Ergebnis* rezulto ***f)*** *übertr (Angriff)* atako, *(Beschimpfung)* insulto

Ausfallbürgschaft *f* ↑ ***Exportrisikogarantie***

ausfallen *intr Haare, Zahn* elfali; *nicht stattfinden* ne okazi (***wegen*** pro); *Fahrstuhl, Maschine* ne [plu] funkcii; *Strom* ĉesi; *Mil angreifen* ataki; *Chem (sich niederschlagen)* precipitiĝi; ***die Bluse fällt etwas zu eng aus*** la bluzo estas iom tro streta (*od* malvasta); ***die Reisernte ist gut ausgefallen*** la rikolto de rizo havis bonan rezulton *od* la rizorikolto [ĉi-jare] bone sukcesis; ***die Schule fällt heute aus*** hodiaŭ la lernejo estas fermita; ***wie ist die Wahl ausgefallen?*** kia estis la rezulto de la baloto?; ***ihm sind schon die Zähne ausgefallen*** liaj dentoj jam elfalis

ausfällen ***a)*** *tr Chem (einen Stoff aus einer Lösung ausscheiden, niederschlagen)* precipiti ***b)*** *intr (einen Niederschlag bilden, sich niederschlagen)* precipitiĝi

ausfallend *od* **ausfällig** *Adj [sehr] beleidigend* [tre] ofenda; *grob beleidigend, beschmipfend* insulta; ***er wurde ~ gegen mich*** subite li uzis ofendajn (*od krasser* insultajn) vortojn kontraŭ mi *od* subite li atakis min per ofendoj (*bzw.* insultoj)

Ausfall[s]erscheinungen *f/Pl Med* simptomoj *Pl* indikantaj malfunkcion de [unu] organo (*bzw.* pluraj organoj)

Ausfall|straße *f* ĉefa strato kondukanta eksterurben; **~stunde** *f Schule* instru-horo ne okazanta [pro malsano de la instruisto *u.a.*]

Ausfällung *f Chem (Niederschlag, Sediment)* precipitaĵo

ausfasern *intr* [dis]fibriĝi

ausfechten *tr*: ***einen Kampf ~*** ĝis decido batali

aus|fegen *tr* balai; **~feilen** *tr Handw* fajli [por eligi ion]; *übertr (z.B. einen Artikel, einen Redetext)* poluri, *auch* fajli

ausfertigen *tr Bescheinigung, Rezept* skribi, pretigi; *Vertrag* fari; ***eine Rechnung ~*** skribi fakturon

Ausfertigung *f das Ausfertigen* skribado, pretigo, farado; *Exemplar* ekzemplero; *Abschrift, Kopie* kopio; ***in dreifacher ~*** en tri ekzempleroj *od* kun du kopioj

ausfindig *Adj*: ***~ machen*** *suchend auf etw. stoßen* elserĉi *od* serĉadi [kaj trovi]; *entdecken, ermitteln* eltrovi; *stoßen auf* trafi sur *mit Akk*

ausfliegen ***a)*** *tr Flüchtlinge, Verwundete* evakui per aviadilo(j) ***b)*** *intr* elflugi, flugi eksteren, *(flügge Junge aus dem Nest) auch* [ekflugi kaj] forlasi la neston; *salopp für «einen Ausflug machen»* fari ekskurson

Ausfliegen *n*: ***nach dem ~ der Jungen*** *Orn* post la elflugo de la idoj

ausfließen *intr* elflui, flui eksteren

Ausfließen *n* elflu[ad]o

aus|flippen *intr außer sich geraten* perdi la sinregon; **~flocken** *Chem* ***a)*** *tr (in Form von Flocken ab- od ausscheiden)* flokigi; *(ausfällen)* precipiti ***b)*** *intr (sich in Form von Flocken [aus einer Lösung] ab- od ausscheiden* flokiĝi, floksimile precipitiĝi

Ausflockung *f Chem* flokiĝado, *(Ausfällung [als Vorgang])* precipitado, *[als Resultat]* precipitaĵo

Ausflucht *f* elturniĝo; *Vorwand* preteksto; ***Ausflüchte machen*** prezenti iujn pretekstojn, sin [iel] elturni

Ausflug *m Tourismus* ekskurso (*vgl. dazu* ***Exkursion***; ↑ *auch* ***Familien-, Ganztagesausflug, Picknick, Schiffs-, Ski-, Tages-, Zugausflug*** *u.* ***Wanderung***); *das Hinausfliegen (von Bienen, Jungvögeln u.a.)* elflugo; ***ein ~ zu Fuß*** perpieda ekskurso; ***einen ~ nach ... machen*** fari ekskurson al ... *od* ekskursi al ...

Ausflügler *m* ekskursanto; *Tourist* turisto

Ausflugs|angebot *n Tour* ekskurs-oferto; **~-bus** *m* ekskursa buso; **~lokal** *n od* **~gaststätte** *f* gastejo por ekskursantoj; **~möglichkeit** *f* ebleco por ekskursi; **~programm** *n* ekskursa programo; **~schiff** *n*, *i.w.S.* ***Ausflugsdampfer*** *m* ekskursa ŝipo, promenŝipo; *Vergnügungsschiff* plezurŝipo; **~vorbereitung** *f* preparado al ekskurso; **~ziel** *n* celo de [la] ekskurso, ekskursocelo

Ausfluss *m das Hinausfließen* elflu[ad]o; *Ausflussstelle, Ort, wo etw. hinausfließt* elfluejo; *i.w.S. Abflussrohr* defluiga tubo; *Med* elflu[aĵ]o, *(Weißfluss)* leŭkoreo, *pop* blanka elfluo, *(eitrige Schleimhautabsonderung)* blenoreo; ***eitriger ~***, *Fachspr Med* ***Pyorrhöe*** *f* pusa elfluo, <*wiss*> pioreo

ausforschen *tr eindringen in, sich vertiefen in* [detale] esplori (***etw.*** ion), sin profundigi (***etw.*** en ion) (*vgl. dazu* ***erforschen***); ***jmdn. ~ über ...*** detale eldemandi iun pri ..., esplore demand[ad]i iun pri ... (↑ *auch* ***aushorchen***)

aus|forsten *tr* [elhaki arbojn por] maldensigi la forston (*od* arbaron); **~fragen** *tr* eldemandi (***jmdn. über etw.*** iun pri io); *Polizei auch* pridemand[ad]i; *examinieren* ekzameni (***jmdn.*** iun); **~fräsen** *tr Tech* elfrezi

ausfressen *tr* ***a)*** *etw. leer fressen* finmanĝi; ***b)*** *umg für «etw. Falsches tun»*: ***was hat er denn ausgefressen?*** kion [riproĉindan] li [do] faris?

Ausfuhr *f* eksporto, *(als Vorgang) auch* eksportado; **~artikel** *m* eksportartiklo, eksportvaro, *auch* eksportaĵo

ausführbar *Adj durchführbar, z.B. ein Plan od Wunsch* realigebla (↑ *auch* ***machbar*** *u.* ***realisierbar***); *exportierbar* eksportebla; *i.w.S. möglich* ebla

Ausfuhr|beschränkung *f* eksportrestrikto; eksportlimigo; **~bewilligung** *f* eksportpermeso; *Exportlizenz* eksportlicenco

ausführen *tr vollziehen, tun* plenumi, fari; *verwirklichen* efektivigi, realigi; *exportieren* eksporti (***nach*** al); *erklären* klarigi; *darlegen* detale trakti (*od* prezenti), elmontri; ***einen Befehl ~*** plenumi ordonon; ***einen Freistoß ~*** *Fußball* plenumi liberan ŝoton; ***seinen Hund ~*** promenigi sian hundon

Ausführende *m* plenumanto

Ausfuhr|erlaubnis *od* **~genehmigung** *f* eksportpermeso, *(als Bescheinigung)* eksportportpermesilo; **~handel** *m* eksporta komerco

Ausfuhrindustrie *f* = ***Exportindustrie***

Ausfuhrkontingent *n Hdl, Wirtsch* eksportkvoto

ausführlich 1. *Adj* detala **2.** *Adv* detale; ***etw. ~ darstellen*** (***erklären***) detale prezenti (klarigi) ion; ***ich möchte etwas ~er über dieses Thema sprechen*** mi volas iom vaste paroli pri la temo *(Zam)*

Ausführlichkeit *f* detaleco

Ausfuhr|lizenz *f* eksportlicenco; **~prämie** *f* eksportpremio; **~statistik** *f* eksportstatistiko; **~tarif** *m* eksporttarifo; **~überschuss** *m* eksportpluso

Ausführung *f Verwirklichung* efektivigo, realigo; *Anwendung* aplikado; *Darlegung* klarigo, priskribo; *eines Auftrags* plenum[ad]o; *Modell* modelo; *Ergebnis der Arbeit* rezulto de la [farita] laboro; *Qualität* kvalito

Ausführungsbestimmungen *f/Pl* instrukcio pri [la] aplikado (***zu ...*** de ...)

Ausführungsgang *m* (Ductus) *Anat* dukto; ***~ der Ohrspeicheldrüse***, *auch* ***Stensen-Gang*** *m* (Ductus parotideus) parotida dukto

Ausfuhr|verbot *n* eksporta prohibicio; **~-waren** *f/Pl* eksportataj varoj *Pl*, eksportaĵoj *Pl*; **~zölle** *m/Pl* eksportdoganoj *Pl*

ausfüllen *tr Formular, Lücke* plenigi (***mit*** per); *Amt, Posten, Zeit* okupi; ***ein Loch mit Erde ~*** plenigi truon ŝutante teron en ĝin

Ausgabe *f* ***a)*** *Herausgabe* eldon[ad]o; *Übergabe* transdono (***an*** al); *Verteilung* disdon[ad]o; *Ausgabestelle* eldonejo, *Verteilerstelle* disdonejo ***b)*** *Buchw, Ztgsw* eldono (*Abk* eld.), *(das Herausgegebene) auch* eldonaĵo (↑ *auch* ***Erst-, Faksimile-, Früh-, Gesamt-, Heft-, Lizenz-, Spät-*** *u.* ***Taschenausgabe***); ***autorisierte ~*** rajtigita eldono; ***erweiterte*** (*od* ***vermehrte***) ***~*** pligrandigita eldono; ***zweisprachige ~*** dulingva eldono

c) Emission (von Geld od Wertpapieren) emisio ***d)*** *Fin*: ~***n*** *Pl* elspezoj *Pl*, kostoj *Pl* (↑ *auch* ***Investitions-***, ***Militär-***, ***Rüstungs-*** *u.* ***Verteidigungsausgaben***); ***laufende*** ~***n*** *Pl* kurantaj elspezoj *Pl*

Ausgabe|datum *n Buchw, Philat* eldona dato; ~**gerät** *n EDV* eligatoro

Ausgabekurs *m Bankw* ↑ ***Emissionskurs***

Ausgaben|beschränkung *f* elspezolimigo, eksportrestrikto; ~**buch** *n* elspezolibro; ~**überschuss** *m Wirtsch* troa elspezado

Ausgabe|stelle *f* eldonejo; *Verteilerstelle* disdonejo; ~**tag** *m Buchw, Philat* eldona tago

Ausgang *m* ***a)*** elirejo; *Ausgangstür* pordo por eliri, pordo eksteren ***b)*** *Ergebnis* [fina] rezulto; *Ende* fino; *das Zuendegehen* finiĝo

Ausgangs|basis *f* ekirbazo; ~**elektrode** *f El* elira elektrodo; ~**lage** *f* elira pozicio; ~**leistung** *f El* elirpovumo; ~**leitung** *f* elira kondukilo; ~**position** *f* elira pozicio; ~**punkt** *m* elirpunkto, deirpunkto *od* deira punkto; ~**sperre** *f* malpermeso forlasi la domon, elirblokado; ~**sprache** *f*, *auch* ***Quellensprache*** *f Ling* fontlingvo; ~**stellung** *f* baza pozicio *auch Sport*; ~**tür** *f* pordo por eliri, pordo eksteren; ~**übertrager** *m El* elira transformilo; ~**wert** *m EDV (Computer: Standardeinstellung)* defaŭlto

ausgasen *tr* fumigacii [per gaso] (↑ *auch* ***ausschwefeln***)

ausgeben *tr herausgeben, auch Briefmarken od Zeitschriften* eldoni; *aushändigen* enmanigi; *Befehl, Karten* disdoni; *verteilen* distribui (***etw. an jmdn.*** ion al iu); *Banknoten, Münzen* emisii; ***Geld*** ~ elpezi monon; ***wie viel möchten Sie*** ~***?*** *z.B. beim Kauf einer Ware im Geschäft* kiom vi intencas elspezi?; ***sich als*** (*od* ***für***) ***...*** ~ ŝajnigi esti ... *u. Subst im Nom*, afekti ... *u. Subst im Akk*

Ausgeben *n* disdon[ad]o (*vgl.dazu* ***Ausgabe***)

ausgebildet *Adj* [profesie] kvalifikita *od* trejnita

ausgebucht *Adj*: ***wir sind*** ~ *Hotel* ne plu estas vakaj lokoj (*od* ĉambroj)

Ausgeburt *f Monster* monstro; *Produkt, Geschöpf* produkto. kreitaĵo; *Hirngespinst* ĥimero; ***eine*** ~ ***der Phantasie sein*** esti kre[it]aĵo de la fantazio

ausge|dehnt *Adj* vasta; *umfassend* ampleksa (↑ *auch* ***weit***); ~**dient** *Adj nicht mehr benutzt* ne plu uzata; *abgenutzt, abgetragen, zerschlissen* eluzita, trivita; ~**fallen** *Adj außergewöhnlich* eksterordinara; *selten vorkommend* malofte vidata, tute nekutima; *eigenartig* stranga; *exzentrisch* ekscentra; ~**feilt** *Adj übertr* [fajne] ellaborita; ~**franst** *Adj fransig* franĝita; ~**fuchst** *Adj listig* ruz[eg]a; *alle Schliche kennend* artifikema

ausgeglichen *Adj Mensch* trankvilanima, egalanima; *Begabung* ekvilibrita; *Klima* senekstrema; ~***e Handelsbilanz*** *f* ekvilibra komerca bilanco; ***von*** ~***em Charakter sein*** esti [homo] trankvilkaraktera

Ausgeglichenheit *f* trankvilanimeco

Ausgegossene *n* elverŝ[it]aĵo

Ausgegrabene *n* elfos[it]aĵo

ausgehen *intr* eliri, forlasi la domon; *spazieren gehen* promeni; *sich aufbrauchen* konsumiĝi, elĉerpiĝi; *zu Ende gehen, enden* finiĝi; *umg: erlöschen, z.B. Feuer od Kerze* estingiĝi; *Haare* elfali; *Farbe beim Waschen* paliĝi, [iom] perdi la koloron; *abzielen* celi (***auf etw.*** ion); ***auf Abenteuer*** ~ serĉi aventurojn; ***der Atem geht mir aus*** havi spirajn problemojn; ***frei*** ~ *straffrei bleiben* resti nepunita; ***mir ging die Geduld aus*** mi perdis [la] paciencon; ***mir sind die Zigaretten ausgegangen*** *umg* miaj cigaredoj finiĝis; ***leer*** ~ *nichts abbekommen* ricevi nenion (*od* neniom); ***selten*** ~ *selten das Haus verlassen* malofte forlasi la domon; *i.w.S. auch* apenaŭ partopreni en la socia vivo; ***wie wird die Sache*** ~***?*** kiel finiĝos la afero?; ***von der Voraussetzung*** ~, ***dass ...*** eliri de la premiso, ke ...

Ausgehen *n Erlöschen* estingiĝo

Ausgehviertel *n fam* amuzkvartalo

Ausgejätete *n Gartenb* elsarkaĵo

ausgekocht *Adj salopp für «durchtrieben»* artifikema (↑ *auch* ***auskochen***)

ausgelassen 1. *Adj übermütig* petola, (*Person)* petolema; *i.w.S.* (*wild*) sovaĝa, *(fröhlich)* gaja, (*lebendig, lebensfroh)* vitala, vivoĝoja (↑ *auch* ***auslassen***); ~ ***sein*** petoli **2.** *Adv* petole

Ausgelassenheit *f* petol[ad]o; *Fröhlichkeit* gajeco; *Lebendigkeit, Lebensfreude* [ŝaŭmanta] vivoĝojo

ausgemacht *Adj Tag* fiksita; *vorherbestimmt* destinita; *bewiesen* pruvita; *sicher* certa; ***er ist ein*** ~***er Narr*** li estas absoluta stultulo; ***er ist ein*** ~***er Schurke*** li estas absoluta fripono; ***es war*** ~, ***dass ...*** *vereinbart* estis konsentite, ke ...

ausgenommen 1. *Adv außer* escepte de, krom; ***er erinnerte sich des Unfalls genau, die letzten Sekunden ~*** li ekzakte memoris pri la akcidento, escepte de la lastaj sekundoj **2.** *Konj*: ~**, *dass ...*** escepte, ke ...; ~ ***wenn ...*** escepte se ...
ausgepicht *Adj* ĝisoste ruzega; *[ausgesprochen] raffiniert* [ekstreme] rafinita
ausgerechnet *Adv gerade* ĝuste; ~ ***an dem Tag*** ĝuste en tiu [ĉi] tago; ~ ***jetzt*** ĝuste nun (*od* nuntempe) ◇ ***das musst ~ du mir sagen!*** estas mirige ke ĝuste vi diras tion al mi!
ausge|reift *Adj* plenmatura, *Pflanze auch* adulta; ~**rottet** *Adj* ekstermita
ausgeschlossen 1. *Adj*: *unmöglich* neebla; ***ich halte das für ~*** mi opinias, ke tio estas neebla; ~ ***sein von ...*** esti ekskludita de ...; *nicht eintreten dürfen* ne rajti eniri ... *mit folgendem Subst im Akk* **2.** *Interj*: ~***!*** neeble!
ausgeschlüpft *präd Adj: aus dem Ei* eloviĝinta
ausgeschnitten *Adj dekolletiert*: ***ein [tief] ~es Kleid*** [profunde] dekoltita robo (↑ *auch* ***ausschneiden b)***)
Ausgeschüttete *n* elverŝ[it]aĵo
Ausgespiene *n* [el]kraĉaĵo (*vgl. dazu* ***Auswurf*** *u.* ***Spucke***)
ausgesprochen 1. *Adj ganz offensichtlich* tute evidenta; *extrem* ekstrema; *außergewöhnlich* eksterordinara; *typisch* tipa; ***eine ~e Feindschaft*** ekstrema malamikeco; ***sie ist eine ~e Schönheit*** ŝi estas eksterordinara belulino **2.** *Adv überaus* treege; *extrem* ekstreme; *außergewöhnlich* eksterordinare; *besonders* aparte; *typisch* tipe; ***den japanischen Text zu übersetzen war ~ schwer*** traduki la japanan tekston estis treege malfacila
Ausgespuckte *n* sputaĵo (↑ *auch* ***Ausgespiene***)
ausgestalten *tr z.B. einen Raum* doni plaĉan aranĝon al; *i.w.S. schmücken* ornami
ausgestopft *Adj* plenŝtopita; *Vogelbalg u.Ä.* remburita;
ausgestorben *Adj* formortinta (*vgl. dazu* ***ausgerottet***); ***eine ~e Art*** *Biol* formortinta specio
ausgestoßen *Adj* elpelita, forpelita
Ausgestoßene *m* elpelito, forpelito; *Kirche (Exkommunizierter)* ekskomunikito *auch übertr für «Geächteter»*; *übertr geh (Paria)* pario
ausgestreckt ↑ *unter* ***ausstrecken***
ausgesucht *Adj [aus] erlesen* elektita; *besonders gut* ekstre (*od* eksterordinare) bona; *von hoher Qualität* altkvalita; *elitär* elita; ***ein ~er Qualitätswein*** vino de alta kvalito
ausgetrocknet *Adj Fluss, Teich* elsekiĝinta
Ausgewählte ***a)*** *m* elektito ***b)*** *f* elektitino
ausge|waschen *Adj tr durch Waschen entfernt* ellavita *od* forlavita; *Felsen, Ufer* eroziita; *Geol (natürlich geschlämmt, eluvial)* eluvia; ~**wogen** *Adj ausgeglichen* ekvilibrita
Ausgewogenheit *f* ekvilibreco
ausgezeichnet *Adj großartig* grandioza; *hervorragend* elstara, eminenta; *imposant* impona; *brillant* brila; *außergewöhnlich* eksterordinara; *sehr schön* tre bela; *sehr gut* bonega, tre bona, *(Essen auch)* tre bongusta; ~***!*** grandioze!; ***dass passt ~*** tio bonege konvenas [al mi *bzw.* al ni *u.a.*]
ausgiebig 1. *Adj* abunda, plene sufiĉa **2.** *Adv* abunde (*vgl. dazu* ***reichlich***)
ausgießen *tr ausschenken, z.B. ein Getränk* elverŝi (***aus*** el); *Gefäß leeren* [elverŝante] malplenigi; *ausfüllen mit etw., z.B. eine Ritze* plenigi (***mit*** per)
Ausgießer *m auf Flaschen* verŝilo
Ausgleich *m* ***a)*** *Egalisieren* egaligo; *von Bodenunebenheiten* ebenigo; *Gleichgewicht, Ausgewogenheit* ekvilibro ***b)*** *Fin (einer Rechnung)* kompensaĵo, kompensa monsumo, *i.w.S. Zahlung* pago; *Übereinkommen* interkonsento; *Kompromiss* kompromiso; *Entschädigung* [perdo]kompens[aĵ]o (*vgl. dazu* ***Schadenersatz***); *Wiedergutmachung, Ersatz* rekompenco (***für*** por); *Tech (das Kompensieren)* kompens[aĵ]o, *(Ausgleichsvorrichtung)* kompensilo; *Sport (der Tordifferenz)* egaligo [de la golproporcio], *(bei Rennen)* handikapo; ***den ~ erzielen*** *Sport* sukcesi egaligi la golproporcion; ~ ***für durch verzögerte Bereitstellung*** (*od* ***Belieferung*** *bzw.* ***Entladung***) ***entstandenen [finanziellen] Schaden*** prokrastokompenso
ausgleichen *tr ins Gleichgewicht bringen* ekvilibrigi; *Unebenheiten im Boden* egaligi, [sam]niveligi; *kompensieren, wettmachen, z.B. einen Verlust* kompensi *auch Tech*; *Streitigkeit* interkonsentigi; *Sport (Gleichstand im Torverhältnis wieder herstellen)* egaligi la golproporcion; ***durch Gegenleis-***

tung ~ *bes. Phys u. Tech* kompensi; ***eine Rechnung*** ~ pagi fakturon

ausgleichend *Adj kompensierend* kompensa; *ins Gleichgewicht bringend* ekvilibriga

Ausgleichkegelrad *n Mechanik (Rad, dessen Achse nicht fixiert ist, sondern das sich um die Achse eines anderen Rades dreht)* satelito

Ausgleichsforderung *f* egaliga postulo

Ausgleichsgetriebe *n* ↑ ***Differenzial*** *u.* ***Differenzialgetriebe***

Ausgleichs|rechnung *f Math* kompensa kalkulo; ~**tor** *n Sport* egaliga golo

ausgleiten *intr stolpernd rutschen* glitstumbli (***auf*** sur); *rutschen und dann hinfallen* glitfali, gliti kaj fali [teren]

Ausgleiten *n Rutschen* glitado

Ausglühen *n Metallurgie (Erwärmen von Metallen auf Rotglut, z.B. zum Ziehen von Drähten od Walzen u. Tiefziehen von Blechen)* [re]ardigi ĝis ruĝardo

ausgraben *tr* elfos[ad]i, elterigi (***aus*** el); *übertr: wieder ans Licht bringen, hervorkramen* reaperigi, *auch* elfosi

Ausgrabung *f das Ausgraben* elfosado *auch Archäol*; *das Ausgegrabene* elfosaĵo (↑ *auch* ***Artefakt***)

Ausgrabungsstätte *f Archäol* loko de elfosadoj

ausgreifend *Adj*: ***mit weit ~en Schritten*** per longaj [firmaj] paŝoj

Ausguck *m Aussichtspunkt* rigardejo; *am Schiffsbug* gvatnesto

Ausguss *m Gosse für Spülwasser, z.B. in der Küche* elverŝa pelvo, lavabo; ***etw. in den ~ schütten*** verŝi ion en la elverŝan pelvon

aushacken *tr* elhaki ◇ ***eine Krähe hackt einer anderen kein Auge aus*** korvo al korvo okulon ne pikas *(Zam)*

aushaken *tr*: ***etw.*** ~ *aus einem Haken lösen* malligi ion de hoko (↑ *auch* ***loshaken***) ◇ ***bei dem hat's ausgehakt*** *er hat versagt* li tute fiaskis; *er ist verrückt geworden* li freneziĝis; ***da hakt's bei mir aus*** *das verstehe ich nicht mehr* tion mi ne plu komprenas; ***jetzt hakt's aber aus!*** *jetzt ist meine Geduld zu Ende* nun mia pacienco absolute finiĝis!

aushalten ***a)*** *tr ertragen* elteni, *Schmerzen, Qualen auch* suferi; *unterstützen* subten[ad]i; ***jmdn.*** ~ *für jmdn. zahlen* pagi por iu [alia]; ***das ist nicht auszuhalten*** tio estas ne eltenebla *od* oni ne povas elteni tion; ***den Vergleich mit ...*** ~ elteni (*od im Sinne von «standhalten»* defii) la komparon kun ... ***b)*** *intr ausharren* persisti (***bis*** ĝis)

aus|handeln *tr durch Verhandeln erlangen* akiri per traktado; *schließlich Übereinkunft erzielen* fine interkonsenti (***etw.*** pri io); ~**händigen** *tr* enmanigi, [persone] transdoni (*vgl. dazu* ***austeilen*** *u.* ***übergeben***)

Aushändigung *f* enmanigo, [persona] transdono (*vgl. dazu* ***Übergabe***)

Aushang *m Anschlag, Plakat* afiŝo; *Bekanntmachung* [afiŝita] publikigo, publika konigo [per afiŝo(j)]

aushängen ***a)*** *tr Fahne, Firmenzeichen u.a.* elpendigi; *anschlagen* afiŝi; ***eine Bekanntmachung*** ~ afiŝe diskonigi ion al la publiko; ***eine Tür*** ~ elhinĝigi pordon ***b)*** *intr* esti afiŝita, esti publike konigata

Aushängeschild *n* elpendigita ŝildo, elpend[ig]aĵo; *Reklameschild* reklamŝildo

ausharren *intr [geduldig] warten* atendi [pacience], pacienci; *beharren* persisti; *aushalten* elteni (***bis zum letzten Augenblick*** ĝis la lasta momento)

aushauchen *tr* blovete elspiri ◇ ***sein Leben*** ~ fari sian lastan spiron

ausheben *tr ausschachten (Erde)* elfosi, *(mit der Hacke) auch* pioĉi; *Bande* likvidi; *Mil (einziehen, z.B. Rekruten)* rekrutigi; ***ein Grab*** ~ [el]fosi tombon; ***Nester*** ~ *um Vogeleier zu sammeln* kolekti la ovojn de [el] birdonestoj; ***eine Spielhölle*** ~ likvidi [sekretan] hazardludejon *bzw.* fari razion en [sekreta] hazardludejo; ***einen Schützengraben*** ~ fosi (*od* pioĉi) tranĉeon; ***eine Tür*** ~ elhinĝigi pordon, levi pordon el la hinĝoj

aus|hebern *tr* sifoni *auch Med (den Magen)*; ~**hecken** *tr* [ruze *bzw.* malice] elpensi, elkovi; ~**heilen** ***a)*** *tr* komplete (*od* tute *od* plene) sanigi ***b)*** *intr gesund werden* komplete resaniĝi; ~**helfen** *intr* helpi (***jmdm. mit etw.*** iun per io); *Geld borgen* prunti monon (***jmdm.*** al iu)

Aushilfe *f* [provizora] helpo; *Vertretung, Aushilfskraft* helpanto (*bzw.* helpantino) [por mallonga tempo]; ***zur ~ arbeiten*** labori kiel helpanto por mallonga tempo

Aushilfsmarke *f Philat* provizora poŝtmarko

aushilfsweise *Adv* [nur] provizore; *für kurze Zeit* por mallonga tempo

aushöhlen *tr* kavigi; *innerlich aushöhlen* kavernigi; *Flussufer* subfosi, erozii

Aushöhlung *f* ***a)*** *das Aushöhlen (als Vor-*

gang) kavig[ad]o *(vgl. dazu* ***Erosion****)* ***b)*** *[kleine] Höhle* [eta] kavo (↑ *auch* ***Grube***); *in Mineralien* anfrakto

ausholen *intr*: ***zum Schlag*** ~ levi la manon por bati ◇ ***wenn ich das erzählen will, muss ich weit*** ~ se mi rakontos pri tio, mi devos komenci de tre malproksime

aushorchen *tr*: ***jmdn.*** ~ eltiri la sekretojn de iu *od* elesplori iun

Aushub *m das Ausheben (von Erde u.a.)* elfosado; *Erd*≗*, ausgehobene Erde* elfosita tero, elfositaĵo

aushungern *tr* [longe] malsatigi, turmenti per malsatado

ausjäten *tr Gartenb, Landw* elsarki; ***ausgejätetes Unkraut*** *n* elsarkita(j) trudherbo(j); *etw. Ausgejätetes* [el]sarkaĵo

aus|kämmen *tr* elkombi (***aus*** el); ~**kaufen** *tr umg* aĉeti ĝis ne plu restas io en la stoko [de la magazeno]; ~**kehlen** *tr mit Rillen versehen, rinnenartig aushöhlen, riefeln* kaneli

Auskehlung *f das Auskehlen* kanelado; *das Ausgekehlte, Rille* kanelo

aus|kehren *tr Zimmer* balai; *Schmutz* forbalai; ~**kennen, sich** *refl* bone scii (***in etw.*** pri io); *erfahren sein* esti sperta (*od* kompetenta) (***in*** pri); *alle Schliche kennen* koni ĉiujn artifikojn; ~**klammern** *tr Math* elkrampigi, meti ekster la krampojn; *übertr (außer Betracht lassen)* lasi ekster konsidero

Ausklang *m Ende, Schluss* finiĝo; *Epilog* epilogo; *Mus* lasta (*od* fina) akordo

auskleiden *tr entkleiden* malvesti, senvestigi (***jmdn.*** iun); *verkleiden, überziehen* tegi (***mit*** per); ***sich*** ~ sin malvesti, sin senvestigi, *umg auch* senvestiĝi

ausklingen *intr* perdiĝi, droni; *enden, schließen* finiĝi (***mit*** per)

ausklopfen *tr* elbati *auch eine Pfeife*, eligi per batoj; *[klopfend] entstauben* [batante] senpolvigi; ***den Teppich*** ~ senpolvigi la tapiŝon per [tapiŝ]batilo, *pop auch* bati la tapiŝon

Ausklopfer *m Hausw (Teppich*≗*)* tapiŝbatilo

ausklügeln *tr* sagace (*od* subtile) elpens[ad]i; ***etw.*** ~ *genau planen* planadi ion tute subtile [kaj ege ekzakte]

auskneifen *intr umg für «heimlich weglaufen»* sekrete forkuri

ausknipsen *tr umg*: ***das Licht*** ~ malŝalti la [elektran] lumon

auskochen *tr extrahieren* ekstrakti; *Instrumente (im Sterilisator)* sterilizi; ***Fett*** ~ *Kochk* kuiri ĝis la graso eliĝas (↑ *auch* ***ausgekocht***)

auskommen *intr sich begnügen* kontentiĝi (***mit*** per); *genug sein für* esti sufiĉa por; *sich vertragen* vivi pace (*od* en harmonio) (***mit jmdm.*** kun iu); ***wir kommen mit dem Geld nicht aus*** la mono ne sufiĉas por ni (*bzw.* por la ĉiutaga vivo *u.a.*); ***mit ihr ist nicht auszukommen*** *im Umgang* oni ne povas [pace] vivi kun ŝi; *in der Zusammenarbeit* kun ŝi oni ne povas kune labori; ***sie kommen gut miteinander aus*** *leben einträchtig zusammen* ili vivas harmonie unu kun la alia, *auch* ni bone akordas

Auskommen *n Lebensunterhalt* vivteno; *Mittel zum Leben[sunterhalt]* vivrimedoj *Pl*; ***sein reichliches*** ~ ***haben*** vivi [sufiĉe] bonstate

auskömmlich *Adj genügend* sufiĉa; *zufriedenstellend* kontentiga

auskosten *tr genießen* [plene] ĝui, *auch* satĝui *od* ĝisfunde ĝui, *bildh auch* gustumi; ***er kostete seinen Erfolg aus*** li [plene] gustumis sian sukceson

auskramen *tr Sachen aus der Handtasche* [fingrumante] elpreni; *ausgraben (alte Geschichten, Schulkenntnisse)* elfosi

auskratzen *tr* elgrati (***aus*** el); ***jmdm. die Augen*** ~ elgrati la okulojn al iu *(Zam)*

Auskratzung *f Med* ↑ *unter* ***Ausschabung***

aus|kriechen *intr Küken, Larve, Vogeljunges* elrampi [el la ovo], eloviĝi; *kriechend hervorkommen* elrampi (***aus*** el); ~**kristallisieren** *intr* elkristaliĝi

auskugeln *tr*: ***sich den Arm*** ~ elartikigi al si la brakon (*vgl. dazu* ***sich verrenken***)

auskühlen *tr* malvarmigi; *intr* [iom post iom tute] malvarmiĝi

Auskultation *f nur Fachspr Med (das Abhören von Geräuschen, die im Körperinnern, bes. im Herzen u. in den Lungen entstehen)* aŭskultumo

aus|kultieren *tr Med* aŭskultumi; ~**kundschaften** *tr* esplori; *Mil* rekognoski, skolti; *übertr (herausfinden)* eltrovi, *(ausfindig machen)* elserĉi

Auskunft *f Erteilen von Auskunft* informado; *Mitteilung, Nachricht* sciigo; *erteilte Auskunft, Information* informo; *Auskunftstelle* informejo, informoficejo; ***Bitte f um*** ~ *Anfrage* informpeto; ~ ***bekommen*** ricevi informon; ***eine ~ einholen*** serĉi informo(j)n; ***jmdm. ~ erteilen*** (*od* ***geben***) doni al iu informo(j)n (***über*** pri); ***fragen Sie doch mal bei der ~!*** demandu ĉe la informejo!; ***nähere Auskünfte sind bei(m) ... erhältlich*** pliaj (*od* pli detalaj) informoj estas haveblaj ĉe ...; ***um ~ bitten*** peti informo(j)n (***über*** pri)

Auskunfts|abteilung *f* informa sekcio; ~**beamte** *m* oficisto en informejo; ~**büro** *n* informoficejo; ~**schalter** *m* informgiĉeto; ~**stelle** *f* inform[ofic]ejo

aus|kuppeln *tr u. abs Kfz* malkluĉi; ~**kurieren** ***a)*** *tr umg für «ausheilen»* komplete (*od* tute *od* plene) sanigi ***b)*** *intr gesund werden* komplete resaniĝi

auslachen *tr* mokridi (***jmdn.*** pri iu) *od* priridi (***jmdn.*** iun); ***ausgelacht werden*** esti mokridata (***weil*** ĉar); ***er hat Angst, dass er ausgelacht wird*** li timas esti mokridata

ausladen *tr* ***a)*** *Güter* malŝarĝi, elŝarĝi (***etw. aus*** ion el) ***b) jmdn.*** *~ Einladung stornieren* malinviti iun, *auch* nuligi antaŭan inviton al iu

ausladend *Adj weit vorspringend* vaste elstaranta; ***ein breit ~er Baum*** vaste disbranĉiĝa arbo

Auslagen *f/Pl* ***a)*** *im Voraus Verauslagtes* antaŭ-elspezoj; *Unkosten* elspezoj *Pl*, kostoj *Pl* (↑ *auch* ***Ausgaben***) ***b)*** *Ausgestelltes* elmetaĵoj *Pl*, elmontraĵoj *Pl*, eksponaĵoj *Pl*; *Schaufensterware* varoj *Pl* en montrofenestro(j); ***sich die ~ der Geschäfte betrachten*** rigard[ad]i la eksponitajn varojn de [la] magazenoj

auslagern *tr* transmeti aliloken (*bzw.* en alian deponejon *u.a.*)

Auslagerung *f Wirtsch* ↑ ***Outsourcing***

Ausland *n* eksterlando; ***im ~*** en eskterlando, *auch* eksterlande; ***ins ~ exportieren*** (*od* ***liefern***) eksporti; ***ins ~ fahren*** (***reisen***) veturi (vojaĝi) eksterlanden

Ausländer *m* eksterlandano, *auch* alilandano; ~**feindlichkeit** *f* malamikeco kontraŭ eksterlandanoj, malamika sinteno al eksterlandanoj

Ausländerin *f* eksterlandanino, *auch* alilandanino

ausländisch *Adj* eksterlanda; *fremdländisch* fremdlanda; ***~er Staatsbürger*** *m* eksterlanda civitano; ***~e Touristen*** *m/Pl* eksterlandaj turistoj *Pl*; ***~e Währung*** *f* eksterlanda valuto

Auslands|abteilung *f* eksterlanda sekcio, sekcio por eksterlandaj aferoj; ~**anleihe** *f Anleihe aus dem Ausland* prunto el eksterlando; ~**aufenthalt** *m* eksterlanda restado *od* restado en eksterlando; ~**beziehungen** *f/Pl* rilatoj al eksterlando; ~**brief** *m Brief ins Ausland* letero al eksterlando; *Brief aus dem Ausland* letero el eksterlando; ~**gespräch** *n Tel* internacia telefonaĵo; ~**hilfe** *f* eksterlanda helpo, *(Hilfe aus dem Ausland)* helpo el eksterlando, *(Hilfe fürs Ausland)* helpo al eksterlando; ~**investition** *f ausländische Investition* eksterlanda invest[aĵ]o; ~**korrespondent** *m Ztgsw* raportisto en eksterlando; ~**kredit** *m* eksterlanda kredito, kredito el eksterlando

Auslandsmarkt *m Wirtsch* eksterlanda merkato; ***in die Auslandsmärkte eindringen*** penetri la eksterlandajn merkatojn

Auslands|nachrichten *f/Pl* internaciaj novaĵoj *Pl*, *auch* novaĵoj *Pl* el eksterlando; ~**niederlassung** *od* ~**repräsentanz** *f ausländische Vertretung* eksterlanda reprezentejo; *Vertretung im Ausland* reprezentejo en eksterlando; ~**postkarte** *f aus dem Ausland* poŝtkarto el eksterlando; *ins Ausland* poŝtkarto eksterlanden (*od* al eksterlando); ~**presse** *f* eksterlanda gazetaro; ~**reise** *f* eksterlanda vojaĝo *od* vojaĝo eksterlanden; ~**schulden** *f/Pl* ŝuldoj *Pl* al eksterlando; ~**telegramm** *n* internacia telegramo; ~**tournee** *f* eksterlanda turneo; ~**vertretung** *f Repräsentanz im Ausland (auch Dipl)* reprezentejo en eksterlando (↑ *auch* ***Auslandsniederlassung***)

auslangen *intr*: ***er hat nach mir ausgelangt*** *um zuzuschlagen* li levis la manon por bati min; ***das Geld langt für einen Monat aus*** la mono sufiĉas por unu monato (*vgl. dazu* ***ausreichen***)

auslassen *tr Chance, Gelegenheit* preterlasi (*vgl. dazu* ***verpassen***); *nicht mit erwähnen* ellasi, lasi neesprimita, ne mencii; *[beim Lesen: eine Stelle od Seite] überspringen* transsalti; *Butter, Fett* fandi; *entweichen lassen* lasi eliĝi, *(Gas) auch* lasi emani; *<österr> auch für «freilassen»* lasi ... libera; ***das Wasser aus der Wanne ~*** ellasi la akvon el la [ban]kuvo; ***seinen Zorn an jmdm. ~*** elverŝi sian koleron sur iun; ***sich ~*** *wortreich darlegen* multvorte rakonti (*bzw.* klarigi) (***über*** ion); *seine Meinung sagen* diri sian opinion (***über*** pri io);

ausgelassene Butter f fandita butero
Auslassung *f Rhetorik, Stilistik* ↑ ***Präterition***
Auslassungspunkte *m/Pl Typ (...)* tripunkto
Auslassungszeichen *n* ↑ ***Apostroph***
Auslassventil *n, auch **Überströmventil** od **Druckbegrenzungsventil** n Tech* ellas[iv]a valvo
auslasten *tr die Ladekapazität [eines Transportmittels]* tute (*od* plene) eluzi la ŝarĝokapaciton de; ***die Arbeitskräfte*** ~ plene [el]uzi la kapaciton de la laborfortoj; ***die Maschine ist voll ausgelastet*** la maŝino laboras kun plena kapacito
Auslastung *f Kapazitäts*≗ eluzo de [la] kapacito
Auslauf *m für Flüssigkeiten* elflu-tubo, *i.w.S. (an Brunnen od Rohren)* elfluejo; *für Kinder* liberaera tereno por povi tie kuri [kaj petoli]; *für Tiere* elkurejo *auch für die Fläche unterhalb der Skisprungschanze*
auslaufen *intr **a)** aus etwas herauslaufen* elflui (***aus*** el); *undicht sein* liki (*vgl. dazu* ***²lecken***; ~ ***lassen*** *ablassen (eine Flüssigkeit)* elfluigi; ***Eiter läuft aus*** puso eliĝas (*vgl. dazu* ***schwären***) ***b)*** *Mar (den Hafen verlassen)* forlasi la havenon, *auch* ekiri *od* foriri de la haveno ***c)*** *nicht weiterführen, ein Ende haben* finiĝi (↑ *auch* ***enden***); ***die Säule läuft in einer Spitze aus*** la kolono finiĝas per pinto ***d)*** *die Möglichkeit haben, sich im Freien zu bewegen*: ***sich*** ~ ***können*** *Kinder* havi spacon (*od* liberaeran terenon) por kuradi [kaj petoli]
Auslaufen *n Lecken* likado; *Mar* forlaso de la haveno, ekiro de la haveno
Ausläufer *m **a)** auslaufendes Ende eines Gebirges* branĉa (*bzw.* lasta) etendaĵo [de montaro], *auch kurz* branĉo *od* flankaĵo ***b)*** *fachsprachl.* ***Stolon*** *m Bot (nahe der Bodenoberfläche verlaufender Wurzelspross)* stolono
Auslaufmodell *n* modelo [estonte] ne plu produktata
auslaugen *tr Chem* lesivi; ***jmdn.*** ~ *übertr für «jmdn. aussaugen»* elsuĉi iun
Auslaugen *n Chem, Textilindustrie* lesivado
Auslaugungshorizont *m* ↑ ***Eluvialhorizont***
Auslaut *m Ling* fina sono
aus|lauten *intr Wort* finiĝi (***auf*** je *od* per); ~**leben, sich** *refl* ĝisfunde (*od* ĝissate) ĝui la vivon; ~**lecken** *tr* leki (***etw. aus ...*** ion el ...); ~**leeren** *tr* malplenigi
Ausleeren *n* malplenig[ad]o
auslegen *tr Waren [im Schaufenster]* elmeti [en montrofenestro]; *Exponate* eksponi; *Geld* provizore elspezi (*od* pagi) (***jmdm.*** *od* ***für jmdn.*** por iu), pruntedoni; *bedecken* kovri (***mit etw.*** per io); *Texte, Träume* interpreti; *kommentieren* komenti; *inkrustieren* inkrusti, *(mosaikartig mit Edelholz, Elfenbein u.a. auslegen)* marketri; ***eine Schatulle mit Edelsteinen*** ~ inkrusti kesteton per juveloj; ***die Wohnung mit Teppich*** ~ kovri la plankon [de la loĝejo] per tapiŝo
Ausleger *m **a)** Tech (Freiträger)* kantilevro, *(eines Krans auch)* gruobrako; *Mar (an Booten od Kanus)* balanciero ***b)*** *Bibel*≗, *Exeget* ekzegezisto; ~**boot** *n* boato (*od* pirogo) kun balanciero(j); ~**brücke** *f* kantilevra ponto; ~**kran** *m Bauw, Tech* kantilevra gruo
Auslegung *f Deutung, Interpretation (auch des Korans od anderer heiliger Schriften)* interpret[ad]o; *eines Bibeltextes* ekzegezo; *Kommentierung* komentado; ***bei optimaler*** ~ *Ind, Tech* je optimumaj parametroj *bzw.* se optimume konstrukciite
Auslegware *f, auch **Spannteppich** m* mokedo
ausleihbar *Adj* pruntebla
Ausleih|bibliothek *f* prunta biblioteko; ~**datum** *n bes. Bibliothekswesen* pruntodato
Ausleihe *f (Vorgang)* pruntedono (*vgl. dazu* ***Verleih***); *(Abteilung einer Bibliothek)* libroprunta sekcio
ausleihen *tr entleihen* pruntepreni (***von*** de); *leihweise geben* pruntedoni (***etw. an jmdn.*** *od* ***jmdm. etw.*** ion de iu); ***sich ein Buch*** ~ pruntepreni libron (***von*** de); ***dort gibt es viele Geschäfte, die Filme und Videos*** ~ tie estas multaj butikoj, kiuj pruntedonas filmojn kaj videobendojn
Ausleih|statistik *f z.B. einer Bibliothek* statistiko de pruntado (*od* [libro]pruntoj); ~**theke** *f Bibliothek* pruntotablo
auslernen *intr Lehrling* fini la [meti]lernadon (*od* lerntempon), *allg* finlerni ◇ ***man lernt nie aus*** oni neniam finlernas
Auslese *f **a)** Biol* selekt[ad]o; *Auswahl* elekto; ***natürliche*** ~ *Biol* natura selektado (*od selt* memselekto) ***b)*** ↑ ***Elite***
aus|lesen *tr **a)** zu Ende lesen, z.B. ein Buch u.a.* finlegi ***b)*** *aussuchen* [el]elekti (***aus*** el); *aussortieren* selekti, ordigi laŭ specioj; ~**lichten** *tr Gestrüpp, Obstbaum, Unterholz* maldensigi

ausliefern *tr* ***a)*** *Sendung, Ware* liveri; *übergeben* [persone] transdoni, enmanigi (***etw. an jmdn.*** ion al iu) ***b)*** *einen Kriminellen* ekstradicii, transdoni al la juraj instancoj [de alia ŝtato] ◇ ***jmdm. ausgeliefert sein*** *in jmds. Gewalt sein* esti sub ies potenco
Auslieferung *f* ***a)*** *Hdl* liver[ad]o; *Übergabe* transdono, enmanigo ***b)*** *Jur* ekstradicio; ***jmds.*** ~ ***ablehnen*** (*od* ***verweigern***) *Jur* rifuzi la peton pri ekstradicio de iu
Auslieferungs|abkommen *n, auch* ***Auslieferungsvertrag*** *m Jur, Pol* traktato pri ekstradicio; ~**antrag** *m od* ~**ersuchen** *n Jur* peto pri ekstradicio; ~**tag** *m Hdl* tago de liverado
Auslieferungsvertrag *m* ↑ ***Auslieferungsabkommen***
ausliegen *intr zum Verkauf* esti elmetita [por vendo]; *als Exponat* esti eksponita; *Zeitung, z.B. im Wartezimmer* esti je [ies] dispono [sur la tablo *u.a.*]
auslöffeln *tr* [per kulero] elĉerpi, per kulero preni kaj manĝi ◇ ***was man sich [selbst] eingebrockt hat, muss man auch*** ~ kiu kaĉon kuiris, tiu ĝin manĝu *(Zam)*
ausloggen: ***sich*** ~ *EDV (sich abmelden)* adiaŭi (↑ *auch* ***Logout***)
auslöschen ***a)*** *tr Feuer* estingi (↑ *auch* ***auslöschen***); *Kerze, Lampe* mallumigi; *Erinnerungen, Gefühle, einen Gedanken* forvisi ***b)*** *intr verlöschen* estingiĝi
Auslöseknopf *m Foto* eksponbutono
auslosen *tr* lotumi, decidi per lotumado (***unter*** inter)
auslösen *tr Mechanismus* [ek]funkciigi; *loskaufen* elaĉeti; *hervorrufen* kaŭzi, elvoki, veki, *(eine Gegenreaktion) auch* provoki; *den Anstoß geben zu etw.* ekigi; ***Panik*** ~ kaŭzi panikon; ***einen politischen Streit*** ~ ekigi politikan disputon
Auslöser *m Foto* eksponbutono; *Mechnismus, durch den mit Druck od Stoß etw. ausgelöst wird [z.B. um eine Maschine in Gang zu setzen]* prembutono, prempeco *od* puŝpeco; *übertr: Ursache* kaŭzo *auch einer Krankheit*; ***den*** ~ ***betätigen*** *Foto* premi la [ekspon]butonon
Aus|losung *f* lotumado (*vgl. dazu* ***Ziehung***); ~**lösung** *f Betätigung* [ek]funkciigo; *das Hervorrufen* vek[ad]o, kaŭzado; *sex (Orgasmus)* orgasmo
auslotbar *Adj* sondebla
ausloten *tr Mar (die Tiefe, z.B. einer Fahrrinne)* sondi *auch übertr* (↑ *auch* ***sondieren***), *mit dem Senkblei* mezuri per plumbosondilo; *Bauw (mit dem Schnurlot)* vertikalilo, *auch* plumbofadeno *od* lodo; ***einen See*** ~ sondi la profundon de lago *od* sondi lagon
auslüften *tr* aerumi
ausmachen *tr vereinbaren* interkonsenti (***etw.*** pri io); *entscheiden über* decidi pri; *zusammensetzen, bilden* konsistigi, formi; *Radio* malŝalti; *löschen (Feuer)* estingi; *Kerze, Lampe* mallumigi; *einen Termin* fiksi, *auch* interkonsenti pri; *Mar (erkennen [können])* [ek]vidi; ***es macht schon etw. aus, ob ...*** *es ist schon ein Unterschied, ob ...* estas ja diferenco, ĉu ...; ***das macht mir nichts aus*** tio ne gravas por mi; ***das macht nichts aus*** *das hat keinerlei Bedeutung* tio havas nenian signifon; *das ist nicht wichtig* tio ne gravas; *das ist ganz egal* estas tute egale; ***das mögen sie miteinander*** ~ pri tio ili [mem] intertraktu unu kun la alia; ***wie viel macht es aus?*** *Betrag* kiu estas la sumo?; *Unterschied* kiu estas la diferenco?; *Kosten* je kio sumiĝas la kostoj?; ***würde es Ihnen etw.*** ~, ***wenn ...*** ĉu mi multe ĝenus vin, se ...? *od* ĉu estus al vi ĝene (*od* malagrable), se ...? ◇ ***eine ausgemachte Sache*** afero jam anticipe aranĝita (*od* interkonsentita)
ausmahlen *tr* mueli
ausmalen *tr Bild* kolorigi; *Zimmer (streichen)* farbi, *(künstlerisch bemalen)* pentri; ***sich etw.*** ~ pentr[ad]i ion al si, *meist dafür «sich etw. vorstellen»* imagi ion; *i.w.S. von etw. träumen* revi pri io
Ausmalheft *n für Kleinkinder* kolorig-kajero
Ausmarsch *m* elmarŝo
ausmarschieren *intr* elmarŝi (***aus*** el)
Ausmaß *n* dimensio *auch übertr* (↑ *auch* ***Proportion***); *Maßstab* skalo; *Größe, Weite* amplekso, vasto; *Format* formato; ***das*** ~ ***der Katastrophe*** (***Krise***) la amplekso de la katastrofo (krizo); ***in bedeutendem*** ~ en konsiderinda grado; ***in großem*** ~ grandskale, altgrade, en vasta skalo; ***von enormen*** (***gigantischen***) ~***en*** de enormaj (gigantaj) dimensioj
aus|mauern *tr mit Mauerwerk ausfüllen* plenigi (*od* fermi) per masonaĵo; ~**meißeln** *tr* elĉizi, tajli (*od* kavigi) per ĉizilo; ~**mergeln** *tr* [iom post iom] plene senfortigi, tute elĉerpi (*od* [for]konsumi); ~**merzen** *tr* el-

radikigi, radikale (*od* totale) forigi; *eliminieren* elimini *auch einen Fehler*; *ausrotten, z.B. Krankheit, Ungeziefer* ekstermi
Ausmerzung *f* elradikigo, radikala forigo; *Eliminierung* eliminado; *Ausrottung* ekstermado
ausmessen *tr* preni la mezurojn de, *meist allg* mezuri
ausmisten *tr*: ***den Stall*** ~ sensterkigi la stalon *od* forigi la sterkon el la stalo ◇ ***hier muss mal ausgemistet werden*** *hier muss mal tüchtig Ordnung geschaffen werden* oni devas ĉi tie ordigi la tutan fatrason
ausmittig ↑ ***exzentrisch a)***
ausmustern *tr*: ***er ist ausgemustert worden*** *vom Militärdienst freigestellt worden* oni liberigis lin de la devo militservi
Ausnahme *f* escepto, *Gramm auch* eksterregulaĵo; ***mit ~ von ...*** kun escepto de ... *od* escepte de ...; ***ohne ~*** senescepte; ***eine ~ machen*** fari escepton (***mit*** pri); ***keine Regel ohne ~*** ne ekzistas regulo sen escepto *(Zam)*
Ausnahmeerscheinung *f Sonderfall* escepta (*od* speciala) kazo; *Besonderheit* apartaĵo; *Phänomen* fenomeno
Ausnahmefall *m* escepta okazo; *Med* escepta kazo; ***im ~*** esceptokaze; ***das sind Ausnahmefälle*** tiuj estas esceptaj okazoj
Ausnahme|gesetz *n Jur* leĝo pri danĝerstato; ~**tarif** *m* escepta tarifo; ~**verhalten** *n Anomalie* anomalio
Ausnahmezustand *m* krizostato, eksterordinara stato *od* danĝerstato; *i.w.S. Kriegszustand* milita stato; ***den ~ verhängen*** proklami la danĝerstaton
ausnahmslos *Adv* senescepte; ~ ***alle*** ĉiuj sen escepto
ausnahmsweise *Adv* en escepta okazo *od* esceptokaze; ***er ist ~ einmal pünktlich gekommen*** estas [verdire] escepto, ke ĉi-foje li venis ĝustatempe
ausnehmen *tr **a)** Ausnahme machen* escepti (***jmdn. von ...*** iun de *bzw.* iun el ...); ***ich kann Sie nicht davon ~*** mi ne povas escepti vin de tio ***b)*** *Fisch, Geflügel* elpreni (*od* eligi) viscerojn, senviscerigi, *(das Gekröse entfernen)* sentripigi ***c)*** *listig abnehmen*: ***jmdn.*** ~ *jmdm. das Geld aus der Tasche ziehen* ruze eltiri al iu la monon el la poŝo ***d)*** *in einer bestimmten Art wirken, aussehen* bone efiki (*bzw.* aspekti); ***sie nimmt sich in dem neuen Kleid gut aus*** en la nova vesto ŝi aspektas [vere] bela
ausnehmend 1. *Adj* eksterordinara, escepta **2.** *Adv* eksterordinare, escepte; *über alle Maßen* supermezure; *äußerst* treege
ausnüchtern *intr* malebriiĝi, sobriĝi
ausnutzen *od* **ausnützen** *tr nutzbar machen* utiligi; *Nutzen od Vorteil ziehen aus* profiti el; *ausbeuten* ekspluati (***jmdn.*** iun)
Ausonia (*n*) *hist*: *griech. Bez für die Landschaft, die das antike Volk der Ausones bewohnte*; *i.w.S. Bez für Unteritalien* Aŭzonio
auspacken ***a)*** *tr Verpackung öffnen* malpaki; *Inhalt herausnehmen* elpreni la enhavon [el la pakaĵo *bzw.* la kesto *u.a.*] ***b)*** *umg für «Geheimes erzählen»*: ***dann hat er gehörig ausgepackt*** *seine Meinung klar gesagt* poste li sincere kaj malkaŝe eldiris sian opinion
auspeitschen *tr*: ***jmdn.*** ~ batadi iun per vipo (*od* skurĝo) [kiel puno]; ***jmdm. den Hintern*** ~ vergi al iu la pugon, pugovergi iun
Auspeitschen *n* batado per vipo *od* vipado
aus|pfeifen *tr einen Akteur, Film u.a.* prifajfi (***jmdn.*** iun), moke fajfi; ~**pflanzen** *tr* planti eksteren; ~**picken** *tr* elpiki
Auspizien *n/Pl röm. Antike u. übertr geh* aŭspicioj *Pl* (*vgl. dazu* ***Schirmherrschaft***); ***unter den ~ von ...*** sub la aŭspicioj de ...
ausplaudern *tr*: ***ein Geheimnis*** ~ disbabili (*od* elbabili) sekreton
aus|plündern *tr* elrabi, prirabi (*vgl. dazu* ***ausrauben*** *u.* ***marodieren***); ~**polstern** *tr z.B. Vögel das Nest* remburi (***mit*** per)
Auspolstern *n* remburado
ausposaunen *tr* distrumpeti
ausprägen *tr Münzen* stampi; *übertr* karakterizi, *auch* stampi; ***sich*** ~ *übertr* esprimiĝi, montriĝi
auspreisen *tr*: ***Waren*** ~ marki varojn per prez-etiketo(j)
auspressen *tr herausdrücken* elpremi *auch übertr*
Auspressen *n* elprem[ad]o
ausprobieren *tr auf seine Tauglichkeit hin erproben* [el]provi; *Geschmack testen* testi la guston [de io] (*vgl. dazu* ***abschmecken***)
Ausprobieren *n* [el]provado
Auspuff *m Tech* elfluilo, *Kfz* ellastubo; ~**topf** *m Kfz, Tech* dampilo
aus|pumpen *tr herauspumpen* elpumpi; *nach oben pumpen* suprenpumpi; *leer pumpen* per pumpilo malplenigi (***etw.*** ion);

~**pusten** *tr* blove estingi *od* blovestingi; ~**putzen** *tr* ***a)*** *reinigen* purigi [la internon de ...] ***b)*** *veraltend für «ausschmücken»* ornami, garni (***mit*** per); ~**quartieren** *tr* elloĝigi (***jmdn.*** iun)
ausquetschen *tr Frucht* elpremi, preme eligi sukon de [frukto] ◇ ***jmdn.*** ~ *ausfragen* eldemandi (***jmdn. über etw.*** iun pri io); *Polizei auch* pridemand[ad]i
aus|radieren *tr* forgumi, forigi per frotgumo; ~**rangieren** *tr umg* elsarki (*vgl. dazu* ***wegwerfen***)
ausrauben *tr* elrabi (↑ *auch* ***ausplündern*** *u.* ***berauben***); ***eine Bank*** ~ elrabi bankon
Ausrauben *n* elrab[ad]o
ausrauchen *tr etw. zu Ende rauchen* finfumi; ***eine Pfeife*** (***Zigarre***) ~ finfumi pipon (cigaron)
ausräuchern *tr Ungeziefer* fumizi; *zu Desinfektionszwecken, bes. geschlossene Räume* fumigacii; *übertr (Diebesnest u.Ä.)* likvidi
Ausräucherung *f* fumizado; *Desinfektion durch Dämpfe, Ausgasung* fumigacio
ausraufen *tr*: ***er raufte sich vor Wut die Haare aus*** li ŝiris al si la harojn pro kolero
ausräumen *tr* ***a)*** *leer machen* malplenigi; *Sachen* forpreni, elpreni; ***aus dem Zimmer mussten alle Möbel ausgeräumt werden*** oni (*bzw.* ni) devis formovi el la ĉambro ĉiujn meblojn; ***eine Wohnung*** ~ *i.w.S. auch* ***einen Haushalt auflösen*** senmebligi loĝejon ***b)*** *übertr für «etw. leer stehlen»*: ***der Dieb räumte ihm die ganze Wohnung aus*** la ŝtelisto komplete elrabis lian loĝejon
ausrechnen *tr* [el]kalkuli
Ausrede *f Ausflucht* elturniĝo; *Vorwand* preteksto; ***keine*** ~***n!*** ne elturniĝu!; ***eine*** ~ ***suchen*** serĉi pretekston
ausreden ***a)*** *tr*: ***jmdm. etw.*** ~ persvadi iun ne fari ion ***b)*** *intr zu Ende reden* finparoli, fini sian paroladon; ***jmdn.*** ~ ***lassen*** lasi iun [fin]paroli
ausreeden *Mar* ↑ ***ausrüsten c)***
ausreffen *tr*: ***ein Segel*** ~ *Mar (ein Segel durch Lösen der Reffbänder wieder vergrößern)* malrefi velon (*vgl. dazu* ***reffen***)
ausreichen *intr genügen* sufiĉi, esti sufiĉa (***für*** por) *auch Geld für den Lebensunterhalt*; ***das reicht aus!*** [tio] sufiĉas!
ausreichend **1.** *Adj* sufiĉa (***für*** por) **2.** *Adv* sufiĉe, kontentige (*vgl. dazu* ***genug***); ***vollkommen*** ~ plene sufiĉe *od* plensufiĉe, sufiĉege
ausreifen ***a)*** *tr*: ~ ***lassen*** lasi maturiĝi, maturigi ***b)*** *intr* [tute *od* plene] maturiĝi
Ausreise *f* elvojaĝo; ~**erlaubnis** *od* ~**genehmigung** *f* permes[il]o por vojaĝo eksterlanden
ausreisen *intr* elvojaĝi (***aus*** el; ***nach*** al), *(ins Ausland)* [for]vojaĝi eksterlanden; ***nach Australien*** ~ forvojaĝi al Aŭstralio
Ausreisevisum *n* elir-vizo
ausreißen ***a)*** *tr Gras, Haar u.a.* elŝiri (↑ *auch* ***herausziehen***); ***einen Baum*** ~ elŝiri arbon ***b)*** *intr davonlaufen* forkuri; *fliehen* fuĝi (***aus*** el) (*vgl. dazu* ***verschwinden***; ↑ *auch unter* ***Hasenpanier***)
Ausreißer *m* forkuranto *bzw.* forkurinto
ausreiten *intr* promenrajdi
ausrenken *tr Gelenk* elartikigi; ***ich habe mir die Schulter ausgerenkt*** mi elartikigis la (*od* mian) ŝultran artikon
[1]**ausrichten** *tr gerade bzw. in einer Linie aufstellen* aranĝi rekte, unuliniigi, unudirektigi; *Mil* rekt[lini]igi; *begradigen* rektigi; *erreichen, machen* efektivigi, fari; *erlangen* atingi; *übermitteln, bestellen (z.B. Grüße)* transdoni, [trans]diri, sciigi (***jmdm. etw.*** ion al iu); *Veranstaltung, Wettbewerb* organizi; ***Grüße von jmdm.*** ~ transdoni salutojn de iu; ***kann ich ihm etw.*** ~***?*** ĉu vi volas, ke mi transdonu al li mesaĝon (*bzw.* [vian] komision)?; ***nichts*** ~ ***können*** *keinen Erfolg haben* ne havi sukceson; ***parallel*** ~ *Opt (Lichtstrahlen)* kolimati
[2]**ausrichten** *tr <schweiz> zahlen, bes. Gehalt od Entschädigung* pagi
Ausritt *m Spazierritt* promenrajdo, *auch* surĉevala promeno (*od* ekskurso)
ausrollen *intr ein Fahrzeug, ein Flugzeug auf der Landebahn* ĉesi ruli
ausrotten *tr Krankheiten, eine Pflanzen- od Tierart, Ungeziefer, Unkraut* ekstermi (↑ *auch* ***vertilgen***); *verwüsten* dezertigi; ***den Analphabetismus*** (***die Korruption***, ***die Malaria***) ~ ekstermi analfabetismon (korupton, malarion)
Ausrottung *f das Ausrotten von Krankheiten, Ungeziefer, Unkraut, auch mancher Pflanzen- od Tierarten od von Indianerstämmen* ekstermado; ***von der*** ~ ***bedroht sein*** esti minacata de ekstermado
ausrücken ***a)*** *tr eine Sperrklinke* elklikigi (*vgl. dazu* ***einrücken***); ***die Kupplung*** ~ *auskuppeln (Tech)* malkupli, *(Kfz)* malkluĉi

b) intr Mil ekmarŝi; *umg auch für «davonlaufen»* forkuri (*vgl. dazu* ***auskneifen***) *c) Forstw* ↑ ***rücken c)***

Ausruf *m* ekkrio (*vgl. dazu* ***Schrei***); *Rhetorik (Exklamation)* eksklamacio; ***ein ~ der Bewunderung*** ekkrio de admiro

ausrufen ***a)*** *tr jmds. Namen* voki; *Waren zum Verkauf* laŭtvoĉe oferti; *[durch einen Herold] verkündigen* heroldi; *proklamieren, [öffentlich] ausrufen od erklären* proklami *auch einen Streik*; ***er wurde zum König ausgerufen*** oni proklamis lin reĝo; ***die Republik ~*** proklami la respublikon; ***eine Zeitung ~*** *Straßenverkäufer* prikrii gazeton ***b)*** *intr* ekkrii

Ausrufer *m* diskoniganto, proklamanto (*vgl. dazu* ***Herold***); *auf Märkten* kriisto [en bazaro]

Ausrufe|wort *n Gramm* interjekcio; **~zeichen** *n Gramm* krisigno

Ausrufung *f* proklam[ad]o; ***~ der Republik*** (***Unabhängigkeit***) proklam[ad]o de [la] respubliko (sendependeco)

ausruhen ***a)*** *intr od* **sich** *~ refl* ripozi (***von*** de); *sich entspannen* malstreĉiĝi; ***sich ein paar Minuten ~*** ripozi kelkajn minutojn ***b)*** *tr ausruhen (od zur Ruhe kommen) lassen, z.B. seinen Geist* ripozigi

Ausruhen *n* ripozado

ausrupfen *tr* [pluke] elŝiri; *allg: herausziehen* eltiri (*vgl. dazu* ***ziehen***)

ausrüsten *tr* ***a)*** *mit etw. versehen* ekipi, provizi (***mit*** per); *Mil (mit Waffen) auch* armi (***mit*** per); ***die Truppen mit modernen Waffen ~*** ekipi la trupojn per modernaj armiloj; ***sich ~*** *refl* sin ekipi, sin provizi, *umg auch* proviziĝi; *Mil* sin armi (***mit*** per) ***b)*** *appretieren (Gewebe)* apreti ***c)*** *Fachspr auch* ***ausreeden*** *Schiffbau*: ***ein Schiff ~*** ekipi ŝipon

Ausrüster *m* ekipanto *bzw.* ekipinto

Ausrüstung *f* ***a)*** *das Ausrüsten* ekipado, provizado; *Mil* armado; *Textil*[≗] *(Appretur)* apretado, *(Imprägnieren)* impregnado ***b)*** *Ausstattung d.h. Geräte u. dgl. (auch Mil u. Tech)* ekipaĵo(j) *(Pl)* (↑ *auch* ***Sportausrüstung***); *Instrumentarium* instrumentaro; *Mil (Waffen)* armiloj *Pl*; *Inventar* inventaro; ***in voller ~*** *Mil* komplete armita

Ausrüstungskai *m Schiffbau* ekip-kajo

ausrutschen *intr* glit[fal]i, ekgliti kaj fali (***auf*** sur *mit Akk*) (*vgl. dazu* ***ausgleiten***); ***nach vorn ~*** glit[fal]i antaŭen

Aussaat *f Säen* semado; *Zeit der Aussaat* sezono de semado; *Saat (das Ausgesäte)* sem[it]aĵo (↑ *auch* ***Frühjahrsaussaat***)

aussäen *tr* [dis]semi *auch abs u. übertr*

Aussage *f* ***a)*** deklaro; *Zeugen*[≗] *vor Gericht* depozicio (↑ *auch* ***Falschaussage***); *Feststellung* konstato (*vgl. dazu* ***Paradoxon***); ***eine ~ vor der Polizei machen*** fari depozicion antaŭ polica instanco; ***nach ihrer ~*** laŭ ŝiaj eldiroj (*od* vortoj); *nach dem, was sie gesagt hat* laŭ tio, kion ŝi deklaris (*od umg* diris) ***b)*** *Gramm* predikato

Aussageform *f Gramm* ↑ ***Indikativ***

Aussagekraft *f* esprimivo (↑ *auch* ***Informationswert***)

aussagekräftig *Adj* esprimiva

aussagen *tr bezeugen* atesti; *erklären* deklari; *allg (sagen)* [el]diri; *mitteilen* komuniki; *Jur (vor Gericht aussagen)* depozicii, *abs* fari depozicion; ***etw. unter Eid ~*** ĵuri diri (*od* deklari) ion; ***alle sagen übereinstimmend aus, dass ...*** ĉiuj interkonforme atestas, ke ...

aussägen *tr* elsegi, *(mit der Laubsäge) auch* aĵur-segi

Aussagesatz *m Gramm* indika frazo

Aussageweise *f*: ***~ des Verbs*** *Gramm (Modus)* modo

Aussatz *m alt Med* ↑ ***Lepra***

aussätzig ↑ ***leprakrank***

Aussätzige *m* ↑ ***Leprakranke***

aus|saugen, *reg* ***auszutschen*** *tr* elsuĉi *auch übertr*; **~schaben** *tr* skrapi (***etw.*** la internon [el io]); *Chir, Gynäkologie* kureti, skrapi ... per kureto

Ausschabung *f*, *salopp auch* ***Auskratzung*** *f*, *Fachspr* ***Abrasio*** *f od* ***Kürettage*** *f Med* abrazio, kuretado; ***~ der Gebärmutter*** *od* ***Gebärmutterausschabung*** *f* (Abrasio uteri) *Gynäkologie (sowohl zu therapeutischen als auch diagnostischen Zwecken durchgeführte Kürettage der Gebärmutterhöhle)* abrazio de la utero, utera kuretado

ausschachten *tr Bauw* [el]fosi, elkavigi

Ausschachtungsarbeiten *f/Pl* fosadaj laboroj *Pl*

ausschalen *tr Bauw* senŝeligi

Ausschalen *n Bauw (Abnehmen der Schalung)* senŝeligado

ausschälen *tr*, *fachsprachl.* ***enukleieren*** *Chir* enuklei

ausschalten *tr* ***a)*** *Licht, Maschine, Motor, Radio, Zündung* elŝalti *od* malŝalti, *El auch* malkonekti; ***das Licht*** ~ malŝalti la lumon; ***sich automatisch*** ~ aŭtomate malŝaltiĝi ***b)*** *ausschließen, nicht teilnehmen lassen* ekskludi ***c)*** *eliminieren (auch Sport), kaltstellen* elimini; ***eine Mannschaft aus dem Wettbewerb*** ~ *bei Ausscheidungskämpfen* elimini teamon el la konkurso; ***die Konkurrenz*** ~ *Wirtsch* elimini la konkurencon

Ausschalter *m El* malkonektilo

Ausschalttaste *f* haltiga (*od auch* stopa) klavo *auch auf der Computertastatur*

Ausschälung *f, Fachspr* ***Enukleation*** *f Chir (einer Geschwulst od des Augapfels)* enukleado; ***operative*** ~ ***der Gaumenmandeln*** *Chir* tonsilektomio

Ausschank *m Ausschenken* vend[ad]o de biero (*od* alkoholaĵoj *u.a.*); *Schankraum* [bier]trinkejo *bzw.* brandovendejo (↑ *auch* ***Bierausschank***)

ausscharren *tr* elgrati [per la piedoj]

Ausschau *f*: ***nach etw.*** ~ ***halten*** *suchend* serĉadi ion; *spähend* elrigardi (*od* esplore rigard[ad]i) al io

ausschauen *intr* ***a)*** *Ausschau halten* elrigardi (***nach*** al) ***b)*** *reg für «aussehen»* aspekti (***wie*** kiel); ***gut*** (***schlecht***) ~ *reg* aspekti sana (malsan[et]a) ◇ ***wie schaut's aus?*** *wie ist die Situation?* kia estas la situacio?; *wie geht es Ihnen?* kiel vi fartas?

ausscheiden ***a)*** *tr aussondern* eksigi; *trennen* apartigi; *Chem, Math* elimini; *Physiol* eligi, elimini, *(Kot) auch* ekskrementi, *(Sekrete) auch* sekrecii *bzw.* ekskrecii; ***etw. unverdaut*** ~ eligi ion nedigestite ***b)*** *intr: aus dem Dienst bzw. Amt u. Ä.* eksiĝi (***aus*** el) (*vgl. dazu* ***austreten***); *sich zurückziehen* retiriĝi (***aus*** el); ***aus einem Klub*** (***Verein***) ~ eksiĝi el klubo (societo)

Ausscheiden *n aus dem Amt od Dienst* eksiĝo; *Univ (Emeritierung)* emeritiĝo

Ausscheidung *f* ***a)*** *Physiol: das Ausscheiden (als Vorgang) von Drüsen* sekreciado, *von Stoffwechselendprodukten* ekskreciado (↑ *auch* ***Harnausscheidung***); *Sekret* sekrecio; *Exkremente, Kot* ekskrementoj *Pl* ***b)*** *Sport* elimin[ad]o

Ausscheidungs|kampf *m od* ~**spiel** *n Sport* elimina maĉo (*od* ludo)

Ausscheidungsprodukt *n des Körpers* ekskremento (*vgl. dazu* ***Kot*** *u.* ***Urin***)

aus|schelten *tr* skoldi (***jmdn.*** iun) (*vgl. dazu* ***beschimpfen***); ~**schenken** *tr am Ausschank verkaufen* [dis]vendi bieron (*bzw.* brandon *od* vinon *u.a.*); *etw. eingießen in* [el]verŝi (***etw. in*** ion en *mit Akk*); ~**scheren** *intr aus der Reihe* elviciĝi; *plötzlich die Fahrspur verlassen (Kfz)* subite forlasi sian lenon; ~**schicken**, *alt* ***detachieren*** *tr Mil: Schiffe, eine Truppe* taĉmenti; ~**schießen** *tr Typ* impozi

Ausschießen *n Typ* impoz[ad]o (*vgl. dazu* ***Umbruch***)

ausschiffen *tr* elŝipigi, *von Fracht auch* malŝarĝi [el ŝipo]; ***sich*** ~ elŝipiĝi, eliri el [la] ŝipo [post albordiĝo]

Ausschiffung *f Mar* elŝipigo, *von Fracht auch* malŝarĝado [el ŝipo]; *das Vonbordgehen [der Passagiere]* elŝipiĝo

ausschimpfen *tr* skoldi (***jmdn.*** iun); ***ausgeschimpft werden*** esti skoldata

ausschirren *tr Zugtier* maljungi, depreni (*od* demeti) la jungilaron [de] (*vgl. dazu* ***ausspannen a)***)

ausschlachten *tr* ***a)*** *ein geschlachtetes Tier* senviscerigi [kaj distranĉi en pecojn]; ***ein [altes] Auto*** ~ utiligi la partojn de [malnova] aŭto ***b)*** *übertr*: ***einen Fall*** ~ [avide] tiri profiton el okazo (*od* afero)

ausschlacken *tr Eisenb* senskoriigi

Ausschlackgrube *f Eisenb* skoria foso

ausschlafen ***a)*** *tr*: ***seinen Rausch*** ~ fordormi sian ebriecon ***b)*** *intr u.* ***sich*** ~ *refl* satdormi

Ausschlag *m* ***a)*** *Med (entzündlicher Haut*≗*)* ekzantemo, *(Schleimhaut*≗*, bes. in Mund, Nase u. Rachen)* enantemo, *(Flechten*≗*)* ekzemo (↑ *auch* ***Bläschenausschlag***) ***b)*** *von Magnetnadel, Zeiger* devio ***c)*** *übertr*: ***den*** ~ ***geben*** esti decida, decidi; ***dieser Fakt hat schließlich den*** ~ ***gegeben*** finfine ĉi tiu fakto estis decida

ausschlagen ***a)*** *tr ablehnen* rifuzi, malakcepti (*vgl. dazu* ***verschmähen*** *u.* ***verweigern***); *überziehen, auskleiden* tegi (***mit*** per); *bedecken* kovri; *Fachspr Forstw (Unterwuchs im Wald entfernen)* elhaki; ***eine Einladung*** ~ rifuzi inviton ◇ ***das schlägt dem Fass den Boden aus!*** tio estas la supro de l' impertinenteco! ***b)*** *intr Zweige der Bäume [im Frühjahr]* sprosi, *i.w.S. (Sich belauben)* foliokovriĝi, *(grün werden)* verdiĝi; *sprießen, knospen* burĝoni; *ausschlagen (Esel, Pferd)* hufobati, *nach hinten* kalcitri; *Pendel* oscili; *vom Normalen abweichen (Magnetnadel, Zeiger)* devii; ***seitlich*** ~, *umg* ***eiern*** *ein Rad* vobli; ***das***

Pferd [da] schlägt nach hinten aus tiu ĉevalo kalcitras (*od* hufobatas malantaŭen); ***die Sache schlug zu seinen Gunsten aus*** *übertr* la afero finiĝis favore al li

ausschlaggebend 1. *Adj* decid[ig]a **2.** *Adv* decide

Ausschlagsweite *f Schwingungsweite, z.B. eines Pendels* amplitudo

ausschließen *tr aus dem Clan, der Familie, einer Partei (d.h. Zugehörigkeit absprechen)* ekskludi, eksigi (***jmdn. aus*** iun de); *nicht mit einbeziehen* escepti, ekskluzivi; *isolieren* izoli; ***jmdn. aus der Kirche*** ~ ekskomuniki iun, forpeli iun el la eklezio; ***jmdn. aus einer Partei*** ~ *Pol* ekskludi (*od* eksigi) iun el [la] partio; ***jedweden Zweifel*** ~ elimini ĉian dubon; ***sich*** ~ *sich von anderen absondern* vivi (*bzw.* sidi *od* agi *u.a.*) aparte (***von*** de); ***sich von etw.*** ~ *nicht teilnehmen an* ne partopreni ion (*od* en io) ...; ***ausgeschlossen!*** *keinesfalls!* neniakaze!; *unglaublich!* nekredeble!

ausschließlich 1. *Adj* ekskluziva; *alleinig, z.B. Recht* sola **2.** *Adv* ekskluzive; *nur* nur, sole **3.** *Präp mit Gen*: *mit Ausnahme von* escepte de

ausschlüpfen *intr aus einem Ei od der Puppe schlüpfen* eliĝi el, *aus einem Ei auch* eloviĝi

ausschlürfen *tr*: ***ein rohes Ei*** ~ sorbi krudan ovon

Ausschluss *m* ekskludo; *Suspendierung* suspendo; *Sport* ekskludo (***vom weiteren Spiel*** el la plua ludo), *(Disqualifikation)* malkvalifikado; ~ ***von Mitgliedern*** ekskludo (*od* eksigo) de membroj; ***unter ~ der Öffentlichkeit*** sen allaso de publiko; *hinter verschlossenen Türen* malantaŭ ŝlositaj pordoj

aus|schmelzen *tr Metallurgie* elfandi (↑ *auch* ***verhütten***); ~**schmücken** *tr* dekoracii, ornami (***mit*** per); *mit Beiwerk od Zierat versehen* garni

Ausschmückung *f das Ausschmücken* dekoraciado, ornamado; *die zum Schmücken benutzten Dinge* dekoracio, ornamaĵo; *Verzierung* garnaĵo

ausschneiden *tr* ***a)*** eltranĉi (***aus*** el) (*vgl. dazu* ***herausschneiden***); *mit der Schere* eltondi (***etw. aus etw.*** ion el io); *mit der Blech- od Metallschere* ĉizoji; *beschneiden* pritranĉi, ĉirkaŭtondi *(mit der Schere, z.B. ein Gehölz)* tondi, *(stutzen)* stuci; ***einen Artikel aus der Zeitung*** ~ [el]tondi artikolon el la gazeto ***b)*** *dekolletieren* dekolti (*vgl. dazu* ***ausgeschnitten***)

Ausschneidung *f Chir (Herausschneiden von krankem Gewebe)* ekscizo

Ausschnitt *m* ***a)*** *allg für «etw. Ausgeschnittenes»* eltranĉaĵo, *(aus der Zeitung)* eltondaĵo [el gazeto *od* ĵurnalo] ***b)*** *Teil eines Ganzen* parto, *(Auszug, z.B. aus einem Buch, Fragment)* eltiraĵo, fragmento, *(aus einem Film)* sceno; *Math* sektoro, *(Kreis*~*)* sektoro de disko ***c)*** *eines Kleids* (*auch* ***Dekolletee***) dekoltaĵo (↑ *auch* ***Hals-***, ***Rücken-*** *u.* ***Schiffchenausschnitt***); ***eckiger*** (***runder***, ***spitzer***, ***tiefer***, ***v-förmiger***) ~ kvadrata (ronda, pinta, profunda, v-forma) dekoltaĵo

ausschöpfen *tr Wasser* elĉerpi *auch übertr*, ĉerpi eksteren; *Mar (mit dem Schöpfer das Wasser vom Bootsboden leerschöpfen)* ŝkopi; ***alle Möglichkeiten*** ~ elĉerpi (*od* ĝisfine eluzi) ĉiujn eblojn

ausschrauben *tr* elŝraŭbi

ausschreiben *tr* ***a)*** *nicht abkürzen* skribi sen mallongigo(j), plene skribi, *Zahlen* skribi en literoj ***b)*** *herausschreiben* parte kopii (*bzw.* transskribi); *ausfüllen* plenigi; *schreiben* skribi; ***ein Formular*** ~ plenigi formularon; ***ein Rezept*** ~ skribi recepton (***für jmdn.*** por iu) ***c)*** *ankündigen* [publike] anonci, publikigi; *Angebote für z.B. eine Baumaßnahme ausschreiben* adjudiki; ***den Bau einer Brücke*** ~ adjudiki la konstruon de ponto; ***einen Wettbewerb*** ~ inviti al publika konkurado

Ausschreibung *f Wirtsch*: ***öffentliche*** ~ *zur Auftragsvergabe (für Leistungen od Lieferungen)* adjudikado de publikaj laboraĵoj

aus|schreien *tr schreiend bekannt machen* elkrii, kriante proklami; *Straßenhändler* laŭtvoĉe oferti; ~**schreiten** ***a)*** *tr selt für «mit Schritten ausmessen»* mezuri per paŝoj *od* paŝe mezuri ***b)*** *intr mit großen Schritten gehen* iri grandpaŝe, fari grandajn paŝojn; *längere Zeit laufen* paŝadi

Ausschreitung *f* troaĵo, eksceso (↑ *auch* ***Exzess***); *Gewalttätigkeit* perforto, *(als [ausgeführte] Tat)* perfortaĵo

[1]**Ausschuss** *m Komitee* komitato; *Kommission* komisiono (↑ *auch* ***Agrar-***, ***Finanz-***, ***Kontroll-***, ***Koordinierungs-***, ***Parlaments-***, ***Redaktions-***, ***Unter-***, ***Untersuchungs-***, ***Verfahrens-***, ***Vermittlungs-***, ***Verwaltungs-*** *u.* ***Wirtschaftsausschuss***); ***beratender*** (***parla-***

mentarischer, ständiger) ~ konsulta (parlamenta, konstanta) komitato (*od* komisiono)

[2]**Ausschuss** *m etw. Minderwertiges* fuŝaĵo; *Abfall* forĵetaĵo, elĵetaĵo; *minderwertiges Produkt* fuŝprodukto; *Typ (Makulatur, Schmutzbogen)* makulaturo

Ausschuss|mitglied *n* komitatano, komisionano; ~**sitzung** *f* komitatkunveno, komitata (*od* komisiona) kunsido; ~**vorsitzende** *m* estro de komitato (*od* komisiono)

ausschütteln *tr* elskui

ausschütten *tr* elŝuti *Flüssigkeit* elverŝi; *leeren* malplenigi; *Dividende* ristorni; *Prämien* disdoni, pagi ◇ ***sein Herz*** ~ malŝarĝi al iu sian koron; ***jmdm. sein Innerstes*** ~ nudigi al iu sian koron *(Zam)*; ***sich vor Lachen*** ~ preskaŭ krevi de (*od* pro) rido; ***seinen Zorn über jmdn.*** ~ [el]verŝi sian koleron sur iun *(Zam)*

Ausschüttung *f z.B. von Dividende* ristorno, *i.w.S. auch* disdono, pago

aus|schwärmen *intr* eksvarmi *auch Mil*; *Bienen* esameni; ~**schwefeln** *tr zur Desinfektion* fumigacii per sulfuro (*vgl. dazu* ***entschwefeln***; ↑ *auch* ***ausgasen***)

ausschweifend *Adj exzessiv* ekscesa; *schwelgerisch* diboĉa; *lasterhaft, unzüchtig* malĉasta; *zügellos* senbrida; ~ ***leben*** diboĉi (↑ *auch* ***prassen***)

Ausschweifung *f Exzess, Maßlosigkeit* eksceso; *Schwelgerei* diboĉ[ad]o; *etw. Ausschweifendes, ausschweifende Tat* diboĉaĵo, malĉastaĵo (↑ *auch* ***Orgie***)

ausschweigen, sich *refl* [obstine] silentadi (***über etw.*** pri io)

ausschwitzen *tr Feuchtigkeit* elŝviti (***etw.*** ion); *Biol, Med (exsudieren)* eksudi; ***ausgeschwitzt werden*** elŝvitiĝi

Ausschwitzung *f* elŝvitado; *Biol, Med (entzündliche Ausschwitzung) [als Vorgang]* eksudo, *[Exsudat]* eksudaĵo

aussehen *intr* aspekti; ***blass*** (***gesund***, ***müde***) ~ aspekti pala (sana, laca); ***wohl*** (*od* ***gut***) ~ aspekti bonfarta; ***sie sieht glücklich aus*** ŝi aspektas feliĉa; ***er sieht jünger ~ [als er eigentlich ist]*** li aspektas pli juna [ol li fakte estas]; ***er sieht mit dem Bart jetzt viel älter aus*** kun barbo li nun aspektas multe pli maljuna; ***sie sieht wie ihr Vater aus*** ŝi aspektas kiel sia patro *od auch* ŝi similas al sia patro; ***es sieht so aus, als ob ...*** aspektas kvazaŭ ... *u. folg. Verb in der* us*-Form*

Aussehen *n Anblick* aspekto; *Äußeres* eksteraĵo; *Gesichtsausdruck, Miene* vizaĝesprimo, mieno; ***dem ~ nach*** laŭ aspekto; *dem Anschein nach* laŭ ŝajno; ***ein gesundes ~ haben*** aspekti sana; ***etw. nur dem ~ nach beurteilen*** [pri]juĝi ion nur laŭ la eksteraĵo

außen *Adv* ekstere; *auf der Außenseite* je la ekstera flanko; ***nach ~ [hin]*** eksteren; ***von ~ [her]*** de ekstere; ***von innen nach ~*** de interne eksteren

Außen|ansicht *f* ekstera aspekto; ~**antenne** *f El* ekster[dom]a anteno; ~**aufnahme(n)** *f/(Pl) Film* subĉiela filmado; ~**bahn** *f Leichtathletik* ekstera [kur]leno (*vgl. dazu* ***Innenbahn***); ~**beziehungen** *f/Pl* eksteraj rilatoj *Pl*; ~**bezirk** *m einer Stadt* periferia distrikto [de urbo]

Außenbord|einsatz *m Raumf* eksterspacŝipa agado; ~**motor** *m Mar* eksterboata motoro

Außenbörse *f Fin (freier Börsenverkehr)* kuliso

außenbürtig *Adj Geol (von außen auf die Erdoberfläche einwirkend)* ekzogena

aussenden *tr* elsendi, dissendi; *ausstrahlen* elradii, disradii; *Radio* dissendi

Außen|dienst *m* eksterdoma deĵoro; ~**elektrode** *f El* ekstera elektrodo; ~**gewinde** *n* ekstera helico; ~**hafen** *m Mar* antaŭhaveno; ~**handel** *m* ekstera (*od* eksterlanda) komerco

Außenhandels|ministerium *n* ministerio de (*od* pri) eksterlanda komerco; ~**unternehmen** *n* eksterlandkomerca entrepreno

Außen|haut *f von Flugbooten od Schiffen* ŝelo; *von Faltbooten* ekstera tegaĵo; ~**kabine** *f Mar* marvida kajuto

Außenkelch *m Bot* ↑ ***Blütenhülle***

Außen|klüver *m Mar* ekstera ĵibo; ~**luftthermometer** *n bes. Flugw* termometro por ekstera temperaturo; ~**minister** *m* ministro de (*od* pri) ekster[land]aj aferoj

Außenministerebene *f*: ***auf ~*** sur nivelo dela ministroj pri eksterlandaj aferoj

Außenministerkonferenz *f* konferenco de ministroj pri eksterlandaj aferoj

Außen|ministerium *n* ministerio de (*od* pri) eksteraj aferoj; ~**netz** *n des Fußballtors* ekstera reto; ~**parasiten** *m/Pl, <wiss>* ***Ektoparasiten*** *m/Pl [leben auf einem Wirt, z.B. Läuse u. Flöhe]* eksteraj parazitoj *Pl* (*vgl. dazu* ***Innenparasiten***); ~**pier** *m Mar* ĝeto; ~**politik** *f* ekstera politiko

außenpolitisch *Adj* eksterapolitika, *nachgest*

koncernanta la eksteran politikon

Außenputz *m Bauw* ekstera puco (*vgl. dazu* ***Innenputz***)

Außenrist *m* ekstera instepo; ***mit dem ~ schießen*** *Fußball* kiki (*od* ŝoti) per la ekstera instepo

Außenseite *f* ekstera flanko (↑ *auch* ***Exterieur***); *i.w.S. Oberfläche* surfaco; *Fassade, Stirnseite* fasado; ***die ~ des Stoffs*** *Textil* la ekstera flanko de la ŝtofo

Außen|seiter *m* apartemulo; *i.w.S. eigenartiger Mensch* strangulo; *Nichtfachmann* nefakulo *Sport* senŝanculo; ~**stände** *Pl Fin* ŝuldo(j) de la debitoroj, *offene Rechnungen* pagendaj fakturoj *Pl*; ~**stehende** *m* eksterstaranto, *auch* eksterulo; ~**stelle** *f* filio; ~**stürmer** *m Fußball* ekstera avanulo; ~**taster** *m*, *auch* ***Greifzirkel*** *m Tech (Zirkel für Außenmaße)* ekstera cirkelo; ~**temperatur** *f* ekstera temperaturo

Außentitel *m Buchw* ↑ ***Umschlagtitel***

Außenverteidiger *m Fußball* ekstera arierulo

Außenwand *f Bauw* ekstera muro; ***tragende ~*** ekstera porta muro

Außen|welt *f* ekstera mondo; ~**werbung** *f* eksterdoma (*od* publika) reklam[ad]o; ~**werk** *n Militärgeschichte (Vorschanze [einer Festung])* ravelino (↑ *auch* ***Barbakane***); ~**winkel** *m Geom* ekstera angulo; ~**wirtschaft** *f* komerco kun eksterlando

außer 1. *Präp: neben* krom; *abgesehen von, mit Ausnahme von, ausgenommen* kun escepto de *od* escepte de; *außerhalb* ekster; ***~ seiner Muttersprache kann er drei andere Sprachen*** krom sia gepatra lingvo li scias (*od* regas) tri aliajn lingvojn; ***alle ~ ihm sind gekommen*** ĉiuj venis, escepte de li; ***etw. ~ Acht lassen*** *sich um etw. nicht kümmern* ne zorgi pri io; *etw. nicht beachten* malatenti ion *od* ne atenti ion; *etw. vernachlässigen* neglekti ion; *etw. ignorieren* ignori ion; ***~ Betrieb*** ekster funkcio; ***Beamter ~ Dienst*** eksa oficisto; ***~ Gefahr sein*** esti ekster danĝero; ***~ Landes sein*** esti (*od* troviĝi) en eksterlando; ***~ der Reihe*** ekstervice; ***~ Zweifel stehen*** esti ekster dubo ◇ ***~ sich vor Freude sein*** esti [tute] ekster si pro ĝojo **2.** *Konj*: ***~ dass*** nur se; ***~ wenn*** escepte se; *falls nicht* se ne

Außer-Atem-Sein *n Keuchen* anhelado

außer|beruflich 1. *Adj* eksterprofesia **2.** *Adv* eksterprofesie; ~**börslich** *Adj Kurs* eksterborsa

außerdem *Adv* krome; *noch dazu* plie; *obendrein* krom tio; *nebenher* flanke de tio

außerdienstlich 1. *Adj* eksterdeĵora **2.** *Adv* eksterdeĵore

äußere(r, ~s) *Adj* ekstera

Äußere *n allg* eksteraĵo *auch Exterieur*; *Außenseite* ekstera flanko; *Aussehen* aspekto; *Antlitz* vizaĝo; *Gesichtsausdruck* vizaĝesprimo, mieno; *Form* formo; *Fassade, Schein* fasado

außer|ehelich *Adj* eksteredzeca; ~**etatmäßig** *Adj* eksteretata; ~**europäisch** *Adj* ekstereŭropa

außergalaktisch ↑ ***extragalaktisch***

außergewöhnlich 1. *Adj* eksterordinara, eksternorma (↑ *auch* ***extrem***); ***etw. ~es*** io eksterordinara, eksterordinaraĵo **2.** *Adv* eksterordinare; *äußerst* treege, ekstreme

außerhalb 1. *Präp mit Gen* ***a)*** *örtl* ekstere de; *außerhalb der Reihe* ekstervice; ***~ der Stadt*** ekstere de la urbo, *umg auch* eksterurbe; ***von ~ der Stadt*** de ekster la urbo ***b)*** *zeitl*: ***~ der Schulstunden*** ekster la instruhoroj; ***~ dieses Zeitraums*** ekster tiu [ĉi] tempospaco **2.** *Adv*: ***der Flughafen liegt ~*** la flughaveno situas ekstere (*bzw.* ekster la urbo); ***nach ~ fahren*** veturi eksteren; ***sie kommen von ~*** ili venas de ekstere; ***~ stehen*** stari ekstere *auch übertr für «einer Sache fernstehen»*

außerirdisch *Adj* ekstertera; ~***es Wesen*** *n*, *auch* ***Außerirdische*** *m* ekstertera estaĵo, *auch* eksterterano

außerkirchlich *Adj die Kirche nicht betreffend* ekstereklezia (↑ *auch* ***²säkular*** *u.* ***weltlich***)

äußerlich 1. *Adj* ekstera; *übertr (oberflächlich)* supraĵa, ne serioza; ***Medizin für ~en Gebrauch*** medikamento por ekstera apliko **2.** *Adv* ekstere; supraĵe; ***nur ~ anzuwenden*** *Med, Pharm* nur ekstere aplikenda

Äußerlichkeiten *f/Pl* formalaĵoj *Pl*; *i.w.S. unwichtige Dinge* negravaj aferoj *Pl*

äußern *tr* esprimi, diri; ***die Hoffnung ~, dass ...*** esprimi la esperon, ke ...; ***sich ~*** *etw. sagen* diri ion; *sich zeigen (auch Krankheit)* montriĝi, manifestiĝi; *urteilen* juĝi (***über*** pri); ***seine Meinung ~*** (*od* ***kundtun***) esprimi sian opinion (***zu*** pri)

außerordentlich 1. *Adj* eksterordinara; *außer der Reihe* ekstervica **2.** *Adv* eksterordinare; ekstervice

außerparlamentarisch *Adj außerhalb des Parlaments [stattfindend]* eksterparlamenta; *~e Opposition f* (*Abk* ***APO***) eksterparlamenta opozicio

außer|planmäßig 1. *Adj* eksterplana; *außerhalb des Budgets* eksterbuĝeta **2.** *Adv* eksterplane; **~schulisch** *Adj* eksterlerneja; **~sprachlich** *Adj* eksterlingva

äußerst 1. *Adj* ekstrema; ***~er Preis*** *m Hdl (Preisgrenze, Limit)* limito; ***bis zum ~en*** ĝisekstreme *od* ĝis ekstremo, ĝis neebleco; ***am ~en Ende*** je la plej fora fino, je la ekstrema fino; ***das ~e*** la ekstremo; *das Schlimmste* la plej malbona; *das Letzte* la plej lasta **2.** *Adv* ekstreme; treege; en plej alta grado, *auch* pleje; ***es tut mir ~ leid, dass ...*** mi treege bedaŭras, ke ...

außerstande, *auch* ***außer Stande*** *Adv*: ***~ sein zu ...*** esti nekapabla ...

Äußerung *f Gesagtes* rimarko, esprimo, dir[aĵ]o (↑ *auch* ***Meinungsäußerung***); *Erklärung, Darlegung* klarigo, eldiro; *i.w.S. Kommentar* komentario (***über*** pri); *sichtbare Äußerung* manifestado; ***nichts sagende ~en*** *Pl Phrasen* [vantaj] fraz[aĵ]oj *Pl*

außerweltlich, *geh* ***extramundan*** ekstermonda

aussetzen ***a)*** *tr freilassen, z.B. ein Tier* lasi en la liberan naturon; *dem Licht, der Witterung u. dgl.* eksponi [al], *auch* elmeti [al] (*vgl. dazu* ***belichten***); *unterrechen* interrompi *auch eine Gerichtsverhandlung*; *beanstanden* kritiki, riproĉi; *festsetzen* fiksi; *Belohnung* promesi, anonci; *best. Summe* destini (***für*** por); *Boot zu Wasser lassen* surakvigi; ***etw. auszusetzen haben an ...*** trovi riproĉindaĵon (*od* ion riproĉindan) en ...; ***was hast du auszusetzen?*** kion vi havas por kritiki (*od* riproĉi *bzw.* mallaŭdi)?; ***scharfen Angriffen ausgesetzt sein*** trovi sin meze de akraj atakoj; ***eine Belohnung auf den Kopf eines Verbrechers ~*** anonci premion pro la kapo de krimulo; ***sich einer Gefahr ~*** elmeti sin al danĝero; ***ein Kind ~*** forlasi senhelpa bebon; ***einen Satelliten ~*** *Raumf* lanĉi [artefaritan] sateliton; ***sich der Kritik ~*** elmeti sin al [publika] kritik[ad]o ***b)*** *intr* halti [por momento]; *pausieren* paŭzi [por momento]; *zeitweilig aussetzen, intermittieren* intermiti; *pausieren* paŭzi; *versagen (techn. Gerät, Maschine)* [subite] ne funkcii

Aussicht *f Blick auf etw.* vido, elrigardo (***auf*** al); *Rundblick, Panorama* panoramo; *Perspektive, Aussicht für die Zukunft* perspektivo, *i.w.S. (Prognose)* prognozo (↑ *auch* ***Wetter-*** *u.* ***Zukunftsaussichten***); *Chance* ŝanco; *Hoffnung* espero; ***etw. in ~ haben*** havi la ŝancon ricevi ion; ***keine ~en haben*** havi neniajn ŝancojn; ***etw. in ~ nehmen*** *beabsichtigen* intenci ion; *planen* plani ion; ***jmdm. etw. in ~ stellen*** doni al iu la esperon ke io realiĝos (↑ *auch* ***versprechen***)

aussichtslos 1. *Adj chancenlos* senŝanca; *hoffnungslos* senespera, *nachgest* ne havanta plu esperon; *vergeblich* vana; *erfolglos* sensukcesa; *perspektivlos* senperspektiva **2.** *Adv* senŝance; senespere; vane; sensukcese; senperspektive

Aussichtspunkt *m* [el]rigardejo, belvidejo (↑ *auch* ***Belvedere***)

aussichtsreich *Adj viel versprechend* multpromesa; *Hoffnung(en) erweckend* esperiga; *viele Chancen bietend* multŝanca

Aussichts|turm *m* belvida turo, *auch* belvedero; **~wagen** *m Eisenb* panoramovagono

aus|sieben *tr* kribri *auch übertr* (↑ *auch* ***²sichten***); **~siedeln** *tr* elloĝigi, transloĝigi (***nach*** al); **~sieden** *tr Chem, Pharm* dekokti (*vgl. dazu* ***Dekokt***)

Aussiedler *m Auswanderer* elmigranto *bzw.* elmigrinto

aus|sinnen *tr* elpensi (***etw.*** ion); **~sitzen** *tr* trasid[ad]i (***etw.*** ion)

aussöhnen *tr* repacigi (***mit*** kun); ***sich ~*** repaciĝi, [ree] interpaciĝi (***mit jmdm.*** kun iu), *auch* reamikiĝi

Aussöhnung *f* repacigo; *das Sichaussöhnen* repaciĝo, interpaciĝo

aus|sondern *tr* apartigi; *auswählen* elekti; *selektieren* selekti; **~sortieren** *tr* specigi

ausspannen ***a)*** *tr Zugtier* maljungi; *Netz, Tuch* disetendi ***b)*** *intr sich ausruhen* ripozi; *Ferien machen* preni libertempon, libertempi (***in*** en); ***einmal ~ müssen*** bezoni iom da ripozo

Ausspannung *f Erholung* ripozo; *i.w.S. Urlaub* libertempo; *Ferien* ferioj *Pl*

aussparen *tr auslassen* preterlasi; *nicht berühren* ne tuŝi (***etw.*** ion); *freilassen (für etw.)* lasi libera (***für*** por)

Aussparung *f*: *Holz- u. Metallbearbeitung* ***eine ~ einschneiden in ...*** mortezi ... *u. Subst im Akk*

ausspeien *tr* [el]kraĉi (*vgl. dazu* ***ausspucken*** *u.* ***speien***); *Lava* erupcii, elĵeti, kraĉi, vomi

(*betonte Form* [el]vomi) *auch Feuer*
aussperren *tr*: ***jmdn.*** *~ die Tür vor jmdm. schließen* ŝlosi la pordon antaŭ iu; ***streikende Arbeiter*** ~ lokaŭti strikantajn laboristojn
Aussperrung *f, auch* ***Lockout*** *m* lokaŭto (*vgl. dazu* ***Arbeitsverbot***)
ausspielen ***a)*** *tr Kart* komenci [la ludon], *während des Spiels* meti (*od* ĵeti) karton; ***Trumpf*** ~ *Kart* atuti; ***den letzten Trumpf*** ~ *übertr* meti sian lastan atuton en la batalon ***b)*** *intr*: ***Sie spielen aus*** *Kart* estas via vico por komenci *od kurz* vi komencas ◇ ***er hat ausgespielt*** *spielt keine Rolle mehr* li finludis sian rolon, lia graveco estas for
ausspionieren *tr* per spionado eltrovi (*vgl. dazu* ***spionieren***)
Aussprache *f* ***a)*** *Phon* prononco; ***eine deutliche*** (*od* ***klare***) ~ ***haben*** havi klaran prononcon ***b)*** *Unterredung* interparol[ad]o (***über*** pri); *Diskussion* diskuto (***über*** pri); *Debatte (bes. Parl)* debato; ***die*** ~ ***leiten*** (***schließen***) *Parl* direkti (fermi) la debaton; ***an der*** ~ ***teilnehmen*** *bes. Parl* partopreni en la debato
Aussprache|bezeichnung *f* fonetika transskribo; ~**probleme** *n/Pl* prononcoproblemoj *Pl*; ~**zeichen** *n Phon* fonetika signo
aussprechbar *Adj* prononcebla
aussprechen *tr* ***a)*** *äußern* esprimi *auch Dank, Wünsche*; *sagen* diri; *heraussagen* eldiri; ***etw. offen*** (*od* ***unverhohlen***) ~ eldiri ion malkaŝe; ***eine [Geld-]Strafe*** ~ *Bußgeld verlangen* postuli punmonon; ***ich möchte Ihnen mein Beileid*** ~ mi volas esprimi al vi mian kondolencon; ***sich*** ~ ***[frei]*** *über etw. reden* [libere] interparol[ad]i (***mit jmdm. über ...*** kun iu pri ...); *sich beraten* interkonsiliĝi; *seine Meinung vortragen* eldiri sian opinion; *sein Herz erleichtern od ausschütten* malŝarĝi sian koron; ***ich will mich mit dir über die Angelegenheit*** ~ mi ŝatus [serioze] priparoladi la aferon kun vi; ***sich gegen etw.*** ~ *dagegen sein* kontraŭi ion (↑ *auch* ***ausgesprochen***) ***b)*** *Phon* prononci; ***miserabel*** ~ *z.B. ein Fremdwort* prononcaĉi; ***ein Wort falsch*** ~ prononci vorton malĝuste *od* misprononci vorton; ***leicht auszusprechen sein*** esti facile prononcebla; ***wie spricht man dieses Wort aus?*** kiel oni prononcas ĉi tiun vorton?; ***zwei aufeinander folgende Vokale getrennt*** ~ *Ling* dierezi
ausspritzen *tr* elŝpruci; ***Samenflüssigkeit*** ~ *ejakulieren* ejakuli
Ausspruch *m Äußerung* eldiro; *Gesagtes* diraĵo; *Zitat* citaĵo; *Sentenz* sentenco (*vgl. dazu* ***Leitsatz*** *u.* ***Maxime***); ***ein bekannter*** ~ konata diraĵo
ausspucken *tr* sputi; *ausspeien* [el]kraĉi *auch Feuer od Lava*; ***immer wieder*** ~ *abs* sputadi
ausspülen *tr* gargari *auch Mund*, tralavi [per akvo] (*vgl. dazu* ***gurgeln***); ***die Gläser*** ~ tralavi la glasojn
ausstaffieren *tr* ekipi, provizi (***mit*** per); *schmücken* ornami, garni; ***sich*** ~ sin ekipi (***mit etw.*** per io); *umg scherzh* sin vesti en dimanĉaj (*od* festtagaj) vestoj
Ausstand *m Streik* striko; ***in den*** ~ ***treten*** komenci strikon, ekstriki; ***sich im*** ~ ***befinden*** striki (*vgl. dazu* ***streiken***)
ausstanzen *tr Tech* ŝtanci, *auch* premtranĉi
ausstatten *tr* ekipi (***jmdn. mit etw.*** iun per io); *versehen, versorgen* provizi (***mit*** per) (↑ *auch* ***dotieren***); ***ausgestattet sein mit ...*** esti ekipita (*bzw.* provizita) per ... *auch Mil*
Ausstattung *f* ekip[ad]o (*vgl. dazu* ***Ausrüstung***; ↑ *auch* ***Kapitalausstattung***); *Instrumentarium* instrumentaro; *Dekoration (bes. Theat)* dekoracio (↑ *auch* ***Bühnenausstattung***); *Ausschmückung* ornamado, garnado; *eines Zimmers u. dgl.* aranĝo [per mebloj] (*vgl. dazu* ***Ensemble***); *Aussteuer* doto
ausstechen *tr* elpiki; *grabend* elfosi; *Sport u. übertr* superi, venki; *übertrumpfen* superatuti; *in den Schatten stellen* eklipsi (***jmdn.*** iun); ***jmdm. die Augen*** ~ elpiki al iu la okulojn
ausstehen ***a)*** *tr erdulden, ertragen* elteni, suferi; ***Angst*** ~ senti timon; ***ich kann ihn nicht*** ~ mi ne povas elteni lian ĉeeston; *hasse ihn* mi malam[eg]as lin; *derb (er ekelt mich an)* li naŭzas min; ***ich kann Kälte nicht*** ~ mi ne povas elteni malvarmon, *auch* mi malŝategas malvarmon ◇ ***Höllenqualen*** ~ suferi mil mortojn ***b)*** *intr noch nicht erledigt (bzw. entschieden) sein* esti ne jam finita (*bzw.*decidita); *Geldbetrag* esti ne jam pagita
aussteigen *intr* ***a)*** *aus einem Fahrzeug* eliri [el veturilo], *aus dem Zug auch* elvagoniĝi, eltrajniĝi, *aus der Straßenbahn auch* forlasi la tramon, eltramiĝi; ***ich möchte*** ~ *z.B. aus einem Bus* mi deziras eliri; ***Sie müssen an der nächsten Haltestelle*** ~ vi devas eliri je la venonta haltejo ***b)*** *übertr umg für «nicht*

mehr mitmachen» ne plu partopreni, ne plu kunagi; *sich zurückziehen* retiriĝi (***aus*** el; ***von*** de)

ausstellen *tr* ***a)*** *auf einer Ausstellung zeigen* ekspozicii, montri en ekspozicio ***b)*** *Waren* elmeti [en montrofenestro], eksponi; ***ein neues Modell*** ~ eksponi novan modelon ***c)*** *Attest, Bescheinigung u. dgl.* skribi; *Reisepass* elfari; ***können Sie mir eine Quittung ~?*** ĉu vi povas skribi kvitancon por mi? ***d)*** *Fernseher, Radio* elŝalti *od* malŝalti

Aussteller *m* ***a)*** ekspozicianto ***b)*** *von Waren* eksponanto *bzw.* eksponinto ***c)*** *eines Attests od Dokuments* skribinto; *eines Wechsels* tratinto

Ausstellung *f* ***a)*** *auch* ***Exposition*** *f* ekspozicio (*vgl. dazu* ***[1]Messe***; ↑ *auch* ***Automobil-, Blumen-, Briefmarken-, Buch-, Dauer-, Gedenk-, Gemälde-, Hunde-, Industrie-, Kaninchen-, Kunst-, Landwirtschafts-,Luftfahrt-*** *u.* ***Taubenausstellung***); *als einzelner Ausstellungsraum* ekspoziciejo; ~ ***auf Tafeln***, *auch* ***Tafelausstellung*** *z.B. bei einer Briefmarkenschau* [sur]panela ekspozicio; ***öffentliche*** (***stadtgeschichtliche***, ***ständige***) ~ publika (urb[o]historia, konstanta) ekspozicio; ***eine ~ eröffnen*** malfermi ekspozicion ***b)*** *eines Passes* elfaro

Ausstellungsbesucher *m* vizitanto de ekspozicio

Ausstellungseröffnung *f*: ***zur*** ~ je la malfermo de la ekspozicio

Ausstellungs|fläche *f* ekspozicia spaco (*od* tereno); ~**gebäude** *n* konstruaĵo por ekspozicioj; ~**gegenstand** *m* ekspoziciata objekto; *Exponat* eksponaĵo; ~**gelände** *n* ekspozicia areo; ~**halle** *f* ekspozicia halo; ~**katalog** *m* ekspozicia katalogo; ~**pavillon** *m* ekspozicia pavilono; ~**planung** *f* ekspozicia programado; ~**raum** *od* ~**saal** *m* ekspozicia salono, *auch* eksponejo; ~**stand** *m* ekspozicia stando; ~**stück** *n* ekspoziciata objekto, eksponaĵo (↑ *auch* ***Exponat***)

aus|stemmen *tr mit einem Meißel* elĉizi (***aus*** el); ~**sterben** *intr Pflanze, Tier, Wort* forperei, formorti

Aussterben *n*: ***vom ~ bedroht sein*** *Biol* esti minacata de forpereo

Aussteuer *f Mitgift* fianĉin-dotaĵo, *auch kurz* dot[aĵ]o

Ausstieg *m* ***a)*** *das Heraussteigen aus etw.* elir[ad]o (***aus*** el); *Öffnung, Stelle zum Aussteigen* elirejo [eksteren *bzw.* supren]; (↑ *auch* ***Notausgang***); ***der ~ ist hinten*** la elirejo estas malantaŭe ***b)*** *Rücktritt, Rückzug* retiriĝo; *Annullierung* nuligo ***c)*** *Beendigung* ĉeso (↑ *auch* ***Atom-*** *u.* ***Kohleausstieg***)

ausstopfen *tr vollstopfen* [plen]ŝtopi; *[aus]-polstern* remburi; ***mit Stroh*** ~ [plen]ŝtopi (*bzw.* remburi) per pajlo, pajloŝtopi

Ausstopfen *n* plenŝtopado; remburado

Ausstoß *m* ***a)*** *von* CO^2 eligo; *Herausstoßen* elpuŝ[ad]o ***b)*** *Gesamtheit der Erzeugnisse, z.B. eines Betriebes* produktokvanto

ausstoßen *tr* ***a)*** *herausstoßen* puŝi eksteren, elpuŝi; *Rauch, Schadstoffe* eligi; *aus einer Gesellschaft u. Ä.* ekskludi, elpeli; *allg* eligi; ***aus der Kirche*** ~ forpeli el la eklezio, ekskomuniki; ***einen Schrei*** ~ eligi krion; ***einen Seufzer*** ~ ekĝemi, *wehklagend od vor Schmerz* eksuspiri ***b)*** *produzieren, erzeugen* produkti

ausstrahlen *tr Licht, Wärme* disradii, [el]radii *auch übertr [z.B. Optimismus]*; *Radioaktivität auch* emani; *Radio, TV* dissendi; *intr* disradii [ĉirkaŭ si]; ***ein Signal*** ~ elsendi signalon

Ausstrahlung *f Vorgang* disradiado, [el]radiado; *das Ausgestrahlte, bes. Sendung von Radio u. TV* elsend[aĵ]o; *übertr (Charisma)* karismo, *(Aura)* aŭro; *i.w.S. Einfluss* influo

ausstrecken *tr Arm, Hand, Beine* [dis]etendi, *Med Fachspr* ekstensi (*vgl. dazu* ***herausstrecken***); ***die Beine*** ~ *beim Sitzen od Liegen* [dis]etendi la gambojn; ***die Finger*** ~ etendi la fingrojn (***nach*** al); ***die*** (***seine***) ***Hand nach etw.*** (***jmdm.***) ~ etendi la (sian) manon al io (al iu); ***mit ausgestreckten Armen*** kun brakoj etenditaj; ***sich*** ~ sin etendi; *der Länge nach* sin sterni, sterniĝi

ausstreichen *tr Geschriebenes wegstreichen* forstreki, *(durchstreichen)* trastreki; *glätten, z.B. Falten* glatigi; *innen bestreichen* ŝmiri la internon [de io]; *breitstreichen* disŝmiri

ausstreuen *tr Dünger, Futter, Samen* disĵeti, dissuti (↑ *auch* ***säen***); *verstreuen* dissemi *auch Flugblätter vom Flugzeug aus*; ***ein Gerücht*** ~ disvastigi (*od* cirkuligi) onidiron (***über jmdn.*** pri iu)

Ausströmdüse *f bes. eines Triebwerks* duzo

ausströmen ***a)*** *tr*: ***Duft*** ~ eligi (*od auch* disvastigi) bonodoron ***b)*** *intr Flüssigkeit* elfluadi [eksteren], *(sturzbachartig)* torente elflui (***aus*** el); *Gas od radioaktives Material* emani; *Dampf aus einem Zylinder* emani, *auch* eliĝi *od* elflui (↑ *auch* ***emanieren***)

Ausströmen *n*: ***das ~ von Gas*** la emanado de gaso

aussuchen *tr* elekti (***aus*** el), *auch* [el]serĉi; ***sich einen guten Platz ~*** *Sitzplatz* serĉi por si bonan [sid]lokon

aus|tarieren *tr ins Gleichgewicht bringen* ekvilibrigi; ~**tasten** *tr Med* palpe esplori

Austausch *m* interŝanĝo *auch von Meinungen, Studenten u.a.* (↑ *auch* ***Erfahrungs-***, ***Gedanken-***, ***Informations-***, ***Schüler-*** *u.* ***Warenaustausch***); *Wechsel* ŝanĝo; ***~ von Gefangenen*** (***Geiseln)*** interŝanĝo de [milit]kaptitoj (ostaĝoj); ***~ von Höflichkeiten*** interŝanĝo de ĝentilaĵoj; ***~ der Ratifizierungsurkunden*** *Dipl* interŝanĝo de la ratifikaj aktoj; ***im ~ für ...*** interŝanĝe por ...

austauschbar *Adj* interŝanĝebla

Austauschbarkeit *f* interŝanĝebleco

austauschen *tr* interŝanĝi (***gegen*** kontraŭ *od* por); *substituieren* substituieren; ***Gedanken und Erfahrungen ~*** interŝanĝi pensojn kaj spertojn; ***Grüße*** (***Höflichkeiten***) ~ interŝanĝi salutojn (ĝentilaĵojn); ***Meinungen ~*** interŝanĝi [siajn] opiniojn (***über*** pri); ***das sollte man unbedingt ~*** tio estas nepre ŝanĝinda; ***sich mit jmdm. über etw. ~*** *sich beratschlagen* interkonsiliĝi kun iu pri io; *sich gegenseitig informieren* sin reciproke informi pri io

Austausch|stoff *m* substituaĵo (↑ *auch* ***Zuckeraustauschstoff***); ~**student** *m* interŝanĝa studento; ~**studentin** *f* interŝanĝa studentino

austeilen *tr verteilen* disdoni, disdividi, *(nach gewissen Grundsätzen od Normen)* distribui (***etw. an jmdn.*** ion al iu) (*vgl. dazu* ***aushändien***); *Befehle, Schläge* doni

Austeilung *f Verteilung* disdon[ad]o, disdivido; *Distribution* distribu[ad]o

Austenit *m eine Mischkristallform von Eisen [im Stahl enthalten]* aŭstenito

Auster *f* (*Gattung* Ostrea) *Zool* ostro *auch Nahr*

Austerität *f geh für 1. «Härte» od «Sittenstrenge» 2. Arch, Mal «Schmucklosigkeit» od «Nüchternheit»* aŭster[ec]o

Austernbank *f* ostrobenko, *auch* ostrejo

Austernfischer *m*, *reg* ***Halligstorch*** *m od* ***Strandelster*** *f* (Haematopus ostralegus) *Orn* hematopo (↑ *auch* ***Australien-***, ***Braunmantel-*** *u.* ***Ruß-Austernfischer***); ***afrikanischer*** (*od* ***schwarzer***) ~ (Haematopus moquini) [afrika] nigra hematopo *[Vorkommen: Namibia, Südafrika u. Falkland-Inseln]*; ***neuseeländischer*** ~ (Haematopus unicolor) unukolora hematopo *[Vorkommen: endemisch an den Küsten Neuseelands,auch Tasmaniens]*; ***[Familie der] ~*** *Pl* (Haematopodidae) hematopedoj *Pl*

Austern|gabel *f* ostroforko; ~**kultur** *f* ostrokultivado; ~**park** *m Meeresfarm zur Kultivierung von Austern* ostroparko; ~**schale** *f* ostrokonko *od* konko de ostro; ~**seitling** *m*, *auch* ***Austernpilz*** *m* (Pleurotus ostreatus) *Mykologie* ostrofungo, <*wiss*> ostr[oform]a pleŭroto; ~**zucht** *f* ostrobredado

Austin (*n*) *Hptst. des US-Bundesstaates Texas* Aŭstino

austoben, sich *refl* ***a)*** *auch* ***sich austollen*** *Kinder* laŭte kaj gaje ludi (*od* petoli) [ĝis laciĝo] ***b)*** *ausgelassen od übermütig sein* esti ege petola, petoladi; *das Leben in vollen Zügen genießen* senbride ĝui la vivon (*od* la ĝojojn de la vivo) ***c)*** *Sturm* furioz[ad]i ***d)*** *tr*: ***seine Wut austoben*** lasi liberan kuron al sia kolero

austragen *tr* ***a)*** *Briefe, Brötchen, Zeitungen* disporti ***b)*** *stattfinden lassen* okazigi; ***ein Fußballspiel*** (***Meisterschaften***) ~ *Sport* okazigi futbalmaĉon (ĉampionadojn); ***einen Kampf mit jmdm.*** ~ interbatali kun iu [ĝis decidiĝo] ***c)*** *in Fügungen*: ***ein Kind*** ~ porti infanon en sia ventro ĝis maturiĝo; ***Streitigkeiten*** ~ trakti konfliktojn

Austräger *m reg u.* <*österr*> disportanto *bzw. (beruflich)* disportisto

Austragungsort *m* okazejo, gastiganta urbo

australasiatisch *Adj* aŭstralazia

Australasien (*n*) Aŭstralazio

Austral|falk *m*, *auch* ***Rußfalke*** *m* (Falco subniger) *Orn* nigra falko; ~**heide** *f* (*Gattung* Epacris) *Bot* epakrido

Australia-Antigen *n ein Hepatitis-B-Virus* aŭstralia antigeno

Australien (*n*) Aŭstralio *[Hptst: Canberra]*; ~**-Austernfischer** *m* (Haematopus longirostris) *Orn* aŭstralia (*od* longbeka) hematopo; ~**-Krokodil** *n* (Crocodylus johnstoni) *Zool* aŭstralia krokodilo *[Vorkommen: N-Australien (ausschließlich im Süßwasser)]*

Australier *m* aŭstraliano

Australierin *f* aŭstralianino

Australis *f Geobotanik (ein Großgebiet [Florenreich] der Erde mit biologischen

Gemeinsamkeiten) aŭstrala regiono
australisch *Adj* ***a)*** *auf Australien bezogen* aŭstralia; ***˜es Antarktis-Territorium*** *n, engl.* ***Australian Antarctic Territory*** *von Australien in der Antarktis beanspruchter Sektor* Aŭstralia Antarkta Teritorio ***b)*** *auf die südl. Hemisphäre bezogen bzw. diese betreffend* aŭstrala
australoid *Adj Anthropol* aŭstraloida
Australoid *m Anthropol* aŭstraloido
Australopithecus *m Anthropol (eine Vorstufe des Menschen [Halb- od Vormensch])* aŭstralopiteko; ~ ***afarensis*** *älteste Form aus der Afarsenke in Äthiopien* afara aŭstralopiteko; ~ ***africanus*** afrika aŭstralopiteko; ~ ***robustus*** fortika aŭstralopiteko
Australopithezinen *Pl Anthropol* aŭstralopitekenoj *Pl*
Australtölpel *m Orn* ↑ *unter* ***²Tölpel***
Austrasien (*n*) *Gesch (der östliche Teil des Fränkischen Reiches)* Aŭstrazio
austreiben *tr* ***a)*** *verjagen, vertreiben* elpeli, forpeli; *durch Exorzismus auch* ekzorci; ***einen bösen Geist*** ~ elpeli (*od* ekzorci) malbonan spiriton [el la korpo]; ***den Teufel*** ~ ekzorci la diablon; ***man muss ihm seine Grillen*** ~ oni devus elpeli el li liajn kapricojn ***b)*** *abs*: ***die Schafe*** ~ *auf die Weide treiben* peli la ŝafojn al la paŝtejo ***c)*** *tr*: ***Schösslinge vom Stumpf her*** ~ *Bot* stumpoŝosi
¹austreten ***a)*** *tr*: ***ein Feuer mit den Füßen*** ~ pied[prem]e estingi fajron, *auch* tretante estingi fajron; *durch [häufiges] Tragen ausweiten, z.B. Schuhe* larĝigi per [ofta] uzo, *abnutzen* trivi, eluz[ad]i ***b)*** *intr aus einer Organisation, Partei u.a.* eksiĝi (***aus*** el), *auch* forlasi *mit Akk*; *zur Toilette gehen* iri al [la] necesejo, *i.e.S. (Stuhl entleeren)* feki, *(Harn lassen)* urini; ***aus der Kirche*** ~ eksiĝi el la eklezio; ***ich muss mal*** ~ *zur Toilette gehen* mi devas iri al [la] necesejo
²austreten *intr Opt (aus einem Mittel, bes. von Strahlen)* emerĝi (*vgl. dazu* ***Austrittspunkt***);~ ***lassen*** *z.B. Baum das Harz* elŝviti
austrinken *tr* eltrinki, fintrinki, *umg auch* malplenigi *od* fini; ***in*** (*od* ***mit***) ***einem Zug[e]*** ~ eltrinki en unu tiro *(Zam)*
Austritt *m* eliro, eksiĝo (***aus*** el), *Aufgabe der Mitgliedschaft auch* malmembriĝo
Austritts|erklärung *f* deklaro de eksiĝo (*od* malmembriĝo); ~**punkt** *m Opt* emerĝa punkto; ~**recht** *n* rajto je eksiĝo
austrocknen ***a)*** *tr austrocknen lassen* elsekigi (↑ *auch* ***trockenlegen***) ***b)*** *intr* [el]sekiĝi, fariĝi tute seka (↑ *auch* ***ausdorren***)
Austrocknung *f, Fachspr Chem auch* ***Exsikkation*** *f* ***a)*** elsekigo ***b)*** elsekiĝo
Austro|faschismus *m* aŭstrofaŝismo; ~**marxismus** *m seit 1904 von O. Bauer, K. Renner u. a. entwickelte österreichische Richtung des Marxismus* aŭstromarksismo
Austronesien (*n*) Aŭstronezio
austronesisch *Adj* aŭstronezia; ~***e Sprachen*** *f/Pl Ling (eine Gruppe verwandter Sprachen im pazifischen Raum)* aŭstroneziaj lingvoj *Pl*
ausüben *tr Beruf, Religion, Tätigkeit* praktiki; ***Einfluss auf etw.*** (***jmdn.***) ~ influi ion (iun); ***eine Praxis*** ~ *als Arzt* praktiki kiel kuracisto; ***die ~de Gewalt*** *Jur* la ekzekutivo;
Ausübung *f* praktikado; *Erfüllung* plenum[ad]o; ***in*** ~ ***seines Dienstes*** plenumante siajn deĵorajn devojn
Ausübungsrecht *n Jur* koncesio
Ausverkauf *m Hdl* [multrabata] [dis]vendo, rabatvendo (↑ *auch* ***Inventurausverkauf***); ~ ***wegen Geschäftsaufgabe*** disvendo pro likvido
ausverkaufen *tr zu Niedrigpreisen verkaufen* multrabate [dis]vendi, elvendi, *(bei Geschäftsaufgabe) auch* likvidi (***etw.*** ion); ***[es ist alles] ausverkauft*** [ĉio estas] disvendita; *vergriffen* [ĉio estas] elĉerpita
auswachsen ***a)*** *tr herauswachsen aus der Kleidung (Kind)* elkreski el ***b)*** *intr auf dem Halm keimen (Getreide)* ĝermi en la spiko; ***sich*** ~ ***zu …*** *sich verändern zu …* ŝanĝiĝi al …; ***ausgewachsen sein*** *a) erwachsen sein* esti plenkreskinta *b) umg für «bucklig sein»* esti ĝiba (*od* ĝibohava) ◇ ***das ist zum*** ˜ *das ist zum Verzweifeln* oni fakte povus malesperi pro tio; *das ist schrecklich langweilig* tio estas terure enuiga
Auswahl *f* elekto *auch Hdl* (↑ *auch* ***Riesen-*** *u.* ***Vorauswahl***); *Biol (Selektion, bes. in der Pflanzen- u. Tierzucht)* selektado *auch von Kandidaten*; *Sortiment* sortimento; *Soziologie, Statistik (Erhebungs˜, Querschnitt)* samplo; *von Gedichten, Sprüchen u.Ä.* antologio; *Sport* elektitaro; ***natürliche*** ~ *Biol* natura selektado; ***eine große*** ~ ***haben*** *z.B. im Warenhaus* havi abundan elekteblon; ***eine*** ~ ***treffen*** fari elekton (*bzw.* selektadon) *od* elekti *bzw.* selekti (***aus*** el; ***unter***

inter); ***eine gute ~ treffen*** fari bonan elekton, bone elekti

Auswahl|axiom *n Math* aksiomo de elekto; **~bibliografie** *f* elekta bibliografio

auswählen *tr aussuchen* elekti, *auch* elserĉi; *eine [gewisse] Auswahl treffen, selektieren* selekti; ***ausgewählt werden*** esti elektita; ***ausgewählte Werke*** *n/Pl Buchw* elektitaj verkoj *Pl*

Auswahl|kriterien *Pl* kriterioj *Pl* de (*od* por) elektado; **~mannschaft** *f Sport* elektitara teamo, *auch kurz* elektitaro; **~prinzip** *n* principo de elektado (*bzw.* selektado); **~-verfahren** *n* proceduro de elektado

auswalzen *tr Metallblöcke* lamini; *Folie u.Ä. platt schlagen* lamenigi

Auswanderer *m* elmigranto *bzw.* elmigrinto; **~schiff** *n* ŝipo kun elmigrantoj

auswandern *intr* elmigri (***aus*** el; ***nach*** al)

Auswanderung *f* elmigrado (↑ *auch* ***Massenauswanderung***)

auswärtig *Adj ausländisch* eksterlanda; *aus einer anderen Stadt* [venanta *bzw.* veninta] el alia urbo; *i.w.S. fremd* fremda; ***das ≗e Amt*** la Ministerio de Ekster[land]aj Aferoj

auswärts *Adv außerhalb der Stadt* eksterurbe; *von zu Hause weg* for de la hejmo; *außerhalb des Wohnorts* ekster sia loĝloko; *nach außen od draußen [gerichtet]* eksteren (↑ *auch* ***stadtauswärts***); ***~ essen*** *(nicht zu Hause)* ne manĝi hejme, *(im Restaurant)* manĝi en restoracio; ***von ~ kommen*** veni de ekstere

Auswärtskehrung *f Med* ↑ ***Ektropion***

Auswärts|schielen *n*, *auch* ***Divergenzschielen*** *n* (Strabismus divergens) *Med* diverĝa strabismo (*vgl. dazu* ***Einwärtsschielen***); **~spiel** *n Fußball u.a.* ekstera maĉo, gastludo (*vgl. dazu* ***Heimspiel***)

auswaschen *tr durch Waschen entfernen* ellavi, forlavi; *durch Waschen reinigen* [tra]lavi *auch eine Wunde*; *Felsen, Ufer* erozii; ***[nach unten] ~*** *Geol (Wasser eine Tonschicht)* eluvii

auswechselbar *Adj* [inter]ŝanĝebla (↑ *auch* ***austauschbar***)

Auswechselkontingent *n Fußball* ŝanĝokontingento

auswechseln *tr* [inter]ŝanĝi, anstataŭigi (***etw. mit*** [*od* ***gegen***] ***...*** ion per ...) (*vgl. dazu* ***austauschen***)

Auswechselspieler *m Sport* ŝanĝludisto

Auswechs[e]lung *f* interŝanĝ[ad]o, anstataŭigo

Ausweg *m* eliro, elirvojo (***aus*** el); *Lösung* solvo; ***einen ~ finden*** (***suchen***) trovi (serĉi) elir[voj]on; ***keinen anderen ~ sehen*** ne vidi alian eliron (***als*** ol)

ausweglos *Adj* senelira, *nachgest* sen elir[voj]o; *hoffnungslos* senespera, malesperiga; ***eine ~e Lage*** situacio senespera *od* situacio sen ia solvo

Ausweglosigkeit *f* senelirejo; *Hoffnungslosigkeit* senespereco; *hoffnungslose Lage* senespera situacio

ausweichen *intr zur Seite gehen bzw. fahren* flankeniri *bzw.* flankenveturi; *um etw. herum gehen bzw. fahren* ĉirkaŭiri *bzw.* ĉirkaŭveturi; *vorbei an etw. gehen* preteriri; *einem Angriff bzw. Fahrzeug* eviti *auch einer Sache aus dem Weg gehen* (↑ *auch* ***umgehen***); ***dem Feind ~*** *Mil* eviti kontakton kun la malamiko; ***einem Schlag [seitwärts] ~*** eviti baton [turniĝante flanken]; ***jmdm.*** *~ jmdm. Platz machen* cedi lokon al iu; *das Zusammentreffen mit jmdm. vermeiden* eviti renkonton kun iu

ausweichend *Adj Antwort* evitema, elturniĝa

Ausweich|flughafen *m* alternativa flughaveno; **~gleis** *n Eisenb* trako por preterpaso; **~klausel** *f in Verträgen* eskapa klaŭzo; **~-lösung** *f* alterativa solvo; **~möglichkeit** *f* alternativo; **~stelle** *f auf Straßen* preterpasejo, preterirejo

ausweiden *tr Fisch, Geflügel, Wild* senviscerigi, elpreni la viscerojn [de], *(das Gekröse entfernen)* sentripigi

ausweinen *intr*: ***sie hatte ausgeweint*** *sie hatte mit dem Weinen aufgehört* ŝi estis ĉesinta la ploradon; ***sich ~*** *um sich dadurch Erleichterung zu schaffen* faciligi sian doloron (*bzw.* aflikton) per plorado; *genug geweint haben* satplori; ***sich bei jmdm. ~*** plori ĉe ies ŝultro

Ausweis *m Legitimationspapier* legitimaĵo *od* legitimilo (↑ *auch* ***Hotel-*** *u.* ***Presseausweis***); *Reisepass* pasporto; ***zeigen Sie bitte Ihren ~!*** bonvolu montri vian legitimilon!; ***hier ist mein ~*** jen mia legitimilo

ausweisen *tr aus dem Staat weisen* ekzili; *verjagen* elpeli (***jmdn. aus ...*** iun el ...), *allg auch* eksigi; *beweisen* pruvi; ***sich ~*** sin legitimi (***mit*** per); ***können Sie sich ~?*** ĉu vi povas legitimi vin? *od* ĉu vi povas pruvi vian identecon?

Ausweis|karte *f Teilnehmerkarte [an einem*

Kongress u.Ä.] kongreskarto; ~**papiere** *n/Pl* legitimaĵoj *Pl*

Ausweisung *f Landesverweisung* ekzilo (↑ *auch* ***Deportation*** *u.* ***Rückführung***); *Vertreibung* elpel[ad]o, *allg auch* eksigo

Ausweisungsbefehl *m aus einem Staat*: ***er hat einen ~ erhalten*** li ricevis la ordonon forlasi la ŝtaton

ausweiten *tr* plilarĝigi, plivastigi, *bes. etw. Dehnbares* ŝtreĉi; *Handel, Konflikt, Produktion* pliampleksigi; *erhöhen, steigern* plialtigi; ***den Krieg ~*** pliampleksigi la militon; ***sich ~*** plilarĝiĝi, plivastiĝi; pliampleksiĝi

Ausweitung *f* ***a)*** *das Ausweiten (auch der Kapazität od eines Krieges)* plivastigo, [pli]ampleksigo, *bes. Mil u. Pol auch* eskalado; *der Einflusssphäre, des Marktes* ekspansio ***b)*** *das Sichausweiten* plivastiĝo, [pli]ampleksiĝo; ***eine ~ des Konflikts verhindern*** preventi la plivastiĝon de la konflikto

auswendig *Adv aus dem Gedächtnis, frei* parkere; ***etw. ~ lernen*** parkere lerni ion; ***etw. ~ spielen*** *Musikstück* parkere ludi ion; ***etw. ~ wissen*** (*od* ***können***) parkere scii ion

Auswendiglernen *n* parkerlernado, parkerigo

auswerfen *tr* [el]ĵeti; *einen Graben* fosi; *Blut, Schleim* elsputi, elkraĉi, *(Med Fachspr)* ekspektori; *zugedenken, z.B. eine bestimmte Summe Geldes* asigni; *festsetzen* fiksi; *bestimmen* destini; ***den Anker ~*** ĵeti [la] ankron; ***Lava ~*** elĵeti lafon; ***ein Netz ~*** *Fischer* [el]ĵeti fiŝreton

Auswerfen *n* elĵeto

auswerten *tr nutzen, verwerten* utiligi; *statistisch erforschen* statistike esplori; *analysieren* analizi; *einschätzen* [pri]taksi; *Schlussfolgerungen ziehen aus* tiri konkludo(j)n el

Auswertung *f Nutzung, Verwertung* utiligo; *Analyse* analizo; *Einschätzung* pritaks[ad]o

auswickeln *tr* elvolvi, disvolvi, malvolvi

Auswickeln *n* elvolv[ad]o

auswiegen *tr* pesi

auswinden ↑ ***auswringen***

auswintern *intr Landw* frostperei [dum la vintro]; *i.w.S. abfrieren* forfrostiĝi

auswirken, sich *refl* efiki; *Einfluss haben* influi (***auf etw.*** ion); *nach sich ziehen, zur Folge od Konsequenz haben* havi sekvojn (*od* konsekvencojn), montri siajn sekvojn; ***sich günstig*** (***negativ***) ***auswirken*** havi favoran (negativan) efikon (***auf*** sur *mit Akk*); ***der Ärger wirkt sich auf meine Gesundheit aus*** la ĉagreno afekcias mian sanon

Auswirkung *f Wirkung* efiko; *Einfluss* influo; *Folge(n)* sekvo(j); *Konsequenz(en)* konsekvenco(j) (***auf*** sur *mit Akk*)

auswischen *tr* elviŝi (***aus*** el); *wegwischen* forviŝi *auch übertr*; ***den Fußboden ~*** viŝi la plankon ◇ ***jmdm. eins ~*** *eine Bosheit antun* fari al iu malicaĵon; *jmds. Pläne durcheinanderbringen* provi fiaskigi ies planojn

auswittern, *<wiss>* ***effloreszieren*** *intr Geol ([krustenartig] ausblühen, z.B. von Salzen auf Gesteinsoberflächen)* efloreski

Auswittern *n Geol* efloresk[ad]o

auswringen, *reg u. <schweiz>* ***auswinden*** *tr z.B. Wäsche* vringi, premtordi *od* torde elpremi

Auswringen *n* vringado

Auswuchs *m* ***a)*** elkreskaĵo; *Buckel, Höcker* ĝibo; *Knorren* tubero; *i.w.S. Schwellung* ŝvelaĵo ***b)*** *fachsprachl.* ***Protuberanz*** *f Anat (Vorsprung an Organen od Knochen)* protuberanco ***c)*** *übertr (Übersteigerung)* eksceso, *(Übertreibung)* troigo

auswuchten *tr bes. Kfz-Technik* ekvilibrigi

Auswuchtmaschine *für Kfz-Räder* rad-ekvilibra maŝino

Auswurf *m* ***a)*** *Med (Sputum)* sputaĵo; *allg (Ausgespienes)* [el]kraĉaĵo, *(Herausgeschleudertes)* elĵetaĵo, *durch Eruption auch* erupciaĵo; ***blutiger ~*** *Med* sanga sputaĵo; ***den ~ förderndes Medikament*** *n* ekspektoriga medikamento ***b)*** *übertr für «Abschaum»*: ***der ~ der Menschheit*** la elĵetaĵo (*od* feĉo) de la homaro *(Zam)*

Auswurftaste *f z.B. am Kassettenrecorder* eliga klavo

auszahlen *tr Geld* elpagi, pag[ad]i (***jmdm. etw.*** ion al iu); ***sich ~*** *umg: sich lohnen, der Mühe wert sein* valori la penon; *Profit abwerfen* esti profitiga

auszählen *tr zählend errechnen* elnombri, nombri [unu post la alia]; *Tech* komputi (*vgl. dazu* ***messen***)

Auszählen *n Boxen ([durch den Ringrichter] bei Niederschlag)* ĝiskalkulado

Auszahlung *f* elpago, pag[ad]o [kontanta]

Auszählung *f* nombrado; ***die ~ der Stimmen ist noch nicht beendet*** la nombrado de la voĉoj estas ankoraŭ ne finita

auszanken *tr* skoldi (***jmdn.*** iun)
auszehren *tr wegen Nahrungsmangel* inanicii; *ausmergeln* tute [for]konsumi (*od* elĉerpi); ***sich*** ~ [for]konsumiĝi, [tute] elĉerpiĝi
Auszehrung *f* kaĥeksio, inanicio; [for]konsumiĝo; *Schwindsucht* ftizo
auszeichnen *tr* ***a)*** *mit einem Etikett versehen* etiketi; *mit dem Preis versehen* indiki (*od* marki) [la] prezon sur ***b)*** *hervorheben* distingi; *prämiieren* premii (***jmdn. mit*** iun per); ***jmdn.*** ~ *mit einem Preis od einer Prämie* doni premion al iu; *mit Ehrenzeichen* dekoracii iun per ordeno; ***sich*** ~ *sich herausheben* distingiĝi (***durch*** per); *bekannt werden* fariĝi konata (***durch*** pro)
Auszeichnung *f* ***a)*** *Ehrung (als Vorgang)* distingo, *(der Orden bzw. die Urkunde selbst)* distingaĵo; *i.e.S. (Ehrenzeichen)* honorsigno, *(Orden)* ordeno, *(Medaille)* medalo, *(Prämie)* premio; ***eine hohe staatliche ~ erhalten*** ricevi altgradan ŝtatan distingaĵon (*od i.w.S.* ordenon *u.a.*); ***mit*** ~ *z.B. bei Prüfungen* kun laŭdo; ***eine ~ verleihen*** [trans]doni distingaĵon ***b)*** *Hdl (Etikettierung [von Waren])* etiketado [de varoj], *(Preisangabe)* prezindiko
auszementieren *tr z.B. ein Becken* cementi
ausziehen ***a)*** *tr Kleidung, Schuhe* demeti; *Tisch* longigi; *Chem (extrahieren)* ekstrakti (***aus*** el); *mazerieren* maceri; ***jmdn.*** ~ senvestigi (*od* malvesti) iun; ***sich*** ~ sin malvesti (*od* senvestigi), demeti la (*od* siajn) vestojn; ***sich die Schuhe*** ~ demeti la (*od* siajn) ŝuojn ***b)*** *intr weggehen* foriri (***aus der Heimat*** el la hejmloko *bzw.* patrujo *u.a.*); *aus der Wohnung* forlasi sian loĝejon kaj ekloĝi en alia; ***er ist ausgezogen*** li ne plu loĝas ĉi tie
Ausziehtisch *m*, *<schweiz>* ***Auszugtisch*** *m* longigebla tablo
auszischen *tr Redner, Theaterstück* siblante (*od* per siblado) malaprobi
Auszug *m* ***a)*** *Aufbruch, das Verlassen od Weggehen* ekiro, foriro; *Abmarsch* ekmarŝo, formarŝo; *aus einer Wohnung* forlaso de la loĝejo kaj ekloĝo en alia loĝejo; *Auswanderung* elmigro ***b)*** *Exzerpt* eltiraĵo (***aus*** el); *Lit (Zusammenfassung)* resumo; *Chem (Extrakt)* ekstrakto; *Pharm (Auszug aus Kräutern od Gewürzen)* maceraĵo (↑ *auch* ***Abkochung***) ***c)*** *Konto*~ kontoeltir[aĵ]o
Auszugtisch *m* ↑ ***Ausziehtisch***
auszugsweise *Adv* en formo de eltiraĵo (*bzw.* resumo); *teilweise* [nur] parte
auszupfen *tr* [pluke] elŝiri
auszutschen *tr* ↑ ***aussaugen***
autark *Adj Pol* aŭtarkia; *Wirtsch (wirtschaftlich unabhängig [vom Ausland], sich selbst genügend)* aŭtarcia, ekonomike sendependa, memsufiĉa
Autarkie *f Pol* aŭtarkio; *Wirtsch* aŭtarcio
Authentie *f* = ***Authentizität***
authentisch 1. *Adj* aŭtentika; ***der ~e Text*** (*od* ***Wortlaut***) la aŭtentika teksto **2.** *Adv* aŭtentike
authentisieren *tr* aŭtentikigi (*vgl. dazu* ***beglaubigen***)
Authentisierung *f* aŭtentikigo
Authentizität *f* aŭtentikeco
authigen *Adj Geol (am Fundort entstanden [von Gestein])* aŭtigena; ***~e Mineralien*** *Pl* aŭtigenaj mineraloj *Pl*
Autismus *m Psych* aŭtismo (↑ *auch* ***Asperger-Syndrom***); ***kindlicher*** ~ infana aŭtismo; ***an ~ leiden*** suferi je aŭtismo
Autist *m* aŭtismulo
autistisch *Adj* aŭtisma
Auto *n* aŭto (*umg für* aŭtomobilo) (↑ *auch* ***Elektro-***, ***Hybrid-***, ***Katalysator-***, ***Müll-***, ***Polizei-***, ***Tretauto*** *u. unter* ***selbstfahrend***); ***gepanzertes*** ~ kirasita aŭto; ~ ***fahren*** *als Fahrer* veturigi (*od* ŝofori *od* stiri) aŭton; ***mit dem*** ~ per [la] aŭto, aŭtomobile; ***mit dem ~ fahren*** veturi per la aŭto (***nach*** al)
Auto|abgase *n/Pl* elmotoraj gasoj *Pl* [de aŭtoj]; **~aggression** *f Psych (gegen das Individuum selbst gerichtete Aggression, Suizid od symbolische Akte mit selbstzerstörendem Charakter [z.B. Sucht, Depression, Unfälle]* aŭtoagreso
autoaggressiv *Adj Psych* aŭtoagresa
Autoausstellung *f* = ***Automobilausstellung***
Autobahn *f*, *in USA* ***Highway*** *m* [aŭto]strado (*vgl. dazu* ***Autostraße***); **~ausfahrt** *f* aŭtostrada elirvojo; **~kreuz** *n* trefkruciĝo de aŭtostrado (*od i.w.S.* aŭtovojo); **~vignette** *f* aŭtostrada (*od i.w.S.* aŭtovoja) vinjeto, *auch* aŭtovinjeto
Autobesitzer *m* aŭtoposedanto (*vgl. dazu* ***Fahrzeughalter***)
Autobiografie *f*, *auch* ***Autobiographie*** *f*, *seltener auch* ***Selbstbiographie*** *f* aŭtobiografio, *auch* membiografio
autobiografisch, *auch* ***autobiographisch*** *Adj* aŭtobiografia; ***~e Erzählung*** *f* rakonto,

kiu enhavas aŭtobiografiajn elementojn; ~*e* ***Züge*** *m/Pl* aŭtobiografiaj trajtoj *Pl*

Autobombe *f Terrorismus* aŭtobombo *od* kamionbombo

Autobus *m* aŭtobuso, *umg auch kurz* buso (↑ *auch* ***¹Bus*** *u. Zus mit* ***Bus...***); ~**ausflug** *m* [per]aŭtobusa ekskurso; ~**haltestelle** *f* aŭtobusa haltejo; ~**linie** *f* aŭtobusa linio; ~**verbindung** *f* aŭtobusa komunikiĝo

Autocamping *n* aŭtokampadejo

autochthon *Adj* aŭtoktona *auch Biol u. Geol*

Autochthone *m Ureinwohner* aŭtoktono

Autodafé *n*, *auch* ***Glaubensgericht*** *n bes. während der Inquisition* aŭtodafeo (*vgl. dazu* ***Ketzerverbrennung***)

Autodidakt *m* aŭtodidakto, *umg* memlerninto (*bzw.* memlernanto) *od* meminstruito

autodidaktisch 1. *Adj* aŭtodidakta, *auch* memlerninta *bzw.* memlernanta **2.** *Adv* aŭtodidakte

Autodiebstahl *m*, *pop* ***Autoklau*** *m* aŭtoŝtelado *od* ŝtelo de aŭto(j); ***einen ~ begehen*** ŝteli aŭton

Autoerotismus *m* ↑ ***Narzissmus***

Auto|fabrik *f* aŭtofabriko; ~**fähre** *f* pramo por aŭtoj; ~**fahrer** *m*, <*schweiz*> ***Autolenker*** *od* ***Automobilist*** *m* aŭtomobilisto, ŝoforo; ~**fahrschule** *f* stirlernejo; ~**fahrt** *f* aŭtoveturo; ~**friedhof** *m umg* aŭtovrakejo

autogam *Adj Biol (sich selbst befruchtend)* aŭtogamia

Autogamie *f Biol* ↑ ***Selbstbefruchtung***

autogen *Adj* aŭtogena *auch Chem u. Med*; ~***es Schweißen*** *n Tech* aŭtogena veldado; ~***es Training*** *n Med* aŭtogena trejnado

Autograf *m*, *auch* ***Autograph*** *m von einer bekannten Persönlichkeit stammendes, eigenhändig geschriebenes Manuskript* aŭtografo

Autografie *f*, *auch* ***Autographie*** *f Typ (autografischer Druck)* aŭtografio

autografisch, *auch* ***autographisch*** *Adj* aŭtografia

Autogramm *n eigenhändig geschriebener Namenszug [bes. einer bekannten Person]* aŭtogramo; ~**jäger** *m* aŭtogramĉasisto

Auto|händler *m* vendisto de aŭtomobiloj (*od umg* aŭtoj); ~**haus** *n Hdl* aŭtovendejo; ~**hupe** *f* aŭtokorno, hupo [de aŭtomobilo]

Autohypnose *f* ↑ ***Selbsthypnose***

Auto|immunerkrankung *f Med* aŭtoimuna malsano; ~**intoxikation** *f Selbstvergiftung durch Stoffwechselprodukte des eigenen Körpers* memtoksiĝo [el metabolaj produktoj de la propra korpo]

Autokarte *f Kartogr* mapo por aŭtomobilistoj, *umg meist* voj[o]mapo

Autokatalyse *f Chem* aŭtokatalizo

Autokino *n* aŭtokinejo; ***sich einen Film im ~ ansehen*** spekti filmon en aŭtokinejo

Autoklau *m* ↑ ***Autodiebstahl***

Autoklav *m*, *auch* ***Hochdruckdampfkammer*** *f Med, Tech* aŭtoklavo; ***mit dem ~en sterilisieren*** *Med* sterilizi per [la] aŭtoklavo, *auch kurz* aŭtoklavi

Auto|kolonne *f od* ~**konvoi** *m* kolono de aŭtomobiloj, *auch kurz* aŭtokolono

Autokorrelation *f*, *auch* ***Eigenkorrelation*** *f* memkorelacio

Autokralle *f* ↑ ***Parkkralle***

Autokran *m Kfz* ↑ ***Kranwagen***

Autokrat *m Alleinherrscher* aŭtokrato

Autokratie *f als System* aŭtokratio (*vgl. dazu* ***Alleinherrschaft***); *als Eigenschaft* aŭtokrateco

autokratisch *Adj auf das System der Autokratie bezogen* aŭtokratia; *auf den Autokraten bezogen, selbstherrlich* aŭtokrata

Autokratismus *m* aŭtokratismo

Autolack *m* aŭtomobila lako

Autolenker *m* ↑ ***Autofahrer***

autolog *Adj Med (vom gleichen Individuum stammend [z.B. bei Eigenblutinfusion])* aŭtologia

Autolykos (*m*) *griech. Myth (Sohn des Hermes u. der Chione)* Aŭtoliko

Autolyse *f Med (Selbstauflösung [von organischem Gewebe]), Physiol (Abbau von Körpereiweiß ohne Mitwirkung von Bakterien)* aŭtolizo

Autolysine *n/Pl zytotoxische Antikörper* aŭtolisinoj *Pl*

Automarkt *m* aŭtomobila merkato, *auch (bes. in Annoncen)* aŭtomerkato

Automat *m* aŭtomato (↑ *auch* ***Bank-***, ***Getränke-***, ***Musik-*** *u.* ***Zigarettenautomat***)

Automaten|marke *f Philat, Post* [el]aŭtomata poŝtmarko; ~**münze** *f* ĵetono (↑ *auch* ***Telefonmünze***); ~**restaurant** *n*, <*österr*> ***Automatenbuffet*** *n* aŭtomata restoracio

Automatik *f als Wissenschaftszweig* teknologio de aŭtomacio

Automatik|getriebe *n Kfz* aŭtomata transmisio; ~**uhr** *f* aŭtomata horloĝo

Automatikwaffe *f* ↑ *unter* ***automatisch***

Automation *f Vollautomatisierung, bes. von*

Produktionsprozessen aŭtomacio (↑ *auch* ***Büroautomation***)

automatisch 1. *Adj* aŭtomata (↑ *auch* ***vollautomatisch***); *~**e Feuerwaffe** f, auch* ***Automatikwaffe*** *f* aŭtomata armilo; *~**e Raumstation** f Raumf* aŭtomata kosmostacio **2.** *Adv* aŭtomate

automatisieren *tr* aŭtomatigi, *auch* aŭtomatizi

Automatisierung *f* aŭtomatigo, *auch* aŭtomatizo

Automatismus *m* aŭtomatismo

Automechaniker *m, auch* ***Autoschlosser*** *m,* *<schweiz>* ***Automonteur*** *m* aŭtomobila mekanikisto, *auch* aŭtomekanikisto

Automedon *m Eig: griech. Antike (Begleiter des Achilleus)* Aŭtomedono

Automobil *n alt =* ***Auto***

Automobil|ausstellung *f* ekspozicio de aŭtomobiloj; **~bau** *m* aŭtomobilkonstruo; **~industrie** *f* aŭtomobilindustrio

Automobilist *m* ↑ ***Autofahrer***

Automobil|klub *m* aŭtomobilista klubo; **~sport** *m* aŭtomobilismo; **~werk** *n* aŭtomobilfabriko *od* fabriko de aŭt[omobil]oj

Automodell *n* aŭtomodelo

automorph *Adj Math* aŭtomorfa

Automorphismus *m Math* aŭtomorfismo

Automotor *m* aŭtomobila motoro

autonom *Adj **a)*** aŭtonoma (*vgl. dazu* ***unabhängig***); *~**es Gebiet** n od ~**e Region** f* aŭtonoma regiono; *~**es Nervensystem** n* aŭtonoma nerva sistemo ***b)*** *die Eigengesetzlichkeit betreffend* aŭtonomia

Autonomie *f allg u. Pol* aŭtonomeco, memregado; *als System (Eigengesetzlichkeit)* aŭtonomio (↑ *auch* ***Selbstverwaltung***); **~bestrebungen** *f/Pl Pol* aŭtonomismo

Autonomist *m Pol (Anhänger der Autonomiebestrebungen bzw. der Selbstregierung)* aŭtonomisto

Auto|nummer *f Kfz* aŭtoregistra numero, *umg* aŭtonumero; **~panne** *f* aŭtomobila paneo; **~papiere** *Pl* aŭtomobilistaj dokumentoj *Pl, umg* aŭtodokumentoj *Pl*

Autopilot *m Flugw* aŭtomata pilot[il]o, *Fachspr auch* aŭtopilot[il]o

Autopneu *f* ↑ ***Autoreifen***

autopolyploid *Adj Genetik* aŭtopoliploida

Autopsie *f, auch* ***Leichenöffnung*** *f Med* aŭtopsio (*vgl. dazu* ***Nekropsie*** *u.* ***Obduktion***); ***eine ~ vornehmen*** fari aŭtopsion

Autor aŭtoro (*vgl. dazu* ***Verfasser***; ↑ *auch* ***Bühnen-, Drehbuch-, Erfolgs-, Mit-, Roman-*** *u.* ***Wörterbuchautor***)

Auto|radio *n* aŭtoradio; **~rallye** *f* aŭtoralio; **~reifen** *m,* *<schweiz>* ***Autopneu*** *m* aŭtomobila pneŭmatiko; **~reisezug** *m Eisenb* aŭto-pasaĝer-trajno

Autoren|exemplar *n Buchw* aŭtora ekzemplero; **~honorar** *n* aŭtora honorario; **~lesung** *f* aŭtora lego

Autorennen *n* aŭtomobila konkurso

Autoren|rechte *n/Pl* aŭtoraj rajtoj *Pl;* **~register** *od* **~verzeichnis** *n Buchw* aŭtor-indekso *od* aŭtora indekso

Autoreparaturwerkstatt *f* aŭtoriparejo

Autorin *f* aŭtorino

Autorisation *f Ermächtigung, Vollmacht* rajtigo (***für*** por; ***zu*** al)

autorisieren *tr ermächtigen* rajtigi (***jmdn. etw. zu tun*** iun fari ion); ***etw.*** *~ etw. für legitim erklären* deklari ion legitima

autoritär *unbedingten Gehorsam fordernd* **1.** *Adj* aŭtoritata **2.** *Adv* aŭtoritate (↑ *auch* ***diktatorisch***)

Autoritarismus *m absoluter Autoritätsanspruch* aŭtoritatismo

Autorität *f Ansehen* aŭtoritato; *bedeutende Person* aŭtoritat[ul]o (↑ *auch* ***Obrigkeit***); *i.w.S. ausgewiesener Fachmann* fama fakulo (*od* specialisto); *~* ***besitzen*** esti aŭtoritat[ul]o; ***jmds.*** *~* ***untergraben*** subfosi (*od* sapei) ies aŭtoritaton; ***er hat seine*** *~* ***verloren*** li perdis sian aŭtoritaton

autoritativ *Adj* aŭtoritata

Autorschaft *f* aŭtoreco

Auto|scheibe *f* aŭtomobila glaco; **~scheinwerfer** *m* aŭtomobila reflektoro; **~schlange** *f* [longa] vico da aŭt[omobil]oj

Autoschlosser *m* ↑ ***Automechaniker***

Auto|schlüssel *m* aŭtoŝlosilo; **~schrottplatz** *m, umg auch* ***Autofriedhof*** *m* aŭtovrakejo; **~sex** *m Sex im Auto* seksum[ad]o en la aŭto; **~sitz** *m* autoseĝo (↑ *auch* ***Babyautositz***)

Autosom *n Genetik (jedes Chromosom, das bei der genotypischen Geschlechtsbestimmung keine Rolle spielt)* aŭtosomo

Autospengler *m* ↑ ***Karosseriebauer***

Autostopp *m:* ***per*** *~* petveture, *auch* aŭtostope; ***per ~ fahren****, bes.* *<österr> auch* ***autostoppen*** petveturi

Auto|stopper *m* petveturanto; **~straße** *f* aŭtovojo (↑ *auch* ***Autobahn***)

Autosuggestion *f Psych (Selbstbeeinfussung)* aŭtosugestio

Auto|teile *n/Pl* aŭtopartoj *Pl*; ~**telefon** *n* [en]aŭtomobila telefono, *umg auch* aŭto-[mobil]telefono; ~**tourismus** *m* aŭtoturismo; ~**toxin** *n*, *auch* ***Eigengift*** *n Med*↑ aŭtotoksino; ~**transportwagen** *m Eisenb* vagono por aŭtotransporto

autotroph *Adj Biol (sich von anorganischen Stoffen ernährend)* aŭtotrofia

Autotrophie *f Biol* aŭtotrofio

Auto|tunnel *m Verk* aŭtovoja tunelo, *(Straßentunnel)* strattunelo; ~**tür** *f* aŭtopordo

Autotypie *f*, *auch* ***Netz-*** *od* ***Rasterätzung*** *f Typ* aŭtotipio

Autounfall *m* aŭto-akcidento, *auch* aŭtomobila akcidento; ***ein schwerer*** ~ grava aŭtomobila akcidento

Autovakzine *f*, *auch* ***Eigenimpfstoff*** *m Med* aŭtovakcino

Auto|verkehr *m* aŭtomobila trafiko, *umg auch* aŭto-trafiko; ~**verleih** *m od* ~**vermietung** *f* aŭtoluigo, *(Ort der Ausleihe)* aŭtoluigejo; ~**waschanlage** *f* aŭtolavejo; ~-**werkstatt** *f* aŭtoriparejo; ~**wrack** *n* aŭtovrako

Autozoom [*...zu:m*] *n Foto (Vorrichtung, die das Zoom in der Filmkamera selbstständig reguliert u. so automatisch eine maximale Schärfentiefe gewährleistet)* aŭtozomo

Auvergne *f eine Landschaft im franz. Zentralplateau* [regiono] Aŭvernjo

Auwald *m* ↑ ***Auewald***

Auxine *n/Pl Biochemie (Wirkstoffe [Phytohormone] bei Pflanzen, die das Streckungswachstum von Sprossen fördern* aŭksinoj *Pl*

auxochrom *Adj (farbvertiefende Wirkung zeigend)* aŭksokrom[at]a

Auxosporen *f/Pl Biol (Wachstumssporen bei Kieselalgen)* aŭksosporoj *Pl*

auxotroph *Adj Biol*: ~***es Wachstum*** *n* aŭksotrofa kreskado

Aval *m od n*, *auch* ***Wechselbürgschaft*** *f Fin, Wirtsch* avalo

avalieren *tr [einen Wechsel] als Bürge unterschreiben* avali; ***avalierter Wechsel*** *m Fin, Wirtsch* avalita trato

Avalist *m*, *auch* ***Wechselbürge*** *m Fin, Wirtsch* avalisto

Avalokiteshvara (*m*) *ein Boddhisatva im Mahayana-Buddhismus* Avalokiteŝvaro

Avalon *od* **Avalun** *ohne Art*: *[in der keltischen Mythologie] Ort, wo die verstorbenen Könige und Helden weilen («Gefilde der Seligen»)* Avalono

avancieren *intr geh für «befördert werden, vorankommen»* avanci, *auch* rangaltiĝi *od* promociiĝi

Avantgarde *f Mil, Lit, Pol u. übertr* avangardo (*vgl. dazu* ***Vorhut*** *u.* ***Vorkämpfer***); ~-**Jazz** *m Mus* avangarda ĵazo

Avantgardismus *m für neue Ideen eintretende kämpferische Richtung auf einem bestimmten Gebiet (bes. in der Kunst)* avangardismo

Avantgardist *m jmd., der neue Ideen vertritt od verwirklicht* avangardisto (↑ *auch* ***Vorreiter a)***)

avantgardistisch *Adj* avangarda

Avantipur (*n*) *eine alte Königsstadt in Kaschmir/N-Indien* Avantipuro

Avarua (*n*) *Hptst. der Cook-Inseln [auf Rarotonga] im Pazifik* Avaruo

Avatara *m Hinduismus (Verkörperung der Gottheit [insbes. Vishnus] in irdischen Gestalten als Mensch od Tier)* avataro *(auch Großschr)*

Ave *n kath. Kirche* ↑ ***Ave-Maria***

Aveläuten *n kath. Kirche* ↑ ***Angelusläuten***

Avellino (*n*) *Hptst. der gleichnamigen italienischen Provinz in Kampanien* Avelino

Ave-Maria *n* (*Kurzw* ***Ave*** *n*) *kath. Kirche* avemario

Avempace (*m*), *latinisiert aus arab.* ***Ibn Badjdja*** *Eig (islamischer Philosoph, Mathematiker, Arzt u. Musiktheoretiker <Hauptüberlieferer des Aristotelismus im islamischen Spanien> [* Ende des 11. Jh.s; † um 1138])* Avempaco

Avenida *f* ↑ ***Avenue***

Aventin *m einer der sieben Hügel Roms* Aventino *auch übertr (bes. poet) für «Zufluchtsort»*

Aventurin *n*, *auch* ***Glimmerquarz*** *m Min (goldflimmriger Quarzstein)* aventurino

Avenue *f*, *in Spanien u. Lateinamerika* ***Avenida*** *f Prachtstraße* avenuo (↑ *auch* ***Allee***)

Averner See *m*, *ital.* ***Lago di Averno*** *Kratersee in den Phlegräischen Feldern westlich von Neapel* Lago de Averno *<galt im Altertum als Pforte zur Unterwelt>*

avernisch *od* **avernalisch** *Adj meist poet für «höllisch» od «qualvoll»* averna (↑ *auch* ***infernalisch***)

Averoës (*m*) *Eig (arabischer Arzt u. Philosoph [1126-1198])* Averoeso

Avers *m Vorderseite [einer Münze]* averso

Aversion *f Antipathie* antipatio, *auch* malsimpatio (***gegen*** al) (↑ *auch* ***Abneigung***)
Avertebrata *Pl Zool* ↑ ***Wirbellose***
Avesta *n* ↑ ***Awesta***
Avestisch[e] *n Ling (ausgestorbene, dem Altpersischen verwandte Sprache, in der das Avesta abgefasst ist)* la avesta [lingvo]
Aviarium *n großes Vogelgehege* granda voliero (*od pop* birdejo)
Aviatik *f* ↑ ***Luftfahrt*** *u.* ***Flugwesen***
Avicenna (*m*), *auch* ***Ibn Sina*** (*m*) *Eig (arab. Arzt u. Philosoph)* Aviceno
Avicennia *f Bot (eine Gattung der Mangrovengehölze)* avicenio
Avici *f Buddhismus (in der buddhistischen Kosmologie die unterste Hölle für die, die Buddha und Dharma verhöhnen)* aviĉo
Avicularin *n Biochemie (ein Flavonoid)* avikularino *<z.B. in Vogelknöterich>*
Avidin *n Biochemie (ein basisches Glykoprotein, das im Eiklar von Hühnereiern enthalten ist)* avidino
Avienus (*m*) *Eig (römischer Dichter [2. Hälfte des 4. Jh.s])* Avieno
Avifauna *f Vogelwelt eines bestimmten Gebietes* birdofaŭno, *Fachspr auch* avifaŭno
Avignon [*avin'jõ:*] (*n*) *eine südfranz. Stadt* Avinjono
avignonisch *Adj*: ***≗es Exil*** *n Religionsgeschichte (Residenz der Päpste 1309-1377 und zweier Gegenpäpste 1378-1408)* Ekzilo de Avinjono
Ávila (*n*) *Hptst. der spanischen Provinz Ávila in Altkastilien* Avilo
Avionik *f, auch* ***Bordelektronik*** *f Flugw* avioniko
avirulent *Adj Med (nicht ansteckend [von Mikroorganismen])* nevirulenta
Avis *m od n Wirtsch (Anzeige, Ankündigung, Benachrichtigung z.B. über die erfolgte Übersendung einer Ware)* avizo
avisieren *tr* avizi *(**auf etw.** pri io)*; ***jmdn.*** *(od **jmds. Ankunft**)* ~ sciigi [al iu] ies alvenon
Aviso *m Mar ([früher:] leicht bewaffnetes, kleines, schnelles Kriegsschiff)* aviso
avital *Adj nur Fachspr Med* avitala; ***~e Pulpa*** *f Zahnmedizin* pulpo avitala
Avitaminose *f* ↑ ***Vitaminmangelkrankheit***
AV-Knoten *m* ↑ ***Atrioventrikularknoten***
AV-Medien *Pl* ↑ *unter* ***Medium***
Avo *m* (*Pl*: ***Avos***) *[bis 1999] Währungseinheit in Macao* avo
Avocado|[birne] *f* (Persea americana) *Bot (Baum)* avokad[o]arbo, *(Frucht)* avokado; **~öl** *n* avokad[o]oleo
Avogadro (*m*) *Eig (italienischer Physiker u. Chemiker [1776-1856])* Avogadro
Avogadrosch *Adj Phys*: ***~es Gesetz*** *n* leĝo de Avogadro; ***~e Konstante*** (*od* ***Zahl***) *f* nombro de Avogadro
Awaren *m/Pl Ethn (ein turktatarisches Volk)* avaroj *Pl*
Awarin *f* avarino
awarisch *Adj* avara
Awarisch[e] *n Ling (eine Kaukasussprache)* la avara [lingvo]
Awatscha *m tätiger Vulkan vom Vesuv-Typ bei Petropawlowsk auf Kamtschatka* [vulkano] Avaĉo
Awesta *n*, *<wiss>* ***Avesta*** *n Parsismus, Zoroastrismus* Avesto
Axel *m Eiskunstlauf* akslo (↑ *auch* ***Doppelaxel***)
Axerophtol *n Biochemie (internationaler Name für Vitamin A)* akseroftolo
axial *Adj* ***a)*** *in Achsenrichtung* [laŭ]aksa ***b)*** *Anat (zum zweiten Halswirbel gehörend)* aksisa, apartenanta al la aksiso
Axial|kraft *f axiale Kraft* aksa forto; **~symmetrie** *f, auch* ***axiale Symmetrie*** *od* ***Achsensymmetrie*** *f Geom* aksa simetrio
axillar *Bot* ↑ ***achselständig***
Axillarknospe *f Bot* ↑ ***Achselknospe***
Axinit *m* (*auch* ***Thumerstein*** *genannt*) *Min* aksinito
Axiologie *f, auch* ***Wertlehre*** *od* ***Lehre f vom Wert*** *Phil* aksiologio
axiologisch *Adj die Axiologie betreffend* aksiologia
Axiom *n Logik, Math, Naturw (keines Beweises bedürfender Grundsatz; i.w.S. unumstößliche Tatsache)* aksiomo (↑ *auch* ***Auswahl-***, ***Identitäts-***, ***Parallelen-***, ***Stetigkeits-*** *u.* ***Unendlichkeitsaxiom***)
Axiomatik *f Logik, Math (Lehre vom Definieren u. Beweisen mithilfe von Axiomen)* aksiomiko
axiomatisch *Adj auf Axiome gegründet od auf Axiomen beruhend; i.w.S. unumstößlich, unanzweifelbar, von vornherein sicher* aksioma
axiomatisieren *tr 1. zum Axiom erklären 2. axiomatisch festlegen* aksiomigi
Axiomatisierung *f* aksiomigo
Axiometer *n, auch* ***Ruderlagenanzeiger*** *m auf der Kommandobrücke eines Schiffes*

aksiometro

Axis *f, auch* ***Drehwirbel*** *m, alt* ***Epistropheus*** *m nur Fachspr Anat für «zweiter Halswirbel»* aksiso (↑ *auch* ***Rotationswirbel***); ~**hirsch** *m* (Axis axis) *Zool* aksiso *od* makulita cervo *[Vorkommen: Sri Lanka, Indien u. Nepal]*

Axolotl *m* (Siredon axolotl = Amblystoma mexicana) *Zool (ein mexikanischer Schwanzlurch)* aksolotlo

Axon *n, auch* ***Achsenzylinderfortsatz*** *m Biol (Ausläufer der Nervenzelle für die Erregungsableitung)* aksono

Axonometrie *f geometrisches Verfahren, räumliche Gebilde durch Parallelprojektion auf eine Ebene darzustellen)* aksonometrio

axonometrisch *Adj (auf dem Verfahren der Axonometrie beruhend)* aksonometria

Axt *f* hakilo (↑ *auch* ***Stein-*** *u.* ***Streitaxt***); *Krumm≗* adzo; *Fäll- od Holzhauer≗* toporo (↑ *auch* ***Beil*** *u.* ***Zimmermannsaxt***) ◇ ***die ~ im Haus erspart den Zimmermann*** memhelpo estas la plej bona helpo

Axthieb *m* bato de hakilo

Axum (*n*) ↑ ***Aksum***

Ayapana-Staude *f* (*Gattung* Ayapana) *Bot (eine Heilpflanze des tropischen Amerika)* ajapano

Ayatollah *m Islam (Titel der höchsten Würdenträger der Schiiten im Iran)* ajatol[ah]o *(vor Eig Großschr)*

Aye-Aye *n Zool* ↑ ***Fingertier***

Aymará ***a)*** *Pl Ethn (indianisches Volk des Altiplano, Nachkommen der vorspanischen Colla, mit engen kulturellen Beziehungen zu den Ketschua)* ajmaroj *Pl* *<heutige Nachkommen leben vor allem am Titicacasee>* ***b)*** *n, auch* ***Aymará-Sprache*** *f Ling (in Westbolivien, Südperu u. in Nordchile gesprochen)* la ajmara [lingvo] *<zusammen mit dem Ketschua wichtigste Indianersprache der Zentralanden>*

Ayun (*n*) = ***Al-Ayun***

Ayurveda *m die medizinische Wissenschaft der alten Inder* ajurvedo

ayurvedisch *Adj* ajurveda; ~***e Diagnostik*** (***Massage***, ***Medizin***, ***Physiologie***, ***Therapie***) *f* ajurveda diagnostiko (masaĝo, medicino, fiziologio, terapio)

Ayutthaya (*n*), *auch* ***Ayuthia***, *thailändisch* ***Krung Kao*** *alte Königsstadt des siamesischen Reiches ([heute:] thailändische Provinzhptst. am Menam [1350-1767 Landeshptst.])* Ajutajo

Azalee *od* **Azalie** *f* (*Gattung* Azalea) *Bot* azaleo (↑ *auch* ***Kamtschatka-Azalee***); ***gelbblütige ~*** ↑ *unter* ***Alpenrose***

Azande *Pl, auch* ***Zande*** *od* ***Niam-Niam*** *Pl Ethn (ein afrikanisches Volk im NO des Kongogebietes u. im Sudan)* azandoj *Pl*

Azarolweißdorn *m, auch* ***welsche Mispel*** *f* (Crataegus azarolus) *Bot* azarolo

azentrisch 1. *Adj* discentra **2.** *Adv* discentre

azeotrop *od* **azeotropisch** *Adj bei konstanter Temperatur siedend* azotropa; ~***es Gemisch*** *n* azotropa miksaĵo

Azeotropie *f nur Fachspr Phys* azeotropio

Azephalen *Pl Zool* ↑ ***Kopflose***

Azetaldehyd *m, Fachspr* ***Acetaldehyd*** *m Chem* acetata aldehido

Azetamid *n, Fachspr* ***Acetamid*** *n Chem (Amid der Essigsäure)* acetamido

Azetat *n, Fachspr* ***Acetat*** *n, auch* ***Essigsäuresalz*** *n Chem* acetato (↑ *auch* ***Zinkazetat***); ~**fasern** *f/Pl Textil* fibroj *Pl* el celuloza acetato; ~**seide** *f, Fachspr* ***Acetatseide*** *f Textil (eine Kunstseide)* acetata silko

Azeton *n, Fachspr auch* ***Aceton*** *od* ***Propanon*** *n Chem* acetono, *auch* propanono

Azetonämie *f, Fachspr auch* ***Acetonämie*** *f Med (Auftreten von Azetonkörpern im Blut [bes. bei Diabetes])* acetonemio

Azetonkörper *m/Pl Chem, Med (Ketonkörper)* acetonaj korpoj *Pl*

Azetonurie *f Med (Auftreten von Azeton im Harn)* acetonurio

Azetyl *n, Fachspr* ***Acetyl*** *n Chem* acetiloj *Pl*; ~**cholin** *n, Fachspr* ***Acetylcholin*** *n Biochemie (Überträgersubstanz an den Verbindungsstellen des Nervensystems <ein biologisch-pharmakologisch hochaktives biogenes Amin>)* acetilkolino

Azetylen *n, Fachspr* ***Acetylen***, *auch* ***Äthin*** *n Chem* acetileno, *auch* etino; ~**gas** *n* acetilengaso; ~**schweißen** *n* acetilena veldado

Azetylsalizylsäure *f, Fachspr* ***Acetylsalicylsäure*** *f* (Acidum acetylosalicylicum) (*Abk* ***ASS***) *Chem* acetilsalicilata acido

Azide *Pl Chem (Salze der Stickstoffwasserstoffsäure HN3)* azidoj *Pl*

Azidimeter *n, Fachspr* ***Acidimeter*** *n Chem (Säuremesser)* acidometro

Azidimetrie *f, Fachspr* ***Acidimetrie*** *f Chem (Bestimmung des Säuregehalts durch Neutralisation mit einer Lauge von bekannter*

Konzentration) acidometrio

Azidität *f* ↑ ***Säuregrad***

Azidose *f, Fachspr* ***Acidose*** *f Med (Säureüberschuss im Blut)* acidozo; ***metabolische*** *~ Stoffwechselazidose* metabola acidozo

Azidothymidin *n (fachsprachl. Abk* ***AZT****), auch* ***Zidovudin*** *n Pharm* azidotimidino *(fachsprachl. Abk* AZT), *auch* zidovudino *<Verwendung bei HIV-Infektion>*

Azimut *m od n Astron, Kartogr (Winkelabstand)* azimuto

azimutal *Adj auf den Azimut bezogen* azimuta; *~e* ***Quantenzahl*** *f* azimuta kvantumnombro

Azimutal|kreis *m Astron* azimuta cirklo; *~-***projektion** *f Kartogr* azimuta projekcio; *~-***system** *n, auch* ***Horizontalsystem*** *n Astron* azimuta sistemo

azinös *nur Fachspr Anat (beerenartig [Drüse])* acina

Azinus *m, auch* ***Acinus*** *m nur Fachspr Anat ([beerenförmiges] Endstück seröser Drüsen)* acino

Aznavour (*m*), *eigtl* ***Aznavurijan*** *Eig (franz. Schauspieler u. Chansonnier armenischer Abstammung [1924-2018])* Aznavuro

Azo|benzol *n Chem* azobenzolo; *~***farbstoffe** *m/Pl* azokolorajoj *Pl*; *~***gruppe** *f Chem* azogrupo

Azoikum *n Geol* ↑ ***Archaikum***

azoisch *Adj Paläontologie (frei von Lebewesen od Spuren des Lebens)* azoa

Azomycin *n ein Antibiotikum* azomicino

Azoospermie *f nur Fachspr Med (das Fehlen von beweglichen Spermien in der Samenflüssigkeit)* azoospermio

Azoren *Pl, portugies.* ***Ilhas dos Açores*** *eine portugiesische Inselgruppe im mittleren Atlantik* Acoroj *Pl [Hptst.: Ponta Delgada]*; *~***gimpel** *m, auch* ***São-Miguel-Gimpel*** *m* (Pirrhula murina) *Orn* acora pirolo *[Vorkommen: endemisch auf der Azoren-Insel São Miguel]*; *~***goldhähnchen** *n* (Regulus azoricus) *Orn* azora regolo *[Vorkommen: endemisch auf den Azoren]*; *~***hoch** *n Met* anticiklono de Acoroj; *~***-Lorbeer** *m, auch* ***Kanaren-Lorbeer*** *m* (Laurus azorica) *Bot* acora laŭro *[Vorkommen: auf den Azoren, den Kanarischen Inseln u. auf Madeira]*

Azorer *m Bewohner der Azoren* acorano

Azorerin *f* acoranino

Azorin (*m*), *eigtl* ***José Martínez Ruiz*** *Eig (span. Schriftsteller [1874-1967])* Azorino

azorisch *Adj auf die Azoren bezogen bzw. von den Azoren stammend* acora

Azotämie *od* **Azothämie** *f nur Fachspr Med (anomale Vermehrung des Stickstoffs im Blut, bes. bei Urämie)* azotemio

Azotierung *f Verfahren zur Gewinnung von Kalkstickstoff* azotigo

Azotobacter *m od n Bakt, Biochemie (zur Ordnung «Eubacteriales» gehörende Gattung gramnegativer stäbchenförmiger Wasser- u. Bodenbakterien <Knöllchenbakterien> [für Menschen apathogen])* azotobaktero

Azotometer *n, auch* ***Stickstoffmessgerät*** *n Chem* azotometro

Azoturie *f Fachspr Med (übermäßige Ausscheidung von Stickstoff im Harn)* azoturio

AZT = *fachsprachl. Abk für* ***Azidothymidin***

Azteke *m* azteko

Azteken|möwe *f* (Larus atricilla) amerika ridmevo; *~***reich** *n Gesch* Azteka Imperio

Aztekin *f* aztekino

aztekisch *Adj* azteka

Azukibohne *f, auch* ***Adzukibohne*** *f* (Azukia angularis) *Bot* azukio

Azulejos [...'lɛchos] *m/Pl bunte, bes. blaue Wandkacheln [in Spanien u. Portugal]* azuleĥoj *Pl*

Azulen *n Chem, Pharm (ein kristalliner aromatischer Kohlenwasserstoff)* azuleno; ***Derivate*** *Pl* ***des*** *~* derivaĵoj de azuleno *<kommen in Heilkräutern, z.B. Kamille vor>*

Azur *m geh od poet für «Himmelsbläue»* lazuro; *~***bischof** *m, auch* ***hellblauer Bischof*** *m* (Guiraca caerulea = Passerina caerulea) *Orn (ein amerik. Singvogel aus der Familie der Kardinäle)* blua dikbekulo

azurblau *od* **azurn** *Adj geh od poet* lazura (*vgl. dazu* ***himmel-*** *u.* ***lasurblau***)

Azurfischer *m* (Ceyx azurea) *Orn* lazura alciono *[Vorkommen: Nord- u. Ostaustralien, sowie auf Tasmanien]*

Azurit *n, auch* ***Kupferlasur*** *f Min* azurito

azurn ↑ ***azurblau***

azyklisch *Adj* ***a)*** *allg (zeitlich unregelmäßig)* necikla ***b)*** *Chem Fachspr* ***acyclisch*** *nicht ringförmig geschlossen, mit offener Kohlenstoffkette im Molekül* necikla, *Fachspr auch* acikla ***c)*** *Bot (spiralig angeordnet [Blütenblätter]), Geom (nicht kreisförmig)* necikla, *Fachspr auch* acikla

Az-Zarka (*n*), *arab.* ***Az-Zarqā'*** *zweitgrößte Stadt Jordaniens* Zarkao

B

B = *Zeichen für* ***Bel***

Baal (*m*) *1. Rel (Fruchtbarkeitsgott der vorisraelitischen Bewohner Kanaans u. der Phönizier) 2. bibl (falscher Gott)* Baalo

Baalbek (*n*) *Ruinenstadt im Libanon, ehem. römische Kolonie* Balbeko <*mit Tempeln, die ehemals Baal geweiht waren*>

Baba-Jaga *f Hexengestalt in osteuropäischen Märchen* Baba-Jaga

Babakoto *Zool* ↑ ***Indri***

Babassupalme *f* (Attalea speciosa) *Bot (eine südamerik. Palmenart)* babasua palmo

babbeln *intr reg für «schwatzen»* babili (***mit*** kun) (*vgl. dazu* ***brabbeln***)

Babel (*n*) ***a)*** *im Alten Testament Bez für «Babylon»* Babelo (*vgl. dazu* ***Babylon***); ***Turm[bau] zu ~*** Turo de Babelo, *auch* Babelturo ***b)*** *übertr für a) «Sprachgewirr»* konfuzo de lingvoj, *auch* babelismo *od* babelo *b) «Ort, an dem ein babylonisches Sprachengewirr herrscht»* babelisma loko

Babelsberg (*n*) *östl. Stadtteil von Potsdam* Babelsbergo <*mit Filmateliers*>; ***Schloss ~*** *ehem. Sommersitz Wilhelms I.* Kastelo de Babelsbergo

Babemba *Pl Ethn* ↑ ***[1]Bemba***

Babesia *f Biol (eine Gattung der Sporozoa [Sporentierchen])* babezio <*Blutparasiten bei Säugetieren (Erreger der Piroplasmose)*>

Babesiasis *od* **Babesiose** *f, auch* ***Piroplasmose*** *f Fachspr Med (eine malariaähnliche Infektion)* babeziozo; *Vet (Babesiose beim Rind)* bova babeziozo

Babirusa *n Zool* ↑ ***Schweinshirsch a)***

Babismus *m Rel (eine aus dem schiitischen Islam Persiens im 19. Jh. hervorgegangene Religion)* babismo <*begründet von Bab, eigtl Mirza Ali Mohammed*> (↑ *auch* ***Bahaismus***)

Babusche *f, auch* ***Stoffpantoffel*** *m, reg* ***Pampusche*** *f* babuŝo <*ursprünglich persischer Herkunft*>

Baby *n,* <*schweiz*> ***Bébé*** *n* bebo (↑ *auch* ***Säugling***); ***ein ~ stillen*** (***windeln***) mamnutri (vindi) bebon

Baby|ausstattung *f Hdl* beboartikloj *Pl*; **~-autositz** *m für Pkw* beboaŭtoseĝo; **~boom** [*...bu:m*] *m Anstieg der Geburtenzahlen* bebo-abundo, eksterordinara naskokvanto (↑ *auch* ***Geburtenboom***); **~brei** *m* bebokaĉo, kaĉo por la bebo; **~creme** *f* bebokremo; **~decke** *f* bebokovrilo; **~flasche** *f, auch* ***Nuckelflasche*** *f* suĉbotelo; **~fon®** *n, auch* ***Babyphon*** *n telefonähnliches Gerät, das Geräusche aus dem Kinderzimmer überträgt* bebofono; **~garnitur** *f ein Satz [zusammenpassender] Babysachen* bebogarnituro; **~jäckchen** *n* bebojaketo; **~klappe** *f anonyme Abgabestelle für Säuglinge* bebokesto; **~kleidung** *f* bebovestoj *Pl*

Babylon (*n*), *bibl. Bez* ***Babel*** (*n*) *Hptst. von Babylonien* Babilono (*vgl. dazu* ***Babel a)***)

Babylonien (*n*) *Gesch (antiker Name für das Land zw. Euphrat u. Tigris)* Babilonio

Babylonier *m* babiloniano

babylonisch *Adj* babilona; ***das ≗e Reich*** *Gesch* la Babilona Imperio; ***~es Sprachengewirr*** *n* babelismo

Babylon-Trauerweide *f Bot* ↑ ***Trauerweide***

Baby|nahrung *f* bebonutraĵo; **~pflege** *f* vartado de bebo(j)

Babyphon *n* ↑ ***Babyfon®***

Baby|puder *m* bebopudro; **~sachen** *Pl Ausstattung* beboartikloj *Pl*; *Kleidung* bebovestaĵoj *Pl*; **~schuhchen** *n* beboŝueto; **~sitter** *m* bebovartantino (↑ *auch* ***Tagesmutter***); **~tragetuch** *n* beboportotuko; **~waage** *f* bebopesilo; **~wäsche** *f* bebovestoj *od* bebovestaro; **~wippe** *f* beboseĝo

Bacan [*'batʃan*] (*n*) *eine Insel der Molukken vor der SW-Küste von Halmahera* [insulo] Baĉano *[Hauptort: Labuha]*

Baccara *n, auch* ***Bakkarat*** *n Kart (ein Glücksspiel mit Karten)* bakarato

Bacchanal *n altröm. Bacchusfest* bakĥanalo *auch übertr für «wüstes Trinkgelage»* (*vgl. dazu* ***Orgie*** *u.* ***Zechgelage***)

Bacchant *m, auch* ***Bacchuspriester*** *m Antike* bakĥanto

Bacchantin *f, auch* ***Priesterin f des Bacchus*** *Antike* bakĥantino *auch übertr für «ausschweifendes od schamloses Weib»* (*vgl. dazu* ***Mänade***)

bacchisch *Adj auf Bacchus bezogen od nach Art des Bacchus* bakĥa; *übertr für «ausgelassen» od «lärmend»*

Bacchus (*m*) *Myth (griech.-römischer Gott des Weins)* Bakĥo, *auch* Bakko (↑ *auch* ***Dionysos***)

Bacchusfest *n* = ***Bacchanal***

Bacchuspriester *m* ↑ ***Bacchant***

Bacchusreiher *m* (Ardeola bacchus) *Orn* bakĥa ardeo, *pop auch* marĉoardeo

[1]**Bach** *m* rivereto (↑ *auch* ***Gebirgs-***, ***Gletscher-*** *u.* ***Mühlbach***); *kleiner Bach, Bächlein* rojo (↑ *auch* ***Flüsschen***) ◇ ***den ~ runtergehen*** *salopp für «fehlschlagen»* fiaski

[2]**Bach** (*m*) *Eig* Baĥo *deutscher Komponist [1685-1750]*

Bachata [*ba'tʃata*] *f 1. aus der Karabik stammender Musikstil 2. ein karibischer Tanz* baĉato

Bachbunge *f* (Veronica beccabunga) *Bot (eine Wasserpflanze)* bekabungo

Bache *f Jägerspr (weibl. Wildschwein)* aprino

Bachelor *m Univ* ↑ ***Bakkalaureus***

bacherlwarm ↑ ***lauwarm*** *u.* [2]***überschlagen***

Bach|forelle *f* (*auch* ***Bergforelle*** *genannt*) (Salmo trutta fario) *Ichth* rivera (*od* roja) truto; **~kratzdistel** *f* (Cirsium rivulare) *Bot* herbeja cirsio

Bächlein *n* rivereto, *auch (bes. poet)* rojo

Bachmücke *f Ent* ↑ ***Schnake a)***

Bachnelkenwurz *f* (Geum rivale) *Bot* rivera geumo

Bachstelze *f* (*Gattung* Motacilla) *Orn* motacilo; ***weiße ~***, *reg* ***Wippsterz*** *m* (Motacilla alba) [blanka] motacilo, *pop auch* vostskuanto (↑ *auch* ***Gebirgs-***, ***Japan-***, ***Kap-***, ***Madagaskar-***, ***Masken-***, ***Mekong-***, ***Schaf-*** *u.* ***Witwenstelze***)

Bachtiaren *m/Pl Ethn (ein Volk in SW-Iran)* baĥtiaroj *Pl*

[1]**Back** *f Mar (Aufbau auf dem Vorderschiff)* teŭgo *od* prua kastelo (↑ *auch* ***Vorschiffsaufbau***)

[2]**Back** [*bɛk*] *m Fußball* ↑ ***Verteidiger b)***

Backblech *n* bakpleto

Backbord *n Mar (linke Schiffsseite [in Fahrtrichtung gesehen])* babordo

backbord[s] *Adv* baborde

Bäckchen *n* vangeto

Backe *f* ***a)*** *reg* ***Backen*** *m umg für «Wange»* vango (↑ *auch* ***Hänge-*** *u.* ***Pausbacken***); ***eine dicke ~ haben*** havi ŝvelintan vangon ***b)*** *Bot: einer Frucht* vango ***c)*** *Tech* = [2]***Backen***

backen ***a)*** *tr im Ofen, in der Bratröhre* baki; *in der Pfanne od in schwimmendem Fett* friti; ***Brot ~*** baki panon; ***gebackene Bananen*** *f/Pl* frititaj bananoj *Pl*; ***frisch gebackenes Brot*** *n* novbakita (*od* freŝe bakita) pano ***b)*** *intr* bakiĝi; *kleben* algluiĝi, kungluiĝi; *sich zusammenballen* buliĝi

[1]**Backen** *n* bakado (↑ *auch* ***Brotbacken***)

[2]**Backen** *m (Greif-, Klemm- od Führungs≗, z.B. am Schraubstock)* makzelo, *auch* vango

Backen|bart *m* vangobarbo; **~bremse** *f Tech* ŝubremso

Backenfurchenpavian *m Zool* ↑ ***Mandrill***

Backenhörnchen *n* (*Gattung* Eutamias) *Zool* eŭtamio; ***gestreiftes ~*** ↑ *unter* ***Streifenhörnchen***

Backenknochen *m Anat* vang-osto, <*wiss*> zigomo (*vgl. dazu* ***Jochbein***); ***[her]vorstehende ~*** *Pl* elstaraj (*od* <*bes. Fachspr*> protrudaj) vang-ostoj *Pl*

Backen|muskel *m*, *auch* ***Trompetermuskel*** *m*, *Fachspr auch* ***Buccinator*** *m* (Musculus buccinator) *Anat* vangomuskolo, *(Fachspr)* bukcinatoro; **~taschen** *f/Pl* (Sacci paraoralis) *des Hamsters* vangaj poŝoj *Pl*

Backenzahn *m*, <*österr*>, <*schweiz*> *u. reg* ***Stockzahn*** *m*: ***hinterer ~***, <*wiss*> ***Molar*** *m ein Mahlzahn* mueldento, <*wiss*> molaro; ***vorderer ~*** *od* ***Vorderbackenzahn***, <*wiss*> ***Prämolar*** *m* antaŭmolaro *od* antaŭa molaro

Bäcker *m* bakisto; *Brot≗* panbakisto; *Fein≗* tortbakisto (↑ *auch* ***Kuchen-***, ***Pizza-*** *u.* ***Tortenbäcker***)

Bäckerei *f* bakejo; *Brot≗* panbakejo (↑ *auch* ***Fein-*** *u.* ***Kuchenbäckerei***); *das Backen* bakado

Bäckerhefe *f* ↑ ***Backhefe***

Bäcker|laden *m* butiko de bakisto, panbutiko, panvendejo; **~mütze** *f* bakista ĉapo

Bäckerschabe *f reg* = ***Küchenschabe***

Back|fisch *m* ***a)*** *Kochk* bakita fiŝo (*vgl. dazu* ***Bratfisch***) ***b)*** *alt für «halbwüchsiges Mädchen»* adoleskantino; **~form** *f* bakmuldilo (↑ *auch* ***Springform***)

Backgammon *n ein engl. Würfel-Brettspiel für 2 Personen* bakgamono

Backhefe *od* **Bäckerhefe** *f*, *auch* ***Bärme*** *f*, *dial (norddt.)* ***Gest*** *m*, <*österr*> ***Germ*** *f*, *reg m* bakista gisto

Back|obst *n* bakfruktoj *Pl*; *Trockenobst* sekfruktoj *od* sekigitaj fruktoj *Pl*; **~ofen** *m* bakforno (↑ *auch* ***Rohr c)***)

Bačkovo-Kloster *n eines der bedeutendsten slawisch-orthodoxen Klöster [südöstlich von Plovdiv gelegen]* Baĉkovo-monaĥejo

Backpacker *m* ↑ ***Rucksacktourist***

Back|papier *n Hausw* bakforna papero; **~pfeife** *f*, <*österr*> *u. reg* ***Watsche*** *od* ***Watschen*** *f umg* vangofrapo, *alt od selt auch* survango (↑ *auch* ***Ohrfeige***)

backpfeifen *tr reg* ↑ ***ohrfeigen***

Back|pflaume *f* bakpruno; *i.w.S. Trockenpflaume* sekpruno *od* sekigita pruno; ~**pulver** *n* bakpulvoro; ~**raum** *m eines Backofens* bakujo [de bakforno]; ~**rezept** *n* bakrecepto; ~**röhre** *f, <österr> u. süddt.* ***Backrohr*** *od kurz* ***Rohr*** *n im Herd* bakujo [de fornelo]

Backslash *m Typ* inversa oblikva streko (*Zeichen:* \ )

Backspace Key *Computer* ↑ ***Rückschritt-Taste***

Backstag *n, auch* ***Pardune*** *f Mar (Tau, das die Masten od Stengen nach hinten hält)* poststajo

backstage *engl. für «hinter der Bühne» od «hinter den Kulissen»* malantaŭ la scenejo *od* malantaŭ la kulisoj

Back|stein *m Bauw* [bakita] briko (*vgl. dazu* ***Adobe***); ~**stube** *f* bakejo; ~**trog** *m* knedujo

Back-up *n EDV* ↑ ***Sicherungskopie***

Back|waren *Pl* bakaĵoj *Pl*; *i.e.S. Konditoreiwaren* kukaĵoj *Pl*; ~**werk** *n etw. Gebackenes, Gebäck, Backwerk* bakaĵo

Backzahn *m* = ***Backenzahn***

Backzeit *f* bak-daŭro

Bad *n* ***a)*** bano (↑ *auch* ***Dampf-***, ***Fuß-***, ***Kräuter-***, ***Licht-***, ***Luft-***, ***Mineral-***, ***Moor-***, ***Schaum-***, ***Schlamm-***, ***Schwitz-***, ***Sitz-***, ***Sonnen-***, ***Staub-***, ***Voll-*** *u.* ***Wechselbad***); *Badezimmer* banĉambro; *Freibad* liberaera naĝejo; *Schwimm*≗ naĝejo (↑ *auch* ***Hallen-*** *u.* ***Thermalbad***); *Schwimmbecken* naĝbaseno; ***fiebersenkendes*** ~ *Med* febroredukta bano; ***ein ~ nehmen*** preni banon; *sich baden* baniĝi ◇ ***das Kind mit dem ~[e] ausschütten*** *mit einem Missstand zugleich etwas Gutes od Vorteilhaftes beseitigen* forfluigi infanon kune kun la bano ***b)*** *Badeort* banloko (↑ *auch* ***Heil-***, *u.* ***Warmbad***); *See*≗ marbanloko; *Badeplatz, Badestelle* loko de [sin]banado; ***in ein ~ fahren*** vojaĝi (*od* iri) al banloko ***c)*** *Chem, Foto, Tech* bano (↑ *auch* ***Aschen-*** *u.* ***Fixierbad***)

Badajoz [*bada'choz*] (*n*) *eine Stadt in SW-Spanien* Badaĥozo

Badawiyya *f Islam* ↑ ***Ahmadiyya***

Bade|anstalt *m mit Wannenbädern* banejo; *an Gewässern od [öffentliches] Schwimmbad* [publika] naĝejo; ~**anzug** *m* bankostumo (↑ *auch* ***Bikini***); ~**arzt** *m Arzt in einem Kurort, der die Kur überwacht* kuracloka kuracisto (↑ *auch* ***Balneologe***); ~**bekleidung** *f* banvesto(j) *(Pl)*; ~**gast** *m in einem Heilbad od an der See* bangasto

Badehaube *f* ↑ ***Badekappe***

Bade|hose *f* bankalsono *od* banŝorto; ~**kabine** *f, auch* ***Badezelle*** *f* banĉelo; ~**kappe** *f, auch* ***Badehaube*** *f* banĉapo, *auch* bankufo; ~**kur** *f Med* bankurac[ad]o; ~**mantel** *m* banmantelo; ~**matte** *f, auch* ***Badevorleger*** *m* banĉambra mato; ~**meister** *m* naĝejgardisto, naĝejestro; ~**möglichkeit** *f Möglichkeit zum Schwimmen* naĝebleco

baden ***a)*** *tr* bani (***jmdn.*** iun) ***b)*** *intr* sin bani *od* baniĝi (***in*** en); *schwimmen* naĝi; ***~ gehen*** *a)* iri por baniĝi (*od* naĝi) [en lago *u.a.*], iri por naĝi [en naĝejo] *b) umg auch für «scheitern»* [plene] fiaski; ***kann man hier ~?*** ĉu oni povas baniĝi (*od i.w.S.* naĝi) ĉi tie?; ***nackt ~*** naĝi nuda; ***sich ~*** sin bani *od* baniĝi; ≗ ***verboten*** naĝado malpermesata; ***das*** ≗ ***im Meer*** la baniĝado (*od* naĝado) en la maro

[1]**Baden** *n* banado; *(das Sichbaden)* sinbanado (↑ *auch* ***Sonnenbaden***)

[2]**Baden** (*n*) Badenio, *auch* Badenlando

Baden-Baden (*n*) *ein Bade- u. Kurort in Baden* Badeno

Badende *m* baniĝanto *auch am Strand*

Badener *m Einwohner von Baden* badenano

Baden-Württemberg (*n*) *ein dt. Bundesland* Badenio-Virtembergo *[Hptst.: Stuttgart]*; ***Esperanto-Verband*** ~ Baden-Virtemberga Esperanto-Ligo (*Abk* BAVELO)

Bade|öl *n* ban-oleo; ~**ort** *m* banloko (*vgl. dazu* ***Kurort***); ~**pantoffel** *m* banbabuŝo *od* banpantoflo; ~**platz** *m* loko de [sin]banado

Bader *m veraltet für «Barbier»* barbiro

Bäderarzt *m* = ***Badearzt*** [↑ *dort*]

Bäderbehandlung *f Med* ↑ ***Balneotherapie***

Bäder[heil]kunde *f* ↑ ***Balneologie***

Bade|sachen *Pl od* ~**zeug** *n* necesaj aĵoj *Pl* por naĝi; ~**saison** *f* bansezono; *in Kurorten* sezono de la banoj; ~**salz** *n* bansalo; ~**schuh** *m Strandschuh* plaĝoŝuo; ~**schwamm** *m* banspongo, spongo [por banado]; ~**see** *m* lago [taŭga] por baniĝi; ~**seife** *f* bansapo; ~**stelle** *f* loko de [sin]banado

Badestrand *m* plaĝo, *auch* banstrando (↑ *auch* ***FKK-Strand*** *u.* ***Nacktbadestrand***); ***am ~*** ĉe la plaĝo

Bade|tasche *f* plaĝosako; ~**thermometer** *n* bantermometro; ~**tuch** *n* bantuko; ~**unfall** *m* akcidento dum naĝado

Badevorleger *m* ↑ ***Badematte***

Badewanne *f*, *<schweiz> auch* ***Badwanne*** *f* bankuvo (↑ *auch* ***Sitzbadewanne***); ***eingemauerte*** ~ enmasonita bankuvo

Bade|wannenlift *m* bankuva lifto; ~**wärter** *m im Heilbad* banservisto; ~**wasser** *n* banakvo

Badezelle *f* ↑ ***Badekabine***

Badezeug *n* ↑ ***Badesachen***

Badezimmer *n*, *<schweiz> auch* ***Badzimmer*** *n* banĉambro; ~**tür** *f* banĉambra pordo

Badezuber *m* banujo (↑ *auch* ***Badewanne***)

Bad Homburg [vor der Höhe] (*n*) *eine Stadt am Südrand des Taunus [1622-1866 Hptst. der Landgrafschaft Hessen-Homburg]* Homburgo [ĉe Taŭnuso]

badisch *Adj aus Baden [stammend]* baden[land]a, devenanta el Badenio

Badminton *n Wettkampfform des Federballspiels* (*vgl. dazu* ***Federballspiel***)

Bafel *m* ↑ ***Geschwätz***

baff *Adj*: ~ ***sein*** *umg für «verblüfft sein»* esti perpleksa (*od* [iom] konsternita)

Baffin|bai *f* (*auch* ***Baffinmeer*** *genannt*) *Seegebiet zw. Grönland u. Nordkanada* Bafina Golfo; ~**insel** *f* (*auch* ***Baffinland*** *genannt*) *größte Insel des Kanadisch-Arktischen Archipels* Bafina Insulo *[Hauptort: Iqaluit]*

Bagage *f* ***a)*** *alt für «Reisegepäck»* pakaĵ[ar]o ***b)*** *Mil alt für «Tross» (Gesamtheit der Fahrzeuge [einer Truppe] mit Gepäck, Verpflegung u. Ausrüstung)* [la tuta] veturilaro de taĉmento kun pakaĵoj, provizo kaj ekipaĵoj ***c)*** *umg pej für «Gesindel» od «Pack»* fiularo, kanajlaro; ***die ganze*** ~ *fam pej* la tuta fiularo (↑ *auch* ***Gesindel***)

Bagan (*n*), *auch* ***Pagan*** (*n*) *Ruinenstadt am Irawadi in Myanmar* Bagano

Baganda *Pl Ethn* ↑ ***[1]Ganda***

Bagatelldelikt *n Jur* bagatela delikto

Bagatelle *f unbedeutende Kleinigkeit* bagatelo; *unwichtige Sache* malgravaĵo; *belangloses Zeug* sensencaĵo (↑ *auch* ***Geringfügigkeit***, ***Lappalie*** *u.* ***Nichtigkeit***); *etw. Wertloses* senvaloraĵo

bagatellisieren *tr*: ***etw.*** ~ bagateligi ion *od* trakti ion kiel bagatelon; *abs* bagatelumi

Bagatellisierung *f* bagateligo (↑ *auch* ***Verharmlosung***)

Bagatellschaden *m* bagatela (*od* nekonsiderinda) damaĝo

Bagdad (*n*) *Hptst. von Irak* Bagdado

Bagdadbeule *f Tropenmedizin* ↑ ***Aleppobeule***

Bagel [*be:gl*] *m ein ringförmiges Brotteiggebäck mit einem Loch in der Mitte* bagelo

Bagger *m Tech (Universal*$\stackrel{\circ}{-}$*)* elkavatoro, *(Abraum-, Eimer- od Schwimm*$\stackrel{\circ}{-}$*)* dragilo (↑ *auch* ***Eimer[ketten]-***, ***Greif-***, ***Ketten-***, ***Schreit-*** *u.* ***Schwimmbagger***); ~**eimer** *m* trogo de dragilo; ~**fahrer** *od* ~**führer** *m* kondukisto de elkavatoro (*bzw.* dragilo); ~**gut** *n* dragitaĵo; ~**maschine** *f* dragmaŝino

baggern *tr* elkavigi, *(mit einem Abraum-, Eimer- od Schwimmbagger)* dragi (↑ *auch* ***ausbaggern***); *abs* elkavigi teron, dragi por fosi sablon (*od* karbon *u.a.*) el la fundo

Baggern *n* dragado

Baggerponton *od* **Baggerprahm** *m zum Abtransport von Baggergut* dragpontono

Baggerschiff *n Mar* drag-ŝipo, *auch* flosanta dragilo

Baghavadgita *f altindische Lit* Bagavadgito

Bagno [*'banjo*] *n Gesch (Straflager für Galeerensträflinge [in Mittelmeerländern])* bagno

Baguette [*ba'gɛt*] *n*, *auch f franz. Stangenweißbrot* bageto, *auch* bastonpano

bah! *Interj (drückt Geringschätzung od Sorglosigkeit aus)* ba!

bäh! *Interj: lautmalend für Schafgeblöke* be!

Baha'i *m*, *auch* ***Anhänger*** *m* ***des Bahaismus*** bahaano

Baha'i Esperanto-Liga *f* Bahaa Esperanto-Ligo (*Abk* BEL)

Bahaismus *m od* **Baha'i-Religion** *f Rel (eine aus dem Babismus hervorgegangene Religionsgemeinschaft)* bahaismo (↑ *auch* ***Babismus***)

Bahama-Anolis *m* (Anolis sagrei = Norops sagrei) *Zool (eine leguanartige Echse)* bruna anolido *[Vorkommen: auf einigen Karibik-Inseln]*

Bahamaer *m*, *auch* ***Bahamer*** *m* bahamano

Bahamainseln *od* **Bahamas** *Pl ein mittelamerikanischer Inselstaat im Atlantik* Bahamoj *Pl [Hptst.: Nassau]* (↑ *auch* ***Caicos-Inseln***)

bahamaisch, *auch* ***bahamisch*** *Adj* bahama

Bahasa Indonesia *f Ling* ↑ ***Indonesisch[e]***

Bahasa Malaysia *f Ling* ↑ ***Malaysisch[e]***

Bahá'u'lláh (*m*), *eigtl* ***Mirza Husein Ali*** *Eig (Stifter der Baha'i- Religion [1817-1892])* Bahao

Bahawalpur (*n*) *eine Stadt in S-Pakistan* Bahavalpuro

bähen *tr Med (mit trockener od feuchter Wärme behandeln)* fomenti

Bähen *n Med* fomentado

Bahia (*n*) ***a)*** *ein brasilian. Gliedstaat* Bahio ***b)*** *Hptst. des Staates Bahia* ↑ ***São Salvador da Bahia***

Bahia-Beule *f, auch* ***Espundia*** *f od* ***amerikanisches Uta-Geschwür*** *n Tropenmedizin (eine südamerik. Haut- u. Schleimhautleishmaniase)* Bahia-butono, *auch* brazila frambezio

Bahia-Orange *f* ↑ ***Navelorange***

Bahima *Pl Ethn* ↑ ***Hima***

Bahn *f* ***a)*** *Astron, Raumf (Umlauf≈)* orbito *auch Phys (von Elektronen)* (↑ *auch* ***Erdumlauf-***, ***Planeten-***, ***Satelliten-*** *u.* ***Sonnenbahn***); *Flug-, Schuss- od Wurf≈* trajektorio (↑ *auch* ***Geschoss*** *u.* ***Wurfbahn***) ***b)*** *Fahrspur* leno; *Sport (Kampf≈)* areno, *(Leichtathletik: abgegrenzte Bahn)* leno, *Strecke* vego (↑ *auch* ***Aschen-***, ***Fecht-***, ***Hindernis-*** *u.* ***Tartanbahn***); ***auf ~ 6 läuft ...*** sur leno 6 kuras (*bzw.* kuros) ... *od* sur la sesa leno kuras (*bzw.* kuros) ... (↑ *auch* ***Außen-*** *u.* ***Innenbahn***) ***c)*** *Eisen≈* fervojo (*vgl. dazu* ***Bahnhof***; ↑ *auch* ***Breitspur-***, ***Einschienen-***, ***Gruben-***, ***Klein-***, ***Normalspur-***, ***Ring-***, ***Schmalspur-***, ***Staats-***, ***Zahnradbahn*** *u.* ***Zug***); *Hoch≈ bzw. U-Bahn* metroo; *Magnet≈* magnetvojo; *Schienenseil≈* funikularo; *Seilschwebe≈* telfero; *Straßen≈ (Fahrzeug)* tramo, *(Gesamtsystem)* tramvojo; ***Deutsche ~*** (*Abk* ***DB***) *Eisenb* Germana Fervojo; ***ich fahre mit der ~*** *Eisenbahn* mi veturos trajne (*od* per [la] fervojo); *Straßenbahn* mi veturos per [la] tramo (***nach*** al); ***wann fährt die letzte ~?*** *Straßenbahn* kiam veturos (*od auch* iros) la lasta tramo? ***d)*** *[langer] Streifen* [longa] strio (*mit nachfolgendem* da) (↑ *auch* ***Tapetenbahn***) ***e)*** *Handw (glatte Fläche eines Werkzeugs, die in Berührung mit dem Werkstoff kommt)* faco (↑ *auch* ***Hammerbahn***) ***f)*** *übertr* vojo (↑ *auch* ***Kranbahn***) ◇ ***auf die schiefe ~ geraten*** *auf Abwege geraten* deflankiĝi de la ĝusta vojo, devojiĝi ***g)*** *Phys: Bahn von Elektronen* orbito

Bahn|anlagen *f/Pl Eisenb* fervojaj instalaĵoj *Pl*; **~beamte** *m Eisenb* fervoja oficisto

Bahnbeförderung *f Eisenb* ↑ ***Bahntransport***

Bahnbeschleunigung *f Phys* ↑ ***Tangentialbeschleunigung***

Bahnbestimmung *f Astron (Bestimmung der Umlaufbahn [eines Himmelskörpers])* determino de [la] orbito

Bahnbetriebsunfall *m* ↑ ***Eisenbahnunglück***

Bahnböschung *f, umg* ***Bahndamm*** *m, <schweiz>* ***Bahnbord*** *n Eisenb* relvoja taluso

bahnbrechend *Adj* pionira, *nachgest auch* malfermanta novajn vojojn (*od* eblecojn)

Bahnbrecher *m Wegbereiter* pioniro (*vgl. dazu* ***Pionier***); *Neuerer* noviganto

Bahndamm *m Eisenb* ↑ ***Bahnböschung***

bahnen *tr*: ***jmdm. den Weg ~*** ebenigi la vojon por iu (***damit*** por ke); ***sich einen Weg durch den Dschungel*** (***Urwald***) ~ [tra]bati al si vojon tra la ĝangalo (praarbaro)

Bahn|fahrt *f* veturo per [la] trajno, *auch* trajnveturo; **~gelände** *n* fervoja tereno

Bahnhof *m* (*Abk* ***Bf.***) *Eisenb* [fervoja] stacio (*vgl. dazu* ***Busbahnhof***; ↑ *auch* ***Bestimmungs-***, ***Durchgangs-***, ***Grenz-***, ***Güter-***, ***Haupt-***, ***Heimat-***, ***Kopf-***, ***Rangier-***, ***Umsteige-***, ***Versand-*** *u.* ***Zielbahnhof***); *Empfangsgebäude, umg Bahnhofsgebäude* stacidomo; ***im*** (*od umg auch* ***auf dem***) ~ en la stacidomo; ***jmdn. zum ~ bringen*** akompani iun al (*od* ĝis) la stacidomo ◇ ***nur ~ verstehen*** kompreni absolute nenion

Bahnhofs|buchhandlung *f* stacidoma librovendejo; **~gaststätte** *f od* **~restaurant** *n* stacidoma restoracio; **~gebäude** *n, Fachspr Eisenb* ***Empfangsgebäude*** *n* stacidomo; **~halle** *f* stacidoma halo; **~mission** *f* eklezia helpejo [en la stacio], stacidoma misio; **~vorhalle** *f* stacidoma enir-halo; **~vorplatz** *m* antaŭstacidoma placo; **~vorsteher** *m* estro de fervoja stacio, *umg* staciestro; **~wirtschaft** *f* stacidoma gastejo (*bzw.* bufedo)

Bahnkörper *m, pop auch* ***Schienenweg*** *m Eisenb, Gleisseilbahn, Straßenbahn* relvojo

Bahnlinie *f* ↑ ***Eisenbahnstrecke***

Bahn|netz *n Eisenb* fervoja reto; *der Straßenbahn* tramvoja reto; *der U-Bahn* metroreto; **~polizei** *f* fervoja polico

Bahnpost *f* fervoja poŝto; **~amt** *n* fervoja poŝtoficejo; **~wagen** *m* poŝta vagono

Bahn|radsport *m* traka biciklado; **~reise** *f* trajnvojaĝo, vojaĝo per trajno; **~schranke** *f* fervoja bariero (↑ *auch* ***Drehschranke***); **~schwelle** *f Eisenb* fervoja ŝpalo; **~station** *f Eisenb* fervoja haltejo (*vgl. dazu* ***Bahn-***

hof); *der U-Bahn* metroa haltejo; *der Schienenseilbahn* funikulara stacio; *der Seilschwebebahn* telfera stacio; *Straßenbahnhaltestelle* tramhaltejo (↑ *auch* ***Zentralstation***)

Bahnsteig *m* ***a)*** *Eisenb <schweiz>* ***Perron*** [ˈpɛrõ] *m* pasaĝerkajo (↑ *auch* ***Abfahrts-***, ***Ankunfts-*** *u.* ***Querbahnsteig***); ***überdachter ~*** tegmentita pasaĝerkajo ***b)*** *Gleis* trako; ***auf welchem ~ kommt der Zug aus ... an?*** ĉe kiu kajo (*od auch* sur kiu trako) alvenos la trajno el ...?; ***der Zug nach Berlin fährt von ~ 10 ab*** la trajno al Berlino ekveturos de la kajo deka (*od* de kajo [numero] dek)

Bahnsteig|kante *f* kajobordero; **~karte** *f* kajobileto; **~sperre** *f* kajobariero; **~tunnel** *m od* **~unterführung** *f*, *Fachspr Eisenb auch* ***Personenunterführung*** *f* interkaja subpasejo (*od auch* tunelo)

Bahn|strecke *f Eisenb* fervoja linio; *Straßenbahn* tramvoja linio; **~transport** *m*, *auch* ***Bahnbeförderung*** *f Eisenb* transporto per fervojo

Bahnübergang *m Eisenb* traknivela pasejo, *umg auch* fervoja transpasejo; ***unbeschrankter*** (***unbewachter***) ~ senbariera (negardata) traknivela pasejo

Bahn|unterführung *f Eisenb, Straßenbahn* subtraka pasejo; **~unterhaltungsarbeiter** *m*, *auch* ***Rottenarbeiter*** *od* ***Streckenarbeiter*** *m Eisenb* traklaboristo; **~verbindung** *f Eisenb (Verbindung von Orten mittels Eisenbahnstrecke)* fervoja interligo, *([fahrplanmäßige] Zugverbindung, Zuganschluss)* trajnkorespondo

Bahnwärter *m Eisenb* relvoja gardisto, *pop auch* relgardisto; **~häuschen** *n* relvojogardista dometo

Bahrain (*n*), *auch* ***Bahrein*** (*n*), *arab.* ***Al-Bahrein*** *eine Inselgruppe u. Scheichtum im Persischen Golf* Barejno, *auch* Baĥrejno *[Hptst.: Manama]*

Bahrainer *m* barejnano

Bahrainerin *f* barejnanino

bahrainisch *Adj* barejna

Bahre *f Krankentrage* brankardo; *Toten~* mortintoportilo (*vgl. dazu* ***Katafalk***); *allg (Trage)* portilo (*vgl. dazu* ***Sänfte***)

Bahrein (*n*) ↑ ***Bahrain***

Baht *m thailändische Währungseinheit* bahto (*vgl. dazu* ***Satang***)

[1]**Bai** *f Geogr* golf[et]o (↑ *auch* ***Bucht a)*** *u.* [1]***Golf***)

[2]**Bai** *Pl Ethn (ein Bauernvolk in Westchina [nördliches Yünnan])* bajoj *Pl*

Baikal|gebirge *n ein Gebirge am nördlichen Westufer des Baikalsees* Bajkala Montaro; **~-Helmkraut** *n* (Scutellaria baicalensis) bajkala skutelario *[Vorkommen: vom Baikalsee/Sibirien bis zur Mongolei, China u. Korea]*; **~robbe** *f* (Phoca sibirica) *Zool* bajkala foko

Baikal[see] *m ein See in Sibirien* Bajkalo

Baikonur *ohne Art: russ. Raumfahrtzentrum mit Raketenstartplatz in Zentralkasachstan* Bajkonuro

Bairam *m od n Islam (türkisches Fest am Ende des Fastenmonats Ramadan)* bajramo

Baird|-Strandläufer *m* (Calidris bairdii) *Orn* flavbrusta kalidro; **~-Tapir** *m* (Tapirus bairdii) *Zool* mezamerika tapiro

Bairiki (*n*) *Hptst. von Kiribati* Bairiko

Baiser [bɛˈzeː] *n*, *auch* ***Schaumgebäck*** *n*, *<schweiz>* ***Meringue*** *f Kleingebäck aus Eisschnee u. Zucker* meringo; **~schaummasse** *f*, *auch* ***Eiweißschaummasse*** *f* meringa pasto

Baisse *[bɛːs] f Börse* depresio; **~-Spekulant** *m*, *auch* ***Baissier*** *m* basiero

Baiza *f kleine Währungseinheit in Oman* bajzo (*vgl. dazu* ***Rial***)

Bajadere *f indische [Tempel-] Tänzerin* bajadero

Bajan *m Mus (russische chromatische Handharmonika)* bajano

Bajaweber *m* (Ploceus philippinus) *Orn* flavbrusta ploceo (*od pop* teksbirdo)

Bajazzo *m Theat (Possenreißer [des ital. Theaters])* pajaco

Bajonett *n Mil* bajoneto; ***mit aufgepflanztem ~*** kun alfiksita bajoneto; ***mit vorgehaltenem ~*** minacante per bajoneto

Bajonett|angriff *m Mil* atako per bajonetoj; **~fassung** *f El* bajoneta lampingo, *auch* bajonetsoklo

bajonettieren *intr Mil* bajoneti

Bajonett|verbindung *f od* **~verschluss** *m Mechanik* bajoneta kunigo (*od* junto) *auch an Kameras od am Sockel einer Lampe*

BÄK = *Abk für* ***Bundesärztekammer***

Bakango *m Mus (eine südafrikanische Volksmusik)* bakango

Bake *f Mar* vojsigno [por ŝipoj] (*vgl. dazu* ***Boje***); *Eisenb, Straßenverkehr* avert-tabulo (↑ *auch* ***Warnschild***); *Geodäsie (Absteckpfahl)* celstango

Bakelit® *n ein Kunstharzpressstoff* bakelito
Bakkalaureat *n Univ* bakalaŭreco
Bakkalaureus *m, engl.* ***Bachelor*** *m Univ (niedrigster akademischer Grad [bes. in englischsprachigen Ländern])* bakalaŭro
Bakkarat *n Kart* ↑ ***Baccara***
Baklava *n, arab.* ***Baqlawa*** *Nahr (öliges, mit gehackten Nüssen, Pistazien od Mandeln u. Honig gefülltes Gebäck aus Strudelteigschichten)* baklavo
Bakschisch *n [im Orient:] Trink- bzw. Bestechungsgeld* bakŝiŝo
Bakteriämie *f Med (Vorhandensein von Bakterien in der Blutbahn)* bakteriemio
Bakterie *f,* <*wiss*> ***Bakterium*** *n einzelliger Mikroorganismus ohne typischen Zellkern* bakterio (↑ *auch* ***Azotobacter***, ***Bazillus***, ***Chlamydia***, ***Boden-***, ***Cyano-***, ***Darm-***, ***Diphtherie-***, ***Dysenterie-***, ***Fäulnis-***,***Karies-***, ***Knöllchenbakterien***, ***Koli-***, ***Lepra-***, ***Mycobakterium***, ***Spirille***, ***Spirochäte***, ***Schwefel-***, ***Stäbchenbakterien*** *u.* ***Tuberkelbakterie***); ***aerobe*** (***anaerobe***, ***autotrophe***, ***gramnegative***, ***krankheitserregende***, ***sporenbildende***) ***~n*** *Pl* aerobiaj (malaerobiaj, aŭtotrofiaj, gramnegativaj, patogenaj, sporoformantaj) bakterioj *Pl*; ***stäbchenförmige ~n*** *Pl bes. der Ordnung ‹Eubacteriales›* bastonetformaj bakterioj *Pl*; ***~n auflösend*** (*od* ***vernichtend***) bakterioliza
bakteriell 1. *Adj*: ***~e Erkrankung*** *f* bakteria malsan[iĝ]o **2.** *Adv*: ***~ verursacht*** bakteriokaŭzita *od nachgest* kaŭzita de bakterioj
Bakterienauflösung *f* = ***Bakteriolyse***
Bakterienbefall *m* bakteria invado
bakterienbeständig ↑ ***bakterienresistent***
Bakterien|enzyme *n/Pl*: *von Bakterien gebildete Enzyme, die ihrem Stoffwechsel dienen* bakteriaj enzimoj *Pl*; **~flora** *f Gesamtheit der auf od in einem gesunden Lebewesen siedelnden Bakterien* <*in der Mehrzahl apathogene Bakterien*> bakteria flaŭro
Bakterienforscher *m* = ***Bakteriologe***
bakterienfrei, <*wiss*> ***abakteriell*** *Adj* senbakteria
Bakterienfresser *m/Pl* ↑ ***Bakteriophagen***
Bakterien|genetik *f ein Teilgebiet der Vererbungslehre* bakteria genetiko; **~gifte** *od* **Bakteriotoxine** *n/Pl Giftstoffe, die von Bakterien abgeschiedenwerden* bakteriaj toksinoj *od* bakteriotoksinoj *Pl*
bakterienhaltig *Adj* enhavanta bakteriojn *nachgest*
Bakterien|klassifikation *f* bakteriologia klasifikado; **~kolonie** *f* kolonio de bakterioj; **~krieg** *m Mil* bakteria milito; **~kultur** *f* kultiv[ad]o de bakterioj; **~protein** *n* bakteria proteino
bakterienresistent, *auch* ***bakterienbeständig*** *Adj* bakteriorezista
Bakterien|ruhr *f, auch* ***bakterielle Dysenterie*** *f Med (Infektionskrankheit, die durch Bakterien der Gattung Shigella verursacht wird u. hauptsächlich den Dickdarm befällt)* bakteria disenterio; **~stamm** *m* bakteria stamo *od* stamo de bakterioj
Bakterientoxine *n/Pl* ↑ ***Bakteriengifte***
Bakteriochlorophyll *n Bot* bakterioklorofilo *[Vorkommen in den photosynthetisch aktiven Schwefelbakterien]*
Bakteriologe *m,* <*österr*> ***Bakteriolog*** *m* bakteriologo
Bakteriologie *f* bakteriologio (↑ *auch* ***Mikrobiologie***); ***medizinische*** (***technische***) ~ medicina (teknika) bakteriologio
bakteriologisch *Adj* bakteriologia
Bakteriolyse *f Auflösung von Bakterien* bakteriolizo
bakteriolytisch *Adj Bakterien auflösend od vernichtend* bakterioliza
Bakteriophagen *m/Pl, Kurzf* ***Phagen*** *m/Pl, auch* ***Bakterienfresser*** *m/Pl Viren, die Bakterien befallen u. vernichten* bakteriofaĝoj *Pl, Kurzf* faĝoj *Pl* (↑ *auch* ***Zoophagen***)
Bakteriophobie *f Psych (krankhafte Angst vor Ansteckung durch Bakterien)* bakteriofobio
Bakteriostase *f nur Fachspr Med u. Pharm (Keimhemmung)* bakteriostazo
bakteriostatisch *Adj Wachstum u. Vermehrung von Bakterien hemmend* bakteriostaza
Bakteriotoxine *n/Pl* ↑ ***Bakteriengifte***
Bakterium *n* ↑ ***Bakterie***
Bakteriurie *f nur Fachspr Med (Ausscheidung von Bakterien im Urin)* bakteriurio
bakterizid, *auch* ***Bakterien tötend*** *Adj* baktericida, bakteriomortiga
Bakterizide *n/Pl, auch* ***Bakterien abtötende Substanzen*** *f/Pl Pharm* baktericidoj *Pl* <*Bakterizide sind vor allem Antibiotika u. viele Desinfektionsmittel*>
Baktrien (*n*) *Antike (eine altpersische Landschaft)* Baktrio
Baktrier *m/Pl* baktroj *Pl*
Baku (*n*) *Hptst. von Aserbaidschan* Bakuo
Bakunin (*m*) *Eig (ein russ. Sozialphilosoph*

u. Anarchist [1814-1876]) Bakunino

Balafon *n Mus (ursprünglich afrikanisches Volksinstrument mit Resonatoren aus Flaschenkürbissen)* balafono

Balalaika *f Mus (russisches u. ukrainisches Zupfinstrument mit dreieckigem Schallkörper u. langem Hals)* balalajko

Balance *f* ekvilibro, *auch* egalpezo (↑ *auch* ***Gleichgewicht***); ***die ~ halten*** (***verlieren***) gardi (perdi) la ekvilibron

Balancella *f Mar (einmastiges Segelboot [im Mittelmeer])* balancelo

Balanceregler *m an Stereogeräten* ekvilibrokontrolilo

Balancier *m Tech* ↑ ***Schwingbalken***

balancieren ***a)*** *tr etw. im Gleichgewicht halten* ekvilibrigi ***b)*** *intr gehen, ohne das Gleichgewicht zu verlieren* sin balanci (***auf*** sur)

Balancierstange *f, auch* ***Gleichgewichtsstange*** *f z.B. eines Seiltänzers* ekvilibrostango

Balanitis *f nur Fachspr Med (Entzündung der Eichel des männl. Gliedes [Glans penis])* balanito

Balantidium coli *Parasitologie, Vet (ein Protozoon)* balantidio

Balata *f ein dem Kautschuk ähnliches Naturerzeugnis* balato

Balboa *m Währungseinheit in Panama* balboo

Balbuties *f Fachspr Med* ↑ ***Stottern***

Balchaschsee *m* ↑ ***Balkaschsee***

bald 1. *Adv* baldaŭ (*vgl. dazu* ***sofort***); *umg beinahe* preskaŭ; ~ ***zu viel*** preskaŭ tro multe; ***auf*** (*od* ***bis***) ***~!*** ĝis baldaŭ!; ***nicht so ~*** ne baldaŭ; ***es ist ~ um zwölf [Uhr]*** estas preskaŭ la dekdua [horo]; ***ich wäre ~ gestorben*** (*od* ***umgekommen***) mi preskaŭ mortis; ***so ~ als*** (*od* ***wie***) ***möglich*** *od* ***möglichst ~*** kiel eble plej baldaŭ **2.** *Konj*: *in der Doppelform* ~ ***...*** ~ ***...*** jen ..., jen ...; ~ ***hier***, ~ ***dort*** jen ĉi tie, jen tie; ~ ***so***, ~ ***so*** jen tiel, jen alie

Baldachin *m* baldakeno (*vgl. dazu* ***Altar-***, ***Bett-***, ***Thron-*** *u.* ***Traghimmel***); ~**träger** *m in einer Prozession* baldaken-portanto

Bälde *f*: ***in ~*** baldaŭ

Bald[e]r (*m*) *Myth* ↑ ***Baldur***

baldig *Adj* baldaŭa; ***~e Antwort*** *f* baldaŭa respondo; ***auf ~es Wiedersehen!*** ĝis baldaŭa revido!

baldigst *Adv* plej baldaŭ; *möglichst bald* kiel eble plej baldaŭ

baldmöglichst *Adv* kiel eble plej baldaŭ

Baldrian *m* (*Gattung* Valeriana) *Bot* valeriano *auch Pharm*, *pop auch* katherbo (↑ *auch* ***Berg-***, ***Pyrenäen-*** *u.* ***Zwergbaldrian***); ***dreischneidiger ~*** (Valeriana tripteris) korfolia valeriano; ***echter*** (*od* ***gemeiner***) ~, *auch* ***Arzneibaldrian*** (Valeriana officinalis) kuraca (*od* oficina) valeriano; ***kleiner ~*** (Valeriana dioica) *Bot* malgranda valeriano; ***knolliger ~*** (Valeriana tuberosa) tubera valeriano; ~ ***hilft beim Einschlafen*** valeriano dispozicias al dormo

Baldriangewächse *n/Pl Bot*: ***[Familie der]*** ~ (Valerianaceae) valerianacoj *Pl*

Baldrian|säure *f* (Acidum valerianicum) *Chem* valeriana acido; ~**tinktur** *f Pharm* valeriana tinkturo *od* tinkturo de valeriano; ~**tropfen** *m/Pl* valerianaj gutoj *Pl*, *auch* valeriana esenco; ~**wurzel** *f* valeriana radiko *auch Pharm*

Balduin (*m*) *männl. Vorname* Baldueno *auch Name von flandrischen u.a. Grafen*

Baldur (*m*) ***a)*** *männl. isländischer Vorname* Balduro ***b)*** *auch* ***Bald[e]r*** *Myth (ein altgerman. Gott [Sohn Odins u. der Frigg])* Balduro

Balearen *immer mit Art*: ***die*** ~ *Pl*, *span.* ***Islas Baleares*** *eine spanische Inselgruppe* Balearoj *Pl*

Balearen|-Buchsbaum *m* (Buxus balearica) *Bot* baleara bukso; ~**-Johanniskraut** *n* (Hypericum balearicum) *Bot* baleara hiperiko

Balearen-Rose *f Bot* ↑ *unter* ***[1]Rose***

Balearen-Sturmtaucher *m* (Puffinus mauretanicus) *Orn* baleara pufino

balearisch *Adj* baleara

Balfour-Deklaration *f zur Palästina-Frage im Jahre 1917* Balfour-deklaracio [...'*fu:r*]

[1]Balg *m* ***a)*** *Tierfell* felo [de besto]; *ausgestopfter Tierkörper* remburita besto, *(mit Stroh gestopft)* pajloŝtopita besto ***b)*** *harmonikaartig ausziehbarer Teil, z.B. an einem älteren Fotoapparat, Tech (Falten*≗ *[zur Erzeugung eines Luftstroms])* balgo *auch des Akkordeons* (↑ *auch* ***Orgel-*** *u.* ***Schmiedebalg***); *Blase*≗ balgoblovilo

[2]Balg *n umg für «[kleines] Kind»* infan[et]o, *auch pej für «unartiges Kind»* malobeema infano (*vgl. dazu* ***Racker*** *u.* ***Schlingel***)

balgen, sich *refl Kinder, Tierjunge* interbataleti, kvazaŭlude lukt[et]i

Balgenkamera *f, auch* ***Klappkamera*** *f Foto (hist)* balgokamerao

Balgfrucht *f* (Folliculus) *Bot (aus einem Fruchtblatt bestehende Streufrucht, die nach der Reife an der Nahtstelle aufspringt [z.B. bei Eisenhut u. Trollblume])* foliklo

Balggeschwulst *f Med =* ***Atherom***

Balgmilbe *f Ent =* ***Haarbalgmilbe***

Bali (*n*) *eine indones. Insel* [insulo] Balio *[Hptst.: Denpasar]*; ~**-Katzenhai** *m* (Atelomycterus baliensis) *Zool* balia katoŝarko

Balikpapan (*n*) *ein indones. Erdölhafen an der Ostküste Kalimantans* Balikpapano

Balinese *m* ***a)*** *Ethn* baliano ***b)*** *eine Rasse der Langhaarkatzen <Siamtyp mit länglichem Haarkleid>* balia kato

Balinesin *f* balianino

balinesisch *Adj* balia; ~***e Kultur*** *f* balia kulturo

Balinesisch[e] *n Ling* la balia [lingvo]

Bali|see *f Teil des Australasiatischen Meeres* Balia Maro; ~**-Star** *m* (Leucopsar rothschildi) *Orn* blanka sturno [de Balio] *[vom Aussterben bedrohte Art]*; ~**straße** *f Meeresstraße zw. Java u. Bali* Markolo de Balio; ~**-Tiger** *m* (Panthera tigris balica) *Zool (eine mittlerweile ausgestorbene Spezies)* balia tigro

Balkan *m* ***a)*** *bulg.* ***Stara Planina*** *Hauptgebirge der Balkanhalbinsel* Balkan-Montaro ***b)*** *Region* balkana regiono; *Balkanländer* balkanaj landoj *Pl, auch* Balkanio

Balkangebirge *n* Balkano, *auch* Balkan-Montaro

Balkanginster *m Bot* ↑ *unter* ***Ginster***

Balkanhalbinsel *f* Balkana Duoninsulo

balkanisch *Adj* balkana

balkanisieren *tr Pol* balkanigi

Balkanisierung *f Pol i.w.S. (politische Zersplitterung, Aufspaltung in Einzelstaaten, i.w.S. Instabilität)* balkanigo

Balkankriege *m/Pl Gesch (Kriege in den Jahren 1912/1913 auf dem Balkan)* balkanaj militoj *Pl*

Balkanländer *n/Pl*: ***die*** ~ la balkanaj landoj *Pl, auch* Balkanio

Balkanologie *f wiss. Erforschung der Balkansprachen u. -literaturen* balkanologio

Balkan|-Pakt *m Gesch* Balkana Alianco *[geschlossen im Jahr 1934 u. ein anderer 1953]*; ~**sprachen** *f/Pl Ling (auf der Balkanhalbinsel gesprochene Sprachen, die sich trotz unterschiedlicher Herkunft aufgrund zahlreicher Gemeinsamkeiten zu einer Sprachgruppe zusammenfassen lassen)* balkanaj lingvoj *Pl*; ~**staaten** *m/Pl* balkanaj ŝtatoj *Pl*; ~**zornnatter** *f, auch* ***Balkanpfeilnatter*** *f* (Hierophis gemonensis = Coluber gemonensis) *Zool* balkana kolubro *[Vorkommen: Balkanhalbinsel u. Griechenland, auch auf Kreta]*

Balkaschsee *m, auch* ***Balchaschsee*** *m im Osten Kasachstans* Balkaŝo *od* Balkaŝa Lago

Bälkchen *n/Pl Anat =* ***Trabekel***

[1]**Balken** *m* trabo *auch Sportgerät* (*vgl. dazu* ***Dach-***, ***Gitter-***, ***Holz-*** *u.* ***Schwebebalken***); *Bauw (Trag~, Träger)* balko (↑ *auch* ***Architrav***), *(Fachwerk~)* trusa balko, *(Decken~, der auf dem Mauerwerk aufliegt, [Schiffbau:] Decks~, querschiffs angeordneter Träger)* solivo (↑ *auch* ***Tragbalken***)

[2]**Balken** *m Gehirn~* (Corpus callosum) *Anat* kalozo

Balken|decke *f Bauw* traboplafono; ~**gerüst** *n, auch* ***Gebälk*** *n* trabaĵo *od* trabaro; ~**waage** *f* vekta pesilo

Balkh (*n*) *ein Ort in N-Afghanistan [mit Ruinen des alten Baktra, eines Handelszentrums Baktriens]* Balĥo

Balkon *m* (*Abk* ***Blk.***) *am Haus* balkono *auch im Kino od Theater* (*vgl. dazu* ***Altan***; ↑ *auch* ***Loggia*** *u.* ***Rang b)***); ***auf dem*** ~ ***sitzen*** sidi sur la balkono

Balkonpflanze *f* balkonplanto *od* balkona planto; ***die*** ~***n gießen*** akvumi la balkonplantojn

Balkontür *f* balkonpordo *od* balkona pordo

[1]**Ball** *m* pilko (↑ *auch* ***Billard-***, ***Fuß-***, ***Gummi-***, ***Hockey-***, ***Medizin-*** *u.* ***Tennisball***); ~ ***spielen*** ludi per pilko; ***den*** ~ ***abspielen*** pasigi (*od* transludi) la pilkon (***an*** *od* ***zu*** al); ***den*** ~ ***mit der Hand berühren*** *Regelverstoß beim Fußball* mantuŝi (*od* mane [ek]tuŝi) la pilkon (*vgl. dazu* ***Hand!***); ***den*** ~ ***zurückschlagen*** rebati la pilkon

[2]**Ball** *m Tanzvergnügen* balo (↑ *auch* ***Faschings-***, ***Hof-***, ***Kostüm-***, ***Masken-*** *u.* ***Silvesterball***); ***auf einem*** ~ ĉe balo

Ballabgabe *f beim Fußball* pilkopasigo *od* pasigo de la pilko (↑ *auch* [3]***Pass***)

Ballade *f Lit, Mus* balado (***über*** pri) (↑ *auch* ***Byline*** *u.* ***Moritat***)

balladenhaft *Adj* baladeska

Ballast *m Mar, Tech u. übertr* balasto *auch bei Ballons u. Luftschiffen* (↑ *auch* ***Schotter***

a)); *übertr u. i.w.S. auch (Überflüssiges)* superfluaĵo, *(nutzlose Last)* senutila ŝarĝo, *(Hindernis)* obstaklo; ~ ***abwerfen*** forĵeti balaston; ***von ~ befreien*** *Mar* senbalastigi *auch übertr*

Ballast|stoffe *m/Pl in der Nahrung* balastsubstancoj *Pl, auch* balastaĵoj *od* dietaj fibroj; ~**tank** *m Mar (für den Wasserballast auf Schiffen)* balastakvujo (↑ *auch* ***Tauchtank***); ~**wasser** *n Mar (in einen Ballasttank gefülltes Wasser)* balast-akvo

Ball|beherrschung *f Sport* regado de la pilko; ~**besitz** *m Sport (während eines Spiels)* pilkoposedo

ballen *tr zu einem Klumpen formen* buligi; ***die Hand zur Faust ~*** pugnigi la manon; ***sich ~*** *Wolken* densiĝi; *einen Klumpen bilden* buliĝi; *ein Konglomerat bilden* konglomeriĝi

Ballen *m* ***a)*** *Hdl* varpako, pak[aĵ]o ***b)*** *Anat (Hand≗)* (Thenar) tenaro (↑ *auch* ***Daumenballen***) ***c)*** *Med (eine Belastungsdeformität an der Großzehe [Hallux valgus])* valga halukso ***d)*** *Klumpen, Klümpchen* bul[et]o (↑ *auch* ***Eisklumpen*** *u.* ***Strohballen***); ~**schnur** *f für Verpackung* pakŝnuro

Ballerina *f Ballett (Solotänzerin)* balerino, solodancistino [en baleto] (↑ *auch* ***Primaballerina***); ~**frisur** *f* balerina frizaĵo; ~**rock** *m* balerina jupo; ~**schuh** *m* balerina ŝuo

Ballett *n Mus, Theat* baleto (↑ *auch* ***Bolschoi-*** *u.* ***Eisballett***); ***klassisches ~*** klasika baleto; ***ein ~ aufführen*** prezenti baleton

Balletteuse [...*'ö:se*] *f* ↑ ***Balletttänzerin***

Ballett|meister *m* baletmastro; ~**musik** *f* baletmuziko; ~**röckchen** *n, auch* ***Tutu*** [*ty'ty:*] *n* baletjupo; ~**schuh** *m* baletŝuo; ~**schule** *f* baletlernejo; ~**tänzer** *m* baletisto; ~**tänzerin** *f, selt* ***Balletteuse*** *f* baletistino; ~**truppe** *f* balet-trupo

ballförmig 1. *Adj* pilkoforma **2.** *Adv* pilkoforme

Balliste *f Antike (altröm. Kriegsmaschine für Wurfgeschosse u. Pfeile)* balisto

Ballistik *f* balistiko; ***innere ~*** *Naturw* interna balistiko

ballistisch *Adj* balistika; ~***er Flugkörper*** *m* balistika pafaĵo; ~***e Kurve*** *f* balistika kurbo; ~***e Rakete*** *f Mil* balistika raketo (*od* misilo); ~***e Untersuchung*** *f* balistika esplorado

ballförmig *Adj* pilkoforma (*vgl. dazu* ***kugelförmig***)

Ball|junge *m Tennis* pilkopluka knabo, *auch* pilkoplukulo; ~**kleid** *n* balrobo; ~**königin** *f* reĝino de la balo; ~**kontakt** *m Fußball* pilkokontakto

Ballon *m* ***a)*** *Flugw, Met*: *Flug≗* balono (↑ *auch* ***Drachen-***, ***Fessel-***, ***Frei-***, ***Heißluft-***, ***Lenk-***, ***Registrier-***, ***Sperr-***, ***Stratosphären-***, ***Wasserstoff-*** *u.* ***Wetterballon***) ***b)*** *kugelförmiges Hohlgefäß (bes. Chem) bzw. in einem Korb verpacktes Glasgefäß für Säuren usw.* balono (*vgl. dazu* ***Destillierkolben***) ***c)*** *Mar (Signal≗)* signalbalono

Ballonett *n Flugw (Luftkammer im Innern von Fesselballons u. [halbstarren] Luftschiffen)* baloneto

Ballon|fahren *n, auch engl.* ***Balloning*** *n* balonado; ~**fahrer** *m* balonveturanto; ~**fahrt** *f* balonvetur[ad]o; ~**führer** *m* balonkondukisto, *auch* balonpiloto; ~**hülle** *f* balonŝelo; ~**katheter** *m Medizintechnik (Urologie)* balonkatetero; ~**korb** *m* balonkorbo, *auch* nacelo [de balono]; ~**netz** *n* balonreto; ~**post** *f* ***a)*** *Postbeförderung mittels Freiballon [Einsatz z.B. im Krieg 1870/71 in Paris]* balonpoŝto *<gegenwärtig findet man Ballonpost nur noch bei besonderen philatelistischen Anlässen>* ***b)*** *Ballonpostsendung* balonpoŝt[aĵ]o *auch Philat*; ~**seide** *f Textil* balonsilko

Ballonsonde *f Met* ↑ ***Registrierballon***

Ballotage *f alt: geheime Abstimmung mit weißen u. schwarzen Kugeln* balot[ad]o (↑ *auch* ***Abstimmung b)*** *u.* ***Wahl a)***)

ballotieren *intr od abs: alt (mit Kugeln abstimmen)* baloti (*vgl. dazu* ***abstimmen b)*** *u.* ***wählen a)***)

Ball|saal *m* balsalono, *auch* salono de baloj; ~**schuhe** *m/Pl* balŝuoj *Pl*; ~**spiel** *n* pilk[o]ludo

Ballungsraum *m* aglomera zono; ***städtischer ~*** *Agglomeration* [urba] aglomeraĵo

Balneologe *m Bäderarzt* balneologo

Balneologie *f, auch* ***Bäder[heil]kunde*** *f Med* balneologio (↑ *auch* ***Phytobalneologie***)

balneologisch *Adj* balneologia

Balneotherapie *f, auch* ***Bäderbehandlung*** *f Med (Behandlung mit Bädern aus natürlichen Heilquellen mit Peloiden u. Gasen an einem Kurort, auch Seebäder, Trinkkuren u. Inhalationen)* balneoterapio, banterapio (*vgl. dazu* ***Thalassotherapie***)

Balsa|baum *m* (Ochroma lagopus = Ochroma pyramidale) *Bot* balzo; ~**holz** *n* balzoligno

Balsam *m* balzamo *auch Pharm u. übertr* (*vgl. dazu* ***Linderung*** *u.* ***Trost***; ↑ *auch* ***Lippen-***, ***Peru-***, ***Styrax-*** *u.* ***Tolubalsam***) ◇ ***das ist ~ für die Seele*** tio estas balzamo por la animo

Balsamapfel *m* (Clusia rosea = Clusia major) *Bot (eine Zimmerpflanze)* kluzio

Balsambaum *m*, *auch* ***Salbenbaum*** *m* (Amyris balsamifera) *Bot* balzama amirido; ***Balsambäume*** *m/Pl Sammelbez. für verschiedene baumartige tropische Holzgewächse, die Balsame liefern* balzamarboj *Pl*

Balsam|birne *od* **~gurke** *f* (*Gattung* Momordica) *Bot* momordiko

Balsam[ico]essig *m*, *auch* ***Aceto balsamico*** *m eine italienische Essigart* balzamvinagro; ***Aceto balsamico di Modena*** balzamvinagro de (*od* el) Modeno

balsamieren *tr mit Balsam salben* balzami (↑ *auch* ***einbalsamieren***)

Balsamierung *f* balzamado

Balsamine *f*, *auch* ***Springkraut*** *n* (*Gattung* Balsamina) *Bot* balzamino (↑ *auch* ***Gartenbalsamine***)

Balsaminengewächse *n/Pl Bot*: ***[Familie der]*** *~*, *<wiss>* ***Balsaminazeen*** *Pl* (Balsaminaceae) balzaminacoj *Pl*

balsamisch **1.** *Adj* balzama **2.** *Adv* balzame; *~* ***duftend*** balzame odoranta *od* balzam-odora

Balsam|kraut *n*, *auch* ***Frauenminze*** *f* (Chrysanthemum balsamita) *Bot* balzamito; **~pappel** *f* (Populus balsamifera) *Bot* balzama poplo *[Vorkommen: Alaska u. Nordamerika]*; **~tanne** *f* (Abies balsamea) *Bot (ein nordamerik. Nadelbaum)* balzama abio

Balte *m 1. Angehöriger der baltischen Sprachfamilie 2. früherer [deutscher] Bewohner des Baltikums* balto (↑ *auch* ***Kuren***)

Baltendeutsche *m/Pl*, *auch* ***Deutsch-Balten*** *m/Pl* baltaj germanoj *Pl*

Balthasar (*m*) *männl. Vorname* Baltazaro

Balti[j]sk (*n*) *seit 1945 amtlicher russischer Name von Pillau* Baltijsko

Baltikum *n* ↑ *unter* ***baltisch***

Baltimore (*n*) *eine Hafenstadt in Maryland/USA [an der Westküste der Chesapeakebai]* Baltimoro; **~trupial** *m* (Icterus galbula) *Orn* baltimora (*od* norda) iktero *[Vorkommen im Osten Nordamerikas <Wappentier des US-Bundesstaates Maryland>]*

Baltin *f* baltino

baltisch *Adj* balta; ***die ~en Sprachen*** *Pl Ling (dem Slawischen nächstverwandter Zweig des Indogermanischen <umfasst das Litauische, Lettische u. das ausgestorbene Altpreußische>* la baltaj lingvoj *Pl*; ***die ~en Staaten*** *m/Pl*, *auch* ***das Baltikum*** la baltaj ŝtatoj *Pl*, *auch* Baltio *ohne Art*

Baltist *m Kenner baltischer Sprachen, Literaturen u. Kulturen* baltisto

Baltistik *f Wissenschaft der baltischen Sprachen u. Literaturen* baltistiko

Baltrum (*n*) *kleinste der Ostfriesischen Inseln* [insulo] Baltrumo

Baltschik (*n*) *ein bulgarisches Seebad an der Schwarzmeerküste [nördlich von Varna]* Balĉiko

Baluchi *od* **Balutschi** *n Ling (eine schriftlose in Iran, Pakistan, Afghanistan u. Oman gesprochene Sprache*) la beluĉa [lingvo]

Baluster *m kleine Säule [als Geländerstütze]* balustro

Balustrade *f* balustrado (*vgl. dazu* ***Brüstung*** *u.* ***Geländer***)

Balz *f Paarungsspiel (bei bestimmten Vögeln, auch Fischen)* pariĝa ceremonio, [antaŭpariĝa] amludo

Balzac (*m*) *Eig (franz. Schriftsteller [1799-1850])* Balzako

Balzzeit *f Orn* pariĝa sezono [de la birdoj]

bam! *lautnachahmend für dumpfen Trommelschlag bzw. für den Schlag der Turmuhr* bam!

Bamako (*n*) *Hptst. von Mali* Bamako

Bambara ***a)*** *Pl Ethn (ein afrik. Volk aus der Mande-Gruppe am Oberlauf des Niger/SW-Mali)* bambaroj *Pl* ***b)*** *n*, *auch* ***Bamana Kan*** *n Ling (eine in Niger, Mali u. anderen Teilen Westafrikas gesprochene Sprache)* la bambara [lingvo]

Bamberg (*n*) *eine Stadt in Oberfranken [an der Regnitz]* Bambergo

Bambus *m* (*Gattung* Bambusa) *Bot* bambuo (↑ *auch* ***Dornenbambus*** *u.* ***Kurilen-Bambus***)

Bambusbär *m Zool* ↑ ***Panda***

Bambus|blatt *n* bambufolio; **~flöte** *f Mus* ŝalmo de bambuo; *jap. Bambusblockflöte (Shakuhachi)* ŝakuhaĉo; **~geflecht** *n* plektaĵo el bambuo; **~hecke** *f* bambuheĝo

Bambushuhn *n* (*Gattung* Bambusicola) *Orn (ein rebhuhnähnlicher Vogel)* bambuperdriko ***chinesisches ~*** *od* ***Graubrauen-***

Bambushuhn *n* (Bambusicola thoracica) *[Vorkommen: Südchina u. Taiwan]* ĉina bambuperdriko; ***indisches** ~ od **Gelbbrauen-Bambushuhn*** *n* (Bambusicola fytchii) hinda bambuperdriko

Bambus|hütte *f* kabano el bambuo; ~**korb** *m* bambukorbo, korbo [plektita] el bambuo

Bambuslemur *m Zool*: ***grauer*** (*od **östlicher***) ~ (Hapalemur griseus) griza lemuro

Bambusmatte *f* bambumato

Bambuspalme *f Bot* ↑ ***Bastpalme***

Bambus|ratte *f* (Rhizomys pruinosus) *Zool* bamburato *[Vorkommen in Bambuswäldern SO-Asiens u. Südchina]*; ~**rohr** *n* bambukano

Bambussprossen *f/Pl* bambuŝosoj *Pl auch Kochk*; ~**suppe** *f Kochk* supo kun bambuŝosoj

Bambus|stab *m* bambubastono; ~**stäbchen** *n* bambubastoneto; ~**stange** *f* bambustango; ~**stuhl** *m* bambuseĝo, seĝo [farita] el bambuo; ~**wald** *m* bambu-arbaro; ~**zaun** *m* barilo el [plektita] bambuo

Bambuti *Pl, auch **Mbuti** Pl Ethn (ein afrikanisches Pygmäenvolk am Ituri/Demokratische Rep. Kongo)* bambutoj *Pl*

Bamiyan-Tal *n im Zentrum Afghanistans* Bamijana Valo *<hier befanden sich die 2001 von den Taliban zerstörten beiden aus dem Fels gehauenen Buddha-Statuen>*

[1]**Ban** *od* **Bani** *m rumän. Münzeinheit (Untereinheit des Leu)* bano

[2]**Ban** *od* **Banus** *m ehem: ungarischer bzw. kroatischer Gebietsvorsteher* banuso

Banach (*m*) *Eig (polnischer Mathematiker [1892-1945])* Banaĥo; ~**-Raum** *m Funktionalanalysis (eine wichtige Klasse von allgemeinen [topologischen] Räumen)* banaĥa spaco

banal 1. *Adj* banala (*vgl. dazu **abgedroschen**, **alltäglich** u. **fade***) **2.** *Adv*: ***das klingt vielleicht** ~, **aber es ist wahr*** tio sonas eble banala, sed ĝi estas vera

banalisieren *tr ins Banale ziehen* banaligi

Banalität *f* banaleco (↑ *auch **Oberflächlichkeit** u. **Seichtheit***); *etw. Banales, geistlose Bemerkung* banalaĵo, banala rimarko; ***die ~en des Alltags*** la banalaĵoj de la ĉiutaga vivo

Bananaquit *m Orn* ↑ ***Zuckervogel***

Banane *f Frucht* banano; *Pflanze* (*Gattung* Musa) bananarbo (↑ *auch **Wildbanane***); ***gebackene ~n*** *Pl Kochk* frititaj bananoj *Pl*

Bananenanbau *m* bananokultivado

Bananenblatt *n* folio de bananarbo; ***in ein ~ gehüllt*** (*od **gewickelt***) *z.B. [in SO-Asien] auf dem Markt Gekauftes* volvita en folio de bananarbo

Bananen|blüte *f* floro de bananarbo; ~**chips** *m/Pl Nahr* bananoĉipsoj *Pl*; ~**ernte** *f* rikolt[ad]o de bananoj; ~**kuchen** *m* bananokuko; ~**mehl** *n Nahr* faruno el sekigitaj bananoj; ~**republik** *f 1. umg für: kleines Land in den trop. Teilen des amerik. Kontinents, das vornehmlich von US-amerikanischem Kapital abhängig ist 2. übertr pej für: Land, dessen politische Verhältnisse von Korruption u. Ineffizienz geprägt sind* banana respubliko; ~**schale** *f* banana ŝelo; ~**spinne** *f, auch **brasilianische Wanderspinne** f od **Armadeira** f* (Phoneutria spp.) *Ent* bananoaraneo *[Vorkommen: ganz Südamerika, bes. Brasilien] <in Bananentransporten erreichen einzelne Exemplare auch Europa>*; ~**staude** *f* bananarbo; ~**stecker** *m El* banan-ŝtopilo

Bananenwachs *n* ↑ ***Pisangwachs***

Banat *n historische Landschaft zw. Donau, Theiß, Mureş, Donau u. den Südkarpaten* Banato, *selt auch* Banuslando

Banater *m* **1.** *Subst: Bewohner des Banats* banatanoj *Pl* **2.** *attributives Adj* banata; ~ ***Schwaben*** *m/Pl Ethn (eine deutschsprachige Minderheit im Banat/ Rumänien)* banataj ŝvaboj *Pl*

Banause *m* filistro (↑ *auch **Spießbürger***)

banausenhaft *od* **banausisch** *Adj* filistra

[1]**Band** *m* (*Abk **Bd.***) *Buchw* volumo (*Abk* vol.) (↑ *auch **Ergänzungs-**, **Ganzleinen-**, **Pracht-**, **Sammel-** u. **Zusatzband***); ***ein Buch in zwei Bänden*** libro en du volumoj *od* duvoluma libro ◇ ***darüber könnte man Bände schreiben*** oni povus verki libron pri tio

[2]**Band** *n* ***a)*** *streifenförmiges Band* bendo *auch EDV, Radio u. Tech* (↑ *auch **Binde**, **Fass-**, **Förder-**, **Haar-**, **Isolier-**, **Lauf-**, **Maß-**, **Schürzen-**, **Stahl-** u. **Zielband***); *für Recorderaufnahmen* magnetofona bendo, sonbendo (↑ *auch **Tonband** u. **Videoband***); *Ordens-, Zier- u.a. Band* rubando (↑ *auch **Hut-**, **Mützen-**, **Seiden-**, **Stirn-** u. **Strumpfband***); *Schnür≗, Schnürsenkel* laĉo; ***das Blaue** ~ 1. Mar hist: Ehrung für das schnellste Passagierschiff auf der Transatlantikroute Europa-New York 2. für den*

Derbysieg im Pferdesport **3.** *das blaue Samtband des englischen Hosenbandordens* la Blua Rubando; ***die ~e*** la ligilo; *Bindungen* la ligoj *Pl*; ***das ~*** (*od* ***die ~e***) ***der Freundschaft*** *bildh* la ligilo de [la] amikeco ◇ ***am laufenden ~*** *ununterbrochen* senĉese (*vgl. dazu* ***hintereinander***) ***b)*** *auch* ***Ligament*** *n* (Ligamentum) *Anat (derber Bindegewebsstrang zur Festigung der Gelenke od zum Halt von Organen, z.B. der Fingersehnen)* ligamento (*vgl. dazu* ***Taenia***; ↑ *auch* ***Inguinal-***, ***Kniescheiben*** *u.* ***Nabelband***) ***Ligamentum suspensorium mammae*** mama suspensoria ligamento; ***Ligamentum suspensorium ovarii*** ovaria suspensoria ligamento; ***Ligamentum suspensorium penis*** penisa suspensoria ligamento; (Taenia) *bandförmiges Gebilde, z.B. Muskel- od Nervenband* tenio; ***Taenia coli*** *Streifen aus Längsmuskulatur am Dickdarm* kojla tenio; ***Taenia libera*** *u.* ***Taenia omentalis*** *beide ebenfalls am Dickdarm* libera tenio *u.* omenta tenio ***c)*** *Buchw* volumo (↑ *auch* ***Leinenband b)*** *u.* ***Sammelband***) ***d)*** *Tech: Fließ≃* ĉenstablo; *Montage≃* munt[ad]bendo

[3]**Band** [*bä:nd*] *f Mus* bando [da muzikantoj]; *Jazz≃* ĵazbando (↑ *auch* ***Big-*** *u.* ***Rockband***)

Bandage *f* bandaĝo (↑ *auch* ***Bruchbandage***, ***Nabelbinde***, ***Druck-***, ***Schienen-***, ***Streck-***, ***Tapeverband***, [2]***Verband*** *u.* ***Wundverband***)

bandagieren *tr* bandaĝi

Bandagieren *n* bandaĝado

Bandagist *m Verläufer bzw. Hersteller von Bandagen u. Heilbinden* bandaĝisto

Bandair *m Mus* ↑ ***Bandir***

Bandar Seri Begawan (*n*) Bandar-Sri-Begavano *[Hptst. von Brunei]*

Bandasee *f Seegebiet der Molukken in Ostindonesien* Banda Maro

Band|aufnahme *f Aufnahme auf Tonband* registrado per sonbendo, *umg* kapto sur sonbendo, *meist* surbendigo; **~breite** *f Informationstechnik* bendlarĝo; **~bremse** *f* bendobremso

Bändchen *n* ***a)*** rubandeto ***b)*** *Anat* (Frenulum) frenulo (↑ *auch* ***Vorhaut-*** *u.* ***Zungenbändchen***); **~mikrofon** *n* rubanda mikrofono; **~stickerei** *f* rubanda brodaĵo *(als Produkt)*

[1]**Bande** *f pej* kliko, bando [da rabistoj, huliganoj *bzw.* gangsteroj] (*vgl. dazu* [1]***Schar***; ↑ *auch* ***Diebes-***, ***Einbrecher-***, ***Gangsterbande***, [3]***Horde***, ***Mörder-***, ***Räuber-***, ***Verbrecher-*** *u.* ***Viererbande***); ***bewaffnete ~n*** *Pl* armitaj bandoj *Pl*

[2]**Bande** *f Billard* rando; *Eishockey* barilo

Bandeisen *n* ferbendo (*vgl. dazu* ***Stahlband***)

Banden|chef *m* estro de [rabista *u.a.*] bando; **~mitglied** *n* bandano

Bänderhabicht *m* (Accipiter fasciatus) *Orn* aŭstralia akcipitro *[Vorkommen: Australien, Timor, Neuguinea, Salomonen u. Fiji]*

Banderilla [*...'rilja*] *f Stierkampf (mit Bändern geschmückter u. mit Widerhaken versehener Wurfstab des Banderilleros)* banderilo

Banderillero *m Stierkämpfer, der den Stier mit Banderillas reizt* banderilisto

Bändernaht *f Chir* suturo de ligamento

Banderole *f Streif- od Verschlussband* banderolo

Bänder|riss *m Med* ŝir[iĝ]o de ligamento(j); **~specht** *m* (Colaptes pitius) *Orn* ĉilia pego; **~zerrung** *f Med* distordo de ligamento(j)

Bandfarn *m* (*Gattung* Vittaria) *Bot* vitario

Bandfisch *m* (*Gattung* Cepola) *Ichth* cepolo; ***roter ~*** (Cepola rubescens) ruĝa cepolo

bandförmig 1. *Adj* rubandoforma **2.** *Adv* rubandoforme

Bandgenerator *m El* ↑ ***van-de-Graaf-Generator***

bändigen *tr* ***a)*** *zähmen* malsovaĝigi; *dressieren* dresi; ***Löwen ~*** dresi leonojn ***b)*** *übertr (zügeln)* bridi, *(zum Gehorsam bringen)* obeigi, *(beruhigen)* kvietigi (↑ *auch* ***unterdrücken***)

Bändiger *m Tier≃, Dresseur* dresisto [de (sovaĝaj) bestoj]

Bändigung *f Zähmung* malsovaĝigo; *Dressieren* dresado; *Zügelung* bridado

Bandikutratte *f, auch* ***Maulwurfs-*** *od* ***Pestratte*** *f* (*Gattung* Bandicota) *Zool (ein südasiat. Nagetier* <*Seuchenüberträger*>*)* bandikoto

Bandir *m, auch* ***Bandair*** *m Mus (in N-Afrika benutzte einfellige Rahmentrommel (40-60 cm Durchmesser [vorwiegend in der religiösen Musik verwendet]))* bandiro

Bandit *m Straßenräuber* bandito (↑ *auch* ***Wegelagerer***); ***einarmiger ~*** *Glücksspielautomat* vetaŭtomato

Banditentum *od* **Banditenwesen** *n* banditismo

Bandmaß *n* mezurbendo (*vgl. dazu* ***Feinmessband***)

Bandonion *n, auch* ***Bandoneon*** *n Mus (eine Handharmonika mit Knöpfen zum Spielen auf beiden Seiten [charakteristisches Instrument der argentinischen Tangomusik])* bandonio

Band|passfilter *m Informationstechnik* bendpasfiltrilo; ~**robbe** *f* (Histriophoca fasciata) *Zool* blankstria foko; ~**säge** *f* bendsegilo, *pop auch* senfina segilo; ~**scheibe** *f, auch* ***Zwischenwirbelscheibe*** *f* (Discus intervertebralis) *Anat* intervertebra disko; ~**scheibenschaden** *m Med* intervertebra lezo; ~**scheibenvorfall** *m, Fachspr auch* ***Bandscheibenprolaps*** *od* ***Diskusprolaps*** *m, <wiss> auch* ***Nucleus-pulposus-Hernie*** *f Med* prolapso de intervertebra disko; ~**schleife** *f z.B. am Schnürschuh od am Kleid* banto, *als Schmuck im Haar auch* kokardo (*vgl. dazu* ***Rosette a)***)

Bandung (*n*) *Hptst. der Provinz Westjava* Bandungo; ***Konferenz von ~*** *Gesch* Konferenco de Bandungo ◇ ***der Geist von ~*** *bezogen auf Atmosphäre u. Auswirkungen der 1. Asiatisch-Afrikanischen Konferenz, die im April 1955 in Bandung stattfand* la Spirito de Bandungo

Bandura *f Mus (ein ukrain. lautenartiges Zupfinstrument <birnenförmig u. mit kurzem Hals>)* banduro

Bandwurm *m* (*Gattung* Taenia) *Zool, Helminthologie* tenio (↑ *auch* ***Echinokokkus*** *u.* ***Schweinebandwurm***); ~**befall** *m* infestiĝo de tenio; ~**eier** *n/Pl* ovoj *Pl* de tenio; ~**erkrankung** *f, Fachspr* ***Taeniosis*** *f Med* teniozo

bandwurmförmig *Adj* tenioforma

Bandwurm|glied *n* segmento de tenio; ~**kopf** *m, Fachspr Med* ***Skolex*** *m* kapo de tenio, skolekso; ~**mittel** *n Pharm* tenia vermifugo

bandwurmvertreibend *Adj*: ***~es Mittel*** *n Pharm* tenioforiga medikamento (*vgl. dazu* ***Farnextrakt***)

Bandy *n Sport (ein heute veraltetes dem Eishockey ähnliches Mannschaftsspiel)* bandio

bang! *lautmalend für Explosion u. dgl.* bang!

Bangalore (*n*) *Hptst. des südindischen Unionsstaates Karnataka* Bangaloro

bange *Adj innerlich bedrückt* korpremata; *angstgequält* angora; *i.w.S. (ängstlich)* timema, *(sehr unruhig)* maltrankvilega, *(schon vorher Angst habend)* antaŭtima; ***mir ist ~*** mi sentas korpremon (***vor*** pro); *Angst ausstehen* mi sentas angoron *od* mi angoras; ***jmdm. ~ machen*** *Angst machen* timigi iun; *beunruhigen* maltrankviligi iun

bangen *intr*: ***er bangt um seine Arbeit*** (*od* ***seinen Job***) li timas perdi sian labor[lok]on; ***um sein Leben ~*** timi pri sia vivo; ***mir bangt vor etw.*** mi sentas korpremon (*bzw.* angoron *od* timon *u.a.*) pro io (*vgl. dazu* ***bange***)

Bangia *f Bot (eine Rotalgengattung)* bangio

Bangka (*n*) *eine indonesische Insel vor der Südostküste Sumatras* [insulo] Banko *[Hauptort: Pangkalpinang]*

Bangkok (*n*), *amtl (siamesisch)* ***Krung Thep*** *Hptst. von Thailand* Bankoko

Bangladesch (*n*) *ein Staat am Golf von Bengalen* Bangladeŝo *[Hptst.: Dhaka]*

Bangladescher *m* bangladeŝano

Bangladescherin *f* bangladeŝanino

bangladeschisch *Adj* bangladeŝa

Bangui (*n*) *Hptst. der Zentralafrikanischen Republik* Bangvio

Bangweulusee *m ein See im NO Sambias* Banguelo, *meist* Banguela Lago

[1]**Bani** *m rechter Nebenfluss des Niger* [rivero] Banio

[2]**Bani** *m* ↑ ***Ban***

Banja Luka (*n*) *eine Stadt in Bosnien-Herzegowina* Banjaluko

Banjarmasin (*n*) *Hptst. der indones. Provinz Südkalimantan* Banĵarmas[in]o

Banjo *n Mus (bes. Jazz)* banĵo

Banjul (*n*) *Hptst. von Gambia* Banĵulo

[1]**Bank** *f Sitz~* benko *auch Untiefe u. Tech* (↑ *auch* ***Fuß-***, ***Garten-***, ***Ofen-***, ***Park-*** ***Regierungs-***, ***Ruhe-***, ***Schlaf-***, ***Schul-*** *u.* ***Sitzbank***); ***stufenweise ansteigende*** (*od* ***erhöhte***) ***Bänke*** *Pl* ŝtupobenkoj *Pl* ◇ ***alle durch die ~*** *ausnahmslos alle* senescepte ĉiuj *od* ĉiuj sen escepto; ***etw. auf die lange ~ schieben*** *auf unbestimmte Zeit aussetzen* prokrasti ion ĉiam denove, *auch* prokrasti ion ĝis la tago de Sankta Neniamo *(Zam)*

[2]**Bank** *f* ***a)*** *Fin* banko (↑ *auch* ***Aktien-***, ***Anlage-***, ***Diskonto-***, ***Emissions-***, ***Finanzierungs-***, ***Genossenschafts-***, ***Handels-***, ***Hypotheken-***, ***Industrie-***, ***Kantonal-***, ***Kredit-***, ***National-***, ***Noten-***, ***Privat-***, ***Staats-***, ***Welt-*** *u.* ***Zentralbank***); ***~ für Internationalen Zahlungsausgleich*** (*Abk* ***BIZ***), *engl.* ***Bank for International Settlements*** Banko de Internaciaj Pagoj *[Sitz: Basel]*; ***Zusam-***

menbruch einer ~ kolapso de banko; ***eine ~ ausrauben*** prirabi bankon; ***ein Konto bei der ~ haben*** havi konton ĉe la banko; ***Kredit bei seiner ~ haben*** havi krediton ĉe sia banko; ***Geld von der ~ [ab]holen*** [iri por] preni monon de la banko (*od* bankkonto) ***b)*** *bei Glücksspielen* banko; ***die ~ halten*** (***sprengen***) havi (rompi) la bankon ***c)*** *Med, Pflanzenzucht, Vet* ↑ ***Blut-***, ***Gen-***, ***Kryo-***, ***Organ-***, ***Saatgut-*** *u.* ***Samenbank***

[3]**Bank** *f Fisch*≗ *(meilenweit ausgedehnter Zug, z.B. von Heringen)* [fiŝ]benko (↑ *auch* ***Heringsschwarm***)

Bank|angestellte ***a)*** *m* bank-oficisto ***b)*** *f* bank-oficistino; ~**anleihe** *f* prunto de [la] banko; ~**anweisung** *f* bank-asigno; ~**automat** *m* bank-aŭtomato *od* banka aŭtomato; ~**beamte** ***a)*** *m* bank-oficisto ***b)*** *f* bank-oficistino; ~**beleg** *m* bank[o]kvitanco

Bankbürgschaft *f* ↑ ***Bankgarantie***

Bänkchen *n kleine* [1]*Bank* benketo

Bank|depot *n od* ~**einlagen** *f/Pl* bankdepon[it]aĵoj *Pl*; ~**dienstleistungen** *f/Pl* bankaj servoj *Pl*; ~**direktor** *m* bankdirektoro, bankestro; ~**diskont** *m* bank[o]diskonto

Bankdiskont[satz] *m* ↑ ***Diskontsatz***

Bankeinlagen *f/Pl* ↑ ***Bankdepot***

Banken|konsortium *n* banka konsorcio; ~**krise** *f* bankokrizo; ~**stresstest** *m* banka strestesto; ~**system** *n* banka sistemo

Banker *m* ***a)*** *Inhaber einer Bank* bankiero ***b)*** *umg für «Bankfachmann»* bankisto (↑ *auch* ***Investmentbanker***)

[1]**Bankett** *n Festessen* bankedo; ***an einem ~ teilnehmen*** partopreni en bankedo, *auch* bankedi

[2]**Bankett** *n*, *auch* ***Bankette*** *f [unbefestigter] Randstreifen neben einer Straße* ŝoseflanko, *auch* vojflanko

Bankettsaal *m* bankeda salono

Bank|garantie *f*, *auch* ***Bankbürgschaft*** *f* banka garantio; ~**gebühren** *f/Pl* kontoadministraj kostoj *od* bankokostoj *Pl*; ~**geheimnis** *n* banksekret[ec]o; ~**guthaben** *n* bonhavo ĉe [la] banko; ~**halter** *m beim Glücksspiel* bankiero; ~**haus** *n* banka firmo, banko

Bankier [*baŋ'kje:*] *m* bankiero (*vgl. dazu* ***Bankdirektor***)

Banking *n* bankado; ***Electronic ~*** elektronika bankado (↑ *auch* ***Homebanking***)

Bankivahuhn *n* (Gallus gallus) *Orn* ruĝa ĝangalkoko *[Vorkommen: in 5 Unterarten in Süd- u. SO-Asien]*

Bankkonto *n* bankkonto; ***ein ~ eröffnen*** malfermi bankkonton

Bank|kredit *m* bankkredito; ~**kunde** *m* bank[o]kliento; ~**kurs** *m* banka kurzo; ~**leitzahl** *f* (*Abk* ***BLZ***) bank[o]kodo; ~**note** *f* bankbileto; ~**notenpapier** *n*, *auch* ***Wertzeichenpapier*** *n* bankbileta papero; ~**raub** *m* prirabo de banko; ~**räuber** *m* bankrabisto

bankrott, *<schweiz> Amts- u. Geschäftssprache* ***konkusit*** *Adj* bankrota *auch i.w.S.*, bankrotinta (*vgl. dazu* ***pleite***)

Bankrott *m Jur* bankroto *auch übertr* (*vgl. dazu* ***Konkurs***; ↑ *auch* ***Staatsbankrott***); ***~ machen*** *tr in den Bankrott treiben [eine Firma]* bankrotigi; *intr Bankrott gehen* bankroti; *insolvent werden* fariĝi [absolute] malsolventa; ***der ~ des Unternehmens war nicht abzuwenden*** (*od* ***zu verhindern***) la bankroto de la entrepreno ne povis esti malhelpata

Bankrotterklärung *f* bankrota deklaro *auch übertr*

Bankrotteur [*...'tö:r*] *m*, *<schweiz> Amts- u. Geschäftssprache* ***Konkursit*** *m* bankrotinto *od (bes. übertr)* bankrotulo (↑ *auch* ***Pleitier***)

bankrottieren *intr Bankrott machen* bankroti

Bankscheck *m Fin* bankĉeko

Banksia *od* **Banksie** *f* (*Gattung* Banksia) *Bot* banksio *[Vorkommen in Australien]* (↑ *auch* ***Küstenbanksie***); ***sägeblättrige ~*** *od* ***Sägenbanksie*** *f* (Banksia serrata) segildenta banksio

Bankspesen *Pl* = ***Bankgebühren***

Banküberweisung *f* ĝirado pere de banko

Bankverbindung *f* bankkonta numero [kaj nomo de la banko]

Bankwesen *n* banka sistemo, bankismo, bankaferoj *Pl*

Bann *m Acht, Ächtung* proskribo; *Kirchen*≗ anatemo, *i.e.S. kath. Kirche (Interdikt)* interdikto, *([völliger] Ausschluss aus der Kirchengemeinschaft)* [granda] ekskomuniko; *übertr (Zauber)* sorĉo, *(Magie)* magio, *(Reiz)* ravo, ĉarmo, *(Druck)* premo; ***jmdn. in den ~ tun*** *od* ***jmdn. mit dem ~ belegen***, *geh* ***jmdn. anathematisieren*** *Kirche* anatemi iun; ***jmdn. in seinen ~ schlagen*** *durch Magie* sorĉi iun [per magio]; *jmdn. faszinieren* fascini iun, [ekstreme] ravi iun; ***im ~ von etw. stehen*** esti tute sorĉita de io *auch i.w.S.*; *völlig von etw. beeinflusst sein* esti (*od* troviĝi) plene sub la influo de io

bannen *tr **a)** ausschließen, z.B. aus einem Clan od aus einer Gemeinschaft* ekskomuniki *auch kath. Kirche*; *verbieten* malpermesi ***b)** übertr (faszinieren)* fascini, *(fesseln)* kateni, *(verzaubern)* [tute] sorĉi; *i.w.S. Einhalt gebieten, verhindern* haltigi; ***die Kriegsgefahr ~*** haltigi la militdanĝeron; ***die Gefahr ist noch nicht gebannt*** la danĝero estas ne jam forigita

Banner *n* standardo; *Wimpel* vimplo, flagrubando (*vgl. dazu* ***Panier***); *Fahne* flago; ***unter dem ~ von*** (*od mit Gen*) sub la standardo de ... *auch übertr*

Bannerträger *m Fahnenträger im Kampf od bei einer Parade* standard[oport]isto

Bannfluch *m Gesch (Kirchenbann)* anatemo (*vgl. dazu* ***Exkommunikation***)

Bannkreis *m*: ***in jmds. ~ stehen*** *übertr* esti sub ies influo

Bantam|gewicht *n Boxen, Schwerathletik (eine Körpergewichtsklasse)* bantampezo; **~huhn** *n eine Zwerghuhnrasse [ursprünglich aus Java]* bantamo

Banteng *m*, *auch **[javanisches] Wildrind** n* (Bos javanicus *od* Bos sondaicus) *Zool* bantengo, *auch* java sovaĝa bovo

Bantu *m/Pl Ethn (Sammelname für einige Hundert ethnischer Einheiten in Zentral-, Ost- u. Südafrika)* bantuoj *Pl* *<größte Sprach- u. Völkerfamilie Schwarzafrikas>* (↑ *auch* ***Herero***, ***Ndebele a)***, ***Ovambo***, ***Sotho-Tswana***, ***Sukuma***, ***Swasi*** *u.* ***Zulu a)***)

Bantuide *m/Pl Rassentypus der Negriden* bantuidoj *Pl*

Bantusprachen *f/Pl Ling (Überbegriff für etwa 200-300 Sprachen von Bantu-Ethien [verbreitet von Äquatorial- über Ost-, Südost- u. Südafrika]* bantuaj lingvoj *Pl* (↑ *auch* ***Kikongo***, ***Kimbundu***, ***[2]Makonde***, ***Ndebele b)*** *u.* ***Ovi-Mbundu***)

Banus *m* ↑ ***[2]Ban***

Baobab *m Bot* ↑ ***Affenbrotbaum***

Baptismus *m Lehre evangelischer (kalvinischer) Freikirchen, die als Bedingung der Taufe ein persönliches Bekenntnis voraussetzt* baptismo

Baptist *m christl. Rel (Anhänger des Baptismus)* baptisto

Baptisterium *n*, *auch **Taufkirche** f Kunstwissenschaft, christl. Rel* baptisterio *<neben einer Bischofs- od Hauptkirche gelegen>*

baptistisch *Adj* baptista

bar 1. *Adj **a)** nackt, bloß* nuda; *rein, lauter* pura; ***~ allen*** (*od* ***jeden***) ***Schamgefühls*** sen iu honto; ***~er Unsinn*** *m* absoluta sensencaĵo ***b)** Fin* kontanta; ***~es Geld*** *n* kontanta mono ◇ ***etw. für ~e Münze nehmen*** akcepti ion kiel veron **2.** *Adv*: ***gegen ~*** *Fin* kontante; ***[in] ~ zahlen*** pagi kontante

[1]Bar *f* koktelejo (↑ *auch* ***Haus-***, ***Hotel-*** *u.* ***Milchbar***); *i.w.S. Nachtlokal* noktoklubo; ***mit jmdm. an die ~ gehen*** iri kun iu al la koktelejo

[2]Bar *n (Zeichen **bar**) Met, Phys (Einheit des Drucks)* baro (↑ *auch* ***Mikrobar***)

[1]Bär *m **a)** Zool* (*Gattung* Ursus *u. andere Gattungen*) urso (↑ *auch* ***Atlas-***, ***Braun-***, ***Brillen-***, ***Eis-***, ***Grizzly-***, ***Höhlen-***, ***Kamtschatka-***, ***Kodiak-***, ***Kragen-***, ***Lippen-***, ***Malaien-***, ***Nasen-***, ***Schwarz-***, ***Tanz-*** *u.* ***Wickelbär***); ***[Familie der] ~en*** *Pl* (Ursidae) ursedoj *Pl* ◇ ***jmdm. einen ~en aufbinden*** rakonti al iu fabelon, fari al iu belajn rakontojn el trans la montoj *(Zam)*; ***ehe man den ~en hat, soll man sein Fell nicht verkaufen*** antaŭ mortigo de urso ne vendu ĝian felon *(Zam)* ***b)** übertr*: ***ungeschickter*** (*od* ***tapsiger***) ***[und ein wenig derber] Mensch*** *m*; *i.w.S. auch* ***Tolpatsch*** *m* urso

[2]Bär *m Astron*: ***der Große*** (***Kleine***) ***~*** *(Sternbilder des nördl. Himmels)* Granda (Malgranda) Urs[in]o

[3]Bär *m*, *auch **Bärenspinner** m Ent (ein Nachtfalter)*: ***brauner ~*** (Arctia caja) bruna arktio; ***gelber*** (*od* ***Engadiner***) ***~*** flava arktio *[Vorkommen: in den Alpen oberhalb der Baumgrenze]*; ***schwarzer ~*** (Arctia villica) nigra arktio

Barabás (*m*) *Eig (ungarischer Maler [1810-1898])* Barabaŝo

Barabbas (*m*) *eine biblische Gestalt* Barabaso *<Verbrecher, den Pilatus anstelle Jesu freiließ>*

Barabhebung *f Bankw* preno de kontanta mono el sia bankkonto

Baracke *f* barako (↑ *auch* ***Holz-*** *u.* ***Lazarettbaracke***); *Militär*≗ armea (*od* soldata) barako

Barackenlager *n* barakaro

Baratterie *f Seerecht (durch die Besatzung verschuldeter Schaden [an Schiff und La-*

dung]) baraterio <Unredlichkeit des Kapitäns od der Schiffsbesatzung gegenüber dem Reeder od Frachteigentümer>

Barbadier *m Einwohner von Barbados* barbardano

Barbadierin *f* brbadanino

barbadisch *Adj auf Barbados bezogen* barbada

Barbados (*n*) *ein Inselstaat der Kleinen Antillen* Barbado *[Hptst.: Bridgetown]*

Barbadoskirsche *f* ↑ ***Acerolakirsche***

Barbakane *f Mittelalter (vor der eigentlichen Mauer gelegener Vorsprung der Stadt- u. Burgbefestigung [oft halbrundes Außenwerk])* barbakano

Barbar *m 1. griech. Antike (Nichtgrieche, Fremdling) 2. Wilder 3. übertr (Unmensch, grausamer Mensch)* barbaro (↑ *auch* ***Kannibale***, ***Rohling*** *u.* ***Scheusal***)

Barbara (*f*) ***a)*** *auch Koseform* ***Bärbel*** (*f*) *weibl. Vorname* Barbara ***b)*** *christliche Märtyrerin, kath. Schutzheilige der Bergleute [lebte am Ende des 3. Jh.s im kleinasiatischen Nikomedia (heute Izmit)]* Sankta Barbara

Barbarakraut *od* **Barbenkraut** *n* (*Gattung* Barbarea) *Bot (eine Gattung der Kreuzblütler)* barbareo (↑ *auch* ***Frühlingsbarbarakraut***); ***echtes*** ~, *Nahr auch* ***Winterkresse*** *f* (Barbarea vulgaris) ordinara barbareo; ***steifes*** ~ (Barbarea stricta) rigida barbareo

Barbarei *f barbarisches Wesen* barbareco; *barbarische Tat* barbaraĵo, *i.w.S.* kruelaĵo, brutalaĵo (↑ *auch* ***Grausamkeit***)

Barbarin *f* barbarino

barbarisch *Adj* barbara (*vgl. dazu* ***brutal***, ***grausam*** *u.* ***primitiv***); ***ein ~er Akt*** barbaraĵo, barbara faro

Barbarismus *m Ling (Verstoß gegen die Sprachregeln: grober sprachlicher Fehler, bes. durch Verstümmelung, Entstellung od Vermengung mit fremden Sprachelementen)* barbarismo

Barbarossa (*m*) *Beiname des Kaisers Friedrich I.* Barbaroso; ~**höhle** *f eine Karsthöhle am Südhang des Kyffhäusergebirges* Kaverno de Barbaroso

Barbe *f* (*Gattung* Barbus) *Ichth* barb[o]fiŝo (↑ *auch* ***Angola-***, ***Fluss-***, ***Grün-***, ***Meer-***, ***Schwanefeld-*** *u.* ***Sumatrabarbe***); ***italienische*** ~, *auch* ***Tiberbarbe*** (Barbus plebejus) itala barbofiŝo

Barbecue *n Grillfest. Grillparty* barbekuo, *auch* barbekufesto

bärbeißig *Adj mürrisch* grumblema (*vgl. dazu* ***grimmig*** *u.* ***verdrießlich***)

Bärbel (*f*) ↑ ***Barbara a)***

Barbenkraut *n Bot* ↑ ***Barbarakraut***

Barbestand *m bares Geld* kontanta mono; *Kassenbestand* kasmono

Barbey d'Aurevilly (*m*) *Eig (französischer Schriftsteller [1808-1889])* Aŭrevilo

Barbier *m veraltet für «Frisör»* barbiro ◇ ***der ~ von Sevilla*** *eine Komödie von Beaumarchais* la Barbiro de Sevilo

barbieren *tr alt für «rasieren»* razi

Barbierladen *m alt* razejo

Barbiton *n griech. Antike, Mus (Art große Leier [verwandt mit der Kithara])* barbitono

Barbiturate *n/Pl Salze der Barbitursäure, Pharm (Medikamente auf der Basis von Barbitursäure, die als Schlaf- u. Beruhigungsmittel verwendet werden)* barbituraĵoj *Pl* (*vgl. dazu* ***Phenobarbital*** *u.* ***Schlafmittel***); ***Vergiftung f durch ~e*** *Med* barbiturismo

Barbitursäure *f Chem* barbitura acido

Barbuda (*n*) *eine Insel der Kleinen Antillen* Barbudo *<gehört politisch zum Inselstaat Antigua und Barbuda>*

Barcelona (*n*) *Hptst. Kataloniens* Barcelono

Barchan *m*, *auch* ***Sicheldüne*** *f Geol (Düne mit sichelförmigem Grundriss, dessen Spitzen in die Hauptwindrichtung weisen)* barhano

Bärchen *n kleiner Bär* urseto (*vgl. dazu* ***Gummibärchen***; ↑ *auch* ***Teddybär***)

Barchent *m Textil (ein auf der Unterseite stark aufgerautes Baumwollgewebe, Baumwollflanell)* fusteno

Bardame *f* koktelistino, kokteleja fraŭlino (↑ ***Barmixer***)

Barde *m 1. altkeltischer Sänger bzw. Heldensänger des Mittelalters 2. i.w.S. Dichter bzw. Sänger* bardo

Barège [*ba'rɛʒə*] *m Textil (ein durchsichtiges Seidengewebe)* bareĝo

Bären-Baumkänguru *n* (Dendrolagus ursinus) *Zool* ursa arbokangaruo (*od <wiss>* dendrolago) *[Vorkommen: endemisch auf der Vogelkop-Halbinsel/Indonesien]*

Bärenbrombeere *f* ↑ ***Loganbeere***

Bärendienst *m* ◇ ***jmdm. einen ~ erweisen*** fari al iu ursan helpon (*od* servon)

Bärendressur *f* ursodresado

Bärenfell *n* ursa felo (*od* pelto); ~**mütze** *f* ursofela ĉapo

Bären|fett *n* ursograso; ~**führer** *m, auch* ***Bärentreiber*** *m* ursodresisto; ~**grube** *f* ursofoso

Bärenhatz *f* ↑ ***Bärenjagd***

Bärenhaut *f* ◇ ***auf der ~ liegen*** nenion faradi, maldiligent[ad]i

Bärenhöhle *f* ursokavo

Bärenhunger *m* ◇ ***einen ~ haben*** havi malsategon *od* [terure] malsategi

Bärenhüter *m Astron* ↑ ***Arktur[us]***

Bären|jagd *f, auch* ***Bärenhatz*** *f* ursoĉas[ad]o; ~**junge** *n* ursido

Bärenklau *m, selt f* ***a)*** *auch* ***Akanthus*** *m* (*Gattung* Acanthus) *Bot* akanto (*vgl. dazu* ***Akanthusblatt***) ***b)*** *auch* ***Herkuleskraut*** *n* (*Gattung* Heracleum) *Bot* herakleo; *Riesen*~ (*Art* Heracleum mantegazzianum *od* Heracleum gigantum) giganta herakleo; ***gelbblütiger ~*** (Heracleum flavescens) flav[ec]a herakleo; ***gemeiner ~ od Wiesenbärenklau*** *m* (Heracleum sphondylium] ordinara herakleo; ***österreichischer ~*** (Heracleum austriacum) aŭstra herakleo

Bärenkrebs *m Zool*: ***kleiner ~*** (Scyllarus arctus) ursolangusto

Bären|kuskus *m* (Phalanger ursinus) *Zool (ein Kletterbeutler)* ursokuskuso *[Vorkommen auf Timor, Neuguinea u. benachbarten Inseln]*

Bärenlauch *m Bot* ↑ *unter* ***Knoblauch***

Bärenmakak *m, auch* ***Stummelschwanzmakak*** *m* (Macaca arctoides) *Zool* stumpovosta makako; ***tibetanischer ~ od Tibetmakak*** *m* (Macaca tibetana) tibeta makako *<Vorkommen: endemisch in Tibet u. in SW-China>*

Bärenmarder *m Zool* ↑ ***Binturong***

Bärenpavian *m* (Papio porcarius = Papio ursinus) *Zool* ursa paviano *[Vorkommen: Südafrika]*

Bärenrobbe *f Zool* ↑ ***Seebär***

Bärenschote *f Bot* ↑ ***Süßholztragant***

Bärenspinner *m* ↑ ***³Bär***

bärenstark *Adj* forta kiel urso *nachgest*

Bärentatze *f Mykologie* ↑ *unter* ***Korallenpilz***

Bärentraube *f* (*Gattung* Arctostaphylos) *Bot* arktostafilo (↑ *auch* ***Alpenbärentraube***); ***echte*** (*od* ***immergrüne***) ~ (Arctostaphylos uva-ursi) *Bot (ein arktisch-alpines Heidekrautgewächs)* urs[ober]a arktostafilo, *umg auch* ursobera planto

Bärentreiber *m* ↑ ***Bärenführer***

Barents (*m*) *Eig (ein niederl. Seefahrer [um 1550-1597])* Barenco

Barentsburg (*n*) *eine russ. Polarstation auf Spitzbergen* Barencburgo

Barentssee *f ein Teil des Nordpolarmeers zw. dem Nordkap, Spitzbergen u. Nowaja Semlja* Barenca Maro

Bärenzwinger *m* ursokaĝo, ursejo, *(als Grube)* ursofoso

Barett *n*; *Teil der Amtstracht von z.B. Professoren od Richtern* bireto; ~**feile** *f Handw* bireta fajlilo

Barfrau *f* = ***Bardame***

barfuß *Adv* nud[a]piede; *ohne Schuhe* sen ŝuoj *nachgest*

Barfüßerorden *m kath. Kirche* senŝua ordeno

Barfuß|gehen *od* ~**laufen** *n* nudpieda irado (*od* marŝado) *auch als Maßnahme zur Abhärtung nach Kneipp*

barfüßig *Adj* nudpieda

Bargeld *n* kontanta mono

bar|geldlos *Adj* sen kontanta mono *nachgest, meist* per ĉeko *bzw.* pere de bankĝirado; ~**häuptig 1.** *Adj ohne Kopfbedeckung* nudkapa; *ohne Hut od Mütze* sen kapvesto *nachgest* **2.** *Adv* nudkape

Barhocker *m* kokteleja tabureto

Baribal *m, auch* ***amerikanischer Schwarzbär*** *m* (Ursus americanus = Euarctos americanus) *Zool* baribalo, *auch* amerika nigra urso *[Vorkommen: USA u. in Teilen Kanadas]*

Bärin *f weibl. Bär* ursino

Barito[-Fluss] *m ein Fluss in Südkalimantan/Indonesien* [rivero] Barito

Bariton *m* ***a)*** *Stimmlage* baritono; ***tiefer ~*** *Bassbariton* basa baritono ***b)*** *Sänger* baritonulo

Baritonhorn *m Mus* ↑ ***Euphonium***

Baritonoboe *f Mus* ↑ ***Heckelphon***

Baritonsaxophon *n Mus* baritonsaksofono *od* baritona saksofono

Barium *n* (*Symbol Ba*) *Chem* bario; ~**chlorid** *n Chem* baria klorido; ~**hyperoxid** *n Chem* peroksido de bario; ~**karbonat** *n Chem* baria karbonato, *(in mineralischer Form)* viterito *<zur Wasserreinigung u. zur Vertilgung von Mäusen u. Ratten>*; ~**salze** *n/Pl Chem* bariaj saloj *Pl*; ~**sulfat** *n Chem* baria sulfato

Bark *f Mar (ein Segelschiff mit 3 bis 5 Mas-*

ten) barko (↑ *auch* ***Fünfmastbark***)
Barkarole *f Mus (1. Lied der venezianischen Gondolieri 2. Musikstück in der Art der Barkarole)* barkarolo
Barkasse *f Mar* barkaso; *Leichter* gabaro
Barkauf *m* aĉeto per kontanta mono
Barke *f Mar (Bez für ein kleineres Fischerboot ohne Mast)* [fiŝista] barko
Barkeeper *m* koktelisto
Barlach (*m*) *deutscher Bildhauer, Grafiker u. Dramatiker [1870-1938]* Barlaĥo
Bärlapp *m* (*Gattung* Lycopodium) *Bot* likopodio (*vgl. dazu* ***Flachbärlapp***; ↑ *auch* ***Kolben-*** *u.* ***Moorbärlapp***); ***sprossender*** ~ (Lycopodium annotinum) ŝosa likopodio
Bärlappgewächse *n/Pl Bot*: ***[Familie der]*** ~ (Lycopodiaceae) likopodiacoj *Pl*
Bärlauch *m Bot* ↑ *unter* ***Knoblauch***
Bärme *f* ↑ ***Backhefe*** *u.* ***Bierhefe***
barmherzig *Adj* kompat[em]a (***gegen jmdn.*** al iu); *mitleidsvoll* kompatoplena; *karitativ* karitata (*vgl. dazu* ***mildtätig***, ***mitleidig*** *u.* ***wohltätig***)
Barmherzigkeit *f Mitleid* kompat[em]o; *Nächstenliebe, christliche Barmherzigkeit* karitato; *vergebende Barmherzigkeit, Gnade* mizerikordo; *wohltätige Gesinnung* bonfaremo; *Wohltätigkeit (als Tat)* bonfarado
Barmixer *m* koktel[miks]isto (↑ *auch* ***Bardame***)
Bar-Mizwa *f jüd. Rel (zeremonielle Feier zur Initiation jüd. Jungen im Alter von 13 Jahren als Vollmitglied in die jüd. Gemeinschaft)* bar-micvo
Barnabas (*m*) *Eig (Begleiter des Apostels Paulus auf dessen erster Missionsreise)* Barnabo
Barnabiten *m/Pl Angehörige eines röm.-kath. Klerikerordens [1530 in Italien gegründet]* barnabanoj *Pl*
Barnaul (*n*) *Hptst. des Kraj Altai in der Russischen Föderation [in Westsibirien am oberen Ob]* Barnaŭlo
barock *od* **barockal** *Adj* baroka; *im Barockstil [gehalten]* barokstila *od nachgest* en stilo de baroko
Barock *n od m Arch, Kunst (Kultur u. Kunststil der feudalabsolutistischen Epoche zw. etwa 1600 und 1760)* baroko (↑ *auch* ***Spätbarock***); ***französisches*** (***italienisches***) ~ franca (itala) baroko
Barock|altar *m* baroka altaro; ~**architektur** *f* baroka rkitekturo; ~**bau** *m* baroka konstruaĵo; ~**fassade** *f* baroka fasado; ~**garten** *m* baroka ĝardeno; ~**kirche** *f* baroka preĝejo; ~**kunst** *f* baroka arto; ~**literatur** *f* baroka literaturo; ~**malerei** *f* baroka pentrado (*bzw.* pentroarto); ~**musik** *f* baroka muziko; ~**orchester** *n* baroka orkestro; ~**park** *m* baroka parko; ~**stil** *m* baroka stilo; ~**theater** *n* baroka teatro; ~**zeit** *f europ. Kunstepoche (Ende 16. bis zweite Hälfte 18. Jh.), die neben den bildenden Künsten die Literatur, Philosophie u. Musik umfasst* baroka epoko *<letzter großer gemeineuropäischer Stil, der alle Lebensbereiche formte>*
Baroda (*n*) ↑ ***Vadodara***
Barograf *m*, *auch* ***Barograph*** *m Met (Gerät zur Registrierung des zeitlichen Verlaufs des Luftdrucks)* barografo
Barometer *n*, *alt od reg* ***Wetterglas*** *n Met (Luftdruckmesser)* barometro (↑ *auch* ***Aneroid-***, ***Heber-*** *u.* ***Quecksilberbarometer***); ***das*** ~ ***zeigt Sturm an***, *umg auch* ***das*** ~ ***steht auf Sturm*** la barometro indikas ŝtormon
Barometerstand *m* barometra indiko
Barometrie *f* ↑ *unter* ***Luftdruckmessung b)***
barometrisch *Adj mit Hilfe des Barometers [gemessen]* barometra *od nachgest* mezurita per barometro
Baron *m*, *auch* ***Freiherr*** *m* (*Abk* ***Frhr.***) *ein Adelstitel* barono
Baronat *n Freiherrnstand od Freiherrnwürde* baroneco
Baronesse *f*, *auch* ***Freifräulein*** *n od* ***Freiin*** *f* baronidino
Baronet *m* (*Abk* ***Bart.*** *od* ***Bt.***) *Träger des untersten engl. Adelstitels* baroneto *<die Baronets bilden zusammen mit den ‹Knights› den niederen Adel>*
Barong[tanz] *m ein balinesischer Maskentanz* barongo *od* barong-danco
Baronin *f*, *auch* ***Freifrau*** baronino
Baroskop *n Phys* baroskopo
Barothermograf *m*, *auch* ***Barothermograph*** *m Phys (Verbindung von Barograf u. Thermograf zur Aufzeichnung von Kurven des atmosphärischen Zustands* barotermografo
Barouche *f eine landauerähnliche Kalesche im 19 Jh. [bes. in Frankreich u. England]* baroĉo (*vgl. dazu* ***Landauer***)
Barpreis *m Hdl* kontanta prezo
Barrakuda *m*, *auch* ***Pfeilhecht*** *m Ichth* barakudo, *auch* mar-ezoko
Barranquilla (*n*) *wichtigste Hafenstadt Ko-*

lumbiens [nahe der Mündung des Río Magdalena] Barankilo

Barre *f Geol (Sandbank im Meer vor einer Flussmündung)* barsablaĵo

Barrel *n Maßeinheit für Erdöl u. Benzin* barelo

Barren *m* ***a)*** *Turngerät* paralelo (↑ *auch* ***Stufenbarren***); ***am*** ~ sur [la] paralelo ***b)*** *Metall≗, Gold≗* ingoto [el metalo *bzw.* el oro]; *Gussblock* gisbloko

Barriere *f* bariero (*vgl. dazu* ***Schranke*** *u.* ***Sperre***; ↑ *auch* ***Betonbarriere***)

barrierefrei *Adj* senbariera

Barriereriff *n* ↑ ***Wallriff***

Barrikade *f Straßensperre* barikado; *i.w.S. Hindernis, Sperre* baraĵo; ***~n bauen*** (*od* ***errichten***) konstrui barikadojn; ***mit ~n versperren*** bari per barikadoj

Barrikadenkampf *m* barikada batalo

Barringtonie *f* (*Gattung* Barringtonia) *Bot* baringtonio

barsch *Adj brüsk, schroff* bruska; *unwirsch, herb* acerba (*vgl. dazu* ***grob***)

Barsch *m* (*Gattung* Perca) *Ichth* perko (↑ *auch* ***Fluss-***, ***Kaul-***, ***Nil-***, ***Rot-***, ***Säge-***, ***Schwarz-***, ***See-***, ***Sonnen-*** *u.* ***Viktoriabarsch***); ***gelber*** ~ (Perca flavescens) flava perko; ***[Familie der echten] ~e*** *Pl* (Percidae) perkedoj *Pl*

Barschaft *f alt für «[in bar] verfügbares Geld»* kontantaĵo

barschartig *Adj*: ***~e Fische*** *m/Pl od* ***Barschartige*** *Pl* (*Ordnung* Perciformes) *Ichth* perkoformaj [fiŝoj] *Pl*

Barscheck *m Bankw, Fin* kontanta ĉeko

Barschheit *f brüskes Benehmen* bruskeco, bruska konduto; acerbeco (*vgl. dazu* ***Grobheit***)

Barsoi *m eine russ. Windhundrasse* barzojo

Bart *m* barbo; *i.e.S. (Kinn≗)* mentonbarbo, *(Spitz≗)* pinte tondita [menton]barbo, *auch* kaprobarbo, *(Backen≗)* vangobarbo (↑ *auch* ***Dreitage-***, ***Kinn-***, ***Knebel-***, ***Milch-***, ***Stoppel-***, ***Strubbel-***, ***Voll-*** *u.* ***Ziegenbart***); ***ein gut geschnittener*** ~ bone tondita barbo; ***sich den ~ streichen*** karesi sian barbon; ***sich einen ~ wachsen*** (*od* ***stehen***) ***lassen*** kreskigi al si barbon ◇ ***beim ~e des Propheten schwören*** ĵuri per la barbo de l' Profeto *(Zam)*; ***jmdm. um den ~ gehen*** *umschmeicheln* ĉirkaŭflat[ad]i iun, *bildh* karesi al iu la barbon *(Zam)*; ***das ist ein Streit um des Kaisers ~*** tio estas [fakte] malpaco pri la reĝa palaco

Bart. = *Abk für* ***Baronet***

Bartaffe *m*, *auch* ***Wanderu*** *m* (Macaca albibarbatus = Macaca silenus) *Zool* blankbarba makako *[Vorkommen: endemisch in den West-Ghats/Vorderindien]*

Bartagame *f* (*Gattung u. die Art* Pogona barbata) *Zool* barba agamo *[Vorkommen: endemisch in Australien]*; *Zwerg≗* (Pogona henrylawsoni) nana barba agamo; ***streifenköpfige*** ~ (Pogona vitticeps) striokapa barba agamo

Bärtchen *n* barbeto

Barte *f* ↑ ***Fischbein***

Barteln *f/Pl od* **Bartfäden** *m/Pl fadenartige auswüchse am Maul einiger Fische, z.B. der Kiemensackwelse* barbofadenoj *Pl*

Bartenwale *m/Pl* (*Unterordnung* Mystacoceti = Mysticeti) *Zool* bartocetacoj *Pl*

Barteule *f Orn* ↑ ***Bartkauz***

Bartfäden *m/Pl* ↑ ***Barteln***

Bartflaum *m* ↑ ***Milchbart***

Bart|flechte *f* ***a)*** *Med* <wiss> ***Sykose*** *f* barba foliklito, sikozo ***b)*** *Bot* (*Gattung* Usnea) usneo; **~geier** *m*, *auch* ***Lämmergeier*** *m* (Gypaëtus barbatus) *Orn* ŝafgrifo; **~gras** *n* (Andropogon barbatum = Chloris barbata) *Bot (eine subtrop. Grasart)* andropogono

Bartgrundel *f Ichth* ↑ ***Schmerle b)***

Bartheke *f* kokteleja [verŝ]tablo

Bartholin-Drüsen *f/Pl Gynäkologie (paarige Schleimdrüsen zu beiden Seiten des Scheideneingangs)* glandoj *Pl* de Bartholin

Bartholinitis *f nur Fachspr Med (Entzündung der Bartholin-Drüsen [der Scheide] od ihrer Ausführungsgänge)* bartolinito

Bartholomäus (*m*) *Eig* Bartolomeo *auch Name von einem der zwölf Apostel*; **~nacht** *f*, *auch* ***Pariser Bluthochzeit*** *f Gesch (Massenmord an Hugenotten [1572])* bartolomea nokto; **~tag** *m 24.8.1572* tago de Sankta Bartolomeo

Bärtierchen *n/Pl* (*Phylum* Tardigrada) *Zool (ein Stamm bis 1 mm langer, einfach gebauter wirbelloser Tiere [zahlreiche Arten])* tardigradoj *Pl*

bärtig *Adj* barba, *auch* barbohava (↑ *auch* ***grau-***, ***lang-***, ***rot-***, ***schwarz-*** *u.* ***weißbärtig***)

Bärtige *m*, *auch* ***bärtiger Mann*** *m* barbulo

Bartkauz *m*, *auch* ***Barteule*** *f* (Strix nebulosa) *Orn* lapona strigo

Bartkönigshuhn *n Orn* ↑ ***Himalaja-Schneehuhn***

Bartlaubsänger *m* (Phylloscopus schwarzi) *Orn* salikfiloskopo

bartlos *Adj* senbarba

Bart|meise *f* (Panurus biarmicus) *Orn* barboparuo; ~**nelke** *f* (Dianthus barbatus) *Bot* barbodianto *od* barba dianto

Bartolomeo (*m*), *eigtl* ***Baccio della Porta*** *Eig (italienischer Maler der Hochrenaissance [1472-1517])* Bartolomeo

Barton *od* **Bartonien** *n Geol (in ihrem Umfang nicht einheitlich aufgefasste Stufe des Eozäns, meist mit Obereozän gleichgesetzt)* bartonio

Bartrams Uferläufer *m Orn* ↑ *unter* ***Uferläufer***

Bart|rebhuhn *n* (Perdix daurica) *Orn* barboperdriko *[Vorkommen: in Steppen u. Wüstengebieten Innerasiens]*; ~**robbe** *f* (Erignathus barbatus) *Zool* barbofoko *[Vorkommen: Nordpolarmeer]*; ~**schwein** *n* (Sus barbatus) *Zool* barboapro *[Vorkommen: SO-Asien]*; ~**vogel** *m Orn* barbobirdo, *in Zus auch* ...barbulo

Bartwisch *m* ↑ ***Handfeger***

Baruch (*m*) *bibl Eig ([im Alten Testament:] Schreiber des Propheten Jeremia)* Baruĥo

Bar|verkauf *m* kontanta vendo *od* vendo kontraŭ kontanta pago; ~**wert** *m* kontanta valoro

Bärwurz *f* (*Gattung* Meum) *Bot* meumo; ***echte*** ~ (Meum athamanticum) odora meumo

Baryon *n*, *auch* ***schweres Elementarteilchen*** *n Kernhysik (Elementarteilchen, dessen Masse mindestens so groß ist wie die eines Protons)* bariono (↑ *auch* ***Hadron*** *u.* ***²Lepton***)

Baryt *m* ***a)*** *umg* ***Schwerspat*** *m Min* barito, *umg* peza spato ***b)*** *Chem* (*Syn für* ***Bariumsulfat*** *n* [↑ *dort*])

Baryton *m Mus (ein Streichinstrument aus der Gambenfamilie)* baritono

Barytpapier *n für Fotografie u. Reproduktion* baritpapero

Barytweiß *n* = ***Blanc fixe***

Barzahlung *f* kontanta pago *od* pago per kontanta mono

Barzahlungsgeschäft *n Wirtsch* kontanta negoco

basal *Adj* ***a)*** *die Basis betreffend bzw. bildend* baza (*vgl. dazu* **grundlegend**) ***b)*** *Biol, Chem, Geol, Med* baza (*vgl. dazu* **basisch**); ~***e Stoffwechselrate*** *f Physiol* ↑ *unter* ***Grundumsatz***

Basal- *od* **Stammganglien** *n/Pl Anat (subkortikale Kerne des Endhirns)* bazaj ganglioj *Pl*

Basaliom *n Med (ein semimaligner Hauttumor)* bazaliomo; ***knotiges*** (***solides***) ~ *Formen des Basalioms* noda (solida) bazaliomo

Basalmetabolismus *m Physiol* ↑ ***Grundumsatz***

Basalt *m*, *selt auch* ***Säulenstein*** *m Min (ein basisches Vulkanitgestein)* bazalto (↑ *auch* ***Basanit***, ***Diabas***, ***Ozeanit*** *u.* ***Tholeiitbasalt***)

basaltartig *Adj* bazalteca

Basaltemperatur *f*, *auch* ***Aufwach-*** *od* ***Morgentemperatur*** *f Gynäkologie, Med (die morgens vor dem Aufstehen gemessene Körpertemperatur)* baza [korpo]temperaturo, matena postvekiĝa korpotemperaturo

basalten *od* **basaltisch** *Adj* bazalta

Basaltlava *f Vulkanologie* bazaltlafo *od* bazalta lafo

Basaltmagma *n Vulkanologie* ↑ *unter* ***Magma***

Basaltsäule *f Geol* bazalta kolono

Basalumsatz *m Physiol* ↑ ***Grundumsatz***

Basanit *m Min (Olivin enthaltender Basalt)* bazanito

Basar *m Markt* bazaro (↑ *auch* ***Wohltätigkeitsbasar***); ***auf dem*** ~ en la bazaro

Basarmalaiisch[e] *n Ling (Bez für ein sehr einfaches Malaiisch od Indonesisch, wie es etwa auf Märkten üblich ist)* la bazar-malaja [lingvo]

Baschkiren *m/Pl Ethn (Turkvolk im südl. Ural)* baŝkiroj *Pl*

Baschkirien (*n*), *auch* ***Baschkortostan*** (*n*) *Rep. innerhalb Russlands* Baŝkirio *[Hptst.: Ufa]*

baschkirisch *Adj* baŝkira

Baschkirisch[e] *n Ling (im südl. Ural gesprochene Turksprache)* la baŝkira [lingvo]

Baschkortostan (*n*) ↑ ***Baschkirien***

Baschlik *m kaukasische Wollkapuze* baŝliko

¹Base *f* ***a)*** *alt od reg für «Cousine»* kuzino ***b)*** <*schweiz*> *auch Tante* onklino

²Base *f Biochemie* bazo

Baseball [*'be:sbo:l*] *m Sport (ein dem Schlagball ähnliches amerik. Mannschaftsspiel)* basbalo; ~**kappe** *f*, *auch* ***Base[ball]-cap*** *f* basbala ĉapo

Basedow (*m*) *Eig (deutscher Arzt [1799-1854])* Bazedovo; ~**-Krankheit** *f*, *auch*

kurz ***Basedow*** *m, Fachspr auch* ***Morbus Basedow*** *m Med* bazedova malsano (*vgl. dazu* ***Hyperthyreose***)

Basel (*n*), *franz.* ***Bâle*** *eine Stadt in der Schweiz* Bazelo

Baseler *m,* <*schweiz*> ***Basler*** *m Einwohner von Basel* bazelano

Basella *f Bot* = ***Malabarspinat***

Basel-Stadt *ohne Art: Schweizer Halbkanton* Bazel-Urbo

Basenäquivalenz *f die nahezu gleiche Häufigkeit von Adenosin u. Cytosin in der Struktur der DNA* bazoekvivalento

Basento *m ein Fluss in Süditalien [mündet in den Golf von Tarent]* [rivero] Basento

Basenüberschuss *m Labormedizin (zu hohe Basenkonzentration im Blut)* bazoeksceso

BASIC *n EDV (eine ältere einfache Programmiersprache)* Baziko

Basidie *f, auch* ***Sporenständer*** *m Mykologie (Sporen bildendes Organ der Ständerpilze)* bazidio, *auch* sporklabo

Basidienpilze *m/Pl Mykologie* ↑ ***Ständerpilze***

Basidiosporen *f/Pl Mykologie* ↑ ***Sporidien***

basieren ***a)*** *tr* bazi (***auf*** sur) ***b)*** *intr etw. zur Grundlage haben bzw. in etw. seine Ursache haben* sin bazi, baziĝi (***auf*** sur) (↑ *auch* ***fußen*** *u.* ***sich gründen***); ***auf historischen Fakten*** ~ baziĝi sur historiaj faktoj

Basilicata *f, dt.* ***Basilikata*** *f eine südital. Region am Golf von Tarent* Basilikato *[Hptst.: Potenza]*

Basilienkraut *n Bot, Gewürz* ↑ ***Basilikum***

Basilika *f Arch (eine altchristl. Kirchenform), Kirchenrecht (eine vom Papst verliehene Bezeichnung für einige römische Kirchen)* baziliko; ~ ***Sacré-Cœur*** *f, franz.* ***Basilique du Sacré-Cœur*** *eine römisch-katholische Wallfahrtskirche auf dem Hügel Montmartre in Paris* Baziliko de [la] Sankta Koro; ~ ***Sankt Peter im Vatikan*** ↑ ***Petersdom***; ***romanische*** ~ romanika baziliko

Basilikata *f* ↑ ***Basilicata***

Basilikum *n, auch* ***Basilienkraut*** *n* (Ocimum basilicum) *Bot, Gewürz* bazilio

Basilisk *m* ***a)*** *oriental. Myth (drachenähnliches Ungeheuer mit tödlichem Blick u. Hauch)* bazilisko ***b)*** *Zool* (*Gattung* Basiliscus) *eine Gattung meist baumlebender Leguane* bazilisko *[Vorkommen: Mittelamerika bis zum nördl. Südamerika]* (↑ *auch* ***Helmbasilisk***)

Basiliskenchamäleon *n, auch* ***Sudanchamäleon*** *n* (Chamaeleo africanus) *Zool* afrika ĥameleono *[Vorkommen: tropisches Afrika nördl. des Kongobeckens]*

Basilius (*m*) *Eig*: ***der Heilige*** ~ *einer der vier östlichen Kirchenväter des 4. Jh.s* la Sankta Bazilio

Basiliuskathedrale *f in Moskau* Katedralo de Sankta Bazilio

Basis *f* ***a)*** *Grundlage* bazo *auch Arch, El, Marxismus (die wirtschaftliche Struktur [einer Gesellschaftsordnung]), Mil, Pol u. Wirtsch* (↑ *auch* ***Abschuss-***, ***Ausgangs-***, ***Energie-***, ***Flotten-***, ***Operations-***, ***Partei-***, ***Start-***, ***Verhandlungs-*** *u.* ***Vertrauensbasis***); *übertr auch* fundamento; ~ ***und Überbau*** bazo kaj surbazo; ***auf dieser*** ~ sur tiu ĉi bazo; ***auf kommerzieller*** (***wissenschaftlicher***) ~ sur komerca (scienca) bazo; ***die materiell-technische*** ~ ***schaffen für ...*** krei la material-teknikan bazon por ...; ***die*** ~ ***[der Partei] folgte nicht dem Beschluss der Führung*** la bazo [de la partio] ne sekvis la decidon de la estraro ***b)*** *Math (Grundzahl eines Logarithmen- od Zahlensystems od einer Potenz)* bazo; *Geom (Basis einer ebenen Figur od Grundfläche eines Körpers)* bazo ***c)*** *Bot (Grund, unterer Teil)* bazo (*vgl. dazu* ***Blattgrund***) ***d)*** *Anat* bazo (*vgl. dazu* ***Schädelbasis***)

basisch *Adj Chem* baza (*vgl. dazu* ***basal b)***)

Basisdemokratie *f* bazodemokratio

basisdemokratisch *Adj* bazodemokratia

Basisliste *f* baza listo

Basizität *f Chem (basische Beschaffenheit)* bazeco

Baske *m Ethn* vasko, *neuerdings auch* eŭsko

Basken|land *n Region in N-Spanien* Vaskio *od* Eŭskio; ~**mütze** *f,* <*schweiz*> *u. luxemburgisch* ***Béret*** *n* vaska ĉapo

Basketball *m Sport (eine dem Korbball verwandte Mannschaftssportart [in den USA entstanden])* basketbalo (*vgl. dazu* ***Korbball***); ~**[spiel]er** *m* basketbalisto

Baskin *f* vaskino, *auch* eŭskino

Baskine *od* **Basquine** *f hist (eine span. Frauentracht [im 16./17. Jh.])* baskino

baskisch *Adj* vaska, *auch* eŭska

Baskisch[e] *n, auch* ***die baskische Sprache*** la vaska (*od* eŭska) [lingvo]

Basler ↑ ***Baseler***

Basmatireis *m Nahr* basmati-rizo

Basoche [*ba'sɔʃ*] *f Gesch (Körperschaft der Gerichtsschreiber [ehem. in Paris])* bazoĉo
Basotho *Pl Ethn* ↑ ***Basuto***
Basquine *f hist* ↑ ***Baskine***
Basra (*n*), *arab.* ***Al-Basra*** *zweitgrößte Stadt des Irak am Shatt al-Arab* Basro <*wichtigster irakischer Seehafen*>
Basrelief *n, auch* ***Flachrelief*** *n Arch, Bildh* basa reliefo
bass *Adv*: ~ ***erstaunt sein*** esti absolute mirigita (*vgl. dazu* ***baff sein***)
[1]**Bass** *m* ***a)*** *Stimmlage* baso; ***hoher*** (*od* ***erster***) ~ kantanta baso; ***tiefer*** (*od* ***zweiter***) ~ (*auch* ***seriöser Bass*** *genannt*), *ital.* ***Basso profondo*** profunda baso; ***Basso ostinato*** *sich hartnäckig behauptende Bassstimme, die sich im Verlauf der Komposition ständig wiederholt* obstina baso ***b)*** *Sänger in Bassstimmlage* basulo ***c)*** *Kurzf für* ***Kontrabass*** [↑ *dort*]
[2]**Bass** (*m*) *Eig (engl. Entdeckungsreisender [1771-1803]* <*erforschte die Ostküste Australiens*>*)* Basso (*vgl. dazu* ***Bass-Straße***)
Bassbariton *m tiefer Bariton* basa baritono
Basset [*ba'sɛ*] *m ein kurzbeiniger Laufhund [ursprünglich aus Frankreich]* baseto
Basseterre [*bas'tɛr*] (*n*) *Hptst. des karibischen Inselstaates Saint Kitts und Nevis* Basetero
Bassetthorn *n Mus (ein der Klarinette [nicht dem Horn] verwandtes Rohrblattinstrument, das in der Altlage steht u. enge Mensur besitzt)* basetkorno
Bassgeige *f Mus* ↑ ***Kontrabass***
Bassgitarre *f Mus* basgitaro
Bassia *f, auch* ***Dornmelde*** *f* (Bassia) *Bot (eine Gattung der Seifenkrautgewächse)* basio; ***rauhaarige Dornmelde*** *f* (Bassia hirsuta) vila basio
Bassin *n Becken (auch in Innenhäfen)* baseno (↑ *auch* ***Fischbassin*** *u.* ***Wasserbecken***); *großer Behälter, Tank* cisterno; *Schwimm*≗ naĝbaseno *od* baseno de naĝejo; *Hafen*≗ havenbaseno
Bassist *m Mus* ***a)*** *Sänger* basulo ***b)*** *Kontrabassspieler* kontrabasisto
Bassklarinette *f Mus* basa klarneto
Basslaute *f Mus* ↑ ***Theorbe***
Basso ostinato *m Mus* ↑ *unter* [1]***Bass a)***
Bass|posaune *f Mus* basa trombono; ~**sänger** *m, auch* ***Bass-Sänger*** *m Mus* basulo; ~**schlüssel** *m, auch* ***F-Schlüssel*** *m* (*Zeichen* 𝄢) *Mus* basa kleo, *auch* Fa-kleo; ~**stimme** *f* basvoĉo (*vgl. dazu* ***Bass a)***)
Bass-Straße *f Meeresstraße zw. Australien u. der Insel Tasmanien* Bassa Markolo
Bass|tölpel *m* (Sula bassana) *Orn* sulo; ~**trommel** *f Mus* bastamburo; ~**trompete** *f Mus* basa trumpeto
Bast *m Bot (Fasergewebe unter der Rinde)* basto
basta! *umg Schluss!* fino!; *genug!* sufiĉas!
Bastard *m* ***a)*** *alt od pej (uneheliches Kind)* bastardo *auch Schimpfw* ***b)*** *Biol* bastardo, *(Hybride)* hibrido; ~**gänsefuß** *m, pop* ***Schweinemelde*** *f od* ***Sautod*** *m* (Chenopodium hybridum) *Bot* hibrida kenopodio; ~**hahnenfuß** *m* (Ranunculus hybridus) *Bot* hibrida ranunkolo
bastardieren *tr Biol* bastardigi (↑ *auch* ***hybridisieren***); *refl: sich kreuzen* bastardiĝi
Bastardierung *f Biol (das Kreuzen von Arten)* bastardigo (↑ *auch* ***Hybridisierung***)
Bastardklee *m* (Trifolium hybridum) *Bot* hibrida trifolio
Bastardmakrele *f, auch* ***Schildmakrele*** *f* (Trachurus) *Ichth,Nahr (Gattung u. die Art ‹Trachurus trachurus›)* trakuruso (↑ *auch* ***Mittelmeerstöcker***); ***japanische*** ~ (Trachurus japonicus) japana trakuruso
Bastei *f Bollwerk* bastiono
basteln *intr* metie amatori
Bastfaser *f* bastfibro (↑ *auch* ***Jute a)***)
Bastian (*m*) *männl. Vorname* Bastiano
Bastille [*bas'ti:jə*] *f Festungsbau [als Gefängnis]* bastilo; ***die*** ~ *vor 1789 Pariser Staatsgefängnis* la Bastilo; ***Erstürmung der*** ~ *franz. Gesch* stormado de la Bastilo <*am 14. Juli 1789*>
Bastion *f* bastiono *auch übertr* (↑ *auch* ***Bollwerk***)
Bast|korb *m* bastkorbo; ~**matte** *f* bastmato; ~**palme** *f, auch* ***Bambus-*** *od* ***Raffiapalme*** *f* (*Gattung* Raphia) *Bot (eine Gattung afrikanischer Nutzpflanzen)* rafio; ~**röckchen** *n* bastjupeto; ~**schuh** *m* bast[o]ŝuo
Bastteil *n Bot (Teil des Leitbündelsystems bei Pflanzen)* ↑ ***Phloëm***
Basuto *Pl, auch* ***Basotho*** *Pl Ethn (ein Bantuvolk in Südafrika, bes. in Lesotho)* basutoj *Pl*; ~**land** *n früherer Name des Königreichs Lesotho* Basutolando
Bata (*n*) *Hptst. von Äquatorialafrika u. Hafen von Mbini* Batao (*vgl. dazu* ***Mbini***)
Bataillon *n* (*Abk* ***Btl.***) *Mil* bataliono (↑ *auch* ***Artillerie- Kavallerie- u. Wachbataillon***)

Bataillonskommandeur *m Mil* komandanto de bataliono, *auch* batalionestro

[1]**Batak** *m, alt* ***Bataker*** *m Ethn*: ***die*** ~ *Pl ein altindonesisches Volk im Innern Sumatras [um den Tobasee]* la batakoj *Pl [in viele Stämme unterteilt, so z.B. in die christianisierten* ***Karo-Batak*** *u.* ***Toba-Batak*** *u. die islamischen* ***Angkola-Batak*** *u.* ***Mandailing-Batak*** *u.a.]*

[2]**Batak** *n, auch* ***Batakisch[e]*** *n Ling (eine indones. Regionalsprache)* la bataka [lingvo]

Batak-Kirche *f*: ***die Protestantische*** ~ *im Batakland/Sumatra* la Protestanta Bataka Eklezio

Batakland *n Bez für das Siedlungsgebiet der Batak* teritorio de la batakoj

Batam (*n*), *auch* ***Insel Batam*** *im Riau-Archipel/Indonesien* [insulo] Batamo, *auch* Batam-Insulo *[Hauptort: Nagoya]*

Batate *f* (Ipomea batatas), *auch* ***Süßkartoffel*** *f Bot* batato, *auch* dolĉa terpomo *Pflanze bzw. deren Knollenfrucht*

Bataver *m/Pl Gesch (Germanenstamm an der Rheinmündung)* batavoj *Pl*

Batavia (*n*) *während der niederländischen Kolonialzeit [bis 1949] holländischer Name für* ***Jakarta*** [↑ *dort*]

batavisch *Adj auf die Bataver bezogen* batava

Batchdatei *f, auch* ***Stapeldatei*** *f EDV* baĉodosiero, *Kurzw* baĉo

Batholith *m Geol (ein Tiefengesteinskörper)* batolito

Bathometer *od* **Bathymeter** *n, auch* ***Tiefseelot*** *n od* ***Meerestiefenmesser*** *m* batometro

Bathometrie *f, auch* ***Tiefseelotung*** *od* ***Tiefseemessung*** *f* batometrio

Bathseba (*f*), *ökumenisch* ***Batseba*** (*f*) *bibl: weibl. Vorname [im Alten Testament:] Mutter König Salomos von Israel* Batseba, *auch* Bat-Ŝeba

Bathymeter *n* ↑ ***Bathometer***

Bathysphäre *f* ***a)*** *tiefste Schicht des Weltmeeres* batisfero ***b)*** *Tiefseetauchgerät* = ***Bathyskaph***

Bathyskaph *m od n, auch* ***Tiefseetauchgerät*** *n* batiskafo *<von A. Piccard entwickelt>*

Batik *meist ohne Art, auch m od f ein [javanisches] Textilfärbeverfahren* batiko (↑ *auch* ***Batikstoff***); ~**bild** *n Mal* batikbildo

batiken *tr* batiki, *abs* tinkturi batikŝtofon

Batik|hemd *n* batikĉemizo; ~**hersteller** *m* produktanto de batiko; ~**kleid** *n* batikrobo

Batikstoff *m* batikŝtofo; ***handbemalter*** ~ [per]mane kolorigita batikŝtofo

Batist *m Textil (feinfädiges Gewebe)* batisto

Baton Rouge (*n*) *Hptst. des US-Bundesstaates Louisiana* Baton-Ruĵo, *auch* Batonruĝo

Batrachier *m/Pl, alt* ***Ekaudaten*** *m/Pl* (*Ordnung* Batrachia) *Zool (Froschlurche)* batrakoj *Pl, alt* ekaŭdatoj *Pl*

Batseba (*f*) *bibl* ↑ ***Bathseba***

Batterie *f El, Mil* baterio; *Akkumulatoren*≗ akumulatora baterio (↑ *auch* ***Anoden-***, ***Lithium-***, ***Natrium-***, ***Puffer-*** *u.* ***Taschenlampenbatterie***); ***elektrische*** ~ elektra baterio; ***die*** ~ ***aufladen*** (***auswechseln***) ŝargi (ŝanĝi) la baterion

Batterie|klemme *f El* bateria klemo; ~**ladegerät** *n El* bateriŝargilo, akumulatorŝargilo; ~**tester** *m (Gerät) El* bateritestilo

Batumi (*n*) *Hptst. von Adscharien [autonome Republik in SW-Georgien]* Batumo

Batur *m, auch* ***Gunung Batur*** *ein Vulkan auf Bali/Indonesien* [monto] Baturo

Batzen *m eine Silbermünze im 15./16. Jh. in Deutschland u. in der Schweiz (= 4 Kreuzer)* baco ◇ ***ein*** ~ ***Geld*** *umg für «eine ganze Menge Geld»* amaso da mono *(Zam)*

Bau *m* ***a)*** *Aufbau* konstru[ad]o *auch von Straßen u. Eisenbahnlinien* (↑ *auch* ***Straßenbau***); *Aufstellung, Installation* instalado; ***der*** ~ ***dauerte drei Jahre*** la konstruo daŭris tri jarojn; ***im*** ~ ***sein*** esti [nuntempe] konstruata ***b)*** *Gebäude* konstruaĵo (↑ *auch* ***Roh-***, ***Stahl-*** *u.* ***Ziegelbau***) ***c)*** *innerer Bau, Gefüge* strukturo; *äußerer Bau, Gestalt* staturo, formo; *Baustelle* konstruloko, konstruejo; ***der*** ~ ***des menschlichen Körpers*** la strukturo de [la] homa korpo ***d)*** *salopp für «Arrest», bes. Mil* aresto, *(Arrestzelle)* arestejo; ***in den*** ~ ***stecken*** *in die Arrestzelle stecken* meti en la arestejon ***e)*** *Erdhöhle eines Tiers* [ter]kavo, *[falls nestartig:]* ternesto (↑ *auch* ***Dachs-***, ***Fuchs-***, ***Maulwurfs-*** *u.* ***Termitenbau***)

Bauabschnitt *m* etapo de konstruado; ***im ersten*** ~ dum (*od* en) la unua etapo de konstruado

Bau|amt *n von städtischen od staatl. Behörden* konstru-oficejo; ~**arbeiten** *f/Pl* konstrulaboroj *Pl*; ~**arbeiter** *m* konstrulaboristo; ~**aufzug** *m Bauw* konstrueja lifto; ~**betrieb** *m* konstru-entrepreno

Bauch *m von Mensch od Tier, auch Wölbung, z.B. eines Gefäßes* ventro (↑ *auch* ***Bier-***, ***Bläh-***, ***Dick-***, ***Fett-***, ***Flaschen-***, ***Hänge-***, ***Ober-***, ***Schmer-***, ***Spitzbauch*** *u.* ***Wanst***); *Anat* abdomeno (↑ *auch* ***Unterbauchgegend*** *u.* ***Unterleib***); ***einen [dicken] ~ bekommen*** (*od* ***kriegen***) ventrodikiĝi; ***auf dem ~ liegen*** kuŝi sur la ventro *od* kuŝi surventre; ***auf dem ~ schlafen*** dormi surventre; ***im ~ des Schiffes*** en la ventro de la ŝipo ◇ ***sich [vor Lachen] den ~ halten*** teni al si la ventron [de *od* pro ridego]; ***ein hungriger ~ hat kein Ohr*** ventro malsata orelojn ne havas *(Zam)*; ***voller ~ lobt das Fasten*** plena stomako laŭdas la faston *(Zam)*; ***ein voller ~ studiert nicht gern*** sata stomako ne lernas volonte *(Zam)*

Bauch|aorta *f* (Aorta abdominalis) *Anat* abdomena aorto; ~**arterie** *f, auch* ***Bauchhöhlenschlagader*** *f* (Arteria coeliaca) *Anat* celiaka arterio; ~**atmung** *f, Fachspr* ***Abdominalatmung*** *f Physiol* abdomena spirado (↑ *auch* ***Zwerchfellatmung***)

Bauchbinde *f* ↑ ***Leibbinde***

Bauchbruch *m Med* ↑ ***Bauchwandbruch***

Bauchchirurgie *f Med* abdomena kirurgio

Bauchdecke *f Anat* ↑ ***Bauchwand***

Bauchdeckenreflex *m Med* ↑ ***Abdominalreflex***

Bauchdeckenfistel *f Med* = ***Bauch[wand]fistel***

Bauchdeckenschlagader *f* (Arteria epigastrica) *Anat* epigastra arterio

Bauchfalte *f Zool* ↑ ***Bauchtasche***

Bauchfell *n* (Peritoneum) *Anat (die Bauchhöhle auskleidende Haut)* peritoneo

Bauchfelldialyse *f Med* ↑ ***Peritonealdialyse***

Bauchfellentzündung *f, Fachspr* ***Peritonitis*** *f Med* inflamo de la peritoneo, *Fachspr* peritoneito

Bauchfett *n* ventrograso *od* ventra graso (*vgl. dazu* ***Adipositas***)

Bauchfistel *f Med* ↑ ***Bauchwandfistel***

Bauch|flosse *f Ichth* abdomena (*od* ventra) naĝilo; ~**füß[l]er** *m/Pl*, *<wiss>* ***Gastropoden*** *m/Pl* (Gastropoda) *Zool* gastropodoj *Pl*; ~**grimmen** *n Med* ventrodoloro(j)

Bauchgrippe *f Med* ↑ ***Magen-Darm-Grippe***

Bauch|gurt *m des Pferdes* ventrorimeno; ~**hernie** *f* (Hernia ventralis) *Med* abdomena (*od* ventra) hernio; ~**höhle** *f, Fachspr Anat auch* ***Abdominal-*** *od* ***Peritonealhöhle*** *f* (Cavum abdominale [*od* abdominis]) ventra kavo, *(fachsprachl.)* abdomena (*od* peritonea) kavo

Bauchhöhlenschlagader *f Anat* ↑ ***Baucharterie***

Bauchhöhlenschwangerschaft *f, Fachspr* ***Abdominalgravidität*** *od* ***Extrauteringravidität*** *f* (Graviditas extrauterina) *Med* eksterutera gravedeco (↑ *auch* ***Tubenschwangerschaft***)

Bauchhöhlenspiegelung *f Med* ↑ ***Laparoskopie***

bauchig *Adj Flasche, Krug u.a.* ventroforma; *dickbauchig* dikventra, *pej* ventraĉa (↑ ***ventral***

Bauch|kolik *f* (Colica abdominis) *Med* abdomena (*od* ventra) koliko; ~**laden** *m* [kolportista] vendokesto

Bäuchlein *n kleiner Bauch* ventreto

bäuchlings *Adv* surventre

Bauch|muskel *m* (Musculus abdominis) *Anat* abdomena muskolo *Pl*; ***querer ~*** (Musculus transversus abdominis) abdomena transverso

Bauch|muskulatur *f* abdomena muskolaro; ~**pilze** *m/Pl*, *<wiss>* ***Gastromyzeten*** *m/Pl Mykologie* gastromicetoj *Pl*; ~**presse** *f Pressen der Bauchmuskeln* abdomenmuskola premo; ~**redner** *m* ventroparolisto; ~**region** *f* (Regio abdominis) *Anat* abdomena (*od* ventra) regiono; ~**reifen** *m Teil der Ritterrüstung* ventrokiraso; ~**schmerzen** *m/Pl* ventrodoloro(j) (↑ *auch* ***Kolik***)

Bauchschnitt *m Chir* ↑ ***Laparotomie***

Bauchschuss *m* abdomena pafo

Bauchspeichel *m* ↑ ***Bauchspeicheldrüsensekret***

Bauchspeicheldrüse *f, Fachspr* ***Pankreas*** *f Anat* pankreato; ***Entzündung f der ~***, *Fachspr* ***Pankreatitis*** *f Med* inflamo de la pankreato, pankreatito; ***Hauptausfühungsgang des Pankreas*** (Ductus pancreaticus) pankreata dukto

Bauchspeicheldrüsenhormon *n* ↑ ***Pankreashormon***

Bauchspeicheldrüsenkrebs *m Med* ↑ ***Pankreaskarzinom***

Bauch|speicheldrüsensekret *n, pop auch* ***Bauchspeichel*** *m* pankreata suko; ~**tanz** *m* ventrodanco; ~**tänzerin** *f* ventrodancistino; ~**tasche** *f, auch* ***Bauchfalte*** *f der Beuteltiere* marsupio; ~**tumor** *m Med* abdomena tumoro

Bauchtyphus *m Med* ↑ ***Unterleibstyphus***

Bauchwand *f, auch* ***Bauchdecke*** *f Anat* abdomena parieto; ~**[wand]bruch** *m, auch* ***epigastrische Hernie*** *f* (Hernia ventralis), *<wiss> auch* ***Laparozele*** *f Med* ventra (*od* epigastra) hernio, *<wiss>* laparocelo; ~**[wand]fistel** *f* (Fistula abdominalis) *Med* abdomena fistulo

Bauchwassersucht *f, Fachspr* ***Aszites*** *m Med (Ansammkung von Flüssigkeit in der freien Bauchhöhle)* ascito; ***hämorrhagischer Aszites*** *m* hemoragia ascito

[1]**Baud** [*bo:d*] (*m*) *Eig (franz. Telegrafentechniker [1845-1903])* Baŭdo

[2]**Baud** [*bo:d*] *n Maßeinheit der Telegrafiergeschwindigkeit* baŭdo

Baudelaire (*m*) *Eig (franz. Dichter [1821-1867])* Bodlero

Bau|denkmal *n* arkitektura monumento; ~**element** *n, auch* ***Bauteil*** *n El u. Elektronik* komponanto

[1]**bauen** ***a)*** *tr Bauw* konstrui; *konstruieren* konstrukcii; *Tech (installieren)* instali; ***ein Nest*** ~ *Vogel* konstrui neston ◇ ***Luftschlösser*** ~ konstrui kastelojn en la aero *(Zam)* ***b)*** *intr:* ***auf jmdn.*** ~ *übertr: jmdm. vertrauen* fidi iun (*od* al iu, je iu); *Hoffnung in jmdn. setzen* meti sian esperon sur iun; ***athletisch gebaut sein*** *Körper* havi korpon de atleto

[2]**bauen** *tr Landw* = ***anbauen*** *od* ***anpflanzen***

Bauen *n* konstruado

[1]**Bauer** *m* ***a)*** agrokulturisto, terkulturisto (*vgl. dazu* ***Farmer*** *u.* ***Muschik***; ↑ *auch* ***Alm-***, ***Berg-***, ***Groß-***, ***Klein-***, ***Mais-*** *u.* ***Milchbauer***); *i.w.S. Landmann* kamparano, *pej* kampulo ***b)*** *Schachfigur* peono

[2]**Bauer** *m od n Vogelkäfig* [birdo]kaĝo

Bäuerchen *n Aufstoßen des Säuglings od Kleinstkinds* rukteto

Bäuerin *f, reg u. <österr> auch* ***Bäurin*** *f* agrokulturistino, terkulturistino; *Landfrau* kamparanino, *(leicht pej)* kampulino

bäuerisch ↑ ***bäurisch***

Bauerlaubnis *f* konstru-permeso, *(als schriftliche Genehmigung)* konstru-permesilo

bäuerlich *Adj auf den Bauern bezogen* agrikulturista, terkulturista, kamparana; *auf die Landwirtschaft bezogen* agrikultura, terkultura; *i.w.S. (ländlich)* rura, *(dörflich)* vilaĝa

Bauern|aufstand *m bes. Gesch Mittelalter* kamparana ribelo; ~**bursche** *m* vilaĝa junulo, kampobubo; ~**dorf** *n* terkulturista vilaĝo; ~**familie** *f* kamparana familio; ~**gut** *n* bieno; ~**haus** *n* biendomo; *im Ggs zur Stadt* vilaĝa (*od* kamparana) domo; ~**hof** *m Anwesen* bieno (↑ *auch* ***Bergbauernhof***); *Platz im Gehöft* bienkorto

Bauernkarpfen *m Ichth* ↑ ***Karausche***

Bauern|kind *n* kamparana infano; ~**krieg** *m Gesch* kamparana milito; ~**mädchen** *n* vilaĝa knabino (*od* junulino); ~**regel** *f* [kamparana] veterproverbo *od* veterprognoza proverbo *[z.B.* ***Regen im April, jeder Bauer will*** *= pluvo en aprilo – por tero utilo]*

Bauernrose *f Bot* ↑ ***Pfingstrose***

Bauernschaft *f* kamparanaro; *Bauerntum* kamparaneco

Bauersfrau *f* kamparanino

Bau|experte *od* ~**fachmann** *m* eksperto pri konstruado, *i.w.S. auch* konstruisto; ~**fach** *n Bauwesen* konstrufako

baufällig *Adj* kaduka, *auch* en stato tre kaduka *nachgest*

Bau|finanzierung *f* konstrufinancado; ~**firma** *f* konstrufirmao

Baugenehmigung *f* konstrupermeso *bzw. (als Dokument)* konstrupermesilo; ***Erteilung f einer*** ~ dono de konstrupermesilo

Bau|genossenschaft *f* konstrukooperativo; ~**gerüst** *n* skafaldo, *(aus Holz) auch* ĉarpentaĵo; ~**gewerbe** *n* konstrua industrio; ~**grube** *f Bauw* konstrufos[aĵ]o [por la fundamento]; ~**grund** *m* konstrugrundo, tereno por konstruotaj domoj; ~**herr** *n, auch* ***Bauträger*** *m* konstruiganto

Bauhinie *f* (*Gattung* Bauhinia) *Bot (eine Gattung der Hülsenfrüchtler in den Tropen u. Subtropen)* baŭhinio

Bau|holz *n* konstruligno, *für Zimmermannsarbeiten* ligno por ĉarpentado, *Fachspr Forstw* timbro; ~**industrie** *f* konstrua industrio; ~**ingenieur** *m* konstrufaka inĝeniero; ~**jahr** *n* jaro de konstruo *auch von Kfz*

Baukasten *m ein Kinderspielzeug* konstrukesto; ~**prinzip** *od* ~**system** *n* konstrukesto-principo (*vgl. dazu* ***Anbaumöbel***); *modularer Aufbau* modula principo [de konstruado]

Bau|kosten *Pl* konstrukostoj *Pl od* kostoj *Pl* de la konstruo; *Installationskosten* kostoj *Pl* de la instalado; ~**kunst** *f* konstruarto, arkitekturo; ~**leiter** *m* direktanto de konstrulaboroj, konstruestro

baulich *Adj* rilata al konstru[ad]o *nachgest*

Baum *m* ***a)*** arbo (↑ *auch* ***Laub-***, ***Nadel-***,

Obst-, Zierbaum u. Zwiesel); ~ ***der Reisenden****, auch* ***Quellenbaum*** (Ravenala madagascariensis) *Bot (ein tropisches Ziergehölz)* ravenalo; ***auf einen ~ klettern*** grimpi sur arbon ◇ ***der ~ der Erkenntnis*** *bibl* la arbo de sciado; ***hohe Bäume trifft der Blitz*** altan arbon batas la fulmo *(Zam)*; ***er sieht den Wald vor lauter Bäumen nicht*** li en arbaro sidas kaj arbojn ne vidas *(Zam)*; ***Gott sorgt dafür, dass die Bäume nicht in den Himmel wachsen*** al porko Dio kornojn ne donas *(Zam)* ***b)*** *Mar (kurz für «Giekbaum»)* bumo *bzw. (kurz für «Ladebaum»)* [kargo]bumo (↑ *auch* ***Spinnakerbaum***)

Baumarkt *m* superbazaro por konstrumaterialo kaj metiistaj bezonaĵoj

Baumart *f Bot, Forstw* arbospecio

Bau|maschine *f* konstrumaŝino; ~**material** *n* konstrumaterialo *auch zum Nestbau der Vögel*

baumbewohnend *Adj*: ~***es Säugetier*** *n Zool* arbologa mamulo

Baumbewohner *m* arbologanto

Bäumchen *n* arbeto; ~**weide** *f* (Salix arbuscula) *Bot* arbusta saliko

Baumeister *m* arkitekto (↑ *auch* ***Orgelbaumeister***) ◇ ***der ~ der Welt*** *bildh für «Gott»* la Majstro de l' mondo *od* la arkitekto de la universo

baumeln *intr* balanc[opend]i, svingopend[et]i; ***mit den Beinen ~*** svingeti la (*bzw.* siajn) gambojn ◇ ***die Seele ~ lassen*** *sich total entspannen* lasi rilaksi la animon

bäumen, sich *refl* ***a)*** *Pferd* baŭmi, stariĝi sur la postaj piedoj; *tänzeln (mit den Vorderhufen den Boden schlagen und sich bäumen)* pranci ***b)*** *übertr* [forte] oponi, ribeli (***gegen*** kontraŭ)

Baumente *f*: ***indische ~*** (Dendrocygna javanica) *Orn* java arboanaso

Baum|epiphyt *m Bot* surarba epifito; ~**erdbeere** *f (Frucht des Erdbeerbaums [Arbutus unedo])* arbut-bero; ~**falke** *m* (Falco subbuteo) *Orn* alaŭdfalko; ~**fällung** *f Forstw* faligado de arbo(j); ~**farn** *m* (Cyathea ssp.) *Bot* arbofiliko; ~**grenze** *f im Gebirge die Höhenlage, im polaren Gebiet die geografische Breite, in der eine Baumhöhe von 5 m nict mehr erreicht wird u. Bäume nicht mehr fruktifizieren können* arbolimo (*vgl. dazu* ***Waldgrenze***); ~**gruppe** *f* arbogrupo; ~**harz** *n* arborezino, rezino de arboj (*vgl. dazu* ***Kopal***); ~**hasel** *f, auch* ***türkische Hasel*** (Corylus colurna) *Bot* turka avelarbo, <*wiss*> turka korilo *[Vorkommen: von SO-Europa u. Kleinasien bis zum Kaukasus]*; ~**haus** *n* arbodom[et]o; ~**heide** *f* (Erica arborea) *Bot* arba eriko; ~**höhe** *f Forstw (Abstand zw. dem höchsten Punkt eines Baumes u. dem Niveau seines Fußpunktes)* arboalto

Baumhöhle *f* arbokav[aĵ]o; ***in ~n nisten*** *Vögel* nesti en arbokavoj

Baum|känguru *n* (*Gattung* Dendrolagus) *Zool* arbokanguruo, <*wiss*> dendrolago (↑ *auch* ***Bären-Baumkänguru***); ~**krone** *f* arbokrono; ~**kröte** *f* (*Gattung* Pedostibes) *Zool* arbobufo *[Vorkommen: SO-Asien]*; ~**kuchen** *m Nahr* tavolkuko; ~**kultur** *f, auch* ***Waldwirtschaft*** *f* arbokultur[ad]o, *auch* arbara kulturado *od* silvikulturo

Baumkunde *f* ↑ ***Dendrologie***

Baumläufer *m* (*Gattung* Certhia) *Orn* certio (↑ *auch* ***Garten-, Himalaja-*** *u.* ***Waldbaumläufer***); ***[Familie der] ~*** *Pl* (Certhiidae) certiedoj *Pl*

Baumleguan *m* (Varanus dumerili) *Zool* arbovarano (↑ *auch* ***Basilisk b)***)

Baumleiche *f Forstw* ↑ ***Trockenbaum***

Baum|lupine *f* (Lupinus arboreus) *Bot* arbusta lupeno; ~**marder** *m, auch* ***Edelmarder*** *m* (Martes martes) *Zool* [arbo]marteso; ~**melone** *f Bot* ↑ ***Papaya***

Baummesser *n Gartenb, Obstbau* hipo

Baummessgerät *n Forstw* ↑ ***Dendrometer***

Baummesskunde *f Forstw* ↑ ***Dendrometrie***

Baumnuss *f* ↑ ***Walnuss***

Baumnatter *f Zool*: *Schmuck*~ (*Gattung* Chrysopelea) *eine baumbewohnende Natter in tropischen Regenwäldern* gliskolubro, <*wiss*> krisopeleo

Baum|nymphe *f Myth* nimfo de la arboj (↑ *auch* ***Dryade*** *u.* ***Hamadryade***); ~**orchidee** *f* (*Gattung* Epidendron) *Bot* epidendro; (*Gattung* Dendrobium) dendrobio; ~**pieper** *m* (Anthus trivialis) *Orn* arbopipio; ~**pilz** *m Mykologie* lignofungo, *auch* arbofungo (*vgl. dazu* ***Schwefelporling*** *u.* ***Zunderschwamm***)

Baumpython *m Zool*: ***grüner ~*** (Chondropython viridis = Morelia viridis) verda pitono *[Vorkommen: Neuguinea, Salomonen u. N-Australien]*

Baumratte *f* (*Gattung* Capromys) *Zool* hutio

baumreich *Adj* riĉa je arboj *nachgest*

Baum|reihe *f* vico da arboj; ~**riese** *f* arbego,

auch arbogiganto; ~**rinde** *f* arboŝelo (↑ *auch* ***Borke***); ~**rodung** *f Forstw (Fällen samt Stock)* arboelradikado (*vgl. dazu* ***Holzfällung***)

Baumrutscher *m* (*Gattung* Climacteris) *Orn* klimaktero, *pop* arbogrimpulo (↑ *auch* ***Rotbauch-*** *u.* ***Schwarzschwanz-Baumrutscher***); ***[Familie der]*** ~ *Pl* (Climacteridae) klimakteredoj *Pl [Vorkommen: Australien u. Neuguinea]*

Baumsäge *f Gartenb* ↑ ***Astsäge***

Baumsavanne *f* arbara savano

Baumschaft *m Forstw* ↑ ***Baumstamm***

Baum-Schneckenklee *m Bot* ↑ ***Strauch-Schneckenklee***

Baum|schule *f* arbidokultivejo, *auch* arboplantejo, *i.w.S.* plantkreskejo *od* plantvartejo (↑ *auch* ***Forstbaumschule***); ~**schutz** *m z.B. für Straßenbäume bei Bauarbeiten* arboŝirmilo(j) *(Pl)*; ~**schwalbe** *f* (Hirundo nigricans = Petrochelidon nigricans) *Orn* arba hirundo *[Vorkommen: Australien u. Neuseeland]*; ~**schwamm** *m Mykologie* arbofungo; ~**setzling** *m Forstw (junge Gehölzpflanze)* arbido

Baumsperre *f Mil* = ***Baumverhau***

Baumspitze *f* arbopinto

Baumstachelbeere *f* ↑ ***Sternfrucht***

Baum|stachelschwein *n* (*Gattung* Coëndu) *Zool* koenduo; ~**stamm** *m, Forstw auch* ***Baumschaft*** *m* [arbo]trunko; ~**steigerfrösche** *m/Pl, auch* ***Pfeilgiftfrösche*** *m/Pl* (*Familie* Dendrobatidae) *Zool* dendrobatedoj *Pl [Vorkommen: in Regenwäldern Zentral u. Südamerikas (bes. Nordbrasilien, Franz. Guyana u. Surinam]*; ~**stelze** *f* (Dendronanthus indicus) arbara motacilo *[Vorkommen: Fernost, NO-China, Korea u. in Teilen Japans]*; ~**steppe** *f* arba stepo; ~**stumpf** *m, auch* ***Stubben*** *od* ***Stock*** *m, reg* ***Stumpen*** *m* arbostumpo, stumpo de trunko; ~**verhau** *m, auch* ***Astverhau*** *m Mil (Baumsperre)* abatiso; ~**wachs** *n Gartenb (Wachs für Veredlungsstellen)* greftovakso

Baumwanze *f Ent* ↑ ***Schildwanze***

Baumwipfel *m* arbopinto

baumwoll|ähnlich *Adj* kotonsimila; ~**artig** *Adj* kotoneca

Baumwollbrokat *m Textil* ↑ ***Brokatelle***

Baumwollcord *m Textil* kotona kordurojo

Baumwolle *f* kotono (↑ *auch* ***Rohbaumwolle***); ***ägyptische*** ~, *auch* ***Makobaumwolle*** *f* (*Kurzw* ***Mako*** *f, m od n*) kotono el Egiptio; ***reine*** ~ pura kotono

baumwollen *Adj* kotona, *nachgest auch* [farita] el kotono

Baumwoll|ernte *f* kotonrikolto; ~**faden** *m* kotonfadeno; ~**faser** *f* kotona fibro; ~**feld** *n* kotonkampo, kampo de kotonarbedoj (*vgl. dazu* ***Baumwollpflanzung***)

Baumwollgaze *f Textil* ↑ ***Tarlatan***

Baumwoll|gewebe *n* kotona teksaĵo (↑ *auch* ***Barchent***, ***Musselin***, ***²Nanking***, ***Organdy*** *u.* ***Tarlatan***); ~**hemd** *n* kotona ĉemizo *od* ĉemizo el kotona teksaĵo; ~**hose** *f* kotona pantalono *od* pantalono el kotona teksaĵo; ~**kapsel** *f Bot* kotonkapsulo; ~**pflanze** *f* (Gossypium) *Bot* koton-arbusto, <*wiss*> gosipio; ~**pflanzung** *od* ~**plantage** *f* kotonkultivejo *od* kotonplantejo; ~**plüsch** *m Textil* kotona pluŝo; ~**popeline** *f Textil* kotona poplino; ~**socken** *f/Pl* duonŝtrumpoj *Pl* el kotono; ~**-spinnerei** *f* kotonŝpinejo; ~**stoff** *m* kotona ŝtofo, kotonaĵo (↑ *auch* ***Chintz***, ***Gingham***, ***Madapolam*** *u.* ***Perkal***); ~**strauch** *m Bot* kotonarbedo; ~**unterwäsche** *f* kotona subvestaĵo *od* subvestoj el kotono; ~**waren** *Pl* kotonaĵoj *Pl*; ~**zellulose** *f* kotona celulozo

Baum|wuchs *m* arbokreskado; ~**würger** *m* (*Gattung* Celastrus) *Bot (eine Gattung Halbepiphyten)* celastro

Bau|plan *m* konstruplano (↑ *auch* ***Bauzeichnung***); ~**planung** *f* konstruplanado; ~**platz** *m* konstruloko, konstruejo; ~**programm** *n* konstruprogramo; ~**projekt** *n* konstruprojekto; ~**reihe** *f Fertigung* konstruserio

Bäurin *f* ↑ ***Bäuerin***

bäurisch, *seltener* ***bäuerisch*** *Adj in der Art eines Bauern* en maniero de kamparano *nachgest*; *grob* kruda

Bausch *m an der Kleidung, Puffe* pufo (*vgl. dazu* ***Puffärmel***); ***ein*** ~ ***Watte*** [sterilizita] vatbulo (↑ *auch* ***Tampon*** *u.* ***Tupfer***) ◇ ***in*** ~ ***und Bogen*** bloke; *ohne zu unterscheiden* sendiference, *nachgest* ne farante diferencon

bauschen, sich *refl* pufiĝi

bauschig *Adj* ŝvelforma; *Gewand, Hose* pufa

Bau|schutt *m* konstrurubo; ~**sparvertrag** *m Bankw, Fin* ŝparkontrakto por financado de [konstruo de] loĝdomo; ~**stein** *m Bauw* konstrubriko *auch übertr*; *als Kinderspielzeug* ludbriko; *Chem u. übertr* komponanto; ~**stelle** *f* konstru-loko, konstruejo; ~**stil**

m Arch konstrustilo (↑ *auch* ***Ogivalstil***); ~**stoffe** *m/Pl* konstrumaterialo *Sg*; ~**stoffindustrie** *f* konstrumateriala industrio
Baute *f* ↑ ***Bauwerk***
Bauteil *n* ↑ ***Bauelement***
Bauten *Pl* konstruaĵoj *Pl*
Bauträger *m* ↑ ***Bauherr***
Bau|unternehmen *n* konstru-entrepreno; ~-**unternehmer** *m* konstru-entreprenisto; ~-**vorhaben** *n* konstruprojekto, *(umfangreiche Baumaßnahmen umfassend, z.B. Autobahnbau)* vorko; ~**weise** *f* konstrumaniero (↑ *auch* ***Gitter-*** *u.* ***Leichtbauweise***); ~**werk** *n*, <*schweiz*> *Amtssprache* ***Baute*** *f Gebäude* konstruaĵo (↑ *auch* ***Wasserbauwerk***)
Bauwesen *n* konstrufako (*vgl. dazu* ***Architektur***)
Bau|zaun *m Bauw* konstrueja barilo; ~**zeichnung** *f* konstru-desegn[aĵ]o (*vgl. dazu* ***Bauplan***)
Bavenda *n Ling* ↑ ***²Venda***
Bauxit *m Min* baŭksito <*so benannt nach dem erste Fundort Les Baux in Südfrankreich*>; ~**lager** *n Bergb* baŭksitkuŝejo
b.a.w. = *Abk für* ***bis auf weiteres***
Bayaka *Pl Ethn (Pygmäenstamm im afrik. Regenwald)* bajakoj *Pl*
B&B = *Abk für* ***Bed&Breakfast***
Bayer *m* bavaro
Bayerin *f* bavarino
bay[e]risch *Adj* bavara; ***≗e Esperanto-Liga*** *f* Bavara Esperanto-Ligo (*Abk* BELO); ***~e Küche*** *f Kochk* bavara kuirarto; ***der ≗e Wald*** la Bavara Arbaro
Bayern (*n*) Bavario *[Hptst.: München]* (↑ *auch* ***Nieder-*** *u.* ***Oberbayern***); ***Königreich ~*** *Gesch* Reĝolando Bavario <*existierte 1805-1918*>
Bayonne (*n*) *eine Hafenstadt in SW-Frankreich (Region Aquitanien)* Bajono; ~-**Schinken** *m Nahr (eine Spezialität aus SW-Frankreich u. dem Baskenland)* ŝinko de Bajono
Bayreuth (*n*) *eine Stadt in Oberfranken* Bajreŭto <*hier alljährliche Richard-Wagner-Festspiele im Festspielhaus auf dem Grünen Hügel*>
bayrisch ↑ ***bayerisch***
bazillär *Adj* bacila
Bazillariophyten *m/Pl Bot* ↑ ***Kieselalgen***
Bazille *f od* **Bazillus** *m Biol, Med ([Sporen bildender] Spaltpilz)* bacilo (*vgl. dazu* ***Bakterie***; ↑ *auch* ***Heu-*** *u.* ***Kommabazillus***)
Bazillen|ruhr *f Med (inkorrekte Bez für «Bakterienruhr»)* bacila disenterio; ~**träger** *m* baciloportanto
Bazooka *f Mil* ↑ ***Panzerfaust***
BBC [*bi:bi:'si:*] *f* (*Abk für* ***British Broadcasting Corporation***) *staatliche britische Rundfunkgesellschaft* Brita Radio-dissenda Kompanio
Bd. = *Abk für* ***¹Band***
Bde. = *Abk für* ***Bände***
beabsichtigen *tr* intenci; *bezwecken* celi; *planen (etw. zu tun)* plani [fari ion]; ***ich beabsichtige, heute Nachmittag ins Kino zu gehen*** mi intencas viziti kinejon hodiaŭ posttagmeze; ***ich hatte nicht beabsichtigt, ihn zu beleidigen*** ne estis mia intenco ofendi lin, *umg auch* mi [tute] ne volis ofendi lin; ***was beabsichtigt er?*** kion li celas?; *was sind seine Pläne?* kiaj estas liaj planoj?
Beachshorts [*'bi:tʃ...*] *Pl* plaĝoŝorto *Sg* (↑ *auch* ***Strandhose***)
beachten *tr Acht geben auf* atenti (***etw.*** ion); *sich merken, Aufmerksamkeit schenken* [bone] noti; *berücksichtigen, in Betracht ziehen* konsideri (***dass*** ke); *[streng] einhalten* [strikte] observi; ***~ Sie das Datum!*** notu la daton!
Beachten *n Achtgeben (auf etw.)* atentado
beachtenswert *Adj* atentinda; notinda; konsiderinda; *bemerkenswert* rimarkinda
beachtlich *Adj* rimarkinda; *beeindruckend* impresa; *außergewöhnlich* eksterordinara; *recht groß* sufiĉe granda; *wichtig* grava (*vgl. dazu* ***enorm*** *u.* ***gewaltig***)
Beachtung *f* atento; *Berücksichtigung* konsidero; ***jmdm.*** (***keinerlei***) ***~ schenken*** doni al iu (nenian) atenton
Beachvolleyball *m Sport* plaĝa volejbalo
beackern *tr* ***a)*** *[den Acker] bestellen* [agrikulture] prilabori la teron, *(pflügen)* plugi, *(eggen)* erpi ***b)*** *umg übertr für «[gründlich] bearbeiten»* [intense] prilabori; ***ein Thema ~*** [intense *od* profunde] prilabori temon
Beagle [*bi:gl*] *m ein kleiner engl. Hasenhund* biglo
Beamte *m* oficisto (*vgl. dazu* ***Ädil***; ↑ *auch* ***Bahn-***, ***Kriminal-***, ***Regierungs-*** *u.* ***Verwaltungsbeamte***); *Staats≗* ŝtatoficisto; *i.w.S. Diensttuender* deĵoranto (*vgl. dazu* ***Bürokrat***); ***~ a.D.*** eksa oficisto; ***~ ohne Rang*** senranga oficisto, *i.w.S.* senrangulo; ***ein hoher ~r*** altranga oficisto

Beamtenschaft *f* [ŝtat]oficistaro
Beamtin *f* oficistino; *Staats*² ŝtata oficistino
beängstigend 1. *Adj* timiga; *erschreckend* teruriga; *alarmierend* alarma **2.** *Adv*: ***sie sieht ~ bleich aus*** ŝi aspektas terure pala
beanspruchen *tr verlangen* pretendi; *fordern* postuli; *Platz, Zeit* bezoni; *Anspruch erheben auf* pretendi; *Tech (bes. Maschinenteile, Bauelemente u. dgl.)* streni; ***jmds. Zeit ~*** okupi ies tempon; ***zu viel ~*** pretendi (*bzw.* postuli) tro multe
Beanspruchung *f Forderung* postulo; *Tech* streno (*vgl. dazu* ***Druckbeanspruchung*** *u.* ***Torsion***)
beanstanden *tr bemängeln, reklamieren* reklamacii (***etw.*** ion); *kritisieren* kritiki; *sich beschweren über* plendi pri; *Einspruch erheben gegen* protesti kontraŭ; *tadeln* mallaŭdi
Beanstandung *f Reklamation* reklamacio; *Beschwerde* plendo; *Tadel* mallaŭdo
beantragen *tr erbitten, Gesuch einreichen* peti, peticii; *in Vorschlag bringen* proponi; *fordern* postuli
Beantragung *f* pet[ad]o; propon[ad]o; postul[ad]o
beantworten *tr* respondi (***etw.*** ion, *auch* al io); ***einen Brief ~*** respondi leteron
Beantwortung *f* respondado; ***in ~ Ihres Briefes*** (*od* ***Schreibens***) ***vom ...*** responde al via letero de (*od* kun dato de) ...
bearbeiten *tr allg u. Tech* prilabori *auch Werkstoffe*; *Landw* kultivi; *überarbeiten [und verbessern], z.B. ein Buch* revizii; *Text* adapti, aranĝi *auch Mus u. Theat*; ***Holz ~*** prilabori lignon; ***ein schwieriges Thema ~*** prilabori malfacilan temon ◇ ***jmdn. ~*** agiti iun
Bearbeiter *m* prilaboranto; *eines Theaterstücks* adaptanto; *Mus (Arrangeur)* aranĝisto
Bearbeitung *f* prilaborado *auch Tech*; *Boden* kultivado; *Theaterstück* adaptado; *Mus* aranĝado; *Redigieren (Überarbeitung) von Schriststücken* redaktado
Bearbeitungskosten *Pl* prilaboraj kostoj *Pl*; *Verwaltungskosten* administraj kostoj *Pl*
beargwöhnen *tr* malkonfidi (***etw.*** ion) (↑ *auch* ***misstrauen***)
Béarn (*n*) *eine historische Landschaft in SW-Frankreich* Bearno
Beat [*bi:t*] *m od* ***Beatmusik*** *f «beat»*-muziko
Beata *od* **Beate** (*f*) *weibl. Vorname* Beata
Beatifikation *f kath. Kirche* ↑ ***Seligsprechung***
Beatmung *f*: ***künstliche ~*** spirdonado (*vgl. dazu* ***Mund-zu-Mund-Beatmung***)
Beatmungsgerät *n Medizintechnik* [hospitala] spir-aparato
Beatmusik *f* ↑ ***Beat***
Beatnik [*'bi:tnik*] *m Angehöriger od Vertreter der Beatgeneration* bitniko
Beatrice *od* **Beatrix** (*f*) *weibl. Vorname* Beatrica
Beau [*bo:*] *m* ↑ ***¹Schöne b)***
Beaufort [*'bo:fɔr*] (*m*) *Eig (britischer Admiral [1774 -1852])* Boforto; **~see** *f Teil des Nordpolarmeers vor der Küste von Nordalaska u. NW-Kanada* Boforta Maro; **~skala** *f Met (12-17teilige Skala der Windstärken <international gültig seit 1939>)* boforta skalo
Beaufront (*m*) *Eig (einer der Initiatoren des Ido [1855-1935])* Bofronto
beaufsichtigen *tr inspizieren* inspekti (*vgl. dazu* ***kontrollieren***); *Gefangene, Kinder* gardi
beauftragen *tr*: ***jmdn. mit etw. ~*** komisii ion al iu, ŝarĝi iun per io; ***ich bin beauftragt zu ...*** oni komisiis min ... *u. Verb im Inf*; ***er ist [damit] beauftragt worden, die Zusammenkunft zu organisieren*** li estas komisiita organizi la kunvenon
Beauftragte *m* komisiito; *Agent* agento (*vgl. dazu* ***Bevollmächtigte***)
beäugen *tr* [atente] rigardadi (***etw.*** ion; ***jmdn.*** iun) (↑ *auch* ***begucken***)
Beaujolais (*n*) ***a)*** *eine französische Landschaft am NO-Rand des Zentralplateaus* Boĵolezo ***b)*** *ein roter Tischwein* boĵoleza vino
Beaumarchais (*m*) *Eig (franz. Schriftsteller [1732-1799])* Bomarŝeo
Beautycase *n, auch m Kosmetik* ŝminkokesteto
beballasten *tr Mar* balasti
Beballastung *f Mar* balastado
bebauen *tr Landw* kultivi [la teron]; *Bauw* konstrui [ion] sur
Bébé *n* ↑ ***Baby***
beben *intr Erde, Lippen, Stimme* tremi (***vor*** pro, *auch* de); ***vor Angst ~*** tremi pro timo; ***die Knie bebten mir*** miaj genuoj tremis; ***seine Stimme bebte*** lia voĉo tremis
Beben *n Erd*² tertremo (↑ *auch* ***Gletscher-***, ***Nach-***, ***Schwarm-*** *u.* ***Tiefbeben***); *Zittern,*

z.B. in jmds. Stimme tremado; ***tektonisches*** (***vulkanisches***) ~ tektona (vulkana) tertremo

bebildern *tr* ilustri, ornami [tekston] per bildoj

Bebop [*'bi:bop*] *m*, *Kurzf* ***Bop*** *m Mus (ein Jazzstil der 40er Jahre)* bopo (↑ *auch* ***Jazz***)

bebrillt *Adj mit Brille* okulvitra

bebrüten *tr*: ***Eier*** ~ kov[ad]i ovojn; ***das Ei ist bebrütet und ist deshalb ungenießbar*** tiu ovo estas duonkovita kaj tial nemanĝebla

Béchamelsoße *f Kochk (helle od weiße Rahmsoße)* beŝamela saŭco

Becher *m* ***a)*** *Gefäß* pokalo; *Glas* glaso (↑ *auch* ***Plastik-*** *u.* ***Trinkbecher***); *Tech (am Becherwerk)* sitelo; ***ein*** ~ ***Wein*** pokalo da vino ***b)*** *Bot (becherartige Fruchthülle [z.B. bei Eicheln u. Haselnüssen])* kupulo

Becherchen *n* pokaleto; glaseto

Becherflechte *f*, *auch* ***Säulen-*** *od* ***Korallenflechte*** *f* (*Gattung* Cladonia) *Bot* kladonio (↑ *auch* ***Rentierflechte***)

becherförmig **1.** *Adj* pokaloforma **2.** *Adv* pokaloforme

Becherfrüchtler *m/Pl Bot*: ***[Familie der]*** ~ *Pl* (Cupuliferae) kupulifer[ac]oj *Pl*

Becherkätzchen *n* (*Gattung* Garrya) *Bot* gario

Becherkeim *m Biol* ↑ ***Gastrula***

Becherling *od* **Becherpilz** *m* (*Gattung* Peziza) *Mykologie* pezizo (*vgl. dazu* ***Hasenohr***); ***orangeroter*** ~ *od* ***Orange-Becherling*** (Peziza aurantia = Aleuria aurantia) orangkolora pezizo; ***violetter*** ~ (Peziza violacea) viol[kolor]a pezizo

Becherlingsartige *Pl* (*Familie* Pezizaceae) *Mykologie* pezizacoj *Pl*

bechern *intr scherzh für «tüchtig trinken»* trinki grandkvante alkoholaĵojn

Becherpastete *f Kochk* ↑ ***Timbale***

Becherpilz *m Mykologie* ↑ ***Becherling***

Becherwerk *n Tech* ↑ ***Schöpfwerk***

Bechterew-Krankheit *f* (Spondylarthritis ankylopoetica = Spondylitis ankylosans) *Med* ankiloza spondilito

[1]**Becken** *n Mus* cimbalo (↑ *auch* ***Rausch-*** *u.* ***Zischbecken***)

[2]**Becken** *n* ***a)*** *[großes] schalenartiges Gefäß* pelvo; *Wasch*~ lavopelvo; *Bassin* baseno (↑ *auch* ***Brunnen-***, ***Einseif-***, ***Fisch-***, ***Fuß-***, ***Sammel-***, ***Sprung-*** *u.* ***Taufbecken***); *Wasser*~ akvobaseno; *Schwimm*~ naĝbaseno ***b)*** *Geol (Vertiefung der Erdoberfläche)* baseno (↑ *auch* ***Flussbecken***, ***Polje***, ***Syneklise*** *u.* ***Talbecken***) ***c)*** *Anat* (Pelvis) pelvo

Beckenboden *m* (Diaphragma pelvis) *Anat* pelva diafragmo; ~**muskeln** *m/Pl* muskoloj *Pl* de la pelva diafragmo

Becken|bruch *m od* ~**fraktur** *f* (Fractura pelvis) *Med* pelva frakturo *od* frakturo de la pelvo; ~**durchmesser** *m Gynäkologie* pelva diametro; ~**höhle** *f Anat* (Cavum pelvis) pelva kavo; ~**kamm** *m* (Crista iliaca) *Anat* iliaka kresto; ~**knochen** *m* (Os pelvis) *Anat* pelva osto; ~**maße** *n/Pl Med* pelvaj mezuroj *Pl* (↑ *auch* ***Pelvimetrie***); ~**region** *f* (Zona pelvis) *Anat* pelva zono

Beckenschläger *m*, *auch* ***Zimbelspieler*** *m Mus* cimbalisto

Beckenschwimmen *n Sport* basena naĝo

[1]**Becquerel** [*bɛkə'rel*] (*m*) *Eig (franz. Physiker [1852-1908])* Bekerelo

[2]**Becquerel** [*bɛkə'rel*] *n* (*Zeichen* ***Bq***) *Maßeinheit für die Aktivität ionisierender Strahlung* bekerelo (*vgl. dazu* ***Curie***)

Bed&Breakfast *n* (*Abk* ***B&B***) *Tour* lito kaj matenmanĝo

bedacht *Adj*: ***nur auf seinen [eigenen] Vorteil*** ~ ***sein*** celi nur sian [propran] avantaĝon (*bzw.* profiton)

Bedacht *m* konsidero, pripensado; ***mit*** ~ bone konsiderinte (*od* pripensinte)

bedächtig *Adj ruhig* trankvila; *langsam* malrapida; *besonnen* pripensema; *vorsichtig* singard[em]a; *zögernd, zögerlich* hezita, hezitema *od nachgest* kun hezit[em]o; ***mit*** ~***em Schritt*** malrapide [kaj digne] paŝante

Bedächtigkeit *f* trankvilo; *Langsamkeit* malrapid[em]o; *Besonnenheit* pripensemo; *Vorsichtigkeit* singardemo

Bedachung *f* ↑ ***Dach[ein]deckung***

bedampfen *tr mit Dampf behandeln (bes. Tech), z.B. Erdnüsse, Wollstoff u.a.*

Bedampfung *f Tech (Vaporisation)* vaporiz[ad]o

bedanken, sich *refl* esprimi sian dankon (***bei jmdm. für etw.*** al iu pro io) ◇ ***dafür wird sich jeder*** ~ *iron* [nu kompreneble] tion [fari] tutcerte ĉiu rifuzos

Bedarf *m Bedürfnis* bezono (***an*** de) (↑ *auch* ***Eigen-***, ***Energie-***, ***Import-***, ***Kalorien-***, ***Material-***, ***Nährstoff-*** *u.* ***Vitaminbedarf***); *Notwendigkeit* neceso; *Hdl (Nachfrage)* postul[ad]o (***an*** pri); *Verbrauch* konsumo; ~ ***an etw. haben*** bezoni ion, havi neceson pri io; ***bei ~*** *od* ***falls ~ besteht*** en okazo de bezono, se estas bezono; ***den gesamten ~ [ab]decken*** kontentigi la tutan bezonon (*bzw. Hdl* postulon); ***[je] nach ~*** laŭ bezono *od* laŭbezone; ***nur für [den] persönlichen ~*** nur por [la] persona bezono

Bedarfsartikel *m* bezonaĵo; *Hdl* artiklo (*od* varo) de ĉiutaga bezono

Bedarfsfall *m*: ***im ~*** en okazo de bezono

Bedarfsgegenstand *m* bezonaĵo

bedarfsgerecht **1.** *Adj* bezonokonforma **2.** *Adv* konforme al [ies] bezono

Bedarfs|haltestelle *f* laŭbezona haltejo; **~-zug** *m Eisenb* laŭbezona trajno

bedauerlich *Adj* bedaŭrinda; ***es ist ~, dass ...*** estas bedaŭrinde, ke ...; *es ist schade, dass ...* estas domaĝe, ke ...

bedauerlicherweise *Adv* bedaŭrinde

bedauern *tr* bedaŭri (***etw.*** ion; ***jmdn.*** iun); *bemitleiden* kompati; *bereuen* penti (***etw.*** pri io); ***aufs Tiefste ~*** ege (*od* profunde) bedaŭri; ***[ich] bedaure sehr!*** mi tre bedaŭras tion!; ***ich hoffe, Sie werden es nicht ~*** espereble vi [poste] ne bedaŭros tion (*bzw.* pentos pri tio); ***sie ist zu ~*** ŝi estas kompatinda [persono]; ***wir ~, Ihnen mitteilen zu müssen, dass ...*** *Briefstil* ni bedaŭras devi informi vin (*od* sciigi al vi), ke ...

Bedauern *n* bedaŭro; ***mit ~*** kun bedaŭro; ***ohne [ein] ~*** senbedaŭre; ***zu meinem ~*** je mia bedaŭro

bedauerns|wert *od* **~würdig** *Adj* bedaŭrinda; *bemitleidenswert* kompatinda; *elend* mizera; *armselig* povra (*vgl. dazu* ***arm***)

bedecken *tr* ***a)*** *alt* ***kuvrieren*** *zudecken* kovri (***mit*** per); *einhüllen, verhüllen, z.B. Wolken einen Berggipfel* vuali (***mit*** per); *schützen* protekti; ***erneut*** (*od* ***wieder***) ~ refoje kovri, rekovri; ***bedeckt*** *zugedeckt* kovrita *auch i.w.S.*; *verhüllt* vualita (***mit*** per); *Himmel* plennuba (↑ *auch* ***wolkenbedeckt***); ***halb bedeckt*** *Himmel* duonnuba; ***Schnee bedeckt die Erde*** neĝo kovras la teron; ***mit*** (*od* ***von***) ***Wald bedeckt [sein]*** [esti] kovrita per arbaro; ***sich ~*** sin kovri (***mit*** per); *bedeckt werden* kovriĝi ◊ ***du hast dich nicht mit Ruhm bedeckt!*** (*od salopp* ***bekleckert!***) vi ne kovris vin per gloro! ***b)*** *alt Mar, Mil (schützend begleiten, eskortieren)* eskorti

bedeckt *Adj wolkenbedeckt (Himmel)* nubokovrita; ***halb ~*** duonkovrita *od* duone kovrita

Bedecktsamer *m/Pl Bot* ↑ ***Angiospermen***

bedecktsamig *Adj Bot* kovritsema

Bedeckung *f das Bedecken* kovrado; *Abdeckung, Schicht über od um etw. herum, z.B. zur Dämmung u.a.* kovraĵo; *Deckel* kovrilo; *Schutz* protekto, ŝirmo; *alt Mil (Eskorte)* eskorto

Bedellion *n bibl (ein aromatisches Harz)* bedelio

bedenken *tr* ***a)*** *überdenken* pripensi, konsideri (***etw.*** ion); *meditieren über* mediti (***etw.*** pri io); ***wenn man bedenkt, dass ...*** konsiderante, ke ...; ***wenn man die Sache recht bedenkt*** se oni ĝuste (*od* prudente) pripensas la aferon; ***sich ~*** *geh für «etw. nochmals überdenken»* [ankoraŭ] pripensadi [la aferon] ***b)*** *versehen mit* provizi per; *sorgen für* zorgi pri; ***jmdn. ~*** *beschenken* doni donacojn al iu

Bedenken *n Überlegung, Erwägung* pripens[ad]o; *Zweifel* dubo; *Skrupel, [inneres] Bedenken, Gewissensnot* skrupulo; *Einwand* obĵeto; ***nach langem ~*** post longa pripensado; ***ohne ~*** senhezite; *ohne viel zu überlegen* sen multe (*od* multon) pripensi (*vgl. dazu* ***gewissenlos***); ***es bestehen keinerlei ~*** *Einwände* ne estas iuj obĵetoj; ***~ haben*** (***tragen***), ***etw. zu tun*** heziti fari ion; ***keine ~ wegen etw. haben*** fari al si neniajn skrupulojn pri io; ***~ vorbringen*** obĵeti (***gegen*** al *od [stärker]* kontraŭ)

bedenkenlos *Adv* senhezite; *ohne lange zu überlegen* sen multe (*od* multon) pripensi

Bedenkfrist *f* ↑ ***Bedenkzeit***

bedenklich *Adj Besorgnis erregend* zorgoveka; *Misstrauen erregend* suspektiga; *fragwürdig* dub[ind]a; *bedrohlich* minaca; *gefährlich* danĝera; *riskant* riska; *kritisch* kriza; ***der Zustand des Patienten ist ~*** la stato de la paciento estas [treege] kriza

Bedenkzeit *f, auch* ***Bedenkfrist*** *f* tempo por konsider[ad]o (*od* pripensado) *bzw.* tempo por pripensi [personan] decidon

bedeuten *tr Ling u. allg* signifi; *wichtig sein* esti grava, gravi; ***in Deutsch bedeutet «...» ...*** en la germana [lingvo] «...» signifas ...; ***das bedeutet nichts*** tio signifas nenion; ***das bedeutet nichts anderes, als dass ...*** tio siginfas nenion alian ol ke ...; ***das hat nichts zu ~*** tio havas tute nenian gravecon, tio estas [tute] ne grava; ***was bedeutet das?*** *od* ***was soll das ~?*** *od* ***was hat das zu ~?*** kion tio signifas? *od* kion signifas tio?; ***was***

bedeutet dieses Wort? kiun signifon havas ĉi tiu vorto?; ***jmdm. etw.*** ~ *geh für «jmdm. etw. zu verstehen geben»* [kaŝe *od* per gesto *bzw.* mansigno *u.a.*] indiki ion al iu

bedeutend *Adj wichtig* grava; *beträchtlich* konsiderinda; *hervorragend* eminenta, grandioza; *berühmt* fama, vaste konata; ***eine ~e Rolle spielen*** ludi gravan rolon

bedeutsam *Adj* [mult]signifa, signifoplena (↑ *auch* ***wichtig***)

Bedeutsamkeit *f* [mult]signifeco (↑ *auch* ***Wichtigkeit***)

Bedeutung *f* signifo *auch eines Wortes* (↑ *auch* ***Neben-*** *u.* ***Wortbedeutung***); *Wichtigkeit* graveco; *Sinn* senco; ***in übertragener*** ~ en transigita signifo; ***symbolhafte*** (***wörtliche***) ~ simboleca (laŭvorta) signifo; ***das ist von großer*** ~ tio estas tre signif[oplen]a (*od* grava), tio estas grandsignifa (*od* multsignifa) (***für*** por); ***nichts von*** ~ *nichts Wichtiges* nenio grava; *nichts worüber es sich lohnt zu reden* nenio pri kio valorus paroli; ***von großer ~ sein*** esti mult[e]signifa

Bedeutungsfeld *n Ling* signifokampo

bedeutungslos 1. *Adj* sensignifa, *nachgest* ne havanta signifon (*bzw.* gravecon) (↑ *auch* ***belanglos*** *u.* ***unwichtig***) **2.** *Adv* sensignife

Bedeutungslosigkeit *f* sensignifeco

Bedeutungsmuster *n Ling* ↑ ***Paradigma a)***

Bedeutungsnuance *f* signifonuanco

bedeutungsvoll 1. *Adj* signifoplena, multsignifa; *sehr wichtig* ege grava; ***das ist für mich nicht*** ~ tio havas nenian signifon por mi **2.** *Adv* signifoplene, multsignife

Bedeutungswandel *m* signifoŝanĝ[iĝ]o, *Ling meist* semantika ŝanĝo

bedienen ***a)*** *tr Gast, Kunden* servi; *Computer, Gerät, Fernsehgerät, Maschine* manipuli; ***leicht zu ~ sein*** *z.B. ein Küchengerät* esti facile manipulebla; ***sich*** ~ *benutzen* uzi; ***wer bedient hier?*** *im Lokal* kiu servas ĉi tie?; ***werden Sie schon bedient?*** ĉu oni jam servas vin? ◇ ***bitte ~ Sie sich!*** *langen Sie zu! (bei Tisch gesagt)* bonvolu servi vin mem!, *auch* bonvolu senĝene preni (*bzw.* manĝi) ***b)*** *intr Kart* alĵeti (*od* aldoni) la saman koloron; ***nicht*** ~ renonci

Bedienstete *m* ***a)*** *Diener* servisto ***b)*** *Staats*≗ ŝtatoficisto

Bediente *m alt für «Dienstbote»* servisto; *i.e.S. Lakai* lakeo

Bedienung *f* ***a)*** *des Gastes od Kunden* [pri]servado; *einer Maschine* manipulado ***b)*** *Kellner* kelnero, *Kellnerin* kelnerino; *Dienerschaft* servistaro

Bedienungs|anleitung *od* **~anweisung** *f* instrukcio pri la uzo, uz-instrukcio(j) *(Pl)*; **~bereich** *m Eisenb* zono de prizorgado; **~geld** *n im Restaurant* servomono; **~hebel** *m* levumilo; **~pult** *n meist El* rega panelo; **~vorrichtung** *f* manipula mekanismo

bedingen *tr bewirken, verursachen* kaŭzi; *voraussetzen* kondiĉi; *notwendig machen* necesigi; *abhängen von* dependi de

bedingt *Adj ohne Steigerung*: ~ ***durch ...*** kaŭze (*od* kaŭzita) de ...; *abhängig sein von* depende de ...; *unter der Bedingung, dass ...* kondiĉe de ...; *vorbehaltlich* rezerve de ...; ***~er Reflex*** *m* kondiĉita reflekso

Bedingung *f* kondiĉo (↑ *auch* ***Zusatzbedingung***); *Voraussetzung* premiso; *i.w.S. Forderung* postulo; ***~en*** *Pl Umstände, Gegebenheiten, Verhältnisse* cirkonstancoj *Pl* (↑ *auch* ***Lebens-*** *u.* ***Vertragsbedingungen***); ***unter der ~, dass ...*** sub (*od* kun) la kondiĉo, ke ... *od kurz* kondiĉe, ke ...; ***unter bestimmten ~en*** sub certaj kondiĉoj; ***unter keiner ~!*** neniakondiĉe!; ***zur ~ machen*** meti kiel kondiĉon, *auch kurz* kondiĉi; ***günstige ~en schaffen*** krei favorajn kondiĉojn (***für*** por)

bedingungslos 1. *Adj* senkondiĉa; ***~e Kapitulation*** senkondiĉa kapitulaco **2.** *Adv* senkondiĉe; *i.w.S. (absolut)* absolute, *(unbedingt)* nepre

Bedingungssatz *m Gramm* ↑ ***Konditionalsatz***

bedingungsweise *Adv* kondiĉe

Bedja *od* **Bedscha** *Pl, arab.* **Baġa** *Pl Ethn (Sammelbez. für nomadische Viehzüchter der kuschitischen Sprachfamilie zw. der Küste des Roten Meeres und dem Nil in Oberägypten, NO-Sudan und N-Äthiopien)* beĝoj *Pl* (*vgl. dazu* ***Bischarin***)

Bedlingtonterrier *m eine Hunderasse* bedlintona teriero

bedrängen *tr* prem[eg]i, urĝ[ig]i (***jmdn. etw. zu tun*** iun fari ion); *hart verfolgen* [rigore] persekuti (***jmdn.*** iun); *quälend belästigen* turmentante molesti (*vgl. dazu* ***quälen***)

Bedrängnis *f* prem[eg]o; *Unterdrückung* opres[ad]o; *Kummer* aflikto; *Schwierigkeiten* malfacilaĵoj *Pl*; *schwierige Lage* malfacila situacio (*vgl. dazu* ***Not***); *[inne-*

rer] Konflikt [interna] konflikto; ***in seelischer ~ sein*** esti en konflikto kun la propra konscienco

bedrohen *tr* minaci (***jmdn. mit*** *od* ***durch*** iun per); ***bedroht sein*** esti minacata; ***sich bedroht fühlen*** senti sin minacata; ***vom Aussterben bedroht sein*** *Biol* esti minacata de forpereo

bedrohlich *Adj* minac[ant]a; *gefährlich* danĝera; ***es sieht bedrohlich aus*** la situacio estas (*od* aspektas) minaca (*od i.w.S.* danĝera)

Bedrohung *f* minaco *auch Mil, (bei Betonung des Vorgangs) auch* minacado; ***militärische*** (***nukleare, ständige***) ~ milita (nuklea, konstanta) minaco; ***eine ~ darstellen*** esti minaco (***für*** por)

bedrucken *tr* surpresi; ***bedruckter Stoff*** surpresita ŝtofo (*od* teksaĵo)

bedrücken *tr* aflikti, prem[eg]i, opresi; *Herzeleid verursachen* dolorigi [la koron de], korsuferigi; *lasten auf* pezi sur; *quälen* turment[ad]i; ***sie ist sehr bedrückt*** ŝi estas tre afliktita (*od* korpremita *od i.w.S.* malĝoja)

bedrückend *Adj* prem[ant]a; ***~e Stille*** *f* peza silento

Bedscha *Pl Ethn* ↑ ***Bedja***

Beduine *m arab. Wüstennomade* bedueno

Beduinen|mantel *m Kapuzenmantel der Beduinen* burnuso; **~zelt** *n* beduena tendo

beduinisch *Adj* beduena

bedürfen *intr geh für «brauchen»* bezoni, senti la mankon de; ***einer Sache ~*** bezoni ion; ***das bedarf keines Beweises*** nenia pruvo estas necesa [por tio]; ***es bedarf keines weiteren Wortes*** ĉiu plia (*od* aldona) vorto estas superflua [koncerne tiun ĉi aferon *od* problemon)

Bedürfnis *n* ***a)*** bezono (***nach*** al) (↑ *auch* ***Grundbedürfnisse***); ***das ~ zu handeln*** la bezono agi, agobezono (↑ *auch* ***Tatendrang***); ***es besteht ein dringendes ~ nach ...*** ekzistas urĝa bezono al ...; ***seine ~se befriedigen*** kontentigi (*od* satigi) siajn bezonojn ***b)*** *Notdurft* korpa necesaĵo

Bedürfnisanstalt *f Latrine* latrino; *öffentliche Toilette* publika necesejo, *(für Männer auch)* urinejo (↑ *auch* ***Pissoir***)

bedürftig *Adj* helpobezona, *nachgest* bezonanta helpon (*od* subtenon); *arm* malriĉa; *Mangel leidend* suferanta pro manko de ...

Bedürftigkeit *f* bezono pri helpo (*od* subteno); *Armut* malriĉ[ec]o; *Mangel* manko

Beefsteak [*'bi:fste:k*] *n nach engl. Küche* bifsteko; *dt. Küche* buleto el viandhakaĵo (*vgl. dazu* ***²Hamburger, Rumpsteak*** *u.* ***Tatarbeefsteak***)

beehren *tr geh* honori (***jmdn. mit*** iun per); ***ich beehre mich, Ihnen mitzuteilen, dass ...*** *Briefstil (bes. Dipl)* mi havas la honoron sciigi al vi (*od* informi vin), ke ...

beeiden, *alt* **beeidigen** *tr*: ***etw. ~*** priĵuri ion, certigi ion per ĵuro

beeilen, sich *refl* rapidi; ***beeil[e] dich!*** rapidu!; ***beeil dich mal ein bisschen!*** *umg* rapidu iomete!; ***Sie brauchen sich nicht zu beeilen*** vi ne bezonas rapidi

beeindrucken *tr* impresi; ***das beeindruckt mich absolut*** (***ganz und gar***) ***nicht*** tio absolute (tute) ne impresas min; ***sehr beeindruckt sein von ...*** esti tre (*od* ege) impresata de ...

beeindruckend *Adj* impresa

beeinflussbar *Adj* influebla

beeinflussen *tr* influi; ***von jmdm. beeinflusst werden*** esti influata de iu; ***das Schicksal der Menschen ~*** influi la sorton de la homoj

Beeinflussung *f* influado

beeinträchtigen *tr stören* ĝeni; *Gesundheit auch* iom damaĝi; *einen [gewissen] Nachteil bringen* kaŭzi [certan] malutilon al; *hindern* obstakli

beelenden *tr* *<schweiz> traurig stimmen* tristigi; *betrüben, schmerzlich berühren* aflikti

beenden *tr* fini, ĉesigi; ***die Arbeit ~*** fini la laboron; ***die Aussprache*** (***Diskussion***) ~ *auch Parl* fermi la debaton (diskuton); ***den Krieg ~*** ĉesigi la militon

beendigen *tr* = ***beenden***

Beendigung *f* finado, ĉesigo; *Zuendeführen auch* finfarado (*vgl. dazu* ***Abschluss***)

beengen *tr* ĝeni, premi, malhelpi *auch übertr*; ***beengt wohnen*** vivi en [tre] malvasta loĝejo

beerben *tr*: ***jmdn. ~*** esti heredanto de iu

beerdigen *tr* enterigi; *begraben* entombigi; *bestatten* sepulti

Beerdigung *f* enterigo; *Bestattung* sepult[ad]o (↑ *auch* ***Begräbnis***)

Beere *f* bero; ***~n ernten*** (***pflücken***) rikolti (pluki) berojn

beerenartig *Adj Anat (azinös [Drüse])* acina

Beereneibe *f Bot* ↑ *unter* ***Eibe***

Beerenernte *f* rikolt[ad]o de beroj *od* bero-

rikolt[ad]o
Beerengeschwulst *f Med* ↑ ***Staphyloma***
Beeren|obst *n* molkernaj fruktoj *Pl*; ~**pflanzen** *f/Pl* beroplantoj; ~**saft** *m* suko de beroj, berosuko; ~**strauch** *m* ber[o]arbusto; ~-**tang** *m* (*Gattung* Sargassum) *Bot (eine Braunalge)* sargaso; ~**wanze** *f* (Dolycoris baccarum) *Ent* berocimo, <*wiss*> dolikoriso
Beet *n* bedo (↑ *auch* ***Blumen-***, ***Erdbeer-***, ***Früh-***, ***Gemüse-***, ***Hoch-***, ***Mist-***, ***Rosen-***, ***Rund-*** *u.* ***Saatbeet***)
Beete *f* ↑ ***Bete***
Beethoven (*m*) *Eig (dt. Komponist [1770-1827])* Betoveno
Beetpflanze *f* bed[o]planto
befähigen *tr*: ***jmdn. zu etw.*** ~ kapabligi iun al (*od* por) io (*vgl. dazu* ***qualifizieren***); ***seine Kenntnisse*** ~ ***ihn zu dieser Arbeit*** liaj konoj kapabligas lin [por] fari ĉi tiun laboron
befähigt *Adj* kapabla (***für*** por; ***zu*** al); ***ein*** ~***er Mensch***, *umg auch* ***ein tüchtiger Kerl*** kapabla homo, kapablulo; ***überaus*** (*od* ***sehr***) ~ treege kapabla, kapablega; ~ ***sein*** *in der Lage sein (zu etw.)* esti kapabla; *talentiert sein* esti talenta; *berechtigt zu* esti rajtigita
Befähigung *f Fähigkeit* kapabl[ec]o (***zu*** al *od* por); *Qualifikation* kvalifiko; *Berechtigung* rajtigo (***für*** por; ***zu*** al)
Befähigungsnachweis *m* atesto pri kapabl[ec]o (*od* kvalifiko); *i.w.S. Diplom* diplomo
befahrbar *Straße* surveturebla; *Fluss* navigebla, ŝipirebla
befahren *tr Straße, Strecke* surveturi; ***das Meer*** ~ navigi sur la maro; ***den Schacht*** ~ *Bergb (in den Schacht einfahren)* descendi en la ŝakton; ***eine viel*** ~***e Straße*** multtrafika strato
Befall *m* infestado; *Befallensein* infestiĝo (↑ *auch* ***Affektion***, ***Bakterien-***, ***Bandwurm-***, ***Insekten-***, ***Nematoden-***, ***Parasiten-***, ***Pilz-***, ***Trichinen-***, ***Wurm-*** *u.* ***Zeckenbefall***); ~ ***mit Fadenwürmern*** *Med* filariozo
befallen *tr* ***a)*** ataki, trafi, kapti, frapi, ekpreni; ***ihn befiel plötzlich eine starke Furcht*** grandega timo subite lin kaptis; ***von einer Krankheit*** ~ ***werden*** esti atakata (*od* trafata) de malsano, ekmalsaniĝi; ***ihn befiel Müdigkeit*** li subite sentis lacecon; ***Schrecken befiel ihn*** lin frapis teruro ***b)*** *Biol (Ungeziefer), Med (Enteroparasiten)* infesti; ***die Pflanze ist von Blattläusen*** ~ la planto estas infestita de plantlaŭsoj (*od* afidoj)
befangen *Adj genant* singêna; *verlegen* embarasita; *ängstlich* timema; *voreingenommen, [in Vorurteilen] befangen* antaŭjuĝa; *parteiisch* partia; *nicht objektiv* neobjektiva; ***in Vorurteilen*** ~ ***sein*** esti implikita en antaŭjuĝoj
Befangenheit *f* singên[ad]o; *Verlegenheit* embaraso; *Ängstlichkeit* timemo; *Vorurteil* antaŭjuĝo
befassen, sich *refl* sin okupi, okupiĝi (***mit etw.*** pri io)
befehden *tr* kontraŭi; *bekämpfen* kontraŭbatali (***jmdn.*** iun); ***sich*** (*od* ***einander***) ~ kontraŭi unu la alian
Befehl *m Anordnung* ordono *auch Mil* (↑ *auch* ***Angriffs-***, ***Einberufungs-***, ***Marsch-***, ***Schieß-*** *u.* ***Tagesbefehl***); *Befehlsgewalt* komando *auch EDV* (↑ *auch* ***Skript-Befehl***); ***einen*** ~ ***ausführen*** (***erlassen***) plenumi (disdoni) ordonon; ***den*** ~ ***führen*** (***übernehmen***) *Mil* havi (preni) la komandon; ***auf*** ~ ***von*** (*od mit Gen*) laŭ ordono de; ***unter dem*** ~ ***von ...*** *Mil* sub la komando de ...; ***unter meinem*** ~ sub mia komando
befehlen *tr* ordoni (***jmdm. etw.*** ion al iu); *Mil* komandi; ***[ganz] wie Sie*** ~***!*** [tute] laŭ via ordono (*bzw.* deziro)!
befehlerisch *Adj* imperativa; *gebieterisch, herrisch* ordonema; *diktatorisch* diktatora, *nachgest* en maniero (*od* stilo) de diktatoro
befehligen *tr Mil* komandi (***jmdn.*** iun), havi la komandon super (***jmdn.*** iu); ***eine Kompanie*** ~ komandi kompanion
Befehls|form *f Gramm* imperativo; ~**gewalt** *f Führerschaft, Führung, Leitung (als Eigenschaft)* gvidanteco; *Mil* komando
Befehlshaber *m Mil Kommandant* komandanto; ~ ***des Heeres*** komandanto de la armeo
Befehls|stellwerk *n Eisenb* ĉefregadejo; ~**ton** *m* komand[ant]a tono; *i.w.S.* parolmaniero de komandanto, imperativa tono
befestigen *tr festmachen* fiksi; *Böschung u.Ä.* plifirmigi, plifortigi; *anbinden* [al]ligi (***an*** al); *ankleben* alglui [per gluaĵo]; *Mil (mit Bollwerken od einem Schutzwall versehen)* fortikigi; *übertr* plifortigi, konfirmi; ***aneinander*** (*od* ***miteinander***) ~ interfiksi; ***ein Bild an der Wand*** ~ fiksi bildon en [la] muro; ***etw. mit Nägeln*** (*od* ***einem Nagel***) ~

fiksi ion per najlo(j), alnajli (*bzw.* surnajli) ion; ***etw. mit [einer] Schnur*** ~ fiksi ion per ŝnuro

Befestigung *f* fiks[ad]o; plifirmigo, plifortigo (↑ *auch* ***Uferbefestigung***); *übertr: Stärkung* plifortigo, konfirmo; *Mil (Befestigungsanlage, Fortifikation)* fortikaĵo (↑ *auch* ***Festung***), *(Schanze)* reduto

befeuchten *tr* humidigi (*vgl. dazu* ***benetzen***); *nass machen* malsekigi

Befeuchter *m* humidigilo *auch Tech*

Befeuchtung *f* humidigo

befiedern *tr mit Federn (od einer Feder) versehen bzw. schmücken* provizi (*bzw.* ornami) per plumo(j)

befinden ***a)*** *tr* konsideri, trovi; ***etw. für gut*** (***schlecht***) ~ trovi ion bona (malbona) ***b)*** *intr Beschluss fassen* decidi (***über*** pri); ***die Richter befanden, dass ...*** la juĝistoj (*od* juĝistaro) decidis, ke ...; ***sich*** ~ *sein* esti; *da sein* troviĝi; *gelegen sein, liegen* situi *od* esti situanta, troviĝi; *vorkommen, vorhanden sein* ekzisti; *gesundheitlich* farti; ***sich in Gefahr*** ~ esti en danĝero; ***sich wohl*** ~ farti bone *od* bonfarti; ***wir*** ~ ***uns in einer schwierigen Lage*** ni troviĝas (*od umg* estas) en malfacila situacio

Befinden *n Gesundheitszustand* farto (↑ *auch* ***Allgemeinbefinden***); *Gutachten, Urteil* bontrovo, juĝo; *Meinung* opinio; ***entscheiden Sie das nach eigenem*** ~***!*** decidu pri tio laŭ propra bontrovo; ***nach meinem*** ~ ***verhält es sich so ...*** laŭ mia opinio la afero statas tiel (*od* jene) ...; ***wie ist Ihr*** ~***?*** *allg: wie geht's?* kiel vi fartas?, *(Frage an Patienten) auch* kia estas via farto?

beflaggen *tr* flagornami, ornami per flagoj

beflecken *tr* makuli *auch jmds. Namen*; *beschmutzen* malpurigi (*vgl. dazu* ***beschmutzen***); *entehren* malhonorigi

befleißigen, sich *refl* klopodi; *fleißig arbeiten* diligente labori, *(für Schule od Studium)* diligente lerni (*od* studi); *eifrig sein* fervori

beflissen *Adj eifrig bemüht* fervore klopodanta; *eifrig* fervora; *diensteifrig* asidua; *fleißig* diligenta (*vgl. dazu* ***beharrlich***)

Beflissenheit *f* diligent[ec]o; fervor[ec]o; *Diensteifrigkeit* asidueco

beflügeln *tr* doni flugilojn al; *anspornen* sproni, vivigi; ***so etw. beflügelt meine Phantasie*** io tia (*od* afero kiel ĉi tiu) donas flugilojn al mia fantazio

befolgen *tr Anordnung, Befehl* obei, plenumi; *Anweisung, Diät, Gesetz, Regel* observi (*vgl. dazu* ***beachten***); ***jmds. Rat*** ~ sekvi ies konsilon

Befolgung *f* obeo, plenumo; observ[ad]o

befördern *tr transportieren* transporti (***mit*** *od* ***durch*** per; ***von ... nach ...*** de ... al ...); *Brief, Paket* ekspedi; *im Rang* promocii, avancigi (***jmdn. zu*** iun al); ***befördert werden*** promociiĝi; ***er ist zum Major befördert worden*** oni promociis lin [al rango de] majoro; ***mit der Post*** ~ transporti (*od* ekspedi) per la poŝto

Beförderung *f Transport* transporto; *Versand* eksped[ad]o (↑ *auch* ***Güterbeförderung***); *im Amt od Rang* avancigo, promocio (***zu*** al) (↑ *auch* ***Höherstufung***); ***seine*** ~ ***zum General steht bevor*** lia promocio al rango de generalo tre baldaŭ okazos

Beförderungsart *f Eisenb* reĝimo; ***eilgutmäßige*** (***expressgutmäßige***, ***frachtgutmäßige***) ~ akcelita (ekspresa, ordinara) reĝimo

Beförderungs|kosten *Pl* transportkostoj *Pl*; ~**mittel** *n Verk* transportilo; ~**möglichkeit** *f* transportebleco *od* ebleco de transporto; ~**weg** *m* ***a)*** transportvojo, transport-itinero ***b)*** *Eisenb* ↑ ***Fahrweg b)***

befrachten *tr Wirtsch* ĉartepreni; *beladen* ŝarĝi, frajti

Befrachtungsvertrag *m* ↑ ***Frachtvertrag***

befragen *tr* demandadi; *vernehmen (durch die Polizei)* pridemand[ad]i; *erfragen, ermitteln (mittels einer Enquete)* enketi; ***einen Arzt*** ~ konsulti kuraciston (*od pop auch* doktoron); ***sich*** ~ *um Auskunft bitten* peti pri informoj; *um Rat fragen* peti konsilon (***bei jmdm.*** de iu); *sich besprechen* konsultiĝi [kun iu]

Befragte *m* pridemandito

Befragung *f* pridemandado; *Enquete* enket[ad]o (↑ *auch* ***Verhör***)

befreien *tr* liberigi (***jmdn. aus*** iun el); *die Freiheit wiedergeben* redoni la liberecon [al]; *erretten* savi (***aus***, ***von*** el); *emanzipieren* emancipi; ***besetztes Land*** ~ liberigi okupitan landon; ***jmdn. von Sorgen*** ~ senigi iun de zorgoj; ***eien Schüler vom Turnen*** ~ sendevigi lernanton ĉeesti la gimnastikan instruon (*od* kurson); ***sich*** ~ liberiĝi; *aus Fesseln, aus einer Umarmung* liberigi sin (***aus*** el)

befreiend *Adj* liberiga

Befreier *m* liberiganto *bzw.* liberiginto; *Erlöser* savanto *bzw.* savinto (↑ *auch* ***Retter***)

Befreiung *f (das Befreien)* liberigo, *(Erlangen der Freiheit, Freiwerden, das Sichbefreien)* liberiĝo (↑ *auch* ***Geiselbefreiung***); *Erlösung, Rettung* sav[ad]o; *Emanzipation* emancipado *bzw.* emancipiĝo; *Entlastung* malŝarĝo, senigo

Befreiungs|armee *f* liberiga armeo (↑ *auch* ***Volksbefreiungsarmee***); **~bewegung** *f* liberiga movado

Befreiungsfront *f* liberiga fronto; ***Nationale ~ in Algerien***, *franz.* ***Front Nationale de Libération*** (*Abk* ***FLN***) ***en Algérie*** Nacia Liberiga Fronto [en Alĝerio] (*vgl. dazu* ***Algerienkrieg***)

Befreiungs|kampf *m* liberiga batalo; **~krieg** *m* liberiga milito; **~organisation** *f* liberiga organizaĵo; **~streitkräfte** *Pl* liberigaj armitaj fortoj *Pl*, liberiga armeo

befremden *tr*: ***das befremdet mich*** *das verwundert mich* tio mirigas min; *das berührt mich eigenartig* tio strange (*od i.w.S.* malagrable) tuŝas min; *das stößt mich ab* tio forpuŝas (*od* repuŝas) min

Befremden *n* [malagrabla] miro (*bzw.* surprizo)

befremdend *od* **befremdlich** *Adj verwunderlich* miriga; *eigenartig, seltsam* stranga, kurioza (*vgl. dazu* ***komisch***); *widersinnig* paradoksa

befreunden, sich *refl* amikiĝi (***mit*** kun); ***sich mit etw. befreunden*** *etw. schätzen lernen* [intertempe] ekŝati ion; *sich an etw. gewöhnen* [iom post iom] kutimiĝi al io

befreundet *Adj*: ***~e Nationen*** *f/Pl* amikaj nacioj *Pl*; ***er ist mit ihm ~*** li havas amikajn rilatojn al li; *i.w.S.* ili estas amikoj; ***sie scheinen ~ zu sein*** ŝajne ili estas amikoj

befrieden *tr* pacigi, doni pacon al (*vgl. dazu* ***beruhigen***); ***wieder ~*** repacigi

befriedigen *tr Bedürfnisse, Begierde, Nachfrage* kontentigi; *Durst u. Hunger* kvietigi; *seine Leidenschaften* satigi; ***leicht zu ~*** facile kontentigebla; ***einen Gläubiger ~*** *Kaufmannssprache* pagi al kreditoro; ***jmds. Neugier ~*** kontentigi (*od* kvietigi) ies scivol[em]on; ***jmds. Wünsche ~*** kontentigi ies dezirojn

befriedigend *Adj* kontentiga; *recht gut* kontentige (*od* sufiĉe) bona

Befriedigung *f* ***a)*** *(das Befriedigen)* kontentigo; kvietigo; satigo; *(als Zustand)* kontentiĝo; kvietiĝo; satiĝo (*vgl. dazu* ***befriedigen***); ***sexuelle ~*** *(Vorgang)* seksa kontentigo, *(Zustand)* seksa kontentiĝo; ***seine ~ in etw. finden*** (***suchen***) trovi (serĉi) sian kontentiĝon en io; ***volle ~ finden in ...*** trovi plenan kontentiĝon en ...; ***zur ~ deiner Neugier*** por kontentigi (*od* kvietigi) vian scivol[em]on ***b)*** *i.w.S. Freude, Vergnügen* ĝojo, plezuro

Befriedung *f* [re]pacigo

Befriedungspolitik *f* politiko de repacigo

befristen *tr die Zeit begrenzen* limigi la tempon (***etw.*** de io); *einen Zeitraum festsetzen* fiksi tempolimon; *einen Anmeldeschluss festlegen* fiksi aliĝan limdaton; ***befristet [sein]*** [esti] limigita; ***der Vertrag ist auf zwei Jahre befristet*** la kontrakto estas limigita je du jaroj; ***zeitlich*** (***nicht***) ***befristet*** tempe (ne) limigita

befruchten *tr Biol* fekundigi *auch übertr*; *schwängern* gravedigi; *übertr bereichern* riĉigi; ***befruchtet werden*** esti fekundigata; ***eine befruchtete Eizelle*** fekundigita ovoĉelo (*od* <*wiss*> ovolo)

Befruchtung *f* ***a)*** *Biol (das Befruchten)* fekundigo, *(das Befruchtetwerden)* fekundiĝo (*vgl. dazu* ***Empfängnis***); ***künstliche ~*** artefarita fekundigo (↑ *auch* ***In-vitro-Fertilisation***) ***b)*** *übertr (Bereicherung)* riĉigo, *(das Bereichertwerden)* riĉiĝo

Befugnis *f Vollmacht* plenpovo; *Legimitation* legitimado; *Kompetenz* kompetent[ec]o; *Recht* rajto (↑ *auch* ***Amtsbefugnis***); ***jmdm. ~se übertragen*** delegi kompetentojn al iu; ***seine ~se überschreiten*** transpaŝi (*od auch* superuzi) siajn kompetentojn

befugt *Adj* kompetenta; rajtigita; ***zu etw. ~ sein*** *das Recht haben zu etw.* havi la rajton por [fari ion], esti rajtigita pri io, *auch kurz* rajti (↑ *auch* ***dürfen***)

befühlen *tr* [pri]palpi, palpumi (↑ *auch* ***betasten*** *u.* ***herumtasten***)

Befühlen *n* palpado

Befund *m Ergebnis* rezulto; *Med* rezulto [de medicina esploro *bzw.* de l' kuracista ekzamenado] (↑ *auch* ***Laborbefund***); ***ohne ~*** (*Abk* ***o.B.***) *Med* negativa rezulto

befürchten *tr* [antaŭ]timi (***etw.*** ion); ***es ist*** (*od* ***steht***) ***zu ~, dass ...*** oni devas timi, ke ...; ***ich befürchte, dass ich nicht rechtzeitig fertig werde*** mi timas, ke mi ne povos fini la laboron ĝustatempe; ***Sie brauchen nichts zu ~*** vi bezonas nenion timi

Befürchtung *f* [antaŭ]timo

befürworten *tr empfehlen* rekomendi;

plädieren für pledi por, paroli favore al (*od* por); *unterstützen* subteni, apogi, advokati; *eintreten für* defendi; *für richtig halten* opinii [ion] ĝusta; *etw. bewillkommnen* bonvenigi (*vgl. dazu* ***gutheißen***)

Befürwortung *f Empfehlung* rekomendo; *Unterstützung* subteno, apogo; *Verteidigung* defend[ad]o

begabt *Adj* talent[it]a (↑ *auch* ***hoch-, musik- u. sprachbegabt***); ~ ***sein für ...*** havi talenton por ...

Begabung *f* ***a)*** *bes. Anlage, Talent* talento (↑ *auch* ***Musikbegabung***); ***eine natürliche ~ haben*** havi naturan talenton (***für*** por) ***b)*** *begabter Mensch* talentulo

Begasung *f gegen Schädlinge* fumigacio

begatten, sich *refl Biol* kopulacii (*vgl. dazu* ***sich paaren***)

Begattung *f Biol* kopulacio (*vgl. dazu* ***Geschlechtsverkehr, Koitus*** *u.* ***Paarung***)

Begattungsflug *m* ↑ ***Hochzeitsflug***

Begattungstasche *f bes. Ent* kopulacia poŝo

begebbar *Adj Bankw (abtretbar, übertragbar)* ĝirebla

begeben *tr*: ***eine Anleihe ~*** *Wirtsch (nur Fachspr)* lanĉi deprunton; ***einen Wechsel ~*** *Fin* cirkuligi (*od* negoci) kambion; ***sich ~*** *geh für «hingehen»* iri (***nach*** al); *geschehen* okazi; *verzichten* rezigni pri; ***sich an die Arbeit ~*** komenci labori; ***sich zur Ruhe ~*** *schlafen gehen* iri por dormi, iri por kuŝiĝi en la lito; ***sich in jmds. Schutz ~*** sin doni sub ies protekton; ***sich ins Zimmer ~*** iri en la ĉambron

Begebenheit *f* okazaĵo (↑ *auch* ***Geschehen***); *Ereignis* evento; *seltsamer od unerwarteter Vorfall* aventuro; ***ein Film über eine wahre ~*** filmo pri vera okaz[int]aĵo

begegnen *intr* ***a)*** *treffen* renkonti (***jmdm.*** iun) *auch übertr*; ***er begegnete dieser Idee mit Misstrauen*** li renkontis tiun ideon kun malkonfido; ***Schwierigkeiten ~*** renkonti malfacilaĵojn; ***ist ihr vielleicht ein Unglück begegnet?*** ĉu ŝin eble trafis akcidento (*od* malfeliĉa okazaĵo)?; ***einander ~*** renkonti unu la alian (***in*** en); ***einander wieder ~*** *wieder zusammentreffen mit jmdm.* denove renkonti unu la alian, rerenkonti iun; ***jmdm. unterwegs ~*** renkonti iun survoje; ***sich ~*** renkontiĝi *auch Blicke* ***b)*** *sich verhalten*: ***jmdm. höflich ~*** konduti ĝentile al iu ***c)*** *vorbeugen* antaŭgardi; *entgegenwirken* kontraŭagi, kontraŭstari (***jmdm.*** iun); ***einem feindlichen Angriff ~*** *Mil* kontraŭstari al atako de la malamiko

Begegnung *f* ***a)*** *Treffen* renkont[iĝ]o; ***eine persönliche ~ haben*** persone renkonti (***mit jmdm.*** iun); ***eine ~*** (*od* ***ein Treffen***) ***[von ...] herbeiführen*** (*bzw. im i.w.S.* ***vermitteln***) *jmdn. mit jmdm. zusammenbringen* renkontigi [iun kun iu] ***b)*** *Sport* maĉo, *auch* renkonto

begehbar *Adj* surpaŝebla; ***nicht ~ sein*** esti nepaŝebla

begehen *tr abschreiten, herumgehen* suriri, ĉirkaŭir[ad]i; *besichtigen* inspekti; *Dummheit, Fehler, Verbrechen* fari; ***etw. festlich ~*** festi ion, *(feierlich)* soleni ion; ***ein Jubiläum feierlich ~*** soleni (*od* solene celebri) jubileon; ***einen Mord*** (***Sünde***) ~ fari murdon (pekon); ***Selbstmord ~*** sin [mem]mortigi, *geh u. Fachspr* fari suicidon

Begehen *n*: ***feierliches ~*** *z.B. eines Festes od Jahrestages* solenado

Begehr *n alt*: ***was ist Euer ~?*** kio estas via postulo (*bzw.* deziro)?

begehren *tr [sehr] wünschen* dezir[eg]i; *fordern* postuli; *beanspruchen* pretendi; *ersehnen, sich sehnen nach* sopiri (***etw.*** ion *od* al io); *gierig verlangen* avidi; *erstreben* aspiri; ***heiß ~*** arde deziri

Begehren *n [starkes] Verlangen* dezirego; *Forderung* postulo (↑ *auch* ***Volksbegehren***); *Sehnen* sopiro; *Gier* avido

begehrenswert *Adj* [multe] dezirata, dezirinda; *ersehnenswert* sopirinda; *erstrebenswert* aspirinda

begehrlich *Adj begierig* avida; *lüstern* volupta (*vgl. dazu* ***lasziv***)

Begehrlichkeit *f* avideco

begehrt *Adj*: ***ein ~er Artikel*** *Hdl* tre serĉata artiklo

begeifern *tr* bavi *auch übertr*, salivumi [sur]

begeistern *tr* entuziasmigi (***jmdn. für etw.*** iun por io); *entzücken, fesseln* ravi; *faszinieren* fascini; ***sich für*** (*od* ***an***) ***etw. ~*** entuziasmiĝi por (*od* pri) io, pleniĝi per entuziasmo por (*od* pri) io; *umg auch für «etw. gern tun, mögen»* ege ŝati ion

begeistert *Adj*: ***eine ~e Menge*** entuziasmigita [hom]amaso; ***von etw. ~ sein*** esti entuziasm[igit]a pri io (↑ *auch* ***eifrig***)

Begeisterung *f* entuziasmo; *Schwung, Verve, z.B. bei einem künstlerischen Vortrag, einer Rede* vervo; *Eifer* fervoro; *Leidenschaft, Feuer* pasio (*vgl. dazu* ***Ekstase***);

Freude ĝojo (***über*** pri); ***eine Welle der ~*** ondo de (*od* da) entuziasmo

Begeisterungssturm *m, auch* ***Sturm der Begeisterung*** tempesto da entuziasmo

Begierde *f* dezirego, avido (***nach*** al *od* je) (↑ *auch* ***Lern- u. Wissbegierde***); *Inbrunst, Glut* ardo; ***sexuelle ~*** libido, [forta] seksurĝo

begierig *Adj* avida (***auf, nach*** al *od* je); *lüstern* volupta; *habgierig, raffgierig* monavida; *gefräßig* vorema

begießen *tr* surverŝi [akvon], akvumi (↑ *auch* ***wässern***); *besprengen* surŝprucigi, aspergi ◇ ***das müssen wir ~!*** *mit Alkohol feiern* tion ni devos festi per botelo da brando (*od* vino *u.Ä.*)

Begine *f Rel (Angehörige einer klosterähnlich lebenden Gemeinschaft, bes. in den Niederlanden)* begino

Beginen|haus *n od* **~hof** *m* beginejo

Beginn *m* komenc[iĝ]o (↑ *auch* ***Neubeginn***); ***zu ~ des neuen Jahres*** komence de la nova jaro; ***zu ~ der Regenzeit*** en la komenco de la pluva sezono

beginnen ***a)*** *tr* komenci (***mit*** per); *Anstoß geben* iniciati; *in Verbindung mit einem Verb auch durch Präfigierung mit* ek..., *z.B.* ***zu streiten ~*** ekkvereli ***b)*** *intr* komenciĝi; *unpers* komenci; ***es begann zu regnen*** komencis pluvi; ***mit der Arbeit ~*** komenci [la] laboron, *auch* eklabori; ***hier beginnt der Wald*** ĉi tie komenciĝas la arbaro; ***wann ~ die Schulferien?*** kiam komenciĝos la lernejaj ferioj?

beglaubigen *tr amtlich bestätigen* aŭtentikigi; *legalisieren* legalizi; *Botschafter* akrediti; *attestieren* atesti

beglaubigt *Adj*: ***eine notariell ~e Abschrift*** kopio atestita fare de notario (*od* en notariejo)

Beglaubigung *f (das Beglaubigen)* atestado, *(das so ausgestellte Attest)* atestilo; *Dipl* akredit[ad]o

Beglaubigungsschreiben *n Dipl* akreditaĵo; ***sein ~ überreichen*** transdoni la akreditaĵon

begleichen *tr Schuld* kvitigi; *Rechnung* pagi

Begleichung *f* kvitigo, pago *meist jedoch verbal übersetzt; einer Rechnung auch* reguligo

Begleit|adresse *f Hdl* aldonita adreskarto; **~agentur** *f, auch* ***Escortagentur*** *f* akompana (*od* eskorta agentejo); **~brief** *m od* **~schreiben** *n* akompana letero

begleiten *tr* akompani *auch Mus* (*vgl. dazu* ***hinbringen***); *mit Eskorte* eskorti *auch Mil; Mar ([durch Kriegsschiffe] Geleitschutz geben)* konvoji; *i.w.S. an jmds. Seite sein, jmdn. od etw. flankieren* flanki; ***darf ich Sie ~?*** ĉu mi rajtas akompani vin?; ***jmdn. nach Hause ~*** akompani iun hejmen; ***er begleitete die Sängerin auf dem Klavier*** li akompanis la kantistinon per piano

Begleiter *m* akompananto *auch Mus*; *Reisegefährte* kunvojaĝanto; *Weggefährte* kuniranto, kunmarŝanto, kunmigranto

Begleit|erkrankung *f, auch* ***Begleitkrankheit*** *f gleichzeitig vorliegende weitere Erkrankung* akompana malsano; **~erscheinung** *f, auch* ***Begleitumstand*** *m* akompana fenomeno (*od* cirkonstanco); *Nebenwirkung, bes. Med* kromefiko; *als Konsequenz* kroma konsekvenco

Begleitmannschaft *f* eskorto; ***polizeiliche ~*** polica eskorto

Begleitmusik *f* akompana muziko

Begleitmuskel *m Anat* ↑ ***Zusatzmuskel***

Begleit|papiere *n/Pl* akompanaj dokumentoj *Pl*; **~schein** *m* akompana slipo (*od* folio); **~schiff** *n* eskortŝipo

Begleitschreiben *n* ↑ ***Begleitbrief***

Begleitschutz *m Flugw* eskorto

Begleitservice *m* ↑ ***Escortservice***

Begleit|stimme *f Mus* akompana voĉo; **~symptom** *n Med (Begleiterscheinung einer Krankheit)* akcesora (*od auch* akompana) simptomo; **~text** *m* akompana teksto

Begleitumstand *m* ↑ ***Begleiterscheinung***

Begleitung *f Hinbringen* akompan[ad]o; *Mus (das Begleiten)* akompan[ad]o, *(Begleitstimme)* akompana voĉo, *auch* akompanaĵo (↑ *auch* ***Gitarren-, Klavier- u. Orchesterbegleitung***); *Eskorte* eskorto; *Begleitperson* akompananto; *Gefolge* akompanantoj *Pl od* akompanantaro, sekvantaro; ***musikalische ~*** muzika akompano (*vgl. dazu* ***Hintergrundmusik***); ***in ~*** *mit Gen od* ***von ...*** en akompano de ..., akompanate de ...; ***wir sind in ~ von Freunden hier*** ni estas ĉi tie kune kun [ge]amikoj

beglücken *tr* feliĉigi; *i.w.S. eine Freude machen* ĝojigi (***jmdn.*** iun), fari ĝojon (***jmdn.*** al iu)

beglückend *Adj* feliĉiga

beglückwünschen *tr* gratuli (***jmdn.*** iun); *allg Gutes wünschen* bondeziri (***jmdn.*** al iu); ***ich beglückwünsche dich zu deinem***

Erfolg mi gratulas al vi pro via sukceso
Beglückwünschung *f* gratulado
begnadet *Adj höchst talentiert* ekstreme talenta
begnadigen *tr* amnestii; *i.w.S. vergeben* pardoni
Begnadigte *m Jur* amnestiito
Begnadigung *f* pardono, indulgo; ***allgemeine*** ~ amnestio
Begnadigungsgesuch *n* peto pri indulgo
begnügen, sich *refl* kontentiĝi (***mit*** per *od* je); *sich beschränken* sin limigi
Begonie *f* (*Gattung* Begonia) *Bot* begonio (↑ *auch* ***Knollenbegonie***)
begraben *tr* entombigi; *beerdigen* enterigi *auch übertr*; *[nach einem bestimmten Ritual] bestatten* sepulti
Begräbnis *n*, *selt* ***Grablegung*** *f* entombigo (↑ *auch* ***Staatsbegräbnis***); *Beerdigung* enterigo; *Bestattung* sepult[ad]o; ~**feier** *f od* ~**feierlichkeiten** *f/Pl* entombiga (*od* sepulta) ceremonio; ~**stätte** *f* sepultejo
begradigen *tr gerade machen* rektigi; *einebnen* ebenigi; *die Krümmung von etw. beseitigen* senkurbigi; ***begradigt werden*** esti rektigata, rektiĝi
Begradigung *f* rektigo *auch eines Knochenbruchs* (↑ *auch* ***Flussbegradigung***)
begrapschen *tr sex* [lascive] palpadi (↑ *auch* ***betatschen***); ***den Po einer Frau*** ~ palpadi la postaĵon (*od* pugon) de virino, *auch* pugopalpi virinon
Begrapschen *n sex* [lasciva] palpado
begreifen *tr verstehen* kompreni; *geistig erfassen* percepti; ***können Sie sein Verhalten ~?*** ĉu vi povas kompreni lian konduton?; ***wir können nicht*** ~, ***wo er bleibt*** ni ne povas imagi kie li estas
begreiflich *Adj verständlich* komprenebla (↑ *auch* ***plausibel***); *erfassbar* konceptebla (*vgl. dazu* ***wahrnehmbar***); ***jmdm. etw.*** ~ ***machen*** komprenigi ion al iu
begrenzen *tr die Grenze bilden zu* limi; *in Grenzen einschließen od mit Grenzen versehen, i.w.S. beschränken* limigi, restrikti (***mit*** per) (↑ *auch* ***befristen***); *umgeben* ĉirkaŭi; ***im Norden*** ~ ***Berge das Land*** en [la] nordo montoj limas la landon; ***den Garten durch eine Hecke*** ~ limigi la ĝardenon per heĝo; ***die Geschwindigkeit auf 30 km/h*** ~ limigi la rapidecon je 30 kilometroj hore (*od* en horo)
begrenzt *Adj u. Part* ***a)*** limigita; ***meine Zeit ist sehr begrenzt*** mia tempo estas limigita ***b)*** *engstirnig* spirite malvasta; *geistig träge* spirite inerta
Begrenztheit *f* limigiteco; *Engstirnigkeit* spirita malvasteco
Begrenzung *f* limigo; *Grenze* limo (↑ *auch* ***Geschwindigkeits-***, ***Schadensbegrenzung*** *u.* ***Limitation***); ~ ***strategischer Waffen*** limigo de la strategiaj armiloj
Begrenzungsfläche *f eines ebenflächigen Körpers (Geom)* edro
Begriff *m* ***a)*** *Ling, Phil* nocio (↑ *auch* ***Oberbegriff***); *Logik* termo; *[klar definierte] Idee* [klare difinita] ideo; *Fachwort, Terminus* termino, *i.w.S. (Wort)* vorto, *(Ausdruck)* esprimo; ***fachübergreifender*** (***integrativer***, ***nebengeordneter***, ***übergeordneter***, ***untergeordneter***, ***verwandter***) ~ plurfaka (integra, kunordita, superordita, subordita, parenca) nocio; ***ist Ihnen das ein ~?*** *kennen Sie das?* ĉu vi konas tion?; *haben Sie schon davon gehört?* ĉu vi jam aŭdis pri tio? ***b)*** *Auffassung, Konzeption* kompreno, koncepto (*vgl. dazu* ***Meinung***); *Vorstellung* imago (*vgl. dazu* ***Ahnung***); ***Sie machen sich keinen*** ~ ***davon***, ***was da los war*** vi vere ne povas imagi, kio tie okazis; ***das geht über meine*** ~***e*** tio [absolute] superas mian komprenon; ***nach meinen*** ~***en*** *nach meinem Verständnis* laŭ mia kompreno; ***schwer von*** ~ ***sein*** esti [iom] fermitkapa ***c)*** *in Fügungen*: ***im*** ~ ***sein*** *etw. zu tun* esti ...onta; ***er war im*** ~ ***zu gehen***, ***als ...*** li estis forironta, kiam ...; ***über alle*** ~***e*** *außergewöhnlich* eksterordinare; *über die Maßen* supermezure; *unvorstellbar* neimageble
begrifflich 1. *Adj* abstrakta **2.** *Adv* abstrakte; ***etw.*** ~ ***festlegen*** difini ion
Begrifflichkeit *f Abstraktheit* abstrakteco
Begriffs|bestimmung *f* difino; ~**bildung** *f* formado de koncepto(j); ~**diagramm** *n* nociodiagramo; ~**feld** *n Ling* nociokampo; ~**inhalt** *m* nocioenhavo *od* enhavo de nocio; *Logik (Konnotation)* konotacio; ~**leiter** *f*, *auch* ***vertikale Reihe*** *f Ling* skalo de nocioj; ~**reihe** *f*, *auch* ***horizontale Reihe*** *f Ling* serio de nocioj
Begriffsschrift *f* ↑ ***Ideographie***
begriffsstutzig *Adj* [iom] fermitkapa
Begriffssystem *n* nociosistemo; ***assoziatives*** (***gemischtes***, ***klassifiziertes***) ~ asocia (miksita, klasifikita) nociosistemo
Begriffs|umfang *m*, <*wiss*> ***Extension*** *f Lo-*

gik nocioamplekso; ~**vermögen** *n* intelekto

Begriffszeichen *n* ↑ ***Ideogramm***

begründen *tr **a)** Gründe angeben für* prezenti kaŭzojn (***etw.*** por io), motivi (***etw.*** ion); *basieren auf* bazi sur ***b)*** *den Grund legen für, stiften* fondi, *(ein Geschäft od Unternehmen) auch* establi (↑ *auch* ***etablieren*** *u.* ***gründen***)

Begründer *m Gründer* fondinto; *Initiator* iniciatinto; *Schöpfer* kreinto

Begründung *f Beweggrund* motivo; *das Begründen* motivado; *Argument* argumento; *Argumentation* argumentado; *i.w.S. Beweis* pruvo; ***mit der ~, dass ...*** kun la argument[ad]o, ke ...; *unter dem Vorwand, dass ...* kun la preteksto, ke ..., *umg häufig* pretekste, ke ...; ***zur ~ meines Anspruchs nenne ich ...*** por pravigi (*od* apogi) mian pretendon mi mencias ... ***b)*** *Gründung* fondado

Begründungssatz *m Gramm =* ***Kausalsatz***

begrüßen *tr Gruß entbieten* saluti (***jmdn.*** iun); *willkommen heißen bzw. für wünschenswert halten* bonvenigi (***etw.*** ion; ***jmdn.*** iun); ***einander*** (*od* ***sich***) ~ saluti unu la alian, *auch* intersaluti; ***jmdn. respektvoll*** (*od* ***mit Respekt***) ~ respekt[oplen]e saluti iun

begrüßenswert *Adj* salutinda, aplaŭdinda (*vgl. dazu* ***erfreulich***); *wünschenswert* dezirinda; ***es wäre ~, wenn ...*** estus dezirinde, se ...

Begrüßung *f* salutado; *Gruß* saluto; *Bewillkommnung* bonvenigo; *Grußworte* salutvortoj *bzw.* bonvenigaj vortoj *Pl*; ***jmdm. einen Blumenstrauß zur ~ überreichen*** bonvenigi iun per bukedo da floroj

Begrüßungs|abend *m* salutvespero, *i.w.S.* interkona vespero; ~**ansprache** *od* ~**rede** *f* bonveniga parolado; ~**trunk** *m* bonveniga trinkaĵo; ~**worte** *n/Pl* salutvortoj *bzw.* bonvenigaj vortoj *Pl*; ~**zeremoniell** *n Dipl* bonveniga ceremonio

begucken *tr umg für «betrachten»* rigard[ad]i (*vgl. dazu* ***beäugen***); *von allen Seiten anschauen* ĉirkaŭrigardi

Begum *f Titel indischer Fürstinnen* begamo

begünstigen *tr* favor[ad]i (***jmdn.*** iun); *protegieren* protekti, patroni; *den Vorzug geben* prefer[ad]i; *durch Sonderrechte* privilegii; *unterstützen* subten[ad]i

Begünstigung *f* favorado; *Bevorzugung* preferado; *Gewähren von Sonderrechten* donado de privilegioj; *i.w.S. (Schutz)* protekt[ad]o, patronado, *(Unterstützung)* subtenado (*vgl. dazu* ***Beistand*** *u.* ***Förderung***)

Beguss *m* ↑ ***Engobe***

begutachten *tr **a)*** [aŭtoritate] prijuĝi, ekspertizi (***etw.*** ion) (*vgl. dazu* ***einschätzen***) ***b)*** *umg für «prüfend betrachten»* prijuĝe rigardi (*vgl. dazu* ***kontrollieren***)

Begutachtung *f fachmännische Meinung* ekspertizo (*vgl. dazu* ***Bewertung***)

begütert *Adj* [finance] bonstata; *reich* riĉa (↑ *auch* ***wohlhabend***)

behaart *Adj* harhava *auch Zool*; *voller Haare* harplena; ***dicht ~*** denshara

Behaarung *f* hararo (↑ *auch* ***Hypertrichose*** *u.* ***Schambehaarung***)

behäbig *Adj Ruhe liebend* ŝatanta ripozon *nachgest*; *Bequemlichkeit liebend* komfortema; *[etwas] beleibt* [iom] korpulenta, diketa; ***er ist im Alter recht ~ geworden*** en sia maljunaĝo li iĝis sufiĉe malvigl[em]a

behaftet *Adj belastet* ŝarĝita (***mit*** de); ***mit Krankheit ~ sein*** esti ŝarĝita de malsano; *häufig auch Bildung durch Quasisuffix* ...hava, *z.B.* ***mit einem Buckel ~*** ĝibohava; ***mit Mängeln ~*** mankohava (*vgl. dazu* ***defekt***)

behagen *intr* plaĉi, esti laŭ ies gusto; *passen* konveni; ***das behagt mir nicht*** *das gefällt mir nicht* tio ne plaĉas al mi; *das ist nicht nach meinem Geschmack* tio ne estas laŭ mia gusto; *das passt mir nicht* tio ne konvenas al mi

Behagen *n* agrabla sento; *Vergnügen* plezuro; *Ergötzen, Wohlbehagen* delekto *bzw.* delektiĝ[ad]o (↑ *auch* ***Zufriedenheit***)

behaglich *Adj angenehm* agrabla; *anheimelnd* hejmeca (↑ *auch* ***wohnlich***); *bequem, komfortabel* komforta; ***es sich ~ machen*** sin aranĝi komforte

Behaglichkeit *f* agrableco; hejmeco; komfort[ec]o

behalten *tr* konservi, reteni (↑ *auch* ***einbehalten***); *sich merken* memor[ten]i, konservi en la memoro; ***bitte ~ Sie [doch] Platz!*** bonvolu resti sidanta!; ***etw. im Auge ~*** *etw. genau beobachten* ekzakte observi ion; *auf etw. Acht geben* atenti ion; ***jmdn. in guter Erinnerung*** (*od* ***gutem Andenken***) ~ konservi iun en bona memoro; ***ein Geheimnis für sich ~*** gardi sekreton; ***etw. im Kopf*** (***Gedächtnis***) ~ konservi ion en la kapo (memoro) (↑ *auch* ***sich etw. merken***); ***ich habe seine Adresse nicht ~*** mi forgesis lian adreson; ***das kannst du*** ~ vi povas ricevi ĝin [kiel donacon]; ***Recht*** ~ [tamen] esti prava

Behälter *m* ***a)*** *auch* ***Behältnis*** *n Dose für Vorräte* konservujo; *allg für «Gefäß»* ujo ***b)*** *Auffang*~, *Zisterne, Tank* cisterno; *Wasserfass* akvobarelo; *becken- od trogartig geformte Wanne, Zuber* kuvo (↑ *auch* ***Abfallbehälter*** *u.* ***Container***)

behände 1. *Adj* facilmova, vigla [kaj lerta], agema **2.** *Adv* facilmove, vigle [kaj lerte] (*vgl. dazu* ***flink*** *u.* ***gewandt***)

behandelbar *Adj* terapiebla, *(mit Medikamenten) auch* kuracebla

behandeln *tr umgehen mit, abhandeln (z.B. eine Frage, ein Thema od Problem)* trakti (***wie*** kiel); *bearbeiten* prilabori; *schreiben über* skribi pri, *(Gelehrter, Schriftsteller)* verki pri; *Med* terapii, kuraci (***jmdn.*** iun); ***gut behandelt werden*** *z.B. Gefangener* esti bone traktata (***von*** de); ***jmdn. herablassend*** (*od* ***von oben her***) ~ trakti iun de supre; ***jmdn. nachsichtig*** ~ indulge trakti iun; ***schlecht*** ~ *traktieren* aĉe (*od* malbone) trakti; ***jmdn. wie einen Verbrecher*** ~ trakti iun kiel krimulon; ***sich [ärztlich]*** ~ ***lassen*** sin kuracigi [de kuracisto *od fam auch* de doktoro]; ***ein sehr heikles Thema*** ~ trakti tre tiklan temon

Behändigkeit *f* facilmoveco, vigleco; *Gewandtheit* lerteco

Behandlung *f* traktado *auch eines Themas, durch industrielle Veredelung u.Ä.* (*vgl. dazu* ***Bearbeitung***; ↑ ***Gleich-*** *u.* ***Wärmebehandlung***); *Med* terapio, kuracado (*vgl. dazu* ***Pflege*** *u.* ***Therapie***; ↑ *auch* ***Dialyse-, Intensiv-, Krebs-, Nach-, Präventiv-, Wurzel-*** *u.* ***Zahnbehandlung***); *Handhabung* manipul[ad]o; ~ ***mit Antibiotika*** terapio per antibiotikoj; ***ärztliche*** (*od* ***medizinische***) ~ medicina terapio; ***chirurgische*** (***medikamentöse, physiotherapeutische, provisorische***) ~ kirurgia (medikamenta, fizioterapia, provizora) terapio; ***stationäre*** ~ *Med* enhospitala kuracado (*od* terapio); ***bei ... in*** ~ ***sein*** *Med* esti kuracata de ...; ***eine*** ~ ***gut vertragen*** bone toleri terapion

behandlungsbedürftig *Adj* terapibezona *od nachgest* bezonanta terapion

Behandlungs|beginn *m Med* komenco (*od* starto) de terapio; **~dosis** *f Med* terapia dozo; **~kosten** *Pl Med* kostoj *Pl* por [la] terapio; **~methode** *f od* **~verfahren** *n Med* terapia metodo, *i.w.S.* terapio; **~weise** *f* proceduro (↑ *auch* ***Verfahren***)

behandschuht *Adj Handschuhe tragend* surhavanta gantojn *nachgest*

Behang *m* ***a)*** *Stoff*~, *Faltengehänge* drapiraĵo; *Volant* falbalo; *[textiler] Wand*~, *Wandbespannung* murteksaĵo (*vgl. dazu* ***Wandteppich***) ***b)*** *Weihnachtsbaumschmuck* ornamaĵo (*od* garnaĵo) por la kristnaska arbo ***c)*** *Bot* ↑ ***Flechtenbehang d)*** *Jägerspr: Ohr(en) des Jagdhunds* orelo(j) [de ĉashundo]

behängen *tr mit Vorhängen* drapiri; *mit Schmuck* ornami, garni (***mit*** per); *zudecken* kovri (***mit*** per); ***sich mit Schmuck*** ~ garni sin per ornamaĵoj

beharren *intr festhalten an* persisti (***auf*** ĉe *od* en); *hartnäckig sein* obstini; *eindringlich bestehen auf* insisti (***auf*** pri); ***er beharrte auf seiner Meinung*** li persistis ĉe sia opinio *bzw.* li insistis pri sia opinio

beharrlich 1. *Adj* persista, *(Person)* persistema; obstina; insista, *(Person)* insistema; *eifrig* fervora **2.** *Adv*: ***er fuhr*** ~ ***fort zu lamentieren*** li persiste daŭrigis sian lamentadon

Beharrlichkeit *f* persist[ad]o, *(als Eigenschaft)* persisteco; *Hartnäckigkeit* obstin[ec]o; *Inständigkeit* insist[ec]o; *Beständigkeit* konstanteco; *Konsequenz* konsekvenc[ec]o; ***unermüdliche*** ~ *bildh* formika persisto ◇ ~ ***führt zum Ziel*** persistado kondukos al la celo [dezirata]

Beharrungs|kraft *f od* **~vermögen** *n, auch* ***Trägheitskraft*** *f Phys* inercia forto, [forto de] inercio; ***geistiges*** ~ spirita inercio

behaucht *Phon* aspiracia; ***~e Laute*** *m/Pl* aspiraciaj sonoj *Pl*

behauen *tr mit der Axt bearbeiten, z.B. Balken, Baumstamm* ĉirkaŭhaki; *Stein* tajli, ĉirkaŭĉizi, *Bildhauer auch* skulpti

behaupten *tr* ***a)*** *nachdrücklich versichern* aserti; *i.w.S. (sagen)* diri (***dass*** ke), *(fälschlich behaupten)* pretendi; ***das Gegenteil*** ~ aserti la malon; ***es wird behauptet, dass ...*** estas asertate, ke ...; ***er behauptet von sich, gut Englisch zu können*** li asertas pri si bone scii la anglan [lingvon]; ***er behauptete, ein großer Kenner der französischen Literatur zu sein*** li asertis (*od anmaßend* pretendis), ke li estas granda konanto de la franca literaturo; ***er kann das in keiner Weise*** ~ *od umg* ***das kann er unmöglich*** ~

li neniel povas aserti tion ***b)*** *[erfolgreich] verteidigen* [sukcese] defendi *auch Mil (z.B. eine Stellung od Stadt)*; ***sich ~*** *nicht weichen, seine Stellung bewahren* malcedi, teni (*od* konservi) sian pozicion (***gegen*** kontraŭ)

Behauptung *f* aserto *auch Naturw*; *These* tezo; *anmaßende Behauptung* pretendo; *Äußerung* eldiro; *i.w.S. (Standpunkt)* starpunkto, *(Meinung)* opinio; ***bei seiner ~ bleiben*** resti ĉe sia aserto (*od umg* opinio)

Behausung *f* loĝejo, *auch* tranoktejo *od* hejmo; ***einfache ~*** simpla loĝejo

Behaviorismus *m Sozialpsychologie* behaviorismo

Behaviorist *m Anhänger des Behaviorismus* behavioristo

behebbar *Adj*: ***nicht ~e Schäden*** *m/Pl* neforigeblaj damaĝoj

beheben *tr überwinden* superi; *beseitigen* forigi; *eliminieren* elimini; *verschwinden lassen* malaperigi; *verbessern* plibonigi; *lösen, z.B. ein Problem* solvi

beheimatet *Adj*: ***wo sind Sie ~?*** kie vi loĝas?; *Jur* kie estas via domicilo?

beheizbar *Adj* hejtebla

beheizen *tr (etw.) heizen* hejti; *durch Heizen erwärmen* varmigi per hejtado

Behelf *m Hilfsmittel* helpilo; *Provisorium* provizoraĵo; *Ersatzstoff* anstataŭaĵo, substituaĵo, surogato

behelfen, sich *refl* sin helpi (***mit*** per); *vorläufig verwenden* provizore uzi; *einen Ersatzstoff einsetzen* uzi substituaĵon

Behelfs|brücke *f* provizora ponto; **~lösung** *f* provizora solvo (*vgl. dazu* ***Provisorium***)

behelfsmäßig 1. *Adj* provizora (*vgl. dazu* ***temporär***); *improvisiert* improvizita **2.** *Adv* provizore; improvizite

Behelfs|trage *f bei Unfallhilfe* improvizita brankardo; **~unterkunft** *f* provizora (*bzw.* improvizita) tranoktejo; *zeitweilige Wohnmöglichkeit* loĝebleco por kelka tempo

behelligen *tr belästigen* molesti; *stören* ĝeni (***mit*** per); *lästig sein* tedi; ***ich möchte Sie nicht damit ~*** mi ne volas tedi (*od [milder ausgedrückt]* maloportuni) vin per tio

Behelligung *f* molestado; ĝenado; tedado; *das Bereiten von Umständen* maloportuneco

behelmt *Adj mit einem Helm [auf dem Kopf]* kaskoporta

Behemot[h] *m jüdische Apokalyptik (Tier der Endzeit), im Alten Testament (Name des Nilpferdes)* behemoto

behende *alt* = ***behände***

beherbergen *tr* ***a)*** *Wohnstatt geben* ***jmdn. ~*** doni loĝeblecon al iu, loĝigi iun; *bei sich übernachten lassen* lasi iun tranokti hejme ĉe si ***b)*** *übertr geh für «enthalten» od «Raum bieten für»* enteni, doni lokon por, *i.w.S. auch* esti [nun]; ***das ehemalige Schloss beherbergt jetzt ein Museum*** la iama kastelo estas nun [ŝanĝita al] muzeo

Beherbergung *f* loĝigo; *Aufnahme von Gästen* gastig[ad]o (*vgl. dazu* ***Bewirtung***)

beherrschbar *Adj* regebla

beherrschen ***a)*** *tr Herrschaft ausüben über, herrschen über* regi (***etw.*** ion; ***jmdn.*** iun) *auch i.w.S.*; *Sprache auch* posedi; *dominieren, [wirkungsvoll] überragen* domini; ***die Festung beherrscht die Stadt*** la fortikaĵo dominas la urbon; ***Französisch*** (*od* ***die französische Sprache***) ~ regi (*od auch* posedi) la francan [lingvon]; ***die Lage*** (*od* ***Situation***) ~ regi la situacion ***b)*** *tr meistern* majstri; *anführen, Herr sein, von etw. das Oberhaupt od der Chef sein* mastri, estri ***c)*** *refl*: ***sich ~*** *sich zusammennehmen* sin regi; *sich zügeln* sin bridi; *seine Emotion(en) zügeln* regi siajn emocio(j)n; *seinen Zorn bzw. seine Leidenschaft zurückhalten* reteni sian koleron (*bzw.* pasion); ***sich wieder ~*** *die Herrschaft über sich wieder gewinnen* ekregi sin de- nove ◇ ***ich kann mich ~!*** *ich werde mich hüten das zu tun* mi bone atentos ne fari tion; *ich denke nicht daran!* mi tute ne pensas pri tio!

beherrschend *Adj* [super]reganta, domin[ant]a

Beherrscher *m* reganto; *i.w.S. (Gebieter, Herr)* mastro

beherrscht *Adj* sinrega; *[bewusst] ruhig* [konscie] trankvila; *leidenschaftslos* senpasia

Beherrschte ***a)*** *m* regato ***b)*** *f* regatino (↑ *auch* ***Untertan***)

Beherrschung *f* ***a)*** *Herrschaft* regado; *Dominanz* dominado, *(des Marktes) auch* superregado ***b)*** *Meisterung* majstrado ***c)*** *Selbst*≗ sinreg[ad]o, *auch* memregado; *Zügelung* bridado; ***die ~ verlieren*** (***wiedergewinnen***) perdi (reakiri) la sinreg[ad]on

beherzigen *tr* konsider[ad]i, [serioze] akcepti; *beachten* [pri]atenti; *folgen* sekvi; ***sie beherzigte meinen Rat nicht*** ŝi ne sekvis mian konsilon

beherzt 1. *Adj mutig* kuraĝa, brava; *kühn, verwegen* aŭdaca; *resolut* rezoluta **2.** *Adv* kuraĝe, brave; aŭdace; rezolute

Beherztheit *f* kuraĝo, braveco; rezolut[ec]o; *Unerschrockenheit* sentimeco

behexen *tr* ĵeti sorĉon (***jmdn.*** sur iun); *Magie, Voodookult u.Ä. (behexen, indem man eine Puppe durchsticht, die man mit der zu treffenden Person magisch in Zusammenhang bringt)* envulti *auch übertr für «durch magischen Zauber Besitz ergreifen von» od auch «sklavisch an sich binden»*

behilflich *Adj*: ***jmdm. bei etw. ~ sein*** helpi iun (*od* al iu) ĉe (*od auch* en) io, asisti al iu ĉe iu (*vgl. dazu* ***assistieren*** *u.* ***helfen***)

behindern *tr* obstakli, malhelpi, bari; *Parl, Verkehr* obstrukci; ***geistig behindert*** mense (*od* intelekte) handikapita (↑ *auch* ***geh-, körper-*** *u.* ***sehbehindert***)

Behinderte *m* handikapito, *auch* handikapulo (↑ *auch* ***Geh-*** *u.* ***Sehbehinderte***); ***körperlich und geistig ~*** *Pl* fizike kaj mense handikapitaj personoj *Pl*

Behinderten|heim *n* flegejo por handikapitoj; **~hilfe** *f* helpo al (*od* por) handikapitoj; **~sport** *m* handikapula sporto

Behinderung *f Hindernis* obstaklo, baro; *das Behindern* malhelpado, metado de obstakloj (*od* baroj); *Obstruktion* obstrukco; *Handicap* handikapo (↑ *auch* ***Geh-*** *u.* ***Körperbehinderung***); ***geistige ~*** *Med, Psych* mensa handikapo (*vgl. dazu* ***Oligophrenie***)

Behörde *f Dienststelle, Instanz* publika (*od* ŝtata) instanco (↑ *auch* ***Bundesbehörde***); ***städtische ~*** *Stadtverwaltung* magistrato, urbestraro

Behördenangaben *Pl*: ***nach ~*** laŭ oficialaj informoj

behördlich *Adj amtlich* oficiala; ***auf ~e Anordnung [hin]*** laŭ oficiala ordono; ***ein ~es Schreiben*** oficiala skribaĵo (*od* letero)

behüten *tr beschützen* protekti, ŝirmi; *vor etw. bewahren* gardi (***vor*** kontraŭ, *auch* de)

behutsam 1. *Adj* singard[em]a; *vorsichtig* atent[em]a; *sorgfältig* zorgema; *zart* delikata **2.** *Adv* singarde; atente; zorge; delikate

Behutsamkeit *f* singardemo; atentemo; zorgemo; delikateco

bei *Präp* ***a)*** *Ort* ĉe; *neben, an der Seite von* apud; *nahe* proksime de; *in* en; ***beim Arzt*** ĉe la kuracisto; ***[nahe] ~ Berlin*** proksime de Berlino; ***~ Freunden bleiben*** resti (*bzw.* tranokti) ĉe [ge]amikoj; ***ich habe kein Geld ~ mir*** mi ne havas monon kun (*od* ĉe) mi; ***er nahm sie ~ der Hand*** li prenis ŝin je la mano, li prenis ŝian manon; ***~ Hofe*** ĉe la kortego; ***~ mir zu Hause*** en mia hejmo (*od* loĝejo); ***~ uns*** *zu Hause* en nia hejmo (*od* loĝejo); *in unserer Stadt* en nia urbo; *in unserem Land* en nia lando ***b)*** *Zeit* dum, ĉe; ***beim Essen*** dum la manĝ[ad]o, dum la manĝotempo; ***~ Nacht*** dumnokte; ***~ Sonnenaufgang*** ĉe sunleviĝo; ***~ Tage*** dumtage; *bei Tageslicht* dum la luma tago, en la taglumo; ***~ Tag und [~] Nacht*** dum tago kaj nokto, tage kaj nokte; ***~ Tisch sitzen*** sidi ĉe [la] [manĝo]tablo, sidi ĉetable ***c)*** *Art u. Weise*: ***~ dieser Gelegenheit*** ĉe tiu [ĉi] okazo; ***~ guter Gesundheit*** en bona sano; ***~ einem Glas Wein*** ĉe glaso da vino; ***~ guter Laune sein*** esti en bona humoro; ***~ schönem Wetter*** ĉe bela vetero ***d)*** *in anderen Fügungen*: ***~ weitem nicht*** tute ne

Bei *od* **Bey** *m ehem. türkischer Ehrentitel* bejo *<1934 abgeschafft (ist seitdem nur noch im Zusammenhang mit türkischen Familiennamen gebräuchlich [und wird dem Namen nachgestellt])>*

beibehalten *tr* daŭrigi, konservi (*vgl. dazu* ***behalten*** *u.* ***bewahren***)

Beibehaltung *f*: ***unter ~ von ...*** daŭrigante, konservante *u. Subst im Akk ...*

Beiblatt *m meist Ztgsw* kromfolio, suplementa folio (*vgl. dazu* ***Beilage***)

Beiboot *n Mar* = ***Pinasse***

beibringen *tr* ***a)*** *herbeiholen* alporti; *heranführen* alkonduki ***b)*** *Kenntnisse, Wissen* lernigi, instrui (***jmdm. etw.*** ion al iu); *begreiflich machen* komprenigi, *scherzh auch* enkapigi; *erklären* klarigi; *Alibi, Beweis* doni, citi; ***jmdm. etw. [geschickt] ~*** *zu verstehen geben* insinui ion al iu; ***jmdm. etw. schonend ~*** delikate komprenigi ion al iu; ***dem Feind eine Niederlage ~*** kaŭzi malvenkon al la malamiko ***c)*** *Arznei, Gift* doni, *i.e.S.* manĝigi *bzw.* trinkigi

Beichte *f Kirche* pekokonfes[ad]o (↑ *auch* ***Ohrenbeichte***); *allg* konfes[ad]o; ***eine ~ ablegen*** fari konfeson *auch fam für «etw. eingestehen»*; ***jmdm. die ~ abnehmen*** preni la konfeson de iu, *auch* konfespreni iun

beichten *tr u. intr* konfesi *auch übertr*; ***jmdm. seine Sünden ~*** *auch i.w.S.* konfesi al iu siajn pekojn

Beichten *n* konfesado

Beichtende *m, auch* ***Beichtkind*** *n Kirche* konfesanto

Beicht|geheimnis *n, selt auch* ***Beichtsiegel*** *n, lat.* ***Sigillum confessionis*** *kath. Kirche (Verpflichtung des Beichtvaters zu unbedingter Verschwiegenheit)* sekreto de konfeso; **~stuhl** *m kath. Kirche* konfesprena seĝo, *auch* konfesejo; **~vater** *m* konfesprenanto

beide 1. *Adj* ambaŭ; ***meine ~n Schwestern*** ambaŭ miaj fratinoj; ***eine der ~n Schwestern*** unu el ambaŭ fratinoj; ***jede der ~n Seiten*** *z.B. bei Verhandlungen, Vertragsabschlüssen u. dgl.* ĉiu el ambaŭ flankoj **2.** *Pron:* ***alle ~*** ambaŭ [ili]; ***~ sind zu Hause*** ambaŭ estas hejme; ***~s ist möglich*** ambaŭ ebl[ec]oj ekzistas; ambaŭ variantoj eblas; ***einer von ~n*** *Person, Sache* unu el ambaŭ; ***keiner von ~n*** neniu el ambaŭ, nek unu nek [la] alia; ***welcher*** (*bzw.* ***welche***) ***von ~n?*** kiu el ambau?

beiderlei *Adj* ambaŭspeca, *nachgest* de ambaŭ specoj; ~ ***Geschlechts*** ambaŭseksa, *nachgest* de ambaŭ seksoj

beiderseitig 1. *Adj* ambaŭflanka; *gegenseitig* reciproka; *gemeinsam* komuna; ***~es Vertrauen*** *n* reciproka konfido **2.** *Adv* ambaŭflanke; reciproke; komune

beiderseits, *auch* **beidseitig 1.** *Präp: zu beiden Seiten* ambaŭflanke; *auf Verhandlungs- od Vertragspartner u.Ä. bezogen* reciproke **2.** *Adv* ĉe ambaŭ flankoj, ambaŭflanke (***von*** de); ***beidseitig tragbar*** *von innen nach außen wendbar (Kleidung)* reversebla

beidfüßig *Adv* per ambaŭ piedoj, *umg auch* ambaŭpiede

Beidhänder *m* ambaŭdekstrulo

beidhändig 1. *Adj* ambaŭmana; *rechts- und linkshändig* ambaŭdekstra **2.** *Adv mit beiden Händen, z.B. zugreifen od etw. packen* ambaŭmane, per ambaŭ manoj

beidrehen *intr Mar* panei

beidseitig ↑ ***beiderseits***

beidseits <*schweiz*> ↑ ***zu beiden Seiten*** [*unter* ***Seite a)***]

beieinander *Adv einer bei dem anderen* unu ĉe (*od* apud) la alia; *beisammen* kune; *Seite an Seite* flanko ĉe flanko; *vereint* komune; ***~ sein*** *zusammen sein* kunesti *od* esti kune

Beifahrer *m Kfz (zweiter Fahrer)* dua (*od* alterna) ŝoforo; *Mitfahrer* akompananto de motoristo, kunveturanto

Beifall *m* aplaŭdo (*vgl. dazu* ***Jubel***); *Zustimmung* aprobo; ***nicht enden wollender ~*** neĉesema (*od* nefiniĝema) aplaŭdo; ***stürmischer ~*** tondra aplaŭdo, ovacio; ***~ klatschen*** (*od geh* ***spenden*** *od* ***zollen***) aplaŭdi iun (*od* al iu)

beifällig *Adv* aprobe; *günstig* favore; ***~ lächeln*** aprobe rideti

Beifallklatscher *m* aplaŭdanto *od* aplaŭdisto *auch übertr im Sinne von «Lobhudler»* (↑ *auch* ***Claqueur***)

Beifallsruf *m* aklamo

Beifallssturm *m* tondro (*od [stärker:]* uragano) da aplaŭdoj; ***ein ~ war die Belohnung für seinen brillanten Vortrag*** aplaŭda uragano premiis lian brilan prelegon

Beifang *m Fischerei* kromkaptaĵo *od* aldona kaptaĵo

beifügen *tr dazutun* almeti, aldoni, aligi (***etw.*** ion) (↑ *auch* ***hinzufügen*** *u.* ***zugeben***)

Beifügung *f das Beifügen* almetado, aldonado; *das Beigefügte* almetaĵo, aldonaĵo (*vgl. dazu* ***Beilage***); *Gramm* atributo; ***substantivische ~*** *Gramm* ↑ ***Apposition***

Beifuß *m* (*Gattung* Artemisia), *auch* ***Edelraute*** *f* artemizio *auch Gewürz* (↑ *auch* ***Feld-*** *u.* ***Strandbeifuß***); ***österreichischer ~*** (Artemisia austriaca) aŭstra artemizio

beige [*be:ʒ*] *Adj sandfarben* sablokolora

Beige *f* ↑ ***Stapel a)***

beigeben ***a)*** *tr* aldoni ***b)*** *intr* ◇ ***klein ~*** fine [tute senproteste] cedi (*od* rezigni)

Beigeordnete *m* adjunkto

Beigeschmack *m* kromgusto; *komischer Geschmack* stranga gusto; ***ein bitterer ~*** *übertr* malagrabla nuanco

Beignet [*bɛn'je:*] *m Schmalzgebackenes mit [Frucht- u.a.] Füllung* benjeto

Beihilfe *f [finanzielle] Unterstützung* [financa] subteno *od* helpo (*vgl. dazu* ***Spende*** *u.* ***Subsidien***; ↑ *auch* ***Studienbeihilfe***); *Komplizenschaft* kompliceco ***staatliche ~*** subvencio

Beijing (*n*) ↑ ***Peking***

beikommen *intr*: ***ihm ist nicht beizukommen*** oni neniel povas ataki (*bzw.* kapti) lin

Beil *n* toporo, *umg auch* hakilo, *Zimmermanns*≗ adzo (↑ *auch* ***Axt*** *u.* ***Henkerbeil***);

beil. = *Abk für* ***beiliegend***

Beilage *f* ***a)*** almetaĵo, aldonaĵo *auch Anlage zu einem Brief* (*vgl. dazu* ***Ergänzung***); *Anhang* suplemento (↑ *auch* ***Anzeigen-*** *u.* ***Zeitungsbeilage***) ***b)*** <*österr*> ***Zuspeise*** *f* almanĝaĵo; *i.e.S. Kochk (Garnierung)* garnaĵo, *(Gemüse)* legomo(j) *(Pl)*

beiläufig 1. *Adj sich nebenbei ergebend, zufällig* incidenta; *eingeflochten* parenteza; *gelegentlich* okaza **2.** *Adv* incidente; parenteze; okaze; *unter anderem* interalie; *im Vorübergehen* pasante; ~ ***erwähnt*** (***gesagt***) parenteze menciite (dirite)

[1]**beilegen** *tr hinzufügen, hinzutun, zugeben* almeti, aldoni; *beimessen* atribui; ***einen Streit [gütlich]*** ~ [pace] forigi (*od* ĉesigi) konflikton

[2]**beilegen** *tr Mar (im Sturm das Segelwerk verringern)* kapeigi

Beilegung *f* atribuo; *Schlichtung* [paca] forigo (*od* ĉesigo)

beileibe *Adv*: ***das ist*** ~ ***nicht so*** tio estas neniakaze (*od* nepre ne) tiel

Beileid *n* kondolenco (*vgl. dazu* ***Mitgefühl*** *u.* ***Mitleid***); ***jmdm. sein*** ~ ***aussprechen*** (*od* ***bekunden*** *od* ***bezeigen*** *od* ***bezeugen***) esprimi sian kondolencon al iu

Beileids|besuch *m* kondolenca vizito; ~**bezeigung** *od* ~**bezeugung** *f* esprimo de kondolenco; ~**brief** *m od* ~**schreiben** *n* kondolenca letero; ~**telegramm** *n* kondolenca telegramo

beiliegen *intr beigelegt sein* esti almetita (*od* aldonita); ***die Rechnung liegt unserer Sendung bei*** la fakturo estas almetita al nia sendaĵo

beiliegend (*Abk* ***beil.***) *Adv*: ***im*** ~***en Brief*** en [la] ĉi-kuna letero; ~ ***übersenden wir Ihnen ...*** ĉi-kune ni [trans]sendas al vi ... (↑ *auch* ***inliegend***)

Beilstein *m Min* ↑ ***Nephrit***

beim (= ***bei dem***) ↑ *unter* ***bei***

beimengen *tr* almiksi, enmiksi

Beimengung *f (das Beimischen)* almiksado; *(das Beigemischte)* almiksaĵo

beimessen *tr*: ***ich messe der Sache große Bedeutung bei*** mi atribuas grandan signifon al tio (*od* tiu [ĉi] afero)

beimischen *tr* almiksi, enmiksi

Bein *n* gambo, *umg auch [eigtl. Unterschenkel]* kruro; *bei Möbeln* piedo (↑ *auch* ***Hosen-***, ***Raub-***, ***Stelz-*** *u.* ***Tischbein***, ***O-*** *u.* ***X-Beine***); ***hinteres*** (***vorderes***) ~ *bei Tieren* antaŭa (malantaŭa *od* posta) gambo (*vgl. dazu* ***Hinter-*** *u.* ***Vorhand***); ***ein*** ~ ***abnehmen*** (*od* ***amputieren***) amputi gambon (*bzw.* kruron); ***das*** ~ ***anwinkeln*** (*od* ***beugen***) fleksi la gambon; ***die*** ~***e ausstrecken*** (*od* ***von sich strecken***) *beim Sitzen od Liegen* [dis]etendi la gambojn; ***mit gekreuzten*** ~***en dasitzen*** sidi krurkruce; ***er kann sich kaum auf den*** ~***en halten*** li apenaŭ povas teni sin sur la piedoj; ***die*** ~***e hochlagern*** meti la gambojn pli alten ol la kapo; ***zwischen die*** ~***e klemmen*** (*od* ***nehmen*** *u.a.*) interkrurigi; ***jmdm. ein*** ~ ***stellen*** *und damit zu Fall bringen* faligi iun per sia kruro; *übertr* fiaskigi ies planojn ◇ ***was man nicht im Kopf hat, hat man in den*** ~***en*** cerbo ne pripensas, kruroj ĝin kompensas *(Zam)*; ***jmdm.*** ~***e machen*** *jmdn. fortjagen* forpeli (*od* forkurigi) iun; *jmdn. energisch antreiben* energie instigi (*od* puŝi) iun; ***sich auf die*** ~***e machen*** *losgehen* ekiri; ***die*** ~***e unter die Arme nehmen*** [for]kuri laŭ tuta forto; ***wieder auf den*** ~***en sein*** *wieder gesund sein* esti denove [tute] sana, *(Zam) auch* esti denove sur la piedoj; *seine wirtschaftliche Lage wieder verbessern* rebonigi sian ekonomian (*bzw.* financan) situacion

beinah[e] *Adv* preskaŭ; ***das ist*** ~ ***dasselbe*** tio estas preskaŭ la sama; ~ ***die ganze Zeit*** preskaŭ la tutan tempon; ***ich hätte*** ~ ***vergessen, Ihnen zu sagen, dass ...*** mi preskaŭ forgesis diri al vi, ke...

Beiname *m* alnomo, kromnomo; ***etw.*** (***jmdm.***) ***einen*** ~***n geben*** alnomi ion (iun)

Beinamputation *f Chir* gamboamput[ad]o

Beinbruch *m Med* frakturo de la gambo (*od* kruro) (↑ *auch* ***Unterschenkelfraktur***) ◇ ***das ist kein*** ~ *kein großer Fehler* tio ne estas granda eraro; *nicht wichtig* tio [vere] ne gravas; ***jmdm. Hals- und*** ~ ***wünschen*** deziri al iu plenan sukceson

beinern *Adj* osta (↑ *auch* ***knochig***); *aus Knochen* el ostoj

Beinerv *m Anat* ↑ ***XI. Hirnnerv***

beinhalten *tr* enhavi, enteni *auch im Sinne von «in sich bergen», z.B. ein Sprichwort einen tieferen Sinn*

Bein|harnisch *m, auch* ***Beinrüstung*** *f der Ritterrüstung* femurkiraso; ~**haus** *n Aufbewahrungsort für ausgegrabene Gebeine auf Friedhöfen* ostejo; ~**muskeln** *m/Pl Anat* gambaj (*od* kruraj) muskoloj *Pl*; ~**prothese** *f Med* krura protezo (↑ *auch* ***Stelzfuß a)***); ~**ring** *m als Schmuck (bes. Ethn)* kruroringo

Beinrüstung *f* ↑ ***Beinharnisch***

Beinschiene *f einer Rüstung* kruringo

Beinschwarz *n Mal* ↑ ***Elfenbeinschwarz***

Beinwell *m* (*Gattung* Symphytum) *Bot* simfito (↑ *auch* ***Kaukasusbeinwell***); ***gemeiner*** (*od* ***gewöhnlicher***) ~ *od* ***Arzneibeinwell*** *m* (Symphytum officinale) kuraca (*od* oficina) simfito; ***knotiger*** ~ *od* ***Knoten-Beinwell*** *m*, *selt auch* ***knotige Wallwurz*** *f* (Symphytum tuberosum) tubera simfito; ***rauer*** ~ (Symphytum asperum) raspa simfito

beiordnen *tr* kunordigi *auch Gramm*, apudmeti

beiordnend *Adj Gramm* kunordiga

Beiordnung *f* kunordigo *auch von Satzgliedern od Sätzen*

beipflichten *intr* konsenti; *billigen* aprobi; ***ich pflichte Ihnen bei*** mi konsentas kun vi [pri *od* en tio]; *bin der gleichen Meinung wie Sie* mi samopinias kun vi [pri tio]

Beirat *m* konsilanta komitato; ***wissenschaftlicher*** ~ scienca konsilanta komitato

beirren *tr*: ***sich nicht*** ~ ***lassen*** ne lasi sin konfuzi; *i.w.S.* iri trankvile sian vojon

Beirut (*n*), *auch* ***Beyrouth*** (*n*), *arab.* ***Bairūt*** *Hptst. von Libanon* Bejruto

beisammen *Adv* kune; *nebeneinander* unu apud la alia; *beieinander* unua ĉe la alia

beisammenhaben *tr*: ***für diese Arbeit muss ich meine Gedanken*** ~ por fari ĉi tiun laboron mi devas koncentriĝi

Beisatz *m Gramm* ↑ ***Apposition***

Beischlaf *m sex* sekskuniĝo (*vgl. dazu* ***Geschlechtsverkehr*** *u.* ***Koitus***)

Beisegel *n Mar* ↑ ***Bonnet***

Beisein *n*: ***im*** ~ ***von*** en ĉeesto de (***jmdm.*** iu); ***in meinem*** ~ en mia [persona] ĉeesto; ***Ihr*** ~ ***ist erforderlich*** estas necese, ke vi ĉeestas (***bei*** en)

beiseite *Adv* ***a)*** *Ort* flanke; *am Rand* rande ***b)*** *Richtung* flanken, al la flanko; *an den Rand* randen, al la rando ◇ ***Spaß*** ~***!*** [ni] finu la ŝercojn!; *im Ernst* serioze

beiseitegehen *intr* iri flanken

beiseite|legen *od* ~**stellen** *tr*: ***etw.*** ~ meti ion flanken *od* flankenmeti ion

beiseite|schaffen *tr* flankenmeti; *wegtun* forigi; *vernichten* neniigi *od* detrui; ~**springen** *intr* salti flanken *od* flankensalti; ~**treten** *intr* iri (*od* paŝi) al la flanko

beiseitewerfen *tr*: ***etw.*** ~ ĵeti ion flanken *od* flankenĵeti ion; *etw. wegwerfen* forĵeti ion

beisetzen *tr bestatten* sepulti; *begraben* entombigi; *beerdigen* enterigi

Beisetzung *f* sepult[ad]o; *Begräbnis* entombigo (*vgl. dazu* ***Beerdigung***)

Beisitzer *m Jur, Verw* asesoro; *in einer Prüfung* membro de ekzamena komisiono; *in einer Jury* membro de ĵurio, ĵuriano

Beispiel *n* (*Abk* ***Beisp.***) ekzemplo (↑ *auch* ***Muster-*** *u.* ***Zahlenbeispiel***); *Annahme* supozo; *Modell, Vorbild* modelo; ***ein inspirierendes*** ~ inspira ekzenplo; ***das ist bloß*** (*od* ***lediglich***) ***ein*** ~ tio estas nur ekzemplo; ***als*** ~ ***anführen*** mencii (*od* citi) kiel ekzemplon; ***ein*** ~ ***geben*** doni ekzemplon; ***mit gutem*** ~ ***vorangehen*** doni bonan ekzemplon por iu, esti ekzemplodona; ***zum*** ~ (*Abk* ***z.B.***) ekzemple (*Abk* ekz.), *auch* por ekzemplo; *angenommen, dass* ... supoz[it]e, ke ...

beispiel|gebend *od* ~**haft** *Adj* ekzemplodona; *vorbildlich* modela; ~**los** *Adj* senekzempla; *ohne Beispiel, bisher nicht dagewesen* senprecedenca (*vgl. dazu* ***unerhört***)

Beispielsatz *m Gramm* ekzemplofrazo, *auch* ekzempla frazo

beispielsweise *Adv* ekzemple (*Abk* ekz.); *angenommen, dass* ... supoz[it]e, ke ...

beispringen *intr*: ***jmdm.*** ~ *jmdm. zu Hilfe eilen* helpe alkuri al iu; *i.w.S. helfen, unterstützen* helpi (*od* subteni) iun

beißen ***a)*** *tr u. abs* mordi (↑ *auch* ***ab-***, ***heraus-***, ***ver-*** *u.* ***zubeißen***); *stechen (Insekten, Schlange)* piki *auch ein Gewürz*; *kauen* maĉi; ***einander*** (*od* ***sich***) ~ sin reciproke mordi; ***er ist von einer Schlange gebissen worden*** serpento lin pikis ◇ ***es beißt mich*** *es juckt mich* jukas al mi; ***nichts zu*** ~ ***haben*** havi nenion por manĝi *od bildh* havi absolute nenion, nek por mordi, nek por gluti ***b)*** *intr Pfeffer* piki; *bissig sein* esti mordema ***c)*** *refl*: ***sich*** ~ sin mordi; ***sich auf die Lippen*** ~, ***um nicht zu lachen*** mordi la lipon por ne ridi ◇ ***ins Gras*** ~ *vulg für «sterben»* mortaĉi, kadavriĝi, perei

Beißen *n* mordado

beißend *Adj* mord[ant]a; *Geschmack* akra, pika; *Kritik* akra; *Kälte* pika, tranĉa; *schneidend, z.B. Wind* tranĉa; *übertr* sarkasma; ~***er Spott*** *m* sarkasmo, *(in verdeckter Weise geäußert)* sarkasma moko (*od* ironio)

Beiß|korb *m* muzelingo, *umg auch* buŝumo; ~**zange** *f*, *auch* ***Kneifzange*** *f Handw* [tranĉ-]tenajlo

Beistand *m* ***a)*** asist[ad]o; *Hilfe* helpo; *Unterstützung* subteno, apogo; *Schutz* protekto; ***juristischer*** ~ *(Person: Rechtsbeistand)* jura konsilanto, *(Handlung)* jura konsilado; ***jmdm.*** ~ ***leisten*** helpi iun (*od* al iu), doni asiston al iu; *jmdn. unterstützen* subteni iun ***b)*** *Helfer* helpanto; *Unterstützer* subtenanto; *Anwalt* advokato

Beistandspakt *m Pol* pakto (*od* traktato) pri reciproka [milit]helpo

beistehen *intr* asisti, helpi (***jmdm.*** iun *od* al iu); *unterstützen* subteni; ***Gott steh mir bei!*** Dio helpu al mi!; ***jmdm. mit Rat und Tat*** ~ helpi al iu per vorto kaj faro; ***jmdm. in der Not*** ~ helpi al iu dum [tempo de] mizero

beisteuern *tr seinen Beitrag leisten [zu]* doni sian kontribuon [al], kontribui [al]; *seinen geldlichen Beitrag leisten (bes. von Mitgliedern in Vereinen u. dgl.)* kotizi; *[finanziell] helfen* [finance] helpi; *unterstützen* subteni

beistimmen *intr* konsenti (***jmdm.*** kun iu); *einem Antrag od Vorschlag* konsenti (***etw.*** ion); ***einer solchen Meinung kann ich nicht*** ~ tian opinion mi ne povas konsenti

Beistrich *m Gramm* ↑ ***Komma***

Beitel *m Handw (ein Tischlerwerkzeug)* [ligno]ĉizilo (↑ *auch* ***Meißel***); *Hohl*≗ guĝo; *Loch*≗ morteza ĉizilo (↑ *auch* ***Kant-*** *u.* ***Stechbeitel***)

Beitrag *m* ***a)*** *Leistung, die als Anteil für etw. erbracht wird* kontribu[aĵ]o (↑ *auch* ***Unkostenbeitrag***); *geldlicher Beitrag, Mitglieds*≗ [membro]kotizo; *Unterstützung* subteno; *Versicherungsprämie* premiumo; ***ein ~ zur Erhaltung des Friedens*** kontribuo al la konservado de la paco; ***seinen ~ für etw. leisten*** doni sian kontribuon (*bzw.* kotizon) por io ***b)*** *Lit, Ztgsw u. übertr* kontribuaĵo *auch Artikel bzw. Werk eines Wissenschaftlers zur Erforschung eines Gegenstandes* (*vgl. dazu* ***Artikel d)***)

beitragen *tr u. intr* kontribui (***zu*** al *od* por); *unterstützen* subteni (*vgl. dazu* **beisteuern**); ***jeder trage seinen Teil für unsere Sache*** (*od* ***unser Vorhaben*** *u.a.*) ***bei*** ĉiu alportu sian briketon por nia konstruo *(Zam)*

beitragsfrei 1. *Adj* senkotiza, *nachgest* sen kotizo **2.** *Adv* senkotize

Beitragskassierung *f* enkasigo de la membrokotizo(j)

beitragspflichtig *Adj* kotizodeva, kotizenda

Beitragszahlung *f* pago de la [membro]kotizo(j)

beitreten *intr* aliĝi, membriĝi, aniĝi; ***einer Bewegung*** ~ aliĝi al movado; ***einer Organisation*** (***Partei***) ~ membriĝi en organizaĵo (partio); ***einem Verein*** ~ aniĝi al societo; ***einem Vertrag*** ~ aliĝi al kontrakto (*bzw.* traktato)

Beitritt *m* aliĝo, membriĝo, aniĝo (***zu*** al) (↑ *auch* ***EU-Beitritt***)

Beitritts|erklärung *f* deklaro pri membriĝo (*od* aniĝo); **~formular** *n* aliĝformularo, *meist:* aliĝilo; **~verhandlungen** *f/Pl z.B. auf Mitgliedschaft in der EU* traktadoj *Pl* pri aliĝo

Beiwagen *m Kfz* kromĉaro, *auch* flankĉaro; **~maschine** *f, auch* ***Motorrad*** *n* ***mit Beiwagen*** motorciklo kun kromĉaro

Beiwerk *n* akcesoraĵo(j) (↑ *auch* ***Zubehör***); *Verzierung* garnaĵo; *Schmuck* ornamaĵo; *Unwichtiges* [aldonaj] negravaĵoj *Pl*; ***schmückendes*** ~ ornama garnaĵo

beiwohnen *intr geh für «dabei sein»* ĉeesti; *einer Theater- od Kinovorstellung* spekti; ***sie wohnte unserem Gespräch nicht bei*** ŝi ne ĉeestis (*od* partoprenis) nian paroladon; ***einer Versammlung*** ~ ĉeesti kunvenon *od* ĉeesti en kunveno

Beiwort *n Ling* ***a)*** *Adjektiv* adjektivo ***b)*** *([kennzeichnendes] Beiwort)* epiteto; ***schmückendes*** ~ ornama epiteto

Beiwurzel *f Bot* ↑ ***Nebenwurzel***

[1]**Beize** *f Lösung zum Beizen, z.B. Holz*≗ tinkturo por ligno; *Med (Kaustikum)* kaŭstikaĵo

[2]**Beize** *f* ↑ ***Falknerei***

beizeiten *Adv rechtzeitig* ĝustatempe; *zeitig am Morgen* [sufiĉe] frue en la mateno

Beizjagd *f* ↑ ***Falknerei***

Beizmittel *n Chem (Ätzmittel)* mordanto

bejahen *tr* jesi; *i.w.S. (bestätigen)* konfirmi, *(zustimmen)* konsenti; *eine positive Haltung zu etw. haben* havi pozitivan sintenon al io

bejahend *Adj* jesa; *i.w.S.* pozitiva; ***~e Antwort*** *f* jesa respondo; ***im ~en Sinne*** pozitive

bejahrt *Adj ziemlich alt* sufiĉe maljuna; *im fortgeschrittenen Alter* havanta multajn [vivo]jarojn, *auch* grandaĝa

Bejahung *f* jesado; *Zustimmung* konsento

bejammern *tr*: ***etw.*** ~ lamenti pri io (*vgl. dazu* ***beklagen***)

bejammernswert *Adj* lamentinda

bejubeln *tr* jubili (***etw.*** pri io)

bekämpfen *tr allg (kämpfen gegen)* batali kontraŭ *od* kontraŭbatali, *(ringen gegen)* lukti kontraŭ, *(dagegen sein)* kontraŭi; *Krieg führen gegen* militi kontraŭ *auch i.w.S.*; *opponieren gegen* oponi, kontraŭstari; *Parl (Opposition betreiben gegen)* opozicii; *Korruption, Krankheit, Unbildung* lukti kontraŭ, [provi] ekstermi (*vgl. dazu* ***vertilgen***); ***einen Brand ~*** lukti por estingi brulon

Bekämpfung *f* kontraŭbatal[ad]o, batalo (*od* lukto) kontraŭ (↑ *auch* ***Brandbekämpfung***)

bekannt *Adj* konata (***als*** kiel; ***in*** en); *von allen od vielen gekannt* ĝenerale konata; *allbekannt, überall bekannt* ĉie konata (***durch*** pro); *berühmt* fama (***wegen*** pro); *namhaft, renommiert* renoma; ***es ist allgemein ~, dass ...*** estas ĝenerale konate, ke ...; *man weiß, dass ...* oni scias, ke ...; ***mir ist ~, dass ...*** mi scias, ke ...; ***sie ist hier ~*** ŝi estas [bone] konata ĉi tie *od* oni bone ŝin konas ĉi tie; *sie ist ortskundig* ŝi bone konas la regionon (*bzw.* lokon *od* ejon *u.a.*); ***soweit mir ~ ist*** laŭ mia scio, *umg auch* miascie; ***wie ~*** *wie man weiß* kiel oni [ĝenerale] scias; *~* ***geben*** sciigi, komuniki; *veröffentlichen* publikigi, anonci, *(durch Anschlag od Aushang)* afiŝi; *erklären (auch vor Gericht), verkünden* deklari (*vgl. dazu* ***proklamieren***); ~ ***machen*** [publike] konigi, sciigi, anonci (***jmdm. etw.*** ion al iu); *[offiziell] verkünden* proklami; ***jmdn. mit jmdm.~ machen*** konigi (*od* prezenti) iun al iu; ***sich ~ machen*** konigi sin; *sich vorstellen* prezenti sin; ***mit jmdm. ~ sein*** koni iun; ***mit jmdm. ~ werden*** kon[at]iĝi kun iu *od* fariĝi konata al iu; ***wenn das ~ würde*** se tio disdiriĝus (*od* publikiĝus) *od* se tio fariĝus [ĝenerale] konata

Bekannte ***a)*** *m* konato; ***ein alter ~r*** malnova konato; ***ein ~r von mir*** *od* ***einer meiner ~n*** unu el miaj konatoj; ***einen ~n besuchen*** viziti konaton; ***Bekannte*** *Pl* [ge]konatoj *Pl* ***b)*** *f* konatino

Bekanntenkreis *m* [ge]konatoj *Pl*, [ge]amikoj *Pl*, *selt* konataro *Sg*

bekanntermaßen = ***bekanntlich***

Bekanntgabe *f* sciigo, komunik[ad]o *bzw. (das Bekanntgegebene)* komunikaĵo, *(in Zeitungen etc.)* publikigo (*vgl. dazu* ***Information***)

bekanntgeben = ***bekannt geben*** [↑ *unter* ***bekannt***]

Bekanntheit *f* konateco (↑ *auch* ***Publicity***)

bekanntlich *Adv* kiel konate, kiel oni scias; ~ ***gibt es ...*** estas konate, ke estas (*bzw.* ekzistas) ...

Bekanntmachung *f* sciigo, publikigo, anonco; *Verkündung* proklam[ad]o

Bekanntschaft *f* konateco; *Bekannte (Pl)* [ge]konatoj *Pl*, *auch* konataro *Sg*; ***aus alter ~*** pro malnova konateco; ***jmds. ~ machen*** fari konatecon kun iu, *umg* konatiĝi kun (*od* al) iu; ***nach näherer ~ mit ihr*** post kiam oni pli bone konas ŝin

bekanntwerden = ***bekannt werden*** [↑ *unter* ***bekannt***]

Bekanntwerden *n* konatiĝo

Bekassine *f Orn* ↑ ***Sumpfschnepfe*** (↑ *auch* ***Anden-, Spieß-*** *u.* ***Waldbekassine***); ***afrikanische ~*** ↑ ***Afrika-Bekassine***

bekehrbar *Adj* konvertebla

bekehren *tr Rel* konverti; *zum Proselyten machen* prozelitigi; ***jmdn. zum Islam ~*** konverti iun al islamo; ***sich ~*** *Rel (den Glauben wechseln)* konvertiĝi (***zu*** al)

Bekehrer *m Rel u. i.w.S.* konvertisto (↑ *auch* ***Apostel*** *u.* ***Missionar***)

Bekehrte *m von einer Religion od auch einer Partei zu einer anderen Übergetretener* konvertito, *auch* prozelito (*vgl. dazu* ***Proselyt***; ↑ *auch* ***Neubekehrte***)

Bekehrung *f* konvertado; *Übertritt* konvertiĝo (***zu*** al); ~ ***zum Christentum*** konvertado (*bzw.* konvertiĝo) al kristanismo, *auch* kristanigo *bzw.* kristaniĝo

Bekehrungs|eifer *m od (häufig pej)* ~**wut** *f* prozelitismo

bekennen *tr gestehen* konfesi; *geloben, feierlich versprechen* ĵurpromesi, solene promesi; ***Farbe ~*** levi sian maskon, malkaŝi sian [veran] opinion; ***sich schuldig ~*** konfesi sin kulpa; ***sich zum Islam ~*** esti islamano, aparteni al islamo

Bekenner|brief *m od* ~**schreiben** *n* letero de konfeso

Bekenntnis *n Geständnis* konfes[ad]o (↑ *auch* ***Schuldbekenntnis***); *Rel Konfession* konfesio; ***ein ~ ablegen*** fari konfeson *auch bibl*

Bekenntnisgebet *n*: ***jüdisches ~*** *Rel* ŝemao *[nach hebräisch* schma! = *höre!]*

beklagen *tr klagen über* plendi pri (***etw.*** io), *auch* priplendi (***etw.*** ion); *jammern od [laut] wehklagen über* lamenti pri; *bedauern* bedaŭri (*vgl. dazu* ***bemitleiden***); ***Menschenleben waren nicht zu ~*** ne estis [homaj] viktimoj; ***sich ~*** plendi; ***sich bei jmdm. über etw. ~*** plendi ĉe iu pri io ◇ ***ich kann mich nicht ~*** *umg* mi ne povas plendi

beklagenswert *Adj* plendinda; *bejammerns-*

wert lamentinda (*vgl. dazu* ***bedauernswert, bemitleidenswert*** *u.* ***unselig b)***)

Beklagte *m Jur* akuzato *bzw.* akuzito

be|klatschen *tr* ***a)*** *Beifall spenden* aplaŭd[ad]i ***b)*** *klatschen über* klaĉi pri; *verleumden* kalumnii; ~**klauen** *tr pop für «bestehlen»* priŝteli; ~**kleben** *tr* glu[kovr]i (***mit*** per)

bekleckern *tr* makuli (***etw.*** ion), fari makulojn sur (***etw.*** ion); *schmutzig machen* malpurigi; ***das Kind hat sich die Hände bekleckert*** la infano makulis siajn manojn

bekleiden *tr* ***a)*** *mit Kleidung ausstatten* vesti (***mit*** per) (*vgl. dazu* ***anziehen***); ***kaum*** (*od* ***spärlich***) ***bekleidet*** apenaŭ vestita; ***leicht bekleidet*** leĝere vestita ***b)*** *Handw, Tech (überziehen, verkleiden)* tegi ***c)*** *innehaben, ausüben*: ***ein Amt*** ~ havi (*od* okupi) oficon; ***er bekleidet das Amt eines Staatssekretärs*** li havas (*od* okupas) la oficon (*od* rangon) de ŝtata sekretario

Bekleidung *f* vestoj *Pl*, *(Gesamtheit der Kleidungsstücke)* vestaro *Sg* (↑ *auch* ***Bade-***, ***Damen-***, ***Herren-***, ***Kinder-***, ***Nacht-***, ***Regen-*** *u.* ***Unterbekleidung***); *Stoffbespannung* drapiraĵo; *Tech (Belag, Überzug)* tegaĵo

Bekleidungs|haus *n Geschäft für Bekleidung* vestomagazeno, vestovendejo *od* vendejo de vestoj; ~**industrie** *f* konfekcia industrio

beklemmen *tr* premi [la koron]; *ersticken* sufoki

beklemmend *Adj Herzbeklemmung verursachend* korprema; ***ein ~es Gefühl*** sento de korpremo (*bzw. wie Ersticken* sufokiĝo)

Beklemmung *f* [kor]premateco *bzw.* [kor]premiteco; *innere Angst* angoro; *Gefühl des Erstickens* sento de sufokiĝo; *Alpdrücken* koŝmaro; *Atem* ~ spirĝeno

beklommen *Adj u. Part* korpremata; *voller [innerer] Angst* angor[plen]a; ***mir ist ~ ums Herz*** mi sentas korpremon; *bin innerlich unruhig* mia koro estas maltrankvila

beklopfen *tr Med (perkutieren)* perkuti

bekommen ***a)*** *tr erhalten* ricevi; *erlangen, in Besitz bringen* akiri; ***einen Brief*** (***Post***) ~ ricevi leteron (poŝt[aĵ]on); ***etw. geschenkt*** ~ donace ricevi ion; ***bekommt man hier ...?*** *Anfrage im Laden* ĉu vi vendas ...?; ***wann ~ Sie wieder ...?*** *im Laden* kiam vi denove havos ...?; ***wie viel ~ Sie?*** *Frage nach dem Preis* kiom mi devas pagi?; ***sie bekam es mit der Angst zu tun*** [subite] timo kaptis ŝin; ***wir haben Besuch*** ~ al ni venis gastoj; ***wie viel bekommst du von mir?*** kiom mi ŝuldas al vi?; ***ich bekomme noch fünf Euro von dir*** [ĉu vi scias, ke] vi ŝuldas al mi ankoraŭ kvin eŭrojn; ***Fieber*** ~ ekhavi febron, esti atakata de febro; ***Hunger*** ~ ekmalsati; ***sie bekam ein Kind*** ŝi naskis infanon; ***eine Krankheit*** ~ [ek]malsaniĝi; ***einen kräftigen Schlag auf den Kopf*** ~ ricevi fortan baton (*bzw.* puŝon) sur la kapon ***b)*** *intr*: ***mir bekommt dieses Essen nicht*** mi ne fartos bone [en la stomako] se mi manĝos tion; ***wie ist Ihnen der Urlaub an der See ~?*** kiel vi fartas post la ferioj ĉe la maro?; ***wohl bekomm's!*** *beim Essen gesagt* bonan apetiton!, *beim Trinken* je via sano!

bekömmlich *Adj der Gesundheit zuträglich* salubra, *auch* saniga; *leicht verdaulich* facile digestebla (↑ *auch* ***verträglich b)***)

beköstigen *tr* doni manĝaĵon [kaj trinkaĵon] (***jmdn.*** al iu), *i.w.S. auch* nutri; ***sich*** ~ sin nutri

Beköstigung *f* nutrado; *Kost* nutraĵo; ***Zimmer mit*** ~ ĉambro inkluzive la manĝoj

bekräftigen *tr* certigi, aserti; *bestätigen* konfirmi; ***seine Worte mit einem Eid*** ~ konfirmi siajn parolojn per ĵuro; ***sein Versprechen*** ~ konfirmi sian promeson

Bekräftigung *f* certigo, aserto; *Bestätigung* konfirmo

be|kränzen *tr* kroni (***mit*** per); *i.w.S.* girlandi, festoni; ~**kreuzigen, sich** *refl* sin krucosigni, fari super si la krucosignon; ~**kriegen** *tr* militi kontraŭ (***jmdn.*** iu)

Bektaschi *od* **Bektaschiten** *Pl Islam (Angehörige des schiitischen Bektaschi-Derwisch -Ordens [in Zentral- u. Ostanatolien, sowie im Hinterland der Ägäis u. in Albanien]* bektaŝidoj *Pl* *<der im 13. Jh. gegründete Orden verbreitete sich unter der Herrschaft der Osmanen über den Balkan u. nahm dabei christl. Elemente in seine Lehre auf>*

bekümmern *tr betrüben* aflikti; *verdrießen* ĉagreni; *beunruhigen* maltrankviligi; ***das bekümmert mich nicht*** tio ne afliktas (*od auch* tuŝas) min; ***sich*** ~ sin zorgi, sin okupi (***um*** pri)

Bekümmernis *f* aflikt[iĝ]o; ĉagren[iĝ]o; *Schmerz* [morala] doloro (*vgl. dazu* ***Sorge***)

bekümmert *Adj* afliktita; *sorgenvoll* zorgoplena

bekunden *tr* ***a)*** *zum Ausdruck bringen, zeigen* esprimi, montri, manifesti, vidigi; *demonstrieren* demonstri, *(auf einer Kundgebung)* manifestacii; ***Interesse für etw.*** ~ montri intereson pri io ***b)*** *Jur (vor Gericht erklären)* depozicii [antaŭ juĝa instanco]

Bekundung *f* montrado, manifestado; *Pol (durch Demonstration u.Ä.)* manifestacio

Bel *n* (*Zeichen* ***B***) *Phys (Maß der relativen Lautstärke [Maßeinheit für die Dämpfung von Schwingungen])* belo (↑ *auch* ***Dezibel***)

be|lächeln *tr* rideti pri (***jmdn.*** iu); **~lachen** *tr* ridi pri (***etw.*** io; ***jmdn.*** iu) *od* pririd i (***etw.*** ion; ***jmdn.*** iun); *verspotten* moki pri *od* primoki (*vgl. dazu* ***jmdn. zum Besten haben***)

beladen *tr Eisenb, LKW, Schiff* kargi, ŝarĝi (***mit*** per) (↑ *auch* ***aufladen a)*** *u.* ***befrachten***); ***sich mit Schuld*** ~ sin ŝarĝi per kulpo

Beladen *n* kargado, ŝarĝado

Belag *m* ***a)*** *allg (etw. Daraufgelegtes)* surmetaĵo; *Überzug* tegaĵo *auch Tech* (*vgl. dazu* ***Schicht***; ↑ *auch* ***Boden-***, ***Brems-***, ***PVC-*** *u.* ***Straßenbelag***); *Med (auf der Zunge [bei manchen Krankheiten])* saburo, *(schleimig-eitrig [z.B. bei Angina]* pultacea saburo ***b)*** *Brot*[♀]: ***Käse*** (***Wurst***) ***als*** ~ ***aufs Brot*** fromaĝo (kolbaso) por la pano

Belagerer *m Mil* sieĝanto; *übertr: Bez für jmd., der andere (od einen anderen) bedrängt*

belagern *tr Mil* sieĝi *auch übertr, z.B. im Sinne von «bedrängen»* (*vgl. dazu* ***umringen***); ***jmdm. das Haus*** ~ *z.B. Paparazzi* sieĝi ies pordon

Belagerung *f Mil* sieĝ[ad]o; ***die*** ~ ***aufheben*** levi (*od* ĉesigi) la sieĝon

Belagerungs|turm *m Militärgeschichte* sieĝoturo; **~zustand** *m Mil, Pol* sieĝostato

Belang *m Wichtigkeit* graveco; *Zweck* celo; ~***e*** *Pl* interesoj *Pl*; celoj *Pl*; ***ohne*** ~ *unwichtig* sen graveco; *bedeutungslos* sen signifo; ***für praktische*** ~***e*** por praktikaj celoj; ***das ist von*** ~ tio estas grava *od* tio gravas; ***jmds.*** ~***e vertreten*** reprezenti ies interesojn, pledi por ies interesoj; ***die*** ~***e seines Landes vertreten*** *Dipl* reprezenti la interesojn de sia lando

belangen *tr*: ***jmdn. gerichtlich*** ~ juĝe persekuti iun

belanglos *Adj ohne Bedeutung* sensignifa; *unbeträchtlich* nekonsiderinda; *unwichtig* malgrava, *nachgest auch* ne havanta gravecon (*vgl. dazu* ***nichtig***)

Belanglosigkeit *f* sensignifeco, malgraveco; *belanglose bzw. unwichtige Sache od Tat* nekonsiderindaĵo *bzw.* malgravaĵo

belangreich *Adj* signifoplena; *sehr wichtig* tre grava, gravega

Belangung *f Jur* juĝa persekuto

Belarus (*n*), *auch* ***Belo-*** *od* ***Weißrussland*** (*n*) Belarusio, *früher auch* Belorusio *od* Blankrusio *[Hptst.: Minsk]*

Belarusse *m*, *auch* ***Belo-*** *od* ***Weißrusse*** *m* belaruso, *früher auch* beloruso *od* blankruso

belarussisch, *auch* ***belo-*** *od* ***weißrussisch*** *Adj* belarusa, *früher auch* belorusa *od* blankrusa

belassen *tr* lasi [kia ĝi estas]; ***wir wollen es dabei*** ~ ni lasu ĝin (*od* la aferon) kia ĝi estas

belasten *tr* ***a)*** *Last aufladen* ŝarĝi (***mit*** per) *auch mit Abgaben od Steuern* (*vgl. dazu* ***beladen*** *u.* ***lasten auf***); *Tech (Bauelemente, Maschinenteile)* stre[j]ni (*vgl. dazu* ***strapazieren***); ***erblich belastet sein*** esti herede ŝarĝita; ***dort ist die Luft extrem durch Kohlendioxid belastet*** tiuloke la aero estas ekstreme ŝarĝita per karbona dioksido; ***die Umwelt*** ~ ŝarĝi la [natur]medion; ***die Rüstungsausgaben*** ~ ***den Staatshaushalt ungemein*** la elspezoj por armado peze ŝarĝas la [ŝtatan] buĝeton ***b)*** *erschweren, schwierig gestalten* malfaciligi; *bedrücken, z.B. Kummer, Sorgen u. dgl.* aflikti, premi, pezi; *Jur (einen Angeklagten)* kulpigi ***c)*** *Fin* debeti (***mit*** per); ***das Haus mit einer Hypothek*** ~ ŝarĝi la domon per hipoteko *od* hipoteki la domon ***d)*** *refl*: ***sich*** ~ sin ŝarĝi (***mit*** per)

belastend *Adj* ŝarĝa

belästigen *tr* ***a)*** molesti *auch sex*; ***dieser Mann belästigt mich*** tiu viro molestas min ***b)*** *stören* ĝeni (***jmdn. mit*** *od* ***durch etw.*** iun per io); *Überdruss erregen* tedi (***jmdn.*** iun) ***c)*** *(jmdm.) Umstände machen* maloportuni (iun)

Belästigung *f* molestado *auch sex*; *Störung* ĝen[ad]o; *Aufdringlichkeit* sintrud[ad]o, tedo

Belastung *f* ***a)*** *durch Arbeit, Last, Steuern u.a.* ŝarĝo *auch El u. Tech* (↑ *auch* ***Lärm-***, ***Maximal-***, ***Schadstoff-*** *u.* ***Steuerbelastung***); *i.w.S. Stress* streso; ***zulässige*** ~ *bes. Tech* allasebla (*od i.w.S.* maksimuma) ŝarĝ[eblec]o ***b)*** *Fin* debeto; *Hypothek* hipoteko

c) Beschuldigung kulpigo

Belastungs|grenze *f* limo de elten-povo; **~-material** *n Jur* akuza (*od* kulpiga) materialo; **~probe** *f* elten-provo *auch übertr*; **~zeuge** *m Jur* akuz-atestanto, kulpiga atestanto

Belau (*n*) ↑ ***Palau***

belauben, sich *refl* kovriĝi per folioj

belaubt *Adj Baum* kovrita per folioj, folihava; ***dicht*** ~ dense kovrita per folioj, multfolia; ***stark*** ~ [ege] foliorića

belauern *tr Wild* [sekrete] observi [el embuskejo]; *heimlich beobachten, auflauern* gvati, embuski

belaufen, sich *refl* kalkuliĝi (***auf*** al), sum[iĝ]i (***auf*** je); ***die Kosten belaufen sich auf ... Dollar*** la kostoj (*od* elspezoj) sum[iĝ]as je ... dolaroj

belauschen, *auch* ***heimlich belauschen*** *tr* subaŭskulti, kaŝe aŭskulti

Belcanto *m*, *auch* ***Belkanto*** *m Mus (virtuoser italienischer Gesangsstil, bei dem bes. auf Klangschönheit Wert gelegt wird)* belkanto <*zu Beginn des 17. Jh.s in Italien entstanden*>

beleben *tr* [re]vivigi (↑ *auch* ***wiederbeleben***); *stimulieren* stimuli; *übertr* [pli]vigligi, akceli; *beseelen* animi; *begeistern* entuziasmigi; *[neuen] Mut geben* [re]kuraĝigi; ***sich*** ~ reviviĝi; *betriebsam[er] werden, z.B. eine Stadt zur Einkaufszeit* [pli]vigliĝi

belebend *Adj* [re]viviga; *anregend* stimula; *erfrischend* refreŝiga; ***~es Mittel*** *n Pharm (Analeptikum)* analeptiko

belebt *Adj* vivoplena, vigla; *verkehrsreich* multtrafika; *viel besucht* multe frekventata (*od* vizitata), *voller Menschen* plena de homoj (*od* vizitantoj); ***eine ~e Einkaufsstraße*** vivoplena butikuma strato

Belebung *f* [re]vivigo, vigligo (↑ *auch* ***Export-*** *u.* ***Wiederbelebung***); *Stimulation* stimul[ad]o; *wirtschaftlicher Aufschwung* ekonomia [re]prosperiĝo

belecken *tr* lek[um]i; ***sich*** ~ sin leki

Beleg *m Beweis* pruvo; *Beweisstück* pruvilo; *Attest* atest[il]o; *Quittung* kvitanco (↑ *auch* ***Bankbeleg***); *Kassen≗, Bon* kasa kupono; *Urkunde* dokumento; *Beispiel* ekzemplo

belegen *tr* ***a)*** *beweisen* pruvi (***durch*** *od* ***mit*** per); *dokumentieren* dokumenti (***etw. mit*** *od* ***durch*** ion per) ***b)*** *bedecken, z.B. Fußboden mit Teppichen* kovri (***etw. mit*** ion per) ***c)*** *reservieren, z.B. einen Sitzplatz* rezervi; *Kurs, Vorlesung* sin enskribi por ***d)*** *in weiteren Fügungen*: ***ein Brötchen mit Schinken*** ~ meti ŝinkon sur bulkon; ***eine Stadt mit Bomben*** ~ ĵetadi bombojn sur urbon, bombard[ad]i urbon; ***den letzten Platz*** ~ *z.B. in einer Tabelle* okupi la lastan lokon

Belegexemplar *n Archivexemplar* arkiva ekzemplero; *Buchw* prov-ekzemplero, *(Autorenexemplar)* [por]aŭtora ekzemplero

Belegschaft *f* laborantaro, personaro (*vgl. dazu* ***Personal***)

Belegschaftsstärke *f* nombro de la kompleta (*od* tuta) personaro

belegt *Adj reserviert* rezervita; ***~es Brötchen*** *n* sandviĉo; ***seine Stimme klingt*** ~ lia voĉo sonas raŭkete (*od* iomete raŭke)

belehren *tr unterrichten* instrui; *Bildung vermitteln* eduki (***jmdn.*** iun); *wissen lassen* sciigi; *Instruktionen erteilen* instrukcii (***über*** pri); ***sich nicht*** ~ ***lassen*** ne akcepti konsilojn (*bzw.* argumentojn)

belehrend *Adj* instru[iv]a, didaktika

Belehrung *f* instruo; *Erteilen von Instruktionen* donado de instrukcioj

beleibt *Adj [wohl]beleibt* korpulenta; *dickbäuchig* dikventra (*vgl. dazu* ***dick a)***, ***fett*** *u.* ***obös***)

Beleibtheit *f Korpulenz* korpulenteco; *Fettleibigkeit, [durch zu reichliche Ernährung bedingte] Fettsucht* obezeco; *Dickbäuchigkeit* dikventreco; *allg* dikeco

beleidigen *tr kränken, verletzen* ofendi (***jmdn. mit*** *od* ***durch*** iun per); *schmähen, beschimpfen* krude ofendi, insulti; ***sie ist leicht*** (*od* ***schnell***) ***beleidigt*** ŝi facile ofendiĝas *od* ŝi estas ofendiĝema

beleidigend *Adj* ofenda (*vgl. dazu* ***kränkend*** *u.* ***verletzend***); *ausfallend, [grob] beleidigend, beschimpfend* krude ofenda, insulta

Beleidiger *m* ofendanto *bzw.* ofendinto

Beleidigte ***a)*** *m* ofendito ***b)*** *f* ofenditino

Beleidigung *f* ofendo (*vgl. dazu* ***Kränkung***; ↑ *auch* ***Majestätsbeleidigung***)

beleihen *tr auf dem Leihhaus* lombardi; ***seine Uhr*** ~ lombardi sian horloĝon

beleimen *tr Tech: mit Leim bestreichen* gluaĵi

Belém [*beˈlɛ*] (*n*) *Hptst. des brasilianischen Gliedstaates Pará* Beleno

Belemniten *m/Pl* (Belemnoidea) *Paläontologie (ausgestorbene tintenfischähnliche Kopffüßer)* belemnitoj *Pl* <*Hauptverbreitung im Erdmittelalter*>

belesen *Adj* multe leginta; *i.w.S. gebildet*

klera, erudicia
Belesenheit *f i.w.S. Gebildetsein* klereco, erudicio (*vgl. dazu* ***Bildung***)
beleuchten *tr Raum* lumigi, prilumi; *festlich beleuchten od anstrahlen, z.B. ein Monument* ilumini *auch Bühne*; *übertr: Problem* klarigi
Beleuchter *m* lumigisto
Beleuchtung *f* lumigo (↑ *auch* ***Innen-***, ***Not-*** *u.* ***Straßenbeleuchtung***); *Fest*≗ ilumin[ad]o; *Beleuchtungsanlage* lumiga ekipaĵo (*od* instalaĵo); *übertr* klarigo; ***künstliche*** ~ artefarita lumigo
Beleuchtungs|anlage *f* lumiga instalaĵo; **~einrichtung** *f* lumiga ekipaĵo; **~körper** *m* lumigilo; *Lampe* lampo; **~stärke** *f Phys* lumintenso, lumiga (*od* priluma) intenso; **~technik** *f* lumiga tekniko; **~techniker** *m* specialisto pri lumiga tekniko
Belfast (*n*), *irisch* ***Béal Feirst*** *Hptst. von Nordirland* Belfasto
belfern *intr* ***a)*** *kläffen* bojaĉi (↑ *auch* ***bellen***) ***b)*** *keifend schimpfen* [ŝrikavoĉe] insult[aĉ]i
Belfried *m*, *auch* ***Bergfried*** *m Hauptturm einer mittelalterlichen Burg* belfrido; *i.w.S. Wachtturm* gvat-turo
Belgien (*n*), *franz.* ***Belgique***, *niederl.* ***België*** Belgio *[Hptst.: Brüssel]*; ***Königreich*** ~ *n amtliche Bez* Reĝlando Belgio
Belgier *m* belgo
Belgierin *f* belgino
belgisch *Adj* belga
Belgrad (*n*), *serbisch* ***Beograd*** (*n*) *Hptst. von Serbien u. dem früheren Jugoslawien* Beogrado
Belial (*m*), *ökumenisch* ***Beliar*** (*m*) *ein Name des Teufels im Neuen Testament* Belialo
belichten *tr Foto* eksponi (↑ *auch* ***über-*** *u.* ***unterbelichten***)
Belichtung *f Foto* ekspon[ad]o (↑ *auch* ***Über-*** *u.* ***Unterbelichtung***); *(als chemischer Vorgang)* impreso
Belichtungs|dauer *od* **~zeit** *f Foto* ekspondaŭro; **~messer** *m Foto* eksponmezurilo *od* eksponometro
belieben *tr geh mögen* [bon]voli; *wünschen* deziri; *intr* plaĉi; ***wie [es] Ihnen beliebt*** laŭ via plaĉo; *wie Sie wünschen* kiel vi deziras *od* laŭ via deziro
Belieben *n* bonvolo, plaĉo; *Wahl* elekto; ***nach*** ~ laŭplaĉe, laŭdezire, laŭdezire; *nach Bedarf* laŭbezone (*vgl. dazu* ***willkürlich***); ***nach Ihrem*** ~ laŭ via plaĉo; *Wahl* laŭ via elekto; ***[ganz] wie es Ihnen beliebt*** [tute] kiel plaĉas al vi; ***etw. in jmds.*** ~ ***stellen*** lasi ion al ies plaĉo (*bzw.* elekto)
beliebig 1. *Adj* ajna, iu ajn, ia; ***jeder*** ≗***e*** *(Person)* ĉiu ajn; *(Sache)* ĉio ajn; ***zu jeder*** **~*en Zeit*** en iu ajn tempo (*od auch* horo) **2.** *Adv*: ~ ***lange*** kiom longe vi (*bzw.* oni) volas
beliebt *Adj* ŝatata; *populär* populara; *viel besucht* multe vizitata (*od* frekventata); *bevorzugt* preferata; *viel verwendet* multe uzata; ***sie war bei allen*** ~ ŝin ŝatis ĉiuj
Beliebtheit *f* populareco; ***sich großer*** ~ ***erfreuen*** ĝui grandan popularecon, esti ege populara
beliefern *tr* liveri [mendita(j)n varo(j)n] (***jmdn.*** al iu); *versehen mit* provizi (***jmdn. mit etw.*** iun per io)
Belieferung *f* liverado; proviz[ad]o (***mit*** per)
Belimbing *m* (Averrhoa bilimbi) *Bot (ein tropischer Baum mit essbaren Früchten)* bilimbo *auch die Frucht selbst* (*vgl. dazu* ***Gurkenbaum***)
Belinda (*f*) *weibl. Vorname* Belinda
Belisar *od* **Belisarios** (*m*) *Eig (ein Feldherr des byzantin. Kaisers Justinian I. [um 505-565])* Belizaro
Belize (*n*) *ein Staat in Mittelamerika* Belizo *[Hptst.: Belmopan]*
Belize-Dollar *m* (*Abk* ***Bz$***, *Währungscode* ***BZD***) *Währung von Belize* beliza dolaro
Belizer *m Einwohner von Belize* belizano
Belizerin *f* belizanino
belizisch *Adj* beliza
Belkanto *m Mus* ↑ ***Belcanto***
Belladonna *f*, *auch* ***Tollkirsche*** *f* (Atropa belladonna) *Bot* beladono *auch Pharm*; **~extrakt** *m* (Extractum belladonnae) *Pharm* beladona ekstrakto
Belladonnin *n Biochemie (ein Belladonna-alkaloid [ein Tropanalkaloid])* beladonino
Belle Époque *f Zeit des gesteigerten Lebensgefühls in Frankreich zu Beginn des 20. Jh.s* bela epoko
bellen, *reg* ***gauzen*** *od* ***gäuzen*** *intr* boji (*vgl. dazu* ***anschlagen b)***; ↑ *auch* ***anbellen***, ***belfern a)*** *u.* ***kläffen***) ◇ ***Hunde, die [viel]*** ~, ***beißen nicht*** bojanta hundo ne mordas *od* ne ĉiu hundo bojanta estas hundo mordanta *(beide: Zam)*
Bellen *n* bojado (↑ *auch* ***Gebell***)
Bellerophon *od* **Bellerophontes** (*m*) *griech. Myth (Sohn des Glaukos <bezwang auf seinem Roß Pegasus die Chimaira u. wurde*

König von Lykien>) Belerofono
Belletrist *m* beletristo
Belletristik *f schöngeistige (od unterhaltende) Literatur* beletro
belletristisch *Adj* beletra
Bellinzona (*n*) *Hptst. des Kantons Tessin/ Schweiz* Belinzono
Bellona (*f*) *röm. Myth (Kriegsgöttin)* Belona
Belluno (*n*) *Hptst. der venezianischen Provinz Belluno in Norditalien* Beluno
Belmopan (*n*) *Hptst. von Belize* Belmopano
belobigen *tr* laŭdi (↑ *auch* ***loben***)
Belobigung *f* laŭd[ad]o (↑ *auch* ***Lob***)
Belobigungsurkunde *f in der Schule* atesto pri [publika] laŭdo [en la lernejo]
belohnen *tr* rekompenci (***für*** pro; ***wegen*** pro)
Belohnung *f* rekompenco; *Prämie* premio; ***als*** ~ kiel rekompenco, rekompense; ***eine ~ für die Ergreifung eines Verbrechers aussetzen*** anonci premion por la kapto de krimulo
Belo Horizonte (*n*) *Hptst. des brasilianischen Gliedstaats Minas Gerais* Belohorizonto
Belorusse *m* ↑ ***Belarusse***
belorussisch ↑ ***belarussisch***
Belorussland (*n*) ↑ ***Belarus***
Belsazar (*m*), *auch* ***Bel-schar-ussur*** (*m*) *Eig (Stellvertreter des letzten Königs des neubabylonischen Reiches, seines Vaters Nabonid [6. Jh. v. Chr.])* Belŝacaro
Belt *m*: ***der Kleine*** (***Große***) ~ *Meeresstraßen zw. Ost- u. Nordsee* la Malgranda (Granda) Belto
Belucha *m höchster Berg im russischen Altaigebirge* [monto] Beluĥo
belüften *tr* ventoli
Belüfter *m* ventolilo
Belüftung *f* ventolado (↑ *auch* ***Ventilation***)
Belüftungs|klappe *f* ventolklapo; ~**öffnung** *f* ventol-aperturo; ~**schacht** *m* aeruma ŝakto, *auch* ventolŝakto
Beluga *m Zool* ↑ ***Weißwal***
belügen *tr* mensogi (***jmdn.*** al iu); ***sich selbst*** ~ mensogi al si mem
belustigen *tr* amuzi, gajigi; ***sich*** ~ amuziĝi; *lustig sein* esti gaja, gaji
belustigend *Adj* amuza, gajiga; *spaßig* ridiga; *kurios* kurioza (*vgl. dazu* ***burlesk***)
Belustigung *f* amuzo
Belutschen *m/Pl Ethn (Volk iranischer Sprache in Ostiran, Afghanistan u. Pakistan)* beluĉoj *Pl*
Belutschistan (*n*), *auch* ***Balutschistan*** *eine Landschaft im iran.-persischen Hochland* Beluĉistano *[Hptst.: Sahedan]*; ~**-Ohnehorn** *n* (Baluchiterium) *Paläozoologie (ein ausgestorbener hornloser Nashornverwandter <größter Landsäuger aller Zeiten, lebte im Tertiär in Asien>)* baluĉiterio
Belvedere *n alt für «Aussichtspunkt» (meist ein Türmchen od eine Terrasse)* belvedero
Bem. = *Abk für* ***Bemerkung***
bemächtigen, sich *refl* ekokupi, ekkapti; *widerrechtlich u. gewaltsam* uzurpi; ***Furcht bemächtigte sich ihrer*** timo ekprenis (*od* ekkaptis) ŝin; ***sich des Throns*** ~ uzurpi la tronon
be|malen *tr* kolorŝmiri; *künstlerisch od schmückend* pripentri (***mit*** per); ~**mängeln** *tr* malaprobi (***etw.*** ion); *kritisieren* kritiki
bemannt *Adj*: ~***e Rakete*** *f* homportanta raketo; ~***es Raumschiff*** *n* homportanta kosmoŝipo
Bemannung *f eines Schiffs* ŝipanaro (*vgl. dazu* ***Crew***)
bemänteln *tr* kovri per la mantelo de, maski, kaŝi (*vgl. dazu* ***verbergen*** *u.* ***verschleiern***); *beschönigen* eŭfemisme prezenti, provi prezenti en plej belaj koloroj
Bemäntelung *f* maskado
bemasten *tr Mar* mastizi, provizi per masto(j)
Bemastung *f Mar (alle Masten)* mastaro
bemausen ↑ ***bestehlen***
[1]**Bemba** *Pl*, *auch* ***Babemba*** *od* [1]***Wemba*** *Pl Ethn (negroide Ethnie von Wanderhackbauern in N-Sambia u. angrenzenden Gebieten der Demokratischen Rep. Kongo)* bemboj *Pl*
[2]**Bemba** *n*, *auch* [2]***Wemba*** *n Ling (eine in Sambia gesprochene Sprache)* la bemba [lingvo]
Bemb|o (*m*) *Eig (italienischer Dichter u. Humanist [1470-1547])* Bembo
bemerkbar *Adj wahrnehmbar* rimarkebla; *fühlbar* sentebla; *zu hören sein* aŭdebla; *zu sehen sein* videbla; ***sich ~ machen*** rimarkigi sin [mem]; *Aufmerksamkeit auf sich lenken* atentigi pri si; *Sache, Schmerz* ekesti
bemerken *tr wahrnehmen* rimarki, observi; *[schriftlich od mündlich] anmerken, etw. dazu sagen* rimarkigi; *fühlen* senti; *sehen* vidi; *sagen* diri (↑ *auch* ***konstatieren***); ***am Rande bemerkt*** marĝene dirite; ***wie oben***

bemerkt kiel supre rimarkite (*od* dirite)
Bemerken *n*: ***mit dem ~, dass ...*** rimarkante, ke ... (*vgl. dazu* ***Bemerkung***)
bemerkenswert, *alt* ***remarkabel*** *Adj* rimarkinda, notinda (*vgl. dazu* ***beachtlich***); *beträchtlich* konsiderinda; *beeindruckend* impresa; *der Erinnerung wert* memorinda; *außergewöhnlich* eksterordinara; ***ein ~er Mensch*** rimarkinda homo, rimarkindulo
Bemerkung *f* (*Abk* ***Bem.***) *kurze Äußerung* rimarko (*Abk* rim.), *Hinweis auf etw. Bemerkenswertes* rimarkigo (↑ *auch* ***Schluss-*** *u.* ***Zwischenbemerkung***); *Anmerkung, Notiz* noto; *Rand*≗ gloso; ***einführende ~en*** *Pl* enkondukaj rimarkoj *Pl*; ***eine ~ über etw. machen*** fari rimarkon pri io
bemessen *tr abmessen* mezuri; *festsetzen* fiksi; ***meine Zeit ist knapp ~*** mi havas ege malmultan tempon
bemitleiden *tr* kompati (***jmdn. wegen ...*** iun pro ...) (*vgl. dazu* ***bedauern***)
bemitleidenswert *Adj* kompatinda
Bemitleidung *f* kompatado
be|mittelt *Adj* monhava, finance bonstata; *reich* riĉa; **~moost** *Adj* kovrita (*od* surkreskita) de musko
bemühen *tr Mühe bereiten* klopodigi, penigi (***jmdn. wegen etw.*** iun pri io); *stören* ĝeni; ***sich ~*** *refl* klopodi, peni (***um etw.*** pri io); *trachten nach* aspiri (***um etw.*** al *od* pri io); ***sich um jmds. Gunst ~*** klopodi pri ies favoro; ***sich um eine Stelle ~*** aspiri pri laborloko; ***~ Sie sich nicht!*** ne ĝenu vin!
Bemühung *f* klopodo; *Bestreben* aspir[ad]o (*vgl. dazu* ***Beharrlichkeit***); ***dank seiner ~*** - dank' al liaj klopodoj; ***vielen Dank für Ihre ~en*** multan dankon pro viaj klopodoj
bemuttern *tr umg*: ***jmdn. ~*** zorgi por iu kiel patrino, patrine zorgi por iu
benachbart *Adj* najbara; *nebenan gelegen* apuda; *im Nebenhaus [befindlich]* [troviĝanta] en la najbara domo; *umliegend* ĉirkaŭ[ant]a; ***~es Gebiet*** *n* najbara regiono, najbaraĵo
benachrichtigen *tr* informi (***jmdn.*** iun), sciigi (***dass*** ke; ***über*** pri)
Benachrichtigung *f* informi, sciigo (***über*** pri)
benachteiligen *tr* malavantaĝigi (***jmdn.*** iun), fari malutilon (***jmdn.*** al iu); *Schaden verursachen* kaŭzi damaĝon; *Sport u. übertr* handikapi
Benachteiligung *f* malavantaĝo, malutilo; *Schaden* damaĝo; *Handicap* handikapo
benagen *tr z.B. Hund einen Knochen* ĉirkaŭmord[et]i; *Nagetier auch* ronĝi
Benares (*n*) ↑ ***Varanasi***
Bendix (*m*) *männl. Vorname* Bendikso
benebeln *tr* nebuligi, kovri per nebulo; *berauschen* ebriigi; *trüben* malklarigi ◇ ***er war ganz schön benebelt*** *umg* li estis sufiĉe alkoholumita; ***ein wenig ~ sein*** *einen Schwips haben* havi iom da vaporo en la kapo *(Zam)*
Benebelung *f* nebuligo
benedeien *tr Rel (segnen)* beni
Benedikt (*m*) *Eig* ↑ ***Benediktus***
Benedikta (*f*) *weibl. Vorname* Benedikta *auch Name einer römischen Märtyrerin u. Heiligen [† um 360]*
Benediktenkraut *n* (*Gattung* Cnicus *u. deren einzige Art* Cnicus benedictus) *Bot* kniko
Benediktiner *od* **Benediktinermönche** *m/Pl kath. Kirche (Mönche, die nach der Regel des heiligen Benedikt von Nursia leben)* benediktanoj *od* benediktanaj monaĥoj *Pl*
Benediktinerabtei *f* benediktana abatejo
Benediktinerin *f*, *auch* ***Benediktinernonne*** *f kath. Kirche* benediktanino, *auch* benediktana monaĥino
Benediktiner|kirche *f* benediktana preĝejo; **~kloster** *n* benediktana monaĥejo; **~likör** *m* benediktana likvoro
Benediktinermönch *m* ↑ ***Benediktiner***
Benediktinerorden *m*, *lat.* ***Ordo Sancti Benedicti*** (*Abk* ***OSB***) *kath. Kirche* benediktana ordeno
Benediktion *f [Ein-] Segnung* benado
Benedikt[us] (*m*), *franz.* ***Benoît*** (*m*) *männl. Vorname* Benedikto *auch Name einiger Päpste*
benedizieren *tr kath. Kirche: segnen, weihen* beni; ***das Wasser ~*** beni la akvon
Benefiziant *m* beneficulo
Benefizium *n kath. Kirchenrecht (mit einer Pfründe [Landnutzung od Donation] verbundenes Kirchenamt)* benefico
Benefiz|konzert *n* benefica koncerto; **~spiel** *n Sport* benefica maĉo; **~vorstellung** *f Theat* benefica prezentado
[1]**benehmen** *tr wegnehmen* forpreni, forigi; ***der Schreck benahm ihr den Atem*** la ektimo (*od* teruro) kvazaŭ senspirigis ŝin
[2]**benehmen, sich** *refl* konduti (***wie*** kiel); ***sich gut (untadelig) benehmen*** konduti bone

(neriproĉinde); ***warum benimmst du dich so?*** kial vi kondutas tiel ĉi?; ***er hat sich mir gegenüber immer höflich benommen*** li kondutis ĉiam ĝentile al mi; ***er weiß sich nicht zu benehmen*** li ne scias konduti

Benehmen *n* konduto (↑ *auch* ***Betragen***, ***Gebaren*** *u.* ***Verhalten***); *Handlungsweise* agmaniero; *Einvernehmen* interkonsento, akordo; ***sich mit jmdm. ins ~ setzen*** aranĝiĝi (*od* akordiĝi) kun iu; ***sie hat kein ~*** ŝi ne scias konduti

beneiden *tr*: ***jmdn.*** ~ envii iun (***um etw.*** pro io); ***ich beneide dich um deine Erfolge*** mi envias vin pro viaj sukcesoj, mi ĵaluzas pro viaj sukcesoj

beneidenswert 1. *Adj* enviinda **2.** *Adv* enviinde; *umg auch für «ausgezeichnet»* eksterordinare

Benelux *ohne Art* Benelukso; ~**staaten** *Pl* Beneluks-ŝtatoj *Pl*

benennen *tr* nomi, doni nomon (***etw.*** al io); *titulieren* titoli; *vorschlagen, nominieren* poponi, nomumi

Benennung *f Namen[s]gebung* nomado; *Name* nomo; *Titel* titolo; *Nominierung* nomumado

Beneš (*m*) *Eig (tschechischer Staatsmann [1884-1948])* Beneŝo

benetzen *tr* aspergi, iom[ete] malsekigi (*vgl. dazu* ***anfeuchten*** *u.* ***besprengen***); ***mit Tränen*** ~ verŝi larmojn sur *mit Akk*

Benevento (*n*) *Hptst. der italienischen Provinz Benevento in Kampanien* Benevento

Bengale *m* bengalo

Bengalen (*n*) *Landschaft am Unterlauf von Ganges u. Brahmaputra [politisch zu Indien u. Bangladesch gehörend]* Bengalio (↑ *auch* ***Westbengalen***); ***Golf von*** ~ Bengala Golfo

Bengalen|geier *m* (Gyps bengalensis) *Orn* bengala vulturo, *auch* hinda blankdorsa grifo *[Vorkommen: Afghanistan, Indien, SW-China u. SO-Asien]*; ~**racke** *f*, *auch* ***Hinduracke*** *f* (Coracias bengalensis) *Orn* hinda koracio; ~**segler** *m* (Cypsiurus balasiensis) *Orn* azia palmapuso *[Vorkommen: Indien, Sri Lanka, SO-Asien u. Philippinen]*; ~**uhu** *m* (Bubo bengalensis) *Orn* bengala gufo *[Vorkommen: Indien u. Myanmar]*; ~**waran** *m* (Varanus bengalensis) *Zool* bengala varano *[Vorkommen: Süd- u. SO-Asien bis nach Java]*

Bengalfuchs *m* (Vulpes bengalensis) *Zool* bengala vulpo *[Vorkommen: Indien]*

Bengalhanf *m Bot* ↑ *unter* ***Hanf***

Bengali *n Ling* la bengala [lingvo]

Bengalin *f* bengalino

bengalisch *Adj* bengala; ~***es Feuer*** *n ein farbiges Feuerwerk* bengala fajro

Bengalkatze *f* (Felis bengalensis) *Zool* bengala kato

Bengalrose *f Bot* ↑ ***chinesische Rose*** [↑ *unter* ***Rose***]

Bengaltiger *m Zool* ↑ ***Königstiger***

Bengasi (*n*), *auch* ***Benghasi*** (*n*), *arab.* ***Binġāzī*** *Hafenstadt u. Provinzzentrum in Libyen [Hptst. der Cyrenaika]* Bengaz[i]o

Bengel *m Schlingel* bubaĉo; *kleiner Junge* knabeto

Bengkulu (*n*) *eine Provinzhptst. in SO-Sumatra/Indonesien* Benkulo

Benguela (*n*) *eine alte Hafenstadt in Angola* Benguelo; ~**schwelle** *f ein Gebirge längs der angolanischen Küste* Benguela Sojlo; ~**strom** *m eine Meeresströmung im Südatlantik* Benguela Fluo

benigne *Adj Med* = ***gutartig***

Benignität *f Med* ↑ ***Gutartigkeit***

Benimm *m salopp umg für «Benehmen»* [↑ *dort*]

Benin (*n*), *amtl* ***République du Bénin*** *eine Republik in Westafrika* Benino (↑ *auch* ***Dahomey***)

Beniner *m Einwohner von Benin* beninano

Beninerin *f* beninanino

beninisch *Adj* benina; *aus Benin* el Benino

Benjamin (*m*) *männl. Vorname* Benjameno

Bennett|känguru *n* (Macropus rufogriseus) *Zool* ruf-griza valabio; ~**kasuar** *m*, *auch* ***Papuakasuar*** *m* (Casuarius bennetti) *Orn* beneta (*od* nana) kazuaro *[Vorkommen: Nordaustralien u. Neuguinea]*

Benoît (*m*) *Eig* ↑ ***Benedikt[us]***

benommen duonsveninta, preskaŭ svenonta (↑ *auch* ***soporös***); *schwindlig* havanta kapturnon; *verwirrt* konfuz[it]a

Benommenheit *f* [sento de] duonsveno; *Verwirrtheit* konfuz[it]eco; ***starke*** ~ *Med* ↑ ***Sopor***

benoten *tr Schule* juĝi per noto(j)

benötigen *tr* bezoni (*vgl. dazu* ***brauchen***)

Benthal *n Biol (Bodenregion der Binnengewässer u. Meere)* bentosejo

Benthos *m Biol (bes. Limnologie: Gesamtheit der pflanzlichen u. tierischen Organismen am Grund der Binnengewässer u.*

Meere) bentoso (↑ *auch* ***Limno-***, ***Phyto-*** *u.* ***Zoobenthos***)

Bentonit *m*, *auch* ***Montmorillonitton*** *m Geol, Min (ein an Montmorillonit reiches Tongestein)* bentonito *<Einsatz z.B. bei Erdölbohrungen>*

Benue-Kongo-Sprachen *Pl Ling (afrikanische Sprachen im Benue-Gebiet von Nigeria und Kamerun u. die große Familie der Bantusprachen)* benue-kongolaj lingvoj *Pl* (↑ *auch* ***Yoruba b)***)

benutzbar, *reg,* *<österr> u. <schweiz> auch* ***benützbar*** *Adj* uzebla

benutzen *od (bes. reg)* **benützen** *tr gebrauchen, verwenden* uzi (***etw.*** ion); *Nutzen ziehen aus* profiti el (***etw.*** io) *od* elprofiti (***etw.*** ion); ***die Gelegenheit*** ~ uzi la okazon (***um zu*** por); ***den Aufzug*** (*od* ***Fahrstuhl***) ~ uzi la lifton; ***darf ich mal Ihr Telefon ~?*** ĉu mi rajtas uzi vian telefonon?

Benutzer *m* uzanto

Benutzung *f* uz[ad]o (*vgl. dazu* ***Gebrauch***)

Benutzungsgebühr *f* pago por [la] uzo; *Mietgebühr* pago por [la] lupreno

Benvenuto (*m*) *italienischer männl. Vorname* Benvenuto

Benzaldehyd *m Chem* ↑ ***Bittermandelöl***

Benzen *n Chem* benzeno

Benzidin *n Chem (eine Stammsubstanz wichtiger Farbstoffe [in der Medizin als Reagens zum Blutnachweis verwendet])* benzidino; ~**probe** *f Med (qualitativer Blutnachweis in Stuhl, Urin und Liquor cerebrospinalis)* benzidintesto

Benzin *n Chem, Kfz* benzino (*vgl. dazu* ***Kerosin***; ↑ *auch* ***Flug-***, ***Super-*** *u.* ***Waschbenzin***); ~ ***mit niedriger Oktanzahl*** malaltoktana benzino; ***bleifreies*** ~ senplumba benzino; ***raffiniertes*** ~ *z.B. als Flecklöser* rafinita benzino

Benzinbombe *f Mil* benzinbombo *od* petrolbombo (↑ *auch* ***Molotowcocktail***)

Benziner *m umg für «Auto mit Benzinmotor»* aŭto kun benzinmotoro

Benzin|geruch *m* benzin-odoro; ~**hahn** *m* benzinkrano; ~**kanister** *m* benzinkanistro; ~**kanne** *f* benzinkruĉo; ~**leitung** *f* benzinkondukilo; ~**motor** *m*, *auch* ***Ottomotor®*** *m* benzinmotoro *od* benzina motoro

Benzinpreis *m* benzinprezo, *auch* prezo por benzino; ~**erhöhung** *f* altigo de la benzinprezo

Benzinpumpe *f* ***a)*** *Kfz-Technik* benzinpumpilo ***b)*** *an der Tankstelle =* ***Zapfsäule***

Benzinschlauch *m Kfz* benzinhoso

benzinsparend, *umg* ***spritsparend*** benzinŝpara

Benzin|steuer *f* imposto je benzino; ~**tank** *m Kfz* benzinujo (↑ *auch* ***Treibstofftank***); ~**uhr** *f Tankanzeige* benzinometro, benzinindikilo; ~**verbrauch** *m*, *umg auch* ***Spritverbauch*** *m* benzinkonsumo; ~**verkäufer** *m* benzinvendisto

Benzinzufuhr *f =* ***Benzinleitung***

Benzoat *n Chem (Salz od Ester der Benzoesäure)* benzoato

Benzochinon *n Chem* benzokinono

Benzodiazepin *n Pharm (ein Tranquilizer)* benzodiazepino

Benzoe *f* ↑ ***Benzoeharz***

Benzoe|baum *m*, *auch* ***Benzoe-Storaxbaum*** *m* (Styrax benzoin) *Bot* benzooarbo; ~**harz** *n*, *auch* ***Benzoe*** *f ein nach Vanille duftendes Harz* benzoo; ~**säure** *f* (Acidum benzoicum) *Chem* benzoata acido *<auch Konservierungsmittel>*

Benzofuran *n Chem (ein Bestandteil des Steinkohlenteers)* benzofurano

Benzol *n Chem (Roh^{2})* benzolo (↑ *auch* ***Azo-***, ***Nitrosobenzol*** *u.* ***Benzen***); ~**vergiftung** *f Med (Intoxikation durch Benzol [z.B. durch Inhalation])* benzolveneniĝo

Benzonitril *n Chem (aus Benzolsulfonsäure u. Natriumcyanid gewonnene Verbindung)* benzonitrilo *<Ausgangspunkt für viele organische Synthesen>*

Benzoyl *n Chem (Säureradikal der Benzoesäure)* benzoilo

Benzpyren *n Chem (ein aromatischer Kohlenwasserstoff von krebeserregender Wirkung)* benzpireno *<Vorkommen z.B. im Steinkohlenteer, Tabakrauch u. Auspuffgasen>*

Benzyl *n Chem (Restgruppe des Moleküls Benzol)* benzilo

beobachtbar *Adj* observebla

beobachten *tr* ***a)*** *aufmerksam od genau betrachten, überwachen, observieren* observi (***etw.*** ion; ***jmdn.*** iun); *insgeheim od von einem Versteck aus beobachten* gvati (*vgl. dazu* ***überprüfen***); ***heimlich*** ~ kaŝe observi, *auch* kaŝobservi (***jmdn.*** iun); ***sich gegenseitig*** ~ reciproke sin observi; ***die Gestirne*** ~ *Astron* observi la astrojn ***b)*** *bemerken* rimarki; ***ich habe keine Veränderung beobachtet*** mi ne rimarkis iun ŝanĝ[iĝ]on

c) sich nach etw. richten, etw. befolgen sekvi, obei, *auch* observi

Beobachter *m* observanto *auch Dipl* (↑ *auch* ***Prozessbeobachter***); *Mil* observisto; ***politische ~ sind der Meinung, dass ...*** politikaj observantoj opinias, ke ...

Beobachterstatus *m* statuso de observanto

Beobachtung *f* observ[ad]o (*vgl. dazu* ***Kontrolle***; ↑ *auch* ***Natur-, Vogel-*** *u.* ***Wetterbeobachtung***); ***~ der Gestirne*** observado de la astroj; ***unter ärztlicher ~*** (*od* ***Kontrolle***) ***bleiben*** resti sub kuracista observado (*od* kontrolo); ***jmdn. zur ~ in ein Krankenhaus einweisen*** enhospitaligi iun por [medicina] observado

Beobachtungs|gabe *f* talento por observado; ~**platz** *m* observejo; *z.B. für Tierbeobachtungen* observoloko; ~**posten** *m Mil (Ort)* posteno de observado, *(getarnter Ort)* gvatejo; *(Person)* observisto, gvatisto (*vgl. dazu* ***Wachposten***); ~**radar** *m od n* observada radaro; ~**satellit** *m* observada satelito; ~**stand** *m Warte* observejo; ~**station** *f* observada stacio; ~**turm** *m* observada turo *auch Jagd*; *Wachtturm* gvat-turo

Beograd (*n*) ↑ ***Belgrad***

beordern *tr* ordoni, *bes. Mil* komandi; ***der Chef beorderte ihn zu sich*** ~ la ĉefo ordonis, ke li venu al li; ***jmd. hierher ~*** alkomandi iun ĉi tien

Beowulf (*m*) *Lit (ein frühmittelalterliches episches Heldengedicht (bes. in Norwegen u. Island)* beovulfo *(auch Großschr) <das bedeutendste erhaltene Einzelwerk in angelsächsischer Sprache (um 700 entstanden)>*

bepacken *tr*: ***etw.*** ~ sarĝi ion (***mit*** per), meti pakaĵon sur ion (*vgl. dazu* ***beladen***)

bepflanzen *tr* priplanti (***mit*** per), planti ion sur *mit Akk* (*vgl. dazu* ***anpflanzen***); ***ein Zuckerrohrfeld ~*** planti sukerkanon sur kampon

bepudern *tr* pudri; ***sich*** ~ pudri sin

bequem 1. *Adj* ***a)*** komforta *auch Möbel*; *Kleidung, Schuhe* agrabla [por porti]; *allg: (angenehm)* agrabla, *(passend)* oportuna, konvena (*vgl. dazu* ***gemütlich***) ***b)*** *träge* nevigla, neagema **2.** *Adv*: ***in dem Stuhl sitzt es sich ~*** ĉi tiu seĝo estas komforta [por sidi] ◇ ***es sich ~ machen*** komforte aranĝi sin; *sich wie zu Hause benehmen* konduti kiel hejme

bequemen, sich *refl sich endlich bereit finden (zu etw.)* finfine konsenti pri, finfine bonvoli *mit Inf*; *sich herablassen zu* degni *mit Inf*

Bequemlichkeit *f* ***a)*** komforto; *Annehmlichkeiten* komfortaĵoj, agrablaĵoj *Pl*; *Gemütlichkeit* hejmeca atmosfero ***b)*** *Trägheit* malvigleco, *[derber:]* maldiligenteco

beraten *tr Rat erteilen* doni konsilon (***jmdn.*** al iu), konsili (***jmdn.*** iun); ***etw.*** ~ *erörtern* [pri]trakti ion; *abwägen* pesi ion, kompare prijuĝi ion; ***sich*** ~ interkonsiliĝi (***mit jmdm. über ...*** kun iu pri ...); ***jmdn. gut ~*** doni al iu bona(j)n konsilo(j)n

beratend *Adj*: ***~er Ausschuss*** *m* konsilanta (*od* konsulta) komitato; ***eine ~e Stimme haben*** havi konsultan voĉon

Berater *m (Ratgeber)* konsilanto, *(als Beruf)* konsilisto (↑ *auch* ***Fach-, Finanz-, Kunden-, Politik-, Rechts-, Sicherheits-, Steuer-, Unternehmens-*** *u.* ***Wirtschaftsberater***); *Konsultant* konsultanto; *Mentor* mentoro *auch übertr*

beratschlagen *intr* interkonsiliĝi (***über*** pri) (*vgl. dazu* ***sich beraten***)

Beratung *f* ***a)*** [inter]konsiliĝo; *das Sichkonsultieren* konsultiĝo (***über*** pri); *Erteilung fachmännischer Ratschläge* konsultado (*vgl. dazu* ***Ratschlag***; ↑ *auch* ***Ernährungs-, Kredit-*** *u.* ***Rechtsberatung***); ***ärztliche*** ~ kuracista konsultado (↑ *auch* ***Sexualberatung***) ***b)*** *Beratungsstelle* konsultejo ***c)*** *Sitzung* kunsido; *Konferenz* konferenco

Beratungsstelle *f* konsultejo

berauben *tr* prirabi (***jmdn.*** iun) (*vgl. dazu* ***ausrauben*** *u.* ***bestehlen***); *entziehen (Freiheit, Rechte)* senigi; ***jmdn. der Freiheit ~*** senigi iun de sia libereco; ***beraubt worden sein*** esti prirabita ◇ ***ich möchte Sie nicht ~!*** *als höflicher Dank bei zögernder Annahme eines Angebots* ĉu mi fakte povas tion akcepti [de vi]?

Beraubung *f* prirabado; *Wegnahme* senigo

beräuchern *tr*: ***mit Weihrauch ~*** *bes. Rel* incens[ad]i

berauschen *tr* ebriigi *auch übertr*, ***sich ~*** ebriiĝi (***an*** je) *bes. übertr*

berauschend *Adj* ebriiga *auch übertr* (↑ *auch* ***hinreißend*** *u.* ***sinnverwirrend***)

Berber *m/Pl*, *Selbstbez.* ***Imazighen, Imuhagh*** *od* ***Imuschagh***, *auch* ***Tamazigh*** *(alle Pl) nordafrikanische Völkergruppe (einheimische Grundbevölkerung N-Afrikas) [vom Mittelmeer bis in den Süden Nigers, zw.*

Siwa/Ägypten u. der Atlantikküste (bes. in Marokko u. Algerien)] berberoj *Pl* (↑ *auch* ***Ait Hadiddu***, ***Kabylen*** *u.* ***Rifkabylen***)

Berberaffe *m Zool* ↑ ***Magot***

Berberbär *m Zool* ↑ ***Atlasbär***

Berberfalke *m Orn* ↑ ***Wüstenfalke***

Berberin *n Chem (gelber Farbstoff in der Wurzel der Berberitze)* berberino <*auch als Bindemittel verwendet [medizinische Anwendung bei Tropenkrankheiten]*

berberisch *Adj auf die Berber bezogen* berbera

Berberitze *f, auch* ***Sauerdorn[strauch]*** *m, reg* ***Essigbeere*** *f Bot (Gattung Berberis u. die Art ‹Berberis vulgaris›)* berberiso <*in der Volksheilkunde wird die Berberitzenwurzel angewandt*>; ***langdornige*** ~ (Berberis aristata) longdorna berberiso; ***schneeige*** ~ (Berberis candidula) blanka berberiso *[Vorkommen: in der westchin. Provinz Hubei]*; ***sibirische*** ~ (Berberis sibirica) siberia berberiso; ***warzige*** ~ (Berberis verriculosa) veruka berberiso *[Vorkommen: in der chin. Provinz Sichuan]*

Berberitzen- *od* **Sauerdorngewächse** *n/Pl*: ***[Familie der]*** ~ (Berberidaceae) *Bot* berberisacoj *Pl*

Berber|kröte *f* (Bufo mauritanicus) *Zool* berbera bufo *[Vorkommen: westl. Nordafrika]*; ~**löwe** *m* (Panthera leo barbaricus) *Zool* berbera leono; ~**pferd** *n eine nordafrikanische Pferderasse* berbera ĉevalo

Berberschaf *n Zool* ↑ ***Mähnenschaf***

Berbersprachen *f/Pl Ling (in Algerien u. Marokko gesprochene semitohamitischen Sprachen [die Berbersprachen gliedern sich in 6 Dialektgruppen])* berberaj lingvoj *Pl* (↑ *auch* ***Kabylisch***, ***Tamascheg***, ***Tamazight b)***, ***Tuareg b)*** *u.* ***Zenaga***)

Berberthuja *f Bot* ↑ ***Sandarakbaum***

Berdjansk (*n*) *eine Hafenstadt in der Ukraine* Berdjansko

berechenbar *Adj* kalkulebla (↑ *auch* ***abzählbar*** *u.* ***kalkulierbar***); *einschätzbar* taksebla

berechnen *tr kalkulieren* kalkul[ad]i; *anrechnen* debeti; *bes. Handlungen, Wirkungen u.a. bzw. etw. in bestimmter Absicht tun* prikalkuli (↑ *auch* ***vorausberechnen***); *abschätzen* taksi (*vgl. dazu* ***überschlagen***); *abs: eine Kalkulation vornehmen* fari kalkuladon (*vgl. dazu* ***spezifizieren***); ***nur auf Wirkung berechnet*** celanta nur (*od* sole) la efikon

berechnend *Adj* [ĉion antaŭe] kalkulanta; *nur den eigenen Profit im Auge habend* celanta nur sian propran profiton; *ruhig abwägend (Person)* kalkulema

Berechnung *f Kalkulation* kalkul[ad]o *auch übertr*; *Annahme, Schätzung* taks[ad]o; *Eigennutz* egoismo; ***nach den bisherigen ~en*** laŭ la ĝisnunaj kalkuloj (*od* taksoj); ***~en anstellen über ...*** fari kalkulojn pri ...; ***etw. nur mit ~ tun*** fari ion celante nur [la] profiton (*bzw.* efikon)

Berechnungs|grundlage *f* bazo de kalkulado; ~**tabelle** *f Tabelle zur Entnahme bereits ausgerechneter Beträge* baremo (↑ *auch* ***Logarithmentafel***, ***Rechen-*** *u.* ***Steuertabelle***)

berechtigen *tr*: ***jmdn. zu etw.*** ~ rajtigi iun al (*od* por) io; ***dieser Ausweis berechtigt zum kostenlosen Eintritt*** ĉi tiu legitimilo rajtigas vin senpage eniri

berechtigt *Adj Anspruch, Beschwerde* prava; *(Person)* rajtigita (***zu*** al *od* por), *(Sache)* rajt[igit]a (↑ *auch* ***verfügungsberechtigt***); *legitim* laŭleĝa, legitima; *begründet* motivita, bazita; ***eine ~e Forderung*** rajt[igit]a postulo; ***~e Zweifel hegen*** havi firmbazajn dubojn; ***Ihre Forderung ist vollauf*** ~ via postulo estas plene laŭleĝa (*od* legitima)

Berechtigte *m* rajtigito (↑ *auch* ***Bevollmächtigte***)

Berechtigung *f* rajtigo (***für*** por; ***zu*** al); *Richtigkeit* praveco; *Recht* rajto (↑ *auch* ***Daseinsberechtigung***); *Legitimation* legitimado; *Ermächtigung, Lizenz* licenco; *Ausweis* legitimilo

bereden *tr* priparoli, diskuti (***etw. mit jmdm.*** ion kun iu); *überreden* persvadi (***zu*** je); *verleumden* kalumnii; ***etw. miteinander*** ~ interkonsiliĝi pri io, konsultiĝi kun iu pri io; ***sich mit jmdm.*** ~ priparoli (*od* diskuti) ion kun iu

beredsam *Adj gern [viel] redend* parolema, volonte parolanta; *geh eloquent* elokventa; *mitteilsam* komunikema (*vgl. dazu* ***beredt***)

Beredsamkeit *f* elokvent[ec]o

beredt *Adj* ***a)*** *fähig, gewandt und überzeugend zu reden* elokventa (*vgl. dazu* ***beredsama*** *u.* ***eloquent***)) ***b)*** *übertr (ausdrucksvoll)* esprimoplena, *(vielsagend)* multsignifa, signifoplena

beregnen *tr mit künstlichem Regen bewässern* akvumi per artefarita pluvo, *auch* pripluvi (*vgl. dazu* ***bewässern***)

Beregnung *f* akvumado per artefarita pluvo, akvuma aspergado

Beregnungs|anlage *od* ~**einrichtung** *f* akvuma instalaĵo, akvuma aspergatoro, *auch* pluvaparato

Bereich *m Gebiet* regiono; *Terrain* tereno *Feld, Sphäre* kampo, sfero (↑ *auch* ***Anwendungs-*** *u.* ***Tätigkeitsbereich***); *Umfang* amplekso; *Aktionsradius* agospaco; *Zuständigkeits*~ kompetent[ec]o; ***das liegt im ~ der Möglichkeit*** tio ŝajnas esti ebla; ***im ~ der Stadt*** ene de la limo de la urbo, en [la] urba tereno

bereichern *tr* [pli]riĉigi; ***sich ~*** sin riĉigi; ***sich auf Kosten anderer ~*** sin riĉigi koste de aliaj [homoj]

Bereicherung *f das Bereichern* riĉigo; *das Sichbereichern* sinriĉigo; *das Reichwerden* riĉiĝo

[1]**bereifen** *tr Fass* provizi je [barel]ringoj; ***ein Fahrzeug ~*** provizi veturilon (*od i.e.S.* aŭton) je pneŭmatikoj

[2]**bereifen** *intr sich mit Reif bedecken* kovriĝi per (*od* de) prujno

Bereifung *f die Reifen* pneŭmatikoj *Pl*

bereinigen *tr Angelegenheit* klarigi; *zu Ende bringen, abschließen* fini; *regulieren* reguligi; *[wieder] in Einklang bringen* [re]akordigi; ***ein Missverständnis ~*** forigi miskomprenon

bereisen *tr* vojaĝi en (*od* tra), travojaĝi; ***die ganze Welt ~*** vojaĝi tra la tuta mondo

bereit *Adj* preta (***für*** por; ***zu*** por, *meist jedoch unübersetzt*) (↑ *auch* ***abfahr-*** *u.* ***verhandlungsbereit***); ~ ***machen*** *tr* pretigi; ~ ***sein***, ***Konzessionen zu machen*** esti preta fari koncesiojn; ***ich bin ~, die Aufgabe zu übernehmen*** mi estas preta transpreni la taskon; ***sich ~ erklären*** deklari sin preta (***zu*** al *od Verb im Inf*); ***sich ~ machen*** pretigi sin *od* prepariĝi, pretiĝi; ***zu allem ~ sein*** esti preta por ĉio (*od* por fari ĉion)

bereiten *tr fertig machen, zurichten* pretigi *auch Speisen*; *verursachen* kaŭzi; ***jmdm. Schmerz ~*** kaŭzi (*od* fari) doloron al iu; ***eine Menge Schwierigkeiten ~*** kaŭzi multajn malfacilaĵojn; ***Verdruss ~*** kaŭzi ĉagrenon; ***Vergnügen ~*** fari (*od* doni *od* havigi *od auch* alporti *od* kaŭzi) plezuron, plezurigi; *(Genuss)* doni (*od* kaŭzi) ĝuon, ĝuigi

bereithalten *tr* ***sich ~*** esti preta, *Zam auch* teni sin preta (***für*** por), esti preta al ies dispono(j)

bereitlegen *tr*: ***etw. für jmdn. ~*** meti ion al (*od* je) ies dispono

bereitliegen *intr* esti preta(j)

bereitmachen = ***bereit machen*** [*unter* ***bereit***]

bereits *Adv* jam (*vgl. dazu* ***schon***); ~ ***in einer Woche*** jam post unu semajno; ***wie ~ gesagt*** kiel jam [estis] dirite

Bereitschaft *f* ***a)*** preteco (↑ *auch* ***Alarm-***, ***Kompromiss-*** *u.* ***Risikobereitschaft***); ***seine ~ erklären*** deklari sian pretecon; ***in ~ sein*** esti en stato de preteco; ***seine ~ zu etw. signalisieren*** signali sian pretecon al io ***b)*** *Bereitschaftsdienst* servopreta deĵoro, servopreteco; *Mil (diensthabende Abteilung)* pikedo

Bereitschaftsarzt *m* kuracisto en servopreta deĵoro

Bereitschaftsdienst *m* servopreta deĵoro; ***ärztlicher ~*** kuracista servopreta deĵoro (↑ *auch* ***Notaufnahme***)

bereit|stehen *intr i.e.S.* stari preta(j); *i.w.S.* esti preta(j) (***für*** por, *auch* al); ~**stellen** *tr verfügbar machen* disponigi

Bereitstellung *f* dispon[ebl]igo, proviz[ad]o

Bereitung *f* preparo, pretigo; *Herstellung* farado, fabrikado, produktado

bereitwillig **1.** *Adj* servopreta, servema; *gefällig* komplezema; *diensteifrig* asidua **2.** *Adv* servoprete, serveme (*vgl. dazu* ***gewillt***); komplezeme; asidue; *gern* volonte; *sofort* tuj

Bereitwilligkeit *f* [servo]preteco, servemo; *Gefälligkeit* komplezemo; *Diensteifrigkeit* asidueco

Berenice *od* **Berenike** (*f*) *weibl. Vorname* Berenica *letztgenannte auch Name ägypt. Königinnen aus dem Geschlecht der Ptolemäer* Berenica; ***Haar der ~***, *fachsprachl. auch* ***Coma Berenices*** (*Abk* ***Com***) *Astron (ein Sternbild des nördlichen Himmels)* Berenica Hararo

berennen *alt od reg für «im Sturm attackieren»* sturme ataki (↑ *auch* ***attakieren***)

Beresina *f ein rechter Nebenfluss des Dnjepr in Weißrussland* [rivero] Berezino

Béret *n* ↑ ***Baskenmütze***

bereuen *tr* penti (***dass*** ke); ***etw. ~*** penti pri io; *bedauern* bedaŭr[ad]i; ***ich bereue das*** *od* ***es reut mich*** mi pentas pri tio; ***das wirst du noch bitter ~!*** vi tion [ĉi] ankoraŭ terure pentos!

Berg *m* monto (*vgl. dazu* ***Hügel***); ***~e von Müll*** montoj da rubaĵo; ***auf den ~*** (***od die Berge***) almonte, montodirekte; ***einen ~ besteigen*** surgrimpi monton, grimpi sur monton ◇ ***jetzt sind wir über den ~*** *jetzt haben wir das Schlimmste hinter uns* nun ni jam faris la plejmulton de la [malfacila] laboro; ***jmdm. goldene ~e versprechen*** promesi al iu orajn montojn *(Zam)*; ***mit etw. hinter dem ~[e] halten*** kaŝe reteni ion; ***sie sind schon über alle ~e*** *sind schon längst verschwunden* ili estas jam trans montoj kaj maro *(Zam)*

bergab *Adv zu Tal[e]* valen; *nach unten* malsupren *auch übertr*, suben (*vgl. dazu* ***abwärts***); ***es geht ~*** *Straße, Weg* la strato (vojo) descendas (*od* kondukas valen); *übertr* la afero(j) malprogresas *bzw.* la situacio [pli kaj pli] malboniĝas

Berg|abhang *m* montodeklivo; **~ahorn** *m* (Acer pseudoplatanus) *Bot* platanacero *<liefert wertvolles Holz>* (*vgl. dazu* ***Samtahorn***); **~akademie** *f Bergb* min-akademio, minista altlernejo; **~ammer** *f* (Emberiza tahapisi) *Orn* cinamemberizo

Bergamo (*n*) *eine Provinzhptst. in N-Italien* Bergamo

Bergamotte *f*, *auch* ***Bitterorange*** *f eine Orangenart* bergamoto; **~likör** *m* bergamota likvoro

Bergamottenbaum *m* (Citrus aurantium ssp. bergamia) *Bot* bergamotarbo

Bergamott|essenz *f* bergamotesenco; **~öl** *n* bergamotoleo *<für Parfümerie u. Liköre>*

bergan ↑ ***bergauf***

Bergarbeiter *m* minlaboristo, ministo; **~streik** *m* minlaborista striko

Berg|ampfer *m* (Rumex arifolius) *Bot* monta rumekso; **~aster** *f* (Aster amellus) *Bot* vila astero

bergauf, *auch* ***bergan*** *Adv* [sur]monten *od* montosupren; *nach oben* supren *auch übertr*

Berg|bahn *m*, *auch* ***Gebirgsbahn*** *f Eisenb* montara fervojo; **~baldrian** *m*, *auch* ***Gebirgsbaldrian*** *m* (Valeriana montana) *Bot* monta valeriano *[Vorkommen: in Hochgebirgen des südl. u. mittleren Europas]*

Bergbau *m* minado, minekspluato (↑ *auch* ***Kohlen-, Kupfer- u. Tiefseebergbau***); **~aktien** *f/Pl Fin* min-akcioj *Pl*

Berg|bauer *m* montara agrokulturisto; **~-bauernhof** *m* montara bieno

Bergbau|gebiet *n* regiono de [karbo]minejoj; **~industrie** *f* minindustrio; **~ingenieur** *m* inĝeniero pri minejoj; **~technik** *f* minada tekniko

Berg|bewohner *m* loĝanto de montoj, mont[ar]ano; **~bilchbeutler** *m* (Burramys parvus) *Zool* montara buramo *[Vorkommen: SO-Australien (nur über 1.600 m Höhe)]*; **~blasenfarn** *m* (Cystopteris montana) *Bot* monta cistopterido; **~braunelle** *f* (Prunella montanella) *Orn* siberia pronelo *[Vorkommen: Taiga u. Tundra Sibiriens]*; **~chamäleon** *n* (Chamaeleo montium) *Zool* monta ĥameleono *[Vorkommen: Kamerun u. Fernando Poo]*; **~dorf** *n* montvilaĝo *od* vilaĝo en montaro

Bergeidechse *f Zool* ↑ ***Waldeidechse***

bergen *tr retten* savi (***jmdn.*** iun) [el danĝero]; *beinhalten, enthalten* enhavi, enteni (*vgl. dazu* ***verbergen***); ***ein solches Handeln birgt große Gefahren [in sich]*** tia agado entenas grandajn danĝerojn; ***in sich ~*** *verbergen* kaŝi en si; *beinhalten, z.B. ein Sprichwort einen tieferen Sinn* havi en si *od* enhavi, enteni; ***er barg das Päckchen unter seinem Mantel*** li kaŝis la pakaĵeton sub sia mantelo; ***das Getreide ist noch nicht geborgen*** la greno ankoraŭ estas sur la kampoj; ***die Segel ~*** *Mar* ferli la velojn; ***dieser Wald birgt ein Geheimnis*** ĉi tiu arbaro kaŝas sekreton; ***sie fühlt sich bei ihm geborgen*** ŝi sentas sin protektata (*od* ŝirmata) ĉe li (*bzw.* en lia proksimeco)

Bergen (*n*) *1. eine Hafenstadt in Norwegen 2. Hauptort der Insel Rügen* Bergeno

Bergente *f* (Aythya marila) *Orn* rokanaso; ***blaue ~*** ↑ ***Saumschnabelente***

Bergfenchel *m Bot* ↑ ***Bergsesel***

Bergfink *m* (Fringilla montifringilla) *Orn* montofringo

Bergflachs *m Bot* ↑ ***Alpenleinblatt***

Bergflockenblume *f* (Centaurea montana) *Bot* monta centaŭreo

Bergforelle *f Ichth* ↑ ***Bachforelle***

Bergfransenglöckchen *n Bot* ↑ ***Bergtroddelblume***

Bergfried *m* ↑ ***Belfried***

Berg|führer *m* montara gvidisto, gvidisto tra la montaro; **~gamander** *m* (Teucrium montanum) *Bot* monta teŭkrio

Berggänger *m* ↑ ***Bergsteiger***

Berg|gimpel *m* (Carpodacus rubicilla) *Orn* granda roza pirolo; **~gipfel** *m* montopinto;

~**goldnessel** *f* (Lamium montanum) *Bot* monta lamio; ~**gorilla** *m* (Gorilla beringei) *Zool* mont[ar]a gorilo *od* montogorilo

Berghähnchen *n Bot* ↑ *unter* ***Windröschen***

Berg|hahnenfuß *m* (Ranunculus montanus) *Bot* monta ranunkolo; ~**hänfling** *m* (Carduelis flavirostris) *Orn* flavbeka kardelo; ~**hang** *m*, *süddt. u.* <*österr*> ***Leite*** *f* montodeklivo; ~**hauswurz** *f* (Sempervivum montanum) *Bot* monta sempervivo *[Vorkommen: in den Gebirgen West-, Zentral- u. Osteuropas]*; ~**heide** *f (als Landschaft)* montara erikejo; ~**hellerkraut** *n* (Thlaspi montanum) *Bot* monta tlaspo

Berg-Hemlocktanne *f*, *auch* ***kalifornische Hemlocktanne*** (Tsuga mertensiana) *Bot* monta (*od* kalifornia) cugo *[Vorkommen: Alaska, Westküste Kanadas u. der USA]*

Berg|hirschwurz *f* (Libanotis pyrenaica) *Bot* pirenea libanoto; ~**holunder** *m*, *auch* ***Traubenholunder*** *m* (Sambucus racemosa) *Bot* ruĝ[aber]a sambuko; ~**hütte** *f für Bergsteiger* montara kabano *od* kabano en montaro; *Wochenendhaus im Gebirge* feriodom[et]o en la montaro (*vgl. dazu* ***Chalet***)

bergig *Adj* monta (*vgl. dazu* ***hügelig***); *gebirgig* montara, montoriĉa; ~***e Gegend*** *f* mont[ar]a regiono

Bergingenieur *m* = ***Bergbauingenieur***

Bergjohannisbeere *f* ↑ ***Alpenjohannisbeere***

Berg|johanniskraut *n* (Hypericum montanum) *Bot* monta hiperiko; ~**kalanderlerche** *f* (Melanocorypha bimaculata) *Orn* dumakula (*od* malgranda) stepalaŭdo *[Vorkommen: Zentralanatolien, Israel u. Syrien bis Iran u. Teile Mittelasiens]*

Bergkamm *m* firsto (*od* kresto) de monto; ~**linie** *f Geogr* firstolinio [de monto]

Bergkänguru *n* (Macropus robustus) *Zool* montokanguruo

Bergkarabach (*n*), *russ.* ***Nagorny-Karabach*** *ehemals autonomes Gebiet der Bergkarabachen im SW von Aserbaidschan* Montar-Karabaĥo *[Hptst.: Stepanakert]*

Berg|käse *m Nahr (ein in den Hochalpen hergestellter vollfetter Hartkäse)* montara fromaĝo; ~**kasuarine** *f* (Casuarina montana) *Bot* monta kazuareno; ~**kessel** *m Geogr* mont[o]kaldrono; ~**kette** *f* montoĉeno, ĉeno de montoj (*vgl. dazu* ***Gebirgskette***); ~**kiefer** *f*, *auch* ***Latschen-***, ***Zwerg-*** *od* ***Krummholzkiefer*** *f* (Pinus montana = Pinus mugo) *Bot* monta pino; (Pinus mugo subsp. pumilio) *auch* ***Kriechföhre*** *f* pumilio; ~**klee** *m* (Trifolium montanum) *Bot* monta trifolio; ~**kristall** *m Min* vitroida (*od* vitreca) kvarco; ~**kuckucksblume** *f* (Platanthera chlorantha) *Bot* monta platantero

Berglandunke *f Zool* ↑ ***Gelbbauchunke***

Berglaubsänger *m* (Phylloscopus bonelli) *Orn* montofiliskopo, *auch* montfitiso

Berglemming *m Zool*: ***norwegischer*** ~, *auch* ***europäischer*** (*od* ***gemeiner***) ***Lemming*** *m* (Lemmus lemmus) norvega lemingo

Berglorbeer *m Bot* ↑ *unter* ***Lorbeer***

Berglöwe *m Zool* ↑ ***Puma***

Berg|luft *f* montara aero; ~**mann** *m* ministo, minlaboristo

bergmännisch *Adj* minista

Berg|massiv *n* masivo da montoj *od* montmasivo; ~**meise** *f*, *auch* ***Irantrauermeise*** *f* (Poecile hyrcanus) irana paruo *[Vorkommen: Nordiran u. Aserbaidschan]*; ~**molch** *m*, *auch* ***Alpenmolch*** *m* (Triturus alpestris) *Zool (ein Schwanzlurch mit gelbem bis rotem Bauch)* alpa trituro

Bergnelkenwurz *f Bot* ↑ ***Gebirgsnelkenwurz***

Bergnymphe *f Myth* ↑ ***Oreade***

Berg|platterbse *f* (Lathyrus montanus) *Bot* ruĝblua latiro; ~**predigt** *f bibl* Prediko sur la Monto, *auch* Surmonta Prediko; ~**region** *f* mont[ar]a regiono; ~**rettung** *f od* ~**rettungsdienst** *m* montara savoservo; ~**rubinkehlchen** *n* (Luscinia pectoralis) *Orn* nigrabrusta najtingalo

Bergrücken *m* montodorso *od* dorso de monto, *auch* gropo; ***ein kahler*** ~ kalva montodorso

Berg|rutsch *m*, *auch* ***Erdrutsch*** od ***Bergschlipf*** *m* terdeglito; ~**sandglöckchen** *od* ~**sandknöpfchen** *n*, *auch* ***Schafsrapunzel*** *f* (Jasione montana) *Bot* monta jaziono; ~**schlucht** *f* gorĝo [en montaro], ravino; ~**schuhe** *m/Pl* alpistaj ŝuoj *Pl*; ~**see** *m* montara lago; ~**segge** *f* (Carex montana) *Bot* monta karekso; ~**seil** *n Alpinismus (Sicherungsgerät u. Steighilfe beim Bergsteigen)* grimpŝnuro; ~**sesel** *m*, *auch* ***Bergfenchel*** *m* (Seseli montanum) *Bot* monta seselo

Bergson (*m*) *Eig (französischer Philosoph [1859-1941]* <*Hauptvertreter der Lebensphilosophie*>*)* Bergsono

Bergspalte *f* mont[o]fendo

Bergspinat *m Bot* ↑ ***Gartenmelde***

Berg|spint *m* (Merops oreobates) *Orn* cinambrusta abelmanĝulo; ~**spitze** *f* pinto de monto *od* montopinto, montosupro; ~**sport** *m, auch* ***Alpinsport*** *m* montosporto; ~**station** *f einer Seilbahn* supra stacio, *auch* [sur]monta stacio (↑ *auch* ***Talstation***)

Bergsteigen *n Sport* mont[o]grimpado (↑ *auch* ***Alpinismus***); ***alpines*** ~ alpa montogrimpado

Berg|steiger *m,* <*schweiz*> ***Berggänger*** *m* mont[o]grimpanto, *(professionell)* mont[o]grimpisto; *Alpinist* alpisto; ~**steinkraut** *n, auch* ***Bergsteinkresse*** *f* (Alyssum montanum) *Bot* monta aliso; ~**stock** *m* ***a)*** *des Wanderers* mont[o]bastono, *auch* alpa bastono ***b)*** *Bergmassiv* montomasivo; ~**sturz** *m* terfalo [en la montaro], *(von Gestein)* rokfalo [en la montaro]; *i.e.S. Steinlawine* ŝtonlavango; ~**tapir** *m, auch* ***Anden-*** *od* ***Wolltapir*** *m* (Tapirus pinchaque) *Zool (eine Tapirart der südamerik. Anden)* montotapiro; ~**troddelblume** *f, auch* ***Bergfransenglöckchen*** *n od* ***Waldsoldanelle*** *f* (Soldanella montana) *Bot* monta soldanelo *[Vorkommen: Pyrenäen, östl. Alpen bis Böhmerwald, Karpaten u. Balkangebirge]*; ~**trogon** *m* (Apaloderma vittatum) *Orn* strivosta trogono *[Vorkommen: subsaharisches Afrika]* <*Nationalvogel Malawis*>

Bergung *f Rettung [von Menschen, Schiffen u. Geräten aus Gefahr]* sav[ad]o [el danĝero]

Bergungs|aktion *f* sav-agado; ~**schiff** *n* savoŝipo; ~**trupp** *m* servotaĉmento

Bergvergissmeinnicht *n Bot* ↑ ***Alpenvergissmeinnicht***

Bergwachs *n Min* ↑ ***Ozokerit***

Bergwacht *f* = ***Bergrettung***

Berg|wachtel *f* (Oreortyx oictus) *Orn* monta koturno *[Vorkommen: Westküste der USA bis N-Mexiko]*; ~**wald** *m Bez für «Wald in Berggebieten bis zur Baumgrenze»* montar-arbaro; ~**waldrebe** *f* (Clematis montana) monta klematido *[Vorkommen: in Bergregionen vom Himalaja u. von Mittel- u. Westchina]*; ~**wandern** *n od* ~**wanderung** *f* migrado en [la] montaro; ~**weide** *f (auch* ***Matte*** *genannt) fürs Vieh* montara paŝtejo, alpo; ~**weidenröschen** *n* (Epilobium montanum) *Bot* monta epilobio; ~**werk** *n* minejo (*vgl. dazu* ***Grube b)*** *u.* ***²Zeche***; ↑ *auch* ***Braunkohlen-***, ***Eisen-***, ***Erz-*** *u.* ***Steinkohlenbergwerk***)

Bergwerksunglück *n* mineja katastrofo

Bergwohlverleih *m Bot* ↑ ***Arnika b)***

Berg|zebra *n* (Equus zebra) *Zool* monta zebro; ~**zikade** *f* (Cicadetta montana) *Ent* monta cikado; ~**zilpzalp** *m* (Phylloscopus sindianus) *Orn* mont[o]ĉifĉafo

Beriberi *f Med (eine tropische Vitamin-B-Mangelkrankheit)* beribero; ***atrophische*** (*od* ***trockene***) ~ atrofia (*od* seka) beribero; ***hydropische*** (*od* ***feuchte***) ~ hidropsa (*od* malseka) beribero; ***zerebrale*** ~ cerebra beribero

Bericht *m* raporto (↑ *auch* ***Abschluss-***, ***Bild-***, ***Experten-***, ***Finanz-***, ***Forschungs-***, ***Geheim-***, ***Jahres-***, ***Kassen-***, ***Kongress-***, ***Korrespondenten-***, ***Monats-***, ***Reise-***, ***Schadens-***, ***Schluss-***, ***Sitzungs-***, ***Sonder-***, ***Tages-***, ***Tatsachen-***, ***Verwaltungs-***, ***Vorstands-***, ***Wochen-***, ***Zusatz-*** *u.* ***Zwischenbericht***); *Mitteilung* sciigo (↑ *auch* ***Nachricht***); *Presse*≗ gazetara raporto; *Referat* referaĵo; *Bulletin* bulteno (↑ *auch* ***Börsenbericht***); *Verhandlungs*≗ protokolo; ~ ***der Leitung*** (*od* ***des Vorstands***) estrara raporto; ***amtlicher*** (*od* ***offizieller***) ~ oficiala raporto; ***ein hundert Seiten starker*** ~ raporto ampleksanta cent paĝojn; ***einen ausführlichen*** ~ ***anfertigen*** pretigi detalan raporton; ***einen*** ~ ***ausarbeiten*** ellabori raporton; ***einen*** ~ ***einreichen*** (*od* ***vorlegen***) prezenti raporton; ~ ***erstatten*** raporti (***jmdm.*** al iu)

berichten *tr u. intr* raporti *auch Ztgsw* (***aus*** el; ***über*** pri); *mitteilen* sciigi, informi (***jmdm. etw.*** ion al iu); *erzählen* rakonti; ***falsch*** ~ malĝuste raporti *od* misraporti

Bericht|erstatter *m* referanto *bzw.* referinto; *Ztgsw* raportisto, *(Reporter) auch* reportero (*vgl. dazu* ***Chronist***; ↑ *auch* ***Kriegs-*** *u.* ***Presseberichterstatter***); *Korrespondent* korespondisto; ~**erstattung** *f* raport[ad]o; *Ztgsw* raportaĵo (*vgl. dazu* ***Artikel*** *u.* ***Reportage***)

berichtigen *tr richtigstellen* [re]ĝustigi; *in Ordnung bringen, reparieren* [re]ordigi, ripari; *verbessern* plibonigi; *korrigieren, z.B. Druckfehler* korekti

Berichtigung *f Richtigstellung* [re]ĝustigo; *Korrektur* korekt[ad]o; *Druckfehler*≗ listo de preseraroj

Berichtsjahr *n* raporta jaro

be|riechen *tr* priflari, ĉirkaŭflari, esplori per flarado (↑ *auch* ***beschnüffeln***); ~**rieseln** *tr* ŝpruce akvumi, aspergi; *i.w.S. bewässern* akvumi, irigacii

Berieselung *f Rieselbewässerung* ŝpruca akvumado; *i.w.S. Bewässerung* akvumado, irigacio

Berieselungsanlage *f Gartenb, Landw* ŝprucakvuma instalaĵo (↑ *auch* ***Bewässerungsanlage***)

Berimbau *m Mus (ein brasilianisches Musikinstrument [ein Monochord])* berimbao

Bering (*m*) *Eig (dänischer Seefahrer u. Asienforscher [1681-1741])* Beringo

beringen *tr Vögel* ringumi

Bering|meer *n nördlichstes Randmeer des Pazifik* Beringa Maro; ~**möwe** *f* (Larus glaucescens) *Orn* glaŭkflugila mevo

Beringstrandläufer *m Orn* ↑ ***Felsenstrandläufer***

Beringstraße *f Meerenge zw. Sibirien, Alaska u. den Aleuten* Beringa Markolo, *auch* Alaska Markolo

Beringung *f von Vögeln* ringumado [de birdo(j)]

beritten *Adj* [sur]ĉevala, rajda; *mit Reittieren ausgerüstet* provizita per rajdbestoj; *Mil auch* kavaleria

Berkelium *n* (*Symbol* ***Bk***) *Chem (ein Transuran)* berkelio

Berlin (*n*) *Hptst. u. Land der Bundesrepublik Deutschland* Berlino

Berlinale *f alljährlich in Berlin stattfindende Filmfestspiele* berlinalo

Berliner 1. *Subst (Einwohner von Berlin)*: ***ein*** ~ berlinano **2.** *auch* ***berlin[er]isch*** *attributives Adj* berlina; ~***er Ausdruck*** *m* (*od* ***Redensart*** *f*) *Ling* berlinismo; ~ ***Mauer*** *f dt. Gesch [1961-1989]* Berlina Muro

Berlinerin *f* berlinanino

berlin[er]isch ↑ ***Berliner 2.***

berlinern, *auch* ***berlinerisch sprechen*** *intr* paroli en la berlina dialekto

Berlioz (*m*) *Eig (franz. Komponist [1803-1869])* Berliozo

Berlocke *f Schmuckanhänger für Uhrketten u. Ä. [im 18. u. 19 Jh. üblich]* breloko

Berme *f meist Mil ([waagerechter] Böschungsabsatz)* bermo *auch im Deich*

Bermuda|-Dollar *m* (*Abk* ***BD$***), *Währungscode* ***BMD***) *Währung auf Bermuda* bermuda dolaro; ~**dreieck** *n Gebiet des Atlantischen Ozeans zw. Florida, Bermuda u. Puerto Rico, in dem wiederholt Flugzeuge u. Schiffe nebst Besatzung unter mysteriösen Umständen verunglückt bzw. spurlos verschwunden sein sollen* Bermuda Triangulo

Bermudainseln *od* **Bermudas** *Pl Inselgruppe im westl. Atlantik* Bermudoj *Pl [Hptst. u. wichtigster Hafen: Hamilton]*

Bermuda|shorts *Pl*, *umg auch* ***Bermudas*** *Pl* bermuda ŝorto *Sg*; ~**-Sturmvogel** *m* (Pterodroma cahow) *Orn* bermuda petrelo; ~**-Wacholder** *m* (Juniperus bermudiana) *Bot* bermuda junipero

Bern (*n*) *Hptst. der Schweiz u. des Kantons Bern* Berno

Bernadette (*f*) *weibl. Vorname* Bernadeta *auch Name einer katholischen Heiligen*

Bernburg/Saale (*n*) *eine Kreisstadt in Sachsen-Anhalt (Salzlandkreis)* Bernburgo

Berner 1. *Subst (Einwohner von Bern)* bernano **2.** *Adj*: ~ ***Alpen*** *Pl eine Untergruppe der Westalpen zw. Rhône u. Aare* Bernaj Alpoj *Pl*; ~ ***Jura*** *m der französischsprachige Teil des Kantons Bern [Hptst.: Moutier]* Berna Ĵuraso; ~ ***Konvention*** *f* Konvencio de Berno; ~ ***Oberland*** *n Bez für die höher gelegenen Teile des Kantons Bern* Berna Oberlando; ~ ***Sennenhund*** *m eine Schweizer Hunderasse* berna alphundo (*od* ŝafhundo)

bern[er]isch *Adj aus Bern* berna

Bernhard (*m*) ***a)*** *männl. Vorname* Bernardo; ***der heilige*** ~ *Eig* la Sankta Bernardo *[1091-1153]* ***b)*** *Name von Pässen in den Westalpen*: ***der Große*** (***Kleine***) ***Sankt*** ~ la Granda (Malgranda) San-Bernardo

Bernhardiner *m* ***a)*** *auch* ***Bernhardinermönch*** *m Rel (Mitglied eines Mönchsordens)* bernard[in]ano (*vgl. dazu* ***Zisterzienser***) ***b)*** *auch* ***Bernhardinerhund*** *m eine Hunderasse* San-Bernarda hundo

bernhardinisch *Adj Rel (zu den Bernhardinern gehörig)* bernardana

Berninapass *m ein Alpenpass in Graubünden/Schweiz [zw. Oberengadin u. dem Veltlin]* Berninopasejo

bernisch ↑ ***bernerisch***

Bernstein *m*, *reg* ***gelber Amber*** *m*, *Fachspr auch* ***Sukzinit*** *od* ***Succinit*** *m ein fossiles Kiefernharz [aus dem Tertiär]* sukceno

bernsteine[r]n *Adj* sukcena; *aus Bernstein [gemacht]* [farita] el sukceno

bernstein|farben *od* ~**gelb** *Adj* sukcen[o]kolora

Bernsteinkette *f* sukcena [kol]ĉeno

Bernsteinsäure *f*, *auch* ***Succinylsäure*** *f*

Chem sukcenata acido <*wichtiges Stoffwechsel-Zwischenprodukt aller höheren Lebewesen*>; ~**salz** *n, auch* ***Succinat*** *n Chem (Salz od Ester der Bernsteinsäure)* sukcenato (↑ *auch* ***Oxalsuccinat***)

Berolina *f weibl. Symbolgestalt für Berlin* Berolina

Bersaglieri [*bɛrsal'jɛ:ri*] *m/Pl Elitetruppe der italienischen Infanterie* bersaljeroj *Pl*

Berserker *m 1. nordische Myth (wilder Krieger) 2. übertr für «blindwütig tobender od dreinschlagender Mann»* berserko

bersten *intr auf- od zerplatzen, zerspringen* krevi; *mit Knall* eksplodi; *Risse bekommen* fend[et]iĝi; ~ ***machen*** *zum Zerplatzen bringen* krevigi (↑ *auch* ***aufknacken***); ***vor Lachen*** ~ krevi pro (*od* de) ridego

Bersten *n* krev[ad]o; eksplodo; fendiĝo

Berta *od* **Bertha** (*f*) *weibl. Vorname* Berta

Berthold *od* **Bertold** (*m*) *männl. Vorname* Bertoldo; ***Berthold von Kalabrien*** *Stifter des Karmeliterordens [um 1100-1195]* Bertoldo el Kalabrio <*Heiliger*>

Bertramsgarbe *f Bot* ↑ ***Sumpf[schaf]garbe***

Bertrand (*m*) *männl. Vorname* Bertrando

berüchtigt *Adj* malbonfama; *verrufen* fifama (***durch*** *od* ***wegen*** pro)

berücken *tr* ensorĉi, fascini, ĉarmi, *auch* kapti [ies koron]

berückend *Adj* ensorĉa, fascina, ĉarm[eg]a

berücksichtigen *tr in Erwägung ziehen* konsideri; *sorgfältig beachten* [zorge] atenti; *bedenken* pripensi

Berücksichtigung *f* konsidero; ***unter*** ~ ***von ...*** *(retrospektiv)* konsiderinte ..., *(gegenwartsbezogen)* konsiderante ...

Beruf *m* profesio (↑ *auch* ***Dienstleistungs-, Haupt-*** *u.* ***Zivilberuf***); *i.w.S. (Stellung)* pozicio, *(Fach)* fako; ***den*** ~ ***eines*** (*bzw.* ***einer***) ***... ausüben*** praktiki [la] profesion de ...; ***einen*** ~ ***ergreifen*** ekpreni profesion; ***von*** ~ ***Arzt sein*** esti kuracisto laŭ profesio; *den Beruf eines Arztes ausüben* praktiki la profesion de kuracisto *od* profesii kiel kuracisto; ***tüchtig in seinem*** ~ ***sein*** esti lerta en sia profesio; ***den*** (*od* ***seinen***) ~ ***verfehlen*** maltrafi la taŭgan profesion; ***einen künstlerischen*** ~ ***wählen*** elekti artisman profesion; ***was sind Sie von*** ~ ***?*** kiu estas via profesio?

berufen *tr jmdn. auf ein Amt* voki, venigi (***jmdn.*** iun); ***sich*** ~ ***auf etw.*** *Jur ([zu jmds. Entlastung] geltend machen)* invoki ion; ***sich auf Artikel 1 der Verfassung*** ~ invoki artikolon 1 de la konstitucio; ***sich auf eine Autorität*** ~ sin apogi sur aŭtoritatulon, citi aŭtoritatulon (*od* la vortojn de aŭtoritatulo); ***sich zu etw.*** ~ ***fühlen*** senti sin destinita (*od* disponita) por io; ***er ist der berufenste Kenner auf diesem Gebiet*** li estas la plej kompetenta fakulo sur tiu ĉi kampo

Berufkraut *n* (*Gattung* Erigeron) *Bot* erigerono (↑ *auch* ***Alpenberufkraut***); ***einblütiges*** ~ (Erigeron uniflorus) unuflora erigerono; ***kanadisches*** ~ (Erigeron canadensis) kanada erigerono; ***scharfes*** ~ (Erigeron acer) akra erigerono

beruflich *Adj* profesia (↑ *auch* ***nebenberuflich***); *dienstlich* ofica; ~***e Stellung*** *f* profesia stato; ***was machen Sie*** ~, ***wenn ich fragen darf?*** kion vi faras profesie (*od* kiu estas via profesio), se vi permesas la demandon?

Berufs|armee *f* profesia armeo; ~**ausbildung** *f* profesi-edukado, profesia klerigo (*od* trejnado), *im Handwerk* metia instruado; ~**beratung[sstelle]** *f* konsultejo por demandoj koncernantaj elekton de profesio; ~**diplomat** *m* profesia diplomato

berufserfahren *Adj* [profesie] sperta

Berufs|erfahrung *f* profesia sperto; ~**ethos** *n* profesia etoso; ~**feuerwehr** *f* profesia fajrobrigado; ~**fußball** *m* profesia futbalo

Berufsgeheimnis *n* profesia sekreto; ***das*** ~ ***wahren*** observi la profesian sekreton

Berufs|genossenschaft *f* profesia sindikato; ~**gruppe** *f* grupo de samprofesianoj; ~**jurist** *m* profesia juristo; ~**killer** *m* profesia murdisto

Berufskleid(er) *n/(Pl)* ↑ ***Arbeitskleidung***

Berufs|kleidung *f* laborvestoj *Pl*; ~**kollege** *m* samprofesiulo, samprofesiano (↑ *auch* ***Fachkollege***); ~**krankheit** *f* profesia malsan[iĝ]o; ~**laufbahn** *f* kariero; ~**leben** *n* profesia vivo

berufs|los *Adj* senprofesia *od nachgest* sen profesio; ~**mäßig 1.** *Adj* profesia **2.** *Adv* profesie

Berufs|offizier *m* profesia oficiro; ~**organisation** *f* organizaĵo de samprofesianoj; ~**pflicht** *f* profesia devo; ~**praktikum** *n* labora (*od* produktada) praktiko, *(in der Industrie)* industria praktiko; ~**risiko** *n* profesia risko; ~**schule** *f* metilernejo *od* metia lernejo; ~**soldat** *m* profesia soldato; ~**sportler** *m* profesia sportisto; ~**sprache** *f* slango de samprofesianoj; ~**stand** *m jmds.*

berufliche Stellung profesia stato

berufstätig *Adj*: ~ ***sein*** esti [profesie] laboranta

Berufstätige *m* laborulo

berufsunfähig *Adj* malkapabla labori

Berufs|unfähigkeit *f* malkapabl[ec]o labori; ~**verband** *m* asocio de samprofesiuloj; ~**verbrecher** *m* profesia krimulo; ~**verkehr** *m* profesiula trafiko *od* trafiko de profesiuloj (↑ *auch* ***Hauptverkehrszeit***)

Berufswahl *f* elekto de profesio; ***freie*** ~ libera elekto de profesio

Berufung *f* ***a)*** *Ernennung* nomumo; *Ruf* voko; ~ ***an die Universität*** voko al la universitato; ***unter*** ~ ***auf ...*** *zitierend* citante ...; *sich stützend auf* sin apogante sur ...; *auf der Grundlage von* surbaze de ... ***b)*** *auch* ***Anrufung*** *f* ***eines höheren Gerichts***, *<schweiz>* ***Appellation*** *f Jur* apelacio; ~ ***einlegen*** *od* ***in*** ~ ***gehen*** *Jur* fari apelacion *od* apelacii (***bei*** al)

Berufungs|gericht *n*, *auch* ***Appelationsgericht*** *n Jur* apelacia kortumo (*od* tribunalo); ~**instanz** *f Jur* apelacia instanco; ~**kläger** *m*, *auch* ***Appellant*** *m Jur* apelacianto

beruhen *intr sich gründen* baziĝi (***auf*** sur) (↑ *auch* ***fußen*** *u.* ***sich gründen auf***); ***das beruht auf einem Irrtum*** (***Missverständnis***) tio estas kaŭzita de eraro (miskompreno); ***seine Behauptungen*** ~ ***auf Wahrheit*** liaj asertoj fakte estas veraj; ***etw. auf sich*** ~ ***lassen*** ne plu paroli pri io, ne plu tuŝi ion, lasi ion

beruhigen *tr* trakviligi *auch mit Medikamenten*; *innerlich beruhigen (auch durch Psychopharmaka), besänftigen* kvietigi; *befrieden, Sicherheit wieder herstellen* restarigi la sekurecon; ***sie war nicht zu*** ~ ŝi estis nekvietigebla; ***das wird deine Nerven*** ~ tio kvietigos (*od* ripozigos) viajn nervojn; ***sich*** ~ trankviliĝi, sin trankviligi; *innerlich [wieder] ruhig werden* [ree] kvietiĝi, sin kvietigi; *Gewitter, Wind* iom post iom ĉesi; *Lage* renormaliĝi, iĝi ree sekura

beruhigend *Adj* trankviliga; *Med auch* sedativa; *besänftigend* kvietiga

Beruhigung *f das Beruhigen* trankviligo *bzw.* kvietigo; *das Ruhigwerden* trankviliĝo *bzw.* kvietiĝo; *Trost* konsolo; ***es ist mir eine*** ~ ***zu wissen, dass ...*** estas trankvilige (*od* konsole) por mi scii, ke ...

Beruhigungs|mittel *n Pharm* sedativa (*od* trankviliga) medikamento, *pop* trankviligilo, *Fachspr* sedativo (*vgl. dazu* ***Schlafmittel***, ***Tranquilizer*** *u.* ***Valium***); ~**pille** *f* sedativa (*od* trankviliga) pilolo; ~**spritze** *f Med* injekto de sedativo

berühmt *Adj* fama (***durch*** *od* ***wegen*** pro); *weithin bekannt* ĉie [fame] konata; *renommiert* renoma; ~ ***machen*** [dis]famigi; ~ ***werden*** [dis]famiĝi

Berühmtheit *f* fam[ec]o (*vgl. dazu* ***Popularität***); *berühmte Person* famulo, fama persono

berührbar *Adj* tuŝebla (↑ *auch* ***tastbar***)

berühren *tr* ***a)*** *<schweiz> auch* ***touchieren*** *mit den Fingern berühren, antasten* tuŝi *auch i.w.S.* (*vgl. dazu* ***anfassen*** *u.* ***betasten***); *schmerzlich berühren* dolorigi ies koron; *[flüchtig] erwähnen* [supraĵe] mencii *od* tuŝi; *anspielen auf* aludi (***etw.*** ion); ***etw. mit den Lippen [leicht]*** ~ tuŝ[et]i ion per la lipoj; ***nicht*** ~***!*** ne tuŝu!; ***die Antwort berührte ihn unangenehm*** la respondo malagrable tuŝis lin; ***wenn man diese Frage berührt, muss man zunächst einmal feststellen, dass ...*** tuŝante ĉi tiun demandon oni devas unue konstati, ke ...; ***ein Problem*** (***Thema***) ~ tuŝi problemon (temon); ***mich berührt die Sache nicht*** min ne tuŝas la afero; *betrifft mich nicht* la afero ne koncernas min; ***sich*** ~ intertuŝi, kontaktiĝi ***b)*** *betreffen* koncerni ***c)*** *angrenzen* [iom] limi (***etw.*** al io)

Berührung *f einmalige Berührung* tuŝo; *plötzliche Berührung* ektuŝo; *gegenseitige Berührung* intertuŝo, kontakt[iĝ]o (*vgl. dazu* ***Kontakt***); *i.w.S. Beziehungen* interrilatoj *Pl*; ~ ***mit der Hand*** mantuŝo; ***in*** ~ ***bringen*** kontaktigi (***mit*** kun); ***Angst vor*** ~ ***haben*** esti tuŝotima; ***in*** ~ ***kommen*** kuntuŝiĝi, ekkontakti, kontaktiĝi; ***ich fühlte eine*** ~ ***auf meinem Arm*** *od i.w.S.* ***ich fühlte wie mich etw.*** (*bzw.* ***jmd.***) ***am Arm berührte*** mi eksentis tuŝon sur mia brako

Berührungsbildschirm *m* ↑ ***Tastbildschirm***

Berührungselektrizität *f*, *auch* ***Kontaktelektrizität*** *f El* elektro per kontakto

Berührungsfläche *f* ↑ ***Kontaktfläche***

Berührungsgift *n* ↑ ***Kontaktgift***

Berührungs|punkt *m* tuŝpunkto, kontaktpunkto *auch übertr*; *Geom* tanĝopunkto *auch übertr*; ~**schalter** *m El* tuŝbutono

berußen *tr* kovri (*bzw.* *[durch Sprühen]* spraji) per fulgo

Beryll *m Min (ein Edelstein)* berilo

Berylliose *f nur Fachspr Med (Erkrankung des Atemtrakts durch Inhalation von Beryllium)* beriliozo

Beryllium *n* (*Symbol* ***Be***) *Chem* berilio; **~-chlorid** *n* berilia klorido; **~fluorid** *n Chem* berilia fluorido

bes. = *Abk für* ***besonders***

besäen *tr* [pri]semi; ***der Himmel war mit Sternen besät*** la ĉielo estis semita (*od* dense kovrita) per steloj

besagen *tr* diri; *bedeuten* signifi; ***das besagt, dass ...*** tio signifas, ke ...; ***das will gar nichts*** ~ tio tute nenion signifas; *das beweist nichts* tio pruvas nenion; *das ist unwichtig* tio estas negrava; ***der Paragraph besagt folgendes ...*** la paragrafo diras la jenon ...

besagt *Adj* menciita; *oben erwähnt* supre menciita; *zitiert* citita

besaiten *tr ein Streichinstrument* provizi je (*od* per) kordoj

besaitet *Adj*: ***zart ~ sein*** *übertr* esti treege sensiva; *leicht gekränkt sein* facile ofendiĝi

besamen *tr Vet* spermogrefti

Besamung *f*: ***künstliche ~*** *Vet* spermogreft[ad]o

Besan *m Mar* ↑ ***Besansegel***

Besanbaum *m Mar* brig-vela bumo

besänftigen *tr* kvietigi, mildigi (*vgl. dazu* ***beruhigen***)

Besänftigung *f* mildigo, kvietigo

Besan|rah[e] *f, auch* ***Kreuzrahe*** *f Mar* posta jardo; **~schot** *f eines Rahschiffs* brig-ŝkoto; **~segel** *n, auch kurz* ***Besan*** *m (Gaffelsegel am hintersten Mast eines Segelschiffs)* brig-velo

besät *Adj* ↑ *unter* ***besäen***

Besatz *m allg: Besatzwaren für Kleidung u. andere Textilwaren* pasamento; *i.e.S. (Borte)* border[aĵ]o, *(Litze, Tresse)* galono, *(Zierat, Putz)* garnaĵo, *(Faltenbesatz am Kleid)* falbaloj *Pl* (↑ *auch* ***Bordüre***)

Besatzartikel *m/Pl* ↑ ***Posamenten***

Besatzartikelhandlung *f Posamenterie* pasamentvendejo

Besatzung *f* ***a)*** *Mar (Schiffs~)* ŝipanaro (↑ *auch* ***U-Boot|-Besatzung***); *Flugzeug~* aviopersonaro ***b)*** *Truppen einer Verteidigungsanlage* garnizono; *Besatzungstruppen* okupaciaj trupoj *Pl*; *das Besetztsein* okupado

Besatzungs|kosten *Pl* kostoj de okupado; **~macht** *f* okupacia potenco; **~streitkräfte** *od* **~truppen** *Pl* okupaciaj trupoj *Pl*

Besatzungszone *f Mil, Pol* okupacia zono; ***Sowjetische ~ [in Deutschland]*** (*Abk* ***SBZ***) *Gesch (1945-49 von der Sowjetarmee besetzter Teil Deutschlands* soveta okupacia zono [en Germanio] <*aus der SBZ ging die DDR hervor*>

be|saufen, sich *refl derb* drinki ĝis [absoluta] ebriiĝo (*vgl. dazu* ***sich betrinken***); **~säumen** *tr mit Borte besetzen* borderi, *(mit Tressen)* galoni; *umsäumen* orli

beschädigen *tr Defekt zufügen, kaputtmachen* difekti; *schädigen, Schaden zufügen* damaĝi; *Med* lezi (↑ *auch* ***verletzen***); ***schwer beschädigt*** forte difektita (*bzw.* damaĝita)

Beschädigung *f das Beschädigen* difektado *bzw.* damaĝado; *das Beschädigtsein* difekto, damaĝo, *auch* malperfektaĵo (↑ *auch* ***Sachbeschädigung***); *Med (Verletzung [von Gewebe od Organen])* lezo

[1]**beschaffen** *tr besorgen* havigi; *erwerben* akiri; *liefern* liveri; *bereitstellen, verfügbar machen* disponigi; ***das ist schwer zu ~*** tio estas malfacile akirebla (*od umg* ricevebla); ***sich das nötige Geld ~*** havigi al si la necesan monon

[2]**beschaffen** *Adj*: ***gut*** (***schlecht***) ***~ sein*** esti en bona (malbona) stato, esti bonstata (malbonstata); ***so ~ sein, dass ...*** esti tia, ke ...; ***wie ist es mit seiner Gesundheit ~?*** kia estas lia sanstato?; ***wie ist die Sache ~?*** kia estas la afero?

Beschaffenheit *f Eigenschaft* eco; *Zustand* stato; *Qualität* kvalito; *Natur* naturo; *Struktur* strukturo; *Beschaffenheit* konsisto (↑ *auch* ***Konsistenz*** *u.* ***Zusammensetzung***); *Körper~ (Befinden)* farto, *(Gesundheitszustand)* sanstato

Beschaffung *f* havigo; *Erwerbung* akiro; *Lieferung* liverado; *Bereitstellung, Versorgung* proviz[ad]o

Beschaffungskriminalität *f* ↑ ***Drogenkriminalität***

beschäftigen *tr* okupi; *Arbeitskräfte* laborigi, doni laboron [al]; ***dieses Werk beschäftigt fast tausend Arbeiter*** en ĉi tiu uzino laboras preskaŭ mil laboristoj; ***dieser Gedanke beschäftigt mich schon die ganze Zeit*** tiu ĉi penso min okupas jam la tutan tempon; ***sich mit etw. ~*** *sich mit etw. befassen* sin okupi pri io *od* okupiĝi pri io; *etw. [durch]studieren* [tra]studi ion; ***womit ~***

Sie sich? pri kio vi okupiĝas?
beschäftigt *Adj*: ~ ***sein*** *zu tun haben* esti okupata (***mit*** pri); *angestellt sein* labori (***bei*** en); ***ich bin sehr beschäftigt*** mi estas tre okupata
Beschäftigte *m* laboranto, laboristo
Beschäftigung *f* okupo; *das Sichbeschäftigen, Beschäftigtsein mit einer Sache* okupiĝo; *Anstellung (von Arbeitnehmern)* dungateco *bzw.* dungiteco (↑ *auch* ***Unter-*** *u.* ***Vollbeschäftigung***); *Arbeit* laboro; *Arbeitsstelle* laborejo; ***geringfügige*** ~ *Minjob* leĝera dung[atec]o; ***keine*** ~ ***haben*** havi nenian okupon; *arbeitslos sein* esti senlabora
beschäftigungslos *Adj* senokupa (*vgl. dazu* ***arbeitslos***)
Beschäftigungs|programm *n Pol* programo por pligrandigi la dungatecon; ~ **therapie** *f* okupiga terapio; *i.e.S. (Arbeitstherapie)* ergoterapio
beschälen *tr ein Hengst eine Stute* fekundigi
Beschäler *m Deckhengst* fekundiga stalono
beschämen *tr* hontigi; ***jmdn. tief*** ~ profunde hontigi iun (*vgl. dazu* ***bloßstellen***)
beschämend *Adj* hontiga
beschämt *Adj*: ~ ***sein*** esti hontigita; *verwirrt sein* esti konfuzita
beschatten *tr Schatten werfen auf* ombri, ĵeti ombron sur *mit Akk*; ***jmdn.*** ~ *jmdm. heimlich folgen* kaŝe sekvi iun; *Polizei* kaŝobservi iun
beschauen *tr* rigard[ad]i; *mit Bewusstsein erfassen* apercepti; *inspizieren* inspekti; ***etw. gründlich*** ~ esplore (*od* ekzamene) rigard[ad]i ion
beschaulich *Adj kontemplativ* kontempla; *meditativ* meditema; *geruhsam* trankvila (*vgl. dazu* ***ruhig***)
Beschaulichkeit *f* kontemplado
Bescheid *m Auskunft* informo; *Antwort* respondo; *Nachricht* sciigo; *Entscheid* decido; ***von jmdm.*** ~ ***erhalten*** ricevi informon (*bzw.* respondon) de iu; ***jmdm.*** ~ ***geben*** informi iun (***über*** pri); ~ ***wissen über ...*** esti informita pri ...; *erfahren sein in ...* esti sperta pri (*od* en) ...; ***er weiß in dieser Gegend*** ~ *er kennt diese Gegend gut* li bone konas ĉi tiun regionon (*od i.e.S.* lokon); ***wir erbitten baldigen*** ~ ni petas vin plej baldaŭ respondi [al ni]
[1]**bescheiden** *tr* informi; ***abschlägig*** ~ rifuzi [ies peton], informi pri la rifuzo [de ies peto]; ***ihm war kein Erfolg beschieden*** li ne havis sukceson; ***jmdn. zu sich*** ~ *geh für «zu sich kommen lassen»* venigi iun al si; ***sich*** ~ kontentiĝi (***mit*** pri)
[2]**bescheiden** *Adj* modesta; *einfach* simpla; *mäßig* modera; *anspruchslos* senpretenda; *taktvoll-zurückhaltend* diskreta; ***ein*** ~***er Mensch*** modesta homo, modestulo
Bescheidenheit *f* modest[ec]o; simpleco; modereco; senpretendeco; diskreteco
bescheinen *tr scheinen auf (Licht, Mond)* lumi sur *mit Akk*, *(Sonne)* brili sur *mit Akk* (*vgl. dazu* ***sonnenbeschienen***)
bescheinigen *tr* [skribe] atesti, kvitanci (***jmdm. etw.*** ion al iu); ***den Empfang einer Sendung*** ~ *z.B. einer Postsendung* kvitanci la ricevon de sendaĵo
Bescheinigung *f* atesto; *Empfangs*≃ ricev-atesto; *Beweismittel, Ausweispapier* pruvilo, atestilo; *Quittung* kvitanco (***über*** pri); *(als Vorgang: das Bescheinigen)* atestado
bescheißen *tr derb für «betrügen»* aĉe trompi (***jmdn.*** iun)
beschenken *tr*: ***jmdn.*** ~ doni (*od* fari) donaco(j)n al iu; ***jmdn. mit etw.*** ~ donaci ion al iu
bescheren *tr* [dis]doni donacojn; ***was hast du Weihnachten beschert bekommen?*** kion vi [donace] ricevis je la kristnaska tago?
Bescherung *f zu Weihnachten* disdono (*od* reciproka transdono) de donacoj [dum Kristnasko] ◇ ***da hast du die*** ~***!*** *iron* jen, kion vi atingis!; *so ein Durcheinander!* kia kaoso!; ***das ist ja eine schöne*** ~***!*** tio estas ja bela afero!
beschicken *tr Tagung* sendi delegitojn al; *Ausstellung, Messe* sendi eksponaĵojn al; *allg auch* partopreni en; *Tech (Hochofen, Maschine)* nutri, *(eine Anlage mit kapazitiver Leistung)* ŝargi (*vgl. dazu* [1]***laden*** *u.* ***speisen***)
beschießen *tr* alpafi *auch Atomphysik*; *lang anhaltend auch* bombardi, [daŭre] ataki per obusoj; ***mit Ionen*** ~ *Phys* alpafi per ionoj; ***sich gegenseitig*** ~ *Mil* pafi unu al la alia
Beschießung *f* alpafado; *Bombardement* bombardado; ~ ***mit Kanonen*** alpafado per kanonoj, *(Kanonade)* kanonado *od* kanona pafado
beschimpfen *tr* insulti; *durch Beschimpfungen beleidigen* ofendi per insultoj (*od* insultaj vortoj); *mit einem abwertenden Namen belegen* nomaĉi (***jmdn.*** iun)

Beschimpfung *f* insult[ad]o; *Beleidigung durch Beschimpfung* ofendo per insultaj vortoj

beschirmen *tr* ŝirmi, protekti (***vor*** kontraŭ); *verteidigen* defendi

Beschiss *m umg leicht vulg*: ***das ist ~!*** tio estas trompo!; ***beim Spiel ~ machen*** trompi dum la ludo

beschlafen *tr*: ***jmdn.*** *~ sex* sekskuniĝi kun iu

[1]**Beschlag** *m* ***a)*** *Metall*², *z.B. auf einem Gewehr* metala garnaĵo, *(eiserner Beschlag)* fergarnaĵo; *Metallverzierung* metala ornamaĵo; *Reifen am Fass* barelbendo; *Scharnier* ĉarniro; *Huf*² hufferо; *das Beschlagen, z.B. eines Pferdes* hufferado [de ĉevalo] ***b)*** *Feuchtigkeit* humidaĵo (***auf einer Fensterscheibe*** sur fenestrovitro); *Schimmelauflage* ŝimotegaĵo (***auf Lebensmitteln*** sur nutraĵoj)

[2]**Beschlag** *m Beschlagnahme* konfisk[ad]o; ***etw. mit ~ belegen*** *Jur (etw. konfiszieren)* konfiski ion; *sich etw. aneignen* [al]proprigi ion al si ◇ ***jmdn. mit ~ belegen*** *umg* postuli iun sole por si mem

[1]**beschlagen** ***a)*** *tr Fenster, Tür u. Ä.* fiksi [metalajn] garnaĵojn sur *mit Akk*; ***ein Pferd ~*** *mit einem Hufeisen versehen* hufferi (*od* hufoferumi) ĉevalon; ***ein Segel ~*** *Mar* ferli ***b)*** *intr Fensterscheibe* kovriĝi de humidaĵo; *leicht schimmlig werden* iĝi tegita de [iom da] ŝimaĵo

[2]**beschlagen** *Adj Fensterscheibe* kovrita per (*od* de) humidaĵo; *Lebensmittel* tegita de [iom da] ŝimaĵo; *Metall* oksidiĝinta *mit Tau benetzt* kovrita de rosumo, rosokovrita

[3]**beschlagen** *Adj erfahren, kenntnisreich* ege sperta, multsperta (***in*** en *od* pri); bone konanta *mit Akk*; ***er ist in Chemie gut ~*** li estas multsperta (*od* kompetenta) pri kemio

Beschlagen *n von Huftieren* hufferado

Beschlagnahme *od* **Beschlagnahmung** *f* konfisk[ad]o; *Zwangsverwaltung* sekvestrado; *Mil* rekvizicio; *alt auch für «Hafensperre [für ein Schiff]»* embargo

beschlagnahmen *tr* konfiski, *(für Heereszwecke)* rekvizicii; *zwangsverwalten* sekvestri

Beschlagnahmung *f* konfisk[ad]o; *Requirierung* rekvizicio

beschleichen *tr* ***a)*** *sich heimlich nähern* ŝteliri (***jmdn.*** al iu), kaŝe aliri (***jmdn.*** iun) ***b)*** *geh für «erfassen» od «überkommen»* kapti, preni; ***ein Gefühl der Angst beschlich sie*** iu sento de timo kaptis ŝian koron (*od* ŝoviĝi en ŝian koron)

beschleunigen *tr* akceli *auch Kfz*, [pli]rapidigi; *Reifungsprozess* [pli]fruigi; *übertr auch (voranbringen)* progresigi, *(zur Eile drängen)* urĝigi; ***seine Schritte ~*** plirapidigi siajn paŝojn, *i.w.S. (schneller gehen)* iri (*od* paŝi) pli rapide

Beschleuniger *m Chem, Foto, Kernphysik, Tech* akcelanto, akcelilo (↑ *auch* ***Brand-***, ***Elektronen*** *u.* ***Vulkanisationsbeschleuniger***)

Beschleunigung *f* akcel[ad]o *auch Kfz u. Phys* (↑ *auch* ***Tangential-*** *u.* ***Zentripetalbescheunigung***); *~* ***von 0 auf 100 km/h in 12 Sekunden*** akcelo de 0 ĝis 100 km hore ene de 12 sekundoj

Beschleunigungs|anode *f El* akcela anodo; **~kraft** *f Phys* akcela forto; **~messer** *m Flugw* akcelometro; **~vektor** *m Geom, Phys* akcelovektoro

beschließen *tr* ***a)*** *entscheiden* decidi, *(mit Resolution)* rezolucii; *festsetzen* fiksi *auch Strafe*; ***ein Gesetz ~*** *Parl* aprobi leĝon; ***einstimmig ~*** unuanime decidi; ***es ist noch nichts endgültig beschlossen*** ankoraŭ nenio estas findecidita; ***was habt ihr beschlossen?*** pri kio vi decidis? ***b)*** *beenden* fini; ***wir ~ unser Programm mit ...*** *Radio, TV* ni finas nian programon per ...

Beschluss *m Entscheidung* decido (↑ *auch* ***Gerichts-***, ***Kabinetts-*** *u.* ***Mehrheitsbeschluss***); *Entschließung, Resolution* rezolucio; ***einen ~ fassen*** alpreni decidon (*bzw.* rezolucion) (***über*** pri); ***durch einstimmigen ~ von ...*** per unuanima decido de ...; ***zu keinem ~ kommen*** ekpreni (*od* alpreni) nenian decidon, ne povi decidiĝi

beschlussfähig *Adj*: *~* ***sein*** *Parl* atingi la kvorumon [por povi alpreni rezolucion]

Beschlussfähigkeit *f* kvorumo; ***es liegt keine ~ vor*** *Parl* la kvorumo ne estas atingita

Beschlussfassung *f* ekpreno de decido (*bzw.* rezolucio)

beschmeißen *tr salopp für «bewerfen»* ĵetadi al

beschmieren *tr vollschmieren* surŝmiraĉi; *beschmutzen* [ŝmire] malpurigi *od* makuli; ***mit Butter ~*** ŝmiri per butero, *auch* buteri; ***mit Farbe ~*** ŝmiri per farbo(j), farb[oŝmir]i

beschmutzen *tr* malpurigi (***mit*** per) *auch übertr*; *beflecken* makuli *auch übertr*; ***beschmutzt werden*** malpuriĝi; ***jmds. Namen***

~ *übertr* malhonorigi ies nomon (*vgl. dazu* ***verleumden***); ***sich*** ~ sin malpurigi, sin makuli

beschneiden *tr* ***a)*** *(mit der Schere)* [pri]tondi, *um ... rundherum schneiden* ĉirkaŭtondi, *(mit einem Messer)* [pri]tranĉi, *um ... rundherum schneiden* ĉirkaŭtranĉi; *Gehölz, Obstbaum* pritondi, *(einstutzen, zurückschneiden)* stuci; ***die Fingernägel*** ~ tondi [al si] la ungojn; ***eine Hecke*** (***einen Rosenstock***) ~ pritondi heĝon (rozarbedon) ***b)*** *einschränken* restrikti ***c)*** *bei einem Jungen eine Zirkumzision vornehmen* cirkumcidi

Beschneiden *n mit einer Schere* pritondado

[1]**Beschneidung** *f Einschränkung* restrikto

[2]**Beschneidung** *f der Vorhaut, Med* ***Zirkumzision*** *f* (Circumcisio) *Islam, Judentum* cirkumcido

Beschneidungsfest *n Islam* festo de cirkumcido

be|schnüffeln *od* ~**schnuppern** *tr Hund* ĉirkaŭflari, prisnufi *od* [snufe] priflari; *übertr* sciavide rigardi, scivole ĉirkaŭrigard[ad]i; ~**schönigen** *tr* belŝajnigi, eŭfemisme prezenti (***etw.*** ion), provi prezenti en la plej belaj koloroj, paroli (*bzw.* raporti) en [tro] favoraj vortoj

beschönigend *Adj*: ~***er Ausdruck*** *od* ***Euphemismus*** *m Ling* eŭfemisma esprimo, eŭfemismo

Beschönigung *f* belŝajnigo, eŭfemisma prezentado (↑ *auch* ***Euphemismus***)

beschottern *tr Gleis- u. Straßenbau* balasti; *makadamisieren* makadami, [sur]kovri per makadamo

Beschotterung *f Gleis- u. Straßenbau* balastado; *Makadamisierung* makadamado

beschränken *tr* limigi (***auf*** je); *verringern, einschränken* malpliigi, redukti; *einengen* restrikti; ***auf einen Ort*** ~ lokalizi; ***sich*** ~ limiĝi (***auf*** je)

beschrankt *Adj*: ~***er Bahnübergang*** *m Eisenb* bariera traknivela pasejo

beschränkt *Adj begrenzt* limigita; *kleingeistig* malvastanima, mallarĝmensa, *auch* pitanima; *von begrenztem Horizont* malvasthorizonta, spirite malvasta; *borniert* fermitkapa; ***geistig*** ~ mense handikapita; ***in*** ~***en Verhältnissen leben*** vivi en restriktaj kondiĉoj, *pop auch* vivi iele-trapele

Beschränktheit *f Begrenztheit* limigiteco; *Kleingeistigkeit* spirita malvasteco, malvasthorizonteco; *Borniertheit* fermitkapeco; *i.w.S. Dummheit* stulteco (↑ *auch* ***Provinzialismus***)

Beschränkung *f Begrenzung* limigo (↑ *auch* ***Reisebeschränkung***); *Einschränkung, Reduzierung* malpliigo; *Zügelung* bredado; *Restriktion* restrikto (↑ *auch* ***Ausfuhrbeschränkung***); *Gebundensein* ligiteco; ~***en aufheben*** nuligi restriktojn

beschreiben *tr* ***a)*** *auf etw. schreiben* surskribi; *vollschreiben* plenskribi ***b)*** *schildern, z.B. ein Erlebnis od Gefühl* priskribi; *erklären* klarigi; *zeichnen* desegni; ***das lässt sich nicht*** ~ tion oni ne povas priskribi, tio estas nepriskribebla (*vgl. dazu* ***unbeschreiblich***)

beschreibend *Adj* priskriba

Beschreibstoffe *m/Pl Epigrafik, Paläografie* surskribaj materialoj *Pl* (↑ *auch* ***Papyrus***)

Beschreibung *f*, *<schweiz> auch* ***Beschrieb*** *m Darstellung* priskribo (*vgl. dazu* ***Schilderung***); *Erklärung* klarigo ◇ ***das spottet jeder*** ~ tio estas [kvazaŭ] nekredebla

beschreiten *tr* surpaŝi, suriri; ***den Rechtsweg*** ~ ekprocesi; ***wir*** ~ ***neue Wege*** *übertr* ni suriras novajn vojojn

Beschrieb *m* ↑ ***Beschreibung***

beschriften *tr* surskribi, skribi sur; *etikettieren* etiketi; ***einen Briefumschlag*** ~ skribi la adreson sur la koverton

Beschriftung *f das Beschriften* surskribado; *Schrift auf etw.* surskribo [sur io]

beschuldigen *tr* kulpigi; *Jur (anklagen)* akuzi; ***er wurde des Diebstahls beschuldigt*** oni kulpigis (*bzw.* akuzis) lin pro ŝtelo; ***sich gegenseitig*** ~ kulpigi unu la alian

Beschuldigte *m* kulpigito; ***einen*** ~***n befragen*** (*od* ***verhören***) pridemandi kulpigiton

Beschuldigung *f* kulpigo (↑ *auch* ***Anschuldigung*** *u.* ***Selbstbeschuldigung***); ~***en gegen jmdn. erheben*** kulpigi (*bzw.* akuzi) iun [pro]

Beschuss *m Mil* pafado *auch Phys (z.B. mit Ionen)* (↑ *auch* ***Artillerie-***, ***Dauer-*** *u.* ***Eigenbeschuss***); *Geschützfeuer* kanona pafado, kanonado; *Bombardement* bombardado

beschützen *tr* protekti, ŝirmi (***vor*** kontraŭ), *(als Gönner od Schutzherr)* patroni; *verteidigen* defendi; *bewachen* gardi

beschützenswert *Adj* protektinda

Beschützer *m* protektanto, ŝirmanto; *[väterlicher] Förderer, Schirmherr* patrono; *Wächter* gardanto; *i.w.S. Verteidiger* defendanto

beschwatzen *tr überreden* persvadi (***zu*** al), *(mit Betrugsabsicht)* babiltrompi (***jmdn.*** iun)

Beschwerde *f **a)** Klage* plendo (↑ *auch **Kassationsbeschwerde***); *Reklamation* reklamacio; *Protest* protesto; *Mühsal* peno; *Last* ŝarĝo; ~ ***führen über*** (*od* ***gegen***) plendi pri (*od* kontraŭ) ***b)*** *meist Pl*: ~***n*** *Med* perturbo(j) (↑ *auch **Atem-**, **Magen-** u. **Schluckbeschwerden***)

Beschwerde|brief *m* reklamacia letero; ~**buch** *n* plendolibro

beschwerdefrei *Med* **1.** *Adj* senperturba **2.** *Adv* senperturbe; ***einigermaßen ~ atmen können*** *z.B. ein Allergiker nach Medikamenteneinnahme* povi spiri sufiĉe (*od* pli-malpli) bone

Beschwerdeführer *m* plendanto

beschweren *tr mit Gewicht, Last* ŝarĝi (***mit*** per) *auch übertr*; *mit einem Briefbeschwerer* pezigi; ***sich*** ~ plendi (***bei jmdm. über etw.*** ĉe iu pri io); *protestieren* protesti (***bei jmdm. über*** ĉe iu kontraŭ) (*vgl. dazu **sich beklagen***)

beschwerlich *Adj mühsam* peniga; *ermüdend* laciga; *unbequem* malkomforta, maloportuna; *schwierig* malfacila

Beschwerlichkeit *f Mühe* peno(j) *(Pl)*; *Unbequemlichkeit* malkomfortaĵo, maloportunaĵo

beschwichtigen *tr beruhigen* trankviligi, kvietigi; *zur Ruhe bringen* silentigi; *trösten* konsoli (*vgl. dazu **streicheln***)

Beschwichtigung *f* trankviligo, kvietigo; silentigo; *Tröstung* konsolado

Beschwichtigungspolitik *f* ↑ ***Appeasement-Politik***

beschwindeln *tr*: ***jmdn.*** ~ *jmdm. Lügen erzählen* diri mensogojn al iu; *betrügen* trompi iun

beschwingt *Adj* malpeza, facilmova, rapidmova; *heiter* serena; ***eine ~e Melodie*** serena (*od* gaja) melodio

beschwipst *Adj* ebrieta, iomete ebria

beschwören *tr beeiden* ĵure konfirmi, ĵuri pro; *bittend beschwören* ĵurpeti; *flehentlich bitten* petegi; ***Geister*** ~ *herbeirufen* voki spiritojn (*od* demonojn); *austreiben* ekzorci spiritojn (*od* demonojn); ***erneut*** (*od* ***nochmals***) ~ denove ĵuri, reĵuri ◇ ***ich will es nicht*** ~ *man kann nie wissen* pri nenio oni povas ĵuri

Beschwörung *f durch Eid* ĵurado, konfirmado per ĵuro; *inständige Bitte* [insista] petego; *von Geistern* vokado *bzw.* ekzorc[ad]o

Beschwörungsformel *f* sorĉa (*od* magia) formulo (↑ *auch **Zauberformel***)

beseelen *tr* animi; *inspirieren* inspiri (***jmdn.*** iun); ***beseelt*** animita; *inspiriert* inspirita (***von*** de); ***von Hoffnung beseelt*** plena de espero

Beseeltsein *n* anim[it]eco

besehen *tr* [pri]rigardi, detale (*bzw.* atente) rigardi; *inspizieren* inspekti; ***sich im Spiegel*** ~ rigardi sin en la spegulo

beseitigen *tr* forigi; *ausschalten, eliminieren* elimini; *zum Verschwinden bringen* malaperigi; *liquidieren* likvidi; *annullieren* nuligi; ***Hindernisse*** ~ forigi obstaklojn; ***um jeden Zweifel zu*** ~ por forigi ĉian dubon

Beseitigung *f* forigo; *Ausschaltung, Eliminierung* elimin[ad]o; *Liquidierung* likvid[ad]o; *das Verschwindenlassen* malaperigo (*vgl. dazu **Abschaffung***; ↑ *auch **Müllbeseitigung***)

Besen *m **a)** Hausw* balailo (↑ *auch **Feder-**, **Haar-**, **Hand-**, **Reisig-**, **Ruten-**, **Staub-** u. **Tischbesen***) ◇ ***neue ~ kehren gut*** nova balailo bone balaas *(Zam)* ***b)*** *Mus (Jazz- od Schlagbesen)* [ĵaz]broso

Besenginster *m Bot **a)*** (Cytisus scoparius) ordinara (*od* balaila) citizo ***b)*** (Spartium juncum) *ein gelb blühender Strauch der Macchie* spartio

Besenheide *f Bot* ↑ *unter* ***[1]Heide a)***

Besen|schrank *m* balailŝranko; ~**stiel** *m* balailstango *bzw.* balailtenilo

besessen *Adj **a)** von einem bösen Geist, von einer fixen Idee* obsedata *bzw.* obsedita; ***vom Teufel ~ sein*** esti obsedata de la diablo ***b)*** *rasend* furioza; *verrückt* freneza

Besessene *m* obsedato *auch i.w.S.* (*vgl. dazu **Monomane***); *Rasender* furiozulo; ***sich wie ein ~r gebärden*** konduti kiel obsedato; *i.w.S.* furiozi, frenezumi

Besessenheit *f* obsed[itec]o *auch Psych u. Rel*; *übertr* fanatikeco (vgl. *dazu **Manie** u. **Wahn***; ↑ *auch **Musikbesessenheit***)

besetzen *tr ein Land od einen Platz* okupi; *ausfüllen* plenigi; *Kleid* pasamenti, ornami, garni (***mit*** per); *mit einer Borte od Tresse einfassen* borderi; ***die Rollen*** ~ *Theat* disdoni (*od* distribui) la rolojn [por enscenigo de nova teatraĵo]; ***ein Kleid mit Spitzen*** ~

garni robon per puntoj; ***eine Stelle [neu] besatzen*** plenigi vakantaĵon

besetzt *Adj Land, Platz, Toilette* okupita; *Straßenbahn, Zug* plene okupita, *umg* plena; *reserviert* rezervita; *~**es Gebiet** n* okupita tereno (*od* teritorio); ***es ist ~*** *Telefon* la telefon[line]o estas okupita; ***ist dieser Platz ~?*** ĉu tiu ĉi loko estas okupita?

Besetzung *f Mil* okup[ad]o (↑ *auch* ***Hausbesetzung***); *Theat (die Darsteller)* [rolantaj] aktoroj *Pl*, *(Verteilung der Rollen)* disdonado de la roloj; *Sport (die Spieler)* ludistoj *Pl*

besichtigen *tr* rigard[ad]i *auch Sehenswürdigkeiten*; *i.w.S. besuchen* viziti; *inspizieren* inspekti *auch Mil*

Besichtigung *f* rigardado; *Besuch* vizito; *Inspektion* inspektado; *Mil* revuo, inspektado; ***eine ~ vornehmen*** inspekti (***von etw.*** ion)

besiedeln *tr* loĝatigi; *i.w.S. kolonisieren* kolonii; ***dicht*** (***dünn***) ***besiedelt sein*** esti dense (maldense) loĝata

Besied[e]lung *f* loĝateco; *Kolonisierung* koloniigo

Besiedelungsdichte *f* denseco de loĝateco

besiegbar *Adj* venkebla (↑ *auch* ***bezwingbar*** *u.* ***überwindbar***)

besiegeln *tr mit Siegel versehen* sigeli *auch übertr* sigeli; *bekräftigen* konfirmi; ***sein Schicksal ist besiegelt*** lia sorto estas decidita

Besiegelung *f* sigelado *auch übertr*; *Bekräftigung* konfirmo; *Entscheidung* decido

besiegen *tr*, *<schweiz> (bes. Sport) auch* ***bodigen*** venki *auch Mil u. Sport* (*vgl. dazu* ***unterwerfen***); ***besiegt*** venkita

Besiegte *m* venkito

Bésigue *od* **Besik** *n ein französisches Kartenspiel für zwei Spieler mit 64 Pikettkarten* bezigo, *auch* bezigludo

besingen *tr*: ***etw.*** (***jmdn.***) *~ in einem Lied preisen* [laŭde] prikanti ion (iun) (*vgl. dazu* ***rühmen***)

besinnen, sich *refl nachdenken, überlegen* pripens[ad]i, serĉi en la memoro; *sinnen* mediti; *sich erinnern* rememori (***auf etw.*** ion); ***sich auf einen Ausweg besinnen*** pripensi elturniĝon; ***sich einen Augenblick besinnen*** pripens[ad]i por momento; ***sich eines Besseren besinnen*** ŝanĝi sian opinion al plibono; ***wenn ich mich recht besinne*** se mi bone memoras; ***sich nicht darauf ~*** ne plu memori; *vergessen* forgesi

besinnlich *Adj* [pri]pensema; *kontemplativ* kontempla (↑ *auch* ***nachdenklich***)

Besinnung *f Bewusstsein* konscio; *Nachdenken* pripensado; *Meditation, sinnendes Betrachten* meditado; *Gedenken, Erinnerung* rememoro; ***bei ~ sein*** *Med* esti konscia; ***die ~ verlieren*** perdi la konscion; *in Ohnmacht fallen* sveni; ***wieder zur ~ kommen*** *Med* reakiri la konscion, rekonsciiĝi; *Vernunft annehmen* iĝi ree prudenta; ***nicht wieder zur ~ kommen*** *Med* ne rekonsciiĝi

besinnungslos *Adj* senkonscia; *ohnmächtig* sveninta; *~ **werden*** senkonsciiĝi, perdi la konscion; *ohnmächtig werden* sveni

Besinnungslosigkeit *f Bewusstlosigkeit* senkonscieco; *Ohnmacht* sveno

Besitz *m das Besitzen* posedo; *Besitztum, Eigentum* posedaĵo, propraĵo, *bes. Jur auch* proprietaĵo (↑ *auch* ***Familienbesitz***); *i.e.S. (Grundbesitz)* terposedaĵo, *(Landgut)* bieno; *allg Habe* havaĵo; ***von etw. ~ ergreifen*** *od* ***etw. in ~ nehmen*** preni ion en posedon *od* preni posedon de io, *auch* ekposedi ion, *bes. Mil* ekokupi ion; *i.w.S. rauben* rabi ion; ***etw. in*** (*od* ***im***) ***~ haben*** posedi ion; ***das Haus ging in ihren ~ über*** la domo transiris en ŝian posedon *od* la domo fariĝis ŝia posedaĵo; ***im ~ von ... sein*** esti en posedo de ...; ***seinen [gesamten] ~ verlieren*** perdi sian [tutan] posedaĵon; ***jmdn. aus dem ~ vertreiben*** *jmdm. Hab und Gut nehmen* senposedigi iun (↑ *auch* ***enteignen***)

besitzanzeigend *Adj*: *~**es Fürwort** n*, *auch* ***Possessivum*** *n Ling* poseda pronomo, *auch* posesivo

besitzen *tr* posedi, *umg häufig auch* havi; ***Gültigkeit ~*** validi; ***keine Hoffnung mehr ~*** jam ne havi plu esperon, esti perdinta la esperon; ***er besitzt mein Vertrauen*** li havas mian konfidon; ***er hat die Frechheit besessen zu behaupten ...*** li arogis al si aserti ...; ***die ~den Klassen*** *f/Pl Soziologie* la posedantaj klasoj *Pl* ◇ ***wer wenig besitzt, hat wenig zu sorgen*** malpli da havo, malpli da zorgoj *(Zam)*

Besitzer *m* posedanto, *bes. Jur (Eigentümer)* proprietulo (*vgl. dazu* ***Eigner***, ***Inhaber*** *u.* ***Mitbesitzer***; ↑ *auch* ***Ladenbesitzer***)

Besitzergreifung *f gewaltsame* [perforta] ekokupo; *widerrechtliche* uzurp[ad]o (↑ *auch* ***Okkupation***)

besitzlos *Adj* senposed[aĵ]a, senhav[aĵ]a

Besitz|recht *n* posedorajto, proprieta rajto, *Jur (Fachrichtung)* proprietjuro; **~tümer** *Pl* posedaĵoj *Pl*, propraĵoj *Pl* (*vgl. dazu* ***Grundbesitz, Reichtum** u.* ***Possession***)

Besitzungen *f/Pl an Grund u. Boden* [vastaj] terposedaĵoj *Pl*; *Landgüter* bienoj *Pl*

Besitzwechsel *m Fin* ↑ ***Rimesse***

Beskiden *Pl, poln. u. slowakisch* ***Beskidy*** *ein poln.-slowakisches Mittelgebirge [nördlicher Teil der Karpaten]* Beskidoj *Pl*; ***Niedere ~*** *od* ***Ostbeskiden*** *Pl* Orientaj Beskidoj *Pl* (↑ *auch* ***Westbeskiden***)

Beskra (*n*) ↑ ***Biskra***

besoffen *Adj derb* ebri[eg]a; ***total ~*** morte ebria *(Zam)*

besohlen *tr* plandumi; ***die Schuhe neu ~*** replandumi la ŝuojn

besolden, <*schweiz*> ***salarieren*** *tr* salajri (***jmdn.*** iun), pagi salajron (***jmdn.*** al iu) (*vgl. dazu* ***entlohnen***)

Besoldung *f* [pago de] salajro(j)

Besoldungsgruppe *f* salajrogrupo

besondere *Adj eigen* aparta; *außergewöhnlich* eksterordinara; *einzeln, sonder* ekstra; *speziell* speciala; *seltsam* stranga; ***eine ~ Freude*** aparta ĝojo; ***im Allgemeinen und im ~n*** ĝenerale kaj speciale; ***etwas ~s*** io eksterordinara, ekstraĵo (↑ *auch* ***Extrawurst***) ***gibt's was Neues? – [nein] nichts ~s*** ĉu io nova? – [ne] nenio eksterordinara *bzw. (Nichts Wichtiges)* nenio grava; ***was ist das ~ an ...?*** kio apartas pri ...?; ***wir haben Ihren Brief mit ~m Interesse gelesen*** ni legis vian leteron kun aparta intereso

Besonderheit *f Eigenart* aparteco *bzw.* apartaĵo; *das Außergewöhnliche* eksterordinareco *bzw.* eksterordinaraĵo; *das Sonderbare* specialaĵo; *Charakteristikum* karakterizaĵo; ***das ist eine ~ der slawischen Sprachen*** tio estas apartaĵo de la slavaj lingvoj

besonders (*Abk* ***bes.***) *Adv getrennt, für sich, von ganz eigener Art* aparte; *vor allem* antaŭ ĉio; *insbesondere* speciale, precipe; *hauptsächlich* ĉefe; *außergewöhnlich* eksterordinare; *sehr* tre; ***~ deshalb, weil ...*** precipe tial (*od* pro tio), ke ...; ***~ wenn*** precipe (*od* ĉefe) se; ***etw. ~ bezeichnen*** specifi ion; ***jmdn. ~ gut behandeln*** trakti iun aparte (*od* eksterordinare) bone

besonnen 1. *Adj bedacht* pripensema; *umsichtig* prudenta; *vorsichtig* singarda; *abwägend* konsiderema **2.** *Adv* pripenseme; prudente; singarde; konsidereme

Besonnenheit *f* pripensemo; prudento; singardemo; konsideremo

besorgen *tr einkaufen* aĉeti; *beschaffen* havigi [al si]; *erledigen, einer Sache nachgehen* plenumi, fari; *sich kümmern um* prizorgi; ***ich habe mir das besorgt*** mi havigis tion al mi; ***den Haushalt ~*** prizorgi sian mastrumaĵon; ***können Sie mir ein Taxi ~?*** ĉu vi povas voki taksion por mi?

Besorgnis *f* zorgo, maltrankvil[ec]o, *(das Besorgt- od Unruhigwerden* maltrankviliĝo; *Befürchtung* timo; ***~ erregend***, *auch* ***besorgniserregend*** *Adj* zorgiga *od* zorgoveka, ege maltrankviliga

besorgt *Adj* zorg[em]a, maltrankvil[eg]a (***wegen*** pro); *sorgenvoll* zorgoplena; *fürchtend* timanta; ***~ um jmdn. sein*** maltrankviliĝi pro iu ◇ ***für etw. ~ sein*** <*schweiz*> *Geschäftssprache (dafür sorgen od darauf achten, dass ...)* zorgi pri ...

Besorgung *f Auftrag* komisio; *Erledigung* plenum[ad]o; *Einkauf* aĉeto; ***~en machen*** *Einkäufe tätigen* fari aĉetojn, *i.w.S. auch* butikumi

bespannen *tr überziehen, z.B.mit einer Hülle od mit Stoff* tegi; *drapieren* drapiri; ***eine Violine [mit Saiten] ~*** etendi kordojn sur violonon; ***einen Wagen mit Pferden ~*** jungi ĉevalojn antaŭ veturilon

bespeien *tr* surkraĉi *od* kraĉi sur *mit Akk*

be|spiegeln, sich *refl* sin rigardi en spegulo; **~spielen** *tr Tonträger* registrigi; **~spitzeln** *tr* spioni, kaŝobservi (***jmdn.*** iun)

Bespitzelung *f* spionado, kaŝ-observado

bespötteln *tr* ŝercmoketi (***jmdn.*** iun)

besprechen *tr* priparoli, diskuti (***etw. mit jmdm.*** ion kun iu); *Tonträger* surparoli; *rezensieren* recenzi; ***ein neu erschienenes Buch ~*** recenzi nove aperintan libron; ***sich ~*** *beraten* [inter]konsiliĝi (***mit jmdm.*** kun iu); *Rat suchend, z.B. bei einem Fachmann* konsultiĝi (***mit jmdm. über etw.*** kun iu pri io)

Besprechung *f Erörterung* priparolo; *Gespräch* interparolado (↑ *auch* ***Unterredung***); *Beratung* interkonsiliĝo; *Konsultation* konsultado; *Sitzung* kunsido (*vgl. dazu* ***Konferenz***); *Rezension, kritische Beurteilung [einer Neuerscheinung, eines Films u.a.]* recenzo; ***Herr S. ist gerade in einer ~*** sinjoro S. momente estas (*od* partoprenas) en kunsido

besprengen *tr Blumen* aspergi, delikate

surŝprucigi (↑ *auch* ***besprühen***); *Straßen* ŝprucigi, akvumi (*vgl. dazu* ***bespritzen***); *mit Weihwasser* aspergi (***mit*** per)

bespringen *tr*: ***eine Kuh*** ~ *Bulle* fekundigi bovinon (*vgl. dazu* ***Besamung***)

bespritzen *tr* surŝprucigi (↑ *auch* ***besprengen)***

besprühen *tr besprengen* delikate surŝprucigi; *aufsprayen* surspraji

Besrasperber *m* (Accipiter virgatus) *Orn* hinda akcipitro *[Vorkommen: Asien]*

Bessarabien (*n*) *historische Landschaft im östl. Karpatenvorland* Besarabio

Bessarabier *m* besarabiano

bessarabisch *Adj* besarabia

Bessemer-Konverter *m*, *alt* ***Bessemerbirne*** *f Stahlerzeugung* konvertoro de Bessemer

besser 1. *Adj* pli bona; ***[noch]*** ~ ***machen*** plibonigi; ***[noch]*** ~ ***werden*** pliboniĝi *auch Krankheit*; ***eine Wendung zum*** ≗***en*** ŝanĝiĝo al la plibono; ***sich eines*** ≗***en besinnen*** ŝanĝi sian opinion; ***wir haben*** ≗***es zu tun, als ...*** ni havas pli gravan (*bzw.* belan) aferon por fari ol ...; ***viel*** ~ ***sein als ...*** esti pli bona ol ... **2.** *Adv* pli bone; ~ (*od* ***genauer***) ***gesagt*** pli precize (*od* ekzakte) dirite; ***das ist*** ~ ***als nichts*** tio estas pli bona ol nenio; ***desto*** ~ *od* ***umso*** ~ des pli bone; ***etwas*** ~ iom pli bone (***als*** ol); ***immer*** ~ pli kaj pli bone; ***weit*** (*od* ***bei weitem***) ~ multe pli bone; ***es geht ihm heute schon*** ~ *gesundheitlich* hodiaŭ li fartas jam pli bone ◇ ~ ***spät als nie*** pli bone malfrue ol neniam *(Zam)*

bessern *tr* plibonigi; ***sich*** ~ pliboniĝi *auch jmds. Befinden*; *Wetter auch* [re]klariĝi, sereniĝi; *Beziehungen auch* reboniĝi; ***er hat versprochen, sich zu*** ~ *im Benehmen* li promesis estonte pli bone konduti; *in der Arbeit* li promesis estonte pli bone (*od* akurate) labori

Besserung *f* pliboniĝo; *Genesung* resaniĝo; ***zeitweilige*** ~ *Fachspr Med (Remission: [vorübergehendes] Nachlassen der Beschwerden)* remito; ***auf dem Wege der*** ~ ***sein*** *Med* esti en stato de resaniĝo; ***gute*** ~***!*** bonan (*od auch* baldaŭan) resaniĝon!

Besserungsanstalt *f alt: Jur* korektodomo

Besserwisser *m* ĉiosciantо, konstanta kritikemulo; *i.w.S. Nörgler* grumblulo, grumblema homo (*od* persono)

Bestand *m Bestehen* ekzist[ad]o (↑ *auch* ***Fortbestand***); *Fortdauer* daŭro; *Status* stato; *Vorrat* provizo, *(Lager*≗*)* stoko; *i.w.S. (Besitz)* havaĵo; *Sammlung* kolektaĵo; *Unvergänglichkeit* eterneco; *Kassen*≗ enkasa mono, [efektiva] kontanto (↑ *auch* ***Istbestand***); *Rest* rest[aĵ]o; *Biol (Population)* populacio (↑ *auch* ***Art-*** *u.* ***Wildbestand***); *Forstw (Wald*≗*)* arbarero; ***überalterter*** ~ *Forstw* tromatura arbarero; ***den*** ~ ***aufnehmen*** *Inventur machen* starigi inventaron, inventari; ~ ***haben*** *od* ***von*** ~ ***sein*** esti daŭr[em]a (*od* persist[em]a); *unvergänglich* esti eterna; ***dies [hier] wird über die Jahrhunderte*** ~ ***haben*** tio ĉi daŭros tra la jarcentoj

beständig *Adj unveränderlich* konstanta; *andauernd* daŭra; *kontinuierlich* kontinua; *beharrlich* persista; *ununterbrochen* seninterrompa; *immerwährend* ĉiama, daŭra; *stabil, z.B. Bankkurs, Währung* stabila (↑ *auch* ***wertbeständig***); *widerstandsfähig* rezista (***gegen*** al *od* kontraŭ); ***in*** ~***er Sorge leben*** vivi en daŭra (*od* ĉiama) zorgo; ***im Herbst ist das Wetter*** ~***er*** aŭtune (*od* en aŭtuno) la vetero estas pli stabila

Beständigkeit *f* konstanteco; *Kontinuität* kontinueco; *Beharrlichkeit* persist[ec]o (↑ *auch* ***Persistenz***); *Inständigkeit* insisteco; *Unvergänglichkeit* eterneco; *Konstanz, Stetigkeit* konstanteco; *Stabilität* stabileco (↑ *auch* ***Wärmebeständigkeit***); *Tech (Resistenz [als Eigenschaft, bes. von Werkstoffen])* rezisteco (↑ *auch* ***Festigkeit***)

Bestands|aufnahme *f Hdl* inventarado (↑ *auch* ***Inventur***); ~**liste** *f* listo de inventaro; ~**wert** *m* valoro de inventaro

Bestandteil *m* ero, [konsistiga] parto; *Komponente* komponanto; *wesentlicher Teil* esenca parto; *Kochk, Pharm* ingredienco; *Element* elemento; ***sich in seine*** ~***e auflösen*** malkomponiĝi

bestärken *tr* firmigi, [pli]fortigi; *bekräftigen* konfirmi; ***das bestärkte mich noch in meiner Meinung*** tio ankoraŭ pli konvinkis min pri la ĝusteco de mia opinio

bestätigen *tr* konfirmi (*vgl. dazu* ***bestärken*** *u.* ***beurkunden***); *versichern* certigi; *billigend zustimmen* aprobi; *quittieren* kvitanci; *in Kraft setzen, z.B. ein Gesetz* sankcii; *ratifizieren (Vertrag)* ratifi; ***etw. amtlich*** ~ oficiale sankcii ion; *etw. für rechtsgültig erklären* deklari ion leĝe valida; ***den Empfang von etw.*** ~ kvitanci la ricevon de io; ***sich*** ~ konfirmiĝi; *sich bewahrheiten* montriĝi vera

Bestätigung *f das Bestätigen* konfirm[ad]o;

*Empfangs*² kvitanco (*vgl. dazu* ***Bescheinigung***; ↑ *auch* ***Auftragsbestätigung***); *Ratifizierung* ratifiko; *eines Gesetzes* sankcio
bestatten *tr nach einem bestimmten Ritual* sepulti (↑ *auch* ***beerdigen*** *u.* ***begraben***)
Bestatter *m Leichen*² sepult-entreprenisto
Bestattung *f* sepult[ad]o (↑ *auch* ***Beerdigung*** *u.* ***Begräbnis***; ↑ *auch* ***Seebestattung***)
Bestattungs|platz *m* sepultejo; ~**unternehmen** *n* sepult-entreprenejo, enteriga entreprenejo (*vgl. dazu* ***Leichenbestatter***)
bestäuben *tr Bot* poleni, fekundigi per poleno; *mit Pflanzenschutzmittel u.a.* polvumi; ***bestäubt werden*** *Bot* esti polenata (***durch*** per)
Bestäubung *f Bot* polenado (↑ *auch* ***Blüten-, Fremd-*** *u.* ***Selbstbestäubung***); ~ ***durch den Wind*** *od* ***Windbestäubung*** *f* anemogamio
bestaunen *tr staunend beschauen* rigardi kun miro (*bzw.* surprizo); *bewundern* admiri
beste 1. *Adj* plej bona; *erstklassig* unuaklasa; ***der erste*** ² *Person* la unua renkontata [persono]; ***die ~n Absichten haben*** havi la plej bonajn intencojn; ***~n Dank für ...*** multan dankon pro (*od* por) ...; ***jmdn. zum ²n haben*** mistifiki iun; ***in den ~n Jahren sein*** esti en plej bona aĝo, esti en la floro de siaj jaroj; ***es war alles aufs ² geordnet*** ĉio estis en plej bona ordo, ĉio estis bonege prizorgita; ***sein ²s tun*** fari ĉion eblan; *sich alle Mühe geben* kiel eble plej multe (*od* intense) klopodi ◇ ***wollen wir das ² hoffen*** *od* ***hoffen wir das ²*** ni esperu la plej bonan **2.** *Adv* plej bone; ***es ist am ~n, wenn ...*** estos plej bone, se ...
bestechen ***a)*** *tr* subaĉeti, *auch* ŝmiri (***jmdn. durch*** *od* ***mit etw.*** iun per io); *korrumpieren* korupti ***b)*** *intr für sich einnehmen*: ***sie besticht durch ihr gutes Aussehen*** ŝi [favore] impresas pro sia impona eksteraĵo
bestechend *Adj faszinierend* fascina; *beeindruckend* impresa
bestechlich *Adj* subaĉetebla, koruptebla, korupta; ~ ***sein*** esti korupt[ebl]a; ***ein ~er Mensch*** koruptulo
Bestechlichkeit *f* subaĉetebl[ec]o, korupteco
Bestechung *f* subaĉet[ad]o; *Korruption* korupt[ad]o (*vgl. dazu* ***Käuflichkeit***)
Bestechungsgeld(er) *n/(Pl)* subaĉeta mono, koruptmono, koruptaĵo, *pop* ŝmirmono (*vgl. dazu* ***Schmier-*** *u.* ***Schweigegeld***); ~ ***annehmen*** (***erhalten***) akcepti (ricevi) koruptaĵon (***von jmdm.*** de iu)
Bestechungs|skandal *m* koruptoskandalo; ~**versuch** *m* provo de koruptado
Besteck *n Ess*² manĝilaro; ***ärztliches*** ~ kuracista instrumentaro, garnituro da medicinaj instrumentoj
bestehen ***a)*** *tr Prüfung* [sukcese] trapasi, *auch* sukcesi en; *bewältigen* superi, venki, plenumi; ***nach bestandenem Examen*** post sukcese trapasita ekzameno ***b)*** *intr beharren, dringen auf* insisti (***auf*** pri), *hartnäckig auf etw. bestehen* obstini, persisti (***auf*** en); ***auf seiner Meinung*** ~ insisti pri sia opinio ***c)*** *sich zusammensetzen* konsisti (***aus*** el); *gemacht od hergestellt [aus]* farita, produktita (***aus*** el); ***das Frühstück bestand aus Kaffee, Brot und Butter*** la matenmanĝo konsistis el kafo, pano kaj butero; ***die ganze Sache besteht nur darin, dass ...*** la tuta afero konsistas nur en tio, ke ...; ***der Unterschied besteht darin, dass ...*** la diferenco konsistas (*od* estas, *auch* ekzistas) en tio, ke ... ***d)*** *existieren, sein* ekzisti, esti; *infolge seiner Dauerhaftigkeit od seiner Fähigkeit die Zeit überdauern (im Sinne von «Bestand haben»* daŭri (↑ *auch* ***fortbestehen***); ***es ~ noch alle Chancen***, *umg auch* ***es ist noch alles drin*** ekzistas ankoraŭ ĉiuj ebloj (*od* ŝancoj); ***es besteht kein Zweifel, dass ...*** ne ekzistas (*od* estas) dubo, ke ...
Bestehen *n* ***a)*** *erfolgreiche Durchführung* (*vgl. dazu* ***Überwindung***): ***das ~ einer Prüfung*** [sukcesa] trapaso en ekzameno ***b)*** *Sein, Existenz* estado, ekzistado ***c)*** *Errichtung, Gründung*: ***seit*** ~ ekde ĝia (*bzw.* sia) fondiĝo
bestehend *Adj* ekzistanta (↑ *auch* ***vorhanden***)
bestehlen, *umg auch* ***beklauen*** *u.* ***bemausen*** *tr* priŝteli (***jmdn.*** iun); ***ich bin auf der Straße bestohlen worden*** oni priŝtelis min surstrate
besteigen *tr allg* supreniri, suriri; *Bergsteiger einen Berg* suprengrimpi, ascendi; ***sie bestiegen ihre Pferde*** ili suriris siajn ĉevalojn, ili surĉevaliĝis; ***den Thron*** ~ surtroniĝi, ekokupi la tronon; ***ich bestieg den Zug*** mi eniris la trajnon, mi entrajniĝis
Besteigung *f* suriro, suprengrimp[ad]o, *bes. eines [hohen] Berges* ascendo (↑ *auch* ***Erstbesteigung***)
Bestellbuch *n* mendolibro

bestellen *tr Bestellung aufgeben* mendi *auch Hdl* (↑ *auch* ***vorbestellen***); *Zeitung* aboni; *ausrichten, übermitteln, z.B. Grüße* transdoni (***jmdm. etw.*** ion al iu); *beordern, kommen lassen* ordoni, venigi; *zustellen, z.B. Briefe od Zeitungen* liveri; *Boden* kultivi, prilabori; ***die Felder*** ~ *Landw* kultivi la kampojn, prilabori la teron; ***kann ich etw. ~? eine Nachricht u. dgl.*** ĉu mi eble transdonu iujn informojn [al li, ŝi *bzw.* ili]? ***kann man [die] Karten telefonisch ~?*** ĉu oni povas telefone mendi la biletojn?; ***das habe ich nicht bestellt*** tion mi ne mendis; ***ein Taxi für acht Uhr*** ~ mendi taksion por la oka horo; ***jmdn. ins Hotel*** ~ *bitten, dass jmd. ins Hotel kommt* peti iun veni en la hotelon; ***jmdn. zum Vormund*** ~ destini iun zorganto; ***ein Zimmer [im Hotel]*** ~ mendi ĉambron [en hotelo] ◇ ***es ist schlecht um ihn bestellt*** *er ist in der Klemme* li estas en granda [financa] dilemo; *sein Zustand ist [sehr] kritisch* lia sanstato estas [tre] maltrankviliga

Besteller *m* mendanto *bzw.* mendinto (↑ *auch* ***Auftraggeber***)

Bestell|formular *n*, ~**schein** *od* ~**zettel** *m* mendilo; ~**liste** *f* mendolisto; ~**nummer** *f* mendoindiko

Bestellung *f* ***a)*** *Hdl, Gaststätte* mendo, *(bei Betonung des Vorgangs [das Bestellen])* mendado (*vgl. dazu* ***Auftrag***; ↑ *auch* ***Sammel-*** *u.* ***Zimmerbestellung***); *Zeitung* abono; ***auf*** (*od* ***laut***) ~ laŭ mendo; ~ ***aus dem Ausland*** *Hdl* mendo el eksterlando; ***eine ~ bei jmdm. aufgeben*** fari mendon al iu; ***eine ~ ausführen*** plenumi mendon; ***eine ~ stornieren*** nuligi mendon, malmendi ion ***b)*** *Feld*[2] kultivado [de la kampoj] (↑ *auch* ***[1]Anbau***)

Bestellzettel *m* ↑ ***Bestellformular***

bestenfalls *Adv günstigstenfalls* en plej favora (*od auch* bona) okazo; *höchstens, höchstenfalls* maksimume

bestens *Adv aufs Beste* plej bone; *so gut wie möglich* kiel eble plej bone; ***danke ~!*** multan dankon!

besteuerbar, *auch* ***steuerfähig*** *Adj* impostebla, submetebla al imposto

besteuern *tr* imposti, [leĝe] meti imposton sur *mit Akk*

Besteuerung *f* impostado; *i.w.S. Steuern* impostoj *Pl*

bestialisch *Adj* bestia, *nachgest auch* kiel sovaĝa besto (*vgl. dazu* ***brutal***); ~***er Gestank*** *m* terura mefito

Bestialität *f Grausamkeit* krueleco (*vgl. dazu* ***Brutalität***)

besticken *tr* brodi (*vgl. dazu* ***sticken***)

Bestie *f* ***a)*** *wildes Tier* bestio, sovaĝa besto (*vgl. dazu* ***Monster***) ***b)*** *übertr für «grausame Person»* bestio

bestimmbar *Adj* determinebla; *analysierbar* analizebla; *definierbar* difinebla

bestimmen *tr festlegen, festsetzen* determini, *(Höchstgrenze, Termin) auch* fiksi; *definieren, begrifflich festlegen* difini; *analysieren* analizi; *anordnen* ordoni

bestimmt 1. *Adj festgelegt* determinita; *festgesetzt* fiksita; *angeordnet* ordonita; *dekretiert* dekretita; *definiert* difinita; *endgültig* definitiva; *gewiss* certa; *entschieden* decida; ~***er Artikel*** *m Gramm* difina artikolo; ***zur ~en Zeit*** je la fiksita tempo **2.** *Adv sicherlich* certe; ***ganz ~!*** tutcerte!; ***ich weiß es ganz*** ~ mi scias ĝin (*od* tion) tute pozitive; ***sie wird ~ kommen*** ŝi [tut]certe venos

Bestimmtheit *f Gewissheit, Sicherheit* certeco; *Entschiedenheit* decideco; *Nachdruck* emfazo; *Genauigkeit* ekzakteco

Bestimmung *f Festsetzung, Fixierung* fiks[ad]o; *Anordnung, Anweisung, Vorschrift* ordono, instrukcio, preskribo (↑ *auch* ***Übergangsbestimmung***); *Definition* difino; *best. Ziel* destino *auch in der Bed «Schicksal»* (↑ *auch* ***Los b)***); *Zweck* celo; *Ling (Determination)* determino; *einer unbekannten Pflanze, eines Stoffs durch Analyse, auch Ermittlung eines gesuchten Werts* determino; ***seiner ~ treu bleiben*** resti fidela al sia destino

Bestimmungs|bahnhof *m, auch* ***Empfangsbahnhof*** *m Eisenb* destinstacio; ~**buch** *n Naturw* determinlibro; *Biol* kampogvidilo

Bestimmungsglied *n Ling* ↑ *unter* ***Konstituente***

Bestimmungs|hafen *Mar* haveno de destino (*vgl. dazu* ***Zielhafen***)

Bestimmungsglied *n Ling* ↑ *unter* ***Konstituente***

Bestimmungs|land *n* lando de destino; ~**ort** *m* destin-loko *od* loko de destino, *auch* adresloko; ~**wort** *n Gramm* determina vorto

Bestleistung *f bes. Sport* maksimuma rezulto; *i.w.S. Rekord* rekordo; ***persönliche*** ~ persona rekordo

bestmöglich 1. *Adj* kiel eble plej bona; *optimal* optimuma **2.** *Adv* kiel eble plej bone
bestocken *tr Fachspr Forstw*: ***wieder ~*** *wieder aufforsten* reforstumi
Bestohlene *m* priŝtelito
bestrafen *tr* puni (***für*** *od* ***wegen*** pro; ***mit*** je *od* per) *auch Jur*; *mit einer Geldstrafe* monpuni; ***hart*** (*od* ***streng***) ~ punegi; ***jmdn. mit Freiheitsentzug*** ~ puni iun je malliberiĝo; ***das kann bestraft werden*** tio estas punebla; ***das muss bestraft werden*** tio estas punenda; ***mit dem Tode bestraft werden*** esti punata per morto
Bestrafung *f Strafe* puno; *das Bestrafen* punado
bestrahlen *tr strahlen* surradii (***auf etw.*** ion) *od* radii (***auf etw.*** sur ion); *beleuchten* prilumi; *Med* priradii, radioterapii
Bestrahlung *f* surradiado; prilumado; *Med* radioterapio (↑ *auch* ***Nachbestrahlung***)
Bestrahlungs|gerät *n Medizintechnik* aparato por radioterapio; *allg: Strahler* radiatoro; **~therapie** *f Med* radioterapio
bestreben, sich *refl* celi al, aspiri al (*od* pri); *sich bemühen um* klopodi pri; ***er ist bestrebt, seine Aufgaben zu erfüllen*** li klopodas plenumi siajn taskojn
Bestreben *n* aspir[ad]o, celado; *Bemühung* klopodo(j) *(Pl)*
bestreichen *tr* [sur]ŝmiri (*vgl. dazu* ***schmieren***); ***Brot mit Butter*** ~ ŝmiri buteron sur [la] panon, *auch* buteri [la] panon
bestreiken *tr*: ***ein Werk*** ~ striki en uzino
bestreitbar *Adj* kontestebla
bestreiten *tr Aussage, Behauptung* kontesti; *negieren* nei, *auch* negi; *Kosten* kovri, pagi; *finanzieren* financi; ***ich will das ja gar nicht*** ~ mi ja tute ne volas kontesti tion [ĉi]; ***sie bestritt das ganze Programm*** *gestaltete das Programm* ŝi [sola] plenumis la tutan programon
Bestreitung *f*: ***zur ~ der Unkosten*** por kovri la elspezojn
bestreuen *tr* surŝuteti; ***einen Kuchen mit Zucker*** ~ surŝuteti kukon per sukero *od* ŝuteti sukeron sur kukon
bestricken *übertr (faszinieren)* fascini, *(bezaubern)* [en]sorĉi; ***sie hat ihn durch ihren Charme bestrickt*** ŝi fascinis lin pere de sia ĉarmo, *bildh* ŝi kaptis lin en la reto de sia(j) ĉarmo(j)
bestrickend *Adj* fascina, sorĉa, ĉarmega
Bestseller *m Buch mit großem Verkaufserfolg* furorlibro
bestücken *tr Tech (mit etw. ausrüsten)* ekipi (***mit*** per); *allg (mit etw. ausstatten od versehen)* ekipi *od* provizi (***mit*** per)
bestürmen *tr Mil* [sturme] ataki; *übertr* ataki, superŝuti (***mit*** per); ***jmdn. mit Bitten*** ~ ataki iun per petoj; ***er wurde von [den] Journalisten bestürmt*** li estis superŝutata de [la] ĵurnalistoj per demandoj
bestürzen *tr betroffen machen* konsterni
bestürzt *Adj* konsternita, konfuzita; *perplex* perpleksa; *erstarrt, völlig bestürzt [aus Furcht od großem Erstaunen]* stupora; *ratlos* senkonsila; ***ein ~es Gesicht machen*** rigardi konsternite
Bestürzung *f Betroffenheit* konstern[iĝ]o; *Verwirrtheit* konfuziteco; *Perplexität* perplekseco; *Erstarrung [aus Furcht od großem Erstaunen]* stuporo; *Ratlosigkeit* senkonsileco; ***in ~ geraten*** konsterniĝi; konfuziĝi; perpleksiĝi; ~ ***hervorrufen*** elvoki konsterniĝon; ***jmdn. in ~ versetzen*** konsterni iun
Bestweite *f Sport* maksimuma distanco
Besuch *m* vizito (***bei jmdm.*** ĉe iu *od* al iu) (↑ *auch* ***Abschieds-***, ***Anstands-***, ***Antritts-***, ***Arzt-***, ***Beileids-***, ***Gegen-***, ***Haus-***, ***Höflichkeits-*** *u.* ***Kurzbesuch***); ***in*** en *bzw.* al); *das Besuchen, regelmäßiger od häufiger Besuch* vizitado; *Besucher* vizitanto(j) *(Pl)*; *Gäste* gastoj *Pl*; ~ ***bei einem Kranken*** vizito al malsanulo (↑ *auch* ***Hausbesuch***); ***ein fünftägiger offizieller*** ~ kvintaga oficiala vizito (***in*** en) (↑ *auch* ***Staatsbesuch***); ***jmdm. ~ abstatten*** (*od umg* ***machen***) fari viziton al iu; ***ich habe*** ~ mi havas gastojn; ***ich habe ~ bekommen*** *(Gäste)* al mi venis gastoj, *(Besucher)* al mi venis vizitantoj; ***zu ~ kommen*** veni vizite (*bzw.* gaste); ***auf*** (*od* ***zu***) ~ ***sein bei ...*** esti vizite (*bzw.* gaste) ĉe ...; ***ich war bei ihm zu*** ~ mi vizite restadis ĉe li; *ich war sein Gast* mi gastis ĉe li, mi estis lia gasto; ***wir sind hier auf*** (*od* ***zu***) ~ ni estas vizite ĉi tie
besuchen *tr* viziti *auch einen Kongress*; *regelmäßig od häufig besuchen, z.B. die Schule* vizitadi, *auch* frekventi, *umg auch* iri en *mit Akk*; *anwesend sein bei, teilnehmen an* ĉeesti, partopreni; ***ein viel besuchter Ort*** multe vizitata loko; ***eine Ausstellung*** ~ viziti ekspozicion; ***die Insel Bali*** ~ viziti la insulon Balio; ***einen Kurs*** ~ vizitadi (*od* partopreni) kurson; ***eine gut be-***

suchte Versammlung multpersone vizitata kunveno; ***einander*** (*od* ***sich gegenseitig***) ~ reciproke sin viziti; ***zu sehr besucht*** trovizitata (↑ *auch* **²überlaufen**)

besuchenswert *Adj* vizitinda; ***etw.*** ***≗es*** vizitindaĵo

Besucher *m* vizitanto (↑ *auch* **Ausstellungs-**, **Kino-**, **Messe-** *u.* **Theaterbesucher**); *Gast* gasto; *Zuschauer* spektanto; *Teilnehmer* partoprenanto (↑ *auch* **Publikum**); ~**gruppe** *f* grupo de vizitantoj

Besucherzahl *f* nombro de vizitantoj; ***das schlägt sich in der ~ nieder*** tio evidentiĝas en la nombro de vizitantoj

Besuchs|dauer *f* vizit-daŭro; ~**frequenz** *od* ~**häufigkeit** *f* vizit-ofteco; ~**programm** *n* vizitprogramo

besuchsweise *Adv* vizite

Besuchszeit *f* vizit-horoj *Pl auch im Krankenhaus*; ***wann ist ~?*** kiam estas [la] vizithoroj?

Besuchszimmer *n* ĉambro, kie oni akceptadas vizitantojn, akceptejo

besudeln *tr* makuli *auch übertr*, malpurigi; ***jmds. Ehre*** ~ makuli ies honoron *(Zam)*

Besudelung *f* makulado, malpurig[ad]o

Beta *n* (*Zeichen* ***B***, ***β***) *zweiter Buchstabe des griech. Alphabets* beta (*vgl. dazu die Zus mit* ***Beta...*** *im Alphabet*)

Betablocker *m Pharm* ↑ **Betarezeptorenblocker**

Beta|carotin *n*, *auch* ***β-Carotin*** *n Biochemie (ein Provitamin)* betakaroteno; ~**globulin** *n*, *auch* ***β-Globulin*** *n Biochemie (Plasmaprotein, das in der Elektrophorese zwischen α- und γ-Globulin liegt)* betaglobulino; ~**glucan** *n*, *auch* ***β-Glucan*** *n Biochemie* betaglukano

betagt *Adj* grand-aĝa

Betaine *n/Pl Chem (innere Anhydride der Aminosäuren, die durch Reaktion zw. der Aminogruppe u. der Carboxylgruppe unter Wasseraustritt Entstehen <im Saft von Zuckerrüben enthalten>* betainoj *Pl*

betakeln *tr Mar* rigi

Beta|laktamase *f ein Bakterienenzym* betalaktamazo; ~**rezeptor** *m*, *auch* ***β-Rezeptor*** *m Physiol (Reizempfänger des sympathischen Nervensystems, dessen Erregung Bronchien u. Gefäße erweitert, Leistung u. Sauerstoffverbrauch des Herzens erhöht)* betareceptoro; ~**rezeptorenblocker** *m* (*Kurzf* ***Betablocker*** *m*) *Pharm* blokanto de betareceptoroj, *Kurzf* betablokilo; ~**sekretase** *f Biochemie (ein sogen. Transmembranprotein aus der Familie der Proteasen)* betasekretazo

betasten *tr* [pri]palpi *auch Med* (↑ *auch* **begrapschen**); ***ungeschickt*** (*bzw.* ***die falsche Stelle***) ~ fuŝpalpi *od* fuŝe palpi

Betasten *n* palpado

Beta|strahlen *m/Pl*, *auch* ***β-Strahlen*** *m/Pl Kernphysik* betaradioj *Pl*; ~**strahlung** *f*, *auch* ***β-Strahlung*** *f aus schnellen Elektronen od Positronen bestehende radioaktive Strahlung* betaradiado; ~**teilchen** *n/Pl Phys (durch radioaktiven Zerfall freigesetzte Elektronen od Positronen)* betapartikloj *Pl*

betätigen *tr Maschine* manipuli; ***den Abzug ~*** *an einer Schusswaffe* premi la ĉanon; ***sich ~*** *eine Arbeit u.a. durchführen* labori, agi, funkcii (***als*** kiel); *aktiv sein* aktivi; *teilnehmen* partopreni; ***sie betätigte sich politisch*** ŝi aktivis sur la politika kampo (*od* sur la kampo de politiko); ***sich als Rechtsanwalt ~*** praktiki kiel advokato

Betätigung *f* agado, laborado, funkciado (***als*** kiel); *Tech* manipulado; *Aktivität* aktivado; ***sportliche ~*** sporta aktivado

Betätigungsfeld *n* kampo de agado (*od* aktivado), agadkampo

Betatron *n*, *auch* ***Elektronenschleuder*** *f Med, Phys (Vorrichtung zur Beschleunigung von Betastrahlen)* betatrono

betatschen *tr* palpaĉi (↑ *auch* **begrapschen**)

betäuben *tr* ***a)*** *bewusstlos machen* senkonsciigi; *Med* anestezi; *übertr (durch Geruch u.Ä.)* ebriigi, duonsvenigi; ***jmdn. durch Narkose ~*** narkoti iun; ***örtlich betäubt*** loke anestezita ***b)*** *durch Lärm* surdigi; ***die Ohren ~*** *durch Lärm, Stimmengewirr* surdigi la orelojn

betäubend *Adj* ***a)*** *bewusstlos machend* senkonsciiga; *Med* anesteza, narkota; *durch Geruch u.Ä.* ebriigi, duonsvenigi ***b)*** *durch Lärm* surdiga (↑ *auch* **grell**)

Betäubung *f* ***a)*** *das Betäuben* senkonsciigo; *Zustand des Betäubtseins* [stato de] senkonscieco *od* narkoteco; *Med* anestezo, narkozo, *(Schmerz≗)* analgezio, *(Stupor)* stuporo *auch übertr für «Erstarrung»*; ***örtliche ~*** *Med* ↑ **Lokalanästhesie** ***b)*** *der Ohren* surdigo [de la oreloj]

Betäubungsmittel *n (Anästhetikum)* anesteza substanco, *(Narkotikum)* narkotaĵo; ~**spritze** *f* anesteza (*od* narkota) injekto

Beta|wellen *f/Pl, auch* ***β-Wellen*** *f/Pl im Elektrozephalogramm auftretende schnelle Wellen* betaondoj *Pl*; ~**zellen** *f/Pl Anat (Zellen in der Bauchspeicheldrüse, die Insulin bilden)* betaĉeloj *Pl*

Betbruder *m (meist pej) Frömmler* bigotulo, *i.w.S. auch (gottergebener Mensch)* devotulo

Bete *f, reg* ***Beete*** *f*: ***rote*** ~ (Beta vulgaris) *Bot, Nahr* ruĝa beto

beteiligen *tr* partoprenigi (***jmdn. an etw.*** iun en io); ***sich*** ~ partopreni (***an etw.*** ion *od* en io); *verstrickt od verwickelt sein* esti implikita (***an*** en); ***an einem Verkehrsunfall beteiligt sein*** esti implikita en trafika akcidento

Beteiligte *m Teilnehmer* partoprenanto *bzw.* partopreninto; *Asoziierter* asociito; *i.w.S. (Interessent)* interesiĝanto, *(Mitspieler)* kunludanto; ***alle ~n*** *Pl: alle, die in etw. verwickelt sind* ĉiuj implikitaj personoj

Beteiligung *f* ***a)*** *das Beteiligen an etw, z.B. am Gewinn* partoprenigo ***b)*** *das Sichbeteiligen* partopreno (***an*** en) (↑ *auch* ***Gewinn-*** *u.* ***Wahlbeteiligung***); ***aus Mangel an*** ~ pro manko de partoprenantoj; ***ein Betrieb mit staatlicher*** ~ entrepreno (*bzw.* fabriko *od* uzino) kun ŝtata [komandit-]partopreno; ***unter zahlreicher*** ~ kun multnombra partoprenantaro *od* kun multaj partoprenantoj

Beteiligungsgesellschaft *f Wirtsch* ↑ ***Holdinggesellschaft***

Betel *m, auch* ***Betelpflanze*** *f od* ***Betelpfeffer*** *m* (Piper betle) *Bot* betelo; ***Betel kauen*** maĉi betel[aĵ]on

Betelbissen *m, auch* ***Betelpriem*** *m* betelaĵo

Betelgeuze *m Astron (ein Stern im Sternbild Orion)* Betelĝuzo

Betel|kauen *n* betelmaĉado; ~**nuss** *f, auch* ***Arecanuss*** *f Nahr* kateĉunukso, *auch* arekonukso *od* betelnukso; ~**[nuss]palme** *f, auch* ***Areca-*** *od* ***Pinangpalme*** *f* (Areca catechu) *Bot* kateĉupalmo, *auch* kateĉuareko

Betelpfeffer *m Bot* ↑ ***Betel***

Betelpriem *m* ↑ ***Betelbissen***

beten *intr Islam, christl. Kirche* preĝi; ***für jmdn.*** ~ preĝi por iu; ***um etw.*** ~ preĝi pro io; ***zu Gott*** ~ preĝi al Dio

Beten *n* preĝado

Betende *od* **Beter** *m* preĝanto

beteuern *tr* certigi, [insiste] aserti; *feierlich erklären* solene deklari; *schwören* ĵuri; ***eidlich*** ~ ĵure aserti

Beteuerung *f* certigo, [insista] aserto

Bethanien (*n*), *arab.* ***al-Azarie*** *biblischer Wohnort des Lazarus* Betanio <*heute auch ein Name von Krankenhäusern*>

Bethlehem (*n*), *arab.* ***Bait Lahm*** *eine Stadt in Judäa (legendärer Geburtsort Jesu)* Bet-Leĥemo, *auch* Betlehemo; ***Stern von*** ~ ↑ ***Weihnachtsstern a)***

bethlehemitisch *Adj* bet-leĥema *od* betlehema

Bethlehemskapelle *f in der Prager Altstadt* Betlehema Kapelo

betiteln *tr z.B. ein Buch* titoli, doni al ... titolon; *Person* titoli

Betitelung *f* ↑ ***Titulatur a)***

Beton *m* betono (↑ *auch* ***Asphalt-***, ***Bims-***, ***Fertig-***, ***Flugasche-***, ***Gips-***, ***Glas-***, ***Glasfaser-***, ***Holz-***, ***Holzfaser-***, ***Leicht-***, ***Mager-***, ***Perlit-***, ***Plast-***, ***Poren-***, ***Press-***, ***Rüttel-***, ***Schütt-***, ***Schwer-***, ***Spritz-***, ***Stahl-***, ***Stampf-***, ***Strahlenschutz-***, ***Straßen-***, ***Walz-***, ***Wärmeisolations-***, ***Wasserbau-***, ***Zement-***, ***Zentrifugal-*** *u.* ***Ziegelsplittbeton***); ***armierter*** (*od* ***bewehrter***) ~ armita betono; ***dampfgehärteter*** ~ *od* ***Dampfbeton*** *m* vaporizita betono; ***feuerfester*** ~ fajrorezista betono; ***flüssiger*** ~ *od* ***Gussbeton*** *m* verŝita betono; ***gewöhnlicher*** ~ ordinara betono; ***junger*** ~ ↑ ***Frischbeton***; ***unbewehrter*** ~ simpla betono; ***vorgespannter*** ~ *od* ***Spannbeton*** *m* prestreĉita betono; ***Wasser abweisender*** ~ hidrofobia betono

Beton|barriere *f z.B. zum Schutz gegen mögliche Anschläge* betonbariero (↑ *auch* ***Betonsperre***); ~**bau** *m (Vorgang)* betonkonstruado, *(Ergebnis)* betonkonstruaĵo; ~**beimengung** *f Bauw* almiksaĵo al betono; ~**beständigkeit** *f Bauw* rezisteco de betono; ~**block** *m, Bauw auch* ***Betonwerkstein*** *m* betonbloko; ~**dach** *n* betona tegmento; ~**element** *n Bauw* betona elemento

betonen *tr* akcenti *auch Phon*; *Nachdruck legen auf* emfazi (***etw.*** ion); *bestehen auf* insisti pri; ***betont werden*** *den Akzent erhalten (eine Wortsilbe)* esti akcentata; ***ein betonter Vokal*** akcentita (*od* akcentohava) vokalo; ***auf der drittletzten Silbe betont*** *nur Fachspr Phon* proparoksitona

Beton|ermüdung *f* betonlaciĝo *od* laciĝo de betono; ~**fabrik** *f* betonfabriko; ~**festigkeit** *f* firmeco de betono; ~**fundament** *n Bauw* betona fundamento; ~**härte** *f* hardeco de betono; ~**härtung** *f, auch* ***Betonerhärtung***

f Bauw betonhardiĝo

Betonie *f Bot* ↑ ***Heilbetonie***

betonieren *tr* betoni (↑ *auch* ***zubetonieren***)

Betonieren *n od* **Betonierung** *f* betonado

Betonierer *m Bauw* betonisto

Beton|mast *m* betonmasto; **~mischer** *m od* **~mischmaschine** *f Bauw* betonmiksilo *od* betonmiksmaŝino

Betonmischung *f* betonmiksaĵo; ***fette*** (***magere***) ~ grasa (magra) betonmiksaĵo

Beton|pfeiler *m einer Brücke* betona piliero; **~pfette** *f Bauw* betona patno; **~platte** *f* betonslabo; **~pumpe** *f Bauw (Verdrängerpumpe für die Betonförderung)* betonpumpilo; **~rohr** *n* betontubo; **~rüttler** *m Bauw* vibratoro por betono; **~sand** *m* betonsablo; **~schüttung** *f Bauw* ŝutado (*bzw. [falls flüssig]* verŝado) de betono; **~schwelle** *f Eisenb (Gleisbau)* betona ŝpalo, ŝpalo el armita betono; **~sockel** *m Bauw* betona soklo; **~sperre** *f* betona(j) barilo(j) (↑ *auch* ***Betonbarriere***); **~stahl** *m Bauw* armatura ŝtalo; **~straße** *f* betona strato, betonŝoseo; **~straßendecke** *f* betona stratotegaĵo

Betonung *f Phon (das Betonen Akzentuierung)* akcentado, *(Akzent)* akcento; *Hervorhebung* akcent[ad]o; *Nachdruck* emfazo (*vgl. dazu* ***Bekräftigung***); ***etw. mit besonderer ~ sagen*** diri ion kun aparta akcento

Betonungsfehler *m* eraro en la akcentado

Beton|wand *f* betona muro; **~werk** *n Ind* betonfarejo, betonfabriko

Betonwerkstein *m Bauw* ↑ ***Betonblock***

Betonzusatz *m Bauw* ingrediento al betono

betören *tr*: ***jmdn.*** ~ *jmdn. verzaubern* ensorĉi iun; *jmds. Herz erobern* konkeri ies koron; *verlocken* delogi iun; *i.w.S. (jmdn. blenden)* blindigi iun (*vgl. dazu* ***täuschen***)

betörend *Adj* ensorĉa, deloga

Betörung *f* [en]sorĉado, delog[ad]o; *i.w.S. Blendung* blindigo (*vgl. dazu* ***Täuschung***)

Betr. = *Abk für* ***Betreff***

Betracht *m*: ***etw. außer ~ lassen*** lasi ion ekster konsidero *od* [tute] ne konsideri ion; *i.w.S. (etw. beiseite lassen)* lasi ion flanke, *(etw. nicht beachten)* ne atenti ion, *(etw. ignorieren)* ignori ion; ***etw. in ~ ziehen*** konsideri ion; ***wenn man alles in ~ zieht*** se oni ĉion konsideras *od* konsiderante ĉion

betrachten *tr* ***a)*** *anschauen, ansehen* rigardi *auch i.w.S.*; *sinnend od in Versunkenheit betrachten od in Versunkenheit nachsinnen über (etw.)* kontempli (***etw.*** ion); ***etw. aufmerksam*** ~ atente rigardi ion; ***immerzu*** (*od* ***lange***) ~ longe rigardi, *auch* rigardadi; ***etw. aus der Nähe*** ~ rigardi ion de proksime; ***jmdn. von allen Seiten*** ~ rigardadi iun de ĉiuj flankoj; ***etw. mit Verwunderung*** ~ rigardi ion kun miro ◇ ***er betrachtet alles durch seine persönliche Brille*** li ĉion rigardas tra sia persona vitro *(Zam)* ***c)*** *refl*: ***sich gegenseitig*** ~ reciproke sin rigardi; ***sich im Spiegel*** ~ rigardi sin en [la] spegulo ***b)*** *geistig betrachten, halten für, der Meinung sein* konsideri (*vgl. dazu* ***erwägen*** *u.* ***berücksichtigen***); ***etw.*** (***jmdn.***) ~ ***als ...*** rigardi ion (iun) kiel ... *mit Akk*; ***ich betrachte dies als unnötig*** mi konsideras tion [ĉi] nenecesa; ***ich betrachte diese Idee als völlig sinnlos*** mi konsideras (*od auch* rigardas) tiun ideon kiel sensencan fantazion

Betrachter *m* rigardanto; komtemplanto; *Beobachter* observanto (↑ *auch* ***Zuschauer***)

beträchtlich *Adj* konsiderinda; *ziemlich groß* sufiĉe granda; *bemerkenswert* rimarkinda; *weiträumig* vasta; ***eine ~e Summe*** konsiderinda sumo [da mono]

Betrachtung *f Anschauen* rigardado; *sinnendes Nachdenken, Meditation* kontemplado, meditado; *Überlegung* konsider[ad]o; ***philosophische ~en*** *f/Pl* filozofiaj meditadoj *Pl*; ***bei näherer ~*** ĉe plia (*od* pli detala) konsiderado; ***~en über etw. anstellen*** pripensadi ion, konsideri ion

Betrachtungsweise *f* rigardomaniero; *die Art etw. zu sehen* vidmaniero

Betrag *m* [mon]sumo; *Gesamt*~ entuta (*od* totala) sumo (↑ *auch* ***Rechnungsbetrag***)

[1]**betragen** *intr sich belaufen auf* sumiĝi je; ***die Kosten ~ ... Rupiah*** la kostoj sumiĝas je ... rupioj

[2]**betragen, sich** *refl* konduti (***gegenüber*** kontraŭ); ***er hat sich mir gegenüber immer anständig betragen*** li kondutis ĉiam honeste kontraŭ mi; ***sich schlecht betragen*** malbone konduti, miskonduti (↑ *auch* ***sich danebenbenehmen***)

Betragen *n* konduto; *Haltung* sinteno; ***von gutem*** ~ *gesittet* bonkonduta; ***von schlechtem*** ~ *sich schlecht aufführend* malbonkonduta (↑ *auch* ***unartig***)

Betragensnote *f Schule* noto pri konduto

betrauen *tr* konfidi (***jmdn. mit etw.*** ion al iu) (↑ *auch* ***anvertrauen***); *beauftragen* komisii, ŝarĝi (***mit*** per); ***jmdn. mit der Bildung der neuen Regierung*** ~ komisii iun per la tasko formi novan registaron

betrauern *tr* funebri (***jmdn.*** iun *od* pro iu); *beweinen* priplori; *klagen über* plendi pri; ***sein Los*** (*od* ***Schicksal***) ~ plendi pri sia sorto

beträufeln *tr* ***den Fisch mit Zitrone*** ~ gutigi citronosukon sur la fiŝon

Betreff *m* (*Abk* ***Betr.***): ***in*** ~ koncerne *mit Akk*, rilate al

betreffen *tr angehen* koncerni, rilati al; *befallen, zustoßen* trafi (*vgl. dazu* ***überraschen***); ***das betrifft mich nicht*** tio ne koncernas min; ***was mich betrifft, so ...*** kio min koncernas, mi ...; *ich für meinen Teil* mi por mia parto ...

betreffend *Adj* koncerna; *genannt* menciita, citita; ***die ~e Person*** la koncerna persono; ***diese Frage*** ~ koncernanta ĉi tiun demandon; ***zu der ~en Zeit*** dum la koncerna tempo

Betreffende *m* koncernato, koncernata persono

betreffs *Präp* koncerne *mit Akk*, rilate al

betreiben *tr ausüben* fari, praktiki; *vorantreiben, zu beschleunigen suchen* akceli, urĝi, vigle plirapidigi; *Tech* movigi, peli; ***die Maschine wird elektrisch betrieben*** la maŝino havas elektromotoran movigon; ***ein [Laden-] Geschäft*** ~ posedi (*od auch* havi *od* teni) butikon; ***Spionage*** ~ spionadi; ***Studien*** ~ fari studojn (***über*** pri)

Betreiben *n*: ***auf*** ~ ***von ...*** laŭ (*od* pro) iniciato de ...; *auf Drängen von ...* laŭ insisto de ...; ***auf ihr ~ [hin]*** pro ŝia insisto

betressen *tr mit Tressen besetzen* galoni

Betresste *m*, *meist* ***betresster Lakai*** *m* galonita lakeo

[1]**betreten** *tr auf etw. treten* suriri, surpaŝi (***etw.*** ion); *eintreten in* eniri en *mit Akk*; ***damit ~ wir ein Gebiet, das ...*** *Fachrichtung* per tio ni komencas trakti terenon, kiu ...; ***zum ersten Mal amerikanischen Boden*** ~ unuafoje surpaŝi amerikan (*bzw. i.e.S.* usonan) teron

[2]**betreten** *Adj* perpleksa, embarasita; *verschämt* hontema (*vgl. dazu* [2]***verlegen***)

Betreten *n* surirado, surpaŝado; *Hineingehen* enir[ad]o; ***das ~ der Baustelle ist verboten*** eniro al konstruloko (*od* konstrutereno) [estas] malpermesata

betreuen *tr* prizorgi, [fidele] zorgi por; *pflegen* flegi; *warten, aufpassen auf (z.B. auf ein Kleinkind)* varti; ***er betreut ausländische Delegationen*** li laboras por eksterlandaj delegacioj; ***Professor K. betreut mehrere Aspiranten*** profesoro K. patronas (*od* science gvidas) plurajn [sciencajn] aspirantojn

Betreuung *f* prizorgado, zorgo; *von Kleinkindern* vartado; *Pflege, bes. eines Kranken* flegado (*vgl. dazu* ***Versorgung***); ***ärztliche*** (***medizinische***)~ kuracista (medicina) prizorgado

Betrieb *m* ***a)*** *Unternehmen, Firma* entrepreno, firmo (↑ *auch* ***Forst[wirtschafts]-*** *u.* ***Großbetrieb***); *Fabrik, Werk* fabriko, uzino; *Arbeitsstätte* laborejo; ***das Werk ist erst seit einem Jahr in*** ~ la uzino komencis sian produktadon nur antaŭ unu jaro; ***der Fahrstuhl ist außer*** ~ la lifto ne funkcias (*od* ne laboras); ***in ~ sein*** funkcii, *umg häufig* labori; ***etw. in ~ setzen*** ekfunkciigi ion; ***außer ~ setzen*** malfunkciigi ***b)*** *lebhaftes Treiben* [hom]moviĝo; *Lebhaftigkeit* viveco; *Aktivität(en)* aktivado; *Verkehr* trafiko; ***während der Messe war viel*** ~ dum la foiro regis multe da vigleco, dum la foiro estis multe da trafiko en la urbo ***c)*** *Betriebsart* reĝimo ***d)*** *Tech (Funktion[ieren])* funkci[ad]o (↑ *auch* ***Kurzzeitbetrieb***)

betriebsam *Adj* aktiva, agema; *lebhaft, rege* vigla (*vgl. dazu* ***geschäftig***); *unternehmungslustig* entreprenema

Betriebsamkeit *f* aktiveco, agemo; *Lebhaftigkeit* vigleco

Betriebs|anlage *f* fabrikinstalaĵo; ~**anleitung** *f z.B. für ein Gerät* uz-instrukcio; ~**art** *f Tech* reĝimo; ~**ausweis** *m* laboreja legitimilo; ~**berufsschule** *f* uzina profesia lernejo; ~**dauer** *f*, *auch* ***Betriebszeit*** *f* daŭro de fukciado; ~**dienst** *m Eisenb* funkcia deĵoro

betriebsfähig *Adj* funkciopreta, preta por uzo, uzebla

Betriebsferien *Pl* [entreprena] feriotempo; ***wegen ~ geschlossen*** fermita ĉar entrepreno ferias

Betriebs|fläche *f Landw* mastrum-areo; ~**gaststätte** *f* [laboreja *bzw.* uzina] kantino; ~**geheimnis** *n* fabriksekreto *bzw.* firmosekreto; ~**hygiene** *f* industria higieno; ~**kantine** *f* laboreja kantino (*od* manĝejo); ~**kapital** *n* speza kapitalo; *Anfangskapital* komenca (*od* starta) kapitalo; ~**klima** *n* atmosfero en la laborejo (*bzw.* entrepreno *od* uzino); ~**kosten** *Pl* laborelspezoj *Pl*; *Ver-*

waltungskosten administraj kostoj *Pl*; ~**leiter** *m* direktoro [de entrepreno]; *Werkleiter* direktoro de uzino; ~**poliklinik** *f* uzina polikliniko; ~**rat** *m* [sindikata] entrepren-konsilio; ~**rente** *f* entreprena pensio; ~**rentenversicherung** *f* entreprena pensia asekuro; ~**schließung** *f* fermo de entrepreno (*bzw.* fabriko); ~**sicherheit** *f* teknika (*od* funkciada) sekureco; ~**soziologie** *f* industria sociologio; ~**stoff** *m Treibstoff* fuelo; *Rohstoff* krudmaterialo

Betriebsstörung *f Tech* paneo (↑ *auch* ***Defekt*** *u.* ***Panne***); ***eine ~ beheben*** senpaneigi

Betriebssystem *n EDV (Software, die den Betrieb eines Computers ermöglicht)* operacia sistemo, *auch* mastruma programo

Betriebsunfall *m* ↑ ***Arbeitsunfall***

Betriebs|versammlung *f* kunveno de la laboreja personaro; ~**wirtschaftslehre** *f* (*Abk* ***BWL***) entrepren-ekonomiko; ~**zählung** *f* censo de [la] entreprenoj

Betriebszeit *f* ↑ ***Betriebsdauer***

betrinken, sich *refl* trinki ĝis ebriiĝo

betroffen *Adj bestürzt* konsternita; *schockiert* ŝokita; *frappiert* frapita; *schmerzlich berührt* afliktita; *von einem Unglück* trafita; ***das ~e Organ*** *Med* la afekciita organo

Betroffenheit *f Bestürzung* konstern[iĝ]o

Betrogene *m Getäuschter (Opfer eines Betrugs)* trompato *bzw.* trompito; *Narr* dupo; *gehörnter Ehemann* kokrito

betrüben *tr traurig machen* malĝojigi, tristigi; *bekümmern, kränken* aflikti; *deprimieren* deprimi; ***sich ~*** *sich grämen* afliktiĝi (***über***, ***um*** *od* ***wegen*** pri *od* pro)

betrüblich *Adj* malĝojiga (*vgl. dazu* ***traurig***); *schmerzlich berührend* aflikta; *ärgerlich* ĉagrena

Betrübnis *f Traurigkeit* tristeco; *Gram, Leid* aflikto; *Ärger* ĉagreno

betrübt *Adj* afliktita; *traurig* malĝoja, trista (*vgl. dazu* ***niedergeschlagen*** *u.* ***öde***) ; ***über etw. ~ sein*** esti afliktita pro io; esti malĝoja pro io *od* malĝoji pri io

Betrug *m* tromp[ad]o; *Defraudation, Unterschlagung* fraŭdo (↑ *auch* ***Kredit-***, ***Kreditkarten-***, ***Scheck-***, ***Steuer-***, ***Versicherungs-***, ***Vorschuss-*** *u.* ***Wahlbetrug***); *i.w.S. Unehrlichkeit* malhonesteco

betrügen *tr* trompi (***jmdn. um etw.*** iun pri io) (*vgl. dazu* ***irreführen*** *u.* ***prellen***); *treulos gegen jmdn. handeln* perfidi; *die Ehefrau* perfidi, *den Ehemann* kokri; *Finanzamt, Gesetz* fraŭdi; ***sie betrügt ihren Ehemann*** *sex* ŝi sekse malfidelas al sia edzo *od* ŝi kokras sian edzon; ***betrogener Ehemann*** kokrita edzo, kokrito; ***seine Frau ~*** perfidi (*od* sekse malfideli) sian edzinon; ***sich selbst ~*** trompi sin mem (***mit*** per)

Betrügen *n* trompado (↑ *auch* ***Betrug*** *u.* ***Täuschen***)

Betrüger *m jmd., der betrügt* trompanto; *jmd., der betrogen hat* trompinto; *jmd., der [ständig] auf Betrug aus ist, Betrüger, der aus der Leichtfertigkeit der Menschen Kapital schlägt* trompisto (*vgl. dazu* ***Schuft***; ↑ *auch* ***Trickbetrüger***)

Betrügerei *f* trompado (*vgl. dazu* ***Betrug***); *Hinterziehung, Unterschlagung* fraŭdo

betrügerisch *Adj* trompa, *(Person)* trompema; *auf Hinterziehung gerichtet* fraŭda; *unehrlich* malhonesta

betrunken *Adj* ebria (↑ *auch* ***beschwipst***, ***besoffen*** *u.* ***stock-*** *od* ***sturzbetrunken***); ***~ machen*** ebriigi; ***~ werden*** ebriiĝi; ***in ~em Zustand*** en stato de ebrieco; ***~ unter dem Tisch liegen*** kuŝi ebria sub la tablo

Betrunkene ***a)*** *m* ebriulo ***b)*** *f* ebriulino ◇ ***ein ~r kennt keine Gefahr*** por ebriulo ne ekzistas danĝero *(Zam)*

Betschuanaland (*n*) *ein Tafelland im südlichen Afrika [umfasst den größten Teil der Kalahari]* Beĉuanalando

Betschwester *f pej: Frömmlerin* bigotulino

Betsileo *Pl Ethn (zweitgrößte Bevölkerungsgruppe [etwa 12%] Madagaskars)* betsileoj *Pl* <*Siedlungsgebiet: im südlichen zentralen Hochland*>

Betstuhl *m*, *auch* ***Kniebank*** *f* preĝobenk[et]o

Bett *n* lito (↑ *auch* ***Bed&Breakfast***, ***Doppel-***, ***Ehe-***, ***Etagen-***, ***Extra-***, ***Feder-***, ***Feld-***, ***Gips-***, ***Gitter-***, ***Himmel-***, ***Intensiv-***, ***Klapp-***, ***Kranken-***, ***Krankenhaus-***, ***Pflege-***, ***Puppen-***, ***Schrank-***, ***Streck-***, ***Unter-*** *u.* ***Wasserbett***); *Fluss*² fluejo [de rivero]; ***ein Kind zu ~ bringen*** meti infanon en la liton, *umg* enlitigi infanon; ***sie ließ sich aufs ~ fallen*** ŝi lasis sin fali sur la liton; ***zu*** (*od* ***ins***) ***~ gehen*** enlitiĝi; ***das ~ hüten*** *im Bett bleiben* resti en la lito; *krank im Bett liegen* kuŝi malsana en la lito; ***das ~ machen*** (*od* ***herrichten***) aranĝi (*od* [re]ordigi) la lit[aĵ]on; ***ins ~ machen*** *bettnässen* urini (*od fam* pisi) en la liton; ***aus dem ~ springen*** [el]salti el la lito; ***zusammen ins ~ gehen*** *sex* kune enlitiĝi (*od auch* iri en la liton) [por amori]

Bett|bezug *m* tegaĵo de litkovrilo; ~**couch** [...*kautʃ*] *f* litsofo; ~**decke** *f* litkovrilo

bettelarm *Adj* malriĉa kiel almozulo, malriĉega

Bettelbrief *m* almozpeta letero

Bettelei *f Betteln* [daŭra] almozpetado; *ständiges Bitten* daŭra (*od* senĉesa) petado

Bettelmönch *m*, *auch* ***Mendikant*** *m* almozmonaĥo *od* almoz-petanta monaĥo (↑ *auch* ***Bhikschu***)

betteln *intr* almozpeti; *aufdringlich um etw. bitten* [altrude] petegi, *auch* petpeti (***um*** pri *od* pro)

Bettel|orden *m Rel* almoz-ordeno; ~**sack** *m* almozosako

Bettelstab *m* ◇ ***jmdn. an den ~ bringen*** igi iun almozulo (*od i.w.S.* malriĉulo) (*vgl. dazu* **jmdn. *ruinieren***)

betten *tr hinlegen* kuŝigi; *der Länge nach hinlegen, [horizontal] lagern* sterni (↑ *auch* ***hinschütten***); *ins Bett legen, z.B. ein Kleinkind* enlitigi; ***sich*** ~ *sich [lang] hinlegen, sich hinstrecken* sin sterni ◇ ***auf Rosen gebettet sein*** esti sternita sur rozoj; ***wie man sich bettet, so liegt man*** kiel oni sternas, tiel oni dormas *(Zam)*

Bettflasche *f* ↑ ***Wärmflasche***

Bett|geknarre *n* litoknarado; ~**gestell** *n*, *auch* ***Bettstelle*** *f* litkadro; ~**himmel** *m Stoffdach über dem Bett* baldakeno [super la lito]

Bettina (*f*) *weibl. Vorname* Betina

Bett|jacke *f* litjako; ~**kante** *f* litrando; ~**karte** *f Schlafwagen* litbileto

bettlägerig *Adj*: ~ ***sein*** *krank im Bett liegen* kuŝi [malsana] en lito

Bett|laken *od* ~**tuch** *n*, *<schweiz>* ***Leintuch*** *n* lit[o]tuko (↑ *auch* ***Spannbetttuch***)

Bettler *m Almosenempfänger* almozulo *od* almozpetanto

bettnässen *intr* urini (*od fam* pisi) en la liton

Bettnässen *n*, *Fachspr Med* ***Enurese*** *f* liturinado, *fam* litpisado, *Fachspr* enurezo

Bettnische *f* ↑ **Alkoven *b)***

Bettpfanne *f Med* ↑ ***Schieber b)***

Bettrand *m* litrando; ***auf dem ~ sitzen bleiben*** resti sidanta sur la litrando

Bettruhe *f* restado en [la] lito

Bettstelle *f* ↑ ***Bettgestell***

Bettszene *f bes. Film* lit[o]sceno

Betttuch *n* ↑ ***Bettlaken***

Bettung *f Gleisbau (Schotter)* [trak]balasto (↑ *auch* ***Gleisbettung***, ***Rundschotter*** *u.* ***Sandbettung***); *eines Geschützes* bazo *od* platformo [por kanono]

Bett|vorhang *m* litkurteno; ~**vorleger** *m neben dem Bett* litflanka tapiŝ[et]o (*bzw.* mato), *vor dem Bett* antaŭlita tapiŝ[et]o (*bzw.* mato); ~**wanze** *f* (Cimex lectularius) *Ent* lit[o]cimo; ~**wärmer** *m* lit[o]varmigilo (↑ *auch* ***Wärmflasche***); ~**wäsche** *f* lit[o]tolaĵo

Bettzeug *n* litaĵo; ***das ~ auf dem Fußboden ausbreiten*** sterni la litaĵon sur la planko

betucht *Adj*: ~***e Touristen*** *m/Pl* monhavaj turistoj *Pl*

betupfen *tr abtupfen*: ***mit dem Pinsel*** ~ tupi per peniko; ***mit Watte*** ~ dabi (*od auch* tuŝeti) per vataĵo [kaj tiel ĉi apliki medicinaĵon *u.a.*]; ***die Wunde mit Salbe*** ~ dabi la vundon per ungvento

Betzimmer *n* preĝoĉambro

Beuche *f Lauge zum Entfernen von Fett aus Rohbaumwolle* lesivo [por forigi grasaĵon el kruda kotono]

Beugemuskel *m*, *auch* ***Beuger*** *m Anat* ↑ ***Flexor***

beugen *tr* ***a)*** *Kopf, Rumpf* fleksi (↑ *auch* ***biegen***); *krümmen* kurbigi; *neigen* klini; *übertr demütigen* humiligi; *sich unterwerfen* sin submeti (↑ *auch* ***nachgeben***); ***nach hinten*** ~ *zurückbeugen* retroklini; ***den Kopf*** ~ klini la kapon; ***das Recht*** ~ klini (*od [krasser:]* pervertigi) la leĝon; ***sich*** ~ fleksiĝi, kurbiĝi, kliniĝi *auch übertr* (*vgl. dazu* ***sich bücken***; ↑ ***sich zurückbeugen***); *sich demütigen* humiliĝi (***vor jmdm.*** antaŭ iu); ***sich dem Stärkeren*** ~ sin submeti al [la] plifortulo ***b)*** *Opt (vom geradlinigen Verlauf ablenken [Lichtstrahlen, Wellen])* difrakti ***c)*** *Gramm (flektieren)* fleksii, *i.e.S. (Substantiv)* deklinacii, *(Verb)* konjugacii

Beugung *f* ***a)*** *Beugen, z.B. des Arms, Knies u.a.* fleks[ad]o (↑ *auch* ***Rückwärtsbeugung***) ***b)*** *Opt, Phys (Diffraktion)* difrakto ***c)*** *<österr> alt* ***Biegung*** *f Gramm (Flexion: Bildung der grammatischen Formen eines Wortes)* fleksio; ~ ***der Substantive*** deklinacio; ~ ***der Verben*** konjugacio

beugungslos *Gramm* = ***flexionslos***

Beugungsspektrum *n Opt, Phys* spektro de difrakto

Beule *f Delle, z.B. im Hut od in Blech* kaveto, [eta] kavaĵo; *Med (Schwellung)* ŝvelaĵo, *(durch Schlag) auch* tubero, *i.e.S. (Frost*≗*)* pernio; ***er hat eine ~ am Kopf*** li havas tuberon sur la frunto [pro bato ricevita]

Beulenpest *f, auch* ***Bubonenpest*** *od* ***Drüsenpest*** *f Med* bubona pesto

beunruhigen *tr* maltrankviligi; *beängstigen* timigi; *Sorge bereiten* kaŭzi zorgo(j)n; *aufregen* eksciti; ***sich*** ~ maltrankviliĝi (***über*** pro)

beunruhigend *Adj* maltrankviliga

beunruhigt **1.** *Adj*: ~ ***sein*** esti maltrankviligita (*vgl. dazu* ***sich sorgen***) **2.** *Adv* kun sento de maltrankvilo *nachgest*

Beunruhigung *f (das Beunruhigen)* maltrankviligo, *(das Sichbeunruhigen)* maltrankviliĝo (*vgl. dazu* ***Sorge***); ***es gibt keinen Grund zur*** ~ ne estas kaŭzo (*od* kialo) por maltrankviliĝi

beurkunden *tr durch eine Urkunde festhalten* atesti per dokumento; *durch eine Urkunde beweisen* pruvi per dokumento; *i.w.S. bestätigen* konfirmi (*vgl. dazu* ***bescheinigen***)

Beurkundung *f* atestado (*bzw.* pruv[ad]o) per dokumento; *i.w.S.* konfirm[ad]o

beurlauben *tr* forpermesi (***jmdn.*** iun); ***jmdn. vom Amt*** ~ suspendi iun [de sia ofico]

Beurlaubung *f* forpermes[ad]o; *Suspension* suspendo

beurteilen *tr* [pri]juĝi (***nach*** laŭ); *abschätzen* taksi; *i.w.S. kritisch besprechen (ein Buch)* recenzo; ***das ist schwer zu*** ~ tio estas malfacile [pri]juĝebla; ***soweit ich das*** ~ ***kann*** tiom kiom mi povas juĝi

Beurteilung *f das Beurteilen od Bewerten* prijuĝ[ad]o; *[getroffenes] Urteil* juĝo; *Einschätzung* taks[ad]o; *Rezension* recenzo [de libro]; *i.w.S. Meinung* opinio; ~ ***der Lage*** (*od* ***Situation***) *od* ***Lagebeurteilung*** *f* prijuĝ[ad]o de la situacio; ***nach eigener*** ~ laŭ propra juĝo, *auch* proprajuĝe; ***jmds.*** ~ ***werden*** fariĝi kaptaĵo por iu

Beute *f eines Raubtieres* predo *auch übertr für «Opfer»*; *Kriegs*≃ milita predo, militkaptaĵo; *Diebes*≃ ŝtel[it]aĵo; *Jagd*≃ ĉasa predo; *Gefangenes* kapt[it]aĵo (↑ *auch* ***Ausbeute***); ***jmds.*** ~ ***werden*** fariĝi kaptaĵo por iu; ***eine Gazelle fiel dem Leoparden zur*** ~ (*od* ***zum Opfer***) gazelo fariĝis predo de la leopardo

beutegierig **1.** *Adj* predoavida **2.** *Adv* predoavide

Beutel *m* ***a)*** saketo (↑ *auch* ***Müll-***, ***Plaste-***, ***Tee-*** *u.* ***Tabak[s]beutel***); *Geld*≃ monsaketo, monujo ◇ ***er musste tief in den*** ~ ***greifen*** *er musste viel zahlen* li devis multege pag[ad]i ***b)*** *Zool (Bauchtasche der Beuteltiere)* marsupio, *pop* poŝo

Beutelbär *m Zool* ↑ ***Koala***

Beutelmeise *f* (Remiz pendulinus) *Orn* saknesta paruo, *pop auch* saknestulo (↑ *auch* ***Kronen-***, ***Schwarzkopf-*** *u.* ***Sudan-Beutelmeise***)

beuteln *tr*: ***Mehl*** ~ bluti (*od pop* sakokribri) farunon (*vgl. dazu* ***durchsieben***)

Beutelratte *f, auch* ***Opossum*** *n* (*Gattung* Didelphis) *Zool* didelfo (↑ *auch* ***Spitzmaus-Beutelratte***, ***Virginia-Opossum***, *u.* ***Zwergbeutelratte***); *Fell od Pelz der Beutelratte* oposumo; ***[Familie der]*** ~***n*** (Didelphidae) didelfedoj *Pl*; ***[Gattung der]*** ~***n*** *f/Pl od* ***Schwimmbeutler*** *m/Pl* (Chironectes) ĥironektoj *Pl*

Beutelstorch *m Zool* = ***Marabu***

Beutelteufel *m Zool* ↑ ***tasmanischer Teufel*** [*unter* ***Teufel***]

Beuteltier *n Zool* poŝbesto, <*wiss*> marsupiulo; ***[Ordnung der]*** ~***e*** *n/Pl*, *Fachspr* ***Marsupialier*** *m/Pl* (Marsupialia) [ordo de] marsupiuloj *Pl*

Beutenkäfer *m Ent* ↑ ***Bienenstockkäfer***

Beute|spektrum *n* predospektro; ~**tier** *n* predobesto

Beuthen (*n*) ↑ ***Bytom***

bevölkern *tr* loĝatigi, loĝigi homojn en (*bzw.* sur); ***sich*** ~ hompleniĝi, pleniĝi je homoj

bevölkert *Adj* [en]loĝata; ***ein dicht*** ~***es Gebiet*** dense loĝata regiono

Bevölkerung *f* loĝantaro (***Über-***, ***Unter-*** *u.* ***Urbevölkerung***); ***berufstätige*** (*od* ***werktätige***) *bes. Demografie* ~ aktiva loĝantaro

Bevölkerungs|abnahme *f* malpliiĝo de [la] loĝantaro; ~**dichte** *f* ***a)*** *Wohndichte* loĝdens[ec]o ***b)*** *Biol* ↑ ***Populationsdichte***; ~**explosion** *f* loĝantara (*od* demografia) eksplodo; ~**karte** *f Kartogr* demografia karto; ~**politik** *f* demografia politiko; ~**prognose** *f* demografia prognozo; ~**pyramide** *f* demografia piramido (↑ *auch* ***Alterspyramide***); ~**rückgang** *m* regreso de [la] loĝantaro; ~**schutz** *m* loĝantara protekto; ~**statistik** *f* loĝantara statistiko, demografio

bevölkerungsstatistisch *Adj* demografia

Bevölkerungswachstum *n* kresk[ad]o de [la] loĝantaro *od* loĝantara kresko; ~**zunahme** *f od* ~**zuwachs** *m* pliiĝo de [la] loĝantaro

bevollmächtigen *tr* rajtigi (***jmdn.*** iun), doni plenpovon (***jmdn.*** al iu); *Gesandten* akrediti; *Hdl* doni prokuron (***jmdn.*** al iu)
bevollmächtigt *Adj* rajtigita, havanta plenpovon
Bevollmächtigte *m* rajtigito, plenpovulo; *Mandatar, Sachwalter* mandatulo; *Beauftragter* komisiito; *Repräsentant* reprezentanto
Bevollmächtigung *f Berechtigung* rajtigo; *Vollmacht* plenpovo *(Jur, kaufmännische Vollmacht)* prokuro
bevor *Konj* antaŭ ol (*vgl. dazu* ***ehe***)
bevormunden *tr*: ***jmdn.*** ~ *Jur (unter Vormundschaft stellen)* meti iun sub kuratorecon; *übertr* kontinue riproĉeti iun (↑ *auch* ***gängeln***); ***Bestreben*** *n* ***[des Staates], den Bürger zu*** ~ paternalismo
Bevormundung *f Jur* kuratoreco
bevorraten *tr speichern* stoki, teni en stoko; *mit Vorräten versehen* abunde provizi
Bevorraten *n Lagerhaltung* stokado
bevorrechten *tr* privilegii (***jmdn.*** iun), doni privilegio(j)n (***jmdn.*** al iu); ***bevorrechtet sein*** esti privilegiita, havanta (*od* ĝuanta) privilegio(j)n
Bevorrechtete *m* privilegiito *od* privilegiulo
bevorstehen *intr* ***a)*** esti proksima, proksimiĝi; ***Weihnachten steht bevor*** Kristnasko estas proksima; ***mir steht noch eine schwere Prüfung bevor*** min ankoraŭ atendas malfacila ekzameno ***b)*** *drohend bevorstehen z.B. ein schweres Gewitter od ein Sturm* minaci (*vgl. dazu* ***drohen***)
bevorstehend *Adj zukünftig* estonta (↑ *auch* ***angehend***); *herannahend* proksim[iĝant]a
bevorzugen *tr* preferi (***vor*** al); *begünstigen* favori (***jmdn.*** iun)
bevorzugt 1. *Adj* privilegi[it]a; *günstig* favora **2.** *Adv* privilegie; favore; ~ ***bedient werden*** esti preferata [al la aliaj gastoj] dum servado
Bevorzugte ***a)*** *m (Person)* preferato, preferata persono ***b)*** *n (Sache)*: ***etw.*** ~***s*** preferaĵo
Bevorzugung *f* prefer[ad]o, donado de privilegioj (*vgl. dazu* ***Präferenz***)
bewachen *tr* gardi; *bewachend eskortieren* [garde] eskorti; *i.w.S. beschützen* protekti
bewachsen *Adj*: ***mit ...*** ~ ***sein*** esti surkreskita de ... (*vgl. dazu* ***bedeckt mit ...***)
Bewachung *f* gard[ad]o (*vgl. dazu* ***Wache***); *Eskortierung* eskortado
bewaffnen *tr* armi (***mit*** per); ***sich*** ~ sin armi
bewaffnet *Adj* armita ◇ ***bis an die Zähne*** ~ armita ĝis la dentoj; ~***e Auseinandersetzung*** *f od* ~***er Konflikt*** *m* armita konflikto; ~***es Eingreifen*** *n od* ~***e Intervention*** *f* interveno per armiloj; ~***e Streitkräfte*** *Pl* militfortoj *Pl*, armefortoj *Pl*; ~***er Volksaufstand*** *m* armita popolleviĝo
Bewaffnung *f Mil (das Bewaffnen)* armado, *(Gesamtheit der Waffen)* armilaro *Sg*, armiloj *Pl* (↑ *auch* ***Aufrüstung*** *u.* ***Wiederbewaffnung***); ***in voller*** ~ plene armita
bewahre! *Interj: bestimmt nicht!* [tut]certe ne!
bewahren *tr aufbewahren* konservi; *behüten* gardi; *beschützen* protekti (***jmdn. vor*** iun kontraŭ); *rettend bewahren* antaŭsavi (***vor*** de); ***bewahre ihn in deinem Herzen*** gardu lin en via koro; ***Ruhe*** ~ *ruhig bleiben* resti trankvila; ***Stillschweigen*** ~ silenti (***über etw.*** pri io) *od* prisilenti (***über etw.*** ion); ***seine Würde*** ~ konservi sian [homan] dignon; ***sich*** ~ sin gardi (***vor*** kontraŭ)
bewähren *tr alten Ruf, Ruhm* pruvi; ***sich*** ~ pruviĝi (*od* montriĝi) taŭga; ***sich nicht bewähren*** *sich als unrichtig od ungeeignet herausstellen, z.B. ein verwendetes Material* pruviĝi maltaŭga; ***es wurde ihm Gelegenheit gegeben, sich zu*** ~ oni donis al li la ŝancon montri siajn kapablojn
bewahrheiten, sich *refl* pruviĝi (*od* montriĝi) vera; *Träume* realiĝi
bewährt *Adj erfahren* sperta (*vgl. dazu* ***versiert***); *erprobt* [el]provita; *verlässlich* fidinda; *erfolgreich* sukcesa; ***unter seiner*** ~***en Führung*** sub lia sperta (*od* bonfida) gvidado
Bewahrung *f Aufbewahrung, Erhaltung (auch der Natur)* konservado; *Schutz* protekt[ad]o; *Pflege* fleg[ad]o; ~ ***des kulturellen Erbes*** protekt[ad]o de la kultura heredaĵo
Bewährung *f das Sichbewähren* pruviĝo (*od* montriĝo) de taŭgeco; *schwere Prüfung* grava provo; *Jur* probacio; ***zur*** ~ ***aussetzen*** *Jur* probacii; ***Strafaussetzung*** *f* ***zur*** ~ *Jur* probacio
Bewährungs|frist *f Jur* probacia tempo; ~**strafe** *f Jur* puno je probacio
bewaldet *Adj waldbedeckt* arbarokovrita *od nachgest* kovrita de arbaro(j); *waldreich* arbar-riĉa (↑ *auch* ***waldig***)
bewältigen *tr Schwierigkeiten* venki, superi, subigi; *meistern* majstri; *Arbeit* fari, plen-

umi; *einen Berggipfel* konkeri; ***ich weiß kaum, wie ich alles ~ soll*** mi apenaŭ scias kiamaniere plenumi [ĉi] ĉion

bewandert *Adj Erfahrung habend* [tre] sperta (***in*** en); *gut unterrichtet* profunde scianta (***in etw.*** ion), bone informita (***in*** pri)

Bewandtnis *f*: ***damit hat es eine andere ~*** tio estas tute aparta (*od* alia) afero; ***damit hat es folgende ~ ...*** la afero estas jena ...

bewässerbar *Adj* irigaciebla

bewässern *tr* akvumi, irigacii (↑ *auch* ***beregnen***)

Bewässerung *f* akvumado, irigacio

Bewässerungs|anlage *f* irigacia instalaĵo, *auch* instalaĵo por irigaciado (↑ *auch* ***Berieselungsanlage***); ~**bedarf** *m* irigacia bezono; ~**graben** *m* irigacia fos[aĵ]o; *Wassergraben* akvofoso; ~**kanal** *m* irigacia kanalo; ~**netz** *n* irigacia reto; ~**system** *n* irigacia sistemo; ~**rad** *n Wasserhebrad der Araber* norio (↑ *auch* ***Schöpfrad*** *u.* ***Schöpfwerk***); ~**verfahren** *n* metodo(j) de irigacio

bewegen *tr (Ortsveränderung)* movi (↑ *auch* ***fortschaffen***); *(mittelbar in Bewegung setzen, z.B. eine Maschine)* movigi (*vgl. dazu* ***anlassen***); *Gefühl erregen* emocii, [kor]tuŝi (***jmdn.*** iun); *veranlassen zu* instigi, inklinigi, emigi, igi; *verleiten, überreden* persvadi (***jmdn. etw. zu tun*** iun fari ion); ***er konnte den Arm nicht mehr ~*** li ne plu povis movi la brakon; ***ich konnte vor Kälte kaum noch die Finger ~*** pro malvarmego mi apenaŭ povis movi la fingrojn; ***Sie sollten versuchen, ihn dazu zu ~*** vi devus provi persvadi lin, ke li faru tion; ***sich ~*** sin movi, moviĝi (*vgl. dazu* ***sich regen***); *Erde, Planet* cirkuli; *schwanken, z.B. Preise* varii (***zwischen ... und ...*** inter ... kaj ...); ***sich rückwärts ~*** *d.h. mit der Rückseite dem Ziel zugewandt* sin movi kankre; ***er ließ sich nicht dazu ~*** nenio (*bzw.* neniu) povis igi lin fari tion; neniel li konsentis pri tio; ***sich nicht ~ können*** ne povi moviĝi; ***die Blätter ~ sich im Wind*** la folioj moviĝas en [la] vento; ***die Fähigkeit sich zu ~*** kapablo moviĝi (↑ *auch* ***Motorik***) ◇ ***ich kann mich frei ~*** *bin unabhängig* mi estas tute libera (*od* sendependa)

bewegend *Adj* mova; *sich bewegend* moviĝa; *sich selbst bewegend* memaga, spontanea, meminiciata; *rührend* emocia, kortuŝa

Beweggrund *m* motivo; *Anreiz* instigo; ***jmdm. falsche Beweggründe unterschieben*** atribui falsajn motivojn al iu

beweglich *Adj was sich bewegen lässt* movebla; *was sich bewegt* moviĝanta; *sich leicht bewegend, schwank* moviĝema; *übertr: lebhaft, rege* vigla, agema; ~***e Güter*** *n/Pl Jur* moveblaĵoj *Pl*; ~***e Habe*** *f, Jur auch* ***Fahrnis*** *f*, *<schweiz>* ***Fahrhabe*** *f* movebla havaĵo

Beweglichkeit *f* movebl[ec]o; *Flexibilität* fleksebl[ec]o

bewegt *Adj ergriffen* emociita, kortuŝita; *ereignisreich (Jahre, Leben, Zeiten)* plena de eventoj (*bzw.* gravaj okazaĵoj), eventoplena; *i.w.S. stürmisch* ŝtorma; ***ein sehr ~es Leben*** tumulta vivo; ***mit ~er Stimme*** per tremanta voĉo; ***er war tief ~*** li estis profunde kortuŝita

Bewegung *f* ***a)*** *einzelne Bewegung* movo (↑ *auch* ***Hand-***, ***Reflex-*** *u.* ***Rückwärtsbewegung***); *wiederholte, anhaltende od im Ablauf stattfindende Bewegung* movado (↑ *auch unter* ***c)***); *das Sichbewegen, das Treiben* moviĝo ~***en der Erdkruste*** *Tektonik* terkrustaj moviĝoj *Pl*; *Gebärde, Geste* gesto; ***mit einer einzigen ~*** per unu sola movo; ***viel ~ an der frischen Luft*** ofta restado en la freŝa (*od* libera) aero; ***in ~ setzen*** *tr* movigi *auch Truppen*; ***in heftige ~ versetzen*** movegi; ***sich in ~ setzen*** ekmoviĝi; *aufbrechen, losgehen od losfahren* ekiri *auch Marschsäule*, ekveturi; ***keine ~!*** *Anruf* ne moviĝu! ***b)*** *Gemüts*≗, *Ergriffenheit* kortuŝo, emocio; *Unruhe, Erregung* ekscitiĝo ***c)*** *bes. Kultur u. Pol (Strömung)* movado (*vgl. dazu* ***Trend***; ↑ *auch* ***Antiapartheits-***, ***Antiatomkraft-***, ***Arbeiter-***, ***Befreiungs-***, ***Bürger-***, ***Esperanto-***, ***Frauen-***, ***Freiheits-***, ***Friedens-***, ***Protest-*** *u.* ***Reformbewegung***); ~ ***der Nichtpaktgebundenheit*** *Pol* movado de nealianciteco; ***religiöse*** (***revolutionäre***) ~ religia (revolucia) movado

Bewegungsablauf *m*: ***normaler ~*** *Med* eŭkinezio

Bewegungs|apparat *m Anat* lokomotora sistemo; ~**empfindung** *f Physiol, Psych* kinestezo; ~**energie** *f Phys (kinetische Energie)* movenergio, kineta energio; ~**freiheit** *f* libereco (*bzw.* ebleco) senĝene moviĝi; ~**kraft** *f* mova forto; ~**krieg** *m Mil* movadmilito; ~**lehre** *f Mechanik (Getriebelehre)* kinematiko (↑ *auch* ***Motorik***)

bewegungslos **1.** *Adj regungslos* senmova (*vgl. dazu* ***akinetisch***); *starr (Blick)* rigida

2. *Adv* senmove; ~ ***machen*** senmovigi

Bewegungslosigkeit *f* senmoveco (*vgl. dazu* ***Akinesie***)

Bewegungsmangel *m* manko de moviĝo; ***durch ~ hervorgerufen*** *z.B. Zivilisationskrankheit* kaŭzita de manko de moviĝo

Bewegungstherapie *f Med* kinezoterapio (*vgl. dazu* ***Krankengymnastik***)

bewegungsunfähig *Adj* ne ebla sin movi

bewehren *tr Tech*: ***bewehrter Beton*** *Bauw* armita betono

Bewehrung *f Bauw, Tech* armaturo (↑ *auch* ***Hilfs-***, ***Quer-***, ***Spann-*** *u.* ***Tragbewehrung***)

be|weihräuchern *tr einen Kultgegenstand* incens[ad]i; *übertr (schmeichlerisch loben)* flate laŭdi, *(verherrlichen)* glor[ad]i, *(vergöttern)* diigi, *(zum Idol machen)* idoligi; ~**weinen** *tr* priplori (***etw.*** ion; ***jmdn.*** iun); *i.w.S. traurig sein wegen* esti trista pro

beweinenswert *Adj* priplorinda

Beweis *m* pruvo *auch Jur* (***für*** de) (↑ *auch* ***Vertrauens-***, ***Video-*** *u.* ***Wahrheitsbeweis***; *i.w.S. Argument* argumento; *Math (Beweisführung)* pruvado, *auch* demonstracio; ***einwandfreier*** (***schlagender***, ***unwiderlegbarer***, ***wissenschaftlicher***) ~ pozitiva (frapa, nekontestebla, scienca) pruvo; ***überzeugende ~e*** *Pl* konvinkaj pruvoj *Pl*; ***als ~, dass ...*** kiel pruvo, ke ...; ***als ~ für*** kiel pruvo por; ***zum ~ meiner Aussagen*** por pruvi miajn eldirojn *od* kiel pruvo de miaj eldiroj; ***den ~ für etw. antreten*** alporti la pruvon de io; ***einen ~ erbringen*** (*od* ***führen***) pruvi ion; ***dafür gibt es keine ~e*** por tio ne ekzistas pruvoj; ~***e haben*** havi pruvojn (***für*** pri); ***es bedarf keines ~es*** nenia pruvo estas necesa [por tio] (***dass*** ke); ***zum ~ meiner Aussage*** kiel pruvo de miaj eldiroj

Beweisaufnahme *f Jur* pruvokolektado; ***die ~ abschließen*** fini la pruvokolektadon

beweisbar *Adj* pruvebla

beweisen *tr* pruvi (***etw.*** ion) (*vgl. dazu* ***nachweisen***); *an den Tag legen* elmontri, demonstracii; ***sie bewies viel Mut*** ŝi montris sin tre kuraĝa; ***seine Unschuld ~*** pruvi sian senkulpecon; ***in klinischen Tests bewiesen*** pruvita en klinikaj testoj; ~ ***Sie es!*** pruvu ĝin!; ***damit ist noch gar nichts bewiesen*** *od* ***das beweist [noch] gar nichts*** per tio ankoraŭ [tute] nenio estas pruvita

Beweisen *n* pruvado

Beweis|führung *f bes. Jur* pruvado; *Argumentation* argumentado; ~**grund** *m* argumento; ~**kraft** *f* konvinka forto, konvinkeco

beweiskräftig *Adj* pruvipova; *i.w.S. [voll] überzeugend* [plen]konvinka

Beweis|last *f Jur* ŝarĝo de pruvo; ~**material** *n* pruvmaterialo; ~**mittel** *n **a)** allg* pruvilo (*vgl. dazu* ***Argument***) ***b)*** *auch* ***Beweisstück*** *n Jur* pruv-objekto, *auch* pruvilo (↑ *auch* ***Asservat***); ~**pflicht** *f allg u. Jur* pruvodevo

beweispflichtig *Adj* pruvideva

Beweissammlung *f Jur* pruvokolektado

bewenden *tr*: ***es dabei ~ lassen*** lasi la aferon kia ĝi estas (*od* statas) *od auch* ĝi [simple] restu tia [kia ĝi estas]

bewerben, sich *refl* aspiri (***um etw.*** al io *od* pri io); *kandidieren* kandidati (***für*** por); ***sich um die Hand eines Mädchens bewerben*** svatiĝi pri fraŭlino; ***sich um eine Stelle bewerben*** aspiri pri ofico (*bzw.* laborloko *od* posteno), *auch* sin proponi por vaka ofico

Bewerber *m* aspiranto, sinproponanto; *Kandidat* kandidato; *Freier* svatiĝanto; *Teilnehmer an einem Ausscheid od Wettbewerb (auch Sport)* konkursanto; *Konkurrent* konkuranto (↑ *auch* ***Anwärter***, ***Mitbewerber*** *u.* ***Prätendent***)

Bewerbung *f* aspir[ad]o, sinpropon[ad]o (***für*** por); *Bewerbungsschreiben* letero de aspirado [pri laborloko *od* ofico]; *Kandidatur* kandidateco; ***seine ~ einreichen*** (*od* ***vorbringen***) prezenti sian aspiron (*bzw.* kandidatecon)

Bewerbungs|gespräch *n*, *auch* ***Vorstellungsgespräch*** *n* dungointervjuo; ~**schreiben** *n* letero de aspirado [pri laborloko *od* ofico]

bewerfen *tr*: ***jmdn. mit Steinen ~*** ĵeti ŝtonojn al (*od* kontraŭ) iu; ***eine Stadt mit Bomben ~*** ĵet[ad]i bombojn sur urbon; ***eine Wand mit Stuck*** (*od* ***Gipsputz***) ~ *Bauw* stuki muron ◇ ***sie bewarfen sich gegenseitig mit Schmutz*** (*od derb* ***Dreck***) ili sin kalumniis reciproke en la plej aĉa maniero

bewerkstelligen *tr* efektivigi, realigi, *umg meist* fari, aranĝi (↑ *auch* ***zustande bringen***); ***er hat es so bewerkstelligt, dass ...*** li aranĝis [la aferon] tiel, ke ...

bewerten *tr* taksi [la valoron] (↑ *auch* ***einschätzen***, ***evaluieren***, ***über-*** *u.* ***unterbewerten***); ***etw. zu hoch ~*** tro alte taksi ion *od* trotaksi ion; ***etw. zu niedrig ~*** tro malalte taksi ion *od* subtaksi ion; ***seine Arbeit wur-***

de mit einer Eins bewertet al lia laboro oni atribuis la unuan (*od* pintan) noton
Bewertung *f* taksado [de valoro] (↑ *auch* ***Markt-***, ***Risiko-*** *u.* ***Überbewertung***)
Bewertungssystem *n* taksosistemo
Bewetterung *f Bergb* alkonduko de freŝa aero, ventolado [de la ŝakto]
bewilligen *tr einräumen, zugestehen* koncedi (***jmdm. etw.*** ion al iu); *einwilligen, seine Zustimmung geben* konsenti (***etw.*** al io) (↑ *auch* ***genehmigen***); *finanzielle Mittel* asigni; *Konzession erteilen* koncesii; *erlauben* permesi; *billigen* aprobi
Bewilligung *f Einräumung, Zugeständnis* koncedo; *Einwilligung, Zustimmung* konsento; *Zuweisung, z.B. von finanziellen Mitteln* asigno; *behördliche Erlaubnis* koncesio (*vgl. dazu* ***Genehmigung*** *u.* ***Lizenz***; ↑ *auch* ***Ausfuhrbewilligung***); *Erlaubnis* permeso; *Billigung* aprobo
bewillkommnen *tr willkommen heißen* bonvenigi (***jmdn.*** iun); *übertr* [ĝoje] saluti (***etw.*** ion)
Bewillkommnung *f* bonvenigo
bewirken *tr auslösen. hervorrufen, verursachen* elvoki, veki, kaŭzi; *verwirklichen* efektivigi; *den Anstoß geben zu etw.* ekigi; *zu dem Ergebnis führen* rezultigi; ***das wird nicht viel ~*** *nicht viel ausrichten (od bringen)* tio ne multe efikos
be|wirten *tr* regali; *aufnehmen (einen Gast), beherbergen* gastigi; **~wirtschaften** *tr Acker, Boden* kultivi; *Gaststätte, Bauernhof* mastrumi, esti estro de; *Waren* vendokontroli [flanke de la ŝtato]; *verwalten* administri, gvid[ad]i
Bewirtschaftung *f* kultivado; mastrumado; porciumado; admninistrado; *staatl. Verkaufskontrolle* ŝtata vendokontrolo
Bewirtung *f* regal[ad]o; *Beherbergung* gastig[ad]o
bewohnbar *Adj* loĝebla
bewohnen *tr* uzi ... kiel loĝejon, loĝi en; *eine Insel* loĝi sur; ***ein Zimmer ~*** okupi ĉambron
Bewohner *m* loĝanto; *Einwohner auch* enloĝanto (↑ *auch* ***Berg-***, ***Busch-***, ***Gebirgs-***, ***Grenz-***, ***Höhlen-***, ***Insel-***, ***Küsten-***, ***Land-*** *u.* ***Mitbewohner***)
bewohnt *Adj* [en]loĝata; ***eine dicht ~e Stadt*** dense loĝata urbo
bewölken, sich *refl* kovriĝi de nuboj, fariĝi kovrita de nuboj, nubiĝi; *übertr*: ***seine Stirn bewölkte sich*** lia mieno (*od* vizaĝo) malsereniĝis (*vgl. dazu* ***sich verfinstern***)
bewölkt *Adj* nuba; *wolkenverhangen* nubokovrita; *bedeckt (Himmel)* plennuba
Bewölkung *f* nubokovraĵo
Bewuchs *m Pflanzenwuchs* kreskaĵaro
Bewunderer *m* admiranto (↑ *auch* ***Anbeter*** *u.* ***Verehrer***)
bewundern *tr* admiri (***wegen*** pro) (*vgl. dazu* ***anstaunen***)
bewundernswert *od* **bewundernswürdig** **1.** *Adj* admirinda **2.** *Adv* admirinde
Bewunderung *f* admir[ad]o (*vgl. dazu* ***Verehrung***); ***ich empfinde große ~ für sie*** mi sentas grandan admiron por ŝi; ***von ~ ergriffen werden*** esti kaptata de admiro, ekadmiri; ***in ~ vor jmdm. erstarren*** stari antaŭ iu muta de admiro
bewusst **1.** *Adj* konscia; *bekannt* konata; *besagt* menciita, citita, priparolita, aludita; ***ich bin mir nicht ~, dass ...*** mi ne scias (*od* memoras), ke ...; ***er wurde sich der Tatsache ~, dass ...*** li konsciiĝis pri la fakto, ke ...; ***gleich danach wurde ich mir der Wichtigkeit dieser Tat ~*** tuj poste mi ekkonsciis pri la graveco de tiu faro; ***sich dessen ~ werden, dass ...*** konsciiĝi pri tio, ke ...; ***soviel mir ~ ist*** laŭ tio, kion mi scias **2.** *Adv* konscie; *absichtlich* intence
bewusstlos **1.** *Adj* senkonscia; *ohnmächtig* sveninta; ***~ machen*** senkonsciigi (*vgl. dazu* ***betäuben***); ***~ werden*** senkonsciiĝi; *ohnmächtig werden* sveni **2.** *Adv* senkonscie *od nachgest* sen konscio
Bewusstlose *m od f* senkonscia persono
Bewusstlosigkeit *f Besinnungslosigkeit* senkonscieco; *Ohnmacht* sveno; ***plötzliche ~*** atako de senkonscieco (↑ *auch* ***Synkope 2.***) ◇ ***etw. bis zur ~ tun*** *umg salopp* fari (*od* praktiki) ion ĝis eksceso (*od scherzh* ĝis freneziĝo)
Bewusstsein *n* konscio (*vgl. dazu* ***Besinnung***; ↑ *auch* ***Umweltbewusstsein***); ***~ des eigenen Wertes*** memrespekto; ***bei ~ sein*** havi la konscion; ***jmdm. etw. zu ~ bringen*** konsciigi ion al iu; ***wieder zu ~ kommen*** *wieder zu sich kommen* rekonsciiĝi; ***das ~ verlieren*** (***wiedererlangen***) perdi (reakiri) la konscion; ***mit dem ~ der eigenen Unfähigkeit*** kun la konscio de sia propra senkapableco
Bewusstseins|schwelle *f Psych* limino; **~störung** *f Psych* perturbo en la konscio

Bey *m* ↑ ***Bei***
Beyrouth (*n*) ↑ ***Beirut***
bez. = *Abk für* ***bezahlt***
Bez. = *Abk für* ***Bezeichnung***
bezahlbar *Adj* pagebla
bezahlen *tr* pagi (*vgl. dazu* ***zahlen***); *Schulden auch* repagi; ***etw. bar*** (***mit Scheck***, ***in Naturalien***) ~ pagi ion kontante (per ĉeko, per naturaĵoj); ***hinterher*** (*od Hdl* ***nach Empfang der Ware***) ~ pagi post la ricevo de la varo; ***mit Kreditkarte*** ~ pagi kreditkarte (*od* per kreditkarto); ***im Voraus*** ~ pagi antaŭe; ***seine Steuern*** ~ ***müssen*** devi pagi siajn impostojn; ***zu viel*** ~ tro multe pagi, *umg auch* tropagi; ***bezahlt!*** (*Abk* ***bez.***) *als Vermerk auf einer Rechnung* pagita; ***ein schlecht bezahlter Posten*** malbone pagata (*od* salajrita) posteno; ***das macht sich bezahlt*** tio estas profitiga; *es lohnt sich* valoras la penon; ***was*** (*od* ***wie viel***) ***habe ich zu ~?*** kiom mi devas (*bzw.* devos) pagi? ◇ ***etw. auf Heller und Pfennig*** ~ plene kaj komplete pagi por io
Bezahlfernsehen *n*, *auch* ***Pay-TV*** *n nur gegen Gebühr zu empfangendes Fernsehen* pagotelevido (↑ *auch* ***Privatfernsehen***)
Bezahlung *f* pag[ad]o (*vgl. dazu* ***Abzahlung*** *u.* ***Überbezahlung***); *Gehalt* salajro; ***etw. nur gegen ~ tun*** fari ion nur por mono
bezähmen *tr zügeln* bridi *auch übertr* (*vgl. dazu* ***zähmen***); *gehorsam machen* obeigi; *ein wildes Tier* malsovaĝigi; *mäßigen* moderigi; ***du musst lernen***, ***deine Zunge zu ~*** vi devas lerni bridi vian buŝon *(Zam)*; ***sich ~*** sin bridi; *sich in der Gewalt haben* sin regi; ***sich nicht länger ~ können*** ne povi plu sin regi
bezaubern *tr* ensorĉi *auch i.w.S.*; *Reiz ausüben auf, entzücken* ĉarmi, ravi; *faszinieren* fascini (***jmdn. durch*** iun per); *i.w.S. in Erstaunen versetzen* [forte] mirigi iun; ***von jmdm. bezaubert sein*** esti ensorĉita (*od* ravita) de iu
bezaubernd *Adj* ensorĉanta, ĉarm[eg]a, rava; *sehr anziehend* tre alloga (*vgl. dazu* ***charmant***, ***faszinierend***, ***schick*** *u.* ***hübsch***)
Bezauberung *f* ensorĉado *auch übertr*; *Entzücken* ravo; *Faszination* fascinado
bezeichnen *tr kennzeichnen, markieren* marki, signi; *mittels Anhänger, Preisschildchen* etiketi; *angeben* indiki; *benennen* nomi; *charakterisieren* karakterizi (***jmdn. als*** iun kiel *mit Akk*) (*vgl. dazu* ***darstellen*** *u.* ***erklären***)
bezeichnend *Adj* karakteriza; *typisch* tipa; ***das ist ~ für ihn*** tio estas karakteriza (*od* tipa) por li
Bezeichnung *f* (*Abk* ***Bez.***) *Markierung* markado, signado; *Kennzeichen* karakterizaĵo; *Marke, Zeichen* marko, signo; *Name* nomo (↑ *auch* ***Typenbezeichnung***); *Ausdruck* esprimo; *Mus u. Naturw* notacio
bezeigen *tr*: ***jmdm. sein Beileid*** ~ esprimi al iu sian kondolencon, kondolenci iun (*od* al iu)
Bezettelung *f Eisenb* etikedado
bezeugen *tr* atesti; *Jur* depozicii, fari depozicion (***vor Gericht*** antaŭ juĝa instanco); *beweisen* pruvi; ***ich kann ~***, ***dass sie die Wahrheit sagt*** mi povas atesti, ke ŝi diras la veron
Bezeugung *f* atestado; *Jur* depozicio
bezichtigen *tr unterstellen* imputi; *anklagen* akuzi; *beschuldigen* kulpigi; ***er wurde bezichtigt***, ***ein Verbrechen begangen zu haben*** oni akuzis (*od* kulpigis) lin pri faro de krimo
Bezichtigung *f Unterstellung* imputo; *Anklage* akuzo; *Beschuldigung* kulpigo
beziehen *tr* ***a)*** *mit einem Überzug versehen* tegi (***mit*** per); *verhüllen* vuali (***mit*** per); *zudecken* kovri ***b)*** *Haus, Wohnung* enloĝigi sin en, eklogi en ***c)*** *Zeitung* esti aboninta al, esti abonanto de; *kommen lassen, erhalten, z.B. Waren* venigi, ricev[ad]i (***aus*** el; ***von*** de); ***zu ~ durch ...*** *erhältlich* ricevebla pere de ...; *im Abonnement* abonebla ĉe (*od* pere de) ...; *ein Fortsetzungswerk* subskripciebla ĉe ... ***d)*** *Mil (Stellung)* ekokupi ***e)*** *Bezug nehmen* rilati (***auf*** al); *in Beziehung setzen* apliki (***auf*** al); ***wir ~ uns auf ihr Schreiben vom ...*** ni rilatas al via letero de ...; ***darf ich mich auf Sie ~?*** ĉu mi rajtas mencii vian nomon kiel referencon?; *zitieren* ĉu mi rajtas citi vin (*bzw.* vian verkon *u.Ä.*)? ***f)*** *in Fügungen*: ***Gehalt*** (***Lohn***) ~ ricevi salajron (laborpagon); ***ein Kissen*** ~ tegi kusenon ***Schläge*** ~ *geschlagen werden* esti batata; ***sich ~*** *in Zusammenhang stehen* rilati (***auf*** al); *anspielen* aludi (***auf etw.*** ion); *betreffen* koncerni (***auf jmdn.*** iun); ***das bezieht sich auf mich*** *betrifft mich* tio koncernas min; *ist gerichtet od zielt auf mich* tio celas min; ***sich auf jmdn. ~*** (*od* ***berufen***) rilatigi sin al iu; ***der Himmel bezieht sich*** la ĉielo kovriĝas per nuboj, *auch* la

ĉielo nubiĝas

Bezieher *m Ztgsw* ↑ ***Abonnent***

Beziehung *f* [inter]rilato (***zu*** al) (↑ *auch* ***Arzt-Patient-Beziehung, Außenbeziehungen*** *u.* ***Eltern-Kind-Beziehung***); *Sachzusammenhang auch* konekso; ***außereheliche (diplomatische, freundschaftliche, gutnachbarliche, internationale, konsularische, sexuelle, soziale, zwischenmenschliche, zwischenstaatliche) ~en*** *Pl* eksteredzecaj (diplomatiaj, amikaj, bonnajbaraj, internaciaj, konsulaj, seksaj, sociaj, interhomaj, interŝtataj) rilatoj *Pl* (↑ *auch* ***Wirtschaftsbeziehungen***); ***in ~ auf ...*** rilate al ... *od* en rilato al ...; ***in dieser ~*** *diesbezüglich* ĉi-rilate, tiurilate; *in dieser Angelegenheit* koncerne ĉi tiun aferon; ***in gewisser ~*** en certa rilato, certarilate; ***wir haben jede ~ zu ihm abgebrochen*** ni ŝiris ĉiujn rilatojn al li; ***gute ~en zu jmdm. haben*** havi bonajn rilatojn al iu; ***in jeder ~*** en ĉiu rilato, ĉiurilate; *jedenfalls* ĉiuokaze; ***in mancher ~*** en kelka rilato, kelkarilate; ***~en aufnehmen*** *od* ***in ~(en) treten*** komenci (*od* starigi) rilatojn, *auch* ekrilati (***zu jmdm.*** al iu); ***zu etw. in ~ stehen*** esti en rilato kun io, *auch* rilati al (*od* kun) io; ***zueinander in ~ stehen*** interrilati; ***in ~(en) treten zu ...*** ekrilati al ...; ***seine ~en zu ... verbessern*** plibonigi siajn rilatojn al ...

beziehungslos *Adv* senrilate

beziehungsweise (*Abk* ***bzw.***) *Konj* ***a)*** *kennzeichnet paarweise Zuordnung* respektive ***b)*** *oder [auch]* aŭ [ankaŭ]; ***sie wird Donnerstag ~ Freitag zu uns kommen*** ŝi venos ĵaŭdon al ni aŭ [eble] vendredon; ***ich bin mit ihm bekannt ~ befreundet*** mi konas lin, ja eĉ amike rilatas al li

beziffern *tr mit Ziffern bezeichnen od versehen* marki (*od* signi) per ciferoj; *zahlenmäßig berechnen, schätzen, z.B. einen Schaden* ciferi, taksi; ***sich ~ auf ...*** sumiĝi je ...

Bezifferung *f* markado per ciferoj; *Nummerierung* numerado

Bezirk *m* distrikto (↑ *auch* ***Unterbezirk***); *Gegend, Region* regiono; *Stadt*[2] urba distrikto; *übertr (Bereich)* sfero, kampo

Bezirksamtmann *m* ↑ ***Bezirksvorsteher***

Bezirks|arzt *m* distrikta kuracisto; **~büro** *n, i.w.S. auch* ***Bezirksdirektion*** *f* distrikta oficejo; **~gericht** *n Jur* distrikta juĝejo; **~krankenhaus** *n* distrikta hospitalo; **~liga** *f Sport* distrikta [lud]klaso; **~richter** *m Richter an einem Bezirksgericht* distrikta juĝisto; **~vorsteher** *m, früher* ***Bezirksamtmann*** *m* distriktestro

bezirzen *tr* circi (*vgl. dazu* ***betören*** *u.* ***Circe***)

Bezoar[stein] *m Magenstein (im Magen von Wiederkäuern)* bezoaro (↑ *auch* ***Phytobezoar***)

Bezoarziege *f Zool:* ***[kleinasiatische] ~*** (Capra aegagrus aegagrus) bezoarkapro

Bezogene *m im Wechselverkehr* ↑ ***Trassat***

Bezug *m* ***a)*** *Kissen*[2]*, Überzug, Verkleidung* tegaĵo (↑ *auch* ***Bettbezug, Holzverkleidung, Kissen-, Schon-*** *u.* ***Sesselbezug***); *Hülle, Überzug* kovraĵo ***b)*** *Kauf* aĉeto; *von Waren, Geldern* akir[ad]o, ricev[ad]o; *von Zeitungen od Zeitschriften* abono ***c)*** *Beziehung, Verbindung* rilato; ***in*** (*od* ***mit***) ***~ auf*** rilate al *od* en rilato al (↑ *auch* ***hinsichtlich***); ***auf etw. ~ haben*** havi [ian] rilaton al; ***wir nehmen ~ auf ...*** *Briefstil* ni rilatas al [via letero de] ... ***d) Bezüge*** *Pl Einkommen* enspezoj *Pl*; *Gehalt* salajro (↑ *auch* ***Lohn***); ***seine Bezüge belaufen sich auf ...*** liaj enspezoj sumiĝas je ...

Bezüger *m* ↑ ***Abonnent***

bezüglich 1. *Präp mit Gen* rilate al *od* rilate *mit Akk*; *hinsichtlich* koncerne *mit Akk* **2.** *Adj:* ***~es Fürwort*** (***Umstandswort***) *n Gramm* rilativa pronomo (adverbo)

Bezüglichkeit *f* rilateco

Bezugnahme *f:* ***mit*** (*od* ***unter***) ***~ auf ...*** *auf eine Textstelle* kun referenco al ...; *auf ein Schreiben* responde al ..., rilate al ... (*vgl. dazu* ***hinsichtlich***)

bezugsfertig *Adj:* ***das Haus*** (***die Wohnung***) ***ist ~*** la domo (la loĝejo) estas finkonstruita [kaj povas esti ekloĝata]

Bezugspreis *m einer Zeitung [im Abonnement]* abonkosto, abonprezo

Bezug[s]schein *m* kupono (***für Brot*** por aĉeti panon), *auch* aĉet-permesilo

Bezugsstoff *m Textil* ŝtofo por tegaĵoj [de foteloj *u.a.*]

bezwecken *tr* celi, intenci (*vgl. dazu* ***beabsichtigen***); ***was bezweckst du mit dieser Bemerkung?*** kion vi celas per ĉi tiu rimarko?

bezweifeln *tr* [pri]dubi (***etw.*** ion), esti skeptika (***etw.*** pri io); ***es ist nicht zu ~, dass ...*** ne ekzistas dubo, ke ...

bezwingbar *Adj* konkerebla (*vgl. dazu* ***besiegbar***)

bezwingen *tr mit Gewalt erringen* konkeri

auch Alpinist einen Berg; *besiegen* venki *auch Sport*; *zügeln* bridi; ***seine Leidenschaften*** ~ venki sia(j)n pasio(j)n; ***sich*** ~ *sich beherrschen* sin regi, reteni sian koleron; *sich zügeln* sin bridi, bridi siajn emociojn

Bezwinger *m* konkeranto *bzw.* konkerinto *auch eines Gipfels* (*vgl. dazu* ***Sieger***)

Bezwingung *f* konkero

Bf. = *Abk für* ***Bahnhof***

BGB = *Abk für* ***Bürgerliches Gesetzbuch***

BGH = *Abk für* ***Bundesgerichtshof***

BH *m* [*'be:'ha:*] (*umg für* ***Büstenhalter*** *m*) mamzono (↑ *auch* ***Push-up-BH***, ***Sport-BH*** *u.* ***Still-BH***); ~ ***mit Vorderverschluss*** frontfermila mamzono; ***trägerloser*** ~ senŝelk[et]a mamzono

Bhagavadgita *f altindische Lit (Lehrgedicht aus dem Mahabharata [wahrscheinlich im 1. Jh. n. Chr. entstanden])* Bagavadgito

Bharal *m Zool* ↑ ***Blauschaf***

Bharat (*n*) ↑ ***Indien***

Bhikku *od* **Bhikschu** *m 1. brahmanischer Asket 2. buddhistischer Bettelmönch* bikŝuo

Bhima *m Nebenfluss des Krishna in Vorderindien* [rivero] Bimo

Bhopal (*n*) *Hptst. des indischen Bundesstaats Madhya Pradesh* Bopalo

Bhubaneshwar (*n*) *Hptst. [seit 1950] des indischen Unionsstaates Orissa* Bubaneŝvaro

Bhutan (*n*), *tibetisch* ***Druk-Yul*** *ein Königreich im Himalaja* Butano *[Hptst. (seit 1965): Thimphu]*

Bhutaner *m Bewohner von Bhutan* butanano

Bhutanerin *f* butananino

bhutanisch *Adj* butana

Biafra (*n*) *eine Region im Osten Nigerias* Biafro; ***Golf von*** ~ *Teil des Golfs von Guinea an der Westküste Afrikas* Golfo de Biafro

Biak-Brillenvogel *m* (Zosterops mysorensis) *Orn* biaka zosteropo

Białystok (*n*) *Hptst. der Wojewodschaft Podlaskie in Nordpolen* Bjalistoko <*Geburtsstadt von L. L. Zamenhof*>

Bianca *od* **Bianka** (*f*) *weibl. Vorname* Bianka

Biarritz (*n*) *ein Seebad in SW-Frankreich [am Golf von Biscaya]* Biarico

Bias *n Markt- od Meinungsforschung: durch falsche Untersuchungsmethoden od systematische Fehler verursachte Verzerrung der Ergebnisse einer Repräsentativerhebung* biaso

Biathlet *m*, *auch* ***Biathlonsportler*** *m* biatlonisto

Biathlon *n* (*übliche Kurzf von* ***Winterbiathlon*** *n*) *Sport* biatlono (*kurz für* vintra biatlono *od* ski-biatlono); ~**staffellauf** *m Sport* stafeta biatlono

bibbern *intr umg für «zittern»* tremi; ***vor Kälte*** ~ tremi pro malvarmo

Bibel *f* biblio *(auch Großschr)* (↑ *auch* ***Heilige Schrift*** [*unter* ***heilig***]); ***auf die*** ~ ***schwören*** ĵuri sur la biblio ◇ ***im Munde*** ~, ***im Herzen übel*** vizaĝo de Katono, sed virto de fripono *(Zam)*

Bibelarbeit *f* ↑ ***Bibelstudium***

Bibel|auslegung *f* interpretado de la biblio, ekzegezo; ~**exegese** *f* biblia ekzegezo

bibelfest *Adj* profunde konanta la biblion

Bibel|gelehrte *m* bibliisto; ~**gesellschaft** *f* biblia societo

Bibeli *n Med* ↑ ***Pustel***

Bibel|kanon *m* biblia kanono (↑ *auch* ***Messkanon***); ~**konkordanz** *f alphabetische Zusammenstellung von Wörtern u. Begriffen der Bibel mit Stellenangabe* konkordanco de la biblio; ~**kritik** *f* bibliokritiko; ~**spruch** *m* biblia sentenco; ~**stelle** *f* biblia tekstero; ~**studium** *n*, *auch* ***Bibelarbeit*** *f* bibliostudo; ~**stunde** *f* komuna bibliostudado; ~**text** *m* biblia teksto; ~**übersetzung** *f* bibliotraduko (*vgl. dazu* ***Septuaginta*** *u.* ***Vulgata***); ~**vers** *m* biblia versiklo

Biber *m* (*Gattung* Castor) *Zool* kastoro (*vgl. dazu* ***Nutria***); ***europäischer*** ~ (Castor fiber) eŭropa kastoro; ***kanadischer*** ~ (Castor canadiensis) kanada kastoro; ***[Familie der]*** ~ *Pl* (Castoridae) kastoredoj *Pl*

Biber|fell *m* kastora felo; ~**geil** *n Absonderung aus der Afterdrüse des Bibers [zur Herstellung von Seife u. Parfüm benutzt]* kastoreo *auch Pharm* <*galt bis ins 19. Jh. in der Volksmedizin als Heilmittel gegen Krampf u. Hysterie*>; ~**hörnchen** *n* (Aplodontia rufa) *Zool* kastorosciuro *[Vorkommen: Nordamerika]*

Biberin *f weibl. Biber* kastorino

Biberkragen *m* kastorfela kolumo

Bibernelle *f*, *auch* ***Pimpinelle*** *f od* ***Pimpernell*** *m* (*Gattung* Pimpinella) *Bot (eine Küchen- u. Heilpflanze)* pimpinelo (*vgl. dazu* ***Anis***); ***große*** ~ (Pimpinella major) granda pimpinelo; ***kleine*** ~ (Pimpinella saxi-

fraga) malgranda pimpinelo
Bibernell|rose *f, auch* ***Dünenrose*** *f* (Rosa pimpinellifolia) *Bot* duna rozo; ~**wasserfenchel** *m* (Oenanthe pimpinelloides) *Bot* pimpinela enanto
Biberpelz *m* kastora pelto
Biberratte *f Zool* ↑ ***Nutria***
Biberschwanz[ziegel] *m Dachdeckerei* ebentegolo
Bibliograf *m, auch* ***Bibliograph*** *m* bibliografo
Bibliografie *f, auch* ***Bibliographie*** *f* bibliografio (↑ *auch* ***Auswahl-*** *u.* ***Zeitschriftenbibliografie***); ***annotierte*** ~ prinotita bibliografio
bibliografisch, *auch* ***bibliographisch*** *Adj* bibliografia; ~***e Angaben*** *f/Pl* bibliografiaj indikoj *Pl*; ~***e Einheit*** *f Bibliothekswesen* bibliografia unuo
Biblio|mane *m Büchersammler aus [krankhafter] Sammelleidenschaft* bibliomaniulo; ~**manie** *f* libromanio, *auch* bibliomanio; ~**phile** *m Sammler besonders kostbarer werke* bibliofilo (*vgl. dazu* ***Bücherliebhaber***); ~**philie** *f, auch* ***Liebe*** *f* ***zum Buch*** bibliofilio
Biblioteca Ambrosiana *f, auch kurz* ***Ambrosiana*** *f Bibliothek in Mailand <1603 von Kardinal Federico Borromeo zu Ehren des Hl. Ambrosius gegründet>* Biblioteko Ambrozia
Bibliothek *f, pop auch* ***Bücherei*** *f Einrichtung, Gebäude od Büchersammlung (auch als Benennung einer Buchreihe)* biblioteko (↑ *auch* ***Ausleih-***, ***Depot-***, ***Fakultäts-***, ***Gewerkschafts-***, ***Instituts-***, ***Kinder-***, ***Kirchen-***, ***Kloster-***, ***Landes-***, ***Leih-***, ***Musik-***, ***National-***, ***Präsenz-***, ***Privat-***, ***Spezial-***, ***Stadt-***, ***Universitäts-***, ***Zentral-*** *u.* ***Zweigbibliothek***); ***öffentliche*** (***wissenschaftliche***) ~ publika (scienca) biblioteko; ***Deutsche Esperanto-Bibliothek*** *mit Sitz in Aalen* Germana Esperanto-Biblioteko; ***Sächsische Esperanto-Bibliothek*** *mit Sitz in Dresden* Saksa Esperanto-Biblioteko (*Abk* SEBi)
Bibliothekar *m* bibliotekisto; ***wissenschaftlicher*** ~ scienca bibliotekisto
Bibliothekarin *f* bibliotekistino
bibliothekarisch *Adj auf die Bibliothek bezogen* biblioteka; *auf den Bibliothekar bezogen* bibliotekista
Bibliotheks|benutzer *m* uzanto de biblioteko; ~**katalog** *m* biblioteka katalogo; ~-**personal** *n* personaro de [la] biblioteko; ~**verband** *m* biblioteka asocio; ~**wissenschaft** *f* biblioteka scienco, *auch* bibliotekologio
biblisch *Adj die Bibel betreffend bzw. aus der Bibel stammend* biblia
Bichromatelement *n El* bikromata pilo
Bickbeere *f* ↑ ***Heidelbeere***
Bidet [*bi'de:*] *n kleines längliches Sitzbadebecken* bideo
bieder *Adj* ***a)*** *rechtschaffen* honesta; *verlässlich* fidinda; *ungekünstelt* senartifika ***b)*** *ein bisschen naiv* iom[et]e naiva *od (allzu naiv)* tro naiva; *simpel* simpla, naivanima, *nachgest* havanta simplan animon ***c)*** *spießerhaft* filistra
Biederkeit *f* ***a)*** honesteco; fidindeco; senartifikeco ***b)*** *meist iron* simpl[anim]eco
Biedermann *m* ***a)*** *[ursprünglich:] rechtschaffener Mensch* honesta homo, honestulo ***b)*** *Spießer* filistro ***c)*** *Heuchler* hipokritulo
Biedermeier *n Kunst-, Möbel- u. Modestil in der ersten Hälfte des 19. Jh.* bidermajro; ~-**kleid** *n* bidermajra robo; ~**stil** *m Stilbez. der deutschen Wohnkultur, Malerei u. Literatur [zw. 1815 u. 1848]* bidermajra stilo
biegbar *Adj sich biegen lassend, zu biegen(d)* fleksebla
Biegbarkeit *f* flekseblеco
biegen ***a)*** *tr* fleksi (↑ *auch* ***beugen***, ***um-***, ***hoch-*** *u.* ***zurückbiegen***); *krümmen* kurbigi; ***etw. gerade*** ~ fleksi ion rekte; ***nach oben*** ~ fleksi supren; ***etw. zur Seite*** ~ fleksi ion flanken *od* flankenfleksi ion; ***etw. ein wenig*** ~ iomete fleksi (*bzw.* kurbigi) ion, flekseti ion ***b)*** *intr*: ***um die Ecke*** ~ ĉirkaŭiri [strat]angulon ***c)*** *refl*: ***sich*** ~ fleksiĝi; *sich krümmen* kurbiĝi; ***sich unter der Last der Früchte*** ~ kurbiĝi sub [la pezo de] la fruktoj; ***der Esstisch bog sich unter der Last aller möglichen Köstlichkeiten*** la manĝotablo estis plene ŝarĝita de (*od* per) amaso da delikataĵoj ◇ ***auf Biegen oder Brechen*** kia ajn estas la okazo; ***er lügt, dass sich die Balken*** ~ li mensogas sen honto kaj honoro, *Zam auch* li mensogas tiel, ke la muroj krakas; ***wir haben uns vor Lachen gebogen*** ni preskaŭ krevis de (*od* pro) rid[ad]o
biegsam *Adj* fleksiĝema; *biegbar* fleksebla; *leicht zu biegen* facile fleksebla; *elastisch* elasta; *geschmeidig* supla
Biegsamkeit *f* fleksiĝemo; *Biegbarkeit*

fleksebleco; *Elastizität* elasteco; *Geschmeidigkeit* supleco

Biegung *f* ***a)*** *das Biegen* fleks[ad]o; *das Krümmen* kurbigo ***b)*** *das Sichbiegen* fleksiĝo; *das Sichkrümmen, Krümmung* kurbiĝo, *(eines Flusses od Weges) auch* sinuo; *gebogener Teil von etw.* flekso; *Weg*~° vojkurbiĝo, kurbiĝo de vojo; ~ ***einer Straße*** kurbiĝo de strato ***c)*** *Gramm <österr> alt* ↑ ***Beugung***

Biel (*n*), *franz.* ***Bienne*** *eine Schweizer Stadt* Bielo

Bieler See *m, franz.* ***Lac de Bienne*** *ein Schweizer Jurarandsee* Lago de Bielo

Bielefeld (*n*) *Stadt in Ostwestfalen* Bilefeldo

Biene *f, <österr> dial u. reg* ***Imp*** *m Ent* abelo; *Honig*~° mielabelo (*vgl. dazu* ***Drohne***; ↑ *auch* ***Arbeits-***, ***Erd-***, ***Holz-***, ***Mauer-***, ***Mörtel-***, ***Riesenhonig-***, ***Wild-*** *u.* ***Zwergbiene***); ***indische*** ~ (Apis indica) hinda abelo; ***stachellose*** ~***n*** *Pl* (*Tribus* Meliponini) senpikilaj abeloj *Pl*, *<wiss>* meliponinoj *Pl*; ***die*** ~ ***summt*** la abelo zumas

Bienenbalsam *m Bot* ↑ ***Monarde***

Bienen|blumen *f/Pl, auch* ***Immenblumen*** *von Bienen als Bestäubern besuchte Blumen* abelofloroj *Pl*; ~**elfe** *f, auch* ***Kubaelfe*** *f od* ***Hummelkolibri*** *m* (Mellisuga helenae) *Orn* abelkolibro *[Vorkommen: endemisch auf Kuba u. Isla de Pinos] <weltweit kleinster Vogel>*; ~**fleiß** *m* abela diligent[ec]o

Bienenfresser *m, auch* ***europäischer*** ~ (Merops apiaster) *Orn* abelmanĝulo (*vgl. dazu* ***Honigfresser***; ↑ *auch* ***Karmin-*** *u.* ***Rotkehlspint***); ***Blauwangen-Bienenfresser*** *od* ***Blauwangenspint*** *m, auch* ***Madagaskarspint*** *m* (Merops persicus = Merops superciliosus) bluvanga abelmanĝulo; ***[Familie der]*** ~ *Pl* (Meropidae) meropedoj *Pl*

Bienengift *n Wehrsekret aus der Giftblase der Honigbiene* abela veneno *<auch als Einreibung, Rheumamittel>*

bienenhaft *Adj* abela, *nachgest* kiel abelo (*vgl. dazu* ***emsig***)

Bienenhandschuh *m des Imkers* abelista ganto

Bienen|haus *n* abeldomo, abelejo; ~**honig** *m* [abela] mielo (*vgl. dazu* ***Kunsthonig***)

Bienenkasten *m* ↑ ***Bienenstock***

Bienen[kitt]harz *n* ↑ ***Propolis***

Bienen|königin *f, auch* ***Weisel*** *f* abelreĝino; ~**korb** *m Imkerei (spiralig verflochtener, kegelförmiger Strohkorb)* abelkorbo; ~-**krankheit** *f* abelmalsano (↑ *auch* ***Nosemaseuche***)

Bienenlavendel *m Bot* ↑ *unter* ***Lavendel***

Bienenmuseum *n*: ***Deutsches*** ~ *in Weimar* Germana Muzeo pri Abelbredado

Bienen|milbe *f* (Acarapis woodi) *Ent, Parasitologie* mielabela akaro; ~-**Ragwurz** *f* (Ophrys apifera) *Bot (eine heimische Orchidee)* abela ofriso; ~**schleier** *m des Imkers* abelista vualo; ~**schwarm** *m* abelsvarmo, *auch (bes. Fachspr)* esameno; ~-**stachel** *m* abela pikilo; ~**stand** *m* abelejo; ~**sterben** *n* mortado de la abeloj, abelmortado (↑ *auch* ***Bienenstockkäfer***); ~**stich** *m* piko de abelo

Bienenstock *m, auch* ***Bienenkasten*** *m* abelkesto; ~**stockkäfer** *m, auch* ***kleiner Beutenkäfer*** *m* (Aethina tumida) *Ent* malgranda abelkesta skarabo *<ein gefürchteter Bienenschädling [Befall damit ist anzeigepflichtig]>*

Bienen|trachtpflanze *f od* ~**weide** *f* abelonutra planto; ~**volk** *n* kolonio da abeloj; ~**wachs** *n* (Cera alba *od* Cera flava) abelvakso *od* abela vakso

Bienenweide *f* ↑ ***Bienentrachtpflanze***

Bienen|wolf *m* (Philanthus triangulum) *Ent (eine Grabwespe, die Bienen tötet)* abelomanĝa vespo; ~**zucht** *f Imkerei* abelbredado; ~**züchter** *m Imker* abelbredisto, *auch kurz* abelisto

Biennale *f alle zwei Jahre stattfindende Veranstaltung, bes. Film, Theat* bienalo *<ursprünglich [seit 1932] in Venedig (Venecia Bienalo) stattfindend>* (↑ *auch* ***Berlinale***)

Bienne (*n*) ↑ ***Biel***

Bier *n* biero (*vgl. dazu* ***Ale***, ***Kölsch***, ***Porter*** *u.* ***Stout***; ↑ *auch* ***Bock-***, ***Braun-***, ***Dosen-***, ***Fass-***, ***Flaschen-***, ***Import-***, ***Ingwer-***,***Malz-***, ***Schwarz-***, ***Stark-***, ***Warm-***, ***Weiß-*** *u.* ***Weizenbier***); ***alkoholfreies*** (***dunkles***, ***helles***) ~ senalkohola (malhela, hela) biero; ~ ***frisch vom Fass*** biero freŝe el la barelo; ***eine Flasche*** ~ [unu] botelo da biero; ***ein Glas*** ~ [unu] glaso da biero; ***Pilsner*** ~ pilzena biero; ~ ***brauen*** fari bieron; ~ ***trinken*** trinki bieron, *fam auch* bierumi; ~ ***aus der Flasche trinken*** trinki bieron el la botelo; ~ ***[vom Fass] zapfen*** elkrani bieron [el barelo]

Bier|ausschank *m* bier[vend]ejo; ~**bauch** *m* dikventro [pro troa biertrinkado]; ~**bottich** *m* bierkuvo; ~**brauen** *n* bierfarado;

~**brauer** *m* bierfaristo; ~**brauerei** *f Fabrik* bierfarejo; *das Bierbrauen* bierfarado; ~**fass** *m* bierbarelo; ~**flasche** *f* bierbotelo; ~**garten** *m* bierĝardeno; ~**glas** *n* bierglaso (↑ *auch* ***Seidel***); ~**hefe** *f*, *<österr> u. reg* ***Germ*** *f* bierfeĉo, *in Pulverform* biergisto; ~**herstellung** *f* bierfarado; *fabrikmäßig* bierfabrikado; ~**keller** *m* bierkelo; ~**kiste** *f Kiste für Bier* kesto por biero; *Kiste voller Bierflaschen* kesto [plena] de bierboteloj; ~**kneipe** *f* bierejo; ~**konsum** *m* konsumado de biero; ~**krug** *m* bierkruĉo (*vgl. dazu* ***Humpen***); ~**lokal** *n od* ~**stube** *f* bier[trink]ejo; ~**produktion** *f* bierproduktado; ~**schaum** *m* bierŝaumo; ~**seidel** *n* tankardo (↑ *auch* ***Humpen***); ~**sorte** *f* bierspeco

Bierstube *f* ↑ ***Bierlokal***

Bier|suppe *f Kochk* biera supo; ~**verkauf** *m* biervendado

Biesfliege *f* (*Gattung* Hypoderma) *Ent* hipodermo; *Schaf*~ (Oestrus ovis) ojstro; ***[Familie der]*** ~***n*** (*od* ***Dasselfliegen***) *Pl* (Oestridae) ojstredoj *Pl*

Biest *n* bestaĉo (*vgl. dazu* ***Bestie***); *umg auch für «intrigante Person»* intrigulo

Biestmilch *f* ↑ ***Kolostralmilch b)***

bieten *tr darbieten, darreichen* prezenti; *hinhalten, zureichen* [trans]doni; *zeigen* montri; *Angebot machen (auch auf einer Auktion)* proponi; *Asyl, Chance, Möglichkeit* doni; ***das lasse ich mir nicht*** ~ tion mi ne toleras; ***jmdm. den Arm*** ~ prezenti la brakon al iu; ***allen*** (*od* ***jeden***) ***Komfort*** ~ prezenti ĉiun komforton; ***Platz*** ~ ***für ...*** doni lokon (*bzw.* spacon) por ...; ***jmdm.*** (*bzw.* ***einer Sache***) ***Trotz*** (*od* ***die Stirn***) ~ *übertr* spiti al iu (*bzw.* al io); ***Schach*** ~ ŝakigi; ***wie viel hat man Ihnen für das Auto geboten?*** kiun [aĉet]prezon oni proponis al vi por la aŭto?; ***sich*** ~ prezentiĝi; *sich zeigen* montriĝi; ***es bot sich eine günstige Gelegenheit*** montriĝis (*od* ekestis) favora okazo

bifilar, *auch* ***zweiadrig*** *od* ***zweidrähtig*** *Adj El* dudrata, *Fachspr auch* bifilara

Bifilarantenne *f Funktechnik* bifilara anteno

Bifokal... *in Zus* dufokusa

Bifokalglas *n Opt* dufokusa vitro

Bifurkation *f Geogr (Gabelung eines Tals od Wasserlaufs), Kybernetik (Gabelung eines Informationsflusses auf verschiedene Kanäle), Med (Gabelung eines Blutgefäßes [z.B. der Aorta] od der Luftröhre)* disforkiĝo

bigam, *auch* ***bigamisch*** *Adj in Doppelehe lebend* bigamia

Bigamie *f*, *auch* ***Doppelehe*** *f* bigamio (*vgl. dazu* ***Mono-*** *u.* ***Polygamie***); ***in*** ~ ***leben*** vivi bigamie

bigamisch ↑ ***bigam***

Bigamist *m* bigamiulo

Bigamistin *f* bigamiulino

Bigardie *f Bot* ↑ ***Pomeranze***

Big Band *f*, *auch* ***Bigband*** [*...bänd*] *f großes Jazzorchester* granda ĵazbando

Big Bang *m Kosmologie* ↑ ***Urknall***

Bigeminie *f nur Fachspr Med (Doppelschlag des Pulses [eine Herzrhythmusstörung: Auftreten gekoppelter Extrasystolen])* duĝemina pulso (↑ *auch* ***Trigeminie***)

Bignonie *f*, *auch* ***Trompetenstrauch*** *m* (*Gattung* Bignonia) *Bot* bignonio, *pop* trumpetfloro

Bignoniengewächse *n/Pl*: ***[Familie der]*** ~ (Bignoniaceae) *Bot* bignoniacoj *Pl*

Bigos *n*, *auch* ***Bigosch*** *m od n Kochk (als polnisches Nationalgericht geltender Eintopf aus Schweinefleisch, Speck, Weißkraut, Zwiebeln u. Pilzen [auch in Litauen u. Belarus üblich])* bigoso, *auch* bigoŝo

bigott *Adj engherzig fromm, frömmelnd, blindgläubig* bigota (↑ *auch* ***scheinheilig***)

Bigotterie *f* bigoteco

Bihar (*n*) *ein Gliedstaat der Indischen Union* Biharo *[Hptst.: Patna]*

Bihari ***a)*** *n Ling (hauptsächlich im Staat Bihar, aber auch in den angrenzenden Staaten Uttar Pradesh und West-Bengalen gesprochene indoeuropäische Sprache mit vielen Dialekten)* la bihara [lingvo] ***b)*** *Ethn* ***Biharis*** *m/Pl Bewohner von Bihar* biharanoj *Pl*

Bijouterie *f* biĵuterio (↑ *auch* ***Modeschmuck***)

Bijoutier *m* ↑ ***Juwelier***

Bikarbonate *n/Pl Chem* ↑ ***Hydrogenkarbonate***

Biker [*'bai...*] *m Motorradfahrer* motorciklisto; *Fahrradfahrer* bciklisto; ~**gruppe** *f* motorciklista (*bzw.* biciklista) grupo

Bikini *m*, *<schweiz> n* bikino (↑ *auch* ***Minibikini***); ***einen*** ~ ***tragen*** (***anhaben***) porti (surhavi) bikinon

Bikini|-Atoll *n Atoll der US-amerikanischen Marshallinseln* Bikini-atolo; ~**figur** *f* bikinofiguro (↑ *auch* ***Idealfigur***)

bi|konkav *Adj Opt (beidseitig nach innen*

gewölbt) dukonkava, *auch* bikonkava; ~-**konvex** *Adj Opt (beidseitig nach außen gewölbt)* dukonveksa, *auch* bikonveksa

bilabial *Adj mit beiden Lippen gebildet* bilabiala; ~***er Laut*** *m, auch* ***Bilabial*** *od* ***Labiolabial*** *m Phon* bilabialo <*z.B. b, m, p*>

Bilanz *f* ***a)*** *Fin, Wirtsch* bilanco (↑ *auch* ***Handels-, Probe-, Salden-, Unter-, Zahlungs-*** *u.* ***Zwischenbilanz***); ~***en fälschen*** falsi bilancojn; ~ ***ziehen*** starigi bilancon; *übertr* bilanci (***aus etw.*** ion) ***b)*** *übertr (Ergebnis)* rezulto, *(Resümee)* resumo

Bilanz|delikt *n Jur, Wirtsch (bewusst falsche Darstellung der wirtschaftl. Situation eines Unternehmens, z.B. durch Bilanzfälschung od -veschleierung)* bilancdelikto; ~-**fälschung** *f* falsado de bilanco(j)

bilanziell *Adj* bilanca

bilanzieren *tr* bilanci, *abs meist* starigi bilancon (*vgl. dazu* ***einschätzen***); ***bilanzierte Planung*** *f* bilancita planado

Bilanz|prüfer *m* bilancrevizoro; ~ **summe** *f Fin* bilancsumo

bilateral *Adj zweiseitig* duflanka, *bes. Geom auch* dulatera; ~***er Vertrag*** *m Jur* duflanka akordiĝo, *(zwischen zwei Staaten)* [dulanda] traktato

Bilbao (*n*) *eine Hafenstadt in N-Spanien u. Hptst. der Provinz Vizcaya* Bilbao

Bilboquet [...'ke:] *n ein altes Geschicklichkeitsspiel, bei dem eine Kugel in einem Fangbecher aufgefangen werden muss* bilboko

Bilch *m Zool* ↑ ***Siebenschläfer***

Bild *n* bildo *auch i.w.S. u. übertr* (↑ *auch* ***Brustbild***); *Fernseh~* [televida] bildo (↑ *auch* ***Geisterbild***); *Gemälde* pentraĵo (↑ *auch* ***Altar-*** *u.* ***Tafelbild***); *Porträt* portreto; *Licht~* fotografaĵo, *meist kurz* foto; *Illustration, z.B. in Büchern* ilustraĵo, *auch* bildo; *Abbildung* figuraĵo (*vgl. dazu* ***Diagramm***); *Vorstellung, die man hat od die man sich macht* imago; *bildhafter Ausdruck* metaforo; *Wortfigur* vortfiguro, tropo; ***klinisches*** ~ *Med* klinika bildo; ***ich bin im ~e*** *ich weiß Bescheid* mi estas informita, mi scias [pri tio]; *die Sache ist mir klar* la afero estas [tute] klara al mi; ***ein ~ an der Wand befestigen*** fiksi bildon en [la] muro; ***wer hat dieses ~ gemalt?*** kiu faris (*od* geh kreis) ĉi tiun pentraĵon?, *auch* kiu pentris ĉi tiun bildon?; ***sich ein reales ~ von etw. machen*** fari al si realan imagon (*od auch* bildon) pri io; ***um sich ein genaues ~ davon zu machen, müssen Sie ...*** por ekhavi klaran imagon (*od* ideon) pri tio, vi devas ...

Bild|archiv *n* bildarkivo; ~**auflösung** *f TV (Zeilenzahl)* difino (*vgl. dazu* ***hochauflösend***); ~**ausfall** *m beim Fernsehen* foriĝo de la [televida] bildo; ~**band** *m Buchw* libro kun bildoj (*od* fotoj) [kun klariga teksto]

Bildbandmaschine *f* ↑ ***Videorecorder***

Bildbericht *m* fotoraportaĵo; ~**erstatter** *m* fotoraportisto, *auch* fotoreportero

Bildberichterstattung *f* ↑ ***Fotojournalismus***

Bildchen *n* bildeto

Bilddatei *f EDV* bild[o]dosiero

bilden *tr formen* formi; *Päd (erziehen)* eduki, *(aufklären, belehren)* klerigi, *(instruieren, unterrichten)* instrui (***jmdn.*** iun); *kultivieren* kulturi; ***eine Arbeitsgruppe*** ~ formi laborgrupon; ***ein Kabinett*** ~ *Parl* formi kabineton; ***einen Kreis um etw.*** ~ formi rondon ĉirkaŭ io; ***diese beiden Linien ~ einen Winkel von 40°*** ĉi tiuj du linioj formas angulon de 40°; ***sich*** ~ formiĝi, *auch* sin formi; *entstehen* ekesti; *erscheinen* aperi; *Bildung erwerben* sin klerigi, *i.w.S. lernen* lerni; ***sich ein Urteil über etw.*** ~ formi al si juĝon pri io

bildend *Adj* kleriga (↑ *auch* ***allgemeinbildend***); ***die ~en Künste*** *f/Pl* figuraj (*od* plastikaj) artoj *Pl*

Bilder|bogen *m* bildfolio; ~**buch** *n* bildlibro; ~**galerie** *f* bildgalerio; *Gemäldegalerie* galerio de pentraĵoj, pinakoteko; ~**rahmen** *m* bildkadro *od* kadro de bildo

Bilderrätsel *n* ↑ ***Rebus***

Bilder|sammlung *f* kolekto de bildoj (*bzw.* pentraĵoj); ~**schrift** *f* bildoskribo, skribo per figuroj (*bzw.* hieroglifoj *od* ideogramoj *u.a.*); ~**sprache** *f, auch* ***Bildsprache*** *f* bildesprima (*od* metafora) lingvo; ~**streit** *od* ~**sturm** *m,* <*wiss*> ***Ikonoklasmus*** *m ein politisch-theologischer Kampf im Byzantinischen Reich im 8./9. Jh.* ikonoklasteco; ~**stürmer** *m,* <*wiss*> ***Ikonoklast*** *m* ikonrompisto, <*wiss*> ikonoklasto; ~**tafel** *f* bild[o]tabulo

Bildfläche *f Leinwand* ekrano ◇ ***von der ~ verschwinden*** malaperi de la scenejo (*od* horizonto)

Bildfunk *m* fototelegrafio

bildhaft *Adj vor dem geistigen Auge ein Bild*

entstehen lassen elvokiva; *plastisch* plastika; ***dieses Wort vermittelt einen wirklich ~en Eindruck*** ĉi tiu vorto prezentas impreson vere elvokivan
Bildhaftigkeit *f* elvokivo; *Plastizität* plastikeco
Bildhauer *m* skulptisto (*vgl. dazu* ***Steinmetz***)
Bild|hauerei *od* **~hauerkunst** *f* skulptoarto, *auch* skulpturo
Bildhauerin *f* skulptistino
bildhübsch *Adj* mirinde bela; ***ein ~es Mädchen*** mirinde bela knabino (*od* fraŭlino), belulino
Bild|ingenieur *m* videoinĝeniero; **~kalender** *m* bildkalendaro
bildlich (*Abk* ***bildl.***) *Adj* bildesprima, figura; *metaphorisch* metafora; *plastisch* plastika; *gleichnishaft* alegoria (*vgl. dazu* ***parabolisch*** *u.* ***²tropisch***)
Bildmaterial *n* bildmaterialo
Bildmessung *f* ↑ ***Fotogrammmetrie***
Bildmischpult *n* videomiksilo
Bildner *m Bez für jmdn., der etw. formt od gestaltet* formanto
Bildnis *n* portreto (↑ *auch* ***Selbstbildnis***)
Bild|punkt *m z.B. auf dem TV-Bildschirm* skanpunkto; **~qualität** *f* bildkvalito *auch TV*; **~reportage** *f* fotoraportaĵo; **~reporter** *m* fotoraportisto; **~röhre** *f TV* bildtubo; **~säule** *f altägypt. Kunst* figur-ornamita kolono; **~schärfe** *f Foto* klareco
Bildschirm *m* ekrano (↑ *auch* ***Computer-, Flach-, Flüssigkristall-, Plasma-, Röntgen-*** *u.* ***Tastbildschirm***); *Monitor* monitoro; ***externer ~*** ekstera ekrano; ***auf den ~ projizieren*** surekranigi; ***den ~ scrollen*** *EDV* ekranumi
Bildschirmarbeit *f* ĉeekrana laboro
Bildschirm|foto *n od* **~kopie** *f* ↑ ***Screenshot***
Bildschirm|schoner *m, engl.* ***screen saver*** *EDV (meist schon im Betriebssystem enthaltenes Hilfsprogramm, das nach einer definierbaren Zeitspanne ohne Anwendereingaben die Bildschirmdarstellung durch eine Animation ersetzt)* ekrankurteno; **~text** *m* (*Abk* ***Btx***) ekranteksto
Bildsprache *f* ↑ ***Bildersprache***
Bild|tastatur *f* ekranklavaro; **~text** *m* (*Abk* ***Btx***) ekranteksto
bildschön *Adj Gegenstand, Landschaft, Mädchen* mirinde bela, belega
Bildseite *f einer Münze od Medaille* averso; ***auf der ~ [befindlich]*** *z.B. die Frankatur auf einer Postkarte* bildflanke
Bildspeicherröhre *f TV* ↑ ***Ikonoskop***
Bild|technik *f Sammelbez. für alle Verfahren der Aufzeichnung u. Wiedergabe von Bildern* bildtekniko; **~telefon** *n* videotelefono (*vgl. dazu* ***skypen***); **~telegrafie** *f, auch* ***Bildtelegraphie*** *f* fototelegrafio
Bildung *f* ***a)*** *das Formen od Schaffen* formado; *das Geformte* formitaĵo; *das Sichformen, Entstehen* formiĝo; *das Gründen, Gründung* fond[ad]o; *das Gegründetwerden* fondiĝo ***b)*** *Ausbildung, Erziehung* eduk[ad]o, klerig[ad]o, instruado (↑ *auch* ***Erwachsenen-, Halb-, Oberschul-*** *u.* ***Volksbildung***); *das Gebildetsein* edukiteco, kler[ec]o, instruiteco; *das Sichbilden* kleriĝado; *i.w.S. (Anstand, gutes Benehmen)* bona (*od* deca) konduto, *(Kultur)* kulturo, *(Wissen)* scioj *Pl* (*vgl. dazu* ***Klugheit***); ***mittlere*** (***höhere***) ~ meza (supera) klereco; ***er hat keinerlei ~*** li estas homo ne havinta ian klerigadon; ***er ist ein Mann von ~*** li estas instruita (*od* klera) homo, *auch* li estas klerulo (*od geh* erudiciulo)
Bildungs|anstalt *od* **~einrichtung** *f* eduka (*od* kleriga) institucio; **~fernsehen** *n* eduka televido; **~fragen** *f/Pl* klerigaj demandoj *Pl*; **~geschichte** *f* edukada historio; **~grad** *m* grado de instruiteco (*od* klereco); **~hunger** *m* avid[ec]o je kleriĝado (*od* scio); **~institut** *n* kleriga instituto (*vgl. dazu* ***Bildungsanstalt***); **~kybernetik** *f* klerigokibernetiko; **~lehnwort** *n Ling* kalkeo; **~minister** *m* ministro de klerigo; **~niveau** *n* eduka nivelo; **~politik** *f* edukada politiko; **~praxis** *f* klerigopraktiko; **~reform** *f* edukada reformo; **~silbe** *f Wort²* afikso (*vgl. dazu* ***Präfix*** *u.* ***Suffix***); **~stand** *m od* **~stufe** *f* grado (*od* ŝtupo) de klereco; *i.w.S. Stufe der Zivilisation* ŝtupo de civilizo; **~stätte** *f* edukejo, klerigejo; **~system** *n, auch* ***Bildungswesen*** *n* eduka (*od* kleriga) sistemo *od* sistemo de edukado (*vgl. dazu* ***Unterrichtswesen***); **~website** *f im Internet* kleriga retejo; **~weg** *m* edukadpado
Bildungswesen *n* ↑ ***Bildungssystem***; ***öffentliches ~*** publika klerigado
Bildungswissenschaft *f wissenschaftliche Pädagogik* klerigoscienco
Bildwand *f Foto* [projekcia] ekrano
Bildwerfer *m* ↑ ***Diaskop***
Bild|werk *n Bildh* skulptaĵo, *(Statue)* statuo;

~**wörterbuch** *n* bildvortaro, ilustrita vortaro; ~**wurf** *m Film, Opt (als Vorgang)* projekciado, *(als projiziertes Bild)* projekciaĵo; ~**zeichen** *n* piktogramo

Bileam (*m*) *Eig ([im Alten Testament:] Wahrsager zur Zeit der Landnahme um 1200 v. Chr. <im Neuen Testament gilt er als Irrlehrer>)* Bileamo

Bilge *f Mar (Sammelraum für Leck- und Schwitzwasser [im Kielraum])* bilĝo; ~**pumpe** *f Pumpe zum Auspumpen des Leckwassers in der Bilge* bilĝopumpilo; ~**wasser** *n* bilĝoakvo

Bilharzien *f/Pl, auch* ***Pärchenegel*** *m/Pl* (Schistosomata) *Parasitologie, Zool* bilharzioj *Pl, bes. Fachspr auch* skistosomoj *Pl*

Bilharziom *n Med (Hauttumor bei Bilharziose)* bilharziomo

Bilharziose *f, auch* ***Schistosomiasis*** *f Med (durch Saugwürmer hervorgerufene, chronisch verlaufende Krankheit)* bilharziozo, *Fachspr auch* skistosom[at]ozo (↑ *auch* ***Katayama-Syndrom***); ***ostasiatische*** ~ orientazia bilharziozo

bilingual ↑ ***zweisprachig***

Bilinguismus *m od* **Bilinguität** *f Ling (Zweisprachigkeit)* dulingvismo *od* dulingveco (↑ *auch* ***Mehrsprachigkeit***)

Bilirubin *n Biochemie (rötlich-brauner Gallenfarbstoff)* bilirubino

Biliverdin *n Biochemie (grüner Gallenfarbstoff)* biliverdino

Bill *f Parl (bes. Großbritannien)* bilo (*vgl. dazu* ***Gesetzesvorlage***)

Billard [*'biljart*] *n* bilardo; ~ ***spielen*** ludi bilardon

Billard|ball *m, meist* ***Billardkugel*** *f* bilarda pilko, *meist* bilardglobo; ~**spiel** *n* bilardludo; ~**stock** *m, auch* ***Queue*** [*kö:*] *n, auch m* bilardbastono; ~**tisch** *m* bilardtablo; ~**zimmer** *n* bilardejo, bilardsalono

Billett [*bil'jɛt*] *n alt od reg* bileto

Billiarde *f Math (tausend Billionen)* biliardo

billig *Adj* malmultekosta, *veraltend auch* malkara (↑ *auch* ***preiswert*** *u.* ***spottbillig***); *gerecht* justa ◇ ***eine ~e Ausrede*** *(Vorwand)* banala (*od* lama) preteksto, *(Entschuldigung)* banala (*od* lama) ekskuzo; ***das ist nur recht und*** ~ tio fakte estas justa kaj prava

Billigairline *f* ↑ ***Billigfluggesellschaft***

billigen *tr gutheißen, zustimmen* aprobi (*vgl. dazu* ***beipflichten***); *einwilligen* konsenti (*etw.* ion *od* pri io); *sanktionieren, z.B. ein Gesetz* sankcii; ***einen Vorschlag mit großer Mehrheit*** ~ aprobi proponon per granda plimulto

Billig|flug *m* rabat-flugo; ~**fluggesellschaft** *f, auch* ***Billigairline*** *od* ***Billigfluglinie*** *f* malalttarifa (*od* malaltkosta) aviada kompanio; ~**lohnland** *n Wirtsch* lando kun malaltaj laborpagoj (*od* salajroj), *auch* malaltsalajra lando; ~**tarif** *m* malalta tarifo

Billigung *f* aprobo (*vgl. dazu* ***Zustimmung***); *Einwilligung* konsento; *Billigung durch eine übergeordnete Instanz, Sanktionierung, z.B. von Gesetzen* sankcio

Billion *f Math* biliono, *auch* duiliono

Bilsenkraut *n* (*Gattung* Hyoscyamus) *Bot* hiskiamo; ***schwarzes*** ~ (Hyoscyamus niger) nigra hiskiamo

Bilsenkrautöl *n* hiskiama oleo

Bim *f <österr> umg für* ***Straßenbahn*** [↑ *dort*]

Bimetall *n Elektrotechnik* bimetalo

bimetallisch *Adj* dumetala, *auch* bimetala

Bimetallismus *m, auch* ***Doppelwährung*** *f auf zwei Metallen (meist Gold u. Silber) beruhende Währung* dumetalismo (*vgl. dazu* ***Monometallismus***)

Bimetallrelais *n El (eine Bimetallschutzeinrichtung als thermisches Relais, das als messender od nicht messender Befehlsschalter od als Regler wirkt)* bimetala (*od* dumetala) relajso

Bimmelei *f* [daŭra] tintado

bimmeln *intr umg* tint[ad]i

bimolekular *Adj Chem* dumolekula

Bims *m* ↑ ***Bimsstein***

Bimsbeton *m Bauw (ein Leichtbeton mit Zuschlagstoffen aus Bimsstein)* pumika betono

Bimsstein *m, auch kurz* ***Bims*** *m* pumiko (↑ *auch* ***Hüttenbims***); ***mit ~ reiben*** (*bzw.* ***schleifen*** *u. dgl.*) pumiki, froti (*bzw.* ŝlifi) per pumiko

Bimstuff *m Min* pumika tofo

binär, *auch* ***binar[isch]*** *Adj Ling, Math (aus zwei Einheiten bestehend)* binara; ~***e Arithmetik*** *f Math* binara aritmetiko; ~***e Nomenklatur*** *f Naturw* binara nomenklaturo; ~***e Verbindung*** *f Chem* binara kombinaĵo

Binär|datei *f EDV* binara dosiero; ~**code** *m* binara kodo; ~**system** *n, auch* ***Dualsystem*** *n Zahlensystem mit der Grundzahl 2* binara sistemo; ~**zahl** *f* binara nombro; ~**ziffer** *f,* *auch* ***Dualziffer*** *m* binara cifero

Binde *f* bendo *auch als Abzeichen, z.B. eines Blinden; Arm*~ *(als Versorgung z.B. für einen verletzten Arm)* skarpo (*vgl. dazu* ***Schärpe***); *Med (Binde aus Verbandsmaterial)* pansobendo, *(Verband [hauptsächlich aus Gaze, Watte u.Ä.])* pansaĵo, *(Bandage)* bandaĝo, *Gaze*~ gazobandaĝo (↑ *auch* ***Abschnür-***, ***Bauch-***, ***Mull-*** *u.* ***Nabelbinde***)); *Damen*~ menstrusorbilo; ***den Arm in der ~ tragen*** subteni (*od umg auch* havi) la [vunditan] brakon en skarpo ◇ ***einen hinter die ~ gießen*** tralavi sian gorĝon per glaso da brando *(Zam)*

Bindebalken *m Bauw* binda trabo

Bindebogen *m Mus* ↑ ***Ligatur c)***

Binde|draht *m Bauw, Buchbinderei* binda drato; *der Floristin* drato por ligi florbukedon; ~**gewebe** *n Anat* konektiva histo *od* konektivo (*vgl. dazu* ***Mesenchym***)

Bindegewebsgeschwulst *f Med* fibromo (↑ *auch* ***Fibromatose***)

Bindegewebskapsel *f Anat*: ~ ***der Niere*** (Capsula fibrosa reni) rena fibra kapsulo

Bindegewebs|massage *f Physiotherapie* masaĝo de la konektiva histo; ~**schwäche** *f Med* malforteco de la konektiva histo

Bindeglied *n* [inter]ligilo (*vgl. dazu* ***Bindung a)***)

Bindehaut *f* (Conjunctiva) *Anat* konjunktivo (↑ *auch* ***Skleralbindehaut***)

Bindehautentzündung *f*, *auch* ***Konjunktivitis*** *f Med* inflamo de la konjunktivo, konjunktivito; ***akute eitrige*** ~ (Blennorhö) blenoreo (*vgl. dazu* ***Gonoblennorhö***)

Bindehaut|reizung *f Med* konjunktiva iritado; ~**sack** *m* (Saccus conjunctivae) *Anat* konjunktiva sak[et]o; ~**tasche** *f* (Fornix conjunctivae) *Anat* konjunktiva fornikso

Bindekraft *f* ↑ ***Haftkraft***

Bindemittel *n z.B. in Farben* ligilo; *i.e.S. (Leim)* gluaĵo, *(Zement)* cemento, *(Kitt)* mastiko; *übertr (etw., das verbindet)* kunigilo

binden *tr **a)** an-, festbinden* ligi (***etw. an*** ion al) (*vgl. dazu* ***fesseln*** *u.* ***schnüren***; ↑ *auch* ***zusammenbinden***); *herumschlingen um* ĉirkaŭvolvi; ***Blumen*** ~ aranĝi florojn; ***das Pferd an einen Baum*** ~ ligi la bridon de ĉevalo al arbo; ***erneut*** (*od* ***nochmals***) ~ denove ligi, religi; ***sich*** ~ sin [devo]ligi (***an jmdn.*** al iu); ***sich an etw. gebunden fühlen*** senti sin ligita al io; ***gebunden sein*** esti ligita; ***sich die Krawatte*** ~ ligi al si la kravaton ◇ ***jmdm. die Hände*** ~ *jmdn. zur Untätigkeit zwingen* ligi la manojn al iu; ***ich werde ihr das doch nicht auf die Nase ~!*** mi do ne sciigos (*od* elbabilos) tion al ŝi! ***b)*** *Mus (gebunden spielen bzw. singen)* ligaturi ***c)*** *einbinden (Bücher, Zeitschriften)* bindi ***d)*** *Kochk (Soße)* [iom] densigi

Binden *n An-, Fest-, Zusammen*~ ligado

bindend *Adj* kunliganta; *zwingend, unbedingt* deviga, nepra

Binden|fregattvogel *m* (Fregata minor) *Orn* nigraflugila fregato *[Vorkommen: NO-Australien u. auf den inseln der Korallensee]*; ~**kreuzschnabel** *m* (Loxia leucoptera) *Orn* rubanda krucbekulo; ~**reiher** *m* (Zonerodius heliosylus) *Orn* novgvinea tigroardeo *[Vorkommen: endemisch in Neuguinea]*; ~**sandlerche** *f* (Ammomanes cincturus) *Orn* malgranda dezertalaŭdo; ~**schwalbe** *f* (Riparia cincta) *Orn* zona bordhirundo; ~**schwanzfasan** *m* (*Gattung* Syrmaticus) *Orn* longvosta fazano; ~**taucher** *m* (Podilymbus podiceps) *Orn* dikbeka grebo; ~**waran** *m* (Varanus salvator) *Zool* akva varano *[Vorkommen: Sri Lanka, SO-Asien u. Südchina]*

Bindepunkt *m*, *auch* ***Fadeneinkreuzung*** *f Weberei* plektopunkto (↑ *auch* ***Verkreuzungsbindepunkt***)

[1]**Binder** *m* ↑ ***Krawatte***

[2]**Binder** *m* <*österr*> *Böttcher* barel[far]isto

[3]**Binder** *m Bauw (Stein, der mit seiner langen Seite senkrecht zur Außenfläche liegt)* bindoro

Bindestrich *m* kuniga streketo *od* ligstreketo, *oft kurz* streketo

Bindewort *n Gramm* ↑ ***Konjunktion a)***

bindewortartig *Gramm* ↑ ***konjunktional***

Bindfaden *m* ŝnuro ◇ ***es regnet Bindfäden*** pluvas torente

Bindung *f **a)*** ligo; *das Gebundensein* ligiteco (***an*** al); *Verpflichtung* [devo]ligo (***an*** al); *allg: Beziehungen* [inter]rilatoj *Pl*; ***emotionale*** ~ emocia ligo ***b)*** *Chem, Phys* koher[ec]o ***c)*** *Textiltechnik, Weberei (Fadensystem, bei dem sich Kette u. Schuss kreuzen)* plekto (↑ *auch* ***Köper-***, ***Leinwand-*** *u.* ***Satinbindung***) ***d)*** *Skisport* fiksilo [de skio] ***e)*** *Mus (Ligatur)* ligaturo

Bingelkraut *n* (*Gattung* Mercurialis) *Bot* merkurialo; ***ausdauerndes*** ~ (Mercurialis perennis) (*auch* ***Waldbingelkraut*** *n od pop*

Wildhanf** m genannt*) plurjara merkurialo; ***einjähriges ~ (Mercurialis annua) unujara merkurialo

Bingo *n ein Glücksspiel* bingo (↑ *auch* ***Lotterie***)

binnen *Präp* en [la] daŭro de, dum (*vgl. dazu* ***innerhalb***); ~ ***kurzem*** post nelonge, post mallonga tempo; *i.w.S. bald* baldaŭ; ~ ***einer angemessenen Frist** bes. Hdl u. Wirtsch* en konvena tempo

Binnen|böschung *f* interna taluso; ~**deich** *m* enlanda digo; ~**fischerei** *f* fiŝado en internlandaj akvoj; ~**gewässer** *Pl* internlandaj akvejoj *Pl*

Binnengewässerkunde *f* ↑ ***Limnologie***

Binnen|hafen *m Mar* enlanda (*od* rivera) haveno; ~**handel** *m* enlanda komerco; ~**klima** *n* kontinenta klimato; ~**klüver** *m Mar* interna ĵibo; ~**land** *n Ggs Küstenland* internlando (*vgl. dazu* ***Inland***); *küstenfernes Land (z.B. die Schweiz)* lando sen marbordo

binnenländisch *Adj* internlanda (*vgl. dazu* ***inländisch***)

Binnen|markt *m Hdl* enlanda (*od* interna) merkato; ~**meer** *n* enlanda (*od* interna) maro; ~**migration** *f* intern[land]a migrado

Binnenmuskel *m Anat*: ~ ***der Zunge*** (Musculus transversus linguae) *querer Zungenmuskel* langa transverso

Binnennetz *n Zytologie* ↑ ***Golgi-Apparat***

Binnen|reim *m*, *auch* ***Innenreim** m Metr* interna rimo; ~**schiff** *n* ŝipo por enlanda (*od* rivera) navigacio, *kurz auch* enlanda ŝipo; ~**schifffahrt** *f* enlanda navigado; ~**see** *m* lago; ~**tarif** *m Eisenb, Post* internlanda (*od* enlanda) tarifo; ~**tourismus** *m* enlanda turismo; ~**verkehr** *m* internlanda (*od* enlanda) trafiko; ~**wasserstraße** *f* enlanda akvovojo; ~**zollamt** *n* enlanda doganejo

Binokel *n Opt* binoklo (↑ *auch* ***Opernglas***)

binokular *Adj*: ~***es Sehen*** du-okula vidado

Binokularmikroskop *n Opt* du-okula mikroskopo

Binom *n Math (zweigliedriger mathematischer Ausdruck für eine Summe [a+b] od Differenz [a-b])* binomo (*vgl. dazu* ***Polynom***)

Binomialkoeffizient *m Math* binoma (*od* dunomiala) koeficiento

binomisch *Adj Math (zweigliedrig)* binoma

Binse *f* (*Gattung* Juncus) *Bot* junko (*vgl. dazu* ***Rohr b)*** *u.* ***Simse***; ↑ *auch* ***Faden-, Flatter-, Knäuel-, Kopf-, Moor-, Rasen-, Salz-, Strand-, Teich-, Zwerg-*** *u.* ***Zwiebelbinse***); ***dreiblütige*** ~ (Juncus triglumis) triguŝa junko; ***glanzfrüchtige*** ~ (Juncus articulatus) disstara junko; ***sparrige*** ~ (Juncus squarrosus) erikeja junko; ***zarte*** ~ (Juncus tenuis) svelta junko; ***zusammengedrückte*** ~ (Juncus compressus) plata junko ◇ ***in die ~n gehen*** *verloren gehen, verschwinden* perdiĝi [kaj ne plu revidiĝi]; *kaputtgehen* rompiĝi, ruiniĝi; *schiefgehen, misslingen* [totale] malsukcesi, fiaski

Binsengewächse *n/Pl*: ***[Familie der]*** ~ *Bot* (Juncaceae) junkacoj *Pl*

Binsenginster *m Bot* ↑ *unter* ***Ginster***

Binsen|halm *m* (Caulis calamus) *Bot* junkotigo; ~**moor** *n Biol* junka marĉo *od* junkomarĉo

Binsenrohrsänger *m Orn* = ***Seggenrohrsänger***

Binsen|wahrheit *od* ~**weisheit** *f* banala vero; *Axiom* aksiomo

Bintan (*n*) *Hauptinsel des indones. Riau-Archipels* [insulo] Bintano, *auch* Bintan-Insulo

Binturong *m*, *auch* ***Bärenmarder** od* ***Marderbär*** *m* (Arctitis binturong) *eine Schleichkatzenart in SO-Asien* binturongo

Bio|abfall *m organischer Abfall tierischer od pflanzlicher Herkunft aus Haushalten od Betrieben, der durch Mikroorganismen u.a. abgebaut werden kann* biorubo; ~**aktivität** *f die Intensität des Stoff- u. Energieumsatzes in Ökosystemen, die auf der Tätigkeit lebender Organismen beruht* bioaktiveco; ~**akustik** *f Zool* bioakustiko; ~**astronautik** *f Raumf (Erforschung der Lebensmöglichkeiten im Weltraum [bes. unter Raumfahrtbedingungen])* bioastronaŭtiko; ~**astronomie** *f* bioastronomio; ~**bank** *f EDV, Med* biobanko *<überwiegend an Medizinischen Hochschulen angesiedelt>*; ~**chemie** *f Lehre von den chemischen Vorgängen in Lebewesen* biokemio; ~**chemiker** *m* biokemiisto

biochemisch 1. *Adj* biokemia; ~***e Reaktion*** *f* biokemia reakcio **2.** *Adv* biokemie

Bio|diesel *m* biodizelo; ~ **diversität** *f Biol (1. Artenvielfalt in einer best. geografischen Region 2. Vielfalt der Ökosysteme auf der Erde 3. genetische Vielfalt [innerhalb einer Art])* biodiverseco (↑ *auch* ***Artenvielfalt***); ~**diversitäts-Konvention** *f*, *engl.* ***Convention on Biological Diversity*** Interkonsento pri Biologia Diverseco, *auch* Biodiverseco-Interkonsento *[Sitz: Montreal/Kanada]*; ~**dynamik** *f Teilgebiet der Physiologie, das den Einfluss äußerer Faktoren auf Lebewesen erforscht* biodinamiko

bio|dynamisch *Adj nur mit organischer Düngung* biodinamika; ~**elektrisch** *Adj* bioelektra

Bio|elektrizität *f Gesamtheit der elektrischen Vorgänge im lebenden Organismus* bioelektro; ~**elektronik** *f Bereich der Biotechnologie, in dem versucht wird, biologische u. elektronische Bauelemente zu kombinieren und so technisch nutzbar zu machen* bioelektroniko

Bioelement *n* ↑ ***Spurenelement***

Bioenergetik *f Med (Therapie zur Befreiung von Ängsten, unterdrückten Emotionen, Verkrampfungen u. Ä. mithilfe von Bewegungs-, Haltungs- und Atemübungen u. Ä.)* bioenergetiko

bioenergetisch *Adj* bioenergetika

Bio|energie *f 1. die durch Lebewesen gespeicherte Sonnenenergie [wichtigste Sonnenenergiewandler sind Pflanzen] 2. Energie aus Biomasse* bioenergio; ~**ethanol** *n (auch* ***Agroethanol*** *genannt) Ethanol, das ausschließlich aus Biomasse od den biologisch abbaubaren Anteilen von Abfällen hergestellt wird* bioetanolo (↑ *auch* ***Biokraftstoff***); ~**ethik** *f auf biologisch-medizinische Forschung angewandte Ethik* bioetiko; ~**ethiker** *m* bioetikisto

bioethisch *Adj* bioetika

Bio|fazies *f Geol (Gesamtheit der fossilinhaltlichen Merkmale einer Ablagerung)* biofacio; ~**feedback** *n* biologia retrokontrolo; ~**filter** *m (auch* ***Biowäscher*** *genannt) z.B. in Kläranlagen* biofiltrilo; ~**flavonoide** *Pl Biochemie* bioflavonoidoj *Pl*; ~**fluoreszenz** *f* biofluoresko (↑ *auch* ***Biolumineszenz***)

Biogas *n, auch* ***Faulgas*** *n bei der Zersetzung von Mist u.Ä. entstehendes Gas* biogaso; ~-**anlage** *f* biogasinstalaĵo; ~**erzeugung** *od* ~**produktion** *f* biogasproduktado

biogen *Adj von Lebewesen stammend, durch Tätigkeit von Organismen entsatnden* biogena; ~***e Sedimente*** *n/Pl* biogenaj sedimentoj *Pl*

Bio|genese *f, auch* ***Biogenesis*** *od* ***Biogenie*** *f Biol, Naturw (Entwicklung[sgeschichte] der Lebewesen* biogenezo; ~**genetik** *f* biogenetiko

biogenetisch *Adj* biogenetika; ~***es Grundgesetz*** *n* biogenetika leĝo *<von Haeckel formuliert>*

Biogeochemie *f neueres Fachgebiet zw. Biochemie u. Geochemie, das sich mit biochemischen Vorgängen u. den dadurch ausgelösten Anreicherungsvorgängen od Umverteilungen der chemischen Elemente in der Erdkruste befasst* biogeokemio

biogeochemisch 1. *Adj*: ~***er Zyklus*** *Naturw* biogeokemia ciklo **2.** *Adv* biogeokemie

Biogeografie *f, auch* ***Biogeographie*** *f Wissenschaft von der Verbreitung u. Ausbreitung der Lebewesen auf der Erde* biogeografio

biogeografisch, *auch* ***biogeographisch*** *Adj* biogeografia

Bio|geosphäre *f Gesamtheit der terrestrischen Ökosysteme als Teil der Biosphäre [der erdgebundene Teil der Biosphäre]* biogeosfero; ~**geozönose** *f Wechselbeziehungen zw. Pflanzen od Tieren u. der unbelebten Umwelt* biogeocenozo; ~**gerontologie** *f ein Teilgebiet der Entwicklungsbiologie, das sich mit der Erforschung der Ursachen biologischen Alterns u. deren Folgen beschäftigt* biogerontologio

Biograf *m, auch* ***Biograph*** *m Verfasser von Lebensbeschreibungen* biografo

Biografie *f, auch* ***Biographie*** *f* biografio (↑ *auch* ***Kurzbiografie***)

Biografin *f, auch* ***Biographin*** *f* biografino

biografisch, *auch* ***biographisch*** *Adj* biografia

Bio|horizont *m Paläontologie* biohorizonto; ~**hydrosphäre** *f Gesamtheit der aquatischen Ökosysteme als Teil der Biosphäre* biohidrosfero; ~**indikator** *m Ökologie* bioindikilo (↑ *auch* ***Indikator-Organismen*** *u.* ***Zeigerpflanze***); ~**informatik** *f* bioinformadiko, *auch* biokomputiko; ~**informatiker** *m* bioinformadikisto; ~**katalysator** *m Wirkstoff (z.B. ein Hormon), der die Stoffwechselvorgänge steuert* biokatalizilo *<zu den Biokatalysatoren zählen Enzyme, Hormone, Spurenelemente, Vitamine, Wuchsstoffe>*

Bioklimatik *f* ↑ ***Bioklimatologie***

bioklimatisch 1. *Adj die Bioklimatologie betreffend* bioklimatologia **2.** *Adv* bioklimatologie

Bioklimatologie *f, auch* ***Bioklimatik*** *f Wissenschaft vom Einfluss des Klimas auf das Leben* bioklimatologio
Bioko (*n*), *früher* ***Fernando Póo*** (*n*) *Vulkaninsel im Golf von Biafra [gehört zu Äquatorialguinea (Hptst. u. Hafen: Malabo)]* Bioko
Bio|kraftstoff *m, auch* ***Biotreibstoff*** *m Kraftstoff, der aus Biomasse erzeugt wird* biobrulaĵo (↑ *auch* ***Biodiesel*** *u.* ***Bioethanol***); ~**kunststoff** *m, auch* ***biobasierter Kunststoff*** *m Kunststoff, der auf Basis von nachwachsenden Rohstoffen erzeugt wird* bioplasto, *auch* biobazita plasto; ~**kybernetik** *f Anwendung kybernetischer Prinzipien auf lebende Systeme* biokibernetiko (*vgl. dazu* ***Kybernetik***)
biokybernetisch *Adj die Biokybernetik betreffend bzw. zu ihr gehörig* biokibernetika
Bio|laden *m* biobutiko; ~**lebensmittel** *n* ekologia nutraĵo, *auch* ekonutraĵo
Biolith *m Geol (biogenes Sediment)* biolito
Biologe *m* biologo (↑ *auch* ***Hydrobiologe***)
Biologie *f Lehre von der belebten Natur* biologio (↑ *auch* ***Astro-***, ***Ekto-***, ***Evolutions-***, ***Chrono-***, ***Geo-***, ***Helio-***, ***Hydro-***, ***Kryo-***, ***Molekular-***, ***Neuro-***, ***Paläo-***, ***Para-***, ***Quanten-***, ***Radio-***, ***Strahlen-*** *u* ***Zoobiologie***); ***allgemeine*** ~ ĝenerala biologio
Biologin *f* biologino
biologisch 1. *Adj* biologia (↑ *auch* ***meeresbiologisch***); ~***e Abbaubarkeit*** *f Ökologie* biologia malkombineblo; ~***e Gewässergüte*** *f* biologia kvalito de akvejoj; ~***es Gleichgewicht*** *n* biologia ekvilibro; ~***er Krieg*** *m Mil* biologia milito; ~***e Kybernetik*** *f Wissenschaft, die sich mit den Steuerungs- u. Regelungsvorgängen in Organismen u. Ökosystemen beschäftigt* biologia kibernetiko; ~***er Pflanzenschutz*** *m* biologia plantprotektado; ~***e Reinigung*** *f* biologia purigado; ~***e Uhr*** *f* (*auch* ***innere Uhr*** *genannt*) biologia horloĝo; ~***e Waffe*** *f, auch* ***Biowaffe*** *f* biologia armilo **2.** *Adv* biologie
biologisch-dynamisch *Adj*: ~***e Landwirtschaft*** *f* biodinamika agrikulturo
Biolumineszenz *f Fähigkeit mancher Bakterien, Pilze u. Tiere (bes. Tiefseefische), Licht zu erzeugen* biolumineско
Biolyse *f chem. Zersetzung organischer Substanz durch lebende Organismen* biolizo
biolytisch *Adj die Biolyse betreffend bzw. auf Biolyse beruhend* bioliza

Biom *n* (*Syn*: ***Makroökosystem***) *Biol (eine Großregion von Lebensräumen auf der Erde it typischer Tier- u. Pflanzenwelt, z.B. Taiga, Tundra, immergrüner tropischer Regenwald, Savanne)* biomo (↑ *auch* ***Halobiom***)
Bio|masse *f Gesamtmenge von lebenden u. toten Organismen u. die von ihnen stammende organische Substanz* biomaso; ~-**massenpyramide** *f* biomasa piramido; ~-**material** *n* biomaterialo; ~**mathematik** *f* biomatematiko; ~**mechanik** *f Teilgebiet der Biophysik, das sich mit den mechanischen Vorgängen in den Organismen befasst* biomekaniko
biomechanisch 1. *Adj die Biomechanik betreffend bzw. zu ihr gehörig* biomekanika **2.** *Adv* biomekanike
Bio|medizin *f* biomedicino; ~**membran** *f Trennwand innerhalb von Zellen* biomembrano; ~**meteorologie** *f Wissenschaft vom Einfluss des Wetters auf die Lebewesen, insbesondere auf den Menschen* biometeorologio
biometeorologisch *Adj* biometeorologia
Bio|metrie *od* ~**metrik** *f Wissenschaft von Theorie u. Anwendung mathematischer Methoden in Biologie u. Medizin* biometrio *od* biometriko
biometrisch 1. *Adj die Biometrie betreffend bzw. zu ihr gehörig* biometria **2.** *Adv* biometrie
Biomikroskopie *f, auch* ***Lebendzellenmikroskopie*** *f* biomikroskopio
Biomüll *n* = ***Bioabfall***
Bionik *f Biol, Tech (Wissenschaft, die technische u. elektronische Probleme nach dem Vorbild biologischer Funktionen zu lösen versucht, d.h. durch Nachahmung biologischer Problemlösungen bei der Entwicklung von Techniken)* bioniko (↑ *auch* ***Eubionik***)
bionisch *Adj die Bionik betreffend bzw. auf ihr beruhend* bionika
Biontologie *f alt für «Wissenschaft von den Lebewesen»* biontologio
biopharmazeutisch *Adj die Biopharmazie betreffend bzw. zu ihr gehörend* biofarmacia
Bio|pharmazie *f Fachrichtung der Pharmazie, die sich mit den physikalisch-chemischen Eigenschaften von Arzneimitteln u. Arzneizubereitungen als Voraussetzung für*

deren Wirkung befasst biofarmacio; ~**photonen** *n/Pl Alternativmedizin, Biophysik* biofotonoj *Pl*; ~**physik** *f 1. Lehre von den physikalischen Vorgängenin und an Lebewesen 2. heilkundlich angewandte Physik* biofiziko (↑ *auch* ***Biomechanik***)

biophysikalisch 1. *Adj* biofizika **2.** *Adv* biofizike

Bio|piraterie *f* biopiratado; ~**produkte** *n/Pl* bioproduktoj *Pl*

Biopsie *f Med (Entnahme einer Gewebeprobe u. ihre histologische Untersuchung)* biopsio (↑ *auch* ***Katheter-***, ***Liquid-***, ***Lungen-***, ***Muskel-***, ***Nieren-***, ***Ovarial-***, ***Pleura-***, ***Rektumbiopsie*** *u.* ***Probeexzision***)

Bio|psychologie *f* biopsikologio; ~**reaktor** *m, auch* ***Fermenter*** *m Anlage für die Massenkultur von Mikroorganismen in Forschung u. Industrie* bioreaktoro; ~**region** *f Großklimabereich der Erde, in dem ein physiognomisch einheitlicher Vegetationstyp vorkommt* bioregiono (*vgl. dazu* ***Biozonen***); ~**resonanztherapie** *f* (*Abk* ***BRT***) *Alternativmedizin* bioresonancterapio; ~**rhythmus** *m periodische Schwankungen der Körperfunktionen, die durch äußere (Licht) u. innere (Hormone) Faktoren beeinflusst werden* bioritmo; ~**satellit** *m Raumf (mit Tieren [und Pflanzen] besetztes kleines Raumfahrzeug zur Erforschung der Lebensbedingungen in der Schwerelosigkeit)* biosatelito; ~**semiotik** *f* biosemiotiko; ~**sicherheit** *f* biosekureco; ~**soziologie** *f Wissenschaft von den Wechselbeziehungen zw. biologischen u. soziologischen Gegebenheiten* biosociologio

biosoziologisch 1. *Adj die Biosoziologie betreffend bzw. zu ihr gehörend od auf ihren Untersuchungen beruhend* biosociologia **2.** *Adv* biosociologie

Bio|sphäre *f Gesamtheit der von Lebewesen besiedelten Schichten der Erde* biosfero (↑ *auch* ***Anthroposphäre***); ~**sphärenreservat** *n geschütztes Gebiet für nachhaltige Entwicklung* biosfera rezervejo

biosphärisch *Adj zur Biosphäre gehörend* biosfera

Bio|stimuline *n/ Pl, auch* ***biogene Stimulatoren*** *m/Pl* biostimuliloj *Pl*; ~**stratigrafie** *f Geol, Paläontologie (Festlegung der geologischen Gliederung u. ihres Alters mithilfe von Fossilien)* biostratigrafio; ~**strom** *n Geol (geschichtete, lagerartige Gebilde, wie Muschel- u. Korallenbänke)* biostromo; ~**synthese** *f 1. der Aufbau von chemischen Verbindungen in lebenden Zellen zur Aufrechterhaltung pysiologischer Funktionen des gesamten Organismus [z.B. Aminosäuren, Proteine, Hormone, Nukleinsäuren u.a.] 2. Herstellung organischer Substanzen mithilfe von Mikroorganismen [z.B. von Penizillin aus niederen Pilzen])* biosintezo

Biota *f nur Fachspr Biol (Flora u. Fauna eines Gebiets)* bioto, la tuta flaŭro kaj faŭno en [certa] regiono

Biotechnologie *f integrierte Anwendung von Gentechnik, Biochemie, Mikrobiologie u. Verfahrenstechnik mit dem Ziel die Eigenschaften von Lebewesen (meist Mikroorganismen) für die industrielle Produktion von Arzneimitteln, Pflanzenschutzmitteln u.a. zu nutzen* bioteknologio

biotechnologisch *Adj* bioteknologia

Biotelemetrie *f Messwertübertragung von Lebensvorgängen* biotelemetrio

Biotin *n, auch* ***Vitamin H*** *n Biochemie* biotino, *auch* vitamino H [*ho*]

biotisch *Adj* biota (↑ *auch* ***endo-***, ***epi-*** *u.* ***nekrobiotisch***); ~***e Faktoren*** *m/Pl* (*auch* ***Biotika*** *genannt*) *die Wirkungen der belebten Natur auf die Organismen [z.B. Nahrung, Bevölkerungsdichte, Feinde, Konkurrenten]* biotaj faktoroj *Pl* (↑ *auch* ***ökologische Faktoren*** [*unter* ***ökologisch***]); ~***es Potenzial*** *n Ausmaß der einer Art bzw. Population innewohnenden Kraft, sich unter optimalen Bedingungen zu vermehren u. zu überleben* biota potencialo

Biotit *m, pop* ***Katzengold*** *n Min (zu den Glimmern gehörendes dunkelgrünes bis schwarzes Mineral)* biotito

Biotop *m od n, allg auch* ***Standort*** *m Biol (durch bestimmte Lebewesen od eine bestimmte Art gekennzeichneter Lebensraum)* biotopo (↑ *auch* ***Feuchtbiotop***, ***Habitat***, ***Nivalbiotop***, ***Ökoton*** *u.* ***Zootop***)

biotopfremd *Adj* aloktona

Biotopschutz *m* protektado de biotopo(j)

Biotransformation *f Physiol* biotransformado

Biotreibstoff *m* ↑ ***Biokraftstoff***

Bio|typ[us] *m Genetik (Gruppe od Generationsfolge von Individuen mit gleicher Erbanlage)* biotipo; ~**verfügbarkeit** *f allg, Ernährungsphysiologie u. Pharmakologie* biodisponeblo; ~**volumen** *n Volumen der Körpermasse von Tieren od Summe der Körpervolumina in einem Tierbestand* biovolumeno

Biowaffe *f* ↑ *unter* ***biologisch 1.***

Biowäscher *m* ↑ ***Biofilter***

biozentrisch *Adj Bez für Betrachtungsweisen, bei denen das Leben (lebende Organismen) im Mittelpunkt stehen* biocentra

Bio|zid *n Mittel zur Abtötung lebender Organismen* biocido; ~**zönose** *f Lebensgemeinschaft von Pflanzen u. Tieren in einem bestimmten Lebensraum* biocenozo (↑ *auch* ***Agro-***, ***Phyto-*** *u.* ***Protobiozönose***)

BIP = *Abk für* ***Bruttoinlandsprodukt***

bipolar ↑ ***zweipolig***

Bipolarität *f* ↑ ***Zweipoligkeit***

biquadratisch *Adj*: ~***e Gleichung*** *f Math* kvaragrada ekvacio

Bireme *f Antike (Kriegsschiff mit zwei Reihen von Ruderbänken)* biremo

Birett *n Kopfbedeckung des katholischen Geistlichen* [pastra] bireto

Birgit (*f*) *od* **Birgitta** *weibl. Vorname* Birgita *auch Name einer schwedischen Mystikerin und Ordensgründerin [1303-1373]* (Sankta Birgita *od auch* Birgita el Svedio)

Birgittenorden *m Rel (ein Erlöserorden)* ordeno de [Sankta] Birgita

Birke *f* (*Gattung* Betula) *Bot* betulo (↑ *auch* ***Gelb-***, ***Hänge-***, ***Moor-***, ***Schwarz-*** *u.* ***Zwergbirke***); ***drüsige*** ~, *auch* ***Harzbirke*** *od* ***grönländische Strauchbirke*** *f* (Betula glandulosa) glanda betulo *[Vorkommen: Sibirien, Alaska, Grönland, Kanada u. nördl. USA]*; ***niedrige*** ~ (Betula humilis) eta betulo; ***sibirische*** ~ (Betula davurica) siberia betulo

Birken|blatt *n* betula folio; ~**blätterextrakt** *m Kosmetik* betulfolia ekstrakto

Birkengewächse *n/Pl*: ***[Familie der]*** ~ (Betulaceae) *Bot* betulacoj *Pl*

Birkenholz *n* betula ligno

Birken-Milchling *m Mykologie* ↑ *unter* ***Reizker***

Birken|pilz *m*, *auch* ***Birken-*** *od* ***Kapuzinerröhrling*** *m* (Leccinum scabrum) *Mykologie* raspstipa boleto; ~**porling** *m* (Piptoporus betulinus) *Mykologie* betula poliporo; ~**rinde** *f* betula ŝelo; ~**rindenöl** *n Kosmetik* betulŝela oleo; ~**rute** *f* betula vergo

Birken-Speitäubling *m* (Russula betularum) *Mykologie* betula rusolo

Birkentäubling *m Mykologie*: ***grasgrüner*** ~ (Russula aeruginea) herboverda rusolo

Birken|teer *m* betula gudro; ~**wald** *m* betula arbaro

Birkenzeisig *m* (Carduelis flammea flammea) *Orn* flamkardelo; ***grönländischer*** ~ *od* ***Grönland-Birkenzeisig*** *m* (Carduelis flammea rostrata) granda flamkardelo (↑ *auch* ***Polarbirkenzeisig***); ***heller*** ~ (Carduelis flammea holboelli) longbeka flamkardelo

Birkhäher *m Orn* ↑ ***Blauracke***

Birkhuhn *n* (Lyrurus tetrix) *Orn (ein eurasisches Raufußhuhn)* tetro (↑ *auch* ***Kaukasusbirkhuhn***)

Birma (*n*) ↑ ***Myanmar***

Birmakatze *od* **Burmesenkatze** *f* birma kato

Birmane *od* **Burmese** *m* birmano

Birmanin *od* **Burmesin** *f* birmanino

birmanisch *od* **burmesisch** *Adj* birma

Birmanisch[e] *od* **Burmesisch[e]** *n Ling (eine zur tibeto-birmanischen Sprachenfamilie gehörende Sprache [Amtssprache in Myanmar])* la birma [lingvo]

Birmingham (*n*) *1. eine Stadt in England 2. eine Stadt in Alabama/USA* Birmingamo

Birnball *m Boxen* ↑ ***Punchingball***

Birnbaum *m* (Pyrus communis) *Bot* pirarbo

Birne *f* ***a)*** piro *Frucht bzw. Bez für etw., das einer Birne ähnelt* ***b)*** *kurz für «Birnbaum»* pirarbo; ***weidenblättrige*** ~ (Pyrus salicifolia) *Bot* salikofolia pirarbo *[Vorkommen: südl. Kaukasus u. nördl. Iran]* ◇ ***jmdm. eins auf*** (*od* ***vor***) ***die*** ~ ***geben*** *salopp* bati al iu sur la kapon ***c)*** *umg auch für «Glühlampe»* inkandeska lampo *od* [inkandeska] ampolo; ***eine neue*** ~ ***einschrauben*** enmeti (*od* alfiksi) novan ampolon

Birnenblüte *f* pirofloro

birnenförmig, *Fachspr Bot auch lat.* ***piriformis*** *Adj* piroforma *od* pir-forma

Birnen|kern *m* pirokerneto; ~**kompott** *n* pira kompoto *od* pirokompoto; ~**moos** *n*, *auch* ***echtes Laubmoos*** (*Gattung* Bryum) *Bot* brio (↑ *auch* ***Silber[birn]moos***)

Birnenstäubling *m Mykologie* ↑ ***Flaschenstäubling***

Birntang *m* (Macrocystis pyrifera) *Bot (eine Braunalge der außertropischen südl. Meere)* makrocisto

Birr *m* (*Abk* ***Br***) *Währungseinheit in Äthiopien* biro

Birs *f linker Nebenfluss des Rheins im NW*

der Schweiz [rivero] Birso

Biryani *n Kochk (ein südasiatisches Reisgericht)* birjano (↑ *auch* ***Pilaw***)

bis 1. *Präp* ***a)*** *Ort* ĝis (***nach*** *bzw.* ***zu*** *bleiben unübersetzt*); ~ ***zur Ecke*** ĝis la angulo; ~ ***ans Ende der Welt*** ĝis la fino de la mondo; ~ ***dahin*** ĝis tie; ~ ***hierher*** ĝis ĉi tie; ~ ***zur Insel ... segeln*** veladi ĝis la insulo ...; ~ ***zur Straßenecke gehen*** iri ĝis la stratangulo; ***der Ball ist ~ aufs Dach gefallen*** la pilko falis ĝis sur la tegmento; ***wir standen ~ zu den Knien im Wasser*** ni staris en la akvo ĝis la genuoj ***b)*** *Zeit* ĝis; ~ ***auf weiteres*** (*Abk* ***b.a.w.***) *vorübergehend* provizore, [nur] por certa tempo; *bis zur erneuten Information [darüber]* ĝis pluaj informoj; ~ ***Freitag*** ĝis vendredo; ~ ***heute*** ĝis hodiaŭ; ~ ***vor einigen Jahren*** ĝis antaŭ kelkaj jaroj; ~ ***zum Jahresende*** ĝis jarfino; ~ ***jetzt*** ĝis nun; ~ ***morgen!*** ĝis morgaŭ!; ~ ***später!*** ĝis poste!; ~ ***in die späte (tiefe) Nacht [hinein]*** ĝis [la] malfrua (profunda) nokto; ~ ***wann?*** ĝis kiam? ***c)*** *Zahl*: ***ein Betrag von 900 ~ 1000 Euro*** sumo de inter 900 kaj 1000 eŭroj ***d)*** *Ausnahme*: ~ ***auf einen*** krom unu *od* escepte de unu; ***alle ~ auf einen*** ĉiuj escepte de unu; ~ ***auf zwei kamen alle*** escepte de du [personoj] ĉiuj venis; ***sie kamen ~ auf den letzten Mann*** ili venis ĉiuj [kaj ne eĉ unu mankis] ***e)*** *Grad*: ~ ***zum Äußersten*** ĝis la ekstremo; ~ ***über die Ohren verschuldet sein*** sidi en ŝuldoj ĝis super la oreloj ***f)*** *Einschluss*: ~ ***einschließlich*** ĝis ... inkluzive; ~ ***einschließlich Monat Januar*** ĝis [monato] januaro inkluzive **2.** *Konj* ĝis; *so dass* ĝis kiam; ***er lief stundenlag herum, ~ ihm die Füße schwollen*** li iradis (*od* marŝis) ĝis liaj piedoj ŝvelis [pro la marŝado]; ***warte [bitte] ~ ich zurückkomme!*** atendu [mi petas] ĝis mi revenos!

Bisaja-Sprachen *f/Pl Ling* ↑ ***Visaja-Sprachen***

Bisam *m Fell der Bisamratte* felo de ondatro; *Pelz der Bisamratte* ondatra pelto

Bisamklee *m Bot* ↑ ***Bockshornklee***

Bisamkürbis *m Bot* ↑ ***Moschuskürbis***

Bisamratte *f* (Ondatra zibethica) *Zool* ondatro, *pop auch* moskorato

Bisamrüssler *m Zool* ↑ ***Desman***

Bisamspitzmaus *f Zool* ↑ ***Rüsselspitzmaus***

Bischarin *Pl*, *arab.* ***Bišarīn*** *Pl Ethn (nördlichster Nomadenstamm der Bedja zw. Nil u. Rotem Meer im NO Sudans)* biŝarinoj *Pl* (*vgl. dazu* ***Bedja***)

Bischkek (*n*), *[1926-1991* ***Frunse*** *genannt] Hptst. von Kirgisistan* Biŝkeko

[1]**Bischof** *m Kirche* episkopo (↑ *auch* ***Erz-, Suffragan-*** *u.* ***Titularbischof***)

[2]**Bischof** *m Orn*: ***hellblauer ~*** ↑ ***Azurbischof***

bischöflich *Adj* episkopa; ***Eure ~e Gnaden*** *(als Anrede)* via episkopa moŝto

Bischofs|amt *n*, *auch* ***Episkopat*** *n* episkopeco; ~**kirche** *f*, *auch* ***Episkopalkirche*** *f (als kirchliche Instanz)* episkopa eklezio

Bischofskonferenz *f*: ***Deutsche ~*** *kath. Kirche* Germana Episkopa Konferenco

Bischofs|kreuz *n* episkopa kruco; ~**mütze** *f* kapvesto de episkopo, mitro (↑ *auch* ***Mitra***); ~**sitz** *m* episkopa sidejo, *auch kurz* episkopejo; ~**stab** *m*, *auch* ***Krummstab*** *m* episkopa bastono; ~**würde** *f*, *auch* ***Episkopat*** *n* episkopeco

Bise *f* <*schweiz*> *kühler, trockener Nord- bis Nordostwind im NW der Schweiz* bizo

Biserta (*n*), *franz.* ***Bizerte*** *eine Hafenstadt an der Nordküste Tunesiens* Bizerto

Biševo (*n*) *eine kroatische Adriainsel* [insulo] Biŝevo

Bisexualität *f sexuelle Orientierung od Neigung sich zu Menschen beiderlei Geschlechts hingezogen zu fühlen* ambaŭseksemo

bisexuell, *umg auch Kurzf* ***bi*** *Adj Biol (doppelgeschlechtig)* duseksa; *sex (sowohl homo- als auch heterosexuell)* ambaŭseksema

bisher *Adv* ĝis nun

bisherig *Adj* ĝisnuna; ***die ~en Nachrichten*** *f/Pl* la informoj (*od* sciigoj) ĝis nun ricevitaj

Biskaya *f*: ***Golf*** *m* ***von ~*** Biskaja Golfo

Biskayawal *m Zool* ↑ ***Nordkaper***

Biskotte *f* <*österr*> *Biskuit in länglicher Form, Löffelbiskuit* oblonga biskvito

Biskra (*n*), *auch* ***Beskra*** (*n*) *Hauptort der Oasengruppe Ziban in Algerien am Fuß des Aurasgebirges* Biskro

Biskuit [*bis'kvit*] *n*, *auch m* biskvito (↑ *auch* ***Butterbiskuit***); ~**porzellan** *n unglasiertes, doppelt gebranntes Weichporzellan mit matter, leicht rauer [nicht reflektierender] Oberfläche* biskvita porcelano, senglazura [flaveta] porcelano

Bislama *n Ling (ein englisch-französisch-melanesischer Mischdialekt)* la bislama [lingvo] <*neben Englisch u. Französisch*

Amtssprache in Vanuatu>
bislang = ***bisher***
[1]**Bismarck** (*n*) *Hptst. des US-Bundesstaates North Dakota* Bismarko
[2]**Bismarck** (*m*) *Eig (dt. Staatsmann [1815-1898])* Bismarko *<Gründer u. Kanzler des Deutschen Reiches>*; ~**archipel** *m eine Inselgruppe im Pazifik [seit 1975 zu Papua-Neuguinea gehörend]* Bismarka Arkipelago *<1884-1919 deutsche Kolonie>*
Bismut *n Chem, Min* ↑ ***Wismut***
Bison *m, auch* ***amerikanischer Büffel*** *m* (Bison americanus) *Zool* [amerika] bizono (*vgl. dazu* ***Wisent***)
Bisongras *n Bot* ↑ ***Büffelgras***
Biss *m* mordo, *einer Schlange meist* piko (↑ *auch* ***Floh-***, ***Hunde-***, ***Ratten-*** *u.* ***Zeckenbiss***); ***am ~ einer Giftschlange sterben*** morti pro piko de venena serpento
Bissão *od* **Bissau** (*n*) *Hptst. von Guinea-Bissau (Westafrika)* Bisaŭo
bisschen, *reg* ***bissel*** *od* ***bisserl*** *Adv*: ***ein ~*** *als Mengen- od Zeitbegriff* iom[ete], *(eine Weile) auch* iom da tempo; ***gib mir ein ~ Salz*** donu al mi iom da salo; ***warte noch ein ~*** atendu ankoraŭ iomete ◇ ***das ist ein ~ viel verlangt!*** tio estas postulo iomete tro granda!
bissel *od* **bisserl** *reg für «bisschen»* [↑ *dort*]
Bissen *m* ***a)*** *Abgebissenes, Happen* mordaĵo; *ein Stück* peco [da]; *Mundvoll* plenbuŝo [da]; *ein Stückchen* peceto; ***ein ~ Brot*** mordaĵo da pano ◇ ***das ist ein fetter ~*** *das bringt etw. ein* tio estas profitiga afero (*bzw.* negoco); *ist lohnende Beute* tio estas vere grandioza kaptaĵo ***b)*** *Imbiss* manĝeto; ***iss doch einen ~ mit uns!*** *fam* restu do kaj havu manĝeton kun ni!
bissig *Adj* ***a)*** *Tier* mordema; ***Vorsicht ~er Hund!*** *Warnung an Türen* atentu la hundon! ***b)*** *übertr (scharf)* akra, *(sarkastisch)* sarkasma, *(ätzend)* vitriola
Bissstellung *f Zahnmedizin*: ***[normale] ~ der Zähne***, *Fachspr* ***Okklusion*** *f* [normala] okluzio [de la dentoj] *od* [normala] denta okluzio
Bisswunde *f Med* mord[o]vundo
Bister *m od n, auch* ***Manganbraun*** *n bes. Mal (aus Holzruß hergestellte bräunliche Wasserfarbe)* bistro
Bistouri [...ˈtuː...] *n Chir (Operationsmesser mit beweglicher Klinge)* bisturio (*vgl. dazu* ***Skalpell***)
Bistro *n kleine Gaststätte mit einer Weinbar* bistroo
Bistum *n Diözese* diocezo; *Land mit einem Bistum als Souverän* episkop-lando
bisweilen *Adv* iam kaj iam; *manchmal* kelkfoje; *gelegentlich* iafoje
Bit *n* (*Kurzw aus engl.* ***binary digit***) *EDV, Kybernetik, Nachrichtentechnik (Maßeinheit für den Informationsgehalt einer Nachricht [kleinste Informationseinheit im binären Zahlensystem])* bito; ~**coin** (*ohne Art*) (*Abk* ***BTC***) *Fin (eine digitale Geldeinheit)* bitmono
Bithyner *m/Pl ein ehemaliger thrazischer Stamm* bitinoj *Pl*
Bithynien (*n*), *lat.* ***Bythinia*** *ehemalige Landschaft in Kleinasien* Bitinio
Bithynier *m Bewohner von Bithynien* bitiniano
bithynisch *Adj* bitina
Bitonalität *f Mus (gleichzeitige Verwendung von zwei Tonarten)* dutonaleco
bitte! ↑ *unter* ***bitten***
Bitte *f* peto; ***auf deine (meine) ~ hin*** laŭ via (mia) peto; ***eine ~ abschlagen (erfüllen)*** rifuzi (plenumi) peton; ***jmdn. mit ~n bestürmen*** [forte] ataki iun per petoj; ***ich habe eine ~ an Sie*** mi havas peton al vi; ***eine ~ an jmdn. richten*** direkti (*od* fari) peton al iu; ***sich an jmdn. mit einer ~ wenden*** turni sin al iu kun peto; ***weder ~n noch Drohungen halfen*** (*od* ***richteten etwas aus***) ne helpis petoj, nek minacoj; ***das Erfüllen*** (*od* ***die Erfüllung***) ***einer ~*** plenum[ad]o de peto
bitten ***a)*** *tr* peti (***um etw.*** um etw.); *einladen* inviti (***jmdn. zu*** iun al); *anflehen, inständig bitten* insiste peti, petegi (***jmdn.*** iun); ***er bat mich höflich, Platz zu nehmen*** li afable petis min, ke mi sidiĝu; ***darf ich um Ihren Namen ~?*** ĉu mi povus ekscii vian nomon?; ***jmdn. um Hilfe ~*** peti iun pri helpo; ***jmdn. um Nachsicht ~*** peti indulgon de iu; ***jmdn. zum Tanz ~*** peti iun al danco (*od* por danci); ***um Verzeihung ~*** peti pri pardono (***bei*** ĉe); ***ich bitte ums Wort*** mi petas la parolon ***b)*** *intr*: ***bitte!*** *Ersuchen* mi petas; *Angebot* bonvolu *od* mi petas; *als Antwort auf «danke!»* ne dankinde; ***bitte lass das!*** *bzw.* ***bitte lassen Sie das!*** mi petas, lasu tion!; ***bitte sehr!*** *als Angebot* [jen] mi petas!; *keine Ursache (als Entgegnung auf «danke!»)* ne dankinde!; ***bitte wenden!***

(*Abk* ***b.w.***) bonvolu turni! (*Abk* b.t.); ***geben (zeigen) Sie mir bitte ...*** bonvolu doni (montri) al mi ...; ***wie bitte?*** *was sagten Sie?* kion vi diris?; ***wollen Sie bitte ...*** *höfliche Anfrage* bonvolu ... *u. folg. Verb im Inf*

Bitten *n* petado

bitter **1.** *Adj* *<österr> umg u. reg* ***hantig*** *Geschmack* amara *auch übertr* (↑ *auch* ***galle[n]bitter***); *schmerzlich* doloriga; ***bis zum ~en Ende*** ĝis [la] terura katastrofo; ***das ist ~er Ernst*** tio estas vere serioza afero; ***einen ~en Geschmack im Mund haben*** havi amaran guston en la buŝo; ***jmdm. ~e Vorwürfe machen*** fari al iu amarajn riproĉojn **2.** *Adv*: ***es ist ~ kalt*** estas tranĉa malvarmo; ***er hat das Geld ~ nötig*** li vere tre urĝe bezonas la monon

Bitter *m z.B. Bitterlikör od Magen*~ amarâjo [por helpi la digestadon]

Bittererde *f Chem* ↑ ***Magnesiumoxid***

Bitterfeld (*n*) *eine Kreisstadt in Sachsen-Anhalt* Biterfeldo

Bitterfisch *m* (Rhodeus amarus) *Ichth* amarfiŝo

Bitterholzbaum *m Bot* ↑ ***Quassie***

Bitterkeit *f* amar[ec]o *auch übertr*

Bitterklee *m Bot* ↑ ***Fieberklee***

bitterlich **1.** *Adj ein wenig bitter* iom[ete] amara, amareta **2.** *Adv*: ~ ***weinen*** singulte plor[eg]i, plorĝemi

Bitterlikör *m eine Spirituose, die unter Verwendung bitter schmeckender Fruchtauszüge od Pflanzenteile mit od ohne Zucker hergestellt ist* amara likvoro

Bitterling *m* ***a)*** *Bot* (Blackstonia perfoliata) *ein Enziangewächs* flava blakstonio ***b)*** *Mykologie* ↑ ***Gallenröhrling*** ***c)*** *Ichth* (Rhodeus amarus) amara rodeo *<auch als Aquarienfisch>*

Bittermandelöl *n*, *Fachspr* ***Benzaldehyd*** *m Chem* benzaldehido

Bitternis *f* amar[aĵ]o, *poet auch* vermuto (*vgl. dazu* ***Gram***)

Bitternuss *f* (Carya cordiformis) *Bot* amara hikorio *[Vorkommen: von Ost-Kanada bis zum südöstl. Nordamerika u. Florida]*

Bitterorange *f* ↑ ***Bergamotte*** *u.* ***Pomeranze***

Bittersalz *n*, *auch* ***Epsomer Bittersalz*** *n* salo de Epsomo *ein Heilpräparat aus Epsomit*

Bitterspat *m Min* ↑ ***Magnesit***

Bitterstoff *m* amaraĵo; *aus Wermut (Artemisia absinthium) gewonnener* absintaĵo

Bittersüß *n Bot* ↑ *unter* ***Nachtschatten***

Bitterwurz *f Bot* ↑ *unter* ***Enzian***

Bittgebet *n* petpreĝo; *vor Himmelfahrt (kath. Kirche)* rogacio

Bittschrift *f* petskribo; *Petition* peticio; ***eine ~ einreichen*** fari peticion

Bittsteller *m* pet[skrib]anto *bzw.* pet[skrib]into

Bitumen *n*, *auch* ***Erdpech*** *n* bitumo (*vgl. dazu* ***Asphalt***)

bituminieren *tr mit Bitumen behandeln (od versehen od bestreichen)* bitumi

bituminös *Adj Bitumen enthaltend* bitumoza, bitumohava; ***~er Schiefer*** *m Geol* ↑ ***Ölschiefer***

Biuret *n Chem (wasserlösliche, feste Verbindung, die durch Erhitzung von Harnstoff entsteht [zum Nachweis von Eiweiß])* biureto; **~-Reaktion** *f Chem (allgemeine Eiweißreaktion zum analytischen Nachweis von Harnstoff, Peptonen, Polypeptiden u. Proteiden)* biureta reakcio

Biva *od* **Biwa** *f Mus (klassische jap. Kurzhalslaute mit kürbisförmigem Resonanzboden)* bivo

Biwak *n Alpinismus (Lager) u. Mil (behelfsmäßiges Nachtlager im Freien)* bivako (*vgl. dazu* ***Camp*** *u.* ***Zeltlager***)

biwakieren *intr Alpinismus u. Mil (im Freien lagern)* bivaki

Bixa *f* (*Gattung* Bixa) *Bot* bikso

Bixaceen *f/Pl Bot*: ***[Familie der] ~*** (Bixaceae) *eine monotypische Pflanzenfamilie, die ursprünglich nur im tropischen Amerika beheimatet war* biksacoj *Pl*

BIZ *Abk für* ***Bank für Internationalen Zahlungsausgleich***

bizarr *Adj* bizara *auch i.w.S.*; *von eigenartiger Wirkung* strang-efekta; *i.w.S. (seltsam)* [vere] stranga, *(wundersam)* [vere] miriga, *(launenhaft)* kaprica

Bizarrerie *f* bizareco

Bizeps *m* (Musculus biceps) *Anat (zweiköpfiger Muskel)* bicepso

Bjerknes (*m*) *Eig (norwegischer Meteorologe u. Geophysiker [1862-1951] <Begründer der Polarfront-Theorie>)* Bjerkneso

Bizerte (*n*) ↑ ***Biserta***

BKA = *Abk für* ***Bundeskriminalamt***

BkartA = *Abk für* ***Bundeskartellamt***

blabla *lautmalend für «Geschwätz»* blabla

Blabla *n umg salopp für «Gerede» od «Geschwätz»* blablao (↑ *auch* ***Hickhack*** *u.* ***Schmus***); ***nur ~ von sich geben*** blablai

Blackbottom *n ein amerik. Gesellschaftstanz der 20er Jahre [zählt zur Gattung des Ragtime]* blakbotomo

Blackbox *f Flugw* ↑ ***Flugdatenschreiber***

Blague *[bla:g] f* = ***Aufschneiderei*** *bzw.* ***Prahlerei*** *bzw.* ***Lügenmärchen*** *[↑ dort]*

Blähbauch *m, auch* ***aufgeblähter Bauch*** *m, Fachspr Med* ***geblähtes Abdomen*** *n* ŝvelinta abdomeno

blähen *tr aufblähen* ŝveligi; *aufblasen* plenblovi; *abs: Blähungen verursachen* kaŭzi meteorismon; ***der Wind blähte die Segel*** la vento ŝveligis la velojn; ***sich ~*** *Bauch, Segel* ŝveli *auch übertr* ◇ ***du blähst dich wie ein Pfau*** vi kondutas vante kiel pavo

Blähsucht *f Med* ↑ ***Meteorismus***

Blähungen *f/Pl Med (Flatulenz)* flatulenco, *(Meteorismus)* meteorismo, *(Darmgase)* intestaj gasoj *Pl* (*vgl. dazu* ***Darmwind***); ***Mittel*** *n* ***gegen ~*** *Pharm* karminativa medikamento (*od* kuracilo)

blähungs|treibend *od* **~widrig** *Adj Med, Pharm* karminativa

blaken *intr unter Rauchentwicklung brennen* fume bruli

blamabel *Adj* hontiga

Blamage *f peinliche Beschämung* kompromita (*od* ridindiga) hontigo; *i.w.S. Schande* honto, hontindaĵo

blamieren *tr* kompromiti, hontigi, ridindigi (***jmdn.*** iun) (*vgl. dazu* ***bloßstellen***); ***sich ~*** sin kompromiti, sin ridindigi

Blanc fixe *n Chem (Baryt- od Permanentweiß [ein Farbstoff])* blankfikso

blanchieren *tr Kochk* blankigi

Blanc-manger *m Nahr (eine Art Mandelpudding)* blamanĝo

Blandina *(f) Eig (französische Märtyrerin [† 177, Patronin von Lyon]* Blandina

blank *Adj* ***a)*** *glänzend* brila; *poliert* polurita; *sauber, rein* pura (↑ *auch* ***spiegelblank***); ***~ putzen*** *blank reiben* frotpoluri; *auf Hochglanz polieren* poluri ĝis brilo ***b)*** *bloß, nackt* nuda; ***mit dem ~en Degen*** per la nuda spado; ***auf der ~en Erde schlafen*** dormi sur la nuda tero ◇ ***~er Unsinn*** nura sensencaĵo; ***ich bin völlig ~*** mi estas absolute senmona (*od auch* bankrota); *ich habe keinen Pfennig mehr in der Tasche* mi estas sen groŝo en la poŝo

Blankett *n unterschriebenes, noch nicht [vollständig] ausgefülltes Schriftstück [bes. Vordruck einer Urkunde]* blanketo

blanko *Adv unausgefüllt* neplenigite, *Hdl auch* blanke

Blanko|akzept *n Fin (Wechsel, der akzeptiert wird, ehe er vollständig ausgefüllt ist)* blanka akcepto; **~kredit** *m, auch* ***offener Kredit*** *m* blanka kredito; **~police** *f Versicherungswesen* blanka poliso; **~scheck** *m Fin* blanka ĉeko; **~vollmacht** *f* blanketo

Blankverse *m/Pl fünffüßige Jambenverse* blankaj versoj *Pl*

Bläschen *n* veziketo; *Med (Pustel)* pustulo, *([mit Flüssigkeit gefülltes] Bläschen auf der Oberhaut <Vesicula>)* blazo; ***~ verursachend*** *Med* vezikiga; ***sich mit ~ bedecken*** kovriĝi per veziketoj, vezikiĝi

Bläschenausschlag *m Med* ***a)*** pustula erupcio *od* pustulozo ***b)*** ↑ ***Herpes***

Blase *f* ***a)*** *allg* veziko (↑ *auch* ***Gift-***, ***Luft-***, ***Magma-***, ***Schall-***, ***Schlamm-***, ***Seifen-*** *u.* ***Wasserblase***); *Luft*² aervezik[et]o; *Luft- od Gas*² *in einer Flüssigkeit od festen Masse* bobelo *auch i.w.S.* (↑ ***Immobilienblase***); ***~n ziehen*** *z.B. bei Farbanstrich* vezikiĝi ***b)*** *Anat (Harn*²*)* (Vesica urinaria) [urin]veziko (↑ *auch* ***Reizblase***); ***sie hat es mit der ~*** *umg für «sie ist blasenkrank»* ŝi suferas je malsana veziko ***c)*** *Med (mit Flüssigkeit gefüllte Blase auf der Oberhaut, z.B. durch Verbrennung od mechanische Reizung [Vesicula])* blazo, [haŭt]vezik[et]o (*vgl. dazu* ***Aphten***, ***Herpes*** *u.* ***Pustel***), *Brand*² brulveziko; ***~n ziehend*** *Adj bes. Pharm* blaziga, *(fachsprachlich Chem u. Pharm)* epispastika *z.B. Zugpflaster* (↑ *auch* ***Epispastikum***); ***ich habe mir ~n an den Füßen*** (***an der Ferse***) ***gelaufen*** pro la [longdaŭra] marŝado estiĝis blazoj sur miaj piedoj (sur mia kalkano) ***d)*** *Vet ([pfennig- bis hühnereigroße] Blase in der Mundhöhle erkrankter Rinder u. anderer Tiere)* afto

Blasebalg *m* balgoblovilo (*vgl. dazu* ***Luftpumpe***)

blasen ***a)*** *tr*: ***Alarm ~*** trumpeti alarmon; ***Flöte ~*** ludi fluton, fluti; ***Glas ~*** *Handw* blovi vitron; ***Trompete ~*** ludi trumpeton, trumpeti; ***auf der Trompete ~*** blovi per trumpeto ◇ ***Trübsal ~*** *traurig sein* esti en morna (*od* trista) animstato; *hoffnungslos sein* esti senespera; ***sie hat ihm einen geblasen*** *sex* ŝi midzis (*od* kacosuĉis) lin (*vgl. dazu* ***Fellatio***) ***b)*** *intr wehen* blovi; ***ins Feuer ~*** *um es anzufachen* blovi la fajron *od* blovekscitu la fajron (*bzw.* la ardantajn karbojn); ***in die Hände*** ~ *um sie zu erwärmen* blovi sur la (*od* siajn) fingrojn [por varmigi ilin]; ***zum Rückzug*** ~ signali per trumpet[blov]o la retiriĝon

Blasen|bildung *f* vezikiĝo; *Med (z.B. an den Füßen)* estiĝo de blazoj; ~**entzündung** *f*, *<wiss>* ***Cystitis*** *od* ***Zystitis*** *f Med* inflamo de la [urina] veziko, *<wiss>* cistito

Blasenfarn *m* (*Gattung* Cystopteris) *Bot* cistopterido, *pop* vezikfiliko (*vgl. dazu* ***Saumfarn***; ↑ *auch* ***Alpen-***, ***Berg-*** *u.* ***Sudetenblasenfarn***); ***zerbrechlicher*** ~ (Cystopteris fragilis) fragila cistopterido *[ein in Mitteleuropa häufiger Vertreter der Wimperfarngewächse]*

blasenförmig *Adj* vezikoforma

Blasenfüße *m/Pl Ent*: ***[Ordnung der]*** ~ ***und Fransenflügler*** *m/Pl* (Thysanoptera) tizanopteroj *Pl*

Blasengeschwulst *f Med* = ***Blasentumor***

Blasengrind *m Med* ↑ ***Eiterflechte***

Blasenhals *m* (Cervix vesicae) *Anat* cerviko de [urin]veziko

Blaseninkontinenz *f Med* ↑ ***Harninkontinenz***

Blasenkatarrh *m Med* [urin]vezika kataro

Blasenkeim *m Biol* ↑ ***Blastula***

Blasenkirsche *f*, *auch* ***Judenkirsche*** *od* ***Lampionpflanze*** *f* (*Gattung* Physalis) *Bot* fizalido (*vgl. dazu* ***Andenbeere***)

blasenkrank *Adj*: ~ ***sein***, *umg auch* ***es mit der Blase haben*** suferi je malsana [urin]veziko

Blasenkrebs *m Med* ↑ ***Harnblasenkarzinom***

Blasen|lähmung *f Med* [urin]vezika paralizo; ~**leiden** *n Med* urinvezika malsano

Blasennuss *f Bot* ↑ ***Pimpernuss***

Blasen|papillom *n* (Papilloma vesicae) *Med* [urin]vezika papilomo; ~**polyp** *m Med* [urin]vezika polipo; ~**qualle** *f*, *auch* ***Seeblase*** *f* (*Gattung* Physalia) *Zool* fizalio *[zu dieser Gattung gehört die Art «Physalia physalis» (portugiesische Galeere)]*; ~**schließmuskel** *m Anat* [urin]vezika sfinktero; ~**schmerzen** *m/ Pl Med* [urin]vezikaj doloroj *Pl*; ~**spiegel** *m*, *Fachspr* ***Zystoskop*** *n Medizintechnik* cistoskopo; ~**spiegelung** *f*, *Fachspr* ***Zystoskopie*** *f Med* cistoskopio; ~**sprung** *m bei der Geburt* amnioŝiriĝo

Blasenstein *m Med* ↑ ***Harnblasenstein***

Blasen|strauch *m* (*Gattung* Colutea) *Bot* koluteo, *pop* vezikarbedo; ~**tang** *m* (Fucus vesiculosus) *Bot (eine Braunalge der kälteren Meere)* vezikfuko *od* vezika fuko; ~**tee** *m Pharm* diureziga teo; ~**tumor** *m Med* [urin]vezika] tumoro

Blasenwurm *m Parasitologie* ↑ ***Echinokokkus***

Bläser *m Mus* blovinstrumentisto, ludanto de blovinstrumento (*vgl. dazu* ***Trompeter***)

blasiert *Adj dünkelhaft-herablassend* blazea, aroge fiera; *eingebildet und eitel* orgojla kaj vanta (*vgl. dazu* ***hochnäsig*** *u.* ***überspannt***)

blasig = ***blasenförmig***

Blasinstrument *n Mus* blovinstrumento (↑ *auch* ***Blechblasinstrument***)

Blasius (*m*) *Eig (Märtyrer u. Heiliger in Armenien (einer der 14 Nothelfer) [† 316])* Blazio

Blas|kapelle *f od* ~**orchester** *n* blovorkestro; ~**musik** *f*, *auch* ***Blechmusik*** *f* blovinstrumenta muziko

blasonieren *tr Heraldik (Wappen [aus] malen bzw. Wappen fachgerecht beschreiben)* blazoni

Blasonierung *f Heraldik* blazonado

Blasphemie *f 1. [Gottes-]Lästerung 2. i.w.S. Schmähung, Beschimpfung* blasfemo

blasphem[ist]isch *Adj gotteslästerlich*; *i.w.S. schmähend* blasfema

Blasrohr *n zum Schießen* blovopafilo, *(Kinderspielzeug) auch* cerbatano; *Tech* blovotubo, *(schmal)* blovoŝalmo; ***Vögel mit dem*** ~ ***schießen*** *Jagd* pafi birdojn per [la] blovopafilo

blass *Adj* ***a)*** *bleich* pala *auch Gesicht* (↑ *auch* ***fahl***, ***leichen-*** *u.* ***totenblass***); *verblichen* paliĝinta; ~ ***machen*** paligi; ~ ***werden*** paliĝi ***b)*** *schwach*: ***ich habe nur eine*** ~***e Erinnerung daran*** mi havas nur ege malklaran (*od* nebulan) memoron pri tio ◇ ***keine*** ~***e Ahnung von etw. haben*** havi nek scion nek supozon pri io

blassblau ↑ ***bleu***

Blässe *f*, *Fachspr Med auch* ***Pallor*** *m* paleco; ***periorale*** ~ *für Scharlach charakteristische Blässe um den Mund herum* ĉirkaŭbuŝa paleco

Blass|fuchs *m* (Vulpus pallida) *Zool* pala vulpo; ~**fußsturmtaucher** *m* (Puffinus carneipes) *Orn* karnopieda pufino

blass|gelb *Adj* pale flava; ~**gesichtig** *Adj* palvizaĝa; ~**grün** *Adj* pale verda

Blässhuhn *od* **Blesshuhn** *n*, *auch* ***Blässralle*** *f* (Fulica atra) *Orn* nigra fuliko (↑ *auch* ***Kammblässralle***, ***Kariben-***, ***Knopf-*** *u.*

Weißflügelblässhuhn)

Blass|kopfrosella *f* (Platycercus adscitus) *Orn* palkapa rozelo; ~**kuckuck** *m* (Cuculus pallidus) *Orn* pala kukolo *[Vorkommen: Australien u. auf Tasmanien]*

blässlich *Adj* paleta, iom pala

blassrosa *Adj* pale rozkolora

Blass|schnabeltoko *m* (Tockus pallidirostrus) *Orn* palbeka toko (*od* kornbekulo) *[Vorkommen: subsaharisches Afrika]*; ~-**spötter** *m* (Hippolais pallida) *Orn* pala hipolao

Blassuhu *m Orn* ↑ ***Milchuhu***

Blastem *n Biol (noch nicht differenziertes, zu fortgesetzter Zellteilung fähiges Gewebe)* blastemo

Blastoderm *n, auch* ***Keimhaut*** *f Biol (Zellschicht des Blasenkeims: den Embryo bildender Teil des Ovums)* blastodermo

blastodermal *Adj das Blastoderm betreffend bzw. vom Blastoderm abstammend* blastoderma

Blastogenese *f Biol, Embryologie (ungeschlechtliche Entstehung eines Lebewesens)* blastogenezo

Blastom *n Med (echte Geschwulst im Sinne eines eigenständigen, ungehemmten Wachstums von körpereigenem Gewebe od organismusfremdem, parasitärem Gewebe)* blastomo (*vgl. dazu* ***Teratom***; ↑ *auch* ***Angio-***, ***Erythro-***, ***Fibro-***, ***Glio-***, ***Hepato-***, ***Melano-***, ***Nephro-***, ***Retina-***, ***Spongio-*** *u.* ***Zytoblastom***)

Blastomer *n od* **Blastomere** *f, auch* ***Furchungszelle*** *f Biol* blastomero

Blastomyceten *Pl ältere Bez für «Sprosspilze in Hefen»* blastomicetoj *Pl*

Blastomykose *f Med (Erkrankung durch Sprosspilze an Haut u. Schleimhaut, später als Metastasen auch in Organen [eine chronische Systemmykose)* blastomikozo (*vgl. dazu* ***Candidose***)

Blastosporen *f/Pl, auch* ***Knospensporen*** *f/Pl Mykologie (asexuell aus vegetativen Pilzhyphen durch Knospung entstandene Sporen)* blastosporoj *Pl*

Blastozyste *f, auch* ***Keimbläschen*** *n Biol (Vorstadium des menschlichen od tierischen Embryos)* blastocisto

Blastula *f, auch* ***Blasenkeim*** *m Biol (erstes Entwicklungsstadium des Embryos)* blastulo (*vgl. dazu* ***Gastrula*** *u.* ***Morula***)

[1]**Blatt** *n* ***a)*** *Bot* folio *auch eines Buchs u. i.w.S.* (↑ *auch* ***Blüten-***, ***Deck-***, ***Frucht-***, ***Schuppen-*** *u.* ***Vorblatt***); *fam für «Zeitung» od «Zeitschrift»* gazeto, ĵurnalo; *Gesamtheit der Spielkarten* ludkartaro; *der Luft- od Schiffsschraube* alo; ***einfaches*** ~ (Folium simplex) *Bot* simpla folio; ***gipfelständiges*** ~ (Folium apicale) *Bot* apika folio; ***immergrünes*** ~ (Folium perenne) *Bot* ĉiamverda folio; ***oberes*** ~ (Folium superiorum) *Bot* supra folio; ***quirlständiges*** ~ (Folium verticillatum) *Bot* verticila folio; ***wandelndes*** ~ *Ent* ↑ ***Teufelsblume***; ***die Blätter*** (*od* ***das Laub***) ***verlieren*** perdi la foliojn, *auch* senfoliiĝi; ***[die] Blätter abwerfend*** *Bot* decidua; ***ein*** ~ ***Papier*** folio el papero, paperfolio; ***die Blätter fallen [von den Bäumen]*** la folioj falas [de la arboj]; ***mit Blättern bedeckt*** foliokovrita; ***vom*** ~ ***singen*** (***spielen***) *nach Noten singen bzw. spielen* kanti (ludi) laŭ notoj, *ohne vorher geübt zu haben* kanti (ludi) senprepare ◇ ***das*** ~ ***hat sich gewendet*** *die Situation ist jetzt eine andere* [intertempe] la situacio tute ŝanĝiĝis; ***das steht auf einem anderen*** ~ *das ist eine [völlig] andere Frage* tio estas [tute] alia demando; ***kein*** ~ ***vor den Mund nehmen*** *frei heraus reden* paroli tute malkaŝe; ***sie ist für mich ein unbeschriebenes*** ~ por mi ŝi estas ankoraŭ nekonata [kaj tial ne taksebla (*od* prijuĝebla)] ***b)*** *übertr: aus dem Leben, aus der Geschichte etc.* paĝo

[2]**Blatt** *n Jägerspr (Umgebung des Schulterblatts über dem Vorderlauf des Wildes)* skapolo

[3]**Blatt** *n Spielkartenfarbe* ↑ ***Grün c)***

blattähnlich *Adj* foliosimila

Blattblume *f* (*Gattung* Phyllantus) *Bot* filanto

Blättchen *n Bot* folieto, *auch* eta folio

Blattdorn *m Bot* dorn[et]o de folio

Blätterdach *n bildh* tegmento el folioj (*vgl. dazu* ***Blattwerk***)

blätterig ↑ ***blättrig***

Blätterknauf *m Arch* ↑ ***Kreuzblume***

Blättermagen *m der Wiederkäuer, Fachspr Zool auch* ***Omasus*** *m* omaso, *auch* faldostomako

blättern *intr*: ***in einem Buch*** ~ foliumi libron

Blattern *Pl = alt für* ***Pocken*** [↑ *dort*]

Blatternarbe *f = alt für* ***Pockennarbe***

blatternarbig *= alt für* ***pockennarbig***

Blätterpilz *m, auch* ***Lamellenpilz*** *m Myko-*

logie lamelfungo; ***[Ordnung der] ~e** Pl* (Agaricales) lamelfungoj *Pl*, <*wiss*> agarikaloj *Pl*

Blätterteig *m Nahr* foliigita pasto

Blätterteigpastete *f Nahr* = ***Vol-au-vent***

blättertragend *Adj Bot* foliohava

Blatt|feder *f Tech* lamena (*od pop auch* folia) risorto; **~floh** *m* (*Gattung* Psylla) *Ent* psilo; **~form** *f Bot* folioformo

blattförmig 1. *Adj* folioforma **2.** *Adv* folioforme

Blatt|füßer *m/Pl* (*Ordnung* Phyllopoda) *Zool (niedere Krebse mit blattförmigen Beinen)* filopodoj *Pl [Vorkommen fast ausschließlich im Süßwasser]*; **~gallen** *f/Pl Gallen an Blättern [verursacht z.B. durch Gallmilben]* foliaj gajloj; **~gemüse** *n Bot, Nahr (Sammelbez. für «Gemüse, bei dem die Blätter gegessen werden»)* foli[o]legomo *od* folia legomo; **~geschirr** *n, auch* ***Sielengeschirr*** *n zum Einspannen von Pferden* brustjungilaro; **~gold** *n* orfolio

blattgrün *Adj* folioverda

Blattgrün *n Bot* ↑ ***Chlorophyll***; *~ **der Pflanzen*** plantklorofilo

Blatt|grund *m Bot (der an der Sprossachse ansitzende unterste Teil des Blattes)* bazo de folio; **~häutchen** *n*, <*wiss*> ***Ligula*** *f Bot (zartes Häutchen [bei Gräsern zw. Blattscheide u. -spreize sitzend])* ligulo; **~[heu]schrecke** *f Zool* foli[o]fasmo; **~hornkäfer** *m/Pl* (Lamellicornia) *Ent (eine Überfamilie der Käfer [zu der z.B. Hirschkäfer und Maikäfer zählen])* lamenkornuloj *Pl*

Blattkäfer *m* (*Gattung* Chrysomela *u. benachbarte Gattungen*) *Ent* krizomelo, *pop* folioskarabo *od* orskarabo (↑ *auch* ***Erlen-** u.* ***Pappelblattkäfer***); ***[Familie der]** ~ Pl* (Chrysomelidae) krizomeledoj *Pl*

Blatt|katalog *m Bibliothekswesen* folia katalogo; **~knospe** *f Bot* foli[o]burĝono

Blattlaus *f* (*Gattung* Aphis) *Ent* afido, *pop* folilaŭso *od* plantlaŭso (↑ *auch* ***Erbsen-** u.* ***Holunderblattlaus***); ***Blattläuse fressend*** *z.B. Marienkäfer* afidomanĝa

Blattnase *f* (*Gattung* Phyllostomus) *Zool (eine Fledermausgattung)* filostomo, *pop* folionaza vesperto (↑ *auch* ***Vampirfledermaus***); ***[Familie der] ~n** Pl* (Phyllostomatidae) *eine auf Amerika beschränkte Familie der Fledermäuse* filostomedoj *Pl*

Blatt|nerv *m Bot* foliovejno; **~pflanze** *f* foli[o]planto, ornama planto kun belformaj folioj; **~rand** *m Bot* foliorando *od* rando de folio; *bei Moosen* limbo; **~ranke** *f* (Cirrus) *z.B. bei Erbse, Wein, Wicke* ĉiro, grimpotigo

blattreich, *Fachspr Bot auch lat.* ***foliosus*** *Adj stark belaubt, laubreich* folioriĉa; *voller Blätter* folioplena (↑ *auch* ***vielblätt[e]rig***)

blättrig, *auch* ***blätterig*** *Adj* ***a)*** *Bot (voller Blätter)* plena de folioj, *(blattähnlich)* foliosimila *od nachgest* simila al folio ***b)*** *Teig* foliigita (*vgl. dazu* ***Blätterteig***)

Blatt|rippe *f Bot* folioripo *od* ripo de folio; **~scheide** *f* foliingo; **~schneideameise** *f* (Acromyrmex lundi) *Ent* foliotranĉa formiko; **~schorf** *m Phytopathologie* skabo de folio(j); **~schuss** *m Jägerspr (Schuss in die Schulterregion, ins Blatt)* skapoltrafo; **~spitze** *f* foliopinto; **~spreite** *f Bot* limbo de folio; **~stiel** *m Bot* foliotigo *od* tigo de folio, petiolo (*vgl. dazu* ***Blumenstiel** u.* ***Stängel***); **~tang** *m*, *auch* ***Riementang*** *m* (*Gattung* Laminaria) *Bot (eine Gattung der Braunalgen)* laminario; **~werk** *n Laubwerk von Bäumen u. Pflanzen* foliaro, *poet auch* frondaro; *Kraut an Kartoffeln, Möhren* foliaĵo; **~zinn** *n* stana folio, staniolo

blau *Adj* blua (*vgl. dazu* ***bleu** u.* ***ultramarin***; ↑ *auch* ***azur-***, ***dunkel-***, ***grau-***, ***hecht-***, ***hell-***, ***himmel-***, ***indigo-***, ***kobalt-***, ***kornblumen-***, ***matt-***, ***pflaumen-***, ***saphir-***, ***schiefer-***, ***schwarz-***, ***stahl-***, ***tauben-***, ***tief-***, ***veilchen-** u.* ***waidblau***); ***die ²en Berge*** *ein Bergplateau in Australien* la Bluaj Montoj *Pl*; ***~ werden*** bluiĝi *auch im Sinne von «blau anlaufen»* ***ein ~es Auge*** (*od umg scherzh* ***ein Veilchen***) ***haben*** *durch Schlag* havi bluaĵon sub la okulo; ***ganz ~ vor Kälte sein*** esti tute blua de malvarmo *(Zam)* ◇ ***~es Blut in den Adern haben*** *häufig iron für «adelig sein»* esti de blua (*d.h.* nobela) sango; ***~ machen*** *nicht zur Arbeit gehen* [simple] ne iri al [la] laborejo, senpermese ferii; *am Montag auch* festi postdimanĉon; ***~ sein*** *umg für «betrunken sein»* esti ebri[eg]a; ***mit einem ~en Auge davonkommen*** *bei einem Unfall* sin elsavi kun nur iomaj (*od* negravaj) lezoj; *aus einer heiklen Lage* elveni [el situacio *bzw.* afero] kun releative malmulta damaĝo (*bzw.* malprofito); ***du wirst noch dein ~es Wunder erleben*** vi ankoraŭ travivos la surprizon de via vivo

Blau *n* bluo, blua koloro; *Himmelblau*

lazuro; *Wasch≗* lavbluaĵo, lesiva bluo; ***sie war ganz in ~ gekleidet*** ŝi estis vestita tute en bluo ◇ ***er log das ~e vom Himmel herunter*** li mensogis tiel, ke la muroj (*od* plafono) krakis *(Zam)*; ***ins ~e hinein reden*** (*od* ***schwatzen***) paroli (*od* babili) tute senpripense (*od* sen plano kaj celo); *dummes Zeug sagen* diri stultaĵojn

Blaualgen *f/Pl* (Cyanophyceae) *Bot* blualgoj *od* bluaj algoj *Pl* (↑ *auch* ***Zittertang***)

Blauaugenscharbe *f Orn* ↑ ***Antarktiskormoran***

blauäugig *Adj* blu-okula

Blaubart *meist in Zus*: ***Ritter*** *~ eine französische Märchengestalt* Blubarbo

Blaubartspint *m* (Nyctyornis athertoni) *Orn* blubarba abelmanĝulo *[Vorkommen: Indien u. Malaiische Halbinsel]*

Blaubeere *f* ↑ ***Heidelbeere***

blaublätt[e]rig, *Fachspr Bot auch lat.* ***cyanophyllus*** *Adj* blufolia

[1]**blaublütig** *Adj* blusanga *od nachgest* de blua sango (*vgl. dazu* ***adlig***)

[2]**blaublütig**, *Fachspr Bot auch lat.* ***cyaniflorus*** *Adj* bluflora

Blaubruststaffelschwanz *m* (Malurus pulcherrimus) *Orn* blubrusta maluro

Blaubuche *f* (Carpinus roliniana) *Bot* blua karpeno; ***japanische Blaubuche*** ↑ *unter* ***Buche***

Blaubulle *m Zool* ↑ ***Nilgauantilope***

Blau|druck *m Handw (ein Färbeverfahren für Gewebe aus Leinen od Baumwolle)* blu-tinkturado; **~ducker** *m, auch* ***Blauböckchen*** *n* (Cephalophus monticola) *Zool (kleinste Art der Ducker)* blua dukero

Bläue *f* blu[ec]o, blua koloro, *(des Himmels od Meeres) auch* lazura koloro, lazuro

Blaueisenerde *f Min* ↑ ***Vivianit***

Blauelster *f* (Cyanopica cyana) *Orn* blua pigo *[Vorkommen in zwei zoogeografisch unterschiedlichen Arealen: in SW-Europa u. in Ost- u. SO-Asien]*

blauen *intr bes. poet (blau sein)* blui

bläuen *tr Wäsche* bluigi

Blau|esche *f* (Fraxinus quadrangulata) *Bot* blua frakseno; **~falke** *m* (Falco concolor) *Orn* fulga falko

Blaufichte *f Bot* ↑ ***Stechfichte***

Blauflossen-Thunfisch *m, eigtl* ***südlicher Blauflossen-Thunfisch*** *m* (Thunnus maccoyii) *Ichth, Nahr* blunaĝila tinuso, *auch kurz* blua tinuso *[Vorkommen: südl. Westatlantik, Indischer Ozean, Tasmansee]* *<eine vom Aussterben bedrohte Art>*

Blauflügel|ente *f* (Anas discors) *Orn* bluflugila anaso *[Vorkommen in Nordamerika]*; **~gans** *f* (Cyanochen cyanopterus) *Orn* abisena ansero *[Vorkommen: endemisch im äthiopischen Hochland]*

blaufrüchtig, *Fachspr Bot auch lat.* ***cyanocarpus*** *Adj* blufrukta

Blau|fuchs *m Zool (blaugraue Farbvariante des Polarfuchses)* blua vulpo, *<wiss>* izatiso; **~fußtölpel** *m* (Sula nebouxii) *Orn* blupieda sulo

Blaugras *n, auch* ***Kopfgras*** *n* (Sesleria caerula) *Bot* blua seslerio; ***[Gattung der] Blaugräser*** *Pl* (Sesleria) seslerio (↑ *auch* ***Herbstblaugras***)

blau|grau *Adj* blugriza; **~grün** *Adj* bluverda, glaŭka

Blau|häher *m* (Cyanocitta cristata) *Orn* blua garolo *[Vorkommen: USA]* (↑ ***Buschblauhäher***); **~hai** *m, auch* ***blauer Hai*** *m* (Prionace glauca = Carcharhinus glaucus) *Zool* blua (*od* glaŭka) ŝarko; **~heide** *f, auch* ***Moosheide*** *f* (Phyllodoce caerulea) *Bot* blua eriko; **~helme** *m/Pl UNO-Soldaten* blukaskuloj *Pl*; **~helmeinsatz** *m* blukaskula misio; **~käse** *m, meist franz.* ***Fromage bleu*** *m Nahr* blua fromaĝo

Blaukehlagame *f* (Agama atricollis = Acanthocercus atricollis) *Zool* blugorĝa agamo *[Vorkommen: tropisches u. Süd-Afrika]*

Blaukehlchen *n Orn*: ***rotsterniges*** *~* (Luscinia svecica) ruĝmakula blugorĝulo; ***weißsterniges*** *~* (Luscinia svecica cyanecula) blankmakula blugorĝulo

Blau|kiefer *f* (Pinus parviflora) *Bot* blua pino; **~kissen** *n, auch* ***Aubrietie*** *f (Gattung* Aubriet[i]a) *Bot (eine Gattung der Kreuzblütler)* aŭbrietio; **~kopffächerschwanz** *m* (Rhipidura cyaniceps) *Orn* blukapa ripiduro (*od pop* ventumilvostulo)

Blaukraut *n* ↑ ***Rotkohl***

Blaukrönchen *n* (Loriculus galgulus) *Orn* blukrona papageto *<eine nur 12 cm große Fledermauspapageienart>* *[Vorkommen: Süd-Thailand, Halbinsel Malakka, Sumatra u. Kalimantan]*

Blauleng *m Ichth* ↑ *unter* ***Leng***

bläulich *Adj* blueta; *~* ***grün*** *meergrün* glaŭka; *~* ***verfärbt*** *Haut, z.B. durch Kälteeinwirkung od Kontusion* livida

Blaulicht *n am Polizei-, Feuerwehr- od*

Krankenwagen blua blinklumo [de policaŭto *od* fajrobrigada aŭto *bzw.* ambulanco]

Bläuling *m* (*Gattung* Lycaena) *Ent (eine Gattung der Tagfalter)* liceno

Blaumaulmeerkatze *f Zool* ↑ *unter* ***Meerkatze***

Blau|meise *f* (Parus caeruleus) *Orn* blua paruo; ~**merle** *f* (Monticola solitarius) *Orn* blua rokturdo; ~**nachtigall** *f* (Luscinia cyane) *Orn* blua najtingalo; ~**noddi** *m* (Procelsterna cerulea) *Orn* blua ŝterno *[Vorkommen im pazifischen Raum]*

Blauöl *n Chem* ↑ ***Anilin***

Blau|papier *n* blua paŭspapero; ~**paradiesvogel** *m* (Paradisaea rudolphi) blua paradizbirdo *[Vorkommen: endemisch im Osten Neuguineas]*; ~**pause** *f* blu-kopio; ~**pauspapier** *n* blukopia papero; ~**pitta** *f* (Pitta cyanea) *Orn* blua pito

Blauprozess *m* ↑ ***Eisenblauverfahren***

Blaurabe *m Orn* ↑ ***Krauskopf-Blaurabe*** *u.* ***Purpurblaurabe***

Blauracke *f, reg* ***Mandelkrähe*** *f od* ***Mandelhäher*** *m, auch* ***Birkhäher*** *m* (Coracias garrulus) *Orn* koracio

Blauraute *f Bot* ↑ *unter* ***Petrowskie***

Blauregen *m Bot* ↑ *unter* ***Wisterie***

Blaureiher *m* (Egretta caerulea) *Orn* blua ardeo

Blauringkrake *m, umg auch f Zool* ↑ *unter* ***Krake***

Blausäure *f Chem* cianida acido; ~**vergiftung** *f* cianid[acid]a veneniĝo (*od* toksiĝo)

Blauschaf *n, auch* ***Bharal*** *m* (Pseudois nayaur) *Zool* blua ŝafo *[Vorkommen: in zentralasiatischen Gebirgen] <das Blauschaf gehört trotz seines Namens nicht zu den Schafen sondern zum Tribus ‹Ziegenartige›>*

Blauschimmel *m Phytopathologie* (Penicillium expansum *[auf Äpfeln] u.* Penicillium italicum *[auf Zitronen]*) blua ŝimo; ~**käse** *m Nahr* bluŝima fromaĝo

Blauschmiele *f Bot* ↑ ***Pfeifengras***

Blauschnäpper *m Orn* ↑ ***Japanschnäpper***

Blauschwanz *m* (Tarsiger cyanurus) *Orn* bluvostulo *[Vorkommen: Estland, Finnland, durch Sibirien bis nach Korea u. Japan]*; ~**spint** *m* (Merops philippinus) *Orn* bluvosta (*od* filipina) abelmanĝulo

Blaustern *m* (*Gattung* Scilla) *Bot* scilo *od* skilo (↑ *auch* ***Herbstblaustern***); ***sibirischer*** ~ (Scilla sibirica) siberia scilo; ***zweiblättriger*** ~ (Scilla bifolia) dufolia scilo

Blausternchen *n* (Ageratum mexicanum) *Bot (eine Gartenzierpflanze)* meksika agerato

Blaustrichbarbe *f Ichth* ↑ ***Angolabarbe***

Blau|strumpf *m veraltend scherzh für «intellektuelle Frau»* bluŝtrumpulino; ~**sturmvogel** *m* (Halobaena caerulea) *Orn* blua petrelo

Blausucht *f Med* ↑ ***Zyanose***

Blau|tanne *f, auch* ***blaue Edeltanne*** *f* (Abies procera, Sp. nobilis glauca) glaŭka abio (↑ *auch* ***Silbertanne***); ~**tukan** *m* (Andigena hypoglauca) *Orn* blubrusta tukano *[Vorkommen: in den Andenwäldern Südamerikas]*

Blauwangenspint *m Orn* ↑ ***Blauwangen-Bienenfresser***

blausüchtig ↑ ***zyanotisch***

Blauzungen|krankheit *f Vet* blulanga malsano; ~**skink** *m* (Tiliqua scincoides) *Zool (eine australische Echsenart)* blulanga lacerto; ~**virus** *n* blulanga viruso *<ruft bei Wiederkäuern die Blauzungenkrankheit hervor (für Menschen apathogen)>*

Blauwal *m* (Sibbaldus musculus = Balaenoptera musculus) *Zool (der größte rezente Wal)* blua baleno

Blauwangen-Bienenfresser *m Orn* ↑ *unter* ***Bienenfresser***

Blauzungen|krankheit *f Vet (eine virale Krankheit von Wiederkäuern, wie z.B. Schafen, Rindern u. Ziegen)* blulanga malsano; ~**skink** *m* (Tiliqua scincoides) *Zool (eine australische Echsenart)* blulanga skinko

Blauwangenspint *m Orn* = ***Blauwangen-Bienenfresser***

Blazer [*'ble:...*] *m Textil* [eleganta] sportjako [*auch* kun metalaj butonoj]

Blech *n* ***a)*** lado (↑ *auch* ***Eisen-***, ***Messing-***, ***Weiß-*** *u.* ***Wellblech***); ***verzinktes*** (***verzinntes***) ~ galvanizita (stanita) lado ***b)*** *umg für «Unsinn»* sensencaĵo ◇ ***red doch kein ~!*** *red doch keinen [solchen] Unsinn!* ne diru (*od salopp* elbuŝigu) [tian] sensencaĵon!

Blech|blasinstrument *n Mus* latuna [blov]-instrumento; ~**büchse** *od* ~**dose** *f* ladskatolo *od* lada skatolo

blechern *Adj* lada; *aus Blech* [farita] el lado; *Stimme* metale sonanta, metala

Blech|geschirr *n* lada vazaro; ~**kanne** *f* lada kruĉo; ~**lawine** *f umg scherzh: lange Reihe*

dicht auseinanderfolgender, nur langsam vorankommender Autos lavango da aŭtoj

Blechmusik *f* ↑ ***Blasmusik***

Blech|napf *m* lada pelvo; *zum Trinken* lada trinkpoto; ~**schaden** *m [bei Unfällen:] Schaden [nur] an der Karosserie* [nur] karoseria damaĝo; ~**schere** *f Handw* ladotondilo; *Tech ([große] Metallschere)* ĉizojo; ~**trommel** *f eine Kinderspielzeugtrommel* lada tamburo; ~**walzwerk** *n* ferlada laminatejo; ~**waren** *Pl* ladaĵoj *Pl*

blecken *tr*: ***die Zähne*** ~ montri la dentojn

[1]**Blei** *n* (*Symbol **Pb***) *Chem* plumbo (*vgl. dazu **Schrot b)***); ***chromsaures*** ~ ↑ ***Krokoit***; ***ein Rohr aus*** ~ tubo el plumbo; ***mit*** ~ ***plombieren*** *verplomben* sigeli per plumbaĵo ◇ ***die Füße sind schwer wie*** ~ ***od*** ~ ***in den Füßen haben*** *schwerfällig gehen* havi plumbon en la piedoj

[2]**Blei** *m Ichth* ↑ ***Brachsen***

[3]**Blei** *m reg* ↑ ***Bleistift***

Blei|akku[mulator] *m*, *auch **Bleisammler** m El* plumba akumulatoro; ~**batterie** *f El* plumba baterio

Bleibe *f fam für «Unterkunft» bzw. «Wohnung»* rest[ad]ejo, *für die Nacht* [dum]nokta restadejo, tranoktejo; *Obdach* rifuĝejo, ŝirmejo

bleiben *intr* resti (***in*** en) (*vgl. dazu **weilen***); ***bei etw.*** ~ *etw. fortführen (z.B. Tätigkeit)* daŭrigi ion; ***bei seiner Meinung*** ~ resti ĉe sia opinio, *(beharrlich)* persisti ĉe sia opinio; *nicht nachgeben* ne cedi; ***etw.*** ~ ***lassen*** *unterlassen* lasi ion; *seine Absicht aufgeben* forlasi sian intencon; *etw. nicht tun* ne fari ion; ***lass das!*** lasu tion!; *hör auf [damit]!* ĉesu [pri tio]!; ~ ***Sie am Apparat!*** *Tel* bonvolu atendi iom; ~ ***Sie ein paar Tage im Bett*** *z.B. ärztliche Anordnung* vi devas resti [kuŝanta] en la lito por kelkaj tagoj; ***ernst*** ~ konservi seriozan mienon; ***gesund*** ~ resti sana; ***zu Hause*** ~ resti hejme; ***am Leben*** ~ *überleben* postvivi, transvivi; *noch leben* ankoraŭ vivi; *weiterleben* pluvivi; ***sitzen*** ~ *nicht aufstehen* resti sidanta; *in der Schule nicht versetzt werden* ne avanci al la sekva klaso, [devi] resti duan jaron en la sama klaso; ***bitte*** ~ ***Sie sitzen*** bonvolu resti sidanta; ***er ist im Krieg geblieben*** *gefallen* li mortis (*od* pereis) sur la batalkampo [de la milito]; ***es bleibt noch viel zu tun*** restas ankoraŭ multo por fari; ***können Sie nicht noch etwas [länger]*** ~***?*** ĉu vi ne povos resti ankoraŭ [kelkan tempon]?; ***wie lange*** ~ ***Sie?*** kiom da tempo vi restos? (***in en***), *Frage an einen Hotelgast* kiom da noktoj vi restos?; ***wo bleibt er nur?*** kie do li estas?; kien do li malaperis?; ***wo soll ich*** ~***?*** kie mi restu? ◇ ***dumm bleibt dumm*** stultulo restas stultulo; ***Schuster bleib bei deinem Leisten*** restu tajloro ĉe via laboro *(Zam)*

bleibend *Adj* restanta, daŭra, ne foriĝanta; *Farbe* ne ŝanĝiĝanta

Bleiberecht *n z.B. für Flüchtlinge* rajto je restado (***in*** en)

Bleibromid *n Chem* plumba bromido

bleich *Adj* pala *auch Farbe* (↑ *auch **kreide-** u. **schreckensbleich***); ~ ***werden*** paliĝi; *Farben auch* senkoloriĝi

Bleichchromat *n Chem* kromoflavo (↑ *auch **Chromgelb***)

Blei|chlorid *n Chem* plumba klorido; ~**chromat** *n Chem* plumba kromato

[1]**Bleiche** *f Blässe* paleco

[2]**Bleiche** *f od* **Bleichplatz** *m* blankigejo

bleichen ***a)*** *tr* blankigi; *blass machen* paligi; ***mit Kalk[milch]*** ~ kalkoblankigi; ***Wäsche in der Sonne*** ~ blankigi [lavitan] tolaĵon en la suno ***b)*** *intr* blankiĝi; *die Farbe verlieren* perdi la koloro(j)n, senkoloriĝi

Bleichen *n* blankigado

Bleicherde *f Bodenkunde, Geol* ↑ ***Podsol[boden]***

Bleicherei *f* blankigejo

bleichgesichtig *Adj* palvizaĝa (*vgl. dazu **blass** u. **bleich***)

Bleichheit *f* paleco

Bleich|chlorid *n Chem* plumb[ik]a klorido; ~**krake** *m* (Octopus pallidus) pala oktopodo; ~**mittel** *n* blankiga rimedo, blankigilo

Bleichplatz *m* ↑ ***[2]Bleiche***

Bleichromat *n Chem* plumba kromato (*vgl. dazu **Chromgelb***)

Bleichsucht *f*, *auch* ***Chlorose*** *f* (Chlorosis) *Med (früher häufige Anämie bei jungen Mädchen [verursacht durch Verminderung des Blutfarbstoffs bei Eisenmangel])* klorozo; *i.w.S. Blutarmut* anemio

bleichsüchtig *Adj Med* kloroza; *blutarm* anemia

bleiern *Adj* ***a)*** plumba; *aus Blei* [farita] el plumbo ***b)*** *übertr (Glieder, Schlaf)* plumba (↑ *auch **lethargisch***); ***ein*** ~***er Himmel hing über der Stadt*** plumbaj nuboj super la urbo kovris la ĉielon

Bleierz *n Bergb* plumberco

blei|farben *od* ~**farbig** *Adj* plumbokolora; *grau wie Blei* plumbogriza

bleifrei *Adj*: ~*es* ***Benzin*** *n* senplumba benzino

Blei|gehalt *m* enhavo (*od* enteno) de plumbo; ~**gießer** *m* plumbisto

Bleiglanz *m Min* ↑ ***Galenit***

Bleiglasfenster *n* vitrala fenestro

Bleiglätte *f Chem, Hdl* litargiro

blei|grau *Adj* plumbogriza *auch Himmel, jmds. Miene*; ~**haltig**, *<österr>* ***bleihältig*** *Adj* entenanta plumbon *nachgest*

Blei|jodid *n*, *auch* ***Jodblei*** *n Chem* plumba jodido; ~**kabel** *n* plumbokablo; ~**konzentrat** *n* plumbokoncentraĵo; ~**krankheit** *f Med* plumbismo (↑ *auch* ***Bleivergiftung***); ~**kristall** *n* plumbokristalo; ~**kugel** *f bleierne Kugel* plumba glob[et]o; *bleiernes Geschoss* plumba kuglo *od* plumbokuglo; ~**lot** *n Bleigewicht am Richtlot* plumbo [de vertikalilo]; ~**mantel** *m Tech* plumba mantelo; ~**mennige** *f*, *auch* ***Bleirot*** *n für Rostschutzanstriche* plumba minio; ~**oxid** *n Chem* plumba oksido (↑ *auch* ***Bleiglätte***); ~**rohr** *n* plumba tubo

Bleirot *n* ↑ ***Bleimennige***

Bleisammler *m El* ↑ ***Bleiakku***

Blei|siegel *n* plumba sigelo *od* plumbosigelo, *auch* plumbaĵo; ~**soldat** *m [früher:] ein Kinderspielzeug* plumba soldato (*vgl. dazu* ***Zinnsoldat***)

Bleistift *m*, *reg umg* ***Blei*** *m* krajono (↑ *auch* ***Druck-*** *u.* ***Zimmermannsbleistift***); ***einen ~ [an]spitzen*** pintigi krajonon

Bleistift|hülse *f* ingo por krajono; ~**spitzer** *m* krajonpintigilo; ~**spitzmaschine** *f* krajon-pintiga aparato; ~**zeichnung** *f* desegnaĵo per krajono

Blei|sulfid *n Chem* plumba sulfido; ~**vergiftung** *f Med* plumbotoksiĝo *od* toksiĝo per plumbo

bleiverseucht *Adj* plumbopoluita

Bleiweiß *n*, *auch* ***Kremser Weiß*** *n eine Ölfarbe* plumba blanko, *auch* plumboblank[aĵ]o, *<wiss>* ceruzo

Bleiwurz *f* (*Gattung* Plumbago) *Bot* plumbago (↑ *auch* ***Kapbleiwurz***); ***chinesische ~***, *auch* ***Hornnarbe*** *f od* ***Hornkraut*** *n* (Ceratostigma plumbaginoides) ĉina plumbago *[Vorkommen: SW-China u. Himalaja-Region]*; ***europäische ~*** (Plumbago europaea) eŭropa plumbago

Bleiwurzgewächse *Pl*, *auch* ***Grasnelken-*** *od* ***Strandnelkengewächse*** *Pl Bot*: ***[Familie der]*** ~ *Pl* (Plumbaginaceae) plumbagacoj *Pl*

Blekinge (*n*) *Landschaft u. Provinz in Südschweden* Blekingo *[Hptst.: Karlskrona]*

Blendbogen *m Arch (ein, meist flacher, der Mauer vorgelegter Bogen, der keine Öffnung, sondern eine geschlossene Fläche umschließt [ein akzentuierendes Schmuckmotiv])* blinda arko

Blende *f* ***a)*** *Foto (Loch*~*)* diafragmo *auch Opt*, *(Iris*~*)* irisa diafragmo (↑ *auch* ***Aperturblende***); *Sonnen*~ *vor jmds. Augen* sunŝirmilo [por la okuloj] ***b)*** *aufgesetzter Zierstreifen an Kleidungsstücken* alkudrita borderaĵo ***c)*** *Min (alt für «Zinkblende»)* zinkoblendo

blenden *tr* ***a)*** *der Sehkraft berauben* blindigi *auch übertr*, *Blendwirkung ausüben, bes. durch grelles Licht* [kvazaŭ *od* preskaŭ] blindigi (***jmdn.*** iun), efiki blindige (***jmdn.*** al iu); ***dieses Licht blendet*** tiu ĉi lumo estas blindiga; ***der Schnee blendete mich*** la neĝo efikis blindige al mi ***b)*** *verkleiden, z.B. mit Platten* kovri *od* tegi (***mit*** per); *mit einer Blendung (z.B. aus Panzerplatten) versehen* blendi, provizi per ŝtalaj platoj ***c)*** *übertr täuschen* tromp[ad]i

blendend 1. *Adj* ***a)*** *blind machend* blindiga; *hell leuchtend* brilega; *strahlend* radianta ***b)*** *übertr (ausgezeichnet)* bonega, *(großartig)* grandioza, *(sehr beeindruckend)* tre impresa, *(entzückend)* rava **2.** *Adv*: ~ ***weiß*** blindige blanka (*vgl. dazu* ***kreideweiß***); ***es geht mir*** ~ mi fartas bonege

Blend|rahmen *m des Fensters* fenestrokadrumo; *der Tür* pordokadrumo; ~**schutz** *m* kontraŭblindiga ŝirmilo (*od* ekrano)

[1]**Blendung** *f Geblendetwerden* blindigo

[2]**Blendung** *f Mil (Panzerung, Verstärkung aus Panzerplatten)* blendo

Blendwerk *n übertr: Schwindel* trompaĵo, blago, *(verführerisches)* alloga iluzi[aĵ]o; *Fantasiegebilde* ĥimero; *Trugbild, Wahngebilde* miraĝo

Blennorrhagie *f Med (schleimige bis eitrige Absonderung der Schleimhäute [oft Syn für Genorrhoe])* blenoragio

Blennorrhö[e] [...'rö:] *f Med* blenoreo (↑ *auch unter* ***Bindehautentzündung***)

blennorrhoisch, *auch* ***schleimflussartig*** *Adj* blenorea

Blepharitis *f Ophthalmologie* ↑ ***Lidrand-***

entzündung

Blephar[o]adenitis *f Ophthalmologie* ↑ ***Lidranddrüsenentzündung***

Blepharoklonus *m, auch* ***Blinzelkrampf*** *m Ophthalmologie* blefaroklonuso

Blepharophimose *f Ophthalmologie (angeborene od. erworbene Verengung der Lidspalte in horizontaler Richtung [z.B. bei Trachom u. Pemphigoid])* blefarofimozo

Blepharoptose *f Ophthalmologie (Herabsinken des oberen Augenlids)* blefaroptozo

Blepharospasmus *m Med* ↑ ***Lidkrampf***

Blessbock *m Zool* ↑ ***Buntbock***

Blessgans *f* (Anser albifrons) *Orn* blankfrunta ansero

Blesshuhn *n od* **Blessralle** *f Orn* ↑ ***Blässhuhn***

Blet-Orchidee *f* (*Gattung* Bletia) *Bot* bletio

bleu [*blö:*], *auch* ***blassblau*** *Adj* pale blua

Blick *m Ausdruck der Augen* rigardo (↑ *auch* ***Adlerblick***); *Aussicht, Ausblick* elrigardo, elvido (↑ *auch* ***Fernblick***); *Anblick, Sicht* vido (***auf*** al *mit Nom od* ***sur*** *mit Akk*) (↑ *auch* ***Meer-*** *u.* ***Panoramoblick***); *Rund*≗ panoramo; ~ ***nach draußen*** rigardo eksteren, elvido ~ ***zurück*** retrorigardo; ***durchdringender*** (***neidischer***, ***neugieriger***, ***verstohlener***) ~ penetra (envia, scivola, kaŝa) rigardo; ***ein vielsagender*** ~ multeparola rigardo *(Zam)*; ***auf den ersten*** ~ ĉe (*od* je) la unua [ek]vido, unuavide *od* unuarigarde (↑ *auch* ***sofort***); ***mit einem [einzigen]*** ~ unuvide; ***Liebe auf den ersten*** ~ amo (*od* enamiĝo) ĉe la unua ekvido; ***jmds.*** ~***en ausweichen*** eviti ies rigardojn; ***jmdn. mit scheelen*** ~***en betrachten*** envie rigardi iun; ***seinen*** ~ ***richten auf ...*** direkti sian rigardon (*od auch* siajn okulojn *[Zam]*) al ...; ***sie wandte keinen*** ~ ***von ihm*** ŝiaj okuloj ne povis deturniĝi de li; ***einen*** ~ ***werfen auf...*** ĵeti rigardon sur ... *mit Akk*; ***jmds.*** ~***e auf sich ziehen*** altiri ies rigardojn; ***jmdm. einen*** ~ ***zuwerfen*** ĵeti rigardon al iu; ***Zimmer mit*** ~ ***zum Meer*** ĉambro rigardanta al la maro *od* ĉambro, kiu donas vidon al la maro (*od* sur la maron) ◇ ***wenn*** ~***e töten könnten!*** se rigardoj povus mortigi!

blicken *intr* rigardi (***auf*** sur *mit Akk od* ***auf*** *bzw.* ***zu*** al *mit Nom*); ***immerzu auf ...*** ~ konstante (*od* senĉese) rigardi al ...; ***nach drinnen*** (***hinten***, ***oben***, ***vorn***) ~ rigardi internen (malantaŭen, supren, antaŭen); ***sich*** ~ ***lassen*** aperi, vidiĝi; ***sich nicht mehr*** ~ ***lassen*** *nicht mehr kommen* ne plu veni [vizite]; ***die Sonne blickte durch die Wolken*** la suno rigardis tra la nuboj; ***[verstohlen] zur Seite*** ~ [kaŝe] rigardi flanken; ***verwundert [um sich]*** ~ mire rigardi

Blickfang *m* allogilo; *Hingucker* okuldolĉaĵo; *werbewirksame Reklame* alloga reklam-afiŝo

Blickfeld *n Sichtfeld* vidkampo; ***im*** ~ ***[der Öffentlichkeit] stehen*** esti en la fokuso de [publika] atento

Blickkontakt *m, auch* ***Augenkontakt*** *m* okulkontakto

Blickpunkt *m* centro de atento (*bzw.* intereso); *Blickwinkel, Standpunkt* vidpunkto; ***im*** ~ ***des öffentlichen Interesses stehen*** esti en la centro de publika intereso

Blickwinkel *m* vidpunkto

blind 1. *Adj ohne Augenlicht* blinda *auch übertr* (↑ *auch* ***farben-***, ***schnee-***, ***star-***, ***stock-*** *u.* ***taubblind***); *beschlagen, z.B. Fensterscheibe* kovrita per humidaĵo; *ohne Glanz, z.B. Spiegelglas* senbrila; ***fast*** ~ preskaŭ blinda, *bildh auch* talp-okula; ~***er Alarm*** *m* falsa alarmo; ~***er Eifer*** *m* blinda fervoro; ~***er Gehorsam*** *m* blinda obe[em]o; ~***er Passagier*** *m* kaŝpasaĝero; ~***e Tür*** *f nur vorgetäuschte bzw. zugemauerte Tür* blinda pordo; ~***es Vertrauen*** *n* blinda fido; ~***e Wut*** *f* blinda furiozo; ~ ***für*** (*od* ***gegen***) ***etw. sein*** *übertr* esti blinda pri io; *etw. nicht sehen (verstehen) wollen* ne voli vidi (kompreni) ion; ~ ***werden*** *Mensch* blindiĝi; *Glas* malbriliĝi; ***auf einem Auge*** ~ ***sein*** havi unu blindan okulon; ***von Geburt an*** ~ *blind geboren* blinda de naskiĝo ◇ ***ein*** ~***es Huhn findet auch mal ein Korn*** eĉ blinda kokino povas trovi grajnon *(Zam)* **2.** *Adv* blinde; *blindlings, aufs Geratewohl auch* trafe-maltrafe; ~ ***d[a]raufloschlagen*** [kvazaŭ] blinde batadi, batadi trafe-maltrafe; ***jmdm.*** ~ ***gehorchen*** blinde obei iun; ***jmdm.*** ~ ***vertrauen*** blinde fidi al iu *(Zam)*

Blinddarm *m Anat* ***a)*** *fachsprachl.* ***Zäkum*** *od* ***Zökum*** *n* (Intestinum caecum) *blind endender Dickdarmteil mit dem Wurmfortsatz* cekumo ***b)*** *Laienbezeichnung für* ***Wurmfortsatz*** *m* (Appendix vermiformis) apendico; ~**entzündung** *f, eigtl* ***Wurmfortsatzentzündung*** *f*, <*wiss*> ***Appendizitis*** *f Med* apendicito (↑ *auch* ***Typhlitis***); ~**operation** *f Laienbezeichnung für «operative Entfernung des Wurmfortsatzes», Fachspr*

Appendektomie *f* apendicektomio

Blind Date [*'blaind 'de:t*] *n Verabredung mit einer unbekannten Person* blindrendevuo

Blinde ***a)*** *m* blindulo ***b)*** *f* blindulino ◇ ***unter [den] ~n ist der Einäugige König*** inter la blinduloj reĝas la strabuloj *(Zam)*

Blindekuh *f*: ~ ***spielen*** ludi blindkaptadon

Blindenanstalt *f* ↑ ***Blindenheim***

Blinden|bibliothek *n* blindula biblioteko; ~**[führ]hund** *m* blindula [gvid]hundo; ~**-heim** *n*, *veraltend* ***Blindenanstalt*** *f* blindulejo, institucio por blinduloj

Blindenhund *m* ↑ ***Blindenführhund***

Blindenschrift *f*, *auch* ***Brailleschrift*** *f* brajlo, *auch* brajla skribo; ***in ~ [geschrieben]*** brajle skribita

Blindenstab *m* blindula bastono

Blindfische *m/Pl Ichth* ↑ ***Inger***

Blind|flug *m*, *fachsprachl.* ***Instrumentenflug*** *Flugw* [per]instrumenta flug[ad]o, instrumenta navigacio, *umg* blinda flug[ad]o; ~**gänger** *m* ***a)*** *Mil* neeksplodinta grenado (*bzw.* bombo, obuso *od* mino) ***b)*** *übertr (Versager)* homo, kiu ĉiam fiaskas; *völlig unfähiger (untalentierter) Mensch* absoluta senkapablulo (sentalentulo)

blindgläubig *Adj* blinde kredanta

Blindheit *f* blindeco *auch übertr*, <*wiss*> anopsio (↑ *auch* ***Farben-***, ***Halbseiten-***, ***Schnee-***, ***Taubblindheit***, ***Onchozerkose*** *u.* ***schwarzer Star***); ***psychogene ~*** psikogena blindeco

Blindlandung *f*, *fachsprachl.* ***Schlechtwetterlandung*** *f Flugw (Landung unter ungünstigen Sichtbdingungen)* blinda surteriĝo (↑ *auch* ***Radarblindlandung***)

Blindleitwert *m Phys* ↑ ***Kapazitanz*** *u.* ***Suszeptanz***

blindlings *Adv* blinde; *aufs Geratewohl* trafe-maltrafe; *nur so darauf los* divenprove; *Hals über Kopf* transkapiĝe; *halsbrecherisch* kaporompe; *ohne nachzudenken* senpripense

Blind|maulwurf *m* (Talpa caeca) *Zool* blind-talpo; ~**maus** *f* (*Gattung* Spalax) *Zool* blindmuso, <*wiss*> spalakso; ~**schleiche** *f* ***a)*** *selt auch* ***Glasschlange*** *f* (*Gattung* Anguis *u. die Art* Anguis fragilis) *Zool* angviso ***b)*** *übertr (auf eine weibl. Person bezogen)* inertulino, *[krasser:]* pigrulino

Blindwiderstand *m El* ↑ ***Reaktanz*** (↑ *auch* ***Antennenblindwiderstand***); ***akustischer ~*** akustika reaktanco; ***induktiver (kapazitiver) ~ im*** *Wechselstromkreis* indukta (kapacita) reaktanco

Blindwühlen *f/Pl*, *auch* ***Ringelwühlen*** *f/Pl Zool (wurmförmige, im Boden lebende Amphibien)*: ***[Ordnung der] ~*** *Pl* (Gymnophiona) gimnofionoj *Pl*

blindwütig *Adv* en blinda furiozo

Blini *m Kochk ([in Russland, in der Ukraine u. den Balkanstaaten:] ein in Butter gebackener Fladen aus Buchweizenmehl u. saurer Sahne)* blino

blinken *intr Kfz, Leuchtfeuer u.a.* blinki, intermite lumi (*vgl. dazu* ***signalisieren***); *Stern* flagr[et]i, trembrili

Blinker *m*, *auch* ***Fahrtrichtungsanzeiger*** *m Kfz* blinkilo, *auch* indikilo de direktoŝanĝo *od* ĝirindikilo

Blink|leuchte *f* blink-lampo, *(Blinker)* blinkilo; ~**licht** *n* intermita (*od* palpebruma) lumo, blinko

Blinzelhaut *f Zool* ↑ ***Nickhaut***

Blinzelkrampf *m* ↑ ***Blepharoklonus*** *u.* ***Niktation***

blinzeln *intr*: ***[mit den Augen] ~*** palpebrumi; *die Lider zusammenkneifen* duonfermi la okulojn

Blister *m* ↑ ***Sichtverpackung***

Blisterfolie *f* ↑ ***Luftpolsterfolie***

Blitz *m* fulmo *auch Foto u. übertr* (↑ *auch* ***Elektronen-***, ***Kamera-***, ***Kugel-*** *u.* ***Lichtblitz***); *Blitzstrahl* fulmo[ek]brilo, ekbrilo de fulmo; ***der ~ ist in das Haus eingeschlagen*** la fulmo trafis la domon; ***schnell wie der ~*** fulmrapide; ***vom ~ getroffen [werden]*** [esti] trafita de [la] fulmo ◇ ***wie ein ~ aus heiterem Himmel*** kiel fulmo el serena ĉielo; *allg auch für «urplötzlich»* tute subite

Blitz|ableiter *m* fulmosuĉilo; ~**aktion** *f Mil* fulmrapida atako

blitz|artig *Adj* fulmrapida, *nachgest* kun fulma rapideco; ~**blank**, *umg auch* ***blitzeblank*** *Adj* brile pura *od* purega kaj brila

Blitzeinschlag *m* fulmotrafo

blitzen *intr aufblitzen (Augen, Edelsteine)* fulmeti (*vgl. dazu* ***aufleuchten***); *unpers*: ***es blitzt*** *Met* fulmas; ***die Wohnung blitzt vor Sauberkeit*** la loĝejo bril[eg]as de pureco; ***sie hat blitzende Augen*** ŝi havas brilantajn okulojn

Blitzen *n* fulmado (*vgl. dazu* ***Wetterleuchten***)

Blitzer *m Verk* ↑ ***Radarfalle***
Blitz|krieg *m* fulma milito; **~lampe** *f Foto* fulmluma lampo
Blitzlicht *n Foto* fotolumo *od* fulmlumo, *alt* magnezifulmo; **~gerät** *n* ilo por fulmlumi, fulmlumilo; **~gewitter** *n* eksplodo (*od* kaskado) da fotolumoj
Blitz|röhre *f, auch* ***Fulgurit*** *m Geol (durch Blitzschlag auf die Erdoberfläche entstandene Röhre aus geschmolzenem Gestein)* fulgurito; **~schach** *n* fulma ŝako; **~schlag** *m* fulmobato
blitzschnell 1. *Adj* fulm[o]rapida **2.** *Adv* fulm[o]rapide, *nachgest* kun fulma rapideco
Blitzschutz *m* komtraŭfulma protekto; *an Elektrogeräten auch* fulmogardilo; **~anlage** *f* instalaĵo dekontraŭfulma protekto
Blitzsinter *m Geol* = ***Blitzröhre***
Blitzstrahl *m* fulmo[ek]brilo
Blizzard *m Met ([heftiger] Schneesturm, bes. in Kanada u. im Norden der USA)* blizardo
blochen ↑ ***bohnern***
Blocher *m* ↑ ***Bohnerbesen***
Block *m **a)** großer od massiger Klotz* bloko (*vgl. dazu **Klotz** u. **Klumpen**;* ↑ *auch **Beton-**, **Eis-**, **Eisen-**, **Fels-**, **Gieß-**, **Stein-** u. **Zylinderblock***); *Holz*² bloko el ligno, *[weniger massig:]* ŝtipo ***b)*** *Häuser*² dombloko (↑ *auch* ***Wohnblock***); ***einige ~s von hier [entfernt** od **weg]*** kelkajn domblokojn [for] de ĉi tie ***c)*** *Pol, Wirtsch* bloko (*vgl. dazu* ***Bündnis***; ↑ *auch **Bündnis-**, **Ost-**, **Staaten-** u. **Sterlingblock***); ***~ der Linksparteien*** bloko de la maldekstraj partioj ***d)*** *Notiz*², *Schreib*² notbloko (↑ *auch **Fahrschein-**, **Skizzen-** u. **Stenoblock***) ***e)*** *Philat* [poŝtmarka] bloko ***f)*** *Eisenb (Blockanlagen)* bloksistemo ***g)*** *Mar (Gehäuse aus Holz od Metall mit einer od mehr Rollen, das zur Führung von Seilzügen dient)* bloko ***h)*** *EDV (Daten*²*)* bloko ***i)*** *Volleyball (Spieler*² *[am Netz])* bloko
Block|abschnitt *m, auch* ***Blockstrecke*** *f Eisenb (mit Blockanlagen)* bloksekcio, *(mit od ohne Blockanlagen)* kantono; **~abschnittsteilung** *f Eisenb* kantonigo
Blockade *f **a)** Absperrung* blokado (↑ *auch **Finanz-**, **See-** u. **Wirtschaftsblockade***); ***die ~ aufheben*** (***durchbrechen***) levi (rompi) la blokadon ***b)*** *auch* ***Fliegendreck*** *m Typ (mit dem Fuß nach oben gekehrte Letter u. deren Abdruck)* blokado
Blockade|erklärung *f* deklaro de blokado; **~zustand** *m* stato de blokado
Block|anlagen *f/Pl Eisenb* blokinstalaĵoj *Pl* (↑ *auch* ***Blocksystem***); **~bild** *od* **~diagramm** *n Geol (zeichnerische Darstellung, die ein geologisches Profil mit der perspektivischen Betrachtung der Erdoberfläche verbindet)* blokdiagramo; *Betriebsorganisation, Tech (Ablaufschema)* organigramo; **~bildung** *f Pol* formiĝo de bloko(j)
blocken *tr Volleyball* ↑ ***blockieren b)***
Blocker *m Hausw* ↑ ***Bohnerbesen***
Blockflöte *f Mus* bekfluto
blockfrei *Adj* eksterbloka (↑ *auch* ***bündnisfrei***); ***~e Staaten*** *m/Pl* eksterblokaj ŝtatoj *Pl*
Block|freiheit *f Pol* eksterblokeco; **~haus** *n z.B. eines Fallenstellers im Wald* trunkodomo; *hist: als Befestigung* blokhaŭso; **~holz** *n Forstw* blokligno; **~hütte** *f* kabano [farita] el trunkoj [kaj ŝtipoj]
blockieren *tr **a)** Typ* bloki; *Mil (mit einer Blockade belegen)* blokadi; ***blockiert*** *[ab]geblockt, [ab]gesperrt* blokita *auch Geld auf einem Sperrkonto* ***b)*** *meist* ***blocken*** *Volleyball* bloki
Blockieren *n* blokado *im Volleyball (durch die Netzspieler)*
Blockierer *m* blokanto
Blockierung *f bes. Eisenb u. Mil* blokado
Block|länge *f EDV* bloklongo; **~schrift** *f* preslitera skribo; **~signal** *n Eisenb* bloksignalilo, kantoniga signalilo; **~stelle** *f Eisenb* kantoniga regejo
Blockstrecke *f Eisenb* ↑ ***Blockabschnitt***
Blocksystem *n Eisenb* bloksistemo (↑ *auch* ***Streckenblock***)
blöd *od* **blöde** *Adj **a)*** idiota, stulta (↑ *auch* ***dämlich***); ***sei nicht [so] ~!*** ne estu stulta!; ***ach, wie ~ von mir!*** aĥ, kia stultulo mi estas! ***b)*** *umg auch für «langweilig»* enuiga
blödeln *intr* stultumi; ***hör auf zu ~!*** ĉesu stultumi!
Blödheit *f* idioteco, stulteco
Blödian *m umg* idioto, sencerbulo, *[milder ausgedrückt:]* stultulo (*vgl. dazu* ***Dummkopf***)
Blödsinn *m **a)** Med* idioteco, *(Alters*²*)* senila demenco ***b)*** *dummes Zeug, Dummheit (die man macht)* idiotaĵo, stultaĵo; *Unsinn* sensencaĵo; ***so ein ~!*** *so eine Dummheit!* kia stultaĵo!; *so ein Unsinn!* kia sensencaĵo!
blödsinnig *Adj Med* idiota; *übertr (dumm)*

stulta, *(verrückt)* freneza (*vgl. dazu* ***blöd***), *(langweilig)* [stulta kaj] enuiga

Bloemfontein [*blu:m...*] (*n*) *Hptst. des Oranje-Freistaats/Südafrika* Blumfonteno

Blog *n*, *auch m* (*kurz für* ***Weblog*** *n*) *EDV (tagebuchartig geführte, öffentlich zugängliche Webseite zu einem bestimmten Thema)* blogo, *auch* reta taglibro (↑ *auch* ***Klatschblog***)

bloggen *intr* blogi

Blogger *m jmd., der an einem Blog schreibt od mitschreibt* bloganto

Blogspam *m od n EDV* blogspamo

blöken *intr* bei, [ŝaf]bleki *auch abs*

blond *Adj* blonda; *aschblond* cindroblonda (↑ *auch* ***hell-*** *u.* ***semmelblond***); ~ ***gelockt*** blondbukla; ~***e*** (*od* ***ungefärbte***) ***[Roh-] Seide*** *f Textil* blonda silko

Blondchen *n meist leicht pej für «blonde Frau»* blondulineto

[1]**Blonde** ***a)*** *m blonder Mann* blondulo ***b)*** *f blonde Frau* ↑ ***Blondine***

[2]**Blonde** *f Textil (Seidenspitze)* blondaĵo

blondhaarig *Adj* blondhara

Blondheit *f* blondeco

blondieren *tr* blondigi

Blondine *f*, *auch* ***Blonde*** *f* blondulino

blondlockig *Adj* blondbukla

[1]**bloß** *Adv* ***a)*** *lediglich, nur* nur; *einfach* simple; ~ ***ein bisschen*** nur iomete; ~ ***Bier trinken*** trinki nur bieron; ***ich besitze ~ noch fünf Euro*** al mi restis nur kvin eŭroj; ***nicht*** ~, ***dass ...*** ne nur, ke ... ***b)*** *in verwunderter Feststellung od Frage*: ***was du ~ hast!*** *was ist nur mit dir [los]?* kio do estas pri vi?; *warum kritisierst du immerzu?* pro kio vi daŭre (*od* konstante) kritikas?!

[2]**bloß** *Adj* ***a)*** *alleinig, nichts anderes als* nura; ***das ist eine ~e Vermutung*** tio estas nura supozo; ***der ~e Wille genügt nicht*** la nura volo ne sufiĉas ***b)*** *entblößt, nackt* nuda; ***mit ~em Auge*** per [la] nuda okulo; ***mit ~en Füßen*** kun nudaj piedoj, *umg* nudpiede; ***mit ~em Kopf*** kun nuda kapo, nudkape; *ohne Kopfbedeckung* sen kapvesto

Blöße *f* ***a)*** *Nacktheit* nudeco; *etw. Nacktes* nudaĵo; *Schamteil* honta parto (↑ *auch* ***Geschlechtsteil***); ***seine ~e bedecken*** kovri sian nudaĵon ***b)*** *Forstw (leere Stelle im Waldbestand)* senarbejo (↑ *auch* ***Kahlschlag***) ***c)*** *übertr: schwache Seite, Schwäche* malforta flanko, malfortaĵo; ***ich wollte mir keine ~ geben*** mi ne volis malkaŝi mian malfortan flankon

bloßfüßig *alt* = ***barfüßig***

bloß|legen *tr* ***a)*** *entblößen* nudigi ***b)*** *aufdecken* malkovri *auch Hintergründe*; *offenbaren, z.B. ein Geheimnis* malkaŝi; ~**stellen** *tr jmds. Namen beschmutzen* malhonorigi ies nomon; *demütigen* humiligi; *kompromittieren* kompromiti (***jmdn.*** iun); *für ehrlose Zwecke preisgeben, erniedrigen, in den Schmutz ziehen* prostitui

blubbern *intr* glugli, estigi gluglan sonon

Bluegrass [*'blugras*] *m Mus (virtuose Spielweise der Country-and-Western-Music aus der Region um Kentucky/USA)* blugraso

Blues [*blu:s*] *m Jazz* bluso *auch Modetanz*; ***klassischer*** ~ klasika bluso; ***städtischer*** ~, *meist engl.* ***city blues*** urba bluso (↑ *auch* ***Countryblues*** *u.* ***Rhythm-and Blues***)

Blues|konzert *n* bluskoncerto; ~**rock** *m Mus* blusroko (↑ *auch* ***Bottleneck***)

Bluff *m dreiste Täuschung* bluf[ad]o (↑ *auch* ***Finte***, ***List*** *u.* [1]***Schwindel***); *Humbug* blago (↑ *auch* ***Spiegelfechterei***)

bluffen *intr 1. beim Poker 2. in dreister Weise irreführen od täuschen* blufi

Bluffer *m* blufanto *bzw.* blufulo

blühen *intr Pflanze* flori; *übertr* flor[ad]i, prosperi; ***der Flieder begann zu*** ~ la siringo komencis flori, *auch* la siringo ekfloris; ***erneut*** (*od* ***nochmal*** *od* ***wieder***) ~ denove flori, reflori; ***das ganze Jahr über*** ~ flori dum la tuta jaro ◇ ***wer weiß***, ***was uns noch [alles] blüht*** kiu scias, kio ankoraŭ okazos al ni; ***das blüht mir auch noch*** tiu ĉi sama afero (*bzw.* laboro *u.a.*) ankaŭ min atendos

blühend *Adj Baum, Pflanze, Strauch* floranta; *übertr* floranta, prospera; ***reich*** ~, *Fachspr Bot auch lat.* ***floribunda*** *bzw.* ***floribundus*** riĉe floranta; ***rot*** ~, *Fachspr Bot auch lat.* ***erythranthus*** ruĝe floranta *od* ruĝflora; ~ ***aussehen*** aspekti freŝa kaj sana (*od* ruĝvanga), *junges Mädchen auch* esti en la brilo de sia juneco

Blumberg-Zeichen *n Med (Diagnostik) [ein Appendizitiszeichen]* Blumberg-signo

Blümchen *n* floreto

Blume *f* ***a)*** floro (↑ *auch* ***Bienen-***, ***Garten-***, ***Herbst-***, ***Käfer-***, ***Kunst-***, ***Plastik-***, ***Pollen-***, ***Topf-***, ***Vogel-***, ***Wald-***, ***Wiesen-*** *u.* ***Wildblume***); ***frische ~n*** *Pl* freŝaj floroj *Pl*; ***eine ~ abreißen*** ŝiri floron; ~***n arrangieren*** (*bzw.* ***binden*** *od* ***stecken***) aranĝi florojn; ***mit ~n bekränzen*** (*od* ***schmücken***) ornami per floroj, *auch* florumi; ***die ~ gießen*** akvumi la florojn; ***~n lieben*** (*od* ***mögen***) ŝati florojn; ***~n pflücken*** (***züchten***) pluki (bredi *bzw.* kultivi) florojn ◇ ***durch die ~ sprechen*** paroli metafore (*od auch* alude) ***b)*** *Bierschaum* bierŝaŭmo; *Duft* aromo, *bes. des Weines (Bouquet)* bukedo, *auch* parfumo ***c)*** *Jägerspr (Schwanz des Hasen u. Kaninchens)* vost[o]pinto, *(äußere Spitze der Lunte des Fuchses)* [blanka] vost[o]pinto

Blumen|arrangement *n* flor-aranĝaĵo (↑ *auch* ***Ikebana***); **~ausstellung** *f, auch* ***Blumenschau*** *f* flor-ekspozicio *od* ekspozicio de floroj

blumenbedeckt *Adj* flor[o]kovrita

Blumenbeet *n* florbedo

blumenbekränzt *Adj bes. poet* florornamita

Blumenblatt *n Bot* ***a)*** *allg* florfolio ***b)*** *auch* ***Blumenkronenblatt*** *n*, *<wiss>* ***Petalum*** *n od* ***Petale*** *f* petalo (*vgl. dazu* ***Blütenblatt***); ***lanzenförmiges*** (*od* ***lanzettliches***) ~ (Petalum lanceolatum) lancoforma petalo; ***spateliges*** ~ (Petalum spathulatum) spatelforma petalo; ***zweilappiges*** ~ (Petalum bilobum) du-loba petalo; ***nur ein [einziges] ~ habend*** unupetala

Blumen|dekoration *f* flora dekoracio; **~dünger** *m* sterko por floroj; **~erde** *f Gartenb* [speciala] tero por floroj, tero por florkultivo; **~esche** *f, auch* ***Mannaesche*** *f* (Fraxinus ornus) *Bot* pluma frakseno

Blumenflor *m* floraro

blumenförmig **1.** *Adj* flor[o]forma **2.** *Adv* flor[o[forme

Blumen|frau *f* vendistino de floroj; **~garten** *m* florĝardeno; **~gebinde** *od* **~gewinde** *n od* **~girlande** *f* festono; girlando [el floroj]; **~geschäft** *n* florvendejo

blumengeschmückt *Adj* flor-ornamita, ornamita (*bzw.* dekoraciita) per floroj

Blumengewinde *n* ↑ ***Blumengebinde***

Blumen|gießen *n* akvumado de la floroj; **~händlerin** *f* florvendistino; *Floristin* floristino; **~hartriegel** *m* (Cornus florida) *Bot* flora kornuso; **~kasten** *m* florkesto

Blumenkelch *m* = ***Blütenkelch***

Blumen|kette *f als Girlande* florgirlando *od* girlando el floroj; *als Halskette* kolĉeno el floroj; **~kiosk** *m z.B. in einer Bahnhofshalle* florkiosko

Blumenkohl *m*, *<österr>* ***Karfiol*** *m* (Brassica oleracea var. botrytis) *Bot, Nahr* florbrasiko; **~suppe** *f Kochk* florbrasika supo

Blumenkorb *m* florkorbo

Blumenkrone *f, Fachspr* ***Korolla*** *od* ***Korolle*** *f Bot (Gesamtheit der Blütenblätter einer Blüte)* korolo; ***keine ~ aufweisend***, *Fachspr* ***apetal*** *Adj von bestimmten Blüten* senpetala

Blumen|kronenblatt *n Bot* korolfolio, petalo (*vgl. dazu* ***Blumenblatt***); **~laden** *m* florbutiko, florvendejo; **~markt** *m* florbazaro; **~meer** *n übertr* maro da floroj

Blumenmehl *n reg* = ***Blütenstaub***

Blumenmuster *n z.B. auf Stoff od Tapete* flora deseno *od* flordeseno, flor[desegn]aĵo

blumenreich *Adj* flor[o]riĉa; *voller Blumen* plena de floroj, flor[o]plena; *Sprache, Stil* flora

Blumenrohr *n Bot* ↑ ***Canna***

Blumenrohrgewächse *n/Pl Bot*: ***[Familie der]*** ~ (Cannaceae) kanaacoj *Pl*

Blumenschau *f* ↑ ***Blumenausstellung***

Blumen|schmuck *m* flor-ornamaĵo; **~spenden** *f/Pl* flordonacoj *Pl*; **~sprache** *f, auch* ***Sprache der Blumen*** *ein Mittel nonverbaler zwischenmenschlicher Kommunikation* lingvo de floroj; **~stiel** *m* pedunklo de floro; **~stock** *m* florpoto; **~strauß** *m* bukedo [da floroj]

Blumenteppich *m*: ***die Erde war mit einem ~ bedeckt*** (*od* ***übersät***) la tero estis kovrita per tapiŝo el floroj

Blumentiere *n/Pl Biol* ↑ ***Korallentiere***

Blumen|topf *m* florpoto; **~vase** *f* florvazo; **~verkäufer** *m* florvendisto; **~zucht** *f* kultivado de floroj; **~züchter** *m* florkultivisto; *Florist* floristo; **~zwiebel** *f* florbulbo

blumig *Adj* flora; *reich an Blumen* riĉa je floroj; *mit Blumen bedeckt, voller Blumen* kovrita (*od* plena) de floroj; *geblümt* flordesegnita; *Wein* havanta bukedon; *übertr (Redensarten, Stil)* flora

Blumige *n von etw.* floreco

Blunze *od* **Blunzen** *f* ↑ ***Blutwurst***

Bluse *f* bluzo (↑ *auch* ***Flanell-***, ***Matrosen-***, ***Nylon-***, ***Rüschen-*** *u.* ***Seidenbluse***); ***kurzärm[e]lige*** (***langärm[e]lige***) ~ kurtmanika (longmanika) bluzo (↑ *auch* ***Kebaya***)

Blut *n* (Sanguis) sango; *Abstammung* deveno, *auch* sango; ***arterielles*** (***venöses***) ~ arteria (vejna) sango; ***blaues*** ~ *von adliger Herkunft* nobela (*od selt auch* blua) sango; ***geronnenes*** ~ koaguliĝinta sango; ***okkultes*** ~ *z.B. im Stuhl* okulta sango; ~ ***saugen*** (***spenden***, ***spucken***, ***vergießen***) suĉi (doni, sputi, verŝi) sangon; ***ein Tropfen*** ~ guto da sango; ***im*** ~ ***[befindlich]*** [en]sanga; ***von gleichem*** ~ ***[abstammend]*** samsanga (*vgl. dazu* ***Blutsbruder*** *u.* ***Blutsverwandte***); ~ ***auf Alkohol untersuchen*** ekzameni la sangon je alkoholo ◇ ***das gibt böses*** ~ tio kaŭzos nebonan reagon; ***er bewahrte kaltes*** ~ li restis [tute] trankvila; ***das liegt mir im*** ~ tio estas en mia naturo; ~ ***und Wasser schwitzen*** *große Angst haben* terure timi; ***in Fleisch und*** ~ ***übergehen*** eniĝi en la sangon; ***sein*** ~ ***fürs Vaterland vergießen*** verŝi (*od* doni) sian sangon por la patrujo

Blutabnahme *od* **Blutentnahme** *f Med* vejnopunkcio, *pop auch* sangoeltiro

Blutader *f Anat* vejno (*vgl. dazu* ***Vene***)

Blutalkohol *m* ensanga alkohol[nivel]o; ~-**bestimmung** *f* determino de la ensanga alkoholo, *umg* alkoholtesto

Blutanalyse *f*

Blutandrang *m zum Kopf, auch* ***Kongestion*** *f* kongesto (*vgl. dazu* ***Hyperämie***); ~ ***verursachen*** *Med* kaŭzi kongeston, kongesti

blutarm *Adj* ***a)*** *Med (anämisch)* sangomanka, anemia ***b)*** *reg für «sehr arm»* ege malriĉa

Blut|armut *f Med* anemio (*vgl. dazu* ***Thalassämie***); ~**austausch** *m bei einem Patienten* interŝanĝa transfuzo [per kiu oni tute anstataŭigas la sangon de paciento per nova sango]; ~**bad** *n* hombuĉado, masakro (*vgl. dazu* ***Massenmord*** *u.* ***Metzelei***); ~**bank** *f Med* banko de l' sango

blut|bedeckt *Adj* sangokovrita; ~**befleckt** *od* ~**besudelt** *Adj* sangomakulita

Blutbild *n, fachsprachl.* ***Hämogramm*** *n Med* hem[at]ogramo (↑ *auch* ***Hämomyelogramm***)

blutbildend *Adj* sangogenera, *Fachspr Med* hematogena *od* hematopoeza

Blut|bildung *f Physiol* sangogenerado (*vgl. dazu* ***Hämatogenese*** *u.* ***Hämatopoese***); ~-**blume** *f* (*Gattung* Haemanthus) *Bot (eine Gattung afrik. Narzissengewächse)* hemanto, *pop* sangofloro; ~**brechen** *n,* <*wiss*> ***Hämatemesis*** *f Med* sangovomado *od* vomado de sango, <*wiss*> hematemezo

Blutbrustpavian *m Zool* ↑ ***Dschelada***

Blut|buche *f* (Fagus sylvatica, var. atropunica) *Bot* sangofago; ~**doping** *n Med, Sport (Methode zur künstlichen Erhöhung der Hämoglobinkonzentration im Blut [eines Sportlers])* sangodopado

Blutdruck *m Physiol* sangopremo, arteria tensio (↑ *auch* ***Ruheblutdruck*** *u.* ***Ventrikeldruck***); ***diastolischer*** (***systolischer***) ~ diastola (sistola) sangopremo; ***erhöhter*** (***hoher***, ***niedriger***) ~ altigita (alta, malalta) sangopremo; ***den*** ~ ***erhöhen*** (***kontrollieren***, ***messen***, ***senken***) altigi (kontroli, mezuri, malaltigi) la sangopremon; ***hohen*** ~ ***haben*** havi altan sangopremon, suferi je hipertensio; ***der*** ~ ***steigt [an]*** la sangopremo [pli]altiĝas

Blutdruckabfall *m* [subita] malaltiĝo de [la] sangopremo; ***orthostatischer*** ~ ortostata malaltiĝo de la sangopremo

Blutdruck|anstieg *m* [subita] altiĝo de [la] sangopremo (↑ *auch* ***Hypertonie***); ~**druckmessgerät** *n* mezurilo de sangopremo; ~-**messung** *f* mezurado de [la] sangopremo

blutdrucksenkend *Adj* hipotensiiga

Blutdrucksenker *m Pharm* hipotensiigilo

blutdrucksteigernd *Adj*: ~***es Mittel*** *n Pharm* hipertensiiga medikamento

blut|durchtränkt *Adj* sangosorbiĝinta; ~-**dürstig** *Adj* sangosoifa

Blüte *f* ***a)*** floro (↑ *auch* ***Röhren-***, ***Schmetterlings-*** *u.* ***Zungenblüten***); ***epigyne*** (*od* ***oberständige***) ~ *über dem Fruchtknoten stehende Blüte* epigina floro; ***hypogyne*** (*od* ***unterständige***) ~ *unter dem Fruchtknoten stehende Blüte* hipogina floro; ***männliche*** ~, *auch* ***Staubblüte*** *f* maskla floro; ***perigyne*** (*od* ***mittelständige***) ~ *halbhoch stehende Blüte mit schüssel- od becherförmigem Blütenboden, der den Fruchtknoten umfasst, nicht mit ihm verwachsen ist* perigina floro; ***vollständige*** (***unvollständige***) ~ kompleta (nekompleta) floro; ***weibliche*** ~ femala floro ***b)*** *Bot (das Blühen)* florado (↑ *auch* ***Flieder-*** *u.* ***Heideblüte***); ***in*** ~ ***stehen*** floradi *auch übertr*, esti floranta (*od* en florado); ***die*** ~ ***des Lebens*** la florado de la vivo *(Zam)*; ***in der*** ~ ***der Jugend sein*** esti en la floro (brilo) de [la] juneco *(Zam)*; ***sie ist in der*** ~ ***ihrer Jahre*** ŝi estas en la floro de siaj jaroj *(Zam)*; ***zur*** ~ ***bringen*** *gedeihen lassen* prosperigi

Blutegel *m* (*Gattung* Hirudo) *Zool* hirudo; ***medizinischer*** ~ (Hirudo medicinalis) medicina hirudo; ***jmdm.*** ~ ***ansetzen*** *Med* apliki (*od auch* meti) hirudojn al iu

Bluteiweiß *n Biochemie* ↑ ***Serumalbumin***

bluten *intr* sang[ad]i; ***er blutet aus der Nase*** el lia nazo fluas sango ◇ ***mir blutete das***

Herz bei diesem Anblick vidante tion mia koro sangis

Bluten *n* sangado (↑ *auch* ***Magen-*** *u.* ***Nasenbluten***)

Blüten|achse *f Bot* akso de floro; ~**bestäubung** *f* polenado [de floroj]; ~**blatt** *n Bot* florfolio, <*wiss*> petalo

blütenblattähnlich, *Fachspr Bot* ***petaloid*** *Adj* simila al florfolio, <*wiss*> petaloida

Blütenboden *m der bedecktsamigen Pflanzen, Fachspr* ***Receptaculum*** *n Bot* receptaklo [de floro], *Fachspr auch* toruso

blutend *Adj* sanganta

Blüten|flor *m* floraro; ~**honig** *m* flormielo; ~**hüllblatt** *n bei Gräsern* lemo

Blütenhülle *f Bot* ***a)*** *auch* ***Außen-*** *od* ***Hüllkelch*** *m, Fachspr* ***Involucrum*** *n* involukro (↑ *auch* ***Perianth[ium]***); ***kleine*** ~, *auch* ***Hüllchen*** *n* involukreto ***b)*** ↑ ***Perigon***

Blütenkelch *m Bot* kaliko; ~**blatt** *n Bot* sepalo

Blüten|knospe *f Bot* florburĝono; ~**köpfchen** *n Bot* kapitulo; ~**kronblatt** *n, Fachspr* ***Petal*** *od* ***Petalum*** *n Bot* petalo

Blütenlese *f Lit* ↑ ***Anthologie***

Blütenmonat *m* ↑ ***Floreal***

Blütenpflanzen *f/Pl Bot, Gartenb* florplantoj *Pl*; ~ ***ohne Blumenkrone***, *Fachspr* ***Apetalen*** *Pl* senpetaluloj *Pl*, *Fachspr auch* apetaloj *Pl*; ***bedecktsamige*** ~ kovritsemaj florplantoj

Blütenstand *m, Fachspr* ***Infloreszenz*** *f Bot* infloresko (*vgl. dazu* ***Kolben d)***, ***Thyrsus*** *u.* ***²Wickel***); ***biaxialer*** (*od* ***zweiachsiger***) ~ duaksa cumo; ***männlicher*** ~ maskla infloresko; ***mehrachsiger*** ~ pluraksa cumo; ***skorpioider*** ~ skorpi[oid]a cumo; ***zentrifugaler*** ~ centrifuga infloresko; ***zentripetaler*** (*od* ***botrytischer***) ~ centripeta infloresko; ***zymöser*** ~ *od* ***Gabel-Blütenstand*** *m, Fachspr auch* ***Cyma*** *od* ***Zyme*** *f* cumeca infloresko, *auch* cumo (↑ *auch* ***Schraubel***)

Blütenstaub *m Bot (Pollen)* poleno

Blutentnahme *f Med* ↑ ***Blutabnahme***

Blütenzweig *m* floranta branĉ[et]o

Bluter *m Med* hemofiliulo

Bluterbrechen *n* = ***Blutbrechen***

Bluterguss *m,* <*wiss*> ***Hämatom*** *n Med* hematomo (*vgl. dazu* ***blauer Fleck***, ***Suffusion*** *u.* ***Zephalhämatom***); ~ ***im Gelenk***, *fachsprachl.* ***Hämarthrose*** *f* hemartrozo

bluterkrank *Adj* hemofilia

Bluterkrankheit *f,* <*wiss*> ***Hämophilie*** *f Med* hemofilio

Blütezeit *f Bot* sezono (*od auch* tempo) de florado (↑ *auch* ***Hauptblütezeit***); *übertr* florepoko, periodo de prospero

Blut|farbstoff *m roter* hemoglobino (*vgl. dazu* ***Häm*** *u.* ***Hämocyanin***); ~**fasan** *m* (Ithaginis cruentus) *Orn* sanga fazano *[Vorkommen: Nepal, Bhutan, Tibet, NO-Indien u. NW-Myanmar]*; ~**fette** *n/Pl* sangograsoj *Pl*; ~**fettspiegel** *m* sangograsa nivelo; ~**fingerhirse** *f* (Digitaria sanguinalis) *Bot* sanga digitario; ~**fleck** *m* sanga makulo, makulo de sango

Blutfleckenkrankheit *f Med* ↑ ***Purpura***

Blutfülle *f Med* hiperemio (↑ *auch* ***Plethora***)

Blutgefäß *n* (Vas sanguineum) *Anat* sangovazo, *meist Fachspr* [sanga] vaskulo, angio; ~**geschwulst** *f, pop* ***Blutschwamm*** *m,* <*wiss*> ***Hämangiom*** *n Med* hemangiomo (↑ *auch* ***Wirbelhämangiom***); ~**unterbindung** *f Med* ligaturo [de sanga vaskulo]

Blut|gerinnsel *n* (Coagulum) *Med* sangokoagulaĵo, *Fachspr auch (Thrombus)* trombo, *(Embolus)* embolo (*vgl. dazu* ***Blutpfropf***); ~**gerinnung** *f, Fachspr* ***Hämostase*** *f Physiol* sangokoaguliĝo, *(Fachspr) auch* hemostazo

Blutgerinnungs|faktor *m, auch Kurzf* ***Gerinnungsfaktor*** *m* sangokoaguliĝa faktoro; ~**system** *n* sangokoaguliĝa sistemo; ~**zeit** *f Zeit zw. Blutentnahme u. Fibrinbildung außerhalb des Gefäßsystems* sangokoaguliĝa tempo

blut|getränkt *Adj* sangosorbiĝinta; ~**gierig** *od* **blutrünstig** *Adj* sangavida

Blutgruppe *f* sangogrupo (↑ *auch* ***Rhesus-Blutgruppen***); ***die*** ~ ***bestimmen*** determini la sangogrupon; ***er hat*** ~ ***AB*** li havas sangogrupon AB [*'a:'bo:*]

Blut|hänfling *m, umg* ***Hänfling*** *m* (Carduelis cannabina) *Orn* kanaba kardelo, *auch* kanabeno ~**harnen** *n,* <*wiss*> ***Hämaturie*** *f Med* hematurio; ~**hochdruck** *m Med* alta sangopremo, *(Fachspr)* hipertensio (↑ *auch* ***Pfortaderhochdruck***); ~**holzbaum** *m* (*Gattung* Haematoxylon) hematoksilo; ~**hund** *m* sanghundo;: ~**husten** *m od* ~**spucken** *n,* <*wiss*> ***Hämoptyse*** *f* sangosputo, <*wiss*> hemoptizo

blutig *Adj* sanga; *voller Blut* sangoplena *od nachgest* plena de sango; *blutbedeckt* sangokovrita; *blutbefleckt* sangomakulita; ~***er Krieg*** *m* sanga milito; ~***e Schlacht*** *f* sanga batalo

Blutjaspis *m Min* ↑ ***¹Heliotrop***

blutjung *Adj umg für «sehr jung»* junega; *noch wie ein Kind* ankoraŭ infan[ec]a

Blutkonserve *f Med* sangokonservaĵo, *auch* konservita sango

Blutkörperchen *n* sangoglobeto; ***rotes ~*** eritrocito; ***weißes ~*** leŭkocito

Blutkrankheit *f Med* sangomalsano, *(Fachspr) auch* hemopatio

Blutkraut *n Bot* ↑ ***Blutweiderich***

Blutkrebs *m Med* ↑ ***Leukämie***

Blut|kreislauf *m Physiol* sangocirkul[ad]o; **~kuchen** *m, Fachspr* ***Cruor [sanguinis]*** *m Physiol (bei der Blutgerinnung entstehende Masse aus roten Blutkörperchen, Thrombozyten u. Fibrin)* sangokoagulaĵo, *Fachspr* kruoro; **~lanzette** *f Med (kleines lanzettförmiges Instrument in steriler Einmalverpackung zur Blutentnahme)* sangolanceto

blutleer *Adj* sensanga; *blass, bleich* pal[eg]a

Blut|leere *f, eigtl* ***örtliche Blutleere*** *d.h. in einzelnen Körperteilen od Organen* iskemio (*vgl. dazu* ***Ischämie***); **~mangel** *m* sangomanko (*vgl. dazu* ***Anämie***); **~mond** *m Astron (eine Kernschattenfinsternis)* sangoluno; **~orange** *f* ruĝa (*od* sanga) oranĝo

Blutoxygenation *f Physiol* ↑ ***Hämatose***

Blut|parasit *m, auch* ***Blutschmarotzer*** *m Med, Vet* sangoparazito, <*wiss*> hematozoa parazito; **~pfropf** *m im Blutgefäß* trombo, *im Blutstrom* embolo; **~plasma** *n* [sango]plasmo; **~plättchen** *n/Pl, Fachspr* ***Thrombozyten*** *m/Pl* sangoplatetoj *Pl*, trombocitoj *Pl*; **~präparat** *n Med* sangopreparaĵo; **~probe** *f Med* analizo de sango *od* sangoanalizo; *i.w.S. Alkoholtest* alkoholtesto; **~python** *m* (Python brongersmai) *Zool* sangopitono *[Vorkommen: Tropen SO-Asiens]*; **~rache** *f* sangovenĝo, *[auf Korsika]* vendeto

blutreinigend *Adj*: ***~es Mittel*** *n Pharm* sangopuriga rimedo

Blutreinigung *f* sangopurigado (↑ *auch* ***Dialyse***)

blutrot *Adj* sangoruĝa *od nachgest* ruĝa kiel sango

blutrünstig ↑ ***blutgierig***

blutsaugend *Adj*: ***~e Insekten*** *n/Pl* sangosuĉaj insektoj *Pl*

Blutsauger *m* sangosuĉanto (*vgl. dazu* ***Vampir***); *übertr auch im Sinne von «Wucherer»* uzuristo

Bluts|bande *Pl geh* ligo de la [sama] sango; **~bruder** *m* frato samsanga

Blutschande *f* ↑ ***Inzest***

Blutschmarotzer *m Med, Vet* ↑ ***Blutparasit***

Blutschnabel|möwe *f* (Larus scoresbii) *Orn* ruĝbeka mevo; **~weber** *m* (Quelea quelea) *Orn* ruĝbeka teksbirdo *[Vorkommen: subsaharisches Afrika]*

Blutschwamm *m Med* ↑ ***Blutgefäßgeschwulst***

Blutschwäre *f Med* ↑ ***Furunkel***

Blut|seidenschwanz *m* (Bombycilla japonica) *Orn* japana bombicilo *[Vorkommen: Ostsibirien u. Ostasien]*; **~senkung** *f Med* sangosedimentiĝo; **~serum** *n* (Serum sanguinis) *Physiol* [sango]sero; **~specht** *m* (Dendrocopus syriacus) *Orn* siria buntpego

Blutspende *f Med* sangodono; **~dienst** *m* sangodona servo

Blut|spender *m Med* sangodonanto; **~spritzer** *m* ŝpruco da sango

Blutspucken *n* ↑ ***Bluthusten***

Blut|spuren *f/Pl* sangospuroj *Pl*; **~stauung** *f Med* kongesto

Blutstein *m Min* ↑ ***Hämatit***

blutstillend, <*wiss*> ***hämostatisch*** *Adj* sangohaltiga, <*wiss*> hemostaza; ***~es Medikament*** (***Mittel***) *n* sangohaltiga medikamento (rimedo) (↑ *auch* ***Hämostatikum*** *u.* ***Styptikum***)

Blut|stillung *f Med* hemostazo; **~storchschnabel** *m, auch* ***blutroter Storchschnabel*** *m* (Geranium sanguineum) *Bot* sanga geranio; **~strom** *m* sangoflu[ad]o

Blutstromgeschwindigkeitsmesser *m Med* ↑ ***Rheometer***

Blutströpfchen *n* ***a)*** *Bot* ↑ *unter* ***Adonisröschen*** ***b)*** *Ent* ↑ ***Widderchen***

Blutstropfen *m* sangoguto, guto da (*od* de) sango ◇ ***bis zum letzten ~*** ĝismorte, *auch* ĝis perdo de la lasta sangoguto

Blutsturz *m*, <*wiss*> ***Hämoptyse*** *f Med* hemoptizo

blutsverwandt *Adj* samsanga; ***väterlicherseits ~*** agnata

Bluts|verwandte *m* samsanga parenco (*vgl. dazu* ***Agnat*** *u.* ***Kognat***); **~verwandtschaft** *f* samsangeco; *Blutsverwandte (Pl)* samsanga parencaro

blutt *Adj* <*schweiz*> *umg für «nackt»* nuda

Blut|tat *f Jur* sanga delikto; **~täubling** *m, auch* ***blutroter Täubling*** *m* (Russula sanguinea) *Mykologie* sanga rusolo; **~test** *m*

Med, Kriminologie sangotesto
Blut|transfusion *od* **~übertragung** *f Med* sangotransfuzo *od* transfuzo de sango; ***eine Bluttransfusion erhalten*** (***vornehmen***) fari sangotransfuzon
Blutüberfülle *f Med* ↑ ***Hyperämie*** *u.* ***Plethora***
blutüberströmt *Adj* plena de sango *nachgest*
Blutübertragung *f Med* ↑ ***Bluttransfusion***
Blutung *f, Fachspr* ***Hämorrhagie*** *f Med* sangado, *Fachspr (bes. für «Blutung in das Gewebe»)* hemoragio (↑ *auch* ***Hirn-***, ***Hirnhaut-***, ***Magen-***, ***Massiv-***, ***Nachgeburts-*** *u.* ***Netzhautblutung***); *Physiol (Regel² der Frau)* menstruo, *umg* monataĵo; ***andauernde*** (***arterielle***, ***ernsthafte***, ***gastrointestinale***, ***innere***, ***kapillare***, ***postoperative***, ***schwere***, ***subkutane***, ***venöse***) ~ persist[ant]a (arteria, severa, gastrointesta, interna, kapilara, postoperacia, severa, subhaŭta, vejna) sangado; ***nach einer ~ auftretend*** posthemoragia; *nach der Menstruation* postmenstrua; ***mit einer ~ einhergehend*** *bzw.* ***zur ~ führend*** kaŭzanta sang- adon (*od* hemoragion); ***eine ~ auslösen*** (*od* ***verursachen*** *od* ***zur Folge haben***) kaŭzi sangadon; ***eine ~ kontrollieren*** (*od* ***unter Kontrolle bringen***) kontroli sangadon; ***eine ~ stillen*** (*od* ***zum Stillstand bringen***) haltigi sangadon;***eine ~ verhindern*** *od* ***einer ~ vorbeugen*** preventi sangadon
Blutungs|anämie *f Med* [post]hemoragia anemio; **~bereitschaft** *od* **~neigung** *f* hemoragia diatezo; **~schock** *m Med* hemoragia ŝoko
blutunterlaufen *Adj*: ***~e Stelle*** *f durch Quetschung od Schlag* ekimozo
Blut|untersuchung *f*, *auch* ***Blutanalyse*** *f Med* ekzamenado de la sango, sangoanalizo; **~verdünner** *m Med, Pharm (Blutverdünnungsmittel)* sangodiluanto (↑ *auch* ***Antikoagulantien***); **~verdünnung** *f* sangodiluado
Blutvergießen *n* sangoverŝ[ad]o; ***das ~ beenden*** fini la sangoverŝadon; ***~ vermeiden*** eviti sangoverŝon
Blut|vergiftung *f* sangotoksiĝo, *umg auch* sangoveneniĝo; **~verlust** *m* sangoperdo
blutverschmiert *Adj* sangoŝmirita
Blut|viskosität *f* sangoviskozeco *od* viskozeco de [la] sango; **~volumen** *n Med* sangovolumeno
Blutwäsche *f* ↑ ***Dialyse*** *od* ***Hämodialyse***
Blutwasser *n* ***a)*** *<wiss>* ***Ichor*** *n Med (aus Geschwüren sich absondernde Flüssigkeit)* ikoro ***b)*** ↑ ***Lymphe***
blutwässerig, *<wiss>* ***ichorös*** *Adj* ikora
Blutweiderich *m, auch kurz* ***Weiderich*** *m, pop* ***Blutkraut*** *n* (Lythrum salicaria) *Bot* granda litrumo, *auch* salikario *(Zam)*
Blutwurst *f, reg* ***Rotwurst*** *f, reg u. <österr> umg* ***Blunze*** *od* ***Blunzen*** *f Nahr* sangokolbaso, *auch* budeno; ***geräucherte ~*** fumaĵita sangokolbaso
Blutwurz *f Bot* ↑ *unter* ***Fingerkraut***
Blut|zelle *f Zytologie* sangoĉelo; **~zirkulation** *f* sangocirkulado; **~zoll** *m bes. geh od poet* sangimposto
Blutzucker *m* (*fachsprachl. Abk* ***BZ***) sangosukero; **~erhöhung** *f Med* sangosukera altiĝo, *(Fachspr)* hiperglikemio; **~kontrolle** *f im Labor* kontrolo de [la] sangosukero; **~-messgerät** *n Medizintechnik* glukozometro; **~messung** *f Med* mezurado de [la] sangosukero
Blutzuckerspiegel *m Physiol* nivelo de la sangosukero; ***den ~ senken*** malaltigi (*od auch* mallevi) la nivelon de [la] sangosukero
BLZ = *Abk für* ***Bankleitzahl***
BMI = *Abk für* ***Body-Mass-Index***
BNE = *Abk für* ***Bruttonationaleinkommen***
Bö *f, auch* ***Böe*** *Met (heftiger Windstoß)* skualo, forta ventopuŝo
¹Boa *f* (*Gattung* Boa) *Zool (Riesenschlange)* boao; ~ ***constrictor*** *f* konstrikta boao
²Boa *f langer Schal aus Pelz od Straußenfedern [um 1900]* boao
Boas (*m*) *bibl Eig ([im Alten Testament:] der Ehemann der Moabiterin Rut)* Boazo
Boat-People *Pl mit Booten geflohene Flüchtlinge [bes. seinerzeit aus Südvietnam]* boatrifuĝintoj *Pl*
Boa Vista (*n*) *Hptst. des brasilian. Gliedstaates Roraima* Boavisto
Bob *m* (*Kurzf von* ***Bobsleigh*** *m*) *Wintersport ([lenkbarer] Rennschlitten)* bobo (↑ *auch* ***Schnee-***, ***Vierer-*** *u.* ***Zweierbob***)
Bobak *m, auch* ***russisches*** (*od* ***sibirisches***) ***Murmeltier*** *od* ***Steppen-Murmeltier*** *n* (Marmota sibirica = Marmota bobak) *Zool* bobako, *auch* siberia marmoto *[Vorkommen: SW-Sibirien, Transbaikalien u. Mongolei]*
Bobbahn *f* bobvego
Bober *m, tschech* ***Bobr***, *poln.* ***Bóbr*** *ein lin-*

ker Nebenfluss der Oder [rivero] Bobro

Bob|fahren *n* bobado; ~**fahrer** *m, auch* ***Rennschlittensportler*** *m* bobisto

Bobine *f [in der Baumwollspinnerei:] Spule [für Garn]* bobeno

Bobolink *m, auch* ***Reisstärling*** *m* (Dolichonyx oryzivorus) *Orn (ein finkenartiger Vogel in Süd-Kanada u. in USA)* bobolinko

Bobsleigh *m* ↑ ***Bob***

Boccaccio (*m*) *Eig (italienischer Dichter [1313-1375])* Bokaĉo; ***in der Art ~s*** *erotisch-geistreich* bokaĉeska

Boccia *n od f Kugelwurfspiel in Südfrankreich u. in Italien* boĉio (*vgl. dazu* ***Boule***)

Bochara *m* ↑ ***Buchara-Teppich***

Bocholt (*n*) *eine Stadt im Münsterland* Boĥolto

Bochum (*n*) *eine Stadt in NRW [im Ruhrgebiet]* Boĥumo

Bock *m* ***a)*** *männl. Tier bei Wiederkäuern, bes. von Ziege, Reh-, Stein- u. Gamswild* boko, *in Zus zur Bez männlicher Tiere auch* vir..., *z.B. Ziegen*~ virkapro; *Schaf*~ virŝafo (↑ *auch* ***Gämsbock***) ***b)*** *Kutsch*~ koĉera (*bzw.* fiakrista) benko, sidloko de koĉero, kondukista seĝo (*od* benko), *auch* boko ***c)*** *Untergestell, niedriges Stützgerüst* stablo (↑ *auch* ***Sägebock***); *Turnen* [salto]boko; *Auflager*~, *z.B. für Stämme beim Holzsägen* tresto ***d)*** *umg für «dummer Fehler»* stulta eraro ◇ ***den ~ zum Gärtner machen*** preni ŝteliston kiel gardiston

bockbeinig *od* **bockig** *Adj* kontraŭstarema, obstin[em]a (*vgl. dazu* ***bocksbeinig*** *u.* ***launenhaft***)

Bock|bier *n ein Starkbier* bokbiero; ~**brücke** *f Bauw* stabloponto

bocken *intr störrisch sein* esti obstina, obstini; *sich widerspenstig gebärden* kalcitri; *launenhaft sein* esti kaprica, kaprici

Bockgerüst *n Bauw* stabla skafaldo

bockig ↑ ***bockbeinig***

Bockkäfer *m Ent* ↑ ***¹Spießbock***; ***[Familie der] ~*** *Pl* (Cerambycidae) cerambikedoj *Pl*

Bockleiter *f* ↑ ***Stehleiter***

Bock|mühle *f* pilastra ventmuelejo; ~**sattel** *m ein Reitsattel* hungara selo

Bocksbart *m* (*Gattung* Tragopogon) *Bot* tragopogo, *pop* bokbarbo (*vgl. dazu* ***Haferwurz*** *u.* ***Wiesenbocksbart***)

bocksbeinig, *auch* ***ziegenfüßig*** *Adj* kapropieda (*vgl. dazu* ***bockbeinig***)

Bocksdorn *m, auch* ***Teufelszwirn*** *m* (*Gattung* Lycium) *Bot* licio; ***chinesischer ~*** (Lycium chinense) ĉina licio; ***europäischer ~*** (Lycium europaeum) eŭropa licio; ***gemeiner ~*** (Lycium barbarum) ordinara licio; ***russischer ~*** (Lycium ruthenium) rusa licio

Bockshorn *n* ◇ ***jmdn. ins ~ jagen*** timigi iun

Bockshornklee *m, auch* ***Bisamklee*** *m* (*Gattung* Trigonella) *Bot* trigonelo; ***echter*** (*od* ***griechischer***) ~ (Trigonella foenum-graecum) fenugreko

Bocksjohanniskraut *n* (Hypericum hircinum) *Bot* fiodora hiperiko

Bocksorchis *f Bot* ↑ ***Riemenzunge b)***

Bock|springen *n Turnen* boksaltado; ~**sprung** *m [übermütiger] Luftsprung* kaprosalto, kapriolo; ~**windmühle** *f, auch* ***Ständermühle*** *f* pivota muelejo; ~**wurst** *f [in Deutschland auch für] Brühwürstchen* brogokolbas[et]o

Boden *m* ***a)*** *allg für «Erde»* tero *auch als Ggs zu «Wasser» u. i.w.S.*; *[nach der Beschaffenheit:] Erd*~, *Erdreich, Acker*~ grundo (↑ *auch* ***Humus-***, ***Lehm-***, ***Löss-***, ***Marsch-***, ***Mergel-***, ***Moor-***, ***Permafrost-***, ***Podsol-***, ***Sand-***, ***Schwemm-***, ***Torfboden*** *u.* ***Tschnernosem***); *Gelände* tereno; *Fuß*~, *Diele* planko; ***Grund und ~*** *Grundbesitz* terposedaĵo, *i.w.S.* tero; ***auf eigenem*** (***fremdem***) ***[Grund und] ~*** sur propra (fremda) tero (*od* grundo); ***fetter*** (***fruchtbarer***, ***sandiger***, ***saurer***, ***unbebauter***) ~ grasa (fekunda, sabla, acida, nekultivita) grundo; ***auf den ~ fallen*** *od (bes. geh)* ***zu ~ fallen*** fali teren, terenfali; ***auf den ~ sinken*** sinki teren *od* terensinki; *auf den Grund, z.B. eines Sees sinken* surfundiĝi; ***festen ~ unter den Füßen haben*** havi sub siaj piedoj firman grundon *(Zam)*; ***zu ~ schlagen*** terenbati; *Boxen auch* sterni, *(k.o. schlagen)* nokaŭti; ***zu ~ werfen*** ĵeti teren *od* terenĵeti; ***sich am ~ ablagern*** *als Bodensatz od Sediment* sediment[iĝ]i, formi sedimenton ◇ ***das schlägt dem Fass den ~ aus!*** tio estas la supro de'l impertinenteco!; ***den ~ unter den Füßen verlieren*** fariĝi ŝanceliĝema, perdi sian animfirmecon ***b)*** *untere Begrenzung (eines Gefäßes, des Meeres, von Gewässen u.a.)* fundo; ***doppelter ~*** *Doppelboden (auch Tech)* duobla fundo ***c)*** *Raum unter dem Dach, reg für «Dachboden»* subtegmento (↑ *auch* ***Heuboden***) ***d)*** *Grundlage* bazo, fundamento

Boden|analyse *f Bodenkunde, Landw* grundoanalizo; ~**art** *f Bodenkunde* grundospeco *od* speco de la grundo

Bodenaushagerung *f* ↑ *unter* ***Verkrustung***

Boden|azidität *f Bodenkunde* acideco de la grundo; ~**bakterien** *f/Pl* grundobakterioj *Pl*; ~**bearbeitung** *f* grundoprilaborado; *i.e.S. (Landw)* kultivado de la grundo (*od* tero) *od* terkultivado; ~**bearbeitungsgeräte** *n/Pl Gartenb* iloj *Pl* por terkultivado; ~**belag** *m* plankokovraĵo (↑ *auch* ***PVC-Belag***); ~**berührung** *f eines Flugzeugs* avio-ter--tuŝo; ~**beschaffenheit** *f* strukturo (*bzw.* kvalito) de la grundo; *Geol (der Oberfläche)* formo (*bzw.* kvalito) de la tereno

Boden-Boden-Rakete *f Mil (eine Raketenwaffe)* ter-ter-raketo

Boden|decker *m Bot* grund[o]kovra planto; ~**erosion** *f Geol* grund-erozio; ~**fauna** *f Biol* grundofaŭno (*vgl. dazu* ***Edaphon***; ↑ *auch* ***Bodenzoologie***) ~**fenster** *n* subtegmenta fenestro; *Luke* luko; ~**feuchte** *od* ~**feuchtigkeit** *f* grundohumideco; ~**fläche** *f (auf den Erdboden bezogen)* areo; *(auf den Boden eines Gegenstands bezogen)* bazo; ~**fliese** *f aus Stein* [ŝtona] slabo, *(falls glasiert:)* glazurita slabo [por la planko] (*vgl. dazu* ***Fliese*** *u.* ***Kachel***)

Bodenfließen *n Geol* ↑ ***Solifluktion***

Boden|freiheit *f Kfz* ĝistera distanco; ~**frost** *m Met* grundofrosto *od* surgrunda frosto; ~**fruchtbarkeit** *f* grundofekundeco *od* fekundeco de la grundo (*vgl. dazu* ***Bodenbeschaffenheit***); ~**gare** *f Landw (optimaler physikalischer Bodenzustand im Hinblick auf Luft- und Feuchtigkeitsgehalt u. krümelige Humusstruktur)* lomo

Bodengefüge *n* ↑ ***Bodenstruktur***

bodengestartet *Adj*: ~***er Marschflugkörper*** *m Mil* krozmisilo tere lanĉita

Boden|grab *n eine Grabform in Katakomben* arkotombo; ~**horizont** *m etwa horizontal verlaufende, durch Prozesse der Bodenentwicklung entstandene u. annähernd einheitliche Bodenzone* grundohorizonto; ~**kammer** *f* subtegmenta ĉambreto; *i.w.S. bewohnbares Dachgeschoss* mansardo

Bodenkohlrübe *f Bot, Nahr* ↑ ***Kohlrübe***

Bodenkontamination *f* kontamin[ad]o de la grundo (↑ *auch* ***Bodenverunreinigung***)

Bodenkreditbank *f* ↑ ***Hypothekenbank***

Bodenkunde *f, Fachspr* ***Pedologie*** *f* grundoscienco, *Fachspr* pedologio; ~**kundler** *m, Fachspr* ***Pedologe*** *m* grundosciencisto

bodenlos 1. *Adj* ***a)*** *ohne Boden* senfunda; *abgrundtief* abisma; ~***e Tiefe*** *f* senfundaĵo ***b)*** *übertr* enorma, senekzempla ◇ ***das ist eine ~e Frechheit!*** tio estas enorma impertinentaĵo! **2.** *Adj* senfunde; abisme

Boden-Luft-Rakete *f Mil (eine Raketenwaffe)* ter-aer-raketo

Bodenmatte *f in japanischen Wohnhäusern* ↑ ***Tatami***

Bodenmelioration *f* ↑ ***Bodenverbesserung***

Boden|mikroflora *f Biol* mikroflaŭro de la grundo; ~**nebel** *m Met* ter-surfaca (*od* [sur]grunda) nebulo; ~**nutzung** *f* ter-ekspluato; ~**ökologie** *f* grund-ekologio; ~**organismen** *m/Pl* grund-organismoj *Pl*; ~**profil** *n Bodenkunde (vertikaler Ausschnitt des Bodens, der die einzelnen Bodenhorizonte erkennen lässt)* grundoprofilo; ~**recht** *n Jur* grund-juro (↑ *auch* ***Agrarrecht***); ~**reform** *f* grundreformo (↑ *auch* ***Agrarreform***)

Bodensatz *m Ablagerung auf dem Boden* surfundaĵo; *Chem (Residuum, Rückstand [z.B. nach Extraktion von Zuckerrohr u.a.])* reziduo; *Ausfällung* precipitaĵo; *Sediment* sedimento (*vgl. dazu* ***Niederschlag***); *Med (Residuum: etw., das zurückbleibt)* reziduo; ***sich als ~ niederschlagen*** *(sich ablagern [z.B. als Sediment])* sedimentiĝi

Boden|schätze *Pl* tertrezoroj *Pl*, mineralaj riĉaĵoj *Pl*; ~**schutz** *m* grundoprotekt[ad]o; ~**see** *m, reg pop auch* ***Schwäbisches Meer*** *n* Konstanca Lago; ~**spekulant** *m* spekulanto pri grundo [kaj terposedaĵoj]

bodenständig *Adj* ligita al la hejmregiona grundo, radikiĝinta [en la hejmlanda tero]

Boden|station *f Raumf* surtera stacio; ~**struktur** *f, auch* ***Bodengefüge*** *n Bodenkunde* grundostrukturo; ~**transport** *m, auch* ***Geländetransport*** *m bes. Mil* surtera transport[ad]o; ~**treppe** *f Treppe zum Dachboden* ŝtuparo kondukanta al [la] subtegmentejo; ~**turnen** *n Sport* surplanka gimnastiko; ~**typ** *m Bodenkunde* grundotipo; ~**verbesserung** *f, auch* ***Bodenmelioration*** *f* grundoplibonigo; ~**versalzung** *f* grundosaliĝo; ~**versauerung** *f* grundoacidiĝo; ~**verschmutzung** *od* ~**verunreinigung** *f* grundopoluado *od* poluado de la grundo; ~**welle** *f* teren-ondo; ~**wrange** *f Mar* varango; ~**zoologie** *f, auch* ***Pedozoologie*** *f Wissenschaft von der Biologie u. Ökologie der Bodentiere* grundozoologio

(↑ *auch* ***Bodenfauna***)

Bodhi *f Buddhismus ([Zustand der] Erleuchtung)* bodio

Bodhisattva *m Buddhismus (ein für die Erleuchtung bestimmtes Wesen, zukünftiger Buddha)* bodisatvo (↑ *auch* ***Maitreya***)

bodigen *tr* ↑ ***besiegen***

Bodoni *f Typ (eine Antiquaschrift)* bodonio

Body|building *n* muskola trejnado; ~**cam** *f Körperkamera, z.B. eines Polizisten* surkorpa kamerao; ~**check** *m Eishockey (Körpereinsatz gegen den puckführenden Gegner)* bodiĉeko; ~**guard** *m, auch* ***Personenschützer*** *m Leibwächter* korpogardisto; ~**-Mass-Index** *m* (*Abk* ***BMI***) *Med (Verhältnis von Körpergröße u. -gewicht)* korpomasa indico; ~**painting** *n Kunstrichtung, bei der der Körper mit Farbe bemalt und selbst zu einem ästhetischen Kunstwerk wird* surkorpa pentrado *od* korpopentrado

Böe *f Met* ↑ ***Bö***

Boeck-Krankheit *f Med* ↑ ***Sarkoidose***

Boehmeria *f* (*Gattung* Boehmeria) *Bot* bemerio

Bogaert-Enzephalitis *f Med* ↑ *unter* ***Panenzephalitis***

Bogen *m Krümmung* kurb[aĵ]o (*vgl. dazu* ***Biegung*** *u.* ***Wölbung***); *Anat, Arch u. Geom* arko (↑ *auch* ***Aorten-***, ***Augenbrauen-***, ***Blend-***, ***Brücken-***, ***Kleeblatt-***, ***Rippen-***, ***Scham-***, ***Schwibb-***, ***Spitz-***, ***Strebe-*** *u.* ***Triumphbogen***); *Waffe zum Abschießen von Pfeilen, Sportgerät* [paf]arko; *Geigen*≗ arĉo; *Typ (Druck*≗*)* presfolio; ***ein ~ Papier*** folio [el papero] (↑ *auch* ***Briefbogen***); ***mit dem [Pfeil und] ~ schießen*** pafi per la arko ◇ ***den ~ heraushaben*** *etw. gut können* tre bone scii kiel fari ion; *sich persönliche Vorteile zu sichern wissen* esti lerta kaj sperta pri la akirado de personaj avantaĝoj; ***den ~ überspannen*** *zu viel verlangen* postuli tro multe, fari tro grandajn postulojn, *selt bildh* tro streĉi la arkon

Bogenbrücke *f Bauw* arkoponto

Bogenflügel *m Mus* ↑ ***Streichklavier***

bogenförmig **1.** *Adj* arkoforma **2.** *Adv* arkoforme

Bogen|gang *m* ***a)*** *Arch* arkado ***b)*** *Anat (des inneren Ohrs)* semicirkla kanalo (*od* dukto); ~**grab** *n eine Grabform in Katakomben* arkotombo

Bogenhalle *f Arch* ↑ ***Arkade***

Bogenhöhe *f Geom* ↑ ***Pfeil c)***

Bogen|kathode *f El* arkokatodo; ~**lampe** *f eine Gasentladungslampe* arkolampo; ~**-länge** *f Geom* arkolongo; ~**leibung** *f Arch (innere Wölbungsfläche eines Bogens)* intradoso; ~**linie** *f Geom (Kreisbogen)* arko

Bogenreihe *f Arch* ↑ ***Arkade*** *u.* ***Arkatur***

Bogen|rücken *m, auch* ***Gewölberücken*** *m Arch* ekstradoso; ~**säge** *f Handw* arka segilo

Bogenschießen *n Sport* ark[o]pafado; ***jagdliches ~*** ĉasa arkopafado *[geschossen wird auf Scheiben mit Tierbildern]*

Bogen|schütze *m* arkopafisto; ~**sehne** *f* arkoŝnuro; ~**strich** *m Mus* arĉotiro; ~**verzierung** *f Arch* arkivolto

bogig *Adj* arka, arkohava (*vgl. dazu* ***bogenförmig***)

Bogomil (*m*) *slawischer männl. Vorname* Bogomilo *auch Name eines bulgarischen Priesters [vermeintlicher Gründer der Sekte der Bogomilen]*

Bogomilen *m/Pl Gesch (Anhänger einer stark christlich gefärbten neugnostischen, im 10. Jh. entstandenen Sekte auf dem Balkan)* bogomiloj *Pl*

Bogor (*n*), *während der Kolonialzeit* ***Buitenzorg*** (*n*) *eine Stadt in Westjava/Indonesien* Bogoro; ***der Botanische Garten von ~*** la Botanika Ĝardeno de Bogoro

Bogotá (*n*) *Hptst. von Kolumbien* Bogoto

Boheme [boˈhɛ:m] *f Lebensweise od Welt von bes. exzentrischen Künstlern u. Literaten* bohemio

Bohemien *m leichtfertige, unbekümmerte Künstlernatur (Angehöriger der Boheme)* bohemiano; ***in der Art eines ~*** *(Adj)* bohemia; *(Adv)* bohemie

Bohle *f starkes [Fußboden-] Brett* dilo

Böhme *m* bohemo

Böhmen (*n*), *tschech.* ***Čechy*** *westlicher Landesteil der Tschechischen Rep.* Bohemio

Böhmerwald *m, tschech.* ***Šumava*** *ein Mittelgebirge beiderseits der tschechisch-deutschen Grenze* Bohemia Arbaro, *auch* Ŝumavo

Böhmin *f* bohemino

böhmisch *Adj* bohem[i]a; ≗***e Brüder*** ↑ *unter* ***mährisch***; ≗***es Mittelgebirge*** *n* Bohemia Mezmontaro; ≗***es Paradies*** *n, tschech.* ***Český raj*** *eine Mittelgebirgslandschaft im NO Tschechiens [am Mittellauf der Jizera]* Bohemia Paradizo ◇ ***das sind für mich ~e Dörfer*** tio estas por mi volapukaĵo (*od* nekompreneblaĵo), *auch* mi aŭskultas tion kiel ĉinan predikon *(Zam)*

Bohne *f* ***a)*** *zusammenfassende Bez für «Hülsenfrüchte»* fabo (↑ *auch* ***Azuki-***, ***Calabar-***, ***Feuer-***, ***Schwert-*** *u.* ***Sojabohne***) ***b)*** *umg auch für* ***Gartenbohnen*** *od* ***grüne ~n*** *od* ***Schnittbohnen*** *Pl*, *<österr>* ***Fisolen*** *f/Pl* (Phaseolus vulgaris) verdaj fazeoloj *Pl* (↑ *auch* ***Stangenbohne***); ***weiße ~n*** *Pl Kochk* blankaj fazeoloj *Pl* ***c)*** *vom Kaffeestrauch* grajno (*vgl. dazu* ***Kaffeebohne***)

bohnenartig, *Fachspr Bot auch lat.* ***fabaceus*** *Adj* fabeca

Bohnenbaum *m Bot* ↑ ***Geißklee***

Bohnen|blüte *f Bot* floro de fazeolo; **~kaffee** *m* kafo [el kafograjnoj]

Bohnenkrankheit *f Med* ↑ ***Fabismus***

Bohnen|kraut *n*, *auch* ***Pfefferkraut*** *n* (*Gattung* Satureja) *Bot, Gewürz* satureo (↑ *auch* ***Sommer-*** *u.* ***Winterbohnenkraut***); **~salat** *m* fazeola salato; **~stange** *f* ***a)*** *Gartenb* stango por fazeoloj ***b)*** *übertr fam* homo [alta] kvazaŭ stango, *auch* stangofiguro

Bohnenstein *m Min* ↑ ***Phakolit***

Bohnenstroh *n* ◇ ***dumm wie ~*** malsaĝa kiel ŝtipo *(Zam)*

Bohnensuppe *f Kochk* fazeola supo

Bohnerbesen *m*, *reg* ***Blocker*** *m*, *<schweiz>* ***Blocher*** *m Hausw* plank[o]polurilo (*vgl. dazu* ***Mopp***)

bohnern, *<schweiz>* ***blochen*** *tr* vaksi *bzw.* poluri [la plankon]

Bohnerwachs *n* plankvakso, pargetvakso

Bohol (*n*) *eine Inselprovinz der Philippinen* [provinco] Boholo *[Hauptort: Tagbilaran]*

Bohr|arbeiter *m* boristo; **~assel** *f* (*Gattung* Limnoria) *Zool* limnorio

bohren *tr* ***a)*** *mit einem Handbohrer, bes. Holz u. Metall, auch nach Wasser* bori; *mit dem Drill- od Steinbohrer* drili; *ausbohren, z.B. einen Zylinder* alezi (↑ *auch* ***aufbohren*** *u.* ***trepanieren***); ***einen Brunnen ~*** bori puton; ***ein Loch in ein Brett ~*** bori truon en tabulon ***b)*** *intr*: ***mit dem Finger in der Nase ~*** bori la fingron en la nazon ◇ ***er hat so lange gebohrt, bis er es erfahren hat*** li tiel longe insistis [per sia demandado] ĝis li eksciis ĝin (*od* tion *od* la aferon)

Bohren *n* borado

bohrend *Adj*: ***~er Schmerz*** *m* boranta doloro

Bohrer *m* ***a)*** *Werkzeug* borilo, *(Drill~)* drilo; *(der ins Spannfutter eingesetzt wird)* borpinto (↑ *auch* ***Gewinde-***, ***Hand-***, ***Holz-***, ***Pressluft-***, ***Rundloch-***, ***Spiral-***, ***Zahn-*** *u.* ***Zentrumbohrer***) ***b)*** = ***Bohrarbeiter***

Bohr|futter *n Tech* ĉuko [de borilo]; **~gerät** *n* bor-aparato; **~insel** *f* bor-insulo

Bohrium *n* (*Symbol* ***Bh***) *Chem (ein Transactinoid)* borio

Bohrkäfer *m* (*Gattung* Bostrychus) *Ent* bostriko (*vgl. dazu* ***Klopfkäfer***)

Bohrloch *n* bortruo *auch bei Ölbohrungen*; ***Arbeiter am ~*** putoboristo

Bohr|maschine *f* bormaŝino (↑ *auch* ***Schlagbohrmaschine***); *Handw [früher:] Handbohrmaschine* dentrada turn-borilo; **~meißel** *m Erdölindustrie, Geol* trepano (↑ *auch* ***Steinmeißel***)

Bohrmuschel *f* (*Gattung* Pholas) *Zool* folado, *auch* borkonko; ***[Familie der] ~n*** *Pl* (Pholadidae) foladedoj *Pl*

Bohr|schlamm *m Erdölförderung* drilŝlimo; **~schrauber** *m Handw* [elektra] drilo (↑ *auch* ***Akkuschrauber***); **~turm** *m Erdölförderung* argano

Bohrung *f das Bohren* borado, *(mit dem Drill- od Steinbohrer)* drilado, *(mit dem Rundlochbohrer)* trepanado (↑ *auch* ***Ölbohrung***); *gebohrtes Loch* boraĵo, bortruo

Bohrwinde *f Handw* kubutborilo, *auch* kubuta borilo

Bohuslän (*n*) *westschwedische Fjordlandschaft nördl. von Göteborg* Bohuslando

Boiler *m*, *auch* ***Durchlauferhitzer*** *m* [elektra *bzw.* gasa] fluakva varmigilo

Bojar *m* *1. Adliger des ersten Standes im alten Russland <dieser Stand wurde von Peter dem Großen abgeschafft> 2. Großgrundbesitzer im alten Rumänien u. Bulgarien* bojaro

Boje *f Mar* buo, *auch* naĝobarelo (*vgl. dazu* ***Bake***, ***Fass-*** *u.* ***Spitztonne***; ↑ *auch* ***Anker-***, ***Glocken-***, ***Heul-***, ***Leucht-*** *u.* ***Rettungsboje***)

Bojenreep *n Mar* buoŝnuro

Bokeh *n nur Fachspr Foto (aus Japan stammender Begriff in der Fotografie, um die subjektive, ästhetische Qualität von unscharfen Gebieten in einer fotografischen Abbildung zu kennzeichnen, die von einem Objektiv projiziert wird)* bokeo

Bol *od* **Bolus** *m Min (ein saugfähiger Ton für die keramische Industrie)* boluso; ***weißer Bolus*** *eine erdige, weiße Kaolinmasse* blanka boluso (↑ *auch* ***Kaolin***)

Boldostrauch *m Bot*: ***chilenischer ~*** (Peumus boldus) boldo

Bolero *m* ***a)*** *ein spanischer Tanz im ¾-Takt mit Kastagnettenbegleitung* bolero ***b)*** *auch* ***Bolerojäckchen*** *n kurzes, vorn offenes Damenjäckchen [nach dem Vorbild der spanischen Torerojacken]* bolero

Boleslaw (*m*), *poln.* ***Bolesław*** (*m*) *männl. Vorname* Boleslavo *auch Name von böhmischen u. polnischen Herzögen*

Bolgartürkisch *n Ling* ↑ ***Tschuwaschisch***

Bolide *m* ***a)*** *auch* ***Feuerkugel*** *f od* ***Feuerball*** *m Astron (großer od bes. heller Meteor)* bolido ***b)*** *Kfz* ↑ ***Renn[sport]wagen***

[1]**Bolivar** *m Währungseinheit in Venezuela* bolivaro

[2]**Bolívar** (*m*) *Eig (südamerikanischer Unabhängigkeitskämpfer u. Nationalheld vieler südamerikanischer Länder [1783-1830])* Bolivaro

[3]**Bolívar** *f*: ***Provinz*** ~ *Name von Provinzen in etlichen südamerikanischen Ländern* provinco Bolivaro

Bolivianer *m* boliviano

Bolivianerin *f* bolivianino

bolivianisch *Adj* bolivia

Bolivien (*n*) *ein südamerik. Staat* Bolivio *[Hptst.: Sucre; Regierungssitz: La Paz]*

Bolle *f Bot* ↑ ***Zwiebel a)***

Bolle-Lorbeertaube *f* (Columba bollii) *Orn* kanaria kolombo

Böllerschüsse *m/Pl bei Ehrenempfang* salutpafado (*vgl. dazu* ***Ehrensalve***)

Bollwerk *n* bastiono *auch übertr* (↑ *auch* ***Bastion***, ***Festung*** *u.* ***Hochburg***)

Bologna [...*'lonja*] (*n*) *Hptst. der norditalienischen Region Emilia-Romagna* Bolonjo

Bologneser *m eine Rasse zwerghafter, langhaariger Stubenhunde* bolonja hundo

bolognesisch *Adj* bolonja

Bolometer *n El, Spektralanalyse (Gerät, das die Temperaturproportionalität des elektrischen Widerstandes einer dünnen Metallfolie nutzt* bolometro *<dient der Messung geringster Wärmestrahlung [bes. im Gebiet des Infrarot, der Ortung sowie der Raketensteuerung]>*

Bolschewismus *m Gesch* bolŝevismo

Bolschewist *m* bolŝevisto

bolschewistisch *Adj auf den Bolschewismus bezogen* bolŝevisma; *auf die Bolschewisten bezogen* bolŝevista

Bolschoi-Ballett *n* Bolŝoj-baleto *<seit 1825 am Bolschoi-Theater in Moskau>*

Bolus *m Min* ↑ ***Bol***

Bolzano (*n*), *dt.* ***Bozen*** (*n*) *Hptst. der oberital. Provinz Bolzano* Bolzano

Bolzen *m Handw, Tech* bolto (↑ *auch* ***Halte-***, ***Kuppel-***, ***Schraubenbolzen***, ***Stiftschraube***, ***Verankerungs-***, ***Verbindungsbolzen*** *u.* ***Zapfen b)***); *Türriegel* riglilo de pordo; ***mit einem ~ befestigen*** [kun]fiksi per bolto, *(verbolzen)* bolti; ***einen*** (*bzw.* ***die***) ~ ***von ... entfernen*** malbolti

Bombardement *n*, *auch* ***Bombardierung*** *f* bombardado; ~ ***aus der Luft*** *od* ~ ***durch Flugzeuge*** aviadila bombardado

bombardieren *tr Mil u. übertr* bombardi; ***jmdn. mit Fragen*** (***Vorwürfen***) ~ *übertr* bombardi iun per demandoj (riproĉoj)

Bombardierkäfer *m* (*Gattung* Brachynus *u. die Art ‹Brachynus crepitans›*) *Ent* braĥino, *pop* bombardskarabo

Bombardierung *f* ↑ ***Bombardement***

Bombardon *n Mus (eine frühe Form der Basstuba)* bombardono *<ursprünglich eine Bassophikleïde des 19. Jh.s>*

Bombasin *m Textil (leichter, wollseidener Stoff)* bombazino

Bombast *m Redeschwulst, [hochtrabender] Wortschwall* bombasto, ŝvelparolo, trograndigo en la parolo

bombastisch *Adj* bombasta, *Rede auch* ŝvelparola

Bombay (*n*), *seit 1995 offiziell* ***Mumbai*** (*n*) *Stadt in Indien* Bombajo, *jetzt* Mumbajo *[Hptst. des indischen Unionsstaates Maharashtra] <größte Stadt Indiens>*

Bombayhanf *m* ↑ *unter* ***Hanf***

Bombe *f* ***a)*** *Mil* bombo (↑ *auch* ***Atom-***, ***Auto-***, ***Brand-***, ***Brief-***, ***Dynamit-***, ***Fass-***, ***Flieger-***, ***Gas-***, ***Kobalt-***, ***Kugel-***, ***Napalm-***, ***Phosphor-***, ***Rauch-***, ***Rohr-***, ***Spreng-***, ***Stink-***, ***Streu-***, ***Tränengas-***, ***Wasser-***, ***Wasserstoff-*** *u.* ***Zeitbombe***); ~ ***mit bakteriologischen*** (***chemischen***) ***Kampfstoffen*** bakteriologia (kemia) bombo; ~***n abwerfen*** faligi bombojn; ***eine Stadt mit ~n belegen*** [intense] bomb[ad]i urbon; ***im Sturzflug mit ~n belegen*** plonĝobomb[ad]i ***b)*** *Phys*: ***kalorimetrische*** ~ *Gerät zur Bestimmung von Wärmemengen* kalorimetra bombo

bomben *tr umg für «Bomben werfen auf»* bomb[ad]i (***etw.*** ion) (*vgl. dazu* ***bombardieren***)

Bomben|abwurf *m* faligo de bomboj; ~**alarm** *m* bomb-alarmo; ~**angriff** *m* elaera bombado (*od* bombardado); ~**anschlag** *m od* ~**attentat** *n* bomb-atenco *od* atenco per bombo; ~**drohung** *f* minaco per bombatenco; ~**erfolg** *m umg* grandioza (*bzw.* kolosa) sukceso; ~**explosion** eksplodo de bombo

bombenfest *Adj* ***a)*** *umg: ganz fest* treege firma ***b)*** ↑ ***bombensicher a)***

Bombenflugzeug *n, umg auch **Bomber** m* bombaviadilo (↑ *auch **Fernbombenflugzeug**, **Langstrecken-** u. **Sturzkampfbomber***); ***leichter*** (***schwerer***, ***strategischer***) ***Bomber*** leĝera (peza, strategia) bombaviadilo

Bomben|geschäft *n umg für «höchst profitables Geschäft»* multprofita negoco; ~**hagel** *m* hajlo da bomboj; ~**hitze** *f umg für «sehr starke Hitze»* afrika (*od* tropika) varmego; ~**schaden** *m Mil* damaĝo kaŭzita de bombado (*od* bomboj)

bombensicher *Adj* ***a)*** *auch **bombenfest** sicher vor Bomben* bomb[o]rezista, netrapenetrebla de bomboj ***b)*** *übertr umg: **ein ~es Geschäft*** absolute sekura negoco

Bomben|splitter *m* bombosplito; ~**teppich** *m Mil (Abwurf von vielen Bomben auf ein begrenztes Gebiet)* bombotapiŝo; ~**trichter** *m* bomb[o]kratero

Bomber *m Mil* ↑ ***Bombenflugzeug***; ~**pilot** *m* bombaviadila piloto

bombyzin ↑ ***seidenraupenartig***

Bon [*bõ:* od. *bɔŋ*] *m, auch **Kassenbon** m Kassenquittung* kaskupono; *Kontrollabschnitt* kupono

bona fide *Adv in gutem Glauben* bonafide

Bonampak (*n*) *Ruinenstätte der Maya im mexikanischen Gliedstaat Chiapas* Bonampako <*aus der Zeit um 800 n. Chr.*>

Bonaparte (*m*) *korsischer Eig* Bonaparto *auch Familienname Napoleons*; ~**-Möwe** *f* (Larus philadelphia) *Orn* bonaparte-mevo [*Vorkommen: Nordamerika*]

Bonapartismus *m Gesch, Pol (1. Herrschaft der Bonaparte-Dynastie 2. Anhänglichkeit an Bonaparte od seine Dynastie)* bonapartismo

Bonapartist *m Anhänger Bonapartes od des Bonapartismus* bonapartisto

Bonaventura (*m*), *eigtl **Johannes Fidanza** Eig (franziskanischer Ordensgeneral u. Kardinal [1221-1274])* Bonaventuro

Bonbon *m od n,* <*österr*> *u. reg **Zuckerl** n,* <*schweiz*> *reg auch **Zeltli** n, reg auch **Gutsel** n od **Bontje** m* bombono; *Karamell*≗ karamelbombono (↑ *auch **Ame**, **Frucht-**, **Gelatine-**, **Husten-**, **Milch-**, **Pfefferminz-**, **Sahne-** u. **Schokoladenbonbon***); ~***s** Pl i.w.S. Süßigkeiten* dolĉaĵoj *Pl*

Bonbonniere *f, auch **Bonboniere** f* bombonujo

Bône (*n*) ↑ ***Annaba***

Bongos *n/Pl Jazz (kleine, paarweise angeordnete Einfelltrommeln indianisch-kubanischer Herkunft)* bongoj *Pl*

Bonifatius (*m*) *Eig (u. a. Name etlicher früherer Päpste)* Bonifaco

Bonifikation *f 1. Vergütung, Sonderrabatt, Rückerstattung 2. Sport (Zeitgutschrift)* bonifiko

bonifizieren *tr vergüten, gutschreiben* bonifiki

Bonität *f Fin, Wirtsch* ↑ ***Kreditwürdigkeit***

Bonito *m Ichth (eine tropische Thunfischart)* bonito; ***echter*** ~ (Katsuwonus pelamis) vera bonito <*wirtschaftlich wichtigster Thunfisch*>

Bonn (*n*) *eine dt. Stadt am Rhein* Bonno <*1949-90 Hptst. der BR Deutschland*>

Bonnet *n, auch **Beisegel** m Mar* bonedo, aldona velo

Bonobo *m, auch **Zwergschimpanse** m* (Pan paniscus) *Zool* bonobo

Bonsai *m, auch **Bonsaibaum** m jap. Zwergbaum (auch als Zierpflanze)* bonsajo <*durch besondere, kunstvolle Behandlung kleinwüchsig gehalten*> (↑ *auch **Miniatur-Bonsai***)

Bontje *m* ↑ ***Bonbon***

Bonus *m* rabato (*vgl. dazu **Gratifikation***); ~**punkte** *m/Pl Hdl* rabatpoentoj *Pl*

Bonvivant *m veraltend* ↑ ***Lebemann***

Bonze *m* ***a)*** *buddhistischer Priester* bikŝuo, *früher auch* bonzo ***b)*** *pej für «höherer, dem Volk entfremdeter Funktionär»* aroganta funkciulo *od* funkciulo-arogantulo

Bonzentum *n Rel* bonzeco

Bonzokratie *f pej: Herrschaft od übermäßiger Einfluss der Bonzen* bonzokratio

Boogie *od* **Boogie-Woogie** [*'bugi'vugi*] *m eine rhythmische Variante des Blues, ein Modetanz* bugio *od* bugivugio

Boole [*bu:l*] (*m*) *Eig (englischer Mathematiker [1815-1864])* <*Begründer der mathematischen Logik*> Buleo; ***Boole'sche Algebra** f eine Schaltalgebra* bulea algebro; ***Boole'scher Ausdruck** m Informatik* bulea

esprimo
Boom [*bu:m*] *m Wirtsch* alta konjunkturo; *bes. Börse* haŭso (↑ *auch* ***Auftrags-***, ***Baby-*** *u.* ***Geburtenboom***)
boomen *intr einen Boom erleben* furori
Boomtown *f Stadt, die in kürzester Zeit einen enormen wirtschaftlichen Aufschwung erlebt* furor-urbo
Boosterimpfung *f Med* = ***Revakzination***
Boot *n* boato (*vgl. dazu* ***Kahn***; ↑ *auch* ***Falt-***, ***Feuerlösch-***, ***Fischer-***, ***Gummi-***, ***Kajüt-***, ***Lang-***, ***Motor-*** ***Paddel-***, ***Rettungs-***, ***Schlauch-***, ***Segel-***, ***Tret-*** *u.* ***Wohnboot***); *chin. Sampan* [ĉina] sampano; *i.w.S. kleines Schiff* malgranda ŝipo, ŝipeto; ***[mit dem]*** *~* ***fahren*** boatveturi, veturi per boato ◇ ***im gleichen*** *~* ***sitzen*** sidi (*od* esti) en la sama ŝipo
Böotien (*n*) *eine Landschaft in Mittelgriechenland* Beotio *<im Altertum die bedeutendste Landschaft Mittelgriechenlands>*
Böotier *m/Pl Gesch* beotoj *Pl*
Bootsanlegeplatz *m* albordiĝejo de boato(j)
Bootsauschnitt *m* ↑ ***Schiffchenausschnitt***
Boots|dach *n* tegmento de boato; *~***deck** *n* boatferdeko; *~***fahrt** *f* boatveturo; *zum Vergnügen* boatpromeno; *~***führer** *m* boatestro; *Steuermann eines Boots* boat[konduk]isto; *~***hafen** *m* boathaveno; *~***haken** *m Mar* hokstango; *~***haus** *n od ~***schuppen** *m* boatremizo; *~***insasse** *m* boatano; *~***klasse** *f Segeln* boatklaso; *~***mann** *m Mar* boatisto; *in der Marine* maato, mara ĉefserĝento; *~***partie** *f* promenado per boato (*od* gondolo *u.a.*)
Bootsschuppen *m* ↑ ***Bootshaus***
Bootssteg *m Mar* ↑ ***Landungssteg***
Boots|typ *m* tipo de boato (*vgl. dazu* ***Dhau***, ***Prau*** *u.* ***Sampan***); *~***verleih** *m* pruntejo por [plezur]boatoj; *~***wagen** *m Rudersport* kajakĉareto
Bop *m Jazz* ↑ ***Bebop***
Bophuthatswana (*n*) *von 1977-1994 bestehendes Homeland in Südafrika* Bofutacvano *[Hptst.: Mmabatho]*
Bor *n* (*Synbol* ***B***) *Chem* boro
Bora Bora (*n*) *eine der Inseln Französisch-Polynesiens* Bora-Boro
Borane *n/Pl, auch* ***Borwasserstoffe*** *m/Pl Chem* boranoj *Pl*, *auch* borohidrogenoj *Pl*
Borate *n/Pl Chem (Salze der Borsäure)* boratoj *Pl*, saloj *Pl* de borata acido
Borax *m*, *<österr> n Chem, Min (volkstümliche Bez für «Natriumtetraborat»)* borakso
Borborema *nur in Zus*: ***Planalto da*** *~ eine Gebirgszone in NO-Brasilien* Altebenaĵo de Borboremo
Borborygmus *m Med* ↑ ***Darmkollern***
[1]**Bord** *n Wandbrett* breto; *Etagere* etaĝero (*vgl. dazu* ***Regal***)
[2]**Bord** *m*: ***an*** *~ Mar* sur la ŝipo, surŝipe; *Flugw* en la aviadilo (*od Fachspr* avio); ***an*** *~* ***gehen*** *Mar* suriri la ŝipon *od* iri sur la ŝipon, enŝipiĝi; *Flugw* eniri la aviadilon, enaviadiliĝi; ***etw. über*** *~* ***werfen*** ĵeti ion en la maron; *übertr* forlasi ion, forĵeti ion; ***von*** *~* ***aus*** *Mar* de sur la ŝipo
[3]**Bord** *n* ***a)*** *reg für «Rand»* rand[aĵ]o ***b)*** ↑ ***Böschung***
Bordeaux [*...'do:*] (*n*) *eine Stadt in SW-Frankreich* Bordozo
bordeauxrot *Adj* bordozoruĝa, vinruĝa
Bordeauxwein *m*, *häufig kurz* ***Bordeaux*** *m Wein aus der weiteren Umgebung von Bordeaux* bordoza vino
Bordelektronik *f* ↑ ***Avionik***
Bordell *n*, *umg* ***Puff*** *m*, *alt* ***Freudenhaus*** *n*, *<österr> n* bordelo, *auch* putinejo, *pop auch* amordomo; *~***besitzer** *od ~***betreiber** *m* bordelestro, bordelisto; *~***besitzerin** *f*, *umg* ***Puffmutter*** *f* bordelistino, posedantino de bordelo, *i.w.S. auch* prostituistino
Bordfunker *m* [en]aviadila radiomanipulisto
bordieren *od* **bortieren** *tr Textil (mit einer Borte u.Ä. einfassen od besetzen)* borderi
Bord|ingenieur *m*, *auch* ***Flugingenieur*** *m* enaviadila inĝeniero, fluginĝeniero; *~***kante** *f des Bürgersteigs* trotuarrando; *~***karte** *f Flugw* karto por enaviadiliĝo; *~***computer** *m Kfz* aŭtomobil-komputilo
Bordone (*m*) *Eig (italienischer Maler [um 1500-1571])* Bordono
Bord|personal *n* enaviadila personaro; *~***service** *m Flugw* servado en la aviadilo; *~***stein** *m* randoŝtono [de trotuaro]; *~***telefon** *n Flugw, Mar* interfono
Bordun *m Mus (1. Register der tiefsten Pfeifen bei der Orgel 2. in gleichbleibender Tonhöhe gezupfte, gestrichene od in Resonanz mitschwingende Saite 3. gleichbleibender Bass- od Quintton beim Dudelsack 4. Basssaiten der Viola)* borduno
Bordüre *f Einfassung, Besatz* bordero
Bordverständigungsanlage *f Flugw, Mar* interkomo
boreal *Adj Klimatologie (kalt-gemäßigt), Pflanzengeografie (dem nördlichen Euro-*

pa, Asien u. Amerika zugehörend) boreala (↑ *auch* ***nördlich***); ~***er Wald*** *m* boreala arbaro

boreal-alpin *Adj*: ~***e Verbreitung*** *f Pflanzengeografie* boreal-alpa disvastiĝo

Boreas (*m*) *griech. Myth (Gott des Nordwindes [bes. von den Athenern verehrt])* Boreo (*vgl. dazu* ***Aquilo***)

Boretsch *m Bot, Gewürz* ↑ ***Borretsch***

Borfluorid *n Chem* ↑ ***Bortrifluorid***

Borg *m*: ***etw. auf*** ~ ***kaufen*** aĉeti ion kredite

borgen *tr* prunti; *leihweise geben, verborgen* pruntedoni (***jmdm. etw.*** ion al iu); *entleihen* pruntepreni (***etw. von jmdm.*** ion de iu); ***[sich] Geld von jmdm.*** ~ prunti (*od* prunte preni) monon de iu

Borgholm (*n*) *zentrale Stadt der schwedischen Ostseeinsel Öland* Borgholmo

Borhalogenide *n/Pl Chem (Verbindungen zw. Bor u. Halogenen)* boraj halogenoidoj *Pl*

Boris (*m*) *männlicher Vorname* Boriso *auch Name einiger bulgarischer Herrscher*

Borkarbid *n Chem* bora karbido *<wird als Schleifmittel verwendet>*

Borke *f* ***a)*** ekstera arboŝelo, *Fachspr Forstw* ritidomo (*vgl. dazu* ***Baumrinde***) ***b)*** *reg Grind, Wundschorf* vundkrusto

Borkenkäfer *m* ***a)*** (*Gattung* Ips) *Ent* ipo; (*Gattung* Bostrychus) bostriko ***b)*** (*Art* Ips typographicus) ***Buchdrucker*** *m* tipografa ipso *[ein Forstschädling]*

Borkum (*n*) *größte der Ostfriesischen Inseln* [insulo] Borkumo

Born *m poet für «Quelle»* fonto

Borneo (*n*) *(malaysischer Teil)* Borneo; *(indonesischer Teil)* Kalimantano

Borneol *n od* **Borneokampfer** *m Chem (ein aromatischer Alkohol [von kampferartigem Geschmack], der in den Ölen bestimmter Bäume auf den Sundainseln vorkommt)* borneolo *<nach der Insel Borneo benannt>*

Borneo-Orang-Utan *m* (Pongo pygmaeus) *Zool* orangutano de Borneo

Bornholm (*n*) *eine dän. Insel* Bornholmo *[Hptst.: Rønne]*

Bornholmer *Adj*: ~ ***Krankheit*** *f, auch* ***Sylvestsches Syndrom*** *n Med* bornholma malsano

Bornholmsee *f Meeresgebiet der westl. Ostsee* Bornholma Maro

borniert *Adj geistig bechränkt* fermitkapa; *dumm* stulta (*vgl. dazu* ***dämlich*** *u.* ***engstirnig***)

Bornit *m, auch* ***Buntkupferkies*** *m Min* (*Chem* ***Eisenkupfersulfid*** *n*) bornito *<nach dem österreichischen Mineralogen von Born [† 1791] benannt>*

Bornitrid *n Chem* bora nitrido

Borobudur[tempel] *m eines der größten buddhistischen Kultbauwerke der Welt in Zentraljava [nordwestl. von Yogyakarta/ Indonesien]* Borobuduro (*vgl. dazu* ***Prambanan***)

Bororo *Pl Ethn* ***a)*** (*auch* ***Wororobe*** *genannt*) *eine nomadisierende Volksgruppe der Fulbe* bororoj *Pl* (*vgl. dazu* ***Fulbe***) ***b)*** *ein indigenes Volk in Brasilien)* bororoj *Pl*

Borrelia *f/Pl Bakterie einer Gattung der Spirochäten* borelio

Borreliose *f, auch* ***Rückfall-*** *od* ***Rekurrensfieber*** *n* (Febris recurrens) *Med (durch Borrelia verursachte Erkrankung)* boreliozo *<nach dem französischen Bakteriologen A. Borrel benannt>* (↑ *auch* ***Lyme-*** *u.* ***Zeckenborreliose***)

Borretsch *m, auch* ***Boretsch*** *m, pop auch* ***Gurkenkraut*** *n* (*Gattung* Borago) *Bot, Gewürz* borago

Borromäische Inseln *f/Pl eine Inselgruppe im Lago Maggiore* Boromeaj Insuloj *Pl*

Bor|salbe *f Pharm* borata ungvento; ~**säure** *f* (Acidum boricum) *Chem* borata acido

Borschtsch *m Kochk ([russische od auch polnische] Rote-Bete-Suppe)* barĉo

Börse *f* ***a)*** *umg Geld*$^{\underset{\sim}{\circ}}$ monujo (↑ *auch* ***Gürtelbörse***) ***b)*** *Fin, Wirtsch* borso (↑ *auch* ***Briefmarken-***, ***Effekten-***, ***Getreide-***, ***Termin-***, ***Tourismus-***, ***Wertpapier-*** *u.* ***Wollbörse***)

Börsen|bericht *m* borsa bulteno; ~**geschäft** *n* borsa negoco, *Pl auch* borsaj operacioj *Pl*; ~**halle** *f* borsohalo; ~**index** *m* borsa indekso; ~**krise** *f* borsa krizo; ~**kurs** *m* borsa kurzo; ~**makler** *m* makleristo pri biloj *od* bilomakleristo [ĉe borso]

börsennotiert *in Zus*: ~***e Aktien*** *m/Pl* akcioj kvotataj ĉe la borso; ~***es Unternehmen*** *n* borsolistigita entrepreno

Börsen|ordnung *f* borsa regularo; ~**police** *f* borsa poliso; ~**spekulant** *m* borsospekulanto (*vgl. dazu* ***Agioteur***); ~**spekulation** *f* spekulado ĉe la borso *od* borsa spekulado (*vgl. dazu* ***Agiotage***); ~**transaktion** *f* borsa transakcio; ~**usancen** *f/Pl* borsaj uzancoj *Pl*; ~**werte** *m/Pl Fin* borsaj valoroj *Pl*

Börsianer *m [berufsmäßiger] Vermittler von Börsengeschäften* borsisto (↑ *auch* ***Börsenmakler***)

Borste *f* ***a)*** [rigida] haro, harego (↑ *auch* ***Schweinsborste***) ***b)*** *Ent (Fäserchen am Fühler von Dipteren)* aristo ***c)*** *Zool* (*Borste in der Haut der Borstenwürmer)* (Chaeta) ĥeto

Borstenhirse *f* (*Gattung* Setaria) *Bot (eine Gräsergattung)* setario; ***italienische*** ~, *auch* ***Kolben-*** *od* ***Vogelhirse*** *f* (Setaria italica) birdmilio, <*wiss*> itala setario

Borstenhörnchen *n Zool* = ***Kap-Borstenhörnchen***

Borstenigel *m Zool* ↑ ***Tanrek***; ***[Familie der]*** ~ *Pl* (Tenrecidae) tenrekedoj *Pl*

Borstenkiefer *m/Pl Zool* ↑ ***Pfeilwürmer***

Borstenpippau *m* (Crepis setosa) *Bot* brosa krepido

Borstenschwänze *m/Pl Ent (primitive Insekten mit borstigen Schwanzfortsätzen)*: ***[Ordnung der]*** ~ *Pl* (Thysanura) tizanuroj *Pl* (*vgl. dazu* ***Silberfischchen***)

Borstenwurm *m* (*Gattung* Nerium) *Zool* nerio; ***[Klasse der] Borstenwürmer*** *m/Pl* (Polychaeta) *meeresbewohnende Ringelwürmer mit seitlichen Borstenbüschel tragenden Stummelbeinen* poliĥetoj *Pl bzw.* (Chaetopoda) ĥetuloj *Pl* (↑ *auch* ***Seemaus***)

Borstgras *n* (Nardus stricta) *Bot* rigida nard[us]o

borstig *Adj* ***a)*** *struppig* hirta; ~***e Haare*** *n/Pl* hirtaj haroj *Pl* ***b)*** *übertr: kurz angebunden u. mürrisch* malafabla kaj iom kruda

Borte *f Tresse* pasamento, *(an Uniformen)* galono; *Rand*², *Randbesatz* border[aĵ]o; ***mit einer*** ~ ***besetzen*** borderi (*od auch* ornami) per pasamento, *auch kurz* pasamenti; *galonieren* galoni

bortieren ↑ ***bordieren***

Bor|[tri]fluorid *n Chem* bora fluorido <*dient als Katalysator in der Petrolchemie*>; ~**verbindungen** *f/Pl Chem* boraj kombinaĵoj *Pl*; ~**wasser** *n Pharm* locio kun borata acido

Borwasserstoffe *m/Pl Chem* ↑ ***Borane***

bös ↑ ***böse***

bösartig *Adj Mensch (Böses tuend)* malbonfar[em]a, *(boshaft)* malica (↑ *auch* ***gehässig***); *Tier (bissig)* mordema (*vgl. dazu* ***wild***); *Husten* danĝera; *Med (z.B. Geschwülste)* maligna (↑ *auch* ***perniziös***); ~***er Tumor*** *m* maligna tumoro

Bösartigkeit *f* ***a)*** malbonfaremo, malic[ec]o; danĝereco ***b)*** *auch* ***Malignität*** *f Med (bes. von Tumoren)* maligneco

Böschung *f*, <*schweiz*> ***Bord*** *n Neigung des Geländes zw. verschieden hohen Ebenen* taluso (*vgl. dazu* ***Abdachung*** *u.* ***[1]Damm***; ↑ *auch* ***Bahnböschung***, ***Berme***, ***Binnen-*** *u.* ***Deichböschung***); *Festungsbau (innere Graben*²*)* eskarpo; *Abhang* deklivo; ***natürliche*** ~ natura taluso

Böschungswinkel *m Geom* talusangulo (↑ *auch* ***Neigungswinkel***)

böse, *auch* ***bös*** *Adj schlecht* malbona; *bösartig (Person)* malbonfar[em]a (*vgl. dazu* ***schlimm***); *unangenehm* malagrabla; *zornig* kolera; *unfolgsam (Kind)* malobeema; ~***r Traum*** *m* malbona sonĝo; ***auf jmdn.*** ~ ***sein*** esti kolera al (*od* kontraŭ) iu, koleri al (*od* kontraŭ) iu; ~ ***werden*** ekkoleri; ***einen*** ~***n Finger haben*** *Med* havi malsanan (*bzw.* ŝvelintan) fingron; ***ein*** ~***s Gewissen haben*** havi malpuran konsciencon; ***ich habe es nicht*** ~ ***gemeint*** mi ne havis malbonan intencon

[1]Böse *n*: ~***s tun*** *Unheil anrichten* malbonfari; ***etw.*** ~***s im Schilde führen*** intenci malbonan faron

[2]Böse *böse Person* ***a)*** *m* malbonulo ***b)*** *f* malbonulino

Boseteilchen *n Kernphysik* ↑ ***Boson***

Bösewicht *n* ***a)*** *veraltend für «böser Mensch» bzw. «Krimineller»* malbonulo *bzw.* krimulo; *Übeltäter* malbonfaranto *bzw.* malbonfarinto ***b)*** *Gauner* fripono

boshaft *Adj* malica; *hinterlistig* insida; *schikanös* ĉikanema; ***leicht*** ~ maliceta (↑ *auch* ***höhnisch***); ***kleine*** ~***e Bemerkungen machen*** *sticheln* pikmoki (***gegenüber jmdm.*** iun)

Boshaftigkeit *od* **Bosheit** *f Böswilligkeit* malic[ec]o; *boshafte Tat* malicaĵo (*vgl. dazu* ***Hinterlist*** *u.* ***Schikane***)

Boskett *n*, *auch* ***Lustwäldchen*** *n Gehölzgruppe in Parks [bes. in Gärten der Renaissance- u. Barockzeit]* bosko; ***kleines*** ~ bosketo

Bosnien (*n*) Bosnio; ~***-Herzegowina***, *serbokroatisch* ***Bosna i Hercegovina*** *ein Staat in SO-Europa* Bosnio-Hercegovino *[Hptst.: Sarajevo]*

Bosnier *m*, <*österr*> ***Bosniak*** *m* bosniano

Bosnierin *f*, <*österr*> ***Bosniakin*** *f* bosnianino

bosnisch *Adj* bosnia; ~*e* ***Sprache*** *f, bosnisch* ***bosanski jezik*** bosnia lingvo
Boson *n, auch* ***Boseteilchen*** *n Kernphysik* bosono <*vom Namen des indischen Kernphysikers S. N. Bose abgeleitet*> (↑ *auch* ***Vektorboson***)
Bosporus *m, auch* ***Straße von Instanbul*** *Meerenge zw. Schwarzem Meer u. Marmarameer* Bosporo
Boss *m* [granda] ĉefo *od* estro, *auch* mastro (*vgl. dazu* ***Chef*** *u.* ***Herr***; ↑ *auch* ***Gangsterboss***); ***den ~ spielen*** mastri
Bossa nova *m, auch f ein brasilianischer Musik- u. Tanzstil* bosanovo
Bosse *f* ***a)*** *auch* ***Bossenquader*** *od* ***Buckelstein*** *m Arch, Bildh (an der Oberfläche rau belassener Werkstein)* boso, *auch* bosa ŝtono ***b)*** *erhabene Verzierung, bes. in der Metallkunst* boso, *auch* bosaĵo
bosselieren *od* **bosseln** ↑ ***bossieren***
Bossenquader *m Arch, Bildh* ↑ ***Bosse a)***
Bossenwerk *n Arch (Mauerwerk, das aus Bossenquadern besteht)* bosa masonaĵo *od kurz* bosaĵo, muro (*bzw.* fasado) ornamita per bosoj
bossieren, *auch* ***bosselieren*** *od* ***bosseln*** *tr Bildh, Handw (Reliefarbeiten od getriebene Arbeiten machen)* bosi
[1]**Boston** (*n*) *Hptst. des US-Bundesstaates Massachusetts* Bostono
[2]**Boston** *m ([um 1920:] langsamer amerikanischer Walzer mit Jazzelementen)* bostono
Boswellia *f Bot* ↑ *unter* ***Weihrauchbaum***
Boswelliasäuren *f/Pl Harzsäuren im Harz der Weihrauchbäume* bosveliaj acidoj *Pl*
böswillig 1. *Adj boshaft* malica; *in schlechter Absicht* malbonintenca; ~*er* ***Mensch*** *m* malica homo, maliculo **2.** *Adv* malice; malbonintence
Böswilligkeit *f Boshaftigkeit* malic[ec]o; *boshafte Tat* malicaĵo (*vgl. dazu* ***Hinterlist***, ***Missgunst*** *u.* ***Schikane***)
Botanik *f Pflanzenkunde* botaniko (↑ *auch* ***Archäo-***, ***Ethno-***, ***Forst-*** *u.* ***Paläobotanik***)
Botaniker *m* botanikisto
botanisch *Adj* botanika; ~*er* ***Garten*** *m* botanika ĝardeno
botanisieren *intr Pflanzen [zu Studienzwecken] sammeln* botanik[um]i, kolekti [kaj determini] plantojn
Botarga *f Nahr (gesalzener u. in Essig eingelegter Fischrogen)* botargo
Bötchen *n kleines Boot* boateto (↑ *auch* ***Kaik***)
Bote *m Überbringer von Nachrichten* mesaĝisto; *jmd., der mit etw. beauftragt wurde* komisiito; *Kurier* kuriero (↑ *auch* ***Eilbote*** *u.* ***Laufjunge***); *Abgesandter* sendito
Botenstoffe *m/Pl Molekularbiologie, Chem* signalkemiaĵoj *Pl* (↑ *auch* ***Ektohormone***)
botmäßig *Adj untertan* subula; *tributpflichtig* tributodeva
Botmäßigkeit *f*: ***unter jmds. ~ stehen*** esti [super]regata de iu
Boto *m Zool* ↑ ***Amazonasdelfin***
Botox® *n Handelsname für Botulinumtoxin* botokso
Botryomykose *f nur Fachspr Med u. Vet (eine Granulationsgeschwulst der Haut [Übertragung erfolgt vom Pferd auf den Menschen])* botriomicetozo
Botrytis *f, auch* ***Traubenschimmel*** *m Bot (eine Gattung von Schimmelpilzen)* botrito (*vgl. dazu* ***Grauschimmel***)
Botschaft *f* ***a)*** *mündlich od schriftlich übermittelte Nachricht bzw. Verkündigung (z.B. eines Propheten)* mesaĝo (↑ *auch* ***Gruß-*** *u.* ***Neujahrsbotschaft***); *allg auch* sciigo, komuniko, informo (↑ *auch* ***Freudenbotschaft***); ***eine ~ richten an ...*** adresi mesaĝon al ... *auch Dipl*; ***eine ~ an jmdn. übermitteln*** transdoni komunikaĵon al iu, mesaĝi al iu; ~ ***des guten Willens*** *Pol* bonvolmesaĝo; ***Überbringer einer ~*** mesaĝanto *bzw.* mesaĝisto ***b)*** *Dipl (die Gesamtheit des in der Botschaft vertretenen Personals mit dem Botschafter an der Spitze)* ambasado, *(Botschaftsgebäude, Amtsräume des Botschafters)* ambasadorejo (↑ *auch* ***Gesandtschaft***); ***~ der Republik Indonesien in Deutschland*** Ambasadorejo de la Respubliko Indonezio en Germanio
Botschafter *m Dipl (Gesandter ersten Ranges)* ambasadoro; ***ehemaliger ~*** iama ambasadoro, eksambasadoro; ***päpstlicher ~***, *auch* ***Nuntius*** *m ständiger Botschafter des Papstes bei weltlichen Regierungen* nuncio
Botschafterin *f Dipl* ambasadorino
Botschafterkonferenz *f Dipl* konferenco de ambasadoroj
Botschafts|attaché *m Dipl* ataŝeo en ambasado; ~**gebäude** *n* ambasadejo; *i.e.S. Residenz des Botschafters* ambasadorejo, rezidejo de [la] ambasadoro; ~**personal** *n* personaro de [la] ambasadejo; ~**rat** *m Dipl* ambasada konsilisto; ~**sekretär** *m Dipl*

ambasada sekretario

Botsuana (*n*), *bes.* <*schweiz*> *auch* ***Botswana*** (*n*) *ein Staat im südlichen Afrika [Hptst.: Gaborone]* Bocvano

Botsuaner *m* bocvanano

Botsuanerin *f* bocvananino

botsuanisch *Adj* bocvana

Botswana (*n*) ↑ ***Botsuana***

Böttcher *m, auch* ***Küfer*** *m,* <*österr*> *u. reg* ***Fassbinder*** *m, auch kurz* ***Binder*** *m* barel[far]isto

Böttcherei *f,* <*österr*> ***Fassbinderei*** *f* barel[far]ejo

Botticelli (*m*) *Eig (italienischer Renaissancemaler [1445 -1510])* Botiĉelo

Bottich *m aus Holz, Metall od Stein* kuvo (***Kufe*** *u.* ***Zuber***; ↑ *auch* ***Bierbottich***); *offenes Holzfass* tino; *Holzeimer* ligna sitelo

Bottleneck *n Mus (eine Spielweise im Bluesrock)* botelkolo; **~-Gitarre** *f Mus* botelkola gitaro

bottnisch *Adj* botnia; ***~er Meerbusen*** *m Nordteil der Ostsee zw. Schweden u. Finnland* Botnia Golfo

Bottrop (*n*) *eine Stadt in NRW* Botropo

Botulinumtoxin *n, Handelsname* ***Botox®*** *n Nervengift, das in stark verdünnter Form zum Glätten von Falten gespritzt wird* toksino de botul[in]o, *Handelsname* botokso

Botulismus *m Med, Vet (bakterielle Lebensmittelvergiftung [bes.Konserven- od Wurstvergiftung]* botulismo <*hervorgerufen durch die Toxine von ‹Clostridium botulinum›*>

Bouaké (*n*) *zweitgrößte Stadt der Rep. Côte d'Ivoire* Buakeo

Bouclé *n Textil (Kleider- od Mantelstoff mit Kräuseleffekt)* bukleo; **~garn** *n* buklefadeno

Boudoir [*budo'a:r*] *n kleines [elegantes] Damenzimmer* buduaro

Bougainville (*n*) *eine seit 1975 zu Papua-Neuguinea gehörende Insel* <*größte Insel der Salomonen*> Bugenvilo *[Hptst: Arawa]*

Bougainvillea *f* (*Gattung* Bougainvillea) *Bot (eine Gattung tropischer u. subtropischer Ziersträucher)* bugenvilo

Bougie [*bu'ʒi:*] *f, auch* ***Dehnsonde*** *f Medizintechnik (stabförmiges, starres od biegsames Instrument zum Dehnen von verengten Körperkanälen [z.B. der Harnröhre])* buĝio; ***biegsame*** ~ fleksebla buĝio

bougieren *tr, auch* ***mit der Dehnsonde erweitern*** buĝii, *auch* dilati per buĝio

Bouillabaisse [*buja'bɛ:s*] *f Kochk (eine stark gewürzte südfranz. Fischsuppe)* bujabeso

Bouillon [*bul'jõ:*] *f Kochk* buljono (*vgl. dazu* ***Brühe*** *u.* ***Consommé***; ↑ *auch* ***Hühner-*** *u.* ***Kraftbrühe***)

Bouillonwürfel *m* ↑ ***Brühwürfel***

Boule [*bu:l*] *n, auch* ***Boule-Spiel*** *n ein französisches Kugelspiel* [(sud)franca] globludo (*vgl. dazu* ***Boccia***)

Boulevard [*bulə'va:r*] *m breite [Ring-] Straße* bulvardo; **~journalismus** *m* bulvarda ĵurnalismo; **~presse** *f Ztgsw* bulvarda gazetaro; **~theater** *n eine in Frankreich entstandene Theaterform* bulvarda teatro; **~zeitung** *f* bulvarda gazeto (*od* ĵurnalo)

Boulogne-sur-Mer (*n*) *eine nordfranzösische Stadt an der Kanalküste, in der 1905 der erste Esperanto-Weltkongress stattfand* Bulonjo-ĉe-Maro, *auch kurz* Bulonjo

Bouquet *n* ↑ ***Bukett b)***

Bouquetnarzisse *f* ↑ ***Jonquille***

Bourbonen [*bur...*] *Pl Gesch (ein franz. Adelsgeschlecht [Seitenlinie der Kapetinger])* burbonoj *Pl*

bourbonisch *Adj* burbona

Bourée [*bu're:*] *f Volksweise u. Volkstanz aus der Auvergne* bureo

Bourgeois *m Pol* burĝo

Bourgeoisie *f Pol* burĝa klaso, burĝaro

Bourgogne *f* ↑ ***Burgund***

Bourneville-Pringle-Syndrom *n Med* ↑ *unter* ***Sklerose***

Boutique [*bu'tik*] *f* eleganta butiko, modbutiko (*vgl. dazu* ***Laden***)

Boutonneuse-Fieber *n Med* ↑ ***Zeckenfieber***

Bouvetinsel [*bu'vɛ...*] *f, norwegisch* ***Bouvetøya*** *eine norwegische Vulkaninsel im südl. Atlantik* Buvetinsulo

Bovist *m, auch* ***Stäubling*** *m* (*Gattung* Lycoperdon) *Mykologie* likoperdo, *umg* bovisteo, *pop auch* polvofungo (↑ *auch* ***Flaschenstäubling***, ***Hart-***, ***Kartoffel-*** *u.* ***Riesenbovist***); ***bleigrauer*** ~ (Bovista plumbea) plumbogriza bovisteo; ***schwärzender*** ~, *auch* ***Eierbovist*** *m* (Bovista nigrescens) nigriĝa bovisteo

Bowdenzug [*'bau...*] *m Drahtkabel zum Übertragen von Zug- u. Druckkräften (bes. an Kfz)* boŭdenkablo, *Fachspr auch kurz* boŭdeno

Bowle [*'bo:...*] *f Getränk* bovlo (↑ *auch* ***Sangria***); *Gefäß für Bowle* bovlujo
bowlen *intr abs Bowling spielen* boŭli
Bowlenglas *n* bovloglaso, glaso por bovlo
Bowling [*'bo:...*] *n Sport* boŭlo (*vgl. dazu* ***Kegelspiel***); ~**bahn** *f* boŭlovego; ~**kugel** *f* boŭlglobo; ~**zentrum** *n* boŭlocentro
Box *f* ***a)*** *Foto* skatol-fotilo ***b)*** *im Stall* stalfako
Boxbirne *f Boxsport* ↑ ***Maisbirne***
Boxcalf *n* ↑ ***Kalbsleder***
boxen *intr Sport* boksi; *allg: mit der Faust zuschlagen* pugnobati, bati per la pugno(j)
Boxen *n* boksado, *auch (bes. als Sportart)* bokso (↑ *auch* ***Kick-*** *u.* ***Thaiboxen***)
^{1}**Boxer** *m* ***a)*** *Sport* boksisto (↑ *auch* ***Amateur-*** *u.* ***Profiboxer***) ***b)*** *bes. reg u.* <*österr*> *auch für «Faustschlag»* pugnobato
^{2}**Boxer** *m eine Hunderasse* boksero
Boxer|aufstand *m chin. Gesch* boksista ribelo <*um 1900*>; ~**demenz** *f Med (Neurologie)* boksista demenco
Boxerin *f Sport* boksistino
Boxershorts *Pl Textil* boksista ŝorto *Sg*
Boxhandschuhe *m/Pl* boks[o]gantoj *Pl*
Boxkalf *n* ↑ ***Kalbsleder***
Box|kampf *m* boks[o]maĉo, *auch* maĉo de bokso; ~**ring** *m* [boks]ringo; ~**sport** *m* bokssporto; ~**training** *n* bokstrejnado; ~**trainingsgerät** *n allg Bez für Sandsack, Mais- od Plattformbirne, Doppelendball, Punktball* boksopilko; ~**weltmeister** *m* monda boksĉampiono
Boy *m Hotel°* [juna] hotelservisto
Boykott *m Pol, Wirtsch* bojkoto; *das Boykottieren* bojkotado (***von*** de); ~**aufruf** *m* bojkot-alvoko; ~**hetze** *f* instigado al bojkoto
boykottieren *tr* bojkoti *übertr auch für «ächten»* (↑ *auch* ***meiden***)
Boykottieren *n od* **Boykottierung** *f* bojkotado *auch übertr für «Ächtung»*
Bozca Ada (*n*) ↑ ***Tenedos***
Bozen (*n*) ↑ ***Bolzano***
Božena (*f*) *tschechischer weibl. Vorname* Boĵena
Bq = *Zeichen für* ***Becquerel***
Br = *Abk für* ***Birr***
Brabant (*n*) *1. historische Landschaft zw. Maas u. Schelde 2. zentrale Provinz Belgiens* Brabanto *[Hptst.: Brüssel]* (↑ *auch* ***Flämisch-***, ***Nord-*** *u.* ***Wallonisch-Brabant***)
Brabanter *m Bewohner von Brabant* brabantano
Brabanter Kreuz *n* ↑ ***Kleeblattkreuz***
brabantisch *Adj* brabanta
brabbeln *intr Baby* babileti
brach *Adj unbebaut* nekultivata *bzw.* nekultivita; *unbenutzt, nicht in Gebrauch od Verwendung* neuzata *bzw.* neuzita
Brache *f*, *auch* ***Brachfeld*** *od* ***Brachland*** *n Landw (ungenutzt liegendes, aber ungebrochenes Ackerland)* novalo, nekultivata (*bzw.* ripozanta) [plug]tero
Brachialgewalt *f rohe Gewalt* brutala forto
Brachialgie *f Med (Armschmerz)* brakalgio
Brachiopoden *m/Pl Zool* ↑ ***Armfüßer***
Brachiosaurus *m Paläontologie (eine Dinosaurier-Gattung)* brakiosaŭro
Brachland *n* ↑ ***Brache***
brachliegen *intr unbebaut sein* esti nekultivata; *ungenutzt sein* esti neuzata
Brachpieper *m* (Anthus campestris) *Orn* sablopipio
Brachschwalbe *f* (*Gattung* Glareola) *Orn* glareolo ***[Familie der]*** ~***n*** *Pl* (Glareolidae) *regenpfeiferartige Vögel* glareoledoj *Pl* (↑ *auch* ***Krokodilwächter***); ***Rotflügel-***~ (Glareola pratincola) kolumglareolo; ***Schwarzflügel-***~ (Glareola nordmanni) stepglareolo
Brachsen *m*, *auch* ***Blei*** *od* ***Breitling*** *m*, *reg* ***Brassen*** *m od* ***Brasse*** *f*, <*schweiz*> ***Brachsmen*** *m* (Abramis brama) *Ichth (ein Karpfenfisch)* bramo (↑ *auch* ***Goldbrasse*** *u.* ***Rotfeder***)
Brachsenkraut *n* (*Gattung* Isoëtes) *Bot* izoeto
Brachsenkrautgewächse *n/Pl Bot*: ***[Familie der]*** ~ (Isoëtacea) izoetacoj *Pl*
Brachsmen *m Ichth* ↑ ***Brachsen***
Brachvogel *m Orn* kurlo; ***großer*** ~, *reg* ***Kronschnepfe*** *f* (Numenius arquata) granda kurlo (↑ *auch* ***Dünnschnabel-***, ***Regen-*** *u.* ***Zwergbrachvogel***)
Brachyzephalus *m Anthropol* ↑ ***Kurzkopf***
brackig *Adj schwach salzig (Wasser)* saleta
Brackwasser *n* saleta [mar]akvo
Bradykardie *f nur Fachspr Med (Verlangsamung der Herzschlagfolge)* bradikardio
Bradypepsie *f nur Fachspr Med (langsame [und schwierige] Verdauung)* bradipepsio
Bradypnoe *f nur Fachspr Med (verlangsamte Atmung* <*4-8 Atemzüge pro Minute*> *ein Atmungstyp [Vorkommen bei Opiatvergiftungen])* bradipneo

Brahma (*m*) *Rel (Hochgott des Hinduismus bzw. Personifizierung des Brahman)* Bramo *od* Brahmao; ~**kauz** *m* (Athene brama) *Orn* bramana noktuo

Brahman *n ind. Phil u. Rel (1. magische Kraft [bes. im Opferspruch des Priesters] 2. [in den Upanischaden:] Weltgeist, Weltprinzip)* brameno *od* brahmo *(auch Großschr)*

Brahmane *m 1. Angehöriger der obersten Kaste des Hinduismus 2. indischer Priester* bramano

Brahmanismus *m Rel (Lehre vom Brahman)* bramanismo

Brahmaputra *m ein Strom in Südasien [SW-Tibet, Indien u. Bangladesh]* [rivero] Bramaputro

Brahminenweih *m* (Heliastur indus) *Orn* hinda milvo *[Vorkommen: Indien, Südchina, SO-Asien, Neuguinea, Nord- u. Ostaustralien]*

Braille (*m*) *Eig (französischer Blindenlehrer <entwickelte 1825 die Blindenschrift> [1809-1852])* Brajlo; ~**-Musikschrift** *f musikalische Notation für blinde u. stark sehbehinderte Menschen* brajla notskribo

Brailleschrift *f* ↑ ***Blindenschrift***

braisieren [*brɛ...*] *tr Kochk (Fleisch od Fisch in [säuerlicher] gewürzter Brühe dämpfen* brezi

Brakteat *m aus dünnem Silberblech einseitig geschlagene Münze des Hochmittelalters* brakteato

Braktee *f Bot* ↑ ***Deckblatt***

Brakteole *f Bot* ↑ ***Vorblatt***

Bram *f Mar (Bramstenge mit Bramsegel)* bramo

Bramia *f* (Bramia indica = Bacopa monnieri) *Bot (eine Kriechpflanze an den Küsten von Florida, Texas u. Mexiko)* bramio

Bram|segel *n Mar (Segel über dem Marssegel eines vollgetakelten Mastes)* bramvelo (↑ *auch* ***Groß-***, ***Kreuz-***, ***Ober-*** *u.* ***Vorbramsegel***); ~**stenge** *f Mar* brammasto

Branche *f Hdl* [komerca] branĉo; *Ind* branĉo [de industrio]

Branchen|primus *m* [absoluta] gvidanto en sia branĉo (↑ *auch* ***Marktführer***); ~**verzeichnis** *n im Telefonbuch* indekso laŭ komercaj branĉoj, *auch* flavaj paĝoj [en telefonlibro]

[1]**Brand** *m* ***a)*** brulo; *Feuer* fajro; *Groß*~, *Feuersbrunst* incendio, *auch* brulego, fajrego (↑ *auch* ***Gruben-***, ***Kabel-*** *u.* ***Waldbrand***); ***einen ~ bekämpfen*** lukti por estingi brulon; ***durch ~ beschädigt werden*** bruldifektiĝi; ***in ~ geraten*** ekbruli; ***in ~ stecken*** *anzünden* ekbruligi; *entzünden* ekflamigi ***b)*** *umg für «starker Durst»* soifego; ***ich muss erst mal meinen ~ löschen*** unue (*od* antaŭ ĉio) mi devas kvietigi mian soif[eg]on

[2]**Brand** *m Med* ↑ ***Gangrän***

[3]**Brand** *m eine Pflanzenkrankheit, bes. bei Getreide* smuto (↑ *auch* ***Flug-*** *u.****Stängelbrand***); ***von ~ befallen [worden] sein*** esti infestita de smuto

brandaktuell *Adj* ege (*od* plej) aktuala

Brand|anschlag *m* brul-atenco *od* incendia atenco, *Jur auch* incendia delikto; ~**bekämpfung** *f* lukto por estingi fajron, *(bei Großbrand)* lukto kontraŭ incendio; *das Löschen des Feuers* fajroestingado; ~**beschleuniger** *m* brulo-akcelilo; ~**binde** *f Med* bandaĝo por brulvundo; ~**blase** *f* brulveziko; ~**bombe** *f* brulbombo

brandeilig *umg für «sehr eilig»* **1.** *Adj* ege urĝa, urĝega **2.** *Adv* ege urĝe

branden *intr Welle* [ŝaŭme] ĵetiĝi; *geräuschvoll gegen etw. schlagen [z.B. das Meer gegen Felsen]* frapi (***gegen*** kontraŭ *mit Akk*) (*vgl. dazu* ***aufbranden***)

Brandenburg (*n*) ***a)*** *eine Stadt an der Havel* Brandenburgo ***b)*** *dt. Bundesland* [federacia lando] Brandenburgio *[Hptst.: Potsdam]* (*vgl. dazu* [3]***Mark***)

Brandenburger *m Einwohner von Brandenburg* brandenburgano; ~ ***Tor*** *n in Berlin* Brandenburga Pordego <*Symbol der deutschen Einheit*>

Brandenburgerin *f* brandenburganino

brandenburgisch *Adj* brandenburga; ***die ~en Konzerte*** *n/Pl Mus (die sechs Instrumentalkonzerte mit verschiedener Besetzung, die J. S. Bach 1721 komponierte und dem Markgrafen Christian Ludwig von Brandenburg widmete)* la brandenburgaj konĉertoj *Pl*

Brandente *f Orn* = ***Brandgans***

Brandfall *m*: ***Fahrstuhl im ~ nicht benutzen*** ne uzu lifton en kazo de brulo

Brand|flasche *f*, *auch* ***Brandsatz*** *m* petrolbombo, *auch* brulbotelo (↑ *auch* ***Molotowcocktail***); ~**gans** *f* (Tadorna tadorna) *Orn* tadorno; ~**gefahr** *f* danĝero de brulo(j)

brandgefährlich *Adj hochgefährlich* ekstreme danĝera, danĝerega

Brand|geruch *m* brul-odoro; ~**geschoss** *n Mil* bruliga pafaĵo; ~**giebel** *m Bauw* brulrezista gablo; ~**herd** *m* fonto de la brulo (*od* fajro)

[1]**brandig** *Adj brenzlig* brul-odora, empireŭma; ~***er Geruch*** *m* brul-odoro; *Tech (bei Trockendestillation)* empireŭmo; ***es riecht*** ~ brul-odoras

[2]**brandig** *Adj Med* ↑ ***gangränös***

Brandkatastrophe *f* brulkatastrofo

Brandleger *m* ↑ ***Brandstifter***

Brandlegung *f* ↑ ***Brandstiftung***

Brandmal *n am Körper* [cikatro de] brulvundo (*vgl. dazu* ***Stigma a)***); *Vieh* brulmarko; *Schandmal* malhonoriga makulo

brandmarken *tr **a)** Vieh* brulmarki *od* brulstampi ***b)*** *stigmatisieren* stigmatizi ***c)*** *öffentlich scharf kritisieren od verurteilen* publike akre kritiki (*od i.w.S.* kondamni)

Brand|mauer *f Bauw* brulrezista muro; ~**maus** *f* (Apodemus agrarius) *Zool* strio-muso; ~**meister** *m* estro de la fajrobrigadanoj, kiuj luktas kontraŭ incendio; ~**narbe** *f* brulcikatro

brandneu *Adj* tute nova, novega

Brand|opfer *n **a)** Ethn (Opfer, bei dem ein Tier geschlachtet u. auf dem Altar verbrannt wird)* brul-ofero ***b)*** *jmd., der bei einem Brand ums Leben gekommen ist* viktimo de brul[ad]o (*od* incendio); ~**ort** *m od* ~**stätte** *f* loko de brulo, *auch* brulejo; ~**pilze** *m/Pl* (*Ordnung* Ustilaginales) *Bot (auf Gefäßpflanzen schmarotzende Kleinpilze)* smutfungoj *Pl*, <*wiss*> ustilagaloj *Pl*

Brandrede *f*: ***eine ~ halten*** fari incendian paroladon

Beandrodung *f* brulmastrumado

brandrot *Adj* brulruĝa; *fuchsrot* rufa

Brandsalbe *f Pharm* brulvunda ungvento

Brandsatz *m* ↑ ***Brandflasche***

Brandschaden *m* bruldifekto, damaĝo kaŭzita de brulo

brandschatzen *tr alt für «ausrauben»* elrabi

Brand|schneise *f zur Brandeindämmung* kontraŭbrula breĉo; ~**schorf** *m Med (ausgebrannte schwärzliche Stelle auf der Haut, z.B. nach Kauterisation)* eskaro

Brandschutz *m* kontraŭfajra protekto; *Brandverhütung* prevent[ad]o de bruloj; ~-**zone** *f* kontraŭfajra protektozono

Brandschutztür *f* ↑ ***Feuerschutztür***

Brand|seeadler *m* (Haliaeëtus leucoryphus) *Orn* blankkola maraglo; ~**seeschwalbe** *f* (Sterna sandvicensis) *Orn* blanka ŝterno; ~**sohle** *f im Schuh* interna plandumo [de ŝuo]

Brandstätte *f* ↑ ***Brandort***

Brandstifter *m*, <*österr*> ***Brandleger*** *m* brulofarinto, *Feuerteufel auch* brulofaristo

Brandstiftung *f, auch (bes. <österr>)* ***Brandlegung*** *f* brulofaro, *auch* krimbruligo; ***fahrlässige ~*** brulofaro pro malzorgo; ***mutmaßliche ~*** konjektebla brulofaro; ***vorsätzliche ~*** intenca brulofaro

Brandung *f* ondofrapado [kontraŭ la bordon], surfo

Brandungsreiten *n Sport* ↑ ***Wellenreiten***

Brand|ursache *f* kaŭzo de la brulo (*od* fajro *bzw.* incendio); ~**verhütung** *f* prevent[ad]o de bruloj (↑ *auch* ***Brandschutz***)

Brandversicherung *f* ↑ ***Feuerversicherung***

Brand|wache *f* postbrula gardo; ~**wunde** *f* brulvundo; *durch Verbrühen verursachte Wunde* brogvundo; ~**wundenchirurgie** *f Med* brulvunda kirurgio

Brandzeichen *n bei Vieh* brulmarko; ***mit einem ~ versehen*** brulmarki *od* brulstampi

Branntwein *m* brando (*vgl. dazu* ***Calvados***, ***Fusel a)***, ***Naliwka*** *u.* ***Wodka***; ↑ *auch* ***Wacholderbranntwein***); *Reis*~ rizobrando; *Arrak* arako; ~**brenner** *m* brandodistilisto; ~-**brennerei** *f* brandodistilejo, brandofarejo; *Schnapsfabrik* brandofabriko; ~**essig** *m*, <*österr*> ***Weingeistessig*** *m aus destilliertem Alkohol gewonnener Essig* brandovinagro

Brasilholz *n*, *auch* ***Brasilienholz*** (*Gattung* Cesalpinia) *Bot* cesalpinio

Brasilia (*n*) *Hptst. von Brasilien* Braziljo

Brasilianer *m* brazilano

Brasilianerin *f* brazilanino

brasilianisch *Adj* brazila

Brasilien (*n*) Brazilo *[Hptst.: Brasilia]*

Brasilienholz *n Bot* ↑ ***Brasilholz***

Brasilnuss *f* ↑ ***Paranuss***

Brasilstrom *m Geogr (südlich gerichtete Meeresströmung entlang der brasilianischen Küste)* Brazila Fluo

Braşov (*n*), *dt. Name* ***Kronstadt*** (*n*) *eine Stadt in Siebenbürgen/Rumänien* Braŝovo

[1]**Brasse** *f*, *auch* ***Brassen*** m *Mar ([auf Segelschiffen:] schweres Tau zum Drehen u. Festhalten der Rahen)* braso

[2]**Brasse** *f*, *auch* ***Brassen*** *m Ichth* ↑ ***Brachsen***, ***Gold-***, ***Marmor-*** *u.* ***Rotbrassen***

Brasselett *n **a)** gaunersprachlich für «Hand-*

schelle» mankateno ***b)*** *alt* = ***Armband***

brassen *tr Mar (die Rahen [je nach dem Wind] schräg stellen)* brasi

[1]**Brassen** *m Mar* ↑ ***[1]Brasse***

[2]**Brassen** *n Mar* brasado *(als Handlung)*

[3]**Brassen** *m Ichth* ↑ ***[2]Brasse***

Brassenbarbe *f Ichth* ↑ ***Schwanefeld-Barbe***

Brasstau *n Mar* = ***[1]Brasse***

Bratapfel *m* bakita pomo

braten ***a)*** *tr im eigenen Saft [im Ofen, auch auf dem Grill]* rosti; *in der Pfanne* friti; *über Holzkohle* kradrosti; ***am Spieß*** ~ surstange rosti (*bzw. intr* rostiĝi) ***b)*** *intr* rostiĝi

Braten *m Kochk (als Vorgang)* rostado; fritado, *(das Gebratene)* rostaĵo *bzw.* fritaĵo rostita viando (*bzw.* fiŝo *u.a.*) (↑ *auch* ***Enten-***, ***Gänse-***, ***Hack-***, ***Hammel-***, ***Hasen-***, ***Hirsch-***, ***Kalbs-***, ***Lamm-***, ***Lenden-***, ***Rinder-***, ***Sauer-*** *u.* ***Schweinebraten***)

Brat|fett *m* graso por fritado; ~**fisch** *m* fritita fiŝo (*vgl. dazu* ***Backfisch***); ~**hähnchen** *n*, *reg u.* *<österr>* ***Brathendl*** *n* rostita [vir]koketo; ~**hering** *m* rostita haringo [en vinagra marinaĵo]; ~**huhn** *n* rostita kokino

Bratislava (*n*), *dt.* ***Pressburg*** (*n*) *Hptst. der Slowakei* Bratislavo

Brat|kartoffeln *f/Pl*, *umg auch* ***Röster*** *Pl*, *<österr> u. reg* ***Rösterdäpfel*** *od* ***geröstete Erdäpfel*** *m/Pl od kurz* ***Geröstete*** *Pl Kochk* frititaj terpomoj *Pl* (↑ *auch* ***Rösti***); ~**öl** *n* oleo por friti; ~**pfanne** *f Hausw* pato, *(Schmorpfanne)* kaserolo

Bratreis *m*: ***indonesischer*** ~ *m*, *auch* ***Nasigoreng*** *m Kochk* fritita rizo [laŭ indonezia maniero]

Bratrost *m* ↑ ***Grill***

Bratsche *f*, *eigtl* ***Viola da Bracchio*** *f*, *alt auch* ***Armgeige*** *f Mus* aldviolono

Bratschist *m Mus* aldviolonisto

Bratsk (*n*) *eine Industriestadt in Mittelsibirien/Russland* Bratsko

Brat|spieß *m* rostostango; *für Saté od Schaschlik* rostostangeto; ~**wurst** *f auf dem Rost gebratene Wurst* rostita kolbaso; *in der Pfanne gebratenes Würstchen* fritkolbaseto

Brauch *m Sitte* moro; *Gewohnheit* kutimo *Gepflogenheit [im Geschäftsverkehr]* uzanco (*vgl. dazu* ***Usance***)

brauchbar *Adj* uzebla; *tauglich* taŭga; *nützlich* utila; *passend* konvena

Brauchbarkeit *f* uzebl[ec]o; *Tauglichkeit* taŭgeco

brauchen *tr benötigen (auch Benzin, Zeit)* bezoni, *(Geld auch)* elspezi; *verwenden* uzi; *anwenden* apliki; *verbrauchen* konsumi; ***nur einen Augenblick*** ~ bezoni nur [unu] momenton (***um zu*** por); ***das braucht niemand zu hören*** ne estas utile, se iu aŭdas tion; ***dieses Buch kann ich gut für meine Arbeit*** ~ ĉi tiun libron mi povas bone uzi por mia laboro (*bzw.* verkado); ***du brauchst nicht zu fürchten, dass ...*** vi ne bezonas timi, ke ..., *i.w.S.* ne estas kaŭzo por timi, ke ...; ***Sie*** ~ ***sich nicht zu beeilen*** vi ne bezonas rapidi; ***du brauchst es ja nicht zu machen (od tun)*** vi ja ne bezonas fari tion (*od* ĝin), *i.w.S.* ne estas ja necese fari tion (*od* ke vi faru tion); ***wie viel [Liter] Benzin braucht dieser Wagen auf 100 km?*** kiom da benzino ĉi tiu aŭto bezonas (*od* konsumas) por cent kilometroj?; ***wozu braucht man das?*** por (*od auch* al) kio tio servas? *od* por kio ĝi servas?

Brauchtum *n* [la] moroj kaj kutimoj *Pl*

Braue *f Augenbraue* brovo; ***die*** ~***n zusammenziehen*** kuntiri (*od* sulkigi) la brovojn (*vgl. dazu* ***die Stirn runzeln***)

brauen *tr*: ***Bier*** (***Punsch***) ~ fari bieron (punĉon) ◇ ***sich einen starken Kaffee*** ~ fari fortan kafon por si

Brauer *m Bier*≗ bierfaristo

Brauerei *f Bier*≗ bierfarejo (↑ *auch* ***Essigbrauerei***)

Braukessel *m* bierfar[ej]a kaldrono

braun *Adj* bruna; *rotbraun* ruĝbruna *od* ruĝe bruna (↑ *auch* ***brokkoli-***, ***dunkel-***, ***gold-***, ***haselnuss-***, ***hell-***, ***kaffee-***, ***kastanien-***, ***kupfer-***, ***nuss-***, ***schwarz-*** *u.* ***zimtbraun***); ~ ***werden*** bruniĝi; *durch Sonneneinwirkung* sunbruniĝi; ~ ***gebrannt*** *von der Sonne* sunbrunigita; ***in*** ~***er Butter*** *Kochk* en bruna butero; ***er hat*** ~***es Haar*** li havas brunajn harojn

Braun *n braune Färbung* bruno (*vgl. dazu* ***Bräune a)***)

Braunalgen *f/Pl* brunalgoj *od* brunaj algoj *Pl* (↑ *auch* ***Beeren-***, ***Birn-***, ***Blasentang***, ***Phäophyten***, ***Undaria*** *u.* ***Wakame***)

braunäugig *Adj* brun-okula

Braunbär *m* (Ursus arctos) *Zool* bruna urso (*vgl. dazu* ***Kodiakbär***)

Braunbauch-Flughuhn *n* (Pterocles exustus) *Orn* kaŝtanventra stepkoko

Braunbier *n* bruna biero

Braunborsten-Gürteltier *n* (Chaetophractus villosus) *Zool* harar-dazipo *[Vorkommen: SO-Bolivien, Parahuay u. Argentinien]*

Braunbrustigel *m Zool* ↑ *unter* ***Igel***
Braunbruststeinschmätzer *m* (Oenanthe bottae) *Orn* ruĝbrusta saksikolo
Braunbürzelammer *f* (Emberiza affinis) *Orn* brunpuga emberizo
Braune ***a)*** *m* brunulo ***b)*** *f* brunulino ***c)*** *n* *(etw. Braunes, braune Stelle)* brunaĵo
Bräune *f* ***a)*** *Braunsein* bruneco; *braune Farbe (von etw.)* bruno, bruna koloro; *Sonnen*~ sunbruno ***b)*** *Med (veraltend für «Halsentzündung»)* angino, *(Krupp)* krupo, *(Diphterie)* difterio
Brauneisenstein *m Min* ↑ ***Limonit***
[1]**Braunelle** *f* (*Gattung* Prunella) *Bot (ein Lippenblütler)* brunelo; ***gemeine*** (*od* ***kleine***) ~ (Prunella vulgaris) komuna brunelo; ***großblütige*** (*od* ***große***) ~ (Prunella grandiflora) grandflora brunelo; ***weiße*** ~ (Prunella laciniata) blanka brunelo
[2]**Braunelle** *f Orn*: ***[Familie der]*** ~***n*** *Pl* (Prunellidae) proneledoj *Pl* (↑ *auch* ***Berg-***, ***Hecken-***, ***Himalaja-***, ***Jemen-***, ***Rötel-***, ***Schwarz-***, ***Schwarzkehl-***, ***Stein-*** *u.* ***Strichelbraunelle***)
bräunen ***a)*** *tr* brunigi *auch Kochk*; ***Zwiebeln in Butter*** ~ brunigi cepojn en butero ***b)*** *intr u.* ***sich*** ~ *braun werden* bruniĝi, *(durch Sonneneinwirkung)* sunbruniĝi, *auch* bronzokoloriĝi
Braunfleckigkeit *f*: ~ ***der Haut***, *fachsprachl.* ***Chloasma*** *n Med* kloasmo
braunhaarig, *auch* ***brünett*** *Adj* brunhara, *auch* bruneta
Braunhaarige *f*, *auch* ***Brünette*** *f* brunharulino
Braunhäubchen *n Mykologie* ↑ ***Maronenpilz***
Braun|kehlchen *n* (Saxicola rubetra) *Orn* brungorĝulo; ~**kehluferschwalbe** *f* (Riparia paludicola) *Orn* brungorĝa bordhirundo
Braunklee *m Bot*: ***[einjähriger]*** ~ (Trifolium badium) bruna trifolio
Braunkohl *m Bot, Nahr* ↑ ***Grünkohl***
Braunkohle *f* bruna karbo *od* brunkarbo; *Lignit (Braunkohle mit noch deutlicher Holzstruktur)* lignito; ~**ausstieg** *m Beendigung des Braunkohlebergbaus* ĉeso de [la] brunkarba minado
Braunkohlen|bergwerk *n* brunkarba minejo; ~**brikett** *n* brunkarba (*od* lignita) briketo; ~**teer** *m* brunkarba gudro
Braunkopf|ammer *f* (Emberiza bruniceps) *Orn* brunkapa emberizo; ~**kleiber** *m* (Sitta pusilla) brunkapa sito *[Vorkommen: SO-USA]*; ~**[lach]möwe** *f*, *auch* ***Tibet-Lachmöwe*** *f* (Larus brunnicephalus = Chroicocephalus brunnicephalus) *Orn* brunkapa mevo *[Vorkommen im Hochland von Tibet]*; ~**spint** *m* (Merops lechenaulti) *Orn* brunkapa abelmanĝulo
bräunlich *Adj* bruneta
Braun|liest *m* (Halcyon smyrnensis) *Orn (eine Eisvogelart)* blankbrusta alciono; ~**maina** *f* (Acridotheres fuscus) *Orn* bruna majno (*vgl. dazu* ***Hirtenmaina***); ~**mantel-Austernfischer** *m* (Haematopus palliatus) *Orn* amerika hematopo *[Vorkommen: USA u. Südamerika]*; ~**nackenfrankolin** *m*, *auch* ***Kastanienhalsfrankolin*** *m* (Francolinus castaneicollis) *Orn* brunnuka frankolino, *auch* rufkola frankolino *[Vorkommen: Äthiopien u. Somalia]*; ~**ohrbülbül** *m* (Hemixos flavala) *Orn* brun-orela bulbulo; ~**pelikan** *m*, *auch* ***brauner Pelikan*** (Pelecanus occidentalis) *Orn* bruna pelikano
Braunreizker *m Mykologie* ↑ *unter* ***Milchling a)***
braunrot *Adj* brunruĝa *od* ruĝe bruna, *(das Fell von Pferden)* beja (*vgl. dazu* ***rotbraun***)
Braunrückengoldsperling *m* (Passer luteus) *Orn* afrika orpasero
Braunscheitel|-Brillenvogel *m* (Zosterops atriceps) *Orn* brunverta zosteropo; ~-**schwalbe** *f* (Hirundo flavicola = Petrochelidon flavicola) *Orn* rivera hirundo *[Vorkommen in Indien]*
Braunschnäpper *m Orn* ↑ *unter* ***Fliegenschnäpper***
Braunschwanz *m* (Cercomela scotocerca) *Orn* brunvosta saksikolo
braunschwarz *Adj* brunenigra
Braunschweig (*n*) *eine Stadt in Niedersachsen* Brunsvigo
Braunsichler *m*, *auch* ***brauner Sichler*** *m* (Plegadis falcinellus) *Orn* bruna ibiso
braunstäng[e]lig, *Fachspr Bot auch lat.* ***fuscipes*** *Adj* brun-tiga
Braunstein *m Min* ↑ ***Pyrolusit***
Brauntölpel *m Orn* ↑ ***Weißbauchtölpel***
Braunwürger *m* (Lanius cristatus) *Orn* bruna lanio *[Vorkommen: Sibirien u. Mongolei]*
Braunwurz *f* (*Gattung* Scrophularia) *Bot* skrofulario (↑ *auch* ***Frühlings-*** *u.* ***Wasserbraunwurz***); ***knotige*** ~ *od* ***Knotenbraunwurz*** *f* (Scrophularia nodosa) noda skrofu-

lario

Braunwurzgewächse *n/Pl Bot*: ***[Familie der]*** ~ (Scrophulariaceae) skrofulariacoj *Pl*

Braus *m* ◇ ***in Saus und ~ leben*** vivi en lukso kaj abundo

Brause *f* ***a)*** *reg für «Dusche»* duŝo (↑ *auch* ***Handbrause***); *an der Gießkanne od eines Springbrunnens* rozo ***b)*** *auch* ***Brauselimonade*** *f Getränk* eferveska limonado, *pop auch* ŝaŭmlimonado; ~**bad** *n* duŝbano

brausen *intr* ***a)*** *duschen* duŝi; ***sich ~*** *duschen* sin duŝi ***b)*** *tosen (Brandung, Sturm, Wasserfall)* muĝi; *aufbrausen (Getränk)* eferveski ***c)*** *rasen (mit Kfz) umg* furioze veturi, rapidegi; ***das Auto brauste um die Ecke*** la aŭto rapidegis ĉirkaŭ la angulon

brausend *Adj* muĝanta; ~***er Beifall*** furioza aplaŭdo

Brause|pulver *n* eferveska pulvoro; ~**tablette** *f Pharm* eferveska tablojdo, *pop auch* ŝaŭmtablojdo

Braut *f* fianĉino, *am Hochzeitstag auch* nov-edzino *od* junedzino

Brautbukett *n* ↑ ***Brautstrauß***

Braut|eltern *Pl* gepatroj de la junedzino; ~**ente** *f* (Aix sponsa) *Orn (eine nordamerikanische Waldente)* amerika mandarenanaso, *auch* karolina anaso *[Vorkommen: Kanada bis Mexiko, auch auf Kuba u. den Bahamas]*; ~**führer** *m* fianĉinfraŭlo

Bräutigam *m* fianĉo, *am Hochzeitstag auch* nov-edzo *od* junedzo

Braut|jungfer *f* fianĉinfraŭlino, *auch* honora fraŭlino; ~**kleid** *n* fianĉina (*od* edziĝa) vesto; ~**mutter** *f* fianĉin-patrino, patrino de la junedzino; ~**paar** *n*, *auch* ***Brautleute*** *Pl* gefianĉoj *Pl*, *am Hochzeitstag auch* junaj geedzoj *Pl*

Brautschau *f*: ***auf ~ gehen*** serĉ[ad]i edzinon

Braut|schleier *m* fianĉina (*od* nupta) vualo; ~**strauß** *m*, *auch* ***Brautbukett*** *n* fianĉina bukedo; ~**werben** *n das Freien für jmd. anderen* svatado; ~**werber** *m* svatanto, *(als Beruf)* svatisto

brav *Adj artig* bonkonduta; *folgsam* obeema; *tüchtig* brava; *rechtschaffen* honesta; *alt für «tapfer»* kuraĝa; ~***er Hund!*** *od* ~, ***der Hund!*** *zu einem Hund gesagt, um ihn zu loben od zu beruhigen* bona hundo!

Bravheit *f Artigkeit, gutes Benehmen* bona konduto; *Folgsamkeit* obeemo; *Tüchtigkeit* braveco; *alt für «Tapferkeit»* kuraĝo

bravissimo! *Interj: sehr gut!* bravege!, *auch* bravisime!

bravo! *Interj* brave!

Bravour [...ˈvu:r] *f Mus (meisterhafter Vortrag [eines schwierigen Stückes])* bravuro

bravourös *Adj meisterhaft* bravura

Bravourstück *n Mus* bravura peco *auch übertr*; *tapfere Tat* bravaĵo

Brazzaville (*n*) *Hptst. der Republik Kongo* Brazavilo; ~**-Staaten** *Pl Pol (die ehemaligen französischen Kolonien in Afrika, die 1960 eine Kpnferenz in Brazzaville abhielten u. auch nach Erringung ihrer Unabhängigkeit gewisse Bindungen an Frankreich aufrechterhielten)* Brazavil-Ŝtatoj *Pl*

BRD = *Abk für* ***Bundesrepublik Deutschland***

Break|dance [ˈbre:kda:ns] *m von jungen Afroamerikanern um 1980 entwickelter Tanz mit abgehackten Bewegungen u. akrobatischen Elementen* rompdanc[ad]o; ~**-dancer** *m* rompdancisto

Breccie [ˈbrɛtʃə] *od* **Brekzie** [ˈbrɛktsjə] *f Geol, Min (Sedimentgestein aus kantigen, durch ein Bindemittel verkitteten Gesteinstrümmern)* breĉio; ***vulkanische ~*** vulkana breĉio

brechbar *Adj*: ***nicht ~*** *Opt* nerefraktebla

Brech|durchfall *m Med* somera ĥolero (*vgl. dazu* ***Cholerine***); *des Säuglings* infanĥolero; ~**eisen** *n Handw* levostango

brechen ***a)*** *tr ab-, durch- u. zerbrechen* rompi *auch übertr*, disrompi; *Gesetz, Marmor, Stein, Vertrag* rompi; *Trotz, Widerstand* rompi, venki; *Opt (Licht, Strahlen)* refrakti; *geh od poet für «pflücken»* pluki, [de]ŝiri; *falten* faldi; ***Blut ~*** *Med* vomi sangon; ***die Ehe ~*** adulti; ***einen Eid ~*** rompi ĵuron; ***das Fasten ~*** *das Fasten beenden* rompi sian faston; ***einen Rekord ~*** rompi (*od* superi) rekordon; ***das Schweigen ~*** rompi la silenton ◇ ***jmdm. das Herz ~*** rompi la koron al iu; ***jmds. ~ brechen*** rompi ies koron; ***jmdm. die Treue ~*** malfideliĝi al iu ***b)*** *intr in Stücke gehen* rompiĝi *auch übertr*; *frakturieren (Knochen)* frakturiĝi; *erbrechen, sich übergeben* vomi (*vgl. dazu* ***ausspeien***); ***mit jmdm. ~*** *Beziehungen zu jmdm. abbrechen* ĉesigi la rilatojn al iu, *auch* rompi kun iu; ***sich ~*** *Licht* refraktiĝi; *Wellen* rompiĝi; ***er hat sich den Arm gebrochen*** li rompis al si la brakon, *auch* lia brako rompiĝis ◇ ***das wird ihm den Hals ~*** tio ruinigos (*od* pereigos) lin; ***das bricht einem das Herz*** tio krevigas la koron; ***etw. übers Knie*** ~ agi tro rapide [kaj senpripense]

Brechen *n Med*: ***mir ist wie*** ~ *pop für «ich empfinde Brechreiz»* mi sentas vomemon

brechend 1. *Adj*: ~***es Medium*** *n Opt* refraktilo; ***Strahlen*** ~ *refraktiv* refrakta **2.** *Adv*: ~ ***voll*** *od* ***zum Brechen voll*** [absolute] plenplena

Brecher *m sehr hohe Welle* [fortega kaj] tre alta ondo

Brechmaschine *f Tech* ↑ ***Desintegrator***

Brechmittel *n*, *Fachspr* ***Emetikum*** *od* ***Vomitiv[um]*** *n Pharm* vomiga drogo *od* vomigilo, *Fachspr auch* emetiko

Brechnussbaum *m* (Strychnos nux-vomica) *Bot* vomnuksa strikno

Brechnussgewächse *n/Pl Bot*: ***[Famillie der]*** ~ (Loganiaceae) loganiacoj *Pl* <*vorwiegend in den Tropen, z.B. die Gattung ‹Strychnos›*> (*vgl. dazu* ***Brechnussbaum, Ignatiusbohne*** *u.* ***Schlangenholzbaum***)

Brech|pulver *n* vomiga pulvoro; ~**reiz** *m* naŭzo; *Übelkeit mit Brechreiz* vomemo; ~**stange** *f Handw* levostango, levumilo

Brechung *f*, *auch* ***Refraktion*** *f Opt (das Brechen von Strahlen)* refrakto, *(das Sichbrechen von Strahlen)* refraktiĝo (↑ *auch* ***Doppelbrechung***)

Brechungs|index *m*, *auch* ***Brechungszahl*** *f od* ***optische Dichte*** *f Opt* refrakta indico *od* refraktoindico; ~**winkel** *m Opt* refrakta angulo

Brechweinstein *m Pharm (ein Emetikum)* vomiga tartrato

Brechwurz *f Bot* ↑ ***Ipekakuanha***

Brechzahlmesser *m Opt* ↑ ***Refraktometer***

Bredouille *f* embaraso (*vgl. dazu* ***Klemme b)*** *u.* ***Verlegenheit***); ***in der*** ~ ***sein*** *in Verlegenheit sein* esti en embaraso

Bregen *m reg für «Gehirn [von Schlachttieren]»* cerbo [de buĉita(j) besto(j)], *(Kochk)* cerbaĵo

Bregenz (*n*) *Hptst. des österr. Bundeslands Vorarlberg* Bregenco; ***Bregenzer Festspiele*** *Pl Theat* Festivalo de Bregenco

Bregenzer Wald *m Bergland im nordöstl. Vorarlberg* Bregenca Arbaro

Bregma *n Anat (Kreuzungspunkt der Kranz- und Pfeilnaht [am Schädel])* bregmo

Brei *m*, *reg u.* <*österr*> *umg* ***Koch*** *n Kochk* kaĉo (*vgl. dazu* ***Püree***; ↑ *auch* ***Baby-, Gersten-, Hafer-, Hirse-, Kartoffel-, Mais-, Mehl-, Reis-*** *u.* ***Sagobrei***); *i.w.S. auch breiartige Masse* (↑ *auch* ***Kontrastbrei***); *fürs Baby* kaĉo por la bebo (*od* por etinfano); *Püree* pureo; ***zu*** ~ ***kochen*** (*bzw.* ***stampfen***) kaĉigi; ***zu*** ~ ***werden*** kaĉiĝi ◇ ***viele Köche verderben den*** ~ tro da kuiristoj kaĉon difektas *(Zam)*; ***wie die Katze um den heißen*** ~ ***herumgehen*** danci kiel kato ĉirkaŭ poto *(Zam)*

Breiapfel *m*, *auch* ***Sapotillapfel*** *m* (Achras sapota) *Bot, Nahr* sapoto

breiartig *od* **breiig**, *reg* ***labb[e]rig*** *Adj* kaĉosimila; *wie Brei* kiel kaĉo (↑ *auch* ***pappig***); *pulpös* pulpa; *i.w.S. (zähflüssig)* malfacile fluanta, viskoza, *(sirupartig)* siropeca; *nur Fachspr Med: schleimig-eitrig [z.B. Beläge bei Angina]* pultacea

Breisgau *m*, *reg n eine südwestdeutsche Landschaft* Brisgovio, *auch* Brisgaŭo

breit 1. *Adj* larĝa; *ausgedehnt, geräumig, weit od weit reichend* vasta; ***die*** ~***en Massen*** *Pl* la vastaj amasoj [de la popolo]; ***die*** ~***e Öffentlichkeit*** la vasta publiko; ***sich*** ~ ***machen*** ekaperi kaj okupi multan (*od* preskaŭ la tutan) spacon; *viel Platz brauchen* bezoni (*bzw.* okupi) multe da spaco; ***einen Finger*** ~ unu fingron larĝa *od* la larĝon de unu fingro; ***fünf Meter*** ~ kvin metrojn larĝa **2.** *Adv weitschweifig, allzu ausführlich, mit allen Einzelheiten* multvorte, tro detal[em]e ◇ ***weit und*** ~ *überall* ĉie; *nah und fern* proksime kaj malpoksime (*od* fore)

Breitband *m* (Dytiscus latissimus) *Ent* larĝ-randa ditisko, *pop* larĝ-randa akvoskarabo <*größter Vertreter der Familie Schwimmkäfer*>

Breitband|anschluss *m Elektroinik* larĝbenda konekto; ~**-Antibiotikum** *n Pharm* vastspektra antibiotiko (↑ *auch* ***Amoxicillin*** *u.* ***Chloramphenicol***); ~**netz** *n Elektronik* larĝbenda reto; ~**Penizillin** *n Pharm* vastspektra penicilino

breitbeinig *Adv mit gespreizten Beinen* kun disetenditaj gamboj; ~ ***dastehen (gehen)*** stari (iri) kun disetenditaj gamboj

breitblättrig *Adj Bot* larĝfolia

Breite *f* larĝ[ec]o; *Geogr* latitudo; ***astronomische*** (***geodätische, nördliche, südliche***) ~ astronomia (geodezia, norda, suda) latitudo; ***der*** ~ ***nach*** laŭlarĝe; ***bei Flut erreicht der Fluss eine*** ~ ***von 30 Metern*** dum la fluso la rivero atingas larĝon de tridek metroj

Breiten|grad *m Geogr* [grado de] latitudo; ~**kreis** *m, auch* ***Parallelkreis*** *m Geogr* cirklo de latitudo *od* paralela cirklo, *auch kurz* paralelo; ~**sport** *m* amasa sporta movado (↑ *auch* ***Freizeitsport***); ~**wirkung** *f* efiko al la [popol]amaso

Breitfußschiene *f* ↑ ***T-Schiene***

breitkrempig *Adj*: ~***er Hut*** *m* larĝranda ĉapelo *od* ĉapelo kun larĝa rando

Breitling *m Sammelbez. für* ↑ ***Brachsen*** *u.* ↑ ***Sprotte***

breitmachen, sich *alt = **sich breit machen*** [↑ *unter **breit 1.***]

Breitmaulnashorn *m* (Ceratotherium simum) *Zool* larĝbuŝa (*od* larĝlipa) rinocero *<zweitgrößtes Landsäugetier der Erde>*

breitrandig *Adj* larĝranda

Breitsame *m* (*Gattung* Orlaya) *Bot* orlajo; ***großblütiger*** ~ (Orlaya grandiflora) grandflora orlajo

breitschlagen *tr*: ***jmdn.*** ~ *übertr umg für «jmdn. überreden»* [ege] persvadi iun (***zu*** al *od* je); ***sich*** ~ ***lassen*** lasi persvadi sin

Breit|schnabel[lummen]sturmvogel *m* (Pelecanoides georgicus) *Orn* antarkta plonĝopetrelo *[Vorkommen in subantarktischen Meeren]* (*vgl. dazu **Lummensturmvogel***); ~**schnauzenkaiman** *m* (Caiman latirostris) *Zool* larĝmuzela kajmano *[Vorkommen: Südamerika]*

breitschult[e]rig *Adj* larĝaŝultra *od nachgest* kun larĝaj ŝultroj; *i.w.S. stark* forta

Breitschwanzschaf *n* ↑ ***Karakulschaf***

Breitseite *f* laŭlonga flanko

Breitspur|bahn *f Eisenb* larĝaŝpura fervojo; ~**gleis** *n Eisenb* larĝaŝpura trako

breitspurig *Adj* ***a)*** *Eisenb* larĝaŝpura ***b)*** *großspurig* aplomba, aroganta

breit|streichen *tr* dissmiri; ~**treten** *tr* distreti; *übertr* detalege parolaĉi (***etw.*** pri io)

Breitwand *f Film* larĝa ekrano; ***auf*** ~ *Kino* sur larĝa ekrano

Breitwandfilm *m* larĝ-ekrana filmo

Breitwegerich *m, auch **großer Wegerich** m* (Plantago major) *Bot* granda plantago

Breiumschlag *m Pharm*: ***[heißer]*** ~ *mit besonderen Wärmeausträgern, z.B. Leinsamen* kataplasmo (*vgl. dazu **Fango***)

Brekzie *f Geol* ↑ ***Breccie***

Bremen (*n*) *1. kleinstes dt. Bundesland 2. dt. Hafenstadt* Bremeno

Bremer *m Einwohner von Bremen* bremenano

Bremerin *f* bremenanino

Bremerhaven (*n*) *deutsche Hafenstadt an der Wesermündung* Bremerhaveno

bremisch *Adj aus Bremen* bremena, el Bremeno

Brems|backe *f* bremsmakzelo; ~**belag** *m auf Bremsbacken aufgenieteter Belag* brems[o]garnaĵo; ~**druck** *m* bremspremo

[1]**Bremse** *f* (*Gattung* Tabanus *u. verwandte Gattungen*) *Ent (Stechfliege)* tabano, *(Biesfliege, Pferde*~*)* ojstro (↑ *auch **Rinderbremse***); ***[Familie der]*** ~***n*** *Pl* (Tabanidae) tabanedoj *Pl*; ***von einer*** ~ ***gestochen werden*** esti pikata de tabano

[2]**Bremse** *f Hemmvorrichtung* bremso (↑ *auch **Backen-, Band-, Differenzial-, Druckluft-, Fahrrad-, Felgen-, Freilauf-, Fuß-, Hand-, Hinterrad-, Luftdruck-, Naben-, Not-, Öldruck-, Rücktritt-, Scheiben-, Schleuder-, Trommel-, Vakuum-, Vierrad-** u. **Vorderradbremse***); ***hydraulische*** (***hydrodynamische, mechanische***) ~ hidraŭlika (hidrodinamika, mekanika) bremso; ***die*** ~ ***anziehen*** (***betätigen, lösen, nachstellen, überprüfen***) streĉi (funkciigi, lozigi, reĝustigi, kontroli) la bremson; ***die*** ~ ***zieht nicht*** la bremso ne funkcias (*od umg auch* laboras); ***die*** ~***n quietschen*** la bremsoj kriĉas

bremsen *intr u. tr* bremsi *auch abs u. i.w.S.*; ***plötzlich*** ~ subite bremsi

Bremsen *n* bremsado

Bremser *m Eisenb* bremsisto *auch Wintersport: hinterster Fahrer im Bob*

Brems|fallschirm *m Flugw* bremsa paraŝuto; ~**gestänge** *n* bremsstangaro

Bremsgewicht *n* ↑ ***Bremsmasse***

Brems|gitter *n El* haltiga krado; ~**hebel** *m* brems[o]levumilo; ~**kabel** *n* bremskablo; ~**klappe** *f Flugw (zur Geschwindigkeitsminderung ausfahrbare Klappe am Tragflügel od Rumpf)* bremsklapo; ~**klotz** *m* bremsbloko; ~**kraft** *f* bremsforto *od* bremsa forto; ~**kupplung** *f* bremskuplilo; ~**leuchte** *f od* ~**licht** *n Kfz* bremslampo, bremslumo; ~**masse** *f, alt **Bremsgewicht** n* bremsata maso, *alt* bremspezaĵo; ~**pedal** *n* bremspedalo; ~**probe** *f* bremsprovo; ~**rakete** *f od* ~**triebwerk** *n Raumf* bremsa raketo; ~**scheibe** *f* bremsdisko; ~**schlauch** *m Kfz* bremshoso

Bremsschuh *m Eisenb* ↑ ***Hemmschuh a)***

Brems|seil *n od* ~**zug** *m* bremskablo (*vgl.*

dazu ***Bowdenzug***); ~**spur** *f* brems[o]spuro; ~**trommel** *f* bremstamburo

Bremsung *f* bremsado (↑ *auch* ***Not-*** *u.* ***Vollbremsung***)

Brems|ventil *n* bremsvalvo; ~**vorrichtung** *f* bremsmekanismo (↑ *auch* ***Notbremsassistent***); ~**weg** *m* bremsadlongo; ~**wegabstand** *m* bremsadlonga distanco; ~**wirkung** *f* bremsefiko; ~**zylinder** *m* bremscilindro

brennbar *Adj* brulpova; ***leicht*** ~ [ek]brulema; ***nicht*** ~ nebrula, nebruligebla; ~***e Flüssigkeit*** *f* brulema likvaĵo; ~***es Material*** *n* [ek]brulema materialo (*od* substanco)

Brennbarkeit *f* brulpovo

Brennebene *f Opt* ↑ ***Fokalebene***

brennen ***a)*** *tr Branntwein* distili; *Kaffee* rosti; ~ ***lassen*** bruligi; ***Dachziegel*** (***Ziegel***) ~ baki tegolojn (brikojn); ***Schnaps*** ~ distili brandon ***b)*** *intr* bruli *auch Brennnessel, Pfeffer u. dgl. übertr* (↑ *auch* ***beißen b)***); *in Flammen stehen* esti en flamoj, brulegi; *lodern* alte flam[ad]i; *Kerze, Lampe, Licht* lumi; *übertr auch* flami, ardi (***vor*** de); ***schwach*** (*od* ***[nur] ein wenig***) ~ [nur] malforte bruli, bruleti; ***es brennt!*** *Ausruf* fajro!; ***die Sonne brennt*** la suno brul[eg]as; ***sich*** ~ *eine Brandverletzung bekommen* brulvundi sin; ***ich habe mich am Ofen gebrannt*** mi brulvundis min je la forno; ***vor Neugier*** (***Ungeduld***, ***Verlangen***) ~ ardi (*od auch* bruli) de scivolo (senpacienco, dezir[eg]o) ◇ ***es brennt nicht*** *es ist nicht eilig* ne urĝas; ***wo brennt's denn?*** *was ist denn passiert?* kio [do] okazis?

Brennen *n* brulado

brennend 1. *Adj* brula *auch übertr*; *in Flammen stehend* brulanta; *Eifer, Liebe* arda; *Frage* urĝa, aktualega, *auch* brula; *Interesse* flama; ~***er Schmerz*** *m* brula doloro **2.** *Adv*: ***sich für etw.*** ~ ***interessieren*** flame interesiĝi pri io

[1]**Brenner** *m* ***a)*** *Gerät* brulilo (↑ *auch* ***Bunsenbrenner***); *an Gasgeräten* flamingo ***b)*** *Branntwein*≗ *(Person)* distilisto [de brando]

[2]**Brenner** *m ein Alpenpass* [montpasejo] Brenero

Brennerei *f* ***a)*** *Ziegel*≗ brikobakejo, *[oft gemeint:] Ziegelei* brik[ofar]ejo ***b)*** *Branntwein*≗ brandodistilejo

Brenn|glas *n Opt* bruliga vitro; ~**haare** *n/Pl von Brennnesselgewächsen* brulharoj *Pl*; ~**holz** *n* brulligno

Brennkammer *f z.B. in Raketen- od Turbinentriebwerken* brulkamero; ~**kühlmantel** *m* fridiga ŝirmŝelo de [la] brulkamero

Brennkraut *n Med* ↑ ***Moxa*** *bzw. Bot* ↑ *unter* ***Hahnenfuß***

Brennmaterial *n* brulmaterialo, *(Brennstoff)* brulaĵo

Brennnessel *f* (*Gattung* Urtica) *Bot* urtiko; ***große*** ~ (Urtica dioica) granda urtiko; ***kleine*** ~ (Urtica urens) malgranda urtiko

brennnessel|artig *Adj* urtikeca; ~**blättrig**, *Fachspr auch lat.* **urticofolius** urtikofolia

Brennnesselgewächse *n/Pl Bot*: ***[Familie der]*** ~ (Urticaceae) urtikacoj *Pl*

Brenn|ofen *m Ofen zum Brennen von Keramikwaren, Ziegeln u.a.* bakforno; ~**öl** *n für Petroleumlampen* lampa petrolo, keroseno

Brennpunkt *m Opt u. übertr* fokuso; ***im*** ~ ***des Interesses stehen*** esti en la fokuso de la publika intereso

Brenn|schere *f alt* krispigilo [por la haroj]; ~**spiegel** *m Opt* konkava spegulo [per kiu oni povas ekbruligi ian materialon]; ~**spiritus** *m* brulalkoholo; ~**stäbe** *m/Pl Kernphysik* brulstangetoj *Pl*

Brennstift *m Chir, Zahnmedizin* ↑ ***Thermokauter***

Brennstoff *m* brulaĵo; *Tech (Kraft- od Treibstoff)* fuelo (↑ *auch* ***Kern-*** *u.* ***Nuklearbrennstoff***); *Flugw (Treibstoff [für Luftstrahltriebwerke])* keroseno; ***flüssiger*** ~ *(flüssiger Kraftstoff)* likva fuelo

Brenn|stoffzelle *f* fuelpilo; ~**weite** *f*, *auch* ***Fokaldistanz*** *f od* ***Fokalabstand*** *m Opt* interfokusa distanco, *auch* fokusdistanco

brenzlig 1. *Adj* ***a)*** *angebrannt riechend* brul-odora; *angebrannt schmeckend* brulgusta; ~***er Geruch*** *m* brul-odoro; *Tech (bei Trockendestillation)* empireŭmo ***b)*** *übertr umg für «bedenklich» od «kritisch»* tikla, delikata, kritika; ***eine*** ~***e Situation*** tikla (*bzw.* [iom] kritika) situacio **2.** *Adv*: ***es riecht*** ~ brul-odoras (*vgl. dazu* ***verbrannt***)

Brenztraubensäure *f* (*auch* ***Acetylameisensäure*** *genannt*) *Biochemie* piruvato

Bresche *f bes. Mil* breĉo; ***eine*** ~ ***in die feindlichen Reihen schlagen*** fari breĉon en la malamikaj vicoj ◇ ***für jmdn. in die*** ~ ***springen*** *jmdn. ersetzen* [rapide *bzw.* senprobleme *u.a.*] anstataŭi iun; *für jmdn. eintreten* elpaŝi favore al iu; *für jmdn. plädieren* pledi por iu

Breslau (*n*) ↑ ***Wrocław***

[1]**Brest** (*n*) *eine franz. Hafenstadt in der Bretagne* Bresto

[2]**Brest** (*n*), *früher (bis 1940)* ***Brest-Litowsk*** (*n*) *eine belarussische Stadt am Bug* Bresto *<Grenzübergang zu Polen>*

Bretagne *f Halbinsel u. Region in NW-Frankreich* Bretonio *[Hptst.: Rennes]*

Bretone *m* bretono

Bretonin *f* bretonino

bretonisch *Adj* bretona

Bretonisch[e] *n Ling (eine zur britannischen Gruppe der keltischen Sprachen gehörende Sprache)* la bretona [lingvo]

Brett *n* tabulo *auch Bauw u. Spiel≗* (↑ *auch* ***Dame-***, ***Dielen-***, ***Mühle-*** *u.* ***Schachbrett***); *waagrecht angebrachtes Brett, folglich i.w.S. auch für Bücher≗, Wand≗ od Bücherbord* breto; *Servier≗* pleto (*vgl. dazu* ***Tablett***); ***Schwarzes*** ~ *Anschlagtafel* nigra tabulo, afiŝtabulo (*vgl. dazu* ***Reklametafel***); ***das Stück ging über die ~er*** *Theat* la teatraĵo estis prezentata ◇ ***ein ~ vorm Kopf haben*** esti fermitkapa, *auch* esti kvazaŭ blinda; ***bei jmdm. einen Stein im ~ haben*** esti favorata de iu

Brettchen *n* tabuleto

Bretter|bude *f* budo [el tabuloj]; ~**bühne** *f* tabulscenejo; ~**dach** *n* tabultegmento; ~**verschlag** *m* septo el lignaj tabuloj; ~**zaun** *m* tabulbarilo

brettförmig *Adj* tabul[o]forma

Brettl *n* ↑ ***Ski***

Brettspiel *n* tabulludo (*vgl. dazu* ***Damespiel***)

Bretzel *f* ↑ ***Brezel***

Breve *n kurz gefasster päpstlicher Erlass* brevo

Brevet *n 1. Gnadenbrief des französischen Königs (mit Verleihung eines Titels u. Ä.) 2. Schutz-, Verleihungs-, Ernennungsurkunde (bes. in Frankreich)* breveto

Brevier *n Gebetbuch [für Stundengebete] der kath. Geistlichen* breviero

Brexit *m Pol (Austritt Großbritanniens aus der EU)* briteliro; ~**verhandlungen** *f/Pl zw. Großbritannien u. der EU* intertraktadoj pri briteliro

Brezel *f*, *<österr> auch n*, *<schweiz>* ***Bretzel*** *f*, *reg* ***Brezen*** *f ein Gebäck* breco

Briareos (*m*) *griech. Myth (ein Gigant mit 50 Köpfen und 100 Armen)* Briareo

Bricke *f reg Ichth* ↑ ***Neunauge***

Bridge [*britʃ*] *n Kart* briĝo (*vgl.dazu* ***Whist***); ~ ***spielen*** ludi briĝon, *salopp auch* briĝi

Bridgetown (*n*) *Hptst. des Inselstaats Barbados/KleineAntillen* Briĝtaŭno

Brief *m* letero (*vgl. dazu* ***Schreiben***; ↑ *auch* ***Antwort-***, ***Auslands-***, ***Bettel-***, ***Droh-***, ***Eil-***, ***Einschreibe-***, ***Geschäfts-***, ***Liebes-***, ***Luftpost-***, ***Mahn-***, ***Protest-*** *u.* ***Wertbrief***); *bibl (Apostel≗ im Neuen Testament)* epistolo; ***eingeschriebener*** (***postlagernder***) ~ registrita (poŝtrestanta) letero; ***offener*** ~ *geöffneter Brief* malfermita letero; *Brief, der öffentlich bekannt gegeben wird* publika letero; ***versiegelter*** ~ sigelita letero; ***einen ~ frankieren*** afranki leteron; ***einen ~ an jmdn. richten*** direkti (*od auch* adresi) leteron al iu; ***einen ~ auf dem Computer schreiben*** tajpi (*od* klavi) leteron komputile; ***einen ~ in den [Post-] Kasten stecken*** (*od* ***werfen***) meti leteron en la poŝtkeston; ***jmdm. einen ~ vorlesen*** voĉlegi leteron al iu; ***mit jmdm. ~e wechseln*** interŝanĝi leterojn kun iu, korespondi kun iu ◇ ~ ***und Siegel auf etw. geben*** firme certigi ion

Brief|anfang *m* komenco de leter[tekst]o; ~**annahme[stelle]** *f* leterakceptejo, *(über Schalter) auch* letergiĉeto; ~**ausgabe** *f* disdono (*od* distribuo) de leteroj, *(Stelle)* leterdisdonejo; ~**austausch** *m* leterinterŝanĝo; ~**bogen** *m* leterfolio; *i.w.S. (Briefpapier)* leterpapero; ~**bombe** *f* leterbombo; ~**bote** *m* leterportisto (*vgl. dazu* ***Postbote***)

Briefchen *n* letereto

Brieffreund *m* leteramiko, *auch* korespondamiko (↑ *auch* ***Briefpartner***)

Briefkasten *m* leterkesto (*vgl. dazu* ***Postkasten***); *Hausbriefkasten auch* leterskatolo; ~**firma** *f*, *auch* ***Scheinfirma*** *f* ŝajnfirmao

Brief|kontakt *m* [per]letera kontakto; ~**kopf** *m* leterkapo; ~**kopie** *f* kopio de letero

brieflich 1. *Adj* letera; *schriftlich* skriba **2.** *Adv (per Brief)* letere; *(in Schriftform)* en skriba formo

Briefmarke *f* poŝtmarko (*Abk* pm.) (↑ *auch* ***Porto-***, ***Sonderbrief-*** *u.* ***Zuschlagsmarke***); ***eine ~ mit Aufdruck*** (*od* ***Überdruck***) poŝtmarko kun surpreso; ***eine seltene*** ~ *Philat* rara poŝtmarko; ***zehn ~n zu 70 Cent*** dek poŝtmarkoj po (*od* je) sepdek cendoj

Briefmarken|album *n* poŝtmarka albumo; ~**auktion** *f* poŝtmarka aŭkcio; ~**ausstellung** *f* ekspozicio de poŝtmarkoj *od* filatela ekspozico; ~**automat** *m* poŝtmarka aŭtomato; ~**block** *m Philat* poŝtmarka bloko; ~**börse** *f* filatela borso, borso pri poŝtmarkoj; ~**[fach]geschäft** *n* vendejo de filatelaĵoj; ~**händler** *m* vendisto de filatelaĵoj; ~**katalog** *m Philat* poŝtmarka katalogo; ~**kunde** *f* filatelo; ~**sammler** *m* kolektanto de poŝtmarkoj, *Philatelist* filatelisto; ~**sammlung** *f* poŝtmarka kolekt[aĵ]o; ~**tausch** *m Philat* interŝanĝo de poŝtmarkoj

Briefmarkenzeitung *f* ↑ *unter* ***philatelistisch***

Brief|öffner *m* malfermilo por leteroj; ~**papier** *n* leterpapero *od* leterskriba papero; *Schreibpapier* skrib[o]papero; ~**partner** *m* leteramiko, *auch* plumamiko, *allg auch* korespondanto; ~**porto** *n* kotizo por sendo de letero, leterafrank[aĵ]o

Briefschaften *Pl* korespondaĵoj *Pl*, poŝtaĵoj *Pl*

Brief|schlitz *m für Posteinwurf* leterfend[et]o; ~**schreiber** *m* skribanto (*bzw.* skribinto) de letero

Brieftasche *f für Ausweise, Scheckkarten u. dgl.* paperujo; *Geldtasche* monujo; ***mit dicker*** ~ *bes. übertr* kun dika monujo

Brief|taube *f* leterkolombo, *auch* kurierkolombo *od* poŝtkolombo; ~**träger** *m* leterportisto (↑ *auch* ***Landbriefträger***); ~**umschlag** *m* koverto (↑ *auch* ***Fensterbrief-*** *u.* ***Luftpostumschlag***)

Briefverbindung *f*: ***in*** ~ ***stehen*** letere interrilati (***mit jmdm.*** kun iu)

Brief|waage *f* leterpesilo; ~**wahl** *m* perpoŝta balotado (*od* elektado)

Briefwechsel *m* leterinterŝanĝo, korespond[ad]o; ***sie stehen [miteinander] in*** ~ ili interŝanĝas leterojn, ili korespondas [unu kun la alia]

Brief|zusteller *m Briefträger* leterportisto; ~**zustellung** *f Post* liverado de leteroj

Bries *n*, *auch* ***Briesel*** *n Thymusdrüse von jungen Schlachttieren, bes. vom Kalb* timuso *auch Kochk* (↑ *auch* ***Kalbsbries***)

Brig (*n*) *ein Schweizer Ort im Kanton Wallis* Brigo

Brigade *f Mil* brigado; *Arbeits*~ laborbrigado (*vgl. dazu* ***²Schicht***; ↑ *auch* ***Komplexbrigade***); ~**general** *m Mil* brigada generalo; ~**kommandant** *m Mil* komandanto de brigado

Brigadier [*briga'dje:*] *m auch* ***Brigadeleiter*** *m ehemals in der DDR (Leiter einer Arbeitsbrigade)* estro de [labor]brigado

Brigantine *f*, *auch* ***Schonerbrigg*** *f Mar (kleines, leichtes zweimastiges Segelschiff des 17./18. Jh.s* brigantino, *auch* brigskuno

Brigg *f Mar (Segelschiff mit zwei rahgetakelten Masten)* brigo (↑ *auch* ***Brigantine***)

Bright [*brait...*] (*m*) *Eig (engl. Arzt [1789-1858])* Brajto; ~**-Krankheit** *f Med (Symptomenkomplex von Albuminurie mit Ödemen in Zusammenhang mit anatomischen Nierenveränderungen* Brajta malsano

Brighton (*n*) *Stadt u. Badeort an der englischen Kanalküste* Brajtono

Brigitta *od* **Brigitte** (*f*) *weibl. Vorname* Brigita *erstere auch Name einer legendenumwobenen Schutzheiligen Irlands*

Brikett *n* [karbo]brik[et]o (↑ *auch* ***Braunkohlenbrikett***)

brillant [*bril'jant*] *Adj glänzend* brila *auch übertr*; *ausgezeichnet* bonega, belega, *umg auch* bril[eg]a; ***er ist ein*** ~***er Redner*** li estas brila oratoro

Brillant [*bril'jant*] *m geschliffener Diamant* brilianto

Brillantine *f Haarkrem* harkremo

Brillant|ring *m* briliantringo; ~**schmuck** *m* briliant-ornamaĵo

Brillanz *f Glanz* bril[eg]o; *Virtuosität* virtuozeco

Brillantring [*bril'jant...*] *m* briliantringo

Brille *f* ***a)*** *alt* ***Augengläser*** *Pl* okulvitroj *Pl* (↑ *auch* ***Gleitsicht-***, ***Hör-***, ***Horn-***, ***Lese-***, ***Nah-*** *u.* ***Sonnenbrille***); ***mit*** ~ kun okulvitroj *od* surhavanta okulvitrojn, *adjektivisch auch* okulvitra; ***die*** ~ ***abnehmen*** (***aufsetzen***) demeti (surmeti) la okulvitrojn; ***[eine]*** ~ ***tragen*** surhavi okulvitrojn ◇ ***alles durch eine schwarze*** ~ ***sehen*** *pessimistisch sein* rigardi ĉion pesimisme; ***er betrachtet die Dinge durch seine eigene*** ~ li ĉion rigardas tra sia persona vitro *(Zam)*, li mezuras ĉion laŭ sia metro *od* li mezuras (*od* prijuĝas) ĉion en [absolute] subjektiva maniero; ***ohne*** ~ ***ist er verloren*** *scherzh für «ohne Brille kann er nichts sehen»* sen [siaj] okulvitroj li povas vidi [kvazaŭ] nenion ***b)*** *Klosett*~ neceseja sidilo (*od* seĝo)

Brillen|bär *m*, *auch* ***Andenbär*** *m* (Tremarctos ornatus) *Zool* okulvitra urso *[einzige Bärenart in Südamerika]*; ~**ente** *f* (Melanitta perspicillata) *Orn* okulvitra maranaso; ~**etui** *n*, *auch* ***Brillenfutteral*** *n* ujo por [la] okulvitroj; ~**fassung** *f* okulvitra kadro

Brillenfutteral *n* ↑ ***Brillenetui***

Brillen|gestell *n* okulvitra framo (*od* kadro); ~**glas** *n* vitro por okulvitroj; ~**grasmücke** *f*

(Sylvia conspicillata) *Orn* okulvitrosilvio

Brillenkaiman *m Zool* ↑ ***Krokodilkaiman***

Brillen|kakadu *m* (Cacatua ophtalmica) *Orn* bluokula kakatuo *[Vorkommen: endemisch im Bismarckarchipel u. östl. von Neuguinea]*; ~**pelikan** *m* (Pelecanus conspicillatus) *Orn* aŭstralia pelikano *[Vorkommen: Australien, Osttimor, Papua-Neuguinea u. Fidschi-Inseln]*; ~**pinguin** *m* (Spheniscus demersus) *Orn* [sud]afrika pingveno *[Vorkommen: Namibia u. Südafrika]*

Brillenschlange *f a) auch* ***indische Hutschlange*** *f* (Naja tripudians = Naja naja) *Zool* [hinda] kobro (*vgl. dazu* ***Hutschlange***) ***b) ägyptische*** ~ *od* ***Uräusschlange*** *f* (Naja haje) egipta kobro, aspido (↑ *auch* ***Viper***) *[Vorkommen: Ägypten, bes. im Nildelta]* *<altägypt. Symbol der Königsherrschaft>* ***c)*** *umg scherzh für «Brillenträgerin»* okulvitrulino, okulvitra virino

Brillen|schötchen *n* (Biscutella) *Bot (eine Gattung der Kreuzblütler im Mittelmeergebiet u. südlichen Zentraleuropa)* biskutelo; ~**taube** *f* (Streptopelia decipiens) *Orn* okulvitra turto; ~**träger** *m* okulvitrulo

Brillenvogel *m* (*Gattungen* Zosterops *u.* Chlorocharis) *Orn* zosteropo, *pop auch* blank-okululo (↑ *auch* ***Ambon-***, ***Biak-***, ***Braunscheitel-***, ***Ceylon-***, ***Dotterbrust-***, ***Gebirgs-***, ***Java-***, ***Kap-***, ***Mangrove-***, ***Mahé-***, ***Maskarenen-***, ***Molukken-***, ***Orangekehl-***, ***Rotflanken-***, ***Samoa-***, ***Schwarzkappen-***, ***Schwarzkopf-***, ***Senegal-***, ***Somali-***, ***Weißbrust-***, ***West-*** *u.* ***Zitronenbrillenvogel***); ***australischer*** ~ ↑ ***Graumantelbrillenvogel***; ***indischer*** ~ ↑ ***Ganges-Brillenvogel***; ***japanischer*** ~ *od* ***Japan-Brillenvogel*** *m* (Zosterops japonicus [*od* yesoensis]) japana zosteropo *[Vorkommen: Japan einschließlich der Ryukyu-Inseln, China mit Hainan, Taiwan, Vietnam]*; ***schwarzäugiger*** ~, *auch* ***Schwarzring-Brillenvogel*** *m* (Chlorocharis emiliae) *Orn* nigraokula zosteropo; ***[Familie der] Brillenvögel*** *Pl* (Zosteropidae) zosteropedoj *Pl*

brillieren *intr* brili *auch übertr*

Brimsen *m*, *slawisch* ***Bryndza*** *f Nahr (bes. <österr>) ein Frischkäse aus Schafsmilch* brindzo *<vor allem in Ost-Österreich, in der Slowakei u. in Polen üblich>*

Brindisi (*n*) *eine süditalienische Hafenstadt [in Apulien]* Brindizio

bringen *tr a) herbeibringen* alporti (***jmdm. etw.*** ion al iu); *begleiten* akompani, *hinführen* konduki (***jmdn. nach*** *od* ***zu*** iun al); ***etw.*** ~ ***lassen*** *her- od hinbringen lassen* alportigi ion; ***bitte*** ~ ***Sie mir ...*** bonvolu alporti [por mi] ...; ***jmdn. nach Hause*** ~ akompani iun hejmen; ***er brachte den Brief zur Post*** li portis la leteron al la poŝtejo ***b)*** *veranlassen* kaŭzi, *meist aber durch Verbalsuffigierung mit ...ig... ausgedrückt, z.B.* ***jmdn. ins Gerede*** ~ vastigi (*od* cirkuligi) kalumniojn pri iu; ***ein Kind zu Bett*** ~ enlitigi infanon, *auch* meti infanon en [la] liton; ***etw. in Gang*** ~ *etw. beginnen lassen* komencigi ion, *bes. Tech* [ek]funkciigi ion; ***jmdm. etw. zur Kenntnis*** ~ sciigi ion al iu; ***etw. in Ordnung*** ~ ordigi ion (*vgl. dazu* ***klären*** *u.* ***regeln***); ***etw. zu Papier*** ~ surpaperigi ion; ***jmdn. zum Schweigen*** ~ silentigi iun; ***etw. widerrechtlich an sich*** ~ kontraŭleĝe havigi ion al si ***c)*** *zur Folge haben* sekvigi ***d)*** *abwerfen, ergeben* doni; ***Gewinn*** (*od* ***Profit***) ~ doni (*od* alporti) profiton ***e)*** *in weiteren Fügungen*: ***er brachte es dahin, dass ...*** *er erreichte damit, dass ...* li [fine] atingis, ke ...; ***jmdn. dahin*** (*od* ***dazu***) ~, ***dass ...*** persvadi iun, ke ...; ***er kann es noch weit*** ~ li povas fari bonan karieron; ***er wird es nie zu etwas*** ~ *bes. geschäftlich* li neniam prosperos; ***in Einklang*** ~ *harmonisieren* harmoniigi (***mit*** kun); *zur Eintracht führen* konkordigi; ***etw. zu Ende*** ~ fini ion; ***man hat ihn um sein Erbe gebracht*** oni ruze forŝtelis de li lian heredaĵon; ***jmdn. auf den Gedanken*** ~, ***dass ...*** inspiri iun al la ideo, ke ...; ***große Gefahren mit sich*** ~ enhavi en si grandajn danĝerojn; ***etw. zu Gehör*** ~ aŭdigi ion; ***ins Gleichgewicht*** ~ *ausbalancieren* ekvilibrigi *auch übertr*; ***jmdm. Glück*** ~ alporti feliĉon al iu; ***ein Kind zur Welt*** ~ naski infanon; ***die Rede auf etw. anderes*** ~ turni la konversacion al io alia; *i.w.S. (das Thema wechseln)* ŝanĝi la temon

Brioche *f*, *auch* ***Briochegebäck*** *n ein feines Gebäck [aus ei- u. fettreichem Hefeteig]* brioĉo *<ursprünglich aus Frankreich>*

Brionische Inseln *f/Pl eine kroat. Inselgruppe südwestl. von Istrien* Brionaj Insuloj *Pl*

brisant *Adj a) explosiv* [tre] eksplodema ***b)*** *übertr: hochaktuell* brule aktuala

Brisanz *f a) explosive Beschaffenheit* eksplodemo ***b)*** *brennende Aktualität* brula aktualeco

Brisbane [ˈbrizbən] (*n*) *eine Hafenstadt u. Hptst. des australischen Bundesstaates Queensland* Brisbano

Brise *f Met (gleichmäßig wehender leichter Seewind)* brizo <*guter Segelwind*>; ***angenehme*** (***schwere***) ~ agrabla (forta) brizo

Bristol (*n*) *eine Hafenstadt in England* Bristolo; ~**kanal** *m Meerenge an der SW-Küste von England* Bristola Golfo

Britannien (*n*) ***a)*** Britio (*vgl. dazu* ***England*** *u.* ***Großbritannien***) ***b)*** *vermutlich keltischer Name für England, Wales u. Schottland* Britonio

britannisch *Adj auf Britannien b) bezogen* britona; ~***e Sprachen*** *f/Pl Ling (Gruppe der keltischen Sprachen [dazu zählen Kymrisch, Kornisch, Bretonisch])* britonaj lingvoj *Pl*

Brite *m* ***a)*** brito, *[dafür meist:] Engländer* anglo ***b)*** ~***n*** *Pl Gesch (die vorangelsächsischen keltischen Bewohner Britanniens)* britonoj *Pl*

Britin *f* britino, *[dafür meist:] Engländerin* anglino

britisch *Adj* brita, *[dafür meist:] englisch* angla; ~***es Antarktis-Territorium*** *n, engl.* ***British Antarctic Territory*** *von Großbritannien in der Antarktis beanspruchter Sektor [schließt die Südorkney- u. Südshetlandinseln mit ein]* Brita Antarkta Teritorio; ***das*** ≗***e Commonwealth*** la Brita Komunumo de Nacioj; ***die*** ≗***en Inseln*** la Brita Insularo; ***das*** ≗***e Museum in London*** la Brita Muzeo en Londono; ≗***es Territorium im Indischen Ozean***, *engl.* ***British Indian Ocean Territory*** Brita Hindoceana Teritorio

Britisch|-Indien (*n*) *Gesch [1858-1947]* Brita Hindio; ~**-Kolumbien** (*n*), *meist engl.* ***British Columbia*** *westlichste Provinz Kanadas* Brita Kolumbio *[Hptst.: Victoria]*; ~**-Nordborneo** (*n*) *Gesch (ehemaliges Protektorat Großbritanniens im Norden der Insel Borneo [seit 1963 zu Malaysia gehörend])* Brita Nord-Borneo (↑ *auch* ***Sabah***)

Brjansk (*n*) *eine russ. Stadt [an der Desna]* Brjansko

Brjolka *f, auch* ***russische Hirtenschalmei*** *f Mus (volkstümliches, klarinettenartiges Holzblasinstrument, dessen einfaches Rohrblatt unmittelbar aus dem Pfeifenrohr herausgeschnitten ist)* brjolko

Brno (*n*) ↑ ***Brünn***

bröck[e]lig *Adj* dispeciĝanta, facile diseriĝanta; *leicht auseinanderfallend* disfalema

bröckeln *intr* [dis]pecetiĝi

[1]**Brocken** *m* pec[eg]o; *kleiner* peceto, ero; *Bruchstück* fragmento; ***ein*** ~ ***Brot*** peco da pano ◇ ***er kann ein paar*** ~ ***Indonesisch [sprechen]*** li scipovas kelkajn vortojn (*od* frazerojn) de la indonezia [lingvo]; ***das ist ein harter*** ~ tio estas terure malfacila afero (*bzw.* tasko)

[2]**Brocken** *m höchster Berg im Harz* [monto] Brokeno

Brockenflechte *f Bot* ↑ *unter* ***isländisch***

bröcklig ↑ ***bröckelig***

brodeln *intr wallend sprudeln* boli *auch übertr*, bole ŝaŭmi; *schäumend sprudeln, z.B. Bier, Wildwasser* ŝaŭmi

Brokat *m Textil (kostbares, meist mit Gold- od Silberfäden durchwirktes, gemustertes [Seiden-] Gewebe* brokato (↑ *auch* ***Goldbrokat***)

brokatähnlich *Adj* brokatsimila

Brokatelle *n, auch* ***Baumwollbrokat*** *m Textil* brokatelo

Brokatello *m, auch* ***Brokatmarmor*** *m Min* brokatelo

brokaten *Adj geh für «aus Brokat»* [farita] el brokato; *wie Brokat* kiel brokato

Brokatkleid *n* brokatvesto

Brokatmarmor *m Min* ↑ ***Brokatello***

Brokkoli *m, auch* ***Spargelkohl*** *m* (Brassica oleracea var. cymosa-asparagoides) *Bot, Nahr* brokolo, *auch* itala brasiko <*eine grüne Abart des Blumenkohls*>; ~**auflauf** *m Kochk* brokolosufleo

brokkolibraun *Adj rötlich-gelb* brokolobruna

Brom *n* (*Symbol* ***Br***) *Chem* bromo; ~ ***beimischen*** ↑ ***bromieren***

Bromat *n Chem (Salz der Bromsäure)* bromato

Brombeerblätter *n/Pl* (Rubi fruticosi foliae) rubusaj folioj *Pl auch Pharm*

Brombeere *f, reg* ***Kratzbeere*** *f (Pflanze u. deren Frucht)* rubuso, *(Frucht) auch* rubusbero (↑ *auch* ***Aakerbeere***, ***Gartenbrombeere***, ***Moltebeere*** *u.* ***Stein[brom]beere***); ***armenische*** ~ (Rubus armenica) armena rubuso; ***bereifte*** ~ *od* ***Ackerbrombeere*** *f* (Rubus caesius) blua rubuso; ***zweifarbige*** ~ (Rubus bifrons) *Bot* dukolora rubuso

brombeer|farben *Adj* rubusokolora; ~**rot**

Adj rubusoruĝa
Brombeerstrauch *m* (*Gattung* Rubus) rubusa arbedo
Bromberg (*n*) ↑ ***Bydgoszcz***
Bromelie *f* (*Gattung* Bromelia) *Bot (meist: Epiphyten des tropischen u. subtropischen Amerika)* bromelio
Bromeliengewächse *n/Pl, auch* ***Ananasgewächse*** *n/Pl Bot*: ***[Familie der]*** ~ (Bromeliaceae) bromeliacoj *Pl*
Bromethan *n Chem (ein Halogenalkan des Brom)* brometano
bromhaltig, *<österr>* ***bromhältig*** *Adj* bromhava, *nachgest auch* enhavanta bromon
Bromhexin *n Chem, Pharm* bromheksino
Bromid *n Chem* bromido (↑ *auch* ***Blei-*** *u.* ***Kaliumbromid***)
bromieren *tr Chem (Brom beimischen, mit Brom versetzen)* bromi
Bromierung *f Chem (Einbau von Brom in organische Verbindungen)* bromado
Bromismus *m Med (Vergiftungserscheinungen nach [übermäßiger] Einnahme von Brom)* bromismo
Brom|lösung *f Chem* broma solvaĵo; ~**methan** *n Chem (ein Halogenalkan des Broms)* brommetano
Bromo *m, indones.* ***Gunung Bromo*** *ein aktiver Vulkan in Ostjava* Bromo-vulkano
Bromoform *n Chem, Pharm (ein halogenisierter Kohlenwasserstoff)* bromoformo
Brom|säure *f Chem* bromata acido; ~**silberpapier** *n Foto* bromida papero
bronchial *Adj 1. zu den Bronchien gehörend 2. die Bronchien betreffend* bronka
Bronchial|adenom *n Med* bronka adenomo; ~**asthma** *n* (Asthma bronchiale) *Med* bronka astmo
Bronchialerweiterung *f* ↑ ***Bronchiektasie***
Bronchial- *od* **Bronchusfistel** *f Med* bronka fistulo
Bronchialkarzinom *n Med* bronka karcinomo
Bronchialkatarr[h] *m od* **Bronchitis** *f Med* bronkito (↑ *auch* ***Endobronchitis***); ***akute*** (***chronische***, ***eitrige***, ***spastische***) ***Bronchitis*** akuta (kronika, pusa, spasma) bronkito; ***an ~ leiden*** suferi je bronkito
Bronchialkonstriktion *f Med (Verengung der Luftwege)* bronkokonstrikto
Bronchialschleimhautentzündung *f Med* ↑ ***Endobronchitis***
Bronchialstein *m Med* ↑ ***Broncholith***
Bronchie *f* (*Pl*: ***Bronchien***), *Fachspr* ***Bronchus*** *m* (*Pl:* ***Bronchi***) *Anat* bronko (↑ *auch* ***Haupt-*** *u.* ***Segmentbronchus***)
Bronchiektasie *f, auch* ***Bronchialerweiterung*** *f Med (diffuses Befallensein der Lungen mit pathologischen zylindrischen od sackähnlichen Erweiterungen der Bronchien [sog. Bronchiektasen])* larĝiĝo de la bronketoj, *<wiss>* bronkektazio
Bronchiole *f* (*Pl*: ***Bronchiolen***, *fachsprachl. auch* ***Bronchioli***) *Anat* bronketo
Bronchiolenkollaps *m nur Fachspr Med* kolapso de [la] bronketoj
Bronchitis *f Med* ↑ ***Bronchialkatarr[h]***
Bronchografie *f, auch* ***Bronchographie*** *f Med (röntgenologische Darstellung des Bronchialsystems)* bronkografio
Bronchokonstriktion *f nur Fachspr Med (Verengung der Luftwege)* bronkokonstrikto
Broncholith *m, auch* ***Bronchialstein*** *m Med* bronkolito
Bronchophonie *f Diagnostik (sogen. Bronchialstimme)* bronkofonio
Bronchopneumonie *f Med (herdförmige Lungenentzündung)* bronkopneŭmonito
Bronchoskop *n Medizintechnik* bronkoskopo
Bronchoskopie *f Med (Untersuchung des Tracheobronchialsystems mit dem Bronchoskop* bronkoskopio
Bronchospasmus *m Med (Krampf der glatten Muskulatur der Bronchien)* bronkospasmo
Bronchospirometrie *f nur Fachspr Med* bronkospirometrio
Bronchotomie *f Chir (operative Eröffnung eines Bronchus)* bronkotomio
Bronchus *m Anat* ↑ ***Bronchie***
Bronchusstenose *od* **Bronchuseinengung** *f nur Fachspr Med (Verengung eines Bronchus durch Fremdkörper, Schrumpfung od Tumor)* bronkostenozo
Brontosaurus *m Paläozoologie (eine ausgestorbene Riesenechse des Oligozäns* brontosaŭro *<ein pflanzenfressender Dinosaurier>*
Brontotherium *n Paläozoologie (ein Säugetier des Oligozäns)* brontoterio
Bronx *f ein Stadtbezirk von New York City* [kvartalo] Bronkso
Bronze *f a) Metallmischung* bronzo (↑ *auch* ***Aluminium-***, ***Glocken-*** *u.* ***Zinnbronze***); ~

gießen gisi bronzon; ***wie ~ färben*** *etw. den Anblick von Bronze verleihen (auch die Sonne jmds. Haut)* bronz[kolorig]i; ***sich wie ~ färben*** bronzokoloriĝi (↑ *auch* ***sich bräunen***) ***b)*** *auch* ***Bronzearbeit*** *f Kunstgegenstand aus Bronze* artaĵo [farita] el bronzo

Bronze|diabetes *f Med* bronzodiabeto; **~dolch** *m* bronza ponardo; **~farbe** *f (bronzener Farbton)* bronza koloro, *(die Farbe zum Anstreichen)* bronza farbo

bronze|farben *od* **~farbig** *Adj* bronz[o]kolora *auch Haut*

Bronze|flügeltaube *f* (Phaps chalcoptera) *Orn* bronz[flugil]a kolombo; **~fruchttaube** *f, auch* ***Glanzfruchttaube*** *f* (Ducula aenea) *Orn* verda imperia kolombo *[Vorkommen: Süd- u. SO-Asien]*; **~gegenstand** *m* objekto el bronzo, bronzaĵo; **~glocke** *f* bronza sonorilo

Bronze[haut]krankheit *f Med* ↑ ***Addison-Krankheit***

Bronze|kuckuck *m* (*Gattung* Chrysococcyx) *Orn* bronzokukolo (↑ *auch* ***Rothalsbronzekuckuck***); **~medaille** *f* bronza medalo

bronzen *Adj* bronza *auch Haut*; *aus Bronze [hergestellt]* [farita] el bronzo; *bronzefarben* bronz[o]kolora; ~***e Statue*** *f* statuo el bronzo

Bronze|plastik *f Kunst* bronza plastiko; **~röhrling** *m, auch* ***schwarz[hütig]er Steinpilz*** *m* (Boletus aereus) *Mykologie* bronzokolora boleto; **~schmuck** *m* bronza ornamaĵo; **~standbild** *n od* **~statue** *f* bronzostatuo *od* statuo el bronzo; **~vase** *f* bronza [flor]vazo; **~zeit** *f, auch* ***Bronzezeitalter*** *n Archäol* bronzepoko, *auch* epoko de la bronzo

bronzezeitlich *Adj* bronzepoka

bronzieren *tr mit Bronze[farbe] überziehen* bronzi, tegi per [tavoleto da] bronzo

Bronzierer *m 1. Bronzearbeiter 2. jmd., der Bronzeplastiken herstellt* bronzisto

Bronzierung *f* bronzado

Bronzit *m Min (bräunliches od graugrünes, oft bronzeartig schimmerndes Mineral aus der Gruppe der Pyroxene)* bronzito

Brooklyn (*n*) *südlicher Stadtteil von New York City* Broklino

Brosamen *f/Pl* paneroj *Pl*, panpecetoj *Pl*

Brosche *f* broĉo (↑ *auch* ***Anstecknadel***)

broschieren *tr Typ (Druckbogen in einen Papierumschlag heften od leimen)* broŝuri; ***broschiert*** (*Abk* ***brosch.***) broŝurita

Broschieren *n Typ* broŝurado

Broschur *f Buchbinderei*: ***kartonierte ~*** *Pappband* kartona bindaĵo

Broschüre *f* broŝuro; ***kostenlose ~*** senkosta broŝuro

Bröschürenform *nur in Zus:* ***in ~*** *od* ***in Form einer Broschüre*** 1. *Adj* broŝurforma 2. *Adv* broŝurforme

Brösel *n/(Pl)* paner[et]oj *Pl*

Brosme *m, auch* ***Lumb*** *m* (Brosmius brosme) *Ichth, Nahr (ein Dorschfisch)* brosmo

Brot *n* pano *auch übertr* (↑ *auch* ***Fladen-, Grau-, Kartoffel-, Kleie-, Knäcke-, Knoblauch-, Mais-, Roggen-, Röst-, Schrot-, Schwarz-, Sesam-, Soja-, Toast-, Vollkorn-, Weiß-*** *u.* ***Weizenbrot***); ***~ aus Sauerteig*** fermentpasta pano; ***ein ~*** *od alt* ***ein Laib ~*** unu pano *od alt* unu panbulo; ***eine Scheibe ~*** [unu] tranĉaĵo de (*od auch* el) pano, [unu] pantranĉ[aĵ]o; ***ein Stück ~*** peco da pano, [unu] panpeco; ***das tägliche ~*** la ĉiutaga pano; ***~ schneiden*** tranĉi panon ◇ ***sich sein [täglich] ~ verdienen*** gajni sian vivopanon; ***wes ~ ich ess, des Lied ich sing*** kies panon oni manĝas, ties kanton oni kantas *(Zam)*

Brot|aufstrich *m* panŝmiraĵo; **~backen** *n* panbakado; **~bäcker** *m* panbakisto; **~bäckerei** *f (Ort)* panbakejo, *(Vorgang)* panbakado; **~beutel** *m* pansak[et]o; **~büchse** *f* panskatolo

Brötchen *n, auch* ***Semmel*** *f, reg* ***Schrippe*** *f od* ***Wecken*** *m,* <*schweiz*> ***Mutschli*** *od* ***Mütschli*** *n* bulko (↑ *auch* ***Dinkel-, Hafer-, Kaiser-, Milch-, Mohn-, Roggen-, Rosinen-, Sesam-*** *u.* ***Weizenbrötchen***); ***belegtes ~*** sandviĉo (↑ *auch* ***Butter-, Kaviar-, Schinkenbrötchen, Schmalzbrot*** *u.* ***Wurstbrötchen***); ***~ mit Käse*** *od* ***Käsebrötchen*** fromaĝobulko; ***Butter auf ein ~ schmieren*** ŝmiri bulkon per butero

Brot|erwerb *m* laborgajno; **~fabrik** *f* panfabriko; **~fladen** *m chinesischer Fladen* dabingo; **~frucht** *f Frucht des Brotfruchtbaums* frukto de panarbo, *auch kurz* panfrukto; **~fruchtbaum** *m* (Artocarpus communis = Artocarpus altilis) *Bot (ein tropischer immergrüner Baum aus der Gattung der Maulbeergewächse [ursprünglich in Polynesien beheimatet])* [ordinara] artokarpo, *pop* panarbo; **~getreide** *n* pangreno;

~**kanten** *m* krustopeco de pano; ~**kapsel** *f* pan[konserv]ujo; ~**kasten** *m* pankesto; ~**korb** *m* pankorb[et]o *od* korbo por pano; ~**krümel** *n/Pl* paner[et]oj *Pl*; ~**kruste** *f* pankrusto *od* krusto de pano; ~**laden** *m* panbutiko; ~**laib** *m* panbulo

brotlos *Adj* sen pano *nachgest*; *erwerbslos* sensalajra, senespeza (*vgl. dazu* ***arbeitslos***); ***jmdn.*** *~* ***machen*** senigi iun de siaj vivrimedoj

Brot|messer *n* pantranĉilo; ~**rinde** *f* pankrusto *od* krusto de [la] pano; ~**röster** *m Hausw* panrostilo; ~**scheibe** *od* ~**schnitte** *f* pantranĉ[aĵ]o *od* tranĉaĵo de pano; ~**schneidemaschine** *f* pantranĉa maŝino; ~**suppe** *f* pansupo, *auch* pankaĉo; ~**teig** *m* panpasto; ~**verkäufer** *m* panvendisto

Broussonetia *f Bot (eine Gattung der Maulbeergewächse)* brusonetio

Browning *m*, *auch* ***Browningpistole*** *f Pistole mit Selbstladevorrichtung* braŭningo

Browser *m*, *auch* ***Webbrowser*** *m EDV (Programm, das Informationen aus dem Internet abruft und auf dem eigenen Rechner darstellt)* TTT-legilo [*ˊtoˊtoˊto...*], *auch* retfoliumilo

brr! *Zuruf an Zugtiere: halt!* br! *od* brr!, *Zam auch* pru! *od* tpr!

BRT = *Abk für* **1.** ***Bioresonanztherapie*** **2.** ***Bruttoregistertonne***

Brucella *f Bakt (eine Gattung gramnegativer, aerober Bakterien)* brucelo

Brucellose *od* **Bruzellose** *f Med, Vet* brucelozo (↑ *auch* ***Rinder-*** *u.* ***Ziegenbrucellose***)

[1]**Bruch** *m* ***a)*** *das tätige Zerbrechen* romp[ad]o; *das Entzweigehen* rompiĝo, *bes. übertr* disiĝo (↑ *auch* ***Achsenbruch***); *in einem Damm od Deich* breĉo; *Med (Knochen*~*)* ostoromp[iĝ]o, frakturo, *(Hernie)* hernio (*vgl. dazu* ***Fraktur***; ↑ *auch* ***Becken-***, ***Eingeweidebruch***, ***Femoral-***, ***Gesäßhernie***, ***Hodenbruch***, ***Inflammationshernie***, ***Knöchel-***, ***Leisten-***, ***Lenden-***, ***Nabel-***, ***Narben-***, ***Oberbauch-***, ***Oberschenkelhals-***, ***Schädelbasis-***, ***Splitterbruch*** *u.* ***Zwerchfellhernie***); ***eingeklemmter*** *~ Med* entordita (*od* strangolita) hernio ◇ ***in die Brüche gehen*** *zerbrechen* [dis]rompiĝi; *Ideale, Pläne* fiaski, kolapsi, finiĝi en (*od* per) katastrofo ***b)*** *Math* frakcio (↑ *auch* ***Dezimal-***, ***Doppel-*** *u.* ***Kettenbruch***); ***algebraischer*** (***echter***, ***einfacher***) ~ algebra (propra, simpla) frakcio; ***gemeiner*** (*od* ***gewöhnlicher***) ~ ordinara frakcio; ***kürzbarer*** (***primitiver***, ***unechter***, ***zusammengesetzter***) ~ reduktebla (primitiva, nepropra, kompleksa) frakcio; ***in Brüche zerlegen*** dividi en frakciojn, frakcii ***c)*** *Geol (Schichten*~*, Verwerfung)* faŭlto ***d)*** *Falte in Papier u.a.* faldo ***e)*** *Bergb* ↑ ***Granit-***, ***Marmor-*** *u.* ***Steinbruch***

[2]**Bruch** *m*, *auch n Sumpfland* marĉ[ej]o (↑ *auch* ***Erlenbruch***)

Bruch|band *n od* ~**bandage** *f Med* hernia bandaĝo; ~**einklemmung** *f Med* hernia strangolo; ~**eisen** *n als Abfall* ferdefalaĵo, ferrubo

bruch|fest *od* ~**sicher** *Adj* nerompebla

Bruchholz *n Forstw* arborompaĵo *[bes. durch Wind u.Ä. verursacht]*

brüchig *Adj* rompiĝema, fragila (*vgl. dazu* ***spröde*** *u.* ***morsch***); *Mauer* disfalema; *Seide* ŝiriĝema; *übertr* malfortika, malfirma; ~***e Fingernägel*** *m/Pl* rompiĝemaj ungoj *Pl*; ~***er Frieden*** *m* fragila paco

Bruchkraut *n* (*Gattung* Herniaria) *Bot* herniario; ***behaartes*** ~ (Herniaria hirsuta) vila herniario; ***kahles*** ~ (Herniaria glabra) glata herniario

Bruchlandung *f*: ~ ***eines Flugzeugs*** kraŝa surteriĝo de aviadilo (*vgl. dazu* ***Notlandung***)

Bruch|linien *f/Pl Geol* romp-linioj *Pl*; ~**operation** *f Chir* operacio de la hernio; ~**rechnung** *f Math* kalkulo per frakcioj; ~**schädenversicherung** *f* asekuro kontraŭ rompiĝo

bruchsicher *Adj unzerbrechlich* nerompebla

Bruch|spannung *f Festigkeitslehre* rompa tensio; ~**strich** *m Math* frakcia streko; ~**stück** *n abgebrochenes Stück, Scherbe* derompitaĵo *od* romp[it]aĵo, peco de rompita objekto, rompopec[et]o; *Glasscherbe* vitropeceto, vitrero, vitra splito; *Fragment (bes. übertr)* fragmento

bruchstückhaft **1.** *Adj* fragmenta **2.** *Adv* fragmente

Bruchteil *m* frakcio *bes. Tech*, ero, ono; ***für den*** ~ ***einer Sekunde*** por (*bzw.* dum) ero de sekundo

Bruchwasserläufer *m* (Tringa glareola) *Orn (kleinste europäische Wasserläuferart)* brov[o]tringo (↑ *auch* ***Waldwasserläufer***)

Bruchweide *f Bot* ↑ ***Knackweide***

Bruch|zahl *f*, *auch* ***Partitivzahl*** *f Math* frakcia nombro; ~**zone** *f Geol* rompiĝa zono

Brucin *n Chem (ein strychninähnliches Al-*

kaloid aus den Samen der Brechnuss) brucino

Brücke *f a) Bauw, Mar u. übertr* ponto (↑ *auch* ***Bock-, Bogen-, Doppelstock-, Eisenbahn-, Fachwerk-, Fußgänger-, Gitter-, Hänge-, Holz-, Hub-, Ketten-, Klapp-, Kommando-, Mehrbogen-, Pfahl-, Ponton-, Schrägseil-, See-, Seil-, Stein-, Straßen-, Zieh-*** *u.* ***Zugbrücke***); *Tal*≗ viadukto, valponto; ***bewegliche (gedeckte)*** ~ movebla (kovrita) ponto; ***provisorische*** ~ ↑ ***Behelfs-*** *u.* ***Notbrücke***; ***eine*** ~ ***über den Fluss*** ponto trans riveron; ***eine*** ~ ***schlagen*** konstrui ponton (***über*** trans *mit Akk*; ***zu*** al) *auch übertr*; ***eine*** ~ ***überqueren*** *od* ***über eine*** ~ ***fahren*** (*bzw.* ***gehen***) transveturi (*bzw.* transiri) ponton ***b)*** *als Zahnersatz* denta pont[et]o ***c)*** *kleiner Teppich* tapiŝeto ***d)*** *eine gymnastische Figur* ponto ***e)*** *auch* ***Steg*** *m, Fachspr* ***Pons*** *m Anat* ponto, *(Teil des Hirnstammes oberhalb des verlängerten Marks)* cerba ponto ***f)*** *auch* ***Messbrücke*** *El (zur Messung eines Widerstands)* ponto [por mezuri rezistancon]

Brücken|bau *m Bauw* pontokonstruado, *auch* konstruado de pontoj; ~**bogen** *m* pont-arko *od* arko de ponto

Brückenechse *f*, *auch* ***Tuatera*** *f* (Sphenodon) *Zool (urtümliches, echsenähnliches Tier Neuseelands mit Rückenkamm)* sfenodonto; ***[Ordnung der]*** ~***n*** *Pl* (Rhynchocephalia) rinĥocefaloj, *auch* rinkocefaloj *Pl*

Brücken|einsturz *m* disfalo de ponto; ~**finanzierung** *f Bankw* pontofinancado

Brückengebühr *f* ↑ ***Brückenzoll***

Brücken|geländer *n* parapeto de ponto; ~**joch** *n Bauw* stablo de ponto, *(hölzernes)* tresto; ~**kopf** *m Mil* pontokapo; ~**kran** *m Tech (z.B. in Werkhallen)* pontogruo; ~**mauer** *f* muro de ponto, *(als Brüstung)* parapeto; ~**pfeiler** *m aus Mauerwerk, Beton od Stahl* pontokolono, *auch* piliero; ~**projekt** *n Brückenbauvorhaben* projekto de ponto; ~**pylon** *m Bauw (Turm aus Mauerwerk od Stahl von Hängebrücken, der die Hängegurte trägt)* ponta pilono; ~**sprache** *f Interlinguistik* pont[o]lingvo, *auch* ponta lingvo; ~**steg** *m zu einem Schiff* ponteto; ~**tiere** *n/Pl* (Gephyrea) *Zool (primitive Formen der Spiralia)* gefireoj *Pl*; ~**zoll** *m*, *auch* ***Brückengebühr*** *f* pont-imposto, imposto pagenda por transpasi ponton

Bruckner (*m*) *Eig* (*österreich. Komponist u. Orgelvirtuose [1824-1896])* Bruknero

Bruder *m* frato *auch Rel u. übertr* (*vgl. dazu* ***Frater***; ↑ *auch* ***Bluts-, Halb-, Kloster-, Laien-, Ordens-, Stief-, Waffen-*** *u.* ***Zwillingsbruder***); ***älterer (jüngerer)*** ~ pli aĝa (juna) frato

Brüderchen *od* **Brüderlein** *n* frateto, *als Kosewort selt auch* fraĉjo

Bruder|herz *n* frata koro; ~**krieg** *m* interfrata milito (*vgl. dazu* ***Bürgerkrieg***); ~**kuss** *m* frata kiso; ~**land** *n* frata lando

Brüderlein *n* ↑ ***Brüderchen***

brüderlich *Adj in der Art eines Bruders* frat[ec]a; *wie ein Bruder* kiel frato; ~***e Hilfe*** *f* frat[ec]a helpo

Brüderlichkeit *f* frateco

Bruder|liebe *f* frata amo, amo inter fratoj; ~**mord** *m* murdo de la propra frato; ~**pflicht** *f* frata devo

Bruderschaft *f Rel* frataro, kongregacio (↑ *auch* ***Muslimbruderschaft***)

Brüderschaft *f brüderliche Verbundenheit* frateca interligo; ~ ***schließen*** interfratiĝi ◇ ~ ***trinken*** *etwa:* trinki je interfratiĝo

Bruderzwist *m* interfrata malpaco

Brügge (*n*) *eine Stadt in Belgien* Bruĝo; ***Spitzen*** *f/Pl* ***aus*** ~ *Textil* puntoj *Pl* el Bruĝo

Brühe *f Soße* saŭco; *Bouillon* buljono (↑ *auch* ***Fleisch-, Gemüse-*** *u.* ***Hühnerbrühe***); ~ ***mit Ei*** buljono kun ovoflavo (↑ *auch* ***Kraftbrühe***)

brühen *tr* brogi

brühwarm *Adv* ◇ ***etw.*** ~ ***weitererzählen*** disbabili ion prompte

Brüh|würfel *m*, *auch* ***Bouillonwürfel*** *m Kochk* buljonkubo (*vgl. dazu* ***Suppenextrakt***); ~**würstchen** *n*, *umg auch* ***warmes Würstchen*** brogokolbaseto

Brüllaffe *m*, *auch* ***Heulaffe*** *m* (*Gattung* Alouatta) *Zool* bleksimio *od* hurlosimio, <*wiss*> aluato (↑ *auch* ***Guatemala-Brüllaffe***); ***roter*** ~ (Alouatta seniculus) ruĝa bleksimio *[Vorkommen: nordwestl. Südamerika (Amazonasgebiet)]*; ***schwarzer*** ~ (Alouatta caraya) nigra bleksimio *[Vorkommen: Bolivien u. Brasilien]*

brüllen *intr Tier* blek[eg]i; *Bulle, Löwe, Tiger* rori; *Mensch* kriegi; *Sturm, Wogen* muĝi; *die Elemente* muĝegi (↑ *auch* ***donnern***)

Brüllen *n* blekado; rorado; kriegado; muĝado

Brumaire [bryˈmɛːr] *m zweiter Monat des franz. Revolutionskalenders («Nebelmo-*

nat») *[26. Oktober-21. November]* brumero
Brummbär *m übertr für «brummiger Kerl»* grumblulo
Brummeisen *n Mus* ↑ ***Maultrommel***
brummeln, *reg* ***grummeln*** *tr leise (od undeutlich) [vor sich hin] sprechen* murmuri ◇ ***er brummelte etw. in seinen Bart*** li murmuris ion tra la dentoj *(Zam)*
Brummeln *n* murmurado
brummen *intr allg* murmur[eg]i; *Brummkreisel* zumegi; *Bär* graŭli *auch übertr*; *murren, mürrisch sein, vor sich hin nörgeln* grumbli ◇ ***mir brummt der Kopf*** zumas en mia kapo
Brummer *m Ent* ↑ *unter* ***Schmeißfliege***
brummig *Adj* grumblema (*vgl. dazu* ***mürrisch***); *~**er Mensch*** (*od pej* ***Kerl***) *m Nörgler, Griesgram* grumblema homo, grumblulo (↑ *auch* ***Brummbär***)
Brummkreisel *m ein Kinderspielzeug* zumturbo
Brunch *m spätes, ausgedehntes u. reichliches Frühstück, das das Mittagessen ersetzt* brunĉo (*vgl. dazu* ***Lunch***)
brunchen *intr einen Brunch einnehmen* brunĉi
Brunei (*n*), *amtl* ***Brunei Darussalam*** *ein Sultanat im NO von Borneo* Brunejo *[Hptst.: Bandar Seri Begawan]*; ~**-Dollar** *m* (*Abk* ***BR$***, *Währungscode* ***BND***) bruneja dolaro
Bruneier *m* brunejano
Bruneierin *f* brunejanino
bruneisch *Adj* bruneja; *aus Brunei* el Brunejo
brünett ↑ ***braunhaarig***
Brünette *f* ↑ ***Braunhaarige***
Brunfelsie *f* (*Gattung* Brunfelsia) *Bot (eine Gattung südamerikanischer Nachtschattengewächse [darunter einige Gewächshauspflanzen])* brunfelsio
Brunft *f* ↑ ***Brunst***
brunftig ↑ ***brünstig***
Brunhild[e] (*f*) *weibl. Vorname* Brunhilda
Brünn (*n*), *tschech.* ***Brno*** *eine Stadt in Südmähren* Brunno, *auch* Brno
Brunnen *m Schöpf*~ [ĉerpo]puto (↑ *auch* ***Ziehbrunnen***); *fließender Brunnen, Quelle* [flu]fonto (↑ *auch* ***Dorfbrunnen***); *Spring*~ fontano; *Heil-, Mineralquelle* kuraca (*bzw.* mineralakva) fonto; ***artesischer*** ~ arteza puto; ***öffentlicher*** ~ *in Form eines steinernen Denkmals* fontoŝtono
Brunnen|bauer *od* ~**gräber** *m* putofosisto, *auch kurz* putisto; ~**becken** *n* fontana baseno; ~**einfassung** *f* putomuro, muro ĉirkaŭ [la] puto
Brunnengräber *m* ↑ ***Brunnenbauer***
Brunnenkresse *f*, *auch* ***Wasserkresse*** *f* (Nasturtium officinalis) *Bot* nasturcio, *pop* akvokreso; ***kleinblättrige*** ~ (Nasturtium microphyllum) svelta nasturcio
Brunnen|kur *f*, *auch* ***Trinkkur*** *f Med* terapio per kuracakvo; ~**rand** *m* putorando; ~**röhre** *f des Rohrbrunnens* putotubo; ~**wasser** *n* putoakvo *od* puta akvo, akvo el puto
Brunner'sche Drüse *f Anat* ↑ ***Duodenaldrüse***
Brünnlein *n kleine Quelle* fonteto
[1]**Bruno** (*m*) *männl. Vorname* Bruno; ~ ***von Köln*** *Eig (Bruder Ottos I., Herzog von Lothringen [925-965])* Bruno de Kolonjo
[2]**Brun|o** (*m*) *Eig (italienischer Philosoph [1548-1600])*
Brunst *f*, *Jägerspr* ***Brunft*** *f* seksardo (*vgl. dazu* ***Oestrus***)
brunsten *intr* esti seksarda
brünstig, *Jägerspr* ***brunftig*** *Adj* seksarda, sekskuniĝema (*vgl. dazu* ***läufig***)
Brunstzeit *f*, *Jägerspr* ***Brunftzeit*** *f* seksarda sezono (*od* tempo) (↑ *auch* ***Paarungs-*** *u.* ***Rauschzeit***)
brüsk 1. *Adj barsch, schroff* bruska; ~***es Benehmen*** *n* bruska konduto, bruskeco **2.** *Adv* bruske
brüskieren *tr* bruski
Brüssel (*n*), *franz.* ***Bruxelles*** *Hptst. von Belgien* Bruselo
[1]**Brüss[e]ler 1.** *Subst (Einwohner von Brüssel)* bruselano **2.** *attr Adj* brusela; *aus Brüssel* el Bruselo; ~ ***Spitzen*** *f/Pl Textil* puntoj *Pl* el Bruselo
[2]**Brüsseler** *m Bot, Nahr* ↑ ***Chicoreé***
Brust *f* brusto (↑ *auch* ***Brustkorb***); *Mutter*~ [patrina] mamo; ***Brüste*** *Pl weibl. Brust* mamoj *Pl*, *auch* mamgloboj *Pl* (↑ *auch* ***Hängebrüste***); ***Schmerzen in der [weiblichen]*** ~, *Fachspr* ***Mammalgie*** *f* mama doloro, *Fachspr* mamalgio; ***volle Brüste*** *Pl* plenaj (*od* ŝvelaj) mamoj *Pl*; ***einem Kind die*** ~ ***geben*** mamnutri infaneton (*od* bebon)
Brustbeere *f Bot*: ***rote*** ~ ↑ ***Jujube***
Brustbeerenbaum *m Bot* ↑ ***Jujubenbaum***
Brustbein *n* (Sternum) *Anat* sternumo, *umg auch* brustosto; ***hinter dem*** ~ ***gelegen*** ↑ ***retrosternal***; ***Bruch*** *m* ***des*** ~***s*** *Med* ↑ ***Ster-***

numfraktur

Brustbeinkamm *m* ↑ ***Kielbrust b)***

Brustbild *n* brustbildo; *Passbild* pasporta foto

Brustbonbon *n alt* = ***Hustenbonbon***

Brust|drüse *f* (Mamma) *Anat* mama glando; **~drüsenabszess** *m Med* mama absceso

Brust[drüsen]krebs *m, Fachspr* ***Mammakarzinom*** *n Med* mama kancero, *(Fachspr)* mama karcinomo

brüsten, sich *refl prahlen* fanfaroni; *umherstolzieren* paradi [kiel pavo]; *sich rühmen* sin glori (***mit*** per) (↑ *auch* ***protzen***)

Brustenge *f Med* ↑ ***Angina Pectoris***

Brustfell *n, Fachspr* ***Pleura*** *f Anat* pleŭro [de la torako] (*vgl. dazu* ***Lungenfell***); **~entzündung** *f, Fachspr* ***Pleuritis*** *f Med* pleŭrito

Brustfellraum *m Anat*: ***außerhalb des ~s gelegen*** *extrapleural* eksterpleŭra

Brustflosse *f Ichth* brusta naĝilo

Brustharnisch *m* ↑ ***Brustpanzer***

brusthoch *Adv* brustalte

Brusthöhe *f* brustalto; ***in ~*** je brustalto

Brust|höhle *f* (Cavum thoracis) *Anat* toraka kavo; **~implantat** *n kosmetische Chir* mam-enplantaĵo (↑ *auch* ***Silikonbusen***)

Brustkorb *m, Fachspr* ***Thorax*** *m, umg auch* ***Brustkasten*** *m Anat* torako; *allg: Brust* brusto

Brustkorberöffnung *f Chir*: ***operative ~*** torakotomio

Brustkorb|prellung *f* (Commotio thoracis) *Med* toraka komocio; **~quetschung** *f* (Contusio thoracis) *Med* toraka kontuzo

Brustkrebs *m Med* ↑ ***Brustdrüsenkrebs***

Brust|kreuz *n, auch* ***Pektorale*** *n Kirche* brust[o]kruco *[vom Papst, von Kardinälen, Bischöfen, Äbten u. Protonotaren getragen]*; **~latz** *m Brustteil, z.B. einer Schürze* brustpeco; *Sabberlatz [eines Kleinkinds]* salivtuko; **~muskel** *m* (Musculus pectoralis) *Anat* brusta muskolo, *Fachspr auch* pektoralo; **~nerven** *m/Pl Anat* torakaj nervoj *Pl*; **~panzer** *m, auch* ***Brustharnisch*** *m Gesch* brust[o]kiraso; **~riemen** *m* brust[o]rimeno; **~schmerz** *m* brustdoloro; **~schutz** *m Eishockey* brustŝirmilo *auch allg*; **~schwimmen** *n* brustnaĝado; **~stimme** *f Mus* brustvoĉo; **~stück** *n* brustpeco; *Kochk (Bruststück)* fileo; **~tasche** *f in einem Kleidungsstück* brusta poŝo *od* brust[o]poŝo; **~tuch** *n* brust[o]tuko; **~umfang** *m, auch* ***Oberweite*** *f als Schneidermaß* ĉirkaŭbrusta mezuro

Brüstung *f Balkon- od Fenster*~, *Geländer* parapeto (*vgl. dazu* ***Reling***); *an einer Treppe* balustrado de ŝtuparo; *Fensterschwelle* fenestra sojlo

Brust|vergrößerung *f plastische Chir* mampligrandigo; **~warze** *f, fachsprachl.* ***Mamilla*** *f Anat* mampinto (*vgl. dazu* ***Zitze***)

Brustwarzen|hof *od* **~ring** *m* (Areola mammae) *Anat* areolo de mam[pint]o; **~piercing** *n* cica (*od* mampinta) traboraĵo

Brustwassersucht *f Med* ↑ ***Hydrothorax***

Brust|wehr *f eines Walles (Mil hist)* parapeto; **~weite** *f ein Schneidermaß* mam-mezuro (*vgl. dazu* ***Brustumfang***)

Brustwirbel *m* (Vertebra thoracis) *Anat* toraka vertebro; **~säule** *f* (*Abk* ***BWS***) *Anat* toraka vertebraro

Brustwurz *f Bot* ↑ ***Sumpfengelwurz***

¹Brut *f das Brüten* kovado; *das Bebrütete* kovaĵo (↑ *auch* ***Gelege***); *Erbrütetes, geschlüpfte Brut* kovitaĵo, *(alle ausgebrüteten Jungen)* kovitaro; *Fisch*~ fiŝidaro, *(vom Menschen ausgesetzte)* alvuso

²Brut *f pej für «Gesindel»* kanajlaro, friponaro (*vgl. dazu* ***²Pack***)

brutal 1. *Adj* brutala; *grausam* kruela (↑ *auch* ***knallhart u. roh b)***); ***~er Kerl*** (*od* ***Mensch***) *m* brutalulo, brutala homo; ***ein ~er Mord*** brutala murdo **2.** *Adv* brutale; kruele (*vgl. dazu* ***mitleidlos***); ***jmdn. ~ behandeln*** brutale trakti iun; ***auf ~e Weise töten*** mortigi en brutala maniero

Brutalisierung *f* brutaligo

Brutalität *f als Eigenschaft* brutaleco; *brutale Tat* brutalaĵo; *Grausamkeit* krueleco; *grausame Tat* kruelaĵo (*vgl. dazu* ***Rohheit***)

Brut|apparat *m* kov-aparato, inkubatoro; **~beutel** *m, auch* ***Eierbeutel*** *m bei niederen Tieren* marsupio

brüten *intr* ***a)*** kovi (↑ *auch* ***ausbrüten***); ***zu ~ anfangen*** ekkovi; ***der Vogel brütet*** la birdo kovas (*od* estas kovanta) ***b)*** *Kernphysik (spaltbares Material erzeugen)* bredi ***c)*** *drückend lasten*: ***die Sonne brütet über dem Tal*** *poet* la suna varmego kvazaŭ sufokas la valon ***d)*** *übertr* cerbumi, profunde mediti (***über etw.*** pri io); ***lange über einem Problem ~*** *übertr* longe cerbumi pri problemo

Brüten *n* kovado

Brüter *m*: ***schneller ~*** *Kernphysik* rapida

bredreaktoro, *auch* rapida riĉig-reaktoro

Brut|gebiet *n, auch* ***Brutrevier*** *n Orn* kov-areo *od* kovregiono; ~**henne** *f* kov[o]kokino, kovanta kokino; ~**kasten** *m für frühgeborene Kinder* inkubatoro [por antaŭtempe naskitaj beboj]; ~**[kern]reaktor** *m Kernphysik* bredreaktoro (↑ *auch* ***schneller Brüter*** [*unter* ***Brüter***]); ~**paar** *n Orn* kovparo

Brutparasitismus *m Biol* ↑ ***Nestparasitismus***

Brutperiode *f Orn* kovoperiodo; ~**platz** *m od* ~**stätte** *f Orn* kovloko, kovejo; *Brutkolonie* kov-kolonio

Brutreaktor *m Kernphysik* ↑ ***Brutkernreaktor***

Brutrevier *n Orn* ↑ ***Brutgebiet***

brutto (*Abk* ***btto.***) *Adv* malnete, *auch* brutte; *mit Verpackung* kuntare

Brutto|einkommen *n bzw.* ~**erlös** *m* malneta (*od* brutta) enspezo; ~**gehalt** *n* malneta (*od* brutta) salajro; ~**gewicht** *n* malneta (*od* brutta *od alt* kuntara) pezo; ~**gewinn** *m* malneta gajno (*od* profito); ~**inlandsprodukt** *n* (*Abk* ***BIP***) malneta enlanda produkto (*Abk* MEP); ~**nationaleinkommen** *n* (*Abk* ***BNE***), *frühere Bez* ***Bruttosozialprodukt*** *n* (*Abk* ***BSP***) malneta (*od* brutta) nacia produkto; ~**preis** *m* malneta prezo; ~**produktion** *f* malneta produktado; ~**registertonne** *f* (*Abk* ***BRT***) brutta (*od* kruda) tonelaro; ~**umsatz** *m Hdl, Wirtsch* malneta vendosumo; ~**verkaufspreis** *m* brutta vendoprezo

Brutus (*m*) *Eig (Beiname, der im altröm. Geschlecht der Junier geführt wurde)* Bruto

Brut|vogel *m* kovbirdo; ~**zeit** *f* kovosezono *od* sezono de kovado; ~**zelle** *f in der Bienenwabe* kovĉelo

Brutzwiebel *f Bot* = ***Knospenzwiebel***

Bryaxis (*m*) *Eig (attischer Bildhauer des 4. Jh.s v. Chr.)* Briakso <*schuf Skulpturen am Mausoleum von Halikarnass*>

Bryndza *f Nahr* ↑ ***Brimsen***

Bryologie *f, auch* ***Mooskunde*** *f Bot (Wissenschaft, die sich mit den Moospflanzen beschäftigt)* briologio

bryologisch *Adj die Mooskunde betreffend* briologia

Bryophyten *m/Pl Bot* ↑ ***Moospflanzen***

Bryozoen *n/Pl Zool* ↑ ***Moostierchen***

BSE *f [meist ohne Art]* (*Abk für* ***bovine spongiforme Enzephalopathie***), *auch* ***BSE-Erkrankung*** *f, umg* ***Rinderwahnsinn*** *m Med, Vet* bova spongeca encefalopatio, *meist Abk* BSE [*'bo'so'e:*], *umg* bovofrenezo (*vgl. dazu* ***Creutzfeldt-Jakob-Krankheit***); ***Verbreitung*** *f* ***von*** ~ disvastiĝo de BSE (*od* bovofrenezo); ***mit*** ~ ***infiziert sein*** esti infektita de BSE; ***an*** ~ ***leiden*** (***sterben***) suferi (morti) je BSE

BSE-Erkrankte *m* BSE-malsaniĝinto, BSE-malsanulo

BSE-Fall *m* BSE-kazo; ***zwei neue BSE-Fälle registrieren*** registri du novajn kazojn de BSE

BSE-frei *Adj* BSE-libera

BSE|-Opfer *n* viktimo de BSE; ~**-Virus** *n* viruso de BSE (*od* bovofrenezo)

BSP = *Abk für* ***Bruttosozialprodukt***

Bt. = *Abk für* ***Baronet***

BTC = *Abk für* ***Bitcoin***

btto. = *Abk für* ***brutto***

Btx = *Abk für* ***Bildschirmtext***

Bub *m* <*schweiz*> *u. reg für «Junge»* knabo

Bubastis (*n*) *Ort im südöstlichen Nildelta (heute:* ***Tell Basta****)* Bubasto *[Hauptkultstätte der altägyptischen Göttin Bastet]*

Bubble Tea *m ein Getränk auf der Basis von gesüßtem schwarzen od grünen Tee [ursprünglich in Taiwan]* bobelteo

Bübchen *od* **Bürschchen** *n* bubeto *od* junuleto (*vgl. dazu* ***Bube b)***)

Bube *m* ***a)*** *auch* ***Unter*** *m, reg* ***Wenzel*** *m Kart* fanto ***b)*** *Bengel, Schlingel, ausgelassener (od aufgeweckter) Junge* bubo, *pej* bubaĉo; *alt: Schurke* kanajlo

Buben|streich *m od* ~**stück** *n alt* bubaĵo, buba petolaĵo

Bubikopf *m eine Frisur* paĝia hararanĝo

Bubo *m* (*Pl:* ***Bubonen***), *auch* ***Drüsen-*** *od* ***Leistengeschwulst*** *f nur Fachspr Med (entzündl. Schwellung der Lymphknoten in der Leistenbeuge, z.B. bei Syphilis)* bubono

Bubonenpest *f Med* ↑ ***Beulenpest***

Buccina *f Antike (ein Blasinstrument aus Tierhorn [militärisches Signalinstrument der Römer])* bukceno

Buccinator *m Anat* ↑ ***Backenmuskel***

[1]**Bucentaur** *m prunkvolle Gondel der Dogen von Venedig* bucentaŭro

[2]**Bucentaur** *od* **Buzentaur** *m Myth (Fabeltier* <*halb Ochse, halb Mensch*>*)* Bucentaŭro

Buch *n* ***a)*** libro (*vgl. dazu* ***Schmöker***; ↑ *auch* ***Abenteuer-***, ***Kinder-***, ***Koch-***, ***Märchen-***,

Taschen-** u. **Tierbuch); ***ein ~ über Afrika*** libro pri Afriko; ***ein ~ aufschlagen*** malfermi libron; ***etw. in ein ~ eintragen*** noti ion en libro; ***ein ~ entleihen*** prunte preni libron; ***~ führen** od **die Bücher führen** Hdl, Wirtsch* teni la librojn (*vgl. dazu **Buchhalter***); ***wer hat dieses ~ geschrieben?*** kiu verkis ĉi tiun libron? ◇ ***das ist für mich ein ~ mit sieben Siegeln*** tio estas por mi sigelita libro; ***sie redet wie ein ~*** ŝi senĉese parolas (*od* babilas) *od* ŝi parolas sen halto kaj paŭzo, *fam auch* ŝi elŝutas la vortojn kiel maŝinpafilo; ***wie es im ~e steht*** en brila maniero, tute perfekte ***b)** Band* volumo ***c)** ein Papiermaß* dudek kvin folioj [da papero]

Buchangebot *n* librooferto

Buchara (*n*), *usbekisch **Buxoro** eine der ältesten Städte Mittelasiens [heute: Provinzhptst. in Usbekistan]* Buĥaro; ***Emirat** n **von ~** Gesch* Emirlando Buĥaro *[1785-1920]*

Buchara|hirsch *m* (Cervus elaphus bactrianus) *Zool* buĥara (*od* baktria) cervo *[Vorkommen: Turkmenien]*; **~-Teppich** *m, auch kurz **Buchara** m, auch **Bochara** m handgeknüpfter turkmenischer Teppich* buĥara tapiŝo

Buch|ausstellung *f* libroekspozicio; **~autor** *m* libroaŭtoro; **~besprechung** *f, auch **Buchrezension** f* librorecenzo *od* recenzo pri libro; **~bestand** *m* havaĵo de libroj; **~bestellung** *f* libromendo; **~bindearbeiten** *f/Pl* librobindaj laboroj *Pl*; **~binder** *m* [libro-]bindisto; **~binderei** *f (Vorgang)* librobindado; *(Werkstatt)* librobindejo; **~deckel** *m* kovrilo de libro; **~druck** *m* libropresado; **~drucker** *m **a)*** libropresisto (*vgl. dazu **Typograf***) ***b)** ein Forstschädling ↑ unter **Borkenkäfer***); **~druckerei** *f* libropresejo; **~druckerkunst** *f* aro de presado *od* presarto, tipografio

Buchdruckpapier *n* libropresa papero

Buche *f* (*Gattung* Fagus) *Bot* fago (↑ *auch **Blau-**, **Blut-** u. **Hainbuche***); ***amerikanische ~*** (Fagus grandifolia) amerika (*od* grandfolia) fago *[Vorkommen: östl. USA]*; ***gemeine ~** od **Rotbuche** f* (Fagus sylvatica) [ordinara] fago; ***orientalische ~** od **Orientbuche** f* (Fagus orientalis) orienta fago; ***japanische [Blau-] Buche** f* (Fagus japonica) japana fago

Buchecker *f, auch kurz **Ecker** f Bot (Frucht der Buche)* fagofrukto *od* fagonukso

Buch|edition *f* libroeldon[ad]o; **~eignerzeichen** *n* ekslibriso

buchen *tr* registri, enskribi; *notieren* noti [en libro]; *Bank, Buchhaltung* konti (↑ *auch **rückbuchen***); *Reise, Schiffspassage u. dgl.* mendi, rezervigi; ***ich möchte für Montag einen Flug nach ... ~*** mi volas mendi por lundo flugbileton al ...

Buchenartige *Pl* (*Ordnung* Fagales) *Bot* fagaloj *Pl*

Buchengewächse *n/Pl Bot*: ***[Familie der] ~*** (Fagaceae) fagacoj *Pl*

Buchenmilchling *m Mykologie* ↑ *unter **Milchling***

Buchen|tyrann *m* (Empidonas virescens) *Orn (eine Fliegenschnäpperart)* verdeca muŝkaptulo; **~wald** *m* faga arbaro

Bücher|bord *n od* **~brett** *n* librobreto; **~dienst** *m Hdl* libroservo

Bücherei *f* librejo; *Bibliothek* biblioteko

Bucherfolg *m* sukcesa (*bzw.* furora) libro

Bücher|freund *m* libroŝatanto; **~gestell** *n das an der Wand aufgehängt wird* etaĝero (*vgl. dazu **Bücherbrett***); **~katalog** *m* librokatalogo; **~kiosk** *m* librokiosko; **~liebhaber** *m* libroamanto (*vgl. dazu **Bibliophile***); **~magazin** *n in einer Bibliothek* librokonservejo; **~markt** *m, auch **Buchmarkt** m* libromerkato; **~narr** *m* libromaniulo; **~regal** *n* librobretaro; **~revisor** *m* librotena revizoro; **~sammler** *m* librokolektanto; **~sammlung** *f* librokolekto; *Bibliothek* biblioteko; **~schrank** *m* libroŝranko; **~stand** *m* librokiosko; **~stütze** *f* libroapogilo

Bücherverbrennung *f*: ***öffentliche ~** in manchen totalitären Systemen* publika bruligado de libroj

Bücher|verzeichnis *n* librokatalogo; **~wurm** *m scherzh* librulo (*vgl. dazu **Bücherfreund** u. **Büchernarr***)

Buchfink *m* (Fringilla coelebs) *Orn* fringo (↑ *auch **Berg-** u. **Grünfink***)

Buchform *f*: ***in ~*** libroforme

Buchformat *n* libroformato

Buch|führung *od* **~haltung** *f* librotenado; ***doppelte ~*** duobla librotenado

Buchgeld *n Bankw* ↑ ***Giralgeld***

Buchgemeinschaft *f* libroklubo

Buchhalter *m* librotenisto (↑ *auch **Hauptbuchhalter***)

Buchhaltung *f* ↑ ***Buchführung***

Buch|handel *m* librokomerco (↑ *auch*

Versandbuchhandel); ~**händler** *m* libristo; *Buchverkäufer* vendisto de libroj; ~**handlung** *f* librovendejo (↑ *auch* ***Bahnhofsbuchhandlung***); ~**hülle** *f* librokovrilo; ~**illustrator** *m* libroilustristo; ~**import** *m* import[ad]o de libroj; ~**klub** *m* libroklubo; ~**kunde** *f* libroscienco; ~**laden** *m* librovendejo, *umg auch* librejo

Büchlein *n* libreto

Buchmacher *m*, *auch* ***Vermittler*** *m* ***von Wetten*** vetperisto

Buchmarkt *m* ↑ ***Büchermarkt***

Buch|messe *f* librofoiro; ~**museum** *n* libromuzeo; ~**prämie** *f* libropremio; ~**produktion** *f* libroproduktado *od* produktado de libroj

Buchrezension *f* ↑ ***Buchbesprechung***

Buchrücken *m* dorso de libro

Buchsbaum *m Bot* (*Gattung* Buxus) bukso, (*Art* Buxus sempervirens) *in Südfrankreich u. Spanien beheimatete Art der Buchsbaumgewächse* ĉiamverda (*od auch* ordinara) bukso (↑ *auch* ***Balearen-Buchsbaum***)

Buchsbaumgewächse *n/Pl Bot*: ***[Familie der]*** ~ *Pl* (Buxaceae) buksacoj *Pl*

Buchsbaumholz *n* buksa ligno

Buchse *f Tech (Hülse, Muffe)* mufo; *El* ŝtopilingo, *(Kontaktklinke)* ĵako (*vgl. dazu* ***Steckdose***)

Büchse *f* ***a)*** *Dose* skatolo; *Blech*~ ladskatolo; ***eine*** ~ ***Kaffee*** skatolo da kafo; ***etw. in eine*** ~ ***tun*** meti ion en skatolon *od* enskatoligi ion ***b)*** *Jagdgewehr* ĉaspafilo (↑ *auch* ***Doppelbüchse***)

Buchseite *f* libropaĝo, paĝo de (*od* en) libro

Büchsen|butter *f* ladskatola butero; ~**fleisch** *n* ladskatola viando; ~**macher** *m Handw* faristo de pafiloj; ~**milch** *f* ladskatola (*od* konservaĵa) lakto, *umg auch* ladlakto; ~**muschel** *f* (*Gattung* Pandora) *Zool* pandoro; ~**öffner** *m* ladskatola malfermilo

Buchstabe *m* litero (↑ *auch* ***Anfangs-***, ***Druck-***, ***Groß-*** *u.* ***Kleinbuchstabe***); ~ ***mit Überzeichen*** (*im Esp sind das* alle Dachbuchstaben *und das* ŭ) supersignita litero; ~ ***mit einem Zirkumflex***, *fam* ***Dachbuchstabe*** *m (im Esp sind das* ĉ, ĝ, ĥ, ĵ *und* ŝ*)* ĉapelita litero; ***dicker*** (***kursiv gedruckter*** *bzw.* ***geschriebener***) ~ grasa (kursiva) litero; ***großer*** ~ majusklo, *pop* granda litero; ***kleiner*** ~ minusklo, *pop* malgranda litero; ***lateinische*** ~***n*** *Pl* latinaj literoj *Pl*; ***dem*** ~ ***nach*** *Adj* laŭlitera; *Adv* laŭlitere; ***in fetten*** ~***n gedruckt*** presita en grasaj literoj

Buchstabenrätsel *n* ↑ ***Anagramm b)*** *u.* ***Logogriph***

Buchstaben|rechnung *f Math* algebro; ~**symbol** *n* litera simbolo (*z.B.* ***cm*** *für* centimetro *od* ***h*** *für* horo)

Buchstabieralphabet *n* literuma alfabeto

buchstabieren *tr* literumi

buchstäblich *Adv* laŭlitere; *wörtlich* laŭvorte; *übertr (wirklich)* efektive, *(nicht übertrieben)* ne troigite

Buchstütze *f* libroapogilo

Bucht *f* ***a)*** *Geogr* golf[et]o (*vgl. dazu* ***Bai*** *u.* ***[1]Golf***) ***b)*** *im Stall* [stal]fako

Buchtel *f* <*österr*> *fast würfelig geformtes, mit Marmelade gefülltes, im Rohr gebackenes Hefegebäck* buĥto

buchtenreich *Adj Küste* multgolfa, *nachgest* havanta multajn golf[et]ojn

Buch|titel *m* librotitolo; ~**umschlag** *m* librokovr[il]o (↑ *auch* ***Schmutztitel***)

Buchung *f in der Buchhaltung* noto en la konto (↑ *auch* ***Umbuchung***); *eines Tickets* ŝanĝo al alia flugo; *Kartenbestellung* mendo de bileto(j); *Platzreservierung* rezervigo de sidloko(j)

Buchungsmaschine *f Verw* kont-maŝino, *auch* librotena maŝino

Buch|verkauf *m* librovendado; ~**verlag** *m* libroeldonejo; ~**verleih** *m* pruntado de libroj

Buchweizen *m* (*Gattung* Fagopyrum) *Bot* fagopiro, (*Art* Fagopyrum esculentum) ordinara (*od* manĝebla) fagopiro; ***tatarischer*** ~ (Fagopyrum tataricum) tatara fagopiro

Buchweizengrütze *f Nahr* fagopira grio, *als Gericht der osteuropäischen Küche* fagopira griaĵo (↑ *auch* ***Kascha***)

Buch|wissen *n* libraj scioj *Pl*; ~**zeichen** *n Lesezeichen* legosigno, *auch* paĝomontrilo

Buckel *m* ***a)*** *Höcker beim Kamel (auch bei anderen Tieren)* ĝibo *auch für «verwachsener Rücken»*; *salopp od scherzh für «Rücken»* dorso; ***die Katze macht einen*** ~ la kato ĝibigas la dorson ***b)*** *erhabene Verzierung* boso (*vgl. dazu* ***Bosse b)***)

buckelförmig *Adj* ĝiboforma

buck[e]lig *Adj* ĝiba *od nachgest* havanta ĝibon (*vgl. dazu* ***holperig*** *u.* ***uneben***)

Buck[e]lige *m* ĝibulo; *f* ĝibulino

Buck[e]ligkeit *f*, *Fachspr Med* ***Gibbosität*** *f* ĝibeco

Buckelkatzenhai *m* (Apristurus gibbosus)

Zool ĝiba katoŝarko
Buckelrind *n Zool*: ***indisches*** ~ ↑ ***Zebu***
Buckelschorf *m Phytopathologie (eine Kartoffelkrankheit)* verukozo
Buckelstein *m Arch, Bildh* ↑ ***Bosse a)***
Buckelwal *m* (Megaptera novae-angliae) *Zool (ein Furchenwal)* ĝib[dors]a baleno
bücken, sich *refl* sin klini, kliniĝi
Buckingham-Palast *m in London* Palaco de Buckingham [en Londono]
bucklig ↑ ***buckelig***
Bucklige *m* ↑ ***Buckelige***
[1]**Bückling** *scherzh für «Verbeugung»* [servila] riverenco; ***einen ~ machen*** fari [servilan] riverencon, [servile] riverenci
[2]**Bückling** *f Nahr* ↑ *unter* ***Hering***
Buckram *m od n ein geglättetes Leinen- od Baumwollgewebe für Bucheinbände* bukramo
Budapest (*n*) *Hptst. von Ungarn* Budapeŝto
Buddelei *f* [el]fosado
Buddelkasten *m* ↑ ***Sandkasten b)***
buddeln *tr umg für «graben» od «ausgraben»* [el]fosi *auch Kartoffeln*; ***ein Loch ~*** fosi truon [en la tero]
Buddha (*m*) *Eig (Ehrenname des ind. Religionsstifters Siddharta Gautama)* Budho (↑ *auch* ***Amoghasiddhi*** *u.* ***Shakyamuni***); **~-statue** *f* statuo de Budho
Buddhismus *m Rel* budhismo (↑ *auch* ***Lamaismus***, ***Theravada-*** *u.* ***Won-Buddhismus***)
Buddhist *m* budhisto: *Anhänger des Buddhismus* budhano (*vgl. dazu* ***Bhikschu***); ***die ~en*** *Pl (als Glaubensgemeinschaft)* la budhistoj, *(als Gesamtheit) auch* la budhistaro
Buddhistik *f Wissenschaft zur Erforschung der Lehre des Buddhismus* budhistiko
buddhistisch *Adj auf die Anhänger Buddhas bezogen* budhana; *auf die Buddhisten bezogen* budhista; *auf den Buddhismus bezogen* budhisma; ***~es Kloster*** *n* budhana (*od* budhista) monaĥejo, *auch* viharo
Bude *f* ***a)*** *allg* budo *auch auf Märkten* (↑ *auch* ***Bretterbude***); *Verkaufsstand* vendobudo (↑ *auch* ***Würstchenbude***); *Kiosk* kiosko; *Schau*~ foira (*od* bazara) eksponbudo, foira teatrobudo ***b)*** *scherzh für «Studentenzimmer»* studenta ĉambr[et]o ◇ ***Leben in die ~ bringen*** alporti viglecon kaj amuzon en la rondon
Budel *f* ↑ ***Ladentisch***
Budget *n* buĝeto (↑ *auch* ***Haushaltsplan***, ***Jahres-***, ***Militär-***, ***Rüstungsbudget***, ***Staats-*** *u.* ***Zusatzhaushalt***); ***außerhalb des ~s [liegend]*** eksterbuĝeta; ***das ~ aufstocken*** (*od* ***erhöhen***) plialtigi la buĝeton
Budgetierung *f* buĝetado
Budgetkommission *f Parl* = ***Haushaltsausschuss***
Budgetrecht *n*, *auch* ***Haushaltsrecht*** *n Jur* buĝeta juro
Budweis (*n*) ↑ ***České Budějovice***
Buenaventura (*n*) *Haupthafen von Kolumbien [an der Pazifikküste]* Buenaventuro
Buenos Aires (*n*) *Hptst. von Argentinien* Buenos-Ajreso, *auch* Bonaero
Büfett *n*, *auch, bes.* <*schweiz*> ***Buffet*** *n*, <*österr*> ***Büffet*** *n 1. Anrichte, Ausschank 2. angerichteter Imbiss* bufedo (↑ *auch* ***Frühstücks-***, ***Kuchen-*** *u.* ***Salatbüfett***); ***kaltes ~*** malvarma bufedo
Büfettdame *f*, *auch* ***Büfettmamsell*** *f*, <*schweiz*> ***Bufetttochter*** *f* bufedistino
Büfettier [*...'tje:*] *m* bufedisto
Büfettraum *m Erfrischungsraum, z.B. im Theater* bufedejo
Bufetttochter *f* ↑ ***Büfettdame***
Büfettwagen *m Eisenb* bufed-vagono
Buffalo (*n*) *eine Stadt im US-Staat New York [Verwaltungssitz des Erie County]* Bufalo
Büffel *m Zool* bubalo (↑ *auch* ***Mindoro-*** *u.* ***Waldbüffel***); *Wild*~ (Bos sondaicus) bantengo; *Wasser*~ (Bos bubalus) akvobubalo; ***afrikanischer ~*** *od* ***Kaffernbüffel*** *m* (Syncerus caffer) afrika (*od* kafra) bubalo; ***amerikanischer ~*** ↑ ***Bison***
Büffel|gras *n*, *auch* ***Bisongras*** *n* (*auch* ***duftendes Mariengras*** *genannt*) (Hierochchloe odorata) *Bot (ein kumarinhaltiges Gras aus der Familie der Süßgraser ‹Poaceae›* bizona herbo; **~horn** *n* bubala korno; **~karren** *m* bubaloĉaro; **~kopfente** *f* (Bucephala albeola) *Orn* grandkapa klangulo *[Vorkommen: Nordamerika]*; **~leder** *n* bubala ledo; **~milch** *f* bubala lakto *od* lakto de bubalo
Büffelmücke *f Ent* ↑ ***Kriebelmücke b)***
büffeln *intr umg* streĉe [kaj intense] lerni (*od* studadi); ***für die Prüfung ~*** streĉe studadi (*od auch* lerni) antaŭ [la] ekzameno
Buffet *n* ↑ ***Büfett***
Buffo *m Sänger komischer Partien auf der Opernbühne* bufono
buffonesk *Adj in der Art eines Buffos* bufoneska
Bufoniden *Pl Zool* ↑ *unter* ***Kröte***

Bufotoxin *n* ↑ ***Krötengift***

[1]**Bug** *m* ***a)*** *auch* ***Vor[der]schiff*** *n Mar (Schiffs≗)* pruo (↑ *auch* ***Löffelbug***) ***b)*** *Rumpfvorderteil eines Flugzeugs* nazo [de aviadilo] ***c)*** *Metzgerei (Schulterstück)* skapolo ***d)*** *Anat (Gelenk)* artiko

[2]**Bug** *m Name zweier Flüsse in der Ukraine bzw. in Polen/Weißrussland* [rivero] Bugo

BUGA = *Abk für* ***Bundesgartenschau***

Bügel *m Kleider≗* vestarko; *Steig≗* piedingo *auch Tech (Klammer in Form eines Steigbügels)*; *Kontakt≗ von elektr. Triebfahrzeugen* troleo; *Griff* anso, prenilo; *einer Bügel- od Laubsäge* framo; ~**automat** *m* glad-aŭtomato; ~**brett** *n*, *reg* ***Plättbrett*** *n*, *<schweiz> auch* ***Glättebrett*** *n*, *<österr> auch* ***Bügelladen*** *m* gladotabulo; ~**eisen** *n*, *reg* ***Plätteisen***, *<schweiz> auch* ***Glätteisen*** *n Hausw* gladilo (↑ *auch* ***Dampf-*** *u.* ***Reglerbügeleisen***); ~**falte** *f* glad[o]faldo

bügelfrei *Adj* negladenda; *knitterfrei* neĉifebla *od* ĉif-imuna

Bügelhorn *n*, *auch* ***Signalhorn*** *n Mus* buglo (↑ *auch* ***Euphonium***)

Bügelladen *m* ↑ ***Bügelbrett***

bügeln, *reg* ***plätten***, *<schweiz> u. reg auch* ***glätten*** *tr* gladi (↑ *auch* ***aufbügeln***); ***ein schlecht gebügelter Anzug*** malbone gladita kostumo (*od* vesto)

Bügeln *n*, *reg* ***Plätten*** *n*, *<schweiz> auch* ***Glätten*** *n* gladado

Bügel|säge *f Handw* arĉosegilo *od* arĉ-hava segilo; ~**verschluss** *m z.B. einer Getränkeflasche* kramp[o]fermilo

Buggy [*ˈbagi*] *m zusammenklappbarer Kinderwagen* faldĉareto, faldebla [infan]ĉareto

Buglastigkeit *f* ↑ ***Kopflastigkeit***

Büglerin *f* ↑ ***Plätterin***

Bugrichtung *f Mar* ↑ ***Kielrichtung***

bugsieren *tr Mar* treni (*od auch* tir[ad]i) post si (*vgl. dazu* ***lotsen***)

Bug|spriet *n od m Mar (über den Bug schräg hinausragende Segelstange)* busprito; ~**welle** *f Mar* stevena ondo

buhlen *intr hist: dem Gewerbe einer Dirne nachgehen* meretrici; ***um jmds. Gunst ~*** fervore klopodi pro ies favoro

Buhlerin *f hist, bes. römische Antike (Dirne, Hure)* meretrico

Buhne *f*, *reg (norddt.)* ***Kribbe*** *f Mar (künstlicher Damm zum Uferschutz)* sprondigo

Bühne *f* ***a)*** *Theat* scenejo *auch übertr* (↑ *auch* ***Dreh-***, ***Freilicht-***, ***Hebebühne*** *u.* ***Proszenium***); *Podium* podio; *übertr für «Theater»* teatro; ***auf*** (***hinter***) ***der ~*** sur (malantaŭ) la scenejo; ***die ~ betreten*** suriri la scenejon; ***zur ~ gehen*** *Schauspieler werden* fariĝi [teatra] aktoro; ***sich von der politischen ~ zurückziehen*** retiriĝi de la politika scenejo ***b)*** *<schweiz> Kurzf von* ***Heubühne*** [↑ *dort*]

Bühnen|arbeiter *m*, *pop auch* ***Kulissenschieber*** *m* sceneja laboristo, *pop auch* kulisoŝovisto; ~**ausstattung** *f* sceneja dekoracio; ~**autor** *m* dram[verk]isto; ~**bild** *n od* ~**dekoration** *f Theat* scenaranĝo *od* sceneja dekoracio, *auch* scenaranĝo; ~**bildner** *m Theat* scenaranĝisto *od* dekordezajnisto; ~**dichter** *m* [dram]verkisto; ~**eingang** *m* sceneja enirejo; ~**himmel** *m* friso, sceneja plafonpendaĵo; ~**kunst** *f* scen[ej]a arto; ~**meister** *m Theat* scenej-estro *od* sceneja estro; ~**musik** *f* sceneja muziko; ~**stück** *n* dramo; ~**vorhang** *m* sceneja kurteno

Buitenzorg (*n*) ↑ ***Bogor***

Bujumbura [...*ʒum*...] (*n*) *Hptst. von Burundi* Buĵumburo

Bukanier *m Gesch (Seeräuber des 17. Jh.s in Westindien)* bukaniero

Bukarest (*n*), *rumän.* ***Bucureşti*** *Hptst. von Rumänien* Bukareŝto, *auch* Bukureŝto

Bukephalos *od* **Buzephalus** (*m*) *Gesch (Streitross Alexanders des Großen)* bucefalo *(auch Großschr)*

Bukett *n* ***a)*** *Blumenstrauß* bukedo (↑ *auch* ***Brautstrauß***) ***b)*** *auch* ***Bouquet*** *n Blume [Duft] des Weines* parfumo [de la vino] (*vgl. dazu* ***Blume b)***)

Bukolik *f*, *auch* ***bukolische Dichtung*** *f Lit ([Gattung der] Hirten- u. Schäferdichtung)* bukoliko (↑ *auch* ***Ekloge***)

bukolisch *Adj ländlich-idyllisch* bukolika

Bukowina *f*, *rumänisch* ***Bucovina*** *eine Landschaft in den NO-Karpaten* Bukovino

Bukowiner *m Bewohner der Bukowina* bukovinano

bukowinisch *Adj* bukovina

Bulawayo (*n*) *zweitgrößte Stadt von Simbabwe* Bulavajo

bulbär *Adj Anat (auf das verlängerte Mark bezüglich)* bulba

Bulbille *f Bot* ↑ ***Knospenzwiebel***

bulbös *Adj knollen- od zwiebelförmig* bulb[oform]a

Bulbourethraldrüse *f*, *auch* ***Cowper' Drüse*** *f* (Glandula bulbourethralis) *Anat* bulbo-

-uretra glando
Bülbül *m, auch* ***Haarvogel*** *m Orn* bulbulo; *Weißwangen*~ (Pycnonotus leucogenys) blankvanga bulbulo (↑ *auch* ***Braunohr-***, ***China-***, ***Gelbbauch-***, ***Goldkehl-***, ***Graukopf-***, ***Kap-***, ***Kotilang-***, ***Réunion-***, ***Rotaugen-***, ***Rotohr-*** *u.* ***Taiwanbülbül***)
Bulbus *m Anat (Bez für «zwiebelförmiges Organ od Organteil» bei Tier u. Mensch)* bulbo (↑ *auch* ***Haarbulbus***); ~ ***medullae spinalis*** ↑ ***verlängertes Mark*** [*unter* [1]***Mark a)***]
Bulette *f* (*reg für* ***Frikadelle***) *Kochk* [frit]-buleto [el hakita viando]
Bulgare *m* bulgaro
Bulgarien (*n*) Bulgario *[Hptst.: Sofia]*
Bulgarin *f* bulgarino
bulgarisch *Adj* bulgara; ~***e Schwarzmeerküste*** *f* bulgara nigramara bordo
Bulgarisch[e] *n Ling* la bulgara [lingvo]
Bulgaristik *f Teilgebiet der Slawistik u. Balkanistik, i.e.S. bulgarische Philologie* bulgaristiko
Bulgaro-Mohammedaner *m/Pl Ethn* ↑ ***Pomaken***
Bulimie *f, pop auch* ***Ess-Brech-Sucht*** *f* (Bulimia nervosa) *Med (eine psychogene Essstörung [bes. bei jungen Frauen])* bulimio (↑ *auch* ***Anorexie***)
bulimisch *Adj* bulimia
Buline *f Mar (Haltetau für Rahsegel)* buleno
Bulkladung *f* ↑ ***Schüttgut***
Bullauge *n Mar* bov-okulo
Bulldogge *f eine Hunderasse* buldogo; ***englische*** ~ angla buldogo *<früher zum Bullenhetzen verwendet>*
Bull|dogg[en]ameise *f* (Myrmecia sanguinea) *Ent* buldogoformiko *[Vorkommen: Australien]*; ~**doggfledermaus** *f, auch* ***Faltlippenfledermaus*** *f* (Tadarida teniotis) *Zool* buldog[naz]a vesperto
Bulldozer *m* buldozro (*vgl. dazu* ***Bagger*** *u.* ***Planierraupe***); ***mit*** ~***n einreißen*** (*od* ***niederreißen***) buldozri (***etw.*** ion)
[1]**Bulle** *m männl. Rind* virbovo; *Stier* taŭro (*vgl. dazu* ***Zuchtbulle*** *u.* ***Zuchtstier*** *m*; ↑ *auch* ***Elefantenbulle***)
[2]**Bulle** *f* ***a)*** *mittelalterliche Urkunde* buleo; ***die Goldene*** ~ *von Karl IV.* la Ora Buleo ***b)*** *feierlicher päpstlicher Erlass* buleo (↑ *auch* ***Ablassbulle***)
[3]**Bulle** *m pej* ↑ ***Polizist***
Bullenhai *m Zool* ↑ ***Stierhai***
Bullenhitze *f umg* terura (*od* infera) varmego
Bulletin *n [offizieller] Bericht* bulteno; ***tägliches*** ~ ĉiutaga bulteno
bullig *Adv*: ~ ***heiß*** *umg* terure varmega
Bullterrier *m eine englische Hunderasse [eine Kreuzung zw. Bulldogge u. Terrier]* buldog-teriero
Bulwers Sturmvogel *m Orn* ↑ ***Weichnasensturmvogel***
bum! *od* **bums!** *lautmalend für Fallgeräusch* bum!
Bumerang *m* bumerango *auch übertr* (↑ *auch* ***Wiederkehr-Bumerang***); ***sich als*** ~ ***erweisen*** *übertr* bumerange reveni
Bumerangeffekt *m* bumeranga efekto
Bummel *m, auch* ***Stadtbummel*** *m*: ***einen*** ~ ***durch die Stadt machen*** fari [sencelan] promenadon tra la urbo
Bummelant *m Trödler* lantulo; *Faulenzer* pigrulo
Bummelei *f Trödelei* malrapidemo, lantemo; *Faulenzen* maldiligentado, pigrado
bummeln *intr umherschlendern* sencele promeni (↑ *auch* ***flanieren***); *langsam arbeiten* tre[ege] malrapide labori; *trödeln* lanti, *auch* malrapidi; *faulenzen* maldiligenti, pigri; *Arbeit schwänzen* senpermese foresti de la laborejo
Bummel|streik *m* lanteca striko; ~**zug** *m* ***a)*** *Eisenb* ↑ ***Nahverkehrszug*** ***b)*** *pop* trajno kun halto en ĉiu stacio
bums! ↑ ***bum!***
[1]**bumsen** *intr dröhnend schlagen*: ***an die Tür*** ~ brue bati la pordon
[2]**bumsen** *intr salopp sex* seksumi [kun] (↑ *auch* ***ficken*** *u.* ***poppen***)
Bumsen *n sex* seksumado
[1]**Bund** *m Assoziation, Vereinigung, Liga* asocio, ligo; *Allianz* alianco (↑ *auch* [1]***Verband***); *Föderation* federacio (↑ *auch* ***Konföderation***); *Union* unio; *Verein* societo; ***im*** ~***e mit ...*** *zusammen mit* ... kune kun ...
[2]**Bund** *n Bündel, Büschel* fasko (↑ *auch* ***Schlüsselbund***); ***ein*** ~ ***Petersilie*** fasko da petroselo
[3]**Bund** *m* ***a)*** *[bei Zupf- u. alten Streichinstrumenten:] Querleiste auf dem Griffbrett* freto ***b)*** *bes. Maschinenbau (Bund an einer Welle od einem Zapfen)* buteo
BUND = *Abk für* ***Bund für Umwelt und Naturschutz Deutschland*** [↑ *unter* ***Umwelt***]
Bundaxt *f Handw* ↑ ***Zimmermannsbeil***
Bündel *n* fasko *auch Anat, Geom, Opt u.*

übertr (↑ *auch* ***Akten-***, ***Elektronen-***, ***Faser-***, ***Nerven-***, ***Reisig-***, ***Ruten-*** *u.* ***Strahlenbündel***); *Zusammengeschnürtes* kunligitaĵo, *i.w.S.* *(ein Packen)* pakaĵo; ***ein*** ~ ***Stroh*** fasko da pajlo

bündelförmig *Adj* faskoforma

bündeln *tr zu einem Bündel zusammenschnüren* faskigi, kunmeti en faskon

Bündelpfeiler *m gotische Arch* gotika piliero

bündelweise *Adv in Bündeln* en faskoj

Bundesagentur *f*: ~ ***für Arbeit*** [Germana] Agentejo por Laboro *[Sitz: Nürnberg]*

Bundes|ärztekammer *f* (*Abk* ***BÄK***) Federacia Medicina Asocio [de Germanio]; ~**außenminister** *m* ministro pri eksterlandaj aferoj [de Germana Federacia Respubliko]; ~**behörde** *f* federacia instanco; ~**bürger** *m* ŝtatano de Germana Federacia Respubliko, *i.w.S. auch kurz* germana ŝtatano

Bundesebene *f*: ***auf*** ~ sur federacia nivelo

bundeseigen *Adj [bei Bundesstaaten:] dem Gesamtstaat gehörig* apartenanta al la federacia ŝtato

Bundes|gartenschau *f* (*Abk* ***BUGA***) Germana Hortikultura Ekspozicio; ~**gebiet** *n* federacia teritorio; *i.e.S. auf Deutschland bezogen* federacia teritorio de Germanio; ~**genosse** *m* aliancano, aliancito; ~**gerichtshof** *m* (*Abk* ***BGH***) Federacia Kortumo [de Germanio] *[Sitz: Karlsruhe]*; ~**gesetz** *n Jur* federacia leĝo; ~**hauptstadt** *f* federacia ĉefurbo; ~**heer** *n Militär der Rep. Österreich* [aŭstria] federacia armeo; ~**kabinett** *n Parl* federacia kabineto; ~**kanzler** *m* federacia kanceliero; ~**kanzlerin** *f* federacia kancelierino; ~**kartellamt** *n* (*Abk* ***BKartA***) Federacia Kartel-Oficejo *[Sitz: Berlin]*; ~**kongress** *m* federacia kongreso; ~**kriminalamt** *n* (*Abk* ***BKA***) Federacia Oficejo de Kriminala Polico *[Sitz: Wiesbaden]* (↑ *auch* ***Landeskriminalamt***); ~**lade** *f*, *auch* ***Lade f des Herrn*** *altisraelitische Rel* Kesto de Interligo, *auch* Kesto de la Eternulo

Bundesland *n BRD, Österreich* federacia lando; ***die neuen*** (***ostdeutschen***) ***Bundesländer*** *Pl dt. Gesch* la novaj (orientgermanaj) federaciaj landoj *Pl*

Bundesliga *f höchste deutsche Spielklasse in verschiedenen Sportarten* [germana] federacia ligo; ~**klub** *m* federaci-liga klubo

Bundes|luftfahrtbehörde *f der USA*, *Fachspr meist engl.* ***Federal Aviation Administration*** (*Abk* ***FAA***) Federacia Aviada Instanco [de Usono]; ~**mitglied** *n* federaciano; ~**minister** *m* federacia ministro; ~**parlament** *n* federacia parlamento; ~**polizei** *f* federacia polico

Bundespräsident *m* federacia prezidento; ***der deutsche*** ~ la Federacia Prezidento de Germanio

Bundes|rat *m* ***a)*** *Parl* federacia konsilio *(auch Großschr)*, *in Deutschland* Reprezentejo (*od auch* Ĉambro) de la [Federaciaj] Landoj [en Germanio] ***b)*** *als Titel in der Schweiz* federacia konsilisto; ~**rechnungshof** *m* federacia financkontrolejo; ~**regierung** *f* federacia registaro

Bundesrepublik *f* federacia respubliko; ~ ***Deutschland*** (*Abk* ***BRD***) Federacia Respubliko Germanio (*Abk* FRG)

Bundesstaat *m* ***a)*** *auch* ***föderaler Staat*** *m Staat, in dem mehrere Länder vereinigt sind* federacia ŝtato ***b)*** *einzelnes Land eines Bundesstaates* lando de federacia ŝtato

bundesstaatlich *Adj*: ~***es System*** *n* federaci[ŝtat]a sistemo

Bundestag *m in Deutschland* federacia parlamento [de Germanio] *(auch Großschr)*; ***Mitglied*** *n* ***des*** ~***s*** membro de [la] federacia parlamento [de Germanio]

Bundestags|präsident *m* prezidanto de la federacia parlamento [de Germanio]; ~**wahl** *f* elektado de la federacia parlamento [de Germanio]

Bundes|trainer *m* trejnisto de la germana nacia teamo; ~**verdienstkreuz** *n* federacia meritkruco [de Germanio] *(auch Großschr)*; ~**verfassungsgericht** *n* (*Abk* ***BVerfG***) *Jur* Federacia Konstitucia Kortumo [de Germanio] *[Sitz: Karlsruhe]*; ~**versammlung** *f Parl, Pol (ein Verfassungsorgan der Bundesrepublik Deutschland)* Federacia Kunveno [de Germanio]; ~**verwaltungsgericht** *n* Federacia Administra Tribunalo [de Germanio] *[Sitz: Leipzig]*; ~**wehr** *f* federacia armeo [de Germanio]

bundesweit **1.** *Adj* tutgermania **2.** *Adv* tutgermanie (↑ *auch* ***gesamtdeutsch***)

Bundes|wirtschaftsminister *m* federacia ministro [de Germanio] pri ekonomio; ~**zollverwaltung** *f* federacia dogana servo [de Germanio] *(auch Großschr)*

bündig **1.** *Adj überzeugend* konvinka; *treffend* trafa; *konzis* konciza **2.** *Adv*: ***kurz und*** ~ [mallonge kaj] koncize

Bündner *m* ↑ ***Graubünd[e]ner 2.***
bündnerisch ↑ ***graubündnerisch***
Bündnis *n* [inter]ligo; *Allianz* alianco (***mit*** kun; ***zwischen*** inter) (↑ *auch* ***Entente, Geheim-*** *u.* ***Verteidigungsbündnis***); *Fusion, Zusammenschluss* fuzio (***mit*** kun) (*vgl. dazu* ***[1]Bund*** *u.* ***Pakt***); ~ ***90/Die Grünen*** *eine politische Partei in Deutschland* Alianco 90/La Verduloj; ***mit jmdm. ein ~ schließen*** fari aliancon kun iu
Bündnisblock *m Pol* bloko de aliancoj
bündnisfrei *Adj* nealiancita; ~***e Länder*** *n/Pl* nealiancitaj landoj *Pl*
Bündnis|partner *m* aliancano; ~**politik** *f, auch* ***Allianzpolitik*** *f* politiko de alianco(j); ~**vertrag** *m Pol* alianca kontrakto, *(zw. Staaten) auch* alianca traktato
Bundschraube *f Handw, Tech* kolum-kapa ŝraŭbo
Bungalow *m* bangalo (*vgl. dazu* ***Datsche, Sommerhäuschen*** *u.* ***Wochenendhaus***)
Bungalowstil *m*: ***im*** ~ en stilo de bangalo
Bungar *m Zool* ↑ ***Krait***
Bunge *f (Gattung* Samolus) *Bot* samolo (*vgl. dazu* ***Salzbunge***)
Bungee-Jumping *n, auch* ***Bungeejumping*** *n Funsport (Springen aus großer Höhe mit Sicherung durch ein starkes Gummiseil)* bunĝiplonĝado
[1]Bunker *m Luftschutz, Mil* bunkro (↑ *auch* ***Unterstand b)***); *Kohlen~* deponejo de karbo, *auch kurz* karbejo; ***unterirdischer*** ~ subtera bunkro
[2]Bunker *m Golf (Sandloch)* sablotruo *od* sablokavo
bunkern *tr*: ***Kohle*** ~ preni karbon
Bunraku-Puppentheater *n ein Puppenspiel in Japan [seit dem 18. Jh.[* bunraka pupteatro
Bunsenbrenner *m* brulilo de Bunsen
bunt 1. *Adj* bunta (↑ *auch* ***knallbunt***); *[viel-]farbig* [mult]kolora; *verschiedener Art* plurspeca *od* multspeca; *mannigfaltig, abwechslungsreich* varia, varioplena; ~***er Abend*** *m* [amuza] vespero kun varia programo **2.** *Adv*: ***es ging ~ durcheinander*** ĉio iris senorde (*od* ĥaose) ◇ ***jetzt wird es mir doch zu ~!*** nun al mi sufiĉas tiu afer[aĉ]o!
Buntblatt *n Bot* ↑ ***Kaladium***
Bunt|bock *m, (als Unterart) auch* ***Blessbock*** *m* (Damaliscus dorcas) *Zool (eine südafrik. Art aus der Unterfamilie der Kuhantilopen)* bunta damalisko (*od pop* boko), *(Unterart)* blesboko; ~**druck** *m Typ* kolora pres[ad]o, *(Erzeugnis)* kolora presaĵo
Buntelster *f Orn* ↑ ***Kurzschwanzkitta***
Buntfalke *m* (Falco sparverius) *Orn* amerika turfalko
Buntfasan *m Orn* ↑ *unter* ***Schillerfasan***
Buntfilm *m* ↑ ***Colorfilm*** *od* ***Farbfilm***
Buntfoto *n* ↑ ***Farbfoto***
Bunt|fuß-Sturmschwalbe *f, auch* ***buntfüßige Sturmschwalbe*** *f* (Oceanites oceanicus) *Orn* buntpieda [ŝtorm]petrelo; ~**glas** *n* kolora vitro
Buntheit *f* bunteco
Buntkupferkies *m Min* ↑ ***Bornit***
Bunt|marder *m* (Martes flavigula) *Zool (eine asiatische Marderart)* flavgorĝa marteso *[Vorkommen: südöstl. Sibirien, Nepal, China bis SO-Asien]*; ~**metall** *n* nefera(j) metalo(j) *(Pl)*; ~**nessel** *f (Gattung* Coleus) *Bot* koleo; ~**papier** *n* kolorpapero
Buntpython *m Zool* ↑ ***Sumatra-Kurzschwanzpython***
Buntspecht *m Orn*: ***großer*** ~ (Dendrocopus major) [granda] buntpego; ***kleiner*** ~ (Dendrocopus minor) malgranda buntpego (↑ *auch* ***Mittelspecht*** *u.* ***Tüpfelbuntspecht***)
Bunt|stift *m* kolorkrajono (↑ *auch* ***Farbstift***); ~**waran** *m* (Varanus varius) *Zool* aŭstralia punktovarano *[Vorkommen: im Osten Australiens]*; ~**wäsche** *f* [mult]kolora tolaĵo; ~**waschmittel** *n* detergento por [mult]kolora tolaĵo
Buntwurz *f Bot* ↑ ***Kaladium***
Bürde *f Last* ŝarĝo (↑ *auch* ***Kreuz b)***); *Mühe* peno; ***eine ~ tragen*** porti ŝarĝon *auch übertr*
Burdigal *od* **Burdigalium** *n Geol (die jüngere der beiden chronostratigrafischen Stufen des Unteren Miozäns)* burdigalio
Buren *m/Pl Ethn (Nachkommen der im Kapland angesiedelten Europäer [bes. Holländer u. Rheinländer])* buroj *Pl*; ~**krieg** *m Gesch (Krieg zw. Großbritannien u. den südafrikanischen Burenstaaten [1899-1902]* bura milito
Bürette *f zylindrische Messröhre zur Titration <unten mit einem regulierbaren Abflusshahn versehen>* bureto
Bürettenstativ *n Chemielabor* buretstativo
Burg *f frühgeschichtl. od mittelalterl. Wehranlage* burgo (*vgl. dazu* ***[2]Schloss***; ↑ *auch* ***Grals-, Kirchen-, Ritter-*** *u.* ***Wasserburg***)
Burgas (*n*) *eine bulgarische Hafenstadt am*

Schwarzen Meer Burgaso
Bürge *m* garantianto (↑ *auch* ***Garant***), *(mit Kaution)* kaŭcianto
bürgen *intr* garantii (***für etw.*** ion; ***für jmdn.*** por iu); ***für Qualität*** ~ garantii kvaliton
Burgenland *n ein österr. Bundesland* Burgenlando *[Hptst.: Eisenstadt]*
Burgenländer *m Bewohner des Burgenlands* burgenlandano
burgenländisch *Adj* burgenlanda (*vgl. dazu* ***pannonisch b)***)
Burger *m Nahr* ↑ ***[2]Hamburger***
Bürger *m* ***a)*** *im Mittelalter (Stadt- od Gemeinde≗), ehem auch für Angehöriger des Mittelstandes im Ggs zu Adel, Geistlichkeit u. Arbeitern* burĝo ***b)*** *Pol, Soziologie (Bourgeois)* burĝo ***c)*** *Antike (Bürger eines Stadtstaates), Gegenwart (politisch vollberechtigter Staats≗)* civitano, *auch* ŝtatano (↑ *auch* ***Bundes-***, ***Ehren-***, ***EU-***, ***Groß-***, ***Klein-***, ***Mit-*** *u.* ***Staatsbürger***) ***d)*** *Stadtbewohner* urbano; ~**bewegung** *f Pol* civitana movado; ~**engagement** *n* civitana engaĝiĝo; ~**initiative** *f* civitana iniciat[iv]o
Bürgerkrieg *m* intercivitana milito, *auch* enlanda (*od* interna) milito (↑ *auch* ***Bruderkrieg***); ***Spanischer*** ~ *Gesch* Hispana Enlanda Milito *[Juli 1936-April 1939]*
bürgerlich *Adj den Bürger (Staatsbürger) betreffend* civitana; *Soziologie* burĝa; *zivil* civila; ~***e Eheschließung*** *f Zivilehe* civila edziĝo; ≗***es Gesetzbuch*** *n* (*Abk* ***BGB***) civila kodo *(auch Großschr)*; ~***-demokratische Revolution*** *f* burĝa-demokratia revolucio
Bürgermeister *einer Stadt* urbestro; *einer Gemeinde* komunumestro (*vgl. dazu* ***Gemeindevorsteher***; ↑ *auch* ***Alkalde***); ***ehemaliger*** ~ *od* ~ ***a.D.*** eksurbestro; ***regierender*** ~ reganta urbestro; ***stellvertretender*** ~ vicurbestro
Bürger|meisterin *f* urbestrino; ~**pflicht** *f* civitana devo; ~**plattform** *f Pol* civitana platformo; ~**protest** *m* civitana ptotesto; ~**rechte** *n/Pl* civitanaj rajtoj *Pl* (*vgl. dazu* ***Staatsbürgerschaft***); ~**rechtskämpfer** *m* batalanto por civitanaj rajtoj
Bürgerschaft *f Eigenschaft als [Stadt-] Bürger* burĝeco
Bürger|steig *m*, *<schweiz>* ***Trottoir*** *n* trotuaro (*vgl. dazu* ***Gehsteig***); ~**tugend** *f* civitana virto
Bürgertum *n bes. Gesch* burĝaro; *Mittelstand* [anoj *Pl* de la] meza klaso (↑ *auch* ***Groß-***, ***Kleinbürgertum*** *u.* ***Mittelschicht***)
Bürgerversammlung *f* civitana kunveno
Burg|friede[n] *m Pol* interpartia paco (*od* batalhalto); ~**graben** *m* fosaĵo ĉirkaŭ burgo; ~**graf** *m*, *auch* ***Burgvogt*** *m [im Mittelalter:] militärischer Befehlshaber einer Burg* burgografo, kastelgrafo
Burgos (*n*) ***a)*** *auch* ***Provinz Burgos*** provinco Burgoso *eine span. Provinz in Altkastilien* ***b)*** *Hptst. einer gleichnamigen Provinz in Spanien* [urbo] Burgoso
Bürgschaft *f Gewähr* garantio (↑ *auch* ***Hermes-*** *u.* ***Kreditbürgschaft***); *Kaution* kaŭcio; *Bürgschaftssumme* kaŭcia sumo (↑ *auch* ***Pfand***); ***für jmdn.*** ~ ***leisten*** *Jur* garantii (*bzw.* kaŭcii) por iu
Bürgschaftssumme *f* ↑ ***Kautionssumme***
Burgund (*n*), *franz.* ***La Bourgogne*** *f eine hist. Landschaft u. Region in Ostfrankreich* Burgonjo *[Hptst.: Dijon]*; ***Freigrafschaft Burgund*** *f* ↑ ***Franche-Comté***
Burgunder *m* ***a)*** *Angehöriger eines ostgermanischen Volksstammes* burgundo ***b)*** *Bewohner der Bourgogne* burgonjano ***c)*** *auch* ***Burgunderwein*** *m* burgonja vino (↑ *auch* ***Chablis***)
Burgunderin *f* burgonjanino
Burgundertopf *m Kochk* ↑ *unter* ***Fondue***
Burgunderwein *m* ↑ ***Burgunder c)***
burgundisch *Adj auf die Bourgogne bezogen bzw. aus ihr stammend* burgonja; ~***es Kreuz*** *n* ↑ ***Andreaskreuz***; ~***e Musik*** *f die Musik am burgundischen Hof im 15. Jh., bes. unter Philipp dem Guten u. Karl dem Kühnen* burgonja muziko; ~***e Schule*** *f Bez für eine Gruppe von Komponisten des 15. Jh.s* burgonja skolo
Burgverlies *n hist* ublieto, *bildh auch* forgeskelo
Burgvogt *m* ↑ ***Burggraf***
Buridan (*m*), *auch* ***Buridanus*** (*m*) *Eig (franz. Scholastiker [* um 1300, † um 1360])* Buridano *<Anhänger des Nominalismus Ockhams>*
Buriden *Pl Gesch (eine Dynastie türkischer Herkunft in Damaskus [1104-1154])* buridoj *Pl*
Burin *f* burino
burisch *Adj* bura (*vgl. dazu* ***Buren***)
Burjaten *m/Pl*, *auch* ***Burjäten*** *m/Pl Ethn (ein mongol. Volk zu beiden Seiten des Baikalsees [im südl. Sibirien])* burjatoj *Pl*
Burjatien (*n*) *autonome Rep. innerhalb der*

Russ. Föderation Burjatio
burjatisch *Adj* burjata; ~***e Sprache*** *f, auch* ***Burjatmongolisch*** *n* (*oft* ***Nordmongolisch*** *genannt*) burjat[mongol]a lingvo <*seit 1939 wird das Burjatmongolische mit dem russ. Alphabet geschrieben*>
[1]**Burka** *f [kaukasischer] Filzmantel* burko
[2]**Burka** *f, arab.* ***Burqu'*** *Islam (hals- od brustlanger maskenartiger Schleier mit einem Einsatz aus Netzgewebe für die Augen [bes. in Afghanistan])* burĥo
Burkina Faso (*n*), *früher (bis 1984)* ***Obervolta*** (*n*) *Staat in Westafrika* Burkina-Faso, *auch kurz* Burkino, *früher* Supra Voltao *od* Voltalando *[Hptst.: Ouagadougou]*
Burkiner *m Einwohner von Burkina Faso* burkinano
Burkinerin *f* burkinanino
burkinisch *Adj* burkina
Burlak *m [im zaristischen Russland:] Bez für «Wolgaschlepper»* burlako
burlesk *Adj allg (possenhaft, derb-komisch), Mus (humorig)* burleska (*vgl. dazu* ***chaplinesk***)
Burleske ***a)*** *f 1. Theat (Schwank, Possenspiel) 2. Mus (humoriges Charakterstück für Klavier)* burlesk[aĵ]o ***b)*** *n das Burleske, Possenhafte (von etw.)* burleskeco
Burlington (*n*) *eine kanadische Stadt in der Provinz Ontario* Burlingtono <*agrarisches Zentrum*>
Burma (*n*) ↑ ***Myanmar***
Burmagrünspecht *m* (Picus viridanus) *Orn* striobrusta pego *[Vorkommen: Myanmar u. Süd-Thailand]*
Burmannia *f* (*Gattung* Burmannia) *Bot* burmanio
Burmastar *m, auch* ***Burmamaina*** *f* (Sturnus burmannicus) *Orn* birma sturno *[Vorkommen: SO-Asien]*
Burmese *m* ↑ ***Birmane***
Burmesenkatze *f* ↑ ***Birmakatze***
Burmesin *f* ↑ ***Birmanin***
burmesisch ↑ ***birmanisch***
Burmesisch[e] *n Ling* ↑ ***Birmanisch[e]***
Burn-out-Syndrom *n Med, Psych (Ausgebranntsein)* elbrula sindromo
Burnus *m [leichter] Kapuzenmantel der Männer nordafrikanischer Hirtenvölker [von NW-Libyen bis Marokko]* burnuso <*in der westl. Welt auch als Damenmode- stil*>
Büro *n Amt* oficejo (↑ *auch* ***Regionalbüro***); *einer staatlichen od halbstaatlichen Instanz, eines vorbereitenden Komitees u.a.* buroo; *Kontor* kontoro; ***ständiges*** ~ permanenta oficejo
Büro|angestellte *m* oficeja laboristo, kontoristo; ~**arbeit** *f* oficeja (*bzw.* [en]kontora) laboro; ~**automation** *f* oficeja aŭtomatigo; ~**bedarf** *m Büromaterial* materialo [bezonata] por oficeja laboro; ~**chef** *m* estro de oficejo; kontorestro; ~**gebäude** *n* konstruaĵo por oficejoj [kaj kontoroj]; ~**heftmaschine** *f, meist kurz* ***Hefter*** *m, pop auch* ***Klammeraffe*** *m* paperkrampilo; ~**klammer** *f* paperklipo *od* paperfiksilo
Bürokrat *m* burokrato (*vgl. dazu* ***Pedant***); ***die*** ~***en*** *Pl (als Gesamtheit)* burokrataro
Bürokratentum *n* ↑ ***Bürokratismus***
Bürokratie *f* burokrateco
Bürokratin *f* burokratino
bürokratisch *Adj* burokrata
bürokratisieren *tr* burokratigi
Bürokratisierung *f* burokratigo
Bürokratismus *m, auch* ***Bürokratentum*** *n pej für «bürokratische Pedanterie»* burokratismo
Büro|leiter *m* kontorestro; ~**maschine** *f* kontormaŝino; ~**material** *n* materialo [bezonata] por oficeja laboro; ~**möbel** *n/Pl* kontormeblaro; ~**personal** *n* oficeja personaro; ~**schrank** *m* kontora ŝranko; ~**sotware** *f EDV* oficeja softvaro; ~**stuhl** *m* oficeja seĝo *od* kontorseĝo; ~**vorsteher** *m* estro de oficejo, kontorestro
Bursa (*n*) *Hptst. der gleichnamigen türkischen Provinz südlich des Marmarameeres* Burso <*viertgrößte Stadt der Türkei*>
Bürschchen *n* ↑ ***Bübchen***
Bursche *m Junge, Knabe* knabo; *junger Mann* junulo, *fam auch* ulo (↑ *auch* ***Handwerksbursche***); *veraltend für «Diener»* servisto, *noch üblich beim Militär:* ~ ***eines Offiziers*** servosoldato [de oficiro]
Burschenschaft *f Gesch (Studentenverbindung)* [iu speco de] studenta unuiĝo
burschikos *Adj* [iom] tro leĝera (↑ *auch* ***leger***)
Burserazeen *f/Pl Bot* ↑ *unter* ***Weißgummibaum***
Bursicula *f nur Fachspr Bot (nur angedeutet ausgebildete Tasche der Orchideenblüte)* bursiklo
Bursitis *f Med* ↑ ***Schleimbeutelentzündung***
Bursolith *m Med (Schleimbeutelkonkrement)* bursolito

Bursotomie *f nur Fachspr Chir (operative Öffnung eines entzündeten Schleimbeutels)* bursotomio

Bürste *f* ***a)*** broso (*vgl. dazu* ***Striegel***; ↑ *auch* ***Draht-***, ***Klosett-***, ***Massage-***, ***Nagel-***, ***Pferde-***, ***Polier-***, ***Scheuer-***, ***Schuh-***, ***Stiefel-***, ***Streich-***, ***Teppich-*** *u.* ***Zahnbürste***); *Haar*~ harbroso (↑ *auch* ***Lockenbürste***); *Kleider*~ vestobroso, broso por vestoj; *zur Reinigung von Flaschenhälsen, Zylindern, Rohren, Gewehrläufen* skovelo; ***ein Strich mit der ~*** unu brosotiro; ***mit einer ~ reinigen*** purigi per broso ***b)*** *El (auf dem Kollektor od den Schleifriemen eines Generators schleifendes Kohlenstück zur Stromübertragung [bei Dynamos u. Reibungselektrisiermaschinen])* broso *auch an der Lok der Spielzeugeisenbahn*

bürsten *tr* brosi *auch abs u. Tech*, froti per broso (↑ *auch* ***ausbürsten***); skoveli (*vgl. dazu unter* ***Bürste a)***); ***sich die Haare ~*** brosi al si la harojn

Bürsten *n* brosado

Bürsten|binder *od* **~macher** *m* brosofaristo, *auch* brosisto; **~binderei** *f* brosofarejo, *auch* brosejo; **~händler** *m* brosovendisto; **~massage** *f Balneologie* brosomasaĝo; **~spinner** *m*, *auch* ***Schlehen-Bürstenspinner*** *m* (Orgyia gonostigma = Orgyia antiqua) *Ent* brosa ŝpinulo; **~[waren]geschäft** *n* brosovendejo

Burunder *m* ↑ ***Burundier***

Burundi (*n*) *ein Binnenstaat in Äquatorialafrika* Burund[i]o *[Hptst.: Bujumbura]*

Burundier *m*, *auch* ***Burunder*** burund[i]ano

Burundierin *f* burund[i]anino

burundisch burund[i]a

Burunduk *m Zool* ↑ *unter* ***Streifenhörnchen***

Buruschaski *n Ling (eine isolierende Sprache, die in N-Pakistan gesprochen wird)* la buruŝa [lingvo]

Bürzel *m Vogelsteiß* pugo [de birdo]

Bürzeldorn *m Bot* ↑ ***Erdstacheldorn***

Bürzeldrüse *f Orn* pug[o]glando *<sie sondert ein ölartiges Sekret ab>*

Burzelkraut *n Bot* ↑ ***Portulak***

[1]**Bus** *m* (*Kurzf von* ***Autobus*** [↑ *auch dort*]) buso (↑ *auch* ***Ausflugs-***, ***City-***, ***Doppeldeck-***, ***Eil-***, ***Fern-***, ***Gelenk-***, ***Klein-***, ***Regional-***, ***Reise-***, ***Nacht-***, ***O-Bus***, ***Panorama-***, ***Schienen-***, ***Touristen-***, ***Trolley-*** *u.* ***Zubringerbus***); ***der nächste ~*** la sekva buso; ***ein voll besetzter ~*** plene okupita buso, *umg auch* plenplena buso; ***aus dem ~ [aus]steigen*** eliri el la buso, *umg auch* elbusiĝi; ***in den ~ [ein]steigen*** eniri en [la] buson, *umg* enbusiĝi; ***mit dem ~ fahren*** veturi [aŭto]buse *od* veturi per [la] buso (***nach*** al); ***den [letzten] ~ verpassen*** maltrafi (*od* ne plu kapti) la [lastan] buson; ***auf den [nächsten] ~ warten*** atendi la [sekvan] buson

[2]**Bus** *m EDV* ↑ ***Datenbus***

Busa *f Metr (arabisches Längenmaß, verbreitet in Saudi-Arabien u. Sudan, zum Teil auch in Ägypten [1 Busa = 2,54 cm])* buso

Busbahnhof *m Verk* bus-staci[dom]o

Busch *m* ***a)*** *Strauch* arbusto; *Gehölz* arbetaĵo, bosketo (↑ *auch* ***Strauch***) ◇ ***auf den ~ klopfen*** [singarde] sondi la terenon [por ekscii ion]; ***sich in die Büsche schlagen*** *sich heimlich entfernen* sekrete malaperi ***b)*** *in Afrika od Australien* boŝo (*vgl. dazu* ***Outback***); *i.w.S. (Dschungel)* ĝangalo, *(Urwald)* praarbaro

Busch|bewohner *m*, *in Australien (Bewohner des Outbacks)* boŝloĝanto; **~blauhäher** *m* (Aphelocoma coerulescens) *Orn* veprogarolo

Buschbock *m Zool* ↑ ***Schirrantilope***

Büschel *n Bund, Bündel* fasko *auch Geom* (↑ *auch* ***Ähren-***, ***Ebenen-*** *u.* ***Geradenbüschel***); *Büschel dünner od zarter Dinge gleicher Art* tufo (↑ *auch* ***Feder-*** *u.* ***Grasbüschel***); ***ein ~ Haare*** fasko da haroj; ***zu einem ~ [zusammen]binden*** kunmeti en fasko(j)n, faskigi

Büschelaffe *m Zool* ↑ ***Seidenaffe***

Büschelchen *n kleines Büschel* tufeto

Büschel|entladung *f*, *auch* ***Koronarentladung*** *f El* egreto

büschelförmig **1.** *Adj* faskoforma **2.** *Adv* faskoforme

Büschel|kiemen *f/Pl z.B. beim Seepferdchen* tuf[o]brankoj *Pl*; **~kraut** *n* (*Gattung* Desmodium) *Bot* desmodio; **~miere** *f* (Minuartia rubra) *Bot* ruĝa minuartio

Büschelporling *m*: ***ästiger ~***, *pop häufig* ***Eichhase*** *m* (Polyporus umbellatus) *Mykologie* ombrela poliporo

Büschelschön *n* (*Gattung* Phacelia) *Bot* facelio *<die Art ‹Phacelia tanacetifolia› ist Zierpflanze u. beliebte Bienenweide>*

Busch|gelbfieber *n Tropenmedizin* ĝangala flava febro; **~grasmücke** *f* (Sylvia minula) *Orn* oazosilvio

buschig *Adj mit Büschen bestanden* arbedokovrita; *büschelförmig* faskoforma; *dicht mit Haaren bewachsen* denshara, *(auf Fell bezogen)* dikfela (*vgl. dazu* ***dicht***); *Augenbrauen* tufa; *mit einem Busch od Schopf* tufhava

Buschkatze *f Zool* ↑ ***Serval***

Buschkauz *m Orn*: ***roter*** ~ (Ninox rufa) rufa strigo *[Vorkommen: Neuguinea, auf den Aru-Inseln u. an den Küsten Nordaustraliens]*

Buschlerche *f* (Mirafra cantillans) *Orn* arbust-alaŭdo

Buschmänner *m/Pl, Eigenbez.* ***San*** *Pl Ethn (ein kleinwüchsiges Wildbeutervolk in SW-Afrika)* boŝmanoj *Pl*

Buschmann|frau *f* boŝmanino; ~**-Sprachen** *f/Pl Ling (neben den Hottentotten-Sprachen wichtigste Gruppe der Khoisan-Sprachen im südlichen Afrika)* boŝmanaj lingvoj *Pl*

Buschmeister *m* (Lachesis muta) *Zool* muta sonserpento *[Vorkommen: in den Regenwäldern Südamerikas]*

Busch|messer *n* maĉeto; ~**rohrsänger** *m* (Acrocephalus dumetorum) *Orn* arbedokanbirdo; ~**sänger** *m, auch* ***Uguisu*** *m* (Cettia diphone) *Orn (ein ostasiatischer Singvogel)* ugviso

Buschspinne *f Ent* ↑ ***Vogelspinne***

Busch|spötter *m* (Hippolais caligata) *Orn* malgranda hipolao; ~**steinsperling** *m* (Petronia dentata) *Orn* malgranda rokpasero; ~**steppe** *f* arbusta stepo; ~**taube** *f* (Phaps elegans) *Orn* eleganta kolombo; ~**werk** *n* arbedaĵo; *undurchdringliches (auch dorniges) Gestrüpp* vepro (*vgl. dazu* ***Macchia***)

Buschwindröschen *n* (Anemone nemorosa) *Bot* arbara (*od* blanka) anemono

Busen *m* ***a)*** *weibl. Brust* mamo (*vgl. dazu* ***Büste b)*** *u.* ***Oberweite b)***; ↑ *auch* ***Silikonbusen***) ***b)*** *poet für «Brust»* brusto, *übertr (als Sitz des Herzens u. des Gefühls)* koro ***c)*** *Geogr (Meer≗)* golfo (↑ *auch* ***Bai*** *u.* ***Bucht***); ~**freund** *m bzw.* ~**freundin** *f enge(r), vertraute(r) Freund(in)* [plej] intima amik(in)o

Bus|fahrer *m* busŝoforo *od* aŭtobusa ŝoforo; ~**fahrkarte** *f od* ~**fahrschein** *m, auch* ***Busticket*** *n* bileto por busveturo, *auch* bileto por la buso; ~**fahrstreifen** *m, umg* ***Busspur*** *f Verk* buskoridoro *od* aŭtobusa koridoro; ~**haltestelle** *f* bushaltejo *od* haltejo de aŭtobuso

Bushel *m Metr (ein in den USA u. in Großbritannien verwendetes Hohlmaß für Flüssigkeiten u. Getreide)* buŝelo (↑ *auch* ***Scheffel***); ***britischer*** (*od* ***englischer***) ~ brita (*od* angla) buŝelo *[36,37 l]*; ***amerikanischer*** ~ usona buŝelo *[35,24 l]*

Bushido *n* (*jap.* = Weg des Kriegers) *Ehrenkodex des japanischen Militäradels aus der Feudalzeit <forderte Treue bis zum Selbstopfer u. Gerechtigkeit>* buŝido

Busiris *ohne Art 1. griech. Myth (ein sagenhafter König von Ägypten) <dieser ließ bei einer Hungersnot alle Fremden ergreifen u. opferte sie, Herakles, der auch geopfert werden sollte, erschlug ihn> 2. Name ägyptischer Orte, die einen Osiris-Tempel besaßen* Buziriso

Buskerud (*n*) *eine südnorwegische Provinz* [provinco] Buskerudo *[Hptst.: Drammen]*

Buslinie *f* buslinio (***nach*** al)

Busoni (*m*) *Eig (ital. Komponist u. Pianist [1866-1924])* Busonio

Bus|parkplatz *m Verk* busparkadejo; ~**reise** *f* busvojaĝo; ~**rundreise** *f* rondvojaĝo per buso

Busspur *f Verk* ↑ ***Busfahrstreifen***

Bussard *m Orn* buteo (*häufig kurz für* ***Mäusebussard*** *gebraucht* [↑ *dort*]) (↑ *auch* ***Adler-***, ***Falken-***, ***Galápagos-***, ***Graugesicht-***, ***Hawaii-***, ***Mongolen-***, ***Raufuß-***, ***Rotschulter-***, ***Rotschwanz-***, ***Wespen-*** *u.* ***Wüstenbussard***)

Busschaffner *m* konduktoro de buso

Buße *f* ***a)*** *Rel* pentofaro (*vgl. dazu* ***Reue***); ~ ***tun*** *Rel* pentofari ***b)*** *Bußgeld, Geldbuße* punmono

büßen *intr, bes. abs Buße tun* pentofari; *allg* penti (***für*** pro *od* pri)

Büßer *m* pentofaranto, *auch kurz* pentanto (*vgl. dazu* ***Asket***); ~**gewand** *od* ~**hemd** *n* pentoĉemizo, *bibl (aus grober Sackleinwand)* sakaĵo [de pentofaranto]

Busserl *od* **Bussi** *n <österr> u. reg für «Küsschen»* kiseto

Bußfertigkeit *f* ↑ ***Kontrition***

Bußgeld *n* punmono; *Strafe* puno (↑ *auch* ***Strafzahlung***); ***ein*** ~ ***verhängen*** postuli punmonon (***wegen*** pro *od* pri)

Bussi *n* ↑ ***Busserl***

Bussole *f Geodäsie (mit Gradeinteilung und Visiereinrichtung versehener Magnetkompass [zur Bestimmung der Himmelsrichtung u. magnetischen Deklination])* busolo

Bussonderfahrstreifen *m* = ***Busfahrstreifen***
Bußtag *m* pentotago, *(als kirchlicher Feiertag)* Tago de Pentofaro
Buß- und Bettag *m evangel. Kirche* tago de pento kaj preĝado *(auch Großschr)*
Bustani (*m*) *Eig* ↑ ***al-Bustani***
Büste *f **a)** Bildh (plastisches Brustbild), Mal* busto (↑ *auch* ***Gips-*** *u.* ***Marmorbüste***) ***b)*** *alt für «Busen»* mamo
Büstenhalter *m* ↑ ***BH***
Busticket *n* ↑ ***Busfahrschein***
Bustransfer *m Tour* [per]busa transporto
Bustrophedon *n, auch* ***Furchenschrift*** *f abwechselnd rechts- u. linksläufige [griechische] Schrift* bustrofedono
Busuki *f Mus* ↑ ***Buzuq***
Bus|unfall *m od* ~**unglück** *n* busakcidento, aŭtobusa akcidento; ~**unternehmen** *n* aŭtobus-entrepreno
Butadien *n Chem (Ausgangsstoff für synthetischen Gummi)* butadieno; ~**kautschuk** *m durch Polymerisation von Butadien gewonnener Kautschuk* butadiena kaŭĉuko, *auch* polibutadieno (↑ *auch* ***Synthesekautschuk***)
Butan *n Chem (gesättigter gasförmiger Kohlenwasserstoff, der in Erdgas u. Erdöl enthalten ist)* butano (↑ *auch* ***Isobutan***)
Butanol *n, auch* ***Butylalkohol*** *m Chem* butanolo, *auch* butila alkoholo; ***sekundärer*** (***tertiärer***) ***Butylalkohol*** sekundara (terciara) butila alkoholo
Butanon *n Chem* butanono
Butazolidin® *Pharm (ein Antipyretikum)* butazolidino
Buten *n Chem (farbloser, ungesättigter, gasförmiger Kohlenwasserstoff, der aus Crackgasen gewonnen wird)* buteno
Butin *n Chem (Kohlenwasserstoff mit einer Dreifachbindung)* butino
Butjadingen (*n*) *fruchtbare Marschlandschaft in Oldenburg zw. Jadebusen u. Wesermündung* [regiono] Butjadingo *[Hauptort: Nordenham]*
Butler [*'bat...*] *m ranghöchster Diener in vornehmen [bes. englischen] Häusern* butlero
Büttel *m [grausamer] Scherge eines Tyrannen (Sbirre)* sbiro
Bütten|papier *n* mane farita papero; *dickes, handgeschöpftes [japanisches] Papier (für wichtige Dokumente)* torinoko; ~**rede** *f im Karneval* karnavala parolado
Butter *f* butero (↑ *auch* ***Anchovis-***, ***Büchsen-***, ***Erdnuss-***, ***Kakao-***, ***Muskat-***, ***Nuss-***, ***Pflanzen-***, ***Rahm-*** *u.* ***Sheabutter***); ***ausgelassene*** (*od* ***zerlassene***) ~ fandita butero; ***frische*** ~ freŝa butero; ***gesalzene*** (***ungesalzene***) ~ salita (nesalita) butero; ***mit*** ~ ***beschmieren*** (*od* ***bestreichen***) ŝmiri per butero; ~ ***hinzugeben an ...*** *bes. Kochk* aldoni buteron al ... ◇ ***es ist alles in*** ~ ĉio estas en [perfekta *od* plej bona] ordo
Butterbaum *m* (*Gattung* Madhuca, *auch* Bassia) maduko, *auch* basio *Bot (eine Gattung der Seifenkrautgewächse [trop. Nutzpflanze, liefert Fasern u. Samenfett für Öl, Butter, Seife])*; ***indischer*** ~ (Madhuca butyracea) butera maduko, *auch* hinda buterarbo <*aus dessen Früchten wird die sogen. «Fulwabutter» gewonnen*>
Butterbemme *f dial* = ***Butterschnitte***
Butterbiskuit *n, auch m* buterbiskvito
Butterblume *f Bot* ↑ ***Hahnenfuß***
Butterbrot *n* buterpano (↑ *auch* ***Butterschnitte***); ***ein*** ~ ***schmieren*** (*od* ***streichen***) ŝmiri pantranĉon per butero
Butter|brötchen *n, auch* ***Buttersemmel*** *f* buterbulko; ~**büchse** *od* ~**dose** *f* buterujo, buterskatol[et]o
Buttercreme *f, auch* ***Butterkrem*** *f* buterkremo; ~**torte** *f* buterkrema torto
Butterdose *f* ↑ ***Butterbüchse***
Butter|erzeugung *od* ~**herstellung** *f* farado (*od [bes. industriemäßig]* produktado) de butero; ~**fass** *n zur Butterbereitung* buterigilo; ~**form** *f* butermuldilo
buttergelb *Adj* buterflava
butterig *Adj* butereca; *wie Butter* kiel butero *bzw.* simila al butero *nachgest*
Butterkäse *m Nahr* buterfromaĝo
Butterkrem *f* ↑ ***Buttercreme***
Butter|kuchen *m, auch* ***Zuckerkuchen*** *m* sukerbuteraĵa kuko, *auch* sukera kuko; ~**maschine** *f* maŝino por buterigi [lakton], buterigilo; ~**messer** *n* butertranĉilo; ~**milch** *f* buterlakto (*vgl. dazu* ***Molke***)
buttern ***a)*** *tr Butter hinzugeben (bes. Kochk)* aldoni buteron (***etw.*** al io); *abs (Butter bereiten)* fari buteron ***b)*** *intr zu Butter werden* fariĝi butero
Butternuss *f Bot* ↑ ***Moschuskürbis***
Butternussbaum *m Bot* ↑ *unter* ***Walnussbaum***
Butterpilz *m, auch* ***Butterröhrling*** *m* (Boletus luteus = Suillus luteus) *Mykologie*

flava boleto, *umg* buterfungo
Buttersäure *f* (Acidum butyricum) *Chem (eine gesättigte Fettsäure)* buter[at]a acido; ***Salz der*** ~ ↑ ***Butyrat***
Butter|schmalz *n ausgeschmolzenes Butterfett* buterŝmalco; ~**schnitte** *od* ~**stulle** *f* buterpano (↑ *auch* ***Butterbrot***)
Buttersemmel *f* ↑ ***Butterbrötchen***
Buttersoße *f Kochk* butera saŭco
butterweich *Adj* mola kiel butero, *auch* butermola; *allg: sehr weich* treege mola
Butut *m kleine Währungseinheit in Gambia* bututo (*vgl. dazu* ***Dalasi***)
Butyl *n Chem* butilo; ~**alkohol** *m*, *auch* ***Butanol*** *n Chem* butila alkoholo, *auch* butanolo; ~**kautschuk** *m ein synthetischer Kautschuk* butilkaŭĉuko <*Verwendung meistens für Fahrzeugschläuche*>; ~**scopolamin** *n Pharm (ein Spasmolytikum)* butilskopolamino
Butyrat *n Chem (Salz der Buttersäure)* butanato
Butyrometer *m od n Gerät zur Bestimmung des Fettgehaltes der Milch* buterometro
Butz *od* **Butzemann** *m Gespenst* fantomo
Butzen *m* ↑ ***Kerngehäuse***
Butzenscheibe *f* botelfunda vitr[aĵ]o
Buwaihiden *Pl*, *auch* ***Buyiden*** *Pl Gesch (iranische Dynastie schiitischer Fürsten aus Dailam [945-1055])* buvajhidoj *Pl*
Buxtehude (*n*) *eine niedersächsische Stadt [südwestl. von Hamburg]* Bukstehudo
Buzentaur *m Myth* ↑ ***²Bucentaur***
Buzephalus (*m*) *Gesch* ↑ ***Bukephalos***
Buzuq *m od [in Griechenland]* **Busuki** *f Mus (Langhalslaute türkischen Ursprungs mit dem Korpus einer Mandoline u. dem Hals einer Gitarre)* buzuko <*fand im 19. Jh. Eingang in die arabische Musik, insbesondere in die Volksmusik*>
BverfG = *Abk für* ***Bundesverfassungsgericht***
b.w. = *Abk für* ***bitte wenden*** [↑ *unter* ***bitten***]
BWL = *Abk für* ***Betriebswirtschaftslehre***
BWS = *Abk für* ***Brustwirbelsäule***
Bydgoszcz (*n*), *dt.* ***Bromberg*** (*n*) *eine Stadt in N-Polen* Bidgoŝĉo
Byline *f russ. Lit (altrussisches Heldengedicht, Volksballade, auch erzählendes Lied [10.-17. Jh.])* bilino <*bis heute im Norden Russlands in mündlicher Überlieferung lebendig, in Südrussland als Chorlied*>
Bypass [*ˈbai...*] *m Med (Überbrückung eines krankhaft veränderten Abschnitts der Blutgefäße)* bajpaso; ~**chirurgie** *f* bajpas-kirurgio; ~**operation** *f Chir* bajpas-operacio
Byron [*ˈbai...*] (*m*) *Eig (engl. Dichter [1788-1824])* Bajrono <*Leitfigur der europäischen Romantik*>
byronisch *Adj nach der Art Byrons* bajrona *auch übertr für «zynisch»*
Byronismus *m 1. i.e.S. eine literarische Strömung im 19. Jh., die die düster-melancholische Dichtung Byrons imitiert 2. i.w.S. exzentrische Seelenstimmung* bajronismo
Byssinose *f Med (Erkrankung der tiefen Atemwege u. der Lunge als Folge mehrjähriger Inhalation von Staub aus ungereinigter Rohbaumwolle od Flachs)* bisinozo
¹Byssus *m*, *auch* ***Muschelseide*** *f Bot (von einigen Muscheln gebildetes fädiges Sekret zur Festheftung am Untergrund)* bisuso
²Byssus *m Textil* ↑ ***Meerseide***
Byssusdrüse *f einiger Muschelarten* bisusglando
Byte [*bait*] *n EDV (Zusammenfassung von 8 Bits)* bajto, *auch* bit-oko (↑ *auch* ***Giga-*** *u.* ***Megabyte***)
Bytom (*n*), *dt.* ***Beuthen*** (*n*) *eine polnische Stadt in Oberschlesien* Bitomo
Byzantiner *m* ***a)*** *Bewohner von Byzanz* bizancano ***b)*** *byzantinische Münze* bizanto *od* bizanca monero
Byzantinerin *f* bizancanino
byzantinisch *Adj 1. zu Byzanz bzw. zum Byzantinischen Reich gehörig 2. aus Byzanz* bizanca; ~***e Kunst*** (***Münze***) *f* bizanca arto (monero); ***das*** ≗***e Reich***, *auch* ***das Oströmische Reich*** *Gesch* la Bizanca Imperio, *auch* la Orientromia Imperio *[Hptst.: Byzamz (Konstantinopel)]*
Byzantinismus *m 1. Tendenz zur Haarspalterei 2. kriecherische Unterwürfigkeit u. Liebedienerei [wie szt. am byzantinischen Hof]* bizancismo
Byzantinist *m Wissenschaftler der Byzantinistik* bizancisto
Byzantinistik *f Wissenschaft, die Geschichte u. Kultur des Byzantinischen Reiches erforscht* bizancistiko
Byzanz (*n*) *Antike (das spätere Konstantinopel)* Bizanco
BZ = *fachsprachl. Abk für* ***Blutzucker***
Bzura *f ein linker Nebenfluss der Weichsel [in Masowien]* [rivero] Bzuro
bzw. = *Abk für beziehungsweise*

C

c = *Zeichen für* **1. Cent 2. Centime 3.** *Abk für* ***Zenti...***
C = ***a)*** *Zeichen für* **1. *Celsius* 2. *Coulomb* 3. *Carboneum*** *(Kohlenstoff)* ***b)*** *Formelzeichen für* ***Kapazitanz c)*** *Mus* ***C-Dur***
C *n Mus (im Solfeggio)* do
c^3 = *Zeichen für* ***Kubikzentimeter***
ca. = *Abk für* ***circa***
Cabaça *od* **Cabaza** *f Mus (ein brasilianisches Rhythmusinstrument)* kabazo
Cabaret *n Theat* ↑ ***Kabarett***
Cabaza *f* ↑ ***Cabaça***
Cabinda *(n) nördl. der Kongomündung gelegene Exklave von Angola* Kabindo
Ca-Blocker *m Pharm* ↑ ***Kalziumantagonist***
Cabochon *m ein nach oben gewölbt geschliffener Edelstein* kapolo
Cabral *(m) Eig (portugiesischer Seefahrer [um 1460-1526])* Kabralo
Cabriolet *[kabrio'le:] n, auch* ***Kabriolett*** *n (Kurzf* ***Cabrio***, *auch* ***Kabrio*** *n) Kfz* kabrioleto
Cache *m EDV (Pufferspeicher, der die Kopien zwischenspeichert <sie können als Hardware- od Softwarestruktur ausgebildet sein>)* kaŝmemoro
Cachou *n Pastillen aus Lakritzsaft u. Anis (als Hustenmittel)* kaĉuo
Cachucha *f ein andalusischer Solotanz im ¾-Takt mit Kastagnettenbegleitung* kaĉuĉo
Cäcilia *od* **Cäcilie** *(f) weibl. Vorname* Cecilia *erstgenannter Name ist auch der Name einer christlichen Märtyrerin* (Sankta Cecilia) *<seit dem 15. Jh. Patronin der Kirchenmusik>*
Cadaverin *n Chem* ↑ ***Kadaverin***
Cádiz *(n) eine Provinzhptst. u. Hafenstadt in Südspanien (Andalusien)* Kadizo; ***Golf*** *m* ***von*** ~ Golfo de Kadizo
Cadmium *n Chem* ↑ ***Kadmium***
Caduceus *[ka'du:tseus] m Heroldsstab des altröm. Gottes Merkur* kaduceo
Caelius *m, ital.* ***Monte Celio*** *einer der sieben Hügel Roms* Ĉelio, *auch* Monto Ĉelio
Caelum *n Astron* ↑ ***[2]Grabstichel***
Caen *(n) Hptst. des nordfranzösischen Départements Calvados u. der Region Basse-Normandie* Kaeno
Caesalpinie *f* (Caesalpinia) *Bot (tropisch-subtropische Gattung in der Unterfamilie der Johannisbrotgewächse, meist baumförmige Hülsenfrüchtler <sie liefern rote Farbhölzer u. Gerbstoffe>)* cezalpinio
Caesar *(m)* = ***Cäsar***
Caesarea *(n) (lat. «die Kaiserliche») Antike (Name einiger Städte, die zu Ehren des Caesar od eines anderen römischen Kaisers diesen Namen trugen)* Cezareo
Caesarodunum *(n) antiker Name der Stadt Tours* Cezaroduno
Caesium *n Chem* ↑ ***Zäsium***
Caestus *m röm. Antike (Kampfriemen der altröm. Faustkämpfer [zum Umwickeln von Händen u. Armen])* cesto
Café *n* kafejo; *mit Selbstbedienung* kafeterio (↑ *auch* ***Internet- Konzert-***, ***Strand-***, ***Straßen-*** *u.* ***Theatercafé***)
Café frappé *m ein Kaltgetränk* frapeo
Cafeteria *f* kafeterio
Cagliari *['kaljari] (n), sardinisch* ***Casteddu*** *Hptst. Sardiniens* Kaljario
Caguar *m Zool* ↑ ***Tamandua***
Caicos-Inseln *Pl eine Inselgruppe südöstl. der Bahamas* Kajkos-Insularo
Caipirinha *[...'rinja] m ein aus Brasilien stammendes Mixgetränk (Cocktail) aus Zuckerrohrschnaps, Rohrzucker, Eiswürfeln u. zerkleinerten Limettenstückchen* kaipirinjo
Caisson *[kɛ'sõ:] m Senkkasten für Bauarbeiten unter Wasser od im Grundwasser* kasono; ~**krankheit** *f, auch* ***Druckluft-*** *od* ***Taucherkrankheit*** *f Med* kasonmalsano
Cakra *m Buddhismus* ↑ ***Chakra***
cal = *Zeichen für* ***Kalorie***
Calabar *(n) eine Hafenstadt in Nigeria* Kalabaro; ~**bohne** *f, auch* ***Gottesgerichtsbohne*** *f Bot (Samen des westafrik. Strauches ‹Physostigma venenosum›)* kalabara fabo, *(botanische Bez für die Pflanze selbst)* fizostigmo; ~**schwellung** *f, auch* ***Calabarbeulen*** *f/Pl Med* kalabara(j) ŝvelo(j) *(Pl)*
Calafat *(n) eine Stadt in SW-Rumänien (mit Donauhafen u. Fährverbindung nach Widin/Bulgarien* Kalafato
Calais *(n) eine franz. Hafenstadt am Ärmelkanal* Kalezo
Calamondine *od* **Calamondinorange** *f* ***a)*** *Bot* (Citrofortunella microcarpa = Citrus mitis) *(Baum)* kalamondino, *auch* kalamondinarbo *Hybride aus Mandarine u. einer Kumquat-Art [hauptsächlich auf den Philippinen kultiviert]* ***b)*** *(Frucht)* kalamondino
Calamus *m, auch* ***[antikes] Schreibrohr*** *n*

Antike (Schreibgerät aus Schilfrohr) kalamo
Calchas (*m*) *griech. Myth* ↑ ***Kalchas***
Calciferol [*kaltsife'ro:l*] *n Biochemie (wiss. Bez für das antirachitische Vitamin [Vitamin D])* kalciferolo
calcinieren ↑ ***kalzinieren***
Calcit *m Min* ↑ ***Kalzit***
Calcitonin *n* ↑ ***Kalzitonin***
Calcium *n Chem* ↑ ***Kalzium***
Calcutta (*n*) ↑ ***Kalkutta***
Caldarium *n Antike (Heißluftraum mit warmem Bad in den römischen Thermen)* kaldario
Calembour [*kalã'bu:r*] *m, auch* ***Kalauer*** *m nicht sehr geistreiche Witzelei* kalemburo
Calenture *f nur Fachspr Med (Hitzedelirien auf hoher See)* kalenturo
Calgary (*n*) *eine Stadt in Westkanada am Fuß der Rocky Mountains (Provinz Alberta)* Kalgario
[1]**Caliban** (*m*), *auch* ***Kaliban*** (*m*) *Eig* Kalibano *selt auch übertr für «hässliches Ungeheuer» od «Unhold»* <*nach der Gestalt in Shakespeares ‹Sturm›*> (↑ *auch* ***Monstrum***)
[2]**Caliban** *m Astron (einer der irregulären Monde des Planeten Uranus)* Kalibano
California (*n*) ↑ ***Kalifornien***
Californium *n Chem* ↑ ***Kalifornium***
Caligula [*ka'li...*] (*m*) *Eig (Beiname des röm. Kaisers Gaius Caesar Augustus Germanicus [12-41 n. Chr.[)* Kaligulo
Calixt[us] (*m*) *Name von Päpsten* Kaliksto
Calla *od* **Kalla** *f, auch* ***Drachen-*** *od* ***Schlangenwurz*** *f* (Calla palustris) *Bot (eine Zierpflanze)* kalao
Call|center *n Büro für telefonische Dienstleistungen* vok[o]centro, *z.B. einer Bank od eines Tourismuszentrums* telefona informejo [por klientoj]; ~**girl** *m sex (Prostituierte, die auf telefonischen Anruf hin kommt od jmdn. empfängt)* vokvirino, teleputino
Callovien *n Geol (eine Stufe des obersten Doggers)* kalovio
Calomel [*kalo'me:l*] *n Chem, Med (ein Abführmittel)* kalomelo
Calque ['*kalkə*] *m Ling (Bildungslehnwort, [bei Phrasen:] Lehnübersetzung)* kalkeo
Calumet *n* = ***Kalumet***
[1]**Calvados** *m [französischer] Apfelbranntwein (aus der Normandie)* kalvadoso
[2]**Calvados** (*n*) *ein nordfranz. Département in der westl. Normandie* Kalvadoso *[Hptst.: Caen]*
Calvin [*kal'vi:n*] (*m*) *Eig (franz.-schweizer Reformator [1509-1564])* Kalvino
calvinisch, *auch* ***kalvinisch*** *Adj der Lehre Calvins entsprechend* kalvina (*vgl. dazu* ***kalvinistisch***)
Calvinismus *m Kirche* ↑ ***Kalvinismus***
calvinistisch ↑ ***kalvinistisch***
Calypso *m Gesangsform, Modetanz im Rumbarhythmus [ursprünglich auf Trinidad]* kalipso
Calyptra *f Bot* ↑ ***Haube f)***
Camaieu[malerei] [*kama'jö:...*] *f eine Maltechnik* kamajo *od* kamajo-pentrado (*vgl. dazu* ***Grisaille***)
Camargue [*ka'marg*] *f eine südfranz. Landschaft (im Rhônetal)* Kamargo; ~**-Pferd** *n* kamarga ĉevalo
Cambozola *m eine Käsesorte* kambozolo
Cambridge (*n*) *eine Universitätstadt in Ostengland* Kembriĝo
Camburg (*n*) *eine Stadt an der Saale* Kamburgo
Camcorder *m, auch* ***Kamerarecorder*** *m* kamkordero (↑ *auch* ***Videorecorder***)
Camembert *m ein franz. Weichkäse mit weißem Schimmelbelag* kamemberto <*so benannt nach der Ortschaft Camembert in der Normandie*>; ***gebackener ~ mit Preiselbeeren*** bakita kamemberto kun vakcinioj
Camera *f Opt* kamero; ~ ***obscura*** *f Lochkamera* senluma kamero
Camerlengo *m* ↑ ***Kämmerling***
Cameron Highlands *Pl ein gebirgiges Hochland im malaysischen Bundesstaat Pahang [Hauptort: Tanah Rata]* Kamerona Montaro <*Kaffee- u. Teeplantagen*>
Camilla (*f*), *auch* ***Kamilla*** (*f*) *weibl. Vorname* Kamila
Camillo *od* **Camillus** (*m*) *männl. Vorname* Kamilo
Camion [*ka'mjõ:*] *m Kfz* ↑ ***Lastkraftwagen***
Comionnage *f* ↑ ***LKW-Transport***
Camionneur *m* ↑ ***Transportunternehmer*** *od* ***Spediteur***
Camisole *n Hemdröckchen mit schmalen Trägern u. eingearbeitetem Büstenteil* kamizolo
Camões (*m*) *Eig (portugiesischer Dichter [1524-1580])* Kamoenso
Camorra *f ein terroristischer Geheimbund mit Zentrum in Süditalien* kamoro *(auch Großschr)*; ***Mitglied*** *m* ***der*** ~ kamorano

Camouflage *f alt* = ***Tarnung***
Camp *n Zeltlager* kampadejo, tendumejo (↑ *auch* ***Biwak***, ***Ferien-***, ***Gefangenenlager*** *u.* ***Trainingscamp***)
Campanelli *Pl Mus* ↑ ***Glockenspiel b)***
Campanile *m* ↑ ***Kampanile***
Campari® *m eine bittere Spirituose* kampario
Camp-David-Abkommen *n Pol* Traktato de Camp David
campen, *<österr> u. <schweiz>* ***campieren*** *intr zelten* tendumi; *im Freien lagern* kampadi (↑ *auch* ***biwakieren***)
Campina Grande (*n*) *eine Stadt im brasilianischen Staat Paraíba <wichtiger Verkehrsknotenpunkt in NO-Brasilien>* Kampinagrando
Camping *n das Campen* kampado; *Campingplatz* kampadejo
Campinghäuschen *n* kampadeja dometo
Campingliege *f*: ***[zusammenlegbare]*** ~ faldebla lito por kampado (*od* tendumado)
Camping|platz *m* kampadejo; *Zeltplatz* tendumejo; ~**urlaub** *m* libertempo (*od* ferioj) en kampadejo; ~**zelt** *n* tendo por kampadi
Campo Grande (*n*) *eine Stadt im brasilianischen Staat Mato Grosso <mit Erzbischofssitz>* Kampogrando
Campus *m Universitätsgelände* universitata tereno, *auch* universitata arealo
Camunda (*f*), *auch* ***Chamunda*** *ind. Rel (hinduistische Mutter- u. Schutzgöttin [Erscheinungsform der Durga])* Ĉamunda
Canaille *f* ↑ ***Kanaille***
Canale Grande *m zentraler Kanal durch Venedig* Kanalo Granda [en Venecio]
Canaletto (*m*), *eigtl* ***Canal*** *Eig (italienischer Maler [1697-1768])* Kanaleto
Canapé *n Nahr* ↑ ***²Kanapee***
Canasta *n*, *eindeutschend* ***Kanaster*** *n Kart* kanasto
Canberra (*n*) *Hptst. Australiens* Kanbero
Cancan [*kã'kã:*] *m ein frivoler Bühnentanz* kankano
canceln *tr umg für «absagen» od «ausfallen lassen»* nuligi, malokazigi
Candela *f* (*Zeichen* ***cd***), *alt auch* ***Kerze*** *f Phys (Maßeinheit für die Lichtstärke)* kandelo (*vgl. dazu* ***Hefner-Kerze*** *u.* ***Lux***)
Candida|-Exanthem *n Med* kandida ekzantemo; ~**-Intertrigo** *Med* kandida intertrigo; ~**-Sepsis** *f Med* kandida sepso
Candidose *f*, *auch* ***Candida-Mykose*** *f Med (Sammelbez. für Infektionen durch Sprosspilze der Gattung Candida)* kandidozo; ~ ***der Haut***, *auch* ***kutane Candida-Mykose*** kandidozo de la haŭto (↑ *auch* ***Scheidenpilz***)
Candle-light-Dinner *n [festliches] Abendessen bei Kerzenlicht* [festa] vespermanĝo ĉe kandela lumo
Candomblé *m eine synkretistische Religion der Afrobrasilianer, unter dem Mantel vulgärkatholischer Kultformen als Gemeinschaft ausgebildet bzw. die Zeremonie [Gesänge u. Tänze] dieses Kultes)* kandombleo (*vgl. dazu* ***Macumba***)
Candra (*m*) ↑ ***Chandra***
Canlaon *m aktiver Vulkan auf der philippinischen Insel Negros* [vulkano] Kanlaono
Canna *od* **Kanna** *f*, *auch* ***[indisches] Blumenrohr*** *n* (*Gattung* Canna) *Bot* kanao (↑ *auch* ***Queensland-Pfeilwurzel***)
Cannabis [*'kanabis*] *m eine Rauschdroge* haŝiŝa kanabo
Cannelloni *Pl Kochk (mit Hackfleisch gefüllte Röllchen aus Hartweizen-Nudelteig)* kanelonoj *Pl*
Cañon *m*, *engl.* ***Canyon*** *Geogr (steilwandiges, tief eingeschnittenes Tal, bes. im westl. Nordamerika)* kanjono (↑ *auch* ***Engtal***); ***submariner*** ~ *in den Kontinentalhang eingeschnittene steile Schlucht, die sich oft an eine Flussmündung anschließt und deren untermeerische Fortsetzung bildet* submara kanjono; ***der Grand Canyon*** *des Colorado-Flusses [im US-Bundesstaat Arizona]* la Granda Kanjono
Cañonfluss *m* kanjona rivero
Canopus *od* **Kanopus** *m Astron (der hellste Stern im Sternbild Carina)* Kanopo
Canossa (*n*) *1. Gesch (eine oberitalienische Felsenburg)* Kanoso *<Stammburg der Markgrafen von Canossa> 2. übertr: Bußgang, tiefe Demütigung, Selbsterniedrigung* kanoso ◇ ***Gang nach*** ~ *od* ***Canossagang*** *m Gang zu jmdm., vor dem man sich demütigt* iro al Kanoso *<eigtl hist: Bittgang des römisch-deutschen Königs Heinrich IV. zu Papst Gregor VII. zur Burg Canossa>*
cantabile *Adv musikalische Vortragsbezeichnung für «gesangartig»* kantabile
Cantabile *n Mus (getragener melodiöser Satz)* kantabilo
¹Cantal (*n*) *ein zentralfranz. Département*

[departemento] Kantalo *[Hptst.: Aurillac]*

[2]**Cantal** (*m*) *ein erloschener Vulkan in der südl. Auvergne (Zentralplateau)* [monto] Kantalo

Cantharidin *n Pharm* ↑ ***Kantharidin***

Canyon *m* ↑ ***Cañon***

Canyoning *n Extremsportart, bei der Wasser führende Schluchten durchklettert werden* kanjonado

Canyonlands Nationalpark *m ein Schutzgebiet in Utah/USA* Kanjonlanda Nacia Parko

Cape *n ärmelloser Umhang* pelerino (*vgl. dazu* ***Umhang***)

Capella *f Astron* ↑ ***Kapella***

Capet (*m*) *Eig (ein französischer König [um 940-996])* Kapeto (*vgl. dazu* ***Kapetinger***)

Capotasto *m, auch* ***Kapodaster*** *m Mus (verschiebbarer Sattel bei Saiteninstrumenten mit Bünden [z.B. Gitarre], der die Höherstimmung ermöglicht und damit das Spiel in schwierigeren Tonarten vereinfacht)* kapotasto

Cappuccino *m ein Kaffeegetränk* kapuĉino (*vgl. dazu* ***Espresso a)***)

Capri (*n*) *eine italienische Insel im Golf von Neapel* [insulo] Kaprio

Capriccio *n, auch* ***Caprice*** *f Mus (scherzhaftes, launiges Musikstück)* kapriĉo

Capricornus *m Astron* ↑ [2]***Steinbock***

Caprolactam *n Chem* ↑ ***Kaprolaktam***

Capsaicin *n Biochemie (scharfer Geschmacksstoff der Paprikafrüchte [Capsicum-Arten])* kapsikino, *auch* kapsaicino

Capsicum *n eine Gattung der Nachtschattengewächse, zu der Cayennepfeffer u. Paprika gehören* kapsiko

Capsid *od* **Kapsid** *n, auch* ***Virushüllprotein*** *n Biochemie* kapsido

Capsomere *Pl Untereinheiten der Proteinhülle der Viren* kapsomeroj *Pl*

Capsorubin *n Biochemie (ein zur Gruppe der Xanthophylle gehörendes Carotinoid)* kapsorubino

Capua (*n*) *eine ital. Stadt, nördl. von Neapel mit zahlreichen röm. Bauresten* Kapuo

Capybara *n, auch* ***Wasserschwein*** *n* (Hydrochoerus capybara) *Zool (ein südamerikanisches Nagetier)* kapibaro *<größtes Nagetier der Welt>*

Caracas (*n*) *Hptst. von Venezuela* Karakaso

Carambola *f Bot, Nahr* ↑ ***Sternfrucht***

Caramel *n* ↑ ***Karamellbonbon***

Caravan *m* ↑ ***Wohnwagen***

Carbazol *n Chem* ↑ ***Karbazol***

Carbid *n Chem* ↑ ***Karbid***

Carbolineum *n Chem* ↑ ***Karbolineum***

Carbonari *m/Pl Gesch (Angehörige eines südital. Geheimbunds während der französischen Herrschaft unter Napoleon I.)* karbonaroj *Pl*; ***Bewegung der*** ~ karbonarismo

Carbonatit *m Min* ↑ ***Karbonatit***

Carbonyle *n/Pl Chem (Metalle od Salze mit angelagerten (CO)-Gruppen)* karboniloj *Pl*

Carborundum® *n Chem* ↑ ***Karborund***

Carcassonne (*n*) *Hptst. des südfranzösischen Départements Aude [am Canal du Midi]* Karkasono

Cardano (*m*) *Eig (italienischer Naturphilosoph, Arzt u. Mathematiker [1501-1576])* Kardano

Cardiff (*n*) *eine britische Hafenstadt u. Hptst. von Wales* Kardifo

Cardy *f Bot* ↑ ***Kardone***

CARE (*kurz für* ***Cooperative for American Remittances to Europe***) *eine US-Hilfsorganisation* Kooperativo por Helpsendaĵoj al Eŭropo

Cargo *m* ↑ ***Kargo***

Cargo-Kult *m Rel (eine Heilserwartungsbewegung in Melanesien)* kargokulto

Carillon [*kari'jõ:*] *n Mus* ↑ ***Glockenspiel a)***

[1]**Carina** *f Astron (ein Sternbild des südlichen Himmels)* Kareno

[2]**Carina** *f nur Fachspr Anat* karino, *auch* kareno; ~ ***trachea*** *Vorsprung an der Gabelung der Luftröhre* trakea karino; ~ ***urethralis vaginae*** uretra karino de la vagino

[3]**Carina** (*f*) *weibl. Vorname* ↑ ***Karina***

Carinaten *Pl Orn* ↑ ***Kiel[brust]vögel***

Carioca [*ka...*] *f ein aus der Rumba entstandener lateinamerikanischer Tanz* karioko

Caritas *f, auch* ***Karitas*** *f Kirche ([christliche] Barmherzigkeit, Nächstenliebe)* karitato

Carl (*m*) *Eig* ↑ ***Karl***

Carla (*f*) *Eig* ↑ ***Karla***

Carmagnole [*...man'jo:...*] *f ein in der Französischen Revolution entstandenes Tanzlied* karmanjolo

Carmen (*f*) *weibl. Vorname* Karmena

Carmenta (*f*), *auch* ***Carmentis*** (*f*) *röm. Myth (Göttin der Geburt, später auch der Weissagung)* [diino] Karmenta

Carnac (*n*) *ein bretonisches Dorf mit Megalithgräbern* Karnako

Carnallit *m, auch* ***Karnallit*** *m Min (ein wichtiges Kalisalz)* karnalito

Carnitin *n, [exakter:]* ***L-Carnitin*** *n Biochemie* karnitino <*spielt eine Rolle im Energiestoffwechsel bei Pflanze, Mensch u. Tier*>

Carnosin *n Biochemie (ein Dipeptid)* karnosino *[Vorkommen im humanen Muskel u. im Gehirngewebe]*

Carola *od* **Karola** (*f*) *weibl. Vorname* Karola

Carolina (*n*) *zwei Bundesstaaten der USA:* ***North Carolina*** (*Abk* ***N.C.***, *[postalisch]* ***NC***) Nord-Karolino *od* Norda Karolino *[Hptst.: Raleigh]*; ***South Carolina*** (*Abk* ***S.C.***, *[postalisch]* ***SC***) Sud-Karolino *od* Suda Karolino *[Hptst.: Columbia]*

Carolina|-Algenfarn *m* (Azolla caroliniana) *Bot* karolina azolo; **~-Rhododendron** *m* (Rhododendron carolinianum) *Bot* karolina rododendro; **~-Sumpfhuhn** *n* (Porzana carolina) *Orn* karolina porzano

Caroline (*f*) ↑ ***Karoline***

Carotin *n Biochemie* ↑ ***Karotin***

Carotinoide *n/Pl Biochemie* ↑ ***Karotinoide***

Carpaccio *n ital. Kochk (eine Vorspeise aus hauchdünnen Scheiben von rohem Rinderfilet mit Marinade)* karpaĉo

Carpentariagolf *m große Meeresbucht an der N-Küste Australiens* Karpentaria Golfo

Carpmeise *f* (Parus carpi = Melaniparus carpi) *Orn* karpa paruo *[Vorkommen: Süd-Angola bis NW-Namibia]*

Carpoideen *Pl* (Carpoidea) *Paläozoologie (vom Kambrium bis zum Devon im Meer lebende Klasse der Stachelhäuter)* karpoideoj *Pl*

Carport *m überdachter Abstellplatz für Autos* [simpla tegmentita] aŭtoŝirmejo

Carrara (*n*) *eine Stadt in der Toskana/Italien* Kararo <*nahebei berühmte Marmorbrüche*>

carrarisch *Adj*: ***~er Marmor*** *m* karara marmoro

Carrier *m Chem (Löse- od Bindemittel für Ölfarben)* vehiklo

Carsharing *n organisierte Nutzung eines Autos durch mehrere Personen* organizita uzo (*od* kunveturado) en privata aŭto

Carson City (*n*) *Hptst. des US-Bundesstaates Nevada* Karson-Urbo

Cartagena (*n*) *Städte in Spanien u. Kolumbien* Kartageno

Cartesianismus *m Phil* ↑ ***Kartesianismus***

Cartesius (*m*) *Eig (latinisierte Form von Descartes [franz. Philosoph])* Kartezio

Carthamin *n* ↑ ***Karthamin***

Cartoon [*kar'tu:n*] *m od n engl. Bez für «karikierende Zeichnung»* kartuno

Cartoonist [*kartu'nist*] *od* **Cartoonzeichner** *m* kartunisto (*vgl. dazu* ***Illustrator***)

Caruso (*m*) *Eig (ital. Sänger [1873-1921])* Karuso <*berühmtester Operntenor seiner Zeit*>

Caryopsis *f Bot* ↑ ***Karyopse***

Casablanca (*n*), *arab.* ***Dar al-Beida*** *Haupthafen u. größte Stadt von Marokko* Kasablanko; **~-Staaten** *m/ Pl Pol (nach einer Konferenz in Casablanca [1961] benannte Gruppe afrikanischer Staaten, die im Ggs zu den Brazzavillestaaten jede Bindung an ehemalige Kolonialmächte und europäische Wirtschaftsblöcke ablehnen)* Afrikaj Ŝtatoj *Pl* de la Ĉarto de Kasablanko

[1]**Casanova** (*m*) *Eig (ital. Abenteurer, Schriftsteller u. Frauenheld [1725-1798])* Kasanovo

[2]**Casanova** *m umg für «Frauenheld, -verführer»* kasanovo (↑ *auch* ***Don Juan***)

Cäsar (*m*) ***a)*** *Eig* Cezaro; ***Julius ~*** *Gesch* Julio Cezaro *[* 100 v.Chr., † 44 v.Chr.]* ***b)*** *Titel der römischen Kaiser* Cezaro

Cäsarenwahn *m* = ***Größenwahn***

cäsarisch *Adj* cezara (*vgl. dazu* ***kaiserlich***)

Cäsarismus *m Pol (unbeschränkte [despotische] Staatsgewalt)* cezarismo

Cäsaropapismus *m Konzentration der kirchlichen u. staatlichen Macht in der Hand eines weltlichen Herrschers (z.B. in Byzanz unter Justinian I.)* cezaropapismo

Casein *n Biochemie* ↑ ***Kasein***

Cashewnuss *f* ***a)*** *Samen aus der Frucht* akaĵu-nukso, *auch kurz* akaĵuo ***b)*** *auch* ***Elefantenlaus*** *f Scheinfrucht des Cashewnussbaums* akaĵupomo

Cashewnussbaum *m, auch* ***Acajoubaum*** *m od* ***westindischer Nierenbaum*** *m* (Anacardium occidentale) *Bot* akaĵu-arbo, <*wiss*> *auch* okcidenta anakardio

Cashgeschäft *n Wirtsch (Barzahlungsgeschäft)* kontanta negoco

Casino *n* ↑ ***Kasino***

Cäsium *n Chem* ↑ ***Zäsium***

Cassiopeia *f Astron* ↑ [2]***Kassiopeia***

Cassiopeium *n Chem* ↑ ***Lutetium***

Cassis *m* ***a)*** *franz. Likör aus schwarzen Johannisbeeren* kasiso ***b)*** ↑ ***schwarze Johan-***

nisbeere

Cassius (*m*) *Eig (altrömischer Staatsmann [1. Jh. v. Chr.])* Kasio

Cassoulet *n Kochk (Auflauf aus weißen Bohnen, Fleisch, Zwiebeln u. a. Zutaten [im Ofen gebacken])* kasuleto *<typisch für die südfranz. Region Languedoc>*

Castel Gandolfo (*n*) *eine italienische Stadt am Albaner See [seit 1596 Sommerresidenz des Papstes]* Kastel-Gandolfo *<gehört zum Vatikan>*

Casting *n Prozess der Auswahl von Schauspielern, Sängern, Tänzern, Fotomodellen u. anderen Künstlern in der Phase der Vorproduktion von Inszenierungen, Filmaufnahmen und Fotoaufnahmen* kastingo

Castries (*n*) *Hptst. von Saint Lucia/Kleine Antillen* Kastrio

Casula *f Kirche* ↑ ***Kasel***

Casus obliquus *m Ling* ↑ *unter* ***oblique***

Catarina (*f*) ↑ ***Katharina***

Catchup *m od n Nahr* ↑ ***Ketchup***

Catechol *n Chem (ein aromatischer Alkohol)* katekolo; ~**amine** *n/Pl, auch* ***Katecholamine*** *n/Pl Chem (Gruppe hydroxylierter Verbindungen mit dem Grundgerüst des Brenzcatechins, die als sogen. biogene Amine eine wichtige Rolle im Organismus spielen <Vertreter der Catecholamine sind z.B. Adrenalin, Dopamin u. Noradrenalin>)* katekolaminoj *Pl*

Catgut *n* ↑ ***Katgut***

Catharanthe *f, auch* ***Zimmerimmergrün*** *n* (*Gattung* Catharanthus) *Bot* kataranto; ***rosafarbene*** ~, *auch* ***Madagaskar-Immergrün*** *n* (Catharantha roseus, *auch* Vinca rosea) roza kataranto, *auch* madagaskara vinko *<als Zier- u. Heilpflanze genutzt>*

Catherine (*f*) ↑ ***Katharina***

Catilina (*m*) *Eig (ein röm. Verschwörer [* um 108 v. Chr., † 62 v. Chr.])* Katilino

Cato (*m*) *Eig (ein röm. Zensor)* Katono; ~ ***Uticensis*** (*m*) *röm. Gesch (erbitterter Gegner Cäsars)* Katono el Utiko

Cattleye *f* (*Gattung* Cattleya) *Bot (eine Orchideengattung im tropischen Amerika)* katlejo

Catull[us] (*m*) *Eig (ein altröm. Lyriker [um 84-um 34 v. Chr.])* Katulo

Catwalk *m* ↑ ***Laufsteg***

Cauchy-Folge [*ko'*...] *f Math [Funktionalanalysis]* Cauchy-vico

Cauer-Filter *m Elektrotechnik* ↑ *unter* ***Filter***

Caulerpa *f Bot (eine Gattung der Schlauchalgen [zur Klasse der Grünalgen gehörig])* kaŭlerpo

Cayenne [*ka'jen*] (*n*) *Hptst. von Französisch-Guayana* Kajeno

Cayenne-Ibis *m Orn* ↑ ***Grünibis***

Cayennekirsche *f* ↑ ***Surinamkirsche***

Cayenne|pfeffer *m* (Capsicum frutescens) *Bot, Gewürz* kajena pipro; ~-**Ralle** *f* (Aramides cajanea) *Orn* kajena ralo *[Vorkommen: Mittel- u. Südamerika] f*; ~-**Yam** *f* (Dioscorea cayennensis) *Bot* kajena dioskoreo

Caymaninseln *Pl, engl.* ***Cayman Islands*** *ein britisches Überseegebiet [nordwestlich von Jamaika]* Kajman-Insularo *od* Kajmana Insularo *[Hptst.: Georgetown]*

Cayuga *Pl Ethn (ein nordamerikanischer Indianerstamm)* kajugoj *Pl*

CaZ = *Abk für* ***Cetanzahl***

cbm = *Abk für* ***Kubikmeter***

CC = *Abk für* ***Corps Consulaire***

ccm = *frühere Abk für* ***Kubikzentimeter***

cd = *Zeichen für* ***Candela***

CD [*'tse:'de:*] *f* (*kurz für* ***Compact Disc***) KD [*'ko'do*] *od* k-disko [*ko*...], *eigtl* kompakta disko

CD-Player *m Abspielgerät für CDs* k-diskilo [*ko'do-*...]

CD-ROM *f EDV (Nur-Lese-Speicher auf CD)* kodoromo

CDU = *Abk für* ***Christlich-Demokratische Union [Deutschlands]*** [↑ *unter* ***christlich***]

C-Dur *n* (*Zeichen* ***C***) *Mus* C-maĵora

Ceará (*n*) *ein Gliedstaat Brasiliens* Cearao *[Hptst.: Fortaleza]*

CeBIT® *od* **Cebit** *f kurz für «Centrum für Buro-, Informations- u. Telekommunikationstechnik»* Cebito *<die Ausstellung fand von 1986 bis 2018 jährlich auf dem Messegelände in Hannover statt>*

Cebuano *n Ling (eine auf den zentralphilippinischen Inseln gesprochene Sprache)* la cebuana [lingvo]

Cedi *m* (*Währungscode* ***CHS***) *ghanesische Währungseinheit* cedio (*vgl. dazu* ***Pesewa***)

Cedille *f Phon, Typ (Häkchen als Aussprachezeichen, z.B. bei ç)* cedilo

Céladon ↑ ***Seladon***

Celebes [*'tse:le:bes*] (*n*) ↑ ***Sulawesi***

Celesta *f, auch* ***Stahlplattenklavier*** *n in harmoniumartigem Gehäuse: Mus* celesto

Céline (*m*) (*eigtl* ***L. F. Destouches***) *Eig*

(franz. Schriftsteller [1894-1961]) Celino

Cellist *m* violonĉelisto

Cellistin *f* violonĉelistino

Cello *n* (*Pl*: ***Celli***), *auch* ***Violoncello*** *n Mus* violonĉelo

Cellobiose *f Chem (aus zwei Glucose-Molekülen aufgebautes Disaccharid [Baustein der Zellulose])* celobiozo

Cellokonzert *n Mus* violonĉela koncerto

Cellophan® [*tselo'fa:n*] *od* **Zellophan** *n eine glasklare Folie* celofano (↑ *auch* ***Frischhaltefolie***); ~**papier** *n* celofana papero

Cellulasen *f/Pl* ↑ ***Zellulasen***

Cellulite *f*, *umg [inkorrekt]* ***Cellulitis*** *od* ***Zellulitis*** *f Med (entzündlicher Prozess des Unterhautgewebes)* celulito

Celluloid *n* ↑ ***Zelluloid***

Cellulose *f* ↑ ***Zellulose***

[1]**Celsius** (*m*) *Eig (schwedischer Astronom u. Physiker [1701-1744])* Celsio

[2]**Celsius** *ohne Art* (*Zeichen* ***C***) *Gradeinheit auf der Celsiusskala* celsia grado, *auch* Celsius; ***zehn Grad*** ~ dek gradoj laŭ Celsio (*od* Celsius)

Celsius|skala *f*, *Fachspr* ***Celsiusskale*** *f* celsia skalo; ~**temperatur** *f* celsia temperaturo; ~**thermometer** *n* centezimala termometro

Cembalist *m Mus* klavicenisto, ludanto de klaviceno

Cembalo *n* (*Pl*: ***Cembali***) *Mus (ein Tasteninstrument)* klaviceno (*vgl. dazu* ***Clavichord*** *u.* ***Virginal***)

Cencerro *m Mus* ↑ ***Kuhglocke b)***

cenomanisch *Adj* cenomana

Cenoman[ium] *n Geol (eine Stufe der Oberkreide)* cenomano

Cent [*sent*] *m Münzeinheit* cendo (↑ *auch* ***Eurocent***)

Centaurus *m*, *auch* ***Zentaur*** *od* ***Kentaur*** *m Astron (ein Sternbild des südl. Himmels)* Centaŭro

Centavo [*sen...*] *m* (*Abk* ***ctvo.***) *Untereinheit süd- u. mittelamerik. Währungen sowie auf den Philippinen* centavo

Centesimo *m* (*Abk* ***ctmo.***) *kleinste Währungseinheit in Somalia u. (ehemals) in Italien* centezimo

Centésimo *m kleinste Währungseinheit in Panama u. Uruguay* centezimo

Centime [*sãn'ti:m*] *m* (*Abk* ***ct*** *od* ***Ct***) *ehem. kleinste Währungseinheit in Belgien, Frankreich, Luxemburg u. noch heute in mehr als 20 Ländern* centimo

Céntimo [*'sen...*] *m* (*Abk* ***ctmo.***) *kleinste Währungseinheit in Spanien (früher), Paraguay, Venezuela u.a.* centimo

Cento [*'ts...*] *n Lit (zusammengefügtes Gedicht aus Versen verschiedener Dichter)* ĉentono

Centreforward *m Sport* ↑ ***Mittelstürmer***

cephalospinal *od* **zephalospinal** *Adj nur Fachspr Med (auf Kopf u. Rückgrat bezüglich)* cefalospina

Cephalosporine *n/Pl Pharm (Beta-lactam-Antibiotika)* cefalosporinoj *Pl*

Cephalothorax *m nur Fachspr Zool (das in sich unbewegliche Kopfbruststück bei Krebsen u. Spinnentieren)* cefalotorako

Cepheiden *Pl*, *auch* ***Delta-Cephei-Sterne*** *m/Pl Astron* Cefeidoj *Pl* *<so benannt nach dem Stern δ im Sternbild Cepheus>*

Cepheus (*Abk* ***Cep*** *od* ***Ceph***) *od* **Kepheus** *m Astron (ein Sternbild des nördl. Himmels)* Cefeo

Cer *n* (*Symbol* ***Ce***), *auch* ***Zer*** *od* ***Zerium*** *n Chem* cerio *<ein zur Gruppe der Lanthanoiden gehöriges Element>*

Ceram (*n*) ↑ ***Seram***

cerasifolius ↑ ***kirschbaumblätt[e]rig***

Cerasin *n*, *auch* ***Kirschgummi*** *m Exkret der Steinobstbäume, vor allem des Kirschbaums* cerazino *<in der mittelalterlichen Buchmalerei zur Erzeugung eines Email-Effekts verwendet>*

Cerchlorid *n Chem* ceria klorido

Cerebellum *n* = ***Kleinhirn***

Cerebrum *n* = ***Großhirn***

Ceres (*f*) *Myth (röm. Göttin des Ackerbaus)* Ceresa, *auch* Ceres (*vgl. dazu* ***Demeter***)

Ceresin *od* **Zeresin** *n gebleichtes Erdwachs (ein wachsartiges Harzprodukt)* cerezino

cerise ↑ ***kirschfarben***

Cerkarie *od* **Zerkarie** *f Zool (gabelschwänzige Larve der Leberegel)* cerkario

CERN ↑ *unter* ***Kernforschung***

Cernunnos (*m*) *Gott der keltischen Mythologie* Kernuno

Ceroma *f Orn* ↑ ***Wachshaut***

Cerotinsäure *Biochemie* ↑ ***Zerotinsäure***

Cerumen *n* ↑ ***Ohrenschmalz***

Cervantes [Saavedra] (*m*) *Eig (span. Dichter [1547-1616])* Cervanto; ***im Stil von*** ~ ***[geschrieben]*** cervanteska

Cervelat *m Nahr* ↑ ***Zervelatwurst***

Cervikalstütze *f Med, Orthopädie* ↑ ***Hals-***

krause b)

ces *Mus (das um einen Halbton erniedrigte c)* c [*co*] bemola (*vgl. dazu* ***cis***)

České Budějovice (*n*) *dt.* ***Budweis*** (*n*) *eine Bezirksstadt in Südböhmen/Tschechische Rep.* Ĉeĥa Budejovico

Cetan *n, auch* ***Zetan*** *n Chem (ein aliphatischer Kohlenwasserstoff)* cetano; ~**zahl** *f* (*Abk* ***CZ*** *od* ***CaZ***) *Kraftstofftechnik (Maß für die Zündwilligkeit von Dieselkraftstoff)* cetannombro

Cetus *m Astron* ↑ ***²Walfisch***

Ceuta (*n*), *arab.* ***Sebta*** (*n*) *eine spanisch verwaltete Hafenstadt im nördl. Marokko [gegenüber Gibraltar]* Ceŭto

Cevapcici *od* **Čevapčići** *Pl Kochk (gegrillte Hackfleischröllchen)* ĉevapĉiĉoj *Pl*

Cevennen [*s...*] *Pl:* ***die*** *~ der SO-Rand des franz. Zentralmassivs* Cevenoj *Pl*

Ceylon (*n*) *1. Insel im Norden des Indischen Ozeans, vor der Südspitze des vorderindischen Subkontinents 2. bis 1972 auch Bez für den die Insel umfassenden Staat* (*vgl. dazu* ***Sri Lanka***) Cejlono; ~**-Brillenvogel** *m* (Zosterops ceylonensis) *Orn* cejlona zosteropo

Ceylonese *m* cejlonano (*vgl. dazu* ***Sri Lanker***)

ceylonesisch *Adj* cejlona

Ceylon|-Fischuhu *m, auch* ***brauner Fischuhu*** *m* (Ketupa ceylonensis) *Orn* cejlona fiŝgufo; ~**-Hutaffe** *m* (Macaca sinensis) *Zool* cejlona makako; ~**kardamome** *f* (Elettaria cardamomum var. major) cejlona kardamomo; ~**-Spornhuhn** *n* (Galloperdrix bicalcarata) *Orn* cejlona spronkoko *[Vorkommen: endemisch in Sri Lanka]*

Ceylontang *m* ↑ ***Agar-Agar***

Ceylonzimt *m* ↑ *unter* ***Zimt***

Cézanne (*m*) *Eig (französischer Maler [1839-1906])* Cezano

CFKW = *Abk für* ***Chlorfluor[wasser]stoffe***

cg = *Zeichen für* ***Zentigramm***

CGS-System *n Naturw (älteres physikalisches Maßsystem, das auf den Grundeinheiten Zentimeter, Gramm u. Sekunde aufgebaut ist)* CGS-sistemo (*vgl. dazu* ***MKS-System***)

Chabarowsk (*n*), *auch* ***Habarovsk*** (*n*) *eine russ. Stadt am Amur* Ĥabarovsko

Chabasit *m Min (ein Zeolith-Mineral)* ĥabazito (↑ *auch* ***Phakolit***)

Chablis [*ʃa'bli:*] *m weißer Burgunderwein* ŝablizo

Cha-Cha-Cha *m ein lateinamerik. Tanz* ĉaĉao

Chachapoya *Pl Ethn (ein historisches Andenvolk in Nordperu)* ĉaĉapojoj *Pl od* ĉaĉapoja popolo; ~**-Kultur** *f* ĉaĉapoja kuturo *<ersichtlich aus Funden in der Bergfestung Kuelap>*

Chaco-Krieg *m Krieg zw. Bolivien u. Paraguay [1932-1935]* Ĉako-milito

Chacona *f ein alter spanischer Reigentanz* ĉakono

Chagas-Krankheit *f, auch* ***südamerikanische Trypanosomiasis*** *f Tropenmedizin (durch ‹Trypanosoma cruzi› hervorgerufene chronische Infektionskrankheit [Vorkommen in Südamerika (so benannt nach dem brasilianischen Bakteriologen Carlos Chagas)])* Ĉagas-malsano, *auch* sudamerika tripanosomozo

Chaggiter *od* **Haggiter** *Pl Ethn (bibl)* ĥagiidoj *Pl (Zam)*

chagrinieren *tr (Leder) mit Narben versehen* ĉagrini

Chagrin[leder] *n Leder, dem Narbenmuster anderer Lederarten maschinell aufgeprägt sind [z.B. Eidechsnarben auf Rindsleder]* ĉagrino

Chairman *m* = ***Vorsitzender***

Chaironeia (*n*) *Gesch (eine altgriech. Stadt in Böotien)* Keroneo, *[exakter:]* Ĥeroneo

Chaiselongue *f od n* ↑ ***Liege***

Chaitya *n* ↑ ***Tschaitya***

Chakassen *m/Pl Ethn (Bez. für Turkvölker westlich des Jenissej)* ĥakasoj *Pl*

Chakassien (*n*) *Rep. im Süden des Kraj Krasnojarsk/Russische Föderation* Ĥakasio *[Hptst.: Abakan]*

Chakra *m,* <*wiss*> ***Cakra*** *m Buddhismus (Rad, Symbol der Sonne, das oft mit einer Nabe und Speichen dargestellt wird)* ĉakro (↑ *auch* ***Dharmacakra***)

Chalat *f 1. Oberbekleidung bei den Turkvölkern Westasiens 2. Ehrenkleid, mit dem die Fürsten Persiens u. Mittelasiens ihre Beamten auszeichneten* ĥalato

Chalazion *od* **Chalazium** *n* ↑ ***Hagelkorn b)***

¹Chalcedon (*n*) *antike Stadt am Bosporus* Kalcedono; ***Konzil von*** *~ Kirchengeschichte* Koncilio de Kalcedono

²Chalcedon *m Min* ↑ ***Chalzedon***

Chaldäa (*n*) *Gesch (südl. Teil von Babylonien)* Ĥaldeio *od* Ĥaldeujo *(Zam)*

Chaldäer *m Angehöriger eines aramäischen Volksstamms* ĥaldeo
chaldäisch *Adj* ĥaldea
Chalet *n Ferienhaus im Stile eines Schweizerhauses* ĉaledo
Chalkidike [...'ki:dike:] *f eine nordgriech. Halbinsel* Kalcidiko
Chalkolithikum *n, auch* ***Kupfersteinzeit*** *f Geol (späte Stufe der Jungsteinzeit)* kalkolitiko
Chalon-sur-Marne (*n*) *Hptst. des französischen Départements Marne (Champagne)* Ŝalono-ĉe-Marno
Chalzedon *m, auch* ***Chalcedon*** *m Min (ein milchiger Edelstein)* kalcedono (↑ *auch* ***Achat*** *u.* ***Sardonyx***)
[1]**Cham** *od* **Ham** (*m*) *Eig (Sohn Noahs, Stammvater der Hamiten)* Ĥamo
[2]**Cham** *Pl Ethn* ↑ ***Tscham***
[1]**Chamäleon** *n Zool* ĥameleono *auch übertr* (↑ *auch* ***Basilisken-***, ***Berg-***, ***Dreihorn-***, ***Jemen-*** *u.* ***Pantherchamäleon***); ***[Familie der] ~s*** *Pl* (Chamaeleonidae) ĥameleonedoj *Pl*
[2]**Chamäleon** *n* (*Abk* ***Cha*** *od* ***Cham***) *Astron (ein Sternbild des südlichen Himmels)* Ĥameleono
chamäleonartig *Adj* ĥameleona *auch übertr für «veränderlich» od «unbeständig»*
Chamatiter *od* **Hamathiter** *Pl Eig (bibl)* ĥamasidoj *Pl (Zam)*
Chamba *Pl, auch* ***Chamba-Daka*** *Pl Ethn (mehrere schwarzafrikanische Ethnien im östlichen Nigeria und in seinem Grenzgebiet zu Kamerun)* ĉamboj *Pl*
Chambéry (*n*) *Hptst. des französischen Départements Savoie* Ĉamberio
chamois *Adj, auch* ***gämsfarben*** ĉamkolora, *auf Leder bezogen meist* ŝamkolora
Chamoisleder *n* ↑ ***Sämischleder***
Chamorro *n Ling (eine auf der Insel Guam u. einigen davor gelegenen Inseln, wie Rota u. Saipan, gesprochene austronesische Sprache)* la ĉamora [lingvo]
Champ *m Sport* ↑ ***Champion***
Champagne *f eine franz. Landschaft* Ĉampanjo; ***~-Ardenne*** *f eine Region in NO-Frankreich* Ĉampanjo-Ardeno
Champagner® *m französischer Schaumwein aus der Champagne* ĉampano (↑ *auch* ***Schaumwein*** *u.* ***Sekt***); ***eine Flasche ~*** botelo da ĉampano
Champagner|cocktail *m* ĉampana koktelo; **~dusche** *f das Übergießen od Nassspritzen mit Champagner [zur Feier eines sportlichen Erfolgs]* ĉampana duŝo
champagnerfarben *Adj* ĉampankolora
Champ-de-Mars *m ein Platz in Paris, auf dem ursprünglich militärische Übungen stattfanden [heute Ausstellungsgelände mit dem Eiffelturm]* Marsokampo (*vgl. dazu* ***Marsfeld***)
Champignon *m, auch* ***Egerling*** *m Mykologie* ŝampinjono *od* ĉampinjono (↑ *auch* ***Anis-***, ***Riesen-***, ***Schaf-***, ***Wald-*** *u.* ***Wiesenchampignon***); **~suppe** *f* ŝampinjona supo
Champion *m, salopp auch Kurzw* ***Champ*** *m Sport* ĉampiono (↑ *auch* ***Exchampion***, ***Meister*** *u.* ***Sieger***)
Championat *n Meisterschaft* ĉampioneco
Champions League® *f Fußball* ligo de ĉampionoj *(auch Großschr)*
Champlainsee *m ein schmaler See auf der Grenze der US-Staaten New York und Vermont* Ĉamplen-lago
Chamsin *m, auch* ***Kamsin*** *m trockenheißer Wüstenwind in Ägypten u. Arabien* ĥamsino (*vgl. dazu* ***Haboob*** *u.* ***Samum***)
Chancay-Kultur *f eine späte vorinkaische Kultur drt mittleren Küste Perus [13.-16. Jh.]* Ĉancaj-kulturo
Chance *f* ŝanco (*vgl. dazu* ***Möglichkeit***; ↑ *auch* ***Aufstiegs-***, ***Erfolgs-***, ***Gewinn-***, ***Heilungs-***, ***Tor-*** *u.* ***Überlebenschance***); ***eine verpasste*** (*od* ***vertane***) ~ preterlasita (*od i.w.S.* neuzita) ŝanco; ***keine*** (*od* ***keinerlei***) ***~ haben*** havi nenian ŝancon (***zu*** por, *meist jedoch nachfolg. Verb im Inf*); ***seine ~n zu nutzen wissen*** scipovi uzi siajn ŝancojn
Chancengleichheit *f* egaleco de ŝancoj, *auch* ŝanc-egaleco
chancen|los 1. *Adj* senŝanca **2.** *Adv* senŝance; **~reich 1.** *Adj* multŝanca **2.** *Adv* multŝanca
Chanchan (*n*) *eine archäologische Stätte bei Trujillo/Nordperu, ehem. Hptst. der Chimú [12.-15. Jh.]* Ĉanĉano
Chandigarh (*n*) *Hptst. des indischen Unionsstaats Haryana* Ĉandigaro
Chandra (*m*), *auch* ***Candra*** (*m*) *hinduistischer Mondgott (in Indien auch Männername)* Ĉandro
Chandragupta (*m*) *Eig (Begründer der indischen Maurya-Dynastie [etwa 322-185 v. Chr.])* Ĉandragupto
Chandranagar (*n*) *eine Stadt im indischen Unionsstaat Westbengalen* Ĉandranagaro

Changaigebirge *n eine Gebirgskette im NW der Mongolei* [montaro] Ĥangajo, *auch* Ĥangaj-Montaro
Changchun (*n*) *Hptst. der chinesischen Provinz Jilin* Ĉangĉuno
changieren ↑ ***schillern***
Chanochiter *od* **Henochiter** *Pl Ethn (bibl) Zam* ĥanoĥidoj *Pl*
Chanson *n Mus* kanzono; ***ein französisches*** ~ franca kanzono
[1]**Chansonnette** *Mus (kleines Chanson)* kanzoneto
[2]**Chansonnette** *f, auch* ***Chansonière*** *f Chansonsängerin* kanzonistino
Chansonnier *m Chansonsänger od Chansondichter* kanzonisto
Chanukka (*n*), *auch* ***Makkabäerfest*** *n ein jüdisches Fest* ĥanuko *(auch Großschr)*
Chaos *n* kaoso, *auch* ĥaoso (*vgl. dazu* ***Durcheinander*** *u.* ***Wirrwarr***; ↑ *auch* ***Verkehrschaos***); ***ein schreckliches*** ~ terura kaoso; ***im*** ~ ***versinken*** droni en kaoso; ***es herrschte [ein] totales*** ~ regis totala kaoso
Chaostheorie *f mathematisch-physikalische Theorie, die sich mit der Untersuchung chaotischer Systeme in Natur u. Gesellschaft beschäftigt* kaosteorio
chaotisch *Adj* kaosa; *völlig ungeordnet* plene (*od* tute) senorda; *derb: wie im Schweinestall* kiel en porkostalo (*od* porkejo); ***eine ~e Situation*** kaosa situacio; ***~e Zustände*** *m/Pl* stato de totola kaoso (***in*** en)
Chapeau claque *m* ↑ ***Klapphut***
Chaphriter *Pl* ↑ ***Hepheriter***
Chaplin (*m*) *Eig (britischer Schauspieler u. Komiker [1889-1977])* Ĉaplino
Chaplinade *f komischer Vorgang [wie in Chaplins Filmen]* ĉaplinaĵo, *auch* ĉaplineska sceno (*bzw.* evento)
chaplinesk *Adj in der Art Chaplins, grotesk-burlesk* ĉaplineska
Chapman-Zebra *n* (Equus quagga chapmani) *Zool* ĉapmana zebro
chaptalisieren *tr Most od Wein durch Zusatz von Zucker verbessern* ŝaptalizi
[1]**Charakter** *m* ***a)*** *von Personen bzw. von Abstrakta od von Dingen* karaktero (↑ *auch* ***Gepräge*** *u.* ***Wesen b)***); *Eigenschaft, Beschaffenheit* eco; ***edler*** (***guter***, ***schlechter***, ***schwacher***) ~ nobla (bona, malbona, febla) karaktero; ***er ist von gewalttätigem*** ~ lia karaktero estas violenta; ***er ist in Mann von*** li estas viro havanta karakteron; ***einen schwachen ~ haben*** havi malfortan karakteron; ***das Buch trägt autobiografischen*** ~ la libro havas aŭtobiografian karakteron; ***seinen wahren ~ zeigen*** montri sian veran karakteron; ***der vertrauliche ~ dieses Gesprächs*** la konfidenca karaktero de tiu [ĉi] interparolo ***b)*** *Person, Persönlichkeit in einem Buch, Film od o.Ä.* karaktero; ***sie sind ganz unterschiedliche ~e*** iliaj karakteroj estas tute diferencaj
[2]**Charakter** *m*: ***chinesische ~e*** *Pl Schriftzeichen* ĉinaj karaktroj *Pl*
Charakter|arten *f/Pl pflanzensoziologischer u. tierökologischer Begriff für Arten, die in einem größeren Gebiet ganz od vorzugsweise in einer bestimmten Pflanzenassoziation od einem bestimmten Biotoptyp vorkommen* kaeakterizaj specioj *Pl*; ~**bild** *n* karakterportreto
charakterbildend *Adj* karakteroformanta *od nachgest* formanta la karakteron
Charakter|bildung *f* formado de la karaktero; *das Sichherausbilden des Charakters* formiĝo de la karaktero; ~**darsteller** *m Theat* aktoro de karakteraj roloj; ~**eigenschaft** *f* karaktera eco *(Zam)*; ~**fehler** *m* karakterdifekto
charakterfest *Adj* firmkaraktera, fortkaraktera, *nachgest* kun firma (*od* forta) karaktero; *i.w.S. seinen Standpunkt vertretend* defendanta sian starpunkton (*od* vidpunkton)
Charakterfestigkeit *f* firmeco de karaktero
charakterisieren *tr* karakterizi (↑ *auch* ***kennzeichnen***); *i.w.S. (einordnen)* klasifiki, *(symbolisieren)* simboligi, *(abbilden, darstellen)* portreti, prezenti (↑ *auch* ***skizzieren***); ***jmdn. als Idioten*** ~ karakterizi iun kiel idioton
Charakterisierung *f* karakteriz[ad]o
Charakteristik *f Schilderung* karakteriz[ad]o; *Math* karakteristiko
Charakteristikum *n typisches Merkmal* karakteriza trajto, karakterizaĵo
charakteristisch *Adj* karakteriza; *typisch* tipa (↑ *auch* ***spezifisch***); ***das ist ~ für ihn*** tio estas tipa por li; ***man erkennt sofort die ~e Art eines van Gogh*** oni tuj rekonas la karakterizan tuŝadon de van Gogh
Charakterkunde *f, auch* ***Charakterologie*** *f od* ***Persönlichkeitsforschung*** *f* karakterologio
charakterkundlich, *auch* ***charakterologisch*** *Adj* karakterologia

charakterlich] **1.** *Adj* karaktera; *~**e Schwäche** f* karaktera malforteco (*bzw.* malfortaĵo) **2.** *Adv* laŭ karaktero; ***jmdn.** ~ **stark prägen*** havi fortan influon sur ies karakteron; ***sie hat sich** ~ **sehr verändert*** ŝia karaktero ege ŝanĝiĝis
charakterlos 1. *Adj* senkaraktera; *i.w.S. (ausdruckslos)* senesprima, *(abscheulich)* fia, abomeninda (↑ *auch **niederträchtig***) **2.** *Adv* senkaraktere; senesprime, abomeninde
Charakterlosigkeit *f* senkaraktereco; *i.w.S.* senesprimeco; fieco, abomenindeco (*vgl. dazu **charakterlos 1.***)
Charakterologe *m Erforscher der menschlichen Persönlichkeit* karakterologo
Charakterologie *f* ↑ ***Charakterkunde***
charakterologisch ↑ ***charakterkundlich***
Charakteropathie *f Psych (erworbene charakterliche Abnormität)* karakteropatio
Charakter|rolle *f Theat* karaktera rolo; **~schwäche** *f* malforteco de karaktero; **~stärke** *f* forteco de karaktero; **~struktur** *f* karakterstrukturo; **~tanz** *m nicht akademisch definierter Bühnentanz traditionalistischer, nationaler od folkloristischer Herkunft)* karakterdanco
charaktervoll *Adj* karakter[o]plena, karakterhava *od nachgest* havanta karakteron
Charakterzug *m* trajto de karaktero, karakter[iz]a trajto
Charente *f ein westfranzösisches Département* [departemento] Ĉarento *[Hptst.: Angoulême]*
Charge [ˈʃarʒə] *f Mil (Dienstgrad)* rango
Chargé d'affaires *m, auch **Geschäftsträger** m Dipl* aferŝarĝito
Charis *f Myth (eine der griechischen Göttinnen der Anmut)* Ĥarisa
Charisma *n 1. göttliche Gnade 2. besondere Ausstrahlungskraft (eines Menschen)* karismo (*vgl. dazu **Ausstrahlung***)
charismatisch *Adj das Charisma betreffend bzw. Charisma besitzend* karisma
Charity Shop *m* ↑ ***Wohltätigkeitsladen***
Charkow (*n*) ↑ ***Harkiv*** (*n*)
[1]**Charleston** *m ein Modetanz der 1920er Jahre* ĉarlestono
[2]**Charleston** (*n*) *1. Hptst. des US-Bundesstaates West Virginia 2. eine Hafenstadt in South Carolina/USA* Ĉarlestono
Charlestonmaschine *f Mus (ein Pedalbecken niedriger Bauart [etwa 50 cm hoch])* ĉarlestoncimbalo
Charlotte (*f*) *weibl. Vorname* Ĉarlota
charmant *Adj* ĉarma; *i.w.S. (faszinierend)* fascina, *(anziehend)* altira, alloga, *(attraktiv)* atrakcia (↑ *auch **bezaubernd**, **entzückend** u. **reizend***)
Charme *m* ĉarmo (*vgl. dazu **Reiz***); *i.w.S. (Anmut)* gracio, *(Zauber)* sorĉo
Charmeur *m* = ***Schmeichler***
Charmiter *od* **Karmiter** *Pl Ethn (bibl)* ĥarmiidoj *Pl (Zam)*
[1]**Charon** (*m*) *griech. Myth (Totenfährmann der Unterwelt)* Karono
[2]**Charon** *m Astron (Satellit des Pluto [1978 entdeckt])* Karono
Charran (*n*) *eine alte Stadt in N-Mesopotamien [heute: Harran/SO-Türkei]* Ĥarano
Charrúa *Pl Ethn (ehemaliges indigenes Volk in Uruguay, NO-Argentinien u. S-Brasilien)* ĉaruoj *Pl*
Charta [ˈkarta] *f Gesch, Jur, Pol* ĉarto (↑ *auch **Arlantik-** u. **EU-Charta***); *~ **der Vereinten Nationen*** Ĉarto de [la] Unuiĝintaj Nacioj; ***die Magna** ~ engl. Freiheitsbrief [1215]* la Granda Ĉarto [de Anglio]
Charter *f, auch m Frachtvertrag* ĉarto (↑ *auch **Nettocharter***); *~ **für eine [ganze[Reise*** por[tut]vojaĝa ĉarto; *~ **auf Zeit** od **Zeitcharter** f* portempa ĉarto
Charter|flug *m* ĉartoflugo; **~flugzeug** *n od* **~maschine** *f* ĉartoaviadilo
chartern *tr Flugzeug, Schiff u.a. mieten* ĉarti (*vgl. dazu **heuern** u. **mieten***); ***gecharterte Fracht** f* ĉartita frajto; ***wir haben einen Bus für die Reise gechartert*** ni ĉartis buson por la vojaĝo
Chartern *n od* **Charterung** *f* ĉartado
Charter|schiff *n* ĉartoŝipo; **~vertrag** *m* ĉarto
Chartres (*n*) *Hptst. des französischen Départements Eure-et-Loir* Ĉartro
Chartreuse *f*: ***la Grande** ~ Hauptkloster des Kartäuserordens* la Granda Kartuzio
Charybdis *f Myth (Schiffe verschlingender Meeresstrudel [in der Straße von Messina])* Ĥaribdo
Chaskowo (*n*), *auch **Haskowo** (n) eine Stadt in SO-Bulgarien* Ĥaskovo
Chassepotgewehr *n französisches Hinterladergewehr* ĉaspoto
Chassidäer *m/Pl jüdische, konservativ-religiöse Partei der Makkabäerzeit* ĥasidoj *Pl*
Chassidismus *m eine jüd. Sekte* ĥasidismo
Chassis *n Kfz (Fahrgestell), Tech (Montage-*

rahmen) ĉasio

Chat *m im Internet* retbabilado

[1]**Chateaubriand** *n Kochk (gebratene, dicke Rindslendenschnitte)* ĉatobriando

[2]**Chateaubriand** (*m*) *Eig (franz. Politiker u. Schriftsteller [1768-1848])* Ĉatobriando

Châtelperronien *n in Süd- u. Mittelfrankreich verbreitete Kulturepoche des Jungpaläolithikums* ĉatelperonio

Chatham-Albatros *m* (Thalassarche [cauta] eremita) *Orn* ĉathama albatroso

Chathamregenpfeifer *m Orn* ↑ ***Langschnabelregenpfeifer***

Chathamschnäpper *m* (Miro traversi) *Orn* ĉathama muŝkaptulo *[kurz vor dem Aussterben gerettet]*

Chatroom *m, auch* ***Chat-Room*** *m EDV (Kommunikationsforum im Internet)* babilejo

Chattanooga (*n*) *eine Stadt in Tennessee/ USA* Ĉatanugo *<Verkehrsknotenpunkt>*

chatten *intr mit anderen im Internet kommunizieren* [ret]babili

Chatter *m EDV* retbabilanto

Chauffeur *m* ŝoforo (↑ *auch* ***Fahrer*** *u.* ***Taxichauffeur***)

chauffieren *tr* ŝofori, *abs auch* ŝofori (*od* konduki) aŭton

Chauffieren *n* ŝoforado

Chaussee *f Landstraße* ŝoseo (↑ *auch* ***Avenue*** *u.* ***Straße***)

Chausseegraben *m* = ***Stra0engraen***

Chauvinismus *m* ŝovinismo

Chauvinist *m* ŝovinisto

chauvinistisch *Adj auf den Chauvinismus bezogen* ŝovinisma; *auf die Chauvinisten bezogen* ŝovinista (*vgl. dazu* ***nationalistisch***)

Chavin-Kultur *f vorgeschichtliche Kultur in Nordperu [1200-400 v. Chr.] <so benannt nach der Ruinenstätte Chavin de Huántar>* Ĉavin-kulturo

Chayote *f* (Sechium edule) *Bot (ein gelb blühendes amerikanisches Kürbisgewächs)* ĉajoto *<wird auch in wärmeren Gegenden des Mittelmeerraumes angebaut>*

Chebriter *od* **Hebriter** *Pl Ethn (bibl)* Ĥeberidoj *Pl (Zam)*

Check *m* kontrolo (↑ *auch* ***Routine-Check***)

checken *tr* ***a)*** *kontrollieren, prüfen* kontroli (↑ *auch* ***durchsehen*** *u.***inspizieren**) ***b)*** *salopp für «begreifen» od «kapieren»*: ***hast du das endlich gecheckt?*** ĉu vi finfine tion komprenis (*od* enkapigis)?

Chederschule *f jüdische Grundschule für Knaben* ĥedero

Chef *m* ĉefo, *auch (Leiter)* estro *bzw. (Meister)* mastro (↑ *auch* ***Boss***, ***Büro-***, ***Firmen-***, ***Klinik-***, ***Küchen-***, ***Personal-***, ***Regierungs-***, ***Staats-*** *u.* ***Teamchef***); *Vorgesetzter auch* superulo (*vgl. dazu* ***Direktor***); *Führer* gvidanto; ~ ***des Stabes*** *Mil* stabestro; ***stellvertretender*** ~ vicĉefo; ***jmdn. zum*** ~ ***von ... machen*** fari iun ĉefo (*od* estro) de „, *od auch* estrigi iun super ...

Chef|architekt *m* ĉefarkitekto; ~**archivar** *m* ĉefarkivisto; ~**arzt** *m*, *<österr>* ***Primararzt*** *m* (*auch Kurzf* ***Primar*** *m*) ĉefkuracisto; ~**dolmetscher** *m* ĉefinterpretisto; ~**ideologe** *m Pol (maßgeblicher Theoretiker einer politischen Bewegung)* ĉefa ideologo

Chefin *f* ĉefino, *auch (Leiterin)* estrino

Chef|ingenieur *m* ĉefinĝeniero; ~**koch** *m*, *in Restaurants auch* ***Küchenchef*** *m* ĉefkuiristo; ~**konstrukteur** *m* ĉefkonstrukciisto; ~**redakteur** *m*, *<schweiz>* ***Chefredaktor*** *m* ĉefredaktoro, *auch* ĉefredaktisto; ~**redaktion** *f* ĉefredakcio; ~**steward** *m* ĉefstevardo; ~**trainer** *m. auch* ***Chefcoach*** *m* ĉefa trejnisto; ~**visite** *f Med* vizitoj *Pl* de la ĉefkuracisto [en hospitalo]

Che Guevara (*m*) *Eig (lateinamerikanischer Revolutionär [1928-1967])* Ĉe-Gevaro

cheilanthus ↑ ***lippenblütig***

Cheiron *m Myth* ↑ ***Chiron***

Chelate *n/Pl*, *auch* ***Chelatkomplexe*** *m/Pl od* ***Scherenbindung*** *f Chem (Begriff für komplexe molekulare Strukturen, bei denen ein Metallion zangenartig von Ringmolekülen umfasst wird)* kelatoj *Pl*

Chéliff *m* ↑ ***Schaliff***

Chelkiter *Pl* ↑ ***Helekiter***

Chelléen *n Geol (Kulturstufe der älteren Altsteinzeit)* ĉeleo *od* ĉelea epoko

chem. = *Abk für* ***chemisch***

Chemie *f* kemio (↑ *auch* ***Agro-***, ***Atmosphären-***, ***Bio-***, ***Elektro-***, ***Erdöl-***, ***Festkörper-***, ***Helio-***, ***Hydro-***, ***Iatro-***, ***Isotopen-***, ***Kolloid-***, ***Kosmo-***, ***Kristall-***, ***Lebensmittel-***, ***Mikro-***, ***Nahrungsmittel-***, ***Petrol-***, ***Phyto-***, ***Plasma-***, ***Teer-*** *u.* ***Thermochemie***); ***analytische*** ~ analiza kemio; ***anorganische*** (***organische***) ~ neorganika (organika) kemio; ***aquatische*** ~ ↑ ***Hydrochemie***; ***pharmazeutische*** (***physikalische***, ***physiologische***, ***theoretische***) ~ farmacia (fizika, fiziologia, teoria) kemio

◇ ***was du da isst, ist alles*** ~ tio, kion vi manĝas, estas nur sinteziaĵoj
Chemie|betrieb *m od* ~**fabrik** *f* kemia fabriko; ~**faser** *f* kemia fibro (↑ *auch* ***Dralon®, Kunstfaser, Perlon®, Reyon, Tergal®*** *u.* ***Terylen***); ~**industrie** *f* kemia industrio; ~**ingenieur** *m* inĝeniero pri kemio; ~**kombinat** *n ehem. DDR* kemia kombinato; ~**lehrer** *m* instruisto de (*od* pri) kemio; ~**riese** *m Ind, Wirtsch (z.B. BASF, Bayer u.a.)* kemigiganto; ~**unterricht** *m* instruado de kemio; ~**waffen** *f/Pl, auch* ***chemische Waffen*** *od* ***C-Waffen*** *f/Pl* kemiaj armiloj *Pl*; ~**werk** *n* kemia fabriko
Chemigrafie *f, auch* ***Chemigraphie*** *f fotomechanische Bildreproduktion u. Druckplattenherstellung* kemigrafio
Chemikalien *f/Pl* kemiaĵoj *Pl*
Chemiker *m* kemiisto (↑ *auch* ***Agro-, Bio-*** *u.* ***Textilchemiker***)
Cheminée *n* ↑ ***Kamin***
chemisch (*Abk* ***chem.***) **1.** *Adj* kemia (↑ *auch* ***elektro-*** *u.* ***zoochemisch***); ***auf*** ~***em Wege*** *od* ***auf*** ~***e Weise*** laŭ kemia procedo; ~***es Element*** *n* kemia elemento; ~***e Energie*** *f* kemia energio; ~***e Formel*** *f* kemia formulo; ~***e Industrie*** *f* kemia industrio; ~***e Kriegsführung*** *f* kemia milit[ad]o; ~***e Reaktion*** *f* kemia reakcio; ~***e Reinigung*** *f* kemia purigado, *auch* sekpurigado; ~***es Symbol*** *n* kemia simbolo; ~***e Verbindung*** *f* kemia kombinaĵo; ~***e Waffen*** *f/Pl* ↑ ***Chemiewaffen*** **2.** *Adv* kemie
Chemisett *n od* **Chemisette** *f* ↑ ***Vorhemdchen***
Chemnitz (*n*), *zeitweise* ***Karl-Marx-Stadt*** (*n*) *eine Stadt in Sachsen* Kemnico, *[1953-1990]* Karl-Marks-Urbo
Chemoresistenz *f Bakteriologie* kemiterapia rezist[ad]o
Chemorezeptor(en) *m/(Pl) nur Fachspr Physiol (spezialisierte Zellen u. Nervenendigungen, die chemische Reize in elektrische Erregungen umwandeln)* kemoreceptoroj *Pl*
Chemotherapeutikum *n Med* kemi[o]terapiaĵo
chemotherapeutisch *Adj* kemi[o]terapia
Chemotherapie *f Med* kemi[o]terapio (↑ *auch* ***PUVA-Therapie***)
Chengdu (*n*) *Hptst. der chin. Provinz Sichuan* Ĉengduo *[im 3. u. 10 Jh. Hptst. Chinas]*
Chenille *f Textil (das bei Frottierstoffen u. Florteppichen raupenähnlich hervortretende Schussgarn)* ĉenilo
Chennai (*n*) ↑ ***¹Madras***
Cheops (*m*) *Eig (ein ägyptischer König [um 2540 v. Chr.] der 4. Dynastie [Erbauer der größten Pyramide bei Giseh])* Ĥeopso; ~**-pyramide** *f* Ĥeops-piramido
Cherbourg (*n*) *eine französische Hafenstadt* Ĉerburgo
Cherimoya *f, auch* ***Rahm-*** *od* ***Jamaikaapfel*** *m Frucht des Cherimoyabaums* ĉerimolio; ~**baum** *m, auch* ***peruanischer Flaschenbaum*** *m* (Annona cherimola) *Bot* ĉerimoliarbo
Cherokee ***a)*** *m/Pl, auch* ***Tscherokesen*** *m/Pl Ethn (ein nordamerik. Indianervolk)* ĉerokoj *Pl* ***b)*** *n Ling (zu den irokesischen Sprachen gehörende Indianersprache in Nordamerika)* la ĉeroka [lingvo]
Cherry-Brandy *m, auch* ***Kirschbranntwein*** *m Kirschlikör* ĉerizbrando
Cherson (*n*) *Stadt in der Ukraine* Ĥersono
Cherub *m, ökumenisch* ***Kerub*** *m 1. [im Alten Orient u. im Alten Testament:] ein geflügeltes Fabelwesen mit Tierleib u. Menschenantlitz 2. [in späterer jüdischer u. christlicher Lit:] Lichtengel* kerubo
cherubinisch *Adj engelgleich* keruba
Chesapeakebay *f größte Meeresbucht an der Atlantikküste der USA [Maryland/Virginia]* Ĉesapika Golfo
Chester (*n*) *Hptst. der mittelenglischen Grafschaft Cheshire* Ĉestro
Chesterfield (*n*) *eine Stadt in der engl. Grafschaft Derbyshie* Ĉesterfildo
Chesterkäse *m Nahr (ein Hartkäse)* ĉestra fromaĝo
Chetrum *m kleine Währungseinheit in Bhutan* ĉetrumo (*vgl. dazu* ***Ngultrum***)
chevaleresk *Adj in ritterlicher Art* kavalireska
Chevalier *m französischer Adelstitel (Ritter, Edelmann)* kavaliro
Cheviot Hills *Pl, auch kurz* ***Cheviots*** *Pl Gebirgszug an der engl.-schottischen Grenze* Ĉeviota Montaro
Cheviot|schaf *n ein langwolliges Schaf* ĉeviota ŝafo; ~**[stoff]** *m Textil* ŝevioto
Chewa *n Ling* ↑ ***Chichewa***
Cheyne-Stokes-Atmung *f nur Fachspr Med (ein Atmungstyp)* Cheyne-Stokes-spirado
Chezroniter *od* **Hezroniter** *Pl Ethn (bibl)* ĥecronidoj *Pl (Zam)*

Chianti [*ki'anti*] *m ein roter ital. Tischwein* kianto *od* kianta vino

Chiasma *n* (*Pl*: ***Chiasmen** od **Chiasmata***) *Anat, Genetik* kiasmo; ~ ***opticum*** *n* (*fachsprachl. für **Sehnervenkreuzung** f*) *Anat* opta kiasmo

Chiasmasyndrom *n Ophthalmologie* [opta] kiasmosindromo

Chiasmus *m Ling, Stilistik (kreuzweise Stellung der Satzglieder)* kiasmo

Chiba (*n*) *eine japanische Präfektur-Hptst. im Osten von Hondo* Ĉibo

Chibcha *Pl Ethn (Völkergruppe im südl. Zentral- u. nordwestl. Südamerika)* ĉibĉoj *Pl*

chic ↑ ***schick***

Chicago (*n*) *eine Stadt in den Illinois/USA* Ĉikago

Chicagoer *m Einwohner von Chicago* ĉikagano

Chicago Jazz *m Anfang der 20er Jahre entstandener Jazzstil, der eine Weiterentwicklung des New Orleans Jazz in Richtung Swing darstellt* Ĉikago-ĵazo

Chicha *f ein südamerikanisches alkoholisches Getränk aus Mais u. Palmfrüchten* ĉiĉo

Chichen Itzá (*n*) *Ruinenstadt der Maya auf der Halbinsel Yucatán/Mexiko [gegründet zu Beginn des 6. Jh.s (Blütezeit im 11.-13. Jh.)]* Ĉiĉen-Itso

Chichester (*n*): *Verwaltungssitz u. Distrikt in der Grafschaft West Sussex (S-England)* Ĉiĉestro *<mit anglikanischem Bischofssitz>*

Chichewa *n, auch **Chewa** n Ling (die Sprache der größten Volksgruppe in Malawi)* la ĉiĉeva [lingvo]

Chichimeken *Pl hist: indianische Jäger- u. Sammlervölker in Queretaro-Zacatecas (Mexiko)* ĉiĉimekoj *Pl <von den Spaniern Ende des 16. Jh.s unterworfen, danach ausgestorben>*

Chiclegummi [*tʃ*...] *m, auch **Chiklegummi** m eingedickter Milchsaft aus dem Fruchtfleisch des Breiapfels (Manilkara zapota)* ĉiklo *<Ausgangsprodukt für Kaugummiherstellung>*

Chicorée *m, auch f, auch **Salatzichorie** f, <schweiz> **Brüsseler** m, (rote Variante) **Radiccio** m* (Cichorium intybus var. foliosum) *Bot (eine Kulturform der gemeinen Wegwarte), Nahr (ein Gemüse)* [brusela *od* folia] cikorio, *(rote Variante)* ruĝa cikorio (*vgl. dazu **Endivie** u. **Wegwarte***); ~**salat** *m* cikoria salato

Chiffon *m Textil (ein feines, durchsichtiges Gewebe in Taftbindung)* ŝifono (↑ *auch **Taft***); ~**tuch** *n* ŝifontuko

Chiffre *f* ĉifro (*vgl. dazu **Code***)

Chiffreur *od* **Chiffrierer** *m* ĉifristo

chiffrieren *tr verschlüsseln od in einer Geheimschrift abfassen* ĉifri (*vgl. dazu **codieren** u. **dechiffrieren***); ***chiffriert [sein]*** [esti] ĉifrita

Chiffrieren *n od* **Chiffrierung** *f 1. Verschlüsselung 2. Übertragung in Geheimschrift* ĉifrado

Chiffrierer *m* ↑ ***Chiffreur***

Chiffrierschlüssel *m* ĉifroŝlosilo (*vgl. dazu **Code***)

Chihuahua *m eine mexikanische Hunderasse* ĉivavo

Chilblain-Lupus *m* (Lupus pernio) *Med* pernia lupuso

Chile (*n*) Ĉilio *[Hptst.: Santiago de Chile]*; ~**flamingo** *m* (Phoenicopterus chilensis) *Orn* ĉilia flamengo

Chilene *m* ĉiliano

Chilenin *f* ĉilianino

chilenisch *Adj* ĉilia

Chile|salpeter *m ein Düngemittel* ĉilia salpetro; ~**skua** *f* (Stercorarius chilensis) *Orn* ĉilia rabmevo

Chili *m* ↑ ***Peperoni***

[1]**Chimäre** *f **a)** auch **Chimaira** od **Chimära** griech. Myth (Fabelwesen mit Löwenkopf, Ziegenleib u. Schlangenschweif)* ĥimero ***b)** auch **Schimäre** übertr (Fantasiegebilde, Hirngespinst, Trugbild)* ĥimero

[2]**Chimäre** *f 1. Bot (Pflanze aus Geweben von zwei genotypisch verschiedenen Arten) 2. Gartenb (Pfropfbastard)* ĥimero

[3]**Chimäre** *f Ichth* ↑ *unter **Seedrachen***

chimärisch *Adj* ĥimera (↑ *auch **trügerisch***)

Chimborazo *m, auch **Chimborasso** m ein Andengipfel in Ecuador* [monto] Ĉimborazo

China (*n*) Ĉinio; ***Volksrepublik** ~* (*kurz **VR China***) Popola Respubliko Ĉinio *[Hptst.: Beijing (Peking)]* (↑ *auch **Festlandchina***)

China|-Alligator *m* (Alligator sinensis) *Zool* ĉina aligatoro; ~**bohne** *f, auch **Augenbohne** od **Katjangbohne** f* (Vigna sinensis) *Bot, Nahr* ĉina vigno; ~**bülbül** *m* (Pycnonotus sinensis) *Orn* ĉina bulbulo; ~**dommel** *f*

(Ixobrychus sinensis) *Orn* ĉina [malgranda] botaŭro; ~**gras** *n*, *auch* ***Ramiepflanze*** *f* (Boehmeria nivea) *Bot (eine ostasiatische Faserpflanze)* ramio; *Rohfaser(n) der Ramiepflanze* fibro(j) de ramio
China-Hortensie *f Bot* ↑ *unter* ***Hortensie***
Chinakarpfen *m Ichth* ↑ *unter* ***Karpfen***
Chinakohl *m*, *auch* ***Pekingkohl*** *m*, *selt auch* ***Schantungkohl*** *m* (Brassica chinensis *od* Brassica pekinensis) *Bot, Nahr* ĉina (*od* pekina) brasiko
Chinakunde *f* ↑ ***Sinologie***
Chinamensch *m Anthropol* ↑ ***Sinanthropus***
China|rinde *f* (Cinchonae cortex) *Pharm* [sekigita] ŝelo de kinkono; ~**rindenbaum** *m*, *auch* ***Fieberrindenbaum*** *m* (*Gattung* Cinchona) *Bot* kinkono; ~**rose** *f* (Hibiscus rosa-sinensis) *Bot* ĉina hibisko; ~**stechwinde** *f*, *pop* ***Chinawurzel*** *f* (Smilax china) *Bot* ĉina smilako
Chinatown *f* ↑ ***Chinesenviertel***
Chinchilla *f od n*, *auch* ***Hasen-*** *od* ***Wollmaus*** *f* (*Gattung* Chinchilla) *Zool* ĉinĉilo *[Vorkommen: Chile]* (↑ *auch* ***Viscacha***); *Kurzschwanz*≗ kurtvosta ĉinĉilo; *Langschwanz*≗ longvosta ĉinĉilo
Chinchillakaninchen *n eine Hauskaninchenrasse* ĉinĉilokuniklo
Chinchillamaus *f* = ***Chinchilla***
Chinchillapelz *m* ĉinĉila pelto
Chindwin *m ein Nebenfluss des Irawadi [in Myanmar]* [rivero] Ĉindvino
Chinese *m* ĉino (↑ *auch* ***Han***)
Chinesenviertel *n*, *auch* ***Chinatown*** *f* ĉina kvartalo
Chinesin *f* ĉinino
chinesisch *Adj* ĉina; ***die*** ≗***e Mauer*** la Ĉina Muro; ***das*** ≗***e Meer*** la Ĉina Maro; ~***e Schrift*** *f* ĉina skribo (↑ *auch* ***Pinyin***)
Chinesisch[e] *n chinesische Sprache* ĉina [lingvo] (↑ *auch* ***²Mandarin***)
Chinhydrone *n/Pl Chem* kinhidronoj *Pl*
Chinin *n Chem, Pharm* kinino; ~**tabletten** *f/Pl* kininaj tablojdoj *Pl*; ~**therapie** *f Med* kininterapio; ~**vergiftung** *f* toksiĝo per kinino, *auch* kininismo
Chinkara *f Zool* ↑ *unter* ***Gazelle***
Chinolin *n Biochemie (eine tertiäre organische Base <kommt u.a. im ätherischen Öl des schwarzen Tees vor>)* kinolino
Chinone *n/Pl Chem (organisch-chemische Verbindungen, die u.a. bei der Farbstoffherstellung verwendet werden)* kinonoj *Pl*
Chinook [*tʃi'nuk*] *Pl* ***a)*** *Ethn (ein ehemaliger Indianerstamm)* ĉinukoj *Pl* ***b)*** *Met (ein warmer Fallwind an der Ostseite der Rocky Mountains/USA u. Kanada)* ĉinuk-vento, *auch kurz* ĉinuko; ~**jargon** *m Ling (im 19. Jh. weit verbreitete Verkehrssprache zw. weißen Siedlern in USA u. Indianern)* la ĉinuka [ĵargono *od auch* lingvo]
Chintz *m Textil ([meist bunt bedruckter] leinwandbindiger Baumwollstoff mit gewachster Oberfläche)* ĉinco
Chios (*n*) *eine Insel in der griech. Ägäis [der kleinasiatischen Westküste vorgelagert]* [insulo] Ĥio
¹Chip *m*: ~*s Pl (Arten: Bananen-, Kassave- u.a. Chips)* ĉipsoj *Pl* (↑ *auch* ***Kartoffel-***, ***Koprachips*** *u.* ***Krupuk***)
²Chip *m elektron. Bauelement* ĉipo (↑ *auch* ***Halbleiter-***,***Mikro-*** *u.* ***Transistorchip***); ***logischer*** ~ *od* ***Steuerchip*** *m EDV* logika ĉipo
Chip|fabrik *f Elektronik* ĉip-fabriko *od* fabriko de ĉipoj; ~**karte** *f Plastikkarte mit einem elektronischen Chip [als Ausweis, Zahlungsmittel od Ä.]* ĉipkarto
Chipmunk *m Zool* ↑ *unter* ***Streifenhörnchen***
Chippendale (*m*) *Eig (engl. Kunsttischler [1718-1779])* Ĉipendejlo; ~**-Möbel** *n* ĉipendejla meblo; ~**-Stil** *m* ĉipendejla stilo *<eine Verbindung von Elementen des französischen Rokokos mit klassizistischen Formen>*
Chiriqui *m ein Vulkan in Panama* [vulkano] Ĉirikio
Chiromantie *f*, *auch* ***Handliniendeutung*** *od* ***Handwahrsagerei*** *f* kiromancio
Chiron *od* **Cheiron** *m griech. Myth (ein Kentaur)* Ĥirono
Chiropraktik *f Med* kiropraktiko
Chiropraktiker *m Med* kiropraktikisto
Chirurg *m* kirurgo
Chirurgenknoten *m*, *auch* ***chirurgischer Knoten*** kirurg[i]a nodo
Chirurgie *f* kirurgio (↑ *auch* ***Bauch-***,***Brandwunden-***, ***Bypass-***, ***Elektro-***, ***Gefäß-***, ***Gehirn-***, ***Gesichts-***, ***Herz-***, ***Katarakt-***, ***Kiefer-***, ***Kinder-***, ***Knochen-***, ***Koronar-***, ***Kryo-***, ***Laser-***, ***Mikro-***, ***Nerven-***, ***Neuro-***, ***Oral-***, ***Psycho-***, ***Schönheits-***, ***Thorax-***, ***Unfall-***, ***Varizen-***, ***Viszeral-*** *u.* ***Zahnchirurgie***); ***abdominale*** (***ästhetische***, ***experimentelle***, ***klinische***, ***kosmetische***, ***minimalinvasive***, ***orthopädische***) ~ abdomena (estetika, ekspe-

rimenta, klinika, kosmetika, minimuminvada, ortopedia) kirurgio; ***refraktive*** ~ *Ophthalmologie* refrakta kirurgio; ***Facharzt für plastische*** ~ specialisto pri plastia kirurgio

Chirurgin *f* kirurgino

chirurgisch *Adj* kirurgia (↑ *auch* ***mikrochirurgisch***); ~***er Eingriff*** *m* kirurgia interveno; ~***es Instrument*** *n* kirurgia instrumento; ~***e Klinik*** *f* kirurgia kliniko

Chishima (*n*) ↑ ***Kurilen***

Chishona *n Ling* ↑ ***Shona***

Chişinau [*kiʃi'nəu*] (*n*), *auch* ***Kischinew*** (*n*) *Hptst. der Rep. Moldau* Kiŝinevo

Chistera *f Sport ([Fang-] Schläger des baskischen Ballspiels Pelota)* ĉistero

Chitin *n hornähnlicher Stoff im Panzer der Gliederfüßer* kitino

chitinähnlich *Adj* kitinsimila

Chitinpanzer *m* kitina karapaco

Chiton *m, auch* ***Leinentunika*** *f ein altgriech. Männergewand* ĥitono *od* kitono (*vgl. dazu* ***Himation***)

Chitosamin *n Biochemie* ↑ ***Glukosamin***

Chittagong (*n*) *eine Hafenstadt in Bangladesch [am Golf von Bengalen]* Ĉitagongo

Chivviter *od* **Heviter** *Pl Ethn (bibl)* ĥividoj *Pl (Zam)*

Chlaina *od* ***Chläna*** *f Männergewand im antiken Griechenland* ĥleno

Chlamydia [*kla...*] *f Bakt (Gattung gramnegativer, obligat intrazellulär lebender Bakterien)* klamidio

Chlamydieninfektion *f Med* klamidia infekt[iĝ]o

Chlamydiose *f Med (eine durch Bakterien der Gattung Chlamydia hervorgerufene Erkrankung [z.B. Psittakose od Trachom, auch Infektionen des Urogenitalsystems])* klamidiozo

Chlamydomonas *f Biol (eine Gattung der Grünalgen)* klamidomonado *[die Gattung umfasst mehr als 600 Arten]*

Chlamydosporen *f/Pl Mykologie* klamidosporoj *Pl*

Chlamys *f griech. Antike (kurzer Überwurfmantel für Reiter u. Krieger)* klamido

Chläna ↑ ***Chlaina***

Chloasma [*klo'asma*] *n nur Fachspr Med (fleckförmige gelblich- bis dunkelbraune Pigmentierung der Haut [hauptsächlich im Gesicht])* kloasmo; ~ ***gravidarum*** (*od* ***uterinum***) gravedulina kloasmo <*Vorkommen bei etwa zwei Drittel der Schwangeren*>; ~ ***hormonale*** hormona kloasmo <*verursacht durch Melanozyten stimulierendes Hormon, durch Oestrogene od Gestagene*>

Chlodwig (*m*) *Eig* Klodvigo *(hist) auch Name von Königen in Franken od Burgund*

Chlor [*klo:r*] *n* (*Symbol* ***Cl***) *Chem* kloro (↑ *auch* ***Abchlor***); ***aktives*** (***flüssiges***) ~ aktiva (likva) kloro; ***mit*** ~ ***desinfizieren*** desinfekti per kloro

Chlorakne *f Dermatologie* klor-akneo

Chloral *n Chem (eine stechend riechende, ätzende Flüssigkeit [eine Chlorverbindung])* kloralo; ~**[form]amid** *n Chem* klorala formamido; ~**hydrat** *n* klorala hidrato

Chlorämie *f Med (Vorhandensein von Chlor im Blut)* kloremio

Chloramphenicol® *n Pharm (ein Breitband-Antibiotikum)* kloramfenikolo

Chloramin *n Chem, Med* kloramino

Chlorat *n Chem (chlorsaures Salz)* klorato <*ein starkes Oxidationsmittel*> (↑ *auch* ***Kaliumchlorat***)

Chloräthan *n, auch* ***Chlorethan*** *n Chem* kloretano

Chlorcyan *n* (*auch* ***Cyanchlorid*** *genannt*) *Chem* cianogena klorido

Chlorella *f Bot ([einzellige] Grünalge, wichtiges Versuchsobjekt der wissenschaftlichen u. angewandten Botanik [bes. für ernährungsphysiologische u. fotosynthetische Untersuchungen])* klorelo

chloren *tr mit Chlor behandeln od versetzen* klorizi; ***gechlortes Wasser*** *n* klorizita akvo

Chloren *n* klorizado

Chlor|ethan *n Chem* ↑ ***Chloräthan***

Chlor|fluor[wasser]stoffe *m/Pl* (*Abk* ***CFK*** *od* ***CFKW***) *Chem* klorfluorkarbonoj *Pl* <*sie dienen u.a. als Treibmittel in Spraydosen, zum Verschäumen von Kunststoffen u. als Kälte- u. Feuerlöschmittel*>; ~**gas** klorgaso; ~**gehalt** *m* klor-enhavo

chlorhaltig, <*österr*> ***chlorhältig*** *Adj* klorhava, *selt auch* kloroza, *nachgest* enhavanta kloron

Chlorhydrat *n Chem* klora hidrato

Chlorid *n Chem* klorido (↑ *auch* ***Radium-*** *u.* ***Silber-*** *u.* ***Trichlorid***)

chlorig *Adj wie Chlor* kiel kloro; *chlorhaltig* enhavanta kloron *nachgest* (↑ *auch* ***hypochlorig***); ~***e Säure*** *f Chem (eine der sauerstoffhaltigen Säuren des Chlors)* klorita acido

Chlorite *m/Pl Min (eine Gruppe gesteins-*

bildender Minerale, die im Wesentlichen durch Umwandlung od Verwitterung in olivin-, pyroxen-, amphibol- u. biotitreichen Gesteinen entstanden sind) klorito

Chlor|kalk *m Chem* klorkalko *<auch als Bleich- u. Desinfektionsmittel genutzt>*; **~-kalzium** *n Chem* kalcia klorido; **~methan** *n Chem* klormetano

Chlorochin *n Tropenmedizin* = ***Chloroquin***

Chloroform *[kloro'form] n Chem, Med (ein Narkotikum)* kloroformo *<wird heute nicht mehr in der Narkosepraxis angewandt>*

chloroformieren *tr mit Chloroform betäuben* kloroformi, anestezi per kloroformo

Chloroformierung *f Betäubung mit Chloroform* kloroformado, anestezo per kloroformo

Chloroformvergiftung *f* kloroformveneniĝo *od* kloroformtoksiĝo

Chlorometrie *f Bestimmung des Chlorgehalts* klorometrio

Chloromycetin® *n Pharm* kloromicetino

Chlorophyll *n, umg* ***Blattgrün*** *n Bot* klorofilo; ***gelbes*** ~, *Fachspr* ***Xanthophyll*** *n Caratinoidfarbstoff* ksantofilo *<gelber Farbstoff in manchen Pflanzenzellen>* (*vgl. dazu* ***Fuco-*** *u.* ***Zeaxanthin***)

Chlorophyll-Tabletten *f/Pl Pharm* klorofiltablojdoj *Pl*

Chloroplast *m (Chlorophyll enthaltender Farbstoffträger der Pflanzenzelle)* kloroplasto

Chloropren *n Chem* kloropreno

Chloroquin *n Chem, Pharm, Tropenmedizin* klorokino *<ein chemisch mit Chinin verwandter Arzneistoff zur Therapie von Malaria tropica u. rheumatischer Erkrankungen>*; **~resistenz** *f* klorokinrezisto

Chlorose *f* ***a)*** *eine Pflanzenkrankheit* klorozo ***b)*** *Med* ↑ ***Bleichsucht***

Chlorpromazin *n Pharm (ein Sedativum u. Antiemetikum [auch bei Drogenabhängigkeit verwendet])* klorpromazino

Chlorsäure *f Chem* klorata acido; **~salz** *n Chem* klorato

Chlorung *f Behandlung mit Chlor* kloriz[ad]o

Chlor|verbindungen *f/Pl Chem* kloraj kombinaĵoj *Pl*; **~wasser** *n gechlortes Wasser* klorizita akvo; *Pharm* (Aqua chlorata) klorakvo

Chlothilde *od* **Klothilde** *(f) weibl. Vorname* Klotilda

Chlysten *Pl eine russische ekstatische Sekte [vermutlich im 17. Jh. unter Einfluss der Bogomilen entstanden]* ĥlistoj *Pl*

Chnum *ohne Art: altägyptischer Widdergott* Ĥnumo

Choanaltamponade *f bei Nasenbluten* koana tamponado

Choanae *od* **Choanen** *[ko'a:...] f/Pl nur Fachspr Anat (paarige hintere Öffnungen der Nasenhöhle)* koanoj *od* ĥoanoj *Pl*

choanenförmig *Adj* koanoforma

Chocolatier *[...'tje:] m* ĉokoladisto

Choctaw *Pl Ethn (fast ausgerotteter Indianerstamm der Muskhogee-Gruppe [heute im Reservat in Mississippi])* ĉoktavoj *Pl*

cholagog *Adj nur Fachspr Med (galletreibend)* koleagoga

Cholagoga *n/Pl* (*Sg*: ***Cholagogum***) *nur Fachspr Med u. Pharm (galletreibende Mittel)* koleagogaj medikamentoj *Pl*

Cholämie *f nur Fachspr Med (Übertritt von Gallenflüssigkeit ins Blut)* koleemio

Cholangiitis *od* **Cholangitis** *f Med (Entzündung der Gallenwege)* koleangiito, inflamo de la galaj kanaloj (*od* galodukto)

Cholelithiasis *f Med* ↑ ***Gallensteinleiden***

Cholera *f Med* ĥolero (↑ *auch* ***Säuglings-*** *u.* ***Sommercholera***); ***asiatische*** (*od* ***echte***) ~ (Cholera asiatica) azia ĥolero (*vgl. dazu* ***Cholerine*** *u.* ***Vibro cholerae***)

Cholera|[anti]serum *n* antiĥolera serumo; **~epidemie** *f* epidemio de ĥolero; **~koma** *n Med* ĥolerokomato; **~kranke** *m* malsanulo [trafita] de ĥolero, *selt auch* ĥolerulo; **~-[schutz]impfung** *f* kontraŭĥolera vakcinado

Choleriker *m Psych* kolerikulo; *Hitzkopf* [ek]flamiĝema (*bzw.* [ek]kolerema) homo

Cholerine *f mittelschwere Form der Cholera asiatica* ĥolereto, *Fachspr* ĥolerino

cholerisch *Adj* kolerika; *leicht aufbrausend* ekflamiĝema; *leicht zornig werdend, jähzornig* ekkolerema (↑ *auch* ***unbeherrscht***)

Cholestase *f, auch* ***Gallestauung*** *f Med* kolestazo, halto de la galofluo

Cholesterin *n, Fachspr* ***Cholesterol*** *n Biochemie (ein Lipoidbestandteil)* kolesterino, *meist* kolesterolo; ~ ***senkendes Mittel***, *umg auch* ***Cholesterinsenker*** *m Pharm* medikamento por malpliigi kolesterolon

Cholesterinablagerung *f* kolesterolozo

Cholesteringehalt *m*: ~ ***im Blut*** enhavo de kolesterino en la sango; ***mit niedrigem*** ~

etkolesterina
Cholesterinspiegel *m Physiol* nivelo de kolesterolo; ***Anstieg*** (***Senkung***) ***des ~s*** plialtiĝo (malaltigo) de la kolesterolo; ***den ~ reduzieren*** (***senken***) redukti (malaltigi *od* malpliigi) la nivelon de kolesterolo
cholesterinreich *Adj* multkolesterola
Cholesterin|stein *m Med* kolesterola kalkuluso; **~werte** *m/Pl Med* kolesterolaj ciferoj *Pl*
Cholesterol *n Chem* ↑ ***Cholesterin***
Cholezystektomie *f nur Fachspr Chir (Entfernung der Gallenblase)* kolecistektomio
Cholezystitis *f* ↑ ***Gallenblasenentzündung***
Cholezystografie *f Med (Röntgenkontrastdarstellung der Gallenblase)* kolecistografio *<seit Einführung der Sonografie nur noch selten durchgeführt>*
Cholezystosonografie *f Med (Ultraschalluntersuchung der Gallenblase)* kolecistosonografio
Cholin *n Biochemie, Pharm (Gallenwirkstoff [eine Ammoniumverbindung])* kolino *<auch in Arzneimitteln verwendet>* (↑ *auch* ***Azetylxholin***); **~esterase** *f Biochemie* kolinesterazo
Cholsäure *f Biochemie (Gallensäure)* koleata acido, *auch* koleato
Chomer *od* **Homer** *ohne Art: Metr (bibl: [ein jüdisches Hohlmaß])* ĥomero *(Zam)*
Chondrektomie *f [Syn:* ***Knorpelresektion****] nur Fachspr Chir (operative Knorpelentfernung, z.B. von Gelenk- od Rippenknochen, Knorpel von Nasenseptum od Ohrmuschel bei abstehenden od zu großen Ohren)* kondrektomio
Chondriosomen *Pl Biol* ↑ ***Mitochondrien***
Chondrit *m Astron, Geol, Min (aus kleinen Kügelchen [Chondren] bestehender Steinmeteorit)* ĥondrito, *auch* kondrito
Chondritis *f Med* ↑ ***Knorpelentzündung***
Chondroblasten *m/Pl Anat (Knorpelbildungszellen)* kondroblastoj *Pl*
Chondroblastom *n Med* ↑ ***Chondrom***
Chondrodystrophie *f Med (angeborene Störung des Knorpelwachstums, das zu Zwergwuchs führt)* kondrodistrofio
Chondrofibrom *n Med* kondrofibromo
Chondrogenese *f Knorpelaufbau* kondrogenezo
Chondroitin *n ein Bestandteil des Knorpels* kondroitino
Chondroklasten *m/Pl Med (Knorpel fressende Zellen)* kondroklastoj *Pl*
Chondrom *n, auch* ***Chondroblastom*** *n nur Fachspr Med (gutartige Geschwulst aus Knorpelgewebe)* kondromo, *auch* kondroblastomo *<Übergang in das bösartige Sarkom kommt vor>* (↑ *auch* ***Osteochondrom*** *u.* ***Chondrosarkom***)
Chondroplastik *f, auch* ***Knorpelplastik*** *f Chir (plastische Chirurgie an Knorpel, z.B. Nasenknorpel od Ohrmuschel bei abstehenden od zu großen Ohren)* kondroplastio
Chondrosarkom *n, auch* ***Knorpelsarkom*** *n Med (vom Knorpel ausgehendes Sarkom)* kondrosarkomo
Chondrozyten *m/Pl Anat (Knorpelzellen)* kondrocitoj
Chongqing (*n*), (*in Europa auch* ***Tschungking*** *genannt*) *eine Stadt im Süden der Provinz Sichuan/China* Ĉongĉingo
Chopin (*m*) *Eig (polnischer Komponist u. Pianist [1810-1849])* Ŝopeno
Chopper [*tʃ...*] *m Archäol (Geröllsteingerät des älteren Paläolithikums mit einer durch Abschlag hergestellten Kante)* ĉopero
Chopsuey [*tʃop'su:i*] *n Kochk (ein chinesisches Gericht aus Fleisch- od Fischstückchen mit Gemüse u. anderen Zutaten)* ĉopsuo
Chor *m 1. Gruppe von Sängern 2. Gesangswerk* ĥoro, *auch* koruso (↑ *auch* ***A-cappella-***, ***Frauen-***, ***Kinder-***, ***Klampfen-***, ***Knaben-***, ***Kirchen-***, ***Madrigal-***, ***Männer-*** *u.* ***Sprechchor***); *Ort, wo ein Chor singt* ĥorejo; *Chorgesang* ĥora (*od* korusa) kantado; ***gemischter ~*** gea (*od* miksita) ĥoro ◇ ***im ~*** ĥore; *alle gleichzeitig* ĉiuj samtempe; *i.w.S. gemeinsam, zusammen* komune, kune
Choral *m* ĥoralo; *i.w.S. Kirchenlied* preĝeja kanto; **~fuge** *f Mus* ĥorala fugo
Chorassan (*n*) ↑ ***Khorasan***
Chorda *f Anat (Bez für saiten- od strangähnliche Gebilde [als Vorstufe der Wirbelsäule])* kordo (*vgl. dazu* ***Paukensaite***)
Chordaten *od* **Chorda-Tiere** *Pl* (*Phylum* Chordata) *Zool* ĥorduloj *Pl*
Chorditis *f Med* ↑ ***Stimmbandentzündung***
Choreo|graf *m, auch* ***Choreograph*** *m* koreografo; **~grafie** *f* koreografio
choreografieren *tr* koreografii
choreografisch [*ko...*] *Adj* koreografia
Chor|gesang *m* ĥora (*od auch* korusa) kantado; **~hemd** *n Kirche* surpliso; *der höheren katholischen Geistlichen* roĉeto

Chorion *n nur Fachspr Biol (1. äußere Hülle der Embryonen von Sauropsiden u. Säugetieren 2. äußere Eihaut bei Insekten)* korio

Chorist *m Berufschorsänger* ĥoristo

Choriter *od [im Alten Testament]* **Horiter** *Pl Ethn (bibl): ein altorientalisches Volk unbekannter Herkunft* ĥoridoj *Pl (Zam)*

Chor|knabe *m* knabo, kiu kantas en ĥoro (*od auch* koruso), *im Kirchenchor* [preĝeja] ĥorknabo; ~**leiter** *m* ĥorestro (↑ *auch* ***Kantor***); ~**regent** *m Leiter eines katholischen Kirchenchors* estro de katolika preĝeja ĥoro

Chorsabad (*n*) *ehem. Residenz des Assyrerkönigs Sargon II.* Ĥorsabado *<heute: Ruinenstätte nordlich von Mossul/Irak>*

Chorsänger *m* kantisto en ĥoro, ĥorano (*vgl. dazu* ***Chorist***)

Chose *f umg für «Angelegenheit»* afero

Chosrau *od* **Chosroes** (*m*) *Eig (Name pers. Könige der Sassaniden-Dynastie)* Ĥosroo

Chow-Chow *m eine chinesische Hunderasse (chinesischer Spitz)* ĉaŭĉaŭo

Chrestomathie *f Lit (Auswahl von Texten bekannter Autoren)* krestomatio

Chrisam *n od m od* **Chrisma** *n, auch* ***Salböl*** *n katholische u. orthodoxe Kirche (ein sakrales [geweihtes] Salböl)* krismo; ***mit ~ salben*** olei per krismo, *auch kurz* krismi

Chrisammesse *f, veraltend auch* ***Ölweihe*** *f* (Missa chrismatis) *kath. Kirche (eine heilige Messe [alljährlich am Gründonnerstag abgehalten])* krismomeso

Christ *m Anhänger des Christentums* kristano; *i.e.S. (Protestant)* protestanto, *(Katholik)* katoliko; ***die ~en*** *als Gesamtheit* kristanaro (↑ *auch* ***Judenchristen***)

Christa (*f*) *weibl. Vorname* Krista

Christbaum *m* ↑ ***Weihnachtsbaum***; ~**kugeln** *f/Pl* kristarbaj globoj *Pl*

Christchurch (*n*) *neuseeländische Provinzhptst. auf der Südinsel* Kristkirko

Christdemokrat *m Anhänger einer christlich-demokratischen Partei* kristandemokrato

christdemokratisch *Adj* kristandemokrata

christenfeindlich *Adj* kontraŭkristana

Christengemeinde *f* kristana komunumo

Christenheit *f Gesamtheit der Christen* kristanaro

Christentum *n christliche Lehre od Weltanschauung* kristanismo (↑ *auch* ***Juden-*** *u.* ***Urchristentum***); *die Christen als Gesamtheit* kristanaro [↑ *auch unter* ***Christ***]

Christenverfolgung *f Maßnahmen der staatlichen Obrigkeit, das Christentum zu unterdrücken sowie seine weitere Ausbreitung zu verhindern; i.e.S. Versuche des römischen Staates, das Christentum zu bekämpfen [bes. unter Diokletian]* kontraŭkristana persekuto, persekut[ad]o al (*od* kontraŭ) la kristanoj

Christfest *n reg für «Weihnachten»* kristnasko *(auch Großschr)*

Christian (*m*), *griech.* ***Christianos*** (*m*), *ital., portugies. u. span.* ***Cristiano*** (*m*) *männl. Vorname* Kristiano *auch Name dänischer Könige*

Christiane (*f*) *weibl. Vorname* Kristiana

Christiania (*n*), *auch* ***Kristiania*** (*n*) *früherer Name der Stadt Oslo [bis 1924]* Kristianio

christianisieren *tr* kristanigi

Christianisierung *f* kristanigo

Christin *f* kristanino

Christina *od* **Christine** (*f*) *weibl. Vorname* Kristina

Christkatholiken *m/Pl* ↑ ***Altkatholiken***

christkatholisch ↑ ***altkatholisch***

christlich *Adj* kristana (↑ *auch* ***früh-*** *u.* ***urchristlich***); ***~er Glaube*** *m* kristana kredo; ***~e Religion*** (***Theologie***) *f* kristana religio (teologio); ***≗-Demokratische Union*** *f* (*Abk* ***CDU***) Kristan-Demokrata Unuiĝo; ***≗-Demokratische Volkspartei der Schweiz*** (*Abk* ***CVPS***) Kristan-Demokratia Popola Partio de Svisio; ***≗-Soziale Union*** *f* (*Abk* ***CSU***) Kristan-Sociala Unuiĝo; ***≗er Verein*** *m* ***Junger Männer*** (*Abk* ***CVJM***, *engl. Abk* ***YMCA***) Kristana Asocio de Junaj Viroj (*Abk* KAJV); ***Internationaler ≗er Esperanto-Bund*** *m (protestantisch)* Kristana Esperantista Ligo Internacia (*Abk* KELI)

Christmas Island (*f*) ↑ ***Weihnachtsinsel***

Christmesse *f Kirche* sankta meso dum la kristnaska vespero

Christogramm *n abgekürzte Schreibweise des Namens Christus mit den ersten beiden Buchstaben des griechischen Wortes Christos Chi = X und Rho = P, wobei beide Buchstaben übereinanderstehen, so dass X das P kreuzt* kristogramo

Christologie *f Lehre der christlichen Theologie von der Person Christi* kristologio (*vgl. dazu* ***Soteriologie***)

Christoph[er] (*m*) *männl. Vorname* Kristoforo

Christopher Street Day *m* (*Abk* ***CSD***) *Demonstrationstag von Lesben, Schwulen, Bisexuellen u. Transgendern* Tago de la Strato de Kristoforo

Christophskraut *m* (*Gattung* Actaea) *Bot* akteo; *Ähren*~ (Actaea spicata) nigrabera akteo, *pop* herbo de Kristoforo

Christrose *f Bot* ↑ *unter* ***Nieswurz***

Christstern *m* ↑ ***Weihnachtsstern a)***

Christus (*m*) *Rel* Kristo; ***der gekreuzigte ~*** la krucumita Kristo; ***der Kreuzweg Christi*** *nach Golgatha* la kalvaria vojo [de Kristo]; ***die Lehre Christi*** la instruo de Kristo; ***nach ~ [Geburt]*** (*Abk* **n. Chr.**), *lat.* ***post Christum [natum]*** (*Abk* **p. Chr. [n.]**) *bei Jahreszahlen* post Kristo (*Abk* p. K.); ***vor ~*** (*Abk* **v. Chr.**) antaŭ Kristo (*Abk* a. K.); ***Jesus ~*** Jesuo Kristo

Christusdorn *m Bot* ↑ ***Gleditschie***

Christuspalme *f Bot* ↑ ***Rizinuspflanze***

Chrom *n* (*Symbol* ***Cr***) *Chem* kromo

Chromat *n*, *auch* ***Chromsäuresalz*** *n Chem* kromato (↑ *auch* ***Blei-*** *u.* ***Kaliumchromat***)

Chromatiden *n/Pl Genetik (Chromosomen-Spalthälften, die in der Prophase der Kernteilung einer Zelle sichtbar werden)* kromatidoj *Pl*; **~aberration** *f Strukturveränderungen an den Chromatiden* kromatida aberacio

Chromatin *n Biochemie, Genetik (mit bestimmten Stoffen anfärbbarer Bestandteil des Zellkerns, der das Erbgut der Zelle enthält)* kromatino

chromatisch *Adj Mus, Opt* kromata (↑ *auch* ***trichromatisch***); ***~e Tonleiter*** *f* kromata gamo

Chromatograf [*kro...*] *m*, *auch* ***Chromatograph*** *m Naturw* kromatografo

Chromatografie *f*, *auch* ***Chromatographie*** *f Naturw (Bez für einige Trennverfahren der chemischen Analyse, anwendbar auf Gemische vieler sehr unterschiedlicher Stoffklassen)* kromatografio (↑ *auch* ***Papierchromatografie***)

chromatografisch, *auch* ***chromatographisch*** *Adj* kromatografia

Chromatolyse *f z.B. in Nervenzellen* kromatolizo

Chromatometrie *f*, *auch* ***Farbenwahrnehmungsmessung*** *f* kromatometrio

Chromatophoren *n/Pl Biochemie (die Farbstoffe bergenden Plasmaorgane [Plastiden] in den Pflanzenzellen)* kromatoforoj *Pl*

Chromatopsie *f* ↑ ***Chromopsie***

Chromatose *od* **Chromatosis** *f nur Fachspr Med (abnorme Farbstoffablagerung in der Haut)* kromatozo (↑ *auch* ***Hämatochromatose***)

Chromazetat *n Chem* kromacetato

chromblitzend *Adj* kromobril[ant]a

Chromeisenstein *m Min* ↑ ***Chromit***

chromgelb *Adj* kromflava

Chrom|gelb *n 1. Chem (Bleichchromat) 2. Mal (eine Chromfarbe)* kromoflavo; **~grün** *n Mal, Typ* kromoverdo

Chromit *m*, *auch* ***Chromeisenstein*** *m Min* kromito

Chrom|leder *n* kromita ledo; **~nickelstahl** *m Metallurgie* nikromo

Chromofotografie *f*, *auch* ***Chromophotographie*** *f* kromofotografio

chromogen *Adj Farbstoff bildend* kromogena

Chromogenese *f Biol (Fähigkeit einer Zelle od eines Organismus, Farbstoffe zu bilden)* kromogenezo

Chromolithografie *f*, *auch* ***Chromolithographie*** *f Typ* kromolitografio

Chromomykose *f nur Fachspr Tropenmedizin (durch sog. Schwärzepilze verursachte Pilzinfektion der Haut)* kromomicetozo

Chromon *n eine zu den Benzopyronen gehörende chemische Verbindung* kromono *<auch künstlich hergestellt als antiallergischer Arzneistoff>*

chromophil *Adj nur Fachspr Zytologie (gut anfärbbar)* kromofila

Chromophotographie *f* ↑ ***Chromofotografie***

Chromo|plasten *m/Pl Bot (gelbe od rote kugelige Farbstoffträger bestimmter Pflanzenzellen, die die Färbung der Blüten od Früchte bestimmen)* kromoplastoj *Pl*; **~proteine** *n/Pl Biochemie (zusammengesetzte Proteine, die als prosthetische Gruppe eine Farbstoffkomponente enthalten)* kromoproteinoj *Pl*

Chromopsie *f*, *auch* ***Chromatopsie*** *f nur Fachspr Ophthalmologie (Sehstörung, bei der Objekte in einer bestimmten Farbe erscheinen)* kromopsio *od* kromatopsio

Chromosom *n Biol, Genetik* kromosomo (↑ *auch* ***Autosom***, ***Geschlechts-*** *u.* ***Ringchromosomen***); ***diploide*** (***haploide***, ***homologe***) ***~en*** *Pl* diploidaj (haploidaj, homologaj) kromosomoj *Pl*; ***X-Chromosomen*** *Pl*

Chromosomen, die bei Vorkommen in der Samenzelle das Geschlecht des gezeugten Kindes auf weiblich festlegt X-kromosomoj [*iks-...*] *Pl*; ***außerhalb der ~en [liegend]*** *Adj* eksterkromosoma

chromosomal *Adj das Chromosom betreffend* kromosoma

Chromosomen|aberrationen *f/Pl Genetik (Abweichungen von der normalen Chromosomenzahl od strukturelle Abweichungen einzelner Chromosomen [z.B. Chromosomenbrüche])* kromosomaj aberacioj *Pl*; **~-abschnitt** *m* kromosoma segmento; **~abweichung** *f* kromosoma nenormeco; **~diagnostik** *f Verfahren u.a. zur pränatalen Diagnose von von Chromosomenanomalien* kromosoma diagnostiko; **~klassifikation** *f* kromosoma klasifik[ad]o; **~-Mapping** *n* kromosoma mapado; **~marker** *m* kromosoma markilo; **~paar** *n* kromosoma paro *od* kromosomparo

Chromosomensatz *m*: ***mit doppeltem ~*** *Genetik* diploida

Chromosomenverdopplung *f Genetik* duobliĝo de kromosomoj

Chromosphäre *f Astron (obere Schicht der Sonnenatmosphäre [glühende Gasschicht um die Sonne])* kromosfero

Chromotypie *f Typ ([Mehr-] Farbendruck, Buntdruck)* kromotipio

Chrom|rot *n Mal (eine Chromfarbe)* kromoruĝo; **~säure** *f Chem* kromata acido

Chromsäuresalz *n Chem* ↑ ***Chromat***

Chrom|stahl *m Metallurgie* kromŝtalo *od* kroma ŝtalo; **~überzug** *m* tegaĵo el kromo

Chronaxie *f, auch* ***Kennzeit*** *f nur Fachspr Med u. Physiol (die minimale Reizzeit, die bei doppelter Rheobase gerade noch eine Muskelzuckung hervorruft)* kronaksio

Chronik *f* kroniko (↑ *auch* ***Orts-***, ***Stadt-*** *u.* ***Theaterchronik***)

Chronik[en]schreiber *m* ↑ ***Chronist***

Chronizität *f Med* kronikeco

chronikal[isch] *Adj* en maniero de kroniko *nachgest*

chronisch 1. *Adj Med* kronika; ***~e Infektion*** (***Krankheit***) *f* kronika infekto (malsano); ***~e Rückenschmerzen*** *Pl* kronikaj dorsodoloroj *Pl* **2.** *Adv*: ***~ erkrankt sein*** esti kronike malsana

Chronist *m, alt* ***Chronik[en]schreiber*** *m Verfasser einer Chronik* kronikisto

Chronizität *f Med* kronikeco

Chronobiologie *f Wissenschaft von den zeitlichen Gesetzmäßigkeiten im Ablauf von Lebensvorgängen* kronobiologio

Chronofotografie *f, auch* ***Chronophotographie*** *f (als Verfahren)* kronofotografio, *(als Bild auch)* kronofotografiaĵo

Chronograf *m, auch* ***Chronograph*** *m Gerät zum Aufzeichnen der Zeitdauer eines Vorgangs* kronografo

Chronografie *f, auch* ***Chronographie*** *f* kronografio

chronografisch, *auch* ***chronographisch*** **1.** *Adj* kronografia **2.** *Adv* kronografie

Chronogramm *n lateinischer Satz, in dem die Großbuchstaben zugleich römische Zahlzeichen sind, die bei Addition das Datum des im Chronogramm geschilderten Ereignisses ergeben* kronogramo

Chronologie *f 1. Wissenschaft von der Zeit[messung] 2. zeitliche Abfolge* kronologio (↑ *auch* ***Geochronologie***); ***historische ~*** *eine Disziplin der historischen Hilfswissenschaften* historia kronologio

chronologisch *der Zeit nach geordnet* **1.** *Adj* kronologia; ***in ~er Folge*** (***Ordnung***) en kronologia sinsekvo (ordo) **2.** *Adv* kronologie; ***~ angeordnet [sein]*** [esti] kronologie aranĝita

Chronometer *n Präzisionsuhr* kronometro (*vgl. dazu* ***Quarz-***, ***Stopp-*** *u.* ***Synchronuhr***)

Chronometrie *f Phys ([genaue] Zeitmessung)* kronometrio

chronometrisch *Adj auf genauer Zeitmessung beruhend* kronometria

Chronopharmakologie *f* kronofarmakologio *[beschäftigt sich mit der optimalen Applikationszeit von Arzneimitteln]*

chronopharmakologisch *Adj* kronofarmakologia

Chronophotographie *f* ↑ ***Chronofotografie***

Chronoskop *n Uhr zum Messen kleiner Zeitspannen, die dabei normal weitergeht* kronoskopo

Chronostratigrafie *f, auch* ***Chronostratigraphie*** *f Geol* kronostratigrafio (↑ *auch* ***Geochronologie***)

Chronotron *n Gerät zur Messung der Zeitdifferenz zweier Impulse im Nanosekundenbereich* kronotrono

Chrysalide *od* **Chrysalis** *f Ent* ↑ ***Puppe b)***

Chrysantheme *f, auch* ***Wucherblume*** *f* (*Gattung* Chrysanthemum) *Bot* krizantemo; *Gärtner*[♀] (*Art* Chrysanthemum indicum *od*

Dendranthema indicum) ĝardena krizantemo

Chrysipp[os] (*m*) *Eig (altgriech. Philosoph [um 280-um 205 v. Chr.] <Vertreter der älteren Stoa>)* Krizipo *auch altgriech. Männername*

chrys[o]... *<wiss> Quasipräfix mit der Bed «Gold»* krizo... (*vgl. dazu* ***Goldkupfer***)

Chrysoberyll *m Min, Edelstein* krizoberilo (↑ *auch* ***Alexandrit***)

Chrysolith *m* (*Syn*: ***Peridot*** *m*) *Min* krizolito

Chrysopras *m Min (ein apfelgrünes Mineral [eine Abart des Chalzedons], ein Schmuckstein)* krizoprazo

Chrysostomos (*m*) *Beiname des griech. Kirchenlehrers Johannes [354-407]* Krizostomo

Chrysotil *m, auch* ***Faserserpentin*** *od* ***Serpentinasbest*** *m Min* krizotilo *<Hauptvertreter der Asvest-Famlie>*

Chuch'e-Ideologie *f, auch* ***Juche-Ideologie*** *f Pol (eine von Kim Il Sung für die KDVR/ Nordkorea entwickelte Ideologie, die den Marxismus als Weltanschauung ersetzen soll)* ĝuĉeo

Chukarhuhn *n* (Alectoris chukar) *Orn* azia rokperdriko (↑ *auch* ***Steinhuhn***)

Chuphamiter *od* **Huphamiter** *Pl Ethn (bibl)* ĥufamidoj *Pl (Zam)*

Chural *m Volksvertretung in der Mongolei* ĥuralo

Chutney [*ˈtʃatni*] *n [indische] Würzpaste aus Früchten, hauptsächlich Mango* ĉatnio

Chylus *m nur Fachspr Med (der im Dünndarm aus dem Speisebrei [Chymus] aufgenommene Darmsaft)* ĉilo *<milchig-trüber Inhalt der Darmlymphgefäße>*

Chymosin *n* ↑ ***Labferment***

Chymotripsin *n Biochemie (eine Protease)* kimotripsino

Chymus *m nur Fachspr Med (der im Magen angedaute Speisebrei)* ĉimo; ~**mangel** *m* manko (*bzw.* nesufiĉeco) de ĉimo

Ciborium *n* = ***Ziborium***

cicatriciell ↑ ***narbig***

[1]**Cicero** (*m*) *Eig (römischer Redner u. Staatsmann [106-43 v. Chr.])* Cicerono

[2]**Cicero** *f, <schweiz> m Typ (ein Schriftgrad)* cicero

Cid [*sid*] (*m*) *Eig (arabischer Beiname von Rodrigo Diaz de Vivar [um 1043-1099] <spanischer Nationalheld>)* Cido

Cidre *m* ↑ ***Apfelwein b)***

Ciklosporin *n Pharm* ciklosporino *<Verwendung als T-Zell-Immunsuppressivum bei Organtransplantationen und Autoimmunkrankheiten>*

Cimarosa (*m*) *Eig (italienischer Komponist [1749-1801])* Ĉimarozo

Cincinnati (*n*) *eine Stadt in Ohio/USA* Cincinato

Cincinnatus (*m*) *Eig (römischer Staatsmann [um 519-430 v. Chr.])* Cincinato

Cincinnus *m Bot* ↑ [2]***Wickel***

Cingulum *n nur Fachspr Anat (vom Stirnlappen des Gehirns ausgehende Assoziationsfasern, die im Gyrus cinguli verlaufen und im Bogen um das Corpus callosum in die Schläfenlappen gelangen)* cingulo

Cinnamal *n Chem (eine gelbliche, ölige Flüssigkeit, die in natürlicher Form in Zimtrindenöl, Cassiaöl und als Duftstoff in Zimt od. Myrrhe vorkommt [wird auch synthetisch hergestellt])* cinamalo

Cinnamyl-Radikal *m Chem* cinamilo

Cinquecento *n Kunst u. Kultur in Italien im 16. Jh. [Hochrenaissance]* ĉinkveĉento

Cippus *m Antike (1. [ursprünglich:] niedrige, aus Stein od Holz bestehende Spitzsäule zur Grenzmarkierung von Ländereien, Wasserleitungen u.a. 2. [später, bes. bei den Etruskern:] Grabstein, der meist die Inschrift des Stifters und des Verstorbenen trägt 3. [bes. Mil] Holzpfahl bei Verschanzungen)* cipo

circa ↑ ***zirka***

Circe (*f*) *1. eine schöne Zauberin in der griechischen Mythologie 2. übertr: verführerische Frau, die es darauf anlegt, Männer zu betören* Circa (↑ *auch* ***bezirzen***)

Circulus vitiosus [*ˈtsirkulus vitsˈjosus*] *m Teufelskreis* diabla (*od* neelirebla) cirklo

Cirebon (*n*) *eine Hafenstadt im Norden von Westjava/Indonesien* Ĉirebono

Cirrus *m Bot* ↑ ***Ranke***

cis *Mus (das um einen Halbton erhöhte c)* c [*co*] diesa (*vgl. dazu* ***ces***)

cisalpin[isch], *auch* ***zisalpin[isch]*** *Adj südlich der Alpen gelegen, (von Rom aus gesehen) diesseits der Alpen liegend* cisalpa

Cisdanubien (*n*) *Gesch (die nördlich der Donau liegenden Teile des Königreichs Ungarn, also im Wesentlichen die heutige Slowakei)* Cisdanubio (*vgl. dazu* ***Transdanubien***)

cisdanubisch *Adj*: ~***e Region*** *f* cisdanuba

regiono
Ciskei *f ehemaliges Bantu-Homeland in der Rep. Südafrika* Ciskejo *<1994 aufgelöst>*
Cissoide *f* = ***Zissoide***
Cistensänger (Cisticola juncidis) *Orn* herbosilvio
Cistron *n nur Fachspr Biol u. Genetik (ein Abschnitt der DNS, der die genetische Information für die Aminosäuresequenz einer Polypeptidkette enthält <ein Cistron entspricht damit einem Gen>)* cistrono
Cistrose *f Bot* ↑ ***Zistrose***
Cîteau (*n*), *latinisiert* ***Cistercium*** (*n*) *ein Ort in Burgund* Cistercio (*vgl. dazu* ***Zisterzienser***)
CITES *engl. Abk für* ***Washingtoner Artenschutzübereinkommen***
Citlaltépetl *m* ↑ *unter* ***Orizaba***
Citral *n Chem* ↑ ***Zitral***
Citrat *n Chem* ↑ ***Zitrat***
Citratzyklus *m Biochemie* ↑ ***Krebs-Zyklus***, *auch* ***Zitratzyklus***
Citrin *m Min* ↑ ***Zitrin***
Citrullus *m* (*Gattung* Citrullus) *Bot (eine Gattung lianenartiger Gewächse, zu der auch die Wassermelone gehört)* citrolo (↑ *auch* ***Koloquinte***)
City [*'siti*] *f Stadtzentrum* urbocentro (*vgl. dazu* ***Einkaufszentrum***)
City-Blues *m Mus* ↑ *unter* ***Blues***
City-Bus *m Linienbus im Stadtverkehr* urbotrafika buso
CJK = *Abk für* ***Creutzfeld-Jakob-Krankheit***
cl = *Zeichen für* ***Zentiliter***
Cladus *m Biol* ↑ ***²Kreis***
Claim *m od n Bergb (Grubenanteil, Schürfeinheit)* minparcelo
Clair-obscur *n*, *auch* ***Helldunkel*** *n od* ***Helldunkelmalerei*** *f Mal* klaroskuro
Clan *m* ***a)*** *auch* ***Familien[lehns]verband*** *m in Irland u. Schottland* klano ***b)*** *Ethn (unlinear orientierter Sozialverband, dessen Mitglieder sich von einem gemeinsamen, oft mythischen Ahnen ableiten)* klano ***c)*** *oft iron für «durch gemeinschaftliche Interessen od verwandtschaftliche Beziehungen verbundene Gruppe»* klano, *pej* kliko (↑ *auch* ***Sippe***)
Claqueur [*kla'kö:r*] *m bezahlter Beifallklatscher* klakisto (↑ *auch* ***Beifallklatscher***)
Clara *od* **Klara** (*f*) *weibl. Vorname* Klara
Claret *m 1. ein gewürzter Süßwein 2. [in England] Bez für «Rotwein» bes. Bordeauxwein* klareto
Clarissa (*f*) *weibl. Vorname* Klarisa
Claudia (*f*) *weibl. Vorname* Klaŭdia
Claudio *od* **Claudius** (*m*) *männl. Vorname* Klaŭdio; ***[Tiberius] Claudius [Nero Germanicus]*** (*m*) *römischer Kaiser [* 10 v. Chr, † 54 n. Chr.]* [Tiberio] Klaŭdio
Claudianus (*m*) *Eig (römischer Dichter aus Alexandria [* um 335, † vor 408])* Klaŭdiano
Clavel (*m*) *Eig (franz. Schriftsteller [1920-1979]* Klavelo
Claves *Pl* (*auch* ***Rumbastäbchen*** *n/Pl*) *genannt) Mus (zwei Gegenschlagstäbe aus Holz für afrokubanische u. lateinamerikanische Tanzmusik)* klaveoj *Pl*
Clavichord *n*, *auch* ***Klavichord*** *n Mus (ein Tasteninstrument, dessen Saiten [anders als beim Cembalo] durch den Druck eines Metallstifts erklingen)* klavikordo (*vgl. dazu* ***Cembalo***)
clean [*kli:n*] *präd. Adj umg für «nicht mehr drogenabhängig»* ne plu toksikodependa
Clearing [*'kli:...*] *n Wirtsch (Verrechnungsverfahren)* interkompensado; ~**abkommen** *n* interkonsento pri interkompensado; ~-**verkehr** *m Wirtsch* pagotrafiko per interkompensado
Clematis *f Bot* = ***Klematis***
Clemens *od* **Klemens** (*m*) *männl. Vorname, auch Name von 17 Päpsten (darunter drei Gegenpäpste)* Klemento; ***Clemens von Alexandria***, *auch* ***Clemens Alexandrinus*** *griechischer Theologe und Kirchenschriftsteller [um 150-um 215]* Klemento el Aleksandrio; ***Clemens von Rom*** *einer der apostolischen Väter [* um 50, † 97]* Klemento el Romo, *auch* Klemento la 1-a (= unua)
¹Clementine *od* **¹Klementine** (*f*) *weibl. Vorname* Klementina
²Clementine *od* **²Klementine** *f eine kernlose Mandarine* klementino
Clementinenbaum *m Bot* klementin-arbo
Cleveland [*'kli:v...*] (*n*) *eine Stadt in Ohio/USA* Klevlando
clever *Adj geschickt* lerta (↑ *auch* ***findig***)
Clinch *m Boxen (Umklammerung des Gegners)* klinĉo
clinchen *intr u. abs (in den Clinch gehen)* klinĉi
Clip *m*, *auch* ***Klipp*** *od* ***Klips*** *m Modeschmuckspange* klipo
Clipper® *m*, *selt auch* ***Klipper*** *m [amerika-*

nisches] Langstreckenflugzeug, bes. für Luftfracht klipero

Clipping *n* ↑ ***Zeitungsausschnitt***

Clique *f* ***a)*** *Klüngel* kliko; *Hof*~ kamarilo ***b)*** *Freundeskreis [junger Leute]* [junulara] grupo; ***Martina und ihre*** ~ Martina kaj ŝia grupo

Cliquen|wesen *n od* ~**wirtschaft** *f pej* klikismo

Clivia *f, auch* ***Klivie*** *f (Gattung* Clivia) *Bot* klivio

Clochard *m Bez für «Stadt- od Landstreicher» [bes. in Paris]* [enurba] vagulo (*od* vagabondo) (↑ *auch* ***Vagabund***); *i.w.S. Obdachloser* senhejmulo

Clogs *m/Pl Holzpantoffel mit dicker Sohle* lignoplandumaj pantofloj *Pl*

Cloisonné [*kloazo'ne:*] *n (eigtl* ***Email cloisonné****), auch* ***Zellenschmelz*** *m eine Art der Emailmalerei* klozoneo, *auch* ĉel-emajlo

Clonus *m* ↑ ***Klonus***

Close-up *n Film, Foto (Groß- od Nahaufnahme f [als Vorgang])* deproksima filmado (*bzw.* fotado), *(das so aufgenommene Foto)* foto de proksima distanco

Clostridium *n Bakt (eine Gattung Sporen bildender [krankheitserregender] Bakterien)* klostridio (*vgl. dazu* ***Botulismus***)

Clou [*klu:*] *m Glanzpunkt*: ***der*** ~ ***des heutigen Abends*** la kulmino (*bzw.* pinta programero) de la hodiaŭa vespero

Cloud [*klaut*] *f EDV (Netzwerk des Cloud-Computings)* reto de nuba komputado; ~**-Dienst** *m EDV (Internetdienst, der Rechen- od Speicherkapazität in einer Cloud anbietet)* nubokomputa servo; ~**speicher** *m EDV (beim Cloud-Computing bereitgestellter Speicher[platz])* storo por nuba komputado

Clown [*klaun*] *m auf Märkten, im Zirkus* klaŭno (↑ *auch* ***Bajazzo***, ***Hanswurst***, ***Harlekin***, ***Komiker***, ***Musikclown***, ***Spaßmacher*** *u.* ***Zirkusclown***); ***den*** ~ ***spielen*** konduti kiel klaŭno, klaŭni (*vgl. dazu* ***herumalbern*** *u.* ***Spaß machen***)

Clownerie *f Betragen nach Art eines Clowns* konduto kiel klaŭno, klaŭnado; *Clownstück, Spaß [eines Clowns]* klaŭnaĵo

clownesk [*klau'nesk*] *Adj: nach Art eines Clowns* klaŭneska, *auch* en maniero de klaŭno *bzw.* kiel klaŭno (↑ *auch* ***chaplinesk***)

Clownfisch *m Ichth* ↑ ***Anemonenfisch***

Clownstück *n Spaß eines Clowns* klaŭnaĵo

Club *m* ↑ ***Klub***

Club of Rome *m informeller Zusammenschluss von Wissenschaftlern u. Vertretern der Wirtschaft [1968 in Rom gegründet]* Klubo de Romo *<eine gemeinnützige Organisation>*

Cluj [*klu:ʒ*] (*n*), *ungar.* ***Kolozsvár*** (*n*), *dt.* ***Klausenburg*** (*n*) *eine Stadt in Siebenbürgen/Rumänien* Kluĵo

cluniazensisch *Adj* kluniza; ~***e Reform*** *f kath. Kirche* kluniza reformo

Cluny [*kly'ni:*] (*n*) *eine franz. Stadt in Burgund mit ehemaliger Benediktinerabtei* Klunizo (↑ *auch* ***Kluniazenser***)

Clusia *f Bot (eine Gattung der Hartheugewächse)* kluzio

Cluster *m* ↑ ***Computercluster***

Clusterbombe *f Mil* ↑ ***Streubombe***

Clypeus *m nur Fachspr Ent (Kopfschild an der Vorderseite vieler Insekten, mit dem die Oberlippe gelenkig verbunden ist)* klipeo

cm = *Zeichen für* ***Zentimeter***

cm² = *Zeichen für* ***Quadratzentimeter***

cm³ = *Zeichen für* ***Kubikzentimeter***

Coach *m Sport* ↑ ***Trainer***

CO2-Ausstoß *m* eligo de karbona dioksido

Co-Autor *m Mitverfasser* kunaŭtoro

Cobalt *n Chem* ↑ ***Kobalt***

COBOL *n, auch* ***Cobol*** *n EDV (eine Programmiersprache)* Kobolo, *auch* kobolo

Coburg (*n*) *eine Stadt in Oberfranken* Koburgo

Coca *f Bot* ↑ ***Kokastrauch***

Coca-Cola® *n od f, umg* ***Cola*** *Kurzw* ***Coke®*** *n* kokakolo, *auch* kolao

Cocain *n Pharm* ↑ ***Kokain***

Coccidiose *f Vet* ↑ ***Kokzidiose***

Coccinelin *n giftiges Wehrsekret von Marienkäfern [abgesondert aus deren Kniegelenk]* kokcineleno

Coccolith *od* **Kokkolith** *m Biol (mikroskopisch kleine Kalkkörperchen in Meeresablagerungen, bes. in der Tiefsee <ausgeschieden von bestimmten Kalkalgen>)* kokolito

Cochabamba [*kotʃa'vamba*] (*n*) *zweitgrößte Stadt Boliviens u. Hptst. des Departamento Cochabamba* Koĉavambo

Cochlea *f, auch* ***Schnecke*** *f* ***[des Gehörgangs]*** *f Anat (Teil der knöchernen Labyrinthkapsel [im Innenohr])* kokleo; ~**reflex** *m* koklea reflekso

Cockerspaniel *m eine engl. Jagdhundart*

skolopa spanielo

Cockney *n Ling (Dialekt in Stadtteilen von London)* londona slango

Cockpit *n, auch* ***Pilotenkanzel*** *f, fachsprachl.* ***Flight Deck*** *n Flugw* pilotejo, *auch* pilota kajuto

Cocktail *m [meist: alkoholisches] Mixgetränk* koktelo (↑ *auch* ***Champagnercocktail***, ***Milchmischgetränk***, ***Willkommenscocktail***); ~**empfang** *m od* ~**party** *f* koktela akcepto *auch Dipl*; ~**glas** *n* koktelglaso; ~**kleid** *n* koktela robo, *i.w.S. auch* posttagmeza robo

Cocos Islands *Pl* ↑ ***Kokosinseln***

Coco-Yam *f Bot, Nahr* ↑ ***¹Taro***

Code [*ko:t*] *m, auch* ***Kode*** *m* kodo (*vgl. dazu* ***Chiffre*** *u.* ***Kodex***; ↑ *auch* ***ABC-***, ***Binär-***, ***Geheim-***, ***Morse-***, ***Rechner-***, ***Quell-***, ***Strich-***, ***Telegrafen-***, ***Tür-***, ***Währungs-***, ***Waren-***, ***Zahlen-*** *u.* ***Zugangscode***); ***alphanumerischer*** ~ alfanumera kodo; ***genetischer*** ~ ↑ *unter* ***genetisch 1.***

Codegenerator *m EDV* kodogenerilo

Codein *n Chem, Pharm* ↑ ***Kodein***

Code|knacker *m* kodrompisto; ~**name** *m* kodnomo

Codetriplett *n Genetik* ↑ ***Codon***

Codewort *n* kodvorto

Codex *m Buchw* ↑ ***Kodex a)***

codieren, *auch* ***kodieren*** *tr* kodi *auch Gene* (↑ *auch* ***verschlüsseln***)

Codierer *od* **Kodierer** *m (Gerät), auch* ***Kodiereinrichtung*** *f* kodilo *auch Computer*

Codierung *f, auch* ***Kodierung*** *f Verschlüsselung* kodado (↑ *auch* ***Chiffrierung***); ***alphabetische*** ~ alfabeta kodado

Codierungsverfahren *n* metodo de kodado

Codon *n, auch* ***Codetriplett*** *n Genetik* kodono

Coelacanthus *m Paläontologie (eine Gattung der Quastenflosser)* celakanto

¹Coelestin (*m*) *männl. Name* Celesteno *auch Name einiger Päpste [im 13./14. Jh.]*

²Coelestin *m Min* ↑ ***Zölestin***

Coelom *n Biol* ↑ ***Zölom***

Coelomata *n/Pl nur Fachspr Zool (zusammenfassende Bez für alle Tiere, bei denen ein Coelom ausgebildet ist [z.B. die Chordatiere])* celomuloj *Pl* (↑ *auch* ***Acoelomata*** *u.* ***Pseudocoelomata***)

Coelostat *m Astron* ↑ ***Zölostat***

Coenzym *n, auch* ***Cosubstrat*** *n, alt* ***Coferment*** *n Biochemie* kunenzimo, *auch* substrato de enzimo *<oft im Organismus aus Vitaminen hergestellt>*

Coffein *n* ↑ ***Koffein***

¹Cognac (*n*) *westfranz. Stadt mit berühmter Weinbrandfabrikation* Konjako

²Cognac® *m franz. Weinbrand* konjako

Coiffeur [*koa'för*] *m <schweiz> od geh für «[Damen-]Frisör»* frizisto [por sinjorinoj]

Coiffeuse *f* ↑ ***Frisöse***

Coir *n Hdl* ↑ ***Kokosfasern***

Coke® *n* ↑ ***Coca-Cola®***

Cola *n od f* ↑ ***Coca-Cola®***

Colchicin *n Biochemie, Pharm* ↑ ***Kolchizin***

Colcothar *n Chem* ↑ ***Kolkhotar***

Cold Cream [*'kould'kri:m*] *f Kosmetik (kühlende Hautcreme)* koldkremo

Colette (*f*) *weibl. Vorname* Koleta

Colitis *f Med* ↑ ***Dickdarmentzündung***

Collage *f Kunst (aus Papierstücken od anderem Material geklebtes Bild)* muntobildo

collagen ↑ ***kollagen***

Collagen *n Biochemie, Kosmetik* ↑ ***Kollagen***

College *n [in den USA:] höhere Lehranstalt, die zur Hochschulreife führt* kolegio

Colliculitis *f Med* ↑ ***Verumontanitis***

Colliculus *m nur Fachspr Anat ([kleiner] Hügel)* koliklo; ***Colliculi superiores et inferiores*** *Pl des Mittelhirns* supraj kaj malsupraj kolikloj (↑ *auch* ***Mesencephalon***)

Collie *m, auch* ***schottischer Schäferhund*** *m* skota ŝafhundo

Collier *n, auch* ***Kollier*** *n [kostbarer] Halsschmuck* koliero (↑ *auch* ***Diamant-*** *u.* ***Perlencollier***); ***Collier de Venus*** (Leucoderma colli syphiliticum) *Med (Pigmentveränderung am Hals bei Syphilis II)* venera koliero

Colloquium *n* ↑ ***Kolloquium***

Colmar (*n*) *Hptst. des franz. Départements Haut-Rhin [im Oberelsass]* Kolmaro

Colobus *m* (*Gattung* Colobus) *Zool (eine afrikanische Gattung der Stummelaffen)* kolobo (↑ *auch* ***Angola-Colobus***)

Cölom *n* = ***Coelom***

Colombina (*f*) ↑ ***Kolombine***

Colombo (*n*) *Hptst. u. bedeutendster Hafen von Sri Lanka* Kolombo

Colombo-Plan *m Pol (der auf der Commonwealth-Konferenz 1950 beschlossene Plan zur Förderung der wirtschaftl. Entwicklung der Länder Süd- u. Südostasiens)* Kolombo-Plano *od* Plano de Kolombo

¹Colón *m Währungseinheit in Costa Rica u. El Salvador* kolono

²Colón (*n*) *Provinzhptst. in Panama an der Atlantikeinfahrt des Panamakanals* Kolono
Colorado (*n*) (*Abk* ***Colo.***, *[postalisch]* ***CO***) *ein US-Bundesstaat* Koloradio *[Hptst.: Denver]*; ~ ***River*** *ein Fluss im SW der USA* Kolorado[-rivero]
Coloradotanne *f*, *auch* ***Grautanne*** *f* (Abies concolor) *Bot* unukolora abio
Color|dia *n* kolora diapozitivo; ~**film** *m*, *Laienbez.* ***Buntfilm*** *m* kolorfilmo *od* kolora filmo
Colorfoto *n* ↑ ***Farbfoto***
Colortherapie *f* ↑ ***Farbtherapie***
Colt® *m Revolver mit Trommelmagazin* kolto <*so benannt nach dem Erfinder*>
Columbia (*n*) *Bundesdistrikt der USA* Kolumbio; ~**-Ziesel** *m*, *auch* ***kolumbianisches Erdhörnchen*** *n* (Citellus columbianus = Spermophilus columbianus) *Zool [Vorkommen in USA u. Kanada (bes. in British Columbia)]* kolumbia zizelo
Columbit *m Min (Oberbegriff für die Mineralien Niobit u. Tantalit)* kolumbito
Columbus (*n*) *Hptst. des US-Bundesstaates Ohio* Kolumbo
Columella *f Biol (Gehörknöchelchen der Amphibien, Reptilien u. Vögel)* kolumelo
Coma *n Med* ↑ ***Koma***
Coma Berenices (*Abk* ***Com***) *Astron* ↑ *unter* ***Berenice***
Comanchen *m/Pl Ethn* ↑ ***Komantschen***
Combo *f Jazz*² malgranda ĵazbando
Comedo *m Med* = ***Komedo***
Comenius (*m*) *Eig (Latinisierung von* ***Komenský****) tschechischer Theologe u. Pädagoge [1592-1670]* Komenio; ~**-Institut** *n eine evangelische Bildungseinrichtung* Instituto de Komenio
Comestibles *Pl* ↑ ***Delikatessen***
Comic|heft *n Heft mit Bildgschichten (mit Sprechblasentext)* komiks-kajero, bildstria kajero; ~**held** *m* komiksa heroo; ~**strip** *m*, *Kurzw* ***Comic*** *m*, *auch n Bildgeschichte [mit Sprechblasentext]* komikso (↑ *auch* ***Manga*** *u.* ***Webcomic***)
Comino (*n*) *eine maltesische Insel* [insulo] Komino
Commis *m* ↑ ***Handlungsgehilfe***
Commodus (*m*) *Eig (ein römischer Kaiser [161-192])* Komodo
Commonwealth *nur in*: ***das Britische*** ~ la Brita Komunumo de Nacioj
Commonwealthland *n* lando de la [Brita] Komunumo de Nacioj
Community *f Gruppe von Menschen mit gleichen Interessen, Wertvorstellungen; bes. die Nutzer[innen] des Internets* komunumo (↑ *auch* ***Online-Community***)
Compact Disc *f* (*Abk* ***CD***) *laserabgetastete, digitale Schallplatte* kompakta disko, *auch kurz* k-disko [*ko-*...] *od umg* KD [*'ko'do*]
Compiler [...*'pai*...] *m EDV (Computer-[hilfs]programm, das die Befehle einer Programmiersprache in eine für den Computer lesbare Maschinensprache überträgt)* kompilero, *auch* tradukilo
Compound... *nur in Zus Tech (Verbund...)* kompunda
Compton (*m*) *US-amerikanischer Physiker [1892-1962]* Komptono; ~**-Effekt** *m Phys* efiko de Komptono
Computer *m* komputilo, *auch* komputoro (*vgl. dazu* ***Mikroprozessor***; ↑ *auch* ***Mikro-, Personalcomputer, Rechner, Schachcomputer*** *u.* ***Tablet-PC***); ~ ***der dritten*** (***vierten***) ***Generation*** komputilo triageneracia (kvarageneracia); ~ ***mit Zugang zum Internet*** komputilo kun aliro al interreto; ***tragbarer*** (*od* ***mobiler***) ~ portebla komputilo (↑ *auch* ***Laptop***); ***am*** (*od* ***vor dem***) ~ ***sitzen*** sidi antaŭ la komputilo
Computer|ausdruck *m* komputila printo; ~**betrug** *m* komputila fraŭdo; ~**bildschirm** *m* komputila ekrano (↑ *auch* ***Tastbildschirm***); ~**chemie** *f* komputa kemio; ~**cluster** [... *'klas*,,,] *m*, *meist kurz* ***Cluster*** *m eine Anzahl von vernetzten Computern* komputila grapolo; ~**daten** *Pl* komputilaj datenoj *Pl*; ~**diagnostik** *f Med* komputila diagnozo; ~**fachmann** *m* fakulo pri komputiko, komputikisto; ~**firma** *f* komputila firmao; ~**-freak** *m* komputila friko (*vgl. dazu* ***Freak***); ~**generation** *f* komputila generacio
computergestützt *Adj EDV* [per]komputile apogata
Computer|grafik *f* [per]komputila grafiko; ~**industrie** *f* komputila industrio
computerisieren *tr mit Computern ausstatten* ekipi per komputiloj
Computerkabinett *n* kabineto de komputado
Computerkriminalität *f* ↑ ***Cyberkriminalität***
Computerkurs *m Päd* kurso pri komputado
computerlesbar *Adj vom Computer zu lesen od zu erkennen* komputile legebla

Computer|linguistik *f* komput[il]a lingvistiko; ~**markt** *m Hdl* komputila merkato; ~**maus** *f* komputila muso; ~**monitor** *m* komputila ekrano; ~**netzwerk** *n* komputila reto; ~**papier** *n* komputila papero; ~**produzent** *m* produktisto de komputiloj; ~**programm** *n* komputila programo (*vgl. dazu* ***Compiler***); ~**sicherheit** *f* komputila sekureco; ~**simulation** *f* perkomputila simulado; ~**spiel** *n*, *engl.* ***Game*** *n* [per]komputila ludo (*vgl. dazu* ***gamen*** *u.* ***Videospiel***); ~**system** *n* komputila sistemo; ~**tastatur** *f* komputila klavaro; ~**technik** *f* komputotekniko, komput[or]iko

computertechnisch *Adj* komputoteknika

Computer|tomograf *m*, *auch* ***Computertomograph*** *m Medizintechnik (Gerät zur Erzeugung dreidimensionaler Röntgenbilder)* komputa tomografo; ~**tomografie** *f* (*Abk* ***CT***), *auch* ***Computertomographie*** *f Med* komputa tomografio (*Abk* ***KT***); ~**übersetzung** *f* perkomputila tradukado; ~**virus** *m* (*Pl:* ***Computerviren***) komputila viruso; ~**wissenschaft** *f* komput[or]iko, scienco pri komputorado

Conakry (*n*) *Hptst. von Guinea* Konakrio

Concerto *n Mus (Komposition für Solopartien mit Orchesterbegleitung)* konĉerto (*vgl. dazu* ***Konzert***); ~ ***grosso*** konĉerto granda

Concièrge *bes.* <*schweiz*> *od in Frankreich* ***a)*** *m Pförtner* pordisto ***b)*** *f Pförtnerin* pordistino

Concord (*n*) *Hptst. des US-Bundesstaates New Hampshire* Konkordo

Concorde *f ein französisch-englisches Überschallpassagierflugzeug [1976-2003]* Konkordo

Concordia (*f*) *Myth (röm. Göttin der Eintracht)* Konkordia

Condottiere *m ital. Gesch (Söldner- u. Freischarführer [im 14./15. Jh.])* kondotiero

Confoederatio Helvetica *f* (*Abk* ***CH***) *Bez für «Schweizerische Eidgenossenschaft»* Helvetia Konfederacio

Conférencier [*kõferã'sje:*] *m* anoncisto [de programeroj], programanoncisto

Conga *f* ***a)*** *Marschtanz des kubanischen Karnevals* kongao: ***b)*** *Mus (ein lateinamerikanisches Schlaginstrument [große Handtrommel])* kongao, *auch* kongatamburo

Coniac *od* **Coniak** *n Geol (eine Stufe der Oberen Kreide)* koniako

Coniin *n Chem (ein Alkaloid)* koniino

Connecticut (*n*) (*Abk* ***Conn.***, *[postalisch]* ***CT***) *ein Bundesstaat der USA* Konektikuto *[Hptst.: Hartford]*

Connétable *m* ↑ ***Konnetabel***

Conn-Syndrom *n Med* ↑ *unter* ***Aldosteronismus***

Conrad (*m*) ↑ ***Konrad***

Consommé *f od n Kochk (kräftige, klare Fleischbrühe)* konsomeo (↑ *auch* ***Bouillon***)

Constable *m [in Großbritannien:] Polizist* konstablo

Constantine [*kõstã'tin*] (*n*), *arab.* ***Qacentina*** *Stadt in NO-Algerien* Konstantino

Constantius (*m*) *Eig* Konstancio *auch Name römischer Kaiser*

Constanze *od* **Konstanze** (*f*) *weibl. Vorname* Konstanca

Consulting|unternehmen *n* entrepreno por konsultado; ~**vertrag** *m* kontrakto pri konsultado

Container *m* kontenero (↑ *auch* ***Kühl-*** *u.* ***Transcontainer***); ***in*** ~ ***verladen*** (*od* ***verpacken***) *bzw.* ***auf*** ~ ***umstellen*** kontenerizi

Container|hafen *m* kontenera haveno; ~-**schiff** *n* kontenera ŝipo *od* konteneršipo; ~**terminal** *m od n Hafen, in dem Container umgeladen werden* kontenera terminalo; ~**transport** *m* kontenera transporto; ~**verkehr** *m* kontenera trafiko

Contergan® *n Pharm (Handelsname für ein Beruhigungsmittel mit dem Wirkstoff Thalidomid* <*wurde in den 60er Jahren verboten*>*)* kontergano (↑ *auch* ***Thalidomide***); ~-**Kind** *n durch Contergan behindertes Kind* kontergan-infano; ~-**Skandal** *m einer der aufsehenerregendsten Arzneimittelskandale in der Bundesrepublik Deutschland [1961/62]* kontergan-skandalo

Contra|parade *f Fechten* kontraŭparato; ~-**riposte** *f Fechten (Angriff nach der Contraparade)* kontraŭriposto

Contre *od* **Contredanse** *m* ↑ ***Kontertanz***

Conularia *Pl Paläozoologie (nur vom Kambrium bis zur Trias bekannte im Meer lebende Tiergruppe, die vermutlich zu den Hohltieren [Coelenterata] gehört)* konulario

Cook [*kuk*] (*m*) *Eig (britischer Seefahrer [1728-1779])* Kuko; ~**inseln** *Pl*, *amtl* ***Cook Islands*** *eine neuseeländische Inselgruppe in Polynesien* Kuk-Insularo

cool [*ku:l*] *Jugendspr* **1.** *Adj* mojosa; ***ein*** ~***es Café*** mojosa kafejo; ~***e Stimmung*** *f* mojosa

etoso; ~ ***bleiben*** (***sein***) resti (esti) majosa; ***er ist ein ~er Typ*** li estas mojosulo **2.** *Adv* mojose (*vgl. dazu* ***hervorragend*** *u.* ***lässig***)
Coolness *f* mojos[ec]o
Copilot *m* ↑ ***Kopilot***
Copolymere *n/Pl Chem (Polymere, die aus zwei od mehr verschiedenartigen Monomereinheiten zusammengesetzt sind)* kopolimeroj *Pl*
Copyright [*...rait*] *n Buchw (Urheberrecht)* kopi-rajto, *(Verlagsrecht)* eldonrajto; ~**zeichen** *n* (*Zeichen* ©) kopirajta simbolo
Cora (*f*) *weibl. Vorname* Kora
Corbett-Tiger *m Zool* ↑ *unter* ***Tiger***
Corbières *Pl ein Bergland in Okzitanien (Südfrankreich)* Korbiera Montaro
Cord *m, auch* ***Kord*** *m,* <*österr*> ***Schnürlsamt*** *m Textil (ein geripptes Gewebe aus Wolle od Baumwolle* kordurojo (↑ ***Baumwollcord***)
Cordelier *m Gesch (Mitglied eines radikalen politischen Klubs [während der Französischen Revolution])* kordeliero
Cordhose *f* korduroja pantalono
Cordierit *m, auch* ***Dichroit*** *od* ***Iolith*** *m Min (blaues, selten graues od gelbliches Mineral [gelegentlich als Schmuckstein verschliffen])* kordierito
Cordmütze *f* korduroja ĉapo
[1]**Córdoba** (*n*) *eine Provinzhptst. in Andalusien/Spanien* Kordovo; ***Kalifat von*** ~ *Gesch (ein islamischer Staat auf dem Gebiet der Iberischen Halbinsel [von 929 bis 1031])* Kaliflando de Kordovo; ***Mezquita-Catedral de*** ~ Moskeo-Katedralo de Kordovo <*die Kathedrale gehört zum Weltkulturerbe*>
[2]**Córdoba** *m* (*Abk* ***C$***) *Währungseinheit in Nicaragua* kordovo
Cordon bleu [*... blö:*] *n Kochk (paniertes u. gebratenes Schnitzel, mit Käse u. gekochtem Schinken gefüllt)* kordonbleo
Cordsamt *m, auch* ***Kordsamt*** *m Textil* korduroja veluro
Cordula (*f*) *weibl. Vorname* Kordula
Corinna (*f*) *weibl. Vorname* Korina
Cork (*n*), *irisch* ***Corcaigh*** *zweitgrößte Stadt Irlands* Korko
Cornea *f Anat* ↑ ***Hornhaut a)***
Cornelia *od* **Cornelie** (*f*) *weibl. Vorname* Kornelia
Cornelius (*m*) *männl. Vorname* Kornelio
Corner *m Fußball* ↑ ***Eckball***
Cornflakes *Pl Nahr* ↑ ***Maisflocken***
Cornwall (*n*) *eine südostenglische Halbinsel u. Grafschaft* Kornvalo *[Hptst.: Truro]*
[1]**Corona** *f Astron* ↑ [3]***Krone*** [3]
[2]**Corona** *od* **Korona** (*f*) *weibl. Vorname* Korona
Corona *ohne Art: umg für* ***Coronavirus***
Coronaepidemie *f Med* koron[o]virusa epidemio
Coronakrise *f* koronvirusa krizo; ***die Folgen der*** ~ la sekvoj de la koronvirusa krizo
Corona|leugner *m* neganto de koronviruso; ~**patient** *m* koronvirusa paciento; ~**schnelltest** *m Labortechnik* koronvirusa rapidtesto; ~**virus** *n ein Virustyp mit Hüllmembran* koronoviruso (↑ *auch* ***SARS-Virus***); ~**[virus]pandemie** *f Med* koronvirusa pandemio
Corporale *n kath. Kirche (Altartuch für Hostie u. Kelch [Symbol des Leichentuchs Christi])* korporalo
Corps [*ko:r*] *n*: ~ ***Consulaire*** (*Abk* ***CC***), *dt.* ***konsularisches Korps*** *n Dipl* konsula korpuso
Corpus Delicti *n* (*Pl*: ***Corpora Delicti***) *Jur* pruv-objekto [pri krimfaro]
Corpus-luteum-Hormon *n* = ***Progesteron***
Corrèze *f ein Nebenfluss der Vézère in SW-Frankreich* [rivero] Korezo
Cortes *Pl Ständevertretung, später Volksvertretung (Parlament) in Spanien, früher auch in Portugal* korteso
Corticoide *n/Pl* ↑ ***Kortikoide***
Corticosteroide *n/Pl* ↑ ***Kortikosteroide***
Corticosteron *n* ↑ ***Kortikosteron***
Corticotropin *n* ↑ ***Kortikotropin***
Cortisol *n* ↑ ***Kortisol***
Cortison *n* ↑ ***Kortison***
Corvus *m Astron* ↑ [2]***Rabe***
Coryza *f nur Fachspr Med für «Schnupfen»* korizo (*vgl. dazu* ***Schnupfen***)
cos = *Zeichen für* ***Kosinus***
Cosa Nostra *f* ↑ *unter* ***Mafia***
Cosima (*f*) *weibl. Vorname* Kosima
Cosimo (*m*) *männl. Vorname* Kosimo
Cosinus *m Math* ↑ ***Kosinus***
Cosmaten *f/Pl* ↑ ***Kosmaten***
Costa Rica (*n*), *auch* ***Kostarika*** (*n*) *Staat in Mittelamerika* Kostariko *[Hptst.: San José]*
Costa-Ricaner *m* kostarikano
Costa-Ricanerin *f* kostarikanino
costa-ricanisch *Adj* kostarika
Cosubstrat *n* ↑ ***Coenzym***
cot = *Zeichen für* ***Kotangens***
Côte d'Azur *f französische Riviera* Lazura

Bordo

Côte d'Ivoire *f* ↑ ***Elfenbeinküste***

Cotonou [*koto'nu:*] (*n*) *Hptst. von Benin* Kotonuo

Cotopaxi *m höchster Vulkan der Erde [in Ecuador]* [vulkano] Kotopaksio

Cottbus (*n*) *eine Stadt in Brandenburg [an der Spree]* Kotbuso

Couch *f* kuŝsofo (↑ *auch* ***Bettcouch***, ***Chaiselongue***, ***Liege*** *u.* ***Sofa***)

[1]**Coulomb** (*m*) *Eig (franz. Ingenieur u. Physiker [1736-1806])* Kulombo

[2]**Coulomb** [*ku'lõ:*] *n (meist ohne Art)* (*Zeichen* ***C***) *Maßeinheit für die Elektrizitätsmenge [SI-Einheit der elektrischen Ladung]* kulombo; ~**meter** *n Gerät zur Bestimmung der Umsatzverhältnisse zw. Strom u. Stoffniederschlägen bei der Elektrolyse* kulombometro

Countertenor [*'kaun...*] *m (Stimmlage)* kontratenoro; *(Sänger)* kontratenorulo

Country|blues *m* [*'kantri...*] *Mus* kampara bluso; ~**music** *f eine aus den USA stammende Musikrichtung, die Anfang des 20. Jh.s aus traditionellen Elementen der Volksmusik europäischer Zuwanderervölker – bes. aus Irland und England – hervorging* kantrimuziko, *auch kurz* kantrio

Coup d'Etat [*'ku:de'ta*] *m Pol (Staatsstreich)* ŝtatrenverso (↑ *auch* ***Putsch***)

Coupé [*ku'pe:*] *n* ***a)*** *<österr>* ***Kupee*** *n Abteil in einem Eisenbahnwagen* kupeo (↑ *auch* ***Abteil*** *u.* ***Damencoupé***) ***b)*** *Kfz* kopeo

Couplet [*ku'ple:*] *n Mus (ein kleines, meist witziges Strophenlied)* kupledo

Coupon *m* ↑ ***Kupon***

Cour [*ku:r*] *f alt*: ***jmdm. die ~ machen*** (*od* ***schneiden***) *[einer Dame] den Hof machen* diri flataĵojn al iu, amindumi iun

Courage *f* kuraĝo (↑ *auch* ***Mut*** *u.* ***Schneid***)

couragiert *Adj beherzt* kuraĝ[oplen]a (↑ *auch* ***energisch***, ***furchtlos***, ***kühn***, ***muterfüllt***, ***mutig*** *u.* ***tapfer***)

Courtage *f* ↑ ***Maklergebühr***

Couscous *m*, *auch* ***Kuskus*** *m od n Kochk (ein nordafrik. Gericht [mit Hammeltalg geschmälzter Grützebrei])* kuskuso (*vgl. dazu* ***Taboulé***)

Cousin *m* (*Syn:* ***Vetter***) kuzo

Cousinchen *n Koseform von Cousine* kuzineto, kuzinjo

Cousine *f*, *alt* ***Base*** *f* kuzino

Cover [*'ka...*] *n* ***a)*** *Titelbild* titola bildo (↑ *auch* ***Titelblatt***); *Titelseite* titola paĝo ***b)*** *Hülle von Tonträgern u. Büchern* kovrilo (↑ *auch* ***Hardcover***)

Cowbell [*'kau...*] *f Mus* ↑ ***Kuhglocke b)***

Cowboy [*'kau...*] *m* vakero (*vgl. dazu* ***Gaucho*** *u.* ***Rinderhirt***); ~**film** *m* vakera filmo; ~**hut** *m* vakera ĉapelo; ~**stiefel** *m/Pl* vakeraj botoj *Pl*

Cowper' Drüse *f* ↑ ***Bulbourethraldrüse***

Coxa vara *f Med (ein Hüftleiden)* vara kokso

Coxalgia *f Med* ↑ ***Hüft[gelenk]schmerz***

Coyote *m Zool* ↑ ***Kojote***

Cozymase *f Biochemie (ein Pyridinnucleotidcoenzym)* kozimazo

Crack *n eine Droge, die aus Kokainsalz u. Natriumhydrogencarbonat hergestellt wird* krakkokaino

Crackanlage *f* ↑ ***Krackanlage***

cracken *Chem* ↑ ***kracken***

Cracken *n* ↑ ***Kracken***

Cracker *m*, *eindeutschend auch* ***Kräcker*** *m ein sprödes Kleingebäck* krakeno

Cranberry *f* ↑ *unter* ***Moosbeere***

Crash *m Flugw, Kfz* kraŝo *auch Börse*; *Zusammenstoß* kolizio; *Zusammenbruch* kolapso (*vgl. dazu* ***Bankrott***); ~**test** *m Test, mit dem das Verhalten von Kfz bei Unfällen geprüft wird* kraŝtesto

Craurosis *f Dermatologie (eine Hautkrankheit)* kraŭrozo

Crawl *n* ↑ ***Kraul[schwimmen]***

crawlen ↑ ***kraulen a)***

Création *f* ↑ ***Kreation***

Cree [*kri:*] ***a)*** *Pl Ethn (ein kanadisches Indianervolk)* krijoj *Pl* ***b)*** *n Ling (die Sprache der Cree)* la krija [lingvo]

Creme *f* ***a)*** *Kosmetik* [haŭt]kremo (*vgl. dazu* ***Balsam***, ***Lotion*** *u.* ***Salbe***; ↑ *auch* ***Antifalten-***, ***Baby-***, ***Fett-***, ***Feuchtigkeits-***, ***Frisier-***, ***Gesichts-***, ***Haar-***, ***Hand-***, ***Haut-***, ***Massage-***, ***Nacht-***, ***Nähr-***, ***Rasier- Reinigungs-***, ***Sonnen-*** *u.* ***Tagescreme***) ***b)*** *lockere Süßspeise, auch als Füllung für Torten u.Ä.* kremaĵo (*vgl. dazu* ***Füllung b)***; ↑ *auch* ***Butter-***, ***Schokoladen-*** *u.* ***Vanillecreme***); ***~ brulée*** brulkremaĵo ***c)*** *selt für «Kaffeesahne»* kremo por la kafo ***d)*** *gesellschaftliche Oberschicht*: ***die ~ der Gesellschaft*** la kremo de la socio (*bzw. i.e.S. eines Klubs* societo)

creme *od* ~**farben** *od* ~**farbig** *Adj* kremkolora

Crème fraîche *f Nahr (saure Sahne mit hohem Fettgehalt)* freŝkremo

cremen *tr*: ***die Haut*** ~ ŝmiri la haŭton per kremo

Creme|speise *f, auch* ***Schaumspeise*** *f Nahr* kremaĵo; ~**torte** *f, auch* ***Kremtorte*** *f* kremtorto *od* kremaĵa torto

Cremona (*n*) *Hptst. der italienischen Provinz Cremona [in der Lombardei]* Kremono <*bekannt durch den Geigenbau*>

Creole Jazz *m Stilrichtung des New Orleans Jazz* kreola ĵazo

Crêpe *m Textil* ↑ ***Krepp***

Crêpe de Chine *m Textil (feiner, reinseidener Kreppstoff)* ĉina krepo

Crêpe[natur]kautschuk *m* krepa kaŭĉuko

crescendo (*Abk* ***cresc.***) *Mus (anwachsend, lauter werdend)* kresĉende

Crescendo *n Mus (allmähliches Anwachsen der Tonstärke [auch Vortragsanweisung])* kresĉendo

Crescentia *f Bot: eine Gattung zu der auch der Kalebassenbaum gehört*

Cressida *f Astron (ein Satellit des Uranus [1986 entdeckt])* Kresido

Cretonne *m od f, eindeutschend* ***Kretonne***, <*österr*> ***Kreton*** *m Textil (ein leinwandähnliches Baumwollgewebe)* kretono

Creutzfeldt-Jakob-Krankheit *f* (*Abk* ***CJK*** *od engl. Abk* ***CJD***) *Med (subakute spongiforme Enzephalopathie)* Creutzfeldt-Jakob-malsano <*wahrscheinlich durch Prionen verursacht*>; ***eine neue Variante der*** ~ (*Abk* ***vCJD***) nova varianto de [la] Creutzfeldt-Jakob-malsano (*vgl. dazu* ***BSE***)

Crew [*kru:*] *f Schiffsbesatzung* ŝipanaro; *Flugzeugbesatzung* aviadila personaro, *umg meist Kurzf* aviopersonaro (↑ *auch* ***Besatzung a)***, ***Mannschaft*** *u.* ***Team***)

Cribbage *n ein altes engl. Kartenspiel [mit 52 Blatt französischer Spielkarten] (für zwei Spieler)* kribaĝo

Crikvenica (*n*) *Seebad an der Adria [gegenüber der Insel Krk] in Kroatien* Crikvenico

Cristiano (*m*) ↑ ***Christian***

Crohn-Krankheit *f Med* = ***Morbus Crohn***

Croissant *n Blätterteighörnchen* korna bulko [el foliigita pasto] (↑ *auch* ***¹Hörnchen b)***)

Crô-Magnon *ohne Art*: *Höhle im Vézère-Tal (Dordogne/Süd-Frankreich), in der mehrere menschliche Skelette der Altsteinzeit gefunden wurden* Kromanjono

Cromagnonmensch *m Anthropol (Menschentypus der jüngeren Altsteinzeit)* kromanjona homo

Cromwell (*m*) *Eig (engl. Staatsmann [1599-1658])* Kromvelo

Cross-Country *n Sport* ↑ ***Querfeldeinlauf***

Crotonölbaum *m* (*Gattung* Croton) *eine tropische Gattung der Wolfsmilchgewächse* krotono (↑ *auch* ***Lackmuskraut***)

Croupier [*krup'je:*] *m im Spielcasino* krupiero; ~**stab** *m* rastilo [de krupiero]

Croustade *f Kochk ([gefüllte] Pastete in gerösteter Kruste)* krustaĵo

Croûtons *m/Pl Kochk (in Fett geröstete Weißbrotwürfel [zum Garnieren von Speisen od als Suppeneinlage])* krutonoj *Pl*

Crownglas *n, auch* ***Kronglas*** *n* kraŭno

Cr$ = *Abk für* ***Cruzeiro***

Cruise-Missile *n Mil* ↑ ***Marschflugkörper***

Crumpet *m Nahr (ein Backwerk in England u. Schottland)* krumpedo

Cruor [sanguinis] *m Physiol* ↑ ***Blutkuchen***

Crush-Syndrom *n Med (Folge eines schweren Unfalls mit Knochenbrüchen, Weichteilverletzungen, Muskelquetschungen u.a.)* kraŝ-sindromo

Crusta *f Fachspr Med* = ***Schorf***

Crux *f* ↑ ***Krux***

Cruzeiro [*kru'ze:ro*] *m* (*Abk* ***Cr$***) *brasilianische Münzeinheit* kruzejro

Crystal Meth *n Chem, Pharm (eine synthetische Droge)* ↑ ***Methamphetamin***

Csárda *f, auch* ***Pusztaschänke*** *f* ĉardo

Csárdás *m, auch* ***Csardas*** *m ungarischer Nationaltanz* ĉardaŝo

C-Schlüssel *m Mus* C-kleo [*co-...*]

CSD = *Abk für* ***Christopher Street Day***

Cseh-Methode [*tʃe:...*] *f Päd (1. von A. Cseh für den einführenden Esperanto-Unterricht entwickeltes Lehrverfahren mit Elementen der direkten Methode 2. durch das IEI weltweit vermittelte Ausbildung für Esperanto-Lehrende in Weiterentwicklung des von A. Cseh begründeten Lehrverfahrens)* Cseh-metodo

CSU = *Abk für* ***Christlich-Soziale Union*** [↑ *unter* ***christlich***]

CT = *Abk für* ***Computertomografie***

Ctrl-Taste *f Kontrolltaste am Computer* cotorolo-klavo

CTS = *fachsprachl. Abk für* ***Karpaltunnelsyndrom***

Cuando *m ein Nebenfluss des Sambesi* [rivero] Kuando

Cubango *m, auch* ***Kubango*** *m ein Fluss in Angola, verliert sich als Okavango im*

Sumpfgebiet nördl. des Ngamisees (Botsuana) [rivero] Kubango (↑ *auch* ***Okavango***)
Cuiabá (*n*) *Hptst. des brasilianischen Gliedstaates Mato Grosso* Kujabao
Cuisine *f* = ***Kochkunst***
Culotte [*ky...*] *f Kniehose der französischen Aristokratie im 17. und 18. Jh.* kuloto (*vgl. dazu* ***Sansculotten***)
Cultivar *ohne Art: Bot (wiss. Bez für «Sorte» [unterste taxonome Kategorie der Kulturpflanzen])* kultivaro
Cumarin *n Chem* ↑ ***Kumarin***
Cumberland (*n*) *Landschaft u. ehemalige Grafschaft im NW Englands* Kumberlando *[Hptst.: Carlisle]*
Cumberlandit *m Min* kumberlandito *[Vorkommen nur im US-Bundesstaat Rhode Island]*
Cumberlandsoße *f Nahr (kalte Soße aus Johannisbeergelee, Rotwein u. Gewürzen)* kumberlanda saŭco
Cumin *m Bot* ↑ ***Kreuzkümmel***
Cunnilingus *m sex (Stimulierung der äußeren weibl. Geschlechtsorgane mit der Zunge)* frandzado, piĉlekado (↑ *auch* ***Neunundsechzig***)
Cup *m* ***a)*** *Pokal* pokalo ***b)*** *Sport (Pokalwettbewerb)* pokalkonkurso (↑ *auch* ***Weltcup***)
Cupido (*m*) *Myth (römischer Liebesgott <wie Amor entspricht er dem griechischen Eros>)* Kupido (*vgl. dazu* ***¹Eros***)
Cuprit *m, auch* ***Rotkupfererz*** *n Min* kuprito, *auch* ruĝa kuproerco
Cupula *f Bot* ↑ ***Fruchtbecher***
¹Curaçao (*n*) *Hauptinsel der Niederländischen Antillen (mit der Hauptstadt Willemstad)* Kuracao
²Curaçao® *m, auch* ***Curaçaolikör*** *m* kuracao
Curare *n* ↑ ***Kurare***
Curcuma *f Bot, Gewürz* ↑ ***Gelbwurz***
Curcumin *n Biochemie* ↑ ***Kurkumin***
Curettage *f Gynäkologie* ↑ ***Kürettage***
Curette *f Chir* ↑ ***Kürette***
curettieren *Chir* ↑ ***kürettieren***
Curia Romana *f* ↑ ***Kurie***
¹Curie [*ky'ri:*] (*m*) *Eig (französischer Physiker [1859-1906])* Kurio
²Curie [*ky'ri:*] *n* (*Zeichen* ***Ci***) *Phys ([bis 1985] Einheit für die Zerfallsrate radioaktiver Stoffe <heute wird dafür ‹Becquerel› benutzt>)* kurio; ~**-Punkt** *m* kuria punkto
Curitiba (*n*) *Hptst. des südbrasilianischen Gliedstaates Paraná* Kuritibo
Curium *n* (*Symbol* ***Cm***) *Chem* kuriumo
Curling|besen [*'kö:r...*] *m* kurlinga broso; ~**[spiel]** *n Sport (ursprünglich schottische Form des Eisschießens)* kurlingo, *auch* glitŝtonludo (↑ *auch* ***Eisstockschießen***); ~**-spielstein** *n* kurlinga ŝtono, *auch* glitŝtono
Curry [*'kari*] ***a)*** *m eine indische Gewürzmischung* kareo ***b)*** *n, auch* ***Curryreis*** *m ein würziges indisches Mischgericht* kareaĵo; ~**soße** *f* karea saŭco; ~**wurst** *f* karea kolbaso
Cursor [*'kö:r...*] *m EDV ([meist blinkendes] Zeichen auf dem Bildschirm, das anzeigt, an welcher Stelle die nächste Eingabe erscheint* kursoro
Cusco (*n*), *außerhalb Perus auch* ***Cuzco*** (*n*) *Hptst. der gleichnamigen peruan. Region* Kusko *<ehemalige Hptst. des Inkareichs>*
Cushing-Syndrom *n Med* Cushing-sindromo *<so benannt nach dem amerik. Gehirnchirurgen Harvey Cushing>*
Custard *m einem Vanillepudding ähnliche englische Cremespeise aus Eiern, Milch u. Zucker* kustardo
cutten [*'ka...*] *tr Film, Radio (Filmszenen bzw. Tonbandaufnahmen schneiden u. zusammenkleben)* munti [filmon *bzw.* sonbendan registraĵon]
Cutten *n Filmschnitt* muntado
Cutter *m, auch* ***Schnittmeister*** *m Film, TV* [film]muntisto
Cutterin *f Film, TV* [film]muntistino
Cuxhaven (*n*) *eine Stadt an der Elbmündung* Kukshaveno
Cuzco (*n*) ↑ ***Cusco***
CVJM = *Abk für* ***Christlicher Verein Junger Männer***
CVPS = *Abk für* ***Christlich-Demokratische Volkspartei der Schweiz***
C-Waffen *f/Pl Mil* ↑ ***Chemiewaffen***
Cyan *n Chem* ↑ ***Zyan***
Cyanat *n Chem* ↑ ***Zyanat***
Cyanchlorid *Chem* ↑ ***Chlorcyan***
Cyanhydrine *n/Pl Chem* cianhidrinoj *Pl*
Cyanid (*n*) *Chem* ↑ ***Zyanid***
Cyanobakterien *f/Pl* (Cyanobacteria) cianobakterioj *Pl*; ***fädige*** ~ filamentaj cianobakterioj (↑ *auch* ***Rivularia***)
cyber... *bzw.* **Cyber...** *die von Computern ezeugte virtuelle Welt betreffend*
Cyber|angriff *m od* ~**attacke** *f* kiber-atako (***auf*** kontraŭ); ~**krieg** *m* kibermilito; ~**kri-**

minalität *f, engl.* ***Cybercrime****, auch* ***Computerkriminalität*** *f illegale Handlung im Computer- od Telekommunikationsbereich, bes. im Internet* kiberkrimeco

cyberkriminell *Adj* kiberkrima

Cyber|kriminelle *m* kiberkrimulo; ~**sicherheit** *f* kibersekureco; ~**space** *m EDV (virtueller Raum <häufig als Synonym für das Internet, seine Kommunikationsdienste od alle Onlinemedien gebraucht>)* kiberspaco, *fam auch* retlando (↑ *auch* ***virtuelle Realität***); ~**spionage** *f* kiberspionado; ~**stalking** *n Stalking über das Internet* retturmentado (↑ *auch* ***Telefonterror***)

Cyborg *od eingedeutscht* **Kyborg** *ohne Art: Biotechnologie (ein Mischwesen aus lebendigem Organismus u. Maschine)* kiborgo

Cyclamat *n ein synthetischer Süßstoff <Zuckerersatz>* ciklamato (↑ *auch* ***Dulcin***)

cyclisch ↑ ***zyklisch***

Cyclocross *n Radsport* biciklokroso

Cycloalkane *n/Pl Chem (zusammenfassende Bez für «ringförmige, gesättigte Kohlenwasserstoffe, deren Ringgerüst allein aus Kohlenstoffatomen besteht»)* cikloalkanoj *Pl*

Cyclostyl *n*: ***durch ~ vervielfältigen*** ciklostili

Cydamus (*n*) ↑ ***Ghadamis***

Cygnus *m Astron* ↑ ***²Schwan***

Cylindrit *od* **Kylindrit** *m Min* cilindrito

Cyma *f, auch* ***Gabel-Blütenstand*** *m nur Fachspr Bot* cumo

Cymbidium *n, auch* ***Cymbidie*** *f Bot (eine artenreiche Gattung der Orchideen)* cimbidio *[Verbreitung von Madagaskar über Indien u. Japan bis nach Australien]*

Cynarin *n Biochemie (Bitterstoff der Artischocke)* cinarino *<Cynarin wird auch pharmazeutisch genutzt>*

Cynthia (*f*) *weibl. Vorname* Cintia

Cyprian[us] (*m*) *Eig (Bischof von Karthago [* nach 200, † 258])* Cipriano *<ein Heiliger>*

Cyrenaika *od* **Kyrenaika** *f Landschaft in Libyen u. früheres libysches Bundesland [östlich der Großen Syrte]* Cirenio *[Hptst.: Bengasi]*

Cyrus (*m*) *Eig* ↑ ***Kyros***

Cystadenom *n Med* ↑ ***Zystadenom***

Cystein *n, auch* ***Zystein*** *n Biochemie (eine Aminosäure)* cisteino (*vgl. dazu* ***Alliin***)

Cystin *n, auch* ***Zystin*** *n Biochemie (eine schwefelhaltige Aminosäure)* cistino

Cystinose *f, auch* ***Cystinspeicherkrankheit*** *f Med (eine angeborene schwere Stoffwechselstörung)* cistinozo

Cystinstein *m Med (eine Art der Nierensteine)* cistina ŝton[et]o

Cystinurie *f nur Fachspr Med (angeborene Stoffwechselstörung, bei der sich Cystin im Harn findet)* cistinurio

Cystitis *f Med* ↑ ***Blasenentzündung***

Cystocele *od* **Zystozele** *f, auch* ***Harnblasenbruch*** *m nur Fachspr Gynäkologie (eine Vorwölbung der Harnblase in die vordere Vaginalwand)* cistocelo

Cytinus *m* (*Gattung* Cytinus) *Bot (eine Parasitenpflanze im Mittelmeerraum, Kaukasus u. in Afrika)* citino

Cytochrom *od* **Zytochrom** *n Biol, Med (in allen Zellen vorhandener Farbstoff, der bei der Oxidation die Rolle von Enzymen spielt)* citokromo

cytogen ↑ ***zytogen***

Cytokine *od* **Zytokine** *n/Pl Zytologie (von einer Vielzahl von Zellarten gebildete u. sezernierte Substanzen, die als interzelluläre Mediatoren zur Aktivierung von Zellen beitragen* citokinoj *Pl*

Cytokinese *od* **Zytokinese** *f, auch* ***Zytoplasmateilung*** *f Biol, Zytologie* citokinezo

Cytolyse *od* **Zytolyse** *f Biol, Med (Auflösung bzw. Abbau von Zellen [bes. von Blutzellen])* citolizo

Cytomegalovirus *n od m Bakt* ↑ ***Zytomegalie-Virus***

Cytophylaxie *f Biol (Schutzwirkung gewisser Salzlösungen auf die Zellen, insbesondere auf Leukozyten)* citofilakto

Cytosin *od* **Zytosin** *n Chem (eine in Nukleinsäuren gebundene Pyrimidinbase)* citozino; ~**arabinosid** *n ein Arabinonucleosid* citozinarabinozido

Cytosomen *od* **Zytosomen** *n/Pl Zytologie (kleine, membranumschlossene Zellorganellen, die sich vom endoplasmatischen Retikulum abgeschnürt haben und je nach Funktion unterschiedliche Enzyme enthalten können)* citosomoj *Pl*

Cytostatika *m/Pl Med* ↑ ***Zytostatika***

C-Zellen *f/Pl in den Langerhans'schen Inseln* C-ĉeloj [*sprich:* co-...] *Pl*

CZ = *Abk für* ***Cetanzahl***

Częstochowa (*n*), *dt.* ***Tschenstochau*** (*n*) *eine Stadt in Südpolen* Ĉenstoĥovo

D

D = *Abk für* ***1. Dominante 2. Dalasi***

da 1. *Adv **a)** Ort: dort* tie; *hier* tie ĉi *od* ĉi tie; ~ ***sein*** *anwesend sein* ĉeesti; *hier sein* esti ĉi tie; *teilnehmen* partopreni; *existieren* ekzisti; ***ist er schon ~?*** ĉu li jam [al]venis?; ***ich bin wieder ~*** mi jam revenis; ***ist die heutige Zeitung schon ~?*** ĉu la hodiaŭa gazeto jam venis?; ***noch nicht ~ [sein]*** *noch nicht angekommen* ankoraŭ ne alveninta; ***so etwas ist noch nicht ~ gewesen*** io tia (*od* simila) ankoraŭ ne okazis ĝis nun; *so etwas haben wir noch nicht erlebt* ion tian ni ankoraŭ ne spertis; ***von ~ [ab od aus]*** de tie ***b)*** *Zeit: damals* tiam, tiutempe; *in jenem Augenblick* en tiu momento; ~ ***und dort*** *od* ***hier und ~*** tie kaj ĉi tie, ie-tie; ***von ~ ab*** (*od* ***an***) *von jener Zeit an* [ek]de tiu tempo; *von jenem Moment an* [ek]de tiu momento; *dort beginnend* komencante de tie ***c)*** *Ausruf, um auf etw. hinzuweisen bzw. die Aufmerksamkeit auf etw. zu lenken:* ~ ***ist*** (*bzw.* ***sind***) ***...*** jen estas ..; ~ ***ist er [ja]!*** jen li estas!; ~ ***kommt sie ja!*** jen ŝi venas! **2.** *Konj **a)** Zeit* kiam; ***zu der Zeit, ~ ich mit ihm sprach*** en tiu tempo, kiam mi parolis kun li ***b)*** *Grund: weil* ĉar, pro tio ke; *um so mehr als* tiom pli ĉar, des pli multe ĉar

DAAD *m* ↑ *unter* ***deutsch***

dabei [-'-], *hinweisend* ['--] **1.** *Adv **a)** Ort: dort in der Nähe* apude ***b)*** *Zeit* ĉe tio, dume ***c)*** *Betreff* en tiu afero, pri tio; ~ ***muss man berücksichtigen, dass ...*** pri tio oni devas konsideri, ke ... ***d)*** *außerdem* krome; ***sie ist eine kluge und ~ sehr schöne Frau*** ŝi estas inteligenta (*bzw.* saĝa) kaj krome tre bela virino ***e)*** *in Verbindung mit «sein»:* ~ ***sein*** *a) anwesend sein* ĉeesti; *teilnehmen, mitmachen* partopreni; ***er ist immer gleich ~, wenn ...*** li ĉiam tuj akceptas (*bzw.* aplaŭdas), kiam temas pri ... ◇ ***ich bin ~*** *ich mache mit* mi [nepre] partoprenos; ***was ist denn [schon] ~?*** kio malbona (*bzw.* riproĉinda) estas en tio? *b) Verlaufsform: im Begriff sein zu [unmittelbar bevorstehende Zukunft]* ĵus voli *od Verb in der Form* esti ...onta; ***ich war eben*** (*od* ***gerade***)~, ***mich umzuziehen*** mi ĵus volis ŝanĝi miajn vestojn *od* mi estis ŝanĝonta miajn vestojn; ***wir waren gerade ~ wegzugehen*** ni estis [ĵus] ekirontaj **2.** *Konj obwohl* kvankam; ***er hat das Projekt noch immer nicht abgeschlossen, ~ beschäftigt er sich schon jahrelang damit*** li ankoraŭ ne finis la projekton, kvankam de jaroj li okupiĝas pri ĝi

dabeibleiben *intr bei einer Tätigkeit od einem Standpunkt bleiben* resti (***bei*** ĉe); *nicht damit aufhören* ne ĉesi; ***ich bleibe dabei*** *ich bleibe bei meiner Meinung* mi restas (*bzw.* restos) ĉe mia opinio; *ich werde nicht nachgeben* mi ne cedos; ***es bleibt dabei!*** *so bleibt es!* tiel restas!; *abgemacht!* interkonsentite!

dabeihaben *tr **a)** (etw.) bei sich haben* havi ĉe si, *(tragend) auch* porti kun si, kunporti ***b)*** *an etw. teilnehmen lassen*: ***wir wollten ihn nicht ~*** ni ne volis, ke li partoprenu

dabeisein *alt* = ***dabei sein*** [↑ *unter* ***dabei e)***]

dabei|sitzen *intr an der Seite sitzen* sidi flanke; *[meist einfach:] anwesend sein* ĉeesti; ~**stehen** *intr an der Seite stehen* stari flanke; *[meist für:] anwesend sein* ĉeesti

Dabka *f volkstümlicher Tanz in ostarabischen Ländern* dabko *<die Dabka wird an Feiertagen u. zu Festlichkeiten (z.B. Hochzeiten) im offenen Kreis getanzt, wobei die Tänzer mit Armen od Händen in Verbindung bleiben>*

dableiben *intr* resti ĉe; *dort bleiben* resti tie; *nicht gehen* ne iri; *zu Hause bleiben* resti hejme; ***sie soll ja ~!*** ŝi nepre ne iru [tien]!

da capo! *Beifallsruf im Theater od Konzertsaal* bis!

Dacapo *n*: ***die Zuhörer verlangten ein ~ vom Tenor*** la aŭskultantoj bisis la tenoron

Da-capo-Ruf *m* biso, *auch* bis-krio

Dacca (*n*) ↑ ***Dhaka***

Dach *n Bauw u. allg* tegmento *auch eines Autos, Wagens od Zelts* (↑ *auch* ***Boots-***, ***Flach-***, ***Glas-***, ***Holz-***, ***Kegel-***, ***Kirchen-***, ***Kupfer-***, ***Kuppel-***, ***Mansarden-***, ***Papp-***, ***Pult-***, ***Pyramiden-***, ***Ried-***, ***Säge-***, ***Sattel-***, ***Schiebe-***, ***Schiefer-***, ***Schindel-***, ***Schutz-***, ***Sparren-***, ***Stroh-***, ***Terrassen-***, ***Vor-***, ***Walm-***, ***Zelt-*** *u.* ***Ziegeldach***); ***das ~ mit Stroh decken*** tegmenti la domon per pajlo; ***das ~ ist undicht***, *umg auch* ***durch das ~ kommt Wasser*** tra la tegmento likas akvo; ***mit einem ~ [versehen]*** *Adj* tegmentohava, kovrita per tegmento (*vgl. dazu* ***überdachen***) ◇ ***auf dem ~ der Welt*** *bildh: im Hochland von Pamir* sur la tegmento de la mondo (↑ *auch* ***Pamir***); ***unter einem ~ wohnen*** loĝi en la sama domo (*bzw.* loĝejo) (***mit*** kun)

Dach|antenne *f* surtegmenta anteno; ~**bal-**

ken *m* tegmenta trabo (↑ *auch* ***Pfette***); ~**boden** *m*, *reg* ***Boden*** *od* ***Söller*** *m* subtegmento

Dachbuchstabe *m* ↑ *unter* ***Buchstabe***

Dach|decker *m* tegmentisto; ~**[ein]deckung** *f*, *auch* ***Bedachung*** *f* tegmentado; ~**fenster** *n* tegmenta fenestro; *Luke* luko; ~**first** *m* firsto; ~**garten** *m* surtegmenta ĝardeno

Dach|gaube *od* ~**gaupe** *f Bauw* ↑ ***Gaube***

Dach|gepäckträger *m Kfz* [sur]tegmenta pakaĵ-portilo, *auch* tegmenta krado [por pakaĵo] *od* tegmentorako

Dachgeschoss *n* (*Abk* ***DG***) [sub]tegmenta etaĝo; ~**wohnung** *f* loĝejo en la subtegmenta etaĝo, *pop* subtegmenta loĝejo

Dachgesellschaft *f Wirtsch* ↑ ***Holdinggesellschaft***

Dachgesims *n* tegmenta kornico

Dachgleiche *f* ↑ ***Richtfest***

Dachgrat *m Schnittkante zweier Dachflächen* grop-eĝo

Dachhauswurz *f Bot* ↑ *unter* ***Hauswurz***

Dachkammer *f* subtegmenta ĉambreto

Dachkännel *m* ↑ ***Dachrinne***

Dach|konstruktion *f Bauw* tegmenta konstruaĵo (↑ *auch* ***Dachstuhl***); ~**latte** *f Bauw* tegmenta lato; ~**leiter** *f* [sur]tegmenta eskalo; ~**luke** *f* [tegmenta] luko; ~**organisation** *f*, *auch* ***Dachverband*** *m Organisation zur einheitlichen Führung von mehreren Organisationen* tegmenta organizaĵo; ~**pappe** *f* bituma (*od* gudrita) kartono

Dachpilz *m Mykologie*: ***punktiertstieliger*** ~ (Pluteus punctipes) punktostipa pluteo; ***rehbrauner*** (*od* ***hirschbrauner***) ~ (Pluteus cervinus) cervokolora pluteo

Dachpilzartige *Pl* (Pluteaceae) *Mykologie* pluteacoj *eine Familie der Blätterpilze*

Dach|rand *m* tegmentorando; ~**rinne** *f*, *<schweiz> u. reg* ***Dachkännel*** *m*, *reg auch* ***Dachkandel*** *od kurz* ***Kandel*** *m od f* tegmenta defluilo *od* tegmentodefluilo

Dachs *m Zool: [eurasischer] Dachs* (Meles meles) [eŭrazia] melo; *malaiischer Stink~* (Mydaus javanensis) teleduo, *auch* malaja porkomelo (↑ *auch* ***Honig-***, ***Silber-*** *u.* ***Sonnendachs***); ***amerikanischer*** ~ (Taxidea taxus) amerika melo

Dachs|ammer *f* (Zonotrichia leucophrys) *Orn (ein amerik.Singvogel)* blankverta emberizo; ~**bau** *m* [ter]kavo de melo

Dachsbeil *n Handw* ↑ ***Zimmermannsbeil***

Dachschaden *m* ◇ ***einen*** ~ ***haben*** *geistig nicht ganz normal sein* esti mense ne tute normala

Dachschindel *f* ŝindo

Dachshaarpinsel *m* mel-hara peniko

Dachshund *m*, *umg* ***Dackel*** *m*, *fachsprachl.* ***Teckel*** *m* melhundo, *auch* vertago *(Zam)*; *Kaninchen~* kunikla melhundo (↑ *auch* ***Kurzhaar-***, ***Langhaar-***, ***Rauhaar-*** *u.* ***Zwergdackel***)

Dächsin *f*, *Jägerspr* ***Fähe*** *f weibl. Dachs* melino, femala melo

Dachskopflaubsänger *m* (Phylloscopus occipitalis) *Orn* granda kronfiloskopo

Dach|sparren *m* ĉevrono; ~**stube** *f* subtegmenta ĉambro (↑ *auch* ***Dachkammer*** *u.* ***Mansarde***); ~**stuhl** *m Bauw (alle Balken, die das Dach tragen)* tegmenta trabaro; ~**terrasse** *f* surtegmenta teraso

Dachverband *m* ↑ ***Dachorganisation***

Dach|vorsprung *m [kleines] Schutzdach [gegen Regen] über einem Fenster od einer Tür* alero; ~**wohnung** *f* subtegmenta loĝejo; ~**ziegel** *m* tegolo (*vgl. dazu* ***Schindel*** *u.* ***Ziegel***; ↑ *auch* ***Flachdachpfanne***)

dachziegel|artig *od* ~**förmig** *Adv* tegolforme; ~ (*od* ***schuppenartig***) ***anordnen*** *od* ***übereinanderlegen*** *tr* imbriki

Dacit *od* **Dazit** *m Min (ein Vulkanitgestein)* dacito

Dackel *m* ↑ ***Dachshund***

Dadaismus *m Kunst, Lit (1916 begründete internationale künstlerische Bewegung, die die bürgerlich-konformistische Kultur ablehnte <gewollte Irrationalität u.a. in Collage u. Lautgedicht>)* dadaismo

Dadaist *m Vertreter od Anhänger des Dadaismus* dadaisto

dadaistisch *Adj auf den Dadaismus bezogen* dadaisma; *auf die Dadaisten bezogen* dadaista

dädalisch *Adj auf Daidalos bezogen, auch: in den Anfängen der griech. Kunst entstanden* dedala

Dädalus *od* **Daidalos** (*m*) *griech. Myth (Erbauer des kretischen Labyrinths)* Dedalo

dadurch 1. *Adv* per tio; *auf solche Weise* tiamaniere (↑ *auch* ***damit***, ***deshalb*** *u.* ***insofern***); ~ ***wirst du wieder gesund*** per tio vi resaniĝos; ***es gibt nur eine Tür***, ~ ***müssen alle gehen*** ekzistas nur unu[sola] pordo, tra ĝi ĉiuj devas iri **2.** *Konj infolgedessen* sekve (*od* kaŭze) de tio (***dass*** ke); ~ ***dass ... weil*** pro tio, ke ..., *auch* ĉar; *dank* dank' al tio, ke ...; ***sie gefiel mir*** ~, ***dass*** ... ŝi plaĉis al mi pro tio, ke ...

Daena (*f*) *eine iranische Göttin [Verkörperung der Religion]* Daena

dafür *Adv* por (*bzw.* pri) tio; *an Stelle* anstataŭe; *aus diesem Grund* pro tio, tial; *zu diesem Zweck* tiucele, por tio *bzw. auch unübersetzt, z.B.* ***ich bürge*** ~, ***dass*** ... mi garantias, ke ...; ***ich bin*** ~, ***dass*** ... *stimme zu* mi konsentas, ke ...; *meine Meinung ist, dass* ... mia opinio estas, ke ...; ***die Mehrheit ist*** ~ la plimulto konsentas; *unterstützt das* la plimulto subtenas tion (*bzw.* la aferon *od* planon); ~ ***habe ich kein Verständnis*** pri tio mi havas nenian komprenon; ***ich kann nichts*** ~ *das war nicht meine Schuld* mi ne estas kulpa [pri tio] *od* ne estas mia kulpo; *das war unabsichtlich* tio okazis tute senintence

dafürhalten *tr*: ***halten Sie das für klug?*** ĉu vi opinias tion saĝa?; ***halte dich nicht für klüger als andere*** ne opiniu vin pli saĝa ol aliaj; ***ich halte diesen Vorschlag für richtig*** mi opinias tiun proponon ĝusta

Dafürhalten *n*: ***nach meinem*** ~ laŭ mia opinio, *fam* laŭ mi

dag = *Zeichen für* ***Dekagramm***

dagegen 1. *Adv* kontraŭ tio; *im Gegenteil* kontraŭe, male; *im Vergleich zu* kompare al (*od* kun); ~ ***sein*** *od* ***etw.*** ~ ***haben*** *sich widersetzen* kontraŭi (***wenn*** se); *nicht zustimmen* ne konsenti; ***haben*** (*od* ***hätten***) ***Sie etwas*** ~, ***wenn ich ...?*** ĉu vi kontraŭas, se mi ...?; ***ich habe nichts*** ~ mi ne kontraŭas [tion], mi havas nenion kontraŭ tio; *ich widerspreche nicht* mi ne kontraŭdiras; ***es gibt kein Mittel*** ~ ne ekzistas rimedo kontraŭ tio; ~ ***kann man nichts machen*** (*od* ***tun***) nenio estas farebla kontraŭ tio; ***nichts spricht*** ~ nenio kontraŭparolas **2.** *Konj: hingegen, jedoch* sed; *andererseits* aliaflanke

dagegendrücken *tr gegen etw. drücken* kontraŭpremi

dagegensetzen *od* **dagegenstellen** *tr*: ***etw.*** ~ *gegen etw.anderes* kontraŭmeti ion

dagegentreten *tr*: ***mit dem Fuß*** ~ piedpuŝi kontraŭ (io)

dagegenwirken *tr, meist abs* provi obstakli, kontraŭi

Dagestan (*n*) *eine autonome Rep. innerhalb der Russ. Föderation* Dagestano *[Hptst.: Machatschkala]*

dagestanisch *Adj* dagestana

Dagoba *f buddhistischer, meist glockenförmiger Kultbau in Sri Lanka* dagobo (*vgl. dazu* ***Stupa*** *u.* ***Tschorten***)

Dagobert (*m*) *männl. Vorname* Dagoberto *auch Name des Königs der Franken [um 610-639]*

Dagomba *Pl Ethn (ein Bauernvolk in Burkina Faso u. N-Ghana)* dagomboj *Pl*

Dagon (*m*) *Rel (1. Gottheit im alten Orient 2. bibl: Gott der Philister)* Dagono

Daguerreotypie [*...gɛro...*] *f erstes fotografisches Abbildungsverfahren [mit Metallplatten]* dagerotipio

dahaben *tr umg*: ***haben Sie die heutige Zeitung da?*** *am Kiosk* ĉu la hodiaŭa gazeto jam vendiĝas?; ***haben Sie etw. Anderes*** (***Billigeres***) ***da?*** *im Laden* ĉu vi havas (*od* ofertas) ion alian (ion pli malmultekostan)?

daheim *Adv zu Hause* hejme; *im Heimatland* en la patrolando (*od* patrujo); ~ ***bleiben*** resti hejme

daher 1. *Adv von dort* de tie; ~ ***komme ich gerade*** de tie mi ĵus venas **2.** *Konj aus diesem Grund* tial, pro tio (↑ *auch* ***deswegen***); *folglich* sekve; ***von*** ~ = ***deshalb***

daherkommen *intr* [malrapide] alpaŝi

daherreden *intr*: ***bloß so*** ~ [senkohere] babiladi

dahin *Adv dorthin* tien; *übertr (vergangen)* pasinta, *(fort, verloren)* for, perdita; ***bis*** ~ *örtl* ĝis tie; *zeitl* ĝis tiam; *sachlich* ĝis tio; ***bis*** ~ ***bin ich einverstanden, aber ...*** ĝis tio mi konsentas, sed ...; ***wie weit ist es bis*** ~***?*** kiu estas la distanco ĝis tie?; ***es ist nicht [mehr] weit bis*** ~ ne estas malproksime ĝis tie

dahin|eilen *intr* rapidi; *verfliegen* forflugi, [fluge] pasi; *schnell vergehen* rapide pasi, pasegi; ~**fließen** *intr* fluadi

Dahinfließen *n* fluado

dahingehen *intr vergehen* pasi; *versterben* forpasi; ***er ist dahingegangen*** *gestorben* li forpasis

dahingestellt *Part*: ***wir wollen es*** ~ ***sein lassen, ob ...*** ni volas tute ne juĝi, ĉu ...; ni volas tute ne decidi pri tio, ĉu ...

dahin|jagen *intr* kuregi, flugi; ~**leben** *intr sich so durchschlagen* vivi iele-trapele; *dahinvegetieren* veget[ad]i, *auch* [nur] viveti; ~**raffen** *tr bildh (niedermähen)* falĉi; ~**scheiden** *intr geh für «sterben»* forpasi

dahinschieben, sich *refl* ŝoviĝi; *sich*

vorwärts (od nach vorn) schieben ŝoviĝi antaŭen

dahin|schleichen *intr* limaki (*fam für* malrapide iri kiel limako); ~**schleppen, sich** *refl* sin treni *od* treniĝi; ~**schwinden** *intr* konsumiĝi, foriĝi; *welken* velki; *zugrunde gehen* neniiĝi; *vergehen* [iom post iom] malaperi, *Zeit* pasi; *entschwinden, vergehen (bes. geh)* vanui; ~**siechen**, *auch* ***hinsiechen***, *<schweiz>* ***dahinserbeln*** *intr* [malsanadi kaj] kaduki, malsanadi [kaj pli kaj pli malfortiĝi]

dahinstehen *intr*: ***es steht noch dahin, ob ...*** estas ankoraŭ malcerte, ĉu ...

dahinsterben, *auch* ***hinsterben***, *salopp* ***wegsterben*** *intr* mort[ad]i, formorti *auch übertr*

dahinten *Adv* tie malantaŭe

dahinter *Adv* ***a)*** *örtl* malantaŭ ĝi; *an der Rückseite* ĉe la malantaŭa (*od* dorsa) flanko; ***ein tolles Haus mit einem großen Garten*** ~ ŝika domo kun granda ĝardeno malantaŭ ĝi ***b)*** *zeitl* post tio, poste

dahinterher *nur in*: ~ ***sein*** *umg* [ege] klopodi por atingi [ion *bzw.* tion *u.a.*]

dahinterkommen *intr den Grund herausfinden* eltrovi (*od* malkaŝi *od* [fine] ekscii) la kaŭzon [de io]; *es erfahren* ekscii [ion]; *sich einer Sache bewusst werden, etw. erfassen* percepti [ion] (↑ *auch* ***erkennen***); ***ich bin nie so richtig dahintergekommen*** *umg* mi neniam eksciis la veran kaŭzon [de tio]

dahinterstecken *intr verborgen sein hinter* esti kaŝita malantaŭ; *die geheime Ursache sein* esti la kaŝita kaŭzo; ***da steckt [doch] etwas*** (*od umg* ***was***) ~ *ist etw. verborgen* estas io kaŝita en la afero; ***da steckt doch sicher eine Frau dahinter!*** *umg* la kaŭzo estas certe amafero kun [alia] virino!

dahin|vegetieren *intr* [iele] veget[ad]i; ~**welken**, *<schweiz>* ***[dahin]serbeln*** *intr* forvelki *auch übertr*; ~**winden, sich** *refl sich schlängeln, z.B. ein Flüsschen od ein Pfad* sinui (***zwischen*** inter) (↑ *auch* ***sich schlängeln***)

dahinziehen, sich *refl*: ***die Sache zieht sich dahin*** (*od* ***hin***) la afero treniĝas [senfine]

Dähle *f Bot* ↑ ***¹Kiefer***

Dahlie *f*, *alt* ***Georgine*** *f* (*Gattung* Dahlia) *Bot* dalio, *(Zam) auch* georgino (↑ *auch* ***Pompon-*** *u.* ***Schmuckdahlie***)

Dahome *od* **Dahomey** (*n*) *früherer Name des afrikanischen Staates Benin* Dahomeo (↑ *auch* ***Benin***)

dahomeisch *Adj* dahomea

Daidalos (*m*) *griech. Myth* ↑ ***Dädalus***

Daimonion *n*, *auch* ***Dämonium*** *n die warnende innere Stimme [der Gottheit] (bei Sokrates)* dajmono

Daimyô *m [seit etwa 1500:] Bez für «japanischer Lehensfürst»* dajmjo, *auch* daimio (*vgl. dazu* ***Shogun***)

Dairen (*n*) *eine Hafenstadt in Ostchina, Teil der Doppelstadt Lüda* Dajreno

Dajak *Pl Ethn* = ***Dayak***

Dakar (*n*) *Hptst. von Senegal* Dakaro

Daker *m/Pl Teilstamm der Thraker* dacoj *Pl*

Dakien (*n*) *im Altertum das Land zw. Theiß, Donau u. Dnjestr* Dacio

dakisch *Adj* daca

Dakka (*n*) ↑ ***Dhaka***

Dakota (*n*) *ein hist. Verwaltungsgebiet der USA* Dakoto; *heute die Bundesstaaten:* ***Nord***~ (*Abk* ***N.D.***, *[postalisch]* ***ND***) Nord-Dakoto *[Hptst.: Bismarck]*; ***Süd***~ (*Abk* ***S.D.***, *[postalisch]* ***SD***) Sud-Dakoto *[Hptst.: Pierre]*

Dakryoadenitis *f Med* ↑ ***Tränendrüsenentzündung***

Dakryografie *f*, *auch* ***Dakryographie*** *f nur Fachspr Med (Röntgenkontrastdarstellung der ableitenden Tränenwege)* dakriografio

Dakryozyste *f Anat* ↑ ***Tränensack***

Dakryozystitis *f Med* ↑ *unter* ***Tränensack***

daktylisch *Adj Metr (in der Art eines Daktylus)* daktila

Daktylogramm *n* daktilogramo

Daktylologie *f* ↑ ***Gebärdensprache***

Daktyloskopie *f (Verfahren zur Identifizierung von Personen durch Fingerabdrücke)* daktiloskopio

Daktylus *m Metr (Versmaß aus einer langen u. zwei kurzen Silben)* daktilo

dal = *Zeichen für* ***Dekaliter***

Dalai-Lama *m weltliches Oberhaupt des Lamaismus (der Gelben Kirche in Tibet)* Dalai-lamao, *auch* Dalajlamao

Dalang *m indones. Wayang-Puppenspieler* dalango (*vgl. dazu* ***Wayang-Puppenspiel***)

Dalarna (*n*) ↑ ***Dalekarlien***

Dalasi *m* (*Abk* ***D***) *Währungseinheit in Gambia* dalaso *[1 Dalasi = 100 Butut]* (*vgl. dazu* ***Butut***)

Dalbe *f Kurzw für* ***Duckdalbe*** [↑ *dort*]

dalassen *tr an diesem Ort lassen* lasi tiuloke (*od* tie *bzw.* ĉi tie *u.Ä.*); *von diesem Ort* *nicht wegnehmen* ne forpreni de tiu loko

Dalbergia *f* (Dalbergia) *Bot (eine Gattung der Schmetterlingsblütler <liefert das Palisanderholz>)* dalbergio

Dalekarlien (*n*), *auch* ***Dalarna*** (*n*) *schwed. Landschaft im südl. Norrland* Dalekarlio

Dalí (*m*) *Eig (span. Maler [1904-1989])* Dalio *<bedeutender Vertreter des Surrealismus>*

Dallas (*n*) *eine Stadt in Texas* Dalaso

dalli *Adv der Aufforderung, umg für « [nun aber ganz] schnell!»* rapidu! rapidu!

Dall-Schaf *n*, *auch* ***Alaska-Schneeschaf*** *n* (Ovis dalli) *Zool* ŝafo de Dall

Dalmater *m/Pl Gesch (ein Stamm der Illyrer)* dalmatoj *Pl*

Dalmatien (*n*) *eine Landschaft an der östl. Adriaküste* Dalmatio

Dalmatika *f 1. [ehemals (ab dem 2. Jh.):] altröm. Luxusgewand 2. [im Mittelalter:] Krönungsgewand 3. [heute:] liturgisches Gewand der Diakone* dalmatiko

Dalmatiner *m* ***a)*** *Einwohner von Dalmatien* dalmato ***b)*** *eine Jagdhundrasse* dalmata hundo ***c)*** *Wein aus Dalmatien* dalmata vino

Dalmatinerin *f* dalmatino

dalmatinisch *od* **dalmatisch** *Adj* dalmata

[1]**Dalton** *m Eig (englischer Chemiker u. Physiker [1766-1844] <Begründer der modernen Atomtheorie>* Daltono

[2]**Dalton** *ohne Art: alte Einheit der Masse in der Kernphysik [nach J. Dalton]* daltono

Daltonismus *m Ophthalmologie (Sammelbez. für verschiedene Formen der Farbenblindheit, insbes. der Rot- od Grünblindheit)* daltonismo

dam *Zeichen für* ***Dekameter***

Damagazelle *f* (Gazella dama) *Zool* dama-gazelo *[Vorkommen: Mauretanien bis zum Sudan] <vom Aussterben bedroht>*

damalig *Adj* tiutempa, tiama (↑ *auch* ***derzeitig***, ***ehemalig***, ***einstig*** *u.* ***seinerzeitig***); ***die ~e Regierung*** la tiutempa (*od* tiutempe reganta) registaro; ***seine ~en Freunde*** liaj tiamaj [ge]amikoj; ***unter den ~en Umständen*** sub la tiamaj cirkonstancoj; ***zu ~er Zeit*** en la tiama tempo (*bzw.* epoko)

damals *Adv* tiam; *in früheren Zeiten* en antaŭaj tempoj (↑ *auch* ***einstmals***); *zu jener Zeit* tiutempe; *in jener Epoche* en tiu epoko, tiuepoke; ***seit ~ hat sich viel geändert*** ek de tiam multo ŝanĝiĝis

Damaraseeschwalbe *f* (Sternula dabbenena = Sternula balaenarum) *Orn* damara ŝterno

Damaskus (*n*) *Hptst. von Syrien u. der gleichnamigen Provinz* Damasko

Damast *m Textil* damasko; **~bezug** *m* damasta tegaĵo

damasten *Adj* ***a)*** *aus Damast* damaska, *auch* [farita *od* teksita] el damasko ***b)*** *wie Damast* damaska, *auch* kiel damasko

Damasus *Eig*: ~ ***I.*** *ein Papst* Damaso la 1-a (= unua) *[um 305-384]*

Damaszener 1. *m Einwohner von Damaskus* damaskano **2.** *Adj*: ~ ***Klinge*** *f z.B. eines Dolches* damaskenita klingo; ~ ***Stahl***, *auch* ***damaszierter Stahl*** *m ein früher in Damaskus für Säbelklingen hergestellter sehr elastischer Stahl* damaskenita ŝtalo

damaszenisch *Adj aus Damaskus [stammend]* damaska, *nachgest auch* [devenanta] el Damasko

damaszieren *tr Metalltechnik* damaskeni

Damaszierung *f* damaskenado

Dame *f* ***a)*** sinjorino; *alte ehrwürdige Dame* matrono; *hist: Edelfrau* damo; ***die ~ des Hauses*** *auch Gastgeberin* mastrino; ***meine ~n und Herren!*** *förmliche Anrede* gesinjoroj! ***b)*** *kurz für «Damespiel»* damludo; *Kart, Schach (auch «Königin» genannt)* damo *od* reĝino (↑ *auch* ***Eichel-*** *u.* ***Kreuzdame***); ~ ***spielen*** *Brettspiel* damludi, *Zam auch* ludi damojn

Damebrett *n* damtabulo, *auch* dama tabulo

Damen|abteil *n alt: Eisenb* kupeo por sinjorinoj; **~bekleidung** *f* virina vestaĵo *od* virinaj vestaĵoj *Pl*; **~binde** *f Intimhygiene der Frau* menstrusorbilo (↑ *auch* ***Tampon***); **~-coupé** *n alt Eisenb* kupeo por sinjorinoj; **~doppel** *n Tennis* parludo virina; **~einzel** *n Tennis* solludo virina; **~fahrrad** *n* [por]virina biciklo *od* biciklo por virino; **~friseur** *m Person* virinfrizisto; *Salon* frizejo por virinoj, frizosalono por sinjorinoj; **~fußball** *m* virina futbalo; **~handtasche** *f* sinjorina mansak[et]o, *auch* retikulo; **~hose** *f* virina pantalono; **~hut** *m* sinjorina ĉapelo; **~konfektion** *f* konfekcio por virinoj

Damenkostüm *n* ↑ ***Jackenkleid***

Damen|mannschaft *f Sport* virina teamo; **~mantel** *m* mantelo por virinoj; **~programm** *n z.B. während eines Kongresses* sinjorina programo; **~salon** *m* frizejo por virinoj, frizosalono por sinjorinoj; **~schirm** *m* virina ombrelo; **~schlafanzug** *m* virina piĵamo; **~schneider** *m* tajloro por sinjorinaj vestoj; ~**schuh** *m* virina ŝuo; ~**slip** *m* virina kalsoneto; ~**strümpfe** *m/Pl* virinaj ŝtrumpoj *Pl*; ~**täschchen** *n kleine Handtasche* retikulo; ~**tennis** *n* virina teniso; ~**toilette** *f* necesejo por virinoj; ~**unterwäsche** *f* virinaj subvest[aĵ]oj *Pl*

Damenwahl *f im Tanzsaal*: ***es*** (*od* ***jetzt***) ***ist*** ~**!** la sinjorinoj elektos!

Damenzimmer *n veraltet für «elegantes Zimmer einer Dame»* buduaro

Dame|spiel *n* damludo; ~**stein** *m* damdisko *od* dampeco

Damhirsch *m* (Cervus dama = Dama dama) *Zool* damao

Damian[us] (*m*) *männl. Vorname* Damiano

damit 1. *Adv* kun tio *bzw.* per tio; pri tio; *auf jene Weise* tiamaniere; ~ ***hat es folgende Bewandtnis*** pri tio estas jene; ~ ***habe ich nichts zu tun*** *das betrifft mich nicht* tio (*od* tiu ĉi afero) ne koncernas min; *dafür bin ich nicht verantwortlich* pri tiu ĉi faro (*bzw.* afero) mi ne respondecas **2.** *Konj* por ke *(immer mit Verb in der* u*-Form)*; ~ **...** ***nicht*** por ke ... ne; ***schreib das auf,*** ~ ***wir es nicht vergessen*** notu tion, por ke ni ne forgesu [ĝin]

Dämlack *m umg für «Dummkopf»* stultulo

dämlich *Adj [in ärgerlicher Weise] dumm* [iom] stulta, stulteta (↑ *auch* ***blöde a)***, ***borniert*** *u.* ***doof a)***) ***ich bin doch nicht*** ~, ***das mache ich nicht*** mi do ne estas stulta, tion mi ne faros

[1]**Damm** *m* ***a)*** digo (↑ *auch* ***Deich***, ***Knüppel-***, ***Mühl-***, ***Quer-***, ***Staudamm***, ***Schutzdeich*** *u.* [2]***Wehr***); *Erdwall, bes. zu Verteidigungszwecken* remparo; *Eisenbahn*~ relvoja taluso; ***mit einem*** ~ ***versehen*** provizi per digo (*bzw.* remparo) ***b)*** *Mar (Kaimauer)* kajo, *(Pier)* ĝeto, (*Hafenmole)* moleo, havendigo (↑ *auch* ***Hafendamm***) ***c)*** *Fahr*~ veturejo ***d)*** *Straßenbau* deklivaĵo ***e)*** *übertr: Hindernis* baraĵo ◇ ***sie ist noch nicht wieder richtig auf dem*** ~ *noch nicht wieder ganz gesund* ŝi estas ne jam tute resaniĝinta

[2]**Damm** *m*, *auch* ***Schamleiste*** *f* (Perinaeum) *Anat (Raum zw. After u. Genitalien)* perineo

Dammar[a]fichte *f* (Agathis dammara) *Bot (ein Araukariengewächs)* damaro (*vgl. dazu* ***Manilakopal***)

Dammarharz *n hellgelbes Harz von südostasiatischen Bäumen der Familie der Zweiflügelfruchtgewächse (Dipterocarpaceae), bes. von ‹Shorea wisnieri›* damar-rezino, *auch* damargumo; ~ ***sammeln*** *im Urwald* kolekti (*od* deskrapi) damar-rezinon

dämmen *tr* ***a)*** *aufhalten*: ***den Fluss*** ~ iom bari la riveron [per digo] ***b)*** *ein wenig abschwächen* [iom] izoli (↑ *auch* ***Dämmplatte***, ***Dämmstoff***, ***Isoliermasse*** *u.* ***Isoliermaterial***)

dämm[e]rig *Adj* krepuska

Dämmerlicht *n* krepuska lumo (↑ *auch* ***Zwielicht***)

dämmern *intr* ***a)*** *dämmerig werden* krepuskiĝi (↑ *auch* [1]***grauen***); *anfangen dunkel zu werden* iom post iom malheliĝi; *allmählich hell werden* iom post iom heliĝi (↑ *auch* ***heraufdämmern***) ***b)*** *im Halbschlaf sein* esti en stato duondorma ***c)*** *jmdm. klar od bewusst werden*: ***bei mir dämmert's [langsam]*** [iom post iom *od auch* finfine] mi ekkomprenas

Dämmerstunde *f* krepuska horo

Dämmerung *f* krepusko; *Morgen*~ matena krepusko; *Abend*~ vespera krepusko (↑ *auch* ***Zwielicht***); ***astronomische*** ~ astronomia krepusko

Dämmerungslampe *f* krepuska lampo

Dämmerungssichtigkeit *f* ↑ ***Tagblindheit***

Dämmerungstiere *n/Pl Zool (Tiere, die in der Dämmerung aktiv sind)* krepuskaj animaloj *Pl*

Dämmerzustand *m Med* semikonscienco; *geistige Umnachtung* obnubilacio; *i.w.S. Trance* tranco

Dammkrone *f oberer Teil eines Dammes* digokrono

Dämmplatte *f Bauw* izola plato *od* izolplato

dämmrig ↑ ***dämmerig***

Dammriss *m*, *auch* ***Scheidendammriss*** *m Med* perinea ŝiriĝo

Dämmstoff *m* izola materialo

Dämmung *f Schall*~ sonizolado; *Wärme*~ varmoizolado

Damnoen Saduak (*m*) *schwimmender Markt in Thailand, westl. von Bangkok* Damnun-Saduako <*auf zahlreichen Kanälen werden auf Booten die landwirtschaftlichen Produkte des Landes angeboten*>

Damodar *m ein Fluss in Vorderindien [mündet in den Hooghly]* [rivero] Damodaro

Damokles (*m*) *Eig (im 4. Jh. v. Chr. lebender Höfling des Dionysios)* Damoklo; ~**-schwert** *n bildh für «stets drohende Ge-*

fahr» glavo de Damoklo

Dämon *m böser Geist* demono *auch i.w.S.* (↑ *auch* ***Dschinn*** *u.* ***Yakscha***); *i.w.S. (Satan)* satano, *(Gespenst)* fantomo

Damona *(f) Myth (gallische Gesundheitsgöttin)* Damona

dämonisch *Adj* demona, *nachgest* havanta la karakteron de demono (*bzw.* satano); *i.w.S. gespenstisch* fantoma; *teuflisch* satana; *scheußlich* abomena; ***ein ~er Blick*** demona rigardo

Dämonismus *m Glaube an Dämonen* demonismo

Dämonium *n* ↑ ***Daimonion***

Dämonologie *f, auch* ***Lehre f von den Dämonen*** demonologio

Dämonomanie *od* **Dämonopathie** *f Psych (krankhafter Wahn, von einem Dämon besessen zu sein)* demonopatio

Dampf *m* vaporo *auch Tech* (*vgl. dazu* ***Abdampf***); *Wasser*$\stackrel{\circ}{-}$ akvovaporo; *i.w.S. Rauch* fumo (↑ *auch* ***Pulverdampf***); ***gesättigter ~*** *od* ***Nassdampf*** *m* saturita vaporo; ***überhitzter ~*** supervarmigita vaporo; ***mit ~ behandeln*** *bedampfen (bes. Tech), z.B. Wollstoff* vaporizi (*vgl. dazu* ***dämpfen b)***)

Dampfbad *n das man nimmt* vaporbano (*vgl. dazu* ***Hamam***, ***Sauna*** *u.* ***Schwitzbad***); *als Einrichtung od Ort* vaporbanejo

Dampfbeton *m* ↑ *unter* ***Beton***

Dampfbetrieb *m Eisenb* ↑ ***Dampfzugförderung***

Dampf|bügeleisen *n Hausw* vaporgladilo; **~dichte** *f Phys* vapordens[ec]o

Dampfdruck *m Met, Tech* vaporpremo; **~bremse** *f* vaporprema bremso; **~messer** *m Tech* manometro por vaporo, *auch* vapormetro

dampfen *intr* vapori; *Dampf ausstoßen* eligi (*od* ellasi) vaporon; *rauchen* fum[ad]i

Dampfen *n* vaporado

dämpfen *tr* ***a)*** *bes. Kochk* vaporumi (*vgl. dazu* ***dünsten***) ***b)*** *mit Dampf behandeln, z.B. Wollstoff* vaporizi *auch Erdnüsse*; *Tuch gegen Eingehen dämpfen, wobei der Stoff neuen dauerhaften Glanz erhält* malkatizi ***c)*** *abschwächen (Stimme)* mallaŭtigi, obtuzigi; *mildern (Schmerz)* mildigi, kvietigi; *mäßigen (Begeisterung)* moderigi; ***plötzlich dämpfte er seineStimme*** subite li obtuzigis sian voĉon ***d)*** *Astron, El (abschwächen, vermindern)* atenui ***e)*** *Tech (Stoß abmindern)* amortizi ***f)*** *Mus (Saitenvibration)* dampi

Dampfer *m Mar* vaporŝipo (↑ *auch* ***Ausflugs-***, ***Fluss-***, ***Fracht-***, ***Luxus-***, ***Ozean-***, ***Passagier-***, ***Rad-***, ***Schlepp-***, ***Schrauben-*** *u.* ***Vergnügungsdampfer***)

Dämpfer *m* ***a)*** *(Gerät zur Bedampfung)* vaporizilo (↑ *auch* ***Futterdämpfer***) ***b)*** *El ([regelbarer] Abschwächer, [regelbares] Dämpfungsglied)* atenuilo ***c)*** *Tech* amortizilo (↑ *auch* ***Stoßdämpfer***); *(Schwingungs*$\stackrel{\circ}{-}$*)* dampilo (↑ *auch* ***Schalldämpfer***) ***d)*** *Mus* dampilo, *(für Violine auch:)* sordino

Dampferfahrt *f* veturo per vaporŝipo

Dampf|erzeuger *od* **~generator** *m Tech* vaporgeneratoro

dampfgesättigt *Adj* vaporsaturita

Dampf|heizung *f (Vorgang)* vaporhejtado; *(Heizkörper)* vaporhejtilo (↑ *auch* ***Niederdruckdampfheizung***); **~kessel** *m* vaporkaldrono; **~kraftwerk** *m* termoelektra centralo *od* vaporenergia centralo; **~leitung** *f Tech* vapordukto; **~lok[omotive]** *f Eisenb* vaporlokomotivo; **~maschine** *f* vapormaŝino, lokomobilo (↑ *auch* ***Kolbendampfmaschine***); **~mühle** *f* vapormuelejo; **~nudeln** *f/Pl Kochk* stufitaj nudeloj *Pl*; **~pfeife** *f* vaporfajfilo; **~schiff** *n* vaporŝipo; **~schifffahrt** *f* vaporŝipa navigado (*od auch* trafikado)

Dampfstrahl[wasser]pumpe *f Tech* ↑ ***Ejektor*** *u.* ***Injektor***

Dampfturbine *f Tech* vaporturbino *od* vapora turbino

Dämpfung *f* ***a)*** *Behandlung mit Dampf* vaporiz[ad]o ***b)*** *Milderung, z.B. von Schmerzen* mildigo, kvietigo; *Abschwächung (von Stößen)* amortizo ***c)*** *El, Phys, Tech (Abschwächung, Verminderung)* atenuo, *(das Sichabschwächen)* atenuiĝo; *(Abminderung von Stößen)* amortizo ***d)*** *von Tönen* dampado

Dämpfungs|diode *El* amortiza diodo; **~faktor** *m Phys* koeficiento de atenuo (*bzw.* amortizo); *El (Abschwächungsfaktor)* faktoro (*od* koeficiento) de atenuo

Dampf|walze *f Straßenbau* vaporrul[il]o; **~zugförderung** *f, auch* ***Dampfbetrieb*** *m Eisenb* vapora trakcio, *auch* vaportrakcio; **~zylinder** *m Tech* vaporcilindro

danach *Adv* post tio, [pli] poste (*vgl. dazu* ***anschließend*** *u.* ***dann a)***); *in Übereinstimmung damit, dementsprechend* konforme al tio, laŭ tio; ***ein Jahr*** (***einige Tage***) ~ unu jaron (kelkajn tagojn) poste; ***kurz*** (*od* ***nicht***

lange) ~ tuj poste (*od* post tio); ***sie fragte ~*** ŝi demandis pri tio; ***es sieht ganz ~ aus, als ob ...*** vere ŝajnas kvazaŭ ... ◇ ***er ist nicht der Mann ~*** *er macht so etwas nicht* li ne estas la viro (*od* homo), kiu faras tion; *er wird so etwas [gewiss] nicht tun* tion li [certe] ne faros

Danaïden *Pl griech. Myth (die Töchter des Danaos, die in der Unterwelt ein Fass ohne Boden mit Wasser füllen sollten)* danaidoj *Pl*; ~**arbeit** *f bildh für «vergebliche, qualvolle Arbeit» od i.w.S. «sinnlose Mühe»* danaida laboro

Danaos [von Argos] *Myth (ein König der griechischen Sage, Vater der Danaiden)* Danao

Dandolo (*m*) *Eig (ein Doge von Venedig [um 1108-1205])* Dandolo

Dandy *m*, *auch* ***Modenarr*** *m* dando, *auch* afektulo (*vgl. dazu* ***Geck***); ~**manieren** *Pl* dandaj manieroj *Pl*

Dandytum *n übertriebenes [schon ins Lächerliche gehendes] Modebewusstsein (bei einem Mann)* dandismo

Däne *m* dano

daneben *Adv* apude, apud tio (*vgl. dazu* ***nebenan***); *außerdem, obendrein* krome, krom tio; *noch dazu* aldone; ***gleich ~*** tute apude

daneben|benehmen, sich *refl umg* miskonduti; ~**gehen** *intr **a)** das Ziel verfehlen* ne trafi la celon ***b)*** *umg für «misslingen»* malsukcesi, *[stärker:]* fiaski (↑ *auch* ***fehlschlagen*** *u.* ***scheitern***); ~**legen** *od* ~**setzen** *od* ~**stellen** *tr* apudmeti *od* meti apude; ~**liegen** *intr* kuŝi apude; ~**treten** *intr* mispaŝi

Dänemark (*n*) Danio *od* Danlando *[Hptst.: Kopenhagen]*

Dani *Pl Ethn (größte autochthone Volksgruppe in Irian Jaya/Indonesien [bes. im Baliem-Tal ansässig])* danioj *Pl*

daniederliegen, *älter auch* ***darniederliegen*** *intr **a)** alt*: ***mit Malaria krank ~*** kuŝi malsana je malario ***b)*** *brachliegen, ungenutzt sein* esti neuzata

Daniederliegen *n Flaute, Stillstand* marasmo; *Gebrechlichkeit* kadukeco

daniederliegend, *älter auch* ***darniederliegend*** *Adj* marasma, *gebrechlich* kaduka

Daniel (*m*) *männl. Vorname* Danielo

Daniela (*f*) *weibl. Vorname* Daniela

Dänin *f* danino

dänisch *Adj* dana

danisieren *od* **dänisieren** *tr dänisch machen (bzw. gestalten)* danigi

dank *Präp* dank' al (*vgl. dazu* ***infolge*** *u.* ***wegen***); ~ ***seiner Bemühungen*** dank' al liaj klopodoj; ~ ***seinem Fleiß hat er die Prüfung bestanden*** dank' al lia diligenta laborado li sukcesis en la ekzameno

Dank *m* danko (***für*** pro *od* por); ***herzlichen ~!*** koran dankon!; ***schönen*** (*od* ***vielen***) ***~!*** multan dankon!; ***jmdm. den ~ für geleistete Arbeit abstatten*** (*od* ***aussprechen***) esprimi al iu la dankon pro [la] farita laboro; ***jmdm. seinen tief empfundenen ~ aussprechen*** esprimi al iu sian profundan dankon; ***seinen ~ an jmdn. richten*** adresi al iu sian dankon; ***Gott sei ~!*** dank' al Dio!; ***ich bin dir*** (*bzw.* ***Ihnen***) ***zu großem ~ verpflichtet*** mi ŝuldas al vi grandan dankon

dankbar *Adj **a)*** dank[em]a (***für*** pro); ***ein ~er Blick*** danka rigardo; ***jmdm. ~ sein*** esti dank[em]a al iu; ***Sie können [sehr] ~ sein, wenn ...*** vi povas esti [tre] danka, se ... ***b)*** *lohnend, nützlich* utila; *gewinnbringend* profitodona, profitiga

Dankbarkeit *f* dankemo

danke!, <*schweiz*> *auch* ***merci!*** dankon!; ***danke [schön]!*** [multan] dankon!, mi [multe] dankas!; ***möchten Sie etwas trinken? – nein danke!*** ĉu vi ŝatas ion trinki? – ne, dankon! *od* dankon, mi ne ŝatas

danken *intr* danki (***für*** pro *od* por) (↑ *auch* ***sich bedanken***); *dankend ablehnen* danke rifuzi; ***im Voraus ~*** danki anticipe; ***jmdm. ~*** danki al iu

dankenswert, <*schweiz*> *auch* ***verdankenswert*** *Adj* dankinda; *i.w.S. (befriedigend)* kontentiga; *nützlich* utila (↑ *auch* ***lohnend***)

Dankesbrief *m* dankletero

Dank|gebet *n* dank[o]preĝo (↑ *auch* ***Präfation***); ~**sagung** *f*, <*schweiz*> *auch* ***Verdankung*** *f* dankesprimo; ~**schreiben** *n Dankesbrief* dankletero; *i.w.S. Anerkennungsschreiben* apreza letero

dann *Adv **a)** zeitl* tiam; *nachher, später* [pli] poste; *ferner* krome, plie; ~ ***kam der Augenblick*** (*od* ***Moment***) ***[, dass ...]*** poste venis la momento, kiam ...; ~ ***und wann*** iam kaj iam; *von Zeit zu Zeit* de tempo al tempo; *hin und wieder* fojfoje; *manchmal* kelkfoje; ***b)*** *konditional-temporal (meist in Korrelation mit «wenn»)*: ***selbst ~, wenn ...*** eĉ tiam, se ... ***c)*** *Betreff: in dem Fall* tiuokaze

Dante [Alighieri] (*m*) *Eig (ein ital. Dichter [1265-1321])* Danto

dantesk *Adj nach der Art der Schöpfungen Dantes* danteska

Danzig (*n*), *heute* ***Gdańsk*** (*n*) *eine Stadt in Polen* Dancigo, *heute* Gdansko; ***die Freie Stadt*** ~ *Gesch* la Libera Urbo Dancigo *<von 1920-1939>*

Dao *n chin. Phil* ↑ ***Tao***

Daoismus *m Phil, Rel* ↑ ***Taoismus***

Daoist *m* ↑ ***Taoist***

Daphne (*f*) *griech. Myth (von Apollon geliebte Nymphe <eine Bergnymphe>)* Dafna

Daphnis (*m*) *griech. Myth (sizilianischer Hirt, Sohn des Hermes [Erfinder u. Held des bukolischen Liedes])* Dafniso

Darabukka *f Mus (im arabischen Raum verbreitete einfellige Bechertrommel aus Ton, Holz od Metall <wird sowohl in der Kunst, als auch in der Volksmusik benutzt>)* dar[a]buko

Daradja *f, arab.* ***Darağa*** *irakischer Volkstanz <wird bei Festlichkeiten getanzt, ursprünglich nur von Frauen>* daraĝo

daran, *umg häufig* ***dran*** *Adv* sur tio; ĉe io; *dadurch* per tio; *manchmal unübersetzt, z.B.* ~ ***erinnern, dass ...*** memorigi ke ...; ***es liegt mir*** ~ estas grave por mi *bzw.* mi tre ŝatus; ***denke*** ~***!*** rememoru tion!; ***jetzt bin ich dran*** *jetzt bin ich an der Reihe* nun estas mia vico; ***wir arbeiten schon lange*** ~ ni jam delonge laboras pri tio; ***übel dran sein*** esti en malbona (*bzw.* malagrabla *od* aĉa) situacio; ~ ***lässt sich nichts ändern*** tio ne estas ŝanĝebla *od* pri tio (*od* pri tiu ĉi fakto) oni nenion povos fari

darangeh[e]n *intr anfangen* komenci *u. Verb im Inf; anfangen zu arbeiten* eklabori

daransetzen *tr*: ***alles*** ~ fari ĉion eblan; streĉi ĉiujn siajn fortojn

Darassa *Pl Ethn (ein semitisch sprechender Stamm im südlichen Äthiopien)* darasoj *Pl*

darauf, *umg häufig* ***drauf*** [↑ *auch dort*] *Adv* ***a)*** *Ort (im Nom)* sur ĝi, *(im Akk)* sur ĝin ***b)*** *Zeit* post tio, poste; ~ ***folgend*** sekv[ant]a; ***ein Jahr*** ~ unu jaron poste; ***am*** ~ ***folgenden Morgen*** en la sekva mateno *od* la sekvan matenon, *umg auch* sekvamatene; ***am*** ~ ***folgenden Tag*** en la sekva tago *od* la sekvan tagon, *umg* sekvatage; ***bald*** (*od* ***gleich***) ~ tuj poste ***c)*** *in Fügungen mit Verben:* ***dabei geht viel Zeit drauf*** oni perdas multan tempon per tio (*od* farante tion); ***du kannst dich*** ~ ***verlassen*** vi povas fidi tion (*od* ĝin); ***es kommt*** ~ ***an, ob ...*** dependas de tio, ĉu ...; ***wie kommst du*** (*bzw.* ***kommen Sie***) ~***?*** kio igas vin pensi tion?

darauffolgend = ***darauf folgend***

daraufhin *Adv infolgedessen (als Folge)* sekve de tio, *(als Antwort)* responde al tio; *aus diesem Grund* pro tiu kaŭzo *od (deshalb)* pro tio; *in Zusammenhang damit* en tiu konekso *od* tiukonekse; *verbunden damit* lige kun tio [ĉi]; *später* poste, post tio

daraus, *umg auch* ***draus*** *Adv* el tio, el ĝi; *aus dem Innern* [de] el la interno; ~ ***ist ersichtlich, dass ...*** el tio videbl[iĝ]as, ke ...; ~ ***folgt, dass ...*** el tio sekvas, ke ...; ~ ***folgt nicht, dass ...*** tio ne sekvigas, ke ...; ~ ***kann man viel lernen*** el tio oni povas multe lerni; ~ ***wird nichts*** *das wird ein Fehlschlag* tio fiaskos; *wird nicht gelingen* tio [certe] ne sukcesos; ***ich mache mir nichts*** ~ *das ist mir egal* tio estas al mi egala; *das ärgert mich nicht* tio ne ĉagrenas min; *das ignoriere ich* tion mi ignoras; *das mag ich nicht, z.B. eine Speise* mi ne ŝatas tion

darben *intr Not leiden* vivi en mizero; *Hunger leiden* suferi malsaton

darbieten *tr geh od poet* prezenti (***jmdm. etw.*** ion al iu) *auch in Massenmedien od im Rahmen eines Programms* (*vgl. dazu* ***anbieten***); ***sich*** ~ sin prezenti; *sich zeigen* montriĝi, prezentiĝi; *plötzlich erscheinen* subite aperi; ***dem Auge bot sich eine großartige Landschaft [dar]*** al la okulo prezentĝis grandioza pejzaĝo

Darbietung *f das Darbieten* prezent[ad]o; *das Dargebotene* prezentaĵo; *i.w.S. Konzert* koncerto (*vgl. dazu* ***Aufführung*** *u.* ***¹Vorstellung***)

darbringen *tr geh: mit Ehrerbietung, Respekt* oferi (***jmdm. etw.*** ion al iu); ***den Göttern ein Opfer*** ~ oferi al la dioj

Darbuka *f Mus* = ***Darabukka***

Dardanellen *Pl Meerenge zw. Ägäis u. Marmarameer [im Altertum: Hellespont]* Dardaneloj *Pl* (↑ *auch* ***Hellespont***)

Dardaner *m/Pl Gesch (ein illyrischer Volksstamm)* dardanoj *Pl*

Darden *m/Pl ethnische Einheit in Ladakh buddhistischen Glaubens u. in Pakistan islamischer Religion* dardoj *Pl*

dardisch *Adj* darda; ~***e Sprachen*** *f/Pl Ling (eine Gruppe in Ladakh, Afghanistan u. Pakistan gesprochener Sprachen)* dardaj lingvoj *Pl*

Dardistan (*n*) *ältere Bez für das zum Teil*

von Darden bewohnte Gebirgsland südlich des westlichen Karakorum u. östlich des Hindukusch, in N-Pakistan Dardistano

Dardschiling (*n*) ↑ ***Darjeeling***

darein (*umg für* ***da hinein***) *Adv* en tion, en ĝin; ~**finden, sich** *refl sich anpassen* adaptiĝi [al]; *es so nehmen wie es ist* [esti devigata] akcepti la situacion kia ĝi estas; ~**mischen, sich** *refl* enmiksiĝi

dareinreden, *dafür meist umg* ***reinreden*** *intr:* ***jmdm.*** *~ jmdn. unterbrechen* interrompi ies paroladon; *in jmds. Angelegenheiten* enmiksiĝi en ies aferojn; *jmds. Pläne stören* ĝenadi ies planojn (*od* projektojn)

Dareios (*m*) *Eig* ↑ ***Darius***

Dar-es-Salaam *od* **Daressalam** (*n*) *Regierungssitz der Rep. Tansania u. wichtigster Hafen des Landes* Dar-es-Salamo

Darfur (*n*), *arab.* ***Dār Fūr***, *auch* ***Land der Fur*** *Provinz u. Bergsteppenland im mittleren Sudan, nach Westen übergehend in die Rep. Tschad [in die Provinzen Nord- u. Süd-Darfur gegliedert]* Darfuro

Darginen *m/Pl, Eigenbez.* ***Dargan*** *od* ***Dargante*** *Ethn (ein autochthones Volk im Ost-Kaukasus)* darginoj *Pl*

darginisch *Adj* dargina

Darginisch[e] *n Ling (eine kaukasische Sprache <seit 1938 in kyrillischer Schrift geschrieben>)* la dargina [lingvo]

darin, *umg* ***drin*** *Adv* en tio, en ĝi; *in dieser Angelegenheit* en tiu ĉi afero; *in dieser Beziehung* tiurilate; ~ ***sein*** *drinnen sein* esti ene; *im Innern sein* esti en la interno; *darin eingeschlossen sein, z.B. Halbpension* esti inkludita (*od* inkluzivita); ~ ***irrst du*** tiurilate vi eraras; ***die Sache besteht ~, dass ...*** la afero konsistas en tio, ke ...

Darius (*m*), *auch* ***Dareios*** (*m*) *Eig (Name persischer Könige aus dem Geschlecht der Achämeniden)* Dario

Darjeeling (*n*), *auch* ***Dardschiling*** (*n*) *eine Stadt im indischen Unionsstaat Westbengalen* Darĵilingo, *auch* Darĝilingo

Darknet *n EDV (schwer zugänglicher [illegaler] Bereich des Internets)* nigra reto; ~**markt** *m* nigrareta merkato

darlegen *tr erklären, erläutern* klarigi (*vgl. dazu* ***dokumentieren*** *u.* ***verdeutlichen***); *aufzeigen* [el]montri; *präsentieren* prezenti; *beschreiben* priskribi (↑ *auch* ***darstellen***)

Darlegung *f [ausführliche] Erklärung, Erläuterung* [detala] klarigo; *Aufzeigen* elmontro; *Präsentation* prezent[ad]o; *Beschreibung* priskribo

Darlehen *n* [mon]pruntaĵo (↑ *auch* ***Anleihe*** *u.* ***Kredit a)***)

Darlehens|kasse *f* pruntedona kaso; ~**vertrag** *m* kontrakto pri monpruntaĵo

Darling [River] (*m*) *ein australischer Fluss [in Neusüdwales]* [rivero] Darlingo

Darm *m* (Intestinum) *Anat* intesto (↑ *auch* ***Blind-***, ***Dünn-***, ***Dick-***, ***Krumm-***, ***Mast-*** *u.* ***Zwölffingerdarm***); *Gedärm* intestaro, intestaj ansoj *Pl*; ~**ausgang** *m* anuso; ~**bakterien** *f/Pl* intestaj bakterioj *Pl* (↑ *auch* ***Darmflora*** *u.* ***Enterokokken***); ~**bewegung** *f Physiol* intesta peristalto

Darmegel *m Riesen*~ (Fasciolopsis buski) *Zool* fasciolopso; ~**krankheit** *f*, <*wiss*> ***Fasziolopsiasis*** *f Med, Vet (verursacht durch die Trematodenart ‹Fasciolopsis buski›)* fasciolopsiazo

Darm|entleerung *f* malplenigo de la intesto; *Stuhlgang* fekado; ~**entzündung** *f*, *Fachspr* ***Enteritis*** *f*, *pop* ***Magen-Darm.Katarrh*** *m Med* intesta inflamo, enterito; ~**fistel** *f* (Fistula intestinalis) *Med* intesta fistulo; ~**flora** *f* (Flora intestinalis) *Gesamtheit der Mikroorganismen, die den Darm des Menschen wie auch den vieler Tiere besiedeln* intesta flaŭro; ~**funktion** *f Physiol* intesta funkcio; ~**gase** *n/Pl* intestaj gasoj *Pl* (*vgl. dazu* ***Meteorismus***); ~**geschwür** *n*, *Fachspr* ***Darmulkus*** *n Med* intesta ulcero; ~**grippe** *f Med* gastra influenzo; ~**katarrh** *m Med* intesta kataro (↑ *auch* ***Ruhr***); ~**kollern** *n*, <*wiss*> ***Borborygmus*** *m Med (kollerndes od gurrendes Geräusch im Abdomen)* intestobruo, <*wiss*> borborigmo

Darmkrämpfe *m/Pl Med* intestaj spasmoj *Pl*, *(Fachspr)* enterospasmo; ***[schmerzhafter] Darmkrampf mit Stuhldrang*** (Tenesmus ani) anusa tenesmo

Darm|krankheit *f* intesta malsano; ~**krebs** *m Med* intesta kancero (↑ *auch* ***Dickdarmkrebs***); ~**milzbrand** *m* (Anthrax intestinales) *Med* intesta antrakso

Darmöffnung *f*: ***Anlegen*** *n* ***einer künstlichen*** ~ *Chir* enterostomio

Darmparasiten *m/Pl* intestaj parazitoj *Pl*

Darmpech *n* ↑ ***Kindspech***

Darm|reinigung *f* purigado de la intesto (*vgl. dazu* ***[1]Einlauf c)*** *u.* ***Klistier***); ~**saite** *f Mus* katguta kordo; ~**schleimhaut** *f* (Mucosa intestinalis) *Anat* intesta mukozo;

~**schlinge** *f Anat* intesta anso *od* anso de intesto

Darmspiegel *m Medizintechnik* ↑ ***Enteroskop***

Darm|spiegelung *f Med* ***a)*** *Fachspr* ***Koloskopie*** *f Dickdarmspiegelung* kojloskopio ***b)*** *Fachspr* ***Enteroskopie*** *f Dünndarmspiegelung* enteroskopio; ~**spülung** *f Med* klistero

Darmstadt (*n*) *eine Stadt in Hessen* Darmŝtato

Darmstadtium *n* (*Symbol* ***Ds***) *Chem (ein ausschließlich künstlich erzeugtes chemisches Element)* darmŝtatio

Darmstein *m Med* ↑ ***Enterolith***

Darmstenose *f Med* ↑ ***Darmverengung***

Darmstörung *f Med*: ***nervöse ~*** enteroneŭrozo (↑ *auch* ***Reizdarm***)

Darm|trägheit *f Med* intesta inerteco; ~**trakt** *m*, *auch* ***Intestinalkanal*** *m* (Canalis intestinalis) *Anat* intesta kanalo; ~**trichinose** *f Med* intesta triĥinozo; ~**tuberkulose** *f Med (eine spezielle Form der Lymphknotentuberkulose)* intesta tuberkulozo

Darmulkus *n Med* ↑ ***Darmgeschwür***

Darm|verengung *f*, *auch* ***Darmstenose*** *od* ***intetinale Stenose*** *f*, *<wiss>* ***Enterostenose*** *f Med* intesta stenozo, enterostenozo; ~**verschlingung** *f durch Drehen des Darms um die eigene Achse*, *<wiss>* ***Volvulus*** *m* (Volvulus intestini) *Med* volvulo; ~**verschluss** *m, fachsprachl.* ***Okklusionsileus*** (Occlusio intestinorum) *Med* intesta okluzio; ~**verstopfung** *f*, *<wiss>* ***Konstipation*** *f Med* mallakso, konstipo; ~**wand** *f Anat* parieto de intesto; ~**wind** *m* ventoj *Pl*, furzo (↑ *auch* ***Furz***, ***Pup*** *u.* ***Schleicher***); ~**zotten** *f/Pl* (Villi intestinales) intestaj viloj *Pl*

darnach = *älter für* ***danach*** [↑ *dort*]

darniederliegen = *älter für* ***daniederliegen*** [↑ *dort*]

darreichen *tr geh od poet* prezenti

[1]**Darre** *f* sekigejo; *Samen*~, *Forstw (Trockenvorrichtung für Tannenzapfen zur Gewinnung von Nadelholzsamen)* klengejo

[2]**Darre** *f Med* ↑ ***Tabes***

Darreichungsform *f* ↑ *unter* ***galenisch***

d'Arsonval (*m*) *franz. Physiker [1851-1940]* Arsonvalo (*vgl. dazu* ***Arsonvalisation***)

darstellbar *Adj* prezentebla

darstellen *tr aufzeigen* prezenti, montri; *abbilden* bildigi; *beschreiben* priskribi (↑ *auch* ***schildern***); *zeichnerisch wiedergeben, figurieren* figuri; *schöpferisch formen u.a.* krei; *Theat* prezenti, ludi [la rolon de]; ***die Fakten falsch ~*** misprezenti la faktojn, prezenti la faktojn malĝuste; ***das Bild stellt eine Frau dar*** la bildo prezentas virinon; ***dies stellt zweifellos einen Kompromiss dar*** tio [ĉi] sendube prezentas kompromison

Darsteller *m Theat* aktoro *auch Film*, rolulo, prezentanto (↑ *auch* ***Charakter-*** *u.* ***Hauptdarsteller***)

Darstellung *f* prezent[ad]o *auch Film u. Theat* (↑ *auch* ***Selbstdarstellung***); *Beschreibung* priskribo; *Mal* figuraĵo; ***grafische ~*** grafika prezento; ***vergleichende ~*** *Wiss* kompara prezento

Darstellungsweise *f* prezentadmaniero, maniero prezenti ion

darüber, *umg auch* ***drüber*** *Adv* ***a)*** *Ort* super tio, super ĝi ***b)*** *Zeit: unterdessen* dume; ***zehn Jahre und ~*** dek jaroj kaj pli ***c)*** *Betreff, Bezugnahme* pri tio; ***er beklagte sich ~, dass ...*** li plendis pri tio, ke ...; ***nicht weiter ~ nachdenken*** ne multe pensadi pri tio; ~ ***hinaus*** *außerdem* krom tio, krome; *noch dazu, obendrein* aldone [al]

darüber|hinweglaufen *tr überschreiten* transpaŝi ~**machen, sich**, *umg* ***sich drübermachen*** *refl umg: mit etw. beginnen* komenci ion; ~**stülpen** *tr* kovri per kloŝo

darüberwickeln *tr einhüllend überziehen* supervolvi (***etw. über etw.*** ion super ion)

Darul-Islam-Bewegung *f indones. Gesch* movado de Darul-Islamo

darum, *umg auch* ***drum*** *Adv um ... herum* ĉirkaŭ [ĝi]; *deswegen* pro (*bzw.* pri) tio, tial, tiukaŭze; ***~ brauchst du dir keine Sorgen zu machen*** pri tio vi ne bezonas fari al vi zorgojn; *brauchst du dich nicht beunruhigen* pro tio vi ne devas maltrankviliĝi; ***es geht ~, ob ...*** la grava punkto estas, ĉu ...; ***es handelt sich ~, dass ...*** temas pri tio, ke ...; ***ich würde viel ~ geben, wenn ...*** mi multon donus, se mi [iam] povus ...

darunter, *umg auch* ***drunter*** *Adv örtl* sub tio, sub ĝi; *weniger als* malpli ol; *zwischen* inter, inter ili; *unter diesen Leuten* inter tiuj homoj; ***im Stockwerk ~*** en la etaĝo sub ĉi tiu; ***fünf Mädchen, ~ zwei Asiatinnen*** kvin knabinoj (*bzw.* fraŭlinoj), inter ili du azianinoj; ***wir leiden sehr ~*** ni ege suferas pro tio

darunterbreiten *tr*: ***etw. ~*** subetendi ion

darunterlegen, *umg auch* ***drunterlegen*** *tr*: ***etw.*** ~ submeti ion *od* meti ion sub ...
daruntersetzen *tr*: ***du musst etw.*** ~ *z.B. unter einen wackeligen Tisch* vi devas ion submeti; ***seine Unterschrift*** ~ meti sian subskribon suben
[1]**Darwin** (*m*) *Eig (ein engl. Naturforscher [1809-1882])* Darvino
[2]**Darwin** (*n*), *auch* ***Port Darwin*** *Hptst. des austral. Nordterritoriums* Darvino
Darwinfinken *m/Pl* (*auch* ***Galápagosfinken*** *genannt*) *Orn* darvin-fringoj *Pl*, *auch* galapagofringoj *Pl*
Darwinfrosch *Zool* ↑ ***Nasenfrosch***
Darwinismus *m*, *auch* ***Lehre Darwins***, *i.w.S.* ***Selektionstheorie*** *f Naturw* darvinismo, *auch* teorio de Darvino
Darwinist *m Anhänger der Lehre Darwins* darvinisto
darwinistisch *Adj* darvinisma
das 1. *sächl. Art* (*n*) la; ~ ***Kind*** la infano **2.** *Dem Pron*: ~ ***[da]*** *dieses hier* ĉi tio *od* tio ĉi; ~ ***heißt*** (*Abk* ***d.h.***) tio estas, tio signifas; *nämlich* nome; ~ ***verstehe ich nicht*** tion mi ne komprenas; ***was bedeutet ~?*** kion tio signifas?; ***was ist ~?*** kio estas tio [ĉi]?; ***was bedeutet ~?*** kion tio signifas?; ***bist du*** ~ (*od umg* ***bist du's***), ***Sonja?*** ĉu [tio] estas vi, Sonja? **3.** *Rel Pron* kiu; ***das Flugzeug***, ~ ***heute Morgen gestartet ist*** la aviadilo, kiu startis hodiaŭ matene
Daschbog (*m*) *Myth (ostslawischer Sonnengott [Sohn des Feuergotts Swarog])* Daŝbogo
dasein = ***da sein*** [↑ *unter* ***da***]
Dasein *n Existenz* ekzist[ad]o; *Anwesenheit* ĉeesto; *Leben* vivo (↑ *auch* ***Juggesellen-*** *u.* ***Schattendasein***); ***der Kampf ums*** ~ la batalo por ekzistado
Daseinsberechtigung *f* ekzistorajto
daselbst *Adv alt od geh für «am gleichen Ort»* samloke
Dashi *n Nahr (ein japanischer Fischsud [im Handel auch als Instantprodukt])* daŝio
dasitzen *intr* sid[ad]i; ***bewegunslos*** ~ sid[ad]i senmove
dasjenige *Dem Pron*: ~, ***das*** (*od* ***welches***) ***...*** tio, kio ...
dass *Konj* ke; ***wir wissen***, ~ ***...*** ni scias, ke ...; ~ ***nicht ...*** *damit nicht* por ke [vi] ne ... *u. folgendes Verb in der* u-*Form*; ***[auf]*** ~ *damit* por ke *u. folgendes Verb in der* u-*Form*; ***nimm die Tabletten [ein]***, ~ ***du schnell wieder gesund wirst*** prenu (*od* glutu) la tablojdojn por ke vi rapide resaniĝu; ***ohne*** ~ ***...*** sen tio ke ...; ***so*** ~ ***...*** tiel ke ...; ***pass auf***, ~ ***du nicht [hin]fällst*** atentu por ke vi ne falu; ***entschuldige***, ~ ***ich zu spät komme*** pardonu, ke mi venas tro malfrue, *auch* pardonu, ke mi malfruiĝis; ***sie ist zu klug***, ***als*** ~ ***sie darüber sprechen würde*** ŝi estas tro saĝa por paroli pri tio
dasselbe *Dem Pron* la sama ◇ ***es ist immer ein und*** ~ estas ĉiam la sama afero; *es ist immer die alte Leier* estas ĉiam la sama litanio (*vgl. dazu* ***Litanei b)***)
Dasselfliege *f Ent* ↑ *unter* ***Biesfliege***
Dassuqiten *m/Pl Islam (Anhänger der Dassuqiyya)* dasukijanoj *Pl* <*sie besitzen vor allem in Ägypten große Popularität*>
Dassuqiyya *f Islam (eine islamische Bruderschaft, die sich auf den Heiligen ad-Dassuqi [† 1277] zurückführt)* dasukijo
dastehen *intr* star[ad]i [tie]; ***allein*** ~ *keine Angehörigen mehr haben* esti tute sola kaj sen [iuj] parencoj; ***er stand als Lügner da*** li aperis [kiel] mensoganto; ***ohne Mittel*** ~ esti sen financaj rimedoj; ***mit gesenktem Kopf*** ~ stari kun kapo klinita; ***wie angenagelt*** ~ stari kvazaŭ alforĝita [al la loko] *(Zam)*
Dasymeter *n*, *auch* ***Gasdichtemesser*** *m Tech* dasimetro
Dat. = *Abk für* ***Dativ***
Datar *od* **Prodatarius** *m kath. Kirche (Leiter einer Datarie)* datariestro
Datarie *f kath. Kirche (Amt der römischen Kurie zur Verleihung der dem Papst vorbehaltenen, aber nicht im Konsistorium verliehenen Pfründen)* datario
Date [*de:t*] *n umg für «Verabredung» od «Treffen»* rendevuo, renkonto (***mit jmdm.*** kun iu)
Datei *f EDV* dosiero (↑ *auch* ***ASCII-Datei***, ***Batch-***, ***Bild-***, ***Binär-***, ***Haupt-***, ***Kommando-***, ***PDF-***, ***Programm-***, ***Skript-***, ***Sicherheits-***, ***Sonder-***, ***Text-*** *u.* ***ZIP-Datei***); ***eine*** ~ ***abrufen*** (*od* ***[auf dem Bildschirm] wiedergeben***) surekranigi dosieron; ***eine*** ~ ***[aus]drucken*** (***löschen***, ***umbenennen***) printi (forigi, renomi) dosieron
Datei|aktualisierung *f EDV* ĝisdatigo de dosiero; ~**format** *n EDV* dosiera formato *od* dosierformato; ~**größe** *f EDV* dosiergrando; ~**manager** *m EDV* dosiera ordigilo; ~**name** *m* dosiernomo; ~**verwaltung** *f*

EDV dosieradministrado

Daten *Pl EDV, Statistik* datenoj *Pl*; *Fakten* faktoj *Pl*; ***digitale*** (***persönliche***, ***statistische***, ***terminologische***, ***verschlüsselte***, ***verwaltete***) ~ diĝitaj (personaj, statistikaj, terminologiaj, ĉifritaj, mastrumitaj) datenoj *Pl*; ***die gesammelten ~ auswerten*** analizi la kolektitajn datenojn; ~ ***eingeben*** (***löschen***) *EDV* enigi (eligi) datenojn; ~ ***sammeln*** (*od* ***zusammentragen***) *allg od Statistik* kolekti datenojn; ~ ***speichern*** stori datenojn

Daten|analyse *f* analizo de datenoj; ~**austausch** *m* interŝanĝo de datenoj; ~**bank** *f EDV (elektronisches System zur Speicherung u. Verwaltung umfangreicher Datenmengen)* datenbanko; ~**bus** *m* (*Kurzf* ***Bus***) *EDV (Sammelleitung bei EDV-Anlagen [zur Übertragung von Daten u. Steuersignalen])* buso; ~**eingabe** *f EDV* daten-enigo *od* daten-enmeto

Datenendstation *EDV* ↑ ***Terminal a)***

Daten|erfassung *f EDV* datena registrado; ~**grafik** *f EDV* grafiko de datenoj; ~**klau** *m EDV (umg für «Diebstahl von elektronisch gespeicherten Daten»)* datenŝtelo, ŝtelo de [elektronike storitaj] datenoj; ~**kompression** *f EDV (Oberbegriff für alle Verfahren mit dem Ziel einer Datenreduktion [es werden hardwarebasierte Verfahren von Software-Lösungen unterschieden])* datenkompaktigo; ~**müll** *m EDV* datenrub[aĵ]o *od* datena rub[aĵ]o; ~**netz** *n EDV* datenreto; ~**sammlung** *f od* ~**satz** *m gesammelte Daten* datenaro; ~**schutz** *m* datenprotekt[ad]o; ~**sicherheit** *f* datensekureco; ~**speicher** *m EDV* datenstoro; ~**speicherung** *f EDV* storado de datenoj; ~**träger** *m EDV (Sammelbez. für verschiedene mobile Medien, auf denen Daten abgespeichert werden können)* datenportilo; ~**typ** *m* datentipo; ~**übertragung** *f EDV* datentransigo

Datenverarbeitung *f* (*Abk* ***DV***) datenprilabor[ad]o; ***elektronische*** ~ (*Abk* ***EDV***) elektronika datenprilabor[ad]o

Datenverarbeitungs|anlage *f EDV* datenprilaborilo; ~**operation** *f EDV* operacio de datenprilaboro; ~**system** *n EDV* sistemo de datenprilaboro

datieren ***a)*** *tr 1. mit einem Datum versehen 2. das Alter bzw. Entstehungsjahr bestimmen od festsetzen* dati (↑ *auch* ***rück-*** *u.* ***vordatieren*** ***b)*** *intr [her]stammen bzw. seinen Anfang genommen haben* datiĝi *od* datumi (***von*** *bzw.* ***vom*** de)

Datierung *f* datado (↑ *auch* ***Radiokarbondatierung***); *Festsetzung eines Datums* fiksado de la dato (*od i.w.S.* tempo *bzw.* epoko)

Dativ *m* (*Abk* ***Dat.***), *alt* ***Wemfall*** *m Gramm* dativo

dativisch *Adj im Dativ [stehend]* dativa

Dativobjekt *n Gramm* dativ-objekto *od* dativa objekto

Datowechsel *m Fin* postdata kambio

Datscha *od* **Datsche** *f [russisches] Ferienhaus* daĉo *auch i.w.S.* (↑ *auch* ***Bungalow***)

Dattel *f Frucht der Dattelpalme* daktilo; ~**-kern** *m* kerno de daktilo; ~**[kern]öl** *n* daktila oleo

Dattelpalme *f* (Phoenix dactylifera) *Bot* daktil[o]palmo; ***kanarische*** ~ (Phoenix canariensis) kanaria [daktil]palmo

Dattelpflaume *f, auch* ***chinesische Dattelpflaume*** *od* ***Kakipflaume*** *f* (Diospyros kaki) *Baum* kakinoko, *Frucht auch* kakinoka frukto; ~**wein** *m Getränk* daktila vino

Datum *n* dato (↑ *auch* ***Ausgabe-***, ***Geburts-***, ***Liefer-***, ***Verfalls-*** *u.* ***Zieldatum***); ~ ***des Poststempels*** dato de [la] poŝta stampo; ***ein historisches*** (***geschichtlich bedeutsames***) ~ historia (historie grava) dato; ***mit*** ~ ***vom ...*** datita la *Angabe folgt im Akk* ..., kun dato de ... *Angabe folgt im Nom*; ***ohne*** ~ *undatiert* sen dato *nachgest*; ***welches*** ~ ***haben wir heute?*** kiun daton ni havas hodiaŭ?

Datumfehler *m Zeitrechnungsfehler* dat--eraro

Datumsgrenze *f*: ***internationale*** ~ internacia dat[o]linio

Datum[s]stempel *m Stempel mit Datumsangabe* stampilo por indiki la daton; *gestempelte Datumsangabe* stampita dato

Dau *od* **Dhau** *f, auch* ***Dhow*** *f Mar (arab. Segelschiff mit 1½ Masten u. trapezförmig geschnittenem Lateinersegel)* daŭo

Daube *f Fass*² daŭbo, *auch* bareltabulo

Daubel *f* ↑ ***Fischnetz***

Dauer *f* daŭro (↑ *auch* ***Frist***); *Zeitraum* tempospaco, periodo (↑ *auch* ***Aufenthalts-***, ***Besuchs-***, ***Betriebs-***, ***Fahr-***, ***Gültigkeits-***, ***Höchst-***, ***Sprech-***, ***Verweildauer*** *u.* ***Zeitspanne***); ~ ***des Trainings*** *Sport* daŭro de la trejnado; ***auf die*** ~ por longa tempo; *fortwährend* daŭre, senĉese; *für immer* por ĉiam; ***von kurzer*** ~ mallongdaŭre

Dauer|ausstellung *f* konstanta ekspozicio; ~**auftrag** *m bes. Bankw* permanenta komisio; *Hdl* permanenta mendo; ~ **beschuss** *m od* ~**feuer** *n mit Geschützen* daŭra (*od* kontinua) kanonado *od* daŭra pafado per kanonoj; ~**brandofen** *m* konstante brula stovo

Dauerfrost *m Met* ↑ ***Permafrost***

Dauerfrostboden *m* ↑ ***Permafrostboden***

Dauerfrostregion *f* ↑ ***Permafrostregion***

dauerhaft *Adj beständig* daŭrema; *lange gebrauchsfähig* longe uzebla; *ständig* konstanta, daŭra, permanenta (↑ *auch* ***dauerhaft*** *u.* ***durabel***); ~***e Gefährdung*** *f* permanenta danĝero (***für*** por)

Dauerhaftigkeit *f Beständigkeit* daŭremo

Dauer|karte *f* abonbileto, *i.e.S.* sezona bileto; ~**lauf** *m* longdistanca kurado; ~**leihgabe** *f* konstanta prunto; ~**marke** *f Philat* ordinara poŝtmarko

[1]**dauern** *tr*: ***er dauert mich*** *er tut mir leid* mi kompatas lin; ***ihn dauert jeder Euro*** li domaĝas ĉiun eŭron

[2]**dauern** *intr sich hinziehen, währen* daŭri (↑ *auch* ***Bestand haben*** *u.* ***überdauern***); ***es dauert mir zu lange*** [daŭras] tro longe por mi; ***dauert es lange?*** *od* ***wird es lange dauern?*** ĉu daŭros longe?; ***einige Zeit*** (*od* ***eine Weile***) ~ daŭri iom da tempo ĉu daŭros longe?; ***vier Stunden*** ~ daŭri kvar horojn; ***wie lange dauert das?*** kiom (*od auch* kiel) longe daŭros?; ***wie lange soll das noch ~?*** kiom (*od auch* kiel) longe ĝi ankoraŭ daŭru?; ***das dauerte drei Jahre*** (***ein ganzes Leben [lang]***) tio daŭris tri jarojn (tutan vivon); ***wie lange dauert die Reparatur?*** kiom (*od auch* kiel) longe daŭros la ripar[ad]o?

dauernd 1. *Adj* daŭra, kontinua, konstanta; *fortwährend* ĉiama, senĉesa **2.** *Adv* daŭre, kontinue, konstante; *immer* ĉiam; *ohne aufzuhören* senĉese

Dauerregen *m* senĉesa pluvo

Dauersporen *f/Pl Biol* ↑ ***Wintersporen***

Dauer|stress *m* daŭra streso; ~**tropfinfusion** *f Med* daŭra infuzado (*od* gutigado envejna); ~**visum** *n* permanenta vizo; ~**weide** *f Landw* permanenta paŝtejo; ~**welle** *f Frisur* konstanta ondumo [de la hararo]

Daugava *f* ↑ *unter* ***Dwina***

Daugavpils (*n*), *dt.* ***Dünaburg*** (*n*) *eine lettische Stadt an der Düna* Daŭgavpilso

Dauhah (*n*) ↑ ***Doha***

Daumen *m bei Mensch, Affe, einigen Beutel- u. Nagetieren* dikfingro, *Fachspr Med od Zool* polekso; ***das Kind lutscht am*** ~ la infano suĉas sian dikfingron ◇ ***drück mir den ~!*** deziru al mi sukceson!

Daumenballen *m*, *Fachspr* ***Thenar*** *m Anat* ↑ ***Handballen***

Daumen|register *n*, *auch* ***Griffregister*** *n Buchw* noĉ-indekso; ~**schraube** *f hist: ein Foltergerät* dikfingra premilo

Däumling *m* **a)** *im Märchen* [la] Fingreto *od* [la] Malgranda Fingrulo ***b)*** *in einem Handschuh* dikfingrujo

Daune *od* **Daunenfeder** *f* lanugo (↑ *auch* ***Flaum***)

Daunen|kleid *n z.B. eines Jungvogels* lanuga vesto; ~**[stepp]decke** *f* lanuga peplomo

Dauphin *m Titel des franz. Thronfolgers 1349-1830* daŭfeno

Dauphiné *f eine historische Landschaft in SO-Frankreich [bedeutendste Stadt: Grenoble]* Daŭfenio, *auch* Daŭfenlando

Daus *n Kart* ↑ ***Ass***

DAV = *Abk für* ***Deutscher Alpenverein***

Davao (*n*) *eine Hafenstadt auf Mindanao/Philippinen* Davao; ~**golf** *m eine Meeresbucht an der SO-Küste von Mindanao* Golfo de Davao

David (*m*) *männl. Vorname* Davido *auch Name des Königs von Juda, später von Israel*

Davidshirsch *m*, *auch* ***Milu*** *m* (Elaphurus davidianus) *Zool* davida cervo, *auch* miluo

David[s]stern *m religiöses Symbol des Judentums [seit 1948 auch des Staates Israel]* davida stelo

Davis|cup *m Tennis* Davisa Pokalo; ~**straße** *f*, *engl.* ***Davis Strait*** *Meerenge zw. der kanadischen Baffininsel u. Grönland* Davisa Markolo

Davit *m Mar (Kranvorrichtung an Deck von Schiffen zum Haltern, Aussetzen u. Einholen von Booten über die Bordwand)* davito (↑ *auch* ***Drehdavit***)

davon *Adv **a)** dadurch* per tio; *darüber* pri tio; *ein Teil von* parto de; ***unabhängig*** ~, ***ob ...*** sendepende de tio, ĉu ... ***b)*** *Ort*: ***nicht weit*** ~ ne malproksime de tie ***c)*** *Grund: deshalb* pro tio; ***das kommt*** ~ *od* ***das hast du nun*** ~ jen la sekvoj ***d)*** *bei Verben*: ***das hängt*** ~ ***ab*** tio dependas de tio; ***was habe ich ~?*** *welchen Nutzen od Profit* kion mi profitos el tio?

davon|galoppieren *intr* forgalopi; ~**gehen** *intr fortgehen* foriri; *aufbrechen, losgehen* ekiri; ~**gleiten** *intr* forgliti; ~**jagen** *tr fortjagen* forpeli

davonkommen *intr einer Gefahr entrinnen* [el]savi sin el danĝero ◇ ***er ist mit dem Schrecken davongekommen*** li povis sin savi [el la teruraĵoj]

davon|laufen *intr* forkuri; ~**machen, sich** *refl umg: davonlaufen* forkuri; *sich [heimlich] devonschleichen* forŝteliĝi; ~**sausen** *intr wie eine Rakete* raketi; ~**scheren, sich** *refl* foriĝi; ~**traben** *intr* fortroti

davontragen *tr wegtragen* forporti; ***schwere Beschädigungen*** ~ *nach Beschuss, Erdbeben u.Ä.* suferi grandajn damaĝojn; ***einen völligen Misserfolg*** ~ renkonti plenan fiaskon; ***einen Sieg*** ~ gajni venkon

davor *Adv **a)** (Ort)* antaŭ ĝi (*od* tio) ***b)*** *(Zeit) vorher* antaŭe; ***am Abend*** ~ unu vesperon antaŭe *od* la vesperon antaŭ tiu tago ***c)*** *in Bezug auf* rilate [al] ***d)*** *bei Verben*: ***ich fürchte mich*** ~ mi timas tion; ***hüte dich ~!*** gardu vin kontraŭ tio!

davorlegen *od* **davorsetzen** *od* **davorstellen** *tr* antaŭmeti

DAX® = *Abk für **Deutscher Aktienindex*** [↑ *unter **deutsch***]

Dayak *m Ethn*: ***die*** ~ *Pl Sammelbegriff für verschiedene altindonesische Völker auf der Insel Kalimantan/Indonesien* la dajakoj *Pl* (↑ *auch **Iban** u. **Kajan***)

dayakisch *Adj* dajaka

Dayakisch[e] *n Ling (eine indonesische Regionalsprache)* la dajaka [lingvo]

Dazit *m Min* ↑ ***Dacit***

dazu *Adv **a)** (Zweck)* por [tio]; al tio; ~ ***langt das Geld nicht*** por aĉeti tion la mono ne sufiĉas (*bzw.* sufiĉos); ***ich habe keine Lust*** ~ mi ne havas emon al tio *od* mi ne emas fari tion [ĉi] ***b)*** *(Betreff)* pri tio, rilate (*od* koncerne) tion; ***was sagst du ~?*** kion vi diras (*od* opinias) pri tio? ***c)*** *als Zugabe* aldone; *außerdem* krome; *noch dazu* plie

dazu|gehören *intr* aparteni [al]; *beteiligt sein* kunagi; ~**gehörig** *Adj* apartenanta al [tio]; *in Zusammenhang stehend mit* havi rilaton al [tio]; ~**halten, sich** *refl sich beeilen* rapidi

dazukommen *intr **a)** eintreffen* [al]veni (***als*** kiam); ***ich kam gerade dazu, als ...*** mi ĝuste venis en la momento, kiam ... ***b)*** *zusätzlich hinzukommen* aldoniĝi; ***dazu kommen noch die Kosten für ...*** [al tio] ankoraŭ aldoniĝas la kostoj por ... ***c)*** *die Möglichkeit haben zu* havi la ebl[ec]on [por]; *die Zeit haben zu* havi la tempon [por]; ***ich bin nicht dazugekommen, den Brief zu schreiben*** mi ne havis la eblecon (*bzw.* tempon) [por] skribi la leteron ◇ ***wie bist du denn dazu gekommen?*** kiamaniere vi do akiris tion?, kiamaniere vi havigis [ĉi] tion al vi?

dazulegen *tr z.B. als Briefanlage* aldoni

dazumal *alt* = ***damals***

dazwischen *Adv **a)** örtl* intere de, inter ili, inter tiuj; *in der Mitte* en la mezo; ***es stand jmd.*** ~ iu staris inter ili ***b)*** *zeitl* intertempe, dume

dazwischen|drängen, sich *refl* sin enpremi [en *mit Akk*]; ~**fahren** *intr unterbrechen, ins Wort fallen* interrompi [ies parolon]; *in eine Auseinandersetzung* enmiksiĝi *od* sin enmiksi [por fini debaton *bzw.* kverelon *u.a.*]; ~**gehen** *intr* interveni; *i.w.S. öffentlich auftreten u. sich zu etw. äußern* elpaŝi [dirante *bzw.* deklarante *u.a.*]

dazwischenkommen *intr sich ereignen* okazi; *intervenieren* interveni; *sich einmischen* enmiksiĝi; ***wenn nichts dazwischenkommt*** se ne io eksterordinara okazos

dazwischen|legen *tr* intermeti; ~**reden** *intr* sin miksi en la paroladon (*od* konversacion *u.a.*); ~**schieben** *od* ~**stecken** *od* ~**tun** *tr* interŝovi *od* intermeti, ŝovi (*od* meti) inter *mit Akk*; ~**treten** *intr auseinanderbringen, z.B. Streitende* interveni, enmiksiĝi [en *mit Akk*]; *i.w.S. zu vermitteln suchen* provi akordigi [kverelantajn personojn *u.a.*]

dB = *Zeichen für **Dezibel*** [↑ *dort*]

Dd. = *Abk für **Doktorand***

DD = *Abk für **Differenzialdiagnose***

DDR *f Gesch* (*Abk für **Deutsche Demokratische Republik***) GDR (*Abk für* Germana Demokratia Respubliko); ***zu DDR-Zeiten*** dum [la] GDR-a [*lies: godoroa*] tempo

DDT *n Chem (ein Kontaktgift zur Schädlingsbekämpfung)* DDT [*ˈdoˈdoˈto*]

deaktivieren, *selt auch **desaktivieren** tr* malaktivigi

Dealer [*ˈdi:...*] *m **a)** kurz für **Drogendealer*** [↑ *dort*] ***b)*** *engl.* = ***Händler***

DEB [*ˈde:ˈe:ˈbe:*] *Abk für **Deutscher Esperanto-Bund*** [↑ *unter **deutsch***]

Debakel *n [enorme] Niederlage* [granda] malvenko; *Fiasko* fiasko

Debatte *f **a)** [lebhafte] Erörterung [in Rede und Gegenrede]* debato *auch Parl* (↑ *auch*

General-, Haushalts- Parlamentsdebatte** u. **Wortgefecht); ***eine hitzige*** ~ temperamentoplena debato; ***eine langwierige*** ~ long[e]daŭra [kaj peniga] debato; ***eine ~ auslösen*** provoki debaton; ***die ~ leiten*** (***verkürzen***) *Parl* direkti (kurtigi) la debaton; ***das Gesetz wurde ohne längere~n angenommen*** la leĝo estis akceptita sen longaj debatoj ***b)*** *i.w.S.* [diskutata] demando

debattieren *intr* debati *auch Parl* (*vgl. dazu* ***diskutieren***); ***mit jmdm. über etw.*** ~ debati kun iu pri io

Debattierklub *m* debata klubo (*od* societo)

Debet *n Fin (Soll)* debeto; ~**saldo** *m Sollsaldo* debetsaldo *od* debeta saldo

debil *Adj Med, Psych* [mense] debila

Debilität *f Med, Psych (leichtester Ausprägungsgrad der Oligophrenie)* [mensa] debileco (*vgl. dazu* ***Schwachsinn***) *<nicht mehr gebräuchliche Bez für eine leichte Intelligenzschwäche>*

debitieren *Bankw, Fin* debeti

Debitor *m Hdl (alt für «Schuldner»)* debitoro; ~**konto** *n Buchhaltung* debitorkonto

Debora (*f*) ***a)*** *bibl ([im Alten Testament:] Prophetin u. charismatische Führerin)* Debora ***b)*** *auch* ***Deborah*** *weibl. Vorname* Debora

Debrecen (*n*) *eine Stadt in NO-Ungarn* Debreceno

Debrecener Heide *f* ↑ ***Hortobágy***

Debugger *m EDV (ein Programm zur Suche von Programmfehlern, die im Englischen als «bug» [Wanze] bezeichnet werden)* erarserĉilo

Debüt [*de'by:*] *n Theat* debuto *auch übertr*

Debütant *m* debutanto *auch übertr*

debütieren *intr Film, Theat (zum ersten Mal öffentlich auftreten)* debuti; *i.w.S. mit etw. ganz neu beginnen, [beruflich] eine neue Laufbahn beginnen, erstmalig in Erscheinung treten* unuafoje sin prezenti, unuafoje elpaŝi

Decamerone *m, auch n Lit* ↑ ***Dekameron***

Dechant *kath. Kirche* dekano

Dechiffreur *m* malĉifristo

dechiffrieren *tr* malĉifri (↑ *auch* ***entziffern***)

Dechiffrieren *n od* **Dechiffrierung** *f* malĉifrado

dechseln *tr*: ***Schwellen*** ~ *Gleisbau* noĉi ŝpalojn

Dechseln *n Gleisbau (Einschneiden der Schwellen)* noĉado

Decidua *f nur Fachspr Gynäkologie (oberste Schleimhautschicht der Gebärmutter in der Schwangerschaft)* deciduo

Decimus (*m*) *röm. Eig* Decimo

Deck *n, selt auch* ***Verdeck*** *n Mar* ferdeko (↑ *auch* ***Achter-, Boots-, Haupt-, Lande-, Ober-, Orlop-, Mittel-, Promenaden-, Schatten-, Sonnen-, Unter-, Vor-, Vorder-, Winden-*** *u.* ***Zwischendeck***); ***Aufbau*** *m* ***auf ~***, *auch* ***Deckhaus*** *n*, *Fachspr* ***Roof*** [*ru:f*] *n* rufo, *auch* ferdekdomo; ***ein Schiff mit zwei ~s*** du-ferdeka ŝipo

Deck|adresse *f* kaŝ-adreso; ~**balken** *m Schiffbau (die Deckplanken tragender Querverband)* baŭo; ~**bett** *n Bettdecke* litkovrilo; *Federbett* plumono (*vgl. dazu* ***Steppdecke***); ~**blatt** *n, auch* ***Hoch-*** *od* ***Tragblatt*** *n*, *Fachspr* ***Braktee*** *f Bot* brakteo

Decke *f allg für «Abdeckung od Schicht über od um etw. herum» (auch zur Dämmung od Isolierung)* kovraĵo, *(Überzug)* tegaĵo (↑ *auch* ***Akustik-, Daunen[stepp]-, Moosdecke, Plaid, Reifen, Pferde-, Reise-, Schlaf-, Stepp-, Straßen-, Wachstuch-*** *u.* ***Wolldecke***), *(Bedeckung aus Laub, Schnee u.Ä.)* sternaĵo; *Schlaf*~ litkovrilo, kovrilo [por dormi] (↑ *auch* ***Babydecke***); *Tisch*~ tablotuko; *Zimmer*~ plafono (↑ *auch* ***Gips-, Holz-, Kassetten-*** *u.* ***Stuckdecke***); *Fachspr Bauw (Decke als tragende horizontale Struktur)* tekto ◇ ***vor Wut an die Decke gehen*** *sehr wütend od zornig werden* pro koler[eg]o ekflami; ***unter einer ~ stecken*** sekrete interkonsenti (*bzw.* kunlabori)

Deckel *m* kovrilo; *Buch*~ kovrilo de libro; *Verschluss* fermilo (↑ *auch* ***Glas-, Klapp-, Klosett-, Luken-, Papp-, Pfannen-, Sarg-, Schacht-, Schraub-*** *u.* ***Topfdeckel***); ~**kapsel** *f*, *<wiss>* ***Pyxidium*** *n Bot (einer Öffnungsfrucht [bestehend aus mehreren Blättern])* kovrilkapsulo, *<wiss>* piksidio; ~**korb** *m* korbo kun kovrilo

deckellos *Adj* senkovrila

decken *tr* ***a)*** *abdecken, zudecken* kovri; *[auf dem Boden] ausbreiten* sterni (***auf*** sur); *mit einem Dach versehen* tegmenti; *schützen, absichern* protekti, ŝirmi; ***den Bedarf*** ~ kontentigi (*od auch* kovri) la bezonon; ***ein Dach mit Stroh*** ~ tegmenti domon per pajlo; ***den Tisch für vier Personen*** ~ pretigi (*od* aranĝi) la [manĝo]tablon por kvar personoj ***b)*** *Ausgaben* kovri; ***die Kosten*** ~ kovri la kostojn; ***der Scheck ist nicht ge-***

deckt la ĉeko estas nekovrita ***c)*** *beschälen, z.B. Hengst eine Stute* fekundigi ***d)*** *Handball, Fußball (einen Spieler)* kovri ***e)*** *refl*: ***sich*** ~ *identisch sein* esti identa; *kongruent sein* esti kongrua; *völlig übereinstimmen* koincidi; *von gleicher Form sein* esti egala, esti samforma (***mit*** kun); *übertr (sich schützen)* sin gardi (***gegen*** kontraŭ)

Decken|balken *m, auch **Unterzug** m Bauw (Balken, der auf dem Mauerwerk aufliegt)* solivo; ~**fenster** *n Dachfenster* tegmenta fenestro; ~**gemälde** *n* [sur]plafona pentraĵo; ~**laufkran** *m Tech* subplafona (*od* rulponta) gruo; ~**licht** *n, auch **Deckenbeleuchtung** f* plafonlumo; ~**malerei** *f* plafonpentrado; ~**putz** *m Bauw* plafonpuco, *(falls stuckartig)* plafonstukaĵo *od* plafona stukaĵo; ~**ventilator** *m* plafona ventolilo

Deckflügel *m Ent (Flügeldecke)* elitro (↑ *auch* ***Halbdeckflügel***)

Deckgewebe *n Anat* ↑ ***Epithelgewebe***

Deckhaus *n Mar* ↑ *unter* ***Deck***

Deckhengst *m* fekundiga stalono

Deckkraft *f*: ***die*** ~ ***dieser Farbe*** *Mal* la kovra povo de tiu farbo

Deck|ladung *f, auch **Decksladung** f Mar* [sur]ferdeka kargo; ~**luke** *f Mar (verschließbare Öffnung im Deck zum Betreten der darunter liegenden Schiffsräume)* ferdekpordo

Deckmantel *m*: ***unter dem*** ~ ***von ...*** sub la vualo de ...; ***als*** ~ ***dienen für ...*** servi kiel preteksto por ...

Deckname *m* kaŝnomo, pseŭdonimo; *bei Militäroperationen u.Ä. auch* kodita nomo

Decksbalken *m Schiffbau (querschiffs angeordneter Träger)* solivo

Decksladung *f Mar* ↑ ***Deckladung***

Deckspassagier *m Mar (Fahrgast, der auf kurzen Reisen, insbes. in wärmeren Ländern, ohne Anspruch auf einen Kabinenplatz befördert wird)* surferdeka pasaĝero

Deckspelze *f Bot (Blütenhüllblatt bei Gräsern)* lemo

Deckspoller *m Mar (Holz- od Metallpfosten an Deck zur Befestigung der Taue)* bito (↑ *auch* ***Vertäupoller***)

Deckung *f Bankw, Fin (Garantie)* kovro, garantiaĵo (↑ *auch* ***Kostendeckung***); *Schutz, bes. Mil* protekto, ŝirmo; *Sport (des Gegenspielers [bei Mannschaftsspielen])* kovrado, *i.w.S. Verteidigung* defend[ad]o; ~ ***des Bedarfs*** kontentigo (*od auch* kovro) de la bezono; ***für*** ~ ***sorgen*** *Fin* doni kovron; ***in*** ~ ***gehen*** *Schutz suchen* serĉi ŝirmon

deckungsgleich kongrua *auch Math*

Deckungsgleichheit *f Kongruenz* kongru[ec]o *auch Math*

Deckungsrück|lage *od* ~**stellung** *f Versicherungswesen* ↑ ***Prämienreserve***

Deckungsumfang *m Fin* amplekso de kovro

Deckzellenschicht *f Anat* ↑ ***Epithelium***

Decoder *m Gerät zum Entschlüsseln von Meldungen bzw. Daten* malkodilo

decodieren, *auch **dekodieren** tr entschlüsseln* malkodi; *dechiffrieren* malĉifri

Decodierung *f, auch **Dekodierung** f* malkodado; *Dechiffrieren* malĉifrado

Décolleté *n* ↑ ***Dekolletee***

decrescendo (*Abk* ***decresc.***) *Adv Mus (leiser werdend, abnehmend)* dekresĉende

Decrescendo *n Mus* dekresĉendo

Dedekind (*m*) *Eig (deutscher Mathematiker [1831-1916])* Dedekindo

Deduktion *f Kybernetik, Logik, Phil (Ableitung des Besonderen aus dem Allgemeinen, Erkenntnis des Einzelfalls durch ein allgemeines Gesetz)* dedukt[ad]o (*vgl. dazu **Schlussfolgerung** u. **Syllogismus***)

deduktiv, *auch **deduzierend** Adj* dedukta

deduzieren *tr etw. Besonderes aus dem Allgemeinen ableiten, [logisch] folgern* dedukti (***aus*** el)

Deerhound *m* (*auch **schottischer Hirschhund** genannt*) *eine britische Hunderasse* skota cervohundo *<früher zur Hetzjagd auf Hirsche verwendet>*

Deeskalation *f eines Konflikts* maleskalado

de facto *Adv tatsächlich [bestehend]* fakte

Defäkation *f Med od geh für «Stuhlentleerung»* fekado

defäkieren *intr Med od geh (Kot ausscheiden)* feki

Defätismus *m, <schweiz> auch **Defaitismus** m Hoffnungslosigkeit* defetismo

Defätist *m, <schweiz> auch **Defaitist** m jmd., der mut- u. hoffnungslos ist, Schwarzseher* defetisto (↑ *auch* ***Miesmacher***)

defätistisch *Adj* defetisma

defekt *Adj kaputt* difekt[it]a; *zerbrochen* rompiĝinta; *mangelhaft* mankohava

Defekt *m Fehler, Mangel, Schaden* difekto (↑ *auch* ***Motordefekt***); *Panne* paneo (↑ *auch **Motor-** u. **Reifenpanne***)

defensiv 1. *Adj* defensiva **2.** *Adv* defensive; ~ ***spielen*** *Sport* ludi defensive

Defensive *f Mil* defensivo *auch übertr* (↑ *auch* ***Verteidigung***); ***strategische ~*** strategia defensivo; ***sich in der ~ halten*** sin teni en (*od* je) la defensivo

Defensivwaffen *Pl Mil* defensivaj armiloj *Pl*

Defibrinieren *n Med (Entfernen des Fibrins aus frischem Blut)* senfibrinigo

Defilee *n bes. Mil ([parademäßiger] Vorbeimarsch]* defil[ad]o

defilieren *intr bes. Mil (parademäßig vorbeiziehen, z.B. am Befehlshaber, Staatsoberhaupt u.Ä.* defili (*vgl. dazu* ***vorbeimarschieren***)

definierbar *Adj* difinebla

definieren *tr* difini

Definition *f Logik* difino, *als Vorgang (das Definieren) auch* difinado; ***~ durch Kontext*** *od* ***kontextuale ~*** *Ling* difino per kunteksto; ***der ~ nach*** laŭdifine

definitionsgleich *Adj* egala laŭ difino

Definitions|wandel *m* difinoŝanĝo; **~wörterbuch** *n Ling* difin[o]vortaro

definitiv 1. *Adj* definitiva **2.** *Adv* definitive (*vgl. dazu* ***abschließend*** *u.* ***endgültig***); ***etw. ~ abmachen*** *etw. festmachen* definitivigi ion

definitorisch *Adj geh*: ***ein ~ schwieriges Problem*** problemo, kiu estas malfacila por difini

Defizit *n* ***a)*** *auch* ***Fehlbetrag*** *m*, *<schweiz>* ***Minderertrag*** *m Fin* deficito *auch i.w.S.* (↑ *auch* ***Ernte-*** *u.* ***Handelsdefizit***) ***b)*** *auch* ***Mangel*** *m* deficito, *auch* manko (*vgl. dazu* ***Verlust***)

defizitär *Adj einen Fehlbetrag aufweisend, mit einem Fehlbetrag abschließend; verlustbringend* deficita; ***~ sein*** *ein Defizit aufweisen* esti deficita, prezenti deficiton

Deflagration *f*, *auch* ***Verpuffung*** *f Bergb (verhältnismäßig langsam erfolgende Explosion von Sprengstoffen)* deflagr[aci]o

Deflation *f 1. Fin (Verminderung des Zahlungsmittelumlaufs [Ggs: Inflation]) 2. Geol (Verwehung kleiner Bodenteilchen durch Windeinfluss auf trockenen u. ungeschützten Böden <eine Form der Erosion>)* deflacio

deflationär *u.* **deflationistisch** ↑ ***deflatorisch***

Deflations|politik *f wirtschaftspolitische Maßnahme(n) zur Verhinderung einer Inflation* deflacia politiko; **~spirale** *f Fin* deflacia spiralo

deflatorisch, *auch* ***deflationär*** *od* ***deflationistisch*** *Adj* deflacia

Defloration *f*, *umg* ***Entjungferung*** *f sex* deflorado

deflorieren *tr*, *umg* ***entjungfern*** *sex* deflori, *umg* senvirgigi, *[derber:]* senhimenigi

Deformation *f allg (das Deformieren)* deformado *auch Phys u. Tech*, *(das Deformierte, Missbildung)* deformaĵo, *(Verformtheit)* deformiteco

deformieren *tr aus der Form bringen* deformi; *missbilden* misformi (↑ *auch* ***entstellen***); ***deformiert*** deformita, misformita *auch Gliedmaßen, Körper*

Deformität *f Verformtheit (Zustand)* deformiteco, *(als Ergebnis)* deformitaĵo *auch Med*

Defragmentierung *f EDV (Begriff, der Verfahren zur nachträglichen Speicherung von fragmentierten Dateien in zusammenhängenden Speicherbereichen beschreibt)* malfragmentiĝo (*vgl.dazu* ***Fragmentierung b)***)

Defraudation *f Unterschlagung von Geldern* defraŭdo, *auch* prifraŭdo (*vgl. dazu* ***Steuerhinterziehung***)

defraudieren *tr betrügen [indem man eine anvertraute Sache für sich selbst verwendet]* defraŭdi (*vgl. dazu* ***unterschlagen***)

Defroster *m Kfz (Anlage bzw. Sprühmittel gegen das Vereisen der Windschutzscheibe)* senfrostigilo

deftig *Adj scharf gewürzt* forte spicita; *reg für «kräftig»* forta (↑ *auch* ***sättigend***); ***eine ~e Mahlzeit*** riĉa [kaj fortiga] manĝo

Degen *m* spado; *Rapier, Hau*~ rapiro

Degeneration *f* degener[ad]o (↑ *auch* ***Entartung*** *u.* ***Nierendegeneration***)

Degenerations|erscheinung *f* signo de degenerado; **~psychose** *f*, *auch* ***Alterungspsychose*** *f Med* degenera psikozo

degenerativ *Adj* degenera; ***~e Gelenkerkrankungen*** *f/Pl Med* degeneraj artikomalsanoj *Pl*; ***~er Prozess*** *m Med* degenera proceso

degenerieren *intr Biol, Med* degeneri; *i.w.S. sich negativ entwickeln* negative evolui; ***degeneriert*** degenerinta (↑ *auch* ***entartet***)

Degenerierte *m* degenerinto

Degen|fechten *n Sport* spadoskermado; **~-fechter** *m Sport* spadoskermisto; **~fisch** *m* (Trichiurus japonicus = Trichiurus lepturus) *Ichth* trikiuro *[Vorkommen: Atlantik (Madeira-Küste) u. Japan]*

degenförmig *Adj* spadoforma
Degen|gehänge *n* balteo [por la spado]; ~**klinge** *f* klingo de rapiro; ~**knopf** *m an der Degenspitze* butono de rapiro (*vgl. dazu* ***Knauf a)***)
Degradation *f Mil* ↑ ***Degradierung***
degradieren *tr im Rang herabsetzen, bes. Mil* degradi (***wegen*** pro); *herabwürdigen* malglori, profani
Degradierung *f, auch* ***Degradation*** *f bes. Mil (Herabsetzung [im Rang])* degradado
Degression *f Wirtsch (relative Kostenabnahme bei steigender Produktionsmenge)* malprogresivo
degressiv *Adj* malprogresiva
Degu *m* (Octodon degu) *Zool (eine in Chile heimische Nagetierart)* deguo <*Degus werden in Europa auch als Heimtiere gehalten*>
Degustation *f* ↑ ***Verkostung***
degustieren ↑ ***verkosten***
Dehiszenz *f nur Fachspr Biol u. Med für «Auseinanderweichen» od «Klaffen» od «Aufbrechen» auch z.B. einer Wunde* dehisk[ad]o
dehnbar *Adj* etendebla; *anspannbar* streĉebla; *elastisch* elasta; *Tech (verformbar)* duktila, *(dilatabel)* dilatebla (*vgl. dazu* ***streckbar***)
Dehnbarkeit *f* etendebleco; streĉebleco; *Elastizität* elasteco; *Verformbarkeit* duktileco; *Zuwachs an Volumen* dilateblo *auch Med*; ***Grenze der*** ~ streĉolimo
dehnen *tr* etendi *auch die Glieder*, streĉi (↑ *auch* ***überdehnen***); *Volumen erweitern* dilati *auch Med*; *allg auch* plilarĝigi, plivastigi; ***sich*** ~ *sich ausdehnen* etendiĝi; *sich strecken* sin streĉi, streĉiĝi; *länger werden* [pli]longiĝi; *Phys* dilatiĝi *auch von Körperhohlorganen*; ***der Weg dehnte sich endlos*** la vojo ŝajnis neniam finiĝi
Dehner *m* (Musculus dilatator) *Anat (ein Muskel)* dilatanto
Dehngymnastik *f* ↑ ***Stretching***
Dehnsonde *f Medizintechnik* ↑ ***Bougie***
Dehnung *m* etendado; streĉado; dilatado
Drehungs|achse *f Naturw* akso de rotacio; ~**messer** *m Tech* tensiometro
Dehydration *od* **Dehydrierung** *f Chem* senhidratigo *bzw.* senhidratiĝo
dehydratisieren *od* **dehydrieren** ***a)*** *tr [einer chem. Verbindung] Wasser entziehen* deshidrati *od* senhidratigi ***b)*** *intr* senhidratiĝi

DEI = *Abk für* ***Deutsches Esperanto-Institut*** [↑ *unter* ***deutsch***]
Deianeira (*f*) *griech. Myth (Frau des Herakles)* Dejanira
Deich *m Schutzdamm an flachen Küsten u. Flussmündungen* digo (↑ *auch* ***Binnen-, Polder-*** *u.* ***Schutzdeich***); ***den*** ~ ***überspülen*** *Hochwasser* superakvi (*od* inunde transsalti) la digon
Deich|böschung *f* digotaluso *od* diga taluso; ~**bruch** *m* [dis]rompiĝo de digo
Deichsel *f* timono; *Doppel*~ timonparo (↑ *auch* ***Gabeldeichsel***); ***das Pferd an die*** ~ ***spannen*** jungi la ĉevalon al la timono
Deich|gabel *f* timonforko; ~**macher** *m* timon[far]isto
deichseln *tr umg* manipuli, [iel *od* per iuj artifikoj] aranĝi; ***wir werden die Sache schon*** ~ ni certe iel aranĝos la aferon
Deichsel|pferd *n* timonĉevalo; ~**stange** *f* timonstango
Deichwärter *m* digogardisto
Deifikation *f geh für «Vergötterung [eines Menschen od Dinges]»* diigo
deiktisch *Adj hinweisend (als Eigenschaft bestimmter sprachlicher Einheiten [z.B. von Demonstrativpronomen])* deikta (*vgl. dazu* ***Deixis***)
Deimos *m Astron (ein Satellit des Mars)* Dejmoso
dein|(~**e**) **1.** *Poss Pron 2. Pers Sg* via, *selt (nur wenn die Vertraulichkeit betont werden soll) auch* cia; ***wo ist ~e Mutter?*** kie estas via patrino?; ***die*** ~***[ig]en*** *Pl* la viaj *Pl*, *(deine Familie)* via familio *Sg*, *auch* viaj familianoj *Pl* **2.** *Pers Pron*: ***ich gedenke ~er*** mi pensas pri vi
deinerseits *Adv* viaflanke, viaparte
deinesgleichen *Pron* homoj (*od* personoj) de via speco
deinet|halben *od* ~**wegen** *od* ~**willen** *Adv* ***a)*** *Grund* pro vi ***b)*** *Zweck* por vi
Deismus *m Phil (Gottesglaube [aus Vernunftgründen]: Auffassung, nach der Gott zwar die Welt erschaffen hat, aber in keiner Weise in ihren Lauf eingreift)* diismo, *Zam auch* deismo <*der Deismus wendet sich gegen Wunder- u. Autoritätsglauben sowie die Berufung auf eine übernatürliche Offenbarung*> (*vgl. dazu* ***Theismus***)
Deist *m Phil (Anhänger des Deismus)* diisto, *auch* deisto
Deister *m ein Höhenzug des Weserberglan-*

des südwestlich von Hannover [altaĵo] Dejstro

Deixis *f Ling (hinweisende Funktion von Wörtern [z.B. Pronomen wie «dieser», «jener», Adverbien wie «hier», «heute» in einem Kontext])* deikto

Dej *m 1. ehem: Titel des Oberhaupts der Janitscharenherrscher in Algerien 2. ehem: Titel der Herrscher von Tunis u. Tripolis* dejo

Déjà-vu-Erlebnis *n Psych (Eindruck, Gegenwärtiges schon einmal «gesehen», erlebt zu haben)* deĵavu-sensaĵo

de jure *Adv: dem Recht nach* laŭjure

Dekabristen *m/Pl russ. Gesch* decembristoj, *auch* dekabristoj *Pl*

Dekade *f Zeitraum von zehn Tagen* tagdeko *Zam auch* dekado

dekadent *Adj* dekadenca

Dekadenz *f* dekadenco (*vgl. dazu* ***Verfall a)***)

dekadisch ↑ ***dezimal***

Deka|eder *n, auch* ***Zehnflächner*** *m Geom (von 10 regelmäßigen Vielecken begrenzter Körper)* dekedro; ~**gramm** *n,* <*österr*> *auch Kurzf* ***Deka*** *n* (*Zeichen* ***Dg*** *od* ***dag***) *zehn Gramm* dekagramo

Dekalin® *n, auch* ***Dekahydronaphthalin*** *n Chem* dekalino *od* dekaleno

Dekaliter *n* (*Zeichen* ***dal***) dekalitro

Dekalog *m die alttestamentlichen mosaischen Zehn Gebote* dekalogo

dekalzinieren ↑ ***entkalken***

Dekameron *n, ital.* ***Decamerone*** *m, auch n Boccaccios Erzählungen der «zehn Tage»* <*meist erotischen Inhalts*> dekamerono *(auch Großschr)*

Dekameter *m od n* (*Zeichen* ***dam***) dekametro (= 10 m)

[1]**Dekan** *m Kirche, Univ* dekano

[2]**Dekan** *n Chem* dekano

Dekanat *n Kirche (Amtswohnung eines Dekans), Univ (als Ort)* dekanejo, *(Amt od Amtsbereich eines Dekans)* dekaneco

dekantieren *tr eine Flüssigkeit abklären, vom Bodensatz [vorsichtig] abgießen* dekanti

Dekantieren *n bes. Chem* dekantado

Dekapoden *m/Pl Zool* = ***Zehnfüßer***

Dekapolis *f Gesch (zehn hellenistische Städte im Ostjordanland, die, 63 v. Chr. durch Pompejus von der jüdischen Herrschaft befreit, sich zu einem Bund zusammenschlossen [bis ins 2. Jh. n. Chr.])* Dekapolo

Dekapsulation *f Chir:* ***eine ~ vornehmen*** senkapsuligi

Dekateur *m* dekatisto

dekatieren *tr mit Wasserdampf behandeln (um Einlaufen nach dem Waschen zu verhindern) [Gewebe, Stoffe u. Tuche]* dekati

Dekatieren *n* dekatado

Dekhan *od* **Dekkan** *m ein Hochland Vorderindiens* Dekhano *od* Dekkano

Deklamation *f* deklam[ad]o

Deklamator *m, auch* ***Vortragskünstler*** *m* deklamisto

deklamieren *tr u. abs [kunstgerecht] vortragen* deklami

Deklaration *f* deklaro *auch beim Zoll*; *offizielle Erklärung auch* deklaracio; ~ ***der Menschenrechte*** deklaracio pri la homaj rajtoj; ~ ***von Tyresö*** *eine Erklärung des 25. TEJO-Kongresses [1969 im schwedischen Ort Tyresö], die sich gegen die bisher von UEA [unter Lapenna] praktizierte bisherige totale politische Neutralität für eine aktive Neutralität aussprach, nach der Esperantisten in sprachpolitischen Fragen nicht neutral sein können* Deklaracio de Tyresö

deklarieren *tr Waren vor dem Zoll* deklari; ***deklarierter Wert*** *m* deklarita valoro

deklassieren *tr Sport (überlegen besiegen):* ***einen Gegner*** ~ turalte superi kontraŭulon

deklinabel ↑ ***deklinierbar***

Deklination *f 1. Gramm (Abwandlung des Nomens [nach Genus, Numerus u. Kasus]) 2. Astron (Winkelabstand eines Gestirns vom Himmelsäquator) 3. Geophysik (Winkel zw. Geographisch-Nord u. Magnetisch-Nord)* deklinacio

Deklinationskreis *m Astron* ↑ ***Stundenkreis***

deklinierbar, *auch* ***deklinabel*** *Adj Gramm:* ~***es Wort*** *n* deklinaciebla vorto

deklinieren *Gramm* deklinacii

Deklive *f:* ~ ***im Ohrlabyrinth*** *nur Fachspr Anat* vestibla deklivo de la kokleo

dekodieren ↑ ***decodieren***

Dekokt *n Pharm* ↑ ***Abkochung***

Dekolletee *od* **Dekolleté** *n,* <*schweiz*> ***Décolleté*** *n [tiefer] Ausschnitt [an Damenkleidern]* dekoltaĵo (*vgl. dazu* ***Ausschnitt***)

dekolletieren *tr 1. weit ausschneiden (Kleid) 2. Hals [und Schultern] entblößen* dekolti

dekolletiert *Adj [tief, oft auch schulterfrei] ausgeschnitten* dekoltita

Dekolonisation *od* **Dekolonisierung** *f Gesch (Entkolon[ial]isierung)* malkoloniigo

dekolonisieren *tr* malkoloniigi

Dekompressionskrankheit *f* ↑ ***Dysbarismus***

Dekontamination *f* malkontamin[ad]o, *i.w.S. auch* senpoluado

Dekontaminationsplatz *m* loko de malkontaminado

dekontaminieren *tr* malkontamini

Dekor *n Theat* dekoro; *i.w.S. Zierat* ornamaĵo

Dekorateur *m* dekoraciisto (↑ *auch* ***Schaufensterdekorateur***)

Dekorateurin *f* dekoraciistino

Dekoration *f* ***a)*** dekoracio (↑ *auch* ***Blumen-*** *u.* ***Tischdekoration***); *Bühnen*~ sceneja dekoracio, *auch* scenaranĝo ***b)*** *Orden* ordeno; *Ehrenzeichen* honorsigno (↑ *auch* ***Dekorierung***)

Dekorations|papier *n* dekoracia papero; **~stoff** *m*, *umg* ***Dekostoff*** *m* dekoracia ŝtofo; **~umbau** *od* **~wechsel** *m im Schaufenster, auf der Bühne* dekoracioŝanĝo

dekorativ *Adj* dekoracia

dekorieren dekoracii *auch mit Orden od Ehrenzeichen*; *schmücken* ornami (***mit*** per); ***ein Schaufenster*** ~ dekoracii montrofenestron [de magazeno]

Dekorieren *n od* **Dekorierung** *f auch mit Orden u.Ä.* dekoraciado (↑ *auch* ***Ausschmückung***)

Dekostoff *m* ↑ ***Dekorationsstoff***

Dekrement *n El, Math* dekremento; ***logarithmisches*** ~ *Kennzahl für die Dämpfung einer Schwingung* logaritma dekremento

Dekrepitation *f Chem (das knisternde Zerplatzen von Kristallen bei Erhitzung)* dekrepit[ad]o

dekrepitieren, *auch* ***verknistern*** *intr Chem (zerplatzen [bei Erhitzung])* dekrepiti

Dekreszenz *f der Kristallstruktur* dekremento

Dekret *n Erlass einer hohen Behörde* dekreto (*vgl. dazu* ***Erlass***, ***Verfügung*** *u.* ***Verordnung***)

dekretieren *tr* dekreti, ordoni per dekreto (***dass*** ke); *i.w.S. beschließen* decidi

Dekubitus *m Med* ↑ ***Aufliegen*** *u.* ***Wundliegen***

Delaware (*n*) (*Abk* ***Del.***, *postalisch* ***DE***) *ein US-Bundesstaat* Delavaro *[Hptst.: Dover]*; ~ ***River*** *m ein Fluss in den USA* rivero Delavaro

Delcredere *n Fin, Wirtsch* = ***Delkredere***

Deleatur *n Typ (Korrekturzeichen im Druckwesen)* viŝsigno

Delegat *m* delegato *bzw.* delegito

Delegation *f* delegacio (↑ *auch* ***Handels-***, ***Regierungs-*** *u.* ***Studentendelegation***); *Gesamtheit der Delegierten auch* delegitaro; ***ständige*** ~ fiksa delegacio

Delegations|leiter *m* estro de la delegacio, *auch* delegaciestro; **~mitglied** *n* membro de [la] delegacio

delegieren *tr* delegi

Delegierte ***a)*** *m* delegito (*Abk* del., *[im UEA-Jarlibro auch* D); *Delegationsmitglied* membro de [la] delegacio; ***ständige*** ~ permanenta delegito ***b)*** *f* delegitino

Delegiertenkonferenz *f* konferenco de delegitoj

Delegiertennetz *n*: ***das*** ~ ***des Esperanto-Weltbundes*** la delegita reto de UEA

Delegiertenversammlung *f* kunveno de delegitoj

Delegierung *f* deleg[ad]o

delektieren *tr geh für «Genuss (od [großes] Vergnügen) bereiten»* delekti; ***sich*** ~ *sich ergötzen, sich gütlich tun* delektiĝi, *auch* sin delekti (***an*** je)

[1]**Delfin** *m*, *auch* ***Delphin*** *m Zool* (*Gattung* Delphinus) *Zool* delfeno (*vgl. dazu* ***Tümmler***; ↑ *auch* ***Amazonas-***, ***Fluss-***, ***Ganges-***, ***Rundkopf-***, ***Schwarz-***, ***Süßwasser-***, ***Weißschnauzen-*** *u.* ***Weißseitendelfin***); ***[Familie der]*** **~*e*** *Pl eine artenreiche Familie der Zahnwale* (Delphinidae) delfinedoj *Pl*

[2]**Delfin** *m*, *auch* ***Delphin*** *m Astron (ein Sternbild des nördlichen Himmels)* delfeno

Delfinarium *n*, *auch* ***Delphinarium*** *n Aquarium für Delfine [bes. für Dressurvorstellungen]* delfenario

Delfin|schwimmen *n Sport* delfen-naĝo; **~sprung** *m* delfen-salto

Delft (*n*) *eine Stadt in der niederländischen Provinz Südholland* Delfto; ***Delfter Fayence*** (*od* ***Ware***) *f feine Keramik aus Delft* delfta fajenco

Delhi (*n*) Delhio; ***Neu-Delhi*** (*n*) *Hptst. der Rep. Indien* Nov-Delhio

Delia *weibl. Vorname* Delia

delikat *Adj köstlich, lecker* delikata (*vgl. dazu* ***wohlschmeckend***); *fein, zart* fajna, delikata; *heikel (Angelegenheit)* delikata (*vgl. dazu* ***diffizil***); *schwierig* malfacila *auch Angelegenheit*; ***ein*** **~*es Essen*** delikata manĝo

Delikatesse *f (nur Sg) Zartgefühl* delikateco

Delikatessen *Pl,* *<schweiz>* ***Comestibles*** *[komes'ti:bl] Pl [in Firmenbezeichnungen od als Ladenaufschrift] Feinkost* delikatâjoj *Pl, auch* luksnutraĵoj *Pl; Leckerbissen* frandaĵoj, *auch* delikataĵoj (↑ *auch* ***Köstlichkeit***

Delikt *n Jur (strafbare Handlung, Straftat, Vergehen)* delikto (*vgl. dazu* ***Verbrechen***; ↑ *auch* ***Antrags-***, ***Bagatell-***, ***Raub-***, ***Sexual-***, ***Tötungs-*** *u.* ***Verkehrsdelikt***)

Delila (*f*) *biblischer Eig* Delila *auch weibl. Vorname*

Delinquent *m Jur (Straftäter, Übeltäter)* deliktulo; *i.w.S. Verbrecher* krimulo

delirant *od* **delirös** *Adj Med (1. im Delirium [befindlich] 2. das Delirium betreffend)* delira; ~***er Zustand*** *m* delira stato

Delirant *m an Delirium Leidender* deliranto

delirieren *intr Med für «sich im Delirium befinden»* deliri

Delirium *n Psych* deliro (↑ *auch* ***Entzugsdelirium***); ~ ***acutum*** akuta deliro; ~ ***tremens*** *Med* [alkohola] trema deliro (↑ *auch* ***Säuferwahnsinn***) ; ***im ~ [irre]reden*** delire paroli, deliri

delisch *Adj zu Delos gehörend bzw. von Delos herrührend* delosa (*vgl. dazu* ***Delos***)

deliziös *Adj geh für «köstlich»* delica

Delkredere *n Fin, Wirtsch (Gewährleistung für den Eingang einer Forderung [meist durch den Kommissionär], Wertberichtigung für voraussichtliche Ausfälle)* delkredero; ~**agent** *m* delkredera agento; ~**provision** *f* delkredera provizio

Delle *f bes. in Blech* [eta] kavaĵo

Delmenhorst (*n*) *eine Stadt in Niedersachsen* Delmenhorsto

Delos (*n*) *Name zweier Inseln im Ägäischen Meer* Deloso *<eine davon: im Altertum bedeutendes Apollo- u. Artemis-Heiligtum>*

Delphi (*n*) *Antike (eine altgriechische Stadt mit Orakelstätte [nahe dem Golf von Korinth])* Delfo (*vgl. dazu* [2]***Pythia***)

[1]**Delphin** *m Zool* ↑ [1]***Delfin***

[2]**Delphin** *m Astron* ↑ [2]***Delfin***

Delphinarium *n* ↑ ***Delfinarium***

delphisch *Adj bildh für «rätselhaft [dunkel]» od «doppelsinnig»* delfa

[1]**Delta** *n Geogr* delto (↑ *auch* ***Fluss-***, ***Mündungs-*** *u.* ***Nildelta***)

[2]**Delta** *n vierter Buchstabe des griech. Alphabets* Δ, δ *(in der Math zur Bez kleinster Größen)* delta

Delta-Cephei-Sterne *m/Pl Astron* ↑ ***Cepheiden***

Delta|flügel *m Flugw (eine Tragflügelform)* delta-alo; ~**-Flugzeug** *n Flugw (Flugzeug bes. für Überschallflug, mit dreieckiger, negativ gepfeilter Tragfläche ohne gesondertes Höhenleitwerk)* delta-aviadilo

deltaförmig **1.** *Adj* deltoforma **2.** *Adv* deltoforme

Delta|metall *n, auch* ***Mammutbronze*** *f Handelsname verschiedener Sondermessinge u. Bronzen* deltametalo; ~**muskel** *m* (Musculus deltoides) *Anat* deltoida muskolo, *auch kurz* deltoido

Del-Taste *f EDV* ↑ ***Entf-Taste***

Delta|strahlen *m/Pl, auch* ***δ-Strahlen*** *beim Durchgang radioaktiver Strahlung durch Materie freigesetzte Elektronenstrahlen* delta-radioj *Pl*; ~**variante** *f Epidemiologie* delta-varianto; ~**zellen** *f/Pl Biol, Med (Zellen in den Langerhans-Inseln der Bauchspeicheldrüse)* delta-ĉeloj *Pl*

Deltoid *n, auch* ***Drachenviereck*** *n Geom (Viereck aus zwei gleichschenkligen Dreiecken)* deltoido

Demagoge *m Volksaufwiegler* demagogo

Demagogie *f* demagogio

demagogisch **1.** *Adj auf die Demagogie bezogen* demagogia; *in der Art eines Demagogen [handelnd]* demagoga **2.** *Adv* demagogie; demagoge

Demarche *f diplomatischer Schritt (einer Regierung bei einem anderen Staat)* demarŝo

Demarkation *f Pol* demarkacio

Demarkationslinie *f* demarkacia linio

demaskieren *tr* senmaskigi *auch übertr*

Demaskierung *f* senmaskigo *auch übertr*

Demawend *m höchster Berg in Iran* [monto] Demavendo *<vulkanischer Hauptgipfel des Elburs>*

dement *od* **demenziell**, *auch* ***demenzkrank*** *Adj an Demenz leidend* demenca, *auch* suferanta je demenco; ***demenzielles Syndrom*** *n Med* demenca sindromo

Dementi *n bes. Dipl u. Pol (offizieller Widerruf [einer Behauptung od Nachricht])* demento; ***ein ~ herausgeben*** doni dementon

Dementia *f Med, Psych* ↑ ***Demenz***

dementieren *tr bes. Dipl (eine Nachricht amtlich berichtigen)* dementi, [oficiale] malkonfirmi

dementsprechend *Adv* konforme al tio

Demenz *f, Fachspr auch* ***Dementia*** *f Med, Psych* demenco (↑ *auch* ***Boxer-*** *u.* ***Pseudodemenz***); ***Dementia praecox*** frua demenco; ***postapoplektische*** ~ postapopleksia demenco; ***senile*** ~, *Fachspr* ***Dementia senilis*** ↑ ***Altersschwachsinn***; ***vaskuläre*** ~ vaskula demenco

Demenzerkrankung *f* demenca malsan[iĝ]o

demenziell *u.* **demenzkrank** ↑ ***dement***

Demenzkranke *m* demencmalsanulo

Demeter (*f*) *Myth (griechische Göttin der Fruchtbarkeit u. des Getreidebaus [bei den Römern entsprach die Ceres der Demeter])* Demetera (*vgl. dazu* ***Ceres***)

Demetrios (*m*) *griech. männl. Vorname* Demetrio

dem|gegenüber *Adv im Vergleich dazu* kompare al tio; *andererseits* ali[a]flanke; *im Gegenteil, vielmehr* male; ~**gemäß** *Adv* laŭ tio (*vgl. dazu* ***demzufolge***)

Demijohn *m große Korbflasche für Wein [auch für den Transport von Chemikalien u. anderen Flüssigkeiten]* demiĵono

demilitarisieren ↑ ***entmilitarisieren***

Demineralisation *f Med (Verarmung des Körpers an Mineralien [z.B. Kalk- od Salzverlust])* senmineraliĝ[ad]o

demi-sec ↑ ***halbtrocken***

Demission *f Rücktritt [von einem Amt]* demisio (↑ *auch* ***Amtsniederlegung***)

demissionieren *intr Dipl, Parl (sein Amt niederlegen, den Abschied nehmen)* demisii; ***das demissionierte Kabinett*** la demisiinta kabineto

Demiurg *m, auch* ***Weltschöpfer*** *m Phil ([bei Platon u. in der Gnosis:] göttlicher Weltbaumeister)* demiurgo

Demmin (*n*) *eine ehemalige Hansestadt in Mecklenburg-Vorpommern* Demino

dem|nach *Adv folglich* sekve [de tio]; *als Konsequenz von etw.* kiel konsekvenco de; *danach zu urteilen* juĝante laŭ tio; *aus diesem Grund* pro tiu kaŭzo, tial; ~**nächst** *Adv in Kürze* proksimatempe; *bald* baldaŭ; *in Zukunft* en estonto, estonte

demobilisieren *tr* malmobilizi

Demobilisierung *f den Kriegszustand beenden, die Kriegswirtschaft abbauen* malmobiliz[ad]o

Demodikose *f* (Demodicidosis), *auch* ***Acarusräude*** *f Med, Vet (von Haarbalgmilben hervorgerufene Erytheme)* demodeksozo

Demodulation *f Nachrichtenwesen* malmodulado (↑ *auch* ***Frequenzdemodulation***)

Demodulator *m El, Tel* malmodulilo

demodulieren *tr El, Tel* malmoduli

Demograf *m, auch* ***Demograph*** *m jmd., der berufsmäßig Demografie betreibt* demografo, specialisto pri demografio

Demografie *f, auch* ***Demographie*** *f Bevölkerungsstatistik od -wissenschaft* demografio; ~**politik** *f* demografia politiko

demografisch, *auch* ***demographisch*** *Adj bevölkerungsstatistisch* demografia; ~***er Wandel*** *m* demografia ŝanĝiĝo

Demokrat *m* demokrato; ***die*** ~***n*** *(als Gesamtheit) auch* demokrataro

Demokratie *f* demokratio (↑ *auch* ***Basisdemokratie***); ***direkte*** (*od* ***unmittelbare***) ~ rekta demokratio; ***parlamentarische*** (***repräsentative***) ~ parlamenta (reprezenta) demokratio

demokratisch 1. *Adj auf die Demokratie bezogen* demokratia (↑ *auch* ***basisdemokratisch***); *auf die Demokraten bezogen* demokrata; ***auf*** ~***e Weise*** laŭ maniero demokratia **2.** *Adv* demokratie; demokrate

Demokratische *n an od von etw.* demokrateco

demokratisieren *tr* demokratiigi

Demokratisierung *f* demokratiigo

Demokratismus *m übertriebene Anwendung demokratischer Prinzipien* demokratiismo

Demokrit (*m*) *Eig (ein altgriech. Philosoph [um 460-um 371 v. Chr.])* Demokrito *<Begründer der Atomistik>*

demolieren *tr* [intence] detrui *od* ruinigi, *(als Neologismus) auch* demoli (↑ *auch* ***kleinkriegen***); ***betrunkene Jugendliche haben einige Autos demoliert*** ebriaj junuloj demolis kelkajn aŭtomobilojn

Demonstrant *m, <schweiz>* ***Manifestant*** *m Teilnehmer an einer politischen Kundgebung* manifestacianto

Demonstration *f* ***a)*** *Vorführung* demonstr[ad]o, *auch* demonstracio; *[ausführliche] Darstellung* [detala] prezent[ad]o ***b)*** *Pol ([öffentliche] Kundgebung)* manifestacio (***gegen*** kontraŭ); ***eine*** ~ ***zerstreuen*** dispeli manifestacion

Demonstrationsfreiheit *f* ↑ ***Versammlungsfreiheit***

demonstrativ 1. *Adj* demonstra, *auch* demonstracia; *mit Protest* protestesprima,

protesta **2.** *Adv* demonstr[aci]e; *unter Protest* proteste; *provokativ* provoke; ~ ***den Saal verlassen*** forlasi la kunvenon proteste
Demonstrativpronomen *n, auch* ***Demonstrativum*** *n od* ***hinweisendes Fürwort*** *n Gramm* demonstrativo, montra pronomo
demonstrieren ***a)*** *tr [eingehend] darlegen, anschaulich vor Augen führen* demonstri (***jmdm. etw.*** ion al iu) ***b)*** *intr Pol (an einer Demonstration od Kundgebung teilnehmen)* partopreni en manifestacio, manifestacii (***gegen*** kontraŭ)
Demontage *f Bauw, Tech* malmunt[ad]o
demontieren *tr* malmunti
Demoralisation *od* **Demoralisierung** *f das Demoralisieren, Untergrabung der Moral* demoraliz[ad]o; *das Demoralisiertwerden* demoraliziĝo
demoralisieren *tr* demoralizi
demoralisierend *Adj* demoraliza; ***eine ~e Wirkung haben*** havi demoralizan efikon (***auf*** sur *mit Akk*)
Demoskopie *f Meinungsforschung [durch Befragungen]* demoskopio
demoskopisch *Adj auf Demoskopie beruhend bzw. die Demoskopie betreffend* demoskopia; ~***e Umfrage*** *f Meinungsumfrage* demoskopia enketo
Demosthenes (*m*) *Eig (athenischer Staatsmann u. Redner) [384-322 v. Chr.]* Demosteno
demotisch *Adj* demotika (*vgl. dazu* ***hieratisch***); ~***e Schrift*** *f altägyptische Gebrauchsschrift* demotika skribo <*im 7. Jh. v. Chr. aus dem späten Hieratisch entwickelt*>
Demut *f, alt* ***Humilität*** *f* humileco humileco (↑ *auch* ***Unterwürfigkeit***)
demütig, *alt* ***humil*** **1.** *Adj* humila; ***überaus*** ~ humilega (↑ *auch* ***kriecherisch***); ~***er Mensch*** *m* humila homo, *von Natur aus* humilulo **2.** *Adv* humile (↑ *auch* ***servil***)
demütigen *tr* humiligi; ***sich vor jmdm.*** ~ humiliĝi (*od* sin humiligi) antaŭ iu
demütigend *Adj* humiliga
Demütigung *f, alt* ***Humilation*** *f die man bereitet* humiligo; *die man hinnimmt* humiliĝo
demzufolge *Adv folglich* sekve [de tio]; *schlussfolgernd* konklude; *demgemäß* laŭ tio; *aus diesem Grund* pro tiu kaŭzo, tial; *als Konsequenz von* kiel konsekvenco de; *also* do

Denar *m 1. eine altröm. Silbermünze 2. eine mittelalterliche Silbermünze aus merowingisch-karolingischer Zeit* denaro; ***mazedonischer*** ~ (*Währungscode* ***MKD***) *Währung in Mazedonien* makedona denaro
Denaturalisation *f od allg* ***Entlassung f aus der bisherigen Staatsbürgerschaft*** *Pol* sennaciigo
denaturalisieren *tr Pol* sennaciigi
denaturieren *tr Chem* denaturigi *od* sennaturigi (*vgl. dazu* ***vergällen a)***)
Denaturierung *f* denaturigo *od* sennaturigo
Dendriten *m/Pl nur Fachspr: 1. Biol (zuleitende Ausläufer der Nervenzelle) 2. Geol (moos- od strauchartige Zeichnungen auf Schichtflächen von Gesteinen)* dendritoj *Pl*
Dendrochronologie *f, auch* ***Jahresringchronologie*** *od* ***Jahresringforschung*** *f Archäol (Verfahren zur Bestimmung des Alters vorgeschichtlicher Funde mithilfe der Jahresringe mitgefundener Holzreste)* dendrokronologio
Dendrogramm *n grafisches Hilfsmittel zur Darstellung der Verwandtschaft von Pflanzen- od Tiergemeinschaften* dendrogramo
Dendrologe *m, auch* ***Gehölzkundler*** *m* dendrologo
Dendrologie *f, auch* ***[wissenschaftliche] Baum-*** *od* ***Gehölzkunde*** *f Bot* dendrologio, *auch* arbologio
dendrologisch **1.** *Adj* dendrologia; ***Deutsche*** ***~e Gesellschaft*** *f* Germana Dendrologia Societo *[Sitz: Darmstadt]* **2.** *Adv* dendrologie
Dendrometer *n, auch* ***Baummessgerät*** *n Forstw* dendrometro
Dendrometrie *f, auch* ***Baummesskunde*** *f od* ***Holzmesslehre*** *f Forstw* dendrometrio
dendroökologisch *Adj* dendroekologia
Dendrophilie *f Hinneigung zu Bäumen* dendrofilio
Deneb *m Astron (hellster Stern im Sternbild Schwan)* Denebo
Dengue|-Fieber *n, auch* ***Sieben-Tage-Fieber*** *n Tropenmedizin* dengo; ~**-Virus** *n Erreger des Dengue-Fiebers* dengoviruso <*wird von Stechmücken übertragen*>
Den Haag (*n*), *amtl* ***'s-Gravenhage*** (*n*) *Residenzstadt der Niederlande* Hago (*vgl. dazu* ***Amsterdam***)
Denis (*m*) *männl. Vorname* Denizo
Denise (*f*) *weibl. Vorname* Deniza
Denitrifikation *f, auch* ***Denitrifizierung*** *f*

Biochemie sennitratigo

denitrifizierend *Adj*: ***~e Bakterien*** *f/Pl im Boden lebende Bakterien, die Nitrate über Nitrite zu elementarem Stickstoff reduzieren können* nitratreduktaj bakterioj *Pl*

Denk|anstoß *m* pensinstigo; ~**art** *f*, *auch* ***Denkungsart*** *f* pensmaniero, mentalitato

denkbar 1. *Adj vorstellbar* imagebla; *möglich* ebla; ***es ist durchaus ~, dass ...*** estas ja [certe] eble, ke ... **2.** *Adv, umg auch für «sehr»* tre; ***die Arbeit ist ~ schwierig*** la laboro estas tre malfacila; ***die ~ einfachste Sache*** la plej simpla afero [, kiun oni povas imagi]

denken *intr* pensi (***an*** al *od* pri); *glauben, vermuten* kredi, supozi; *mutmaßen, für wahrscheinlich halten* konjekti; *vernünftig (d.h.* vernunftgemäß*) denken* rezoni; *sich vorstellen* imagi; *beabsichtigen* intenci *u. nachfolg. Verb im Inf*; *grübeln* cerbumi; *sich erinnern* memori (***an etw.*** pri io; ***an jmdn.*** iun *od* pri iu); *sich vorstellen* imagi; ***kannst du dir das ~?*** *vorstellen* ĉu vi povas imagi tion?; ***kommen Sie morgen? – ich denke, ja*** ĉu vi venos morgaŭ? – mi pensas, ke jes; ***was denkst du über ...?*** kion vi pensas pri ...?; *Meinung haben zu* kion vi opinias pri ...? *od* kiun opinion vi havas pri ...?; ***denk' nicht mehr dran!*** ne plu pensu pri tio!; ***logisch*** ~ pensi logike; ***an nichts*** ~ pensi pro nenio; ***nur an sich selbst*** ~ nur pensi pri si mem; ***woran denkst du?*** pri kio vi pensas? ◇ ***erst ~, dann reden*** antaŭ la lango laboru la cerbo *(Zam)*; ***der Mensch denkt, Gott lenkt*** homo proponas, Dio disponas *(Zam)*

Denken *n* pensado; ***kreatives*** (***philosophisches***, ***positives***) ~ kreiva (filozofia, pozitiva) pensado

Denker *m* pensulo; *Philosoph* filozofo

Denkfabrik *f Institution zur Erarbeitung von Lösungsvorschlägen zu wirtschaftlichen, gesellschaftlichen u. ähnlichen Problemen* pensfabriko

denkfaul *Adj* tro pigra por pensi

Denkmal *n* monumento (***für*** [honore] al) *auch übertr* (*vgl. dazu* ***Grabmal*** *u.* ***Mahnmal***; ↑ *auch* ***Bau-***, ***Industrie-***, ***Kunst-***, ***Literatur-***, ***National-***, ***Natur-***, ***Sakral-***, ***Sieges-*** *u.* ***Steindenkmal***); ~ ***des unbekannten Soldaten*** monumento [honore] al (*od [ungenau] auch* de) la nekonata soldato; ***kulturhistorisches*** ~ *od* ***Kulturdenkmal*** *n* kulturhistoria monumento

Denkmal[s]|pflege *f* konservado de monumentoj; ~**schutz** *m* protekt[ad]o de monumentoj; ~**schutzgesetz** *n* monument-protekta leĝo

Denk|schrift *f Dipl, Pol* memorando; *Bericht für eine wiss. Gesellschaft od Akademie* memuaro; ~**sportaufgabe** *f* kvizo; ~**spruch** *m* sentenco, devizo (↑ *auch* ***Motto***)

Denkungsart *f* ↑ ***Denkart***

Denk|vermögen *n* penskapablo, intelekta kapablo; *Intellekt* intelekto; ~**weise** *f* pensmaniero, mentalitato

denkwürdig *Adj der Erinnerung wert* memorinda; *bemerkenswert* rimarkinda, notinda; *i.w.S. wichtig* grava

Denkwürdigkeit *f* memorindaĵo, memorinda afero

Denkzettel *m* leciono ◇ ***jmdm. einen ~ erteilen*** (*od* ***geben***) doni [bonan] lecionon al iu *(Zam)*

denn 1. *Adv*: ***es sei ~, [dass] ...*** *ausgenommen* escepte, se ...; *falls nicht* se ne ...; ***wir fahren nach ..., es sei ~ es regnet*** ni veturos (*od auch* iros) al ... sed [nur] se ne pluvos **2.** *Konj* ĉar; ***er kann nicht kommen, ~ er ist krank*** li ne povas veni, ĉar li malsanas (*od* estas malsana); ***mehr ~ je*** pli ol antaŭe, pli multe (*bzw.* forte) ol antaŭe **3.** *Partikel* do ***a)*** *in Fragesätzen*: ***was willst du ~ [nun] tun?*** kion do vi volas fari?; ***wer hat ~ das bloß weggenommen?*** kiu do ĝin [for]prenis?; ***weshalb ~ [nur]?*** kial (*od* pro kio) do? ***b)*** *bleibt oft unübersetzt, bes. in Ausrufen*: ***los ~!*** *od* ***nun ~!*** *od alt* ***wohlan ~!*** ek!; *schnell!* rapide! *od* rapidu!

dennoch *Konj: trotzdem* tamen, malgraŭ tio (*vgl. dazu* ***aber*** *u.* ***obwohl***); ***er ist ~ besiegt*** (*od* ***geschlagen worden***) tamen (*od* malgraŭ tio) li estis venkita; ***obwohl er schon alt ist, ist er ~ sehr vital*** kvankam li jam estas maljuna, tamen li estas ankoraŭ tre vigla

Dennstaedtia *f* (Dennstaedtia) *Bot (eine Gattung tropischer u. subtropischer Farne)* denstetio

Denotation *f Ling (begriffliche od Sachbedeutung eines Wortes)* denotacio (*vgl. dazu* ***Konnotation***)

denotativ *Adj* denotacia

Denpasar (*n*) *Hptst. der Insel Bali/Indonesien* Denpasaro

Densimeter *n*, *auch* ***Dichtemesser*** *m Phys*

(Gerät zum Messen des spezifischen Gewichts) densometro (↑ *auch* ***Pyknometer***)

dental *Adj die Zähne betreffend* denta

Dental *m*, *auch* ***Zahnlaut*** *m Phon* dentalo, *auch* denta sono (*od* konsonanto); ~**fluorose** *f Zahnmedizin (Farb- u. Strukturveränderungen des Zahnschmelzes)* denta fluorozo; ~**hygiene** *f* denta higieno

Dentalkeim *m Anat* ↑ ***Zahnanlage***

Dental|labor[atorium] *n* dent[ist]a laboratorio; ~**prophylaxe** *f* denta profilaktiko; ~**schiene** *f Zahnmedizin* interdenta splinto

Dentalspiegel *m* ↑ ***Mundspiegel***

Dentifricium *n Fachspr* = ***Zahnpflegemittel***

Dentin *n*, *auch* ***Zahnbein*** *n Anat* dentino, *auch* denta eburo

dentin|ähnlich *od* ~**artig** *Adj Anat* dentinsimila, dentinoida

Dentinbildung *f* formiĝo de dentino, dentinognezo

Dentinoblast *m*, *auch* ***Dentinbildner*** *m od* ***dentinbildende Zelle*** *f* dentinoblasto

Dentinoid *n Stomatologie* ↑ ***Prädentin***

Dentist *m* dentisto; *Zahnarzt* dentkuracisto (*vgl. dazu* ***Zahntechniker***)

Dentitio[n] *f* ↑ ***Zahnen*** *u. unter* ***Durchbruch***

Denudation *f Geol* denudado

denudieren *tr Geol ([durch Abtragung] freilegen)* denudi

Denunziant *m*, *<österr> umg* ***Naderer*** *m* denuncanto

Denunziantin *f* dununcantino

Denunziation *f* denunc[ad]o

denunziatorisch *Adj* denuncema

denunzieren *tr bei einer Behörde anzeigen* denunci (*vgl. dazu* ***anzeigen c)***, ***anschwärzen c)*** *u.* ***verpetzen***)

Denver (*n*) *Hptst. des US-Bundesstaates Colorado* Denvero

Deodarazeder *f*, *auch* ***Himalajazeder*** *f* (Cedrus deodara) deodaro, *auch* himalaja cedro

Deodorant *n*, *umg meist Kurzw* ***Deo*** *n Kosmetik* desodoraĵo, *auch* desodorenzo

deodorieren *od* **desodorieren** *tr* senodorigi *od* desodori

Deontologie *f Phil (Pflichtenlehre auf dem Gebiet der Ethik)* deontologio

Departamento *n Verwaltungseinheit in lateinamerikanischen Staaten* departemento

Departement *n <schweiz>* ***a)*** *Verwaltungsbezirk* administra distrikto ***b)*** *Ministerium* ministerio (↑ *auch* ***Überseedepartement***)

Dependence *f* dependaĵo

Depesche *f alt für «durch Kuriere beförderte Eilbotschaft»* depeŝo; ***mit ~ übermitteln*** sciigi per depeŝo, *auch kurz* depeŝi

Depilation *f*, *auch* ***Enthaarung*** *f* senharigo *auch Kosmetik*, forigo de [korpo]haroj

depilieren *tr Kosmetik* [per pinĉileto] senharigi

deplaciert *od* **deplatziert** *Adj am unrechten Platz* malĝuste lokita; *unpassend* nekonvena; *unziemlich* nedeca, *[stärker:]* maldeca (*vgl. dazu* ***unangebracht***)

Depletion *f nur Fachspr Med (Verminderung körpereigener Stoffe od Zustand nach Wasser- od. Blutverlust)* deplecio

Depolarisation *f El* malpolarizo

Deponat *n etw., das deponiert wird od worden ist* deponaĵo *od* deponitaĵo

Deponent *m jmd., der etw. deponiert* deponanto *auch Bankw*

Deponie *f Müll*[≗] rubaĵdeponejo (↑ *auch* ***Giftmülldeponie***)

deponieren *tr hinterlegen, in Verwahrung geben (auch Wertsachen)* deponi (***bei*** ĉe); ***für jmdn. Geld auf einer Bank ~*** deponi monon por iu en banko

Deport *m 1. Wertpapierterminhandel (Vergütung für das Leihen von Wertpapieren) 2. Börse (Differenz zw. Kassakurs u. Terminkurs)* diporto

Deportation *f gewaltsame Ausweisung, Verschleppung f* deportado

deportieren *tr* deporti

Depositar *m Verwahrer* deponprenanto *bzw.* deponpreninto

Depositen *Pl Bankw (Einlagen)* deponaĵoj *Pl* (↑ *auch* ***Einlage d)***); ~**bank** *f* deponbanko

Depositengeld *n Bankw* ↑ ***Giralgeld***

Depositen|schein *m Bankw* depon-atesto; ~**zinsen** *m/Pl Bankw* depon-interezo *Sg*

Depot [*de'po:*] *n* ***a)*** *Aufbewahrungsort (auch für Wertsachen u. Wertpapiere [in einer Bank])* deponejo (↑ *auch* ***Treibstoffdepot***); *Magazin* magazeno; *Lager, Speicher* ten- ejo, konservejo [por varoj *u.a.*], provizejo; *für Schienenfahrzeuge* [fervoja] vagonejo ***b)*** *Mil (nicht ins Feld mitgenommene Abteilung [Truppen])* depoto; *Truppendepot: Sammelstelle für Ersatztruppen* depotejo; ~**bibliothek** *f* depon-biblioteko

Depot-Eisen *n Biochemie* ↑ ***Ferritin***

Depot|gebühren *f/Pl Bankw* depon-kotizoj

Pl; ~**schein** *m* depon-atesto
Depp *m Dummkopf* stultulo (↑ *auch* ***Idiot***)
Depression *f* ***a)*** *Wirtsch (Flaute, [anhaltender] konjunktureller Niedergang)* depresio; *i.w.S. schwierige Zeiten* [ekonomie] malfacilaj tempoj *Pl* ***b)*** *Psych (Niedergeschlagenheit)* depresio (*vgl. dazu* ***Dysthymie***; ↑ *auch unter* ***hypochondrisch***); ***endogene*** (***psychogene***, ***somatogene***, ***zyklothyme***) ~ endogena (psikogena, somatogena, ciklotimia) depresio; ***an ~en leiden*** suferi je depresioj ***c)*** *auch* ***Landsenke*** *f Geogr, Geol (Festlandgebiet, dessen Oberfläche unter dem Meeresspiegel liegt)* depresio (↑ *auch* ***Syneklise***) ***d)*** *Met* ↑ ***Tiefdruckgebiet***
Depressions|psychose *f Med, Psych* depresia psikozo; ~**zustand** *m* depresia stato
depressiv *Adj* depresia (*vgl. dazu* ***deprimiert***)
deprimieren *tr* deprimi; *entmutigen* senkuraĝigi; ***deprimiert werden*** *intr* deprimiĝi
deprimierend *Adj* deprima
deprimiert *Adj* deprimita (***wegen*** de *od* pro) (*vgl. dazu* ***niedergeschlagen***, ***traurig*** *u.* ***trübsinnig***)
Deprimiertheit *f* deprim[itec]o (↑ *auch* ***Depression b)***)
Deputation *f Entsendung [von Abgeordneten]* deput[ad]o
Deputierte *m* deputito; *i.w.S. Parlamentsmitglied* parlamentano
Deputiertenkammer *f Parl* ĉambro de deputitoj
der 1. *Art m* la; ~ ***Abend*** la vespero **2.** *Dem Pron*: ~ ***und*** ~ *unbestimmte Angabe* tiu kaj tiu; ~ ***[hier]*** *dieser* tiu ĉi; ~ ***[da]*** *jener* tiu **3.** *Rel Pron* kiu; ***es gibt niemanden***, ~ ***nicht weiß***, ***dass ...*** ekzistas neniu, kiu ne scias, ke ...
derangieren *tr geh für «durcheinanderbringen» od «in Unordnung bringen»* malaranĝi
der|art *Adv so* tiel; *auf so eine Weise* en tia maniero *od* tiamaniere; *in solchem Maße* en tia grado *od* tiagrade; ~**artig** *Adj solch (ein[e])* tia (*vgl. dazu* ***solch***); *ähnlich* simila
derb *Adj kräftig* forta *auch Schlag*; *fest, z.B. Material, Schuhe, Stoff* fortika; *grob (Antwort)* kruda; *Spaß auch* drasta; ~***es Wort*** *n* kruda vorto; *Schimpfwort* insulta vorto
Derbheit *f* forteco; fortikeco; krudeco (*vgl. dazu* ***Grobheit***); drasteco
derb-komisch *Adj possenhaft* burleska
Derby *n bes. Pferderennen* derbio *auch Sport i.w.S.* (↑ *auch* ***Lokalderby***)
dereinst *Adv in Zukunft* iam [estonte]; *eines Tages* iun tagon *od* iutage; *vormals* iam antaŭe, pli frue
deren 1. *Dem Pron 3. Pers. Sg bzw. Pl* ties, *gewöhnlich austauschbar durch Possessivpronomen*; ***ich kenne diese Stadt und*** ~ ***schöne Umgebung*** mi konas ĉi tiun urbon kaj ties (= ĝian) belan ĉirkaŭejon; ***ich kenne diese Leute und*** ~ ***Absichten*** mi konas tiujn [ĉi] homojn kaj ties (= iliajn) intencojn **2.** *Rel Pron* kies, pri kiu(j); ***die Ausländerin***, ~ ***Sohn in Berlin studiert***, ***...*** la eksterlandanino, kies filo studas en Berlino, ...; ***die Erlebnisse***, ~ ***wir uns erinnern ...*** la travivaĵoj, pri kiuj ni rememoras ...
dergestalt *Adv* tiel, *[betontere Form:]* tiele, tiamaniere (***dass*** ke)
dergleichen (*Abk* ***dergl.*** *od* ***dgl.***) *Dem Pron (Sg)* tia, *(Pl)* tiaj, *[im Nebensatz:] (Sg)* kia, *(Pl)* kiaj; *von gleicher Form (Sg)* simila, *(Pl)* similaj; *von dieser Art od Sorte (Sg)* tiaspeca, *(Pl)* tiaspecaj
Derivat *n Ling, Naturw* derivaĵo (*vgl. dazu* ***Ableitung***)
Derivation *f Ling, Math (Ab- od Herleitung)* derivado
derivieren *tr Ling, Math (ab- od herleiten)* derivi (***von*** de)
derjenige *Dem Pron m* tiu; ~, ***der*** (*od* ***welcher***)***...*** tiu, kiu ...; ~, ***der geistig arbeitet ...*** tiu, kiu mense laboras ...
dermaßen *Adv so* tiom *od umg* tiel; *derart, in solchem Maße* en tia grado *od* tiagrade; *auf solche Weise, solchermaßen* tiamaniere; ***ich war*** ~ ***müde***, ***dass ...*** mi estis tiom (*od* tiel) laca, ke ...
Dermatitis *f*, *auch* ***Hautentzündung*** *f Med* dermatito, haŭtinflamo (↑ *auch* ***Akaro-***, ***Röntgen-*** *u.* ***Textildermatitis***); ***aktinische*** ~ *od* ***Aktinodermatitis*** *f durch [Wärme-, Sonnen-, Röntgen-] Strahlung hervorgerufene Hautentzündung* aktina dermatito
Dermatofibrom *n*, *auch* ***Histiozytom*** *n nur Fachspr Med (ein derber benigner Hauttumor)* dermatofibromo
Dermatoglyphen *f/Pl*, *auch* ***Hautleisten*** *f/Pl Med* dermatoglifoj *Pl*
Dermatol® *n Pharm (ein Wundheilmittel [auf Basis von Gallussäure])* dermatolo
Dermatologe *m Hautarzt* dermatologo

Dermatologie *f Med* medicino pri la haŭtmalsanoj, *(Fachspr)* dermatologio; ***ästhetische*** ~ estetika dermatologio
dermatologisch *auf der Dermatologie basierend* **1.** *Adj* dermatologia **2.** *Adv* dermatologie; ~ ***getestet*** dermatologie testita
Dermatom *n Chir, Neurologie* dermatomo
Dermatomykose *f Med (durch Pilze hervorgerufene Hauterkrankung)* dermatomikozo
Dermatopathie *f Med* dermatopatio, *umg* haŭtmalsano (↑ *auch* ***Hautkrankheit***)
Dermatophyten *m/Pl Parasitologie, Vet (Hautpilze verschiedener Gattungen, bes. Microsporum-Arten)* dermatofitoj *Pl*
Derm[at]oplastik *f Chir (Ersatz von verletzter Haut unter kosmetischen Gesichtspunkten durch Transplantation [z.B. bei Gesichtsverbrennungen])* derm[at]oplastio
Dermatosen *f/Pl Med (zusammenfassende Bez für alle Hautkrankheiten)* dermatozoj *Pl*; ***pigmentäre*** (***präkanzeröse***) ***Dermatose*** pigmenta (prekancera) dermatozo
Dermatozoonose *f Med (durch Hautschmarotzer verursachte Hautkrankheit [beim Menschen])* dermatozoonozo
Dermografismus *m, auch* ***Dermographismus*** *m Med (Streifen- od Striemenbildung auf gereizten Hautstellen)* dermografismo
derselbe (*Abk* ***ders.***) *Dem Pron* [tute] la sama, *auch* tiu [sama]; ***ein und*** ~ ***Fehler*** tute la sama eraro, *auch* tiu sama eraro
derweil[en] **1.** *Adv inzwischen, mittlerweile* intertempe **2.** *Konj während* dum [kiam]
Derwisch *m Islam (Angehöriger einer islamischen Bruderschaft [seit dem 12. Jh.])* derviŝo; ***der Tanz der*** ~***e*** la danco de la derviŝoj
Derwischorden *m Islam* derviŝ-ordeno
derzeit (*Abk* ***dz.***) *Adv* ***a)*** *augenblicklich, im Moment, jetzt* momente, nun; *heutzutage* en niaj tagoj, nuntempe ***b)*** *damals* tiutempe
derzeitig *Adj* ***a)*** *augenblicklich, jetzig, aktuell* momenta, nun[temp]a, aktuala ***b)*** *damalig* tiama, tiutempa
des, Des *n Mus [Tonbezeichnung:] (das um einen Halbton erniedrigte d)* des *od* d bemola [*sprich:* do ...]
desaktivieren ↑ ***deaktivieren***
Desaster *n [völliger] Zusammenbruch* [totala] kolapso; *Katastrophe* katastrofo; *Unheil* malfeliĉego (↑ *auch* ***Missgeschick***)
desavouieren *tr geh für «in Abrede stellen» od «leugnen»* desavui
Desdemona (*f*) *Eig (eine Frauengestalt bei Shakespeare)* Desdemona
desensibilisieren *tr* malsensivigi
Desensibilisierung *f Allergologie* malsensivigo, *auch* sensensivigo
Deserteur *m* dizertanto *bzw.* dizertinto
desertieren *intr fahnenflüchtig werden* dizerti; *zum Feind überlaufen* dizerti al la malamiko
Desertion *f Fahnenflucht* dizerto; *Überlaufen zum Feind* dizerto al la malamiko
desgleichen (*Abk* ***desgl.***) *Adv* same, ankaŭ; *sonst noch* plue
deshalb *Adv* tial, *(deswegen)* pro tio (↑ *auch* ***daher***, ***demzufolge*** *u.* ***folglich***); ~, ***weil ...*** tial, ĉar (*od* ke) ... *od* pro tio, ke ...
Desiderat[um] *n* (*Pl*: ***Desiderata***) *bes. Bibliothekswesen* deziratâjo, dezirindaĵo
[1]**Desiderius** (*m*), *ital.* ***Desiderio*** *männl. Vorname* Dezidero
[2]**Desiderius** *Eig (letzter Volkskönig der Langobarden [† 774])* Dezidero
Design *n* dezajno (*vgl. dazu* ***Entwurf***, ***Gestalt*** *u.* ***Muster***; ↑ *auch* ***Grafik-*** *u.* ***Modedesign***); ***sportliches*** ~ *z.B. eines Pkw* sporteca dezajno
Designer *m Formgestalter für Gebrauchs- u. Verbrauchsgüter* dezajnisto (↑ *auch* ***Gestalter***); *Mode*~ mododezajnisto (↑ *auch* ***Grafikdesigner***); ~**droge** *f synthetisch hergestelltes, neuartiges Rauschmittel* dezajna drogo; ~**jeans** *f* dezajn[ist]a ĵinso; ~**möbel** *n* dezajn[ista] meblo; ~**mode** *f* dezajn[ist]a modo
Designwettbewerb *m* dezajn[ist]a konkurso
Desillusion *f* seniluziiĝo, disreviĝo
desillusionieren *tr* seniluziigi, disrevigi
Desillusionierung *f* seniluziigo
Desinfektion *f* desinfekt[ad]o; ~ ***der Hände*** desinfektado de la manoj
Desinfektions|anlage *f Tech* desinfekta instalaĵo; ~**apparat** *m* desinfektilo; ~**mittel** *n* desinfektaĵo; *Antiseptikum* antisepsaĵo (↑ *auch* ***Lysol***®); ~**seife** *f* desinfekta sapo
desinfizieren *tr* desinfekti, *auch* seninfektigi; ***die Hände*** ~ desinfekti la manojn
Desinformation *f* [intenca] misinformado
Desintegration *f Auflösung [eines Ganzen in seine Teile], Zerfall* malintegriĝo
Desintegrator *m, auch* ***Brech-*** *od* ***Zerkleinerungsmaschine*** *f Tech* desintegratoro (*vgl. dazu* ***Pochwerk***)
desintegrieren *tr* malintegri

desinteressiert *Adj*: ~ ***sein*** ne havi intereson (***an*** pri); *gleichgültig sein* esti indiferenta [al *od* kontraŭ]; *(etw.) gar nicht wissen wollen* ne voli scii [ion]

deskriptiv *Adj* priskriba, *Fachspr (bes. Geom u. Ling) auch* deskriptiva; ~***e Grammatik*** *f Ling* priskriba gramatiko

Deskriptor *m Buchw, EDV* deskriptoro (*vgl. dazu* ***Schlüsselwort b)***); ~**sprache** *f* deskriptorlingvo

Desman *m Zool*: ***russischer*** ~, *auch* ***Bisamrüssler*** *m* (Desmana moschata) *ein Säugetier aus der Familie der Maulwürfe* rusa desmano *[Vorkommen: an den Ufern der Flüsse Don, Wolga u. Ural, später angesiedelt an Dnepr u. Ob]*

Desmosom *n Zytologie (knopfartige Haftstellen benachbarter Zellhälften, z.B. bei tierischen Gewebe- u. Epithelzellen)* desmosomo

Desmotropie *f Chem (eine Form der Tautomerie, bei der sich die beiden tautomeren Formen auch chemisch voneinander trennen lassen)* desmotropio (*vgl. dazu* ***Tautomerie***)

Desna *[des'na] f ein linker Nebenfluss des Dnjepr [mündet bei Kiew]* [rivero] Desnao

desodorieren ↑ ***deodorieren***

Desorganisation *f* malorganiz[ad]o

desorganisieren *tr* malorganizi

Desorientierung *f* malorientiĝo, perdo de la orientiĝo

Desoxidation *f Chem (Entzug von Sauerstoff)* senoksidigo

desoxidieren *tr Chem* senoksidigi

Desoxyribose *f Biochemie* desoksiribozo

Desoxyribo[se]nukleinsäure *f* (*Abk* ***DNS*** *f*) *Biol* deoksiribonuklea acido (*vgl. dazu* ***DNA***)

despektierlich 1. *Adj respektlos* malrespekta, *[stärker:]* senrespekta **2.** *Adv* malrespekte, senrespekte

Desperado *m 1. ein zu jeder Verweiflungstat Fähiger 2. [politischer] Abenteurer, tollkühner Radikaler* desperado

Despot *m Gewaltherrscher* despoto; *i.w.S. Tyrann* tirano

Despotie *f Eigenschaft bzw. Auftreten als Despot* despoteco (*vgl. dazu* ***Despotismus***); *i.w.S. Tyrannei* tiraneco

despotisch *Adj* despota (↑ *auch* ***tyrannisch***)

Despotismus *m [System der] Gewaltherrschaft* despotismo

Desquamation *f Geol, Med* ↑ ***Abschuppung***

dessen 1. *Dem Pron* ties, *gewöhnlich austauschbar durch Possessivpronomen*; ***sein Freund und*** ~ ***Tochter*** lia amiko kaj ties (= sia) filino; ***ich bin*** ~ ***Schuldner*** mi estas ties (= lia) ŝuldanto; ***ich bin mir*** ~ ***bewusst*** tion (*od* pri tio) mi konscias; ***ich bin mir*** ~ ***sicher*** mi estas certa pri tio **2.** *Rel Pron* kies, *(Sg)* pri kiu, *(Pl)* pri kiuj; ***der Vater***, ~ ***Geduld erschöpft war, sagte ...*** la patro, kies pacienco estis elĉerpita, diris ...; ***der Film***, ~ ***ich mich erinnere ...*** la filmo, pri kiu mi memoras ...; ~ ***ungeachtet*** *od* ***ungeachtet*** ~ malgraŭ tio; *trotz* spite [al tio] (***dass*** ke)

dessent|halben *od* ~**wegen** *Adv* pro kiu

Dessert *n Nachspeise* deserto; ~**gabel** *f* desertofork[et]o; ~**messer** *n* desertotranĉilo

Dessertobst *n* ↑ ***Tafelobst***

Dessertwein *m* desertvino *od* deserta vino

Dessin *[de'sɛ̃] n Muster auf Stoff, Tapete u.a.* desino, *auch* deseno (↑ *auch* ***Blumenmuster***)

destabilisieren *tr* malstabiligi

Destabilisierung *f* malstabiligo

Destillat *n* distilaĵo

Destillateur *m Branntweinbrenner* distilisto [de brando]

Destillation *f Chem* distil[ad]o; ***fraktionierte*** ~ frakciiga distilado; ***trockene*** ~ seka distilado, *(Pyrolyse)* pirolizo

Destillations|anlage *f* distila instalaĵo; ~**apparat** *m* distilaparato, *auch kurz* distililo; ~**produkt** *n* distilaĵo

Destillerie *f* distilejo, *(Branntwein*~*) auch* brandodistilejo

destillierbar *Adj* distilebla

destillieren *tr Chem* distili; ***nochmals*** ~ redistili; ***wiederholt*** ~, *Fachspr* ***kohobieren*** kohobi; ***destilliertes Wasser*** *n* distilita akvo

Destillierkolben *m Chem (ein Laborgerät)* distila balono

Destination *f* ↑ ***Flugziel***

desto *Adv* des; ~ ***besser*** des pli bone; ***je ...***, ~ ***...*** ju ... des ...; ***je eher***, ~ ***besser*** ju pli baldaŭ, des pli bone

destruieren *tr geh für «zerstören» (auch übertr)* detrui

Destruktion *f geh für «Zerstörung»* detru[ad]o

destruktiv *Adj* detru[iv]a, malkonstru[iv]a

deswegen *Adv* pro tio, *(deshalb)* tial

Deszendenztheorie *f Biol* transformismo

Detachement *n Mil dt. veraltet, <schweiz> für besondere Aufgaben abkommandierter Truppenteil* taĉmento por speciala tasko
detachieren *tr Mil* ↑ ***ausschicken***
Detail *n* detal[aĵ]o (*vgl. dazu **Einzelheit***); ***im ~*** detale; *Hdl* pomalgrande, *auch* detale; ***ins ~ gehen**, geh **detaillieren*** detale pritrakti, detal[um]i
Detail|handel *m Einzel- od Kleinhandel* pomalgranda (*od* detala) komerco; **~händler** *m, alt od reg **Detaillist** m* pomalgranda (*od* detala) komercisto
detailliert *Adj* detale prezentita (*bzw.* klarigita)
Detaillierung *f Darlegung im Einzelnen* detalado
Detaillist *m* ↑ ***Detailhändler***
Detailzeichnung *f bes. Tech* detala desegnaĵo
Detektiv *m* detektivo (↑ *auch **Kaufhaus-** u. **Privatdetektiv***); **~büro** *n* detektivejo; **~roman** *m Lit* detektiva romano (↑ *auch **Kriminalroman***)
Detektor *m, auch **Hochfrequenzgleichrichter** m El* detektilo (↑ *auch **Elektrolyt-**, **Halbleiter-**, **Kristall-**, **Lügen-**, **Metall-** u. **Ultraschalldetektor***); ***magnetischer ~*** *od **Magnetdetektor** m* magneta detektilo
Détente *f Dipl, Pol veraltend für «[politische] Entspannung zw. Staaten»* malstreĉo [inter ŝtatoj] (*vgl. dazu **Entspannung b)***); **~politik** *f* politiko de malstreĉo
Detergens *n* detergento, *meist Pl*: ***Detergentia** od **Detergenzien*** detergentoj
Determinante *f Ling, Math* determinanto
Determination *f nähere Begriffsbestimmung* determino *auch Ling*
determinativ *Adj* determina
Determinativkompositum *n Ling* determina kunmetaĵo
Determinatum *n Ling (zusammengesetztes Substantiv, dessen erster Teil den zweiten näher bestimmt)* determin[ant]a elemento
determinieren *tr [näher] bestimmen* determini
Determinismus *m Phil* determinismo
Determinist *m Anhänger des Determinismus* deterministo
deterministisch *Adj* determinisma
Detmold (*n*) *Hptst. des gleichnamigen Regierungsbezirks in NRW* Detmoldo
Detonation *f* detonacio (*vgl. dazu **Explosion***; ↑ *auch **Unterwasserdetonation***); ***zur ~ bringen*** detonaciigi
Detonator *m, auch **Sprengzünder** m* detonaciigilo
detonieren *intr* detonacii, tondre eksplodi; ***~ lassen** zur Detonation bringen* detonaciigi, estigi detonacion
Detoxifikation *f* ↑ ***Entgiftung***
detritisch *Adj* detrita (↑ *auch **klastisch***)
Detritus *m **a)** Biol (1. Schicht aus abgestorbenem organischem Material, hauptsächlich pflanzl. Ursprungs an der Bodenoberfläche 2. Schwebe- u. Sinkstoffe im Wasser)* detrito ***b)** Zytologie (Gewebetrümmer, zerfallene Zellen)* detrito ***c)** Geol (zerriebenes Gestein, Geröll)* detrito; **~zyste** *f Med* detrita kisto
Detroit (*n*) *eine Stadt in den USA* Detrojto
Detroit River *m Verbindung von Erie- u. St.-Clair-See/USA* Detrojt-rivero
Deukalion (*m*) *griech. Myth (Sohn des Prometheus, Gemahl der Pyrrha)* Deŭkaliono *<Stammvater der Helenen>*
deuteln *intr* sofisme interpreti, subtiladi
deuten ***a)** tr auslegen* interpreti; *erklären* klarigi ***b)** zeigen* montri (***auf*** al); *vermuten lassen* supozigi (***auf etw.*** ion); ***etw. in seinem Verhalten deutet darauf [hin], dass ...*** io en lia konduto supozigas, ke ...
Deuterium *n* (*Symbol **D***) *Chem (schwerer Wasserstoff)* deŭterio
deuterokanonisch *Adj*: ***~e Schriften** f/Pl bibl (Schriften, deren Zugehörigkeit zum Kanon umstritten sind)* deŭterokanonaj libroj *Pl*
Deuteromyceten *Pl Mykologie* ↑ *unter **Pilz***
Deuteron *n Chem (Atomkern des Deuteriums)* deŭterono
Deuteronomium *n Theologie (das 5. Buch Mose)* Readmono
deutlich 1. *Adj klar* klara (↑ *auch **glasklar b)***); *offenkundig* evidenta; *klar hör- bzw. sichtbar* klare aŭdebla (*bzw.* videbla); *leicht lesbar* facile legebla; *klar abgehoben* neta; ***~e Aussprache** f* klara prononco **2.** *Adv* klare; evidente
Deutlichkeit *f* klareco; *Offenkundigkeit* evidenteco
Deuton *n Chem* ↑ ***Deuteron***
deutsch (*Abk **dt.***) *Adj* germana (↑ *auch **gesamt-**, **hoch-** u. **niederdeutsch***); ***≗er Akademischer Austauschdienst** m* (*Abk **DAAD***) Germana Akademia Interŝanĝa Servo; ***≗er Aktienindex** m* (*Abk **DAX**®*)

Börse (Durchschnittskurs der 30 wichtigsten deutschen Aktien) Germana Akcia Indekso; ≗***er Arbeiter-Esperantobund*** *m* (*Abk* ***DAEB***) *Gesch* Germana Laborista Esperanto-Asocio (*Abk* GLEA); ≗***er Bund*** *m Gesch (dt. Staatenbund 1815-1866)* Germana Konfederacio; ≗***e Bundesbank*** *f* Germana Federacia Banko *[Sitz: Frankfurt am Main]*; ≗***e Demokratische Republik*** *f* (*Abk* ***DDR***) *Gesch* Germana Demokratia Respubliko (*Abk* GDR); ≗***er Entwicklungsdienst*** *m* (*Abk* ***DED***) Germana Evoluiga Servo; ≗***e Esperanto-Bibliothek*** *f in Aalen* Germana Esperanto-Biblioteko; ≗***er Esperanto-Bund*** *m* (*Abk* ***DEB***) Germana Esperanto-Asocio (*Abk* GEA); ≗***es Esperanto-Institut*** *n* (*Abk* ***DEI***) Germana Esperanto-Instituto (*Abk* GEI); ≗***e Esperanto-Jugend*** *f* (*Abk* ***DEJ***) Germana Esperanto-Junularo (*Abk* GEJ); ≗***e Football-Liga*** *f* (*Abk* ***DFL***) Germana Futbal-Ligo (*Abk* GFL) <*eine American-Football-Liga*>; ≗***e Forschungsgemeinschaft*** *f* (*Abk* ***DFG***) Germana Asocio por Scienca Esploro; ≗***er Fußballbund*** *m* (*Abk* ***DFB***) Germana Futbal-Asocio *[Sitz: Frankfurt/Main]*; ≗***e Gesellschaft*** *f* ***für Technische Zusammenarbeit*** (*Abk* ***GTZ***) Germana Asocio por Teknika Kunlaboro; ≗***es Institut für Normung*** ↑ *unter* ***Normierung***; ≗***es Krebsforschungszentrum*** *n* Germana Centro pri Kanceresplorado *[Sitz: Heidelberg]*; ≗***e Nationalbibliothek*** *f* (*Abk* ***DNB***) Germana Nacia Biblioteko *[Standorte: Leipzig u. Frankfurt am Main]*; ***das*** ≗***e Rote Kreuz*** (*Abk* ***DRK***) la Germana Ruĝa Kruco; *~**e Wiedervereinigung*** *f* reunuiĝo de Germanio; ~ ***sprechen*** paroli german[lingv]e, paroli la germanan [lingvon] ◇ ***mit jmdm.*** ~ ***reden*** *umg: jmdm. unverblümt die Wahrheit sagen* paroli kun iu malkaŝe [kaj rekte]

Deutsch-Balten *m/Pl* ↑ ***Baltendeutsche***

[1]**Deutsch[e]** *n Ling* la germana [lingvo] (↑ *auch* ***Althoch-***, ***Hoch-***, ***Nieder-*** *u.* ***Oberdeutsch***); ***etw. aus dem Deutschen ins Esperanto übersetzen*** traduki ion el la germana [lingvo] en Esperanton

[2]**Deutsche** ***a)*** *m* germano ***b)*** *f* germanino (↑ *auch* ***Baltendeutsche*** *u.* ***Germane***)

deutschfeindlich *Adj* kontraŭgermana

Deutschland (*n*) Germanio; ***die Bundesrepublik*** ~ (*Abk* ***BRD***) Federacia Respubliko Germanio (*Abk* FRG); ***das vereinte*** ~ la unuiĝinta Germanio

deutschsprachig **1.** *Adj Deutsch sprechend* germane parolanta; *auf Deutsch, deutschsprachig* germanlingva; *~**es Gebiet*** *n* germanlingva regiono **2.** *Adv* germanlingve;

Deutschunterricht *m Päd* instru[ad]o de la germana lingvo

Deutung *f* interpret[ad]o (↑ *auch* ***Fehl-*** *u.* ***Missdeutung***); *Erklärung* klarigo

Deutzie *f* (Deutzia) *Bot (eine Gattung der Steinbrechgewächse [mit etwa 50 Arten in Ostasien, im Himalaja und in Mexiko])* deŭcio <*benannt nach J. van der Deutz*>

Devaki (*f*) *indische Myth (Gattin des Vasudeva, Mutter des Krishna)* Devakia

Devaluation *od* **Devalvation** *f Bankw (Abwertung der [eigenen] Währung)* devalut[ad]o

devalvieren *tr Bankw (abwerten)* devaluti

Devanagari *n*, *auch* ***Dewanagari*** *n eine der indischen Schriften, in der heute Sanskrit und Hindi geschrieben werden* devanagaro *od* devanagara skribo

Deventer (*n*) *ehemalige Hansestadt in der niederländischen Provinz Overijssel* Deventro

Devianz *f Psych, Soziologie* devio, *(abweichendes Verhalten)* devia konduto

Deviation *f* ***a)*** *Biol, Mar, Med u. Naturw* devio *auch Ablenkung der Kompassnadel [durch Metallteile od elektr. Ströme] bzw. eines Geschosses von seiner Flugbahn*; ~ ***der Wirbelsäule*** *Med* devio de la vertebraro ***b)*** *Pol (Abweichung von der Parteilinie* deviacio, devio de la partiodoktrino

Deviationismus *m Pol* ↑ ***Abweichlertum***

Devise *f Motto, Losung, Wahlspruch* devizo

Devisen *Pl*, *auch* ***Fremdwährung*** *f Fin (Zahlungsmittel in ausländischer Währung)* devizoj *Pl* (↑ *auch* ***Golddevisen***); *(Geld in ausländischer Währung)* valuto *Sg*; ~ ***beschaffen*** havigi [al si] devizojn

Devisen|ausgleichsfonds *m* valuto-egaliga fonduso; ~**beschränkungen** *f/Pl* devizolimigoj *Pl*; ~**kontrolle** *f* deviza kontrolo; ~**kurs** *m Bankw* devizokurzo

devisenlos *Adj* sendeviza; *~**er Austausch*** *m* sendeviza interŝanĝo

Devisen|makler *m* deviza makleristo; ~**markt** *m* devizomerkato; ~**vergehen** *n Jur* valuta delikto; ~**verkaufskurs** *m Bankw* vendokurzo de devizoj

Devolution *f nur Fachspr Jur (Übergang

eines Rechts od Besitzes auf einen anderen [bes. im Kirchenrecht]) devolucio

[1]**Devon** *m Geol (eine Formation des Paläozoikums)* devonio (↑ *auch* ***Eifelien*** *u.* ***Oberdevon***)

[2]**Devon** [*devn*] (*n*) *eine Grafschaft in SW-England* Devono *[Hptst.: Exeter]*

devonisch *Adj aus dem Devon stammend od das Devon betreffend* devonia

devot *Adj gottergeben* devota, sindoneme pia; *unterwürfig* subula, servila (*vgl. dazu* ***demütig***); *übertrieben diensteifrig* tro asidua

Devotionalien *Pl kath. Kirche (der Andacht dienende Gegenstände, z.B. Heiligenbild u. Rosenkranz)* devotaĵoj *Pl*; ~**handel** *m* komerc[ad]o per devotaĵoj

Dewanagari *n* ↑ ***Devanagari***

Dextrane *n/Pl Biochemie, Med (ein Blutplasma-Ersatzmittel)* dekstranoj *Pl*

Dextrin *n Chem, Pharm* dekstrino

dextrogyr *Chem* ↑ ***rechtsdrehend b)***

Dextrose *f Traubenzucker* glukozo

Dezember *m* (*Abk* ***Dez.***) decembro (*Abk* dec.); ***Anfang*** (***Ende***) ~ komence (fine) de decembro

Dezemvir *m Gesch (Mitglied eines Dezemvirats)* decemviro

Dezemvirat *n od* **Dezemvirn** *m/Pl Gesch ([im alten Rom:] aus zehn Männern bestehender Beamten- od Priesterrat)* decemviroj *Pl*

Dezennium *n geh für «Jahrzehnt»* jardeko

dezent *Adj anständig, schicklich* deca; *angemessen* konvena (↑ *auch* ***taktvoll***)

dezentral *Adj* malcentra

Dezentralisation *f, auch* ***Dezentralisierung*** *f* malcentraliz[ad]o

dezentralisieren *tr* malcentralizi

Dezentralisierung *f* ↑ ***Dezentralisation***

Deziar *n, auch* ***Zehntelar*** *n* deciaro

Dezi|bel *n* (*Zeichen* ***dB***) *Maß der relativen Lautstärke* decibelo (*vgl. dazu* ***Bel***); ~**gramm** (*n*) (*Zeichen* ***dg***) decigramo; ~**liter** (*m*) (*Zeichen* ***dl***) decilitro

dezidiert *Adj bestimmt [hinsichtlich des Tones], entschlossen* decida (↑ *auch* ***resolut***)

dezimal, *auch* ***dekadisch*** *Adj Math (auf die Grundzahl 10 bezogen, zehnteilig)* decimala

Dezimalbruch *m, auch* ***dekadischer Bruch*** *od* ***Zehnerbruch*** *m Math* decimala frakcio

Dezimale *f Math* ↑ ***Dezimalstelle***

Dezimal|klassifikation *f* (*Abk* ***DK***) decimala klasifiko; ~**komma** *n um Dezimalstellen zu kennzeichnen* decimala komo; ~**rechnung** *f Math* decimala nombrosistemo; ~**stelle** *f, auch* ***Dezimale*** *f Math* decimalo; ~**system** *n Math* decimala sistemo; ~**zahl** *f Math* decimala nombro; ~**ziffer** *f Math* decimala cifero

Dezime *f Mus* decimo (↑ *auch* ***Duodezime***); ***große*** (***kleine***) ~ maĵora (minora) decimo

Dezimeter *m* (*Zeichen* ***dm***) decimetro

dezimieren *tr große Verluste beibringen* pereigi multajn [homojn]; ***stark*** ~ preskaŭ neniigi, *(fast ausrotten)* preskaŭ ekstermi

DFB = *Abk für* ***Deutscher Fußball-Bund*** [↑ *unter* ***deutsch***]

DFG = *Abk für* ***Deutsche Forschungsgemeinschaft***

DFL = *Abk für* ***Deutsche Fußball-Liga***

dg = *Zeichen für* ***Dezigramm*** [↑ *dort*]

Dg = *Zeichen für* ***Dekagramm*** [↑ *dort*]

DG = *Abk für* ***Dachgeschoss***

d. h. = *Abk für* ***das heißt*** [↑ *unter* ***das 2.***]

DH = *fachsprachl. Abk für* ***Diapausehormon***

Dhaka (*n*), *auch* ***Dacca*** *od* ***Dakka*** (*n*) *Hptst. von Bangladesch* Dakko

Dharma *n* ***a)*** *Mahayana-Buddhismus (die praktische u. theoretische Lehre des Buddha bzw. deren unvergängliche Wirklichkeit)* ***b)*** *Hinayana-Buddhismus (allgemeine, letzte, unzerlegbare Elemente der empirischen Wirklichkeit* ***c)*** *Jainismus (die die dynastischen Vorgänge auslösende Substanz)* darmo

Dharmacakra *n ind. Myth (das Rad des Gesetzes, das den niemals enden wollenden Kreislauf des Leidens symbolisiert, der durch immer wiederkehrende Geburt u. Tod verursacht wird, die wiederum durch Begierde entstehen)* darmaĉakro

Dharmapada *m ein buddhistischer Text* darmapado

Dharmashastra *n ind. Myth (ein Lehrbuch über das hinduistische Recht, das von Manu verfasst wurde, der von Vishnu u. anderen Heiligen inspiriert wurde)* darmaŝastro

Dhau *f, auch* ***Dhow*** *f Mar* ↑ ***Dau***

Di. = *Abk für* ***Dienstag***

DI = *Abk für* ***Darul Islam***

Dia *n* ↑ ***Diapositiv***

Diabas *m, auch* ***Grünstein*** *m Min (ein pa-*

läozoisches Ergussgestein) diabazo <*gehört zur Gruppe der Basalte*>

Diabetes *m* (Diabetes insipidus) *Med* diabeto (↑ *auch* ***Adrenalin-***, ***Alters-***, ***Bronze-*** *u.* ***Nierendiabetes***); ~ ***mellitus*** *Zuckerkrankheit* [sukera] diabeto; ***jugendlicher*** (*od* ***juveniler***) ~ (Diabetes juvenilis) junaĝa diabeto; ***an*** ~ ***leiden*** suferi je diabeto

Diabetesbehandlung *od* **Diabetestherapie** *f* diabetoterapio

Diabetes|risiko *n* risko malsaniĝi je diabeto; ~**schock** *m Med* diabeta ŝoko

Diabetiker *m* diabetulo; ~**marmelade** *f* marmelado por diabetuloj; ~**wurst** *f* kolbaso por diabetuloj

diabetisch *Adj* diabeta; ~***e Amaurose*** *f Ophthalmologie* diabeta amaŭrozo

Diabetologe *m Med* diabetologo

Diabetologie *f Med (wissenschaftl. Erforschung der Zuckerkrankheit)* diabetologio

diabolisch ↑ ***teuflisch***

Diabolo *n ein Geschicklichkeitsspiel* diabolo

Diachronie *f Ling* diakroneco

diachron[isch] *Adj in der Entwicklung bzw. zeitlichen Aufeinanderfolge betrachtet* diakrona; ~***es Wörterbuch*** *n* diakrona vortaro

Diachylon *n* (Unguentum diachylon) *Pharm (Bleisalbe aus Bleikarbonat u. Fett)* diakilo

Diadem *n Stirnreif* diademo *[im Altertum auch als Zeichen der Herrscher- u. Priesterwürde]*; ~**meerkatze** *f* (Cercopithecus mitis) *Zool* diadema cerkopiteko; ~**rotschwanz** *m* (Diplootocus moussieri) *Orn* diademruĝvostulo; ~**seeigel** *m* (Centrostephanus longispinus) *Zool* diadema eĥino

Diadochen *m/Pl Gesch (die Feldherren Alexander des Großen, die nach seinem Tod in wechselvollen Kriegen um die Herrschaft kämpften)* diadokoj *Pl*

Diagenese *f Geol (geringfügige [mineralische] Veränderung, z.B. Verfestigung von Sand zu Sandstein)* diagenezo

Diagnose *f Med* diagnozo (↑ *auch* ***Differenzial-***, ***Fehl-***, ***Fern-***, ***Labor-***, ***Puls-*** *u.* ***Segmentdiagnose***); ***ätiologische*** (***computergestützte***) ~ etiologia (komputile apogata) diagnozo; ***eine*** ~ ***bestätigen*** (***stellen***) konfirmi (fari) diagnozon

Diagnostik *f Med (Lehre von der Krankheitserkennung)* diagnostiko, *auch* diagnoziko (↑ *auch* ***Chromosomen-***, ***Computer-***, ***Enzym-***, ***Funktions-***, ***Immun-***, ***Röntgen[strahlen]-***, ***Pränatal-***, ***Tuberkulin-***, ***Tumor-***, ***Ultraschall-*** *u.* ***Zytodiagnostik***); *(das Diagnostizieren)* diagnozado

Diagnostiker *m* diagnozisto

diagnostisch *Adj* diagnostika

diagnostizieren *tr* diagnozi

Diagnostizieren *n* diagnozado

Dialogit *m Min* ↑ ***Rhodochrosit***

diagonal 1. *Adj* diagonala **2.** *Adv* diagonale

Diagonale *f Geom* diagonalo

Diagonal|matrix *f Math* diagonala matrico; ~**pass** *m Ballspiele* diagonala pasigo [de la pilko]

Diagramm *n, auch* ***Schaubild*** *n grafische od schematische Darstellung* diagramo (↑ *auch* ***Ablauf-***, ***Arbeits-***, ***Begriffs-***, ***Klima-***, ***Linien-***, ***Netz-***, ***Phasen-*** *u.* ***Vektordiagramm***); ***axonometrisches*** (***quadratisches***) ~ aksonometria (kvadrata) diagramo

Diaklase *f Geol (Gesteinsfuge, an der keine Verschiebung erfolgt)* diaklazo

Diakon *m 1. erstes von den Aposteln gestiftetes kirchliches Amt [Armen- u. Krankenpflege, Mission u. Lehre] 2. in der Urkirche: Gehilfe des Bischofs 3. in der orthodoxen u. katholischen Kirche: Vorstufe zur Priesterweihe 4. in der evangelischen Kirche: Mitarbeiter auf verschiedenen Arbeitsfeldern der EKD, z.B. Erziehung, Unterricht, Verwaltung* diakono (↑ *auch* ***Archidiakon[us]*** *u.* ***Subdiakon***)

Diakonat *n* ***a)*** *Diakonenamt, Diakonenwürde* diakoneco ***b)*** *Amtswohnung eines Diakons* diakonejo

Diakonie *f evangel. Kirche (Arbeit für Hilfsbedürftige [Kranke, Arme usw.])* helposervo por malsanuloj kaj malriĉuloj

Diakonisse *od* **Diakonissin** *f* diakonino

diakritisch *Adj* diakrita; ~***es Zeichen*** *n Ling* diakrita signo

Dialekt *m Ling* dialekto (*vgl. dazu* ***Soziolekt***)

dialektal *Adj mundartlich* dialekta

Dialektatlas *m Ling* atlaso de dialektoj (*vgl. dazu* ***Sprachatlas***)

Dialektik *f bes. Phil (Erforschung der Wahrheit durch Aufweisung u. Überwindung von Widersprüchen)* dialektiko

Dialektiker *m* dialektikisto *bzw.* dialektikulo

dialektisch 1. *Adj* dialektika *auch Ling*; ~***e Gesetzmäßigkeit*** *f* dialektika laŭleĝeco; ~***er Materialismus*** *m Marxismus* dialektika materiismo **2.** *Adv* dialektike, laŭ maniero dialektika

Dialektmischung *f Ling* intermiksiĝo de dialektoj

Dialektologie *f, auch* ***Mundartforschung*** *f* dialektologio

dialektologisch *Adj die Dialektologie betreffend* dialektologia

Dialog *m* dialogo *auch Theat* (↑ *auch* ***Nord-Süd-Dialog, Wechselrede*** *u.* ***Zwiegespräch***); ***einen ~ führen*** dialogi

Dialogbearbeiter *m, auch* ***Dialoggestalter*** *m Film* dialogisto

Dialogform *f*: ***in ~*** en formo de dialogo

dialogisch *Adj, auch* ***in Dialogform*** dialoge, en formo de dialogo

Dialogpartner *m* dialogpartnero

Dialysat *n* dializaĵo, *auch* dializita likvo

Dialysator *m* ↑ ***Dialysegerät***

Dialyse *f* ***a)*** *Chem (Trennung von Elektrolytenlösungen u. Kolloiden mithilfe einer halbdurchlässigen Hülle)* dializo ***b)*** *umg* ***Blutwäsche*** *f Med* [sango]dializo, *fachsprachl. auch* hemodializo (↑ *auch* ***Peritonealdialyse***); ***zweimal in der Woche zur ~ müssen*** dufoje en semajno devi iri [al kliniko] por havi dializon de la sango

Dialyse|behandlung *f Med* dializoterapio; ~**gerät** *n, auch* ***Dialysator*** *m Chem* dializilo; *Medizintechnik* dializa aparato, [sango]dializilo; ~**patient** *m Med* [hemo]dializa paciento; ~**zentrum** *n Med* [hemo]dializa centro

dialysierbar *Adj* dializebla

dialysieren *tr Chem, Med* dializi

dialytisch *Adj* [per]dializa *od* pere de dializo

diamagnetisch *Adj keine magnetischen Eigenschaften enthaltend* diamagneta; *den Diamagnetismus betreffend* diamagnetisma

Diamagnetismus *m Phys (als Erscheinung)* diamagnetismo, *(als Eigenschaft)* diamagneteco

Diamant *m* ***a)*** *Min* diamanto; *geschliffener Diamant* brilianto (↑ *auch* ***Rohdiamant***); ***schwarzer*** *~ zum Bohren* karbonado ***b)*** *Handw (Diamantglasschneider), Tech (Diamantwerkzeug)* diamanto

Diamantcollier [...'lje:] *n ein Halsschmuck* diamanta koliero

diamanten *Adj* diamanta; ~**artig** *Adj* diamanteca

Diamanten|händler *m* vendisto de diamantoj; ~**schleifer** *m* tajlisto de diamantoj

Diamant|fasan *m* (Chrysolophus amherstiae) *Orn* diamantfazano; ~**ring** *m Ring mit einem Brillanten* brilianta ringo; ~**schildkröte** *f* (Malaclemys terrapin) *Zool* diamanta testudo *[Vorkommen: Atlantikküste von Nordamerika[*; ~**schneider** *m Handw* diamanta vitrotranĉilo; ~**täubchen** *n* (Geopelia cuneata) *Orn* diamanta kolombo *[Vorkommen: Australien]*

Diameter *m (Zeichen ø) Durchmesser* diametro

diametral 1. *Adj* diametra; *völlig entgegengesetzt, z.B. Anschauung* [absolute] kontraŭa **2.** *Adv*: ~ ***entgegengesetzt*** diametre kontraŭa

Diamidophenol *n Chem* diamidofenolo

Diaminopentan *n Chem* diaminopentano (*vgl. dazu* ***Kadaverin***)

Diana (*f*) *röm. Göttin der Jagd* Diana *auch weibl. Vorname*

Diapason *m od n Mus (ursprünglicher Name der altgriechischen Oktave)* diapazono

Diapause *f Biol, Ent (Ruhestadium im Lebenslauf vieler Organismen mit herabgesetztem Stoffwechsel u. Einstellung fast aller Lebensäußerungen)* diapaŭzo (↑ *auch* ***Torpor*** *u.* ***Winterschlaf***); ~**hormon** *n* (*fachsprachl. Abk* ***DH***) *ein Peptidhormon bei Insekten, das die Eipause bzw. embryonale Diapause reguliert* diapaŭza hormono

Diapedese *f Physiol (Durchtritt von Blutzellen durch eine unverletzte Gefäßwand)* diapedezo

Diapensia *f* (Diapensia lapponica) *Bot (ein arktisches Heidekrautgewächs)* diapensio

diaphan *Adj lichtdurchlässig, durchscheinend* diafana (*vgl. dazu* ***durchsichtig***)

Diaphanbild *n Mal (Bez entweder für ein direkt auf Glas gemaltes durchscheinendes Bild od. für eine Lithografie auf Transparentpapier, die auf od zwischen Glas gelegt wird)* diafanbildo

Diaphanoskopie *f Med (Durchleuchtungsuntersuchung mit Licht)* diafanoskopio

Diaphragma *n Anat* = ***Zwerchfell***

Diaphragmahernie *f Med* ↑ ***Zwerchfellhernie***

Diaphragmapessar *n, auch* ***Scheidendiaphragma*** *n Gynäkologie, sex (zur Empfängnisverhütung verwendete Kunststoffkappe, die über den Gebärmutterhals gestülpt wird)* diafragma pesario

Diaphyse *f, auch* ***Knochenschaft*** *m Anat (Mittelstück der Röhrenknochen [zw. den beiden Epiphysen])* diafizo (*vgl. dazu* ***Epi-***

physe)

Diapositiv *n* (*Kurzw* ***Dia*** *n*) *Foto* diapozitivo; ***Sammlung von ~en*** kolekto de diapozitivoj, diateko

Dia|projektor *m Foto* diaskopo, projekciilo por diapozitivoj; **~rähmchen** *n Foto* diapozitiva kadreto

Diärese *f 1. Ling (getrennte Aussprache von zwei aufeinander folgenden Vokalen [meist durch ein Trema gekennzeichnet] 2. Metr (Einschnitt, der durch Zusammenfall von Wort u. Versfußende entsteht)* dierezo

Diarrhö[e] *f Med (Durchfall)* diareo (↑ *auch* ***Reisediarrhö***); ***akute*** (***blutige***, ***chronische***, ***milde wässerige***) ~ akuta (hemoragia, kronika, milda, akveca) diareo; ~ ***mit Abgang unverdauter Speisereste*** lienterio

diarrhöisch *Adj durchfallartig* diarea

Diarthrose *f Anat (die gelenkige Verbindung zweier Knochen)* diartr[oz]o

Diashow *f* prezentado de diapozitivoj

Diaskop *n*, *auch* ***Bildwerfer*** *m alt für «Diaprojektor»* diaskopo (↑ *auch* ***Epidiaskop***)

Diaspor *m Min (ein wichtiger Gemengteil des Bauxits)* diasporo

Diaspora *f Gesch u. Rel (1. die seit dem babylonischen Exil außerhalb Palästinas lebenden Juden 2. die unter Heiden lebenden Judenchristen 3. [christliche u.a.] Streugemeinde, zerstreut lebende Minderheit* diasporo

Diastase *f Biol (technischer Name für das Enzymsystem des Stärkeabbaus)* diastazo (*vgl. dazu* ***Amylase***)

Diastole *f Physiol (der Systole folgende Erschlaffungsphase des Herzens)* diastolo

diastolisch *Adj Physiol* diastola; ***~er Blutdruck*** *m* diastola sangopremo

Diät *f* dieto (↑ *auch* ***Schlankheits-*** *u.* ***Stoffwechseldiät***); ***abführende*** (***eiweißreiche***) ~ laksiga (proteinriĉa) dieto; ***fettarme*** (***salzarme***) ~ dieto malriĉa je graso (malriĉa je salo); ***strenge*** (***strikte***) ~ rigora (strikta) dieto; ***zuckerfreie*** ~ sensukera dieto; ~ ***halten*** (*od* ***leben***) observi dieton; ***jmdm. eine strikte ~ verordnen*** ordoni al iu striktan (*od* severan) dieton

Diätempfehlungen *f/Pl* dietaj rekomendoj *Pl*

Diäten *Pl Parl (Tagegelder)* tagsalajro(j) *(Pl)* [por parlamentano(j)]

Diätetik *f Me (Lehre von der gesunden Lebensweise)* diet[ist]iko

Diätetiker *m*, *auch* ***Diätassistent*** *od* ***Diätspezialist*** *m* diet[ik]isto (↑ *auch* ***Ernährungsberaterin***)

diätetisch *Adj* diet[ik]a

Diathek *f Sammlung von Diapositiven* diateko, kolekto de diapozitivoj

diatherm[an] *Adj Phys (wärmedurchlässig, Wärmestrahlen nicht absorbierend)* diaterma

Diathermie *f*, *auch* ***Thermopenetration*** *f Med (Wärmedurchdringung)* diatermio

diathermisch *Adj* diatermia

Diathese *f nur Fachspr Med* (*Veranlagung zu bestimmten Krankheiten*) diatezo; ***hämorrhagische*** ~ *Neigung zu Blutungen* hemoragia diatezo

Diätkost *f* dieta nutraĵo

Diatomeen *f/Pl Bot* ↑ ***Kieselalgen***

Diatomeenerde *f* ↑ ***Infusorienerde***

diatonisch *Adj Mus (in der Folge einer Dur- od Molltonleiter)* diatona

Diätplan *m Med* dietplano

Diatribe *f Antike (philosophisch-moralischer Vortrag ergötzlicher Art, von den Kynikern zur eigenen Kunstform ausgebildet)* diatribo *<von der Stoa übernommen u. schließlich im christlichen Predigtstil fortgeführt>*

Diatryma *Pl Paläontologie (Gattung ausgestorbener flugunfähiger Riesenvögel aus dem Eozän [bis 2 m hoch mit langem Schnabel u. Laufbeinen mit vier Zehen])* rab-gruo

diättherapeutisch *Adj* dietterapia

Diazomethan *n Chem* diazometano

diazotieren *tr Chem* diazoti

Diazotierung *f Chem (die Einführung der Diazogruppe in organische Verbindungen)* diazotigo

dich (*Akk von* ***du***) *Pers Pron* vin

Dichlorid *n Chem* diklorido

dichotom *Adj nur Fachspr Biol (gabelig verzweigt)* dikotoma

Dichotomie *f nur Fachspr Biol* dikotomeco, *auch* dikotomio

Dichroismus *m Kristallografie, Opt* dikroismo

Dichroit *m Min* ↑ ***Cordierit***

dicht 1. *Adj Haar, Laub, Nebel, Pflanzenwuchs, Regen, Wald* densa; *wasserdicht* akvorezista, *Tech auch* nepermeabla; *undurchlässig* netralas[iv]a; *eng gefügt* kompakta; ***~es Dunkel*** *n* densa mallumo; ***in***

~*en Nebel gehüllt sein* esti vualita en densa nebulo; *der Nebel wird immer ~er* la nebulo pli kaj pli densiĝas **2.** *Adv*: ~ *bei* (*od* *neben*) tute proksime de; ~ *besiedelt* (*od* *bewohnt*) *sein* esti dense loĝata; ~ *vor meinen Füßen* tute proksime antaŭ miaj piedoj

dicht|blättrig, *Fachspr Bot auch lat.* ***densifolius*** *Adj* densfolia; ~**blumig**, *Fachspr Bot auch lat.* ***densiflorus***, *auch* ***pycnanthus*** *Adj* densflora

Dichte *f* dens[ec]o *auch Foto u. Phys bzw. der Besiedelung* (↑ *auch* ***Besiedelungs-***, ***Bevölkerungs-*** *u.* ***Verkehrsdichte***); *Kompaktheit* kompakteco; *Dichtezahl* densecnombro; ***von geringer*** ~ maldensa

Dichtemesser *m Phys* ↑ ***Densimeter*** *u.* ***Pyknometer***

¹dichten *tr hermetisch abdichten* hermetike fermi; *mit Harz, Kitt u.a. abdichten, kalfatern* kalfatri; *i.w.S. zustopfen* ŝtopi

²dichten *tr u. abs Verse schreiben* fari (*od* verki) versojn

Dichten *n*: ~ ***von Versen*** versfarado

Dichter *m* poeto (*vgl. dazu* ***Musensohn***; ↑ *auch* ***Dramen-***, ***Heimat-*** *u.* ***Romanzendichter***)

Dichterin *f* poetino

dichterisch *Adj* poeta, poezia; ~*e* ***Freiheit*** *f* poezia liber[ec]o

Dichterling *m pej für «unbegabter Dichter»* poetaĉo, tute sentalenta poeto

Dichternarzisse *f* (Narcissus poeticus) *Bot* poeta narciso

dichtfrüchtig, *Fachspr Bot auch lat.* ***pycnocarpus*** *Adj* densfrukta

dichthalten *(etw.) nicht ausplaudern* ne elbabili sekreton; *diskret sein* esti diskreta

Dichtkunst *f Poesie* poezio; *das Dichten od Versemachen* versfarado; *Lehre von der Dichtkunst* poetiko; ***erzählende*** ~ rakonta poezio, epiko

¹Dichtung *f Lit* poezio; *Dichtwerk* poeziaĵo; *Gedicht* poemo (↑ *auch* ***Prosa-***, ***Schäfer-***, ***Skalden-***, ***Spruch-*** *u.* ***Volksdichtung***)

²Dichtung *f Tech (zum Abdichten aus Hanffäden od ähnlichem Material* garnaĵo, ŝtopgarnaĵo (↑ *auch* ***Metall-*** *u.* ***Zylinderkopfdichtung***)

Dichtungsring *m Tech* ŝtopringo (*vgl. dazu* ***²Dichtung***)

dick *Adj* ***a)*** *Bauch, Buch, Person, Rauchschwaden, Vorhang u.a.* dika; *vom Leibesumfang auch* korpulenta (*vgl. dazu* ***dickbäuchig***); *Nebel, Qualm* densa ***b)*** *dick- od zähflüssig* malfacile fluanta, viskoza; *geschwollen* ŝvelinta; ~ ***werden*** *Person* dikiĝi, fariĝi dika, *Bauch auch* fariĝi obeza; *dickflüssig werden* fariĝi viskoza; *anschwellen* ŝveli; ~*e* ***Backen*** *m/Pl* dikaj vangoj *Pl*; ~*er* ***Mantel*** *m* dika mantelo; ~*e* ***Schweißtropfen*** *m/Pl* dikaj gutoj *Pl* da ŝvito; ***eine zehn Zentimeter*** ~*e* ***Eisschicht*** glacitavolo dek centimetrojn dika; ***ziemlich*** (*od umg* ***ganz schön***) ~ ***[sein]*** sufiĉe dika ◇ ~*e* ***Freunde*** *m/Pl salopp für «enge Freunde»* intim[eg]aj amikoj *Pl*; ***das ist ganz schön*** ~ ***aufgetragen*** *übertrieben* tio estas sufiĉe troigita; ***durch*** ~ ***und dünn gehen*** iri kun iu tra ĝojo kaj ploro; ***er hat ein [ausgesprochen]*** ~*es* ***Fell*** vi povas eĉ haki lignon sur lia kapo *(Zam)*

dickaderig, *Fachspr auch lat.* ***crassinervis*** *Adj Bot* dikvejna

Dickbauch *m Mann mit dickem Bauch* dikventrulo, *auch* barelventrulo (*vgl. dazu* ***²Dicke a)***; ↑ *auch* ***Schmerbauch***)

dickbauchig *Adj*: ~*e* ***Flasche*** *f bzw.* ~*es* ***Gefäß*** *n* bokalo

dickbäuchig *Adj* dikventra, *auch* ŝvelventra (*vgl. dazu* ***obös***; ↑ *auch* ***rundbäuchig***); *dick wie ein Fass* barelventra

Dick|bäuchigkeit *f* dikventreco; ~**blatt** *n* (*Gattung* Crassula) *Bot* krasulo, (*Gattung* Tillaea) tileo (↑ *auch* ***Wasserdickblatt***)

dickblätt[e]rig, *Fachspr auch lat.* ***crassifolius*** *od* ***pachyphyllus*** *Adj Bot* dikfolia

Dickblattfetthenne *f* (Sedum dasyphyllum) *Bot* dikfolia sedo

Dickblattgewächse *n/Pl Bot* dikfoliaj kreskaĵoj *Pl*; ***[Familie der]*** ~ (Crassulaceae) krasulacoj *Pl*

Dickdarm *m* (Intestinum crassum), *Fachspr auch* ***Colon*** *od* ***Kolon*** *n Anat* dika intesto (*vgl. dazu* ***Grimmdarm***)

Dickdarmentzündung *f*, *Fachspr* ***Colitis*** *od* ***Kolitis*** *f Med* inflamo de la dika intesto, *(Fachspr)* kojlito (↑ *auch* ***Enterokolitis***); ***geschwürige*** ~ (Colitis ulcerosa) ulcera kojlito

Dickdarm|krebs *m Med* kancero de la dika intesto (↑ *auch* ***kolorektales Karzinom*** *n*); ~**senkung** *f Med* koloptozo; ~**spiegelung** *f Med* kojloskopio

¹Dicke *f* ***a)*** *vom Umfang her (auch von Dingen)* dik[ec]o; *Beleibtheit, Korpulenz* korpulenteco; *Dickbäuchigkeit* dikventreco;

die Erzlager haben eine ~ von fast 6 m la erckuŝejoj havas dikon de preskaŭ 6 metroj ***b)*** *Zähflüssigkeit* viskozeco

²Dicke ***a)*** *m dicker Mann* dikulo ***b)*** *f dicke Frau* dikulino

Dickemessung *f* mezurado de dikeco

Dickenmesser *m Phys* ↑ ***Sphärometer***

Dickens (*m*) *Eig (englischer Schriftsteller [1812-1870])* Dikenso

Dickenwachstum *n eines Baumstamms* dikkresko

dick|fellig, *auch* ***dickhäutig*** *Adj* dikhaŭta *auch übertr*; ~**flüssig** *Adj* malfacile fluanta, viskoza

Dickflüssigkeit *f* viskozeco

Dickfußröhrling *m Mykologie* ↑ ***Schönfußröhrling***

Dickhäuter *m/Pl* (Pachydermata) *Zool* dikhaŭtuloj *Pl*, <*wiss*> pahidermoj *Pl*

dickhäutig ↑ ***dickfellig***

Dickhornschaf *n*, *auch* ***Kanadaschaf*** *n* (Ovis canadiensis) *Zool (eine Schafrasse)* kanada ŝafo, *auch* grandkorna ŝafo (*vgl. dazu* ***Dall-Schaf***)

Dickicht *n* densejo (↑ *auch* ***Rohrdickicht***)

Dickichtschlüpfer *m Orn*: ***großer*** ~ ↑ ***Lärmdickichtvogel***

Dickkopf *m störrischer Mensch* obstinulo

dick|köpfig *Adj* ***a)*** *stur* obstina ***b)*** *Fachspr auch lat.* ***pachycephalus*** *Bot* dikkapa; ~**leibig** *Adj* dikventra

dicklich *Adj* diketa, iom dika

dicklippig *Adj* diklipa; ***ein ~er Mund*** diklipa buŝo

Dickmilch *f Nahr* kazeiĝinta lakto

Dickrübe *f* ↑ ***Runkelrübe***

dickschalig *Adj* dikŝela *auch Bot*

Dickschnabel|krähe *f* (Corvus macrorhynchus) *Orn* grandbeka korvo; ~**lumme** *f* (Uria lomvia) *Orn* dikbeka urio (↑ *auch* ***Trottellumme***)

Dickschnabelmöwe *f Orn* ↑ ***Pazifikmöwe***

Dickschnabelpinguin *m* (Eudyptes pachyrhynchus) *Orn* dikbeka pingveno *[Vorkommen: Südaustralien, Tasmanien u. Neuseeland]*

Dickschwanzskorpion *m Zool*: ***nordafrikanischer*** ~ (Androctonus australis) nordafrika grasvosta skorpio

Dickson (*n*) ↑ ***Dikson***

dickstängelig, *Fachspr auch lat.* ***crassicaulis*** *Adj Bot* diktiga

Dickwanst *m pej für «Dickbauch» (dicker Mann)* dikventrulo, barelventrulo, *(dicker Bauch)* barelventro

dickwurzelig, *Fachspr auch lat.* ***pachyrhizus*** *Adj Bot* dikradika

Dickzissel *f* (Spiza americana) *Orn (ein Ammerart)* kaŝtanflugila emberizo

dickzweigig, *Fachspr auch lat.* ***pachycladus*** *Adj Bot* dikbranĉa

Dida (*f*) *Eig (sagenhafte Gründerin von Karthago)* Didona

Didache *f hist: die älteste, erst 1883 entdeckte Kirchenordnung, die vermutlich in Syrien Anfang des 2. Jh.s entstanden ist* didaĥeo, *auch* didakeo

Didaktik *f Päd (Unterrichtskehre)* didaktiko; ***technologische*** ~ teknologia didaktiko

Didaktiker *m Päd (Fachvertreter der Unterrichtslehre)* didaktikisto *auch i.w.S.*

didaktisch *Adj* didaktika; ***~e Hilfsmittel*** *n/Pl* (*od* ***Hilfen*** *f/Pl*) *Päd* didaktikaj helpiloj *Pl*; ***~es Modell*** *n* didaktika modelo

Diderot (*m*) *Eig (französischer Schriftsteller [1713-1784])* Dideroto

Didgeridoo [*didʒəri'du:*] *n Mus (röhrenförmiges Blasinstrument der australischen Ureinwohner)* diĝeriduo

Didym *n Chem* didimo

die 1. *Art f u. Pl* la ~ ***Lampe*** la lampo **2.** *Dem Pron f*: ~ ***[da]*** *diese* tiu ĉi *od* ĉi tiu, *Pl* tiuj ĉi *od* ĉi tiuj; *jene* tiu, *Pl* tiuj **3.** *Rel Pron* kiu, *Pl* kiuj; ~ ***Dame***, ~ ***dort sitzt***, ***ist Chinesin*** la sinjorino, kiu tie sidas, estas ĉinino

Dieb *m* ŝtelisto; *jmd., der einen Diebstahl begangen hat* ŝtelinto; *Straßen*~ surstrata ŝtelisto; ***haltet den ~!*** haltigu la ŝteliston! ◇ ***Gelegenheit macht ~e*** okazo kreas ŝteliston *(Zam)*

Diebes|bande *f* bando da ŝtelistoj; *Einbrecherbande* bando da rompŝtelistoj; ~**beute** *f od* ~**gut** *n Gestohlenes* ŝtel[it]aĵo; ~**nest** *n* kaŝejo de ŝtelitaĵo(j)

Diebin *f* ŝtelistino

diebisch 1. *Adj* ŝtelema **2.** *Adv*: ***sich ~ freuen*** ĝoji kiel sukcesinta ŝtelinto, diable ĝoji

Diebstahl *m* ŝtelo (↑ *auch* ***Auto-***, ***Einbruchs-***, ***Juwelen-***, ***Laden-*** *u.* ***Taschendiebstahl***); ~ ***geistigen Eigentums*** plagiato; ***einen ~ bei der Polizei anzeigen*** denunci ŝtelon al la polico

Dieffenbachie *f* (*Gattung* Dieffenbachia) *Bot* difenbakio

Diego (*m*) *span. männl. Vorname* Diego

diejenige *Dem Pron* ***a)*** *f*: ~, **die** (*od* **welche**)

... tiu, kiu ... ***b)*** *Pl m bzw. f:* ~***n***, ***die*** (*od* ***welche***) ... tiuj, kiuj ...

¹**Diele** *f Flur, Vorraum* vestiblo; *Vorzimmer* antaŭĉambro (↑ *auch* ***Korridor***)

²**Diele** *f Fußbodenbrett* dilo; *Fußboden* planko (↑ *auch* ***Gipsdiele***)

Dielektrikum *n El (nicht leitendes Medium, Nichtleiter)* dielektriko

dielektrisch *Adj* dielektrika; ~***e Nachwirkung*** *f El* dielektrika viskozeco

Dielektrizitätskonstante *f El (die fundamentale Größe zur Beschreibung von elektrischen Feldern in einem beliebigen Medium)* dielektrika konstanto, [elektra] permitivo

dielen *tr Bauw* planki

Dielen|brett *n* plankotabulo; ~**leger** *m* plankisto

Dien *n Chem (ungesättigter aliphatischer Kohlenwasserstoff mit zwei Doppelbindungen [z.B. Butadien])* dieno

Diencephalon *n Anat (Zwischenhirn [beim Menschen u. bei Säugetieren])* diencefalo

dienen *intr* servi (***jmdm.*** iun *od* al iu) *auch bedienen, z.B. im Laden od Lokal*; *behilflich sein* helpi (***jmdm.*** al iu); *gebraucht werden* esti uzata (***als*** kiel); *nützlich sein für* esti utila por, *(Gegenstand) auch* utili; *Mil (Soldat sein)* esti soldato, servi kiel soldato; ***damit ist mir nicht gedient*** tio ne utilas al mi, tio ne taŭgas por miaj celoj; *reicht mir in keiner Weise aus* tio neniel sufiĉas al mi; ***dem Vaterland*** ~ servi al la (*od* sia) patrujo; ***womit kann ich [Ihnen]*** ~***?*** per kio mi povas servi vin (*od* al vi)?; ***wozu dient das?*** por kio servas tio?

Dienen *n* servado

Diener *m* ***a)*** *der Obrigkeit, des Staates u.a.* servisto (↑ *auch* ***Gerichts-*** *u.* ***Tempeldiener***); *Lakai* lakeo; *Sklave* sklavo ◇ ***ich bin [doch] nicht dein*** ~***!*** *umg* mi ne estas via sklavo! ***b)*** *veraltet: tiefe Verbeugung [bes. bei Knaben u. Subalternen]* [profunda] riverenco; ***einen*** ~ ***machen*** fari riverencon, riverenci (***vor*** antaŭ) (*vgl. dazu* ***sich verbeugen***)

Dienerin *f* servistino

Dienerschaft *f* servistaro (↑ *auch* ***Gesinde***); *i.w.S. Personal* personalo *od* personaro

Dieng-Plateau *n ein Hochplateau in Zentraljava/Indonesien* Dieng-altebenaĵo

dienlich *Adj nützlich* utila (***einer Sache*** al io); *passend, tauglich* konvena, taŭga

Dienst *m Dienstleistung* servo *auch Mil* (↑ *auch* ***Dokumentations-,Presse-*** *u.* ***Schnelldienst***); *beruflich* deĵoro (↑ *auch* ***Außen-, Kunden-, Nacht-, Schalter-, Spät-, Staats-, Streifen-*** *u.* ***Wachdienst***); *Dienen* servado; *Aufgabe, Pflicht* tasko, devo; *Amt* ofico; *Verdienste* meritoj *Pl*; *Gefälligkeit* komplezo; *i.w.S. Hilfe* helpo; ~ ***am Kunden*** serv[ad]oj al la kliento(j); ***hydrografischer*** ~ hidrografia servo; ~ ***in der Armee*** soldatservo; *Kriegsdienst* militservo; ***unser*** ~ ***beginnt um vier Uhr*** nia deĵoro komenciĝos je la kvara [horo]; ~ ***haben*** (*od* ***tun***) deĵori; ***zum*** ~ ***müssen*** *umg* devi deĵori; ~ ***habender*** (*od* ***tuender***) ***Arzt*** deĵoranta kuracisto (*od pop auch* doktoro); ***jmdm. seine*** ~***e anbieten*** proponi al iu siajn servojn; ***jmdm. einen*** ~ ***erweisen*** fari servon al iu; ***jmds.*** ~***e in Anspruch nehmen*** akcepti (*bzw.* utiligi) ies servojn; ***was steht zu Ihren*** ~***en?*** *alt od geh für «was wünschen Sie?»* kion vi deziras? ◇ ***für einen Freund ist kein*** ~ ***zu groß*** por amiko komplezo neniam estas tro peza *(Zam)*

Dienstablösung *f* deĵorŝanĝo

Dienstag *m* (*Abk* ***Di.***) mardo

dienstags *Adv* marde; *jeden Dienstag* ĉiun mardon

Dienstanweisung *f* [deĵor]instrukcio, reglamento, regularo (*vgl. dazu* ***Dienstvorschrift*** *u.* ***Weisung***)

Dienstbarkeit *f Dienstbereitschaft* servopreteco (*vgl. dazu* ***Servitut***)

dienst|beflissen *Adj* asidua, servema; ~**bereit** *Adj* servopreta; *Apotheke, Arzt* deĵoranta; ~**eifrig** *od* ~**fertig** *Adj* [ĉiam] servopreta, *beflissen* asidua; *hilfsbereit auch* helpopreta, helpema

dienstfrei *Adj* nedeĵoranta, sendeĵora; ~***er Tag*** *m* tago sendeĵora *od* tago sen deĵoro, *i.w.S.* libera tago

Dienstgrad *m* rango; ***er hat den*** ~ ***eines Majors*** li havas la rangon de majoro

diensthabend *Adj*: ~***er Arzt*** *m* deĵoranta kuracisto

Dienst|habende *m* deĵoranto; ~**kleidung** *f* ofica vesto, uniformo [de deĵoranto], uniforma vesto; ~**leistungen** *f/Pl Service* servoj *Pl*

Dienstleistungs|beruf *m* profesio en la servosektoro, *auch kurz* serva profesio; ~**sektor** *m* sektoro pri publikaj servoj, *auch kurz* servosektoro

dienstlich *Adj* deĵora, ofica; *amtlich* oficiala; *~er Befehl m* ofica ordono

Dienst|mädchen *n* servistino; *Hausgehilfin* dommastrina helpantino; ~**mann** *m Gepäckträger* [pakaĵ-]portisto; ~**pass** *m* ofica pasporto; ~**personal** *n* dungitaro

dienstpflichtig *f Mil*: ***im ~en Alter*** en militserva (*od* rekrutiga) aĝo

Dienst|plan *m z.B. für Dienste im Krankenhaus* deĵor-plano *auch Mil*; ~**programm** *n EDV* servoprogramo; ~**raum** *m* deĵorejo; ~**reise** *f* ofic-vojaĝo, *auch* deĵorvojaĝo, profesi-cela vojaĝo; ~**siegel** *n* [ofica] sigelo; ~**stelle** *f* deĵorejo, oficejo; *Körperschaft* korporacio; *Instanz* instanco; *Abteilung* sekcio; ~**stellenleiter** *m* sekciestro

diensttauglich *Adj Mil* taŭga por militservo

Dienst|uniform *f* ofica uniformo [de deĵoranto]; ~**vernachlässigung** *f* dumdeĵora neglekto; ~**wagen** *m* oficeja aŭto; ~**weg** *m* oficiala (*od* instanca) vojo

Dienstzeit *f* [daŭro de] deĵoro, servodaŭro *auch Mil*; *[gesamte] Arbeitszeit, z.B. pro Tag* labordaŭro; *Arbeitsstunden* laborhoroj *Pl*; ***25-jährige ~*** 25-jara dungiteco

dies *Pron* tio [ĉi] (*vgl. dazu* ***dieser***); ***~ alles*** ĉio ĉi *od* ĉi ĉio; ***über ~ und jenes reden*** (***plaudern***) paroli (babili) pri tio kaj jeno

diesbezüglich **1.** *Adj* ĉi-rilata **2.** *Adv in dieser Angelegenheit* en tiu ĉi rilato, koncerne ĉi tiun aferon, ĉi-rilate, tiurilate (↑ *auch* ***hinsichtlich***)

Diesel *m* ↑ ***Dieselkraftstoff*** *u.* ***Dieselmotor***

Dieselauto *n* dizelaŭto

dieselbe *Dem Pron f* la sama, tiu [sama], *Pl* la samaj, tiuj [samaj]

Dieselbetrieb *m Eisenb* ↑ ***Dieselzugförderung***

dieselelektrisch *Adj* dizelelektra; ***~e Lokomotive*** *f Eisenb* dizelelektra lokomotivo

Diesel|fahrzeug *n* dizelveturilo; ~**generator** *m* dizelgeneratoro; ~**kraftstoff** *m* (*Abk* ***DK***, *Kurzw* ***Diesel*** *m*), *pop auch* ***Dieselöl*** *n* dizelpetrolo, *umg* dizeloleo (↑ *auch* ***Biodiesel***); ~**lokomotive** *f Eisenb* dizellokomotivo; ~**motor** *m* (*Kurzw* ***Diesel*** *m*) dizelmotoro; ~**ruß** *m* dizela fulgo <*entsteht bei der Verbrennung von Dieselkraftstoff in Dieselmotoren*>; ~**triebwagen** *m Eisenb* dizela motorvagono; ~**zugförderung** *f*, *auch* ***Dieselbetrieb*** *m Eisenb* dizela trakcio, *auch* dizeltrakcio

dies|er (~**e**, ~**es** *od* ~, *Pl* ~**e**) *Dem Pron* tiu ĉi *od* ĉi tiu; *diese(r) dort, jene(r)* tiu; *(Pl)* tiuj ĉi *od* ĉi tiuj; ***~es Jahres*** (*Abk* ***d.J.***) *bei Datumsangaben* ĉi-jare; ***~es Monats*** (*Abk* ***d.M.***) *bei Datumsangaben* ĉi-monate; ***in ~em Fall[e]*** en tiu ĉi okazo; *in diesem Einzel- bzw. Krankheitsfall* en tiu ĉi kazo; ***in ~em Jahr*** en ĉi tiu jaro, *auch* ĉi-jare (*Abk* ĉj.); ***in ~em Moment*** en tiu ĉi momento; *im gleichen Moment* en la sama momento, sammomente; ***zu ~em Zweck*** tiucele

diesig *Adj neblig-verhangen* bruma (*vgl. dazu* ***neblig*** *u.* ***trüb***)

dies|jährig *Adj* ĉi-jara; ~**mal**, *auch* ***dieses Mal*** *Adv* ĉi-foje, ĉi tiun fojon; ~**seitig** *Adj* ĉi-flanka; *auf unserer Seite [befindlich]* niaflanka

diesseits *Präp mit Gen* cis, ĉi-flanke; *auf unserer Seite* niaflanke; ***seine Farm erstreckt sich diesseits des Flusses bis zur Landstraße*** lia bieno sterniĝas cis la rivero ĝis la ŝoseo; ***die Stadt liegt ~ des Flusses*** la urbo situas ĉi-flanke de la rivero

Dietrich *m Nachschlüssel* dirko, *auch* ŝlosilhoko, *(eines Einbrechers) auch* ŝtelŝlosilo

diffamieren *tr* misfamigi

Differential *n Math* ↑ ***Differenzial***

Differentiation *f Ling, Math* ↑ ***Differenziation***

Differenz *m allg (auch Math)* diferenco (↑ *auch* ***Kursdifferenz***); *Math i.e.S. (positiver od negativer Zuwachs der Veränderlichen)* variero; (*Meinungsverschiedenheit* malsameco de opinioj *od* diverĝo de opinioj; *Meinungsstreit* diskuto pri diverĝantaj opinioj; *Auseinandersetzung, Streit* [akra] disputo; ***mittlere ~*** *Math* meza diferenco

Differenzial *n*, *auch* ***Differential*** *n Math (Zeichen* ***d****), Tech (Ausgleichsgetriebe, welches das Drehmoment einer Antriebswelle auf zwei Antriebswellen verteilt)* diferencialo; ***partielles*** (***vollständiges***) ~ *Math* parta (totala) diferencialo

Differenzial|bremse *f Tech* diferenciala bremso; ~**diagnose** *f* (*Abk* ***DD***) *Med* diferenciga diagnozo; ~**flaschenzug** *m*, *auch* ***Treibflaschenzug*** *m Tech* diferenciala takelo; ~**getriebe** *n*, *auch* ***Ausgleichsgetriebe*** *n* (*Kurzw* ***Differenzial***) *Kfz, Tech* diferencialo; ~**gleichung** *f Math* diferenciala ekvacio; ~**methode** *f Math* diferenciala metodo; ~**quotient** *m Math* diferenciala kvociento; ~**rechnung** *f Math* diferenciala kalkulo

Differenziation *f, auch* ***Differentiation*** *f* ***a)*** *Ling (Entwicklung mehrerer Sprachen aus einer Sprache, z.B. der romanischen Sprachen aus dem Lateinischen)* derivado ***b)*** *Math*: ***gliedweise*** (***implizite***) ~ poterma (implicita) derivado

differenzierbar *Adj* diferencigebla; *Fachspr Math* diferencialebla

differenzieren *tr* ***a)*** *allg (unterscheiden)* diferencigi (***von*** de; ***zwischen*** inter); ***sich*** ~ *verschieden werden* diferenciĝi ***b)*** *Fachspr Math (mittels Differenzialrechnung berechnen)* diferenciali

Differenzierung *f* diferencigo

Differenzierungsprozess *m* proceso de diferencigo

differieren *intr sich unterscheiden* diferenci (***von*** [dis]de)

diffizil *Adj subtil* subtila (*vgl. dazu* ***delikat***); *schwierig* malfacila; *schwer zu bewerkstelligen* malfacile farebla; *schwierig zu behandeln* malfacile traktebla

Diffraktion *f Opt (Beugung des Lichtes od anderer Wellen [z.B. an Spalten od Strichgittern])* difrakto (*vgl. dazu* ***Refraktion***)

diffundieren *nur Fachspr Phys* ***a)*** *tr* difuzi ***b)*** *intr sich zerstreuen (z.B. Licht)* difuziĝi

diffus *Adj* ***a)*** *Phys* difuza; ~***es Licht*** *n* difuz[it]a lumo ***b)*** *übertr (unklar)* neklara, *(verschwommen, ohne scharfe Grenzen)* difuza

Diffusion *f Phys* difuzo

Diffusor *m Phys, Tech* difuzilo

Digamma *n ein Buchstabe des ältesten griechischen Alphabets* (Ϝ) digamo

Digest [*ˈdaidʒəst*] *n Auswahl od Auslese aus Veröffentlichungen* diĝesto

Digestion *f Physiol* ↑ ***Verdauung***

digital *Adj EDV, Tech* diĝita, *auch* cifereca; ~***e Fotografie*** (***Revolution***) *f* diĝita fotografio (revolucio)

Digital|daten *Pl EDV* diĝitaj datenoj *Pl*; ~**fernsehen** *n* diĝita televido; ~**foto** *n (Bild)* diĝita fotografaĵo; ~**fotografie** *f (Verfahren)* diĝita fotografado

Digitalin *n*, <*wiss*> ***Digitoxin*** *n Biochemie, Pharm* digitalino, <*wiss*> digitoksino <*aus Digitalis purpurea extrahiert*>

digitalisieren *tr EDV* diĝitigi

Digitalisierung *f* diĝitigo

Digital|kamera *f* diĝita kamerao, *umg auch* diĝita fotilo; ~**rechner** *m EDV* diĝita kalkulilo (*od* komputilo); ~**uhr** *f* diĝita horloĝo

Digitoxin *n Biochemie, Pharm* ↑ ***Digitalin***

Diglossie *f Ling (Nebeneinander zweier Varianten in einer Sprache, die oft Ausdruck sozialer Gegensätze sind)* diglosio

Digramm *n, auch* ***Digraph*** *m Ling (Gruppe aus zwei Schriftzeichen, die gemeinsam ein Phonem wiedergeben)* digramo

DIHT *m* ↑ *unter* ***deutsch***

Dijon [*diˈʒõ*] (*n*) *Hptst. des franz. Départements Côte d'Or u. der Region Burgund* Diĵono; ~**-Senf** *m Nahr* diĵona mustardo

Dikdik *n, auch* ***Windspielantilope*** *f* (*Gattung* Madoqua) *Zool (afrikanische Zwergantilope)* dikdiko *[Vorkommen: in semiariden Regionen Afrikas]* (↑ *auch* ***Eritrea-Dikdik***)

diklin *Adj Bot (eingeschlechtig [Blüte])* diklina (*vgl. dazu* ***zweihäusig***)

Diklinie *f Bot (Ein- od Getrenntgeschlechtigkeit)* diklineco

dikotyl *Bot* ↑ ***zweikeimblättrig***

Dikotyledonen *f/Pl Bot (zweikeimblättrige Pflanzen)* dukotiledonuloj *od* dikotiledonaj plantoj *Pl*

Dikson *od* **Dickson** (*n*) *ein russ. Hafen an der Mündung des Jenissej [Stützpunkt für die russische Eismeerschifffahrt]* Diksono

Diktafon *n* ↑ ***Diktiergerät***

Diktat *n* ***a)*** *das Diktierte* diktaĵo; *das Diktieren* diktado ***b)*** *aufgezwungene Verpflichtung* traktato altrudita per forto de armiloj

Diktator *m* diktatoro *auch i.w.S.*; ***als*** (*od* ***wie ein***) ~ ***auftreten*** konduti kiel diktatoro, *umg auch* diktatori

diktatorisch *Adj* diktatora; *zum Diktator neigend* diktatorema (*vgl. dazu* ***herrisch***)

Diktatur *f* diktaturo, diktatoreco; ***die ~ des Proletariats*** *Marxismus* la diktaturo de la proletaro; ***totalitäre*** ~ totolisma diktaturo (↑ *auch* ***Militärdiktatur***)

diktieren *tr* dikti (***etw.*** ion) *auch übertr*; ***wenn man diktiert, muss man langsam und deutlich sprechen*** kiam oni diktas ion oni devas paroli malrapide kaj klare

Diktieren *n* diktado

Diktiergerät *n, auch* ***Diktaphon*** *od* ***Diktafon*** *n* diktafono

Diktion *f mündliche Ausdrucksweise* maniero de parolado; *schriftliche Ausdrucksweise* maniero de skribado (*bzw.* verkado); *i.w.S. Stil* [parola] stilo

Diktyosomen *n/Pl, auch* ***Doppelmembransäckchen*** *n/Pl (Teil der Zellorganelle des*

sogen. Golgi-Apparats) diktiosomoj *Pl*

dilatabel ↑ ***ausdehnbar***

Dilatation *f nur Fachspr Med (Erweiterung, z.B. der Pupillen)* dilatiĝo (↑ *auch* ***Vasodilatation***); ***poststenotische*** ~ *umschriebene Gefäßerweiterung direkt hinter Stenosen* poststenoza dilatiĝo

Dilatator *m bes. Medizintechnik (Gerät zur Dehnung bzw. Erweiterung)* dilatilo

dilatieren *tr bes. Med (mit dem Dilatator dehnen od erweitern) u. Phys* dilati

Dildo *m ein penisförmiges Sexspielzeug* gadmeso

Dilemma *n* dilemo (↑ *auch* ***Zwangslage***)

dilemmatisch *Adj* dilema

Dilettant *m Nichtfachmann* diletanto; *Amateur* amatoro; *Kunstliebhaber* artamanto

dilettantenhaft *od* **dilletantisch** *Adj* diletanta; *amateurhaft* amatora

Dilettantentum *n* diletanteco

Dilettantismus *m* diletantismo

Dili (*n*) *Hptst. von Timor Leste [= Osttimor]* Dilio

Diligence [*dili'ʒã:ns*] *f* ↑ ***Postkutsche b)***

Dill *m*, *auch* ***Gurkenkraut*** *n*, *<österr>* ***Dill[en]kraut*** *n*, *auch* ***Dille*** *f* (Anethum graveolens) *Bot* aneto *auch Gewürz*; ~**öl** *n* aneta oleo; ~**soße** *f Kochk* aneta saŭco

diluieren *tr nur Fachspr Chem u. Med (verdünnen [z.B. eine Säure durch Zusatz von Wasser])* dilui

Dilution *f Verdünnen* diluado

diluvial *Adj ältere Bez für «pleistozän»* diluvia

Diluvium *n Geol (alt für Pleistozän)* diluvio

dim. = *Abk für* ***diminuendo***

Dimension *f* dimensio *auch Geom, Phys u. übertr*; *Ausmaß, Umfang* amplekso (*vgl. dazu* ***Ausdehnung***); ***die dritte*** (***vierte***) ~ la tria (kvara) dimensio; ***eine Maschine von gewaltigen*** ~***en*** maŝino de giganta amplekso (*od* gigantaj dimensioj)

dimensional *Adj* koncernanta la dimension (*vgl. dazu* ***drei-*** *u.* ***vierdimensional***)

dimensionslos *Adj* sendimensia

diminuendo (*Abk* ***dim.***) *Adv Mus (in der Tonstärke abnehmend)* diminuende

Diminuendo *n Mus* diminuendo

diminutiv *Adv verkleinernd* diminutive

Diminutivform *f Ling* diminutiva formo

Diminutiv[um] *n*, *umg* ***Verkleinerungsform*** *f od* ***Verkleinerungswort*** *n Ling* diminutivo

dimmen *tr El (das Licht mit einem Dimmer dämpfen)* dimi

Dimmer *m*, *auch* ***Helligkeitsregler*** *m El* dimilo

dimorph *Adj zweigestaltig* dimorfa *auch* duforma

Dimorphismus *m*, *auch* ***Zweigestaltigkeit*** *f Min, Biol* duformismo, *<wiss>* *auch* dimorfismo (↑ *auch* ***Geschlechts-*** *u.* ***Saisondimorphismus***)

DIN = *Abk für* ***Deutsches Institut für Normung*** (↑ *unter* ***Normung***)

Dina (*f*) *weibl. Vorname* Dina

Dinar *m Währungseinheit in etlichen Ländern, u.a. in Algerien, Irak u. Serbien* dinaro; ***jordanischer*** ~ *od* ***Jordan-Dinar*** *m* (*Währungscode* ***JOD***) jordania dinaro

Dinarische Alpen *Pl*, *auch* ***Dinarisches Gebirge*** *n ein Kettengebirge an der östlichen Adriaküste* Dinaraj Alpoj *Pl*, *auch* Dinara Montaro

Diner [*di'ne:*] *n Hauptmahlzeit* ĉefmanĝo, tagmanĝo; *Festessen* festeno

[1]**Ding** *n Gegenstand* objekto, aĵo; *Angelegenheit* afero; ***das*** ~ ***an sich*** *Phil [bei Kant]* noumeno; ~***e*** *Pl* ***des täglichen Bedarfs*** artikloj *Pl* de ĉiutaga bezono; ***das ist ein*** ~ ***der Unmöglichkeit*** *das ist nicht zu bewerkstelligen, nicht machbar* tio estas ne[far]eblaĵo *od* tio estas tute ne[far]ebla; *nicht realisierbar* tio estas tute ne realigebla; ***vor allen*** ~***en*** *vor allem, zuallererst* antaŭ ĉio; *das Wichtigste* la plej grava ◇ ***aller guten*** ~***e sind drei*** trio plaĉas al Dio *(Zam)*; ***guter*** ~***e sein*** esti en bona humoro; ***die*** ~***e beim Namen nennen*** la diablon nomi diablo *(Zam)*; ***jedes*** ~ ***hat zwei Seiten*** ĉiu medalo du flankojn posedas *od* en ĉiu objekto troviĝas difekto *(beide: Zam)*; ***unangenehme*** ~***e vergisst man leicht*** malagrablaĵojn (*bzw.* ĉagrenajn aferojn) oni facile forgesas

[2]**Ding** *n* ↑ ***Thing***

dingen *tr alt für «in Dienst nehmen»*: ***jmdn.*** ~ dungi iun (*vgl. dazu* ***einstellen b)***)

dingfest *Adj*: ***jmdn.*** ~ ***machen*** [kapti kaj] aresti iun

Dingi *n Mar (kleines Beiboot)* dingio (↑ *auch* ***Finn Dingi***)

dinglich *Adj*: ~***es Recht*** *Jur* rajto je objekto

Dingo *m* (Canis dingo), *auch* ***australischer Wildhund*** *m Zool* dingo

Dingwort *n Gramm (selt für «Hauptwort»)* substantivo (↑ *auch* ***Substantiv***)

dinieren *intr festlich speisen* festene manĝi

Dinka ***a)*** *m/Pl, Eigenbez.* ***Jien*** *Pl Ethn (stärkste Volksgruppe in der Rep. Südsudan [zu den Niloten gehörig])* dinkoj *Pl* ***b)*** *n Ling (eine im Südsudan gesprochene nilotische Sprache)* la dinka [lingvo]

Dinkel *m, auch* ***Spelt*** *od* ***Spelz[weizen]*** *m od* ***Schwabenkorn*** *n* (Triticum spelta *od* Triticum aestivum ssp. spelta) *Bot* spelto *auch Nahr*; ~**brötchen** *n Nahr* spelta bulko

Dinosaurus *m* (*umg auch kurz* ***Dino*** *m*) *Paläozoologie* dinosaŭro (↑ *auch* ***Brachiosaurus***)

Dinotherium *n Paläozoologie (ausgestorbenes riesiges elefantenähnliches Rüsseltier [Europas])* dinoterio

Diode *f, alt* ***Zweielektrodenröhre*** *f El* diodo (↑ *auch* ***Dämpfungs-***, ***Esaki-***, ***Foto-***, ***Halbleiter-***, ***Laser-***, ***Leucht-***, ***Tunnel-*** *u.* ***Zener-Diode***); ***gesättigte*** ~ saturita diodo

Diodor (*m*), *auch* ***Diodorus Siculus*** (*m*) *Eig (ein griechischer Geschichtsschreiber des 1. Jh. v. Chr.)* Diodoro

Diogenes (*m*) *Eig (ein altgriech. Philosoph [* 499/498 v.Chr., † 428/427)* Diogeno

Diokletian (*m*) *Eig (ein röm. Kaiser [* um 243, † 313 od 316])* Diokleciano

diokletianisch *Adj* diokleciana *i.w.S. auch für «blutig» od «grausam»*

Diomedes (*m*) *Eig ([nach Homer:] einer der tapfersten Helden im Trojanischen Krieg)* Diomedo

[1]**Dione** (*f*) *Myth (griechische Göttin, Mutter der Aphrodite [später als Titanin <Tochter von Uranos und Gäa> betrachtet]* Diona

[2]**Dione** *f Astron (ein Satellit des Saturn)* Diono

Dionys[ios] (*m*) *Eig: Tyrann von Syrakus [* 430 v. Chr., † 367 v. Chr.]* Dionizio

dionysisch *Adj auf Dionysos bezogen* dioniza *auch übertr für «wild begeistert» bzw. «rauschend» [von Festen]* (↑ *auch* ***zügellos***)

Dionysos (*m*) *griech. Myth (Gott des Weins, Rausches u. der Fruchtbarkeit)* Dionizo (↑ *auch* ***Bacchus***); ~**kult** *m* kulto al Dionizo

diophantisch *Adj Math (unbestimmt)* diofanta; ~***e Gleichung*** *f* diofanta ekvacio

Diophantos [von Alexandria] (*m*) *Eig (ein altgriechischer Mathematiker [lebte um 250 n.Chr.])* Diofanto [de Aleksandrio]

Diopsid *m Min (grünes, selten gelbliches od farbloses Mineral aus der Gruppe der Pyroxene)* diopsido

Diopter *n bes. Opt (Vorrichtung [an Instrumenten], mit der ein Ziel anvisiert werden kann, z.B. Fadenkreuz od Rahmensucher)* dioptro

Dioptrie *f* (*Abk* **Dptr.**, **dptr.** *od* **dpt.**) *Opt (Maßeinheit für den Brechwert von Linsen)* dioptrio

Dioptrik *f, auch* ***Brechungslehre*** *f Opt* dioptriko (↑ *auch* ***Katadioptrik***)

dioptrisch *Adj 1. zur Dioptrik gehörend, das Licht brechend 2. nur lichtbrechende Elemente enthaltend* dioptrika

Diorama *n [plastisch wirkendes] Schaubild (oft als Rundhorizont)* dioramo

dioramisch *Adj* diorama

Diorit *m Min* ↑ ***Aphanit***

Diosgenin *n Biochemie (Ausgangsmaterial zur Partialsynthese von therapeutisch wichtigen Steroidhormonen)* diosgenino

Dioskorides *od* **Dioskurides** (*m*) *Eig (griechischer Arzt <berühmt durch seine Arzneimittellehre «Materia medica»>) [im 1. Jh. n. Chr.]* Dioskorido

Dioskuren *Pl griech. Myth (die Zeussöhne Kastor u. Polydeukes [lat. Castor u. Pollux])* Dioskuroj *Pl auch übertr für «unzertrennliche Freunde»*

Dioxan *n Chem* dioksano

Dioxid *n Chem* dioksido (↑ *auch* ***Kohlen*** *u.* ***Urandioxid***)

Dioxin *n Chem* dioksino; ~**skandal** *m* dioksina skandalo

Dioxyd *n =* ***Dioxid***

Diözesan *m Angehöriger einer Diözese* diocezano

Diözese *f anglikan. u. kath. Kirche (Amtsgebiet eines Bischofs)* diocezo

diözisch *Bot* ↑ ***zweihäusig***

Dip *m Nahr (Soße zum Eintunken)* trempsaŭco

Diphtherie *f, alt* ***Hals-*** *od* ***Rachenbräune*** *f* (Diphtheria) *Med* difterio; ~**bakterium** *n* (Bacterium diphteriae) difteria bakterio; ~-**serum** *n Pharm* kontraŭdifteria serumo

diphtherisch *Adj* difteria

Diphthong *m, auch* ***Doppel-*** *od* ***Zwielaut*** *m Phon* diftongo (*vgl. dazu* ***Triphthong***)

Diphthongierung *f Phon* diftongigo

dipl. *= Abk für* ***diplomiert***

Dipl.-Ing. *= Abk für* ***Diplomingenieur[in]***

Diplodokus *m Paläozoologie (eine ausgestorbene Riesenechse)* diplodoko

Diploe *f Anat (schwammige Knochensubstanz, die zw. den beiden Tafeln des Schädeldachs liegt)* diploo

diploid *Adj Genetik (mit doppeltem Chromosomensatz)* diploida, *auch* duploida

Diplokokken *Pl* (*Sg:* ***Diplokokkus*** *m*) *Bakt (paarweise zusammenhängende kugelförmige Bakterien* diplokokoj *Pl*

Diplom *n* diplomo *auch Univ* (*vgl. dazu* ***Urkunde***; ↑ *auch* ***Doktor-, Lehrerdiplom*** *u.* ***Meisterbrief***); ***ein ~ bekommen*** ricevi diplomon; ***jmdm. ein ~ erteilen*** diplomi iun

Diplomand *m* finekzamena kandidato

Diplomarbeit *f bes. Univ* diplomlaboraĵo

Diplomat *m* diplomato *auch übertr* (↑ *auch* ***Berufs-*** *u.* ***Karrierediplomat***); ***die ~en*** *Pl (als Gesamtheit) auch* la diplomataro

Diplomaten|laufbahn *f* diplomata kariero; **~pass** *m* diplomata pasporto *od* pasporto de diplomato; **~viertel** *n* diplomata kvartalo; **~visum** *n* vizo por diplomato(j); **~wagen** *m Kfz* diplomata aŭto

Diplomatie *f* diplomatio *auch übertr* (↑ *auch* ***Geheim-, Gipfel-*** *u.* ***Konferenzdiplomatie***); *als Eigenschaft auch* diplomateco

Diplomatik *f, auch* ***Urkundenlehre*** *f* diplomatiko

Diplomatiker *m, auch* ***Urkundenforscher*** *m* diplomatikisto

Diplomatin *f* diplomatino *auch übertr*

diplomatisch *Adj Pol (auf die Diplomatie bezogen)* diplomatia, *(auf die Diplomaten bezogen)* diplomata *auch übertr für «klug u. geschickt [im Umgang]»*; ***~e Immunität*** *f* diplomata imuneco; ***~e Kanäle*** *m/Pl* diplomatiaj kanaloj *Pl*; ***das ~e Korps*** (*franz. Abk* ***CD***) la diplomata korpuso; ***in ~en Kreisen*** en la rondo de diplomatoj; ***eine ~e Lösung*** diplomatia solvo; ***~e Mission*** *f* diplomatia misio; ***~e Note*** *f* diplomatia noto; ***~e Quellen*** *f/Pl* diplomatiaj fontoj *Pl*; ***~e Rangordnung*** *f* hierarkio de [la] diplomatiaj reprezentantoj; ***~es Recht*** *n* diplomatia juro; ***~er Schutz*** *m* diplomata protekto; ***~er Verkehr*** *m* diplomatiaj rilatoj *Pl*; ***~er Vertreter*** *m* diplomatia reprezentanto; ***~e Vertretung*** *f* diplomatia reprezentejo; ***er ist sehr ~*** li estas tre diplomata; ***die ~en Beziehungen zu ... abbrechen*** (***aufnehmen, unterbrechen***) rompi (establi, suspendi) la diplomatiajn rilatojn kun ...; ***~e Beziehungen zu ... unterhalten*** havi diplomatiajn rilatojn kun ...; ***die ~en Beziehungen wiederaufnehmen*** (***wiederherstellen***) reestabli (restarigi) la diplomatiajn rilatojn; ***in den ~en Dienst eintreten*** eniri la diplomatian servon; ***die ~e Laufbahn einschlagen*** komenci la karieron de diplomato; ***auf dem üblichen ~en Wege*** pere de la normala diplomatia vojo

diplomiert (*Abk* ***dipl.***) *Adj* diplomita

Diplom|ingenieur *m* (*Abk* ***Dipl.-Ing.***) diplomita inĝeniero; **~philologe** *m* diplomita filologo

Diplopie *f Ophthalmologie* ↑ ***Doppeltsehen***

Dipol *m El, Radio* dupoluso; ***elektrischer*** (***magnetischer***) ~ elektra (magneta) dupoluso

Diponegoro (*m*) *Eig (Sultan von Yogyakarta [1785-1855])* Diponegoro *<Volksheld in Indonesien>*

Dipsomane *m* ↑ ***Quartalssäufer***

Dipsomanie *f Med ([periodisch wiederkehrende] Trunksucht)* dipsomanio

Diptam *m* (*Gattung* Dictamnus) *Bot* diktamno; ***weißer*** ~ (Dictamnus albus) blanka diktamno

Diptamwurzel *f Pharm* diktamna radiko

Dipteren *Pl, auch* ***Zweiflügler*** *m/Pl od* ***Zweiflüglerinsekten*** *n/Pl* (*Ordnung* Diptera) *Ent* dipteroj *Pl*

Diptychon *n zweiflügeliges Altarbild* diptiko *<in der mittelalterlichen kirchlichen Kunst wird auch der zweiflügelige Altaraufsatz als Diptychon bezeichnet>*

dir (*Dat von* ***du***) *Pers Pron* al vi

Dirac (*m*) *Eig (engl. Physiker [1902-1984])* Dirako; ***Dirac'sche Theorie*** *f Atomphysik* diraka teorio

direkt 1. *Adj* rekta *auch Gramm*; *ohne Vermittlung* senpera; ***~es Objekt*** *n Gramm* rekta komplemento (*od* objekto); ***~er Zugang*** (*od* ***Zugriff***) *m* rekta aliro; ***ein ~er Zug nach ...*** *Eisenb* rekta trajno al ...; ***in ~er Linie abstammen von ...*** deveni en rekta linio de ... **2.** *Adv* rekte (↑ *auch* ***geradewegs***); *unmittelbar* senpere; *ohne Unterbrechung* seninterrompe (***nach*** al); ***~ oder indirekt*** rekte aŭ nerekte; pere aŭ senpere; ***~ zum Flughafen fahren*** veturi rekte al la flughaveno; ***er kam ~ auf mich zu*** li rekte alpaŝis min; ***das Hotel liegt ~ am Meer*** la hotelo situas (*od* troviĝas) rekte apud la maro

Direkt|einspritzung *f in einen Benzinmotor* rekta injekto; **~flug** *m* rekta flugo (***nach*** al)

Direktion *f* direkcio; *Leitung* estraro
Direktive *f* direktivo (*vgl. dazu* ***Richtlinie*** *u.* ***Weisung***; ↑ *auch* ***Plandirektive***)
Direktor *m* (*Abk* ***Dir.***) direktoro (*Abk* dir.) *auch einer Schule* (↑ *auch* ***Generaldirektor***); *Leiter* estro; *Manager* manaĝero; *Schul*~ lernejestro (↑ *auch* ***Gymnasialdirektor***); ***stellvertretender*** ~ vicdirektoro; ***jmdn. als*** ~ ***von*** (*od mit Gen*) ***... einsetzen*** instali iun kiel direktoron de ...
Direktorat *n Pol, Verw (als Instanz)* direktorio; *(Direktorium [alle Direktoren])* direktoraro; *Amt des (od eines) Direktors* direktoreco
Direktorenposten *m* direktora posteno
direktorial *Adj* direktora
Direktorin *f*, *auch* ***Direktrice*** *f* direktorino
Direktorium *n die Direktoren [als Gesamtheit]* direktoraro; *Direktorat* direktorio
Direktrice *f* ↑ ***Direktorin***
Direktrix *f Geom (Leitlinie von Kegelschnitten)* direktrico
Direkt|schuss *m Fußball u.a.* rekta ŝoto; ~**übertragung** *f Radio, TV* rekta dissendo (*od* transsendo) (***aus*** el); ~**verkauf** *m* rekta vendado; ~**verkehr** *m* rekta trafiko; ~**zugriffsspeicher** *m EDV (Speicher m mit wahlfreiem Zugriff)* ajnvica storo
Dirham (*m*) (*Abk* ***DH***) *Währungs- u. Münzeinheit in Bahrein, Kuwait, Libyen, Marokko u. in den Vereinigten Arabischen Emiraten* dirhamo
Dirigent *m* dirigento, estro de orkestro (*bzw.* ĥoro) (*vgl. dazu* ***Kapellmeister***)
Dirigenten|pult *n* dirigenta pupitro; ~**stab** *m* dirigenta baston[et]o
dirigieren *tr Mus* direkti *auch übertr*; ***ein Orchester*** ~ direkti orkestron
Dirigismus *m staatliche Lenkung f der Wirtschaft* direktismo; planismo (↑ ***Planwirtschaft***)
Dirndl[kleid] *n* dirndlo
Dirne *f Prostituierte* amoristino, prostituitino, *fam auch* putino (*vgl. dazu* ***Buhlerin*** *u.* ***Hure***)
dis, Dis *n Mus ([Tonbezeichnung:] das um einen halben Ton erhöhte d)* dis *od* d diesa [*gesprochen* do ...]
Disagio [*dis'a:dʒo*] *n Bankw (Abschlag, um den der Kurs von Wertpapieren od Geldsorten unter dem Nennwert od der Parität steht)* disaĝio
Discjockey *m* ↑ ***Diskjockei***
Discountladen [*...'kaunt...*] *m*, *umg* ***Discounter*** *m Geschäft, in dem Waren mit hohen Rabatten verkauft werden* diskontvendejo
Disharmonie *f* ***a)*** *Mus* misharmonio, malharmonio [de tonoj] ***b)*** *übertr* malharmonio (***zwischen*** inter); *Uneinigkeit, Unstimmigkeit* malkonsento, malakordo
disharmonieren *intr* malkonsenti [inter si]
disharmonisch *Adj* neharmonia, *[stärker:]* misharmonia
Disjunktion *f nur Fachspr Ling u. Math* disjunkcio
disjunkt[iv] *Adj nur Fachspr Ling u. Math* disjunkcia
Diskant *m*, *auch* ***Diskantstimme*** *f Mus (höchste Stimm- od Tonlage)* diskanto
Diskette *f*, *Fachspr auch* ***Floppy Disk*** *f EDV* diskedo, *Fachspr auch* mol-disko (↑ *auch* ***Programmdiskette***); ***eine*** ~ ***einlegen*** enmeti diskedon
Diskettenlaufwerk *n EDV* diskodrajvo; ***virtuelles*** ~ ram-drajvo
Diskjockey [*'diskdʒɔki*] *m*, *auch* ***Discjockey*** *m* diskĵokeo (*Abk* DĴ), *auch* diskestro
Disko *f* ↑ ***Diskothek***
Disko|melodien *f/Pl* diskotekaj melodioj *Pl*; ~**musik** *f* diskoteka muziko
Diskont *m (Zinsabzug bei Barzahlung vor Fälligkeit)* diskonto; *Bank*~ bankdiskonto; ~**berechnung** *f* kalkulado de [la] diskonto
diskontierbar *Adj* diskontebla
diskontieren *tr Bankw* diskonti
Diskontieren *n Bankw* diskontado
diskontinuierlich **1.** *Adj* nekontinua **2.** *Adv* nekontinua
Diskontinuität *f* nekontinueco
Diskontkredit *m*, *auch* ***Wechselkredit*** *m Bankw* diskonta kredito
Diskontobank *f* diskont[o]banko
Diskont|politik *f Bankw* diskonta politiko; ~**satz** *m*, *auch* ***Bankdiskont[satz]*** *m* diskonta procento
Diskothek *f* (*Kurzw* ***Disko*** *f*) diskoteko, *auch* diskodancejo *od Kurzw* diskejo
Diskredit *m* ↑ ***Misskredit***
diskreditieren *tr in Misskredit (od Verruf) bringen* senkreditigi, diskrediti
Diskreditierung *f* diskreditado
Diskrepanz *f Missverhältnis* misproporcio; *Abweichung* dekliniĝo; *Uneinigkeit, Unstimmigkeit* malkonsento, malakordo
diskret **1.** *Adj die gebotene Zurückhaltung*

wahrend diskreta *auch Geom*; *taktvoll* taktoplena (*vgl. dazu* ***rücksichtsvoll*** *u.* ***verschwiegen***); *geheim* sekreta; ***ein ~es Benehmen*** (***Parfüm***) *n* diskreta konduto (parfumo); ***~e Variable*** *f Statistik* diskreta variablo **2.** *Adv* diskrete; taktoplene; sekrete

Diskretion *f [taktvolle] Zurückhaltung, Verschwiegenheit* diskreteco; *Takt* takto (↑ *auch* ***Rücksicht***)

Diskriminante *f Math (Ausdruck, von dessen Wert od Vorzeichen das Rechenergebnis abhängt)* diskriminanto

diskriminieren *tr* ***a)*** diskriminacii ***b)*** *El (die Größenverteilung von elektrischen Impulsen ermitteln)* diskrimini

diskriminierend *Adj* diskriminacia

Diskriminierung *f* ***a)*** diskriminacio (*vgl. dazu* ***Rassendiskriminierung***); ***sexuelle*** (***soziale***) ~ seksa (sociala) diskriminacio; ***~ von Frauen*** diskeiminacio kontraŭ virinoj ***b)*** *El Frequenz*² diskriminado de frekvenco

diskurrieren *intr (abs) geh für «[heftig] erörtern»* diskursi

Diskurs *m geh für «[eifrige] Erörterung»* diskurso

diskursiv *Adj Phil (im Denken von einem Begriff zum anderen logisch fortschreitend, um zu einem zusammenhängenden System zu gelangen)* diskursiva

Diskus *m Sport* disko; ***den ~ werfen (od schleudern)*** ĵeti la diskon

Diskusprolaps *m Med* ↑ ***Bandscheibenvorfall***

Diskussion *f* diskut[ad]o (***über*** pri) (↑ *auch* ***Podiumsdiskussion***); *i.w.S. Meinungsaustausch* interŝanĝo de opinioj; *Auseinandersetzung* disputo (***mit jmdm.*** kun iu); ***eine freimütige*** (*od* ***offene***) ~ sincera (*od* senkaŝa) diskut[ad]o; ***öffentliche ~*** publika diskut[ad]o; ***rege ~*** vigla diskutado; ***wissenschaftliche ~*** scienca diskuto; ***eine ~ führen*** fari diskuton, diskuti (***über*** pri); ***die ~ leiten*** direkti la diskuton; ***~en liebend*** *gern Erörterungen pflegend (Person)* diskutema; ***zur ~ stellen*** proponi por diskuto, *auch* diskutigi; ***ohne ~*** sen diskuto *od* sendiskute

Diskussions|beitrag *m* diskutkontribu[aĵ]o; **~forum** *n* diskutforumo; **~grundlage** *f* bazo por diskuto, *auch* diskutbazo; **~leiter** *m* direktanto de la diskuto

diskussionslos *Adv* sendiskute

Diskussions|material *n* diskutmaterialo; **~punkt** *m* diskutpunkto; **~runde** *f, auch* ***Gesprächsrunde*** *f* diskutrondo (↑ *auch* ***Talkshow***); **~thema** *n* diskut-temo

diskussionswürdig *Adj* diskutinda

Diskus|werfen *n Sport* diskoĵet[ad]o; **~werfer** *m Sport* diskoĵetisto

diskutabel *Adj diskutierbar* diskutebla; *Erörterung verdienend* diskutinda, debatinda

Diskutant *m* diskutanto

Diskutantin *f* diskutantino

diskutieren *tr u. intr* pridiskuti (***etw.*** ion) *od* diskuti (***etw.*** pri io); ***diese Frage wird morgen diskutiert*** tiu ĉi demando estos diskutata morgaŭ; ***mit jmdm. über Politik ~*** diskuti kun iu pri politiko; ***~ ohne zu einer Lösung zu gelangen*** (*od* ***zu kommen***) sensolve diskuti

Dislokation *f fachsprachl. (bes. Med) für «Lageveränderung» od «Verschiebung aus der Normallage»* dislokiĝo

Disneyland® *n amerikanischer Vergnügungspark der Walt-Disney-Corporation* disnejlando (↑ *auch* ***Freizeitpark***)

Dispache *f Mar (Schadensberechnung und -verteilung bei Seeschäden)* averioreguligo

Dispensarium *n früher für «Armenapotheke»* dispensario

Dispensation *f Befreiung [bes. von einer Verpflichtung od Vorschrift]* liberigo, *auch* dispens[ad]o

dispensieren *tr [von einer Vorschrift] befreien* liberigi, *auch* dispensi (***jmdn. von etw.*** iun de io)

dispergieren *Chem (feinst verteilen), Opt ([Licht] zerstreuen)* dispersi

Dispergiervermögen *n, auch* ***Zerstreuungsvermögen*** *n* dispersa povo, disperseco

dispers *Adj Chem (feinst verteilt), Opt (zerstreuend)* dispersa

Dispersion *f Chem, Ökologie, Opt* disperso

Dispersions|farbe *f* dispersa farbo; **~mittel** *n* dispersilo

Display [*dis'ple:*] *n EDV* ekran[et]o, *fam auch* fenestro

disponibel *Adj verfügbar* disponebla

Disponibilität *f Verfügbarkeit* disponebl[ec]o

disponieren *intr* disponi, fari aranĝojn; ***wir haben anders disponiert*** ni disponis alie; ***disponiert sein*** *in einer best. körperlichen Verfassung sein* esti dispoziciita (***zu*** al *od* por); *geneigt sein* esti ema (***zu*** al)

Disposition *f allg* dispozicio (***zu*** al) *auch*

Med, Mil u. Psych (vgl. dazu ***Diathese, Neigung*** *u.* ***Veranlagung****; ↑ auch* ***Anordnung****); Verfügung* dispono; *i.w.S. Plan* plano, skizo; ***familiäre*** *~ an einer bestimmten Krankheit zu erkranken* familia dispozicio; ***seine ~en treffen*** fari siajn dispoziciojn

Disproportion *f* misproporcio (***zwischen ... und ...*** inter ... kaj ...)

disproportional *bzw.* **disproportioniert** *in einem Missverhältnis stehend Adj* misproporcia

Disput *m, alt* ***Disputation*** *f [wissenschaftlicher] Wortstreit* [scienca] disputo, scienca diskut[ad]o (*vgl. dazu* ***Streitgespräch***)

Disputant *m* disputanto

Disputation *f* ↑ ***Disput***

disputieren *intr* disputi (***mit jmdm. über etw.*** kun iu pri io)

Disputieren *n* disputado

Disqualifikation *od* **Disqualifizierung** *f Untauglichkeitserklärung* deklaro pri netaŭgeco; *Sport* ekskludo, *auch* malkvalifik[ad]o

disqualifizieren *tr*: ***jmdn.*** *~ für untauglich erklären* deklari iun netaŭga [por ...]; *Sport* ekskludi iun, *auch* malkvalifiki iun

Disqualifizierung *f* ↑ ***Disqualifikation***

Dissens [*di'sɛns*] *m bes. Jur für «Meinungsverschiedenheit»* diferencoj *Pl* de la opinioj [koncerne klaŭzojn en kontrakto *u.Ä.*]

Dissertant *m Univ* ↑ ***Doktorand***

Dissertation *f Univ* disertacio, *auch* disertaĵo (*vgl. dazu* ***Abhandlung b)***; ↑ *auch* ***Doktorarbeit***); ***eine ~ schreiben*** (*od umg* ***machen***) skribi (*od umg* fari) disertacion; ***seine ~ verteidigen*** defendi sian disertacion

dissertieren *intr eine Doktorarbeit anfertigen* diserti (***über*** pri)

Dissident *m Pol, Rel* disidento

Dissipation *f nur Fachspr Phys (Zerstreuung der Energie [z.B. bei der Verwandlung von Wärmeenergie in Arbeit])* disipiĝo

dissonant *Adj misstönend* disonanca

Dissonanz *f Mus* disonanco *auch übertr* (*vgl. dazu* ***Missklang***)

Dissoziation *f Chem (Zerfall von Molekülen in einfachere Bestandteile), Psych* disocio; ***elektrolytische*** *~* elektroliza disocio

dissoziieren *tr Chem* disocii

Distanz *f* distanco *auch Geom u. Sport* (*vgl. dazu* ***Abstand*** *u.* ***Entfernung***; ↑ *auch* ***Kurz*** *u.* ***Nahdistanz***)

Distanzbuchse *f* ↑ ***Abstandhülse***

distanzieren *tr Sport (hinter sich lassen, überholen)* lasi ... malantaŭ (*od* post) si, *auch* preterdistanci *od* superi (***jmdn.*** iun); ***sich*** *~ refl* distanciĝi (***von jmdm.*** de iu)

Distanzschuss *m Fußball, Handball* distanca ŝoto

Distel *f* (*Gattung* Carduus) *Bot* kardo, <*wiss*> *auch* karduo (↑ *auch* ***Kletten-, Kugel-, Marien-*** *u.* ***Wegdistel***); ***krause*** *~* (Carduus crispus) krispa kardo; ***nickende*** *~* (Carduus nutans) klinita kardo; ***schmalköpfige*** *~* (Carduus tenuiflorus) svelta kardo

Distelfalter *m* (Vanessa cardui = Cynthia cardui) *Ent* karda vaneso

Distelfink *m Orn* ↑ ***Stieglitz***

Disthen *m, auch* ***Kyanit*** *m ein bläuliches Mineral [in kristallinen Schiefern]* disteno

Distichon *n Metr (Verspaar aus Hexameter u. Pentameter <beliebte Versform der Elegie u. des Epigramms>)* distiko

distinguiert [*..'gi:rt*] *Adj [betont] vornehm* distingita, [vere] nobla

Distingiertheit *f* distingiteco

distinktiv *Adj geh für «unterscheidend»* distingiĝa

Distomatose *f Vet* ↑ ***Leberegelkrankheit***

Distorsion *f nur Fachspr Opt u. Med* distordo (*vgl. dazu* ***Verrenkung*** *u.* ***Verzerrung***)

Distribution *f* ***a)*** *Verteilung, bes. von Waren* distribu[ad]o ***b)*** *Math (verallgemeinerte Funktion, die sich durch Erweiterung des mathematischen Funktionsbegriffs ergibt)* distribucio

distributiv *Adj* ***a)*** *allg (verteilend)* distribua *auch Chem, El u. Gramm* ***b)*** *Math (nach dem Distributivgesetz verknüpft)* distribucia

District of Columbia *m* (*Abk* ***D.C.****, [postalisch]* ***DC***) *Bundesterritorium der USA [identisch mit der Hptst. Washington]* Distrikto Kolumbio

Distrikt *m* (*Abk* ***Distr.***) *Bezirk* distrikto; *Gebiet, Region* regiono

Disziplin *f* ***a)*** *Ordnung, Zucht* disciplino (↑ *auch* ***Arbeits-, Partei-, Selbst-*** *u.* ***Verkehrsdisziplin***); ***eiserne*** *~* ege severa disciplino); *~* ***durchsetzen*** realigi [absolutan] disciplinon; ***[eine] strenge ~ halten*** (*od* ***wahren***) observi severan disciplinon; ***über Mangel an ~ klagen*** plendi pri manko de disciplino ***b)*** *Fach[bereich]* fako; ***eine wissenschaftliche*** *~* scienca fako (↑ *auch* ***Unterrichts-***

*fach u. **Wissenschaftsdisziplin** c) Sportart* sportspeco, sport[o]branĉo

Disziplinarausschuss *m* disciplin-komitato

disziplinarisch, <*österr*> ***disziplinär*** **1.** *Adj* disciplina; ***aus ~en Gründen*** pro disciplinaj kaŭzoj **2.** *Adv* discipline

Disziplinar|recht *n Jur* disiplin-juro; **~strafe** *f auch gegen einen Sportler* disciplina puno; **~verfahren** *n* disciplin-proceduro; **~vergehen** *n* disciplin-delikto

disziplinieren *tr an Zucht u. Ordnung gewöhnen* disciplini

diszipliniert *Adj (Person)* disciplinema

disziplinlos *Adj* sendisciplina

Disziplinlosigkeit *f Mangel an Disziplin* sendisciplineco, *(als Tat)* sendisciplinaĵo

Dithyrambe *f od* **Dithyrambus** *m 1. [ursprünglich:] Kultlied zu Ehren des Dionysos 2. Chorlied der griech. Tragödie 3. übertr für «begeistertes (od überschwängliches) Loblied»* ditirambo

dithyrambisch *Adj bildh od geh für «hymnisch-ekstatisch, überschwänglich»* ditiramba

dito (*Abk* ***dto.*** *od* ***do.***) *Adv* same [kiel menciite antaŭe]

Dittografie *f, auch* ***Dittographie*** *f Ling (fehlerhafte Doppelschreibung von Buchstaben [Ggs: Haplografie])* ditografio

Diurese *f Physiol* ↑ ***Harnausscheidung***

Diuretikum *n Med* ↑ *unter* ***harntreibend***

diuretisch *Med* ↑ ***harntreibend***

diurnal *Adj einen Tag dauernd* diurna; ***~e Rhythmik*** *f Biol (besondere Art der Tagesrhythmik bei Lebewesen)* diurna ritmo

Diva *f gefeierte Bühnen- od Filmkünstlerin* stelulino (↑ *auch* ***Primadonna***)

Divali *n Hinduismus (ein Fest, das dem Neujahrstag gleichgesetzt wird, an dem die Hinduisten Lakshmi anbeten)* divalio *(auch Großschr)*

divergent *od* **divergierend** *Adj* diverĝ[ant]a

Divergenz *f Biol, Math (der Zahlenfolge), Opt, auch allg (Auseinandergehen, Abweichung)* diverĝo; *Geom (des Vektorfeldes)* diverĝenco (↑ *auch* ***Flächendivergenz***)

Divergenzschielen *n Med* ↑ ***Auswärtsschielen***

divergieren *intr* diverĝi *auch Biol, Geom u. Opt*

divergierend ↑ ***divergent***

divers|(e, ~er, ~es, *Pl* **~e)** *Adj* diversa; *verschiedenartig* diversspeca; *ungleich* malsama; *im Pl auch für «mehrere»* kelkaj *(Pl)*

Diversant *m* sabotanto *bzw.* sabotinto (↑ *auch* ***Saboteur***)

Diverse *n Verschiedenes* diversaĵoj *Pl*

Diversifikation *f abwechslungsreiche Gestaltung* diversigo

diversifizieren *tr* diversigi

Diversität *f bes. Biol* diverseco *auch i.w.S.* (↑ *auch* ***Biodiversität***)

Divertikel *m* (Diverticulum) *Med (Ausstülpung der Schleimhaut od umschriebener Wandteile)* divertikulo (↑ *auch* ***Duodenal-*** *u.* ***Ösophagusdivertikel***)

Divertikulitis *f, auch* ***Divertikelentzündung*** *f Med (Entzündung der Wand eines Divertikels)* divertikulito

Divertikulose *f Med (Auftreten multipler Divertikel)* divertikulozo

Dividend *m Math* dividato

Dividende *f, auch* ***Gewinnanteil*** *m Fin* dividendo (↑ *auch* ***Abschlagsdividende***)

Dividenden|garantie *f Fin* dividenda garantio; **~politik** *f Fin* dividenda politiko; **~reserve** *od* **~rücklage** *f Fin* dividenda rezervo; **~schein** *m, auch* ***Gewinnanteilschein*** *m Fin* dividend[o]kupono; **~steuer** *f* dividend[o]imposto

dividieren *tr Math* dividi (***durch*** *od* ***mit*** per) (*vgl. dazu* ***teilen***)

Divination *f Ahnung [zukünftiger Ereignisse]* divenado

Divis *n Typ (Bindestrich)* kuniga streketo; *(Abteilungszeichen)* vortdivida streketo

Division *f a) Math* divido; ~ ***mit*** (***ohne***) ***Rest*** divido kun (sen) resto ***b)*** (*Abk* ***Div.***) *Mil* divizio (↑ *auch* ***Fallschirmjäger-*** *u.* ***Panzerdivision***); ***motorisierte*** ~ motorizita divizio ***c)*** *bes. Biol (Teilung, das Sichteilen)* [dis]dividiĝo (↑ *auch* ***Zellteilung***); *botanische Systematik (Divisio)* divizio (↑ *auch* ***Unterabteilung***)

Divisions|general *m Mil* divizia generalo; **~kommandeur** *m Mil* divizia komandanto; **~kommando** *n Mil* divizia komando; **~zeichen** *n (Zeichen* **:**) *Math* dividsigno

Divisor *m Math* dividanto

[1]**Diwan** *m Gesch (Großrat des Osmanischen Reiches [15.-17. Jh.])* divano

[2]**Diwan** *m, alt* ***Ottomane*** *f niedriges Liegesofa* divano (*vgl. dazu* ***Couch*** *u.* ***Sofa***)

Dixieland *od* **Dixielandjazz** *m Mus* diksilando *od* diksiland-ĵazo

Dixieland-Festival *n* diksiland-festivalo

Diyarbakir (*n*) *Hptst. der türkischen Provinz Diyarbakir [am Oberlauf des Tigris]* Dijarbakiro

d. J. = *Abk für* ***dieses Jahres*** [↑ *unter* ***dies***]

Djafar [al-Barmaki] (*m*) *Großwesir unter dem Kalifen Harun ar-Raschid [hingerichtet 803 n. Chr.]* Ĝafaro

Djarba *od* **Djerba** (*n*), *arab.* **Ǧarba** *eine tunesische Insel am Golf von Gabès* [insulo] Ĝarbo

Djauhar (*m*), *arab.* **Ǧauhar** *arab. männl. Personenname (dt. Übersetzung: «Juwel»)* Ĝaŭharo

Djibouti (*n*) ↑ ***Dschibuti***

Djidda (*n*) ↑ ***Jedda***

Djoloff *Pl Ethn* ↑ ***Wolof a)***

DK = *Abk für* ***Dezimalklassifikation***

DKP = *Abk für* ***Deutsche Kommunistische Partei***

dl = *Zeichen für* ***Deziliter***

dm = *Zeichen für* ***Dezimeter***

dm^2 = *Zeichen für* ***Quadratdezimeter***

d. M. = *Abk für* ***dieses Monats***

DNA *f* (*Abk für <engl>* ***desoxyribonucleid acid***) DNA (*vgl. dazu* ***Desoxyribonukleinsäure*** *f*); ~**-Abgleich** *m* DNA-komparo; ~**-Doppelhelix** *f* duobla helico de DNA

DNA-Fingerprinting *n* ↑ *unter* ***genetisch 1.***

DNA|-Marker *m Genetik* DNA-markilo; ~**-Synthese** *f* DNA-sintezo; ~**-Test** *m* DNA-testo

Dnjepr *m ein Fluss in Russland, Belarus u. der Ukraine* [rivero] Dnepro <*drittlängster Fluss Europas*>

Dnjestr *m ein Fluss in der Ukraine u. Moldawien* [rivero] Dnestro

do. = *Abk für* ***dito*** [↑ *dort*]

Do. = *Abk für* ***Donnerstag***

Döbel *m*, <*österr*> *u. reg* ***Aitel*** *m* (Leuciscus cephalus) *Ichth (ein Karpfenfisch)* muelilfiŝo

Dobermann *m eine Hunderasse* dobermano

Dobra *f Währungseinheit in São Tomé und Principe* dobro

Dobrudscha *f eine hist. Landschaft in SO-Rumänien u. NO-Bulgarien zw. Donau u. Schwarzem Meer* Dobruĝo

doch 1. *Adv dennoch* tamen; *ja* ja; ***du weißt ~, dass ...*** vi ja scias, ke ...; ***schließlich ~ nachgeben*** fine tamen cedi **2.** *Konj: aber* sed; *jedoch* tamen; *wenigstens* almenaŭ; ***zwar schön, ~ teuer*** ja bela, sed multekosta; ***wenn auch nicht ..., so ~*** se ne ..., almenaŭ ... **3.** *umg unbetonte Partikel, die eine Aussage unterstreicht od eine Aufforderung verstärkt* do; *~! nach Negation* sed jes! *od* tamen jes!; ***hör ~!*** aŭskultu do!; *gehorche!* obeu do!; ***hör ~ auf, Scherze zu machen!*** ĉesu do fari ŝercojn!; ***nicht ~!*** *tu das nicht!* ne faru tion!; *lass das!* lasu tion!; ***[na,] geh ~!*** iru do!

Docht *m einer Kerze od Petroleumlampe* meĉo (↑ *auch* ***Lampendocht***); ~**lampe** *f* meĉolampo; ~**schere** *f* meĉotondilo

Dock *n Mar* doko (↑ *auch* ***Schwimm-*** *u.* ***Trockendock***); ~**arbeiter** *m*, *auch* ***Docker*** *m* doklaboristo, *auch* dokisto; *i.w.S. Hafenarbeiter* havenlaboristo

Docke *f* ↑ ***Puppe a)***

docken, *auch* ***eindocken*** *tr ins Dock bringen* endokigi

Docken *n*, *auch* ***Eindocken*** *n eines Schiffes* endokigo

Docker *m* ↑ ***Dockarbeiter***

Dock|gebühr(en) *f/(Pl)* dok-pago; ~**grube** *f Schiffbau* dok-baseno; ~**kran** *m ein Torkran* dok-gruo

Dodekaeder *m od n Geom* ↑ ***Zwölfflächner***

Dodekanes [*...'ne:s*] *m eine Inselgruppe im Ägäischen Meer (südl. Sporaden)* [insularo] Dodekaneso <*Rhodos, Kos, Karpathos u.a.*>

Dodoma [*dou'douma:*] (*n*) *Hptst. von Tansania* Dodomo <*seit 1981 Regierungssitz*> (↑ *auch* ***Dar-es-Salaam***)

Doge [*'doʒə*] *m [früher:] Staatsoberhaupt in Venedig u. Genua* doĝo

Dogenpalast *m*, *ital.* ***Palazzo Ducale*** *in Venedig* Palaco de Doĝoj

Dogge *f eine Hunderasse* dogo (↑ *auch* ***Bulldogge***)

Dogger *m Geol (mittlere Abteilung des Jura)* dogero (↑ *auch* ***Callovien***)

Dogma *n Kirche u. übertr* dogmo

Dogmatik *f Theologie* dogmatiko

Dogmatiker *m* dogmisto; *jmd., der zu Dogmen od zum Dogmatismus neigt* dogm[em]ulo (↑ *auch* ***Prinzipienreiter***)

dogmatisch 1. *Adj Rel u. übertr* dogma; *zu Dogmen neigend (Person)* dogmema **2.** *Adv* dogme

Dogmatismus *m* dogmemo; *Phil (die unkritische u. naive Behauptung einer Lehre [Ggs: Skeptizismus])* dogmismo

Dogon *Pl Ethn (ein altnigritisches Volk in Zentral-Mali und im N von Burkina Faso)*

dogonoj *Pl*

Doha *od* **ad-Doha** (*n*), *auch* ***Dauhah*** (*n*) *Hptst. von Katar/Pers. Golf* Dohao, *auch* Daŭho

Dohle *f* (Corvus monedula) *Orn* monedo, *auch* korveto (↑ *auch* ***Alpen-*** *u.* ***Elsterdohle***)

Dohne *f Schlinge zum Vogelfang* maŝo por kapti birdojn, maŝkaptilo

Doina *f, rumän.* ***hora lungă*** *od* ***cîntec prelungit*** *Mus (ein für die rumänische Volkslyrik u. Musikfolklore charakteristisches Lied)* dojno

Doketismus *m älteste Häresie des Christentums* docetismo

Doktor *m* (*Abk* ***Dr.***) *Arzt* kuracisto; *akademischer Grad* doktoro (*Abk* d-ro) *umg auch für «Arzt»*; ~ ***ehrenhalber*** *od* ~ ***h.c.*** doktoro pro honoro, *auch* honordoktoro; ~ ***der Medizin*** (*Abk* ***Dr. med.***) doktoro pri medicino; ~ ***der Philosophie*** (*Abk* ***Dr. phil.***) doktoro pri filozofio; ~ ***der Rechtswissenschaften*** (*Abk* ***Dr. jur.***) doktoro pri juro; ***jmdn. mit*** ~ ***anreden*** alparoli iun per la doktora titolo; ***seinen*** ~ ***machen*** *promovieren* doktoriĝi

Doktorand *m* (*Abk* ***Dd.***), *<österr> meist* ***Dissertant*** *m Univ* doktoriĝanto *bzw.* doktoriĝonto (*vgl. dazu* ***Promovend***)

Doktor|diplom *n* diplomo pri doktoreco; **~-dissertation** *f, umg meist* ***Doktorarbeit*** *f Univ* doktor[iĝ]a disertacio; **~examen** *n* doktoriĝa ekzameno

Doktorfisch *m Ichth* (*Gattung* Acanthurus) *Ichth* kirurgofiŝo *[Vorkommen: Korallenriffe, flache Lagunen u. Riffkanten tropischer Meere]* (*vgl. dazu* ***Saugbarbe***); ***japanischer*** ~ (Acanthurus japonicus) japana kirurgofiŝo *[Vorkommen: Ryukyu-Inseln, Sulawesi bis zu den Philippinen]*; ***Weißkehl-Doktorfisch*** *m, auch* ***Weißbrust-Doktorfisch*** *m* (Acanthurus leucosternon) blankgorĝa kirurgofiŝo

Doktorgrad *m* doktora grado; ***den*** ~ ***erwerben*** akiri la doktoran gradon

Doktorin *f Ärztin* kuracistino; *akademischer Grad* doktorino (*Abk* d-ino)

Doktorprüfung *f* doktoriĝa ekzameno

Doktortitel *m* doktora titolo; ***den*** ~ ***erwerben*** akiri la doktoran titolon;

Doktorwürde *f Univ*: ***jmdm. die*** ~ ***verleihen*** promocii iun

Doktrin *f Pol u. als Lehrmeinung* doktrino (↑ *auch* ***¹Lehre b)***)

doktrinär *Adj* doktrin[ec]a, *nachgest* dependa de doktrino; *übertr: engstirnig* doktrinema

Doktrinär *m blindwütiger Verfechter einer Theorie* doktrinulo

Doktrintreue *f*: ***mangelnde*** ~ *Pol* deviacismo

Dokument *n* dokumento *auch EDV* (↑ *auch* ***Geheim-***, ***Quell-***, ***Standard-***, ***Verschiffungsdokument*** *u.* ***Urkunde***); *amtliches Schreiben* oficiala dokumento (*bzw.* letero); *i.w.S. Beweisstück* pruvilo; ***audiovisuelles*** ~ aŭd-vida dokumento; ***grundlegendes*** ~ *Systemurkunde* fundamenta dokumento

Dokumentalist *m* dokumentisto (*vgl. dazu* ***Archivar***)

Dokumentarfilm *m* dokumentada filmo

dokumentarisch *Adj* [per]dokumenta, *nachgest* per (*bzw.* el) dokumentoj (*vgl. dazu* ***urkundlich***); ***der ~e Wert eines Werkes*** *Lit* la dokumenta valoro de verko

Dokumentation *f das Dokumentieren* dokumentado; *Dokumente* dokumentaro

Dokumentations|dienst *m* dokumentada servo; **~zentrum** *n* dokumentada centro *od* centro de dokumentado

Dokumenten|mappe *f* dokumentujo; **~-sammlung** *f* dokumentaro, tuto de la dokumentoj [uzataj (*bzw.* uzitaj) por definita celo] (*vgl. dazu* ***Archiv***); **~tratte** *f, auch* ***Dokumentenwechsel*** *m Fin (Wechsel mit angehefteten Dokumenten)* dokumenta trato

dokumentieren *tr*: ***etw.*** ~ dokumenti ion *od* pruvi ion per dokumentoj; *die Richtigkeit von etw. [urkundlich] beweisen* pruvi [per dokumento(j)] la ĝustecon de io

Dolby®[-Rauschminderungssystem] *n Elektroakustik* dolbio

Dolch *m* ponardo (*vgl. dazu* ***Stilett***; ↑ *auch* ***Bronze-*** *u.* ***Krummdolch***); *Malaien*≗ *(Kris)* malaja ponardo, kriso; **~klinge** *f* klingo de ponardo; **~stichtaube** *f, auch* ***Luzon-Dolchstichtaube*** *f* (Gallicolumba luzonica) *Orn* [luzona] korosanga kolombo *[Vorkommen: Philippinen]*

Dolde *f Bot* umbelo; ***einfache*** ~ simpla umbelo

Doldenpflanzen *f/Pl Bot*: ***[Familie der]*** ~ (Umbelliferae) umbelifer[ac]oj *Pl*

Doldentraube *f Bot* ↑ ***Schirmtraube***

Doldrums [*...rams*] *Pl Geogr (äquatoriale Gebiete mit veränderlichen Winden od*

Windstillen) doldrumo *Sg* (↑ *auch* ***Kalmenzone***)

Dolerit *m Min (ein Vulkanitgestein)* dolerito

Dolganen *m/Pl Ethn (ein turksprachiges indigenes Volk in Nordsibirien)* dolganoj *Pl*

Dolichozephalus *m, auch* ***Langschädel*** *m Anthropol* dolikocefalo

Doline *f Geol (schlot-, trichter- od schüsselförmige Vertiefung im Karst)* dolino (↑ *auch* ***Polje***)

Dollar *m* (*Zeichen* **$**) dolaro (↑ *auch* ***Belize-, Brunei-,Euro-,Hongkong-,Petro-,Simbabwe-*** *u.* ***Singapur-Dollar***); *US-Dollar* (*Abk* ***US$***, *Währungscode* ***USD***) usona dolaro; ***australischer*** ~ (*Abk* ***A$***, *Währungscode* ***AUD***) aŭstralia dolaro; ***kanadischer*** ~ (*Abk* ***kan$***, *Währungscode* ***CAD***) kanada dolaro; ***neuseeländischer*** ~ (*Abk* ***NZ$***, *Währungscode* ***NZD***) nov-zelanda dolaro (↑ *auch* ***Fidschi-Dollar***); ***ostkaribischer*** ~ (*Abk* ***EC$***, *Währungscode* ***XCD***) orient-kariba dolaro (↑ *auch* ***Bermuda-Dollar***); ***Euro in ~ tauschen*** ŝanĝi eŭrojn por dolaroj

Dollar|kurs *m Bankw* dolara kurzo; ~**parität** *f Fin (die Tatsache, dass viele Länder der Erde den Wert ihrer eigenen Währung auf den US$ beziehen u. daran messen)* dolara alparo

Dollart *m Nordseebucht vor der Emsmündung [zw. Ostfriesland u. den Niederlanden]* Dolarto

Dollarzeichen *n* (**$**) dolarsigno

Dolle *f Mar (Vorrichtung zum Halten der Riemen [Ruder])* ***a)*** *Riemenauflage* remilapogilo ***b)*** *Dreh*≗ [turniĝa] remilingo

Dolly *m, auch* ***Kamerawagen*** *m Film, TV* dolio

Dolman *m hist*: *1. Leibrock der alttürkischen Nationaltracht 2. kurze reich verschnürte Jacke der ungarischen Nationaltracht u. bis 1850 Uniformrock der ungarischen Husaren* dolmano

Dolmen *m vorgeschichtliches Steingrab in Tischform* dolmeno

dolmetschen ***a)*** *tr* interpreti ***b)*** *intr abs (als Dolmetscher fungieren)* funkcii kiel interpretisto, *(als Dolmetscher arbeiten)* labori kiel interpretisto

Dolmetscher *m* interpretisto (↑ *auch* ***Chefdolmetscher*** *u.* ***Dragoman***); ***durch*** (*od* ***über***) ***[den]*** ~ pere de [la] interpretisto

Dolomit *m Min* dolomito (↑ *auch* ***Rauwacke***)

Dolomiten *Pl ein Abschnitt der Südalpen* Dolomitoj *Pl*; ~**streifenfarn** *m* (Asplenium seelosii) *Bot* dolomita asplenio

Dolomitgestein *n Geol* dolomitrokaĵo

Dolor *m nur Fachspr Med für «Schmerz»* [↑ *dort*]

Dolorimetrie *f Med (Intensitätsmessung der Schmerzempfindung)* dolorometrio

dolore *Adv musikalische Vortragsbez. (mit Schmerz)* dolore

dolos *Fachspr Jur (mit bösem Vorsatz, arglistig)* **1.** *Adj* dola **2.** *Adv* dole (↑ *auch* ***arglistig***)

Dolus *m Fachspr Jur (böser Vorsatz)* dolo

Dom *m* ***a)*** *Bez für einen großen u. bedeutenden Kirchenbau* katedralo (↑ *auch* ***[1]Münster***); *Hauptkirche eines Bischofssitzes od Bistums* ĉefpreĝejo ***b)*** *Gewölbe* volb[aĵ]o; *Kuppel* kupolo

Domain *f EDV* retregiono

Domäne *f* ***a)*** *Staatsgut, Plantage im Staatsbesitz* ŝtata bieno ***b)*** *Arbeitsgebiet* sfero [de laborado]

Domestikation *f* domestikado

domestizieren *tr* domestiki; ***domestizierte Arten*** *f/Pl Biol* domestikitaj specioj *Pl*

Domherr *m, auch* ***Stiftsherr*** *m Mitglied eines Dom- od Stiftskapitels* kanoniko

dominant *Adj* domin[ant]a *auch Biol, (Person)* dominema; *i.w.S. herausragend* elstara

Dominante *f* (*Abk* ***D***) *Mus* dominanto (↑ *auch* ***Subdominante***)

Dominanz *f* dominado

Dominica (*n*), *amtl* ***República Dominicana*** *ein Inselstaat der kleinen Antillen* Dominiko *[Hptst.: Roseau]*

dominieren ***a)*** *tr* domini; *beherrschen* superregi ***b)*** *intr* esti dominanta (*vgl. dazu* ***vorherrschen***)

Dominikaner *m 1. Rel (Angehöriger des Dominikanerordens 2. (Einwohner der Dominikanischen Republik)* dominikano; ~**kirche** *f* dominikana preĝejo; ~**möwe** *f* (Larus dominicanus) *Orn* dominik[an]a mevo; ~**orden** *m Rel* dominikana ordeno

Dominikanertriel *m Orn* ↑ *unter* ***Triel***

dominikanisch *Adj* ***a)*** *Rel (auf die Dominikaner bezüglich bzw. von ihnen stammend)* dominikana ***b)*** *auf den Karibikstaat bezüglich* dominika; ≗***e Republik*** *f ein mittelamerik. Staat in der Karibik* Dominika Respubliko *[Hptst.: Santo Domingo]*

Dominikus (*m*) *Eig (mittelalterlicher Theologe u. Stifter des Dominikanerordens)* Dominiko

Dominion *n früher [1907-1948] sich selbst regierender Teil des British Commonwealth of Nations* dominio <*aus den Dominions wurden 1948 Länder des Commonwealth of Nations*>

[1]**Domino** *m [weiter] Maskenmantel* domeno

[2]**Domino** *n, auch* ***Dominospiel*** *n ein Brettspiel* domeno; ~ ***spielen*** ludi domenon

Domino|effekt *m* domena efiko; ~**stein** *m* domenotabuleto *od* domenopeco

Domitian[us] (*m*) *Eig Gesch (ein römischer Kaiser [51-96 n. Chr.])* Domiciano

Domizil *n Wohnsitz* domicilo (↑ *auch* ***Steuerdomizil***); *Wohnung* loĝejo; *Sitz, z.B. eines Amtes* sidejo

Domkapitel *n Kollegium der Kanoniker od Domherren* kononikaro

Domowina *f Organisation der sorbischen Minderheit in Deutschland* domovino *(auch Großschr)*

Dompfaff *m Orn* ↑ ***Gimpel***

Dompropst *m kath. Kirche* katedrala preposto

Dompteur *m Tierbändiger* domptisto, dresisto de sovaĝaj (*bzw. auch* cirkaj) bestoj

Dompteurin *f* domptistino

Domra *f Mus (ein lautenähnliches russ. Zupfinstrument)* domro

Domschule *f, auch* ***Kathedralschule*** *f Mittelalter* katedrala lernejo

Don *m ein Strom in Russland* [rivero] Dono

Donald (*m*) *Eig* Donaldo; ~ ***Duck*** [*dak*] *ohne Art (Titelfigur einer US-amerikanischen Comic-Serie)* Donaldo Anaso

Donarsbart *m Bot*: ***sprossender*** ~ (Jovibarba sobolifera) rizoma jovibarbo

Donatello (*m*), *eigtl* ***Donato di Niccolò di Betto Bardi*** *Eig (italienischer Bildhauer u. Bronzegießer [um 1385-1466])* Donatelo

[1]**Donatus** (*m*) *männl. Vorname* Donato

[2]**Donatus** (*m*) *Eig (römischer Grammatiker des 4. Jh. n. Chr.)* Donato

Donau *f, tschechich u. slowakisch* ***Dunaj****, ungar.* ***Duna****, serbokroatisch u. bulg.* ***Dunav****, rumän.* ***Dunărea*** Danubo <*zweitlängster Strom Europas*>; ~**ebene** *f* Danuba Ebenaĵo; ~**-Kammmolch** *m* (Triturus dobrogicus) *Zool* danuba trituro; ~**-Kommission** *f Pol* Danuba Komisiono; ~**knie** *n [bei Esztergom in Ungarn]* Danubkurbiĝo

Donaulachs *m Ichth* ↑***Huchen***

Donau|neunauge *n, auch* ***Donaulamprete*** *f Ichth* danuba petromizo *[Vorkommen im Donaubecken]*; ~**schwaben** *m/Pl Sammelbez. für deutsche Siedler an der mittleren Donau* danubaj ŝvaboj *Pl*

Donau-Schwarzmeer-Kanal *m in SO-Rumänien* Kanalo Danubo-Nigra Maro

Donbass *m, auch n, auch* ***Donezbecken*** *n ein Steinkohlerevier der Ukraine* Donbaso

Döner *m Nahr* kebabo (*vgl. dazu* ***Gyros***); ~**-Imbiss** *m* kebablunĉejo

Donez *m ein rechter Nebenfluss des Don [in der östlichen Ukraine]* [rivero] Doneco

Donezk (*n*) *eine Stadt in der Ukraine* Donecko

Dong *m*: ***vietnamesischer*** ~ (*Währungscode* ***VND***) *vietnamesische Währungseinheit* dongo

Don Juan *m Frauenheld* donĵuano *(als Eig Großschr)* <*Sinnbild unstillbarer Leidenschaft* (↑ *auch* [2]***Casanova***)

Donner *m* tondro *auch übertr (z.B. von Geschützen)* (↑ *auch* ***Geschütz-*** *u.* ***Kanonendonner***); *Donnerschlag* tondrobato; ***das Rollen des*** ~***s*** la rulado de la tondro ◇ ***wie vom*** ~ ***gerührt*** kiel trafita de fulmo

donnerähnlich *Adj* tondrosimila

Donnerbüchse *f, auch* ***Hakenbüchse*** *f Militärgeschichte* blunderbuzo

Donnerbusch *m Bot* ↑ ***Hexenbesen***

Donner|grollen *n* muĝado (*od* murmurado) de tondro(j); ~**keil** *m volkstümliche Bez für «vorgeschichtliches Werkzeug» od «Versteinerung»* belemnito

donnern *intr* tondri *auch übertr*; ***es donnert*** *Met* tondras; ***plötzlich zu*** ~ ***beginnen*** ektondri (↑ *auch* ***losdonnern***); ***mit der Faust an*** (*od* ***gegen***) ***die Tür*** ~ per [la] pugno batadi la pordon; ***das Meer donnerte gegen die Felsen*** la maro furioze batis la rokojn

Donnern *n bei Gewitter, von Geschützen* tondrado

donnernd *Adj* tondra

Donnerschlag *m* tondrobato

Donnerstag *m* (*Abk* ***Do.***) ĵaŭdo; ***an jedem*** ~ ***[stattfindend]*** ĉiuĵaŭda, [okazanta] ĉiun ĵaŭdon

donnerstags *Adv* ĵaŭde; ***immer*** ~ ĉiam ĵaŭde; *an jedem Donnerstag* ĉiuĵaŭde *od* ĉiun ĵaŭdon

Donnerstimme *f* tondra voĉo

Donnerwetter *n umg für «heftige Schelte»*

egaj riproĉoj *Pl* ◇ *~!* fulmotondro!; *als Ausruf des Erstaunens* brav[eg]e!

Don Quichotte *od* **Don Quijote** (*m*) *Eig* Donkiĥoto

Donquichotterie *f meist pej* donkiĥotismo

Dontgeschäft *n Börse* ↑ ***Prämiengeschäft***

Donut *od* **Doughnut** [*'do:nat*] *m ein ringförmiger Lochkrapfen aus Hefe- od Rührteig [ursprünglich aus den USA]* donato

doof *Adj umg für* ***a)*** *dumm* stulta (↑ *auch* ***dämlich*** *u.* ***grottendoof***); *geistig beschränkt* mense limigita ***b)*** *langweilig* enuiga; *uninteressant* seninteresa ***c)*** *misslich* misa, mava (*vgl. dazu* ***übel*** *u.* ***unangenehm***)

Dopamin *n Biochemie, Physiol (ein Neurotransmitter [Hirnbotenstoff])* dopamino

dopen *tr Sport* dopi

Doping *n* dopado (↑ *auch* ***Blut-*** *u.* ***Gendoping***); ~**fall** *m* kazo de dopado; ~**kontrolle** *f* dopadokontrolo; ~**mittel** *n* dopilo, substanco por dopi; ~**skandal** *m* dopadoskandalo; ~**sünder** *m* dopadodeliktulo; ~**test** *m* dopadotesto; ~**vergehen** *n Jur* dopadodelikto

Doppel *n Duplikat* duplikato; *Kopie* kopio; *Tennis, Tischtennis* parludo (↑ *auch* ***Damen-*** *u.* ***Herrendoppel***); ***gemischtes ~*** *Tennis* gea parludo

Doppel|achse *f* duobla akso; ~**adler** *m Heraldik (ein Wappentier)* dukapa aglo; ~**axel** *m Eiskunstlauf* duobla akslo

doppelarmig *Adj z.B. Signal* du-braka

Doppelbandregenpfeifer *m* (Charadrius bicinctus) du-zona pluvio *[Vorkommen: Neuseeland u. Chatham-Inseln]*

Doppelbett *n* duloka (*od* dupersona) lito; ~**zimmer** *n* dulita ĉambro

Doppel|boden *m* duobla fundo *auch Tech [z.B. als Bodenkonstruktion von Schiffen]*; ~**brechung** *f Kristallografie, Opt* duobla refrakto (*vgl. dazu* ***Refraktion***); ~**bruch** *m Math* duobla frakcio; ~**büchse** *od* ~**flinte** *f* du-tuba pafilo

Doppel|deckbus *m* du-etaĝa buso; ~**decker** *m Flugw (Flugzeug mit zwei übereinander angeordneten Tragflächen)* biplano; ~**deichsel** *f* timonparo

doppeldeutig *Adj* dusenca, dusignifa (↑ *auch* ***zweideutig***)

Doppel|deutigkeit *f* dusenceco; ~**druck** *m bes. Philat (zweimaliger Druck des Markenbilds auf demselben Druckbogen, der versehentlich zweimal durch die Druckmaschine läuft)* duobla preso

Doppelehe *f* ↑ ***Bigamie***

Doppelendball *m ein Boxtrainingsgerät* boksbalono

Doppelflinte *f* ↑ ***Doppelbüchse***

Doppel|funktion *f* duobla funkcio; ~**füßer** *m/Pl* (Diplopoda) *Zool (eine Unterklasse der Tausendfüßer [umfasst ca. 7000 Arten])* diplopodoj *Pl*; ~**gänger** *m jmd., der einem anderen täuschend ähnlich sieht* sozio, similulo, homo similanta alian homon; ~**garage** *f* garaĝo por du aŭtoj

doppelgeschlechtig *Adj Biol* duseksa *od* ambaŭseksa, hermafrodita

Doppelgeschlechtlichkeit *f* = ***Bisexualität***

Doppel|gleis *n Eisenb* duobla trako; ~**haken** *m* duobla hoko; ~**haus** *n* ĝemela domo

Doppelheit *f* ↑ ***Dualität***

Doppel|helix *f der DNA* duobla helico (↑ *auch* ***DNA-Dppelhelix***); ~**hornvogel** *m* (Buceros bicornis) *Orn* dukorna bucero *[Vorkommen: von Indien bis nach SW-China u. über Thailand bis nach Sumatra]*; ~**integral** *n Math* duobla integralo; ~**kabine** *f Mar* dupersona kajuto *od* kajuto por du personoj

Doppelkajak *m Sport* ↑ ***Zweierkajak***

Doppelkappe *f* (*Gattung* Adlumia) *Bot* adlumio

doppelkelchig, *Fachspr Bot auch lat.* ***bicalyculatus*** *Adj* dukalika

Doppel|kinn *n* duobla mentono; ~**klick** *m EDV* duobla [mus]klako

doppelklicken *intr abs* duoble alklaki

Doppel|klinge *f am Rasierer* duobla klingo [de razilo]; ~**konsonant** *m*, *Fachspr* ***Geminate*** *f Ling, Phon* duobla konsonanto; ~**kopfschiene** *f Eisenb* dukapa relo; ~**kreuz** *n Mus* dudieso; ~**krone** *f des Pharao* pŝento <*dieser Kopfschmuck zeichnete seinen Träger als Herrscher über Ober- und Unterägypten aus*>; ~**kurve** *f Verk* duobla ĝirejo

doppelläufig *Adj Flinte* du-tuba

Doppellaut *m Phon* ↑ ***Diphthong***

Doppelleben *n*: ***ein ~ führen*** vivi duoblan vivon

doppellippig ↑ ***zweilippig***

Doppellutz *m Eiskunstlauf* ↑ *unter* ***Lutz***

doppelmäulig *Adj z.B. Schraubenschlüssel* dubuŝa

Doppelmaulschlüssel *m*, *auch* ***Doppelschraubenschlüssel*** *m Handw* dubuŝa ŝraub[ŝlos]ilo

Doppelmembransäckchen *n/Pl Zytologie* ↑ ***Diktyosomen***

Doppel|moral *f* duobla moralo; ~**mord** *m* duobla murdo

doppeln *tr* duobligi

Doppel|name *m* duobla nomo; ~**nashorn** *n*, *auch* ***zweihörniges Nashorn*** *od* ***Sumatranashorn*** *n* (Rhinoceros sumatranus = Dicerorhinus sumatrensis) sumatra rinocero; ~-**nummer** *f Ztgsw* duobla numero; ~**paddel** *n Paddel mit einem Blatt an jeder Seite (z.B. fürs Faltboot)* duobla pagajo; ~**pass** *m Fußball* duobla pasigo [de la pilko]; ~**poller** *m Mar* duobla bolardo (*vgl. dazu* ***Poller***; ↑ *auch* ***Vertäupoller***)

Doppelpunkt *m* (*Zeichen* **:**) *Interpunktion, Typ* dupunkto; ***einen ~ setzen*** meti dupunkton

Doppelrauke *f Bot* ↑ ***Doppelsame***

doppelreihig *Adj Anzug* dubutonvica

Doppelringschlüssel *m Handw* duringa ŝraub[ŝlos]ilo

Doppelrittberger *m Eis- u. Rollkunstlauf* ↑ *unter* ***Rittberger***

Doppelrolle *f Film, Theat* duobla rolo [de aktoro]

Doppelsame *m*, *auch* ***Doppelrauke*** *f* (Diplotaxis) *Bot (eine Gattung der Kreuzblütler)* diplotakso *[Vorkommen: Mitteleuropa u. im Mittelmeerraum]* (↑ *auch* ***Mauerdoppelsame***); ***schmalblättriger ~***, *auch* ***Stinkrauke*** *f* (Diplotaxis tenuifolia) longtiga diplotakso

Doppelschlag *m* ***a)*** *Fachspr Med*: *~* ***des Pulses*** *eine Herzrhythmusstörung* duĝemina pulso ***b)*** *Mus* ↑ ***Gruppetto***

Doppel|schlusserregung *f*, *auch* ***Verbunderregung*** *f El* kompunda ekscito; ~**schnepfe** *f* (Galinago media) *Orn* granda galinago

Doppelschraubenschlüssel *m* ↑ ***Doppelmaulschlüssel***

doppelseitig *Adj zweiseitig* duflanka; *beidseitig* ambaŭflanka; *Anzeige, Reklame in der Zeitung* dupaĝa

Doppelsichtigkeit *f* ↑ ***Doppeltsehen***

Doppelsinn *m od* **Doppelsinnigkeit** *f Zweideutigkeit* dusenceco

doppelsinnig *Adj doppeldeutig* dusenca, ambigua; *mit zwei Bedeutungen* dusignifa, *(Wort) auch* homonima (↑ *auch* ***zweideutig***)

Doppelsitzer-Rennrodel *m* duopa (*od* dupersona) luĝo

Doppelspornfrankolin *m* (Francolinus bicalcaratus) *Orn* dusprona frankolino

doppelspurig ↑ ***zweigleisig a)***

Doppelsterne *m/Pl Astron (zwei sehr dicht beieinanderstehende Sterne)* duopaj (*od* binaraj) steloj *Pl*

Doppelstock|bett *n* du-etaĝa lito, kajuta du-lito; ~**brücke** *f* du-etaĝa ponto; ~**bus** *m*, *<österr>* ***Stock[auto]bus*** *m* du-etaĝa buso; ~**wagen** *m Eisenb* duetaĝa [pasaĝer-]vagono

Doppelstunde *f Schule* duobla instruhoro

doppelt 1. *Adj* duobla; ***in ~er Ausfertigung*** en du ekzempleroj; ***~e Portion*** *f* duobla porcio; ***~e Staatsbürgerschaft*** *f* duobla ŝtataneco **2.** *Adv* duoble; ***~ so breit*** duoble pli larĝe, *(adjektivisch gebraucht)* duoble pli larĝa; ***~ so viel ... wie ...*** duoble pli da ... ol ...; ***ich sehe alles ~*** ĉio duobliĝas antaŭ miaj okuloj

Doppelte *n* duoblo

Doppel-T-Eisen *n*, *auch* ***Doppel-T-Träger*** *m Bauw, Tech* duobla T-fero [*to-*...]

Doppel-Toeloop *m Eiskunstlauf* duobla tulupo

Doppeltilde *f* (*Zeichen* ≈) *Typ* duobla tildo

Doppeltsehen *n*, *auch* ***Doppelsichtigkeit*** *f*, *Fachspr Ophthalmologie* ***Diplopie*** *f* duobla vidado, *Fachspr* diplopio

Doppel|tür *f* duobla pordo; ~**verdiener** *m* homo ricevanta du salajrojn; ~**verhältnis** *n Geom (eine Zahl, die die gegenseitige Lage von vier verschiedenen auf einer Geraden gelegenen Punkten kennzeichnet)* kruckvociento; ~**vers** *m* versduo; ~**versicherung** *f* duobla asekuro; ~**währung** *f Fin* bimetalismo; ~**waschbecken** *n* duobla lavabo; ~**weiche** *f Eisenb* trivoja trakforko

doppelwertig *Adj* ambivalenca

Doppel|zentner *m* (*Zeichen* ***dz***) kvintalo; ~**zimmer** *n* (*Abk* ***DZ***) dulita ĉambro

doppelzüngig *Adj* falslanga; *heuchlerisch* hipokrita; ***~es Maul*** *n z.B. eines mythologischen Tieres* du-langa buŝo *od* buŝo kun meze fendita lango

Doppler|-Effekt *m*, *auch* ***Dopplereffekt*** *m Astron, El* Doppler-efiko *od* efiko de Doplero; ~**-Navigation** *f Flugw (ein Navigationsverfahren für Flugzeuge)* Doppler-navigado; ~**-Radar** *m od n Phys (ein auf dem Doppler-Effekt beruhendes Radargerät zur gleichzeitigen Bestimmung von Entfernung* *u. Geschwindigkeit eines Flugkörpers)* Doppler-radaro; ~**-Sonografie** *f (Syn:* ***Ultraschall-Dopplertechnik****) Med: Kreislaufdiagnostik (Ultraschallverfahren, das die Frequenzänderung von Schallwellen an bewegten Objekten [Doppler-Effekt] registriert)* Doppler-sonografio

Dora (*f*) *weibl. Vorname* Dora

Dorade *f Ichth, Nahr* ↑ ***Goldmakrele***

Dorado *m Astron* ↑ ***[1]Goldfisch***

Dorchester (*n*) *Hptst. der südengl. Grafschaft Dorset* Dorĉestro

Dordogne [...ˈdɔnjə] *f* ***a)*** *auch* ***Département Dordogne*** *ein südwestfranz. Departement* [departemento] Dordonjo *[Hptst.: Périgueux]* ***b)*** *ein Fluss in SW-Frankreich* [rivero] Dordonjo

Dorer *od* **Dorier** *m Angehöriger eines altgriechischen Volksstammes* doriano

Dorf *n* vilaĝo (↑ *auch* ***Berg-***, ***Fischer-***, ***Nachbardorf*** *u.* ***[2]Flecken***); ***im*** (*od* ***auf dem***) ~ en [la] vilaĝo; *auf dem Land[e]* en la kamparo ◇ ***das sind für mich böhmische Dörfer*** ĝi (*od* tio) estas por mi volapukaĵo

Dorf|älteste *m* vilaĝa plejaĝulo (*vgl. dazu* ***Dorfoberhaupt***); ~**bewohner** *m* vilaĝano; ~**brunnen** *m* vilaĝa puto

Dörfchen *n* vilaĝeto

Dorf|jugend *f* vilaĝa junularo; ~**junge** *m* vilaĝa (*od* kampara) knabo; ~**kate** *f* [kamparana] ĥato; ~**kino** *n* vilaĝa kinejo; ~**kirche** *f* vilaĝa preĝejo; ~**kneipe** *f* vilaĝa trinkejo; ~**lehrer** *m* vilaĝa instruisto

Dörfler *m Dorfbewohner* vilaĝano

dörflich *Adj* vilaĝa (↑ *auch* ***ländlich***); ~***e Gegend*** (*od* ***Region***) *f* vilaĝa regiono

Dorf|museum *n* vilaĝa muzeo; ~**oberhaupt** *n, früher* ***Dorfschulze*** *m* vilaĝestro; ~**schmiede** *f* vilaĝa forĝejo; ~**schöne** *f* vilaĝa belulino; ~**schule** *f* vilaĝa lernejo

Dorfschulze *m* ↑ ***Dorfoberhaupt***

Dorf|teich *m* vilaĝa lageto; ~**trottel** *m* vilaĝa stultulo

Dorier *m* ↑ ***Dorer***

[1]Doris (*n*) *eine altgriechische Landschaft [nordwestlich des Parnass]* Dorio

[2]Doris (*f*) *1. griech. Myth (Tochter des Okeanos, Gemahlin des Meeresgottes Nereus) 2. weibl. Vorname* Dorisa

dorisch *Adj* ***a)*** *auf [1]Doris bezogen* doria; ~***er Dialekt*** *m Ling (ein altgriechischer Dialekt, gesprochen in allen Siedlungsgebieten der Dorier [Sprache des Alkman, Tyrtaios u.a.])* doria dialekto ***b)*** *auf klassische Architektur od Kunst bezogen* dorika; ~***e Säule*** *f* dorika kolono; ~***er Stil*** *m* dorika stilo

Dorkasgazelle *f* (Gazella dorcas) *Zool* dorkas-gazelo *[Vorkommen: Nordafrika u. Vorderer Orient bis Indien]*

Dormitorium *n Schlafraum eines Klosters* monaĥeja dormejo

Dorn *m* dorno *auch Bot u. an Sprinterschuhen* (*vgl. dazu* ***Stachel***; ↑ *auch* ***Blattdorn*** *u.* ***Wurzeldornen***); *Handw (Werkzeug zum Erweitern von Löchern, Pfriem)* aleno; *Tech (Spindelstockspitze einer Drehmaschine od Drechselbank)* mandreno; ~ ***einer Schnalle*** dorno de buko, buk[o]dorno; ***hakenförmige*** ~***en*** *Pl z.B. von Rotangewächsen* hokoformaj dornoj *Pl*; ***voller*** ~***en*** dornoplena, *nachgest* plena de dornoj ◇ ***das ist mir ein*** ~ ***im Auge*** ĝi fariĝis por mi osto en la gorĝo *(Zam)*; ***keine Rose[n] ohne*** ~***en*** ne ekzistas rozoj sen dornoj

dornartig *Adj* dorneca

Dornburger Schlösser *n/Pl bei Dornburg/Saale* Kasteloj de Dornburgo

Dornbusch *od* **Dornstrauch** *m* dornarbusto

Dorn[busch]spötter *m* (Hippolais languida) *Orn* griza hipolao

Dorndreher *m Orn* ↑ ***Rotrückenwürger***

Dornen|bambus *m* (Bambusa stenostachya) *Bot* dorna bambuo; ~**hecke** *f* dorn[o]heĝo; ~**krone** *f bibl* dornokrono *od* dorna krono

Dornenkronenbaum *m Bot* ↑ ***Gleditschie***

Dornenkronenseestern *m* (Acanthaster planci) *Zool* dornokrona marstelo *[Vorkommen in den tropischen Zonen des Indopazifik] <er ernährt sich von Steinkorallen u. ist daher wesentlich am Absterben von Korallenriffen beteiligt>*

dornen|reich *od* ~**voll** *Adj* dornoplena, *nachgest* plena de (*od* je) dornoj

dornförmig **1.** *Adj* dornoforma **2.** *Adv* dornoforme

Dornfortsatz *m*: ~ ***des Wirbels*** (Processus spinosus) *Anat* spina apofizo

Dorngrasmücke *f* (Sylvia communis) *Orn* blankgorĝa silvio

Dornhai *m* (*Gattung* Squalus) *Zool* skvalo; ***gemeiner*** ~ (Squalus acanthias *od* Acanthias vulgaris) akantiaso; ***[Familie der]*** ~***e*** *Pl* (Squalidae) skvaledoj *Pl*

dornig *Adj* dorn[hav]a; *voller Dornen* dorn[o]plena, *nachgest* plena de (*od* je) dornoj (*vgl. dazu* ***stachelig***); *i.w.S. sehr schwierig* ege malfacila; *voller Qualen* turmentoplena, *nachgest* plena de turmentoj (*od* turmentado)

Dornmelde *f Bot* ↑ ***Bassia***

Dorn|röschen *n eine Märchengestalt* Dormanta Belulino, *auch* dornrozulino; ~**schnabel** *m* (Acanthiza) *Orn* dornbekulo (↑ *auch* ***Gelbbürzel-***, ***Goldhähnchen-*** *u.* ***Tasmandornschnabel***)

Dornspötter *m Orn* ↑ ***Dornbuschspötter***

Dornstrauch *m* ↑ ***Dornbusch***

Dornteufel *m Zool* ↑ ***[2]Moloch***

Dorn|warze *f*, *auch* ***Plantar-*** *od* ***Fußsohlenwarze*** *f* (Verruca plantaris) *Med (gutartige Hautwucherung an der Fußsohle)* planda veruko; ~**zikade** *f* (Centrotus cornutus) *Ent (eine Art der Buckelzirpen)* dornocikado

Doros (*m*) *griech. Myth (Stammvater der Dorer)* Doro

Dorota (*f*) *polnischer weibl. Vorname* Dorota

Dorothea *od* **Dorothee** (*f*), *engl.* ***Dorothy*** *weibl. Vorname* Dorotea

Dorpat (*n*) ↑ ***Tartu***

dorren *intr trocken werden* sekiĝi; *verwelken* velki

dörren *tr* sekigi (↑ *auch* ***trocknen***)

Dörr|fisch *m* sek[igit]a fiŝo; ~**fleisch** *n* sekigita viando

Dörrobst *n* ↑ ***Trockenobst***

Dörrpflaume *f*, *<österr>* ***Dörrzwetschke*** *f* sekigita pruno

dorsal *Adj*, *nur Fachspr Med (den Rücken betreffend)* dorsa; *rückseitig* dorsflanka

Dorsch *m Ichth, Nahr* ↑ ***Kabeljau***; ***[Familie der] ~e*** *m/Pl* (Gadidae) gadedoj *Pl*

Dorschartige *Pl* (*Ordnung* Gadiformes) *Ichth* gadoformaj [fiŝoj]

Dorschleberöl *n*, *umg* ***Lebertran*** *m* moruhepata oleo, *auch kurz* moruoleo

Dorset (*n*) *eine Grafschaft in SW-England* Dorseto *[Hptst.: Dorchester]*

dort *Adv* tie; *an jenem Ort* en tiu loko (*vgl. dazu* ***da 1.a)***); ~ ***drüben*** tie transe; *auf der anderen Seite* sur la alia (*od* transa) flanko, aliaflanke; ***da und*** ~ ie-tie; ***hier und*** ~ (*od* ***da***) *örtl* tie kaj tie [ĉi]; *zeitl (ab und zu)* iam kaj iam, *(von Zeit zu Zeit)* de tempo al tempo; ***von*** ~ ***[aus]*** de tie (***nach*** al)

dort|her *Adv* de tie; ~**hin** *Adv* tien

dorthinaus *Adv*: ***bis*** ~ *umg für «bis ins Extrem»* ĝis ekstremo, ĝis supersat[ec]o

dortig *Adj* tiea

Dortmund (*n*) *eine Stadt in NRW [im östlichen Ruhrgebiet]* Dortmundo

DOS-Betriebssystem *n EDV* mastruma programaro por disko-sistemo, *umg Kurzw* maprodo

[1]Dose *f* ***a)*** skatolo (↑ *auch* ***Butter-***, ***Getränke-*** *u.* ***Kaffeedose***); *Konserven~* konservaĵa skatolo, konservujo; *Blech~* ladskatolo (↑ *auch* ***Aluminiumdose***); *Papp~* karton[skatol]o; *allg Bez für «Behälter»* ujo; ***in ~n verpacken*** *Ind* enskatoligi ***b)*** *El (Steck~)* kontaktskatolo

[2]Dose *f Arzneigabe* ↑ *unter* ***Dosis***

dösen *intr schlummern* dormeti, somnoli, esti en stato inter dormo kaj maldormo; *apathisch sein* esti apatia

Dosenbarometer *n Met* ↑ ***Aneroidbarometer***

Dosen|bier *n* ladskatola biero; ~**öffner** *m Hausw* ladskatola malfermilo, malfermilo [por konservaĵa skatolo], *auch* elladigilo

dosieren *tr Med* dozi; ***hoch dosiert*** alte dozita

Dosieren *n od* **Dosierung** *f* dozado

Dosimeter *n Kerntechnik, Phys (Gerät zur Bestimmung der Menge ionisierender Strahlung [Röntgenstrahlen, radioaktiver Strahlung], der ein Gegenstand od eine Person innerhalb einer bestimmten Zeit ausgesetzt ist)* dozometro (*vgl. dazu* ***Geigerzähler***)

Dosimetrie *f* (*fachsprachl. für «Messung der Energiemenge von Strahlen»* dozometrio

Dosis *f* (*Pl:* ***Dosen***) *Med, Pharm* dozo (↑ *auch* ***Arznei-***, ***Behandlungs-***, ***Durchschnitts-***, ***Gesamt-***, ***Strahlen-***, ***Tages-***, ***Toleranz-***, ***Über-***, ***Wirkdosis*** *u.* ***Maß***); ***altersabhängige*** (***empfohlene***) ~ aĝodependa (rekomendita) dozo; ***in kleinen Dosen*** en malgrandaj dozoj; ***kritische*** ~ kritika dozo; ***tödliche*** ~, *Fachspr* ***Letaldosis*** *f* (Dosis letalis) letala dozo; ***die*** ~ ***erhöhen*** (***reduzieren***) plialtigi (redukti) la dozon

Dosisreduktion *f Med* redukto de [la] dozo

Dossier [*dos'je:*] *n gesammelte schriftl. Unterlagen für einen Vorgang od über eine Person* dosiero (*vgl. dazu* ***Aktenbündel***)

Dost *m Bot*: ***echter*** ~ (*auch* ***wilder Majoran*** *genannt*) (Origanum vulgare) ordinara origano; ***kretischer*** ~ (*auch* ***spanischer Hopfen*** *genannt*) (Origanum dictamnus) kreta origano

Dostal (*m*) *Eig (österreichischer Operetten- u. Filmkomponist [1895-1981])* Dostalo

dostig ↑ ***aufgedunsen***

Dostojewski (*m*) *Eig (russ. Schriftsteller [1821-1881])* Dostojevsko

Dotation *f [geldliche] Zuwendung* [mona] dotajo (↑ *auch* ***Aussteuer*** *u.* ***Mitgift***), *(Dotierung [als Vorgang])* [mona] dotado

dotieren *tr mit einer bestimmten Geldsumme ausstatten* doti (***mit*** per)

Dotter *m od n* ovoflavo (↑ *auch* ***Eigelb***)

Dotterblume *f, reg* ***Kuhblume*** *od* ***Butterblume*** *f* (*Gattung* Caltha) *Bot* kalto (↑ *auch* ***Sumpfdotterblume***)

Dotterbrust-Brillenvogel *m* (Zosterops mayottensis) *Orn* majota zosteropo *[Vorkommen: endemisch auf der Komoren-Insel Mayotte]*

Dotter|sack *m* (Saccus vitellinus) *Biol* vitela sako *auch bei Fischen*; ~**tukan** *m, auch* ***Zitronentukan*** *m* (Ramphastos vitellinus) *Orn* blu-okula tukano *[Vorkommen: Südamerika]*

Douala [*du'ala*] *od* **Duala** (*n*) *größte Hafenstadt der Rep. Kamerun (W-Afrika)* Dualo

Douar [*du'a:r*] *od* **Duar** *m, arab.* ***Dawwār*** *Zeltlager der Hirtennomaden in den Atlasländern Nordafrikas [4-10 Zelte]* duaro

doubeln ['*du:...*] *tr Film, Theat* dubli

Doubeln *n* ['*du:...*] *Film, Theat* dublado

Double *n* ['*du:bl*] *Film, Theat (jmd., der einen Darsteller doubelt)* dublanto

Doublé *n* ↑ ***Dublee***

Doughnut *m* ↑ ***Donut***

[1]**Douglas** ['*dag...*] (*m*) *ein engl. Vor- bzw. auch Familienname* Duglaso

[2]**Douglas** ['*dag...*] (*n*) *Hptst. der britischen Insel Man [an der Südostküste]* Duglaso

Douglasie [*dug...*] *f, auch* ***Douglasfichte*** *od* ***Douglastanne*** *f* (*Gattung* Pseudotsuga) *Bot* pseŭdocugo, (*Art* Pseudotsuga menziesii) duglasa pseŭdocugo, *auch* duglasio

Doumpalme *f* (Hyphaëne thebaica) *Bot (eine Fächerpalmenart)* dumpalmo *[Vorkommen: Ägypten, Sudan, Kenja, Tansania u. Uganda]*

[1]**Dover** (*n*) *eine Hafenstadt in SO-England* Dovro; ***Straße von*** ~ *schmalste Stelle des Kanals zw. England u. Frankreich* Markolo de Dovro

[2]**Dover** (*n*) *Hptst. des US-Bundesstaates Delaware* Dovro

Dovrefjell *n ein Hochland in Mittelnorwegen <mit einem Nationalpark>* Dovrefjelo

Download *m od n EDV* ↑ ***Herunterladen***

downloaden *EDV* ↑ ***herunterladen***

Downsyndrom *od* **Down-Syndrom** [*daun..*] *n, alt* ***Mongolismus*** *m Med* sindromo de Down [*daun*], *auch* mongolismo

Doxologie *f Rel (gottesdienstliche Lobpreisungsformel)* doksologio *<ursprünglich als abschließender Vers der Psalmen gesungen; in der Liturgie seit dem 4. Jh.>*

Doyen [*doa'jɛ:*] *m Dipl (rangältestes Mitglied u. Wortführer des bei einer Regierung beglaubigten diplomatischen Korps)* dojeno (*vgl. dazu* ***Alterspräsident***)

Dozent *m* (*Abk* ***Doz.***) *Univ* docento (***an*** *bzw.* ***am*** en) (↑ *auch* ***Privatdozent***)

dozieren *intr Univ* docenti *auch übertr (wie ein Hochschullehrer reden)*

dptr. *od* **Dptr.** = *Abk für* ***Dioptrie***

Dr. = *Abk für* ***Doktor***

Drabble *m Lit (eine pointierte Geschichte, die exakt aus 100 Wörtern besteht [Begriff aus der Fan Fiction-Welt])* drablo

[1]**Drache** *m Myth u. Volkskunde* drako (↑ *auch* ***Flugdrache*** *u.* ***Lindwurm***); ***Feuer speiender*** ~ drako kraĉanta fajron

[2]**Drache** *m, Fachspr* ***Draco*** *m* (*Abk* ***Dra*** *od* ***Drac***) *Astron (ein weit ausgedehntes Sternbild des nördlichen Himmels)* Drako

[3]**Drache** *m Typ eines Wikingerschiffs* drakŝipo

Drachen *m* ***a)*** *Papier~* kajto; ***einen*** ~ ***steigen lassen*** flugigi kajton ***b)*** *Haus~, zänkisches Weib* furio, megero, ksantipo, *auch* drako

drachenähnlich *Adj* drak[o]simila

Drachen|ballon *m Flugw* drakoforma balono; ~**baum** *m, auch* ***Drazäne*** *f* (Dracaena draco) *Bot* drakarbo; ~**blut** *n* ***a)*** *Blut eines Drachen* draksango ***b)*** *auch* ***Dracorubin*** *n rot[braun]es Harz der südostasiatischen Rohrpalme bzw. einiger Drachenbaumarten* draksango, *auch* drakrezino; ~**bootfest** *n in Ostasien* drakoboata festo; ~**fliegen** *n Freizeitsport* velflugado; ~**kopf** *m* ***a)*** draka kapo ***b)*** *Bot* (*Gattung* Dracocephalum) *eine Gattung der Lippenblütler* drakocefalo ***c)*** *Ichth*: ***großer roter*** ~***kopf*** ↑ ***Meersau***; ~**lilie** *f* (*Gattung* Dracaena) *Bot (eine Gattung drt Agavengewächse)* draceno; ~**maul** *n* (*Gattung* Horminum) *Bot* hormino, (*Art* Horminum pyrenaicum) pirenea hormino

Drachenviereck *n Geom* ↑ ***Deltoid***
Drachenwurz *f Bot* ↑ ***Calla***
Drachme *f 1. Gewicht u. Silbermünze im Alten Griechenland 2. griech. Münzeinheit bis zur Euro-Einführung* drakmo, *auch* draĥmo; ***attische ~*** *in Altgriechenland* atika draĥmo
Draco *m Astron* ↑ ***^{2}Drache***
Dracorubin *n* ↑ ***Drachenblut***
Dracula *ohne Art: eine Figur in Horrorfilmen* Drakulo
Dragee *od* **Dragée** *n Pharm* draĝeo
Draggen *m Mar* ↑ ***Dregganker***
Dragoman *m, arab.* ***Turǧumān*** *einheimischer Dolmetscher od Übersetzer [im Orient]* dragomano (↑ *auch* ***Dolmetscher***)
Dragomir (*m*) *südslawischer männl. Vorname* Dragomiro
Dragoner *m Gesch, Mil ([im 17. Jh.] berittener Infanterist, [später] leichter Kavallerist)* dragono
Draht *m* drato (↑ *auch* ***Antennen-***, ***Binde-***, ***Klingel-***, ***Kupfer-***, ***Maschen-***, ***NATO-***, ***Schmelz-***, ***Schweiß-***, ***Silber-***, ***Stachel-***, ***Stahl-*** *u.* ***Zaundraht***); ***umflochtener ~*** *bes. El* ĉirkaŭplektita drato; ***mit ~*** (*od* ***Drähten***) ***versehen*** drati; ***zu ~ ziehen*** *Tech* dratigi
Drahtbürste *f* dratbroso
Drähtchen *n* drateto
drahten *tr früher für «telegrafieren»* telegrafi, kablodepeŝi
Draht|geflecht *n*, *<österr>* ***Rastel*** *n* dratplektaĵo; **~gitter** *n* krado el drato; **~haarfox** *m eine Terrierrasse* dur-hara vulpoteriero
drahthaarig *Adj* dur-hara
drahtlos 1. *Adj* sendrata; ***~e Telegrafie*** *f* sendrata telegrafio **2.** *Adv* sendrate
Draht|nagel *m* dratnajlo; **~netz** *n* dratreto
Drahtputzwand *f Bauw* ↑ ***Rabitzwand***
Draht|schere *f Handw, Tech* tondilo por drato; **~schneider** *m Handw* drattranĉilo; **~seil** *n* dratkablo
Drahtseilbahn *f* ↑ ***Seil[schwebe]bahn***
Drahtsieb *n* drata kribrilo; **~filter** *m*, *auch kurz* ***Siebfilter*** *m* reta filtrilo
Draht|stift *m* dratnajlo; **~verhau** *m* drat-abatiso; **~zaun** *m* dratreta barilo; **~zieher** *m* ***a)*** *(Arbeiter)* dratfaristo ***b)*** *auch* ***Strippenzieher*** *m übertr* kaŝ-aganto, inciatinto
Drain *m* ↑ ***Drän***
Drainage *f* ↑ ***Dränage***
Draisine *f Eisenb (kleines schienengebundenes Streckenkontrollfahrzeug mit Motorantrieb [früher auch handbetrieben]* drezino (↑ *auch* ***Motordraisine***)
Drakensberge *Pl*, *auch* ***Kathlambagebirge*** *n ein Randgebirge des südafrikanischen Hochlandes* Drakensbergo *Sg*
Drakon (*m*) *Eig (altgriechischer Gesetzgeber [7. Jh. v. Chr.])* Drakono
drakonisch *Adj [unerbittlich] hart* drakona, severega (↑ *auch* ***rücksichtslos***); ***~e Strafe*** (***Strenge***) *f* drakona puno (sever[ec]o)
drall *Adj stramm (Körper)* ŝvelkorpa (*vgl. dazu* ***pausbäckig***, ***vollbusig*** *u.* ***vollschlank***)
Dralon® *n eine Chemiefaser* dralono
Drama *n Theat* dramo *auch übertr* (↑ *auch* ***Mysterienspiel***, ***Psycho-*** *u.* ***Versdrama***), *übertr auch (schreckliche Begebenheit)* terura okaz[aĵ]o (↑ *auch* ***Familien-*** *u.* ***Geiseldrama***)
Dramatik *f* drama arto; *das Dramatische (von etw.)* drameco
Dramatiker *m Verfasser von Dramen* dram[verk]isto, aŭtoro de dramoj
dramatisch 1. *Adj* drama *auch Situation*; *übertr auch* drameca **2.** *Adv* dram[ec]e
dramatisieren *tr Theat u. übertr* dramigi
Dramatisierung *f* dramigo *auch übertr*
Dramaturg *m Film, Theat* dramaturgo
Dramaturgie *f* dramaturgio
dramaturgisch *Adj die Dramaturgie betreffend* dramaturgia
Dramendichter *m* dramverkisto
dran *umg* ↑ ***daran***
Drän *m*, *auch* ***Drain*** *m für Bodenentwässerung* drentubo, *Med auch* drentubeto
Dränage *f*, *auch (bes. <schweiz>)* ***Drainage*** *f 1. Bautechnik, Gartenb (Bodenentwässerung durch Dräne) 2. Chir, Med (Ableitung von Wundsekret u.a. mittels eines Dräns)* drenado; *System von Drains [zur Bodenentwässerung]* drensistemo [por plisekigi malsekan grundon] (↑ *auch* ***Lymphdrainage***)
Dränagerohr *n* ↑ ***Dränrohr***
dränen ↑ ***dränieren***
Drang *m* urĝo (↑ *auch* ***Trieb a)***); *starker Wunsch, Verlangen* dezirego (***nach*** al); *innerer Antrieb* interna impulso; *Naturtrieb* instinkto; *Leidenschaft* pasio; *Druck* premo (*vgl. dazu* ***Zwang***)
Drängelei *f* interpuŝiĝo, interpremiĝo
drängeln *intr* interpuŝiĝi, interpremiĝi
drängen ***a)*** *tr drücken* premi; *schubsen (in*

einer Menschenmenge) puŝi (↑ *auch* ***stoßen*** *u.* ***wegdrängen***); *nach vorn schieben* antaŭenŝovi; *zur Eile mahnen* urĝ[ig]i (***jmdn.*** iun); *eindringlich ermahnen* insiste admoni; *unpers*: ***es drängt mich, Ihnen zu sagen, dass ...*** io min devigas diri al vi, ke ... ***b)*** *intr* urĝi; ***nach vorn*** ~ premi (*bzw.* ŝovi) antaŭen; ***die Zeit drängt*** la tempo urĝas; ***sich*** ~ interpremiĝi, sin premi (***in*** en *mit Akk*; ***durch*** tra)

Drängen *n* insist[ad]o; ***auf ~ [von] ...*** je (*od* pro) [la] insisto de ...

Drängraben *m* drenfosaĵo

Drangsal *f Leiden* sufero(j) *(Pl)*; *Not, Elend* mizero; *Bedrückung durch das erlittene Schicksal* sortopremo

drangsalieren *tr* opresi, tirane premegi; *schikanieren* ĉikani; *quälen* turment[ad]i (↑ *auch* ***plagen***)

dränieren, *auch* ***dränen*** *1. über Dränageröhren entwässern [z.B. Feuchtwiesen] 2. Chir (mit einem Drän ableiten [z.B. Wundflüssigkeit od Eiter])* dreni (↑ *auch* ***ableiten*** *u.* ***entwässern***)

drankommen *intr umg für «an der Reihe sein»*: ***jetzt komme ich dran*** nun estas mia vico

Dränrohr *n*, *auch* ***Dränagerohr*** *n* drentubo

Draperie *f Stoffbehang, Faltengehänge* drapiraĵo

drapieren *tr 1. künstlerisch mit Stoffen behängen 2. mit Gewändern malerisch bekleiden* drapiri

Drapieren *n od* **Drapierung** *f das Infaltenlegen u. dgl.* drapirado

drapp[farben] ↑ ***sandfarben***

Drastikum *n Pharm (stark wirkendes Abführmittel)* drastaĵo

drastisch 1. *Adj* ***a)*** *sehr anschaulich [und derb]* drasta *auch Sparmaßnahmen*; ***~er Ausdruck*** *m Kraftausdruck* drasta esprimo; ***etw. mit ~en Worten schildern*** priskribi ion per drastaj vortoj ***b)*** *Med, Pharm (stark abführend)* drasta, laksiga **2.** *Adv* draste

Drau *f*, *slowenisch* ***Drava*** *f ein rechter Nebenfluss der Donau* [rivero] Dravo

drauf... *umg* ↑ ***darauf...***

drauf|bauen *tr* surkonstrui; **~drücken** *tr* premi (***auf*** sur *mit Akk*) (*vgl. dazu* ***drücken***); **~gießen** *tr* surverŝi

Draufgänger *m Wagehals* aŭdaculo, trokuraĝulo, riskemulo; *furchtloser Mensch* sentimulo; *Verführer (von Frauen)* galanta aventurulo; *Schürzenjäger* donĵuano (↑ *auch* ***Don Juan***)

draufgängerisch *Adj* troriskema; konkerema

Draufgängertum *f Tollkühnheit* troa kuraĝo, troriskemo; *außergewöhnlicher Mut* eksterordinara kuraĝo; *Waghalsigkeit, Verwegenheit* aŭdaco

draufgehen *intr* ***a)*** *salopp für «Platz bieten für», umg für «draufpassen»* doni lokon (*od* spacon) por, povi teniĝi sur si ***b)*** *derb für «umkommen»* perei ***c)*** *verbraucht werden* konsumiĝi, *Geld auch* elspeziĝi; *vergeudet werden, z.B. Kraft, Zeit* esti disipata; ***es ist eine ganze Menge Geld [dafür] draufgegangen*** [por tio *od* en tio] konsumiĝis (*od* elspeziĝis) sufiĉe multe da mono

draufgießen *tr umg* surverŝi

draufkleben ↑ ***aufkleben***

drauflegen *bzw.* **draufsetzen** *bzw.* **draufstellen** *tr umg* [sur]meti (***etw. auf etw.*** ion sur ion)

drauflos *Adv* antaŭen; ***direkt*** ~ rekte antaŭen

drauflos|gehen *intr* iri (*od* kuri) rekte (***auf*** al), *[attackierend]* atake [al]iri (*od* [al]kuri) (***auf jmdn.*** iun); **~reden** *od* **~schwatzen** *intr* senzorge [ek]babiladi

drauflosschlagen *intr*: ***blind*** ~ [kvazaŭ] blinde batadi *od* batadi trafe-maltrafe

drauf|schlagen *intr* surbati; **~schrauben** *tr* surŝraŭbi; **~schreiben** *tr* surskribi

draufsetzen ↑ ***drauflegen***; ***sich*** ~ eksidi (***auf*** sur *mit Nom*)

draufspritzen *tr* surŝprucigi (***etw. auf etw.*** ion sur ion)

drauftreten *intr umg*: ***auf etw. [drauf]treten*** surpaŝi (*od* surtreti) ion *od* treti sur ion

draufwickeln *tr*: ***etw. auf etw.*** *anderes* ~ survolvi ion sur ion

draus *umg* ↑ ***daraus***

draußen *Adv* ekstere; *außerhalb [des Hauses]* eksterdome; ***nach*** ~ eksteren; ***nach ~ gehen*** iri eksteren

Drava *f* ↑ ***Drau***

Drawida *m/Pl Ethn (Sammelbez. für eine große Völkerfamilie im Süden Indiens)* dravidoj *Pl*

drawidisch *Adj*: ***~e Sprachen*** *f/Pl Ling* dravidaj lingvoj *Pl* <*in Südindien, Sri Lanka u. Pakistan gesprochen*> (↑ *auch* ***Kanaresisch*** *u.* ***Malayalam***)

Drazäne *f Bot* ↑ ***Drachenbaum***

Dreadnought [ˈdrɛdnɔ:t] *m Mar hist (frü-*

hester Typ des modernen Schlachtschiffs) drednaŭto

Drechselbank *f Handw* tornstablo

drechseln *tr auf der Drechselbank drehen* torni [lignon]

Drechseln *n* tornado [de ligno] *od* lignotornado

Drechselwerkzeug *n* tornilo (↑ *auch* ***Drechselbank***)

Drechsler *m* [ligno]tornisto

Drechslerei *od* **Drechslerwerkstatt** *f* lignotornejo

Dreck *m Straßenschmutz* koto; *Schmutz* malpuraĵo; *Schlamm* ŝlimo; *Abfall, Weggeworfenes* forĵetaĵo(j) *(Pl)*; *Müll* rub[aĵ]o; *Kehricht* balaaĵo; *Plunder, wertloser Kram* fatraso; ***im ~ leben*** *umg* vivi en malpureco *od derb* vivi enmeze de malpuraĵoj ◇ ***das geht dich einen ~ an!*** *derb* tio absolute ne koncernas vin!

Dreckfink *m umg* malpurulo

dreckig *Adj umg für «schmutzig»* malpura *auch übertr*, kota; *schlammig* ŝlim[hav]a; *abscheulich, ekelhaft* naŭza; *~* ***werden*** malpuriĝi ◇ ***uns geht es ~*** *salopp* ni fartas mizere; ***man soll seine ~e Wäsche nicht vor anderen*** (*od* ***fremden***) ***Leuten waschen*** tolaĵon malpuran lavu en la domo *(Zam)*

Dreck|schleuder *f* [terura] mediopoluanto; *~***spritzer** *m* ŝpruc[aĵ]o da koto

Dregganker *m, auch* ***Draggen*** *m Mar (ein Anker mit 4-6 festen Armen; i.w.S. Suchanker (z.B. zum Suchen beschädigter Kabel)* graplo; ***mit dem ~ greifen*** preni per [la] graplo, *auch* grapli

Drehachse *f Geom, Phys, Tech* ↑ ***Rotationsachse***

Drehbank *f* ***a)*** ↑ ***Drehmaschine*** ***b)*** = ***Drechselbank***

Drehbankspindel *f* spindelo de tornomaŝino

drehbar *Adj* turnebla

Drehbeschleunigung *f Phys* ↑ ***Winkelbeschleunigung***

Drehbrücke *f* turnoponto, turnebla ponto

Drehbuch *n Film* [filma] scenaro; *~***autor** *m* scenaristo, verkisto de filmaj scenaroj

Dreh|bühne *f Theat* rotacia (*od* turnebla) scenejo; *~***davit** *m Mar* turnebla davito

Drehdolle *f am Ruderboot* ↑ *unter* ***Dolle***

drehen ***a)*** *tr* turni (↑ *auch* ***hochdrehen***); *drehend formen (auf einer Drechsel- od Werkbank)* torni; *umkippen* renversi; ***einen Film ~*** fari filmon; ***das Gesicht zur Seite ~*** flankenturni la (*od* sian) vizaĝon ***b)*** *refl*: ***sich ~*** sin turni, turniĝi; *Tech (rotieren)* rotacii, *(um einen Achszapfen)* pivoti, *(um eine [auch gedachte] Achse)* rivolui; ***der Kreisel dreht sich*** la turbo turnigas, ***sich im Kreis[e]*** *~ Tanz u. dgl.* turni sin en rondo; ***sie drehte und wendete sich immerzu vor dem Spiegel*** ŝi sin turn- adis kaj returnadis antaŭ la spegulo; ***der Wind hat sich gedreht*** la vento turniĝis (*od auch* ŝanĝiĝis *od* ŝangis la direkton); ***sich ~ um ...*** *im Zentrum des Interesses sein* esti fokuso de la [ĝenerala] intereso; *rotierend* rotacii, rondiri *auch Astron*; ***die Erde dreht sich um die Sonne*** la tero rivoluas (*od* rondiras) ĉirkaŭ la suno ◇ ***worum dreht es sich?*** pri kio estas la demando?; pri kio oni disputas?

Dreher *m* tornisto (*vgl. dazu* ***Drechsler***)

Drehfunkfeuer *n* ↑ ***Allrichtungsfunkfeuer***

Drehgestell *n von Eisenbahn- od Straßenbahnwagen* boĝio; *~***fahrzeug** *n Fahrzeug mit Drehgestellen* boĝia veturilo; *~***lokomotive** *f* boĝia lokomotivo; *~***wagen** *m Eisenb* boĝiovagono

Drehhyperboloid *n Geom* ↑ ***Rotationshyperboloid***

Drehimpuls *m*: *~* ***der Eigenrotation*** *der Elementarteilchen* spinmomanto *od* spina momanto

Dreh|kiefer *f, auch* ***Murraykiefer*** *f* (Pinus contorta) *Bot* tordita pino; *~***knopf** *m z.B. an Elektrogeräten* turnobutono; *~***kran** *m, auch* ***Schwenkkran*** *m Tech* turniĝa gruo; *~***krankheit** *f der Schafe* turnomalsano; *~***leier** *f, auch* ***Radleier*** *f Mus (ein Volksmusikinstrument)* vjelo (*vgl. dazu* ***[1]Leier***); *~***leiter** *f der Feuerwehr* [aŭtomata] teleskopa eskalo [de la fajrobrigado]; *~***maschine** *f, alt* ***Drehbank*** *f* tornomaŝino *auch für Drechselarbeiten, alt* tornostablo (↑ *auch* ***Revolverdrehbank***); *~***moment** *n, auch* ***Torsionsmoment*** *n Phys* tordomomanto

Drehofen *m* ↑ ***Drehrohrofen***

Drehorgel *f Mus* ↑ ***Leierkasten***

Drehorgelspieler *m* ↑ ***Leierkastenmann***

Drehpunkt *m Phys* centro de rotacio, *(eines Zapfens)* pivotpunkto

Drehriegel *m* ↑ ***Drehstangenverschluss***

Dreh|röhre *f ein Drechslerwerkzeug* guĝo; *~***[rohr]ofen** *m einer Zementfabrik* rotacia forno; *~***schalter** *m El* turnŝaltilo; *~***scheibe** *f Eisenb* rulplatformo (*vgl. dazu* ***Schiebebühne***); *~***schranke** *f Eisenb* turnebla bariero; ~**sinn** *m Richtung einer Drehung* senco de rotacio; ~**span** *m* tornrabotaĵo; ~**spieß** *m auf dem Bratrost* turnrostilo; ~**spule** *f, auch* ***bewegliche Spule*** *f El* movebla bobeno; ~**spulrelais** *n El* relajso kun movebla bobeno; ~**stahl** *m einer Drehmaschine* tornilo [de tornmaŝino]; ~**stangenverschluss** *m, umg* ***Drehriegel*** *m am Fenster, selt* ***Espagnoletteverschluss*** *m* espanjoleto

Drehstift *m* ↑ ***Zapfen a)***

Drehstrom *m El* ↑ ***Dreiphasenstrom***

Drehstrom|generator *m El* trifaza alternatoro; ~**motor** *m* trifaza motoro

Drehstromtransformator *m* ↑ ***Dreiphasentransformator***

Dreh|stuhl *m* pivotseĝo; ~**tür** *f* sving-pordo

Drehung *f (bewirkt od veranlasst)* turno, *(das Sichdrehen)* turniĝo, *[in Schraubenwindungen]* tordiĝo; *Rotation* rotacio; *Torsion* tordado; ~ ***um einen Zapfen*** pivotado

Drehungsachse *f Geom, Phys, Tech* ↑ ***Rotationsachse***

Drehvektor *m* ↑ *unter* ***Vektor***

Drehwirbel *m Anat* ↑ ***Axis*** *u.* ***Rotationswirbel***

Drehwuchs *m* spirala kresko *[Vorkommen bei Fichte u. Tanne]*

Drehwurz *f Bot* ↑ ***Ackerwinde***

Drehzahl *f Tech* turnfrekvenco; *Umdrehungsgeschwindigkeit* rotacio-rapido; *absolute Zahl der Umdrehungen* nombro da rivoluoj; ~**messer** *m Tech (Tourenmesser)* rivolumetro

Dreh|zapfen *m Handw, Tech* rotacia pivoto; ~**zylinder** *m Geom* rivolua cilindro

drei *Num* tri; ~ ***viertel*** *(in adjektivischer Funktion) bzw.* ~ ***Viertel*** *(in substantivischer Funktion)* tri kvaronoj; ***[es ist jetzt]*** ~ ***viertel sieben*** [estas nun] unu kvarono antaŭ la sepa [horo]; ***alle*** ~ ĉiuj tri ◇ ***aller guten Dinge sind*** ~ trio plaĉas al Dio *(Zam)*; ~ ***von uns*** *od* ~ ***aus unsrer Mitte*** tri el ni

Dreiangel *m reg u.* *<schweiz> für «dreieckiger Riss [im Stoff]»* triangula ŝiro

drei|atomig *Adj Phys* triatoma; ~**bändig** *Adj Buchw* trivoluma; ~**basisch** *Adj Chem* tribaza

Dreibein *n Geom* triedro

dreibeinig *Adj* trikrura *od* trigamba; *dreifüßig, mit drei Füßen versehen, z.B. ein Möbelstück* tripieda

Drei|beinkran *m Tech* trikrura gruo; ~**bettzimmer** *n,* *<schweiz>* ***Dreierzimmer*** *n* trilita ĉambro

Dreiblatt *n* ***a)*** *Geom* trifolio ***b)*** *Kart (Sequenz von drei Karten)* triopa serio, *auch* tercio ***c)*** *Bot* ↑ ***Waldlilie***; ***gewelltes*** ~ (Trillium undulatum) ondumita trilio *[Vorkommen: pstl. Nordamerika von Quebec bis Georgia]*

Dreibund *m od* **Dreierbündnis** *n* ↑ ***Tripelallianz***

dreidimensional **1.** *Adj* tridimensia; *Film* stereoskopia **2.** *Adv* tridimensie; stereoskopie (*vgl. dazu* ***räumlich***); **3D-Drucker** *m* ↑ *unter* ***Drucker***

Dreieck *n* triangulo; ***das Goldene*** ~ *Grenzgebiet von Myanmar, Thailand u. Laos [berühmt-berüchtigter Drogenumschlagplatz, bes. für Opium]* la Ora Triangulo; ***gleichschenkliges*** (***gleichseitiges***, ***rechtwinkliges***, ***pythagoreisches***, ***sphärisches***, ***spitzwinkliges***, ***stumpfwinkliges***) ~ *Geom* simetria (egallatera, ort[angul]a, pitagora, sfera, akut[angul]a, obtuz[angul]a) triangulo; ***das Südliche*** ~ (Triangulum Australe) *Astron* la Aŭstrala Triangulo

dreieckig *Adj* triangula

Dreiecksbein *n* (Os triquetrum) *Anat (ein Handwurzelknochen der proximalen Reihe)* triketro

Dreiecksberechnung *f Geom* ↑ ***Trigonometrie***

Dreiecks|handel *m, auch* ***Dreiecksgeschäfte*** *n/Pl* triangula komerco; ~**haube** *f mancher Nonnen* kornedo; ~**messung** *f Geom* trigonometrio; *Geodäsie* triangulado; ~**verhältnis** *n sex* triangula amrilato; ~**zeichen** *n (Zeichen* △*) Geom* signo de triangulo

Dreiecktuch *n* triangula tuko

dreieinhalb *Num* tri kaj duona

Dreieinigkeit *f Triumvirat* triumviraro; *Hinduismus (Dreigestalt der Götter Brahma, Vishnu und Shiva)* Triunuo; ***die Heilige*** ~ *christl. Kirche* la Sankta Triunuo, la Trinitato; ***Fest der Heiligen*** ~ *od* ***Trinitatisfest*** *n Sonntag nach Pfingsten* festo de la Sankta Triunuo (*vgl. dazu unter* ***Sonntag***)

Dreier|gruppe *f* triopo (*vgl. dazu* ***Trio***); ~**kette** *f Fußball* tri-ludista ĉeno

dreierlei *Adj* de tri [diversaj] specoj

Dreierzimmer *n* ↑ ***Dreibettzimmer***

dreifach **1.** *Adj* triobla; *dreimalig* trifoja; ***um das*** ~***e steigen*** *z.B. Preis* triobliĝi **2.** *Adv* trioble

Dreifache *n* trioblo; ***auf das*** ~ ***erhöhen*** triobligi

Dreifaltigkeit *f christl. Rel* Triunuo; ***Sonntag der ~*** *(auch* ***Trinitatis*** *genannt) der Sonntag nach Pfingsten* dimanĉo de la Triunuo

Dreifarben|druck *m Typ* trikolora preso, trikromio; ~**ralle** *f* (Rallina tricolor) *Orn* ruĝkola ralo; ~**reiher** *m* (Hydranassa tricolor) *Orn* blankventra ardeo; ~**weih** *m, auch* ***Zwergschopfbussard*** *m* (Aviceda leuphotes) *Orn* nigra kukolaglo *[Vorkommen: SO-Asien]*

dreifarbig, *<österr>* ***dreifärbig*** *Adj* trikolora

Drei|farbigkeit *f z.B. von Kristallen* trikoloreco; *Foto auch* trikromio; ~**farbnonne** *f* (Lonchura malacca) *Orn* trikolora maneкeno

Dreifinger|faultier *n* (Bradypus tridactylus) *Zool* trifingra bradipo; ~**steinbrech** *m* (Saxifraga tridactylites) *Bot* trifingra saksifrago

dreiflächig *Adj*: ***symmetrisch ~*** *Kristall* trigonala

Dreifuß *m* tripiedo *auch Archäol (vgl. dazu* ***Stativ****)*

dreifüßig *Adj* tripieda *(vgl. dazu* ***dreibeinig****)*

Drei-Gänge-Menü *n* tri-plada menuo

dreigeschossig *Adj* trietaĝa

Dreigespann *n* triopa jungitaro (↑ *auch* ***Troika****)*

Dreigestaltigkeit *f Bot* ↑ ***Trimorphie***

Dreiheit *f*: ***göttliche ~*** *asiatische Rel (mystische Einheit dreier Götter)* Triunuo

Dreihorn|chamäleon *n* (Trioceros jacksoni) *Zool* trikorna ĥameleono *[Vorkommen: Ostafrika (Kenia, Uganda, Tansania)]*; ~**käfer** *m* (Chalcosoma atlas) *Ent* trikorna skarabo *[Vorkommen: Malaysia u. Indonesien]*

drei|hundert *Num* tricent; ~**jährig** *Adj* trijara *auch Lebensalter*; *auf die Dauer bezogen auch* daŭranta tri jarojn *nachgest*; ~**jährlich** *Adj* ĉiun trian jaron

Dreikantfeile *f Handw* triangula (*od* trieĝa) fajlilo

dreikantig *Adj* trieĝa *od* tri-eĝa

Dreikantprisma *n Opt* triangula prismo

Dreiklang *m Mus* ↑ *unter* ***[1]Akkord***

Dreikönigsfest *n kath. Kirche* ↑ ***Epiphanias[fest]***

dreiköpfig *Adj*: ***~er Muskel*** *m Anat* ↑ ***Trizeps***

Dreiländereck *n* trilanda punkto

Dreilapper *od* **Dreilappkrebse** *m/Pl Paläozoologie* ↑ ***Trilobiten***

dreilappig *Adj* triloba *auch Blattform*

dreiläufig *Adj*: ***~es Gewehr*** *n, auch* ***Drilling*** *m* trituba pafilo

Dreilaut *m Phon* ↑ ***Triphthong***

Dreileitersystem *n El* trikonduktila sistemo

drei|mal *Adv* trifoje; ~**malig** *Adj* trifoja; ~**männig** *Adj Blüte* tristamena

Drei|mastbark *f Mar* trimasta barko; ~**master** *m Mar* trimasta ŝipo, *umg* trimastulo; ~**meilenzone** *f staatliche Hoheitsgrenze im Meer* tri-mejla limo; ~**meterbrett** *n Schwimmsport* tri-metra plonĝotabulo

drei|monatig *Adj einen Zeitraum von drei Monaten umfassend* trimonata, *auch (bes. einen dreimonatigen Unterrichtszeitraum umfassend)* trimestra; ~**monatlich** *Adj jeden Monat [stattfindend]* [okazanta] ĉiun trian monaton, *auch* trimestra; ~**motorig** *Adj* trimotora

Dreiparteiensystem *n Pol* tri-partia sistemo

Dreiphasen|strom *m, auch* ***Drehstrom*** *El* trifaza kurento *m*; ~**transformator** *m, auch* ***Drehstromtransformator*** *m El* trifaza transformatoro

drei|phasig *Adj El* trifaza; ~**polig** *Adj El* tripolusa

dreiprozentig *Adj* tri-procenta; ***~es Wachstum*** *n bes. Wirtsch* tri-procenta kresko

Dreirad *n dreirädriges Fahrzeug* trirada veturilo; *dreirädriges Fahrrad* triciklo, *(für Kinder)* tricikleto; ~**fahrer** *m* triciklisto

dreirädrig *Adj* trirada

Dreiraumwohnung *f* ↑ ***Dreizmmerwohnung***

Dreisatz *m od* **Dreisatzrechnung** *f, alt auch* ***Regeldetri*** *f Math* regulo de tri

drei|säurig *Adj Chem (von Basen)* triacida; ~**schichtig** *Adj* triskipa *(vgl. dazu* ***[2]Schicht****)*

Dreischichtsystem *n* triskipa sistemo

dreischlägig *Adj*: ***~er Puls*** *m Med* ↑ ***Trigeminismus***

Dreischlitz *m Arch* ↑ ***Triglyph***

Dreiseit *n Geom* trilatero

dreiseitig *Adj* triflanka, trilatera; ***~er Vertrag*** *m* trilatera kontrakto

drei|silbig *Adj Wort* trisilaba; ~**spännig** *Adj mit drei Pferden bespannt* triĉevala; ~**sprachig** *Adj* trilingva

Dreisprung *m Leichtathletik* trisalto

dreißig *Num* tridek

dreißigjährig *Adj* tridekjara; *auf die Dauer*

bezogen auch daŭranta tridek jarojn *nachgest*; **der ² e Krieg** *Gesch* la Tridekjara Milito *[zw. 1618 und 1648 im Heiligen Römischen Reich geführter Krieg]*

Dreißigjährige ***a)*** *m* tridekjarulo ***b)*** *f* tridekjarulino

dreißigste(r, -s) *Num* trideka

dreist *Adj frech* impertinenta; *respektlos* senrespekta; *anmaßend* aroganta; *keck* aŭdaca; *verwegen* riskema; *schamlos* senhonta

Dreiständeordnung *f Soziologie [im Mittelalter, bes. in Frankreich:]* triparta sociordo *<Klerus, Adel u. Rest der Bevölkerung>*

Dreistärkenglas *n Opt* ↑ ***Trifokallinse***

dreistellig *Adj Zahl* tricifera

Dreisternehotel *n* tristela hotelo

Dreistigkeit *f* impertinent[ec]o; aroganteco; aŭdaco (*vgl. dazu* ***dreist***)

drei|stimmig *Adj Mus* trivoĉa; ~**stöckig** *Adj Gebäude* trietaĝa; ~**stoffig** *Adj Chem (ternär: aus drei Stoffen [Komponenten] bestehend)* ternara

Dreistufenrakete *f* triŝtupa raketo

drei|stündig *Adj* trihora; ~**stündlich** *Adj* [okazanta] ĉiun trian horon *nachgest*; ~**tägig** *Adj* tritaga

Dreitagebart *m* tritaga barbo (*vgl. dazu* ***Stoppelbart***)

Dreitagefieber *n Med* ↑ *unter* ***Malaria***

dreitausend *Num* trimil; ***3000-Meter-Lauf*** *m Leichtathletik* 3000-metra kuro

dreiteilen *tr in drei [gleich große] Teile zerlegen (od [auf]teilen)* trionigi

dreiteilig *Adj* tripeca, *nachgest* [konsistanta] el tri pecoj

dreiviertel *alt* = ***drei viertel*** [↑ *unter* ***drei***]

Dreiviertelärmel *m, auch* ***dreiviertellanger Ärmel*** tri-kvarona maniko

Dreiviertelstunde *f* tri-kvarona horo; ***in einer*** ~ *innerhalb einer Dreiviertelstunde* en [daŭro de] tri-kvarona horo; *nach einer Dreiviertelstunde* post tri-kvarona horo

Dreivierteltakt (*mit Ziffern:* ***¾-Takt***) *m Mus* tri-kvarona takto

Dreiwege|hahn *m Tech* trivoja krano; ~**katalysator** *m Chem, Kfz (ein Fahrzeugkatalysator mit Lambdaregelung für die Abgasnachbehandlung)* trivoja katalizilo

drei|wertig *Adj Chem (trivalent)* trivalenta; ~**wöchig** *Adj* trisemajna

¹Dreizack *m dreizinkiger Speer* tridento *[als Waffe des griechisch-römischen Meergottes auch* ***Trident*** *genannt]*

²Dreizack *m* (*Gattung* Triglochin) *Bot* triglokino (↑ *auch* ***Meerstrand-*** *u.* ***Sumpfdreizack***)

Dreizahl *f Ling* ↑ ***Trial***

Dreizehen|möwe *m, auch* ***Stummelmöwe*** *f* (Rissa tridactyla) *Orn* trifingra mevo; ~**specht** *m* (Picoides tridactylus) *Orn* trifingra buntpego

drei|zehn *Num* dek tri; ~**zehnte** *Num* dektria

Dreizimmerwohnung *f, auch* ***Dreiraumwohnung*** *f* triĉambra loĝejo

Dreizipfellilie *f Bot* ↑ ***Waldlilie***

Drell *od* **Drillich** *m, <schweiz> u. reg* ***Drilch*** *m Textil (kräftiger, köper- od atlasbindiger Stoff [bes. für Arbeitskleidung])* dreliko

Drepanozytose *f Med* ↑ ***Sichelzell[en]anämie***

Dreschboden *m Tenne* draŝejo

dreschen *tr* ***a)*** *Getreide, Sojabohnen* draŝi ◇ ***leeres Stroh*** ~ draŝi fojnon *(Zam)* ***b)*** *derb schlagen* forte bategi, *auch* draŝi; *mit einem Stock einschlagen auf* bati per bastono sur *mit Akk*, baston[ad]i (***jmdn.*** iun) (↑ *auch* ***verdreschen***)

Dreschen *n Landw* draŝado *auch übertr*

Drescher *m Landw* draŝisto

Drescher[hai] *m Zool* ↑ ***Fuchshai***

Dresch|flegel *m* draŝilo; ~**maschine** *f* draŝmaŝino

Dresden (*n*) *Hptst. des Bundeslandes Sachsen* Dresdeno; ***Frieden von*** ~ *Gesch (Friedensschluss 1745 nach dem 2. Schlesischen Krieg)* Paco de Dresdeno

Dresdener *m Einwohner von Dresden* dresdenano

Dress *m* [sport]vesto, [sport]ĵerzo

Dresseur [*dreˈsöːr*] *m* dresisto

dressierbar *Adj* dresebla

dressieren *tr Tiere* dresi (*vgl. dazu* ***abrichten*** *u.* ***zähmen***)

Dressing *n* ↑ ***Salatsauce***

Dressman *m Mode* [vir]manekeno

Dressur *f das Dressieren* dresado (↑ *auch* ***Bären-*** *u.* ***Pferdedressur***); ~**reiten** *n* dresrajdado

dribbeln *intr Sport, bes. Fußball* dribli

Dribbeln *od* **Dribbling** *n* dribl[ad]o

Drilch *m Textil* ↑ ***Drell***

¹Drill *m bes. Mil* dresado [de rekrutoj], *allg* [kruda] trejnado

²Drill *m* (Papio leucocephalus = Mandrillus leucophaeus) *Zool (eine Pavianart in Westafrika)* drilo (*vgl. dazu* ***Mandrill***)

Drillbohrer *m Handw* drilo

drillen *tr* ***a)*** *Landw (mit der Drillmaschine in Reihen säen)* semi per [vicfara] semmaŝino ***b)*** *mit dem Drillbohrer bohren* bori per drilo ***c)*** *Rekruten* dresi

Drillich *m Textil* ↑ ***Drell***

Drilling *m dreiläufiges Jagdgewehr* trituba pafilo; *~****e*** *Pl* trinaskitoj *Pl*

Drillingsmuskel *m Anat*: ~ ***der Wade*** (Musculus triceps surae) sura tricepso

Drillingsnerv *m Anat* ↑ *unter* ***Nerv***

Drillmaschine *f Landw* vicfara semmaŝino

drin *Adv umg*: ~ ***sein*** enesti; ***innen*** ~ ene [de ĝi] [↑ *auch* ***darin*** *u.* ***drinnen***]; ***was ist ~?*** kio estas ene? ◇ ***es ist noch alles ~*** *noch alles möglich* ekzistas ankoraŭ ĉiuj ebloj (*od* ŝancoj)

Drin *m größter Fluss Albaniens* Drin-Rivero

Drina *f ein Nebenfluss der Save [teilweise Grenzfluss zw. Bosnien-Herzegowina u. Serbien]* Drina-Rivero

dringen *intr:* ***auf etw.*** ~ *bestehen auf* insisti pri io; *fordern* postuli ion; ***aus etw.*** ~ *nach außen dringen* eliĝi el io [eksteren]; *lecken, undicht sein* liki; ***durch etw.*** ~ *hindurchdringen* penetri tra io *od* trapenetri ion; *durchsickern* tralikiĝi; ***in etw.*** ~ penetri en ion; *mit Gewalt* perforte penetri en ion (*vgl. dazu* ***eindringen*** *u.* ***vordringen***); *Feuchtigkeit in etw., z.B. in den Boden* eniĝi en ion; ***in jmdn.*** ~ *jmdn. bedrängen* insisti al iu (***damit ...*** por ke ...); ***in die Öffentlichkeit*** ~ penetri (*od* tralikiĝi) en la publikon

dringend *od* **dringlich** *Adj* urĝa; *notwendig* necesa; *wichtig* grava; *unaufschiebbar* neprokrastebla (↑ *auch* ***prioritär***); ***dringender Bedarf*** *m* urĝa bezono; ***die Angelegenheit ist dringend*** la afero urĝas; ***ein ~es und höchst wichtiges Problem*** urĝa kaj plej grava problemo; ***in einer so dringlichen Situation wie dieser*** en tia grava situacio kia ĉi tiu

Dringlichkeit *f* urĝeco; *Notwendigkeit* neces[ec]o; *Wichtigkeit* graveco

Dringlichkeits|stufe *f* prioritata grado; **~verfahren** *n Jur, Parl* proceduro de urĝeco

Drink *m* [alkohola] trinkaĵo (↑ *auch* ***Energy Drink***)

drinnen *Adv* interne; *im Haus* endome; ***lieber ~ bleiben, weil das Wetter schlecht ist*** preferi resti endome (*od* en la domo), ĉar la vetero malbonas; ***von*** ~ de interne

dritt *Num*: ***zu*** ~ triope

Dritte *m* la tria; *im Sinne von «Außenstehender»* triulo ◇ ***wenn zwei sich streiten, freut sich der*** ~ *od* ***der lachende ~ sein*** du militas, tria profitas *(Zam)*

dritte(r, -s) *Num* tria; ***die Dritte Welt*** *Pol* la Tria Mondo; ***beim*** (*bzw.* ***zum***) ***dritten Mal*** je la tria fojo *od* la trian fojon; ***an dritter Stelle*** *bes. Sport (auf einer Liste od Tabelle)* en la tria loko; ***jede dritte Stunde*** *aller drei Stunden* ĉiun trian horon; ***von sich in der dritten Person sprechen*** paroli pri si triapersone

Drittel *n* ***a)*** *Math* triono; ***ein*** ~ unu triono; ***zwei*** ~ du trionoj ***b)*** *Eishockey (Spiel*²*)* trion-tempo

dritteln *tr* trionigi

drittens *Adv* trie; *an dritter Stelle* en la tria loko

drittgrößte *Adj*: ***die ~ Stadt Indonesiens*** [laŭ grandeco] la tria urbo en Indonezio

Drive [*draiv*] *m Golf, Polo, Tennis (Treibschlag)* drajvo; ***den Ball mit einem ~ abspielen*** drajvi la pilkon

DRK *n* ↑ *unter* ***deutsch***

Droge *f* ***a)*** *pflanzlicher od tierischer Rohstoff für Arzneimittel [aus der Natur stammend od künstlich hergestellt]* farmacia krudsubstanco [naturdevena *bzw.* artefarita] ***b)*** *Rauschgift* toksiko, *umg auch* drogo (↑ *auch* ***Cannabis***, ***Crack***, ***Designer-***, ***Modedroge*** *u.* ***Haschisch***); *Narkotikum* narkotaĵo; ***mit ~n handeln*** komerci per toksikoj (*od* drogoj); ***unter ~n stehen*** esti sub influo de drogoj

drogenabhängig *Adj* toksikodependa, *auch* drogodependa

Drogen|abhängige ***a)*** *m* toksik-dependulo, *umg auch* drog[o]dependulo *od kurz* drogulo (↑ *auch* ***Fixer*** *u.* ***Heroinsüchtige***) ***b)*** *f* toksik-dependulino, *umg auch* drog[o]dependulino *od kurz* drogulino; **~abhängigkeit** *f* toksikodepend[ec]o, *umg auch* drogodepend[ec]o; **~berater** *m* drogokonsilisto, konsilisto por drogodependuloj; **~beratung** *f als soziale Beratungsstelle* drogokonsilejo, *(die Beratung selbst)* drogokonsilado *od* konsilado por drogodependuloj; **~dealer** *od* **~händler** *m Rauschgifthändler* komercistoj de narkotaĵoj (*od umg auch* drogoj)

Drogeneinfluss *m*: ***unter ~ stehen*** esti sub influo de toksikoj

Drogen|handel *m* [kontraŭleĝa] drogokomerco, komerco per toksikoj (*od* drogoj) (↑ *auch* ***Rauschgifthandel***); **~kartell** *n* drogokartelo; **~klinik** *f* drogokliniko (↑ *auch* ***Entzugsklinik***); **~kriminalität** *f*, *auch* ***Beschaffungskriminalität*** *f* drogorilata krim[ec]o; **~mafia** *f* drogomafio (↑ *auch* ***Kokainmafia***); **~missbrauch** *m*, *auch* ***Suchtprävention*** *f* drogomisuzo *od* misuzo de drogoj; **~prävention** *f* prevento de drogomisuzo; **~schmuggel** *m* kontrabandado de toksikoj (*od* drogoj)

Drogenschmuggler *m* kontrabandisto de toksikoj (*od* drogoj); **~ring** *m* organizaĵo de kontrabandistoj de toksikoj (*od* drogoj)

Drogen|spürhund *m* drogoflara hundo; **~sucht** *f* toksikomanio; **~süchtige** ***a)*** *m* toksikomaniulo ***b)*** *f* toksikomaniulino; **~test** *m* drogotesto; **~tote** *m/Pl* toksikomortintoj *Pl*

Drogerie *f* vendejo de farmaciaĵoj; kosmetikaĵoj kaj ĉiutage necesaj artikloj, *(in früherer Zeit)* drog[vend]ejo

Drogist *m* drogisto

Drohbrief *m* minaca letero

drohen *intr* minaci *auch Gefahr, Hungersnot*; ***jmdm. mit dem Finger*** (***Tod[e]***) ~ minaci iun per la fingro (per morto); ***ein Gewitter droht*** minacas fulmotondro

Drohen *n* minacado

drohend *Adj* minac[ant]a; *Furcht einflößend* timiga; ***in einem ~en Ton*** en minacanta tono

Drohgebärde *f* minaca gesto (↑ *auch* ***Drohverhalten***)

[1]**Drohne** *f* ***a)*** *Fachspr Imkerei meist* ***Drohn*** *m* virabelo ***b)*** *übertr: Schmarotzer* parazito

[2]**Drohne** *f Flugw* droneo; *Mil (unbemanntes Aufklärungsflugzeug)* droneo, senpilota skoltaviadilo (↑ *auch* ***Kameradrohne***)

[3]**Drohne** *f nur Fachspr EDV* ↑ [2]***Zombie***

dröhnen *intr Donner, Sturm, Wellen* muĝi; *laut widerhallen, z.B. Schritte* resonegi; *laut brummen* zumegi

Dröhnen *n* muĝado

Drohnenzellen *f/Pl Imkerei* vir-abelaj ĉeloj *Pl* (↑ *auch* ***Arbeiterinnenzellen***)

Drohung *f* minaco; *das Drohen (als Vorgang)* minacado (↑ *auch* ***Bomben-***, ***Kriegs-*** *u.* ***Morddrohung***); ***jmdn. durch ~en einzuschüchtern versuchen*** provi timigi iun per minacoj

Drohverhalten *n* minaca konduto

drollig *Adj* drola (↑ *auch* ***spaßig***); *komisch* komika; *seltsam* stranga

Drolligkeit *f* droleco

Drôme [*dro:m*] *f* ***a)*** *ein linker Nebenfluss der Rhône* [rivero] Dromo ***b)*** *ein südostfranzössches Département* [departemento] Dromo *[Hptst.: Valence]*

Dromedar *n Zool* ↑ *unter* ***Kamel***

Drongo *m Orn* drongo; *Fahnen*~ (Dicrurus macrocercus) nigra drongo

Drongokuckuck *m Orn*: ***asiatischer*** ~ (Suniculus lugubris) azia drongokukolo (↑ *auch* ***Molukken-Drongokuckuck***)

Dronte *f* (Raphus cucullatus) *Orn (ein ausgerotteter großer, flugunfähiger Taubenvogel auf der Insel Mauritius)* dronto

Drontheim (*n*), ***Trondheim***

Drops *m/Pl [ungefüllte] Fruchtbonbons* dropsoj *Pl*; ***eine Rolle*** ~ rulo da dropsoj; ***einen ~ lutschen*** suĉumi dropson

Droschke *f*, <österr> ***Fiaker*** *m Mietkutsche* droŝko, fiakro (↑ *auch* ***Landauer*** *u.* ***Phaeton***); ***eine ~ mieten*** (***nehmen***) lui (preni) droŝkon (*od* fiakron)

Droschken|halteplatz *m* fiakra stacio; **~kutscher** *m*, <österr> ***Fiaker*** *m* fiakristo

Drosometer *n Met* ↑ ***Taumessgerät***

Drossel *f Orn* turdo; *Sing*~ (Turdus philomelos) kantturdo (↑ *auch* ***Einfarb-***, ***Einsiedler-***, ***Grauwangen-***, ***Halsband-***, ***Jemen-***, ***Kap-***, ***Katzen-***, ***Mistel-***, ***Pracht-***, ***Rostflügel-***, ***Rot-***, ***Schwarzkehl-***, ***Sing-***, ***Spott-***, ***Wacholder-***, ***Wander-***, ***Weißbrauen-***, ***Wilson-*** *u.* ***Zwergdrossel***); ***Naumanns*** ~ (Turdus naumanni naumanni) kaŝtana stepturdo; ***sibirische*** ~ *od* ***Schieferdrossel*** *f* (Turdus sibiricus = Zoothera sibirica) siberia turdo; ***[Familie der] ~n*** *Pl* (Turdidae) turdedoj *Pl*

Drosselklappe *f Tech* stringoklapo

drosseln *tr* ***a)*** *Zufuhr von Dampf, Gas u.a.* stringi (↑ *auch* ***verschließen***); *i.w.S. reduzieren* redukti, malpliigi; ***das Tempo*** ~ *Kfz* malpliigi la rapidon (↑ *auch* ***abbremsen***) ***b)*** *würgen* strangoli; *fest zusammendrücken, z.B. eine Boa ihre Beute* stringi

Drosselrohrsänger *m* (Acrocephalus arundinaceus) *Orn* turda kanbirdo

Drosseluferläufer *m Orn* ↑ *unter* ***Uferläufer***

Drossel|vene *f*, *Fachspr auch* ***Jugularvene*** *f* (Vena jugularis) *Anat* jugularo; **~ventil** *n Tech* stringovalvo

Drosselwaldsänger *m* (Seiurus noveboracensis) *Orn* akvoparulio

Drottningholm (*n*) *Sommersitz des schwedischen Königs auf der Insel Lovö im Mälarsee* Drotningholmo <*ein Barockschloss)*

drüben *Adv*: ***da*** (*od* ***dort***) ~ [tie] transe; *auf der anderen Seite* sur la alia flanko *od* aliaflanke; ***hüben und*** ~ ĉi-flanke kaj aliaflanke, ĉi tie kaj tie [transe]; ***nach*** ~ al la transa (*od* alia) flanko, *auch* transen

drüber *Adv umg für* ***darüber*** [↑ *dort*]

drüber|gießen *tr umg draufgießen* surverŝi; ~**wickeln** *tr* supervolvi

[1]**Druck** *m Met, Phys u. übertr* premo (↑ *auch* ***Brems-***, ***Dampf-***, ***Flüssigkeits-***, ***Kabinen-***, ***Kessel-***, ***Luft-*** *u.* ***Reifendruck***); *Höhe des Drucks* premalto; *Physiol* tensio; *Drängen* insist[ad]o, *i.w.S. auch* puŝo; *Last* ŝarĝo; ***arterieller*** ~ *Physiol (elastischer Widerstand des arteriellen Systems)* arteria tensio; ***atmosphärischer*** (***dynamischer***, ***hydrostatischer***) ~ atmosfera (dinamika, hidrostatika) premo; ***plötzlicher*** ~ subita premo, ekpremo; ~ ***ausüben auf...*** fari premon sur *mit Akk* ...; ***dem*** ~ ***der öffentlichen Meinung nachgeben*** (*od* ***weichen***) cedi al la premo de la publika opinio; ***unter*** ~ ***sein*** esti sub premo *auch übertr*

[2]**Druck** *m Typ* preso, *(Drucken od Druckwesen)* presado, *(das Gedruckte)* presaĵo (↑ *auch* ***Ab- a)***, ***Auf-***, ***Bunt-***, ***Farb[en]-***,***Fett-***, ***Kriegs-***, ***Kursiv-***, ***²Nach-***, ***Offset-***, ***Öl- a)***, ***Raster-***, ***Relief-***, ***Rotations-***, ***Sieb-***, ***Tief-***, ***Unter- b)***, ***Vielfarben-*** *u.* ***Zeugdruck***); ***3D-Druck*** *m* tridimensia preso (*bzw.* presado); ***fetter*** (***sauberer***) ~ dik[liter]a (pura) preso; ~ ***und Papier sind von guter Qualität*** preso kaj papero estas bonkvalitaj; ***das Buch ist*** (*od* ***befindet sich***) ***[gegenwärtig] im*** ~ la libro estas [nun] presata; ***etw. in [den]*** ~ ***geben*** *etw. zur Druckerei geben* doni ion al la presejo; *etw. drucken lassen* presigi ion; ***einen Artikel für den*** ~ ***vorbereiten*** prepari artikolon por presado

Druck|abfall *m* falo (*od* descendo) de [la] premo; *Med* tensiofalo *od* falo de la tensio, *(Blutdruckabfall)* [subita] malaltiĝo de [la] sangopremo; ~**akzent** *m Phon* dinamika akcento; ~**anzug** *m für die Crew von Überschallflugzeugen, Weltraumkapseln u. dgl.* kosmonaŭta skafandro; ~**aufbereitung** *f EDV, Typ* prespretigo; ~**ausgleich** *m Flugzeugkabine, Raumanzug* presurizo; ~**beanspruchung** *f Mechanik, Tech* kunprema streno

Druckbegrenzungsventil *n Tech* ↑ ***Auslassventil***

Druck|[blei]stift *m* puŝkrajono, *auch* mekanika krajono; ~**bogen** *m Typ* presfolio

Druckbuchstabe *m* preslitero; *Drucktype* tipo; ***in*** ~***n geschrieben*** skribita preslitere

Druck|differenz *f od* ~**unterschied** *m Tech* premdiferenco

Drückeberger *m arbeitsscheuer Mensch* laborevitulo; *Faulpelz* maldiligentulo; *Feigling* malkuraĝulo

drückebergerisch *Adj* laborevit[em]a

drucken *tr Typ* presi; ~ ***lassen*** presigi; ***fett*** (***kursiv***) ***gedruckt*** grase (kursive) presita; ***falsch*** ~ *verdrucken* malĝuste presi, mispresi; ***neu*** (*od* ***nochmals***) ~ represi, refoje presi; ***etw.*** ~ ***lassen*** presigi ion; ***kann man bei Ihnen Visitenkarten*** ~ ***lassen?*** ĉu vi ankaŭ presas vizitkartojn? ◇ ***er lügt wie gedruckt*** li estas majstro de la mensogado

Drucken *n* presado

drücken ***a)*** *tr pressen* premi (***ion*** etw.) (↑ *auch* ***an-***, ***heraus-***, ***weg-***, ***zer-*** *u.* ***zusammendrücken***); *umarmen* ĉirkaŭbraki, ĉirkaŭpreni (***jmdn.*** iun); *Aufschrift an Türen* puŝu!; ***etw. zu Boden*** ~ premi ion teren (↑ *auch* ***niederdrücken***); ***das Gaspedal*** ~, *umg* ***aufs Gas*** ~ *Kfz* premi la gaspedalon (*od* akcelilon); ***jmdm. die Hand*** ~ premi la manon de iu *od* premi ies manon; ***jmdn. ans Herz*** ~ premi iun al la koro; ***einen Knopf*** ~ *od* ***auf einen Knopf*** ~ premi butonon; ***kräftig*** (*od* ***stark***) ~ forte premi *od* premegi; ***platt*** ~ platpremi, platigi; ***die Schulbank*** ~ *fam* sidi sur la lerneja benko; ***zu Tode*** ~ premmortigi ***b)*** *tr zusammendrücken, zusammenpressen* kunpremi ***c)*** *intr [schwer] lasten* pezi (***auf*** sur *mit Nom*) *z.B. auf jmds. Seele* ***c)*** *refl*: ***sich an die Wand*** ~ alpremiĝi al la muro; ***sich [gegenseitig]*** ~ *sich umarmen* reciproke sin ĉirkaŭbraki; ***er drückte sich vor der*** (*od* ***um die***) ***Verantwortung*** li [ruze] evitis la respondecon ◇ ***sich*** ~ *sich heimlich davonmachen* elŝteliĝi, kaŝe foriri

Drücken *n* premado

drückend *Adj* prem[ant]a *i.w.S. auch für «bedrückend»*; *schwül-heiß (Luft)* sufoke varma, *auch* sultra; ***es herrschte [eine]*** ~***e Hitze*** regis prema (*od* sufoka) varmego

Druckenergie *f* prem-energio

Drucker *m* ***a)*** *Typ (Person)* presisto, *(Druckmaschine* presmaŝino ***b)*** *auch* ***Printer*** *m EDV-Gerät* printilo (↑ *auch* ***Farb-, Laser-, Nadel-*** *u.* ***Tintenstrahldrucker***); ***3D-Drucker*** *m* tridimensia printilo; ***auf einem Printer ausdrucken*** printi

Drücker *m Druckknopf* prembutono (↑ *auch* ***Auslöser***); *Tür*≗ klinko ◇ ***auf den letzten ~ kommen*** *salopp für «gerade noch rechtzeitig kommen»* [al]veni en la plej lasta minuto

Druckerei *f, auch* ***Druckhaus*** *n* presejo

Druckerlaubnis *f* presopermeso *od* permeso por presado; *durch den Autor (Imprimatur)* imprimaturo

Drucker|marke *f, auch* ***Druckersignet*** *od* ***Druckerzeichen*** *n frühes Buchw* tipografia marko; ~**patrone** *f* printila kartoĉo; ~**presse** *f* presilo (*vgl. dazu* ***Druckmaschine*** *u.* ***Handpresse***); ~**schwärze** *f* pres-inko, *auch* presfarbo *od* presista farbo; ~**treiber** *m EDV* printila pelilo

Druckfahne *f Typ* presprovaĵo

Druckfehler *m* pres-eraro (*vgl. dazu* ***Satzfehler***); ***voller ~ sein*** esti plena de pres-eraroj; ***~ entfernen*** elsarki pres-erarojn

Druckfehler|teufel *m* preskoboldo; ~**verzeichnis** *n* tabelo de preseraroj

druckfertig *od* **druckreif** *Adj Manuskript* prespreta

druckfest *Adj Med*: ***~ sein*** *Organ, Tumor* esti renitanta, *auch* reniti

Druck|genehmigung *f* prespermeso; ~**guss** *m Metallurgie* metalmuldado

Druckhaus *n Typ* ↑ ***Druckerei***

Druck|kabine *f Flugw, Raumf* presurizita kabino; ~**klappe** *f Tech* premklapo; ~**knopf** *m an Geräten od an der Kleidung* prembutono; ~**koeffizient** *m Phys* premkoeficiento; ~**kosten** *Pl Typ* preskostoj *Pl*; ~**kraft** *f Phys* prema forto; ~**kunst** *f Typ* pres-arto; ~**leitung** *f Tech* premdukto

Druckluft *f, auch* ***Pressluft*** *f Phys* kunpremita aero; ~**bremse** *f* pneŭmata bremso; ~**gerät** *n* pneŭmata aparato

Drucklufthammer *m* ↑ ***Presslufthammer***

Druckluftkrankheit *f Med* ↑ ***Caissonkrankheit***

Druckluftsteuerung *f Tech* pneŭmata regado

Druck|maschine *f Typ* presmaŝino (↑ *auch* ***Rotationsdruckmaschine***); ~**messer** *m Tech* mezurilo de premo, *(für Gase u. Flüssigkeiten)* manometro; ~**messung** *f* premomezurado; ~**minderventil** *n Tech* premredukta valvo; ~**mittel** *n Mittel, um (auf jmdn.) Druck auszuüben* rimedo de premo; *Repressalie* reprezalio; ~**papier** *n* prespapero; ~**platte** *f Typ* presplato; ~**qualität** *f Typ* preskvalito

druckreif ↑ ***druckfertig***

Druckrohrleitung *f Tech* prem-akva dukto

Drucksache *f* presaĵo *auch als postalischer Vermerk*; ***~ zu ermäßigtem Tarif*** presaĵo je reduktita tarifo

Druckschalter *m El* premŝaltilo

Druckschrift *f* presliteroj *Pl*; *Gedrucktes* presaĵo; *Broschüre* broŝuro; *Faltblatt* faldfolio; ***in ~ schreiben*** skribi preslitere

Druck|sensor *m Phys (ein Druckmessgerät)* premsensilo; ~**sintern** *n, auch* ***Presssintern*** *n Metallurgie* sintrado sub premo

Druckstift *m* ↑ ***Druckbleistift***

Druckstock *m Typ* kliŝo; ~**taste** *f* premklavo; ~**technik** *f Typ* prestekniko; ~**tisch** *m Typ (Steinbett)* slabo; *Textildruck* presŝablono; ~**type** *f Typ* tipo [por presado]; ~**übertragung** *f Mechanik, Tech* transigo de premo

Druckunterschied *m Tech* ↑ ***Druckdifferenz***

Druckventil *n Tech* premvalvo

Druckverband *m Med* prembandaĝo; ***ein ~ verhindert das Anschwellen*** prembandaĝo malebligas ŝveladon

Druck|verlust *m Tech* perdo de premo; ~**verminderung** *f Tech* malpliiĝo de premo; ~**vorgang** *m Typ* presprocedo; ~**wasserreaktor** *m Kernphysik* premakva reaktoro

Druckwasserspeicher *m El, Tech* ↑ *unter* ***Akkumulator***

Druck|welle *f* batprema ondo, *kurz* prem-ondo; ~**wirkungsgrad** *m Phys* premrendimento; ~**zylinder** *m einer Druckmaschine* prescilindro

Druden *f/Pl germanische Myth (weibliche [meist böse] Nachtgeister)* drudoj *Pl*; ~**fuß** *m* pentagramo (*vgl. dazu* ***Pentagramm***)

Druide *m keltischer Priester* druido, pastro ĉe la antikvaj keltoj

Druidin *f* druidino

druidisch *Adj* druida; ***~e Religion*** *f od* ***Druidismus*** *m* druidismo

drum *Adv* ***a)*** *umg für «darum»* [↑ *dort*] ***b)*** *in*

Fügungen: ***alles, was ~ und dran hängt*** ĉio, kio estas en konekso kun tio; *alles, was dazugehört* ĉio, kio apartenas al tio; ***nicht ~ herumkommen*** *nicht vermeiden können* ne povi (*od* sukcesi) eviti [ion]

Drumlin *m Geol (ovaler, gerundeter Hügel aus Grundmoränen-Material)* drumlino *<verbreitet z.B. in Kanada u. im bayrischen Alpenvorland>*

Drummer [*'dra...*] *m Schlagzeuger in einer Band* drumisto

Drums [*drams*] *Pl Jazz (Bez für «Schlagzeug»)* drumo

drunten *Adv umg, bes. reg u. <österr>* [tie] sube, [tie] malsupre

drunter *Adv* ***a)*** *umg für* ***darunter*** [↑ *dort*] ***b)*** *in Fügungen*: ***alles geht ~ und drüber*** ĉio iras kaose [kaj transkapiĝe]

drunterlegen ↑ ***darunterlegen***

Drusch *m Landw (das Dreschen)* draŝado, *(Dreschertrag)* rezulto el la draŝado; **~platz** *m* loko por draŝado, draŝejo

[1]**Druse** *f Geol, Min (mit Kristallen teilweise od ganz ausgefüllter Hohlraum in Magmatitgesteinen)* druzo; ~***n*** *Pl Bot (Einzelkristalle aus oxalsaurem Kalk im Zellsaft)* druzoj *Pl*

[2]**Druse** *m Ethn, Islam* ↑ ***Drusen***

Drüse *f* (Glandula) *Anat* glando (↑ *auch* ***After-, Brust-, Bürzel-, Byssus-, Duft-, Eiweiß-, Gaumen-, Geschlechts-, Gift-, Honig-, Hormon-, Magen-, Ohrenschmalz-, Schleim-, Schweiß-, Speichel-, Talg-, Tränen-*** *u.* ***Unterzungendrüse***); ~***n in der Submukosa des Duodenums*** (Glandulae duodenales) duodenaj glandoj *Pl*; ***endokrine*** (***exokrine***) ~ endokrina (ekzokrina) glando; ***innersekretorische*** ~ sendukta glando

Drusen *m/Pl Ethn, Islam (religiöse Volksgruppe ismaelitischer Herkunft im Libanon, in Syrien u. Israel [um Haifa])* druzoj *Pl*

drüsenähnlich ↑ ***adenoid***

Drüsenbläschen *n Biol, Med* ↑ ***Follikel***

Drüsenendstück *n Anat*: ***beerenförmiges ~ seröser Drüsen*** ↑ ***Azinus***

Drüsen|entzündung *f, Fachspr* ***Adenitis*** *f Med* glandoinflamo, *(Fachspr)* adenito; **~erkrankung** *f, Fachspr* ***Adenosis*** *od* ***Adenopathie*** *f Med* glandomalsano, *(Fachspr)* adenopatio

drüsenförmig **1.** *Adj* glandoforma **2.** *Adv* glandoforme

Drüsengeschwulst *f Med* ↑ ***Adenom*** *u.* ***Bubo***

Drüsenhormone *n/Pl, Fachspr auch* ***glanduläre Hormone*** *n/Pl* glandaj hormonoj *Pl*

Drusenkopf *m Zool* ↑ *unter* ***Landleguan***

Drüsenpest *f Med* ↑ ***Beulenpest***

Drüsen|schwellung *f Med* glandoŝvelo; **~überfunktion** *f Med* hiperfunkcio (*od auch* hiperaktiveco) de la glandoj

drüsig ↑ ***adenoid***

Drusus (*m*) *Eig (römischer Feldherr [38-9 v. Chr.])* Druzo

Dryade *f Myth (Baumnymphe [griech. Naturgottheit])* driado *<Nymphen, die in den Bäumen leben u. mit ihnen sterben>*

Dschahan (*m*), *auch* ***Schah Dschahan*** *Eig (ein Mogulkaiser)* Ĝahano *<er ließ 1630-1648 für seine Lieblingsfrau Mumtaz-e Mahal den Taj Mahal in Agra/Indien errichten>*

Dschaina *m, <wiss>* ***Jaina*** *m [spärlich bekleideter od nackter] Asket u. Anhänger einer dschainistischen Sekte* ĝaino

Dschainismus *m, <wiss>* ***Jainismus*** *m Rel* ĝainismo (↑ *auch* ***Mahavira***)

Dschalalabad (*n*), *auch* ***Jalalabad*** (*n*) *Provinzhptst. in Ost-Afghanistan* Ĝalalabado

Dschallab *m* ↑ ***Jallab***

Dschamila (*f*) *arab. weibl. Vorname* Ĝamila

Dschelada *m, auch* ***Blutbrustpavian*** *m* (Theropithecus gelada) *Zool (ein äthiopischer Hochgebirgsaffe)* gelado *od* gelada paviano

Dscherba (*n*) ↑ ***Djerba***

D-Schieber *m, auch* ***Muschelschieber*** *m Tech* D-valvo

Dschibuti (*n*), *<schweiz>* ***Djibouti*** (*n*) *ein Staat in NO-Afrika u. dessen Hptst.* Ĝibutio

Dschiggetai *m Zool* ↑ ***Kulan***

Dschihad *m Islam (Verteidigung u. Verbreitung des islamischen Glaubens mit geistigen und bisweilen auch militärischen Mitteln, oft einseitig als «Heiliger Krieg» bezeichnet)* ĝihado

Dschihadismus *m militanter, gewaltbereiter Islam* ĝihadismo

Dschihadist *m Pol* ĝihadisto (↑ *auch* ***Islamist***)

Dschihadistenmiliz *f* ĝihadista milico

dschihadistisch *Adj auf den Dschihadismus bezogen* ĝihadisma; *auf die Dschihadisten bezogen* ĝihadista

Dschilin (*n*) ↑ ***Jilin***
Dschina *Ehrentitel des Dschainismus-Begründers des Vardhamana Mahavira)* Ĝino
Dschingis Khan (*m*), *eigtl* ***Temudschin*** (*m*) *Gesch Eig (ein mongol. Eroberer)* Ĝingis-Ĥano
Dschinn *m Islam ([böser] Dämon)* ĝino
Dschungel *m* ***a)*** ĝangalo; ***das Gesetz des ~s*** *übertr* la leĝo de la ĝangalo ***b)*** *bildh* ↑ ***Großstadtdschungel***
dschungel|ähnlich *Adj* ĝangalosimila *od nachgest* simila al ĝangalo; **~artig** *Adj u. Adv* kiel ĝangalo
Dschungelkatze *f Zool* ↑ ***Rohrkatze***
Dschungelkauz *m* (Glaucidium radiatum) *Orn* ĝangala strigo *[Vorkommen: Indien]*
Dschungelnachtschwalbe *f Orn* ↑ *unter* ***Nachtschwalbe***
Dschungel|pfad *m* ĝangala pado; **~sperling** *m* (Passer pyrrhonotus) *Orn* ĝangalpasero
Dschunke *f Mar* ĵonko (↑ *auch* ***Lastdschunke***)
Dsungarei *f Beckenlandschaft zw. Tienschan und Altai* Dzungario
Dsungaren *Pl Ethn (Bez für die westmongolische Bevölkerung der Dsungarei)* dzungaroj *Pl*
dt. = *Abk für* ***deutsch(e)***
dto. = *Abk für* ***dito***
Dtzd. = *Abk für* ***Dutzend***
du *Pers Pron* vi, *bei Betonung der Vertrautheit auch* ci; ~ ***zueinander sagen*** diri «ci» unu al la alia *od* reciproke ci-diri; ***schläfst ~?*** ĉu vi dormas?
dual *Adj 1. eine Zweiheit bildend 2. wechselseitig einander entsprechend* duala *auch Geom*; ***~e Sätze*** *m/Pl Geom* dualaj teoremoj *Pl*
Dual *od* **Dualis** *m Gramm (Numerus, der die Zweizahl bezeichnet)* dualo
Duala (*n*) ↑ ***Douala***
Dualismus *m Phil, Pol, Rel* dualismo
Dualist *m Anhänger (od Vertreter) des Dualismus* dualisto
dualistisch *Adj auf den Dualismus bezogen* dualisma; *auf die Dualisten bezogen* dualista
Dualität *f, auch* ***Doppelheit*** *od* ***Zweiheit*** *f* dualeco *auch Geom* (↑ *auch* ***Vertauschbarkeit***)
Dualitäts|gesetz *n Geom* leĝo de dualeco; **~prinzip** *n projektive Geom* principo de dualeco
Dualsystem *n* ↑ ***Binärsystem***
Dualziffer *f* ↑ ***Binärziffer***
Duamutef (*m*) *Myth (altägypt. Schutzgott des Leichnams)* Duamutefo
Duar *m* ↑ ***Douar***
Dubai (*n*) *ein Emirat am Persischen Golf mit gleichnamiger Hptst.* Dubajo
Dubček (*m*) *Eig (tschechoslowakischer Politiker [1921-1992])* Dubĉeko
Dübel *m Handw* dublo (↑ *auch* ***Holz-***, ***Kunststoff-***, ***Plast-***, ***Spreiz-*** *u.* ***Stahldübel***)
dübeln *tr Handw* dubli, *auch (bes. abs)* dublumi
dubios *Adj zweifelhaft* dub[ebl]a, *[stärker:]* dubinda (↑ *auch* ***fragwürdig*** *u.* ***obskur***)
Dublee *n, auch* ***Doublé*** *n Metall mit Edelmetallüberzug, bes. für Uhrgehäuse od Schmuck* dubleo (↑ *auch* ***Auflage d)*** *u.* ***Golddublee***)
Dublette *f* duoblaĵo *auch Bibliothekswesen, Gramm u. Philat*
Dublin [*'dab...*] (*n*), *irisch* ***Baile Átha Cliath*** *Hptst. der Rep. Irland* Dublino
Dublone *f alte span. Goldmünze [wurde geprägt vom 16. bis 19, Jh,]* dublono
[1]**Dubna** *f ein Nebenfluss der Düna in Lettland* [rivero] Dubno
[2]**Dubna** (*n*) *eine Stadt nördl. von Moskau* [urbo] Dubno <*hier befindet sich das größte Forschungszentrum für Kern- u. Teilchenphysik Russlands*>
Dubnium *n* (*Symbol* ***Db***) (*Syn*: ***Hahnium***) *Chem (ein Transactinoid)* dubnio
Dubrovnik (*n*) *eine südkroatische Hafenstadt* Dubrovniko <*Altstadt: seit 1979 Weltkulturerbe*>
Duc *[dyk] m franz. Bez für «Herzog»* duko
Duchoborzen *m/Pl eine spiritualistische russ. Sekte, im 18. Jh. möglicherweise unter dem Einfluss der Quäker entstanden* duĥoborcoj *Pl*
Dučić (*m*) *Eig (serbischer Dichter [1871-1943])* Duĉico
Duckdalbe *f, seltener* ***Dückdalbe*** *f Mar (Pfahlgruppe [aus Holz, Beton od Stahl] im Hafen zum Festmachen von Schiffen)* dukdalbo
ducken, sich *refl* kaŭriĝi, *auch* sin kaŭre kaŝi (*vgl. dazu* ***sich bücken***); *i.w.S. u. übertr (sich verstecken)* sin kaŝi, *(sich erniedrigen)* humiliĝi (***vor jmdm.*** antaŭ iu)
Ducker *m, auch* ***Schopfantilope*** *f Zool (eine*

kleine afrik. Antilope) dukero (↑ *auch* ***Blau-, Gelbrücken-, Kronen-, Rot-, Rotflanken-, Schwarz-, Schwarzrücken-, Weißbauch-*** *u.* ***Zebraducker***); ***[Unterfamilie der]*** ~ *Pl* (Cephalophinae) dukeroj *Pl*, <*wiss*> cefalofenoj *Pl*

Ductus *m, auch* ***Duktus*** *m nur Fachspr Anat für «Gang»* dukto; ~ ***choledochus*** ↑ ***Gallengang***; ~ ***deferens*** = ***Samenleiter***

Dudinka (*n*) *Hptst. des Autonomen Kreises der Jamal-Nenzen/Russische Föderation [im nördlichen Sibirien]* Dudinko

Dudelsack *m Mus* sakfluto *od* sakŝalmo, *(Zam) auch* sakfajfilo; ~**pfeifer** *m* sakflutisto *od* sakŝalmisto

Duell *n* duelo *auch Sport* (*vgl. dazu* ***Mensur, Triell*** *u.* ***Zweikampf***; ↑ *auch* ***Kopfballduell***); ***jmdn. zum ~ [heraus]fordern*** elvoki iun al duelo *(Zam)*

Duellant *m* duelanto

duellieren, sich *refl* dueli, batali en duelo (***mit*** kun)

Duellieren *n* duelado

Dueña *f* ↑ ***Anstandsdame***

Duero *m, auch* ***Río Duero****, portugies.* ***Rio Douro*** *ein Fluss in NW-Spanien u. N-Portugal* [rivero] Duero

Duett *n Mus* dueto; ~**sänger** *m* duetisto

Dufflecoat [*ˈdafl...*] *m dreiviertellanger Sportmantel (oft mit Kapuze)* duflo

Duft *m* odoro; *Wohlgeruch* bonodoro (↑ *auch* ***Parfüm-, Rosen-*** *u.* ***Weihrauchduft***); ***berauschender ~*** ebriiga odoro; ***einen angenehmen ~ ausströmen*** eligi agrablan odoron, *umg meist* bonodori; ***[einen] starken ~ verbreiten*** disvastigi fortan (*od* intensan) odoron; ***mit ~ erfüllen*** plenigi per [bon]odoro (*vgl. dazu* ***parfümieren***)

Duftdrüse *f Anat (Drüse in der Haut, die Duftstoffe absondern kann [bei Mensch u. Tier])* olfakta glando, odor-glando <*Zool: z.B. beim Moschus- u. Stinktier*>

duften *intr* odori *bzw.* bonodori (***nach*** je)

duftend *Adj* odor[ant]a; *Speise (wohlriechend)* bonodora, *(aromatisch)* [bon]aroma

duftig *Adj zart* delikata (*vgl. dazu* ***grazil***); *durchsichtig* diafana; *Gewebe* diafane leĝera [kvazaŭ gazo]

Duftlavendel *m Bot* ↑ *unter* ***Lavendel***

Duftmarke *f Biol* odormarko *auch übertr*, flarmarko; ~***n hinterlassen*** postlasi odormarkojn *auch übertr*; ***eine ~ setzen*** *Biol* odormarki *mit Akk*

Duftöl *n* odor-oleo; ~**massage** *f* odor-olea masaĝo

Duft|pflanze *f Bot* aroma planto; ~**stoff** *m* odorsubstanco; *Parfüm* parfumo; *Aromatikum* aromaĵo

Duftsumach *m Bot* ↑ *unter* ***Essigbaum***

Dufttherapie *f* ↑ ***Aromatherapie***

Duftveilchen *n Bot* ↑ *unter* ***Veilchen***

Dugong *m, auch* ***Gabelschwanzseekuh*** *f* (Halicore dugong) *Zool* dugongo (↑ *auch* ***Lamantin***)

Dukaten *m eine frühere Goldmünze* dukato

Duke *[djuk] m engl. Bez für «Herzog» (höchster engl. Adelstitel)* duko

Dukkala *Pl, arab.* ***Dukkāla*** *Ethn (arabischsprachige Bevölkerungsgruppe in der gleichnamigen Landschaft an der marokkanischen Atlantikküste* dukaloj *Pl [Verwaltungszentrum: Al-Djadida]*

duktil *Adj Tech (gut dehn-, streck- od verformbar)* duktila

Duktilität *f Tech (Dehn-, Streck- od Verformbarkeit)* duktileco (*vgl. dazu* ***Geschmeidigkeit***)

Duktus *m Anat* ↑ ***Ductus***

Dulcin® *n ein künstlicher Süßstoff für Konserven u. Diabetikerkost* dulcino (↑ *auch* ***Cyclamat***)

dulden ***a)*** *tr ertragen* suferi; *erlauben, zulassen* toleri; *Nachsicht üben* indulgi; ***die Sache duldet keinen Aufschub*** la afero ne toleras prokraston; ***etw. [Unerlaubtes] stillschweigend ~*** *heimlich mit etw. einverstanden sein, [strafbare] Nachsicht mit etw. üben* konivi al io; ***jmds. Flucht stillschweigend ~*** *und dadurch ermöglichen* konivi al ies fuĝo ***b)*** *intr still leiden* [silente] sufer- [ad]i

duldsam *Adj* tolerema (***gegen*** al)

Duldsamkeit *f* toleremo; ~ ***üben*** praktiki toleremon

Dulie *f kath. Kirche (kultische Verehrung der Heiligen)* dulio (↑ *auch* ***Hyperdulie***)

Dulzinea (*f*) *Eig ([in Cervantes' Don Quijote] Geliebte des Romanhelden; [später] scherzh für «Geliebte»)* Dulcinea

Duma *f 1. [im alten Russland] der aus Bojaren bestehende Rat der Fürsten 2. russ. Volksvertretung 1905-1917 3. Parlament im postsowjetischen Russland* dumao

Dumdum[geschoss] *n Mil* dumduma kuglo <*seit 1907 verboten*>

Dumka *f Mus (slawisches lyrisches Lied,*

das auch instrumental in der Kunstmusik vorkommt [z.B. bei Dvořák]) dumko

dumm 1. *Adj* ***a)*** stulta (↑ *auch* ***sau-*** *u.* ***stockdumm***); *unklug, töricht* malsaĝa (*vgl. dazu* ***dämlich*** *u.* ***unintelligent***); *verrückt* freneza *auch übertr*; *idiotisch* idiota; *blöde* spiritmalforta, *[krasser: hirnlos]* sencerba; *~es* ***Zeug*** *n* stulta diraĵo, stultaĵo; ***~es Zeug reden*** diri stultaĵojn; ***wie ~ von mir!*** *als Ausruf* kiom stulta mi estas! ◇ ~ ***bleibt*** ~ stultulo restas stultulo; ***er ist ~ wie Bohnenstroh*** li estas malsaĝa kiel ŝtipo *(Zam)* ***b)*** *unerfahren* nesperta ***c)*** *unvernüftig* malprudenta; *unüberlegt* nepripensita; *unangenehm* malagrabla; *peinlich* embarasa; ***das ist eine ~e Geschichte*** tio estas malagrabla afero **2.** *Adv* ***a)*** stulte; malsaĝe; freneze; ***sich ~ anstellen*** agi stulte ***b)*** nesperte ***c)*** malprudente; nepripensite, senpripense; malagrable; ***das könnte auch ~ ausgehen*** tio (*od* ĝi) povus ankaŭ finiĝi per fiasko (*od* malbona rezulto)

Dumme ***a)*** *m* stultulo ◇ ***am Ende sind wir [doch] die ~n*** finfine estos ni, kiuj malgajnos [en tiu afero] ***b)*** *f* stultulino ***c)*** *n*: ***etw. ~s sagen*** diri ion stultan

Dummerchen *fam (zu einer weibl. Person gesagt)* stultulineto

Dummheit *f* ***a)*** *als Eigenschaft* stulteco; malsaĝeco ***b)*** *dumme Tat* stulta faro, stultaĵo; *törichte Tat* malsaĝaĵo; *übermütiger Streich* petolaĵo; *etw. Absurdes* absurdaĵo; ***~en machen*** *sich dumm benehmen* agi stulte (*od* en stulta maniero); *übermütig sein* [iom tro] petoli; ***lass die ~en!*** lasu la stultaĵojn!

Dumm|koller *m*, *auch kurz* ***Koller*** *m Vet (eine Pferdekrankheit)* vertigo

Dummkopf *m*, *fam auch* ***Dummlack*** *m (auf einen Mann bezogen)* stultulo, *[krasser:]* idioto; *(auf eine Frau bezogen)* stultulino, *[krasser:]* idiotino (↑ *auch* ***Blödian*** *u.* ***Schwachkopf***); ***jmdn. einen ~ nennen*** (*od* ***schimpfen***) nomi iun stultulo

dümmlich *Adj* iom stulta, stulteta

Dummy *m menschenähnliche Puppe für technische Versuche, Testpuppe [bes. in der Unfallforschung]* dumio

Dumper *m Kfz (ein Kippfahrzeug)* dumpkamiono, ŝutkamiono

dumpf *Adj* ***a)*** *hohl klingend* barelsona ***b)*** *Empfindung, Hufschläge, Schmerz, Stimme, Zorn* obtuza; *verschwommen, unklar, z.B. Erinnerung* neklara, ne klare sentata; ***~er Hass*** surda malamo; ***ein ~es Schweigen*** kvazaŭ sufokita silento ***c)*** *reg für «moderig, muffig»* mucida (*vgl. dazu* ***schimmelig***)

Dumpfheit *f* obtuzeco

Dumping *n Hdl, Wirtsch* dumpingo (↑ *auch* ***Valutadumping***); ~**preis** *m* dumping-prezo

Düna *f* ↑ *unter* ***Dwina***

Dünaburg (*n*) ↑ ***Daugavpils***

Duncan (*m*) *männl. Vorname (im englischen Sprachraum)* Dunkano *auch Name zweier schottischer Könige [im 11. Jh.]*

Düne *f Geol* duno (*vgl. dazu* ***Barchan***; ↑ *auch* ***Küsten-***, ***Parabel-***, ***Sand-*** *u.* ***Wanderdüne***); ***ein Haus in den ~n*** domo inter (*od* meze de) la dunoj

Dunedin (*n*) *zweitgrößte Stadt auf der Südinsel Neuseelands* Dunedino

Dünen|bildung *f* formiĝo de dunoj, ~**pflanzen** *f/Pl Bot* dunoplantoj *Pl* (↑ *auch* ***Strandhafer*** *u.* ***Strandquecke***)

Dünenrose *f Bot* ↑ ***Bibernellrose***

Dünen|sand *m* dunosablo; ~**-Sandlaufkäfer** *m* (Cicindela hybrida) *Ent* hibrida cicindelo

Dung *m* sterko (↑ *auch* ***Dünger*** *u.* ***Mist***)

Dunganen *m/Pl Ethn (sinotibetische muslimische Volksgruppe in Ostturkestan, heute auch in Kirgistan u. Kasachstan sowie im usbekischen Fergana-Tal)* dunganoj *Pl*

Düngekalk *m Landw* kalko por sterkado

Düngemittel *n* sterk[aĵ]o; *Kunstdünger* artefarita (*od* kemia) sterkaĵo; ~**fabrik** *f* fabriko de kemiaj sterkaĵoj; ~**industrie** *f* industrio de sterkaĵoj

düngen *tr Landw* sterki, *(mit Kompost)* kompoŝti; ***die Felder ~*** sterki la kampojn

Düngen *n od* **Düngung** *f Landw* sterkado; ***ausreichendes Düngen*** sufiĉa sterkado (↑ *auch* ***Grün-***, ***Kalk-*** *u.* ***Überdüngung***)

Dünger *m* sterk[aĵ]o (*vgl. dazu* ***Mist a)*** *u.* ***Thomasmehl***; ↑ *auch* ***Ammonium-***, ***Blumen-***, ***Grün-***, ***Kali-***, ***Kalk-***, ***Kunst-***, ***Langzeit-***, ***Mineral-***, ***Natur-***, ***Pflanzen-***, ***Phosphor-***, ***Rasen-***, ***Salpeter-***, ***Stall-*** *u.* ***Stickstoffdünger***); ***organischer*** (***anorganischer***) ~ organika (neorganika) sterkaĵo

Düngergrube *od* **Dunggrube** *f Landw* sterkofoso, *auch* sterkokavo *od kurz* sterkejo

Düngerling *m* (*Gattung* Panaeolus) *Mykologie* paneolo

dungfressend ↑ ***kotfressend***

Dung|haufen *m* amaso da [bruta] sterko,

auch kurz sterkejo; **~käfer** *m* (*Gattung* Aphodius) *Ent* afodio; (*Art* Geotrupes stercorarius) sterkoskarabo

Düngung *f Landw* ↑ ***Düngen***

Dunit *m*, *auch* ***Olivinfels*** *m Min (eine Varietät des Peridotits)* dunito <*Hauptgemengeteil ist Olivin*>

dunkel 1. *Adj* ***a)*** malhela, malluma *auch übertr*, *[stärker:]* senluma; *bes. poet (finster)* tenebra; *unklar* malklara, obskura; *unklar in den Konturen, verschwommen* svaga; *geheimnisvoll, mysteriös* mistera; *rätselhaft* enigma; *suspekt, zweifelhaft* suspektinda; *dämmerig* krepuska; ***dunkle Farbe*** *f* malhela koloro; ~ ***machen*** *verdunkeln* mallumigi, malheligi; ~ ***werden*** mallumiĝi, malheliĝi; *bei Dämmerung* krepuskiĝi ***b)*** *prädikativ gebraucht*: ***es war noch ganz*** ~ ankoraŭ estis tute mallume **2.** *Adv*: ***sich nur ~ an etw. erinnern*** nur malklare memori pri io

Dunkel *n* mallumo *auch übertr*, malhelo; *bes. poet (Finsternis)* tenebro; *Unbekanntheit (hinsichtlich der Herkunft)* obskur[ec]o; ***im ~ der Nacht*** en la mallumo de la nokto

Dünkel *m* arog[antec]o, *auch* fifiero; *Eitelkeit* vanteco (↑ *auch* ***Eigendünkel***)

dunkel|äugig *Adj* malhelokula; **~blau** *Adj* malhele blua *od* malhelblua; **~braun** *Adj* malhele bruna *od* malhelbruna

Dunkelente *f* (Anas rubripes) *Orn* malhela anaso

dunkel|grau *Adj* malhele griza *od* malhelgriza; **~grün** *Adj* malhele verda *od* malhelverda; **~haarig** *Adj* malhelhara

dünkelhaft *Adj* aroganta (↑ *auch* ***arrogant***, ***blasiert***, ***eingebildet*** *u.* ***selbstzufrieden***)

Dünkelhaftigkeit *f* aroganteco

Dunkelheit *f* ***a)*** mallum[ec]o, malheleco; *Abenddämmerung* vespera krepusko ***b)*** *übertr: Unklarheit* malklareco

Dunkelkammer *f Foto* rivelĉambro, *auch* malluma ĉambro,

dunkeln *intr dunkel werden* mallumiĝi, malheliĝi; *Abend werden* vesperiĝi; *unpers*: ***es dunkelt*** malheliĝas; *es dämmert* krepuskiĝas

dunkelrot *Adj* malhele ruĝa *od* malhelruĝa (*vgl. dazu* ***karmesinrot***)

Dunkel|säger *m* (Mergus octosetaceus) *Orn* brazila merĝo; **~werden** *n* malheliĝo; **~ziffer** *f statistisch nicht erfasste od erfassbare Zahl, z.B. von Straftaten* [statistike] ne registrita nombro da suspektataj kazoj

Dünkirchen (*n*), *franz.* ***Dunkerque*** *eine französische Hafenstadt [nahe der belgischen Grenze]* Dunkirko; ***Vertrag von ~*** *französisch-englischer Beistandspakt vom 4. März 1947* Traktato de Dunkirko

dünn 1. *Adj Buch, Faden, Kleiderstoff, Wand* maldika, minca; *mager* magra *auch übertr* (↑ *auch* ***abgemagert***); *Belaubung, Haar* maldensa (↑ *auch* ***licht***); *Bier* malforta; *schwach, z.B. Kaffee* [ege] malforta; *wässerig* akveca; *zart, z.B. Stimme* delikata; *durchsichtig* diafana; ~ (*od* ***dünner***) ***werden*** maldikiĝi (↑ *auch* ***sich verdünnen***); *an Dichte abnehmen, sich lichten* maldensiĝi **2.** *Adv*: ~ ***besiedelt*** (*od* ***bevölkert***) maldense loĝata

Dünndarm *m* (Intestinum tenue) *Anat* maldika intesto (*vgl. dazu* ***Zwölffingerdarm***; ↑ *auch* ***Krummdarm***); **~entzündung** *f Med* inflamo de la maldika intesto

Dünndarmgekröse *n Anat* ↑ ***Mesenterium***

Dünndarmspiegelung *f Med* enteroskopio

dünnflüssig *Adj* fluid[eg]a

Dünnheit *f Spärlichkeit, Dünne (als Eigenschaft od Umfang), z.B. des Haarwuchses* maldenseco, *(von Gegenständen)* maldikeco; *Magerkeit* magreco;

Dünnschnabel|-Brachvogel *m* (Numenius tenuirostris) *Orn* maldikbeka kurlo; **~girlitz** *m* (Serinus citrinelloides) *Orn* citronkanario *[Vorkommen: Südsudan, Äthiopien u. Eritrea]*; **~möwe** *f* (Larus genei) *Orn* maldikbeka mevo

Dünnschnittverfahren *n Med, Mikroskopie* ↑ ***Mikrotomie***

Dunst *m* vaporaĵo (*vgl. dazu* ***Ausdünstung***); *Wasserdampf* akvovaporo; *Rauch* fumo; *Met (feiner Nebel* delikata nebulo, *auch* nebulaĵo, *(feuchter Nebel, diesiges Wetter)* brumo; *schädlicher Dunst von Gas, übel riechender Dunst von Fauligem, Schwefel u. dgl.* haladzo (*vgl. dazu* ***Smog***; ↑ *auch* ***Ofendunst***) ◇ ***auf blauen ~ hin*** *aufs Geratewohl* trafe-maltrafe; ***ich habe keinen blauen*** (*od* ***blassen***) ~ ***davon*** mi havas pri tio nek scion nek supozon *(Zam)*; ***jmdm. blauen ~ vormachen*** ŝuti (*od* ĵeti) polvon en ies okulojn

Dunstan (*m*) *Eig (ein englischer Benediktiner [* um 909, † 988]* Dunstano <*959 Erzbischof von Canterbuty*>

dünsten *tr Kochk (in der Brühe dämpfen)* brezi, *(in der Kasserolle schmoren)* stufi
dunstig *Adj neblig* nebuleta *od* iom nebula; *rauchig* [suficê] fumoplena
Dunstwolke *f Met* nubo de delikata nebulo (*bzw.* brumo); *von einer übel od faulig riechenden Substanz* nubo de haladzo
Dünung *f Mar (Seegang ohne Wellen mit Schaumkronen)* hulo
Duo *n* duopo, *auch* duo
Duodenal|divertikel *m Med* duodena divertikulo; ~**drüse** *f* (Glandula duodenalis) (*auch* ***Brunner'sche Drüse*** *f genannt) Anat* duodena glando
Duodenalspiegelung *f Med* ↑ ***Duodenoskopie***
Duodenal|spülung *f, fachsprachl. auch* ***Duodenallavage*** *f Med* duodena lavado; ~**stenose** *f Med (Einengung des Zwölffingerdarms)* duodena stenozo
Duodenalulkus *n Med* ↑ ***Zwölffingerdarmgeschwür***
Duodenalzotte *f* (Villus duodenalis) *Anat* duodena vilo
Duodenektomie *f Chir (operative [Teil-] Entfernung des Duodenums)* duodenektomio
Duodenitis *f Med* ↑ ***Zwölffingerdarmentzündung***
Duodenografie *f, auch* ***Duodenographie*** *f Med (Röntgenkontrastdarstellung des Duodenums)* duodenografio
duodenojejunalis *Adj (lat.) auf den Zwölffingerdarm u. den Leerdarm bezüglich* duodenojejuna
Duodenoskopie *f, auch* ***Duodenalspiegelung*** *f Med* duodenoskopio
Duodenum *n Anat* ↑ ***Zwölffingerdarm***
Duodezime *f Mus (Intervall aus zwölf diatonischen Tonstufen)* duodecimo
Duole *f Mus (Aufteilung eines ursprünglich dreiteiligen Notenwerts in zwei Töne gleicher Länge)* duolo
Duplex... *in Zus Tel* dupleksa
Duplikat *n Zweitschrift* duplikato (*vgl. dazu* ***Kopie***)
duplizieren *tr* duobligi
Dupont-Lerche *f* (Chersophilus duponti) *Orn* brovalaŭdo
Dur *n Mus*: ***in*** ~ maĵora; ***A-Dur*** La-maĵora
durabel *Adj Ling (dauerhaft)* daŭra
Durakkord *od* **Durdreiklang** *m Mus* akordo maĵora
Duralumin® *n* (*Kurzw* ***Dural***) *eine aushärtbare Aluminiumlegierung* duralumino
Dura mater *f* (Dura mater encephali) *Anat (die harte äußere Hirnhaut)* duramatro
Durativ *m Gramm (eine Aktionsart des Verbs, die die Dauer bezeichnet)* durativo <*im Esp durch das Suffix* ...ad... *ausgedrückt, z.B.* dormadi = andauernd schlafen>
Durban (*n*) *eine Hafenstadt der Rep. Südafrika [in der Provinz Natal]* Durbano
Durbar *m od n hist: Galaaudienz eines indischen Fürsten od des britischen Vizekönigs in Indien* durbaro
durch 1. *Adv*: ~ ***und*** ~ *völlig, ganz und gar* plene [kaj tute]; *insgesamt* entute; *unbedingt* nepre; ~ ***und*** ~ ***nass sein****, umg auch* ~ ***bis auf die Haut sein*** esti malsekega *od* esti malseka ĝis la haŭto; ***er ist*** ~ *umg: hat die Prüfung bestanden* li sukcese pasis la ekzamenon; ***meine Schuhe sind*** ~ miaj ŝuoj estas trivitaj; ***es ist zwei Uhr*** ~ *umg* estas post la dua [horo]; ***der Zug fährt in ...*** ~ *hält nicht* la trajno ne haltas en ... **2.** *Präp* ***a)*** *räumlich u. richtungsbezogen* tra; ~ ***die Nase sprechen*** nazparoli; ~ ***einen Tunnel fahren*** veturi tra tunelo, *auch* traveturi tunelon; ***durchs Fenster schauen*** rigardi tra la fenestro; ***er fuhr [quer] durchs ganze Land*** li traveturis la tutan landon ***b)*** *zeitl* dum [la daŭro de], *auch* tra; ***die ganze Nacht*** ~ tra la tuta nokto; ~ ***zwanzig Jahre*** <*österr*> dum dudek jaroj ***c)*** *modal (mittels, per)* per; ~ ***Luftpost*** per aerpoŝto, aerpoŝte; ~ ***die Post*** per poŝto, poŝte; ***durchs Telefon*** per telefono ***d)*** *Grund, Ursache* kaŭze de; *infolge* sekve de; *wegen* pro; *dank* dank' al; ~ ***seine Bemühungen*** dank' al liaj klopodoj; ~ ***Überanstrengung*** pro (*od* kaŭze de) trostreĉiĝo ***e)*** *Mittelsperson, Urheber* fare de, *auch* far; ***die Entdeckung Amerikas*** ~ ***Kolumbus*** la malkovro de Ameriko fare de Kolumbo ***f)*** *mit Hilfe von* helpe de, pere de; ***ich habe diesen Job*** ~ ***meinen Freund erhalten*** mi akiris ĉi tiun laborlokon helpe (*od* pere) de mia amiko ***g)*** *Math (Division)*: ***[geteilt]*** ~ dividite per; ***acht*** ~ ***zwei ist vier*** ok dividite per du egalas al kvar ***h)*** *in weiteren Fügungen*: ~ ***Zufall*** hazarde; ***Tod*** ~ ***Ertrinken*** morto pro drono ◇ ***das geht mir immer*** ~ ***den Kopf*** tio senĉese (*od* daŭre) okupas mian cerbon; *ich muss dauernd daran denken* mi devas daŭre pens[ad]i pri tio

durcharbeiten ***a)*** *tr ein Buch, Lehrstoff u.a.* trastudi *bzw.* tralabori [ĝisfunde *bzw.* ĝis la lasta paĝo] ***b)*** *intr pausenlos arbeiten* senpaŭze (*od* seninterrompe) labori

durchaus *Adv ganz und gar* tute, absolute; *unbedingt* nepre; ~ ***nicht*** tute ne, absolute ne; *in keiner Weise* neniel; ***das ist ~ nicht alles*** tio estas tute ne ĉio

durchbeißen *tr* mordi [ĝis rompiĝo]; ***sich ~*** *alle Schwierigkeiten schließlich meistern* fine superi ĉiujn malfacilaĵojn

durchblasen ***a)*** *tr* trablovi (***etw.*** ion) ***b)*** *intr* blovi (***durch*** tra)

durchblättern *tr* [tra]foliumi; ***ein Buch ~*** foliumi libron

Durchblick *m* travido; *Überblick* superrigardo

durchblicken *intr* trarigardi; *übertr: erkennen, durchschauen* ekkoni, klare vidi (***durch etw.*** ion)

Durchblutung *f*: ***die ~ fördern*** stimuli la sangocirkuladon

Durchblutungsstörungen *f/Pl Med* sangocirkuladaj perturboj *Pl*

durchbohren *tr mit dem Bohrer* trabori *auch Schädlinge die Schale z.B. einer Frucht u. übertr*; *Chir (mit dem Trepan bohren)* trepani; ***sich ~*** traboriĝi

Durchbohren *n od* **Durchbohrung** *f* traborado (*vgl. dazu* ***Trepanation***)

durchbrechen ***a)*** *tr* ['---] *zerbrechen* [tra]rompi; *abbrechen* derompo, forrompi; *i.w.S. durchbohren* trabori; ***eine Wand ~*** trarompi (*bzw.* trabori) muron; [-'--] *gewaltsam durchdringen* trapenetri *auch feindliche Linien*; *Schallmauer* rompi ***b)*** *intr* ['---] *entzweibrechen* rompiĝi

durchbrennen ***a)*** *tr ein Loch* bruldifekti [ĝis truiĝo] ***b)*** *intr*: ***durchgebrannt sein*** *Brennmaterial im Ofen* esti forbrulinta; *Sicherung, Lampe* difektiĝi ◇ ***mit einem Liebhaber ~*** forkuri kun amato [por geedziĝi]

durchbringen *tr einen Schwerkranken* sukcesi resanigi (***jmdn.*** iun); *passieren lassen, z.B. eine Gesetzesvorlage (bes. Parl)* pasigi; ***Geld ~*** *verschwenden, leichtsinnig ausgeben* disipi la (*od* sian) monon

durchbrochen *Adj z.B. Stickerei* aĵura

Durchbruch *m* trarompo; *das Durchbrechen* trarompado; *Bresche* breĉo; *Loch, Öffnung* truo, aperturo; *Med (Perforation)* perforado; *Mil* trapenetro, *[bei Betonung des Vorgangs:]* trapenetrado; ~ ***eines Geschwürs*** *Med* perforado de ulcero; ~ ***der Zähne***, *Fachspr* ***Dentition*** *od* ***Dentitio*** *f* traiĝo de dentoj, dentnaskiĝo

Durchbruchstal *n* ↑ ***Quertal***

durch|denken *tr gründlich überlegen* pripensadi; *geistig betrachten, [gründlich] erwägen* [bone] konsideri; ~**drängen, sich** *refl* trapremiĝi, trapuŝiĝi

durchdrehen ***a)*** *tr Hausw*: ***Fleisch ~*** mueli viandon (*vgl. dazu* ***Schabefleisch***) ***b)*** *intr*: ***er ist völlig durchgedreht*** *verwirrt* li estas tute konfuzita

durchdringbar *Adj* [tra]penetrebla

durchdringen ***a)*** *tr* [-'--] trapenetri *od* penetri tra *Mil* penetri (***bis*** ĝis); *Schrei auch* disŝiri; *hindurchdrängen od -pressen* trapremi; ***die Finsternis ~*** penetri tra la malhelo; ***durchdrungen sein von ...*** *von einem Gefühl, einer Idee od Überzeugung* plenigita de ...; ***durchdrungen werden von ...*** penetriĝi de ... *auch übertr* ***b)*** *intr* ['---] *Licht, Strahlen* traiĝi, trasorbiĝi *auch übertr*; *Flüssigkeit auch* tralikiĝi; ***Wasser dringt durch das Dach*** akvo likas tra la tegmento; ***er ist mit seinem Vorschlag durchgedrungen*** lia propono estis akceptita *od* lia propono sukcesis

durchdringend *Adj Blick, Duft, Geruch Pfiff, Schrei* penetr[ant]a; *Verstand* sagaca; *schrill* strida, akresona (↑ *auch* ***laut***, ***ohrenbetäubend*** *u.* ***ohrenzerreißend***)

Durchdringung *f* penetrado

durch|duften *tr parfümieren* parfumi; ~**eilen** ***a)*** *tr* [-'--] trarapidi (***etw.*** ion) ***b)*** *intr* ['---] rapidi tra (***etw.*** io)

durcheinander *Adv völlig durcheinander, kunterbunt* intermiksite, pelmele; *chaotisch* kaose; *ungeordnet* senorde; *überallhin verstreut* [ĉien] dissemite ◇ ***er ist ganz ~*** *konfus* li estas tute konfuzita (*od* embarasita); *perplex* li estas tute perpleksa (*od* konsternita)

Durcheinander *n*, <*österr*> ***Pallawatsch*** *m* konfuz[eg]o; *Mischmasch* mikskonfuzo, miksamaso, pelmelo (↑ *auch* ***Chaos***, ***Verwirrung***, ***Wirrwarr*** *u.* ***Wust***)

durcheinanderbringen *tr in Unordnung bringen* malordigi, malaranĝi (↑ *auch* ***derangieren***); *unabsichtlich vertauschen* senvole (*od* senintence) interŝanĝi; ***er ist nicht durcheinander zu bringen*** *nicht zu verwirren* li estas nekonfuzebla [persono]

durcheinander|geraten *intr* konfuziĝi; malordiĝi; ~**wehen** *intr Haare* disflugi; ~**wirbeln** *intr Phys* turbuli

durchfahren ***a)*** *tr* [-'--] *passieren* trapasi; *bereisen, z.B. ein Land* traveturi (*vgl. dazu* ***befahren***); ***eine Meerenge*** ~ trapasi markolon ***b)*** *intr* ['---] veturi, pasi (***durch*** tra); *nicht halten* ne halti (***in*** en); ***unter einer Brücke*** ~ pasi sub ponto; ***dieser Zug fährt in Halle durch*** ĉi tiu trajno ne haltas (*bzw.* haltos) en Halle; ***wir sind die Nacht durchgefahren*** *im Zug* ni trajnveturis [senripoze *od auch* sen dormi] la tutan nokton; ***ein Schauer durchfuhr mich*** tremo skuis min

Durchfahrt *f Tor u. dgl. zum Durchfahren* trapasejo; *das Durchfahren* travetur[ad]o, pas[ad]o; ~ ***verboten!*** *Verk* traveturo malpermesata!

Durchfall *m* ***a)*** *Med* diareo, *umg* lakso (*vgl. dazu* ***Diarrhö***; ↑ *auch* ***Brechdurchfall***); ~ ***bekommen*** (*od* ***kriegen***) ekhavi diareon; ***Mittel gegen*** ~ *Pharm* kontraŭlaksa medikamento (↑ *auch* ***Antidiarrhoikum***) ***b)*** *alt [einer Theateraufführung:] Fiasko* fiasko

durchfallartig *Adj* diarea

durchfallen *intr hindurchfallen* fali tra, trafali; *übertr Misserfolg haben (auch im Examen)* fiaski, malsukcesi; ***er ist in Physik durchgefallen*** *eim Examen* li malsukcesis en la ekzameno pri fiziko

durch|feilen *tr* trafajli; ~**finden, sich** *refl den Weg finden* trovi la vojon [tra] (*vgl. dazu* ***sich auskennen***); *sich orientieren [können]* [povi] sin orienti (***in*** en); *Übersicht haben* [povi] kompreni la ĉefajn trajtojn; ~**flechten** *tr* traplekti (***etw. durch etw.*** *anderes* ion tra io)

durchfliegen ***a)*** *tr* [-'--] *hindurchfliegen* traflugi; *eine bestimmte Wegstrecke fliegend zurücklegen* fluge trapasi; *überfliegen* transflugi; *übertr (flüchtig durchlesen)* supraĵe (*od* rapidrigarde) tralegi ***b)*** *intr* ['---] *Flugzeug* traflugi; *salopp: durchfallen [in einer Prüfung]* [tute] malsukcesi, fiaski; ***hoffentlich fliegt er nicht durch*** *im Examen* esperu ni, ke li ne malsukcesos (*od [stärker:]* fiaskos) en la ekzameno

durchfließen ***a)*** *tr* [-'--] traflui (***etw.*** ion) ***b)*** *intr* ['---] flui tra (***etw.*** io)

Durchflussfilter *m* traflua filtrilo

durch|forschen *tr* intense esplori; ~**fressen** *tr Schadinsekt, Motte* tramanĝi; ~**frieren** *intr* tute malvarmiĝi

Durchfuhr *f* transito (***durch*** tra); ~ ***von Waren*** transito de varoj

durchführbar *Adj realisierbar* realigebla, efektivigebla

Durchführbarkeit *f* realigeblo

durchführen *tr* gvidi tra, konduki tra; *verwirklichen* realigi, efektivigi; *organisieren, veranstalten (Exkursion, Kongress, Kurs)* organizi, aranĝi; *Waren* transite traveturigi; ***einen Beschluss*** ~ efektivigi (*od* plenumi) decidon; ***einen Esperantokurs*** ~ gvidi Esperanto-kurson

Durchfuhrhandel *m* ↑ ***Transithandel***

Durchführung *f* realigo, efektivigo; *Ausführung* plenumo; *Organisierung* organiz[ad]o

Durchführungs|bestimmungen *f/Pl* realigad-preskriboj *Pl*; ~**verordnung** *f* plenumdekreto

Durchfuhrverkehr *m* ↑ ***Transitverkehr***

durchfurchen *tr Acker* traplugi; *Boden, Meer* trasulki; ***der Bug des Schiffes durchfurchte das Wasser der See*** la steveno de la ŝipo [tra]sulkis la akvon de la maro

Durchgang *m Durchgangsstelle, hindurchführender Weg, Passage* trairejo, *(im Zug)* koridoro; *das Durchgehen od Passieren* trairo, [tra]paso, *(von Waren)* transito; *Astron (eines Planeten [vor der Sonnenscheibe])* paso; *Belegung* alterna grupo [de feriantoj *bzw.* gastoj *u.Ä.*];~ ***verboten!*** *z.B. durch Privatgrundstücke* pasado malpermesata!

durchgängig *Adv ausnahmslos* senescepte; *generell* ĝenerale

Durchgangs|bahnhof *m Eisenb* trapasebla stacio *[Ggs: Kopfbahnhof]*; ~**hafen** *m Mar* transithaveno *od* transita haveno; ~**lager** *n z.B. für Flüchtlinge* transita tendaro; ~**verkehr** *m* transita trafiko

Durchgangszug *m Eisenb* = ***D-Zug***

durchgeben *tr weiterleiten* transdoni [plue]; *bekannt geben* sciigi, komuniki; *veröffentlichen* publikigi, anonci; *eine Nachricht über Radio od TV senden* [el]sendi, dissendi

durchgehen ***a)*** *tr durchnehmen, z.B. Lehrstoff* [pri]trakti, priparoli, [tra]studi; *nochmals besprechen* ankoraŭfoje priparoli; *nochmals durchlesen* ankoraŭfoje tralegi; *wiederholen, z.B. Vokabeln* refoje lerni; *prüfen, revidieren* kontroli, trarigardi, revizii; ***etw.*** ~ ***lassen*** *etw. dulden* indulgi ion; *etw. zulassen* permesi ion ***b)*** *intr hindurchgehen* trairi (***durch etw.*** ion); *direkt fahren* veturi rekte (***bis*** ĝis; ***von ... nach ...*** de ... al ...); *durchdringen, eindringen in* penetri en; *Pferd* [furioze] forkuri; ***der Antrag ist durchgegangen*** *im Parlament* la mocio estas akceptita; ***die Kugel ist durch die Wand gegangen*** la kuglo trapenetris la muron

durchgehend 1. *Adj*: ***~e Arbeitszeit*** *f* seninterrompa (*od* kontinua) labortempo; ***ein ~er Zug nach ...*** rekta trajno al ... **2.** *Adv*: ***~ geöffnet sein*** malfermita de mateno ĝis vespero

Durchgesiebte *n* kribr[it]aĵo

durch|gleiten *intr* tragliti; **~graben** *tr* trafosi; **~greifen** *intr* ***a)*** *die Hand durchstecken, um etw. zu greifen* traŝovi la manon por kapti [ion] ***b)*** *übertr (Gewalt anwenden [müssen])* [devi] uzi perforton; *(drastisch einschreiten)* draste (*od* energie *bzw.* senindulge) [kontraŭ]agi

durchgreifend *Adj*: ***~e Maßnahmen*** *f/Pl* drastaj paŝoj (*bzw.* rimedoj *od* aranĝoj) *Pl*

durch|hacken *tr* trahaki; *durchhauen* trabati; **~halten** *intr aushalten* elteni; *[bis zum Ende] auf etw. beharren* persisti [ĝis fino]

Durchhaltevermögen *n* persistemo (*vgl. dazu* ***Beharrlichkeit***)

durchhauen *tr* trabati (*vgl. dazu* ***durchhacken***); ***jmdn. [tüchtig]*** ~ *umg verprügeln* draŝi al iu la dorson

durchhecheln *tr*: ***jmdn.*** ~ malice kritikaĉi iun

durch|kämmen *tr* ***a)*** *Haar* kombadi [al si la harojn] ***b)*** *systematisch absuchen, z.B. ein Stadtviertel bei einer Razzia bzw. das Gelände durch Suchtrupps* sisteme traserĉi, rasti; ***nach dem Anschlag durchkämmte die Polizei das Stadtviertel*** post la atenco la polico rastis la kvartalon

durchkämpfen, sich *refl* finfine atingi la celon; *Mil* sin trabatali (***durch*** tra)

durchklüftet *Adj bes. Med (kavernös, voller Hohlräume)* kavernoplena

durchkneten *tr Teig* knedi; *massieren* masaĝi, *auch* knedi

durchkommen *intr* ***a)*** *durch einen Ort od ein Gebiet kommen* pasi tra *mit Nom*, trapasi *mit Akk*, *(fahrend)* veturi tra *mit Nom*, traveturi *mit Akk*; ***es ist nicht durchzukommen*** *durch ein Gelände u.Ä.* ne eblas trapasi la (*od* ĉi tiun) terenon; *Tel* ne estas (*od* eblas) konekto; ***der Zug kommt hier durch*** *Eisenb* la trajno trapasos ĉi tiun stacion ***b)*** *hindurchdringen* traiĝi; *Wasser (lecken)* liki, *(durchsickern) auch* tralikiĝi; ***Regenwasser ist durch die Decke gekommen*** pluvakvo likis tra la plafono ***c)*** *etw. überwinden*: superi, [fine] venki; ***eine Krankheit*** ~ venki malsanon; ***er wird*** ~ li venkos la malsanon; *er wird wieder gesund werden* li resaniĝos; ***sie hatte eine schwere Lungenentzündung, ist aber durchgekommen*** ŝi suferis je grava pneŭmonio, sed ŝi resaniĝis (*od auch* konvaleskis); ***nur mit großer Mühe durch etw. kommen*** superi ion nur per granda pen[ad]o ***d)*** *eine Arbeit bewältigen, sich in ihr zurechtfinden* plenumi, sukcesi; *an- od aufgenommen werden [bei einem Aufnahmeverfahren od Test]* akceptiĝi (***bei*** ĉe) ***er ist gut durch die Prüfung gekommen*** li bone sukcesis en la ekzameno, *auch* li bone trapasis la ekzamenon ◇ ***bei mir kommst du damit nicht durch*** ĉe mi vi ne sukcesos pri tio *bzw.* nenion vi atingos ĉe mi koncerne tiun aferon

durchkönnen *intr hindurchgelangen können* povi (*od* kapabli) trairi (*od* trapasi *od auch* traiĝi); *[hin]durchgehen dürfen* rajti trairi, rajti [tra]pasi; ***hier können Sie nicht durch!*** *Verbot* vi ne rajtas trapasi ĉi tie!

durchkontrollieren *tr 1. bis ins Einzelne überprüfen 2. bis zum Schluss überprüfen* trakontroli

durchkosten *tr* ***a)*** *bis zum Letzten genießen*: ***die Freuden des Lebens*** ~ plenĝui la ĝojojn de l' vivo ***b)*** *(etw. Schweres) erleiden müssen, durchmachen* [tra]suferi

durchkreuzen *tr* ***a)*** ['---] *kreuzweise durchstreichen* forstreki [per kruco(j)] ***b)*** [-'--] *kreuz und quer durchfahren* travetur[ad]i; ***das Meer*** ~ krozadi sur la maro ***c)*** *übertr (vereiteln)* vanigi, *(verhindern)* malebligi, *(zugrunde richten)* ruinigi; ***jmds. Pläne*** ~ vanigi ies planojn

durchkriechen *intr* rampi tra *mit Nom*, trarampi *mit Akk*

Durchlass *m Durchlassen* tralas[ad]o; *Genehmigung zum Passieren* pas-permesilo; *örtl* tralasejo, trapasejo; *Tech* [tra]pasejo; *[kleiner] Abflussgraben, Durchstich* [eta] defluiga fosaĵo; *kleiner (schmaler) Durchgang* eta (streta) trairejo (*vgl. dazu* ***Gasse***)

durchlassen *tr* tralasi *auch Licht od Strahlen*; *passieren lassen, auch an einer Absperrung, Einlasskontrolle u. Ä.* lasi trairi, permesi trapason; ***dieser Mantel lässt kein Wasser durch*** ĉi tiu mantelo ne tralasas akvon *od* ĉi tiu mantelo estas akvorezista; ***lassen Sie mich*** (*bzw.* ***lass mich***) ***durch!*** lasu min pasi!; ***würden Sie mich bitte ~?*** *z.B. im Bus vor dem Aussteigen* bonvolu permesi, ke mi pasu!

Durchlassfilter *m Tech* traflua filtrilo

durchlässig *Adj* tralasebla, tralas[iv]a (↑ *auch* ***luftdurchlässig***); *porös* por[oz]a; *permeabel (durchdringbar, bes. von Membranen bzw. ganz allg von porenhaltigen Bildungen [z.B. Gesteinen], für bestimmte Stoffe [bes. für Flüssigkeiten u. Gase])* permeabla (↑ *auch* ***halbdurchlässig***); *leck, undicht* likanta; *lichtdurchlässig* diafana

Durchlässigkeit *f* tralas[iv]eco; por[oz]eco; permeableco; *Licht*≗ diafaneco

Durchlauf *m Tech (Durchgangsstelle)* trapasejo

durchlaufen ***a)*** *tr* ['---]: ***die Schuhe*** ~ trivi (*od* eluzi) la ŝuojn; [-'--] *Wegstrecke* trakuri *auch Leichtathletik*; *Schule* fini; ***er hat die Universität*** ~ li finis la universitaton ***b)*** *intr* ['---] *durchsickern* traflueti, traverŝiĝi; *lecken* tralikiĝi; *durchtropfen* tragutadi (***durch*** tra); ***durch einen Filter laufen*** *z.B. Kaffee* trafiltriĝi

durchlaufend *Adj durchgehend, ununterbrochen* seninterrompa, senĉesa

Durchlauferhitzer *m* ↑ ***Boiler***

Durchlaufofen *m* ↑ ***Tunnelofen***

durchleben *tr durchmachen, erleben, erfahren* travivi, sperti, *i.w.S. auch* trapasi

Durchlebte *n* travivaĵo (↑ *auch* ***Erlebnis***)

durchleiden *tr [von Anfang bis Ende] durchmachen, z.B. einen schrecklichen Krieg* trasuferi (***etw.*** ion)

durchlesen *tr* tralegi

Durchlesen *n* traleg[ad]o

durchleuchten ***a)*** *tr* [-'--] *Med* radiografi, radioskopii; ***sich ~ lassen*** [iri al la kuracisto por] esti radioskopie esplorata ***b)*** *intr* ['---] *durchscheinen* tralumi

Durchleuchtung *f Med* radioskopio

durchliegen, sich *refl sich wund liegen (Kranke)* kuŝvundiĝi

Durchliegen *n Med* ↑ ***Wundliegen***

durchlöchern *tr* trui, fari truo(j)n en; ***durchlöchert [sein]*** [esti] plena de truoj; ***ein durchlöcherter Schuh*** truohava ŝuo

durchlüften *tr der Luft od dem Wind aussetzen* aerumi *auch ein Zimmer*; *Luftaustausch vornehmen* ventoli; ***die Wohnung gut*** ~ bone aerumi la loĝejon

durchmachen *tr umg absolvieren, z.B. einen Kurs, eine Lehre u.a.* trapasi; *beenden* fini; *durchleben* travivi, sperti; *erleiden* [tra]suferi; ***eine Krise*** ~ trapasi krizon; ***er hat im Leben schon viel durchgemacht*** li jam spertis (*bzw.* [tra]suferis) multon en sia vivo, *Zam bildh* li pasis akvon kaj fajron kaj marĉojn kaj marojn ◇ ***sie haben bis zum [nächsten] Morgen durchgemacht*** *durchgefeiert* ili festis (*od salopp* alkoholumis) ĝis la sekva mateno

Durchmarsch *m Mil* tramarŝo [de trupoj]; ***auf dem*** ~ *unterwegs* survoje ◇ ***er hat den*** ~ *salopp für «er hat Durchfall»* li suferas je [forta] lakso, *salopp* li suferas je fluidfekado

durch|marschieren *intr* marŝi tra *mit Nom*, tramarŝi *mit Akk*; *parademäßig* defili; *in einer Prozession* paradi (***durch*** tra); ~**messen** *tr* [-'--] *durchschreiten* paŝi tra *mit Nom*, trapaŝi *mit Akk*; ['---] *alles ausmessen* ĉion mezuri

Durchmesser *m* (*Zeichen* ø) diametro (↑ *auch* ***Kerndurchmesser***); *lichte Weite eines Zylinders od Rohres* kalibro; ~ ***eines Kreises*** diametro de cirklo; ***fünf Zentimeter im*** ~ kvin centimetrojn diametre (*od* en diametro); ***innerer*** ~ interna diametro

durchnähen ↑ ***¹steppen***

Durchnähen *n* ↑ ***Steppen***

durchnässen *tr* [tute *od* plene] malsekigi

durchnässt *Adj*: ***wir waren völlig*** ~ ni estis tute kaj plene malsekaj ◇ ***bis auf die Haut ~ sein*** esti malseka ĝis la haŭto (*od* ostoj)

durchnehmen *tr Lehrstoff* [pri]trakti, [tra]studi (*vgl. dazu* ***durchsprechen***)

durchpausen *tr* paŭsi, *auch* trakopii; ***durchgepauste Zeichnung*** paŭsita desegnaĵo

durchpeitschen *tr*: ***jmdn.*** ~ batadi iun per vipo

durchpflügen *tr* ['---] *Acker, Feld* traplugi; [-'--] *geh od poet: das Meer, die See* [tra]plugi; ***der Bug durchpflügte die schäumenden Wellen*** la steveno plugis la ŝaŭmantajn ondojn

durch|pressen *tr* trapremi; ~**probieren** *tr* provi [ĉiujn eblojn de]

durchprügeln *tr*: ***jmdn.*** ~ draŝi al iu la dorson; ***jmdn. mit dem Stock*** ~ trabastoni iun

durchquatschen *tr*: ***die ganze Nacht*** ~ trababili la tutan nokton

durch|queren *tr Fluss, Straße, Tal* trapasi, trairi; *durchwaten, z.B. einen Sumpf* travadi; ~**rechnen** *tr* fari la necesajn kalkulojn (***etw.*** pri io), prikalkuli, trakalkuli (***etw.*** ion)

durchregnen *intr*: ***es regnet durch*** *durchs Dach* pluvakvo tralikiĝas

Durchreiche *f zur Küche hin* giĉeto [al la kuirejo]

Durchreise *f* travojaĝo, trapaso; *Transit* transito; ***auf der*** ~ *beim Durchreisen* trapas[ant]e (***nach*** al); *unterwegs* survoje

durchreisen ***a)*** *tr* [-'--] *bereisen, z.B. ein Land* travojaĝi, trapasi ***b)*** *intr* ['---] *durch einen Ort reisen [ohne zu halten]* [sen halto] vojaĝi (*od* pasi) tra

Durchreisende *m* travojaĝanto; *jmd. auf der Durchfahrt* trapasanto; *Transitpassagier* transit-pasaĝero

Durchreisevisum *n* ↑ ***Transitvisum***

durchreißen ***a)*** *tr* traŝiri; *zerreißen* disŝiri ***b)*** *intr* [tra]ŝiriĝi; disŝiriĝi

durchrosten *intr* plene rustiĝi, *auch* trarusti; ***ein durchgerosteter Zaun*** dratbarilo plene rustiĝinta

durch|rühren *tr* [intense *od* bone] kirli; ~**rutschen** *intr [unbemerkt] durchschlüpfen* [nerimarkite] tragliti; *zur Seite rutschen* flankengliti; *nach unten rutschen* gliti suben; *nach oben rutschen* gliti supren; *durchkriechen* trarampi; ~**sacken** *intr Flugzeug* staŭli

Durchsage *f* anonco, komuniko *auch Radio*; ***eine*** ~ ***über Lautsprecher*** komuniko pere de laŭtparolilo; ~ ***über[s] Radio*** komuniko pere de la radio

durch|sagen *tr Radio* anonci, komuniki [per (*od* tra la) radio]; *allg: senden* elsendi *od* dissendi; ~**sägen** *tr* trasegi

Durchschaubarkeit *f* travideblo

durch|schauen ***a)*** *tr* [-'--] *Intrigen, jmds. Absicht od Machenschaften u.a.* [nepre] ekkoni, penetri, *i.w.S. auch* klare vidi, fine kompreni ***b)*** *intr* ['---] *hindurchsehen* travidi, trarigardi; *nach draußen sehen* vidi eksteren, rigardi eksteren; ~**scheinen** *intr* trabrili; *durchsichtig sein* esti travidebla; esti diafana; ~**scheinend** *Adj* diafana; ~**schieben** *tr* traŝovi

durchschießen *tr* ***a)*** *mit einem Schuss durchbohren* trapafi; *Gedanke, Idee* fulmi tra ***b)*** *Buchbinderei u. Typ*: ***ein Buch mit Papier*** ~ interfolii libron per blankaj paperfolioj; ***Zeilen*** ~ interspacigi la liniojn

durch|schimmern *intr* tralumeti; *sich blass abzeichnen* iomete konturiĝi; ~**schlafen** *tr* tradormi, dormi sen vekiĝi, seninterrompe dormi; *fest schlafen bis* profunde dormi ĝis

Durchschlag *m* ***a)*** *Durchschrift [mit Kohlepapier]* karbokopio, *(auf der Schreibmaschine)* skribmaŝina kopio; *i.w.S. (Duplikat)* duplikato, *(Kopie)* kopio ***b)*** *Handw* ↑ ***Locheisen***

durchschlagen ***a)*** *tr* ['---] trabati; *zerbrechen* [tra]rompi; *in zwei Stücke zerteilen* disrompi en du pecojn; *ein Loch schlagen in* bati truon en (***etw.*** ion); ***durch ein Sieb schlagen*** trapasigi tra kribrilo ***b)*** *intr Abführmittel* draste efiki, *(Rhabarber u.Ä.)* laksigi; *durchdringen (Feuchtigkeit)* tralikiĝi (***durch*** tra); ***sich*** ~ *durch Dickicht, durchs Leben* trabati sin; *i.w.S. Schwierigkeiten trotzen bzw. überwinden* spiti (*bzw.* superi) malfacilaĵojn; ***sich recht und schlecht*** ~ vivi iele-trapele *(Zam)*

durchschlagend *Adj effektiv, wirkungsvoll* efik[eg]a, plene efika, plene konvinka; *erstaunlich* miriga; *entscheidend* decida; *riesig* giganta; *Abführmittel* drasta, laksiga

Durchschlagpapier *n* [tra]kopia papero

Durchschlagskraft *f* penetroforto *auch Mil*; *übertr* konvinka forto

durch|schleichen, sich *refl* mallaŭte (*bzw.* kaŝe) penetri (***durch*** tra); ~**schleusen** *tr Schiff* piloti tra kluzo; *übertr* [kaŝe *od* nerimarkite] trapasigi (***jmdn. durch*** iun tra); ~**schlüpfen** *intr* tragliti; *durchkriechen* rampi tra *mit Nom*, trarampi *mit Akk*

durchschneiden *tr* ***a)*** ['---] tratranĉi; *zerschneiden* distranĉi; ***jmdm. den Hals*** (***die Kehle***) ~ tratranĉi al iu la kolon (la gorĝon) ***b)*** [-'--] *übertr: ein Schiff die Wogen* [tra]plugi (*vgl. dazu* ***durchpflügen***)

Durchschnitt *m* ***a)*** *Schnitt (Durchschneiden [als Vorgang])* tratranĉado, *(Sektion)* sekcado; *i.w.S. Profil* profilo ***b)*** *[arithmetischer] Mittelwert* averaĝo, meznombro (↑ *auch* ***Jahres-*** *u.* ***Stundendurchschnitt***); ***im*** ~ averaĝe, meznombre

durchschnittlich **1.** *Adj* averaĝa, meznombra; ***von*** ~***er Qualität*** de meza kvalito; ~***e Temperatur*** *f* averaĝa temperaturo **2.** *Adv* averaĝe, meznombre; *i.e.S. auch* mezkvante *bzw.* mezmezure

Durchschnitts|alter *n* averaĝa (*od* meznombra) aĝo; ~**dosis** *f Med* averaĝa dozo; ~**einkommen** *n* averaĝa enspezo; ~**gehalt** *n*

averaĝa salajro; ~**geschwindigkeit** *f* averaĝa rapideco; ~**größe** *f des Körpers* averaĝa alto; *allg, auch eines Organs* averaĝa grando; ~**lohn** *m* averaĝa laborpago; ~**mensch** *m* ordinara homo; ~**note** *od* ~**zensur** *f Schule* averaĝa noto; ~**preis** *m* averaĝa prezo; ~**temperatur** *f* averaĝa temperaturo; ~**verbrauch** *m* averaĝa konsumo; ~**wert** *m* averaĝa valoro, *auch kurz* averaĝo (↑ *auch* ***Mittelwert***)

Durchschreibepapier *n* trakopia papero (*vgl. dazu* ***Kohlepapier***)

durchschreiten *tr* trapaŝi

Durchschrift *f* [karbo]kopio

Durchschuss *m* ***a)*** *von einem Geschoss* trapafo ***b)*** *Typ (Zeilenzwischenraum)* interlinia spaco, *(Fachspr auch) kurz* interlinio; ~**linie** *f Typ* blanklinio

durch|schütteln *tr* [forte] sku[ad]i *auch Arznei*; ~**schwimmen** *tr* tranaĝi; *hinüberschwimmen* transnaĝi, naĝi ĝis la transa flanko (*od* bordo)

durchschwitzen *tr z.B. ein Hemd* traŝviti; ***durchgeschwitzt werden*** traŝvitiĝi; ***er war völlig durchgeschwitzt*** lia korpo estis tute plena de ŝvito

durch|sehen ***a)*** *tr z.B. einen Katalog, ein Buch u.a.* trarigardi; *prüfend* revizii *auch ein Kfz od Tech*, kontroli (*vgl. dazu* ***checken***, ***inspizieren*** *u.* ***verbessern***); ***einen Text*** ~ trarigardi tekston ***b)*** *intr hindurchsehen* rigardi tra (*etw.* io); ~**seihen** *tr* [tra]filtri (↑ *auch* ***filtern*** *u.* ***perkolieren***)

durchsetzen ***a)*** *tr* ['---] *gegen den Widerstand anderer etw. realisieren* [spite al kontraŭeco] realigi (*od* efektivigi) (*etw.* ion); [-'--] *daruntermischen* intermiksi, *auch* intermeti (***mit*** per) ***b)*** *refl*: ***sich*** ~ ['---] *seine Meinung, Position u.Ä.* esti ĝenerale akceptita (*bzw.* aprobita) *od* akiri ĝeneralan akcepton (*od* aprobon); *Erfolg haben* sukcesi; *siegen* venki

Durchsetzung *f* realigo, efektivig[ad]o; ~ ***von Sanktionen*** efektivigo de sankcioj

Durchsetzungswille *m* energio de volo

Durchsicht *f Durchlesen* traleg[ad]o; *Revision, Kontrolle* revizio *auch eines Kfz od Tech*, kontrolo; *Korrektur* korekt[ad]o; *Fehlerkorrektur* korektado de eraroj; ***komplette*** ~ *bes. Kfz u. Tech* kompleta revizio

durchsichtig *Adj* travidebla; *durchscheinend* diafana (↑ *auch* ***transparent***); *leicht durchschaubar, z.B. jmds. Absicht od eine Lüge* facile ekkonebla; *i.w.S. [zu] offensichtlich* [tro] evidenta

Durchsichtigkeit *f* travidebl[ec]o; diafaneco

durchsickern *intr Wasser* tralikiĝi *auch übertr*, traflueti, trasorbiĝi; *Geol* enfiltriĝi; ***von dem Plan ist etw. [in die Öffentlichkeit] durchgesickert*** iom de la plano tralikiĝis [al la publiko]

durch|sieben *tr* kribri; ~**sprechen** *tr* priparoli [punkton post punkto], detale [pri]diskuti; ~**spülen** *tr* tralavi (↑ *auch* ***spülen***)

durchstechen *tr* trapiki; *grabend, z.B. einen Deich, Kanal* trafosi; ***durchstochen werden*** trapikiĝi

durch|stecken *tr* traŝovi, trameti; ~**stehen** *tr* elteni (*etw.* ion), rezisti kontraŭ (*etw.* io)

Durchstich *m das Durchstechen* trapik[ad]o, *(Deich, Tunnel)* trafos[ad]o; *die durch Durchstich hergestellte Verbindung* trafos[it]aĵo; *i.w.S. (Graben)* fosaĵo, *(Kanal)* kanal[et]o; *(Loch)* truo

durchstöbern *tr* intense traserĉ[ad]i [kaj disĵeti ĉion dise-mise] (↑ *auch* ***durchsuchen***)

durchstoßen ***a)*** *tr* ['---] *Ärmel, Kragen* trivi, eluzi; [-'--] *stoßend durchdringen* trapuŝi; *durchlöchern* trui, fari truo(j)n en ***b)*** *intr* ['---] *bes. Mil* trapuŝiĝi, fari breĉon en; *vordringen* avanci; ***der Feind ist bis zur Küste durchgestoßen*** la malamiko (*od* malamikaj trupoj) avancis ĝis la marbordo

durchstreichen *tr* ['---] *Geschriebenes* trastreki, forstreki

durchstreifen *tr* [-'--] *Gegend* travagi; ***etw. ziellos*** ~ sencele travagi ion *od* sencele vagi tra io

durch|strömen *tr* traflui; ~**studieren** *tr einen Artikel, ein Lehrbuch u. dgl.* trastudi

durchsuchen *tr* traserĉi *auch z.B. auf richterlichen Beschuss hin*; *Gepäck auch* ekzameni *od* kontroli; *in einer Razzia auch* rasti; ***jede Ecke*** (*od* ***jeden Winkel***) ~ traserĉi ĉiun angulon

Durchsuchung *f* traserĉo (*vgl. dazu* ***Razzia***); ***eine*** ~ ***vornehmen*** fari traserĉon

Durchsuchungsbefehl *m* traserĉa mandato

durch|tanzen *tr* tradanci; ~**tränken** *tr* saturi; *imprägnieren* impregni; ~**treiben** *tr umg für «hindurchtreiben»* trapeli; ~**trennen** *tr Chir (Arterie, Sehne)* sekci; ~**trieben** *Adj voller Kniffe od Schliche* artifik[em]a; *äußerst schlau* ruzega (↑ *auch* ***gerissen***, ***listig***, ***raffiniert***, ***unaufrichtig***, ***verdorben*** *u.*

²verschlagen); ~**tropfen** *intr* tragut[ad]i (***durch*** tra); *lecken* liki

durchwachen *tr*: ***eine Nacht*** ~ pasigi nokton maldorme (***bei od an der Seite von jmdm.*** apud iu)

durchwachsen 1. *intr* kreski tra **2.** *Adj*: ~***er Speck*** *m Nahr* duongrasa lardo, lardo kun tavoletoj el muskolkarno ene

Durchwahl *f Tel* rekta [telefon]konekto; ~**-[ruf]nummer** *f Tel* rekta telefonnumero

durch|wandern ***a)*** *tr* [-'--] *Gebiet, Wald u.a.* tramigri ***b)*** *intr* ['---] *ohne Aufenthalt wandern* senpaŭze (*od* sen halto) migr[ad]i [ĝis la celo]; ~**wärmen** *tr* [tute] varmigi; ~**watbar** *Adj* travadebla

durchwaten *tr* ['---] *auf die andere Seite waten* transvadi; [-'--] *hindurchwaten* travadi; ***wir müssen den Fluss*** ~ ni devas travadi la riveron

durchweben *tr* traplekti

durchweg, *<österr> u. <schweiz>* ***durchwegs*** *Adv ausnahmslos* senescepte; *überall* ĉie; *immer* ĉiam; *in jedem Fall* en ĉiu okazo, ĉiuokaze; ***nicht*** ~ *nicht immer* ne ĉiam; *nicht alle* ne ĉiuj

durch|weichen *intr* tramalsekiĝi; ~**wirken** *tr Textilien (bes. Seidenstoffe) mit Gold- od Silberfäden u. dgl.* broki (***mit*** per) (↑ *auch* ***Brokat***); ~**wühlen** *tr Papiere, Koffer* trafosi; *in einer Razzia durchsuchen* [sisteme] traserĉi, rasti; ~**zählen** *tr* nombri laŭvice (*od* unu post unu), nombri de la unua ĝis la lasta

durchziehen ***a)*** *tr* ['---] tratiri, *(durch [enge] Öffnungen* tredi; [-'--] *durch einen Ort od ein Gebiet ziehen (wandernd)* tramigr[ad]i, *(fahrend)* travetur[ad]i, *allg auch* trairi, trapasi; *durchfließen* traflui; ***ein süßer Duft durchzog den Raum*** dolĉa odoro penetris (*od auch* fluis) tra la ĉambro (*od auch* ejo) ***b)*** *intr* ['---] *Zugvögel* tramigri, trapasi; ***es zieht durch*** *Luftzug* estas trablovo ĉi tie

durchzucken *tr* trafulmi *auch übertr*; ***Blitze durchzuckten den Himmel*** fulmoj zigzagis tra la ĉielo ◇ ***es durchzuckte mich eisig*** tremo froste trakuris mian korpon

Durchzug *m Durchmarsch* tramarŝo [en kolonoj]; *Luftzug* trablovo [de freŝa aero (tra ĉambro, loĝejo *u.a.*)]

Durchzügler *m Orn* trapasanto, trapasanta birdo

durchzwängen, sich *refl* trapremiĝi (***durch*** tra), *(mit Gewalt) auch* perforte traigi (*od* traŝovi) sin, *(mühsam)* kun peno traigi sin

Durdreiklang *m Mus* maĵora trisono

dürfen *Hilfsv: Erlaubnis haben* esti permesata, havi permeson *u. folgendes Verb im Inf*; *berechtigt sein* rajti; *können (bes. umg)* povi; *wahrscheinlich sein* verŝajne [estas *bzw.* estos], antaŭvideble (*od* supozeble) [venos]; ***Sie*** ~ ***es mir glauben*** vi povas kredi [tion] al mi; ***darf man hier rauchen?*** ĉu oni rajtas fumi ĉi tie? *od* ĉu estas permesite fumi ĉi tie?; ***darf ich mich zu Ihnen setzen?*** ĉu mi rajtas eksidi ĉe vi?; ***das darfst du nicht sagen!*** tion vi ne rajtas diri!; ***es dürfte am besten sein, wenn ...*** certe estas plej bone, se ... *bzw.* mi opinias, ke estas plej bone, se ...; ***morgen dürfte es [wohl] Regen geben*** morgaŭ verŝajne pluvos *od* supozeble morgaŭ estos pluvo

dürftig *Adj ärmlich* povra; *elend* mizera; *unzureichend* nesufiĉa, *pop auch* magra; *karg* malabund[eg]a (↑ *auch* ***spartanisch***)

Dürftigkeit *f Ärmlichkeit* povreco; *Erbärmlichkeit* mizereco; *Kargheit* malabundeco, *pop* magreco

Durgeschlecht *n Mus* modalo maĵora

Durian *f, pop auch* ***Stinkfrucht***, ***Stinknuss*** *od* ***Zibetbaumfrucht*** *f* duriofrukto

Durianbaum *m, auch* ***[indischer] Zibetbaum*** *m* (Durio zibethinus) *Bot* durio *<eine Nutzpflanze im indomalaiischen Raum>*

dürr *Adj Gras, Holz, Laub u.a.* sek[eg]a, *Boden auch* arida (*vgl. dazu* ***trocken***; ↑ *auch* ***gipfeldürr***); *verwelkt, verdorrt* velkinta; *mager* magra *auch übertr*; *abgemagert* malgrasiĝinta; *knochig* osteca *auch umg pej*; ~***er Kerl*** *salopp für «hagerer Mensch»* magrulo (↑ *auch* ***Bohnenstange b)***)

Durra *f Bot* ↑ ***Sorghum***

Dürre *f* sekego *od* trosekeco *auch Met*; *Trockenheit* sekeco, *des Bodens auch* arid[ec]o; ~**resistenz** *f, auch* ***Trockenresistenz*** *f z.B. von Wüstenpflanzen* rezisto al sekeco

Durrës (*n*) *wichtigste Hafenstadt Albaniens* Dureso *<im griechischen Altertum als ‹Epidamnos› bekannt>*

Dürr|holz *n Forstw (abgestorbenes od abständiges Holz)* sekligno; ~**wurz** *f Bot* ***a)*** (*Gattung* Conyza) konizo ***b)*** *auch* ***Dünnwurzalant*** *m* (*Art* Inula conyza) hara inulo

Durst *m* soifo *auch übertr*, ~ ***bekommen*** (*od geh* ***verspüren***) senti soifon; ***gewaltigen*** (*od* ***schrecklichen***) ~ ***haben*** terure soifi; ~ ***leiden*** suferi pro soifo; ***seinen*** ~ ***löschen***

(*od* ***stillen***) kvietigi sian soifon; ***vor ~ vergehen*** *sehr durstig sein* esti treege soifa; *vor Durst fast sterben* preskaŭ morti pro soifo

dürsten *intr* soifi *auch übertr* (***nach*** al); *geh od poet: Verlangen haben* senti fortan deziron, *auch* soifi (***nach*** al); *sich sehnen* sopiri (***nach*** *mit Akk od* al, *auch* je *od* pri); ***es dürstet mich*** mi estas soifanta, mi soifas

Durstgefühl *n* sento de soifo

durstig *Adj* soifa *auch übertr*; ***~ machen*** kaŭzi soifon, soifigi; ***~ sein*** esti soifa; ***~ nach Wissen*** soifo je scioj *od auch* soifo al la scienco

durststillend *Adj* sensoifiga

Durststiller *m allgemeine Bez für «etw., das den Durst löscht», z.B. ein Erfrischungsgetränk* sensoifigaĵo

Dur|tonart *f Mus* tonalo maĵora; **~tonleiter** *f Mus* maĵora gamo

Duru *Pl, arab.* ***Durū'*** *Ethn (ein mächtiger Volksstamm im westl. Oman)* duruoj *Pl*

Durumweizen *m Bot, Nahr* ↑ ***Hartweizen***

Duschanbe [...*'be:*] (*n*) *Hptst. von Tadschikistan* Duŝanbeo

Dusche *f, auch* ***Brause*** *f Duschbad* duŝo (↑ *auch* ***Champagner-*** *u.* ***Vaginaldusche***); *(Ort)* duŝejo; *(Vorrichtung)* duŝilo; ***Einbettzimmer mit ~*** unulita ĉambro kun duŝejo (*od auch* duŝilo)

duschen *intr u.* ***sich ~*** sin duŝi, *(eine Dusche nehmen) auch* preni duŝon

Dusch|gel *n* duŝĝelo; **~gelegenheit** *f* ebleco por sin duŝi *od* ebleco preni duŝon; **~haube** *f* duŝĉapo; **~kabine** *f* duŝkabino; **~kopf** *m* duŝrozo; **~raum** *m* duŝejo; **~schlauch** *m* duŝhoso, hoso de (*bzw.* por) duŝilo; **~wanne** *f Fußbecken der Duschkabine* duŝkuvo

Düse *f z.B. an einer Sprühdose od einem Zerstäuber* ajuto; *Ausström*≗ *von Strahltriebwerken (bei Raketen, in Triebwerken, Turbinen u. Vergasern)* duzo (↑ *auch* ***Schubdüse***)

Dusel *m* ***a)*** *Glück* feliĉo ***b)*** *Dämmerzustand* [stato de] duondormo ***c)*** *reg für «leichter Rausch»* [ioma] ebrieco

duselig *Adj reg* = ***schwindlig***

duseln *intr schlummern* dormeti, somnoli, duondormi; *vor sich hin träumen* revi

Düsen|flugzeug *n* reakcia aviadilo, jeto; **~-verkehrsflugzeug** *n* pasaĝera jeto

Düsseldorf (*n*) *eine dt. Stadt am Rhein* Duseldorfo *[Hptst. von NRW]*

düster *Adj dunkel* malluma, malhela; *finster (meist übertr od poet)* tenebra; *schummerig, dämmerig* krepuska; *trübe, z.B. Aussichten, Perspektiven, Stimmung* sombra, *[negativer:]* morna, *auch* nigra (↑ *auch* ***zappenduster***); *traurig* trista; *grau* griza *auch Wetter*

duty-free *Adj zollfrei* sendogana, *auch* doganlibera

Duty-free-Shop *m z.B. auf Flughäfen* sendogana butiko (*od* magazeno *od* vendejo)

Dutzend *n* (*Abk* ***Dtzd.***) *ein altes Zählmaß = 12 Stück)* dekduo; ***ein halbes ~*** ses pecoj [da]; ***~e von Büchern*** dekoj da libroj; *Massen von Büchern* amasoj da libroj

dutzendweise *Adv* je dekduoj; *i.w.S. massenweise* amase

Duumvir *m* (*Pl*: ***Duumvirn***) *ein altrömischer Beamtentitel* duumviro

Duumvirat *n röm. Antike (Verwaltungsbehörde im alten Rom bzw. in den römischen Kolonien, die jeweils mit zwei Männern besetzt war)* duumvirato

Duvet *n* ↑ ***Federbett***

duzen *tr*: ***jmdn.*** *~ jmdn. mit du anreden* cii iun, diri ci unu al iu; ***sich*** *~* diri «ci» unu al la alia, reciproke ci-diri

Duzfreund *m* intim[eg]a amiko

DV = *Abk für* ***Datenverarbeitung***

DVD [*'do'vo'do*] = *Abk für engl.* ***digital versatile disc***

DVD-Player *m Gerät zum Abspielen von DVDs* DVD-spektilo

Dvořák (*m*) *Eig (tschechischer Komponist [1841-1904])* Dvoĵako

DW = *Abk für* ***Deutsche Welle*** [↑ *unter* ***deutsch***]

DWD = *Abk für* ***Deutscher Wetterdienst*** [↑ *unter* ***Wetterdienst***]

Dwina *f ein Strom in N-Russland* [rivero] Dvino; ***Westliche ~*** *od* ***Düna*** *f, lettisch* ***Daugava*** *f* Okcidenta Dvino, *auch* [rivero] Daŭgavo *[Mündung: Rigaer Meerbusen]*

Dyade *f Math (Vektorrechnung)* diado

Dyas *f Geol (veraltete Bez für die erdgeschichtliche Formation Perm)* diaso

Dyn *n Phys (Maßeinheit der Kraft)* dino

Dynamik *f Phys u. übertr für «Schwung» od «Triebkraft»* dinamiko (↑ *auch* ***Elektro-***, ***Fluid-***, ***Geo-*** *u.* ***Thermodynamik***)

dynamisch *Adj Phys u. übertr* dinamika

dynamisieren *tr dynamisch gestalten*: ***etw.*** *~* fari ion dinamike

Dynamismus *m Phil* dinamismo; ***Anhänger m des*** ~ dinamisto
Dynamit *n* dinamito; ***mit ~ sprengen*** eksplodigi per dinamito, *auch* dinamiti
Dynamit|bombe *f Mil* dinamitbombo; ~**patrone** *f* dinamitkartoĉo; ~**sprengung** *f* eksplodigo per dinamito
Dynamo *m od* **Dynamomaschine** *f*, *umg* ***Lichtmaschine*** *f El* dinamo *auch Kfz* (*vgl. dazu* ***Generator***; ↑ *auch* ***Nabendynamo***)
dynamoelektrisch **1.** *Adj* dinamoelektra **2.** *Adv* dinamoelektre
Dynamomaschine *f El* ↑ ***Dynamo***
Dynamometer *n Phys (Vorrichtung zum Messen von Kräften u. von mechanischer Arbeit)* dinamometro
dynamometrisch *Adj* dinamometra
Dynastie *f* (*Abk* ***Dyn.***) dinastio (↑ *auch* ***Herrscherhaus***)
dynastisch *Adj* dinastia
Dynatron *n El* dinatrono
Dysbarismus *m*, *auch* ***Dekompressionskrankheit*** *f* disbarismo (↑ *auch* ***Caissonkrankheit***)
Dysenterie *f Med* ↑ ***Ruhr***
dysenterieartig *Adj* disenteriforma, *auch* disenterioida
Dysenteriebakterien *Pl* disenteriaj bakterioj *Pl*
dysenterisch *Adj ruhrartig* disenteria
Dysfunktion *f bes. Med (ungenügende od schlechte Funktion)* misfunkcio, funkcia malordiĝo; ***sexuelle*** ~ seksa misfunkcio
Dyshidrose *od* **Dyshidrosis** *f nur Fachspr Med (Unter- od Überfunktion der Schweißdrüsen)* dishidrozo
Dyskrasie *f nur Fachspr Med (alt) (fehlerhafte Zusammensetzung von Blut und Körpersäften, Dickblütigkeit)* diskrazio
Dyslexie *f* ↑ ***Legasthenie***
Dyslipidämie *f Med* ↑ ***Fettstoffwechselstörung***
Dysmenorrhö *f Gynäkologie (schmerzhafte Regelblutung)* dismenoreo, dolora menstruo (↑ *auch* ***Hypomenorrhö***)
Dysosmie *f nur Fachspr Med (gestörte Fähigkeit zur Geruchsempfindung)* disosmio
Dyspepsie *f Med* ↑ ***Verdauungsbeschwerden***
dyspeptisch *Adj Med* dispepsia
Dysphagie *f nur Fachspr Med (Störung des Schluckaktes, z.B. bei Erkrankungen im Mund-Rachen-Bereich)* disfagio
Dysphasie *f nur Fachspr Med (Unfähigkeit, die den Vorstellungen u. Dingen entsprechenden Wörter zu finden)* disfazio
Dysphonie *f nur Fachspr Med (Stimmstörung)* disfonio; ***funktionelle*** ~ (Dysphonia functionalis) funkcia disfonio
Dysphotopsie *f nur Fachspr Ophthalmologie*: ***positive*** (***negative***) ~ pozitiva (negativa) disfotopsio
Dysphrasie *f nur Fachspr Med (Sprachstörungen, die auf Gehirnverletzungen beruhen)* disfrazio
Dysplasie *f nur Fachspr Med ([körperliche] Fehlbildung od Fehlentwicklung bzw. Unterentwicklung eines Organs)* displazio, [korpa *bzw.* organa] deformaĵo (↑ *auch* ***Myelodysplasie***)
Dyspnoe *f nur Fachspr Med (Atemnot od Kurzatmigkeit)* dispneo
dyspnotisch *Adj Med* dispnea
Dysprosium *n* (*Symbol* ***Dy***) *Chem* disprozio
Dysthymie *f nur Fachspr Neurologie u. Psych (depressive Verstimmung, die durch lang andauernde Entbehrungen, Verlust von Heimat u. Beruf sowie soziale Fehlanpassung hervorgerufen wird)* distimio *<Dysthymie wird als milde Form der zyklothymen Depression angesehen>*
Dysthymiker *m* distimiulo
Dystonie *f nur Fachspr Med (Tonusstörung von Muskeln u. Gefäßen)* distonio
Dystopie *f Med (Lage eines Organs od Gewebes an ungewöhnlicher Stelle)* distopio
dystroph *Adj 1. Med (auf Dystrophie beruhend) 2. Bodenkunde (sehr nährstoffarm, aber humusreich)* distrofia
Dystrophie *f* (Dystrophia) *Med (Ernährungsstörung <meist aufgrund gestörter Versorgung mit Nährstoffen>)* distrofio (↑ *auch* ***Beriberi***, ***Chondrodystrophie***, ***Kwashiorkor-Syndrom*** *u.* ***Muskeldystrophie***)
Dysurie *f Med (erschwertes Wasserlassen, Harnbeschwerden)* disurio (↑ *auch* ***Harnzwang***)
Dyszephalie *f nur Fachspr Med (krankhafte Verformung des Schädels)* discefalio
dz = *Zeichen für* ***Doppelzentner*** [↑ *dort*]
dz. = *Abk für* ***derzeit***
DZ = *Abk für* ***Doppelzimmer***
Dzongka *n Ling (ein tibetischer Dialekt, Amtssprache im Königreich Bhutan)* la dzonka [lingvo]
D-Zug *m Eisenb* ↑ ***Schnellzug***

E

E *n Mus* mi
EAG ↑ *unter* ***europäisch***
E-Antrieb *m* ↑ ***Elektroantrieb***
Earl *m engl. Bez für «Graf»* [angla] grafo
easy [*'i:zi*] *Adj* (*engl. für «leicht»*) facila
Eau de Cologne *n* ↑ ***Kölnischwasser***
E-Auto *n* ↑ ***Elektroauto***
E-Banking *n* ↑ ***Electronic Banking***
Ebbe *f* ***a)*** *Ebbezeit* basa (*od* malalta) tajdo; *Ebbestrom* malfluso (↑ *auch* ***Niedrigwasser***); ~ ***und Flut*** fluso kaj malfluso (↑ *auch* ***Gezeiten***); ***bei*** ~ dum basa tajdo ***b)*** *übertr (Tiefstand)* malalta stato, *(Ende)* fino ◇ ***in meinem Geldbeutel ist*** ~ estas malpleno en mia monujo
ebd. = *Abk für* ***ebenda***
eben 1. *Adj* ebena *auch Geom* (*vgl. dazu* ***flach***); *platt* plata; *glatt* glata; ~***es Gelände*** *m* ebena tereno; ***zu*** ~***er Erde wohnen*** loĝi en la teretaĝo **2.** *Adv soeben* ĵus; *vorhin, unlängst* antaŭ momento, antaŭ nelonge; *gerade, genau* ĝuste; ~ ***noch*** *mit Mühe* kun [multa] peno; *im letzten Moment* lastmomente; ***das ist*** ~ ***das, was ich wollte*** estas ĝuste tio, kion mi volis (*bzw.* celis); ~ ***deshalb wollte er nicht mitfahren*** ĝuste pro tio li ne volis kunveturi; ***er ist*** ~ ***[erst] gekommen*** li ĵus (*od* ĝuste nun) venis; ***er ist*** ~ ***beim Essen*** li estas manĝanta; ***das ist es*** ~***!*** ĝuste tio estas la punkto (*bzw.* problemo)! ◇ ***das ist*** ~ ***nicht anders*** nu jes, estas tiel ĉi!
Ebenbild *n* portreto; ***er ist das [genaue]*** ~ ***seines Vaters*** li estas [ekzakte] (*od* kvazaŭ) la portreto se sia patro
ebenbürtig *Adj*: ***geistig*** ~ spirite egalranga, samgenia; ***jmdm.*** ~ ***sein*** esti egalranga al iu; ***er war ihm an Kraft*** ~ li estis egalforta kun li
Ebenbürtigkeit *f* egalrangeco *od* samrangeco; *auf Stärke bezogen* egalforteco
eben|da (*Abk* ***ebd.***) *Adv* samloke, en la sama loko; *eben dort* ĝuste tie; ~**daher** *Adv* ĝuste de tiu loko; ~**der** *bzw.* ~**die** *od* ~**das** *Dem Pron* ĝuste tiu; ~**deshalb** *od* ~**deswegen** *Adv* ĝuste tial *od* ĝuste pro tio; ~**dort** *Adv* ĝuste tie
Ebene *f* ***a)*** *Geom (unbegrenzte, in keinem ihrer Punkte gekrümmte Fläche)* ebeno (↑ *auch* ***Hyper-***, ***Schmieg-***, ***Symmetrie-*** *u.* ***Vertikalebene***); ***affine*** (***projektive***, ***projizierende***, ***uneigentliche***) ~ afina (projektiva, projekcianta, nepropra) ebeno (↑ *auch* ***Halb-*** *u.* ***Hauptebene***) ***b)*** *Geogr* ebenaĵo (↑ *auch* ***Hoch-*** *u.* ***Tiefebene***); *i.w.S. ebene Gegend* ebena regiono; ***baumlose*** ~ senarba ebenaĵo ***c)*** *Niveau, Stand* nivelo; *übertr* sfero, kampo, tavolo (↑ *auch* ***Sprachebene***); ***schiefe*** ~ dekliva ebeno, klinebeno *bes. Geom, [konkret:]* klinebenaĵo; *zum Anfahren von Gütern beim Verladen* ramplo (↑ *auch* ***Rampe a)***); ***auf höchster*** (***territorialer***) ~ sur plej alta (teritoria) nivelo; ***auf mehreren*** ~***n [stattfindend]*** *Adj* plurnivela; ***oberste*** ~ *bes. in der Rangfolge* plej supra (*od* alta) nivelo; ***auf diplomatischer*** ~ sur diplomatia nivelo; ***auf wirtschaftlicher*** ~ en la ekonomia sfero
Ebenenbüschel *n Geom* fasko de ebenoj
ebenerdig *im Erdgeschoss* **1.** *Adj* teretaĝa **2.** *Adv* teretaĝe (↑ *auch* ***parterre***)
ebenfalls *Adv* ankaŭ; *gleichfalls* same
Ebenheit *f ebene Beschaffenheit* ebeneco
Ebenholz *n Sammelbez. für braun bis schwarz gefärbte Hölzer verschiedener Pflanzen (Laubhölzer der Tropen od Subtropen)* ebono
Ebenholzbaum *m viele Arten der Gattung «Diospyros»* ebon-arbo; ***samoanischer*** ~ (Diospyros samoensis) samoa ebon-arbo *[Vorkommen: auf den südwestpazifischen Inseln u. in Neuguinea]*
ebenholzfarben *Adj* ebon[kolor]a
Ebenholzgewächse *n/Pl Bot*: ***[Familie der]*** ~ *Pl* (Ebenaceae) ebonacoj *Pl*
Ebenmaß *n schönes Gleichmaß* bona proporcieco; *Symmetrie* simetrio (*vgl. dazu* ***Proportion***)
ebenmäßig *Adj* bonproporcia; *formschön* belforma; *harmonisch* harmonia; *symmetrisch* simetria
ebenso *Adv gleich* same; *in gleicher Weise* sammaniere, en [la] sama maniero; ~ ***alt*** samaĝa; ~ ***gut*** *Adv* same bone (***wie*** kiel); *Adj* same bona; ~ ***lange*** *Adv* same longe; *Adj* same longa; ~ ***oft*** *Adv* same ofte; ~ ***viel*** *Adv* same multe (***wie*** kiel), tiom multe ... (***wie*** kiom); ~ ***wenig*** same malmulte (***wie*** kiel), tiom malmulte ... (***wie*** kiom); ~ ***... wie ...*** same ... kiel ...: ***Evita ist*** ~ ***hübsch wie ihre Mutter*** Evita estas same bela kiel sia patrino
Eber *m männl. Schwein* virporko; *männl.*

Wildschwein virapro

Eberesche *f Bot* ***a)*** *auch* ***Vogelbeerbaum*** *m* (Sorbus aucuparia) *(Baum)* sorp-arbo *od kurz* sorpo (*vgl. dazu* ***Eisbeere*** *u.* ***Speierling***); ***amerikanische*** ~ (Sorbus americana) amerika sorpo ***b)*** *auch* ***Vogelbeere*** *f od* ***Spierling*** *m (Frucht)* sorpo

Eberhard (*m*) *männl. Vorname* Eberhardo *auch Name der Grafen u. Herzöge von Württemberg*

Eberraute *f, reg* ***Aberraute*** *f od* ***Stabwurz*** *m* (Artemisia abrotanum) *Bot* abrotano

Eberwurz *f* (*Gattung* Carlina) *Bot* karlino; ***mittlere*** ~ (Carlina intermedia) meza karlino; ***stängellose*** ~, *pop auch* ***Silber-*** *od* ***Wetterdistel*** *f* (Carlina acaulis) sentiga karlino, *pop* [sentiga] arĝentokardo <*die getrockneten Wurzeln (Carlinae radix) werden als Arzneidroge genutzt*>; ***steife*** ~ (Carlina stricta) rigida karlino

E-Bike [...*baik*] *n* ↑ ***Elektro[fahr]rad***

Ebioniten *m/Pl Rel (1. Ehrenbez. für die Christen der Urgemeinde in Jerusalem 2. judenchristliche Gruppen im Ostjordanland [etwa 70-450 n. Chr.], die Jesus als Messias, aber nicht als Gottes Sohn verehrten [standen in engem Kontakt mit den Essenern von Qumran])* ebionidoj *Pl*

Ebisu (*m*) *eine schintoistische Glücksgottheit* Ebiso

ebnen *tr* ebenigi *auch übertr* (↑ *auch* ***einebnen*** *u.* ***planieren***); *glätten* glatigi; ***jmdm. den Weg*** ~ *übertr* ebenigi al iu la vojon (***zu*** al)

Ebnung *f* ebenigo

Ebola *n, auch* ***Ebolafieber*** *n Med* ebolo, *auch* ebolofebro *od* ebolomalsano

Ebola|epidemie *f* ebola epidemio; ~**virus** *n Bakt* eboloviruso

Ebonit® *n* ↑ ***Hartgummi***

E-Book *n EDV (elektronisches Buch)* retlibro

Ebro *m ein Fluss in NO-Spanien* [rivero] Ebro

Ebullioskop *n, auch* ***Siedemesser*** *m Phys (Gerät zur Siedepunktsbestimmung)* ebulioskopo

Eburonen *m/Pl Gesch (ein keltischer Stamm der Belgen an Rhein u. Maas)* eburonoj *Pl*

Ecdyson *n, auch* ***Häutungshormon*** *der Insekten [ein Steroidhormon]* ekdizono

Echinacea *f Bot, Pharm* ekinaceo (*vgl. dazu* ***Sonnenhut b)***)

Echinokokkose *f Med (eine durch die Finne des Hundebandwurms hervorgerufene Erkrankung beim Menschen)* ekinokokozo (↑ *auch* ***Leberechinokokkose***)

Echinokokkus *m, auch* ***Blasenwurm*** *od* ***Hundebandwurm*** *m* (*Gattung* Echinococcus *u. die Art* Echinococcus granulosus) *Parasitologie* ekinokoko, *auch* ekinokoka tenio (↑ *auch* ***Schweinebandwurm***)

Echnaton (*m*) *Eig (späterer Name des Amenophis IV.)* Eĥnatono (*vgl. dazu* ***Amenophis***)

Echo *n* eĥo *auch El (Reflektierung einer Radiowelle) u. übertr* (*vgl. dazu* ***Anklang***; ↑ *auch* ***Widerhall***); ***das*** ~ ***antwortet*** (***schallt***) la eĥo respondas (resonas); ***ein*** ~ ***bei jmdm. finden*** *übertr* trovi eĥon ĉe iu; ***ein*** ~ ***zurückwerfen*** resendi sonon, eĥi

echoen *intr widerhallen* eĥoiĝi; ***es echoete*** *unpers: es rief zurück* eĥoiĝis

Echoimpuls *m El* eĥo-impulso

Echolalie *f Med (Neurologie), Psych (sinnloses Nachsprechen von Gehörtem [z.B. bei Schizophrenie])* eĥolalio

echolos *Adj ohne Widerhall* seneĥa

Echo|lot *n Nautik (Gerät zur akustischen Messung von Fluss- u. Meerestiefen)* eĥosondilo; ~**lotung** *f Mar* eĥosondado; ~**ortung** *f z.B. der Delfine od Fledermäuse* eĥolokalizo

Echophrasie *f Med, Psych* = ***Echolalie***

Echse *f Zool (Reptil)* reptilo; *i.e.S. Agame* agamo; *Leguan* igvano; *Eidechse* lacerto (↑ *auch* ***Brücken-***, ***Kragen-***, ***Krokodilschwanz-***, ***Meer- Schuppen-*** *u.* ***Segelechse***); ***[Familie der]*** ~***n*** *f/Pl* (Agamidae) agamedoj *Pl* (↑ *auch* ***Großechsen***); ***[Unterordnung der]*** ~***n*** (Lacertilia) lacertuloj *Pl*

echt *Adj rein, unvermischt [z.B. bei Edelmetallen]* pura; *unverfälscht* nefalsita; *authentisch, verbürgt* aŭtentika, *auch* aŭtenta; *nicht nachgeahmt* originala; *zuverlässig* fidinda; *typisch, waschecht* tipa, vera; *aufrichtig* sincera; *Haar* natura; *echt (bes. Biol)* vera; *real, wirklich* reala; ***echt?*** *Jugendspr (wirklich?, tatsächlich?)* ĉu vere?; ***ein*** ~***er Araberhengst*** purrasa araba stalono; ***ein*** ~***er Diamant*** pura (*od auch* vera) diamanto; ~***es Gold*** *n* pura oro; ***ein*** ~***er Italiener*** tipa italo; ***ein*** ~***er Rembrandt*** *Mal* originala pentraĵo de Rembrandt; ***eine Eidechse ist ein*** ~***es Reptil*** lacerto estas vera reptilio

Echtheit *f Reinheit* pureco; *Authentizität* aŭtentikeco (*vgl. dazu* ***Glaubwürdigkeit***); *Unverfälschtheit* malfalseco (↑ *auch* ***Wahrheit***); *Natürlichkeit* natureco; *Aufrichtigkeit* sincereco

Echtheitszertifikat *n* [oficiala] atesto pri pureco (*bzw.* natureco)

Eckball *m, auch* ***Eckstoß*** *m <österr> u. <schweiz>* ***Corner*** *m Fußball* angulŝoto; ***einen ~ ausführen****, umg auch* ***eine Ecke treten*** plenumi angulŝoton

Eckchen *n* anguleto

Ecke *f* ***a)*** angulo *auch Geom* (↑ *auch* ***Hausecke***); ***~ eines Vielecks*** *Geom* vertico; ***an der ~ warten*** atendi ĉe la [strat]angulo; ***an allen ~n und Enden*** ĉie ajn; *aus allen Richtungen* el ĉiuj direktoj; ***um die ~ biegen*** (*od* ***kommen***) *Verk* veni ĉirkaŭ la angulo; ***voller ~n sein*** esti angulplena ◇ ***jmdn. um die ~ bringen*** *jmdn. umbringen* pereigi iun, murdi iun; *jmdn. töten* mortigi iun ***b)*** *umg für «Eckstoß»* angulŝoto

Eckentransversale *f Geom* transverso tra vertico

Ecker *f Bot* ↑ ***Eichel a)***

Eckfahne *f Fußball* angulflago; ***Viertelkreis*** *m* ***um die ~*** angul-areo

Eck|fenster *n* domangula fenestro; **~flügler** *m/Pl* (*Gattung* Vanessa) *Ent (eine Schmetterlingsgattung)* vaneso; **~haus** *n* anguldomo

eckig *Adj* ***a)*** *mit einer Ecke versehen* angul[hav]a, *auch* angul[form]a (↑ *auch* ***rechteckig*** *u.* ***winkelig***); ***~e Klammer*** *f Typ* rekta krampo (↑ *auch* ***Klammer b)***) ***b)*** *ungeschickt, linkisch* mallerta

Eck|platz *m* angula sidloko; **~randstück** *n Philat* angula peco; **~schlag** *m Hockey* angulŝoto; **~sofa** *n [gepolsterte] Eckbank* angulkanapo; **~stein** *m Arch* bazangula ŝtono; *übertr* esenca parto, fundamento; **~stempel** *m Philat* enangula stampo

Eckstoß *m Fußball* ↑ ***Eckball***

Eck|tisch *m z.B. im Restaurant* tablo en [la] angulo; **~zahn** *m* kojnodento, *<wiss>* kanino; **~zimmer** *n* angula ĉambro

E-Commerce [*'i:-...*] *m* (*kurz für* ***Electronic Commerce***), *auch* ***Internethandel*** *od* ***Onlinehandel*** *m Vertrieb von Waren od Dienstleistungen über das Internet* interreta komerco *od* retkomerco

Economyklasse *f, auch* ***Standardklasse*** *od* ***Touristenklasse*** *f Flugw* turista klaso

Ecovillage *n* ↑ ***Ökosiedlung***

Ecu *od* **ECU** [*e'ky:*] *m Fin (europ. Verrechnungseinheit vor dem Euro)* ekuo

Ecuador (*n*), *auch* ***Ekuador*** *ein südamerikanischer Staat* Ekvadoro *[Hptst.: Quito]*; **~-Andenkolibri** *m* (Oreotrochilus chimborazo) *Orn* ekvadora monta kolibro *[Vorkommen: Ecuador u. Kolumbien]*

Ecuadorianer *m* ekvadorano

Ecuadorianerin *f* ekvadoranino

ecuadorianisch *Adj* ekvadora

Ed. = *Abk für* ***Edition***

Edam (*n*) *eine Stadt in Nordholland* Edamo

Edamer Käse *m, auch kurz* ***Edamer*** *m Nahr* edama fromaĝo

Edaphon *n Biol (Gesamtheit der Kleinlebewesen in u. auf dem Erdboden [Pflanzen u. Tiere])* edafono

Edda *f ein altnordisches Literaturdenkmal* Eddo *<in altisländischer Sprache verfasst>*

edel *Adj* ***a)*** *nobel, z.B. Gesinnung* nobla (↑ *auch* ***vornehm***); *adlig, aristokratisch* nobela, aristokrata; *menschenfreundlich* humana; ***edler Mensch*** *m* nobla homo, *auch* noblulo ***b)*** *reinrassig* purrasa; *kostbar, wertvoll* altvalora; *von hoher Qualität* altkvalita (*vgl. dazu* ***exquisit***)

Edelfasan *m Orn* ↑ ***Fasan***

Edelfrau *f* nobelino, *hist auch* damo

Edelfräulein *n hist* ↑ ***Hoffräulein***

Edelgard (*f*) *weibl. Vorname* Edelgarda

Edelgas *n z.B. Argon, Helium, Krypton* nobla (*od* rara) gaso

Edelhirsch *m Zool* ↑ ***Rothirsch***

Edelhölzer *n/Pl* altvaloraj lignospecoj *Pl*

Edelkastanie *f* ↑ ***[1]Marone***

Edelknabe *m* ↑ ***Page a)***

Edelkoralle *f Biol* ↑ *unter* ***Koralle***

Edelkrebs *m Zool* ↑ ***Flusskrebs***

Edel|leute *f* nobelaro; **~mann** *m* nobelo (↑ *auch* ***Chevalier***)

edelmännisch *Adj* nobela

Edelmarder *m Zool* ↑ ***Baummarder***

Edel|metall *n* valormetalo, *auch* nobla metalo; **~mut** *m geh* nobleco, grandanimeco (*vgl. dazu* ***Hochherzigkeit***)

edelmütig *Adj* nobla, grandanima, altanima (↑ *auch* ***hochherzig***)

Edelnelke *f* (Dianthus caryophyllus) *Bot* kariofildianto

Edelopal *m Min* ↑ *unter* ***Opal***

Edelpilze *m/Pl*: ***[Familie der] ~*** *Pl* (Agari-

caceae) *Mykologie* agarikacoj *Pl*
Edel|putz *m Bauw* nobla puco; **~reis** *n Gartenb (Pfropfreis)* greftbranĉeto, *auch* greftaĵo
Edelreizker *m Mykologie* ↑ *unter* ***Milchling***
Edelrost *m* ↑ ***Patina***
Edelschafgarbe *f Bot* ↑ *unter* ***Schafgarbe***
Edel|stahl *m* nobla ŝtalo, *auch* valorŝtalo; **~stein** *m* valorŝtono, juvelo, gemo; *mit vertieft eingeschnittenem Bild* intajlo (↑ *auch* ***Cabochon***, ***Gemme***, ***Halbedelstein*** *u.* ***Kamee***)
Edelsteinkunde *f* ↑ ***Gemmologie***
Edelstein|schleifer *m* poluristo de gemoj; **~schneider** *m* tajlisto de gemoj
Edeltanne *f Bot* ↑ ***Blautanne*** *u.* ***Weißtanne***
Edelweiß *n* (*Gattung* Leontopodium) *Bot (eine Gebirgspflanze)* leontopodo, (*Art* Leontopodium alpinum) edelvejso, <*wiss*> alpa leontopodo
Edelweißmoos *n Bot* ↑ ***Torfmoos***
Eden *n*: ***der Garten*** *~ bibl u. übertr* Edeno *od* Ĝardeno Edena (*vgl. dazu* ***Elysium***, ***Firdaus*** *u.* ***Paradies***)
Edentaten *Pl*, *auch* ***Zahnarme*** *m/Pl* (Edentata) *Zool (eine ehemalige Ordnung der Säugetiere)* edentatoj *Pl*
Edessa (*n*) *eine antike Stadt am Nordrand des Syrischen Plateaus, von Seleukos I. als makedonische Kolonie gegründet, gilt als eines der Zentren des frühen Christentums [heutiger Name: Urfa]* Edeso
Edgar (*m*) *männl. Vorname* Edgaro
edieren *tr Buchw (herausgeben)* edit[or]i, eldoni (*vgl. dazu* ***veröffentlichen***)
Edikt *n Gesch (amtl. Erlass von Kaisern, Königen od Landesherren)* edikto; *~* ***von Nantes*** *Gesch (Erlass von Heinrich IV. [1598] zur Religionsfreiheit)* Edikto de Nanto; ***königliches*** *~* reĝa edikto
Edinburgh [ˈɛdinbərə] (*n*) *Hptst. von Schottland* Edinburgo
Edinol *n Foto (ein Entwickler)* edinolo
Edirne (*n*), *früher* ***Adrianopel*** (*n*) *eine Stadt im türkischen Thrakien* Edirno, *früher* Adrianopolo
Edith *od* **Editha** (*f*), *poln.* ***Edyta*** (*f*) *weibl. Vorname* Edita
Editing *n EDV (Bearbeiten von Texten)* redaktado [de teksto(j)]
Edition *f Buchw* ***a)*** *(Herausgabe [von Büchern])* eldonado ***b)*** (*Abk* ***Ed.***) *(die Ausgabe selbst)* eldonaĵo (↑ *auch* ***Buchedition***)
[1]**Editor** *m Buchw, Ztgsw (Herausgeber)* eldonisto, editoro (*vgl. dazu* ***Verfasser***)
[2]**Editor** *m*, *auch* ***Texteditor*** *m EDV (ein Computerprogramm zur Texterfassung u. -bearbeitung)* redaktilo, *auch* tekstredaktilo (*vgl. dazu* ***Grafikeditor***)
Editorial *n Leitartikel [einer Zeitung]* ĉefartikolo
Edle *n*: ***etw.*** ***~s*** *edle Tat* noblaĵo
Edmonton (*n*) *Hptst. der kanadischen Provinz Alberta* Edmontono
Edmund (*m*) *männl. Vorname* Edmundo
Edo (*n*) *alter Name von Tokio [früher: Residenz u. Verwaltungszentrum der Shogune]* Edo
Edom ***a)*** (*m*), *bibl.* ***Esau*** (*m*) *Eig* Edomo ***b)*** ***das Land Edom***, *auch* ***Idumaia*** *od* ***Idumäa*** (*n*) *historisches südpalästinensisches Staatswesen südöstl. des Toten Meeres* Edomo, *auch* Idumeo
Edomiter *m/Pl*, *auch* ***Idumäer*** *m/Pl historisches Nachbarvolk der Juden im SO Palästinas* edomidoj *Pl*, *auch* idumeanoj
Eduard (*m*), *engl.* ***Edward*** (*m*) *männl. Vorname* Eduardo *auch Name mehrerer engl. Könige*; ***Eduard IV.***, *engl.* ***Edward IV.*** *engl. König (1461-83)* Eduardo la IV-a (= kvara)
EDV = *Abk für* ***elektronische Datenverarbeitung***
Edwin (*m*) *männl. Vorname* Edvino
Edyta (*f*) ↑ ***Edith*** *od* ***Editha***
EEG = *Abk für* ***Elektroenzephalogramm***
Efendi *m* ↑ ***Effendi***
Efeu *m* (*Gattung* Hedera) *Bot* hedero; ***gemeiner*** *~* (Hedera helix) ordinara hedero; ***irischer*** *~* (Hedera hibernica); irlanda hedero
Efeublattkurve *f Geom* ↑ ***Zissoide***
Efeuehrenpreis *m Bot* ↑ *unter* [2]***Ehrenpreis***
Efeugewächse *n/Pl Bot* ↑ ***Araliengewächse***
Efeu-Gundermann *m*, *reg* ***Gundelrebe*** *f* (Glechoma hederacea) *Bot (eine häufige Wiesenpflanze)* heder[ec]a glekomo, *auch* grundohedero
Efeuhahnenfuß *m Bot* ↑ *unter* ***Hahnenfuß***
Effeff ◇ ***etw. aus dem*** *~* ***beherrschen*** *etw. perfekt können* mastri (*bzw.* scipovi) ion
Effekt *m* efiko (*vgl. dazu* ***Phänomen*** *u.* ***Wirkung***; ↑ *auch* ***Domino-*** *u.* ***Hall-Effekt***); *[überraschende] Wirkung, bes. nach außen hin* efekto (↑ ***Abschreckungs-***, ***Bumerang-*** *u.* ***Toneffekt***); *Naturw* fenomeno; *i.w.S.*

(Ergebnis) rezulto, *(Eindruck)* impreso

Effekten *Pl Fin* biloj *Pl, auch* valorpaperoj *Pl*; ~**börse** *f* biloborso; ~**handel** *m* bilokomerco; ~**makler** *m Börse* bilomakleristo, makleristo pri biloj [ĉe la borso]; ~**markt** *m* bilomerkato

Effekthascherei *f* sensaciemo, aspiro al sensacio (*od* sensacia efekto)

effektiv *Adj wirksam* efika (↑ *auch* ***schlagkräftig***); *greifbar, wirklich* efektiva; *tatsächlich existierend* reale ekzistanta

effektivieren *tr bewerkstelligen, verwirklichen* efektivigi; *wirksamer gestalten* pliefikigi

Effektivität *f* efektiveco; *Effizienz, Wirksamkeit* efikeco; ***die ~ erhöhen*** [pli]altigi la efikecon

Effektivwert *m El* efektiva valoro

effektvoll *Adj* efekt[oplen]a, *nachgest* havanta efekto(j)n; *sehr wirkungsvoll* grandefika *od* multefika; *eindrucksvoll* impresa

Effendi *m, auch* ***Efendi*** *m türkische Titel- u. Anredeform im Osmanischen Reich für Staats- u. Zivilbeamte, für religiöse Würdenträger u. später überhaupt für Leute mit Schulbildung* efendio <*wurde häufig dem Personennamen nachgestellt*>

effizient *Adj* efika, *[stärker:]* multefika

Effizienz *f* efikeco (↑ ***Arbeits-***, ***Nutzungs-*** *u.* ***Testeffizienz***); ***fotosynthetische ~*** *Bot* fotosinteza efikeco; ***mangelnde ~*** mankanta efikeco; ***ökologische ~*** *ökologischer Wirkungsgrad* ekologia efikeco; ***die ~ erhöhen*** altigi la efikecon

Effizienzsteigerung *f* altigo de [la] efikeco

Effloreszenz *f od* **Effloreszieren** *n, auch* ***Ausblühung*** *f Geol (Bildung von Mineralüberzügen auf Gesteinen u. Böden)* efloresk[ad]o (↑ *auch* ***Salzausblühungen***)

effloreszieren *intr Geol, Min* ↑ ***auswittern***

effloreszierend, *auch* ***auswitternd*** *Adj* efloreska

EFFS = *Abk für* ***Europäischer Fonds für Finanzstabilität*** [↑ *unter* ***europäisch***]

effusiv *Adj Geol (durch Erguss gebildet)* efusiva

Effusivgestein *m Geol (Ergussgestein)* efusiva rokaĵo

EFH = *Abk für* ***Einfamilienhaus***

Efrata (*n*) *bibl* ↑ ***Ephrata***

EFRE ↑ *unter* ***europäisch***

EFTA ↑ *unter* ***europäisch***

¹EG = *Abk für* ***Erdgeschoss***

²EG = *Abk für* ***Europäische Gemeinschaft***

egal *Adj* egala; *gleichgültig* indiferenta; ***das ist mir [ganz] ~*** tio estas tute egala (*od* indiferenta) al mi, *auch* por mi tute egalas (*od* indiferentas); *das betrifft mich nicht* tio ne koncernas min

egalisieren *tr gleichmachen, ausgleichen* egaligi

Egalisierung *f* egaligo

egalitär *Adj auf Gleichheit gerichtet* egaliga

Egalität *f* ↑ ***Gleichheit a)***

Egbert (*m*) *männl. Vorname* Egberto; ~ ***der Große*** *ein angelsächsischer König [775-839]* Egberto la Granda

Egel *m Blut*≗ (*Gattung* Hirudo) *Zool* hirudo

Egelschnecke *f Zool* ↑ ***Nacktschnecke***

Egeria (*f*) *Myth (röm. Quell- u. Bachnymphe [in Latium verehrt])* Egeria <*der Legende nach soll sie die Geliebte des sagenumwobenen zweiten Königs, Numa Pompilius, gewesn sein*>

Egerling *m Mykologie*: ***feinschuppiger ~*** (Agaricus squamulifer) fajnskvama agariko; ***rundsporiger*** (*od* ***schneeweißer***) ~ (Agaricus nivescens) neĝokolora agariko; ***zweisporiger ~*** ↑ ***Gartenchampignon*** (*vgl. dazu* ***Champignon***; ↑ *auch* ***Anis-*** *u.* ***Waldegerling***)

Egge *f Landw* erpilo (↑ *auch* ***Netz-*** *u.* ***Scheibenegge***)

eggen *tr u. abs Landw* erpi; ***mit dem Unkrautstriegel ~*** skarifiki

Eggen *n Landw* erpado

Egli *n od m Ichth* ↑ ***Flussbarsch***

Eglise *franz.*: ~ ***Baptiste Biblique*** *f eine 1930 auf Madagaskar gegründete, unabhängige christliche Glaubensgemeinschaft* biblia baptista eklezio

Ego *n Phil, Psych* egoo (↑ *auch* ***Ich***)

Egoismus *m Selbstsucht, Eigenliebe* egoismo

Egoist *m selbstsüchtiger Mensch* egoisto

Egoistin *f* egoistino

egoistisch *Adj auf den Egoismus bezogen* egoisma, *auf den Egoisten bezogen* egoista

Egomane *m pej für «krankhaft selbstbezogener Mensch»* egomaniulo

Egomanin *f* egomaniulino

egoman[isch] *Adj krankhaft selbstbezogen* egomania

Egozentrik *f, auch* ***Egozentrizität*** *f* egocentreco

Egozentriker *m ichbezogener Mensch, jmd.,*

der sich als den Mittelpunkt der Welt ansieht egocentrulo

egozentrisch *Adj ichbezogen, nur vom eigenen Standpunkt aus denkend u. handelnd* egocentra

Egozentrismus *m* egocentrismo; *Egozentrizität* egocentreco

Egozentrizität *f* ↑ ***Egozentrik***

EG-Recht *n, auch* ***Recht*** *n* ***der Europäischen Gemeinschaft*** juro de la Eŭropa Komunumo *od kurz* juro de [la] EK

EGS = *Abk für* ***Esperanto-Gesellschaft Südharz*** [↑ *dort*]

¹eh *Adv* ◇ ***seit ~ und je*** *seit jeher* de ĉiam; *schon lange* de [tre] longa tempo

²eh *reg für* ***sowieso*** [↑ *dort*]

³eh! *Interj zum Ausdruck von leichtem Zweifel bzw. milder Missbilligung* ej!

eh. *od* **e.h.** = *Abk für* ***ehrenhalber***

ehe *Konj* antaŭ ol

Ehe *f* [ge]edzeco (*vgl. dazu* ***Bigamie***, ***Hochzeit*** *u.* ***Liebesheirat***; ↑ *auch* ***Misch-***, ***Muster-***, ***Schein-***, ***Vernunft-***, ***Verwandten-***, ***Zivil-*** *u.* ***Zwangsehe***); ***in*** (***vor***) ***der ~*** dum (antaŭ) la [ge]edzeco; ***~ zur linken Hand*** *od* ***morganatische ~*** morganata geedzeco; ***eine kinderlose ~*** seninfana [ge]edzeco; ***wilde ~*** neleĝa [ge]edzeco; ***eine zerrüttete ~*** kaduka [ge]edzeco; ***die ~ brechen*** adulti; ***eine ~ für ungültig erklären*** *Jur* deklari [ge]edzecon nevalida; ***jmdm. die ~ versprechen*** promesi la geedzecon al iu

Ehe|anbahnung *f Heiratsvermittlung* edziĝoperado; **~anbahnungsinstitut** *n* edziĝoperejo; **~bett** *n* edzeca lito

ehebrechen *intr (nur im Infinitiv u. Partizip I gebraucht)* adulti

Ehe|brecher *m* adultulo; **~brecherin** *f* adultulino

ehebrecherisch *Adj* adulta

Ehebruch *m* adulto; ***~ begehen*** adulti

ehedem *Adv alt od geh für «vormals»* antaŭe, pli frue

Ehe|frau *f* edzino; **~glück** *n* geedz[ec]a feliĉo; **~joch** *n* geedzeca jugo; **~jubiläum** *n* nupta jubileo; **~krieg** *m, auch* ***Rosenkrieg*** *m* [daŭraj] intergeedzaj kvereloj *Pl*; **~krise** *f* geedzeca krizo

Eheleben *n (des Paars)* geedzeca vivo; ***ihr ~*** ŝia edzina vivo *od* ŝia vivo kiel edzino; ***sein ~*** lia edza vivo *od* lia vivo kiel edzo

Eheleute *Pl* geedzoj *Pl*

ehelich *Adj* geedza, *(nur auf den Ehemann bezogen)* edzeca, *(nur auf die Ehefrau bezogen)* edzina; ***~es Kind*** *n* [laŭ]leĝa infano

ehelichen *tr zur Frau nehmen* edzinigi, preni (***jmdn.*** iun) edzino; *zum Manne nehmen* edzigi, preni (***jmdn.*** iun) edzo

ehelos *Adj Mann* needziĝinta; *Frau* needziniĝinta (*vgl. dazu* ***unverheiratet***)

Ehelosigkeit *f des Mannes* senedzineco, fraŭleco (↑ *auch* ***Zölibat***); *der Frau* senedzeco, fraŭlineco

ehemalig *Adj* iama, eksa; *gewesene[r]* estinta; ***seine ~e Frau*** lia eksedzino

ehemals *Adv* iam; *in früheren Zeiten* en antaŭaj tempoj

Ehe|mann *m, geh* ***Gatte*** *od* ***Gemahl*** *m* edzo; ***betrogener ~***, *auch* ***Hahnrei*** *m* trompita edzo, *auch* kokrito, *(Gehörnter)* kornulo; ***den ~ betrügen*** *sex* kokri, sekse malfideli al la edzo

Ehepaar *n* geedza paro; *Eheleute* geedzoj *Pl*

eher *Adv früher* pli frue; *lieber* prefere, pli volonte; *leichter* pli facile; ***je ~, desto besser*** ju pli frue, des pli bone; ***je ~ du kommst, umso lieber ist es mir*** ju pli frue vi venos, des pli multe tio plaĉos al mi

Ehe|recht *n Jur* geedzeca juro; **~ring** *m* edziĝoringo

ehern *Adj alt od poet* bronza, kupra; *übertr (eisern)* fera; ***~er Wille*** *m* fera volo

Ehe|scheidung *f* divorco, *(des Mannes) auch* eksedziĝo, *(der Frau) auch* eksedziniĝo; **~scheidungsprozess** *m Jur* eksedziĝa (*od* divorca) proceso

Ehescheu *f* ↑ ***Misogamie***

Eheschließung *f Heirat* [ge]edziĝo; *Zeremoniell* geedziĝa ceremonio; ***bürgerliche*** (*od* ***standesamtliche***) ***~*** civila [ge]edziĝo

Ehe|stand *m (Mann)* [stato de] edzeco; *(Frau)* [stato de] edzineco; **~streit** *m* geedzeca kverelo, kverelo inter [la] geedzoj; **~vermittlung** *f (Vorgang)* edziĝoperado, *(Unternehmen)* edziĝoperejo; **~vertrag** *m* edziĝ-kontrakto *od* kontrakto pri edziĝo

Ehnel *m* ↑ ***Großvater***

Ehrabschneider *m* kalumniulo

ehrbar *Adj* honorinda, respektinda; *ehrlich* honesta

Ehrbarkeit *f* honorindeco, respektindeco; *Ehrlichkeit* honesteco

Ehre *f* honoro (↑ *auch* ***Familienehre***); *guter Ruf* reputacio; *Ehrerbietung* omaĝo; *Rel* gloro; ***~ seinem Andenken*** honoron al lia memoro; ***auf ~ [und Gewissen]! od bei meiner ~!*** pro honoro! *od* je mia honoro!; ***es ist eine außerordentliche ~ für mich*** estas eksterordinara honoro por mi; ***jmds. ~ besudeln*** makuli ies honoron *(Zam)*; ***jmdm. ~ erweisen*** fari honoron al iu *(Zam)*, *auch* honori iun; ***jmdm. die letzte ~ erweisen*** fari al iu la lastan honoron (*od* omaĝon); ***seine ~ verlieren*** perdi sian honoron; ***zu ~n von ...*** honore (*od [stärker:]* omaĝe) al ... *od* por la honoro de ... ◇ ~, ***dem*** (*od* ***wem***) ***~ gebührt!*** honoron, al kiu honoro!; ***mit wem habe ich die ~?*** *geh* kun kiu paroli mi havas la honoron?; ***viel ~, viel Last*** ju pli da honoro, des pli da laboro *(Zam)*

ehren *tr* honori (***jmdn.*** iun) *auch einen Verstorbenen*; *respektieren, in Ehren halten* respekti (***jmdn.*** iun), esti respektoplena (***jmdn.*** kontraŭ iu); *wertschätzen* estimi; ***sehr geehrter Herr ...*** *Briefanrede* tre estimata sinjoro ...

Ehrenamt *n* honor-ofico

ehrenamtlich 1. *Adj* honor-ofica; *freiwillig* volontula **2.** *Adv* honor-ofice

Ehren|annahme *f Bankw (einer Tratte)* honora akcepto, *auch* akcepto pro honoro; **~bezeigung** *od* **~bezeugung** *f* riverenco, respekto; *Worte der Wertschätzung* honorigaj vortoj (***für*** por); *Mil (Gruß)* honorsaluto; **~bürger** *m* honora civitano; **~bürgerschaft** *f* honora civitaneco; **~diplom** *n* honordiplomo; **~doktor** *m*, *auch* ***Doktor honoris causa*** (*Abk* ***Dr. h.c.***) doktoro pro honoro; **~doktorwürde** *f* grado de doktoro pro honoro

Ehrengarde *f*, *meist i.w.S.* ***Ehrenkompanie*** *f* honora gvardio; *i.w.S.* honora kompanio; ***die ~ abschreiten*** revui la honoran gvardion

Ehren|gast *m* honora gasto *od* honorgasto; *i.w.S. hoher Gast* altranga gasto; **~geleit** *n* honora eskorto

ehrenhaft *Adj* honor[ig]a, plena de honoro; *i.w.S. ehrlich* honesta

ehrenhalber (*Abk* ***eh.*** *od* ***e.h.***) *Adv* pro honoro; ***der Titel ist ihm ~ verliehen worden*** oni donis al li tiun titolon por honorigi lin

Ehren|kodex *m* honorkodo *od* kodo de honoro; **~komitee** *n* honora komitato

Ehrenkompanie *f* ↑ ***Ehrengarde***

Ehrenlegion *f*: ***Kreuz der ~*** *ein franz. Orden* Ordeno (*od* Kruco) de la Honora Legio; ***Ritter der ~*** Kavaliro de la Honora Legio

Ehren|loge *f im Theater* honora loĝio; **~mal** *n* cenotafo; **~mann** *m*, *auch* ***ein Mann von Ehre*** viro de honoro; *i.w.S. aufrichtiger Mensch* honestulo; **~mitglied** *n* honora membro; **~mord** *m bes. im Nahen u. Mittleren Osten* murdo pro honoro, *auch* honormurdo, *i.w.S. auch* honorkrimo; **~nadel** *f* honorinsigno; **~name** *m* honora nomo; **~pflicht** *f* devo de honoro; **~platz** *m* honora loko; **~präsident** *m* honora prezidanto

[1]**Ehrenpreis** *m* premio de honorigo

[2]**Ehrenpreis** *m*, *pop auch* ***Männertreu*** *f*, *<schweiz> n* (*Gattung* Veronica) *Bot* veroniko (↑ *auch* ***Acker-***, ***Alpen-***, ***Faden-***, ***Finger-***, ***Frühlings- Gamander-*** *u.* ***Steinquendelehrenpreis***); ***ähriger ~*** (Veronica spicata) spika veroniko; ***armenischer ~*** (Veronica armena) armena veroniko; ***echter ~*** (Veronica officinalis) oficina veroniko; ***efeublättriger ~*** *od* ***Efeuehrenpreis*** (Veronica hederifolia) hederofolia veroniko; ***früh blühender ~*** (Veronica praecox) frua veroniko; ***langblättriger ~*** (Veronica longifolia) longfolia veroniko; ***nesselblättriger ~*** (Veronica urticifolia) urtikofolia veroniko; ***niederliegender*** (*od* ***gestreckter***) ***~*** (Veronica prostrata) kuŝanta veroniko; ***österreichischer ~*** (Veronica austriaca) aŭstra veroniko; ***persischer ~*** (Veronica persica) persa veroniko

Ehrenrechte *n/Pl* civitanaj rajtoj *Pl*; ***Verlust m der ~*** perdo de la civitanaj rajtoj, *Jur* civilrajta degrad[ad]o

ehrenrührig *Adj* honordifekta; *beschämend* hontiga

Ehren|runde *f Sport* honora rondkuro; **~sache** *f* afero de honoro; **~schuld** *f* ŝuldo de honoro; **~tafel** *f* tabulo de honoro; **~tag** *m* honora tago; **~titel** *m* honora titolo; **~tribüne** *f* honora tribuno

ehrenvoll *Adj* honora; *lobenswert* laŭdinda; ***~e Erwähnung*** *f z.B. bei einem Wettbewerb* laŭda mencio

Ehren|vorsitzende *m* prezidanto de honoro; **~wache** *f die abgehalten wird* honorgardo; *die angetretene Formation* honora gvardio

ehrenwert *Adj* honorinda; *respektabel* respektinda (*vgl. dazu* ***achtenswert***); *i.w.S. ehrlich, redlich* honesta

Ehrenwort *n* honorvorto *od* vorto de honoro; ***auf ~!*** je mia honoro!

Ehrenzeichen *n* honorsigno; *Orden* ordeno

ehrerbietig 1. *Adj* respekt[plen]a (***gegenüber*** kontraŭ) (↑ *auch* ***ehrfürchtig***) **2.** *Adv* respekt[plen]e; ~ ***grüßen*** *auch* riverenci

Ehrerbietung *f* montro de honoro, honorado; *Hommage, Huldigung* omaĝo; *Ehrfurcht* respekt[eg]o; ***als Zeichen der*** ~ kiel signo de honor[ad]o, omaĝe al ...

Ehretia *f Bot (eine hauptsächlich tropische Pflanzengattung)* eretio

Ehrfurcht *f* respekt[eg]o (***vor*** al *od* antaŭ) (*vgl. dazu* ***Hochachtung***) *Huldigung* omaĝo; ***jmdm. seine*** ~ ***bezeugen*** *jmdm. huldigen* fari omaĝon al iu

ehr|fürchtig *od* ~**furchtsvoll 1.** *Adj* respektoplena **2.** *Adv* respektoplene, *nachgest* plena de respekto *od* kun alta respekto (↑ *auch* ***gottesfürchtig***)

Ehrfurchtsbezeigung *f* riverenco

Ehr|gefühl *n* honorsento *od* sento pri honoro; ~**geiz** *m* ambicio; *Ruhmsucht* gloravido

ehrgeizig *Adj ambitioniert* ambicia, *leicht pej (ruhmsüchtig)* gloravida; ~ ***sein*** esti ambicia, ambicii

ehrlich 1. *Adj* honesta (↑ *auch* ***fair***); *aufrichtig* sincera; *loyal* lojala; ***er ist ein*** ~***er Mensch*** (*od fam* ***Kerl***) li estas homo honesta, *auch* li estas honestulo; ***um*** ~ ***zu sein*** por esti sincera; *um die Wahrheit zu sagen* por diri la veron, *auch* verdire ◇ ~ ***währt am längsten*** per honesteco oni plej multe atingas **2.** *Adv*: ~ ***gesagt*** honeste (*bzw.* sincere) dirite

Ehrlichkeit *f* honest[ec]o; *Aufrichtigkeit* sincereco; *Loyalität* lojaleco

ehrlos *Adj* senhonora (*vgl. dazu* ***infam***, ***respektlos*** *u.* ***würdelos***)

Ehrlose *m* senhonorulo

Ehrlosigkeit *f* senhonoreco

ehrsam *Adj geh veraltend für «ehrenwert» od «achtsam»* honorinda, respektinda

Ehrsucht *f* honoramo, *Ruhmsucht* gloramo, *[krasser:]* gloravido

ehrsüchtig *Adj* honorama, glorama, *[krasser:]* gloravida

Ehrung *f das Ehren* honorado (↑ *auch* ***Ordensverleihung*** *u.* ***Siegerehrung***); *das Zeichen der Wertschätzung (Auszeichnung, Orden u. dgl.)* honoraĵo; *als Festakt u. dgl.* soleno por honori [iun]

Ehrwürden *ohne Art* ↑ ***Hochwürden***

ehrwürdig *Adj* honorinda (*vgl. dazu* ***respektabel***); *altehrwürdig, patriarchalisch* patriarka; ~***e Person*** *f* honorinda persono, *auch* honorindulo

Ehrwürdigkeit *f* honorindeco, respektindeco

Ei *n* ***a)*** ovo (↑ *auch* ***Enten-***, ***Frühstücks-***, ***Gänse-***, ***Hühner-***, ***Rühr-***, ***Spiegel-***, ***Straußen-*** *u.* ***Vogelei***); ***befruchtetes*** (***unbefruchtetes***) ~ fekundigita (nefekundigita) ovo; ***frisches*** ~ freŝa ovo; ***gefüllte*** ~***er*** *Pl Kochk* farĉitaj ovoj *Pl*; ***hartes*** (*od* ***hart gekochtes***) ~ malmole kuirita ovo; ***pochierte*** (*od reg* ***verlorene***) ~***er*** *Pl Kochk* poĉitaj ovoj *Pl*; ***weiches*** (*od* ***weich gekochtes***) ~ mole kuirita ovo; ~***er aufschlagen*** *Kochk* bati ovojn; ***aus dem*** ~ ***kriechen*** (*od* ***schlüpfen***) eliri el la ovo, eloviĝi; ~***er legen*** [de]meti ovojn ◇ ***das*** ~ ***des Kolumbus*** *eine Redensart, die eine verblüffend einfache Lösung für ein unlösbar erscheinendes Problem beschreibt* la ovo de Kolumbo *(Zam)*; ***das*** ~ ***will klüger sein als die Henne*** ovo kokinon ne instruas *(Zam)*; ***kümmere dich nicht um ungelegte*** ~***er!*** ne zorgu pri tio, kio estas ekster via scio!; ***jmdn. wie ein rohes*** ~ ***behandeln*** *mit jmdm. ganz vorsichtig umgehen* trakti iun treege delikate ***b)*** *Pl*: ***Eier*** *pop für «Hoden [des Mannes]»* kojonoj *Pl*, *[derb:] auch* ĉur-ovoj *Pl*

Eiablage *f Biol* demetado de ovo(j), ovumado (↑ *auch* ***Ovipositor***)

EIB = *Abk für* ***Europäische Investitionsbank***

Eibe *f* (*Gattung* Taxus) *Bot (ein Nadelbaum)* taksuso (↑ *auch* ***Florida-*** *u.* ***Nusseibe***); ***chinesische*** ~ (Taxus chinensis) ĉina taksuso; ***gemeine*** (*od* ***europäische***) ~ *od* ***Beereneibe*** *f* (Taxus baccata) eŭropa (*od* bera) taksuso; ***japanische*** ~ (Taxus cuspidata) japana taksuso (*vgl. dazu* ***Zwergeibe***); ***kanadische*** ~ (Taxus canadiensis) kanada taksuso

eibenblätt[e]rig, *auch* ***taxusblätt[e]rig***, *Fachspr Bot auch lat.* ***taxifolius*** *Adj* taksusfolia

Eibengewächse *n/Pl Bot*: ***[Familie der]*** ~ (Taxaceae) taksusacoj *Pl*

Eibildung *f Biol* ↑ ***Ovogenese***

Eibisch *m* (*Gattung* Althaea) *Bot* alteo; ***echter*** ~, *auch* ***Arznei-Eibisch*** *m*, *pop* ***Heil-*** *od* ***Schleimwurzel*** *f* (Althaea officinalis) kuraca (*od* oficina) alteo <*wird auch pharmazeutisch genutzt*>; ***essbarer*** ~ ↑ ***Gumbo***; ***hanfblättriger*** ~ (Althea cannabina) kanabofolia alteo; ***rauer*** ~ (Althaea hirsuta) vila alteo; ***lindenblättriger*** ~, *auch* ***Strandhibiskus*** *m* (Hibiscus tiliaceus = Talipariti tiliaceum) tilioflora hibisko, *auch* strandhibisko *[Vorkommen: häufig innerhalb von Mangrovewäldern]*; ***roter*** ~ *od* ***Stockrose*** *f* (Althaea rosea) alta alteo, *auch* rozalteo; ***südländischer*** ~ ↑ ***Hibiskus***; ***syrischer*** ~ (*auch* ***Straucheibisch*** *genannt*) ↑ *unter* ***Hibiskus***

Eibischwurzel(n) *f/(Pl)* (Althaeae radix) radiko(j) *(Pl)* de alteo

Eiche *f Bot* (*Gattung* Quercus) kverko (↑ *auch* ***Arizona-***, ***Färber-***, ***Flaum-***, ***Grau-***, ***Kermes-***, ***Kork-***, ***Libanon-***, ***Maryland-***, ***Pyrenäen-***, ***Rot-***, ***Scharlach-***, ***Stein-***, ***Stiel-***, ***Trauben-***, ***Trüffel-***, ***Weiß-*** *u.* ***Zerreiche***); ***armenische*** ~ ↑ *unter* ***pontisch***; ***großfrüchtige*** ~ (Quercus macrocarpa) grandfrukta kverko; ***kastanienblättrige*** ~ *od* ***Kastanieneiche*** *f* (Quercus montana) kaŝtanfolia kverko *od* kaŝtankverko *[Vorkommen: im Osten u. in der Mitte der USA]*; ***mongolische*** ~ (Quercus mongolica) mongola kverko; ***persische*** ~ (Quercus macranthera) persa kverko; ***pontische*** ~ ↑ *unter* ***pontisch***; ***portugiesische*** ~, *auch* ***Zenneiche*** *f* (Quercus faginea) portugala kverko *[Vorkommen: Iberische Halbinsel u. Nordafrika]*; ***ungarische*** ~ (Quercus frainetto) hungara kverko; ***veränderliche*** ~ = ***chinesische Korkeiche*** [↑ *unter* ***Korkeiche***]; ***zweifarbige*** ~ (Quercus bicolor) dukolora kverko *[Vorkommen: östl. Nordamerika]*

Eichel *f* ***a)*** *selt auch* ***Ecker*** *f Bot* glano; *Farbe im deutschen Kartenspiel* trefo (*vgl. dazu* ***[2]Treff***) ***b)*** *Anat: des Penis* (Glans penis) glano, <*wiss*> balano

Eichel|ass *n*, *auch* ***Kreuzass*** *n Kart* trefa aso; ~**becher** *m Bot* glaningo; ~**dame** *f*, ***Kreuzdame*** *f Kart* trefa reĝino; ~**entzündung** *f*, *fachsprachl.* ***Balanitis*** *f Med* glaninflamo, balanito; ~**ernte** *f* glan[o]rikolto *od* rikolto de glanoj

eichelförmig *Adj* glanoforma

Eichel|häher *m* (Garrulus glandarius) *Orn* garolo; ~**specht** *m* (Melanerpes formicivorus) *Orn* glanopego *[Vorkommen: Kalifornien (SW-USA) bis NW-Südamerika]*; ~**würmer** *m/Pl* (*Klasse* Enteropneusta) *Zool (wirbellose wurmähnliche Meerestiere mit eichelförmigem Vorderende [Bohrorgan])* enteropneŭstoj *Pl*

[1]eichen *Adj aus Eichenholz [gefertigt]* kverkoligna *od nachgest* [farita] el kverkoligno

[2]eichen *tr Maße u. Gewichte prüfen* laŭnormigi; *als geprüft kennzeichnen* kontrolmarki (↑ *auch* ***kalibrieren***)

Eichen|blatt *n* kverkofolio; ~**[blatt]gallwespe** *f* (Cynips quercusfolii) *Ent* kverk[ofoli]a cinipo

Eichenbock *m*: ***großer*** ~, *auch* ***Held-*** *od* ***Spießbock*** *m* (Cerambyx cerdo) *Ent (ein Käfer aus der Familie der Bockkäfer)* granda cerambiko

Eichen|fass *n* kverk[olign]a barelo; ~**galle** *f Bot* kverkogajlo; ~**holz** kverkoligno *od* kverka ligno; ~**lattich** *m* (Lactuca quercina) *Bot* kverka laktuko; ~**laub** *n* kverkofolioj *Pl*; ~**lohrinde** *f Gerberei* kverka tanŝelo; ~**prozessionsspinner** *m* (Thaumetopea processionea) *Ent* kverka procesiopapilio, <*wiss*> taŭmatopeo kverka; ~**rinde** (Quercus cortex) *f* kverkoŝelo <*auch pharmazeutisch verwendet*>; ~**rotkappe** *f* (Boletus rufus = Leccinum aurantiacum) *Mykologie* rufa boleto; ~**sarg** *m* kverka ĉerko; ~**spinner** *m* (Lasiocampa quercus) *Ent (ein Schmetterling aus der Familie der Glucken)* kverkoŝpinulo <*Raupen fressen hauptsächlich an Eichen*>; ~**tramete** *f od* ~**wirrling** *m* (Daedalea quercina) *Mykologie* kverka poliporo; ~**wald** *m* kverk[o]arbaro

Eichenwickler *m Ent*: ***grüner*** ~ (Tortrix viridana) kverkotortriko <*ein Kleinschmetterling, dessen Raupen Eichen kahlfressen*>

Eichenwirrling *m Mykologie* ↑ ***Eichentramete***

Eichhase *m Mykologie* ↑ *unter* ***Büschelporling***

Eichhörnchen *n*, *reg* ***Eichkätzchen*** *n* (*Gattung* Sciurus) *Zool* sciuro (*vgl. dazu* ***Grau-*** *u.* ***Spitzhörnchen***); ***japanisches*** ~ (Sciurus lis) japana sciuro *[Vorkommen: auf den beiden jap. Hauptinseln Hondō u. Shikoku]*; ***sibirisches*** ~ (Sciurus vulgaris varius) siberia sciuro (*vgl. dazu* ***Feh***)

Eichmaß *n Standardmaß* etalono

Eichung *f* laŭnormigado (↑ *auch* ***Kalibrierung***); *Maßkontrolle* gaŭĝado (*vgl. dazu* ***[2]eichen***)

Eid *m* ĵuro (↑ *auch* ***Fahnen-***, ***Mein-***, ***Offenbarungs-***, ***Verfassungs-*** *u.* ***Zeugeneid***); ***hippokratischer*** ~ *od* ~ ***des Hippokrates***

der ärztliche Eid ĵuro de Hipokrato; ***einen ~ ablegen*** (*od* ***leisten*** *od* ***schwören***) fari ĵuron, *(Zam) auch* ĵuri ĵuron; ***jmdm. einen ~ abnehmen*** ĵurigi iun; ***etw. unter ~ aussagen*** ĵure diri ion; ***einen ~ brechen*** rompi ĵuron;***jmdn. durch ~ verpflichten*** ĵurligi iun; ***Versprechen*** *n* ***unter ~*** ĵurpromeso

Eidam *m* ↑ ***Schwiegersohn***

Eidbruch *m* ĵurrompo

eidbrüchig *Adj* ĵurromp[int]a; ~ ***werden*** rompi sian ĵuron, *auch* ĵurrompi (*vgl. dazu* ***Meineid***)

[1]**Eidechse** *f Zool* lacerto (*vgl. dazu* ***Agame***; ↑ *auch* ***Aaleidechse, Krokodilschwanzechse, Mauer-, Perl-, Smaragd-, Spitzkopf-, Wald-*** *u.* ***Zauneidechse***); ***anatolische ~*** (Lacerta anatolica = Anatololacerta anatolica) anatola lacerto; ***[Familie der] ~n*** *Pl* (Lacertidae) lacertedoj *Pl*

[2]**Eidechse** *f Astron* ↑ ***Lacerta***

Eider|daune *f* lanugo; ~**ente** *f* (Somateria molissima) *Orn* molanaso *[Vorkommen: nördliche Küsten Europas, Asiens u. Nordamerikas]* *<liefert weiche Daunenfedern>* (↑ *auch* ***Prachteiderente***)

Eides|formel *f Jur* formulo de ĵuro; ~-**pflicht** *f* ĵurodevo

eidesstattlich 1. *Adj*: ***~e Erklärung*** (*od* ***Versicherung***) *f* ĵurdeklaro **2.** *Adv* ĵurdeklare

Eidgenosse *m* svisa ŝtatano

Eidgenossenschaft *f*: ***Schweizerische ~***, *auch* ***Confederatio Helvetica*** *f* (*Abk* ***CH***) Svisa Federacio, *auch* Svisa Konfederacio

eidlich *Adv*: ***sich ~ verpflichten*** ĵurligi sin

Ei|dotter *m od n*, *<wiss>* ***Vitellus*** *m (der plasmatische Bestandteil der Eizelle)* ovoflavo, *nur Fachspr auch* vitelo; ~**entwicklung** *f Biol* ovogenezo (↑ *auch* ***Gynogenese***)

Eier|auflauf *m Kochk* [ovo]sufleo; ~**becher** *m* ovingo, ingo por la ovo

Eierbeutel *m Zool* ↑ ***Brutbeutel***

Eierbovist *m Mykologie* ↑ *unter* ***Bovist***

Eierfrucht *f Bot, Nahr* ↑ ***Aubergine***

Eierharfe *f Hausw* ↑ ***Eierschneider***

Eier|korb *m* ovokorbo; ~**kocher** *m Hausw* [elektra] ovokuirilo: ~**kuchen** *m* patkuko (*vgl. dazu* ***Omelett***)

eierkundlich ↑ ***oologisch***

Eier|legen *n* demet[ad]o de ovoj; ~**likör** *m* ovolikvoro; ~**löffel** *m* kulereto [por manĝi (la) ovon]

eiern *intr seitlich ausschlagen (ein Rad)* vobli

Eier|nudeln *f/Pl* ovonudeloj *Pl*; ~**produktion** *f* ovoproduktado; ~**punsch** *m* ovopunĉo; ~**schale** *f* ovoŝelo; ~**schneider** *m*, *<österr>* ***Eierharfe*** *f Hausw* ovotranĉilo

Eierschwamm *m Mykologie* ↑ ***Pfifferling***

Eierspeise *f Kochk* ***a)*** *Gericht aus Eiern* ovaĵo, manĝaĵo farita el ovoj ***b)*** *<österr>* ↑ ***Rührei***

Eierstock *m*, *<wiss>* ***Ovar[ium]*** *n 1. Anat (weibl. Keimdrüse) 2. nur* ***Ovarium*** *Biol (Fruchtknoten)* ovario; ~**arterie** *f* (Arteria ovarica) *Anat* ovaria arterio; ~**entzündung** *f* inflamo de [la] ovario, *auch* ovariito; ~-**hormone** *n/Pl Hormone, die von Eierstock gebildet u. an das Blut abgegeben werden* ovariaj hormonoj *Pl* (*vgl. dazu* ***Gestagen*** *u.* ***Östrogen***)

Eieruhr *f* sablohorloĝo [por mezuri la boladodaŭron de ovo]

Eifel *f linksrheinischer Teil des Rheinischen Schiefergebirges* [regiono] Ejfelo

Eifelien *od* **Eifelium** *n Geol (unteres Mitteldevon)* ejfelio

Eifer *m* fervoro *auch übertr* (*vgl. dazu* ***Zelotismus***; ↑ *auch* ***Bekehrungs-, Feuer-, Lern-, Pflicht-*** *u.* ***Übereifer***); *i.w.S. (Leidenschaft)* pasio, *(leidenschaftliches Streben)* pasia streb[ad]o, *(Glut, Inbrunst)* ardo; ***blinder ~*** blinda fervoro; ***im ~ des Gefechts*** pro troa fervoro, enmeze de la polemiko; ***voller ~ sein*** esti plena de fervoro *od kurz* [tre] fervori (***für*** pri) ◇ ***allzu großer ~ schadet nur*** tro fervori ests danĝere *(Zam)*

Eiferer *m* fervorulo; ***blinder*** (*bzw.* ***fanatischer***) ~ zeloto (↑ *auch* ***Fan***)

eifern *intr* fervori (***nach etw.*** pri io); *entrüstet argumentieren* indigne argumenti (*od auch* paroli) (***gegen*** kontraŭ)

Eifersucht *f* ĵaluzo; ***brennende*** (***krankhafte***) ~ brulanta (malsaneca) ĵaluzo; ***aus ~*** pro ĵaluzo; ***voller ~*** plena de ĵaluzo; ***~ empfinden*** senti ĵaluzon; ***jmdn. mit seiner ~ quälen*** turmenti iun per sia ĵaluzo ◇ ***Liebe und ~ liegen ganz dicht beeinander*** amo kaj ĵaluzo loĝas kune *(Zam)*; ***er ist grün vor ~*** li estas verda pro ĵaluzo

eifersüchtig 1. *Adj* ĵaluza (***auf*** pri, *auch* pro, al *bzw.* kontraŭ; ***weil*** ĉar); ***jmdn. ~ machen*** ĵaluzigi iun; ~ ***sein*** esti ĵaluza, *auch* ĵaluzi *od* konduti ĵaluze; ***grenzenlos*** (***wahnsinnig***) ~ ***sein*** esti senlime (freneze) ĵaluza; ~

werden ĵaluziĝi *od* iĝi ĵaluza **2.** *Adv* ĵaluze; ***etw. ~ bewachen*** etw. eifersüchtig bewachen

Eiffel (*m*) *Eig (ein franz. Ingenieur [1832-1923])* Ejfelo; **~turm** *m in Paris* Ejfel-turo

Eifläche *f Geom* ovoido

eiförmig, *Fachspr Biol* ***ovoid[isch]*** *Adj* ovoforma, ovoida; *oval* ovala

eifrig 1. *Adj* fervora; *i.w.S. (fleißig)* diligenta, *(tatkräftig)* energia, *(enthusiastisch, voller Enthusiasmus)* entuziasama, *nachgest* plena de entuziasmo, *(glühend)* arda (↑ *auch* ***pflichteifrig***); ***er ist ein ~er Briefmarkensammler*** li estas fervora kolektanto de poŝtmarkoj **2.** *Adv*: ***~ bemüht sein*** ege klopodi (***um*** pri); ***~ lernen*** (***studieren***) fervore lerni (studi)

Eigelb *n pop für «Eidotter»* ovoflavo

eigen *Adj jmdm. selbst gehörend (Haus, vier Wände, Wohnung u.a.)* propra; *charakteristisch* karakteriza; *von eigener Art* aparta, *auch* propra (↑ *auch* ***speziell***); *persönlich* persona, privata; *seltsam* stranga; *peinlich genau* skrupula; *wählerisch* elektema; ***aus ~em Antrieb [heraus]*** propramove (↑ *auch* ***spontan***); ***für den ~en Bedarf***, *auch* ***für den Eigenbedarf*** por persona bezono; ***aus ~em Entschluss [heraus]*** propradecide; ***nach ~em Ermessen*** *(Beurteilung)* proprajuĝe; ***meine ~e Familie*** mia propra (*od* mema) familio; ***auf ~e Faust*** propradecide, proprariske; ***sie hat ein ~es Haus*** ŝi havas (*od* posedas) propran domon; ***sie ist wie mein ~es Kind*** ŝi estas kiel mia propra infano; ***auf ~e Kosten*** proprakoste; ***in ~er Person*** proprapersone (↑ *auch* ***höchstpersönlich***); ***eine Landschaft von ~em Reiz*** pejzaĝo de aparta ĉarmo; ***aus ~em Willen*** *Adv* propravole; ***auf ~en Wunsch*** *Adv* propradezire; ***aus ~er Kraft*** propraforte, el propraj fortoj; ***nach ~er Wahl*** laŭ propra elekto; ***etw. mit ~en Augen sehen*** vidi ion propraokule (*od* per propraj okuloj); ***das ist ihr ~*** tio estas karakteriza (*od* tipa) por ŝi; ***dies ist eine den Japanern ~e Sitte*** jen moro propra al la japanoj

Eigenart *f Eigenheit* propreco; *Besonderheit* aparteco *bzw.* apartaĵo; *Charakteristikum* karakterizaĵo; *Originalität* originaleco

eigenartig *Adj* originala, karakteriza; *spezifisch* specifa; *sonderbar, seltsam* kurioza, stranga

eigenartigerweise *Adv* strange

Eigenartigkeit *f* strangeco

Eigenbedarf *m* propra (*bzw.* persona) bezono (↑ *auch unter* ***eigen***)

Eigenbehandlung *f* ↑ ***Selbstbehandlung***

eigenbelüftet *Adj mit Eigen- od Selbstbelüftung* memventol[at]a

Eigenbeschuss *m*, *engl.* ***friendly fire*** *Mil (irrtümlicher Beschuss eigener od verbündeter Streitkräfte)* amika pafado

Eigenbestäubung *f Biol* = ***Selbstbestäubung***

Eigen|bluttherapie *f Med* terapio per propra sango, *(Fachspr)* aŭtohemoterapio; **~brötler** *m jmd., der sich von anderen absondert* apartiĝulo (*vgl. dazu* ***Individualist***); *Sonderling* strangulo; *komischer Kauz* drolulo

Eigendrehimpuls *m Phys* ↑ ***Spin***

Eigen|dünkel *m* sintrotakso; **~finanzierung** *f Wirtsch* memfinancado; **~frequenz** *f El* natura frekvenco

Eigenfunktion *f Naturw* ↑ ***Eigenvektor***

Eigengewicht *n* propra pezo

Eigengift *n Med* ↑ ***Autotoxin***

eigenhändig 1. *Adj*: ***~e Unterschrift*** *f* propramana subskribo **2.** *Adv* propramane; ***~ geschrieben*** propramane skribita (*vgl. dazu* ***holografisch***); ***~ unterzeichnen*** propramane subskribi

Eigenheim *n* propra dom[et]o

Eigenheit *f* propreco; *Besonderheit* aparteco *bzw.* apartaĵo; *Eigenartigkeit* strangeco

Eigenimpfstoff *m Med* ↑ ***Autovakzine***

Eigen|initiative *f* propra iniciato; *Initiativvermögen* iniciatemo; **~kapital** *n [Ggs: Fremdkapital]* propra kapitalo; *Eigenvermögen* propra havo

Eigenkorrelation *f* ↑ ***Autokorrelation***

Eigen|leben *n* individua vivo; **~liebe** *f* sinamo *od* memamo; *Egoismus* egoismo

Eigenlob *n* memlaŭdo *od* laŭdado de si mem, *[stärker:]* glorado de si mem *od* singlorado ◇ ***~ stinkt*** kiu mem sin gloras, malbone odoras *(Zam)*

eigenmächtig 1. *Adj* propraaŭtoritata; *willkürlich* arbitra **2.** *Adv* propraaŭtoritate; arbitre; ***~ handeln*** (*od* ***verfahren*** *od* ***vorgehen***) ag[ad]i propraaŭtoritate (*bzw.* arbitre)

Eigen|mächtigkeit *f* ag[ad]o laŭ propra aŭtoritato; *Willkürlichkeit* arbitr[ec]o; **~name** *m*, *lat.* ***Nomen proprium*** *n* propra nomo;

~**nutz** *m* [persona] profitemo; *Egoismus* egoismo

eigennützig 1. *Adj* serĉanta nur sian personan (*od* propran) profiton; *egoistisch* egoista **2.** *Adv* propraprofite; egoiste

Eigen|produktion *f* propra (*od* enlanda) produktado; *Produktion für den Eigenverbrauch* produktado por la propra konsumo; ~**reflex** *m Physiol* propriocepta reflekso

Eigenregie *f*: ***in ~*** *aus eigener Initiative* el propra iniciativo *od* proprainiciate; *autonom* aŭtonome

eigens *Adv* aparte, speciale (***für*** por)

Eigenschaft *f* eco; *Eigenart* propreco; *Wesensart* karaktero; *Charakteristikum, Merkmal* karakterizaĵo; *Qualität* kvalito; ***übernatürliche ~en*** *Pl* supernaturaj ecoj *Pl*; ***in seiner ~ als Direktor*** [en sia funkcio] kiel direktoro

Eigen|schaftswort *n Gramm* adjektivo; ~**sinn** *m* obstin[em]o; *Trotz* spitemo; *i.w.S. Laune* kaprico

eigen|sinnig *Adj dickköpfig* obstina; *trotzig* spitema; *launisch* kaprica; ~**sprachlich** *auf die eigene Sprache bezogen bzw. in der eigenen Sprache* **1.** *Adj* propralingva **2.** *Adv* propralingve; ~**ständig** *Adj* memstara (*vgl. dazu* ***originär*** *u.* ***selbstständig***); *autonom* aŭtonoma; *i.w.S. originell* originala

eigensüchtig = ***selbstsüchtig***

eigentlich 1. *Adj wirklich* efektiva, reala; *wesentlich* esenca; *ursprünglich* origina; *wahr* vera; ***im ~en Sinne*** (*Abk* ***i.e.S.***) en la propra senco [de la signifo], proprasence **2.** *Adv in Wirklichkeit* efektive, reale; esence; origine; ver[dir]e; *streng genommen* propr[adir]e; ***was wollen Sie ~?*** kion do vi volas?

Eigentor *n Sport* memfarita (*od* memkaŭzita) golo

Eigentum *n* propraĵo; *Jur meist* proprieto, *(das Objekt selbst)* proprietaĵo (↑ *auch* ***Privateigentum***); *Besitz* posedaĵo; ***bewegliches ~*** transportebla posedaĵo; ***geistiges*** (***individuelles, kollektives, persönliches***) ~ spirita (individua, kolektiva, persona) proprieto; ***gesellschaftliches ~*** *Gemeineigentum* socia propraĵo (*od* proprieto)

Eigentümer *m* proprietulo; *Besitzer* posedanto (↑ *auch* ***Miteigentümer***); ***eingetragener ~*** registrita proprietulo

eigentümlich *Adj eigen* propra; *seltsam* stranga; *[bei positiver Bewertung:] Anziehungskraft, Reiz* aparta, rimarkinda, originala, siaspeca (↑ *auch* ***spezifisch***)

eigentümlicherweise *Adv* strange

Eigentümlichkeit *f Eigenheit* propreco; *Seltsamkeit* strangeco; *Besonderheit* aparteco, originaleco, specifikeco (↑ *auch* ***Charakteristikum*** *u.* ***Spracheigentümlichkeit***)

Eigentums|recht *n Jur* proprietjuro, *(Recht auf Eigentum)* propriet-rajto; ~**wohnung** *f* privatposeda loĝejo

Eigenvektor *m* (*auch* ***Eigenfunktion*** *genannt*) *Naturw* ejgena vektoro

eigenverantwortlich *Adj* memrespondeca *od* memresponsa

Eigen|verbrauch *m* propra konsumo; ~**vermögen** *n* propra havo

eigenwillig *Adj dickköpfig* obstina; *trotzig* spitema; *launisch, kapriziös* kaprica; *subjektiv* subjektiva; *willkürlich* arbitra

Eiger *m ein Gipfel im Berner Oberland* [monto] Ejgero

eignen, sich *refl taugen* taŭgi, esti taŭga; *passend sein* esti konvena; *nützlich sein* esti utila; *fähig sein* esti kapabla (***für*** por); *talentiert sein* havi talenton (***für*** por)

Eigner *m Schiffs*~ posedanto [de ŝipo], ŝipposedanto

Eignung *f* taŭgeco; kapableco; talento

Eignungs|prüfung *f* ekzameno pri [profesia *u.a.*] taŭgeco; ~**test** *m* testo pri kapableco (*od* taŭgeco)

Eihaut *f Biol* vitela membrano; ***Eihäute*** *f/Pl* ***des Fötus*** *sekundäre Eihüllen, die am Rand der Plazenta ansetzen* fetaj membranoj *Pl*

Eiklar *n* ↑ ***Eiweiß a)***

Eiklarschnee *m Nahr* ↑ ***Eischnee***

Eikonogen *n Chem (amidonaphtolsulfosaures Natrium)* ikonogeno

Eiland *n geh od poet für «[kleine] Insel»* [eta] insulo

Eilat (*n*), *auch* ***Elat*** (*n*) *eine israelische Hafenstadt am Roten Meer* Ejlato

Eilbote *m*, *alt* ***Expressbote*** *m* kuriero, ekspreso; ***per ~n*** *Post* eksprese

Eil|brief *m* Post ekspresa letero (*vgl. dazu* ***Eilsendung***); ~**bus** *m Verk* ekspresa [aŭto]buso

Eile *f* rapido (*vgl. dazu* ***Hast***; ↑ *auch* ***Windeseile***); *Hast* hasto; ***damit hat es keine ~*** *es drängt nicht* tio [tute] ne urĝas; ***die Sache hat große ~*** la afero estas tre urĝa; ***in ~ sein*** ne havi tempon, devi rapidi,

(Person) rapidema; ***jmdn. zur ~ drängen*** urĝ[ig]i iun

Eileiter *m **a)** auch **Salpinx** od **Tube** f Anat* ovodukto, <*wiss*> salpingo, *auch* (Tuba uterina) utera tubo; ***[operative] Entfernung f eines ~s***, *Fachspr **Salpingektomie** f Chir* salpingektomio ***b)** von Hühnern u. Vögeln* ovodukto

Eileiter|entzündung *f, auch **Tubenentzündung** f, Fachspr **Salpingitis** f Med* inflamo de la ovodukto (*od* salpingo), *(Fachspr)* salpingito; **~ruptur** *f, Fachspr **Tubenruptur** f Med (Zerreißen eines Eileiters* <*bes. bei Tubengravidität*>*)* ŝiriĝo de la ovodukto (*od* salpingo)

eilen *intr* rapidi (***zu*** al) (↑ *auch **sich beeilen** u. **nacheilen***); *drängen, dringend sein* urĝi, esti urĝa; ***nach Hause ~*** rapidi hejmen; ***die Sache eilt nicht*** la afero ne urĝas, *(Zam) auch* la afero ne brulas

eilends *Adv* [tre] rapide

Eilgut *n* rapidfrajtaĵo; *Expressgut* ekspresfrajtaĵo

eilig 1. *Adj Eile erfordernd, dringend* urĝa; *rasch, schnell* rapida; *hastig* hasta; *unaufschiebbar* neprokrastebla **2.** *Adv: schnellen Schrittes* rapidpaŝe; ***er hat es immer ~*** li ĉiam rapidas; *er hat nie Zeit* li neniam havas tempon **3.** *Substantivierung*: ***nichts Eiligeres zu tun haben als ...*** havi nenion pli urĝan [por fari] ol ...

eiligst *Adv* plej urĝe; *schnellstens* plej rapide (↑ *auch **spornstreichs***)

Eil|meldung *f* urĝa komuniko; **~post** *f* urĝa poŝto; **~seeschwalbe** *f* (Sterna bergii) *Orn* granda tufŝterno *[Vorkommen: Inselwelt des Indischen Ozeans u. des Westpazifiks, spwie in küstennahen Gewässern Australiens]*; **~sendung** *f Post* ekspresa sendaĵo; **~zug** *m mit Komfort des Regionalverkehrs* rapidtrajno (*vgl. dazu **Expresszug***); **~zustellung** *f Post* ekspresa liverado

Eimer *m* sitelo (↑ *auch **Abfall-**, **Farb-**, **Melk-**, **Müll-** u. **Treteimer***); ***ein ~ Farbe*** (***Wasser)*** sitelo da farbo (akvo) ◇ ***im ~ sein*** *kaputt sein* esti [plene] difekt[it]a; *völlig chaotisch sein* esti absolute kaosa; *vergeblich sein* esti vana

Eimer|kette *f des Eimerkettenbaggers* trogĉeno; **~[ketten]bagger** *m Tech* dragmaŝino kun trogĉeno

ein|(~e, ~er, ~[es]) 1. *Num* unu; ***es ist ~ Uhr*** estas la unua [horo]; ***~ für alle Mal*** unufoje por ĉiam; ***~er nach dem anderen*** unu post la alia; ***~ und derselbe*** (*bzw.* ***dieselbe*** *od* ***dasselbe***) [tute] la sama; ***in ~em Alter sein*** havi la saman aĝon *od* esti samaĝa; ***in ~em fort*** senĉese, senhalte, senpaŭze; ***mit ~em Mal*** (*od* ***Schlag***) per unu fojo (*vgl. dazu **plötzlich** u. **unerwartet***); ***nicht ~er*** (*od* ***ein einziger***) ***kam*** ne eĉ unu venis **2.** *unbestimmter Art [bleibt im Esp unübersetzt]*: ***~ Hund*** hundo; ***~e Katze*** katino **3.** *Adv **a)** Bez an Schaltvorrichtungen u. dgl.* startu! ***b)** in bestimmten Fügungen*: ***nicht mehr ~ noch aus wissen*** *nicht wissen, was zu tun ist* ne plu scii kion fari; *keinen Ausweg sehen* ne plu vidi elirvojon [el la afero] **4.** *Indef Pron: jemand, irgendeine(r)* iu; ***~es Tages*** iun tagon *od* iutage; ***das freut ~en*** tio estas ĝojiga [afero *bzw.* sciigo *u.a.*]; ***das tut ~em wohl*** tio bonfaras; *das ist angenehm* tio estas agrabla

Einakter *m Theat* unuaktaĵo, *auch* unuakta teatraĵo

einaktig *Adj Theat (aus einem Akt bestehend)* unuakta

einander *reziprokes Pron **a)*** unu la alian, sin reciproke (*vgl. dazu **gegenseitig***); ***~ begrüßen*** *od* ***sich [gegenseitig] begrüßen*** saluti unu la alian; ***wir helfen ~*** ni helpas unu la alian *od* ni reciproke nin helpas; ***sie küssten ~*** ili reciproke sin kisis ***b)** häufig Verbalkonstruktion mit* inter...: ***sie drückten ~ die Hände*** ili interpremis la manojn

einarbeiten *tr* enkonduki, alkutimigi; *einfügen* envicigi, enmeti, enigi (***etw.*** ion); ***sich ~*** *refl* kutimiĝi (***in*** al), spertiĝi (***in*** en)

einarmig *Adj* unubraka (*vgl. dazu **einhändig***); ***~es Reißen*** *n Gewichtheben* unumana ŝiro

Einarmige ***a)** m* unubrakulo ***b)** f* unubrakulino

einäschern *tr **a)*** cindrigi, tute forbruligi ***b)*** <*schweiz*> ***kremieren*** *Leichnam* kremacii

Einäscherung *f* cindrigo; *Feuerbestattung, Kremation* kremacio

Einäscherungshalle *f*, <*österr*> *auch **Feuerhalle** f* kremaciejo

einatembar *Adj* [en]spirebla

einatmen ***a)** tr* enspiri (*vgl. dazu **inhalieren***) ***b)** intr u. abs*: ***tief ~*** profunde enspiri; ***atmen Sie tief ein!*** *bei ärztlicher Untersuchung* profunde enspiru!

Einatmen *n od* **Einatmung** *f* enspirado

Einatmungsluft *f* enspirata aero
einatomig *Adj Chem* unuatoma
einäugig *Adj mit [nur] einem Auge* unuokula; *auf einem Auge blind* blinda je unu okulo
Einbahnstraße *f Verk* unudirekta strato
einbalsamieren *tr* enbalzamigi
Einbalsamierung *f* enbalzamigo (↑ *auch* ***Mumifizierung***)
Einband *m Buchw* bindaĵo (↑ *auch* ***Halbfranz***, ***Halbleinen-***, ***Leder-***, ***Leinen-***, ***Papp-*** *u.* ***Plasteinband***); ~**decke** *f Buchw* kovrilo [de libro *bzw.* de albumo *u.a.*]
einbändig *Adj* unuvoluma
einbasisch *Adj Chem* unubaza; ~***e Säure*** *f* unubaza acido
Einbau *m* ***a)*** *Aufstellen, Montage* muntado (*vgl. dazu* ***Installation***); *Einmauern* enmasonado ***b)*** *eingebautes Teil* muntaĵo
einbauen *tr* enkonstrui *auch Tech*; *integrieren* integri (***in*** en); ***eingebaut*** *z.B. ein Küchengerät, Möbel u. dgl.* enkonstruita; *integriert* integrita
Einbaum *m ein Bootstyp bei indigenen Völkern* trunk[o]boato (*vgl. dazu* ***Kanu a)*** *u.* ***Piroge***)
Einbeere *f* (*Gattung* Paris) *Bot* pariso; ***vierblättrige*** ~ (Paris quadrifolia) *eine kleine Staude aus der Familie der Liliengewächse [eurasiatisch]* kvarfolia pariso
einbegriffen **1.** *Part*: ***im Preis sind die Versandkosten*** ~ la prezo inkluzivas la sendkostojn **2.** *Adv* inkluzive (*Abk* inkl.); *eingerechnet* enkalkulite
einbehalten *tr zurückhalten* reteni; *für sich selbst behalten* reteni por si mem; *nicht übergeben* ne transdoni
einbeinig *Adj* unugamba; *i.e.S. (mit nur einem Unterschenkel)* unukrura
einberufen *tr Gremium, Tagung* kunvoki; ***zum Militärdienst*** ~ ***werden*** esti rekrutigata por servo en la armeo
Einberufung *f* kunvoko; *Mil* rekrutigo, enarmeigo; ~ ***einer Tagung*** kunvoko de konferenco
Einberufungsbefehl *m* rekrutiga ordono
Einbett|kabine *f Mar* unulita kajuto; ~**zimmer** *n*, *<schweiz>* ***Einerzimmer*** *n im Hotel* unulita (*od* unupersona) ĉambro
einbeulen *tr* iomete kavigi
einbeziehen *tr in einen Artikel od ein Programm* inkludi *od* inkluzivi (*vgl. dazu* ***mitrechnen***)
Einbeziehung *f* inkludo (↑ *auch* ***Einschluss a)***) (↑ *auch* ***Inklusion***)
einbiegen ***a)*** *tr* [preme] fleksi internen ***b)*** *intr*: ***hier musst du rechts*** ~ ĉi tie vi devas [vin] turni dekstren, *(mit Kfz)* ĉi tie vi devas veturi dekstren; ***von der Hauptstraße links in die Puschkin-Straße*** ~ forlasi la ĉefan straton kaj, sin turnante maldekstren, iri (*bzw. Kfz* veturi) en la Puŝkin-straton; ***in eine Nebenstraße*** ~ iri (*bzw. Kfz* veturi) en flankan straton
einbilden, sich *refl* imagi, *Zam auch* imagi al si; *dünkelhaft sein* esti orgojla; *fälschlich vorstellen* iluzii sin (*od* al si); *stolz sein* esti fiera (***auf etw.*** je io); *eitel sein* esti vanta, *auch* vanti; ***das bildest du dir bloß ein*** tion vi nur iluzias al vi ◇ ***was bildest du dir ein!*** kia impertinenteco!
Einbildung *f* ***a)*** *Vorstellung* imago, *(das Sichvorstellen)* imagado (*vgl. dazu* ***Einbildungskraft***); *Phantasie* fantazio (↑ *auch* ***Wahn***; *Illusion* iluzio (*vgl. dazu* ***Täuschung***, ***Utopie*** *u.* ***Vision***); ***aus*** ~ pro imago ***b)*** *Dünkelhaftigkeit, Überheblichkeit* aroganteco
Einbildungs|kraft *f od* ~**vermögen** *n* imagokapablo *od* imagopovo; *Phantasie* fantazio
einbinden *tr Geheftetes, Druckbogen* bindi
Einblatt *n* (Spathiphyllum) *Bot* spatifilo
einbläuen *tr* perforte enkapigi (*od* enmemorigi), *[drastischer:]* marteli en la kapon
Einblick *m Blick in etw. hinein* enrigardo (***in*** en *mit Akk*); *übertr (Verstehen)* kompreno, *(Kenntnis)* [profunda] kono; *Eindruck* impreso; ***jmdn. einen*** ~ ***gewähren*** permesi al iu enrigardon; ~ ***in etw. haben*** havi konon pri io
einblumig, *Fachspr Bot auch lat.* ***uniflorus*** *od* ***monanthus*** *Adj* unuflora
einbohren *tr* bori en *mit Akk*
einbrechen ***a)*** *tr aufbrechen, z.B. eine Tür* enrompi ***b)*** *intr gewaltsam eindringen, z.B. in ein Haus* perforte penetri en *mit Akk*; *zu Bruch gehen* rompiĝi; *Mil: in eine feindliche Stellung* [atake] invadi; ***die Brücke ist heute früh eingebrochen*** la ponto hodiaŭ matene rompiĝis
Einbrecher *m* romp[o]ŝtelisto, *auch* enrompisto *od* domrompisto; *i.w.S. (Räuber)* rabisto, *(Dieb)* ŝtelisto; ~**bande** *f* bando da enrompistoj
Einbrenne *f*, *<österr>* ***Einbrenn*** *f* (*Syn*:

Mehlschwitze) *Kochk* farunrostaĵo, [en graso] rostita faruno
einbrennen *tr*: ***eine Brandmarke*** ~ *z.B. bei Vieh* brulmarki; ***Mehl*** ~ *Kochk* rosti farunon [en graso] (↑ *auch* ***anschwitzen***)
Einbrennsoße *f Kochk* saŭco el rostita faruno
einbringen *tr hineinbringen* enporti; *verursachen* kaŭzi; *erzeugen, herbeiführen, Gewinn, Nutzen* alporti; ***die Ernte*** ~ enporti la rikoltaĵon; ***er hat den Großteil des Kapitals in das Unternehmen eingebracht*** li kontribuis la plimulton de la kapitalo en la entreprenon
einbringlich = ***einträglich***
einbrocken *tr*: ***Brot in Milch*** ~ pecetigi panon kaj trempi ĝin en lakton ◇ ***die Suppe auslöffeln, die man sich [selbst] eingebrockt hat*** kiu kaĉon kuiris, tiu ĝin manĝu *(Zam) od* la kaĉon vi kuiris, nun vi [mem] ĝin manĝu; ***da hast du mir etwas Schönes eingebrockt*** per tio vi trenis min en belegan dilemon
Einbruch *m in ein Haus* enrompo, romp[o]ŝtelo; *plötzlicher Beginn von etw.* [subita] komenco; *Mil (z.B. in eine gegnerische Stellung)* invado (***in*** de); ***bei*** ~ ***der Nacht*** ĉe noktiĝo; ~ ***von Kaltluft*** [subita] enfluo de malvarma aero
Einbruchsdiebstahl *m* romp[o]ŝtelo *od* enrompo kaj ŝtelo
einbruchsicher *Adj* sekura kontraŭ rompoŝtelo
Einbruchs|kessel *m Geol* kaldrono; ~**versicherung** *f* asekuro kontraŭ rompoŝtelo
einbuchten *tr umg für «ins Gefängnis sperren»* ĵeti en la malliberejon, enprizonigi
Einbuchtung *f Geogr* [malgranda] golfo; *Anat (Vertiefung [Rexessus])* receso
einbürgern *tr*: ***jmdn.*** ~ doni la civitanajn rajtojn al iu, ŝtatanigi (*od* naturalizi) iun; ***sich*** ~ *übertr* enradikiĝi
Einbürgerung *f* naturalizo *auch in Bezug auf Pflanzen- od Tierarten in ein Gebiet, in dem sie vorher nicht vertreten waren (so z.B. die Einführung des Fasans in Mitteleuropa)*, ŝtatanigo (↑ *auch* ***Wiedereinbürgerung***); *übertr* enradikiĝo
Einbürgerungsurkunde *f*, *auch* ***Naturalisierungsurkunde*** *f* dokumento de naturalizo
Einbuße *f Verlust* perdo, malgajno; *Defizit* deficito; ~***(n) erleiden*** suferi perdo(j)n; ***das bedeutet eine*** ~ ***für ihn*** tio signifas perdon (*od* malgajnon) por li
einbüßen *tr* perdi, malgajni, malprofiti; *Schaden erleiden* suferi perdojn; ***das Vertrauen*** ~ perdi la konfidon
eincremen, *auch* ***einkremen*** *tr* ŝmiri kremon sur *mit Akk* (*vgl. dazu* ***salben***)
Eincremen *n* ŝmirado per kremo
eindämmen *tr eindeichen* endigigi, ĉirkaŭdig[ad]i; *zügeln* bridi; *begrenzen* limigi; ***das Wettrüsten*** ~ limigi la vetarmadon
Eindämmung *f* endigigo; *Zügelung* bridado; *Begrenzung* limigo; ~ ***von Gewalt*** limigo de perfortaĵoj
eindampfen *tr* vaporigi, kondensi
Eindampfungsgestein *n* ↑ ***Evaporit***
eindecken *tr* ***a)*** *zudecken* kovri; *mit einem Dach versehen* tegmenti, kovri per tegmento; ***ein Dach mit Dachziegeln*** (***Schiefer***) ~ tegmenti domon per tegoloj (ardezoj) ***b)*** *überschütten, überhäufen* superŝuti (***mit*** per) ***c)*** *refl:* ***sich*** ~ *bevorraten* sin sufiĉe (*od [stärker:]* abunde) provizi (***mit etw.*** per io *od* je io)
Eindecker *m Flugw* monoplano (↑ *auch* ***Doppel-***, ***Hoch-***, ***Mittel-*** *u.* ***Tiefdecker***)
eindeichen *tr* endigigi, *auch* ĉirkaŭdigi *od* provizi per digo
Eindeichung *f* endigado, ĉirkaŭdigado
eindellen *tr* iomete kavigi
eindeutig *Adj nur eine Bedeutung habend* unusignifa, unusenca; *Ling (monosem)* monosemia; *Math (Ergebnis)* unika; *i.w.S. völlig klar* tute klara; *unmissverständlich* nemiskomprenebla
Eindeutigkeit *f* unusignifeco (↑ *auch* ***Klarheit***); *Ling (Monosemie)* monosemio
eindeutschen *tr ein Wort* germanigi, [transformi por] adapti al la germana [lingvo]
Eindeutschung *f* germanigo
eindicken ***a)*** *tr* kondensi *auch Sauce*; *Chem (reduzieren, einkochen)* redukti ***b)*** *intr* kondensiĝi; *Chem* reduktiĝi
eindimensional *Adj* unudimensia
eindocken ↑ ***docken***
Eindocken *n Mar* ↑ ***Docken***
eindrängen, sich *refl in zudringlicher Weise* entrudiĝi (***in*** en *mit Akk*), [en truda maniero] enmiksiĝi (***in*** en *mit Akk*) (*vgl. dazu* ***sich einmischen***)
eindrehen *tr*: ***sich die Haare*** ~ *mit Lockenwicklern* frizi siajn harojn uzante buklilojn (*od* papilotojn)

eindringen ***a)*** *intr* penetri, eniĝi (***in*** en *mit Akk*); *Med (Geschwulst, Zellen)* infiltriĝi, *(Fremdkörper)* penetri, *(Krankheitskeime)* invadi; *Mil (in feindliches Gebiet)* invadi, perforte [en]penetri; *als unerwünschte od lästige Person* entrudiĝi *auch im Tierreich: eine neue Art in ein Biotop*; ~ ***lassen*** penetrigi; ***auf jmdn.*** ~ *jmdn. bedrängen, etw. zu tun* premi *od* urĝigi iun [ke li/ŝi *u. folgendes Verb in der* u-*Form*] ***b)*** *sex (Penis) eindringen in:* ***er drang in sie ein*** li penetris ŝin

Eindringen *n* penetrado (↑ *auch* ***Invasion***); *Med* infiltriĝo, penetrado, invado (*vgl. dazu* ***eindringen a)***)

eindringlich **1.** *Adj* insista; *energisch* energia; *mit Nachdruck* emfaza; *dringend* urĝa **2.** *Adv*: ***jmdn.*** ~ ***bitten*** insiste peti iun

Eindringling *m* entrudiĝanto *bzw.* entrudiĝinto, *auch* entrudulo; *mit Gewalt Eindringender bzw. Eingedrungener* invadanto *bzw.* invadinto *auch Krankheitskeime*; *Aggressor* agresanto *bzw.* agresinto; *i.w.S. (Störenfried)* ĝenulo, *(lästiger Mensch)* tedulo

Eindruck *m* ***a)*** impreso (***auf*** sur; ***von etw.*** de io); ***einen*** ~ ***bekommen*** ricevi impreson (***von*** pri); ***ich kann mich des*** ~***s nicht erwehren, dass ...*** mi ne povas forigi de mi la impreson, ke ...; ***einen schlechten*** ~ ***hinterlassen*** postlasi malbonan impreson; ***bei jmdm. unvergessliche Eindrücke hinterlassen*** postlasi ĉe iu neforgeseblajn impresojn; ***sie hat einen guten*** (***unglücklichen***) ~ ***auf mich gemacht*** ŝi faris bonan (malfeliĉan) impreson sur min; ***wir standen noch lange unter dem*** ~ ***des schrecklichen Ereignisses*** ankoraŭ longe ni nin trovis sub la impreso de tiu terura okazintaĵo; ***nach dem ersten*** ~ ***[zu urteilen]*** [juĝante] laŭ la unua impreso ***b)*** *[durch Druck] hinterlassene Spur, Abdruck (z.B. einer Fußspur im Sand)* premsigno(j), spuro(j) *(Pl)* ***c)*** *Typ* enpres[aĵ]o

eindrucken *tr Typ* enpresi

eindrücken *tr* enpremi; *platt drücken* platpremi; *durchstoßen* trapuŝi; ***die Kotflügel waren eingedrückt*** la kotŝirmiloj estis enpremitaj (*od* kavigitaj)

eindrucksvoll *Adj* impresa; *imponierend* impona; *wirkungsvoll* efekt[oplen]a; *überzeugend* konvinka

ein|duseln *intr umg für «in Halbschlaf fallen»* ekdormeti; ~**ebnen** *tr* ebenigi (↑ *auch* ***ebnen*** *u.* ***planieren***)

Eineibnung *f* ter-ebenigo

Einehe *f* ↑ ***Monogamie***

eineiig, <*wiss*> ***monozygot*** *Adj*: ~***e Zwillinge*** *m/Pl* unuovolaj (*od* unuzigotaj) ĝemeloj *Pl*

eineinhalb *Num (substantivisch)* unu kaj duono, *(adjektivisch)* unu kaj duona; ***es hat*** ~ ***Stunden gedauert*** daŭris unu kaj duonan horon

einen *tr* unuigi; *Eintracht herbeiführen* konkordigi; ***sich*** ~ *geh für «sich vereinigen»* unuiĝi

einengen *tr* malvastigi; *übertr* limigi, malpliigi (*vgl. dazu* ***begrenzen*** *u.* ***verkleinern***)

einer ↑ *unter* ***ein***

[1]**Einer** *m*, <*österr*> *u. reg* ***Einser*** *m Math* unuo

[2]**Einer** *m Wassersport* unuopa boato (*bzw.* kajako *u.a.*); ~**kajak** *m od n* unuopa (*od* unupersona) kajako

einerlei *Adj (nur prädikativ)* tute egala, indiferenta; ***es ist mir*** ~ tio estas al mi tute egala; *das interessiert mich nicht* tio ne interesas min

Einerlei *n Eintönigkeit* monotoneco; *Einförmigkeit* unuformeco; ***das ewige*** ~ ĉiam la sama enuiga afero (*bzw.* litanio *u.a.*)

einerseits *od* **einesteils** *Adv* unuflanke

Einerzimmer *n* ↑ ***Einbettzimmer*** *u.* ***Einerzimmer*** *n*

einexerzieren ↑ ***exerzieren a)***

einfach **1.** *Adj leicht, ohne Mühe* facila, *(leicht lösbar) auch* facile solvebla, *(leicht verständlich) auch* facile komprenebla; *unkompliziert* nekomplikita *od* malkomplik[it]a; *bescheiden* modesta; *keine Launen habend* senkaprica; *Ggs von mehr- od vielfach* unufoja; *schlicht, nicht affektiert* simpla, senafekta; ***ein*** ~***er*** (*od* ***glatter***) ***Bruch*** *m Med* simpla frakturo; ~***er Körper*** *m Chem (Grundstoff. Element)* simpla korpo; ~***e Kost*** *f* simpla(j) manĝaĵo(j) *(Pl)*; ~***e Leute*** (*od* ***Menschen***) *Pl* ordinaraj (*od* simplaj) homoj *Pl*, *auch* ordinaruloj *Pl*; ***ein*** ~***er Soldat*** *m* simpla soldato; ~***es Wort*** *n*, *Fachspr Ling* ***Simplex*** *n (nicht zusammengesetztes Wort)* simpla vorto (↑ *auch* ***Grundwort***); ~***e Zeit [des Verbs]*** *Gramm* simpla verbotempo; ***wirklich ganz*** ~ elemente simpla; ***so*** ~ ***ist die Sache nun auch wieder nicht*** tamen ne tiom simplas la afero **2.** *Adv* simple; *[der Verstärkung dienend:] wahrlich, wirklich* vere, fakte; ~ ***gekleidet*** simple vestita; ***ich verstehe das ~ nicht*** mi tute ne komprenas (*od* ne povas kompreni) tion; ***die Lage ist ~ hoffnungslos*** la situacio estas fakte senespera (*od* malesperiga); ***das Wetter ist ~ herrlich*** la vetero estas vere belega; ***darüber möchte ich ~ nicht reden*** (*od* ***sprechen***) pri tio mi volas simple ne paroli

Einfachbenennung *f* simpla termino

Einfachheit *f Leichtigkeit* facileco; *Unkompliziertheit* malkomplik[it]eco; *Bescheidenheit* modesteco; *Schlichtheit, geh Simplizität* simpleco (↑ *auch* ***Einfachheit*** *u.* ***Ungekünsteltheit***); ***der ~ halber*** por simpligi la aferon; *weil es so einfacher ist* ĉar tiel ĉi estas pli simple

einfädeln *tr* ***a)*** *Schnürsenkel u.a.* tredi; ***einen Faden in ein Nadelöhr ~*** tredi fadenon en kudriltruon, *auch* enkudriligi ***b)*** *übertr* iniciati, *[insgeheim bzw. geschickt] vorbereiten* [kaŝe *bzw.* lerte] prepari; ***eine Intrige schlau ~*** ruze prepari intrigon ***c)*** *refl*: ***sich ~*** *Auto* enviciĝi laŭ ziposistemo

einfahren ***a)*** *tr*: ***die Ernte ~*** enporti (*od* enveturigi) la rikoltaĵon [en la grenejon *od* garbejon *u.a.*] ***b)*** *intr* enveturi (***in*** en *mit Akk*); *zur Arbeit in die Grube hinunterfahren* malsuprenveturi (*od* descendi) en la ŝakton [de minejo]; ***der Zug ist bereits eingefahren*** la trajno jam enveturis [en la stacion], la trajno jam alvenis

Einfahrgleis *n Eisenb* alventrako

Einfahrt *f* enveturo; *Stelle, wo man in etw. hineinfährt* enveturejo; *Zufahrtsstraße* alvetura (*od* alkonduka) strato; *Hafeneinfahrt* enveturejo en la havenon (↑ *auch* ***Kanaleinfahrt***); *Einfahrt in den Stollen* descendo en la ŝakton; ~ ***verboten!*** *Verk* enveturo malpermesata!

Einfahrtssignal *n Eisenb (Mast)* envetur-semaforo, *(das gegebene Signal zur Einfahrt)* envetur-signalo

Einfall *m* ***a)*** *plötzlicher Gedanke, [plötzliche] Idee* ekpenso, [subita] ideo; *Inspiration* inspiro; *Laune, Grille* kaprico; ***närrischer ~*** *toller Streich* kapriolo; ***witziger ~*** *Gag* gago; ***das war nur so ein ~ von mir*** *umg* tio estis nura ideo (*od* ekpenso) de mi ***b)*** *Mil (Überfall)* invado; ~ ***in ein Land*** invado de [alia] lando

einfallen *intr* ***a)*** *einstürzen* [subite] falegi, terenfali, ruiniĝi ***b)*** *einen plötzlichen Gedanken haben* ekpensi, havi [subitan] ideon ***c)*** *Mil* invadi, perforte eniri [kaj ekokupi fremdan landon] (*vgl. dazu* ***einmarschieren***) ***d)*** *Licht, Strahlen* incidi ***e)*** *sich niederlassen, bes. Federwild od Vögel* alflugi kaj resti (***in*** en) ***f)*** *sich plötzlich erinnern* [ek]rememori; ***mir fällt gerade ein, dass ...*** mi ĵus rememoras, ke ... ***g)*** *einsinken:* ***eingefallene Wangen*** *f/Pl* enfalintaj vangoj *Pl* (*vgl. dazu* ***abmagern***) ***h)*** *Mus ([plötzlich] mitsingen bzw. mitspielen)* kunekkanti, kunekludi ◇ ***was fällt Ihnen [denn] ein!*** *empörter Ausruf* kion vi arogas al vi!

einfallsreich *Adj voller guter Ideen* plena de bonaj ideoj *nachgest* (*vgl. dazu* ***Kreativität***)

Einfallswinkel *m Opt* incida angulo *od* angulo de incido

Einfalt *od* **Einfältigkeit** *f Naivität* naiveco; *Borniertheit* fermitkapeco; *Beschränktheit* spirita malvasteco (*vgl. dazu* ***Dummheit***)

einfältig *Adj naiv* naiva; *borniert* fermitkapa; *beschränkt* spirite malvasta; *naiv-dumm* naive stulta (*vgl. dazu* ***dumm*** *u.* ***treuherzig***); ~***er Kerl*** *m*, *<österr> umg* ***Thaddädl*** *m* naivulo, *(Schildbürger)* abderano

Einfältigkeit *f* ↑ ***Einfalt***

Einfaltspinsel *m* naivulo, malvastcerbulo; *Dummkopf* stultulo (↑ *auch* ***Simpel***)

einfalzen *tr einfugen* enfoldigi

Einfamilienhaus *n* (*Abk [in Annoncen:]* ***EFH***) unufamilia domo

einfangen *tr* ***a)*** *einfangen u. in Gewahrsam nehmen* kapti [kaj enfermi]; *wieder [ein]fangen* rekapti (↑ *auch* ***auffangen***); ***Elektronen ~*** *Phys* kapti elektronojn ***b)*** *übertr* priskribi, skizi, *umg auch* kapti; ***etw. mit der Kamera ~*** kapti ion per la kamerao

Einfarbdrossel *f* (Turdus unicolor) *Orn* unukolora turdo

einfärben *tr bes. Textilien* tinkturi

einfarbig, *<österr>* ***einfärbig*** *Adj* unukolora; *Opt (nur zu einer Wellenlänge gehörig* monokromata; ~***e Krawatte*** *f* unukolora kravato

Einfarb|segler *m* (Apus unicolor) *Orn* unukolora apuso *[Vorkommen: Madeira u. Kanarische Inseln]*; ~**star** *m* (Sturnus unicolor) *Orn* nigra sturno; ~**ziesel** *m*, *auch* ***Schlichtziesel*** *m* (Citellus citellus) *Zool (eine südosteuropäische Art der Hörnchen)* eŭropa zizelo

einfassen *tr Edelstein* enfiksi, munti; *einrahmen* enkadrigi, *auch* kadrumi; *bordieren, umsäumen (Kleid, Kragen)* borderi; *mit Borte od Tresse besetzen* galoni, borderi per galono; *umgeben, z.B. ein Beet od Grundstück* ĉirkaŭi (***mit*** per) (*vgl. dazu* ***umzäunen***)

Einfassung *f* ***a)*** *das Einfassen, z.B. eines Edelsteins* fiksado, muntado; *Rahmung* enkadrigo; *Umzäunung (als Vorgang)* ĉirkaŭbarado ***b)*** *Rahmen, z.B. der Brille* kadro; *Randbesatz* borderaĵo; *Zaun* [ĉirkaŭ]barilo

einfetten *tr* ŝmiri per graso; *eine Pfanne* grasumi; *Tech, Kfz-Teile u. dgl.* ŝmiri per lubrikaĵo, lubriki

einfinden, sich *refl [an]kommen* [al]veni; *[plötzlich] auftauchen od zum Vorschein kommen* [subite] aperi (***bei*** ĉe; ***auf*** *bzw.* ***in*** en); *zusammenkommen* kuniĝi, kunveni; ***wir werden uns dort einfinden*** ni venos tien (*od* al tiu loko); *i.w.S. wir werden dort sein* ni estos tie

ein|flechten *tr* enplekti, interplekti ***(etw. in etw.*** *anderes* ion en ion) (↑ *auch* ***hindurchflechten)***; **~fließen** *intr* enflui (***in*** en *mit Akk*)

einflößen *tr* ***a) jmdm. etw.*** ~ *Nahrung* singarde manĝigi ion al iu; *Getränk, Medizin* enfluigi ion en ies buŝon, *(etw. trinken lassen)* igi iun trinki (*bzw.* gluti) ion ***b)*** *in jmdm. eine Empfindung auslösen*: ***Achtung*** ~ inspiri respekton; ***jmdm. Vertrauen*** ~ inspiri konfidon al iu

Einflößung *f einer Empfindung, eines Gefühls* inspirado

Einflugschneise *f Flugw* aerkoridoro [por alteriĝo]

Einfluss *m* ***a)*** *Hineinfließen* enfluado (*vgl. dazu* ***Mündung***) ***b)*** *übertr* influo (***auf*** sur *mit Akk, auch mit Nom*) (*vgl. dazu* ***Beeinflussung***; ↑ *auch* ***Alkohol-***, ***Drogen-*** *u.* ***Temperatureinfluss***); ***seinen ~ geltend machen*** uzi sian influon (***bei jmdm.*** ĉe iu); ***~ haben*** havi influon (***auf etw.*** sur ion; ***auf jmdn.*** sur iun); ***unter dem ~ von ...*** sub la influo de ...

Einfluss|bereich *m, auch* ***Einflusssphäre*** *f bes. Pol* sfero de influo *od* influsfero; **~gebiet** *n* regiono de [ies] influo

einflusslos *Adj* seninflua (*vgl. dazu* ***machtlos***)

Einflussnahme *f* uzo de [sia] influo

Einflussöffnung *f bes. Tech* enflu-aperturo, *i.w.S.* enfluejo

einflussreich *Adj* influhava, multinflua

Einflusssphäre *f* ↑ ***Einflussbereich***

Einflusszone *f Pol* influzono *od* zono de influo

einflüstern *tr Theat* suflori *auch übertr*; ***was hast du ihm [denn] eingeflüstert?*** kion vi sufloris al li?

einforderbar *Adj Schuld* postulebla

einfordern *tr Geld, Schuld* [re]postuli; ***sein Recht*** ~ postuli sian rajton

Einforderung *f* [re]postulo (*vgl. dazu* ***Mahnung*** *u.* ***Zahlungsaufforderung***)

einförmig *Adj nur eine Form besitzend* unuforma; *monoton* monotona (*vgl. dazu* ***langweilig***)

Einförmigkeit *f Uniformität* unuformeco

einfressen, sich *refl*: ***sich in Metall einfressen*** mordi (*od* korodi) metalon

Einfriedung *f* ***a)*** *Zaun* ĉirkaŭbarilo; *umgebende Mauer* ĉirkaŭanta muro ***b)*** *das Einfrieden (bei Betonung der Tätigkeit)* ĉirkaŭbarado

einfrieren *tr* ***a)*** *Kühlgut* fridigi *auch übertr*, *(tiefgefrieren)* kongeli; *Kredite, Löhne* bloki, *auch* frostigi; ***jmds. Konten*** ~ frostigi ies kontojn ***b)*** *intr zufrieren* frostiĝi *auch übertr*, *(im Eis einfrieren, z.B. ein Schiff)* englaciiĝi *auch übertr*, enfrostiĝi [en la polusa glacio]; ***die Wasserleitung ist eingefroren*** la akvodukto frostiĝis (*od* frostodifektiĝis)

Einfrieren *n* frostiĝo *auch der Preise*

einfugen *tr einfalzen, in eine Nut hineinfügen* enfoldigi

einfügen *tr hineintun* enmeti *auch ein Infix*, intermeti (***in*** en) (*vgl. dazu* ***einbeziehen***); *interpolieren (nachträglich Wörter in etw. einfügen, z.B. in einen Liedtext)* interpoli; ***sich*** ~ adaptiĝi (***in*** al)

Einfügung *f das Einfügen* enmet[ad]o, intermet[ad]o; *Hinzufügung* aldono; *das Eingefügte* enmetaĵo, intermetaĵo; *Interpolation [nachträgliche Einfügung]* interpolaĵo (↑ *auch* ***Zusatz***)

einfühlen, sich *refl* provi kompreni la sentojn (***in jmdn.*** de iu), [provi] kunsenti

Einfühlungsvermögen *n* delikatsenta kompreniĝemo (*vgl. dazu* ***Intuition***)

Einfuhr *f Hdl, Wirtsch* importo, *(als Vorgang)* importado; ***bei der ~ von Waren*** importante varojn [el eksterlando]

Einfuhr|artikel *m* importita artiklo (*od i.w.S.* varo), *pop auch* importaĵo; ~**beschränkung** *f* importlimigo, limigo de importo(j); ~**bewilligung** *f* importpermeso, *(als Schriftstück)* importpermesilo (↑ *auch* ***Einfuhrlizenz***)

einführen *tr* ***a)*** *hineinführen, auch die Anfangsgründe von etw. beibringen* enkonduki; *hineinschieben, hineingleiten lassen* enŝovi, englitigi, hineintun enmeti, *allg auch* enigi (***in*** en *mit Akk*); *einen neuen Ausdruck od Brauch od eine neue Mode* lanĉi; *i.w.S. auch verbreiten, z.B. Sitten* diskonigi, enmodigi; ***einen Faden ins Nadelöhr*** ~ enkudriligi fadenon; ***jmdn. jmdm.*** ~ *vorstellen* prezenti (*od* konatigi) iun al iu; ***eine Kanüle*** (***einen Katheter***) ~ *Med* enigi kanulon (kateteron) (***in*** en *mit Akk*); ***eine Mode wieder*** ~ relanĉi (*od* revivigi) [iaman] modon ***b)*** *in ein Amt einsetzen:* ***jmdn. feierlich in ein Amt*** ~ solene enoficigi iun, *einen Bischof, Botschafter auch* investi iun; *einen Direktor, Professor auch* instali iun ***c)*** *Hdl* importi; ***Luxusgüter aus dem Ausland*** ~ importi luksajn varojn el eksterlando

Einfuhr|erklärung *f für den Zoll* deklaro de importitaj varoj [por la dogan-oficejo]; ~**erlaubnis** *od* ~**genehmigung** *f* importpermeso, *(als Schriftstück)* importpermesilo; ~**hafen** *m* importhaveno; ~**handel** *m* importkomerco *od* importa komerco; ~**kontingent** *n* importa kontingento; ~**land** *n* importlando, *auch* importanta lando; ~**lizenz** *f* importlicenco; ~**prämie** *f* importpremio; ~**statistik** *f* importstatistiko; ~**tarif** *m* import-tarifo; ~**überschuss** *m* importsurpluso

Einführung *f* ***a)*** *Lancierung* lanĉado; *in ein Amt* enkonduko *auch z.B. neuer Methoden;* ~ ***des Euro*** enkonduko de l' eŭro ***b)*** *Hineinstecken* enŝov[ad]o, englitigo, enigo ***c)*** *Amts≗* enoficigo, *auch* investado *bzw.* instalado (*vgl. dazu* ***einführen***) ***d)*** *Vorwort* antaŭparolo; *einführende Bemerkungen* enkondukaj rimarkoj *Pl*

Einführungs|kurs *m Päd* enkonduka (*od* propedeŭtika) kurso; ~**text** *m* enkonduka (*bzw.* klariga) teksto; ~**vorlesung** *f Univ* enkonduka prelego; ~**worte** *n/Pl* enkondukaj vortoj *Pl*, *(gesprochene) auch* enkondukaj paroloj *Pl*

Einfuhr|verbot *n* importmalpermeso; ~**ware** *f* importita varo, *auch* importaĵo; ~**zoll** *m* importdogano, *selt* import-imposto

einfüllen *tr* plenigi; *eingießen auch* [en]verŝi (***in*** en *mit Akk*) (↑ *auch* ***vollgießen***)

Einfüllstutzen *m für Treibstoff* fuelpleniga aperturo; *für Benzin* benzinpleniga aperturo

Eingabe *f an die Leitung* skribo (*bzw.* peto *u.Ä.*) al la direkcio (*bzw.*estraro); *Parl* peticio; ~ ***von Daten in den Computer*** enigo de datenoj en la komputilon

Eingabeaufforderung *f EDV* ↑ ***Prompt***

Eingabetaste *f EDV* ↑ ***Enter-Taste***

Eingang *m* ***a)*** enirejo *auch als Aufschrift an Türen*; *Eingangstür* enirpordo, *(Haustür)* dompordo, stratpordo (↑ *auch* ***Hintereingang***); *das Hineingehen* eniro; ***kein*** ~***!*** eniro malpermesata! ***b)*** *Erhalt, z.B. eines Schreibens* ricevo; *Ankunft* alveno; ***nach*** ~ ***der Ware*** *Hdl* post ricevo de la varo

eingangs *Adv* komence, en la komenco

Eingangs|elektrode *f El* enira elektrodo; ~**hafen** *m*, *Fachspr oft* <engl> ***port of entry*** (*Abk* ***POE***) *Mar* enira haveno; ~**halle** *f* enireja halo; *Lobby (im Hotel)* lobio, hotela halo; *Vestibül, Vorhalle* vestiblo; ~**leitung** *f* enira kondukilo; ~**seite** *f Buchhaltung (Sollseite)* debetflanko; ~**tür** *f* enirpordo; *Haustür* dompordo, stratpordo

eingebaut *Adj* enkonstruita; *installiert* instalita; ~***er Schrank*** *m* enkonstruita [mur]ŝranko

eingeben *tr* ***a)*** *Gedanken, Phantasien* inspiri (*vgl. dazu* ***suggerieren***) ***b)*** *Medikament* doni, prenigi, igi ... gluti (*bzw.* trinki) ***c)*** *eintippen (per Tastendruck)* klavi; *allg* enigi ***Daten in den Computer*** ~ enigi datenojn en la komputilon

eingebeult *Adj* [iom] kavigita

eingebildet *Adj* ***a)*** *nur in der Einbildung bestehend* imagata *bzw.* imagita (*vgl. dazu* ***illusorisch*** *u.* ***imaginär***) ***b)*** *anmaßend, dünkelhaft* aroganta; *überheblich, stolz (im unedlen Sinne)* orgojla; *vom eigenen Wert allzu sehr überzeugt* tromemfida; ***worauf ist sie bloß so*** ~***?*** kial do ŝi estas tiel orgojla?

Eingeborene *m bzw. f* indiĝeno (*vgl. dazu* ***Ureinwohner***)

Eingeborenensprachen *f/Pl Ling (Sprachen der Eingeborenen [eines Landes])* indiĝenaj lingvoj *Pl* <*heute dafür: indigene Sprachen*>

Eingebung *f* inspir[ad]o; *Intuition* intuicio;

eine plötzliche ~ haben *umg* havi subitan inspiron (*bzw.* bonegan ideon)

eingebürgert *prädikatives Adj* naturalizita

eingedenk *Adj (mit Gen)* rememorante; *beherzigend* konsiderante; *einer Sache bewusst* konsciante; ***immer ~ dessen, dass ...*** ĉiam rememorante pri tio, ke ...

eingefallen *Adj* enfalinta; ***~e Wangen*** *f/Pl* enfalintaj vangoj *Pl*

eingefleischt *Adj durch und durch* ĝisosta; *beharrlich, hartnäckig* persista; *fanatisch* fanatika; ***ein ~er Junggeselle*** persista fraŭlo

eingehen ***a)*** *tr etw. akzeptieren, z.B. Bedingungen* akcepti; *Vertrag* fari, kontrakti; ***eine Gefahr ~*** *sich in Gefahr begeben* riski danĝeron; ***eine Verpflichtung ~*** ligi sin per promeso, fari promesdevigon; ***eine Wette ~*** fari veton ***b)*** *intr ankommen, eintreffen* alveni;*Geldbetrag auf einem Konto* enveni; *aufhören zu existieren* ĉesi ekzisti; *[detailliert] behandeln* [detale] trakti (***auf etw.*** ion); *einlaufen, schrumpfen, z.B. Stoff* ŝrumpi; *Pflanzen (vertrocknen)* sekiĝi, *(welken)* velki; *salopp für «sterben»* morti; *enger werden, z.B. Kleidung beim Waschen* malvastiĝi; ***auf etw. ~*** *zustimmen* konsenti ion; *gutheißen* aprobi ion; *akzeptieren* akcepti ion; ***auf Einzelheiten ~*** [pri]trakti detalaĵojn, endetaliĝi; ***darauf werde ich nachher noch ausführlicher*** (***od näher***) ~ poste mi traktos tion (*od* parolos pri tio) ankoraŭ pli detale; ***in die Geschichte ~*** eniri en la historion; ***die eingegangene Post durchsehen*** trarigardi la alvenintajn poŝtaĵojn ◇ ***der Laden ist eingegangen*** *das Geschäft musste schließen* la butiko devis fermi; *hat Bankrott gemacht* la butiko bankrotis

eingehend *Adj gründlich* fundamenta; *ausführlich* detala; *sorgfältig* zorg[em]a

eingehenkelt *nur in*: ***~ gehen*** *Arm in Arm* iri brako (*od* brak') en brako

Eingemachte *n* konfitaĵo; *Kompott* kompoto; *eingemachte Früchte* konservitaj fruktoj *Pl*; *i.w.S. Konserven* konservaĵoj *Pl*

eingemeinden *tr einen Nachbarort* enkomunumigi

Eingemeindung *f* enkomunumigo

eingenommen *Adj*: ***für jmdn. ~ sein*** esti plena de simpatio por iu; ***gegen jmdn. ~ sein*** senti antipation kontraŭ iu; ***sie ist sehr von sich ~*** *hochnäsig* ŝi estas plena de orgojlo; *von ihrer Schönheit entzückt* ŝi estas ravita de sia propra beleco (*bzw.* ĉarmo)

Ein|gepackte *n* pakitaĵo; **~gepflanzte** *n Gartenb* enplant[it]aĵo

eingeschlafen *Partizip* ↑ *unter* ***einschlafen***

eingeschlechtig *Adj Biol* unuseksa, *Bot auch* diklina

Eingeschlechtigkeit *f Bot* ↑ ***Getrenntgeschlechtigkeit***

Eingeschlossene *m* enŝlosito

eingeschnappt *Adj umg für «beleidigt»*: ***er ist leicht*** (*od* ***schnell***) ~ li facile ofendiĝas (*vgl. dazu* ***beleidigte Leberwurst*** [↑ *unter* ***Leberwurst***])

eingeschossig *Adj Haus* unuetaĝa

eingeschrieben *Adj*: ***~er Brief*** *m Post* registrita letero; ***~e Sendung*** *f Post* registrita sendaĵo

eingeschüchtert *Adj* timigita

Eingeständnis *n* konfeso; ***~ der Schuld*** kulpokonfeso

eingestehen *tr* konfesi; ***ich muss dir etw. ~*** mi devas ion konfesi al vi

Eingestehen *n* konfesado (↑ *auch* ***Beichte***)

Eingetauchte *n*: ***etw. ~s*** *z.B. ein in die Suppe eingetauchtes Stückchen Brot* trempaĵo

eingetragen *Adj registriert* registrita; *notiert* notita (*vgl. dazu* ***eingeschrieben***); ***~er Verein*** *m* (*Abk* ***e.V.***) registrita asocio (*Abk* r.a.)

eingewachsen *Adj*: ***~er Nagel*** *m* (Ungius incarnatus) *Med* enkarniĝinta ungo

Eingeweide *n* (*meist Pl*), *Fachspr Med* ***Viszera*** *Pl* visceroj *Pl* (*vgl. dazu* ***Gekröse u. Innereien***); **~bruch** *m*, *auch* ***Intestinalhernie*** *f* (Hernia intestinalis) *Med* [intesta] hernio; **~krampf** *m Med* spasmo de la visceroj, <*wiss*> *auch* enterospasmo

Eingeweidekunde *f Med* ↑ ***Splanchnologie***

Eingeweidemuskel *m Anat* ↑ ***Viszeralmuskel***

Eingeweidenerv *m Anat* ↑ ***Splanchnikus***

Eingeweidenervensystem *n* ↑ ***Viszeralnervensystem***

Eingeweideparasit *m* intesta (*od* viscera) parazito

Eingeweideschmerz *m Med* ↑ ***Viszeralgie***

Eingeweidesenkung *f Med* ↑ ***Enteroptose***

Eingeweidewurm *m Med* intesta vermo; *i.w.S. (Entozoon [tierischer Schmarotzer im Körperinneren])* entozoo (*vgl. dazu*

Helminthen; ↑ *auch* ***Band-***, ***Faden-*** *u.* ***Saugwurm***)
eingewöhnen *tr* alkutimigi; ***sich*** ~ alkutimiĝi, adaptiĝi; *ans Klima* alklimatiĝi; *sich heimisch fühlen* [en]hejmiĝi
Eingewöhnung *f das Eingewöhnen* alkutimigo; *das Sicheingewöhnen* alkutimiĝo (***an*** al); *Akklimatisation* alklimatiĝo
eingewurzelt *Adj* enradikiĝinta
eingießen *tr* [en]verŝi (***in*** en *mit Akk*); ***er goß mir noch ein Glas ein*** li enverŝis ankoraŭ unu [plian] glason por mi; ***hast du dir schon eingegossen?*** *umg* ĉu vi jam plenigis la (*od* vian) glason?; ***sich ein Glas Whisky*** ~ verŝi al si glason da viskio
eingipsen *tr* ***a)*** *Handw* gips[um]i ***b)*** *auch* ***in Gips legen*** *Med (z.B. einen gebrochenen Arm)* engipsigi *od* meti ... en gipson
Einglas *n* ↑ ***Monokel***
eingleisig *Adj Eisenb* unutraka
eingliedern *tr* ***a)*** enkorpigi, enmeti, enigi (***in*** en *mit Akk*); *integrieren* integri; *hinzufügen* aldoni ***b)*** *annektieren* aneksi
Eingliederung *f* enkorpigo, enmetado, enigo; *Integration* integrado; *Annexion* aneksado
eingraben *tr vergraben* enfosi; ***sich*** ~ sin enfosi, *Mil auch* fosi por si fosaĵon [por protekto]
eingravieren *tr* gravuri (***auf*** sur)
Eingravierung *f das Eingravieren* gravurado; *das Eingravierte, Gravur* gravuraĵo
eingreifen *intr* ***a)*** *Maßnahmen einleiten* fari aranĝojn (*od* paŝojn) [por ŝanĝi *bzw.* korekti ion]; *sich einmischen* enmiksiĝi (***in*** en *mit Akk*); *intervenieren* interveni (*vgl. dazu* ***einschreiten*** *u.* ***vermitteln***); ***in die Diskussion*** ~ interveni (*od* sin miksi) en la diskut[ad]on ***b)*** *Tech (Zahnräder)* endentiĝi, *(Sperrhaken)* kliki
Eingreifen *n Einschreiten* interveno (↑ *auch* ***Intervention***); *Vermittlung* perado; ***bewaffnetes*** ~ armita interveno; ~ ***des Staates*** *Pol* interveno de la ŝtato, ŝtata interveno
Eingrenzung *f* limig[ad]o
Eingriff *m Einmischung* enmiksiĝo; *Intervention* interveno; *Med* interveno, *(Operation)* operacio; *Tech* endentiĝo; ***chirurgischer*** ~ kirurgia interveno; ***Zahnräder außer*** ~ ***bringen*** *Tech* eldentigi [la] dentradojn
eingruppieren *tr* grupigi (***in*** en), kunigi (*bzw.* ordigi) en grupo(j)n
einhaken *tr* fiksi en (*bzw.* per) hoko, [al]kroĉi (*vgl. dazu* ***ankoppeln***); *intervenieren* interveni; ***sich bei jmdm.*** ~ preni ies brakon, interligi brakojn kun iu
Einhalt *m*: ***jmdm.*** ~ ***gebieten*** haltigi ies farojn; ~ ***tun*** haltigi, ĉesigi (↑ *auch* ***einstellen***); *hindern* malhelpi, bremsi; *mäßigen* moderigi
einhalten ***a)*** *tr befolgen* observi *auch Bestimmung, Gesetz u.Ä.*; *erfüllen* plenumi; *Richtung, Weg* sekvi; ***eine Abmachung*** ~ plenumi interkonsenton; ***eine Diät*** ~ observi dieton ***b)*** *intr innehalten* halti (*bzw.* paŭzi) [por momento]; *mit etw. aufhören* ĉesi; ***die Zeit*** ~ *pünktlich sein* esti akurata
Einhaltung *f von Verträgen, Vorschriften u. dgl.* observado; *Erfüllung* plenumado; ***konsequente*** ~ ***der Gesetze*** konsekvenca observado (*od* auch plenumado) de la leĝoj
einhämmern *tr übertr*: ***jmdm. etw.*** ~ ĉiam denove insiste ion diri al iu
einhändig 1. *Adj* unumana (*vgl. dazu* ***einarmig***) **2.** *Adv mit [nur] einer Hand* unumane
einhängen *tr* pendigi (***in*** en); *an- od einhaken* fiksi per (*bzw.* en) hoko, [al]kroĉi; *i.w.S.* fiksi, meti (***in*** en); ***er hat schon eingehängt*** *Tel* la partnero jam ĉesis [la telefonaĵon]
einhauen ***a)*** *tr zerschlagen* disbati ***b)*** *intr fortwährend* forte batadi (***auf jmdn.*** iun); *umg für «[viel und] gierig essen»* [multe kaj] avide manĝi, *[milder ausgedrückt:]* bravege manĝi
einhäusig *Adj*, *Fachspr* ***monözisch*** *Bot (auf einer Samenpflanze männliche u. weibliche Blüten hervorbringend)* monoika (↑ *auch* ***zweihäusig***)
einhegen *tr bes. Forstw* ĉirkaŭbari
einheimisch *Adj* indiĝena *auch Bot u. Zool*; *inländisch, bes. Waren* enlanda; *Krankheit* endemia; ~***e Bevölkerung*** *f* indiĝena loĝantaro; ~***es Bier*** *n* enlanda biero
Einheimische *m Eingeborener* indiĝeno; *jmd., der dort wohnt* tiea loĝanto *od entsprechend* landano, regionano *u.Ä.*
einheimsen *tr umg* akiri por si [mem]; *Geld, Profit auch* kolekti, rikolti
einheiraten *intr* iĝi familiano pere de [ge]edziĝo, *in ein Geschäft* iĝi partnero de iu pere de [ge]edziĝo
Einheit *f* ***a)*** unueco (↑ *auch* ***Geschlossenheit***); *Ganzheit, Integrität* tuteco, integr-

eco; *Vereinigung* unuiĝo; ***die innere ~ eines Kunstwerks*** la interna unu- eco de artverko; ***Tag der deutschen ~*** *3. Oktober* Tago de la Unuiĝo de Germanio ***b)*** *Naturw (Grundmaß), EDV, Tech* unuo (↑ *auch* ***Arbeitseinheit***); *Metr (Maß$^{\underline{o}}$)* unito; ***abgeleitete*** (***astronomische***) ~ derivita (astronomia) unito; ~ ***für das Volumen*** *Phys* unito por volumeno; ***40 ~en Insulin*** 40 unitoj da insulino ***c)*** *Mil* armeparto; *i.e.S. (Kompanie)* kompanio, *(Abteilung)* taĉmento

Einheitensystem *n Maßsystem* sistemo de unitoj

einheitlich *Adj eine Einheit bildend* unueca; *homogen* homogena; *Kleidung, Tracht* unuforma

Einheitlichkeit *f Einheit* unueco; *Gleichartigkeit, Homogenität* homogeneco; *Uniformität* unuformeco

Einheitsfront *f* unueca fronto

Einheitslehre *f Phil* = ***Monismus***

Einheitsstaat *m Pol (Staat mit einheitlicher Gesetzgebung, Verwaltung u. Rechtspflege)* unitaria ŝtato; ***zentralisierter*** ~ cetralizita unitaria ŝtato *<die öffentl. Gewalt ist in Zentralbehörden zusammengefasst>*; ***dezentralisierter*** ~ malcentralizita unitaria ŝtato *<die örtl. Aufgaben sind zum Teil Selbstverwaltungskörperschaften übertragen>*

einheizen ***a)*** *tr*: ***den Ofen*** ~ [ek]hejti la fornon ***b)*** *intr*: *tüchtige Vorwürfe machen* severe riproĉi

einhellig 1. *Adj* unuanima; *einstimmig* unuvoĉa; ***eine ~e Entscheidung*** *f* unuanima decido **2.** *Adv*: ***die Anwesenden waren ~ der Meinung, dass ...*** la ĉeestantoj unuanime opiniis, ke ...

Einhelligkeit *f* unuanimeco

einher|gehen *intr* paŝ[ad]i; **~stolzieren** *intr* paradi [kiel pavo], *auch* pavi

einhöck[e]rig *Adj Kamel* unuĝiba

einholen ***a)*** *tr erreichen* [kur]atingi (*vgl. dazu* ***überholen***); *sich beschaffen* havigi al si; *Flagge, Segel* malhisi; ***die Erlaubnis*** ~ peti pri permeso; ***einen Vorsprung nicht mehr ~ können*** jam ne povi egaligi [ies] superecon ***b)*** *intr*: ~ ***gehen*** [iri por] fari aĉetojn

Einholmstromabnehmer *m, auch* ***Halbscherenstromabnehmer*** *m an E-Lok od Straßenbahn* unubraka pantografo

[1]**Einhorn** *n ein Fabeltier* unukornulo

[2]**Einhorn** *n Astron (ein Sternbild der Äquatorzone)* Monocero

Einhornwal *m Zool* ↑ ***Narwal***

Einhufer *m/Pl Zool* ↑ ***Unpaarhufer***

einhüllen *tr* [en]volvi; *ein- od verpacken* enpaki, pakumi; *in eine Decke hüllen* volvi en kovrilon; ***in dichten Nebel eingehüllt sein*** esti kovrita de densa nebulo; ***sich*** ~ sin [en]volvi (***in etw.*** en ion)

Einhüllende *f Geom* ↑ ***Evolvente***

einhundert *Num* = ***hundert***

einig *Adj* unueca; *einmütig* unuanima (↑ *auch* ***einträchtig***); *einstimmig* unuvoĉa; ***sich mit jmdm. ~ sein über etw.*** *derselben Auffassung sein* samopinii kun iu pri io; *übereinstimmen* konsenti kun iu pri io; ***sich mit jmdm. über den Preis ~ werden*** interkonsenti kun iu pri la prezo

einige *Indef Pron Pl* kelkaj *Pl*; *etwas* iom da; *nicht wenig* ne malmulte da; *ziemlich viel* relative multe da; ***~e Male*** *im Nom* kelkaj fojoj, *im Akk* kelkajn fojojn; *manchmal* kelkfoje; ~ ***Tage*** *im Nom* kelkaj tagoj; ~ ***Tage [lang]*** *[Zeitdauer ist betont:]* kelkajn tagojn, dum kelkaj tagoj; ~ ***von Ihnen*** kelkaj el vi; ***seit (vor) ~r Zeit*** [ek]de (antaŭ) kelka (*od* iom da) tempo; ***das hat doch ~n Eindruck gemacht*** tio tamen faris ne malmulte da impreso; ***ich habe darin ~ Erfahrung*** pri tio mi havas iom da (*od* ne malmulte da) sperto

einigen *tr* unuigi; *versöhnen, z.B. Streitende* interpacigi, interkonsentigi, konkordigi; ***sich*** ~ [inter]konsenti (***über*** pri)

einigermaßen *Adv zu einem gewissen Grade* certagrade; *mehr oder weniger* pli-malpli; *irgendwie* iel; *leidlich, relativ gut* relative bona, *auch* bonete; *hinlänglich, so lala* sufiĉe bone, *annehmbar* akcepteble; *zufriedenstellend* kontentige [bone]; *erträglich* tolereble; ***es geht ihm schon wieder ~*** li jam pli-malpli bone fartas

Einigkeit *f* unueco; *Übereinstimmung* konformeco (*vgl. dazu* ***Konsens***) ◇ ~ ***macht stark*** unueco estas forto

Einigung *f* ***a)*** *Vereinigung (das Einigen)* unuigo (*vgl. dazu* ***Zusammenschluss***), *(das Sicheinigen od Sichvereinen)* unuiĝo; *das Wiedervereinigen* reunuigo ***b)*** *Übereinkunft* interkonsento (↑ *auch* ***Übereinstimmung***); ***außergerichtliche*** ~ *Jur* eksterprocesa interkonsento; ***gütliche*** ~ *Jur* aranĝo per interkonsento; ***eine ~ wurde erreicht*** interkonsento estis farita

einimpfen *tr Med* inokuli *auch übertr* (*vgl. dazu* ***vakzinieren***); ***jmdm. neue Ideen*** ~ inokuli novajn ideojn al iu
einjagen *tr*: ***jmdm. Respekt*** ~ inspiri [grandan] respekton al iu; ***jmdm. einen Schreck[en]*** ~ ektimigi iun
einjährig *Adj* unujara, *(ein Jahr dauernd) auch* daŭranta unu jaron *nachgest*; ***eine ~e Pflanze*** unujara planto
einkalkulieren *tr Fehler, Risiko u.a.* enkalkuli (↑ *auch* ***ein-*** *u.* ***mitrechnen***)
Einkammersystem *n Parl* unuĉambra [parlamenta] sistemo
einkanalig ↑ ***monophon***
ein|kapseln *tr in eine Kapsel einschließen* enkapsuligi, enfermi en kapsulon; ~**kassieren** *tr* enkasigi; *einfordern* postuli (*vgl. dazu* ***einsammeln***)
Einkassieren *n* enkasigo
Einkauf *m im Laden, auf dem Markt* aĉeto(j) *(Pl)*, (*bei Betonung des Vorgangs: das Einkaufen*) butikumado (↑ *auch* ***Weihnachtseinkäufe***); ***Einkäufe tätigen*** (*od umg* ***machen***) fari aĉetojn, butikumi, *auch* aĉetumi, *i.w.S. fam auch* trabutiki
einkaufen *tr* aĉeti; ~ ***gehen*** [iri por] fari aĉetojn; *einen Einkaufsbummel machen* [iri por] butikumi; ***übers Internet*** ~ telebutikumi
Einkaufen *n* butikumado; ***beim*** ~ dum [la] butikumado
Einkäufer *m Hdl, Wirtsch* aĉetisto (*vgl. dazu* ***Käufer***)
Einkaufsbummel *m*: ***einen*** ~ ***machen*** [iri por] butikumi (*vgl. dazu* ***Bummel***)
Einkaufs|gutschein *m* aĉetkupono; ~**korb** *m* butikuma korbo, aĉetkorb[et]o; ~**liste** *f* aĉetlisto, listo de aĉetoj [farotaj]; ~**möglichkeit** *f* aĉetebleco; ~**netz** *n* bazarreto; ~**preis** *m* aĉetprezo; ~**rechnung** *f* aĉetfakturo; ~**straße** *f* butikuma strato; ~**tasche** *f* butikuma saketo; ~**viertel** *n* butikuma kvartalo; ~**wagen** *m z.B. im Supermarkt* aĉetĉareto; ~**zentrum** *n* butikumocentro (↑ *auch* ***Supermarkt***)
Einkaufszettel *m* butikuma slipo; ***auf dem ~ stehen*** esti [notita] sur la butikuma slipo
Einkehr *f* ***a)*** *in einer Gaststätte* [mallonga] restado en gastejo ***b)*** *Nachdenken, innere Sammlung* kontemplado, enpensiĝo (*vgl. dazu* ***Meditation***)
ein|kehren *intr in eine Gaststätte* [mallonge] resti en gastejo, viziti gastejon, eniri en gastejon [por ion trinki (*od* manĝi)]; *zu Gast sein* gasti (***bei jmdm.*** ĉe iu); ~**keilen** *tr Handw* [firme] fiksi per kejlo
einkeimblättrig, *Fachspr* ***monokotyl*** *Adj Bot* unukotiledona, *Fachspr auch* monokotiledona; ~***e Pflanzen*** *f/Pl*, *Fachspr* ***Monokotyledonen*** *f/Pl* unukoitiledonaj plantoj *Pl*, *Fachspr* monokotiledonoj *Pl*
einkellern *tr* enkeligi
einkerben *tr* noĉi, fari noĉo(j)n en; ***eingekerbt sein*** esti noĉita(j) *(Pl bei Subst im Pl)*
Einkerbung *f Kerbe* noĉo; *das Einkerben* noĉado
einkerkern *tr* enkarcerigi, ĵeti en karceron
Einkerkerung *f* enkarcerigo
einkesseln *tr Mil* encirkligi
Einkesselung *f Mil* encirkligo
Ein-Kind-Politik *f* unuinfana politiko *[1979 -2015 in der VR China praktiziert]*
einklagen *tr*: ***eine Schuld*** ~ *Jur* procesi por postuli ŝuldatan sumon
einklammern *tr* meti inter krampoj (*od* parentezoj); ***ein eingeklammertes Wort*** vorto metita inter krampoj
Einklang *m* akordo; *Harmonie* harmonio; (*vgl. dazu* ***Übereinstimmung***); ***auf ~ bedacht*** akordiĝema; ***etw. in ~ bringen mit...*** akordigi ion kun ...; ***verschiedene Prinzipien miteinander in ~ bringen*** akordigi (*od* konsentigi) inter si diversajn principojn; ***im ~ sein*** (*od* ***stehen***) ***mit...*** esti en akordo kun ...
einkleben *tr* [en]glui (***in ein Album*** en albumon)
einkleiden *tr* ***a)*** provizi per vestaĵo, vesti (***jmdn.*** iun); *Kleidung kaufen* aĉeti vestojn (***jmdn.*** por iu); *mit Uniform(en)* ekipi per uniformo(j); ***sich neu*** ~ aĉeti novajn vestojn por si ***b)*** *mit anderen Worten ausdrücken, umschreiben* parafrazi
einklemmen *tr zusammenkneifen* pinĉi; ***ein eingeklemmter Bruch*** *Med* entordita (*od* strangolita) hernio; ***er hat sich den Finger in der Tür eingeklemmt*** li lasis sian fingron pinĉi de pordo
Einklemmung *f Med* ↑ ***Brucheinklemmung***
ein|klinken *tr Tür* ansofermi; ~**knicken** ***a)*** *tr* faldi; *biegen* fleksi ***b)*** *intr* [abrupte] fleksiĝi
Einknolle *f Bot* ↑ *unter* ***Honigorchis***
einkochen ***a)*** *tr konservieren, z.B. Obst* konservi, *(mit Zucker)* konfiti (↑ *auch* ***einmachen***); *verdampfen lassen* forvaporigi;

Chem (eindicken, reduzieren) redukti ***b)*** *intr* forvaporiĝi, *auch* forboli; *Chem* reduktiĝi

Einkochglas *n* ↑ ***Einweckglas***

Einkommen *n* enspezo(j) *(Pl)*; *Arbeitseinkommen* laborenspezo; *Einkommen aus Vermögen od Grundbesitz* rento; *Gehalt* salajro (*vgl. dazu* ***Pension***; ↑ *auch* ***Durchschnitts-***, ***Grund-***, ***Jahres-***, ***Netto-***, ***Niedrig-***, ***Pro-Kopf-*** *u.* ***Realeinkommen***)

Einkommen[s]|steuer *f* enspezoimposto *od* [laŭ]enspeza imposto; ~**verluste** *m/Pl* perdoj *Pl* de enspezoj

ein|köpfen *tr Fußball (ins Tor köpfen)* kapumi [la pilkon] en la golejon; ~**kreisen** *tr umschließen, umgeben* encirkligi *auch Mil* (↑ *auch* ***umzingeln***)

Einkreisung *f* encirkligo (↑ *auch* ***Umzingelung***

Einkreisungspolitik *f* encirkliga politiko

einkremen ↑ ***eincremen***

Einkristall *m einhetlich aufgebauter Kristall* monokristalo

Einkünfte *Pl* enspezoj *Pl* (↑ *auch* ***Einkommen*** *u.* ***Erwerbseinkünfte***)

einkuppeln *tr u. abs Kfz (Getriebe)* kluĉi

Einlad *m* ↑ ***Verladung***

einladen *tr* ***a)*** *Gäste* inviti *auch i.w.S.*; ***jmdn. zum Abendessen*** ~ inviti iun al vespermanĝo; ***jmdn. zu einem Drink an die Bar*** ~ inviti iun trinki ion [ĉe la koktelejo *u.a.*]; ***jmdn. zu sich [nach Hause]*** ~ inviti iun al sia hejmo [kiel gaston]; ***das schöne Wetter lädt zu einem Spaziergang ein*** la bela vetero invitas (*od* logas) al promenado ***b)*** *Güter, Waren* enŝarĝi (***in*** en *mit Akk*) (*vgl. dazu* **[1]laden**)

einladend *Adj* ***a)*** *Blick, Geste* invita; *verlockend* alloga; *verführerisch* tent[oplen]a ***b)*** *appetitlich* apetitveka (*vgl. dazu* ***lecker***)

Einladung *f* invito (***zu*** al), *(in schriftlicher Form)* invitletero *bzw.* invitkarto, *auch* invitilo; ***auf*** ~ ***von*** (*od Gen*) laŭ invito de, *auch* invitite de; ***eine*** ~ ***annehmen*** *od [förmlich:]* ***einer*** ~ ***Folge leisten*** akcepti inviton; ***eine*** ~ ***aussprechen*** esprimi (*od umg auch* fari) inviton

Einladungs|karte *f* invitkarto; ~**schreiben** *n* invitletero

Einlage *f* ***a)*** *etw. Hineingelegtes* enmetaĵo; *Beilage, z.B. in einem Brief* almetaĵo, aldonaĵo; *im Schuh* ortopedia alplandaĵo ***b)*** *provisorische [Zahn-] Füllung* provizora plombo ***c)*** *Wetteinsatz* vetaĵo, la monsumo (*bzw.* valoraĵo) per kiu oni vetas ***d)*** *Fin (Guthaben auf einem Bankkonto [Spareinlage])* depon[aĵ]o (↑ *auch* ***Bank-*** *u.* ***Spareinlagen***); *Wirtsch (Beitrag eines Gesellschafters zum Kapital eines Unternehmens)* komandito, sumo disponigita de komanditanto; ~ ***mit Kündigungsfrist*** *Bankw (Termingeld)* depono kun antaŭaviza limtempo ***e)*** *Theat* intermetaĵo, intermezo

Einlagekapital *n Bankw* deponita kapitalo (↑ *auch* ***Kommanditeinlage***)

einlagern *tr* enmagazenigi, meti en [la] stokon, stoki; *in Silos* ensiligi, meti en silo(j)n; *einkellern* enkeligi, stoki en kelo

Einlagerung *f* enmagazenigo

einlangen *intr* <*österr*> *eintreffen* alveni; ***er ist gestern in Wien eingelangt*** li alvenis hieraŭ en Vieno

Einlass *m* ***a)*** enlaso; *zum Betreten eines Raumes, Kinos, Theaters* permeso eniri; *Zeitpunkt des Einlasses* tempo por povi eniri; ***jmdm.*** ~ ***gewähren*** permesi al iu eniri *od* permesi eniron al iu ***b)*** *örtl* enlasejo; *Pforte* pordeto

einlassen *tr* ***a)*** *Einlass gewähren* permesi eniron (***jmdn.*** al iu), lasi eniri (***in*** en *mit Akk*) ***b)*** *Bauw (einsetzen)* enigi, enmeti (***in*** en *mit Akk*) ***c)*** *refl*: ***sich auf etw.*** ~ konsenti ion (*od* pri io); ***sich mit jmdm.*** ~ *Beziehungen zu jmdm. aufnehmen* ekrilati (*od* ekligiĝi) kun iu; *Umgang mit jmdm. haben* havi interrilatojn kun iu; ***sich mit jmdm. in ein Gespräch*** ~ [senpripense *u.a.*] komenci paroladon kun iu; ***sich mit einem verheirateten Mann*** ~ komenci amaferon kun edziĝinta viro

Einlass|karte *f* enirbileto; ~**kontrolle** *f* kontrolo de la biletoj [ĉe la enirejo *od* pordo]; ~**ventil** *n Tech* enlasa valvo (*vgl. dazu* ***Auslassventil***)

[1]Einlauf *m* ***a)*** *von Post, Schiffen od Zügen* alveno; *eingegangene Post* alvenintaj poŝtaĵoj *Pl* ***b)*** *das Passieren der Ziellinie* sinsekvo ĉe la cellinio; *Ziel* celo; *Ziellinie* cellinio ***c)*** *Klistier* [irigatora] klistero; ***einen*** ~ ***machen*** *Med* fari klisteron

[2]Einlauf *m Gully* enfluejo al kloaka kanalo

einlaufen ***a)*** *intr kleiner od enger werden* malvastiĝi, *(textile Stoffe) auch* kuntiriĝi; *Post, Verk* alveni; ***in einen Hafen*** ~ *Schiff* alveni [en haveno], enveturi havenon; ***un-***

ser Zug läuft um 12 Uhr ein nia trajno alvenos je la dekdua horo ***b)*** *tr*: ***Wasser in die Wanne ~ lassen*** fluigi akvon en la [ban]kuvon ◇ ***jmdm. das Haus ~*** sieĝi ies pordon

einläuten *tr*: ***die Glocken läuteten den Beginn des Weihnachtsfestes ein*** la sonoriloj sonoris la komencon de la kristnaska festo

einleben, sich *refl* [al]kutimiĝi (***in*** al), iĝi familiara (***in*** kun)

Einlegearbeit *f* ↑ ***Intarsie***

einlegen *tr* ***a)*** *hineinlegen* enmeti; *Gang beim Kfz*: ***den ersten Gang ~*** meti la unuan rapidumon; *in den ersten Gang wechseln* ŝanĝi al la unua rapidumo ***b)*** *mit Intarsien versehen (in Holz)* marketri, *(in Stein)* inkrusti ***c)*** *Gelder* deponi ***d)*** *Früchte* konfiti; *in Essig [Gemüse, Pilze] bzw. Marinade [Fleisch od Fisch]* vinagri *bzw.* marini; *einsalzen* sali; *pökeln* pekli; ***in Essig eingelegte Gurken*** vinagritaj kukumoj (*vgl. dazu* ***Gewürzgurken***) ***e)*** *Batterien in die Taschenlampe* enmeti (***in*** en *mit Akk*); ***einen Film in die Kamera ~*** ŝargi la kameraon per filmo ***f)*** *in weiteren Fügungen:* ***Berufung*** (*od* ***Rechtsmittel***) ~ *Jur* apelacii; ***ein [gutes] Wort für jmdn. ~*** pledi por iu

Einlegesohle *f* alplandaĵo; ~ ***aus Kork*** korka alplandaĵo

einleiten *tr* ***a)*** *in etw. leiten* enkonduki (***in*** en *mit Akk*); *hineinfließen lassen* enfluigi (***in*** en *mit Akk*) ***b)*** *anregen* iniciati; *beginnen, eröffnen* komenci; ***ein Verfahren gegen jmdn. ~*** *Jur* meti plendon kontraŭ iu ĉe tribunalo ***c)*** *Mus* preludi

einleitend *Adj*: ***~e Bemerkungen*** *f/Pl* enkondukaj rimarkoj *Pl* (*vgl. dazu* ***Vorwort***)

Einleitung *f* ***a)*** enkonduko; enfluigo (***in*** en *mit Akk*) ***b)*** *Beginn* komenco ***c)*** *Vorwort* antaŭparolo; *Einleitung zur Verfassung od zu Gesetzesdokumenten* preamblo ***d)*** *sex (Vorspiel)* antaŭludo; *Mus* preludo, *auch* antaŭludo (↑ *auch* ***Introduktion*** *u.* ***Ouvertüre***)

einlenken *intr* ***a)*** *einbiegen*: ***er lenkte in eine Seitenstraße ein*** *Kfz* li stiris la aŭton en flankan straton ***b)*** *ruhiger werden, nachgeben u. dgl.* montri sin cedema (*od* konsentema), komenci cedi; *im Ton milder werden* moderigi la tonon, moderigi sin

einleuchten *intr unpers* esti klara (*od* evidenta); ***das leuchtet mir ein*** tio fariĝas klara al mi; mi tion komprenas; ***das leuchtet mir nicht ein*** *das ist nicht zu verstehen* tio estas ne komprenebla [por mi]

einleuchtend *Adj* klara, evidenta; *verständlich* komprenebla; *überzeugend* konvinka

einliefern *tr übergeben* transdoni; *hinbringen* porti, liveri (***in*** *bzw.* ***zu*** al); ***jmdn. ins Krankenhaus ~*** transporti iun al [la] malsanulejo

Einlieferung *f Übergabe* transdono; *Hinbringen* alportado; *Transport* transport[ad]o (***in*** al); *Unterbringung* lokado

Einlieferungsbeleg *m* akcepta kvitanco

einlochen *tr* ***a)*** *pop für «ins Gefängnis sperren»* ĵeti en la malliberejon, enprizonigi (↑ *auch* ***einbuchten***) ***b)*** *Golf* entruigi

einlösen *tr bezahlen* pagi; *Pfand* [pere de elaĉeto] repreni; ***ein Versprechen ~*** plenumi promeson

einlullen *tr sanft schaukeln u. dabei einschläfern (ein Kleinkind)* luli *auch übertr für «besänftigen» (häufig in betrügerischer Manier)*; ***jmdn. durch Versprechungen ~*** luli iun per [trompaj] promesoj

Einlullen *n* lulado

einlullend *Adj* lul[ant]a

einmachen *tr konservieren* konservi; *Obst mit Zucker einmachen* konfiti (*vgl. dazu* ***einlegen d)*** *u.* ***kandieren***)

Einmachglas *n Hausw* konservujo [por konfitaĵo *u.a.*] (↑ *auch* ***Schraubglas***)

einmaischen ↑ ***maischen***

einmal *Adv* unufoje, *[betont:] auch* unu fojon; ~ ***in vierzehn Tagen*** unufoje dum du semajnoj; ~ ***pro*** (*od* ***in der***) ***Woche*** unufoje dum (en) semajno; ***auf ~*** *[ganz] plötzlich* [tute] subite; *auf einen Schlag* per unu fojo; ***es war ~ ...*** *in Märchen* estis iam ...; ***nicht ~ das*** *Nom* eĉ ne tio, *Akk* eĉ ne tion; ***noch ~*** ankoraŭfoje, refoje, ree; *ein zweites Mal* duan fojon ◇ ***ich bin nun ~ so*** nu, tia mi estas; ***komm erst ~ rein*** unue eniru do

Einmaleins *n* ***a)*** *Math* multobliga tabelo ***b)*** *Grundwissen über etw.* la fundamentoj *od* elementoj *Pl*

Einmalhandschuhe *m/Pl Med* medicinaj gantoj *Pl*

einmalig *Adj* unufoja *einzigartig* unika, ununura; *außerordentlich* eksterordinara; ***das ist eine ~e Chance*** (*od* ***Gelegenheit***) tio estas unika ŝanco; ***zum ~en Gebrauch*** por unufoja uzo; ***etw. [in seiner Art] Einmaliges*** *Unikat* unikaĵo

Einmaligkeit *f Einzigartigkeit* unikeco; *Außerordentlichkeit* eksterordinareco

einmännig *Adj Blüte* unustamena

Einmarsch *m* enmarŝ[ad]o (***in*** en *mit Akk*); *i.w.S. Besetzung* okupado [fare de malamikaj trupoj]; *Invasion* invado

einmarschieren *intr* enmarŝi (***in*** en *mit Akk*); *einfallen* invadi (***in ein Land*** en [alian] landon)

Einmaster *m Mar* unumastulo, unumasta ŝipo

einmastig *Adj* unumasta

einmauern *tr* enmasoni; *zumauern* masonfermi; ***eingemauerte Badewanne*** *f* enmasonita bankuvo

ein|meißeln *tr* enĉizi; **~mengen, sich** *refl* sin intermiksi (***in*** en), *auch* interveni

einmieten *tr Kartoffeln* ensiligi; ***sich*** ~ *refl*: ***sich bei jmdm.*** ~ enloĝiĝi ĉe iu

einmischen, sich *refl* enmiksiĝi (***in etw.*** en ion) *auch in andrer Leute Angelegenheiten*; *aufdringlich sein* entrudiĝi (***in*** en *mit Akk*); *intervenieren* interveni

Einmischung *f* enmiksiĝo (***in*** en); *in aufdringlicher Weise* entrudiĝo; *Intervention* interveno; ~ ***in die inneren Angelegenheiten eines Landes*** enmiksiĝo en la internajn aferojn de alia lando

einmitten *tr Tech (zentrieren)* centr[ig]i

einmotorig *Adj* unumotora; ***~es Flugzeug*** *n* unumotora aviadilo

ein|motten *tr* ŝirmi kontraŭ tineoj; **~mumme[l]n, sich** *refl* sin dense envolvi (***in*** en *mit Akk*); *fam: sich warm anziehen* surmeti varmajn vestojn; **~münden** *intr Fluss* enflui (***ins Meer*** en la maron); *Straße, Weg* finiĝi (***in*** ĉe); *i.w.S.* konduki al

Einmündung *f* enfluejo; *Straßen~* renkontejo de du stratoj

einmütig *Adj* unuanima; ***~er Beschluss*** *m* unuanima decido

Einmütigkeit *f* unuanimeco; *Eintracht* konkordo

einnähen *tr* enkudri (***in*** en *mit Akk*); *annähen* alkudri (***an*** al)

Einnahme *f* ***a)*** *Fin* enspezo (↑ *auch* ***Extra-*** *u.* ***Mehreinnahmen***); ***~n und Ausgaben*** *Pl* enspezoj kaj elspezoj *Pl*; ***~n des Tages*** *Tageskasse* enspezoj de la tago ***b)*** *Mil* konkero, *auch* preno *z.B. einer Festung*; *i.w.S. Besetzung [fremden Gebietes]* okupado, *auch* okupacio ***c)*** *von Arznei* engluto, ingest[ad]o

Einnahmequelle *f*, *<österr>* ***Einnahmsquelle*** *f* fonto de enspezoj

einnässen *intr*: ***das Kind nässt [immer] noch ein*** la infano ankoraŭ pisas en la liton

Einnässen *n*, *Fachspr Med* ***Enurese*** *f* liturinado, *fam auch* litpisado, *Fachspr* enurezo

einnehmen *tr* ***a)*** *Fin (allg u. aus einem Verkauf)* enspezi, *(einkassieren od einziehen, z.B. Steuern)* enkasigi ***b)*** *Mil* konkeri, *auch* preni; *besetzen* [ek]okupi; ***eine belagerte Stadt*** ~ preni sieĝatan urbon ***c)*** *Platz, Stelle* okupi ***c)*** *Arznei (schlucken)* [en]gluti, *allg* preni, *(falls flüssig) auch* trinki; ***nimm die Tablette nach dem Essen [ein]*** prenu la tablojdon post la manĝo ***d)*** *zu sich nehmen*: ***das Frühstück*** ~ matenmanĝi; ***das Mittagessen*** ~ tagmanĝi ***e)*** *in Fügungen*: ***jmdn. für etw.*** ~ inklinigi iun por io; ***sich*** ~ ***lassen von*** *sich beeinflussen lassen* lasi sin influi de; ***sie nimmt alle Herzen für sich ein*** ŝi trenas post si ĉiujn korojn; ***die Sache nimmt alle meine Gedanken ein*** la (*od* tiu ĉi) afero okupas ĉiujn miajn pensojn

einnehmend *Adj anziehend* alloga; *sympathisch* simpatia; *gesellig* societema; *leutselig, freundlich* joviala, afabla

Einnehmer *m Steuer~* impost[o]kolektisto

ein|nicken *intr* [sidante] ekdorm[et]i; **~nisten, sich** *refl* eknesti *od* [en]nestiĝi (***in*** en) *auch übertr*

Einnistung *f* ennestiĝo

Einöde *f*, *<österr> u. reg auch* ***Einöd*** *f* sovaĝejo, dezertejo (*vgl. dazu* ***Wildnis*** *u.* ***Wüste***)

Einödlerche *f* (Eremalauda dunni) *Orn* stria dezertalaŭdo

einölen *tr* olei (*vgl. dazu* ***einfetten*** *u.* ***einschmieren***)

Einölen oleado

einordnen *tr ordnen* ordigi; *klassifizieren* klasifiki; *eingruppieren* grupigi (***in*** en), kunigi (*bzw.* ordigi) en grupo(j)n; *einreihen* envicigi; ***sich*** ~ *sich einfügen* enkorpiĝi, eniĝi; *sich einreihen* enviciĝi; *sich anpassen* adaptiĝi [al]

Einordnung *f* ordigo; klasifikado; grupigo; envicigo

einpacken *tr* [en]paki; *einwickeln* envolvi

Einpackpapier *n* pakpapero

Einparkhilfe *f Kfz* parkadsensilo

Einparteien|staat *m Pol* unu-partia ŝtato;

~**system** *n Pol* unu-partia sistemo

einpassen *tr Handw, Tech (z.B. eine Schraube)* enĝustigi

Einpassierung *f Weberei* ↑ ***Einzug***

ein|pendeln, sich *refl Phys* oscili (***auf*** al, ĉirkaŭ); *eine mittlere Norm erreichen* meznombre atingi valoron de; *normal werden* normaliĝi; ~**pennen** *intr salopp* ekdormi (*vgl. dazu* ***einnicken***)

Einpersonen|haushalt *m* unupersona mastrumaĵo; ~**stück** *n, auch* ***Monodrama*** *n Theat* unupersona teatraĵo, monodramo

ein|pferchen *tr z.B. Vieh* ĉirkaŭfermi; *hineindrücken* enpremi (***in*** en *mit Akk*); ~-**pflanzen** *tr Gartenb* [en]planti (***in*** en) *auch übertr* (*vgl. dazu* ***pikieren*** *u.* ***transplantieren***)

Einpflanzen *n* enplantado

Einphasen|generator *m El* unufaza generatoro; ~**strom** *m El* unufaza kurento

einphasig *Adj El* unufaza

einpinseln *tr* penik[ŝmir]i *auch Kosmetik*

Einpinselung *f* penikado

ein|planen *tr* enigi en la planon, plani; ~**pökeln** *tr in Pökelsalz od Pökellake einlegen* pekli, meti en salakvon

Einpökeln *n* peklado

einpolig *Adj El* unupolusa

einprägen *tr* [en]stampi (***in*** en *mit Akk*); *in jmds. Gedächtnis* enmemorigi, encerbigi; ***sich etw.*** ~ enmemorigi ion al si, noti ion en sia memoro; *etw. auswendig lernen* parkere lerni ion; ***etw. fest in sein Gedächtnis*** ~ gravuri ion en sia memoro

einprägsam *Adj* facile memorigebla; *eindrucksvoll* impresa

einprogrammieren *tr ins Programm aufnehmen* enprogramigi (*vgl. dazu* ***programmieren***)

einpudern *tr*, *<österr> auch* ***einstuppen*** *tr* pudri; ***sich*** ~ sin pudri

Einpudern *n* pudrado

einpuppen, sich *refl Ent* pupiĝi, krizalidiĝi

Einpuppen *n Ent* ↑ ***Verpuppung***

einquartieren *tr* [en]loĝigi (***jmdn. bei jmdm.*** iun ĉe iu), *Truppen auch* kantonmentigi; ***sich*** ~ [ek]loĝiĝi (***bei jmdm.*** ĉe iu *od* en ies domo *bzw.* loĝejo); *Mil* kantonmenti

Einquartierung *f das Einquartieren* loĝigo; *die einquartierten Personen* enloĝigitaj personoj *Pl*

Einrad *n Artistik* unuciklo

einrahmen *tr Bild* kadri *od* enkadrigi, ĉirkaŭigi per kadro

Einrahmung *f Rahmen* kadr[aĵ]o; *das Einrahmen (als Vorgang)* kadrado

einrammen *tr* rami (↑ *auch* ***einschlagen***); ***einen Pfahl*** ~ rami (*od* enbat[eg]i) palison

einräumen *tr* ***a)*** *Wohnung* aranĝi, *(möblieren)* mebli; *in Ordnung bringen* ordigi ***b)*** *bewilligen, zugestehen, konzedieren* koncedi; *Sonderrecht* koncesii; *abtreten, überlassen* cedi; *gewähren* allasi, disponigi, *(Frist, Kredit)* doni; ***ich muss allerdings*** ~, ***dass ...*** mi devas tamen koncedi, ke ...; ***jmdm. den Vorrang*** ~ doni al iu la prioritaton; ***jmdm. die Vorfahrt*** ~ *Verk* doni al iu la prioritaton [de paso]

Einräumung *f Zugeständnis* koncedo

Einräumungssatz *m Gramm* koncesia frazo

einrechnen *tr* enkalkuli (↑ *auch* ***einkalkulieren***); *in Betracht ziehen* konsideri; ***mit eingerechnet*** inkluzive; ***es sind acht Personen, mich eingerechnet*** estas (*bzw. [zukünftig:]* estos) ok personoj, inkluzive min (*od* de mi)

Einrede *f Jur (bei Gericht)* repliko, *([Zivilprozess:] Exceptio)* ekscepcio

einreden *tr glauben machen* kredigi; *überreden* persvadi; ***auf jmdn.*** ~ insiste paroli (*bzw.* konsoli) al iu; *jmdn. zu überreden suchen* provi persvadi iun; *jmdn. zu etw. drängen* urĝigi iun (***dass ...*** ke ...); ***er redete mir ein, es sei besser nicht dorthin zu fahren*** li kredigis al mi, ke estus pli bone ne veturi tien; ***sich etw.*** ~ kredigi ion al si

Einreibemittel *n Pharm ([flüssiges] Mittel zum Einreiben)* linimento

einreiben *tr* enfroti, ŝmiri (*vgl. dazu* ***eincremen***, ***reiben***, ***salben*** *u.* ***verreiben***); ***die Füße mit Salbe*** ~ enfroti ungventon en la piedojn

Einreibung *f Pharm (Einreibemittel)* linimento; *das Einreiben* enfrotado, ŝmirado

einreichen *tr Antrag, Bericht, Gesuch, Klage* prezenti

Einreichung *f* prezent[ad]o

einreihen *tr in Reihen od in einer Reihe einordnen* envicigi; *in eine Gruppe* engrupigi; ***sich*** ~ *sich [in einer Reihe] anstellen bzw. sich in Reihen (od eine Reihe) einordnen* enviciĝi

einreihig *Adj*: ~***er Anzug*** *m* unubutonvica kostumo

Einreihung *f Einordnung in eine Reihe*

envicigo

Einreise *f* envojaĝo (***in*** en *mit Akk*; ***nach*** al); **~erlaubnis** *f* envojaĝ-permeso, permeso (*bzw. [das Dokument]* permesilo) por eniri la landon

einreisen *intr* vojaĝi en *mit Akk, umg* eniri *mit Akk*; ***wir reisten mit der Bahn in die Niederlande ein*** ni eniris Nederlandon per trajno

Einreise|sperre *f* envojaĝ-malpermeso, malpermeso por eniri la landon; **~visum** *n* enirvizo

einreißen ***a)*** *tr*: ***etw.*** *~ Papier, Stoff u.a.* ŝiri ion; *ab- od niederreißen, z.B. ein Gebäude, Mauern* malkonstrui (*vgl. dazu* ***zerstören***) ***b)*** *intr Risse bekommen* [ek]ŝiriĝi; ***seine Hose ist eingerissen*** lia pantalono estas ŝiriĝinta ◇ ***du hast dir die Haare eingerissen*** *umg für «in Unordnung gebracht»* viaj haroj malordiĝis ***c)*** *übertr für «um sich greifen»* [pli kaj pli] vastiĝi *bzw.* enradikiĝi, fariĝi kutimo

einrenken *tr Med* enartikigi; *übertr* reordigi, reguligi; ***wieder*** *~ Med* reartikigi

Einrenken *n od* **Einrenkung** *f Med (eines Gelenks)* enartikigo

einrennen *tr* ◇ ***offene Türen*** *~* ataki malfermitan pordon

einrichten *tr* ***a)*** *allg* aranĝi, prepari, pretigi; *[schön] anordnen* [bele] aranĝi; ***das lässt sich*** *~* oni povas aranĝi tion; ***es so*** *~*, ***dass ...*** aranĝi [la aferon], ke ... ***b)*** *mit Möbel ausstatten* provizi per mebloj, mebli; *mit Gerät od Werkzeug ausstatten* ekipi per ilaro ***c)*** *Med*: ***einen Knochenbruch*** *~* redukti frakturon (*vgl. dazu* ***einrenken***) ***d)*** *Tech (justieren)* [precize] alĝustigi, *(installieren)* instali ***e)*** *Mus*: ***ein Musikstück für Klavier*** *~* aranĝi muzikpecon por piano ***f)*** *Math* frakciigi ***g)*** *refl*: ***sich*** *~ sparsam sein* ekonomie mastrumi; *in Ordnung kommen* ordiĝi; *sich anpassen* adaptiĝi, sin akomodi (***auf*** al)

Einrichtung *f* ***a)*** aranĝo, organizo ***b)*** *Wohnungs*≗ meblaro; *Inventar* inventaro; *Ausrüstung* ekipaĵo ***c)*** *Institution* institucio; *Institut* instituto; ***regionale*** *~* regiona institucio ***d)*** *Gerät, Mechanismus* ilo, mekanismo; *Tech (Anlage)* instalaĵo; ***militärische*** *~* militinstalaĵo ***e)*** *System* sistemo ***f)*** *auch* ***Taxis*** *f Med (Einrichtung von Knochen- u. Eingeweidebrüchen)* taksiso

Einrichtungshaus *n* ↑ ***Möbelgeschäft***

Einriss *m* ŝiriĝo (*vgl. dazu* ***Rhagade***)

einritzen *tr* [per pinta ilo] entranĉeti (***in*** en) (*vgl. dazu* ***einkerben*** *u.* ***gravieren***)

einrollen *tr* [rul]volvi; ***sich*** *~* [rul]volviĝi

einrosten *intr* rustiĝi

einrücken ***a)*** *tr eine Sperrklinke einschnappen lassen* enklikigi *auch Tech* (*vgl. dazu* ***ausrücken***); ***die Kupplung*** *~ Tech* kupli, *Kfz-Getriebe* kluĉi ***b)*** *intr*: ***in eine Stadt*** *~ Truppen* enmarŝi (*bzw.* okupi) urbon; ***zur Armee*** *~* komenci siajn servojarojn en la armeo

eins **1.** *Num* unu; ***halb*** *~ mittags* duona [horo] antaŭ la unua [tagmeze]; *nachts* duona [horo] antaŭ la unua [nokte]; ***er kam [ein] Viertel vor*** *~* ***zurück*** li revenis kvaronon antaŭ la unua ◇ *~*, ***zwei, drei war alles vorbei!*** unu, du, tri, kvar, kaj finita la far'! *(Zam)* **2.** *Subst* unuo; ***die*** ≗ *Ziffer* la cifero unu; *im Karten- od Würfelspiel* aso **3.** *auch* ***eines*** *Indef Pron*: *~* ***nach dem anderen*** unu post la alia; *~* ***unserer Kinder*** unu el niaj infanoj

ein|sacken ***a)*** *reg auch* ***säckeln*** *tr in einen Sack od in Säcke füllen* ensakigi, enmeti en sako(j)n; *übertr: einheimsen* [rapide] enpoŝigi (↑ *auch* ***einheimsen*** *u.* ***einkassieren***) ***b)*** *intr sich senken* [subite] malsupreniĝi; **~salben** *tr* ŝmiri per ungvento; **~salzen** *tr* sali, meti en salon (*vgl. dazu* ***einpökeln***)

einsam *Adj allein* sol[ec]a; *still, ruhig (z.B. Gegend)* kvieta; *menschenleer* senhoma; *verlassen* forlasita; *öde* dezerta; *entlegen, fern von anderen* izolita *auch Person*, fora; ***sich*** *~* ***fühlen*** (*od* ***vorkommen***) senti sin sol[ec]a (*bzw.* forlasita)

einsamenlappig *Adj Bot (spitzkeimend)* monokotiledona

Einsamkeit *f* soleco; *einsame Gegend, einsamer Ort* solejo; *Stille* kviet[ec]o; ***in völliger*** *~* ***leben*** vivi en plena soleco

einsammeln *tr* kolekti; *etw. auf der Erde Liegendes aufheben* pluki

einsargen *tr* enĉerkigi, *abs* meti [la kadavron] en la ĉerkon

Einsammler *m jmd., der etw. einsammelt* kolektanto, plukanto, *(von Berufs wegen)* kolektisto

Einsatz *m* ***a)*** *etw. Eingesetztes* enmetaĵo; *am Kleid* enkudraĵo ***b)*** *bei Glücksspielen, Wetten* vetaĵo, ludmono, vetmono; *Pfand* garantiaĵo ***c)*** *Risiko* risko; ***unter*** *~* ***seines Lebens*** riskante sian vivon ***d)*** *Engagement*

engaĝiĝo ***e)*** *Verwendung* uzo, apliko (↑ *auch* ***Einsatzbereich***); ~ ***von Atomwaffen*** uzo de nukleaj armiloj ***f)*** *[aktiver] Dienst* [aktiva] servo ***g)*** *Mil (Kampf)* batalo, *(Operation)* operacio (*vgl. dazu* ***Aktion***; ↑ *auch* ***Rettungseinsatz***); ***strategischer*** ~ *Mil* strategia operacio ***h)*** *Theat* repliko; ***den ~ verpassen*** maltrafi la replikon ***i)*** *in weiteren Fügungen*: ***mit ~ aller Kräfte*** uzante ĉiun forton; ***zum ~ kommen*** *verwendet werden* esti uzata; *Mil (für Kampf*≗*)* esti metata en la batalon

Einsatzbereich *m* areo (*bzw.* kampo) de apliko

einsatzbereit *Adj bereit zur (Mit-)Arbeit* preta eklabori (*od* kunlabori); *bereit zum Angriff* preta ataki; *kampfbereit* preta [ek]batali; *feuerbereit (Geschütz)* pafpreta; *flugbereit* preta ekflugi; *transportbereit* preta por esti [for]transportata

Einsatz|bereitschaft *f* preteco eklabori (*od* kunlabori); *i.w.S. Hilfsbereitschaft* helpopreteco; ~**fahrzeug** *n z.B. der Feuerwehr* savomisia veturilo (*od* aŭto)

einsatzhärten *tr Metallurgie* ĉementi

Einsatz|härtung *f Metallurgie* ĉementado; ~**plan** *m Mil (Angriffsplan)* plano por la atako

ein|säuern *tr Kochk* acidigi; *Landw (Futter)* insili; ~**saugen** *tr* ensuĉi; *aufsaugen* sorbi

einsäumen *tr* ***a)*** *Stoff* orli ***b)*** *einen Saum um etw. bilden* borderi; ***ein mit Bäumen eingesäumter Weg*** vojo borderita de arboj

ein|scannen *Bildvorlage, Text* skani; ~**schalen** *tr Bauw* ŝeligi

Einschalen *n Bauw* ŝeligado

einschalten *tr Gerät, Maschine, Radio* ŝalti; *Tech (in Gang setzen)* funkciigi, *(verbinden)* konekti; ***das Licht*** ~ ŝalti la lumon; ***sich in ein Gespräch*** ~ interveni en paroladon

Einschalten *n* ŝalt[ad]o; funkciigo

Einschaltquote *f TV* kvoto de spektantoj; *Radio* kvoto de aŭskultantoj

einschärfen *tr*: ***jmdm. etw.*** ~ *nachdrücklich ermahnen* insiste admoni iun pri io; *jmdm. etw. vorschreiben* [insiste] instrukcii iun pri io; *dringend empfehlen* insiste rekomendi ion al iu

einschätzbar *Adj* taksebla (*vgl. dazu* ***berechenbar***)

einschätzen *tr bewerten* [pri]taksi; *beurteilen* prijuĝi; ***die Lage*** ~ fari la bilancon de la situacio

Einschätzung *f* pritaks[ad]o (↑ *auch* ***Neueinschätzung***); *Beurteilung* prijuĝ[ad]o

Einschau *f* ↑ ***Überprüfung***

einschäumen *tr* ŝaŭmi, kovri per ŝaŭmo; *Tech* ŝaŭmi per plastoŝaŭmo

Einscheibenkupplung *f Tech* unudiska kluĉilo

einschenken ***a)*** *tr* [en]verŝi (***etw. in etw.*** ion en ion); ***ein Glas*** ~ *füllen* plenigi glason ***b)*** *intr*: ***jmdm.*** ~ plenigi ies glason ◇ ***jmdm. reinen Wein*** ~ [finfine] diri al iu la nudan veron

ein|schicken *tr* [al]sendi; ~**schieben** *tr* enŝovi; *dazwischentun* intermeti *auch ein Musikstück zw. Ansprachen auf einer Veranstaltung*; *in den Text* interpoli

Einschienenbahn *f Eisenb* unurela fervojo

einschießen *tr* pafdetrui, per pafado detrui; *Gewehr* prove pafi; ***das Brot*** ~ *reg für «das Brot in den Backofen schieben»* enŝovi la pan[bul]ojn en la bakfornon; ***sich*** ~ kelkfoje prove pafi

einschiffen *tr* enŝipigi; *Fracht auch* kargi; ***sich*** ~ *an Bord gehen* enŝipiĝi, suriri [la] ŝipon

Einschiffung *f von Ladung* enŝipigo; *das Anbordgehen* enŝipiĝo

Einschiffungstermin *m*: ***Geschäfte*** ***n/Pl mit*** ~ *Wirtsch* negocoj *Pl* kun dato de enŝipigo

einschirren *tr* surmeti la jungilaron, jungi

einschlafen *intr* ekdormi; ***eingeschlafen [sein]*** [esti] ekdorminta; *Gliedmaßen* [por ioma tempo] sensentiĝi

Einschlafen *n* ekdormo *od* endormiĝo; ***Baldrian hilft beim*** ~ valeriano dispozicias al dormo

einschläfern *tr* dormigi (*vgl. dazu* ***narkotisieren***); *einlullen* luli

einschläfernd *Adj* dormiga; *i.w.S. langweilig* enuiga; ~***es Mittel*** *n Pharm* dormigilo

Einschlafproblem *n*: ~***e haben*** havi problemon ekdormi

Einschlag *m* ***a)*** *Hülle, Umschlag* kovrilo; *an Kleidungsstücken* refaldaĵo ***b)*** *Forstw (Holz*≗*)* arbofaligado ***c)*** *einer Granate* trafo; *Explosion* eksplodo ***d)*** *Weberei* ↑ ***Einschuss***

einschlagen ***a)*** *tr Nagel* [en]bati (***in*** en *mit Akk*) (↑ *auch* ***einrammen***); *zerschlagen* disbati; *Bäume* dehaki, faligi; *immerzu [drauf]schlagen* daŭre (*od* senĉese) batadi [sur]; *einpacken* [en]paki (***in*** en *mit Akk*);

einwickeln, umwickeln, bes. mit Tüchern, Leinwand u.Ä. envolvi; *in eine Decke hüllen* volvi en kovrilon; ***etw. in Papier*** ~ envolvi ion en paperon; ***eine andere Richtung*** ~ alie direktiĝi; ***einen anderen Weg*** ~ ekiri (*od auch* preni) alian vojon ***b)*** *intr Blitz* trafi; *Geschoss* trafi, *auch* fali sur *mit Akk*; *explodieren* eksplodi; ***der Blitz hat eingeschlagen*** la fulmo trafis; ***diese Nachricht wird wie eine Bombe*** ~ ĉi tiu sciigo (*od* novaĵo) efikos kiel bombo

einschlägig *Adj* koncerna, ĉi-rilata, respektiva; *Teil von etw. sein* esti parto de io; ***die ~e Literatur durcharbeiten*** trastudi la ĉi-rilatan literaturon *od* trastudi la literaturon, kiu koncernas la (*od* ĉi tiun) temon

Einschlagpapier *n* pakuma papero, pakpapero

einschleichen, sich *refl* enŝteliĝi; *heimlich eindringen* kaŝe penetri (***in*** en *mit Akk*), kaŝe engliti; ***sich in jmds. Vertrauen einschleichen*** ruze akiri ies konfidon

einschleppen *tr*: ***eine Krankheit*** ~ importi (*od auch* enporti) malsanon

einschleusen *tr* ***a)*** *Mar (durch eine Schleuse hereinfahren lassen)*: ***ein Schiff*** ~ pasigi ŝipon tra [la] kluzo ***b)*** *Agenten* [kaŝe] enpenetrigi; *Waren* kontrabandi

einschließen *tr* ***a)*** *Geld, Gefangene, sich selbst* [en]fermi; *durch Verschließen der Tür* enŝlosi; *Mil* encirkligi; ***eingeschlossen werden*** *bzw.* ***sich*** ~ enfermiĝi; *durch Abschließen der Tür* sin enŝlosi (***in*** en); ***sich ins Badezimmer*** ~ sin enŝlosi en la banĉambro; ***in Klammern*** ~ meti en parentezon, meti inter krampojn ***b)*** *beilegen* almeti, aldoni; *einbeziehen* inkluzivi ***c)*** *umgeben* ĉirkaŭi ***d)*** *beinhalten* enhavi, enteni (↑ *auch* ***enthalten***)

einschließlich (*Abk* ***einschl.***) *Präp* inkluzive; ***das Hotel ist bis ~ 10. Mai geschlossen*** la hotelo estas fermita ĝis la deka de majo inkluzive; ***der Preis versteht sich ~ Porto*** la prezo inkluzivas la sendkostojn *od* la prezo estas inkluziva de la sendkostoj

einschlummern *intr* ekdormeti

Einschluss *m* ***a)*** *Einbeziehung* inkludo; ***mit*** (*od* ***unter***) ~ ***von*** inkluzive de; *unter Berücksichtigung von* konsiderante *mit Akk* ***b)*** *Fremdkörper in einem Mineral od Gestein [z.B. der Einschluss eines Insekts in Bernstein]* enfermitaĵo

einschmeicheln, sich *refl* per flatado akiri favoron (***bei jmdm.*** ĉe iu) (*vgl. dazu* ***umschmeicheln***)

einschmeichelnd *Adj*: ***eine ~e Musik*** agrable sonanta muziko

einschmelzen *tr Metallurgie* fandi

einschmieren *tr* ŝmiri (***mit*** per), *Tech auch* lubriki (*vgl. dazu* ***einfetten*** *u.* ***einölen***); ***mit Schuh-*** *od* ***Stiefelwichse*** ~ ŝmiri per ciro, *auch kurz* ciri; ***sich*** ~ sin ŝmiri

einschmuggeln *tr* kontrabande enporti, kontrabandi (***in*** en *mit Akk*; ***nach*** al); ***sich*** ~ kaŝe (*bzw.* nerimarkite) enpenetri

einschnappen *intr* ***a)*** *Schloss* klakfermiĝi, *(sperren)* kliki; *Tech (Sperrklinke)* kliki ***b)*** *umg für «beleidigt sein»* ofendiĝi; ***er schnappt bei jeder Kleinigkeit ein*** li ofendiĝas ĉe la plej malgranda bagatelo

einschneiden ***a)*** *tr hineinschneiden* entranĉi; *einkerben, V-förmig einschneiden* noĉi; *Chir (einen Einschnitt machen)* incizi; ***eine Keilnut*** (*bzw.* ***eine Aussparung***) ~ *Holz- u. Metallbearbeitung* mortezi (***in etw.*** ion); ***Schwellen*** ~ (*od Fachspr* ***dechseln***) *Gleisbau* noĉi ŝpalojn ***b)*** *intr* entranĉiĝi

einschneidend *Adj tiefgreifend, z.B. Veränderung* profunda; *drastisch* drasta; *intensiv wirkend* intense efikanta; *radikal* radikala

einschneien *intr von Schnee eingeschlossen werden* iĝi blokita de neĝo (*od* neĝamasoj); *[völlig] zuschneien* droni en neĝo

Einschnitt *m* ***a)*** entranĉ[aĵ]o; *Kerbe* noĉo; *Chir* incizo (↑ *auch* ***Incisura*** *u.* ***Inzision***) ***b)*** *übertr (Zäsur)* cezuro *auch Lit*, *(drastische Veränderung)* drasta ŝanĝo *bzw.* drasta ŝanĝiĝo, *(Wendepunkt, z.B. in jmds. Leben)* turnopunkto

einschnüren *tr verschnüren* ŝnurumi; *schnüren, z.B. Gürtel, Mieder* stringi *auch übertr*, [forte] ĉirkaŭstreĉi

Einschnürung *f* string[ad]o; *Biol (an best. Stellen der Chromosomen)* konstrikt[ad]o

einschonen *tr Forstw (einzäunen)* ĉirkaŭbari

einschränken *tr beschränken, beschneiden, z.B. auch jmds. Befugnisse od Rechte* restrikti; *begrenzen, limitieren* limigi; *vermindern, verringern* malpliigi; *mäßigen* moderigi; *Besuche* maloftigi; ***das Rauchen*** ~ fumi malpli; ***sich*** ~ *sich Grenzen auferlegen* sin limigi (***bei*** je); *sich zurückhalten [bei]* sin reteni (*od* deteni) [de]; *sparsamer sein* pli ekonomie vivi, malpliigi siajn elspezojn; *bescheidener leben* pli modere vivi

Einschränkung *f* restrikto; *Begrenzung* limigo; *Verminderung* malpliigo; *Sparen* ŝparado; ***ohne*** ~ sen restriktoj (*bzw.* limigo); *vorbehaltlos* senrezerve

einschrauben *tr* [en]ŝraŭbi (***etw. in etw.*** ion en ion)

Einschreib[e]|brief *m*, *<österr>* ***rekommandierter Brief*** *m* registrita letero; ~**buch** *n*, *alt* ***Registrande*** *f* registrolibro; ~**gebühr** *f Post* kotizo (*od* takso) por registrado [de letero *bzw.* poŝta sendaĵo]

einschreiben *tr* enskribi, noti (*vgl. dazu* ***notieren***), *registrieren* registri; ***einen Brief*** ~ ***lassen***, *<österr>* ***einen Brief rekommandieren*** *Post* registrigi leteron; ***in ein Liste*** ~ enskribi en liston, enlistigi; ***sich*** ~ enskribiĝi, sin enlistigi; *Univ* enmatrikuliĝi; ***sich*** ~ ***lassen*** registrigi sin [sur liston]; *Univ (sich immatrikulieren lassen)* enmatrikuligi sin

Einschreiben! *postalischer Vermerk* registrita!; ***per*** ~ *Post* per registrita letero

Einschreib[e]sendung *f Post* registrita sendaĵo

Einschreibung *f in eine Liste* enlistigo; *Univ (Immatrikulation)* enmatrikuligo

einschreiten *intr intervenieren* interveni (***gegen*** kontraŭ); (***in*** en *mit Akk*); *Maßnahmen ergreifen* fari paŝojn, apliki rimedojn (***gegen*** kontraŭ); *sich einmischen* enmiksiĝi

Einschreiten *n Intervention* interveno; *Einmischung* enmiksiĝo

einschrumpfen *intr Haut, textile Stoffe u.a.* ŝrumpi (*vgl. dazu unter* ***eingehen b)***); *sich zusammenziehen* kuntiriĝi; *abschwellen* malŝveli

Einschub *m etw. Eingeschobenes* enmetaĵo (*vgl. dazu* ***Infix*** *u.* ***Zusatz***); *in eine Rede (Parenthese)* parentezo

einschüchtern *tr ängstigen* timigi; *i.w.S. (Bedrohen)* minaci, *(den Mut nehmen)* senkuraĝigi, *(verlegen machen)* embarasi, *(konfus machen)* konfuzi; ***jmdn. durch*** (*od* ***mit***) ***Drohungen*** ~ timigi iun per minacoj

Einschüchterung *f* timigo; *i.w.S.* minac[ad]o, senkuraĝigo, embarasado, konfuzado; *Bluff* blufo (*vgl. dazu* ***einschüchtern***)

Einschüchterungs|politik *f* politiko de timigo; ~**versuch** *m* provo de timigo

Einschulung *f*: ***die*** ~ ***findet im Alter von 6 Jahren statt*** infanoj komencas frekventi la lernejon en aĝo de ses jaroj

Einschuss *m* ***a)*** *Mil* loko, kie eniĝis la kuglo(j) (*bzw.* grenato(j) *u.a.*) ***b)*** ***auch Einschlag*** *m des Gewebes (Weberei)* vefto

ein|schweben *intr* enŝvebi; ~**segnen** *tr Kirche* ***a)*** *konfirmieren* konfirmacii ***b)*** *weihen* konsekri ***c)*** *segnen (Feld, Gläubige, Haus)* beni

Einsegnung *f Konfirmation* konfirmacio; *Weihe* konsekr[ad]o; *Segnen* benado

einsehen *tr hineinsehen* enrigardi *od* rigardi en *mit Akk*, rigardi internen; *sich bewusst werden* konsciiĝi; *begreifen, verstehen* kompreni, *auch* vidi (***dass*** ke) (*vgl. dazu* ***erkennen***); *überprüfen, z.B. Unterlagen* kontroli; ***seinen Fehler*** ~ konfesi sian eraron

Einsehen *n*: ***ein*** ~ ***haben mit ...*** havi komprenon por ...

Einseifbecken *n für die Rasur* barbira pelveto

einseifen *tr* sapumi; *salopp für «betrügen»* trompi, [ege] mistifiki; *Sport salopp für «haushoch besiegen»* frakase venki (***jmdn.*** iun) ◇ ***sie haben ihn gestern tüchtig eingeseift*** *betrunken gemacht* hieraŭ ili faris lin ege ebria (*od salopp* dronigis lin en alkoholo)

Einseifen *n* sapumado

einseitig **1.** *Adj* ***a)*** *nur auf einer Seite stattfindend, nur eine Seite betreffend* unuflanka; ~***e Erklärung*** *f bes. Dipl* unuflanka deklaro; ~***e Lähmung*** *f Med* hemiplegio, paralizo trafinta nur unu duonon de la korpo; ~***e Lungenentzündung*** *f Med* simpla pneŭmonito; ~***e Verpflichtung*** *f* unuflanka sindevigo; ~***es Versprechen*** *n* unuflanka promeso ***b)*** *eine Buchseite füllend od umfassend* unupaĝa ***c)*** *parteiisch* parti[ec]a; *nicht neutral* ne neŭtrala; *nicht objektiv* ne objektiva (↑ *auch* ***subjektiv***); *tendenziös* tendenca, *nachgest auch* prezentanta [certan] tendencon **2.** *Adv* unuflanke; unupaĝe; partie

Einseitigkeit *f* unuflankeco; *in der Darstellung* tendenca prezentado; *Unausgewogenheit, z.B. in der Ernährung* neekvilibro

einsenden *tr* [al]sendi

Einsender *m* sendinto

Einsende|schluss *od* ~**termin** *m* limdato por alsendaĵoj (*od* por sendi ...)

Einsendung *f das Einsenden* alsendo; *Eingesandtes* alsendaĵo

Einser *m* ↑ ***[1]Einer***

einsetzen ***a)*** *tr örtl* [en]meti (***in*** en *mit Akk*); *dazwischenlegen* intermeti (*vgl. dazu* ***einfügen***); *einnähen* enkudri; *zur Anwendung bringen* uzi; *Pflanze* [en]planti; *einen Flugzeug- od Schiffstyp auf einer bestimmten Linie verkehren lassen* uzi [en la linia trafiko]; *in ein Amt* instali (***als*** kiel) (*vgl. dazu* ***ernennen***); ***in ein geistliches Amt ~*** *weihen* ordini (***jmdn.*** iun); ***eine Fensterscheibe ~*** munti fenestrovitr[aĵ]on; ***alle Kraft ~*** uzi ĉiun forton; ***sein Leben für jmdn. ~*** riski sian vivon por iu; ***wieder ~*** *in ein Amt* reinstali ***b)*** *intr beginnen* komenciĝi, *[vor Verben im Inf.]* komenci; *Mus (Chor)* ekkanti, *(Instrument)* ekludi; ***die Flut setzt ein*** *Mar* la tajdo komencas flusi ***c)*** *refl*: ***sich für jmdn. ~*** *unterstützen* subteni iun; *für jmdn. plädieren* pledi por iu; *jmdn. empfehlen* rekomendi iun [al iu]

Einsetzung *f*: ***feierliche ~ in ein Amt*** solena enoficigo, investado

Einsicht *f* ***a)*** *Blick od Sicht [auf etw.]* vido *od auch verbal ausgedrückt*: ***von hier hat man keine ~ in den Garten*** de ĉi tie oni ne povas vidi la ĝardenon (*od* rigardi en la ĝardenon) ***b)*** *Kenntnisnahme* informiĝo, *i.e.S.* tralego, trarigardo; *Verständnis* kompren[em]o; *Vernunft* prudento (↑ *auch* ***Räson*** *u.* ***Ratio***); *Erkenntnis* ekkono; *Besinnung* konscio ***c)*** *Überprüfung* inspektado, kontrolado; ***in etw. ~ nehmen*** inspekti (*od* kontroli) ion

einsichtig *od* **einsichtsvoll** *Adj vernünftig* prudenta; *verständnisvoll* komprenema

Einsichtnahme *f* informiĝo, inspektado; *i.e.S.* tralego, trarigardo

einsichtslos *Adj* senkomprenema

einsichtsvoll ↑ ***einsichtig***

einsickern *intr* penetri *auch im Sinne von «infiltrieren»*, enflueti, *i.w.S. auch* eniĝi

Einsickern *n* penetrado (*vgl. dazu* ***Infiltration***); *i.w.S.* eniĝo

Einsiedelei *f*, *auch* ***Eremitage*** *f od* ***Klause*** *f* ermitejo; *Kartause* kartuzio

Einsiedler *od* **Eremit** *m*, *auch* ***Klausner*** *m* ermito; *Anachoret [frühchristl. Einsiedler]* anakoreto (*vgl. dazu* ***Kartäusermönch***); *~*, ***der am Rande der Wüste lebt*** *um dort zu meditieren* dezertulo

Einsiedler|bekassine *f* (Gallinago solitaria) *Orn* solema galinago; *~***drossel** *f* (Catharus guttatus = Hylocichla guttata) *Orn* ermita turdeto

einsiedlerisch *od* **eremitisch** *Adj* ermita

Einsiedlerkrebs *m*, *reg* ***Steinkrabbe*** *Zool (ein Meereskrebs)* (*Gattung* Eupagurus) ermitkrustulo, <*wiss*> eŭpaguro; (*Gattung* Pagurus) paguro (*vgl. dazu* ***Palmendieb***); ***gemeiner ~*** (Pagurus bernhardus) komuna paguro; ***[Familie der] ~e*** *Pl* (Paguridae) *Meereskrebse mit weichem Hinterleib* paguredoj *Pl*

Einsiedler|kuckuck *m* (Cuculus solitarius) *Orn* ruĝbrusta kukolo; *~***leben** *n* ermita vivo; *~***punkt** *m*, *auch* ***isolierter Punkt*** *m Math (Differenzialrechnung)* aknodo, izolita punkto

Einsiedlertum *m*, *auch* ***Eremitismus*** *m* ermitismo (*vgl. dazu* ***Einsiedlerleben***)

einsilbig *Adj* ***a)*** *Ling* unusilaba (*vgl. dazu* ***monosyllabisch***) ***b)*** *wortkarg, schweigsam* neparolema, silentema

Einsilbigkeit *f* neparolemo; *Schweigsamkeit* silentemo; *lakonische Ausdrucksweise* lakoneco

einsinken *intr*: ***im Boden*** (*od* ***Untergrund***) *~* enfundiĝi; ***im Morast*** (*od* ***Schlamm***) *~* enfundiĝi en [la] ŝlimo, enŝlimiĝi; ***eingesunkene Wangen*** *f/Pl* enfalintaj vangoj *Pl*

Einsitzer-Rennrodel *m* unuopa (*od* unupersona) luĝo

einsitzig *Adj* unusidloka

einspannen *tr Zugtier* jungi [al veturilo]; *Handw, Tech, z.B. ein Werkstück in den Schraubstock* fiksi [en ĉuko] ◇ ***ich bin sehr eingespannt*** *ich habe viel zu tun* mi estas ŝarĝita de laboro

Einspänner *m einspänniger Pferdewagen* unuĉevala veturilo (↑ *auch* ***Tilbury***)

einspännig *Adj mit [nur] einem Pferd bespannt* unuĉevala

einsparen *tr* ŝpari (*vgl. dazu* ***sparen***)

Einsparung *f* ŝpar[ad]o (↑ *auch* ***Energie-*** *u.* ***Kosteneinsparung***)

ein|sperren *tr einschließen* enŝlosi; *ins Gefängnis sperren* meti en malliberejon (*od* prizonon), enprizonigi, *in den Karzer sperren* enkarcerigi; *in einen Käfig sperren* meti en kaĝon, enkaĝigi; *~***spinnen, sich** *refl Raupe* krizalidiĝi (*vgl. dazu* ***sich einpuppen***); *übertr* sin plene izoliĝi [de la ekstera mondo], vivi absolute solece

Einsprache *f* <*österr*> *u.* <*schweiz*> *Jur* ↑ *unter* ***Einspruch***

einsprachig *Adj* unulingva

Einsprachigkeit *f* unulingveco, *auch* unulingvismo

ein|sprengen *tr leicht besprengen (auch Plättwäsche)* aspergi, ŝpruceti akvon sur *mit Akk* (*vgl. dazu* ***befeuchten***); ~**springen** *intr* [helpe] anstataŭi (***für jmdn.*** iun); *i.w.S. helfen* helpi; ~**spritzen** *tr* enŝprucigi, *Med u. Tech meist* injekti

Einspritzer *m, auch* ***Einspritzvorrichtung*** *f Tech* injektilo

Einspritz|pumpe *f Kfz* enŝpruciga (*od* injekta) pumpilo (↑ *auch* ***Treibstoffeinspritzpumpe***); ~**system** *n Kfz, Tech* enŝpruciga (*od* injekta) sistemo

Einspritzung *f Bautechnik, Med, Tech* injekt[ad]o (↑ *auch* ***Direkteinspritzung***); *allg* enŝprucig[ad]o

Einspritzventil *n Tech* injekta valvo

Einspritzvorrichtung *f Tech* ↑ ***Einspritzer***

Einspruch *m Entgegnung* obĵeto (***gegen*** al *[od stärker:]* kontraŭ); *Widerspruch* kontraŭdiro; *Beschwerde* reklamacio; *Protest* protesto (***gegen*** kontraŭ); *Parl (Veto)* vetoo; *Jur (Berufung,* <*österr*> *u.* <*schweiz*> *Einsprache)* apelacio; ~ ***einlegen*** *Jur (bei der nächsthöheren Instanz)* apelacii (***bei*** al); ~ ***erheben*** protesti (***gegen etw.*** kontraŭ io); *Parl* vetoi (***gegen etw.*** ion) (*vgl. dazu* ***Veto***)

Einspruchsrecht *n* rajto protesti (***bei*** ĉe); *Parl, Pol (Vetorecht)* vetorajto; ~ ***haben bei ...*** havi la rajton protesti ĉe ...

einspurig *Adj Fahrbahn* unulena; *Eisenb* unutraka (*vgl. dazu* ***Spur b)***)

einst *Adv irgendwann* iam; *früher* antaŭe; *künftig* estonte; *eines Tages* iun tagon, iutage

Einstaatenlösung *f Dipl, Pol* unuŝtata solvo

einstampfen *tr einrammen* enbati, rami; *zerstampfen* dispisti; *mit den Füßen festtreten* [firme] piedpremi; *im Mörser fein zerkleinern* tre subtile dispisti; *pulverisieren* pulvorigi

Einstand *m* ***a)*** *Tennis* egalo; ~ ***40 beide*** *Tennis* egalo, ambaŭ 40 [= kvardek] ***b)*** *bes.* <*österr*> *u. reg für «kleine Feier zum Dienstantritt»* malgranda festo dum la unua labortago en la nova laborejo (*bzw.* funkcio)

einstechen ***a)*** *tr* enpiki, piki en *mit Akk* ***b)*** *intr*: ***auf jmdn.*** ~ piki per tranĉilo al iu

Einsteckalbum *n Philat* celofanstria albumo

einstecken *tr* ***a)*** enmeti, enŝovi; *in die Tasche stecken* enpoŝigi *auch Gewinn*; ***einen Brief [in den Kasten]*** ~ poŝtkestigi leteron ***b)*** *[widerspruchslos] hinnehmen, z.B. eine Beleidigung* senproteste (*bzw. auch* trankvile *od* senmove) akcepti; *tolerieren* toleri ***c)*** *umg reg für «einsperren, gefangen setzen»* enprizonigi

Einstecktuch *n, auch* ***Ziertaschentuch*** *od fam* ***Kavalierstaschentuch*** *n,* <*schweiz*> ***Poschettchen*** *n, dial* ***Poschettli*** *n* ornama poŝtuko

einstehen *intr Gewähr leisten* garantii (***für etw.*** por io); *verantworten* responsi (***für etw.*** pri io); *i.w.S. bezahlen* pagi (***für*** por); ***er hatte für den Schaden einzustehen*** li devis pagi por la damaĝo [kaŭzita de li *bzw.* de sia filo *u.a.*]

einsteigen *intr Auto, Bus, Zug* eniri [en] *mit Akk*; *i.e.S. [situationsbedingt:]* envagoniĝi, entramiĝi, enaŭt[omobil]iĝi *u.ä. Bildungen*; ***bitte*** ~***!*** *Eisenb* envagoniĝu!

Einsteigen *n*: ***das*** ~ ***in den Bus*** enbusiĝo

Einsteiger *m, auch* ***Neueinsteiger*** *m* novulo, debutanto

Einsteigeschacht *m in die Kanalisation* kloak-aperturo, luko por eniri en la subteran kloakan kanalon

Einstein (*m*) *Eig (ein dt.-amerik. Physiker [1879-1955])* Ejnŝtejno

Einsteinium *n* (*Symbol* ***Es***) *Chem* ejnŝtejnio

einstellbar *Adj* reguligebla, alĝustigebla, adaptebla (↑ *auch* ***justierbar***)

einstellen *tr* ***a)*** *hineinstellen*: ***etw. in etw.*** ~ meti ion en ion; *unterstellen, z.B. Kfz* meti en la garaĝon ***b)*** *anstellen (Arbeitskräfte)* dungi (↑ *auch* ***dingen***); ***er ist in der Fabrik eingestellt worden*** oni dungis lin en la fabriko ***c)*** *beenden (auch Feindseligkeiten, Feuer; Zugverkehr)* ĉesigi *bzw. [vor Verben im Inf:]* ĉesi; ***die Arbeit*** ~ *Streik beginnen* ekstriki; *aufhören zu arbeiten* ĉesi labori; ***das Rauchen*** ~ *z.B. im Flugzeug* ĉesi fumi; ***zeitweilig*** ~ *Feindseligkeiten, Zahlungen* suspendi; ***den Verkehr nach ... zeitweilig*** ~ ĉesigi (*od* suspendi) la trafikon al ... ***d)*** *regulieren* reguligi; *justieren, anpassen* alĝustigi, adapti; *Radio* agordi; ***den Fotoapparat*** ~ fokusigi la lenson [de fotilo]; ***den Vergaser*** ~ *Kfz* reguligi la karburilon ***e)*** *Sport*: ***einen Rekord*** ~ *einen früheren Rekord wieder erreichen* egaligi rekordon ***f)*** *refl*: ***sich*** ~ *erscheinen, sich zeigen* aperi, montriĝi; *kommen* [al]veni; *bereit sein* esti preta (***auf*** por); *sich* *anpassen* adaptiĝi (***auf*** al); ***gegen Abend stellte sich hohes Fieber ein*** ĉirkaŭ la vespero alta febro ekestis; ***der Frühling hat sich in diesem Jahr schon früh eingestellt*** la printempo ĉi-jare jam frue alvenis

einstellig *Adj Zahl* unucifera

Einstell|knopf *m* alĝustiga butono; *Radio* agordobutono; ~**schraube** *f* alĝustiga ŝraŭbo

Einstellung *f* ***a)*** *Anstellung, Indienstnehmen* dung[ad]o ***b)*** *Beendigung (auch von Zahlungen, der Arbeit)* ĉesigo (*vgl. dazu* ***Beenden***); ~ ***der Feindseligkeiten*** ĉesigo de pafado (*od* militagoj); ~ ***der Finanzhilfe*** *Pol* ĉesigo de financa helpo; ~ ***der Kampfhandlungen*** ĉesigo de la batalagoj (*bzw.* militagoj) ***c)*** *Regulierung* reguligo; *Anpassung* adaptado; *das Sichanpassen* adaptiĝo; *Justierung* alĝustigo, *(Feinjustierung)* preciza alĝustigo; *Radio* agord[ad]o; *der Linse am Foto* enfokusigo ***d)*** *innere Haltung* sinteno (***zu*** al); *Auffassung, Denkweise, Standpunkt* opinio, pensmaniero, starpunkto; ***wirklichkeitsnahe*** ~ realismo; ***eine völlig andere ~ haben zu ...*** havi fundamente alian sintenon al ...; ***wie ist Ihre ~ [dazu]?*** kiu estas via sinteno al tio (*od* tiu afero *u.a.*)?; kion vi opinias pri tio?

Einstellungsdatum *n* dato de dungo

Einstellungsgespräch *n* ↑ ***Bewerbungsgespräch***

Einstich *m* [en]piko; ***voller ~e sein*** *Stichwunden* esti plena de pikvundoj

Einstieg *m* enirejo; *nach unten* loko (*od* aperturo) por descendi (*vgl. dazu* ***Einsteigeschacht***)

einstig *Adj ehemalig* eksa, estinta; *künftig (auf Zukünftiges bezogen [Abstrakta, Konkreta od Personen])* estonta

einstimmen ***a)*** *tr vorbereiten* prepari (***auf*** al *od* por); *Instrument* agordi ***b)*** *intr* alkanti; *mitsingen* kunkant[ad]i; ***sich*** ~ *vorbereiten* sin prepari (***auf*** al *od* por)

einstimmig **1.** *Adj* unuanima (*vgl. dazu* ***einhellig*** *u.* ***einmütig***); *allg u. Mus* unuvoĉa **2.** *Adv* unuanime; *Mus* unuvoĉe; ~ ***annehmen*** (***beschließen***) unuanime (*od* ĉiuvoĉe) akcepti (decidi)

Einstimmigkeit *f* unuanimeco (*vgl. dazu* ***Übereinstimmung***); ***zur ~ gelangen*** atingi unuanimecon, [fine] veni al unuanimeco

Einstimmigkeits|regel *f bes. Parl* regulo de unuanimeco; ~**prinzip** *n Parl* principo de unuanimeco

einstippen *tr reg für «eintauchen, eintunken»* trempi (***etw. in etw.*** ion en ion)

einstmals *Adv in Zukunft* [iam] estonte *od* en la estonto; *vormals* iam, iafoje [en antaŭaj tempoj]; *eines Tages* iutage

einstöckig, *<österr> umg* ***stockhoch*** *Adj*: ***ein ~es*** (*od <österr> umg* ***stockhohes***) ***Haus*** unuetaĝa domo

einstoffig *Adj Chem, Phys* unara *od nachgest* havanta [nur] unu komponanton

einstoßen *tr* enpuŝi; *durch Stoß zertrümmern* puŝe detrui

Einstrahlung *f* radiado; *Sonneneinstrahlung* suna radiado

einstreichen *tr* ***a)*** *mit Farbe* farbi, ŝmiri per farbo; ***mit Salbe*** ~ ŝmiri ungventon sur la haŭton ***b)*** *Geld, Gewinn* enpoŝigi

Einstreichfeile *f Handw* ↑ ***Schraubenkopffeile***

Einstreifen-Spitzmausbeutelratte *f* (Monodelphis unistriata) *Zool* unustria monodelfo *[Vorkommen in SO-Brasilien]*

ein|streuen *tr* dissemi, disĵeti; *bestreuen* surŝuteti; *Bemerkung, Worte* enŝovi, intermiksi; ~**strömen** *intr* enflui

einstudieren *tr* ekzerci; ***seine Rolle*** ~ *Theat* ekzerci sian rolon (*vgl. dazu* ***einüben***)

einstufen *tr* gradigi laŭ kategorioj (*vgl. dazu* ***eingruppieren***); *klassifizieren* klasifiki

Einstufenrakete *f* unuŝtupa raketo

Einstufung *f* gradigo [laŭ kategorioj], klasifik[ad]o; *Einreihung* envicigo

einstündig *Adj* unuhora

einstuppen ↑ ***einpudern***

einstürmen *intr* ataki (***auf etw.*** ion) *auch übertr* (*vgl. dazu* ***bedrängen***); ***die Journalisten stürmten mit Fragen auf ihn ein*** la ĵurnalistoj bombardis lin per demandoj

Einsturz *m eines Gebäudes u.a.* disfalo (↑ *auch* ***Brückeneinsturz***); ***zum ~ bringen*** [dis]faligi

einstürzen *intr* disfali *auch übertr*, *auch* terenfali, detruiĝi

Einsturzgefahr *f* danĝero de disfalo

einstutzen ↑ ***stutzen***

einst|weilen *Adv* intertempe, dume; ~**weilig** *Adj* portempa, provizora (↑ *auch* ***interimistisch*** *u.* ***vorläufig***)

eintägig *Adj* unutaga

Eintagsfliege *f* ***a)*** (*Gattung* Ephemera) *Ent* unutaga muŝo, *<wiss>* efemero; ***[Ordnung***

der] ~n *Pl* (Ephemeroptera) efemeropteroj *Pl* ***b)*** *übertr (ephemere Erscheinung, etw. Kurzlebiges, auch kurzlebige Modeerscheinung)* efemeraĵo

Eintagsküken *n* unutaga kokido

Eintänzer *m* ĝigolo

eintauchen ***a)*** *tr eintunken [zur Anfeuchtung od Durchnässung]* trempi (***etw. in etw.*** ion en ion); *i.e.S. (ins Wasser tauchen)* trempi en akvon, enakvigi, *(ganz unter Wasser tauchen)* mergi *auch Tech, z.B. in Ätzlauge; [mit einem Sprung] kopfüber in Wasser eintauchen* plonĝi; ***der Alte tauchte das Brot in die Suppe [ein]*** la maljunulo trempis la panon en la supon; ***er tauchte das Tuch in den Bottich, um es zu färben*** li trempis la tukon en la kuvon por tinkturi ĝin ***b)*** *intr* eniĝi en [la] akvon, enakviĝi (*vgl. dazu* ***tauchen***)

Eintauchrefraktometer *n Opt* ↑ ***Immersionsrefraktometer***

Eintauchrefraktometrie *f Opt* ↑ *auch* ***Immersionsrefraktometrie***

eintauschen *tr* interŝanĝi (***etw. gegen etw.*** ion kontraŭ io)

einteilen *tr aufteilen* [dis]dividi; ***in Gruppen ~*** kunigi (*od* ordigi) en grupojn, grupigi; ***in Klassen ~*** ordigi laŭ [sistemo de] klasoj, klasifiki; ***sein Geld ~*** *sparsam sein* esti ŝparema; ***in Grade ~*** dividi per gradoj, marki gradojn sur io, *allg* gradigi; ***in [mehrere] Kategorien ~*** ordigi laŭ kategorioj

einteilig *Adj aus nur einem Teil (od Stück) [bestehend]* unuparta *bzw.* unupeca; ***~er Badeanzug*** *m* unupeca bankostumo

Einteilung *f Aufteilung* [dis]divido; *in Gruppen bzw. Klassen* grupigo, klasifiko (*vgl. dazu* ***einteilen***); *Skala* skalo

eintippen *tr per Tastendruck* klavi; ***eine Nummer ~*** *Tel* klavi numeron

eintönig *Adj Mus* unutona; *monoton* monotona; *i.w.S. langweilig* enuiga

Eintönigkeit *f Monotonie* unutoneco; monotoneco; *Langweiligkeit* enu[iĝ]o

Eintopf *m od* **Eintopfgericht** *n Kochk* unupota kuiraĵo (*od* manĝaĵo) (↑ *auch* ***Mischgericht***)

eintopfen *tr* enpotigi, meti en poton, *(Pflanze) auch* planti en poton

Eintracht *f* konkordo; *Harmonie* harmonio

einträchtig 1. *Adj* konkorda; *einmütig* unuanima; *harmonisch* harmonia **2.** *Adv*: ***~ miteinander leben*** vivi kune en harmonio

Eintrag *m* ***a)*** enskribo; *Eintragung in eine Liste* noto en listo; *längere [zumeist themenbezogene] Notiz* notico ***b)*** *reg Schule* mallaŭdo [en skriba formo]

eintragen *tr* ***a)*** enskribi; *notieren* noti; ***in ein Register ~*** *registrieren* registri; ***sich ~*** enskribiĝi, sin enlistigi (***für*** por); ***eingetragener Verein*** *m* (*Abk* ***e.V.***) registrita asocio (*Abk* r.a.); ***eingetragenes Warenzeichen*** *n* (*Zeichen* ®) registrita varmarko ***b)*** *einbringen, z.B. Gewinn* [en]porti, doni; ***Honig ~*** *Biene* kolekti mielon

einträglich *Adj* enspeziga; *profitabel* profitiga, profitodona; *lukrativ* lukra; *rentabel, zinstragend* rentodona

Eintragung *f* enskribo; *das Notieren* notado; *Notiz* noto, *(längere, zumeist themenbezogene)* notico (*vgl. dazu* ***Eintrag***); *Registrierung* registrado

ein|träufeln *tr* engut[ad]i (***in*** en *mit Akk*); **~treffen** *intr ankommen* [al]veni (***in*** en); *Voraussage* efektiviĝi, realiĝi; *in Erfüllung gehen* plenumiĝi

Eintreffen *n Ankunft* alveno; *Realisierung* realiĝo

eintreiben *tr* ***a)*** *Vieh (heimwärts treiben)* peli hejm[lok]en, *(in den Stall treiben)* peli [de la paŝtejo] en la stalon ***b)*** *Geld, Schulden* kolekti; ***Steuern ~*** kolekti impostojn

eintreten ***a)*** *tr mit dem Fuß zerstören* [perpiede] trabati *od* trabati per la piedo *z.B. eine Tür* ***b)*** *intr hineingehen* eniri, enpaŝi; *geschehen* okazi; *Stille* ekregi, ekesti; ***darf ich ~?*** ĉu mi rajtas eniri?; ***bitte treten Sie ein!*** bonvolu eniri!; ***für jmdn. ~*** pledi por iu (*vgl. dazu* ***sich für jmdn. einsetzen***); ***in die Diskussion ~*** komenci la diskutadon; ***es kann der Fall ~, dass ...*** povas (*od* povus) okazi, ke ...; ***für den Frieden ~*** pledi por la paco, defendi la pacon; ***in den Krieg ~*** eniri en la militon; ***in eine Partei ~*** iĝi membro (*od* ano) de partio; ***in Verhandlungen ~*** komenci intertraktojn (***mit*** kun)

eintrichtern *tr*: ***jmdm. etw. ~*** enkapigi ion al iu

Eintritt *m* ***a)*** *das Eintreten* eniro (↑ *auch* ***Kriegseintritt***); *Beginn* komenc[iĝ]o; ***freier ~*** libera (*od* senpaga) eniro; ***~ frei!*** (*od* ***kostenlos!***) eniro senpaga!; ***~ [streng] verboten!*** eniro strikte malpermesata! ***b)*** *Beginn* komenciĝo; ***bei ~ der Dunkelheit*** kiam vespere malheliĝas ***c)*** *[Beginn einer]*

Mitgliedschaft membriĝo, aniĝo

Eintritts|geld *n* enirpago; ~**karte** *f* enirbileto

ein|trocknen ***a)*** *tr dörren, austrocknen [lassen]* [el]sekigi ***b)*** *intr* [el]sekiĝi; ~**trüben, sich** *refl Wetter* [iom] malsereniĝi; ~**tunken** *tr* trempi (***in*** en *mit Akk*) (↑ *auch* ***eintauchen***); ~**üben** *tr* ekzerci, lernigi (*vgl. dazu* ***einstudieren***)

einundzwanzig *Num* dudek unu

einverleiben *tr* ***a)*** enkorpigi ***b)*** *sich (etw.) aneignen* alproprigi ... al si; *annektieren* aneksi; ***sich ein Gebiet*** ~ aneksi regionon ***c)*** *scherzh für «etw. verzehren»* manĝi *bzw.* trinki, *salopp* enstomakigi

Einverleibung *f Annexion* aneksado

Einvernahme *f* ↑ ***Verhör***

Einvernehmen *n Übereinkunft* interkonsento; *gegenseitiges Verständnis* reciproka komprenemo; *Eintracht* konkordo (*vgl. dazu* ***Einklang*** *u.* ***Harmonie***); ***im*** ~ ***mit ...*** interkonsente kun ...; *in Übereinstimmung mit ...* konforme kun ...; ***im gegenseitigen*** ~ ***handeln*** ag[ad]i en reciproka interkonsento

einverstanden *Adj*: ~***!*** konsentite!, *auch* mi aprobas!; *gut!* bone!; ~ ***sein*** konsenti (***mit*** pri); ***sich mit etw.*** ~ ***erklären*** deklari sian aprobon pri io

Einverständnis *n Konsens, Zustimmung* konsento; *Billigung* aprobo; *Eintracht* konkordo, harmonio; *gegenseitiges Verstehen* interkompreno; ***im*** ~ ***mit ...*** en konsento kun ..., *auch kurz* konsente kun ...

Einwand *m Entgegnung* objeto; *Gegenargument* kontraŭargumento; *Widerspruch* kontraŭdiro; *Protest* protesto (***gegen*** kontraŭ); ***keine Einwände haben*** [absolute] ne kontraŭi (***gegen etw.*** ion); ***ich möchte hier*** (*od* ***hierzu***) ***einige Einwände vorbringen*** (*od* ***geltend machen***) mi volas fari kelkajn objetojn pri tio ĉi

Einwanderer *m* enmigranto *bzw.* enmigrinto; ~**familie** *f* familio de enmigrantoj (*bzw.* enmigrintoj)

einwandern *intr* enmigri (***in*** en *mit Akk*)

Einwanderung *f* enmigr[ad]o (***nach*** en *mit Akk*, al *mit Nom*); ***illegale*** ~ neleĝa (*od* kontraŭleĝa) enmigrado; ***legale*** ~ laŭleĝa enmigrado

Einwanderungs|behörde *f* [ŝtata] oficejo pri enmigrado; ~**gesetz** *n Jur* leĝo pri enmigrado, *auch* enmigrada leĝo; ~**land** *n* lando de enmigrado; ~**politik** *f* politiko de enmigrado *od* enmigrada politiko; ~**reform** *f* reformo pri enmigrado *od* enmigrada reformo; ~**vorschriften** *f/Pl* regularo pri enmigrado; ~**welle** *f* ondo de enmigrado *od* enmigrada ondo

einwandfrei 1. *Adj* neriproĉebla; *fehlerlos* senerara; *Betragen, Manieren* perfekta; *Beweis* pozitiva **2.** *Adv* senerare; perfekte; *unbestreitbar* nekontesteble

einwärts *Adv* al interne, *umg auch* internen; *Bot (intrors, einwärts gekehrt [Staubbeutel])* introrsa

Einwärtskehrung *f*: ~ ***der Lidränder***, *Fachspr* ***Entropium*** *n Med* internenturniĝo de la palpebrorandoj, *(Fachspr)* entropio

Einwärtsmuskel *m Anat* ↑ ***Pronator***

Einwärtsschielen *n*, *auch* ***Konvergenzschielen*** *n* (Strabismus convergens) *Med* konverĝa strabismo (*vgl. dazu* ***Auswärtsschielen***)

ein|weben *tr* enteksi (***in*** en *mit Akk*); ~**wechseln** *tr* ŝanĝi *auch Geld*; ~**wecken**, <*österr*> *auch* ***einrexen*** *tr* konservi [en konserv-bokalo] (↑ *auch* ***einmachen***)

Einweckglas *n*, *auch* ***Einkochglas*** *n*, <*österr*> ***Rexglas***® *n* konserv-bokalo

Einweg|flasche *f* uzu-forĵetu-botelo; ~**programm** *n*, *auch* ***Geradeausprogramm*** *n EDV* lineara programo; ~**rasierer** *m* uzu--forĵetu-razilo; ~**spritze** *f Med* uzu-forĵetu--injektilo, *auch* unufoja injektilo

einweichen *tr* tremp[ad]i (***in*** en); ***Linsen*** (***getrocknete Pilze***) ~ *Kochk* trempadi lentojn (sekigitajn fungojn)

einweihen *tr* ***a)*** *amtlich* inaŭguri; *[feierlich] enthüllen* [solene] malkovri; *weihen, z.B. einen Tempel* konsekri; ***ein Denkmal*** (***Standbild***) ~ malkovri monumenton (statuon); ***ein Projekt [feierlich]*** ~ [solene] inaŭguri projekton ***b)*** *in etw. Unbekanntes, Geheimnisvolles* inici; *umg für «[etwas Geheimes] anvertrauen»* konfidi; ***jmdn. in die Geheimnisse der Liebe*** ~ inici iun en la sekretojn de la amo; ***ich habe ihn in die Sache eingeweiht*** *ihm das anvertraut* mi konfidis al li la aferon ***c)*** *umg für «zum ersten Mal benutzen bzw. anziehen u.a.»* unuafoje (*od* por la unua fojo) uzi (*bzw.* porti *u.a.*); ***ich habe heute mein neues Kleid eingeweiht*** mi hodiaŭ surhavis (*od auch* portis) mian novan robon por la unua fojo

Einweihung *f* ***a)*** *offizielle* inaŭgur[ad]o; *[feierliche] Enthüllung, z.B. eines Denkmals* [solena] malkovro; *feierliche Eröffnung* solena malfermo; *Kirche (Weihung)* konsekrado ***b)*** *in Unbekanntes, Geheimnisvolles* inic[ad]o

Einweihungsfeier *f (festlich od offiziell)* inaŭgura solenaĵo, *(privat)* inaŭgura festo

einweisen *tr* ***a)*** *einführen* enkonduki (***in*** en *mit Akk*), instali ***b)*** *in etw. Unbekanntes od Geheimnisvolles, in religiöse Mysterien u.Ä. einführen* inici (*vgl. dazu* ***einweihen b)***) ***c)*** *instruieren, Instruktionen geben zu* instrukcii, doni instrukciojn pri; *Verkehr* direkti ***d)*** *feierlich in ein Amt einführen* solene enoficigi, investi ***e)*** *in weiteren Fügungen*: ***er wurde in ein Sanatorium eingewiesen*** oni sendis lin al sanatorio

Einweisung *f* ***a)*** enkonduko, instalo ***b)*** inic[ad]o ***c)*** *Instruktion* instrukcio, donado de instrukcioj ***d)*** *Einsetzen ins Amt* [solena] enoficigo ***e)*** *Internierung* internigo; ~ ***[und Aufnahme] in ein Krankenhaus*** (*od Mil* ***Lazarett***) enhospitaligo, sendado al hospitalo (*od* malsanulejo)

einwenden *tr* obĵeti, kontraŭdiri; *Gegenargumente vorbringen* kontraŭargumenti (***gegen*** kontraŭ); ***ich habe nichts dagegen einzuwenden*** mi tute ne kontraŭas

Einwendung *f* obĵeto *auch vor Gericht*, kontraŭdiro; *Protest* protesto; ~***en machen*** (*od* ***erheben***) obĵeti (***gegen*** al *od [stärker:]* kontraŭ)

einwerfen *tr Brief in den Postkasten* poŝtkestigi; *Fensterscheibe* [ĵete dis]rompi; *Bemerkung* intermeti, enŝovi; *Ling (interpolieren)* interpoli; ***er hat eingeworfen*** *Fußball* li enĵetis [la pilkon en la ludkampon]

einwertig *Adj Chem* unuvalenta

einwickeln *tr* ***a)*** [en]volvi (***in*** en); *umwickeln* ĉirkaŭvolvi; ***ein Paket in Papier*** ~ enpaki paketon en paperon; ***in Windeln*** ~ ĉirkaŭvolvi per vindotukoj, vindi ***b)*** *umg für «beschwatzen»* [per lerta babilado] superruzi (***jmdn.*** iun)

Einwickelpapier *n umg reg für «Packpapier»* pakuma papero

ein|wiegen *tr durch Wiegen zum Einschlafen bringen* lulante dormigi, luli; ~**willigen** *intr zustimmen* konsenti (***in*** pri) (↑ *auch* ***beipflichten***); *Genehmigung erteilen* doni la permeson (***dass*** ke)

Einwilligung *f Zustimmung* konsento; *Genehmigung* permeso (*vgl. dazu* ***Bewilligung***); ***seine ~ geben*** doni sian konsenton (***zu*** al)

einwirken *intr Wirkung haben* efiki (***auf*** sur *mit Akk*) *auch Chem*; *Einfluss haben* havi influon (***auf*** sur *mit Akk*), influi (***auf etw.*** ion)

Einwirken *n* efikado (***auf etw.*** sur ion)

Einwirkung *f Wirkung* efiko; *Einfluss* influo; *i.w.S. Konsequenz* konsekvenco

einwöchig *Adj* unusemajna

Einwohner *m* [en]loĝanto (***von*** de) (↑ *auch* ***Bewohner*** *u.* ***Ureinwohner***); ***wie viele ~ hat ...?*** kiom da enloĝantoj havas ...?

Einwohner|dichte *f* denseco de loĝantoj (↑ *auch* ***Bevölkerungsdichte a)*** *u.* ***Wohndichte***); ~**meldeamt** *n* registrejo de loĝantoj, [polica] registrejo

Einwohnerschaft *f* loĝantaro

Einwohnerzahl *f* nombro de loĝantoj

Einwurf *m* ***a)*** <*österr*> ***Outeinwurf*** [*aut...*] *m Ballspiele* enĵeto [en la ludkampon]; ***einen ~ ausführen*** plenumi enĵeton, enĵeti la pilkon ***b)*** *Schlitz* fendo, buŝo, *(am Briefkasten)* leterfendo [de poŝtkesto] ***c)*** *übertr (Entgegnung, Einwand)* obĵeto, *(Gegenargument)* kontraŭargumento

einwurzeln *intr, auch* ***sich*** ~ *refl Wurzeln schlagen* enradikiĝi (***in*** en) *auch übertr*

Einwurzelung *f Bot* enradikiĝo

Einzahl *f Gramm* singularo

einzahlen *tr Geld, Miete, Steuern* [en]pagi (***an*** al; ***bei*** ĉe)

Einzahlung *f* [en]pago; *Post* poŝtmandato

Einzahlungs|quittung *f od* ~**schein** *m* kvitanco pri ricevita mono, enpaga kvitanco, pag-atesto

einzäunen *tr* ĉirkaŭbari [per latbarilo *bzw.* palisaro *u.a.*]; ***mit einer Hecke*** ~ ĉirkaŭi per heĝo

Einzäunung *f* ***a)*** *Einfriedung für Vieh, im Zoo u.a.* ĉirkaŭbarilo; *i.e.S. (aus Flechtwerk)* plektobarilo, *(aus Pfählen)* palisaro, *(Lattenzaun)* latbarilo ***b)*** *das Einzäunen (als Vorgang)* ĉirkaŭbarado

einzeichnen *tr* marki, skizi; ***etw. in eine Karte*** ~ marki ion sur mapo; ***sich in eine Liste*** ~ *seinen Namen bzw. seine Unterschrift eintragen* meti (*od* [en]skribi) sian nomon (*bzw.* subskribon) en liston

Einzel *n Tennis* solludo (*vgl. dazu* ***Dameneinzel***); ~**anfertigung** *f* unupeca (*od* individua) produktado, *(der Gegenstand selbst)* unupeca (*od* individue farita) produkto; **~bett** *n Bett für eine Person* unuloka lito; **~darstellung** *f Buchw (Monographie)* monografio; **~fahrschein** *m* bileto por unu veturo; **~fall** *m* aparta (*od* unika) kazo; **~gänger** *m* solulo, izolulo; *Sonderling* strangulo (*vgl. dazu* ***komischer Kauz***)

Einzelhaft *f* aresto en ĉelo por unuopulo; ***er ist in ~*** li estas en ĉelo por unuopulo

Einzel|handel *m* detalkomerco, *auch* pomalgranda komerco; **~handelspreis** *m* detala prezo; **~händler** *m* detalisto

Einzelheit *f* detalo (*vgl. dazu* ***Besonderheit***); ***über alle ~en genau berichten*** ekzakte raporti pri ĉiuj detaloj; ***sich in ~en verlieren*** droni en detaloj

Einzelkind *n* solinfano, *auch* sola infano

Einzeller *m/Pl*, *<wiss>* ***Protozoen*** *Pl* (Protozoa) *Biol* unuĉeluloj *Pl*, *<wiss>* protozooj *Pl* (↑ *auch* ***Augentierchen***); ***Wissenschaft f von den ~n*** protozoologio

einzellig *Adj Biol* unuĉela; ***~e Pflanzen*** *f/Pl*, *<wiss>* ***Protophyten*** *m/Pl Bot* unuĉelaj plantoj *Pl*, *<wiss>* protofitoj *Pl*

Einzel|mitglied *n* individua membro; **~mitgliedschaft** *f* individua membreco

einzeln 1. *Adj für sich allein* [unu]opa; *einzig, alleinig* sola; *individuell* individua; ***~es Geld*** *n Kleingeld (Münzen)* moneroj *Pl*, *(Wechselgeld)* ŝanĝmono; ***jedes ~e Wort lernen*** lerni ĉiun opan vorton; ***ein ~er bekommt*** (*od* ***kriegt***) ***das nicht hin*** unu sola homo (*od* persono) ne kapablas fari tion; ***im ~en beschreiben*** detale priskribi **2.** *Adv* unuope; *individuell* individue; *getrennt* aparte (*vgl. dazu* ***extra***); *allein* sole; ***~ anführen*** specifi, detale difini; ***~ verkaufen*** *Hdl* pomalgrande vendi

Einzelne *m bzw. f* unuopulo (*vgl. dazu* ***Einzelperson***)

Einzel|nummer *f Ztgsw* unuopa numero; *i.w.S. Sondernummer* speciala numero; **~person** *f* unuopa persono, unuopulo; **~stück** *n Unikat* unikaĵo; **~teile** *n/Pl* unuopaj partoj [for formi tuton] (*vgl. dazu* ***Ersatzteil***); **~verkauf** *m* pomalgranda (*od* podetala) vendo (↑ *auch* ***en détail***); **~vortrag** *m eines Musikstücks* solludo (↑ *auch* ***Solospiel***) **~wesen** *n* individuo; **~wettbewerb** *m Sport* individua konkurso (*vgl. dazu* ***Mannschaftswettbewerb***); **~zimmer** *n*, *<schweiz>* ***Einerzimmer*** *n* unupersona ĉambro; *eines Leiters* individua ĉambro

einziehen ***a)*** *tr* entiri; *Schnürsenkel in einen Schuh* tredi; *Fachspr Weberei: passieren* tredi; *einsaugen* ensuĉi; *Gelder, Schulden, Steuern* enkasigi; *beschlagnahmen* konfiski; *Luft, Rauch* enspiri; *heilsame Dämpfe* inhali; *einholen (Fahne, Segel)* malhisi (*vgl. dazu* ***festmachen*** *u.* ***festzurren***); *Informationen, Steuern* kolekti; ***Banknoten ~*** retiri banknotojn; ***einen Faden in ein Nadelöhr ~*** enkudriligi fadenon; ***die Zehnmarkstücke wurden eingezogen und durch Scheine ersetzt*** la dekmarkaj moneroj estis retirataj kaj anstataŭigataj per bankbiletoj ***b)*** *intr einmarschieren* marŝi (***in*** en *mit Akk*); *Flüssigkeit* ensorbiĝi, penetri (***in*** en *mit Akk*); ***in eine neue Wohnung ~*** eklogi en nova loĝejo

einzig 1. *Adj einzigartig, einzig in seiner Art* unika; *alleinig* sola, ununura; *unvergleichlich* nekomparebla; ***das ~e, was ...*** la sola, kio ...; ***ihr ~er Gedanke war ...*** ŝia ununura penso estis ...; ***ihr ~es Kind*** ŝia ununura infano; ***kein ~er*** ne eĉ unu; ***nicht ein ~er*** eĉ ne unu *od* ne unu sola persono; ***ein ~er Tropfen*** unu sola guto **2.** *Adv*: ***~ und allein*** tutsole; *bloß, nur* nur; ***das Gemälde ist ~ schön*** la pentraĵo estas nekompareble bela

einzigartig *Adj einmalig* unika; *unvergleichlich* nekomparebla; *i.w.S. (außergewöhnlich)* eksterordinara, *(exklusiv)* ekskluziva

Einzigartigkeit *f* unikeco; nekompareblo; *i.w.S. (Außergewöhnlichkeit)* eksterordinareco, *(Exklusivität)* ekskluziveco

Einzimmerwohnung *f*, *<österr>* ***Garçonnière*** *f* unuĉambra loĝejo

einzuckern *tr* sukerumi

[1]**Einzug** *m Einmarsch* enmarŝ[ad]o (***in*** en *mit Akk*); *i.w.S. Besetzung* okupado [fare de trupoj], okupacio; *in eine Wohnung* eklogô, enloĝiĝo

[2]**Einzug** *m* ***a)*** *Typ (Einrückung)* alineo, deŝovo de la unua linio ***b)*** *auch* ***Einpassierung*** *f Weberei* tredo

Einzugs|ermächtigung *f Bankw* debetpermeso; **~gebiet** *n Gewässerkunde. Hydrogeologie (Fläche, aus der ein Gewässersystem seinen Abfluss bezieht)* akvokolekta areo (*od auch* baseno)

einzwängen *tr* enprem[eg]i (***in*** en *mit Akk*); *fest umklammernd zusammendrücken od einschnüren* stringi (↑ *auch* ***drosseln b)***)

Einzylindermotor *m* unucilindra motoro

Eipulver *n Nahr* ovopulvoro

Eire (*n*) ↑ ***Irland***

eirund *Adj* ovala (*vgl. dazu* ***eiförmig*** *u.* ***ob-oval***)

Eis *n* ***a)*** *Natur*≗ glacio (↑ *auch* ***Firn-***, ***Glatt-***, ***Gletscher-***, ***Kunst-***, ***Pack-***, ***Polar-***, ***Tot-*** *u.* ***Treibeis***); ***das Bersten des ~es*** *z.B. bei Eisgang od Tauwetter* glacikreviĝo; ~ ***laufen*** *Schlittschuh laufen* sketi; ***zu ~ werden*** glaciiĝi *auch übertr*, fariĝi glacio; *erstarren* rigidiĝi ◇ ***das ~ ist gebrochen*** *bildh: die Stimmung hat sich gelockert od die ersten Hemmungen sind beseitigt* la glacio fandiĝis (*od* estas rompita); ***etw. auf ~ legen*** *übertr (z.B. einen Plan, ein Vorhaben [immer wieder] verschieben)* [ĉiam denove] prokrasti ion; *[vorläufig] nicht weiter behandeln* [provizore] ne plu trakti ion ***b)*** *<österr> u. reg* ***Gefrorene*** *n*, *<schweiz>* ***Glace*** [*glas*] *f Speise*≗ glaciaĵo (↑ *auch* ***Erdbeer-***, ***Frucht-***, ***Kokos[nuss]-***, ***Sahne-***, ***Schokoladen-***, ***Soft-***, ***Vanille-*** *u.* ***Zitroneneis***); ***~ am Stiel*** stangoglaciaĵo; ***eine Portion ~*** porcio da glaciaĵo

Eis|bahn *f Wintersport* glacivego, *(für Schlittschuhlauf)* sketejo, *auch* glitkurejo (↑ *auch* ***Indoor-Eisbahn***); *abgegrenzte Bahn bei Wettläufen* sket-vego; ~**ballett** *n* baleto sur glacio (↑ *auch* ***Eisrevue***); ~**bank** *f* glacibenko, bankizo; ~**bär** *m* (Ursus maritimus = Thalarctos maritimus) *Zool* blanka (*od* polusa) urso; ~**becher** *m* pokalo da glaciaĵo

eisbedeckt *Adj* glaci[o]kovrita *od* kovrita de glacio (*vgl. dazu* ***vereist***)

Eis|beere *f* (Sorbus torminalis) *Bot* entranĉita sorpo; ~**behälter** *m*, *auch* ***Eisbox*** *f für Natureis* glaciujo, *für Speiseeis* ujo por glaciaĵo; ~**bein** *n*, *auch* ***Haxe*** *f Nahr* kruroviando

Eisberg *m* glacimonto ◇ ***das ist nur die Spitze des ~s*** tio estas nur la pinto (*od* supro) de la glacia monto

Eis[berg]salat *m*, *auch* ***Krachsalat*** *m Bot, Nahr (eine zum Kopfsalat zählende Sortengruppe)* glaci-laktuko

Eis|beutel *m Med* glaci[o]saketo; ~**bildung** *f* formiĝo de glacio, glaciiĝo; ~**block** *m* bloko el glacio; ~**blume** *f an Fensterscheiben* [survitraĵa] glacikristalo: ~**bombe** *f* glaciaĵbombo

Eisbox *f* ↑ ***Eisbehälter***

Eis|brecher *m Vorbauten an Brückenpfeilern usw.* glacirompilo; *Mar* glacirompa ŝipo; ~**bruch** *m bei Eisschmelze* glacirompiĝo (*vgl. dazu* ***Eisgang***)

Eisbude *f salopp* ↑ ***Eisstand***

Ei|schnee *m*, *auch* ***Eiklarschnee*** *m Nahr (Schaum aus Hühnereiklar u. geschlagener Sahne aus Schlagsahne)* ovoneĝo; ~-**schneider** *m Hausw* ovotranĉilo

Eis|decke *f eines Gewässers* glacikovraĵo, *auch* glacia kovro; ~**diele** *f*, *<österr> meist* ***Eissalon*** *m* glaciaĵejo; ~**driftstation** *f Forschungsstation auf einer driftenden Eisscholle* drivglacia [scienc-esplora] stacio; ~**druck** *m* glaciopremo

Eisen *n* (*Symbol* ***Fe***) fero (↑ *auch* ***Alt-***, ***Band-***, ***Form-***, ***Guss-***, ***Profil-***, ***Roh-***, ***Walz-*** *u.* ***Wulsteisen***); ***geschmolzenes*** (***schmiedbares***) ~ fandita (forĝebla) fero; ***in ~*** (*od* ***in Ketten***) ***legen*** *hist*: *Gefangene* enferigi ◇ ***ein heißes ~*** afero, kiu devas esti traktata tre delikate [kaj atente]; ***mehrere*** (***zwei***) ~ ***im Feuer haben*** havi plurajn (du) vojojn por elekti; ***man muss das ~ schmieden, solange es heiß ist*** forĝu la feron dum ĝi estas varmega *(Zam)*

Eisenabfall *m bei der Bearbeitung* ferdefalaĵo; *Abfalleisen, Schrott* ferrubo

Eisenbahn *f* fervojo (↑ *auch* ***Berg-***, ***Breitspur-***, ***Hochbahn***, ***Modelleisenbahn*** *u.* ***Schmalspurbahn***); ***mit der ~ fahren*** veturi (*od* vojaĝi) per fervojo ◇ ***es ist höchste ~*** estas plej urĝa tempo

Eisenbahn|abteil *n* kupeo; ~**angestellte** *od* ~**beamte** *m* fervoja oficisto; ~**brücke** *f* fervoja ponto; ~**damm** *m* fervoja taluso (↑ *auch* ***Bahndamm***)

Eisenbahner *m* fervojisto

Eisenbahn|fähre *f* fervoja pramo; ~**fahrkarte** *f* fervoja bileto; ~**fahrplan** *m* fervoja horaro, *auch* trajn-horaro; ~**fahrt** *f* fervoja veturo; ~**gesellschaft** *f* fervoja kompanio; ~**gleis** *n* fervoja trako; ~**knotenpunkt** *m* fervojnodo, *auch* fervoja nodo; ~**linie** *f als Verkehrsverbindung* fervoja linio, [fervoja] trajnlinio (↑ *auch* ***Eisenbahnstrecke***); ~**museum** *n* fervoja muzeo; ~**netz** *n* fervoja reto (↑ *auch* ***Schienennetz***); ~**schaffner** *m* fervoja konduktoro; ~**schiene** *f* fervoja relo; ~**schranke** *f* fervoja bariero; ~**schwelle** *f* fervoja ŝpalo; ~**signal** *n (vereinbartes Zeichen)* fervoja signalo, *(technische Einrichtung)* fervoja signalilo; ~**station** *f i.w.S.* fervoja haltejo;

i.e.S. (Bahnhof) [fervoja] stacio, *(Station)* [fervoja] haltejo, *(Haltepunkt)* eksterstacia haltejo; ~**strecke** *f, auch* ***Bahnlinie*** *f* fervojlinio *od* fervoja linio (↑ *auch* ***Eisenbahnlinie***); ~**transport** *m* fervoja transporto; ~**tunnel** *m* fervoja tunelo; ~**unglück** *n, Fachspr Eisenb* ***Bahnbetriebsunfall*** *m* fervoja akcidento

Eisenbahnunterführung *f* = ***Bahnunterführung***

Eisenbahn|verbindung *f* fervoja interligo; ~**verkehr** *m* fervoja trafiko (↑ *auch* ***Huckepackverkehr***); ~**verwaltung** *f* administracio de la fervojoj; *Eisenbahnunternehmen* fervoja entrepreno; ~**viadukt** *m* fervoja viadukto; ~**wagen** *m* fervoja vagono; ~**wesen** *n* fervojaj aferoj *Pl*; ~**zug** *m* trajno

Eisen|band *m* ferbendo *od* fera bendo; ~**bergwerk** *n* ferminejo

Eisenbeton *m* = *alt für* ***Stahlbeton*** [↑ *dort*]

Eisen|blauverfahren *n, auch* ***Blauprozess*** *m od* ***Zyanotypie*** *f ein Lichtpausverfahren* cianotipio; ~**blech** *n* ferlado; ~**block** *m Ind* ferbloko; *Gießblock* gisbloko; ~**brücke** *f* fera ponto; ~**draht** *m* ferdrato *od* fera drato; ~**erz** *n* fer[o]erco (↑ *auch* ***Siderit***); ~**erzeugung** *f* fer[o]produktado; ~**farbe** *f* farbo por fero; ~**gehalt** *m* enhavo je fero; ~**gerüst** *n* fera skafaldo *od* skafaldo el fero; ~**gießer** *m* fergisisto; ~**gießerei** *f* fergisejo; ~**gitter** *n* fera krado; ~**haken** *m* fera hoko

eisen|haltig, *<österr>* ***eisenhältig*** *Adj* fer[o]hava; ~**hart** *Adj* fere malmola, *nachgest auch* malmola kiel fero

Eisenholz *n ein hartes Tropenholz* ferligno (↑ *auch* ***Teakholz***)

Eisenhut *m, auch* ***Sturmhut*** *m* (*Gattung* Aconitum) *Bot* akonito; ***blauer*** ~, *reg* ***Mönchskappe*** *f* (Aconitum napellus) blua (*od <wiss> auch* napela) akonito; ***rispiger*** ~ *od* ***Rispeneisenhut*** *m* (Aconitum paniculatum) panikla akonito

Eisen|hutmuster *n, auch* ***Feh*** *n Heraldik (ein heraldisches Pelzwerk, das seinen Namen von Eichhörnchenfellen [Kürschnersprache: Feh] erhalten hat)* vajro *<ein blausilbernes Pelzwerk>*; ~**hütte** *f od* ~**werk** *n* ferfabriko *od* ferproduktada fabriko; *Eisengießerei* fergisejo

Eisenhüttenwesen *n* ↑ ***Eisenmetallurgie***

Eisen|industrie *f* ferindustrio; ~**karbid** *n Chem* fera karbido (↑ *auch* ***Zementit***); ~**karbonat** *n, auch* ***Ferrokarbonat*** *n Chem* fera karbonato; ~**kette** *f, auch* ***eiserne Kette*** fera ĉeno

Eisenkies *m Min* ↑ ***Pyrit***

Eisenkonstruktion *f Bauw* fera konstruaĵo

Eisenkraut *n Bot* ↑ ***Verbene***

Eisenkrautgewächse *n/Pl Bot*: ***[Familie der]*** ~ (Verbenaceae) verbenacoj *Pl*

Eisenkupfersulfid *n Chem* ↑ *unter* ***Bornit***

Eisenlegierung *f Chem* fer-alojo

Eisenmangel *m im Körper* manko de fero [en la korpo]; ~**anämie** *f Med* feromanka anemio *od* anemio pro manko de fero

Eisen|mast *m* fera masto *od* masto el fero; ~**metallurgie** *f, auch* ***Eisenhüttenwesen*** *n* siderurgio; ~**oxid** *n Chem* feroksido; *i.e.S. (Ferrooxid)* feroza oksido, *(Ferrioxid)* ferika oksido

Eisen(III)-oxid *n Chem* ↑ ***Kolkhotar***

eisenoxidhaltig, *<österr>* ***eisenoxidhältig*** *Adj* feroksidhava

Eisen|pfanne *f* fera pato (↑ *auch* ***Wok***); ~**platte** *f* ferplato *od* plato el fero; ~**präparat** *n Pharm* ferotoniko; ~**ring** *m* fera ringo *od* ringo el fero; ~**säge** *f* segilo por fero; ~**schneider** *m Handw* tenajlo por tranĉi fer[plat]on

eisenschüssig *Adj Bergb, Geol (Gesteine od Böden)* fer[o]hava *od nachgest* enhavanta feron

Eisenspat *m Min* ↑ ***Siderit***

Eisenspeicherkrankheit *f Med* ↑ ***Hämatochromatose***

Eisen|stange *f* ferstango *od* stango el fero; ~**stein** *m Min* ferŝtono; ~**sulfat** *n Chem* ferika sulfato

Eisente *f* (Clangula hyemalis) *Orn* longvosta klangulo *[Vorkommen: äußerster Norden Europas, Asiens u. Nordamerikas] <Zugvogel, der u.a. an Nord- u. Ostsee überwintert>*

Eisenträger *m Bauw* fera trabo

Eisenvitriol *n Chem* ↑ ***Ferrosulfat***

Eisenwaren *f/Pl* feraĵoj *Pl*; ~**händler** *m* vendisto de feraĵoj, *auch* feraĵisto; ~**handlung** *f* vendejo de feraĵoj (*bzw.* metalvaroj), *auch* feraĵejo

Eisenwerk *n* ↑ ***Eisenhütte***

Eisenzeit *f Gesch* ferepoko

eisern *Adj* fera *auch übertr* (↑ *auch* ***gusseisern***); *aus Eisen* [farita] el fero; ~***er Bestand*** *m* lasta rezervo; ~***e Disziplin*** *f* fera disciplino; ~***er Kessel*** *m* fera kaldrono; ~***e***

Lunge *f Medizintechnik* ŝtalpulmo; *~**er Wille*** *m* fera volo ◇ ***die* ²*e Lady***, *engl. **the Iron Lady** Pol* la Fera Damo; ***mit ~er Faust*** (*od **Hand***) *übertr* per fera mano *(Zam)*; ***der* ²*e Vorhang*** *Gesch, Pol* la Fera Kurteno

Eiseskälte *f eisige Kälte* glacia malvarm[eg]o

Eis|fabrik *f* glaciofabriko; ~**feld** *n* glacikampo; ~**fischerei** *f, auch **Eisfischen** n Fischen durch gebohrte Eislöcher (eine Angelpraktik)* glacifiŝkaptado, traglacia fiŝkaptado *<bes. in Kanada, Skandinavien, Russland u. im Norden der USA>*; ~**fläche** *f* glaci[o]kovrita tereno; *Eisfeld* glacikampo

Eisflunder *f Ichth* ↑ ***Kliesche***

eisfrei *Adj Gewässer, Hafen, Straße* senglacia

Eisfuchs *m Zool* ↑ ***Polarfuchs***

Eisgang *m auf Flüssen* glacidrivado, glaciflosumo, glacikreviĝo [kaj forflosado de la glacitavoloj] (*vgl. dazu* ***Eisbruch***)

Eishai *m Zool* ↑ ***Grönlandhai***

Eisheilige *m/Pl Met (Maifröste)* sanktuloj *Pl* de la glacio, frostaj tagoj *Pl* dum monato majo (↑ *auch* ***Nachfrost***)

Eishockey *n Sport* glacihokeo, *auch* hokeo sur glacio (↑ *auch* ***Bandy***); ~**mannschaft** *f* glacihokea teamo; ~**schläger** *m* glacihokeilo; ~**spieler** *m* glacihokea ludisto, glacihokeisto

Eishöhle *f* glacikaverno

eisig 1. *Adj* glacia *auch übertr*; ***ein ~er Empfang*** glacia akcepto; ***eine ~e Winternacht*** glacia (*od* glacie malvarma) vintra nokto; ***es bläst ein ~er Wind*** blovas glacia vento **2.** *Adv* glacie; ~ ***kalt*** glacie malvarma; *kalt wie Eis* malvarma kiel glacio; *sehr kalt* tre malvarma, malvarmega; ***ein ~ kalter Tag*** glacie malvarma tago

Eisigkeit *f* glacieco

Eiskaffee *m* glacikafo, *(mit einer Kugel Eis [und Sahne])* kafo kun glaciaĵo [kaj kremo]

eiskalt *Adj* glacie malvarma

Eiskappe *f **a)** kappen- od schildförmige Eisbedeckung eines Berges* montsupra glaĉero ***b)** auch **Plateaugletscher** m ein ausgedehnter, festes Land bedeckender Gletscher, z.B. der Vatnajökull in Island* kalotglaĉero *od* glaciĉapo

Eiskarton *m* ↑ ***Alabasterpapier***

Eis|kasten *m bes. süddt. u. <österr> auch für «Kühlschrank»* fridujo; ~**keller** *m* glacikelo, glacitenejo, *i.w.S. (eisig kalter Ort)* glaciejo; ~**klettern** *n Sport* glacigrimpado; ~**klumpen** *m* bulo da glacio; ~**kratzer** *m* glacioskrapilo (↑ *auch* ***Scheibenkratzer***); ~**krem** *f* glaciaĵo (*vgl. dazu* ***Eis***); ~**kristalle** *m/Pl* glacikristaloj *Pl*; ~**kruste** *f* glacikrusto

Eiskunst|lauf *m Sport* artosketado; ~**läufer** *m* artosketisto

Eislauf *m* sketado (↑ *auch* ***Paarlauf***)

eislaufen *intr* sketi

Eis|läufer *m* sketisto; ~**lauffigur** *f* sketfiguro; ~**lawine** *f* glacia lavango; ~**mann** *m* glaciaĵisto, vendisto de glaciaĵo; ~**maschine** *f Tech* glaciiga maŝino; *zur Herstellung von Speiseeis* glaciaĵofara maŝino

Eismeer *n*: ***Nördliches*** ~ Arkta Oceano; ***Südliches*** ~ Antarkta Maro (*vgl. dazu* ***Südpolarmeer***)

Eis|möwe *f* (Larus hyperboreus) *Orn* glacimevo; ~**nebel** *m Met* glacinebulo

Eispapier *n* ↑ ***Alabasterpapier***

Eispickel *m* glaci-pikbastono, glaci-pioĉeto

Eisprung *m Physiol* ↑ ***Follikelsprung***

Eis|regen *m Met* glacipluvo, *auch* frostiĝanta pluvo; ~**revue** *f* surglacia revuo (*vgl. dazu* ***Eisballett***)

Eissalat *m Nahr* ↑ ***Eisbergsalat***

Eissalon *m* ↑ ***Eisdiele***

Eis|schicht *f*, *<österr>* ***Eisschichte*** *f* glacitavolo; ~**schmelze** *f* degel[ad]o de la glacio (↑ *auch* ***Eisbruch***)

Eisschnell|lauf *m Sport* rapid-sketado; ~-**läufer** *m Sport* rapid-sketisto

Eis|scholle *f* [flosanta] glaciplato *od* glacipecego; *Packeis an den Polen* bankizo; ~**schrank** *m* glaciŝranko; *reg für «Kühlschrank»* fridujo; ~**segeln** *n Sport* glacivelado, *auch* surglacia velado; ~**spalte** *f* glacifendo (↑ *auch* ***Gletscherspalte***); ~**stand** *m*, *salopp* ***Eisbude*** *f* glaciaĵokiosko; ~**statue** *f Eisschnitzkunst* glacia statuo *auch i.w.S.*

Eisstein *m* ↑ ***Kryolith***

Eis|stockschießen *n Wintersport* bavara glitŝtonludo (↑ *auch* ***Curling***); ~**stückchen** *n* peceto da glacio; ~**sturmvogel** *m*, *selt auch* ***Fulmar*** *m* (Fulmarus glacialis) *ein möwengroßer Sturmvogel des Nordpazifiks u. Nordatlantiks Orn* [arkta *od* norda] fulmaro (*vgl. dazu* ***Silbersturmvogel***); ~-**tanz** *m* glacidanco

Eistaucher *m* (Gavia immer) *Orn* granda kolimbo *[Vorkommen: Tundra u. Taiga*

Nordamerikas, in Grönland, Island u. auf Jan Mayen]; ***gelbschnäbliger ~ = Gelbschnabeltaucher***

Eistee *m ein Kaltgetränk* glaci-teo

Eis- und Gletscherkunde *f* ↑ ***Glaziologie***

Eisverkäufer *m von Speiseeis* vendisto de glaciaĵo; *von Natureis* vendisto de glacio

Eisvogel *m* (Alcedo atthis) *Orn* alciono (↑ *auch* ***Azurfischer, Braunliest, Großfischer, Rotrücken-*** *u.* ***Zwergeisvogel***); ***[Familie der] Eisvögel*** *m/Pl* (Alcedinidae) alcededoj *Pl*

Eis|vulkan *m,* *<wiss>* ***Kryovulkan*** *m Astron, Vulkanologie (eine extraterrestrische Erscheinungsform des Vulkanismus [tritt nur bei niedrigen Temperaturen unter minus 150° C auf])* glacia vulkano; **~wasser** *n* glacia akvo *auch Getränk*; **~wein** *m ein Qualitätswein* glacivino; **~wolke** *f* glacionubo; **~würfel** *m* glacikub[et]o; **~wüste** *f* glaciodezerto *od* glacia dezerto; **~zapfen** *m* glacipendaĵo *od* pendoglacio

Eiszeit *f, auch* ***Eiszeitalter*** *n od* ***Glazialzeit*** *f Geol* glaci-epoko *od* glacia epoko, *<wiss> auch* glacialo, *pop* malvarmepoko (↑ *auch* ***Interglazial-, Nach-*** *u.* ***Voreiszeit***)

Eiszeitalter *n* ↑ ***Eiszeit***

eiszeitlich *Adj glazial* glaci-epoka

Eiszeit|relikt *n Biol (Art, die sich an bestimmten Stellen seit der Eiszeit erhalten hat)* glaciepoka relikto; **~see** *m* glaciepoka lago

eitel *Adj* ***a)*** *Person* vanta (*vgl. dazu* ***selbstgefällig***); *[situationsbedingt:] auch* sinmontrema, koketa, singlorema; ***ein eitler Mensch*** vanta homo, vantulo (↑ *auch* ***Dandy*** *u.* ***Fatzke***); ***sie ist eine eitle Person*** ŝi estas vanta persono, *auch* ŝi estas vantulino ***b)*** *leer, nichtig, wertlos* vana, senutila, senvalora; ***eitles Geschwätz*** *n* vana babilado; ***eitle Hoffnung*** *f Wahn* vana espero; ***eine eitle*** (*od* ***nichtige***) ***Sache*** vanta afero, vantaĵo ***c)*** *rein (Gold)* pura; ***es herrschte ~ Freude*** regis absoluta ĝojo

Eitelkeit *f* vanteco; sinmontremo, koketeco, singloremo; vaneco, senutileco

Eiter *m* (Pus) puso; ~ ***absondern*** eligi puson (*vgl. dazu* ***eitern***); ***voll[er]*** ~ plena de puso, pusoplena

eiterähnlich *Adj* pusosimila; *blutwässerig, jauchig* ikora

Eiter|ansammlung *f* amasiĝo de puso; *in einer Körperhöhle (bes. im Brust- od Bauchraum)* empiemo; **~bildung** *f* estiĝo de puso, pusiĝo

Eiterbläschen *n Med* ↑ ***Pustel***

Eiterbeule *f Med* ↑ ***Abszess***

Eiterflechte *f, auch* ***Blasengrind*** *m od* ***Grindflechte*** *f,* *<wiss>* ***Impetigo*** *f* (Impetigo contagiosa) *Med* impetigino, *auch* pustula dermatito; ***kleinblasige Impetigo*** *od* ***Streptokokkenimpetigo*** *f* et-vezika impetigino

Eitergeschwür *n Med* ↑ ***Abszess***

Eiterherd *m* pusofokuso, pusocentro

eit[e]rig, *Fachspr Med* ***purulent*** *Adj* pusa; *Eiter enthaltend* entenanta puson (*vgl. dazu* ***pyogen*** *u.* ***mukopurulent***); **~*er Ausfluss*** *m,* *<wiss>* ***Pyorrhoe*** *f Med* pusa elfluo, *<wiss>* pioreo; **~*es Sekret*** *n einer Wunde* pusa sekreciaĵo [de vundo]

eitern *intr u. abs* pusi (*vgl. dazu* ***Eiter***; ↑ *auch* ***vereitern***); *abszedieren* abscedi

Eitern *n od* **Eiterung** *f* pusado

Eiterpickel *n* ↑ ***Pustel***

Eiterung *f* pusado; ***~(en) hervorrufend*** *z.B. Streptokokken* pusiga, *Fachspr (pyogen)* piogena

eitrig ↑ ***eiterig***

Eiweiß *n* ***a)*** *<österr>* ***Eiklar*** *n das Weiße des Eis* ovoblanko ***b)*** *Biochemie i.e.S. (einfacher Eiweißkörper)* proteino, *i.w.S. (zusammengesetzter Eiweißkörper)* proteido (↑ *auch* ***Albumin, Hühnerei-, Milch-, Muskeleiweiß*** *u.* ***Gerüsteiweiße***); ***pflanzliches*** (***tierisches***) ~ vegetala (animala) proteino

Eiweißabbau *m, auch* ***Eiweiß[auf]spaltung*** *f,* *<wiss>* ***Proteolyse*** *f Biochemie (Aufspaltung von Eiweißkörpern in Aminosäuren)* proteinolizo

Eiweißabbau[stoffwechsel] *m* ↑ ***Proteinkatabolismus***

Eiweißaufbau *m* ↑ ***Proteinsynthese***

Eiweißaufspaltung *f* ↑ ***Eiweißabbau***

Eiweißausscheidung *f*: ~ ***im Harn*** *Med (Proteinurie)* proteinurio

Eiweißbedarf *m* bezono de proteino

Eiweißbehandlung *f Med* ↑ ***Proteintherapie***

Eiweiß|defizit *n od* **~mangel** *m* proteinmanko *od* manko de proteino; *im Blut* hipoalbuminemio (↑ *auch* ***Kwashiorkor-Syndrom***); **~drüse** *f bei manchen wirbellosen Tieren, z.B. bei Schnecken, vorkommende Drüse im Geschlechtsapparat <ihr*

Sekret bildet eine eiweißähnliche Umhüllung der Eizellen> albumina glando; **~-gehalt** *m, auch* ***Proteingehalt*** *m* proteinenhavo *od* enhavo de proteino; **~gerinnung** *f* proteinkoaguliĝo

eiweißhaltig, *<österr>* ***eiweißhältig*** *Adj* proteinhava, albuminhava, *nachgest auch* enhavanta proteinon

Eiweißharnen *n Med* ↑ ***Albuminurie***

Eiweißhaushalt *m Physiol* proteinmetabolo

Eiweißmangel *m* ↑ ***Eiweißdefizit***

eiweißreich *Adj* proteinriĉa, multproteina

Eiweißschaummasse *f* ↑ ***Baiserschaummasse***

Eiweißspaltung *f Biochemie* ↑ ***Eiweißabbau***

Eiweiß|stoffwechsel *m, auch* ***Proteinstoffwechsel*** *m Physiol* proteinmetabolo; **~-synthese** *f Biol* proteinsintezo

Eizelle *f Anat* ovoĉelo, *<wiss>* ovolo; *Biol* ovocito, *<wiss>* oocito

Ejakulat *n, auch* ***ausgespritzte Samenflüssigkeit*** *f* ejakulaĵo

Ejakulation *f sex (Samenerguss)* ejakul[ad]o; ***vorzeitige*** ~ (Ejaculatio praecox) tro frua ejakulo; ***weibliche*** ~ ina ejakulo; ***die*** ~ ***verzögern*** prokrasti la ejakulon

Ejakulationsreflex *m Physiol* ejakula reflekso

ejakulieren *intr u. abs* ejakuli, spermelĵeti, *salopp (abspritzen)* ĉuri

Ejektiv[laut] *m Phon (als Presslaut gesprochener Verschluss- od Reibelaut [z.B. im Hausa od Zulu])* ejektivo

Ejektor *m, auch* ***[absaugende] Dampfstrahlpumpe*** *f Tech* ejektoro (*vgl. dazu* ***Injektor***)

Ekaudaten *Pl Zool* = ***Froschlurche***

Ekbatana (*n*) *Gesch (im 7. Jh. v. Chr. gegründete Hptst. von Medien [ehem. Sommerresidenz der Achämeniden- u. später der Partherkönige])* Ekbatano (↑ *auch* ***Hamadan***)

EKD *od* **EKiD** = *Abk für* ***Evangelische Kirche in Deutschland***

[1]**Ekel** *m* naŭzo (***vor*** al *od* pri) (*vgl. dazu* ***Brechreiz***); *Abscheu* abomeno; ~ ***erregend*** kaŭzanta naŭzon; ***vor etw.*** ~ ***empfinden*** senti naŭzon al (*od* pri) io (↑ *auch* ***Abscheu empfinden*** [*unter* ***Abscheu***])

[2]**Ekel** *n umg für «widerlicher Mensch»* naŭzulo, naŭza homo

ekelhaft *od* **ek[e]lig** *Adj* ***a)*** naŭza; *Übelkeit bzw. Brechreiz hervorrufend* kaŭzanta naŭzon (*bzw.* vomemon) *nachgest,* vomiga; *i.w.S. schauderhaft, grausig* horora; ***~er Geruch*** *m* naŭza odoro; ***~es Zeug*** *n* naŭzaĵo ***b)*** *umg auch für «unangenehm»*: ***eine ~e Arbeit*** aĉa laboro

Ekelhaftigkeit *f* naŭzeco

ekeln, sich *refl* senti naŭzon (***bei*** ĉe; ***vor etw.*** al *od* pri io); ***es ekelt mich*** (*od* ***mir***) naŭzas min (*od* al mi) *od* mi sentas naŭzon

EKG *od* **Ekg** = *Abk für* ***Elektrokardiogramm***

EkiD ↑ ***EKD***

Ekklesiastik *od* **Ekklesiologie** *f die theologische Lehre von der christlichen Kirche* ekleziologio

EKL = *Abk für* ***Esperanto-Klub Leipzig***

Eklampsie *f* (Eclampsia) *Med* eklampsio (↑ *auch* ***Gestose***); *während der Schwangerschaft, sogen. Schwangerschaftseklampsie [mit Krampfanfällen u. Blutdruckanstieg* (Eclampsia gravidarum) gravedulina eklampsio; *bei der Geburt* (Eclampsia puerperalis) eklampsio dum la nasko, *(Fachspr)* puerpera eklampsio

eklamptisch *Adj Med (die Eklampsie betreffend bzw. auf ihr beruhend)* eklampsia

eklatant *Adj* ***a)*** *ins Auge fallend* okulfrapa; *offensichtlich* evidenta ***b)*** *Aufsehen erregend* kaŭzanta furoron (*bzw.* sensacion) *nachgest*

Eklektiker *m* ***a)*** *i.e.S. ein Schriftsteller, der aus mehreren vorgefundenen Philosophemen das für ihn Passende heraussucht u. zu einem nur scheinbar originellen Gebäude zusammenfügt* elektikisto ***b)*** *i.w.S. (meist pej) jmd., der fremde Ideen nebeneinanderstellt, ohne eigene Gedanken dazu zu entwickeln* elektikulo

eklektisch *Adj* eklektika

Eklektizismus *m Phil* eklektikismo

eklig ↑ ***ekelhaft***

Eklipse *f Astron (Finsternis)* eklipso (*vgl. dazu* ***Sonnen-*** *u.* ***Mondfinsternis***); ***parallaktische*** ~ paralaksa eklipso; ***partielle*** (*od* ***teilweise***) ~ parta eklipso; ***totale*** (*od* ***vollständige***) ~ totala (*od* plena) eklipso

Ekliptik *f Astron (Schnittlinie der Erdbahnebene mit der Himmelskugel)* ekliptiko; ***Ebene (Schiefe) f der*** ~ ebeno (oblikveco) de la ekliptiko

ekliptikal *Adj Astron (auf die Ekliptik bezogen)* ekliptika; ***~e Breite*** (***Länge***) *f* ***eines Gestirns*** ekliptika latitudo (longi-

tudo) de astro; *~e* ***Ebene*** *f* ekliptika ebeno
ekliptisch *Adj Astron (zur Eklipse gehörig bzw. auf die Eklipse bezogen)* eklipsa
Ekloge *f Lit (in der röm. Literatur zunächst Bez für jedes kleinere Gedicht, dann für Hirtengedicht)* eklogo (*vgl. dazu* ***Bukolik***)
Eklogit *m Min (in der Tiefe der Erdkruste entstandenes, sehr zähes u. hartes Metamorphitgestein [Mineralbestand je zur Hälfte grüner Pyroxen u. roter Granat])* eklogito
Ekstase *f [religiöse] Verzückung* ekstazo; *das Sichvergessen* sinforgeso; ***in ~ geraten*** ekstaziĝi, atingi ekstazan staton; ***in ~ sein*** esti en ekstazo (*od* ekstaza stato)
Ekstatiker *m* ekstazulo
ekstatisch *Adj verzückt, entrückt* ekstaza (↑ *auch* ***rauschhaft*** *u.* ***im Rausch***)
Ektasie *f nur Fachspr Med für «Erweiterung od Ausdehnung von Hohlorganen [z.B. der Bronchien]» od «Kalibervergrößerung eines Gefäßes»* ektazio
Ektobiologie *f Teilgebiet der Biologie, das zu erforschen versucht, ob Leben auf anderen Himmelskörpern möglich u. vorhanden ist* ektobiologio
ektobiotisch *Adj Biol (außerhalb eines Substrats od Mediums lebend)* ektobiota (*vgl. dazu* ***endo-*** *u.* ***epibiotisch***)
Ektoblast *n* ***a)*** *Embryologie* ektoblasto ***b)*** = ***Ektoderm***
Ektoderm *n Embryologie, Histologie (1. äußeres Keimblatt des Embryos [bei Mensch u. Tier] 2. äußere Zellschicht der Hohltiere)* ektodermo
ektodermal *Adj vom äußeren Keimblatt abstammend (bzw. ausgehend)* ektoderma
Ektohormon *n, auch* ***Pheromon*** *n Biol (Wirkstoff, der auf andere Individuen der gleichen Art Einfluss hat, sie z.B. anlockt [vor allem die Sexuallockstoffe der Insekten])* ektohormono, *auch* feromono (↑ *auch* ***Sexual-*** *u.* ***Signalpheromon***)
Ektomie *f Chir (operative Entfernung eines Organs, Organteils od eines Thrombus aus einem Gefäß)* ektomio (↑ *auch* ***Nephr-, Phleb-*** *u.* ***Thrombektomie***)
Ektoparasit *m Med (Schmarotzer der äußeren Haut), Biol (ein äußerlich am Wirt lebender Parasit od Parasitoid)* ektoparazito *<z.B. Flöhe, Läuse, Milben, Zecken u.a.>* (*vgl. dazu* ***Endoparasit***)
Ektopie *f* (Ectopia) *nur Fachspr Med für «Verlagerung eines Organs [meist nach außen]»* ektopio (*vgl. dazu* ***²Vorfall***; ↑ *auch* ***Nierenektopie***)
Ektoplasma *n Biol (Plasmaaußenschicht)* ektoplasmo
Ektoskelett *n Biol* ektoskeleto: ***a)*** *Zool* den Körper umschließendes Skelett bei Wirbellosen u. Wirbeltieren ***b)*** *Ent* Außen- *od* Hautskelett *z.B. die chitinöse Hülle der Insekten*
Ektosymbiose *f Biol (eine spezielle Form der Symbiose <ein Eindringen der Symbionten in die Zellen des Partners erfolgt nicht>)* ektosimbiozo (*vgl. dazu* ***Endosymbiose***)
Ektotoxin *n Giftstoff mit Proteincharakter, der von bestimmten Bakterien abgegeben wird [z.B. von Clostridium tetani]* ektotoksino
Ektropion *od* **Ektropium** *n, auch* ***Auswärtskehrung*** *od* ***Aus-*** *od* ***Umstülpung*** *f (z.B. der Augenlider) Ophthalmologie, Vet* [palpebra] ektropio (↑ *auch* ***Narbenektropion***)
Ekuador (*n*) ↑ ***Ecuador***
Ekzem *n Med (eine allergische Hautreaktion: Entzündung mit Ausschlag, Juckflechte)* ekzemo (*vgl. dazu* ***Exanthem***; ↑ *auch* ***Kontaktekzem***); ***endogenes*** (***feuchtes***) ~ endogena (humida) ekzemo
ekzematisch *Adj mit einem Flechtenausschlag behaftet* ekzema
EL = *Abk für* ***die Europäische Linke*** [↑ *unter* ***¹Linke***]
El Aaiún (*n*) ↑ ***Al-Ayun***
Elaborat *n Ausarbeitung (als Ergebnis), meist pej für «Machwerk»* ellaboraĵo
elaidinsauer *Adj*: ***elaidinsaures Salz*** *n Chem* elaidato
Elam (*n*) *eine historische Landschaft östlich des unteren Tigris [entspricht der heutigen Landschaft Khusestan]* Elamo
Elamer *od* **Elamiten** *m/Pl* elamanoj *Pl*
Elan *m* elano (↑ *auch* ***Schwung*** *u.* ***Begeisterung***); ~ ***vital*** *das Leben als schöpferische Aktivität [nach Bergson]* vitala elano; ***der ~ der Jugend*** la elano de la junularo
Eläolith *m Min (undurchsichtige, hell gefärbte Abart des Minerals Nephelin)* eleolito
Elara *m Astron (ein Jupitermond)* Elaro
Elasmosaurus *m Paläozoologie (bis 13 m langer Saurier aus der Kreidezeit Nord-*

amerikas) elasmosaŭro

Elastin *n ein Strukturprotein, Gerüsteiweißstoff [im Bindegewebe, in Sehnen]* elastino

elastisch *Adj* elasta (*vgl. dazu* ***geschmeidig***; ↑ *auch* ***vollelastisch***); ***~e Kupplung*** *f Tech (bewegliche Kupplung)* elasta kuplilo

Elastizität *f* elasteco

Elastizitätsgrenze *f Phys* limo de elasteco

Elastomer[e] *n synthetischer Kautschuk u.Ä.* elastomero

Elat (*n*) ↑ ***Eilat***

Elatere *f Bot (Schleuderzelle bei Lebermoosen, die die Sporen aus den Kapseln befördert)* elatero

Elaterin *n Biochemie, Pharm (ein Cucurbitacin <bereits 1831 in kristalliner Form isoliert>)* elateriino

Elaterit *m Min (elastisches Erdpech [ein Mineral aus der Ordnung der Harze])* elaterito

Elaterium *n* (Ecballium elaterium) *Bot* elaterio *auch das aus dieser Pflanze gewonnene Abführmittel*

Elativ *m Gramm (1. absoluter Superlativ 2. Kasus der finno-ugrischen Sprachen mit der Bedeutung «aus ... heraus»)* elativo

Elba (*n*) *eine ital. Insel zw. Korsika u. dem ital. Festland* [insulo] Elbo *[Hauptort: Portoferraio]*

Elbasan (*n*) *eine Stadt in Albanien südöstl. von Tirana <mit ummauerter orientalischer Altstadt>* Elbasano

Elbe *f*: ***die ~*** [rivero] Elbo

Elbrus *m der höchste Berg des Kaukasus* [monto] Elbruso

Elbsandsteingebirge *n aus Sandstein aufgebautes Mittelgebirge am Oberlauf der Elbe in Deutschland u. Tschechien* Elba Sabloŝtona Montaro

Elch *m* (Alces alces) *Zool* alko; *Alaska~* (Alces alces gigas = Alces alces americana) amerika alko; **~jagd** *f* alkoĉaso; **~kuh** *f weibl. Elch* alkino, femala alko

Eldorado *n 1. sagenhaftes Goldland in Südamerika 2. übertr für «Paradies»* eldorado; ***ein ~ für Naturfreunde*** eldorado por naturamikoj

Electronic Banking *n* (*Kurzf* ***E-Banking***) *elektronische Erledigung von Bankgeschäften* elektronika bankado

Elefant *m* (*Gattungen* Elaphas *u.* Loxodonta) *Zool* elefanto (↑ *auch* ***Sumatra-*** *u.* ***Waldelefant***); ***afrikanischer ~*** (Loxodonta africana) afrika elefanto *<größtes Landsäugetier der Erde>*; ***asiatischer ~*** (Elephas maximus) azia elefanto; ***[Familie der] ~en*** (Elephantidae) elefantedoj *Pl* ◇ ***aus einer Mücke einen ~en machen*** *etw. sehr aufbauschen* fari el muso elefanton *(Zam)*

elefantenähnlich *Adj* elefantosimila (↑ *auch* ***Dinotherium***)

Elefanten|bulle *m* maskla elefanto; **~fuß** *m* piedo de elefanto; *Bot* (Beaucarnea recurvata) elefantpiedo *[Vorkommen: Mexiko <in Europa: Zimmerpflanze>]*; **~herde** *f* grego da elefantoj; **~kuh** *f* femala elefanto

Elefantenlaus *f* ↑ ***Cashewnuss b)***

Elefantenrüssel *m* rostro de elefanto; **~muschel** *f* (Panopea generosa = Panopea abrupta) *Zool* gujdako

Elefantenschildkröte *f Zool* ↑ ***Galapagos-Riesenschildkröte***

Elefanten|spitzmaus *f, auch* ***Rüsselspringer*** *m* (*Gattung* Elephantulus) *Zool* elefantsoriko (↑ *auch* ***Trockenland-Elefantenspitzmaus***); **~zahn** *m Stoßzahn des Elefanten* dentego de elefanto (*vgl. dazu* ***Elfenbein***)

Elefantiasis *f, auch* ***Elephantiasis*** *f, fachsprachl. auch* ***Pachydermie*** *f Tropenmedizin* elefantiazo *<verursacht durch den Blutfadenwurm ‹Wuchereria bancrofti›, dessen Larven von Stechmücken übertragen werden>*

elegant **1.** *Adj* eleganta (↑ *auch* ***fein*** *u.* ***vornehm***); ***ein ~er Herr*** eleganta sinjoro, elegantulo **2.** *Adv*: ***~ gekleidet sein*** esti elegante vestita

Eleganz *f* eleganteco

Elegie *f Lit* elegio *auch Antike* (*vgl. dazu* ***Klagelied***)

Elegiendichter *m*, *auch* ***Elegiker*** *m* verkisto de elegioj

Elegiker *m* elegiulo

elegisch *Adj schwermütig, wehmütig* elegia

Elektorat *n* ↑ ***Wählerschaft***

Elektra (*f*) *griech. Myth (Sagengestalt, Tochter des Agamemnon u. der Klytämnestra)* Elektra

Elektret *m Phys (Dielektrikum mit einer verbleibenden elektrischen Polarisation)* elektreto

elektrifizieren *tr* elektrizi

Elektrifizierung *f*, *<schweiz> meist* ***Elektrifikation*** *f* elektrizado

Elektriker *m* elektrikisto

elektrisch *Adj* elektra (↑ *auch* ***iso-*** *u.* ***piezoelektrisch***); *~**e Eisenbahn** f* elektra fervojo; *Spielzeug* miniatura elektra fervojo [por infanoj]; *~**es Feld** n* elektra kampo; *~**es Heizgerät** n* elektra hejtilo; *~**e Heizung** f* elektra hejtado; *~**es Kabel** n* elektrokablo; *~**e Kaffeemühle** f* elektra kafmuelilo; *~**e Ladung** f* (*Formelzeichen* ***Q***) *Phys* elektra ŝargo; *~**es Licht** n* elektra lumo; *~**e Spannung** f* elektra tensio; *~**er Strom** m* kurento; *~**er Stuhl** m für Hinrichtungen* elektra seĝo; *~**e Traktion** f Eisenb* elektra trakcio; *~**er Zustand** m* elektreco

Elektrische *f alt für* ***Straßenbahn*** [↑ *dort*]

elektrisieren *tr Elektrizität erzeugen bzw. mit Elektrizität behandeln* elektri; *eine Bahnstrecke elektrisch betreiben bzw. einrichten* elektrizi

Elektrisierung *f* elektriz[ad]o

Elektrizität *f* elektro (↑ *auch* ***Bio-***, ***Hydro-***, ***Induktions-***, ***Influenz-***, ***Kontakt-***, ***Piezo-***, ***Pyro-***, ***Reibungs-*** *u.* ***Thermoelektrizität***); *Elektroenergie* elektroenergio (*vgl. dazu* ***Strom***); *~* ***aus Wasserkraft*** hidroelektro; ***dynamische*** (*od* ***fließende***) *~* dinamika elektro; ***galvanische*** (***voltaische***) *~* galvana (voltaika) elektro; ***in*** *~* ***umsetzen*** (*od* ***verwandeln***) elektrigi

Elektrizitäts|gesellschaft *f* entrepreno pri elektroenergio; *~***lehre** *f Phys* elektroscienco; *~***versorgungsunternehmen** *n*, *auch* ***Stromversorger*** *m* elektroproviza entrepreno; *~***werk** *n*, *umg auch kurz* ***E-Werk*** *n* elektra centralo; *~***zähler** *m Messgerät für den Verbrauch elektrischer Energie* elektrokomptilo

Elektro|akupunktur *f Med* elektroakupunkturo *od* elektra akupunkturo; *~***akustik** *f Teil der Elektrotechnik u. der Akustik, der sich mit der Umwandlung elektrischer Signale in Schall u. umgekehrt beschäftigt [z.B. durch Mikrofone, Lautsprecher]* elektroakustiko

elektroakustisch *Adj* elektroakustika

Elektro|antrieb *m*, *auch kurz* ***E-Antrieb*** *m Kfz* elektropropulso; *~***auto** *n*, *auch kurz* ***e-Auto*** *n Kfz* elektroaŭto; *~***bus** *m Kfz* elektrobuso; *~***chemie** *f ein Teilgebiet der physikalischen Chemie* elektrokemio

elektrochemisch 1. *Adj* elektrokemia; *~**es Äquivalent** n bei der Elektrolyse die pro Ladungseinheit abgeschiedene Masse* elektrokemia ekvivalento **2.** *Adv* elekrokemie

Elektrochirurgie *f Med (Sammelbez. für chirurgische Eingriffe mit Hochfrequenzstrom)* elektrokirurgio

elektrochirurgisch 1. *Adj* elektrokirurgia **2.** *Adv* elektrokirurgie

Elektrode *f El* elektrodo (↑ *auch* ***Ausgangs-***, ***Außen-***, ***Eingangs-***, ***Gitter-***, ***Hilfs-***, ***Innen-***, ***Kalomel-***, ***Schirm-***, ***Schweiß-***, ***Stimulations-***, ***Wasserstoff-*** *u.* ***Wolframelektrode***); ***positive*** *~* (*Syn:* ***Anode***) pozitiva elektrodo; ***umhüllte*** *~ od* ***Mantelelektrode*** *f* tegita elektrodo

Elektroden|paste *f Med* elektrodoĝelo; *~***-reaktanz** *f El* reaktanco de elektrodo; *~***-spannung** *f El* tensio de elektrodo

Elektro|dialyse *f Chem (Verfahren zur Entsalzung wässriger Lösungen nach dem Prinzip der Dialyse [z.B. Entsalzen von Wasser])* elektrodializo; *~***dynamik** *f Phys* elektrodinamiko

elektrodynamisch 1. *Adj* elektrodinamika **2.** *Adv* elektrodinamike

Elektro|energie *f* elektroenergio *od* elektra energio; *~***enzephalografie** *f Med* elektroencefalografio; *~***enzephalogramm** *n* (*Abk* ***EEG***) *Med (Aufzeichnung der Hirnströme)* elektroencefalogramo; *~***[fahr]rad** *n*, *auch* ***E-Bike*** [*...-baik*] *n* elektra biciklo; *~***-fahrzeug** *n* elektra veturilo (↑ *auch* ***Elektroauto***)

elektrogalvanisch *Adj* elektrogalvana

Elektro|gerät *n* elektra ilo (*od* aparato *od* instrumento); *~***gitarre** *f Mus* elektrogitaro *od* elektra gitaro; *~***herd** *m* elektra fornelo; *~***industrie** *f* elektroindustrio; *~***ingenieur** *m* elektroinĝeniero; *~***installateur** *m* elektroinstalisto; *~***installation** *f* elektroinstalaĵo(j); *~***kabel** *m* elektrokablo; *~***kardiografie** *f*, *auch* ***Elektrokardiographie*** *f* elektrokardiografio

elektrokardiografisch, *auch* ***elektrokardiographisch*** *Adj* elektrokardiografia

Elektrokardiogramm *n* (*Abk* ***EKG***, *auch* ***Ekg***) *Med* elektrokardiogramo (*Abk* EKG)

Elektro|karren *m* elektroĉaro; *~***kaustik** *f* elektrokaŭstiko; *~***kauterisation** *f Chir* elektrokaŭter[iz]ado; *~***klavier** *n* elektra piano; *~***koagulation** *f Chir* elektrokoagulado; *~***kocher** *m* elektra kuirilo

Elektrokution *f Tötung auf dem elektrischen Stuhl* elektrokuto; ***durch*** *~* ***töten*** elektrokuti (***jmdn.*** iun)

Elektrolok[omotive] *f, Kurzf* ***E-Lok*** *f Eisenb* elektrolokomotivo

Elektrolyse *f Med, Phys (elektrische Zersetzung chemischer Verbindungen)* elektrolizo

elektrolysieren *tr El* elektrolizi

Elektrolyt *m Chem, Phys (den elektrischen Strom leitende u. sich durch ihn zersetzende Lösung)* elektrolito (↑ *auch* ***Ampholyte***); ~**detektor** *m El* elektrolita detektilo; ~**haushalt** *m Biol, Physiol* elektrolita metabolismo

elektrolytisch 1. *Adj* elektroliza; ~***er Prozess*** *m Tech* elektroliza proceso **2.** *Adv* elektrolize

Elektrolyt|kondensator *m El* elektrokemia kondensilo; ~**kupfer** *m* elektrolita kupro; ~**lösung** *f Pharm* elektrolita solvaĵo; ~-**therapie** *f Med* elektrolita terapio

Elektromagnet *m* elektromagneto

elektromagnetisch 1. *Adj* elektromagneta; ~***es Feld*** *n* elektromagneta kampo; ~***e Störung*** *f, auch* ***Funkstörung*** *f* elektromagneta interfero; ~***e Wellen*** *f/Pl* elektromagnetaj ondoj *Pl* **2.** *Adv* elektromagnete

Elektromagnetismus *m* elektromagnetismo

elektromechanisch 1. *Adj* elektromekanika **2.** *Adv* elektromekanike

Elektro|metallurgie *f Nutzung von Elektrizität bei der Gewinnung von Metallen aus Erzen)* elektrometalurgio; ~**meter** *n ein elektrostatisches (stromloses) Messgerät zum Nachweis elektrischer Ladungen u. zum Messen elektrischer Spannungen* elektrometro; ~**mobil** *n* elektromobilo, *(für Gehbehinderte)* handikapula elektromobilo (↑ *auch* ***Elektrofahrzeug***); ~**mobilität** *f* elektromovebl[ec]o; ~**monteur** *m* elektromuntisto; ~**motor** *m* elektromotoro *od* elektra motoro (↑ *auch* ***Asynchronmotor***); ~**myografie** *f (fachsprachl. Abk* ***EMG****) Med* elektromiografio

Elektron *n Chem, Phys* elektrono (↑ *auch* ***Primär- u. Sekundärelektron***); ***freies*** (***gebundenes***) ~ libera (ligita) elektrono

Elektronegativität *f* elektronegativeco

Elektronen|beschleuniger *m* akcelilo de elektronoj (*vgl. dazu* ***Betatron***); ~**blitz** *m* elektrona fulmo; ~**bündel** *n* fasko de elektronoj; ~**[ge]hirn** *n* elektronika cerbo; ~**hülle** *f* elektrona ŝelo; ~**kanone** *f* elektronĵetilo; ~**linse** *f* elektrona lenso

Elektronenmikroskop *n* elektrona mikroskopo; ~**untersuchung** *f, auch* ***Untersuchung mit*** (*od* ***unter***) ***dem*** ~ ekzamenado per (*od* sub) la elektrona mikroskopo

Elektronenenröhre *f* elektrona tubo (↑ *auch* ***Pentode***)

Elektronenschleuder *f* ↑ ***Betatron***

Elektronen|synchrotron *n* elektrona sinkrotrono; ~**teleskop** *n Opt* elektrona teleskopo; ~**volt** *n, auch* ***Elektronvolt*** *n* (*Zeichen* ***eV****) Kernphysik (Maßeinheit für Energie)* elektronvolto; ~**wolke** *f El, Chem* elektrona nubo

Electronic Banking *n* (*Kurzf* ***E-Banking***) *elektronische Erledigung von Bankgeschäften* elektronika bankado

Elektronik *f* elektroniko (↑ *auch* ***Mikro-, Opto- u. Telekommunikationselektronik)***; ~**industrie** *f* elektronika industrio

elektronisch 1. *Adj* elektronika; ~***e Datenverarbeitung*** (*Abk* ***EDV***) elektronika prilaborado de datenoj; ~***e Fußfessel*** *Strafvollzug* elektronika pieda kateno; ~***e Geräte*** *n/Pl* elektronikaj aparatoj *Pl*; ~***e Kampfführung*** *f, häufig engl.* ***Electronic Warfare*** (*Abk* ***EW***) *Mil* elektronika milito; ~***e Medien*** *n/Pl* elektronikaj informsistemoj *Pl*; ~***e Post*** (*Kurzf* ***E-Post***) elektronika poŝto, *umg* retpoŝto *od* retmesaĝo (*vgl. dazu* ***E-Mail***); ~***e Rechenmaschine*** (***Schreibmaschine***) *f* elektronika kalkulmaŝino (skribmaŝino); ~***e Waffen*** *f/Pl Mil* elektronikaj armiloj *Pl* **2.** *Adv* elektronike

Elektronvolt *n* ↑ ***Elektronenvolt***

Elektro|ofen *m* elektra forno (*vgl. dazu* ***Elektroherd***); ~**optik** *f Bez für alle Wechselwirkungseffekte zwischen optischen und elektrischen Erscheinungen* elektro-optiko

Elektrophon *n Mus* elektrofono

Elektrophor *m Elektrizitätserzeuger* elektroforo

Elektrophorese *f Biochemie, Med (Labordiagnostik)* elektroforezo; ~**wanderung** *f z.B. von Proteinen* elektroforeza migrado

elektrophoretisch 1. *Adj durch Elektrophorese bewirkt bzw. die Elektrophorese betreffend* elektroforeza **2.** *Adv* elektroforeze

Elektro|physik *f* elektrofiziko; ~**physiologie** *f Teilgebiet der Physiologie, das sich mit den von Lebewesen erzeugten elektrischen Strömen befasst* elektrofiziologio

elektropneumatisch 1. *Adj* elektropneŭmatika **2.** *Adv* elektropneŭmatike

Elektropunktur *f Med* Elektropunktur *f*

Elektrorad *n* ↑ ***Elektrofahrrad***

Elektro|rasierer *m* elektrorazilo *od* elektra razilo; ~**retinografie** *f Ophthalmologie* elektroretinografio; ~**schock** *m Psychiatrie* elektroŝoko; ~**schocker** *m* elektroŝokilo, *auch* [pistolforma] elektroŝoka armilo

Elektroschocktherapie *f* (*Abk* ***EST***) *Med (eine Behandlungsmethode für bestimmte endogene Psychosen)* elektroŝoka terapio

Elektro|schrauber *m Handw* elektroŝraŭbilo; ~**schweißen** *n od* ~**schweißung** *f* elektroveldado; ~**schweißer** *m* elektroveldisto

Elektroskop *n Vorrichtung zum Nachweis elektrischer Ladungen* elektroskopo

elektroskopisch 1. *Adj* elektroskopa **2.** *Adv* elektroskope

Elektro|smog *m [möglicherweise gesundheitsgefährdende] elektromagnetische Strahlung, die von Fernseh-, Mikro-, Radarwellen u. Ä. ausgeht* elektrosmogo; ~**statik** *f Lehre von den ruhenden elektrischen Ladungen* elektrostatiko

elektrostatisch 1. *Adj* elektrostatika; ***~es Messgerät*** *n* elektrostatika mezurinstrumento (*od kurz* mezurilo) **2.** *Adv* elektrostatike

Elektro|technik *f* elektrotekniko; ~**techniker** *m* elektroteknikisto

elektrotechnisch 1. *Adj* elektroteknika **2.** *Adv* elektroteknike

Elektrotherapie *f Med* elektroterapio (*vgl. dazu* ***Diathermie***, ***Faradisation*** *u.* ***Galvanisation***)

Elektrotypie *f* elektrotipio (↑ *auch* ***Galvanoplastik***

Elektro|unfall *m Med (Unfall, bei dem der menschliche Körper den Stromkreis, meist zw. einem isolationsdefekten Elektrogerät und der Erde, schließt [sogen. Körperschluss])* elektroakcidento; ~**valenz** *f Chem* elektrovalento

Elektroventil *n* ↑ *unter* ***Ventil***

Elektrozaun *m* elektra barilo

Elektrum *n natürliche Legierung von gediegenem Gold mit Silber <in der Antike für Schmuck u. in der Baukunst verwendet>* elektrumo

Element *n* elemento *auch physikal. Chemie, Kybernetik, Math u. Naturphilosophie* (*vgl. dazu* ***Grundstoff***, ***Materie***, ***Stoff*** *u.* ***Urstoff***); *El* pilo, *auch* elemento (*vgl. dazu* ***Zelle***; ↑ *auch* ***Bichromat-***, ***Primär-***, ***Thermo-*** *u.* ***Trockenelement***); ***die vier ~e*** *Naturgewalten (Feuer, Wasser, Luft u. Erde)* la kvar elementoj; ***chemisches ~*** kemia elemento; ***galvanisches ~*** *El* galvana pilo; ***radikale ~e*** *Pl Pol* radikaluloj *Pl*; ***aus mehreren ~en bestehend*** plurelementa (↑ *auch* ***mehrgliedrig***) ◇ ***in seinem ~ sein*** esti en sia elemento *(Zam)*, troviĝi en sia elemento

elementar *Adj* elementa (↑ *auch* ***grundlegend***); ***~e Kenntnisse*** *Pl* elementaj (*od* fundamentaj *bzw. auch* plej simplaj) scioj *Pl*; ***mit ~er Gewalt*** per elementa forto; *i.w.S. (mit fürchterlicher Gewalt)* per terura fort[eg]o

Elementar|geometrie *f* elementa geometrio; ~**gewalt** *f* elementa forto (*vgl. dazu* ***Naturgewalt***); ~**schule** *f* elementa lernejo (↑ *auch* ***Grund-*** *u.* ***Klippschule***); ~**teilchen** *n Phys* partiklo, *(Korpuskel)* korpusklo (*vgl. dazu* ***Fermion***, ***Hadron***, ***Hyperon*** *u.* ***Lepton***); ~**unterricht** *m Päd* elementa instru[ad]o

Elemi[harz] *n ein Harz tropischer Bäume* elemio *<wird wegen antibakterieller Wirkung Wundsalben beigemengt>*

Elen *n*, *selt m poet für* ***Elch*** [↑ *dort*]

Elenantilope *f* (Taurotragus oryx) *Zool* elandoantilopo *[Vorkommen: subsaharisches Afrika]*

elend *Adj* mizera; *armselig* povra; *arm* malriĉa; *nichtswürdig* malinda *od (intensiver:)* seninda; *bemitleidenswert* kompatinda (*vgl. dazu* ***bedauernswert***); *gemein, hündisch* fia, hunda

Elend *n Not* mizero; *Armut* [ega] malriĉ[ec]o; ***er lebt im ~*** li vivas en mizero; ***jmdn. ins ~ stürzen*** ĵeti iun en [la] mizeron *(Zam)*

Elends|gestalt *f* mizera kreaĵo; ~**quartier** *n* mizerloĝejo; ~**viertel** *n* mizerkvartalo (↑ *auch* ***Favela*** *u.* ***Slum***)

Eleonora *od* **Eleonore** (*f*) *weibl. Vorname* Eleonora; ***Eleonore von Aquitanien***, *okzitanisch* ***Eleonòr d' Aquitània*** *Eig [* um 1122; † 1204] Königin von Frankreich [1137-1152] u. Königin von England [1154-1189] <eine der mächtigsten Frauen des Mittelalters>* Eleonora de Akvitanio

Eleonorenfalke *m* (Falco eleonorae) *Orn* kliffalko *[Vorkommen: Kanaren u. Mittelmeerregion, bes. Griechenland (Ägäis)]*

Elephantiasis *f Med* ↑ ***Elefantiasis***

Elephantine (*f*) *Nilinsel bei Assuan in Oberägypten <mit Tempelruinen>* [insulo]

Elefantino

eleusinisch *Adj aus der Stadt Eleusis stammend* eleŭzisa; ***die* ~*en Mysterien*** *n/Pl kultische Feiern, die zu Ehren der griech. Göttin der Fruchtbarkeit Demeter abgehalten werden u. nur für Eingeweihte offen sind* eleŭzisa misterkulto, *auch* eleŭzisaĵoj *Pl*

Eleusis (*n*) *eine altgriech. Stadt* Eleŭziso

Elevator *m Tech (eine Fördereinrichtung)* elevatoro (↑ *auch* ***Hebevorrichtung*** *u.* ***Lift***)

elf *Num* dek unu

[1]Elf *f Fußball* dekunuo (*vgl. dazu* ***Fußballmannschaft***)

[2]Elf *m germanische Myth (ein Naturgeist) u. in Märchen* elfo

Elfe *f Myth (ein zarter weibl. Naturgeist) u. in Märchen* elfino

elfenähnlich *Adj* elfosimila (*vgl. dazu* ***elfisch***)

Elfenbein *n* eburo; ***vegetabilisches*** ~ korozo, *auch* vegetaĵa eburo *[extrahiert aus Früchten einer südamerikanischen Fiederpalme]*

elfenbein|ähnlich *Adj* ebur[o]simila; ~**artig** *Adj* ebureca

Elfenbeindistel *f* (Eryngium giganteum) *Bot* giganta eringio

elfenbeinern *Adj aus Elfenbein* ebura *od nachgest* [farita *bzw.* konsistanta] el eburo

elfenbeinfarben *Adj* ebur[o]kolora

Elfenbein|küste *f, amtl.* ***République de Côte d'Ivoire*** *eine Republik in Westafrika* Eburbordo, Eburio, *auch* Ivorio *[Hptst.: Yamoussoukro]*; ~**möwe** *f* (Pagophila eburnea) *Orn* eburmevo; ~**schnitzerei** *f* ebura skulptaĵo; ~**schwarz** *n, auch* ***Beinschwarz*** *n eine Künstler- u. Druckfarbe* eburnigr[aĵ]o; ~**specht** *m* (Campephilus principalis) *Orn* eburbeka pego, *<wiss>* eburbeka kampefilo *[Vorkommen: Arkansas, Florida u. Mexiko (möglicherweise ausgestorben)]* *<zweitgrößte Spechtart in Nordamerika>*

Elfenblume *f Bot* ↑ ***Sockenblume***

Elfen|könig *m, auch* ***Erlkönig*** *m Myth* reĝo de la elfoj (*vgl. dazu* ***[1]Oberon***); ~**königin** *f Myth* elfreĝino; ~**krokus** *m* (Crocus tommasianus) *Bot* ilira krokuso; ~**land** *n Myth* lando de la elfoj (↑ *auch* ***Feenland***)

Elfenseeschwalbe *f Orn* ↑ ***Feenseeschwalbe***

Elfenwaldsänger *m* (Parula pitiayumi) *Orn* flavventra parulio

elfisch *Adj* elfa; *wie ein Elf (bzw. eine Elfe)* kiel elfo (*bzw.* elfino) *nachgest*

Elfmeter *m Fußball* punŝoto, *auch* penalo, *selt* dek-unu-metra ŝoto (↑ *auch* ***Foulelfmeter***)

Elfmeterpunkt *m Fußball* punpunkto; ***auf den*** ~ ***zeigen*** *Schiedsrichter* montri sur la punpunkton

Elfmeterschießen *Fußball* penalŝotado

Elfmeterstoß *m* = ***Elfmeter***

Elfriede (*f*) *weibl. Vorname* Elfrida

elfte(r, ~s) *Num* dekunua

elftens *Adv* dekunue, en la dekunua loko

Elias (*m*), *ökumenisch* ***Elija*** (*m*) *bibl Eig (ein Prophet im Alten Testament)* Elio

Eliasfeuer *n Mar, Phys* ↑ ***Elmsfeuer***

elidieren *tr Ling (einen [unbetonten] Vokal weglassen)* elizii

Elimination *f* eliminado *auch Math (Entfernung einer Unbekannten aus der Gleichung eines Systems mit mehreren Unbekannten)*

Eliminationsmethode *f* elimina metodo

eliminieren *tr* elimini *auch Chem, Ling, Math, Pol u. Sport*

Eliminierung *f* eliminado

Elisa *od* **Elise** (*f*) *weibl. Vorname* Eliza

Elisabeth (*f*), *poln.* ***Elżbieta*** *weibl. Vorname* Elizabeta *auch Name englischer Königinnen*; ***Königin*** ~ ***II.*** *[* 1926]* reĝino Elizabeta II. (= la dua)

elisabethianisch *Adj Gesch (während der Herrschaft von Elisabeth I.)* elizabetana; ***das*** ~***e Drama*** *Lit, Theat* la elizabetana dramo; ~***es Theater*** *n Bez für die Blüte des Theaterwesens während der Regierung von Elisabeth I. in England [bedeutender Dramatiker: Shakespeare]* elizabetana teatro; ~***es Zeitalter*** *n Bez für die kulturelle Blütezeit Englands unter der Herrschaft von Königin Elisabeth I.*

Elisabethville (*n*) ↑ ***Lubumbashi***

Elise (*f*) ↑ ***Elisa***

Elision *f Ling (Auslassung eines [unbetonten] Vokals <auch aus Gründen der Metrik>)* elizio

Elista (*n*) *Hptst. der autonomen Rep. Kalmykien [innerhalb der Russischen Föderation]* Elisto

elitär *Adj* elita (↑ *auch* ***auserlesen***)

Elite *f, auch* ***Auslese*** *f* ***[der Besten]*** elito (*vgl. dazu* ***Oberschicht***); ~**denken** *n* elitismo; ~**division** *f Mil* elita divizio; ~**schule** *f* elita lernejo; ~**truppen** *f/Pl Mil* elitaj trupoj *Pl*; ~**universität** *f* elita universitato

Elixier *n 1. Pharm (alkoholischer Extrakt aus Heilpflanzen mit verschiedenen Zusätzen <seit Paracelsus, 16. Jh., bekannt>) 2. ([alchemistischer] Heil- od Zaubertrank)* eliksiro (*vgl. dazu* ***Lebenselixier***)

El Kaida *f* ↑ ***Al Kaida***

Ellas (*n*) ↑ ***Griechenland***

Ellbogen *m*, *auch* ***Ellenbogen*** *m* (Cubitus) kubuto; ***jmdn. mit dem ~ anstoßen*** puŝeti iun per la kubuto; ***sich [auf die ~] aufstützen*** apogi sin sur la kubutoj; ***sich mit dem ~ aufstützen*** ekkubutumi (***auf*** sur *mit Akk*); ***mit aufgestützten ~*** *Adv* kubutapoge

Elle *f* ***a)*** *altes Längenmaß, bes. für Tuche* ulno; ***englische ~*** *[= 1,114 m]* angla ulno ***b)*** *auch* ***Ellenbogenknochen*** *m* (Ulna) *Anat (ein Unterarmknochen)* ulno

Ellenbogen *m* ↑ ***Ellbogen***

Ell[en]bogen|fortsatz *m* (Olecranon) *Anat* olekrano; ~**freiheit** *f* libereco pri siaj iniciatoj, *[in Paraphrase] auch* kubutlibereco; ~**gelenk** *n* (Articulatio cubiti) *Anat* kubuta artiko; ~**grube** *f Anat* (Fossa cubitalis) kubuta foso *[an der Beugeseite des Ellenbogengelenks]*; ~**gruß** *m z.B. in Pandemiezeiten* kubuta saluto

Ellenbogenknochen *m Anat* ↑ ***Elle b)***

Ellenbogen|reflex *m Physiol* kubuta reflekso; ~**schoner** *od* ~**schützer** *m* kubutŝirmilo; ~**streckmuskel** *m* (Musculus anconeus) *Anat* ankoneo

ellenlang *Adj* ulnolonga; *i.w.S.* tre[ege] longa *od* ege longa

Ellen|nerv *m*, *auch* ***Ulnarisnerv*** *m* (Nervus ulnaris) *Anat* ulna nervo; ~**schlagader** *f* (Arteria ulnaris) *Anat* ulna arterio; ~**vene** *f* (Vena ulnaris) *Anat* ulna vejno

Elliotfasan *m* (Syrmaticus ellioti) *Orn* eliota fazano *[Vorkommen: endemisch in SO-China]*

Ellipse *f Geom, Ling* elipso (↑ *auch* ***Aberrationsellipse***)

ellipsenförmig *od* **elliptisch** *Adj* elipsoforma *od* elipsa *auch Ling*; ***elliptische Funktion*** *f Geom* elipsa funkcio

ellipsoid *Adj ellipsenähnlich* elipsoida

Ellipsoid *m Geom* elipsoido *auch Med (Histologie)*; ***abgeplattetes ~*** *Geom* platigita elipsoido

Ellipsoidgelenk *n* (Articulatio ellipsoidea) *Anat* elipsoida artiko

elliptisch ↑ ***ellipsenförmig***

Elliptizität *f Astron (Abplattung)* elipseco

Elliptozytose *f nur Fachspr Med (eine dominant vererbbare Krankheit der roten Blutkörperchen)* eliptocitozo

Ellsworth (*m*) *Eig (amerikanischer Polarforscher [1880-1951])* Elsvorto

Ellsworth Land (*n*) *ein Hochplateau in W-Antarktika* Elsvortlando

Elmsfeuer *n*, *auch* ***Sankt-Elms-Feuer*** *od* ***Eliasfeuer*** *n Mar, Phys (eine elektr. Lichterscheinung: schwach leuchtende, von leisem Knistern begleitete Fünkenbüschel, die während Gewittern an hervorragenden Punkten [Kirchtürmen, Schiffsmasten] auftreten)* fajro de Sankta Elmo

El Niño *m Met (Klimaunregelmäßigkeit im tropischen Pazifik mit weltweiter Auswirkung)* El-Ninjo

Elohim *ohne Art [Pl von hebräisch* Eloah *(Gott, Gottheit)] bibl: Bez für* ***a)*** Gott *im Alten Testament* ***b)*** *aber auch für* himmlisches Geistwesen Elohim

E-Lok *f Eisenb* elektra lokomotivo

Elongation *f Astron (Winkelabstand eines Planeten von der Sonne: Unterschied zw. der ekliptikalen Länge eines Gestirns u. der der Sonne)* elongacio

eloquent *beredsam, beredt* **1.** *Adj* elokventa; ~ ***sein*** esti elokventa, *auch* elokventi **2.** *Adv* elokvente

Eloquenz *f Beredsamkeit* elokvent[ec]o

Eloxal® *n* (*Kurzw aus* ***elektrolytisch oxidiertes Aluminium***) eloksalo

eloxieren *tr* eloksali

Eloxieren *n eine Oberflächenveredelung* eloksalado

Elritze *f*, *reg* ***Pfrille*** *f* (Phoxinus phoxinus) *Ichth (ein Karpfenfisch)* fokseno

Elsa *od* **Else** (*f*) *weibl. Vorname* Elza

El Salvador (*n*) *ein mittelamerik. Staat* Salvadoro *[Hptst.: San Salvador]* (*vgl. dazu* ***Salvadorianer*** *u.* ***salvadorianisch***)

Elsass *n*, *franz.* ***Alsace*** *f hist: Landschaft u. Region in Frankreich zw. Vogesen u. Oberrhein* Alzaco *[Hptst.: Straßburg]*

Elsässer *m* alzacano

Elsässerin *f* alzacanino

elsässisch *Adj* alzaca

Elsässisch[e] *n Ling* la alzaca [lingvo]

Elsbeere *f* ↑ ***Mehlbeere***

Else (*f*) ↑ ***Elsa***

[1]**Elster** *f*, *reg* ***Atzel*** *f* (Pica pica) *Orn* pigo (↑ *auch* ***Blau-***, ***Gelbschnabel-***, ***Hudson-*** *u.*

Schwarzschnabelelster); ~**dohle** *f* (Corvus dauuricus) *Orn* dauria korvo *[Vorkommen: Südsibirien, Mongolei, NO-China]*; ~**habicht** *m* (Accipiter albogularis) *Orn* blankgorĝa akcipitro

[2]**Elster** *f*: ***Schwarze*** *~ ein rechter Nebenfluss der Elbe* [rivero[Nigra Elstro; ***Weiße*** *~ rechter Nebenfluss der Saale* [rivero] Blanka Elstro

Elstergebirge *n Bergland zw. Erz- u. Fichtelgebirge* Elstra Montaro

Elsterkuckuck *m Orn* ↑ ***Jakobinerkuckuck***

Elster|reiher *m* (Ardea picata = Notophoyx picata) *Orn* piga ardeo *[Vorkommen: Ostindonesien, Neuguinea u. nördl. Australien]*; ~**scharbe** *f* (Phalacrocorax varius) *Orn* flavvizaĝa kormorano *[Vorkommen: Australien u.Neuseeland]*

Elsterweihe *f Orn* ↑ ***Scheckweihe***

Elsterwerda (*n*) *sächsische Stadt im Kreis Bad Liebenwerda* Elsterverdo

elterlich *Adj* gepatra; *~**e Liebe** f* gepatra amo

Eltern *Pl* gepatroj *Pl* (↑ *auch* ***Adoptiv-***, ***Pflege-***, ***Raben-***, ***Schwieger-*** *u.* ***Stiefeltern***); ~**generation** *f* gepatra generacio; ~**haus** *n* gepatra domo; ~**-Kind-Beziehung** *f* rilatoj *Pl* inter gepatroj kaj infano; ~**liebe** *f*, *auch* ***elterliche Liebe*** gepatra amo

elternlos 1. *Adj* sengepatra, orfa **2.** *Adv ohne Eltern* sen gepatroj *nachgest*

Elternlosigkeit *f Verwaistsein* orfeco

Eluat *n durch Elution herausgelöster Stoff* elu[it]aĵo

eluieren *tr Chem (einen Stoff von einem Adsorbens ablösen)* elui

Eluierung *od* **Elution** *f Chem (Auswaschung, Trennung einer adsorbierten Substanz mithilfe von Flüssigkeiten od Gasen)* eluo

Elul *m 12. Monat des jüdischen Jahres [Mitte August/Mitte September]* elulo

eluvial *od* **eluvisch** *Adj Geol (ausgewaschen, natürlich geschlämmt)* eluvia

Eluvialhorizont *m*, *auch* ***Auslaugungshorizont*** *m Geol (Verwitterungsboden, der sich unmittelbar aus dem darunter noch zutage liegenden Gestein entwickelt hat)* eluvia horizonto

Eluvium *n Geol (am Ort ihrer Entstehung verbliebene grobkörnige Verwitterungsmasse)* eluvio

Elvira (*f*) *weibl. Vorname* Elvira

Elvolvente *f Geom (abwickelnde Linie)* elvolvanto

elvolvieren *tr Math (entwickeln [eine Determinante od Gleichung])* elvolvi

elysäisch *od* **elysisch** *Adj **a)** zum Elysium gehörig* elizea ***b)*** *übertr für «himmlisch» od «paradiesisch»* elizea, paradiza

Elysée-Palast *m in Paris* Elizea Palaco *<Amtssitz des Präsidenten der Rep. Frankreich>*

Elysium *n **a)** griech.* ***Elysion*** *Antike (in der griech. Sage Aufenthaltsort der Seligen in der Unterwelt)* Elizeo ***b)*** *übertr (meist Kleinschr):* ***Insel der Seligen*** elizeo, *i.w.S.* paradizo (*vgl. dazu* ***Eden***)

Elytren *Pl nur Fachspr Ent (das vordere, durch Chitin versteifte Flügelpaar von Käfern, Wanzen, Grillen u. Ohrwürmern, das nicht mehr aktiv am Flug beteiligt ist)* elitroj *Pl*

Elżbieta (*f*) ↑ ***Elisabeth***

Elzevir *f Typ (eine nach der niederländ. Buchdruckerfamilie Elzevi[e]r benannte Antiquadruckschrift)* elzeviro

em. = *Abk für* ***emeritiert***

EMA = *engl. Abk für* ***European Medicine Agency*** (↑ *unter* ***europäisch***)

E-Mail [*ˈi:me:l*] *f*, *auch* ***E-Post*** *f* (*kurz für* ***elektronische Post*** *f*) *EDV* e-poŝto (*kurz für* elektronika poŝto), *umg* retpoŝto *od* retmesaĝo (↑ *auch* ***Spam-Mail***); ***eine~ bekommen*** (***schicken***) ricevi (sendi) retpoŝton

Email *n od* **Emaille** *f*, *auch* ***Schmalt*** *m Schmelzüberzug* emajlo (↑ *auch* ***Glasur***)

E-Mail-Adresse *f* ret-adreso, retpoŝta adreso

Emailarbeit *f Kunstobjekt mit Schmelzüberzug* emajlaĵo

e-mailen *tr u. intr* retpoŝti *od* retmesaĝi

Email|farbe *f* emajla farbo; ~**lack** *m* emajla lako

Emailleur *m* emajlisto

emaillieren *tr* emajli, kovri per emajlo

Emaillieren *n das Belegen mit Schmelzglas* emajlado

Emailmalerei *f (Vorgang)* emajlopentrado, *(Gegenstand)* emajlopentraĵo (*vgl. dazu* ***Cloisonné***)

E-Mail-Programm *n EDV* retpoŝtilo

Emailschicht *f* tavol[et]o da emajlo

Emalangeni *Pl* ↑ ***Lilangeni***

Emanation *f Chem, Phil, Rel (als Vorgang)*

eman[ad]o; *ausströmendes Gas bzw. das Ausgeströmte* emanaĵo
emanieren *intr Chem, Phil* emani; ~ ***lassen*** *ausströmen lassen* emanigi
Emanometrie *f Geophysik (Methode zur Feststellung von Emanationen, indem man Luftproben aus dem Boden ansaugt und sie mit dem Emanometer untersucht [Bodenluftuntersuchung])* emanometrio
Emanuel (*m*) *männl. Vorname* Emanuelo *auch Name eines Königs von Portugal*
Emanuela (*f*) *weibl. Vorname* Emanuela
Emanuelstil *m Arch (portugiesischer Baustil ab 1500, bei dem Elemente der Gotik und Frührenaissance mit dem Formengut aus den Übersee-Gebieten verbunden wurden)* emanuela stilo <*benannt nach Emanuel I.*>
Emanzipation *f als Vorgang (das Emanzipieren)* emancipado, *(das Sichemanzipieren)* emancipiĝo; *als Resultat (das Emanzipiertsein)* emancipiteco; ***die*** ~ ***der Frau*** emancipiĝo de la virino
emanzipieren *tr* emancipi; ***sich*** ~ *refl* emancipiĝi, *auch* sin emancipi (***von*** de); ***eine emanzipierte Frau*** emancipita virino
Emba *f ein Fluss in W-Kasachstan [mündet ins Kaspische Meer]* [rivero] Embo
Emballage *f, auch* ***Verpackung*** *f* ***einer Ware*** *Hdl, Wirtsch* pakumo [de varo]
Embargo *n* embargo (↑ *auch* ***Finanz-***, ***Handels-***, ***Öl-***, ***Waffen-*** *u.* ***Wirtschaftsembargo***); ***das*** ~ ***aufheben*** nuligi embargon; ***ein*** ~ ***auf ein Schiff legen*** meti embargon sur ŝipon *od auch* embargi ŝipon; ***ein*** ~ ***verhängen*** meti embargon (***auf*** sur *mit Akk*)
Emblem *n* emblemo (*vgl. dazu* ***Hoheitszeichen*** *u.* ***Sinnbild***)
emblematisch *Adj sinnbildlich* emblema
Embolektomie *f Chir (operative Beseitigung eines Embolus, d.h. i.w.S. einer Embolie)* embolektomio
Embolie *f Med ([plötzlicher] Gefäßverschluss, meist durch ein Blutgerinnsel)* embolio (*vgl. dazu* ***Thrombose***; ↑ *auch* ***Fett-***, ***Luft-***, ***Lungen-***, ***Nieren-***, ***Parenchym-*** *u.* ***Thrombembolie***); ***arterielle*** (***venöse***, ***zerebrale***) ~ arteria (vejna, cerebra) embolio
emboliform *Adj Fachspr Med für «pfropfenförmig od pfropfenartig»* emboloforma
embolisch *Adj* embolia; ~***e Lungenentzündung*** *f, auch* ***Emboliepneumonie*** *f Med* embolia pneumonio
Embolus *m,* <*österr*> *auch n* (*Pl*: ***Emboli***) *Med (in der Blutbahn befindlicher Fremdkörper [z.B. Blutgerinnsel, Fetttropfen, Luftblase])* embolo; ***septischer*** ~ (Embolus septicus) sepsa embolo
Embryo *m* (*Pl* ***Embryos*** *u.* ***Embryonen***) *Biol* embrio
Embryoblast *m, auch* ***Embryonalknoten*** *m Embryologie (Teil der Blastozyste, aus dem sich über das Stadium der Keimscheibe der Embryo entwickelt)* embrioblasto
Embryogenese *f, auch* ***Embryonalentwicklung*** *f Biol* embriogenezo
embryogenetisch 1. *Adj* embriogeneza **2.** *Adv* embriogeneze
Embryologe *m Med* embriologo
Embryologie *f Biol, Med (Lehre von der Entwicklung des Embryos)* embriologio
embryologisch *Adj* embriologia
Embryom *n nur Fachspr Med (Tumor, der aus dem noch nicht differenzierten embryonalen Gewebe einer Organanlage hervorgeht)* embriomo
embryonal, *auch* ***embryonisch*** *Adj* embria (↑ *auch* ***postembryonal***)
Embryonalentwicklung *f* ↑ ***Embryogenese***
Embryonalknoten *m* ↑ ***Embryoblast***
Embryonal|phase *f* embria fazo; ~**stadium** *n* embria stadio; ~**zustand** *m* embria stato
embryonisch ↑ ***embryonal***
Embryotransfer *m, auch* ***Embryonentransfer*** *m Med (Übertragung u. Einpflanzung von Eizellen, die außerhalb des Körpers befruchtet wurden)* embriotransfero
Emd *n* ↑ ***Grummet***
Emden (*n*) *eine Stadt in Niedersachsen [an der Emsmündung]* Emdeno
Emerita *f Univ (emeritierte Hochschulprofessorin)* emeritino, emerita profesorino
emeritiert (*Abk* **em.**) *Adj* emerita (*Abk* em.)
Emeritierung *f Univ das In-den-Ruhestand-Versetzen* emeritigo; *das In-den-Ruhestand-Treten* emeritiĝo
Emeritus *m Univ* emerito, emerita profesoro
Emesis *f* ↑ ***Erbrechen***
Emetikum *n Pharm* ↑ ***Brechmittel***
Emetin *n Biochemie (ein Alkaloid von hoher Toxizität <medizinisch angewendetes Gegenmittel, z.B. bei Skorpionstichen>)* emetino
EMG = *Abk für* ***Elektromyografie***
Emigrant *m Auswanderer* elmigranto *bzw.* elmigrinto; *i.w.S. politischer Flüchtling* po-

litika rifuĝanto (*bzw.* rifuĝinto)
Emigration *f* elmigrado *auch Zool [Ggs: Immigration]*
emigrieren *intr auswandern* elmigri (***nach*** al) *auch Zool*
Emil (*m*), *franz.* ***Emile*** (*m*) *männl. Vorname* Emilo
[1]**Emilia** *f eine Landschaft in N-Italien [zw. Po u. Apenninen]* Emilio; ~***-Romagna*** *f eine nordital. Region* Emilio-Romanjo *[Hptst.: Bologna]*
[2]**Emilia** *od* **Emilie** (*f*) *weibl. Vorname* Emilia
eminent 1. *Adj* eminenta, elstara (↑ *auch* ***außerordentlich***, ***berühmt*** *u.* ***hervorragend***); ***ein~er Gelehrter*** eminenta erudito (*od i.e.S.* sciencisto) **2.** *Adv*: ~ ***wichtig*** eksterordinare grava
Eminentia *f Anat* ↑ ***Erhöhung b)***
Eminenz *f Titel u. Anrede für Kardinäle u. den Großmeister des Malteserordens* eminenco; ***Euer*** (*od* ***Eure***) ~ Via Eminenco, via kardinala moŝto ◇ ***graue*** ~ griza eminenco
Emir *m Titel arab. Stammesführer* emiro
Emirat *n* emirlando; ***ein ~ am Persischen Golf*** emirlando ĉe la Persa Golfo; ***die Vereinigten Arabischen ~e*** *Pl am Persischen Golf* la Unuiĝintaj Arabaj Emirlandoj *Pl*
Emission *f* ***a)*** *Bankw (Ausgabe [von Wertpapieren od Gold]* emisio ***b)*** *Phys (Ausstrahlung [von elektronischen Wellen od Teilchen])* radiado, elsendado de radioj; ***stimulierte*** ~ *ein Vorgang, der z.B. bei der Erzeugung u. Verstärkung kohärenter elektromagnetischer Wellen im Laser stattfindet* ***c)*** *Tech (Ablassen von Gasen, Ruß u.Ä. in die Luft* emisio; ~ ***von Schadstoffen*** emisio (*od auch* eligo) de damaĝaj substancoj
Emissions|bank *f* emisia banko; ~**handel** *m Handel mit CO²-Emissionsrechten* negocado per emisi-rajtoj; ~**konsortium** *n Bankw* emisia konsorcio; ~**kredit** *m Bankw* emisia kredito; ~**kurs** *m, auch* ***Ausgabekurs*** *m Bankw* emisia kurzo; ~**markt** *m Fin* emisia merkato; ~**nebel** *m Astron (galaktischer Nebel, in dem das interstellare Gas hell leuchtet)* emisia nebulozo (↑ *auch* ***Orionnebel***); ~**spektrum** *n Astron, Phys* emisia spektro
Emittent *m 1. Ausgeber eines Wertpapiers 2. Verursacher von Schadstoffen* emisianto *bzw.* emisiinto
Emitter *m El, Radio (Emissionselektrode eines Transistors)* emitoro
emittieren *tr* ***a)*** *Banknoten, Wertpapiere ausgeben, in Umlauf setzen* emisii; ***Aktien*** (***Geld***) ~ emisii akciojn (monon) ***b)*** *Elektronen, Schadstoffe* emisii
Emma (*f*) *weibl. Vorname* Em[m]a
Emmaus (*n*) *bibl: Ort bei Jerusalem, wo nach dem Neuen Testament Jesus nach der Auferstehung zwei Jüngern erschien* Emaŭso
Emmental *n ein Voralpental im Kanton Bern/Schweiz* [valo] Ementalo
Emmentaler *m, auch* ***Emmentaler Käse*** *m Nahr (ein Hartkäse)* ementala fromaĝo
[1]**Emmerich** (*m*) *männl. Vorname* Emeriko
[2]**Emmerich** (*n*) *eine niederheinische Stadt im Kreis Kleve/NRW* Emeriko
Emollientia *Pl Pharm* ↑ *unter* ***erweichend***
Emoticon *n EDV (Zeichenkombination, mit der in einer E-Mail eine Gefühlsäußerung widergegeben werden kann, z.B.* ☹ *od* ☺*)* mienvinjeto (↑ *auch* ***Smiley***)
Emotion *f Gemütsbewegung, seelische Erregung* emocio; ~***en hervorrufen*** (*od* ***wecken***) kaŭzi *bzw.* ekigi (*od* veki) emociojn; ***seine ~en zügeln*** (***zurückhalten***) bridi (reteni) siajn emociojn (↑ *auch* ***sich beherrschen***)
emotional, *auch* ***emotionell*** **1.** *Adj* emocia (↑ *auch* ***rührend***); ~***e Krise*** (***Reaktion***) *f* emocia krizo (reago) **2.** *Adv* emocie
emotionalisieren *tr Emotionen hervorrufen* estigi (*od* kaŭzi) emociojn (***jmdn.*** ĉe iu)
Emotionalismus *m Psych* emociismo
Emotionalität *f* emocieco
emotionell ↑ ***emotional***
emotionslos 1. *Adj* senemocia **2.** *Adj* senemocie
Empathie *f Gesprächspsychotherapie u. Psych (die Fähigkeit, sich in eine andere Person hineinzuversetzen)* empatio
empathisch *Adj einfühlsam* empatia
Empedokles (*m*) *Eig (altgriech. Naturphilosoph, Arzt u. Politiker [um 483-423 v. Chr.])* Empedoklo
Empfang *m Annahme, Entgegennahme* akcepto; *Erhalt* ricevo *auch Radio u. TV*; *Dipl* [diplomata] akcepto (*vgl. dazu* ***Cocktail-*** *u.* ***Galaempfang***); *eines Gastes* akcepto, *auch* bonvenigo; *Audienz* aŭdienco;

ein eisiger (***frostiger***, ***offizieller***) ~ glacia (frosta, oficiala) akcepto; ~ ***beim*** (*od* ***durch den***) ***Bürgermeister*** urbestra akcepto; ***jmdm. einen begeisterten*** (***festlichen***, ***herzlichen***) ~ ***bereiten*** fari al (*od* por) iu entuziasman (solenan, koran) akcepton; ***einen*** ~ ***geben*** *bes. Dipl* doni akcepton; ***in*** ~ ***nehmen*** akcepti

empfangen ***a)*** *tr erhalten* ricevi *auch Radio u.TV*; *willkommen heißen* bonvenigi; ***jmdn. an der Tür*** ~ veni al la pordo por akcepti iun; ***vom Bürgermeister*** ~ ***werden*** esti [oficiale] akceptita de la urbestro; ***ich kann die Sendungen von Radio Warschau gut*** ~ mi bone povas ricevi la elsendojn de Radio Varsovio; ***die Sakramente*** ~ *Kirche* ricevi la sakramentojn ***b)*** *intr veraltet für «schwanger werden»* koncipi, gravediĝi (*vgl. dazu* ***Empfängis***)

Empfänger *m* ***a)*** *allg* ricevanto *bzw.* ricevinto *od* ricevonto *auch Post*; *Adressat* adresato ***b)*** *El, Radio, Tech (Empfangsgerät)* ricevilo (*vgl. dazu* ***Radioapparat***; ↑ *auch* ***Heterodynempfänger***)

empfänglich *prädikatives Adj: aufnahmebereit* akceptema; *zugänglich* alirebla; *für Eindrücke* impresebla; *für Empfindungen, Feinheiten* sensiva (***für*** al *od* por); *für Infektionen, Krankheiten* ricevema (***für*** por); *leicht zu beeinflussen* facile influebla; ~ ***machen*** *bes. für Krankheiten* predispozicii; ***sie ist*** ~ ***für Schmeicheleien*** ŝi estas akceptema por flataĵoj

Empfänglichkeit *f* akceptemo, alireblo; impresebleco; *für Empfindungen, Feinheiten* sensiveco; *Med (für Krankheiten)* predispozicio

Empfängnis *f, auch* ***Konzeption*** *f sex (Vorgang)* koncipado, *(Zustand)* koncipiĝo *od* koncipiteco, *umg* gravediĝo; ***Unbefleckte*** ~ *der Jungfrau Maria* senpeka koncipiteco *(auch Großschr)*

empfängnisbereit *Adj* preta por koncipado

Empfängnis|verhütung *f, Fachspr Gynäkologie* ***Kontrazeption*** *f* preventado de gravediĝo, kontraŭkoncipado (↑ *auch* ***Knaus-Ogino-Methode***); ~**verhütungsmittel** *n, Fachspr* ***Kontrazeptivum*** *n* kontraŭkoncipilo; *Antibabypille* kontraŭkoncipa (*od* antikoncipa) pilolo

Empfangs|antenne *f El, Radio, TV* riceva anteno; ~**anzeige** *f Hdl* ricev-avizo

Empfangsbahnhof *m Eisenb* ↑ ***Bestimmungsbahnhof***

empfangsberechtigt *Adj*: ~ ***für etw. sein*** esti rajtigita akcepti ion

empfangsbereit *Adj gern Aufnahme gewährend* akceptema

Empfangs|bescheinigung *f* akcepta atesto, akcept-kvitanco, ricev-atesto (↑ *auch* ***Quittung***); ~**dame** *f im Hotel u.a.* akceptistino [de la gastoj]

Empfangsgebäude *n Eisenb* ↑ ***Bahnhofsgebäude***

Empfangs|halle *f z.B. in einem Kongressgebäude od* ~**raum** akceptejo; ~**komitee** *n* akcepta komitato; ~**schein** *m* ricev-atesto; *Quittung* kvitanco; ~**störungen** *f/Pl Radio, TV (atmosphärische Störungen)* atmosferaj perturboj; ~**zimmer** *n* ĉambro por akcepti gastojn

empfehlen *tr* rekomendi; *loben* laŭdi; *vorschlagen* proponi (***dass*** ke); ***bitte*** ~ ***Sie mich Ihrer Frau Gemahlin*** *förmlich* [bonvolu transdoni] mian respektan saluton al [sinjorino] via edzino; ***sich*** ~ *geh für «sich verabschieden»* sin adiaŭi; ***es empfiehlt sich ...*** estas rekomendinde; *es ist das Beste, wenn ...* estas plej bone ...; *es ist nötig* estas necese (***zu ...*** *nachfolgendes Verb im Inf*)

empfehlenswert **1.** *Adj* rekomendinda; *lobenswert* laŭdinda **2.** *Adv* rekomendinde; laŭdinde

Empfehlung *f günstige Auskunft* rekomendo (↑ *auch* ***Diätempfehlungen***); *Lob* laŭdo; *Gruß* [respekta] saluto (***an*** al); ***auf*** ~ ***von ...*** laŭ rekomendo de ...; ***auf ärztliche*** ~ ***[hin]*** laŭ kuracista rekomendo; ***eine*** ~ ***aussprechen*** (*od* ***geben***) fari rekomendon

Empfehlungsschreiben *n* rekomenda letero (↑ *auch* ***Referenz***); ***jmdn. um ein*** ~ ***bitten*** peti iun pri rekomenda letero

empfinden *tr (fühlen)* senti, *(Eindruck über Sinneswahrnehmung)* sensi; *geistig wahrnehmen* percepti; ***Abscheu*** (***Freude***) ~ senti naŭzon (ĝojon); ***Mitleid*** ~ senti kompaton (***mit*** kun); ***Schmerz*** ~ senti doloron; ***Sympathie*** ~ senti simpation (***für*** por *od* al)

Empfinden *n Fühlen* sentado

empfindlich *Adj* sentema; *sensitiv* sensiva *auch Messgerät* (*vgl. dazu* ***temperaturempfindlich***); *Eindrücken zugänglich* impresebla; *Opt (lichtempfindlich)* impresiĝema, lumsentiva *od* sentiva al lumo; *i.w.S. aller-*

gisch alergia (***gegen*** kontraŭ); *leicht beleidigt* ofendiĝema; *leicht aufgebracht* indignema; *Körperteil u.Ä.* malsan[iĝ]ema, malfortika *(zart)* delikata; *nicht immun* ne imuna; *fragil, zerbrechlich* fragila, rompiĝema; *leicht kaputtgehend* difektiĝema; ***ein ~er Verlust*** grava (*od* forte sentebla) perdo; ***eine ~e Strafe*** [sufiĉe] severa puno

Empfindlichkeit *f* sentem[ec]o; *Sensivität* sensiveco; *Licht*≗ impresiĝemo, lumsentemo; *Verletzbarkeit* ofendiĝemo; *Fragilität, Zerbrechlichkeit* fragileco, rompiĝemo; difektiĝemo; *i.w.S. Allergie* alergio; *Zartheit* delikateco; ***gesteigerte*** ~, *Fachspr* ***Hyperästhesie*** *f Med* hiperestezo, *auch* hipersentiveco; ***herabgesetzte*** (*od* ***verminderte***) ~, *Fachspr* ***Hypästhesie*** *f* ~ *Med* hipoestezo, *auch* hiposentiveco

empfindsam *Adj* sentimentala; *zart empfindend* delikate sentokapabla; *leicht beleidigt od verletzt* ofendiĝema

Empfindsamkeit *f* sentimentaleco; delikatsent[em]o

Empfindung *f* sent[ad]o; *Perzeption, sinnliche Erfassung od Wahrnehmung (bes. Phil)* percepto; *Sinnes*≗ sensaco, *auch* sensaĵo

empfindungslos *Adj* nesentema *od nachgest* ne havanta sentemon; *insensibel* nesensiva; *i.w.S. (herzlos)* senkora, *(ein Herz aus Stein habend)* ŝtonkora

Empfindungs|losigkeit *f* nesensiveco; ~**vermögen** *n* sentokapablo; ~**wort** *n Gramm* interjekcio

Emphase *f* emfazo (*vgl. dazu* ***¹Nachdruck***)

emphatisch **1.** *Adj* emfaza (*vgl. dazu* ***nachdrücklich***) **2.** *Adv* emfaze, *auch nachgest* kun emfazo

Emphysem *n Med (Luft- od Gasaufblähung im Gewebe [bes. in der Lunge])* emfizemo (↑ *auch* ***Haut-***, ***Lungen-*** *u.* ***Mediastinalemphysem***); ***posttraumatisches*** ~ posttraŭmata emfizemo

Empire [*ã'pi:r*] *n*, *auch* ***Empirestil*** *m Kunststil der Zeit Napoleons I. u. der Folgezeit (etwa 1800-1830)* empiro *<Fortführung des Directoire-Stils>*

Empirie *f Phil [wissenschaftliche] Erfahrung, Erfahrungswissen* empirio

Empiriker *m jmd., der nur die Erfahrung als Erkenntnisgrundlage gelten lässt* empiriulo (*vgl. dazu* ***Empirist***)

Empiriokritizismus *m Richtung der Philosophie, die die Erkenntnis nur auf kritische Erfahrung gründet* empiriokritikismo

empirisch *Adj Phil (auf Erfahrung beruhend bzw. aus der Erfahrung erwachsen)* empiria

Empirismus *m Phil* empiriismo

Empirist *m Anhänger des Empirismus* empiriisto (*vgl. dazu* ***Empiriker***)

Emplacement *n Mil (alt für «Geschützstand»)* pozicio por kanono (*bzw.* artilerio)

empor *Adv* supren; ~**arbeiten, sich** *refl* [diligente labori kaj] profesie ascendi; ~**blicken** *intr* suprenrigardi

Empore *f Arch* galerio *auch einer Kirche* (*vgl. dazu* ***Lettner***; ↑ *auch* ***Orgelempore***); *Halbgeschoss* interetaĝo

empören *tr entrüsten* indignigi (***jmdn.*** iun); *erzürnen* kolerigi; ***sein Benehmen empört mich*** lia konduto indignigas min; ***sich*** ~ *sich entrüsten* indigni (***über*** pri *od* pro); *geh od poet für «revoltieren» od «sich auflehnen»* ribeli (***gegen*** kontraŭ); ***empört sein*** esti indignita, *[krasser: wütend sein]* esti furioza

empörend *Adj* indigniga; *Protest hervorrufend* kaŭzanta proteston *nachgest*; *i.w.S. (skandalös)* skandala; *(abscheulich)* abomeninda, *(schändlich)* fia, *(schockierend)* ŝoka

empörenswert *Adj* indigninda

Empörer *m geh für «Rebell»* ribelulo

emporheben *tr*: ***etw.*** ~ *nach oben heben* levi ion supren

Emporium *n Antike (1. zentraler Handelsplatz 2. Hauptmarktstadt)* emporio

empor|klettern *intr Baum, Berg, Leiter, Mast* suprengrimpi, *(rankende Pflanzen) auch* suprenvolviĝi; ~**kommen** *intr* supreniĝi; *reich werden* riĉiĝi; *Karriere machen* fari karieron

Emporkömmling *m Parvenü* parvenuo; *Neureicher* novriĉulo

empor|kriechen *intr Mensch, Tier* suprenrampi; *Kletterpflanze* suprengrimpi; ~**ragen** *intr* altiĝi, elstari [alten]; ~**ranken, sich** *refl Kletterpflanze* suprenvolviĝi; ~**schwingen, sich** *refl* sin [alten] levi (***zu*** al) *auch übertr*; ~**springen** *intr* suprensalti; ~**steigen** ***a)*** *tr einen Berg, eine Leiter od Treppe* supreniri, *(kletternd)* suprengrimpi ***b)*** *intr Rauch* supreniĝi; ~**stoßen** *tr* suprenpuŝi, puŝi supren; ~**streben** *intr* aspiri (***nach*** al); ~**türmen, sich** *refl* turalte leviĝi, *(als Masse) auch* turalte amasiĝi

Empörung *f* ***a)*** *Entrüstung* indigno (***über*** pri *od* pro) ***b)*** *Aufstand, Rebellion* ribelo (***gegen*** kontraŭ) (*vgl. dazu* ***Aufruhr***)

emporziehen *tr nach oben ziehen* suprentiri

Empyem *n Med (Eiteransammlung [in einer Körperhöhle od in einem Gelenk], bes. im Brust- od Bauchraum)* empiemo (↑ *auch* ***Gallenblasen-*** *u.* ***Pleuraempyem***)

empyreisch *Adj zum Empyreum gehörend, himmlisch, lichtstrahlend* empirea

Empyreum *n 1. antike u. scholastische Phil ([oberster] Feuerhimmel) 2. [bei Dante:] Ort der Seligen* empireo

Ems ***a)*** *f ein Fluss in Nordwestdeutschland* [rivero] Emso <*mündet bei Emden*> ***b)*** *ein dt. Badeort*: ***Bad Ems*** (*n*) [banloko] Emso; ***Emser Depesche*** *f Gesch* Depeŝo de Emso

emsig *Adj eifrig* fervora; *aktiv* aktiva; *fleißig* diligenta; *bienenfleißig* diligenta kiel abelo, *auch* abela; *rührig* agema; *diensteifrig* asidua; *i.w.S. arbeitsam* laborema

Emsigkeit *f Eifer* fervoro; *Aktivität* aktiveco; *Fleiß* diligent[ec]o; *Bienenfleiß* abela dilígent[ec]o; *Rührigkeit* agemo; *Diensteifrigkeit* asidueco

Emsland (*n*) *Landschaft beiderseits der mittleren Ems* Emslando

Emu *m* (Dromiceius novaehollandiae) *Orn (ein flugunfähiger Straußenvogel)* emuo, <*wiss*> dromiceo

Emulgator *m* ***a)*** *Stoff, der die Bildung einer Emulsion ermöglicht* emulsiant[aĵ]o ***b)*** *Apparat zum Emulgieren* emulsiilo

emulgierbar *Adj* emulsiebla

emulgieren *tr* emulsii

Emulgieren *od* **Emulsionieren** *n, auch* ***Emulsionierung*** *f* emulsiado

Emulsin *n, auch* ***Synaptase*** *f Enzymgemisch der Bittermandel* emulsino

Emulsion *f Chem, Pharm* emulsio *auch Foto u. Kosmetik* (↑ *auch* ***Feuchtigkeits-*** *u.* ***Paraffinemulsion***)

Emulsionierung *f* ↑ ***Emulgieren***

Enallage *f Stilistik ([dichterische] Versetzung des Attributs)* enalago <*z.B. «mit einem blauen Lächeln ihrer Augen» statt «mit einem Lächeln ihrer blauen Augen»*>

Enanthem *n nur Fachspr Med (entzündl. Veränderungen im Bereich der Schleimhäute [bes. in Mund, Nase, Rachen])* enantemo (↑ *auch* ***Masernenanthem***)

enantiomorph *Adj nur Fachspr Kristallografie, Opt* enantiomorfa

Enantiomorphie *f Kristallografie, Opt: (als Eigenschaft)* enantiomorfeco, *(als Phänomen)* enantiomorfismo

enantiotrop *Adj Chem, Phys (in entgegengesetzten Richtungen umwandelbar)* enantiotropa

Enantiotropie *f Chem, Phys (Eigenschaft einer enantiotropen Substanz)* enantiotropeco, *(das entsprechende Phänomen)* enantiotropismo

Enargit *m Min (ein stahlgraues bis eisenschwarzes Mineral mit leicht violettem Stich [chemisch: Kupferarsensulfid])* enargito <*wichtiges Kupfererz*>

Enceladus *m Astron (einer der Satelliten des Saturn)* Encelado

Encephalin *od* **Enkephalin** *n Biochemie (ein Pentapeptid)* encefalino

End|abrechnung *f* fina kalkulo; **~anode** *f El* fina anodo; **~ausscheid** *m bes. Sport* finalo; **~betrag** *m Fin* (*Gesamtsumme)* entuta (*od* totala) sumo

Enddarm *m Anat* ↑ ***Mastdarm***

Ende *n örtl u. zeitl* fino *auch eines Buches od Films* (↑ *auch* ***Jahres-***, ***Monats-***, ***Quartals-***, ***Saison-*** *u.* ***Wochenende***); *das Zuendegehen* finiĝo; *äußerstes Endstück* ekstremaĵo; *Ergebnis* rezulto; *Tod* morto; ***~ des 20. Jahrhunderts*** fine de la 20a jarcento; ***~ Dezember*** fine de decembro, *auch* decembrofine; ***~ dieses Jahres*** fine de la jaro; ***das ~ der Welt*** la fin[iĝ]o de la mondo; ***~ letzter Woche*** fine de la lasta semajno; ***am ~*** fine; *sogar* eble eĉ; ***am ~ der Straße*** (*od* ***des Weges***) je (*od* en) la fino de la [*od* ĉi tiu] strato (vojo); ***letzten ~es*** fine kaj laste, finfine; ***ohne ~*** senfine *od* sen fino; *ununterbrochen* seninterrompe; *fortlaufend* senĉese; ***unteres ~*** suba fin[aĵ]o; *das Teil am Ende* la fina parto; ***von Anfang bis zum ~*** de la komenco ĝis la fino; ***von einem ~ zum anderen*** de unu fino ĝis la alia; ***zu ~ bringen*** (*od* ***führen***) *beenden, z.B. eine begonnene Arbeit* fini; *i.e.S. (zu Ende reden)* fini la paroladon, finparoli, *(zu Ende berichten)* fini la raportadon, finraporti; ***zu ~ gehen*** finiĝi; ***es geht mit ihm zu ~*** *er ist dem Tode nahe* lia morto proksimiĝas; ***einer Sache ein ~ machen*** (*od* ***bereiten***) ĉesigi ion; ***seinem Leben ein ~ machen*** fari finon al sia vivo, fini sian vivon (*vgl. dazu* ***Suizid***); ***zu ~***

rauchen finfumi; ***zu ~ sein*** esti finita ◇ ***~ gut, alles gut*** fino bona, ĉio bona *(Zam)*; ***er wohnt am ~ der Welt*** li loĝas en la fino de la mondo; ***ich war mit meinem Latein am ~*** venis fino al mia latino *(Zam)*

Endel *n* ↑ ***Webkante***

Endemie *f Med (Vorkommen einer Infektionskrankheit in einem örtlich begrenzten Gebiet)* endemio (*vgl. dazu* ***Epidemie***)

endemisch 1. *Adj Biol, Med (auf ein enges Gebiet begrenzt)* endemia; ***~e Pflanze*** *f Pflanze, die nur in einem bestimmten Gebiet vorkommt* endemia planto

Endemismus *m Tier-, Pflanzengeografie (Beschränkung des Areals einer Art auf ein bestimmtes Gebiet)* endemiismo

Endemit *m Biol (allg: Lebewesen, das auf ein bestimmtes Gebiet beschränkt [d.h. für dieses endemisch] ist)* endemiulo; *i.e.S. (Pflanze, die nur in einem best. Gebiet vorkommt)* endemia planto; *(endemisches Tier)* endemia besto

enden *intr zu Ende gehen* finiĝi, ĉesi; *übertr (umkommen, durch Gewalteinwirkung od Unfall zu Tode kommen)* perei; ***nicht ~ wollender Beifall*** nefiniĝema (*od* neĉesema) aplaŭdo; ***das Wort endet auf*** (*od* ***mit***) ***o*** la vorto finiĝas per [vokalo] o

Endergebnis *n* finrezulto *od* fina rezulto

endermal *od* **endermatisch** *Adj nur Fachspr Med (in der Haut [befindlich] bzw. in die Haut [eingeführt])* enderma

Enderzeugnis *n* ↑ ***Finalprodukt***

en detail [*ã də'taij*] *Adv Hdl* podetale, pomalgrande

Ende-Taste *f Computer* ↑ ***Exit Key***

Endgeschwindigkeit *f* fina rapid[ec]o

endgültig 1. *Adj definitiv* definitiva; ***einen ~en Bescheid erhalten Sie in zehn Tagen*** definitivan respondon vi ricevos post dek tagoj **2.** *Adv* definitive

Endhaltestelle *f* finhaltejo *od* fina haltejo

Endivie *f* (Cichorium endivia) *Bot (eine Salatpflanze), Nahr* endivio; ***breitblättrige*** (*od* ***glatte***) ~, *auch* ***Winterendivie*** *f* (Cichorium endivia var. latifolium) larĝfolia endivio; ***krausblättrige ~***, *auch* ***Friseé*** *m* (Cichorium endivia var. crispa) krispa endivio

Endiviensalat *m Nahr* endivia salato

Endkampf *m* ***a)*** finbatalo; *Mil* lasta kaj decida batalo ***b)*** *Sport* finalo; *Finish* finiŝo; ***sich für den ~ qualifizieren*** kvalifikiĝi por la finalo

Endknospe *f Bot* fin-burĝono

Endkonsequenz *f*: ***in der ~*** en la lasta konsekvenco

Endkontrolle *f*: ***die ~ von ... vornehmen*** *bes. Tech (auch eine Baumaßnahme)* finkontroli ..., kontroli la laŭnormecon de ...

End|lager *n*, *auch* ***Endlagerstätte*** *f z.B. für Atommüll* [profunda] findeponejo; **~lauf** *m*, *auch* ***Finallauf*** *m Sport* finala kuro

endlich 1. *Adj Math (ohne Rest teilbar)* finia; ***ein ~er Bruch*** finia frakcio; ***~e Zahl*** *f* finio **2.** *Adv* fine, *[betont:]* finfine

Endlichkeit *f Math (Finitheit)* finieco

endlos 1. *Adj* senfina; *grenzenlos* senlima (*vgl. dazu* ***meilenlang***); ***~es Gerede*** *n* senfina parolado; *Palaver* palavro; ***das ist eine ~e Geschichte*** tio estas senfina (*od auch* mejlolonga) rakonto; ***~e Sauferei*** *f salopp* maratona drinkado **2.** *Adv* senfine; *ohne aufzuhören* senĉese; *grenzenlos* senlime

Endlosigkeit *f Unendlichkeit* senfineco; *Grenzenlosigkeit* senlimeco

End|lösung *f* fina solvo; **~moräne** *f* (*auch* ***Stirnmoräne*** *genannt*) *Geol (am Ende einer Gletscherzunge abgelagerte wallartige Moräne)* fina moreno, *auch* fronta moreno; **~note** *f EDV* dosier-fina noto

endobiotisch *Adj Biol (innerhalb von Nährstoffquellen lebend)* endobiota (*vgl. dazu* ***ekto-*** *u.* ***epibiotisch***)

Endobronchitis *f*, *auch* ***Brochialschleimhautentzündung*** *f nur Fachspr Med* endobronkito

endodermal *Adj* endoderma

Endodermis *f 1. Bot (trennende Zellschicht [im Innern pflanzlicher Organe], bes. der Wurzel 2. Zool (innere Schicht der Keimhaut bzw. inneres Deckgewebe des Verdauungstrakts)* endodermo

Endoenzym *n Biol (Enzym, das im Protoplasma lebender Zellen entsteht u. den organischen Stoffwechsel steuert)* endoenzimo

Endogamie *f Ethn (Heirat innerhalb der eigenen Gruppe od des eigenen Stamms)* endogamio

endogam[isch] *Ethn* **1.** *Adj* endogamia **2.** *Adv* endogamie

endogen *Adj 1. Bot, Med (von innen heraus entstanden) 2. Geol (im Erdinnern entstanden bzw. aus dem Erdinnern stammend)* endogena

Endokard *n Anat* ↑ ***Herzinnenhaut***

Endokarderkrankungen *f/Pl Med* endokardaj malsanoj *Pl*
Endokarditis *f Med* ↑ ***Herzinnenhautentzündung***
Endokarp *n Bot (innerste Schicht der Fruchtwand)* endokarpo (*vgl. dazu* ***Epikard*** *u.* ***Mesokard***)
Endokranium *n Anat (Auskleidung des Schädels mit Knochenhaut)* endokranio
endokrin, *auch* ***innersekretorisch*** **1.** *Adj zur inneren Sekretion gehörend*: ~***e Drüse*** *f Anat* endokrina glando; ~***es Psychosyndrom*** *n Med, Psych* endokrina psikosindromo **2.** *Adv* endokrine
Endokrinologe *m Med* endokrinologo
Endokrinologie *f Med (Wissenschaft u. Lehre von der Funktion der Drüsen mit innerer Sekretion, den Hormonen sowie deren Krankheitsbildern)* endokrinologio; ***experimentelle*** ~ eksperimenta endokrinologio
Endolymphe *f* (Vitrina auditoria *od* Vitrina auris) *Physiol (die Flüssigkeit im häutigen Labyrinth [des Ohrs])* endolimfo
Endolysin *n Biochemie* ↑ ***Lysozym***
Endometriose *f Med (Wucherung von Gebärmutterschleimhaut außerhalb der Gebärmutter)* endometrozo
Endometritis *f Med* ↑ *unter* ***Gebärmutterschleimhaut***
Endometrium *n Anat* ↑ ***Gebärmutterschleimhaut***
Endomorphismus *m Math (Abbildung einer algebraischen Struktur in sich [Sonderform des Homomorphismus])* endomorfio
Endomykose *f Med (Pilzerkrankung innerer Organe)* endomikozo
Endomyokarditis *f Med (kombiniertes Auftreten von Endokarditis u. Myokarditis)* endomiokardito
Endonukleasen *f/Pl Biochemie (Enzyme, die sequenzunspezifisch Nucleinsäuren nach statistischen Prinzipien im Innern der Makromoleküle spalten)* endonukleazoj *Pl*
Endoparasiten *m/Pl Parasitologie* ↑ ***Innenparasiten***
Endophasie *f, auch* ***Hirnsprache*** *f Psych (das Formen von Wörtern mit dem Mund ohne Stimmbildung)* endofazio
Endophlebitis *f, auch* ***Veneninnenhautentzündung*** *f Med (Entzündung der Innenwand einer Vene)* endoflebito
Endophthalmitis *f fachsprachl. für «Entzündung der Augeninnenräume» Med* end[o]oftalmito
Endophyten *m/Pl Bot (in anderen Organismen lebende [schmarotzende] Pflanzen* endofitoj *Pl*
Endoplasma *n Biol (innere Plasmaschicht um den Zellkern)* endoplasmo
Endoprothese *f Medizintechnik (künstliche Nachbildung, die an die Stelle erkrankter od zerstörter Organe bzw. Organteile eingepflanzt wird)* endoprotezo
Endorphine *n/Pl Biochemie (Sammelbez. für verschiedene Peptide, die aus der Hypophyse u. dem Nervensystem isoliert werden können)* endorfinoj *Pl*
Endosalpingitis *f Med (Entzündung der Eileiterschleimhaut)* endosalpingito
Endoskop *n Medizintechnik* endoskopo (↑ *auch* ***Glasfaserendoskop*** *u.* ***Thorakoskop***)
Endoskopie *f Med (Ausleuchtung od Ausspiegelung einer Körperhöhle mithilfe des Endoskops)* endoskopio; ~ ***mittels Glasfaserendoskop*** fibroskopio; ~ ***des Nasenrachens*** *mit einem flexiblen Endoskop* nazofaringoskopio
endoskopisch **1.** *Adj* endoskopia **2.** *Adv* endoskopie
Endosmose *f Phys* end[o]osmozo
Endosperm *n Biol (Nährgewebe [im pflanzlichen Samen])* endospermo
Endosporen *f/Pl Bot, Mykologie (im Innern eines Sporenbehälters entstehende Sporen [bes. bei Pilzen])* endosporoj *Pl*
Endosymbiose *f Biol (eine spezielle Form der Symbiose [ein Partner lebt innerhalb der Zellen des anderen])* endosimbiozo (*vgl. dazu* ***Ektosymbiose***)
Endothel *n Anat* ↑ ***Endothelium***
endothelartig ↑ ***endothelioid***
endothelial *Adj* endotelia
endothelioid, *auch* ***endothelartig*** *Adj* endotelioida
Endothel[ium] *n, auch* ***[einschichtiges] Plattenepithel*** *n od* ***Innenhaut*** *f bes. der Blut- u. Lymphgefäße* (Endothelium) *Histologie* endotelio
endotherm[isch] *Adj Chem (Wärme aufnehmend od bindend bzw. verbrauchend)* endoterma <*als Eigenschaft chemischer Reaktionen*>
Endotoxin *n Bakt, Toxikologie (ein Giftstoff gramnegativer Bakterien)* endotoksino
endotroph *Biol, bes. Mykologie (sich innen*

ernährend <Eigenschaft von Pilzen, deren Wurzelfäden in das Innere der Wurzelzellen höherer Pflanzen eindringen> **1.** *Adj* endotrofia **2.** *Adv* endotrofie

endozentrisch *Adj Ling (zur gleichen Formklasse gehörend)* endocentra

End|phase *f* fina fazo (↑ *auch **Finish***); **~produkt** *n* finprodukto; **~punkt** *m* finpunkto; **~redaktion** *f eines Manuskripts* finredaktado; **~reim** *m Metr* fina rimo

End|runde *f Boxen* finraŭndo, fina (*od* lasta) raŭndo; *Sport (Finale)* finalo; **~sieg** *m* fina venko; **~silbe** *f* lasta silabo

endsilbenbetont *Ling* ↑ ***oxytoniert***

Endspiel *n Sport* finludo, fina maĉo (*vgl. dazu **Finale***; ↑ *auch **Pokalendspiel***); **~teilnehmer** *m* partoprenanto en finludo (*od* fina maĉo), finalisto

Endspurt *m Sport* finspurto, *(Finish)* finiŝo

Endstadium *n*: ***Krebs im ~*** *Med* kancero en [la] fina stadio

End|stand *m eines Spiels* finrezulto [de maĉo *od i.w.S.* de ludo]; **~station** *f Verk* fina (*od* lasta) stacio; *Endhaltestelle* finhaltejo; **~stufe** *f* finŝtupo; **~summe** *f* finsumo

Endung *f Gramm* finaĵo (↑ *auch **Akkusativ-**, **Plural-** u. **Verbendung***)

Endurowettbewerb *Sport* ↑ ***Ausdauerwettbewerb***

Endverbraucher *m* fina konsumanto

Endymion (*m*) *griech. Myth (ein schöner Hirte, Geliebter der Mondgöttin Selene)* Endimiono (↑ *auch **Selene***) *<in hellenistischer Zeit beliebtes Kunstmotiv>*

Endziel *n bzw.* **~zweck** *m* fincelo *od* fina celo

Energetik *f Phys (Lehre von der Energie u. ihren Modifikationen)* energetiko *auch Phil* (↑ *auch **Phytoenergetik***)

energetisch **1.** *Adj die Energetik betreffend* energetika **2.** *Adv* energetike

Energetismus *m Phil* energiismo

Energie *f **a)** Phys, Tech* energio *auch allg für «Tatkraft» od «Durchsetzungswille»* (↑ *auch **Aktivierungs-**, **Anregungs-**, **Bewegungs-**, **Bio-**, **Druck-**, **Elektro-**, **Erregungs-**, **Gezeiten-**, **Gitter-**, **Kern-**, **Licht-**, **Sonnen-**, **Strahlungs-**, **Windenergie** u. **Wasserkraft***); *~ **sparend*** *Adj* energiŝpara; ***elektrische*** (***erneuerbare***, ***fossile***, ***freie***, ***geothermische***, ***kinetische***, ***mechanische***, ***potenzielle***, ***psychische***, ***seismische***) *~* elektra (renovigebla, fosilia, libera, geoterm[ik]a, kineta, mekanika, potenciala, psika, sisma) energio; ***kriminelle ~*** krimenergio; *~ **freisetzen** z.B. bei Kernspaltung* liberigi energion; ***mit aller*** (*od **ganzer***) *~* plenenergie *od* tutenergie; *~ **speichern** Tech* stoki energion; ***Zeit und ~ vergeuden*** disipi tempon kaj energion ***b)*** *i.w.S. auch Kraft* forto

Energiebasis *f* energibazo

Energiebedarf *m* energibezono; ***den ~ decken*** kovri la energibezonon

Energie|bilanz *f Met* energia bilanco; **~bündel** *n umg für «energiegeladener Mensch»* energi[potenc]ulo; **~dichte** *f* energidens[ec]o; **~effizienz** *f* energiefikeco; **~einsparung** *f* energiŝparado; **~erzeugung** *f* energiproduktado; **~gewinnung** *f* energigajno

energieintensiv *Adj* energiintensa

Energie|kosten *Pl* energikostoj *Pl od* kostoj por energio; **~krise** *f* energikrizo

Energielehre *f* = ***Energetik***

Energieliniengefälle *n* ↑ *unter **hydraulisch***

energielos *Adj* senenergia; *schwach* malforta

Energie|losigkeit *f* senenergieco (*vgl. dazu **Schlappheit***); **~markt** *m* energimerkato; **~menge** *f* energi[o]kvanto; **~ministerium** *n* ministerio de (*od* pri) energio; **~politik** *f* energipolitiko

Energieproblem *n* energi[o]problemo; ***Lösung** f **des ~s*** solvo de la energioproblemo

Energie|pyramide *f Darstellung der Gesamtenergie der verschiedenen Nutzungsstufen einer Nahrungskette in Pyramidenform* energia piramido; **~quant** *n Phys* energikvantumo *od* kvantumo de energio

Energiequelle *f* energifonto *od* fonto de energio; ***alternative ~n*** *Pl* alternativaj energifontoj *Pl*

Energiesparen *n* ŝparado de [elektra] energio

energiesparend *Adj*, *auch **Energie sparend*** energiŝpara

Energiespar|lampe *f* energiŝpara ampolo; **~programm** *n* programo por ŝpari energion

Energiespeicherung *f* stokado de energio

energiespendend *Adj*, *auch **Energie spendend*** energidona

Energie|stoffwechsel *m Physiol* energimetabolo; **~träger** *m* energiportanto; **~transformation** *od* **~umwandlung** *f bes. Bio-*

chemie energitransformo *od* transform[ad]o de energio; ~**übertragung** *f El, Tech* transigo de energio

Energieverbrauch *m* energikonsum[ad]o; ***spezifischer*** ~ *Eisenb* specifa energikonsumo

Energie|vergeudung *od* ~**verschwendung** *f* disipo de energio; ***das ist reine Energieverschwendung*** tio estas vana disipo de energio

Energieverlust *m* energiperdo

Energieverschwendung *f* ↑ ***Energievergeudung***

Energie|versorgung *f* energiprovizado; ~**vorräte** *m/Pl* energiprovizoj *Pl*; ~**wende** *f Übergang von der nicht-nachhaltigen Nutzung von fossilen Energieträgern sowie der Kernenergie einer nachhaltigen Energieversorgung mittels erneuerbarer Energien)* energitransiro; ~**wirtschaft** *f* energi-ekonomio, ekonomio pri energifontoj; *Ind* energiindustrio

energisch 1. *Adj* energia; *voller Kraft* fortoplena **2.** *Adv* energie; fortoplene

Energy Drink *m* energitrinkaĵo

en famille [*ãfa'mij*] *Adv im Familienkreis* en familia rondo

enfilieren *Mil* ↑ *unter* ***Flankenfeuer***

eng 1. *Adj* ***a)*** malvasta; *schmal* mallarĝa ; *eng anliegend, z.B. ein Rock* streta *auch Gasse, Straße u.a.* (↑ *auch* ***hauteng***); ***äußerst*** ~ malvastega; mallarĝwga ***b)*** *vertraut* intima; ~***e Freunde*** *m/Pl* intimaj amikoj *Pl* ***c)*** *beschränkt* limigita; ***im*** ~***eren Sinn[e]*** en la strikta senco **2.** *Adv* malvaste; mallarĝe; strete; intime; ~ ***verbunden sein*** esti intime ligita (***mit*** kun)

Engadin *n*, *rätoromanisch* ***Engiadina*** *eine hoch gelegene Tallandschaft im Kanton Graubünden* Engadino; ***Ober***-*°* Supra Engadino; ***Unter***-*°* Malsupra Engadino

Engadiner Dolomiten *Pl eine Gebirgsgruppe der Ostalpen* Engadinaj Dolomitoj *Pl*

Engagement *n* ***a)*** *Anstellung eines Bühnenkünstlers Künstlers* engaĝo; ***er hat ein*** ~ ***am Nationaltheater*** li estas engaĝita en la Nacia Teatro ***b)*** *Wille zum Einsatz* engaĝiĝo (↑ *auch* ***Bürgerengagement***)

engagieren *tr* ***a)*** *einen Anwalt, Künstler od Fremdenführer* engaĝi; ***zu dieser Zeit war er an der Wiener Oper engagiert*** tiutempe li estis engaĝita en la Viena Operdomo ***b)*** *i.w.S. zur Arbeit anstellen* dungi ***c)*** *zum Tanz auffordern* peti [iun] al danco ***d)*** *refl*: ***sich*** ~ sin engaĝi, *auch* engaĝiĝi (***für*** por *bzw. mit Verb im Inf*); ***sehr engagiert sein*** esti tre engaĝiĝinta; *sehr beschäftigt sein* esti tre okupita

Enge *f* malvasteco *auch übertr*; *Schmalsein* mallarĝeco *auch übertr*; *enge Passage* malvastejo; *schmaler Durchgang* mallarĝejo ◇ ***jmdn. in die*** ~ ***treiben*** peli iun en seneliran pozicion; *auch bildh für «jmdn. an die Wand drücken»* alpremi iun al muro

Engel *m Rel u. übertr (auch Kosewort)* anĝelo (↑ *auch* ***Erz-***, ***Rache-***, ***Todes-*** *u.* ***Würgeengel***); *Schutz*° gard-anĝelo *od* gardanta anĝelo; *Fee* feino; ~ ***des Abgrunds*** (*od* ***der Unterwelt***) *bibl* Abadono; ***Blauer*** ~, *umg auch* ***Blauer Umweltengel*** *ein in Deutschland seit 1978 vergebenes Umweltzeichen für bes. umweltschonende Produkte u. Dienstleistungen* Blua Anĝelo; ***eine Frau schön wie ein*** ~ virino bela kiel anĝelo; ***jmds. guter*** ~ ***sein*** *übertr* esti ies bona anĝelo

Engelaut *n Phon* ↑ ***Frikativ[laut]*** *u.* ***Spirant***

Engelberg (*n*) *ein Kurort im Kanton Obwalden/Schweiz* Engelbergo

Engelbert (*m*) *männl. Vorname* Engelberto

Engelchen *od* **Eng[e]lein** *n* anĝeleto *auch zu kleinen Kindern gesagt (auch allg Kosewort für eine Frau)*

engelgleich ↑ ***engelsgleich***

engelhaft *Adj* anĝel[ec]a (*vgl. dazu* ***seraphisch***); *einem Engel ähnlich* simila al anĝelo *nachgest*, anĝelosimila

Engelhaftigkeit *f* anĝeleco

Engelhai *m Ichth* ↑ ***Meerengel***

Engellehre *f* = ***Angelologie*** [↑ *dort*]

Engelmann[s]fichte *f* (Picea engelmannii) *Bot* Engelmann'a piceo

Engels (*m*) *Eig (dt. Philosoph u. politischer Ökonom [1820-1895])* Engelso

Engels|burg *f*, *ital.* ***Castel Sant' Angelo*** *ein Bau am rechten Tiberufer in Rom* Sankt-Anĝela Kastelo *<130-139 als Grabmal für Kaiser Hadrianus erbaut>*; ~**chor** *m* anĝela ĥoro (*od* koruso); ~**geduld** *f* eksterordinara (*od auch [bes. poet]* anĝela) pacienco

engel[s]gleich *Adj* anĝelosimila, anĝel[ec]a (↑ *auch* ***cherubinisch*** *u.* ***seraphisch***)

Engelsüßfarn *m*, *auch* **gemeiner Tüpfelfarn** *m* (Polypodium vulgare) *Bot* kverka polipodio

Engelwurz *f Bot* ↑ ***Angelika***
Engerling *m Ent (Larve des Maikäfers)* larvo de majskarabao *od* majskaraba larvo
Enggano (*n*) *eine Insel vor der SW-Küste Sumatras/Indonesien* [insulo] Enggano; **~-[zwergohr]eule** *f* (Otus enganensis) *Orn* engana orelstrigo *[Vorkommen: endemisch auf der Insel Enggano]*
engherzig *Adj* etanima *od* malgrandanima; *kleinlich* bagatelema; *pedantisch* pedanta
Engherzigkeit *f* etanimeco
engkronig, *auch* ***schmalkronig*** *Adj Bot, Forstw* stretkrona
England (*n*) Anglio (↑ *auch* ***Albion***)
[1]**Engländer** *m* anglo
[2]**Engländer** *m Schraubenschlüssel mit verstellbarer Maulweite* ↑ *unter* ***Schraubenschlüssel***
Engländerin *f* anglino
Englandfreund *m* ↑ ***Anglophile***
Englein *n* ↑ ***Engelchen***
englisch *Adj* angla; *~**e Krankheit*** *f* rakito; *~**e Literatur*** *f* angla literaturo; *~**e Spracheigentümlichkeit*** *f* anglismo
Englisch[e] *n Ling* la angla [lingvo]; ***das amerikanische Englisch*** la uson-angla [lingvo]
Englischgewürz *n* ↑ ***Piment***
Englischhorn *n*, *auch* ***Altoboe*** *f Mus (ein Holzblasinstrument)* aldhobojo
Englischlehrer *m* instruisto de [la] angla lingvo
englischsprachig 1. *Adj* anglalingva; *~**e Welt*** *f* anglalingva mondo, *auch* anglalingvio **2.** *Adv* anglalingve
Englischunterricht *m* instru[ad]o de [la] angla lingvo
English Pointer *m* ↑ ***Pointer***
engmaschig *Adj* densmaŝa
Engobe [*ã'go:b*] *f*, *auch* ***Angussfarbe*** *f od* ***Beguss*** *m eine aufgebrannte farbige Überzugsmasse bei Keramik* engobo
Engpass *m **a)** Geogr (in den Bergen)* interkrutejo, mallarĝa trapasejo, *(eines Tals)* mallarĝejo [de valo], *(schmale Stelle eines Weges)* mallarĝejo [de vojo]; *Schlucht* ravino ***b)*** *Wirtsch* [momenta] malabundo, *fam auch* botelkolo
Engramm *n*, *auch* ***[schlummerndes] Erinnerungsbild*** *n Psych (Gedächtnisspur geistiger Eindrücke)* engramo
en gros [*ã'gro:*] *Adv in größeren Mengen* grosiere *od* pogrande
Engros|handel *m* grosiera (*od* pogranda) komerco; ~**preis** *m* grosiera (*od* pogranda) prezo
engstirnig *Adj* spirite malvasta; *kurzsichtig* miopa (*vgl. dazu* ***borniert*** *u.* ***kleingeistig***)
Engstirnigkeit *f* spirita malvasteco; *Spießigkeit* filistreco; *Kurzsichtigkeit* miopeco
Engtal *n* [malvasta] profunda valo; *Cañon* kanjono (↑ *auch* ***Klamm*** *u.* ***Schlucht***)
Engwerden *n Verengerung* malvastiĝo
enharmonisch *Adj Mus (harmonisch vertauschbar [in Bezug auf die Tonhöhe])* enharmona; *~**e Töne*** *m/Pl* enharmonaj tonoj *Pl*
enigmatisch, *alt* ***änigmatisch*** *Adj geh für «rätselhaft»* enigma
enkaustieren *tr bildende Kunst (das Malverfahren der Enkaustik anwenden)* enkaŭstiki
Enkaustik *f 1. ein antikes maltechnisches Verfahren auf der Basis von Wachs 2. Imprägnierung von Marmor-, Gips- u. Holzbildwerken [um sie zu konservieren u.a.]* enkaŭstiko (↑ *auch* ***Wachsmalerei***)
enkaustisch *Adj mit Wachsfarben bemalt* enkaŭstika
[1]**Enkel** *m* nepo; ***Kinder und*** *~ Pl* gefiloj kaj nepoj *Pl*
[2]**Enkel** *m Anat* ↑ ***Fußknöchel***
Enkelados (*m*) *griech. Myth (einer der Giganten)* Encelado
Enkelin *f* nepino
Enkelkinder *n/Pl* genepoj *Pl*
Enkephalin *n Biochemie* ↑ ***Encephalin***
Enklave *f Pol (fremdes Staatsgebiet, das vom eigenen Staatsgebiet völlig eingeschlossen ist)* enklavo (*vgl. dazu* ***Exklave***)
Enklise *f Ling (Zusammenrücken eines akzentlosen Wortes mit dem vorhergehenden zu einer Betonungseinheit)* enklizo
Enklitikon *n Ling (ein schwach betontes Wort, das an das vorangehende voll betonte Wort angelehnt wird [im Deutschen z.B. umg «kommt'r?» statt «kommt er?»])* enklitiko, *auch* enklizaĵo
enklitisch *Adj*: *~**e Form*** *f Ling* enklitika formo
Enkulturation *f Aneignung von Kulturtechniken u. -gütern [durch ein Individuum]* enkulturiĝo
en masse [*ã'mas*] *Adv massenweise, in großer Menge* amase, grandkvante
Ennius (*m*), *auch* ***Quintus Ennius*** *Eig (ein*

altrömischer Dichter [239-169 v. Chr.]) Ennio, *auch* Kvinto Ennio

Enol *n Chem* enolo

enorm 1. *Adj* ***a)*** enorma; *außerordentlich groß* eksterordinare (*od* eksternorme) granda (*vgl. dazu* ***riesig*** *u.* ***unermesslich***) ***b)*** *umg für «großartig» od «herrlich»* grandioza, belega (*vgl. dazu* ***beeindruckend***); ***der Film war*** ~ la filmo estis grandioza **2.** *Adv* enorme; grandioze; belege; ***das interessiert mich*** ~ tio treege interesas min

Enormität *f ungeheure Größe* enorm[ec]o (↑ *auch* ***Großartigkeit***)

en passant [*ãpa'sã*] *Adv im Vorübergehen* preterpase (↑ *auch* ***nebenbei***)

Enquete [*ã'kɛ:t*] *f* ***a)*** *amtliche Untersuchung, Erhebung, Umfrage* enketo ***b)*** *<österr> auch für* ***Arbeitstagung*** *f* laborkunveno, laborkonferenco; ~**kommission** *f Parl* enketkomisiono *od* enketa komisiono

Enrico (*m*) *männl. Vorname (italienische Namensform zu Heinrich)* Enriko

Enschede (*n*) *eine Stadt in den Niederlanden [Provinz Overijssel]* Enŝedo

Ensemble *n* ***a)*** *Künstlergruppe* ensemblo (↑ *auch* ***Folkloreensemble***); ***Gesangs- und Tanz***~ kanta kaj danca ensemblo ***b)*** *mehrteiliges [Damen-] Kleidungsstück* ensemblo ***c)*** *Bauw (Gebäudegruppe, [harmonisch gestaltete] Folge von Straßen u. Plätzen)* ensemblo (↑ *auch* **²Komplet**); ~ ***aus Architrav, Fries und Kranzgesims*** *Arch* entablemento

Enstatit *m Min (ein graues, grünliches od bräunliches Mineral aus der Gruppe der Pyroxene)* enstatito

entarten *intr degenerieren* degeneri; *sittlich od kulturell verfallen* dekadenci

entartet *Adj degeneriert* degenerinta; ~***es Geschöpf*** *n* degenerinta kreaĵo, degeneraĵo

Entartung *f* degener[ad]o *auch Med*; *Dekadenz* dekadenco

entaschen *tr Tech* sencindrigi

Entaschung *f Teil des Entsorgungssystems einer Kraftwerksanlage* sencindrigo

Entase *od* **Entasis** *f Arch (Anschwellung bzw. Ausbuchtung des antiken Säulenschafts nach der Mitte zu)* entazo

entasten *tr Forstw* senbranĉigi

entäußern, sich *refl*: ***sich einer Sache entäußern*** *etw. weggeben* fordoni ion; *sich von etw. befreien* sin liberigi de io; *auf etw. verzichten* rezigni pri io

entbehren ***a)*** *tr* malhavi (***etw.*** ion); *Mangel verspüren* senti [la] mankon de; ***jmdn. sehr*** ~ ege senti ies neĉeeston; ***nicht*** ~ ***können*** nepre ne malhavi, nepre bezoni; ***ich kann es*** ~ mi ĝin ne [nepre] bezonas ***b)*** *intr*: ***jeder Grundlage*** ~ esti absolute senbaza

entbehrlich *Adj* ne tre bezonata, ne tre necesa, *i.w.S. auch* senbezona, *(überflüssig)* superflua

Entbehrung *f Mangel* malhavo, manko; *Leiden* suferado; *Elend, Not* mizero

entbieten *tr*: ***jmdm. einen Gruß*** ~ *geh* estime saluti iun

entbinden ***a)*** *tr Med (bei der Entbindung helfen)* akuŝigi; *von Verpflichtung, Verantwortung* liberigi (***jmdn. von etw.*** iun de io); ***sie wurde von einem Jungen*** (***Mädchen***) ***entbunden*** ŝi naskis knab[et]on (knabin[et]on) ***b)*** *intr* akuŝo; ***sie hat im Krankenhaus*** (***zu Hause***) ***entbunden*** ŝi akuŝis en hospitalo (hejme)

Entbindung *f* ***a)*** *Befreiung* liberigo (***von*** de) ***b)*** *Med* akuŝo, *(als Tätigkeit der Hebamme)* akuŝigo (↑ *auch* ***Niederkunft***); ***eine komplizierte*** (*od* ***schwere***) ~ komplikita akuŝo (↑ *auch* ***Kaiserschnitt*** *u.* ***Zangenentbindung)***; ***normale*** ~ normala akuŝo

Entbindungs|heim akuŝhejmo *od* akuŝejo; ~**station** *f einer Klinik* akuŝa sekcio

entblähen *tr* forigi flatulencon (*vgl. dazu* ***Karmintivum***)

entblättern *tr* senfoliigi; ***sich*** ~ *abfallen, z.B. gelbes Laub* senfoliiĝi

entblocken *tr Eisenb (zurückblocken)* malbloki

entblöden, sich *refl*: ***er entblödete sich nicht, zu ...*** li [fakte] havis la impertinentecon *u. Verb im Inf*

entblößen *tr* nudigi; *entkleiden* senvestigi; *Hals od Schultern* dekolti; *wegnehmen* senigi (***von*** de); ***den Kopf*** ~ nudigi la kapon; ***mit entblößtem Kopf*** (*od geh* ***Haupt***) kun nuda kapo; ***sich*** ~ sin nudigi, nudiĝi; *sich ausziehen* sin senvestigi, senvestiĝi; *dekolletieren* sin dekolti

entblößt *Adj nackt* nuda; *unbekleidet* senvesta; ***mit*** ~***em Kopf*** (*od geh* ***Haupt***) kun nuda kapo

entbrennen *intr* ekbruli, ekflami; *übertr* ekardi, ekflami, ekfervori; *ausbrechen, z.B. ein Kampf* ekesti, [subite] komenciĝi; ***in heißer Liebe für jmdn.*** ~ ekflami en arda

amo al (*od* por) iu
entbürokratisieren *tr* senburokratigi
Entbürokratisierung *f* senburokratigo
entdecken *tr* [el]trovi, malkovri *auch durch Nachforschung*; *Geheimnis auch* malkaŝi; *plötzlich bemerken* subite rimarki; ***einen Fehler*** ~ trovi eraron; ***jmdm. ein Geheimnis*** ~ *eröffnen* malkaŝi sekreton al iu; ***zufällig*** ~ hazarde malkovri
Entdecker *m* eltrovinto, malkovrinto (*vgl. dazu* ***Forscher***); ~**reise** *f* ekspedicio
Entdeckung *f* eltrov[aĵ]o, malkovro (*vgl. dazu* ***Fund***); *Enthüllung, z.B. eines Geheimnisses* malkaŝo; ***die*** ~ ***Amerikas*** *Gesch* la eltrovo de Ameriko
Entdeckungsreise *f eines Wissenschaftlers* [scienca] ekspedicio; *allg* vojaĝo por ekkoni fremdan (*bzw.* ekzotan) landon
[1]**Ente** *f* ***a)*** *Orn* anaso (↑ *auch* ***Auckland-, Augenbrauen-, Baum-, Berg-, Blauflügel-, Braut-, Brillen-, Büffelkopf-, Dunkel-, Eider-, Flecken-, Fleckschnabel-, Höckerschnabel-, Hottentotten-, Kap-, Kastanien-, Knäk-, Kolben-, Kragen-, Krick-, Kuckucks-, Lappen-, Löffel-, Madagaskar-, Mandarin-, Marmel-, Moor-, Philippinen-, Plüschkopf-, Pünktchen-, Reiher-, Riesentafel-, Ringschnabel-, Rosenkopf-, Rotkopf-, Salvadori-, Samt-, Scheck-, Schell-, Schnatter-, Schopf-, Sichel-, Spatel-, Spieß-, Stock-, Tafel-, Tauch-, Trauer-*** *u.* ***Weißkopfruderente***); *Haus*≗ hejma anaso; *Wild*≗ sovaĝa anaso; ***blaue*** ~ ↑ ***Saumschnabelente b)*** *Kochk* anasaĵo
[2]**Ente** *f Gefäß zum Harnlassen* urinujo, *auch* urinvazo
[3]**Ente** *f Falschmeldung* mensoga informo (↑ *auch* ***Fake News***)
Entebbe (*n*) *eine ugandische Hafenstadt am Victoriasee* Entebo
entehren *tr um die Ehre bringen, schänden* senhonorigi; *diffamieren* misfamigi (***jmdn.*** iun) (*vgl. dazu* ***verleumden***); *vergewaltigen* [seks]perforti
Entehrung *f* senhonorigo (↑ *auch* ***Schande*** *u.* ***Vergewaltigung***)
enteignen, *geh* ***exproprietieren*** *tr* senposedigi, *bes. Jur* eksproprietigi
Enteignung *f*, *geh* ***Expropriation*** *f* senposedigo, *Jur meist* eksproprietigo (*vgl. dazu* ***Beschlagnahme***); ***entschädigungslose*** ~ konfisko sen pago de kompenso
Enteignungsrecht *n Jur* eksproprietiga juro
enteisen *tr bes. Tech (das Eis von ... entfernen)* senglaciigi
Enteiser *m* ***a)*** *auch* ***Enteisungsanlage*** *f* senglaciigilo *od* glaciforigilo *bzw.* senglaciiga instalaĵo (*od* aparato) ***b)*** *auch* ***Enteisungsflüssigkeit*** *f* senglaciiga likvo, *auch* antiglacia likvo
Entelechie *f Phil (in einigen vitalistischen Doktrinen postulierte immaterielle Kraft, die die Lebensprozesse der Organismen u. die Evolution steuern, mit den Methoden der Wissenschaft aber nicht nachweisbar sein soll)* entelekio <*die Entelechie des Leibes ist nach Aristoteles die Seele*>
Enten|braten *m Kochk* rostita anasaĵo; ~**ei** *n* anasa ovo; ~**fleisch** *n* anasa viando *od* viando de anaso (*vgl. dazu* [1]***Ente b)***)
Enten|flott *od* ~**grün** *n Bot* ↑ *unter* ***Wasserlinse***
Enten|flugzeug *n ein Flugzeugtyp, bei dem das Höhenleitwerk an der Rumpfspitze angebracht ist* anseroplano; ~**gequake** *n* kvakado de anasoj; ~**grütze** *f pop für «Wasserlinse» Bot* lemno; ~**jagd** *f* anasĉas[ad]o; ~**küken** *n* anasido; ~**muschel** *f* (Anatifera) *Zool* anatifo
Entente *f [freundschaftliches] Bündnis zw. Staaten* entento *(in Zus auch Großschr)*; ***die*** ~ ***cordiale*** *Gesch (Bündnis Frankreich-England vor 1914])* la Kora Entento (*vgl. dazu* ***Tripelentente***)
Entenvögel *Pl Orn*: ***[Familie der]*** ~ *od* ***[Familie der] Enten, Säger, Gänse und Schwäne*** (Anatidae) anasedoj <*die artenreichste Familie aus der Ordnung der Gänsevögel (Anseriformes)*>
Enten|wal *m* (*Gattung* Hyperoodon) *Zool* hiperoodo; ~**weibchen** *n* anasino; ~**zucht** *f* bredado de anasoj
enteral *Adj nur Fachspr Med (auf den Darm bzw. die Eingeweide [Entera] bezogen)* entera (↑ *auch* ***intestinal***)
Enteralgie *f nur Fachspr Med (Darm- od Leibschmerz)* enteralgio
enterben *tr* senheredigi (***jmdn.*** iun)
Enterbung *f* senheredigo
Enterich *m*, *auch* ***Erpel*** *m* viranaso
Enteritis *f Med* ↑ ***Darmentzündung*** *u.* ***Virusenteritis***
entern ***a)*** *tr*: ***ein Schiff*** ~ atakante (*od* sturme) surgrimpi ŝipon ***b)*** *intr*: ***in die Takelage*** ~ suprengrimpi en la rigilaron

Enteroanastomose *f nur Fachspr Chir (operative Verbindung von zwei Darmabschnitten)* enteroanastomozo
Enterokinase *f Biochemie (ein Enzym)* enterokinazo
Enterokokken *f/Pl Bakt (zur normalen Darmflora des Menschen gehörende Darmbakterien)* enterokokoj *Pl*
Enterokolitis *f, auch* ***Entzündung*** *f* ***des Dünn- und Dickdarms*** *Med* enterokojlito
Enterolith *m, auch* ***Kot-*** *od* ***Darmstein*** *m Med, Vet* enterolito
Enteromorpha *Pl Bot (eine Gattung der Grünalgen)* enteromorfoj *Pl*
Entero|neurose *f Med (nervöse Darmstörung)* enteroneŭrozo; ~**parasit** *m Med* enteroparazito
Enteropathie *f nur Fachspr Med für «Darmerkrankung»* enteropatio
Enteroptose *f, auch* ***Eingeweidesenkung*** *f Med* enteroptozo
Enteroskop *n, auch* ***Darmspiegel*** *m Medizintechnik* enteroskopo
Enteroskopie *f Med* ↑ ***Darmspiegelung b)***
Enterostenose *f Med* ↑ ***Darmverengung***
Enterostomie *f Chir (Anlegen einer künstlichen Darmöffnung)* enterostomio
Enterotomie *f Chir (operative Eröffnung u. Absaugung des Darms)* enterotomio
Entero|toxine *n/Pl Bakt* enterotoksinoj *Pl*; ~**vakzin** *n Med* enterovakcino; ~**virus** *m Virologie (Erreger von Darmkrankheiten)* enteroviruso
Enter-Taste *f, auch* ***Eingabetaste*** *f EDV* enig-klavo
entfachen *tr Feuer* ekflamigi *auch übertr*; *hervorrufen* kaŭzi, estigi; ***einen Krieg ~*** provoki militon; ***jmds. Leidenschaft ~*** ekflamigi ies pasion
entfahren *intr*: ***ein unbedachtes Wort ist mir ~*** nepripensita parolo (*od* vorto) eliĝis el mia buŝo
entfallen *intr* [el]fali el; *[völlig] vergessen* [tute] forgesi; *wegfallen* forresti, ne necesi; ***jmdm.*** (*od* ***jmds. Händen***) ~ fali el ies manoj; ***das ist mir*** (*od* ***meinem Gedächtnis***) ~ mi tute forgesis tion *od* mi absolute ne pli memoras pri tio; ***dieser Punkt kann ~*** ĉi tiu punkto povas malaperi, ĉi tiun punkton ni ellasos; ***wie viel entfällt auf uns?*** *wie viel erhalten wir?* kiom ni ricevos?; *wie viel haben wir zu zahlen?* kiom ni devos pagi?
entfalten *tr* ***a)*** *etw. Zusammengefaltetes* malfaldi, disfaldi; *Flügel* disetendi; ***einen Fächer ~*** disfaldi ventumilon ***b)*** *entwickeln (Begabung, Kräfte, Theorie, auch ein Baum seine Blätter)* disvolvi; *beginnen, in Gang setzen* lanĉi ***c)*** *darlegen* [el]montri, vidigi, prezenti, *auch* disfaldi (*vgl. dazu* ***veranschaulichen***) ***d)*** *refl*: ***sich ~*** malfaldiĝi, disfaldiĝi; *sich öffnen (Blume, Blüte)* [komenci] malfermiĝi *auch i.w.S.*; *übertr (sich entwickeln)* disvolviĝi, evolui; *gedeihen* prosperi
Entfaltung *f das Auseinanderfalten* malfald[ad]o, disfald[ad]o; *Öffnen* malferm[ad]o; *Darlegung, z.B. eines Gedanken od Planes* elmontro, *auch* disfald[ad]o; *Entwicklung, Entfalten (Vorgang)* disvolvado, evoluigo, *das Sichentfalten (Resultat)* disvolviĝo, evoluo
entfärben *tr* senkolorigi; ***sich ~*** senkoloriĝi; *blass werden* paliĝi
entfernen *tr beseitigen* forigi (*vgl. dazu* ***beiseiteschaffen*** *u.* ***fortwerfen***); *[weiter] wegrücken, in die Ferne bringen* malproksimigi; *annullieren* nuligi; ***Flecken von etw. ~*** forigi [la] makulojn de io, senmakuligi ion; ***einen Tumor ~*** *Chir* forigi tumoron (***aus*** el); ***sich ~*** *weggehen* foriri (***von*** de); *sich zurückziehen* retiriĝi (***von*** el); *i.w.S. auch* foriĝi, malproksimiĝi (***von*** de)
entfernt 1. *Adj* malproksima; *entlegen, weit weg* fora, tre malproksima, *poet auch* lontana (***von*** de) *auch übertr*; ***sie ist eine ~e Verwandte von mir*** ŝi estas malproksima parencino de mi *od* ŝi estas malproksime parenca al mi; ***ist ... weit ~ von hier?*** ĉu ... estas malproksima de ĉi tie?; ***eine Meile von ... ~ [liegen]*** [situanta] unu mejlon for de ...; ***nicht im Entferntesten*** absolute ne **2.** *Adv* malproksime; ***weit ~ von ...*** malproksime de ...; ***wir sind ~ miteinander verwandt*** ni estas malproksimaj parencoj
Entfernung *f* ***a)*** *Abstand* distanco; *Zwischenraum* interspaco; ***in einiger ~*** en kelka distanco; ***in einer ~ von ...*** en distanco de ... ***b)*** *Beseitigung* forigo *auch von Flecken od einer Geschwulst* (↑ *auch* ***Ektomie***)
Entfernungs|messer *m Foto, Opt* distancmezurilo, telemetro (↑ *auch* ***Radar-*** *u.* ***Raumbildentfernungsmesser***); ~**messung**

f mezurado de distanco, telemetrio
entfesseln *tr Leidenschaften* liberigi; ***einen Krieg*** ~ eksplodigi militon
entfetten *tr das Fett (von etw.) entfernen* sengrasigi
Entfettung *f* sengrasigo
Entfettungskur *f* sengrasiga kuracado
Entfeuchter *m Tech* senhumidigilo
entfiebern *tr*: ***einen Kranken*** ~ senfebrigi malsanulon
entflammbar *Adj* ekflam[iĝ]ema; ***leicht ~e Güter*** *Pl* [facile] ekflamiĝemaj varoj *Pl*; ***er ist leicht*** ~ *ein Hitzkopf* li estas [ek]flamiĝema (*bzw.* [ek]kolerema) homo
entflammen ***a)*** *tr zur Flamme entfachen* ekflamigi *auch übertr*; *zum Brennen bringen* ekbruligi ***b)*** *intr* ekflami; ekbruli ***c)*** *refl*: ***sich*** ~ [ek]flamiĝi
Entflammungspunkt *m Phys* ↑ ***Flammpunkt***
entflechten *tr* displekti, malplekti *auch übertr für «entwirren»*
entfleischen *tr* ***a)*** *das Fleisch von etw. ablösen* senkarnigi ***b)*** *vom Fruchtfleisch befreien, entpulpen* senpulpigi
entfliehen *intr weglaufen, flüchten* forkuri, fuĝi (***aus*** el); *entkommen* eskapi; ***er ist der Gefahr entflohen*** li fuĝis de la danĝero
Entflohene *m* forkurinto; eskapinto
entfremden *tr* fremdigi (***jmdn. jmdm.*** iun de iu); ***sich von jmdm.*** ~ fremdiĝi al iu
Entfremdung *f* fremdiĝo
Entf-Taste *f* (*häufig auch als* ***Del-Taste*** *bezeichnet*) *EDV (Taste für zu löschende Zeichen)* foriga klavo
entführen *tr Person* kidnapi, perforte forkapti homon (***aus*** el); ***ein Flugzeug*** ~ rabi (*od* pirate kapti *od* forkapti) aviadilon
Entführer *m von Personen* kidnapisto (↑ *auch* ***Kindesentführer***); *von Flugzeugen* rabisto (*od* pirata kapto) de aviadilo
Entführung *f von Personen* kidnapado; *von Flugzeugen* rabado de aviadilo
entgasen *tr* sengasigi
entgegen 1. *Präp: im Gegensatz zu, zuwider* kontraste kun, kontraŭ; ***er hat ~ meinem Befehl gehandelt*** li agis kontraŭ mia ordono; ~ ***dem gesunden Menschenverstand*** kontraste kun la normala homa prudento **2.** *Adv* ***a)*** *in Richtung auf ... zu* en la direkto al ..., renkonte al ...; ***wir flogen der Sonne*** ~ *bildh* ni flugis renkonte al la suno ***b)*** *entgegengesetzt, widersprechend, zuwiderlaufend* kontraŭe al
entgegenarbeiten *intr übertr*: ***einer Sache*** ~ kontraŭagi ion *od* agi kontraŭ io
entgegenbringen *tr* veni renkonte kaj alporti (***etw.*** ion); ***jmdm. Achtung*** (***Vertrauen***) ~ montri respekton (konfidon) al iu
entgegeneilen *intr* kuri renkonte (***jmdm.*** al iu)
entgegengehen *intr* iri renkonte (***jmdm.*** al iu); *begegnen, stoßen auf* renkonti, trafi sur; ***dem*** (*od* ***seinem***) ***Ende*** ~ proksimiĝi al la fino, baldaŭ finiĝi
entgegengesetzt *Adj* kontraŭa (↑ *auch* ***diametral*** *u.* ***konträr***); *gegenteilig* mala; *umgekehrt* inversa; ***in ~er Richtung fahren*** veturi en kontraŭa (*od* inversa) direkto; ***wir sind genau ~er Meinung*** nia opinio estas ekzakte kontraŭa al la via
entgegenhalten *tr* ***a)*** *entgegenstrecken* etendi [renkonte al] *auch Hand* ***b)*** *etw. dagegen sagen od vorbringen* kontraŭdiri (***jmdm. etw.*** ion al iu); *einwenden, entgegnen* objeti (***dass ...*** ke ...)
entgegenkommen *intr*: ***jmdm.*** ~ *auf jmdn. zukommen* veni renkonte al iu; *jmdm. einen Gefallen tun* komplezi al iu; *jmds. Wunsch erfüllen* plenumi ies deziron; *wohlwollend nachgeben* bonvoleme cedi al iu; ***wir werden Ihnen preislich*** ~ *Hdl* ni pretas iom redukti la prezon por vi; ***das kommt meinen Wünschen entgegen*** tio koincidas kun miaj deziroj
Entgegenkommen *n Gefälligsein, Kulanz* komplez[em]o; *Güte* bonkoreco
entgegenkommend *Adj gefällig, kulant, geneigt zuzustimmen* komplezema, konsentema (↑ *auch* ***freundlich*** *u.* ***konziliant***); *empfänglich* akceptema; *hilfsbereit* helpema, helpopreta; *freundschaftlich* amika
Entgegennahme *f* akcepto
entgegennehmen *tr* akcepti; ***eine Bestellung*** ~ *Hdl, Kellner* akcepti mendon
entgegensehen *intr hoffen auf* esperi [pri]; *erwarten, warten auf* atendi; *konfrontiert sein* alfronti; ***dem Tod*** ~ alfronti la morton; ***wir sehen Ihrer baldigen Antwort entgegen*** *Briefstil* ni atendas vian baldaŭan respondon
entgegensetzen *tr* kontraŭstarigi, kontraŭmeti
entgegenstehen *intr*: ***dem steht nichts entgegen*** estas nenio, kio kontraŭas tion

entgegen|stellen, sich *refl od* ~**treten** *intr* kontraŭstari, rezisti (***einer Sache*** al io); ~**wirken** *tr z.B. der Inflation* kontraŭagi, kontraŭefiki (↑ *auch* ***reagieren***); ~**wirkend** *Adj adversativ (bes. Bot u. Ling)* adversa

entgegnen *intr* rediri, kontraŭdiri, *[schwächer:] antworten* respondi; *einwenden, entgegenhalten, Bedenken vorbringen* obĵeti [al *od [stärker:]* kontraŭ]; *Sport (parieren)* parati *i.w.S. auch auf jmds. Anschuldigung od Kritik*; ***jmds. Gruß*** ~ reciproki ies saluton

Entgegnung *f* rediro, kontraŭdiro, *[schwächer:] Antwort* respondo (*vgl. dazu* ***Replik***); *Einwendung* obĵeto, *[stärker:] Protest* protesto (***auf*** kontraŭ)

entgehen *intr entkommen* eskapi [el], eviti [per forkuro]; *entschlüpfen* forgliti el; ***das ist mir entgangen*** *das habe ich nicht bemerkt bzw. beachtet* tion mi ne rimarkis (*bzw.* konsideris); *nicht gehört* tion mi ne aŭdis; *nicht gesehen* tion mi ne vidis; ***diesen Genuss will ich mir nicht ~ lassen*** tian ĝuon mi ne volus malhavi; ***einer Gefahr mit knapper Not*** ~ preskaŭ ne [povi] eskapi el danĝero; ***niemand entgeht seinem Schicksal*** neniu evitos la (*od* sian) sorton; ***sich etw. ~ lassen*** *eine Gelegenheit nicht wahrnehmen* preterlasi ŝancon

entgeistert *Adj* rigida pro perplekso, konsternita

Entgelt *n [finanzieller] Ersatz, Vergütung* [mon]kompensaĵo; *Bezahlung, Lohn* pago; *Gehalt* salajro; *Honorar* honorario (↑ *auch* ***Gage***); *Belohnung* rekompenco; *Prämie* premio; ***gegen ~ arbeiten*** labori por pago; ***ohne*** ~ *umsonst* senpage

entgelten *tr vergüten* kompensi; *bezahlen* pagi (***für*** por); *für etw. belohnen, etw. wieder gutmachen* rekompensi [por]; ***das soll er mir ~!*** *büßen* li pentu pri tiu faro!

entgiften *tr* senvenenigi, sentoksigi; *i.w.S. desinfizieren* desinfekti, *auch* seninfektigi

Entgiftung *f, fachsprachl. auch* ***Detoxifikation*** *f* senvenenigo, sentoksig[ad]o

entgleisen *intr Schienenfahrzeug* elreliĝi, eltrakiĝi; *übertr* konduti maldece (*od* sen takto), miskonduti

Entgleisung *f Eisenb, Straßenbahn* eltrakiĝo; *übertr: Fehltritt* devojiĝo

ent|gleiten *intr* [for]gliti de (*bzw.* el); ~**gräten** *tr* senostigi [fiŝon]; ~**haaren**, *auch* ***depilieren*** *tr* senharigi (*vgl. dazu* ***kahl scheren***)

Enthaarung *f* ↑ ***Depilation***

Enthalpie *f Chem, Phys (innere Energie eines Stoffes [bei konstantem Außendruck])* entalpio

enthalten *tr in sich bergen* enhavi, enteni *auch Inhaltsstoffe, Spurenelemente, Vitamine u.Ä.*; *geladen haben (LKW od Schiff)* esti ŝarĝita (***etw.*** per io); *einbeziehen, einschließen* inkludi; *umfassen* ampleksi; ***Gift*** ~ enhavi venenon; ***was enthält diese Flasche?*** kion enhavas tiu ĉi botelo?; ***sich ~ von ...*** *sich einer Sache enhalten, sich fernhalten von* sin deteni de ...; *von Alkohol* abstini; *sich scheuen vor* havi timon antaŭ (*od* pro); *sich nicht getrauen zu* ne kuraĝi; ***sich der Stimme*** ~ *bei Abstimmungen od Wahlen* sin deteni de [la] voĉdonado

enthaltsam *Adj* sindetenema; *im Essen u. Trinken* sobra, *(abstinent)* abstin[em]a (*vgl. dazu* ***asketisch*** *u.* ***maßvoll***)

Enthaltsamkeit *f* sindeten[em]o (↑ *auch* ***Zurückhaltung***); *im Essen u. Trinken* sobreco; *Abstinenz (von geistigen Getränken od [absolute] Mäßigkeit im Essen)* abstinado (*vgl. dazu* ***Askese***)

Enthaltung *f* ***a)*** *bei Abstimmung* sindeteno (↑ *auch* ***Stimmenthaltung***) ***b)*** *von Fleischspeisen [an Fasttagen]* abstinado

ent|härten *tr weich machen* moligi; ~**haupten** *tr* senkapigi (↑ *auch* ***köpfen***)

Enthauptung *f* senkapigo, fortranĉo de la kapo, *(mit der Guillotine)* gilotinado

enthäuten *tr* senhaŭtigi

entheben *tr*: ***jmdn. seines Amtes*** ~ eksoficigi iun, *(zeitweilig)* suspendi iun; ***jmdn. einer Sache*** ~ liberigi (*od* malŝarĝi *od* senŝarĝigi) iun de io; ***aller Sorgen enthoben*** liberigita (*od auch kurz* libera) de ĉiuj zorgoj

entheiligen *tr* malsanktigi

Entheiligung *f* malsanktigo

enthemmt *Adj* perdinta ĉiun ĝenon *nachgest*

enthüllen *tr Gesicht* senvualigi; *Geheimnis* malkaŝi, *auch* senvualigi; *Denkmal, Statue* malkovri, senvualigi (*vgl. dazu* ***aufdecken***); *ans Licht bringen (Unbekanntes od Geheimes)* riveli; *entlarven* senmaskigi; ***sich*** ~ *sich entschleiern* senvualigi sin, senvualiĝi; ***Einzelheiten über das Liebesleben von Prinzessin ...*** ~ riveli detalojn pri la amvivo (*bzw.* amora vivo) de princino ...; ***ein Standbild*** ~ senvualigi statuon

Enthüllung *f* senvualigo, malkaŝo, malkovro, *auch (bes. von Unbekanntem od Geheimem)* rivel[ad]o, *(das Sichenthüllen)* senvualiĝo; *Demaskierung* senmaskigo; ***feierliche ~ eines Denkmals*** solena malkovro de monumento

enthülsen *tr Hülsenfrüchte* elguŝigi; *Getreide* elŝeligi, senŝeligi (*vgl. dazu* ***abschälen***)

Enthusiasmus *m* entuziasmo (↑ *auch* ***Begeisterung*** *u.* ***Schwung***); ***voller ~ sein*** esti plena de entuziasmo

Enthusiast *m* entuziasm[em]ulo

enthusiastisch **1.** *Adj z.B. Empfang* entuziasma; *leicht begeistert, schwärmerisch (nur auf Personen bezogen)* entuziasmema **2.** *Adj* entuziasme

Enthymem *n Logik (verkürzter Schluss, bei dem ein Vordersatz in Gedanken zu ergänzen ist)* entimemo

entjungfern *sex* ↑ ***deflorieren***

Entjungferung *f sex* ↑ ***Defloration***

entkalken *tr, fachsprachl.* ***dekalzinieren*** *tr* senkalkigi

Entkalkung *f* senkalkigo

entkeimen *tr* ***a)*** *Med* sterilizi (*vgl. dazu* ***desinfizieren***) ***b)*** *Keime entfernen*: ***Kartoffeln ~*** forigi la ĝermojn de terpomoj

Entkeimung *f Med* ↑ ***Keimfreimachung***

entkernen *tr eine Frucht* senkernigi; *[Apfel-] Gehäuse entfernen* forigi la kernujon [de pomo], *auch* senkorigi

entkleiden *tr* malvesti, senvestigi (***jmdn.*** iun); ***sich ~*** sin senvestigi, *umg auch* senvestiĝi; *sich nackt ausziehen* senvestiĝi ĝis nudeco

Entkleiden *n* senvestigo; *(das Sichentkleiden)* senvestiĝo

Entkleidungsszene *f* senvestiĝa sceno

entkoffeinieren *tr* senkafeinigi

Entkoffeinierung *f* senkafeinigo

entkolon[ial]isieren *tr* malkoloniigi, senkoloniigi

Entkolon[ial]isierung *f* malkoloniigo, senkoloniigo

entkommen *intr* eskapi (***aus*** el; ***nach*** al); *flüchten* fuĝi (***aus*** el; ***in*** en *mit Akk*) (↑ *auch* ***entfliehen***); ***aus dem Gefängnis ~*** fuĝi el malliberejo; ***knapp*** (*od* ***mit knapper Not***) *~ z.B. einer Gefahr* lastmomente sin savi [de la danĝero]

entkorken *tr Flasche* malkorki

entkräften *tr* ***a)*** *Kräfte aufzehren* senfortigi; *schwächen* malfortigi; *erschöpfen* elĉerpigi; ***er ist [völlig] entkräftet*** li estas [tute] senforta (↑ *auch* ***erschöpft***) ***b)*** *die Bedeutung von etw. vermindern od herunterspielen* malgravigi; *widerlegen* refuti; *ungültig machen* malvalidigi, nuligi

Entkräftung *f* ***a)*** senfortiĝo *auch übertr*; *Zustand der Schwäche* malforteco; *Med (Kraftlosigkeit [z.B. als Folge einer Krankheit])* astenio, *(Marasmus [allg. geistig-körperlicher Kräfteverfall])* marasmo (*vgl. dazu* ***Prostration***) ***b)*** malgravigo; refuto

entkriminalisieren *tr vom Vorwurf des Kriminellen befreien* malkriminaligi *od* senkriminaligi

Entkriminalisierung *f* malkriminaligo *od* senkriminaligo

entkuppeln *tr* malkluĉi

Entladehafen *m Mar* haveno de malŝarĝado

entladen *tr* ***a)*** *LKW, Schiff, Transportflugzeug* malŝarĝi, malkargi ***b)*** *1. das Geschoss, die Munition aus etw. herausnehmen 2. die Kassette aus einer Kamera [wieder] herausnehmen* malŝargi; ***ein Gewehr*** (***eine Waffe***) *~* malŝargi pafilon (armilon) ***c)*** *refl*: ***sich ~*** *toben, wüten, z.B. ein Sturm* furiozi; *Akku, Batterie* malŝargiĝi; ***ein Gewitter entlud sich über der Stadt*** fulmotondro ekfuriozis super la urbo

Entladen *n* ***a)*** *Ab- od Ausladen* malŝarĝado ***b)*** *Herausnehmen der Munition u.a.* malŝarg[ad]o

Entlader *m El (für einen Kondensator)* malŝargilo

Entladestock *m hist* malŝargilo

Entladung *f* ***a)*** *Ab- od Ausladen* malŝarĝado ***b)*** *El (von selbst erfolgte Entladung)* malŝargiĝo (↑ *auch* ***Büschel-*** *u.* ***Glimmentladung***) ***c)*** *Explosion* eksplodo

entlang *Adv u. Präp* laŭlonge de; ***die Küste ~*** *od* ***an der Küste ~*** *od* ~ ***der Küste*** laŭlonge de la bordo; ***hier ~, mein Herr!*** *(den Weg weisend)* laŭ ĉi tiu vojo, sinjoro!

entlanggehen *od* **entlanglaufen** *intr* laŭiri *mit Akk*, iri laŭlonge de; ***am Fluss ~*** laŭiri la riveron *od* iri laŭlonge de la rivero

entlang|taumeln *od* ~**torkeln** *intr* ŝanceliĝe iri (*od* paŝi) [laŭlonge de la vojo]

entlarven *tr* senmaskigi *auch übertr* (↑ *auch* ***demaskieren*** *u.* ***entschleiern***)

Entlarvung *f* senmaskigo (↑ *auch* ***Demaskierung***)

entlassen *tr Arbeitskräfte* maldungi, *[derber:]* eksigi; *freilassen* liberigi; *nach Hau-*

se schicken hejmensendi; *weggehen lassen* lasi foriri (*jmdn.* iun); ***er ist ~ worden*** oni maldungis lin

Entlassung *f aus dem Arbeitsverhältnis* maldungo; *aus dem Amt* eks[ofic]igo; *eines Patienten aus der Klinik* permeso hejmeniri; *Haft u. Ä.* permeso forlasi la prizonon; ***fristlose ~*** tuja maldungo; ***um seine ~ ersuchen*** *Beamter* peti pri permeso eksoficiĝi

Entlassungszeugnis *n Schule* lernejofina atesto

entlasten *tr* senŝarĝigi *auch Gewissen, Herz, Seele, auch von einer Funktion, Sorge u.a.*; *von einer Schuld* kvitigi; ***sein Gewissen ~*** pacigi (*od* trankviligi) sian konsciencon

Entlastung *f* malŝarĝigo; kvitigo

Entlastungs|ventil *n Tech* malŝarĝanta valvo; **~zeuge** *m Jur (Zeuge der Verteidigung)* atestanto por la defendo; **~zug** *m Eisenb (bei starkem Fahrgastaufkommen)* kromtrajno

entlauben *tr* senfoliigi (↑ *auch* ***entblättern***)

Entlaubungsmittel *n Chem* senfoliigilo

ent|laufen *intr* forkuri (***aus*** el) (*vgl. dazu* ***entfliehen***); **~lausen** *tr* senpedikigi, senigi je pedikoj

Entlausung *f* senpedikig[ad]o

entledigen, sich *refl: sich befreien (von etw.)* liberigi de io; ***sich eines Auftrags*** (***einer Pflicht***) ~ plenumi komision (devon); ***sich der Kleidung ~*** *geh für «sich ausziehen»* senvestigi sin

entleeren *tr leer machen, ausleeren* malplenigi; ***sich ~*** *leer werden* malpleniĝi; *Stuhlgang haben, Kot ausscheiden* feki

Entleerung *f* malplenig[ad]o (↑ *auch* ***Stuhlentleerung***)

entlegen *Adj fern* fora; *abgelegen* [tre] malproksima; *isoliert* izolita (*vgl. dazu* ***einsam*** *u.* ***still***)

entlehnen *tr Ling* prunte preni (***aus dem Englischen*** el la angla [lingvo]); *übernehmen* transpreni (***aus*** el; ***von*** de); *reg für «entleihen»* prunti

Entlehnung *f Ling (Vorgang des Entlehnens)* prunt[ad]o, *(Lehnwort)* pruntita vorto, pruntaĵo (***aus*** el)

Entlehnungsprozess *m Ling* proceso de pruntado de vortoj [el alia lingvo]

Entleihdatum *n* pruntodato

entleihen *tr* prunte preni (***etw. von jmdm.*** ion de iu)

Entleiher *m auch in einer Bibliothek* pruntanto

Entlein *n* anasido (↑ *auch* ***Entenküken***)

entloben, sich *refl Mann* eksfianĉiĝi; *Mädchen* eksfianĉiniĝi

entlocken *tr*: ***jmdm. ein Geheimnis ~*** eltiri de iu sekreton *(Zam)*

entlohnen, *<schweiz>* ***entlöhnen*** *tr* pagi, salajri (*jmdn.* iun); *belohnen, vergelten* rekompenci (***jmdn. für etw.*** iun pro io)

Entlohnung *f*, *<schweiz>* ***Entlöhnung*** *f* pago, salajro; *Belohnung als Gegenleistung, Vergütung* rekompenco (*vgl. dazu* ***Entschädigung***); *i.w.S. Geschenk* donaco

entlüften *tr Räume* aerumi, ventoli *auch Tech*

Entlüfter *m Tech* ventolilo

Entlüftung *f Belüftung* aerumado; *Ventilation* ventolado; *Luftaustausch* ŝanĝado de aero

Entlüftungs|schacht *m* aerŝakto, ventolŝakto; **~ventil** *n* aer-ellasa valvo

entmachten *tr*: ***jmdn. ~*** senpotencigi iun, *[allgemeiner ausgedrückt:[* senpovigi iun

Entmachtung *f bes. Pol* senpotencigo

ent|magnetisieren *tr* senmagnetigi; **~mannen** *tr* kastri (↑ *auch* ***kastrieren***); *übertr (schwächen)* malfortigi, *([jmdm.] den Mut nehmen)* senkuraĝigi; **~masten** *tr Mar* senmastigi

entmenscht *Adj* bestia (*vgl. dazu* ***brutal***)

entmilitarisieren, *auch* ***demilitarisieren*** *tr* senmilitigi (*vgl. dazu* ***abrüsten***)

Entmilitarisierung *f*, *auch* ***Demilitarisierung*** *f* senmilitigo (*vgl. dazu* ***Abrüstung***)

ent|minen *tr Mil* senminigi; **~mischen, sich** *refl Chem* disociiĝi (*vgl. dazu* ***Dissoziation***); **~mündigen** *tr Jur* meti sub kuratorecon

entmutigen *tr* senkuraĝigi; ***entmutigt sein*** esti senkuraĝ[igit]a (*vgl. dazu* ***mutlos***); ***ich lasse mich dadurch nicht ~*** tio ne senkuraĝigas min

entmutigend *Adj* senkuraĝiga

entmythisieren *tr* senmitigi

Entmythisierung *f* senmitigo

Entnahme *f* elpreno, forpreno; *Verminderung* malpliigo, redukto

entnazifizieren *tr* eksnaziigi, sennaziigi

Entnazifizierung *f dt. Gesch* sennaziigo

entnehmen ***a)*** *tr* elpreni, preni (***aus*** el); *schöpfen aus* ĉerpi el; *übernehmen von jmd. anderem, zitieren* citi (***aus*** el) ***b)*** *intr*

ersehen kompreni; *folgern, schließen* konkludi (***aus*** el; ***dass*** ke); ***seinen Worten habe ich entnommen, dass ...*** el tio, kion li diris, mi komprenis, ke ...
entneutralisieren *tr Pol* senneŭtraligi
Entneutralisierung *f Pol* senneŭtraligo
entnuklearisieren *tr* sennukleigi
Entnuklearisierung *f* sennukleigo
entölen *tr Tech* senoleigi
Entomologe *m, auch* ***Insektenkundler*** *m* entomologo, *auch* insektosciencisto
Entomologie *f, auch* ***Insektenkunde*** *f Zool* entomologio, *auch* scienco pri insektoj; ***allgemeine*** ~ ĝenerala entomologio
entomologisch 1. *Adj* entomologia **2.** *Adv* entomologie
Entomophilie *f Bot* ↑ ***Insektenblütigkeit***
Entozoon *n* = ***Endoparasit***
entpulpen *tr vom Fruchtfleisch befreien, entfleischen* senpulpigi
entpuppen, sich *refl* ***a)*** *aus der Puppe bzw. dem Kokon schlüpfen (Käfer, Schmetterling)* elkrizalidiĝi, elkokoniĝi ***b) sich entpuppen als*** *übertr* [surprize] montriĝi; *offensichtlich werden* [fine] evidentiĝi; *iron meist* montri sian veran karakteron; ***die ganze Sache entpuppte sich schließlich als [großer] Betrug*** la tuta afero finfine montriĝis [granda] trompo (*od* blago)
entrahmen *tr*: ***Milch*** ~ senkremigi lakton, apartigi la kremon disde la lakto; ***entrahmte Milch*** senkremigita lakto (*vgl. dazu* ***Magermilch***)
ent|rätseln *tr Inschrift, Schriftzeichen* deĉifri; *Geheimnis* solvi; *i.w.S. erraten* diveni; ~**rechten** *tr* senrajtigi (***jmdn.*** iun)
Entrechtete *m* senrajtigito
Entrechtung *f* senrajtigo
Entrée [*ã'tre:*] *n* ***a)*** *Eingang* enirejo; *Vorzimmer* antaŭĉambro (*vgl. dazu* ***Korridor*** *u.* ***Vestibül***) ***b)*** *Kochk (Zwischengericht [nach der Suppe u. vor dem Hauptgericht])* entreo ***c)*** *Eröffnungsmusik [bei einem Ballett]* enkonduka muziko [ĉe baleto] ***d)*** *alt od geh* = ***Eintrittsgeld*** [↑ *dort*]
entreißen *tr* ***a)*** *wegschnappen* forkapti (***etw.*** ion): *[mit Gewalt] wegnehmen* [perforte] forŝiri (***jmdm. etw.*** ion de iu) ***b)*** *bildh geh*: ***das Schicksal entriss ihm seine Frau*** la sorto rabis al li lian edzinon
entrichten *tr bezahlen* pagi (***jmdm. etw.*** ion al iu), *Beitrag auch* presti; *abbezahlen* iom post iom [re]pagi; *tilgen, [zu feststehenden Raten] zurück-zahlen* amortizi; ***seinen Mitgliedsbeitrag*** ~ pagi sian membrokotizon
ent|riegeln *tr den Riegel von etw. zurückschieben* malrigli; ~**rinden** *tr Baumstamm* senŝeligi [arbon]
entrinnen *intr* ***a)*** *entfliehen* eskapi (*mit Dat* de *od* el); *sich retten aus einer misslichen Lage u. dgl.* [for]savi sin el (↑ *auch* ***entkommen***); ***einer Gefahr*** ~ [for]savi sin el danĝero ***b)*** *schnell vergehen (Zeit)* rapide [for]pasi
entrollen ***a)*** *tr aufrollen* malvolvi; *übertr* prezenti ***b)*** *intr davonrollen* forruliĝi
Entropie *f Med, Informationstheorie, Thermodynamik* entropio; ***bei gleichbleibender*** ~ ***verlaufend*** izentropa
Entropium *n Med* ↑ *unter* ***Einwärtskehrung***
entrosten *tr* senrustigi
Entroster *m* senrustigaĵo *od* senrustigilo
ent|rücken *tr* forigi; *übertr* ravi (***jmdn.*** iun); *ekstatisch sein* esti ekstaza (*od* en ekstazo); ~**rümpeln** *tr* forigi ne plu uzatajn aĵojn [el]; ~**rußen** *tr den Ruß von (bzw. aus) ... entfernen* senfulgigi (*vgl. dazu* ***rußen b)***)
entrüsten *tr erzürnen* indigni; ***sich*** ~ indigni (***über*** kontraŭ, pri *od* pro); ***sich über jmds. Handlungsweise*** ~ indigni pri ies agomaniero
entrüstet *Adj* indigna (***über*** pri *od* pro); *arg beleidigt* ege ofendita
Entrüstung *f* indigno; ~ ***hervorrufen*** kaŭzi indignon; ***seine*** ~ ***zum Ausdruck bringen*** esprimi sian indignon (***über*** pri)
Entrüstungssturm *m* ŝtormo de indigno
entsaften *tr*: ***Früchte*** ~ centrifugi fruktojn [por ekhavi ties sukojn]
entsagen *intr sich fügen, resignieren* rezignacii; *verzichten auf* rezigni pri; *dem Trinken, Fleischgenuss* abstini; ***dem Mönchsgelübde*** ~ *aus dem Kloster austreten* eksmonaĥiĝi; rezigni la monaĥan staton; ***dem Thron*** ~ rezigni pri la trono (*od auch* reĝa povo); *i.w.S. (abdanken, sein Amt bzw. seine Würde niederlegen)* abdiki; ***der Welt*** ~ forrifuzi la mondon
Entsagung *f* abnegacio, sinoferemo, sinforgeso; *Askese* asketismo; *Verzicht* rezigno
Entsakralisierung *f* sensakraligo
entsalzen *tr*: ***Meerwasser*** ~ sensaligi marakvon (*vgl. dazu* ***Meerwasserentsalzungs-***

anlage)
Entsalzung *f* sensaligo
Entsatz *m Mil* liberigo [de encirkligitaj trupoj *bzw.* de sieĝata fortikaĵo]; *Hilfstruppen* helpaj trupoj *Pl*
entsäuern *tr* senacidigi
Entsäuerung *f* senacidigo
entschädigen *tr* sendamaĝigi, *für Schaden* [damaĝo]kompensi, *für Verlust* [perdo]-kompensi; *entgelten, vergelten, wieder gutmachen* rekompenci
Entschädigung *f* sendamaĝigo; *Abfindung* [mon]kompens[aĵ]o (↑ *auch* ***Entgelt***); *Ersatz [für erlittenen Schaden]* damaĝokompenso (*vgl. dazu* ***Ausgleich***); *die Zahlung selbst* kompensopago; *Rekompensation, Wiedergutmachung* rekompenco; ~ ***für durch verzögerte Bereitstellung*** (*od* ***Belieferung*** *bzw.* ***Entladung***) ***entstandenen [finanziellen] Schaden*** prokrastokompenso; ~ ***für [erlittenen] Verlust*** perdokompenso; ***als*** ~ kompense; ***ohne*** ~ sen pagi perdokompenson
entschädigungslos *Adj*: ***~e Enteignung*** *f* konfiskado [sen pago de kompenso]
entschärfen *tr Bombe, Mine* senprajmigi, forigi la prajmon de; ***sich*** ~ *Konflikt, Situation u.a.* malakriĝi
Entscheid *m* decido *auch Jur* (↑ *auch* ***Gerichtsentscheid***); *Dekret* dekreto
entscheiden *tr* decidi (***dass*** ke); *abs* fari decidon; ***es ist entschieden*** estas decidite; ***das Gericht hat zu unseren Gunsten entschieden*** *Jur* la tribunalo decidis favore al ni; ***noch nicht entschieden sein*** esti ne jam decidita; ***durch Hochwerfen einer Münze*** ~ *[Wappen oder Zahl]* decidi per ĵeto de monero [ĉu kapo, ĉu dorso]; ***sich*** ~ decid[iĝ]i; ***ich muss mich also*** ~ mi devas do decidiĝi; ***er hat sich für den Maurerberuf entschieden*** li decidis fariĝi masonisto ◇ ***die Sache ist entschieden*** *die Würfel sind gefallen* la ĵeto estas farita *(Zam)*
entscheidend *Adj* decida (↑ *auch* ***ausschlaggebend***); ***der ~e Moment*** la decida momento; ***das ~e Wort*** *die endgültige Entscheidung* la definitiva (*od* fina) decido
Entscheidung *f* decido (***über*** pri) (*vgl. dazu* ***Beschluss*** *u.* ***Entschluss***; ↑ *auch* ***Fehl-*** *u.* ***Grundsatzentscheidung***); ***abschließende*** (***endgültige***) ~ fina (definitiva) decido; ***gerichtliche*** ~ *Jur* juĝeja (*od* tribunala) decido (*vgl. dazu* ***Schiedsspruch*** *u.* ***Urteil***); ***eine*** ~ ***fällen*** (*od* ***treffen***) fari decidon (***für*** por; ***gegen*** kontraŭ); ***zu der*** ~ ***kommen, dass ...*** veni al la decido, ke ...; ***ich überlasse das Ihrer*** ~ mi lasos tion al via decido
Entscheidungsfreiheit *f freies Ermessen* diskrecio (*vgl. dazu* ***Gutdünken***)
entscheidungsfreudig *Adj* decidema (↑ *auch* ***entschlossen*** *u.* ***resolut***)
Entscheidungs|gewalt *f* potenco fari decidojn; ~**gründe** *m/Pl* juĝ-motivoj *Pl*; ~-**kampf** *m Mil* decida batalo *auch i.w.S.*; ~**prozess** *m* decidoproceso
entscheidungsreif *Adj* preta por decido (*bzw.* prijuĝado)
Entscheidungs|spiel *n Sport* decida maĉo; *Finale* finalo; ~**träger** *m* decidofaranto
entschieden 1. *Adj* decida; *kategorisch* kategoria; *energisch* energia; *bestimmt* definitiva; *nachdrücklich* emfaza **2.** *Adv*: ~ ***erklären, dass ...*** decide deklari, ke ...; ***das ist*** ~ ***zu teuer*** tio estas nepre tro multekosta
Entschiedenheit *f* decideco; *Nachdruck* emfazo
entschlacken *tr Metallurgie* senskoriigi (↑ *auch* ***ausschlacken***); *Med* [el]purigi (↑ *auch* ***entgiften***); ***das Blut*** ~ purigi la sangon
ent|schlafen *intr geh für «sterben»* forpasi; ~**schlammen** *tr, Fachspr auch* ***schlämmen*** *ein stehendes Gewässer, z.B. einen Teich, von Schlamm befreien* senŝlimigi
Entschlammung *f* senŝlimigo
entschleiern *tr Gesicht* senvualigi *auch übertr* (*vgl. dazu* ***entlarven***); ***ein Geheimnis*** ~ senvualigi sekreton
entschleunigen *tr* malakceli, malrapidigi; *innerlich beruhigen* [pli]kvietigi
Entschleunigung *f* malakcel[ad]o, malrapidigo; kvietigo
entschließen, sich *refl* decidiĝi (***zu*** *u. nachfolgndem Verb im Inf*); *den Willen haben zu* havi la volon (***zu*** *mit nachfolgendem Verb im Inf*); ***ich kann mich nicht dazu entschließen*** mi ne povas decidiĝi fari tion
Entschließung *f Entschluss* decido; *Resolution* rezolucio; ***eine*** ~ ***annehmen*** alpreni decidon (*bzw.* rezolucion); ***eine*** ~ ***einbringen*** *Parl* proponi rezolucion
Entschließungsentwurf *m bes. Parl* projekto (*od* propono) de rezolucio
entschlossen 1. *Adj* decid[em]a; *resolut* re-

zoluta; *energisch* energia **2.** *Adv*: ***kurz*** (*od* ***schnell***) ~ rapidadecide; ~ ***handeln*** agi rezolute, rezolute apliki agitplanon

Entschlossenheit *f* decidemo; *Resolutheit* rezoluteco

entschlüpfen *intr* ***a)*** *herausgleiten aus* elgliti *bzw.* forgliti el; *z.B. ein unbedachtes Wort* degliti; *[unbemerkt] entkommen* [nerimarkite] foriĝi

Entschluss *m* decido; *das Sichentschließen* decidiĝo; *fester Wille* firma volo; *Absicht* intenco; *Resolution* resolucio; ***aus eigenem*** ~ ***[heraus]*** propradecide; ***jmdn. zu einem*** ~ ***bewegen*** (*od* ***bringen***) decidigi iun; ***einen*** ~ ***fassen*** fari decidon; ***sein*** ~ ***steht eindeutig fest*** lia decido estas definitive farita

entschlüsseln *tr Inschrift* deĉifri; *decodieren* malkodi; *dechiffrieren* malĉifri

Entschlüsselung *f* deĉifrado; *Dekodierung* malkodado; *Dechiffrierung* malĉifrado; ***die*** ~ ***der Hieroglyphen*** la deĉifrado de la hieroglifoj

entschuldbar *Adj* senkulpigebla (↑ *auch* ***verzeihlich***)

entschulden *tr* malŝuldigi, *[stärker;]* senŝuldigi

entschuldigen *tr verzeihen, vergeben* pardoni, senkulpigi (***jmdn.*** iun), *auch* ekskuzi; ~ ***Sie, dass ...*** bonvolu pardoni, ke ...; ~ ***Sie, wie komme ich zum*** (*bzw.* ***zur***) ***...?*** pardonu, mi petas, kiu estas la vojo al ...?; ***das ist nicht zu*** ~ tio estas nepardonebla; ***sein Zuspätkommen*** ~ ekskuzi sian malfruiĝon; ***sich*** ~ pardonpeti, peti pri pardono, *auch* sin ekskuzi (***bei jmdm. für etw.*** ĉe iu pro io)

Entschuldigung *f Bitte um Verzeihung* peto pri pardono, pardonpeto, senkulpigo, *auch* ekskuzo; *Vergebung* senkulpigo; ~***!*** pardonon!; ***ich bitte um*** ~ mi petas pri pardono *od* mi petas pardonon

Entschuldigungsgrund *m* kaŭzo por sin senkulpigi; ***Entschuldigungsgründe*** *Pl bes. Jur* senkulpigaj cirkonstancoj *Pl*

Entschuldung *f* senŝuldigo, nuligo de ŝuldoj

Entschuldungsprogramm *n* senŝuldiga programo

entschwefeln *tr* sensulfurigi (*vgl. dazu* ***ausschwefeln***)

Entschwef[e]lung *f Tech* sensulfurigo

Entschwefelungsanlage *f Tech* sensulfuriga instalaĵo

entschwinden *intr* foriĝi, malaperi, *dahinschwinden (bes. geh od poet)* vanui; *vergehen* pasi, *auch* forflui, forflugi; ***das Flugzeug entschwand in den Wolken*** la aviadilo malaperis en (*od* malantaŭ) la nuboj; ***aus dem Gedächtnis*** ~ malaperi (*od* elviŝiĝi) el la memoro

entseelt *Adj* senanima, *nachgest* [kvazaŭ] ne havanta animon

entsenden *tr* [for]sendi; *als Delegierten, Unterhändler u.Ä. meist* delegi; ***einen Beobachter*** ~ sendi observanton

Entsendestaat *m Dipl* sendanta ŝtato

Entsendung *f* [for]sendado; ~ ***von Truppen*** *Mil* sendado de trupoj (***nach*** al)

entsetzen *tr erschrecken* teruri; *erschaudern lassen* ektremigi, *(vor Grausen)* ektremigi pro hororo; *entrüsten, erzürnen* indigni; *Mil* liberigi [urbon, kiu estas okupita de malamikaj trupoj]; ***eine belagerte Stadt*** ~ *Mil* liberigi sieĝatan urbon; ***sich*** ~ ektim[eg]i, eksenti teruron, teruriĝi (***über*** pro)

Entsetzen *n* terur[eg]o; *Grausen* hororo (↑ *auch* ***Angst***, ***Grauen*** *u.* ***Horror***)

entsetzlich **1.** *Adj in Bestürzung versetzend* terur[eg]a; *schauderhaft* horora; *Furcht erregend* timiga **2.** *Adv umg für «äußerst»* eksterordinare, terure, troe; ***es ist*** ~ ***viel*** estas terure multe

entseuchen *tr desinfizizieren* desinfekti, seninfektigi; *dekontaminieren* malpolui

entsichern *tr*: ***ein Gewehr*** (***ein Revolver***) ~ malfiksi la sekurigilon de fusilo (revolvero)

entsiegeln *tr ein versiegeltes Schriftstück* malsigeli

entsinnen, sich *refl* [re]memori pri; ***ich entsinne mich noch genau, dass ...*** mi ankoraŭ ekzakte (*od* precize) memoras, ke ...; ***wenn ich mich recht entsinne, war es ganz anders*** se mi ĝuste memoras, la afero estis tute alia

ent|sittlichen *tr unmoralisch machen* malmoraligi; ~**sorgen** *tr Abfall, Müll* elimini

entspannen *tr* malstreĉi; *Physiol, Psych* rilaksi (↑ *auch unter* ***baumeln***); ***sich*** ~ malstreĉiĝi *auch Pol*; rilaksiĝi; *i.w.S. (sich ausruhen)* ripozi; ~ ***Sie sich!*** malstreĉu vin!; ***in entspannter Atmosphäre*** en kvieta etoso

entspannend *Adj Physiol, Psych* rilaksa; *erholsam* ripoziga

Entspanntheit *f* malstreĉiteco *auch Pol*

Entspannung *f* ***a)*** *das Entspannen* rilaksado; *das Sichentspannen* rilaksiĝo; *Erholung, Ruhepause* ripozo (*vgl. dazu* ***Abwechslung*** *u.* ***Unterhaltung***) ***b)*** *Pol* malstreĉiĝo (↑ *auch* ***Détente***)

Entspannungs|politik *f* malstreĉiga politiko; ~**prozess** *m Pol* proceso de malstreĉiĝo; ~**technik** *f* tekniko de rilaksado; ~**therapie** *f Med* terapio de rilaksado; ~**übungen** *f/Pl Physiotherapie* malstreĉigaj ekzercoj *Pl*

entspinnen, sich *refl sich beginnen zu entwickeln* [komenci] disvolviĝi, *[häufig reduziert zu:]* komenciĝi, naskiĝi, okazi *bzw.* prepariĝi

entsprechen *intr* respondi, esti konforma al *od* konformi al; *quantitativ od qualitativ gleich sein, gleichkommen* egali al; *gleichen, sich ähneln* simili al; *genügen, z.B. jmds. Anforderungen* sufiĉi al; ***das Gehalt entspricht der [geleisteten] Arbeit*** la salajro egalas al la [farita] laboro; ***eine solche Haltung entspricht nicht der heutigen Zeit*** tia sinteno ne respondas al la nuna tempo; ***die Kopie entspricht dem Original*** la kopio konformas al la originalo; ***das entspricht der Realität*** tio estas konforma al la realeco; ***jmds. Wünschen ~*** sufiĉi al ies deziroj *bzw.* plenumi ies dezirojn

entsprechend 1. *Adj analog* analoga; *jeweilig* respektiva; *angemessen* adekvata; *passend* konvena; *übereinstimmend* konforma **2.** *Adv* laŭ; *in Übereinstimmung mit* konforme al; ***dem Gesetz ~*** laŭ (*od* konforme al) la leĝo; ***den Umständen ~*** laŭ la cirkonstancoj

Entsprechung *f Analogie* analogio; *Übereinstimmung* konformeco; *Äquivalent* ekvivalento; *Gramm* samsignifa vorto

entspringen *intr Fluss* fonti, havi sian fonton (***in*** en); *aus der Erde kommen (Quelle)* elteriĝi; *entstehen* estiĝi, *auch* ekesti (***aus*** el); *verursacht werden durch* esti kaŭzata de; ***das alles ist seiner Fantasie entsprungen*** ĉi ĉio fontas (*od* originas) el lia fantazio

Entstalinisierung *f Pol* senstalinigo

ent|stammen *intr* deveni de; *sich herleiten* deriviĝi; ~**stauben** *tr* senpolvigi, forigi la polvon de

Entstaubungsanlage *f Tech* senpolviga instalaĵo

entstehen *intr* estiĝi, *auch* ekesti (***aus*** el) *auch aufsteigen, z.B. ein Gefühl*; *seinen Ursprung nehmen* origini (***aus*** el); *verursacht worden durch* esti kaŭzita de; *sich entwickeln* gariĝi, naskiĝi, fondiĝi, formiĝi; ***~ lassen*** estigi (↑ *auch* ***erzeugen, hervorrufen, schaffen*** *u.* ***verursachen***); ***es entstand eine schwierige Situation*** estiĝis malfacila situacio; ***es werden für Sie keine Kosten ~*** tio ne kaŭzos iujn elspezojn por vi; *Sie brauchen nichts zu zahlen* vi ne bezonos pagi ion

Entstehen *n od* **Entstehung** *f* ekesto, estiĝo, kreiĝo; *Beginn* komenciĝo; *Ursprung* origino; ***in der Entstehung begriffen sein*** esti en la stato de estiĝo (*od* kreiĝo)

entstehend *Adj im Werden begriffen* estiĝanta, naskanta

Entstehungsgeschichte *f der Welt* estiĝo de la mondo

entstellen *tr Tatsache, Worte* tordi; *verfälschen* falsi; *deformieren, aus der Form bringen* deformi; *missgestalten* misformi (↑ *auch* ***verunstalten***); *falsch darstellen* misprezenti, misinterpreti; *falsch übersetzen* fuŝtraduki; ***die Narben ~ sein Gesicht*** la cikatroj [iom] deformas (*od [milder ausgedrückt:]* malbeligas) lian vizaĝon

entstören *tr El, Radio, Tel, Tech* senperturbigi

Entstörung *f El, Radio, Tel, Tech* senperturbigo, forigo de perturboj

Entstörungsstelle *f, umg* ***Störungsstelle*** *f Tel* sekcio pri telefonaj perturboj

ent|sühnen *tr von Sünden freisprechen* senpekigi; ~**tabuieren** *od* **enttabuisieren** *tr Ethn u. übertr* sentabuigi

Enttabuierung *od* **Enttabuisierung** *f* sentabuigo

enttäuschen *tr* seniluziigi (***jmdn.*** iun); *aus seinen Träumen reißen* elrevigi *od [stärker:]* senrevigi; ***enttäuscht werden*** seniluziiĝi; elreviĝi *od [stärker:]* senreviĝi

enttäuschend *Adj* seniluziiga

Enttäuschung *f* seniluziiĝo; elreviĝo *od [stärker:]* disreviĝo *od* senreviĝo; ***eine schwere ~ hinter sich haben*** esti travivinta gravan disreviĝon

entthronen *tr* detronigi *od* sentronigi, forigi (*od [krasser:]* forpeli) de la trono; *den Nimbus nehmen* senglorigi, senkronigi, *auch* detronigi

Entthronung *f* detronigo *od* sentronigo

entvölkern *tr* senpopoligi, senhomigi; *ausrotten* ekstermi la loĝantojn [de tuta lando *bzw.* regiono *u.a.*]

[1]**entwachsen** *intr* elkreski el; ***sie ist den Kinderschuhen*** ~ ŝi jam ne estas infan[et]o; ***der Schule*** ~ ***sein*** esti trans la lernejodeva aĝo

[2]**ent|wachsen** *tr von Wachs befreien* senvaksigi; ~**waffnen** *tr* senarmigi, malarmi; *übertr* senpovigi

Entwaffnung *f* senarmigo

entwalden *tr den Wald [für immer] beseitigen* senarbarigi; *abholzen, Bäume einschlagen* senarbigi

Entwaldung *f Umwandlung von Waldflächen hin zu anderen Landnutzungsformen* senarbarigo; *Abholzung* senarbigo

entwanzen *tr* sencimigi

Entwanzung *f* sencimigo

Entwarnung *f* alarmĉesa signalo, *auch* malalarmo; ***nach einer Stunde wurde*** ~ ***gegeben*** unu horon poste eksonis la alarmĉesa signalo

entwässern *tr* senakvigi; *Chem* senhidratigi *od (bes. Fachspr)* deshidrati; *drainieren* dreni

Entwässerung *f (Entwässern)* senakvigo, *(Sichentwässern [auch Med: von Körpergeweben])* senakviĝo; *Chem* senhidratigo *od* deshidratado; *Boden*~ drenado; *i.w.S. Kanalisation* kanaliz[ad]o (↑ *auch* ***Stadtentwässerung***)

Entwässerungs|fläche *f* drenita areo, drensekigita areo; ~**graben** *m* drenfosaĵo, *an Dämmen u. Deichen* digodrena fosaĵo; ~**hahn** *m, auch* ***Wasserablass-*** *od* ***Kondenshahn*** *m* drenkrano; ~**netz** *n* drenreto; ~**rohr** *n Dränrohr* drentubo

entweder *Konj:* ~ ***... oder ...*** aŭ ... aŭ ...

Entweder-Oder *n* decido inter du ebloj, alternativo

ent|weichen *intr* eliĝi *auch Tech*, eliri (***aus*** el); *Gas* emani; *entrinnen* eskapi (***aus*** el) (*vgl. dazu* ***wegrennen***); ~**weihen** *tr* profani, malsanktigi (↑ *auch* ***schänden***); *i.w.S. beschmutzen* malpurigi (*vgl. dazu* ***beflecken*** *u.* ***entehren***)

Entweihung *f* profanado, malsanktigo; *i.w.S.* malpurigo (↑ *auch* ***Frevel a)***)

entwenden *tr* [kaŝe] forpreni, *geh für «stehlen»* ŝteli; *unterschlagen* defraŭdi *od* prifraŭdi

entwerfen *tr* skizi (*vgl. dazu* ***planen***); *Bauw (projektieren)* projekti *auch i.w.S.*; *konzipieren* koncepti; *ins Unreine schreiben* malnete skribi; *ein neues Modell (bes. Mode)* dezajni; ***eine Skizze*** ~ fari skizon

entwerten *tr* senvalorigi; *Briefmarken auch* stampi; *Fahrkarten* trui; *devalvieren, abwerten (Geld)* devaluti

Entwertung *f* senvalorigo; *von Briefmarken auch* stampado; *Fin (Geldabwertung)* devaluto

entwickeln *tr* ***a)*** *[tätig] weiterentwickeln* evoluigi; *darlegen, folgerichtig entwickeln* disvolvi; *Math (elvolvieren)* elvolvi; *darlegen, z.B. Gedanken* [detale] klarigi; *hervorbringen, etw. herstellen* produkti; *weiterbringen, vorankommen lassen* progresigi; *i.w.S. stärken, z.B. seinen Körper* fortigi; ***all[e] seine Fähigkeiten*** ~ disvolvi ĉiujn siajn kapablojn ***b)*** *Foto* riveli ***c)*** *refl:* ***sich*** ~ *sich [allmählich fort]entwickeln* evolui *auch Biol*; *entstehen* ekesti, estiĝi; *sich entfalten* disvolviĝi; *werden zu* iĝi, *alt* fariĝi (*vgl. dazu* ***heranwachsen***); *sich umwandeln* transformiĝi (***zu*** al); *zum Vorschein kommen, ausbrechen, z.B. Krankheit* aperi; *sich ereignen, passieren* okazi; ***aus der Puppe entwickelte sich ein Schmetterling*** la krizalido transformiĝis al papilio

Entwickler *m Foto* rivelilo

Entwicklung *f* ***a)*** *das Entwickeln* disvolv[ad]o, evoluigo (*vgl. dazu* ***Aufbau***; ↑ *auch* ***Produkt-. Software-*** *u.* ***Weiterentwicklung***); *Math (einer Determinante od Gleichung)* elvolvo; *das Sichentwickeln* disvolviĝo, evolu[ad]o; *Pubertieren* puberiĝo; *Biol (Evolution)* evoluo; *i.w.S. Wachstum* kresko; *Umwandlung* transformiĝo; ***beschleunigte*** (***sprunghafte***, ***ungleiche***) ~ akcelita (saltrapida, malegala) evoluo; ***eine Furcht einflößende*** (*od* ***erregende***) ~ timiga evoluo; ***die*** ~ ***bremsen*** bremsi la evoluon (***von*** de) ***b)*** *Foto* rivelado

Entwicklungs|biologie *f* disvolviĝobiologio (↑ *auch* ***Embryogenese***); ~**dose** *f für Filme* rivelurno; ~**dynamik** *f* dinamiko de la evoluo

entwicklungsfähig *Adj* evolupova

Entwicklungsfonds *m* evoluiga fonduso

Entwicklungsförderung *f* = ***Entwicklungshilfe***

Entwicklungs|geschichte *f der Lebewesen* biogenezo; *des Menschen* antropogenio; *des Keimes* embriologio; ~**gesetz** *n Naturw* evolu[o]leĝo; ~**helfer** *m* evoluhelpanto

Entwicklungshilfe *f* evoluhelpo, *[exakter:]* evoluiga helpo; **~-Ausschuss** *m der OECD* Evoluhelpa Komitato

Entwicklungs|jahre *n/Pl* jaroj *Pl* de disvolviĝo; *Pubertät* [jaroj *Pl* de] pubereco; **~konzept** *n od* **~konzeption** *f* evoluigokoncepto; **~kosten** *Pl* kostoj *Pl* por la evoluigo; **~land** *n* evolulando (*vgl. dazu* ***Schwellenland***); **~lehre** *f Evolutionstheorie* teorio de evolu[ad]o; **~modell** *od* **~-muster** *n* evolumodelo; **~phase** *f* evolufazo; **~politik** *f* evolupolitiko; **~programm** *n* evoluiga programo; **~projekt** *n z.B. in Entwicklungsländern* disvolvoprojekto; **~prozess** *m* evoluproceso; **~rhythmus** *m* ritmo de disvolviĝo

Entwicklungsstadium *n* stadio de disvolviĝo, evolua stadio; ***sich im ~ befinden*** troviĝi en [la] evolua stadio

Entwicklungsstand *m*: ***hoher ~*** alta nivelo de [la] evoluo

Entwicklungs|stufe *f* evolu[o]ŝtupo; **~tendenz** *f* evolutendenco; **~ziele** *n/Pl* evoluigaj celoj *Pl*

entwinden *tr gewaltsam wegnehmen* perforte [for]preni; ***sich jmds. Armen ~*** liberiĝi el ies ĉirkaŭbrako

ent|wirren *tr aufflechten* displekti *auch übertr*; *Faden* malimpliki, malnodi *auch übertr*; *i.w.S. in Ordnung bringen* [re]ordigi; *Vermischtes wieder auseinandersortieren* malmiksi; **~wischen** *intr* eskapi [de *od* el], elgliti [el]

entwöhnen *tr* dekutimigi [je]; ***einen Säugling ~*** demamigi (*od Fachspr Med* ablakti) bebon

Entwöhnen *n od* **Entwöhnung** *f* dekutimigo; *eines Säuglings* demamigo, *Fachspr Med auch Ablaktation* ablaktado

Entwöhnungskur *f Med* dekutimiga kuracado

ent|würdigen *tr* humiligi, degradi (↑ *auch* ***entweihen*** *u.* ***schänden***); **~würdigend** *Adj* humiliga

Entwürdigung *f* humiligo, degradado

Entwurf *m Skizze* skizo; *Konzept* koncepto; *Plan* plano; *Modell* modelo; *Niederschrift im Unreinen* malneto (*vgl. dazu* ***Exposé***; ↑ *auch* ***Entschließungs-***, ***Gesetz-*** *u.* ***Vertragsentwurf***); ***im ~*** malnete

entwurzeln *tr* elradikigi *auch übertr*; ***entwurzelt werden*** *z.B. Bäume durch Sturm* elradikiĝi *auch übertr*

entzerren *tr Elektronik* ekvalizi

Entzerrer *m*, *auch* ***Korrektionsfilter*** *m Elektronik* ekvalizilo

entziehen *tr wegnehmen* retiri, forpreni (***jmdm. etw.*** ion de iu); *nicht mehr geben* ne plu doni; *nicht mehr lassen* ne plu lasi; ***jmdm. die Freundschaft ~*** rifuzi al iu sian amikecon; ***jmdm. den Führerschein ~*** forpreni de iu la stirlicencon

entziffern *tr Hieroglyphen, Inschrift* deĉifri; *entschlüsseln (Geheimschrift, chiffrierten Text)* malĉifri

Entzifferung *f* deĉifrado; malĉifrado; ***die ~ der sumerischen Hieroglyphen*** la deĉifrado de la sumeraj hieroglifoj

entzücken *tr bezaubern* ravi, ĉarmi; *faszinieren* fascini; *begeistern* entuziasmigi; ***entzückt*** ravita; *fasziniert* fascinita (***über*** pro, *auch* de); ***er war von ihr entzückt*** li estis ravita de ŝi

Entzücken *n* ravo (↑ *auch* ***Reiz***); *Zustand des Entzücktseins* raviteco, raviĝo; *Begeisterung* entuziasmo; *Ekstase* ekstazo; ***höchstes ~*** *Verzückung* ravego; ***in ~ geraten*** iĝi ravita *od* raviĝi

entzückend *Adj bezaubernd* rava; *reizend* ĉarma; *faszinierend* fascina; *in Erstaunen versetzend* miriga

Entzug *m* ***a)*** *Wegnahme* forpreno, senigo [de ...]; *~* ***des Führerscheins*** forpreno de la stirlicenco (*vgl. dazu* ***entziehen***) ***b)*** *Entgiftung* senvenenigo, sentoksig[ad]o; ***auf ~ in einer Klinik sein*** esti [kuracata] en drogokliniko

Entzugsdelirium *n Psych, Med* abstinenca delirio

Entzugserscheinungen *f/Pl Med* ↑ ***Abstinenzsyndrom***

Entzugsklinik *f Med* drogokliniko

Entzugssyndrom *n Med* ↑ ***Abstinenzsyndrom***

entzündbar *Adj* [ek]flamigebla; ***leicht ~es Gut*** *n* ekflamiĝema varo

entzünden *tr* ekflamigi *auch übertr*; ***sich ~*** *anfangen zu brennen* ekbruli, [ek]flamiĝi; *Med* inflamiĝi (*vgl. dazu* ***eitern***); ***die Wunde ist entzündet*** la vundo estas inflamita

entzündlich *Adj*: ***leicht ~*** [facile] ekflamiĝema (↑ *auch* ***feuergefährlich***)

Entzündung *f* ***a)*** *Med* inflamo (*vgl. dazu* ***Exsudat*** *u.* ***Inflammation***; ↑ *auch* ***Blasen-***, ***Gelenk-***, ***Hals-***, ***Harnröhren-***, ***Knochen-***

mark-, ***Sehnen-*** *u.* ***Venenentzündung***); ~ ***der Atemwege*** inflamo de la spiraj vojoj; ~ ***im Rachenbereich*** faringito; ***eine*** ~ ***hervorrufen*** kaŭzi inflamon; ***an einer*** ~ ***der Augen leiden*** suferi je inflamo de la okuloj ***b)*** *das Sichentzünden* ekflamiĝo

entzündungs|hemmend *od* ~**widrig** *Adj Med* antiinflama *od* kontraŭinflama, *Fachspr auch* antiflogistika

Entzündungs|prozess *m Med* inflama proceso; ~**reaktion** *f, auch* ***entzündliche Reaktion*** *f Med* inflama reakcio

entzwei *Adj auseinander* disa; *zerbrochen* [dis]rompita; *defekt, kaputt* difekt[it]a; ~**brechen** ***a)*** *tr* disrompi ***b)*** *intr* disrompiĝi

entzweien *tr trennen* disigi; ***sich*** ~ *auseinander gehen* disiĝi; *sich streiten* malkonkordiĝi, malpaciĝi (***mit jmdm.*** kun iu)

entzweigehen *intr zerbrechen* [dis]rompiĝi; *kaputtgehen* difektiĝi

Enukleation *f Chir* ↑ ***Ausschälung***

enukleieren *Chir* ↑ ***ausschälen***

Enumeration *f Rhetorik od geh für «Aufzählung»* enumeracio

Enurese *f Med* ↑ ***Bettnässen*** *od* ***Einnässen***

Enveloppe *f, auch* ***Hüllkurve*** *f Geom* envelopo

Enz *f ein linker Nebenfluss des Neckars* [rivero] Enco

Enzephalitis *f, auch* ***Gehirnentzündung*** *f Med* encefalito (↑ *auch* ***Meningo-***, ***Röteln-*** *u.* ***Virusenzephalitis***); ***japanische B-Enzephalitis*** *f* (Encephalitis japonica) *im ostasiatischen Raum verbreitete, zu den Arbovirosen gehörende, akute Infektion des ZNS* japana encefalito; ***Encephalitis lethargica sive epidemica*** letargia encefalito; ***postvakzinale*** ~ *eine Enzephalitis, die als relativ seltene Komplikation nach einer Schutzimpfung auftritt* postvakcinada encefalito

Enzephalitisvirus *n* encefalita viruso

Enzephalograf *m, auch* ***Enzephalograph*** *m Medizintechnik* encefalografo

Enzephalografie *f, auch* ***Enzephalographie*** *f Med* encefalografio (↑ *auch* ***Elektro-***, ***Pneumo-*** *u.* ***Rheoenzephalografie***)

enzephalografisch, *auch* ***enzephalographisch*** **1.** *Adj* encefalografia **2.** *Adv* encefalografie

Enzephalogramm *n Med (Röntgenbild der Gehirnkammern)* encefalogramo

Enzephalolith *m, auch* ***Gehirnkalkulus*** *od* ***Hirnstein*** *m nur Fachspr Med* encefalolito

Enzephalomalazie *f Med* ↑ ***Gehirnerweichung***

Enzephalo|meningitis *f Med (gleichzeitige Entzündung des Gehirns u. der Hirnhäute)* encefalomeningito; ~**meningopathie** *f Med* encefalomeningopatio; ~**myelitis** *f Med (gleichzeitige Entzündung von Gehirn u. Rückenmark)* encefalomjelito

Enzephalon *n nur Fachspr Med* = ***Gehirn***

Enzephalo|pathie *f* (Encephalopathia) *Med (Sammelbegriff für alle organischen Hirnschäden od Hirnerkrankungen)* encefalopatio (*vgl. dazu* ***BSE***, ***Creutzfeldt-Jakob-Krankheit***, ***Kuru*** *u.* ***Scrapie***); ~**tomografie** *f Med (Schichtaufnahme des Hirns)* encefalotomografio

Enzian *m* ***a)*** *<schweiz>* ***Enziane*** *f* (*Gattung* Gentiana) *Bot* genciano (↑ *auch* ***Alpen-***, ***Feld-***, ***Fransen-***, ***Frühlings-***, ***Kreuz-***, ***Lungen-***, ***Schlauch-***, ***Schnee-***, ***Schwalbenwurz-*** *u.* ***Sumpfenzian***); ***deutscher*** ~ (Gentianiella germanica) germana genciano; ***gefranster*** ~ ↑ ***Fransenenzian***; ***gelber*** ~, *reg* ***Bitterwurz*** *f* (Gentiana lutea) flava genciano; ***punktierter*** ~ (Gentiana punctata) punktita genciano; ***purpurroter*** ~ *od* ***Purpurenzian*** *m* (Gentiana purpurea) purpura genciano; ***stängelloser*** (*od* ***breitblättriger***) ~ (Gentiana clusii) sentiga genciano ***b)*** *ein Bitterlikör* genciana likvoro

Enzian|branntwein *m, auch* ***Enzianschnaps*** *m* genciana brando; ~**extrakt** *m* genciana ekstrakto

Enziangewächse *n/Pl Bot*: ***[Familie der]*** ~ (Gentianaceae) gencianacoj *Pl*

Enzianschnaps *m* ↑ ***Enzianbranntwein***

Enzian|tinktur *f Pharm* tinkturo de genciano; ~**wurzel** *f* genciana radiko *auch Pharm*

Enzyklika *f kath. Kirche (päpstliches Rundschreiben)* enciklikio

Enzyklopädie *f universelles [wissenschaftliches] Nachschlagewerk* enciklopedio (↑ *auch* ***Lexikon***)

Enzyklopädiker *m Verfasser einer Enzyklopädie* enciklopediisto

enzyklopädisch **1.** *Adj* enciklopedia (*vgl. dazu* ***allumfassend***) **2.** *Adv* enciklopedie

Enzyklopädisten *m/Pl Gesch (die Mitarbeiter an der berühmten franz. ‹Encyclopédie› [1751-1780])* enciklopediistoj *Pl*

Enzym *n, alt* ***Ferment*** *n Biochemie* enzimo (↑ *auch* ***Anti-***, ***Apoenzym***, ***Bakterien-***

enzyme**, **Co-**, **Endo-**, **Holoenzym**, **Isoenzyme**, **Kinase**, **Oxidasen**, **Pro-**, **Restriktions-** u. **Verdauungsenzym); ***oligomeres** ~ od **Mehrkettenenzym*** *n* oligomera enzimo; ***Protein abbauendes*** ~ proteinliza (*od Fachspr auch* proteoliza) enzimo; ***thermostabile*** **~*e*** *Pl eine kleine Gruppe von Enzymen, meist Hydrolasen, deren Temperaturoptimum zw. 60 u. 80° C liegt*; ***von ~en bewirkt*** kaŭzita de enzimoj

Enzymaktivität *f* enzima aktiveco

enzymatisch *Adj auf Enzyme bezogen* enzima; *von Enzymen bewirkt* kaŭzita de enzimoj

Enzym|diagnostik *f Med (Bestimmug von Enzymaktivitäten in biologischen Proben [z.B. Serum, Verdauungssekrete]* enzimdiagnostiko; **~gruppen** *f/Pl Biochemie, Genetik* enzimgrupoj *Pl*; **~hemmer** *m Biochemie, Pharmakologie* enziminhibitoro *od* inhibanto de enzimo; **~inhibition** *f Biochemie, Pharmakologie* enziminhib[ici]o; **~kinetik** *f Teilgebiet der experimentellen u. theoretischen Biochemie* enzimkinetiko; **~mangel** *m* manko de enzimo

Enzymologie *f, auch* ***Lehre f von den Enzymen*** enzimologio, studesploro pri [la] enzimoj

Enzymopathie *f Med (Sammelbegriff für verschiedenartige Krankheiten, die durch Enzymmangel entstehen)* enzimopatio

Enzym|präparat *n Pharm* enzimpreparaĵo; **~protein** *n Biochemie* enzimproteino; **~-reaktion** *f, auch* ***enzymatische Reaktion*** *f Biochemie* enzimreakcio *od* enzima reakcio; **~substitution** *f Med* substituo de enzimo; **~therapie** *f Med* enzimterapio

Eokambrium *n Geol* eokambrio

Eolith *m Feuerstein mit natürlichen Absplitterungen [vermeintliches Werkzeug der Urmenschen]* eolito

Eolithikum *n Urgeschichte (vermeintliche tertiäre Kulturstufe des Menschen)* eolitiko *<eine früher angenommene Epoche>*

Eos *(f) Myth (griech. Göttin der Morgenröte)* Eosa (*vgl. dazu* ***Aurora***)

Eosin *n Bakt, Histologie (ein roter Farbstoff zur Kontrastfärbung)* eozino

Eosinopenie *f nur Fachspr Med (starke Verminderung od Fehlen von eosinophilen Granulozyten im Blut)* eozinopenio

eosinophil *Adj Med* eozinofilia

Eosinophilie *f nur Fachspr Med (krankhafte Vermehrung der eosinophilen Granulozyten)* eozinofilio

Eozän *n Geol (zweitälteste Abteilung des Tertiärs)* eoceno

EP ↑ *unter* ***europäisch***

EPA ↑ *unter* ***europäisch***

Epakte *f nur Fachspr Astron (die vom letzten Neumond des alten Jahres bis zum 1. Neujahrestag vergangene Tagesanzahl)* epakto

Epaminondas (*m*) *Eig (thebanischer Staatsmann u. Feldherr [um 420-362 v. Chr.])* Epaminondo

Epanorthosis *f Rhetorik (Berichtigung des Gesagten)* epanortozo *<z.B. mi esperas – kion mi diras? – mi estas certa, ke vi min rekompencos>*

Eparchie *f Diözöse eines griech.-orthodoxen Bischofs* eparĥio *(Zam) od* eparkio

Epaulett [*epo'let*] *n, häufiger* **Epaulette** *f Schulterstück auf Uniformen* epoleto

Ependym *n nur Fachspr Anat (dünnhäutige Auskleidung des Rückenmarkkanals u. der Hirnhöhlen)* ependimo

Ependymitis *f Med (Entzündung des Ependyms)* ependimito

Epenthese *od* **Epenthesis** *f Ling (Einschub eines Gleitlauts [in ein Wort zur Ausspracheerleichterung])* epentezo *<z.B. das o in nokt**o**klubo>*

Epha *ohne Art: Metr (ein althebräisches Hohlmaß)* efo

Epheben *m/Pl griech. Antike (Bez für wehrfähige junge Männer)* efeboj *Pl*

Ephedrin *n Pharm (ein Alkaloid)* efedrino *<gewonnen aus ‹Ephedra sinica› bzw. synthetisch hergestellt>*

Epheliden *Pl nur Fachspr Med für* ***Sommersprossen*** [↑ *dort*]

ephemer *Adj a) eigtl: nur einen Tag dauernd, i.w.S. kurzlebig* (↑ *auch* ***Eintagsfliege***) *b) [schnell] vorübergehend, vergänglich, von kurzer Dauer, flüchtig* efemera (*vgl. dazu* ***kurzlebig*** *u.* ***perenn[ierend]***)

Ephemeriden *Pl Astron (Tabellen, in denen die Örter der Himmelskörper für best. Zeitpunkte vorausberechnet vorliegen)* efemeridoj *Pl*

ephemerisch = ***ephemer***

Epheser *m* efezano; **~brief** *m, auch* ***Brief m an die Epheser*** *bibl* epistolo al la efezanoj *<verfasst zw. 80 u. 100 n. Chr,>*

ephesisch *Adj aus (od von) Ephesos* efeza
Ephesos (*n*) *griech. Antike (alte Hafenstadt der Karer am Ägäischen Meer)* Efezo <*Tagungsort des 3. Ökumenischen Konzils 431 n. Chr.*>
Ephod *n Obergewand des jüdischen Hohepriesters* efodo
Ephraim (*m*) *bibl (Sohn Josephs)* Efraimo *auch männl. Vorname*
Ephraimiten *m/Pl bibl* efraimidoj *Pl*
Ephrata (*n*), *auch* ***Efrata*** (*n*) *bibl (alter Name von Bethlehem)* Efrato
Ephrater *m/Pl Bewohner von Ephrata* efratanoj *Pl*
epibiotisch *Adj Biol (auf Substraten lebend)* epibiota (*vgl. dazu* **ekto-** *u-* **endobiotisch**)
Epidauros (*n*) *Eig (Kultstätte des Äskulap im NO des Peloponnes)* Epidaŭro
Epidemie *f Massenerkrankung, Seuche* epidemio (*vgl. dazu* ***Endemie***, ***Pandemie*** *u.* ***Tierseuche***; ↑ *auch* ***Cholera-***, ***Corona-***, ***Ebola-***, ***Grippe-***, ***Pocken-***, ***Ruhr-*** *u.* ***Typhusepidemie***); ~**herd** *m* epidemia fokuso (*od* centro)
Epidemiologe *m* epidemiologo
Epidemiologie *f Med (Lehre von den epidemischen Erkrankungen)* epidemiologio (↑ *auch* ***Infektionsepidemiologie***)
epidemiologisch *Med* **1.** *Adj* epidemiologia **2.** *Adv* epidemiologie
epidemisch 1. *Adj* epidemia; *~er* ***Charakter*** (*bzw.* ***Zustand***) *m* epidemieco **2.** *Adv* epidemie
epidermal *Adj von der Epidermis stammend od zu ihr gehörig bzw. auf sie bezüglich* epiderma
Epidermalzyste *f Med* epiderma kisto
Epidermis *f* **1.** *Anat* ↑ ***Oberhaut*** **2.** *Bot ([einschichtiges] Abschlussgewebe)* epidermo; ~**papel** *f Med* epiderma papulo
Epidermiszyste *f Med* ↑ ***Epidermalzyste***
Epidermitis *f Dermatologie* epidermito
Epidermo|lyse *f, auch* ***Epidermiszerfall*** *m nur Fachspr Dermatologie (Blasenbildung u. Ablösung der Oberhaut)* epidermolizo; ~**mykose** *f Dermatologie* epidermomikozo
Epidiaskop *n Opt (als Diaskop u. Episkop verwendbarer Bildwerfer)* epidiaskopo
Epididymis *f Anat* ↑ ***Nebenhoden***
Epididymitis *f Med* ↑ ***Nebenhodenentzündung***
Epidot *m, auch* ***Pistazit*** *m Min (gelblich bis schwarzgrünes Mineral, das vor allem in Metamorphitgesteinen vorkommt)* epidoto, *auch* pistacito
Epifauna *f nur Fachspr Zool (auf der Oberfläche des Grundes od auf Pflanzen u. schwimmenden Gegenständen lebende Wassertiere [mit dem aus pflanzlichen Organismen gebildeten Aufwuchs gehören sie zum Epibios])* epifaŭno
epigastrisch *Adj in der Magengegend [auftretend] bzw. die Magengegend betreffend* epigastra; *~e* ***Grube*** *f* (Fossa epigstrica) *Anat* epigastra kavo
Epigastrium *n Anat* ↑ ***Magengegend*** *od* ***Oberbauch[gegend]***
Epigenese *f, auch* ***Epigenesis*** *f 1. Biol (die Entstehung völlig neuer Strukturen in der Embryonalentwicklung) 2. Geol (nachträgliche Entstehung eines Flusstals)* epigenezo
Epigenetik *f ein Teilgebiet der Genetik* epigenetiko
epigenetisch *Adj Biol, Geol* epigeneza
Epigenotyp *m Genetik* epigenotipo
Epiglottis *f Anat* ↑ ***Kehldeckel***
Epiglottitis *f Med (Schleimhautentzündung des Kehlkopfdeckels)* epiglotito, *auch* inflamo de la epigloto
Epigon *n nur Fachspr Bot (das Sporogon von Moosen umschließende Hülle)* epigono
epigonal *Adj nachahmend* epigona
Epigone *m Künstler, der einen Stil nur unschöpferisch nachahmt* epigono
Epigraf *n, auch* ***Epigraph*** *n [antike] Inschrift [auf Denkmälern]* epigrafo
Epigrafik *f, auch* ***Epigraphik*** *f, auch* ***Inschriftenkunde*** *f* epigrafiko
Epigrafiker *m, auch* ***Epigraphiker*** *m, auch* ***Inschriftenforscher*** *m* epigrafikisto
epigrafisch, *auch* ***epigraphisch*** *auf ein Epigraf bezogen* epigrafa; *auf die Epigrafik bezogen* epigrafika
Epigramm *n Lit (kurzes Sinn- od Spottgedicht)* epigramo
Epigrammatiker *m Verfasser von Epigrammen* epigramisto
epigrammatisch *Adj sinngedichtartig* epigrama
Epigraphik *f* ↑ ***Epigrafik***
epigyn, *auch* ***oberständig*** *Adj nur Fachspr Bot (über dem Fruchtknoten stehend [Blüten])* epigina (*vgl. dazu* **hypogyn**)
Epik *f Lit (erzählende Dichtkunst)* epiko, rakonta poezio

Epikanthus *m* ↑ ***Mongolenfalte***
Epikard *n* (Epicardium) *Med (viszerales, dem Myokard anliegendes Blatt des Perikards)* epikardio (*vgl. dazu* ***Perikard***)
Epikarp *n Bot (äußerste Schicht der Fruchtschale von Pflanzen)* epikarpo
Epikaste (*f*) *griech. Myth* ↑ ***Iokaste***
Epiker *m Dichter epischer Werke* epikisto
Epikondylitis *f, pop* ***Tennisarm*** *m Med* epikondilito (*vgl. dazu* ***Tennisellenbogen***)
Epikondylus *m nur Fachspr Anat (der auf einem Gelenkknorpel sitzende Knochenhöcker für den Ansatz von Sehnen u. Bändern)* epikondilo
Epikontinentalmeer *n, auch* ***Flachmeer*** *n nur Fachspr Geol (überspülter Festlandsockel)* epikontinenta maro
Epiktet[os] (*m*) *Eig (ein altgriech. Philosoph [um 50-138])* Epikteto
Epikur (*m*) *Eig* ↑ ***Epikuros***
Epikuräismus *m Phil (1. Lehre des Epikur 2. auf Genuss der materiellen Freuden des Daseins gerichtetes Lebensprinzip)* epikurismo
Epikureer *m 1. Phil (Anhänger der Lehre Epikurs) 2. übertr ([seit der röm. Zeit:] Genussmensch, Genießer)* epikurano
epikureisch *Adj von Epikur stammend od nach der Art des Epikur* epikura
Epikur[os] (*m*) *Eig (ein altgriech. Philosoph [um 341-um 270 v. Chr.])* Epikuro
Epilepsie *f, alt* ***Fallsucht*** *f, <österr> umg u. reg* ***hinfallende Krankheit*** *f* (Morbus sacer) *Med* epilepsio (↑ *auch* ***Hystero-*** *u.* ***Jackson-Epilepsie***); ***latente*** ~ latenta epilepsio; ***traumatische*** ~ *nach Schädelhirntrauma auftretende epileptische Anfälle* traŭmata epilepsio; ***an*** ~ ***erkrankt sein*** esti malsana je epilepsio
Epilepsie|anfall *m* epilepsia atako; ~**koma** *n, auch* ***epileptisches Koma*** (Coma epilepticum) *Med* epilepsia komato
epileptiform *Adj dem Typ eines epileptischen Anfalls entsprechend* epilepsi[o]forma
Epileptiker *m, alt* ***Fallsüchtige*** *m* epilepsiulo
Epileptikerin *f* epilepsiulino
epileptisch, *alt* ***fallsüchtig*** *Adj* epilepsia; ~***er Anfall*** *m* epilepsia atako; ~***e Krämpfe*** *m/Pl* epilepsiaj konvulsioj *Pl*
Epilithen *m/Pl Bot* ↑ ***Felspflanzen***
Epilog *m Lit, Theat (Nachrede: abschließende od erläuternde Rede an das Publikum [Ggs: Prolog] <seit der römischen Komödie bis ins 19. Jh. gebräuchlich, im modernen Theater nur noch parodistisch verwendet>)* epilogo *auch übertr für «Nachspiel»*
Epimanikien *n/Pl Kirche (farbige Ärmelaufschläge der Tunika)* epimanikoj *Pl*
Epimenides (*m*) *Eig (altgriech. Sühnepriester aus Kreta [7./6. Jh. v. Chr.])* Epimenido
Epimerase *f Biochemie (ein Enzym aus der Untergruppe der Isomerasen)* epimerazo
epimetheisch *Adj 1. erst später mit dem Denken einsetzend 2. erst handelnd, dann denkend, unbedacht* epimetea
[1]**Epimetheus** (*m*) *griech. Myth (jüngerer Bruder des Prometheus, Gatte der Pandora)* Epimeteo
[2]**Epimetheus** *m Astron (ein Mond des Saturn)* Epimeteo
Épinal (*n*) *Hptst. des ostfranzösischen Départements Vosges (Lothringen)* Epinalo
Epinephrin *n* ↑ ***Adrenalin***
Epinephritis *f Med* ↑ ***Paranephritis***
Epipelagial *n durchlichteter Lebensbereich der vom Untergrund gelösten od davon unabhängigen marinen Flora u. Fauna* epipelaga zono
epipelagisch *Adj Meereskunde* epipelaga
Epiphanias[fest] *n, auch* ***Fest*** *n* ***der Erscheinung des Herrn****, in der kath. Kirche zugleich* ***Dreikönigsfest*** *n od* ***Dreikönigstag*** *m* epifanio *(auch Großschr), auch* festo de la Tri Reĝoj
Epiphänomen *n bes. Med u. Phil (Begleit- od Nacherscheinung, sekundäre Erscheinung)* epifenomeno
Epiphonem *n Rhetorik* epifonemo
epiphysär *Adj 1. zur Epiphyse gehörig 2. die Epiphyse betreffend* epifiza
Epiphyse *od* **Epiphysis** *f Anat (Endstück eines Röhrenknochens in Gelenknähe)* epifizo (*vgl. dazu* ***Diaphyse***); ***Entzündung der*** ~ *Med* epifizito, *auch* epifiza ostito
Epiphysenkern *m Anat (verknöchertes Zentrum der Epiphyse)* epifiza nukleo
Epiphyten *m/Pl, auch* ***Lichtschmarotzer*** *m/Pl od* ***Aufsitzerpflanzen*** *f/Pl Bot* epifito (↑ *auch* ***Baumepiphyt*** *u.* ***Petrophyten***)
epiphytisch *Adj Bot (auf anderen Pflanzen wachsend [aber nicht parasitär])* epifita
Epirogenese *f, auch* ***Epeirogenese*** *f Geol*

(langsame, weiträumige Bewegung der Erdkruste, die ohne Verwerfung od Faltung erfolgt) epirogenezo

epirogen[etisch] *Adj Geol (durch Epirogenese entstanden)* epirogen[ez]a

Epirot *m Bewohner von Epirus* epirano

Epirus *ohne Art: Landschaft in NW-Griechenland u. S-Albanien* Epiro *[Hauptort: Ioannina]*

Epirusfrosch *m Zool* ↑ *unter* ***Wasserfrosch***

episch *Adj* epika; ~***es Poem*** *n* epika poemo; ~***es Theater*** *n von B. Brecht geprägtes Theater des «wissenschaftlichen Zeitalters» mit Aufforderung zur emotionalen Distanz u. kritischen Entscheidung* epika teatro

episkopal *Adj bischöflich* episkopa

Episkopale *m Anhänger der Episkopalkirche* ano de la episkopa eklezio, episkopano

Episkopalismus *m, auch* ***Episkopalsystem*** *n* episkopismo

Episkopalkirche *f nichtkatholische Kirche mit bischöflicher Leitung* episkopa eklezio

Episkopalsystem *n* ↑ ***Episkopalismus***

Episkopat *n* ***a)*** *Gesamtheit der Bischöfe* episkoparo ***b)*** *Amt od Würde eines Bischofs* episkopeco

Episode *f 1. Neben- od Zwischenhandlung auch im Drama, Film od Roman 2. übertr: [flüchtiger] Zwischenfall, [vorübergehendes, nebensächliches] Ereignis* epizodo (*vgl. dazu* ***Ereignis***)

episodenhaft *od* **episodisch** *Adj* epizoda

Episom *n Genetik (DNS-Erbträger)* episomo

Epispastikum *n Pharm (Mittel, um Eiter od Gewebeflüssigkeit nach außen abzuleiten [z.B. Zugsalbe])* epispastikaĵo

Epispor *n nur Fachspr Mykologie (innere Sporenmembran [einer Basidiospore])* episporo (*vgl. dazu* ***Exospor***)

epistatisch *Adj Genetik (die Wirkung eines Gens durch ein anderes überdeckend)* epistata; ~***es Gen*** *n* epistata geno

Epistaxis *f Med* ↑ ***Nasenbluten***

Epistel *f* ***a)*** *Lit (eine Dichtungsart)* epistolo ***b)*** *Apostelbrief (im Neuen Testament)* epistolo, apostola letero [en la Nova Testamento] (↑ *auch* ***Philipper-*** *u.* ***Römerbrief***)

Epistemologie *f in der angelsächsischen Philosophie Bez für* ***Erkenntnistheorie*** [↑ *dort*] (*vgl. dazu* ***Gnoseologie***)

epistemologisch *Adj* epistemologia

Epistolarium *n Handbuch mit den gottesdienstlichen Episteln der Kirche* epistolaro

epistolisch *Adj* epistola

Epistropheus *m Anat* ↑ ***Axis***

Epitaph *n, auch* ***Epitaphium*** *n Grabplatte mit Inschrift od bildlicher Darstellung [häufig an einer Kirchenwand]* epitafo

Epitaxie *f Chem, Kristallografie (kristalline Abscheidung auf einem anderen [gleichartigen] Kristall)* epitaksio

Epithalamion *n Antike ([vor dem Brautgemach abgesungenes] Hochzeitslied)* epitalamo

Epithalamus *m Anat (dem Thalamus opticus aufliegender Gehirnabschnitt)* epitalamo

Epithel *n Anat* ↑ ***Epithelium***

Epithel|gewebe *n, auch* ***Deckgewebe*** *n Anat* epitelia histo; ~**körperchen** *n/Pl, auch* ***Nebenschilddrüsen*** *f/Pl* (Glandulae parathyreoideae) *Anat* paratiroidoj *Pl*

epithelial *Adj zum Epithel gehörend bzw. von ihm stammend* epitelia

Epithelialkrebs *m Med* epitelia kancero

Epitheliom *n, auch* ***Epithelzellengeschwulst*** *f Med (aus Epithelzellen gebildete Hautgeschwulst)* epiteliomo

Epithel[ium] *n, auch* ***Deckzellenschicht*** *f Anat (oberste Deckschicht der Haut u. des Schleimhautgewebes)* epitelio (↑ *auch* ***Neuro-***, ***Nieren-*** *u.* ***Pigmentepithel***)

Epithelzellen *f/Pl Anat* epiteliaj ĉeloj *Pl*

Epithelzellengeschwulst *f Med* ↑ ***Epitheliom***

epithetisch *Adj* epiteta

Epitheton *n Ling ([kennzeichnendes] Beiwort)* epiteto (↑ *auch* ***Attribut***); ~ ***ornans*** *n schmückendes Beiwort (bes. poet), formelhaftes Attribut* ornama epiteto *[z.B. «grüne» Wiese]*

Epitome *f Kurzfassung bzw. Auszug m aus größeren Werken* epitomo

Epitrachelion *n in der Ostkirche von Priestern u. Bischöfen im Gottesdienst um drn Hals getragenes stolaartiges Band* epitraĥelio, *auch* epitrakelio (*vgl. dazu* ***Stola***)

Epitympanum *n nur Fachspr Anat (der obere Teil der Paukenhöhle über dem Trommelfell im Ohr)* epitimpano

Epizentrum *n Seismik (senkrecht über dem Erdbebenherd liegender Erdoberflächenpunkt)* epicentro; ~ ***eines Erdbebens*** epicentro de tertremo

Epizootie *f Vet* ↑ ***Tier-*** *od* ***Viehseuche***

Epizykel *m Astron, Geom* epiciklo; **~theorie** *f Astron (die Annahme, dass die Bahnen der Planeten u. des Mondes Epizykeln seien)* epicikloteorio

epizyklisch *Adj* epicikla

Epizykloide *f, selt auch* ***Radlinie*** *f Geom (Differenzialrechnung)* epicikloido; ***verkürzte*** (***verlängerte***) ~ kurtigita (longigita) epicikloido

epochal *Adj epochemachend* epokfar[ant]a, historie aparte grava

Epoche *f [großer geschichtlicher] Zeitabschnitt* epoko *auch Geol* (↑ *auch* ***Zeitalter***); ~ ***der Renaissance*** renesanca epoko; ***Belle Époque*** *Zeit des gesteigerten Lebensgefühls in Frankreich zu Beginn des 20. Jh.s* bela epoko; ***[aus] der damaligen ~ [stammend]*** 1. *Adj* tiuepoka 2. *Adv* tiuepoke

epochemachend, *auch* ***Epoche machend*** epokfar[ant]a

Epode *f 1. Chorlyrik u. griech. Tragödie (Schlussgesang einer Ode) 2. Antike (lyrisches Gedicht aus abwechselnden Lang- u. Kurzversen)* epodo

epodisch *Adj die Epode betreffend* epoda

Epona (*f*) *Myth (ursprünglich tiergestaltige keltische Göttin, in römischer Zeit reitend od zwischen zwei Pferden sitzend dargestellt <wohl unter griechisch-römischem Einfluss menschengestaltig gedacht>)* Epona

Eponym *n Biol (Gattungsbezeichnung, die auf einen Personennamen zurückgeht)* eponimo

eponymisch *Adj namengebend* eponima

Epoophoron *n, auch* ***Nebeneierstock*** *m nur Fachspr Anat* epooforo

Epos *n, im 18. Jh auch* ***Epopöe*** *f Heldengedicht [frühe Großform der Epik]* eposo, *auch* epopeo (↑ *auch* ***Helden-*** *u.* ***Volksepos***)

E-Post *f* ↑ ***E-Mail***

Epoxid *n Chem* epoksio; **~harz** *n Chem* epoksirezino, *auch* epoksia rezino; **~klebstoff** *m* epoksia gluo

Eppich *m Bot, Nahr* ↑ ***Sellerie***

EPS = *Abk für* ***extrapyramidales System***

Epsilon *n griech. Buchstabe [kurzes e]* epsilono

Epsom (*n*) *eine Stadt in England* Epsomo; **~salz** *n, auch* ***[Epsomer] Bittersalz*** *n* salo de Epsomo

EPÜ ↑ *unter* ***europäisch***

Epulis *f Med, Stomatologie (Granulationsgeschwulst auf dem Zahnfleisch)* epuliso

Equalizer *m Hi-Fi-Technik (Zusatzgerät an Verstärkern von Hi-Fi-Anlagen zur Klangverbesserung)* egaligilo, *(Fachspr) auch* ekvalizilo (↑ *auch* ***Entzerrer***)

Equipage *f alt für* ***a)*** *elegante Kutsche* [nobela] kaleŝo ***b)*** *Ausrüstung eines Offiziers* ekipaĵo de oficiro

Equipe [*e'ki:p*] *f Sport (Mannschaft, Team)* teamo

Equipierung *f alt =* ***Ausrüstung*** *od* ***Ausstattung***

er *Pers Pron (Personen, auch [personifizierte] Tiere, z.B. in Fabeln)* li, *(Gegenstände u. Tiere)* ĝi

erachten *tr* kredi, trovi; *der Meinung sein* opinii; ***etw. für nötig*** ~ opinii ion necesa

Erachten *n Ermessen, Gutdünken* bontrovo; *Ansicht, Meinung* opinio; *Verständnis* kompreno; *Standpunkt* starpunkto; *jmds. Sicht [der Dinge]* vidpunkto; ***meines ~s*** (*Abk* ***m.E.***) *meiner Meinung nach* laŭ mia opinio, *auch* miaopinie; *nach meinem Verständnis* laŭ mia kompreno, *auch* miakomprene

erahnen *tr* diveni (*vgl. dazu* ***prophezeien***)

Erahnen *n geheime Ahnung, Divination* diven[ad]o

erarbeiten *tr*: ***sich etw.*** ~ akiri ion per [diligenta] laborado, *Lebensunterhalt auch* perlabori

Erarbeitung *f (Vorgang)* ellaborado, *(als Ergebnis)* ellaboraĵo (↑ *auch* ***Elaborat***)

Erasmus [von Rotterdam] (*m*) *Eig (ein niederländischer Humanist [1466 od 1469-1536])* Erasmo

Erasmus-Programm *n Univ (Förderprogramm der EU von Auslandsaufenthalten an Universitäten)* Erasmo-programo

Erato (*f*) *griech. Myth (Muse des Gesangs, der Musik u. des Tanzes [in klassischer Zeit: Muse der erotischen Poesie])* Erat[o]a

Eratosthenes (*m*) *Eig (altgriech. Gelehrter u. Dichter [um 275-um 195 v.Chr.])* Eratosteno

Erb|adel *m* hereda aristokrataro; **~anlage** *f Genetik* geno (*vgl. dazu* ***Genom***)

erbarmen, sich *refl*: ***sich jmds. erbarmen*** [ek]kompati iun

Erbarmen *n Mitleid* kompato (***mit jmdm.*** al

iu); *Nächstenliebe, christl. Barmherzigkeit* karitato; ***kein ~ kennen*** ne koni kompaton
erbarmenswert *od* **erbarmungswürdig** *Adj* kompatinda (↑ *auch* ***arm***)
erbärmlich 1. *Adj Mitleid hervorrufend* kompatoveka; *bedauernswert* bedaŭrinda; *armselig, jämmerlich* mizera; *gemein, niederträchtig* fia; ***~e Angst haben*** ekstreme timi **2.** *Adv äußerst* eksterordinare, treege; ***~ frieren*** treege senti la malvarmon
Erbärmlichkeit *f Jämmerlichkeit* mizereco
erbarmungslos 1. *Adj* senkompata; *i.w.S. grausam* kruela **2.** *Adv* senkompate: kruele
Erbarmungslosigkeit *f* senkompatemo
erbarmungsvoll *Adj* kompatoplena *od nachgest* plena de kompato
erbarmungswürdig ↑ ***erbarmenswert***
Erbarmungswürdigkeit *f* kompatindeco
erbauen *tr **a)** bauen, errichten* konstrui ***b)*** *[moralisch] bessern* edifi; ***sich an einer guten Lektüre ~*** edifi sin per bona legaĵo
Erbauer *m* konstruanto *bzw.* konstruinto *auch übertr*, konstruisto (*vgl. dazu* ***Architekt***)
erbaulich 1. *Adj [im religiösen od moralischen Sinn]* edifa *auch iron* **2.** *Adv* edife
Erbaulichkeit *f* edifeco
Erbauung *f* edif[ad]o; ***Stunden der ~*** *od* ***Erbauungsstunden*** *f/Pl* horoj *Pl* de edif[ad]o
Erbauungsliteratur *f* edifa literaturo
Erbauungsstunden *f/Pl* ↑ *unter* ***Erbauung***
[1]**Erbe** *m* heredanto (↑ *auch* ***Mit-, Testaments-*** *u.* ***Universalerbe***); ***die ~n*** *Pl* la heredantoj *Pl od* la heredantaro *Sg*; ***gesetzlicher ~*** laŭleĝa heredanto; ***künftiger ~*** heredonto; ***das ~ des Kolonialismus*** la heredaĵo de la koloniismo; ***jmdn. zum ~n bestimmen*** destini iun heredanto
[2]**Erbe** *n* heredaĵo *auch i.w.S.* (↑ *auch* ***Kulturerbe*** *u.* ***Weltkulturerbe***); *Hinterlassenschaft* postlasaĵo (*vgl. dazu* [1]***Legat*** *u.* ***Nachlass***); ***elterliches ~*** gepatra heredaĵo; ***literarisches ~*** literatura heredaĵo; ***das ~ des Kolonialismus*** la heredaĵo de la koloniismo; ***das gemeinsame ~ der Menschheit*** la komuna heredaĵo de la homaro
erbeben *intr erschaudern* ektremi; *vor Angst zittern* [ek]tremi pro timo; *schwanken* ŝanceliĝi; ***~ lassen*** *z.B.* [ek]tremigi *auch ein Beben die Erde*
erbeigen *Adj*: ***jmdm. ~ sein*** *Gesch* herede aparteni al iu
Erbeigenschaften *f/Pl Genetik* heredaj ecoj *Pl*
erben *tr u. abs* heredi (***etw. von jmdm.*** ion de iu); *abs auch* ricevi heredaĵon
Erben *n als Vorgang* heredado
erbetteln *tr*: ***etw. ~*** elpeti ion, akiri ion per petado
erbeuten *tr*: ***etw. ~*** *Jagd, Mil* akiri (*bzw.* kapti) ion kiel predon, predi ion; *Jagd auch* ĉasakiri ion; *durch Raub* rabakiri ion
Erbfaktor *m* ↑ ***Gen***
Erb|fehler *m* genetika difekto; **~feind** *m* hereda (*od* tradicia) malamiko
Erbfolge[ordnung] *f bes. bei Herrschern* hered-ordo; ***gesetzliche ~*** laŭleĝa hered-ordo
Erbfolgekrieg *m*: ***Bayerischer ~*** *Gesch* milito de bavara sukcedo *[1778-1779]* ***Spanischer ~*** *Gesch (ein Kabinettskrieg [1701 -1714], der um das Erbe von König Karl II. geführt wurde)* milito de hispana sukcedo
Erb|gesetz *n Genetik* leĝo de heredo *od* heredoleĝo; **~gut** *n Erbe* heredaĵo (↑ *auch* ***Patrimonium***); *erbliches Landgut* heredbieno; *Genetik (Gesamtheit der im Zellkern gelegenen Erbanlagen)* genotipo
Erbhygiene *f* ↑ ***Eugenik***
Erbil (*n*), *arab.* ***Arbil*** *eine nordirakische Stadt [Sitz der Autonomen Region Kurdistan im Irak]* Erbilo, *auch* Arbilo
Erbin *f* heredantino
Erbinformation *f Genetik* hereda informo
erbitten *tr* [el]peti (***etw. von jmdm.*** ion de iu); *inbrünstig od nachdrücklich bitten* elpetegi *od* elpetadi (***etw.*** ion)
erbittern *tr traurig machen* tristigi; *erzürnen* kolerigi; ***erbittert sein*** *erzürnt sein* esti kolerigita
erbittert *Adj äußerst heftig* furioza, *nachgest* kun senbrida perforto (*vgl. dazu* ***fanatisch***); ***ein ~er Kampf*** furioza batalo
Erbitterung *f Zorn* kolero; *Aufgereiztheit* incit[iĝ]o
Erbium *n* (*Symbol* ***Er***) *Chem (ein Element aus der Reihe der Lanthanoide)* erbio
Erb|krankheit *f* hereda malsano; **~kultur** *f* hereda kulturo
erblassen *od* **erbleichen** *intr **a)** blass werden* paliĝi, fariĝi pala (***vor*** pro); ***vor Zorn ~*** paliĝi pro kolero ***b)*** *poet für «sterben»* forpasi
Erblasser *m Jur* heredigantο *bzw.* heredig-

into

erbleichen ↑ ***erblassen***

erblich 1. *Adj* hereda *bzw. auch (sich vererbend)* heredîĝa *z.B. ein Amt*; *vererbbar* heredebla; ~***es Landgut*** *n* hereda bieno *od* heredbieno **2.** *Adv*: ~ ***belastet sein*** *durch Gebrechen bzw. Krankheit* esti herede handikapita (*bzw.* ŝarĝita) (↑ *auch* ***genuin***)

Erblichkeit *f Vererbbarkeit* heredebl[ec]o; *Vererbung* heredîĝo

erblicken *tr* ekvidi, [subite] vidi; ***das Licht der Welt*** ~ *geboren werden* esti naskata, naskiĝi, *auch* veni en la mondon

erblinden *intr* blindiĝi

Erblindung *f* blindiĝo

erblühen *intr Blume* ekflori *auch übertr*

Erblühen *n* ekflorado *auch übertr*

Erb|masse *f Jur* maso postlasita de heredigánto; *i.w.S. (Erbe)* heredaĵo; ~**material** *n Genetik* genetika materialo; ~**monarchie** *f, auch* ***erbliche Monarchie*** hereda monarkio

erbosen *tr erzürnen* kolerigi; *reizen, in Harnisch bringen* inciti; ***erbost*** kolera (***über*** pro); ***sich*** ~ ekkoleri, incitiĝi (***über*** pro)

Erbpacht *f* hereda farmo

erbrechen ***a)*** *tr aufbrechen* perforte malfermi, [dis]rompi; ***etw.*** ~ *Mageninhalt* [el]vomi ion ***b)*** *intr od refl* ***sich*** ~, *geh* ***sich übergeben*** vomi (*vgl. dazu* ***regurgitieren***)

Erbrechen *n*, *Fachspr Med auch* ***Emesis*** *f od* ***Vomitus*** *m Med* vomado (↑ *auch* ***Blutbrechen*** *u.* ***Schwangerschaftserbrechen***); ~ ***erregend*** (*od* ***hervorrufend*** *od* ***verursachend***) estiga (*od* kaŭzanta) vomadon, vomiga; ***schwarzes*** ~ (Vomitus niger), *auch* ***Kaffeesatzerbrechen*** *n* nigra vomado; ***unstillbares*** ~ nehaltigebla vomado ◇ ***etw. bis zum*** ~ ***tun*** fari ion ĝisnaŭze

Erbrecht *n Jur [im objektiven Sinne:]* hereda juro, *[im subjektiven Sinne:] Recht auf sein Erbe* rajto je sia heredaĵo, heredrajto

erbringen *tr als Ergebnis liefern* rezultigi, *(Leistungen) auch* presti

Erbrochene *n* vom[it]aĵo

Erbsbrei *m*, *auch* ***Erbsmus*** *od* ***Erbspüree*** *n Kochk* pizokaĉo *od* pizopureo (↑ *auch* ***pürieren***)

Erbschaden *m Med* heredita difekto; *ererbtes Gebrechen* heredita kriplaĵo

Erbschaft *f* heredaĵo; *i.w.S. Hinterlassenschaft* postlasaĵo; ***Aufteilung der*** ~ *od* ***Erbteilung*** *f* divido de [la] heredaĵo, *auch* heredodispartigo

Erbschaftsmasse *f* = ***Erbmasse***

Erbschafts|prozess *m Jur* heredaĵa proceso; ~**steuer** *f* hered-imposto, imposto pri heredaĵoj

Erbse *f* (*Gattung* Pisum) *Bot* pizo *auch die Frucht* (↑ *auch* ***Erd-***, ***Feld-***, ***Kicher-***, ***Mark-***, ***Platt-***, ***Tauben-*** *u.* ***Zuckererbse***); ***grüne*** ~, *auch* ***Garten-*** *od* ***Gemüseerbse*** (Pisum hortense *od* Pisum sativum) *Pflanze bzw. deren Samen* verda pizo, *auch* ĝardena pizo

Erbsen|baum *m*, *auch* ***Erbsenstrauch*** *m* (*Gattung* Caragana) *Bot (eine Gattung asiatischer Ziersträucher)* karagano; ~**bein** *n* (Os pisiformae) *Anat (ein proximaler Handwurzelknochen)* pizoforma osto; ~**[blatt]laus** *f* (Acyrthosiphon pisum) *Ent* piza laŭso

Erbsenbrei *m* = ***Erbsbrei***

erbsenförmig, *Fachspr Bot auch lat.* ***pisiformis*** *Adj* pizoforma

Erbsen|käfer *m* (Bruchus pisorum) *Ent* pizoskarabo *[größter Schädling an Erbsen]*; ~**krabbe** *f* (Pinnotheres pisum) *Zool (ein Muschelparasit)* pizokrabo; ~**stein** *m*, *auch* ***Pisolith*** *m Min (Gestein aus kleinen, schalenförmig aufgebauten Kügelchen von Argonit [gehört zur Gruppe der Oolithe])* pizolito

Erbsenstrauch *m Bot* ↑ ***Erbsenbaum***

Erbsen|suppe *f Kochk* pizosupo; ~**wicke** *f* (Vicia pisiformis) *Bot* pizoforma vicio

Erbs|mus *od* ~**püree** *n Kochk* ↑ ***Erbsbrei***

Erb|stück *n* objekto akirita per heredo, *auch* heredita objekto; ~**sünde** *f, auch* ***Ursünde*** *f, lat.* ***peccatum originale*** *nach christlicher Lehre der durch Adams Sündenfall verursachte erlösungsbedürftige Zustand des Menschen* prapeko, *auch* origina peko [kulpita de Adamo kaj Eva]

Erbteil *n Anteil am Erbe* heredoparto *od* hereda parto; ***elterliches*** ~ gepatra heredaĵo; ***gesetzliches*** ~ laŭleĝa hereda parto

Erbteilung *f* ↑ *unter* ***Erbschaft***

Erbträger *m Genetik*: ***DNS-Erbträger*** *m (Episom)* episomo

Erbvertrag *m* hereda kontrakto

Erckelfrankolin *m* (Francolinus erckelii) *Orn* sudana frankolino

Erdachse *f* akso de la ter[glob]o

Erdachte *n*: ***etw.*** ~***s*** elpensaĵo

Erdalkalimetalle *n/Pl Chem* teralkalaj metaloj *Pl*
Erdaltertum *n od* **Erdaltzeit** *f* ↑ ***Paläozoikum***
Erdanziehungskraft *f* tera gravito (*vgl. dazu* ***Schwerkraft***)
Erdapfel *m* ↑ ***Kartoffel***
Erdäpfelkoch *n Kochk* ↑ ***Kartoffelbrei***
Erdäpfelpüree *n Kochk* ↑ ***Kartoffelpüree***
Erdäpfelsuppe *f Kochk* ↑ ***Kartoffelsuppe***
Erd|arbeiten *f/Pl* terlaboroj, terfosaj laboroj; ~**arbeiter** *m* terlaboristo, foslaboristo
Erdartischocke *f Bot* ↑ ***Topinambur***
Erdatmosphäre *f* tera atmosfero; ***Wiedereintritt in die ~*** *Raumf* reeniro en la teran atmosferon
Erd|aushub *m* elfosita tero; ~**bahn** *f Astron* tera orbito, orbito de la tero (*od fachsprachl.* Tero); ~**ball** *m* terglobo
Erdbeben *n Geol* tertremo (*vgl.dazu* ***Beben***; ↑ *auch* ***Schwarm-***, ***See-*** *u.* ***Tiefenherdbeben***); ~**gebiet** *n* tertrema regiono
erdbebengefährdet *Adj*: ***~es Gebiet*** *n* regiono minacata de tertremo(j)
Erdbeben|herd *m*, *auch* ***Hypozentrum*** *n Seismik (unter der Erdoberfläche liegender Erdbebenherd)* centro de tertremo [sub la tersurfaco], hipocentro; ~**kunde** *f* sismologio; ~**opfer** *n/Pl* viktimoj *Pl* de tertremo; ~**vorhersage** *f* tertrem-prognozo, prognozo de tertremo(j); ~**vorzeichen** *n/Pl* tertrem-antaŭsignoj *Pl*; ~**warte** *f* sismologia stacio; ~**wellen** *f/Pl* tertremaj ondoj *Pl*; ~**zone** *f* tertrema zono
Erdbeerbaum *m* (*Gattung* Arbutus *u. die Art* Arbutus unedo) *Bot* arbuto, *auch* frag-arbo; ***kanarischer ~*** (Arbutus canariensis) kanaria arbuto
Erdbeerbeet *n* fragobedo
Erdbeere *f* frago; *Garten*≗ ĝardena frago; *Wald*≗ arbara frago
Erdbeereis *n* fraga glaciaĵo
erdbeerfarben, *<österr>* ***fraise*** *Adj* fragokolora
Erdbeer|fingerkraut *n* (Potentilla fragariastrum = Potentilla sterilis) *Bot* fraga potentilo; ~**klee** *m* (Trifolium fragiferum) *Bot* fraga trifolio; ~**konfitüre** *f* fraga konfitaĵo; ~**marmelade** *f* fraga marmelado; ~**pflanze** *f* fragoplanto; ~**spinat** *m* (Blitum capitatum) *Bot* blito, *pop* fragospinaco *auch Nahr*; ~**torte** *f* fragotorto; ~**zunge** *f Med (ein Krankheitszeichen bei Scharlach)* fragolango
Erdbeschreibung *f* = ***Geografie***
Erd|bevölkerung *f* terloĝantaro *od* loĝantaro de la tero; ~**bewohner** *m* terloĝanto
Erdbiene *f*, *auch* ***Sandbiene*** *f Ent* grundonestanta abelo; ***gemeine ~*** (Andrena flavipes) flav-pieda grundonestanta abelo; ***graue ~*** (Andrena cineraria) griza grundonestanta abelo; ***[Gattung der] ~n*** *mit mehr als 1.500 Arten* (Andrena) andrenoj *Pl*
Erdbirne *f Bot, Nahr* ↑ ***Topinambur***; ***[amerikanische] ~*** *(Gattung* Apios *u. die Art «Apios tuberosa»)* apioso
Erdboden *m Erdreich, Boden* grundo; *Erde* tero; ***dem ~ gleichmachen*** *nivellieren* ebenigi (*od* alniveligi) kun la tero; *völlig zerstören* totale (*od* plenplene) detrui; *ausrotten* ekstermi ◇ ***wie vom ~ verschluckt*** kiel glutita de la tero
Erd|damm *m* digo [el tero]; ~**drossel** *f* (Zoothera dauma) *Orn* orturdo
Erde *f* tero, *Astron auch* Tero; *Erdball* terglobo; *Erdboden auch* grundo; *i.w.S. Welt* mondo; *El, Radio* terkonekto; ***fette*** (***lehmige***, ***trockene***) ~ grasa (argila, seka) tero (↑ *auch* ***Rot-*** *u.* ***Tonerde***); ***verbrannte ~*** *bes. Mil* forbrulinta tero; ***auf der ~*** sur la tero, surtere; *auf der Welt* sur la mondo; *auf dem Boden* sur la grundo, *auch* sur la tero *od* surtere; ***auf die ~ [zu]*** *kennzeichnet die Richtung* teren, terodirekten; ***um die ~ verlaufend*** (*bzw.* ***kreisend*** *u.a.*) *Adj* ĉirkaŭtera; ***unter der ~*** sub la tersurfaco (*vgl. dazu* ***unterirdisch***); ***vorübergehend die Wurzeln mit ~ bedecken*** *um Pflanzen bis zur Pflanzung am eigentlichen Standort lebensfähig zu halten (Forstw, Gartenb)* ĵosi; ***auf der ~ liegen*** kuŝi sur la tero; ***aus der ~ kommen*** (*bzw.* ***sprießen***) *z.B. erste Sprossen im Frühjahr* elteriĝi; ***unter die ~ schlüpfen*** *z.B. eine Feldmaus* subteriĝi; ***die ~ umkreisen*** *Satellit* rivolui ĉirkaŭ la tero; ***zu ebener ~ wohnen*** loĝi teretaĝe (*od* en la teretaĝo); ***sich auf der ~ wälzen*** ruliĝ[ad]i sur la tero; ***sich auf die ~ werfen*** ĵeti sin teren (*od* sur la teron)
Erdeichel *f Bot* ↑ ***Erdkastanie***
Erdeichel-Widderchen *n Ent* ↑ ***Sechsfleck-Widderchen***
erden *tr El, Radio* terkonekti, konekti kun la tero, *auch* almasigi
erdenken *tr ausdenken, ersinnen* elpensi; *(etw.) erfinden* inventi; *kreieren* krei;

erdichten, reineweg erfinden fikcii, fantazie (*bzw.* arbitre) elpensi

erdenklich *Adj*: ***wir gaben uns alle ~e Mühe*** ni donis ĉiujn niajn fortojn; *taten alles Mögliche* ni faris ĉion eblan

Erderbse *f*, *auch* ***Angolaerbse*** *f* (Voandzeia subterranea = Vigna subterranea) *Bot (eine afrik. Hülsenfrucht)* voandzeo

Erderwärmung *f* varmiĝo de la Tero, *auch* tutmonda [pli]varmiĝo, *umg* tervarmiĝo; ***~ verursachen*** kaŭzi tergloban varmiĝon

erd|farben *od* **~farbig** *Adj* terkolora (*vgl. dazu* ***dunkel***)

Erd|ferkel *n*, *auch* ***Erdschwein*** *n* (Orycteropus afer) *Zool (ein Nachttier der Steppen Afrikas)* orikteropo, *auch* ter-porko; **~ferne** *f Astron ([größte] Erdferne eines Sterns)* apogeo

Erdfigur *f Geodäsie, Topografie* = ***Geoid***

Erdgas *n*, *alt* ***Naturgas*** *n* tergaso, *alt* natura gaso *od* naturgaso (↑ *auch* ***Schiefergas***); **~leitung** *f* tergasdukto; **~reserven** *f/Pl* rezervoj *Pl* de tergaso; **~verflüssigungsanlage** *f* instalaĵo (*od i.w.S.* fabriko) por likvigo de tergaso; **~vorkommen** *n* kuŝejo de tergaso

Erd|geist *m Myth* terkoboldo, gnomo (*vgl. dazu* ***Zwerg***); **~geschichte** *f* terhistorio, geologia historio (↑ *auch* ***Weltgeschichte***)

erdgeschichtlich 1. *Adj* terhistoria; ***~es Mittelalter*** *Mesozoikum* mezozoiko **2.** *Adv* terhistorie

Erd|geschoss *n* (*Abk* ***EG***) teretaĝo; **~globus** *m* terglobuso, *auch* geografia globuso (*vgl. dazu* ***Himmelsglobus***)

Erdglöckchen *n Bot* ↑ ***Moosglöckchen***

Erd|göttin *f Myth* diino de l' tero; **~gürtel** *m Geogr* terzono (↑ *auch* ***Gebiet*** *u.* ***Landstrich***)

Erd|halbkugel *od* **~hälfte** *f* hemisfero [de la Tero]; ***die nördliche*** (***südliche***) ***Erdhalbkugel*** la norda (suda) hemisfero

Erd|höhle *f* terkavo; **~horizont** *m* horizonto de la Tero *auch Raumf*

Erdhörnchen *n*: ***[amerikanisches]*** ~ (*Gattung* Tamias) *Zool* tamiaso (↑ *auch* ***Streifenhörnchen***); ***kolumbianisches*** ~ ↑ ***Columbia-Ziesel***

Erdhummel *f* (Bombus terrestris) *Ent* terburdo

erdichten *tr* fikcii, inventi (*vgl. dazu* ***erdenken***); ***erdichtet*** fikcia (↑ *auch* ***fingiert***); *mythisch* mita

erdig 1. *Adj wie Erde* kiel tero; *aus Erde* el tero **2.** *Adv*: ***der Wein schmeckt*** ~ la vino estas terogusta, la vino [iom] gustas je tero

Erd|innere *n Geol* ter-interno; *Magma* magmo; **~kabel** *n* subtera kablo; **~karte** *f Geogr* mondmapo; **~kastanie** *f*, *auch* ***Erdeichel*** *f* (Bunium bulbocastanum) *Bot* terkaŝtano; **~kloß** *od* **~klumpen** *m* terbulo, *auch* glebo

Erdkröte *f* (Bufo bufo) *Zool* [eŭropa *od* ordinara] bufo; ***japanische*** ~ (Bufo japonicus) japana bufo

Erdkruste *f Geol (Gesteinsmantel der Erde)* terkrusto (↑ *auch* ***Kraton***); ***Bewegungen f/Pl der*** ~ *Tektonik* terkrustaj moviĝoj *Pl*

Erdkugel *f* terglobo, *<wiss> auch* tersfero (*vgl. dazu* ***Globus***)

Erdkunde *f* ↑ ***Geografie***

erdkundlich *Adj* geografia

Erd|leitung *f El* subtera [elektra] lineo; **~loch** *n* terkavo

erdmagnetisch *Adj* termagneta, geomagneta; ***~er Sturm*** *m Astron* geomagneta tempesto

Erd|magnetismus *m* termagnetismo, geomagnetismo; **~mandel** *f*, *auch* ***Tigernuss*** *od* ***Kaffeewurzel*** *f* (Cyperus esculentus) *Bot (eine afrikanische Grasart mit mandelähnlich schmeckenden Knollen)* termigdalo; **~männchen** *n*, *auch* ***Surikate*** *f* (Suricata suricata) *Zool (eine südafrikanische Schleichkatzenart)* surikato; **~mantel** *m Geol* mantelo de la Tero; **~maus** *f* (Microtus agrestis) *Zool* ter-mikroto, *pop* ter-muso

Erdmine *f Mil* = ***Landmine***

Erdmittelalter *n Geol* ↑ ***Mesozoikum***

Erdmittelpunkt *m Geogr* centro de la tero

Erdnähe *f Astron* ↑ ***Perigäum***

Erdneuzeit *f Geol* neozoiko

Erdnuss *f*, *<österr> auch* ***Aschantinuss*** *f* (Arachis hypogaea) *Bot, Nahr* [ternuksa] arakido, *umg* ternukso; ***geröstete*** (***gesalzene***) ***Erdnüsse*** *Pl* rostitaj (salitaj) ternuksoj *Pl*

Erdnuss|butter *f Nahr* ternuksa butero; **~-Halva** *n Nahr* ternuksa halvao; **~öl** *n Nahr* arakida (*od* ternuksa) oleo; **~soße** *f Kochk* ternuksa saŭco

Erdoberfläche *f* tersurfaco, tersupraĵo, *Astron auch* surfaco de la Tero; ***auf*** (***unter***) ***der*** ~ sur (sub) la tersurfaco; ***von der ~ verschwinden*** malaperi de [sur] la tersurfaco

Erdöl *n (roh)* nafto, *auch* kruda petrolo; *(weiterverarbeitet)* petrolo (*vgl. dazu* ***Öl*** *u.* ***Petroleum***); ~ ***exportierende Länder*** landoj *Pl* eksportantaj petrolon (*vgl. dazu* ***OPEC***); ~ ***und Erdgas*** *Wirtsch* petrolo kaj tergaso

Erdölbasis *f*: ***auf*** ~ sur nafta bazo

Erdölchemie *f* naftokemio *od (Petrolchemie)* petrolkemio

erdolchen *tr* ponardi, mortigi per ponardo

Erdöl|export *m* eksporto de nafto (*bzw.* petrolo); ~**förderung** *f* elminigo (*od* elterigo) de nafto (*vgl. dazu* ***Erdölproduktion*** *u.* ***Ölbohrung***); ~**gesellschaft** *f* petrolkompanio; ~**industrie** *f* petrolindustrio; ~**krise** *f Wirtsch* naftokrizo *od* petrolkrizo; ~**leitung** *f* naftodukto; ~**preis** *m* petrolprezo; ~**produkte** *n/Pl* petrolaj produktoj *Pl*; ~-**produktion** *f* produktado de petrolo; ~**raffinerie** *f* naftorafinejo *od* rafinejo de petrolo; ~**staaten** *m/Pl* naftoŝtatoj *Pl*; ~**tank** *m* naftocisterno *bzw.* petrolcisterno

Erdpech *n* ↑ ***Bitumen***

Erdpol *m* [ter]poluso (*vgl. dazu* ***Nordpol*** *u.* ***Südpol***)

Erdrauch *m* (*Gattung* Fumaria) *Bot* fumario; ***buschiger*** ~ (Fumaria vaillantii) etflora fumario; ***gemeiner*** (*od* ***gwöhnlicher***) ~ (Fumaria officinalis) ordinara (*od* kuraca) fumario; ***rankender*** ~ (Fumaria capreolata) grimp[ant]a fumario

Erdrauchgewächse *n/Pl Bot*: ***[Familie der]*** ~ (Fumariaceae) fumariacoj *Pl*

Erdreich *n* grundo, *allg auch* tero

erdreisten, sich *refl* aŭdaci

Erdrinde *f Geol* terkrusto

erdröhnen *intr* ekmuĝ[eg]i

Erdrose *f Bot* ↑ ***Nelkenwurz***

erdrosseln *tr* strangoli [ĝis morto], mortstrangoli; ***sie ist erdrosselt worden*** ŝi estas strangolita

Erdrosseln *n od* **Erdrosselung** *f* [mort]strangolado

Erdrotation *f Astron* rotacio de la Tero

erdrücken *tr* ***a)*** *totdrücken* premmortigi ***b)*** *übertr (bedrücken)* prem[eg]i, opresi; *(Herzeleid verursachen)* dolorigi [la koron de], korsuferigi, *(lasten auf)* pezi sur, *(quälen)* turment[ad]i ◇ ***zum*** ≗ ***voll sein*** esti plenplena

erdrückend *Adj*: ***die*** ~***e Mehrheit*** grandega plimulto (*od* majoritato)

Erdrutsch *m, auch* ***Bergrutsch*** *m*, *<schweiz>* ***Erdschlipf*** *m* ter[de]glito *od* terglit[ad]o; *Bergrutsch, z.B. nach starken Regenfällen auch* terlavango (↑ *auch* ***Steinschlag***)

Erdsatellit *m Astron* satelito; *Raumf* [artefarita] satelito, sputniko; ***einen*** ~***en starten*** *Raumf* lanĉi sateliton

Erdschicht *f* tertavolo *od* tavolo da tero

Erdschlipf *m* ↑ ***Erdrutsch***

Erdschluss *m El, Radio* ↑ ***Erdung***

Erdscholle *f* glebo, terbulo

Erdschüppling *m Mykologie*: ***früher*** ~ ↑ ***Frühlingsackerling***

Erdschwein *n Zool* ↑ ***Erdferkel***

Erd|sittich *m* (Pezoporus wallicus) *Orn (ein bodenbewohnender Sittich in Südaustralien u. auf Tasmanien)* terpapago; ~**spalte** *f* terfendo; ~**stachelnuss** *f, auch* ***Bürzeldorn*** *m* (Tribulus terrestris) *Bot* tera tribuluso

Erdstern *m* (*Gattung* Geastrum) *Mykologie* geastro, *pop* terstelo; ***rotbrauner*** ~ (Geastrum vulgatum = Geastrum rufescens) rufa geastro

Erd|stoß *m* terskuo; ~**strahlung** *f* terradiado; ~**teil** *m* mondparto, kontinento; ~**trabant** *m Astron* [natura] satelito; *Mond* luno

erdulden *tr [geduldig] ertragen* [pacience] elteni *auch Schmerzen*; *erleiden* [tra]suferi

Erdulden *n Ertragen* [pacienca] eltenado; *Erleiden* [tra]suferado

Erdumdrehung *f Astron* rotacio de la Tero

Erdumlaufbahn *f Astron, Raumf* ĉirkaŭtera orbito; ***ein Raumfahrzeug auf eine*** ~ ***bringen*** surorbitigi spacveturilon

Erdumsegelung *f* navigado ĉirkaŭ la mondo

Erdung *f, auch* ***Erdschluss*** *m El, Radio* terkonekto

Erdwachs *n Min* ↑ ***Ozokerit*** *u.* ↑ ***Zeresin***

Erdwärme *f* ↑ ***Geothermie***

Erdwärmekraftwerk *n* centralo de geoterma energio

Erd|wolf *m, auch* ***Zibethyäne*** *f* (Proteles cristatus) *Zool* protelo *[Vorkommen im südlichen u. östlichen Afrika] <kleinste Hyänenart>*; ~**zeitalter** *n Geol* geologia erao

Erebos *m griech. Myth (Unterwelt)* Erebo (↑ *auch* ***Hades*** *u.* ***Totenreich***)

Erechtheus (*m*) *griech. Myth* Erekteo *Sagengestalt (griech. Urkönig)*

ereifern, sich *refl* fervori, flamiĝi (***über*** por

od pri); *leidenschaftlich werden* fariĝi pasia, pasiiĝi; *zornig werden* ekkoleri

ereignen, sich *refl* okazi

Ereignis *n* okaz[int]aĵo, evento (*vgl. dazu* ***Begebenheit***; ↑ *auch* ***Sportereignis***); ***ein epochales*** (***historisches***) ~ epokfara (historia) evento; ***der Gang der ~se*** la iro de la eventoj

ereignisreich *Adj* eventoplena *od* eventoriĉa, *auch* plena (*od* riĉa) je eventoj

erektil *Adj aufrichtbar, schwellfähig [Brustwarzen, Kitzler, Penis]* erektebla

Erektion *f sex* erektiĝo; ***eine ~ bekommen*** ekhavi erektiĝon (*vgl. dazu* ***erigieren***)

Erektions|fähigkeit *f* erekteblo; **~probleme** *n/Pl* erektiĝoproblemoj *Pl od* problemoj pri erektiĝo; **~schwäche** *f* malforteco de erektiĝo; **~störungen** *f/Pl* erektiĝaj perturboj *Pl*

Eremit *m* ↑ ***Einsiedler*** *u.* ***Eremitkäfer***

Eremitage *f* ***a)*** ↑ ***Einsiedelei*** ***b)*** *in der Fügung:* ***die ~ in St. Petersburg*** *ein bedeutendes russisches Museum* [la Muzeo de l'] Ermitejo en Sankt-Peterburgo

eremitisch ↑ ***einsiedlerisch***

Eremitismus *m* ↑ ***Einsiedlertum***

Eremitkäfer *m*, *auch kurz* ***Eremit*** *m*, *auch* ***Juchtenkäfer*** *m* (Osmoderma eremita) *Ent* ermitskarabo *od* ermita skarabo *[Vorkommen nur in Europa] <bedrohte Art, daher europaweit geschützt>*

Eremomela *f Orn* ↑ ***Gelbbauch-*** *u.* ***Rostband-Eremomela***

Eremophyten *m/Pl nur Fachspr Bot (xerophile Pflanzen der Steppen u. Wüsten)* eremofitoj (↑ *auch* ***Steppen-*** *u.* ***Wüstenpflanze***)

Erepsin *n Biochemie (ein Gemisch Eiweiß spaltender Enzyme [des Darm- u. Bauchspeicheldrüsensekrets])* erepsino

Ereptase *f Chem* ereptazo

ererben *tr* heredi; ***ererbte Rechte*** *n/Pl* hereditaj rajtoj *Pl*; ***von den Vorfahren ererbt*** heredita de la prapatroj (*od* praułoj)

Erethismus *m nur Fachspr Med (Zustand von krankhaft gesteigerter Reizbarkeit [eines Organs])* eretismo

Erewan (*n*) ↑ ***Eriwan***

[1]**erfahren** *tr Kenntnis erlangen* ekscii, informiĝi (***von etw.*** pri io); *hören* aŭdi (***etw. von jmdm.*** ion de iu); *erleben [müssen]* [devi] sperti

[2]**erfahren** *Adj Erfahrung(en) besitzend, geübt* spertohava, sperta (***in*** pri); *routiniert* rutina

Erfahrenheit *f* sperteco

Erfahrung *f* sperto (*vgl. dazu* ***Empirie***; ↑ *auch* ***Arbeits-***, ***Berufs-***, ***Kampf-***, ***Lebens-*** *u.* ***Lehrerfahrung***); ***bittere ~*** amara sperto(j) *(Pl)*; ***jahrelange*** (*od* ***langjährige***) ~ multjara(j) sperto(j) *(Pl)*; ***aus eigener ~*** el propra(j) sperto(j), *umg* proprasperte; ***aus eigener ~ sprechen*** paroli el propra sperto; ***nach meiner ~*** laŭ mia(j) sperto(j), *umg auch* miasperte; ***etw. in ~ bringen*** ekscii ion; *herausfinden* eltrovi ion; ***~ haben*** *od* ***über ~ verfügen*** havi spertojn *od* esti sperta (***in*** pri); ***viel ~ in solchen Dingen haben*** havi multe da sperto en tiaj aferoj; ***~(en) sammeln*** kolekti spertojn, *auch* spertiĝi *od* fariĝi sperta

Erfahrungsaustausch *m* interŝanĝo de spertoj

erfahrungs|gemäß *Adv* laŭsperte, surbaze de sperto(j); **~mäßig** *Adj* empiria

Erfahrungswerte *m/Pl*: ***die ~ zeigen, dass ...*** la empiriaj valoroj montras, ke ..., *auch* la [praktikaj] spertoj montras, ke ...

Erfahrungswissen *n Phil* empirio

erfassbar *Adj mit den Sinnen* konceptebla; *(vom Verstand her) auch* penetrebla (*vgl. dazu* ***verständlich*** *u.* ***wahrnehmbar***)

erfassen *tr* ***a)*** *anfassen, anpacken, [rasch] ergreifen* ekpreni, ekkapti; ***von einem Auto erfasst werden*** esti puŝata [teren] de aŭto; ***er wurde von Schwindel erfasst*** subite vertiĝo kaptis lin ***b)*** *begreifen, verstehen* kompreni; *mit den Sinnen erfassen, geistig wahrnehmen* percepti; *umg: mitkriegen* kapti; *einen Gedanken* koncepti; ***den Inhalt*** (***Sinn***) ~ kompreni (*od umg* kapti) la enhavon (sencon); ***er hat die Lage sofort erfasst*** li tuj komprenis (*od auch* ĝuste taksis) la situacion ***c)*** *durch Behörden u.Ä.* registri, kontroli

Erfassen *n*: ***instinktives ~*** *Eingebung* intuicio

Erfassung *f* ***a)*** *Verstehen* kompreno; *sinnliche Erfassung, Wahrnehmung* percepto ***b)*** *Registrierung* registrado; *in einer Liste* registrado en listo, *auch* enlistigado; *allg Notieren* notado; ~ ***von Daten*** *EDV* datena registrado

Erfassungsstelle *f* registrejo, centro de registrado

erfinden *tr* eltrovi [ion novan]; *schaffen, schöpfen* krei; *sich (etw.) ausdenken* elpensi, inventi; *erdichten* fikcii (↑ *auch* ***ausdenken***, ***ersinnen*** *u.* ***lügen***) ◇ ***das Rad neu*** ~ reinventi la radon

Erfinder *m* eltrovinto, elpensinto, inventinto; *Schöpfer* kreinto (↑ *auch* ***Urheber***)

erfinderisch *Adj* eltrovema, inventema; *ingeniös* inĝenia; *i.w.S. talentiert* talenta

Erfindung *f (das Erfinden)* eltrovo, invento, *(das Erfundene)* eltrovaĵo, inventaĵo; *etw. Erdachtes* elpensaĵo (*vgl. dazu* ***Phantasiegebilde***); ***die ~ des Buchdrucks durch Gutenberg*** la eltrovo de la libropresado fare de Gutenbergo; ***eine patentierte ~*** patentita eltrovaĵo

Erfindungs|gabe *f od* ~**geist** *m* inventkapabla menso (*vgl. dazu* ***Kreativität***)

erflehen *tr*: ***etw.*** ~ petegi pri io

Erfolg *m* ***a)*** *Gelingen* sukceso *auch im Studium* (↑ *auch* ***Anfangs-***, ***Lern-***, ***Riesen-***, ***Schein-***, ***Teil-***, ***Therapie-*** *u.* ***Wahlerfolg***); ***außergewöhnlicher*** ~, *fam* ***Riesenerfolg*** *m* eksterordinara sukceso; ***militärische ~e*** *Pl* militaj sukcesoj *Pl*; ***ökonomische*** (*od* ***wirtschaftliche***) ***~e*** *Pl* ekonomiaj sukcesoj *Pl*; ~ ***haben*** havi sukceson, sukcesi; ***keinen ~ haben*** ne havi sukceson, malsukcesi; *scheitern* fiaski; ***von ~ gekrönt sein*** esti kronita de sukceso; ***von ~ gekrönt werden*** kroniĝi de sukceso; ***das war ein großer*** (***voller***) ~ tio estis granda (plena) sukceso; ***zum ~ verhelfen*** sukcesigi; ***~ versprechend*** *z.B. Maßnahme* multpromesa, promesplena, *(nachgest)* promesanta sukceson *od* donanta la esperon pri sukceso ***b)*** *Folge[erscheinung], Konsequenz* konsekvenco; *Resultat* rezulto; ***mit dem*** ~, ***dass ...*** kun la konsekvenco (*bzw.* rezulto), ke ...

erfolgen *intr darauffolgen* sekvi; *geschehen* okazi; *Zahlung* esti plenumata; ***darauf erfolgte zunächst gar nichts*** post tio komence nenio okazis

erfolglos 1. *Adj* malsukcesa, *[stärker:]* sensukcesa; *vergeblich* vana **2.** *Adv* malsukcese, sensukcese; vane

Erfolglosigkeit *f Mangel an Erfolg* manko de sukceso (↑ *auch* ***Missglücken***)

erfolgreich 1. *Adj* sukcesplena, sukcesa (↑ *auch* ***gedeihlich***); ***in diesem Land ist die Esperanto-Bewegung sehr ~*** en tiu lando la Esperanto-movado nuntempe ege prosperas **2.** *Adv* sukces[plen]e; ***~ verlaufen*** sukcese [tra]pasi; ***eine Prüfung ~ bestehen*** sukcese trapasi ekzamenon

Erfolgsaussichten *f/Pl*: ***auf ~ hin prüfen*** *bes. über Marktforschung u. zum Zweck der Kundenwerbung* prospektori

Erfolgs|autor *m* sukcesa aŭtoro; ~**chance** *f* ŝanco de sukceso; ~**film** *m* sukcesa filmo; ~**geheimnis** *n* sekreto de [la] sukceso; ~**geschichte** *f* historio de la sukceso; ~**leiter** *f übertr* eskalo al sukceso; ~**mensch** *m* sukcesplena persono; ~**rezept** *n* recepto por sukceso (*od* por havi sukceson) sukcesrecepto; ~**roman** *m Lit* sukces[plen]a romano

erfolgversprechend = ***Erfolg versprechend*** [↑ *unter* ***Erfolg***]

erforderlich *Adj* necesa, bezonata; ***es ist*** ~, ***dass ...*** estas necese (*od* bezonate), ke ...; ***etw. ~ machen*** necesigi ion

erforderlichenfalls *Adv falls es erforderlich ist* se [estas] necese; *falls es gefordert wird* se [estas] postulate (*vgl. dazu* ***notfalls***)

erfordern *tr nötig machen* necesigi; *fordern* postuli; ***die Reparatur der Brücke erforderte zwei Monate*** por ripari la ponton oni bezonis tempon de du monatoj

Erfordernis *n das, was [unbedingt] zu tun ist* farendaĵo; *Notwendigkeit* neces[ec]o; *Voraussetzung* kondiĉo; *Forderung* postulo (↑ *auch* ***Sicherheitserfordernisse***)

erforschen *tr* esplori (*vgl. dazu* ***erkunden***, ***sondieren*** *u.* ***untersuchen***); ***etw. wissenschaftlich*** ~ science esplori ion

Erforscher *m Forscher* esploristo; *jmd., der etw. erforscht* esploranto

Erforschung *f* esplorado (*vgl. dazu* ***Forschung***; ↑ *auch* ***Nachforschung***)

erfragen *tr* eldemandi, demandi [por ekscii ion], provi ricevi informo(j)n (***etw.*** pri io)

erfreuen *tr* ĝojigi (***jmdn. mit*** *od* ***durch*** iun per); ***sich*** ~ *sich freuen* ĝoji (***an*** pri); *sich eine Freude machen* sin ĝojigi (*bzw.* plezurigi); *genießen* ĝui; ***sie erfreut sich guter Gesundheit*** ŝi estas en stato de bona sano; *es geht ihr gut* ŝi bonfartas

erfreulich *Adj Freude bereitend* ĝojiga; *Vergnügen bereitend* plezuriga; *angenehm* agrabla; ***eine ~e Antwort*** ĝojiga respondo

erfreulicherweise *Adv glücklicherweise* feliĉe; *zu meiner (unserer) Freude* je mia (nia) ĝojo

erfreut 1. *Adj* ĝoja, *auch* kontenta; ***ich bin sehr ~, Sie kennen zu lernen*** mi estas tre ĝoja konatiĝi kun vi; ***wir sind sehr ~ über ...*** ni tre ĝojas pri ... **2.** *Adv* ĝoje, *auch* kontente

erfrieren *intr **a)** durch Kälteeinwirkung zu Tode kommen* frostmorti, perei pro frosto; *durch Frost Schaden nehmen* frostodifektiĝi; *i.w.S. Frostbeulen bekommen* ekhavi frostoŝvelojn (*od* perniojn) ***b)*** *übertr geh für «[innerlich] erstarren» od «versteinern»* frostiĝi, ŝtoniĝi; ***ihr Herz war durch das jahrelange Leid erfroren*** ŝia koro estis frostiĝinta pro la multjara afliktiĝo

Erfrierung *f Frostschaden* frostodifekto *auch z.B. an Extremitäten* (*vgl. dazu **Frostbeule***)

erfrischen *tr* refreŝigi; ***sich*** ~ refreŝiĝi (***mit*** *od* ***durch etw.*** per io)

erfrischend *Adj* refreŝiga

Erfrischung *f als Vorgang (das Erfrischen)* refreŝigo, *(das Sicherfrischen)* refreŝiĝo; *Getränk* refreŝigaĵo, refreŝiga trinkaĵo

Erfrischungs|getränk *n* refreŝiga trinkaĵo; ~**tuch** *n* refreŝiga tuketo

erfüllbar *Adj* plenumebla

erfüllen *tr Bedingung, Bitte, Plan, Versprechen* plenumi; *verwirklichen* realigi, efektivigi; *befriedigen* kontentigi; *zum Erfolg führen* sukcesigi; ***schon im Vorhinein*** ~ *z.B. jmds. Bitte, ehe dieser sie ausgesprochen hat* antaŭplenumi; ***eine Bitte*** (***Forderung***) ~ plenumi peton (postulon); ***von Freude erfüllt sein*** esti plena de ĝojo; ***von Freude erfüllt werden*** pleniĝi de ĝojo; ***seine Pflicht*** ~ plenumi sian devon; ***jmdm. einen Wunsch*** ~ plenumi al iu deziron; ***sich*** ~ plenumiĝi; *sich verwirklichen* realiĝi, efektiviĝi

Erfüllung *f Erfüllen, z.B. einer Bitte* plenum[ad]o, *(das Sicherfüllen)* plenumiĝo; *Verwirklichung (das Verwirklichen)* realigo, efektivigo, *(das Sichverwirklichen)* realiĝo, efektiviĝo (*vgl. dazu **Abschluss***); ***in*** ~ ***gehen*** *Bitte, Wunsch* plenumiĝi, realiĝi *auch Voraussage* [↑ *auch* ***sich erfüllen***]

Erfüllungsort *m Wirtsch* ↑ ***Lieferungsort***

Erfundene *n*: ***etw.*** ~***s*** *etw. Erdachtes* elpensaĵo

Erfurt (*n*) *Hptst. des Bundeslands Thüringen* Erfurto (*vgl. dazu **Weimar***); ***Augustinerkloster in*** ~ Aŭgusten[an]a Monaĥejo en Erfurto *<ein geschütztes Kulturdenkmal>*

Erg *n Phys (eine ältere Energieeinheit [CGS -Einheit der Arbeit])* ergo

ergänzen *tr vervollständigen* kompletigi; *wieder auffüllen* replenigi; *hinzufügen* aldoni; ***einander*** ~ kompletigi unu la alian; ***im Geiste*** ~ *hinzudenken [z.B. ein im Text nicht ausgedrucktes Wort]* subkompreni

ergänzend *Adj* kompletiga

Ergänzung *f das Ergänzen* kompletigo; *das Sichergänzen* kompletiĝo; *das Hinzugefügte* aldonaĵo; *Zusatz* suplemento; *Gramm, Math* komplemento

Ergänzungs|antrag *m Parl* amendo; ~**band** *n* (*Abk* ***Erg.-Bd.***), *auch* ***Supplementband*** *m Buchw* suplementa volumo

Ergänzungswahl *f* ↑ ***Nachwahl***

Ergänzungswinkel *m Geom* ↑ ***Komplementwinkel***

Ergativ *m Gramm (Kasus der Urheberschaft [z.B. in kaukasischen Sprachen])* ergativo

Erg.-Bd. = *Abk für* ***Ergänzungsband***

[1]**ergeben** *tr **a)** Ergebnis erbringen* rezultigi; *zur Folge haben* sekvigi (***dass*** ke); *bei Rechenoperationen* esti, egali al; ***Wasserstoff und Sauerstoff*** ~ ***Wasser*** *Chem* hidrogeno kaj oksigeno komponas akvon; ***sechs mal fünf ergibt dreißig*** sesoble kvin estas (*od* donas *od* egalas al) tridek ***b)*** *offensichtlich werden lassen* evidentigi; *zeigen* montri; *beweisen, nachweisen* pruvi; ***der Test hat nichts Neues*** ~ la testo evidentigis nenion novan ***c)*** *refl*: ***sich*** ~ *als Ergebnis* rezulti; *als Konsequenz* sekvi [kiel konsekvenco]; *Problem* ekesti *od* estiĝi, aperi; *Mil* kapitulaci *auch übertr*; *sich unterwerfen* sin submeti (***jmdm.*** al iu); ***sich in sein Schicksal*** ~ sin submeti al la sorto; ***es*** ~ ***sich Schwierigkeiten*** estiĝas (*od* leviĝas) malfacilaĵoj; ***sich dem Spiel*** (***der Trunksucht***) ~ sin fordoni al hazardludo (drinkado *od auch* alkoholo); ***hieraus ergibt sich, dass ...*** el tio rezultas, ke ...; *als Folge* el tio sekvas, ke ...

[2]**ergeben** *Adj* sindona; *treu* fidela (***jmdm.*** al iu); *loyal* lojala; ***Ihr*** ~***er ...*** *Briefschluss* via sindona ... *od* sindone via ...

Ergebenheit *f als Eigenschaft* sindon[ec]o; *jmds. Hingabe* sindonemo (↑ *auch* ***Loyalität***)

Ergebnis *n Resultat* rezulto, *(bei Addition) auch* sumo (*vgl. dazu **Befund***; ↑ *auch **Mess-**, **Spiel-**, **Teil-** u. **Testergebnis***); *Konsequenz* konsekvenco; *Folge* sekvo; ***vorläufiges*** ~ *z.B. einer Wahl* provizora rezulto; ***im*** ~ *mit Gen* konsekvence, sekve (↑

auch ***folglich***); ~***se erzielen*** atingi rezultojn

ergebnis|los 1. *Adj* senrezulta **2.** *Adv* senrezulte; ~**offen** *Adj* senbiasa, senantaŭjuĝa; ~**orientiert** *Adj* [absolute] orientita je la rezulto (↑ *auch* ***zielgerichtet***)

ergehen *intr* ***a)*** *amtl. Mitteilung* esti [oficiale] eldonita (*bzw.* publikigita) ***b)*** *unpers*: ***etw. über sich ~ lassen*** [pacience] suferi ion, [silente] toleri ion; ***wie ist es dir dort ergangen?*** kion vi tie travivis (*bzw.* devis travivi)?, kion vi tie spertis? ***c)*** *refl*: ***sich ~*** *geh für «spazieren gehen»* promeni [kaj ĝui la freŝan aeron]; *sich amüsieren* amuziĝi; *sich langatmig äußern* multvorte kaj tial preskaŭ enuige paroli (***in etw.*** pri io); ***sich in Klagen ~*** senĉese [kaj laŭte *od* laŭtvoĉe] lamentadi

ergiebig *Adj produktiv* produktiva; *reich (z.B. Ernte)* riĉa; *fruchtbar* fekunda, fruktoporta, fruktodona; *einträglich* profitiga, profitodona

Ergiebigkeit *f des Bodens, eines Erzlagers u.a.* riĉeco (↑ *auch* ***Fruchtbarkeit***)

ergießen, sich *refl Flüssigkeit* [el]verŝiĝi, elflu[eg]i (***auf*** *od* ***über*** sur *mit Akk*); *Strom ins Meer* enverŝiĝi (***in*** en *mit Akk*); ***ein Strom von Touristen ergoss sich aus dem Schiff*** torento da turistoj fluis el [la interno de] la ŝipo

erglänzen *intr* ekbrili

erglühen *intr* ***a)*** *[plötzlich] in Glut geraten* ekardi *auch übertr* (↑ *auch* ***sich begeistern***); ~ ***lassen*** *tr* [ek]ardigi ***b)*** *rot werden* ruĝiĝi (***vor Scham*** pro honto; ***vor Zorn*** pro kolero); *in besonderer Farbenpracht leuchten* fajre (*bzw.* kolore *u.a.*) brili

Ergograf *m, auch* ***Ergograph*** *m Sportmedizin (Gerät zur Aufzeichnung der Muskelarbeit)* ergografo

Ergologie *f [historische] Erforschung der Arbeitsgeräte sowie deren kultureller Bedeutung* ergologio

ergologisch *Adj zur Ergologie gehörig bzw. auf ihr basierend* ergologia

Ergometer *n Sportmedizin (Gerät zur Messung der Arbeitsleistung von Muskeln)* ergometro

Ergometrie *f Physiol (Messung der körperlichen Leistungsfähigkeit eines Menschen mittels eines Ergometers)* ergometrio (↑ *auch* ***Spiroergometrie***)

ergometrisch *Adj* ergometria

Ergonomie *od* **Ergonomik** *f, auch* ***Arbeitswissenschaft*** *f Erforschung der Leistungsmöglichkeiten u. optimalen Arbeitsbedingungen des Menschen* ergonomio

ergonomisch 1. *Adj* ergonomia **2.** *Adv* ergonomie

Ergospirometrie *f Med (Messung von Herz-Kreislauf-Parametern <Blutdruck, EKG, Herzfrequenz>, Atemvolumina u. Atemgasen während einer dosierten Arbeitsbelastung)* ergospirometrio

Ergosterin *od* **Ergosterol** *n Biochemie (eine Vorstufe des Vitamins D)* ergosterolo

Ergotamin *n ein Mutterkornalkaloid* ergotamino *[auch pharmazeutisch verwendet, bes. zur Geburtserleichterung]*

Ergo|therapeut *m* ergoterapiisto; ~**therapie** *f Med (Arbeits- u. Beschäftigungstherapie)* ergoterapio

Ergotismus *m Med* ↑ ***Mutterkornvergiftung***

ergötzen *tr* delekti, tre plezurigi; ***sich ~ an ...*** delektiĝi (*od* sin delekti) je ...; *Vergnügen empfinden bei* senti plezuron en (*od* pri) ...; *Freude haben an* havi ĝojon de (*od* pro) ...; *genießen* ĝui *u. folg. Subst im Akk*

Ergötzen *n, geh auch* ***Ergötzung*** *f* delekt[iĝad]o (*vgl. dazu* ***Lust, Spaß*** *u.* ***Vergnügen***)

ergrauen *intr Haar* griziĝi, iĝi grizhara

ergraut *Adj* griziĝinta; ***noch keine vierzig Jahre alt und schon ~*** ne jam kvardekjara sed jam griziĝinta (*od* grizhara)

ergreifbar *Adj* kaptebla

ergreifen *tr* ***a)*** *anfassen* [ek]preni, [ek]kapti; *umfassen* ĉirkaŭpreni; *Dieb, Täter* kapti (↑ *auch* ***erwischen***); ***die Gelegenheit ~*** kapti la okazon ***b)*** *Beruf* elekti, *auch* komenci; ***den Beruf eines Malers ~*** komenci la profesion de murfarbisto ***c)*** *rühren, ans Herz gehen* emocii, kortuŝi (*vgl. dazu* ***ergriffen***) ***d)*** *in Fügungen*: ***von etw. Besitz ~*** *in Besitz nehmen* ekposedi ion (*vgl. dazu* ***okkupieren***); ***die Flucht ~*** fuĝi, forkuri por savi sin; ***Furcht ergriff ihn*** timo atakis lin; ***die Initiative ~*** preni la iniciativon; ***die Macht ~*** ekkapti (*od* ekpreni) [la] potencon; ***Maßnahmen ~*** apliki (*od* ekuzi) rimedojn; *Dispositionen treffen* fari dispoziciojn; ***das Wort ~*** preni la parolon, komenci paroli, [publike] ekparoli; ***für jmdn. Partei ~*** preni [la] partion de iu

ergeifend *Adj* kortuŝa, emocia

Ergreifung *f eines Täters* kapt[ad]o; *Festnahme* arest]ad]o (↑ *auch* ***Verhaftung***)

ergriffen 1. *Adj* kortuŝita, emociita; ~ ***wer-***

***den** gerührt werden* kortuŝiĝi, emociiĝi **2.** *Adv* kortuŝite, emociite

Ergriffenheit *f* kortuŝ[it]eco; *Emotion* emocio

ergründen *tr* [ĝisfunde] esplori, *(ausloten)* sondi *auch i.w.S.*; ***die Geheimnisse der Natur*** ~ deĉifri la sekretojn de la naturo; ***jmds. Meinung zu*** ~ ***suchen*** [provi] sondi ies opinion

ergrünen *intr grün werden* [ek]verdiĝi; ***wieder*** ~ *bes. poet* reverdiĝi

Erguss *m **a)*** elverŝiĝo, elflu[eg]o (↑ *auch **Samenerguss***); ***durch*** ~ ***gebildet*** *Geol (effusiv)* efusiva, *(eruptiv)* erupcia ***b)*** *Med (Gelenk*≗ *[Hydrops articularis])* artika hidropso

Ergussgestein *n* (*Syn:* ***Eruptivgestein*** *u.* ***vulkanisches Gestein***) *Geol, Min* efusiva (*od* erupcia) rokaĵo, vulkana rokaĵo (↑ *auch* ***Perknit***)

erhaben *Adj **a)** sublim (Gedanke, Gefühl)* sublima; *majestätisch* majesta; *edel* nobla; *großartig* grandioza; *eindrucksvoll* impona; ***b)*** *erhöht* elstaranta; *reliefartig hervortretend* reliefe elstaranta, reliefa; *konvex (Linse)* konveksa

Erhabenheit *f **a)*** sublimeco; majest[ec]o; nobleco; grandiozeco; *hervorragende Bedeutung od Stellung* eminenteco ***b)*** *konvexe Form* konvekseco

Erhalt *m **a)** Empfang* ricevo ***b)*** = ***Erhaltung***

erhalten *tr **a)** bekommen* ricevi (*vgl. dazu **erlangen** u. **erwerben***); ***dankend*** ~ ... *quittierend auf Rechnungen* danke ricevis ...; ***einen Anruf*** ~ *Tel* ricevi telefonaĵon (***von*** de); ***sich*** ~ konserviĝi ***b)*** *aufrechterhalten, bewahren (auch die Natur)* konservi (***für*** por); ***gut***~ ***sein*** esti en bona stato; ***sich*** ~ *od* ~ ***bleiben*** konserviĝi

erhaltenswert *Adj* konservinda

Erhalter *m* konservanto

erhältlich *Adj*: ~ ***sein*** esti havebla (*od* ricevebla); *zu kaufen geben* esti aĉetebla, *auch* aĉeteblas (***bei*** ĉe; ***in*** en)

Erhaltung *f **a)** von Frieden, Gesundheit* konserv[ad]o; ***Erhalt[ung] von Arbeitsplätzen*** konservo de laborlokoj; ~ ***des Weltfriedens*** konservo de la mondpaco ***b)*** *das Erhaltensein* konserviteco

Erhaltungszustand *m z.B. eines Gemäldes od Kunstwerks* stato de konserviteco

er|handeln *tr* marĉande aĉeti; ~**hängen, sich** *refl* sin pendigi (*od* pendumi)

Erhängte *m* pendigito

erhärten ***a)*** *tr hart machen* hardi *bes. Tech*; *übertr (bekräftigen, bestätigen)* konfirmi ***b)*** *intr hart werden* hardiĝi *bes. Tech*; ***c)*** *refl*: ***sich*** ~ *z.B. ein Verdacht* iĝi pli kaj pli verŝajna (***dass*** ke)

erhaschen *tr* [rapide *od* rapidmove] ekkapti *auch übertr*

erheben ***a)*** *tr hochheben* levi; *rühmen, preisen* laŭdi, glori; *Abgaben, Steuern* postuli, enkasigi; *Bedenken* havi; ***Anklage*** ~ ***gegen jmdn.*** akuzi iun; ***Einspruch*** (*od* ***Protest***) ~ ***gegen etw.*** protesti kontraŭ io; ***die Hand*** ~ levi la manon; ***seine Stimme*** ~ laŭtigi sian voĉon (***gegen*** kontraŭ); ***Zoll auf Waren*** ~ meti doganon sur varojn ***b)*** *refl*: ***sich*** ~ *aufstehen* sin levi, leviĝi (***aus*** el; ***von*** de); *Sturm* ekesti; *hochragen, z.B. Gebirge* leviĝi [alten]; *herausragen* elstari; *Pol rebellieren* ribeli (***gegen*** kontraŭ) (↑ *auch **revoltieren***); *Frage, Schwierigkeiten* ekesti; ***es erhob(en) sich Zweifel*** ekestis dubo(j); ***sich wieder*** ~ *auch z.B. aus Ruinen* releviĝi; ***das Volk erhob sich gegen die Unterdrücker*** la popolo leviĝis kontraŭ la subpremantoj

Erheben *n*: ***das*** ~ ***von Einspruch*** la protestado (***gegen*** kontraŭ)

erhebend *Adj erbaulich* edifa *auch Kunstgenuss*; *beeindruckend* impresa; *feierlich stimmend* estiganta solenan etoson *nachgest*

erheblich *Adj beträchtlich* konsiderinda; *ziemlich viel* sufiĉe multa; *ziemlich wichtig* sufiĉe grava; *nicht unbedeutend* ne malgrava; ~***e Schwierigkeiten*** *f/Pl* sufiĉe multaj malfacilaĵoj *Pl*

Erhebung *f **a)** etw. Hervorstehendes* elstaraĵo; *Boden*≗, *Hügel* altaĵo ***b)*** *Volks*≗ popolleviĝo; *Aufstand, Meuterei* ribelo (***gegen*** kontraŭ) (↑ *auch **Revolte***) ***c)*** *von Gebühren* kolektado; ~ ***von Steuern*** kolektado de impostoj ***d)*** *amtliche od statistische Ermittlung* enketo (***über*** pri); ~***en anstellen*** fari enketo(j)n, enketi (***über*** pri) ***e)*** *das Erheben*: ~ ***unter die Götter*** diigo; ~ ***in die dritte Potenz*** *Math* levado al la tria potenco

erheitern *tr* gajigi, serenigi; *zerstreuen* distri (*vgl. dazu **amüsieren***)

erhellen *tr durch Lichtquelle* heligi *auch i.w.S.*; ***sich*** ~ heliĝi

erhitzen *tr* varm[eg]igi; *rotglühend machen* ruĝardigi; *Tech (kalzinieren)* kalcini; ***über-***

mäßig ~ trovarmigi; ***sich*** ~ varm[eg]iĝi; *in Glut geraten* ardiĝi; *übertr* ekscitiĝi, ekflami; *in Zorn geraten* ekkoleriĝi (***wegen*** pro) (*vgl. dazu* ***sich erzürnen***); ***vom Trainieren erhitzt sein*** esti varma pro trejniĝo
erhitzend *Adj* varmiga
erhoben *Adj*: ***mit ~er Hand*** kun mano levita; ***mit ~em Kopf*** kun kapo levita (*od* rekta)
erhoffen *tr* esperi (***etw.*** ion) (*vgl. dazu* ***hoffen***); *wünschen* deziri (*vgl. dazu* ***erwarten***)
erhöhen *tr Qualität, Preise, Produktion* [pli]altigi; *vergrößern* [pli]grandigi; ***auf das Dreifache*** ~ triobligi; ***den Lebensstandard*** ~ plialtigi la vivnivelon; ***sich*** ~ [pli]altiĝi *auch Wasserspiegel*; [pli]grandiĝi; *anwachsen* kreski; ***die Preise haben sich sogar [noch] erhöht*** la prezoj eĉ plialtiĝis
Erhöhung *f* ***a)*** *das Erhöhen* [pli]altigo; *das Sicherhöhen od Ansteigen* [pli]altiĝo (↑ *auch* ***Lohn-***, ***Miet-***. *u.* ***Preiserhöhung*** *u.* ***Steigerung***); ~ ***der Arbeitsproduktion*** plialtigo de [la] laborproduktiveco ***b)*** *Geogr (Anhöhe, Erhebung)* altaĵo (*vgl. dazu* ***Hügel***) ***c)*** *nur Fachspr Anat auch* ***Eminentia*** *f Höcker, Wulst, Vorsprung, z.B. bei Knochen* eminenco
Erhöhungszeichen *n* (*Zeichen* ♯) *Mus* dieso
erholen, sich *refl sich ausruhen* ripozi, *(im Urlaub) auch* ripozumi; *i.w.S. (sich erfrischen)* refreŝiĝi, *(neue Kräfte sammeln)* kolekti novajn fortojn, *(genesen)* resaniĝi; *durch angenehme Unterhaltung, Hobby u.Ä.* sin distri
erholsam *Adj* ripoziga; ***~er Schlaf*** *m* ripoziga dormo; ***~e Tage am Meer*** (*od* ***an der See***) ***verbringen*** travivi ripozigajn tagojn ĉe la maro
Erholung *f durch Ruhepause* ripozo, *im Urlaub auch* ripozumo; *von einer Krankheit* resaniĝo; *Kräftigung* refortiĝo (↑ *auch* ***Kurserholung***); *durch Hobby, Unterhaltung* distriĝo; ***ein Tag der*** ~ tago de ripozo
erholungsbedürftig *Adj* bezonanta ripozon *nachgest*
Erholungs|bedürftige *Pl*, *i.w.S.* ***Erholungssuchende*** *Pl* homoj bezonantaj ripozon; ~**gebiet** *n* ripozoregiono; ~**heim** *n* ripozdomo, ripozejo (↑ *auch* ***Sanatorium***); ~**ort** *m* ripozloko (↑ *auch* ***Badeort*** *u.* ***Kurort***); ~**urlaub** *m* ferioj *Pl* por ripozi
erhören *tr Bitte* elaŭdi *auch Gott jmds. Gebet*; *wohlwollend anhören* bonvoleme aŭskulti; *erfüllen* plenumi; ***jmds. Gebete*** ~ elaŭdi ies preĝojn
Eric *od* **Erich** (*m*) *männl. Vorname* Eriko
Eridanus *m* ***a)*** *meist* ***Eridanos*** *griech. Myth (einer der Flüsse, die Tethys dem Okeanos gebar)* Eridano ***b)*** *Astron* (*Abk* ***Eri*** *od* ***Erid***), *auch* ***Fluss Eridanus*** *ein Sternbild des Südhimmels [nach einem Fluss der griech. Sage benannt]* Eridano <*sein hellster Stern heißt Achernar*>
Eriesee *m einer der fünf großen Seen in Nordamerika* [lago] Erio
erigieren *intr sex: sich aufrichten (Penis, Klitoris)* erektiĝi (*vgl. dazu* ***Erektion***)
Erik *od* **Erich** (*m*) *männl. Vorname ersterer auch Name schwedischer Könige* Eriko
[1]**Erika** *f Bot (ein Heidekrautgewächs)* eriko
[2]**Erika** (*f*) *weibl. Vorname* Erika
Erinna (*f*) *eine altgriech. Dichterin [4. Jh. v. Chr.]* Erin[n]a
erinnerlich *Adj*: ***das ist mir nicht*** ~ mi ne plu memoras tion; ***soviel mir*** ~ ***ist*** laŭ tio kion mi [re]memoras
erinnern ***a)*** *tr* memorigi (***jmdn. an etw.*** iun pri io); ***daran*** ~, ***dass ...*** memorigi pri tio, ke ...; ***das erinnert mich daran***, ***dass ...*** tio memorigas min pro tio, ke ...; ***jmdn. nochmals*** (*od* ***wieder***) ~ rememorigi iun (***an etw.*** pri io) ***b)*** ***sich*** ~ [re]memori (↑ *auch* ***Sicherinnern***); ***sich an etw.*** ~ memori pri io, ***sich an jmdn.*** ~ [re]memori pri iu, *auch* memori iun; ~ ***Sie sich noch an ...?*** ĉu vi ankoraŭ [re]memoras ...?; ***erinnerst du dich an mich?*** *bzw.* ***erinnern Sie sich an mich?***, *geh auch* ***erinnerst du dich meiner?*** *bzw.* ***erinnern Sie sich meiner?*** ĉu vi memoras pri mi?; ***sich nicht mehr genau*** ~ ***können*** ne plu povi precize memori; ***oh, jetzt erinnere ich mich daran*** o, nun mi [re]memoras tion (*od* pri tio); ***so weit ich mich erinnere*** laŭ tio kion mi memoras; ***wenn ich mich recht erinnere*** se mi ĝuste (*od* bone) memoras *od* se memoro min ne trompas
erinnernswert *Adj* memorinda (↑ *auch* ***denkwürdig***)
Erinnerung *f* ***a)*** *Gedächtnis* memoro (↑ *auch* ***Rückerinnerung***); *das Inerinnerungbringen (durch od an andere)* memorigo; *Ermahnung* admon[et]o; ***~en*** *Pl Memoiren* rememoroj *Pl*; *Lebenserinnerungen* memuaroj *Pl auch als Buchtitel*; ***süße ~en*** *Pl* dolĉaj rememoroj *Pl*; ***etw. in jmds.*** ~ ***zurück-***

rufen revoki ion en ies memoron; ***sich etw. in ~ rufen*** revoki ion en la (*od* sian) memoron; ***~en aus ihrer Jugend stiegen in ihr auf*** rememoroj el ŝia juneco leviĝis [en ŝia animo] ***b)*** *Andenken* memoraĵo; *Souvenir* suveniro; *Erinnerungsgeschenk* memoriga donac[et]o

Erinnerungsbild *n Psych* ↑ ***Engramm***

Erinnerungstafel *f Gedenktafel* memoriga tabulo

Erinnerungsverlust *m Med* ↑ ***Amnesie***

Erinnerungs|vermögen *n* memorkapablo (↑ *auch* ***Hypomnesie***); **~zeichen** *n* memorsigno, *auch* memorilo

Erinnyen *f/Pl, auch* ***Rachegöttinnen*** *f/Pl griech. Myth* Erinioj *Pl* (*vgl. dazu* ***Alekto***, ***Megäre a)***, ***Tisiphone*** *u.* ***Eumeniden***)

Eritrea (*n*) *ein Staat in NO-Afrika* Eritreo *[Hptst.: Asmara]*; **~-Dikdik** *n* (Madoqua saltiana) *Zool (eine Zwergantilope)* eritrea dikdiko

Eritreer *m* eritreano

Eritreerin *f* eritreanino

eritreisch *Adj* eritrea

Eriwan (*n*), *russ.* ***Erewan*** *Hptst. von Armenien* Erevano

erkalten *intr kalt werden* malvarmiĝi, *bes. Tech auch* fridiĝi; *erstarren* rigidiĝi; *übertr* malintensiĝi, estingiĝi, frostiĝi, malaperi; ***einen Pudding ~ lassen*** lasi pudingon malvarmiĝi (↑ *auch* ***sich abkühlen***)

Erkalten *n* malvarmiĝo

erkälten, sich *refl* malvarmumi; ***sich leicht*** (*od* ***schnell***) ***erkälten*** facile malvarmumi; ***ich habe mich stark*** (*od fam* ***tüchtig***) ***erkältet*** mi forte malvarmumis

erkältet *Adj*: ***~ sein*** suferi malvarmumon; ***ich habe mich ~*** mi malvarmumis

Erkältung *f*, *<österr> u. reg* ***Verkühlung*** *f* malvarmumo (↑ *auch* ***Infekt***); *i.w.S. Schnupfen* nazkataro; ***sich eine ~ einfangen*** (*od* ***holen***) kapti malvarmumon

erkältungsbedingt *Adj* kaŭzita de malvarmumo *nachgest*

Erkältungskrankheit *f Med* malvarmuma malsano

erkämpfen *tr* batalakiri; *mit viel Mühe gewinnen* konkeri

erkennbar *Adj* ekkonebla; *unterscheidbar* distingebla; *wahrnehmbar* perceptebla *auch Phil*

Erkennbarkeit *f* ekkonebl[ec]o; percepteblo *auch Phil*

erkennen *tr* ***a)*** ekkoni (***an*** laŭ) (↑ *auch* ***dahinterkommen***); *wieder erkennen* rekoni (***jmdn.*** iun); *unterscheiden* distingi; *wahrnehmen* percepti; *Phil* kogni *sich (einer Sache) bewusst werden* konscii (***etw.*** ion) *od* konsciiĝi (***etw.*** pri io); *[deutlich] sehen* [klare] vidi; *identifizieren* identigi; ***an ... ~ können*** ekkoni (*bzw.* rekoni) laŭ ...; ***ich erkannte sie an der Stimme*** mi ekkonis ŝin laŭ ŝia voĉo ***b)*** *Jur*: ***auf schuldig ~*** verdikti pri kulpeco

Erkennen *n Phil (Kognition [als Phänomen od Handlung])* kogno, *[als Prozess]* kognado (↑ *auch* ***Wahrnehmung***)

erkenntlich *Adj*: ***~ sein*** *zu erkennen sein* esti ekkonebla; ***sich ~ zeigen*** *sich dankbar erweisen* sin montri dankema; *etw. [bei jmdm.] wieder gutmachen* rekompenci ion [al iu]

Erkenntlichkeit *f* sento de dankemo

Erkenntnis *f* ***a)*** [ek]kono, kompreno; *unmittelbare Erkenntnis, Intuition* intuicio; *sinnliche Erfassung, Wahrnehmung* percepto; *Bewusstwerden* konsciiĝo; ***~ durch Erfahrung*** empirio; ***zu der ~ gelangen*** (*od* ***kommen***), ***dass ...*** finfine kompreni, ke ... ***b)*** *Jur* verdikto ***c)*** *Schlussfolgerung* konkludo, dedukto ***d)*** *Phil* kognado (↑ *auch* ***Gnosis***)

Erkenntnislehre *f Phil* ↑ ***Noetik***

erkenntnismäßig *Adj kognitiv* kogna

Erkenntnistheorie *f Phil* ↑ ***Epistemologie*** *u.* ***Gnoseologie***

Erkennungs|marke *f (bes. Mil) od* **~zeichen** *n* identiga marko *od* identiga signo; **~signal** *n*, *auch* ***Unterscheidungssignal*** *n bes. Mar* distinga signalo

Erker *m Arch* orielo

erklärbar *Adj* klarigebla; *i.w.S. verständlich* komprenebla

erklären *tr* klarigi (***jmdm. etw.*** ion al iu); *verkünden* deklari, proklami (↑ *auch* ***beteuern***); *[mündlich] berichten* raporti (↑ *auch* ***rapportieren***); *Meinung äußern* diri sian opinion; *auslegen, deuten* interpreti; *kommentieren* komenti; ***~ Sie mir bitte ...*** bonvolu klarigi al mi ...; ***ich kann Ihnen alles ~*** mi povas ĉion klarigi al vi; ***ich werde*** (*od umg* ***will***) ***es Ihnen ~*** mi klarigos [tion] al vi; ***die Olympischen Spiele für eröffnet ~*** deklari la Olimpiajn Ludojn malfermitaj; ***einem Staat den Krieg ~*** deklari militon al ŝtato; ***das erklärt vieles*** *auch im Sinne von «das lässt tief blicken»* tio klarigas multon;

sich ~ klariĝi (***aus*** el); ***er erklärte sich bereit*** li deklaris sin preta (***zu*** *u. Verb im Inf*)
erklärend *Adj* klariga
Erklärer *m* klariganto *bzw. [falls beruflich als solcher tätig:]* klarigisto
erklärlich *Adj erklärbar* klarigebla; *verständlich* komprenebla (*vgl. dazu* ***einleuchtend***)
Erklärung *f das Erklären* klarigo (↑ *auch* ***Zeichenerklärung***); *Deklaration* deklaro, *(offizielle Erklärung) auch* deklaracio (↑ *auch* ***Absichts-***, ***Abschluss-***, ***Abtretungs-***, ***Gegenseitigkeits-***, ***Grundsatz-***, ***Nichtigkeits-***, ***Regierungs-*** *u.* ***Willenserklärung***); *Bekanntmachung* publika sciigo; *Interpretation* interpretado; ***feierliche*** ~ solena deklaro; ***gemeinsame*** ~ komuna deklaro; ***eine*** ~ ***abgeben*** fari deklaron (***zu*** pri) *auch Dipl u. Parl*
er|klettern *od* ~**klimmen** *tr* suprengrimpi, surgrimpi (↑ *auch* ***ersteigen***); *hinaufkriechen* suprenrampi; *draufkriechen* surrampi
erklingen *intr* [ek]soni; *gespielt werden* esti ludata; ***es erklang die Nationalhymne*** la nacia himno eksonis (*od* estis ludata); ~ ***lassen*** sonigi
erklirren *intr plötzlich einen metallischen Klang von sich geben* ektinti
erkoren *Adj poet od scherzh für «erwählt»* elektita
erkranken *intr* malsaniĝi (***an*** je); ***sie ist schwer erkrankt*** ŝi grave malsaniĝis
Erkrankung *f das Krankwerden* malsaniĝo; *Krankheit* malsano, *<wiss> in einigen Fällen auch* morbo (*vgl. dazu* ***Vorerkrankung***) ↑ *auch* ***Autoimmun-***, ***Begleit-***, ***Demenz-***, ***Gefäß-***, ***Grunderkrankung***, ***Herzgefäßerkrankungen***, ***Krebserkrankung*** *u.* ***Morbus***); *krankhafte Störung* afekcio; ***bakterielle*** (***fieberhafte***) ~ bakteria (febra) malsano
Erkrankungs|risiko *n* risko de malsaniĝo; ~**ziffer** *f Med (Morbidität)* morbokvanto
erkühnen, sich *refl* aŭdaci
erkunden *tr auskundschaften, Nachforschungen anstellen* esplori (***etw.*** ion); *sich informieren* informiĝi (***etw.*** pri io); *Mil* skolti, *auch* rekognoski; ***können Sie mal*** ~, ***ob ...?*** *umg für «dort fragen, ob ...»* ĉu vi povus tie demandi, ĉu ...?; *umg für «herauskriegen, ob ...»* ĉu [iel] vi povus esplori [por mi], ĉu ...?; ***die Lage mit wachem Auge*** ~ vigle esplori la situacion
erkundigen, sich *refl* informiĝi, peti informon (***nach*** pri); *erfragen* demandi (***ob*** ĉu)
Erkundigung *f* inform[iĝ]o (***über*** pri); *Frage* demando (*vgl. dazu* ***Nachfrage***); ~***en über jmdn. einholen*** (*od* ***einziehen***) informiĝi pri iu, kolekti informojn pri iu
Erkundung *f* ***a)*** *Mil* skoltado, *auch* rekognoskado ***b)*** *Bergb (Prospektion)* prospektorado; ~ ***von Erdöl und Erdgas*** prospektorado de nafto kaj tergaso ***c)*** *Erforschung, Auskundschaftung* esploro (↑ *auch* ***Geländeerkundung***)
Erkundungsflug *m Mil* skolta flugo
erkünstelt *Adj* afekt[it]a
Erlagschein *m Post* ↑ ***Zahlkarte***
erlahmen *intr* lamiĝi; *übertr* laciĝi, febliĝi; *Interesse* malfortiĝi
[1]**Erlang** (*m*) *Eig (dänischer Mathematiker [1878-1929])* Erlango
[2]**Erlang** *ohne Art* (*Zeichen* ***Erl***) *Fernmeldetechnik* erlango *[so benannt nach A. K. Erlang]*
erlangen *tr erringen* akiri, gajni; *erreichen* atingi (*vgl. dazu* ***erhalten*** *u.* ***erwerben***); ***von etw. Kenntnis*** ~ ekscii pri io; ***Weltruhm*** ~ akiri mondfamon (*od* mondan famon)
Erlass *m* ***a)*** *einer hohen Behörde* dekreto (*vgl. dazu* ***Ukas***); *Edikt* edikto; ***amtlicher*** ~ oficiala dekreto ***b)*** *Aufhebung, Annullierung* nuligo (↑ *auch* ***Schuldenerlass***); *Entbindung von einer Verpflichtung* liberigo [de]; *Straf*~ liberigo de puno
erlassen *tr verordnen* dekreti; *befreien* liberigi (***jmdm. etw.*** iun de io), ne [plu] postuli (***jmdm. etw.*** ion de iu); ***eine Amnestie*** ~ promulgi amnestion; ***einen Befehl*** ~ disdoni ordonon; ***ein Gesetz*** ~ promulgi leĝon
erlauben *tr gestatten, zugestehen* permesi (***jmdm. etw.*** ion al iu); *gewähren od tun lassen* lasi; ~ ***Sie!*** permesu!; ***erlaubt sein*** esti permesata, *(dem Gesetz nach erlaubt sein [bes. nach dem zivilen od religiösen Gesetz])* lici; ***ist es erlaubt, hier zu rauchen?*** ĉu estas permesate fumi ĉi tie?; ***sich*** ~ ***zu ...*** permesi al si ...; ***sich etw.*** ~ permesi al si ion; *sich etw. erdreisten* arogi al si ion
Erlaubnis *f* permeso, *in Form eines Dokuments* permesilo (↑ *auch* ***Arbeits-***, ***Aufenthalts-***, ***Ausfuhr-***, ***Bau-*** *u.* ***Starterlaubnis***); *Zustimmung* konsento; ***ohne*** ~ *Adj*

senpermesa; *Adv* senpermese; ***mit meiner** ~* kun mia permeso; ***jmdn. um [die] ~ bitten*** peti [la] permeson de iu; ***die ~ haben [zu]*** havi la permeson

Erlaubnisschein *m* permesilo; ~ ***zum Führen eines Fahrzeugs oder Schiffs*** stirpermesilo (*vgl. dazu* ***Führerschein***)

erläutern *tr* ekspliki; *erklären* klarigi; *kommentieren* komenti

Erläuterung *f* ekspliko (↑ *auch* ***Texterläuterungen***); klarigo; *Kommentar* komentario; *Veranschaulichung* ilustrado

Erle *f* (*Gattung* Alnus) *Bot* alno (↑ *auch* ***Grau-***, ***Grün-*** *u.* ***Schwarzerle***); ***herzblättrige*** (*od* ***italienische***) ~ (Alnus cordifolia) korfolia alno

erleben *tr durchleben* travivi; *noch [vor seinem Tode] erleben* ĝisvivi; *erfahren* sperti; *oft allg* vidi, ĉeesti; ***er hat viel Schweres erlebt*** li spertis multe da malfacilaĵoj [en sia vivo]

Erlebnis *n* travivaĵo (↑ *auch* ***Kindheits-*** *u.* ***Schlüsselerlebnis***); *Erfahrung* sperto; *Ereignis* [impresa] okazaĵo; *Zwischenfall* epizodo; *i.w.S. Abenteuer* aventuro; ***ein unvergessliches*** ~ neforgesebla travivaĵo

Erlebnisbad *n* ↑ ***Freizeitbad***

erledigen *tr* fari, prizorgi, plenumi; *zum Abschluss bringen* fini, ĉesigi, finaranĝi; *in Ordnung bringen* [fine] ordigi; *regeln, bes. Geld- od Geschäftsangelegenheiten* likvidi; *Post* respondi; ***ich muss erst meine Sachen*** ~ *umg* unue mi devas prizorgi miajn aferojn; ***was ist heute zu ~?*** *was ist heute zu tun?* kio estas hodiaŭ por fari?; ***die Sache ist erledigt*** *definitiv abgeschlossen* la afero estas finita [kaj jam forgesita]; *in Ordnung* la afero estas en ordo ◇ ***total erledigt sein*** *fix und fertig sein* esti tute elĉerpita

Erledigung *f* prizorgo, plenumo; *Abschluss* ĉesigo, finaranĝo; *das Inordnungbringen* ordigo; *Abwicklung* likvido; *Post* respondado

erlegen *tr* ***a)*** *Wild* predi, *pop auch* mortpafi ***b)*** *reg u.* <*österr*> *für «[einen Geldbetrag] zahlen»* pagi; ***die Gebühren*** ~ pagi la kotizojn

erleichtern *tr Gewicht verringern* malpezigi; *weniger schwierig machen* faciligi (↑ *auch* ***vereinfachen***); *mildern* mildigi; ***sein Herz*** ~ *übertr* faciligi (*od* malŝarĝi) sian koron

Erleichterung *f* ***a)*** *hinsichtlich des Gewichts* malpezigo, malŝarĝigo; *hinsichtlich der Schwierigkeit* faciligo ***b)*** *das Sicherleichtern* malpeziĝo, malŝarĝiĝo; faciliĝo (*vgl. dazu* ***Erlösung***)

erleiden *tr* suferi; ***eine Niederlage*** ~ suferi malvenkon; ***Schaden*** ~ suferi damaĝon; *Nachteil hinnehmen* havi malutilon (*bzw.* malprofiton); ***Schiffbruch*** ~ *Mar* travivi (*od* sperti) ŝiprompiĝon; *übertr: [völlig] scheitern* [plene *od* totale] fiaski; ***einen Unfall*** ~ suferi akcidenton; ***schwere Verletzungen am Kopf*** ~ ekhavi gravajn lezojn (*od auch* vundojn) ĉe la kapo; ***große Verluste*** ~ suferi grandajn perdojn

Erleiden *n* suferado

Erlen|blattkäfer *m* (Agelastica alni) *Ent* alna folioskarabo; ~**bruch** *m od* ~**moor** *n* alnomarĉo; ~**wald** *m* alnoarbaro; ~**zeisig** *m*, *umg kurz* ***Zeisig*** *m* (Carduelis spinus) *Orn* fringelo, *(bes. Fachspr) auch* verda kardelo (↑ *auch* ***Birken-***, ***Gold-***, ***Fichten-***, ***Korsika-*** *u.* ***Magellanzeisig***)

erlernen *tr* lerni; *von Grund auf erlernen auch* ellerni *(Zam)*

Erlernen *n z.B. einer Sprache* lernado

erlesen *Adj Geschmack* rafinita; *auserlesen, ausgewählt* elektita; *ausgezeichnet* eksterordinara; *exquisit* eskvizita; *Essen, Getränke auch* luksa, altkvalita (↑ *auch* ***lukullisch***)

erleuchten *tr* ***a)*** lumigi *auch übertr*, heligi; ***festlich*** ~ [feste] ilumini ***b)*** *Buddhismus* ilumini; ***erleuchtet werden*** iĝi iluminita *od* iluminiĝi

Erleuchtete *m*: ***der*** ~ *bes. Buddhismus* la iluminiĝinto *(auch Großschr)*

Erleuchtung *f übertr, z.B. durch Kunst od Lit* inspir[ad]o; *Buddhismus* iluminado *bzw.* iluminiĝo *auch für «geistige Erleuchtung», z.B. im Zeitalter der Aufklärung*; ***göttliche*** ~ dia inspiro; ***Baum der*** ~ *Buddhismus (der Bodhi-Baum, unter dem Buddha die Erleuchtung zuteil wurde)* la arbo de la iluminiĝado

erliegen *intr*: ***einem Herzanfall*** ~ morti post koratako; ***einer Versuchung*** ~ ne povi kontraŭstari al tento

Erliegen *n*: ***zum ~ bringen*** *lahmlegen, unwirksam machen* paralizi, senefektivigi

Erlkönig *m Myth* ↑ ***Elfenkönig***

erlogen *Adj* mensoga

Erlös *m* enspezo; *Profit* profito (↑ *auch*

Netto- u. ***Reinerlös***)

erloschen *Adj Feuer* estingiĝinta; *~**er Vulkan** m* estingiĝinta (*od auch* ne plu aktiva) vulkano

erlöschen *intr Feuer, Kerze, Licht* estingiĝi *auch ein Geschlecht, Gefühle, Liebe od Leidenschaft* (↑ *auch* ***aussterben***); *aufhören zu existieren, z.B. ein Geschäft* ne plu ekzisti; ***das Visum erlischt am Monatsende*** la vizo eksvalidiĝos monatofine; ***der Vulkan ist erloschen*** la vulkano ne plu aktivas

Erlöschen *n* estingiĝo

erlösen *tr **a)** befreien* liberigi (***von*** el); *retten* savi, *Rel (von den Sünden erlösen) auch* redempti ***b)*** *aus Verkauf einnehmen* enspezi, gajni (***aus*** el); ***Geld aus Getreideverkäufen*** ~ enspezi (*od* akiri) monon el vendoj de greno

Erlöser *m Befreier* liberiganto; *Retter* savanto; *Rel (Retter)* Savanto, *(Jesus als Erlöser der Menschheit)* redemptoro *(auch Großschr)* (*vgl. dazu* ***Christus***, ***Heiland*** *u.* ***Messias***); ~**glaube** *m Rel* mesianismo

Erlösung *f Befreiung* liberigo (***von*** de *od* el); *Erlöstwerden* liberiĝo (***von etw.*** de io); *Errettung* savado *auch Rel*; *Gerettetwerden* saviĝo *auch Rel*; *Erleichterung* malŝarĝiĝo [de la animo *bzw.* koro *u.a.*]

ermächtigen *tr*: ***jmdn. zu ...*** ~ rajtigi iun al ...

Ermächtigte *m* rajtigito

Ermächtigung *f* rajtigo (***für*** por; ***zu*** al), *(als Dokument)* rajtigilo, dokumento pri rajtigo (*vgl. dazu* ***Autorisation***, ***Bevollmächtigung***, ***Prokura*** *u.* ***Vollmacht***)

ermahnen *tr* admoni *auch im Sinne von «jmdm. ermahnend zureden»*

Ermahnen *n* admonado

Ermahner *m, auch* ***Mahner*** *m* admonanto

Ermahnung *f* admono; *Missbilligung* malaprobo; *Warnung* averto; *Tadel* mallaŭdo, *[krasser:] Vorwurf* riproĉo

ermäßigen *tr* malaltigi, redukti *auch Preise,* (↑ *auch* ***reduzieren***); *Rabatt gewähren* rabati; ***ermäßigter Tarif*** *m* reduktita tarifo; ***zu ermäßigten Preisen verkaufen*** vendi je reduktitaj prezoj, vendi rabate

Ermäßigung *f* redukto (↑ *auch* ***Preisermäßigung***); *Rabatt* rabato, *(bei Fahrtarifen)* tarif-redukto; *Verminderung* malpliigo; *Mäßigung* moderigo; ~ ***bekommen*** (*od* ***kriegen***) ricevi rabaton; ~ ***für Gruppenreisende*** *z.B. Reisegruppen* grupa rabato

ermatten ***a)*** *tr* [iom] lacigi ***b)*** *intr* [iom] laciĝi

Ermattung *f* laciĝo

ermessen *tr* prijuĝi, konsideri, mezuri; ***soweit ich*** ~ ***kann*** laŭ mia prijuĝo; *meiner Meinung nach* laŭ mia opinio (*od i.w.S.* bontrovo)

Ermessen *n* bontrovo; *Beurteilung* prijuĝo; *Auffassung, Meinung* opinio; ***nach eigenem*** ~ laŭ propra bontrovo; proprajuĝe; ***nach meinem*** ~ *Bewertung* laŭ mia prijuĝo; *Meinung* laŭ mia opinio, *auch* miaopinie; ***ich überlasse das Ihrem*** ~ mi lasas tion al via bontrovo *(Zam)*

Ermessensfrage *f* demando de bontrovo

ermitteln *tr ausfindig machen* eltrovi; *entdecken* esplori; *bestimmen (z.B. einen Stoff durch Analyse, eine unbekannte Pflanze, einen gesuchten Wert u.a.)* determini; *errechnen* elkalkuli (*vgl. dazu* ***lösen***); *Umfrage halten* enketi; *Jur, Polizei* fari enketojn pri, esplori

Ermittler *m Jur* enketisto, *Polizei auch* kriminal-esploristo; ***verdeckter*** ~ civilvesta enketisto (*bzw.* policano)

Ermittlung *f Bestimmung* determino; *Umfrage* enketo; *Untersuchung(en)* esploro(j) *(Pl)*, enketo *auch Jur* (↑ *auch* ***Fahndung***); *~**en anstellen*** *Jur, Polizei* fari esplorojn (*od* enketojn) (***über*** *od* ***zu*** pri); ***die*** *~**en aufnehmen*** *Polizei, Zoll* komenci la esplorojn; ***die*** *~**en der Polizei laufen*** la policaj esploroj daŭradas

Ermittlungsbehörde *f* [ŝtata] esplor-instanco

Ermittlungsergebnis *n*: ***erste*** *~**se der Polizei haben gezeigt, dass ...*** unuaj esploraj rezultoj de la polico montris, ke ...

Ermittlungsverfahren *n Jur* juĝesplor[ad]o, juĝenketo

Ermland *n, poln.* ***Warmia*** *Landschaft zw. Frischem Haff und Masuren* Varmio; *~**-Masuren*** *eine polnische Wojewodschaft* Varmio-Mazurio *[Hptst.: Olsztyn]*

ermöglichen *tr* ebligi (***jmdm. etw.*** ion al iu); ***jmdm. eine Reise*** ~ doni al iu la eblecon (*od* ŝancon) fari vojaĝon

ermorden *tr* murdi; ***heimtückisch*** ~, *alt* ***meucheln*** inside murdi

Ermordung *f* murdado

ermüden ***a)*** *tr* lacigi; *erschöpfen* elĉerpi ***b)*** *intr* laciĝi; elĉerpiĝi

ermüdend *Adj* laciga

Ermüdung *f* laciĝo *auch von Beton* (*vgl. dazu* ***Müdigkeit*** *u.* ***Müdigkeitsgefühl***; ↑ *auch* ***Betonermüdung***); ***vor*** ~ pro laciĝo

ermuntern *tr ermutigen* kuraĝigi (↑ *auch* ***zuraten***); *anspornen* instigi; *anregen* stimuli; *aktivieren* aktivigi

Ermunterung *f* kuraĝigo; *Anreiz* instigo (*vgl. dazu* ***Reiz***)

ermutigen *tr* kuraĝigi (*vgl. dazu* ***ermuntern***)

ermutigend *Adj* kuraĝiga

Ermutigung *f* kuraĝigo (↑ *auch* ***Zureden***)

ernähren *tr Nahrung verabreichen* nutri (***mit*** per); ***sich*** ~ sin nutri (***mit*** *od* ***von*** per); *leben* vivi (***von*** de)

Ernährung *f Ernähren* nutrado (↑ *auch* ***Fehl-***, ***Mangel-***, ***Rektal-***, ***Über-***, ***Unter-*** *u.* ***Zwangsernährung***); *(das Sichernähren)* sinnutrado; *Lebensmittel* manĝaĵoj *Pl*, *Nahrung* nutraĵoj *Pl*; *Nährstoffe* nutraj substancoj *Pl*; *i.w.S. Lebensunterhalt* vivteno; *Mittel zum Lebensunterhalt* vivrimedoj *Pl*; ***einseitige*** (***gesunde***,***kalorienreiche***, ***künstliche***, ***vegane***, ***vegetarische***) ~ unuflanka (sana, multkaloria, artefarita, vegana, vegetara) [sin]nutrado; ***Organisation der Vereinten Nationen für ~ und Landwirtschaft***, *Fachspr oft kurz* ***FAO*** *f* Organizaĵo de la Unuiĝintaj Nacioj pri Nutrado kaj Agrikulturo

Ernährungs|beraterin *f* nutrokonsilistino; ~**beratung** *f* nutrokonsilado; ~**industrie** *f* nutraĵa industrio; ~**medizin** *f* nutromedicino; ~**problem** *n* nutroproblemo; ~**souveränität** *f* nutraĵa sendependeco

Ernährungsstörung *f Med (Dystrophie)* distrofio *<meist aufgrund gestörter Versorgung mit Nährstoffen>* (↑ *auch* ***Kwashiorkor-Syndrom***); ~ ***beim Säugling*** atrepsio

ernennen *tr* nomumi; ***zum Professor ernannt werden*** esti nomumita profesoro; ***er ist zum Botschafter in ... ernannt worden*** li estis nomumita ambasadoro en ...

Ernennung *f das Ernennen* nomumo; *das Ernanntwerden* nomumiĝo

Ernennungs|schreiben *n* letero de nomumo; ~**urkunde** *f* dokumento (*od auch* diplomo) de nomumo

Ernestine (*f*) *weibl. Vorname* Ernestina

erneuerbar *Adj* renovigebla; ~***e Energie*** *f* renovigebla energio; ***nicht ~e Rohstoffe*** *m/Pl* nerenovigeblaj krudmaterialoj

Erneuerer *m, geh* ***Innovator*** *m* renoviganto (*vgl. dazu* ***Reformer***)

erneuern *tr* renovigi; *modernisieren* modernigi; *restaurieren* restaŭri; *reformieren* reformi; *wieder beleben* revivigi; ***ein Versprechen*** ~ ripeti promeson; ***sich*** ~ renoviĝi; *sich reformieren* reformiĝi

Erneuerung *f* ***a)*** *das Erneuern* renovigo; *Modernisierung* modernigo; *Restaurierung* restaŭrado; *Wiederbelebung* revivigo (*vgl. dazu* ***Reform***, ***Regenerierung*** *u.* ***Wiederbeginn***) ***b)*** *das Sicherneuern* renoviĝo; *das Sichwiederbeleben* reviviĝo

Erneuerungsschein *m an Wertpapieren* talono

erneut 1. *Adj* denova **2.** *Adv* denove (*vgl. dazu* ***wieder***); *noch einmal* ankoraŭ unufoje (*od* unu fojon); *ein weiteres Mal* refoje; *wiederholt* ripetfoje

erniedrigen *tr niedrigsetzen* malaltigi *auch übertr*; *demütigen* humiligi; ***sich*** ~ humiliĝi (***vor*** antaŭ); ***um einen halben Ton erniedrigt*** *Mus* bemola

erniedrigend *Adj* humiliga

Erniedrigung *f das Erniedrigen* humiligo; *die man hinnimmt (das Gedemütigtwerden)* humiliĝo

Erniedrigungszeichen *n* (*Zeichen* ♭) *Mus* bemolo

ernst *Adj Angelegenheit, Lage, Stimmung, Wesen, Wort* serioza, *(Krankheit) auch* grava, *(Miene) auch* grav[mien]a; *kritisch* kriza; *aufrichtig* sincera; *feierlich, würdevoll (Rede, Stimmung u.a.)* solena; ***ein ~er Mensch*** serioza homo; ~***e Musik*** *f* solena muziko; *klassische Musik* klasika muziko; ***etw.*** ~ ***nehmen*** preni ion serioza

[1]Ernst *m Ernsthaftigkeit* seriozeco; *kritische Lage* serioza situacio; *Krisensituation* kriza situacio; ***[ganz] im*** ~ *od* ***allen ~es*** [tute] serioze; ***ist das Ihr ~?*** ĉu vi parolas serioze? *od* ĉu vi serioze opinias tion?; *Sie scherzen doch nicht etwa?* ĉu vi ne ŝercas?; ***das ist nicht dein*** (*bzw.* ***Ihr***) ~, ***oder?*** tion vi ne serioze kredas, ĉu?; ***es ist nichts ~es*** ne estas io grava *auch Med*; ***den ~ der Lage erkennen*** ekkoni (*od* kompreni) la gravecon de la situacio

[2]Ernst (*m*), *engl.* ***Ernest***, *ital.* ***Ernesto*** *männl. Vorname* Ernesto *ersterer auch Name einiger hannoverscher, hessischer u. sächsischer Herzöge u. Kurfürsten*

Ernstfall *m Notfall* kazo de danĝero; ***im*** ~

en kazo de danĝero; *in kritischer Situation* en kriza situacio

ernsthaft 1. *Adj* serioza **2.** *Adv* serioze (*vgl. dazu* ***ernst***); ~ ***krank*** serioze malsana

Ernsthaftigkeit *f* seriozeco (↑ *auch* ***¹Ernst***); ***Mangel*** *m* ***an*** ~ manko de seriozeco, malseriozeco, *[schwächer:]* neseriozeco

ernstlich *Adv*: ~ ***krank*** *schwer krank* grave malsana; ~ ***verletzt*** grave vundita

Ernte *f* rikolto *auch übertr*; *i.e.S. Getreide*≗ grenrikolto (↑ *auch* ***Baumwoll-***, ***Beeren-***, ***Gemüse-***, ***Getreide-***, ***Heu-***, ***Kaffee-***, ***Kartoffel-***, ***Obst-***, ***Oliven-***, ***Reis-***, ***Tabak-*** *u.* ***Weinernte***); *das Ernten* rikoltado; *Geerntetes* rikoltaĵo (*vgl. dazu* ***Ernteergebnis***); ***die*** ~ ***einbringen*** kolekti la rikolt[aĵ]on; ***die Erdbeeren versprechen dieses Jahr eine gute*** ~ la fragoplantoj ĉi-jare promesas riĉan rikolton; ***wie ist die*** ~ ***[ausgefallen]?*** kia estas (*bzw.* estis) la rikolto?

Ernte|ameisen *f/Pl Zool* semokolektaj formikoj *Pl*; ~**arbeiten** *f/Pl* [dum]rikoltaj laboroj *Pl* (↑ *auch* ***Ernten***); ~**arbeiter** *m* rikoltisto; ~**[dank]fest** *n* rikolta dankfesto, festo de rikolto; ~**defizit** *n* rikoltodeficito

Ernteeinbußen ↑ ***Ernteverluste***

Ernte|ergebnis *n* rezulto de rikoltado; ~**ertrag** *m* rikoltokvanto; ~**gerät** *n* rikoltilo (*vgl. dazu* ***Sichel***); ~**gut** *n* rikoltaĵo; ~**helfer** *m* rikoltohelpanto

Erntejahr *n*: ***ein gutes*** ~ jaro kun bona (*od* abunda) rikolto

Ernte|maschine *f* rikoltmaŝino; *Kombine* kombajno (↑ *auch* ***Mais-*** *u.* ***Zuckerrohrerntemaschine***); ~**methode** *f* rikolt[o]metodo; ~**milbe** *f* (Trombicula automnalis) *Ent* lepto; ~**monat** *m* ***a)*** rikolta monato ***b)*** ↑ ***Messidor***

ernten *tr* ***a)*** *Gartenb, Landw* rikolti *auch übertr*, ***frisch geerntetes Gemüse*** (***Getreide***) nove rikoltita legomo (greno); ***Reis*** ~ rikolti rizon ***b)*** *übertr*: ***großen Beifall*** ~ rikolti grandan aplaŭdon; ***Lob*** ~ rikolti laŭdon (***für*** pro); ***nichts als Undank*** ~ rikolti nenion, krom sendankeco ◇ ***wer Wind sät, wird Sturm*** ~ kiu semas venton, rikoltos fulmotondron *(Zam)*

Ernten *n* rikoltado

Ernte|verluste *m/Pl*, *auch* ***Ernteeinbußen*** *Pl* perdo(j) *(Pl)* dum [la] rikoltado (↑ *auch* ***Erntedefizit***); ~**versicherung** *f* asekuro pri rikoltoperdoj; ~**wagen** *m* rikoltoĉar[eg]o

Erntezeit *f* rikolta sezono, *auch* tempo de rikolt[ad]o; ***zur*** ~ dum la rikolta sezono

ernüchtern ***a)*** *tr zum Bewusstsein bringen* konsciigi; *enttäuschen* seniluziigi, senrevigi; *vom Rausch befreien* sobrigi ***b)*** *intr nüchtern werden* sobriĝi

Ernüchterung *f Enttäuschung* seniluziiĝo, senreviĝo; ***er erwachte in völliger*** ~ li vekiĝis tute sobra

Eroberer *m* konkeranto *bzw.* konkerinto (*vgl. dazu* ***Bezwinger*** *u.* ***Konquistadoren***); *Sieger* venkanto *bzw.* venkinto

erobern *tr [mit Gewalt] erringen bzw. mit Mühe erobern od bezwingen* konkeri *auch i.w.S. u. übertr, z.B. fremde Märkte*; *annektieren* aneksi; ***das Herz einer Frau*** ~ konkeri la koron de virino; ***den Weltmarkt*** ~ konkeri la mondmerkaton

Eroberung *f Mil u. übertr* konker[ad]o (*vgl. dazu* ***Annexion***; ↑ *auch* ***Rückeroberung***); *etw. Erobertes* konkeraĵo; *Errungenschaft auch* akiraĵo

Eroberungskrieg *m* konkermilito *od* konkera milito (*vgl. dazu* ***Angriffskrieg***)

eroberungslustig *Adj* konkerema (*vgl. dazu* ***draufgängerisch***)

Eroberungszug *m Feldzug, bes. während der Kolonialzeit* ekspedicio

erodieren *tr Geol (abtragen, abschwemmen, auswaschen)* erozii

erodierend *Adj* erozia

eröffnen *tr Auslandsvertretung, Geschäft, Konferenz, Sitzung u.a.* malfermi; *Firma* establi; *einweihen, feierlich eröffnen* inaŭguri, solene malfermi; *beginnen* komenci; *ankündigen, kundtun* sciigi, komuniki; *öffentlich bekannt geben* publike konigi; ***eine Austellung*** ~ malfermi (*bzw.* inaŭguri) ekspozicion; ***die Diskussion über ...*** ~ malfermi la diskuton pri ...; ***ein Konto*** ~ malfermi konton (***bei*** ĉe); ***eine Leiche*** ~ dissekci kadavron; ***sich*** ~ vidiĝi, montriĝi; *Aussicht* prezentiĝi; *Möglichkeiten* malfermiĝi, ekesti

Eröffnung *f* malfermo; *Beginn* komenc[iĝ]o; *[feierliche] Einweihung* inaŭguro, solena malfermo; *Mitteilung* sciigo, komuniko; ***feierliche*** ~ ***eines Kongresses*** solena inaŭguro (*od umg* malfermo) de kongreso; ~ ***einer Sitzung*** malfermo de kunsido

Eröffnungs|ansprache *od* ~**rede** *f* inaŭgura (*od auch* malferma) parolado; ~**feier[lichkeit]** *f* inaŭgura solen[aĵ]o (↑ *auch* ***Eröffnungszeremonie***)

Eröffnungsrede *f* ↑ ***Eröffnungsansprache***
Eröffnungs|sitzung *f* malferma kunsido; **~-tag** *m* malferma tago; **~zeremonie** *f od* **~-zeremoniell** *n z.B. bei einer Olympiade* inaŭgura (*od umg* malferma) ceremonio
erogen *Adj sex* erotogena; ***~e Zonen*** *f/Pl* erotogenaj zonoj *Pl*
Erogenität *f Eigenschaft erogen zu sein* erotogeneco
erörtern *tr* priparoli, pritrakti, debati, diskuti (***etw. mit jmdm.*** ion kun iu)
Erörterung *f* priparolo (↑ *auch* ***Besprechung***); *i.w.S. Diskussion* diskut[ad]o (*vgl. dazu* ***Beratung***); *~* ***in Rede und Gegenrede*** *bes. Parl* debato
[1]**Eros** (*m*) *Myth (griech. Gott der Liebe)* Eroso (*vgl. dazu* ***Cupido***)
[2]**Eros** *m Psych (sinnliche Liebe, [sinnliches] Verlangen)* eroto
Erosion *f Geol (Erdabtragung durch Wasser, Eis od Wind)* erozio (↑ *auch* ***Gletscher-***, ***Wasser-*** *u.* ***Winderosion***)
Erosions|basis *f Geol* eroziobazo; **~tal** *n Geol* erozia valo
Erosionszone *f Geol*: *~* ***des Ufers*** zono de bord-erozio
erosiv *Adj* erozia
Erotik *f* erotiko (*vgl. dazu* ***Sexualität***)
Erotika *Pl* (*Sg:* ***Erotikon***) *Lit, Kunst (erotische Werke)* erotikaj verkoj *Pl*
Erotikshop *m* ↑ ***Sexshop***
erotisch *Adj auf den Eros bezogen* erota; *auf die Erotik bezogen* erotika (↑ *auch* ***pornografisch***); ***~es Gedicht*** *n* erotika poemo
erotisieren *tr sexuell anregen* erotizi
Erotisierung *f* erotizo
Erotismus *m sex (krankhafte bzw. rauschhafte Zärtlichkeit beim sexuellen Vollzug)* erotismo
erotogen *Adj 1. geschlechtliche Erregung auslösend 2. geschlechtlich leicht erregbar* erotogena; ***~e Zonen*** *f/Pl sex* erotogenaj zonoj *Pl*
Erotologie *f Wissenschaft von der Erotik; Liebeslehre* erotologio (*vgl. dazu* ***Sexologie***)
Erotomane *m geh für «männliche Person, die an Erotomanie leidet»* erotomaniulo
Erotomanie *f, auch* ***Liebeswahn*** *od* ***Liebeszwang*** *m Med, Psych ([krankhaft] übersteigertes sexuelles Verlangen)* erotomanio (*vgl. dazu* ***Nymphomanie*** *u.* ***Satyriasis***)
Erotomanin *f* erotomaniulino
Erotylus *m Ent: eine Käfergattung* erotilo
Erpel *m* ↑ ***Enterich***
erpicht *Adj*: ***auf etw.*** *~* ***sein*** ardi por io, pasie celi al io; *gierig auf etw. sein* esti avida je (*od* pri) io
erpressen *tr*: ***jmdn. [durch Skandalandrohung]*** *~* ĉantaĝi iun
Erpresser *m* ĉantaĝisto
Erpressung *f* ĉantaĝo *auch Jur* (↑ *auch* ***Schutzgelderpressung***)
Erpressungsversuch *m* provo de ĉantaĝo
erproben *tr ausprobieren* elprovi; *im wissenschaftlichen Versuch* eksperimenti (*vgl. dazu* ***experimentieren*** *u.* ***testen***); ***erprobt*** elprovita *auch Person*
Erprobung *f Versuch* elprov[ad]o; *Prüfung* ekzamenado (↑ *auch* ***Experiment*** *u.* ***Test***)
Erprobungsphase *f* fazo de elprovado
erquicken *tr* refreŝigi
erquickend *Adj erfrischend* refreŝiga; *Vergnügen bereitend* plezuriga (*vgl. dazu* ***wohltuend***)
Errata *n/Pl Buchw* [tabelo de] preseraroj
erraten *tr* diveni; *mutmaßen* konjekti; *aus Anzeichen schließen, prophezeien* aŭguri; ***das ist nicht zu*** *~* tio estas nedivenebla
erratisch *Adj Geol* eratika; ***~er Block*** *m, auch* ***Findlingsblock*** *od* ***Findling*** *m von Gletschern weit verfrachteter Gesteinsbrocken* eratika bloko, *pop auch* erar-ŝtonego
Erratum *n Typ (Druckfehler)* preseraro
errechnen *tr* elkalkuli
erregbar *Adj* ekscitebla (↑ *auch* ***exzitabel***); *reizbar* incitebla; *zur Erregung neigend* ekscitiĝema; *zu Gereiztheit neigend* incitiĝema; ***leicht*** *~* facile ekscitebla *auch sex*
Erregbarkeit *f, Fachspr Med u. Psych auch* ***Exzitabilität*** *f* eksciteblo; *Physiol (Irritabilität, z.B. eines Muskels od Nerven)* iriteblеco; ***übermäßige*** *~ Physiol* hiperekscitеblo
erregen *tr* eksciti (***jmdn.*** iun) *auch sex* (*vgl. dazu* ***affizieren***); *leidenschaftlich machen* pasiigi; *Gemüt bewegen* emocii; *erzürnen* kolerigi; *hervorrufen, bewirken* estigi, kaŭzi, provoki; ***Aufsehen*** *~* altiri la atenton [de la homoj]; ***Furcht*** *~* kaŭzi timon; ***Heiterkeit bei den Zuhörern*** *~* estigi ridojn en la aŭskultantaro; ***Lachen*** *~* provoki rid[ad]on; ***sich über etw.*** *~ sich aufregen* ekscitiĝi pri (*od* pro) io; *Wut bekommen* ekkoleri pro io; *sich heftig (od aufs Äußerste) erregen, sich gewaltig aufregen* ekstreme ekscitiĝi pri (*od* pro) io

erregend *Adj* ekscita; ***etwas*** **~*es*** ekscitaĵo
Erreger *m El* ekscitilo; *Verursacher* kaŭzinto; *Bakt* mikrobo (*vgl. dazu* ***Bazillus*** *u.* ***Virus***; ↑ *auch* ***Malariaerreger***); *Krankheits*~ malsaniga ĝermo, patogena ĝermo (*od* mikrobo); ~**kreis** *m El* ekscita cirkvito; ~**magnet** *m einer elektr. Maschine* ekscita magneto; ~**maschine** *f El* ekscitmaŝino; ~**spule** *f El* ekscita bobeno
erregt *Adj* ekscitita, ***seelisch*** ~ emocia; ***sexuell*** ~ sekse ekscitita
Erregtheit *f od* **Erregtsein** *n Zustand der Erregtheit od Aufgeregtheit* ekscititeco; *Emotionalität* emocieco
Erregung *f* ***a)*** *das Erregen* ekscito *auch El u. Physiol* (↑ *auch* ***Selbsterregung***); *Erregungszustand* stato de ekscit[ec]o; *das Erregtwerden, das Sicherregen* ekscitiĝo (*vgl. dazu* ***Affektion***); ***sexuelle*** ~ seksa ekscit[ec]o (*bzw.* ekscitiĝo) (*vgl. dazu* ***Klitoriserregung*** *u.* ***Orgasmus***); ***im Zustand der*** ~ en stato de ekscito ***b)*** *Aufkommen von Emotionen* ekesto de emocioj
Erregungsenergie *f El* ekscita energio
erreichbar *Adj Gegenstand, Ziel* atingebla; *erwerbbar* akirebla; *zugänglich* alirebla; ***ich bin stets*** ~ oni povas ĉiam atingi (*od* trovi) min
erreichen *tr einen Ort, das andere Ufer* atingi *auch Ziel, Zweck*; *erlangen, kriegen* akiri; *Verk (Anschluss, Zug)* [al]veni ĝustatempe, *umg* [ankoraŭ] kapti, *(im Lauf)* kuratingi; *gleichkommen* egal[iĝ]i, adekvati; ***ein hohes Alter*** ~ atingi grandan aĝon; ***Perfektion*** ~ *zur Vollkommenheit gelangen* atingi perfektecon; ***mit dem Auto leicht zu*** ~ facile atingebla per aŭto; ***jmds. Zustimmung*** ~ atingi ies konsenton
Erreichte *n das, was jmd. erreicht hat* atingaĵo (↑ *auch* ***Errungenschaft*** *u.* ***Leistung***)
errettbar *Adj* savebla
erretten *tr* savi (***aus*** *bzw.* ***von*** el) (*vgl. dazu* ***retten***)
Errettung *f* savado
errichten *tr erbauen* konstrui; *aufrichten, aufstellen* starigi; *begründen* establi, fondi; *erschaffen* krei; ***ein Denkmal*** ~ starigi monumenton (***zu Ehren von*** honore al); ***wieder*** ~ restarigi; *wieder aufbauen* rekonstrui
Errichtung *f Aufbau* konstru[ad]o (*vgl. dazu* ***Konstruktion***); *Aufstellen* starigo; *Gründung* establo, fondo
erringen *tr erreichen* atingi; *durch Sieg bzw. Mühe* [venke *bzw.* pene] akiri, gajni; *erobern* konkeri; ***10% der Stimmen*** ~ akiri dek procentojn de la voĉoj; ***die Bronzemedaille*** ~ gajni la bronzan medalon; ***den Sieg*** ~ gajni la venkon; *siegen* venki
erröten *intr* ruĝiĝi (***vor Scham*** pro honto) (*vgl. dazu* ***sich schämen***); ***leicht*** ~***d*** *Adj* ruĝiĝema (*vgl. dazu* ***schamhaft***)
Errungenschaft *f Anschaffung* akiraĵo; *Gekauftes* aĉetaĵo; *etw., das erreicht wurde* atingaĵo; *erreichte Leistung* presto
Ersatz *m Ersetzen, Austauschen* anstataŭigo *z.B. von Personal*; *jmd. als Vertretung* anstataŭanto; *Austauschstoff, Substitut, Surrogat* anstataŭaĵo, substituaĵo, surogato; *Imitation* imitaĵo; *Entschädigung* kompens[aĵ]o (***für*** por) (↑ *auch* ***Schadenersatz***); *Reserve* rezervo; ~**drogen** *f/Pl meist synthetische Morphinderivate* substituaj drogoj *Pl* <*Verwendung beim Drogenentzug*> (↑ *auch* ***Methadon***); ~**handlung** *f Psych* substitua ago; ~**kaffee** *m* kafsurogato (↑ *auch* ***Muckefuck***); ~**mann** *m* anstataŭanto, surogatulo (↑ *auch* ***Lückenbüßer***); ~**maßnahmen** *f/Pl* kompensigaj aranĝoj (*od* paŝoj) *Pl*
Ersatzmutter *f* ↑ ***Leihmutter***
Ersatz|nahrung *f* substitua nutraĵo; ~**rad** *n* vicrado, anstataŭa rado [okaze de difektiĝo]; ~**reifen** *m* rezerva pneŭmatiko; ~**schlüssel** *m* rezerva ŝlosilo; ~**spieler** *m Sport* rezerva ludisto; ~**stoff** *m* surogato, anstataŭaĵo; ~**teil** *n* rezerva [maŝin]parto
Ersatzteilbeschaffung *f*: ***Schwierigkeiten bei der*** ~ malfacilaĵoj koncerne la havigon de rezervaj partoj
Ersatztherapie *f Med* = ***Substitutionstherapie***
ersatzweise *Adv* anstataŭe; *provisorisch* provizore
erschaffen *tr* kre[ad]i, *in Kunst u. Literatur auch* verki, *allg auch* fari (*vgl. dazu* ***schaffen a)***)
Erschaffer *m* kreanto (*vgl. dazu* ***Schöpfer*** *u.* ***Urheber***)
Erschaffung *f* kre[ad]o *auch Rel* (*vgl. dazu* ***Schöpfung***)
erschallen *intr geh od poet für «erklingen»* eksoni; *donnernd schallen* bruegi, tondri *auch übertr*; *widerhallen* eĥi; ***Gelächter***

erschallte eksonis ridado

erschaudern *intr* ektremi; ~ ***lassen*** ektremigi; ***vor Grausen*** ~ pro hororo ektremi

erscheinen *intr* aperi *auch Buch od Zeitung*; *sich zeigen* montriĝi; *zutage treten* emerĝi; *sichtbar sein* esti videbla; *herauskommen* eliĝi [el]; *i.w.S. ankommen* alveni; *scheinen* ŝajni; ***vor Gericht*** ~ aperi antaŭ la tribunalo; ***eine neu erschienene Briefmarke*** *Philat* nove aperinta poŝtmarko; ***das Buch ist gerade erschienen*** la libro ĵus aperis; ***wann wird eine Neuauflage [von diesem Buch]*** ~***?*** kiam aperos nova eldono [de tiu ĉi libro]?; ***in Buchform*** ~ aperi libroforme; ***monatlich*** (***täglich***) ~ ĉiumonate (ĉiutage) aperi; ***es erscheint mir merkwürdig, dass ...*** ŝajnas al mi strange, ke ...

Erscheinung *f* ***a)*** aperaĵo; *Natur*~, *Phänomen* fenomeno; *Äußeres (Figur, Statur)* eksteraĵo, figuro, *(Aussehen)* aspekto, *(Antlitz)* vizaĝo; ***eine außergewöhnliche*** ~ *z.B. in der Natur* eksterordinara [natur]fenomeno; *ungewöhnlich talentierter Mensch* eksterordinare talentita homo; ***in*** ~ ***treten*** evidentiĝi, montriĝi, aperi ***b)*** *Traumbild* vizio; *Geist, Gespenst* fantomo

Erscheinungsbild *n im Sinne von «Aussehen»*: ***attraktives*** ~ atrakcia aspekto

Erscheinungs|jahr *n Buchw* jaro de eldono; ~**ort** *m Buchw* loko de eldono

Erscheinungsvermerk *m* ↑ ***Impressum***

Erscheinungsweise *f z.B. einer Zeitschrift od eines Periodikums* aper-ritmo

erschießen *tr* pafmortigi, *auch* mortpafi, *bei Hinrichtung auch* pafekzekuti; ***die Geiseln*** ~ mortpafi la ostaĝojn; ***sich*** ~ sin mortpafi

Erschießung *f* pafmortigo, pafekzekuto (↑ *auch* ***Exekution***)

erschlaffen *intr schlaff od lasch werden* malrigidiĝi; *Glieder, Muskeln, Nerven* malstreĉiĝi; *Med (atonisch werden)* atoniiĝi; *Gesichtszüge, Haut* velkiĝi (*vgl. dazu* ***erlahmen*** *u.* ***ermüden***)

erschlagen *tr totschlagen* batmortigi, *auch* mortbati (***jmdn.*** iun); ***vom Blitz*** ~ ***werden*** esti trafita de fulmo ◇ ***ich bin [völlig] erschlagen*** *fix und fertig* mi estas plenplene elĉerpita; *völlig perplex* mi estas tute perpleksa

erschließen *tr neue Märkte, Rohstoffquellen* malfermi; *Wirtsch (entwickeln)* evoluigi

erschnüffeln *tr* elflari *auch i.w.S. für «ausspüren»*

erschöpfen *tr ermüden* lacigi; *Kräfte aufzehren* elĉerpi (*od* eluzi *od* [for]konsumi) la fortojn; *verbrauchen* konsumi; ***meine Geduld ist erschöpft*** mia pacienco elĉerpiĝis (*od* estas elĉerpita); ***sich*** ~ laciĝi; elĉerpiĝi, eluziĝi; *verbraucht werden* [for]konsumiĝi

erschöpfend 1. *Adj [ganz] ausführlich* detal[eg]a; *vollständig* kompleta **2.** *Adv* detal[eg]e; komplete; *bis in die Einzelheiten* ĝis la detaloj

erschöpft *Adj* ***a)*** *ermüdet* laciĝinta; *entkräftet* elĉerpita, senfortiĝinta (***durch*** pro) (↑ *auch* ***abgearbeitet***, ***abgeschlagen***, ***k.o.*** *u.* ***marastisch***); ~ ***aussehen*** aspekti laca (*bzw.* elĉerpita) ***b)*** *zu Ende, z.B. Warenbestand* elĉerpita, elvendita (↑ *auch* ***erschöpfen***)

Erschöpftheit *f Abgeschlagenheit* elĉerpiteco

Erschöpfung *f* elĉerpiĝo; *das Erschöpftsein* elĉerpiteco (*vgl. dazu* ***Mattigkeit***); *Kraftlosigkeit* senforteco; *Entkräftung* senfortiĝo (*vgl. dazu* ***Prostration***)

Erschöpfungszustand *m* stato de elĉerpiteco; ***nervöser*** ~ stato de nerva elĉerpiĝo

erschossen *Adj* ◇ ***danach war ich völlig*** ~ post tio (*bzw.* tiu laboro *u.a.*) mi estis tute elĉerpita (*od [stärker]* duone morta)

erschrecken ***a)*** *tr ängstigen* timigi; *in Schrecken versetzen* teruri (***jmdn.*** iun) ***b)*** *intr*: ***erschreckt (od erschrocken) [sein]*** *Angst haben* esti timigita (***vor*** pro)

erschreckend *Adj Angst einflößend* timiga; *Schauder hervorrufend* kaŭzanta hororon *nachgest* (*vgl. dazu* ***grausam***)

erschrocken ↑ *unter* ***erschrecken***

erschüttern *tr* ***a)*** *Boden, Fundament, Stabilität* [ek]skui; *Med* komocii (*vgl. dazu* ***Kommotion***); ***gewaltig*** ~ abrupte (*od* forte) skui, skuegi; ***in den Grundfesten*** ~ skui ĝis la fundamentoj; ***von einem Erdbeben erschüttert werden*** esti skuita de tertremo ***b)*** *übertr (ergreifen)* forte emocii (*od* kortuŝi); *(traurig machen)* [ege] tristigi; ***aufs Tiefste erschüttert sein*** *gefühlsmäßig od seelisch* esti plej forte emociita (*od* kortuŝita)

erschütternd 1. *Adj* emocia, afekcia; *tragisch* tragika **2.** *Adv* emocie; tragike (↑ *auch* ***welterschütternd***)

Erschütterung *f* ***a)*** skuado, *(einzelne)* skuo,

(Erschüttertwerden) ekskuiĝo; *Vibration* vibrado; *Erzittern* tremego; *Med* (Commotio) *(durch stumpfe Gewalteinwirkung entstandene Erschütterung [von Organen] mit nachfolgender Funktionsstörung)* komocio (*vgl. dazu* ***Prellung***; ↑ *auch* ***Gehirnerschütterung***); ~ ***auf*** ~ skuo post skuo; ***es folgte*** ~ ***auf*** ~ sekvis skuo post skuo ***b)*** *übertr (Rührung)* kortuŝo, *(Traurigkeit)* trist[ec]o

erschütterungsfrei *Adj* senskua; *schwingungsfrei* vibrorezista

erschweren *tr* malfaciligi; *nicht einfacher machen* malsimpligi; *komplizieren, bes. eine Situation* kompliki

Erschwernis *f Schwierigkeit* malfacilaĵo

erschwindeln *tr*: ***sich etw.*** ~ akiri ion al si per trompado

erschwinglich *Adj*: ~ ***sein*** *bezahlbar sein* esti pagebla

ersehen *tr*: ***daraus kann man*** ~, ***dass ...*** el tio oni povas vidi (*od* kompreni), ke ...; *daraus kann man schlussfolgern, dass ...* el tio oni povas konkludi, ke ...

ersehnen *tr herbeisehnen* sopiri (*vgl. dazu* ***erstreben***); *sehr verlangen nach* deziregi; ***heiß ersehnt*** arde (*od* forte) sopirata

ersehnenswert *Adj* sopirinda (↑ *auch* ***begehrenswert***)

Erserum (*n*) ↑ ***Erzurum***

ersetzbar *Adj* anstataŭigebla

ersetzen *tr* ***a)*** *an die Stelle treten von* anstataŭi (***jmdn.*** iun); *an die Stelle setzen von* anstataŭigi, substitui (***etw. durch etw.*** ion per io) ***b)*** *entschädigen* [damaĝo]kompensi; *zurückzahlen* repagi; ***der Schaden muss voll ersetzt werden*** la damaĝo devas esti plene kompensita

ersichtlich *Adj*: ***klar*** ~ ***sein*** esti klare videbla; ***daraus ist*** ~, ***dass ...*** el tio videbliĝas, ke ... *od* el tio oni vidas, ke ...

ersinnen *tr* elpensi, inventi (↑ *auch* ***ausdenken***, ***erdichten*** *u.* ***erfinden***)

ersitzen *tr Jur (durch langen Gebrauch od Nutzung erlangen)* uzukapi

Ersitzung *f Jur* ↑ ***Usukapion***

erspähen *tr* [akraokule] ekvidi

ersparen *tr* ŝpari monon (***für*** por [povi aĉeti] ...); *umgehen, vermeiden* eviti; ***ich möchte dir das*** ~ mi volas evitigi tion al vi; ***wir wollten ihm diese Enttäuschung*** ~ ni volis ŝpari al li tiun seniluziiĝon (*od* disreviĝon) ◇ ***was die Eltern*** ~ ***verjubeln die Kinder*** patroj ŝparas, infanoj malŝparas *(Zam)*

Ersparnis *f* ŝparo (***an*** de) (↑ *auch* ***Zeitersparnis***); ~***se*** *Pl gespartes Geld* ŝparita mono *Sg*, ŝparaĵoj *Pl*; ***von seinen*** ~***sen leben*** vivi de sia ŝparita mono

ersprießlich *Adj geh: nützlich* utila; *profitabel* profitiga; *produktiv* produktiva

erst 1. *Adj* ↑ *unter* ***erste* 2.** *Adv zuerst* unue; *soeben, gerade* ĵus; *nicht früher als* ne antaŭ; *bloß, nur* nur; *anfangs* komence; *vorher, zuvor* antaŭe; ~ ***heute habe ich erfahren, dass ...*** nur hodiaŭ mi eksciis, ke ...; ~ ***nach einigen Minuten*** nur post kelkaj minutoj; ~ ***jetzt*** *od* ***jetzt*** ~ *od* ***eben*** ~ ĵus nun; ***auf den*** ~***en Blick*** jam ĉe la unua ekvido, *umg auch* unuavide; ***ich muss*** ~ ***meinen Vater fragen*** unue mi devas demandi [pri tio] mian patron; ***nun*** ~ ***recht!*** nun des pli!, nun tiom pli!; ***ich habe es gar nicht*** ~ ***versucht*** mi eĉ tute ne provis; ***warum kommst du*** ~ ***jetzt?*** kial vi venas nur nun? ◇ ~ ***denken***, ***dann reden*** antaŭ la lango laboru la cerbo *(Zam)*

erstarken *intr* fortiĝi; *mächtig werden* potenciĝi; ***wieder*** ~ refortiĝi

erstarren *intr steif werden* (*auch vor Kälte od Schreck)* rigidiĝi; *Phys (fest werden)* solidiĝi, *(zu Eis werden)* glaciiĝi *auch übertr*; *gerinnen* koaguliĝi; *zu Stein werden* ŝtoniĝi *auch übertr*; ~ ***lassen*** rigidigi (↑ *auch* ***zu Stein werden lassen*** [↑ *unter* ***Stein***]; ***vor Kälte*** (***Schreck***) ~ rigidiĝi de (*od* pro) malvarm[eg]o (teruro)

Erstarrung *f* ***a)*** *als Vorgang (das Erstarren, das Sichversteifen)* rigidiĝo, *(das Festwerden)* solidiĝo ***b)*** *übertr (aus Furcht, Bestürzung od großem Erstaunen)* stuporo (↑ *auch* ***Torpor***)

Erstarrungsgestein *n* ↑ ***Magmagestein***

Erstarrungspunkt *m Phys* punkto de solidiĝo; *einer kristallinen Schmelze* eŭtekta punkto (*vgl. dazu* ***Gefrierpunkt***)

Erstarrungswärme *f Phys* ↑ ***Kristallisationswärme***

erstatten *tr Auslagen, Unkosten* repagi, redoni; *durch Gegenleistung ausgleichen* kompensi; ***über etw. Bericht*** ~ fari (*od* doni) raporton pri io; ***die Reisekosten*** ~ repagi la vojaĝelspezojn

Erstattung *f Rückgabe* redono; *von ver-*

auslagten Geldern repago; *Vergütung* kompenso

Erst|aufführung *f Film, Theat* unua prezentado, premiero; ~**auflage** *f Buchw* unua eldono

erstaunen ***a)*** *tr in Erstaunen versetzen* mirigi ***b)*** *intr sich verwundern* mir[eg]i (***über*** pri)

Erstaunen *n* mir[eg]o; ***jmdn. in ~ versetzen*** [forte] mirigi iun; *überraschen* [ege] surprizi iun; ***zu meinem ~*** je mia surprizo

erstaunlich 1. *Adj verwunderlich* miriga; *frappant* frap[ant]a; *bewundernswert* admirinda **2.** *Adv* mirige; admirinde; ***ein ~ schöner Anblick*** mirige bela vidaĵo (*bzw.* panoramo)

erstaunlicherweise *Adv*: ***~ wollen die meisten Menschen ...*** estas mirige, ke la plej multaj homoj volas ...

Erstausgabe *f Buchw, Philat* unua eldono

Erstbeste *m bzw. f* la unua renkontata [persono]; *wer auch immer* kiu ajn

Erstbesteigung *f eines Berges* unua ascendo [de monto]

erste *Num* unua; ***der ~ Beste*** la unua venanto (*bzw.* renkontato); ***fürs ~*** por la komenco, por nun; *provisorisch* provizore; ***auf den ~n Blick*** je la unua vido, unuavide; ***≗ Hilfe*** *f Med* sukurado, unua helpo [al vundito]; ***≗ Hilfe leisten*** sukuri; ***~e Klasse*** *f Eisenb, Schule* unua klaso; ***in ~r Linie*** unuavice; *vor allem* antaŭ ĉio; *hauptsächlich* ĉefe; ***zum ~n Mal[e]*** je (*od* por) la unua fojo, unuafoje; ***er ist der ~ nach dir*** (*bzw.* ***Ihnen***) li estas la unua post vi; ***der ~ März*** la unua de marto; ***den ~n Preis bekommen*** ricevi la unuan premion; ***auf der ~n Seite*** sur la unua paĝo; ***an ~r Stelle*** unualoke; ***die ~ Violine*** *in einem Orchester* la unua violono

Erste *m bzw. f* la unua; ***sie ist die ~ in der Klasse*** *Schule* ŝi estas la unua de la klaso; ***der ~ des Monats*** la unua [tago] de la monato

erstechen *tr* pikmortigi; ***erstochen werden*** esti pikmortigata (***von*** de); ***erstochen worden*** esti pokmortigita

erstehen ***a)*** *tr erlangen, erwerben* akiri; *i.w.S. kaufen* aĉeti ***b)*** *intr auferstehen* reviviĝi, renaskiĝi, releviĝi; *entstehen, erwachsen* estiĝi, *auch* ekesti (***aus*** el)

Erste-Hilfe|-Kasten *m* sekurkesto; ~**-Station** *f Med* sukurejo

er|steigen *tr* supreniri; *Baum, Berg* suprengrimpi, *[hohen] Berg auch* ascendi; ~**-steigern** *tr* aĉeti ĉe aŭkcio

Ersteigung *f* supreniro; *eines Gipfels* suprengrimp[ad]o

erstellen *tr errichten, bauen* konstrui; *erschaffen* krei; *machen* fari

Erstellen *n*: ***~ eines Gerüsts*** *Bauw* starigo de skafaldo; ***~ eines Plans*** farado de plano

erstens *Adv* unue; *an erster Stelle* unualoke

ersterben *intr sterben* morti; *zugrunde gehen* perei; *dahinwelken* forvelki; ***das Lächeln erstarb auf ihren Lippen*** la rideto glaciiĝis sur ŝiaj lipoj; ***das Wort erstarb auf seinen Lippen*** *geh* la vorto(j) mortis sur liaj lipoj

erst|gebärend *Adj Frau* unuenaska *od* unuafoje naskanta; ~**geboren** *Adj Kind* unue-naskita

Erst|geborene *m, f od n* unuenaskito; ~**geburt** *f Med* unuafoja nasko; ~**geburtsrecht** *n Jur* rajto de unuenaskiteco

erstgenannt *Adj* unue menciita

erstgradig *Adj* unuagrada (↑ *auch* ***erstklassig*** *u.* ***erstrangig***)

ersticken ***a)*** *tr* sufoki *auch übertr*; *erwürgen* strangoli, premsufoki; ***eine Rebellion*** (*od* ***Revolte***) ~ sufoki ribelon; ***Tränen erstickten ihre Stimme*** larmoj sufokis ŝian voĉon ***b)*** *intr den Erstickungstod erleiden* sufokiĝi (***an*** *od* ***durch*** *bzw.* ***vor*** de *od* pro); ***ich bin vor Lachen bald erstickt*** mi preskaŭ sufokiĝis de ridego ◇ ***im Geld ~*** droni en mono

Ersticken *n (Suffokation: als Handlung)* sufokado, *(Ersticktwerden bzw. Erstickungstod)* sufokiĝo *beide auch übertr* (↑ *auch* ***Asphyxie***)

erstickend *Adj* sufoka

Erstickungs|gefahr *f* danĝero (*od* risko) de sufokiĝo; ~**tod** *m* morto pro sufokiĝo (*vgl. dazu* ***Asphyxie***)

Erst|impfung *f* primara vakcinado; ~**infektion** *f Med* unue-infektiĝo, *(Fachspr) auch* protoinfektiĝo

erstklassig *Adj* unuaklasa *auch Service* (*vgl. dazu* ***erstrangig*** *u.* ***exzellent***); ***ein ~es Hotel*** unuaklasa hotelo, hotelo de la supera klaso

Erstklässler *m Schüler der ersten Klasse* lernanto de la unua klaso

Erstklasswagen *m* <*schweiz*> *für «Wagen erster Klasse» Eisenb* unuaklasa vagono

Erst|kommunikant *m kath. Kirche* unuafoja komuniiĝanto; ~**kommunion** *f* unua komunio

Erstlack *m der Autokarosserie* origina lako

Erstling *m* ***a)*** *erstes Kind* unua infano ***b)*** = ***Erstlingswerk***

Erstlings|stück *od* ~**werk** *n eines Literaten od Künstlers* unua verko

erstmalig 1. *Adj* unuafoja **2.** *auch* ***erstmals*** *Adv* unuafoje, je la unua fojo

Erstmilch *f* ↑ ***Kolostralmilch a)***

Erstplatzierung *f Sport* unualoka klasigo

erstrahlen *intr* ekbrili, eklumi, lumiĝi

erstrangig 1. *Adj* unuaranga **2.** *Adv* unuarange (*vgl. dazu* ***erstklassig*** *u.* ***prima***)

erstreben *tr Ideale* strebi (***etw.*** al io); *bezwecken, im Sinn haben* celi (***etw.*** ion); *zu erlangen suchen* aspiri, provi atingi (***etw.*** ion); ***etw. aus Ehrgeiz*** ~ ambicii ion

erstrebenswert *Adj* aspirinda; *wünschenswert* dezirinda (↑ *auch* ***begehrenswert*** *u.* ***ersehnenswert***)

erstrecken, sich *refl* ***a)*** *räumlich* etendiĝi (***auf*** sur; ***von ... bis [zu] ...*** de ... ĝis ...) ***b)*** *zeitl: betreffen* koncerni *auch übertr*; *dauern* daŭri; ***die Arbeit erstreckt sich über Jahre*** la laboro daŭros [multajn] jarojn

Erstschlag *m Mil* unua atako; ~**waffen** *f/Pl* armiloj *Pl* de unua atako

Ersttags|brief[umschlag] *m*, *Fachspr auch* ***FDC*** *m Philat* unuataga koverto (*Abk* UTK); ~**stempel** *m Philat* unuataga stampo

erstürmen *tr Bergsteigen (einen Gipfel)* konkeri; *Mil* sturme preni, sturmi [kaj okupi]

Erstürmung *f* konkero; *Mil* sturmado [kaj okupo de malamika pozicio]

Erstveröffentlichung *f Buchw* primara publikigo

ersuchen *tr* [formale] peti *bzw.* demandi (***jmdn. um etw.*** iun pri io); *flehentlich bitten* petegi; *dringend bitten* urĝe peti (***jmdn. um etw.*** iun pri io); ***jmdn. um eine Gefälligkeit*** ~ peti iun pri komplezo

Ersuchen *n* [formala] peto; *inständige od flehende Bitte* insista peto, petego

ertappen *tr* surprizi, trafi (***jmdn. bei*** iun ĉe); *erwischen* kapti ◇ ***jmdn. auf frischer Tat*** (*od* ***in flagranti***) ~ kapti iun ĉe la freŝa faro (*Zam*)

ertastbar *Adj* palpebla (↑ *auch* ***fühlbar*** *u.* ***palpabel***)

erteilen *tr Auskunft, Befehl, Ratschlag, Unterricht* doni; ***jmdm. die Erlaubnis ~ zu ...*** doni al iu la permeson *u. Verb im Inf*; ***jmdm. einen Rat*** ~ doni konsilon al iu; ***jmdm. einen Verweis*** ~ fari riproĉon al iu, riproĉi iun

Erteilung *f eines Befehls u.a.* donado

ertönen *intr Telefon, Schläge der Uhr* eksoni (↑ *auch* ***tönen a)***); *Glocke* [komenci] tintadi; *zu hören sein* esti aŭdebla; ***die Sirene ~ lassen*** sonigi la sirenon

Ertrag *m Landw* produktaĵo, *auch* frukto(j) *(Pl)*; *i.w.S. Ernte, Geerntetes* rikoltaĵo (↑ *auch* ***Ernte-***, ***Gesamt- Hektar-*** *u.* ***Jahresertrag***); *Erlös* enspezo (↑ *auch* ***Netto-*** *u.* ***Reinertrag***); *Profit* profito; *Ausbeute an Halb- u. Fertigerzeugnissen aus Rohstoffen bzw. aus Wertpapieren od einer Kapitalanlage in Form von Dividende* rendimento (*vgl. dazu* ***Rendite***)

ertragen *tr aushalten* elteni; *erdulden, erleiden* suferi; *dulden, tolerieren* toleri; ***das ist einfach zu*** ~ tio estas facile eltenebla; ***etw. nicht mehr ~ können*** ne povi plu elteni ion; ***Schmerz*** ~ elteni (*bzw.* suferi) doloron

erträglich *Adj zu ertragen sein* eltenebla; *duldbar, tolerabel* tolerebla (*vgl. dazu* ***einigermaßen***)

ertragreich *Adj* ***a)*** *gewinnbringend* profitiga; *einträglich* enspeziga ***b)*** *Landw* bonrikolta; *Viehzucht* [alte *od* ege] produktiva; ***eine ~e Kartoffelsorte*** bonrikolta speco de terpomo

Ertrags|anteil *m Gewinnanteil* tantiemo; ~**marge** *f Hdl, Wirtsch (Verdienstspanne)* profitmarĝeno; ~**steigerung** *f (angestrebte)* plialtigo de la produktiveco (*od* produktokvanto), *(erreichte)* plialtiĝo de la produktiveco (*od* produktokvanto)

ertränken *tr* dronigi *auch übertr*; ***seinen Kummer in Alkohol*** ~ *umg* dronig[ad]i sian aflikton en alkoholo (*od* brando); ***sich*** ~ *refl* sin dronigi, sin mem mortigi per subakviĝo

erträumen *tr* revi (***etw.*** pri io); ***erträumt*** revita

ertrinken *intr* droni (***in*** en)

Ertrinken *n* dronado; ***Tod durch*** ~ morto

pro (*od auch* per) dronado; ***jmdn. vor dem ~ retten*** savi dronantan homon

Ertrinkende *m* dronanto ◇ ***ein ~r greift nach jedem Strohhalm*** dronanto eĉ herbeton kaptas avide *(Zam)*

Ertrunkene *m* droninto

ertüchtigen *tr* fortigi (*vgl. dazu* ***trainieren***)

Ertüchtigung *f*: ***körperliche ~*** korpa fortiĝo

erübrigen *tr einsparen* ŝpari; *übrig lassen* lasi [restanta]; ***sich ~*** *überflüssig sein* esti superflua; *unnötig sein* esti nenecesa; ***es erübrigt sich zu sagen, dass ...*** estas superflue (*od* nenecese) diri, ke ...; *es besteht kein Grund* ne ekzistas kaŭzo diri, ke ...

Erucasäure *f Biochemie (eine Fettsäure im Rapsöl)* eruka acido

eruptieren *intr Med, Vulkanologie* erupcii

Eruption *f* ***a)*** *Ausbruch [eines Vulkans]* erupcio; ***submarine*** (*od* ***untermeerische***) ~ submara erupcio (↑ *auch* ***Sonnenausbruch***) ***b)*** *Med (Ausbruch od Auftreten eines Hautausschlags)* erupcio (*vgl. dazu* ***Exanthem***)

eruptiv *Adj* erupcia

Eruptivgestein *n* erupcia rokaĵo (↑ *auch* ***Plagifoyait***)

erwachen *intr* vekiĝi *auch übertr*; *aus einer Illusion, Scheinwelt u. dgl.* elreviĝi; ***erwacht*** *aufgewacht, wach* vekiĝinta; ***aus einem schrecklichen Traum ~*** vekiĝi el terura sonĝo

Erwachen *n* ***a)*** vekiĝo; elreviĝo (*vgl. dazu* ***Desillusion***, ***Ernüchterung*** *u.* ***Frühlingserwachen***); ***ein tragisches ~*** *übertr* tragika elreviĝo ***b)*** *bildh für «[verheißungsvoller] Anfang» od «Vorbote»* aŭroro; ***das ~ der Freiheit*** la aŭroro de la libereco

¹**erwachsen** *intr entstehen* estiĝi, *auch* ekesti (***aus*** el) *auch Problem*; *als Konsequenz ergeben* naskiĝi, rezulti, sekvi (***aus*** el); ***daraus erwächst uns die Aufgabe ...*** el tio rezultas por ni la tasko ...

²**erwachsen** *Adj* plenkreska, adolta; *volljährig* plenaĝa (↑ *auch* ***mannbar***); *i.w.S. reif* matura (↑ *auch* ***adult***); ***er ist ein ~er Mann*** li estas plenkreska viro

Erwachsene *m* plenkreskulo, adolto; *Volljähriger* plenaĝulo; ***nur für ~*** *Film* [permesata] nur al adoltoj

Erwachsenenbildung *f Päd* adolta (*od* plenkreskula) edukado, edukado (*od* klerigo) de plenkreskuloj

erwägen *tr* konsideri, pripensi (***ob*** ĉu); ***reiflich ~*** bone konsideri (*od* pripensi)

Erwägung *f* konsidero; ***aus vielerlei ~en [heraus]*** pro multaj konsideroj, *auch* multkonsidere; ***etw. in ~ ziehen*** konsideri ion; ***die Tatsache in ~ ziehen, dass ...*** konsideri (*od* preni en konsideron) la fakton, ke ...

erwählen *tr* elekti (*vgl. dazu* ***auswählen***); ***er erwählte sie zur Frau*** li elektis ŝin [sia] edzino

Erwählte ***a)*** *m* elektito ***b)*** *f* elektitino

erwähnen *tr* mencii (*vgl. dazu* ***nennen***); *vermerken* noti; ***oben erwähnt(e, ~er, ~es)*** supre menciita; ***er hat das mit keinem Wort*** (*od* ***keiner Silbe***) ***erwähnt*** li eĉ ne menciis tion per vorteto *od* li eĉ ne menciis vorteton pri tio

erwähnenswert *Adj nennenswert* menciinda

Erwähnung *f* mencio; ***ehrenvolle ~*** *z.B. bei einem Wettbewerb* honora mencio

erwärmen *tr* varmigi; ***jmdn. für etw. ~*** *jmdn. für etw. interessieren* ekinteresi iun por io; ***im Wasserbad ~*** *bes. Kochk* banvarmigi; ***sich ~*** *refl* sin varmigi; *warm werden* varmiĝi; *wärmer werden (Wetter)* plivarmiĝi; ***sich für etw. ~*** *übertr: etw. mögen* [ek]ŝati ion; *Interesse bekunden für* [ek]interesiĝi pri io

erwärmend *Adj* varmiga

Erwärmung *f das Erwärmen* varmigo *auch Tech*; *das Sicherwärmen* sinvarmigo, [ek]varmiĝo; *Luft, Wetter* plivarmiĝo; ***globale ~*** *Met* tutmonda [pli]varmiĝo (↑ *auch* ***Erderwärmung***)

erwarten *tr warten auf* atendi; *einer Sache freudig entgegensehen* ekspekti; *annehmen* supozi; ***ich konnte es kaum ~*** mi apenaŭ povis atendi tion (*bzw.* la realiĝon de tio); ***ein Baby*** (***Kind***) ~ ekspekti bebon (infan[et]on); ***man kann ~, dass ...*** oni povas supozi, ke ...

Erwarten *n*: ***wider [mein] ~*** *was ich nicht gehofft hatte* ne esperinte

Erwartung *f* atendo; ekspekto; *Hoffnung* espero; *Annahme, Vermutung* supozo; *Schätzung* taks[ad]o; ***in ~ Ihres Briefes*** *Briefstil* atendante vian leteron; ***das übertrifft meine ~en*** tio superas miajn ekspektojn

erwartungs|gemäß *Adv* kiel atendite *bzw.* kiel ekspektite (*vgl. dazu* ***erwarten***); **~treu** *Adj bes. Fachspr Math* ekspektofidela; **~voll** *Adv* ekspektoplena *od nachgest* plena de ekspekto; *hoffnungsvoll* esperplena; *i.w.S. neugierig* scivol[em]a

Erwartungswert *m Math* ekspekto *od* ekspektata valoro

erwecken *tr* ***a)*** veki *auch übertr*; *einen Toten* revivigi ***b)*** *hervorrufen* veki, naski, estigi, *(Empfindungen, Gefühl) auch* inspiri; ***allgemeines Interesse*** ~ veki ĝeneralan intereson; ***Neid bei jmdm.*** ~ veki envion en iu; ***Vertrauen bei jmdm.*** ~ estigi konfidon ĉe iu

Erwecken *n od* **Erweckung** *f* vek[ad]o

erwehren, sich *refl* gardi sin kontraŭ, defendi sin kontraŭ; ***sich des Lachens*** (***der Tränen***) ***nicht erwehren können*** ne povi reteni la ridadon (la larmojn)

erweichbar *Adj* moligebla

erweichen *tr* ***a)*** *weich machen* moligi ***b)*** *milde stimmen* mildigi, cedigi (***jmdn.*** iun); *rühren* kortuŝi; ***ich habe mich*** ~ ***lassen*** mi lasis kortuŝi min, finfine mi cedis [al la petado], finfine mia koro moliĝis [kaj mi konsentis *bzw.* akceptis]

erweichend *Adj*: ***~e Mittel*** *n/Pl, Fachspr* ***Emollientia*** *Pl Pharm* moligaj medikamentoj *Pl*

Erweichung *f das Weichwerden* moliĝo *auch Phon* (↑ *auch* ***Gehirnerweichung***)

Erweichungspunkt *m z.B. keramischer od bituminöser Stoffe* moliĝa punkto

erweisen *tr beweisen* pruvi; *Gefälligkeit, Wohltat* fari; ***jmdm. seine Dankbarkeit*** ~ montri al iu sian dankemon; ***jmdm. Ehre*** ~ fari honoron al iu, *auch* honori iun; ***sich als notwendig*** ~ montriĝi necesa; ***dieses Mittel erwies sich als unwirksam*** ĉi tiu rimedo montriĝis malefika

erweitern *tr* [pli]larĝigi; *ausdehnen* [pli]vastigi, *Med (dilatieren [z.B. ein Hohlorgan od eine Organöffnung])* dilati; *umfangreicher gestalten* [pli]ampleksigi; *allg auch* [pli]grandigi; ***sich*** ~ [pli]larĝiĝi; [pli]vastiĝi; [pli]ampleksiĝi; [pli]grandiĝi; *Med (z.B. von Blutgefäßen)* dilatiĝi

Erweiterung *f* ***a)*** *das Erweitern* plilarĝigo; plivastig[ad]o; pliampleksigo; *Vergrößerung* pligrandigo; *Med (von Hohlorganen od einer Organöffnung)* dilatado; ~ ***der Europäischen Union***, *auch kurz* ***EU-Erweiterung*** *f* [pli]vastigo de Eŭropa Unio, *auch* EU-plivastigo *bzw. (das Sicherweitern der EU* EU-plivastiĝo ***b)*** *das Sicherweitern* plilarĝiĝo; plivastiĝo; pliampleksiĝo; pligrandiĝo; *Med* dilatiĝo (↑ *auch* ***Ektasie***, ***Herz-***, ***Magen-***, ***Venenerweiterung*** *u.* ***Vasodilatation***)

Erweiterungsurteil *n Jur (synthetisches Urteil)* sinteza juĝo

Erwerb *m* akir[ad]o (↑ *auch* ***Aquisition***); *Kauf* aĉeto; *Brot*~ laborgajno; *i.w.S. (Arbeit)* laboro, *(Verdienstmöglichkeit)* ebleco perlabori (*od* gajni) monon; ***ohne*** ~ *arbeitslos* senlabora

erwerbbar *Adj* akirebla

erwerben *tr* akiri, *auch* gajni (*vgl. dazu* ***erlangen***); *kaufen* aĉeti; ***Vertrauen*** ~ akiri (*od auch* gajni) konfidon (***durch*** per); ***Wissen*** ~ akiri scion

Erwerbseinkünfte *Pl Arbeitsverdienst* lukrita enspezo

erwerbsfähig *Adj* laborkapabla

Erwerbsfähigkeit *f* laborkapabl[ec]o

erwerbslos *Adj* sendungita, senlabora

Erwerbs|lose *m* sendungito, senlaborulo; **~-losigkeit** *f* sendung[it]eco

erwerbs|tätig *Adj* [profesie] laboranta; **~-unfähig** *Adj* nelaborkapabla (*vgl. dazu* ***invalid[e]***)

Erwerbs|tätigkeit *f* dung[it]eco; **~unfähigkeit** *f* nelaborkapabl[ec]o; **~zweig** *m in der Industrie* industria fako; *im Handwerk* metia fako; *i.w.S. Beruf* profesio

Erwerbung *f (als Vorgang)* akir[ad]o; *Kauf* aĉet[ad]o; *(etw. Erworbenes)* akiraĵo (*vgl. dazu* ***Anschaffung***)

Erwerbungsabteilung *f*, *auch* ***Zugangsabteilung*** *f einer Bibliothek* sekcio de akiraĵoj

erwidern *tr beantworten* respondi; *Gefühle, Gruß, Wünsche* reciproki; ***das Feuer*** ~ *Mil* repaf[ad]i

Erwiderung *f Antwort* respondo; *Entgegnung, Einwand* obĵeto (*vgl. dazu* ***Reaktion***); *eines Grußes u.a.* reciprokado; ***schlagfertige*** ~ riposto; ***in*** ~ ***Ihres Briefes*** respondante vian leteron

erwiesen *Adj* pruvita

erwiesenermaßen, *auch* ***nachgewiesenermaßen*** *Adv*: ***der Angeklagte ist*** ~ ***schuldig*** oni [fakte] pruvis la kulpecon de la akuzito

erwirken *tr* [persone] interveni kaj atingi (***etw.*** ion), akirigi (***etw.*** ion)

erwischen *tr ertappen* kapti *auch Verkehrsmittel*; *überraschen* surprizi (***bei*** ĉe); ***den Bus*** (***die Straßenbahn***) ***nicht mehr*** ~ ne plu kapti la [aŭto]buson (la tramon)

erwünscht *Adj* dezirata *bzw.* dezirita; *wünschenswert* dezirinda; *benötigt* bezonata *bzw.* bezonita; *erhofft* esperata *bzw.* esperita

erwürgen *tr* [mort]strangoli, premsufoki (↑ *auch* ***strangulieren***)

Erwürgen *n* [mort]strangolado

Erysipel *n*, *umg* ***Wundrose*** *od kurz* ***Rose*** *f Med* erizipelo (↑ *auch* ***Wandererysipel***)

Erysipeloid *n Vet* ↑ ***Rotlauf***

Erythem *n* (Erythema) *Med ([Haut-] Rötung <bedingt durch Hyperämie>)* eritemo (↑ *auch* ***Knotenrose*** *u.* ***Wanderröte***)

Erythematodes *m* (Lupus erythematodes) *Med* eritema lupuso

Erythräa = ***Eritrea***

Erythrasma *n Med (eine chronische Pilzerkrankung mit Hautflecken)* eritrasmo

Erythrobilin *n nur Fachspr Biol (ein Pigment zur Lichtabsorption bei Rotalgen)* eritrobilino

Erythroblast *m Med (unreife, kernhaltige Vorstufe der roten Blutzellen)* eritroblasto

Erythroblastom *n Med (eine krebsartige Erkrankung des Blutbildungssystems)* eritroblastomo

Erythroblastose *f Med* eritroblastozo

Erythromyzin *n Pharm (ein Antibiotikum)* eritromicino

Erythrophobie *f nur Fachspr Psych (Angst vor dem Erröten)* eritrofobio

Erythropoese *f nur Fachspr Med ([wiss. Bez für:] die Bildung der roten Blutzellen im Knochenmark)* eritropoezo

Erythropsie *f*, *auch* ***Rotsehen*** *n nur Fachspr Ophthalmologie (eine Form der Chromopsie)* eritropsio (*vgl. dazu* ***Chromopsie***)

Erythrose *f* ***a)*** *Chem (Kunstzucker aus Sirup)* eritrozo ***b)*** *Med (rote Gesichtsfarbe [bei Polyzythämie])* eritrozo

Erythrozyten *m/Pl fachsprachl. für «rote Blutzellen» Med* eritrocitoj *Pl*; ~**auflösung** *f*, *auch* ***Erythrozytolyse*** *f* eritrocitolizo; ~**enzyme** *n/Pl Biochemie* eritrocitaj enzimoj *Pl*; ~**zahl** *f Med (ein Laborwert, der die Zahl der roten Blutkörperchen in einer Volumeneinheit Vollblut bezeichnet)* eritrocita nombro

Erz *n Bergb* erco (↑ *auch* ***Blei-***, ***Eisen-***, ***Kupfer-***, ***Silber-*** *u.* ***Zinnerz***); ***reich an*** ~ erc[o]riĉa *od nachgest* riĉa je erco

Erzader *f* erca vejno *od* vejno el erco

erzählen *tr* rakonti (***jmdm. etw.*** ion al iu; ***von etw.*** pri io); *berichten* raporti (***über*** pri); *wissen lassen*, sciigi (***dass*** ke); ***Geschichten*** ~ rakonti historiojn; ***erzähl [doch] mal!*** *bzw.* ~ ***Sie [doch] mal!*** rakontu do!; ***er erzählte mir, wie es passierte*** li sciigis al mi kiamaniere ĝi (*od* tio) okazis ◇ ***erzähle keine Märchen!*** ne diru mensogojn!

erzählend *Adj* rakonta

erzählenswert *Adj* rakontinda

Erzähler *m jmd., der erzählt* rakontanto; *Lit, Theat od im Orient* rakontisto (↑ *auch* ***Geschichtenerzähler***); *Märchen*≗ rakontisto de fabeloj, fabelisto

Erzähl|kunst *f* rakont-arto; ~**stil** *m Lit* rakonta stilo

Erzählung *f (das Erzählte)* rakonto (↑ *auch* ***Reise-*** *u.* ***Verserzählung***); *(das Erzählen)* rakontado; *Bericht* raporto (***über*** pri)

Erzählweise *f* rakontmaniero, *auch* maniero rakonti [ion]

Erzbergwerk *n* ercminejo; *für Eisenerz* ferminejo

Erzbischof *m Kirche* arkiepiskopo, *auch* ĉefepiskopo *(vor Eig auch Großschr)*; *in der orthodoxen Kirche* metropolito *(vor Eig auch Großschr)*

erzbischöflich *Adj* arkiepiskopa

Erzbistum *n Kirche* arkiepiskopejo

Erzdechant *m Kirche* ↑ ***Archidiakon***

Erzengel *m Rel* arkianĝelo, *auch* ĉefanĝelo

erzeugen *tr* ***a)*** *bes.* <österr> *für «herstellen»* produkti, *pop auch* fari ***b)*** *Tech* fabriki, produkti, *(Dampf, Energie, Wärme) auch* generi;; ***wieder*** ~ denove (*od* ree) produkti; ***5.000 t pro Jahr*** ~ produkti 5.000 tunojn jare; ***Strom*** ~ produkti elektran kurenton ***c)*** *Biol* generi (*vgl. dazu* ***zeugen***) ***d)*** *hervorrufen* estigi, kaŭzi; *zur Folge haben* sekvigi; ***Hass*** ~ estigi (*bzw.* sekvigi) malamon

Erzeugende *f Geom* naskanto

Erzeuger *m* produktanto *auch Tech* (↑ *auch* ***Öl-*** *u.* ***Stahlerzeuger***); *Biol* generanto *bzw.* generinto; *Schöpfer* kreinto; *Tech (Energie*≗*)* generatoro; ~**preis** *m Hdl, Wirtsch* prezo de produktanto

Erzeugnis *n* produkt[aĵ]o, fabrikaĵo; *allg auch* far[it]aĵo; *i.w.S. Frucht* frukto; ***dies hier ist ein japanisches*** ~ ĉi tiu estas japana produkto

Erzeugung *f a) Herstellung* produktado; *Fabrikation* fabrikado *b) Schaffung* kre[ad]o *c) Biol* generado *auch von Elektrizität u. anderen Energieträgern*

Erz|feind *m* ĝismorta malamiko; ~**gauner** *m* ĝisosta fripono, friponego

Erzgebirge *n a)* ercmontaro *b) tschech. **Krušné hory** als geografische Benennung eines Mittelgebirges im südl. Sachsen/ nördl. Böhmen* Ercmontaro; ***Sächsisches*** ~ *deutsches Mittelgebirge zw. Elster- u. Elbsandsteingebirge* Saksa Ercmontaro; ***Slowakisches*** ~, *slowakisch **Slovenské rudohorie** Teil der östlichen inneren Westkarpaten [im SO der Slowakei]* Slovaka Ercmontaro

Erzgebirgler *m* ercmontarano; loĝanto de [la regiono] Ercmontaro

erzhaltig, *<österr>* ***erzhältig*** *Adj* enhavanta ercon *nachgest*

Erz|herzog *m* arkiduko *od* ĉefduko; ~**herzogin** *f* arkidukino

erziehbar *Adj* edukebla

erziehen *tr Päd* eduki (*vgl. dazu* ***aufziehen***, ***ausbilden** u.* ***unterrichten***); ***seine Kinder mit äußerster Strenge*** ~ ekstreme severe eduki siajn infanojn

Erzieher *m* edukisto; *i.w.S. (Lehrer)* instruisto, *(Pädagoge)* pedagogo

erzieherisch, *<österr> auch* ***erziehlich*** *Adj* eduka; *pädagogisch* pedagogia; ***von ~em Wert sein*** havi edukan valoron

Erziehung *f* eduk[ad]o (*vgl. dazu* ***Bildung** u.* ***Ausbildung***; ↑ *auch* ***Hochschulbildung***, ***Kindererziehung***, ***Lehrlingsausbildung** u.* ***Musikerziehung***); *genossene Erziehung* edukiteco; ***antiautoritäre*** (***multikulturelle***, ***sexuelle***, ***zweisprachige***) ~ antiaŭtoritata (multkultura, seksa, dulingva) edukado; ***eine gute ~ erhalten*** ricevi bonan edukon; ***jmdm. eine gute ~ zuteil werden lassen*** doni bonan edukon al iu

Erziehungs|anstalt *f* edukejo; ~**arbeit** *f* eduka laboro; ~**aufgabe** *f* eduka tasko; ~**maßnahme** *f* eduka rimedo; ~**methode** *f* eduka metodo; ~**minister** *m* ministro de (*od* pri) edukado; ~**ministerium** *n* ministerio pri edukado; ~**prinzipien** *n/Pl* edukaj principoj *Pl*; ~**programm** *n* eduka programo; ~**prozess** *m* eduka procedo; ~**system** *n* eduka sistemo; ~**wissenschaft** *f* pedagogio; ~**ziel** *n* eduka celo

erzielen *tr* atingi, akiri; *verwirklichen, zustande bringen* efektivigi; ***gute Ergebnisse*** ~ atingi bonajn rezultojn; ***den Führungstreffer*** ~ *Sport* ŝoti la unuan golon; ***Gewinn*** (*od* ***Profit***) ~ ricevi (*od* fari *od* eltiri) profiton; ***ein Tor*** ~ *Sport* ŝoti (*od* fari *od im Fußball auch* kiki) golon

erzittern *intr* ektremi; *plötzlich vibrieren* ekvibri; ~ ***lassen*** [ek]tremigi *auch ein Beben die Erde*

Erzittern *n* ektremo

Erz|lager *od* ~**lagerstätte** *f* erckuŝejo; ~**lügner** *m* mensogulo (*vgl. dazu* ***Lügner***); ~**mineral** *n ein Mineral, das am Aufbau eines Erzes beteiligt u. für den Metallcharakter dieses Erzes wesentlich ist* ercmineralo; ~**rabe** *m* (Corvus crassirostris) *Orn* dikbeka korvo *[Vorkommen: Äthiopien u. Eritrea]*; ~**schürfer** *m Bergb* prospektoro; ~**singstar** *m* (Aplonis metallicus) *Orn* brila sturno *[eine Früchte fressende Singstarenart in SO-Asien u. im Inselbereich zw. Java und Samoa]*

erzürnen *tr* kolerigi; *aufreizen* inciti; ***sich*** ~ ekkoleri *od* koleriĝi; incitiĝi (***über*** pro), *bildh auch* fari al si malbonan sangon (***wegen*** pro)

erzürnt **1.** *Adj* koleriĝinta, *meist:* kolera **2.** *Adv* koleriĝinte, *meist:* kolere

Erzurum (*n*), *auch* ***Erserum*** (*n*) *Hptst. der gleichnamigen türkischen Provinz in Ostanatolien* Erzurumo

Erzvater *m Rel* ↑ ***Patriarch a)***

erzwingen *tr* [per premo *od* forto] devigi, eldevigi (***etw.*** ion); *nötigen (etw. pflichtgemäß zu tun, bes. etw. Unterlassenes)* kompulsi ◇ ***Liebe kann man nicht*** ~ amon oni ne povas komandi

erzwungen *Adj* [el]devigita

es *Pers Pron 3. Sg n* ĝi; *unpersönliches «es» bleibt meist unübersetzt od wird durch andere Stützworte übertragen*: ~ ***blitzt*** fulmas; ~ ***donnert*** fulmotondras; ~ ***wurde dunkel*** iĝis malhele (*od* mallume) *od* malheliĝis (***als*** kiam); ~ ***hagelt*** hajlas; ~ ***klärt sich auf*** la vetero sereniĝas (*od allg* pliboniĝas); ~ ***ist neblig*** estas nebulo; ~ ***regnet*** pluvas; ~ ***hat aufgehört zu regnen*** ĉesis pluvi *od* la pluvo ĉesis; ~ ***ist nicht weit von hier*** estas ne malproksime de ĉi tie; ~ ***tut mir sehr leid*** mi tre bedaŭras tion; ~ ***war einmal** ...* *es lebte einmal* ... iam vivis ...; *eines Tages* ... iun tagon ...; ~ ***ist gut, dass** ...* estas bone, ke ...; ***ich kann** ~ **nicht glauben, dass** ...* mi ne povas kredi, ke ...; ~ ***ist sechs Uhr zehn*** estas la sesa [horo] kaj dek [minutoj]; ***ist Marina deine Freundin? – ja, sie ist** ~ (od **sie ist's**)* ĉu Marina estas via amikino? – jes, ŝi estas

ESA ↑ *unter **europäisch***

Esaki-Diode *f, auch **Tunneldiode** El* Esaki--diodo <*so benannt nach dem jap. Physiker Leo Esaki*>, *auch* tunela diodo

Esau (*m*) *bibl Eig: älterer der Zwillingssöhne Isaaks* Esavo (↑ *auch **Edom a)***)

Escalopes [*...'lop*] *n/Pl Kochk (kleine, dünne Scheiben von Fleisch, Fisch od Geflügel)* eskalopoj *Pl*

Escape|-Taste [*is'ke:p...*] *f Computer* eskap-klavo; ~**-Zeichen** *n, auch **Funktionsunterbrechungszeichen** n Computer* eskap-signalo

Eschatologie *f Rel (Lehre vom Endschicksal des Menschen und der Welt od Lehre von Tod und Auferstehung)* eskatologio; ***christliche** ~* kristana eskatologio

eschatologisch *Adj* eskatologia

Esche *f* (*Gattung* Fraxinus) *Bot* frakseno (↑ *auch **Blau-**, **Blumen-**, **Grün-**, **Oregon-**, **Rot-** u. **Schwarzesche***); ***amerikanische** ~ od **Weißesche** f* (Fraxinus americana) amerika (*od* blanka) frakseno; ***gemeine** (od **gewöhnliche**) ~, auch **Steinesche** f, pop meist kurz **Esche** f* (Fraxinus excelsior) ordinara frakseno; ***rundblättrige** ~* (Fraxinus rotundifolia) rondfolia frakseno; ***schmalblättrige** (od **südliche**) ~* (Fraxinus angustifolia) mallarĝfolia frakseno

Eschenahorn *m* (Acer negundo) *Bot* negundo *[Vorkommen: mittleres u. östliches Nordamerika]*

eschenblättrig, *Fachspr Bot auch lat. **fraxinifolius** Adj* fraksen[o]folia

Eschenwald *m* fraksena arbaro

Eschlauch *m Bot* ↑ ***Schalotte***

Eschscholzie *f Bot* ↑ ***Kappenmohn***

Escorial *m ein Palast bei Madrid* [palaco] Eskorialo

Escortagentur *f* ↑ ***Begleitagentur***

Escortservice *m, auch **Begleitservice** m* eskorta servo

Escudo *m* (*Abk* **Es** *od* **Esc**) *portugies. Währungseinheit [vor der Euro-Einführung]* eskudo

Esekiel (*m*), *hebräisch **Jechezkel** bibl (ein Prophet des Alten Testaments)* Jeĥezkelo

Esel *m* (Equus asinus) *Zool* azeno *auch übertr* (↑ *auch **Poitou-Esel***); *Wild*~ sovaĝa azeno (*vgl. dazu **Halbesel**, **Kulan** u. **Onager***); ***nubischer** ~* (Equus africanus africanus) nubia azeno; ***der** ~ **iaht** (**schreit**)* la azeno iaas (blekas); ***wie ein** ~ **schreien*** bleki kiel azeno, azenbleki ◇ ***dumm wie ein** ~ **sein*** esti stulta kiel azeno

Eselchen *n* azeneto

Eselei *f selt für «Dummheit»* azenaĵo

Eselfleisch *n Kochk (Gericht aus Eselfleisch)* azenaĵo

Eselhase *m Zool* ↑ *unter **¹Hase***

Eselhengst *m* virazeno

Eselin *od* **Eselstute** *f* azenino

Esels|brücke *f umg: Hilfsmittel für schwer merkbare Dinge* helpilo por memorteni [ion]; ~**distel** *f* (*Gattung* Onopordum) *Bot* onopordo

Eselsfeige *f Bot* ↑ ***Sykomore b)***

Eselsgurke *f Bot* ↑ ***Spritzgurke***

Eselskarren *m* azenoĉaro

Eselsmilch *f* azena lakto; ***in** ~ **baden** hist: Kleopatra* baniĝi en azena lakto

Eselsohr *n **a)** umgeknickte Ecke einer Buchseite* faldita angulo de libropaĝo ***b)** Ohr eines Esels*: ~***en** Pl* azenaj oreloj *Pl* ***c)** Mykologie* ↑ *unter **²Hasenohr***

Eselspinguin *m* (Pygoscelis papua) *Orn* papua pingveno *[Vorkommen: zirkumpolar auf subantarktischen Inseln u. der Antarktischen Halbinsel]*

Eselstute *f* ↑ ***Eselin***

Eselswolfsmilch *f* (Euphorbia esula) *Bot* lancetfolia eŭforbio

ESF = *Abk für **Europäisches Sozialforum***

Esfahan (*n*) ↑ ***Isfahan***

Eskader *f* ↑ ***Schiffsgeschwader***

eskaladieren *tr Militärgeschichte (mit Sturmleitern erstürmen)* eskaladi

Eskaladieren *n Mil* eskalado

Eskalation *f bes. Pol (Verschärfung. Zuspitzung [eines Konflikts]* eskalado

Eskapismus *m 1. Psych ([Hang zur] Flucht vor der Wirklichkeit u. den realen Anforderungen des politischen u. sozialen Lebens in eine imaginäre Scheinwirklichkeit 2. Literatur od Kunst, die diese Tendenz ausdrückt 3. i.w.S. Weltflucht od Rückzug*

aus der Welt und ihrem Getriebe eskapismo

eskapistisch *Adj* eskapista

Eskarpe *f innere Grabenböschung [bei Befestigungsanlagen]* eskarpo

Eskimo *m* eskimo, *Selbstbenennung der Eskimo* inuito (*vgl. dazu* ***Inuit***); ~**brachvogel** *m* (Numenius borealis) *Orn* eskimokurlo; ~**hund** *m, auch* ***Polarhund*** *m* eskimohundo

eskimoisch *Adj* eskima

Eskorte *f Ehren-, Schutzgeleit* eskorto (*vgl. dazu* ***Begleitmannschaft*** *u.* ***Gefolge***; ↑ *auch* ***Polizeieskorte***); *Mar* konvojo

eskortieren *tr geleiten od Geleitschutz geben* eskorti

Esmeralda (*f*) *weibl. Vorname* Esmeralda

Esoterik *f Geheimlehre* esoterismo

Esoteriker *m* ano de esoterismo

esoterisch *Adj nur für Eingeweihte verständlich bzw. bestimmt bzw. [geistig] zugänglich* esotera (*vgl. dazu* **geheim**)

Espada *m* ↑ ***Stierkämpfer***

Espagnoletteverschluss *m* ↑ ***Drehstangenverschluss***

Esparsette *f* (*Gattung* Onobrychis) *Bot* onobriko (↑ *auch* ***Futter-*** *u.* ***Sandesparsette***)

Esparto[gras] *n Handelsbezeichnung für verschiedene Gräser, die für Papierherstellung u. Flechtarbeiten verwendet werden* esparto (↑ *auch* ***Alfagras***); ***Flechtarbeit*** (*bzw.* ***Produkt***) ***aus Esparto*** espartaĵo

Espe *f Bot* ↑ ***Zitterpappel***

Espenlaub *n* ◇ ***er zitterte wie*** ~ li tremis kiel aŭtuna folio *(Zam)*

Espenrotkappe *f* (Boletus rufus = Leccinum aurantiacum) *Mykologie* rufa boleto

Esper *f Bot* ↑ ***Esparsette***

Esperantismus *m* ***a)*** *Ling ([sprachliche] Eigentümlichkeit od Besonderheit des Esperanto)* esperantismo ***b)*** = ***Esperantobewegung***

Esperantist *m* esperantisto; ***erzkonservativer*** ~ *im Esperantomilieu: umg, oft scherzh od pej* ĝisostulo; ~ ***werden*** esperantistiĝi

Esperantistenschaft *f* esperantistaro

Esperantistin *f* esperantistino

esperantistisch *Adj* esperantista

Esperanto *n Ling* Esperanto; ***etw. ins*** ~ ***übersetzen*** traduki ion en Esperanton, *auch* esperantigi ion; ***jmdn. für*** ~ ***gewinnen*** esperantistigi iun

Esperanto-Abzeichen *n* Esperanto-insigno

Esperanto-Akademie *f* Akademio de Esperanto (*Abk* AdE); ***Mitglied*** *n* ***der*** ~ membro de la Esperanto-Akademio, *umg kurz* akademiano

Esperanto|bewegung *f* Esperanto-movado; ~**bund** *m* Esperanto-asocio, *in Benennungen der nationalen Verbände Großschr:* Esperanto-Asocio

Esperanto-Gesellschaft Südharz (*Abk* ***EGS***) Esperanto-Societo Sudharco *[Sitz: Herzberg am Harz]*

Esperanto|gruppe *f* Esperanto-grupo; ~-**klub** *m* Esperanto-klubo

Esperantokurs *od* ~**lehrgang** *m* Esperanto-kurso; ***einen neuen*** ~ ***einrichten*** (*od i.w.S.* ***beginnen***) starigi novan Esoeranto-kurson

Esperantolehrbuch *n* Esperanto-lernolibro; ~**lehrer** *m* Esperanto-instruisto

Esperantologe *m Erforscher von Sprache, Literatur u. Geschichte des Esperanto* esperantologo

Esperantologie *f Ling* esperantologio

esperantologisch *Adj* esperantologia

Esperanto|verein *m* Esperanto-societo; ~-**Weltkongress** *m* Universala Kongreso de Esperanto; ~-**Weltverband** *m* Universala Esperanto-Asocio (*Abk* UEA) *[Sitz: Rotterdam]*

Espírito Santo (*n*) *eine brasilianische Küstenstadt an der mittleren Ostküste* Espiritosanto

Esplanade *f* ***a)*** *auch* ***Glacis*** [*gla'si:*] *n Gesch (eingeebnete Fläche vor einer Festungsanlage)* esplanado, *auch* glaciso ***b)*** *i.w.S. auch* ***freier Platz*** *m Vorplatz, z.B. vor einem Monument* esplanado

Espresso ***a)*** *m ein starker Kaffee nach ital. Art* espreso (*vgl. dazu* **Cappuccino**) ***b)*** *n [ursprünglich italienische] Kaffeestube* espreso-kafejo; ~-**Kaffeemaschine** *f* espreso-aparato

Esprit [*...'pri:*] *m*: ***mit typisch französischem*** ~ kun tipa franca sprito

Espundia *f Tropenmedizin* ↑ ***Bahia-Beule***

Esquilin *m einer der sieben Hügel Roms* Eskvilino <*[in der Antike:] Begräbnis- u. Richtstätte*> (↑ *auch* ***²Palatin***)

Esquire [ɛs'kwaiə] *m 1. Gesch (Schildknappe, Waffenträger) 2. [früher:] Titel des niederen Adels in England; [heute:]*

sehr förmliche Anrede in Briefen (Abk ***Esq.*** *nach dem Namen)* eskviro

Essai *od* **Essay** *m od n Lit (kürzere Abhandlung)* eseo

Essayist *m Lit* eseisto

essbar *Adj* manĝebla

Essbesteck *n, auch* ***Tischbesteck*** *n* manĝilaro (↑ *auch* ***Silberbesteck***)

Ess-Brech-Sucht *f Med* ↑ ***Bulimie***

Esse *f* ***a)*** *von Dampfer, Lokomotive* fumtubo ***b)*** *<schweiz> u. reg* ***Kamin*** *m, <österr> u. reg* ***Rauchfang*** *m Schornstein* kamentubo

essen *tr u. intr* manĝi (↑ *auch* ***ab-***, ***mit-*** *u.* ***wegessen***); ***à la carte*** ~ *im Restaurant* manĝi laŭ la karto; ***mit vollen Backen*** ~, *umg* ***mampfen*** plenbuŝe manĝi; ***gern Kuchen*** ~ volonte manĝi kukon, *auch* ŝati [manĝi] kukon; ***iss so viel [wie] du kannst*** manĝu tiom, kiom vi povas; ***[nur] ein wenig*** (*od* ***eine Kleinigkeit***) ~ [nur] manĝeti; ***etw. lieber*** ~ pli volonte manĝi ion (***als*** ol), preferi manĝi ion; ***regelmäßig*** ~ regule manĝi; ***sich satt*** ~ manĝi ĝissate (*od* ĝis satiĝo), *umg auch* satmanĝi; ***zu Abend*** ~ vespermanĝi; ***zu Mittag*** ~ tagmanĝi; ***jmdm. etw. zu*** ~ ***geben*** manĝigi ion al iu

[1]**Essen** *n* manĝo; *das Essen als Vorgang* manĝado; *Fest*~ bankedo, festeno (↑ *auch* ***Abschiedsessen***); *Gang, Gericht* plado; *Speise* manĝaĵo, *selt (Gekochtes)* kuiraĵo; ***nach*** (***vor***) ***dem*** ~ post (antaŭ) la manĝo; ***nach dem*** ~ ***[auftretend]*** *z.B. Magenschmerz* postmanĝa; ***ist das*** ~ ***[schon] fertig?*** ĉu la manĝo estas [jam] preta?; ***seine Freunde zum*** ~ ***einladen*** inviti siajn amikojn al manĝo; ***ein*** ~ ***geben*** *bes. Dipl*, ***zum*** ~ ***einladen*** inviti al lunĉo (*od* manĝo)

[2]**Essen** (*n*) *eine Stadt in NRW* Eseno

Essener *m/Pl, auch* ***Essäer*** *m/Pl asketische, ordensähnliche Gemeinschaft im Judentum (Angehörige einer altjüdischen Sekte, etwa 200 v. Chr. bis 200 n. Chr. [als Selbstzeugnis der Essener gelten die neueren Textfunde in Qumran])* esenoj *Pl*

Essengeld *n* mono por manĝado

Essenkehrer *m* ↑ ***Schornsteinfeger***

Essen[s]|marke *f* manĝ-kupono, porciokupono; ~**portion** *f* manĝoporcio

Essen[s]reste *m/Pl* ↑ ***Speisereste***

Essenszeit *f Tischzeit* manĝotempo; ***regelmäßige*** ~***en*** *Pl* regulaj manĝotempoj *Pl*

Essenz *f allg (Hauptinhalt, Kern, das Wesentliche), Chem ([meist alkoholischer] konzentrierter Auszug [aus Pflanzenstoffen]) u. Phil («Essentia»: absolutes Sein, Substanz, Wesenheit)* esenco (*vgl. dazu* ***Extrakt***; ↑ *auch* ***Essig-***, ***Lavendel-*** *u.* ***Zitronellaessenz***)

essenziell *Adj allg, Biol u. Chem (lebensnotwendig), Phil (wesensmäßig)* esenca; ~***e Aminosäure*** *f* esenca aminoacido

Esser *m* manĝanto (↑ *auch* ***Fleisch-*** *u.* ***Mitesser a)***); *übertr (Mund)* buŝo; ***ein guter*** (***schlechter***) ~ ***sein*** esti bona (malbona) manĝanto; ***viele*** ~ ***waren satt zu kriegen*** (*od* ***machen***) multaj buŝoj postulis manĝaĵon *od* multaj stomakoj devis esti satigataj

Essex (*n*) *eine engl. Landschaft* Esekso

Essexit *m Geol, Min (meist klein- bis mittelkörniges, dunkelgraues Plutonitgestein) <gehört zur Diorit-Gabbro-Familie>* eseksito

Ess|gabel *f* manĝoforko; ~**gerät** *n* manĝilo; ~**geschirr** *n bes. Mil (Kochgeschirr)* gamelo (↑ *auch* ***Gamelle***); ~**gewohnheiten** *f/Pl* manĝokutimoj *Pl*; ~**gier** *f* manĝavido, voremo

Essig *m* vinagro, *Chem Fachspr* aceto; ***synthetischer*** ~ sinteza (*od* artefarita) vinagro; *Speise- od Tafel*~ vinagro [por ĉetabla uzo] (↑ *auch* ***Apfel-***, ***Balsamico-***, ***Branntwein-***, ***Honig-***, ***Malz-***, ***Obst-*** *u.* ***Weinessig***); ***sauer wie*** ~ acida kiel vinagro (↑ *auch* ***essigsauer***); ***in*** ~ ***konservieren*** konservi en vinagro; ***in*** ~ ***umwandeln*** *Chem* acetigi

Essigart *f* vinagrospeco

Essigbaum *m, auch* ***Hirschkolbensumach*** *m* (Rhus hirta = Rhus typhina) *Bot* hirta (*od* vinagra) sumako, *pop* vinagra arbo; ***duftender*** ~, *auch* ***Duft-*** *od* ***Gewürzsumach*** *m* (Rhus aromatica) odora sumako *[Vorkommen: südl. Kanada u. in USA (außer Florida); in Europa seit langem eingeführt]*

Essigbeere *f Bot* ↑ ***Berberitze***

Essig|brauer *m* vinagrofaristo; ~**brauerei** *f* vinagrofarejo; ~**essenz** *f* vinagra esenco; ~**ester** *m, auch* ***Äthyl-*** *od* ***Ethylacetat*** *n Chem* etila acetato; ~**fläschchen** *n in der Menage* vinagrujo

Essigfliege *f Ent* ↑ ***Taufliege***

Essiggurken *f/Pl Nahr* vinagritaj kukum[et]oj *Pl*; *eingelegte Gurken* peklitaj kukum[et]oj *Pl*

Essigrose *f Bot* ↑ *unter* ***[1]Rose a)***

essigsauer *Adj* vinagr[oacid]a, <*wiss*> acetoacida; ***essigsaure Tonerde*** *f* alumina acetato ◇ ***mit essigsaurer Miene herumlaufen*** havi vinagron en la mieno *(Zam)*

Essigsäure *f* (Acidum aceticum) *Chem* acetata acido

Essigsäuresalz *n Chem* ↑ ***Azetat***

Essigsoße *f, auch* ***Vinaigrette*** *f Kochk* vinagrosaŭco *od* vinagra saŭco

Essiv *m Ling (ein Kasus in den finnisch-ugrischen Sprachen, der einen Zustand ausdrückt)* esivo

Esskastanie *f* ↑ ***[1]Marone***

Ess|löffel *m* [sup]kulero *auch (bes. Kochk) als Maßeinheit*; ~**lust** *f* apetito; ~**stäbchen** *n/Pl* manĝobastonetoj *Pl, auch (bes. in Japan)* haŝioj *Pl*; ~**tisch** *m, geh auch* ***Speisetisch*** *m* manĝotablo; ~**waren** *Pl* manĝaĵoj *Pl*; ~**zimmer** *n, geh auch* ***Speisezimmer*** *n* manĝoĉambro (↑ *auch* ***Speisesaal***)

Este *m, selt* ***Estländer*** *m* estono

[1]Ester *od* **Esther** (*f*) *weibl. Vorname (auch bibl)* Estera

[2]Ester *m Chem* estero (↑ *auch* ***Essigester***); ***in*** (*od* ***zu***) ~ ***umwandeln*** *verestern* esterigi

Esterasen *f/Pl Biochemie (Enzyme, die die Spaltung von Estern in Fettsäuren u. Alkohole bewirken)* esterazoj *Pl*

Esther (*f*) ↑ ***[1]Ester***

Estin *f* estonino

Estland (*n*), *estnisch* ***Eesti [Vabariik]*** *nördlichster der drei baltischen Staaten* Estonio *[Hptst.: Tallinn]*

Estländer *m* ↑ ***Este***

estnisch *Adj* estona

Estnisch[e] *n Ling (eine zur ostseefinnischen Gruppe der finnisch-ugrischen Sprachen gehörige Sprache)* la estona [lingvo]

Estompe *f, auch* ***Wischer*** *m Mal* stompo

estompieren, *auch* ***wischen*** *tr Mal (Zeichnungen unklar od verschwommen erscheinen lassen)* stompi

Estoril (*n*) *ein Seebad an der portugiesischen Atlantikküste* Estorilo

Estrade *f* estrado (*vgl. dazu* ***Podium***)

Estraden|konzert *n* estrada koncerto; ~**orchester** *n* estrada orkestro

Estragon *m* (Artemisia dracunculus) *Bot* estragono *auch Gewürz*; ~**[speise]senf** *m* estragona mustardo

Estremadura *f eine Landschaft u. historische Provinz in W-Portugal* Estremaduro

Estrich *m* masiva planko el cemento (*bzw.* gipso *od* argilo)

Eszett *n ein Graphem des deutschen Alphabets (Buchstabe ß)* esceto

Esztergom (*n*) *eine ungarische Stadt an der Donau* <*mit bedeutender Basilika*> Estergomo

etablieren *tr* establi; ***sich*** ~ *refl* establiĝi *od* sin establi; *sich einrichten* sin aranĝi

Etablissement *n Niederlassung* establaĵo

Etage *f* ***a)*** etaĝo (↑ *auch* ***[2]Geschoss*** *u.* ***[2]Stock***); ***obere*** ~ *Obergeschoss* supra etaĝo; ***in der ersten*** ~ ***wohnen*** loĝi en (*od* sur) la unua etaĝo ***b)*** *Bot (charakteristische Verteilung der Vegetation auf bestimmte Höhenstufen)* etaĝo

Etagen|bett *n* etaĝa lito; ~**heizung** *f* etaĝa hejtado (*vgl. dazu* ***Zentralheizung***)

Etagere *f an der Wand befestigtes, meist aufgehängtes Gestell für Bücher od Geschirr* etaĝero

Etamin *n, auch (bes.* <*österr*>*) m Textil (ein locker gewebter Baumwollstoff)* stamino

Etappe *f* ***a)*** *Teilstrecke* etapo *auch Radsport u.a.*; ***eine wichtige*** ~ ***in der Verbesserung der Beziehungen zwischen ... und ...*** grava etapo en la pliboniĝo de la rilatoj inter ... kaj ... ***b)*** *Mil (Raum zw. Kampffront u. Heimat, z.B. für Nachschub, Depots, Lazarette u.a.)* ariero ***c)*** *übertr: Schritt, Teilvorgang, Entwicklungsstufe* etapo

Etappen|ort *m, Kurzw* ***Etappe*** *f Mil (Rastplatz)* etapo; ~**sieger** *m Sport* venkinto de etapo

etappenweise *Adv* etapo(n) post etapo

Etat [e'ta:] *m 1. Staatshaushaltplan 2. die durch den Haushaltplan einer Verwaltungsstelle zur Verfügung gestellten Mittel 3. einem Plan entsprechender Sollbestand* etato; *Budget* buĝeto (*vgl. dazu* ***Haushalt[s]plan***); ***außerhalb des Etats [liegend]*** eksteretata

Etatgesetz *n Parl* ↑ ***Haushaltsgesetz***

etatmäßig *Adj dem Etat gemäß* laŭetata; laŭbuĝeta (*vgl. dazu* ***planmäßig***)

et cetera (*Abk* ***etc.***) kaj cetere *bzw.* kaj ceteraj (*Abk* k.c.), *[dafür meist:] und so weiter* kaj tiel plu (*Abk* ktp.)

Eteokles (*m*) *griech. Myth (Sohn des*

Ödipus, Bruder des Polyneikes [einer der Sieben gegen Theben]) Eteoklo

Eternit® *n Bauw ([gewalzter] Asbestzement)* [laminita] asbesta cemento

Ethan *n Chem* ↑ ***Äthan***

Ethanal *n Chem (fachsprachliche Bez für «Acetaldehyd»* etanalo

Ethanol *n Chem* ↑ ***Äthanol***

Ethik *f, auch* ***Sittenlehre*** *f* etiko (↑ *auch* ***Bioethik***); ***christliche*** ~ kristana etiko

Ethiker *m Vertreter der Ethik* etikisto (↑ *auch* ***Moralist***)

Ethikrat *m* etika konsilio

ethisch *Adj* etika (*vgl. dazu* ***moralisch*** *u.* ***sittlich***); ~***e Prinzipien*** *n/Pl* etikaj principoj *Pl*

Ethmolith *m, auch* ***Trichterpluton*** *m Geol (ein sich trichterförmig nach unten verjüngender subvulkanischer Pluton)* etmolito

Ethnie *f* etno (*vgl. dazu* ***Stamm***)

ethnisch *Adj* etna (↑ *auch* ***multiethnisch***); ~***e Minderheit*** *f* etna minoritato; ~***e Säuberung*** *f* etna purig[ad]o

Ethnobotanik *f Wissenschaft über die Beziehungen zw. den Menschen u. der sie umgebenden Pflanzenwelt* etnobotaniko

Ethnogenese *f Teilgebiet der Ethnologie, das sich mit der Herkunft u. Formierung von Völkern beschäftigt* etnogenezo

Ethnogeografie *f, auch* ***Ethnogeographie*** *f* etnogeografio

Ethnograf *m, auch* ***Ethnograph*** *m Völkerkundler* etnografo

Ethnografie *f, auch* ***Ethnographie*** *f* etnografio (*vgl. dazu* ***Völkerkunde***)

ethnografisch, *auch* ***ethnographisch*** **1.** *Adj* etnografia **2.** *Adv* etnografie

Ethnohistorie *f* etnohistorio

Ethnolinguistik *f Disziplin der Linguistik, die Sprache im Zusammenhang mit der Kulturgeschichte der Sprachträger untersucht* etnolingvistiko

Ethnologe *m* etnologo

Ethnologie *f Völkerkunde (Wissenschaft, die die Verbreitung u. Entwicklung, Unterschiede u. Gemeinsamkeiten der Kulturen von Völkern [Ethnien] sowie ihre Beziehungen untereinander untersucht* etnologio

ethnologisch **1.** *Adj* etnologia **2.** *Adv* etnologie

Ethnomedizin *f i.e.S. eine anthropologische Disziplin, die in Anlehnung an ethnologische Methoden Konzepte von Gesundheit, Krankheit u. Heilung in Ethnien u. Populationen jeglicher Provenienz beschreibt; i.w.S. vergleicht die Ethnomedizin verschiedene Heilweisen u. untersucht deren Interaktion durch ihre Träger in Kontaktsituationen* etnomedicino (↑ *auch* ***Volksmedizin***)

Ethnonym *n Ling (Bez eines Ethnos, z.B. eines Stammes od eines Volkes)* etnonimo

Ethnopolitik *f* etnopolitiko

Ethnosprache *f* etnolingvo

ethnosprachig *Adj* etnolingva (*vgl. dazu* ***nationalsprachig***)

ethnozentrisch *Adj* etnocentra

Ethnozentrismus *m besondere Form des Nationalismus, bei der das eigene Volk (die eigene Nation) als Mittelpunkt u. zugleich als gegenüber anderen Völkern als überlegen angesehen wird* etnocentrismo

Ethologie *f* ↑ ***Verhaltensforschung***

ethologisch **1.** *Adj die Ethologie betreffend* etologia; ~***e Rasse*** *f Zool (eine infraspezifische Sippe, die sich durch bestimmte Verhaltensweisen von der gleichen Art unterscheidet [die ethologischen Verhaltensweisen sind großenteils tradiert, also nicht angeboren])* etologia raso; ~***e Schranke*** *f Zool (eine bei Tieren wichtige Form der reproduktiven Isolation)* etologia bariero **2.** *Adv* etologie

Ethos *n sittlicher Gehalt (vom Bewusstsein sittlicher Werte geprägte Gesinnung)* etoso

Ethyl *n Chem* ↑ ***Äthyl***

Ethylacetat *n Chem* ↑ ***Essigester***

Ethylen *n Chem* ↑ ***Äthylen***

ETI = *fachsprachl. Abk für* ***extraterrestrische Intelligenz***

Etikett *n Preisschildchen, Zettel zum Aufkleben u.Ä.* etikedo (*vgl. dazu* ***Zettel***)

Etikette *f strenge gesellschaftliche Umgangsform(en)* etiketo (↑ *auch* ***Hofetikette***); ***nach der*** ~ laŭ la etiketo

etikettieren *tr:* ***etw.*** ~ etikedi ion, fiksi etikedon sur ion; ***etikettiert sein*** esti etikedita *od* surhavi etikedon

Etikettieren *n od* **Etikettierung** *f* etikedado

etliche *Pron* kelkaj; *ziemlich viele* sufiĉe multaj; ~ ***Male*** kelkajn fojojn, kelkfoje; *dann und wann* iam kaj iam; *von Zeit zu Zeit* de tempo al tempo

Etosha|-Nationalpark *m am NW-Rand des Kalahari-Beckens* Etoŝa Nacia Parko; **~-Pfanne** *f im Norden Namibias* Etoŝa Salebeno

Etrurien (*n*) *Antike (eine historische Landschaft in Mittelitalien [entspricht etwa der heutigen Toskana])* Etruskio

Etrusker *m Einwohner Etruriens* etrusko <*ein Volk, das vom Beginn des 7. Jh.s v. Chr. in Etrurien als Träger einer eigenständigen Kultur auftrat* (↑ *auch* ***Tyrrhener***)

Etruskerin *f* etruskino

Etruskerspitzmaus *f* (Suncus etruscus) *Zool* plej-eta sunko <*kleinstes Säugetier der Welt*>

etruskisch *Adj* etruska

Etruskisch[e] *n Ling* la etruska [lingvo]

Etruskologie *f Wissenschaft von der etruskischen Kunst sowie der Sprache der Etrusker* etruskologio

Etsch *f, ital.* ***Adige*** *m ein Fluss in Oberitalien* [rivero] Adiĝo

Etüde *f, auch* ***Übungsstück*** *n Mus* etudo, ekzercopeco (↑ *auch* ***Übung***)

Etui *n* ujo (↑ *auch* ***Futteral***); *Brillen*~ ujo por [la] okulvitroj; *kleine Schachtel* skatoleto

etwa *Adv* ĉirkaŭ; *ungefähr* proksimume (↑ *auch* ***rund 2.***); *vielleicht* eble; *zum Beispiel* ekzemple; ***das Dorf liegt ~ zehn Kilometer von ... entfernt*** la vilaĝo troviĝas ĉirkaŭ dek kilometrojn for de ...; ***es verging ~ ein halbes Jahr*** pasis proksimume duona jaro; ***sie ist ~ zwanzig Jahre alt*** ŝi havas proksimume (*od* ĉirkaŭ) dudek jarojn

etwaig *Adj* eventuala

etwas 1. *Indef Pron* io (*vgl. dazu* ***irgendetwas***), *in Verbindung mit einem substantivierten Adj meist durch Suff* ...aĵo *ausgedrückt, z.B.:* ***wir hatten erwartet, ~ Neues zu hören*** ni atendis aŭdi novaĵon (*aber auch:* ni atendis aŭdi ion novan); ***~ Außergewöhnliches*** eksterordinaraĵo *od* io eksterordinara; ***so ~ war noch nie da*** io tia neniam okazis [ĝis nun]; ***haben Sie ~ gesagt?*** ĉu vi diris ion?; ***kann ich Ihnen ~ aus der Apotheke holen?*** ĉu mi povos iri al la apoteko por alporti [iun] medikamenton [por vi]?; ***geben Sie mir bitte ~ gegen Husten*** (***Schnupfen***) bonvolu doni al mi medikamenton kontraŭ tuso (nazkataro); ***noch ~, mein Herr?*** *an Gast od Kunden gerichtet* ĉu ankoraŭ ion [vi ŝatas]? **2.** *Adv* iom; *ein klein wenig* iomete (*vgl. dazu* ***ein bisschen***); ***~ besser*** (***kürzer***) iom pli bone (mallonge); ***~ Butter*** (***Salz, Wurst***) iom da butero (salo, kolbaso); ***~ müde sein*** esti iom dormema; ***er kann ~ Holländisch*** li scipovas iom de la nederlanda [lingvo]; ***ich hätte gern ~ von diesem Kuchen [da]*** mi ŝatus havi iom de tiu kuko; ***~ über zwanzig Personen*** iom pli ol dudek personoj; ***haben Sie ~ Geduld!*** havu iom da pacienco!; ***können Sie nicht noch ~ bleiben?*** ĉu vi ne povas resti ankoraŭ iom da tempo?; ***sprechen Sie bitte ~ langsamer*** bonvolu paroli iom pli malrapide

etwelche *Pron alt* = ***1. irgendwelche 2. einige*** [↑ *dort*]

etymisch *Adj das Etymon, die wahre, eigentliche Bedeutung betreffend* etima (*vgl. dazu* ***Etymon***)

Etymologe *m Ling* etimologo

Etymologie *f Ling (1. Wortforschung 2. Ursprung eines Wortes)* etimologio

etymologisch 1. *Adj* etimologia; ***~es Wörterbuch*** *n* etimologia vortaro **2.** *Adv* etimologie

Etymon *n Ling (Stamm-, Wurzelwort)* etimo

Etzel (*m*) ↑ ***Attila***

EU *f* ↑ *unter* ***europäisch***; ***innerhalb der ~*** ene de EU

EUA = *Abk für* ***Europäische Umweltagentur***

euatlantisch *Adj nur Fachspr Biol (im atlantischen Klimabezirk verbreitet, insbesondere von SW-Norwegen bis zum NW der Iberischen Halbinsel)* eŭatlantika

Eubakterien *f/Pl* (Eubacteriales) *Bakt (eine der zwei Hauptgruppen der Prokaryonten)* eŭbakterioj *Pl* (↑ *auch* ***Azotobacter***)

EU|-Beitritt *m* EU-eniro; **~-Beitrittsverhandlungen** *f/Pl* traktadoj *Pl* pri aliĝo al EU *od* intertraktoj *Pl* pri eniro en EU

Eubionik *f Lehre von der gesunden Lebensweise* eŭbioniko

Euböa (*n*) *eine Insel vor der griech. Ostküste* [insulo] Eŭbeo *[Hauptort: Chalkis]*

EU-Bürger *m* EU-civitano

euch *Akk von* ***ihr*** (*Pers Pron 2. Pl*) vin

Eucharistie *f, auch* ***Altar[s]sakrament*** *n od* ***Abendmahlsfeier*** *f kath. Kirche* eŭkaristio; **~gemeinschaft** *f Kirche* eŭkaristia komunumo

eucharistisch *Adj* eŭkaristia; *²er Kongress m [internationale] katholische Tagung zur Feier u. Verehrung der Eucharistie* Eŭkaristia Kongreso

EU-Charta *f* EU-ĉarto

Eudämonismus *m, auch* ***Glückseligkeitslehre*** *f Rel, Phil (in der Ethik der Standpunkt, dass das höchste Gut die eigene Glückseligkeit sei)* eŭdajmonismo

Eudiometer *n Phys (Glasröhre zum Abmessen von Gasen)* eŭdiometro

Eudiometrie *f Phys (Gasanalyse: Messung des Sauerstoffgehaltes der Luft als Güteprobe)* eŭdiometrio

eudiometrisch *Adj* eŭdiometria

Eudoxos (*m*) *Eig (altgriech. Astronom, Mathematiker u. Philosoph [um 400-um 347 v. Chr.])* Eŭdokso

eu|er (~[e]re) *Poss Pron 2. Pl* via, *bei Subst im Pl* viaj; *in der in diesem Falle meist üblichen vertraulichen Redeweise auch* cia; ***wo ist ~[e]re Katze?*** kie estas via kato?

euerthalben = ***eurethalben***

EU-Erweiterung *f* EU-plivastigo *bzw.* EU-plivastiĝo

Eufonie *f, auch* ***Euphonie*** *Wohlklang, Wohllaut* eŭfonio

eufonisch, *auch* ***euphonisch*** *Adj wohlklingend, wohllautend* eŭfonia

Eugen (*m*) *männl. Vorname* Eŭgeno

Eugenik *od* **Eugenetik** *f, auch* ***Erbhygiene*** *f ein Zweig der Humangenetik* eŭgeniko

Eugeniker *m* eŭgenikisto

eugenisch *Adj die Eugenik betreffend* eŭgenika

EuGH = *Abk für* ***Europäischer Gerichtshof***

EU-Gipfel *m Pol* EU-pintkonferenco

Euhemerismus *m [rationalistische] Deutung von Mythen u. Religionen* eŭhemerismo

EU-Instanzen *f/Pl* EU-instancoj *Pl*

Eukalyptus|[baum] *m* (*Gattung* Eucalyptus) *Bot* eŭkalipto; **~öl** *n* (Oleum eucalypti) *Pharm* eŭkalipta oleo; **~wald** *m* eŭkalipta arbaro

Eukaryonten *od* **Eukaryoten** *Pl Genetik, Zytologie (zusammenfassende Bez. für alle Organismen, deren Zellen durch einen typischen Zellkern charakterisiert sind)* eŭkariotoj *Pl [Ggs:* ***Prokaryonten*** *(↑ dort)]*

eukaryotisch *Adj* eŭkariota

Eukinesie *f nur Fachspr Med (normaler Bewegungsablauf)* eŭkinezio

Euklid (*m*) *Eig (altgriech. Mathematiker [um 300 v. Chr.])* Eŭklido

euklidisch *Adj* eŭklida; ***~er Algorithmus*** *m Math (ein Verfahren zur Bestimmung des größten Teilers zweier Zahlen)* eŭklida algoritmo *od* algoritmo de Eŭklido; ***~e Geometrie*** *f* eŭklida geometrio; ***~er Raum*** (***Ring***) *m* eŭklida spaco (ringo)

EU-Kommissar *m* EU-komisaro

EU-Kommission *f* ↑ *unter* ***europäisch***

EU-kritisch *Adj* EU-kritika

Eulalie (*f*) *weibl. Vorname* Eŭlalia *auch Name einer spanischen Märtyrerin [292-304]*

EU-Länder *n/Pl* EU-landoj *Pl*

Eule *f Orn* strigo (*vgl. dazu* ***Kauz***; ↑ *auch* ***Enggano-***, ***Flores-***, ***Gold-***, ***Gras-***, ***Halsband-***, ***Kapohr-***, ***Ruß-***, ***Sangihe-***, ***Schleier-***, ***Schnee-***, ***Sperber-***, ***Sumpfohr-*** *u.* ***Waldohreule***); ***[Familie der] ~n*** (Strigidae) strigedoj *Pl*

Eulenpapagei *m Orn* ↑ ***Kakapo***

Euler (*m*) *Eig (Schweizer Mathematiker u. Physiker [1707-1783])* Eŭlero

Eulogie *f orthodoxe Kirche (geweihtes Brot, das nach dem Gottesdienst an die Gläubigen verteilt wird)* eŭlogio

Eulysit *m Min (ein Peridotit-Verwandter)* eŭlisito

Eumaios (*m*) *griech. Myth ([in der Odyssee Homers] der dem Odysseus treu gebliebene Schweinehirt auf Ithaka)* Eŭmeo

Eumenes (*m*) *Eig* ***a)*** *Privatsekretär Alexanders des Großen [362-316 v. Chr.]* Eŭmeno ***b)*** *König von Pergamon [197-159 v. Chr.]* Eŭmeno II. [= la dua]

Eumeniden *f/Pl griech. Myth (euphemistische Bez für «Erinnyen»)* Eŭmenidoj *Pl*

eumetrop *Adj Ophthalmologie (normalsichtig)* eŭmetropa

Eumetropie *f Normalsichtigkeit* eŭmetropeco

EU-Mitgliedschaft *f* EU-membreco

EU-Mitglied[s]staat *m* EU-membroŝtato

Eumyceten *Pl Mykologie* ↑ *unter* ***Pilz***

Eunomia (*f*) *Myth (griech. Göttin der Gesetzmäßigkeit)* Eŭnomia

Eunuch[e] *m kastrierter Mann (bes. als Haremswächter)* eŭnuko

eunuchenhaft *Adj* eŭnuka

Eunuchenstimme *f* eŭnuka voĉo

EU-Osterweiterung *f* EU-plivastiĝo en Orienta Eŭropo
euozeanisch *Adj nur Fachspr: pflanzengeografische Bez für «eine Verbreitung in den ozeannahen Gebieten der Küsten u. des angrenzenden Hinterlandes, in denen luftfeuchtebegünstigte Klimate vorherrschen»* eŭoceana
Eupalinos (*m*), *auch* ***Eupalinus*** (*m*) *Eig (Ingenieur der griech. Antike [6. vorchristl. Jh.])* Eŭpalino
EU-Parlament *n* ↑ *unter* ***europäisch***
EU-Parlamentarier *m* EU-parlamentano
Eupepsie *f nur Fachspr Med (normale Verdauung)* eŭpepsio, normala digest[ad]o
Euphemismus *m Ling (beschönigendes, verhüllendes Wort [daher auch:* ***Hüllwort*** *genannt])* eŭfemismo *[z.B. dt. «einschlafen» für «sterben», im Esp «forpasi» für «morti»*
euphemistisch *Adj beschönigend, verhüllend* eŭfemisma
Euphonie *f* ↑ ***Eufonie***
euphonisch ↑ ***eufonisch***
Euphonium *n*, *auch* ***Baritonhorn*** *n Mus (ein Blechblasinstrument der Bügelhornfamilie in Baritonlage)* eŭfoniumo
Euphorie *f Zustand gesteigerten Hochgefühls (auch nach Rauschmittelgenuss)* eŭforio *auch i.w.S. für «Hochstimmung» od «nicht begründbares Glücksgefühl»*
euphorisch 1. *Adj* eŭfora **2.** *Adv* eŭforie
euphorisieren *tr in Euphorie versetzen* eŭforiigi
euphorisierend *Adj* eŭforiiga
euphotisch, *auch* ***lichtdurchdrungen*** *od* ***lichtreich*** *bes. die obere Schicht von Gewässern* eŭfota (*vgl. dazu* ***aphotisch***); *~**e Zone** f [im offenen Ozean bis 200 m Tiefe, in Küsten- u. Binnengewässern bis 20 m]* eŭfota zono
Euphrat *m*, *arab.* ***Nahr al-Furāt*** *od* ***Šatt al-Furāt*** *längster Strom Vorderasiens* [rivero] Eŭfrato
Euphronios (*m*) *Eig (attischer Vasenmaler [tätig zw. 510 u. 470 v. Chr.])* Eŭfronio
Euphrosyne (*f*) *griech. Myth (Tochter des Zeus [eine der drei Chariten])* Eŭfrozina
Eupnoe *f nur Fachspr Med (normale, mühelose Atmung)* eŭpneo
EU|-Politiker *m* EU-politikisto; *~**-Präsidentschaft*** *f* EU-prezidanteco

EUR = *Währungscode für* ***Euro***
Eurasien (*n*) *umfassender Begriff für die naturräumlich zusammenhängenden Erdteile Europa und Asien* Eŭrazio *<die größte Landmasse der Erde>*
Eurasier *m* eŭraziano
Eurasierin *f* eŭrazianino
eurasisch *Adj a) den europäisch-asiatischen Kontinent betreffend b) von europäisch--asiatischer Abstammung* eŭrazia
EURATOM ↑ *unter* ***europäisch***
eurerseits *Adv* viaflanke, de via flanko
euresgleichen *Pron* [homoj *Pl*] de via speco
euret|halben *od* *~**wegen*** *od* *~**willen*** *Adv* pro vi
EuRH = *Abk für* ***Europäischer Rechnungshof***
Eurhythmie *f nur Fachspr Med (Regelmäßigkeit des Pulses)* eŭritmo
euripideisch *Adj*: *~**e Dramen** n/Pl* eŭripidaj dramoj *Pl*
Euripides (*m*) *Eig (altgriech. Tragiker [um 480-406 v. Chr.])* Eŭripido
[1]**Euro** *m* (*Währungscode* ***EUR***; *Zeichen* **€**) eŭro; ***die Einführung des*** ~ la enkonduko de [la] eŭro
[2]**Euro** *f* = *umg für* ***Europameisterschaft*** [↑ *dort*]
euroatlantisch *Adj bes. Pol* eŭrop-atlantika
Euro|bond *m Fin* eŭro-obligacio; *~**cent*** *m Untereinheit des Euro* eŭrocendo; *~**cheque*** *m Fin* eŭroĉeko; *~**chequekarte*** *f* eŭroĉekkarto; *~**control*** *f europäische Organisation zur Sicherung der Luftfahrt* Eŭrokontrolo; *~**dollar[s]*** *m/Pl Bankw (auf US-$ lautende Bankguthaben, die außerhalb der USA gehalten werden)* eŭrodolaroj *Pl*; *~**krise*** *f Fin* eŭrokrizo; *~**kurs*** *m Bankw* eŭrokurzo; *~**münze*** *f* eŭromonero
[1]**Europa** (*n*) Eŭropo
[2]**Europa** (*f*) *Myth (griech. Sagengestalt, phönizische Prinzessin, Geliebte des Zeus, der sich ihr als Stier näherte u. sie nach Kreta entführte <er zeugte mit ihr Minos u. Rhadamanthys>* Eŭropa
[3]**Europa** *f Astron (ein Jupitermond)* Eŭropao
Europacup *m Sport* ↑ ***Europapokal***
Europäer *m* eŭropano
Europäerin *f* eŭropanino
europäisch *Adj* eŭropa (↑ *auch* ***europaweit*** *u.* ***gesamteuropäisch***); *≗**e Arzneimittel-Agentur*** *f*, *engl.* ***European Medicine***

Agency (*Abk* ***EMA***) *eine Agentur der EU, die für die Beurteilung u. Überwachung von Arzneimitteln zuständig ist* Eŭropa Medikamenta Agentejo *[Sitz: London, (ab 2019) Amsterdam]*; ≈***e Atomgemeinschaft*** *f* (*Kurzw* ***EURATOM***, *Abk* ***EAG***) Eŭropa Komunumo pri Atoma Energio (*Kurzw* Eŭratomo); ≈***e Bank*** *f* ***für Wiederaufbau und Entwicklung*** (*Abk* ***EBWE***, *engl. Abk* ***EBRD*** Eŭropa Banko por Rekonstruo kaj Evoluigo (*Abk* EBRE) *[Sitz: London]*; ≈***e Esperanto-Union*** *f* Eŭropa Esperanto-Unio (*Abk* EEU); ≈***er Fonds für Finanzstabilität*** (*Abk* ***EFFS***) *offizielle Bez für umg «Rettungsschirm»* Eŭropa Financa Stabiliga Fonduso ≈***er Fonds*** *m* ***für Regionale Entwicklung*** Eŭropa Fonduso por Regiona Evoluigo (*Abk* EFRE); ≈***e Freihandelsvereinigung*** *f*, *<schweiz>* ≈***e Freihandels-Assoziation*** *f* (*engl. Abk* ***EFTA***) Eŭropa Asocio por Libera Komerco *[Sitz: Genf]*; ≈***e Gemeinschaft*** *f* (*Abk* ***EG***), *früher* ≈***e Wirtschaftsgemeinschaft*** *f* (*Abk* ***EWG***) Eŭropa Komunumo, *früher* Eŭropa Ekonomia Komunumo (*Abk* EEK); ≈***e Gemeinschaft*** *f* ***für Kohle und Stahl*** (*Abk* ***EGKS***) Eŭropa Komunumo pri Ŝtalo kaj Karbo; ≈***er Gerichtshof*** *m* (*Abk* ***EuGH***) Eŭropa Kortumo *[1958 geschaffen; Sitz: Luxemburg]*; ≈***er Gerichtshof*** *m* ***für Menschenrechte*** *in Straßburg* Eŭropa Kortumo de (*od* pri) Homaj Rajtoj; *~**e Integration*** *f* eŭropa integrado; ≈***e Investitionsbank*** *f* (*Abk* ***EIB***), *engl.* ***Eŭropa Investment Bank*** *eine Sondereinrichtung der EU* Eŭropa Invest-Banko (*Abk* EIB) *[Sitz: Luxemburg]*; ≈***e Kommission*** *f*, *auch* ***EU-Kommission*** *f ein supranationales Organ der Europäischen Union* Eŭropa Komisiono, *auch* EU-komisiono *<im politischen System der EU nimmt sie vor allem Aufgaben der Exekutive wahr u. entspricht demzufolge ungefähr der Regierung in einem nationalstaatlichen System>*; ≈***e Menschenrechtskonvention*** *f* Eŭropa Konvencio pri Homaj Rajtoj (*Abk* EKHR) *[Sitz: Straßburg]*; ≈***es Parlament*** *od* ***Europaparlament*** *n* (*Abk* ***EP***), *auch* ***EU-Parlament*** *n ein Organ der EU* Eŭropa Parlamento, *auch* EU-parlamento *[Tagungsorte: Luxemburg u. Straßburg]*; ≈***es Patentamt*** *n* (*Abk* ***EPA***) Eŭropa Patent-Oficejo (*Abk* EPO); ≈***es Patentübereinkommen*** *n* (*Abk* ***EPÜ***) Eŭropa Patent-Konvencio; ≈***er Rat*** *m Pol (seit 1974 zweimal jährlich stattfindende Tagung des Präsidenten der EU-Kommission u. der Staats- u. Regierungschefs der EU-Länder)* Eŭropa Konsilio (*vgl. dazu* ***Europarat***); ≈***e Raumflugkontrollzentrum*** *n*, *engl.* ***European Space Operations Centre*** (*Abk* ***ESOC***) Eŭropa Spaco-Operacia Centro *[Sitz: Darmstadt]*; ≈***er Rechnungshof*** *m* (*Abk* ***EuRH***) Eŭropa Revizora Kortumo *[Sitz: Luxemburg]*; ≈***es Sozialforum*** *n* (*Abk* ***ESF***) Eŭropa Socia Forumo; ≈***e Umweltagentur*** *f* (*Abk* ***EUA***) Eŭropa Medio-Agentejo *[Sitz: Kopenhagen]*; ≈***e Union*** *f* (*Abk* ***EU***) Eŭropa Unio (*Abk* EU) (↑ *auch die Zus mit* ***EU*** *im Alphabet)*; ≈***e Wirtschafts- und Währungsunion*** *f* Eŭropa Ekonomia kaj Mona Unio; ≈***e Weltraumorganisation*** *f*, *engl.* ***European Space Agency*** (*Abk* ***ESA***) Eŭropa Spaco-Agentejo *[Sitz: Paris]*; ≈***e Zentralbank*** *f* (*Abk* ***EZB***) Eŭropa Centra Banko (*Abk* ECB) *[Sitz: Frankfurt am Main]*

europäisieren *tr* eŭrop[an]igi

Europa|meister *m Sport* eŭropa ĉampiono; ~**meisterschaft** *f*, *umg auch* ***Euro*** *f* eŭropoĉampionado

Europaparlament *n* ↑ *unter* ***europäisch***

Europa|pokal *m*, *auch* ***Europacup*** *m Sport* eŭropa pokalo (*vgl. dazu* ***UEFA-Pokal***); ~**politik** *f* eŭropa politiko; ~**rat** *m (Kurzf für* ***Rat der Europäischen Union****)*, *nichtamtlich oft auch* ***EU-Ministerrat*** *m Pol* Konsilio de Eŭropo (*Kurzf für* Konsilio de la Eŭropa Unio) *[Sitz: Straßburg]*) (*vgl. dazu* ***Europäischer Rat*** [↑ *unter* ***europäisch***]); ~**reise** *f* eŭropa vojaĝo; ~**rekord** *m* eŭropa rekordo; ~**tournee** *f* eŭropa turneo; ~**wahl(en)** *f/(Pl) alle fünf Jahre stattfindende Wahl, bei der die Abgeordneten des Europäischen Parlaments bestimmt werden* eŭropaj balotoj *Pl*

europaweit 1. *Adj* tuteŭropa; ***eine ~e Regelung*** tuteŭropa reguligo **2.** *Adv* tuteŭrope

Euro[pa]zentrismus *m* eŭropocentrismo, *auch* eŭrocentrismo

Europium *n* (*Symbol* ***Eu***) *Chem* eŭropio

Europol *f (meist ohne Art)* (*Kurzw aus* ***Europäisches Polizeiamt*** [*engl.* ***European Police Office***]) *Behörde der EU zur Bekämpfung der grenzüberschreitenden Kri-*

minalität, von Terrorismus, Drogenhandel usw. Eŭropolo *[Sitz: Den Haag]*

Euroraum *m* ↑ ***Eurozone***

Euro|region *f* eŭroregiono; ~**schein** *m* eŭro-[mon]bileto (↑ *auch* ***Fünfeuroschein***); ~**skepsis** *f Skepsis gegenüber der Europäischen Union* eŭroskeptikismo; ~**skeptiker** *m* eŭroskeptikulo

euroskeptisch *Adj* eŭroskeptika

Eurostar® *m Eisenb (Hochgeschwindigkeitszug zw. London u. Paris bzw. Brüssel)* Eŭrostaro *(auch Kleinschr)*

Eurotas (*m*) *ein Fluss auf dem Peloponnes /Griechenland* [rivero] Eŭroto

Eurotunnel *m Tunnelsystem für den Eisenbahnverkehr unter dem Ärmelkanal zw. Folkstone (GB) u. Sangatte/Calais (FR)* Eŭrotunelo *(auch Kleinschr)*

Eurovision *f TV (1954 gegründetes Netzwerk europäischer Rundfunkanstalten zum Programmaustausch u. zur Veranstaltung von Gemeinschaftssendungen* Eŭrovizio (*vgl. dazu* ***Intervision***)

Eurozentrismus *m* ↑ ***Europazentrismus***

eurozentristisch *Adj* eŭrocentrisma

Eurozone *f, amtl* ***Euro-Währungsgebiet*** *n od* ***Euroraum*** *m Bez für «die Gruppe der EU-Staaten, die den Euro als offizielle Währung eingeführt haben»* eŭrozono

Eurydike (*f*) *griech. Myth (Gemahlin des Orpheus)* Eŭridika

Eusebius (*m*) *männl. Vorname* Eŭsebio; ~ ***von Caesarea*** *Eig (spätantiker griech. Theologe [* zw. 260 und 265; † 339 n. Chr.] <Vater der Kirchengeschichte>)* Eŭsebio de Cazareo

EU-Staaten *m/Pl* EU-ŝtatoj *Pl*

Eustachi-Röhre *od* **eustachische Röhre** *f, auch* ***Ohrtrompete*** *f Anat* eŭstakia tubo, *umg* aŭdotubo

Eustachius (*m*) *männl. Vorname (auch Name eines legendären römischen Feldherrn u. christlichen Märtyrers [einer der 14 Nothelfer])* Eŭstakio

eustatisch *Adj Geol (durch Tektonik räumlich verändert)* eŭstatika; ~***e Veränderungen*** *f/Pl 1. i.e.S. (allmähliche Veränderungen des Meeresspiegels durch Veränderung des Wasserhaushalts der Erde [Bindung von Wasser in Eiskappen bzw. Absvhmelzen derselben] 2. i.w.S. (sonstige, so allmählich ablaufende Veränderungen der Umweltbedingungen, dass sie eine Generation, das Sukzessionsstadium eines Habitats od eine Assoziation nur unmerklich beeinflussen* eŭstatikaj ŝanĝiĝoj *Pl*

Eutektikum *n ein feines kristallines Gemisch zweier od mehrerer Kristallarten, das aus einer erstarrten, einheitlichen Schmelze entstanden ist u. den niedrigstmöglichen Schmelz- bzw. Erstarrungspunkt (den eutektischen Punkt) zeigt* eŭtekto

eutektisch *Adj*: ~***er Punkt*** *m* eŭtekta punkto; ~***e Temperatur*** *f* eŭtekta temperaturo

Euter *n* mamo [de bovino, kaprino *u.a.*] (↑ *auch* ***Gesäuge*** *u.* ***Kuheuter***)

Euterpe (*f*) *griech. Myth (Muse der lyrischen Poesie u. des lyrischen Gesangs)* Eŭterpa

Euthanasie *f, umg* ***Sterbehilfe*** *f Med* eŭtanazio; ***aktive*** (***passive***) ***Sterbehilfe*** aktiva (pasiva) eŭtanazio

Euthymides (*m*) *Eig (griech. Vasenmaler [um 500 v. Chr.]*

Eutin (*n*) *eine Kreisstadt in Schleswig-Holstein* Eŭtino

Eutiner *in Zus*: ***Großer*** (***Kleiner***) ~ ***See*** *m* Granda (Malgranda) Eŭtina Lago

eutroph ↑ ***nährstoffreich***

Eutrophierung *f unerwünschte Zunahme eines Gewässers an Nährstoffen u. damit verbundenes nutzloses u. schädliches Pflanzenwachstum, z.B. durch Phosphate* eŭtrofiĝo

EU-Verfassung *f* EU-konstitucio

Euxenit *m Min (ein bräunlich-schwarzes Mineral)* eŭksenito

eV = *Zeichen für* ***Elektron[en]volt***

ev. = *Abk für* ***evangelisch***

Ev. = *Abk für* ***Evangelium***

e.V. = *Abk für* ***eingetragener Verein***

Eva (*f*), *arab.* ***Hawwā*** *weibl. Vorname* Eva *auch bibl: Adams Frau <als Stammmutter der Menschheit betrachtet>*

evakuieren *tr* evakui (***aus*** el; ***nach*** al) (↑ *auch* ***abtransportieren*** *u.* ***räumen***)

Evakuierung *f* evaku[ad]o (***aus*** el)

Evakuierungsflug *m* evakuada flugo

evaluieren *tr bewerten, einschätzen* taks[ad]i; *beurteilen* prijuĝ[ad]i

Evaluierung *f, auch* ***Evaluation*** *f* taksado; prijuĝado

Evangelienbuch *n, auch* ***Evangeliar[ium]*** *n* evangelilibro

Evangelina *od* **Evangeline** (*f*) *weibl. Vorname* Evangelina

Evangelisation *f Kirche (1. Verkündigung des Evangeliums außerhalb des Gottesdienstes 2. Bekehrung zum Evangelium)* evangelizado

evangelisch (*Abk* **ev.**) *Adj* evangelia (*vgl. dazu* ***protestantisch***); ***die ~e Kirche in Deutschland*** (*Abk* ***EKD***, *auch* ***EkiD***) *Zusammenschluss lutherischer, reformieter u. unierter Landeskirchen [gegründet 1948 in Eisenach]* la Evangelia Eklezio en Germanio

evangelisch-lutherisch *Adj* evangelia-luterana

evangelisieren *tr [Außenstehenden] das Evangelium verkünden* evangelizi

Evangelist *m a) Verfasser eines der vier Evangelien b) Hilfsprediger [ohne Studium] c) übertr: Verkünder einer neuen Lehre* evangeliisto

Evangelium *n* (*Abk* **Ev.**), *auch* ***frohe Botschaft*** *f Heilsbotschaft Christi* evangelio; ***das ~ nach Lukas*** (***Matthäus***) la evangelio laŭ Luko (Mateo); ***synoptische Evangelien*** *n/Pl* sinoptikaj evangelioj *Pl*

Evaporation *f* vaporiĝo

Evaporator *m Tech* vaporigilo

Evaporit *m*, *auch* ***Eindampfungsgestein*** *n z.B. Salz u. Gips* evaporito

Evektion *f Astron (Ungleichheit der Mondbahn um die Erde)* evekto

Eveline *od* **Evelyn** (*f*) *weibl. Vorname* Evelina

Event [*i'vɛnt*] *m od n [besondere] Veranstaltung* evento, grava okazaĵo; **~künstler** *m* event-artisto

Eventualität *f (konkret)* eventualaĵo, *(abstrakt)* eventualeco; ***für alle ~en*** por ĉiu okazo (*od* evento)

eventuell, *<österr u. schweiz>* ***allfällig*** **1.** *Adj* eventuala, eble okazonta (↑ *auch* ***etwaig***) **2.** *Adv* (*Abk* ***evtl.***) eventuale; *möglicherweise, vielleicht* eble; *falls nötig* se necese; *im Bedarfsfall* en okazo de bezono; *es könnte passieren, dass ...* povus okazi, ke ...; ***ich rufe ~ vorher an*** eventuale mi antaŭe telefonos [al vi]

Everest *m*, *häufig* ***Mount Everest*** *m höchster Berg der Erde [im Himalaya]* [monto] Everesto (↑ *auch* ***Tschomolungma***); ***den ~ besteigen*** surgrimpi [la] Everesto

evident *Adj augenscheinlich, offensichtlich* evidenta; *ganz klar* tute klara; *i.w.S. überzeugend* konvinka

Evidenz *f* evidenteco

Evidenzbüro *n* ↑ ***Registratur b)***

evinzieren *tr Jur:* ***jmdn.*** *~ jmdn. (bes. einen Pächter) aus dem Besitz vertreiben, weil ein anderer ein größeres Recht darauf hat* evikcii iun

Evipan *n ein Anästhetikum* evipano

Evita (*f*) *weibl. Vorname [spanische Koseform zu Eva]* Evita

Evolute *f Geom (Linie aller Krümmungsmittelpunkte)* evoluto, *auch* elvolvato

Evolution *f bes. Biol* evolu[ad]o, *auch* evolucio (*vgl. dazu* ***Entwicklung***); ***konvergente ~*** konverĝa evoluo

evolutionär *auf Evolution beruhend* **1.** *Adj* evolua **2.** *Adv* evolue, pere de evolu[ad]o

Evolutionismus *m Phil (eine naturphilosophische Richtung des 19. Jh.s, in deren Mittelpunkt der Evolutionsgedanke stand)* evoluismo

Evolutionist *m Phil* evoluisto, partiano de evoluismo

Evolutionsbiologie *f Wissenschaftszweig, der die biotischen Erscheinungen unter dem Gesichtspunkt der Evolution untersucht* evoluci-biologio

Evolutionsökologie *f* ↑ *unter* ***Ökologie***

Evolutionspsychologie *f* ↑ *unter* ***Psychologie***

Evolutionstheorie *f* (*früher auch* ***Evolutionslehre*** *genannt*) *Biol* teorio de [la] evolu[ad]o *od* evoluci-teorio

Evolvente *f*, *auch* ***Einhüllende*** *od* ***Umhüllungskurve*** *f Geom (Ausgangskurve einer Evolute)* evolvento, *auch* elvolvanto

evtl. = *Abk für* ***eventuell***

Ewald (*m*) *männl. Vorname* Evaldo

Ewe ***a)*** *Pl Ethn (ein westafrik. Volk)* eveoj *Pl* ***b)*** *n Ling (eine in SO-Ghana, Süd-Togo u. in Benin gesprochene Sprache)* la evea [lingvo]

Ewenen *m/Pl* (*früher* ***Lamuten*** *genannt*) *Ethn (ein Volk in NO-Sibirien [ethnogenetisch wohl tunguisierte Nachkommen einer paläoasiatischen Urbevölkerung])* evenoj *Pl*

Ewenisch[e] *n Ling* la evena [lingvo]

Ewenken *m/Pl Ethn (ein kleines Volk mit*

tungusischer Sprache [verstreut in ganz Sibirien, in der Mongolei u. NO-China]) evenkoj *Pl <ethnogenetisch tunguisierte Nachkommen einer paläoasiatischen Urbevölkerung>*

ewenkisch *Adj* evenka

Ewenkisch[e] *n Ling (eine mandschu-tungusische Sprache)* la evenka [lingvo]

E-Werk *n Kurzw für* ***Elektrizitätswerk*** [↑ *dort*]

EWG *f* ↑ *unter* ***europäisch***

ewig 1. *Adj* eterna; *umg: dauernd, ständig* ĉiam[daŭr]a, senfina (↑ *auch* ***immerwährend*** *u.* ***ununterbrochen***); ***der ≗e Jude*** ↑ *unter* ***Jude***; ***das ~e Leben*** la eterna vivo; ***~e Lampe*** *f od* ***~es Licht*** *n in Kirchen* lucerno; ***~e Liebe*** *f* ĉiama amo; ***~er Schnee*** *m* eterna neĝo; ***die ≗e Stadt*** *Beiname Roms* la Eterna Urbo **2.** *Adv*: ***auf ~*** por eterne; *für immer* por ĉiam; ***für immer und ~*** por ĉiam kaj eterne; ***~ dauern*** daŭri eterne (*od* senfine long[temp]e); ***ich habe ihn ~ nicht gesehen*** *umg* ege longtempe mi ne vidis lin; ***in ~er Angst leben*** *umg* vivi en ĉiama timo; ***sich ~ streiten*** *umg* ĉiam (*od* senfine) kvereli [inter si]

Ewige *m*: ***der ~*** *Gott* la Eternulo

Ewigkeit *f* ***a)*** etern[ec]o; *Rel (Jenseits)* transejo, alia mondo, *poet auch* transtomb[ej]o; ***in die ~ eingehen*** *geh für «sterben»* forlasi ĉi tiun mondon ***b)*** *umg für «sehr lange Zeit»* ege longa tempo, *(endlose Zeit)* senfina daŭro, *auch* etern[ec]o; ***bis in alle ~*** ĝis eterneco; ***ich bin seit ~en nicht im Kino gewesen*** *umg* dum jardekoj mi ne estis en kinejo

ewiglich *alt od poet* = ***ewig***

Ewros *m* ↑ ***Maritza***

EWS = *Abk für* ***Europäisches Währungssystem***

Ex... *in Zus: ehemalig, a. D.* eks... *od adjektivisch* eksa, iama, *z.B.* ***Exfreund*** *m* eksamiko (*weitere Bildungen dieser Art* ↑ *im Alphabet*)

Exa... (*Zeichen* ***E***) *[vor Maßeinheiten:] die trillionenfache Menge einer zugrunde gelegten Einheit od Anzahl* eksa..., *z.B.* ***Exajoule*** *n* (*Zeichen* ***EJ***) eksaĵulo

exakt 1. *Adj* ekzakta (*vgl. dazu* ***präzis***); ***~e Definition*** *f* ekzakta difino; ***die ~en Wissenschaften*** *f/Pl* la ekzaktaj sciencoj *Pl*; *Naturwissenschaften* natursciencoj *Pl* **2.** *Adv* ekzakte

Exaktheit *f* ekzakteco; *Präzision* precizeco

Exaltation *f hysterische Aufgeregtheit, Überspanntheit (als Zustand)* ekzalt[ec]o; *(Vorgang des Exaltiertseins)* ekzaltiĝo (*vgl. dazu* ***Exaltiertheit***); ***in ~ versetzen*** ekzalti

exaltiert 1. *Adj* ekzaltita (*vgl. dazu* ***exzentrisch***, ***überspannt*** *u.* ***überschwänglich***) **2.** *Adv*: ***sich ~ benehmen*** konduti ekzaltite, ekzaltiĝi

Exaltiertheit *f Zustand des Exaltiertseins* ekzaltiteco

Examen *n* (*Pl auch:* ***Examina***) *Päd* ekzameno (*vgl. dazu* ***Prüfung***; ↑ *auch* ***Doktorexamen***); ***mündliches*** (***schriftliches***) ~ buŝa (skriba) ekzameno; ***ein ~ ablegen*** trapasi ekzamenon; ***ein ~ bestehen*** sukcesi en ekzameno; ***durchs ~ fallen***, *umg auch* ***durchs ~ fliegen*** malsukcesi (*od [krass:]* fiaski) en la ekzameno

Examens|angst *f* ekzamenotimo, timo antaŭ [la] ekzameno; **~arbeit** *f* ekzamena laboraĵo; **~kandidat** *m* kandidato [por ekzameno]

Examinand *m Prüfling* ekzaminato

Examinator *m Päd* ekzaminanto

examinieren *tr Päd* ekzameni *auch im Sinne von «kritisch untersuchen»* (↑ *auch* ***prüfen*** *u.* ***untersuchen***)

Exanthem *n*, *pop* ***Hautausschlag*** *m Med (entzündliche Hautveränderung auf großen Bereichen der äußeren Haut)* ekzantemo (↑ *auch* ***Candida-Exanthem***, ***Ekzem***, ***Enanthem***, ***Erythem***, ***Flechte a)***, ***Grippe-***, ***Impf-***, ***Jod-***, ***Typhus-*** *u.* ***Varizellenexanthem***); ***flüchtiges ~***, *auch* ***Vorexanthem*** *n*, *Fachspr auch* ***Rash*** *m bes. bei Masern od fiebrigen Erkrankungen* raŝo

exanthematisch *Adj mit einem Hautausschlag [verbunden]* ekzantema

Exaration *f* ↑ ***Gletschererosion***

Exarch *m 1. Gesch (byzantinischer Statthalter) 2. Rel (hoher Würdenträger der Ostkirche, Oberbischof mehrerer Metropoliten)* ekzarko

ex cathedra *Adv von der Kanzel herab od i.w.S. von oben herab* elkatedre

Exchampion *m* eksĉampiono

Exegese *f Theologie (Text-, insbes. Bibelauslegung)* ekzegezo (↑ *auch* ***Koranexegese***)

Exeget *m Interpret der Bibel, i.w.S. Bibelwissenschaftler* ekzegezisto

exegetisch *Adj* ekzegeza

exekutieren *tr* ***a)*** *hinrichten* ekzekuti ***b)*** *<österr> Amtssprache Jur auch für «pfänden»* sekvestri

Exekution *f Jur* ***a)*** *(Urteilsvollstreckung)* ekzekucio; *Hinrichtung* ekzekuto (↑ *auch* ***Erschießung***); ***eine ~ aufschieben*** (***vornehmen***) prokrasti (plenumi) ekzekuton ***b)*** *<österr> Amtssprache auch für «Pfändung»* sekvestrado

Exekutive *f ausführendes Organ, Vollzugsgewalt* ekzekutivo

Exekutiv|komitee *n Pol (Vollzugsausschuss)* ekzekutiva komitato *od* plenumkomitato; ~**rat** *m Pol* ekzekutiva konsilio; ~**sekretär** *m* ekzekutiva sekretario

Exekutor *m Jur* ↑ ***Gerichtsvollzieher***

Exempel *n* ekzemplo (*vgl. dazu* ***Beispiel***); *Math* problemo

Exemplar *n* (*Abk* ***Expl.***) ekzemplero (*Abk* ekz.) (↑ *auch* ***Archiv-***, ***Autoren-***, ***Beleg-***, ***Pracht-***, ***Tausch-*** *u.* ***Vorausexemplar***); ***in drei ~en*** *in dreifacher Ausfertigung* en tri ekzempleroj; ***ein seltenes ~ einer Muschel*** malofta ekzemplero de konko

exemplarisch *Adj als Beispiel od Vorbild [dienend]* ekzemplodona; *ein warnendes Beispiel gebend* avert-ekzempla, *i.w.S.* fortimiga, rigora

Exemplifikation *f* klarigo per ekzemplo(j)

exemplifizieren *tr*: ***etw.*** ~ klarigi ion per ekzemplo(j)

Exequatur *n* ***a)*** *Dipl (staatl. Erlaubnis für einen ausländischen Konsul zur Ausübung seiner Funktion)* ekzekvaturo; ***das ~ zurückziehen*** retiri la ekzekvaturon ***b)*** *Jur (Vollstreckungswirkung eines im Ausland ergangenen Gerichtsurteils im Inland)* ekzekvaturo

Exequien *Pl kath. Kirche* ↑ ***Totenamt***

exerzieren ***a)*** *auch* ***einexerzieren*** *tr Mil* ekzerci (***jmdm. etw.*** ion al iu) ***b)*** *intr Mil* ekzerciĝi, *auch* sin ekzerci

Exerzieren *n Mil* ekzercado

Exerzierplatz *m Mil* [soldata] ekzercejo

Exerzitium *n Übungsarbeit, die man anfertigt* ekzercaĵo (*vgl. dazu* ***Etüde***)

Ex-Frau *f* eksedzino; ***seine ~***, *fam auch* ***seine Ex*** lia eksedzino

Ex|-Freund *m* eksamiko; ~**-Freundin** *f* eksamikino (↑ *auch* ***Verflossene***)

Exhibitionismus *m Psych, sex (triebhafte Entblößung der Geschlechtsorgane vor anderen Personen)* ekshibicio

Exhibitionist *m Psych, sex (pej: Person, die in anstößiger Weise dazu neigt, sich öffentlich zu entkleiden od sexuell aufreizend anzuziehen)* ekshibiciulo

exhibitionistisch *Adj* ekshibicia

exhumieren *tr*: ***eine Leiche ~*** elterigi kadavron [por justica esploro]

Exhumierung *f* elterigo [de kadavro *od* mortinto (por justica esploro)]

Exil *n* ekzilo; *Verbannungsort* ekzilejo (↑ *auch* ***Verbannung***); ***Babylonisches ~*** *Gesch Israels* babilona ekzilo *[598-539 v. Chr.]*; ***ins ~ gehen*** foriri en ekzilon, ekzilîĝi; ***im ~ leben*** vivi en ekzilejo; ***jmdn. ins ~ schicken*** *in die Verbannung* kondamni iun al ekzilo, ekzili iun

Exilregierung *f Pol* ekzila registaro *od* registaro en ekzilo

existent *Adj* ekzistanta

Existenz *f* ekzist[ad]o (↑ *auch* ***Koexistenz***); *Sein* estado (*vgl. dazu* ***Dasein***); *i.w.S. Leben* vivo; ***menschliche ~*** homa ekzist[ad]o; ***zur ~ verhelfen*** *entstehen lassen, ins Leben rufen* ekzistigi

Existenzangst *f* ekzistotimo, *Fachspr Psych* ekzistada anksieco

existenzbedrohend *Adj* ekzistominaca *od nachgest* minacanta [plu]ekzistadon (↑ *auch* ***existenzgefährdend***)

Existenz|berechtigung *f* ekzistorajto; ~**beweis** *m* pruvo de ekzisto

existenzgefährdend *Adj* endanĝeriganta la [plu]ekzistadon

Existenzialismus *m, auch* ***Existentialismus*** *m od* **Existenzialphilosophie** *f, auch* ***Existentialphilosophie*** *f Phil (die von J. P. Sartre u.a. in Frankreich entwickelte Richtung der Existenzphilosophie <befasst sich vor allem nit anthropologischen u. ethischen Problemen>* ekzistencialismo, *auch* ekzistadismo

Existenzialist *m, auch* ***Existentialist*** *m Phil* ekzistencialisto, ano de ekzistencialismo

existenzialistisch, *auch* ***existentialistisch*** *Adj Phil (auf den Existenzialismus bezogen bzw. zu ihm gehörend)* ekzistencialisma, *(auf die Existenzialisten bezogen)* ekzistencialista

existenziell, *auch* ***existentiell*** *Adj i.e.S. die Existenz, das Dasein betreffend* koncernanta la ekzistadon *nachgest*; *i.w.S. lebenswichtig* vivograva *od nachgest* grava por la vivo; *lebensnotwendig* vivnecesa *od nachgest* necesa por la vivo

Existenzkampf *m* batalo (*od* lukto) pro la ekzistado

Existenzminimum *n i.w.S.* ekzistominimumo; *i.e.S. Mindestbetrag des Einkommens, der zur Fristung des Lebens unbedingt notwenig ist* (fizika ekzistominimumo) *od zur Realisierung eines bestimmten Lebensstandards benötigt wird* (socia ekzistominimumo); *i.w.S. Armutsgrenze* limo de malriĉeco; ***absolutes*** (***kulturelles***) ~ absoluta (kultura) ekzistominimumo; ***unter dem*** ~ sub la ekzistominimumo

Existenz|mittel *n/Pl* ekzistorimedoj *Pl*; ~**möglichkeit** *f* ekzistopovo; ~**quantor** *m* (*Symbol* $\exists$) ekzista kvantizanto; ~**recht** *n* ekzistorajto; ~**sicherung** *f* ekzistosekurigo

existieren *intr* ekzisti (*vgl. dazu* ***koexistieren***; ↑ *auch* ***bestehen*** *u.* ***vorhanden sein***); *leben* vivi

existierend *Adj* ekzistanta

Exit Key [*...ki:*] *m, auch* ***Ende-Taste*** *f Computer* eliru-klavo

Exitus *m Med* ↑ ***Tod***

Ex-Jugoslawien (*n*) eks-Jugoslavio *od* iama Jugoslavio

Exkaiser *m* eksimperiestro

exkl. = *Abk für* ***exklusive***

Exklamation *f Rhetorik (Ausruf)* eksklamacio

Exklave *f 1. Pol (von fremdem Staatsgebiet umgebener Teil des eigenen Staates) 2. Biol (Vorkommen einer Pflanzen- od Tierart außerhalb ihres eigenen Verbreitungsgebiets)* eksklavo (*vgl. dazu* ***Enklave***)

exklusiv 1. *Adj* ekskluziva **2.** *Adv* ekskluzive

exklusive (*Abk* ***exkl.***) **1.** *Adv mit Ausschluss von ..., ausschließlich, nicht eingerechnet* ekskluzive; *allein, nur* sole **2.** *Präp mit Gen: mit Ausnahme von* escepte de

Exklusivinterview *n* ekskluziva intervjuo

Exklusivismus *m* ekskluzivismo

Exklusivität *f* ekskluziveco

Exkommunikation *f kath. Kirche (Ausschluss aus der Kirchengemeinschaft)* ekskomuniko (*vgl. dazu* ***Bannfluch***)

exkommunistisch *Adj* ekskomunisma *bzw.* ekskomunista

exkommunizieren *tr kath. Kirche (aus der Kirchengemeinschaft ausschließen)* ekskomuniki

Exkommunizierte *m* ekskomunikito

Ex-|könig *m* eksreĝo; ~**königin** *f* eksreĝino

Exkoriation *f Med* ↑ ***Hautabschürfung***

Exkremente *n/Pl Physiol (Ausscheidungsprodukte des Körpers)* ekskrementoj *Pl* (*vgl. dazu* ***Kot***, ***[2]Losung*** *u.* ***Urin***)

Exkret *n Ausscheidungsprodukt des Körpers, das nach außen abgesondert wird (z.B. Harn, Schweiß [die Ausscheidung des Darminhalts wird nicht zu den Exkreten gerechnet])* ekskreciaĵo

Exkretion *f Physiol (Ausscheidung [von Stoffwechselendprodukten])* ekskrecio

exkretorisch 1. *Adj ausscheidend, absondernd* ekskreci[ant]a **2.** *Adv* ekskrecie

Exkurs *m 1. kurze Erörterung eines Spezial- od Randproblems im Rahmen einer wissenschaftlichen Abhandlung 2. vorübergehende Abschweifung vom Hauptthema [z.B. während eines Vortrags]* ekskurso

Exkursion *f* ekskurso (↑ *auch* ***Ausflug*** *u.* ***Streifzug a)***); ***eine ~ unternehmen*** (*od* ***machen***) fari ekskurson (***nach*** al)

Exlibris *n Buchw (Bücherzeichen mit dem Namen[szeichen] des Bucheigentümers)* ekslibriso

Ex-Mann *m* eksedzo; ***ihr*** ~, *fam auch* ***ihr Ex*** ŝia eksedzo

Exmatrikulation *f Univ* elmatrikuligo

exmatrikulieren *tr Univ* elmatrikuligi, forstreki el la studenta matrikulo

Ex|meister *m Sport* eksĉampiono; ~**minister** *m* eksministro

Exmission *f Jur (Besitzentziehung [zugunsten eines gesetzlich Berechtigten], Wiederinbesitznahme)* evikcio

exmittieren *tr Jur* evikcii

Exobiologie *f* ↑ ***Astrobiologie***

Exodermis *f nur Fachspr Bot (äußeres [verkorktes] Abschlussgewebe der Pflanzenwurzel)* ekzodermo

Exodus *m bibl ([das 2. Buch Mosis]: Auszug [der Juden aus Ägypten])* eliro [de la hebreoj el Egiptio]; *übertr* amasa foriro (*bzw.* elmigrado)

ex officio *von Amts wegen, auf behördliche Anordnung hin* laŭ oficiala ordono

Exogamie *f Ethn (Pflicht außerhalb des eigenen Stammes bzw. der eigenen Volksgruppe zu heiraten)* ekzogamio

exogen *Adj Bot (außen entstehend), Med (an der Körperoberfläche entstanden bzw. von außen her verursacht od bewirkt), Psych (umweltbedingt)* ekzogena (*vgl. dazu* ***außenbürtig***)

exokrin *Adj Physiol (nach außen abscheidend)*: ~***e Drüsen*** *f/Pl* ekzokrinaj glandoj *Pl*

Exolinguistik *f Linguistik, die sich mit Kommunikationssystemen von intelligenten Lebewesen im Kosmos befasst* ekzolingvistiko

Exon *n Genetik (Bez für den Bereich der DNA eines Eukaryonten, der in Messenger -RNA transkribiert wird)* ekzono (*vgl. dazu* ***Intron***)

Exonuklease *f Biochemie* ekzonukleazo

Exonym *od* **Exonymon** *n nur Fachspr Ling (von dem amtlichen Namen abweichende, aber in anderen Ländern gebrauchte Ortsnamenform [z.B. dt.* Mailand *für ital.* Milano*])* ekzonimo

exophthalmisch *Adj aus der Augenhöhle heraustretend* ekzoftalmia (↑ *auch* ***glotzäugig***)

Exophthalmie *f od* **Exophthalmus** *m* (Protrusio bulbi) *nur Fachspr Ophthalmologie (Hervorquellen des Augapfels, Glotzaugen)* ekzoftalmio

Exoplanet *m Astron* ↑ *unter* ***extrasolar***

exorbitant *Adj*: ~***e Managergehälter*** ekstremegaj salajroj por manaĝeroj

exorzieren, *auch* ***exorzisieren*** *tr böse Geister durch Beschwörung austreiben* ekzorci

Exorzismus *m, auch* ***Teufelsaustreibung*** *f Rel* ekzorcismo

Exorzist *m Geisterbeschwörer, Teufelsaustreiber* ekzorcisto

Exosmose *f Chem, Phys* ekzo[o]smozo

exosmotisch *Adj* ekzo[o]smoza

Exosphäre *f Astron, Raumf* ekzosfero

Exospor *n nur Fachspr Mykologie (äußere Sporenmembran [einer Basidiospore])* ekzosporo (*vgl. dazu* ***Epispor***)

Exot *m* ekzotulo

exoterisch *Adj allgemein verständlich, für Laien gefasst* ekzotera

exotherm *Adj Chem, Phys (Wärme freisetzend bzw. mit Freiwerden von Wärme verbunden od unter Freiwerden von Wärme ablaufend [z.B. ein chemischer Vorgang])* ekzoterma

Exotik *f Anziehungskraft, die vom Fremdländischen ausgeht* ekzoteco

exotisch *Adj* ekzota *auch eine Pflanze*; ***etwas*** ≗***es*** ekzotaĵo

Exotismus *m Kunst* ekzotismo

exozentrisch *Adj Ling (eine getrennte grammatische Funktion habend)* ekzocentra

Exozytose *f nur Fachspr Zytologie (eine Form der Sekretion, bei der sekretgefüllte Golgivesikel od Phagosomen zur Zellmembran wandern u. nach außen abgeschnürt werden [z.B. bei der Freisetzung von Neurotransmittern])* ekzocitozo

Expander *m Krafttraining (Trainingsgerät zur Kräftigung der Arm- u. Oberkörpermuskulatur)* ekspandro

expandieren *intr Phys, Pol, Wirtsch* ekspansii

Expansion *f Phys, Pol, Wirtsch (Ausweitung [z.B. des Marktes])* ekspansio *auch auf die Ausbreitung eines Taxons bezogen* (*vgl. dazu* ***Ausdehnung*** *u.* ***Ausweitung***); ~ ***des Weltalls*** *Astron* ekspansio de la universo

Expansionismus *m Pol* ekspansiismo

Expansionist *m Pol (Anhänger der Expansionspolitik)* ekspansiisto

expansionistisch *Adj auf den Expansionismus bezogen* ekspansiisma; *auf die Expanansionisten bezogen* ekspansiista

Expansions|bestrebungen *f/Pl* ekspansiaj strebadoj *Pl*; ~**kraft** *f, auch* ***Expansivkraft*** *f Phys (von Gasen)* ekspansia forto; ~**politik** *f* ekspansia politiko *od* politiko de ekspansio; ~**ziele** *n/Pl* ekspansiaj celoj *Pl*

expansiv **1.** *Adj* ekspansia; ~***e Arten*** *f/Pl Biol* ekspansiaj specioj *Pl* **2.** *Adv* ekspansie

Expansivkraft *f* ↑ ***Expansionskraft***

Expedient *m Verfrachter* ekspedisto (*vgl. dazu* ***Spediteur***)

expedieren *tr* ekspedi; *absenden* forsendi; *transportieren* transporti (↑ *auch* ***abschicken***, ***absenden*** *u.* ***befördern***)

Expedition *f* ***a)*** *Beförderung* ekspedado; *Versandabteilung* ekspedejo ***b)*** *Eroberungs- od Feldzug, Forschungsreise* ekspedicio (↑ *auch* ***Alpinisten-***, ***Kon-Tiki-***, ***Nordpol-*** *u.* ***Strafexpedition***); ***eine ~ zum Südpol durchführen*** fari ekspedicion al la suda poluso

Expeditions|korps *n* ekspedicia korpuso; ~**leiter** *m* estro de la ekspedicio; ~**tagebuch** *n* ekspedicia taglibro; ~**teilnehmer** *m* partoprenanto (*bzw.* partopreninto) de

ekspedicio, ekspediciano; ~**truppen** *Pl Mil* ekspediciaj trupoj *Pl*
Expektorans *n Pharm* ↑ *unter* ***schleimlösend***
Expektoration *f Fachspr Med für «Aushusten»* ekspektorado
Experiment *n* eksperimento (*vgl. dazu* ***Probe a)***, ***Test*** *u.* ***Versuch***; ↑ *auch* ***Tierexperiment***); ***ein ~ durchführen*** plenumi eksperimenton; ***das ~ ist nicht geglückt*** la eksperimento ne sukcesis
Experimental|phonetik *f* eksperimenta fonetiko; ~**physik** *f* eksperimenta fiziko
Experimentator *m* eksperimentanto
experimentell, *auch* ***experimental*** *Adj* eksperimenta, *(auf Experimenten beruhend) nachgest* bazita sur eksperimentoj; ***~e Pathologie*** *f* eksperimenta patologio
experimentieren *intr u. abs* eksperimenti (***mit*** pri, *auch* kun)
Experimentieren *n* eksperimentado
experimentierfreudig *Adj* eksperimentema (↑ *auch* ***innovativ***)
Experimentierzimmer *n* eksperimentejo (↑ *auch* ***Versuchsanstalt***)
Experte *m* eksperto, [sperta] fakulo (***auf dem Gebiet der*** [*bzw.* ***des***] **...** pri ...) (*vgl. dazu* ***Fachmann***, ***Kenner***, ***Sachverständige*** *u.* ***Spezialist***; ↑ *auch* ***Finanz-,Rechts-***, ***Sicherheits-*** *u.* ***Sprengstoffexperte***)
Experten|bericht *m*, *auch* ***Sachverständigenbericht*** *m* raporto de eksperto(j); ~**gruppe** *f* grupo de ekspertoj; ~**kommission** *f* komisiono de ekspertoj, eksperta komisiono; ~**stab** *m* stabo de ekspertoj, fakula stabo
Expertise *f [fachliche] Untersuchung bzw. Gutachten durch einen Sachverständigen* ekspertizo (***über*** pri)
Expl. = *Abk für* ***Exemplar***
explizieren *tr ausführlich darstellen od darlegen* ekspliki (*vgl. dazu* ***erklären*** *u.* ***erläutern***)
explizit 1. *Adj ausdrücklich* explicita; ***~a funkcio*** *Math* explizite Funktion *f* **2.** *auch* ***explizite*** *Adv ausführlich erklärt, ausdrücklich* eksplicite
explodieren *intr* eksplodi (↑ *auch* ***detonieren***); *mit Blitz u. Knall* fulmini (*vgl. dazu* ***Fulminat***)
explosibel ↑ ***explosiv a)***
Explosion *f* eksplodo *auch übertr* (*vgl. dazu* ***Eruption***; ↑ *auch* ***Bevölkerungs-***, ***Bomben-***, ***Gas-***, ***Kern-***, ***Kernwaffen-***, ***Kessel-*** *u.* ***Kostenexplosion***); ***etw. zur ~ bringen*** eksplodigi ion
Explosions|gefahr *f* danĝero (*bzw.* minaco) de eksplodo; ~**welle** *f* eksplod-ondo
explosiv *Adj* ***a)*** *auch* ***explosibel*** *leicht explodierend* eksplodema, facile eksplodanta ***b)*** *übertr umg (leicht reizbar)* eksplodema, facile incitiĝanta, *(zu Wutausbrüchen neigend)* facile ekkolerema
Explosiv *od* **Explosiv|laut** *m*, *auch* ***Verschlusslaut*** *m*, *Fachspr auch* ***Klusil*** *od* ***Okklusiv*** *m Phon* plozivo (↑ *auch* ***Affrikata***); ~**stoff** *m* eksplodaĵo, eksploda substanco
Exponat *n Ausstellungsstück* eksponaĵo
Exponent *m* ***a)*** *auch* ***Hochzahl*** *f Math (bes. in der Wurzel- u. Potenzrechnung)* eksponento; ***gebrochener ~*** frakcia eksponento ***b)*** *markanter Vertreter* elstara reprezentanto
Exponential|funktion *f Math* eksponenciala funkcio; ~**gleichung** *f Math* eksponenciala ekvacio; ~**kurve** *f Math* eksponencialo
exponieren *tr* ***a)*** *Foto (alt für «belichten»)* eksponi ***b)*** *hervorheben* reliefigi, akcenti, emfazi ***c)*** *[einer Gefahr] aussetzen* elmeti [al danĝero]
Export *m* eksporto (↑ *auch* ***Kapital-***, ***Öl-***, ***Re-*** *u.* ***Rüstungsexport***)
exportabhängig *Adj* eksportdependa *od nachgest* dependa de [la] eksporto
Export|abteilung *f Hdl, Wirtsch* eksportsekcio; ~**artikel** *m/Pl*, *auch* ***Exporte*** *Pl* eksportaĵoj *Pl*; ~**belebung** *f* eksportvigligo; ~**beschränkung** *f* eksportlimigo, eksportrestrikto; ~**bier** *n* eksportbiero; ~**einnahmen** *Pl* eksportenspezoj *Pl*; ~**erleichterungen** *f/Pl* eksportaj faciligaĵoj *Pl*
Exporteur *m* eksportanto *z.B. auch ein Land*; *(ein Unternehmen)* eksportisto
exportfähig *Adj* eksportebla
Export|firma *f* eksportfirmo *od* eksporta firmo; ~**garantie** *f* eksportgarantio; ~**genehmigung** *f* eksportpermeso, *(als Schriftstück)* eksportpermesilo; ~**güter** *Pl* eksportvaroj *Pl*; ~**handel** *m* eksporta komerco
exportierbar *Adj* eksportebla
exportieren *tr* eksporti (***nach*** al) (↑ *auch* ***reexportieren***)

Exportieren *n* eksportado
Export|industrie *f* eksporta industrio; **~-kaufmann** *m* eksporta komercisto
Exportkredit *m* eksportkredito; **~garantie** *od* **~versicherung** *f* eksportkredita garantio (↑ *auch* ***Hermes-Bürgschaft***)
Export|land *n* eksportlando; **~lizenz** *f* eksportlicenco; **~markt** *m* eksportmerkato *od* eksporta merkato; **~möglichkeiten** *f/Pl* eksporteblecoj *Pl*; **~monopol** *n* eksportmonopolo; **~prämie** *f* eksportpremio; **~-produkte** *n/Pl* eksportprodukt[aĵ]oj *Pl*
Exportqualität *f* eksporta kvalito; ***ein Produkt in ~*** eksportkvalita produkt[aĵ]o
Export|quote *f* eksportkvoto; **~risikogarantie** *f, auch* ***Ausfallbürgschaft*** *f* eksportkredita garantio; **~statistik** *f* eksportstatistiko; **~steigerung** *f (Vorgang)* pliigo de eksporto; *(Resultat)* pliiĝo de eksporto; **~tarif** *m* eksporttarifo; **~überschuss** *m* eksportpluso; **~unternehmen** *n* eksportentrepreno; **~verbot** *n* eksporta prohibicio
Exportversicherung *f* ↑ ***Exportgarantie***
Export|volumen *n* eksportvolumeno, *auch* eksportkvanto; **~waren** *Pl* eksportvaroj *od* eksportataj (*bzw.* eksportotaj) varoj *Pl*; **~-zertifikat** *od* **~zeugnis** *n* atesto pri eksportado
Exposé *n, auch* ***Exposee*** *n* resumo (*vgl. dazu* ***Entwurf*** *u.* ***Skizze***)
Exposition *f Ausstellung* ekspozicio (*vgl. dazu* ***[1]Messe***)
Expräsident *m* eksprezidanto, *eines Staates meist* eksprezidento
Express *od* **Expresszug** *m Eisenb (Fernschnellzug* eksprestrajno (*vgl. dazu* ***Eilzug***)
Expressbote *m* ↑ ***Eilbote***
Expressgut *n* ekspresfrajtaĵo
Expressionismus *m Kunst (europäische Kunstrichtung vorwiegend des zweiten Jahrzehnts des 20. Jh.s in Malerei u. Plastik, aber auch in Bauwerken)* ekspresionismo (↑ *auch* ***Munch***)
Expressionist *m Kunst* ekspresionisto
Expressionistin *f Kunst* ekspresionistino
expressionistisch *Adj auf den Expressionismus bezogen* ekspresionisma; *auf die Expressionisten bezogen* ekspresionista
expressiv *Adj* esprimiva, esprimplena
Expresszug *m Eisenb* ↑ ***Express***
Expropriateur [...'tör] *Marxismus (Enteigner, Ausbeuter)* eksproprietiganto
Expropriation *f* ↑ ***Enteignung***
expropriietieren *tr* ↑ ***enteignen***
exquisit *Adj* eskvizita; *erlesen* elektita; *hervorragend* elstara; *ausgezeichnet* bonega, de la plej bona speco
Exsikkation *f Chem* ↑ ***Austrocknung***
Exspiration *f Med* ↑ ***Ausatmung***
Exsudat *n Biol, Med (Absonderung, [entzündliche] Ausschwitzung: eiweißhaltige Flüssigkeit, die bei Entzündungen aus Kapillaren austritt)* eksudaĵo; ***eitriges ~*** pusa eksudaĵo (*vgl. dazu* ***Empyem***)
Exsudation *f Med ([entzündliche] Ausschwitzung [als Vorgang])* eksudo
Exsudationsphase *f Med* eksuda fazo
exsudativ *Adj* eksuda; ***~e Diathese*** *f Med (angeborene Neigung des kindlichen Körpers zu bestimmten Haut- u. Schleimhauterkrankungen)* eksuda diatezo
exsudieren *intr 1. Med (ausschwitzen) 2. Biol (absondern)* eksudi (***aus*** el)
Extemporale *n alt: Schule (nicht vorher angekündigte Klassenarbeit, Probearbeit)* ekstemporalo
extemporieren *intr aus dem Stegreif reden, schreiben usw.* improvizi
extendieren *tr strecken, ausdehnen* etendi
[1]Extension *f (das) Sichausbreiten* etendiĝo
[2]Extension *f Logik* ↑ ***Begriffsumfang***
Extensionsverband *m Med* ↑ ***Streckverband***
extensiv *Adj*: ***~e Landwirtschaft*** *f* malintensa terkulturo
Extensor *m Anat* ↑ ***Streckmuskel***
Exterieur *n Außenseite, z.B. eines Hauses* eksteraĵo; *i.w.S.* ekstera parto (*bzw.* flanko)
extern 1. *Adj* ekstera **2.** *Adv* ekstere
Externalisierung *f* ***a)*** *Nach-Außen-Verlagerung, Abwälzung* eksterenigo ***b)*** *Wirtsch:* eksternigo (*vgl. dazu* ***Kostenexternalisierung***)
Externe *m,* <*österr*> ***Externist*** *m* eksterulo *auch Päd*
exterritorial *Adj den Landesgesetzen nicht unterworfen* eksterteritoria
Exterritorialität *f* eksterteritorieco
extra 1. *Adj* ekstra; *besonders auch* speciala; *zusätzlich auch* aldona; *eigens, gesondert auch* aparta **2.** *Adv* ekstre; speciale; aparte; *außergewöhnlich* eksterordinare
Extra|aufgabe *f* ekstra tasko; **~ausgabe** *f od* **~blatt** *n Ztgsw* ekstra eldon[aĵ]o, *auch*

ekstraĵo; ~**bett** *n, auch* ***Zustellbett*** *n* ekstra lito; ~**dividende** *f Fin* ekstra dividendo; ~**einnahmen** *Pl Fin* ekstraj enspezoj *Pl*

extra|fein *Adj besonders zart* ekstre (*od* eksterordinare) fajna; *Qualität* ekstrakvalita, *i.w.S.* ekstre bona; ~**galaktisch**, *auch* ***außergalaktisch*** *Adj Astron (nicht zum Milchstraßensystem gehörend bzw. außerhalb der Galaxis gelegen)* ekstergalaksia

Extragewinn *m* ekstra (*od* aldona) gajno, kromgajno

extrahepatisch *Adj nur Fachspr Med (außerhalb der Leber [gelegen])* eksterhepata

extrahieren *tr Chem, Pharm (einen Auszug machen), Tech* ekstrakti (↑ *auch* ***auslaugen***, ***exzerpieren*** *u.* ***herausziehen***); ***Teer aus Steinkohle*** ~ ekstrakti gudron el ŝtonkarbo

extrakardial *Adj Fachspr Med* eksterkora

extrakorporal *Adj*: ~***e Dialyse*** *f Med (Herausleiten des Blutstromes aus dem Körperkreislauf zur Dialyse)* eksterkorpa dializo (*vgl. dazu* ***künstliche Niere*** [↑ *unter* ***Niere a)***])

Extrakorporalkreislauf *m Med* eksterkorpa cirkulado

Extrakosten *Pl* ekstraj (*od* aldonaj) kostoj *Pl* (↑ *auch* ***Zusatzkosten***)

Extrakt *m 1. Pharm (Auszug) u. i.w.S.* ekstrakto *übertr auch für «Zusammenfassung des Wesentlichen»* (*vgl. dazu* ***Sud***; ↑ *auch* ***Arnika-***, ***Enzian-***, ***Farn-***, ***Fleisch-***, ***Frucht-***, ***Hefe-***, ***Pflanzen-***, ***Sojabohnen-*** *u.* ***Suppenextrakt***) *2. Auszug aus Büchern; i.w.S. Kern od Hauptinhalt* ekstrakto

Extraktion *f* ***a)*** *Chem, Tech* ekstraktado (↑ *auch* ***Ölextraktion***) ***b)*** *Herausziehen*: ~ ***eines Zahnes*** eltir[ad]o de dento (↑ *auch* ***Wurzelextraktion***)

extraktiv *Adj mittels Extraktion* pere de ekstraktado

extra|lingual *Adj Ling (außersprachlich, nicht die Sprache betreffend)* eksterlingva; ~**medullär** *Adj Med (außerhalb des Marks [z.B. Blutbildung])* ekstermedola; ~**mundan** *Adj außerweltlich* ekstermonda

Extranummer *f Ztgsw* ekstra numero

extraordinär = *veraltend für* ***außergewöhnlich*** [↑ *dort*]

extra|pelvin *Adj nur Fachspr Med (außerhalb des Beckens)* eksterpelva; ~**perikardial** *Adj nur Fachspr Med (außerhalb des Herzbeutels [gelegen])* eksterperikarda

extrapleural *Adj Med* ↑ *unter* ***Pleura***

Extrapolation *f Logik, Math, Statistik* eksterpolado, *auch* ekstrapolado

extrapolieren *tr Logik, Math, Statistik* eksterpoli, *auch* ekstrapoli

Extrapreis *m* esceptokaza prezo

extrapyramidal *Adj außerhalb der Pyramidenbahn*: ~***es System*** *n* (*Abk Fachspr* ***EPS***), *auch* ***Pyramidenbahnsystem*** *n Anat* eksterpiramida sistemo

Extras *n/Pl Sonderzubehör, z.B. am Auto* ekstraj akcesoraĵoj [ĉe aŭtmobilo]

extrasolar *Adj* ekstersuna; ~***er Planet*** *m, auch* ***Exoplanet*** *m Astron* ekstersuna planedo

Extrasystole *f Med* ekstra sistolo

extraterrestrisch *Adj außerhalb der Erde u. ihrer Atmosphäre [befindlich]* ekstertera; ~***e Intelligenz*** *f* (*fachsprachl. Abk* ***ETI***) *Astrobiologie* ekstertera inteligenteco

Extratour *f Extrafahrt* ekstra veturo

extrauterin ↑ *unter* ***Gebärmutter***

Extrauteringravidität *f Med* ↑ ***Bauchhöhlenschwangerschaft***

extravagant *Adj* ekstravaganca (*vgl. dazu* ***außergewöhnlich***, ***exzentrisch***, ***luxuriös*** *u.* ***verrückt***); ~***er Mensch*** *m* ekstravaganculo

Extravaganz *f (als Eigenart)* ekstravaganco; *(extravagante Handlung)* ekstravaganca ago (*od* faro), ekstravagancaĵo

extravertiert *od* **extrovertiert** *Adj Psych* ekstravertita (*vgl. dazu* ***introvertiert***)

Extravertierte *od* **Extrovertierte** *m Psych* ekstravertito

Extravertiertheit *f* ekstravertiteco

Extra|wurst *f umg für «etw. Besonderes»* ekstraĵo; ~**zahlung** *f* ekstra pago

extrazellulär *Adj nur Fachspr für «außerhalb der Zelle [gelegen]»* eksterĉela (*vgl. dazu* ***inter-*** *u.* ***intrazellulär***)

Extrazellularmatrix *f Zytologie* ↑ *unter* ***Matrix***

extrazonal *Adj außerhalb einer [Klima- u.a.] Zone auftretend bzw. stattfindend* eksterzona

Extrazug *m Eisenb* ↑ ***Sonderzug***

extrem 1. *Adj* ekstrema (↑ *auch* ***maßlos*** *u.* ***radikal***; ↑ *auch* ***links-*** *u.* ***rechtsextrem***); ***Mensch von*** ~***em Reichtum*** homo ekstreme riĉa **2.** *Adv* ekstreme (*vgl. dazu* ***äußerst***)

Extrem *n* ekstremo

Extremale *f Math (Variationsrechnung)* ekstremalo

Extremfall *n* ekstrema kazo; ***im*** ~ en ekstrema kazo, *umg auch* ekstremkaze

Extremisierung *f* ekstremigo

Extremismus *m übersteigert radikale Haltung* ekstremismo (*vgl.dazu* ***Radikalismus***; ↑ *auch* ***Links-***, *u.* ***Rechtsextremismus***)

Extremist *m bes. Pol* ekstremisto (↑ *auch* ***Links-*** *u.* ***Rechtsextremist***)

Extremistin *f bes. Pol* ekstremistino

extremistisch *Adj auf den Extremismus bezogen* ekstremisma; *auf die Extremisten bezogen* ekstremista

Extremitäten *f/Pl Anat* ekstremaĵoj *Pl*

Extrem|situation *f* ekstrema situacio; **~sport** *m* ekstremsporto; **~sportler** *m* ekstremsportisto; **~thermometer** *n Met* ekstremtermometro

Extremum *n*, *auch* ***Extremwert*** *m Math (1. höchster od tiefster Wert einer Funktion od einer Kurve 2. größter od kleinster Wert einer Messreihe)* ekstremumo; ***lokales*** (***relatives***, ***schwaches***, ***starkes***, ***strenges***) ~ loka (relativa, malforta, forta, strikta) ekstremumo

Extremwetter *n Met* ekstrema vetero (↑ *auch* ***Starkregen*** *u.* ***Unwetter***)

extrors *Adj nur Fachspr Bot (sich nach außen öffnend [in Bezug auf die Stellung der Staubbeutel zur Blütenachse])* ekstrorsa (*vgl. dazu* ***intrors***)

extrovertiert ↑ ***extravertiert***

Extrovertierte *m* ↑ ***Extravertierte***

Extubation *f Med (Entfernung des Tubus aus dem Kehlkopf nach Intubation)* ekstubigo (*vgl. dazu* ***Intubation***)

Exvoto *n Rel (Weihegabe, Votivbild)* eksvoto

Ex-Weltmeister *m* eksa mondĉampiono

exzellent *Adj* bonega, eminenta (*vgl. dazu* ***erstklassig***, ***hervorragend*** *u.* ***klasse***); ***einen ~en Ruf haben*** havi eksterordinare bonan reputacion

Exzellenz *f* (*Abk* ***Exz.***) *Anrede für den Präsidenten, für Majestäten, Minister od Botschafter* ekscelenco *(vor Namen Großschr)*; ***seine*** ~, ***der Botschafter von Australien*** lia ekscelenco la ambasadoro de Aŭstralio

Exzenter *m Tech* ekscentriko; **~scheibe** *f Tech (exzentrisch angebrachte Steuerungsscheibe)* ekscentrika disko; **~stange** *f Tech* ekscentrika stango

Exzentriker *m* ekscentrikulo, ekscentra homo

exzentrisch *Adj* ***a)*** *auch* ***ausmittig*** *außerhalb des Mittelpunkts liegend* ekstercentra; *von einem Mittelpunkt ausgehend (od herkommend)* elcentra; *Tech auch* ekscentrika ***b)*** *überspannt, sehr merkwürdig* ekscentra *auch Kleidung* (*vgl. dazu* ***extravagant*** *u.* ***verrückt***)

Exzentrizität *f* ***a)*** *Abstand vom Mittelpunkt* ekstercentreco *auch die numerische Exzentrizität eines Kegelschnitts* ***b)*** *exzentrisches Verhalten, Überspanntheit* ekscentreco (*vgl. dazu* ***Extravaganz***)

exzerpieren *tr* ekstrakti, eltiri el libro (*od* verko *u.a.*)

Exzerpieren *n* ekstraktado

Exzerpt *n* ekstrakto, eltiraĵo el libro

Exzess *m maßlose Übertreibung* eksceso (↑ *auch* ***Ausschreitung*** *u.* ***Maßlosigkeit***)

exzessiv 1. *Adj* ekscesa (↑ *auch* ***ausschweifend***, ***maßlos*** *u.* ***übermäßig***) **2.** *Adv* eksces e

exzidieren *tr Chir (herausschneiden, z.B. krankes Gewebe)* ekscizi

Exzision *f Chir (das Herausschneiden [z.B. von krankem Gewebe bzw. einer Geschwulst])* ekscizo (↑ *auch* ***Probeexzision***); ***eine ~ vornehmen*** fari ekscizon

exzitabel *Adj nur Fachspr Med u. Psych (erregbar, reizbar)* ekscitebla

Exzitabilität *f* ↑ ***Erregbarkeit***

Exziton *n Phys (in der Festkörperphysik eine durch elektrische Kräfte gebildete Verbindung eines Elektrons mit einem Loch im Valenzband eines Halbleiters <das Exziton transportiert keine Ladung, jedoch Anregungsenergie>)* ekscitono

Eyeliner *m Kosmetik* okulliniilo, okulkontura krajono

Eyeshadow *m Kosmetik* ↑ ***Lidschatten***

EZB = *Abk für* ***Europäische Zentralbank***

Ezechia (*m*) *bibl Eig* ↑ ***Hiskia***

Ezechiel (*m*), *[bei Luther:]* ***Hesekiel*** (*m*) *Eig ein jüdischer Prophet (bibl)* Ezekielo *<einer der vier großen Propheten des Alten Testaments>*

E-Zigarette *f* ↑ *unter* ***Zigarette***

EZM = *fachsprachl. Abk für* ***Extrazellularmatrix***

Ezra (*m*) *Eig (jüdischer Dichter u. Gelehrter [1092-1167])* Ezro, *auch* Ezra

F

f = *Abk für* **1.** ***forte*** **2.** ***Fillér***

F = *Zeichen für* **1.** ***Fahrenheit*** **2.** ***Farad***

Fa. = *Abk für* ***Firma***

Fabel *f Lit (erdichtete [lehrhafte] Erzählung, meist Tierº)* fablo (***von*** *verfasst von* de; ***betreffend*** pri); *lehrhafte Fabel auch* apologo; *in der Fantasie Erdachtes, Erdichtetes* fabel[aĵ]o (↑ *auch* ***Geschichte*** *u.* ***Märchen***); *Sujet* temo; ***die la-fontainschen ~n*** *f/Pl Lit* la fabloj de Lafonteno; ~**buch** *n* fablolibro; ~**dichter** *m* verkisto de fabloj, fablisto

fabelhaft *Adj ins Reich der Fabel gehörend* fabla; *märchenhaft (auch i.w.S.: kaum glaublich, unermesslich)* fabela; *großartig, ausgezeichnet* grandioza; *Essen* bongustega; *bewundernswert* mirinda (*vgl. dazu* ***bemerkenswert***, ***erstaunlich*** *u.* ***famos***)

fabeln *intr Fabeln erzählen* rakonti fablojn, *auch* fabli; *Fabeln dichten* verki fablojn

Fabel|sammlung *f* kolekto da (*od* de) fabloj, *auch* fablaro; ~**tier** *n Tier in der Fabel* fablobesto; ~**welt** *f* mondo de fabloj (*vgl. dazu* ***Märchenwelt***); ~**wesen** *n Myth u. im Märchen* fabela estaĵo; *in einer Fabel* fabla estaĵo

Fabia (*f*) *weibl. Vorname* Fabia

Fabian (*m*) ↑ ***Fabianus***

Fabianismus *m eine sozialistische Lehre, die die Fabian Society Ende des 19. Jh.s in Großbritannien verbreitete [ideologische Grundlage für die Labour Party]* fabianismo

Fabian[us] (*m*) *männl. Vorname* Fabiano

Fabiola (*f*) *weibl. Vorname* Fabiola

Fabismus *od* **Favismus** *m*, *auch* ***Bohnenkrankheit*** *f Med (besondere Form einer erblichen Mangelkrankheit [in Mittelmeerländern])* fabismo

Fabius (*m*) *Eig (Name etlicher altrömischer Staatsmänner)* Fabio

Fabrik *f* fabriko, *Masch u. Metallurgie meist* uzino (*vgl. dazu* ***Betrieb*** *u.* ***Werk***; ↑ *auch* ***Konserven-***, ***Möbel-***, ***Rüstungs-***, ***Schuh-***, ***Spielwaren-***, ***Textil-***, ***Waggon-*** *u.* ***Werkzeugmaschinenfabrik***); ***in der ~ arbeiten*** (*od* ***angestellt sein***) labori en la fabriko

Fabrikanlage *f* fabrikkomplekso

Fabrikant *m Hersteller* fabrikanto; *Produzent* produktanto *bzw.* produktinto; *Fabrikbesitzer* fabrikposedanto

Fabrik|arbeit *f* laboro en fabriko; ~**arbeiter** *m*, *<österr>* ***Fabriksarbeiter*** *m*, *<schweiz> auch* ***Fabrikler*** *m* fabriklaboristo; ~**arbeiterin** *f* fabriklaboristino

Fabrikat *n* [industria] fabrikaĵo (↑ *auch* ***Halb[fertig]fabrikat***); *Erzeugnis* produkt[aĵ]o; ***deutsches ~*** germana produkto

Fabrikation *f* [industria] fabrikado; *Produktion* produktado (↑ *auch* ***Herstellung***, ***Massenfabrikation*** *u.* ***Produktionsprozess***)

Fabrikationsstätte *f* fabrikejo

Fabrik|besitzer *m* fabrikposedanto; ~**direktor** *m* direktoro de fabriko; ~**gebäude** *n* fabrika konstruaĵo, *auch* fabrikejo

Fabrik[gestehungs]preis *m* ↑ ***Kostenpreis***

Fabrikhalle *f* fabrika halo; *Montagehalle* muntad-halo, halo por muntado

Fabrikler *m* ↑ ***Fabrikarbeiter***

Fabrikmarke *f* fabrikmarko

fabrikmäßig *Adv*: ***etw. ~*** (*od* ***industriell***) ***herstellen*** fabrike (*od* industrie) produkti ion

fabrikneu, *<österr>* ***fabriksneu*** *Adj* tute nova *od* tutnova

Fabrikpreis *m* ↑ ***Kostenpreis***

Fabrik|schiff *n*, *auch* ***Fang- und Verarbeitungsschiff*** *n Fischereifahrzeug der Hochseefischerei, das dem Fang, seiner Verarbeitung an Bord u. dem Transport der Erzeugnisse dient* fabrikŝipo; ~**schlot** *od* ~-**schornstein** *m* fabrika (*od* uzina) kamentubo; ~**sirene** *f* fabriksireno

Fabritius (*m*) *Eig (niederländischer Maler <ein Schüler Rembrandts> [1622-1654])* Fabricio

fabrizieren *tr [fabrikmäßig] herstellen* [industrie] fabriki *auch übertr*; *produzieren* produkti (*vgl. dazu* ***herstellen***) ◇ ***was hast du denn da fabriziert?*** *iron für «was hast du denn da [schon wieder] angerichtet?»* kion do vi jen fabrikis?

fabulieren *intr* fabel[ad]i, *(sich Märchen ausdenken) auch* elpensi fabelojn, *(Märchen erzählen) auch* rakonti fabelojn

Facebook® *n (meist ohne Art): EDV (ein soziales Netzwerk)* fejsbuko, *auch <engl>* facebook®; ~-**Generation** *f* fejsbuka generacio; ~-**Portal** *n EDV* fejsbuka portalo

Facelifting *n Chir* ↑ ***Gesichtsstraffung***

Facette *f*, *auch* ***Fassette*** *f eckig geschliffene Fläche von Edelsteinen od Glas, Tech: kleine Schlifffläche* faceto *auch übertr für «Teilaspekt»*

Facetten|auge *n, auch* ***Komplex-*** *od* ***Netzauge*** *n Sehorgan der Insekten u. anderer Gliederfüßer, das aus zahlreichen Einzelaugen zusammengesetzt ist* facet-okulo; ~**-glas** *n (als Substanz)* facetita vitro

facettenreich *Adj* multfaceta (↑ *auch* ***mannigfaltig*** *u.* ***vielfältig***)

facettieren *tr in Facetten schleifen, vielflächig schleifen bzw. schneiden od mit Facetten versehen* faceti *auch übertr*

Fach *n* ***a)*** *z.B. im Schrank* fako [en ŝranko] (↑ *auch* ***Gefrier-***, ***Geheim-***, ***Post-***, ***Schließ-*** *u.* ***Schreibtischfach***); *Schub*² tirkesto; *Kasten* kesto ***b)*** *Fach-, Sachgebiet* fako (↑ *auch* ***Schul-***, ***Studien-***, ***Unterrichts-*** *u.* ***Wahlfach***); *Branche* branĉo; *Spezial*² speciala fako, specialaĵo; *Sachkenntnis* faksperto, kompetent[ec]o; *Beruf* profesio; ***das fällt*** (*od* ***schlägt***) ***nicht in mein*** ~ tio ne rilatas mian fakon (*bzw.* profesion); *i.w.S. davon verstehe ich nichts* pri tio mi ne havas sperton (*od* scion); ***ein Mann vom*** ~ fakulo, specialisto

Fach|abitur *n Fachhochschulreife* abiturienta ekzameno en faka altlernejo; ~**abteilung** *f, auch* ***Fachschaft*** *f* faka sekcio; ~**arbeiter** *m* faklaboristo; *Fachmann* fakulo, spertulo (*vgl. dazu* ***Experte***); ~**arbeiterbrief** *m* faklaborista diplomo; ~**arbeiterin** *f* faklaboristino

Facharzt *m* fakkuracisto, specialisto; ~ ***für Erkrankungen der Harnorgane*** specialisto pri urologio, urologo; ~ ***für Herzkrankheiten*** fakkuracisto pri kormalsanoj, specialisto pri kardiologio, *(Kardiologe)* kardiologo; ~ ***für plastische Chirurgie*** specialisto pri plastika kirurgio

fachärztlich 1. *Adj*: ~***e Untersuchung*** ekzamenado fare de specialisto **2.** *Adv*: ***sich*** ~ ***beraten lassen*** konsultiĝi kun fakkuracisto (*od* specialisto)

Fachausbildung *f Päd* faka edukado

Fachausdruck *m* [fak]termino, faka (*od* speciala) esprimo; *Terminus technicus* teknika termino; ***juristischer*** (***medizinischer***) ~ jura (medicina) termino

Fach|ausschuss *m* fakkomisiono; ~**begriff** *m* faka nocio (*od* termino); ~**berater** *m* faka konsilanto; *technischer Berater* teknika konsilanto; ~**bereichsleiter** *m* fakestro; ~**bibliothek** *f* fakbiblioteko

Fachblatt *n* ↑ ***Fachzeitschrift***

Fachbuch *n* faklibro

fächeln *tr mit einem Fächer* ventumi; *intr od* ***sich*** ~ *refl* sin ventumi

Fächer *m* ventumilo; ~**ahorn** *m* (Acer palmatum) *Bot* palmata acero *[Vorkommen: Japan, Korea u. China]*; ~**antenne** *f El* ventumila anteno

fächer|artig *od* ~**förmig** *Adj* ventumilforma; *wie ein Fächer* kiel ventumilo

Fächerflügler *m/Pl, auch* ***Kolbenflügler*** *m/Pl Ent*: ***[Ordnung der]*** ~ (Strepsiptera) strepsipteroj *Pl*

fächerförmig ↑ ***fächerartig***

Fächer|gewölbe *n Arch (eine Gewölbeform)* funelvolbo; ~**palme** *f Bot* palmata palmo *od* palmo kun palmataj folioj (↑ *auch* ***Doumpalme***); ~**pinsel** *m* ventumila peniko

Fächerschwanz *od* **Fächer[schwanz]-schnäpper** *m* (*Unterfamilie* Rhipidura) *Orn* ripiduro, *pop* ventumilvostulo (↑ *auch* ***Blaukopf-***, ***Fuchs-***, ***Garten-***, ***Kehlband-***, ***Mohren-*** *u.* ***Samoafächerschwanz***)

Fächer|schwanzkuckuck *m* (Cacomantis pyrrhophanus = Cacomantis flabelliformis) *Orn* ventumil[vost]a kukolo *[Vorkommen: Australien u. auf Tasmanien]*; ~**taube** *f, auch* ***Victoria-Krontaube*** *f* (Goura victoria) *Orn (eine Kronentaubenart)* viktoria kronkolombo

Fächerwürmer *m/Pl Zool*: ***[Familie der]*** ~ *Pl* (Sabellidae) sabeledoj *Pl*

Fach|frau *f* fakulino; *Spezialistin* specialistino; ~**gebiet** *n* fako; ~**gebietsangabe** *f in Wörterbüchern, z.B. Bot für «botanischer Fachausdruck»* fak-indiko; ~**gelehrte** *m* faksciencisto

fach|gemäß *od* ~**gerecht 1.** *Adj* faklabora, *auch* laŭfaka; *professionell* profesia; *kompetent* kompetenta **2.** *Adv* faklabore; profesie; kompetente

Fach|geschäft *n* fakvendejo; ~**gruppe** *f* fakgrupo, faka sekcio; ~**handel** *m* faka komerco; ~**händler** *m* faka komercisto; ~**hochschule** *f* (*Abk* ***FH***) faka altlernejo; *Akademie* akademio; ~**jargon** *m* fakĵargono; ~**-kenntnisse** *f/Pl* specialaj konoj *Pl*; ~**kollege** *m* samfakano (↑ *auch* ***Berufskollege***); ~**kommission** *f* faka komisiono *od* fak-komisiono; ~**kommunikation** *f* faka komunikado; ~**kompetenz** *f* faka kompetent[ec]o

Fachkräfte *f/Pl, auch* ***Fachleute*** *Pl* fakuloj, specialistoj, kvalifikitaj laboristoj (*bzw.* oficistoj *u.a.*) *Pl*; ~**mangel** *m* manko de fakuloj (*od* specialistoj), manko de kvali-

fikitaj laboristoj *f/Pl* kvalifikitaj laboristoj (*bzw.* oficistoj *u.a.*) *Pl*
fachkundig 1. *Adj* faksperta; *kompetent* kompetenta **2.** *Adv* faksperte; kompetente
Fachkurs *m Päd* fakkurso
Fachlehrer *m* fak-instruisto; ~ ***für Mathematik*** [fak-]instruisto de (*od* pri) matematiko
Fachleute *Pl* ↑ ***Fachkräfte***
Fachlexik *f Ling* faka leksiko
fachlich *Adj* faka, profesia; ~***e Ausbildung*** *f* faka edukado
Fach|literatur *f* fakliteraturo; ~**magazin** *n Ztgsw* fakmagazeno; ~**mann** *m* fakulo; *Spezialist* specialisto; *Sachverständiger* eksperto (↑ *auch* ***Autorität, Experte, Sachkenner*** *u.* ***Werbefachmann***)
fachmännisch *Adj* fakula, kompetenta *od nachgest* de fakulo (*od* specialisto *u.a.*)
Fach|ministerium *n* fakministerio; ~**personal** *n* faka personaro; ~**presse** *f* faka gazetaro; ~**richtung** *f* specialaĵo, speciala fako; *Lehrfach* instru-fako, *auch* instruata fako (*vgl. dazu* ***Spezialisierung***)
Fachschaft *f* ↑ ***Fachabteilung***
Fachschau *f* fak-ekspozicio
Fachschule *f* faklernejo, [speciala] lernejo; ***landwirtschaftliche*** (***medizinische***) ~ agrikultura (medicina) lernejo
fachsimpeln *intr* paroladi (*od* diskuti) pri fakaj problemoj
fachspezifisch 1. *Adj* fakospecifa **2.** *Adv* fakospecife
Fachsprache *f* faklingvo
fachsprachlich 1. *Adj* faklingva **2.** *Adv* faklingve
Fach|tagung *f* fakkunveno; ~**terminologie** *f* fakterminologio; ~**terminus** *m* faka termino
fachübergreifend *Adj* plurfaka
Fach|verband *m* fak-asocio, asocio de samprofesiuloj; ~**vokabular** *n* fakterminoj *Pl od* fakaj vortoj *Pl*; ~**vortrag** *m* fakprelego
Fachwelt *f*: ***die*** ~ la samfakularo, la [samfakaj] specialistoj *Pl*
Fachwerk *n Bauw (ein Baustil)* truso, *auch* trabfakaĵo *od* trabfaka konstrukto (*bzw.* masonaĵo); ***ebenes*** (***räumliches***) ~ ebena (spaca) truso
fachwerkartig *Adj Bauw* trusa
Fachwerk|ausfüllung *f Bauw* plenigaĵo de trabfaka vando; ~**außenwand** *f Bauw* ekstera trabfaka vando; ~**balken** *od* ~**träger** *m Bauw* trusa balko (*od* trabo); ~**bauten** *Pl* trabfak-konstruaĵoj *od* trabfakaj konstruaĵoj *Pl*; ~**bogen** *m* trusa arko; ~**brücke** *f* trusa ponto; *Gitterbrücke* latisa ponto; ~**haus** *n* trabfaka domo (↑ *auch* ***Umgebindehaus***); ~**pfette** *f Bauw* trusa patno; ~**rumpf** *m Flugzeugbau* latisa fuzelaĝo
Fachwerkträger *m* ↑ ***Fachwerkbalken***
Fachwerkwand *f Bauw* trabfaka vando
Fach|wissen *n* fakscio *od* fakaj scioj *Pl*, specialaj scioj *Pl* [pri iu fako]; ~**wissenschaft** *f* fakscienco; ~**wissenschaftler** *m* fakscienciisto (*vgl. dazu* ***Experte*** *u.* ***Spezialist***); ~**wort** *n* faka vorto, *[meist dafür:] Fachausdruck* faka (*od* speciala) esprimo (*vgl. dazu* ***Terminus***); ~**wörterbuch** *n* faka vortaro *od* fakvortaro; ~**wortliste** *f* terminaro; ~**wortverzeichnis** *n*, *auch* ***Terminar*** *n Ling* terminaro; ~**zeitschrift** *f*, *seltener* ***Fachblatt*** *n* faka revuo *od* fakrevuo
Facies *od* **Fazies** *f Fachspr* = ***Gesicht***; ~ ***hippocratica*** *Med (Gesichtsausdruck eines Sterbenden)* hipokrata mieno
Fackel *f* torĉo *auch übertr (Brand, Feuer, Flamme)* (↑ *auch* ***Kien-*** *u.* ***Pechfackel***); *Bambus*² torĉo el bambuo; *Harz*² rezina torĉo; ***olympische*** ~ olimpia torĉo
Fackel|behälter *m* torĉujo; ~**halter** *m z.B. an Gebäuden der Antike* torĉingo; ~**ingwer** *m* (Etlingera elatior) *Bot* alta etlingero *[Vorkommen in SO-Asien]*
Fackelkraut *n Bot* ↑ ***Königskerze***
Fackellauf *m* torĉa kuro, *(als Stafette)* torĉa stafetkuro
Fackellicht *n* = ***Fackelschein***
fackeln *intr umg für «zögern»* heziti; ***nicht lange*** ~ ne longe heziti; *unverzüglich handeln* senprokraste ekagi
Fackel|schein *m* torĉa lumo *od* torĉolumo, *auch* lumo de torĉo(j); ~**träger** *m* torĉoportanto; ~**zug** *m* torĉ[lum]a procesio
Fädchen *n* fadeneto (*vgl. dazu* ***Faser***)
fad[e], *<österr> nur* ***fad* 1.** *Adj Geschmack* sengusta *auch übertr*, malfreŝa; *übertr (banal)* banala, *(platt, seicht)* plata. malprofunda, *(trivial)* triviala, *(oberflächlich)* supraĵa, *(geistlos)* sensprita, *(langweilig)* enuiga **2.** *Adv*: ***es schmeckt ziemlich*** ~ ĝi estas sufiĉe sengusta
fädeln *tr*: ***den Faden in die Nadel*** ~ enkudriligi la fadenon
¹Faden *m* fadeno *auch übertr* (*vgl. dazu* ***Garn*** *u.* ***Strippe***; ↑ *auch* ***Glanz-, Gold-,***

Gummi-, *Näh- u.* ***Wollfaden***); *Glüh*~ *der Lampe* inkandeska filamento; *Bot (Staub*~*)* filamento; ***gezwirnter*** ~ tordita fadeno (↑ *auch* ***Zwirn***); ***einen*** ~ ***einfädeln*** *ins Nadelöhr* tredi fadenon en kudriltruon *od kurz* enkudriligi fadenon; ***auf einen*** ~ ***ziehen*** *auffädeln, z.B. Glasperlen* surfadenigi ◇ ***da beißt die Maus keinen*** ~ ***ab*** *das ist ganz sicher* tio estas certega; *das ist nicht zu ändern* pri tio jam nenio estas ŝanĝebla; ***den*** ~ ***verlieren*** *beim Sprechen* perdi la fadenon [en la parolo] *(Zam)*; ***sein Leben hing an einem [seidenen]*** ~ lia vivo pendis nur sur unu fadeno *(Zam) od* lia savo pendis nur sur fadeno malforta *(Zam)*; ***keinen trockenen*** ~ ***auf dem Leib haben*** esti malseka ĝis la ostoj; ***er hat alle Fäden in der Hand*** li direktas ĉion, *bildh* li havas ĉiujn fadenojn en sia mano

²Faden *m Mar (alte Maßeinheit in der Seeschifffahrt)* klafto; ***vier*** ~ ***tief*** profunda je kvar klaftoj

Faden|binse *f* (Juncus filiformis) *Bot* fadena junko; ~**ehrenpreis** *m* (Veronica filiformis) *Bot* fadena veroniko

Fadeneinkreuzung *f Weberei* ↑ ***Bindepunkt***

Fadenenzian *m*, *auch* ***Zindelkraut*** *n* (Cicendia filiformis) *Bot* fadena cicendio

fadenförmig *Adj* fadenforma *auch Bot* (↑ *auch* ***filamentös***)

Fadenkraut *n Bot* ↑ ***Filzkraut***

Fadenkreuz *n*, *auch* ***Fadennetz*** *n Opt* fadenkruco

Fadennudeln *f/ Pl Nahr* vermiĉeloj *Pl* (*vgl. dazu* ***Spaghetti***); ***Suppe*** *f* ***mit*** ~ vermiĉela supo

Fadenpilze *m/Pl*, *<wiss>* ***Hyphomyzeten*** *m/Pl Mykologie* hifomicetoj *Pl*; (*Klasse* Trichomycetes) triĥomicetoj *od* trikomicetoj *Pl*

fadenscheinig *Adj* ***a)*** *Kleidungsstück* fadenmontra (*vgl. dazu* ***abgetragen***) ***b)*** *nur vorgeschützt, nicht überzeugend (Grund, Vorwand)* preteksta, malkonvinka; *nicht sehr glaubhaft* apenaŭ kredinda

Fadenwurm *m Zool* ↑ ***Filarie***, ***Nematoden***, ***Trichine*** *bzw.* ***Wucheria bancrofti***

Fadenzähler *m Opt* fadennombrilo

Fading [ˈ*fe:...*] *n Funkwesen, Radio ([als Schwundeffekt bezeichnete] Schwankung der Empfangsfeldstärke)* fado; ~**ausgleich** *m*, *auch* ***Schwundausgleich*** *m an einem Gerät* fadokompensilo

Fado [ˈ*fa:du*] *m Mus (ein portugies. Volkslied mit melancholicher Grundstimmung [zur Gitarre gesungen])* faduo

Faeces *f/Pl nur Fachspr Med* feko (*vgl. dazu* ***Fäkalien*** *u.* ***Kot***)

Făgăraş (*n*), *dt.* ***Fogarasch*** (*n*) *kleine rumänische Residenzstadt im Făgăraşer Becken* Fagaraŝo

Făgăraşer Gebirge *n*, *rumän.* ***Munţii Făgăraşului*** Fagaraŝa Montaro

Fagott *n Mus (ein Holzblasinstrument in Basslage)* fagoto; *Kontra*~ kontrafagoto (↑ *auch* ***Sarrusophon***)

Fagottist *m* fagotisto

Fagottistin *f* fagotistino

Fähe *f* ↑ ***Dächsin*** *u.* ***Füchsin***

fähig *Adj imstande, in der Lage* kapabla (***zu*** al); *i.w.S. (begabt, talentiert)* talenta; ***er ist zu allem*** ~ *d.h. auch zum Schlimmsten* li estas kapabla je ĉio

Fähigkeit *f* kapabl[ec]o, *bes. Tech* pov[um]o; *geistige Fähigkeit auch* fakulto (↑ *auch* ***Fertigkeit*** *u.* ***Können***); *Begabtheit, Talent* talento; ***er hat nicht die*** ~, ***logisch zu denken*** li ne posedas la kapablon pensi logike; ***ein Mann von hervorragenden*** ~***en*** viro (*od* homo) de elstaraj kapabloj

fahl *Adj blass (Gesicht, Mondlicht)* pala; *Fachspr Med (livid)* livida

Fahlente *f Orn* ↑ ***Kapente***

Fahlerz *n Min (Sammelname für eine Gruppe von olivgrauen bis eisenschwarzen sulfidischen Mineralien)* falerco

fahlgelb *Adj bes. das Fell mancher Tiere* falva

Fahl|kauz *m* (Strix butleri) *Orn* rokstrigo; ~**kehlschwalbe** *f* (Hirundo aethiopica) *Orn* etiop[i]a hirundo; ~**schulterschmätzer** *m* (Saxicola bifasciatus = Campicoloides bifasciatus) *Orn* avelstria saksikolo *[Vorkommen: endemisch in Südafrika, Swasiland u. Lesotho]*; ~**segler** *m* (Apus pallidus) *Orn* pala apuso; ~**sperling** *m* (Petronia brachydactyla) *Orn* pala rokpa- sero; ~**stirnschwalbe** *f* (Hirundo pyrrho- nota) *Orn* klifhirundo; ~**uferschwalbe** *f* (Riparia diluta) *Orn* hela bordhirundo

Fähnchen *n* flageto

fahnden *intr polizeilich suchen*: ***nach jmdm.*** ~ [police] serĉi (*bzw.* persekuti) iun

Fahndung *f* polica serĉ[ad]o (*bzw.* persekut[ad]o) (*vgl. dazu* ***Ermittlung*** *u.* ***Suche***)

Fahndungsanzeige *f* avizo pri serĉa ordono

Fahne *f* ***a)*** flago (*vgl. dazu* ***Vexillum***; ↑ *auch* ***Flagge, Mittel-, Regenbogen-*** *u.* ***Vereinsfahne***); *Banner, Reiter~* standardo; *Wimpel* vimplo, *auch* kojnoflag[et]o; ***schwarz-rot-goldene ~*** nigra-ruĝa-ora flago; ***weiße ~*** *als Zeichen der Kapitulation* blanka flago; ***die ~ flattert im Wind*** la flago flirtas en vento; ***die ~ hissen*** hisi la flagon; ***die ~ einholen*** (*od geh* ***streichen***) malhisi la flagon; ***die ~ [auf] halbmast setzen*** duonhisi la flagon; ***mit wehenden ~n*** kun flirtantaj standardoj ◇ ***eine ~ haben*** *nach Alkohol riechen* odori je alkoholo; ***die ~ nach dem Wind drehen*** (*od* ***hängen***) laŭbezone ŝanĝi sian opinion (*od* sintenon) ***b)*** *Typ (Druck~, Korrektur~)* presprovaĵo ***c)*** *Zool (1. oberer Teil der Vogelfeder 2. langer Haarbehang an der Rute des Hundes)* flago ***c)*** *nach Alkoholgenuss*: ***er hat eine ~*** li odoras je brando

Fahnen|appell *m Mil* apelo sub la flago; **~drongo** *m*, *auch* ***Flaggendrongo*** *m* (Dicrurus macrocercus) *Orn* nigra drongo; **~eid** *m* ĵuro sub la flago, *auch* soldata ĵuro

Fahnenflucht *f* dizerto (↑ *auch* ***Desertion***); ***~ begehen*** fuĝi el militista ***servo***, dizerti

fahnenflüchtig *Adj*: ***~ werden*** dizerti (↑ *auch* ***desertieren*** *u. unter* ***^{1}überlaufen b)***)

Fahnen|flüchtige *m* dizertanto *bzw.* dizertinto (↑ *auch* ***Überläufer***); **~junker** *m Gesch (ein Offiziersanwärter)* signojunkro

Fahnenkunde *f* ↑ ***Vexillologie***

Fahnen|mast *m* flagmasto; **~schmuck** *m* flag-ornam[aĵ]o; **~stange** *f* flag[o]stango; **~träger** *m Mil* standardoportanto; *bei Demonstrationen* flagoportanto

Fahnenwicke *f Bot* ↑ ***Spitzkiel***

Fähnrich *m* ***a)*** *Gesch (Fahnenträger)* standard[oport]isto, *(der Kavallerie)* kornedo ***b)*** *Mil* oficir-aspiranto [en rango de serĝento]

Fahrausweis *m* ***a)*** *Eisenb* [vojaĝ]bileto; ***dieser ~ ist abgelaufen*** ĉi tiu bileto estas eksvalida (*od* ne plu valida) ***b)*** *<schweiz>* ↑ ***Führerschein***

Fahrbahn *f*, *reg* ***Fahrdamm*** *m* veturejo (*vgl. dazu* ***Autostraße***); *Fahrspur* leno; ***von der ~ abkommen*** mise deflankiĝi de la veturejo; ***die ~ überqueren*** transiri la veturejon

Fahrbahndecke *f* ↑ ***Straßendecke***

Fahrbahnmarkierung *f (als Vorgang)* markado de [lenoj sur la] veturejo; *(die Markierung selbst)* farbmarkoj *Pl* sur la veturejo

Fahrbahnsanierung *f* ↑ ***Straßeninstandsetzung***

Fahrbahnwechsel *m* ŝanĝo de [la] leno

fahrbar *Adj lenk- od steuerbar* vetur[ig]ebla; *befahrbar* surveturebla; *nicht stationär, beweglich* movebla; *transportabel* transportebla; ***dieses Geröt ist ~*** ĉi tiu aparato estas veturigebla

fahrbereit *Adj* veturpreta

Fahrbibliothek *f* rondiranta biblioteko

Fährboot *n* = ***Fähre***

Fahrdamm *m* ↑ ***Fahrbahn***

Fahrdauer *f* veturdaŭro

Fahrdienst|leiter *m f Eisenb* trajntrafikestro (*vgl. dazu* ***Aufsicht***); **~vorschriften** *f/Pl Eisenb* trajn-trafika reglamento

Fähre *f Mar* pramo, *größere (= Fährschiff)* pramŝipo (↑ *auch* ***Auto-, Eisenbahn-, Hafen-*** *u.* ***Passagierfähre***); ***jmdn. mit der ~ befördern*** (*od* ***übersetzen***) prami iun *od* transveturigi iun per [la] pramo (***nach*** al)

fahren ***a)*** *tr jmdn. od etw. mittels Fahrzeug befördern* veturigi; *Auto meist* stiri, *auch* konduki, *(chauffieren)* ŝofori (*vgl. dazu* ***lenken***); *Lasten, Transportgut* transporti; ***~ lassen*** *loslassen* malpreni, malkapti, ellasi, malteni; *freilassen* lasi libera; ***fahren Sie mich zum*** (*bzw.* ***zur***) ***...*** veturigu (*od [höflicher:]* bonvolu veturigi) min al ...; ***kannst du Auto ~?*** ĉu vi povas stiri aŭton?; ***ein Dorfjunge fuhr den Traktor*** vilaĝa knabo veturigis la traktoron ◇ ***einen ~ lassen*** *Darmwind* ellasi furzon ***b)*** *intr* veturi, *allg auch* iri (↑ *auch* ***ab-, hinüber-, hoch-, rückwärts-, vorbei-*** *u.* ***weiterfahren***); *[mit]fahren in* kunveturi en; ***~ durch ...*** *durchqueren, passieren z.B. eine Straße od Stadt* trapasi ...; ***~ nach*** veturi al, *umg auch* iri al; ***an die See ~*** veturi al la maro; ***mit dem Auto*** (*od* ***Wagen***) ***~*** veturi per aŭto[mobilo], aŭtomobile veturi (***nach*** al) *(am Steuer sitzend* ŝofori; ***mit der Eisenbahn*** (***Straßenbahn***) ***~*** veturi (*od auch* iri) per la trajno (tramo) (***nach*** al); ***mit dem Fahrrad ~*** bicikli (***nach*** al); ***in einer Pferdekutsche*** (*od <österr>* ***einem Fiaker***) ***~*** veturi en fiakro; ***mit dem Zug ~*** veturi per trajno, *umg auch* veturi trajne; ***nicht gern mit dem Bus ~*** ne ŝati veturi per (*od* en) buso; ***nach Hause ~*** veturi hejmen *od* hejmenveturi; ***mit hundert Sachen ~*** *Kfz (salopp)* veturi po cent kilometrojn hore; ***wann fährt der Zug nach Magdeburg?*** kiam ekveturos (*od* *umg auch* ekiros) la trajno al Magdeburgo? ◇ ***einander in die Haare ~*** reciproke sin preni ĉe la haroj; ***ich könnte aus der Haut ~!*** *ich könnte verrückt werden!* mi povus freneziĝi!; *es ist zum Verzweifeln* oni povas absolute perdi la esperon; ***was ist bloß in dich gefahren?*** mi ne komprenas, kio okazis al vi *bzw.* kiu kaprico subite ekregas vin?

Fahren *n* veturado

fahrend *Adj umherziehend* vaganta; ***~es Volk*** *n* vagantoj *Pl*; *Spielleute* vagantaj muzikistoj *Pl*

[1]**Fahrenheit** (*m*) *Eig* (*deutscher Physiker [1686-1736]*) Farenhejto

[2]**Fahrenheit** *ohne Art* (*Zeichen **F***) *Gradeinteilung auf der Fahrenheitskala*: ***vierzig Grad ~*** (*Abk **40° F***) kvardek gradoj laŭ Farenhejto; **~-Skala** *f*, *Fachspr **Fahrenheitskale** f* farenhejta skalo

Fahrensmann *m seemännisch = **Seemann***

Fahrer *m* veturigisto, kondukisto, *eines Autos* kondukisto [de aŭto], *(Chauffeur)* ŝoforo (*vgl. dazu **[1]Fuhrmann** u. **Kutscher***; ↑ *auch **Bus-**, **Geister-**, **LKW-** u. **Taxifahrer***); *i.e.S. (Motorrad~)* motorciklisto, *(Fahrrad~)* biciklisto; **~airbag** *m Kfz* ŝofora aerkuseno; **~flucht** *f* ŝofora fuĝo

Fahrerlaubnis *f* ↑ ***Führerschein***

Fahrersitz *m* ŝofora (*od* kondukista) sidloko

Fahrfehler *m* konduk-eraro

Fahrgast *m* pasaĝero; *Reisende* vojaĝanto (↑ *auch **Insasse** u. **Passagier***); ***~ in einem öffentlichen Verkehrsmittel*** pasaĝero en publika transportilo

Fahrgast|raum *m* pasaĝera kabino; **~schiff** *n* pasaĝera ŝipo

Fahrgeld *n **a)*** veturpago (↑ *auch **Fahrpreis***); *Reisekosten* vojaĝkostoj *Pl* ***b)*** *auch **Fährgeld** n für Überfahrt mit dem Fährboot* pago por la pramveturo; ***das ~ zurückerstatten*** repagi la veturpagon (*bzw.* vojaĝkostojn)

Fährgeld *n* ↑ ***Fahrgeld b)***

Fahr|geschwindigkeit *f* veturrapid[ec]o; **~gestell** *n Kfz* baza framo [de veturilo], ĉasio; *des Flugzeugs* subekipaĵo [de aviadilo]

Fahrhabe *f Jur* ↑ ***bewegliche Habe*** [*unter **beweglich***]

fahrig *Adj zu hastig* tro hasta; *alles verwechselnd* [tute] konfuza; *nervös* nervoza; *zerstreut* distriĝema; *(unkoordiniert [Bewegungen, Gang])* ataksia

Fahrigkeit *f* troa hasto; konfuzeco; nervozeco; distriĝemo; ataksio

Fahrkarte *f* [vetur]bileto; *Eisenb* fervoja bileto (↑ *auch **Fahrausweis**, **Kinder-**, **Rückfahr-**, **Senioren-** u. **Umsteigefahrkarte***); ***~n*** *als Aufschrift am Schalter* biletoj; ***gültige ~*** *Eisenb* valida [fervoja] bileto; ***die ~n bitte!*** biletojn, mi petas!

Fahrkarten|ausgabe *f* biletvendejo (*vgl. dazu **Fahrkartenschalter***); **~automat** *m* biletvenda aŭtomato; **~kauf** *m* biletaĉetado

Fahrkartenkontrolle *f* biletkontrolo; ***~ im Zug*** entrajna biletkontrolo

Fahrkarten|kontrolleur *m* biletkontrolisto; *i.w.S. Schaffner* konduktoro; **~schalter** *m* biletgiĉeto *od* giĉeto de viletejo [en stacidomo] (*vgl. dazu **Fahrkartenausgabe***); **~-verkäufer** *m* biletvendisto

Fahrkosten *Pl* ↑ ***Fahrtkosten***

fahrlässig 1. *Adj* neglekta, senatenta, malzorga **2.** *Adv*: ***~ handeln*** agi neglekte

Fahrlässigkeit *f* neglekto, senatenteco, malzorgemo (*vgl. dazu **Leichtsinn***); ***~ beim Fahren*** *eines Kfz* neglekta ŝoforado

Fahr|lehrer *m* instruisto de ŝoforado; **~leitung** *f*, *auch **Oberleitung** f Eisenb, Straßenbahn, O-Bus* kontaktlineo; *i.e.S. (Kettenwerksfahrleitung)* katenario; **~leitungsjoch** *n Eisenb* katenaria gantro

Fähr|linie *f (für Binnenfähren)* pramlinio, *(für Fährschiffe)* pramŝipa linio; **~mann** *m* pramisto

Fahrmotor *m* ↑ ***Triebmotor***

Fahrnis *f Jur* ↑ ***bewegliche Habe*** [*unter **beweglich***]

Fahrplan *m* veturplano; *Eisenb* [fervoja] horaro; *Straßenbahn* [tram]horaro (↑ *auch **Sommer-** u. **Winterfahrplan***); **~änderung** *f* horar-modifo

fahrplanmäßig *Adj* laŭhorara; *planmäßig* laŭplana; ***~er Zug*** *m Eisenb* laŭhorara (*od* regula) trajno

Fahrpreis *m* veturpago *od* veturprezo (↑ *auch **Mindestfahrpreis***); **~anzeiger** *m in einem Taxi* taksimetro; **~erhöhung** *f* tarifaltigo, altigita veturprezo; **~ermäßigung** *f* tarifredukto, rabatita vetur- prezo

Fahrprüfung *f Kfz* ekzameno pri stirkapablo

Fahrrad *n*, *kurz **Rad** n <schweiz> umg **Velo** n* biciklo (↑ *auch **All Terrain Bike**, **E-Bike**, **Klapp-**, **Leihfahrrad** u. **Tourenrad***); ***~ mit Hilfsmotor***, *<schweiz>* ***Motorvelo*** *n* motorbiciklo; ***mit dem ~*** per [la] biciklo, *umg*

auch bicikle; ***mit dem ~ fahren*** veturi per [la] biciklo, *umg auch* bicikli (***nach*** al); ***mit dem ~ kommen*** veni bicikle (*od* per [la] biciklo); ***das ~ schieben*** ŝovi sian (*od* la) biciklon; ***vom ~ [ab]steigen*** deiri de [la] biciklo, *umg auch* debicikliĝi

Fahrrad|bremse *f* biciklobremso; **~diebstahl** *m, salopp* ***Fahrradklau*** *m* ŝtelo de biciklo; **~fahrer** *m* biciklisto; **~gabel** *f* forko de biciklo; **~geschäft** *n od* **~handlung** *f* biciklovendejo; **~händler** *m* biciklovendisto; **~helm** *m* biciklista [ŝirm]kasko; **~kette** *f* ĉeno de biciklo; **~klingel** *f* bicikla sonorilo (*od* tintilo); **~lampe** *f* bicikla lumĵetilo; **~rahmen** *m* bicikla framo; **~reifen** *m* bicikla pneŭmatiko (*od kurz* pneŭo); **~sattel** *m* bicikla selo; **~schlauch** *m* pneŭa tubo de biciklo; **~schloss** *n* bicikla seruro; **~ständer** *m, <schweiz> auch* ***Veloständer*** *m* rako por bicikloj, *auch* biciklorako; **~taxi** *n, auch* ***Fahrradrikscha*** *f* biciklo-taksio; **~touristik** *f, umg auch* ***Radtouristik*** *f* [per-]bicikla turistiko; **~verleih** *m* biciklopruntejo; **~weg** *m* bicikla vojo *od* biciklovojo, *auch* vojo (*bzw.* leno) por biciklistoj

Fahrrinne *f Mar* ŝanelo

Fahrschein *m* [vetur]bileto, vojaĝkupono (↑ *auch* ***Frei-*** *u.* ***Gruppenfahrschein***); ***dieser ~*** (*od fachsprachl.* ***Fahrausweis***) ***ist abgelaufen*** tiu ĉi bileto estas eksvalida

Fahrschein|block *m* bloko de vojaĝkuponoj; **~heft** *n bes. Eisenb* plur-kupona bileto; **~kontrolle** *f* biletkontrolo

Fährschiff *n* pramŝipo (*vgl. dazu* ***Fähre***)

Fahrschule *f Kfz* aŭtolernejo *od* stirlernejo

Fährseil *n z.B. einer Flussfähre* prama kablo

Fahr|sicherheit *f* vetursekureco; **~sicherheitstraining** *n* trejnado de vetursekureco; **~spur** *f* leno; **~steig** *m, umg auch* ***Rollsteig*** *m bes. auf Flughäfen* rultrotuaro; **~straße** *f Kfz* ŝoseo; *Eisenb* riglita itinero; **~strecke** *f Route* itinero

Fahrstuhl *m Aufzug* lifto; ***den ~ benutzen*** (*od umg* ***nehmen***) uzi la lifton

Fahrstuhl|führer *m* liftisto; **~schacht** *m* lift[o]ŝakto

Fahrstunde *f* instruhoro en stirlernejo

Fahrt *f* ***a)*** veturo (↑ *auch* ***Auto-***, ***Dampfer-***, ***Fluss-***, ***Frei-***, ***Gruppen-***, ***Kontroll-***, ***Langsam-***, ***Sonder-***, ***Stern-*** *u.* ***Zugfahrt***); *das Fahren* veturado; *Reise* vojaĝo (*vgl. dazu* ***Ausflug***); ***gute ~!*** *zum Fahrer gesagt* bonan veturadon!; ***ich wünsche Ihnen eine gute ~!*** mi deziras [al vi] bonan vojaĝon!; ***auf der ~ nach ...*** dum la veturo al ..., survoje al ...; ***die ~ fortsetzen*** daŭrigi la vetur[ad]on ***b)*** *umg Schwung, [lebhafte] Stimmung* vervo, superba humoro

Fährte *f* premsignoj *Pl*, piedsignoj, spuro (↑ *auch* ***Schweißfährte*** *u.* ***Spur a)***); ***eine warme ~*** *Jagd (noch frische Fährte)* varma spuro; ***auf der falschen ~ sein*** sekvi la malĝusta(j)n spuro(j)n; ***die ~ verlieren*** perdi la spuron *auch übertr*

Fahrtkosten *Pl, auch* ***Fahrkosten*** *Pl Fahrpreis* veturprezo; *Reisekosten* vojaĝkostoj *Pl*

Fahrtreppe *f* ↑ ***Rolltreppe***

Fahrtrichtung *f* veturdirekto; *Kurs* kurso; ***vorgeschriebene ~*** *Verk* deviga veturdirekto

Fahrtrichtungsanzeiger *m Verk* direktindiklo; *Kfz* ↑ ***Blinker***

fahrtüchtig *(Person)* konduktaŭga; *(Auto)* veturfunkcia

Fahrtüchtigkeit *f des Kraftfahrers* konduktaŭgeco

Fahrt|unterbrechung *f Halt unterwegs* dumvoja halto; *Unterbrechung der Reise* vojaĝinterrompo; **~wind** *m* veturvento

Fahrverbot *n für Fahrzeuge* malpermeso de [aŭto]veturado (↑ *auch* ***Nachtfahrverbot***); *für Fahrzeugführer* malpermeso konduki aŭton

Fahrwasser *n Mar (Fahrrinne)* ŝanelo (↑ *auch* ***Haupt-*** *u.* ***Nebenfahrwasser***); **~zeichen** *n Mar* ŝanel-buo

Fahr|weg *m* ***a)*** veturvojo (*vgl. dazu* ***Fahrstraße***) ***b)*** *auch* ***Beförderungsweg*** *m Verk* itinero ***c)*** *Eisenb (im Bahnhof)* itinero; **~weise** *f* veturmaniero, [ies] maniero veturi [aŭton]; **~werk** *n Flugw* subekipaĵo [de aviadilo]; **~zeit** *f* veturdaŭro, *auch* veturtempo

Fahrzeug *n* ***a)*** *allg* veturilo (↑ *auch* ***Gefährt*** *u.* ***Wagen a)***); *Kraft*≗ motorveturilo (↑ *auch* ***Amphibien-***, ***Elektro-***, ***Flucht-***, ***Gelände-***, ***Luftkissen-***, ***Magnet-***, ***Schienen-***, ***Schienen-Straße-Fahrzeug***, ***Straßen-***, ***Veteranen-*** *u.* ***Wasserfahrzeug***); *i.e.S.* aŭto, ŝipo *u.a.*; ***~ mit Luftbereifung*** veturilo kun pneŭoj; ***geländegängiges ~*** ĉiaterena veturilo; ***gepanzertes ~*** *Mil, Staatskarrosse* kirasita veturilo, kirasplata veturilo (*bzw.* aŭt[omobil]o); ***anderthalb Stunden mit dem ~ [entfernt*** *bzw.* ***zu fahren]*** unu horon kaj duonan per aŭto *b) Buddhismus*: ***Großes** ~ Mahayana* Granda Vehiklo; ***Kleines** ~ Hinayana* Malgranda Vehiklo

Fahrzeug|bau *m* konstruado de veturiloj; *als Industriezweig* veturila industrio; ~**besitzer** *od* ~**halter** *m* posedanto de veturilo; ~**führer** *m* kondukisto de veturilo, ŝoforo

Fahrzeugpark *m z.B. eines Unternehmens* veturilaro (↑ *auch* ***Wagenpark***)

Faible [*fɛ:bl*] *n Vorliebe, Neigung, Schwäche für etw.*: ***ein ~ haben für ...*** senti [vere] grandan ŝaton de ...

Faijum *od* **Fajum** (*n*), *auch* ***Al-Fajum*** (*n*) *Landschaft u. Provinz in Ägypten* Fajumo <*fruchtbarstes Oasengebiet des Landes*>

Faille [*faj*] *f*, *auch* ***Ripsseide*** *f Textil* fajo

fair 1. *Adj ehrlich* honesta; *gerecht* justa; *Sport (regelgerecht)* laŭregula (↑ *auch* ***anständig***); ***ein ~er Preis*** *Hdl* honesta prezo **2.** *Adv*: ~ ***spielen*** *Sport* ludi laŭregule

Fairness *f* honesteco; justeco; laŭreguleco

Faisabad (*n*) *Hptst. der Provinz Badakhschan in NO-Afghanistan* Fajsabado

Faisal (*m*) *Eig (Name arabischer Herrscher [Irak, Oman, Saudi-Arabien])* Fajsalo

Faisalabad (*n*) *eine pakistanische Stadt im Pandschab* Fajsalabado

Fajum (*n*) ↑ ***Faijum***

Fäkalausdruck *m* fek-esprimo

Fäkalien *Pl* fekaĵoj *Pl* (*vgl. dazu* ***Kot***); ~**grube** *f* foso por fekaĵoj

fäkalisch *Adj* fek[aĵ]a, ekskrementa

Fäkalsprache *f* feklingvo, skatologia lingvaĵo

Fake News *Pl* ↑ *unter* ***Falschmeldung***

Fakfak (*n*) *Küstenort in Westen der Insel Neu-Guinea (in der indonesischen Provinz West-Irian)* Fakfako <*Exporthafen für Holz u. Muskatnüsse*>

Fakir *m* fakiro <*arab.* Faqir = *eigtl «[frommer] Asket»*>

Fakirbett *n* ↑ ***Nagelbrett***

Faksimile *n genaue Nachbildung [durch Vervielfältigung], bes. von Handschriften* faksimilo; ~**ausgabe** *f Buchw* faksimila eldono; ~**druck** *m* faksimilia preso; ~-**Unterschrift** *f* faksimila subskribo

faksimilieren *tr eine Vorlage genau nachbilden* faksimili

Fakt *m*, *auch n* fakto (↑ *auch* ***Tatsache***); *Wahrheit* vero; ***~en*** *Pl Tatbestand* faktoj *Pl*; ***auf ~en begründet*** bazita sur faktoj; ***die ~en verdrehen*** tordi la faktojn

Faktenlage *f* stato de la faktoj

faktenreich *Adj* faktoriĉa

Faktis *m*, *auch* ***Ölkautschuk*** *m Chem (durch Schwefelung fetter Öle gewonnenes elastisches Produkt [für die Gummiindustrie])* faktiso

faktisch 1. *Adj* fakta; *wahrlich* vera (*vgl. dazu* ***tatsächlich***) **2.** *Adv* fakte; vere; *praktisch* praktike

Faktitiv[um] *n Ling (semantischer Tiefenkasus, der das Objekt od das Ergebnis einer Handlung bzw. eines Geschehens bezeichnet [Verb des Bewirkens])* faktitivo <*im Esp durch Suff* ...ig... *gekennzeichnet*>

Faktor *m* ***a)*** faktoro *auch Phys u. Tech* (↑ *auch* ***Haupt-*** *u.* ***Nutzfaktor***); ***auslösender*** (***entscheidender***, ***integrierender***, ***moralischer***, ***topografischer***, ***wesentlicher***) ~ kaŭzanta (decida, integranta, morala, topografia, esenca) faktoro; ***genetische ~en*** *Pl* genetikaj faktoroj *Pl*; ***von mehreren ~en abhängig sein*** dependi de pluraj faktoroj ***b)*** *auch* ***Vervielfältigungszahl*** *f Math* faktoro

Faktorei *f Handelsniederlassung, bes. in [überseeischen] Kolonien* faktorio

Faktorenkomplex *m* komplekso de faktoroj

Faktorgruppe *f Math* ↑ ***Quotientengruppe***

Faktotum *n*, *scherzh* ***Mädchen*** *n* ***für alles*** *jmd., der alle anfallenden Arbeiten erledigt* faktoto

Faktum *n alt für «[nachweisbare] Tatsache»* [pruvebla] fakto (*vgl. dazu* ***Fakt***)

Faktura *f* <*österr u. schweiz*> ↑ ***Warenrechnung***

fakturieren *tr Ware berechnen* kalkuli la prezon de varo(j); *eine Warenrechnung ausschreiben* skribi fakturon

[1]**Fakultät** *f Univ* fakultato *in Zus auch Großschr*; ***gesellschaftswissenschaftliche*** ~ sociscienca fakultato; ***juristische*** ~ jurscienca fakultato *od* fakultato pri juro; ***medizinische*** (***philologische***, ***veterinärmedizinische***, ***wirtschaftswissenschaftliche***) ~ medicina (filologia, veterinarmedicina, ekonomika) fakultato

[2]**Fakultät** *f Math (Produkt einer Reihe von Faktoren)* faktorialo

fakultativ 1. *Adj* fakultativa *auch Parasit*, nedeviga (↑ *auch* ***unverbindlich***) **2.** *Adv* fakultative, nedevige (↑ *auch* ***wahlweise***)

Fakultativklausel *f* fakultativa klaŭzo

Fakultätsbibliothek *f Univ* fakultata biblioteko (↑ *auch* ***Institutsbibliothek***)

Falafel *f od n Kochk (frittierte Kichererbsenbällchen)* falaflo, *auch* kikerfritaĵo *od* kikerbuloj *Pl <ein Gericht aus der arabischen Küche>*
Falange *f faschistische Partei Spaniens [1933-1976]* Falango
Falangist *m Mitglied der spanischen Falange* falangisto
Falascha *Pl Ethn (zu den Agau zählendes Volk kuschitischer Sprache mit altjüdischer Glaubensform («schwarze Juden») am Tanasee in Äthiopien)* falaŝoj *Pl*
falb *Adj fahl- od graugelb [bes. das Fell mancher Tiere]* falva (*vgl. dazu* ***fahl***)
Falbe *m graugelbes Pferd* falva ĉevalo
Falbel *f gekrauster od gefältelter Faltenbesatz [am Kleid]* falbalo
Falbkatze *f Zool* ↑ *unter* ***Wildkatze***
Fälbling *m* (*Gattung* Hebeloma) *Mykologie* hebelomo
Falerner [Wein] *m eine ital. Weinsorte [aus Kampanien (bei Falerno)]* falerna vino
Falk *od* **Falko** (*m*) *männl. Vorname* Falko
Falke *m Orn* falko (↑ *auch* ***Amur-***, ***Austral-***, ***Baum- Blau-***, ***Bunt-***, ***Eleonorenfalke***, ***Finkenfälkchen***, ***Grau-***, ***Habicht-***, ***Lach-***, ***Lanner-***, ***Maori-***, ***Molukken-***, ***Rötel-***, ***Rothals-***, ***Ruß-***, ***Seychellen-***, ***Taita-***, ***Turm-***, ***Wander-***, ***Würg-*** *u.* ***Wüstenfalke***); ***[Familie der]*** ~***n*** *Pl* (Falconidae) falkedoj *Pl*
Falkenaugen *n/Pl* okuloj *Pl* de falko *auch bildh für «scharfe Augen»*
falkenäugig *Adj* falk-okula (↑ *auch* ***luchsäugig***)
Falkenbeize *f Jagd* ↑ ***Falknerei***
Falken|bussard *m* (Buteo vulpinus) *Orn* stepbuteo; ~**haube** *od* ~**kappe** *f* falkokufo; ~**nachtschwalbe** *f* (Chordeiles minor) *Orn* amerika kaprimulgo
Falkenraubmöwe *f Orn* ↑ *unter* ***Raubmöwe***
Falkländer *m Bewohner der Falklandinseln* falklandano
Falkland|inseln *Pl*, *auch* ***Malwinen*** *Pl*, *engl.* ***Falkland Islands***, *span.* ***Islas Malvinas*** *eine britische Inselgruppe im Südatlantik* Falklandaj Insuloj *od* Falklandoj *Pl*, *auch* Malvinoj *Pl*; ~**-Dampfschiffente** *f* (Tachyeres brachypterus) *Orn (ein flugunfähiger gänseähnlicher Entenvogel [Vorkommen: endemisch auf den Falklandinseln])* falklanda vaporanaso; ~**fuchs** *m* (Dusicyon australis) *Zool* falklanda lupo *[1876 ausgestorben]*
falkländisch *Adj* falklanda
Falkland|karakara *m* (Phalcoboenusaustralis) *Orn (eine Art der Geierfalken)* aŭstrala karakaro *[Vorkommen: südchilenische Inseln, bes. aber Falklandinseln]*; ~**krieg** *m Gesch (bewaffneter Konflikt zw. Argentinien u. Großbritannien um die Falklandinseln [April/Juni 1982])* Falklanda Milito; ~**krise** *f Gesch, Pol* falklanda krizo; ~**-Pfund** *n* (*Währungscode* ***FKP***) *Währungseinheit auf den Falklandinseln* falklanda pundo; ~**strom** *m ein kalter Meeresstrom im Südatlantik* Falklanda Fluo; ~**sund** *m*, *auch* ***Falklandstraße*** *f*, *span.* ***Estrecho de San Carlos*** *Wasserstraße in den Falklandinseln, die die beiden Hauptinseln Ost- u. Westfalkland voneinander trennt* Falklanda Markolo
Falkner *m* falk[dres]isto, dresisto de ĉasfalkoj
Falknerei *f*, *auch* ***Falkenbeize*** *od* ***Beizjagd*** *f* (*auch* ***Beize*** *genannt*) *Jagd mithilfe von abgerichteten Falken auf Federwild u. kleines Haarwild* ĉasado per falko(j)
Falko (*m*) *Eig* ↑ ***Falk***
[1]Fall *m* ***a)*** *Fallen, Sturz* falo *auch übertr*; *Einsturz, Niedergang, Zusammenbruch (bes. übertr)* disfalo, kolapso; ***der*** ~ ***der Berliner Mauer*** *dt. Gesch* la falo de la Berlina Muro; ***der freie*** ~ *auch beim Fallschirmspringen* la libera falo; ***nach dem*** ~ ***von ...*** *z.B. einer Festung, belagerten Stadt* post la falo de ... *bzw.* post kiam la ... estis konkerita; ***zu*** ~ ***bringen*** faligi *auch übertr (stürzen, z.B. ein Regime)* ***b)*** *Untergang, Sinken* malleviĝo ***c)*** *Begebenheit, Vorfall* okaz[aĵ]o, *[besonderer] Umstand* cirkonstanco; *Angelegenheit* afero; *Problem* problemo (↑ *auch* ***Ausnahme-***, ***Grenz-*** *u.* ***Normalfall***); ***auf alle Fälle*** *od* ***auf jeden*** ~ ĉiuokaze; *ganz sicher* tute certe; ***auf keinen*** ~ neniuokaze; *unter keiner Bedingung* sub neniu kondiĉo; ***das ist durchaus nicht der*** ~ la afero estas tute ne tia; ***gesetzt den*** ~, ***dass ...*** supoze ke ...; ***im*** ~***e*** en okazo de; *falls* se; ***im*** ~***e eines Krieges*** en okazo de milito; ***im*** ~***e von ...*** en okazo de ...; ***im günstigsten*** (***schlimmsten***) ~ en plej bona (plej ekstrema) okazo; ***in beiden Fällen*** ambaŭokaze; ***in den meisten Fällen*** en la plej multaj okazoj; *im Allgemeinen* ĝenerale; ***in diesem*** ~ en ĉi tiu okazo, ĉi-okaze; ***in jedem*** ~ en ĉiu okazo, ĉiuokaze; *unbe-*

dingt nepre; ***in einem solchen*** ~ en tiu (*od* tia) okazo ***d)*** *auch* ***Casus*** *m Gramm* kazo; ***dritter*** ~ dativo; ***Casus obliquus*** oblikva kazo ***e)*** *Jur (Rechts*~), *Med* kazo (↑ *auch* ***Extrem-***, ***Mord-*** *u.* ***Notfall***); ***ein*** ~ ***von Betrug*** *Jur* [unu] kazo de trompado; ***ein bestätigter*** ~ ***von COVID-19*** *Med* konfirmita kazo de COVID-19; ***ein gutartiger*** ~ *Med* benigna kazo ◇ ***das ist ganz und gar nicht mein*** ~ *das ist nicht nach meinem Geschmack* tio tute ne estas laŭ mia gusto; ***auf Knall und*** ~ *völlig unerwartet* tute neatendite *od* subite kaj neatendite; *mit einem Mal* per unu fojo

²Fall *n Mar (Talje zum Heißen od Fieren eines Segels)* hisilo

Fällaxt *f*, *auch* ***Holzhauer-*** *od* ***Schrotaxt*** *f Handw* toporo (↑ *auch* ***Zimmermannsaxt***)

Fallbeil *n* ↑ ***Guillotine***

Falle *f* kaptilo *auch übertr* (↑ *auch* ***Hummer-***, ***Mause-***, ***Ratten-***, ***Vogel-*** *u.* ***Wolfsfalle***); *Schlinge* [kapt]maŝo; *übertr auch (Hinterhalt)* embusko, *(gemeine Falle, Tücke)* insid[aĵ]o; ***eine*** ~ ***aufstellen*** *Jagd, Wilderei* meti kaptilon; ***in die*** ~ ***gehen*** fali (*bzw.* iri) en la kaptilon; *gefangen werden od sich fangen lassen* esti kaptata, kaptiĝi; ***in der*** ~ ***sitzen*** esti (*od* troviĝi) en kaptilo

fallen *intr* ***a)*** *herab- od hinfallen* fali (***auf*** sur *mit Akk*; ***in*** en *mit Akk*); *umfallen, umkippen, umstürzen* renversiĝi; ~ ***lassen*** *herunterfallen lassen (absichtlich)* faligi, *(aus Versehen)* fali el la mano(j); *eine Absicht, einen Plan* forlasi (***etw.*** ion), cedi *od* rezigni (***etw.*** pri io); ***jmdn.*** ~ ***lassen*** forlasi kaj ignori iun; *nicht mehr unterstützen* ne plu subteni iun; ***sich*** ~ ***lassen*** lasi sin fali (***auf etw.*** sur ion); ***vom Baum*** ~ fali de arbo; ***zu Boden*** ~ *hinstürzen* fali teren; ***jmdm. zu Füßen*** ~ sin ĵeti antaŭ ies piedojn; ***nach hinten*** ~ fali malantaŭen; ***in einen Graben*** ~ fali en foson; ***es fällt Regen*** falas pluvo, *(es regnet)* pluvas; ***der Vorhang fällt*** *Theat* la kurteno falas (*od* malleviĝas) ***b)*** *sinken (Aktien, Barometer, Druck, Fieber, Niederschlag, Preise, Temperatur)* fali, descendi, *(Preise, Wasserspiegel) auch* malaltiĝi; *sich verringern, weniger werden* malpliiĝi, *im Wert* malplivaloriĝi *od* iĝi malpli valora; ***der Wert des Dollars ist gefallen*** la valoro de la dolaro malpliiĝis ***c)*** *Festung, umkämpfte Stadt* fali, esti konkerita; *im Krieg od auf dem Schlachtfeld* fali [dum milito *od* en batalo], *auch* batalmorti (*vgl. dazu* ***umkommen***); ***in die Hand des Feindes*** ~ fali en la manojn de la malamiko; ***er ist im Krieg gefallen*** li falis dum [la] milito ***d)*** *zu hören sein, z.B. ein Schuss* esti aŭdebla, aŭdiĝi; *ertönen* eksoni ***e)*** *in Fügungen*: ***ins Auge*** ~ *od* ***in die Augen*** ~ *auffallen* frapi la okulojn, *Zam auch* fali en la okulojn; ***ins Gewicht*** ~ esti [nepre] konsiderinda (*od* grava); ***in Ohnmacht*** ~ sveni, *Zam auch* fali svene; ***Räubern in die Hände*** ~ fali en la manojn de rabistoj; ***jmdm. in die Rede*** (*od* ***ins Wort***) ~ interrompi ies parolon, *(jmdn. unterbrechen)* interrompi iun; ***in [den] Schlaf*** ~ ekdormi; ***ein Tor ist gefallen*** *Ballspiele* golo fariĝis; ***in Ungnade*** ~ fali en malfavoron ◇ ***er ist nicht auf den Kopf gefallen*** li [vere] ne estas malsaĝa; ***er ist nicht auf den Mund gefallen*** li vorton en la poŝo ne serĉas *(Zam)*

fällen *tr Bäume* faligi, dehaki, faligi per hakado; *Bajonett* mallevi, antaŭenteni; *Chem* precipiti, sedimentigi; ***ein Urteil*** ~ *Jur* [el]diri verdikton, verdikti

Fällen *n Forstw (Holzeinschlag)* arbofaligado (↑ *auch* ***Holzfällen***); ~ ***samt Stock*** arboelradikado

Fallen|steller *m Trapper* kaptil[met]isto; ~**stellerei** *f* kaptilmetado *od* metado de kaptiloj

Fall|gatter *n an einem Burgtor* herso; ~**geschwindigkeit** *f* falrapid[ec]o

Fallgrube *f* ↑ ***Fanggrube***

Fallhammer *m*, *auch* ***Maschinenhammer*** *n Tech (bes. für Schmiedearbeiten)* falmartel[eg]o, *auch* martelmaŝino

fällig *Adj*: ~ ***sein*** (*bzw.* ***werden***) *z.B. ein Wechsel, eine Zahlung* esti pagenda; ***die Rechnung ist*** (*bzw.* ***wird***) ***am ...*** ~ la fakturo estas pagenda ĝis la ...; ***die Summe ist am Monatsende*** ~ la sumo estas pagenda fine de la monato

Fälligkeits|tag *od* ~**termin** *m Fin* pagodato, *auch* maturiĝo

fallit *selt* = ***zahlungsunfähig***

Fallobst *n* falintaj fruktoj *Pl*

Fall-out *od* **Fallout** [*fo:l'aut*] *m radioaktiver Niederschlag* radioaktiva precipitaĵo (*od* falaĵo)

Fall|reep *n Mar* [ekstere fiksita] ŝipŝtuparo; ~**rohr** *n* fal-tubo (↑ *auch* ***Regenfallrohr***); ~**rückzieher** *m Fußball* ŝveba retrokiko

falls *Konj* se (*vgl. dazu* ***wenn***); *vorausgesetzt* kondiĉe ke; ~ ***irgend möglich*** se iel eble; ~ ***ich mich nicht irre*** (*od* ***täusche***) se mi ne eraras; ~ ***es Schwierigkeiten gibt*** (*od* ***geben sollte***) se ekestos malfacilaĵoj

Fallschirm *m Flugw, Mil* paraŝuto (↑ *auch* ***Brems-***, ***Hilfs-***, ***Reserve-***, ***Rettungs-***, ***Rücken-*** *u.* ***Sportfallschirm***); ***selbstöffnender*** ~ aŭtomata paraŝuto; ***mit dem*** ~ ***abspringen*** paraŝuti; ***etw. mit*** ~***en*** (*od* ***einem*** ~) ***abwerfen*** *z.B. Medikamente in einem Katastrophengebiet* paraŝutigi ion; ***Steuerung*** *f* ***des*** ~***s*** stirado (*bzw.* stireblo) de paraŝuto

Fallschirmjäger *m Mil* paraŝutisto; ~**bataillon** *n Mil* paraŝutista bataliono; ~**division** *f* paraŝutista divizio

Fallschirm|sport *m* paraŝuta sporto; ~**springen** *n Luftsport* paraŝutado; ~**springer** *m Mil, Sport* paraŝutisto; ~**sprung** *m* [per]paraŝuta salto; ~**truppen** *Pl Mil* paraŝutaj trupoj *Pl*

Fallstudie *f Wiss* kazostudo (***zu*** pri)

Fallsucht *f Med* ↑ ***Epilepsie***

Fallsüchtige *m* ↑ ***Epileptiker***

Falltür *f* plankopordo

[1]**Fällung** *f Chem* precipitado

[2]**Fällung** *f Forstw* ↑ ***Holzeinschlag***

Fällungsrückstand *m* ↑ ***Schlagabraum***

Fallwind *m Met* ↑ *unter* ***katabatisch***

Falott *m* ↑ ***Gauner***

falsch 1. *Adj unrichtig* malĝusta; *nicht treffend* maltrafa; *unkorrekt* malkorekta; *fehlerhaft* erara; *unecht, gefälscht* falsa; *[nur] vorgetäuscht* pseŭda; *Haarteil, Schnurrbart* postiĉa; *künstlich, imitiert* artefarita, imitita; *heuchlerisch* hipokrita; *unehrlich* malhonesta; *unaufrichtig* malsincera; *verräterisch* perfida; ~***er Alarm*** *m* falsa alarmo; ~***e Banknoten*** *f/Pl* falsaj bankbiletoj *Pl*; ~***e Freunde*** *m/Pl Ling* falsaj amikoj *Pl*; ~***e Schlussfolgerung*** *f* malĝusta konkludo; ~***e Zähne*** *m/ Pl umg für «Zahnprothese»* falsaj dentoj *Pl*; ***in die*** ~***e Richtung führen*** *bzw.* ***den*** ~***en Weg weisen*** malĝuste gvidi *bzw.* gvidi al erara direkto; ***in die*** ~***e Richtung gehen*** iri en la malĝustan direkton; ***einen*** ~***en Schritt tun*** fari malĝustan (*od* eraran) paŝon **2.** *Adv*: ~ ***singen*** kanti malĝuste; ~ ***verbunden!*** *Tel* malĝuste konektite!; ***meine Uhr geht*** ~ mia horloĝo indikas malĝustan horon; ***etw.*** ~ ***verstehen*** malĝuste kompreni ion; *anders verstehen* ne tiel [ĉi] kompreni ion; ***fassen Sie das nicht*** ~ ***auf!*** *od* ***verstehen Sie mich nicht*** ~***!*** ne miskomprenu min!

Falschaussage *f Jur* malĝusta depozicio (*vgl. dazu* ***Lüge***)

Falscheid *m Jur* ↑ ***Meineid***

fälschen *tr* falsi; ***jmds. Unterschrift*** ~ falsi ies subskribon

Fälschen *n* falsado

Fälscher *m* falsisto (↑ *auch* ***Geld-***, ***Scheck-*** *u.* ***Urkundenfälscher***)

Falschfahrer *m Verk* ↑ ***Geisterfahrer***

Falschgeld *n* falsa mono; *i.e.S.* falsa monero *bzw.* falsa bankbileto

Falschheit *f Unechtheit* falseco; *Unrichtigkeit* malĝusteco; *Unehrlichkeit* malhonest[ec]o; *Unaufrichtigkeit* malsincer[ec]o; *Heuchelei* hipokriteco

fälschlich *Adj* falsa, malvera, erara

fälschlicherweise *Adv wegen eines Fehlers* pro eraro, erare; *unabsichtlich* senintence

falschliegen *intr umg für «sich irren»* erari; ***da liegst du völlig falsch*** jen vi plene eraras

Falsch|meldung *f* malĝusta komuniko (↑ *auch* [3]***Ente***); *Fake News* mensoga informo; ~**münzer** *f* monfalsisto; ~**parken** *n* kontraŭleĝa park[um]ado; ~**parker** *m* kontraŭleĝa parkumanto

falschspielen *intr Kart (beim Spiel betrügen)* trompe ludi *od* trompludi

Falschspieler *m* trompludisto, kartotrompisto

Fälschung *f Fälschen* falsado (↑ *auch* ***Bilanz-***, ***Geschichts-***. ***Unterschrifts-*** *u.* ***Urkundenfälschung***); *gefälschter Gegenstand* falsaĵo *(Imitation)* imitaĵo (↑ *auch* ***Kunstfälschung***); *falsches Dokument* falsa dokumento

fälschungssicher *Adj* sekura kontraŭ falsado

Falsett *od* **Falsetto** *n*, *auch* ***Falsettstimme*** *f Mus (Kopf- od Fistelstimme [eines männl. Sängers])* falseto

Falsifikat *n* falsaĵo*; i.e.S. gefälschter Kunstgegenstand* falsita artobjekto

falsifizieren *tr* falsi; *widerlegen* refuti

Falster (*n*) *eine süddänische Insel* [insulo] Falstro *[Hauptort: Nykøbing]*

Falsum *n alt für* ***Fälschung*** [↑ *dort*]

faltbar *Adj* faldebla

Falt|blatt *n* faldfolio (*vgl. dazu* ***Broschüre***); ~**boot** *n* faldkanoto

Faltbuch *n* ↑ ***Leporello***

Fältchen *n* faldeto; haŭtsulketo (*vgl. dazu* ***Falte a)***)

Falte *f* ***a)*** *schmale, längliche Vertiefung od*

geknickter Teil, z.B. in Stoff, Papier faldo (↑ *auch* ***Bügel-***, ***Hosen-***, ***Quer-*** *u.* ***Rockfalte***); *in der Haut* falto, haŭtsulketo (↑ *auch* ***Furche***, ***Mongolenfalte***, ***Runzel*** *u.* ***Sorgenfalten***); ***sie hat nicht eine einzige ~ [im Gesicht]*** ŝi havas eĉ ne unu falton; ***die Stirn in ~n legen*** (*od* ***ziehen***) falti la frunton ***b)*** *Geol (Boden*²*)* falto; ***liegende ~*** sternita falto (↑ *auch* ***Isoklinalfalte***)

fälteln *tr in schmale Falten legen* faldeti; *plissieren ([Stoff] in Falten legen [und pressen])* plisi

falten ***a)*** *tr* faldi; *furchen, runzeln* sulkigi; *Hände* interplekti, kunplekti; *Geol (durch Erdverschiebungen falten)* falti; ***zweifach ~*** dufoje (*od* duoble) faldi; ***die Hände ~*** *z.B. zum Gebet* kunplekti la manojn ***b)*** *refl*: ***sich ~*** faldiĝi; *Geol (durch Erdverschiebungen)* faltiĝi

Falten *n* faldado

Falten|balg *m Mus, Tech* balgo; **~besatz** *m am Kleid* falbalo(j) *(Pl)*; **~gebirge** *n Geol* faltmontaro; **~gehänge** *n Draperie, Stoffbehnag* drapiraĵo; **~lilie** *f* (*Gattung* Lloydia) *Bot* lojdio

falten|los *Adj* senfalda; senfalta (*vgl. dazu* ***Falte***); **~reich** *Adj* multfalda, faldoriĉa

Faltenrock *m* faldjupo, *(Plisseerock)* plisita jupo (↑ *auch* ***Kilt***)

Falter *m* ***a)*** *Ent* papilio (↑ *auch* ***Aurora-***, ***Nacht-***, ***Tagfalter***, ***Schmetterling***, ***Zebra-*** *u.* ***Zitronenfalter***) ***b)*** *<österr> auch für «Faltblatt»* faldfolio

faltig *Adj Gewand* faldaĵa, faldoriĉa; *Gesicht* faldohava, faldhaŭta, sulka; ***einen ~en Hals haben*** havi faldhaŭtan kolon

Faltkarte *f Kartogr* faldebla mapo

Faltlippenfledermaus *f Zool* ↑ ***Bulldoggfledermaus***

Falt|prospekt *m* faldprospekto; **~schachtel** *f* faldebla skatolo; **~stuhl** *m* faldseĝo; **~tür** *m* faldebla pordo

Faltung *f Geol* faltiĝo

[1]**Falun** *m*, *auch* ***Muschelerde*** *f Min* faluno; ***mit Muschelerde düngen*** *Landw* sterki per faluno, *auch* faluni

[2]**Falun** (*n*) *Hptst. der schwedischen Landschaft Dalarna* Faluno

Falz *m* ***a)*** *Holztechnik (geradlinig eingeschnittene Vertiefung od Aussparung [meist zum schlüssigen Übereinandergreifen zweier Teile]*) foldo, *(zum Überfalzen in Brettern)* rabeto, *([Keil-]Nut einer Schwalbenschwanzverbindung)* mortezo ***b)*** *Tech (lange axiale Nut, bes. auf Zylinderflächen)* kanelo ***c)*** *Buchbinderei (der mit eingebundene Papierstreifen, auf dem später, ergänzend zum Text, Abbildungen od Karten eingeklebt werden)* ongleto, *(rinnenförmige Vertiefung zu beiden Seiten des Buchrückens)* foldo; **~blume** *f* (*Gattung* Micropus) *Bot* mikropo

falzen *tr falten* foldi (*vgl. dazu* ***einfalzen***)

Falzen *n* foldado

Falz|pfanne *f od* **~ziegel** *m Dachdeckerei* foldotegolo, *(Flachdachpfanne)* du-folda tegolo

Fama *f geh: 1. Gerücht 2. Ruf, Leumund* famo

Famagusta (*n*) *eine zyprische Hafenstadt [das röm. ‹Fama Augusta›]* Famagusto

Famenne *od* **Famennien** *n Geol (ein Abschnitt des höheren Oberdevons <so benannt nach der Landschaft Famenne in SO-Belgien>)* famenio

FAME-Stiftung *f eine Esperanto-Stiftung zur Förderung internationaler Verständigungsmittel* FAME-fondaĵo *[das Wort FAME geht auf den Namen des Stifters Franz-Alois Meiners zurück]*

familiär *Adj ungezwungen, zwanglos* familiara; *auf die Familie bezogen* familia; ***~er Ton*** *n* familiara tono; ***in ~er Atmosphäre*** en familia (*bzw.* familiara) atmosfero; ***aus ~en Gründen*** pro kaŭzoj familiaj

Familiarität *f* familiareco; *familiäre Äußerung od Handlung* familiaraĵo

Familie *f* familio *auch Biol u. Ling* (*vgl. dazu* ***Sippe*** *u.* ***Verwandtschaft***; ↑ *auch* ***Arbeiter-***, ***Bauern-***, ***Fischer-***, ***Handwerker-***, ***Patchwork-***, ***Regenbogen-***, ***Sprach-***, ***Über-*** *u.* ***Unterfamilie***); ***eine ~ mit drei Kindern*** tri-infana familio; ***die ganze ~*** la tuta familio; ***kinderreiche ~*** multinfana familio; ***die königliche ~*** la reĝa familio; ***eine ~ gründen*** fondi familion ◇ ***in jeder ~ gibt es ein schwarzes Schaf*** ĉiu familio havas sian kriplulon *(Zam)*

Familien|angehörige ***a)*** *m* familiano ***b)*** familianino; **~angelegenheiten** *f/Pl* familiaj aferoj *Pl*; **~ausflug** *m* familia ekskurso, ekskurso kun la familianoj; **~besitz** *m* familia posedaĵo; **~drama** *n* familia dramo; **~ehre** *f* familia honoro; **~fest** *n* familia festo

Familienforschung *f* ↑ ***Genealogie***

familienfreundlich *Adj* familiotaŭga
Familien|glück *n Glück in der Familie* familia feliĉo; ~**grab** *n* familia tombo; ~**hotel** *n* familia hotelo; ~**idyll** *n* familia idilio; ~**kreis** *m* familia rondo
Familienkunde *f* ↑ ***Genealogie***
Familienleben *n* familia vivo
Familienlehnsverband *m* ↑ ***Clan a)***
Familien|mitglied *n* membro de la [sama] familio, familiano; ~**name** *m* familia nomo; ~**oberhaupt** *n* familiestro; ~**planung** *f* familioplanado *od* familia planado; ~**politik** *f* familiopolitiko; ~**probleme** *n/Pl* interfamiliaj problemoj *Pl*; ~**recht** *n Jur* familia juro; ~**saga** *f Lit* familia sagao, sagao rakontanta la historion de unu familio; ~**stand** *m **a)*** civila stato ***b)*** *auch **Familienstatus** m Jur* familia statuso; ~**streitigkeit** *f, auch **Familienzwist** m* [en]familia kverelo; ~**tradition** *f* familia tradicio; ~**tragödie** *f* familia tragedio; ~**unternehmen** *n Hdl, Wirtsch* familia entrepreno; ~**urlaub** *m* familia libertempo
Familienverband *m* ↑ ***Clan a)***
Familien|wappen *n* familia blazono; ~**zelt** *n* familia tendo; ~**zusammenführung** *f* [re]kunigo de familianoj
famos *Adj* brila, elstara, bonega; *großartig* grandioza; *erfreulich* ĝojiga; *i.w.S. erstaunlich, Verwunderung hervorrufend* miriga
Fan [*fɛn*] *m* [fanatika *od* arda] subtenanto, zeloto (*vgl. dazu **Anhänger b)** u. **Groupie***; ↑ *auch **Fußball-** u. **Jazzfan***)
Fanal *n* ↑ *unter **Oriflamme***
Fanarioten *od* **Phanarioten** *m/Pl Gesch (ab Mitte des 17. Jh. vornehme Griechen am Sitz des Patriarchen in Konstantinopel)* fanariotoj *Pl*
Fanatiker *m* fanatikulo (↑ *auch **Eiferer** u. **Fan***); ***religiöser*** ~ religia fanatikulo (↑ *auch **Zelot***)
fanatisch 1. *Adj* fanatika **2.** *Adv* fanatike (↑ *auch **zelotisch***)
fanatisieren *tr zum Fanatismus anstacheln* fanatikigi (↑ *auch **aufputschen***)
Fanatismus *m* fanatikeco *od* fanatismo; *fanatische Tat* fanatikaĵo; ***religiöser*** ~ religia fanatikeco (↑ *auch **Zelotismus***)
Fanclub *m* ↑ ***Fanklub***
Fandango *m ein schneller andalusischer Tanz bzw. dessen Melodie* fandango
Fandarole *f* ↑ ***Farandole***
Fanfare *f Mus* fanfaro (↑ *auch **Kriegs-** u. **Siegesfanfare***)
[1]**Fang** *m als Bewegung od einmalige Handlung* kapto (↑ *auch **Zugriff***); *das Fangen* kaptado; *Fangergebnis, Ausbeute* kapt[it]aĵo, *Beute bei der Jagd* ĉas[it]aĵo, ĉasa predo; ***die Fänge eines Raubvogels*** la krifoj (*od auch* ung[eg]oj) de kaptobirdo; ***einen guten ~ machen*** akiri bonan kaptaĵon
[2]**Fang** *Pl Ethn (eine in Zentralafrika verbreitete ethnische Gruppe, die hauptsächlich in Äquatorialafrika, Gabun u. im südlichen Kamerun lebt)* fangoj *Pl*
Fang|arm *m Zool (beweglicher Fortsatz in der Kopfregion niederer Tiere zum Ergreifen der Beute)* tentaklo; *allg* kaptobrako, polipa brako; ~**eisen** *n* kaptilo el fero
Fangemeinde *f die Fans in ihrer Gesamtheit* zelotaro
fangen *tr ergreifen, zupacken* kapti (*vgl. dazu **auffangen***); *andauernd (bzw. wiederholt) fangen od ergreifen* kaptadi; *mit den Fängen od Krallen packen* ungokapti (*vgl. dazu **packen** u. **schnappen***); ***einen Dieb*** ~ kapti ŝteliston; ***Feuer*** ~ ekflamiĝi *auch übertr*, ekbruli; *sich verlieben* enamiĝi, ekami; ***Fische*** ~ kapti fiŝojn; ***in Fallen*** ~ kapti en (*od* per) kaptiloj; ***mit der hohlen Hand*** ~ kapti per la mankavo, *auch (z.B. vom Berghang heruntersprudelndes Wasser)* kapti en la mankavo; ***sich*** ~ *im Sinne von «hängen bleiben»* kaptiĝi (***in*** en)
Fangen *n* kaptado; ~ (*od **Haschen***) ***spielen*** *Kinderspiel* ludi kaptadon, *auch* kaptoludi
Fänger *m* kaptanto; *Einfänger (bes. berufl.)* kaptisto (↑ *auch **Hundefänger***)
Fangergebnis *n* kaptitaĵo (*vgl. dazu **Beute***)
Fangerl[spiel] *n* ↑ *unter **Haschen***
Fangfrage *f* insida demando
fangfrisch *Adj*: ~***er Fisch*** *m* ĵus kaptita fiŝo (*vgl. dazu **Frischfisch***)
Fang|gerät *n od* ~**vorrichtung** *f* kaptilo (↑ *auch **Falle, Fangeisen** u. **Schlinge***); ~**grube** *f, auch **Fallgrube** f Tierfang* [profunda] kaptofosaĵo [por sovaĝaj bestoj]; ~**haar** *n fleischfressender Pflanzen* tentaklo; ~**haken** *m Flugw (eine Vorrichtung am Flugzeug zum Abbremsen mittels einer Hakenfanganlage [z.B. bei Landungen auf Flugzeugträgern])* kaptohoko
Fangheuschrecke *f Ent* ↑ ***Gottesanbeterin***
Fang|jagd *f* ĉasado per kaptiloj; ~**methode** *f bes. Fischerei* kaptometodo; ~**netz** *n* retkaptilo, *(aus Maschengewebe)* maŝkaptilo

(↑ *auch* ***Käscher*** *u.* ***Schmetterlingsnetz***); *Fischerei (Schleppnetz)* sejno

Fango [ˈfaŋgo] *m heilkräftiger Mineralschlamm [vulkanischen Ursprungs[für Bäder u. Packungen* fango; **~packung** *f Med* fongoenvolvaĵo (↑ *auch* ***Breiumschlag*** *u.* ***Kataplasma***); **~therapie** *f Med* fangoterapio

Fang|quote *f bes. Fischerei* fiŝkapta kvoto; **~schlinge** *f Jagd* maŝkaptilo (↑ *auch* ***Lasso***)

Fangschrecke *f Ent* ↑ ***Gottesanbeterin***; ***ausgestorbene ~n*** *f/Pl* (*Ordnung* Palaeodictyoptera) *Paläontologie* paleodiktiopteroj *Pl*

Fang|spiel *n Haschen* kaptoludo; **~verbot** *n (für Fisch)* malpermeso de fiŝ[kapt]ado, *(für Wale)* malpermeso de balenĉas[ad]o

Fanklub *m, auch* ***Fanclub*** *m* zelota klubo

Fanon *m zweiteiliger liturgischer Schulterkragen des Papstes* fanono

Fantasia *f ein Reiterkampfspiel der Araber u. Berber in N-Afrika [Marokko]* fantasio

Fantasie *f, auch* ***Phantasie*** *f* ***a)*** fantazio (↑ *auch* ***Einbildung*** *u.* ***Vorstellungskraft***); *Fantasiegebilde, Hirngespinst* ĥimero; *pej (etw. Absurdes)* absurdaĵo, *(Geschwätz)* babilaĉo; ***kindliche ~*** infan[ec]a fantazio; ***schöpferische ~*** kre[iv]a fantazio; ***sexuelle ~n*** *Pl* seksaj fantazioj *Pl*; ***die ~ anregen*** stimuli la fantazion; ***so etwas beflügelt meine ~*** io tia (*od* afero kiel tiu ĉi) donas flugilojn al mia fantazio; ***das alles ist seiner ~ entsprungen*** ĉi ĉio fontas (*od* originas) el lia fantazio; ***seiner ~ freien Lauf lassen*** lasi liberan kuron al sia fantanzio ***b)*** *nur:* ***Fantasie*** *f Mus (Instrumentalwerk mit sehr großen improvisatorischen Gestaltungsmöglichkeiten)* fantazio

Fantasie|gebilde *n* ĥimero; **~kostüm** *n* fantazikostumo

fantasielos, *auch* ***phantasielos*** **1.** *Adj* senfantazia **2.** *Adv* senfantazie (↑ *auch* ***ideenlos***)

Fantasielosigkeit *f, auch* ***Phantasielosigkeit*** *f* senfantazieco

fantasie|reich *od* **~voll**, *auch* ***phantasiereich*** *od* ***phantasievoll*** *Adj* fantaziplena, *nachgest auch* plena de fantazio

fantasieren, *auch* ***phantasieren*** *intr* ***a)*** fantazii; *seiner Phantasie freien Lauf lassen* lasi liberan kuron al sia fantazio; *schwärmen, träumen* revadi; *im Fieberzustand wirr reden* deliri ***b)*** *nur:* ***fantasieren*** *Mus* fantazii, *(improvisieren)* improvizii

Fantasiestaat *m* ↑ ***Mikronation***

fantasievoll ↑ ***fantasiereich***

Fantast *m, auch* ***Phantast*** *m* fantaziulo; *Träumer* rev[em]ulo (↑ *auch* ***Wirrkopf***)

fantastisch, *auch* ***phantastisch*** *Adj* ***a)*** *nur in der Fantasie vorhanden* fantazia; *seltsam* stranga; *wunderbar* mirakla (↑ *auch* ***enorm*** *u.* ***erträumt***) ***b)*** *umg: außergewöhnlich* eksterordinara; *großartig* grandioza, *auch* fantasta; *unvorstellbar* neimagebla (*vgl. dazu* ***unglaublich*** *u.* ***verrückt***)

FAO ↑ *unter* ***Ernährung***

Farad *n* (*Zeichen* ***F***) *Maßeinheit der elektr. Kapazität* farado (↑ *auch* ***Picofarad***)

Faraday [ˈfarade:] (*m*) *Eig (engl. Physiker u. Chemiker [1791-1867])* Farado; **~effekt** *m Phys (die Drehung der Polarisationsebene elektromagnetischer Strahlung beim Durchgang durch magnetisierte Stoffe)* efiko de Farado (*od auch* Faraday)

Faradisation *f Med (Anwendung des faradischen Stroms zu Heilzwecken)* faradizo (*vgl. dazu* ***Elektrotherapie***)

faradisch *Adj* farada

faradisieren *tr El, Med (mit faradischem Strom behandeln)* faradizi

Farandole *f, auch* ***Fandarole*** *f ein schneller provenzalischer Paartanz bzw. die Melodie dazu* farandolo

Farb|abbildung *f* kolora ilustraĵo; **~anstrich** *m das Anstreichen* farbado, kolorigado; *Tünchen* kalkado

Farb|aufnahme *f* kolora foto[grafaĵo]; **~band** *n Rechen- od Schreibmaschine* ink-bendo

färbbar *Adj* kolorigebla; *Haar, Textilrohstoffe* tinkturebla

Farb|bild *n umg für «Farbfoto»* kolora foto; **~dia[positiv]** *n* kolora diapozitivo; **~druck** *m Typ* kolora preso; **~drucker** *m* kolora printilo

Farbe *f* koloro *auch Heraldik u. Kart* (↑ *auch* ***Gesichts-***, ***Haar-***, ***Komplementär-***, ***Pastell-***, ***Signal-*** *u.* ***Tarnfarbe***); *Anstrich*[2] farbo (↑ *auch* ***Alkydharz-***, ***Anilin-***, ***Dispersions-***, ***Lack-***, ***Latex-***, ***Leim-***, ***Leucht-***, ***Öl-***, ***Rostschutz-***, ***Schutz-***, ***Stempel-***, ***Wachs-***, ***Wand-***, ***Wasser-*** *u.* ***Zinkfarbe***); *Färbemittel für Haare u. Textilfasern* tinkturo; ***intensive*** (*od* ***kräftige*** *od* ***satte***) **~n** *Pl* intensaj koloroj *Pl*; ***schöne ~n*** *Pl* belaj koloroj *Pl*; ***wasserlösliche ~*** akvosolvebla farbo; ***reich***

an ~n kolorriĉa; ***eine andere ~ annehmen*** *od* ***die ~ wechseln*** alikoloriĝi *od* ŝanĝi la koloron; ***etw. in den leuchtendsten ~n schildern*** priskribi ion per plej brilaj koloroj; ***mit ~ streichen*** (*od* ***anstreichen***) ŝmiri per farbo, *färben* farbi; ***die ~ verlieren*** perdi la koloron, senkoloriĝi (*vgl. dazu* ***ausbleichen b)*** *u.* ***verblassen***) ◇ ***~ bekennen*** *übertr für «offen sprechen»* malkaŝi sian [veran] opinion (*od* pensmanieron)

farbecht *Adj von Textilien* kolorkonserva, lumrezista (↑ *auch* ***waschbar***); *von Anstrich* akvorezista, pluvorezista

Farb|echtheit *f von Textilien* lumrezisteco; *von Anstrich* akvorezisteco, pluvorezisteco; **~eimer** *m* farbositelo

farbempfindlich *Adj Foto* ortokromata

Farbempfindlichkeit *f Foto* ortokromatismo

färben ***a)*** *tr kolorieren* kolorigi; *farbig erscheinen lassen* kolori; *mit Farbe streichen, bemalen* farbi; *Haar, Textilrohstoffe* tinkturi; ***sich die Haar schwarz ~*** tinkturi al si la harojn nigraj; ***die abendliche Sonne färbte die Wolken dunkelrot*** la vespera suno koloris la nubojn malhele ruĝaj ***b)*** *refl* ***sich ~*** *z.B. Laub im Herbst* koloriĝi

Färben *n* farbado; *von Haaren od Textilien* tinkturado; *Kolorierung* kolorig[ad]o

farbenblind *Adj* kolorblinda, <*wiss*> akromatopsia

Farbenblindheit *f Med* kolorblindeco, <*wiss*> akromatopsio (↑ *auch* ***Daltonismus***)

Farb[en]druck *m Typ* kolora preso, *(Fachspr) auch* kromotipio

farbenfreudig *od* **farbenfroh** *Adj* belkolora (↑ *auch* ***bunt*** *u.* ***vielfarbig***)

Farben|geschäft *n od* **~handlung** *f* farb[o]vendejo

Farb[en]|harmonie *f Mal* harmonio de la koloroj; **~index** *m Astron* kolorindico

Farben|industrie *f* farb[o]industrio; **~lehre** *f* kolorscienco; **~pracht** *f* riĉeco de koloroj, maro de brilantaj koloroj

farbenprächtig *Adj* kolorriĉa, plena de brilaj koloroj; *i.w.S. (bunt)* bunta, *(vielfarbig)* multkolora

Farben|reichtum *m* kolorriĉeco; **~skala** *f* gamo de koloroj; **~spiel** *n* lumefekto [sur la koloroj], [brila] kolorŝanĝiĝo

Farbenwahrnehmungsmessung *f* ↑ ***Chromatometrie***

Farbenwirkung *f bes. Mal* kolor-efekto (↑ *auch* ***Kolorit***)

Färber *m* tinkturisto; *jmd., der beruflich mit Farben zu tun hat* farbisto (↑ *auch* ***[1]Maler***)

Färberbaum *m Bot* ↑ ***Sumach***

Färberdistel *f Bot* ↑ ***Färbersaflor***

Färberei *f (als Vorgang)* tinkturado; *(als Handwerk)* metio de tinkturisto; *(Werkstatt)* tinkturejo (↑ *auch* ***Textilfärberei***)

Färber|eiche *f* (Quercus velutina) *Bot* tinktura kverko; **~ginster** *m* (Genista tinctoria) *Bot* farba genisto; **~hundskamille** *f* (Anthemis tinctoria) *Bot* flava antemido, *auch* farboantemido; **~krapp** *m*, *auch* ***echte Färberröte*** *f* (Rubia tinctorum) *Bot* tinktura rubio

Färberkroton *m Bot* ↑ ***Lackmuskraut***

Färber|meier *m* (Asperula tinctoria) *Bot* tinktura (*od* farba) asperulo; **~saflor** *m*, *auch* ***Färberdistel*** *f* (Carthamus tinctorius) *Bot* tinktura (*od* farba) kartamo; **~scharte** *f* (Serratula tinctoria) *Bot* tinktura (*od* farb[ist]a) seratulo; *eine in NW-Spanien, N-Portugal u. S-Frankreich auftretende Unterart* (Serratula tinctoria, ssp. seoanei) galicia tinktura seratulo; **~waid** *f* (Isatis tinctoria) *Bot* tinktura izatido

Farbfernsehen *n* kolora televid[ad]o

Farbfernseher *m umg für «Farbfernsehgerät»* kolortelevidilo; ***jedes Zimmer ist mit ~ ausgestattet*** ĉiu ĉambro havas kolortelevidilon

Farb|film *m*, *Laienbez.* ***Buntfilm*** *m* kolora filmo *od* kolorfilmo; **~filter** *m Foto* kolora filtrilo; **~foto** *n*, *auch* ***Colorfoto*** *n*, *Laienbez.* ***Buntfoto*** *n* kolora foto *od* kolorfoto; **~fotografie** *f* kolora fotografado

farbgebend *Adj*: ***~e Gruppen*** *f/Pl in organischen Molekülen* kromoforaj grupoj *Pl*

Farbharmonie *f* ↑ ***Farbenharmonie***

farbig 1. *Adj* kolora, *auch* multkolora (↑ *auch* ***bunt***, ***ein-***, ***gleich-***, ***mehr-*** *u.* ***zweifarbig***); *übertr lebhaft* viva, vigla **2.** *Adv* kolore

Farbindex *m* ↑ ***Farbenindex***

Farb|kasten *m* farbskatolo; **~kombination** *f* kolorkombino; **~kontrast** *m* kolorkontrasto

Farbkonzentrationsmesser *m* ↑ ***Kolorimeter***

Farbkopiergerät *n*, *umg* ***Farbkopierer*** *m* kolorkopiilo

farblos *Adj* senkolora *auch übertr* (*vgl. dazu*

achromatisch; ↑ *auch* ***fade*** *u.* ***neutral***)

Farblosigkeit *f* senkoloreco *auch übertr*

Farbmesser *m* ↑ ***Kolorimeter***

Farb|mischung *f Opt* sintezo de koloroj; ~**monitor** *m EDV* kolora monitoro; ~**nuance** *f* kolornuanco *od* nuanco de koloro; ~**palette** *f* kolorpaletro; ~**perspektive** *f Mal* kolora perspektivo; ~**pinsel** *m* peniko por farbi; ~**qualität** *f von Malerfarbe* kvalito de la farbo; *von Colorfotos* kvalito de la koloro; ~**richtigkeit** *f Opt* ortokromatismo; ~**roller** *m, auch* ***Malerrolle*** *f* farb[o]rulilo; ~**schicht** *f* farb[o]tavolo; ~**schönheit** *f* beleco de la koloroj; ~**skala** *f* gamo de koloroj; ~**stift** *m* farb[o]krajono; ~**stoff** *m* koloriga substanco *od kurz* kolorigaĵo (↑ *auch* ***Anilin- Azofarbstoffe***, ***Koschenillefarbstoff*** *u.* ***Indanthren***); *im Organismus* pigmento; *allg Farbe* farbo; *in Färbereien* tinkturo; ~**substanz** *f in tierischen od pflanzlichen Geweben* pigmento; ~**therapie** *f, auch* ***Colortherapie*** *f Naturheilkunde* kolorterapio; ~**ton** *m* kolornuanco *od* nuanco de [la] koloro; ~**topf** *m* farbopoto

Färbung *f das Färben* farbado; *Färbemittel für Haare u. Textilfasern* tinkturo; *Farbe* koloro; *Nuance* nuanco; *das Sich[ver]färben* [ali]koloriĝo (↑ *auch* ***Laubfärbung***)

[1]**Farce** *f Theat u. übertr* farso (*vgl. dazu* ***Posse*** *u.* ***Schwank***)

[2]**Farce** *f Kochk* ↑ ***Füllung b)***

farcieren *tr Kochk (füllen)* farĉi

Farel (*m*) *Eig (schweizerischer Reformator [1489-1565])* Farelo

Farǵona (*n*) ↑ ***Fergana***

Färinger *m* ↑ ***Färöer b)***

Farm *f Landw* [granda] agrikultura entrepreno; *Plantage* plantejo; *Bauerngut* bieno

Farmer *m* farmisto, *auch* farmbienulo, *allg meist* terkultivisto (↑ *auch* [1]***Bauer***)

Farn *m Bot* filiko (*vgl. dazu* ***Dennstaedtia***; ↑ *auch* ***Adler-***, ***Algen-***, ***Band-***, ***Baum-***, ***Blasen-***, ***Engelsüß-***, ***Frauen[haar]-***, ***Haar-***, ***Königs-***, ***Krug-***, ***Nest-***, ***Pillen-***, ***Saum-***, ***Schild-***, ***Strauß[en]-***, ***Streifen-***, ***Tüpfel-***, ***Wimper-*** *u.* ***Wurmfarn***)

farnähnlich *Adj* filikosimila

Farnese *m Angehöriger eines italienischen Fürstengeschlechtes* farnezo

farnesisch *Adj* farneza

Farnesol *n Chem (ein acyclischer Sesquiterpenalkohol)* farnezolo

Farnextrakt *m* (Extractum filicis) *Pharm (ein Bandwurmmittel)* filika ekstrakto

farn|förmig *Adj* filikoforma; ~**grün** *Adj* filikoverda

Farnheide *f* filika erikejo

Farnpalmen *f/Pl Bot*: ***[Familie der]*** ~ (Cycaceae) cikasacoj *Pl*

Faro (*n*) *Hptst. der Algarve u. Hafenstadt in Süd-Portugal* Faro

Färöer ***a)*** *Pl eine dänische Inselgruppe im Nordatlantik* Feroaj Insuloj *Pl [Hptst.: Tórshavn]* ***b)*** *m, auch* ***Färinger*** *m Bewohner der Färöer* feroano; ~**-Wasserpieper** *m* (Anthus spinoletta) *Orn* feroa akvopipio

färöisch *Adj* feroa

Färöisch[e] *n Ling (Sprache der Färinger)* la feroa [lingvo]

Färse *od* **Kalbe** *f Landw (weibliches Rind vor dem ersten Kalben)* guno

Farsi *n Ling* ↑ ***Persisch[e]***

Fasan *m, auch* ***Edel-*** *od* ***Jagdfasan*** *m* (Phasanius colchicus) *Orn* fazano *auch Nahr* <*der Edelfasan gehört zu den am weitesten verbreiteten Fasanenarten*>; *Glanz*~ (Lophophorus impejanus) *ein bunter Fasan des Himalaya* lofoforo (↑ *auch* ***Argus-***, ***Bindenschwanz-***, ***Blut-***, ***Diamant-***, ***Elliot-***, ***Feuerrücken-***, ***Gold-***, ***Kali-***, ***Koklas-***, ***Königs-***, ***Kupfer-***, ***Mikado-***, ***Pfau-***, ***Prälat-***, ***Silber-***, ***Swinhoe-*** *u.* ***Vietnamfasan***)

Fasanenartige *Pl Orn*: ***[Familie]*** ~ (Phasianidae) fazanedoj *Pl*

Fasanen|feder *f* fazanplumo; ~**hahn** *m* virfazano, *auch* maskla fazano; ~**henne** *f* fazanino, *auch* femala fazano; ~**taube** *f* (Otidiphaps nobilis) *Orn* fazankolombo *[Vorkommen in den Regenwäldern von Neuguinea]*; ~**zucht** *f* bredado de fazanoj

Fasanerie *f* fazanejo

Fasanspornkuckuck *m* (Centropus phasanius) *Orn* fazana kukolo

Faschine *f [mit Draht zusammengeschnürtes] Reisigbündel zur Uferbefestigung, zum Buhnenbau u.a.* fasĉino (↑ *auch* ***Rutenbündel***)

Fasching *m* karnavalo (*Zus* ↑ *auch unter* ***Fastnacht*** *u.* ***Karneval***); ~ ***feiern*** festi karnavalon

Faschings|ball *n* karnavala balo; ~**dienstag** *m* karnavala mardo; ~**kostüm** *n* karnavala kostumo; ~**larve** *f* karnavala larvo; ~**montag** *m* karnavala lundo; ~**umzug** *m* karnavala procesio; ~**wagen** *m für Faschingsumzug* karnavala ĉaro

Faschierte *n Nahr* ↑ ***Hackfleisch***
faschinieren *tr mit Faschinen befestigen, verkleiden od verstärken* fasĉini, fortikigi per fasĉinoj
Faschismus *m* faŝismo (↑ *auch* ***Neofaschismus***)
Faschist *m* faŝisto
faschistisch *Adj auf den Faschismus bezogen* faŝisma; *auf die Faschisten bezogen* faŝista; *~**e Bewegung** f* faŝisma movado; *~**es Regime** n* faŝista reĝimo
faschistoid *Adj dem Faschismus ähnlich* faŝistoida
Faselei *n **a)** im Fieber* delirajo ***b)*** *dummes Gerede* stulta babilaĵo (*od* diraĵo); *Geprahle* fanfaronado
Faselfehler *m* eraro pro konfuzo
faseln *intr **a)** dummes Zeug reden* stulte (*od* sensence) babili, diri sensencaĵo(j)n; *herumprahlen* fanfaronadi ***b)*** *irre reden, z.B. im Fieber* deliri
Faser *f Anat, Pflanzen*² *u.a.* fibro *auch übertr* (↑ *auch* ***Agaven-***, ***Bast-***, ***Chemie-***, ***Glas-***, ***Holz-***, ***Jute-***, ***Kokos-***, ***Kunst-***, ***Muskel-***, ***Natur-***, ***Regenerat-***, ***Wurzel-***, ***Zell-*** *u.* ***Zellulosefaser***); ***mit allen ~n meines Herzens*** *übertr* per ĉiuj fibroj de mia koro
Faserbündel *n* fibrofasko *auch Anat (Bündel von Nervenfasern im ZNS)*; *auf dem Spinnrocken auch* ŝpinfasko
Fäserchen *n kleine (od auch feine) Faser* fibreto (↑ *auch* ***Fibrille***)
Faserfrucht *f*: ***essbare ~ = Tahitikastanie***
Fasergewebe *n*: ***~ unter der Rinde*** *Bot (Bast)* basto
Faserhaut *f Anat* fibra tuniko
fas[e]rig *Adj* fibr[ec]a
Faserkiesel *m Min* ↑ ***Sillimanit***
Faserknorpel *m* (Fibrocartilago) *Anat* fibrokartilago
Faserling *m*, *auch* ***Mürbling*** *od* ***Zärtling*** *m* (*Gattung* Psanthyrella) *Mykologie* psantirelo
fasern *intr aus- od zerfasern* [dis]fibriĝi
Faserpflanze *f* fibroplanto (↑ *auch* ***Ramie-[pflanze]***)
Faserproteine *n/Pl Biochemie* ↑ ***Gerüsteiweiße***
Faserserpentin *m Min* ↑ ***Chrysotil***
Faserstoff *m Biochemie* ↑ ***Fibrin***
Faser|verbundwerkstoff *m Tech* fibra kompozito (↑ *auch* ***glasfaserverstärkter Kunststoff***); ~**zement** *m Bauw* fibrocemento
Faserzug *m Anat* = ***Tractus***
Fasnacht *u.* **Fasnet** *f* ↑ ***Fastnacht***
fasrig ↑ ***faserig***
Fass *n* barelo *auch als Maß für Öl (Barrel)* (↑ *auch* ***Tonne b)***, ***Eichen-***, ***Öl-***, ***Regen-***, ***Wasser-*** *u.* ***Weinfass***); ***ein ~ Bier*** barelo da biero; ***Bier frisch vom ~*** biero freŝe el la barelo; ***aus einem ~ herausnehmen*** (*od* ***herausholen*** *bzw.* ***herausfließen lassen***) elbareligi; ***in Fässer packen*** (*od* ***füllen***) enbareligi ◇ ***[ein] leeres ~ klingt hohl*** *od* ***je leerer das ~, je heller der Klang*** *bildh für «Hohlköpfe prahlen am meisten»* barelo malplena sonas plej laŭte *(Zam)*; ***das schlägt dem ~ den Boden aus!*** *das ist der Gipfel der Frechheit!* tio estas la kulmino de l' impertinenteco!; *das übersteigt alles bisher Dagewesene!* tio superas ĉion antaŭan!
Fassabfüllanlage *f Brauerei* enbareliga instalaĵo
Fassade *f* fasado *auch übertr* (↑ *auch* ***Barock-***, ***Glas-***, ***Hof-*** *u.* ***Seitenfassade***); ***die ~ eines Gebäudes*** fasado de konstruaĵo
Fassband *n Böttcherei* barelbendo
fassbar *Adj **a)** mit der Hand* kaptebla [per la mano] ***b)*** *verständlich* komprenebla; *wahrnehmbar* perceptebla; *konkret* konkreta
Fassbier *n* barelbiero *od* elbarela biero
Fassbinder *m* ↑ ***Böttcher***
Fassbinderei *f* ↑ ***Böttcherei***
Fass|boden *m* barelfundo; ~**bombe** *f Mil* barelbombo
Fässchen *n* bareleto
fassen *tr **a)** ergreifen, zupacken* preni, kapti; *anfassen, berühren* tuŝi ***b)*** *enthalten [können]* [povi] enhavi, [povi] enteni ***c)*** *begreifen, verstehen* kompreni; *geistig aufnehmen* percepti; ***wir können es gar nicht ~, dass ...*** ni apenaŭ povas kompreni (*od* kredi), ke ... ***d)*** *einfassen (Edel- steine)* munti, fiksi ***e)*** *refl*: ***sich ~*** *sich [wieder] beruhigen* [ree] trankviliĝi; *sich [wieder] beherrschen* [ree] sin regi; ***sich in Geduld ~*** esti pacienca *od* havi paciencon; ***sich kurz ~*** paroli koncize ***f)*** *in Fügungen*: ***auf alles gefasst sein*** esti preta por kiu ajn malagrablaĵo; ***etw. scharf ins Auge ~*** fikse rigardi ion; ***Fuß ~ in ...*** establiĝi en ...; ***Mut ~*** kolekti kuraĝon; ***eine Resolution*** (***einen Beschluss***) ***~*** alpreni rezolucion (decidon); ***etw. in Worte ~*** esprimi ion per vortoj; *etw. formulieren* formuli ion

fässerweise *Adv in Fässern* en bareloj
Fassette *f* ↑ ***Facette***
fassförmig *Adj* barelforma
Fass|hahn *m*, *<österr>* ***Pipe*** *f* barelkrano *od* barela krano; **~ladung** *f Transportwesen* barelokargo
fasslich *Adj [leicht] verständlich* [facile] komprenebla; *klar* klara
Fasson *f* fasono (↑ *auch* ***Machart***); *Form* formo; *übertr Lebensart* vivmaniero; ***einem Kleidungsstück ~ geben*** fasoni vestaĵon
Fass|reifen *m* barelring[eg]o; **~tonne** *f Mar (ein Seezeichen)* naĝbarelo
Fassung *f* ***a)*** *Selbstbeherrschung* sinrego; *Geduld* pacienco; *Ruhe* trankvilo, kvieto; ***aus der ~ geraten*** *od* ***die ~ verlieren*** perdi la sinregon; *in Bestürzung geraten* konsterniĝi ***b)*** *Einfassung von Brillen, Edelsteinen, Schmuck u. Ä.* muntaĵo ***c)*** *Version* versio, *(Film auch)* lingvo; *Variante* varianto; *Formulierung* formulo; ***in deutscher ~*** *Film* en germana versio (*od* lingvo) ***d)*** *El* ampolingo; *Lampen*≗ lampingo
fassungslos *Adj* ***a)*** *perplex* perpleksa ***b)*** *bestürzt* konsternita ***c)*** *voller Unruhe* plena de maltrankvilo; ***~ machen*** perpleksigi; konsterni (***jmdn.*** iun)
Fassungslosigkeit *f* perplekseco; konsterniteco; *Verwirrtheit* konfuziteco (*vgl. dazu* ***Unruhe***)
Fassungsvermögen *n Kapazität* kapacito *auch El*, enhavokapacito; *Volumen* volumeno; ***geistiges ~*** perceptkapablo; *Intelligenz* inteligenteco; ***maximales ~*** *bes. Kfz u. Tech* limkapacito; ***wie groß ist das ~ dieses Saals?*** kiom da personoj kapablas enteni ĉi tiu salono?
Fass|wagen *m Eisenb* barelvagono; **~wein** *m* barelvino, vino en (*bzw.* el) barelo
fast *Adv* preskaŭ (↑ *auch* ***beinahe*** *u.* ***nahezu***); ***~ [gar] nichts*** *subjektivisch* preskaŭ [tute] nenio, *akkusativisch* preskaŭ [tute] nenion; ***~ nie*** preskaŭ neniam; ***~ drei Wochen [lang]*** preskaŭ tri semajnojn; ***ich hätte mich ~ verspätet*** mi preskaŭ malfruis
Fastebene *f Geogr* ↑ ***Peneplain***
fasten *intr* fasti (*vgl. dazu* ***hungern***)
Fasten *n* fast[ad]o (↑ *auch* ***Heil-*** *u.* ***Intervallfasten***); ***therapeutisches ~*** *Med (medizinisch indizierte Form des Langzeitfastens [14-32 Tage], meist als stationäres Heilverfahren)* terapia fastado; ***totales ~*** *Nulldiät* totala fastado; ***das ~ brechen*** *beenden* rompi (*od* fini) la fast[ad]on
Fastenbrechen *n*: ***Fest des ~s***, *arab.* ***'Īd al Fitr*** *Islam* fastofina festo *(auch Großschr)*
Fastende *m jmd., der fastet* fastanto
Fasten|ende *n* fastofino, finiĝo de fastado; **~monat** *m* fastomonato, *Islam (Ramadan)* ramadano; **~zeit** *f allg* fastotempo; *Kirche (zw. Aschermittwoch u. Ostern)* karesmo (↑ *auch* ***Quadragesima***); *Islam* ramadano
Fast Food *n*, *auch* ***Fastfood*** *n* rapidmanĝaĵo
Fastnacht *f*, *reg u.* *<schweiz>* ***Fasnacht*** *f*, *alemannisch* ***Fasnet*** *f* karnavalo (↑ *auch* ***Fasching*** *u.* ***Karneval***)
Fastnachts|brauch *m* karnavala kutimo; **~kostüm** *n* karnavala kostumo; **~larve** *f* karnavala masko; **~rute** *f* karnavala vergo; **~zeit** *f* karnavala tempo
Fasttag *m* fastotago
Faszie *f* (Fascia) *nur Fachspr Anat (bindegewebige Hülle um Muskeln u. Muskelgruppen)* fascio
Faszikel *m* ***a)*** (Fasciculus) *nur Fachspr Anat (kleineBündel von Muskel- od Nervenfasern, seltener auch Bez. für Sehnenzüge)* fasketo [da muskolaj (*bzw.* nervaj) fibroj] ***b)*** *Aktenbündel* fasko da aktoj (*vgl. dazu* ***Dossier***)
Faszination *f* fascin[ad]o (*vgl. dazu* ***Anziehungskraft***, ***Reiz d)*** *u.* ***Zauber***)
faszinieren *tr bezaubern* fascini; *in Erstaunen versetzen* [forte] mirigi (***jmdn.*** iun); ***fasziniert sein*** esti fascinita
faszinierend *Adj* fascina (↑ *auch* ***bezaubernd***)
Faszioliasis *od* **Fasziolose** *f Med* ↑ ***Leberegelkrankheit***
Fasziolopsiasis *f Med* ↑ ***Darmegelkrankheit***
Fatah *f*, *auch* ***Al Fatah*** *Pol (1958 gegründete politische Organisation arabischer Palästinenser [Kern der PLO])* fataho *(auch Großschr)*
fatal *Adj* ***a)*** *schicksalbestimmt, verhängnisvoll* fatala; *gefährlich, kritisch* danĝera, kriza; ***äußerst ~*** ekstreme fatala, fatalega ***b)*** *umg: peinlich* embarasa; ***in einer ~en Lage sein*** esti en embarasa situacio
Fatale *n (das) Verhängnisvolle von etw.* fataleco
Fatalismus *m*, *auch* ***Schicksalsglaube*** *m Anschauung, alle Ereignisseseien durch das Schicksal bzw. von Gott vorherbestimmt [daher: Gleichgültigkeit gegen die*

Zukunft] fatalismo

Fatalist *m* fatalisto

fatalistisch *Adj* fatalisma

Fatalität *f Unannehmlichkeit, Missgeschick* fatalaĵo (↑ *auch* ***Verhängnis***)

Fata Morgana *f durch Luftspiegelung verursachte Sinnestäuschung* fatamorgano *auch übertr*

Fathom *n* angla klafto (= *1,82 m*)

Fatima (*f*) *arabischer weibl. Vorname* Fatima

Fatimiden *Pl Gesch (islamisches Herrscherhaus [schiitisches Kalifat] in Nordafrika <1171 von den Ayyubiden abgelöst>)* fatimidoj *Pl*

Fatra *f nur in Zus*: ***Große*** *~, slowak.* ***Vel'ká Fatra*** *Gebirge im mittleren Teil der Slowakei* Granda Fatro; ***Kleine*** *~, slowak.* ***Malá Fatra*** *Gebirge im NO der Slowakei* Malgranda Fatro

Fatum *n geh für «[fest vorherbestimmtes] Geschick» od «blindes Schicksal»* fatalo (*vgl. dazu* ***Schicksal*** *u.* ***Verhängnis***)

Fatwa *od* **Fetwa** *f, auch n Islam (Rechtsgutachten eines Mufti)* fetvo

Fatzke *m umg für «eitler Mensch»* aĉa vantulo

fauchen *intr Katze, Tiger* kraĉospiri; *Wind* muĝi

faul *Adj* ***a)*** *Ggs fleißig* maldiligenta, pigra, *umg auch* mallaborema (*vgl. dazu* ***träge***; ↑ *auch* ***denk-, schreib-*** *u.* ***stinkfaul***); ~ ***sein faulenzen*** maldiligenti; *bei der Arbeit* labori maldiligente ***b)*** *verdorben, verfault* putra, putrinta; *angefault* putreta (↑ *auch* ***angestockt***) ***c)*** *Med (brandig, gangränös)* gangrena ◇ ~***er Zauber*** *m* nura blago, ĉarlatanaĵo; ***das ist eine ~e Sache*** tio estas absolute suspektinda afero

Faulbaum *n* (Rhamnus frangula) *Bot* frangolo; ~**rinde** *f* (Cortex rhamni frangulae) *bes. Pharm* ŝelo de frangolo

Faulbrand *m Med* ↑ *unter* ***Gangrän***

Fäule *f* = ***Fäulnis***

faulen, *Fachspr Biol u. Med auch* ***putreszieren*** *intr* putri; *Zahn* kariiĝi; *verfaulen* forputri (↑ *auch* ***ab-, an-, wegfaulen*** *u.* ***verwesen***); ***zu ~ beginnen*** ekputri

Faulen *n* putrado

faulend *Adj* putranta; ***leicht*** (*od* ***schnell***) ~ putrema; ***nicht*** ~ neputrema

faulenzen *intr* maldiligent[ad]i, *auch* pigri, *(Zam) auch* mallabori; *zu Hause herumsitzen* fornosid[aĉ]i

Faulenzer *m* maldiligentulo, *auch* pigrulo (↑ *auch* ***Bummelant, Faulpelz*** *u.* ***Trödler***); *i.w.S. Stubenhocker* fornosidulo

Faulgas *n* ↑ ***Biogas***

Faulheit *f* maldiligent[ec]o, *auch* pigr[ec]o, *[milder ausgedrückt:]* mallaboremo (*vgl. dazu* ***Bequemlichkeit b)*** *u.* ***Müßiggang***)

faulig *Adj faulend* putr[ant]a; *verfault* putrinta (*vgl. dazu* ***kariös***); *von faulem Geruch* odoranta je putraĵo

Fäulnis *f, Fachspr Biol u. Med auch* ***Putrefaktion*** *od* ***Putreszenz*** *f Verfaulen* putrado *auch übertr*; *Zustand des Verfaultseins* putriteco; *Zahnfäule* kario; *gesellschaftlicher Verfall* dekadenco; ***der ~ entgegenwirkend*** kontraŭputra; ~ ***erregend*** kaŭzanta putradon; *Med (septisch)* sepsa; ~ ***von etw. bewirken*** *auch i.w.S.* putrigi ion; ***frei von*** ~ senputra

Fäulnis|bakterien *f/Pl* saprobakterioj *Pl*; ~**pflanze** *f Bot* saprofita planto; ~**pilz** *m Mykologie* saprofita fungo; ~**prozess** *m* putroproceso

Faulpelz *m umg für «fauler Mensch»* maldiligentulo, mallaboremulo (↑ *auch* ***Drückeberger, Faulenzer*** *u.* ***Nichtstuer***); *arbeitsscheuer Mensch* laborevitulo

Faulschlamm *m* ↑ ***Sapropel***

Faultier *n* (*Gattungen* Bradypus, Choloepus *u.* Scaeopus) *Zool* bradipo; *Dreifingerfaultier* (Bradypus tridactylus) trifingra bradipo (↑ *auch* ***Zweizehenfaultier***); ***[Familie der]*** ~***e*** *Pl* (Bradypodidae) bradipedoj *Pl*

Faun *m, auch* ***Faunus*** *m röm. Myth (ein [gehörnter] Feld- u. Waldgott)* faŭno *auch übertr für «geiler, lüsterner Mensch»*

Fauna *f Zool (Tierwelt [eines Gebietes])* faŭno (↑ *auch* ***Alpen-, Avi-, Boden-, Epi-, Fisch-, Herpeto-, Makro-, Malako-, Meeres-, Mega-, Mikro-, Nival-, Polar-, Tiefsee-*** *u.* ***Vogelfauna***); ***pelagische*** ~ *Zool* pelaga faŭno

Faunen|komplex *m eine Gruppe nebeneinander vorkommender Tierarten mit ähnlichen ökologischen Ansprüchen u. übereinstimmender geografischer Herkunft* faŭna komplekso; ~**reich(e)** *n(/Pl) Großgebiete der Erde mit einer in bestimmten Zügen mehr od weniger einheitlichen Tierwelt* faŭna(j) regno(j) *(Pl)*

faunisch *Adj lüstern wie ein Faun* faŭna, volupta kiel faŭno

Faunistik *f Gebiet der Zoologie, das das Vorkommen u. die Verbreitung von Tierarten in einem größeren Gebiet untersucht* faŭnistiko; ***vergleichende*** ~ ↑ *unter* ***Geografie***

Faunus *m röm. Myth* ↑ ***Faun***

[1]**Faust** *f* pugno; ***erhobene*** (***geballte***) ~ levita (kunpremita) pugno <*auch als Symbol von sozialen Bewegungen u. als Zeichen von Solidarität*>; ***die [Hand zur]*** ~ ***ballen*** pugnigi la manon; ***mit beiden Fäusten*** per ambaŭ pugnoj, *auch* ambaŭpugne; ***mit geballten Fäusten*** per kunpremitaj pugnoj; ***mit der*** ~ ***direkt ins Gesicht schlagen*** bati per la pugno rekte en la vizaĝon ◇ ***auf eigene*** ~ *auf eigenes Risiko* je propra risko; *aus eigenem Antrieb* proprainiciate; *aus eigenem Entschluss* propradecide; *ohne die Hilfe anderer* senhelpe de aliaj; ***mit eiserner*** ~ per fera mano ◇ ***die*** ~ ***in der Tasche ballen***, <*schweiz*> ***die*** ~ ***im Sack machen*** *heimlich zürnen* minaci per pugno en la poŝo *(Zam)*; ***das passt wie die*** ~ ***aufs Auge*** *das passt überhaupt nicht* tio estas en akordo kiel peto kaj mordo *(Zam)*, tio absolute ne konvenas (*od* taŭgas)

[2]**Faust** (*m*) *Eig (Gestalt des goetheschen Dramas [auch das Drama selbst])* Faŭsto

Faust|abwehr *f des Torhüters* [per]pugna parato *od* parato per [la] pugno(j); ~**ball** *m Sport (Disziplin)* pugnopilkado, *(der dazu verwendete Ball)* pugnopilko

Fäustchen *n* ◇ ***er lacht sich [eins] ins*** ~ li hejme sidas kaj ĝoje ridas

faustdick 1. *Adj*: ***eine ~e Lüge*** grandega mensogo **2.** *Adv*: ***er hat es*** ~ ***hinter den Ohren*** *er ist sehr schlau (od raffiniert)* li estas absoluta ruzulo

fausten *tr mit der Faust wegschlagen, z.B. Torwart einen Ball* pugnobati, [for]bati (*od* parati) per la pugno(j)

faustgroß *Adj*: ***ein ~es Loch*** truo tiom granda kiom pugno

Faust|handschuh *m, auch* ***Fäustling*** *m* pugnoganto *od* mufganto (*vgl. dazu* ***Boxhandschuh***); ~**kampf** *m* pugnobatalo (*vgl. dazu* ***Boxkampf***); ~**keil** *m der Altsteinzeit* pugnokojno

Fäustling *m* ***a)*** ↑ ***Fausthandschuh b)*** *Bergb (faustgroßer Stein)* pugnogranda ŝtono (*od* rokaĵo)

Faust|recht *n* rajto de pugno; ~**regel** *f* empiria (*od* praktika) regulo, *i.w.S.* ĝenerala regulo; ~**schlag** *m* pugnobato

Fauteuil *m* ↑ ***Armsessel***

Fauvismus [*fo...*] *m Richtung der franz. Malerei im frühen 20. Jh.* faŭvismo

Fauvisten *m/Pl Vertreter des Fauvismus* faŭvistoj *Pl*, reprezentantoj (*od auch* anoj) *Pl* de [la] faŭvismo

Fauxpas [*fo'pa*] *m Taktlosigkeit* sentaktaĵo; *falsche Tat* misfaro; *falscher Schritt* mispaŝo (*vgl. dazu* ***Fehltritt***)

Favela *f Slum in Südamerika* favelo (*vgl. dazu* ***Armen-***, ***Elendsviertel*** *u.* ***Slum***)

Favismus *m Med* ↑ ***Fabismus***

favorisieren *tr* ***a)*** favori (*vgl. dazu* ***bevorzugen***) ***b)*** *Sport: als voraussichtlichen Sieger nennen* nomi kiel supozeblan venkonton

Favorit *m Günstling* favorato; *voraussichtlicher Sieger* venkonto *auch Sport*; ***ich halte ihn für den ~en*** mi opinias lin venkonto

Favus *m, auch* ***Grind[pilz]flechte*** *f, pop* ***Kopfgrind*** *m Med (eine Hautpilzerkrankung)* favo; ~**pilz** *m, auch* ***Grindpilz*** *m* (Achorion schoenleinii = Trichophyton schoenleinii) *Erreger des Favus beim Menschen mit massenhaft Pilzfäden in der Scutula* akorio, *auch* favofungo (*vgl. dazu* ***Trichophyt***)

Fax *n* (*kurz für* ***Telefax***) ***a)*** fakso; ***per*** ~ per fakso, *auch* fakse; ***ein*** ~ ***schicken*** sendi fakson ***b)*** *Faxgerät* faksilo

faxen *tr* (*kurz für* ***telefaxen***) faksi *auch abs (eine Kopie per Telefax übermitteln)*

Faxen *f/Pl* ***a)*** *Grimassen* grimacoj *Pl* ***b)*** *albernes Gerede* stulta diraĵo; *dummes Zeug* stultaj faroj *Pl*; ~ ***machen*** *Grimassen schneiden* fari grimacojn, grimaci; *herumalbern, den Clown spielen* konduti kiel klaŭno, klaŭni; *dummes Zeug anstellen* fari stultaĵojn ◇ ***jetzt hab' ich die*** ~ ***aber dicke!*** *reg salopp* nun sufiĉas al mi tiu palavro! *bzw.* nun [tio] plenplene naŭzas al mi!

Faxenmacher *m* grimaculo

Fax|gerät *n* faksilo; ~**nummer** *f* faks[o]numero

Fayalit *m Min (ein seltenes Mineral aus der Klasse der Silikate u. Germanate)* fajalito

Fayence [*fa'jã:s*] *f feinere [häufig glasierte] Töpferware* fajenco (*vgl. dazu* ***Majolika*** *u.* ***Steingut***); *Gegenstand aus Fayence* fajencaĵo, objekto el fajenco; ~**fabrik** *f* fabriko de fajencaĵoj, *auch* fajencejo

Fazialiskrampf *m Med* ↑ ***Prosopospasmus***

Fazialis|lähmung *od* ~**parese** *f Med* paralizo (*od* parezo) de la vizaĝaj muskoloj (↑ *auch* ***Prosopoplegie***)
Fazies *f* ***a)*** *Geol (Gesamtheit der Merkmale eines Sedimentgesteins [petrografischer Aufbau, Fossilinhalt])* facio (↑ *auch* ***Biofazies***); ***brackische*** ~ *in der Grenzzone zw. Süß- u. Salzwasser* marakva facio; ***marine*** ~ *od* ***Meeresfazies*** *f* mara facio ***b)*** *Med* ↑ ***Facies***
Fazit *n Resultat, Endergebnis* [fin]rezulto; *Schlussfolgerung* konkludo; *Endsumme* finsumo; ***das*** ~ ***aus etw. ziehen*** *etw. zusammenfassen* resumi ion; *die Schlussfolgerung aus etw. ziehen* konkludi ion el io; *etw. zusammenzählen* sumigi ion; ***wie fällt Ihr*** ~ ***aus?*** kiu estas via [fina] konkludo?
FC = *Abk für* ***Fußballklub***
FCKW = *Abk für* ***Fluorkohlenwasserstoffe***
FDC *m* ↑ ***Ersttags[brief]umschlag***
FDGB = *Abk für* ***Freier Deutscher Gewerkschaftsbund***
FDJ = *Abk für* ***Freie Deutsche Jugend***
FDJler *m Gesch DDR* membro de la Libera Germana Junular-Organizo [en GDR]
FDP = *Abk für* ***Freie Demokratische Partei***
Feber *m* ↑ ***Februar***
febril ↑ ***fieberhaft***
Februar *m* (*Abk* ***Feb.*** *od* ***Febr.***), *<österr> auch* ***Feber*** *m* februaro (*Abk* feb.); ~**revolution** *f russ. Gesch* Februaro Revolucio
Fechtbahn *f Sport* skermoplanko
fechten *intr Sport* skermi; *übertr kämpfen* batali (***gegen*** kontraŭ)
Fechten *n Sport* skerm[ad]o (*vgl. dazu* ***Kendo***; ↑ *auch* ***Degen-***, ***Florett-***, ***Säbel-*** *u.* ***Schwertfechten***)
Fechter *m jmd., der ficht* skermanto, *(Sport)* skermisto; *übertr: Kämpfer* batalanto
Fechthandschuh *m* skermista ganto
Fechtkorb *m* ↑ ***Fechtmaske***
Fecht|kunst *f* skermarto; ~**lehrer** *m* skerminstruisto; ~**maske** *f*, *auch* ***Fechtkorb*** *m Gesichtsschutz für Fechter* skermista masko; ~**meister** *m* skermomajstro
Fedajin *Pl*, *arab.* ***al-fidā'īyūn*** *Angehörige religiöser od politischer Gruppierungen, die bereit sind, ihr Leben für einander od ihre Sache zu opfern (auch Name der im Untergrund gegen Israel kämpfenden palästinensischen Araber)* fedajinoj *Pl*
Feder *f* ***a)*** *Schreib*~, *Vogel*~ plumo *auch als Schmuck, z.B. am Hut* (↑ *auch* ***Fasanen-***, ***Gänse-***, ***Hühner-***, ***Pfauen-***, ***Reiher-***, ***Reiß-***, ***Schmuck-***, ***Schwanz-***, ***Straußen-*** *u.* ***Vogelfeder***); *Daunen*~ lanugo; ***mit einer*** ~ ***schmücken*** ornami per plumo; ***die*** ~***n sträuben*** hirtigi la plumojn; ***die*** ~***n verlieren*** perdi la (*od* siajn) plumojn, senplumiĝi; ***ein Buch aus der*** ~ ***von ...*** *bildh* libro el la plumo de ..., libro verkita de ... ◇ ***sich mit fremden*** ~***n schmücken*** sin ornami per fremdaj plumoj *od* paradi per la meritoj de aliaj (*od* aliulo[j]) ***b)*** *Sprung*~ *od Tech* risorto *auch Kfz* (↑ *auch* ***Blatt-***, ***Spann-***, ***Spiral-***, ***Stahl-*** *u.* ***Uhrfeder***); *Tischlerei, Zimmerei* lango; ***die*** ~ ***ist gebrochen*** *z.B. einer Uhr* la risorto estas rompita *od* la risorto rompiĝis
federartig, *auch* ***fed[e]rig*** plumeca
Federball *m Ball* volano; *Sportart* volanludo, *(turniermäßige Form) meist* badmintono; ~**schläger** *m* volanbatilo, badmintona rakedo; ~**spiel** *n* volanludo, *(turniermäßig gespielt)* badmintono; ~**spieler** *m* volanludanto, badmintonisto
Federbarometer *n* ↑ ***Aneroidbarometer***
Feder|bartbaum *m* (*Gattung* Atherosperma) *Bot (ein immergrüner Baum in Tropenwäldern Südaustraliens u. Tasmaniens)* aterospermo; ~**besen** *m zum Entstauben* plumviŝilo; ~**bett** *n*, *auch* ***Federdeckbett*** *n*, *selt* ***Plumeau*** [*ply'mo:*] *n*, *<schweiz>* ***Duvet*** [*'dyvɛ*] *n* pluma litkovrilo, plumono (*vgl. dazu* ***Steppdecke***); ~**blatt** *n Tech (Blatt einer Blattfeder)* lameno de risorto; ~**büchse** *f für Schreibfedern* plumujo, ujo por plumoj; ~**busch** *m* plumfasko; *Orn (am Kopf mancher Vögel)* plumtufo, *(bei Reihern)* egreto *auch als Schmuck am Kopfputz od Turban*; ~**büschel** *n* plumotufo, tufo da plumoj
Federchen *n* plumeto
feder|führend *Adj* ĉefe responsa (***für*** pri); ~**füßig** *Adj z.B. Perlhuhn* plumpieda
Feder|gelenk *n Tech* risort-artiko; ~**gewicht** *n Boxen, Gewichtheben, Ringen* plumpezo
Federgras *n*, *auch* ***Pfriemengras*** *n* (*Gattung* Stipa) *Bot* stipo (↑ *auch* ***Riesen-*** *u.* ***Sandfedergras***) *<in Steppengebieten spielen Federgräser als Futterpflanzen eine wichtige Rolle>*; ***steirisches*** ~ (Stipa styriaca) stiria stipo *[Vorkommen: Steiermark u. Kärnten]*
Federhalter *m*, *<österr>* ***Federstiel*** *m* plumingo
Federharzbaum *m Bot* ↑ ***Parakautschuk-***

baum

fed[e]rig ↑ ***federartig***

Feder|kiel *m* plumtubo; ~**kleid** *n Vogelgefieder* plumaro [de birdo], *auch (bes. poet)* pluma vesto [de la birdo]; ~**kraft** *f Phys* risorteco (*vgl. dazu* ***Elastizität***); ~**krone** *f am Kopf von Reihern* egreto, *auch* plumtufo

federleicht *Adj* malpeza kiel plumo (*od* lanugo); *i.w.S. ausgesprochen leicht* treege malpeza

Federlesen *n* ◇ ***nicht viel ~s machen*** fari neniom da ceremonioj; sen multa demandado aŭ diskutado

Federmesser *n ein kleines Taschenmesser* malgranda poŝtranĉilo

federn *intr wie eine elastische Feder hochschnellen* risorti

federnd *Adj* elasta

Feder|nelke *f* (Dianthus plumarius) *Bot* pluma dianto; ~**ohren** *n/Pl des Uhus* orelaj plumtufoj *Pl*; ~**schopf** *m Orn (am Kopf mancher Vögel)* plumtufo; ~**spitze** *f* pinto de la plumo; *Federkiel* plumtubo

Federstiel *m* ↑ ***Federhalter***

Federstrich *m*: ***mit einem ~*** per unusola streko (*od* tiro) de la plumo (*bzw.* krajono)

Feder|taster *od* ~**zirkel** *m*, *auch* ***Teilzirkel*** *m Tech* risorta cirkelo

Federung *f Elastizität* elasteco; *als Vorrichtung, z.B. eines Wagens* risortaro *Sg*, risortoj *Pl*; *Tech (Federkraft)* risorteco, *(Aufhängung [eines Kfz])* suspensio

Feder|vieh *n* kortbirdoj *Pl*; ~**waage** *f* streĉopesilo; ~**wild** *n*, *auch* ***Flugwild*** *n Jagd* plumĉasaĵo

Federwisch *m* ↑ ***Flederwisch***

Feder|wolke *f*, *Fachspr* ***Zirruswolke*** *f Met* ciruso; ~**zange** *f* pinĉileto (*vgl. dazu* ***Pinzette***); ~**zeichnung** *f* plumdesegnaĵo *od* pluma desegnaĵo (*vgl. dazu* ***Kohlezeichnung***)

Fee *f Myth* feino *auch übertr*

Feedback [*'fi:dbɛk*] *n*, *auch* ***Rückkopplung*** *f Kybernetik u. übertr* retrokupl[ad]o

Feeder [*'fi:...*] *m El* ↑ ***Speisekabel***

feenhaft *Adj* fea, *auch* feina, *nachgest* [gracia] kiel feino; *zauberhaft schön* sorĉe bela (*vgl. dazu* ***bezaubernd***)

Feen|honigfresser *m* (Meliphaga gracilis) *Orn* gracila mielmanĝulo; ~**land** *n Myth (Wunder- od Zauberland)* lando de la feinoj (↑ *auch* ***Elfenland***)

Feenring *m Mykologie* ↑ ***Hexenring***

Feenseeschwalbe *f*, *auch* ***Elfenseeschwalbe*** *f* (Gygis alba = Gygis microrhyncha) *Orn* nigraokula blanka ŝterno *[Vorkommen auf Inseln des Atlantischen u. Indischen Ozean]*

Feer'sche Krankheit *f Med* ↑ ***Akrodynie***

Fegefeuer *n*, *geh auch* ***Purgatorium*** *n antike Rel u. kath. Kirche* purgatorio

fegen ***a)*** *tr kehren* balai; *i.w.S. reinigen* purigi, *(den Kamin) auch* senfulgigi; ***der Wind fegt das Laub von den Bäumen*** la vento forblov[eg]as la foliojn de la arboj ***b)*** *intr umg für «hasten»* rapid[eg]i (***durch*** tra)

Fegsel *n* ↑ ***Kehricht***

Feh *n Kürschnerei (Fell des sibirischen Eichhörnchens)* menuvero, pelto de la siberia sciuro

Fehde *f Zwist* kverelo, malpaco; *Bruderstreit* interfrata kverelo; *Gesch (Bruderkrieg)* interfrata milito; *i.w.S. Feindschaft* malamikeco; ***mit jmdm. in ~ liegen*** kvereli kun iu

Fehdehandschuh *m* ◇ ***jmdm. den ~ hinwerfen*** ĵeti la ganton al iu; ***den ~ aufheben*** *die Herausforderung annehmen* levi la ganton

fehl *Adj nur in*: ***Angst ist hier~ am Platz[e]*** timi estus la plej erara (*od* malĝusta *od* stulta) en tiu momento

Fehl *m Makel, Fehler* difekto, manko, eraro

Fehl|betrag *m* deficito, manko; ~**deutung** *f* erara (*od* malĝusta) taks[ad]o; ~**diagnose** *f Med* erara diagnozo; ~**druck** *m Philat* poŝtmarko kun erara preso (*od* kun preseraro), *kurz* erarpres[aĵ]o; ~**einschätzung** *f* erara pritaksado (*bzw.* pritaksado)

[1]**fehlen** *intr* ***a)*** *abwesend sein* foresti *auch in der Schule*, ne ĉeesti, *auch* manki ***b)*** *mangeln, nicht vorhanden sein* manki; *nicht ausreichen* ne sufiĉi; *abhanden gekommen sein* esti perdiĝinta; ***ihm fehlt es an Erfahrung*** mankas al li sperto; ***es fehlt ihm nicht an gutem Willen*** ne mankas la bona volo al li; ***dazu fehlt mir die Zeit*** mankas al mi la tempo por tio (*od* por fari tion); ***fehlt Ihnen noch etwas?*** *brauchen Sie noch etwas?* ĉu vi ankoraŭ ion bezonas?; ***was fehlt Ihnen?*** kio mankas al vi?, kion vi bezonas?; *haben Sie etw. verloren?* ĉu vi perdis ion?; *Med* je kio vi suferas? ***c)*** *in Fügungen*: ***du hast mir sehr gefehlt*** vi ege manki al mi *od* mi ege (*od [stärker]* dolorige) sentis vian foreston *od* mi ege sopiris vin [dum via foresto] (*vgl. dazu* ***vermissen***); ***mir fehlt mein Sohn***

ich vermisse ihn mi sopiras mian filon; ***es fehlte nicht viel, und es wäre ein Unfall passiert*** preskaŭ estus okazonta akcidento; ***weit gefehlt!*** absolute malĝuste!; ***das fehlte noch*** *od* ***das hat gerade noch gefehlt!*** tio estas tro da malbonŝanco!; ***nun fehlt bloß noch, dass wir den Zug verpassen*** *iron* nun mankas ankoraŭ, ke ni maltrafu la trajnon

²**fehlen** *intr geh für «sündigen»* peki (***gegen*** kontraŭ); *unrecht handeln* agi malprave

fehlend *Adj* mankanta

Fehl|entscheidung *f* malĝusta decido; ~**-entwicklung** *f* misevoluo

Fehler *m Irrtum* eraro (*vgl. dazu* ***Defizit, Fehlgriff*** *u.* ***Versehen***; ↑ *auch* ***Abrundungs-, Annäherungs-, Fahr-, Grund-, Kardinal-, Mess-, Piloten-, Prognose-, Rechen-, Schreib-, Tipp-*** *u.* ***Übersetzungsfehler***); *[unbeabsichtigter] Fehler beim Schreiben* misskribo; *Druck*≗ pres-eraro; *Fehlen, Mangel* manko; *Material*≗*, Defekt* [material]difekto; *Unrichtigkeit* malkorektaĵo (↑ *auch* ***Fasel-*** *u.* ***Flüchtigkeitsfehler***); *etw. Unvollkommenes* malperfektaĵo; *jmds. Schwäche* malfortaĵo, [ies] malforta flanko (*vgl. dazu* ***Gebrechen***); ***dummer*** (***grober***) ~ stulta (kruda) eraro (↑ *auch* ***Bock d)***); ***ein und derselbe*** ~ tute la sama eraro; ***körperlicher*** ~ korpa difekto; ***orthografischer*** ~ ortografia eraro (↑ *auch* ***Rechtschreibfehler***); ***voller*** ~ eraroplena *od nachgest* plena de eraroj; ***einen ~ begehen*** (*od umg* ***machen***) fari eraron; *sich irren* erari; ***der ~ liegt bei mir*** estas mi kiu eraris; ***das ist*** (***nicht***) ***mein*** ~ *(nicht) meine Schuld* (ne) estas mia eraro; ***es wäre ein ~ zu glauben, dass ...*** estus eraro kredi ke ...; ***es wäre kein ~, wenn ...*** ne estus malbone, se ...

fehler|frei *od* ~**los** *Adj* senerara; *ohne Mangel* senmanka (↑ *auch* ***makellos***); *ohne Defekt(e)* sendifekta; *i.w.S. (perfekt)* perfekta, *(völlig richtig)* tute ĝusta; ~**haft** *Adj falsch* difekt[it]a; *mangelhaft* mankohava; *unrichtig, z.B. Angabe* malĝusta, erara; *[völlig] inkorrekt* malkorekta

Fehler|haftigkeit *f* senerareco; ~**häufigkeit** *f* erar-ofteco, erarofrekvenco; ~**korrektur** *f* korektado de eraroj

fehlerlos ↑ ***fehlerfrei***

Fehl|ernährung *f falsche Ernährung* misnutrado; ~**ernte** *f* malbonega rikolt[aĵ]o

Fehler|quelle *f* erar[o]fonto; ~**schätzung** *f Math, Stochastik* stimo de eraro; ~**schutzzeichen** *n EDV (als akustisches Signal)* erar[o]indika signalo

Fehlersuche *f* eraroserĉo; ***auf ~ gehen*** serĉi erarojn

Fehl|farbe *f* ***a)*** *Philat (Farbfehldruck einer Briefmarke)* erarkoloro ***b)*** *auch* ***Renonce*** *f Kart* renonco; ~**fracht** *f Wirtsch* senutila frajto; ~**funktion** *f* misfunkcio *auch Med (Dysfunktion)*

fehlgebären, *Fachspr Med auch* ***abortieren*** *intr* aborti

Fehlgeburt *f das Fehlgebären* aborto (*vgl. dazu* ²***Abort***) *auch Vet*; *abgegangene Leibesfrucht* abortaĵo; ***Mittel*** *n* ***zum Herbeiführen einer*** ~, *auch* ***Abortivum*** *n* abortigilo

fehlgehen *intr den falschen Weg nehmen* preni la malĝustan vojon; *sich verlaufen* vojerari; *übertr: sich irren* erari; ***gehe ich fehl in der Annahme, dass ...?*** ĉu mi eraras supozante ke ...?

Fehlgriff *m* maltrafo; *Fehler* eraro (↑ *auch* ²***Schnitzer***); ***einen ~ tun*** fari eraron

Fehl|information *f* misinformo (↑ *auch* ***Falschmeldung***); ~**kalkulation** *f* miskalkulo; ~**leistung** *f* misago

fehlleiten *tr Brief u. dgl.* sendi al malĝusta loko (*bzw.* adreso *u.a.*)

Fehl|liste *f bes. Philat* mankolisto; ~**meldung** *f* mank-avizo

Fehlschlag *m* malsukceso; ***totaler*** ~ fiasko (*vgl. dazu* ***Fiasko*** *u.* ***Misserfolg***)

fehlschlagen *intr nicht gelingen* malsukcesi; *schlecht gehen od laufen, missglücken, z.B. ein Geschäft* malprosperi; *[völlig] scheitern* fiaski (↑ *auch* ***danebengehen b)***)

Fehl|schluss *m* ***a)*** erara konkludo ***b)*** *Logik* ↑ ***Paralogismus***; ~**schuss** *m* pafo sen trafo *od* maltrafa pafo, *(Schuss daneben)* preterpafo; *Fußball* maltrafa ŝoto, *auch kurz* maltrafo

fehlsichtig ↑ ***ametrop***

Fehlsichtigkeit *f Ophthalmologie* ↑ ***Ametropie***

Fehlstart *m Sport* nekorekta starto

Fehlstellung *f Med (fehlerhafte Stellung von Gelenken, Knochen od Zähnen)* mispozicio (*vgl. dazu* ***Ektopie***); ~ ***der Wirbelsäule*** mispozicio de la vertebraro

fehltreten *intr einen falschen Schritt machen* mispaŝi *auch i.w.S.*

Fehl|tritt *m* mispaŝo *auch i.w.S.*; *übertr Abkommen vom rechten Weg, Entgleisung* devojiĝo; ~**urteil** *n* malĝusta juĝo; *Jur* malĝusta verdikto; ~**zähnung** *f Philat* difekta dentaĵo; ~**zündung** *f Kfz* missparkado

Fehmarn (*n*) *eine deutsche Ostseeinsel* [insulo] Fehmarno *[Hauptort: Burg]*; ~**belt** *m zw. Fehmarn u. der dänischen Insel Lolland* Fehmarn-Markolo

Fehwerk *n* = ***Pelzwerk***

feien *intr*: ***gefeit sein*** esti imuna (***gegen*** kontraŭ)

Feier *f offizielle* solen[aĵ]o (↑ *auch* ***Begräbnis-***, ***Einweihungs-***, ***Gedächtnis-*** *u.* ***Trauerfeier***); *Fest* festo (↑ *auch* ***Geburtstags-*** *u.* ***Hochzeitsfeier***)

Feierabend *m Arbeitsschluss* laborfino; *Ruhezeit nach der Arbeit* ripoza tempo post laborfino; ~ ***machen*** *die Arbeit beenden* fini la laboron (*vgl. dazu* ***aufhören***); *eine Ruhepause machen* ripozi [post laborfino *u.a.*] (*vgl. dazu* ***Pause***)

Feierabendheim *n reg für* ***Altenheim*** [↑ *dort*]

feierfreudig *Adj* festema

feierlich, *alt od geh* ***solenn*** **1.** *Adj* solena; *feierlich-förmlich* ceremonia; *übertrieben feierlich, pastoral* pastora; ~***e Eröffnung*** *f z.B. eines Kongresses* solena inaŭguro (*od* malfermo) **2.** *Adv* solene; ***etw.*** ~ ***erklären*** solene deklari ion; ***ich schwöre*** ~, ***dass ...*** mi solene ĵuras, ke ...

Feierlichkeit *f*, *geh* ***Solennität*** *f (abstrakt [feierlicher Charakter])* soleneco, *(konkret [feierliche Handlung od Veranstaltung])* solenaĵo (*vgl. dazu* ***Zeremonie***); ~***en*** *Pl* solenaĵoj *Pl*

feiern ***a)*** *tr* festi *auch einen Sieg*; *ehren, z.B. einen Künstler* honori; *feierlich (od i.w.S. festlich) begehen* soleni (***etw.*** ion); *Rel (zelebrieren)* celebri; ***gemeinsam*** ~ komune (*od* kune) festi; ***nachträglich*** ~ , *umg auch* ***nachfeiern*** postdate festi; ***jmds. Geburtstag*** ~ festi la datrevenon de ies naskiĝo, *umg auch* feti ies naskiĝtagon; ***Hochzeit*** (***Weihnachten***) ~ festi geedziĝon (kristnaskon) *(letzteres auch Großschr)* ***b)*** *intr* fest[ad]i; *nicht arbeiten* ne labori

Feiern *n* festado

Feierstunde *f* [mallonga] solenaĵo (*vgl. dazu* ***Feier***)

Feiertag *m Festtag* festotago (↑ *auch* ***Nationalfeiertag***); *i.w.S. (freier Tag)* libera tago, *(Ruhetag)* ripoz-tago; ***an*** ~***en*** en (*od* dum) festotagoj

feig *od* **feige** *Adj* malkuraĝa, poltrona (*vgl. dazu* ***ängstlich***); ***feiger Kerl*** *m* malkuraĝulo, *selt auch* poltrono

Feige *f Frucht des Feigenbaums* figo; ***getrocknete*** ~***n*** *Pl Nahr* sekigitaj figoj *Pl*

Feigenbaum *m* (*Gattung* Ficus *u. die Art ‹Ficus carica›*) *Bot* figarbo, <*wiss*> fikuso (↑ *auch* ***Würgefeige***); ***großblättriger*** ~ (Ficus macrophylla) grandfolia fikuso *[Vorkommen: SO-Asien u. Australien]*; ***indischer*** ~, *auch* ***Waringin[baum]*** *m* (Ficus benjamina) banjano <*gilt den Hindus als heilig*>; ***rhododendronblättriger*** ~ (Ficus rhododendrifolia) rododendrofolia fikuso

Feigenblatt *n* fig[o]folio *od* folio de figarbo <*[früher auf Gemälden od bei Statuen:] zur Bedeckung des Geschlechtsteils*>; ~-**kürbis** (Cucurbita ficifolia) *Bot* figofolia kukurbo

Feigenkaktus *m Bot* figokakto (*Gattungsname* ↑ ***Opuntie***)

Feigenpirol *m* (*Gattung* Sphecotheres) *Orn* figobirdo *[Vorkommen: SO-Asien, Australien, Melanesien]*; ***australischer*** ~ (Sphecotheres vieilloti) grizgorĝa figobirdo; ***nördlicher*** ~ (Sphecotheres flaviventris) flava figobirdo (↑ *auch* ***Timorfeigenpirol***)

Feigenwespe *f* (Pleistodontes frogatti) *Ent* figovespo <*Bestäuber der großblättrigen Feige*>

Feigheit *f* malkuraĝ[ec]o

Feigling *m* malbravulo, malkuraĝulo, *[stärker:]* senkuraĝulo, *poet od selt auch* poltrono (↑ *auch* ***Angsthase*** *u.* ***Hasenfuß***)

Feigwarze *f Med* ↑ ***Kondylom***

feil *Adj veraltet für «[ver]käuflich»* aĉetebla

feilbieten *od* **feilhalten** *tr*: ***etw.*** ~ elmeti ion (*od* varon *od* komercaĵon) por vend[ad]o; ***sie bietet*** (*od* ***hält***) ***ihre Ware auf dem Gemüsemarkt feil*** ŝi ofertas sian varon en la legombazaro

Feile *f Handw* fajlilo (*vgl. dazu* ***Raspel***; ↑ *auch* ***Barett-***, ***Dreikant-***, ***Flach-***, ***Glas-***, ***Grob-***, ***Halbrund-***, ***Keramik-***, ***Nagel-***, ***Polier-***,***Rund-***,***Schlicht-***,***Schrauben-***,***Schraubenkopf-***, ***Spitz-*** *u.* ***Vierkantfeile***); ***etw. mit einer*** ~ ***schlichten*** glatigi ion per fajlilo

feilen *tr* fajli *auch übertr*; ***sich die Nägel*** ~ fajli al si la ungojn

Feilen *n* fajlado

Feilenamboss *m Handw* fajlila amboso

Feilenmuschel *f Zool* ↑ ***[1]Lima***

feilhalten ↑ ***feilbieten***

Feilkloben *m ein zangenförmiges Spannwerkzeug mit Schraubspindel zum Einspannen von kleinen zu bearbeitenden Werkstücken*: ~ ***des Uhrmachers*** horloĝista vajco
Feilmaschine *f Maschine zur Ausführung von Feilarbeiten* fajlmaŝino
feilschen *intr* marĉandi (***mit jmdm. um etw.*** kun iu pri io)
Feilschen *n* marĉandado (↑ *auch* ***Schacher***)
Feil|späne *m/Pl od* ~**staub** *m* fajlaĵo
fein 1. *Adj Gehör, Geschmack, Struktur* fajna *auch dünn, z.B. Faden od Gewebe, Porzellan u.a.* (*vgl. dazu* ***erlesen*** *u.* ***erstklassig***; ↑ *auch* ***haar-***, ***hoch-***, ***piek-*** *u.* ***superfein***); *feinkörnig* fajngrajna, etgrajna; *zart* delikata (*vgl. dazu* ***subtil***); *zierlich* gracila; *erlesen, von hoher Qualität* altkvalita (*vgl. dazu* ***luxuriös***); *edel* nobla; *elegant* eleganta (↑ *auch* ***schick***); *sensitiv* sensiva; ***etwas*** ~***es*** *Nahr* delikataĵo (↑ *auch* ***Leckerbissen***); ***ein*** ~***es Essen*** delikata (*od auch* fajna) manĝaĵo; ***ein*** ~***es Gehör haben*** havi fajnan (*od auch* delikatan) aŭdsenson; ~***es Gewebe*** *n* fajna teksaĵo; ~***e Manieren*** *Pl* noblaj (*od* elegantaj) manieroj *Pl*; ~***er Regen*** *m* drizlo; ~***er Sand*** *m* fajna (*od* etgrajna *od auch* subtila) sablo; ~***er Staub*** *m* fajna polvo (↑ *auch* ***Fein-*** *u.* ***Mikrostaub***); ~***er Unterschied*** *m* subtila diferenco; ***sich*** ~ ***machen*** *sich gut anziehen* surmeti elegantajn vestojn; *sich schmücken* sin ornami **2.** *Adv*: ~ ***geschliffen*** *z.B. Kristall* fajne ŝlifita; ~ ***hacken*** (***schneiden***) *Fleisch, Zwiebeln u.a.* fajne hak[et])i (tranĉi); ~ ***tun*** *leicht pej* afekti la elegantan viron (*od* sinjoron) (*bzw.* virinon *od* sinjorinon)
Fein|abstimmung *f Tech* fajnagordo *auch Radio*; ~**arbeiten** *f/Pl sehr genaue (abschließende) Arbeiten* tre precizaj (*od* subtilaj) finlaboroj *Pl*; ~**bäckerei** *f* tortbakejo
Feind *m* malamiko (↑ *auch* ***Erb-***, ***Erz-***, ***Klassen-*** *u.* ***Todfeind***); *Gegner* kontraŭulo; *Widersacher* antagonisto; ***äußerer*** (***innerer***) ~ eksterlanda (internlanda) malamiko; ***natürlicher*** ~ *Biol* natura malamiko; ***jmdm.*** ~ ***sein*** esti malamiko de iu; ***in die Hände des*** ~***es fallen*** fali en la manojn de la malamiko (*od* kontraŭulo); ***sich jmdn. zum*** ~ ***machen*** fari iun malamikon por si
Feind|berührung *f Mil* kontakto kun la malamiko; ~**kräfte** *Pl feindliche Truppen* malamikaj (*od* kontraŭulaj) trupoj *Pl*
feindlich *Adj* malamika (***gegen*** al *od* kontraŭ) *auch Mil*; ~***er Angriff*** *m* atako de la malamiko; ***eine*** ~***e Haltung einnehmen*** alpreni sintenon malamikan
Feindlichkeit *od* **Feindschaft** *f* malamikeco (***gegen*** al *od* kontraŭ) (↑ *auch* ***Groll***); ***mit jmdm. in Feindschaft leben*** vivi kun iu en malamikeco
feindselig *Adj* malamika (***gegen*** al *od* kontraŭ) (*vgl. dazu* ***hasserfüllt***)
Feindseligkeit *f* malamikeco; ~***en*** *Pl Mil* militagoj *Pl*
Feindstaat *m Mil* malamika ŝtato
Feineinstellung *f von Präzisionsinstrumenten u. dgl.* fajna alĝustigo
feinen *tr Metallurgie (von unedlen Bestandteilen befreien)* rafini
Feinen *n Metallurgie* rafinado
Feinfrostgemüse *n Nahr* ↑ ***Gefriergemüse***
fein|fühlend *od* ~**fühlig** *Adj* delikatsent[em]a (***gegenüber*** al); *gefühlvoll, sensitiv* sentema, sentiva; *taktvoll* taktoplena
Fein|fühligkeit *f od* ~**gefühl** *n* delikateco [de la sentoj]; *Takt* takto (↑ *auch* ***Fingerspitzengefühl***, ***Intuition***, ***Sensibilität*** *u.* ***Takt c)***); ~**gehalt** *m an Gold [in einer Legierung]* or-enteno
feingeweblich *Adj*: ~***e Struktur*** *f Biol, Histologie* ultrastrukturo de histoj
Feingold *n* senmiksa oro, 24-karata oro
Feinheit *f* fajneco (↑ *auch* ***Erlesenheit***); *Zartheit* delikateco; *Eleganz* eleganteco; *edle Gesinnung* nobleco; *Nuance* nuanco; ***die Rede ist voller*** ~***en*** la parolado estas plena de subtilaĵoj
Feinkies *m* fajna gravelo
feinkörnig *Adj* fajngrajna, etgrajna
Feinkost *f Delikatessen* delikataĵoj *Pl*, luksnutraĵoj *Pl*; ~**geschäft** *n* magazeno de delikataĵoj
feinmaschig *Adj* etmaŝa
Fein|mechanik *f* preciz-mekaniko *od* preciza mekaniko; ~**mechaniker** *m* preciz-mekanikisto; ~**messband** *n* preciza mezurbendo
Feinmessung *f* ↑ ***Mikrometrie***
Feinpappe *f* ↑ ***Kartonpapier***
Feinsand *m* fajna sablo
fein|sandig *Adj* fajnsabla; ~**schleifen** *tr* fajnŝlifi
Fein|schmecker *m* frand[em]ulo; ~**seife** *f* fajna sapo; *Toilettenseife* tualeta sapo; ~**sieb** *n, auch* ***Haarsieb*** *n* fajna kribrilo; ~**sittich** *m* (Neophema chrysostoma) *Orn*

bluflugila papago; ~**staub** *m* mikropolvo; ~**strahl** *m* (*Gattung* Stenactis) *Bot* stenakto

feist *Adj* obeza, ege dika; *Gesicht auch* pufîginta, puf[vizaĝ]a; *fett* grasa; *i.w.S. widerlich* naŭza

Feistling *m dicker Kerl* gras[dik]ulo

feixen *intr böswillig lachen* malice rid[aĉ]i; *höhnisch grinsen* rikani

Feixen *n* rikan[ad]o

Felbel *m*, *auch* ***Halbsamt*** *m Textil* felpo

Felberich *m Bot* ↑ ***Gilbweiderich***

Felchen *m*, *auch* ***Maräne*** *od* ***Renke*** *f* (*Gattung* Coregonus) *Ichth (eine den Lachsfischen nahestehende Gattung)* koregono (↑ *auch* ***Muksun***)

Feld *n* ***a)*** *[freie] Flur od landwirtschaftlich bearbeiteter Boden* kampo (↑ *auch* ***Acker***, ***Baumwoll-***, ***Brach-***, ***Getreide-***, ***Hafer-***, ***Hopfen-***, ***Kartoffel-***, ***Raps-***, ***Roggen-***, ***Rüben-***, ***Terrassen-*** *u.* ***Weizenfeld***) *auch übertr* (↑ *auch* ***Gräberfeld***); ***ein frisch gepflügtes*** ~ freŝe plugita kampo; ***auf dem ~ arbeiten*** *Landw* labori surkampe ***b)*** *Mil (Schlacht*≗*)* batalkampo *od* militkampo; ***im ~e stehen*** esti en la militejo; ***aus dem ~ zurückkehren*** *Soldat* reveni [hejmen] el la milit[ej]o (*od auch* militiro) ***c)*** *El, Phys* kampo; ***elektrisches*** (***magnetisches***) ~ elektra (magneta) kampo (↑ *auch* ***Kraft-*** *u.* ***Schwerefeld***) ***d)*** *Sport (Spiel*≗*)* ludkampo; *des Dame- od Schachbretts* fako; ***des ~es verwiesen werden*** *nach Foulspiel* esti ekskludita el la plua ludo (***wegen*** pro) ***e)*** *übertr Bereich)* kampo, regiono, *(Sphäre)* sfero, *(Fachgebiet)* [speciala] fako (↑ *auch* ***Bedeutungs-*** *u.* ***Betätigungsfeld***); ***das ~ räumen*** *sich zurückziehen* retiriĝi; ***jmdn. aus dem ~e schlagen*** cedigi iun

Feld|ahorn *m*, *reg* ***Maßholder*** *m* (Acer campestre) *Bot* kampa acero; ~**arbeit** *f* ***a)*** *Landw* kamplaboro ***b)*** *eines Wissenschaftlers* = ***Feldforschung***

Feldartillerie *f Mil* kampartilerio; ~**regiment** *n Mil* kampartileria regimento

Feld|bahn *f einfache Schmalspureisenbahn zum Einsatz auf Großbaustellen, in der Forstwirtschaft, in Steinbrüchen* kamp[o]fervojo; ~**bau** *m Landw* kampokultivado; *i.w.S.* agrokulturo, *auch* terkulturo (*vgl. dazu* ***Landwirtschaft***; ↑ *auch* ***Wanderfeldbau***); ~**beifuß** *m* (Artemisia campestris) *Bot* kampa artemizio; ~**bett** *n* faldebla lito; ~**blume** *f* kampofloro, *auch* kampa floro

Feldegerling *m Mykologie* ↑ ***Wiesenchampignon***

Feldeggsfalke *m Orn* ↑ ***Lannerfalke***

Feld|enzian *m* (Gentiana campestris) *Bot* kampa genciano; ~**erbse** *f*, *auch* ***Acker-*** *od* ***Futtererbse*** *f*, *reg* ***Peluschke*** *f* (Pisum arvense) *Bot* kampopizo *od* kampa pizo; ~**flasche** *f* soldata botelo, ladbotelo; ~**forschung** *f Wiss* terenaj studoj *Pl*; ~**geistliche** *m*, *auch* ***Feldprediger*** *m Mil* armea pastro (*od* kapelano); ~**geschütz** *n Mil* kampa kanono; ~**gottesdienst** *m Mil* armea diservo

feldgrau *Adj* grize verda

Feldgrille *f* (Gryllus campestris) *Ent* kampa grilo; ***australische*** (*od* ***ozeanische***) ~ (Teleogryllus oceanicus) teleogrilo

Feld|hainsimse *f*, *auch* ***Triftenhainsimse*** *f*, *reg auch* ***Hasenbrot*** *n* (Luzula campestris) *Bot* kampa luzulo; ~**hamster** *m* (Cricetus cricetus) *Zool* [granda] hamstro

Feldhase *m* ↑ *unter* ***¹Hase***

Feldherr *m Gesch* batalestro, militestro (↑ *auch* ***Kriegsherr***); *i.w.S. Stratege* strategiisto

Feldheuschrecke *f Ent* akrido (*vgl. dazu* ***Wanderheuschrecke***); ***[Familie der] ~n*** *Pl* (Acrididae) akridedoj *Pl*

Feldhockey *n*, *auch* ***Rasenhockey*** *n Sport* subĉiela hokeo (*vgl. dazu* ***Hallenhockey***)

Feldhuhn *n Orn* ↑ ***Rebhuhn***

Feldhüter *m* kamp[o]gardisto

Feldjäger *m/Pl* = ***Militärpolizei***

Feldkonstante *f El*: ***elektrische*** ~ *Phys* elektra konstanto; ***magnetische*** ~ = ***Induktionskonstante*** [↑ *dort*]

Feld|kresse *f* (Lepidium campestre) *Bot* kampa lepidio <*häufig als Samenunkraut in Futterpflanzen*>; ~**küche** *f Mil* [armea] veturilkuirejo; ~**lager** *n Mil* bivako; ~**lazarett** *n* kampa hospitalo; ~**lerche** *f* (Alauda arvensis) *Orn* kampalaŭdo (↑ *auch* ***Kleinfeldlerche***); ~**-Mannstreu** *f* (Eryngium campestre) *Bot* kampa eringio; ~**marschall** *m Mil* feldmarŝalo (↑ *auch* ***Generalfeldmarschall***); ~**maus** *f* (Microtus arvalis) *Zool* kampa mikroto, *pop* kampomuso; ~**messer** *m Landvermesser* termezuristo (*vgl. dazu* ***Geodät***)

Feldmohn *m Bot* ↑ ***Klatschmohn***

Feldpost *f* armea (*od* milita) poŝt[serv]o; ~**marke** *f*, *auch* ***Militärmarke*** *f Post* armea (*od* milita) poŝtmarko *auch Philat*

Feldprediger *m* ↑ ***Feldgeistliche***

Feldquant *n Phys* ↑ ***Graviton***

Feld|rain *od* ~**rand** *m* kamporando; ~**rittersporn** *m* (Delphinium consolida) *Bot* kampa delfinio; ~**rohrsänger** *m* (Acrocephalus agricola) *Orn* kampokanbirdo

Feldrose *f Bot* ↑ ***Kriechrose***

Feld|salat *m, auch **Rapünzchen** n, reg **Rapunzel** f, <schweiz> **Nüsslisalat** m, <österr> **Vogerlsalat** m* (Valerianella locusta) *Bot, Nahr* [ĝardena] valerianelo (↑ *auch **Krönchenfeldsalat***); ~**-Sandlaufkäfer** *m* (Cicindela campestris) *Ent* kampa cicindelo

Feldschwindling *m Mykologie* ↑ ***Nelkenschwindling***

Feld|schwirl *m, reg **Heuschrecken[rohr]sänger** m* (Locustella naevia) *Orn* grilbirdo; ~**skizze** *f Topografie* terenskizo

Feldspark *m Bot* ↑ ***Ackerspark***

Feldspat *m Min* feldspato (↑ *auch **Plagioklas***)

Feld|sperling *m* (Passer montanus) *Orn* kampopasero; ~**spieler** *m (Ggs: Torwart)* kampludisto

Feldstärke *f Phys* kampintenso *od* kampa intenso; ***magnetische*** ~ (*Formelzeichen **H***) *El* magneta kampintenso (↑ *auch **Oersted***)

Feldstecher *m Opt* kampobinoklo

Feldthymian *m Bot* ↑ ***Quendel***

Feld|vegetation *f* kampa vegetaĵaro; ~**verweis** *m Sport* ekskludo [de ludisto]; *Fußball (rote Karte)* ruĝa karto; ~**wache** *f Mil (kleine Abteilung auf Wachposten)* pikedo; ~**webel** *m Mil* serĝento (↑ *auch **Hauptfeldwebel***); ~**weg** *m* kampa voj[et]o *od* kampovoj[et]o; ~**wespe** *f, auch **französische** (od **gallische) Feldwespe** f* (Polistes gallicus = Polistes dominulus) *Ent* franca vespo; ~**widerstand** *m El* kampa reostato (*vgl. dazu **Rheostat***); ~**zug** *m Kampagne* kampanjo (***gegen*** kontraŭ) *auch Mil u. übertr*; *Kriegszug* militiro (↑ *auch **Eroberungszug***)

Felgaufschwung *m Gerätturnen* felga supreniĝo

[1]**Felge** *f Rad*[2] radrondo

[2]**Felge** *f Gerätturnen* felgo

Felgenbremse *f* radronda bremso

Felicitas *od* **Felizitas** (*f*) *weibl. Vorname* Felicita *auch Name einer Heiligen*

Felipe (*m*) *span. männl. Vorname* Filipo *auch Name etlicher Herzöge u. Könige*

Felix (*m*) *männl. Vorname* Felikso

Fell *n* felo (*vgl. dazu* [1]***Balg a)*** *u.* ***Tierhaut***; ↑ *auch **Kalb-**, **Lamm-**, **Schaf-** u. **Tigerfell***); ***rohes*** ~ *od* ***Rohfell*** *n* kruda felo; ***einer Ziege das*** ~ ***abziehen*** senfeligi kaprinon ◇ ***er hat ein dickes*** ~ oni povas [eĉ] haki lignon sur lia kapo *(Zam)*; *er ist völlig gefühllos* sensenta li estas kiel ŝtipo; ***jmdm. das*** ~ ***gerben*** *jmdn. arg verprügeln* tani al iu la haŭton *(Zam)*; ***jmdm. das*** ~ ***über die Ohren ziehen*** *jmdn. skrupellos ausnützen* senfeligi iun, senskrupole ekspluati iun

Fellache *od* **Fellah** *m arab. Ackerbauer (bes. im Niltal)* felaho

fellachisch *Adj zu den Fellachen gehörig bzw. in der Manier der Fellachen* felaha

Fellatio *f sex* midzado, kacolekado *od* kacosuĉado; ~ ***bis zur Ejakulation*** *Herbeiführung der Ejakulation mit Lippen u. Zunge der Partnerin* elĉerpa (*od* ĝisfina) midzado

Fellbereiter *m Kürschnerei* ↑ ***Fellzurichter***

Felleisen *n = veraltet für **Rucksack** od **Tornister*** [↑ *dort*]

Fell|handel *m* felkomerco; ~**händler** *m* felkomercisto, vendisto de feloj

Fellklinger *m/Pl Mus* ↑ ***Membranophone***

Fellmütze *f* fela ĉapo

Fellnashorn *n Paläozoologie* ↑ ***Woll[haar]nashorn***

Fellpflege *f*: ***gegenseitige*** ~ *z.B. bei Affen* reciproka flegado de la felo

Fellzurichter *m, auch **Fellbereiter** m Kürschnerei* pretigisto (*od* preparisto) de feloj

Fels *m* ↑ ***Felsen***

Fels|block *m* rokbloko, *auch* bloko da roko; ~**brocken** *m* rokpec[eg]o

Felsen *m, bes. poet **Fels** m* roko (*vgl. dazu **Kliff** u. **Kreidefelsen***); ***der*** ~ ***von Gibraltar*** la roko de Ĝibraltaro; ***voller*** ~ rokoplena *nachgest* plena de rokoj; ***auf einen*** ~ ***klettern*** grimpi sur rokon; ***einen Schützengraben in den Fels hauen*** trahaki tranĉeon en roko ◇ ***wie ein Fels in der Brandung*** kiel roko enmeze de ondoj

Felsenbein *n* (Pars petrosa) *Anat (Teil des Schläfenbeins [umschließt das Innenohr])* petro

Felsenbiene *f Ent* ↑ ***Kliffhonigbiene***

Felsenbirne *f, auch **Felsenmispel** f* (*Gattung* Amelanchier) *Bot* amelankiero; ***ährige*** ~ (Amelanchier spicata) spika amelankiero

Felsenblümchen *n, auch **Hungerblümchen** n* (*Gattung* Draba) *Bot* drabo (↑ *auch **Hain-** u. **Mauerfelsenblümchen***)

felsenfest *Adj* rokfirma, *meist nachgest* firma kiel roko *od* [firma] kvazaŭ roko

Felsen|-Fetthenne *f, auch* ***Felsen-Mauerpfeffer*** *m od* ***[gelbe] Tripmadam*** *f* (Sedum rupestre = Sedum reflexum) *Bot* fleks[it]a sedo; ~**gebirge** *n* rokmontaro (↑ *auch* ***Rocky Mountains***); ~**gebirgslärche** *f* (Larix lyallii) *Bot* subalpa lariko *[Vorkommen: nordwestl. N-Amerika]*; ~**grab** *n* roktombo; ~**höhle** *f* groto; ~**huhn** *n, auch* ***Klippenhuhn*** *n* (Alectoris barbara) *Orn* berbera perdriko; ~**insel** *f* roka insulo (↑ *auch* ***Schäre***); ~**johannisbeere** *f* (Ribes petraeum) roka ribo; ~**kleiber** *m* (Sitta neumayer) *Orn* roka sito *[Vorkommen: SO-Europa]*

Felsenklippe *f* ↑ ***Riff***

Felsen|kluft *f* rokfaŭko; ~**küste** *f* rokbordo *od* roka bordo, *(steile)* klifo; ~**leimkraut** *n* (Silene rupestris) *Bot* malgranda sileno

Felsenmispel *f Bot* ↑ ***Felsenbirne***

Felsen-Mauerpfeffer *m Bot* ↑ ***Felsen-Fetthenne***

Felsen|nelke *f* (*Gattung* Petrorhagia) *Bot* petroragio, *pop* rok-dianto *od* roka dianto; ~**pieper** *m* (Anthus spinoletta littoralis) *Orn* bord[o]pipio; ~**pinguin** *m* (Eudyptes crestatus = Eudyptes chrysocome) *Orn* flavtufa (*od* ŝtonsalta) pingveno, *auch kurz* tufpingveno; ~**python** *m* (Python sebae) *Zool* [afrika] rok-pitono *[Vorkommen: tropisches Afrika]*

Felsenquelle *f* ↑ ***Felsquell***

Felsenschaumkresse *f* (Cardaminopsis petraea) *Bot* roka kardaminopso

Felsenschlange *f Zool* = ***Felsenpython***

Felsen|schwalbe *f* (Ptyonoprogne rupestris) *Orn* rokhirundo (↑ *auch* ***Steinschwalbe***); ~**spalte** *f* rokfendo; ~**steinkraut** *n, auch* ***Felsensteinkresse*** *f* (Alyssum saxatile) *Bot* roka aliso; ~**strandläufer** *m, auch* ***Beringstrandläufer*** *m* (Calidris ptilocnemis) *Orn* rokkalidro; ~**tal** *n* roka valo; ~**taube** *f* (Columba livia) *Orn* rokkolombo *<Wildform der Hasutaube>*; ~**teller** *m, auch* ***Ramondie*** *f* (Ramonda) *Bot (eine südeuropäische Gattung der Gesneriengewächse)* ramondio; ~**tor** *n* arko en la roko

Felsenzwergmispel *f* ↑ *unter* ***Zwergmispel***

Felsgarnele *f Zool* ↑ ***Ostseegarnele***

Felsgestein *n Geol* rokaĵo, [solida] roko

felsig *Adj* roka; *voller Felsen* plena de rokoj, rokoplena; *felsartig* rokeca; ~***er Boden*** (*od* ***Grund***) *m* roka grundo

Felsit[fels] *m Min (ein Vulkanit)* felsito

Felsklettern *n Bergsport (Klettern im Fels)* rokgrimpado, *auch* grimpado sur roko(j)

Felskresse *f* (*Gattung* Hornungia) *Bot* hornungio; ***kleine*** ~ (Hornungia petraea) roka hornungio

Fels|malerei *f* surroka pentrado (*vgl. dazu* ***Felszeichnungen***); ~**pflanzen** *f/Pl, <wiss>* ***Epilithen*** *m/Pl Bot (die Flora der Felsregion der Hochgebirge bildende Pflanzenarten [zumeist Moose u. Flechten])* rokloĝaj plantoj; ~**plateau** [*...pla'to:*] *n* rokplataĵo; ~**quell** *m, auch* ***Felsenquelle*** *f* roka fonto; ~**spalt** *m od* ~**spalte** *f* rokfendo; ~**terrasse** *f Geogr* rokteraso; ~**vorsprung** *m* rok-elstaraĵo, *Geol meist* kornico; ~**wand** *f* rokmuro; *Kliff, felsige Steilküste* klifo; ~**zeichnungen** *f/Pl* surrokaj pentraĵoj *Pl*

Feluke *f Mar (zweimastiges Küstenlastsegler der Mittelmeerländer)* feluko

feminin *Adj* virin[ec]a; *i.w.S. graziös* gracia

Femininum *n Ling (weibliches Substantiv)* inseksa (*od* ingenra) substantivo

Feminismus *m, auch* ***Frauenrechlertum*** *n eine Richtunh der Frauenbewegung* feminismo (↑ *auch* ***Anarchofeminismus***); ***Anhänger des*** ~ partiano de feminismo

Feminist *m, auch* ***Frauenrechtler*** *m* feministo

Feministin *f, auch* ***Frauenrechtlerin*** *f* feministino

feministisch *Adj auf den Feminismus bezogen* feminisma; *auf die Feministen bezogen* feminista

femoral *Adj nur Fachspr Med (zum Oberschenkel gehörend)* femura

Femoralhernie *f* (Hernia femoralis) *Med* femura hernio

Femurkopf *m Anat* ↑ ***Oberschenkelkopf***

Femurneuralgie *f Med* ↑ ***Oberschenkelneuralgie***

Fen *m kleine chin. Währungseinheit* feno (*vgl. dazu* ***Yüan***)

Fenchel *m, reg* ***Finkel*** *m* (*Gattung* Foeniculum) *Bot, Gewürz* fenkolo (↑ *auch* ***Knollenfenchel***); ***echter*** ~ (Foeniculum vulgare) odora (*od* ordinara) fenkolo

Fenchelfrüchte *f/Pl Gewürz* fenkolfruktoj *Pl*

Fenchelholz *n* ↑ ***Sassafrasholz***

Fenchelholzbaum *m Bot* ↑ ***Sassafras***

Fenchel|knolle *f* fenkola bulbo; ~**öl** *n* fenkola oleo; ~**tee** *m* fenkola teo

Fenchon *n Biochemie* fenĉono *[Vorkommen in Fenchel (Bestandteil vieler ätherischer Öle)]*
Fenek *m Zool* = ***Fennek***
Fennek *m, auch* ***Wüstenfuchs*** *m* (Fennecus zerda) *Zool* feneko *[Vorkommen: in Wüsten Nordafrikas u. Arabiens]*
Fennoskandia *f Geol (nach der kaledonischen Gebirgsbildung meist in Hebung befindlicher Teil Nordeuropas)* Fenoskandio
fennoskandisch *Adj* fenoskandia
Fenster *n* fenestro *auch auf dem Computermonitor; [buntes] Fenster in Metallfassung, bes. in Kirchen* vitralo; *eines PKW* glaco (↑ *auch* ***Abteil-***, ***Bleiglas- Dach-***, ***Decken-***, ***Eck-***, ***Gaze-***, ***Giebel-***, ***Kabinen-***, ***Kajüten-***, ***Keller-***, ***Kipp-***, ***Kirchen-***, ***Küchen-***, ***Mansarden-***, ***Schallschutz-***, ***Schiebe-***, ***Schlafzimmer-***, ***Stall-*** *u.* ***Thermofenster***); ***vergittertes*** ~ fer-krada fenestro; ***am*** ~ ĉe la fe- nestro; ***das*** ~ ***geht zur*** (*od* ***auf die***) ***Straße [hinaus]*** la fenestro rigardas al la strato; ***aus dem*** ~ ***schauen*** (*od* ***sehen*** *od umg* ***gucken***) rigardi tra la fenestro
Fensterbank *f, auch* ***Fensterschwelle*** *f* fenestra sojlo
Fensterblatt *n Bot* ↑ ***Monstera***
Fenster|brett *n* fenestrobreto; ~**briefumschlag** *m* fenestra koverto
Fensterchen *n* fenestreto (↑ *auch* ***Luke***)
Fenster|einfassung *f, auch* ***Fenstergestell*** *n Bauw* fenestrokadrumo; ~**flügel** *m* fenestra alo, fenestroklapo
Fenstergestell *n* ↑ ***Fenstereinfassung***
Fenster|gitter *n* fenestrokrado; ~**glas** *n* fenestrovitro (*vgl. dazu* ***Fensterscheibe***); ~**-heber** *m Kfz* glacolevilo; ~**kitt** *m* vitrista mastiko; ~**kreuz** *n* fenestrokruco
Fensterladen *m* fenestrokovrilo; *i.e.S. (mit schrägen feststehenden Brettchen [****Persienne*** *f]*)* persieno, *(mit verstellbaren Lamellen)* ŝutro; ***zweiflügelige Persienne*** duklapa persieno (↑ *auch* ***Jalousie*** *u.* ***Klappladen***)
Fensterleder *n Hausw* fenestroŝamo
fensterlos *Adj* senfenestra
Fenster|öffnung *f Bauw* fenestra aperturo; ~**platz** *m* sidloko ĉe la fenestro *od* ĉefenestra [sid]loko; ~**putzer** *m* vitropurigisto (↑ *auch* ***Glasreiniger***); ~**rahmen** *m am Mauerwerk* fenestroframo; *Rahmen um Glasscheiben* fenestrokadro; ~**rose** *f* roz-fenestro (*vgl. dazu* ***Rosette***)
Fensterscheibe *f* fenestrovitr[aĵ]o *od* fenestra vitro; ~***n einschlagen*** (*od* ***einwerfen***) frakasi fenestrovitrojn (*od auch kurz* fenestrojn)
Fensterschwelle *f* ↑ ***Fensterbank***
Fenster|sprosse *f* fenestrotrabeto; ~**steuer** *f hist: eine Steuer, die der Eigentümer auf die zu seinem Wohnraum gehörenden Fenster zu zahlen hatte* fenestra imposto; ~**sturz** *m Bauw* fenestra lintelo; ~**tür** *f Tür mit einem Fenster* fenestropordo; ~**verschluss** *m* fenestrofermilo (↑ *auch* ***Drehstangenverschluss***); ~**vorhang** *m* fenestrokurteno; ~**wirbel** *m* fenestroanso
Feodor (*m*) *männl. Vorname* Feodoro
Feodora (*f*) *weibl. Vorname* Feodora
Ferdinand (*m*) *männl. Vorname* Ferdinando *auch Name römisch-deutscher u. anderer Kaiser, Herzoge u. Prinzen*
Ferdinande (*f*) *weibl. Vorname* Ferdinanda
Fergana (*n*), *usbekisch* ***Farģona*** *eine Stadt im Osten von Usbekistan* Fergano
Ferialzeit *f* ↑ ***Ferienzeit***
Ferien *Pl* ferioj *Pl*, libertempo *Sg* (*vgl. dazu* ***Urlaub***; ↑ *auch* ***Herbst-***, ***Oster-***, ***Schul-***, ***Semester-***, ***Sommer-***, ***Theater-***, ***Weihnachts-*** *u.* ***Winterferien***); ~ ***machen*** ferii, libertempi (***in*** en); ***in den großen*** ~ en (*od* dum) la ĉefaj ferioj (*od i.e.S.* somerferioj); ***nach ... in die*** ~ ***fahren*** veturi (*od* iri) al ... por ferii (*od* feriado); ***wohin fahren Sie in den*** ~***?*** kien vi veturos (*od* iros) por libertempi?; ***seine*** ~ ***an der See verbringen*** pasigi siajn feriojn ĉe la maro, ferii ĉe la maro
Ferien|aufenthalt *m* feriorestado; *Ort* feriejo, *auch* libertempejo; ~**dorf** *n* feria vilaĝo; ~**foto** *n* feriofoto *od* feria foto; ~**haus** *n* feriodomo; ~**häuschen** *n* feriodometo; *Sommerhäuschen* somerdometo (*vgl. dazu* ***Datscha***); ~**heim** *n* feriohejmo, ripozdomo; ~**hotel** *n* feriohotelo; ~**kurs** *m Päd* dumferia kurso, *im Sommer* somerlernejo; ~**lager** *n* feriotendaro (↑ *auch* ***Biwak***, ***Camp*** *u.* ***Zeltlager***); ~**ort** *m* ferioloko, feriorestadejo, *umg häufig* feriejo; ~**platz** *n* loko por ferii; *in ehem. sozialistischen Ländern* loko en [sindikata] feriohejmo, *(Zuweisung für einen solchen Platz)* asigno por loko en [sindikata] feriohejmo; ~**reise** *f* feriovojaĝo *od* feria vojaĝo; ~**stimmung** *f* feria [bon]humoro; ~**tag** *m* feriotago; ~**wohnung** *f* (*Abk* ***FeWo***) feriologejo, *auch* feria loĝejo; ~**zeit** *f*, *<österr> auch* ***Ferialzeit*** *f* feriotempo, libertempa sezono; ~**[zelt]lager** *n*

feriotendaro; ~**zentrum** *n* feriocentro; ~**ziel** *n* feriocelo

Ferkel *n* porkido (↑ *auch* ***Spanferkel***); *übertr: Schmutzfink* malpurulo, *[derb:]* porko

Ferkelkraut *n* (*Gattung* Hypochoeris) *Bot* hipokero; ***geflecktes*** ~ (Hypochoeris maculata) makula hipokero; ***kahles*** ~ (Hypochoeris glabra) glata hipokero

Fermate *f, auch* ***Haltezeichen*** *n Mus (Zeichen zum Aushalten des Tons od zur Verlängerung der Pause)* fermato

Ferment *n veraltend für* ***Enzym*** [↑ *dort*] fermento

Fermentation *f Gärung* fermentado

Fermentationsprozess *m* fermentada proceso

fermentativ *Adj durch Gärung hervorgerufen* kaŭzita de fermentado

Fermenter *m* ↑ ***Bioreaktor***

fermentieren *tr gären lassen bzw. durch Fermentation veredeln* fermentigi; ***Tabak*** ~ fermentigi tabakon

Fermion *n Quantenstatistik (Elementarteilchen mit halbzahligem Spin)* fermiono

Fermium *n* (*Symbol* ***Fm***) *Chem (ein Transuran)* fermio

fern 1. *Adj* ***a)*** *örtl* malproksima, fora *auch zeitl u. bildh*; *poet auch* dista (*vgl. dazu* ***abgelegen***), *poet auch* lontana; ***der*** ***°e Osten*** la Ekstrema Oriento; ***ein ~er Verwandter*** malproksima parenco ***b)*** *zeitl* malproksima, *auch* fora, futura; ***in ~er Zukunft*** en fora estonteco **2.** *Adv* malproksime, fore (***von*** de); ***von ~ [her]*** de malproksime, de fore **3.** *Präp mit Gen*: ~ ***der Heimat*** malproksime de la hejmlando; ***aus*** (*od* ***von***) ***nah und*** ~ de proksime kaj fore; *i.w.S. von überall her* de ĉie; *aus allen Ecken* de ĉiuj anguloj de la lando (*bzw.* de la mondo *u.Ä.*)

fernab *Adv mit Gen, auch* ***fernab von*** malproksime de

Fernamt *n alt Tel* interloka telefoncentro

Fernandino (*n*) *drittgrößte der Galápagosinseln* [insulo] Fernandino

Fernando (*m*) *männl. Vorname (spanische u. portugiesische Namensform von Ferdinand)* Fernando

Fernando de Noronha (*n*) *Benennung für mehrere kleine brasilian. Inseln im Atlantik* Fernando-de-Noronjo <*Stützpunkt für den Luftverkehr Europa-Südamerika*>

Fernando Póo (*n*) ↑ ***Bioko***

Fern[auto]bus *m* longdistanca aŭtobuso

Fernbedienung *f Tech, TV (Vorgang)* teleregado; *(Gerät, Schalter [bes. TV])* teleregilo

fernbeheizt *Adj* telehejtata; ***eine ~e Wohnung*** telehejtata loĝejo

fernbetätigt ↑ ***ferngelenkt***

fernbleiben *intr*: ~ ***von ...*** *nicht anwesend sein in bzw. bei ...* ne ĉeesti, foresti; *nicht kommen nach od zu ...* ne veni al; *nicht teilnehmen an ...* ne partopreni en ...

Fernbleiben *n*: ***das ~ von der Arbeit[sstelle]*** foresto el la laborloko

Fernblick *m* rigardo malproksimen (*vgl. dazu* ***Fernsicht***)

Fernbombenflugzeug *n, auch* ***Fernbomber*** *m Mil* longdistanca bombaviadilo

Fernbus *m* ↑ ***Fernautobus***

Ferndiagnose *Med* telediagnozo

Ferne *f* malproksim[ec]o *auch i.w.S.*, foro, *poet auch* lontano; *das Fernsein* foreco; ***aus der*** ~ el [la] malproksimo; ***in der*** ~ en [la] malproksimo; *im fremden Land* en fremda lando, en fremdejo; ***in die*** ~ ***sehen*** rigardi al la malproksimo; ***von der*** ~ ***[aus]*** *von weitem* de malproksime (*od* fore); ***[plötzlich] in der ~ auftauchen*** [ek]aperi (*od* [subite] emerĝi) en la malproksimo

ferner 1. *Adj weitere* plia, kroma; *folgende* sekva; *zukünftig* estonta **2.** *Adv auch* ***fernerhin*** *künftig, in Zukunft* en la sekva tempo, estonte; *weiter[hin]* plu **3.** *Konj außerdem* krome, krom tio; *noch dazu, obendrein* plie

Ferner *m* ↑ ***Gletscher***

fernerhin ↑ ***ferner 2.***

Fernfahrer *m* ↑ ***Fernlastfahrer***

fern|gelenkt *od* ~**gesteuert**, *auch* ***fernbetätigt*** *Adj* telestirata; ***~es Geschoss*** *Mil* telestirata obuso

Ferngespräch *n Tel* interurba telefonaĵo

ferngesteuert *Adj* ↑ ***ferngelenkt***

Fernglas *n Opt* lorno (*vgl. dazu* ***Feldstecher***)

fernhalten *tr* deteni (***von*** de); ***halt mir den Hund fern!*** *od fam* ***halt mir den Hund vom Leib!*** fortenu de mi la hundon!; ***sich*** ~ ***halten*** sin deteni (***von*** de); *sich zurückhalten* sin reteni (***von*** de); *vermeiden* eviti

Fern|heizung *f* telehejtado; ~**kurs** *m* korespondа kurso, *auch* telekurso; ~**[last]fahrer** *m* ŝoforo de longdistanca kamiono; ~**lastwagen** *m Kfz* longdistanca (*od* granddistanca) kamiono; ~**leihe** *f Bibliothekswesen* interbiblioteka prunto[servo]; ~**leitung** *f El, Tel* longdistanca (*od* granddistanca) lineo; *für Gas od Wasser* longdistanca dukto (↑ *auch* ***Pipeline*** *u.* ***Rohrfernleitung***); ~**licht** *n Kfz* distanca lumo

fernliegen *intr*: ***es liegt mir ~ ...*** *ich habe nicht die Absicht zu ...* ne estas mia intenco ... *u. folgendes Verb im Inf,* mi tute ne intencas (*bzw.* opinias *od* kredas), ke ...

Fernmelde|amt *n* telekomunika oficejo, telekomunikejo; ~**bataillon** *n Mil* bataliono de telekomunikado; ~**gesellschaft** *f* telefonkompanio; ~**satellit** *m, auch* ***Nachrichtensatellit*** *m* telekomunika satelito; ~**system** *n* telekomunika sistemo; ~**wesen** *n* telekomunikaj aferoj *Pl*, telekomunikado

fernmündlich 1. *Adj* telefona **2.** *Adv* telefone, per telefono

Fern|ost *ohne Art* Ekstrema (*od* Malproksima) Oriento; ~**reise** *f* longdistanca vojaĝo

Fernrohr *n Opt* ↑ ***Teleskop***; ***Galileisches ~*** galileja teleskopo

Fern|schach *n* koresponda ŝako; ~**schnellzug** *m* eksprestrajno, *umg auch kurz* ekspreso; ~**schreiber** *m* teletajpilo

Fernsehansprache *f* televida [al]parolado

Fernsehanstalt *f*: ***öffentlich-rechtliche ~en*** *Pl* publikjuraj televid-stacioj *Pl*

Fernseh|antenne *f* televida anteno; ~**apparat** *m od* ~**gerät** *n, umg* ***Fernseher*** *m* televida aparato, *umg* televidilo (↑ *auch* ***Farb-*** *u.* ***Plasmafernseher***); ~**aufzeichnung** *f* televidogramo; ~**band** *n* televida bendo; ~**bericht** *m* televida raporto; ~**debatte** *f* televida debato

Fernsehempfang *m* televida ricev[ad]o; ***[einen] gestörten ~ haben*** havi perturbitan televidan ricevon

Fernsehempfänger *m* televida ricevilo, *umg* televidilo

fernsehen *intr* televidi, *abs auch* spekti televidon; ***bis in die [späte] Nacht hinein ~*** televidi ĝis malfrua nokto

Fernsehen *n* televido (↑ *auch* ***Bezahl-***, ***Bildungs-***, ***Digital-***, ***Farb-***, ***Kabel-***, ***Lokal-***, ***Privat-***, ***Regional-***, ***Satelliten-***, ***Schul-***, ***Schwarzweiß-*** *u.* ***Werbefernsehen***), *als Vorgang des Betrachtens* televidado; *als generelle Organisation, Institution u. dgl. auch* televizio; ***Schweizer ~*** (*Abk* ***SF***) *das nationale Fernsehen der deutschen u. der rätoromanischen Schweiz* Svisa Televizio *[Sitz: Zürich]*; ~ ***der Republik Indonesien*** (*Abk* ***TVRI***) Televizio de Respubliko Indonezio; ***frei empfangbares ~***, *auch* ***Free-TV*** *n* libere spektebla televido, *auch* libera televido; ***hochauflösendes ~*** (*engl. Abk* ***HDTV***) altdifina televido; ***kommerzielles*** (***staatliches***, ***zwischenstaatliches***) ~ komerca (ŝtata, interŝtata) televizio; ***über Funk und ~*** pere de radio kaj televido; ***im ~ auftreten*** aperi sur la televida ekrano

Fernseher *m* ↑ ***Fernsehapparat***

Fernseh|film *m* televida filmo; ~**gebühr(en)** *f/(Pl)* televida kotizo

Fernsehgerät *n* ↑ ***Fernsehapparat***

Fernseh|interview *n* televida intervjuo; ~**journalist** *m* televida ĵurnalisto; ~**journalistin** *f* televida ĵurnalistino; ~**kabel** *n* televida kablo; ~**kamera** *f* televida kamerao; ~**kanal** *m* televida kanalo; ~**kommentator** *m* televida komentariisto; ~**krimi** *m* kriminala televidaĵo; ~**kurs** *m Päd* televida kurso; ~**moderator** *m* televida prezentisto; ~**nachrichten** *f/Pl* televidaj novaĵoj *Pl*; ~**produzent** *m* televida produktisto; ~**programm** *n* televida programo; ~**reklame** *f* televida reklamo, *(als Vorgang: das Werben im TV)* televida reklamado; ~**reportage** *f* televida raportaĵo; ~**reporter** *m* televida raportisto; ~**satellit** *m* televida satelito

Fernsehschirm *m, umg meist* ***Bildschirm*** *m* televida ekrano; ***auf dem ~*** sur la televida ekrano

Fernseh|sender *m* televida [sendo]stacio; ~**sendung** *f* televida elsendo; ~**serie** *f* televida serio *od* televid-serio; ~**signal** *n* televida signalo; ~**spiel** *n* televida ludo; ~**star** *m* televida stelulo (*bzw.* stelulino); ~**station** *f* televida stacio *od* televidstacio; ~**studio** *n* televida studio; ~**turm** *m* televida turo; ~**überwachung** *f* videokontrolo; ~**werbung** *f* televida reklamado; ~**zuschauer** *m* televida spektanto *od* televid-spektanto

Fernsein *n* foreco; *Nichtpräsenz* foresto

Fernsicht *f weiter Ausblick* vasta elrigardo; *Sicht in die Ferne* rigardo malproksimen; *Möglichkeit, in die Ferne zu schauen* ebleco rigardi malproksimen (*vgl. dazu* ***Fernblick***); *i.w.S. Panorama* panoramo

Fernsprech|-Adressbuch *n* telefon-adresaro; ~**amt** *n* telefona centralo; ~**anlage** *f* telefon-instalaĵo; ~**anschluss** *m* telefonkonekto; ~**apparat** *m* telefonaparato

Fernsprecher *m* telefono (*vgl. dazu* ***Telefon***;

↑ *auch* ***Münzfernsprecher***); ***öffentlicher*** ~ publika telefono

Fernsprech|gebühr(en) *f/(Pl)* telefonkostoj *Pl*; ~**kabel** *n* telefonkablo; ~**leitung** *f* telefona lineo; ~**mikrofon** *n Tel* mikrofona kapsulo; ~**netz** *n* telefonreto, telefon[i]a reto; ~**tarif** *m* telefona tarifo; ~**teilnehmer** *m*, *<schweiz>* ***Telefonabonnent*** *m* telefonabonanto; ~**verzeichnis** *n* telefon-adresaro, *umg auch* telefonlibro; ~**wesen** *n* telefonio; ~**zelle** *f*, *<schweiz>* ***Telefonkabine*** *f* telefonbudo

fernstehen *intr keine Beziehung haben zu* havi nenian rilaton al; *keine Bindung haben zu* esti neniel ligita al, esti tute ne intima al

Fern|steuerung *f von Fahrzeug, Rakete* telestirado, *auch* telekondukado; *als Mechanismus* telestira (*od* telekonduka) mekanismo; ~**studium** *n* telestud[ad]o; ~**transport** *m* longdistanca (*od* granddistanca) transporto; ~**überwachung** *f* telekontrolo; ~**unterricht** *m* teleinstruo (↑ *auch* ***Fernkurs***); ~**verbindung** *f* longdistanca (*od* granddistanca) komunikiĝo; ~**verkehr** *m Eisenb, Kfz* longdistanca (*od* granddistanca) trafiko (↑ *auch* ***Güterfernverkehr***); *Tel* interloka komunikiĝo (*bzw.* komunikado); ~**verkehrsstraße** *f* ŝoseo por granddistanca trafiko, *pop auch* ĉefŝoseo; ~**wärme** *f* televarmo (↑ *auch* ***Fernheizung***); ~**zug** *m Eisenb* longdistanca [pasaĝer]trajno

Feronia (*f*) *Myth (röm. Göttin der Wälder, der Heilquellen u. der Heilkräuter)* Feronia *<etruskischen u. sabinischen Ursprungs>*

Ferrara (*n*) *eine italienische Stadt in der Region Emilia-Romagna* Feraro

Ferrioxid *n Chem* ferika oksido

Ferrit *m Chem* ferito; ~**antenne** *f El* feritanteno

Ferritin *n*, *auch* ***Depot-Eisen*** *n Biochemie (ein Proteinkomplex der in Tieren, Pflanzen u. Bakterien vorkommt, wo er als Speicherstoff für Eisen dient)* feritino; ~**mangel** *m Med* manko de feritino

Ferrizyan *n Chem* fericiano

Ferrokarbonat *n Chem* ↑ ***Eisenkarbonat***

ferromagnetisch *Adj* feromagneta

Ferro|magnetismus *m Naturw* feromagnetismo; ~**oxid** *n Chem* feroza oksido; ~**sulfat** *n*, *auch* ***Eisenvitriol*** *n Chem* feroza sulfato

Ferrotypie *f fotografisches Herstellungsverfahren von Bildern auf lichtempfindlich beschichteten, mit schwarzem Lack versehenen Eisenblechen* ferotipio

Ferse *f*, *reg* ***Hacke*** *f od* ***Hacken*** *m Anat* kalkano *auch eines Strumpfes*; ~ ***des Schuhs*** kalkanumo [de ŝuo] ◇ ***sich jmdm. an die ~n heften*** [senprokraste] sekvi ies spurojn (*od* paŝojn)

Fersenbein *n* (Calcaneus) *Anat* kalkaneo; ~**fraktur** *f*, *Fachspr* ***Kalkaneusfraktur*** *f Med* kalkanea frakturo

Fersengeld *n* ◇ ~ ***geben*** *ausreißen, sich davonmachen* forkuri, fuĝi

Fersenspinner *m/Pl Ent* ↑ ***Spinnfüßer***

Fersensporn *m*, *Fachspr auch* ***Kalkaneussporn*** *m Med* kalkanea sprono

fertig *Adj* ***a)*** *beendet* finita; *zu Ende [gegangen]* finiĝinta; *erfüllt, erledigt* plenumita; *bereit* preta; ***das Essen ist*** ~ la manĝo estas preta; ***ich bin*** ~ *z.B. mit einer Arbeit od den Vorbereitungen für etw.* mi finis; ***sie ist in diesem Jahr mit ihrem Studium*** ~ ĉi-jare ŝi finos sian studadon; *i.e.S.* ŝi finos la universitatan (*bzw.* altlernejan *u.Ä.*) studon ĉi tiun jaron ***b)*** *übertr (erschöpft)* [plene] elĉerpita, *(bankrott)* [tute] bankrota, *(betrunken)* [plene] ebria

Fertigbeton *m Bauw* prefabrikita betono

fertigbringen, *umg auch* ***fertigkriegen*** *tr beenden* fini; *zustande bringen* kapabli fari (***etw.*** ion); *gelingen* sukcesi [fari]

fertigen *tr produzieren* produkti

Fertig|erzeugnis *od* ~**fabrikat** *od* ~**produkt** *n* finprodukto

Fertigkeit *f Geschick* lert[ec]o (*vgl. dazu* ***Fähigkeit*** *u.* ***Können***); *Routine* rutino; *Kompetenz* kompetent[ec]o; *Vollkommenheit* perfekteco; *Virtuosität* virtuozeco

Fertigkleidung *f* konfekciaj vestoj *Pl*; *Konfektion* konfekcio

fertigkriegen ↑ ***fertigbringen***

fertigmachen *tr beenden* finpretigi, fini; *vorbereiten* pretigi, prepari; ***jmdn.*** ~ *umbringen* mortigi iun; ***sich*** ~ *zum Aufbruch, für die Reise* sin pretigi; *sich vorbereiten* sin prepari (***für*** por *od* al)

Fertigprodukt *n* ↑ ***Fertigerzeugnis***

fertigstellen *tr* finpretigi; *Wohnungen* finkonstrui; *allg auch* fini

Fertigstellung *f* finpretigo; *von Bauvorhaben* finkonstruado

Fertigung *f* farado, pretigo; *Fabrikation* fabrikado; *Produktion* produktado (↑ *auch* ***Fließband*** *u.* ***Serienfertigung***)

Fertigungshalle *f* = ***Fabrikationsstätte***

Fertigungsprozess *m* teknologia proceso
fertil *Adj nur Fachspr Biol u. Med* fertila (*vgl. dazu* ***fruchtbar***)
Fertilisation *f nur Fachspr Biol u. Med für «Befruchtung»* fertiligo
Fertilität *f nur Fachspr Biol: Fortpflanzungsrate od -leistung einer Population* fertiliteco (↑ *auch* ***Fruchtbarkeit***)
[1]**Fes** *m eine orientalische Kopfbedeckung* fezo
[2]**Fes** (*n*) *eine Stadt in Nordmarokko* Feso
fesch *Adj* ***a)*** *schick* ŝika; *modisch* [laŭ]moda; *schneidig* plena de vervo, vigla ***b)*** *<österr> freundlich, nett* afabla, kara
[1]**Fessel** *f* ***a)*** *Fußfesseln (Ketten an den Füßen)* piedkatenoj *od* katenoj [por la piedoj]; *Handschellen* mankateno(j); ***jmdn. in ~n legen*** meti iun en katenojn, enkatenigi iun; ***die ~n abnehmen*** forpreni la katenojn, malkateni; ***~n*** (*od* ***Ketten***) ***an den Füßen haben*** havi katenojn sur la piedoj; ***b)*** *übertr: Bande* ligilo
[2]**Fessel** *f Anat ([beim Pferd:] eingeschnürter Teil zw. unterem Ende des Mittelfußes u. oberem Hufrand)* pasterno
Fesselballon *m* katenbalono
Fesselekzem *n Vet* ↑ [1]***Mauke***
Fesselgelenk *n eines Pferds* pasternartiko (*vgl. dazu* [2]***Fessel***)
fesseln *tr* ***a)*** *in Ketten legen (Gefangenen, Verbrecher)* kateni *auch i.w.S.*; ***gefesselt sein*** esti katenita ***b)*** *übertr* ligi (***an*** al); *stark anziehen* forte altiri, *auch* kateni; *bezaubern, faszinieren* [en]sorĉi, sorĉumi, fascini (***jmdn. durch*** iun per *od* iun pro); *entzücken* ĉarmi, ravi; ***von etw. gefesselt sein*** esti ravita de io; ***sie fesselte ihn durch ihre Reize*** (*od* ***mit ihren Reizen***) ŝi katenis lin per siaj ĉarmoj *od* ŝiaj ĉarmoj forte altiris lin *od* ege sorĉumis lin ŝiaj ĉarmoj; ***sie ist seit Jahren ans Bett gefesselt*** ŝi estas de jaroj alforĝita al la lito malsanula *(Zam)*
fesselnd *Adj [stark] anziehend* [forte] altira; *faszinierend* fascina; *bestrickend, verlockend* sorĉa, alloga (*vgl. dazu* ***reizend***); *packend, spannend* streĉa, ekscita
Fesselung *f* katenado
fest 1. *Adj* ***a)*** firma (*vgl. dazu* ***hart, kompakt kräftig*** *u.* ***steif***; ↑ *auch* ***felsenfest***); ***~e Brüste*** *f/Pl* firmaj mamoj *Pl*; ***~er Boden*** *m* firma grundo; ***~en Boden unter den Füßen haben*** esti (*bzw.* marŝi] sur firma grundo (*od* tero); ***mit ~en Schritten*** per firmaj paŝoj ***b)*** *dauerhaft, haltbar, kräftig* fortika (*vgl. dazu* ***massiv*** *u.* ***robust***); *stabil* stabila; *unerschütterlich* neŝancelebla, *i.w.S. auch* firma; ***~e Freundschaft*** *f* fortika amikeco; ***~e Preise*** *m/Pl* firmaj prezoj *Pl*; ***der ~en Meinung sein*** havi la firman opinion ***c)*** *Phys (nicht flüssig od gasförmig)* solida; *kompakt* kompakta; ***in ~em Zustand*** en solida stato ***d)*** *definitiv* definitiva; *konstant* konstanta; *energisch* energia; *hart* malmola, dura; ***~es Einkommen*** *n Fin* konstantaj enspezoj *Pl*; ***das ist noch nicht ~*** *noch nicht definitiv* tio estas ankoraŭ ne definitiva ***e)*** *straff, eng anliegend, z.B. eine Binde, ein Gürtel* streta **2.** *Adv*: ***~ angebracht*** (*bzw.* ***sitzend*** *od* ***stehend*** *u. dgl.*) *bes. Handw u. Tech* firme fiksita; ***~ an etw. glauben*** firme kredi je io; ***~ schlafen*** profunde dormi, *umg auch* dormegi; ***ich rechne fest mit dir*** (*bzw.* ***Ihnen***) mi plene kalkulas je vi; ...; ***jmdm. etw. ~ versprechen*** firme al iu promesi ion; ***der Nagel sitzt ~ in der Wand*** la najlo fiksiĝis (*od auch* sidas) firme en la muro ◇ ***~ im Sattel sitzen*** sidi firme en la selo
Fest *n* festo (*vgl. dazu* ***Feier***; ↑ *auch* ***Ernte-[dank]-, Familien-, Hochzeits-, Richt-, Schützen-, Stadt-, Strand-, Straßen-, Trachten-, Turn-, Volks-*** *u.* ***Weinfest***); *um ein besonderes Ereignis [feierlich] zu begehen* soleno; *Festtag* festotago; *Weihnachten* kristnasko *(auch Großschr)*; ***nach dem ~***, *lat.* ***post festum*** post la festo (*bzw.* festotagoj), postfeste; *i.e.S. nach Weihnachten* post kristnasko; ***ein ~ abhalten*** (*od* ***veranstalten***), *<schweiz> auch* ***festen*** fari (*od* okazigi) feston; ***ein ~ feiern*** festi feston; ***bei einem ~ dabei*** (*od geh* ***zugegen***) ***sein*** ĉeesti feston; ***frohes ~!*** *frohe Weihnachten!* ĝojan kristnaskon!
Fest|abend *m* festvespero; **~akt** *m* solena akto, solenaĵo; **~ansprache** *f* festparolado
fest|binden *tr* ligi (***etw. mit etw.*** ion per io); *anbinden* [firm]ligi, alligi (***an*** al); **~bleiben** *nicht nachgeben* ne[niel] cedi
Feste *f alt für «Festung»* fortikaĵo
festen *intr* ↑ *unter* ***Fest***
Festessen *n* bankedo, *auch* festeno; ***an einem ~ teilnehmen*** partopreni en bankedo, *auch* bankedi
festfahren *intr Kfz,z.B.im Schlamm* iĝi blokita [en ŝlimo *od* stratkoto *u.a.*]; *Mar* grundi [sur sablaĵo]; ***sich ~ in eine ausweglose***

Lage geraten veni en situacion sen eliro; *in völlige Verlegenheit geraten* plene embarasiĝi; *nicht mehr wissen, wie die Verwicklungen zu lösen sind* ne plu scii kiel solvi la implikaĵojn

festfressen, sich *refl zufolge mangelnder Schmierung, z.B. Motorkolben* rajpi

Fest|geld *n Bankw* deponaĵo blokita [por certa tempo]; ~**halle** *f* festhalo, granda festsalono

festhalten ***a)*** *tr* firmteni *od* firme teni (***etw.*** ion; ***jmdn.*** iun); *notieren* noti ***b)*** *intr* ne cedi, persisti pri; *treu bleiben* resti fidela (***an*** al); ***er hält an seiner Überzeugung fest*** li persistas pri sia konvink[iĝ]o; ***sich*** ~ sin [firme] teni (***an*** al *od* je); *sich klammern* sin kroĉi, [al]kroĉiĝi (***an*** al); ***halt[e] dich am Geländer fest!*** tenu vin [per la mano] je la balustrado!; ***halt[e] dich an mir fest!*** tenu vin [forte] je mi; *stütze dich auf mich!* apogu vin sur mi (*bzw.* sur mia brako)!

festheften *tr mit einer Nadel* fiksi per pinglo, *Chir* fiksi per nadlo

festigen *tr* firmigi; *kräftigen* fortikigi; *stabilisieren* stabiligi (↑ *auch* ***konsolidieren***); ***den Charakter*** ~ solidigi la karakteron: ***den Frieden*** ~ firmigi la pacon; ***sich*** ~ [pli]firmiĝi; fortikiĝi; *erstarken* fortiĝi; *fest werden, erstarren* solidiĝi *auch jmds. Charakter*

Festigkeit *f* firmeco *auch übertr* (↑ *auch* ***Charakterfestigkeit***); *Haltbarkeit, Kräftigkeit* fortikeco; *Resistenz (als Eigenschaft, bes. von Werkstoffen)* rezisteco (*vgl. dazu* ***Zerreißfestigkeit*** *u.* ***Zugfestigkeit***); *Stabilität* stabileco; *Härte* malmoleco, dureco; *Solidität* solideco; *Kompaktheit* kompakteco; *Entschlossenheit* rezoluteco

Festigung *f* firmigo; fortikigo; stabiligo; ***die*** ~ ***des Friedens*** la firmigo de la paco

Festival *n* festivalo (↑ *auch* ***Film-***, ***Jazz-***, ***Kultur-***, ***Musik-***, ***Pop-***, ***Rock-*** *u.* ***Theaterfestival***); ~ ***der Volksmusik*** popolmuzika festivalo

fest|keilen *tr* kejlofiksi; ~**kleben** ***a)*** *tr* alglui; *draufkleben* surglui ***b)*** *intr* algluiĝi; *auf etw. kleben* surgluiĝi

festklemmen *tr einklemmen* pinĉ[prem]i; ***sich*** ~ *Metall- u. Drehteile [wegen mangelnder Schmierung]* rajpi

Festkomitee *n* festkomitato

Festkörper|chemie *f* solidstata kemio; ~**laser** *m Phys* solidstata lasero; ~**physik** *f* solidstata fiziko

Festland *n Ggs Meer* firma tero, *auch* firmtero; *Erdteil* kontinento; ***auf dem europäischen*** ~ *im Ggs zu England, Irland u. Island* sur la kontinento de Eŭropo

Festlandchina *n (im Ggs zu Taiwan)* ĉeftera Ĉinio (↑ *auch* ***China***)

festländisch *Adj* kontinenta

Festlandsockel *m Geogr* kontinenta soklo (↑ *auch* ***Epikontinentalmeer***)

festlegen *tr bestimmen (auch Höchstgrenze, Quote, Termin)* fiksi, *auch* determini; *definieren* difini; *formulieren* formuli; ***sich*** ~ *sich binden* sin ligi; *beharren auf* persisti pri, persiste resti ĉe

Festlegung *f* fiksado; determino; *Formulierung* formulado

festlich 1. *Adj* festa; *feierlich* solena; ***in*** ~***er Atmosphäre*** en festa (*bzw.* solena) etoso **2.** *Adv*: ~ ***begehen*** *feierlich begehen, z.B. den Tag der Unabhängigkeit* soleni; *i.w.S. feiern* festi; ~ ***tafeln*** festeni; ***ein*** ~ ***gedeckter Tisch*** feste aranĝita tablo

Festlichkeit *f festlicher Charakter, das Festliche von etw.* festeco; *festliche Atmosphäre* festa (*bzw.* solena) etoso; *Feierlichkeit, Zeremoniell* solenaĵo, ceremonio

festmachen ***a)*** *tr anbinden* alligi (***etw. an etw.*** ion al io); *festlegen, z.B. einen Termin* fiksi (↑ *auch* ***festsetzen a)***); ***die Segel*** ~ *Mar (auf den Rahen zusammenschnüren)* ferli la velojn, fiksi la brajlitajn velojn al jardoj *od kurz* aljardigi ***b)*** *intr Schiff [am Kai]* halti [ĉe la kajo]

Fest|mahl *n* bankedo; ~**menü** *n* bankeda menuo

Festmeter *m* kuba metro; ***zwei*** ~ ***Holz*** du kubaj metroj da ligno

festnageln *tr* alnajli (↑ *auch* ***zunageln***)

Festnahme *f Jur* arest[ad]o; ***vorläufige*** ~ provizora aresto; ***Ort*** *m* ***der*** ~ *Verhaftungsort* loko de arestado

festnehmen *tr Jur, Polizei* aresti (↑ *auch* ***verhaften***)

Festnetztelefon *n* fiksa telefono (↑ *auch* ***Kabeltelefon***)

Feston *n 1. Kunst (Ornamentgehänge aus Früchten, Blumen, Laub u. Bändern) 2. Stickerei (Zierbögen als Randbefestigung)* festono

Fest|platte *f* (*kurz für* ***Festplattenspeicher*** *m*) *EDV* durdisko, *auch* fiksita disko; ~**preis** *m* (*Abk* ***FP***) *umg* fiksprezo; *Hdl u.*

Wirtsch antaŭfiksita prezo, *(vertraglich vereinbarter Preis)* kontraktita prezo; **~-punktzahl** *f Math* fikspunkta nombro

Festrede *f* festparolado; ***die ~ halten*** fari la festparoladon *od kurz* festparoli

Fest|redner *m* festparolanto; **~saal** *m* festsalono; *bei Zeremoniell* salono por solenaĵoj, *auch kurz* solenejo; *in Schulen u. Universitäten* aŭlo

fest|saugen, sich *refl* ensuĉiĝi, firme suĉiĝi (***an*** al); **~schrauben** *tr* forme fiksi per ŝraŭbo(j), ŝraŭbofermi, *allg oft* ŝraŭbi

Festschrift *f Buchw* festlibro, *auch* jubilea libro (***für*** omaĝe al, *auch* por)

festsetzen ***a)*** *tr Höchstgrenze, Preis, Termin* fiksi; *bestimmen, z.B. Art, Gehalt, Wert von etw.* determini (*vgl. dazu* ***präzisieren***); *begrifflich festlegen* difini; ***die Grenzen ~*** fiksi la limojn; ***zur festgesetzten Zeit*** je la tempo [antaŭe] fiksita ***b)*** *tr inhaftieren* aresti ***c)*** *refl* ***sich ~*** *sich niederlassen* establiĝi; *siedeln* setli (***in*** en); *haften bleiben* fiksiĝi, *[in wenigen Fällen auch:]* nestiĝi *od* eknesti

Festsetzung *f* ***a)*** *Festlegung* fiksado ***b)*** *Verhaftung* aresto

festsitzen, *fam auch* ***feststecken*** *intr blockiert sein* esti blokita; *sich nicht mehr fortbewegen können* ne plu povi moviĝi; *auf einer Sandbank od dem Meeresgrund* grundi; ***das Auto saß im Schnee fest*** la aŭto estis blokita en [la] neĝ-amaso

Festspiele *n/Pl bes. Theat* festludoj *Pl*; *Festival* festivalo (↑ *auch* ***Filmfestspiele***)

feststampfen *tr*: ***die Erde*** (***den Boden***) ***mit den Füßen ~*** piedpremi la teron (grundon)

feststecken ***a)*** *tr*: ***mit Nadeln ~*** fiksi per pingloj (***an*** je) ***b)*** *intr sich nicht bewegen können* ↑ ***festsitzen***

feststehen *intr*: ***es steht fest, dass ...*** *od* ***fest steht, dass ...*** *es ist Tatsache, dass ...* estas fakto, ke ...; *es ist sicher, dass ...* estas certe, ke ...; *es ist wahr, dass ...* estas vero, ke ...; *es ist erwiesen, dass ...* estas pruvite, ke ...; ***mein Entschluss steht fest*** mia de- cido estas farita

feststellen *tr* ***a)*** *Tech (durch Hebel, Riegel u. dgl. arretieren)* bloki, [firme] fiksi ***b)*** *konstatieren* konstati; *[mündlich] erklären* raporti (***dass*** ke); *beobachten* observi; ***wir können mit Freude ~, dass ...*** ni povas kun ĝojo konstati, ke ... ***c)*** *[näher od genau] bestimmen* determini; *erforschen, ermitteln, herausfinden* esplori, eltrovi; *einschätzen, taxieren* taksi; ***einen Schaden ~*** *z.B. bei einem Versicherungsfall* taksi la valoron de damaĝo

Feststellschraube *f* fiksiga ŝraŭbo

Feststellung *f* ***a)*** *Fixierung* [firma] fiksado ***b)*** *Konstatierung* konstato; *Beobachtung* observ[ad]o; ***~en treffen*** konstati [la] faktojn ***c)*** *Bestimmung* determino; *Identifikation* identig[ad]o ***d)*** *Aussage* deklaro

Feststoffrakete *f Mil, Raumf* solid-fuela raketo (*vgl. dazu* ***Flüssigkeitsrakete***)

Festtag *m* festotago (*vgl. dazu* ***Gedenktag***); ***einen ~ begehen*** soleni festotagon

Festtreibstoff *m für Raketentriebwerke* solida fuelo

Festung *f Mil (befestigte Stadt od Stellung)* fortreso; *Festungswerk, Verschanzung* fortikaĵo (*vgl. dazu* ***Fort***); *Zitadelle* citadelo; ***römische ~*** romia fortreso; ***eine ~ schleifen*** malkonstrui fortikaĵon

Festungs|anlage *f* fortikaĵo; **~geschütz** *n Mil (ortsfestes Geschütz in Festungen)* fortikaĵa kanono; **~haft** *f Jur* malliberigo en fortikaĵo; **~kommandant** *m* komandanto de fortreso; **~mauer** *f* muro de fortikaĵo *od* fortikaĵa muro; **~wall** *m* remparo de fortikaĵo

Festveranstaltung *f* festa aranĝo *od* festaranĝo

festverzinslich *Adj Bankw* fiks-intereza (*vgl. dazu* ***Wertpapiere***)

Fest|vorstellung *f Theat* festa prezentado; **~werden** *n Erstarren* solidiĝo (*vgl. dazu* ***Abbinden***); **~wert** *m konstante Größe* konstanta valoro; **~woche** *f* festsemajno; **~zug** *m* festa procesio (*vgl. dazu* ***Parade***)

festzurren *tr Segel* ferli

Feta *m Nahr (griechischer Schafskäse [ein Salzlakenkäse])* fetao, *auch* feta-fromaĝo

fetal *od* **fötal** *Adj (zum Fetus gehörend bzw. auf ihn bezüglich)* feta

Fetalentwicklung *od* **Fetogenese** *f Biol (die Entwicklung des Fetus vom 85. Tag der Schwangerschaft an bis zur Geburt)* fetogenezo

Fete *f* = *umg für* ***Fest*** *od* ***Party*** [↑ *dort*]

Fetisch *m magischer Gegenstand bzw. Gegenstand blinder Verehrung* fetiĉo (↑ *auch* ***Götzenbild***); *Amulett* amuleto; *Talisman* talismano

fetischisieren *tr zum Fetisch erheben* fetiĉigi

Fetischismus *m Psych, Rel, sex* fetiĉismo

auch übertr (↑ *auch* ***Vergötterung*** *u.* ***Wortfetischismus***)
Fetischist *m* fetiĉisto
Fetischistin *f* fetiĉistino
fetischistisch *Adj* ***a)*** *auf den Fetischismus bezogen* fetiĉisma ***b)*** *auf die Fetischisten bezogen* fetiĉista
Fetogenese *f Biol* ↑ ***Fetalentwicklung***
Fetopathie *f, auch* ***Fetose*** *f Med (Schädigung des Fetus durch Infektionen, Antikörper bei Blutgruppenunverträglichkeit zw. Mutter u. Kind, Stoffwechselstörungen der Mutter od durch Nikotin)* fetopatio
fett 1. *Adj* grasa; *Ackerboden* grasa *od* riĉa (*vgl. dazu* ***fruchtbar***); *[viel] Fett enthaltend* enhavanta [multan] grason *nachgest*; *beleibt* grasdika, dikventra (*vgl. dazu* ***dick*** *u.* ***korpulent***); *Druckbuchstabe* grasa, dik[liter]a; ***ein bisschen [zu]*** ~ iom[et]e [tro] grasa; ***[all]zu*** (*od* ***übermäßig***) ~ ***werden*** fariĝi tro grasa, trograsiĝi; ~***es Weideland*** *n* grasaj paŝtejoj *Pl* **2.** *Adv*: ~ ***gedruckt*** dikletere presita *od nachgest* presita en grasaj literoj
Fett *n* graso (↑ *auch* ***Bären-***, ***Bauch-***, ***Brat-***, ***Gänse-***, ***Körper-***, ***Milch-***, ***Nahrungs-***. ***Leder-*** *u.* ***Walfett***); *Talg* sebo; ***pflanzliches*** (***tierisches***) ~ vegetala (animala) graso; ***das*** ~ ***abschöpfen*** *Kochk* depreni la grason [de la buljono *bzw.* saŭco]; *übertr (sich das Beste auswählen)* [for]preni la plej bonan parton por si, elekti la plejbonaĵon por si; ***mit*** ~ ***einschmieren*** *einfetten (bes. Tech)* ŝmiri (*od* lubriki) per graso
Fettabsaugung *f Chir (eine kosmetische Operation)* grasoelsuĉado
fettarm *Adj* malriĉa je graso *auch Diät*; *fettreduziert, z.B. Milch* grasoreduktita
Fettarsch *m derb* pufpugo; *derb für «dicke Frau mit einem auffallend fetten Hintern»* pufpugulino, *geh* steatopugulino
fettärschig *Adj derb* pufpuga, ŝvelpuga (↑ *auch* ***fettsteißig***)
Fett|auge *n auf der Bouillon od Suppe* gras-okulo; ~**bauch** *m od [derber:]* ~**sack** *od* ~**wanst** *m pej für «dicker Mann»* dikventrulo, *auch* gras[ventr]ulo *auch Schimpfw*
Fett|bildung *f im Organismus* adipogenezo; ~**creme** *f Kosmetik* grasa kremo
Fettdruck *m Typ (Vorgang)* diklitera presado, *(Resultat)* diklitera preso; ***in*** ~ en dikaj (*od* grasaj) literoj
Fettembolie *f Med* grasa embolio
fetten *tr Kochk u. i.w.S.* ŝmiri per graso, *auch* grasi, *(einfetten, z.B. eine Pfanne)* grasumi (*vgl. dazu* ***cremen***); *mit technischen Fetten od Ölen schmieren* ŝmiri per lubrikaĵo, lubriki (*vgl. dazu* ***schmieren a)***)
Fettfleck *m* grasa makulo; ***mit*** ~***en [darauf]*** *Adj* grasmakul[it]a
fettfrei *Adj* sengrasa
Fett|gehalt *m* enhavo de graso; ~**gewebe** *n Anat* grasa histo
Fett[gewebs]geschwulst *f Med* tumoro el grasa histo, lipomo (*vgl. dazu* ***Adipom***)
Fett[gewebs]nekrose *f Med* ↑ ***Adiponekrose***
fetthaltig *Adj* grashava, *nachgest* enhavanta grason
Fettheit *f* graseco (↑ *auch* ***Adipositas***)
Fetthenne *f, auch* ***fette Henne*** *f od* ***Sedum*** *n* (*Gattung* Sedum) *Bot* sedo (↑ *auch* ***Dickblatt-***, ***Felsen-***, ***Hybrid-***, ***Kaukasusfetthenne***, ***Mauerpfeffer*** *u.* ***Zapfensedum***); ***einjährige*** ~ (Sedum annuum) unujara sedo; ***englische*** ~ (Sedum anglicum) angla sedo; ***große*** ~, *auch* ***hohes Herbstsedum*** *n* (Sedum telephium) larĝfolia sedo; ***nickende*** ~ ↑ ***Tripmadam*** *f*; ***rötliche*** ~ (Sedum rubens) ruĝa sedo; ***scharfe*** ~, *auch* ***scharfer Mauerpfeffer*** *m* (Sedum acre) akra sedo; ***spanische*** ~, *auch* ***spanischer Mauerpfeffer*** (Sedum hispanicum) hispana sedo; ***weiße*** ~ (Sedum album) blanka sedo
Fetthennensteinbrech *m* (Saxifraga aizoides) *Bot* flava saksifrago
fettig *Adj* gras[aĵ]a; *ölartig* oleeca (↑ *auch* ***schmierig***); ~***e Haare*** *n/Pl* grasaj haroj *Pl*; ~ ***machen*** *Fettflecke machen* grasmakuli
Fettigkeit *f* graseco
Fett|käse *m Nahr* grasa fromaĝo (↑ *auch* ***Halbfettkäse***); ~**kohle** *f* grasa karbo
Fettkraut *n* (*Gattung* Pinguicula) *Bot* ping[v]ikolo, *pop* grasherbo; ***gemeines*** ~ (Pinguicula vulgaris) malgrandflora pingvikolo
Fettleber *f Med, Vet* grashepato
fettleibig *Adj* dikventra, graskorpa, *Med meist* obeza
Fettleibigkeit *f* dikventreco, *Med meist* obezeco, *Adipositas f* trograseco, adipozo
fettlos *Adj ohne Fett [daran]* sengrasa
Fettmagen *m* ↑ ***Labmagen***
Fettmark *n Anat* ↑ *unter* ***Knochenmark***
Fettreihe *f Chem* ↑ *unter* ***Reihe***
Fettsack *m* ↑ ***Fettbauch***
Fettsäure *f Chem* grasacido *od* grasa acido

(↑ *auch* ***Laurinsäure***); ***gesättigte*** (***ungesättigte***) ~ saturita (nesaturita) grasacido; ***trans-Fettsäuren*** *Pl* trans-grasacidoj *Pl*

Fett|schicht *f* grastavolo; ~**schwalm** *m*, *auch* ***Guácharo*** *m* (Steatornis caripensis) *Orn* gvaĉaro, *auch* oleobirdo *[Vorkommen: Mittel- u. nördl. Südamerika] <die Art wird zu den Caprimulgiformes gerechnet, es besteht eine Verwandtschaft zu den Nachtschwalben>*; ~**schwanzschaf** *n eine Hausschafrasse* grasvosta ŝafo (↑ *auch* ***Karakulschaf***)

Fettspaltung *f Biochemie* ↑ ***Lipolyse***

fettsteißig *Adj nur Fachspr Med (mit abnormer Fettgewebsentwicklung am Gesäß)* steatopuga

Fettstoffwechsel *m*, *auch* ***Lipidstoffwechsel*** *m Physiol* grasmetabolo, *auch* lipida metabolo; ~**störung** *f*, *fachsprachl.* ***Dyslipidämie*** *f* dislipidemio

Fettstuhl *m Med* ↑ ***Steatorrhoe***

Fettsucht *f Med* ↑ ***Adipositas*** *u.* ***Lipomatose***

Fettverdauung *f Physiol* ↑ ***Lipolyse***

Fettverzehr *m* konsumado de grasaĵo (*od* grasaj manĝaĵoj)

Fettwanst *m* ↑ ***Fettbauch***

Fett|weide *f Landw* fertila paŝtejo, graspaŝtejo; ~**wiese** *f nährstoff- u. ertragreiche Wiese auf fruchtbarem, humosen Boden* fertila (*od* fekunda) herbejo, grasherbejo

Fetus *od* **Fötus** *m Biol (Leibesfrucht vom 4. Schwangerschaftsmonat an)* feto (*vgl. dazu* ***Embryo***)

Fetwa *f Islam* ↑ ***Fatwa***

Fetzen *m abgerissenes Stück* ŝiraĵo; *Lappen, Lumpen* ĉifon[aĵ]o; *Papier~* paperŝiraĵo; *pej: dreckiges (bzw. zerschlissenes) Tuch* tukaĉo

feucht, *Fachspr auch* ***humid*** *Adj* humida *auch Luft*; *nass* malseka (↑ *auch* ***schweiß-*** *u.* ***taufeucht***); *i.w.S. muffig [wegen Feuchtigkeit]* mucida pro [troa] humideco; ~***e Kompresse*** *f od* ~***er Umschlag*** *m Med* humida kompreso; ~ ***machen*** *befeuchten* humidigi; ~ ***werden*** humidiĝi; ***noch*** ~ *Farbanstrich, Geleimtes* ne jam sekiĝinta; ***sie bekam*** ~***e Augen*** ŝiaj okuloj malsekiĝis (*od [intensiver:]* pleniĝis per larmoj)

Feuchtbiotop *n od m*, *auch* ***Feuchtgebiet*** *n Biol* humida biotopo

Feuchte *f geh* = ***Feuchtigkeit***

Feuchtigkeit *f*, *Fachspr Klimatologie u. Met auch auch* ***Humidität*** *f* humideco *auch der Haut* (↑ *auch* ***Boden-*** *u.* ***Luftfeuchtigkeit***); ***absolute*** (***relative***, ***spezifische***) ~ *Met* absoluta (relativa, specifa) humideco; ***die*** ~ ***halten*** konservi la humidecon

Feuchtigkeits|aufnahme *f* higroskopeco; ~**creme** *f Kosmetik* humidiga kremo; ~**emulsion** *f Kosmetik* humudiga emulsio; ~**grad** *m* grado de humideco; ~**messer** *m* higrometro

feucht|kalt *Adj* humida kaj malvarma; ~**warm** *Adj* humida kaj varma

Feuchtwiese *f* humida herbejo

feudal *Adj* ***a)*** *Gesch, Pol* feŭda (*vgl. dazu* ***aristokratisch***) ***b)*** *umg für «vornehm» od «prächtig»* nobla, luksa, [treege] eleganta *od* pompa, grandioza (*vgl. dazu* ***prunkvoll***)

Feudaladel *m* feŭda aristokrataro

Feudale *od* **Feudalherr** *m* feŭdulo *od* feŭda sinjoro; *i.w.S. Großgrundbesitzer* grandbienulo

Feudalgesellschaft *f* feŭda socio

Feudalherr *m* ↑ ***Feudale***

Feudalherrschaft *f od* **Feudalismus** *m* feŭdismo, *auch* feŭdalismo (↑ *auch* ***Feudalregime*** *u.* ***Feudalzeit***)

feudalistisch *Adj* feŭdisma (↑ *auch* ***halbfeudalistisch***)

Feudalität *f Lehnbarkeit, Lehnsverhältnis* feŭdeco

Feudal|ordnung *f* feŭda ordo; ~**regierung** *f* feŭda registaro; ~**regime** *n* feŭda reĝimo; ~**staat** *m* feŭda ŝtato; ~**system** *n* feŭda sistemo; ~**zeit** *f* periodo de feŭdismo

Feuer *n* ***a)*** fajro *auch übertr* (↑ *auch* ***Elms-***, ***Holzkohlen-***, ***Kamin-*** *u.* ***Schmiedefeuer***); *Lager~ im Freien* bivakfajro, tendara fajro (↑ *auch* ***Freudenfeuer***); ***bengalisches*** ~ *ein farbiges Feuerwerk* bengala fajro; ***flammendes*** (*od* ***loderndes***) ~ flamanta fajro *auch übertr*; ***das*** ~ ***anfachen*** blov-eksciti la fajron; ~ ***anzünden*** (*od umg* ***machen***) ekbruligi (*od auch* fari) fajron; ~ ***fangen*** *anfangen zu brennen* ekbruli; *übertr (in Begeisterung geraten)* ekentuziasmiĝi, *(anfangen, sich für etw. zu interessieren)* ekinteresiĝi pri io; ~ ***schlagen*** *Ethn* ekbati fajron *(Zam)*; ***das*** ~ ***schüren*** *auch übertr* eksciti la fajron; ~ ***speiend*** *od* ~ ***sprühend*** *od* ~ ***spuckend*** *(auch Kleinschreibung u. Zus:* ***feuerspeiend*** *...) Drache, Vulkan* fajrokraĉ[ant]a *od* fajroelĵeta; ~ ***sprühen*** elĵeti fajron; ***ein*** ~ ***unterhalten*** nutri fajron; ***darf ich Sie um*** ~ ***bitten?***, *umg auch*

haben Sie mal ~? *um eine Zigarette anzuzünden* ĉu vi povas doni fajron al mi [por ekbruligi cigaredon]? ***b)*** *Brand* brulo; *Feuersbrunst* incendio (↑ *auch* ***Großfeuer***); *~! es brennt!* [la domo *u.a.*] brulas!; *~* ***fangen*** *anfangen zu brennen* ekbruli; *übertr für «sich verlieben»* enamiĝi; ***das ~ ist außer Kontrolle*** la brulo (*od* incendio) estas ne plu bridebla ***c)*** *Mil* pafado (↑ *auch* ***Abwehr-, Artillerie-, Flanken-, Frontal-, Geschütz-*** *u.* ***Trommelfeuer***); *~! Befehl zum Schießen* pafu!; ***das ~ einstellen*** ĉesi la pafadon; ***das ~ auf jmdn. eröffnen*** ekpafi al iu; ***unter ~ nehmen*** *beschießen* bombardi ***d)*** *Funkeln, Blitzen, z.B. eines Diamanten* brilado ***e)*** *übertr (das Feurige [von etw. od jmdm.])* fajreco, *auch* torĉo, *(Glut)* ardo, *(Eifer)* fervoro, *(Leidenschaft)* pasio ◇ ***~ und Flamme sein*** esti plenplena de entuziasmo (***für*** por, *auch* pri); ***das ~ der Leidenschaft*** la torĉo de Himeno; ***kein ~ ohne Rauch*** ne ekzistas fumo sen fajro (*od* brulo) *(Zam)*; ***für jmdn. durchs ~ gehen*** *sich unbedingt für jmdn. einsetzen* pasi tra la fajro por iu; ***Öl ins ~ gießen*** *eine Erregung od Leidenschaft noch mehr anfachen bzw. ein Übel verschlimmern* verŝi oleon sur fajron; ***wie ~ und Wasser sein*** *sehr gegensätzlich bzw. unversöhnlich sein* esti kiel fajro kaj akvo; ***mit dem ~ spielen*** *in gefährlicher Lage leichtsinnig sein* ludi kun la fajro

Feuer|ahorn *m, auch* ***Amurahorn*** *m* (Acer [tataricum] ginala]) *Bot* amura acero *[Vorkommen: Ostasien]*; ~**alarm** *m* fajroalarmo

Feuerameise *f* (*Gattung* Solenopsis) *Ent* fajroformiko; ***rote ~*** (Solenopsis invicta) ruĝa fajroformiko *[Vorkommen: Südstaaten der USA, neuerdings auch in Australien, China u. Taiwan]*

Feuer|anbeter *m* fajroadoranto; ~**ball** *m allg* fajroglobo; *Astron* ↑ ***Bolide a)***; ~**-bauchmolch** *m* (Cynops pyrrhogaster) *Zool* fajroventra trituro *[Vorkommen in Ostasien]*

Feuerbaum *m Bot* ↑ ***Flammenbaum***

Feuer|becken *n Kohlenbecken* fajropelvo; ~**befehl** *m Mil* pafordono

feuerbereit *Adj Mil* pafpreta, *auch* preta por pafi

feuer|beständig *od* ~**fest**, *auch* ***feuersicher*** *Adj* fajroeltena *od* fajroimuna *od* fajrorezista; *~**feste Mauer*** *f Brandmauer* fajrorezista muro

Feuer|beständigkeit *f* fajroimuneco *od* fajrorezisteco; ~**bestattung** *f* kremacio; ~**bohne** *f, auch* ***Prunkbohne*** *f* (Phaseolus multiflorus = Phaseolus coccineus) *Bot (Pflanze u. Frucht)* skarlata fazeolo

Feuerchen *n kleines Feuer* fajreto

Feuer|dorn *m* (*Gattung* Pyracantha) *Bot* pirakanto; ~**eifer** *m* fervorego (↑ *auch* ***Übereifer***); *i.w.S. [großer] Inbrunst* [granda] ardo; *großer Fleiß* granda diligent[ec]o; ~**einstellung** *f Mil (Vorgang)* ĉesigo de [la] pafado, *(Resultat)* ĉeso de [la] pafado (*vgl. dazu* ***Waffenstillstand***)

feuerfest ↑ ***feuerbeständig***

Feuer|fisch *m* (*Unterfamilie [der Skorpionfische* Pteroinae *od* Pteroini) *Ichth* [fajra] pteroiso, *auch* fajrofiŝo *[Vorkommen in Fels- u. Korallenriffen]*; ~**front** *f Spitze eines Wald- od Steppenbrandes* fajrofronto; ~**gefahr** *f* danĝero de brulo(j) (*od* brulado)

feuergefährlich *Adj* ekflamiĝema

Feuergefecht *n* interpafado

feuerhaarig *Adj z.B. eine Furie* fajrohara

Feuerhaken *m Schürhaken* fajrohoko, *auch* forna skrapilo

Feuerhalle *f* ↑ ***Einäscherungshalle*** *od* ***Krematorium***

Feuerholz *n* brulligno

Feuerkalmar *m Ichth* ↑ ***Wunderlampe***

Feuerkoralle *f* (Millepora dichotoma) *Zool* fajrokoralo

Feuerkugel *f Astron* ↑ ***Bolide a)***

Feuer|land (*n*), *span.* ***Tierra del Fuego*** *Archipel vor der Südspitze Südamerikas (Westteil ist chilenisch [größter Ort: Ushuaia], Ostteil argentinisch)* Fuegio, *pop auch* Fajrolando; ~**länder** *m Einwohner von Feuerland* fuegiano

Feuerlandfuchs *m Zool* ↑ ***Andenschakal***

Feuer|libelle *f* (Crocothemis erythraea) *Ent* skarlata libelo *[Vorkommen: ursprünglich in den warmen Regionen Afrikas, Südeuropas u. in Vorderasien verbreitet, seit 1990 auch zunehmend in Deutschland]*; ~**lilie** *f* (Lilium bulbiferum) *Bot* fajro-lilio; ~**löschboot** *n* fajroestinga boato; ~**löscher** *m od* ~**löschgerät** *n* fajroestingilo; ~**löschpumpe** *f* fajroestinga pumpilo *od* fajropumpilo; ~**löschübung** *f* fajroestinga ekzerco

Feuermal *n Med* ↑ ***Flammennävus***

Feuer|meer *n Flammenmeer* maro da flamoj; ~**melder** *m Tech* fajroalarmilo, *auch*

brul-alarmilo

feuern ***a)*** *tr schleudern* [furioze] ĵet[eg]i; *salopp: entlassen* maldungi (*vgl. dazu* ***rauswerfen***); *etw. verheizen* bruligi, *auch* hejti per; ***Holz*** ~ bruligi lignon *od* hejti [fornon] per ligno ***b)*** *intr schießen* pafi (***auf*** al); *brennen, z.B. Wunde* bruli

Feuer|pause *f Mil* pafopaŭzo; ***Beendigung der*** ~ ĉesigo de la pafopaŭzo

Feuerraum *m* fajrejo

Feuerring *m Vulkanologie* ↑ *unter* ***pazifisch***

Feuerrost *m* fajrokrado

feuerrot, <*schweiz*> *dial* ***zündrot*** *Adj* fajroruĝa *od* fajre ruĝa; *glutrot* arde ruĝa; *flammend rot* flame ruĝa

Feuerrückenfasan *m* (Lophura ignita) *Orn* krestofazano *[Vorkommen: Halbinsel Malakka, Sumatra u. im Süden von Kalimantan]*

Feuersalamander *m* (Salamandra salamandra) *Zool* [makulita] salamandro; ***korsischer*** ~ (Salamandra corsica) korsa salamandro *[Vorkommen: endemisch auf Korsika]*

Feuersbrunst *f* incendio, *auch* brulego; ***weltweite*** ~ *die den Untergang des Planeten bewirkt [nach Auffassung der Stoizisten]* konflagracio

Feuer|schaden *m* damaĝo (*od* difekto) kaŭzita de incendio; ~**schein** *m* fajrolumo; ~**schiff** *n*, *auch* ***Leuchtschiff*** *n Mar* lumŝipo; ~**schlucker** *m z.B. im Zirkus* fajroglutisto

Feuerschutz|streifen *m* fajroŝirma zono; ~**tür** *f*, *auch* ***Brandschutztür*** *f* fajroprotekta pordo

Feuerschwamm *m* ↑ ***Zunderschwamm***

Feuersgefahr *f* = ***Feuergefahr***

feuersicher ↑ ***feuerbeständig***

feuerspeiend *Adj*, *auch* ***Feuer speiend*** fajrokraĉanta, fajroelĵeta

Feuerspritze *f* fajroestinga pumpilo, *i.w.S. auch* fajroestingilo

feuersprühend *Adj* ↑ *unter* ***Feuer a)***

Feuer|stein *m*, *alt* ***Flint*** *m Min* fajroŝtono (*vgl. dazu* ***Eolith***); ~**stelle** *f Feuerstätte* fajroloko; *im Herd od Kamin* fajrujo

Feuerstoff *m* ↑ ***Phlogiston***

Feuerstrahl *m* fajrostreko *od* streko de fajro

Feuertaufe *f Mil* unua fajrobapto (*od* batalbapto), *auch* unua batalsperto; ***seine ~ erhalten*** ricevi sian fajrobapton, unuafoje militbatali

Feuerteufel *m* ↑ ***Pyromane***

Feuerung *f Heizung* hejtado (*vgl. dazu* ***Heizen***); *Brennmaterial* brulmaterialo, brulaĵo

Feuer|versicherung *f*, *auch* ***Brandversicherung*** *f* asekuro kontraŭ fajro (*od* incendio), *auch* brul-asekuro; ~**vogel** *m Myth* fajrobirdo; ~**wache** *f*, *alt* ***Spritzenhaus*** *n* fajrobrigadejo; ~**wachtturm** *m Turm zur Brandüberwachung, bes. von Waldgebieten* fajroturo; ~**waffe** *f* pafarmilo, *bes. hist* pulvopafilo; ~**wagen** *m Myth* fajra ĉaro; ~**waldsänger** *m* (Parula guttularis) *Orn* fajrogorĝa parulio *[Vorkommen: südliches Zentralamerika]*; ~**wanze** *f* (*Gattung* Pyrrhocoris) *Ent* fajrocimo; ~**warnanlage** *f* signalizilo de incendio

Feuerwehr *f* fajrobrigado, *[exakter:]* kontraŭfajra brigado; *Feuerwehrleute* fajrobrigadanoj *Pl* (↑ *auch* ***Löschmannschaft***); ***freiwillige*** ~ voluntula fajrobrigado (*vgl. dazu* ***Berufsfeuerwehr***); ***rufen Sie die ~!*** voku la fajrobrigadon!

Feuerwehr|auto *n* fajrobrigada aŭto; ~**depot** *n* fajrobrigadejo; ~**leiter** *f* fajrobrigada eskalo; ~**mann** *m* fajrobrigadano; ~**museum** *n* fajrobrigada muzeo; ~**schlauch** *m* fajrobrigada hoso; ~**übung** *f* fajrobrigada ekzerc[ad]o

Feuerwerk *n* piroteknikaĵo, piroteknika lumludo, *auch* artfajraĵo

Feuerwerker *m* fakulo pri pirotekniko, piroteknikisto

Feuerwerkskörper *m Knallkörper* petardo

Feuerwiesel *n Zool* ↑ *unter* ***Wiesel***

Feuerzange *f* fajroprenilo *(Zam)*, prenilo por preni karbopecojn en la fajrujo

Feuerzeug *n* fajrilo *od* fajrofarilo; *Gas*≗ gasflamigilo

Feuilleton [*fœjəˈtõ:*] *n Ztgsw (Kultur- u. Unterhaltungsteil)* felietono

Feuilletonist *m Ztgsw (Mitarbeiter beim Feuilleton)* felietonisto

feurig *Adj* fajra *auch übertr*; *i.w.S. leidenschaftlich* pasia, arda; *geh auch für «feuerrot»* fajroruĝa; ~***er Wein*** *m* fajra vino ◇ ~***e Kohlen auf jmds. Haupt sammeln*** *bibl u. übertr für «jmdn. beschämen»* kolekti fajrajn karbojn sur ies kapo

FeWo = *Abk für* ***Ferienwohnung***

ff [*ˈefˈef*] *beste Qualität* plej bona kvalito

FH = *Abk für* ***Fachhochschule***

Fiaker *m* ↑ ***Pferdedroschke*** *od* ***Droschke***

Fiasko *n Reinfall, totaler Misserfolg* fiasko,

plena malsukceso (*vgl. dazu* ***Fehlschlag*** *u.* ***Misserfolg***); ***ein ~ erleiden*** renkonti fiaskon, fiaski, *auch* tute (*od* totale) malsukcesi

[1]**Fibel** *f für Schulanfänger* abocolibro, alfabetumo (↑ *auch* ***Abc-Buch***)

[2]**Fibel** *od* **Fibula** *f ur- bzw. frühgeschichtliche Gewandspange* fibolo

Fiber *f selt für «Faser»* fibro; **~beton** *m Bauw* fibrobetono

Fibrillation *f nur Fachspr Med* fibrilacio; ***ventrikuläre ~*** *Herzflimmern* ventrikla fibrilacio

Fibrille *f* (Fibrilla) *Anat (sehr feine Muskel- od Nervenfaser)* fibreto (↑ *auch* ***Myo-*** *u.* ***Neurofibrille***)

fibrillieren *intr* fibrilacii

Fibrillieren *n Med* fibrilacio

Fibrin *n, auch* ***Blutfaserstoff*** *od kurz* ***Faserstoff*** *m Biochemie (Eiweißendprodukt der Blutgerinnung)* fibrino; **~kleber** *m, auch* ***Gewebekleber*** *m Med* fibringluo

Fibrinogen *n Physiol (Blutgerinnungsfaktor I [Vorstufe des Fibrins])* fibrinogeno

Fibrinoid *n Histologie* fibrinoido

Fibrinolyse *f Physiol (Auflösung eines Fibringerinnsels durch Enzymeinwirkung)* fibrinolizo

Fibrinolytika *n/Pl Pharm (Medikamente, die das körpereigene Enzym Fibrinolysin aktivieren)* fibrinoliziloj *Pl*

fibrinolytisch *Adj* fibrinoliza

Fibrinurie *f nur Fachspr Med (Ausscheidung von fibrinhaltigem Urin)* fibrinurio

Fibroadenom *n Med* fibroadenomo

Fibroblasten *m/Pl Anat (Bildungszellen des faserigen Bindegewebes)* fibroblastoj *Pl*

Fibroblastom *n Med* fibroblastomo

Fibroin *n Chem (ein Eiweiß von fadenförmiger Struktur [z.B. in Spinnweben u. in Seide])* fibroino

Fibrolipom *n Med (gutartige Geschwulst aus Binde- u. Fettgewebe)* fibrolipomo

Fibrom *n* (Fibroma) *Med ([gutartige] Bindegewebsgeschwulst)* fibromo (↑ *auch* ***Fibrosarkom***, ***Dermato-***, ***Gebärmutter-***, ***Myxo-***, ***Neuro-***, ***Osteo-*** *u.* ***Ovarialfibrom***); ***hartes ~*** (Fibroma durum) dura fibromo; ***weiches ~*** (Fibroma molle) mola fibromo

Fibromatose *f Med (eine Bindegewebswucherung)* fibromatozo (↑ *auch* ***Neurofibromatose***)

Fibromyalgie *f Med (eine Erkrankung des Bindegewebes)* fibromialgio

Fibromyom *n Med (eine gutartige Geschwulst aus Binde- u. Muskelgewebe)* fibromiomo

Fibrosarkom *n Med (bösartige Bindegewebsgeschwulst)* fibrosarkomo (*vgl. dazu* ***Fibrom***)

Fibrose *f Med (krankhafte Vermehrung von Bindegewebe in Organen)* fibrozo; ***pulmonale ~*** *od* ***Lungenfibrose*** *f* pulma fibrozo; ***zystische ~*** ↑ ***Mukoviszidose***

Fibrozyten *m/Pl Zytologie (spindelförmige Zellen des Bindegewebes)* fibrocitoj *Pl*

Fibula *f* ↑ [2]***Fibel***

Fibulaköpfchen *n Anat* ↑ ***Wadenbeinköpfchen***

fibular *Adj Fachspr Med (auf das Wadenbein bezüglich)* fibula

Fibularreflex *m Med* fibula reflekso

Fichte *f* (*Gattung* Picea) *Bot* piceo (↑ *auch* ***Blau-***, ***Dammar[a]-***, ***Engelmanns-***, ***Kaukasus-***, ***Kauri-***, ***Korea-***, ***Purpur-***. ***Schimmel-***, ***Schwarz-*** *u.* ***Sitkafichte***); ***Alcocks ~*** (Picea bicolor) dukolora piceo; ***gemeine ~*** *od* ***Rotfichte*** *f* (Picea abies) ordinara piceo; ***serbische ~*** *od* ***Omorikafichte*** *f* (Picea omorika) serba (*od* omorika) piceo; ***sibirische ~*** (Picea obovata) siberia piceo

Fichtelgebirge *n ein Mittelgebirge im NO Bayerns* Fiĥtel-Montaro

Fichtelgebirgsporphyr *m Min* ↑ ***Ochsenkopf-Proterobas***

Fichten|ammer *f* (Emberiza leucocephala) *Orn* blankkapa emberizo *[Vorkommen: östl. des Ural]*; **~harz** *n* picea rezino; **~holz** *n* piceoligno; **~kreuzschnabel** *m* (Loxia curvirostra) *Orn* malgranda krucbekulo; **~marder** *m* (Martes americana) *Zool* amerika marteso *[Vorkommen: Alaska, Kanada u. Teile der USA (Rocky Mountains, New England u. Region der Großen Seen)]*; **~meise** *f* (Parus rufonuchalis) *Orn* rufnuka paruo; **~nadeln** *f/Pl* piceaj pingloj *Pl*; **~spargel** *m* (Monotropa hypopitys) *Bot* pin-asparago; **~wald** *m* piceoarbaro *od* picea arbaro; **~zeisig** *m* (Carduelis pinus) *Orn* pina fringelo

Ficino (*m*) *Eig (italienischer Humanist u. Philosoph [1433-1499])* Fiĉino <*bedeutender Platonübersetzer*>

Fick *m derb für «Koitus»* fiko (↑ *auch* ***Quickie***)

ficken *tr u. intr sex derb für «koitieren»* fiki (↑ *auch* [2]***bumsen***); ***im Stehen ~*** starante

fiki
Ficken *n, auch* ***Fickerei*** *f derb* fikado
Ficker *m derb* fikanto (↑ *auch* ***Arschficker***)
Fid *n Werkzeug zum Spleißen* splisilo (*vgl. dazu* ***Spleißen***)
FIDE = *franz. Abk für* ***Internationale Schachföderation***
Fideikommiss *n Jur alt für «unveräußerliches u. unteilbares Familienvermögen»* fideikomiso
Fideismus *m Phil, Rel* fideismo
fideistisch *Adj* fideisma
fidel *Adj umg für* ***a)*** *«lustig» bzw. «heiter»* gaja *bzw.* serena ◇ *~es* ***Haus*** *fam für «fröhlicher Mensch»* gajulo ***b)*** *«gut gelaunt»* bonhumora
Fidji *n Ling* ↑ ***Fidschianisch***
Fidschi (*n*), *amtl* ***Fiji*** *ein Inselstaat im SW-Pazifik* Fiĝio *[Hptst.: Suva]*
Fidschianer *m* fiĝiano
Fidschianerin *f* fiĝianino
fidschianisch *Adj* fiĝia
Fidschianisch[e] *n, Fachspr auch* ***Fidji*** *od* ***Viti*** *n Ling* la fiĝia [lingvo]
Fidschi|-Dollar *m* (*Abk* ***F$***; *Währungscode* ***FJD***) fiĝi-dolaro; **~-Habicht** *m Orn* (Accipiter rufitorques) *Orn* fiĝia akcipitro
Fidschi-Inseln *Pl* Fiĝioj *od* Fiĝi-Insuloj *Pl*
Fieber *n Med* febro *auch übertr* (↑ *auch* ***Dengue-, Filarien-, Friesel-, Gelb-, Heu-, Lassafieber, Malaria, Malta-, Milch-, Kindbett-, Reise-, Reisfeld-, Rhodesia-, Rocky-Mountain-, Tropen-, Wechsel-, Wund-, Wüsten-, Zecken-*** *u.* ***Zika-Fieber***); ***auf- und absteigendes*** ~ (Febris undulans) ondanta febro; ***hohes*** (***leichtes, starkes***) ~ alta (malforta, forta) febro; ***gleichmäßig hohes*** ~ (Febris continua) kontinua febro; ***intermittierendes*** ~ *od* ***Wechselfieber*** *n* (Febris intermittens) intermita febro; ***rekurrierendes*** ~ *od* ***Rekurrens-*** *od* ***Rückfallfieber*** *m* (Febris recurrens) rekuranta febro (*vgl. dazu* ***Borreliose***); ***remittierendes*** ~ (Febris remittens) remita febro; ***rheumatisches*** ~ (Febris rheumatica) reŭmata febro; ***septisches*** ~ (Febris septica) sepsa febro; ***wie im*** ~ kvazaŭ en febro; ~ ***verursachend*** febriga; ***40 Grad*** ~ ***haben*** havi febron de kvardek gradoj; ***im*** ~ ***liegen*** kuŝi febranta; ***das*** ~ ***messen*** mezuri la [korpan] temperaturon; ***das*** ~ ***senken*** malaltigi la febron
Fieberanfall *m, auch* ***Fieberattacke*** *od* ***Fieberschub*** *m Med* febroatako, atako de febro
fieberartig *Adj* febreca, kvazaŭfebra
Fieberattacke *f Med* ↑ ***Fieberanfall***
Fieberdistel *f Bot* ↑ ***Mariendistel***
fieberfrei, *Fachspr Med auch* ***afebril*** *Adj* senfebra, *Fachspr auch* afebra; ***das Kind ist heute*** ~ hodiaŭ la infano ne havas febron (*od* havas normalan temperaturon)
fieberhaft ***a)*** *fachsprachl.* ***febril*** *Adj Med* febra *auch übertr* (*vgl. dazu* ***fieberkrank***); ***~e Erkrankung*** *f* febra malsaniĝo; ***eine ~e Aktivität entfalten*** *übertr* komenci febran agadon ***b)*** *hektisch* hektika
fieberig = ***fiebrig***
Fieberklee *m, auch* ***Bitterklee*** *m* (*Gattung* Menyanthes *od die Art* Menyanthes trifoliata) *Bot* menianto
Fieberkleegewächse *n/Pl Bot*: ***[Familie der]*** ~ (Menyanthaceae) meniantacoj *Pl*
fieberkrank *Adj* malsana kun febro
Fieber|kranke *m* malsanulo kun febro, februlo; **~kurve** *f, auch* ***Temperaturkurve*** *f Med* temperatura kurbo; **~mittel** *n Pharm* kontraŭfebra medikamento (↑ *auch* ***fiebersenkendes Mittel, Antipyrin*** *u.* ***Pyramidon***)
Fiebermücke *f Ent, Med* ↑ ***Malariamücke***
fiebern *intr Med* febri, havi febron; *übertr* febri, esti forte ekscitita; ***sie fieberte vor Ungeduld*** ŝi febris pro (*od* de) malpacienco
Fieber|rinde *f Pharm* ŝelo de kinkono; **~-rindenbaum** *m* (*Gattung* Cinchona) *Bot* kinkono; **~schauer** *m* febrotremo
Fieberschub *m Med* ↑ ***Fieberanfall***
fiebersenkend *Adj* febromalaltiga, febroredukta; *gegen das Fieber gerichtet (afebril, antipyretisch)* kontraŭfebra, senfebriga; *~es* ***Mittel*** *n, Fachspr* ***Antipyretikum*** *n Pharm* kontraŭfebra (*od* senfebriga) medikamento (↑ *auch* ***Butazolidin***®)
Fieber|tabletten *f/(Pl)* kontraŭfebraj tablojdoj *Pl*; **~thermometer** *n* klinika termometro; **~traum** *m* febra sonĝo; **~wahn** *m* [febro]deliro; **~zustand** *m* febra stato
fiebrig *Adj* febra; ***eine ~e Reaktion beim Menschen hervorrufen*** *Med* kaŭzi febrecan reakcion ĉe la homo
Fiebrigkeit *f* febreco
fiedeln *intr pej* violonaĉi
Fiederzahnwurz *f* (Dentaria heptaphyllos) *Bot* sepfolia dentario
fiepen *intr Jungvogel, Maus* pepeti
Fierant *m* ↑ ***Markthändler***
fies *Adj widerlich* naŭza (*vgl. dazu* ***ekelhaft***);

hinterhältig insida; *allg (übel, mies)* aĉa

FIFA *f* (*Kurzw für* ***Fédération Internationale de Football Association***) FIFA *od* Federacio Internacia de Futbal-Asocioj

Figaro (*m*) *Eig* Figaro; ***«Figaros Hochzeit»*** *eine Oper von Mozart* la Edziĝo de Figaro

Fight [*fait*] *m Kampf* batalo (↑ *auch* ***Infight***)

Figur *f*, *<schweiz>* ***Postur*** *f Gestalt eines Lebewesens bzw. das Lebewesen selbst* figuro *auch Eislauf (vorgeschriebener Bewegungsablauf), Geom, Kart, Ling, Lit, Rhetorik u. Tanz* (↑ *auch* ***Galions-***, ***Ideal-***, ***Kult-***, ***Schach-***, ***Sprach-*** *u.* ***Symbolfigur***); *Körperform* korpoformo; *Körper* korpo (↑ *auch* ***Bikini-*** *u.* ***Idealfigur***); *Abbildung* figuraĵo, ilustraĵo; *Bildh: allg* figuro, *(Holz≗, Stein≗ u. dgl., Skulptur)* skulptaĵo, *(Statue)* statuo (↑ *auch* ***Gips-*** *u.* ***Portalfigur***); ***geometrische*** (***homothetische***, ***räumliche***) ~ *Geom* geometria (homotetia, spaca) figuro; ***rhetorische*** ~ *Ling* retorika figuro; ***eine*** ~ ***gleichen Flächeninhalts*** *Geom* figuro de egala areo; ***eine gute*** ~ ***haben*** havi belan figuron *od* esti belfigura, havi belajn korpoformojn; ***eine gute*** ~ ***machen*** bone impresi [laŭ sia eksteraĵo]

Figurant *m Film, Theat = alt für* ***Statist*** [↑ *dort*]

figurativ *od* **figürlich 1.** *Adj* figura; *bildlich* metafora; ***im ~en Sinn gebraucht*** uzata figurasence **2.** *Adv*: ***ein ~ gebrauchtes Wort*** figure (*od* figurasence) uzata vorto

Figürchen *n* figureto (*vgl. dazu* ***Figurette***)

Figuren|fries *m Arch* figura friso; ~**malerei** *f Mal* figura pentrado

Figurette *f kleine Figur od Statue* figureto; *Nippsache* ornama figureto

figurieren *intr Film, Theat* figuri (***als*** kiel)

Figurieren *n od* **Figurierung** *f* figurado

figürlich ↑ ***figurativ***

Fiji (*n*) ↑ ***Fidschi***

Fiktion *f* fikcio *auch Phil*

fiktonal *Adj auf einer Fiktion beruhend* fikcia, bazita sur fikcio

fiktiv *Adj nur angenommen, erdacht* fikcia; ***eine ~e Erzählung*** fikcia rakonto

Filamente *n/Pl* (*Sg:* ***Filamentum***) *1. Zytologie (submikroskopische, fadenförmige Strukturen in Muskelzellen) 2. Astron (langgestreckte, faserige Nebelfetzen in der Milchstraße bzw. Ansammlungen von Materie weit oberhalb der Sonnenoberfläche) 3. Bot (Staubfäden der Blüte)* filamentoj *Pl* (*vgl. dazu* ***Staubfaden***)

filamentös *Adj fadenförmig* filamenta

filarial *Adj* filaria

Filariasis *od* **Filariose** *f Med (Befall mit Fadenwürmern, Infektion mit Filarien)* filariozo (↑ *auch* ***Loiasis***); ***lymphatische*** ~ limfatika filariozo

Filarie *f* (Filaria), *auch* ***Fadenwurm*** *m Med, Zool (fadenförmige Nematode)* filario (↑ *auch* ***Mikrofilarie***, ***Peitschenwurm***, ***Trichine*** *u.* ***Wanderfilarie***); *Knäuel≗ (Erreger der Onchozerkose)* (Onchocerca volvulus) volvaĵa onkocerko

Filarienfieber *n Med* filaria febro

Filarioidea *Pl Taxonomie (eine Überfamilie der Familien ‹Filariidae› u. ‹Onchocercidae›)* filariuloj *Pl*

Filariose *f Med* ↑ ***Filariasis***

Filet [*fi'le:*] *n Kochk (Lendenstück [von Wild u. Schlachttieren], Bruststück [vom Geflügel], Rückenstück [vom Fisch])* fileo (↑ *auch* ***Heilbutt-***, ***Herings-***, ***Kabeljau-***, ***Lachs-***, ***Makrelen-***, ***Rinds-*** *u.* ***Schweinsfilet***)

Filetarbeit *f Stickerei* ↑ ***Netzarbeit***

Filetsteak [*...ste:k*] *n Kochk* filesteko

Filiale *f Zweiggeschäft, Zweig- od Nebenstelle* filio (↑ *auch* ***Postfiliale***)

Filial|geschäft *n* filia magazeno, *auch kurz* filio; ~**leiter** *m* estro de filio; ~**unternehmen** *n*, *auch* ***Tochterunternehmen*** *n* filia entrepreno (*od* kompanio)

Filicopsida *Pl Bot (eine Klasse der Farnpflanzen)* filikopsidoj *Pl*

filigran 1. *Adj* filigrana **2.** *Adv* filigrane (↑ *auch* ***durchsichtig*** *u.* ***zart***); ~ ***bearbeiten*** filigrane prilabori

Filigran *n od* **Filigranarbeit** *f* filigrano; ***zu ~ verarbeiten*** filigrani, filigrane prilabori

filigranartig *Adj* filigraneca

Filigrandolde *f Bot* ↑ ***Augenwurz***

Filigranschmuck *m* filigrana ornamaĵo

[1]**Filipino** *m Ethn* ↑ ***Philippiner***

[2]**Filipino** *n Ling* ↑ ***Tagalog***

Fillér *m* (*Abk* ***f***) *ungarische Scheidemünze* filero (↑ *auch* ***Forint***)

Film *m Kino≗ od Foto≗* filmo (↑ *auch* ***Amateur-***, ***Animations-***, ***Breitwand-***, ***Color-***, ***Cowboy-***, ***Dokumentar-***, ***Erfolgs-***, ***Fernseh-***, ***Horror-***, ***Kino-***, ***Kriegs-***, ***Kriminal-***, ***Kult-***, ***Kultur-***, ***Kurz-***, ***Liebes-***, ***Märchen-***, ***Nachrichten-***, ***Pilot-***, ***Porno-***, ***Propaganda-*** ***Röntgen-***, ***Schmal-***, ***Schwarzweiß-***,

Sex-, Stumm-, Ton-, Trick-, Umkehr-, Unterrichts-, Walt-Disney-, Werbe-** u. **Zombiefilm); ~ ***für Farbabzüge*** filmo por kolorfotoj; ***16 mm-Film*** 16-milimetra filmo; ***ein synchronisierter*** ~ sinkronigita filmo; ***ein untertitelter*** ~ subtekstigita filmo; ***ein Mann vom*** ~ filmisto; ***einen*** ~ ***drehen*** (***entwickeln***) fari (riveli) filmon; ***einen*** ~ ***vorführen*** (***zeigen***) prezenti (montri) filmon; ***sich einen*** ~ ***ansehen*** (*od* ***anschauen***) spekti filmon, *umg auch* rigardi filmon; ***welcher*** (*od* ***was für ein***) ~ ***läuft heute?*** kiun filmon oni montros hodiaŭ?

Film|abend *m* filmvespero; ~**agentur** *f* filmagentejo; ~**akademie** *f* film-akademio; ~**amateur** *m* filmamatoro; ~**atelier** *n* kinematografia studio, filmstudio; ~**aufnahme** *f* filmado

Filmemacher *m* filmfaristo

filmen ***a)*** *tr eine Szene* filmi ***b)*** *intr im Film spielen* aktori en filmo

Filmen *n* filmado

Film|export *m* filmeksporto; ~**festival** *n od* ~**festspiele** *n/Pl* filmfestivalo (↑ *auch* ***Berlinale***); ~**gesellschaft** *f* filmkompanio; ~**import** *m* filmimporto; ~**importeur** *m* filmimportisto; ~**industrie** *f* filmindustrio

filmisch *Adj* filma, kinematografia

Film|kamera *f* filmkamerao; ~**klub** *m* filmklubo; ~**komödie** *f* filmkomedio; ~**kritik** *f* filmkritiko; ~**kritiker** *m* filmkritikisto; ~**kunst** *f* filmarto *od* filma arto; ~**leinwand** *f* kinoekrano; ~**lustspiel** *n* filmkomedio; ~**magazin** *n* filmmagazino; ~**markt** *m* filmmerkato; ~**matinee** *f* filmmatineo; ~**musik** *f* filmmuziko

Filmothek *f* filmoteko

Film|patrone *f*, *auch* ***Rollfilmpatrone*** *f* filmkartoĉo; ~**preis** *m* kinopremio; ~**produktion** *f* filmproduktado; ~**produzent** *m* produktisto de filmo(j), *auch* produktoro; ~**projektor** *m*, *auch* ***Filmvorführgerät*** *n* filmprojekciilo; ~**regisseur** *m* filmreĝisoro; ~**rolle** *f* filmrulo, *auch* filmvolvaĵo; ~**sammlung** *f* filmkolekto; ~**schauspieler** *m* filmaktoro; *Film-star* filmstelo, *auch* kinostelo; ~**schauspielerin** *f* filmaktorino; ~**schöpfer** *m* filmkreanto; ~**spule** *f* filmbobeno; ~**stadt** *f* [ĉefa] urbo de la filmindustrio (*vgl. dazu* ***Hollywood***); ~**star** *m* kinostelo *od* filmstel[ul]o; ~**streifen** *m* filmstrio; ~**studio** *n* filmstudio; ~**szenarium** *n* filmscenaro; ~**szene** *f* filmsceno; ~**theater** *n* kinejo, *alt* filmteatro; ~**titel** *m* filmtitolo; ~**verleih** *m (Unternehmen)* distribuejo de filmoj; *(als Vorgang)* distribuado de filmoj; ~**vorführgerät** *n* filmprojekciilo, *in Kinos meist* filmprojekciatoro; ~**vorführung** *od* ~**vorstellung** *f* filmprezentado; ~**woche** *f* semajno de filmoj; ~**zeitschrift** *f* filma revuo, filmĵurnalo; ~**zensur** *f (Behörde)* cenzurejo de filmoj; *(Vorgang)* cenzur[ad]o de filmoj

Fils *m Währungseinheit [Untereinheit des Dinar] in Bahrain, Irak u. Jordanien* filso

Filter *m* filtrilo *auch EDV, Elektroakustik, Foto, Phys u. Tech* (↑ *auch* ***Abtrenn-, Bio-, Draht-, Drahtsieb-, Durchfluss-, Durchlass-, Farb-, Flüssigkeits-, Frequenz-, Gelb-, Grafik-, Infrarot-, Interferenz-, Kaffee-, Licht-, Luft-, Neutral-, Öl-, Partikel-, Rot-, Ruß-, Spam-, Ultra-, UV-** u. **Wasserfilter***); ***elliptischer*** ~, *auch* ***Cauer-Filter*** *Elektrotechnik (ein Frequenzfilter)* elipsa filtrilo, *auch* filtrilo de Cauer ['*kau*...]

Filter|anlage *f Tech* instalaĵo por filtri; ~**kaffee** *m* filtrita kafo; ~**kies** *m z.B. zur Wasserreinigung* filtrogruzo

filtern *od* **filtrieren** *tr* filtri (↑ *auch* ***durchseihen***); ***filtriert werden*** [tra]filtriĝi; ***gefiltertes Wasser*** *n* filtrita akvo

Filter|papier *n* filtropapero, *auch* filtra papero; ~**tuch** *n Seihtuch* filtrotuko

Filterung *od* **Filtration** *f* filtrado (*vgl. dazu* ***Perkolation***)

Filterzigarette *f* cigaredo kun filtrilo

Filtrat *n durch Filtration geklärte Flüssigkeit* filtraĵo

Filtration *f* ↑ ***Filterung***

Filtrationsrückstand *m* filtrorestaĵo

filtrieren ↑ ***filtern***

Filz *m* felto

filzartig *Adj* felteca

Filzhut *m* feltĉapelo *od* felta ĉapelo

filzig *Adj* felta; *filzartig* felteca

Filzklette *f* (Arctium tomentosum) *Bot* lanuga arktio

Filzkraut *n*, *auch* ***Fadenkraut*** *n* (*Gattung* Filago) *Bot* filago (↑ *auch* ***Ackerfilzkraut***); ***französisches*** ~ (Filago gallica) franca filago; ***kleines*** ~ *od* ***Zwergfadenkraut*** *n* (Filago minima) eta filago

Filz|laus *f*, *auch* ***Schamlaus*** *f* (Pediculus pubis *od* Phthirius pubis) *Ent, Med* pubopediko, <*wiss*> ftirio; ~**mantel** *m* felta mantelo; ~**pantoffel** *m* feltpantoflo; ~**rose** *f* (Rosa tomentosa) *Bot* felta rozo; ~**schreiber** *m, auch* ***Filzstift*** *m, auch* ***Marker*** *m* feltkrajono; ~**schuh** *m* felt[o]ŝuo; ~**stiefel** *m* felt[o]boto *od* felta boto

Filzwurm *m* ↑ ***Seemaus***

FIM = *Währungscode für* ***[2]Finnmark***

Fimbrie *f* (Fimbria) *Anat, Zool (fransenartiger Rand)* fimbrio; ***Fimbria ovarica*** *nur Fachspr Anat* ovaria fimbrio

Fimmel *m kleine Verrücktheit* frenezeto; *Grille, Laune* kaprico

Finale *n*, <*schweiz*> ***Final*** *n Mus, Sport* finalo (*Sport* ↑ *auch* ***Achtel-***, ***Halb-***, ***Play-off-***, ***Pokal-*** *u.* ***Viertelfinale***); *i.w.S. Schluss* fino; ***das ~ erreichen*** *od* ***[bis] ins ~ kommen*** *Sport* atingi la finalon

Finalist *m bes. Sport* finalisto

Finallauf *m Sport* ↑ ***Endlauf***

Final|produkt *n, auch* ***Enderzeugnis*** *n* finprodukto; ~**teilnahme** *f Sport* finalpartopreno *od* partopreno en finalo; ~**teilnehmer** *m* finalpartoprenanto

Finanz|abteilung *f* sekcio de (*od* pri) financoj; ~**amt** *n* (*Abk FA*), <*schweiz*> ***Steueramt*** *n* financoficejo, impostoficejo; ~**aristokratie** *f* financ-aristokrataro; ~**attaché** *m Dipl* financa ataŝeo; ~**aufsicht** *f* financkontrolo; ~**ausschuss** *m* komisiono pri financoj; ~**beamte** *m* financ-oficisto; ~**bedarf** *m* financbezono, ~**berater** *m* financa konsilisto, konsilisto pri financoj; ~**bericht** *m* financa raporto; ~**blockade** *f* financa blokado

Finanzdepartement ↑ ***Finanzministerium***

Finanz|dinge *Pl* financaj aferoj *Pl*; ~**direktor** *m* direktoro pri financoj; ~**embargo** *n* financa embargo

Finanzen *Pl Geldmittel* financoj *Pl*; *Staats~* ŝtataj financoj *Pl*; *i.w.S. öffentliche Gelder* publikaj financoj *Pl*; ***Ministerium für ~*** ↑ ***Finanzministerium*** ◇ ***das übersteigt meine ~*** tio superas miajn financajn eblojn

Finanz|experte *od* ~**fachmann** *m* eksperto pri financoj; ~**frage** *f* demando de financoj; ~**hilfe** *f* financa helpo; ~**hoheit** *f* financa suvereneco

finanziell 1. *Adj* financa; *monetär* mon[afer]a; ***~e Angelegenheiten*** *f/Pl* financaj aferoj, monaj aferoj *od* monaferoj *Pl*; ***~e Hilfe in Höhe von ...*** financa helpo en sumo de ...; ***~e Lage*** (*od* ***Situation***) *f* financa situacio; ***~e Mittel*** *Pl* financaj rimedoj *Pl*; ***~es Risiko*** *n* financa risko; ***in ~en Schwierigkeiten sein*** havi financajn malfacilaĵojn; ***~e Sicherheit*** (***Unterstützung***) *f* financa sekureco (subteno); ***~er Verlust*** (***Zusammenbruch***) *m* financa perdo (kolapso) **2.** *Adv* finance; ~ ***unabhängig*** finance sendependa

Finanzier [...*'tsje:*] *m* financisto, *Geldgeber auch* mondonanto; *Sponsor* sponsoro; *Geldmagnat* financmagnato

finanzieren *tr*: ***etw.*** ~ financi ion; *Kapital bereitstellen* havigi monon por io; *i.w.S. sponsern* sponsori ion

Finanzierung *f* financado; havigo de mono (↑ *auch* ***Bau-***, ***Brücken-***, ***Eigen-***, ***Projekt-*** *u.* ***Refinanzierung***)

Finanzierungs|bank *f* financdona banko; ~**quelle** *f* fonto de financoj (*od i.w.S.* enspezoj)

Finanz|institut *n* financa institucio; ~**jahr** *n Verw* financa (*od* fiska) jaro; ~**kapital** *n* financkapitalo *od* financa kapitalo; ~**krise** *f* financkrizo *od* financa krizo; ~**lage** *f Vermögensverhältnisse* financa situacio

Finanzlehre *f* ↑ ***Finanzwirtschaftslehre***

Finanz|magnat *m* magnato de la financoj; ~**markt** *m* financmerkato *od* financa merkato; ~**marktkrise** *f* financmerkata krizo; ~**minister** *m* financministro *od* ministro de (*od* pri) financoj; ~**ministerium** *n, auch* ***Ministerium für Finanzen***, <*schweiz*> ***Finanzdepartement*** *n* ministerio de (*od* pri) financoj; ~**mittel** *Pl* financaj rimedoj *Pl*; ~**monopol** *n* financmonopolo; ~**plan** *m* financplano; ~**planung** *f* planado de la financpolitko; ~**politik** *f* financpolitiko

finanzpolitisch 1. *Adj* financpolitika **2.** *Adv* financpolitike

Finanz|produkte *n/Pl* financaj produktoj *Pl*; ~**prüfer** *m* kont[o]revizoro; ~**recht** *n Jur* financa juro

finanzschwach *Adj* finance malforta

Finanzskandal *m* financa skandalo

finanzstark *Adj* finance forta

Finanz|syndikat *n* financa sindikato; ~**system** *n* financa sistemo; ~**wesen** *n* financaj aferoj *Pl, auch kurz* financoj *Pl*; ~**[wirtschafts]lehre** *f, auch* ***Staatswirtschaftslehre*** *f* financa scienco; ~**zentrum** *n* centro de financoj; ~**zölle** *m/Pl* fiskaj doganoj *Pl*

Findelkind *n* trovita infano (*vgl. dazu* ***Waisenkind***)

Findeltier *n* ↑ ***Fundtier***

finden *tr* ***a)*** *zufällig od durch Suchen* trovi;

herausfinden eltrovi (***dass*** ke); ***den richtigen Ausdruck*** ~ trovi la ĝustan esprimon (***für*** por); ***den Fehler*** ~ trovi la eraron; ***Platz*** ~ trovi lokon (***für*** por); ***einen passenden Ort zum Zelten*** ~ trovi taŭgan lokon por kampadi (*od* tendumi); ***den Weg nach ...*** ~ trovi la vojon al ... ***b)*** *erachten, halten für, der Meinung sein* veni al la opinio, opinii, trovi (***dass*** ke); ***etw. gut*** ~, *geh* ***etw. für gut befinden*** trovi ion bona; ***wie findest du das Buch?*** kion vi opinias pri [ĉi] tiu libro?; *wie gefällt es dir?* kiel plaĉas al vi [ĉi] tiu libro?; ~ ***Sie es richtig, dass ...?*** ĉu vi trovas ĝin ĝusta ke ...?; *passend* ĉu vi trovas ĝin konvena ke ...?; ***ich finde die Idee richtig*** mi trovas la ideon ĝusta *(Zam)*; ***ich finde nichts [Schlimmes od Schlechtes] dabei*** mi trovas nenion malbonan en tio; ***sie findet sich wunderschön*** sie findet sich wunderschön ***c)*** *auf best. Weise antreffen od begegnen* trovi, renkonti (*vgl. dazu* ***vorfinden***); ***wir fanden ihn krank im Bett*** ni trovis lin kuŝanta malsana en la lito ***d)*** *etw. erlangen, erwerben, bekommen* trovi, ricevi; ***Anerkennung*** ~ ***bei ...*** trovi aprobon ĉe ...; ***Arbeit*** ~ trovi labor[lok]on; ***Hilfe bei jmdm.*** ~ ricevi helpon de iu; ***einen Käufer*** (*od* ***Abnehmer***) ~ trovi aĉetanton; ***Vergnügen*** ~ ***an ...*** trovi plezuron en ... ***e)*** *als Funktionsverb*: ***Anwendung*** ~ *angewendet werden* esti aplikata; ***ich finde die Idee richtig*** mi trovas la ideon ĝusta *(Zam)*; ***den Mut*** ~ trovi la kuraĝon; ***ich finde nichts [Schlimmes od Schlechtes] dabei*** mi trovas nenion malbonan en tio; ***bei einem Unfall den Tod*** ~ trovi la morton en akcidento ***f)*** *refl*: ***sich*** ~ *vorhanden sein* sin trovi, troviĝi (***in*** en); *sich begegnen* renkontiĝi; ***das findet sich*** *das kommt wieder in Ordnung* tio reordiĝos; ***sich nach Hause*** ~ *den Weg nach Hause* trovi la vojon hejmen ◇ ***ein blindes Huhn findet auch einmal ein Korn*** eĉ blinda kokino povas trovi grajnon *(Zam)*; ***er hat seinen Meister gefunden*** li trovis sian majstron *od auch* li trovis iun pli lertan; ***es*** ~ ***sich immer Leute, die ...*** ĉiam estas (*od* ekzistas) homoj, kiuj ...

Finder *m* trovanto *bzw.* trovinto; ~**lohn** *m* rekompenco al (*od* por) la trovinto

findig *Adj* eltrovema; *geschickt, gewandt* lerta (*vgl. dazu* ***clever***, ***scharfsinnig*** *u.* ***schlau***); *erfinderisch, sinnreich* inĝenia

Findigkeit *f* eltrovemo; *Gewandtheit* lert[ec]o; *Erfindungsgabe, sinnreiche Art* inĝenieco

[1]**Findling** *m* = ***Findelkind***

[2]**Findling** *m Geol* ↑ *unter* ***erratisch***

Finesse *f Kniff, Trick* artifik[ec]o, truko; *Schlauheit* ruzeco; *schlaue Tat* ruzaĵo

Fingal *n*, *auch* ***County Fingal*** *ein County der Rep. Irland* Fingalo

Finger *m* fingro (↑ *auch* ***Mittel-***, ***Ring-***, ***Stinke-*** *u.* ***Zeigefinger***); ***der kleine*** ~ la malgranda fingro *od* eta fingro, *auch* la etfingro; ***knöcherne*** ~ *Pl* ostecaj fingroj *Pl*; ***meine*** ~ ***waren eiskalt*** miaj fingroj estis glacie malvarmaj; ***die*** ~ ***ausstrecken nach ...*** etendi la fingrojn al ...; ***jmdm. mit dem*** ~ ***ein Zeichen geben*** fari fingrosignon al iu; ***mit den*** ~***n an etw. herumtasten*** (*od* ***herumfahren***) palpadi ion per la fingroj, *umg* fingrumi ion ◇ ***das kann man sich an den [fünf]*** ~***n abzählen*** tio estas kalkulebla per la fingroj *(Zam) od* por tion kompreni ne necesas peni; ***wenn man jmdm. den kleinen*** ~ ***gibt, nimmt er gleich die ganze Hand*** *bildh für «wenn man jmdm. mit wenigem entgegenkommt, fordert er gleich alles»* donu fingron al avidulo, li tutan manon postulas *(Zam)*; ***er rührte keinen*** ~ eĉ fingron li ne movis; ***jmdm. auf die*** ~ ***sehen*** severe kontroli iun; ***sich die*** ~ ***verbrennen*** *auch i.w.S. für «Schaden erleiden, hereinfallen»* bruligi al si la fingrojn; *sich kompromittieren* sin kompromiti; ***jmdn. um den kleinen*** ~ ***wickeln*** fari kun iu kion oni volas

Fingerabdruck *m* fingropremaĵo, *auf Gegenständen meist* fingrospuro; ***Fingerabdrücke finden*** (***hinterlassen***) trovi (postlasi) fingropremaĵojn (***auf*** sur); ***jmds. Fingerabdrücke nehmen*** preni ies fingropremaĵojn

Finger|agnosie *f Neurologie* fingro-agnozio (*vgl. dazu* ***Adnosie***); ~**breite** *f als Maß* [larĝo de] fingro

Fingerchen *n* fingreto

Finger|druck *m Druck mit dem Finger* fingropremo, *auch* premo per la fingro; ~**ehrenpreis** *m* (Veronica triphyllos) *Bot* manfolia veroniko; ~**fertigkeit** *f* fingrolert[ec]o

fingerförmig 1. *Adj* fingroforma (↑ *auch* ***gefingert***) **2.** *Adv* fingroforme

Finger|gelenk *n Anat* fingro-artiko; ~**glied** *n* (Phalanx) *Anat* falango (↑ *auch* [3]***Pha-***

lanx); ~**hirse** *f* (*Gattung* Digitaria) *Bot* digitario (↑ *auch* ***Blutfingerhirse***)

Fingerhut *m* ***a)*** *zum Nähen* fingroĉapeleto, fingringo ***b)*** *Bot* (*Gattung* Digitalis) *ein Rachenblütler* digitalo; ***großblütiger [gelber]*** ~ (Digitalis ambigua = Digitalis grandiflora) grandflora [flava] digitalo; ***[kleinblütiger] gelber*** ~ (Digitalis lutea) flava digitalo; ***kanarischer*** ~ *od* ***Kanarenfingerhut*** *m* (Digitalis canariensis) kanaria digitalo; ***roter*** ~ (Digitalis purpurea) purpura digitalo; ***wolliger*** ~ (Digitalis lanata) lanuga digitalo

Fingerknöchel *m Anat* fingro-artiko

Fingerkraut *n* (*Gattung* Potentilla) *Bot* potentilo (↑ *auch* ***Erdbeer-***, ***Frühlings-***, ***Gänse-***, ***Gold-***, ***Hügel-***, ***Schnee-***, ***Silber-***, ***Strauch-*** *u.* ***Sumpffingerkraut***); ***aufrechtes*** ~, *auch* ***Blutwurz*** *f* (Potentilla tormentilla = Potentilla erecta) trifingra potentilo; ***kriechendes*** ~ (Potentilla reptans) kvinfingra potentilo; ***mittleres*** ~ (Potentilla intermedia) meza potentilo; ***niederliegendes*** ~ (Potentilla anglica) rampanta potentilo; ***niedriges*** ~ (Potentilla supina) kuŝanta potentilo; ***norwegisches*** ~ (Potentilla norvegica) norvega potentilo; ***rötliches*** ~ (Potentilla heptaphylla) sepfolia potentilo; ***sternhaariges*** ~ *od* ***Flaumfingerkraut*** *n* (Potentilla pusilla) malgrandflora potentilo; ***weißes*** ~ (Potentilla alba) blanka potentilo

Fingerkuppe *f* ↑ ***Fingerspitze***

Fingernagel *m* ungo; ***sich die Fingernägel [ver]schneiden*** tondi al si la ungojn

Finger|perkussion *f Med* perfingra perkutado; ~**pick** *m Mus (eine spezielle Art des Plektrums für das Spielen von Bluegrass-Banjomusik, für Resonatorengitarren u.a.)* fingroplektro (*vgl. dazu* ***Plektrum***); ~**ring** *m* fingra ringo; ~**satz** *m Mus* fingrado; ~**segge** *f* (Carex digitata) *Bot* fingra karekso

Fingerspitze *f*, *auch* ***Fingerkuppe*** *f* fingropinto; ***eine*** ~ ***voll*** *eine Prise* pinĉpreno [da]

Fingerspitzengefühl *n*: ~ ***besitzen*** (*od* ***haben***) havi fajnan intuicion, havi subtilan senton pri takto (↑ *auch* ***Fein-***, ***Zartgefühl*** *u.* ***Takt c)***); *i.w.S. das richtige Verständnis (für etw.) haben* havi la ĝustan komprenon [por io]

Fingersprache *f* ↑ ***Gebärdensprache***

Finger|strauch *m* (Potentilla fruticosa) *Bot* arbusta potentilo; ~**tang** *m* (Laminaria digitata) *Bot* fingr[oform]a laminario *[Vorkommen an den Küsten des Nordatlantik u. Nordpazifik]*; ~**tier** *n*, *auch* ***Aye-Aye*** *n* (Daubentonia madagascariensis) *Zool (ein katzengroßer Halbaffe mit langen Fingern u. Zehen)* fingrobesto, *auch* ajajo, *<wiss>* daŭbentonio *[Vorkommen: endemisch auf Madagaskar]*; ~**zahnwurz** *f* (Dentaria pentaphyllos) *Bot* kvinfolia dentario

Fingerzeig *m* indiko, atentigo; *kleine Ermahnung* admoneto *od* eta admono; ***ein*** ~ ***des göttlichen Willens*** montro de la volo de Dio

fingiert *Adj vorgetäuscht* ŝajnigita; *fiktiv, erdichtet* fikcia

fingieren *tr vortäuschen* ŝajnigi; *erdichten* fikcii

Finish *n Sport (Endspurt, Endphase [eines Wettkampfs])* finiŝo; ***ins*** ~ ***gehen*** finiŝi

Finistère (*n*) *ein franz. Département, der äußerste Teil der Bretagne* Finistero (*vgl. dazu* ***Kap Finisterre*** [↑ *unter* ***Kap***])

finit *Adj* ***a)*** *Ling*: ~***e Verbform*** *f*, *Fachspr* ***Verbum finitum*** *n Gramm (Aktionsart des Verbs, die den Abschluss einer Handlung betont)* finitivo ***b)*** *Math (endlich, ohne Rest teilbar)* finia

Finitheit *f Math (Endlichkeit)* finieco

Fink *m Orn* fringo; *Reis*≗ (Padda oryzivora) rizobirdo (↑ *auch* ***Berg-***, ***Buch-***, ***Distel-***, ***Grün-***, ***Indigo-***, ***Lazuli-***, ***Questammer-***, ***Specht-***, ***Teyde-*** *u.* ***Zebrafink***)

Finkel *m* ↑ ***Fenchel***

Finken *m <schweiz> dial für «warmer Hausschuh»* varma hejma ŝuo ◇ ***die*** ~ ***klopfen*** ↑ ***sich aus dem Staub machen*** [*unter* ***Staub***]

Finkenfälkchen *n* (Microhierax fringillarius) *Orn* indonezia falketo *[Vorkommen: SO-Asien, bes. in Indonesien u. Malaysia] <kleinste Falkenart der Welt>*

Finkensame *m* (*Gattung* Neslia) *Bot* neslio (↑ *auch* ***Rispenfinkensame***)

Finkenvögel *m/Pl Orn*: ***[Familie der]*** ~ (Fringillidae) fringedoj *Pl*

Finn Dingi *n Segelsport (Einmannjolle mit 10 m² Segelfläche)* findingio *<seit 1952 olympische Bootsklasse>*

[1]**Finne** *f Rückenflosse von Hai od Wal* dorsa naĝilo [de ŝarko *bzw.* baleno]

[2]**Finne** *f*, *<wiss>* ***Zystizerkus*** *m Biol, Parasitologie (als Blasenfinne bezeichnetes Jugendstadium der Bandwürmer)* cisticerko

(*vgl. dazu* ***Hydatide***)

[3]**Finne** *m Ethn* finno

[4]**Finne** *f Hammer*~ martelbeko

Finnin *f* finnino

finnisch finna; ~***er Meerbusen*** *m* Finna Golfo

Finnisch[e] *n Ling* la finna [lingvo]

finnisch-ugrisch ↑ ***finnougrisch***

Finnland (*n*) Finnlando, *auch* Suomio *[Hptst.: Helsinki]*

[1]**Finnmark** *f nördlichste Provinz Norwegens* Finmarko *[Hptst.: Vadsø]*

[2]**Finnmark** *f* (*Währungscode* ***FIM***, *Abk* ***Fmk***) *ehemalige finnische Währung* finna marko

finnougrisch *od* **finnisch-ugrisch** *Adj*: ~***e Sprachen*** *Ling* finn-ugraj lingvoj *Pl* (↑ *auch* ***Samojedisch***, ***Syrjänisch***, ***Tscheremissisch Udmurtisch*** *u.* ***Vepsisch***)

Finnougrist *m* finn-ugristo

Finnougristik *f* finn-ugristiko

Finn-Ugrier *m/Pl Ethn (Völker des Zweiges der uralischen Sprachfamilie [Ostseefinnen, Lappen, Wolgafinnen, Permier, Ugrier Samojeden u.a.])* finn-ugroj *Pl* (↑ *auch* ***Syrjänen***, ***Wogulen*** *u.* ***Wotjaken***)

Finnwal *m* (*Gattung* Balenoptera *u. die Art* Balenoptera physalus) *Zool* balenoptero

finster *Adj dunkel* malhela, malluma, *bes. poet auch* tenebra (↑ *auch* ***dämm[e]rig*** *u.* ***stockfinster***); *schwarz* nigra; *düster, obskur (bes. übertr)* obskura; *Miene auch* malgajega; ***in ~er Nacht*** en nigra nokto

Finsteraarhorn *m höchster Gipfel der Berner Alpen* [monto] Finsterarhorno

Finsternis *f Dunkelheit* malhel[ec]o, mallum[ec]o, *bes. poet auch* tenebro; *Astron* eklipso (↑ *auch* ***Mond-*** *u.* ***Sonnenfinsternis***); ***die ~ durchdringen*** penetri tra la malhelo

Finte *f Vorwand* [ruza] preteksto; *Trick* artifiko; *List* ruzaĵo (↑ *auch* ***Bluff***); *Mil,Sport (bes. Fechten)* finto (*vgl. dazu* ***Scheinangriff***, ***Täuschung*** *u.* ***Täuschungsmanöver***)

fintenreich *Adj* plena de artifikoj, artifika (*vgl. dazu* ***listig***)

fintieren *intr einen Scheinangriff ausführen (bes. beim Boxen od Fechten)* finti

Firās (*m*), *auch* ***[Abū] Firās*** (*eigtl* ***al-Hamdānī***) *Eig (ein altarabischer Dichter [932-968])* Firaso

Firdaus *n Islam (Paradies für die Muslime, gewöhnlich als «Janna[t]» im Koran od als «Adan» (= Eden) bezeichnet)* firdaŭso (↑ *auch* ***Eden*** *u.* ***Paradies***)

Firlefanz *m albernes Gehabe* stultaj faroj (*bzw.* petolaĵoj) *Pl*; *Nichtigkeiten* vantaĵoj *Pl* (↑ *auch* ***Krimskrams***); *(als Person)* vantemulo, *auch* ventkapulo *(Zam)*

Firma *f* (*Abk* ***Fa.***) firm[a]o (↑ *auch* ***Bau-***, ***Export-*** *u.* ***Handelsfirma***); *Unternehmen* entrepreno (*vgl. dazu* ***Geschäft***); ***eine alteingesessene ~*** delonge ekzistanta firmao; ***eingetragene ~*** registrita firmao

Firmament *n* firmamento (*vgl. dazu* ***Himmel*** *u.* ***Himmelsgewölbe***)

Firmen|chef *m* ĉefo de [la] firmao; ~**gründer** *m* fondinto de [la] firmao; ~**name** *m* firmonomo; ~**schild** *n* firmoŝildo

Firmenzeichen *n* ↑ ***Logo***

Firmung *f* ↑ ***Konfirmation***

Firmware *f EDV (zur Hardware eines Computers gehörende, vom Hersteller auf Festwertspeicher abgelegte Programme)* firmvaro, *häufig Kurzf* firmvo

Firn *m grobkörniger, jahrelang angehäufter Schnee im Hochgebirge* firno; *i.w.S. ewiger Schnee* eterna neĝo; ~**eis** *n* firn[o]glacio; ~**feld** *n Gletscherschnee* nevajo; ~**gletscher** *m* firnglaĉero; ~**grenze** *f* firn[o]linio

Firnis *m* verniso (*vgl. dazu* ***Glasur a)*** *u.* ***Lack***; ↑ *auch* ***Leinöl-*** *u.* ***Ölfirnis***)

Firnisbaum *m Bot*: ***japanischer ~*** ↑ ***Lacksumach***

firnissen *tr mit Firnis überziehen* vernisi

Firnschnee *m* firno, *i.w.S. (ewiger Schnee)* eterna neĝo

First *m Dach*~ firsto; ~**balken** *m Bauw* firstotrabo; ~**pfette** *f Bauw* firsta patno; ~**ziegel** *m Dachdeckerei* firsta tegolo

First-Class-Hotel *n* unuaklasa hotelo (*vgl. dazu* ***Fünfsternehotel***)

Fis *n Mus* F diesa

FISA = *Abk für* ***Fédération Internationale des Sociétés d'Aviron*** (↑ *unter* ***Weltruderverband***)

Fisch *m* ***a)*** *Ichth, Kochk, Nahr* fiŝo (↑ *auch* ***Aquarien-***, ***Backfisch a)***, ***Brat-***, ***Feuer-***, ***Fluss-***, [2]***Gold-***, ***Igel-***, ***Korallen-***, ***Knochen-***, ***Knorpel-***, ***Kugel-***, ***Labyrinth-***, ***Lungen-***, ***Meeres-***, ***Platt-***, ***Raub-***, ***Räucher-***, ***Riemen-***, ***Riff-***, ***Säge-***, ***Schleim-***, ***Schwarm-***, ***Schwert-***, ***See-***, ***Speise-***, ***Süßwasser-***, ***Teleskop-***, ***Tiefsee-***, ***Trompeten-***, ***Tropen-***, ***Wander-*** *u.* ***Zierfisch***); ***fliegender ~***, *auch* ***Flugfisch*** *m* (*Gattung* Exocoetus) *Ichth* flugfiŝo, <*wiss*> ekzoceto; ***geräucherter*** (***gesalzener***, ***getrockneter***) ~ fumaĵita (salita, sek[igit]a) fiŝo (↑ *auch* ***Dörrfisch***); ~***e fangen*** fiŝkapti, *mit der Angel auch* fiŝhoki; ***nach ~ riechen*** odori je fiŝo ◇ ***der ~ fängt am Kopf an zu stinken*** putrado de fiŝo komenciĝas de l' kapo *(Zam)*; ***der Fisch schwimmt noch*** *scherzh (z.B. wenn man zu lange auf ein bestelltes Fischgericht warten muss)* la [manĝota] fiŝo estas ankoraŭ en la rivero *(Zam)*; ***[der] ~ will schwimmen*** *zum Fischessen gehört Wein* fiŝo sen vino estas veneno *(Zam)*; ***weder ~ noch Fleisch [sein]*** esti nek viando, nek fiŝo *(Zam)*; ***kleine ~e!*** *Kleinigkeiten!* bagateloj! *od* bagatelaĵo!; *nichts Außergewöhnliches!* nenio eksterordinara!; ***zappeln wie ein ~ auf dem Trockenen*** barakti kiel fiŝo ekster la akvo *(Zam)* ***b)*** *Astron*: ~***e*** *Pl, Fachspr* ***Pisces*** (*Abk* ***Psc***) *ein Sternbild des Tierkreises* Fiŝoj *Pl*

Fischadler *m* (Pandion haliaëtus) *Orn* fiŝaglo <*in mehreren Rassen weltweit verbreiteter Greifvogel*> (↑ *auch* ***Seeadler*** *u.* ***Weißschwanz-Fischadler***); ***[Familie der] ~*** *Pl* (Pandionidae) pandionedoj *Pl [monotypisch mit der Gattung «Pandion»]*

fischähnlich *Adj* fiŝ[o]simila *od nachgest* simila al fiŝo

Fisch|art *f* fiŝspecio; ~**augen-Objektiv** *n Opt (Fotoobjektiv mit extrem großem Bildwinkel [bis zu 220°] u. extrem kurzer Brennweite [bis zu 6,3 mm]* fiŝ-okula objektivo; ~**augenstein** *m Min* apofilito; ~**auktion** *f* fiŝaŭkcio; ~**bassin** *od* ~**becken** *n* fiŝbaseno; ~**bein** *n*, *auch* ***Barte*** *f* balen-osto, *auch* barto; ~**brötchen** *n* fiŝbulko; ~**brut** *f* fiŝidaro, *(vom Menschen ausgesetzte)* alvuso; *Laich* frajo; ~**durchlasseinrichtung** *f*, *auch* ***Fischpass*** *od* ***Fischweg*** *m* fiŝpasejo

Fischechse *f Paläontologie* ↑ ***Ichthyosaurus***

Fischeier *n/Pl* fiŝ-ovoj *Pl* (↑ *auch* ***Rogen***)

fischen *intr u. abs* fiŝi, fiŝkapti; *angeln* fiŝhoki; ***mit der Angel ~*** kapti fiŝojn per la fiŝkapta vergo, fiŝhoki; ***mit dem Netz ~*** fiŝi per reto, *auch* retfiŝi ◇ ***im Trüben ~*** fiŝi en malklara akvo, profiti el senorda situacio

Fischen *n* fiŝado (*vgl. dazu* ***Fischfang***; ↑ *auch* ***Eis-***, ***Fliegen-***, ***Lachs-*** *u.* ***Sportfischen***)

Fischer *m* fiŝ[kapt]isto (↑ *auch* ***Krabben-*** *u.* ***Küstenfischer***); ~**bastei** *f Name eines Bauwerks in Budapest* Fiŝkaptista Bastiono

Fischerboot *n* fiŝista boato; ~ ***der neufundländischen Kabeljaufischer*** doriso; ~ ***mit einem leder-*** *od* ***wachstuchüberspanntem Weidengrüst*** koraklo, *pop auch* korboboato

Fischerdorf *n* fiŝ[kapt]ista vilaĝo

Fischerei *f* [industria] fiŝkaptado (↑ *auch* ***Binnen-***, ***Eis-***, ***Fluss-***, ***Hochsee-***, ***Küsten-***, ***Lachs-***, ***Langleinen-***, ***Meeres-***, ***Schleppnetz-*** *u.* ***Sportfischerei***)

Fischereiabkommen *n* interkonsento pri fiŝado

Fischereifahrzeug *n* fiŝkapta ŝipo; ~ ***mit Schleppnetz*** trolbarko (↑ *auch* ***Trawler***)

Fischerei|flotte *f* fiŝkapta ŝiparo; ~**hafen** *m*, *auch* ***Fischerhafen*** *m* fiŝ[kapt]ista haveno; ~**museum** *n* fiŝkaptada muzeo; ~**schiff** *n* fiŝkapta ŝipo; ~**zone** *f* fiŝada zono

Fischerfamilie *f* fiŝ[kapt]ista) familio

Fischerhafen *m* ↑ ***Fischereihafen***

Fischer|hütte *od* ~**kate** *f* kabano de fiŝkaptisto

Fischerin *f* fiŝistino

Fischer|knoten *m*, *dial* ***Fischerstek*** *m* fiŝista nodo (↑ *auch* ***Schifferknoten***); ~**marder** *m* (Martes pennanti = Pekania pennanti) *Zool* fiŝkapta mustelo *[Vorkommen: südl. Kanada, Rocky Mountains u. Neuengland/USA]*; ~**tracht** *f* fiŝista kostumo

Fischertukan *m Orn* ↑ ***Regenbogentukan***

Fischesser *m* ŝatanto de fiŝ[manĝ]aĵo

Fischfang *m als Vorgang od Wirtschaftszweig* fiŝkaptado; ***industrieller*** (***kommerzieller***) ~ industria (komerca) fiŝkaptado; ***auf ~ gehen*** fiŝkapti, *im offenen Meer meist* fiŝĉasi; ***vom ~ leben*** vivi de fiŝkaptado

Fischfang|gerät *n* fiŝkaptilo (*vgl. dazu* ***Angel***); ~**saison** *f* fiŝkapta sezono; ~**schiff** *n* fiŝkapta ŝipo (*vgl. dazu* ***Trawler***)

Fisch|farm *f* fiŝfarmo (*vgl. dazu* ***Aquakultur***); ~**fauna** *f*, <*wiss*> ***Ichthyofauna*** *f Zool* fiŝfaŭno, iĥtiofaŭno; ~**filet** *n* fiŝfileo; ~**flosse** *f* naĝilo de fiŝo; ~**gabel** *f Hausw* fiŝforko; ~**gericht** *n Nahr* fiŝ[manĝ]aĵo (↑ *auch* ***²Zarzuela***); ~**geruch** *m* fiŝ-odoro; ~**geschäft** *n* fiŝvendejo; ~**gift** *n* fiŝveneno, <*wiss*> iĥtiotoksino; ~**gräte** *f* fiŝost[et]o

Fischgründe *Pl fischreiche Stellen*: ***die ~ bei Island*** la fiŝejoj ĉe Islando

Fisch|halle *f* fiŝvenda halo; ~**händler** *m* fiŝvendisto; ~**handlung** *f* fiŝvendejo; ~**haut** *f* fiŝa haŭto

fischig *Adj nach Fisch schmeckend* fiŝo-gusta; *nach Fisch riechend* fiŝ-odora

Fisch|katze *f* (Felis viverrina = Prionailurus viverrinus) *Zool* fiŝkato *[Vorkommen: S-China u. SO-Asien]*; ~**klops** *m Kochk* fiŝknelo; ~**konserve** *f* fiŝkonservaĵo; ~**konservenfabrik** *f* fabriko de fiŝkonservaĵoj; ~**korb** *m* korbo por fiŝoj; ~**kost** *f* fiŝa nutraĵo; ~**krähe** *f* (Corvus ossifragus) *Orn* fiŝkorvo *[Vorkommen: Ostküste der USA u. am nördl. Teil des Golfs von Mexiko]*

Fischkunde *f Zool* ↑ ***Ichthyologie***

Fisch|kutter *m Mar* fiŝista kutro; ~**laich** *m* fiŝfrajo, frajo de fiŝo(j) (*vgl. dazu* ***Fischeier***); ~**leim** *m* fiŝglu[aĵ]o (*vgl. dazu* ***Hausenblase***)

Fischlein *n* fiŝeto

Fisch|leiter *od* ~**treppe** *f* fiŝ-eskalo; ~**markt** *m Hdl* fiŝfoirejo, fiŝbazaro; *Wirtsch* fiŝmerkato; ~**mehl** *n* fiŝfaruno

Fischmelde *f Bot* ↑ *unter* ***Gänsefuß b)***

Fisch|messer *n Hausw* fiŝtranĉilo; ~**molche** *m/Pl, auch* ***Aalmolche*** *m/Pl* (*Gattung* Amphiuma) *Zool* amfiumoj *Pl*; ~**möwe** *f* (Larus ichthyaëtus) *Orn* granda nigrakapa mevo; ~**netz** *n, in der Donaufischerei auch <österr>* ***Daubel*** *f* fiŝkapta reto, *auch* fiŝista reto; *Schlepp-, Wadenetz* sejno

Fischotter *m* (*Gattung* Lutra) *Zool* lutro (↑ *auch* ***Fleckenhalsotter*** *u.* ***Seeotter***); ***europäischer*** (*od* ***eurasischer***) ~ (Lutra lutra) eŭropa (*od* eŭrazia) lutro; ***indischer*** ~ (Lutra perspicillata) hinda lutro; ***japanischer*** ~ (Lutra nippon) japana lutro; ***nordamerikanischer*** ~ (Lutra canadensis) kanada (*od* nordamerika) lutro; ***sumatranischer*** ~ *od* ***Sumatra-Fischotter*** (Lutra sumatrana) sumatra lutro

Fischpass *m* ↑ ***Fischdurchlasseinrichtung***

Fischprodukte *n/Pl Nahr* fiŝproduktoj *Pl*

Fisch|ragout *n* [*...ra'gu:*] *Kochk* fiŝraguo; ~**räucherei** *f* fiŝfumaĵejo

fischreich *Adj* fiŝ[o]riĉa *od nacgest* riĉa je fiŝoj

Fischreichtum *m* abundo da fiŝoj [en la maro]

Fischreiher *m Orn* ↑ ***Graureiher***

Fisch|restaurant *n* fiŝrestoracio; ~**reuse** *f* naso

Fischrogen fiŝfrajo *od (bes. Nahr)* fiŝovoj (↑ *auch* ***Botarga***); ***Speise*** (*bzw.* ***Produkt***) ***aus*** ~ *Nahr* frajaĵo

Fischsauce *f* fiŝsaŭco; ~**schleuse** *f* fiŝkluzo; ~**schuppe** *f* [fiŝ]skvamo

Fischschuppenkrankheit *f Med* ↑ ***Ichthyose***

Fisch|schwanz *m* fiŝvosto *od* fiŝa vosto; ~-**schwarm** *m ein Zug Fische* benko de fiŝoj; ~**soljanka** *f Kochk* fiŝsoljanko; ~**stäbchen** *n/Pl Nahr* fiŝaj fritpecoj *Pl*; ~**sterben** *n* mortado de [la] fiŝoj; ~**sülze** *f Nahr* fiŝgelatenaĵo; ~**suppe** *f Kochk* fiŝsupo (↑ *auch* ***Bouillabaisse***); ~**teich** *m* fiŝlag[et]o; ~**tran** *m* fiŝoleo (*vgl. dazu* ***Lebertran***)

Fischtreppe *f* ↑ ***Fischleiter***

Fischuhu *m Orn* fiŝgufo (↑ *auch* ***Sunda-Fischuhu***); ***brauner*** ~ ↑ ***Ceylon-Fischuhu***

Fisch|vergiftung *f* fiŝoveneniĝo; ~**verkäufer** *m* fiŝvendisto; ~**verkaufsstelle** *f* fiŝvendejo; ~**waren** *Pl* fiŝprodukt[aĵ]oj *Pl*

Fischweg *m* ↑ ***Fischdurchlasseinrichtung***

Fischzucht *f* fiŝbredado

Fischzüchter *m* fiŝbredisto

Fischzuchtteich *m* lag[et]o por fiŝbredado (*vgl. dazu* ***Fischteich***)

fiskalisch *Adj* fiska (*vgl. dazu* ***steuerlich***); ~***es Jahr***, *auch* ***Fiskaljahr*** *n Verw (Zeitraum, über den der Staatshaushalt läuft)* fiska jaro

Fiskus *m staatliche Finanzverwaltung bzw. der Staat als Eigentümer des Staatsvermögens* fisko (↑ *auch* ***Staatskasse***)

Fisolen *f/Pl* ↑ *unter* ***Bohne***

Fission *f Phys (Kernspaltung)* fisio

Fissur *f* (Fissura) *nur Fachspr Med* (*Einriss in die Haut bzw. Schleimhaut)* fisuro (↑ *auch* ***Anal-***, ***Zahnfissur*** *u.* ***Rhagade***)

Fistel *f* (Fistula) *Med* fistulo (↑ *auch* ***Anal-***, ***Bauchwand-***, ***Bronchial-***, ***Darm-***, ***Gallenblasen-***, ***Lungen-***, ***Nabel-***, ***Nieren-***, ***Rektal-***, ***Speichel-***, ***Steißbein-***, ***Urogenital-*** *u.* ***Zahnfistel***); ***äußere*** (***innere***) ~ ekstera (interna) fistulo

fistelförmig *Adj* fistul[o]forma

Fistelstimme *f Mus* falseto (*vgl. dazu* ***Falsettstimme***)

Fistulektomie *f Med (komplette operative Entfernung eines Fistelganges)* fistulektomio

fit *prädikatives Adj* fizike forta; *gesund* sana (↑ *auch* ***topfit***)

Fitislaubsänger *m* (Phylloscopus trochilus) *Orn* fitiso

Fitness *f* fizika forto (*od* sano)

Fittich *m geh od poet für «Flügel»* flugilo; *übertr auch* ŝirmo, protekto

Fitting *n Tech (Verbindungs- bzw. Anschlussstück bei Rohrleitungen)* fitingo

Fiume (*n*) ↑ ***Rijeka***

Fiumicino (*n*) *Hafen u. Seebad südwestl. von Rom* Fiumiĉino

fix *Adj umg: gewandt, flink* lerta, lertmova *od* facilmova; *schnell* rapida; *behend* vigla; ***eine ~e Idee*** fiksa ideo *od* sin trudanta ideo, obsedanta ideo; *Med* monomanio (*vgl. dazu* ***Monomanie***); ***~e Kosten*** *Pl* fiksaj kostoj *Pl*; ***~e Preise*** *m/Pl feste Preise* fiksitaj prezoj *Pl* ◇ ***~ und fertig*** *a) völlig fertig (Arbeit u.a.)* tute preta *b) total erschöpft* tute elĉerpita

Fixativ *n Foto* ↑ ***Fixiermittel***

fixen *intr abs: sich Rauschdrogen injizieren* sin injekti toksikon

Fixer *m* toksikmaniulo (*vgl. dazu* ***Drogenabhängige*** *u.* ***Heroinsüchtige***)

Fixierbad *n Foto* fiksbano

fixieren *tr* ***a)*** *Foto* fiksi ***b)*** *anstarren* fikse rigardi (***jmdn.*** iun) ***c)*** *bes. <schweiz> befestigen, festmachen* alligi, fiksi; *festsetzen, z.B. einen Termin* fiksi; ***fixiert*** *befestigt, festgemacht* fiksita

Fixieren *n* ***a)*** *Fototechnik, Textilveredlung* fiksado ***b)*** *auch* ***Fixierung*** *f das Anbringen od Befestigen von etw.* fiksado

Fixiermittel *n, auch* ***Fixativ*** *n Foto* fiksilo [por fotografaĵoj]

Fixstern *m Astron* fiksa stelo (*od auch* astro)

Fjord *m Geogr* fjordo; **~landschaft** *f* fjorda pejzaĝo

FKK = *Abk für* ***Freikörperkultur*** [↑ *dort*]

FKK|-Anhänger *m* adepto de nudismo, nudisto; **~-Strand** *m* nudista (*od* senvestaĵa) plaĝo

fl = *Abk für* ***Floren***

flach *Adj eben* ebena; *flach wie eine Platte, platt* plata; *seicht* malprofunda; *übertr* banala, plata (*vgl. dazu* ***trivial***); ***~er Absatz*** *m am Schuh* plata kalkanumo; ***~es Gelände*** *n* ebena tereno; ***das ~e Land*** *im Ggs zur Stadt* la kamparo; ***~e Stelle*** *f in einem Gewässer* malprofundaĵo; ***~er Teller*** *m Hausw* plata telero; ***mit ~em Boden*** platfunda; ***mit der ~en Hand*** per la plata mano

Flach|bärlapp *m* (*Gattung* Diphasium) difasio (↑ *auch* ***Alpenflachbärlapp***); **~bildschirm** *m TV* plata ekrano

flachbrüstig *Adj* platbrusta

Flachbrustvögel *m/Pl, Fachspr* ***Ratiten*** *Pl* (Ratitae) *Orn (flugunfähige Vögel, z.B. Strauße, Nandus u. Kiwis)* senkarinuloj *Pl* (*vgl. dazu* ***Kielbrustvögel***)

Flachdach *n Bauw* ebena tegmento; **~pfanne** *f eine Dachziegelart* du-folda tegolo (*vgl. dazu* ***Falzpfanne***)

Flachdruck *m Typ* platpreso, *i.e.S. (Offsetdruck)* ofsetpreso

Fläche *f* ***a)*** *flaches Gebiet, Ebene* eben[aĵ]o; *Areal, begrenzte Fläche* areo (↑ *auch* ***Landefläche***); *Grund~* bazo; *Gebiet, Terrain* tereno (↑ *auch* ***Anbaufläche***); *Oberfläche* surfaco; *Bahn [eines Ambosses od Hammers], ausgesprochen glatte Fläche auf einem Gegenstand (meist Tech)* faco ***b)*** *Geom (Begrenzungsfläche eines ebenflächigen Körpers)* edro, *(Flächeninhalt)* surfaco; ***ebene ~*** *Geom* ebena surfaco (↑ *auch* ***Rotationsfläche***)

Flacheisen *n Holzschneidekunst* plata gravurilo

flächendeckend *Adj]je nach Kontext:]* tutlanda, tutnacia, tutregiona, tuturba

Flächen|divergenz *f Geom* diverĝenco de surfaco; **~einheit** *f Geom* areounito

Flächeninhalt *m Geom* [enhavo de] areo; ***~ eines Dreiecks*** areo de triangulo

Flächenmaß *n Geom* mezuro de areo (*od* surfaco), *auch* areomezuro

Flächenmesser *m* ↑ ***Planimeter***

Flächenmessung *f Geom* ↑ ***Planimetrie***

Flächenraum *m* = ***Flächeninhalt***

flachfallen *intr umg für «nicht stattfinden» bzw. «ausfallen»* ne okazi

Flach|feile *f Handw* plata fajlilo; **~glas** *n, auch* ***Tafelglas*** *n* platvitro, *auch* plata vitro (*vgl. dazu* ***Pyrexglas***)

Flachheit *f* plateco; *übertr (das Banale od Triviale von etw.)* banaleco, trivialeco, *(flache Bemerkung)* banalaĵo, trivialaĵo (↑ *auch* ***Seichtheit***)

flachknotig *Adj Med (papulös)* papuloza

Flachkopfkatze *f* (Prionailurus planiceps) *Zool (eine südostasiat. Wildkatze)* platkapa kato

flachkronig *Adj Bot, Forstw* platkrona

Flachküste *f Geogr* ebena bordo

Flachland *n Geogr* ebena regiono (*vgl. dazu* ***Niederung***); *flaches Terrain* ebena tereno; **~gorilla** *m* (Gorilla gorilla gorilla) *Zool* ebenaĵa gorilo; **~tapir** *m* (Tapirus terrestris) *Zool* brazila (*od* sudamerika) tapiro

Flachmeer *n Geol* ↑ ***Epikontinentalmeer***

Flach|meißel *m des Tischlers od Chirurgen*

plata ĉizilo; ~**moor** *n Biol* plata marĉo; ~**pinsel** *m* plata peniko

Flachrelief *n Arch* ↑ ***Basrelief***

Flachs *m* ↑ *unter* ***Lein a)***; ***neuseeländischer*** ~ (*Gattung* Phormium) *Bot* formio

Flachsanbau *m Landw* kultivado de lino

Flachschlüssel *m* plata ŝlosilo

flachsen *intr salopp für «lustigen Unsinn machen»* ŝerce stultumi

Flachshechel *f* linkombilo

Flachsseide *f Bot* ↑ ***Kleeseide***

Flachs|spinnerei *f* linŝpinejo; ~**stroh** *n* lina pajlo

Flach|wurzler *m Bot* malprofund-radikanto; ~**zange** *f Handw* plata tenajl[et]o

Flackerlicht *n* flagrolumo

flackern *intr Fackel, Kerzenlicht, Lampe* flagri (*vgl. dazu* ***flimmern***; ↑ *auch* ***aufflackern***); ***beständig*** ~ flagradi; ***ein wenig*** (*od* ***ganz leicht***) ~ flagreti

Flackern *n* flagrado

Flackersterne *m/Pl, Fachspr auch engl.* ***flare stars*** *Pl Astron* flagraj steloj *Pl*

Flacourtie *f, auch* ***Madagaskarpflaume*** *f* (*Gattung* Flacourtia) *Bot* flakurtio (↑ *auch* ***Maronpflaume***)

Fladen *m* ***a)*** flano (↑ *auch* ***Blini***, ***Brotfladen***, ***Langosch***, ***Papadam*** *u.* ***Puri-Fladen***); *Krupuk (ein indonesisches Beigericht aus Kassavemehl und Garnelen od Fisch)* krupuko, *auch* salikopano ***b)*** ↑ ***Kuhfladen***

Fladenbrot *n Nahr* flanpano, *auch* platpano; ***türkisches*** ~ turka flanpano (↑ *auch* ***Lavasch***)

fladern ↑ ***stehlen***

Flagellanten *m/Pl*, ***Geißler*** *m/Pl Rel (Mitglieder religiöser Bruderschaften, die durch Geißeln Vergebung der Sünden zu erlangen suchten)* flagelantoj *Pl*

Flagellaten *n/Pl* (Flagellata) *Bot (Geißelalgen), Zool (Geißeltierchen)* flageluloj *Pl* (*vgl. dazu* ***Protozoen***; ↑ *auch* ***Lamblien***, ***Leishmania***, ***Phyto-*** *u.* ***Zooflagellaten***)

Flagellum *n, auch* ***Geißel*** *f Bewegungsorganell bei Mikroorganismen (Flagellaten)* flagelo

Flageolett *n Mus (kleine Pikkoloflöte [kleinster Typ der Schnabelflöte])* flaĝoleto

Flagge *f* flago *als Schmuck od Signal* (*vgl. dazu* ***Banner***, ***Fahne***, ***Stander*** *u.* ***Wimpel***; ↑ *auch* ***National-***, ***Pulver-***, ***Reederei-***, ***Signal-***, ***Start***, *u.* ***Zollflagge***); ~ ***der Vereinten Nationen*** flago de la Unuiĝintaj Nacioj; ***olympische*** ~ olimpika flago; ***die*** ~ ***einholen*** (*od* ***streichen***) malhisi la flagon; ***die*** ~ ***flattert im Wind*** la flago flirtas en vento; ***die*** ~ ***auf halbmast*** ~ ***hissen*** (*od* ***setzen***) hisi la flagon mastomeze; ***die weiße*** ~ ***schwenken*** svingi la blankan flagon

flaggen *intr abs* elmeti (*od* hisi) la flagon

Flaggenappell *m Mil* apelo sub la flago

Flaggendrongo *m Orn* ↑ ***Fahnendrongo***

Flaggenflosser *m* (*Gattung* Aulopus) *Ichth* aŭlopo *[Vorkommen: häufig vor Madeira, den Kanarischen Inseln u. NO-Afrika]*

Flaggenkunde *f* ↑ ***Vexillologie f***

Flaggen|mast *m* flagmasto; ~**missbrauch** *m bes. Mar* misuzo de flago; ~**schmuck** *m* flag-ornam[aĵ]o; ~**signal** *n bes. Mar* flagsignalo

Flagg|schiff *n* admiralŝipo; ~**stock** *m Fahnenstange* flagstango

flagrant *Adj offenkundig* evidenta (*vgl. dazu* ***in flagranti***)

Flak *f Mil* ↑ ***Flugabwehrkanone***

Flakartillerie *f Mil* kontraŭaviadila artilerio

Flakon *m od n Fläschchen [für Parfüm]* flakono

flambé *Adj Kochk* ↑ *unter* ***flambieren***

Flamberg *m Mittelalter ([mit beiden Händen geführtes] Landsknechtschwert mit geflammter Klinge)* flambergo

flambieren *tr Kochk* flambi; ***flambiert*** *od* ***flambé*** flambita

Flambiertisch *m im Restaurant* tablo por flambi plado(j)n

Flamboyant *m Bot* ↑ ***Flammenbaum***

Flame *m Bewohner von Flandern* flandro

Flamen *m Antike ([im alten Rom:] Opferpriester einer einzelnen Gottheit)* flamino

Flamenco *m 1. andalusischer Volksgesang 2. südspanischer Volkstanz* flamenko; ~-**Gitarre** *f Mus* flamenkogitaro

Flamin *od* **Flämin** *f* flandrino

Fläming *m eiszeitl. Höhenzug zw. Elbetal u. Baruther Urstromtal (Mark Brandenburg)* [altaĵa regiono] Flemingo

Flamingo *m* (*Gattung* Phoenicopterus) *Orn* flamengo, *<wiss> auch* fenikoptero (↑ *auch* ***Anden-***, ***Chile-***, ***Kuba-*** *u.* ***Zwergflamingo***); ***europäischer*** ~ *od* ***Rosaflamingo*** (Phoenicopterus ruber roseus) eŭropa (*od* roza) flamengo *[Vorkommen: in Südfrankreich, bes. im Rhônedelta]*; ***[Familie der]*** ~***s*** *m/Pl* (Phoenicopteridae) fenikopteredoj *Pl*

Flamingoblume *f Bot* ↑ ***Anthurie***

Flaminius (*m*) *Eig (röm. Staatsmann u. Feldherr [† 217 v. Chr.])* Flaminio
flämisch, *auch* ***flandrisch*** *Adj* flandra
Flämisch-Brabant (*n*) Flandra Brabanto *[Hptst.: Löwen]*
Flämisch[e] *n*, *auch* ***Vlaams*** *n Ling* la flandra [lingvo]
Flämmchen *od* **Flämmlein** *n* flameto
Flamme *f* ***a)*** flamo *auch übertr u. bildh* (↑ *auch* ***Gas-***, ***Löt-***, ***Schweiß-*** *u.* ***Stichflamme***); ***die ~ des Zorns*** *bildh* la flamo de la kolero; ***in ~n aufgehen*** [plene] forbruli, estiĝi la viktimo de la flamoj; ***etw. in ~n setzen*** [ek]flamigi ion; ***in ~n stehen*** esti en flamoj ***b)*** *übertr für «Geliebte»* amatino
flammen *intr entflammt sein* flami (*vgl. dazu* ***moirieren***)
Flammenbaum *m*, *auch* ***Feuerbaum*** *od* ***Flamboyant*** *m* (Delonix regia) *Bot (eine tropische Baumart mit scharlachroten Blüten [ursprüngliche Heimat: Madagaskar])* reĝa deloniko, *pop* flam-arbo *<einer der prachtvollsten Zierbäume der Tropen>*
Flammenblume *f Bot* ↑ ***Phlox***
flammend *Adj* flam[ant]a *auch übertr* (*vgl. dazu* ***lodernd*** *u.* ***leidenschaftlich***); *glühend* arda; ***~e Begeisterung*** *f* flama entuziasmo; ***eine ~e Rede halten*** fari flamantan paroladon
flammenförmig 1. *Adj* flam[o]forma **2.** *Adv* flam[o]forme
Flammen|meer *n* maro da flamoj; **~nävus** *m*, *auch* ***Feuermal*** *n*, ***Weinmal*** *n od selt* ***Weinfleck*** *m* (Naevus flammeus, *auch* Naevus vinosus) flama nevuso; **~werfer** *m Mil* flamĵetilo
Flammeri *m eine kalte Süßspeise* flamerio
Flamm|kohle *f eine hochbituminöse Steinkohle <bes. für Hydrierung u. Schwelung geeignet>* longflama karbo; **~kuchen** *m Kochk* flamkuko
Flämmlein *n* ↑ ***Flämmchen***
Flammpunkt *m*, *auch* ***Entflammungspunkt*** *m Phys (Temperatur, bei der die Dämpfe über einer Flüssigkeit entflammbar sind)* ekflama punkto
Flandern (*n*), *flämisch* ***Vlaanderen***, *franz.* ***Flandre*** *eine belgische Landschaft* Flandrio (↑ *auch* ***Ost-*** *u.* ***Westflandern***)
flandrisch ↑ ***flämisch***
Flanell *m Textil (auf der Oberseite gerauter Wollstoff)* flanelo (*vgl. dazu* ***Barchent***); **~anzug** *m* flanela kostumo; **~bluse** *f* flanela bluzo
flanellen *Adj aus Flanell [gemacht]* flanela
Flanell|hemd *n* flanela ĉemizo; **~hose** *f* flanela pantalono; **~rock** *m* flanela jupo
flanieren *intr hin und her spazieren* [sencele] promen[ad]i (↑ *auch* ***¹wandeln***)
Flanierstraße *f bes. in romanischen Ländern* korso
Flanke *f auch Mil* flanko *auch eines Gewindes od Zahnrads* (*vgl. dazu* ***Seite***); *Flügel* alo *auch Mil (einer kämpfenden Truppe)*; ***dem Gegner in die ~ fallen*** ataki la flankon de la kontraŭulo, flankataki la kontraŭulon (*od Mil* malamikon)
flanken *intr Sport* pasigi (*od* kiki) la pilkon en la mezon (*bzw.* al la alia flanko) [de la ludkampo]
Flanken|angriff *m Mil* flanka atako *od* atako de la flanko; **~ansicht** *f* flanka aspekto; *Draufsicht von der Seite* flanka vido
Flankenfeuer *n*, *auch* ***Längsbestreichung*** *f Mil* enfilado; ***mit ~ bestreichen***, *alt* ***enfilieren*** enfili
flankieren *tr* flanki; *eskortieren* eskorti
Flansch *m Tech (Vorrichtung [Ring, Schelle] zur Verbindung von Rohrstücken)* [tuba] flanĝo (*vgl. dazu* ***Fitting***; ↑ *auch* ***Kupplungsflansch***); ***aufgenieteter*** (***aufgeschraubter***) ~ surnitita (surŝraŭbita) flanĝo
Flanschverbindung *f Tech* flanĝa tubjunto
Fla-Panzer *m Mil* ↑ ***Flugabwehrpanzer***
Fla-Rakete *f Mil* ↑ ***Flugabwehrrakete***
Fläschchen *n*, *seltener* ***Fläschlein*** *n* boteleto (*vgl. dazu* ***Flakon***; ↑ *auch* ***Tropffläschchen***); ***ein ~ Parfüm*** flakono da parfumo
Flasche *f* ***a)*** botelo (*vgl.dazu* ***Pulle***; ↑ *auch* ***Bier-***, ***Feld-***, ***Glas-***, ***Korb-***, ***Mehrweg-***, ***Pfand-***, ***Plastik-***, ***Thermos-*** *u.* ***Weinflasche***); *fürs Baby* suĉbotelo; *[italienische] Korb*≗ *für Wein* flasko; *Phiole* fiolo; *Flakon* flakono; ***eine ~ Bier*** (***Wein***) botelo da biero (vino); ***eine ~ entkorken*** malkorki botelon; ***in ~n abfüllen*** *od* ***auf ~n ziehen*** enboteligi ◇ ***er ist eine [große] ~*** li estas [altranga] nulo *(Zam)* (*vgl. dazu* ***²Niete***) ***b)*** *Tech (Verbindung mehrerer Rollen [am Flaschenzug])* puliaro *od* pulioj *Pl*
Flaschenbauch *m* ventro de botelo
Flaschenbaum *m Bot* ↑ ***Annone***
Flaschen|bier *n* botelbiero, *auch* biero el [la] botelo; **~boden** *m* fund[aĵ]o de botelo *od* botelfundo
Flaschenbovist *m Mykologie* ↑ ***Flaschen-***

stäubling

flaschenförmig *Adj* botel[o]forma

Flaschen|gestell *n z.B. im Weinkeller* botelrako; ~**glas** *n* botela vitro

flaschengrün *Adj* boteloverda

Flaschen|hals *m* botelkolo *od* kolo de botelo; ~**halter** *m am Touren- od Rennrad* botelportilo; ~**inhalt** *m* enhavo de botelo; ~**kind** *n* botelobebo; ~**kürbis** *f* (Lagenaria vulgaris) *Bot, Nahr* kalabaskukurbo, *umg auch* botelkukurbo; ~**öffner** *m* botelmalfermilo *od* malfermilo por boteloj

Flaschenpfand *m* retropago por la botelo (*vgl. dazu* ***Pfandflasche***); ***den ~ [zurück]erhalten*** [re]ricevi la retropagon por la botelo

Flaschen|post *f* botelmesaĝo *od* enbotela mesaĝo; ~**stäubling** *m, auch* ***Birnenstäubling*** *m, pop* ***Flaschenbovist*** *m* (Lycoperdon perlatum) *Mykologie* pirforma likoperdo (*od pop* bovisteo); ~**teufelchen** *n* botel-diableto *od* diableto en botelo *<bekannt durch die gleichnamige Erzählung von R. L. Stevenson>*; ~**verschluss** *m Kronenverschluss* botelĉapeto

Flaschenzug *m, auch* ***Rollenzug*** *m Tech* takelo (*vgl. dazu* ***Talje***; ↑ *auch* ***Differenzial-*** *u.* ***Kettenflaschenzug***); ***mit einem ~ hochhieven*** levi per takelo

Fläschlein *n* ↑ ***Fläschchen***

Flaschner *m = reg für* ***Klempner*** [↑ *dort*]

Flatrate *f [günstiger] Pauschalpreis für die Nutzung von Internet und/oder Telefon* unusola tarifo

Flatterbinse *f* (Juncus effusus) *Bot* kerna junko

flatterhaft *Adj* flirtema; *oberflächlich* supraĵa; *unbeständig* malkonstanta

Flatterhund *m* (*Gattung* Pteropus) *Zool* pteropo, *auch* flughundo

flatterig = ***flatterhaft***

Flattermaki *m Zool* ↑ ***Pelzflatterer***

flattern *intr Fahne od Haare im Wind, Schmetterling, Vogel* flirt[ad]i (↑ *auch* ***auf-***, ***heraus-***, ***herum-***, ***umflattern*** *u.* ***wehen***); ***ein wenig ~*** flirteti; ***etw. ~ lassen*** flirtigi ion

Flattern *n* flirtado

Flattertiere *n/Pl Zool* ↑ ***Fledertiere***

Flatterulme *f* (Ulmus laevis) *Bot* longtiga ulmo

flattieren ↑ ***schmeicheln***

Flatulenz *f nur Fachspr Med* flatulenco (*vgl. dazu* ***Blähung*** *u.* ***Meteorismus***)

Flatus *m Fachspr Med* = ***Darmwind***

flau *Adj schwach* malforta; *Börse, Geschäft, Handel, Markt* febla, malvigla, malforta

Flauheit *f des Handels* febleco

Flaum *m* lanugo (↑ *auch* ***Daune***) *i.w.S. auch für* ***a)*** *«erster Bartwuchs [Milchbart]» od* ***b)*** *«zarter Flaum» [auf manchen Pflanzenteilen od Fruchtschalen]*; ~**eiche** *f* (Quercus pubescens) *Bot* lanuga kverko; ~**feder** *f Daune* lanugo

Flaumfingerkraut *n Bot* ↑ *unter* ***Fingerkraut***

Flaumtrespe *f Bot* ↑ *unter* ***Trespe***

Flausen *f/Pl umg: dummes Gerede* stulta babilaĵo (↑ *auch* ***Unfug***); *Ausflüchte* vana preteksto (*od* elturniĝo)

Flaute *f* ***a)*** *Mar (Windstille)* senventeco ***b)*** *Börse, Hdl, Wirtsch ([anhaltender] konjunktureller Niedergang)* depresio, *bildh auch* marasmo; *allg (Stagnation)* stagnado; ***der Handel ist*** (*od* ***steckt***) ***in einer ~*** la komerco estas (*od* vegetas) en marasmo

Flavia (*f*) *weibl. Vorname* Flavia

Flavin *n Biochemie (in der Natur weit verbreitetes, wasserlösliches gelbes Pigment der Vitamin-B2-Reihe)* flavino

Flavio *od* **Flavius** (*m*) *röm. Eig* Flavio

Flavone *n/Pl Biochemie (gelbliche Pflanzenfarbstoffe)* flavonoj *Pl [in der Pflanzenwelt weit verbreitete, farblose od gelbliche Glykoside, die mit den Anthocyanidinen verwandt sind]*

Flavonoide *n/Pl Biochemie (eine umfangreiche Gruppe weit verbreiteter pflanzlicher phenolischer Naturstoffe)* flavonoidoj (↑ *auch* ***Bioflavonoide***)

Flavonolignan *n Biochemie* flavonolignano

Flavoproteine *n/Pl Biochemie* flavoproteinoj *Pl*

Flechte *f* ***a)*** *Fachspr* ***Lichen*** *m Med (Knötchen*º*, kleinpapulöses Exanthem)* liĥeno, *früher auch* likeno (↑ *auch* ***Bartflechte a)***); ***chinesische*** (*od* ***indische*** *od* ***ostasiatische***) ~ *Tropenmedizin* ↑ ***Tokelau*** ***b)*** *Bot* (Lichenes) *Symbiose aus Algen u. Pilzen* likeno (↑ *auch* ***Becher-***, ***Krusten-***, ***Landkarten-***, ***Laub-***, ***Lungen-***, ***Mauer-***, ***Rentierflechte***, ***Roccella***, ***Strauchflechte*** *u.* ***Umbilicaria***) ***c)*** *Flechtwerk, etw. Geflochtenes* plektaĵo

flechten *tr Haar, Korb, Kranz, Matte, Rotan* plekti; ***das Haar [zu einem Zopf] ~*** plekti la harojn [por formi harplektaĵon]

Flechten *n* plektado

flechtenartig *Adj* ***a)*** *Med* liĥenoida ***b)*** *Bot* likenoida

Flechten|behang *m Bot (Besatz [der Bäume] mit Flechten)* likena kovraĵo; ~**heide** *f* likena erikejo

Flechtenkunde *f Bot* ↑ ***Lichenologie***

Flechten|moor *n Biol* likena marĉo; ~**stoffe** *m/Pl Bot* likenaj substancoj *Pl*; ~**tundra** *f Geogr* likena tundro

Flechtenwüste *f*: ***arktische*** ~ arkta likena dezerto

Flecht|simse *f*, *auch* ***[gemeine] See-*** *od* ***Teichsimse*** *f* (Scirpus lacustris); ~**werk** *n* plektaĵo, *(aus der Korbweide) auch* vimenaĵo; ~**zaun** *m* plektobarilo

Fleck *m* ***a)*** *andersfarbige od beschmutzte Stelle* makulo (↑ *auch* ***Altersflecken***, ***Kehl-*** *u.* ***Quetschfleck***); *i.e.S. (Fett~)* grasa makulo, *(Schmutz~)* makulo de malpuraĵo, *(Tinten~)* inkmakulo, *auch* inka makulo (↑ *auch* ***Blut-***, ***Öl-***, ***Schimmel-***, ***Spritz-*** *u.* ***Teerfleck***); ***blauer*** ~ *Schlagmal* bluaĵo; ***jmdm. einen blauen*** ~ ***schlagen*** bati bluaĵon al iu ***b)*** *reg für «Flicken»* flikpeco, flikaĵo ***c)*** *Ort, Stelle* loko, ejo; ***nicht vom*** ~ ***kommen*** *nicht vorankommen* ne progresi, ne gajni terenon; *sich nicht bewegen können* ne povi moviĝi; *keinen Erfolg haben* havi nenian sukceson ◇ ***er hat das Herz auf dem rechten*** ~ *bildh* li havas la kapon sur ĝusta loko; *i.e.S. (er ist ein mutiger Mensch)* li estas kuraĝa homo, *(er ist seelensgut)* li estas [ege] bonkora ***d)*** *Kochk, Nahr:* ~***e*** *Pl reg* ↑ ***Kaldaunen***

[1]**Flecken** *m reg* = ***Fleck b)***

[2]**Flecken** *m größeres Dorf* iom granda vilaĝo

Flecken|ente *f* (Anas sparsa) *Orn* blankmakula anaso; ~**halsotter** *m* (Lutra maculicollis) *Zool* makulkola lutro; ~**kiwi** *m* (Apteryx owenii) *Orn* eta makula kivio *[Vorlommen: endemisch auf der Südinsel von Neuseelamd]*; ~**lepra** *f* (Lepra maculosa) *Med* makula lepro

fleckenlos senmakula; *i.w.S. sauber* pura

Flecken|musang *m* (Paradoxurus hermaphroditus) *Zool* azia palm-civeto *[Vorkommen: in tropischen Wäldern Süd- u. SO-Asiens]*; ~**panthervogel** *m* (Pardalotus punctatus) *Orn* punkta pardaloto; ~**python** *m* (Antaresia maculosa) *Zool* makula pitono *[Vorkommen: Australien]*; ~**ralle** *f* (Pardirallus maculatus) makulita ralo *[Vorkommen: Kuba, Mittel- u. Südamerika]*; ~**reiniger** *od* **Fleckentferner** *m*, *auch* ***Fleckenwasser*** *n Hausw* makul-forigilo

Fleckenroller *m Zool* ↑ ***Pardelroller***

Flecken|scherenschwanz *m* (Enicurus maculatus) *Orn* makula fork[o]vostulo *[Vorkommen: Afghanistan, Kaschmir, Nepal u. Süd-Tibet]*; ~**uhu** *m* (Bubo africanus) *Orn* afrika (*od* makula) gufo *[Vorkommen: Schwarzafrika u. in Teilen Arabiens]*

Fleckenwasser *n Hausw* ↑ ***Fleckenreiniger***

Fleckenweihe *f* (Circus assimilis) *Orn* punktocirkuo *[Vorkommen: SO-Astralien, Ostindonesien]*

Fleckfieber *n Med* ↑ ***Flecktyphus***

fleckig *Adj* makul[hav]a (*vgl. dazu* ***gefleckt***); *beschmutzt* malpura; *voller [Straßen]-Dreck* kota, kotokovrita

Fleck|schnabelente *f* (Anas poecilorhyncha) *Orn* makulbeka anaso; ~**typhus** *m*, *auch* ***Fleckfieber*** *n*, *pop auch* ***Hungertyphus*** *m* (Typhus exanthematicus) *Med* ekzantema tifo

Flederhund *m Zool* ↑ ***Flughund***

Fledermaus *f allg Bez* vesperto; *große fruchtfressende Art* (Pterocarpus edulis) granda pteropo (↑ *auch* ***Blattnase***, ***Bulldoggfledermaus***, ***Flatterhund***, ***Gelbflügel-***, ***Gespenst-***, ***Hudgson-***, ***Mops-***,***Ohren-***, ***Wasser-***, ***Vampir-***, ***Zweifarb-*** *u.* ***Zwergfledermaus***); ***rote*** ~ (Lasiurus borealis) ruĝa vesperto *[Vorkommen: USA östl. der Rocky Mountains bis N-Mexiko]*; ***[Familie der] Fledermäuse*** *f/Pl* vespertedoj *Pl*

Fledertiere *n/Pl*, *auch* ***Flattertiere*** *n/Pl Zool*: ***[Ordnung der]*** ~ (Chiroptera) ĥiropteroj *Pl* *<ca. 1100 Arten>* (↑ *auch* ***Fledermaus***)

Flederwisch *m*, *auch* ***Federwisch*** *m Hausw (zum Abstauben)* plumviŝilo

[1]**Flegel** *m Dresch~* draŝilo

[2]**Flegel** *m grober Mensch* krudulo; *frecher Kerl* impertinentulo (*vgl. dazu* ***Lümmel***)

Flegelei *f* krudaĵo; grand[eg]a impertinentaĵo; *harte Worte* krudaj vortoj *n/Pl*

flegelhaft *Adj ungehobelt* kruda; *lümmelhaft* bubaĉa

Flegeljahre *Pl* petol-aĝo

flehen *intr* insiste peti, petegi; *bettelnd* petadi pri almozo(j) (↑ *auch* ***erflehen*** *u.* ***beten***)

Flehen *n* insista petado, peteg[ad]o

Fleisch *n* ***a)*** *von Schlachttieren od Wild (nicht von Fischen, Muscheln usw.)* viando (*vgl. dazu* ***Fleischgericht***; ↑ *auch* ***Frisch-, Hunde-, Kalb-, Koch-, Lamm-, Räucher-, Rind-, Salz-, Schabe-, Schlacht-, Schweine-, Suppen-, Wellfleisch*** *u.* ***Wildbret***); *Anat (von Mensch od Tier)* karno *auch Fleisch der Pflanzen, bes. Fruchtfleisch*; ~ ***aus ökologischer Landwirtschaft*** viando el ekologia agrikulturo; ~ ***fressende Tiere*** *n/Pl* karnomanĝ[ant]aj (*od* <*wiss*> karnovoraj) bestoj *Pl*, *auch* karnomanĝuloj *od* karnovor[ul]oj *Pl*; ***fettes*** (***geräuchertes***) ~ grasa (fumaĵita) viando; ***rohes*** ~ kruda viando, *beim Schlachter* buĉoviando; ***weißes*** ~ *(Kalb-, Kaninchen- od Geflügelfleisch)* blanka viando; ***ein Stück*** ~ *Nahr* peco da viando; *aus einem Beutetier herausgerissen* peco da karno ◇ ***aus*** ~ ***und Blut*** el sango kaj karno; ***das*** ~ ***ist willig, doch der Geist ist schwach*** *bibl* la spirito ja estas fervora, sed la karno estas malforta; ***mein eigenes*** ~ ***und Blut*** *mein Kind bzw. meine Kinder* mia karno kaj mia sango; ***den Weg allen*** ~ ***es gehen*** *d.h. sterben* iri la vojon de ĉiu karno; ***in*** ~ ***und Blut übergehen*** eniĝi en la sangon ***b)*** *kurz für «Fruchtfleisch»* fruktokarno, pulpo

fleisch|ähnlich *Adj* karnosimila; *Nahr* viandosimila; ~**artig** *Adj* karneca; *Nahr* viandeca

Fleischbeere *f Bot* ↑ ***Alpenjohannisbeere***

Fleisch|beschauer *m im Schlachthaus* inspektisto de buĉoviando; ~**brühe** *f*, <*österr*> ***Rindsuppe*** *f Kochk* buljono, *selt* viandobuljono

Fleischer *m*, <*österr*> ***Fleischhauer*** *m Schlächter* buĉisto; *Fleischhändler* viandovendisto, *auch* viandisto

Fleischerblume *f Bot* ↑ ***Kuckuckslichtnelke***

Fleischerei *f*, <*österr*> ***Fleischhauerei*** *f* ***a)*** *auch* ***Fleischerladen*** *m* viandejo, viandbutiko (↑ *auch* ***Metzgerei***) ***b)*** *auch* ***Schlächterei*** *f* buĉejo

Fleischerladen *m* ↑ ***Fleischerei a)***

Fleischermesser *n* buĉista tranĉilo

Fleischeslust *f sinnliche Begierde* karna volupto, avido de la karno

Fleisch|esser *m* viandomanĝulo; ~**extrakt** *m Nahr* viand-ekstrakto *od* ekstrakto el viando; ~**fabrik** *f* viandofabriko; ~**farbe** *f* karnokoloro

fleisch|farben *od* ~**farbig** *Adj* karnokolora; ~**fressend**, *auch* ***Fleisch fressend***, <*wiss*> ***karnivor*** *Adj Zool* karnomanĝ[ant]a, karnovora *auch Pflanze*

Fleisch|fresser *m/Pl*, <*wiss*> ***Karnivoren*** *m/Pl* (Carnivora) *Zool* karnomanĝuloj, <*wiss*> karnivor[ul]oj *Pl*; ~**gabel** *f* viandoforko

Fleischgelee *n Nahr* ↑ ***Aspik***

Fleisch|gericht *n*, *selt* ***Fleischspeise*** *f Kochk* viandaĵo, viandoplado, manĝaĵo kun (*bzw.* el) viando; ~**händler** *m* viandovendisto

Fleischhauer *m* ↑ ***Fleischer***

Fleischhauerei *f* ↑ ***Fleischerei***

fleischig *Adj* karnohava, karnoplena; *Nahr* kun multa viando *nachgest*; *dick* dik[karn]a; *pulpös, aus weicher Masse bestehend* pulpa (↑ *auch* ***sukkulent***)

Fleisch|industrie *f* viand[o]industrio; ~**klopfer** *m Hausw* viandobatilo; ~**klops** *m* viandoknelo; ~**klößchen** *n* viand[o]buleto; ~**konserven** *f/Pl* viandokonservaĵoj *Pl*; ~**kost** *f* vianda nutraĵo

fleischlich *Adj* ***a)*** *aus Fleisch* el karno ***b)*** *sinnlich, geschlechtlich* seksa, *(bibl)* karna

fleischlos *Adj Kost* senvianda; *vegetarisch* vegetara; ~***e Ernährung*** *f* senvianda nutrado, vegetarismo; ~***e Kost*** *f* senvianda dieto

Fleischmaschine *f* ↑ ***Fleischwolf***

Fleisch|messer *n* viandotranĉilo; ~**produktion** *f* viandoproduktado; ~**salat** *m* vianda salato *od* viandosalato; ~**scheibe** *od* ~**schnitte** *f* viandotranĉaĵo *od* tranĉaĵo el viando; ~**sorte** *f* viandospeco

Fleischspeise *f* ↑ ***Fleischgericht***

Fleisch|suppe *f* viandosupo; ~**tomate** *f eine bes. dickfrüchtige Varietät* karnotomato; ~**topf** *m Hausw* viandopoto; ~**vergiftung** *f* vianda veneniĝo (*od* toksiĝo); ~**verkäufer** *m* viandovendisto, *auch kurz* viandisto (*vgl. dazu* ***Fleischer***); ~**verkaufsstelle** *f* viandovendejo; ~**waren** *f/Pl* viandoproduktoj *Pl*, viandaĵoj *Pl*

Fleischwarze *f Med*: ***kleine*** ~, *auch* ***Karunkel*** *f* (Caruncula) karunklo

Fleischwerdung *f* = ***Inkarnation***

Fleisch|wolf *m*, <*österr*> *u. reg* ***Fleischmaschine*** *f Hausw* viandomuelilo; ~**wunde** *f Med* karnovundo; ~**wurst** *f Nahr* viandokolbaso

Fleiß *m* diligent[ec]o; *[beharrliche] Emsigkeit, Pflichteifer* asidueco (↑ *auch* ***Bienenfleiß***)

fleißig 1. *Adj* diligenta (↑ *auch* ***überfleißig***); *arbeitsam* laborema; *beharrlich* persista; *eifrig* fervora (*vgl. dazu* ***dienstbeflissen***) **2.** *Adv* ***a)*** diligente; persiste; fervore ***b)*** *umg*

(häufig) ofte, multe, *(regelmäßig)* regule
flektierbar *Adj Gramm* fleksiebla
flektieren *Gramm (ein Nomen bzw. ein Verb abwandeln)* fleksii; *i.e.S. (deklinieren)* deklinacii, modifi [vorton] laŭ deklinacio, *(konjugieren)* konjugacii, modifi [vorton] laŭ konjugacio
flektierend *Adj*: *~e* ***Endungen*** (***Sprachen***) *f/Pl Ling* fleksiaj finaĵoj (lingvoj) *Pl*
flennen *intr pej für «weinen»* plor[aĉ]i
Flensburg (*n*) *eine kreisfreie Stadt im Norden Schleswig-Holsteins* Flensburgo
Flerovium *n Chem* flerovio
fletschen *tr*: ***die Zähne*** ~ montri (*od* vidigi *od* elŝovi) la dentojn
Flevoland (*n*) *aus dem 1950 eingedeichten Ostflevoland und dem 1968 trockengelegten Südflevoland bestehender Polder im Ijsselmeer [eine niederländische Provinz (Hauptort: Lelystad)]* Flevolando
Flex® *f Handw* ↑ ***Winkelschleifer***
flexibel *Adj [leicht] biegsam* [facile] fleksebla (*vgl. dazu* ***elastisch***); *anpassungsfähig* adaptokapabla, adaptiĝema; *veränderbar* ŝanĝebla; ***er ist sehr*** ~ li povas rapide (*od* senprobleme) adaptiĝi al novaj cirkonstancoj (*bzw.* nova situacio *u.a.*)
Flexibilität *f Biegbarkeit* fleksebleco; *Anpassungsfähigkeit* adaptokapablo, adaptiĝemo
Flexion *f* ***a)*** *Gramm (Bildung der grammatischen Formen eines Wortes)* fleksio; ~ ***durch Umlaut [im Wortinnern]*** *in einigen Sprachen zur Bildung des Plurals (dt.* Baum – Bäume) infleksio ***b)*** *Physiol (Beugung, z.B. des Fußes)* fleks[ad]o (*vgl. dazu* ***Plantarflexion***)
flexionslos *Adj Gramm* senfleksia
Flexor *m* (*fachsprachl. für* ***Beugemuskel*** *od* ***Beuger*** *m*) *Anat* fleksoro, fleksa muskolo
Flexur *f fachsprachl.* = ***Biegung***
Flibustier *m Gesch ([westindischer] Freibeuter m [im 17. u. 18. Jh.])* flibustro
flicken *tr [notdürftig] ausbessern, z.B. Reifen, Wäsche* fliki; *stopfen (z.B. Strümpfe) auch* fadenfliki (↑ *auch* ***an-*** *u.* ***zusammenflicken***); ***Schuhe*** ~ fliki ŝuojn, *auch* ŝufliki
Flicken *m* ***a)*** flikado (↑ *auch* ***¹Stopfen***) ***b)*** *aufgesetztes Stoffstückchen* flikpeco; *geflickte Stelle* flik[it]aĵo; ***einen*** ~ ***aufsetzen*** surkudri flikpecon; ***seine Hose war voller*** ~ lia pantalono estis plena de flikaĵoj
Flick|schneider *m pej* fuŝtajloro; *~***schuster** *m meist pej* ŝuflikisto; *~***werk** *n* flik[it]aĵo *auch übertr*; *schlechte Arbeit, Pfusch* fuŝlaboraĵo, fuŝaĵo; *~***zeug** *n* flikilaro, ilaro necesa por fliki *auch für Fahrradschläuche*
Flieder *m* (*Gattung* Syringa) *Bot* siringo (↑ *auch* ***Sommerflieder***); ***afghanischer*** ~ (Syringa afghanica) afgana siringo; ***chinesischer*** ~, *auch* ***Königsflieder*** *m* (Syringa chinensis) ĉina siringo (↑ *auch* ***Peking-Flieder***); ***gemeiner*** ~ (Syringa vulgaris) *Blüten violett, rötlich od weiß* ordinara siringo; ***kleinblättriger*** ~ (Syringa microphylla) malgrandfolia siringo *[Vorkommen in N-China]*; ***persischer*** ~ (Syringa persica) persa siringo *od* lilako; ***ungarischer*** ~ (Syringa jisukaea) hungara siringo
Fliederberberitze *f Bot* ↑ *unter* ***Mahonie***
Flieder|blüte *f das Blühen des Flieders* florado de siringo; *~***busch** *m* siringoarbedo
fliederfarben *od* **fliederfarbig** *Adj* siringokolora (*vgl. dazu* ***lila***)
¹Fliege *f* ***a)*** muŝo (↑ *auch* ***Bies-***, ***Eintags-***, ***Flor-***, ***Frucht-***, ***Frühlings-***, ***Haus-***, ***Käse-***, ***Köcher-***, ***Schlamm-***, ***Schmeiß-***, ***Schnabel-***, ***Schweb-***, ***Skorpions-***, ***Stech-***, ***Stein-***, ***Stuben-*** *u.* ***Taufliege***); ***weiße*** ~ (Aleurodes) *Ent (ein Pflanzenschädling)* aleŭrodo ◇ ***zwei*** *~****n mit einer Klappe schlagen*** trafi du celojn per unu ŝtono *(Zam) od* bati du muŝojn per unu bato *(Zam)*, *auch* unu pafo duobla trafo ***b)*** papilia kravato; *Schleifenkrawatte* bant[o]kravato ***c)*** *kleines Bärtchen zw. Unterlippe und Kinn* muŝo
²Fliege *f*, *Fachspr auch* ***Musca*** *f* (*Abk* ***Mus***) *Astron (ein kleines Sternbild des südlichen Himmels [in nördlichen Breiten nicht sichtbar])* Muŝo
fliegen ***a)*** *tr ein Flugzeug u.Ä. steuern* stiri aviadilon; ***einen Drachen*** ~ (*od* ***steigen***) ***lassen*** flugigi kajton ***b)*** *intr* flugi (***nach*** al), *(als Pilot)* aviadi; ***im Kreis*** ~ rondflugi; ***nach oben*** ~ flugi supren, *auch* ascendi (↑ *auch* ***hochfliegen***); ***nach unten*** ~ flugi malsupren, *auch* descendi (↑ *auch* ***hinunterfliegen***); ***ich fliege morgen nach Singapur*** morgaŭ mi flugos al Singapuro ◇ ***auf die Nase*** ~ *umg* fali rekte sur la vizaĝon
Fliegen *n* flugado; *Flugwesen* aviado
fliegend *Adj*: *~****er Fisch*** *m* ↑ ***Flugfisch***; *~****er Händler*** *m* vaganta vendisto (*vgl. dazu* ***Straßenhändler***); *~****e Hitze*** *f Med (plötzlich auftretende Hitzewelle im Körper)* subita sento de varmo [en la korpo]; *~****er Hund*** *m*

(*Gattung* Pteropus) *Zool* flughundo, <*wiss*> pteropo; ~*er Start m Sport* fluga starto

Fliegendreck *m* ***a)*** muŝfekaĵo ***b)*** *Typ* ↑ ***Blockade b)***

Fliegenfänger *m aus Leimpapier* muŝpapero; ***einen ~ aufhängen*** pendigi muŝpaperon

Fliegen|fischen *n* (*auch* ***Flugangeln*** *genannt*) muŝfiŝkaptado; ~**gaze** *f*, *auch* ***Fliegengitter*** *n* kontraŭmuŝa gazo (↑ ***Gazefenster***); ~**gewicht** *n eine Gewichtsklasse im Boxen, Gewichtheben u. Ringen* muŝpezo; ~**klatsche** *f* muŝbatilo; ~**larve** *f* larvo de muŝo, *auch* muŝa larvo

Fliegenpilz *m* (Amanita muscaria) *Mykologie* muŝfungo, <*wiss*> muŝamanito; ***brauner ~*** (Amanita muscaria var. umbrina) bruna muŝfungo

Fliegenragwurz *f* (Ophrys muscifera) *Bot* muŝa ofriso; ~**schmutz** *m* muŝfekaĵo

Fliegenschnäpper *m Orn* muŝkaptulo (↑ *auch* ***Atlas-***, ***Gelbbrust-***, ***Gold-***, ***Halsband-***, ***Kaschmir-***, ***Paradiesschnäpper***, ***Seiden-***, ***Tahitimonarch***, ***Trauer-*** *u.* ***Zwergfliegenschnäpper***); ***brauner ~*** *od* ***[ostasiatischer] Braunschnäpper*** *m* (Muscicapa latirostris) bruna muŝkaptulo *[Vorkommen: Brutgebiete in Ostsibirien, Japan u. im Himalaya]*; ***grauer ~*** (Muscicapa striata) griza muŝkaptulo; ***[Familie der] ~*** *Pl* (Muscicapidae) muŝkaptuledoj *Pl*

Fliegenschwarm *m* svarmo da muŝoj

Flieger *m* ***a)*** aviadisto; *i.e.S. Pilot* piloto (↑ *auch* ***Jagd-***, ***Kampf-*** *u.* ***Marineflieger***) ***b)*** *auch umg für «Flugzeug»* aviadilo

Fliegerabwehr *f Mil* kontraŭaviadila defendo; ~**kanone** *f* (*Kurzw* ***Flak*** *f*) kontraŭaviadila kanono; ~**rakete** *f* kontraŭaviadila raketo

Flieger|abzeichen *n* aviadista insigno; ~**alarm** *m* aviadila alarmo; ~**angriff** *m* aviadila atako; ~**bombe** *f* aviadila bombo, *auch* aviobombo

Flieger|horst *m Mil* [milit]aviadila bazo; ~**klub** *m* aviadista klubo; ~**kombination** *f Fliegeranzug aus einem Stück* aviadista kombineo; ~**rennen** *n Radsport* biciklosprinto

fliehen ***a)*** *tr geh für «meiden» od «sich fernhalten von»* eviti, eskapi ***b)*** *intr* forkuri (***vor*** antaŭ); *flüchten* fuĝi (***aus*** el; ***in*** en *mit Akk*; ***nach*** al; ***vor*** antaŭ); *Zuflucht nehmen (bes. um Schutz od Unterschlupf zu finden)* rifuĝi (***nach*** al *bzw.* en *mit Nom*); ***ins Ausland ~*** fuĝi eksterlanden, fuĝi en fremdlandon; *im Ausland Zuflucht finden* rifuĝi en eksterlando ◇ ***die Zeit flieht*** *geh für «die Zeit vergeht wie im Fluge»* la tempo fuĝas

Fliehkraft *f Phys* centrifuga forto

Fliese *f Bodenplatte* slabo (↑ *auch* ***Boden-*** *u.* ***Steinfliese***), *(falls glasiert:)* glazurita slabo; *Keramik*≗ *(für den Boden)* ceramika slabo, *(als Wand*≗*)* ceramika kahelo (*vgl. dazu* ***Kachel***)

fliesen, *auch* ***kacheln***, <*schweiz*> *auch* ***plätteln*** *tr* kaheli

Fliesen|fußboden *m* planko tegita per ceramikaj slaboj, *auch* kahela planko; ~**schneider** *m ein Werkzeug zum Trennen von Keramikfliesen* kaheltranĉilo

Fließband *n*, *auch* ***Montageband*** *n* ĉenstablo, *auch* munt[ad]bendo; ***am ~ arbeiten*** labori ĉe la ĉenstablo (*od* ruliĝanta stablo), *umg auch* ĉenlabori; ***Arbeit am ~*** ĉenlaboro

Fließband|arbeit *f*, *auch* ***Arbeit f am Fließband*** ĉenstabla laboro, *pop auch* ĉenlaboro; ~**arbeiter** *m* ĉenstabla laboristo; ~**fertigung** *f* ĉenstabla fabrikado

fließen *intr* flui (***nach*** al) *auch übertr* (↑ *auch* ***ab-***, ***auseinander-***, ***heraus-***, ***herbei-***, ***hindurch-***, ***hinein-***, ***um-***, ***vorbei-***, ***weg-*** *u.* ***zusammenfließen***); *Zeit auch* forflui, pasi; ~ (*od* ***laufen***) ***lassen*** *z.B. einen Wasserstrahl* fluigi; ***sanft ~*** *rinnen, rieseln* flueti; ***tal[ab]wärts ~*** flui alvale, *auch* descendi [al la valo]; ***zu ~ beginnen*** ekflui; ***Blut fließt aus der Wunde*** sango [el]fluas el la vundo; ***ins Meer ~*** flui en la maron; ***Tränen flossen ihr über die Wangen*** larmoj fluis sur ŝiaj vangoj

Fließen *n* fluado

fließend **1.** *Adj*: ~***er Verkehr*** *m* fluanta trafiko; ~***es Wasser*** *n* flu[ant]a akvo; *Leitungswasser* akvodukta akvo *od* akvo el [la] akvodukto, *umg* kranakvo (*vgl. dazu* ***Trinkwasser***); ***in ~em Englisch*** en flua angla lingvo **2.** *Adv*: ***er spricht ~ Esperanto*** li flue parolas Esperanton

Fließgewässerkunde *f* ↑ ***Potamologie***

Fließkunde *f Phys* ↑ ***Rheologie***

Fließlaut *m Phon* ↑ ***Liquid[laut]***

Fließmarken *od* **Strömungsmarken** *Pl*, *auch* ***Fließ-*** *od* ***Strömungswülste*** *m/Pl Geol (konisch erhabene Schichtflächenmarken, deren stromaufwärts gerichtetes Ende*

rundlich abgestumpft od wulstig ist, während sich das andere Ende verbreitert u. allmählich in die Schichtfläche übergeht) flumarkoj *Pl*

Flight Deck *n* ↑ ***Cockpit***

flimmern *intr **a)*** scintili, *Sterne auch* trembrili (↑ *auch* ***glitzern*** *u.* ***szintillieren***) ◇ ***es flimmert mir vor den Augen*** punktoj flugas antaŭ miaj okuloj ***b)*** *Herz* ↑ ***fibrillieren***

Flimmerskotom *n, auch* ***Augenflimmern*** *n Med u. Ophthalmologie (auch ein Symptom der Migräne)* scintila skotomo

flink 1. *Adj* lertmova, facilmova; *mit schnellen Bewegungen* rapidmova, *auch* facila; *rasch* rapida (*vgl. dazu* ***munter*** *u.* ***wendig***); ***mit einer ~en Bewegung*** per rapida (*od auch* facila) movo **2.** *Adv* lertmove, facilmove; rapide

Flinkheit *f* lertmoveco; *Schnelligkeit* rapideco (↑ *auch* ***Agilität*** *u.* ***Munterkeit***)

Flint *m Min* ↑ ***Feuerstein***

Flinte *f* fusilo, pafilo; *Jagd*≗ *(Jagdgewehr mit glattem Lauf)* ĉasfusilo (↑ *auch* ***Büchse b)***); ***doppelläufige*** ~ du-tuba pafilo ◇ ***die ~ ins Korn werfen*** tro rapide rezigni [pri io], *bildh auch* lasi sinki la manojn

Flintglas *n Opt (bleihaltiges Glas mit hoher Lichtbrechung [ein sehr reines Glas])* flinto

Flip *m Eis- u. Rollkunstlauf* flipo

Flipflop *n elektronische Kippschaltung mit zwei stabilen Zuständen, z.B. für Computer, Speicher u. Zählgeräte* flipflopo, *auch* du--stabila elemento

Flipper[automat] *m ein Spielautomat* flipero

Flirt *m* flirto (↑ *auch* ***Liebelei***); ***einen ~ mit jmdm. anfangen*** komenci flirton kun iu *od* ekflirti kun iu

flirten *intr* flirti (***mit jmdm.*** kun iu) (↑ *auch* ***schäkern*** *u.* ***tändeln***); ***sie flirtet ausgesprochen gern*** ŝi tre ŝatas flirti *od* ŝi estas [tre] flirtema

Flirten *n, auch* ***Flirterei*** *f* flirtado

Flitter *m* brilaĵo; *pej* falsbrilaĵo

Flittergras *n Bot* ↑ ***Zittergras***

Flitterwochen *Pl, poet* ***Honigmond*** *m* mielmonato, *(Zam) auch* miela tempo; ***in den ~ sein*** pasigi la mielmonaton; ***die ~ auf Bali verbringen*** pasigi la mielmonaton sur insulo Balio

flitzen *intr umg (schnell rennen)* rapide kuri, *(laufen was das Zeug hält)* forgalopi, galopi antaŭen, *(schnell fahren)* rapide veturi, rapid[eg]i

FLN *f* ↑ *unter* ***Befreiungsfront***

Flöckchen *n kleine (od feine) Flocke* floketo

Flocke *f* floko (↑ *auch* ***Staubflocke***); *Schnee*≗ flok[et]o de (*od auch* el) neĝo *od* neĝofloko, *umg auch* neĝero; *Woll*≗ flok[et]o de (*od auch* el) lano; ***der Schnee fällt in dichten ~n*** la neĝo falas en densaj flokoj

flocken *intr sich zu Flocken ballen* flokiĝi

Flockenblume *f* (*Gattung* Centaurea) *Bot* centaŭreo (↑ *auch* ***Berg-***, ***Malteser-***, ***Perücken-***, ***Rispen-***, ***Skabiosen-***, ***Sonnenwend-***, ***Stern-*** *u.* ***Wiesenflockenblume***); ***schwarze*** ~ (Centaurea nigra) nigra centaŭreo

flockig *Adj* floka; *wie Flocken* kiel floko(j) *nachgest*

Flockungsreaktion *f Serologie* reakcio de flokiĝado

Floh *m* (*Gattung* Pulex *u. verwandte Gattungen*) *Ent, Parasitologie* pulo (↑ *auch* ***Blatt-***, ***Hühner-***, ***Hunde-***, ***Katzen-***, ***Menschen-***, ***Ratten-***, ***Sand-***, ***Strand-*** *u.* ***Wasserfloh***); ***[Ordnung der] Flöhe*** *Pl* (Aphaniptera) *Ent* afanipteroj *Pl*

Flohbiss *m* piko de pulo

flöhen *tr*: ***ein Tier ~*** serĉi pulojn en la felo de besto

flohfarben *Adj gelbbraun* pulokolora

Flohgras *n Bot* ↑ *unter* ***Perlgras***

Flohknöterich *m Bot* ↑ *unter* ***Knöterich***

Flohkraut *n Bot **a)** auch* ***Flohsamen*** (*Gattung* Pulicaria) pulikario, *pop* pulherbo; ***kleines*** ~ (Pulicaria vulgaris) malgranda pulikario ***b)*** (*Gattung* Polygonum) ↑ *unter* ***Knöterich c)*** (*Gattung* Plantago): ***indischer Flohsamen*** (Plantago indicum, *auch* Plantago ovata) hinda plantago *<die Samenschalen werden als ballaststoffreiches Nahrungsmittel eingesetzt>*

Flohkrebse *m/Pl, Fachspr* ***Amphipoden*** *Pl* (*Ordnung* Amphipoda) *Zool* amfipodoj *Pl* (↑ *auch* ***Gammarus***)

Flohmarkt *m* pulbazaro (↑ *auch* ***Trödelmarkt***)

Flohsamen *m Bot* ↑ ***Flohkraut a)***

Flop *m Reinfall* malsukceso, fiasko

Floppy Disk *f EDV* mol-disko

[1]**Flor** *m feinfädiges, durchsichtiges Gewebe* krepo; *Trauer*≗ *(in Indonesien: weiß)* funebra krepo (↑ *auch* ***Trauerschleier***)

[2]**Flor** *m Blumen*≗ floraro; *geh auch für «Blüte»* floro; *das Blühen* [plena] florado, *bildh*

auch plej luksa florado; *übertr* bukedo; ***ein ~ schöner Frauen*** bukedo (*od auch* tuta aro) da belaj virinoj

[1]**Flora** (*f*) *Myth (römische Göttin der Blumen, Gärten u. des Frühlings [ihr zu Ehren das Fest Floralia])* Flora *auch weibl. Vorname*

[2]**Flora** *f **a)** Pflanzenwelt [eines Gebietes]* flaŭro (↑ *auch* ***Alpen-***, ***Gebirgs-***, ***Hochgebirgs-***, ***Kultur-***, ***Mediterran-***, ***Meeres-***, ***Mikro-***, ***Mittelmeer-***, ***Nival-***, ***Pilz-*** *u.* ***Steppenflora***); ***einheimische*** (***wild wachsende***) ~ indiĝena (sovaĝa) flaŭro ***b)*** *Bakt, Med (Gesamtheit der Bakterien, die bestimmte Organe bewohnen)* flaŭro (↑ *auch* ***Bakterien-***, ***Darm-***, ***Mund-*** *u.* ***Scheidenflora***)

floral *Adj 1. blumig, geblümt, mit Blumen 2. Blumen od Blüten betreffend bzw. darstellend* flora

Floreal *m, auch* ***Blütenmonat*** *m 8. Monat des franz. Revolutionskalenders [20. April bis 19. Mai]* florealo

Floren *m* (*Abk* ***fl***) *Gesch (im 13. Jh. geprägte florentinische Münze)* floreno

Floren|bezirk *od* ~**distrikt** *m Bot* flaŭra distrikto

Florence (*f*) *weibl. Vorname* Florenca

Floren|element *n Pflanzengeografie (Bestandteil der Flora eines Gebietes)* flaŭra elemento; ~**region** *f Gebiet innerhalb der Florenreiche, das sich durch bestimmte Florenelemente auszeichnet u. eine verhältnismäßig einheitliche Flora besitzt* flaŭra regiono; ~**reich** *n Biogeografie (floristisch, ökologisch u. vegetationskundlich gekennzeichneter Flächenteil der Erde, der sich grundlegend durch das Fehlen od Auftreten bestimmter Pflanzengruppen [bes. Familien] von anderen Teilen unterscheidet* flaŭra regno

Florentiner *m Einwohner von Florenz* florencano; ~**hut** *m* florenca ĉapelo

Florentinerin *f Einwohnerin von Florenz* florencanino

florentinisch *Adj* florenca

Florenz (*n*), *ital.* ***Firenze*** *eine Stadt in Oberitalien u. Hptst. der gleichnamigen Provinz* Florenco *[1865-71 Hptst. des Königreichs Italien]*

Flores (*n*) *zweitgrößte Insel der Provinz Nusa Tenggara Timur/Indonesien* Floreso; ~**eule** *f* (Otus alfredi) *Orn* floresa orelstrigo *[Vorkommen: endemisch auf Flores/Indonesien]*; ~**see** *f Seegebiet nördl. von Sumbawa u. Flores* Floresa Maro; ~**straße** *f Wasserstraße zw. Flores u. den Inseln Solor und Andonara/Indonesien* Floresa Markolo

Florett *n Fechten* rapiro; ***französisches*** (***italienisches***) ~ franca (itala) rapiro

Florettfechten *n* rapirskermado *od* skerm[ad]o per rapiro

Florfliege *f* (*Gattung* Chrysopa) *Ent* krizopo; ***[Familie der]*** ~**n** *Pl* (Chrysopidae) krizopedoj *Pl*

Florian (*m*) *männl. Vorname* Floriano

Florianópolis (*n*) *Hptst. des südbrasilian. Gliedstaates Santa Catarina* Florianopolo

Florida (*n*) (*Abk* ***Fla.***, *[postalisch]* ***FL***) *Halbinsel u. Bundesstaat der USA [Hptst.: Tallahassee]* Florido; ~ ***Bay*** *f* Golfo de Florido

Florida|-Buschhäher *m* (Aphelocoma coerulescens) *Orn* makis-garolo; ~**-Eibe** *f* (Taxus floridiana) *Bot* florida taksuso *[Vorkommen: endemisch in Florida]*; ~**-Panther** *m* (Puma concolor coryi) *Zool* florida pumo <*eine Unterart des amerik. Pumas*>; ~**straße** *f Meeresstraße zw. Florida im Norden u. Kuba im Süden* Florida Markolo; ~**strom** *m warme Wasserstraße entlang der SO-Küste Floridas* Florida Fluo

Florideophyceae *Pl Bot (eine Klasse der Rotalgen)* florideoficoj *Pl*

Floridianer *m Bewohner von Florida* floridano

floridianisch *Adj* florida

florieren *intr* prosperi, floradi (↑ *auch* ***blühen*** *u.* ***gedeihen***)

florierend *Adj Handel* prospera, floranta

Florin *m Name von Gold- od Silbermünzen verschiedener Länder* floreno

Floristik *f* floristiko (↑ *auch* ***Ökofloristik***)

Floristin *f* floristino (*vgl. dazu* ***Blumenhändlerin***)

Floskel *f bloße Redensart* frazaĵo; *inhaltsarme Redensart* senenhava parolturno; *stereotyper Ausdruck* stereotipa esprimo

Floß *n Holz*≗ floso *auch zur Personenbeförderung*; ***auf*** (*od* ***mit***) ***dem*** (*od* ***einem***) ~ ***fahren*** veturi per floso

flößbar *Adj Fluss* surflosebla

Floßbrücke *f* ↑ ***Schwimmbrücke***

Flosse *f **a)** Zool* naĝilo (↑ ***After-***, ***Bauch-***, ***Brust-***, ***Haifisch-***, ***Rücken-*** *u.* ***Schwanzflosse***); *Sport (Schwimm*≗*)* [kaŭĉuka] naĝilo ***b)*** *Mar* ↑ ***Kielflosse***

Flösselhecht *m* (*Gattung* Polypterus) *Ichth* poliptero; ***[Familie der] ~e*** *Pl* (Polypteridae) polipteredoj *Pl*

flößen ***a)*** *tr*: ***Holz ~*** flosigi lignon ***b)*** *intr triften* flosi; *abs (mit dem Floß fahren)* veturi per floso

Flößen *n z.B. von Baumstämmen* flosigado, transportado per flosado; *Triften* flosado

Flossenfüßer *Pl Zool* ↑ *unter* ***Robbe***

Flossenfüßler *m/Pl, i.w.S.* ***Ruder-*** *od* ***Flügelschnecken*** *f/Pl* (Pteropoda) *Zool (Schnecken mit ruderartigem Fuß)* pteropodoj *Pl*

flossenlos *Adj ohne Flossen* sennaĝila

Flößer *m* flosigisto [de arbotrunkoj]; *jmd., der auf dem Floß arbeitet* flosisto

Flößerei *f* flosigado [de arbaj trunkoj]; **~-agent** *m* agento de flosigado

Fößerin *f* flosistino

Floß|fahrt *f* flosvetur[ad]o; **~gasse** *f am Wehr* floskanalo

Flößholz *n, auch* ***Triftholz*** *n* flosligno

Flöte *f Mus* fluto (*vgl. dazu* ***Fujara*** *u.* ***Nay***; ↑ *auch* ***Bambus-***, ***Block-***, ***Hirten-***, ***Pan-***, ***Piccolo-***, ***Quer-***, ***Rohr-*** *u.* ***Zauberflöte***); ***~ spielen*** ludi fluton

[1]**flöten** *intr* fluti *auch Vogel*, ludi fluton

[2]**flöten** *nur in*: ***~ gehen*** *umg für «verloren gehen»* perdiĝi

flötenartig *Adj u. Adv*: ***~ [klingend]*** flutosona

Flöten|spiel *n* flutlud[ad]o; **~spieler** *od* **Flötist** *m* ludisto de fluto *od* flutisto; **~töne** *m/Pl* flutotonoj *Pl*

Flötenwürger *m Orn*: ***grauer ~*** (Cracticus torquatus) griza kraktiko (↑ *auch* ***Würgerkrähe***); ***[Familie der] ~*** *Pl* (Cracticidae) kraktikedoj *Pl*

Flötist *m* ↑ ***Flötenspieler***

flott 1. *Adj* ***a)*** *Mar (schwimmfähig)* naĝopreta ***b)*** *Kleidungsstück* ŝika, [junece] eleganta ***c)*** *rasch* rapida, vigla ***d)*** *flink* lertmova, facilmova; ***er ist ein ~er Tänzer*** li dancas tre verve (*od* ritme), *i.w.S. auch* li estas bonega dancanto ***e)*** *unbekümmert* senzorga; *ausschweifend, verschwenderisch* diboĉa, disipa **2.** *Adv*: ***~ arbeiten*** lert[mov]e kaj rapide labori

Flotte *f Mar* floto; *Kriegs*~ militfloto; *Seestreitkräfte* mar-armeo, maraj [milit]fortoj *Pl* (↑ *auch* ***Fischerei-***, ***Hafen-***, ***Handels-***, ***Kriegs-***, ***Luft-*** *u.* ***Tankerflotte***)

Flotten|basis *f od* **~stützpunkt** *m Mil* militflota bazo; **~parade** *f, auch* ***Flottenschau*** *f* parado de la [milit]floto, *alt* militflota revuo

flottmachen *tr*: ***wieder ~*** *Mar (ein auf Grund gelaufenes Schiff)* renaĝigi ŝipon [kiu surgrundiĝis]

Flöz *n, auch m Bergb (abbaubare [Kohle- od auch Erz-] Schicht)* tavolo da tero (*bzw.* rokaĵo), kiu enhavas karbon (*bzw.* ercon *u.a.*); *Kohlen*~ karbotavolo

Fluch *m Verwünschung, Unheil, Unsegen* malbeno; *Lästerung* blasfemo; *Schimpfwort (als Beschimpfung)* sakr[aĵ]o (↑ *auch* ***Bannfluch***); ***auf diesem Haus liegt ein ~*** sur tiun domon falis malbeno; ***der ~ löst sich*** forfalas la malbeno

fluchen *intr* malbeni, sakri, *als Gotteslästerung auch* blasfemi (*vgl. dazu* ***verdammen*** *u.* ***verfluchen***); ***jmdm. ~*** ***geh*** malbeni iun

[1]**Flucht** *f* fuĝo (↑ *auch* ***Fahrer-*** *u.* ***Massenflucht***); ***die ~ nach vorn*** la fuĝo antaŭen; ***die ~ ergreifen*** fuĝi, forkuri por savi sin; ***jmdn. in die ~ schlagen*** fuĝigi iun (*vgl. dazu* ***zurückschlagen***)

[2]**Flucht** *f Reihe, z.B. von Zimmern* vico [da]; *Schar* aro [da]

fluchtartig *Adv* kvazaŭfuĝe; *i.w.S. blitzschnell* fulmrapide

flüchten *intr [ent]fliehen* fuĝi (***aus*** el; ***nach*** al; ***vor*** antaŭ, *auch* de); *umg für «ausreißen» od «davonlaufen»* forkuri (*vgl. dazu* ***verschwinden***); ***[sich] ~*** *um Schutz zu finden* rifuĝi (***in*** en *mit Nom*; ***nach*** *bzw.* ***zu*** al); *sich retten* sin savi; ***ins Ausland ~*** fuĝi eksterlanden

Fluchtfahrzeug *n* fuĝveturilo

Fluchtgefahr *f* risko de fuĝo; ***es besteht ~*** ekzistas la risko de fuĝo

Fluchthelfer *m* fuĝohelpanto

flüchtig 1. *Adj* ***a)*** fuĝinta, forkurinta *auch Verbrecher* ***b)*** *Chem* volatila, *(leicht verdampfend)* vaporiĝema ***c)*** *von kurzer Dauer, vorübergehend* pasanta, *([von Natur aus] vergänglich)* pasema, *(kurzlebig)* efemera ***d)*** *oberflächlich* supraĵa; *sorglos* senzorga; ***nur einen ~en Eindruck von etw.*** (***jmdm.***) ***haben*** havi nur supraĵan impreson de io (iu) ***e)*** *episodisch, vorübergehend, sich nebenher abspielend* epizoda **2.** *Adv*: ***~ betrachten*** (***lesen***) supraĵe rigardi (legi); ***jmdn. nur ~ kennen*** koni iun nur supraĵe

Flüchtigkeit *f Chem* volatileco; vaporiĝemo;

Vergänglichkeit pasemo, efemereco; *Oberflächlichkeit* supraĵeco; *Sorglosigkeit* senzorgeco

Flüchtigkeitsfehler *m* erar[et]o pro (*od* sekve de) malatento

Flüchtling *m jmd., der flieht* fuĝanto; *jmd., der geflohen ist* fuĝinto; *Zufluchtsuchender* rifuĝanto; *jmd., der irgendwo (bes. im Ausland) Zuflucht genommen od Unterschlupf gefunden hat* rifuĝinto; *Weggelaufener* forkurinto; *Vertriebener* forpelito (*vgl. dazu* ***Asylant*** *u.* ***Migrant***); ↑ *auch* ***Klima-, Kriegs-*** *u.* ***Wirtschaftsflüchtling***); ***politischer ~*** politika rifuĝanto (*bzw.* rifuĝinto) (↑ *auch* ***Emigrant***)

Flüchtlingsfrage *f* = ***Flüchtlingsproblem***

Flüchtlingshilfe *f* helpo al [la] rifuĝintoj

Flüchtlingskonvention *f* ↑ *unter* ***Genfer 1.***

Flüchtlings|krise *f* rifuĝinto-krizo, krizo [kaŭze] de rifuĝintoj; ~**lager** *n* tendaro por rifuĝintoj; ~**politik** *f* politiko pri (*od* rilate al) rifuĝintoj; ~**problem** *n* rifuĝinto-problemo; ~**status** *m* rifuĝanto-statuso; ~**strom** *m* rifuĝantofluo *bzw.* fluo de rifuĝantoj

Flucht|möglichkeit *f* ebleco por fuĝi; ~**stab** *m Geodäsie* celstango; ~**verdacht** *m* suspekto de fuĝo; ~**versuch** *m* fuĝoprovo *od* provo de fuĝo; ~**weg** *m* fuĝovojo

Flug *m* ***a)*** flugo (↑ *auch* ***Anschluss-, Blind-, Charter-, Direkt-, Erkundungs-, Formations-, Gleit-, Hochzeits-, Höhen-, Inland[s]-, Jungfern-, Langstrecken-, Last-Minute-, Linien-, Nacht-, Nonstop-, Routine-, Rück-, Sink-, Sonder-, Spiral-, Steig-*** *u.* ***Sturzflug***); ***stabiler ~*** stabila flugo; ***zwei Stunden ~ bis ...*** duhora flugo ĝis ...; ***den ~ fortsetzen*** daŭrigi la flugon (**nach** al, *auch* ĝis); ***im ~e*** en la flugo, fluge; *sehr schnell* rapidege; ***in vollem ~e*** plenfluge; ***die Zeit verging wie im ~e*** la tempo pasis rapidege (*od i.w.S.* preskaŭ nerimarkite); ***während des ~es*** dum la flugo, *auch* dumfluge ***b)*** *Schwarm [von Bienen, Vögeln]* svarmo; ***ein ~ Tauben*** svarmo da kolomboj

Flugabwehr *f Mil* kontraŭaviadila defendo; ~**artillerie** *f Mil* kontraŭaviadila artilerio; ~**batterie** *f Mil* kontraŭaviadila baterio; ~**geschütz** *n od* ~**kanone** *f* (*Kurzw* ***Flak*** *f*) *Mil* kontraŭaviadila kanono; ~**panzer** *m* (*Kurzw* ***Fla-Panzer***) *Mil* kontraŭaviadila tanko; ~**rakete** *f* (*Kurzw* ***Fla-Rakete***) *Mil* kontraŭaviadila raketo

Flugangeln *n* ↑ ***Fliegenfischen***

Flugapparat *m Flugw* flugaparato, ***~ ohne Motorantrieb*** aeroframo

Flugasche *f* flugcindro (*vgl. dazu* ***Aschenregen*** *u.* ***Feinstaub***); ~**beton** *m* flugcindra betono

Flugbahn *f Phys* trajektorio; *Raumf* orbito; ***die ~ eines Geschosses*** trajektorio de obuso (*bzw.* kuglo *u.a.*)

Flug|begleiterin *f* stevardino; ~**benzin** *n* aviada benzino

Flugbesatzung *f* = ***Flugzeugbesatzung***

Flug|bild *n Orn* flugbildo; ~**blatt** *n*, <österr> *auch* ***Flugzettel*** *m* flugfolio; ~**boot** *n Mar* hidroplano, *pop* flugboato; ~**brand** *m Phytopathologie* nuda smuto; ~**daten** *Pl* flugdatenoj *Pl*; ~**[daten]schreiber** *m*, *umg* ***Blackbox*** *f Flugw* flugregistrilo *od* registrilo de [la] flugdatenoj, *umg* nigra skatolo; ~**dauer** *f* flugdaŭro; ~**drache** *m* (*Gattung od die Art* Draco volans) *Zool* flugdrako (*vgl. dazu* ***Papierdrachen***; ↑ *auch* ***Agame***)

Flugechse *f Paläozoologie* ↑ ***Flugsaurier*** *u.* ***Pterodactylus***

Flügel *m* ***a)*** *von Insekten od Vögeln* flugilo (↑ *auch* ***Fittich***), *Fachspr Ent auch* pterigo (↑ *auch* ***Deck-, Hinter-, Insekten-*** *u.* ***Vorderflügel***); ***die ~ ausbreiten*** etendi (*od auch* disvastigi) la flugilojn; ***mit den ~n schlagen*** frap[ad]i per la flugiloj (*vgl. dazu* ***flattern***) ◇ ***die ~ hängen lassen*** *keine Hoffnung mehr haben* perdi la esperon; *mutlos werden* fariĝi senkuraĝa ***b)*** *der Windmühle, des Propellers od der Schiffsschraube* alo; *eines Fensters, einer Tür* alo, klapo; *Flugw (Tragfläche)* planeo, *auch* alo (↑ *auch* ***Deltaflügel***); *Tech (der Flügelmutter)* aleto ***c)*** *Bauw (Seitenteil, z.B. eines Gebäudes)* alo; *Flanke, Seite* flanko; *Mil (einer kämpfenden Truppe)* alo *od* flanko; ***vom rechten ~ aus angreifen*** *Mil* ataki de la dekstra alo (*od* flanko) ***d)*** *Pol*: ***der rechte ~ dieser Partei*** la dekstra alo de tiu partio ***e)*** *Anat (Lungen~, Nasen~* [↑ *dort*] *u.a.)* lobo ***f)*** *Mus* koncertpiano (↑ *auch* ***Stutzflügel***)

Flügel|altar *m Rel* aloaltaro; ~**baum** *m* (*Gattung* Pterocarpus) *Bot (eine tropische Gattung der Schmetterlingsblütler)* pterokarpo; ~**binde** *f Orn (farblich abgesetzte Zeichnung mancher Vogelflügel [z.B. beim Buchfink])* flugilbendo

Flügelfell *n Ophthalmologie* ↑ ***Pterygium***

flügelförmig 1. *Adj* flugilforma; aloforma **2.** *Adv* flugilforme; aloforme (*vgl. dazu*

Flügel)

Flügelfrucht *f Bot* samaro, *(falls zweiflügelig, z.B. des Ahorns)* du-samaro; ~**baum** *m* (*Gattung* Pterocarpus) *Bot (eine trop. Gattung der Schmetterlingsblütler)* pterokarpo (*vgl. dazu* ***Manilapadoukbaum***)

Flügel|gambit *n Schach* flanka gambito; ~**ginster** *m* (Genista sagittalis) *Bot* ala genisto; ~**johanniskraut** *n* (Hypericum tetrapterum) *Bot* flugila hiperiko

flügellahm *Adj übertr (schwach)* malforta, *(kraftlos)* senenergia

Flügelmal *n Ent* ↑ ***Stigma d)***

Flügel|mann *m* (*Pl:* ***Flügelleute***) *Sport* flanka ludisto (*od* avanulo); ~**marke** *f Hühnerzucht* kokomarko; ~**mutter** *f Handw* alet-ŝraŭbingo; ~**paar** *n Ent* flugilparo (↑ *auch* ***Elytren***); ~**rad** *n Tech* helicrado

Flügelradpumpe *f Tech* ↑ ***Propellerpumpe***

Flügelrakete *f Mil* flugila raketo, *auch* misilo

Flügelross *n* ↑ ***Pegasus a)***

Flügel|schiene *f am Herzstück einer Weiche* frog-alo; ~**schlag** *m* flugilbato

Flügelschnecken *f/Pl Zool* ↑ ***Flossenfüßler***

Flügel|signal *n Eisenb (Signalmast mit beweglichen Armen)* semaforo, braksignalilo; ~**spannweite** *f z.B. eines Greifvogels* [flugila] enverguro (*vgl. dazu* ***Spannweite***); ~**spindelstrauch**, *auch* ***geflügelter Spindelbaum*** *od* ***Korkflügelstrauch*** *m* (Euonymus alata) *Bot* alohava evonimo *[ursprünglich aus Japan u. Zentralchina stammend]*; ~**spitze** *f eines Vogels* flugilpinto; *eines Flugzeugs* alopinto; ~**tür** *f* duklapa pordo

Flügelyam *f Bot* ↑ ***Großyam***

Flügelzellenpumpe *f Tech* padela pumpilo

Flugerlebnis *n* flugtravivaĵo *od* travivaĵo dum flugo

flugfähig *Adj* flugkapabla, *auch* flug[i]pova (↑ *auch* ***flügge***)

Flug|feld *n* flug-kampo (*vgl. dazu* ***Flughafen***); ~**fisch** *m*, *umg* ***fliegender Fisch*** *m* (*Gattung* Exocoetus *u. verwandte Gattungen*) flugfiŝo, <*wiss*> ekzoceto

Flugfrosch *m Zool* ↑ ***Java-Flugfrosch***

Fluggast *m* pasaĝero de (*od* en) aviadilo, aviada pasaĝero

flügge *Adj* flug[i]pova (↑ *auch* ***flugfähig***)

Flug|geschwindigkeit *f* flugrapid[ec]o, *eines Flugzeugs auch* aviorapido; ~**gesellschaft** *f* flugkompanio, aviada kompanio (↑ *auch* ***Billigfluggesellschaft***)

Flughafen *m* (*Bildzeichen* ✈) flughaveno; *Flugplatz* aerodromo (↑ *auch* ***Ausweich-***, ***Regional-*** *u.* ***Zentralflughafen***); ~**angestellte** *m* flughavena deĵoranto; *f* flughavena deĵorantino; ~**gebäude** *n* flughavena konstruaĵo; ~**kontrollturm** *m*, *umg auch* <*engl*> ***Tower*** *m* [flughavena] kontrolturo; ~**polizei** *f* flughavena polico; ~**restaurant** *n* flughavena restoracio; ~**seelsorge** *f Kirche* animzorgado en flughaveno

Flughafer *m Bot* ↑ ***Windhafer***

Flughöhe *f* flug-alto, altitudo; ***absolute*** ~ *od* ~ ***über Grund*** (*od* ***über NN)*** *Flugw* absoluta altitudo

Flughörnchen *n* (Sciuropterus russicus) *Zool* sciuroptero, *pop* flugsciuro

Flughühner *n/Pl Orn*: ***[Familie der]*** ~ *Pl* (Pteroclidae) pterokledoj *Pl* (↑ *auch* ***Braunbauch-*** *u.* ***Kronenflughuhn***)

Flughund *m*, *auch* ***Flederhund*** *m* (*Gattung* Pteropus) *Zool (eine große fruchtfressende Fledermausart)* pteropo, *pop* flughundo (↑ *auch* ***Graukopf-Flughund***, ***Kalong*** *u.* ***Samoa-Flughund***); ***roter*** ~ *od* ***Madagaskar-Flughund*** (Pteropus rufus) *(eine auf Madagaskar auftretende Art)* rufa (*od* madagaskara) pteropo

Flugingenieur *m* ↑ ***Bordingenieur***

Flug|insekten *n/Pl* (*Unterklasse* Pterygota) *Ent* flugilaj insektoj *Pl*; ~**kapitän** *m* flugkapitano; ~**karte** *f* flugbileto; ~**kontrollsystem** *n* flugkontrolsistemo; ~**lärm** *m* aviadila bruo; ~**lehrer** *m* fluginstruisto; ~**linie** *f* aerlinio, flugvojo (*vgl. dazu* ***Flugroute***); *Fluggesellschaft* flugkompanio, aviada kompanio; ~**loch** *n am Bienenstock od Nistkasten* flugtruo; ~**lotse** *m* flugkontrolisto

Flugmakis *m/Pl Zool* ↑ *unter* ***Pelzflatterer***

Flug|manöver *n* flugmanovro; ~**modell** *n flugfähiges u. eigenstabiles Kleinstflugzeug (unter 5 kg)* flugmodelo; ~**muskel** *m eines Insekts od Vogels* flugmuskolo; ~**muskulatur** *f* flugmuskolaro; ~**parade** *f des Torwarts* fluga parato; ~**passagier** *m* aviada pasaĝero, pasaĝero [de (*od* en) aviadilo]; ~**personal** *n* aviadila personaro; ~**pionier** *m* flugpioniro; ~**plan** *m* flughoraro

Flugplatz *m* aerodromo, *meist gemeint: Flughafen* flughaveno; ***jmdn. vom*** ~ ***abholen*** akcepti iun en la flughaveno

Flugpost *f* ↑ ***Luftpost***

Flug|reise *f* flugvojaĝo, [en]aviadila vojaĝo;

~**reisende** *m* flugvojaĝanto (↑ *auch* ***Fluggast***); ~**reservierung** *f* flugrezervado; ~**richtung** *f* flugdirekto; ~**route** *f*, *auch* ***Flugweg*** *m* flugitinero, *auch* flugvojo *(auf Karten u. dgl. vorgesehener Flugkorridor)* flugtrako

flugs *Adv veraltend für «schnell»* rapide; *i.w.S. ohne zu zögern* senhezite

Flug|sand *m* flugsablo; ~**saurier** *m*, *auch* ***Flugechse*** *f Paläozoologie* flugsaŭro, <*wiss*> pterosaŭro (↑ *auch* ***Pteranodon*** *u.* ***Rhamphorhynchus***); ~**schau** *f* aviada spektaklo

Flugschein *m* flugbileto; ~**schalter** *m auf Flughäfen* flugbileta giĉeto

Flugschreiber *m* = ***Flugdatenschreiber***

Flug|schrift *f* pamfleto; ~**schule** *f* fluglernejo; ~**sicherheit** *f* flugsekur[ec]o, sekureco dum flugado (*od* dum la flugo); ~**simulator** *m* flugadsimulilo *od* simulilo de flugado; ~**sport** *f*, *umg auch* ***Fliegerei*** *f* aviada sporto; ~**stabilität** *f Flugw* flugstabileco; ~**steig** *m*, *Fachspr auch engl.* ***Gate*** [*ge:t*] *n Flugw* pordo [por eniri la flug-kampon]; ~**strecke** *f* flugitinero; ~**tauglichkeit** *f* flugtaŭgeco

Flugtaxi *n* ↑ ***Lufttaxi***

Flug|technik *f des Vogels* tekniko de flugado, flugtekniko; *Flugw* tekniko de aviado, *auch* flugtekniko; ~**ticket** *n* flugbileto; ~**überwachung** *f* kontrolo de aviada trafiko

flugunfähig *Adj* neflugipova

Flug|unfall *m*, *umg* ***Flugzeugunglück*** *n* aviadila akcidento; ~**verbindung** *f* komuniko per aviadilo; ~**verbot** *n* malpermeso de flugoj; ~**verbotszone** *f* zono de malpermeso de flugoj; ~**verkehr** *m*, *auch* ***Luftverkehr*** *m* aviada trafiko, aertrafiko

Flugweg *m* ↑ ***Flugroute***

Flug|wegdiagramm *n* diagramo de flugvojoj; ~**werk** *n am Heck einer Rakete* empeno

Flugwesen *n*, <*schweiz*> ***Aviatik*** *f* aviado

Flugwetter *n*: ***gutes*** ~ bona vetero por flugado

Flugwild *n Jagd* ↑ ***Federwild***

Flugzeit *f* flugdaŭro

Flugzettel *m* ↑ ***Flugblatt***

Flugzeug *n* aviadilo, *Fachspr (bes. in Zus) auch* avio, *alt od selt* aeroplano *od* flugmaŝino (↑ *auch* ***Airbus***, ***Amphibien-***, ***Aufklärungs-***, ***Bomben-***, ***Delta-***, ***Düsen-***, ***Enten-***, ***Fracht-***, ***Gleit-***, ***Großraum-***, ***Jagd-***, ***Kampf-***, ***Kurzstrecken-***, ***Passagier-***, ***Post-***, ***Propeller-***, ***Radar-***, ***Raketen-***, ***Rettungs-***, ***Segel-***, ***Sonder-***, ***Spionage-***, ***Turbinen-***, ***Turboprop-***, ***Überschall-***, ***Ultraleicht-***, ***Verkehrs-*** *u.* ***Wasserflugzeug***); ***ein*** ~ ***vom Typ ...*** aviadilo de la tipo ...; ***im Landeanflug befindliches*** ~ alteriĝanta aviadilo; ***anfliegendes*** ~ alproksimiĝanta aviadilo; ***einmotoriges*** ~ unumotora aviadilo; ***mit dem*** ~ ***ankommen*** alveni per aviadilo, *umg auch* aviadile alveni; ***ein*** ~ ***besteigen*** *od* ***an Bord eines*** ~***s gehen*** eniri aviadilon; ***mit dem*** ~ ***[ver]reisen*** vojaĝi per aviadilo, *umg auch* vojaĝi aviadile

Flugzeug|absturz *m* aviadila kraŝo; ~**bau** *m* konstruado de aviadiloj (↑ *auch* ***Flugzeugindustrie***); ~**besatzung** *f*, *auch* ***Crew*** *f* aviadila personaro, *umg meist Kurzf* aviopersonaro; ~**bombe** *f* aviadila bombo; ~**entführung** *f* forkapto de aviadilo; *Luftpiraterie* aerpirateco

Flugzeugführer *m* piloto [de aviadilo]; ~**kabine** *f* pilota kajuto, *auch kurz* pilotejo

Flugzeug|geschwader *n* eskadro da aviadiloj, avioeskadro; ~**halle** *f* [aviadila] hangaro; ~**industrie** *f* aviadil-konstrua industrio; ~**kanzel** *f* pilota kajuto; ~**katastrophe** *f* aviadila katastrofo; ~**kaverne** *f kavernenartiger Flugzeughangar (bes. für Kampfflugzeuge)* subtera hangaro; ~**kommandant** *m* ĉefpiloto; ~**mechaniker** *m* aviomekanikisto

Flugzeugmodell *n* = ***Flugmodell***

Flugzeug|motor *m Triebwerk [eines Luftfahrzeugs]* aviadila motoro, *auch (bes. Fachspr)* aviomotoro; ~**sender** *m Fkugfunk* aviadila [radio]sendilo; ~**steuerung** *f* aviostirado; ~**rumpf** *m*, *Fachspr Flugzeugbau* ***Rumpfwerk*** *n* fuzelaĝo; ~**träger** *m Mil* aviadilportanto *od* aviadilŝipo; ~**überwachungsgeräte** *n/Pl* aviokontrolaj aparatoj *Pl*

Flugzeugunglück *n* ↑ ***Flugunfall***

Flugzeug|werk *n* fabriko de aviadiloj; ~**zelle** *f* ĉelo de aviadilo

Flugziel *n*, *Fachspr meist* ***Destination*** *f Flugw* cel[lok]o [de la flugo]

Fluiddynamik *f Phys (ein Teilgebiet der Strömungslehre)* fluid-dinamiko

Fluidität *f [Zustand der] Dünnflüssigkeit* fluideco

Fluidum *n besondere Atmosphäre* aparta atmosfero, etoso

Fluktuation *f* fluktuado (*vgl. dazu* ***Schwankung***)
fluktuieren *intr* fluktu[ad]i *auch Med*; *ständig wechseln* alterne varii
Flunder *f*, *auch* ***Graubutt*** *od* ***Raubutt*** *m* (Platichthys flesus) *Ichth, Nahr* fleso
flunkern *intr ein wenig lügen, schwindeln* mensogeti; *aufschneiden* blagi (*vgl. dazu* ***prahlen***); *spaßhaft übertreiben* ŝerce troigi
Flunsch *m*: ***einen ~ ziehen*** paŭti (↑ *auch* ***schmollen***)
[1]**Fluor** *n* (*Symbol* ***F***) *Chem* fluoro
[2]**Fluor** *m Med (Ausfluss)* elflu[aĵ]o; ~ ***albus*** ↑ ***Weißfluss***
Fluoresz[e]in *n Chem (ein gelb-grün fluoreszierender Farbstoff)* fluoresceino
Fluoreszenz *f Phys (Auf- od Nachleuchten unter Strahleneinwirkung)* fluoresko
Fluoreszenzfotometrie *f* ↑ ***Fluorometrie***
Fluoreszenz|lampe *f*, *auch* ***Leuchtstofflampe*** *f*, *pop auch fälschlich* ***Leuchtstoffröhre*** *f* fluoreska lampo; ~**mikroskop** *n Bauart eines Mikroskops zur Untersuchung von Stoffen, die fluoreszierende Beimengungen enthalten* fluoreska mikroskopo; ~**schirm** *m* fluoreska ekrano (↑ *auch* ***Röntgen[bild-]schirm***); ~**spektroskopie** *f ein Verfahren der chemischen Analyse* fluoreska spektroskopio; ~**strahlung** *f* fluoreska radiado
fluoreszieren *intr* fluoreski (*vgl. dazu* ***schillern***)
fluoreszierend *Adj* fluoreska
Fluoreszin *n Chem* ↑ ***Fluoreszein***
Fluorid *n Chem (Salz des Fluorwasserstoffs)* fluorido (↑ *auch* ***Berylliumfluorid*** *u.* ***Bor[tri]fluorid***); ***mit ~en angereicherte Lebensmittel*** *n/Pl* nutraĵoj *Pl* fluor[id]izitaj
fluoridhaltig, *<österr>* ***fluoridhältig*** *Adj* fluoridhava; ~***e Zahnpaste*** *f*, *auch* ***Fluoridzahncreme*** *f* fluoridhava dentpasto
fluoridieren *od* **fluorieren** *tr mit Fluor anreichern, z.B. Trinkwasser* fluorizi
Fluoridierung *f z.B. des Trinkwassers od von Zahncreme* fluoriz[ad]o
Fluorid|lösung *f Chem* fluorida solvaĵo; ~**prophylaxe** *f Stomatologie* fluorida profilakto: ~**zahncreme** *od* ~**zahnpasta** *f* fluorizita (*od* fluoridhava) dentpasto
Fluorit *m*, *auch* ***Flussspat*** *m Min* fluorito, *auch* fluorspato
Fluorkohlenwasserstoffe *Pl* (*Abk* ***FCKW***) *Chem* klorofluorokarbonoj *Pl*
Fluorometrie *f*, *auch* ***Fluoreszenzfotometrie*** *f* fluorometrio (↑ *auch* ***Zytofluorometrie***)
Fluorose *f Med (durch Fluor od Fluorverbindungen erregte Berufskrankheit)* fluorozo; *Dental*~ dentofluorozo
Fluoroskop *n Phys* fluoroskopo
Fluoroskopie *f Röntgendurchleuchtung* fluoroskopio
Fluorwasserstoff *m*, *auch* ***Fluss[spat]säure*** *f Chem* fluorida acido
[1]**Flur** *f Feld* kampo; *Felder [und Wiesen]* kampoj [kaj herbejoj] *Pl*, kamparo
[2]**Flur** *m Diele* vestiblo; *Korridor* koridoro (↑ *auch* ***Hausflur***)
Flurbereinigung *f Grundstückregulierung* rearanĝo de parcelaro, reparcelado; *Zusammenlegung von Grundstücken* komasacio
Flurbuch *n* ↑ ***Grundbuch b)***
Flur|hüter *m* kampogardisto; ~**karte** *od* **Katasterkarte** *f Kartogr* katastromapo; ~**schaden** *m* kampodomaĝoj *Pl*, damaĝo al la kampoj (*bzw.* kampofruktoj)
Flurstück *n* parcelo; ~**nummer** *f* parcelnumero
Fluss *m* ***a)*** *fließendes Gewässer des Festlandes* rivero (↑ *auch* ***Cañon-*** *u.* ***Höhlenfluss***); ***schiffbarer*** (***seichter***, ***tiefer***) ~ navigebla (malprofunda, profunda) rivero; ***einen ~ überqueren*** *bzw.* ***über einen ~ setzen*** transiri riveron; ***b)*** *das [Dahin-] Fließen, Lauf, das Fortschreiten* fluo; ***der ~ der Zeit*** la fluo de la tempo; ***in ~ kommen*** ekmoviĝi; *Fortschritte machen* progresi; ***noch in*** (*od* ***im***) ~ ***sein*** *noch nicht entschieden sein* esti ankoraŭ ne decidita; *noch nicht sicher sein* esti ankoraŭ necerta; ***die Dinge sind noch im ~*** la afero estas ankoraŭ ne decidita ***c)*** *Phys (Kraft*~*)* flukso; ***magnetischer ~*** magneta flukso
Flussaal *m Zool* ↑ *unter* ***Aal***
flussab[wärts] *Adv* laŭ la fluo, laŭflue, *auch* alvale
Fluss|arm *m* riverbrako *od* rivera brako; ~**aue** *f* riverherbejo *od* apudrivera herbejo
flussaufwärts *Adv* kontraŭ la fluo [de la rivero], kontraŭflue, *auch* almonte
Fluss|barbe *f* (Barbus barbus) *Ichth* rivera barbofiŝo; ~**barsch** *m*, *<schweiz>* ***Egli*** *n od m* (Perca fluviatilis) *Ichth, Nahr* rivera perko; ~**bassin** *od* ~**becken** *n* rivera baseno; ~**begradigung** *f* rektigo de rivero(j), rivera rektigo; ~**bett** *n Boden des Flusses* riverfundo; *gesamte Vertiefung* riverujo, fluejo [de rivero]; ~**biegung** *f* kurbiĝo de [la] ri-

vero

Flussbirke *f Bot* ↑ ***Schwarzbirke***

Flussblindheit *f Med* ↑ ***Onchozerkose***

Flüsschen *n* rivereto (*vgl. dazu* ***Bächlein***)

Fluss|dampfer *m* rivera vaporŝipo; ~**deich** *m* riverdigo

Flussdelfin *m Zool* rivera delfeno; ***chinesischer*** ~ (Lipotes vexillifer) blanknaĝila delfeno (↑ *auch* ***Amazonasdelfin***)

Fluss|delta *n* rivera delto, *auch* riverdelto; ~**einzugsgebiet** *n* rivera baseno

Flusseisen *n Metallurgie* ↑ ***Flussstahl***

Flussfahrt *f* rivervetur[ad]o

Flussfieber *n Med*: ***japanisches*** ~ ↑ ***Tsutsugamushifieber***

Fluss|fisch *m* rivera fiŝo; ~**fischerei** *f* rivera fiŝkaptado; ~**gebiet** *n* rivera regiono; ~-**greiskraut** *n* (Senecio fluviatilis) *Bot* rivera senecio; ~**grundel** *f* (Gobius fluviatilis) *Ichth* rivera gobiuso; ~**hafen** *m* rivera haveno

flüssig 1. *Adj* ***a)*** fluida, *bes. Phys* likva (*vgl. dazu* ***dick-*** *u.* ***dünnflüssig***); *Metall* fandita; ~***e Luft*** *f* likva aero; ~ ***machen*** fluidigi, likvigi; *zum Schmelzen bringen (Metall)* fandi, *(Schnee)* degeligi; ~ ***werden*** *in den Flüssigkeitszustand übergehen, sich verflüssigen* likviĝi; ***in*** ~***em Zustand*** *Phys* en likva stato ***b)*** *Fin (verfügbar)* disponebla, *(bar)* kontanta; ~***es Geld*** *m Bargeld* kontanta mono; ***Gelder*** ~ ***machen*** *liquidieren* likvidi; *zur Verfügung stellen* meti rimedojn (*od* monon) al [ies] dispono ***c)*** *übertr (Rede, Stil)* flua, glata; ~***er Stil*** *m* flua stilo **2.** *Adv*: ~ ***lesen*** flue legi

Flüssigbiopsie *f Med* ↑ ***Liquidbiopsie***

Flüssiggas *n* likva gaso

Flüssigkeit *f (Stoff, Substanz)* fluidaĵo, likvaĵo; *(flüssiger Zustand)* fluideco, *bes. Phys* likva stato

Flüssigkeits|bedarf *m Med* bezono de likvaĵo [de la korpo]; ~**druck** *m Tech* premo de likvo; ~**filter** *m Tech* likvofiltrilo; ~**kupplung** *f Tech* hidraŭl[ik]a kuplilo; ~**mangel** *m Med* manko de likvaĵo [en la korpo]; ~-**rakete** *f* likva-fuela raketo; ~**thermometer** *n* likvotermometro

Flüssig|kristall *n* likva kristalo; ~**kristall-Bildschirm** *m, auch* ***LCD-Bildschirm*** *m TV* likvakristala ekrano; ~**salzreaktor** *m* (*auch* ***Salzschmelzreaktor*** *genannt*) *Kernphysik* fluidsala reaktoro, *auch* fandsala reaktoro; ~**sauerstoff** *m* likva oksigeno; ~**treibstoff** *m bes. für Raketentriebwerke* likva fuelo

Fluss|insel *f, auch* ***Werder*** *m* [en]rivera insulo; ~**kies** *m* rivera gravelo; ~**krebs** *m, auch* ***Edelkrebs*** *m* (Potamocius astacus = Astacus astacus) *Zool* kankro, <*wiss*> astako; ~**kreuzfahrt** *f Touristik* surrivera krozado, surrivera vojaĝo per krozadŝipo

Flusskunde *f* ↑ ***Potamologie***

Fluss|landschaft *f* rivera pejzaĝo; ~**lauf** *m* fluo de [la] rivero

flusslos *Adj* senrivera *od nachgest* sen riveroj

Flussmündung *f* riverbuŝo, elfluejo de rivero; ***trichterförmige*** ~, *fachsprachl.* ***Ästuar[ium]*** *n* estuaro

Fluss|mündungshafen *m Mar* riverbuŝa haveno; ~**netz** *n* riveroreto; ~**neunauge** *n, auch* ***Lamprete*** *f* (Lampetra fluviatilis) *Ichth* rivera lampetro *[Vorkommen: in allen größeren Flüssen Europas u. ihren Mündungsgebieten]*; ***kaspische Lamprete*** kaspia lampreto *[Vorkommen: Kaspisee]* (↑ *auch* ***Donauneunauge*** *u.* ***Sack-Lamprete***)

Flussnymphe *f Myth* ↑ ***Quellnymphe***

Fluss|perlmuschel *f* (Margaritana margaritifera) *Zool* rivera perlkonko; ~**pferd** *n, auch* ***Nilpferd*** *n* (Hippopotamus amphibius) *Zool* hipopotamo (↑ *auch* ***Zwergflusspferd***); ~**quelle** *f* fonto de rivero; ~**regenpfeifer** *m, reg* ***Strandpfeifer*** *m* (Charadrius dubius) *Orn* malgranda pluvio; ~**regulierung** *f* reguligo de rivero(j), rivera reguligo

Flussrohrsänger *m Orn* ↑ ***Schlagschwirl***

Flussschiff *n* riverŝipo; ~**fahrt** *f* rivera navigado

Fluss|schildkröte *f Zool* rivera testudo; ~-**schleppdampfer** *m,* <*österr*> ***Remorqueur*** *m* rivera trenŝipo; ~**seeschwalbe** *f* (Sterna hirundo) *Orn* hirunda (*od* vulgara) ŝterno

Flussspat *m Min* ↑ ***Fluorit***

Fluss[spat]säure *f Chem* ↑ ***Fluorwasserstoff***

Fluss|stahl *m, alt* ***Flusseisen*** *n Metallurgie (Sammelbez. für alle aus Schmelzen gewonnenen Stahlsorten)* fandŝtalo; ~**surfen** *n Wassersport* riversurfado; ~**tal** *n* rivervalo, valo trafluita de rivero; *Tallandschaft* rivervala pejzaĝo

Flussufer *n* riverbordo *od* rivera bordo; ~-**läufer** *m* (Actitis hypoleucos = Tringa hypoleuca) *Orn* blankventra tringo

Flusswaldsänger *m* (Phaeothlypis rivularis

= Myiothlypis rivularis [*od* fulvicauda]) *Orn* rivera parulio *[Vorkommen: Südamerika]*

Flusswasser *n* rivera akvo; ~**amsel** *f* (Cinclus pallasii) *Orn* bruna cinklo *<ein ostasiatischer Vertreter der Wasseramseln>*

Flüsterer *m* flustranto

flüstern *tr* flustri, *ein Bächlein auch* lirli (*vgl. dazu* **[1]murmeln a)**, **wispern** *u.* **zuflüstern**); ***jmdm. etw. ins Ohr*** ~ flustri ion al iu en la orelon *(Zam)*

Flüstern *n* flustr[ad]o

Flüsterpropaganda *f* sekreta propagando; *Gerüchte* onidiroj *Pl*

Flut *f* ***a)*** *[periodisches] Ansteigen des Meeresspiegels* fluso, alta tajdo (↑ *auch* **Spring-** *u.* **Sturmflut**); ***taube*** ~ ↑ ***Nippflut***; *Überschwemmung* inundo, superakvego; ***die*** ~ ***kommt*** la tajdo flusas; ***zur Zeit der*** ~ dum la fluso (*od* alta tajdo) ***b)*** *übertr, bes. poet (Strom)* tajdo, torento, *(große Menge)* amaso [da]; ***eine*** ~ ***von Menschen*** (***Tränen***) torento da homoj (larmoj); ***eine*** ~ ***von Wörtern*** tajdo (*od* torento) da vortoj

fluten ***a)*** *tr volllaufen lassen, z.B. Tanks* plenigi per akvo; *überfluten* inundi ***b)*** *intr strömen* torente flui *auch Menschenmenge*, fluegi (***nach*** al); *Leben* pulsi

Flutkatastrophe *f* ↑ ***Überschwemmungskatastrophe***

Flutkraftwerk *n* ↑ ***Gezeitenkraftwerk***

Flut|licht *n* [lumigado per] verŝlumo; ~**welle** *f* tajda ondo, *([in Flussmündungen:] von See kommende, sich flussaufwärts ausbreitende Welle bei Flut)* maskareto; *i.w.S. Tsunami, z.B. nach einem submarinen Vulkanausbruch* cunamo

fluvial *Adj* ***a)*** *den Fluss betreffend bzw. zum Fluss gehörig* rivera ***b)*** *in Flüssen lebend* vivanta en riveroj

Flysch *m Geol (1. fossilarme Sandsteine, Mergel, Kalksteine u. Schiefertone aus der Kreide u. dem Tertiär, die sich in den nördlichen Alpen vom Wienerwald bis in die Westschweiz finden 2. allg auch: Gesteine, die am Rande eines sich bildenden Gebirges aus dessen Abtragungsschutt entstehen)* fliŝo; ~**sedimente** *n/Pl Geol* fliŝsedimentoj *Pl*

FM = *Abk für* ***Frequenzmodulation***

Fmk = *Abk für* ***[2]Finnmark***

Fock|mast *m Mar* antaŭa masto; ~**rah[e]** *f Mar* antaŭa jardo

föderal *od* **föderativ** *Adj* federa *od* federacia (↑ *auch* ***bundesstaatlich*** *u.* ***eidgenössisch***); ***auf*** ~***er Grundlage*** sur federacia bazo

Föderalismus *m* federaciismo

Föderalist *m* federaciisto

föderalistisch *Adj auf den Föderalismus bezogen* federaciisma; *auf die Föderalisten bezogen* federaciista

Föderation *f* federacio (*vgl. dazu* ***Bund*** *u.* ***Staatenbund***)

föderativ ↑ ***föderal***

föderierbar *Adj* federaciebla

föderieren *tr zu einem Bund (od Bündnis) vereinigen* federi; ***sich*** ~ federiĝi

Fogarasch (*n*) ↑ ***Făgăraş***

fohlen *intr abs* naski [ĉeval]idon

Fohlen *n* ***a)*** *auch (bes. <österr>)* ***Füllen*** *n Pferdejunges* ĉevalido (↑ *auch* ***Hengst-*** *u.* ***Stutenfohlen***) ***b)*** *Eseljunges* azenido

[1]Föhn *m Met (warmer Fallwind [bes. in den Alpen])* feno

[2]Föhn *m* ↑ ***Fön®***

föhnen *tr*: ***die Haare*** ~ sekigi la harojn per feno

Föhre *f Bot* ↑ ***[1]Kiefer***

fokal *Adj den Fokus betreffend bzw. von ihm ausgehend* fokusa (↑ *auch* ***konfokal*** *u.* ***perifokal***)

Fokalachse *f Math* fokusa akso

Fokaldistanz *f Opt* ↑ ***Brennweite***

Fokal|ebene *f, auch* ***Brennebene*** *f Opt (die durch den Brennpunkt eines optischen Systems gehende Ebene, die auf der optischen Achse senkrecht steht)* fokusa ebeno; ~**infektion** *f, auch* ***Herdinfektion*** *f Med (von einer Stelle im Körper ausgehende Infektion)* fokusa infektiĝo

Fokometer *n Opt (Gerät zur Bestimmung der Brennweite einer Linse)* fokusometro

Fokus *m Med ([Streu-]Herd), Opt (Brennpunkt)* fokuso *auch Geom u. übertr* (↑ *auch* ***Seuchenherd***)

fokussieren *tr 1. Foto (scharf einstellen [eine Linse, ein Objektiv]) 2. Opt (in einem Fokus vereinigen [Lichtstrahlen])* enfokusigi *auch übertr*

Fokussierung *f* enfokusigo

Folengo (*m*) *Eig (italienischer Dichter [1491-1544])* Folengo *<Vertreter der makkaronischen Dichtung>*

Folge *f* ***a)*** *allg* sekvo (***von*** de); *Folgeerscheinung, Konsequenz* konsekvenco (↑ *auch* ***Nachwirkung***); *Ergebnis* rezulto; *i.w.S.*

Wirkung efiko (↑ *auch* ***Spätfolgen***); ***negative ~n*** negativaj sekvoj *Pl*; ***als ~ von ...*** sekve (konsekvence *bzw.* rezulte de ...; ***etw. zur ~ haben*** sekvigi ion; ***Krieg hat Elend zur ~*** milito sekvigas mizeron; ***katastrophale ~n haben*** havi katastrofajn sekvojn (***für*** por); ***die ~n tragen*** porti la sekvojn (*bzw.* konsekvencojn); ***was wird die ~ einer solchen Handlung sein?*** kio rezultos el tia ago? ***b)*** *Reihe od Reihenfolge, Sequenz* vico *auch Math*; *Abfolge* sinsekvo; *Serie, z.B. von Artikeln od Erzählungen* serio; *Fortsetzung eines Romans in Zeitungen, eines TV-Films* daŭrigo; ***arithmetische*** (***divergente, konvergente***) ~ *Math* aritmetika (diverĝa, konverĝa) vico; ***in der ~*** *in Zukunft* en la estonto; *daraufhin* post tio; *zufolge dessen* sekve de tio; ***in ununterbrochener ~*** seninterrompe ***c)*** *in best. Fügungen*: ***einem Befehl ~ leisten*** obei ordonon; ***einer Einladung ~ leisten*** plenumi inviton

Folge|erscheinung *f Resultat* rezulto; *Konsequenz* konsekvenco; *Reaktion* reago; **~-krankheit** *f Med* sekundara malsano

folgen *intr* ***a)*** *nachfolgen bzw. sich nach jmdm. od etw. richten* sekvi; *hinterhergehen* postiri (***jmdm.*** iun); ***daraus folgt, dass ...*** el tio sekvas, ke ...; ***~ Sie meinem Rat!*** sekvu (*bzw.* obeu) mian konsilon!; ***jmdm. mit den Augen ~*** sekvi iun per la okuloj; ***jmds. Einladung ~*** plenumi ies inviton; ***Brief folgt*** letero sekvas (*od* sekvos); ***Fortsetzung folgt*** daŭrigo sekvos, *auch (bes. bei Fortsetzungsromanen)* daŭrigota; ***den Worten müssen Taten ~*** la vortojn devas sekci agoj; ***wie folgt*** jene ***b)*** *die Folge von etw. sein od sich als [logische od ursächliche] Folge ergeben* rezulti (***aus*** el) ***c)*** *begreifen*: ***können Sie mir ~?*** ĉu vi komprenas min? *od* ĉu vi komprenas mian klarigon (*bzw.* kion mi diras *u.Ä.*)? ***d)*** *gehorchen* obei (***jmdm.*** iun *od* al iu) ***e)*** *Anhänger einer Lehre u. dgl.* esti adepto de

folgend *Adj* sekv[ant]a *bzw.* sekvonta; *nachherig* posta; ***am ~en Abend*** la sekvan vesperon, *umg auch* sekvavespere; ***am ~en Tag*** la sekvan tagon, *umg auch* sekvatage; ***im ~en*** *danach* poste; *in den nächsten Zeilen* en la sekvantaj linioj; ***während der ~en Jahre*** dum la sekv[ant]aj jaroj; ***während des ganzen ~en Tages*** dum la tuta sekvanta tago; ***in der ~en Woche*** en la sekva semajno, *umg auch* sekvasemajne

folgender|maßen *od* **~weise** *Adv* jene, en jena maniero

folgen|reich *Adj* sekvoriĉa; **~schwer** *Adj schwerwiegende Konsequenzen nach sich ziehend* kun gravaj konsekvencoj (*od* sekvoj) *nachgest*, konsekvencoplena; *fatal* fatala

folgerichtig 1. *Adj logisch* logika; *konsequent* konsekventa; *richtig geschlussfolgert* ĝuste konkludita; *rational* racia **2.** *Adv* logike; konsekvence; racie; ***~ denken*** logike pensi

Folgerichtigkeit *f des Denkens, einer Entwicklung etc.* logik[ec]o; *[logische] Konsequenz* [logika] konsekvenco (*vgl. dazu* ***Logik***)

folgern *tr schlussfolgern* konkludi (***dass*** ke); *verständig erwägen* rezoni; *Phil (ableiten)* dedukti (***aus*** el); *mutmaßen* konjekti; *sich ergeben* rezulti

Folgerung *f* konkludo, *(als Vorgang)* konkludado; rezonado; *Phil* dedukto (***aus*** el); *Mutmaßung* konjekto (↑ *auch* ***Folge a)***); ***~en ziehen aus ...*** konkludi el ...

folgewidrig *Adj inkonsequent* nekonsekvenca *od [stärker:]* senkonsekvenca

Folgezeit *f*: ***in der ~*** en la sekva (*od* posta) tempo, *[oft einfach: dann]* post tio, poste

folglich *Adv* sekve [de tio], konsekvence; *schlussfolgernd* konklude; *deshalb* pro tio, tial; *demgemäß* laŭ tio; *aus diesem Grund* pro tiu kaŭzo; *also* do; ***~ ist es wahrscheinlich, dass ...*** sekve estas probable, ke ...

folgsam *Adj* obeema (*vgl. dazu* ***artig*** *u.* ***brav***)

Folgsamkeit *f Gehorsamkeit* obeemo

Foliant *m*, *auch* ***Folioband*** *m Buch im Folioformat* folianto

Folie *f* folio; *Aluminium*~ aluminia folio (↑ *auch* ***Metallfolie***); *Frischhalte*~ freŝtena folio; *Stanniol*~ stana folio *od* stanfolio (*vgl. dazu* ***Cellophan***; ↑ *auch* ***Klarsicht-, Kunststoff-*** *u.* ***Luftpolsterfolie***)

Folien|kultur *f Gartenb (Anbau von Gemüse unter Folie zur Verfrühung der Ernte)* subfolia kultivado; **~schweißgerät** *n Hausw (z.B, für einzufrostende Lebensmittel)* veld-aparato por plastikfolio(j)

Folinsäure *f Biochemie* ↑ ***Folsäure***

Folio *n Typ* = ***Folioformat***

Folioband *m* ↑ ***Foliant***

Folio |blatt *n*, *auch* ***Halbbogen*** *m Typ* duonfolio; **~format** *n*, *auch* ***Halbbogengröße*** *f*

Typ duonfolia formato

Folklore *f, auch* ***Volkskunde*** *f* folkloro; **~-abend** *m* folklora vespero; **~ensemble** *n* folklora ensemblo; **~gruppe** *f* folklora grupo; **~programm** *n* folklora programo

folklorisch *Adj die Volkskunde betreffend* folklora

Folklorist *m, auch* ***Volkskundler*** *m* folkloristo

Folkloristik *f Wissenschaft von der Folklore* folkloristiko

fokloristisch *Adj* folkloristika

Folkrock [*'fouk...*] *m Mus (Mischstil zw. Rock und Folk-Music)* folklora roko *<entstanden Ende der 60er Jahre>*

Follikel *m, auch* ***Drüsenbläschen*** *n* (Folliculus) *Biol, Med* foliklo (↑ *auch* ***Graaf-Follikel***, ***Haarbalg***, ***Primär-*** *u.* ***Sekundärfollikel***)

α-Follikelhormon *n, auch* ***Östron*** *n Biochemie, Physiol* folikulino, *auch* oestrono

Follikel|reifung *f Physiol* folikla maturiĝo *od* maturiĝo de foliklo; **~sprung** *m, auch* ***Eisprung*** *m, <wiss>* ***Ovulation*** *f Physiol* ovolado, *auch* ovolofalo

Follikulitis *f Med* ↑ ***Haarbalgentzündung***

Fölling-Krankheit *f Med* ↑ ***Phenylketonurie***

Follower *m Anhänger* ano (↑ *auch* ***Adept***); *~ Pl* ***auf Instagram*** (***Twitter***) anoj *Pl* ĉe instagramo (twitero)

Folsäure *f, auch* ***Folinsäure*** *f Biochemie* foli[at]a acido

Folter *f erlittene Folter* torturo; *das Foltern* torturado; *Qual* turment[eg]o; *Foltergerät, Folterwerkzeug* torturilo; ***jmdn. der ~ unterwerfen*** submeti iun al torturo ◇ ***jmdn. auf die ~ spannen*** *jmds. Geduld überstrapazieren* streĉi ies malpaciencon

Folter|bank *f* torturbenko; **~kammer** *f* torturejo; **~knecht** *m* torturisto

foltern *tr* torturi (↑ *auch* ***martern***, ***quälen*** *u.* ***peinigen***)

Foltern *n od* **Folterung** *f* torturado

Folterwerkzeug *n* torturilo

Fomalhaut *m Astron (hellster Stern im Sternbild Südlicher Fisch)* Fomalhaŭto

Foment *n warmer Umschlag um einen erkrankten Körperteil* fomentaĵo

[1]**Fon** *n Phys* ↑ ***Phon***

[2]**Fon** *n Ling (eine in Benin gesprochene Sprache)* la fona [lingvo]

Fön® *od* **Föhn** *m, auch* ***Haartrockner*** *elektrischer Heißlufttrockner* feno, [elektra] harsekigilo; ***mit dem ~ trocknen*** *föhnen* sekigi per [la] feno

Fond [*fõ:*] *m* ***a)*** *hinterer Teil eines Autos, Wagens u.a.* fundo; *Rücksitz* malantaŭa sidloko ***b)*** *Hintergrund, bes. Mal* fono

Fondant [*fõ'dã:*] *m, <österr> n* sukeraĵa pralino

Fonds *m für bestimmte Zwecke angelegter Geldvorrat* fonduso (↑ *auch* ***Aktien-***, ***Amortisations-***, ***Devisenausgleichs-***, ***Entwicklungs-***, ***Garantie-***, ***Geheim-***, ***Hedge-***, ***Hilfs-***, ***Investment-***, ***Lohn-***, ***Reptilien-***, ***Reserve-***, ***Sonder-***, ***Spezial-***, ***Stabilisierungs-***, ***Streik-***, ***Unterstützungs-***, ***Versicherungs-***, ***Währungs-*** *u.* ***Wohltätigkeitsfonds***); **~manager** *m* [investo]fondusa manaĝero

Fondue [*fõ'dy:*] *n od f Kochk* fonduo (↑ *auch* ***Käsefondue***); *~* ***bourguignonne***, *auch* ***Burgundertopf*** *m* burgonja fonduo

Fondue|gabel *f* fonduforko; **~-Set** *n* garnituro de fonduo

Fonem *n Ling* = ***Phonem***

fönen *od* **föhnen** *tr:* ***die Haare ~*** sekigi la harojn [per feno]

Fonograf *m* ↑ ***Phonograph***

Fonogramm *n* ↑ ***Phonogramm***

Fonolith *m Min* ↑ ***Phonolith***

Fonotechnik *f* ↑ ***Phonotechnik***

Fonothek *f* ↑ ***Phonothek***

Font *m EDV, Typ* ↑ ***Zeichensatz***

Fontäne *f* fontano (↑ *auch* ***Springbrunnen***)

Fontanelle *f* (Fonticulus) *Anat (Knochenlücke am Schädel Neugeborener)* fontanelo (↑ *auch* ***Pfeilnahtfontanelle***); ***große ~*** (Fonticulus anterior) antaŭa (*od* bregma) fontanelo; ***kleine ~*** (Fonticulus posterior) posta (*od* lambda) fontanelo

foppen, *<schweiz>* ***föppeln*** *tr verhöhnen, verspotten* primoki *od* moki pri; *zum Narren halten (zum Scherz)* [ŝerc]trompi, mistifiki (***jmdn.*** iun) (↑ *auch* ***auf den Arm nehmen*** *u.* ***hänseln***); *überlisten* superruzi

Fopper *m* ↑ ***Schnuller***

Foraminiferen *f/Pl Zool* ↑ ***Porentierchen***

Force majeure *f* ↑ *unter* ***Gewalt***

Forche *f süddt. u. alemannisch für «Föhre»* pino

forcieren *tr beschleunigen* plirapidigi; *vorantreiben* akceli; *erzwingen* eldevigi

Förde *f norddt. für «schmale, lange Meeresbucht»* fjordo (↑ *auch* ***Kieler Förde***)

Förderband *n Tech* [ruliĝanta] transportbendo

Förderer *m Gönner* patrono; *Mäzen* mecenato; *Sponsor* sponsoro (↑ *auch* ***Beschützer***)

Förderkohle *f* ↑ ***Rohkohle***

Förderkorb *m Bergb* ŝaktokorbo, *pop* liftokaĝo, *i.w.S.* ŝaktolifto

förderlich *Adj nützlich* utila (***für*** por); *profitabel* profitiga; *Fortschritt bewirkend* progresiga (↑ *auch* ***dienlich*** *u.* ***zuträglich***)

Förder|maschine *f Bergb* ŝaklifta maŝino; **~menge** *f Bergb* kapacito [de elminigita erco *bzw.* karbo *u.a.*]

fordern *tr* postuli (***etw. von jmdm.*** ion de iu) (↑ *auch* ***verlangen***); ***dauernd*** (*od* ***immerzu***) ***etw.*** ~ postuladi; ***Gerechtigkeit*** ~ postuli justecon; ***viele Opfer*** ~ *z.B. ein Erdbeben od Taifun* postuli multajn viktimojn

Fordern *n* postulado

fördern *tr* ***a)*** *beschleunigen, vorantreiben* akceli; *ermutigen* kuraĝigi; *stimulieren* stimuli; *Anreiz geben* instigi; *als Sponsor finanzieren* sponsori (↑ *auch* ***patronisieren***); *unterstützen* subteni, *auch* progresigi *od* prosperigi; ***den Auswurf*** ~ ***des Medikament*** *n z.B.bei Bronchitis* ekspektoriga medikamento; ***die Verdauung*** ~ plibonigi la digestadon ***b)*** *Bergb* elminigi; ***Erz*** (***Kohle***) ~ *Bergb* elminigi ercon (karbon)

fordernd *Adj (Person)* postulema (↑ *auch* ***anspruchsvoll***)

Förderturm *m Bergb* ŝaktoturo

Forderung *f* ***a)*** postulo (↑ *auch* ***Ausgleichs-***, ***Gegen-***, ***Minimal-*** *u.* ***Rückforderung***); *Geld*º, *z.B. von Entführern, Erpressern, Luftpiraten* monpostulo; *Anspruch* pretendo; *Schuld* ŝuldo; ***~en und Verbindlichkeiten*** *f/Pl Fin, Wirtsch* aktivo kaj pasivo; ***~en einziehen*** *Hdl, Wirtsch* enkasigi ŝuld[aĵ]ojn; ***jmds.*** ~ ***erfüllen*** (***unterstützen***) plenumi (subteni) ies postulon; ***an jmdn.*** ***~en stellen*** fari postulojn al iu; ***seine ~en zurückschrauben*** *Abstriche machen* [iom] redukti siajn postulojn ***b)*** *Phil* postulato

Förderung *f* ***a)*** *Unterstützung* subteno; *Hilfe* helpo; *Schutz* protekt[ad]o (↑ *auch* ***Patronat***); *Anreiz* instigo; *Stimulus* stimulo, *(Stimulierung)* stimulado ***b)*** *Bergb (Abbau)* elminigo, *(Ausbeutung)* ekspluat[ad]o

Förder|verein *m* subtena asocio; **~wagen** *m Bergb* ŝakta ĉaro (*od* vagon[et]o); **~werk** *n Tech (Fördereinrichtung zum senkrechten od geneigten Gütertransport)* elevatoro

Forelle *f* (Salmo trutta) *Ichth, Nahr* truto (↑ *auch* ***Seeforelle***); *Bach*º (Salmo trutta fario) rivera (*od* roja) truto; *Lachs- od Meer*º (Salmo trutta trutta) salmotruto; *Regenbogen*º (Salmo irideus) iriza (*od* ĉielarka) truto; ***marmorierte*** ~ *od* ***Marmorata-Forelle*** (Salmo marmoratus) marmorita truto *[Vorkommen in Fließgewässern Sloweniens, z.B. in der Soča]*; ~ ***in Aspik*** *Kochk* truto en aspiko

Forellenbarsch *m Ichth* ↑ *unter* ***Schwarzbarsch***

forensisch *Adj gerichtlich* jura; ***~e Medizin*** = ***Gerichtsmedizin***

Forint *m* (*Währungscode* ***HUF***) *ungarische Währungseinheit* forinto

Forke *f reg für «Heu- od Mistgabel» Landw* fork[eg]o (↑ *auch* ***Mist-*** *u.* ***Strohgabel***)

Forleule *f Ent* ↑ ***Kieferneule***

Form *f* formo *auch Kunst, Ling, Lit u. i.w.S.* (↑ *auch* ***Stromlinienform***); *Fasson, Machart, Schnitt (z.B. eines Anzugs)* fasono; *Design* dezajno; *Figur* figuro; *Hausw (Back*º*)* bakmuldilo (↑ *auch* ***Butter-***, ***Kuchen-*** *u.* ***Springform***); *Tech (Gieß*º*)* muldilo (↑ *auch* ***Gussform***), *(Präge*º*)* matrico; *Formalität* formalaĵo (*vgl. dazu* ***Äußeres***, ***Gestalt*** *u.* ***Modell***); ~ ***und Inhalt*** formo kaj enhavo; ***aerodynamische*** (***modische***) ~ aerodinamika (laŭmoda) formo; ***etw. aus der ~ bringen*** *deformieren* deformi ion (↑ *auch* ***entstellen***); ***in ~ einer Broschüre erscheinen*** *Buchw* aperi en formo de broŝuro; ***aus der ~ herausnehmen*** (*od* ***herausziehen***) elmuldigi; ***in schriftlicher*** ~ en skriba formo, *(schriftlich)* skribe; ***in vereinfachter*** ~ en simpligita formo; ***der ~ halber*** pro [la] formo; ***der ~ nach*** laŭ la formo, *auch* laŭforme; ***die ~ von ... annehmen*** [al]preni la formon de ...; ***die ~ beachten*** (*od* ***einhalten***) observ[ad]i la formon; ~ ***geben*** doni formon [al] (*vgl. dazu* ***formen*** *u.* ***gestalten***); ***in ~ sein*** *konditionell* esti en bona fizika stato (*vgl. dazu* ***Höchstform***)

formal **1.** *Adj [nur] auf die Form bezogen, vom Inhaltlichen absehend* formala; ***~e Züge*** *m/Pl* formalaj trajtoj *Pl* **2.** *Adv* formale

Formaldehyd *m Chem (ein stechend riechendes Gas <ergibt in Wasser gelöst Formalin>)* formaldehido; **~lösung** *f Chem* formaldehida solvaĵo

Formalien *f/Pl* formalaĵoj *Pl*

Formalin® *n*, *auch* ***Formol***® *n Chem*

(wässrige Formaldehydlösung [ein Desinfektionsmittel]) formalino, *auch* formolo
formalisieren *tr* formaligi
Formalisierung *f* formaligo
Formalismus *m Überbetonung des rein Formalen* formalismo
Formalist *m Anhänger des Formalismus* formalisto; *i.w.S. Bürokrat* burokrato
formalistisch *Adj auf den Formalismus bezogen* formalisma; *auf die Formalisten bezogen* formalista
Formalität *f* formalaĵo; *~**en** Pl **bei der Zollkontrolle*** formalaĵoj *Pl* ĉe dogankontrolo
formaljuristisch *Adv* formale konforma al la leĝo
Formamid *n, auch **Ameisensäureamid** n Chem* formamido (↑ *auch* ***Chloral[form]amid***)
Formans *n Ling (Wortbildungselement; gebundenes Morphem)* formanto [de vortoj]
Format *n Buchw, EDV, Typ* formato (↑ *auch **Buch-**, **Datei-**, **Folio-**, **Hoch-**, **Klein-**, **Lexikon-**, **Oktav-**, **Postkarten-**, **Quart-** u. **Querformat***)
Formatio *f nur Fachspr Anat: ~ **reticularis** von der Medulla oblongata bis ins Zwischenhirn reichendes System markhaltiger Fasern u. diffus verteilter Ganglienzellen* retikula formacio
Formation *f Bot, Geol, Mil* formacio (↑ *auch **Flugformation***); ***offene*** (***taktische***) *~ Mil* aperta (taktika) formacio (↑ *auch **Kampfverband***) ***b)*** *in der Bed «Anordnung» od «Aufstellung»* aranĝo
Formationsflug *m Flugw (eine geometrische Anordnung von Luftfahrzeugen bzw. Vögeln während des Fluges* formacia flugo
Formationskunde *f Geol* ↑ ***Stratigrafie***
Formationstanz *m* formacia danco
formbar *Adj so beschaffen, dass man es formen kann* formebla
Formblatt *n* ↑ ***Formular***
Formeisen *n Tech* profilfero
Formel *f bes. Chem, Math* formulo (↑ *auch **Eides-**, **Rede-**, **Struktur-** u. **Zauberformel***)
Formelbuch *n Naturw* formul-libro (↑ *auch **Formelsammlung***)
Formel-1-Rennen *n Motorsport* formulo-unu konkurso
formelhaft *Adj Sprache, Stil* stereotipa; *schablonenhaft* ŝablona
formell 1. *Adj die Formen [peinlich] beachtend* formala, *steif auch* ceremonia; *die Etikette beachtend* laŭ la etiketo **2.** *Adv* formale; *steif* ceremonie; *[nur] der Form nach* [nur] laŭ la formo *od* [nur] laŭforme
Formelsammlung *f Naturw* kolekto da formuloj
formen *tr **a)** gestalten, Form od Gestalt geben* formi *auch jmds. Charakter* ***b)*** *aus weicher Masse modellieren* modli (↑ *auch **gestalten***); *Tech (zum Guss formen)* muldi ***c)*** *artikulieren*: ***Wörter*** *~* artikulacii vortojn
Formen *n **a)** Gestalten, Formgebung* formado ***b)*** *durch Pressen od Umformen* pregado (↑ *auch **Kalt-** u. **Warmformen***); *Modellieren, bes. in einer Gießerei* muldado
Formenlehre *f Ling* ↑ ***Morphologie b)***
Formenreichtum *m* formoriĉ[ec]o *od* riĉeco de formo(j)
Formentera (*n*) *eine span. Mittelmeerinsel der Pityusen (Teil der Balearen)* [insulo] Formentero *[Hauptort: San Francisco Javier]*
Former *m in einer Gießerei* muldisto
Formerei *f Teil einer Gießerei* muldejo
Form|gebung *f das Formen* formado; *Design* dezajno; *~**gestalter** m für Gebrauchs- und Verbrauchsgüter* dezajnisto; *~**gestaltung** f* dezajnado, projektado de dezajnoj
Formiat *n Salz bzw. Ester der Ameisensäure* formiato
formieren *tr* form[ad]i (*vgl. dazu **reformieren***); ***sich*** *~* formiĝadi, sin formi
Formierung *f Bildung* formado; *das Sichformieren, das Sichherausbilden* form[ad]iĝo, sinformado
förmlich 1. *Adj* formala (*vgl. dazu **offiziell***); *der Etikette entsprechend* laŭetiketa; *steif, zeremoniös* ceremonia; ***ein*** *~**er*** (*od **steifer***) ***Mensch*** ceremoniulo **2.** *Adv* ***a)*** formale ***b)*** *wirklich, geradezu* vere, fakte, efektive; ***als er mich so ansah, bekam ich*** *~* ***Angst*** kiam li min rigardis tiamaniere mi vere ektimis; ***man könnte*** *~* ***verzweifeln*** oni povus fakte malesperi
Förmlichkeit *f Formalität, steifes Benehmen* formaleco; *förmliche Äußerung od Handlung* formalaĵo (*vgl. dazu **Zeremoniell***); ***ohne*** *~**en*** sen [iaj] formalaĵoj, senceremonie (↑ *auch **ungezwungen***); ***er mag keinerlei*** *~**en*** li estas malinklina al ĉiaj ceremonioj
formlos 1. *Adj **a)** ohne Gestalt* senforma; *amorph (bes. Kristalle)* amorfa ***b)*** *übertr (ungezwungen)* [tute] senĝena, *(informell)*

neformala **2.** *Adv* senforme; amorfe

Formol® *n* ↑ ***Formalin***

Formosa (*n*) ↑ *unter* ***Taiwan***

Formosamakak *m*, *auch* ***Rundgesichtsmakak*** *m* (Macaca cyclopis) *Zool* tajvana makako

Form|sache *f* formalaĵo; ~**sand** *m Gießerei* muldsablo

formschön *Adj* belforma, *i.w.S. (schön aussehend)* belaspekta (↑ *auch* ***ebenmäßig***)

Form|schönheit *f* belformeco; ~**signal** *n Eisenb, Verk* [mekanika] signalilo; ~**stahl** *m* profiligita ŝtalo

Formular *n*, *auch* ***Formblatt*** *n Vordruck* formularo (↑ *auch* ***Anmelde- Beitrittsformular*** *u.* ***Fragebogen***); ***ein ~ ausfüllen*** plenigi formularon

formulieren *tr in Worte fassen* formuli, [precize] vortigi (*vgl. dazu* ***artikulieren***, ***ausdrücken***, ***entwerfen*** *u.* ***verfassen***)

Formulierung *f das Formulieren* formulado; *sprachl. Ausdruck* formulo, preciza dirformo; ***eine geeignete ~ finden*** trovi konvenan (*od* taŭgan) formulon

Formung *f* formado (↑ *auch* ***Gestaltung***)

Formveränderung *f* ŝanĝiĝo de [la] formo

formvollendet *Adj* perfekta laŭ la formo(j)

Formyl *n Chem* formilo

Fornix *m nur Fachspr Anat (Wölbung [eines Organs])* fornikso (*vgl. dazu* ***Hirn-*** *u.* ***Scheidengewölbe***)

forsch *Adj energisch* energia; *resolut* rezoluta; *selbstsicher, mit gewaltigem Selbstvertrauen* aplomba; *unerschrocken, furchtlos* sentima; *verwegen* troriskema

forschen *intr* ***a)*** *Wiss* esplori, *auch* reserĉi (*vgl. dazu* ***untersuchen***); ***nach den Ursachen einer Krankheit ~*** esplori la kaŭzojn de malsano ***b)*** *suchen*: ***nach etw.*** (***jmdn.***) ~ serĉ[ad]i ion (iun)

forschend *Adj* esplora *auch Blick*

Forscher *m Wiss* esploristo (*vgl. dazu* ***Entdecker*** *u.* ***Wissenschaftler***; ↑ *auch* ***Atom-***, ***Klima-*** *u.* ***Polarforscher***); *i.w.S. Forschender (jmd., der forscht)* esploranto; ~**team** *n* esplorista teamo, skipo de esploristoj

Forschung *f* esplor[ad]o, *auch* reserĉo (↑ *auch* ***Antarktisforschung***, ***Futurologie***, ***Gen-***, ***Grundlagen-***, ***Klima-***, ***Konflikt-***, ***Krebs-***, ***Markt-***, ***Meeres-*** *u.* ***Risikoforschung***); ***~ und Entwicklung*** reserĉo kaj evoluigo; ***ärztliche*** (***klinische***, ***wissenschaftliche***) ~ kuracista (klinika, scienca) esplorado; ***jahrelange wissenschaftliche ~*** scienca esploro multjara; ***Ministerium für ~ und Technologie*** ministerio pri reserĉo kaj teknologio; ***neueste ~en in den USA zeigen, dass ...*** freŝdataj esploroj en Usono montras, ke ...

Forschungs|arbeit *f* esplorlaboro *od* esplora laboro; ~**auftrag** *m* komisio pri scienca laboro; ~**bericht** *m* esplor-raporto

Forschungseinrichtung *f* ↑ ***Forschungsinstitut***

Forschungs|ergebnisse *n/Pl* esplor-rezultoj *od* rezultoj *Pl* de esploro; ~**gebiet** *n* kampo de esploro; ~**gegenstand** *m od* ~**objekt** *n* esplor-objekto; ~**gruppe** *f* esplorgrupo; ~**institut** *n*, *auch* ***Forschungseinrichtung***) esplor-instituto; ~**labor** *n* esplora (*od* reserĉa) laboratorio; ~**material** *n* esplormaterialo; ~**methode** *f* esplormetodo *od* esplora metodo; ~**museum** *n* reserĉmuzeo

Forschungsobjekt *n* ↑ ***Forschungsgegenstand***

Forschungs|programm *n* esplorprogramo; ~**projekt** *n*, *auch* ***Forschungsvorhaben*** *n* esplorprojekto; ~**rakete** *f* esplor-raketo; ~**reaktor** *m* esplor-reaktoro *od* esplora reaktoro; ~**reise** *f* esplorvojaĝo; *in unbekanntes Gebiet auch* ekspedicio; ~**reisende** *m* esplorvojaĝanto; ~**richtung** *f* esplordirekto; ~**satellit** *m Raumf* esplorsatelito; ~**schiff** *n* esplora ŝipo; *für Expeditionen* ekspedicia ŝipo; ~**station** *f* esplora (*od* reserĉa) stacio; ~**stätte** *f Wiss* [scienca] esplorejo; ~**trieb** *m* esploremo

Forschungsvorhaben *n* ↑ ***Forschungsprojekt***

Forschungs|zentrum *n* esplorcentro; ~**ziel** *n* esplorcelo

Forschungszwecke *m/Pl*: ***für ~*** por [sciencaj] esplorceloj

Forst *m*, *auch* ***Forstung*** *f*, *auch* ***Kultur-*** *od* ***Nutzwald*** *m angepflanzter Wald* forsto (*vgl. dazu* ***Wald***; ↑ *auch* ***Kirchen-***, ***Kommunal-***, ***Staatsforst*** *u.* ***Wirtschaftswald***); ~**akademie** *f* forstakademio; ~**amt** *n* forstoficejo; ~**anbau** *m* forstkultivo

Forstärar *m* ↑ ***Staatsforst***

Forst|baumschule *f* forsta arbid-kultivejo; ~**berechtigung** *f*, *auch* ***Walddienstbarkeit*** *f* arbara servitudo (*vgl. dazu* ***Servitut***)

Forstbetrieb *m* ↑ ***Forstwirtschaftsbetrieb***

Forst|botanik *f* forstbotaniko; ~**chemie** *f* forstkemio; ~**entomologie** *f Forstinsekten-*

kunde forstentomologio

Förster *m* forstisto (↑ *auch* ***Revierförster***)

Försterei *f* ↑ ***Forsthaus***

Forst|experte *m* forstfakulo; ~**fläche** *f* forstareo

Forsthaus *n*, *auch* ***Försterei*** *f* forstista domo

Forsthydrologie *f* forsthidrologio

forsthydrologisch *Adj* forsthidrologia

Forst|ingenieur *m* forstinĝeniero; ~**insektenkunde** *f* forstentomologio; ~**institut** *n* forstinstituto

forstlich *Adj den Forst betreffend* forsta; *das Forstwesen betreffend* forstfaka

Forst|mann *m* forstisto; ~**nutzung** *f* forstekspluato

Forstökologie *f* ↑ ***Waldökologie***

Forst|pathologie *f* forstpatologio; ~**politik** *f* forstpolitiko; ~**revier** *n* forst[o]distrikto; ~**saatgut** *n* forstsemoj *Pl*; ~**schäden** *m/Pl* forstaj damaĝoj *Pl*; ~**schädling** *m* forstparazito; ~**schule** *f* forsta lernejo; ~**schutz** *m* forstprotekt[ad]o

Forstung *f* ↑ ***Forst***

Forst|unkräuter *n/Pl* forstaj trudherboj *Pl*; ~**verwaltung** *f als Instanz* forstadministracio; ~**wesen** *n* forstfako; ~**wirtschaft** *f* forstmastrumado, *auch* arbaristiko

Forst[wirtschafts]betrieb *m od* **Forstwirtschaftsunternehmen** *n* forsta entrepreno

Forstwissenschaft *f*, *auch* ***Forstwirtschaftslehre*** *f* forst[o]scienco

Forsythia *od* **Forsythie** *f*, *auch* ***Goldweide*** *f* (*Gattung* Forsythia) *Bot* forsitio

fort *Adv weg* for; *verloren gegangen* perdita; ~ ***mit dir!*** iru for!; ***ich muss*** ~ *reg umg für «ich muss losgehen»* mi devas [ek]iri; ***sie sind*** ~ ili estas foririntaj, ili foriris [jam]; ***in einem*** ~ *ohne Unterbrechung, ständig* seninterrompe, senĉese, daŭre; ***und so*** ~ (*Abk* ***usf.***) kaj tiel plu (*Abk* k.t.p. *od* ktp.)

Fort [*fo:r*] *n Festungswerk* fuorto (*vgl. dazu* ***Festung***)

Fortaleza (*n*), *auch* ***Fortaleza do Ceará*** *Hptst. des nordbrasilianischen Gliedstaates Ceará* Fortalezo

fortan *Adv* [ek]de nun; *in Zukunft* en estonto; *seitdem* [ek]de tiam, [ek]de tiu tempo

Fortbestand *m* pluekzist[ad]o; ~ ***der Art*** *Biol* pluekzistado de la specio

fortbestehen *intr* pluekzisti

fortbewegen *tr* [for]movi; *transportieren* transporti; ***sich*** ~ sin formovi (***von*** de); *vorankommen* antaŭeniĝi; *sich entfernen* malproksimiĝi, foriri (***von*** de)

Fortbewegung *f das Fortbewegen (von etw.)* [for]movado (*vgl. dazu* ***Transport***); *das Sichfortbewegen* [for]moviĝo

fortbilden *tr* ***a)*** *weiterentwickeln* pluevoluigi; *perfektionieren* [plu]perfektigi ***b)*** *geistig* [plu]klerigi, pluperfektigi (↑ *auch* ***schulen***); ***sich*** ~ plue kleriĝi, plue perfektiĝi

Fortbildung *f* plua edukado (*od* klerigo), *auch* plua perfektigo; *das Sichfortbilden* [pli]perfektiĝo

Fortbildungs|kurs *m Päd* [plu]perfektiga kurso; ~**unterricht** *m Päd* [plu]perfektiga instruado

fortblasen *tr* forblovi; ***fortgeblasen werden*** forbloviĝi

fortbleiben *intr wegbleiben* foresti; *nicht anwesend sein* ne ĉeesti; *nicht auftauchen* ne aperi; *nicht wiederkommen* ne reveni; ***nicht lange*** ~ ne longe foresti

fortbringen *tr forttragen* forporti (***nach*** al); *transportieren* [for]transporti (***nach*** al); *fortgeleiten* forkonduki

Fortdauer *f* daŭr[ad]o; *Fortbestand* pluekzist[ad]o

fort|dauern, *geh* ***fortwähren*** *intr* daŭr[ad]i; *weiter bestehen* pluekzisto; ~**dauernd** *Adj* daŭra, kontinua, konstanta; ~**drücken** *tr wegdrücken* forpremi

forte (*Abk* ***f***) *Mus (laut, stark, kräftig)* forte

forteilen *intr* haste foriri, forkuri

Fortepiano *n Mus (frühe Form des Klaviers)* fortepiano

fortfahren ***a)*** *tr mit einem Fahrzeug wegbringen* forveturigi, fortransporti (***etw.*** ion) ***b)*** *intr wegfahren* forveturi; *abreisen* forvojaĝi; *fortsetzen, weitermachen* kontinui, daŭrigi, *auch* ne ĉesi; ***mit [dem] Lesen*** ~ legante kontinui; ***im Unterricht*** ~ daŭrigi la instruadon; ***sie fuhr fort zu schwatzen*** ŝi daŭrigis babiladi (*od* la babiladon) *od* ŝi plue babiladis

fort|fallen *intr* forfali, esti ne daŭrigata, foriĝi; ~**fegen** *tr* forbalai; ~**fliegen** *intr* forflugi

Fortfliegen *n* forflug[ad]o

fort|fließen *intr* forflui; ~**führen** *tr wegführen* forkonduki (***jmdn.*** iun); *fortsetzen* daŭrigi, kontinuigi (***etw.*** ion)

Fortführung *f* daŭrigo, kontinuigo

fortgaloppieren *intr davongaloppieren* forgalopi

Fortgang *m* ***a)*** *Weggang* foriro ***b)*** *Fortdauer* daŭr[ad]o; *Fortbestand* pluekzist[ad]o; *Fortschritt* progreso; *[natürlicher] Ablauf von Ereignissen* proceso

fort|gehen *intr weggehen* foriri; *andauern* daŭr[ad]i; ~**geleiten** *tr eskortierend* foreskorti; *i.w.S. fortführen* forkonduki

fortgeschritten *Adj* progresinta; ***im ~en Alter*** en granda aĝo

Fort|geschrittene *m Päd* progresanto *bzw.* progresinto; ~**geschrittenenkurs** *m Päd* kurso por progresantoj

fortgesetzt *Adv* kontinua (*vgl. dazu* ***laufend***)

fortgleiten *intr* forgliti

Fortifikation *f* = ***Festungsanlage***

fortirren *intr* forvagi; *poet*: ***meine Gedanken irren fort zu ...*** eraras for la penso mia al ... *(Zam)*

fort|jagen ***a)*** *tr* forpeli; *verscheuchen* fortimigi (***aus*** el) ***b)*** *intr* forkuregi; *davongaloppieren* forgalopi; ~**kehren** *tr* forbalai

fortkommen *intr* ***a)*** *abhanden kommen, verschwinden* perdiĝi ◇ ***mach, dass du fortkommst!*** foriru [de ĉi tie]!; *mach, dass du hinauskommst!* eliru! ***b)*** *Fortschritte machen* bone progresi ***c)*** *übertr (gedeihen)* bone prosperi, *(wachsen)* bone kreski

Fortkommen *n Fortschritt* progreso; *Erfolg* sukceso; ***ein gutes ~ haben*** *gute Einkünfte haben* havi bonajn enspezojn; *Erfolg haben* havi sukceson *od* esti sukcesa

fortlassen *tr*: ***jmdn.*** *~ gehen lassen* lasi iun [for]iri; *erlauben, dass jmd. geht* permesi, ke iu [for]iru

fortlaufen *intr* forkuri (***aus*** el) (*vgl. dazu* ***ausreißen b)*** *u.* ***weglaufen***)

fortlaufend 1. *Adj andauernd* daŭra; *kontinuierlich* kontinua; *aufeinander folgend* sinsekva; ~***e Nummern*** *f/Pl* sinsekvaj numeroj *Pl* **2.** *Adv* daŭre; kontinue

fort|leben *intr* pluvivi, *auch* vivi plue; ~**locken** *tr* forlogi

fortmüssen *intr umg für «gehen müssen»* devi [ek]iri; *fortgehen müssen* devi foriri; *abfahren müssen* devi forveturi; *verlassen müssen* devi forlasi (***jmdn.*** iun); ***der Brief muss heute noch fort*** la letero devas ankoraŭ hodiaŭ esti forsendata

fortpflanzen *tr Phys (Licht, Schall, Vibrationen elektr. Wellen)* propagi; ***sich ~*** ***a)*** *Phys* propagiĝi ***b)*** *Biol* reproduktiĝi *od* sin reprodukti, *(Nachkommen zeugen)* generi (*od* produkti) idojn

Fortpflanzung *f* ***a)*** *Phys, z.B. von Wellen* propag[ad]o ***b)*** *Biol* generado (*vgl. dazu* ***Zeugung***); *(Reproduktion)* reproduktado *bzw.* reproduktiĝo; ***geschlechtliche*** (*od* ***sexuelle***) ~ seksa reproduktado

fortpflanzungsfähig *Adj* generpova

Fortpflanzungs|organe *n/Pl* generaj organoj *Pl*; ~**periode** *f Biol* reproduktada periodo; ~**trieb** *m Biol* genera instinkto

Fortran *od* **FORTRAN** *n EDV (eine Programmiersprache)* Fortrano *<so benannt nach engl. ‹Formula Translator>›*

fortranken, sich *refl*: ***sich [auf der Erde*** *od* ***auf dem Boden] fortranken*** *eine Kriechpflanze* rampi [sur la tero *od* sur la grundo]

fortträumen *tr* forigi

fortreißen *tr* ***a)*** forŝiri, fortiregi; ***jmdm. etw. ~*** *entreißen* forŝiri ion el ies manoj ***b)*** *übertr* entuziasmigi, rav[eg]i; ***der Redner riss die Zuhörer mit sich fort*** la parolanto tute ravis la aŭskultantaron

fortrollen *tr* forruli (***von*** de)

Fortsatz *m Anat* ↑ ***Processus***

fort|schaffen *tr wegbringen* [for]porti [al alia loko]; *[auf einem Fahrzeug] abfahren [lassen]* forveturigi; *abtransportieren* fortransporti; *fortbewegen* formovi; *allg auch* forigi (***etw. von*** *einem Ort* ion de); ~**schaukeln** *intr* forbalanciĝi; ~**schicken** *tr Post (Brief)* forsendi [per poŝto], *(Paket)* ekspedi [per poŝto]; *Person* foririgi; *wegjagen* forpeli; ~**schieben** *tr* forŝovi; ~**schlagen** *tr* forbati; ~**schleifen** *od* ~**schleppen** *tr* fortreni (↑ *auch* ***fortschaffen***); ~**schleudern** *tr* forĵetegi; *katapultieren* katapulti; ~**schreiten** *intr* progresi; *Fortschritte machen* fari progresojn (*vgl. dazu* ***fortfahren***)

Fortschreiten *n* progresado; *Verbreitung* disvastiĝo

fortschreitend *Adj* progresa

Fortschritt *m* progreso, *[bei Betonung der Andauer]* progresado; ***gesellschaftlicher*** (***sozialer***, ***technologischer***) ~ socia (sociala, teknologia) progreso; ***wissenschaftlich-technischer*** ~ scienc-teknika progreso; ~***e beim Studium machen*** progresi en la studado

fortschrittlich *Adj Partei, Person* progresema; *i.w.S. modern* moderna

fort|schwanken *intr schwankend weggehen* forbalanciĝi; ~**schwimmen** *intr* fornaĝi

fortsetzen *tr fortführen (auch Gespräch, Studium od seinen Weg)* daŭrigi; *weiterführen, z.B. eine begonnene Arbeit* kontinuigi

(↑ *auch* ***weitermachen***); ***wird fortgesetzt*** *Fortsetzung folgt (z.B. ein Zeitungsroman)* daŭrigota *od* daŭrigo sekvos; ***die Fahrt*** (***Reise***) ~ daŭrigi la veturon (vojaĝon) (***nach*** al); ***wir haben unser Gespräch nach der Pause fortgesetzt*** ni daŭrigis nian paroladon (*bzw.* diskuton) post la paŭzo

Fortsetzung *f* daŭrigo *auch eines Fortsetzungsromans u.a.*; ~ ***von Seite 10*** *Hinweis, z.B. in einer Zeitschrift* daŭrigo de paĝo 10; ~ ***folgt*** daŭrigo sekvos

Fortsetzungskurs *m Päd* daŭriga kurso

fort|spülen *tr* forlavi, forfluigi; ~**stehlen, sich** *refl* forŝteliĝi, nerimarkite foriĝi; ~**stemmen** *tr mit einem Meißel* forĉizi; ~**stoßen** *tr wegstoßen* forpuŝi; ~**tragen** *tr* forporti

Fortuna (*f*) *Myth (römische Göttin des Glücks, des Zufalls, des Erfolgs, auch des Schicksals)* Fortuna

Fortunatus (*m*) *männl. Vorname* Fortunato

fortwähren ↑ ***fortdauern***

fortwährend 1. *Adj* daŭra, senĉesa, ĉiama **2.** *Adv dauernd, stets* daŭre; *ununterbrochen* senĉese; *immer* ĉiam

fort|waschen *tr* forlavi; ~**werfen** *tr* forĵeti; ~**zahlen** *tr weiterzahlen* plue pagi; ~**ziehen** ***a)*** *tr etw. an eine andere Stelle ziehen* fortiri [al alia loko] ***b)*** *intr seinen Wohnsitz wechseln* translokiĝi (***von ... nach ...*** de ... al ...); *weggehen* foriri [al alia loko]; *Vögel* forflugi [al alia loko *bzw.* al sudaj landoj *u.a.*]

Forum *n 1. Antike (in römischen Städten der Haupt- od Marktplatz 2. öffentliche Aussprache 3. übertr: Tribunal* forumo (*vgl. dazu* ***Öffentlichkeit*** *u.* ***Podiumsdiskussion***; ↑ *auch* ***Diskussions-***, ***Internet-*** *u.* ***Weltwirtschaftsforum***); ***internationales*** (***öffentliches***, ***wissenschaftliches***) ~ internacia (publika, scienca) forumo; ***vor dem ~ der Wissenschaft*** antaŭ la forumo de la scienco

Forzeps *m od f Med* ↑ ***Geburtszange***

Foscolo (*m*) *Eig (italienischer Dichter [1778-1827])* Foskolo

Fossa *f nur Fachspr Anat für «Grube»*: ~ ***hypophysialis*** hipofiza foso

fossil *Adj versteinert, vorweltlich* fosilia; ~***e Brennstoffe*** (***Energieträger***) *m/Pl* fosiliaj brulaĵoj (energiportantoj) *Pl*; ~***e Harze*** *n/Pl* fosiliaj rezinoj *Pl*; ~***e Pflanzen*** *f/Pl* fosiliaj plantoj *Pl*; ***mit ~en Einschlüssen*** entenanta fosiliojn, fosilihava; ***in den ~en Zustand übergehen*** fosiliiĝi (*vgl. dazu* ***versteinern***)

Fossil *n, Fachspr alt auch* ***Petrefakt*** *n Geol* fosilio, *auch* petrefakto (↑ *auch* ***Leit-***, ***Mikrofossilien*** *u.* ***Versteinerung***)

Fossilfund *m Archäol* fosilia trovaĵo

Fossilisation *f Geol (Vorgang der Fossilwerdung)* fosiliiĝo

Fossula *f nur Fachspr Anat für «Grübchen» od «kleine Vertiefung»* foseto

fötal ↑ ***fetal***

fötid *Adj geh für «übelriechend» od «stinkend»* malbonodora, fetora

Foto *n* ***a)*** foto (↑ *auch* ***Farb-***, ***Ferien-***, ***Hochzeits-***, ***Pass-***, ***Porno-***, ***Satelliten-***, ***Titel-*** *u.* ***Urlaubsfoto***); ***ein ~ machen*** fari foton, foti; ***sein ~ ist in der Zeitung erschienen*** lia foto aperis en la gazeto ***b)*** *umg für «Fotoapparat»* fotilo, fotoaparato

Foto... ↑ *auch die Zus mit* ***Photo...*** *(da Fachwörter bevorzugt in ph-Schreibweise auftreten)*

Foto|album *n* fotoalbumo; ~**amateur** *m* fotoamatoro; ~**apparat** *m* fotoaparato, *umg meist* fotilo; ~**archiv** *n* fotoarkivo (↑ *auch* ***Fotothek***); ~**ausstellung** *f* fotoekspozicio; ~**chemie** *f Teilgebiet der physikalischen Chemie, das sich mit Wirkungen des Lichts verschiedener Wellenlängen auf chemische Reaktionen befasst* fotokemio

fotochemisch 1. *Adj* fotokemia **2.** *Adv* fotokemie

Fotodiode *f El* fotodiodo

fotoelektrisch *Adj* fotoelektra

Foto|elektron *n bei Lichteinwirkung frei werdendes Elektron* fotoelektrono; ~**erlaubnis** *f* permeso fotografi (*od* de fotado), *(in Form einer Bescheinigung)* permesilo por fotado; ~**galerie** *f* fotogalerio

fotogen *Adj* fotogena, *auch* fototaŭga

Fotogeologie *f Zweig der Geologie, der sich mit den Methoden der geologischen Luftbildauswertung und deren Anwendung im Rahmen der verschiedenen Aufgabenstellungen bei der geologischen Kartierung u. Lagerstättenprospektion befasst* fotogeologio

Fotograf *m, alt* ***Photograph*** *m* fotografo

Fotografie *f Bild* fotografiaĵo, *meist Kurzw* foto; *das Fotografieren* fot[ograf]ado; *Lichtbildkunst* fotografio (↑ *auch* ***Astro-***, ***Digital-***, ***Makro-*** *u.* ***Mikrofotografie***)

fotografieren, *alt* ***photographieren*** *tr u. abs* fotografi, *umg meist* foti (*vgl. dazu* ***ablich-***

ten); *mit einer Kleinbildkamera auch* kodaki; ***mit Blitzlicht*** ~ fotografi kun fulmo, *umg auch* fulmofotografi; ***darf man hier ~?*** ĉu oni rajtas fotografi ĉi tie? *od* ĉu fotografado estas permesata ĉi tie?

Fotografieren *n* fotografado (↑ *auch* ***Upskirting***)

fotografisch *Adj* fotografia

Foto|grammmetrie *f* fotogrametrio; ~**gravüre** *f* fotogravuro; ~**handlung** *f* fotobutiko; ~**journalismus** *m, auch* ***Bildberichterstattung*** *f* fotoĵurnalismo; ~**journalist** *m* fotoĵurnalisto; ~**kat[h]ode** *f* fotokatodo; ~**kopie** *f* fotokopio (↑ *auch* ***Ablichtung***)

fotokopieren *tr* fotokopii

Foto|kopiergerät *n, umg auch* ***Fotokopierer*** *m* fotokopia aparato, fotokopiilo (↑ *auch* ***Photostat®***); ~**labor** *n* fotolaboratorio; ~-**lithografie** *f Typ (Verfahren zur Herstellung von Druckformen für den Flachdruck)* fotolitografio; ~**lumineszenz** *f kaltes Nachleuchten eines Körpers nach Bestrahlung mit Licht* fotoluminesko

Fotolyse *f Chem (mit der Fotosynthese einhergehende Zersetzung chemischer Verbindungen durch Licht)* fotolizo; ~ ***des Wassers*** fotolizo de [la] akvo

fotomechanisch *Adj* fotomekanika

Fotometrie *f* fotometrio

fotometrisch 1. *Adj* fotometria **2.** *Adv* fotometrie

Foto|modell *n* fotomodel[in]o; ~**montage** *f (als Vorgang)* fotomuntado, *(Bild)* fotomuntaĵo; ~**museum** *n* fotomuzeo

Foton *n Phys* ↑ ***Photon***

Foto|objektiv *n* foto-objektivo; ~**papier** *n* fotopapero; ~**phosphorylierung** *f ein biochemischer Prozess bei der Fotosynthese* fotofosforilado; ~**physiologie** *f Lehre von der Wirkung des Lichts auf die Entwicklung der Pflanzen* fotofiziologio; ~**reporter** *m* fotoraportisto; ~**safari** *f* fotosafario; ~**satz** *m Typ (Vorgang)* fotokompostado, *(Ergebnis)* fotokompostaĵo; ~**sphäre** *f Astron (die leuchtende Hülle der Sonne)* fotosfero

Fotostrom *m El* ↑ *unter* ***Strom***

Fotosynthese *f Biol (Kohlenstoffassimilation der grünen Pflanzen)* fotosintezo

fotosynthetisch 1. *Adj* fotosinteza **2.** *Adv* fotosinteze

Fotothek *f Lichtbildsammlung* fototeko (↑ *auch* ***Fotoarchiv***)

Foto|therapie *f Med* fototerapio (↑ *auch* ***Lichttherapie***); ~**tropismus** *m, auch* ***Lichtwendigkeit*** *f Biol* fototropismo; ~**typie** *f* fototipio; ~**voltaik** *f* fotovoltaiko; ~**zelle** *f* fotoĉelo, *i.w.S.* lumelektra ĉelo (↑ ***Alkalizelle***); ~**zubehör** *n* foto-akcesoraĵo

Fötus *m Biol* ↑ ***Fetus***

Fotze *f,* *<schweiz>* ***Futz*** *f derb für «weibliche Scham»* piĉo, *vulg* fiktruo (↑ *auch* ***Muschi***)

Fötzel *m* ↑ ***Nichtsnutz*** *u.* ***Taugenichts***

Fotzenlecker *m vulg* piĉlekanto

Foul *[faul] n Sport (Regelverstoß)* faŭlo *auch übertr* (↑ *auch* ***Frust-***, ***Revanche-*** *u.* ***Stürmerfoul***); ***absichtliches*** (***unabsichtliches***) ~ intenca (senintenca) faŭlo

Foulard *[fu'la:r] m, <schweiz> auch n 1. dünner, meist bedruckter Seidenstoff 2. [kunst]seidenes Hals-, Kopf- od Taschentuch* fulardo

Foulelfmeter *m Fußball* punŝoto *od auch* penalo pro faŭlo

foulen *['fau...] tr Sport (regelwidrig od unfair spielen) u. übertr* faŭli

Fourage *f = alt für* ***Tier-*** *od* ***Viehfutter*** *[↑ dort]*

Fourgon *[fur'gõ:] m* ***a)*** *alt für «Packwagen»* furgono ***b)*** *<schweiz> Militärlastwagen* armea ŝarĝaŭto

[1]**Fourier** *[fu'ri:r] m* ↑ ***Furier***

[2]**Fourier** *[furi'e:] (m) Eig (französischer utopischer Sozialist [1772-1837])* Furiero

[3]**Fourier** *(m) Eig (französischer Mathematiker u. Physiker [1768-1830])* Furiero; ~-**Analyse** *f, auch* ***harmonische Analyse*** *f Phys (Zerlegung periodischer Schwingungen in Sinusschwingungen)* furiera analizo; ***Fouriersche Reihen*** *f/Pl Math* furieraj serioj *Pl*

Fournier|-Integral *n Math* furiera integralo; ~-**Torenie** *f, pop* ***Schnappmäulchen*** *n* (Torenia fournieri) *Bot* furniera torenio *[Vorkommen: ursprünglich in Wäldern Süd-Vietnams, in Europa als Zierpflanze kultiviert]*

Fovea *f nur Fachspr Anat für «Grübchen» od «Grube»:* ~ ***centralis*** *f die vertiefte Stelle des gelben Flecks (Macula lutea) der Netzhaut [Ort des schärfsten Sehens]* centra foveo

Foxterrier *m* (*Kurzf* ***Fox*** *m*) *eine Hunderasse* vulpteriero (↑ *auch* ***Drahthaarfox***)

Foxtrott *m ein Tanz* fokstroto (↑ *auch* ***Swingfox***); ***langsamer*** ~, *auch* ***Slowfox*** *m*

slofokso; ~ ***tanzen*** danci fokstroton

Foyer [*foa'je:*] *n Wandelhalle [im Theater]* vestiblo; *im Kurort* promena halo; *Hotel*², *Lobby* enira halo [de hotelo], *auch* lobio

FP = *Abk für* ***Festpreis***

Fracht *f Frachtgut* frajt[aĵ]o; *Frachtgeld* frajtospezo; *Ladegut, Ladung* ŝarĝaĵo; *Schiffs*² kargo (↑ *auch* ***Fehl-***, ***Luft-***, ***Mindest-*** *u.* ***Rückfracht***); ~ ***nach Rauminhalt***, *auch* ***Wagenladungsfracht*** *f* kubmezura frajto; ***gecharterte*** ~ ĉartita frajto

Fracht|brief *m* frajtletero; *Seefrachtbrief* konosamento; ~**dampfer** *m*, *umg auch* ***Frachter*** *m* kargoŝipo

Frachtenmarkt *m Wirtsch* frajtomerkato

Frachtflugzeug *n* kargoaviadilo, *auch kurz* kargoavio

frachtfrei *Adv Frachtgeld bezahlt* sen frajtospezo *nachgest*

Fracht|gebühren *Pl od* ~**geld** *n* frajtospezo; ~**gut** *n* [ordinara] frajtaĵo (*vgl. dazu* ***Expressgut***); ~**kahn** *m*, *reg* ***Zille*** *f flacher Lastkahn* barĝo; ~**kosten** *Pl Transportkosten* transportkostoj *Pl* (*vgl. dazu* ***Frachtgebühren***); ~**liste** *f* listo de frajtaĵo (*od* frajtopecoj); ~**preis** *m* frajtoprezo (*vgl. dazu* ***Frachtgebühren***); ~**raum** *m Mar* holdo; *Ladekapazität* ŝarĝokapacito, *(Mar)* kargokapacito; ~**schiff** *n*, *umg auch* ***Frachter*** *m* kargoŝipo; ~**stück** *n*, *bes.* <*österr*> ***Kolli*** *n Hdl, Wirtsch* frajtopeco (*vgl. dazu* ***Paket***)

Frachttarif *m* ↑ ***Frachtsatz***

Fracht|versicherung *f*, *auch* ***Gütertrasportversicherung*** *f* frajt-asekuro, *(Kargoversicherung)* kargoasekuro; ~**vertrag** *m*, *auch* ***Befrachtungsvertrag*** *m* frajtkontrakto

Frack *m* frako; ***mit einem*** ~ ***bekleidet*** frakvestita; ***Herren*** *Pl* ***im*** ~ frakvestitaj sinjoroj *Pl*

Frackhemd *n* fraka ĉemizo

Fracking *n*, *auch* ***hydraulische Frakturierung*** *f Erdgaswirtschaft* hidraŭlika frakasado

Frackschoß *m* basko de frako

Frage *f* demando (↑ *auch* ***Anfrage***, ***Ermessens-***, ***Fang-***, ***Haupt-***, ***Kern-***, ***Prinzipien-***, ***Prüfungs-*** *u.* ***Suggestivfrage***); *Problem, Fragestellung* problemo (↑ *auch* ***Zukunftsfrage***); ***grundlegende*** (*od* ***grundsätzliche***) ~ fundamenta demando; ***eine offene*** ~ nerespondita demando; ***es erhebt*** (*od* ***stellt***) ***sich die*** ~, ***ob ...*** stariĝas (*od* leviĝas *od* ekestas) la demando, ĉu ...; ***so lautet*** (*od* ***heißt***) ***nun die*** ~ tiel staras nun la demando *(Zam)*; ***eine*** ~ ***an jmdn. richten*** direkti demandon al iu; ***vor der*** ~ ***stehen, ob ...*** esti antaŭ la decido (*od* alternativo), ĉu ...; ***eine*** ~ ***stellen*** (*od geh* ***aufwerfen***) fari (*od* levi *od* starigi) demandon; ***man muss sich die*** ~ ***stellen, ob ...*** oni devas starigi antaŭ si la demandon, ĉu ...; ***das ist nur eine*** ~ ***der Zeit*** tio estas nur demando pri tempo ◇ ***eine*** ~ ***kostet nichts*** demando kostas nenion

Frage|bogen *m* demandilo; *Formular* formularo (*vgl. dazu* ***Enquete***); ~**fürwort** *n*, *auch* ***Interrogativpronomen*** *n Gramm* demanda pronomo

fragen *tr* demandi (***jmdn.*** iun; ***nach*** *bzw.* ***wegen etw.*** pri io) (↑ *auch* ***befragen***); *sich erkundigen* informiĝi, *auch* demandi (***nach jmdm.*** pri iu); ***immerzu*** (*od* ***ständig***) ~ demandadi, senĉese demandi; ***hat jmd. nach mir gefragt?*** ĉu iu demandis pri mi?; ***jmdn. nach seinem Namen*** ~ demandi iun pri lia nomo; ***jmdn. um Rat*** ~ peti konsilon de iu; *jmdn. konsultieren* konsulti iun; ***sich*** ~, ***ob ...*** sin demandi, ĉu ...; ***ich frage mich [immer wieder], ob ...*** mi [ĉiam denove] demandas min, ĉu ...; ***was machen Sie beruflich, wenn ich*** ~ ***darf?*** kiu estas via profesio, se vi permesas la demandon ◇ ***frag nicht so dumm!*** stulta demando!

Fragen *n* demandado; ***Sammlung von*** ~ *bes. zu Lehrzwecken* demandaro

Fragerei *f leicht pej*: ***die ständige*** ~ la kontinua (*od* senĉesa) demandado

Frage|satz *m Gramm* demanda propozicio, *umg* demanda frazo; ~**spiegel** *m* listo de demandoj; ~**spiel** *n* ĉu-ludo *auch im TV* (*vgl. dazu* ***Quiz***); ~**steller** *m* demandanto; ~**stellung** *f* demando (*vgl. dazu* ***Problem***); ~**-und-Antwort-Spiel** *n* kvizo; ~**wort** *n Gramm* demanda vorto; ~**zeichen** *n* (*Zeichen: ?*) demandosigno *od* demanda signo, *auch* ĉu-signo

fragil *Adj* fragila *auch als Vermerk auf Verpackungen* (*vgl. dazu* ***gebrechlich*** *u.* ***zart***); *leicht zerbrechlich* [tre] rompiĝema

Fragilität *f* fragileco

fraglich *Adj* ***a)*** *ungewiss* necerta; *zweifelhaft* dub[ind]a ***b)*** *betreffend* koncerna; *erwähnt* menciita; ***es ist*** ~, ***ob ...*** estas dubinde, ĉu ...

fraglos *Adv ohne Zeifel* sendube; *ganz bestimmt* definitive

Fragment *n* fragmento (*vgl. dazu* ***Bruchstück***) *auch Lit (unvollständiges Werk)*

fragmentarisch *Adj* fragmenta; *nicht vollständig* nekompleta

Fragmentierung *f* ***a)*** *das Zerlegen in Bruchstücke* fragmentigo *auch Med* (↑ *auch* ***Lithotomie***) ***b)*** *EDV (Begriff, der die nicht zusammenhängende Speicherung von Dateien und Daten auf Datenträgern, wie Festplatten, beschreibt)* fragmentiĝo (*vgl. dazu* ***Defragmentierung***)

fragwürdig *Adj ungewiss* necerta; *zweifelhaft* dubinda (*vgl. dazu* ***verdächtig***)

Fraischisch *Pl, arab.* ***Fraišīš*** *Ethn (eine Bevölkerungsgruppe im westtunesischen Hochland, im Westen der Provinz Al-Kasrin)* frajŝiŝoj *Pl*

fraise ↑ ***erdbeerfarben***

Fraktion *f Chem, Parl, Pol* frakcio (↑ *auch* ***Links-, Mehrheits-*** *u.* ***Parlamentsfraktion***)

Fraktionalismus *m Pol* frakciismo

fraktionieren *tr Chem (fraktioniert destillieren)* frakciigi; ***fraktionierte Destillation*** *f* frakciiga distilado

Fraktionierkolben *m Chem* frakciiga balono

Fraktionierung *f ein Trennverfahren, bes. bei Erdöl* frakciigo

Fraktions|kampf *m Parl* lukto inter la [parlamentaj] frakcioj; ~**vorsitzende** *m Parl* estro (*od* prezidanto) de [parlamenta] frakcio

Frakto|kumulus *m Met* fraktokumuluso; ~**nimbus** *m Met* fraktonimbuso; ~**stratus** *m Met* fraktostratuso

Fraktur *f* (Fractura) *Med (Knochenbruch)* ostoromp[iĝ]o, *Fachspr* frakturo (*vgl. dazu* ***¹Bruch a)***; ↑ *auch* ***Arm-, Becken-, Gelenk-, Knöchel-, Mehrfach-, Oberschenkel-, Patella-, Rippen-, Schädel-, Schlüsselbein-, Splitter-, Spontan-*** *u.* ***Sternumfraktur***); ***komplizierte*** ~ (Fractura complicata) komplika frakturo; ***offene*** ~ (Fractura aperta) aperta frakturo; ***unvollständige*** ~, (Fractura incompleta) *fachsprachl. auch* ***Infraktion*** *f* nekompleta frakturo; ***vollständige*** ~ (Fractura completa) kompleta frakturo

frakturieren *intr Med* frakturiĝi (*vgl. dazu* ***brechen b)***)

Frakturierung *f Tech* frakasado (*vgl. dazu* ***Fracking***; ↑ *auch* ***Schiefergas***)

Frambösie *f, auch* ***Guinea-*** *od* ***Himbeerpocken*** *Pl* (Framboesia tropica) *Med (eine tropische Hautkrankheit)* frambezio <*verursacht durch die Spirochäten ‹Treponema pallidum subsp. pertenue›*>

Frame *f langschäftiger Speer der Germanen* frameo

Franc [*frã:*] *m [früher bzw. außerhalb der EU noch heute:] Währungseinheit in verschiedenen Ländern* franko (↑ *auch* ***Komoren-Franc***); ***belgischer*** ~ (*Abk* ***bfr***, *Währungscode* ***BEF***) belga franko; ***französischer*** ~ (*Abk* ***fr*** *od* ***F***, *Währungscode* ***FRF***) franca franko; ***kongolesischer*** ~ *od* ***Kongo -Franc*** kongola franko; ***luxemburgischer*** ~ (*Abk* ***lfr***, *Währungscode* ***LUF***) *[bis 31.12.2001]* luksemburga franko

Francesca (*f*) *ital. Namensform zu Franziska* Franĉeska

Franche-Comté (*n*), ***Freigrafschaft Burgund*** *f, auch* ***Hochburgund*** *n Gesch (eine ehemalige Provinz Frankreichs [umfasste das obere Saône-Becken u. den französischen Jura (Hptst.: Besançon)])* Franĉkonteo

Franchise *f Betrag der Selbstbeteiligung an der Versicherung* franĉizo

Franciscus (*m*) *Eig* ↑ ***Franz von Assisi*** [*unter* ***Franz***]

Francium *n* (*Symbol* ***Fr***) *Chem* franci[um]o *ein radioaktives Element*

frank *Adv* ◇ ~ ***und frei*** senĝene kaj libere; *völlig unverhohlen* tute malkaŝe

Frankatur *f das Freimachen von Postsendungen* afranko; *Porto* afrank[aĵ]o, sendokosto (*vgl. dazu* ***Postgebühren***; ↑ *auch* ***Mischfrankatur***)

Franke *m Einwohner von ²Franken* frankoniano

¹Franken *m schweiz. Währungseinheit* franko; ***Schweizer*** ~ (*Abk* ***sFr***, *im dt. Bankw* ***sfr***, *Pl* ***sfrs***; *Währungscode* ***CHF***) svisa franko (↑ *auch* ***Zehnfrankenschein***)

²Franken (*n*) *Landschaft zw. Fichtelgebirge, Thüringer Wald, Fränkischer Jura u. Spessart* Frankonio (↑ *auch* ***Mittel-, Ober-*** *u.* ***Unterfranken***)

³Franken *m/Pl ein westgermanischer Volksstamm* frankoj *Pl* (↑ *auch* ***Ripuarier***); ~**-reich** *n, auch* ***Fränkisches Reich*** *n Gesch* Frankio, *auch* Franka Regno <*bedeutendste Reichsbildung des frühen Mittelalters*>

Franken|wald *m ein Mittelgebirge zw. Fichtelgebirge u. Thüringer Wald* Frankonia Arbaro; ~**wein** *m* frankonia vino

Frankfort (*n*) *Hptst. des US-Bundesstaates Kentucky* Frankforto

Frankfurt (*n*) *Name zweier dt. Städte am*

Main bzw. an der Oder Frankfurto
Frankfurterli *Pl Nahr* ↑ *unter* ***Würstchen***
frankieren *tr* afranki; ***einen Brief*** ~ afranki leteron; ***ein ungenügend frankierter Brief*** nesufiĉe afrankita letero; ***frankiert sein*** esti afrankita
Frankiermaschine *f* afrankmaŝino
Fränkin *f Einwohnerin von Franken* frankonianino
fränkisch *Adj* frankonia (*vgl. dazu* **²*Jura***); ***≗e Schweiz*** *f Nordteil der Fränkischen Alb <mit bizarren Felsformen>* Frankonia Svisio
Franklinmöwe *f, auch* ***Präriemöwe*** *f* (Larus pipixcan = Leucophaeus pipixcan) *Orn (eine Möwenart in USA)* franklina mevo, *auch* prerimevo
franko *Adv Hdl, Wirtsch* afrankite
Frankokanadier *m Bewohner Kanadas, der Französisch als Muttersprache spricht* franclingva kanadano
frankokanadisch *Adj* franc-kanada
Frankreich (*n*) Francio *[Hptst.: Paris]* ◇ ***leben wie Gott in*** ~ vivi kiel dio en Francio
Franse *f* franĝo (*vgl. dazu* ***Fimbrie***); ***mit ~n besetzt*** (*od i.w.S.* ***geschmückt***) ***[sein]*** [esti] franĝita
Fransenbecher *m Bot* ↑ ***Alraunwurzel***
Fransenenzian *m* (Gentian[ell]a ciliata) *Bot* franĝa genciano
Fransenflügler *m/Pl Ent* ↑ *unter* ***Blasenfüße***
Fransenglöckchen *n Bot*: ***kleines*** ~ ↑ ***Zwergsoldanelle***
Fransenmopp *m Hausw* franĝa balailo
fransig *Adj* franĝita
Franz (*m*) *männl. Vorname* Francisko; ~ ***von Assisi*** (*auch* ***Franciscus*** *genannt; eigtl* ***Giovanni Bernardone***) *Wanderprediger u. Stifter des Franziskanerordens [* 1181/82 - 1226]* Francisko de (*od* el) Asizo; ~ ***Joseph I.*** *ein österreichischer Kaiser [1830-1916]* Francisko Jozefo I. (= la unua)
Franzbranntwein *m* (Spiritus vini gallici) *Pharm (ein aromatisierter medizinischer Alkohol [für Einreibungen])* franca spirito vina
¹Franziska *f hist: Streitaxt [der Franken]* francisko, *auch* milithakilo de la frankoj
²Franziska (*f*) *weibl. Vorname* Franciska (↑ *auch* ***Francesca***)
Franziskaner *m kath. Kirche* franciskano (*vgl. dazu* ***Kapuziner*** *u.* ***Minoriten***); ~ ***mit einem strickähnlichen Gürtel*** kordeliero
Franziskanerin *f kath. Kirche* franciskanino (↑ *auch* ***Klarissen***)
Franziskaner|kloster *n* franciskana monaĥejo; ~**mönch** *m* franciskana monaĥo; ~**orden** *m, lat.* ***Ordo Fratrum Minorum*** (*Abk* ***OFM***) (*auch* ***Minoritenorden*** *genannt) der nach seinem Gründer Franz von Assisi benannte Orden der Bettelmönche* franciskana ordeno (*vgl. dazu* ***Klarissenorden***)
franziskanisch *Adj* franciskana
Franziskus (*m*) *männl. Vorname* Francisko; ***Papst*** ~ papo Francisko *[seit 13.3.2013 Oberhaupt der röm.-katholischen Kirche]*
Franz-Josef-Land (*n*) *eine nördl. von Nowaja Semja gelegene russ. Inselgruppe im Nordpolarmeer* Franc-Josefaj Insuloj *Pl*
¹Franzose *m* franco
²Franzose *m Handw umg für «verstellbarer Schraubenschlüssel»* universala (*od* alĝustigebla) ŝraŭbilo
Franzosenholz *n* ↑ ***Guajakholz***
Franzosenkraut *n Bot* ↑ ***Knopfkraut a)***
französieren *tr* ***a)*** *auf französische Art (bzw. nach französischem Geschmack) gestalten* francigi ***b)*** *zu französisch Sprechenden machen* franc[lingv]igi
Französin *f* francino
französisch *Adj* franca; ***~e Küche*** *f* franca kuirarto; ***die ≗e Revolution*** *Gesch [am Ende des 18. Jh.s]* la Franca Revolucio; ***~e Spracheigentümlichkeit*** *f* ↑ ***Gallizismus***; ~ ***sprechen*** paroli france *od* paroli la francan [lingvon]
Französisch[e] *n Ling* la franca [lingvo]; ***[all die] Länder*** (*od* ***Territorien***), ***in denen Französisch gesprochen wird*** franclingvio; ***sprachliche Eigenart*** (*od* ***besondere Ausdrucksweise***) *f* ***des Französischen in Belgien*** belgismo
Französisch|-Guayana (*n*), *franz.* ***Guyane Française*** *franz. Überseedépartement im nördl. Südamerika* Franca Gvajano *[Hptst.: Cayenne]*; ~**-Polynesien** (*n*), *franz.* ***Polynésie Française*** *franz. Überseeterritorium mit weitgehender Selbstverwaltung in Ozeanien [Hauptort: Papeete (auf Tahiti)]* Franca Polinezio (↑ *auch* ***Tahiti*** *u.* ***Tuamotuinseln***)
französischsprachig *Adj* franclingva; ***die ~e Schweiz*** la franclingva Svisio
frappant *od* **frappierend** *Adj auffallend, ins*

Auge springend frap[ant]a, okulfrapa; *beeindruckend* impresa; *in Erstaunen versetzend* miriga; *überraschend* surpriza

frappieren *tr* [okul]frapi; *[stark] beeindrucken* [forte] impresi; *in Erstaunen versetzen* mirigi; *überraschen, stutzig machen* surprizi (↑ *auch* ***verblüffen***)

fräsen *tr Tech* frezi (↑ *auch* ***ausfräsen***)

Fräsen *n Tech (spanabhebende Formgebung von Werkstücken [bes. Metall, Holz, Kunststoffe] mit einem rotierenden Werkzeug [Fräser])* frezado (↑ *auch* ***Mantel-*** *u.* ***Stirnfräsen***)

Fräser *m (Person)* frezisto; *(Werkzeug)* frezilo (↑ *auch* ***Gewinde-***, ***Mantel-***, ***Profil-***, ***Scheiben-***, ***Schlitz-***, ***Stirn-***, ***Walzen-*** *u.* ***Zahnradfräser***)

Fräserei *f (Werkstätte)* frezejo

Fräsmaschine *f* frezmaŝino

Frasnien *od* **Frasnium** *n Geol (die untere Abteilung des Oberdevons)* frasnio

Fraß *m schlecht gekochtes Essen* fuŝkuiraĵo; *derb für «schlechtes Essen»* fimanĝaĵo; ~**gift** *n, auch* ***Fressgift*** *n Schädlingsbekämpfung* manĝoveneno

Frater *m Ordens- od Klosterbruder* [kun]frato, *im Kloster auch* frato-monaĥo

Fratze *f Grimasse* grimaco; *verzerrtes (hässliches) Gesicht* grimaca (hida) vizaĝo; *übertr (Karikatur, Zerrbild)* karikaturo; ***~n schneiden*** fari grimacojn, grimaci

fratzenhaft *Adj* grimaca *od nachgest* kiel grimaco; *karikaturenhaft, verzerrt* karikatura

Fratzenschneider *m* grimaculo

Frau *f* virino (↑ *auch* ***Nebenfrau***); *Anrede u. vor Eig* sinjorino (*Abk* s-ino); *Ehefrau* edzino; ***meine*** ~ mia edzino; ***seine geschiedene*** ~ lia eksedzino; ***gnädige*** ~ sinjorina moŝto; ***eine ~ im reifen Alter*** virino en sia matura aĝo; ***eine schwangere*** (***unverheiratete***, ***verheiratete***) ~ graveda (needziniĝinta, edziniĝinta) virino; ***eine ~ haben*** *verheiratet sein* esti edziĝinta, havi edzinon; ***jmdn. zur ~ nehmen*** preni iun al si kiel edzinon; *jmdn. heiraten* edziĝi kun (*od* al) iu; ***die Rechte der ~en*** la rajtoj de la virinoj; ***die Rolle der ~ in der Gesellschaft*** la rolo de la virino en la socio ◇ ***eine [schöne]~ erreicht mehr als ein [starker] Mann*** pli tiras virina haro ol ĉevala paro *(Zam)*

Frauen|arbeit *f* virina laboro; ~**arzt** *m* ginekologo; ~**ärztin** *f* ginekologino; ~**bewegung** *f* virina movado; *Feminismus* feminismo; ~**chor** *m* virina koruso (*od* ĥoro); ~**delegation** *f* virina delegacio

Frauendistel *f Bot* ↑ ***Mariendistel***

Frauen|emanzipation *f* emancipado (*bzw.* emancipiĝo) de la virino; ~**farn** *m* (*Gattung* Athyrium) *Bot* atirio, *pop* virinfiliko

Frauenfarngewächse *n/Pl Bot*: ***[Familie der]*** ~ (Athyriaceae) atiriacoj *Pl*

Frauenfeind *m* homo, kiu malamas (*bzw.* evitadas) virinojn, *geh* mizogino

frauenfeindlich, *geh* ***misogyn*** *Adj* malamanta virinojn *nachgest*, *geh* mizogina

Frauenfeindlichkeit *f*, *geh* ***Misogynie*** *f* malamo al virinoj, *geh* mizogineco

Frauenfeld (*n*) *Hptst. des schweizerischen Kantons Thurgau [am Südufer des Bodensees]* Fraŭenfeldo

Frauen|fußball *m Sport* virina futbalo; ~**gefängnis** *n* prizono por virinoj

Frauengemach *n des altgriechischen Hauses* ↑ ***Gynäkeion***; *in Indien u. Persien* ↑ ***Zenana***; *in einer Burg* ↑ ***Kemenate***

Frauenhaarfarn *m* (*Gattung* Adiantum) *Bot* adianto, *pop* harfiliko

frauenhaft *Adj* virin[ec]a

Frauen|hass *m* malamo kontraŭ virinoj (*vgl. dazu* ***Gynäkophobie*** *u.* ***Misogynie***); ~**haus** *n im Orient* virinejo (*vgl. dazu* ***Harem***)

Frauenheilkunde *f Med* ↑ ***Gynäkologie***

Frauen|held *m* donĵuano (↑ *auch* ***²Casanova*** *u.* ***Don Juan***); ~**herrschaft** *f* virina regado; ~**klinik** *f*, *<schweiz>* ***Frauenspital*** *n* ginekologia kliniko; ~**kloster** *n Kirche* monaĥinejo; ~**komitee** *n* virina komitato; ~**kongress** *m* virina kongreso; ~**krankheiten** *f/Pl od* ~**leiden** *n/Pl* virinaj malsanoj *Pl*; ~**mannschaft** *f Sport* virina teamo

Frauenmantel *m*, *reg* ***Sinau*** *m* (*Gattung* Alchemilla) *Bot* alkemilo, *pop auch* dammantelo (↑ *auch* ***Ackersinau*** *u.* ***Alpenfrauenmantel***); ***gemeiner*** (*od* ***gewöhnlicher***) ~ (Alchemilla vulgaris) ordinara alkemilo

Frauenmilch *f Produkt der Milchdrüse der Frau nach der Entbindung* virina lakto

Frauenminze *f Bot* ↑ ***Balsamkraut***

Frauen|name *m* virina nomo; ~**organisation** *f* virina organizaĵo; ~**quote** *f* kvoto de (*bzw.* por) virinoj [*z.B.* en la estraro *u.a.*]; ~**rechte** *n/Pl* virinaj rajtoj *Pl*

Frauenrechtler *m* ↑ ***Feminist***

Frauenrechtlerin *f* ↑ ***Feministin***

Frauenschicksal *n* virina sorto

Frauenschuh *m* (*Gattung* Cypripedium) *Bot (eine Gattung der Orchideengewächse)* cipripedio; ***gelber*** ~ (Cypripedium flavum) flava cipripedio

Frauenspiegel *m* (*Gattung* Specularia) *Bot* spekulario; (*Gattung* Legousia) leguzio *u. eine Art* (*auch* ***Muttergottesauge*** *genannt*) venusspegula leguzio

Frauenspital *n* ↑ ***Frauenklinik***

Frauenstimme *f Mus* virina voĉo (*vgl. dazu* ***Alt***, ***Mezzosopran*** *u.* ***Sopran***)

Frauentag *m*: ***der Internationale*** ~ la Internacia Tago de Virino

Frauen|tanz *m* virina danco; ~**vereinigung** *f (als Organisationsform)* virina asocio

Frauenviole *f Bot* ↑ ***Nachtviole***

Frauen|wahlrecht *n* virina balotrajto *od* balotrajto de (*bzw.* por) virinoj; ~**zeitschrift** *f* ilustrita gazeto por virinoj; ~**zimmer** *n pej salopp* jupulino

Fräulein *n* (*Abk* ***Frl.***) *alt* fraŭlino (*Abk* f-ino) *auch Anrede, vor Eig meist Großschr* (*Abk* F-ino); ***gnädiges*** ~ fraŭlina moŝto

Fräuleinchen *n meist liebkosend od scherzh für «kleines Fräulein»* fraŭlineto

fraulich *Adj* virineca (*vgl. dazu* ***feminin***)

Fraulichkeit *f* virineco

Freak [*fri:k*] *m jmd., der sich in übertriebener Weise für etw. begeistert* friko (↑ *auch* ***Computer-*** *u.* ***Technikfreak***)

frech *Adj dreist* impertinenta; *unverschämt* senhonta (*vgl. dazu* ***unhöflich***); *ungezogen, bes. Kind* malbonkonduta; ~***er Kerl*** *m* impertinentulo (↑ *auch* ***²Flegel*** *u.* ***Lümmel***)

Frechdachs *m umg scherzh für «freches Kind»* impertinentuleto

Frechheit *f (als Eigenschaft)* impertinent[ec]o, *(als Tat)* impertinentaĵo; *Unverschämtheit (als Eigenschaft)* senhonteco, *(als Tat)* senhontaĵo (*vgl. dazu* ***Unhöflichkeit*** *u.* ***Unverschämtheit***); *Ungezogenheit* malbona konduto ◇ ***das ist der Gipfel der*** ~ tio estas la supro de l' impertinenteco

Fredegunde (*f*) *Eig (Gemahlin des fränkischen Königs Chilperich von Neustrien [† 597])* Fredegunda

Frederikstad (*n*) *eine norwegische Hafenstadt* Frederikstado

Free Climbing *n* ↑ ***Freiklettern***

Free Jazz *m eine Stilrichtung des Modern Jazz ohne metrische od tonale Bindungen* libera ĵazo

Freesie *f* (*Gattung* Freesia) *Bot (eine Gattung der Schwertliliengewächse)* frezio

Freestyle-Skiing *n Wintersport* liberstila skiado

Freetown [*ˈfri:taun*] (*n*) *Hptst. von Sierra Leone* Fritaŭno

Fregatte *f Mar* fregato

Fregatten|kapitän *m Mar* fregatkapitano; ~**-Sturmschwalbe** *f* (Pelagodroma marina) *Orn* fregatpetrelo

Fregattvogel *m Orn*: *Pracht*~ (Fregata magnificens) grandioza fregato (↑ *auch* ***Adler*** *u.* ***Bindenfregattvogel***); ***[Familie der] Fregattvögel*** *m/Pl* (Fregatidae) fregatedoj *Pl*

frei 1. *Adj* ***a)*** libera; *unabhängig* sendependa; *liberal* liberala; *nicht besetzt (Gebiet)* neokupata; *ungebunden* neligita, *auch* libera; *nicht beschränkt (Zugang)* libera; ~***e Demokratische Partei*** (*Abk* ***FDP***) Libera Demokratia Partio; ~***er Deutscher Gewerkschaftsbund*** (*Abk* ***FDGB***) *Gesch DDR* Libera Germana Sindikata Unuiĝo; ~***e Deutsche Jugend*** (*Abk* ***FDJ***) *Gesch DDR* Libera Germana Junularo (*od* Junular-Organizo); ~***er Fall*** *m Fallschirmsport* libera [paraŝuta] salto; ***die*** ~***en Künste*** *f/Pl* la liberalaj artoj *Pl*; ~***e Liebe*** *f* libera amo; ~***er Mann*** *m Libero (beim Fußball)* liberulo; ***der*** ~***e Markt*** la libera merkato; ~***e Meinungsäußerung*** *f* libera opiniesprimo; ~***er Mensch*** *m* libera homo; ~***e Verse*** *m/Pl Metr* liberaj versoj *Pl*; ~***e Wähler*** *Pol* Libera Ligo de Balotantoj; ~***er Warenaustausch*** *m* libera interŝanĝo de varoj ~***er Zugang*** (*bzw.* ***Zutritt***) ***zu ...*** libera aliro al ...; ***jmdm.*** ~***e Hand lassen*** lasi al iu plenan liberecon; ***sich*** ~ ***machen von etw.*** *sich von etw. befreien* sin liberigi de io; ~ ***von Sorgen sein*** esti libera de zorgoj; ***es steht Ihnen*** ~ ***zu ...*** vi havas la liberecon ..., *auch* vi estas libera ... *u. nachfolg. Verb mit Inf*; ***etw. aus*** ~***en Stücken tun*** fari ion propravole (*od* memvole *od* libervole *bzw.* nedevigite) ◇ ~ ***wie ein Vogel in der Luft*** libera kiel birdo en aero *(Zam)* ***b)*** *nicht besetzt bzw. nicht benutzt (Platz, Tisch, Zimmer)* neokupita, neuzita, *auch* libera; *Job* vaka; ~***e Stelle*** *f am Arbeitsmarkt* vaka laborloko, *auch kurz* vakaĵo; ***haben Sie noch [ein] Zimmer*** ~***?*** ĉu vi havas ankoraŭ liberan ĉambron?; ***heute Abend habe ich*** ~ hodiaŭ vespere mi estos libera (*od auch* mi havos tempon); *dienstfrei* hodiaŭ vespere mi ne deĵoros ***c)*** *ungeniert* senĝena; *ungezwun-*

gen, ohne Förmlichkeiten senceremonia; *allzu frei im Betragen od in der Redeweise* en maniero [iom] tro libera *nachgest*; *sex (ziemlich frei sein)* esti malpruda, malprudi ***d)*** *gratis, umsonst* senkosta, senpaga, *auch* libera; *~**er Eintritt** m* senpaga eniro ***e)*** *offen, ohne etw. zu verheimlichen, unverhohlen* nekaŝita ***f)*** *arbeits- od schulfrei* libera; *müßig* senokupa, neniofara; *~**er Tag** m* libera (*od* senlabora) tago (*vgl. dazu* ***Feiertag***) ***g)*** *nicht wörtlich*: *~**e Übersetzung** f* libera (*od* ne laŭvorta) traduko ***h)*** *nicht bedeckt, unbekleidet, nackt* nekovrita, nevestita, nuda; *offen* libera, aperta; ***im ²en*** *in der freien Natur* en la libera naturo; *an der [frischen] Luft* en la libera aero; *unter freiem Himmel* sub libera ĉielo; *außerhalb des Hauses* ekster la domo, *umg auch* eksterdome; ***im ²en lagern*** *kampieren* kampadi, *bes. Mil* bivaki (*vgl. dazu* ***zelten***); ***unter ~em Himmel schlafen*** dormi sub libera ĉielo ***i)*** *in weiteren Fügungen*: *~* ***machen*** *befreien* liberigi *auch Sitzplatz*; *~* ***werden*** *Land* liberiĝi *auch Platz, Tisch* **2.** *Adv* libere; *aus dem Gedächtnis, auswendig* parkere; *kostenfrei* senpage, senkoste; *Hdl, Wirtsch (franko)* fri; *~* ***Bahnhof*** (*od* ***Station***) fri stacidomo; *~* ***an Bord*** (*engl. Abk* ***f.o.b.***) *od ~* ***Schiff*** fri ŝipo; *~* ***ins Flugzeug*** (*engl. Abk* ***f.o.p.***) fri avio; *~* ***Haus*** fri firmo; *bei Privatperson* afrankite ĝishejme; *~* ***ab Kai*** (*engl. Abk* ***f.o.q.***) fri kajo; *~* ***Leichter*** (*engl. Abk* ***f.o.s.***) fri gabaro; *~* ***längs Schiffseite*** (*engl. Abk* ***f.a.s.***) fri apudŝipe; *~* ***Waggon*** (*engl. Abk* ***f.o.r.***) fri vagono; *~* ***und offen diskutieren*** tute sincere kaj malkaŝe diskuti; *~* ***übersetzen*** traduki libere

Freiaktie *f Fin, Wirtsch* ↑ ***Gratisaktie***

Freibad *n* liberaera naĝejo

Freiballon *m Flugw* ↑ ***Freifahrtballon***

freibekommen *intr Urlaub bekommen* ricevi libertempon; ***jede Woche einen Tag*** *~* ĉiusemajne ricevi unu liberan tagon

Freiberg (*n*) *eine Stadt in Sachsen* Fribergo

Freibergit *m Min* fribergito

Freiberufler *m* liberprofesiulo, sendependa profesiulo

freiberuflich **1.** *Adj* liberprofesia **2.** *Adv* liberprofesie

Frei|betrag *m Steuerfreibetrag* impostlibera parto de la enspezoj; *~***beuter** *m Seeräuber* marrabisto; *Korsar* korsaro (*vgl. dazu* ***Flibustier*** *u.* ***Pirat***); *Freibeuter- od Seeräuberschiff* marrabista (*od* korsara) ŝipo

freibeuterisch *Adj* marrabista, *nachgest auch* en maniero de marrabisto

Freibrief *m* ***a)*** *hist* atesto pri la liberigo el servuteco ***b)*** *Urkunde über ein Vorrecht* dokumento pri [certa] privilegio ***c)*** *übertr für «weitreichende Erlaubnis»* senlima permeso

Freiburg (*n*) **[im Breisgau]** *Hptst. des Regierungsbezirks Freiburg in Baden-Württemberg* Friburgo [en Brisgovio] (↑ *auch* ***Fribourg***)

Freidenker *m* ***a)*** *auch* ***Freigeist*** *m* liberpensulo *(Zam)*; *Freigeist zur Zeit der Reformation* libertino (↑ *auch* ***Libertinismus***); *i.w.S. Atheist* ateisto

[1]**Freie** *m (im Ggs zum Sklaven) Gesch* liberulo

[2]**Freie** *n*: ***im ~n*** ↑ *unter* ***frei h)***

freien *intr um die Hand anhalten* svatiĝi

Freier *m* ***a)*** *Brautwerber* svatanto; *jmd., der um ein Mädchen wirbt* svatiĝanto ***b)*** *verhüllend für «Kunde einer Prostituierten»* kliento de putino, putinkliento

Freiersfüße *Pl*: ***auf ~n gehen*** *scherzh veraltend* serĉi fraŭlinon por edziĝi al ŝi, serĉi edzinon

Frei|exemplar *n Autorenexemplar* senkosta ekzemplero [por la aŭtoro]; *~***fahrschein** *m* senpaga [vetur]bileto; *~***fahrt** *f* senpaga veturo; *~***[fahrt]ballon** *m Flugw* libera balono; *~***fläche** *f nicht bewachsene Bodenfläche* kalvo *auch Forstw* (*vgl. dazu* ***Lichtung*** *u.* ***Waldlichtung***)

Freifrau *f* ↑ ***Baronin***

Freifräulein *n* ↑ ***Baronesse***

Freigabe *f z.B. von Kriegsgefangenen* liberigo; *Brücke od Straße für den Verkehr* [oficiala] malfermo por la trafiko

freigeben ***a)*** *tr Gefangene* liberigi, doni la liberecon al; *Genehmigung erteilen* doni la permeson al; *erlauben, zulassen* permesi; *Verbot aufheben* forigi malpermeson ***b)*** *intr* doni libertempon (*bzw.* ferion, liberan tagon *u.Ä.*); ***jmdm. einen Tag*** *~* doni (*od* permesi) al iu liberan tagon, *auch* forpermesi iun por unu tago

freigebig *Adj* donacema, malavara (*vgl. dazu* ***generös***, ***hilfsbereit***, ***nobel*** *u.* ***spendabel***)

Freigebigkeit *f* donacemo, malavar[ec]o

Freigefecht *n Fechten* ↑ ***Assaut***

Freigehege *n im Zoo* liberaera ĉirkaŭbarejo [por bestoj]

Freigeist *m* ↑ ***Freidenker a)***
Freigepäck *n bei Flugreisen* senpaga bagaĝo
Freigrafschaft *f*: ~ ***Burgund*** *Gesch* ↑ ***Franche-Comté***
Freigut *n Feudalismus* ↑ ***Freilehen***
freihaben *intr* ne [devi] labori; *Schule* ne havi lecionojn; *Urlaub haben* havi libertempon
Freihafen *m Mar* libera haveno
freihalten *tr **a)** reservieren* rezervi, *auch* teni libera; ***einen Platz für jmdn.*** ~ rezervi sidlokon por iu ***b)*** *bewirten* regali; ***jmdn.*** ~ *für jmdn. in der Gaststätte bezahlen* regali iun en gastejo
Freihandel *m* libera komerco
Freihandelsabkommen *n* liberkomerca interkonsento; ***Nordamerikanisches*** ~, *engl.* ***North American Free Trade Agreement*** (*Abk* ***NAFTA***) Nordamerika Liberkomerca Interkonsento
Freihandels|politik *f* liberkomerca politiko; ~**zone** *f* liberkomerca zono *od* zono de libera komerco
freihändig *Adv* libermane; *ohne sich aufzustützen* senapoge; ~ ***Rad fahren*** bicikli kun ambaŭ manoj liberaj
Freiheit *f* liber[ec]o (↑ *auch* ***Bewegungs-***, ***Gedanken-***, ***Gewissens-***, ***Glaubens-***, ***Handels-***, ***Handlungs-***, ***Koalitions-***, ***Meinungs-***, ***Presse-***, ***Rede-***, ***Reise-***, ***Versammlungs-***, ***Vertrags-*** *u.* ***Willensfreiheit***); *Pol (Unabhängigkeit)* sendependeco; *Vorrecht* privilegio; ***dichterische*** (***persönliche***, ***übermäßige***, ***wiedergewonnene***) ~ poezia (persona, troa, reakirita) liber[ec]o; ***ich nehme mir die*** ~ ***zu ...*** mi permesas al mi ... *mit Verb im Inf*; ***seine*** ~ ***verlieren*** perdi sian liberecon; ***jmdm. die*** ~ ***wiedergeben*** redoni al iu la liberecon ◇ ***Brüder***, ***zur Sonne***, ***zur*** ~***!*** fratoj, al sun', al libero
freiheitlich *Adj liberal* liberala; *freiheitsliebend* amanta la liberecon *nachgest*; ~***e Demokratie*** *f* liberala demokratio
Freiheits|bewegung *f* movado de libereco; ~**kampf** *m* batalo (*od* lukto) por libereco; *Befreiungskampf* liberiga batalo; *Kampf um Unabhängigkeit* lukto por sendependeco; ~**kämpfer** *m* batalanto por libereco (*bzw.* sendependeco); ~**krieg** *m Befreiungskrieg* liberiga milito; ~**liebe** *f* amo al libereco
freiheitsliebend *Adj* liberama *od nachgest* amanta la liberecon
Freiheitsstatue *f Standbild an der Einfahrt zum New Yorker Hafen* Statuo de Libereco
Freiheitsstrafe *f Jur* puno je malliberejo; ***eine lebenslange*** ~ ĝismorta malliberigo
freiheraus *Adv offen* malkaŝe; *ohne zu zögern* senhezite
Freiherr *m* ↑ ***Baron***
Freiherrn|krone *f* barona krono; ~**stand** *m bzw.* ~**würde** *f* baroneco
Freiin *f* ↑ ***Baronesse***
Frei|karte *f* senkosta bileto (*bzw.* enirbileto); ~**kauf** *m Loskauf* elaĉeto
freikaufen *tr* elaĉeti *auch bildh*; ***einen Gefangenen*** ~ elaĉeti kaptiton
Freiklettern *n*, *engl.* ***Free Climbing*** *n Sport* libera grimpado
freikommen *intr aus Gefangenschaft, Haft* [fine] liberiĝi (***aus*** el), akiri la liberecon; *von einem Hindernis* foriĝi (***von*** de) (↑ *auch* ***loskommen***)
Frei|körperkultur *f* (*Abk* ***FKK***), *selt* ***Nudismus*** *m* nudismo (*vgl. dazu* ***Nacktbaden***); ~**korps** *n*, *auch* ***Freiwilligenkorps*** *n Mil (bes. hist)* korpuso de volontuloj, *(Zam)* liberbrigado
freilassen *tr **a)** aus Gefangenschaft, auch ein Tier* doni la liberecon al ***b)*** *Platz lassen* lasi liberan spacon
Freilassung *f* liberigo
Freilauf *m*, *auch* ***Leerlauf*** *m Tech* idlado, *(Mechanismus, der den Freilauf bewirkt)* idlilo; ***im*** ~ ***laufen*** *Fahrrad, Tech* idli; ~**-bremse** *f Fahrrad* idlobremso; ~**nabe** *f Fahrrad* idlonabo
freilegen *tr die deckende Schicht entfernen* forigi la kovrantan tavolon; *die Verkleidung abnehmen* maltegi; *Gleis- od Straßenbau (den Schotter entfernen, z.B. von der Gleisbettung)* senbalastigi; ***eine Sehne*** ~ *Chir* maltegi tendenon
Frei|lehen *n*, *auch* ***Freigut*** *n Feudalismus* aloda bieno; ~**leitung** *f El* supertera lineo
freilich *Adv allerdings, gewiss* ja, certe (*vgl. dazu* ***selbstverständlich***); *zweifelsohne* sendube
Freilicht|bühne *f* liberaera scenejo; ~**kino** *n* liberaera kinejo; ~**museum** *n* liberaera (*od* subĉiela) muzeo; ~**theater** *n Ort* liberaera (*od* subĉiela) teatro; *die Aufführung dort* teatra prezentado sub libera ĉielo
Freilos *n* senpaga [loteria] bileto
Freiluft|konzert *n* liberaera koncerto; ~**terrasse** *f z.B. auf einem Passagierschiff* liberaera teraso

freimachen *tr* ***a)*** *Postsendung* afranki ***b)*** *Urlaub machen:* ***ein paar Tage*** ~ ferii kelkajn tagojn ***c) sich*** ~ *sich ausziehen* senvestigi (*od* malvesti) sin, demeti la (*od* siajn) vestojn; *von Belastungen od Druck* liberigi sin (***von*** de) ***d)*** *Verstopftes wieder entfernen, z.B. aus einem Rohr* malŝtopi
Freimarke *f Post* poŝtmarko (*vgl. dazu* ***Briefmarke***)
Freimaurer *m* framasono
freimaurerisch *Adj* framasona
Freimaurerloge *f* framasona loĝio
Freimaurertum *n* framasonismo
freimütig 1. *Adj* verdirema, sincera (↑ *auch* ***unverblümt***); *furchtlos* sentima; ***ein ~es Geständnis ablegen*** fari sinceran konfeson **2.** *Adv unverblümt, unverhohlen* malkaŝe, tute libere; *ohne Scheu* sentime
Freimütigkeit *f Offenheit, Unverhohlenheit* malkaŝeco
freinehmen *tr*: ***sich einen Tag*** ~ preni unu liberan tagon
Frei|schaffende *m* sendependa profesiulo; **~schärler** *Mil (Freiwilliger)* volontulo, *Zam* liberbrigadano; *Partisan* partizano, gerilano
Freischlag *m Hockey* libera ŝoto; ***einen ~ ausführen*** plenumi liberan ŝoton
freisinnig *Adj* liberala (↑ *auch* ***liberal***)
freisprechen *tr*: ***jmdn.~*** *Jur* absolvi iun; *jmdn. für schuldlos erklären* deklari iun senkulpa; ***jmdn. aus Mangel an Beweisen*** ~ *Jur* deklari iun senkulpa pro manko de pruvoj; ***jmdn. von seinen Sünden*** ~ *Rel* absolvi iun de siaj pekoj
Freisprechung *f od* **Freispruch** *m Jur* malkondamna verdikto; ***Freisprechung von Sünden*** *kath. Kirche* absolvo de pekoj, pekopardono (↑ *auch* ***Absolution***)
Freistaat *m*, *engl.* ***Free State***, *Afrikaans* ***Vrystaat*** *[bildete früher den selbstständigen Oranje-Freistaat (Hptst.: Bloemfontein)]* Liberŝtato
freistehen *unpers*: ***es steht Ihnen frei zu ...*** vi estas libera ... *od* vi havas la liberecon [por] ... *mit Verb im Inf*
Freistelle *f Schule, Univ* stipendio
freistellen *tr*: ***jmdn.*** ~ forpermesi iun (***für*** *bzw.* ***um etw. zu tun*** por); ***ich stelle es Ihnen frei, zu ...*** mi lasas la decidon al vi ... *od* mi lasas al vi la liberan elekton ...
Freistellung *f* forpermesado
Freistil *m Sport* libera stilo, *(Schwimmen) auch* liberstila naĝo; **~ringen** *n Sport* liberstila lukt[ad]o
Freistoß *m Fußball* libera ŝoto (*vgl. dazu* ***Freischlag*** *u.* ***Strafstoß***); ***direkter*** (***indirekter***) ~ rekta (nerekta) libera ŝoto; ***einen ~ ausführen*** plenumi liberan ŝoton
Freistoß|spray *n Fußball (nur kurze Zeit sichtbares Spray für Positionsmarkierung auf dem Spielfeld* liberŝota sprajo; **~treffer** *m Fußball* golo per (*od* post) libera ŝoto
Freitag *m* vendredo; ***am*** ~ je vendredo *od* vendredon, *umg auch* vendrede
frei|täglich *Adj* vendreda; **~tags** *Adv* vendrede
Freitagsgebet *n Islam* vendreda preĝ[ad]o
Freitod *m* suicido (↑ *auch* ***Selbstmord*** *u.* ***Suizid***)
freitragend *Adj Brücke, Konstruktion, Treppe* kantilevra
Frei|träger *m Tech (Ausleger, Kragträger)* kantilevro; **~treppe** *f* eksterdoma ŝtuparo, *(in einer Plattform vor der Eingangstür endend)* perono; **~übungen** *f/Pl* korpaj ekzercoj *Pl*; *Gymnastik* gimnastikaj ekzercoj *Pl*; **~umschlag** *m* afrankita koverto [por resendi]
Freiverkehrskurs *m* ↑ *unter* ***[1]Kurs b)***
Freivorbau *m Bauw* kantilevra konstrumaniero
freiweg *Adv ohne zu zögern* senhezite; *ohne zu fragen* sen [multe] demandi
freiwillig 1. *Adj* libervola; *aus eigenem Willen [heraus]* propravola; ***ein ~er Beitrag*** libervola kontribuo; ***~e Feuerwehr*** *f* volontula fajrobrigado **2.** *Adv* libervole; propravole (*vgl. dazu* ***selbst gewollt*** [↑ *unter* ***selbst***])
Frei|willige ***a)*** *m* volontulo *auch für Militärdienst* ***b)*** *f* volontulino
Freiwilligen|abteilung *f Mil* volontula taĉmento; **~armee** *f Mil* volontula armeo
Freiwilligenkorps *n Mil* ↑ ***Freikorps***
Freiwilligkeit *f* libervoleco, libera volo
Freizeichen *n Tel* libersignalo
Freizeit *f* libera tempo (*vgl. dazu* ***Ferien***, ***Mußestunde*** *u.* ***Urlaub***); ***die ~ verbringen*** pasigi la liberan tempon (***in*** en)
Freizeit|bad *n*, *auch* ***Erlebnisbad*** *n* amuz-banejo; **~beschäftigung** *f* okupiĝo dum li- bera tempo (*vgl. dazu* ***Hobby***); **~gestaltung** *f* aranĝo (*bzw.* utiligo) de la libera tempo; **~hemd** *n* libertempa ĉemizo (*vgl. dazu* ***Sporthemd***); **~kleidung** *f* libertempaj

vestoj *Pl*; ~**park** *m* amuz-parko (↑ *auch* ***Disneyland***®); ~**sport** *m* libertempa sporto (↑ *auch* ***Breitensport***); ~**sportler** *m* libertempa sportulo

Freizügigkeit *f Recht der freien Wahl des Wohnorts* rajto libere elekti sian loĝlokon; *Großzügigkeit* grandanimeco, malavareco

fremd *Adj auswärtig, ortsfremd* fremda; *unbekannt* nekonata (↑ *auch* ***wildfremd***); *seltsam* stranga; *ausländisch* eksterlanda; *andere(r)* alia, *(nicht das eigene, sondern das eines anderen) auch* malpropra; ~***es Eigentum*** *n* fremda posedaĵo; ***ich bin hier*** ~ mi mem estas fremdulo ĉi tie; ***unter*** ~***em Namen*** pseŭdonime; ***einander*** ~ ***sein*** esti kvazaŭ fremdulo unu al la alia ◇ ***misch dich nicht in*** ~***e Angelegenheiten*** *od umg* ***misch dich nicht in Dinge ein, die dich nichts angehen*** ne miksu vin en malproprajn aferojn

Fremdarbeiter *m* fremdlanda laboristo (*vgl. dazu* ***Gastarbeiter***)

fremdartig *Adj ungewöhnlich* nekutima; *exotisch* ekzotika; *seltsam* stranga (*vgl. dazu* ***ausländisch***)

Fremdbestäubung *f Bot* ↑ ***Allogamie***

[1]**Fremde** ***a)*** *m jmd., der nicht von hier ist* fremdulo; *Ausländer* eksterlandano ***b)*** *f* fremdulino; eksterlandanino

[2]**Fremde** *f*: ***in der*** ~ en fremdlando; *im Ausland* en eksterlando

Fremdeiweißkörper *m/(Pl)* antigeno

Fremdenbuch *n* = ***Gästebuch***

fremdenfeindlich, *geh* ***xenophob*** *Adj* malamika kontraŭ fremduloj, *geh* ksenofobia

Fremdenfeindlichkeit *f*, *geh* ***Xenophobie*** *f* malamikeco kontraŭ fremduloj, *geh* ksenofobio (↑ *auch* ***Ausländerfeindlichkeit***)

Fremdenführer *m* gvidanto de turistoj, *auch (bes. als Beruf)* turista gvidisto, ĉiĉerono; ***den*** ~ ***für jmdn. machen*** (*od fam* ***spielen***) ĉiĉeroni por iu

Fremden|hass *m*, *geh* ***Xenophobie*** *f* malamo al (*od* kontraŭ) fremduloj (*bzw.* alilandanoj), *geh* ksenofobio; ~**heim** *n* pensiono; ~**legion** *f der franz. Armee* fremdula legio *(auch Großschr)*; ~**legionär** *m* ano de la fremdula legio (*vgl. dazu* ***Söldner***); ~**verkehr** *m* turismo; ~**verkehrsamt** *n* turisma oficejo *od* oficejo de turismo; ~**zimmer** *n* [luebla] ĉambro por gasto(j)

fremdgehen *intr umg für «untreu sein»* trompi sian edzon (*bzw.* edzinon)

fremdgestaltig *Geol* ↑ ***xenomorph***

Fremdheit *f* fremdeco

Fremd|herrschaft *f Pol* fremda regado (↑ *auch* ***Xenokratie***); ~**kapital** *n das einem Unternehmen von Dritten für begrenzte Zeit mit der Verpflichtung zur Rückzahlung zur Verfügung gestellte Geld [Ggs: Eigenkapital]* fremdkapitalo; *i.w.S. Kapital aus dem Ausland* kapitalo el eksterlando (*vgl. dazu* ***Anleihe*** *u.* ***Auslandsanleihe***); ~**körper** *m* fremda partiklo; *allg auch* fremdaĵo

fremdländisch *Adj* fremdlanda (↑ *auch* ***ausländisch*** *u.* ***exotisch***)

Fremdling *m* fremdulo; *Unbekannter* nekonato, nekonata persono

Fremd|sprache *f* fremda lingvo *od* fremdlingvo; ~**sprachenschule** *f* lernejo pri fremdaj lingvoj; ~**sprachenunterricht** *m* instruado de fremdaj lingvoj

fremdsprachig **1.** *Adj* fremdlingva **2.** *Adv* fremdlingve

Fremdwährung *f Fin* ↑ ***Devisen***

Fremd|wort *n* fremdvorto; ~**wörterbuch** *n* vortaro de fremdvortoj (*od* fremdaj vortoj)

frenetisch *Adj* [kvazaŭ]freneza; *stürmisch* ŝtorma; *donnernd* tondra

Frente Polisario *f Befreiungsbewegung im früheren Spanisch-Sahara* Fronto Polisario

Freon® *ohne Art*: *Chem (kommerzielle Bez für verschiedene Chlorfluorkohlenstoffe wie Difluordichlormethan)* freono

frequent ↑ ***häufig***

Frequentativ *n Ling* ↑ ***Iterativ[um]***

frequentieren *tr* frekventi, [regule] vizitadi (↑ *auch* ***besuchen***)

Frequenz *f Häufigkeit* frekvenco *auch El (Zeichen* ***f*** *od* ***v****), Math u. Radio* (↑ *auch* ***Eigen-***, ***Funk-***, ***Herz-***, ***Kreis-***, ***Neben-***, ***Quarz-***, ***Ton-*** *u.* ***Trägerfrequenz***); ***zugeteilte*** ~, *auch* ***Sollfrequenz*** *f* asignita frekvenco

Frequenz|änderung *f El (das Ändern der Frequenz)* ŝanĝado de (la) frekvenco; *(das Sichändern der Frequenz)* ŝanĝiĝo de [la] frekvenco; ~**bereich** *m El, Radio (zusammenhängende Folge aller Frequenzen einer Impulsfolge od einer Wellenstrahlung)* frekvenc-spektro (*vgl. dazu* [2]***Band a)***); ~**demodulation** *f* malmodulado de frekvenco; ~**diskriminierung** *f El* diskriminado de frekvenco; ~**fehler** *m El* frekvenc-eraro; ~**filter** *m El* frekvencfiltrilo; ~**index** *m El* frekvencindico; ~**messer** *m*, *auch* ***Perio-***

denzähler *m El* frekvencometro; ~**modulation** *f (Abk **FM**)* frekvencmodulado; ~**skala** *f* frekvencskalo; ~**stabilisierung** *f* frekvencstabiligo; ~**umformer** *od* ~**wandler** *m El* frekvenckonvertoro; ~**verdoppler** *m El* frekvencduobligilo; ~**wiedergabe** *f* frekvencreproduktado

Fresko *n, auch **Freske** f Kunst (Wandmalerei, bei der die Farbe unmittelbar auf den frischen Putz [fresco] aufgetragen wird, so dass die Wasserfarben in den Putz eindringen u. sich unlösbar mit der Kalkschicht verbinden* fresko; *i.w.S. Wandmalerei* murpentraĵo

Freskomaler *m* freskopentristo

Fresnel (*m*) *Eig (franz. Physiker [1788-1827])* Fresnelo

Fresse *f derb für «Mund»* buŝaĉo, faŭko

fressen ***a)*** *tr u. intr Tier* manĝi; *Mensch* manĝegi, *vulg (gierig hinunterschlingen)* [avide] glut[eg]i, vori; ***das Eichhörnchen fraß ihm aus der Hand*** la sciuro manĝis el lia mano; ***das Auto frisst viel Benzin*** *umg* tiu aŭto forkonsumas (*od auch* glutas) multe da benzino ***b)*** *intr an etw. fressen, z.B. Rost od Säure* korodi, *auch* mordi; *nagen (bes. übertr)* ronĝi; ***Kummer frisst an ihrem Herzen*** aflikto ronĝas ŝian koron

Fressen *n Fressen (als Vorgang)* manĝ[eg]ado; *Futter für Tiere* furaĝo [por dombestoj *bzw.* kortbirdoj *u.a.*]

Fressgier *f* manĝavido

Fressgift *n* ↑ ***Fraßgift***

Fress|napf *m für Tiere* manĝujo [por besto(j)]; ~**sack** *m umg* manĝegulo, *[derb:]* glutemulo; ~**sucht** *f derb für «Heißhunger»* manĝavido

Fresszelle *f Biol* ↑ ***Phagozyt***

Frettchen *n* (Mustela putorius domesticus) *Zool (domestizierte Form des Iltis)* furo, *pop* ĉasputoro; ~**führer** *m Jagd* furadisto

Frettieren *n, auch **Jagd** f **mit dem Frettchen** eine Erdjagd auf Kaninchen* furado, *auch* ĉasado per furo

[1]**Freud** *f* ↑ *unter **Freude***

[2]**Freud** (*m*) *Eig (ein österreichischer Neurologe u. Psychotherapeut [1856-1939])* Freŭdo <*Begründer der Psychoanalyse*>; ***Freud'sche Lehre*** *f* freŭdismo

Freude *f* ĝojo (↑ *auch **Lebens-** u. **Vorfreude***); *Fröhlichkeit* gajeco; *Lustigkeit* gajeco (*vgl. dazu **Spaß***); *Vergnügen* plezuro; *Genuss* ĝuo (↑ *auch **Tafelfreuden***); *i.w.S. (Hobby)* hobio, *(Liebhaberei)* ŝatokupo; ***es ist eine ~ anzusehen, wie ...*** estas ĝojo vidi kiel ...; ***jmdm. eine ~ bereiten*** fari (*od* kaŭzi) ĝojon al iu; ~ ***empfinden*** senti ĝojon; ~ ***haben an ...*** havi ĝojon de (*od* pro) ...; *Vergnügen* havi (*od* senti *od* trovi) plezuron en ...; ***es ist mir eine besondere ~, zu ...*** estas por mi aparta ĝojo ...; ***er strahlte vor ~*** lia vizaĝo radiis pro ĝojo; ***jmdm. die ~ verderben*** difekti (*od* fuŝi) la ĝojon al iu *od* difekti ies ĝojon; ***mit ~n*** kun ĝojo, ĝoje; *mit Vergnügen* kun plezuro, plezure; ***voller ~ od von ~ erfüllt*** plena de ĝojo; ***vor ~*** pro ĝojo; pro plezuro; ***außer sich vor ~ sein*** esti ekster si pro ĝojo; ***vor ~ in die Höhe springen*** [alte] eksalti de ĝojo *(Zam)* ◇ ***in Freud und Leid*** en ĝojo kaj ploro *(Zam)*; ***des einen Freud ist des anderen Leid*** *od* ***des einen Freud, des andern Leid*** por unu festeno, por alia ĉagreno *od* unu floras, alia ploras *(beide: Zam)*

Freuden|botschaft *f* ĝojiga mesaĝo (*od* sciigo *bzw.* novaĵo); ~**fest** *n* ĝojfesto; ~**feuer** *n* fajro de ĝojo, *(Zam) auch* ĝojfajro

Freudenhaus *n* ↑ ***Bordell***

Freudenmädchen *n* ↑ ***Prostituierte***

freudenreich *Adj* ĝojoriĉa

Freuden|schrei *m* ĝojkrio; ~**tag** *m* tago de ĝojo; ~**taumel** *m* ebrieco de ĝojo; ~**tränen** *f/Pl* larmoj de ĝojo

freude|strahlend *Adj* radianta de (*od* pro) ĝojo; ~**trunken** *Adj* ebria de ĝojo

Freudianer *m Anhänger der Lehren von Freud* freŭdano, *auch* freŭdisto

freudianisch *Adj auf Freud bezogen* freŭda

freudig 1. *Adj* ĝoja; *erfreulich* ĝojiga; *fröhlich* gaja; ~***e Nachricht*** *f* ĝojiga mesaĝo (*od* sciigo) **2.** *Adv* ĝoje; ĝojige; gaje

freudlos 1. *Adj* senĝoja **2.** *Adv* senĝoje (*vgl. dazu **traurig** u. **trostlos***)

freudvoll *Adj* ĝojoplena, ĝojoriĉa

freuen, sich *refl* ĝoji (***an, über*** pri *od* pro; ***dass*** ke); ***das freut mich*** tio ĝojigas min; ***es freut mich, Sie kennen zu lernen*** estas ĝojo por mi konatiĝi kun vi; ***es freut mich, Sie zu sehen*** mi ĝojas vidi vin; ***sich auf Weihnachten freuen*** ĝoje atendi Kristnaskon, antaŭĝoji pro Kristnasko

Freund *m **a)*** amiko (*vgl. dazu **Kamerad, Kumpel** u. **Spezi***; ↑ *auch **Brief-, Duz-, Ex-, Kindheits-** u. **Schulfreund***); *Liebhaber* amanto; ***lieber ~*** *Anrede* kara amiko; ***ein treuer ~*** fidela amiko; ***enger ~*** intima amiko;

er ist ein alter (guter) ~ von mir li estas longjara (bona) amiko de mi; ***[zusammen] mit ~en*** [kune] kun [ge]amikoj; ***seine ~e um sich scharen*** (*od* ***versammeln***) kolekti siajn amikojn ĉirkaŭ si ◇ ***ein treuer ~ ist ein großer Schatz*** amiko fidela estas trezoro plej bela *(Zam)*; ***im Unglück erkennt man den wahren ~*** la amikon oni ekkonas en malfeliĉo *od* amikon montras malfeliĉo *(Zam)* ***b)*** *i.w.S. Kunst-, Naturfreund u.a.* ŝatanto, *selt auch* amanto; ***er ist ein ~ der Kunst*** li estas ŝatanto de la arto; ***er ist kein ~ von ...*** li ne [vere] ŝatas ...

Freunderlwirtschaft *f* ↑ ***Nepotismus***

Freundes|kreis *m* rondo de amikoj, amikaro; ~**land** *n* amika lando (*od* ŝtato); ~**paar** *n* paro da amikoj

Freundin *f* amikino (↑ *auch* ***Ex-Freundin***); *Geliebte* amatino

freundlich 1. *Adj* afabla, *liebenswürdig, gefällig* aminda, plaĉa (↑ *auch* ***lieb***); *mild, sanftmütig* milda; *freundschaftlich* amika; *höflich, entgegenkommend* ĝentila, komplezema, *auch* afabla (*vgl. dazu* ***höflich***); *heiter* serena *auch Wetter*; ***~ zu jmdm. sein*** esti afabla al iu; ***er ist ein ~er Mensch*** li estas afabla homo; ***ein ~es Zimmer*** [tre] plaĉa ĉambro; ***mit ~en Grüßen*** *Briefschluss* kun afablaj salutoj; ***würden Sie so ~ sein und ...?*** ĉu vi ne volas esti tiel afabla (*od* komplezema) kaj ... **2.** *Adv* afable; plaĉe; milde; amike; ĝentile; serene; ***jmdn. ~ behandeln*** agi afable kontraŭ iu

Freundlichkeit *f (freundliches Wesen od Verhalten)* afableco, *(die man erweist)* afablaĵo; *Gefallen* komplezo; *Höflichkeit* ĝentileco; *Entgegenkommen* komplezemo

Freundschaft *f* amikeco; ***feste (unverbrüchliche) ~*** fortika (nerompebla) amikeco; ***mit jmdm. in ~ leben*** vivi kun iu en amikeco; ***mit jmdm. ~ schließen*** [ek]amikiĝi kun iu; ***die ~ mit ... vertiefen*** profundigi la amikecon kun ...; ***das ist ein Zeichen der ~*** tio estas signo de amikeco

freundschaftlich 1. *Adj* amika; ***~e Beziehungen*** *f/Pl* amikaj rilatoj *Pl* (***mit*** *od* ***zu*** kun; ***zwischen ... und ...*** inter ... kaj ...) **2.** *Adv* amike

Freundschafts|abend *m* interamikiĝa vespero; ~**bande** *Pl* amikaj [inter]ligoj *Pl*; ~**beweis** *od* ~**dienst** *m* amikaĵo; *Gefallen* komplezo

Freundschaftsspiel *n Sport* amika maĉo; ***ein ~ austragen*** (*od* ***bestreiten***) fari amikan maĉon

Freundschafts|treffen *n* interamikiĝa renkonto; ~**vertrag** *m Dipl, Pol* traktato de amikeco, *auch* amikeco-traktato

Frevel *m* ***a)*** *Entweihung* profanado, sakrilegio; *Sünde* pek[eg]o ***b)*** *Untat* malbonfaro; *Delikt* delikto

frevelhaft *Adj lästerlich* blasfema, sakrilegia; *sündhaft* peka; *verbrecherisch* krim[eg]a

freveln *intr* fari delikton (*od* krimon); *sich vergreifen an* atenci kontraŭ

Freyburg (*n*) **an der Unstrut** Friburgo ĉe [rivero] Unstruto

Freyja (*f*) *nordische Myth (Göttin der Fruchtbarkeit)* Freja

Frhr. = *Abk für* ***Freiherr***

Friaul (*n*), *ital.* ***Friuli***, *auch* ***Julisch-Venetien*** (*n*) *eine Landschaft in Oberitalien <der westl. Teil gehört zu Italien, der östl. zu Slowenien>* Friulo, *auch* Venecio Julia

Friauler Alpen *Pl* Friulaj Alpoj *Pl*

friaulisch *Adj* friula

Friaulisch[e] *n Ling (eine romanische Sprache, die im Friaul gesprochen wird)* la friula [lingvo]

Fribourg (*n*), *dt.* ***Freiburg*** (*n*) *Hptst. des westschweizer Kantons Fribourg* Friburgo (*vgl. dazu* ***Freiburg [im Breisgau]***)

Fridays for Future *Pl von Greta Thunberg initiierte Klimaschutzbewegung* Vendredoj por la Estonteco (↑ *auch* ***Schulstreik***)

Fridericus (*m*) *Eig* ↑ ***Friedrich***

friderizianisch *Adj auf Fridericus Rex bezüglich* frederika

Fridolin (*m*) *männl. Vorname* Fridoleno

Friede *m formal, geh u. poet* = ***Frieden*** ◇ ***~ ernährt, Unfriede verzehrt*** kie regas konkordo, regas ordo *(Zam)*; ***~ sei mit dir!*** *Gruß, in arabischen Ländern auch als Einleitungs- u. Schlussformel bei Reden* [la] paco estu kun vi!; ***~ seiner Asche!*** paco(n) al lia cindro!

Frieden *m* paco (↑ *auch* ***Weltfrieden***); *Friede, innere Ruhe* interna paco (*od* trankvilo) (*vgl. dazu* ***Ruhe***; ↑ *auch* ***Seelenfrieden***); *Eintracht* harmonio; ***dauerhafter ~*** stabila paco; ***den ~ bedrohen (bewahren, festigen, gefährden, verteidigen, wiederherstellen)*** minaci (konservi, firmigi, endanĝerigi, defendi, restarigi) la pacon; ***in ~ leben*** vivi pace (*od* en paco); ***~ schließen*** fari pacon (***mit*** kun); ***geh in ~!*** iru en paco! *(Zam)*; ***lass mich in ~!*** lasu min [trankvila]!; *störe mich nicht!* ne ĝenu min!; ***er ruhe in ~*** li ripozu en paco; ~ ***schließen*** fari pason, interpaciĝi (***mit*** kun); ~ ***stiften*** [inter]pacigi

Friedens|abkommen *n* interkonsento pri paco; ~**angebot** *n* propono pri paco (↑ *auch* ***Waffenstillstandsangebot***); ~**apostel** *m* pacapostolo; ~**bedingungen** *f/Pl* packondiĉoj *Pl*; ~**bedrohung** *f* minac[ad]o al (*od* por) la paco; ~**bemühungen** *f/Pl* klopodoj *Pl* pri paca solvo; ~**bewegung** *f* pacmovado; ~**botschaft** *f* pacmesaĝo; ~**bruch** *m* rompo de [la] paco, pacorompo; ~**forum** *n* pacforumo; ~**freund** *m* pacamiko; ~**gespräche** *n/Pl* pacaj paroloj *Pl*; ~**initiative** *f Pol* pac-iniciativo, *auch* porpaca iniciato; ~**kampf** *m* pacbatalo, batalo por [la] paco; ~**kämpfer** *m* pacbatalanto; ~**komitee** *n* packomitato

Friedenskonferenz *f* packonferenco; ***Haager ~en*** *f/Pl Pol (internationale Konferenzen auf russische Anregung [1899, 1907] zur Förderung des zwischenstaatlichen Schiedswesens)* Hagaj Packonferencoj *Pl*

Friedens|kräfte *f/Pl* porpacaj fortoj *Pl*; ~**liebe** *f* pacamo, amo al [la] paco; ~**marsch** *m* pacmarŝo; ~**mission** *f z.B. der UNO* pac[o]misio

Friedensnobelpreis *m* Nobelpremio de la Paco; ~**träger** *m* laŭreato de la nobelpremio pri paco

Friedens|offensive *f* pac-ofensivo; ~**pfeife** *f* pac[o]pipo; *der nordamerik. Indianer* kalumeto; ~**politik** *f* politiko de [la] paco, *auch* pacpolitiko; ~**preis** *m* pacpremio

Friedensprozess *m* pacproceso; ***den ~ beschleunigen*** akceli la pacproceson

Friedensrat *m*: ~ ***der DDR*** *Gesch* Packonsilantaro de GDR

Friedens|richter *m*, *auch* ***Sühnerichter*** *m Jur* pacjuĝisto, paciga juĝisto; ~**schluss** *m* konklud[ad]o de paco; ~**stifter** *m* paciganto; ~**symbol** *n* pacosimbolo; ~**taube** *f* kolombo de [la] paco

Friedenstruppe *f*: ***UNO-~n*** *Pl* pacigaj trupoj *Pl* de UNO (*vgl. dazu* ***Blauhelme***)

Friedens|verhandlungen *f/Pl* pac[o]intertraktoj *Pl*, intertraktoj pri paco; ~**vertrag** *m Pol* pactraktato, *allg auch* packontrakto; ~**vorschlag** *m* propono pri [inter]paciĝo; ~**wille** *m* volo konservi la pacon; ~**zeichen** *n z.B. Friedenstaube mit Ölzweig* pacsimbolo

Friedenszeit *f* tempo de paco; ***in ~en*** en tempo(j) de paco, en la periodo de paco

Friedenszustand *m Pol* stato de paco

Friederike (*f*) *weibl. Vorname* Frederika

friedfertig *Adj* pacema; *sanft, ruhig* kvieta; *friedliebend* pacama

Friedfertigkeit *f* pacemo; kviet[ec]o

Friedhof *m* ***a)*** *reg* ***Gottes-*** *od* ***Leichenacker*** *m* tombejo (↑ *auch* ***Helden-***, ***Kriegs-***, ***Soldaten-***, ***Urnen-*** *u.* ***Waldfriedhof***); ***der Jüdische ~ in Berlin*** la Juda Tombejo en Berlino; ***städtischer ~*** urba tombejo ***b)*** *i.w.S.* ↑ ***Auto-*** *u.* ***Schiffsfriedhof***

Friedhofs|gärtner *m* ĝardenisto en tombejo; ~**mauer** *f* tombeja muro

friedlich 1. *Adj* pac[em]a (↑ *auch* ***friedliebend***); *ruhig* trankvila; *sanft, still* kvieta *auch jmds. Leben*; ***~e Beziehungen*** *f/Pl* pacaj rilatoj *Pl* (***zu*** al); ***~e Koexistenz*** *f* paca kunekzistado; ***~e Nutzung*** *f* ***der Kernenergie*** paca utiligo de [la] nuklea energio **2.** *Adv* pace, en (*od* laŭ) paca maniero

Friedlichkeit *f friedliche Haltung* paca sinteno; *Stille, z.B. eines Landstrichs, des Gemüts, der Nacht u.a.* kviet[ec]o

friedliebend *Adj* pacama (*vgl. dazu* ***friedlich***); ***~e Völker*** *n/Pl* pacamaj popoloj *Pl*

friedlos 1. *Adj* senpaca **2.** *Adv* senpace

Friedrich (*m*) *Eig* Frederiko, *lat.* ***Fridericus*** (*m*) *auch Name dt. Landgrafen u. Könige*; ~ ***der Große***, *auch* ***Fridericus Rex***, *fam* ***der Alte Fritz*** *König in Preußen [1712-1786]* Frederiko la Granda; ~ ***Wilhelm I. von Preußen*** Frederiko Vilhelmo la 1-a de Prusio

frieren *intr* senti malvarmon (*bzw.* froston), *auch* frosti; *zu Eis werden* glaciiĝi; ***es friert*** *unpers (es ist Frostwetter)* frostas; ***mich friert*** mi sentas malvarmon; ***ich friere an den Füßen*** (***Händen***) *od* ***es friert mich an den Füßen*** (***Händen***) frostas al mi en la piedoj (manoj)

[1]**Fries** *m Arch (waagerechtes Schmuckband mit figürlichen od ornamentalen Motiven)* friso (↑ *auch* ***Figuren-***, ***Lotus-*** *u.* ***Zickzackfries***); ***babylonischer*** (***romanischer***) ~ babilona (romanika) friso

[2]**Fries** *m ein grober Wollstoff* friso

Friese *m Bewohner Frieslands* friso *od* frislandano

Frieselfieber *n Med* miliara febro

Frieseln *m/Pl od n/Pl*, *auch* ***Schweißfrieseln***

m/Pl (Miliaria [cristallina]) *Med (Bläschen auf der Haut nach starkem Schwitzen)* miliario *od* miliara erupcio; *engl.* ***prickly heat***, *sogen.* ***'Roter Hund'*** (Miliaria rubra) *mit Papeln durch entzündliche Reaktion der Haut [bes. in den Tropen]* miliario ruĝa

Friesin *f* frisino

friesisch *Adj* frisa (↑ *auch* ***nord-***, ***ost-*** *u.* ***westfriesisch***); ***~e Inseln*** *f/Pl eine durch das Wattenmeer von der Nordseeküste getrennte Inselkette* Frisaj Insuloj *Pl*

Friesisch[e] *n Ling (eine an den Küsten der Nordsee gesprochene Sprache [dem Englischen u. Niederländischen am nächsten verwandt])* la frisa [lingvo]

Friesistik *f Wissenschaft von der Sprache, Literatur und Landeskunde der Friesen* frisistiko

Friesland *n a) [ursprünglich:] das gesamte von Friesen bewohnte Gebiet von Brügge bis Jütland b) [heute:] Name einer Provinz im Norden der Niederlande [Hptst.: Leeuwarden]* Frislando *od* Frisio (↑ *auch* ***Ost-*** *u.* ***Westfriesland***)

Friesländer *m* frislandano

friesländisch *Adj zu Friesland gehörig bzw. aus Friesland stammend* frislanda

frigid[e] *Adj sex (kalt, [sexuell] gleichgültig, nicht zum Orgasmus fähig [auf eine Frau bezogen])* frigida

Frigidität *f sex (geschlechtliche Gefühlskälte [auf Frauen bezogen])* frigideco

Frikadelle *f Kochk* [rostita] hakvianda buleto *od* [frit]buleto [el hakita viando] (↑ *auch* ***Bulette*** *u.* ***Klops***)

Frikandeau [*...'do:*] *n Kochk* ↑ ***Kalbsnuss***

Frikassee *n Kochk (Gericht aus klein geschnittenem Fleisch)* frikasaĵo (↑ *auch* ***Hühner-*** *u.* ***Kalbsfrikassee***)

frikassieren *tr [Fleisch] klein schneiden bzw. als Frikassee zubereiten* frikasi

Frikativ[laut] *m, auch* ***Enge-*** *od* ***Reibelaut*** *m Phon [z.B. f und ŝ]* frikativo

Friktion *f meist Fachspr* interfrotiĝo (*vgl. dazu* ***Massage*** *u.* ***Reibung***)

Friktionstrommel *f, auch* ***Reibtrommel*** *f Mus* frottamburo *ein Membranophon* (↑ *auch* ***Zambomba***)

Frimaire [*fri'mɛ:r*] *m, auch* ***Reifmonat*** *m 3. Monat des Kalenders der Franz. Revolution* frimero

Frisbee® [*'frisbi*] *n kleine, runde Wurfscheibe aus Plastik (Sportgerät)* frisbeo

frisch 1. *Adj Blumen, Gemüse, Lebensmittel* freŝa (↑ *auch* ***taufrisch***); *kühl, z.B. ein Lüftchen od das Wetter* friska; *körperliches Empfinden, z.B. angenehmes Klima od saubere klare Luft* refreŝiga, *(der Gesundheit zuträglich)* salubra (*vgl. dazu* ***fit***); ***~e Eier*** *n/Pl* freŝaj ovoj *Pl*; ***~es Gras*** *n* freŝa herbo; ***~e Truppen*** *Pl Mil* freŝaj trupoj *Pl*; ***~es Wasser*** *n* freŝa akvo; ***von ~em Aussehen*** freŝ-aspekta ◇ ***jmdn. auf ~er Tat ertappen*** kapti iun ĉe la freŝa faro *(Zam)* **2.** *Adv*: ***~ gebacken***, *auch* ***frischbacken*** freŝe bakita (↑ ***ofenfrisch***); ***~ gefallener Schnee*** *m* freŝe falinta neĝo; ***eine ~ gestrichene Tür*** freŝe farbita pordo; ***~ rasiert*** freŝe razita; ***~ verheiratet*** *fam (Mann)* ĵus (*od* nove) edziĝinta, *(Frau)* ĵus (*od* nove) edziniĝinta; ***Vorsicht, ~ gestrichen!*** atentu, freŝe farbita!

frischbacken ↑ *unter* ***frisch 2.***

Frischbeton *m, auch* ***junger Beton*** *m Bauw* freŝa betono

Frische *f von Gemüse u. Obst, auch durch Gesundheits- od Körperpflegemittel erreichte Frische* freŝeco; *Kühle* frisko; *Lebhaftigkeit* vigl[ec]o; ***jugendliche ~*** junaĝa freŝeco (*bzw.* vigl[ec]o)

frischen *tr Metallurgie (durch Einblasen von Sauerstoff von unedlen Bestandteilen befreien)* afinacii, *(raffinieren)* rafini

Frischen *n Metallurgie* afinacio, *(Raffination)* rafinado

Frisch|fisch *m* freŝa fiŝo; **~fleisch** *n* freŝa (*od* ĵus buĉita) viando; **~gemüse** *n* freŝa legomo

Frischhalte|folie *f Hausw* freŝtena folio; *i.w.S. (Plastikfolie)* plastfolio; **~packung** *f* freŝtena pakumo

Frisch|käse *m Nahr* freŝ-fromaĝo (↑ *auch* ***Brimsen***, ***Mascarpone*** *u.* ***Ricotta***)

Frischling *m Jägerspr (junges Wildschwein)* aprido

Frisch|luft *f* freŝa aero, *bes. Tech auch* freŝ-aero; **~milch** *f* freŝa lakto

frischweg *Adv ohne Scheu* sen ia timemo

Frischzellentherapie *f Med* terapio per vivantaj ĉeloj

Friseé *f Bot* ↑ *unter* ***Endivie***

Friseur *m, eindeutschend* ***Frisör*** *m* frizisto, *Herren~* frizisto por sinjoroj, *auch* barbiro (*vgl. dazu* ***Barbier*** *u.* ***Coiffeur***)

Friseurin *f, alt* ***Friseuse*** *f,* *<schweiz>* ***Coiffeuse*** *f* frizistino

Frisiercreme *f* frizokremo

frisieren *tr* ***a)*** frizi; ***sich*** ~ sin frizi ***b)*** *umg auch für «unerlaubt verändern»*: ***eine Bilanz*** ~ kamufli bilancon

Frisier|haube *f* harsekiga kasko; **~kunst** *f* friza arto; **~mantel** *m, auch* ***Frisierumhang*** *m* frizomantelo; **~salon** *m, auch* ***Friseursalon*** *od* ***Frisörsalon*** *m* frizosalono, *auch* frizejo; **~stuhl** *m beim Frisör* barbira fotelo; **~tisch** *m od* **~toilette** *f* tualeta tablo [kun granda spegulo]

Frisierumhang *m* ↑ ***Frisiermantel***

Frisör *m* ↑ ***Friseur***

Frisörsalon *m* ↑ ***Frisiersalon***

Frist *f (Termin)* tempolimo, limdato, *(Zeit)* [lim]tempo (↑ *auch* ***Anmelde-***, ***Gnaden-*** *u.* ***Lager-****u.****Zahlungsfrist***); *Aufschub* prokrasto; ***binnen einer angemessenen*** ~ en konvena tempo; ***in kürzester*** ~ en ege mallonga tempo; ***über die*** ~ ***hinaus*** trans la tempolimo; ***die*** ~ ***läuft am ... ab*** la tempolimo finiĝos je la ...; ***etw. auf kurze*** ~ ***leihen*** prunti (*od i.e.S.* prunte doni *bzw.* prunte preni) ion por [daŭro de] mallonga tempo

fristen *tr*: ***ein elendes Dasein*** (*od* ***Leben***) ~ pasigi (*od* vivi *od derb* vivaĉi) mizeran vivon

fristlos *Adv unverzüglich* senprokraste; *sofort* tuj; ***jmdn.*** ~ ***entlassen*** maldungi iun [sen antaŭa] avizo

fritten *tr Metallurgie u. Tech (erhitzen, z.B. von körnigen od pulverisierten Stoffen wie Glas, Metall, Porzellan u.a. (bis durch Aneinanderschmelzen der teilchen eine poröse Masse entsteht)* sintri (*vgl. dazu* ***sintern***)

Frisur *f* friz[aĵ]o, hararanĝo (↑ *auch* ***Ballerina-*** *u.* ***Pagenfrisur***)

Fritten *f/Pl umg für «Pommes frites»* fritoj *Pl*

Fritteuse *f od* **Frittiergerät** *n* [elektra] fritilo

Fritter *m El* ↑ ***Kohärer***

frittieren *tr Kochk (in der Pfanne od im schwimmenden Fett [braun] braten od backen)* friti; ***frittiert*** fritita

frivol *Adj leichtfertig, das Maß des Erlaubten überschreitend bzw. Sitte u Moral verletzend* frivola (↑ *auch* ***locker b)***); *schlüpfrig* lasciva (↑ *auch* ***schamlos***)

Frivolität *f Leichtverfertigkeit* frivoleco; *frivole Tat, leichtfertige Handlung* frivolaĵo; *Schlüpfrigkeit* lasciveco *bzw.* lascivaĵo

Frl. = *Abk für* ***Fräulein***

froh *Adj fröhlich* gaja; *freudig* ĝoja (***über*** pri); *Freude bereitend* ĝojiga; *heiter* serena; *i.w.S. glücklich* feliĉa; ~***en Herzens*** *Adv* ĝojakore; ***ein*** ~***es Weihnachtsfest!***, *umg oft kurz* ~***es Fest!*** ĝojan kristnaskon!; ~ ***um etw. sein*** *<österr> u. <schweiz> dankbar für etw. sein* esti dankema por io ◇ ***da kannst du aber*** ~ ***sein!*** *zufrieden sein* [pri tio] vi povas esti vere kontenta!

fröhlich *Adj* gaja, serena (↑ *auch* ***froh*** *u.* ***heiter b)***); ***äußerst*** ~ gajega (↑ *auch* ***ausgelassen***); ~***e Leute*** *Pl* gajaj homoj *Pl*

Fröhlichkeit *f* gajeco; *Heiterkeit* sereneco; *Ausgelassenheit* petol[ec]o (↑ *auch* ***Gaudium***)

frohlocken *intr geh* ***a)*** *jubeln* jubili; *in Freude ausbrechen* ĝojkrii; *triumphieren* triumfi ***b)*** *Schadenfreude äußern od empfinden* malice ĝoji (***über*** pri)

Frohsinn *m* gajeco, sereneco

Fromage bleu *m Nahr* ↑ ***Blaukäse***

fromm 1. *Adj gottesfürchtig* pia (↑ *auch* ***gläubig***); *ruhig* kvieta; ~ ***werden*** fariĝi pia, piiĝi; ~***e Hingabe*** *f* devoteco; ~***e Tat*** *f* pia ago, piaĵo; ***er ist ein*** ~***er Mensch*** li estas pia homo ◇ ***ein*** ~***er Wunsch*** vana deziro; ~ ***sein wie ein Lamm*** esti kvieta kiel ŝafido (↑ *auch* ***lammfromm***) **2.** *Adv* pie

Fromme ***a)*** *m* piulo ***b)*** *f* piulino

frömmeln *intr sich [übertrieben] fromm zeigen* bigoti

frömmelnd *Adj Frömmigkeit zur Schau tragend* bigota

Frömmigkeit *f* pieco

Frömmler *m bigotter Mensch* bigotulo (*vgl. dazu* ***Betbruder***)

Frömmlerin *f bigotte Frau* bigotulino (*vgl. dazu* ***Betschwester***)

Fronalpstock *m Name zweier Berge in der Schweiz (Kanton Glarus u. Kanton Schwyz)* [monto] Fronalpstoko

Fron[arbeit] *f od* **Frondienst** *m Gesch* servuto *auch übertr* (*vgl. dazu* ***Zwangsarbeit***); ***Frondienst Leistender*** *Höriger, Leibeigener* servutulo

Fronde [*frõnd*] *f französische Gesch (gegen Mazarin u. das absolutistische Königstum in Frankreich gerichtete Adelsbewegung [1648-1653])* Frondo

Frondeur *m Anhänger der Fronde* frondano

frönen *intr* sin fordoni al; esti sklavo de; ***dem Alkohol*** (***seinen Leidenschaften***) ~ sin fordoni al la alkoholo (al siaj pasioj)

Fronleichnam *m (meist ohne Art)*, *auch* ***Fronleichnamsfest*** *n kath. Kirche (Fest* *des Altarsakraments [am Donnerstag nach der Pfingstwoche])* kristokorpa festo *od* [festo de] Korpo de Kristo

Fronleichnamsprozession *f* kristokorpa procesio

Front *f Met, Mil, Pol* fronto *auch i.w.S.* (*vgl. dazu* ***Schlachtfeld***; ↑ *auch* ***Einheits-***, ***Gewitter-***, ***Kalt-***, ***Polar-*** *u.* ***Warm[luft]front***); *Arch* fronto, fasado (↑ *auch* ***Fassade*** *u.* ***Vorderfront***); ***nationale ~*** *Pol* nacia fronto; ***an die ~ gehen*** *Mil* iri al la fronto; ***er ist an der ~ gefallen*** li mortis ĉe la fronto; ***~ machen gegen ...*** fronti kontraŭ ...

Frontairbag *m Kfz* fronta aerkuseno

frontal *Adj stirnseitig* fronta; *Anat, Med (stirnwärts)* frontala

Frontal|angriff *m Mil* fronta (*od* deantaŭa) atako; **~feuer** *n Mil* fronta pafado; **~zusammenstoß** *m* fronta kolizio

Frontantrieb *m Kfz* frontrada movigo

Frontensystem *n Met (aus mehreren Tiefausläufern [Fronten] bestehendes Tiefdrucksystem, das wechselhaftes Wetter verursacht)* front[o]sistemo

Frontispiz *n 1. Buchw (dem Titelblatt gegenüberstehendes Bild od Bild auf der Titelseite) 2. Arch (Dreiecksgiebel über einem vorspringenden mittleren Gebäudeteil)* frontispico

Frontlinie *f Mil* frontlinio

Frontrechner *m EDV* ↑ ***Vorschaltrechner***

Frontscheibe *f Vorderscheibe [beim PKW]* antaŭa glaco

Frosch *m* ***a)*** *Zool* (*Gattung* Rana) *allg* rano; *Laub*~ (*Gattung* Hyla) hilo, *umg* arborano *od* verda raneto (↑ *auch* ***Baumsteiger-***, ***Goliath-***, ***Gras-***, ***Java-Flug-***, ***Leopard-***, ***Moor-***, ***Nasen-***, ***Ochsen-***, ***Pyrenäen-***, ***See-***, ***Spring-***, ***Teich-***, ***Tiger-***, ***Titicaca-***, ***Wald-*** *u.* ***Wasserfrosch***); ***sibirischer ~***, *auch* ***Amurfrosch*** (Rana amurensis) siberia rano; ***Familie der echten Frösche*** (Ranidae) *als taxonomischer Begriff* ranedoj *Pl*; ***die Frösche quaken*** la ranoj kvakas ◇ ***setz einen ~ auf einen goldenen Stuhl, er springt doch wieder in den Pfuhl*** rano eĉ en palaco sopiras pri marĉo *(Zam)* ***b)*** *[hüpfender] Feuerwerkskörper* [saltanta] petardo

Frosch|augen *n/Pl* okuloj de rano, elstaraj okuloj *Pl*; **~biss** *m* (*Gattung* Hydrocharis) *Bot* hidrokarido; (*die Art* Hydrocharis morsus-ranae) *eine weiß blühende Sumpfpflanze* ranmorda hidrokarido

Froschbissgewächse *n/Pl Bot*: ***[Familie der] ~*** (Hydrocharitaceae) hidrokaridacoj *Pl*

Froschblatt *n Bot* ↑ ***Wasserschild***

Fröschchen *n* ↑ ***Fröschlein***

Froschfisch *m Ichth* ↑ ***Seeteufel***

Froschgequake *n* kvakado de ranoj

Froschgeschwulst *f Med* ↑ ***Fröschleingeschwulst***

Froschgoscherl *n Bot* ↑ ***Pantoffelblume***

Frosch|könig *m* Ranprinco *ein Märchen der Brüder Grimm*; **~kröten** *f/Pl* (*Gattung* Alytes) *Zool (eine Gattung der Froschlurche)* alitoj *Pl* (↑ *auch* ***Geburtshelferkröte***); **~laich** *m* rana frajo *od* frajo de rano(j)

Fröschlein *n*, *auch* ***Fröschchen*** *n kleiner Frosch* raneto; **~geschwulst** *f*, *auch* ***Froschgeschwulst*** *f* (Ranula) *Med (kleine Geschwulst der Unterzungenspeicheldrüse [meist als Retentionszyste der Glandula sublingualis])* rana kisto

Froschlöffel *m*, *auch* ***Wasserwegerich*** *m* (*Gattung* Alisma) *Bot* alismo; ***grasblättriger ~*** (Alisma gramineum) linifolia alismo; ***lanzettblättriger ~*** (Alisma lanceolatum) lancfolia alismo

Froschlöffelgewächse *n/Pl Bot*: ***[Familie der] ~*** (Alismataceae) alismacoj *Pl*

Froschlurche *m/Pl Zool (schwanzlose Amphibien)* (*Ordnung* Anura) anuroj *Pl*, (*Ordnung* Batrachia [*früher:* Ecaudata]) batrakoj *Pl*, *früher* ekaŭdatoj *Pl*

Froschmann *m umg salopp für «Taucher»* ranhomo

Froschmaul *n* ***a)*** ranobuŝo *od* buŝo de rano ***b)*** *Orn* ↑ ***Schwalm***

Froschperspektive *f* desuba perspektivo (*vgl. dazu* ***Vogelperspektive***)

Froschschenkel *m* ranfemuretoj *Pl*; ***gebratene ~*** *Pl Kochk* rostitaj ranfemuretoj *Pl*

Froschweihe *f* (Circus ranivorus) *Orn* ranomanĝa cirkuo *[Vorkommen: Südsudan bis Südafrika]*

Frost *m* frosto (↑ *auch* ***Dauer-***, ***Früh-***, ***Nach-*** *u.* ***Nachtfrost***); ***ewiger Frost*** ĉiamfrosto (↑ *auch* ***Permafrost***); ***mäßiger*** (***strenger***) ~ modera (severa) frosto; ***steif*** (*od* ***starr***) ***vor ~***, *auch* ***froststarr*** rigida de frosto; ***es wird ~ geben*** estos frosto *od* frostos [baldaŭ]; ***vom ~ geschädigt werden*** frostodifektiĝi; ***vor ~ zittern*** tremi de (*od* pro) frosto, *auch* frostotremi

Frostaufbrüche *m/Pl der Straßendecke* frostaj [strato]damaĝoj *Pl*

frostbeständig *od* **frosthart** *od* **frostresistent** *Adj* frost[o]rezista; *~e **Pflanzen** f/Pl* frostrezistaj plantoj *Pl, bei Gartenpflanzen auch* vintrorezistaj plantoj *Pl*

Frost|beständigkeit *f* frostrezist[ec]o; **~beule** *f* (Pernio) *Med* frostoŝvel[aĵ]o, <*wiss*> pernio

frösteln *intr* senti malvarm[et]on, frosteti; *vor Kälte ein wenig zittern* tremeti pro (*od auch* de) malvarmo (*od* frosto)

frostempfindlich *Adj* frostosentema

Froster *m **a)** Tech (Tiefkühlteil einer Kühlvorrichtung)* frostigilo ***b)** im Kühlschrank* ↑ ***Gefrierfach***

Frostfach *n* ↑ ***Gefrierfach***

frost|frei *Adj* senfrosta; **~geschützt** *Adj* ŝirmita kontraŭ frosto *nachgest*

frosthart ↑ ***frostbeständig***

frostig *Adj* frosta; *übertr auch (eisig)* glacia, *(gefühlskalt)* frida; ***ein ~er Empfang*** frosta akcepto

Frostigkeit *f* frosteco; *übertr (Kälte [im Benehmen])* frosto

Frost|nacht *f* frosta nokto; **~[nacht]spanner** *m, auch **Frostschmetterling** m Ent (ein Obstschädling)* frostgeometro; **~periode** *f Met* frostperiodo

frostresistent ↑ ***frostbeständig***

Frost|salbe *f Pharm* frost-ungvento; **~schaden** *m bei Pflanzen, Straßen u.a.* frosta damaĝo

Frostschmetterling *m* ↑ ***Frostnachtspanner***

Frostschutzmittel *n i.w.S.* senfrostigilo, *i.e.S.* kontraŭfrosta likvo

froststarr ↑ *unter* ***Frost***

Frostwetter *n* frosta vetero

Frottee[hand]tuch *n* bukloŝtofa mantuko

frottieren *tr* frot[ad]i [per tuko *bzw.* broso] (*vgl. dazu* ***reiben*** *u.* ***rubbeln***)

Frucht *f **a)*** frukto *auch übertr*; *Leibesfrucht* embrio, *(im späteren Stadium)* feto; *Ergebnis* rezulto; ***Früchte*** *Pl Obst* fruktoj *Pl* (↑ *auch* ***Dörrobst***, ***Sammelstein-***, ***Schein-***, ***Sporen-***, ***Spring-***, ***Steinfrucht*** *u.* ***Wurzelfrüchte***); ***essbare*** (***ungenießbare***) ***Früchte*** *Pl* manĝeblaj (nemanĝeblaj) fruktoj *Pl*; ***getrocknete*** (***kandierte***, ***reife***) ***Früchte*** *Pl* sekaj (kandizitaj, maturaj) fruktoj *Pl*; ***zusammengesetzte** ~* (Fructus compositus) *Bot* kunmeta (*od* plurobla) frukto; ***in Honig*** (*od* ***Zucker***) ***eingelegte Früchte*** *Pl ein orientalisches Naschwerk* halvao; ***Früchte tragen*** *Baum* fruktodoni *auch übertr* (*vgl. dazu* ***fruchten***); ***reich an Früchten*** fruktoriĉa; ***mit Früchten überladen*** *z.B. ein Obstbaum* fruktoportega; ***voller Früchte sein*** (*od i.w.S.* ***hängen***) *Obstbaum* esti plena de fruktoj; ***sich von Früchten ernähren*** *z.B. ein Tier* sin nutri per fruktoj (*vgl. dazu* ***fruchtfressend***) ◇ ***verbotene Früchte schmecken am besten*** frukto malpermesita estas plej bongusta *(Zam)* ***b)*** <*schweiz*> *auch für «Getreide»* [↑ *dort*]

Frucht|aroma *n* frukt-aromo; **~balg** *m Bot (aus einem Einzelfruchtblatt hervorgegangene Kapselfrucht)* foliklo

fruchtbar *Adj **a)** Biol, Med* fekunda (↑ *auch* ***fertil***) ***b)*** *übertr* fruktodona *od* fruktoporta, *auch* fekunda; *i.w.S. (nützlich)* utila, *(nutzbringend)* profitiga, *(kreativ)* kreiva, *(produktiv)* produktiva, *(erfolgreich)* sukcesa; ***~er Boden*** *m* fekunda grundo; ***~e Diskussion*** *f* fekunda diskuto

Fruchtbarkeit *f, fachsprachl. auch* ***Fertilität*** *f Biol u. Landw* fekundeco *auch i.w.S.*; *des Ackerbodens auch* riĉeco

Fruchtbarkeitsgott *m Myth*: ***griechisch-römischer** ~* Priapo

Fruchtbecher *m, Fachspr* ***Cupula*** *f Bot (becherartige Fruchthülle [z.B. bei Eicheln od Haselnüssen])* kupulo

Fruchtbehälter *m Bot*: ***schlüsselförmiger** ~ bei Flechten* apotecio

Frucht|beutel *m Bot (bei einigen Lebermoosen)* marsupio; **~bildung** *f*, <*wiss*> ***Fruktifikation*** *f Bot (Ausbildung von Samen u. Früchten)* fruktiĝo; **~blase** *f innere Embryonalhülle, Fruchtwasserhaut* amnio; **~blatt** *n*, <*wiss*> ***Karpell*** *n Bot (das Organ der Blüte, das die Samenanlagen trägt)* fruktofolio, <*wiss*> karpelo; **~bonbons** *m/Pl od n/Pl* frukt[o]bombonoj, dropsoj *Pl*

fruchtbringend *Adj* fruktoporta, fruktodona

Früchtchen *n freche Person* impertinentulo; *[kleiner] Taugenichts* [eta] sentaŭgulo (↑ *auch* ***²Balg***)

Fruchteis *n* frukt[o]glaciaĵo, *auch* fruktogusta glaciaĵo

fruchten *intr Bot* doni fruktojn, frukti; *übertr (nutzen)* utili, *(wirken)* efiki, *(helfen)* helpi; ***nichts** ~ unnütz sein* esti senutila; *wirkungslos sein* esti senefika; *ohne Erfolg sein* esti sensukcesa; *vergebens sein* esti vana

Früchtetee *m* fruktoteo

Frucht|extrakt *m Nahr* frukt-ekstrakto; **~-**

fleisch *n* fruktokarno (*vgl. dazu **Pulpa a)***); *fleischige Fruchthülle, z.B. beim Pfirsich* sarkokarpo; ~**fliege** *f Kirsch*♀ ĉerizomuŝo; ~**folge** *f Landw* sinsekva kultivado de diversaj plantoj, *kurz* alterna kultivado

fruchtfressend *Adj sich von Früchten nährend (Tier)* fruktomanĝa

Fruchtgarten *m* = ***Obstgarten***

Fruchtgehäuse *n* kern[et]ujo [de frukto]

Fruchtgeschmack *m* fruktogusto; ***ein Bonbon mit*** ~ fruktogusta bombono (↑ *auch **Drops** u. **Fruchtbonbons***)

Fruchthülle *f von Hülsenfrüchten (Schote)* guŝo (↑ *auch **Fruchtbecher***); ***fleischige*** ~, <*wiss*> ***Sarkokarp*** *n Bot* sarkokarpo (*vgl. dazu **Fruchtfleisch** u. **Pulpa a)***)

fruchtig *Adj nach Früchten schmeckend* fruktogusta *auch Wein*

Frucht|joghurt *m* frukt[o]jogurto; ~**kaltschale** *f Kochk* malvarma frukt[o]supo; ~**kern** *m* frukt[o]kerno *od* kerno de frukto

Fruchtknoten *m*, <*wiss*> ***Ovarium*** *Bot* ovario (*vgl. dazu **Auge** u. **Knospe***); ***Lappen des*** ~***s*** placenta kotiledono

Frucht|korb *m* frukt[o]korbo; ~**körper** *m bes. von Pilzen* frukt[o]korpo

fruchtlos *Adj* senfrukta *meist übertr*; *erfolglos* sensukcesa *od nachgest* sen sukceso; *vergeblich* vana

Fruchtlosigkeit *f* senfrukteco

Fruchtmarkt *m* frukt[o]bazaro

Fruchtmonat *m* ↑ ***Fruktidor***

Fruchtpresse *f Hausw* fruktopremilo

fruchtreich *Adj* fruktoriĉa

Frucht|saft *m, bes.* <*österr*> *auch **Juice** m*, <*schweiz*> *auch **Jus** [ʒy] f, reg n* frukt[o]suko; ~**salat** *m* frukt[o]salato; ~**schale** *f Schale einer Frucht* frukt[o]ŝelo *od* ŝelo de frukto (↑ *auch **Epikarp***); *Schale mit Früchten* plado kun fruktoj; ~**speise** *f* fruktaĵo

fruchtstrotzend *Adj z.B. ein Obstbaum* fruktoportega

Frucht|tauben *f/Pl* (Treroninae) *Orn (eine Unterfamilie der Tauben)* frukt[o]kolomboj *Pl* (↑ *auch **Bronze-**, **Pracht-** u. **Rothalsfruchttaube***); ~**torte** *f* frukt[o]torto

fruchttragend *Adj* fruktoporta

Fruchtwand *f **[der Früchte von Samenpflanzen]**, auch **Samengehäuse** n*, <*wiss*> ***Perikarp*** *n* perikarpo

Fruchtwasser *n* (Liquor amnii) *Embryologie* ĉirkaŭfeta fluidaĵo, <*wiss*> amniolikvaĵo

Fruchtwasserhaut *f Embryologie* ↑ ***Amnion***

Fruchtwasserpunktion *f Embryologie* punkcio de la amnio

Fruchtwasserspiegelung *f Med* ↑ ***Amnioskopie***

Fruchtwechsel *m Landw* = ***Fruchtfolge***

Fruchtzucker *m* ↑ ***Fructose***

Fruchtzuckergehalt *m* enhav[aĵ]o de fruktosukero

Fruchtzweig *m* frukt[o]branĉeto

Fructose *od* **Fruktose** *f, auch **Lävulose** f* (*fachsprachl. für **Fruchtzucker** m*) *Biochemie* fruktozo, *Fachspr auch* levulozo, *pop häufig* frukt[o]sukero; ~**intoleranz** *f Med* netolereco al fruktozo

frugal *Adj Essen* [tre] simpla (↑ *auch **bescheiden** u. **einfach***)

früh 1. *Adj* frua; ***in seiner*** ~***en Jugend*** en lia frua junaĝo; ***am*** ~***en Morgen*** en [la] frua mateno; ***in den*** ~***en Morgenstunden*** en la frumatenaj horoj; ***es ist noch zu*** ~ estas ankoraŭ tro frue (***für*** *bzw.* ***um zu*** por) **2.** *Adv frühmorgens* frumatene; *bei Tagesanbruch* je tagiĝo, *auch* ĉe la tagiĝo *(Zam)*; *rechtzeitig* ĝustatempe; ~ ***um vier*** je la kvara matene; ~ ***zu Bett gehen*** frue enlitiĝi; ***heute*** ~ hodiaŭ matene; ***seit heute*** ~ ekde hodiaŭ matene; ***morgen*** ~ morgaŭ matene; ***zu*** ~ tro frue (↑ *auch **vorzeitig***); ***von*** ~ ***bis spät*** de frumatene ĝis vespere; ***Sie sind zu*** ~ ***gekommen*** vi [al]venis tro frue; ***er ist zu*** ~ ***gestorben*** li mortis tro frue

Früh|aufsteher *m* homo, kiu ellitiĝas [tre] frue en la mateno; ~**ausgabe** *f einer Zeitung* matena eldono; ~**beet** *n Gartenb* varmobedo; ~**behandlung** *f Med* frua terapio; ~**blüher** *m/Pl Bot* frue florantaj plantoj *Pl*

Frühbucher *m* frua mendanto; *Vorbesteller* antaŭmendanto; ~**rabatt** *m* rabato por fruaj mendantoj

früh|byzantinisch *Adj* frubizanca; ~**christlich**, *auch* ***altchristlich*** *Adj* frukristana

Frühdruck *m* ↑ ***Inkunabel***

Frühe *f*: ***in aller*** ~ en ege frua mateno; *zu Tagesanbruch* ĉe tagiĝo, *bildh* kiam aperas la matenruĝo (↑ *auch **Herrgottsfrühe***)

früher 1. *Adj* pli frua, antaŭa; *ehemalig* iama, eksa *od präfixartig* eks...; *vergangen* pasinta, estinta; ***ihr*** ~***er [Ehe-] Mann*** ŝia eksedzo; ***in*** ~***en Zeiten*** en antaŭaj tempoj; **2.** *Adv* pli frue (***als*** ol), antaŭe; *einst[mals]* iam; ~ ***oder später*** pli malpli frue; ***wie*** ~ kiel antaŭe; kiel en [la] pasinta tempo

Früherkennung *f bes. Med* frua detektado;

~ ***von Brustkrebs*** frua detektado de mama kancero (↑ *auch* ***Mammografie***)

frühest(e, ~er) *Adj* plej frua

früh[e]stens *Adv* plej frue; ~ ***um vier*** plej frue je la kvara [horo]

Früh|frost *m Met* aŭtuna frosto; ~**geborene** *n* antaŭtempe-naskito

Frühgeburt *f Vorgang (Med: Partus praematurus)* antaŭtempa nasko; *zu früh geborenes Kind* frunaskito, antaŭtempe naskita infano; ***eine ~ haben*** antaŭtempe naski [si-an] infanon

Früh|gemüse *n* frua legomo (↑ *auch* ***Frühlingsgemüse***); ~**geschichte** *f Geschichte der Urgesellschaft* protohistorio

frühgotisch *Adj Arch, Kunst* frugotika

Früh|gottesdienst *m Kirche* matena diservo; ~**gymnastik** *f* matena gimnastiko *od* matengimnastiko, *(nach dem Wachwerden) auch* postvekiĝa gimnastiko

Frühjahr *n od* **Frühling** *m* ***a)*** printempo; ***im*** ~ en [la] printempo, *umg auch* printempe; ***dieses Jahr haben wir einen zeitigen Frühling*** ĉi-jare la printempo fruas ***b)*** *poet* ***Lenz*** *m* la juna sezono, *auch* printempo

Frühjahrs|aussaat *f Landw* printempa semado; ~**bestellung** *f Landw* printempa agrokultivado; ~**kollektion** *f Mode* printempa modkolekt[aĵ]o; ~**lorchel** *f* (Gyromitra esculenta) *Mykologie* giromitro; ~**mantel** *m Textil* printempa mantelo; ~**messe** *f Hdl, Wirtsch* printempa [komerca] foiro

Frühjahrsmode *f*: ***die neue*** ~ la nova printempa modo

Frühjahrs|müdigkeit *f* printempa laceco; ~**putz** *m* printempa purigado [de la loĝejo]; ~**semester** *n Univ* printempa semestro

Frühkapitalismus *m* frukapitalismo

frühkapitalistisch *Adj* frukapitalisma

Früh|kartoffeln *f/Pl* fruaj terpomoj *Pl*; ~-**kohl** *m* frua (*od auch* printempa) brasiko

Frühling *m* ↑ ***Frühjahr***

Frühlings|abend *m* printempa vespero; ~-**ackerling** *m*, *auch* ***früher Erdschüppling*** *m* (Agrocybe praecox) *Mykologie* frukreska agrocibo; ~-**Adonisröschen** *n* (Adonis vernalis) *Bot* printempa adonido; ~**anfang** *m* komenciĝo de [la] printempo; ~**äquinoktium** *n Astron* printempa ekvinokso; ~**barbarakraut** *n* (Barbarea verna) *Bot* printempa barbareo; ~**blume** *f* printempa floro; ~**braunwurz** *f* (Scrophularia vernalis) *Bot* printempa skrofulario; ~**ehrenpreis** *m* (Veronica verna) *Bot* printempa veroniko; ~**enzian** *m* (Gentiana verna) *Bot* printempa genciano; ~**erwachen** *n bildh od poet* printempa vekiĝo; ~**fingerkraut** *n* (Potentilla tabernaemontani) *Bot* printempa potentilo

Frühlingsfliege *f* (*Gattung* Phryganea) *Ent* friganeo; ***[Familie der]*** ~**n** *Pl* (Phryganeidae) friganeedoj *Pl* (*vgl. dazu* ***Köcherfliegen***)

Frühlings|gemüse *n* printempa legomo (↑ *auch* ***Frühgemüse***); ~**hungerblümchen** *n* (Erophila verna) *Bot* printempa erofilo

Frühlingsknotenblume *f Bot* ↑ ***Märzenbecher***

Frühlings|krokus *m* (Crocus vernus) *Bot* printempa krokuso; ~**küchenschelle** *od* ~-**kuhschelle** *f* (Pulsatilla vernalis) *Bot* printempa pulsatilo; ~**lied** *n* printempa kanto; ~**luft** *f* printempa aero; ~**miere** *f* (Minuartia verna) *Bot* printempa minuartio; ~**mistkäfer** *m* (Geotrupes vernalis) *Ent* printempa sterkoskarabo; ~**nacht** *f* printempa nokto; ~**platterbse** *f* (Lathyrus vernus) *Bot* printempa latiro; ~**punkt** *m*, *auch* ***Widderpunkt*** *m Astron (Schnittpunkt des Himmelsäquators mit der Ekliptik)* printempa punkto; ~**rolle** *f asiatische Kochk* lumpio, *auch* printemporulo; ~**rötling** *m* (Entoloma vernum) *Mykologie* printempa entolomo; ~**schlüsselblume** *f*, *auch* ***Wiesenschlüsselblume*** *f* (Primula vernis *od* Primula officinalis) *Bot* printempa (*od* kuraca) primolo; ~**sonne** *f* printempa suno; ~**tag** *m* printempa tago; ~**wetter** *n* printempa vetero; ~**wiese** *f* printempa herbejo; ~**zwiebeln** *f/Pl* printempaj (*od auch* verdaj) cepoj *Pl*

frühmorgens *Adv* frumatene

Früh|nebel *m Met* frumatena nebulo; ~**programm** *n Radio, TV* frumatena programo

frühreif *Adj* ***a)*** *Gemüse, Obst* frumatura, maturiĝinta antaŭ la kutima sezono, *in Zus auch* frua (*vgl. dazu* ***Frühgemüse*** *u.* ***Frühkartoffeln***) ***b)*** *Kind* frue matura, frumatura

Frühschicht *f* tagskipo

Frühschoppen *m*: ***zum ~ [ins Gasthaus] gehen*** iri [en la gastejon] por trinki sian matenan glason [da vino *od* biero]

Frühsein *n bes. im Sinne von «frühes Erscheinen» od «frühes Stattfinden»* frueco

Frühsommer *m* frusomero; ~-**Meningoenzephalitis** *f* (*Abk* ***FSME***) *Med* frusomera meningoencefalito (*Abk* FSME)

Frühsport *m* frumatena gimnastiko

Frühstadium *n Med* frua stadio; ***im ~ der Krankheit*** en frua stadio de [la] malsano
Frühstart *m* tro frua starto
Frühstück *n*, *<schweiz>* ***Morgenessen*** *n*, *dial* ***Zmorge[n]*** *m od n* matenmanĝo; ***zweites ~*** lunĉo (↑ *auch* ***Brunch***); ***nach*** (***vor***) ***dem ~*** post (antaŭ) la matenmanĝo
frühstücken, *<schweiz>* ***zu Morgen essen*** *intr u. abs* matenmanĝi
Frühstücks|bufett *n* matenmanĝa bufedo; **~ei** *n Nahr* matenmanĝa ovo; **~fernsehen** *n* matena televida programo; **~pause** *f* matenmanĝa (*bzw.* lunĉa) paŭzo
Frühsymptom *n Med* frua simptomo
frühzeitig 1. *Adj* frua; *frühreif* frumatura; *vorzeitig* antaŭtempa **2.** *Adv* [sufiĉe] frue; *rechtzeitig* ĝustatempe (↑ *auch* ***zeitig***)
Früh|zug *m Eisenb* matena trajno; **~zündung** *f Kfz* frusparkado
Fruktidor *m*, *auch* ***Fruchtmonat*** *m 12. Monat des franz. Revolutionskalenders [18. August bis 16. September]* fruktidoro
Fruktifikation *f Bot* ↑ ***Fruchtbildung***
Fruktose *f Biochemie* ↑ ***Fructose***
Frunse (*n*) ↑ ***Bischkek***
Frustfoul *n bes. Fußball* faŭlo pro frustracio
Frustration *f*, *umg* ***Frust*** *m Psych (Enttäuschung durch Verzicht, Versagung von Befriedigung)* frustracio, *umg* frustriĝo
frustrieren *tr Psych* frustri (***iun*** jmdn.) (↑ *auch* ***enttäuschen***); ***frustriert*** *Adj* frustrita; ***sich frustriert fühlen*** senti sin frustrita
F-Schlüssel *m Mus* ↑ ***Bassschlüssel***
FSME = *Abk für* ***Frühsommer-Meningoenzephalitis***
Fuad I. *Eig (König von Ägypten [*1868, † 1936] <herrschte 1922-1936>)* Fuado
Fuchs *m* (Canis vulpes) *Zool* vulpo (*vgl. dazu* ***Fennek*** *u.* ***Korsak***; ↑ *auch* ***Afghan-***, ***Bengal-***, ***Blass-***, ***Blau-***, ***Falkland-***, ***Grau-***, ***Kap-***, ***Kurzohr-***, ***Pampas-***, ***Polar-***, ***Silber-***, ***Tibet-*** *u.* ***Weißfuchs***); *Fuchspelz* vulpopelto; ***nordischer ~*** ↑ ***Rotfuchs***; ***schlau*** (*od* ***gewieft***) ***wie ein ~*** ruza kiel vulpo (↑ *auch* ***Schlauberger***) ◇ ***~ ändert's Haar und bleibt was er war*** vulpo mienon ŝanĝas, sed plu kokidojn manĝas *(Zam)*; ***jeder ~ lobt seinen Bau*** ĉiu vulpo sian voston laŭdas *(Zam)*; ***selbst der schlaueste ~ geht einmal ins Netz*** (*od* ***Garn***) *niemand entgeht seinem Schicksal* eĉ vulpo plej ruza fine estas kaptata *(Zam)*; ***wenn der ~ predigt, so nimm die Hühner in Acht*** se vulpo pentofaras, gardu la kokidojn *(Zam)*
Fuchs|ammer *f* (Zonotrichia iliaca) *Orn* ruĝvosta emberizo; **~bau** *m* vulpokavo, *auch kurz* vulpejo; **~eisen** *n od* **~falle** *f* vulp[o]kaptilo; **~fächerschwanz** *m* (Rhipidura rufifrons) *Orn* ruffrunta ventumilvostulo (*od <wiss>* ripiduro)
fuchsfarben *Adj* vulpokolora
Fuchshai *m*, *auch* ***Drescher[hai]*** *m Zool* (*Gattung* Alopias) alopiaso; (*Art* Alopias vulpinus) *auch* ***Seefuchs*** *m* (Alopias vulpinus) vulpa alopiaso, *auch* vulpoŝarko; ***pazifischer ~*** (Alopias pelagicus) pelaga alopiaso; ***[Familie der] ~e*** (Alopiidae) alopiasedoj *Pl*
Fuchsie [ˈ*fuksjə*] *f* (*Gattung* Fuchsia) *Bot (eine Gattung der Nachtkerzengewächse)* fuksio
Fuchsin *n*, *auch* ***Rosanilin*** *n Chem (ein basischer Teerfarbstoff)* fuksino, *auch* rozanilino (↑ *auch* ***Anilinrot***)
Füchsin *f*, *Jägerspr* ***Fähe*** *f*, *reg* ***Petze*** *f* vulpino
Fuchsit [*fukˈsit*] *m Min (grünes, chromhaltiges Mineral aus der Gruppe der Glimmer)* fuksito
Fuchsjagd *f* vulpoĉas[ad]o *od* ĉasado kontraŭ (*od* al) vulpoj
Füchslein *n kleiner Fuchs* vulpeto; *Fuchswelpe* vulpido
Fuchslöffelente *f Orn* ↑ *unter* ***Löffelente***
Fuchsmanguste *f* (Cynictis penicillata) *Zool* vulpomangusto *[Vorkommen: Ostafrika]*
Fuchspelz *m* vulpopelto; **~mütze** *f* vulpopelta ĉapo
Fuchsrebe *f Bot* ↑ *unter* ***Wildrebe***
fuchsrot *Adj* rufa (↑ *auch* ***feuerrot***)
Fuchsschwanz *m* ***a)*** *Schwanz des Fuchses* vulpovosto; *Handw* trapeza segilo, *pop* vostosegilo ***b)*** *Bot* (*Gattung* Alopecurus) alopekuro; (*Gattung* Amaranthus), *Fachspr auch* ***Amarant*** *m* amaranto, *pop auch* vulpovosto; *Garten~ (eine Zierpflanze)* vosta amaranto (↑ *auch* ***Acker-*** *u.* ***Wiesenfuchsschwanz***); ***geschwänzter ~*** (Amaranthus caudatus) vosta amaranto; ***weißer ~*** (Amaranthus albus) blanka amaranto
Fuchsschwanzklee *m Bot* ↑ ***Purpurklee***
fuchs[teufels]wild *Adj ungemein wütend vor Zorn* rabia pro kolero; ***~ werden*** eksterordinare furioziĝi
Fuchswelpe *m* vulpido
Fuchtel *f* ◇ ***jmdn. unter der ~ halten*** teni

iun en feraj manoj

fuchteln *intr*: ***mit den Armen*** ~ barakti (*bzw.* svingegi) per la brakoj (↑ *auch* ***gestikulieren***)

fuchtig *Adj umg für «aufgebracht»* kolera

Fucoxanthin *n Biochemie (ein in Braunalgen vorkommender tiefroter Naturfarbstoff)* fukoksantino

Fuder *n* ***a)*** *Fuhre* plenĉaro; ***ein*** ~ ***Heu*** plenĉaro da fojno ***b)*** *ein altes Flüssigkeitsmaß für Wein* barelego

Fudschaira (*n*), *auch* ***Fujairah*** (*n*) *ein kleines Emirat am Golf von Oman* Fuĵajro *[Hauptort: Al-Fujairah]*

Fudschijama *m* ↑ ***Fujiyama***

Fuerteventura (*n*) *eine Insel der Kanaren* Fuerteventuro *[Hptst.: Puerto del Rosario]*

Fug *m* ◇ ***mit*** ~ ***und Recht*** plenrajte

[1]**Fuge** *f Bauw, Tischlerei* junto; *Spalte* fendo (↑ *auch* ***Diaklase***); ***aus den*** ~***n gehen*** (*od* ***geraten***) disiĝi [en la juntoj]; *übertr* [plene] malordiĝi

[2]**Fuge** *f Mus (kontrapunktisches Musikstück)* fugo (↑ *auch* ***Choralfuge***)

fugen *tr* ***a)*** *Tech (fugenartig od mit einer Fuge verbinden)* junti *od* kunigi per junto ***b)*** *Handw (die Fugen [eines Mauerwerks] verstreichen)* junti

fügen *tr* ***a)*** *zusammensetzen* kunigi ***b)*** *übertr*: ***das Schicksal hat es so gefügt*** la sorto tiel destinis ***c)*** *refl*: ***sich*** ~ *sich unterordnen* submetiĝi (*vgl. dazu* ***gehorchen***); *sich beugen* kurbiĝi (***jmdm.*** antaŭ iu); *sich anpassen* adaptiĝi [al]; ***sich in sein Schicksal*** ~ akcepti sian (*od i.w.S.* la) sorton (↑ *auch* ***resignieren***)

Fugenschnitt *m Arch* ↑ ***Steinschnitt***

Fugenstil *m Mus*: ***im*** ~ en stilo de fugo

Fugger *Pl Gesch (ein Augsburger Kaufmannsgeschlecht im 15, u. 16, Jh.)* fuggeroj *Pl*

fügsam *Adj* sinsubmetiĝa; *gehorsam* obeema

Fügsamkeit *f* sinsubmetiĝo; *Gehorsamkeit* obeemo

Fügung *f* ***a)*** *Bestimmung, Los* destino; *[göttliche] Vorsehung; i.w.S. schicksalhafter Zufall* providenco (*vgl. dazu* ***Fatum***, ***Geschick*** *u.* ***Schicksal***) ***b)*** *Ling (Wortgruppe)* vortgrupo

fühlbar *Adj spürbar (umg)* sentebla, *(mit den Sinnen wahrnehmbar, empfindlich, merklich [als physiol. Vorgang])* sensebla; *ertastbar* palpebla; *offensichtlich* evidenta

fühlen *tr* ***a)*** *empfinden* senti; *über die Sinne aufnehmen* sensi (*vgl. dazu* ***wahrnehmen***); ***zu*** ~ ***sein*** *fühlbar sein* esti sentebla; ***sich*** ~ senti sin; *gesundheitlich* farti; ***sich allein*** (***geehrt***, ***krank***, ***sehr einsam***) ~ senti sin sola (honorata, malsana, tre soleca); ***sich nicht ganz gesund*** ~ senti sin ne sufiĉe sana; ***sich zu jmdm. hingezogen*** ~ senti inklinon al (*od* por) iu; ***wie*** ~ ***Sie sich heute?*** kiel vi fartas hodiaŭ?; ***ich fühle mich nicht wohl*** mi ne bone fartas, *auch* mi ne bonfartas; ***sich etwas*** (***bedeutend***) ***besser*** ~ farti iom (multe) pli bone; ***sich wie neu geboren*** ~ senti sin kvazaŭ nove naskita; ~ ***Sie sich [bei uns] wie zu Hause!*** sentu vin [ĉe ni] kiel hejme! *(Zam)*; ***sich jmdm. sehr verbunden*** ~ senti sin tre ligita al iu ***b)*** *befühlen, ertasten* palp[ad]i; ***jmdm. den Puls*** ~ palpi al iu la pulson

Fühlen *n Empfinden, Spüren* sentado; *Ertasten* palpado

Fühler *m od* **Fühlhorn** *n Zool (gegliedert)* anteno *od* [palpa] korno, *(ungegliedert [bei Schnecken auch ‹Horn› genannt])* tentaklo; *Tastorgan* palp-organo *od* palpa organo ◇ ***ich werde mal meine*** ~ ***ausstrecken*** mi provos iom esplori (*od* sondi) la terenon [por vi]

Fühlerschaft *m* (Scapus) *Ent (das erste und oft bes. lange Fühlerglied einiger Insekten)* skapo

Fühlerschlange *f*, *auch* ***Tentakelschlange*** *f* (Erpeton tentaculatum) tentakla serpento *[Vorkommen: Thailand u. Nord-Malaysia]*

Fühlhorn *n Zool* ↑ ***Fühler***

Fühlung *f Kontakt* kontakto; *Berührung* [inter]tuŝ[ad]o; *Beziehung* interrilato (***mit jmdm.*** kun iu); ***mit jmdm.*** ~ ***aufnehmen*** ekkontakti iun, [provi] starigi kontakton al iu; ***in*** ~ ***bleiben mit ...*** resti en kontakto (*bzw.* interrilato) kun ...

Fühlungnahme *f* ekkontakto

Fuhre *f* ***a)*** *Ladung [eines Fahrzeugs]* ŝarĝ[aĵ]o [de veturilo], ĉarpleno (↑ *auch* ***Fuder a)*** *u.* ***Holzfuhre***); ***eine*** ~ ***Mist*** *Landw* ĉarpleno da sterko ***b)*** *Fahrt, Transport* veturo, transporto

führen ***a)*** *tr (jmdn.) geleiten* konduki (***nach*** al *od* zu); *begleiten* akompani; *leiten* gvidi *auch ein Unternehmen*, direkti; *Oberhaupt von etw. sein* estri; *befehligen* komandi (↑ *auch* ***anführen a)***); ~ ***Sie ...?*** *gibt es in diesem Geschäft ...?* ĉu oni vendas ĉi tie ...?;

bitte ~ Sie mich zu (*bzw.* ***nach***) ... bonvolu konduki min al ...; ***den Briefwechsel ~*** fari la korespondadon (***für jmdn.*** por iu); ***Bücher ~*** *Wirtsch* teni librojn; ***ein Gespräch ~*** konversacii, havi interparoladon (***mit jmdm. über etw.*** kun iu pri io); ***ein Kind an der Hand ~*** konduki infanon je la mano; ***den Haushalt ~*** fari la mastrumadon, *(Zam) auch* prizorgi (*od* konduki) la mastrumaĵon; ***Klage ~*** plendi (***über*** pri); ***Krieg ~*** fari militon, militi (***gegen*** kontraŭ); ***einen Titel ~*** havi titolon; ***einen Blinden über die Straße ~*** konduki (*od auch* gvidi) blindulon trans la straton ◇ ***jmdn. hinters Licht ~*** trompi iun ***b)*** *intr* konduki (***nach*** *bzw.* ***zu*** al; ***in*** en *mit Akk*); ***diese Straße führt nach ...*** tiu ĉi strato kondukas al ...; ***der Weg führt in den Wald*** la vojo kondukas en la arbaron; ***zum Tode ~*** esti mortiga; ***das führt dazu, dass ...*** tio kaŭzos, ke ...; *daraus folgt, dass ...* el tio sekvas, ke ...; ***es führte zu nichts*** ĝi ne[niel] efikis (*bzw.* helpis *od* taŭgis), tio kondukis al nenio ***c)*** *lenken, steuern (Kfz)* stiri, *alt* konduki (*vgl. dazu* ***Führerschein***); *Flugw* piloti ***d)*** *refl*: ***sich ~*** *sich aufführen* konduti (***wie*** kiel)

führend *Adj* gvid[ant]a; *auch (hervorragend)* elstara, *(bekannt)* konata; *hauptsächlich* ĉefa; ***eine ~e Rolle*** ludi gvidan rolon

Führer *m Leiter* gvidanto *auch Pol*; *Chef* estro (↑ *auch* ***Stammesführer***); *Fremden~* turista gvidisto, ĉiĉerono (↑ *auch* ***Berg-*** *u.* ***Museumsführer***); *jmd., der jmdn. geleitet* kondukanto *bzw.* kondukisto; *Buchw* gvidlibro; *Faltblatt* gvidfolio, *allg* gvidilo; ***der ~ der Opposition*** *Parl* la estro de la opozicio; ***geistiger*** (***politischer***, ***religiöser***) ~ spirita (politika, religia) gvidanto

Führerausweis *m* ↑ ***Führerschein***

Führerhaus *n eines LKW* ŝofora kupeo

führerlos *Adv* sen gvidanto *nachgest*

Führerschaft *f Leitung (als Eigenschaft)* gvidanteco; *die Führer* la gvidantoj *Pl*

Führerschein *m*, *ehem DDR* ***Fahrerlaubnis*** *f*, <*schweiz*> ***Fahrausweis*** *m*, <*schweiz*> *Amtssprache* ***Führerausweis*** *m* konduklicenco, *für Kfz auch* stirlicenco; ***den ~ erwerben*** akiri la stirlicencon; ***sein ~ wurde eingezogen*** *od* ***man hat ihm den ~ abgenommen*** oni forprenis de li la stirlicencon

Führerstand *m Kran, Lokomotive* kondukistejo (*vgl. dazu* ***Führerhaus***)

Fuhrlohn *m* transportpago

[1]Fuhrmann *m* veturigisto [de ĉaro]; *alt Kärrner* ĉaristo; *Kutscher* koĉero (↑ *auch* ***Tschumak***)

[2]Fuhrmann *m*, *Fachspr* ***Auriga*** *m* (*Abk* ***Aur*** *od* ***Auri***) *Astron (ein Sternbild)* Koĉero

Fuhrpark *m allg* veturilaro; *Gesamtheit der Fahrzeuge, z.B. eines Betriebs* aŭtofloto

Führung *f* ***a)*** konduk[ad]o (↑ *auch* ***Stadtführung***); *Leitung* gvid[ad]o, direktado (*vgl. dazu* ***Führerschaft***, ***Management*** *u.* ***Parteiführung***) ; *Herrschaft* estrado; *Kommando* komando; ***eine ~ durchs Museum*** gvidado tra la muzeo; ***abwechselnd die ~ übernehmen*** *od* ***sich in der ~ ablösen*** *Sport* esti alterne en la gvida pozicio; ***in ~ liegen*** *bes. Sport* esti en la gvida pozicio; *nach Toren* gvidi laŭ goloj; ***die ~ übernehmen*** transpreni la gvidadon; ***unter ~ von*** (*od mit Gen*) ... sub [la] gvido de ... ***b)*** *Betragen* konduto ***c)*** *Tech* gvido *(bes. in Zus)* (*vgl. dazu* ***Führungsnut*** *u.* ***Führungsschiene***)

Führungs|nut *f Handw, Tech* gvidfoldo; **~position** *f* gvida pozicio; **~rolle** *f* gvida rolo; **~schiene** *f Tech* gvidrelo; **~stab** *m* ***a)*** *die führenden Personen, z.B. eines Unternehmens* konduka stabo; *Mil* (*Hauptquartier)* ĉefkomandejo (*vgl. dazu* ***Generalstab***) ***b)*** *Medizintechnik (für [weiche]Katheter)* mandreno

Führungstreffer *m*, *auch* ***Führungstor*** *n Sport*: ***den ~ erzielen*** ŝoti la unuan golon

Führungszeugnis *n* atesto pri bona konduto

Fuhr|unternehmen *n* entrepreno pri kamionado; **~unternehmer** *m* entreprenisto pri kamionado; **~werk** *n* veturilo *od* ĉaro [tirata de besto(j)] (↑ *auch* ***Pferdefuhrwerk***)

Fujairah (*n*) ↑ ***Fudschaira***

Fujara *f Mus (eine senkrecht gehaltene Schnabelflöte)* fujaro <*in der Slowakei traditionell von Hirten gespielt*>

Fujian (*n*), *auch* ***Fukien*** (*n*) *eine südostchin. Provinz* [provinco] Fuĝjano, *auch* Fuĝjan-provinco *[Hptst.: Fuzhou]*

Fujiyama [*fudʒi'jama*] *m*, *auch* ***Fudschijama*** *m ein Vulkan in Japan* Fuĵi-monto <*heiliger Berg Japans*>

Fukazawa (*m*) *Eig (jap. Schriftsteller [1914-1987])* Fukazavo

Fukologie *f Lehre von den Tangen (Meeresalgen)* fukologio

Fukuoka (*n*) *eine jap. Provinzhptst. auf Kyushu* Fukuoko

Fukushima (*n*) *eine jap. Provinzhptst. im NO der Hauptinsel Hondo* Fukuŝimo <*Ort der Nuklearkatastrophe im März 2011*>

Fukuyama (*n*) *eine jap. Hafenstadt im SW der Hauptinsel Hondo* Fukujamo

Ful *n*, *auch* ***Fulfulde*** *n*, *engl. Bez* ***Fulani*** *n Ling (eine in W- u. Zentralafrika gesprochene nigritische Sprache)* la fula [lingvo]

Fulbe *Pl* (*Sg*: ***Pulo***) *Ethn (ein Volksstamm in W-Afrika mit nigritischer Sprache)* fuloj *Pl* (↑ *auch* ***Bororo***)

Fulda (*n*) *eine Kreisstadt in Hessen* <*mit katholischem Bischofssitz*> Fuldo

Fulfulde *n Ling* ↑ ***Ful***

Fulgurit *m Geol* ↑ ***Blitzröhre***

[1]**Fülle** *f* ***a)*** *Überfluss* abundo; *Reichhaltigkeit* riĉeco (↑ *auch* ***Vielfalt***); *große Menge* granda amaso; ***in Hülle und ~ vorhanden sein*** troviĝi en grand[eg]a abundo ***b)*** *Korpulenz* korpu- lenteco ***c)*** *des Klangs od einer Stimme* riĉeco (↑ *auch* ***Klangfülle***)

[2]**Fülle** *f Kochk* ↑ ***Füllung b)***

füllen *tr* ***a)*** plenigi (***mit*** per, *auch* je) (↑ *auch* ***anfüllen***); ***einen Sack mit Getreide ~*** plenigi sakon per (*od* je) greno; ***der Zahn muss neu gefüllt werden*** *pop für «muss plombiert werden»* la dento devas denove esti plombita; ***sich ~*** pleniĝi (***mit*** per); ***gefüllt sein*** esti plenigita ***b)*** *Kochk, Nahr* farĉi; ***gefüllte Tomaten*** *f/Pl* farĉitaj tomatoj *Pl*

[1]**Füllen** *n* plenig[ad]o

[2]**Füllen** *n* ↑ ***Fohlen a)***

Füller *m* ↑ ***Füll[feder]halter***

Fullerene *n/Pl Chem (Anfang der 90er Jahre neu entdeckte Modifikation des Kohlenstoffs)* fulerenoj *Pl*

Fullererde *f* ↑ ***Walkerde***

Füllfaden *m Fachspr Biol* ↑ ***Paraphyse***

Füll[feder]halter *m*, *umg* ***Füller*** *m* fontoplumo (↑ *auch* ***Patronenfüller***)

Füllhorn *n mit Blumen u. Früchten gefülltes Horn (in der griech. Myth Sinnbild des Überflusses)* abundokorno

füllig *Adj dicklich, mollig* iom dika, diketa (↑ *auch* ***korpulent***); *vollschlank* ŝvelsvelta

Füllsel *n Kochk* ↑ ***Füllung b)***

Fulltimejob *m*, *auch* ***Full-Time-Job*** *m* plentempa laboro (↑ *auch* ***Ganztagsjob***)

Füllung *f* ***a)*** *das Füllen* plenig[ad]o; *Inlay, Plombe* plombaĵo (↑ *auch* ***Amalgam-*** *u.* ***Wurzelfüllung***); *Inhalt* enhavo; *Hineingestopftes* ŝtopaĵo; *Polsterung (als Vorgang)* remburado, *(das zur Polsterung verwendete Material)* remburaĵo; *Tür~* pordopanelo ***b)*** *auch* ***Füllsel*** *n.* <*österr*> *u. reg* ***Fülle*** *f*, *fachsprachl. auch* ***Farce*** *f Kochk* farĉo (↑ *auch* ***Krokant-*** *u.* ***Nugatfüllung***) ***c)*** *von Stiften* kartoĉo; ***~ für einen Kugelschreiber*** kartoĉo por globkrajono

Füllwerk *n Bauw (Gussmauerwerk)* rablo

Füllwort *n Gramm* pleniga vorto

Fulmar *m Orn* ↑ ***Eissturmvogel***

Fulminat *n*, *umg* ***Knallpulver*** *n Chem (Salz der Knallsäure)* fulminato (*vgl. dazu* ***Knallquecksilber*** *u.* ***Sprengstoff***)

Fulminsäure *f Chem* ↑ ***Knallsäure***

Fumarole *f Vulkanologie (Erdöffnung, aus der vulkanische Dämpfe dringen [zw. 200 u. 900° C)* fumarolo (↑ *auch* ***Solfatare***)

Fumarsäure *f Chem* fumarata acido

Fumigation *f fachsprachl. für «Ausräucherung» od «Ausgasung»* fumigacio

fummeln *intr betasten* [pri]palpi

Funafuti (*n*) *Hptst. von Tuvalu* Funafut[i]o

Funan (*n*), *auch* ***Königreich Funan*** *Gesch (ein von indischer Kultur geprägtes Königreich [es umfasste vom 2. bis 6. Jh. den Süden von Vietnam u. Kambodscha])* Funano, *auch* Reĝolando Funano

Funchal (*n*) *Hptst. der Insel Madeira/Portugal* Funĉalo

Fund *m* trovaĵo *auch Fundgegenstand*; ***archäologische ~e*** *Pl* arkeologiaj trovaĵoj *Pl* (↑ *auch* ***Fossil-***, ***Gold-***, ***Grab-*** *u.* ***Oberflächenfund***)

Fundament *n Arch, Tech u. übertr* fundamento (↑ *auch* ***Betonfundament***, ***Gründung*** *u.* ***Sockel a)***); *Basis* bazo (↑ *auch* ***Grundlage*** *u.* ***Unterbau***); ***ohne ~*** sen fundamento *od adjektivisch* senfundamenta; ***das ~ legen*** *Arch, Bauw* metado de la fundamento *auch übertr*

fundamental *Adj* fundamenta, baza (*vgl. dazu* ***grundlegend*** *u.* ***schwerwiegend***)

Fundamentalismus *m Pol, Rel* fundamentismo

Fundamentalist *m*, *umg auch* ***Fundi*** *m Pol u. Rel* fundamentisto

Fundamentalistin *f Pol u. Rel* fundamentistino

fundamentalistisch *Adj auf den Fundamentalismus bezogen* fundamentisma; *auf die Fundamentalisten bezogen* fundamentista; ***~e Gruppierung*** *f* fundamentista grupo

Fundamentgraben *m in einer Baugrube* fundamenta tranĉeo

fundamentieren *tr* fundamenti

Fundamentierung *f Bauw* fundamentado

Fundament|legen *n Bauw* metado de la fundamento *auch übertr*; ~**sohle** *f Bauw* fundamentbazo

Fund|amt *od* ~**büro** *n* oficejo por trovaĵoj; ~**gegenstand** *m* trovita objekto, trov[it]aĵo; *Archäol auch* trovobjekto

Fundgrube *f übertr* trezorejo, *i.w.S. auch* fonto [de valoraĵoj] (*vgl. dazu* ***Schatz a)***); ***seine Bibliothek ist eine wahre ~ für Esperantologen*** lia biblioteko estas vera trezoro (*bzw.* trezorejo) por esperantologoj

Fundi *m Pol u. Rel* ↑ ***Fundamentalist***

fundieren *tr* ***a)*** *Bauw* fundamenti *auch übertr für «untermauern»* ***b)*** *gründen, begründen* fondi, *auch* starigi, estigi

Fundiertheit *f Solidität* solideco

Fundierung *f übertr (Untermauerung)* fundamentado (↑ *auch* ***Fundamentierung***)

fündig *Adj*: ~ ***werden*** *Bergb, Geol* trovi [ercon, petrolon *u.a.*]; *allg: entdecken* [el]trovi, malkovri *auch durch Nachforschung*

Fund|ort *m* trovloko, trovejo; ~**sache** *f* trov[it]aĵo; ~**stätte** *od* ~**stelle** *f* trovejo; ~**tier** *n*, *<schweiz>* ***Findeltier*** *n* trovita besto

Fundus *m* ***a)*** *Boden, Grundlage* fundo *auch Med (Boden von Organen od Geweben [z.B. Augenhintergrund])* ***b)*** *Film, Theat (gesamter Ausstattungsbestand)* baza ekipaĵo; ~**fotografie** *f Ophthalmologie* fundofotografio; ~**reflex** *m der Netzhaut* fundoreflekso

Fünen (*n*), *dän.* ***Fyn*** *eine dänische Insel zw. Großem u. Kleinen Belt* [insulo] Fueno *[Hauptort: Odense]*

fünf *Num* kvin; ***die ~ Sinne*** la kvin sensoj

Fünf *f*: ***die*** ~ *Zahl od Ziffer* la nombro (*od* cifero) kvin, la kvino; ***eine römische ~ (V)*** romana kvino

Fünf|centstück *m* kvin-cenda monero; ~**eck** *n*, *auch* ***Pentagon*** *n Geom* kvinangulo, *auch* pentagono

fünfeckig *Adj* kvinangula

Fünfer *m* ***a)*** *pop für «Fünfeuroschein»* kvineŭrobileto ***b) einen ~ im Lotto haben*** havi kvin trafojn en lotoludo

Fünfergruppe *f Anzahl von fünf Personen* kvinopo, *auch* kvino

fünferlei *Adj* de kvin [diversaj] specoj

Fünfeuroschein *m* kvin-eŭra [mon]bileto

fünffach **1.** *Adj* kvinobla **2.** *Adv* kvinoble

Fünf|fache *n* kvinoblo; ~**flach** *n od* ~**flächner** *m*, *<wiss>* ***Pentaeder*** *n Geom* kvinedro, *<wiss>* pentaedro

fünffrüchtig, *Fachspr auch lat.* ***pentacarpus*** *Adj Bot* kvinfrukta

fünfhundert *Num* kvincent

Fünfjahr[es]plan *m* kvinjara plano

Fünfjahresvertrag *m* kontrakto por [daŭro de] kvin jaroj

fünfjährig *Adj auf Alter od Dauer bezogen* kvinjara

Fünfjährige ***a)*** *m* kvinjarulo ***b)*** *f* kvinjarulino

Fünfjahrplan *m* ↑ ***Fünfjahresplan***

Fünfkampf *m Sport* pentatlono, *auch* kvin-disciplino (↑ *auch* ***Pentathlon***); ***moderner*** ~ moderna pentatlono

Fünfkämpfer *m Sport* pentatlonisto

fünfköpfig *Adj*: ***er hat eine ~e Familie*** li havas kvinpersonan familion

fünfkronenblätt[e]rig, *Fachspr auch lat.* ***quinquefolius*** *od* ***pentaphyllus*** *Adj Bot* kvinpetala

Fünflinge *m/Pl* kvinnaskitoj *Pl*

fünf|mal *Adv* kvinoble; ~**malig** *Adj* kvinfoja

Fünfmastbark *f Mar* kvin-masta barko

Fünfmeterbrett *n Wasserspringen* kvin-metra platformo

fünf|minütig *Adj* kvinminuta; ~**monatig** *Adj* kvinmonata

Fünfpolröhre *f El* ↑ ***Pentode***

Fünfraumwohnung *f* ↑ ***Fünfzimmerwohnung***

fünf|seitig *Adj z.B. Bericht* kvinpaĝa; *Geom* kvinlatera; ~**stellig** *Adj aus fünf Ziffern bestehend* kvincifera

Fünfsternehotel *n* kvinstela hotelo

fünf|stöckig *Adj Haus* kvinetaĝa; ~**stündig** *Adj* kvinhora

fünft *Num*: ***zu*** ~ kvinope

Fünftagewoche *f* kvintaga laborsemajno

fünftägig *Adj* kvintaga

fünftausend *Num* kvinmil

fünfte(r, -s) *Num* kvina ◇ ***die fünfte Kolonne*** la kvina kolono

Fünftel *n* kvinono; ***ein*** ~ unu kvinono; ***vier*** ~ kvar kvinonoj

fünftens *Adv* kvine, en la kvina loko

Fünftonmusik *od* **Pentatonik** *f aus fünf verschiedenen Tönen bestehende Tonleitern u. Tonsysteme <z.B. im gregorianischen Gesang od in japanischer u. indonesischer Musik>* kvintoneco, kvintona gamo

fünf|türig *Adj PKW* kvinporda; ~**wertig** *Adj Chem* kvinvalenta; ~**wöchig** *Adj* kvinsemajna
fünfzackig *Adj* kvinpinta; ***der ~e Esperanto-Stern*** la kvinpinta Esperanto-stelo
fünfzehn *Num* dek kvin
fünfzehnte(r, -s) *Adj* dekkvina
fünfzig *Num* kvindek; ***seit den ~er Jahren*** ekde la kvindekaj jaroj
fünfzigjährig *Adj* kvindekjara
Fünfzigjährige ***a)*** *m* kvindekjarulo ***b)*** *f* kvindekjarulino
fünfzigste(r, -s) *Adj* kvindeka
Fünfzimmerwohnung *f, reg* ***Fünfraumwohnung*** *f* kvinĉambra loĝejo
fungieren *intr* funkcii, servi (***als*** kiel); *in einem Amt tätig sein* ofici (***als*** kiel)
fungizid, *auch* ***pilz[ab]tötend*** *Adj* fungicida, *auch* fungomortiga
Fungizid *n, auch* ***pilz[ab]tötendes Mittel*** *n* fungicido (*vgl. dazu* ***Antimykotikum***; ↑ *auch* ***Nystatin***)
fungös *Adj* ***a)*** *schwammig* fungoza ***b)*** *Med (Entzündung, Wucherung) meist* fungusa
Fungus *m Med (schwammige Geschwulst [an Gelenken])* funguso
Funikulitis *f, auch* ***Entzündung*** *f* ***des Samenstrangs*** *Med* funiklito, inflamo de la sperma funiklo
[1]**Funk** *m* radiofonio (↑ *auch* ***Bild-***, ***Hör-*** *u.* ***Zugfunk***); *Rundfunk* radio; ~**amateur** *m* radioamatoro; ~**anlage** *f Tech* radiofonia instalaĵo
[2]**Funk** [*faŋk*] *m, auch* ***Funky Jazz*** *m eine bluesbezogene Spielweise in der Jazzmusik* funko, *auch* funkmuziko
Fünkchen *n kleiner Funke* fajrereto ◇ ***ein ~ Hoffnung*** radieto de (*od* da) espero; ***ein ~ Wahrheit*** grajno da vero
Funke *m, seltener* ***Funken*** *m* fajrero; *El (der Zündkerze)* sparko; ***~n sprühen*** elĵeti fajrerojn
funkeln *intr* trembrili, brilegi (↑ *auch* ***glänzen***, ***glitzern*** *u.* ***szintillieren***)
funkelnagelneu *Adj* tute (*od* absolute) nova
funken ***a)*** *tr abs* sendi radiogramon, radiotelegrafi ***b)*** *intr*: ***es funkt*** *Funken schlagen heraus* fajreroj elĵetiĝas
[1]**Funken** *m* ↑ ***Funke***
[2]**Funken** *n, i.e.S.* ***Funkenbildung*** *od* ***Funkenentwicklung*** *f El* sparkado
Funker *m* radiotelegrafisto (↑ *auch* ***Bordfunker***)
Funk|feuer *n Sendeanlage, die zum Zweck der Navigation elektromagnetische Wellen abstrahlt* [radio]faroso (↑ *auch* ***Allrichtungsfunkfeuer***); ~**frequenz** *f* radiofrekvenco; ~**höhenmesser** *m Flugw* radioaltometro; ~**kompass** *m* radiokompaso; ~**kontakt** *m* radiokontakto *auch Flugw* (*vgl. dazu* ***Funkverbindung***); ~**loch** *n Mobilfunk (tote Zone)* silenta zono, *auch* morta zono; ~**meldeempfänger** *m, auch* ***Funkrufempfänger*** *m Tel* televokilo
Funkmessstation *f* ↑ ***Radarstation***
Funk|navigationssystem *n* radionaviga sistemo; ~**ortung** *f* radiolokigo, *(Radar)* radaro; ~**peilung** *f* radiobirado
Funkrufempfänger *m Tel* ↑ ***Funkmeldeempfänger***
Funk|signal *n* radiosignalo; ~**sprechverkehr** *m* radiofonia interkomunikiĝo; ~-**spruch** *m* radiomesaĝo; ~**steuerung** *f Flugw* radiodirektado
Funkstörung *f* ↑ *unter* ***elektromagnetisch***
Funk|taxi *n* radiotaksio; ~**technik** *f* radiotekniko; ~**telefon** *n* radiotelefono; ~**telegrafie** *f* radiotelegrafio; ~**telegramm** *n* radiotelegramo (*vgl. dazu* ***Funkspruch***)
Funktion *f Geom, Ling, Naturw, Physiol, Pol, Tech* funkcio (↑ *auch* ***Darm-***, ***Doppel-***, ***Haupt-***, ***Herz-***, ***Hirn-***, ***Hyper-***, ***Mengen-***, ***Treppen-***, ***Verteilungs-***, ***Vital-*** *u.* ***Vorbildfunktion***); *Amt, Posten* ofico, posteno, *auch* funkcio; ***analytische*** (***elliptische***, ***explizite***, ***faktorielle***, ***hyperbolische***, ***hyperelliptische***, ***implizite***, ***inverse***, ***logarithmische***, ***mehrdeutige***, ***periodische***, ***polynomische***, ***reguläre***, ***zyklische***) ~ analitika (elipsa, eksplicita, faktoriala, hiperbola, hiperelipsa, implicita, inversa, logaritma, plursenca, perioda, polinoma, regula, cikla) funkcio; ***soziale*** (***technische***) ~ sociala (teknika) funkcio; ***trigonometrische*** ~ *od* ***Winkelfunktion*** *f Geom* trigonometria funkcio; ***die ~ des Bürgermeisters*** la funkcio de la urbestro; ***in ~ setzen*** funkciigi; ***eine ~ übernehmen*** transpreni funkcion (*bzw.* oficon)
funktional *Adj* funkcia; *Math (auf eine Gleichung bezogen)* funkciala
Funktional|analysis *f* funkcia analizo; ~-**gleichung** *f Math* funkciala ekvacio
Funktionalismus *m Arch, Design u. Psych* funkciismo
funktionalistisch *Adj* funkciisma

Funktionär *m* funkciulo (↑ *auch* ***Parteifunktionär***); ***ein hoher*** ~ altranga funkciulo (↑ *auch* ***hohes Tier*** [*unter* ***Tier***])

funktionell *Adj* funkcia; ~***e Störung*** *f Med* funkcia perturbo *auch Tech*

Funktionentheorie *f Math* teorio de funkcioj

funktionieren *intr in Betrieb (od Gang) sein, laufen* funkcii *auch*: *gehen, in Ordnung sein*; *i.w.S. arbeiten* labori; ***nicht richtig*** (*od umg auch* ***ordentlich***) ~ misfunkcii (*vgl. dazu* ***Fehlfunktion***; ↑ *auch* ***Dysfunktion***)

Funktionieren *n (als Vorgang)* funkciado; ***störungsfreies*** ~ senperturba funkciado

funktionierend *Adj* funkcianta

Funktions|diagnostik *f Med* funkcia diagnoziko; ~**fähigkeit** *f* funkci[o]kapablo; ~**skale** *f numerische Math* funkcia skalo; ~**störung** *f Med, Tech* funkcia perturbo; ~**szintigramm** *n Med* funkcia scintilogramo; ~**tasten** *f/Pl Computer* funkciaj klavoj *od* funkciklavoj *Pl*; ~**theorie** *f Math* teorio de funkcioj

Funktionsunterbrechungszeichen *n Computer* ↑ ***Escape-Zeichen***

Funktions|verlust *m Med* funkci-perdo; ~**wandel** *m* funkci-ŝanĝiĝo; ~**weise** *f* funkcimaniero

Funk|turm *m* radioturo, *auch* dissenda turo; ~**verbindung** *f* radiokomunikado *auch Flugw*; ~**wellen** *f/Pl* radioondoj *Pl*

Funkwesen *n* radiofonio

Funky Jazz *m* ↑ ***[2]Funk***

Funkzentrale *f* radiocentralo

Funzel *f* tro malluma lampo (*bzw.* kandelo)

für *Präp* por; *wegen* pro; *an Stelle von* anstataŭ; *Vergleich* kiel; ~ ***drei Jahre*** por [daŭro de] tri jaroj; ~ ***eine [gewisse] Zeit*** *vorübergehend* por certa tempo, portempe; ~ ***einen Ausländer spricht er gut Deutsch*** kiel eksterlando li bone parolas germane (*od* la germanan [lingvon]); ~ ***immer*** por ĉiam; ~ ***wen?*** por kiu?; ~ ***jmdn. stimmen*** voĉdoni por iu; ***an und*** ~ ***sich*** por si mem; abstrakte; ***das ist eine Sache*** ~ ***sich*** tio estas aparta afero; *das ist eine ganz andere Angelegenheit* tio estas tute alia afero; ***das*** ≗ ***und Wider abwägen*** konsideri la por kaj la kontraŭ; ***ich arbeite*** ~ ***dich*** *ich vertrete dich [im Job]* mi laboros anstataŭ vi, mi anstataŭos vin; ***ich habe ein Mittel*** ~ ***deinen Husten*** *umg* mi havas kuracilon (*od* medikamenton *od etwas* ion) kontraŭ via tuso; ***ich halte das*** ~ ***klug*** mi opinias (*od* kredas *od* juĝas) tion prudenta; ***ich hielt ihn*** ~ ***meinen Freund*** mi opiniis (*od* kredis) lin mia amiko; ***Jahr*** ~ ***Jahr*** jaro(n) post jaro; ***Nacht*** ~ ***Nacht*** nokto(n) post nokto, ĉiunokte; ***Schritt*** ~ ***Schritt*** paŝo(n) post paŝo; ***Tag*** ~ ***Tag*** tago(n) post tago, ĉiutage; ***was*** ~ ***eine Überraschung!*** kia surprizo!; ***fürs Erste*** unue; provizore; ***sich*** ~ ***etw. interessieren*** interesiĝi pri io; ***ein*** ~ ***alle Mal*** unufoje por ĉiam

Furage [*fu'ra:*ʒə] *f* = ***Viehfutter***

Fural *n*, *alt* ***Furfural*** *n Chem (ein Aldehyd des Furans)* furalo, *alt* furfuralo

Furan *n Chem (flüssige heterocyclische Verbindung [Fünferring] <Ausgangssubstanz zahlreicher Arzneimittel>* furano; ~**harz** *n* furana rezino

Fürbitte *f* propeto; *Vermittlung* perado; ***auf seine*** ~ ***[hin]*** dank' al lia propeto *od* dank' al propeto de li; ~ ***bei jmdm. für jmdn. leisten*** propeti iun pro iu

Furche *f* ***a)*** *Landw (Acker-, Pflug*≗*)* [plug]sulko; *im Gesicht, auf der Stirn* sulko (*vgl. dazu* ***Falte*** *u.* ***Runzel***); ~***n ziehen*** *mit dem Pflug* plugi sulkojn [per plugilo] ***b)*** *Anat (Rinne, Falte)* (Sulcus) sulko; *Gehirnfurchen* (Sulci cerebri) cerebraj sulkoj *Pl*; *Gesäß*≗ interglutea sulko

furchen *tr* sulki (*vgl. dazu* ***durchfurchen***); ***sich*** ~ sulkiĝi

Furchenschrift *f* ↑ ***Bustrophedon***

Furchenwale *m/Pl Zool*: ***[Familie der]*** ~ *Pl* (Balaenopteridae) balenopteredoj *Pl*

Furcht *f* timo (*vgl. dazu* ***Angst***); ~ ***einflößend*** (*od* ***erregend***) timiga, *nachgest auch* kaŭzanta timon (*vgl. dazu* ***grässlich*** *u.* ***schauderhaft***); ***aus*** ~ ***vor...*** pro timo al ...; ***jmdm.*** ~ ***einjagen*** timigi iun; ~ ***empfinden*** senti timon; ~ ***haben*** timi (***vor*** al, antaŭ *od* pro), timi (***vor jmdm.*** iun); ***große*** ~ ***haben*** timegi; ***vor*** ~ ***schlottern*** (*od* ***zittern***) tremi pro (*od* de) timo

furchtbar 1. *Adj Furcht einflößend* timiga; *schrecklich* terura *auch übertr*; *ungeheuerlich* monstra **2.** *Adv heftig* forte, ege; *enorm* enorme; *umg auch für «sehr» od «über alle Maßen»* terure, ekstreme, eksterordinare; ~ ***schwierig*** terure malfacile

Furchtbarkeit *f* terureco (↑ *auch* ***Schrecklichkeit***)

fürchten ***a)*** *tr* timi (***etw.*** ion; ***jmdn.*** iun; ***um***

pro *od* pri) (↑ *auch* ***befürchten***); ***er fürchtet weder Gefahr noch Tod*** li timas nek danĝeron nek morton ***b)*** *refl*: ***sich*** ~ havi (*od* senti) timon, timi (***vor etw.*** ion; ***vor jmdm.*** iun); *ängstlich sein* esti timema; *feige* esti malkuraĝa (*od* poltrona); ***sich vor einer Operation*** ~ timi [la] operacion; ***sich vor Wasser*** ~ *wasserscheu sein* esti akvotima

furchterfüllt *Adj* timoplena *od nachgest* plena de timo; *angsterfüllt* angora *od nachgest* plena de angoro

fürchterlich **1.** *Adj schrecklich* terura; *grausig* horora (*vgl. dazu* ***furchtbar***) **2.** *Adv umg für «sehr», «äußerst» u. dgl.* terure, ekstreme, eksterordinare

Furchtgefühl *n* sento de timo

furchtlos **1.** *Adj* sentima (↑ *auch* ***couragiert, mutig*** *u.* ***tapfer***) **2.** *Adv* sentime

Furchtlosigkeit *f* sentimeco

furchtsam, *alt auch* ***timid*** *Adj* timema, timida (↑ *auch* ***ängstlich, feige, phobisch*** *u.* ***schüchtern***)

Furchtsamkeit *f* timemo

Furchung *f Biol, Embryologie (Teilung der befruchteten Eizelle)* segmentiĝo [de la fekundigita ovolo]

Furchungszelle *f Biol* ↑ ***Blastomer***

füreinander *Adv* unu por la alia

Furfural *n Chem* ↑ ***Fural***

Furfurol *n, auch* ***Furol*** *n Chem (eine farblose organische Flüssigkeit [ein Aldehyd des Furans])* furfurolo, *auch* furolo

Furie *f* ***a)*** *Myth*: ~***n*** *Pl röm. Rachegöttinen* furioj *Pl (auch Großschr)* ***b)*** *übertr für «wütendes (od rasendes) Weib»* furioza virino, *auch* furio (↑ *auch* ***Megäre b)*** *u.* ***Zankteufel***)

Furier *m*, *<österr u. schweiz>* ***Fourier*** [*fu'ri:r*] *m Mil ([früher:] Unteroffizier für Unterkunfts- u. Verpflegungsangelegenheiten)* furiero

Furnier *n* plakaĵo; ~**brett** *n od* ~**platte** *f* plakita tabulo (*od* plato)

furnieren *tr Holz* plaki

Furol *n Chem* ↑ ***Furfurol***

Furor *m* = ***Raserei*** *bzw.* ***Wut***

Furore *f od n Aufsehen [durch Erfolg]* furoro; ~ ***machen*** furori

fürs = ***für das***

Fürsorge *f Pflege, Betreuung* prizorgado, *auch* zorgo pri (↑ *auch* ***Obhut***); *Sozial*~ sociala zorgado; *i.w.S. (Mitgefühl)* kunsento, *(Unterstützung)* subteno; ~**amt** *n* oficejo pri sociala zorg[ad]o; ~**empfänger** *m* ricevanto de sociala subteno

fürsorglich **1.** *Adj* zorgema **2.** *Adv* zorgeme (*vgl. dazu* ***mütterlich*** *u.* ***sorgsam***)

Fürsprache *f Fürbitte* propeto; *Eintreten für od Verteidigung von etw.* proparolo, pled[ad]o (↑ *auch* ***Protektion***)

Fürsprecher *m* proparolanto, pledanto, advokato (***für*** por)

Fürst *m Prinz* princo (↑ *auch* ***Kurfürst***); *i.w.S. (König)* reĝo, *(Herrscher)* reganto, *(Souverän)* suvereno

Fürstentum *n* princlando

Fürstin *f* princino

fürstlich **1.** *Adj* princa *auch übertr*; *luxuriös* luksa (↑ *auch* ***lukullisch*** *u.* ***üppig***); ***das*** ~***e Schloss*** la princa kastelo; ***ein*** ~***es Trinkgeld*** abundega trinkmono **2.** *Adv wie ein Fürst* kiel princo (*od auch* reĝo) *nachgest*; *im Überfluss* en [super]abundo

Fürstlichkeit *f* princeco

Furt *f seichte Stelle eines Flusses, die das Überqueren gestattet* travadejo [tra rivero]

Furunkel *m, auch n, pop (veraltend) auch* ***Blutschwäre*** *od kurz* ***Schwäre*** *f* (Furunculus) *Med (Eitergeschwür)* furunko (*vgl. dazu* ***Karbunkel***; ↑ *auch* ***Nasenfurunkel***)

Furunkulose *f Med* furunkozo

fürwahr *Adv geh veraltend* vere, efektive

Fürwort *n, auch* ***Pronomen*** *n Gramm* pronomo (↑ *auch* ***Fragefürwort, Indefinit-, Kollektiv-*** *u.* ***Possessivpronomen***); ***besitzanzeigendes*** (***bezügliches***) ~ poseda (rilata) pronomo; ***hinweisendes*** ~ montra pronomo *od* demonstrativo; ***persönliches*** ~ persona pronomo; ***rückbezügliches*** ~ refleksiva pronomo *od* refleksivo; ***unbestimmtes*** ~ nedifina pronomo

Furz *m derb für «abgehende Blähung»* furzo (↑ *auch* ***Pup*** *u.* ***Schleicher***); ***einen*** ~ ***lassen*** ellasi furzon

Fürzchen *n* furzeto (↑ *auch* ***Pup***)

furzen *intr derb* furzi (*vgl. dazu* ***pupsen***)

Furzen *n derb* furzado

Furzer *m derb* furzulo *auch als Schimpfw*

Furzerei *f derb* furzado

Fusarium *n Mykologie (eine Gattung der Schlauchpilze)* fuzario

Fusel *m* ***a)*** *umg für «schlechter Branntwein»* fuzel-alkoholo, brandaĉo ***b)*** *meist* ***Fuselöl*** *n Chem* fuzelo

Fushun (*n*) *eine Stadt in NO-China* Fuŝuno

Füsilier *m Mil hist (Schütze)* fusilisto

Fusion *f Phys, Pol, Wirtsch* fuzio (*vgl. dazu* ***Vereinigung b)*** *u.* ***Verschmelzung***); ***die ~ zweier Verlage*** la fuzio de du eldonejoj

fusionieren ***a)*** *tr* fuzii ***b)*** *intr sich vereinigen, sich zusammenschließen* fuziiĝi (***mit*** kun) (*vgl. dazu* ***verschmelzen***)

Fusionsniere *f Med* ↑ ***Hufeisenniere***

Fusionsreaktor *m Kernphysik* fuzia reaktoro

Fuß *m* ***a)*** *Anat* (Pes) *u. i.w.S.* piedo *auch an Möbeln* (↑ *auch* ***Klammer-***, ***Klump-***, ***Knick-***, ***Platt-***, ***Spreizfuß***, ***Pfote***, ***Schweißfüße*** *u.* ***Tatze***); ***nackte Füße*** *m/Pl* nudaj piedoj *Pl*; ***am ~ des Berges*** ĉe la piedo de la monto; ***am ~ der Seite*** *einer Buchseite* ĉe la piedo de la paĝo; ***auf Händen und Füßen*** *z.B. kriechen* kvarpiede; ***von Kopf bis ~*** *meist übertr* de l'kapo ĝis piedoj *(Zam)*; ***zu ~*** pied[ir]e; ***ich bin zu ~ hier*** *ich bin hierher gelaufen* mi venis ĉi tien piede; ***zu ~ gehen*** piediri *od* piede iri; ***gut zu ~ sein*** esti bona marŝanto; ***nicht gut zu ~ sein*** ne povi bone marŝi; *gehbehindert sein* esti ir-handikapita; ***sich den ~ brechen*** rompi al si la piedon; ***mit dem ~*** (*od* ***den Füßen***) ***auf*** *etw.* ***drücken*** piedpremi; ***zu jmds. Füßen sitzen*** sidi ĉe ies piedoj; ***auf eigenen Füßen stehen*** *bes. i.w.S.* stari sur propraj piedoj; *i.w.S. (nicht von anderer Leute Hilfe abhängig sein)* ne dependi de la helpo de aliaj [homoj]; ***mit dem ~*** (*od* ***mit den Füßen***) ***stoßen*** puŝi per la piedo, *auch* piedpuŝi; ***sich jmdm. zu Füßen werfen*** ĵeti sin al (*od* antaŭ) ies piedoj ◇ ***auf großem ~[e] leben*** vivi lukse kaj larĝe *(Zam)*; ***jmdn. auf freien ~ setzen*** *jmdm. die Freiheit schenken* redoni al iu la liberecon; ***diese Behauptung steht auf schwachen*** (*od* ***tönernen***) ***Füßen*** ĉi tiu aserto estas senbaza (*od* malbone apogita); ***auf gutem*** (*od* ***vertrautem***) ***~ mit jmdm. stehen*** havi bonajn (*od* amikajn) rilatojn al iu; ***von einem ~ auf den anderen treten*** *vor Nervosität* nervoze movi la piedojn; ***den Boden unter den Füßen verlieren*** perdi la grundon sub la piedoj; ***sich mit Händen und Füßen gegen etw. wehren*** sin defendi per baraktoj kaj batoj, sin defendi per ĉiaj ebloj ***b)*** *ein Längenmaß* futo (↑ *auch* ***Quadratfuß***); ***niederländischer ~*** (= 28,3 cm) nederlanda futo; ***englischer ~*** (= 30,48 cm = 12 inches) angla futo; ***preußischer ~*** (31,4 cm) prusa futo; ***drei ~ lang [sein]*** [esti] tri futojn longa *od* [esti] longa tri futojn ***c)*** *Metr (Vers*≗*)* [metrika] piedo (↑ *auch* ***Anapäst*** *u.* ***Trochäus***)

Fußabdruck *m* piedsigno; ***ökologischer ~*** *die Fläche der Erde, die notwendig ist, um den Lebensstandard u. Lebensstil eines Menschen (unter Fortführung heutiger Produktionsbedingungen) dauerhaft zu ermöglichen* ekologia piedsigno

Fuß|abtreter *m* ŝuoskrapa krado, *(Fußmatte)* antaŭporda mato; **~abwehr** *f des Torwarts* [per]pieda parato *od* parato per [la] piedo; **~angel** *f* piedkaptilo; **~bad** *n* piedbano

Fußball *m Ball* piedpilko; *Spiel* futbala (*od* piedpilka) ludo; *Sportart* futbalo, *auch* piedpilkado (↑ *auch* ***Amateur-***, ***Frauen-***, ***Profi-*** *u.* ***Rollstuhlfußball***); ***~ spielen*** ludi futbalon, *auch* piedpilki; ***der deutsche ~*** *als Gesamtgefüge* la germana futbalo

Fußball|club *m* (*Abk FC*) *od* **~klub** *m* futbalklubo; **~elf** *f* futbal-dekunuo

Fußballer *m* ↑ ***Fußballspieler***

Fußballfan *m* futbal-zeloto

Fußball|krawalle *Pl* futbala huliganismo; **~mannschaft** *f* futbalteamo; *Fußballelf* futbal-dekunuo; **~meisterschaft(en)** *f/(Pl)* futbala ĉampionado; **~nationalmannschaft** *f* nacia futbala teamo; **~platz** *m* futbala ludejo; **~regeln** *f/Pl* reguloj *Pl* de futbalo; **~rowdy** *m* futbala huligano; **~-schuh(e)** *m/ (Pl)* futbala(j) boteto(j) *(Pl)*; **~skandal** *m* futbalskandalo; **~spiel** *n* futbalmaĉo; **~spieler** *m, umg auch* ***Fußballer*** *m* piedpilkisto *od* futbalisto; **~stadion** *n* futbalstadiono; **~turnier** *n* futbalturniro *od* futbala turniro

Fußballverband *m* futbal-asocio; ***Internationaler ~*** (*franz. Abk* ***FIFA*** *f*) Federacio Internacia de Futbal-Asocioj (*Abk* FIFA)

fußballverrückt *Adj* futbalfreneza

Fußballwelt|meisterschaft *f, Kurzf* ***Fußball-WM*** mondĉampionado de futbalo (*od* piedpilkado); **~pokal** *m* futbala mondpokalo, *auch* piedpilka mondpokalo

Fußbank *f, auch* ***Fußschemel*** *m* piedbenketo (↑ ***Hocker*** *u.* ***Schemel***)

Fuß|becken *n der Dusche* duŝkuvo; **~bekleidung** *f Schuhwerk* piedvesto(j) *(Pl)*

Fußboden *m* planko (↑ *auch* ***Fliesen-***,***Holz-***, ***Kosmaten-***, ***Parkett-***, ***Stein-*** *u.* ***Zementfußboden***); ***den ~ wischen*** viŝi la plankon

Fußboden|belag *m* plankokovraĵo; **~brett** *n Dielenbrett* plankotabulo (↑ *auch* ***Planke***);

~**heizung** *f* [sub]planka hejtado; ~**leiste** *f, auch* ***Stoßleiste*** *f* plankoplinto

Fußbremse *f* piedbremso

Füßchen *od* **Füßlein** *n* piedeto

Fußdrüse *f Schleimdrüse im Fuß der Schnecken, die den Tieren das Kriechen ermöglicht* piedglando

fußen *intr* baziĝi (***auf*** sur) (↑ *auch* ***basieren b)*** *u.* ***sich gründen***)

Fuß|ende *n z.B. des Betts* pieda parto; ~**fehler** *m beim Aufschlag im Tennis* pied-eraro; ~**fesseln** *f/Pl Ketten an den Füßen* piedkatenoj *Pl* (↑ *auch* ***[1]Fessel a)*** *u. unter* ***elektronisch***)

Fußgänger *m,* <*österr*> *auch* ***Fußgeher*** *m* piediranto (*vgl. dazu* ***Passant***); ~**brücke** *f,* <*schweiz*> ***Passerelle*** *f* pont[et]o por piedirantoj

Fußgängerlaufband *n* ↑ ***Rollgehsteig***

Fußgängerstreifen *m/Pl* ↑

Fußgänger|überweg *m,* <*österr*> ***Schutzweg*** *m Verk* pasejo por piedirantoj; *Fußgängerschutzweg [mit Zebrastreifen markiert]* zebrostria pasejo [por piedirantoj]; ~**zone** *f* piedira zono, zono [speciale por piedirantoj] sen motorveturiloj

Fußgeher *m* ↑ ***Fußgänger***

Fuß|gelenk *n Anat* pieda artiko *od* piedartiko; ~**geruch** *m* pied-odoro; ~**gestell** *n von Vasen* piedestalo (↑ *auch* ***Sockel***)

Fußgicht *f Med* ↑ ***Podagra***

Fußhebel *m* pedalo

Fußknöchel *m, umg meist kurz* ***Knöchel*** *m, reg* ***Enkel*** *m* (Malleolus) *Anat* maleolo

fußkrank *Adj* piedmalsana

Fuß|kreis *m eines Zahnrades* piedcirklo; ~**lager** *n Tech (Spur- od Stütz[zapfen]lager)* piedlagro; ~**lappen** *m/Pl Mil* [soldataj] piedvindaĵoj *Pl, (zerschlissene)* piedĉifonoj *Pl*

fußläufig = ***zu Fuß*** [↑ *unter* ***Fuß a)***]

Füßlein *n* ↑ ***Füßchen***

Füßling *m* piedumo (↑ *auch* ***Tabi***)

fußlos *Adj* senpieda (*vgl. dazu* ***Apoden***)

Fußmarsch *m* piedir[ad]o; ***eine Stunde ~*** (*od* ***Fußweg***) unu horo de piedirado

Fuß|massage *f* pieda masaĝo *od* piedmasaĝo; ~**matte** *f* antaŭporda mato, mato por purigi la ŝuojn (↑ *auch* ***Abtreter***); ~**muskulatur** *f Anat* pieda muskolaro; ~**mykose** *f, pop* ***Fußpilz*** *m Med* piedomikozo

Fußmyzetom *n Med* = ***Madurafuß***

Fußnagel *m* = ***Zehennagel***

Fuß|note *f Anmerkung unten im Buch* piednoto; ~**notenzeichen** *n* (*Zeichen* *) piednota signo; ~**orthopädie** *f* pied-ortopedio; ~**pfad** *m* pado; ~**pflege** *f* piedflegado, pedikuro; ~**pflegerin** *f* piedflegistino, pedikuristino; ~**pflegesalon** *m* pedikura salono

Fußpilz *m Med* ↑ ***Fußmykose***

Fußprothese *f Med* pieda protezo

Fußpunkt *m Astron* ↑ ***Nadir***

Fuß|raste *f am Motorrad* pied-apogilo; ~**ring** *m z.B. einer Legehenne* kruroringo; ~**rücken** *m, reg (süddt.)* ***Reihen*** *m Anat* instepo; ~**sack** *m zum Wärmen* piedmufo; ~**schalter** *m El* piedŝaltilo

Fußschemel *m* ↑ ***Fußbank***

Fuß|schweiß *m* piedŝvit[ad]o; ~**sohle** *f* (Planta pedis) *Anat* plando; ~**sohlenreflex** *m Med* planda reflekso

Fußsohlenwarze *f Med* ↑ ***Dornwarze***

Fuß|soldat *m alt für «Infanterist»* piedsoldato, infanteriano

Fußspinner *m/Pl Ent* ↑ ***Spinnfüßer***

Fußspitze *f* piedpinto, pinto de la piedo; ***auf [den] ~n*** piedpinte

Fußspur *f* piedsignoj *Pl*

Fuß[s]tapfen *f/Pl od m/Pl*: ***in die ~ des Vaters treten*** sekvi la spurojn de la patro

Fuß|steig *m reg für «Gehweg»* trotuaro; ~**stütze** *f* pied-apogilo

Fußtapfen *f/Pl od m/Pl* ↑ ***Fußstapfen***

Fußtritt *m (Schlag mit dem Fuß)* piedbato, *(Stoß mit dem Fuß)* piedpuŝo, puŝo per la piedo; ***jmdm. einen ~ versetzen*** *(Schlag)* bati iun per la piedo *od* piedbati iun, *(Stoß)* piedpuŝi iun

Fußtruppe(n) *f/(Pl)* = ***Infanterie***

Fuß|volk *n pop veraltend für «Infanterie»* piedsoldatoj *Pl*, infanterio; ~**wanderung** *f* piedmigrado

Fußweg *m* irvojo, vojeto; *Pfad* pado; *Gehweg neben der Straße* trotuaro; ***eine Stunde ~*** unu horo de piedirado, *auch* unuhora piedir[ad]o

Fußwurzel *f* (Tarsus) *Anat* piedradiko, <*wiss*> tarso; ~**entzündung** *f, fachsprachl.* ***Tarsitis*** *f Med* inflamo de la piedradiko, *auch* tarsito; ~**gelenk** *n* (Articulatio tarsi) *Anat* tarsa artiko

Fußwurzelknochen *m* (Os tarsi) *Anat* tarsa osto; ***~ an der Ferse*** = ***Sprungbein*** [↑ *dort*]; ***zwischen den ~ [gelegen]*** *Med* intertarsa

Fußwurzelknochenentfernung *f Chir* tars-

ektomio
Fußwurzelschmerz *m Med* ↑ ***Tarsalgie***
Fußzehe *f* piedfingro
Fustanella *f kurzer Männerrock der griechischen Nationaltracht* fustanelo
Fusulinen *Pl Paläontologie (Familie fossiler Foraminiferen mit spindelartigen od kugeligen Kalkgehäusen)* fuzulinoj *Pl*; **~kalk** *m im Karbon u. Perm abgelagerter Kalkstein, der massenhaft Fusulinen enthält* fuzulina kalkŝtono
Futhark *n ältestes germanisches Runenalphabet* futarko (*vgl. dazu* ***Rune***)
Futon *m als Matratze dienende, relativ hart gepolsterte Matte eines japanischen Bettes* futono
futsch, *salopp auch* ***futschikato***, *<österr>* ***pfutsch*** *Adv u. prädikatives Adj*: *pop (weg)* for, *(verloren)* perdita, *(verloren gegangen)* perdinta
[1]**Futter** *n Vieh≗ (bes. rohes pflanzliches Futter)* furaĝo; *allg* nutraĵo, *auch* manĝaĵo (↑ *auch* ***Hühner-***, ***Hunde-***, ***Katzen-***, ***Kraft-***, ***Mast-***, ***Misch-***, ***Pferde-***, ***Schweine-***, ***Silo-***, ***Tier-***, ***Trocken-***, ***Vieh-*** *u.* ***Vogelfutter***)
[2]**Futter** *n Stoff auf der Innenseite von Kleidungsstücken, Schuhen u.a.* subŝtofo (↑ *auch* ***Pelz-*** *u.* ***Seidenfutter***); *Tech (Dichtung, Einlage)* garnaĵo, *(Spann≗ od Spund≗)* ĉuko (↑ *auch* ***Zweibackenfutter***); *eines Röhrenpilzes* tuboj *Pl* [de tubofungo]
Futteral *n* ujo (↑ *auch* ***Etui*** *u.* ***Hülle***)
Futter|basis *f Landw* furaĝobazo; **~dämpfer** *m Landw* furaĝovaporizilo; **~einheit** *f Landw* furaĝounito
Futtererbse *f Bot* ↑ ***Felderbse***
Futter|esparsette *f*, *reg* ***Esper*** *f* (*auch* ***türkischer Klee*** *od* ***Süßklee*** *genannt*) (Onobrychis viciifolia) *Bot* vici-folia onobriko; **~gestell** *n Raufe* rako por furaĝo (*bes.* por fojno *u.Ä.*); **~getreide** *n* furaĝa greno; **~grundlage** *f Landw* furaĝa bazo; **~häuschen** *n für die Fütterung von Vögeln* birdomanĝejo; **~krippe** *f* kripo, manĝujo por bestoj; *Futtertrog* furaĝotrogo
Futterluzerne *f Bot, Landw* ↑ ***Luzerne***
Futter|menge *f z.B. pro Tier* furaĝoporcio; **~mittel** *n* furaĝo, nutraĵo por [dom]bestoj
[1]**füttern** *tr* doni nutraĵon [al], manĝigi (↑ *auch* ***atzen***); ***ein Baby*** ~ manĝigi bebon; ***das Vieh*** ~ doni nutraĵon al la bestoj, manĝigi (*od auch* nutri) la bestojn (*od* brutaron)
[2]**füttern** *tr Kleidung* subŝtofi (***mit*** per) (↑ *auch* ***[2]abfüttern***); ***mit Pelz gefüttert*** pelte subŝtofita, interne peltita; ***gefütterte Handschuhe*** *m/Pl* subŝtofitaj gantoj *Pl*; ***der Rock ist gefüttert*** la jupo estas subŝtofita
Füttern *n* ↑ ***Fütterung***
Futter|napf *m fürs Haustier* manĝopelveto, *allg auch* manĝujo; **~pflanze** *f* furaĝoplanto *od* furaĝa planto; **~raufe** *f* furaĝorako *od* furaĝa rako; *für Heu* fojnorako; **~roggen** *m*, *reg* ***Johannisroggen*** *m sehr dicht gesäter Winterroggen, der vor dem Blühen als Grüm- od Gärfutter verwendet wird* furaĝosekalo; **~rübe** *f*, *auch* ***Runkelrübe*** *f*, *reg* ***Dickrübe*** *f*, *bes. <österr> u. <schweiz>* ***Runkel*** *f* (Beta vulgaris provar. crassa) furaĝbeto; **~schneider** *m Landw* furaĝotranĉilo
Futterstoff *m Textil* subŝtofo (↑ *auch* ***Sarsenett*** *u.* ***Serge***)
Futtertrog *m* furaĝotrogo *od* trogo por furaĝo, *auch* manĝotrogo (↑ *auch* ***Futterkrippe***)
Fütterung *f*, *auch* ***Füttern*** *n von Vieh, Vögeln u.a.* nutrado, *auch* manĝigo (↑ *auch* ***Winterfütterung***)
Futter|wagen *m*, *auch* ***Viehfutterwagen*** *m Landw* furaĝoĉaro; **~wert** *m Landw (das Maß an Nettoenergie, die ein Futtermittel für die Produktionsleistung eines Tieres liefert)* furaĝa valoro
Futterwicke *f Bot* ↑ ***Ackerwicke***
Futur *n Gramm* ↑ ***Futurum***
Futurismus *m von Italien ausgehende künstlerische, literarische u. politische Bewegung des beginnenden 20. Jh.s, die den völligen Bruch mit der Überlieferung u. ihren Traditionswerten forderte* futurismo
Futurist *m Anhänger des Futurismus* futuristo
futuristisch *Adj auf den Futurismus bezogen* futurisma
Futurologe *m*, *auch* ***Zukunftsforscher*** *m* futurologo
Futurologie *f*, *auch* ***Zukunftsforschung*** *f* futurologio, esploro de la estonteco
futurologisch *Adj zur Futurologie gehörig bzw. die Futurologie betreffend* futurologia
Futur[um] *n*, *auch* ***Zukunftsform*** *f [des Verbs] Gramm* futuro, *[für das Esperanto] pop auch* os-tempo
Futz *f sex* ↑ ***Fotze***
Fuzhou (*n*) *Hptst. der chinesischen Provinz Fujian* Fuĝoŭo

G

g = *Zeichen für* ***Gramm***

G = *Zeichen für* ***1. Gauß 2. Giga...***

Gabardine *m od f Textil (fein gerippter Stoff aus Wolle od Baumwolle)* gabardino; **~-mantel** *m* gabardina mantelo

Gabarhabicht *m* (Micronisus gabar) *Orn* malgranda kant-akcipitro

Gabbro *m Geol (ein basisches Plutonitgestein [ein Tiefengestein])* gabro

Gabe *f* ***a)*** *das Geben od Verabreichen* don[ad]o; *Geschenk* donaco (↑ *auch* ***Votivgaben***); ***milde*** ~ almozo; ***das ist eine ~ Gottes*** tio estas dono de Dio; ***um eine milde ~ bitten*** pet[ad]i pri almozo (***bei jmdm.*** de iu) ***b)*** *Dosis* dozo ***c)*** *Begabung, Talent* talento

Gabel *f* forko *auch der Deichsel, des Fahrrads u. Tech* (↑ *auch* ***Austern-***, ***Fahrrad-***, ***Fondue-***, ***Hummer-***, ***Salat-*** *u.* ***Sandwichgabel***); *Forke* fork[eg]o, *i.w.S. Heu≗* fojn[o]forko, *Mist≗* sterkoforko (↑ *auch* ***Strohgabel***); *Ast≗* brancoforko; *Weggabelung* vojforko, disvojiĝo; ~ ***mit drei Zinken*** tridenta forko; ***eine ~ voll ...*** forkopleno da ...; ***mit der ~ aufnehmen*** [piki kaj] levi per la forko, *auch kurz* forki (***etw.*** ion)

gabelartig *Adj* forkeca, forkosimila

Gabel-Blütenstand *m Bot* ↑ ***Cyma***

Gabelbock *m*, *auch* ***Gabel[horn]antilope*** *f* (Antilocapra americana) *Zool (ein nordamerikanischer Präriebewohner [eine Antilopenart])* kaproantilopo, <*wiss*> antilokapro

Gäbelchen *n*, *auch* ***Gäblein*** *n kleine Gabel* forketo

Gabeldeichsel *f* timonforko

gabelförmig 1. *Adj* forkoforma; *gabelartig* forkeca; *gegabelt* forkigita *bzw.* disforkiĝa **2.** *Adv* forkoforme

Gabelfrühstück *n* lunĉo

Gabelhirsch *m Zool* ↑ ***Huemul***

Gabel[horn]antilope *f Zool* ↑ ***Gabelbock***

Gabelkreuz *n* forkforma kruco

Gabelmücke *f Ent* ↑ ***Malariamücke***

gabeln, sich *refl* [dis]forkiĝi (↑ *auch* ***abzweigen***); ***der Weg gabelt sich vor der Mühle*** la vojo [dis]forkiĝas antaŭ la muelejo

Gabelschwanzseekuh *f Zool* ↑ ***Dugong***

Gabelschwanzseeschwalbe *f Orn* ↑ ***Antipodenseeschwalbe***

Gabelstapler *m Tech* forktraktoreto, levĉaro

Gabelung *f* [dis]forkiĝo (↑ *auch* ***Bifurkation*** *u.* ***Abzweigung***)

Gabelweihe *f Orn* ↑ *unter* ***Milan***

Gabelzahn *m Bot*: ***[amerikanischer]*** ~ (*Gattung* Verbesina) verbesino

Gabés (*n*), *arab.* ***Qābis*** *eine Hafenstadt in Tunesien* Gabeso; ***Golf*** *m* ***von*** ~, *auch* ***Kleine Syrte*** *f* Golfo de Gabeso, *auch* Malgranda Sirto

Gabija (*f*) *Myth (litauische Feuer- u. Hausgöttin)* Gabija

Gabirol (*m*) *Eig (spanisch-jüdischer Philosoph u. Dichter [1021-1058])* Gabirolo

Gabjauja (*f*) *Myth (litauische Getreidegöttin [seit der Christianisierung: eine Dämonin])* Gabjaŭja

Gäblein *n* ↑ ***Gäbelchen***

Gablonz an der Neiße (*n*) ↑ ***Jablonec nad Nisou***

Gaborone (*n*) *Hptst. von Botsuana* Gaborono

Gabriel (*m*), *ital.* ***Gabriele*** (*m*) *männl. Vorname* Gabrielo; ***Erzengel*** ~ *bibl, spätjüdische Lit u. Islam* arkianĝelo Gabrielo

Gabriele *od* **Gabriella** (*f*) *weibl. Vorname* Gabriela

Gabrowo (*n*) *eine Stadt am Nordrand des Balkangebirges/Bulgarien* Gabrovo

Gabun (*n*), *amtl* ***République Gabonaise*** *ein äquatorialafrik. Staat* Gabono *[Hptst.: Libreville]*

Gabunducker *m Zool* ↑ ***Weißbauchducker***

Gabuner *m* gabonano

Gabunerin *f* gabonanino

gabunisch *Adj* gabona

Gabunviper *f* (Bitis gabonica) *Zool* gabona vipero *[Vorkommen: im Regenwaldgebiet West- u. Zentralafrikas sowie in isolierten Arealen Ost- u. Südafrikas]*

gackern, *reg* ***gackeln*** *intr Huhn* kluki

Gad (*m*) ***a)*** *Myth (syrische Schicksalsgottheit)* Gado ***b)*** *bibl Eig (ein Prophet zur Zeit Davids)* Gado

Gadames *od* **Ghadamis** (*n*), *in der Antike* ***Cydamus*** *eine Oasenstadt im Norden der Sahara (in Libyen [an der Grenze zu Algerien])* Gadameso <*Kreuzpunkt von Karawanenstraßen*>

Gadolin (*m*) *Eig (finnischer Chemiker [1760 -1852])* Gadolino

Gadolinit *m Min (ein Silikaterz)* gadolinito

Gadolinium *n* (*Symbol* ***Gd***) *Chem (ein Metall aus der Gruppe der seltenen Erden)* gadolinio <*so benannt nach dem finn. Che-*

miker Gadolin>
Gaeta (*n*) *eine mittelital. Hafenstadt* Gaeto
Gaetano (*m*) *ital. männl. Vorname* Gaetano
Gaffel *f Mar (um den Mast drehbare, schräge Segelstange)* gafo; ~**schoner** *m Mar* gaf-skuno; ~**segel** *n Mar* gafovelo, *auch* gafa velo; ~**stander** *m, auch* ***Pickstander*** *m Mar* gaf-lifto; ~**toppsegel** *n Mar* gafa topvelo
gaffen *intr* gapi (↑ *auch* ***angaffen*** *u.* ***gucken***); *i.w.S. blöd gucken* stulte rigardi (*od* gapi), rigardaĉi
Gaffen *od* **Gegaffe** *n* gapado
Gaffer *m Gaffender* gapanto; *pej: jmd., der immerzu gafft* gapulo
Gafferei *f* [daŭra] gapado
Gag [*gɛk*] *m witziger Einfall; überraschende Besonderheit* gago (*vgl. dazu* ***Pointe***)
Gagaku *n Mus (aus China übernommene Kammer-, Orchester- u. Vokalmusik am japanischen Kaiserhof [8.-12.Jh. n. Chr.])* gagako
Gagarin (*m*) *Eig (erster sowjetischer Astronaut [1934-1968])* Gagarino
Gagat *m od* **Gagatkohle** *f, auch* ***Jett*** *m od* ***Pechkohle*** *f ein polierbares fossiles Holz* gagato
Gagausen *m/Pl Ethn (zu den Turkvölkern gehörender Volksstamm [überwiegend in der Dobrudscha u. in Bessarabien ansässig])* gagaŭzoj *Pl*
Gagausien (*n*) *ein autonomes Gebiet in Moldova [Hptst.: Komrat]* Gagaŭzio
gagausisch *Adj* gagaŭza
Gagausisch[e] *n Ling* la gagaŭza [lingvo]
Gage [*ˈga:ʒə*] *f Künstlergehalt* gaĝo (*vgl. dazu* ***Entgelt*** *u.* ***Honorar***)
Gagel *m, auch* ***Wachs-*** *od* ***Lichtmyrte*** *f* (*Gattung* Myrica) *Bot* miriko (↑ *auch* ***Wachsgagelstrauch***)
Gagelgewächse *n/Pl Bot*: ***[Familie der]*** ~ (Myricaceae) mirikacoj *Pl*
gähnen *intr* oscedi *auch Abgrund* (↑ *auch* ***klaffen***); ***laut*** ~ laŭte oscedi; ***vor Müdigkeit*** ~ oscedi pro laceco; ***ein Abgrund gähnte vor uns*** abismo oscedis antaŭ ni
Gähnen *n* osced[ad]o; ***das*** ~ ***unterdrücken*** reteni (*od* subpremi) oscedon
gähnend *Adj*: ***ein*** ~***er Abgrund*** oscedanta abismo (↑ *auch* ***klaffend***)
Gaillarde *f ein französischer Tanz* gajlardo
Gajus (*m*), *auch* ***Gaius*** (*m*) *Eig (römischer Rechtsgelehrter [2. Jh. n. Chr.])* Gajo *auch altröm. männlicher Vorname*

gaken *intr schnattern wie eine Gans* gaki, *auch* anserbleki
Gala *f Festkleid* parada vesto; ***in*** ~ ***sein*** esti en parada vesto; *umg für «pikfein sein»* esti en festa (*od* pompa) vesto
Gala|abend *m* galavespero; *Festabend* festvespero; ~**din[n]er** *n Festessen* festmanĝo, *selt* galamanĝo; ~**empfang** *m* galaakcepto; *festlicher Empfang* festa akcepto
Galago *m, auch* ***Ohrenmaki*** *m* (*Gattung* Galago) *Zool (ein afrik. Halbaffe)* galago (↑ *auch* ***Sansibar-***, ***Senegal-*** *u.* ***Zwerggalago***)
Galakonzert *n Mus* galakoncerto
Galaktan *n Biochemie (Polymer aus Galaktose)* galaktano
galaktisch *Adj Astron (zur Galaxis gehörig)* galaksia (↑ *auch* ***extra-***. ***inter-*** *u.* ***transgalaktisch***); ~***e Ebene*** *od* ***Milchstraßenebene*** *f* galaksia ebeno; ~***er Halo*** *m* galaksia haloo; ~***e Nebel*** *m/Pl* galaksiaj nebuloj *Pl*
Galaktokinase *f Biochemie (ein Enzym)* galaktokinazo
Galakto|meter *n Messgerät zur Bestimmung des Fettgehalts der Milch* galaktometro; ~**-pyknometer** *n Med* galaktopiknometro
Galaktorrhö *f nur Fachspr Med (Milchfluss nach dem Stillen od auch bei Hypophysenerkrankungen)* galaktoreo
Galaktosamin *n Amin der Galaktose* galaktozamino
Galaktose *f Biochemie (einfacher Zucker)* galaktozo (*vgl. dazu* ***Monosaccharid***)
Galaktosidasen *f/Pl Biochemie (zu den Glykosidasen gehörende Enzyme [eine Untergruppe der Glykosidasen])* galaktozidazoj *Pl*
Galaktostase *f* ↑ ***Milchstauung***
Galaktosurie *f nur Fachspr Med (Vorkommen von Galaktose im Harn)* galaktozurio *<eine Stoffwechselerkrankung>*
Galalith® *n, auch* ***Kunsthorn*** *n hornähnlicher Kunststoff aus mit Formaldehyd gehärtetem Milcheiweis* galalito
Galan *m veraltend für «Liebhaber»* amoranto, *pej auch* amaĵisto
Galangawurzel *f Bot* ↑ ***Galgant***
galant *Adj betont höflich]gegenüber Frauen]* galanta, *auch* tre ĝentila [al virino(j)] (*vgl. dazu* ***liebenswürdig*** *u.* ***ritterlich***); ***ein*** ~***er Mann*** galanta viro, *auch* galantulo
Galanterie *f (als Eigenschaft)* galanteco; *(galante Tat)* galantaĵo
Galanteriewaren *Pl alt für «Schmuck-,*

Kurzwaren» galanterio; ~**handlung** *f* galanteria vendejo (*od* butiko) *od* vendejo de galanterio

Galantine *f Nahr (Pastete aus Fleisch od Fisch, mit Aspik überzogen)* galantino

Galápagos|albatros *m, auch* ***Wellenalbatros*** *m* (Diomedea irrorata = Phoebastria irrorata) *Orn* galapaga albatroso *[Vorkommen: Galápagosinseln u. Isla La Plata/ Ecuador]*; ~**bussard** *m* (Buteo galapagoensis) *Orn* galapaga buteo *[Vorkommen: endemisch auf den Galápagosinseln]*

Galápagosfinken *m/Pl Orn* ↑ ***Darwinfinken***

Galápagos|hai *m* (Carcharhinus galapagensis) galapagoŝarko <*Vorkommen in ozeanischen Inselgewässern*>; ~**inseln** *Pl eine zu Ecuador gehörige Inselgruppe im Pazifik* Galapagoj *Pl [Hptst.: Puerto Baquerizo Moreno]*; ~**kormoran** *m od* ~**scharbe** *f, auch* ***Stummelkormoran*** *m* (Phalacrocorax harrisi) *Orn* galapaga kormorano; ~**pinguin** *m* (Spheniscus mendiculus) *Orn (ein Brillenpinguin)* galapaga pimgveno *[endemisch auf den Galápagosinseln]* <*seltenste Pinguinart*>

Galápagosreiher *m Orn* ↑ ***Lavareiher***

Galápagos|-Riesenschildkröte *f, auch* ***Elefantenschildkröte*** *f* (Chelonoides nigra = Testudo elephantopus) *Zool* galapaga [giganta] testudo; ~**seelöwe** *m* (Zalophus wollcbaeki) *Zool (eine Ohrenrobbe)* galapaga marleono *[endemisch auf den Galápagosinseln]*; ~**taube** *f* (Zenaida galapagoensis) *Orn* galapaga turto *[endemisch auf den Galápagosinseln]*

Galatea (*f*), *griech.* ***Galateia*** *Myth (eine griechische Meernymphe [Tochter des Nereus, zu der der Zyklop Polyphem in Liebe entbrennt])* Galatea

Galater *m/Pl Ethn (ein keltischer Stamm, der sich in der kleinasiat. Landschaft Galatien festsetzte)* galatoj *Pl*; ***Brief an die*** ~ *od* ***Galaterbrief*** *m bibl (Brief des Apostels Paulus an christliche. Gemeinden in Galatien [im Neuen Testament])* epistolo al la galatoj

Galatien (*n*) *eine historische Landschaft in Zentralanatolien* Galatio

Gala|uniform *f Mil* galauniformo, parada uniformo; ~**vorstellung** *f Film, Theat* parada prezentado

Galaxie *f Astron* ↑ ***Galaxis***

Galaxienhaufen *m Astron* galaksiamaso

Galaxis *f, auch* ***Galaxie*** *f Astron* galaksio (↑ *auch* ***Milchstraße***, ***Proto-***, ***Radio-***, ***Spiral-*** *u.* ***Zwerggalaxie***); ***elliptische*** (***linsenförmige***) ~ elipsa (lentoforma) galaksio

Galba (*m*) *Eig (ein römischer Kaiser [3 v. Chr.-69 n. Chr.])* Galbo

Galbanum *n, auch* ***Mutterharz*** *n braungelbes Gummiharz aus den Stängelsekreten von ‹Ferula galbaniflua›, einem Doldengewächs [auch medizinisch verwendet]* galbano

Gäle *m keltischer Bewohner von Irland, Schottland, Wales u. der Insel Man* gaelo

Galeasse *f Mar hist ([im Mittelalter:] ein durch Ruder od Segel getriebener Kriegsschifftyp)* galeaso

Galeere *f Mar hist* galero, *bildh* punŝipo

Galeeren|sklave *m hist* galerosklavo; ~**strafe** *f hist* galerpuno

Galen (*m*) ↑ ***Galenos***

Galenik *f Lehre von den natürlichen [pflanzlichen] Arzneimitteln* galeniko

galenisch *Adj* galenika; ~***e Form*** *f, auch* ***Darreichungsform*** *f von Arzneimitteln* galenika formo

Galenit *m, auch* ***Bleiglanz*** *m Min* galeno

Galen[os] *od lat.* **Galenus** (*m*) *Eig (griech.-röm. Arzt der Antike [129-199])* Galeno

Galeone *f Mar* ↑ ***Galione***

Galeote *f Mar* ↑ ***Galiote***

Galerie *f* ***a)*** *Arch (langer gedeckter, einseitig offener Gang zw. Gebäuden)* galerio; *i.e.S. im Straßenbau [als Lawinenschutz]* kontraŭlavanga galerio ***b)*** *tunnelartiger, meist unterirdischer Gang* galerio ***c)*** *Bergb* = ***Gesteinsgang*** *od* ***²Stollen*** ***d)*** *Theat (oberster Rang)* galerio, plej supra balkono, *fam auch* pulbalkono (↑ *auch* ***Zuschauergalerie***) ***e)*** *Ausstellungsraum für Kunstwerke: Kunst*≗ artgalerio; *Gemälde*≗ galerio de pentraĵoj; ~**wald** *m Waldstreifen, der ansteigende Ufer großer Flussläufe in tropischen Grassteppen bedeckt* galeri-arbaro

Galerist *m Kunst* galeriisto, *Besitzer einer Galerie* posedanto de galerio

Galgant *m od* **Galgantwurzel** *f* (Alpina galanga), *auch* ***Galangawurzel*** *f Bot, Gewürz* galango <*auch pharmazeutisch genutzt*>

Galgen *m* pendumilo (↑ *auch* ***Mikrofongalgen***); ***am*** ~ ***enden*** morti per pendigo

Galgen|frist *f übertr* lasta prokrast[et]o; ~**humor** *m* malgaja humuro, gajeco de senespero

Galicien (*n*), *span.* ***Galicia*** (*n*) *eine hist. Provinz in NW-Spanien [heute: eine autonome Region]* Galegio *[Hptst.: Santiago de Compostela]* (*vgl. dazu* ***Galizien***)
Galicier *m Bewohner Galiciens* galego
Galicierin *f* galegino
galicisch *Adj* galega
Galicisch[e] *n Ling* la galega [lingvo] <*im 13. Jh. Sprache der lyrischen Dichtung in Spanien*>
Galiläa (*n*), *hebräisch* ***Hagalil*** (*n*) *Bergland in N-Palästina westl. des Jordans* Galileo
Galiläer *m* galileano
Galiläerin *f* galileanino
galiläisch *Adj* galilea
[1]**Galilei** (*m*) *Eig (italienischer Naturforscher [1564-1642])* Galilejo
[2]**Galilei** (*m*) *Eig (italienischer Komponist u. Musiktheoretiker [um 1520-1591])* Galilejo
Galimathias *m od n alt, geh für «verworrenes Gerede»* galimatio (↑ *auch* ***Kauderwelsch***)
Gälin *f* gaelino (*vgl. dazu* ***Gäle***)
Galina (*f*) *russischer weibl. Vorname* Galina
Galione *f, auch* ***Galeone*** *f Mar (hochbordiges Segelkriegsschiff der spanischen u. portugiesischen Flotten [16. bis 18. Jh.])* galiono
Galionsfigur *f bes. am Bug von Segelschiffen* prua figuro
Galiote *f, auch* ***Galeote*** *f Mar [im Mittelalter:] kleines, einmastiges Küstensegelschiff* galioto
gälisch *Adj* gaela
Gälisch[e] *n, auch* ***gälische Sprache*** *f ein Zweig des Keltischen* la gaela [lingvo]; ***das Gälisch-Schottische*** *od* ***die gälisch-schottische Sprache*** la skot-gaela [lingvo]
Galizien (*n*) *ein Gebiet nördl. der Karpaten* Galicio (*vgl. dazu* ***Galicien***)
Galizier *m Bewohner Galiziens* galiciano
Galizierin *f* galicianino
galizisch *Adj* galicia
Gallapfel *m Bot* ↑ [2]***Galle***
Gallat *n, auch* ***Gallussäuresalz*** *n Chem* gajlato, *auch* salo de la gajlata acido
[1]**Galle** *f* (Fel) *Gallenflüssigkeit* galo *auch übertr* (*vgl. dazu* ***Ärger*** *u.* ***Groll***); *umg für «Gallenblase»* galveziko; ***bitter wie ~*** amara kiel galo; ***bitter wie ~ schmecken*** gusti amare kiel galo; ***er hat es mit der ~*** *umg* lia galveziko ne estas en ordo *bzw.* lia galveziko perturbas ◊ ***kann einem da nicht die ~ platzen*** (*od* ***hochkommen*** *od* ***überlaufen***)? ĉu ne povas krevi la galo? *(Zam)*; ***das treibt mir die ~ ins Blut*** tio incitas la galon al mi *(Zam)*
[2]**Galle** *f, auch* ***Gallapfel*** *m Bot (kugelige, gerbstoffreiche Wucherung an einem Pflanzenkörper [hervorgerufen durch tierische, seltener durch pflanzliche Parasiten])* gajlo (↑ *auch* ***Blatt-***, ***Eichen-***, ***Pflanzen-*** *u.* ***Zwiebelgalle***); ***Insekten, die ~en hervorrufen*** gajl[o]insektoj *Pl*
galle[n]bitter *Adj* amara kiel galo *nachgest*
Gallen|blase *f* (Vesica fellea, *auch* Vesica biliaris) *Anat* galveziko, <*wiss*> kolecisto
Gallenblasen|empyem *n Med* galvezika empiemo; ~**entzündung** *f, Fachspr* ***Cholezystitis*** *f Med* inflamo de la galveziko, <*wiss*> kolecistito; ~**fistel** *f* (Fistula biliocutanea) *Med* galvezika fistulo; ~**hydrops** *m* (Hydrops vesicae felleae) *Med* galvezika hidropso; ~**operation** *f Chir* operacio de la galveziko, *(Gallenblasenentfernung)* kolecistektomio
Gallenfarbstoff *m* ↑ ***Bilirubin*** *u.* ***Biliverdin***
Gallen|gang *m* (Ductus choledochus) *Anat* galodukto *od* galkonduka kanalo, <*wiss*> koledoko; ~**kolik** *f* (Colica hepatica) *Med* hepata koliko; ~**krankheit** *f* gal[vezik]a malsano; ~**leiden** *n*, <*wiss*> ***Cholezystopathie*** *f Med (zusammenfassende Bez für Gallenblasenentzündung u. Gallensteinkrankheit)* kolecistopatio; ~**operation** *f, Fachspr* ***Cholezystektomie*** *f Chir* operacio de la galveziko, <*wiss*> kolecistektomio; ~**röhrling** *m, pop auch* ***Bitterling*** *m* (Tylopilus felleus) *Mykologie* amara boleto; ~**säuren** *f/Pl Chem* galaj acidoj *Pl*; ~**sekretion** *f* gala sekrecio
Gallenstein *m* (Calculus felleus), <*wiss*> *auch* ***Cholelith*** *m Med* galŝton[et]o, <*wiss*> gala kalkuluso; ~**leiden** *n*, <*wiss*> ***Cholelithiasis*** *f Med* kolelitiazo
galle[n]treibend *Adj Med* koleagoga (*vgl. dazu* ***Cholagoga***)
Gallert *n od* **Gallerte** *f* gelateno; *Nahr* gelatenaĵo
Gallertalge *f Bot* ↑ ***Zittertang***
gallertartig *Adj* gelaten[ec]a (*vgl. dazu* ***wabbelig***)
Gallestauung *f Med* ↑ ***Cholestase***
galletreibend *Pharm* ↑ ***gallentreibend***
Gallien (*n*) *röm. Name Frankreichs, lat.* ***Gallia*** *Gesch* Gaŭlio

Gallier *m/Pl Gesch (Angehöriger des Hauptstammes der Kelten, Bewohner Galliens)* gaŭloj *Pl*

gallig *Adj* gala *auch übertr* (*vgl. dazu* ***gallebitter***); *übertr* galkaraktera; *sarkastisch* sarkasma; ***eine ~e Bemerkung*** sarkasma rimarko

Galligkeit *f Giftigkeit, z.B. einer Kritik* galeco

gallikanisch *Adj* galikana; ***~e Liturgie*** *f Sonderform der vorkarolingischen Liturgie in Gallien* galikana liturgio

Gallikanismus *m kath. Kirche (nationalkirchliche Bestrebung in Frankreich, die den kirchlichen Universalismus ablehnte u. den Konzilsgedanken sowie die Unumschränktheit des französischen Königs gegen Papst, Kaiser u. Adel betonte)* galikanismo

Gallinsekten *n/Pl Ent (Insekten, die Gallen hervorrufen)* gajl[o]insektoj *Pl* (*vgl. dazu* ***²Galle*** *u.* ***Gallwespe***)

gallisch *Adj auf Gallien bezogen, zu ihm gehörig, aus ihm stammend* gaŭla

Gallium *n* (*Symbol* ***Ga***) *Chem* galiumo

Gallizismus *m, auch* ***französische Spracheigentümlichkeit*** *f Ling (typisch franz. Redewendung [insbes. deren Übernahme in eine andere Sprache])* francismo, *(Zam) auch* galicismo

Gall|milbe *f* (*Gattung* Eriophyes) *Ent* eriofio; **~mücke** *f* (*Gattung* Cecidomyia) *Ent* cecidomio

Gallois (*m*) *Eig (französischer Mathematiker [1811-1832])* Galojo; ***Gallois'sche Theorie*** *f Math* galoja teorio

Gallone *f Metr (ein Hohlmaß):* ***a)*** *in GB (= 4,546 l)* ***b)*** *in USA (= 3,785 l)* galjono

Gallseife *f* galsapo <*Hausw: auch als Fleckentferner*>

Gallsucht *f, auch* ***schwarze Galle*** *f antike Med* atrabilo

gallsüchtig, *auch* ***schwarzgallig*** *Adj antike Med* atrabila

Gallus|gerbsäure *f* (Acidum tannicum) *Chem* tanino; **~säure** *f Biochemie (eine aromatische Karbonsäure, die bes. in Eichenrinde, Galläpfeln u. Tee vorkommt)* gajlata acido

Gallussäuresalz *n Chem* ↑ ***Gallat***

Gallwespe *f* (Cynips folii) *Ent* cinipo, *pop* gajl[o]vespo (↑ *auch* ***Eichen[blatt]gallwespe***); ***[Familie der] ~n*** *Pl* (Cynipidae)

Galmei *m Min (Sammelname für carbonatische u. silicatische Zinkerze)* kalamino (*vgl. dazu* ***Hemimorphit*** *u.* ***Smithsonit***); **~veilchen** *n* (Viola calaminaria) *Bot* zinka violo

Galopp *m* ***a)*** *des Pferdes od übertr* galopo; ***im ~*** galope ***b)*** *Mus (ein Tanz im 2/4-Takt)* galop[danc]o

galoppieren *intr* galopi (***durch*** tra) (↑ *auch* ***davon-, los-, vorüber-*** *u.* ***vorwärtsgaloppieren***)

Galoppieren *n* galopado

galoppierend *Adj* galopanta; ***~e Inflation*** *f* galopanta inflacio; ***~e Schwindsucht*** *f Med alt* galopanta ftizo

Galopp|rennbahn *f* galopkonkursejo *od* galopvetkurejo; **~rennen** *n* galopkonkurso

Galoschen *f/Pl Gummiüberschuhe* galoŝoj *Pl*

Galvani (*m*) *Eig (italienischer Arzt u. Naturforscher [1737-1798])* Galvano

Galvanisation *f Med, Tech* galvanizado (*vgl. dazu* ***galvanisieren***)

galvanisch *Adj* galvana; ***~e Elektrizität*** *f* galvana elektro; ***~es Element*** *n El* galvana elemento; ***~er Strom*** *m El* galvana kurento

Galvaniseur *m* galvanizisto

Galvanisieranstalt *f* galvanizejo

galvanisieren *tr 1. Med (mit Gleichstrom behandeln) 2. Tech (galvanisch mit einer Schicht überziehen)* galvanizi (↑ *auch* ***verzinken***)

Galvanisierung *f* galvanizado

Galvanismus *m Phys (Lehre vom galvanischen Strom)* galvanismo

Galvano *n Typ ([galvanoplastisch erzeugte] Druckplatte)* galvanaĵo; **~kaustik** *f Med (Durchtrennung od Zerstörung von erkranktem Gewebe mit dem Galvanokauter)* galvanokaŭter[iz]ado; **~kauter** *m Medizintechnik (chirurgisches Instrument, das mit Gleichstrom zum Glühen gebracht wird)* galvanokaŭtero

Galvanometer *n, alt auch* ***Galvanoskop*** *n El* galvanometro, *auch* galvanoskopo; ***ballistisches ~*** balistika galvanometro

Galvanoplastik *f Tech, Typ (Herstellung metallischer Gegenstände auf elektrolytischem Wege)* galvanoplastiko

Galvanoskop *n* ↑ ***Galvanometer***

Galvanostegie *f, auch* ***Elektroplattierung*** *f Tech (eine Form der Oberflächenvergütung [z.B. Vergolden])* galvanostegio

Galvano|technik *f Tech (Sammelbegriff für technische Verfahren, bei denen durch elek-

trolytische Wirkung des elektrischen Stroms aus Metallsalzlösungen metallische Schichten auf elektrisch leitenden Flächen niedergeschlagen werden) galvanotekniko; ~**therapie** *f Med* galvanoterapio; ~**typie** *f Typ* galvanotipio

Gamander *m* (*Gattung* Teucrium) *Bot* teŭkrio (↑ *auch* ***Berg-*** *u.* ***Pyrenäengamander***); ~**ehrenpreis** *m* (Veronica chamaedrys) *Bot* herbeja veroniko

Gamasche *f* gamaŝo (↑ *auch* ***Halb-***, ***Leder-***, ***Stoff-*** *u.* ***Wickelgamasche***)

Gamaschenhose *f* gamaŝpantalono

Gambang *n javanisches Xylophon im Gamelanorchester (mit 16-21 Stäben)* gambango, *auch* gambang-ksilofono

Gambe *f, eigtl* ***Viola da Gamba*** *f, auch* ***Kniegeige*** *f Mus* gambovjolo

Gambia ***a)*** (*n*) *ein westafrik. Staat* Gambio *[Hptst.: Banjul (bis 1973 Bathurst genannt)]* ***b)*** *m ein Fluss in Westafrika* Gambia Rivero

Gambier *m* gambiano

Gambierin *f* gambianino

gambisch *Adj auf Gambia bezogen* gambia

Gambist *m Gambenspieler* gambovjolisto, ludanto de gambovjolo

Gambit *n Schach* gambito (↑ *auch* ***Flügel-*** *u.* ***Königsgambit***)

Gambrinus *m Eig (sagenhafter flandrischer König [Schutzpatron der Bierbrauer u. Biertrinker])* Gambrino

Game *n engl. für* ***Computerspiel*** [↑ *dort*]

Gamelan *n Mus* gamelano; ~**musik** *f* gamelanmuziko; ~**orchester** *n Mus (ein Orchester in Indonesien aus Schlag- u. Saiteninstrumenten, Flöten u. Singstimmen [bes. auf Bali u. Java])* gamelan-orkestro

Gamelle *f <schweiz> bes. Mil (Ess- u. Kochgeschirr der soldaten im Feld)* gamelo

gamen [*ˈge:mən*] *intr abs: ein Computerspiel spielen* ludi komputilan ludon

Gameten *m/Pl, auch* ***Geschlechtszellen*** *f/Pl Biol* gametoj *Pl, auch* seksaj ĉeloj *Pl* (↑ *auch* ***Iso-*** *u.* ***Mikrogameten***)

Gametenbildung *f Biol* = ***Gametogenese***

Gametogenese *f, auch* ***Gametogonie*** *f Biol* gametogenezo

Gametopathie *f Genetik, Med (Oberbegriff für pränatale Erkrankungen infolge Schädigung der Gameten [Ei- u. Samenzelle])* gametopatio

Gametophyt *m Bot (Planzengeneration, die sich geschlechtlich fortpflanzt)* gametofito

Gametozyt *m Biol (im Entwicklungszyklus der Protozoen die Zelle, die Gameten bildet)* gametocito

Gamma *n dritter Buchstabe im griechischen Alphabet* (**Γ**, **γ**) gama

Gammaastronomie *f* ↑ ***Gammastrahlenastronomie***

Gamma|blitz *m Astron* gama-radia ekbrilo; ~**funktion** *f Math* gamafunkcio; ~**globulin** *n Med* gamaglobulino; ~**kamera** *f Medizintechnik (bildgebende Apparatur der nuklearmedizinischen Diagnostik)* gamakamerao; ~**quant** *n Phys* gamakvantumo

Gammarus *Zool: eine Gattung der Flohkrebse* gamaro

Gamma|spektrometer *n Gerät zur Bestimmung des Spektrums einer Gammastrahlung, die u.a. bei Kernumwandlungen entsteht u. die großes Durchdringungsvermögen besitzt* gamaspektrometro; ~**spektrometrie** *f elektronisches Verfahren zur Messung der in einem Gammastrahlengemisch od -spektrum enthaltenen Strahlenenergie in Elektronenvolt* gamaspektrometrio; ~**spektroskopie** *f Bestimmung der Energie von Gammastrahlen u. Untersuchung ihrer Verteilung* gamaspektroskopio; ~**strahlen** *m/Pl, auch* ***γ-Strahlen*** *m/Pl El* gamaradioj *Pl*; ~**[strahlen]astronomie** *f Teil der Astronomie u. Astrophysik, der sich mit der Beobachtung u. Untersuchung der aus dem All auf die Erde auftreffenden Gammastrahlen beschäftigt, insbesondere betreffs ihres Ursprungs u. ihrer Quellen* gamaastronomio; ~**strahlung** *f* gamaradiado

Gamme *f Mus* = ***Tonleiter***

gamm[e]lig *Adj umg für «verdorben», bes. von Nahrungsmitteln* [iom] putrinta (↑ *auch* ***ungenießbar***)

gamopetal, *auch* ***sympetal*** *Adj nur Fachspr Bot für «verwachsen kronblättrig»* gamopetala

Gams *n Zool* ↑ ***Gämse***

Gämsbock *m Zool* ĉamoboko, *auch* virĉamo

Gämse *f, reg u. Jägerspr auch* ***Gams*** *n* (Rupicapra rupicapra) *Zool* ĉamo (↑ *auch* ***Abruzzen-*** *u.* ***Pyrenäengämse***)

gämsfarben ↑ ***chamois***

Gämskresse *f* (*Gattung* Hutchinsia) *Bot* hutkinsio (↑ *auch* ***Alpengämskresse***)

Gämsleder *n* ↑ ***Sämischleder***

Gämswurz *f, auch* ***Gamswurz*** *f* (*Gattung*

Doronicum) *Bot (staudiger, gelb blühender Korbblütler der Alpen)* doroniko; ~**greiskraut** *n* (Senecio doronicum) *Bot* doronika senecio

Gämsziege *f weibl. Gämse* ĉamino, femala ĉamo

Ganasche *f oberer muskulöser Seitenteil des Unterkiefers des Pferdes, mit dem sich dieses gegen das Zaumzeug stemmen kann* ganaŝo

Gand (*n*) ↑ ***Gent***

[1]**Ganda** *Pl, auch* ***Baganda*** *od* ***Waganda*** *Pl Ethn (ein zu den Ostbantu zählendes Volk in Uganda)* gandoj *Pl*

[2]**Ganda** *n Ling (eine Sprache, die in Uganda als inter- u. supraethnisches Verständigungsmittel gilt)* la ganda [lingvo]

Gandharven *Pl altind. Myth (Name der Musikanten, die im Götterhimmel den Göttern zu ihren Festmählern aufspielen)* gandarvoj *Pl*

Gandhi *Eig*: ***Mahatma*** *~ (m) indischer Politiker u. Reformator [1869-1948]* Mahatmo Gandio

Gandhinagar (*n*) *Hptst. des indischen Unionsstaates Gujarat* Gandinagaro

Ganesha (*m*) *indische Myth (Gott im hinduist. Pantheon [dargestellt als kleinwüchsiger, dickbäuchiger Mensch mit Elefantenkopf])* Ganeŝo

gang ◇ ***es ist ~ und gäbe*** *allgemein üblich* tio estas ĝenerala uzo; tio estas kutimo

[1]**Gang** *m* ***a)*** *das Gehen* ir[ad]o (↑ *auch* ***Kontroll-*** *u.* ***Saunagang***); *Art zu gehen* irmaniero (↑ *auch* ***Krebsgang***); *Spaziergang* promeno; *Ablauf, Verlauf* irado, sinsekvo; *Entwicklung* evoluo; *Tech (Lauf)* funkci[ad]o; ***aufrechter ~*** rekta iro; ***der ~ der Dinge*** la irado de la aferoj; ***der ~ der Ereignisse*** la sinsekvo de la okazaĵoj; ***der ~ zur*** (*od* ***in die***) ***Kirche*** la iro en la preĝejon; ***der ~ zur Toilette*** la iro al la necesejo; ***in ~ bringen*** (*od* ***setzen***) ekfunkciigi *auch Tech*, ekirigi; *übertr* prosperigi, fortigi, plibonigi; ***in ~ kommen*** ekfunkcii; *Angelegenheit* ekmarŝi, ekvigliĝi; ***in vollem ~ sein*** esti en plena irado (*od* marŝado); evolu[ad]i plenpaŝe (*od* plenforte); ***das Leben ging seinen gewohnten ~*** la vivo iradis sian kutiman vojon ***b)*** *Gasse, z.B. zw. Häusern* strateto ***c)*** *Flur, Korridor* koridoro ***d)*** *Arch (langer gedeckter Säulengang)* galerio ***e)*** *Anat* dukto, kanalo (↑ *auch* ***Ausführungs-***, ***Gallen-***, ***Gehörgang*** *u.* ***Meatus***) ***f)*** *Teil einer Speisenfolge* plado, manĝo[sekvo] (↑ *auch* ***Hauptgang***); ***der erste ~ wurde aufgetragen*** *bei Tisch* la unua plado estis metita sur la tablon ***g)*** *Kfz* rapidumo (↑ *auch* ***Rückwärtsgang***); ***den ersten ~ einlegen*** *Kfz* meti la unuan rapidumon; *in den ersten Gang wechseln* ŝanĝi al la unua rapidumo; ***im zweiten ~ fahren*** *Kfz* veturi en la dua rapidumo ***h)*** *Bergb, Geol (mit Mineralien od Erzen ausgefüllte Felsspalte)* gango (*vgl. dazu* ***Gesteinsgang*** *u.* [1]***Stollen***) ***i)*** *Boten~*, *Besorgung* komisio ***j)*** *politische Geogr (Korridor)* koridoro ***k)*** *Tech (Gang eines [Schrauben-] Gewindes)* paŝo

[2]**Gang** *f Verbrecherbande* bando da krimuloj

Ganga (*f*) *Flussgöttin im hinduist. Pantheon [Personifikation des Flusses]* [Diino] Gango (*vgl. dazu* ***Ganges***)

Gangart *f* irmaniero; ***eine schnellere ~ vorlegen*** iri (*od* marŝi) [iom] pli rapide

gangbar *Adj* ***a)*** *Weg* irebla *auch i.w.S.*, surpaŝebla, *(Brücke) auch* [trans]pasebla; *anwendbar* aplikebla; *annehmbar* akceptebla; *tauglich* taŭga ***b)*** *gern gekauft* volonte aĉetata; *sehr nachgefragt* multe demandata ***c)*** *gültig* valida; ~***e Münzen*** *f/Pl* validaj moneroj *Pl*

gängeln ***a)*** *tr*: ***jmdn. ~*** riproĉete trakti iun kvazaŭ li (*bzw.* ŝi) estas etinfano, *auch* nazkonduki iun (↑ *auch* ***bevormunden***) ***b)*** *intr wie ein kleines Kind gehen* necerte paŝ[et]i kiel etinfano

Ganges *m, ind.* ***Ganga*** *f längster u. heiliger Strom Indiens* [rivero] Gango; ~**-Brillenvogel** *m* (*auch* ***indischer Brillenvogel*** *genannt*) (Zosterops palpebrosus) *Orn* hinda (*od auch* orienta) zosteropo *[Vorkommen: Indien, S-China bis Indonesien]*; ~**delfin** *m, auch* ***Schnabeldelfin*** *m* (Platanista gangetica) *Zool (ein Flussdelfin)* Gango-delfeno *[Vorkommen: im Flusssystem von Ganges u. Indus]*; ~**delta** *n* delto de [rivero] Gango; ~**gavial** *m* (Gavialis gangeticus) *Zool* ganga gavialo (*vgl. dazu* ***Gavial***)

Gang|gestein *n* (*auch* ***Mikroplutonit*** *genannt*) *Geol* gangrokaĵo (↑ *auch* ***Aplit***); ~**höhe** *f einer Schraube* ŝraŭbopaŝo

gängig *Adj gebräuchlich, üblich* kutima; *verbreitet* disvastiĝinta; *allgemein bekannt* ĝenerale konata; *Hdl (Ware)* facile vendebla; *gangbar, z.B. ein Weg* irebla

Ganglien|blocker *m/Pl*, <wiss> ***Gangliople-***

gika n/Pl Pharm ganglioplegiaj drogoj *Pl*; ~**zelle** *f Nervenzelle [in Ganglien]* nervoĉelo [en ganglioj]

Gangliom *n Med (eine bösartige Nervengeschwulst, die von den Ganglien des Sympatikus ausgeht)* gangliomo

Ganglion *n* (*Pl*: ***Ganglien*** *od* ***Ganglia***) ***a)*** *auch* ***Nervenknoten*** *m Anat (knotenförmige Ansammlung von Nervenzellen [häufig außerhalb des Zentralnervensystem gelegen])* [nervo]ganglio (↑ *auch* ***Basal-*** *u.* ***Grenzstrangganglien***) ***b)*** *Med* ↑ ***Überbein***

Ganglionitis *f Med* ↑ ***Nervenknotenentzündung***

Ganglioplegika *n/Pl Pharm* ↑ ***Ganglienblocker***

Gangrän *f, auch n* (Gangraena), *auch* ***Wundbrand*** *m, umg* ***Brand*** *m Med (Folgeerscheinung einer Nekrose)* gangreno (↑ *auch* ***Alters-***, ***Gasbrand*** *u.* ***Lungengangrän***); ***diabetisches*** ~ (Gangraena diabetica) diabeta gangreno; ***feuchtes*** ~, *pop* ***Faulbrand*** *od* ***feuchter Brand*** *m* malseka gangreno; ***trockenes*** ~, *pop* ***trockener Brand*** *m* seka gangreno

gangränös *Adj* ***a)*** *Med auch* ***brandig*** gangrena; ~ ***werden***, *fachsprachl. auch* ***gangräneszieren*** *Med* gangreniĝi ***b)*** *übertr bildh* ↑ ***verderbt***

Gangschaltung *f Kfz (Schaltung für Wechselgetriebe)* rapidumŝanĝo, *(Schalthebel)* levilo de rapidumŝanĝo, rapidumŝanĝilo, *auch* rapidumstango

Gangspill *n Mar (Trommelwinde zum Hieven des Ankers von Hand)* vindaso

Gangster *m Mitglied einer Gang, bewaffneter Verbrecher* gangstero (↑ *auch* ***Bandit***, ***Ganove***, ***Gauner*** *u.* ***Verbrecher***); ~**bande** *f* bando da gangsteroj; ~**boss** *m* ĉefo de gangsterbando; ~**methode** *f* metodo de gangsteroj

Gangstertum *n* gangsterismo

Gangtok (*n*) *Hptst. von Sikkim* Gangtoko

Gangway *f Flugw, Mar* ŝtupeskalo [por eniri aviadilon *bzw.* ŝipon]

Ganove *m umg pej für «Gauner»* fripono; *i.w.S. Betrüger* trompisto; *Dieb* ŝtelisto

Ganovenehre *f* honoro inter ŝtelistoj

Gans *f* ***a)*** *Zool* ansero (↑ *auch* ***Blauflügel-***, ***Bless-***, ***Brand-***, ***Grau-***, ***Graukopf-***, ***Haus-***, ***Hawaii-***, ***Kaiser-***, ***Kanada-***, ***Kelp-***, ***Kurzschnabel-***, ***Magellan-***, ***Mast-***, ***Nil-***, ***Rajah-***, ***Ringel-***, ***Rost-***, ***Rothals-***, ***Rotkopf-***, ***Saat-***, ***Schnee-***, ***Spaltfuß-***, ***Sporen-***, ***Streifen-***, ***Weißwangen-***, ***Wild-*** *u.* ***Zwerggans***) ***b)*** *Kochk* anser[aĵ]o; ***gebratene*** ~ *od* ***Gänsebraten*** *Kochk* rostita anser[aĵ]o; ***die*** ~ ***gakt*** (*od* ***schnattert***) la ansero gakas ***c)*** *übertr pej für «dumme Person»* ansero *bzw. auch* anserino (↑ *auch* ***Provinzgans***), *[milder:]* absolute nescia persono

Gansbraten *m Kochk* ↑ ***Gänsebraten***

Gänschen *n* anserido (↑ *auch* ***Gössel***)

Gänse|blümchen *n, auch* ***Maßliebchen*** *od* ***Tausendschön*** *n* (Bellis perennis) *Bot* lekanteto, <*wiss*> plurjara beliso (↑ *auch* ***Alpenmaßlieb***); ~**braten** *m, reg u.* <*österr*> ***Gansbraten*** *m Kochk* rostita anser[aĵ]o

Gänsebrust *f Kochk* ansera brusto; ***gefüllte*** ~ ansera brusto farĉita

Gänsedistel *f* (*Gattung* Sonchus) *Bot* sonko (↑ *auch* ***Acker-*** *u.* ***Sumpfgänsedistel***); ***dornige*** (*od* ***raue***) ~ (Sonchus asper) fragila sonko

Gänse|ei *n* ansera ovo; ~**feder** *f* ansera plumo; ~**fett** *n, auch* ***Gänseschmalz*** *n Nahr* [fandita] ansera graso, *auch* ansera ŝmalco; ~**fingerkraut** *n* (Potentilla anserina) *Bot* ansera potentilo; ~**fleisch** *n* viando de ansero; *Kochk* anseraĵo

Gänsefuß *m* ***a)*** *Gänsebein* anserpiedo ***b)*** *Bot* (*Gattung* Chenopodium) kenopodio, *pop auch* anserpiedo (↑ *auch* ***Bastard-*** *u.* ***Mauergänsefuß***); ***graugrüner*** ~ (Chenopodium glaucum) glaŭka kenopodio; ***roter*** ~ (Chenopodium rubrum) ruĝa kenopodio; ***schwedischer*** ~ (*auch* ***grüner Gänsefuß*** *genannt*) (Chenopodium viride = Chenopodium suecicum) sveda kenopodio; ***stinkender*** ~, *auch* ***Stinkkraut*** *n* (Chenopodium vulvaria) fiodora kenopodio; ***vielsamiger*** ~, *auch* ***Fischmelde*** *f* (Chenopodium polyspermum) multsema kenopodio; ***weißer*** ~ (Chenopodium album) blanka kenopodio

Gänsefußgewächse *n/Pl Bot*: ***[Familie der]*** ~ *Pl* (Chenopodiaceae) kenopodiacoj *Pl*

Gänse|füßchen *n/Pl umg für «Anführungszeichen»* citosignoj *od* citiloj *Pl*; ~**geier** *m* (Gyps fulvus) *Orn* ansergrifo *[Vorkommen: Südeuropa]*; ~**hals** *m* ansera kolo

Gänsehaut *f* (Cutis anserina) *Med* anserhaŭto ◇ ***er bekam eine*** ~ *aus Furcht* vento al li ekflugis sub lia haŭto *(Zam)*

Gänse|hirt *m* paŝtisto de anseroj; ~**klein** *n (roh)* anseraj dehakitaĵoj, *(zubereitet)* anserraguo

Gänsekresse *f* (*Gattung* Arabis) *Bot* arabiso (↑ *auch* ***Alpen-***, ***Garten-*** *u.* ***Öhrchengänsekresse***); ***armblütige*** ~ (Arabis pauciflora) malmultflora arabiso; ***raue*** ~ (Arabis hirsuta) vila arabiso

Gänseküken *n*, *reg* ***Gössel*** *n* anserido

Gänseleber *f*, *<österr>* ***Gansleber*** *f Kochk* anserhepat[aĵ]o; ~**pastete** *f Nahr* pasteĉo el anserhepato *od* anser-hepata pasteĉo

Gänsemarsch *m*: ***im*** ~ anservice; ***im*** ~ ***gehen*** (*od* ***laufen***) iri (*od* paŝi) anservice

Gänserich *od* **Ganter** *m*, *reg* ***Ganser*** *od* ***Gansert*** *m* viransero

Gänsesäger (Mergus merganser) *Orn (ein gänsegroßer Entenvogel)* granda merĝo

Gänseschmalz *n* ↑ ***Gänsefett***

Gänsestopfleber *f*, *franz.* ***foie gras*** *Kochk* grashepataĵo

Gansleber *f Kochk* ↑ ***Gänseleber***

Gansu (*n*) *eine nordchin. Provinz* Gansuo, *auch* Gansu-provinco *[Hptst.: Lanzhou]*

Ganter *m* ↑ ***Gänserich***

Ganymed *m Astron (ein Satellit des Jupiter)* Ganimedo

Ganymed[es] (*m*) *griech. Myth (der [jugendliche] Mundschenk des Zeus)* Ganimedo

ganz 1. *Adj* ***a)*** tuta; *komplett* kompleta; ***das*** ~***e Dorf*** *alle Leute im Dorf* ĉiuj [homoj] en la vilaĝo; ***die*** ~***e Familie*** (***Stadt***, ***Summe***, ***Welt***) la tuta familio (urbo, sumo, mondo); ***aus*** (*od* ***von***) ~***em Herzen*** el [la] plena (*od* tuta) koro, plenkore *od* tutkore; ***eine*** ~***e Note*** *Mus* plena noto; ***den*** ~***en Tag [lang*** *od* ***über]*** la tutan tagon *od* dum la tuta tago; ***den*** ~***en Weg [lang]*** la tutan vojon *od* dum la tuta vojo; ***die*** ~***e Welt*** la tuta mondo; ~***e Zahl*** *Math* entjero, *auch* entjera nombro; ***eine*** ~***e Stunde habe ich gewartet*** tutan horon mi atendis ***b)*** *unbeschädigt, unversehrt* sendifekta; ~ ***machen*** *umg für «reparieren»* ripari; *i.w.S. auch* rebonigi, refunkciigi ***c)*** *erheblich, ziemlich groß* konsiderinda, sufiĉe granda (*od* ampleksa); ***eine*** ~***e Menge*** sufiĉe multe ***d)*** *umg auch für «nicht mehr als»*: ***der Fotoapparat hat auf dem Flohmarkt*** ~***e zehn Euro gekostet*** tiu fotoaparato kostis nur dek eŭrojn **2.** *Adv völlig* tute; *einigermaßen, ziemlich (als Abschwächung)* sufiĉe; *bloß* nur; ~ ***allein sein*** esti tute sola, *auch* esti tutsola; ~ ***besonders*** precipe; aparte; ~ ***egal, ob ...*** tute egale, ĉu ...; ***das ist*** ~ ***einfach*** tio estas tre facila; ~ ***gewiss*** tutcerte; ~ ***gut*** *recht (od ziemlich) gut* sufiĉe bone; ~ ***plötzlich*** tute subite; ~ ***und gar*** absolute; tute, plene; ~ ***und gar nicht*** absolute ne, tute ne; ***ein*** ~ ***klein wenig*** nur iomete; ***das ist*** ~ ***nach meinem Geschmack*** tio estas tute laŭ mia gusto; ***ich bin*** ~ ***Ihrer Meinung*** mi plene konsentas al via opinio *od* mi absolute samopinias kun vi; ***sie war*** ~ ***ruhig*** ŝi estis tute trankvila; ~ ***wie Sie mögen!*** tute laŭ via plaĉo!; ***das Wetter war [eigentlich]*** ~ ***schön*** la vetero estis sufiĉe (*od auch* tolereble) bona

Ganze *n* ***a)*** *(die Ganzheit, Zusammengehörigkeit einzelner Teile betonend)* tuto; *Komplex* komplekso; ***jene Region ist***, ***landschaftlich gesehen***, ***ein Ganzes*** *(eine Einheit)* tiu regiono estas, pejzaĝe, unu tuto ***b)*** *(konkreter Gegenstand)* tutaĵo; ***im*** ~***n*** *od* ***im Großen und*** ~***n*** entute, ĝenerale; *zusammenfassend* resume ◇ ***aufs*** ~ ***gehen*** *alles riskieren* riski ĉion; ***es geht ums*** ~ estas batalo por la tuto; *alles ist in Gefahr* ĉio estas en danĝero

Ganzheit *f (das Ganzsein [also die Beschaffenheit] betonend)* tuteco (↑ *auch* ***Totalität*** *u.* ***Vollständigkeit***); *Integrität* integreco

Ganzheitsmedizin *f* ↑ *unter* ***Medizin a)***

Ganzheitspsychologie *f* holismo

Ganzjahresreifen *m Kfz* ĉiusezona pneŭo

ganzjährig 1. *Adj* tutjara **2.** *Adv* tutjare

Ganzkörper|massage *f* tutkorpa masaĝo; ~**scanner** *m* (*Kurzw* ***Körperscanner***), *auch* ***Nacktscanner*** *m z.B. an Flughäfen eingesetzt* tutkorpa skanilo, *fam auch* nud-skanilo

Ganzleinen|band *m Buchw* [tut]tole bindita volumo (*od auch* libro); ~**einband** *m* [tut]tola bindaĵo

gänzlich *Adv* tute, plene, totale; *absolut* absolute; *fundamental* fundamente

Ganz|packung *f Med (Umschlag um den ganzen Körper für Heilbehandlung)* tutkorpa envolvaĵo; ~**sache** *f Philat (philatelistischer Beleg mit Wertzeicheneindruck [Briefumschlag, Postkarte od anderes Postformblatt])* [poŝta] tutaĵo; ~**schluss** *m Mus* perfekta kadenco (*vgl. dazu* ***Kadenz a)***)

ganzseitig *Adj* tutpaĝa; ~***e Anzeige*** *f Ztgsw* tutpaĝa anonco; ***ein*** ~***er Artikel über Esperanto*** *Ztgsw* tutpaĝa artikolo pri Esperanto

ganztägig 1. *Adj* tuttaga, plentaga **2.** *Adv* tuttage

ganztags *Adv den ganzen Tag über*: ***sie arbeitet*** ~ ŝi laboras (*bzw.* deĵoras) tuttage

Ganztags|**arbeit** *f, umg auch* ***Ganztagsjob*** *m* tuttaga laboro; ~**ausflug** *m* tuttaga ekskurso; ~**fahrt** *f* tuttaga veturo; ~**schule** *f* tuttaga lernejo

Ganzton *m, auch* ***ganzer Ton*** *m Mus* plentono *od* plena tono; ~**leiter** *f Mus* plentona gamo

ganzzahlig *Adj Math* entjera

Ganzzahligkeit *f Math* entjereco

Ganzzeug *n Papierherstellung* pulpo; ~**holländer** *m (auch* ***Stoffmühle*** *genannt)* pulpomaŝino

gar 1. *Adj Kochk* finkuirita **2.** *Adv völlig, überhaupt* tute, plene, komplete; *[verstärkend gebraucht:] sehr* tre; *zu [sehr]* tro; ~ ***nicht*** tute ne; ~ ***nicht weit von hier*** tute ne malproksime de ĉi tie; ***ganz und*** ~ *absolut* absolute; *völlig* tute, plene; ***das ist*** ~ ***nicht wahr*** tio estas ja ne vera; ***er versucht es*** ~ ***nicht erst*** li eĉ tute ne provas; ***nimm nicht*** ~ ***so viel!*** ne prenu tro multe! **3.** *als Partikel im Sinne von «sogar»:* ***das kann Wochen oder*** ~ ***Monate dauern*** tio povas daŭri semajnojn aŭ eĉ monatojn

Garage *f* garaĝo (↑ *auch* ***Doppel-***, ***Hoch-*** *u.* ***Tiefgarage***); ***eine*** ~ ***mieten*** lui (*od auch* lupreni) garaĝon; ***das Auto in die*** ~ ***stellen*** meti la aŭton en la garaĝon, *auch* garaĝi la aŭton

Garagen|**besitzer** *m* posedanto de garaĝo; ~**tür** *f* pordo de garaĝo, *auch* garaĝa pordo

Garant *m* ***a)*** *(Person)* garantianto (↑ *auch* ***Bürge*** *u.* ***Gewährsmann***); ***ein*** ~ ***für Frieden und Sicherheit*** garantianto por paco kaj sekureco ***b)*** *(Sache)* garantio

Garantie *f* ***a)*** garantio (↑ *auch* ***Bank-***, ***Dividenden-***, ***Geld-zurück-Garantie***, ***Gewähr***, ***Kollektiv-***, ***Nichteinmischungs-***, ***Qualitäts-*** *u.* ***Sicherheitsgarantie***); ***verfassungsmäßige*** ~***n*** *Pl* konstituciaj garantioj *Pl*; ***ein Jahr*** ~ ***gewähren*** (*od* ***leisten*** *od* ***geben***) doni garantion de unu jaro; ***zwölf Monate*** ~ ***ohne Kilometerbegrenzung*** *z.B. bei einem Fahrzeugkauf* garantio de dekdu monatoj ne kalkulante la veturitajn kilometrojn; ***eine schriftliche*** ~ ***von jmdm. verlangen*** postuli skriban garantion de iu ***b)*** *Garantiesumme* garantiaĵo; *Kaution* kaŭcio; ***gegen*** ~ kontraŭ garantiaĵo

Garantie|**fonds** *m* garanti-fonduso; ~**frist** *f* garantia periodo

Garantiehaftung *f* ↑ *unter* ***Haftung***

Garantiekarte *f* garantia karto

garantieren ***a)*** *tr* garantii (***dass ...*** ke ...; ***für*** por *od* pri); ***garantierter Preis*** *m* garantiita prezo ***b)*** *intr*: ***für etw.*** ~ *od* ***die Garantie für etw. übernehmen*** doni garantion pri io *od* transpreni la garantion por io; ***jmdm.*** ~, ***dass ...*** garantii al iu, ke ...

Garantie|**rente** *f* garantipensio (↑ *auch* ***Grundrente***); ~**schreiben** *n* garantia letero; ~**zeit** *f* daŭro de garantio

Garaus *m*: ***jmdm. den*** ~ ***machen*** *jmdn. zugrunde richten* pereigi iun; *jmdn. umbringen, ermorden* mortigi iun, murdi iun

[1]**Garbe** *f Getreide- od Strohbündel* garbo; ~***n binden*** ligi garbojn

[2]**Garbe** *f* (*Gattung* Achillea) *Bot* akileo (↑ *auch* ***Schafgarbe***)

Garbenhaufen *m* garbaro (↑ *auch* ***Puppe c)***)

Garbo *(f) Eig (schwedische Filmschauspielerin [1905-1990])* Garbo

Garçonnière *f* ↑ ***Einzimmerwohnung***

Gardasee *m, ital.* ***Lago di Garda*** *größter der oberitalienischen Seen* Garda Lago

Garde *f Mil* gvardio (↑ *auch* ***Leib-***, ***National-***, ***Präsidenten-***, ***Prinzen-*** *u.* ***Schweizergarde***); ***königliche*** ~ *od* ***Königsgarde*** *f* reĝa gvardio

Gardenie *f* (*Gattung* Gardenia) *Bot* gardenio *<artenreiche Gattung der Rötegewächse>*

Garderegiment *n Mil* gvardia regimento

Garderobe *f* ***a)*** *Kleiderbestand* vestaro; *Kleidung* vestaĵo, vestoj *Pl* ***b)*** *Kleiderablage im Lokal od Theater]* vestgardejo; *eines Künstlers im Theater* vestŝanĝejo (*od* tualeta kabineto) de artisto [en teatro] (↑ ***Schauspielergarderobe***)

Garderoben|**frau** *f, auch* ***Garderobiere*** *f* vestgardistino; ~**halle** *f Theat* vestgardeja halo; ~**marke** *f* vestgardeja marko; ~**schrank** *m* vestoŝranko; ~**ständer** *m* vestorako

Garderobiere *f* ↑ ***Garderobenfrau***

Gardinas (*n*) ↑ ***Grodno***

Gardine *f Vorhang* kurteno; *Seiten*≗ flanka kurteno

Gardinen|**predigt** *f allg* riproĉadmonoj *Pl*; *Strafrede der Ehefrau* edzina prediko; ~**stange** *f* stangeto por teni kurtenojn, kurtenstang[et]o

Gardist *m Mil (Soldat der Garde)* gvardiano

garen *tr Kochk* malrapide [fin]kuiri (*vgl. dazu* ***schmoren***)

gären *intr* ***a)*** *sich unter Bildung von Alkohol zersetzen* fermenti; ~ ***lassen*** fermentigi ***b)***

übertr: ***es gärt in der Bevölkerung*** bolas la malkonteneco en la loĝantaro; ***in seinem Innern gärte es*** *war er wütend* en lia koro bolis la kolero

Gärfutter *n Landw* ↑ ***Silage***

Gärfuttersilo *n Landw* insilujo

Gargamisch (*n*) ↑ ***Karkemisch***

Gargano (*m*), *ital.* ***Monte Gargano*** *ein Gebirge im nördl. Apulien* Gargano-Montaro

Gargantua (*m*) *Eig (Gestalt eines Riesen in franz. Volkslegenden)* Gargantuo; ***nach Art des*** ~ *riesenhaft* gargantu[esk]a

Gargarisma *n Pharm* ↑ ***Gurgelmittel***

Garigue [*ga'ri:g*] *f Bot (immergrüne mediterrane Zwergstrauchformation, bes. auf Korsika u. Sardinien <Bewuchs ist lichter als in der Macchie>)* garigo (*vgl. dazu* ***Macchie***)

Garn *n* fadeno; *Näh*~ kudrofadeno; *Zwirn* tvirno, [kun]tordita fadeno (↑ *auch* ***Häkel-***, ***Kamm-***, ***Segel-***, ***Seiden-***, ***Stick-***, ***Stopf-***, ***Strick-*** *u.* ***Wollgarn***); ~ ***aufspulen*** bobeni fadenon, volvi fadenon ĉirkaŭ bobeno ◇ ***jmdn. ins ~ locken*** *jmdn. in einen Hinterhalt locken* logi iun en embuskejon

Garnelen *f/Pl*, *Nahr auch* ***Shrimps*** *Pl*, *Handelsbez. auch* ***Scampi*** *Pl kleine Zehnfußkrebse (verschiedene Arten)* salikokoj *Pl* (*vgl. dazu* ***Krabbe***; ↑ *auch* ***Tiefseegarnele***); *Nordsee- od Sandgarnele* (Crangon crangon) krangono; *Ostsee*~ (Palaemon squilla) palemono; ***frische*** (***gebratene***) ~ freŝaj (rostitaj) salikokoj *Pl*

Garnhändler *m* fadenvendisto

garnieren *tr Kleidungsstück, Speise* garni (***mit*** per) (*vgl. dazu* ***schmücken*** *u.* ***verzieren***); ***mit Zitronenscheiben*** ~ garni per citrontranĉaĵoj

Garnierit *m Min (Sammelbegriff für «grünes Nickelerz»* garnierito

Garnierung *f* garnaĵo *auch Kochk*

Garnison *f Mil (1. Truppeneinheit [an einem Standort] 2. Standort einer Truppe)* garnizono; ***in ~ liegen*** garnizoni (***in*** en)

Garnison[s]stadt *Mil* garnizona urbo

Garnitur *f* ***a)*** *Anzahl od Satz zusammengehöriger Dinge* garnituro, kompleto ***b)*** *Einfassung, Besatz* borderaĵo, garnaĵo ***c)*** *Beilage zu od Verzierung von Speisen* garnaĵo

Garn|knäuel *m od n* fadenbulo, fadenvolvaĵo; ~**spule** *f* [faden]bobeno (↑ *auch* ***Bobine***); *zum Klöppeln* puntobobeno; ~**strähne** *f* fadenfasko; ~**winde** *f Haspel* haspelo

Garo *Pl*, *Eigenbez.* ***Achik*** *Ethn (eine ethnische Minderheit im Grenzgebiet zw. Bangladesh u. Indien [Meghalaya])* garoj *Pl*

Garonne *f größter Fluss SW-Frankreichs* [rivero] Garono

garstig *Adj unangenehm* malagrabla; *abscheulich* abomeninda, fia; *eklig* naŭza; *böse* malafabla; *ungehorsam* malobeema; ~***es Wetter*** *n* aĉa vetero

Gärstoff *m* fermentaĵo (*vgl. dazu* ***Hefe***)

Gärtchen *n* ĝardeneto

Garten *m* ĝardeno *auch i.w.S. für «außergewöhnlich fruchtbare Landschaft»* (↑ *auch* ***Barock-***, ***Bier-***, ***Blumen-***, ***Dach-***, ***Gemüse-***, ***Klein-***, ***Kloster-***, ***Korallen-***, ***Kräuter-***, ***Landschafts-***, ***Lust-***, ***Nachbar-***, ***Nutz-***, ***Obst-***, ***Öko-***, ***Schreber-***, ***Schloss-***, ***Schul-***, ***Stein-***, ***Tempel-***, ***Vor-***, ***Winter-*** *u.* ***Ziergarten***); ***botanischer*** (***zoologischer***) ~ botanika (zoologia) ĝardeno; ***die Gegend um Tours ist der ~ Frankreichs*** la regiono ĉirkaŭ Turo estas la ĝardeno de Francio; ***der ~ ist für Publikum geöffnet*** la ĝardeno estas malfermita por la publiko ◇ ***der ~ Eden*** *bibl* [la] Ĝardeno Edena; ***die Hängenden Gärten der Semiramis*** *in Babylon* la pendantaj ĝardenoj de Semiramisa *[sie wurden vermutlich von Nebukadnezar II. erbaut <eines der Sieben Weltwunder>]*

Garten|ammer *f*, *auch* ***Ortolan*** *m* (Emberiza hortulana) *Orn* hortulano (↑ *auch* ***Steinortolan***); ~**anlage** *f* ĝardenaĵo, publika ĝardeno; ~**arbeiten** *f/Pl* [en]ĝardenaj laboroj *Pl*; ~**architekt** *m* ĝardenarkitekto; ~**architektur** *f* ĝardena arkitekturo; ~**aurikel** *f* (Primula auricula) *Bot (eine Doldenprimelart)* ĝardena aŭrikulo; ~**balsamine** *f* (Impatiens balsamina) *Bot* ĝardena balzamino; ~**bank** *f* ĝardena benko; ~**bau** *m*, *auch* ***Hortikultur*** *f* ĝardenkultiv[ad]o, *geh auch* hortikulturo (*vgl. dazu* ***Gartengestaltung***)

Gartenbauarchitekt *m* = ***Gartenarchitekt***

Gartenbau|ausstellung *f* hortikultura ekspozicio; ~**ingenieur** *m* hortikulturisto

Garten|baumläufer *m* (Certhia brachydactyla) *Orn* mallongfingra certio; ~**besitzer** *m* ĝardenposedanto; ~**blume** *f* ĝardenfloro *od* ĝardena floro; ~**bohne** *f* (Phaseolus vulgaris) *Bot* fazeolo (↑ *auch* ***Bohne b)***); ~**brombeere** *f* (Rubus fruticosus) *Bot* arbusta rubuso; ~**center** *n* ĝardencentro; ~**champignon** *m*, *auch* ***zweisporiger Egerling*** *m* (Agaricus bisporus) ĝarden-agariko; ~**ei-**

bisch *od* **Straucheibisch** *m, auch* ***syrischer Eibisch*** (Hibiscus syriacus) *Bot* ĝardena (*od* siria) hibisko

Gartenerbse *f* ↑ *unter* ***Erbse***

Garten|erdbeere *f (Pflanze)* ĝardena frag[o]planto; *(Frucht)* ĝardena frago; ~**erde** *f* ĝardena humo; ~**fächerschwanz** *m* (Rhipidura leucophrys) *Orn* svingvosta ventumilvostulo (*od* <*wiss*> ripiduro) *[Vorkommen: Molukken, Neuguinea, Bismarck-Archipel u. Salomonen]*; ~**fest** *n* ĝardena festo; ~**fuchsschwanz** *m* (Amaranthus caudatus) *Bot (eine Zierpflanze mit purpurnen Blütenähren)* vosta amaranto; ~**gänsekresse** *f* (Arabis caucasica) *Bot* kaŭkaza arabiso; ~**geräte** *n/Pl* ĝarden-iloj *Pl od Sammelbegriff* ĝarden-ilaro *Sg*; ~**gestaltung** *f* ĝardenistiko; ~**grasmücke** *f* (Sylvia borin) *Orn* ĝardensilvio; ~**grill** *m* ĝardena kradrostilo; ~**haus** *n* ĝardendomo; *Pavillon* pavilono; ~**häuschen** *n* ĝardena dometo; ~**hummel** *f* (Bombus hortorum) *Ent* ĝardena burdo; ~**kerbel** *m* (Anthriscus cerefolium) *Bot* cerefolio, *auch (bes.* <*wiss*>*)* ĝardena antrisko; ~**kresse** *f* (Lepidium sativum) *Bot, Gewürz* ĝardena kreso, <*wiss*> kultiva lepidio

Gartenkreuzspinne *f* ↑ ***Kreuzspinne***

Garten|kunst *f* ĝardenarkitektura arto; ~**laube** *f* ĝardenlaŭbo *od* ĝardena laŭbo; ~**laufkäfer** *m, auch* ***Goldgruben-Laufkäfer*** *m* (Carabus hortensis) *Ent* ĝardena kur-skarabo

Gartenleimkraut *n Bot* ↑ ***Pechnelke***

Garten|leuchte *f* ĝardena lampo; ~**lokal** *od* ~**restaurant** *n* ĝardenrestoracio *od* ĝardena restoracio (↑ *auch* ***Biergarten***)

Gartenlöwenmaul *n Bot* ↑ *unter* ***Löwenmaul***

Garten|melde *f, auch* ***Bergspinat*** *m od* ***spanischer Salat*** *m* (Atriplex hortensis) *Bot* ĝardena atriplo; ~**messer** *n, auch* ***Gärtnermesser*** *n zum Obstbaumschnitt* hipo; ~**möbel** *n/Pl* ĝardenaj mebloj *Pl*; ~**nelke** *f* (Dianthus caryophyllus) *Bot* ĝardena dianto, *auch* kariofildianto; ~**petersilie** *f, reg* ***Peterle*** *n,* <*schweiz*> *dial* ***Peterli*** *m,* <*österr*> *umg* ***Petersil*** *m* (Petroselinum crispum) *Bot, Gewürz* krispa (*od* ĝardena) petroselo; ~**pflanze** *f* ĝardenplanto; ~**resede** *f* (Reseda odorata) *Bot (eine Zierpflanze)* [bon]odora rezedo

Gartenrestaurant *n* ↑ ***Gartenlokal***

Gartenrettich *m* (Raphanus sativus) *Bot, Nahr* ĝardena (*od* kultiva) rafano

Gartenringelblume *f Bot* ↑ *unter* ***Ringelblume***

Garten|rotschwanz *m* (Phoenicurus phoenicurus) *Orn* ĝardenruĝvostulo; ~**salat** *m, auch* ***Staudensalat*** *m, reg u.* <*ostösterr*> ***Häuptelsalat*** *m* (Lactuca sativa) *Bot, Nahr* ĝardena (*od* kultiva *od* nutra) laktuko (↑ *auch* ***Römersalat***); ~**schere** *f* ĝardena tondilo (↑ *auch* ***Heckenschere***); ~**schläfer** *m* (Eliomys quercinus) *Zool (eine Schlafmaus, die u.a. in Obstgärten vorkommt)* ĝardena gliro, *auch* ĝardengliro; ~**schlauch** *m* ĝardena hoso; ~**schwarzwurzel** *f* (Scorzonera hispanica) *Bot, Nahr* hispana skorzonero; ~**stadt** *f* ĝardenurbo; ~**stuhl** *m* ĝardena fotelo; ~**tisch** *m* ĝardena tablo; ~**vogel** *m Orn* ĝardenbirdo; ~**wolfsmilch** *f* (Euphorbia peplus) *Bot* ĝardena eŭforbio; ~**zaun** *m aus Pfählen* ĝardena palisaro (↑ *auch* ***Lattenzaun***)

Gartenzentrum *n* = ***Gartencenter***

Gartenzimbelkraut *n Bot* ↑ *unter* ***Zimbelkraut***

Gartenzwerg *m* ĝardena gnomo [kiel ornamaĵo en ĝardeno]

Gärtner *m* ĝardenisto, plantkultivisto (↑ *auch* ***Friedhofs-***, ***Hobby-*** *u.* ***Landschaftsgärtner***)

Gärtnerei *f* plantkultivejo; *Gemüse*≗ legomkultivejo; *Beschäftigung* ĝardenista profesio (*vgl. dazu* ***Gärtnern***)

Gärtnerhippe *f* ↑ ***Hippe***

Gärtnerin *f* ĝardenistino

gärtnerisch 1. *Adj auf den Gärtner bezogen* ĝardenista; *auf den Gartenbau bezogen* ĝardenkultiva **2.** *Adv*: ~ ***begabt sein*** havi talenton por ĝardenado

Gärtnermesser *n* ↑ ***Gartenmesser***

Gärtnern *n* ĝardenado (*vgl. dazu* ***Gartenbau***)

Gärtnersäge *f Gartenb, Handw* ĝardenista segilo

[1]**Garuda** *m hinduist. Myth (König der Vögel u. Vernichter der Schlangen [Nagas]* <*symbolisiert den Wind u. die Sonne und ist das Tragtier Vishnus*>*)* Garudo

[2]**Garuda** *f (kurz für* ***Garuda Indonesian Airways*** *[Abk* ***GIA****]) Name der indonesischen Luftverkehrsgesellschaft* Garudo

Gärung *f* fermentado *auch übertr, Fachspr auch* ***Zymose*** (↑ *auch* ***Fermentation***); ***alko-***

holische ~ alkohola fermentado; ***Lehre*** *f* ***von der*** ~ ↑ ***Zymologie***

Gärungsenzym *n Biochemie = alt für* ***Zymase*** *[↑ dort]*

Gärungs|mittel *n* fermentilo (*vgl. dazu* ***Hefe***); ~**prozess** *m* fermentada proceso

Gärungstechnik *f* ↑ ***Zymotechnik***

Garzinie *f* (*Gattung* Garcinia) *Bot (eine artenreiche Gattung der Hartheugewächse)* garcinio

Gas *n* gaso *auch Kfz* (↑ *auch* ***Azetylen-***, ***Bio-***, ***Chlor-***, ***Edel-***, ***Erd-***, ***Flüssig-***, ***Generator-***, ***Gruben-***, ***Heiz-***, ***Holz-***, ***Inert-***, ***Insufflations-***, ***Knall-***, ***Krack-***, ***Leucht-***, ***Methan-***, ***Propan-***, ***Schiefer-***, ***Schwefel-***, ***Senf-***, ***Stick-***, ***Sumpf-***, ***Tränen-***, ***Treibhaus-***, ***Verbrennungs-*** *u.* ***Wassergas***); *Gift*≗ venena (*od* toksa) gaso; ***Erstickung*** (*bzw.* ***Pulsstockung***) ***bewirkendes*** ~ asfikcia gaso; ***ideales*** (*od* ***vollkommenes***) ~ *Phys* ideala gaso; ***permanentes*** (***reales***) ~ *Phys* permanenta (reala) gaso; ***das*** ~ ***abdrehen*** (***aufdrehen***) fermi (malfermi) la gas[kran]on; ~ ***geben***, *umg auch* ***aufs*** ~ ***drücken*** *Kfz* premi la akcelilon (*od* gaspedalon); ***in*** ~ ***verwandeln*** gasigi, transigi en gasan staton

Gas|ableser *m* gaskontrolisto; ~**alarm** *m Mil* gasalarmo; ~**analyse** *f ein Teilgebiet der chemischen Analyse zur Bestimmung der Zusammensetzung von Gasen nach Art u. Menge der einzelnen Bestandteile* gasanalizo (*vgl. dazu* ***Eudiometrie***); ~**angriff** *m Mil* gasatako; ~**anstalt** *f alt od* ~**werk** *n* gasfarejo; ~**anzünder** *m* gasflamigilo

gasartig *Adj* gaseca

Gas|austausch *m*, *auch* ***Gasstoffwechsel*** *m Physiol* gasinterŝanĝo; ~**behälter** *m* gas[rezerv]ujo (*vgl. dazu* ***Gasometer***); ~**beleuchtung** *f* gaslumigo; ~**bombe** *f Mil* gasbombo

Gasbrand *m Med* ↑ ***Gasgangrän***

Gas|brenner *m Flammenträger beim Gasherd* gasbeko (*vgl. dazu* ***Gashahn***); ~**chromatografie** *f (fachsprachl. Abk* ***GC****) ein Trennverfahren der Chromatografie* gaskromatografio

Gascogne *f eine historische Landschaft in SW-Frankreich [zw. Pyrenäen u. Garonne]* Gaskonio

Gascogner *m Bewohner der Gascogne* gaskono

gascognisch *Adj aus der Gascogne [stammend]* gaskona

Gasdetektor *m*, *auch* ***Gasspür-*** *od* ***Gassuchgerät*** *n* gasdetektilo

Gasdichtemesser *m Tech* ↑ ***Dasymeter***

Gas|druck *m* gaspremo *od* premo de gaso; ~**dynamik** *f Aeromechanik, Strömungslehre* gasdinamiko

Gasel *od* **Ghasel** *n*, *auch* ***Ghazal*** *n Lit (ursprünglich orientalische Gedichtform)* gazalo

Gasembolie *f Med* ↑ ***Aerämie***

Gas|erzeuger *od* ~**generator** *m Tech* gasgeneratoro; ~**erzeugung** *od* ~**produktion** *f Ind* gasproduktado; ~**explosion** *f* gaseksplodo; ~**fabrik** *f* gasfabriko; ~**fernleitung** *f* gas[o]dukto; ~**feuerzeug** *n* gasflamigilo; ~**flamme** *f* gasflamo; ~**flasche** *f Tech* [ŝtala] gascilindro, *pop auch* gasbotelo (*vgl. dazu* ***Propangasflasche***)

gasförmig 1. *Adj* gasforma; *wie Gas* kiel gaso **2.** *Adv* gasforme

Gas|gangrän *n*, *auch* ***Gasbrand*** *m* (Gangraena emphysematosa) *Med* emfizema gangreno; ~**gemisch** *n* gasmiksaĵo, gassolvaĵo

Gasgenerator *m Tech* ↑ ***Gaserzeuger***

Gas|geruch *m* gas-odoro; ~**glühlicht** *n* gasa inkandeska lumo; ~**hahn** *m* gaskrano (↑ *auch* ***Gasbrenner***); ~**heizung** *f* gashejtado; ~**herd** *m* gasfornelo (*vgl. dazu* ***Gasofen***)

gasig *Adj* gasa (*vgl. dazu* ***gasartig***)

Gas|installateur *m* instalisto de gastuboj; ~**kammer** *f* gaskamero; ~**kocher** *m* gaskuirilo; ~**konstante** *f Phys* gaskonstanto; ~**krieg** *m* gasmilito; ~**kühler** *m Tech* pergasa fridigilo; ~**lampe** *f* gaslampo; ~**laser** *m ein Laser, dessen aktives Material aus Gas besteht, wie z.B. Helium-Neon-Gemische od bestimmte Metalldämpfe* gasa lasero; ~**laterne** *f* gaslanterno; ~**leitung** *f* konduktubo de gaso, *umg auch* gaskondukilo (↑ *auch* ***Gasfernleitung***); ~**licht** *n* gaslumo; ~**lieferant** *m* gasliveranto; ~**-Luft-Gemisch** *n* gas-aer-miksaĵo; ~**maske** *f* gasmasko; ~**messer** *m* gasmezurilo, *auch* gas[o]metro; ~**motor** *m Tech* gasmotoro; ~**ofen** *m* gasforno (*vgl. dazu* ***Gasherd***); ~**öl** *n als Dieselkraftstoff od Heizöl* gasoleo

Gasolin *n Chem (sehr leicht siedendes Benzin (40° C-70° C), das als erstes Produkt der fraktionierten Destillation gewonnen wird)* gazolino

Gasometer *n veraltend für «Gasspeicher»* gasrezervujo

Gasparo (*m*) *italienischer männl. Vorname*

Gasparo
Gas|pedal *n Kfz* gaspedalo *od* akcel-pedalo, *auch* akcelilo; ~**planet** *m Astron* gasa planedo
Gasproduktion *f* ↑ ***Gaserzeugung***
Gasprom *ohne Art, russ.* ***Gazprom*** *weltweit größtes Erdgasförderunternehmen [in Russland]* gazpromo *(auch Großschr)*
Gas|rechnung *f* gasfakturo; ~**rohr** *n* gastubo; ~**schlauch** *m* gashoso
Gas[schmelz]schweißen *n Tech* ↑ *unter* ***Schweißen***
Gasse *f* strateto (↑ *auch* ***Floß-*** *u.* ***Sackgasse***)
Gassenjunge *m* stratbubo (*vgl. dazu* ***Straßenkind***)
Gasspeicher *m* gasrezervujo
Gasspürgerät *n* ↑ ***Gasdetektor***
Gasstoffwechsel *m Physiol* ↑ ***Gasaustausch***
Gast *m* gasto; *Besucher* vizitanto; *gastierender Künstler* gastartisto *od* gastanta artisto (↑ *auch* ***Bade-***, ***Ehren-***, ***Hotel-***, ***Kur-***, ***Messe-***, ***Schlaf-***, ***Sommer-***, ***Staats-*** *u.* ***Stammgast***); ***hoher*** ~ altranga gasto; ***ungebetener*** (***willkommener***, ***zahlender***) ~ neinvitita (bonvena, paganta) gasto; ***zu ~ sein*** esti gaste *od* gasti (***bei jmdm.*** ĉe iu); ***jmdn. als ~ aufnehmen*** akcepti (*od* loĝigi) iun kiel gaston, gastigi iun; ***seien Sie mein ~!*** bonvolu esti mia gasto!; ***wir bekommen Gäste*** al ni venas (*od futurisch* venos) gastoj ◇ ***ungeladener ~ ist eine Last*** gasto en tempo malĝusta estas ŝtono sur brusto *(Zam)*
Gastanker *m Mar (Schiff zum Transport von Flüssigerdgas)* cisternŝipo por gaso
Gast|arbeiter *m* gastlaboristo; ~**dozent** *m Univ* gastdocento
Gäste|bett *n Reservebett* rezerva lito; ~**buch** *n* gastlibro
Gastechnik *f Teilgebiet der Technik, das die Probleme der Gaserzeugung, Gasaufbereitung, Gasspeicherung, Gasmessung, Gasverteilung u. Gasverwendung behndelt* gastekniko
Gästezimmer *n* gastĉambro
Gastfamilie *f* gastiganta familio, gastfamilio
gastfreundlich *Adj* gastama
Gastfreundschaft *f* gastam[ec]o (*vgl. dazu* ***Gastlichkeit***); ***jmds. ~ genießen*** ĝui ies gastamecon
Gastgeber *m* gastiganto (↑ *auch* ***Hausherr***); ~**dienst** *m* **[für Esperanto-Sprecher]** Pasporta Servo (*Abk* PS)
Gastgeberin *f, geh auch* ***Dame des Hauses*** gastigantino
Gastgebermannschaft *f* = ***Heimmannschaft***
Gastgebersprache *f EDV, Internet* gastiga lingvo
Gasthaus *n Gastwirtschaft* gastejo; *Landgasthof* albergo; *Gaststätte, Restaurant* restoracio; *Pension* pensiono; *Herberge* [simpla] tranoktejo
Gasthermometer *n*: *Instrument zur besonders genauen Temperaturbestimmung durch die Messung der Zustandsgrößen einer bestimmten Menge eines Gases* gastermometro
Gasthof *m* = ***Gasthaus*** (↑ *auch* ***Landgasthof***)
Gast|hörer *m Univ* gaststudento; ~**hörerin** *f Univ* gaststudentino
gastieren *intr Theat* gastroli (***in*** en)
Gastland *n* gastiga lando
gastlich *Adj* gastama, gastigema
Gastlichkeit *f* gastam[ec]o, gastigemo
Gast|mahl *n* festeno; ~**mannschaft** *f Sport* gastoteamo
Gaston (*m*) *französischer männl. Vorname* Gastono
Gastprofessor *m Univ* gastprofesoro
Gastralgie *f Med* ↑ ***Magenschmerz***
Gastralraum *m* ***[der Hohltiere]*** *Zool* celentero *Pl*
Gastrecht *n* gastrajto, rajto je gastameco
Gastrektomie *f nur Fachspr Chir (operative Entfernung des Magens)* gastrektomio
Gästrikland (*n*) *eine Landschaft in Mittelschweden* Gestricio
Gastrin *n ein Gewebehormon, das die Salzsäuresekretion des Magens reguliert* gastrino
gastrisch *Adj den Magen betreffend* gastra
Gastritis *f Med* ↑ ***Magenschleimhautentzündung***
Gastro|duodenitis *f Med (Entzündung des Magens und des Zwölffingerdarms)* gastroduodenito; ~**duodenostomie** *f nur Fachspr Chir (operative Herstellung einer [künstlichen] Verbindung zw. Magen und Zwölffingerdarm)* gastroduodenostomio; ~**enteritis** *f, umg* ***Magen-Darm-Entzündung*** *f Med* gastroenterito, *umg* inflamo de [la] stomako kaj [la] intesto (↑ *auch* ***Magen-Darm-Grippe***; ~**enterokolitis** *f Med (Schleimhautentzündung von Magen, Dünn- u. Dickdarm)* gastroenterokojlito; ~**entero-**

loge *m auf Erkrankungen des Magen-Darm-Bereiches spezialisierter Arzt* gastroenterologo; ~**enterologie** *f Med (Wissenschaft der Magen- u. Darmkrankheiten)* gastroenterologio

gastrogen *Adj Med für «vom Magen ausgehend»* gastrogena

gastrointestinal *Adj Magen und Dünndarm betreffend* gastrointesta; ~***e Blutung*** *f Med* gastrointesta sangado (*od* hemoragio); ~***e Hormone*** *n/Pl Hormone, die Verdauung u. Absorption von Nahrungsstoffen steuern und zum Teil auch Hunger u. Sättigungsgefühl regulieren [Gastrin, Sekretin, Enteropeptidase u.a.]* gastrointestaj hormonoj *Pl*

Gastrolith *m, auch* ***Magenstein*** *m bei manchen Tieren* gastrolito

Gastrolle *f Theat* gastrolo

Gastrologie *f Med (Lehre vom Magen u. seinen Erkrankungen)* gastrologio

Gastromegalie *f nur Fachspr Med (abnorme Vergrößerung des Magens)* gastromegalio

Gastromyzeten *m/Pl Mykologie* ↑ ***Bauchpilze***

Gastronom *m Gastwirt* gastejestro, restoraciestro; *Koch* kuiristo; *Gourmet* gastronomo (*vgl. dazu* ***Feinschmecker***)

Gastronomie *f* ***a)*** hoteloj kaj restoracioj ***b)*** *Kochkunst* gastronomio, kuir-arto

gastronomisch **1.** *Adj* gastronomia **2.** *Adv* gastronomie

Gastroparese *f, auch* ***Magenlähmung*** *f nur Fachspr Med (Erschlaffung des Magens)* gastroparezo

Gastropathie *f Med (Sammelbez. für Magenleiden)* gastropatio

Gastropoden *m/Pl Zool* ↑ ***Bauchfüß[l]er***

Gastroptose *f Med* ↑ ***Magensenkung***

Gastroskop *n, auch* ***Magenspiegel*** *m Medizintechnik (ein Endoskop)* gastroskopo

Gastroskopie *f, auch* ***Magenspiegelung*** *f Med* gastroskopio, *auch* stomakoskopio

Gastrospasmus *m, auch* ***Magensteifung*** *f nur Fachspr Med (krampfhafte, brettharte Zusammenziehung der Magenmuskulatur)* gastrospasmo

Gastrostomie *f nur Fachspr Chir (operative Eröffnung des Magens zur Anlage einer Magenfistel, insbesondere zur künstlichen Ernährung)* gastrostomio

Gastrotomie *f, auch* ***Magenschnitt*** *m Chir (operative Eröffnung des Magens)* gastrotomio

Gastrula *f, auch* ***Becherkeim*** *m od* ***Darmlarve*** *Biol (Entwicklungsstadium vielzelliger Tiere)* gastrulo (*vgl. dazu* ***Blastula***)

Gastrulation *f Bildung der Keimblätter durch Einstülpung der Blastula [eine Embryonalentwicklungsphase]* gastrula stadio

Gastspiel *n Theat* gastludo; ~**reise** *f* turneo

Gaststätte *f* restoracio (↑ *auch* ***Bahnhofs-***, ***Betriebs-***, ***Schnell-***, ***Werksgaststätte***, ***Gasthaus*** *u.* ***Restaurant***); ***vegetarische*** ~ vegetara gastejo

Gaststube *f* gastĉambro

Gas|turbine *f Tech (durch Gas angetriebene Turbine)* gasturbino; ~**turbinenlokomotive** *f Eisenb* gasturbina lokomotivo

Gast|wirt *m* gastejestro, gastejmastro; ~**wirtschaft** *f* gastejo

Gas|uhr *f od* ~**zähler** *m* gas[o]metro *od* gasnombrilo; ~**verflüssigung** *f Tech (Überführung von gasförmigen Stoffen in den flüssigen Aggregatzustand)* likvigo de gaso; ~**vergiftung** *f* gasa veneniĝo *od* veneniĝo per gaso; ~**vulkan** *m ein vorwiegend durch Gasausbrüche entstandenes vulkanische Gebilde* gasvulkano; ~**waage** *f Tech* dasimetro; ~**werk** *n* gasfarejo, gasfabriko

Gaszähler *m* ↑ ***Gasuhr***

Gaszustand *m Phys* gasa stato, gaseco; ***in den ~ überführen*** *Phys u. Tech* transigi en gasan staton (↑ *auch* ***vergasen***)

Gate [*ge:t*] *n* ↑ ***Flugsteig***

GATT *n (engl. Abk für* ***General Agreement on Tariffs and Trade*** *= Allgemeines Zoll- und Handelsabkommen)* Ĝenerala Konvencio pri Dogantarifoj kaj Komerco

Gatte *m geh* edzo (*vgl. dazu* ***Ehemann*** *u.* ***Mann a)***; ↑ *auch* ***Mustergatte***)

Gatter *n Gitterwerk* kradaĵo; *Holzzaun* ligna barilo (↑ *auch* ***Fall-*** *u.* ***Sägegatter***); ~**säge** *f, auch* ***Rahmensäge*** *f (im Sägewerk)* framosegilo

Gattin *f geh* edzino (*vgl. dazu* ***Ehefrau*** *u.* ***Frau***)

Gattung *f* ***a)*** *Art, Sorte* speco; *Kunst, Lit* ĝenro (*vgl. dazu* ***Stil***) ***b)*** *Biol (die der Art übergeordnete Stufe [die Stufe zw. Art u. Familie])* genro (↑ *auch* ***Tier-*** *u.* ***Untergattung***)

Gattungs|begriff *m Wiss* genra termino; ~**name** *m Wiss* genra nomo

Gatya-Hose *f weite weiße Leinenhose der ungarischen Bauern* gatjo

Gaube *od* **Gaupe** *f, auch* ***Dachgaube*** *f Bauw (Aufbau für in der Dachschräge senkrecht stehende Fenster)* [tegmenta] lukarno

Gauchheil *m (Gattung* Anagallis) *Bot (eine Gattung der Primelgewächse)* anagalo; ***blauer*** ~ (Anagallis foemina) blua anagalo; ***roter*** ~, *auch* ***Ackergauchheil*** (Anagallis arvensis) kampa anagalo; ***zarter*** ~ (Anagallis tenella) tenera anagalo

Gauchheilweidenröschen *n, auch* ***gauchheilblättriges Weidenröschen*** (Epilobium anagallidifolium) *Bot* ruĝkalika epilobio

Gaucho [*ˈgautʃo*] *m berittener Viehhirt der südamerikanischen Pampas* gaŭĉo (*vgl. dazu* ***Cowboy***)

Gaudium *n umg (Freude)* ĝojo, *(Fröhlichkeit)* gajeco, *(Vergnügen)* plezuro, amuzo

Gaueko *m Myth (Nachtgeist der baskischen Mythologie)* gaŭeko

Gaufrage [*goˈfraʒə*] *f* ***a)*** *Veredlungsverfahren durch Einprägen einer Narbung od Musterung* gofrado ***b)*** *Narbung od Musterung [auf Papier od Gewebe]* gofraĵo

gaufrieren *tr Textiltechnik (mit dem Gaufrierkalander prägen u. rillen [Stoffe, Leder, Plastik])* gofri

Gaufrierkalander *m* gofrilo

Gaukelei *f Trugbild* iluziaĵo, fantaziaĵo; *Betrügerei* trompaĵo; *Harlekinade, Possenspiel* arlekenaĵo

gaukeln *intr Schmetterling* flirt[ad]i, *i.w.S. auch* petoli

[1]**Gaukler** *m Taschenspieler* prestidigitisto (*vgl. dazu* ***Zauberkünstler***); *Scharlatan* ĉarlatano; *Betrüger* trompisto

[2]**Gaukler** *m* (Terathopius ecaudatus) *Orn (ein Greifvogel südl. der Sahara)* mallongvosta aglo

Gauklerblume *f, auch* ***Maskenblume*** *f (Gattung* Mimulus) *Bot* mimulo (↑ *auch* ***Moschusgauklerblume***); ***gelbe*** ~ (Mimulus guttatus = Mimulus luteus) makula mimulo

Gaul *m meist pej* ĉevalaĉo (↑ *auch* ***Ackergaul***) ◇ ***einem geschenkten ~ sieht man nicht ins Maul*** al ĉevalo donacita oni buŝon ne esploras *(Zam), auch* donacon pri difektoj ne esploru

Gaultheria *f Bot* ↑ ***Teebeere***

Gaumen *m* (Palatum) *Anat* palato; ***harter*** ~ (Palatum durum) dura (*od* malmola) palato; ***knöcherner*** ~ (Palatum osseum) *Syn von «harter Gaumen»* osta palato; ***weicher*** ~ (Palatum molle) mola palato

Gaumen|bein *n* (Os palatinum) *Anat* palatosto; **~drüsen** *f/Pl* (Glandulae palatinae) *Anat* palataj glandoj *Pl*

Gaumenfreude *f* ĝuo (*od* plezuro) por la palato (↑ *auch* ***Delikatesse*** *u.* ***Hochgenuss***)

Gaumenlaut *m Phon*: ***vorderer*** ~, *auch* ***Palatal[laut]*** *m* palatalo; ***hinterer*** ~, *auch* ***Guttural*** *m* guturalo

Gaumenmandel *f* (Tonsilla palatina) *Anat* palata tonsilo (*vgl. dazu* [1]***Mandel b)***); ***operative Ausschälung der ~n*** *Chir* ↑ ***Tonsillektomie***

Gaumensegel *n* (Velum palatinum) *Anat* palata velo

Gaumensegellaut *m Phon* ↑ ***Velar***

Gauner *m,* *<österr> umg* ***Falott*** *m, auch* ***Pülcher*** *m Schuft, Schurke* fripono; *Betrüger* trompisto (↑ *auch* ***Erzgauner*** *u.* ***Ganove***); ***kleiner*** ~ *fam* friponeto; ***du kleiner ~!*** *scherzh* vi, friponeto! (*od* malgranda fripono!); ***zum ~ werden*** friponiĝi

Gaunerei *f od* **Gaunerstück** *n* friponaĵo; *Betrügerei* trompaĵo

Gaunerin *f* friponino

gaunern *intr* agi kiel trompisto; *falsch spielen* ludi per falsaj kartoj

Gaunersprache *f* ĵargono de friponoj (↑ *auch* ***Argot***)

Gaupe *f Bauw* ↑ ***Gaube***

Gaur *m* (Bos gaurus *od* Bibos gaurus) *Zool (ein indisches Wildrind)* gaŭro *<der Gaur [größtes Wildrind der Erde] gehört zur Gruppe der asiatischen Stirnrinder>* (*vgl. dazu* ***Gayal*** *u.* ***Zebu***)

[1]**Gauß** (*m*) *Eig (deutscher Mathematiker u. Astronom [1777-1855])* Gaŭso

[2]**Gauß** *n* (*Zeichen* ***G***) *Phys (alte Maßeinheit der magnetischen Induktion)* gaŭso (*vgl. dazu* ***Tesla***)

Gaußsche *attr*: ~ ***Krümmung*** *f* gaŭsa kurbeco; ~ ***Ebene*** *f ein Koordinatensystem zur Darstellung reeller u. imaginärer Zahlen* gaŭsa ebeno

Gautama (*m*) *Eig* ↑ ***Gotama***

gauzen *od* **gäuzen** ↑ ***bellen***

Gavial *m Zool: Ganges*~ (Gavialis gangeticus) ganga gavialo (*vgl. dazu* ***Krokodil***; ↑ *auch* ***Sunda-Gavial***); ***[Familie der] ~e*** *Pl Krokodile mit langer, sehr schmaler Schnauze* gavialedoj *Pl*

Gavotte [*gaˈvot*] *f ein alter franz. Figurentanz bzw. dessen Melodie* gavoto

Gayal *m* (Bos [*od* Bibos] gaurus frontalis)

Zool (Haustierform des von Vorderindien bis Malakka verbreiteten Gaur) gajalo (*vgl. dazu* ***Gaur***)

Gayo *m/Pl eine Ethnie in Nord-Sumatra/Indonesien* [etnio de la] gajoj *Pl*

Gaza (*n*), *auch* ***Ghaza*** (*n*), *arab.* ***Gazzā*** *eine Hafenstadt in Südpalästina u. Verwaltungszentrum des Gazastreifens* Gazao

Gazanie *f, pop* ***Mittagsgold*** *n od* ***Sonnentaler*** *m* (*Gattung* Gazania) *Bot* gazanio *[ursprüngl. Vorkommen: Südafrika]*

Gazastreifen *m, auch* ***Ghazastreifen*** *m zw. Ägypten u. Israel* Gaza-Strio

Gaze *f Textil u. Med* gazo; *Mücken*~ *vor Fenstern u. dgl.* kuloprotekta gazo [antaŭ fenestro]; ***mit ~ bedecken*** kovri per gazo *od* gazokovri

gaze|ähnlich *od* ~**artig** *Adj* gazosimila

Gaze|bandage *f Med* gaza bandaĝo; ~**fenster** *n* gaza fenestro (↑ *auch* ***Fliegengaze***)

Gazelle *f* (*Gattung* Gazella) *Zool* gazelo; *Dama*~ (Gazella dama) dama-gazelo; *Dorkas*~ (Gazella dorcas) dorkas-gazelo; *Rotstirn*~ (Gazella rufifrons) ruĝfrunta gazelo; *Thomson*~ (Gazella thomsoni) tomsona gazelo; ***indische ~*** *od* ***Chinkara*** *f* (Gazella bennetti) hinda gazelo *[Vorkommen: Indien, Pakistan, Iran]* (↑ *auch* ***Giraffen-***, ***Kropf-*** *u.* ***Tibetgazelle***); ***flink*** (***schlank***) ***wie eine ~*** rapid[pied]a (svelta) kiel gazelo

gazellenäugig *Adj sanftäugig* gazel-okula

Gazeschleier *m* vualo el gazo

Gazpacho [*gaθ'patʃo*] *m, auch f Kochk (eine kalt angerichtete spanische Suppe aus ungekochtem Gemüse [ursprünglich aus Andalusien])* gazpaĉo

Gb = *Zeichen für* ***Gilbert***

Gbyte = *Zeichen für* ***Gigabyte***

GC = *fachsprachl. Abk für* ***Gaschromatografie***

Gdańsk (*n*) ↑ ***Danzig***

Gde = *Abk für* ***Gourde***

G-Dur *n Mus* sol maĵora

Gdynia (*n*), *dt.* ***Gdingen*** (*n*) *eine polnische Hafenstadt an der Danziger Bucht* Gdinjo

Geächtete *m* proskripciito, *allg auch* elpelito; *Verbannter* ekzilito

Geächze *n* ĝem[eg]ado

Geäder *n auf Insektenflügeln* vejnaro, *auch* vejnoj *Pl*; *geäderte Struktur* vejna strukturo

geädert *Adj* vejnohava, vejnostriita (*vgl. dazu* ***gemasert*** *u.* ***genervt***); ***reich ~*** *voller Adern* multvejna

Geäst *n* branĉaro

geb. = *Abk für* ***geboren*** *bzw.* ***geborene(r)***

Gebäck *n* bakaĵo (↑ *auch* ***Mürbegebäck***)

Gebackene *n in der Pfanne* fritaĵo (*vgl. dazu* ***frittieren***; ↑ *auch* ***Schmalzgebackene***)

Gebälk *n Bauwerk aus Balken* trabaro (*vgl. dazu* ***Gerüst***)

Gebälkträger *m Bauw, Arch (Gebälkträger m in Gestalt einer männlichen Figur)* telamono (*vgl. dazu* ***Atlant*** *u.* ***Kanephore***)

Gebärde *f Miene* mieno; *Geste* gesto (↑ *auch* ***Drohgebärde***); *i.w.S. Zeichen* signo

gebärden, sich *refl sich betragen* konduti (***wie*** kiel); ***er gebärdete sich wie ein Verrückter*** li kondutis kiel (*od* kvazaŭ) frenezulo

Gebärden|spiel *n* mimiko; ~**sprache** *f, auch* ***Daktylologie*** *f* (*eigtl:* ***Fingersprache***) gestolingvo *od* lingvo de gestoj, *auch* daktilologio (*vgl. dazu* ***Mimik***, ***Taubstummen-*** *u.* ***Zeichensprache***)

Gebaren *n* konduto, sinteno (*vgl. dazu* ***Benehmen***; ↑ *auch* ***Geschäftsgebaren***)

gebären *tr* naski; *abs* naski infanon; ***einen Sohn ~*** naski filon

Gebären *n* naskado

Gebärende *f* naskantino, naskanta virino

gebär|fähig *Adj* naskipova; ~**freudig** *Adj* naskema

Gebärmutter *f, Fachspr* ***Uterus*** *m Anat* utero; ***außerhalb der ~ [befindlich]***, *Fachspr* ***extrauterin*** eksterutera; ***Abknickung f der ~ nach hinten*** (Retroflexio uteri) *Med* retroflekso de [la] utero

Gebärmutterausschabung *f Med* ↑ *unter* ***Ausschabung***

Gebärmutter|entzündung *f, Fachspr auch* ***Metritis*** *f Med* inflamo de [la] utero, *auch* uterito, *Fachspr auch* metrito; ~**fibrom** *n* (Fibroma uteri) *Med* utera fibromo

Gebärmutterhals *m* (Cervix uteri) *Anat* utera cerviko; ~**krebs** *m, Fachspr meist* ***Zervixkarzinom*** *n, auch* ***Kollumkarzinom*** *n Med (ein maligner Tumor des Gebärmutterhalses)* uterocervika kancero *od* kancero de la utera cerviko

Gebärmutter|höhle *f* (Cavum uteri) *Anat* utera kavo; ~**körper** *m* (Corpus uteri) *Anat* utera korpo; ~**krebs** *m, Fachspr auch* ***Korpuskarzinom*** *n* (Carcinoma [corporis] uteri) *Med* karcinomo de [la] utero *pop* kancero de [la] utero; ~**mund** *m* (Orificium uteri) *Anat* utera orifico; ~**polyp** *m Med*

utera polipo
Gebärmutterring *m* ↑ ***Pessar[ium]***
Gebärmuttersarkom *n Med* ↑ ***Uterussarkom***
Gebärmutterschleimhaut *f, Fachspr* ***Endometrium*** *n Anat* utera mukozo, *Fachspr* endometro; ***Entzündung f der ~***, *Fachspr* ***Endometritis*** *f Med* inflamo de la utera mukozo, *Fachspr* endometrito
Gebärmuttervorfall *m* (Prolapsus uteri) *Med* utera prolapso, <*wiss*> uteroptozo
Gebäude *n **a)** Bauwerk* konstruaĵo (*vgl. dazu* ***Halle***; ↑ *auch* ***Fabrik-***, ***Haupt-***, ***Hinter-***, ***Industrie-***, ***Mehrzweck-*** *u.* ***Nebengebäude***); *Wohn*~ loĝdomo, *auch* loĝeja domo; ***öffentliche ~*** *Pl* publikaj konstruaĵoj *Pl* ***b)*** *übertr: System* sistemo; *Struktur* strukturo
Gebäude|komplex *m von Wohngebäuden* loĝkomplekso (*vgl. dazu* ***Häuserblock***); **~reiniger** *m* dom-purigisto; **~teil** *n* parto de [la] konstruaĵo
gebauscht *Adj bauschig, puffig* pufa
Gebeine *n/Pl* ostoj *od* ostaro [de mortinto]; *i.w.S. Skelett* skeleto
Gebell[e] *n* bojado; ***plötzliches ~*** *Anschlagen* ekboj[ad]o
geben *tr **a)*** doni; *übergeben* transdoni; *aushändigen* enmanigi (***jmdm. etw.*** ion al iu); *austeilen* disdoni, distribui; *schenken* donaci; ***bitte ~ Sie mir ...*** bonvolu doni al mi ...; ***würden Sie mir bitte ... ~*** ĉu vi bonvolus doni al mi ...; ***jmdm. eine Chance ~*** doni al iu ŝancon; ***jmdm. die Hand ~*** doni al iu la manon; ***Karten ~*** *Kart* disdoni kartojn; ***jmdm. einen Kuss ~*** doni al iu kison; ***jmdm. seine Stimme ~*** doni al iu sian voĉon; ***jmdm. seine Tochter zur Frau ~*** doni al iu sian filinon kiel edzinon; ***jmdm. einen Tritt in den Hintern ~*** *derb* doni al iu piedon en la postaĵon; ***jmdm. ein Zeichen ~*** fari signon al iu ***b)*** *vorhanden sein* esti, troviĝi; *unpers:* ***es gibt*** ekzistas, estas; *unpers:* ***es gab nichts*** *nichts war erhältlich* nenio estis havebla (*od* ricevebla); ***es gibt Menschen, die ...*** ekzistas homoj, kiuj ...; oni trovas homojn, kiuj ...; ***gibt es noch Karten für ...?*** ĉu ankoraŭ haveblas [enir]biletoj por ...?; ***hier gibt es ... [zu kaufen]*** ĉi tie oni povas aĉeti ... *od auch* ĉi tie haveblas ...; ***wann gibt es Frühstück?*** kiam ni matenmanĝos?; *im Hotel* kiam estas la matenmanĝa tempo?; ***was gibt's zu essen?*** kion ni manĝos?; *im Restaurant* kion vi ofertas por manĝi? ***c)*** *aufführen, z.B. einen Film od ein Theaterstück* prezenti, ludi; ***ein Konzert ~*** prezenti koncerton; ***was wird heute Abend im Theater gegeben?*** kion oni hodiaŭ vespere prezentos (*od* ludos) en la teatro? ***d)*** *gewähren* koncedi; *zustimmen* konsenti; ***seine Einwilligung zu etw. ~*** doni sian konsenton al io *od* konsenti pri io; ***jmdm. Kredit ~*** *Bankw, Hdl* konsenti al iu krediton ***e)*** *in Fügungen:* ***Befehl ~*** doni ordonon; ***seine Einwilligung zu etw. ~*** doni sian konsenton al io, konsenti pri io; ***ein Bankett*** (***Fest***) ~ doni bankedon (feston); ***es wird Regen ~*** pluvo venos *od* ni havos pluvon; ***nichts auf etw. ~*** *nicht beachten* ne atenti ion; *etw. ignorieren* ignori ion; *für nicht wichtig erachten* ne konsideri ion grava; ***viel auf etw. ~*** *großen Wert auf etw. legen* atribui grandan signifon (*od* gravecon) al io; ***sich geschlagen ~*** sin deklari venkita; ***sich Mühe ~*** klopodi [pri]; ***sich zufrieden ~*** kontentiĝi, esti kontenta (***mit*** pri); ***einen Klang*** (***od Laut od Schall od Ton***) ***von sich geben*** soni; ***was gibt's?*** *was ist passiert?* kio okazis?; ***was gibt es Neues?*** kio nova? ◇ ***wer schnell gibt, gibt doppelt*** kiu donas rapide, donas duoble *(Zam)*
Geben *n* donado; *Ausgeben* disdon[ad]o; ***ich bin am ~*** *Kart* mi disdonos ◇ ***~ ist seliger als*** (***od denn***) ***Nehmen*** pli feliĉa estas donanto ol prenanto *(Zam)*
Geber *m* donanto; **~land** *n z.B. von Entwicklungshilfe* donanta lando (*vgl. dazu* ***Geldgeber***)
Gebet *n* preĝo (↑ *auch* ***Abend-***, ***Bekenntnis-***, ***Bitt-***, ***Dank-***, ***Freitags-***, ***Morgen-***, ***Nacht-***, ***Stoß-*** *u.* ***Stundengebet***); ***~ vor dem Essen*** antaŭmanĝa preĝo (↑ *auch* ***Tischgebet***); ***jmds. ~e erhören*** aŭskulti (*od auch* elaŭdi) ies preĝojn; ***ein ~ sprechen*** diri preĝon; ***ein ~ zum Himmel schicken*** preĝi al Dio; ***er fand Trost im ~*** li ĉerpis konsolon el preĝo *(Zam)* ◇ ***jmdn. ins ~ nehmen*** *jmdm. ins Gewissen reden (ermahnend)* severe admoni iun, *(Vorwürfe machend)* severe riproĉi iun
Gebetbuch *n* preĝolibro
Gebets|kette *f* preĝoĉeno; **~mantel** *m der Juden (ein rechteckiges Tuch, das sich Juden beim Morgengebet umlegen)* talito; **~matte** *f bes. Islam* preĝomato *od* preĝa mato; **~mühle** *f, auch* ***Gebetsrad*** *n ein tibetanisches Kultgerät* preĝorado; **~nische** *f*

preĝoniĉo, *in der Wand der Moschee [in Gebetsrichtung nach Mekka]* mihrabo
Gebetsrad *n Rel* ↑ ***Gebetsmühle***
Gebetsriemen *m*: ***jüdischer*** ~ *Phylakterion* filakterio
Gebets|rufer *m Islam* muezino; ~**sammlung** *f* preĝaro; ~**schnur** *f Islam* rozario (*vgl. dazu* ***Komboskini*** *u.* ***Rosenkranz***); ~**teppich** *m Islam* preĝotapiŝo
Gebeugte *m* kurbigito
Gebhard (*m*) *männl. Vorname* Gebhardo *auch Name des Bischofs von Konstanz [949-995]*
Gebiet *n* ***a)*** *Gegend, Region* regiono (*vgl. dazu* ***Areal***; ↑ *auch* ***Fluss-***, ***Industrie-***, ***Krisen-***, ***Küsten-***, ***Risiko-***, ***Verbreitungs-***, ***Voralpen-***, ***Wald-***, ***Weinbau-*** *u.* ***Zollgebiet***); *Territorium, Hoheits*~ teritorio (↑ *auch* ***Mandats-***, ***Staats-*** *u.* ***Treuhand[schafts]gebiet***); ***abhängiges*** ~ dependa teritorio; ***besetzte*** ~***e*** *Pl Mil* okupitaj teritorioj *Pl*; ***deutschsprachiges*** ~ germanlingva regiono; ***dicht besiedeltes*** (*od* ***bevölkertes***) ~ dense loĝata regiono; ***herrenloses*** ~, *Dipl u. Jur* ***Territorium nullius*** nenies teritorio; ***in ländlichen*** ~***en*** en kamparaj regionoj ***b)*** *übertr* areo, kampo, regiono (↑ *auch* ***Sammelgebiet***); *Fach*~, *Sphäre auch* fako, sfero (↑ *auch* ***Spezialgebiet***); *Milieu* medio; ***auf linguistischem*** (***ökonomischem***, ***politischem***) ~ sur kampo lingvistika (ekonomia, politika); ***auf dem*** ~ ***der Energetik arbeiten*** labori sur la kampo de energetiko
gebieten ***a)*** *tr* ordoni, dikti (***dass*** ke); *fordern* postuli ***b)*** *intr* estri, mastri (***über jmdn.*** iun); ***es ist Vorsicht geboten*** estas rekomendinde esti singard[em]a (*od* atent[em]a)
Gebieter *m* sinjoro, mastro; *derjenige, der befiehlt* tiu, kiu ordonas; *Herrscher, Landesherr, (hist) Souverän* suvereno
Gebieterin *f Herrin* mastrino
gebieterisch *Adj* ordonema; *autoritär* aŭtoritata; *kategorisch* kategoria; *absolut, unbedingt* absoluta, nepra
Gebiets|anspruch *m* teritoria pretendo *od* pretendo pri teritorio(j); ~**austausch** *m* interŝanĝo de teritorio(j); ~**hoheit** *f Pol* teritoria suvereneco; ~**polizei** *f* regiona polico; ~**regierung** *f* regiona registaro
gebietsweise *Adv* kelkaregione, en kelkaj regionoj; ~ ***fällt Regen*** *Met* kelkaregione pluvas
Gebilde *n* form[it]aĵo; *Ding, Gegenstand* aĵo; *Erzeugnis* produkto; *Organisation* organizaĵo; *Struktur* strukturo; *Geol (Formation)* formacio
gebildet *Adj geistig gebildet, aufgeklärt* klera; *gelehrt, studiert* studinta; *zivilisiert* civilizita; *hochkultiviert* altkultura
Gebildete *m* klerulo, erudiciulo, *auch* erudito; *Intellektueller* intelektulo
Gebildetsein *n* edukiteco, klereco (*vgl. dazu* ***Bildung b)***)
Gebinde *n* ***a)*** ligaĵo, fasko; *Blumen*~ festono, girlando [el floroj] ***b)*** <*österr*> *Fass* barelo
Gebirge *n* montaro (↑ *auch* ***Falten-***, ***Hoch-***, ***Ketten-***, ***Mittel-***, ***Sandstein-*** *u.* ***Vorgebirge***); ***zur Erholung ins*** ~ ***fahren*** veturi en la montaron por [tie] ripozi
gebirgig *Adj* montara, montoriĉa
Gebirgs|artillerie *f Mil* montara artilerio; ~**bach** *m* [alt]montara rivereto; *Gieß-, Sturz- od Wildbach* torento
Gebirgsbahn *f Eisenb* ↑ ***Bergbahn***
Gebirgsbaldrian *m Bot* ↑ ***Bergbaldrian***
Gebirgs|beschreibung *f Geogr* orografio; ~**bewohner** *m* loĝanto de montaro, mont[ar]ano (↑ *auch* ***Gorale***); ~**bildung** *f Geol* montaroformiĝo, <*wiss*> orogenezo (↑ *auch* ***Tektogenese***); ~**brillenvogel** *m* (Zosterops montanus) *Orn* monta zosteropo; ~**dorf** *n* [en]montara vilaĝo; ~**flora** *f Bot* montara flaŭro; ~**gegend** *f* montara regiono; ~**kamm** *m* kresto de mont[ar]o (↑ *auch* ***Grat b)***); ~**kette** *f* montara ĉeno, *(Bergkette)* ĉeno de montoj; ~**klima** *n* mont[ar]a klimato; ~**landschaft** *f* montara pejzaĝo; ~**luft** *f* montara aero; ~**massiv** *n* montarmasivo *od* montara masivo; ~**nelkenwurz** *f*, *auch* ***Bergnelkenwurz*** *f* (Geum montanum) *Bot* monta geumo; ~**pass** *m* montpasejo; ~**region** *f* montara regiono; ~**rücken** *m* montodorso; ~**stelze** *f* (Motacilla cinerea) *Orn* montara motacilo, *auch* montarmotacilo; ~**stock** *m Bergmassiv* montmasivo; ~**taiga** *f Geogr* montara tajgo; ~**tal** *n* montara valo; ~**weide** *f Landw* montara paŝtejo (↑ *auch* ***Hochgebirgsweide***); ~**zug** *m* montara ĉeno (↑ *auch* ***Vorgebirge***)
Gebiss *n* ***a)*** *natürliches* dentaro, *auch* dentoj *Pl* (↑ *auch* ***Milchgebiss***); *künstliches* proteza dentaro, *umg* falsa dentaro *od auch* falsaj dentoj *Pl*, *auch (Zahnprothese)* denta protezo ***b)*** *am Pferdezaum* mordaĵo, *auch* enbuŝaĵo; ~**stange** *f ein Teil der Zäumung des*

Pferdes buŝfero

Gebläse *n Tech* blovilo, blovaparato

Geblök *od* **Geblöke** *n* beado, *auch* ŝafblek[ad]o

geblümt *Adj Porzellan, Stoff* flordesegnita

Geblüt *n [edles] Blut*: ***ein Prinz von königlichem*** ~ prico de (*od* el) reĝa sango

geboren (*Abk* **geb.**, *Zeichen* *) *Adj u. Partizip* naskita; ~ ***werden*** naskiĝi, esti naskata; ~ ***worden*** esti naskita; ***blind*** ~ blinde naskita; ***ein tot ~es Kind*** malvive (*od* morte) naskita infano *auch übertr*; ***in welchem Jahr sind Sie ~?*** en kiu jaro vi naskiĝis?; ***Eva Klemens, ~e Berger*** Eva Klemens, naskita Berger; ***der ~e Schriftsteller sein*** esti naskita por la poezio ◇ ***zum Fürsten*** (*bzw.* ***zu einem hohen Rang***) ~ naskita en la purpuro

Geborenwerden *n* naskiĝo

geborgen *Adj u. Partizip*: ***sich ~ fühlen*** *(sicher)* senti sin sekura, *(beschützt)* senti sin ŝirmata (*od* protektata)

Geborgenheit *f* [sento de] sekureco; *Schutz* ŝirm[itec]o, protekt[itec]o

Gebot *n Befehl* ordono; *Angebot* [prez]oferto, propono, *auf Auktionen auch* [aĉet]oferto (↑ *auch* ***Höchst[an]-*** *u.* ***Meistgebot***); ***das ~ Gottes*** la ordono de Dio; ***die Zehn ~e*** *christl. Kirche* la dek ordonoj, la dekalogo; ***etw. steht jmdm. zu ~e*** io estas al ies dispono

Gebotszeichen *n Verk* ordona [trafik]signo

Gebr. = *Abk für* ***Gebrüder***

gebrannt *Adj*: ***~er Kalk*** kaŭstika kalko (↑ *auch* **brennen**) ◇ ***~es Kind scheut das Feuer*** korniko vundita propran voston timas *(Zam)*

gebraten *Adj Kochk (im eigenen Saft)* rostita, *(in der Pfanne)* fritita; ***~e Bananen*** (***Froschschenkel, Nudeln***) *Pl* frititaj bananoj (ranfemuraĵoj, nudeloj) *Pl*

Gebratene *n in der Pfanne* fritaĵo (*vgl. dazu* ***frittieren***)

Gebrauch *m* ***a)*** uz[ad]o; *Anwendung* aplik[ad]o; ***zum allgemeinen*** (***einmaligen***) ~ por ĝenerala (unufoja) uzo; ***die Maschine ist außer*** ~ la maŝino estas ekster uzo; ***von etw. ~ machen*** uzi ion, *auch* fari uzon de io *(Zam)*; ***ist diese Medizin für äußeren oder inneren ~?*** ĉu la medikamento estas por apliko ekstera aŭ interna?; ***vor ~ schütteln!*** *Anweisung auf Arzneien u.a.* [bone] skuu antaŭ uzo (*od* apliko)! ***b)*** *nur im Pl:* ***Gebräuche*** kutimoj *Pl*; ***Sitten und Gebräuche*** *Pl* moroj kaj kutimoj *Pl*

gebrauchen *tr* ***a)*** *verwenden* uzi; *nützlich verwenden* utiligi (***für*** por); ***das ist nicht zu*** ~ tio ne estas uzebla; ***gut zu ~ sein*** esti bone uzebla ***b)*** *reg für «benötigen»* bezoni; ***kannst du das irgendwie ~?*** ĉu vi havas [ian] bezonon por ĝi (*od* tio)?

gebräuchlich *Adj* kutima, ordinara, [ĝenerale] uzata

Gebräuchlichkeit *f* uzateco

Gebrauchs|anweisung *f* uz-instrukcio(j) *(Pl)*, instrukcio pri la uzo; ~**artikel** *od* ~**gegenstand** *m* artiklo por ĉiutaga uzo, bezonaĵo

gebrauchsfertig *Adj* tuj uzebla

Gebrauchsgegenstand *m* ↑ ***Gebrauchsartikel***

Gebrauchs|grafiker *m* reklamgrafikisto; ~**güter** *n/Pl* konsumvaroj *Pl*; ~**muster** *n* registrita modelo (*od* tipo)

Gebrauchsware *f* = ***Gebrauchsgegenstand***

Gebrauchswert *m* uz-valoro

gebraucht *Adj u. Part* uzita; *Wäsche bzw. etw. aus zweiter Hand* [jam] uzita, jam ne nova; *abgenutzt* eluzita; ***eine ~e Briefmarke*** *Philat* uzita (*od* stampita) poŝtmarko; ***ein ~es Klavier*** jam uzita (*od auch* malnova) piano; ~***e Kleidung*** *f Altkleider* uzitaj vestoj *Pl*

Gebrauchtwagen *m Kfz* uzita aŭto; ~**handel** *m Firma* vendejo de uzitaj aŭtoj; ~**händler** *m* vendisto de uzitaj aŭtoj

Gebrauchtwaren *Pl* uzitaj varoj; ~**handlung** *f* vendejo de uzitaj varoj

gebrechen *intr geh für «fehlen»*: ***es gebricht an ...*** mankas ...

Gebrechen *n* ***a)*** *auch* ***körperliches ~*** *Körperschaden* korpa difekto ***b)*** *i.w.S. Schwäche, Mangel* malfortaĵo, difektaĵo (*vgl. dazu* ***Schaden***); ***die ~ Pl des Alters*** la difektaĵoj (*od* kadukaĵoj) de maljunaĝo

gebrechlich *Adj hinfällig* kaduka (↑ *auch* ***altersschwach*** *u.* ***siech***); *immerzu krank* ĉiam (*od* daŭre) malsan[em]a; ~ ***werden*** kadukiĝi

Gebrechlichkeit *f* kadukeco (↑ *auch* ***Hinfälligkeit*** *u.* ***Schwäche***)

gebrochen 1. *Adj Arm, Bein, Wirbel* rompita *auch übertr*; ***~er Akkord*** *m Mus* arpeĝo; ***mit ~em Flügel*** *Vogel* kun flugilo rompita **2.** *Adv*: ~ ***Englisch sprechen*** balbute paroli la anglan [lingvon]

Gebrüder *Pl* (*Abk* ***Gebr.***) fratoj *Pl*

Gebrüll *n einer Menschenmenge od von Tieren, auch von Wind* muĝado; *Geschrei* kri[eg]ado

Gebrumm *od* **Gebrumme** *n Flugzeug, Käfer u.a.* murmur[eg]ado, laŭta (*od* obtuza) zumado (*vgl. dazu* ***Gesumme***)

gebückt *Adj* dorsfleks[it]a (*vgl.dazu* ***bücken***)

Gebühr *f Zahlung* pago, kosto, prezo; *Beitrag* kotizo (↑ *auch* ***Aufnahme-***, ***Bank-***, ***Depot-***, ***Gerichts-***, ***Grund-***, ***Neben-***, ***Post-***, ***Schreib-***, ***Stempel-***, ***Studien-***, ***Teilnahme-***, ***Verwaltungs-*** *u.* ***Zustellgebühr***); *Honorar* honorario (↑ *auch* ***Maklergebühr***); *Pflicht* devo ◇ ***nach*** ~ *Adv: angemessen, gebührend* dece; ***über*** ~ supermezure, tro [multe]

gebühren *intr geh für «sich gehören»* deci; *angebracht sein* konveni; *verdienen* meriti; ***es gebührt sich nicht, sich so zu benehmen*** ne decas konduti tiamaniere (*od* tiel ĉi); ***wie es sich gebührt*** kiel decas, *[allgemeiner:]* kiel konvenas; ***wie es sich für einen König gebührt*** kiel decas al reĝo; ***ihm gebührt Dank*** li meritas dankon

gebührend **1.** *Adj* deca **2.** *Adv* dece, *nachgest* en deca (*od auch* konvena) formo (*vgl. dazu* ***verdientermaßen***)

gebühren|frei **1.** *Adj kostenlos* senkosta; *taxfrei* sentaksa **2.** *Adv* senkoste; sentakse; ~**pflichtig** *Adj* pagodeva, pagenda

gebunden *Adj u. Part* ligita (***an*** al); *nicht frei* ne libera; ***in ~er Rede*** vers[form]e; ***sich ~ fühlen*** senti sin ligita (↑ *auch* ***binden***)

Gebundensein *n* ligiteco (↑ *auch* ***Gefesseltsein***)

Geburt *f* ***a)*** *Gebären* nasko (↑ *auch* ***Erst-***, ***Früh-***, ***Haus-***, ***Risiko-*** *u.* ***Sturzgeburt***); *Entbindung, Niederkunft* akuŝo; *Geborenwerden* naskiĝo; ***leichte*** (***vorzeitige***) ~ facila (antaŭtempa) nasko; ***von ~ an*** [ek]de naskiĝo; ***von ~ an bestehend*** (*bzw.* ***vorhanden*** *u.a.*) *Adj* denaska; *Adv* denaske; ***er ist seit seiner ~ blind*** li estas denaska blindulo; ***zur Zeit seiner ~*** je la tempo de lia naskiĝo ***b)*** *Abstammung, Herkunft* deveno; *übertr (Entstehen)* estiĝo

Geburten|beschränkung *f, selt* ***Geburteneinschränkung*** *f* naskolimigo; ~**boom** *m* naskoabundo (↑ *auch* ***Babyboom***); ~**planung** *f* naskoplanado

Geburtenrate *f* naskokvanto; *Fachspr Statistik* natalitato; ***ein Land mit rückläufiger ~*** lando kun regresanta naskokvanto

Geburten|regelung *f* naskoreguligo; ~**register** *n* registro de [la] naskiĝoj; ~**rückgang** *m* malpliiĝo de naskoj; ~**überschuss** *m* naskiĝa pluso; ~**zahl** *od* ~**ziffer** *f* naskokvanto

gebürtig *Adj* denaska; ***er ist ~er Pole*** li estas denaska polo; ***ich bin aus Berlin ~*** mi naskiĝis en Berlino

Geburts|anzeige *f per Karte od in einer Zeitung* anonco pri nasko; *bei der Behörde* deklaro pri nasko; ~**datum** *n* dato de naskiĝo; ~**fehler** *m* denaska [korp]difekto; ~**haus** *n* naskiĝ[o]domo

Geburtshelfer *m* akuŝisto, specialisto pri akuŝologio; *Hebamme* akuŝistino; ~**kröte** *f, auch* ***Glockenfrosch*** *m* (Alytes obstetricans) *Zool* akuŝbufo

Geburtshilfe *f Med* akuŝologio, *(Fachspr)* obstetriko, *allg auch* akuŝohelpo

geburtshilflich *Adj* obstetrika

Geburts|jahr *n* naskiĝjaro; ~**land** *n* naskiĝ[o]lando *od* lando de naskiĝo (*vgl. dazu* ***Herkunftsland***); ~**lehre** *f,* <*wiss*> ***Tokologie*** *f* akuŝoscienco, <*wiss*> tokologio; ~**ort** *m* naskiĝ[o]loko *od* loko de naskiĝo; *i.w.S. meist kurz* naskiĝo

Geburtsschein *m* ↑ ***Geburtsurkunde***

Geburts|stadt *f* naskiĝurbo *od* urbo de naskiĝo; ~**stunde** *f* horo de naskiĝo

Geburtstag *m* naskiĝ[o]tago; ***alles Gute zu deinem ~*** ĉion bonan okaze de via naskiĝtago (*exakter:* naskiĝtaga reveno); ***seinen 50. ~ feiern*** festi sian kvindekan naskiĝtagan revenon

Geburtstagsfeier *f* naskiĝtaga festo, *auch* festo de naskiĝtago

Geburtstagsgeschenk *n* naskiĝtaga donaco; ***ein ~ kaufen*** aĉeti naskiĝtagan donacon

Geburtstags|kalender *m* naskiĝtaga kalendaro; ~**karte** *f* naskiĝtaga karto [kun bondeziroj]; ~**kind** *n* naskiĝtagulo *bzw.* naskiĝtagulino; ~**kuchen** *m* naskiĝtaga kuko

Geburts|urkunde *f, umg auch* ***Geburtsschein*** *m* akto (*od* atesto) pri naskiĝo, *auch* naskiĝatesto; ~**wehen** *f/Pl* naskokonvulsioj *Pl*, naskodoloroj; *übertr* naskiĝpenoj *Pl*, *selt auch* naskodoloroj *Pl*

Geburtszange *f, Fachspr Med* ***Forzeps*** *m od f* forcepso (↑ *auch* ***Nierensteinzange***); ***eine ~ anlegen*** apliki forcepson

Gebüsch *n Gesträuch* arbustaĵo; *niedrige Bäumchen, z.B. als Unterholz* arbet[aĵ]aro (*vgl. dazu* ***Gestrüpp***); ~**savanne** *f* arbusta savano

Geck *m* dando, *auch (Pfau)* pavo, *(affektierter Kerl)* afektulo

geckenhaft 1. *Adj* danda, *auch nachgest (wie ein Pfau)* kiel pavo **2.** *Adv*: ***sich ~ benehmen*** konduti kiel dando

Geckenhaftigkeit *f* dandeco

Gecko *m* (Gecko gecko) *Zool* geko (↑ *auch* ***Haus-, Kanaren-, Mauer-, Nacktfinger-*** *u.* ***Namibgecko***)

Gedächtnis *n* memoro; *Erinnerungsvermögen auch* memorkapablo (↑ *auch* ***Hypomnesie, Immun-, Kurzzeit-, Langzeit-, Namen[s]-*** *u.* ***Zahlengedächtnis***); *Gedenken* rememoro (***an*** al); ***virtuelles ~*** virtuala memoro; ***aus dem ~*** laŭ la memoro; *auswendig [gelernt]* parkere; ***zum ~ ...*** *zur Erinnerung von jmdm.* memore al ...; ***sein ~ auffrischen*** refreŝigi sian memoron; ***im ~ behalten*** *sich merken* teni en la memoro, memorteni; ***man kann nicht alles im ~ behalten*** oni ne ĉion povas memorteni (*od* teni *od* konservi en la memoro); ***etw. im ~ behalten*** (***bewahren***) teni (konservi) ion en la (*od* sia) memoro; ***in jmds. ~ bleiben*** resti en ies memoro; ***ein gutes ~ haben*** havi bonan memor[kapabl]on ◇ havi tenacan [re]memoron; ***aus dem ~ verschwinden*** malaperi (*od* elviŝiĝi) el la memoro; ***sich etw. ins ~ zurückrufen*** revoki ion en la (*od* sian) memoron; ***wenn mein ~ mich nicht täuscht*** se memoro min ne trompas *(Zam)*; *wenn ich mich recht erinnere* se mi ĝuste memoras

Gedächtnisfeier *f* soleno de rememoro, memorsoleno

Gedächtnisleistung *f*: ***gesteigerte ~*** *Psych* hipermnezio

Gedächtnisschwäche *f* malforteco memor[ten]i ion

Gedächtnisschwund *m Med* ↑ ***Amnesie***

Gedächtnis|stütze *f* helpilo por memori ion, memorigaĵo; **~training** *n* trejnado de la memoro (*vgl. dazu* ***Mnemonik***)

gedämpft *Adj* ***a)*** *Licht* softa, mild[igit]a ***b)*** *Stimme* obtuza; ***mit ~er Stimme*** kun obtuza voĉo, *auch* duonvoĉe ***c)*** *Kochk* stufita; ***~er Reis*** *m Kochk* stufita rizaĵo

Gedanke *m* ***a)*** penso (***an*** al *od* pri); *Einbildungskraft, Fantasie* fantazio; *Einfall, Idee* ideo (↑ *auch* ***Grund-*** *u.* ***Leitgedanke***); *Begriff* nocio; ***allein der ~ an ...*** *od* ***der bloße ~an ...*** la nura penso pri ...; ***von dem ~n besessen sein, dass ...*** *od* ***in den ~n verrannt sein, dass ...*** esti obsedita de la penso, ke ...; ***jmdn. auf andere ~n bringen*** distri iun; ***ein ~ fuhr*** (***schoss***) ***mir durch den Kopf*** penso traflugis mian kapon (fulmis tra mia kapo); ***da kam mir der ~, dass ...*** subite mi ekhavis la ideon, ke ...; ***die ~n schweifen lassen*** lasi la pensojn vagi; ***in ~n*** enpense; ***in ~n bei jmdm. sein*** esti spirite (*od* en pensoj) ĉe iu; ***etw. in ~n tun*** *ohne Überlegung* fari ion senpripense (*od* sen pripenso); *mechanisch* fari ion mekanike; ***in ~ versinken*** profundiĝi en pensoj (*od* pensado), enpensiĝi (*vgl. dazu* ***nachdenklich***); ***in ~n versunken*** (*od* ***vertieft***) ***sein*** esti enpensiĝinta, esti absorbita de meditado; *wunschträumen, Luftschlösser bauen* revi, konstrui kastelojn en la aero; ***seine ~n zusammennehmen*** *sich konzentrieren* koncentri sin, koncentriĝi ***b)*** *Absicht* intenco; *Vorstellung* imago; ***mit dem ~n umgehen*** *beabsichtigen* intenci; *planen* projekti

Gedanken|armut *f* malriĉeco de ideoj; **~-austausch** *m* interŝanĝo de ideoj; **~freiheit** *f* pensoliber[ec]o (*vgl. dazu* ***Meinungsfreiheit***); **~gang** *m* intersekvo de pensoj, ideoĉeno; **~kette** *f* ĉeno de pensoj, pensoĉeno

gedankenlos *Adj* senpensa; *unüberlegt* senpripensa; *unaufmerksam, nachlässig* senatenta, neglekta; *zerstreut* distrita; *mechanisch* mekanika (*vgl. dazu* ***automatisch***)

Gedankenlosigkeit *f* senpripenseco

gedankenreich *Adj* riĉa je pensoj (*od* ideoj), pensoplena

Gedanken|splitter *m Lit* aforismo; **~strich** *m Typ* haltostreko; **~übertragung** *f* komuniko de pensoj; *Parapsychologie* telepatio; **~verknüpfung** *f* asociado de [la] ideoj

gedanken|verloren *od* **~versunken 1.** *Adj in Gedanken versunken* enpensiĝinta **2.** *Adv* enpensiĝinte; **~voll** *Adj* pensoplena; *nachdenklich* meditema

Gedankenwelt *f* mondo de ideoj, idearo

gedanklich *Adj* pensa, mensa; ***rein ~*** abstrakta; *rational* racia; *Phil* nocia

Gedärm *n*, *auch* ***Gedärme*** *n* intestoj *Pl*, intestaro; *i.w.S. Bauch* ventro

Gedeck *n* ***a)*** *Essbesteck* manĝilaro, manĝogarnituro (*vgl. dazu* ***Kuvert b)*** *u.* ***¹Service***) ***b)*** *Gericht, Speise* plado; *Menü* menuo

Gedeih *m* ◇ ***auf ~ und Verderb*** por bono kaj malbono *bzw.* por ĝojo kaj ploro (*vgl. dazu* ***bedingungslos***)

gedeihen *intr Aufwachsendes od Sichentwickelndes (z.B. Kinder, Pflanzen), auch eine Idee, ein Verein u.a.* prosperi (↑ *auch* ***florieren*** *u.* ***prosperieren***); *gut wachsen, z.B. Kind, Pflanze od Tier* [bone] kreski; *vorankommen* progresi; *erfolgreich sein* sukcesi; *Fortschritte machen* progresi; *geh für «sich entwickeln»* evolui; ~ ***lassen*** *zur Blüte bringen* prosperigi; ***die Angelegenheit*** (*od* ***Sache***) ***ist so weit gediehen, dass ...*** la afero evoluis ĝis tie, ke ...

gedeihlich *Adj geh* prospera; *vorteilhaft* utila (↑ *auch* ***blühend*** *u.* ***prosperierend***)

Gedeihlichkeit *f* prosper[ad]o

Gedemütigtwerden *n* humiliĝo

Gedenk|ausstellung *f* memoriga ekspozicio; ~**blatt** *n, Philat auch* <*engl*> ***Souvenir Sheet*** *n* memoriga folio

gedenken *intr* ***a)*** *denken an* pensi pri, [re]memori; ***jmds. in Ehren*** ~ honore rememori iun ***b)*** *geh für «beabsichtigen»* havi la intencon, intenci; ***ich gedenke, noch eine Weile zu bleiben*** mi havas la intencon resti [ĉi tie] ankoraŭ iom da tempo

Gedenken *n* [re]memoro; ***zum*** ~ ***an ...*** memore al ... *od* pro memoro al ...

Gedenk|feier *f* memorfesto; *i.e.S.* jubileo; ~**kapelle** *f* memoriga kapelo; ~**marke** *f Philat* memoriga poŝtmarko; ~**medaille** *f* memoriga medalo; ~**minute** *f* funebra minuto; ~**münze** *f* memoriga monero; ~**museum** *n, auch* ***Memorialmuseum*** *n* memoriga muzeo; ~**kapelle** *f* memoriga kapelo; ~**säule** *f* memoriga kolono (*vgl. dazu* ***Obelisk***); ~**stätte** *f* memorigejo; ~**stein** *m* monumenta ŝtono; ~**stempel** *m Philat* memoriga stampo; ~**tafel** *f Erinnerungstafel* memoriga tabulo; *i.e.S. (Grabplatte mit Inschrift [häufig an einer Kirchenwand])* epitafo; ~**tag** *m* memoriga tago; *Jubiläum* jubileo

Gedicht *n [kürzere] Dichtung in Versen* versaĵo; *längeres Gedicht, Poem* poemo (↑ *auch* ***Ekloge***, ***Klage-*** *u.* ***Spottgedicht***); ~ ***aus vier Zeilen*** kvarlinia poemo

Gedichtauswahl *f* poemselekto

Gedichtform *f*: ***in*** ~ vers[o]forme

Gedichtsammlung *f Lit* poemkolekto, *auch* poemaro

gediegen *Adj* ***a)*** *Edelmetall (gediegen)* masiva, *(rein)* pura ***b)*** *solide (Bildung, Kenntnisse)* solida, profunda, *(Verarbeitung)* solida; *von guter Qualität Material,* bonkvalita; *geschmackvoll* gustoplena; *zuverlässig* fidinda ***c)*** *scherzh (drollig)* drola, *(naiv)* naiva, *(zum Lachen)* ridiga, *(eigenartig)* stranga; ***du bist aber*** ~***!*** vi vere estas naiva!

Gediegenheit *f* pureco; solideco; bona kvalito; gustopleneco; fidndeco (*vgl. dazu* ***gediegen***)

gedörrt *Adj* sekigita

Gedränge *n* interprem[iĝ]o, interpuŝiĝo; *Menschengewühl* interpremiĝo de homoj; *Gewimmel von Leuten u.a.* svarmado [de homoj *u.a.*]; *i.w.S. (viele Leute)* multaj homoj *Pl*, *(Menschenmenge)* homamaso; ***sich im*** ~ ***verlieren*** perdiĝi en la homamaso *bzw.* perdi sian kunulon (*bzw.* kunulinon) en la homamaso

gedrängt 1. *Adj zusammengedrückt* kunpremita; *dicht* densa; *Darstellung, Übersicht* konciza; *Druck, Schrift* kompakta **2.** *Adv*: ~ ***sitzen*** sidi kunpremitaj, sidi en densaj vicoj; ~ ***voll*** plenplena *od* plenega (↑ *auch* ***drängen***)

Gedrängtheit *f einer Übersicht od in der Darstellung* koncizeco

Gedröhn[e] *n von Kanonen* tondrado; *von Motoren* laŭtega zumado

gedruckt *Adj* ***a)*** *Typ* presita; ***ein kursiv*** ~***es Wort*** kursive presita vorto ***b)*** *El*: ~***e Schaltung*** *f* presita cirkvito

gedrückt *Adj niedergeschlagen* deprimita; *trübsinnig, wehmütig* melankolia; *bekümmert* afliktita (*vgl. dazu* ***traurig***)

Gedruckte *n Typ* presita teksto, pres[it]aĵo

gedrungen *Adj* kompakta, *Gestalt, Wuchs auch* [iom] malalta sed fortika, *auch* larĝmalalta

Geduld *f* pacienco (*vgl. dazu* ***Ausdauer***; ↑ *auch* ***Engelsgeduld***); *Nachsicht* indulgo; ***etw. mit unendlicher*** ~ ***ertragen*** toleri ion per senfina pacienco; *mit Nachsicht* montri senfinan indulgon kontraŭ io; ***Sie müssen*** ~ ***haben*** vi devas havi paciencon (***mit jmdm.*** kun *od selt* kontraŭ iu); ***ihm riss die*** ~ *od* ***er verlor die*** ~ *od* ***mit seiner*** ~ ***war es zu Ende*** li perdis la paciencon, *auch* li senpacienciĝis ◇ ***mit*** ~ ***und Spucke fängt man eine Mucke*** per pacienco kaj fervoro sukcesas ĉiu laboro *(Zam)*

gedulden, sich *refl* pacienci; *[geduldig] warten auf* [paciencе] atendi; ***gedulden Sie sich [bitte] einen Augenblick!*** *od geh* ***wollen Sie sich bitte einen Augenblick gedulden!*** *warten Sie bitte einen Moment!* bonvolu atendi [unu] momenton!

geduldig 1. *Adj* pacienca; *nachsichtig* indulgema; ~ ***sein*** pacienci *od* esti pacienca ◇ ***Papier ist*** ~ al papero ne mankas tolero *(Zam), auch* papero paciencas **2.** *Adv* pacience

Gedulds|probe *f hohe Anforderung an jmds. Geduld* testo de [ies] pacienco; ~**spiel** *n* puzlo

gedungen ↑ *unter* ***Mörder***

gedunsen *Adj u. Part* ŝvelinta; ***ihr Gesicht war vom Weinen*** ~ ŝia vizaĝo estis ŝvelinta de plorado

geehrt *Adj* estimata; ***sehr ~er Herr Pett*** *Anrede im Brief* tre estimata sinjoro Pett

geeignet *Adj* konvena, taŭga (*vgl. dazu* ***passend***); *gebührend* deca; *fähig (Person)* kapabla (***für*** por); ***eine ~e Maßnahme*** taŭga rimedo; ***der ~e Augenblick*** la konvena momento; ***ein ~es Verfahren*** taŭga proceduro; ***er ist für diese Arbeit nicht*** ~ li ne estas taŭga por tiu [ĉi] laboro *od* li ne havas la kapablon por fari tiun [ĉi] laboron; ***in ~er Weise*** en konvena (*od* deca) maniero

Gefabel *n* fabelaĵo (↑ *auch* ***Ammenmärchen*** *u.* ***Jägerlatein***)

Gefahr *f* danĝero (***für*** por) (↑ *auch* ***Absturz-, Aids-, Brand-, Einsturz-, Explosions-, Feuer-, Flucht-, Implosions-, Infektions-, Kriegs-, Lawinen-, Rutsch-, Strahlen-, Terror-, Überschwemmungs-, Unfall-*** *u.* ***Verletzungsgefahr***); *Bedrohung* minaco; *Risiko, Wagnis* risko; *Verantwortung* respondeco; ***eine drohende*** ~ minacanta danĝero; ***auf eigene*** ~ je propra risko *auch Hdl, umg auch* proprariske; ***auf ~ des Eigentümers*** je risko de la proprietulo; ***auf ~ des auf Kosten und ~ des Empfängers*** (***Absenders***) *Wirtsch* je risko de la adresato (ekspedinto); ***auf eigene Rechnung und*** ~ *Hdl* je propra konto kaj risko; ***außer ~ sein*** esti ekster danĝero; ***bei*** ~ en okazo de danĝero; ~ ***bringend***, *auch Zus* ***gefahrbringend*** endanĝeriga; ***jmdn. in ~ bringen*** meti iun en danĝeron, endanĝerigi iun; ***einer ~ entgehen*** eskapi el danĝero; ***in ~ geraten*** (*od* ***kommen***) endanĝeriĝi, fali en danĝeron; ~ ***laufen*** riski (***etw. zu verlieren*** perdi ion); ***in ~ sein*** esti en danĝero; *bedroht sein* esti minacata; ***der ~ trotzen*** defii (*od* spiti) la danĝeron; ***die ~ ist vorbei*** (*od* ***vorüber***) la danĝero pasis; ~ ***ist im Verzuge*** danĝero estas minacanta, danĝero alproksimiĝas ◇ ***je größer die ~, je größer der Mut*** la kuraĝo kreskas kun la danĝero *(Zam)*

gefahrbringend ↑ *unter* ***Gefahr***

gefährden *tr* endanĝerigi; *bedrohen* minaci (↑ *auch* ***aufs Spiel setzen*** [↑ *unter* ***Spiel c)***]); ***gefährdet sein*** esti endanĝerigita *od* esti en danĝero; ***den Frieden*** ~ endanĝerigi (*od* minaci) la pacon; ***sich selbst und andere*** ~ endanĝerigi sin mem kaj aliajn [personojn]; ***die Umwelt*** ~ endanĝerigi la medion

Gefährder *m* danĝerulo; ***islamistische*** ~ *Pl* islamistaj danĝeruloj *Pl*

Gefährdung *f* endanĝerigo; *Bedrohung* minaco; ~ ***des Friedens*** endanĝerigo de la paco

Gefährdungspotenzial *n* potencialo de endanĝerigo

Gefahren|analyse *f* analizo de danĝeroj (↑ *auch* ***Risikoanalyse***); ~**gebiet** *n od* ~**zone** *f* areo (*od* zono) de danĝero; ~**quelle** *f* fonto de danĝero; ~**signal** *n* danĝersignalo; ~**stelle** *f Verk* danĝerpunkto, *auch* danĝera loko; ~**warnung** *f* averto pri danĝero

Gefahrenzone *f* ↑ ***Gefahrengebiet***

Gefahrenzulage *f Fin* ekstra pago por danĝera(j) laboro(j)

Gefahrgut *n* danĝera materialo, danĝeraj varoj; ~**transport** *n* transporto de danĝera materialo

gefährlich 1. *Adj* danĝera (***für*** por) (↑ *auch* ***brand-, gemein-*** *u.* ***lebensgefährlich***); *gewagt, riskant* riska (↑ *auch* ***risikoreich*** *u.* ***waghalsig***); *ernst* grava; ***hochgradig*** ~ altgrade danĝera; ~ ***sein*** esti danĝera, *umg auch* danĝeri; ~***e Krankheit*** *f* danĝera (*bzw.* grava) malsano; ~***e Ladung*** *f* danĝera kargo; ~***es Spiel*** *n Regelverstoß beim Fußball* danĝera ludo **2.** *Adv* danĝere

Gefährlichkeit *f* danĝereco

gefahrlos 1. *Adj* sendanĝera (*vgl. dazu* ***harmlos, risikofrei*** *u.* ***sicher***) **2.** *Adv* sendanĝere

Gefahrlosigkeit *f* sendanĝereco

Gefährt *n* veturilo (*vgl. dazu* ***Karre***)

Gefährte *m* kunulo, kamarado (*vgl. dazu* ***Freund***); *Lebens*≗ vivkunulo; *Reise*≗ kunvojaĝanto, kunulo dum [la] vojaĝo

Gefährtin *f* kunulino, kamaradino (*vgl. dazu* ***Freundin***); *Lebens*≗ vivkunulino; *Reise*≗ kunvojaĝantino, kunulino dum vojaĝo

gefahrvoll *Adj* danĝera *od nachgest* plena de danĝero (*vgl. dazu* ***gefährlich***)

Gefälle *n Abschüssigkeit* dekliveco; *Höhenunterschied* nivel-diferenco; *Abhang* deklivo (*vgl. dazu* ***Böschung***); *übertr [beträchtlicher] Unterschied* [konsiderinda] diferenco

gefallen *intr* plaĉi; ***gefällt es dir?*** ĉu [tio] plaĉas al vi?; ***das gefällt mir*** (***nicht***) tio (ne) plaĉas al mi; ***hat Ihnen der Film ~?*** ĉu la filmo plaĉis al vi?; ***das Konzert wird Ihnen sicher gut ~*** la koncerto certe plaĉos al vi; ***wie gefällt es Ihnen hier?*** kiel plaĉas al vi ĉi tie?; ***mir gefällt es sehr gut in ...*** tre plaĉas al mi en ...; ***sich etw. ~ lassen*** *geduldig ertragen* toleri ion; *gutheißen* konsenti al io; ***wie lange willst du dir das alles ~ lassen?*** kiom longe vi volas toleri ĉi ĉion? ◇ ***das lasse ich mir ~!*** jen tio plaĉas al mi!

[1]**Gefallen** *n Vergnügen* plezuro; ***an etw. ~ finden*** eksenti (*od* trovi) plezuron ĉe (*od* en) io, *auch* plezuriĝi ĉe (*od auch* per) io; *mögen* [ek]ŝati ion ◇ ***jmdm. zu ~ reden*** *geh für «jmdm. nach dem Mund reden»* [flate] paroli laŭ (*od* por) ies plaĉo

[2]**Gefallen** *m* plaĉo; *Freundlichkeit, die man jmdm. erweist* komplezo; ***an etw. ~ finden*** trovi plaĉon en io; ***tust du mir einen ~?*** ĉu vi faros al mi komplezon?; ***wollen Sie mir einen [kleinen] ~ tun?*** ĉu vi bonvolos fari [malgrandan] komplezon al mi? *od* ĉu vi pretos [iomete] komplezi al mi?; ***tun Sie mir den ~ und ...*** bonvolu esti tiel komplezema (*od auch* afabla) kaj ...

Gefallene *m im Krieg* [milit]mortigito; *i.w.S. Toter* mortinto

gefällig *Adj entgegenkommend* komplezema; *hilfsbereit* helpopreta, servema; *i.w.S. (gutherzig)* bonkora, *(freundlich)* afabla, *(höflich)* ĝentila, *(angenehm, nett, ansprechend)* plaĉa; ***jmdm. mit etw. ~ sein*** komplezi al iu per io; ***Kuchen ~?*** ĉu vi ŝatas kukon?

Gefälligkeit *f Gefallen, kleine Hilfeleistung* komplezo; *Gefälligsein* komplezemo; *Hilfsbereitschaft* helpopreteco, servemo; *Güte* bonkoreco; *guter Wille* bonvolemo (*vgl. dazu* ***Zuvorkommenheit***)

Gefälligkeitsstempel *m Philat* stampo pro komplezo

Gefällstrecke *f* descenda vojoparto (*od kurz* vojo); *Eisenb* descenda relvojo

Gefallsucht *f* koketeco

gefallsüchtig *Adj* plaĉema, *[stärker:]* plaĉivola; *kokett* koketa

gefälscht *Adj* falsita; ***mit ~en Karten spielen*** *Kart* ludi per falsitaj (*od* sekrete markitaj) kartoj

gefangen kaptita; *im Gefängnis* en malliberejo (*od* prizono); ***jmdn. ~ halten*** teni iun en kaptitejo (*bzw.* arestejo *od* malliberejo); ***~ nehmen*** kapti *auch übertr*, malliberigi; ***jmdn. ~ setzen*** *ins Gefängnis stecken* meti iun en malliberejon (*od* prizonon)

Gefangene *m* kaptito, *(Gefängnisinsasse)* prizonulo (↑ *auch* ***Mitgefangene***); *i.w.S.* malliberulo; *Kriegs*~ [milit]kaptito; *Jur (Straf~)* punkaptito, *(Verhafteter)* arestito; ***ein politischer ~r*** politika malliberulo; ***~ befreien*** (***bewachen***) liberigi (gardi) kaptitojn

Gefangenen|aufseher *m* gardisto de kaptitoj, *im Gefängnis auch* gardisto en prizono; **~austausch** *m* [reciproka] interŝanĝo de [milit]kaptitoj; **~befreiung** *f* liberigo de kaptitoj; **~hilfsorganisation** *f* organizaĵo por helpo al kaptitoj; **~lager** *n* barakaro por [milit]kaptitoj, kaptitejo; **~rebellion** *od* **~revolte** *f, auch* ***Gefängnisrevolte*** *f* ribelo de prizonuloj *od* [en]prizona ribelo

gefangenhalten *tr alt* = ***gefangen halten*** [↑ *unter* ***gefangen***]

Gefangennahme *f* kapto, malliberigo; *Festnahme, Verhaftung* aresto

Gefangenschaft *f* kaptiteco (↑ *auch* ***Kriegsgefangenschaft***); ***in ~ geraten*** esti kaptata

Gefängnis *n* malliberejo, prizono (*vgl. dazu* ***Kerker***; ↑ *auch* ***Militärgefängnis***); *Gefängnisstrafe* mallibereja puno; *Gefangenschaft* kaptiteco; ***aus dem ~ [ent]fliehen*** fuĝi el [la] malliberejo; ***im ~ sitzen*** sidi en malliberejo; ***jmdn. ins ~ sperren*** (*od umg* ***stecken***) meti iun en malliberejon, enprizonigi; ***jmdn. zu zwei Jahren ~ verurteilen*** kondamni iun al dujara kaptiteco [en prizono]; ***jmdn. ins ~ werfen*** ĵeti iun en malliberejon (*od [krasser:]* karceron)

Gefängnis|hof *m* prizona korto; **~insasse** *m* prizonulo (↑ *auch* ***Knacki***); **~koller** *m* prizonfrenezo; **~psychose** *f, auch* ***Haftpsychose*** *f Med* prizona psikozo

Gefängnisrevolte *f* ↑ ***Gefangenenrevolte***

Gefängnis|strafe *f* malliberiga (*od* prizona) puno; **~tor** *n* pordo de malliberejo (*od* prizono); **~wärter** *m* mallibereja (*od* prizona) gardisto; **~zelle** *f* mallibereja (*od* prizona) ĉelo

gefärbt *Adj (natürlich)* kolorita, *(mittels Farbstoff)* koloriĝita, *(mittels Anstrichfar* *be)* farbita; *Haare, Textilrohstoffe* tinkturita, *umg auch* koloriigita [↑ *auch* ***färben***]; ***das Laub war schon herbstlich*** ~ la foliaro jam estis aŭtune kolorita

Gefasel *n wirres Gerede im Fieberwahn od Alkoholdelirium* deliraĵo; *leeres Geschwätz* sensenca babilaĵo

Gefäß *n* ***a)*** vazo; *allg Behälter* ujo ***b)*** *Anat* (Vas) angio; (Vasculum) *kleines [Blut- u.a.] Gefäß* vaskulo (↑ *auch* ***Blut-*** *u.* ***Lymphgefäß***); ~***e neu bilden*** *z.B. in Geweben durch Einsprossung (ein physiologischer Prozess)* vaskularizi

Gefäßbündel *n/Pl Bot* ↑ ***Leitbündel***

Gefäß|chirurg *m Med* vaskula kirurgo; ~**chirurgie** *f Med* vaskula kirurgio

Gefäßdarstellung *f:* ***röntgenologische*** ~ ***mittels injizierter Kontrastmittel*** *Med* angiografio, *auch* vazografio

Gefäßerkrankung *f Med* angiopatio

gefäßerweiternd *Adj Med, Pharm* angiolarĝiga, vazodilata

Gefäßerweiterung *f Med (das Erweitern)* vazodilatado, *(das Sicherweitern [von Arterien, Kapillaren u. Venen)* vazodilatiĝo (↑ *auch* ***Aneurisma*** *u.* ***Krampfadern***)

gefäßförmig *Adj bes. Biol* vazoforma

Gefäßgeflecht *n, auch* ***Gefäßplexus*** *m* (Plexus vascularis) *Anat* vaskula plekso

Gefäßgeschwulst *f Med* ↑ ***Angiom***

Gefäß|insuffizienz *f Med* vaskula insuficienco; ~**klemme** *f Chir* angiopinĉilo

Gefäßknäuel *n Anat* ↑ ***Glomerulum***

Gefäß|krampf *m, Fachspr* ***Angiospasmus*** *m Med* angiospasmo; ~**krankheit** *f, auch* ***Gefäßleiden*** *n Med* vaskula malsano, angiomalsano, angiopatio; ~**kryptogamen** *f/Pl* (Cryptogamae vasculares) *Bot* vaskulaj kriptogamoj *Pl*; (Pteridophyta) *z.B. Farnpflanzen* pteriofitoj *Pl*; ~**lähmung** *f Med* vazoplegio; ~**muskulatur** *f Anat (die Muskelfasern, die Zusammenziehung, Erweiterung u. Spannung der Gefäße regulieren)* vaskula muskolaro; ~**naht** *f Chir* vaskula suturo

Gefäßnervenzentrum *n Anat* ↑ ***Vasomotorenzentrum***

Gefäß|netz *n* (Rete vasculosum) *Anat* vaskula reto; ~**neurose** *f, Fachspr* ***Angioneurose*** *f Med* angioneŭrozo

Gefäßplexus *m Anat* ↑ ***Gefäßgeflecht***

Gefäßprothese *f Medizintechnik* stento (*vgl. dazu* ***Stent***)

gefäßreich, *Fachspr* ***vaskulös*** *Anat, Med* vaskuloza

Gefäß|ruptur *f Med* vaskula ŝiriĝo; ~**schaden** *m Med* vaskula difekto (*vgl. dazu* ***Vaskulitis***); ~**system** *n Anat* cirkulada aparato

gefasst *Adj* trankvila; *innerlich ruhig* kvieta; *sich beherrschend* sinrega; *stoisch* stoika; ***auf etw.*** ~ ***sein*** esti preparita (*od i.w.S.* preta) por io

Gefäß|tonus *m Physiol* vaskula tonuso; ~**tumor** *m Med* vaskula tumoro

gefäßverengend *Adj Med, Pharm* vazokonstrikta *od* angio-mallarĝiga,; ***Adrenalin hat einen*** ~***en Effekt*** adrenalino havas angio-mallarĝigan efikon

Gefäßverengung *f Med* vazokonstrikto

Gefäßverschluss *m Med*: ***plötzlicher*** ~ *meist durch ein Blutgerinnsel* embolio (*vgl. dazu* ***Thrombose***)

Gefecht *n Kampf* batalo (↑ *auch* ***Rückzugs-***, ***Seegefecht*** *u.* ***Scharmützel***); *i.w.S. Wort*≗ disputo; ***klar zum*** ~ *Mil* preta por batalo *auch i.w.S.*; ***außer*** ~ ***setzen*** malfunkciigi, malkapabligi, *([krass:] ausrotten)* ekstermi; ***in der Hitze des*** ~***s*** en la ardo de [la] batalo

gefechts|bereit *od* ~**klar** *Adj Mil* batalpreta

Gefechts|bereitschaft *f Mil* batalpreteco; ~**einheit** *f Mil* taktika unuo

gefechtsklar ↑ ***gefechtsbereit***

Gefechts|lage *f Mil* taktika situacio; ~**ordnung** *f Truppengliederung* batalordo

Gefeierte *m* ↑ ***Jubilar***

gefeit *Adj unverwundbar durch Hieb, Schuss u.a.* nevundebla; *immun* imuna (***gegen*** kontraŭ); *sicher* sekura

Gefesseltsein *n, i.w.S.* ***Gebundensein*** *n* kateniĝo

Gefieder *n* plumaro; ***das*** ~ ***ordnen*** ordigi la plumaron

Gefiederpflege *f* flegado de la plumaro

gefiedert *Adj* ***a)*** *Zool* plumhava ***b)*** *Bot (eine Blattform)* pinata; ***paarig*** (***unpaarig***) ~ *Bot* pare (nepare) pinata

Gefilde *n meist poet* kamparo; *übertr Gebiet* areo, regiono

gefingert *Adj Bot (eine Blattform)* fingroforma; ***handförmig*** ~ palmata

Geflacker *n* flagrado (*vgl. dazu* ***Geflimmer***)

Geflecht *n* ***a)*** *Geflochtenes, Flechtwerk* plektaĵo, *(aus der Korbweide)* vimenaĵo (↑ *auch* ***Draht-*** *u.* ***Strohgeflecht***); *netzartiges Geflecht, z.B. eines Stuhlsitzes* retaĵo; ~ ***aus Zweigen*** branĉoplektaĵo; ***mit*** ~ ***umhüllen***

z.B. eine Chiantiflasche vimentegi ***b)*** *Gitterwerk* latiso ***c)*** *Anat* plekso (↑ *auch* ***Ader-, Gefäß-, Nerven-*** *u.* ***Venengeflecht***)

gefleckt *Adj z.B. Dessin od Fell* makulita *od* makulkolora, *(bunt gefleckt)* varikolore makulita, varikolora, *(unregelmäßig schwarz--weiß gefleckt (bes.das Fell eines Tieres od das Gefieder eines Vogels)* piga (*vgl. dazu* ***fleckig, gepunktet*** *u.* ***scheckig***); ***weiß ~***, *Fachspr Bot auch lat.* ***albimaculatus*** blankmakula

Geflimmer *n* trembril[ad]o (*vgl. dazu* ***Geflacker***)

geflissentlich *Adv* intence

Geflochtene *n tw. Geflochtenes* plektaĵo

Geflügel *n* kortbirdoj *Pl; Kochk* birdaĵo; **~hof** *m Hühnerhof* kokina korto; **~marke** *f Markierungsschildchen am Flügel* kokomarko

Geflügelpest *f Vet* ↑ ***Vogelgrippe***

Geflügelpocken *f/Pl Vet* ↑ ***Vogelpocken***

Geflügelschere *f Hausw* birdaĵa tondilo

geflügelt *Adj* flugilhava ◇ ***~e Worte*** *n/Pl* proverba parolturno, familiara citaĵo

Geflügelzucht *f* bredado de kortbirdoj

Geflüster *n* flustrado; *Geflüstertes* flustraĵo

Gefolge *n od* **Gefolgschaft** *f* sekvantaro, akompanantaro; *Eskorte* eskorto; ***im Gefolge von*** *als Folge* sekve de

gefragt *Adj beliebt* [ege] ŝatata *auch Ware*

gefranst *Adj fransig* franĝita, franĝohava; *Fachspr Anat, Biol (gewimpert, <wiss> fimbriatus)* fimbria (*vgl. dazu* ***Fimbrie***)

gefräßig *Adj* manĝegema, manĝavida, *(alles verschlingen wollend)* vorema (↑ *auch* ***gierig***)

Gefräßigkeit *f* manĝavido, voremo, *auch* manĝegemo

Gefreite *m Mil* supera soldato

Gefrierchirurgie *f* = ***Kryochirurgie***

gefrieren *intr zu Eis werden* glaciiĝi (*vgl. dazu* ***erstarren***); ***~ lassen*** glaciigi (*vgl. dazu* ***tiefgefrieren***); ***~der Regen*** *m* glaciiĝanta pluvo

Gefrier|fach *m, auch* ***Tiefkühlfach*** *od* ***Frostfach*** *n od* ***Froster*** *m im Kühlschrank* frost[o]fako (*vgl. dazu* ***Tiefkühltruhe***); **~fisch** *m* fridigita fiŝo; **~fleisch** *n* fridigita (*od* kongelita) viando; **~gemüse** *n, auch* ***Feinfrostgemüse*** *n* fridigita legomo

gefriergetrocknet *Adj* liofilizita

Gefrier|gut *n Tiefgefrorenes* kongelaĵo; **~kost** *f* fridigita nutraĵo; **~punkt** *m Met, Phys* frostpunkto, glacipunkto *od* punkto de glaciiĝo (*vgl. dazu* ***Erstarrungspunkt***); **~schrank** *m* frostoŝranko

gefriertrocknen *tr* liofilizi

Gefriertrocknen *n od* **Gefriertrocknung** *f* liofiliz[ad]o

Gefriertruhe *f* ↑ ***Tiefkühltruhe***

gefroren frostiĝinta; *zu Eis geworden, zugefroren* glaciiĝinta

Gefrorene *n* ↑ ***Eis b)***

Gefüge *n* strukturo; *Geol (Schichtgestein)* stratumo (↑ *auch* ***Textur***)

gefügig *Adj anpassungsfähig* adaptiĝema; *flexibel (Person)* fleksiĝema; *i.w.S. gehorsam* obeema

Gefühl *n* sento (↑ *auch* ***Furcht-, Gemeinschafts-, Hunger-, Minderwertigkeits-, Mit-, Rache-, Scham-, Schuld-, Schwindel-, Schwäche-*** *u.* ***Sympathiegefühl***); *seelische Empfindung auch* sentimento; *Gemütsbewegung* emocio; *Tastsinn* palp[o]sento; *Ahnung, Vorgefühl* antaŭsento (*vgl. dazu* ***Vermutung***); ***ein ~ der Einsamkeit*** sento de soleco; ***mit einem ~ der Erleichterung*** kun sento de senŝarĝiĝo; ***mit gemischten ~en*** kun miksitaj sentoj; ***ohne ~*** *Adj* sensenta; *Adv* sensente; *taub durch Anästhetikum (Haut, Körperbezirk)* nesensiva [pro anestezo]; *herzlos* senkora; *mitleidlos* senkompata; *i.w.S. (grausam)* kruela, *(roh)* kruda; ***seine ~e ausdrücken*** esprimi siajn sentojn; ***das ~ haben, als ob ...*** havi la senton kvazaŭ ...; ***Herr über seine ~e sein*** regi siajn emociojn; ***jmds. ~e verletzen*** ofendi (*od [intensiver:]* vundi) ies sentojn

gefühllos *Adj* sensenta, *(Person)* sensentema; *taub durch Anästhetikum (Haut, Körperbezirk)* nesensiva [pro anestezo]; *herzlos* senkora; *mitleidlos* senkompata; *i.w.S. grausam, roh* kruela, kruda (*vgl. dazu* ***kaltblütig***)

Gefühllosigkeit *f* sensentemo; *Herzlosigkeit* senkoreco; *Härte* krudeco; *Mitleidlosigkeit* senkompatemo

Gefühlsausbruch *m Psych*: ***intensiver ~*** *Affekt* afekcio

gefühls|betont *Adj* gvidata de siaj sentoj, *auch* multemocia; **~kalt** *Adj* frida; *sex (frigide [Frau])* frigida

Gefühlslähmung *f* ↑ *unter* ***Paralyse***

gefühlsmäßig *Adv* emocie; *intuitiv* intuicie

Gefühls|mensch *m* multemociulo, sentimentulo; **~regung** *f* emocio; **~sache** *f* afero de sentimento

Gefühlsverlust *m* ↑ *unter* ***Paralyse***

gefühlvoll *Adj* sentoplena (*vgl. dazu* ***sensibel***); *empfindam, rührselig* sentimentala; *zart* delikata

gefüllt *Adj Kochk*: ~***e Gänsebrust*** *f* ansera brusto farĉita; ~***e Paprikaschoten*** *f/Pl* farĉitaj paprikoj *Pl* (↑ *auch* ***füllen b)***)

gefüttert *Adj*: ~***er Mantel*** *m* subŝtofita mantelo (↑ *auch* ***[2]füttern*** *u.* ***pelzgefüttert***)

Gegacker *n* klukado

Gegaffe *n* ↑ ***Gaffen***

Gegake *n von Gänsen* gakado

gegebenenfalls (*Abk* ***ggf.***) *Adv*: *falls nötig* se necese; *vielleicht* eble; *möglicherweise* probable

gegen *Präp* ***a)*** *allg* kontraŭ *mit Nom, im freundlichen od neutralen Sinne auch* al (*vgl. dazu* ***entgegen 1.***, ***kontra*** *u.* ***wider***); ~ ***die strenge Kälte*** kontraŭ la forta malvarmo; ***grausam ~ jmdn. sein*** esti kruela kontraŭ iu; ***nachsichtig ~ jmdn. sein*** esti indulgema kontraŭ (*od auch* al) iu; ***fünf ~ drei Stimmen*** *bei einer Abstimmung* kvin voĉoj kontraŭ tri [voĉoj] ***b)*** *Ort* kontraŭ *mit Nom, bei bes. Nachdruck auch mit Akk*; *in Richtung* [en direkto] al; ~ ***einen Baum fahren*** veturi kontraŭ arbon; ~ ***eine Mauer stoßen*** puŝiĝi kontraŭ muro; ~ ***den Strom schwimmen*** naĝi kontraŭ la fluo; ~ ***Norden*** [en direkto] al nordo ***c)*** *Zeit* ĉirkaŭ, [proksimume] je; ~ ***Abend*** ĉirkaŭ la vespero, je vesperiĝo; ~ ***sechs Uhr*** ĉirkaŭ (*od* proksimume je) la sesa horo ***d)*** *verglichen mit* kompare al (*od* kun); ***er ist ein naiver Mensch ~ seinen Vater*** li estas [vera] naivulo kompare kun sia patro ***e)*** *ungefähr, etwa* ĉirkaŭ, proksimume; *fast* preskaŭ; *mehr oder weniger* pli-malpli; ~ ***hundert*** ĉirkaŭ cent ***f)*** *in besonderen Fügungen*: ~ ***bar*** kontante; ***einer ~ den anderen*** *bzw.* ***eine ~ die andere*** *bzw.* ***eins ~ das andere*** unu kontraŭ la alia

Gegenangebot *n* kontraŭpropono

Gegenangriff *m*, *<österr>* ***Konterattacke*** *f Fechten, Fußball, Mil* kontraŭatako (↑ *auch* ***Contrariposte***, ***Konter*** *u.* ***Riposte***); ***einen ~ starten*** (*od* ***unternehmen***) *od* ***zum ~ antreten*** komenci kontraŭatakon, kontraŭataki

Gegenantwort *f* repliko (*vgl. dazu* ***Retourkutsche***)

Gegenanzeige *f Med* ↑ ***Kontraindikation***

Gegen|argument *n* kontraŭargumento (↑ *auch* ***Gegenrede***); ~**befehl** *m* kontraŭordono

Gegenbehauptung *f* ↑ ***Antithese***

Gegenbesuch *m*: ***einen ~ machen*** *auch Dipl* fari reviziton (***bei*** ĉe)

Gegenbeweis *m* kontraŭpruvo (↑ *auch* ***Gegenargument***)

Gegenbock *m Anat* ↑ ***Antitragus***

Gegend *f Region (auch Anat)* regiono (↑ *auch* ***Anal-***, ***Körper-***, ***Leisten-***, ***Lenden-*** *u.* ***Schamgegend***); *Landschaft* pejzaĝo; *Umgegend* ĉirkaŭ[aĵ]o, *auch* ĉirkaŭejo; ***eine malerische*** (***schöne***) ~ bela (pitoreska) regiono; ***aus welcher ~ kommt er?*** el kiu regiono (*od* parto) de la lando li venas?

Gegen|demonstration *f* kontraŭmanifestacio; ~**dienst** *m* kompensa servo; ~**druck** *m* kontraŭpremo

gegeneinander *Adv* unu kontraŭ (*od* al) la alia

Gegen|fahrbahn *f* kontraŭdirekta trafikleno; ~**forderung** *f* kontraŭpostulo; *Forderung nach Kompensation* kompensa postulo; *Forderung der Gegenseite* postulo de la kontraŭulo; ~**frage** *f* demando anstataŭ respondo

Gegengesang *m Metr* ↑ ***Antistrophe***

Gegengeschenk *n* kompensa donaco

Gegengewicht *n* kontraŭpezo *auch übertr*; *konkret als Ballast, z.B. an Turmdrehkränen* kontraŭpezaĵo; ***als ~ zu*** kiel kontraŭpezo al

Gegengift *n* kontraŭveneno, *bes. Fachspr Med (Antitoxin)* antitoksino, *auch* kontraŭtoksino, *(Antidot)* antidoto

gegeninflationär ↑ ***antiinflationär***

Gegen|kandidat *m bes. Parl* kontraŭkandidato; ~**kanon** *m*, *auch* ***Spiegel-*** *od* ***Umkehrungskanon*** *m Mus* inversa kanono; ~**kathete** *f Geom* opozicia kateto; ~**kräfte** *f/Pl Phys* kontraŭagantaj fortoj *Pl*; ~**kultur** *f*, *engl.* ***conter culture*** kontraŭkulturo; ~**last** *f Masse [meist Gusseisen- od Schwerspatblöcke], die zum Ausgleich einseitiger Belastungen dient, z.B. bei Baggern u. Kranen mit Ausleger, bei Aufzügen zum Lastenausgleich u. bei Fahrleitungen zum Spannen* kontraŭmaso

gegenläufig *Adj Bot* adversa, *(von Samenanlagen)* anatropa

Gegenleistung *f* kompensa servo, ekvivalento; *Schadenersatz* damaĝokompenso; ***eine ~ erbringen*** fari kompensan servon

Gegen|licht *n* kontraŭlumo *auch beim Fotografieren*; ~**liebe** *f* reciproka amo

Gegenlogarithmus *m Math* ↑ ***Antilogarithmus***

Gegenmaßnahmen *f/Pl* kontraŭrimedoj *Pl*; *Schritte dagegen* kontraŭagado

Gegenmine *f Mil hist* ↑ ***Kontermine***

Gegen|mittel *n allg* kontraŭrimedo; *Med (Antidot, Gegengift)* antidoto, kontraŭveneno; ~**mutter** *f, auch* ***Kontermutter*** *f Handw (eine Schraubensicherung)* kontraŭŝraŭbingo; ~**offensive** *f Mil* kontraŭofensivo; ~**part** *m Gegner, Widersacher* kontraŭulo; ~**papst** *m kath. Kirche* kontraŭpapo; ~**partei** *f die andere Seite* la kontraŭ[ul]a (*od* alia) flanko; ~**plan** *m od* ~**projekt** *n* kontraŭprojekto; ~**probe** *f* kontraŭprovo; ~**rede** *f bei Rede und Gegenrede* kontraŭparolo; ~**reformation** *f Gesch* kontraŭreformacio

Gegenrevolution *f* = ***Konterrevolution***

Gegensatz *m Kontrast* kontrasto (***zwischen ... und ...*** inter ... kaj ...); *Widerspruch* kontraŭdiro; ***im ~ zu*** en kontrasto kun *od* kontraste kun; *im Widerspruch zu* kontraŭdire al; *ganz anders als* tute alie ol, *selt auch* malkiel; ***unüberbrückbarer ~*** antagonismo

gegensätzlich *Adj konträr* kontrasta, kontraŭa; *i.w.S. diametral gegenüberliegend* antipoda

Gegensätzlichkeit *f* kontraŭeco (*vgl. dazu* ***Widerspruch***)

Gegen|schlag *m* rebato; *Mil* kontraŭatako; *schneller Gegenschlag beim Fechten* riposto; ~**seite** *f die andere Seite* la alia flanko; *Jur* kontraŭula flanko

gegenseitig 1. *Adj einander* reciproka; *zweiseitig* duflanka; ***~e Abhängigkeit*** (***Achtung***, ***Beschimpfung***, ***Hilfe***) *f* reciproka dependeco (estimo, insultado, helpo); ***~es Verstehen*** (*od* ***Verständnis***) *n* reciproka sinkompren[ad]o; ***~es Vertrauen*** reciproka konfido; ***ein Vertrag über ~e Hilfe*** kontrakto (*bzw. Dipl* traktato) pri reciproka helpo; **2.** *Adv einander* reciproke, unu la alian; ***sich ~ an der Hand halten*** sin reciproke teni ĉe la mano; ***wir machten uns ~ Mut*** ni reciproke kuraĝigis nin; ***sie schaden sich ~*** ili damaĝas unu la alian; ***sich ~ umbringen*** mortigi unu la alian

Gegenseitigkeit *f* reciprokeco; ***auf [der] Grundlage der ~*** surbaze de (*od* bazita sur) reciprokeco

Gegenseitigkeitserklärung *f Pol* deklaracio de reciprokeco

Gegenseitigkeitsprinzip *n* ↑ *unter* ***Prinzip***

Gegensonne *f Astron, atmosphärische Optik* ↑ ***Anthelium***

Gegen|spieler *m Sport* kontraŭula ludisto, *auch kurz* kontraŭulo; *Rivale* rivalo; *Antagonist* antagonisto; *i.w.S. Partner* partnero; ~**sprechanlage** *f, auch* ***Wechselsprechanlage*** *f* interkomo, dupleksa radiotelefono

Gegenstand *m Ding, Sache* objekto, aĵo; *Thema von Gesprächen, Verhandlungen u. Ä.* temo, objekto; *Mal* subjekto; *Angelegenheit* afero; *Stoff* ŝtofo *auch einer Erzählung*; *<österr> Schul- od Unterrichtsfach* lerneja fako, objekto de instruado; ***~ der Diskussion*** objekto de la diskut[ad]o; ***Gegenstände*** *Pl* ***des täglichen Bedarfs*** aĵoj *Pl* de ĉiutaga bezono

gegen|ständig *Adj Bot (gegenüberstehend [von Blättern])* kontraŭesida; ~**ständlich** *Adj konkret* konkreta; *rein sachlich* objektiva

Gegenständlichkeit *f Phil* objektiveco

gegenstandslos *Adj* senobjekta; *bedeutungslos* sensignifa; *nicht mehr gültig* ne plu valida; *unbegründet* senbaza, senmotiva; *abstrakt* abstrakta; ***~e Malerei*** *f* abstrakta pentroarto

Gegen|stimme *f* kontraŭvoĉo; ~**stoß** *m Mil* kontraŭatako *auch Sport, bes. Fußball* (↑ *auch* ***Tempogegenstoß***); ~**strömung** *f* opozicio

Gegenteil *n* malo, kontraŭo (***von*** de); ***im ~*** kontraŭe, male; ***ganz im ~!*** tute male!; ***das ~ behaupten*** aserti la kontraŭon (*od* malon); ***genau das ~ von dem, was Sie gesagt haben*** rekte la kontraŭo (*od* malo) de tio, kion vi diris; ***etw. ins ~ verkehren*** [tute] inversigi la aferon (*bzw.* situacion)

gegenteilig *Adj* mala, kontraŭa; *oppositionell* opozicia; ***eine ~e Meinung haben*** havi malan (*od* kontraŭan) opinion

Gegentor *n Sport* kontraŭula golo

gegenüber 1. *Adv* kontraŭe, vidalvide; ***einander ~*** unu vidalvide de (*od* al) la alia; ***einander ~ stehen*** stari unu kontraŭ la alia; ***er wohnt ~ von uns*** li loĝas vidalvide de ni **2.** *Präp* ***a)*** *örtl* kontraŭe de, vidalvide al, fronte al; ***der Nachbar von ~*** la najbaro loĝanta vidalvide de ni *bzw.* la najbaro de trans la koridoro (*bzw.* strato *u. dgl.*), *allg auch* la najbaro de kontraŭe; ***~ dem Rat***

haus *od* ***dem Rathaus*** ~ vidalvide al la urbdomo ***b)*** *im Vergleich zu* kompare al (*od* kun); ~ ***dem Vorjahr hat sich die Lage gebessert*** kompare al la pasinta jaro la situacio pliboniĝis

Gegenüber *n Person* vidalvidulo, kontraŭe sidanta (*bzw.* staranta *od* loĝanta) persono

gegenüberliegen *intr* situi (*od* troviĝi) kontraŭe, situi (*od* troviĝi) sur la alia flanko

gegenüberliegend *Adj* kontraŭe troviĝanta, *Geogr meist* kontraŭe situanta; ***an der ~en Tür klingeln*** sonorigi ĉe la kontraŭe troviĝanta pordo

gegenübersitzen *intr* sidi vidalvide (*od* kontraŭvizaĝe)

gegenübersteh[e]n *intr* stari (*od i.w.S.* esti) vidalvide (***jmdm.*** de iu *od* al iu); ***sich feindlich ~*** malamike fronti unu al la alia

gegenüberstellen *tr* ***a)*** *örtl*: ***wir stellen den Schrank dem Spiegel gegenüber*** ni starigos (*od* metos) la ŝrankon vidalvide al la spegulo ***b)*** *konfrontieren* konfronti (***jmdn. jmdm.*** iun kun iu) ***c)*** *vergleichen* kompari

Gegenüberstellung *f* ***a)*** *Konfrontation (auch Jur)* konfrontado; ~ ***von entgegengesetzten Begriffen*** *Ling* antonimeco ***b)*** *Vergleich* kompar[ad]o

Gegen|verkehr *m* kontraŭdirekta trafiko; ~**vorschlag** *m* kontraŭpropono, *auch* alternativa propono

Gegenwart *f* nuntempo, *auch* nuno; *Anwesenheit* ĉeesto; *Gramm* prezenco, *für das Esperanto auch* as-tempo; ***in ~ von*** (*od mit Gen*) en ĉeesto de

gegenwärtig 1. *Adj* nuntempa, nuna, aktuala; ***die ~e Situation*** la nun[tempa]a situacio; ***bis zum ~en Moment*** (*od* ***Zeitpunkt***) ĝis la nuna momento; ***das ist mir nicht mehr ganz ~*** tion mi momente malbone memoras **2.** *Adv* nuntempe, en la nuna tempo

Gegenwartsliteratur *f* ↑ *unter* ***Literatur***

Gegen|wehr *f* kontraŭstaro; *Verteidigung* defendo; ~**wert** *m* samvaloro, egalvaloro; ~**wind** *m* kontraŭa vento; ~**wirkung** *f* reefiko; *Reaktion* reago; ~**wort** *n Ling* antonimo, *fürs Esperanto auch* mal-vorto

gegenzeichnen *tr u. abs* kunsubskribi

Gegenzeichnung *f* kunsubskribo

Gegenzug *m* ***a)*** *Schach* responda movo ***b)*** *Eisenb* ↑ *unter* ***Zug a)***

Gegisch[e] *n Ling (einer der beiden Hauptdialekte Albaniens [im Norden des Landes gesprochen])* la gega [dialekto] (*vgl. dazu* ***Toskisch***)

Gegner *m* ***a)*** kontraŭulo *auch Pol, Sport u. Spiel* (↑ *auch* ***Atomkraftgegner*** *u.* ***Widersacher***); ***ein schwerer ~*** *Sport* forta kontraŭulo ***b)*** *Feind* malamiko; *Rivale* rivalo; *Teilnehmer an einem Wettbewerb* konkursanto; *im Redestreit* oponanto (*vgl. dazu* ***Opponent***)

gegnerisch *Adj* kontraŭula; *feindlich* malamika; *antagonistisch, entgegengesetzt wirkend* antagonisma

Gegnerschaft *f* kontraŭeco; *gegnerische Personen* kontraŭuloj *Pl*, oponantoj *Pl*; *Pol* opoziciuloj *Pl*, [la] opozicio; *Feindschaft* malamikeco; *Antagonismus* antagonismo

Gegrillte *n auf dem Rost Gebratenes* kradrostaĵo

Gegurre *n von Tauben od Verliebten* kverado

Gehabe *n eigenartiges Benehmen* stranga konduto; *geziertes Benehmen* afektita konduto

Gehackte *n Nahr* ↑ ***Hackfleisch***

Gehäkelte *n etw, Gehäkeltes, gehäkelter Stoff* kroĉ[trik]aĵo

[1]**Gehalt** *m* ***a)*** *Inhalt* enhavo; *in einem anderen Stoff Enthaltenes* enhavaĵo (↑ *auch* ***Fruchtzucker-*** *u.* ***Ozongehalt***); *Chem u. Serologie (Titer)* titro; ~ ***in Prozent*** *z.B. an Säure* procentaĵo (*vgl. dazu* ***Alkoholgehalt***) ***b)*** *übertr ([innerer] Wert)* [interna] valoro

[2]**Gehalt** *n*, <*schweiz*> ***Salär*** *n Arbeitsvergütung* salajro (↑ *auch* ***Anfangs-***, ***Brutto-***, ***Durchschnitts-***, ***Grund-***, ***Mindest-***, ***Monats-***, ***Nettogehalt***, ***Gage***, ***Honorar***, ***Lohn*** *u.* ***Sold***); ~ ***mit Steigerungen nach dem Dienstalter*** salajro laŭ servojaroj; ***ein ~ von ... Euro beziehen*** ricevi salajron de ... eŭroj; ***das ~ erhöhen*** plialtigi la salajron

gehaltlos *Adj* senenhava *auch ein Buch, eine Rede u.a.*; *bedeutungslos* sensignifa; *leer* malplena; *ohne Nährwert* sen nutra valoro *nachgest*

Gehaltlosigkeit *f meist verbal übersetzt* (*vgl. dazu* ***gehaltlos***); *Leere* malpleneco

Gehalts|abzug *m* redukto de la salajro; ~**[aus]zahlung** *f* pago de la salajro; ~**empfänger** *m* salajrulo; ~**erhöhung** *f* plialtigo de [la] salajro; ~**pfändung** *f Jur* konfisko de [la] salajro; ~**skala** *f* salajroskalo; ~**tabelle** *f* baremo de salajroj; ~**tag** *m* pagotago [de la salajro]; ~**tarif** *m* salajrotarifo

Gehaltszahlung *f* ↑ ***Gehaltsauszahlung***

Gehaltszulage *f* salajroaldono
gehaltvoll *Adj* multenhava; *bedeutungsvoll* signifoplena; *wichtig* [tre] grava; *ideenreich* ideoriĉa; *nahrhaft* nutra, havanta altan nutrovaloron, *auch* riĉa; *~e Nahrung f* riĉa nutraĵo
Gehämmer *n* martelado
gehandikapt *Adj* handikapita
Gehänge *n Ohr*~ [ornama] orelpendaĵo
Gehängte *m* pendigito
geharnischt *Adj **a)** hist: mit einem Harnsich angetan* surhavanta kirason *nachgest **b)** übertr (scharf, mit scharfen Worten)* akra, akre vortigita, *(energisch und klar)* energia kaj [tute] klara
gehässig *Adj böswillig* malica; *in böser Absicht* malbonintenca; *Böses tuend, schlecht* malbonfarema; *i.w.S. feindlich* malamika (***gegen*** kontraŭ); ***ein ~er Mensch*** malica homo, maliculo
Gehässigkeit *f* malico; *etw. Gehässiges* malicaĵo
Gehäuse *n **a)** Kasten* kesto *auch der Uhr; allg auch* ujo, skatolo (↑ *auch* ***Uhr[en]-gehäuse***); *von Muscheln od Schnecken* konko; *Kern*~ *von Früchten* kernetujo ***b)*** *Sport: salopp für «Tor»* golejo; ~**schnecke** *f* (*Gattung* Helix) *Zool* heliko
gehbehindert *Adj* ir-handikapita
Geh|behinderte *m* ir-handikapito; ~**behinderung** *f* ir-handikapo
geheftet *Adj*: ***~e Ausgabe*** *f Buchw* kudre bindita eldono
Gehege *n für Tiere* ĉirkaŭbar[aĵ]o; *umzäuntes Gebiet* ĉirkaŭbarita areo (*od* teritorio *bzw.* posedaĵo *u.a.*) (*vgl. dazu* ***Voliere***) ◇ ***komm mir nicht ins ~*** ne ĉasu sur mia grundo
geheiligt *Adj* sanktigita; *heilig* sankta; ***einen ~en Ort besuchen*** *z.B. ein Ahnengrab od das Grab eines Heiligen* viziti sanktan lokon
geheim 1. *Adj* sekreta (↑ *auch* ***heimlich***); *versteckt* kaŝita; *mysteriös* mistera; *nicht für Außenstehende* malpublika; *nur für Eingeweihte verständlich bzw. bestimmt* esotera; *okkult* okulta; ***~es Versteck*** *n* sekreta kaŝejo; ***~e Wahl*** *f Pol* sekreta voĉdonado; ***in ~er Mission reisen*** vojaĝi kun sekreta komisio *(Zam)*; ***streng ~*** strikte sekreta; ***etw. ~ halten*** teni ion sekreta, sekretigi ion; *etw. verbergen* kaŝi ion; ***etw. streng ~ halten*** teni ion en severa sekreto; ***~ tun*** agi en maniero mistike stranga **2.** *Adv insgeheim* sekrete; *heimlich* kaŝe; *stillschweigend* silente
Geheim|abkommen *n od* ~**absprache** *f* sekreta interkonsento; ~**agent** *m* sekreta agento (*vgl. dazu* ***Spion***); ~**archiv** *n* sekreta arkivo; ~**auftrag** *m geheime Mission* sekreta misio; ~**bericht** *m* sekreta raporto
Geheimbund *m* sekreta societo; ***jmdn. in einen ~ aufnehmen*** inici iun en sekretan societon
Geheimcode [*...ko:t*] *m* sekreta kodo
Geheimdienst *m* sekreta servo (↑ *auch* ***Auslandsgeheimdienst***); ***für den ~ arbeiten*** labori por la sekreta servo
Geheim|dienstchef *m* ĉefo de [la] sekreta servo; ~**diplomatie** *f* sekreta diplomatio; ~**dokument** *n* sekreta dokumento
Geheime *n von etw.* sekreteco; ***etwas ~s*** *geheime Angelegenheit* sekretaĵo, afero sekreta
Geheim|fach *n* kaŝita fako [de ŝranko *u.a.*]; ~**fonds** *m, scherzh* ***Reptilienfonds*** *m* sekreta fonduso; ~**gesellschaft** *f* sekreta societo
Geheimhaltung *f* tenado en sekreto, sekretigo; *Sicherheit* sekureco; ***unter strengster ~*** sub strikta (*od* plej severa) sekretigo
Geheim|informant *m* sekreta informanto; ~**kamera** *f* kaŝe instalita kamerao, *auch* detektivkamerao; ~**klausel** *f* sekreta klaŭzo; ~**lehre** *f* esoterismo (*vgl. dazu* ***Kabbala*** *u.* ***Kabbalistik***); ~**meldung** *f* sekreta raporto
Geheimnis *n* sekreto (↑ *auch* ***Amts-***, ***Bank-***, ***Beicht-***, ***Berufs-***, ***Post-*** *u.* ***Staatsgeheimnis***); *Rätsel, Mysterium* mister[aĵ]o; *das Mysteriöse an etw.* mistereco; ***ein öffentliches*** (*od* ***offenes***) ~ publika sekreto; ***ein ~ für sich behalten*** teni sekreton por si mem; ***ein ~ bewahren*** gardi sekreton; ***vor dir*** (*bzw.* ***Ihnen***) ***hab ich keine ~se*** kontraŭ vi mi havas neniajn sekretojn; ***ein ~ lüften*** (*od* ***offenbaren***) malkaŝi sekreton; *etw. Mysteriöses* senvualigi misteraĵon; ***ein ~ verraten*** [el]perfidi sekreton; ***ein ~ wahren*** gardi sekreton; ***es ist kein ~, dass ...*** ne estas sekreto, ke ...
geheimniskrämerisch *Adj* sekretema
Geheimnistuerei *f* sekretŝajnigo
geheimnisvoll *Adj* plena de sekretoj; *mysteriös* mistera (*vgl. dazu* ***mystisch***)
Geheim|nummer *f Tel* sekreta [telefon]numero; ~**operation** *f Geheimdienst, Polizei, Mil* sekreta operacio; ~**organisation** *f* sekreta organizaĵo; ~**polizei** *f* sekreta polico;

~**polizist** *m* kaŝpolicisto; ~**programm** *n* sekreta programo; ~**protokoll** *n* sekreta protokolo; ~**rat** *m* sekreta konsilisto; ~**rezept** *n* sekreta recepto; ~**sache** *f offiziell* sekreta dokumento; *geheime Angelegenheit* afero sekreta, sekretaĵo; *scherzh für «Geheimnis»* [privata] sekreto; ~**schlüssel** *m* sekreta ŝlosilo; ~**schrift** *f* sekreta skribo, kriptografio; *Chiffre* ĉifro; ~**sender** *m Radio* sekreta radiostacio (*vgl. dazu* ***Piratensender***); ~**siegel** *n* sekreta sigelo; ~**sitzung** *f* sekreta kunsido; ~**tinte** *f* sekreta inko; ~**tuerei** *f* sekretŝajnigo

geheimtuerisch *Adj* sekretŝajniga; *geheimniskrämerisch* sekretema

Geheim|vertrag *m* sekreta kontrakto, *(zw. Staaten)* sekreta traktato; ~**waffe** *f* sekreta armilo

Geheimzahl *f*: ***persönliche*** ~ (*engl. Abk* ***PIN***) persona identiga numero

Geheiß *n geh für «mündlicher Befehl»* ordono; ***auf sein*** ~ laŭ lia ordono

gehemmt *Adj schüchtern* timema

gehen *intr* ***a)*** iri (***nach*** al; ***zu jmdm.*** al iu) (↑ *auch* ***laufen*** *u.* ***schreiten***); *regelmäßig etw. besuchen, z.B. einen Kurs* vizitadi, *auch* frekventi; ***einkaufen*** ~ [iri por] butikumi; ***fischen*** ~ iri por kapti fiŝojn; ***nach Hause*** ~ iri hejmen *od* hejmeniri; ***hintereinander*** ~ iri unu post la alia; ***ins Kino*** ~ iri en kinejon; ***in die Schule*** ~ vizitadi (*od* frekventi) la lernejon; ***komm, lass uns*** ~***!*** *nach Hause* ni iru hejmen!; *losgehen* ni ekiru!; ~ ***Sie oft ins Konzert?*** ĉu vi ofte vizitadas koncertojn?; ***wohin gehst du?*** kien vi iras?; ***zu (od ins) Bett*** ~ enlitiĝi; ***zu Fuß*** ~ iri piede *od* piediri; ***zu Tisch*** ~ iri por manĝi; *sich zu Tisch setzen* altabliĝi, eksidi ĉe la [manĝo]tablo ***b)*** *führen nach* konduki al; ***nach oben*** ~ iri supren, *auch* supreniĝi; ***der Weg geht nach ...*** la vojo kondukas al ... ***c)*** *Maschine, Uhr* funkcii, iri (*vgl. dazu* ***laufen***); ***die Uhr geht gut*** la horloĝo funkcias (*od* iras) bone; ***der Wecker geht nicht mehr*** la vekhorloĝo ne plu funkcias ***d)*** *abfahren, z.B. Bus od Zug* ekveturi ***e)*** *Teig* ŝveli ***f)*** *gesundheitlich* farti; ***wie geht es dir*** (*bzw.* ***Ihnen***)***?*** kiel vi fartas?; ***es geht mir gut*** (***schlecht***) mi fartas bone (malbone) ***g)*** *fassen, aufnehmen können*: ***in das Gefäß*** ~ ***10 Liter*** la vazo havas kapaciton de 10 litroj *od* la vazo povas enteni 10 litrojn; ***in diesen Saal*** ~ ***500 Personen*** ĉi tiu salono (*bzw.* halo) donas lokon por 500 personoj ***h)*** *in weiteren Fügungen:* ***jmdn.*** ~ ***lassen*** *in Ruhe lassen* lasi iun trankvila; ***sich*** ~ ***lassen*** *sich nicht beherrschen [können]* ne [povi] regi (*od* bridi) sin; *undiszipliniert werden* sendisciplliniĝi; *nachlässig gegen sich selbst* neglekti sin [mem], *(in der Kleidung)* tro senzorge sin vesti, *(im Benehmen)* tro senĝene konduti; ***in die Falle*** ~ kaptiĝi [en kaptilo]; ***wohin soll der Brief*** ~***?*** kien la letero estu sendata?; ***das geht über meinen Verstand*** *das kann ich nicht verstehen* tion mi ne povas kompreni; *das ist zu schwierig für mich* tio estas tro komplika (*od* malfacila) por mi; ***es geht nicht*** *ist nicht möglich* tio ne estas ebla *od umg* tio ne eblas; *ist nicht gestattet* tio ne estas permesita; *funktioniert nicht* tio ne funkcias; ***es geht darum, dass ...*** la grava punkto estas, ke ...; ***darum geht es nicht*** ne pri tio estas la parolo; ***wenn es nicht anders geht*** se ne ekzistas alia ebleco (*od* vojo); ***zur Neige*** ~ *zu Ende gehen* finiĝi; *sich erschöpfen* elĉerpiĝi; ***Pleite gehen*** bankroti; ***es geht um folgendes Problem*** temas pri [la] jena problemo; ***vor sich*** ~ *stattfinden, passieren* okazi; ***zu Herzen gehend*** korpenetra; *anrührend* kortuŝa ◇ ***und so geht das [die ganze Zeit] weiter*** *umg* do jen, kaj tiel pluas; ***geh mir weg mit ...*** *lass mich zufrieden mit ...* lasu min trankvila pri ...; *sag nichts über ...* silentu pri ...; ***jmdm. aus dem Wege*** ~ [laŭeble] eviti iun; ***zu weit*** ~ *die Grenzen von etw. überschreiten* transpasi (*od* transpaŝi) la limojn, *z.B. in seinen Äußerungen* transpasi la limojn de bona konduto; ***alles geht vorüber*** kio komenciĝis, tio ankaŭ finiĝos

Gehen *n* ***a)*** irado ***im*** ~ dum [la] irado, irante; ***sich zum*** ~ ***rüsten*** *geh* esti ekironta ***b)*** *als sportliche Disziplin (Leichtathletik)* marŝkurado

Gehenkte *m* pendigito

gehenlassen, sich *alt* = ***sich gehen lassen*** [↑ *unter* ***gehen h)***]

Gehenna *f, arab.* **Ǧahannam** *bibl u. Islam (Bez für «Hölle»)* geheno

Geher *m Leichtathletik* marŝkuristo

geheuer *Adj*: ***nicht*** ~ *Misstrauen od Verdacht erweckend* suspektiga; *unheimlich* [iom] timiga; *ein Gefühl der Unsicherheit vermittelnd* estiganta senton de nesekureco; ***ein Haus, in dem es nicht*** ~ ***ist*** *Spukhaus* hantata domo, *auch* fantomvizitata domo ◇

das kommt mir nicht ganz ~ vor *verdächtig* tio ŝajnas al mi [iom] suspektinda

Geheul[e] *n eines Hundes od Wolfs* hurlado, *(langgezogene Heultöne) auch* ululado (*vgl. dazu* ***Ululation***; ↑ *auch* ***Sirenengeheul***); *des Meers od Sturms* muĝado; *Klagen* [laŭta *bzw.* plora] lamentado; *umg auch für «fortwährendes Weinen»* senĉesa plor[aĉ]ado

Gehilfe *m* ***a)*** *Helfer* helpanto; *Assistent* asistanto; *Beigeordneter* adjunkto; *Handlungs*~ komizo; *Bediensteter* servisto ***b)*** *Komplize Jur* komplico *auch übertr*

Gehirn *n* ***a)*** *Anat* cerbo (*vgl. dazu* ***Hirn***, ***Groß-*** *u.* ***Kleinhirn*** *sowie die Zus mit* ***Hirn...***); *Kochk* cerbaĵo; *Verstand* prudento; ***das menschliche ~*** la homa cerbo ***b)*** *Kochk* cerbaĵo

Gehirnbalken *m* (Corpus callosum) *Anat* kalozo

Gehirnblutung *f Med* ↑ ***Hirnblutung***

Gehirnchirurgie *f* cerebra kirurgio

Gehirnentzündung *f Med* ↑ ***Enzephalitis***

Gehirn|erschütterung *f*, *<schweiz>* ***Hirnerschütterung*** *f* (Commotio cerebri) *Med* cerboskuo, *Fachspr* cerba komocio; **~erweichung** *f*, *<wiss>* ***Enzephalomalazie*** *f Med* cerebra moliĝo; **~funktion** *f* cerbofunkcio

Gehirnfurche *f Anat*: ***~n*** *Pl* (Sulci cerebri) cerebraj sulkoj *Pl*; *zw. zwei Hirnwindungen* anfrakto

Gehirngrippe *f Med* herpeta encefalito

Gehirnhautentzündung *f Med* = ***Hirnhautentzündung***

Gehirnjogging *n eine Form des Gehirntrainings [mentales Aktivierungstraining]* cerboĵogado

Gehirnkalkulus *Med* ↑ ***Enzephalolith***

Gehirnkontusion *f Med* cerebra kontuzo *od* kontuzo de la cerbo

Gehirnödem *n*, *auch* ***Hirnschwellung*** *f Med* cerebra edemo

Gehirnrinde *f Anat* = ***Hirnrinde***

Gehirnschlag *m*, *<schweiz>* ***Hirnschlag*** *m* (Apoplexia cerebri) *Med* [cerba *od* cerebra] apopleksio, *auch* apopleksia ikto

Gehirntätigkeit *f* = ***Hirnaktivität***

Gehirntraining *n*, *pop auch* ***Kopftraining*** *n* cerbotrejnado *od* trejnado de la cerbo (↑ *auch* ***Gehirnjogging***)

Gehirntumor *m Med* = ***Hirntumor***

Gehirn|verletzung *f Med* cerebra lezo *od* lezo de la cerbo; **~wäsche** *f* cerbolavado; **~-windungen** *f/Pl*, *auch* ***Hirnwindungen*** *f/Pl* (Gyri cerebri) *Anat* cerebraj giroj *Pl*; **~zelle** *f Biol* cerboĉelo

gehoben *Adj* supera, pli altranga; *auf hohem Niveau [stehend]* altnivela; ***~e Sprache*** *f* altnivela lingvaĵo; ***~e Stellung*** *f* supera pozicio; *hoher Rang* alta rango

Gehöft *n* bien[et]o, farmdom[et]o

Gehölz *n Wäldchen* arbareto; *Baumgruppe [in Anlagen od Parks]* bosko (*vgl. dazu* ***Gebüsch***)

Gehölzflora *f*: ***forstliche ~*** forsta ligneca flaŭro

Gehölzkunde *f* ↑ ***Dendrologie***

Gehölzkundler *m* ↑ ***Dendrologe***

Gehölzpflanze *f Bot* ligneca planto; ***junge ~*** *Forstw (Baumsetzling)* arbido

Gehör *n das Hören* aŭd[ad]o; *Fähigkeit zu hören* aŭdkapablo; *Gehörsinn* aŭdsenso; *Mus* sonosento; ***zu ~ bringen*** *Lied, Musikstück* aŭdigi; ***jmdm. ~ schenken*** aŭskulti iun (*od* al iu); ***nach ~ spielen*** *Mus* ludi laŭ sonmemoro; ***das ~ verlieren*** perdi la aŭdkapablon, *(taub werden)* surdiĝi; ***sich ~ verschaffen*** [iel] aŭdigi sian voĉon

gehorchen *intr* obei (***jmdm.*** iun *od* al iu); ***den Eltern ~*** *Kind* obei al la (*od* siaj) gepatroj ◇ ***ohne zu murren ~*** senmurmure obei

Gehorchen *n* obeado

gehören *intr jmds. Besitz sein* aparteni (***jmdm.*** al iu), esti propraĵo (*od* posedaĵo) (***jmdm.*** de iu); *dazugehören* aparteni (***zu etw.*** al io), *Teil von etw. sein* esti parto (***zu etw.*** de io); ***das gehört mir*** tio apartenas al mi *od* tio [ĉi] estas la mia, *auch* tio estas mia posedaĵo; ***die Blumenvase gehört auf diesen Tisch*** la florvazo devas stari sur ĉi tiu tablo; ***das gehört sich nicht*** *das ist unschicklich* tio ne decas; ***wie es sich gehört*** *wie es sich gebührt* kiel decas; ***er gehört zu den Menschen, die ...*** li estas unu el tiuj homoj, kiuj ...

Gehörgang *m* (Meatus acusticus) *Anat* orela kanalo *od* akustika dukto; ***äußerer ~*** ekstera akustika dukto

gehörig 1. *Adj* ***a)*** *jmds. Besitz* apartenanta (***jmdm.*** al iu); *hinzugehörig* apartenanta (***zu*** al), esti parto (***zu*** de) ***b)*** *angemessen,schicklich* konvena, deca; *richtig, wie es sein muss* ĝusta, perfekta; *umg auch für «tüchtig» bzw. «gründlich»* sufiĉe granda, *in ei-*

nigen Fällen auch terura; ***eine ~e Strafe bekommen*** ricevi meritítan punon **2.** *Adv* dece; *umg* sufiĉe [multe]; *sehr* tre ◇ ***jmdm. ~ die Meinung sagen*** diri al iu tute libere la veron

Gehörknöchelchen *n/Pl* (Ossicula auditus) *Anat* aŭdaj ostetoj *Pl*

gehörlos ne povanta aŭdi; *taub* surda

Gehör|lose *m* homo ne povanta aŭdi; *Taube* surdulo; **~nerv** *m* (Nervus acusticus) *Anat* akustika nervo

Gehörn *n* kornaro (↑ *auch* ***Geweih***)

gehörnt *Adj Tier* kornohava, *auch* kornoporta; ***~er Kopf*** *m z.B. des Teufels* kornita kapo

Gehörorgan *n Anat* organo de aŭdsenso

gehorsam *Adj* obeema (***jmdm.*** al iu) (*vgl. dazu* ***artig*** *u.* ***folgsam***)

Gehorsam *m* obeo (***gegenüber*** al) (↑ *auch* ***Kadavergehorsam***); ***jmdn. zum ~ bringen*** (*od [stärker:]* ***zwingen***) obeigi iun; ***jmdm. den ~ verweigern*** rifuzi [pluan] obeon al iu

Gehorsamkeit *f* obeemo (↑ *auch* ***Fügsamkeit***)

Gehörsinn *m* aŭdsenso

Gehre *f* ↑ *fachsprachl. für* ***Gehrung***

gehren *tr Handw (schräg abschneiden [zumeist im Winkel von 45°])* geri; *allg (schräg abschneiden)* beveli

Gehrock *m* surtuto, *(mit Schößen)* redingoto

Gehrung *f, auch* ***schräger Zuschnitt*** *m, Fachspr* ***Gehre*** *f z.B. von Brettern, Leisten u.Ä.* gero, *allg* bevelo

Geh|steig *(bes. reg u. <österr>) od* **~weg** *m, veraltend* ***Bürgersteig*** *m u.* ***Trottoir*** *n* trotuaro (↑ *auch* ***Fußsteig*** *u.* ***Roll[geh]steig***)

Gehwagen *m* ↑ ***Rollator***

Gehunfähigkeit *f*: ***psychogene ~*** *infolge mangelnder Bewegungskoordination* psikogena abazio

Gehwagen *m* ↑ ***Rollator***

Gehweg *m* ↑ ***Gehsteig***

geien, *auch* ***aufgeien*** *tr Mar (auf den Rahen zusammenziehen [ein Segel])* brajli

Geier *m* (*Gattung* Vultur) *Orn* vulturo (↑ *auch* ***Aas-***, ***Bart-***, ***Bengalen-***, ***Gänse-***, ***Hühner-***, ***Kahlkopf-***, ***Kappen-***, ***Mönchs-***, ***Neuwelt-***, ***Ohren-***, ***Palm-***, ***Raben-***, ***Sperber-***, ***Truthahn-***, ***Weißrücken-*** *u.* ***Wollkopfgeier***)

Geier|perlhuhn *n* (Acryllium vulturinum) vultura numido *[Vorkommen: Somalia bis Tansania]*; **~schildkröte** *f* (Macrochelys temminckii) *Zool* aligatora testudo *[Vorkommen: südöstl. Nordamerika (im Mississippi u. seinen Nebenflüssen)]*

Geifer *m* bavo, saliv[ŝaŭm]o; *übertr (hasserfülltes Gerede)* paroloj *Pl* plena de malico, *(Gift)* veneno

geifern *intr* bavi, salivumi (↑ *auch* ***sabbern***); *übertr* insultaĉi (***gegen*** kontraŭ)

Geige *f Mus* violono (↑ *auch* ***Stradivari[geige]***); ***~ spielen*** ludi violonon, *auch* violoni; ***die ~ stimmen*** agordi la violonon; ***die erste ~ spielen*** *im Orchester* esti la unua violonisto [en orkestro]; *übertr* ludi la ĉefan (*od* plej gravan) rolon

Geigen|bogen *m* violonarĉo *od* violona arĉo; **~harz** *n* kolofono [por violonarĉo]; **~kasten** *m* violonujo

Geigenrochen *m, auch* ***Gitarrenrochen*** *m Ichth* gitarfiŝo; ***gemeiner ~*** (Rhinobatos rhinobatos) ordinara gitarfiŝo; ***[Familie der] ~*** *Pl* (Rhinobatidae) rinobatedoj *Pl*

Geigensaite *f* ↑ ***Violinsaite***

Geigenstimme *f* ↑ ***Violinpart***

Geigenklavizimbel *n Mus* ↑ ***Streichklavier***

Geiger *m* violonisto (↑ *auch* ***Stehgeiger***); ***der erste ~*** *eines Orchesters* la unua violonisto

Geigerin *f* violonistino

Geigerkrabbe *f Zool* ↑ ***Winkerkrabbe***

Geigerzähler *m Phys (Gerät zum Nachweis radioaktiver Strahlen)* Gejger-nombrilo (↑ *auch* ***Dosimeter***)

geil 1. *Adj* ***a)*** *sex (wollüstig)* volupta, *(heiß)* seksarda, *(scharf)* seksavida (*vgl. dazu* ***lasziv*** *u.* ***lüstern***); ***~e Frau*** *f* volupta (*od* seksarda) virino, voluptulino (↑ *auch* ***Nymphomanin***); ***jmdn. ~ machen*** voluptigi iun, igi iun seksarda; ***~ sein*** esti volupta (*od* seksavida), volupti ***b)*** *üppig wuchernd (Pflanze)* trokreskema; *fett (Boden)* grasa ***c)*** *Jugendsprache auch für «großartig» od «toll»* grandioza, majosa **2.** *Adv*: ***~ die Hüften wiegen*** *sex* porne luli la koksojn

Geilheit *f sex* volupt[ec]o, seksardo; *sexuelle Gier* seks-avido

Geilwuchs *m Forstw (übermäßiger Höhenwuchs)* etiola kresko

Geisel *f* ostaĝo; *i.w.S. Bürge* garantiulo; ***die ~n befreien*** (***erschießen***) liberigi (mortpafi) la ostaĝojn; ***jmdn. als ~ nehmen*** preni iun kiel ostaĝon; ***Austausch von ~n*** interŝanĝo de ostaĝoj

Geisel|befreiung *f* liberigo de [la] ostaĝo(j);

~**drama** *n* ostaĝodramo; ~**nehmer** *m* ostaĝisto

Geiser *m Geol* ↑ ***Geysir***

Geisha *f jap. Gesellschafterin in Teehäusern* gejŝo

Geiß *f* ↑ ***Ziege b)***

Geißbart *m* (*Gattung* Aruncus) *Bot* arunko (↑ *auch* ***Waldgeißbart***)

Geißblatt *n* (*Syn:* ***Heckenkirsche*** *f* [↑ *auch dort*]): ***[südliches od italienisches]*** ~, *pop* ***Jelängerjelieber*** *n* (Lonicera caprifolium) *Bot* ĝardena lonicero, *pop* kaprifolio; ***schwarzes*** ~ ↑ *unter* ***Heckenkirsche***; ***wildes*** ~ ↑ *unter* ***Waldgeißblatt***

Geißblattgewächse *n/Pl Bot*: ***[Familie der]*** ~ (Loniceraceae) loniceracoj *Pl*, (Caprifoliaceae) kaprifoliacoj *Pl*

[1]**Geißel** *f* ***a)*** skurĝo; *reg für «Peitsche»* vipo ***b)*** *übertr für «Plage»* plago, *auch* skurĝo; ***die ~ des Krieges*** la skurĝo de [la] milito

[2]**Geißel** *f Bewegungsorganell bei Flagellaten* ↑ ***Flagellum***

geißeln *tr* ***a)*** *mit der Geißel peitschen* skurĝi; *auspeitschen* vip[ad]i, batadi per vipo; ***sich*** ~ sin skurĝi *auch übertr* (↑ *auch* ***sich kasteien***) ***b)*** *übertr* skurĝi, *(scharf kritisieren) auch* akre kritiki (↑ *auch* ***anprangern***)

Geißeltierchen *n/Pl od* **Geißelträger** *m/Pl Biol (Flagellaten)* flageluloj *Pl* (*vgl. dazu* ***Protozoen***)

[1]**Geißfuß** *m Bot* ↑ ***Giersch*** *m*

[2]**Geißfuß** *m Holzschneidekunst* angula guĝo; *Gartenb (zum Pfropfen verwendetes Gerät)* greftilo

Geißklee *m*, *auch* ***Bohnenbaum*** *m* (*Gattung* Cytisus) *Bot (eine Gattung ginsterähnlicher Sträucher)* citizo (↑ *auch* ***Alpengeißklee*** *u.* ***Besenginster***)

Geißler *m/Pl Rel* ↑ ***Flagellanten***

Geißraute *f* (*Gattung* Galega) *Bot* galego, *pop* kaproruto

Geist *m* ***a)*** *[menschliche] Seele [im Ggs zur Materie]; Lebenshauch* spirito; *im Ggs zum Körper* animo; *Verstand* menso (↑ *auch* ***Erfindergeist***); *Intellekt* intelekto; *Genie, schöpferischer Geist* genio; ***Klarheit*** *f* ***des ~es*** lucideco de [la] spirito; ***Körper und ~*** korpo kaj animo; ***seinen ~ aufgeben*** *verhüllend für «sterben»* ellasi sian spiriton; ***das geht über meinen ~*** tion mi simple ne komprenas (*od* povas kompreni) ***b)*** *übernatürliches Wesen* spirito (*vgl. dazu* ***Dämon***, ***Erdgeist*** *u.* ***Kobold***); *Gespenst, Spuk* fantomo; *Genius* genio, *(Schutzgeist)* protekta genio; ~ ***eines Verstorbenen*** fantomo de mortinto; ***böser ~*** *Myth* malbona spirito, *(Dämon)* demono; ***guter ~*** bona genio (***von jmdm.*** de iu); ***der ~ Gottes*** la Spirito de Dio; ***der Heilige ~*** *Rel* la Sankta Spirito; ***an ~er glauben*** kredi je spiritoj; ***in diesem Schloss gehen die ~er um*** tiu ĉi kastelo estas hantata ***c)*** *übertr* spirito, *Atmosphäre* atmosfero, etoso, *Intellekt* intelekto (↑ *auch* ***Kollektiv-*** *u.* ***Teamgeist***); ***kleine ~er*** *Pl iron für «ungebildete Leute»* homoj de limigita intelekto; ***in kameradschaftlichem ~*** en [la] spirito de kamaradeco; ***im ~e gegenseitigen Verstehens*** *Dipl* en [la] spirito de reciproka kompreno; ***in diesem Unternehmen herrscht ein kollegialer ~*** en tiu entrepreno regas amika atmosfero; ***in jmds. ~e handeln*** agi laŭ la intencoj de iu; ***die Rede zeugte nicht von großem ~*** la parolado ne estis escepte brila ***d)*** *Witz* sprit[ec]o ◇ ***wes ~es Kind ist er?*** kiaspeca li estas?

Geistchen *n* (*Gattung* Alucita) *Ent (eine Federmotte)* alucito

Geister|bahn *f auf der Kirmes od in Vergnügungsparks* fantomtrajno; ~**beschwörer** *m Medium* mediumo; *Exorzist, Teufelsaustreiber* ekzorcisto; ~**beschwörung** *f Exorzismus* ekzorcismo; ~**bild** *n TV* fantombildo; ~**fahrer** *m umg für «Falschfahrer»* fantomŝoforo; ~**geschichte** *f* fantomrakonto; ~**glaube** *m* kredo je supernaturaj estajoj

geisterhaft *Adj* fantom[ec]a

Geisterhand *f*: ***wie durch*** (*od* ***von***) ~ kvazaŭ per magio

geistern *intr* fantomi; ***Schatten geisterten an der Wand*** fantomaj (*od* fantomsimilaj) ombroj ludis sur la muro

Geister|schiff *n*, *auch* ***fliegender Holländer*** *m* fantomŝipo; ~**stadt** *f von den Bewohnern verlassener Ort* fantoma urbo; *Stadt, in der es spukt* hantata urbo; ~**stunde** *f* horo de la fantomoj (*od* revenantoj); *Mitternachtsstunde* noktomeza horo; ~**welt** *f Myth* mondo de la spiritoj (*vgl. dazu* ***Unterwelt***)

geistesabwesend *Adj* spiritforesta; *verträumt* revema, *nachgest* inklina al revado; *zerstreut* distrita

Geistes|abwesenheit *f* spiritforesto, *auch* spiritmanko; *Zerstreutheit* distriteco; *Unkonzentriertheit* malkoncentriteco; ~**arbeiter** *m* spirita laboranto, intelektulo; ~**armut** *f* intelekta povreco ~**blitz** *m* fulm-ideo, spi-

ritofulmo; ~**gabe** *f* talento, naturkapablo; ~**gegenwart** *f* spiritĉeesto, spiritpreteco (*vgl. dazu* ***Wachsamkeit***)
geistesgegenwärtig *Adj* spiritĉeesta; *wachsam* gardema, atentema
geistesgestört *Adj u. Part* mense handikapita; *paranoisch* paranoja
Geistes|gestörte *m* mense handikapita homo (↑ *auch* ***Paranoiker***); ~**gestörtheit** *f* mensa handikapiteco; ~**haltung** *f* mentaleco
geisteskrank *Adj* mensmalsana, *Fachspr Med auch* aliena; *(psychisch krank)* psike malsana; *verrückt* freneza
Geistes|kranke ***a)*** *m* mensmalsanulo, *Fachspr Med auch* alienulo ***b)*** *f* mensmalsanulino; ~**krankheit** *f* mensmalsano, *Fachspr Med* alieneco; ~**richtung** *f* spirita (*od* ideara) tendenco
geistesschwach *Adj* spirite malforta (*vgl. dazu* ***dement*** *u.* ***dumm***)
Geistes|schwäche *f* spirita malforteco; *Demenz* demenco; ~**verfassung** *f* spirita konsisto
geistesverwandt *Adj* spirite parenca (↑ *auch* ***kongenial***)
Geisteszustand *m Psych* mensostato *od* mensa stato
geistig 1. *Adj* ***a)*** spirita, mensa; *intelektuell* intelekta; *seelisch* anima (*vgl. dazu* ***mental***); ~***e Arbeit*** (***Erneuerung***) *f* spirita laboro (renovigo *bzw.* renoviĝo); ~***e Fähigkeiten*** *f/Pl* mensaj kapabloj *Pl*; ~-***kulturelles Leben*** *n* spirita-kultura vivo ***b)*** *alkoholisch*: ~***e Getränke*** *n/Pl* alkohol[hav]aj trinkaĵoj *Pl* **2.** *Adv*: ~ ***behindert*** (***verwirrt***, ***zurückgeblieben***) mense handikapita (konfuzita, postrestinta)
geistlich *Adj auf die Religion bezogen* religia; *auf die Geistlichkeit bezogen* pastra; *kirchlich* eklezia; *klerikal* klerikala
Geistliche *m* pastro (*vgl. dazu* ***Priester***); *Kleriker* kleriko; ***katholischer*** ~ katolika pastro
Geistlichkeit *f die Geistlichen [in ihrer Gesamtheit]* ekleziularo; *Pastorenschaft* pastraro; ***die niedere*** ~ la malalta ekleziularo
geist|los *Adj ungeistig* senspirita; *inhaltslos* senenhava; *langweilig* enuiga; *oberflächlich, seicht* supraĵa, malprofunda; *ohne Geist od Scharfsinn* sensprita; *töricht* stulta; ~**reich** *od* ~**voll** *Adj klug* sprita; *intelligent* inteligenta; *kenntnisreich* multscia; ~**tötend** *Adj* stultiga; *ausgesprochen langweilig* frenezige enuiga
geistvoll ↑ ***geistreich***
Geitau *n Mar (Tau am Segel zum Aufholen der Schothörner an die Rah [als Vorbereitung zum Festmachen der Segel])* brajlilo, *auch* ŝnurego por brajli
Geiz *m* avar[ec]o
geizen *intr* avari (***mit etw.*** pri io)
Geiz|hals *od* ~**kragen** *m* avarulo (↑ *auch* ***Knauser*** *u.* ***Pfennigfuchser***)
geizig, *reg* ***zach*** *Adj* avara (***mit etw.*** pri io); *knauserig* [terure] troŝparema (↑ *auch* ***pfennigfuchserisch***)
Geizkragen *m* ↑ ***Geizhals***
Gejammer *n Wehklagen* vekriado, lamentado (↑ *auch* ***Lamento***)
Gejauchze *n* jubilado, ĝojkriado
Gekaute *n* maĉ[it]aĵo
Gekicher *n* kaŝridado
gekielt *Adj Bot (z.B. ein Blütenblatt der Schmetterlingsblütler)* karenforma
Gekläff *od* **Gekläffe** *n* jelpado
Geklapper *n* klakado, *[leiser:]* klaketado
Geklatsche *n mit den Händen* klakado [per la manoj] (*vgl. dazu* ***Applaus***)
Geklimper *n auf dem Klavier* tintado [sur la piano]
Geklirr *od* **Geklirre** *n* tintado *auch von Waffen*
Geklopfe *n* [daŭra] frapado
Geknarre *n* [daŭra] knarado (↑ *auch* ***Bettgeknarre***)
Geknatter *n* [daŭra] kraketado
geknickt *Adj übertr*: ***sie war ganz*** ~ ŝi estis tute afliktita
Geknirsche *n* grincado (↑ *auch* ***Geknarre***)
Geknister *n des Feuers* kraketado; *Papier beim Zerknüllen, bei Seidenstoffen* susurado
gekocht *Adj* kuirita (*vgl. dazu* ***kochen***); ~***es Ei*** *n* kuirita ovo
Gekrache *n* [daŭra] krakado
Gekrächze *n* grakado (↑ *auch* ***Rabengekrächze***)
Gekrähe *n Krähen des Hahns* kokokriado, kokerikado
gekränkt *Adj u. Part*: ~ ***sein*** esti ofendita (*od* vundita) (*vgl. dazu* ***verletzt***)
gekräuselt *Adj* krispiĝinta; *kraus* krispa
Gekreisch *od* **Gekreische** *n* kriĉado (*vgl. dazu* ***Geschrei***)
Gekreuzigte *m*: ***der*** ~ *Jesus Christus* la

Krucumito
gekreuzt *Adj* krucita (↑ *auch* ***kreuzen***); ~***e Reime*** *m/Pl Metr* krucitaj rimoj *Pl*; ***mit ~en Beinen dasitzen*** sidi krurkruce
Gekritzel *n* apenaŭ deĉifrebla (*od auch* legebla) skrib[aĉ]aĵo
Gekröse *n Anat (Dünndarm*~ *[Mesenterium]*) mesoentero; *Nahr (essbare Eingeweide [von Schlachttieren])* tripo, *(gekocht [Kaldaunen]) meist Pl* tripoj
gekrümmt *Adj* kurbigita (*vgl. dazu* ***krümmen***); ***abnorm nach außen*** ~ *Med (zur Bez verschiedener Knochendeformitäten)* valga (*vgl. dazu* ***X-Beine*** *u.* ***Knickfuß***); ***abnorm nach innen*** ~ vara (*vgl. dazu* ***O-Beine***)
gekünstelt *Adj* art-afekta (↑ *auch* ***manieriert***); *zurechtgedrechselt* artifika; *Redeweise* afektita; *unnatürlich* nenatura
Gel *n Chem (gallertartig erstarrte kolloide Lösung)* ĝelo (*vgl. dazu* ***Gelatine***; ↑ *auch* ***Elektrodenpaste, Dusch-, Intim-*** *u.* ***Kieselgel***)
Gelächter *n* ridado; *Spott* moko (↑ *auch* ***Hohn-*** *u.* ***Spottgelächter***); ***lautes*** ~ laŭta ridado *od* ridego; ***satanisches*** ~ satana ridado; ***in schallendes ~ ausbrechen*** eksplodi per brua ridado
Gelage *n Trink*~ trinkfesto (↑ *auch* ***Saufgelage***); ***ausschweifendes*** ~ [tumulta] orgio, bakĥanalio (↑ *auch* ***Orgie***)
gelähmt *Adj* paralizita (↑ *auch* ***querschnittsgelähmt***); ***halbseitig*** (*od* ***auf einer Seite***) ~ paralizita je unu korpoflanko, hemiplegia
Gelähmte *m* paralizito, *auch* paralizulo
Gelände *n Terrain* tereno *auch Mil*; *Feld* kampo; *Fläche* areo (↑ *auch* ***Areal, Ausbildungs-, Ausstellungs-, Bahn-, Messe-, Militär-, Test-, Trainings-*** *u.* ***Übungsgelände***); *Boden, Land* grundo, tero (*vgl. dazu* ***Grundstück***); *Gebiet* regiono; ***bergiges*** ~ monta tereno; ***dieser Wagen ist in jedem ~ einsetzbar*** tiu ĉi aŭto taŭgas por ĉiaj terenoj; ***verloren gegangenes ~ zurückerobern*** *Mil* rekonkeri perditan terenon
Gelände|abschnitt *m Topografie* teren-sektoro; ~**beschreibung** *f* topografio; ~**charakter** *m Topografie* teren-karaktero; ~**erkundung** *f* teren-esploro *auch Mil*; ~**erwerb** *m Ankauf von Gelände* akiro de tereno; ~**fahrzeug** *n*, *auch engl.* ***Offroadfahrzeug*** *n od* ***Offroader*** *m Kfz* ĉiuterena (*od* tutterene uzebla) veturilo (*od i.e.S.* aŭto)
geländegängig *Adj* tutterene uzebla; ~***es Fahrzeug*** *n Geländewagen* ĉiaterena veturilo (↑ *auch* ***All Terrain Bike***)
Gelände|kunde *f* topografio; ~**lauf** *m Sport* terenkuro; ~**punkte** *m/Pl Topografie* teren-punktoj *Pl*
Geländer *n Schutz*~ parapeto; *mit kleinen Säulen* balustrado (↑ *auch* ***Brücken-, Holz-*** *u.* ***Treppengeländer***); *Geländerstange* apog-relo *auch an der Reling*
Geländespiegel *m Mil* ↑ ***Grabenspiegel***
Geländestufe *f Topografie* terenŝtupo
Geländetransport *m* ↑ ***Bodentransport***
Gelände|vermessung *f Geodäsie* teren-mezurado; ~**wagen** *m Kfz (geländegängiges Fahrzeug)* ĉiaterena veturilo; ~**welle** *f Topografie* teren-ondo
gelangen *intr* alveni (***nach*** en; ***zu jmdm.*** al iu); *erreichen* atingi; ***ans Ziel*** ~ atingi la celon; ***zu einem Entschluss*** ~ decidiĝi
gelangweilt 1. *Adj* enua **2.** *Adv* enue
Gelass *n [fensterloser] kleiner Raum* [senfenestra] kamero
gelassen *Adj ruhig* trankvila; *innerlich ruhig, ausgeglichen* kvieta; *geduldig* pacienca; *emotionslos* senemocia (*vgl. dazu* ***friedfertig*** *u.* ***stoisch***)
Gelassenheit *f Ruhe* trankvil[ec]o; *innere Ruhe, Gemütsruhe* kviet[ec]o (*vgl. dazu* ***Gleichmut***); *Geduld* pacienco; ***mit*** ~ trankvile; kviete; pacience; ***etw. mit stoischer ~ ertragen*** elteni ion kun stoika trankvilo
Gelatine *f* gelateno; *Meeralgen-Gel* agar-agaro; ~**bonbon** *n* gelatena bombono; ~**speise** *f Nahr* gelatenaĵo (↑ *auch* ***Gelee***); ~**walze** *f Xylografie* gelaten-rulo
gelatinieren ***a)*** *tr in Gelatine verwandeln* gelateni ***b)*** *intr zu Gelatine erstarren* gelateniĝi
gelatinös *Adj* gelaten[ec]a
geläufig *Adj gut bekannt* bone konata; *fließend* flua; ***das ist mir*** ~ tion mi tre bone konas (*od* scias); ***die chinesische Sprache ist ihm*** ~ li flue parolas la ĉinan [lingvon]
Geläufigkeit *f* flueco; *Leichtigkeit* facileco; *Routine* rutino
gelaunt *prädikatives Adj*: ***gut*** ~ bonhumora; ***schlecht*** ~ malbonhumora; *bedrückt od niedergeschlagen* deprimita
Geläut[e] *n der Glocken* sonorado [de sonorilo(j)] (↑ *auch* ***Trauergeläute***)
gelb *Adj* flava (*vgl. dazu* ***welk***; ↑ *auch* ***bernstein-, blass-, butter-, chrom-, fahl-, gold-, grün-, hell-, knall-, quitte[n]-, safran-,***

wachs- *u.* ***zitronengelb***); ***der*** *ᐝ**e Fluss*** *Bez für den Huangho in China* la Flava Rivero; ***bräunlich*** ~ *gämsfarben* ĉamkolora; ~ ***machen***, *i.w.S. auch* ~ ***färben*** flavigi; ~ ***werden*** *vergilben* flaviĝi; *i.w.S. welken* velki

Gelb *n gelbe Farbe* flavo (*vgl. dazu* ***Gelbe***)

Gelbaugen|pinguin *m* (Megadyptes antipodes) *Orn* flav-okula pingveno *[Vorkommen im südlichen Neuseeland, auf den Auckland-Inseln u. der Campbell-Insel]*; ~**taube** *f* (Columba eversmanni) *Orn* flav-okula kolombo

Gelbbauch|bülbül *m* (Pycnonotus goaivier) *Orn* flavventra bulbulo; ~**-Eremomela** *f* (Eremomela icteropygialis) *Orn* flavventra eremomelo *[Vorkommen: von Eritrea bis südl. der Sahara]*

Gelbbauchmurmeltier *n Zool* ↑ *unter* ***Murmeltier***

Gelbbauch|saftlecker *m* (Sphyrapicus varius) *Orn* flavventra sukpego; ~**sittich** *m* (Platycercus caledonicus) *Orn* verda (*od* tasmania) rozelo *[Vorkommen: Tasmanien u. benachbarte Inseln] <größte Art der Plattschweifsittiche>*; ~**sperling** *m* (Passer flaveolus) *Orn* flava (*od* olivnuka) pasero *[Vorkommen: Polynesien]*; ~**unke** *f, auch* ***Berglandunke*** *f* (Bombina variegata) *Zool* flavventra bombeno;

Gelbbirke *f* (Betula alleghaniensis) *Bot* flava betulo

Gelbbrauen-Bambushuhn *n Orn* ↑ *unter* ***Bambushuhn***

Gelbbrauenlaubsänger *m* (Phylloscopus inornatus) *Orn* flavbrova filoskopo

gelbbraun *Adj* flavbruna *od* flave bruna (↑ *auch* ***floh-*** *u.* ***kakifarben***)

Gelbbrustpfeifgans *f Orn* ↑ *unter* ***Pfeifgans***

Gelbbrust|schnäpper *m* (Microeca flavigaster) *Orn* citronbrusta muŝkaptulo; ~**-sumpfhuhn** *n* (Porzana flaviventer) *Orn* flavventra porzano

Gelbbürzel|dornschnabel *m* (Acanthiza chrysorrhoa) *Orn* flavapuga dornbekulo; ~**-panthervogel** *m* (Pardalotus xanthopygius) *Orn* flavpuga pardaloto

Gelbdolde *f* (*Gattung* Smyrnium) *Bot* smirnio

Gelbe ***a)*** *n etw. Gelbes* flavaĵo; ***das*** ~ ***des Eis*** ovoflavo ***b)*** *m meist pej für «Angehöriger der gelben Rasse»* flavulo *od* flavhaŭtulo

Gelbfieber *n* (Ochropyra) *Tropenmedizin* flava febro (↑ *auch* ***Buschgelbfieber***); ~**-mücke** *f, auch* ***ägyptische Tigermücke*** *f* (Aedes aegypti = Stegomyia aegypti [*od* fasciata]) egipta aedo, *auch* egipta tigromoskito *<Überträger von Dengue-Fieber, Gelbfieber u. einigen anderen Viruserkrankungen>* (↑ *auch* ***Tigermücke***)

Gelb|filter *m Foto* flava filtrilo; ~**flügelfledermaus** *f* (Flavia frons) *Zool* flav-flugila vesperto *[Vorkommen: mittleres Afrika (von Gambia bis Äthiopien u. südlich bis Sambia)]*

Gelbfuß|möwe *f* (Larus livens) *Orn* flavpieda mevo *[Vorkommen im Golf von Kalifornien]*; ~**-Felskänguru** *n, auch kurz* ***Gelbfußkänguru*** *n* (Petrogale xanthopus) *Zool* flavpieda kanguruo *[Vorkommen in felsigen Hügel- u. Gebirgsregionen (über 1600 m) in Australien]*

Gelbgesichthonigfresser *m* (Meliphaga chrysops) *Orn* flavvizaĝa mielmanĝulo

Gelbglut *f Metallurgie*: ***zur*** ~ ***bringen*** *bes. Stahl* flavigi

gelbgrün *Adj* flave verda

Gelbhalsmaus *f* (Apodemus flavicollis) *Zool* flav-kola arbara muso (↑ *auch* ***Waldmaus***)

Gelbharz *n* ↑ ***Gummigutt***

Gelbhaubenkakadu *m* (Cacatua galerita) *Orn* sulfurtufa kakatuo *[Vorkommen: Australien]*

Gelbheit *f, auch* ***Gelbsein*** *n* flaveco

Gelbholzbaum *m* (*Gattung* Xanthoxylon) *Bot* ksantoksilo

Gelbkauz *m, auch* ***Gilbkauz*** *m* (Strix fulvescens) *Orn* flava strigo *[Vorkommen: Mittelamerika]*

Gelbkehl|honigfresser *m* (Meliphaga flavicollis) *Orn* flavgorĝa mielmanĝulo; ~**-specht** *m* (Piculus flavigula) *Orn* flavgorĝa pego; ~**sperling** *m* (Petronia xanthocollis) *Orn* flavgorĝa pasero; ~**vireo** *m* (Vireo flavifrons) *Orn (ein amerik. Singvogel)* flavgorĝa vireo *[Vorkommen: SO-Kanada u. östl. USA]*

Gelbklee *m Bot* ↑ ***Hopfenklee***

Gelbkopf|karakara *m* (Milvago chimachima) *Orn (ein Greifvogel)* flavkapa karakaro *[Vorkommen: südl. Mittelamerika u. Südamerika]*; ~**-Mohoua** *m* (Mohoua ochrocephala) *Orn (ein Sperlingsvogel in Neuseeland)* flavkapa mohuo; ~**schildkröte** *f* (Indotestudo elongata) *Zool (eine Art der asiatischen Landschildkröten)* flavkapa testudo; ~**stärling** *m* (Xanthocephalus xanthocephalus) *Orn* flavkapa trupialo (↑ *auch* ***Rotschulterstärling***)

Gelbkörper *m* (Corpus luteum) *Biol* flava korpo, <*wiss*> lutea korpo; ~**hormon** *n*, *auch* ***luteinisierendes Hormon*** (*Abk* ***LH***) *od* ***Schwangerschaftshormon*** *n*, *Fachspr* ***Progesteron*** *n*, <*wiss*> Corpus-luteum-Hormon *n* progesterono <*reguliert die Schwangerschaftsvorgänge*>

Gelblappenkiebitz *m Orn* ↑ ***Malabarkiebitz***

gelblich *Adj* flaveta

Gelb|nasenalbatros *m* (Diomedea chlororhynchos = Thalassarche chlororhynchos) *Orn* flavbeka albatroso; ~**pirol** *m* (Oriolus flavocinctus) *Orn* flava oriolo; ~**quarz** *m Min* falsa topazo; ~**randkäfer** *m* (Dytiscus marginalis) *Ent* flav-randa ditisko, *pop* flav-randa akvoskarabo <*einer der größten Vertreter der Schwimmkäfer*>

Gelbrübe *f reg* = ***Möhre***

Gelb|rückenducker *m*, *auch* ***Riesenducker*** *m* (Cephalophus sylvicultor) *Zool* flavdorsa dukero; ~**scheitelbülbül** *m* (Pycnonotus zeylanicus) *Orn* flavkapa bulbulo *[Vorkommen: SO-Asien]*

Gelbschenkel *m Orn*: ***großer*** ~ (Tringa melanoleuca) granda flav-krura tringo; ***[kleiner]*** ~ (Tringa flavipes) flav-krura tringo;

Gelbschnabel *m übertr für «unreifer od unerfahrener Mensch»* flavbekulo; ~**elster** *f* Pica nuttalli) *Orn* flavbeka pigo; ~**ente** *f* (Anas undulata) *Orn* ondet-anaso

Gelbschnabel-Glanzvogel *m Orn* ↑ ***Weißschnabel-Glanzvogel***

gelbschnäbelig, *Fachspr auch lat.* ***flavirostris*** *Adj Bot, Orn* flavbeka

Gelbschnabel|kuckuck *m* (Coccyzus americanus) *Orn* flavbeka kukolo *[Vorkommen: Nordamerika u. nördliches Mittelamerika]*; ~**löffler** *m* (Platalea flavipes) *Orn* flavbeka plataleo; ~**-Sturmtaucher** *m*, *auch* ***Sepiasturmtaucher*** *m* (Puffinus diomedea = Calonectris diomedea) *Orn* flavbeka pufino; ~**taucher** *m* (Gavia adamsii) *Orn* blankbeka kolimbo; ~**toko** *m Orn (ein Nashornvogel)* flavbeka toko (*od* kornbekulo) *[Vorkommen: Eritrea, Somalia, Äthiopien, Kenia u. N-Tansania]*

Gelbschopfpinguin *m Orn* ↑ ***Kronenpinguin***

Gelbschwanz-Wollaffe *m* (Lagothrix flavicauda) *Zool* flavvosta lanosimio (*od* <*wiss*> lagotriko) *[Vorkommen: Anden-Region]*

Gelbsehen *n Ophthalmologie* = ***Xanthopsie***

Gelbsein *n* ↑ ***Gelbheit***

Gelbspötter *m* (Hippolais icterina) *Orn* flava hipolao

Gelbstern *m Bot* ↑ ***Goldstern***

Gelbstirn|schafstelze *f* (Motacilla flava lutea) *Orn* flavkapa motacilo; ~**waldsänger** *m*, *auch* ***Pieperwaldsänger*** *m od* ***Ofenvogel*** *m* (Seiurus aurocapillus) *Orn* orverta parulio

Gelbstrauch *m Bot* ↑ ***Goldregen***

Gelbstriemen *m* (Boops boops) *Ichth* bopso

Gelbsucht *f*, *Fachspr* ***Ikterus*** *m Med* flavmalsano, *Fachspr* iktero (*vgl. dazu* ***Hepatitis***, ***Neugeborenen-***, ***Verschlussikterus*** *u.* ***Weil' Krankheit***; ↑ *auch* ***Karotingelbsucht***); ***epidemische*** ~ epidemia flavmalsano; ***hämolytischer Ikterus*** hemoliza iktero; ***intrahepatischer Ikterus*** *m* intrahepata iktero; ***katarrhalischer Ikterus*** katara iktero; ***an*** ~ ***Erkrankter*** *m* ikter[omalsan]ulo

gelbsüchtig *Adj* flavmalsana, iktera

Gelb|waran *m* (Varanus flavescens) *Zool* flava varano *[Vorkommen in Pakistan, Bengalen u. Myanmar]*; ~**westen** *Pl Pol* flav-veŝtuloj *Pl*; ~**wurz** *f*, *auch* ***Kurkuma*** *f*, *pop auch* ***Gelbwurzel*** *od* ***Safranwurzel*** *f* (*Gattung* Curcuma) *Bot, Gewürz* kurkumo

Gelbziesel *m*, *auch* ***Sandziesel*** *m* (Citellus fulvus = Spermophilus fulvus) *Zool* flava zizelo *[Vorkommen: am Kaspischen Meer u. in Zentralasien]*

gelbzweigig, *Fachspr auch lat.* ***flavirameus*** *Adj Bot* flavbranĉa

Geld *n* mono (*vgl. dazu* ***Kosten*** *u.* ***Mammon***; ↑ *auch* ***Falsch-***, ***Hart-***, ***Heiden-***, ***Papier-***, ***Schul-***, ***Silber-*** *u.* ***Taschengeld***); ***bares*** ~ kontanta mono; ~ ***für etw. ausgeben*** elspezi monon por io; ~ ***fälschen*** (***sparen***, ***überweisen***, ***wechseln***) falsi (ŝpari, ĝiri, ŝanĝi) monon; ***das kostet viel*** ~ tio kostas multan monon *od* tio kostas multe da mono; ***hier ist das*** ~***!*** *beim Bezahlen gesagt* jen la mono!; ***er hat weder Mühe noch*** ~ ***gescheut*** li ne ŝparis monon nek penon *(Zam)*; ***das ist keine Frage des*** ~***es*** la mono ne estas la problemo; ~ ***in ein Unternehmen investieren*** (***stecken***) investi (meti) monon en entreprenon; ***sein ganzes*** ~ ***verprassen*** (***vertrinken*** *od derb* ***versaufen***) fordiboĉi (fortrinki) sian tutan monon; ***sich*** ~ ***von der Bank leihen*** (*od* ***borgen***) prunti (*od* prunte preni) monon de banko ◇ ~ ***allein macht***

nicht glücklich ne defendas oro kontraŭ doloro *(Zam)*; ~ ***regiert die Welt*** mono mondon regas *(Zam)*, *auch* plena sako ĉiun mastron al vi klinas *(Zam)*; ***im ~ ersticken*** (*od* ***schwimmen***) droni en mono; ~ ***wie Heu haben*** havi pli da mono ol la bezono; ***das ~ rinnt*** (*od* ***rollt***) ***ihm durch die Finger*** *od* ***er kann das ~ nicht zusammenhalten*** el lia mano ĉiu monero elglitas *(Zam)*; ~ ***stinkt nicht*** mono odoron ne havas *(Zam)*; ***mit ~ um sich werfen*** ĵeti ĉirkaŭen la monon

Geld|abwertung *f Fin* devaluto; ~**angelegenheiten** *f/Pl* monaferoj *od* monaj (*od* financaj) aferoj *Pl*; ~**anlage** *f* moninvesto (*vgl. dazu* ***Investition***); ~**anleihe** *f* monpruntedono; ~**anweisung** *f* monasigno; *per Post* [mona] poŝtmandato; ~**automat** *m Bankw* moneldona aŭtomato, bankaŭtomato; ~**bedarf** *m* bezono de mono; ~**betrag** *m* monsumo; ~**beutel** *m od* ~**säckel** *n* monsaketo; ~**börse** *f* monujo (↑ *auch* ***Gürtelbörse***); ~**brief** *m* monletero, *auch* letero enhavanta monon; ~**briefträger** *m alt* poŝtmandatisto; ~**buße** *f Jur* monpuno; ~**einheit** *f* monunuo; ~**einlagen** *f/Pl Bankw* deponitaĵoj [en banko *od* ŝparkaso], *Spargeld auch* ŝparmono; ~**entschädigung** *f Abfindung [mit Geld]* monkompenso (↑ *auch* ***Abfindung***); ~**entwertung** *f Abwertung* devaluto; *Inflation* inflacio

Gelderland (*n*), *dt.* ***Geldern*** (*n*) *eine niederländ. Provinz* Geldro *[Hptst.: Arnhem]*

Geld|erosion *f* mona erozio (↑ *auch* ***Inflation***); ~**fälscher** *m* monfalsisto; ~**fälschung** *f (als Vorgang)* monfalsado; *(das Produkt der Fälschung)* monfalsaĵo; ~**forderung** *f z.B. von Entführern, Erpressern, Luftpiraten* monpostulo, postulo de mono

Geldfragen *f/Pl finanzielle Dinge* financaj aferoj *Pl*

Geld|geber *m* mondonanto (↑ *auch* ***Finanzier***); ~**geschenk** *n* mondonaco; ~**gier** *f* monavido (↑ *auch* ***Mammonismus***)

geldgierig 1. *Adj* monavida **2.** *Adv* monavide

Geld|heirat *f* edziĝo (*bzw.* edziniĝo) pro mono; ~**herrschaft** *f* mamonismo, plutokratio; ~**interessen** *n/Pl* monaj interesoj *Pl*; ~**investition** *f* moninvesto; ~**kassette** *f od* ~**kästchen** *n* monkesteto; ~**krise** *f* monkrizo (↑ *auch* ***Währungskrise***); ~**kurs** *m Bankw* monkurzo

geldlich *Adj* mona (↑ *auch* ***finanziell***)

Geld|lotterie *f* monloterio; ~**magnat** *m* financmagnato

Geldmangel *m* manko de mono, *auch* monmanko; ***ständig unter ~ leiden*** *umg* daŭre suferi je manko de mono

Geld|markt *m* monmerkato; ~**menge** *f* kvanto de mono; ~**mittel** *Pl* monrimedoj *od* monaj rimedoj *Pl*; *i.w.S. (Finanzen)* financoj *Pl*, *(Fonds)* fonduso; ~**not** *f* manko de mono, *auch* monmanko; ~**opfer** *n* mon-ofero; ~**politik** *f* monpolitiko; ~**prämie** *f* mon[o]premio; ~**probleme** *n/Pl* monproblemoj *Pl*; ~**quelle** *f* monfonto *od* fonto de mono, financa fonto; ~**reform** *f* mon[o]reformo; ~**reserven** *f/Pl* rezervoj *Pl* de mono; ~**sammlung** *f* monkolekto (↑ *auch* ***Kollekte***); ~**schein** *m* monbileto

Geldschrank *m* monŝranko (*vgl. dazu* ***Panzerschrank*** *u.* ***Safe***); ***eingemauerter ~*** enmasonita monŝranko

Geld|sendung *f das Absenden von Geld* sendado de mono; *die Sendung selbst* monsendaĵo; ~**spende** *f* mondonaco

Geldstrafe *f Jur* monpuno; ***jmdm. eine ~ auferlegen*** puni iun per monpuno

Geld|stück *n* monero (*vgl. dazu* ***Münze***); ~**summe** *f* monsumo; ~**system** *n* monsistemo; ~**tasche** *f* monujo; ~**transfer** *m od* ~**überweisung** *f Bankw* monĝirado; ~**umlauf** *m* moncirkulado; ~**umtausch** *m* ŝanĝ[ad]o de mono; ~**vergeudung** *f* disipo (*od umg* forĵeto) de mono; ~**verleiher** *m* monpruntedonanto; ~**verlegenheit** *f* financa embaraso (*vgl. dazu* ***Klemme b)***); ~**verschwendung** *f* disipo de mono, *auch* disipemo, *pop auch* forĵeto de mono; ~**wäsche** *f*, *<österr> u. <schweiz> auch* ***Geldwäscherei*** *f* monlavado *od* lavado de mono

Geldwechsel *m Bankw* monŝanĝ[ad]o (*vgl. dazu* ***Wechselstube***); ~**automat** *m* monŝanĝa aŭtomato

Geldwechsler *m* monŝanĝisto

Geldwert *m Fin* monvaloro; ***effektiver ~*** effektiver Geldwert

Geld|wesen *n* financaj aferoj *Pl*; ~**wirtschaft** *f* mon-ekonomio; ~**zirkulation** *f* moncirkulado; ~**-zurück-Garantie** *f Hdl* mono-reen-garantio

Gelee *n*, *auch m Frucht*[2] ĵeleo (*vgl. dazu* ***Gelatine***)

Gelée royale *n Imkerei* ↑ ***Königinnenfuttersaft***

Gelege *n die Eier eines Vogels (bes. in einem Nest), einer Schildkröte, von Reptilien* ovaro (↑ *auch* ***Brut*** *u.* ***Vogelbrut***); ***die Schildkröte vergräbt ihr ~ im Sand*** la testudo enfosas sian ovaron en [la] sablo

gelegen *Adj* ***a)*** *örtl* situanta, *umg auch* kuŝanta; ***500 m über dem Meeresspiegel ~ [sein]*** *Geogr* [esti] situanta 500 metrojn super la marnivelo; ***zu lange ~*** *zu lange aufbewahrt* tro longe konservita ***b)*** *genehm, passend* konvena, oportuna; ***kommen wir ~?*** ĉu ni [vere] ne ĝenas?; ***das kommt mir sehr ~*** tio estas ĝuste [nun] bonvena por mi ***c)*** *in Fügungen*: ***mir ist viel daran ~, dass ...*** estas tre grave por mi, ke ... *bzw.* mi havas multan intereson por ...

Gelegenheit *f Anlass* okazo (*vgl. dazu* ***Grund***); *Chance, günstige Gelegenheit* ŝanco, oportuno; *Möglichkeit* ebleco; ***~ haben [zu ...]*** havi la okazon ...; ***bei dieser ~*** tiuokaze; *zugleich* samtempe; ***bei jeder ~*** je ĉiu okazo, *umg meist* ĉiuokaze; ***bei ~ komme ich auf ihr freundliches Angebot zurück*** mi okaze uzos vian afablan permeson; ***eine ~ ausnützen*** (*od* ***ergreifen***) profiti la okazon (***um zu*** por *mit Inf*); ***ich [be]nutze die ~, Sie zu bitten ...*** mi uzas la okazon por peti vin ...; ***eine solche ~ will ich nicht verpassen*** tiaspecan okazon mi ne volas preterlasi ◇ ***~ macht Diebe*** okazo kreas ŝteliston *(Zam)*; ***die ~ beim Schopfe packen*** kapti okazon ĉe la kapo *(Zam)*

Gelegenheits|kauf *m* [ĉe]okaza aĉeto, *(mit Glück)* bonŝanca aĉeto; **~raucher** *m* okaza fumanto

gelegentlich 1. *Adj* okaza (*vgl. dazu* ***zufällig***); ***ein ~er Kunde*** okaza kliento **2.** *Adv bei [entsprechender] Gelegenheit* okaze; *bisweilen* iafoje; *manchmal* kelkfoje; *ab und zu, dann und wann* de tempo al tempo; *i.w.S. (wenn es Ihre Zeit erlaubt)* se vi havas tempon por tio [*bzw.* fari tion], *(wenn es Ihnen passt)* se konvenas al vi

gelehrig *Adj* facile instruebla (*bzw.* komprenanta), *allg auch* lernema; *i.w.S. (intelligent)* inteligenta, *(klug)* prudenta; *Tier* facile dresebla

Gelehrsamkeit *od* **Gelehrtheit** *f* erudicio; *Gebildetsein* klereco, instruiteco

gelehrt *Adj* erudicia; *gebildet* klera; ***ausgesprochen ~*** *wissensreich* dokta

Gelehrte *m* erudiciulo, *auch* erudito; *Wissenschaftler* scienculo, sciencisto (*vgl. dazu* ***Intellektuelle*** *u.* ***Nestor***)

Gelehrtheit *f* ↑ ***Gelehrsamkeit***

geleimt *Adj Buchbinderei* glue bindita

Geleise *n* = ***Gleis***

Geleit *n Begleitung* akompan[ad]o; *Eskorte, bes. Mil* eskorto; *Mar* konvojo ◇ ***jmdm. das letzte ~ geben*** fari honoron al mortinto kaj partopreni la funebran irantaron

geleiten *tr führen* konduki; *schützend begleiten* garde akompani (*vgl. dazu* ***begleiten***); *eskortieren* eskorti *auch Mil*; ***jmdn. nach oben ~*** konduki iun supren *od* suprenkonduki iun; ***jmdn. zur Tür ~*** *geh für «zur Tür begleiten»* akompani iun al (*od* ĝis) la pordo

Geleitschiff *n Mar, Mil* eskortŝipo [por protekti komercajn aŭ pasaĝerajn ŝipojn]

Geleitschutz *m*: ***~ geben*** *durch Kriegsschiffe* konvoji, eskorti pere de militŝipoj

Geleitwort *n zu einem Buch od Werk* antaŭparolo (***zu*** al)

Geleitzug *m Mar* ↑ ***Konvoi***

Gelenk *n* ***a)*** *Anat* (Articulatio) artiko (↑ *auch* ***Amphiarthrose***, ***Ellenbogen-***, ***Ellipsoid-***, ***Finger-***, ***Fuß-***, ***Fußwurzel-***, ***Hand-***, ***Iliosakral-***, ***Kiefer-***, ***Knie-***, ***Sakral-***, ***Scharnier-***, ***Schulter-*** *u.* ***Sprunggelenk***) ***b)*** *Mechanik, Tech (Gelenkverbindung)* artiko (↑ *auch* ***Feder-***, ***Gummi-***, ***Kardan-*** *u.* ***Kugelgelenk***); *Scharnier* ĉarniro; ***geschwollene ~e*** *Pl Med* ŝvelintaj artikoj *Pl*; ***mit ~en versehen*** *Adj* artikhava, kunigita per artikoj (*bzw.* ĉarniroj) ***c)*** *Bot* ↑ ***Gelenkknoten***

Gelenk|bus *Kfz* balgobuso, *auch* artika buso; **~entzündung** *f* (Arthritis) *Med* inflamo de artiko, artrito, *(mit Knochenbeteiligung)* ostoartrito; **~erguss** *m*, *auch* ***Hydarthros*** *m* (Hydrops articularis) *Med* artika hidropso; **~flüssigkeit** *f*, *auch* ***Synovialflüssigkeit*** *f* sinovia likvaĵo; **~fraktur** *f Med* artika frakturo *od* frakturo de [la] artiko; **~höhle** *f* (Cavitas articularis) *Anat* artika kavo

gelenkig *Adj Mensch* facilmova; *biegsam* fleksebla; *leicht zu biegen* facile fleksebla; *elastisch* elasta; *mit einem Gelenk versehen sein* artikhava *bes. Tech*

Gelenkigkeit *f*: ***die ~ verlieren*** *Fachspr Med für «steif werden»* ankiloziĝi

Gelenk|kapsel *f* (Capsula articularis) *Anat* artika kapsulo; **~kette** *f Tech* artika ĉeno; **~knorpel** *m* (Cartilago articularis) *Anat* artika kartilago; **~knorren** *m* (Condylus) *Anat* kondilo; **~knoten** *m*, *Fachspr* ***Artikulation*** *f Bot* artiko; **~kopf** *m Anat, Tech* kapo de artiko

Gelenkleiden *n Med* ↑ ***Arthropathie***
Gelenkmeniskus *m Anat* ↑ ***[3]Meniskus***
Gelenkpfanne *f Anat* artika foso; ~ ***des Hüftgelenks*** *für den Oberschenkelkopf, Fachspr auch* ***Acetabulum*** *n* acetabulo
Gelenkpunktion *f Chir* punkcio de artiko
Gelenkrheumatismus *m Med (Oberbegriff für alle rheumatischen Gelenkprozesse)* artika reŭmatismo; ***akuter*** ~ akuta artika reŭmatismo; ***degenerativer*** ~ ↑ ***Arthrose***
Gelenk|scheibe *f* (Discus articularis) *Anat* artika disko; ~**schildkröte** *f* (Kinixys erosa) *Zool* ĉarnira testudo *[Vorkommen: Westafrika]*; ~**schmerz(en)** *m/Pl* artikodoloro(j) *od* artika(j) doloro(j), <*wiss*> artralgio; ~**schmiere** *f*, <*wiss*> ***Synovia*** *f* artika ŝmiraĵo, sinovio; ~**schwellung** *f* artikŝvelo; ~**spalt** *m* (Cavum articulare) *Anat* artika fendo
Gelenkspiegelung *f Med* ↑ ***Arthroskopie***
Gelenk|stange *f Mechanik* artikstango; ~**steifigkeit** *f* rigideco de artiko, <*wiss*> artosklerozo; ~**stück** *n Tech* artika peco; ~**tuberkulose** *f Med* tuberkulozo de artiko(j); ~**verbindung** *Mechanik, Tech [bewegliches] Verbindungsstück* artiko
Gelenkverschleiß *m Med* ↑ ***Arthrose***
Gelenkversteifung *f*, <*wiss*> ***Ankylose*** *f Med* ankilozo (↑ *auch* ***Wirbelankylose***); ***fibröse*** (***ossäre***) ***Ankylose*** fibra (osta) ankilozo
Gelenk|welle *f Tech* kardanŝafto; ~**zapfen** *m Tech* pivoto de artiko
gelernt *Adj* kvalifikita (↑ *auch* ***lernen***); ~***er Arbeiter*** *m* kvalifikita laboristo
Gelichter *n veraltend für «Gesindel»* kanajlaro, fiularo
Geliebte ***a)*** *f*, <*österr*> *umg* ***Gspusi*** *n* amatino, *sex* amorantino (↑ *auch* ***Mätresse***) ***b)*** *m* amato, *sex* amoranto (↑ *auch* ***Lover***)
Gelierzucker *m zum Bereiten von Marmelade* ĝeliga sukero
gelinde 1. *Adj lind, sanft* softa, milda; *mäßig* modera **2.** *Adv*: ~ ***ausgedrückt*** (*od* ***gesagt***) milde dirite, per mildaj (*od auch* malseveraj) vortoj
gelingen *intr* sukcesi (↑ *auch* ***glücken*** *u.* ***prosperieren***); ***es gelang mir nicht*** mi ne sukcesis (***zu*** *Verb folgt im Inf*); ***ihr gelingt alles*** ŝi sukcesas en ĉio; ***schließlich gelang es ihm*** fine li sukcesis
Gelingen *n Erfolg* sukceso
gelippt *Adj Bot (z.B. eine Blütenform)* labiata
Gelispel *n Lispeln* lispado; *Geflüster* flustrado
gellen *intr* akre soni (*vgl. dazu* ***kreischen***)
gellend *Adj* akresona (*vgl. dazu* ***schrill***)
geloben *tr* solene promesi (***jmdm. etw.*** ion al iu); *i.w.S. schwören* ĵuri; ***unter Eid*** ~ ĵure promesi *od* ĵurpromesi; ***vor Gott*** ~ promesi per voto; ***das ≗e Land*** *Palästina* la promesita lando, *(das Heilige Land)* la sankta lando *(beide auch Großschr)*; ***ich gelobte mir, es nicht mehr zu tun*** mi ĵuris (*od* donis ĵurpromeson) ne plu fari ĝin (*od* tion)
Gelöbnis *n* solena promeso, *auch* ĵurpromeso; *vor Gott* voto (*vgl. dazu* ***Eid***, ***Gelübde*** *u.* ***Schwur***)
gelobt *Adj* ↑ *unter* ***geloben***
gelockt *Adj Haar* bukla, buklohava
Gelose *f Biochemie (von Meeresalgen, bes. Rotalgen [Rhodophyceae], gebildetes Polysaccharid)* gelozo (↑ *auch* ***Agar-Agar***)
Gelse *f Ent* ↑ ***Stechmücke***
Gelsemium *n Bot (eine Gattung der Loganiazeen)* gelsemio
Gelsenkirchen (*n*) *eine Stadt in NRW [im Ruhrgebiet]* Gelsenkirĥo
gelt? *umg: Frageanhängsel am Satzende für «nicht wahr?»* ĉu ne?
gelten *intr* ***a)*** *gültig sein* validi; ***mein Pass gilt bis ...*** mia pasporto validas ĝis ... ***b)*** *unpers*: ***es gilt zu ...*** *jetzt ist der Zeitpunkt um ...* nun estas la [ĝusta] momento por ...; *man muss ...* oni devas ... ***c)*** *wert sein* valori; *angesehen werden* esti rigardata; *akzeptabel sein* esti akceptinda; ***das kann man ~ lassen*** pri tio oni povas konsenti; *das ist akzeptabel* tio estas akceptinda; *das ist begrüßenswert* tio estas aprobinda; ***was gilt die Wette?*** kiom ni vetu? ***d)*** *betreffen*: ***der Vorwurf galt ihm*** la riproĉo koncernis lin
geltend *Adj* valida; *rechtsgültig* [laŭ]leĝe valida; ***nach ~em Recht*** laŭ la valida juro, laŭ (*od* konforme al) la validaj leĝoj; ~ ***machen*** *Jur (sich berufen od sich stützen auf)* invoki (***etw.*** ion); ***sein Recht ~ machen*** insisti pri sia rajto, montri sian rajton
Geltung *f* ***a)*** *Gültigkeit* valideco; *Wert* valoro ***b)*** *Ansehen* aŭtoritato, reputacio; *Respekt* respekto (*vgl. dazu* ***Achtung*** *u.* ***Weltgeltung***); *Prestige* prestiĝo; ***sich ~ verschaffen*** atingi respekton pri si
Geltungs|bedürfnis *n od* ~**drang** *m* impondeziro, prestiĝ-avido (*vgl. dazu* ***Arroganz***);

~**dauer** *f* daŭro de valideco

Gelübde *n* solena promeso (*vgl. dazu* ***Schwur***); *eines Priesters (Gelöbnis [vor Gott]) bzw. bei Eintritt in einen Orden* [religia] voto; ***ein ~ ablegen*** (*od* ***tun***) solene promesi; promesi per voto, voti

Gelüst *n* [subita] avido (***auf*** *od* ***nach*** al *od* je) (*vgl. dazu* ***Begierde*** *u.* ***Lust***; ↑ *auch* ***Rachegelüst***); *Naturtrieb* apetenco

gelüsten *intr unpers* ege (*od* forte) deziri (***nach etw.*** ion), senti fortan emon, senti [subitan] avidon; ***es gelüstet mich nach Schokolade*** mi ege dezirus nun manĝi ĉokoladon

gemach *Adv alt* malrapide, trankvile

Gemach *n alt od poet: [kleiner] Raum* ĉambr[et]o

gemächlich 1. *Adj* lanta; *langsam* malrapida, *(Person)* malrapidema; *in aller Ruhe* senhaste; *ruhig* trankvila; *gemütlich* hejmeca; ***ein ~es Leben führen*** vivi trankvilan [kaj senhastan] vivon **2.** *Adv* malrapide, malrapideme; senhaste; trankvile; *nach und nach* iom post iom; ***~ laufen*** trankvile iradi

Gemächlichkeit *f* lant[ec]o

Gemahl *m geh für «Ehemann»* edzo (*vgl. dazu* ***Gatte***)

Gemahlene *n in einer Mühle gemahlenes Korn u. dgl.* muelitaĵo

Gemahlin *f geh für «Ehefrau»* edzino (*vgl. dazu* ***Gattin***)

gemahnen *tr*: ***jmdn.*** *~ geh für «[jmdn.] erinnern an»* memorigi iun al

Gemälde *n* pentraĵo *auch übertr* (↑ *auch* ***Akt-***, ***Altargemälde***, ***Bild***, ***Aquarell***, ***Decken-***, ***Öl-*** *u.* ***Sittengemälde***); ***ein abstraktes ~*** abstrakta pentraĵo; ***ein ~ im Stil des 18. Jahrhunderts*** pentraĵo en la stilo (*bzw. auch* gusto) de la 18a jarcento

Gemälde|ausstellung *f* ekspozicio de pentraĵoj; ~**galerie** *f* galerio de pentraĵoj; ~**museum** *n* muzeo de pentraĵoj; ~**restaurator** *m* restaŭristo de pentraĵoj; ~**sammlung** *f* kolekto da pentraĵoj (*vgl. dazu* ***Pinakothek***)

Gemara *f zweiter Teil des jüdischen Talmuds* Gemarao

gemasert *Adj Holz, Marmor* vejnohava, vejnostriita; ***eine ~e Marmorplatte*** plato (*od* slabo) el vejna marmoro

gemäß *Präp* laŭ (↑ ***entsprechend*** *u.* ***²laut***); *in Übereinstimmung mit* konforme al; ***dem Beschluss ~*** konforme al la decido; ***seinem Wunsche ~*** laŭ (*od* konforme al) lia deziro

gemäßigt *Adj Ansichten, Haltung* modera *auch Pol u. Klima* [↑ *auch* ***mäßigen***]; ***~e Zone*** *f Geogr* mezvarma zono

Gemäßigte *m bes. Pol* moderulo

Gematrie *f Teilgebiet der jüdischen Kabbala, in dem der in der hebräischen Sprache angezeigte Zusammenhang von Laut und Zahl zur Methode einer symbolischen Bibeldeutung enzwickelt wurde* gematrio (*vgl. dazu* ***Kabbala***)

Gemäuer *n* muraĵo; ***altes ~*** ruinaĵo *Sg od* ruinoj *Pl*

gemein *Adj* ***a)*** *allgemein* ordinara, komuna, ĝenerala; *einfach* simpla; ***~er Bruch*** *m Math* ordinara frakcio; ***~er Soldat*** *m* simpla soldato ***b)*** *gemeinsam* komuna; ***ich habe nichts mit ihm ~*** mi havas nenion komunan kun li ***c)*** *niedrig, vulgär* vulgara; *verabscheuenswert* abomeninda (↑ *auch* ***übel***); *schuftig* fripon[ec]a, fia; *unflätig* senhonta; *lasziv* lasciva; ***~e Redensarten*** *f/Pl* vulgaraj diraĵoj *Pl*

Gemeinde *f Verwaltungseinheit bzw. Gemeinschaft von Menschen* komunumo (↑ *auch* ***Fangemeinde***); *i.w.S. Dorf* vilaĝo; *Kirche* paroĥ[anar]o; ~**amt** *n od* ~**verwaltung** *f* komunuma administrejo, *eines Dorfes* vilaĝa administrejo; ~**pfarrer** *m* paroĥestro; ~**rat** *m od* ~**vertretung** *f die Gemeindevertreter* komunuma (*od* municipa) konsilantaro; ~**schwester** *m Med* komunuma flegistino; ~**statut** *n* municipa regularo

Gemeindevertretung *f* ↑ ***Gemeinderat***

Gemeindeverwaltung *f* ↑ ***Gemeindeamt***

Gemeinde|vorsteher *m* komunumestro; *eines Dorfes* vilaĝestro (*vgl. dazu* ***Bürgermeister*** *u.* ***Dorfoberhaupt***); ~**wahlen** *f/Pl* komunumaj (*od* municipaj) elektoj *Pl*

Gemeindewald *m* ↑ ***Kommunalforst***

Gemeineigentum *n* komun-uza posedaĵo, komuna (*od* socia) propraĵo (*od* proprieto)

gemein|gefährlich *Adj* publike danĝera, danĝera por la socio; ~**gültig** *Adj* ĉie akceptata, ĉie rekonata

Gemeingut *n* komuna posedaĵo, *[oft einfach:]* komunaĵo, ĉiesaĵo

Gemeinheit *f gemeine Tat* fiago, senhonta faro (*od* ago), cinikaĵo

gemeinhin *Adv* ĝenerale

Gemein|kosten *Pl Wirtsch* ĝeneralaj kostoj (*od* elspezoj) *Pl*, *(indirekte Kosten)* nerektaj kostoj *Pl*; ~**nutz** *m od* ~**nützigkeit** *f* publika utilo

gemeinnützig *Adj* publikutila *od nachgest* de publika utilo; *~e* ***Institution*** *f* institucio de publika utilo; *~e* ***Organisation*** *f* neprofitcela organizaĵo

Gemeinnützigkeit *f* ↑ ***Gemeinnutz***

Gemeinplatz *m etw. Allgemeines* ĝeneralaĵo; *abgegriffene Redensart* banala (*od* triviala) diraĵo; *etw. Banales od Triviales* banalaĵo, trivialaĵo

gemeinsam 1. *Adj* komuna (↑ *auch* ***kollektiv***); *~e* ***Erklärung*** *f bes. Pol* komuna deklaro; ***unser ~er Freund*** nia komuna amiko; *~e* ***Idee*** (***Meinung***) *f* komuna ideo (opinio); ***der ≗e Markt*** *andere Bez für «Europäische Wirtschaftsgemeinschaft»* la Komuna Merkato; ***ein ~es Mittagessen*** komuna tagmanĝo; ***nichts ~ haben mit ...*** havi nenion komunan kun ... **2.** *Adv* komune, kune (***mit*** kun); *~* ***überlegen*** kune pripensi

Gemeinsamkeit *f* komuneco, kuneco; *gemeinsames Leben* komuna vivo; *~* ***der Interessen*** komuneco de la interesoj

Gemeinschaft *f* ***a)*** *Menschen≗, Staaten≗* komunumo (*vgl. dazu* ***Gesellschaft***); *Kollektivität* kolektiveco; *~* ***Unabhängiger Staaten*** (*Abk* ***GUS*** *f*) *Staatenbund zehn ehemaliger Sowjetrepubliken* Komunumo de Sendependaj Ŝtatoj; ***die internationale ~*** *Pol (Völkergemeinschaft)* la internacia komunumo; ***sich aus der ~ ausschließen*** ekskludi sin el la komunumo ***b)*** *Verband* asocio; *Allianz* alianco; ***in ~ mit*** *zusammen mit* kune kun; *in Zusammenarbeit mit* kunlabore kun ***c)*** *Eintracht, Harmonie* konkordo, harmonio; *Zusammenleben* kunvivado; *Zusammensein* kunest[ad]o

gemeinschaftlich 1. *Adj gesellschaftlich, auf die Beziehungen der Menschen zueinander bezogen* komuna, kolektiva; *allgemein, der Öffentlichkeit zugänglich od sie betreffend* ĝenerala **2.** *Adv gemeinsam, miteinander* komune, kune

Gemeinschaftlichkeit *f* komuneco, kolektiveco

Gemeinschafts|antenne *f TV* kolektiva [televida] anteno; *~***arbeit** *f* komuna (*od* kolektiva) laboro; *~***ausgabe** *f Buchw, Philat* komuna eldon[aĵ]o; *~***finanzierung** *f* komuna financado; *~***gefühl** *n* sento de komuneco; *~***geist** *m* solidareco; *~***küche** *f* komuna kuirejo; *~***produktion** *f* komuna produktado, *auch* kunproduktado; *~***programm** *n Radio, TV* komuna programo; *~***unterkunft** *f* komuna loĝejo; *Massenunterkunft* amasloĝejo

Gemeinschaftsunternehmen *n Wirtsch, Ind* ↑ ***Joint Venture***

Gemeinschaftswährung *f z.B. der Euro* komuna monunuo

Gemeinsprache *f Ling (einem Volk gemeinsame, allen verständliche Sprache ohne Mundarten, Fach- u. Sondersprachen)* komuna lingvo (*vgl. dazu* ***Umgangssprache***)

gemein|sprachlich *Adj* komunlingva; *~***verständlich** *Adj* ĝenerale (*od* de ĉiu) komprenebla; *populär* populara

Gemein|verständlichkeit *f Popularität* populareco; *~***wesen** *n* civito; *~***wohl** *n* publika bono (*od* bonstato) (*vgl. dazu* ***Gemeinnutz***)

Gemenge *n Gemisch* miksaĵo (***aus*** el; ***von*** de); *wirres Durcheinander* mikskonfuzo, pelmelo

gemessen *Adj abgemessen* mezurita; *würdevoll* dignoplena (↑ *auch* ***gravitätisch***); *angemessen, gebührend* deca; *selt für «bestimmt»* decida, firma

Gemetzel *n* amasbuĉado; *Massaker* masakro

Geminate *f Ling, Phon* ↑ ***Doppelkonsonant***

Gemination *f Ling* ↑ ***Konsonantenverdopplung***

Gemini *Pl Astron* ↑ ***²Zwillinge***

Geminiden *Pl Astron (ein Meteorstrom, der aus dem Sternbild der Zwillinge zu kommen scheint [Maximum am 12.12. jeden Jahres)* ĝemelidoj *Pl*

Gemisch *n* miksaĵo (***aus*** el) (↑ *auch* ***Mischung***)

gemischt *Adj* miksita (↑ *auch* ***mischen***); *verschiedene Arten od Sorten von etw., allerlei* diversspeca; *beiderlei Geschlechts (z.B. Schulklasse u.a.)* miksta; *~***er Chor** *m Mus* miks[it]a (*od* gea) ĥoro; *~***es Doppel** *n Tennis, Tischtennis* gea parludo

gemischtgeschlechtig *Bot* ↑ ***monoklin b)***

gemischtrassig *Adj* miksrasa

¹Gemme *f* gemo; *i.e.S. Schmuckstein mit vertieft eingeschnittenem Bild* intajlo (*vgl. dazu* ***Kamee***; ↑ *auch* ***Skarabäen-Gemme***)

²Gemme *f Bot (asexuell entstandene Pilzspore [bes. bei Algenpilzen])* gemo

Gemmologie *f, auch* ***Edelsteinkunde*** *f Min (Wissenschaft von den Edelsteinen [beschäftigt sich ausschließlich mit als Schmucksteinen genutzten Mineralien u. Varietäten sowie deren Synthesen u. Imitationen])* gemologio

Gemse *f Zool* = ***Gämse***
Gemunkel *n* onidiro; *Klatsch* klaĉo
Gemurmel *n* murmur[ad]o
Gemüse *n* legomo (↑ *auch* ***Blatt-***, ***Frisch-***, ***Früh-***, ***Frühlings-***, ***Gefrier-***, ***Stängel-***, ***Suppen-***, ***Trocken-***, ***Winter-*** *u.* ***Wurzelgemüse***); ~**ampfer** *m* (Rumex longifolius) *Bot* longfolia rumekso; ~**anbau** *od* ~**bau** *m*, *auch* ***Anbau von Gemüse*** legomkultivado *od* kultivado de legomoj
Gemüseartischocke *f* ↑ ***Artischocke***
Gemüse|beet *n* legombedo; ~**brühe** *f Kochk* legoma buljono
Gemüseerbse *f* ↑ *unter* ***Erbse***
Gemüse|ernte *f* rikolt[ad]o de legomo(j); ~**fach** *n im Kühlschrank* legomfako
Gemüsegänsedistel *f Bot* ↑ ***Kohlgänsedistel***
Gemüse|garten *m* legomĝardeno *od* legoma ĝardeno; ~**gärtner** *m* legomkultivisto; ~**gärtnerei** *f* legomkultivejo; ~**gratin** *n Kochk* legoma gratenaĵo; ~**händler** *m* legomvendisto; ~**handlung** *f od* ~**laden** *m* legomvendejo; ~**kohl** *m* (Brassica oleracea) *Bot (zusammenfassende Bez für die Gemüseart Kohl), Nahr* legoma brasiko; ~**konserven** *f/Pl* legomkonservaĵoj *Pl*
Gemüsemais *m Bot, Nahr* ↑ ***Zuckermais***
Gemüse|markt *m* legombazaro; ~**pflanze** *f* legoma planto
Gemüseplatte *f Nahr* legomplado; ***indonesische*** ~ *mit Gewürzen u. Erdnussbuttersoße* gadogado
Gemüse|produktion *f* legomproduktado; ~**ragout** *n Kochk* legoma raguo; ~**saft** *m* legoma suko; ~**salat** *m* legomsalato, *auch* salato el legomoj
Gemüsespargel *m* ↑ *unter* ***Spargel a)***
Gemüse|suppe *f* legoma supo (↑ *auch* ***Minestrone***); ~**verkäufer** *m* vendisto de legomo
gemustert *Adj Stoff* desinhava, *auch [je nachdem:]* figurdesegnita *bzw.* flordesegnita *u.a.*
Gemusterte *m Mil* konskripto (↑ *auch* ***Rekrut***)
Gemüt *n Seele* animo; *Herz* koro; *Gefühl* sento; *seelische Empfindung auch* sentimento; *Gemütsbewegung* emocio; ***das geht mir ans*** (*od* ***zu***) ~ tio afliktas mian animon; ***das ist etwas fürs*** ~ tio estas io por la koro ◇ ***sich ein Stück Torte zu ~e führen*** *umg scherzh* regali sin [mem] per peco da torto *bzw.* manĝi pecon da torto kun granda (*od* videbla) ĝuo
gemütlich *Adj* gemuta; *heimelig* hejmeca; *familiär* familiara; *angenehm* agrabla; *bequem* komforta; *Mensch* [trankvila kaj] bonkora, pacanima, *auch* amikema *od i.w.S.* gajhumora
Gemütlichkeit *f* gemuteco; hejmeco; familiareco; agrableco; komforteco (↑ *auch* ***Behaglichkeit***)
Gemüts|art *f* temperamento, *auch* karaktero; ~**bewegung** *f Emotion* emocio; *starke Gemütsbewegung, intensiver Gefühlsausbruch* afekcio
gemütskrank *Adj* ***a)*** *geisteskrank* mense (*od* psike) malsana; *psychotisch* psikoza ***b)*** *melancholisch, schwermütig* melankolia
Gemüts|krankheit *f seelische Krankheit* anima malsaniĝo, *auch* vezanio (*vgl. dazu* ***Depression b)***, ***Geisteskrankheit***, ***Melancholie*** *u.* ***Psychose***); ~**lage** *f Stimmung* [anim]agordo; ~**ruhe** *f Seelenruhe* anima trankvilo, spirita kvieto; *Phlegma* flegmo; ~**verfassung** *f od* ~**zustand** *m* animstato
gemütvoll *Adj* profundanima; *gefühlvoll* sentoplena; *sentimental* sentimentala; *warmherzig* varmkora
gen *Präp: in Richtung* [direkte] al; ~ ***Himmel fliegen*** flugi ĉielen; ~ ***Süden*** suden
Gen *n*, *auch* ***Erbfaktor*** *m Biol (an spezifischer Stelle des Chromosoms lokalisierte Erbanlage)* geno (*vgl. dazu* ***Genom***; ↑ *auch* ***Karyogene***, ***Regulator-***, ***Struktur-*** *u.* ***Tumorgen***); ***epistatisches*** ~ *ein Gen, das die Wirkung eines anderen Gens überdeckt* epistata geno; ***hypostatisches*** (***komplementäres***, ***reziprokes***) ~ hipostata (komplementa, reciproka) geno; ***latente*** ~***e*** *Pl die phänotypisch nicht in Erscheinung tretenden Gene* latentaj genoj *Pl* (*vgl. dazu* ***Phänotyp***)
Gen. = *Abk für* **1.** ***Genitiv*** **2.** ***Genosse*** **3.** ***Genossenschaft***
Genanordnung *f Genetik* aranĝo de [la] genoj
genant [ʒə'nant] *Adj* ĝenanta; *sich leicht genierend* singĝen[em]a; *übertrieben schamhaft* tro hontema (*vgl. dazu* ***zimperlich***)
genäselt *Adj durch die Nase gesprochen* nazosona (↑ *auch* ***nasal***)
genannt *Adj u. Partizip: schon erwähnt* menciita (↑ *auch* ***nennen***); ***aus den*** ~***en Gründen*** pro la menciitaj kaŭzoj
genau **1.** *Adj exakt* ekzakta (↑ *auch* ***haargenau***); *akkurat* akurata; *Angaben, Vorschrift, Uhr* preciza; *gewissenhaft* skrupula; *strikt*

strikta; *ausführlich* detal[eg]a; ***ganz*** (*od* ***peinlich***) ~ ekzaktega; akuratega; preciz[eg]a; *Logik u. Phil* rigora; ***eine ~e Definition geben*** doni ekzaktan difinon; ***nach einem ~en Plan*** laŭ ekzakta plano **2.** *Adv* ekzakte; precize; skrupule; strikte; detal[e-g]e; *definitiv, mit Bestimmtheit* definitive; *genauso wie ...* same kiel ...; ~ ***betrachtet*** *streng genommen* propradire; ~ ***genommen*** ĝustadire, verdire; *wenn man alles berücksichtigt* ĉion konsiderante (*bzw.* konsiderinte); ~ ***wie dein Bruder*** same kiel via frato; ~ ***so*** *so und nicht anders* ĝuste (*od* precize) tiele; ~ ***so viel wie ...*** ĝuste tiom, kiom ...; ~ ***um zehn [Uhr]*** precize (*od* akurate) je la deka [horo]; ~ ***das Gegenteil ist eingetreten*** (*od* ***passiert***) ekzakte la malo (*od* kontraŭo) okazis; ***etw. ~er angeben*** *präzisieren* precizigi; ~ ***in diesem Augenblick*** (*od* ***Moment***) ĝuste en tiu [ĉi] momento; ***ich weiß noch nicht ~, ob ...*** mi ne scias ankoraŭ precize, ĉu ...

Genauigkeit *f Exaktheit* ekzakteco; *Akkuratesse* akurateco; *Präzision* precizeco; *Striktheit* strikteco (↑ *auch* ***Akribie***); ***erreichbare ~*** *bes. Math* atingebla precizeco; ***peinliche ~*** rigora akurateco; ***mit mathematischer ~*** kun matematika precizeco

genauso *Adv*: ~ ***... wie ...*** same kiel ...; ***sie ist noch ~ schön wie früher*** ŝi estas ankoraŭ same bela kiel antaŭe; ***mein Freund ist ~ alt wie ich*** mia amiko havas la saman aĝon kiel mi

Genbank *f eine Art ‹Sammelstelle› von Erbanlagen* genbanko <*bei den meisten Nutzpflanzen wird das genetische Material in Form von ganzen Pflanzen, Samen, Keimlingen od Protoplasten gelagert*>

Genbestand *m Genetik* = ***Genom***

Gendarm *m* <*österr*> *(sonst veraltet), auch* ***Landjäger*** *m veraltet für «Polizist [auf dem Lande]»* ĝendarmo

Gendarmerie *f* ***a)*** *Gesamtheit der Gendarmen* ĝendarmaro ***b)*** <*österr*> *Polizeidienststelle* ĝendarmejo; ~**kaserne** *f* ĝendarma kazerno; ~**offizier** *m* ĝendarma oficiro; ~**wache** *f (Polizeidienststelle)* ĝendarmejo

Gendoping *n genetische Eingriffe zur Leistungssteigerung im Sport* gendopado

Genealoge *m* genealogo

Genealogie *f, auch* ***Geschlechter-*** *od* ***Familienforschung*** *od* ***Familienkunde*** *f od* ***Stammbaumforschung*** *f* genealogio (*vgl. dazu* ***Stammbaum***); ***genetische ~*** *Anwendung der Genetik auf die Genealogie* genetika genealogio

genealogisch *Adj* genealogia

genehm *Adj geh angenehm* agrabla; *annehmbar* akceptebla; *passend* konvena; ***wenn es Ihnen ~ ist*** se konvenas al vi

genehmigen *tr einwilligen* konsenti; *Konzession erteilen* koncesii; *gutheißen* aprobi; *sich einverstanden erklären mit* doni sian aprobon al; *amtlich bestätigen* sankcii (↑ *auch* ***autorisieren*** *u.* ***ratifizieren***) ◇ ***ein Glas Bier können wir uns schon noch ~*** *salopp scherzh* nu, unu plian bieron ni do povos permesi al ni

Genehmigung *f Einwilligung* konsento; *Konzession* koncesio; *Zustimmung* aprobo; *Erlaubnis* permeso, *(als Dokument)* permesilo (*vgl. dazu* ***Ratifikation***; ↑ *auch* ***Sondergenehmigung***); *Sanktion* sankcio; ~ ***zum Passieren*** *durch ein Sperrgebiet, einen Kordon u.Ä.* paspermeso, *(Passierschein)* paspermesilo

Genehmigungsverfahren *n* permes-proceduro

geneigt *Adj* ***a)*** *veraltend für «wohlwollend»* bonvolema; *zugetan* favora (***jmdm.*** al iu); *zugeneigt, gewillt* inklina, ema (***zu*** al) ***b)*** klinita, *(sich geneigt habend)* kliniĝinta; *schräg, schief* oblikva; *abschüssig* dekliva; ***~e [Weg-] Strecke*** *f Straßenbau* dekliva vojosekcio

General *m Mil* generalo *auch Titel des Leiters der Heilsarmee od mancher Orden* (↑ *auch* ***Armee-***, ***Divisions-***, ***Jesuiten-*** *u.* ***Viersternegeneral***); ***Herr ~*** [via] generala moŝto *[untertänige Anrede]*

General|absolution *f Jur, Rel* ĝenerala absolvo; ~**agent** *m Hdl* ĉefa agento *od* ĉef-agento; ~**agentur** *f* ĉefa (*od* ĝenerala) agentejo *od* ĉefagentejo; ~**akte** *f Jur* ĝenerala akto; ~**amnestie** *f Jur* ĝenerala amnestio; ~**angriff** *m* ĝenerala atako; ~**anwalt** *m* ĝenerala advokato; ~**debatte** *f Parl* ĝenerala debato; ~**direktor** *m* ĝenerala direktoro; ~**feldmarschall** *m* generalo-feldmarŝalo, *auch* ĉefgeneralo; ~**gouvernement** *n dt. Gesch [3. Reich]* Ĝenerala Gubernio; ~**gouverneur** *m* ĉefguberniestro; ~**hypothek** *f auf mehrere Grundstücke, auch* ***Gesamthypothek*** *f* ĝenerala hipoteko

Generalife *m Sommerresidenz der maurischen Könige in Granada [nordöstlich der*

Alhambra] Ĝeneralifo

Generalinspekteur *m* ĉefinspektisto

generalisieren *tr* ĝeneraligi

Generalisierung *f* ĝeneraligo (↑ *auch* ***Verallgemeinerung***)

Generalissimus *m Mil* generalisimo, *auch* ĉefgeneralo

Generalität *f Gesamtheit der Generäle [eines Landes]* generalaro, [la tuto de] la generaloj [en unu lando]

Generalkonferenz *f* ĝenerala konferenco; ~ ***für Maße und Gewichte*** (*franz. Abk* ***CGPM***) Ĝenerala Konferenco por Mezuroj kaj Pezoj

General|konsul *m Dipl* ĝenerala konsulo; ~**konsulat** *n Dipl* ĝenerala konsulejo; ~**leutnant** *m Mil* generalleŭtenanto; ~**linie** *f* ĝenerala linio; ~**major** *m Mil* generalmajoro; ~**mobilmachung** *f Mil* ĝenerala mobilizado; ~**probe** *f Theat* ĉefprovo, lasta prov[lud]o [antaŭ la premiero]; ~**sekretär** *m* ĝenerala sekretario; ~**sekretariat** *n* ĝenerala sekretariejo; ~**staatsanwalt** *m Jur* ĝenerala prokuroro; ~**stab** *m Mil* ĉefa stabo, *auch* ĉefstabo; ~**stabschef** *m Mil* estro de la ĉefa stabo; ~**streik** *m* ĝenerala striko

Generalswürde *f* generaleco

Generalüberholung *f bes. Tech* ĝenerala (*od* kompleta) revizio

Generalversammlung *f* ĝenerala kunveno; ~ ***der Vereinten Nationen*** Ĝenerala Asembleo de Unuiĝintaj Nacioj

Generation *f* generacio (*vgl. dazu* ***Reproduktion***; ↑ *auch* ***Eltern-*** *u.* ***Schriftstellergeneration***); ***die ältere*** ~ la pli aĝa generacio; ***die heutige*** (***junge***, ***kommende***) ~ la nun[temp]a (juna, estonta) generacio; ***die*** ~ ***60 plus*** la sesdekplusa generacio; ***in dritter*** (*od* ***der dritten***) ~ en la tria generacio; ***von*** ~ ***zu*** ~ de generacio al generacio; ***von einer*** ~ ***auf die andere übergehen*** *z.B. ein Erbstück, eine handwerkliche Fähigkeit u.a.* transiri de unu generacio al la alia ◇ *i.w.S.:* ***die dritte Computergeneration*** la tria generacio de komputiloj

Generationskonflikt *m* konflikto inter la generacioj

generationenübergreifend *Adj* intergeneracia

Generationswechsel *m* ŝanĝo de generacioj

generativ *Adj Biol, Gramm* genera (↑ *auch* ***regenerativ***)

Generator *m El* generatoro *auch Tech* (*vgl. dazu* ***Dynamo*** *u.* ***Gaserzeuger***; ↑ *auch* ***Code-***, ***Dampf-***, ***Diesel-***, ***Einphasen-***, ***Gleichstrom-***, ***Hochspannungs-***, ***Motor-***, ***Lichtbogen-***, ***Mehrphasen-***, ***Radioisotopen-***, ***Synchron-***, ***Turbo-***, ***Van-de-Graaf-***, ***Wechselstrom-*** *u.* ***Zeitbasisgenerator***); ~**gas** *n* generatora gaso

generell 1. *Adj* ĝenerala **2.** *Adv im Allgemeinen* ĝenerale; ~ ***gesagt*** *allgemein gesprochen* ĝenerale dirite (*vgl. dazu* ***gewöhnlich***)

generisch *Adj 1. Gramm (das Geschlecht betreffend) 2. Bot, Zool (die Gattung betreffend)* genra

generös *Adj freigebig, großzügig* donacema, malavara

genervt *Adj*, *auch* ***äd[e]rig*** *Biol (mit Blattnerven od -rippen durchzogen)* vejnohava, vejnostriita

Genese *f Entstehung, Ursprung, das Werden; Entstehungsgeschichte* genezo *auch Med* (*vgl. dazu* ***Gyno-*** *u.* ***Phylogenese***); ***von unbekannter*** ~ de nekonata (*bzw.* nedeterminebla) genezo

genesen *intr* konvaleski; *wieder gesund werden* resaniĝi; ***wieder*** ~ resaniĝinta

Genesis *f bibl (1. Schöpfungsgeschichte 2. das erste Buch Mosis)* Genezo

Genesung *f (als Vorgang)* konvalesko, resaniĝo, *(als Zeitraum)* periodo de konvalesko (*bzw.* resaniĝo); ***gute*** ~***!*** bonan resaniĝon!

Genesungs|heim *n* hejmo por konvaleskuloj (*vgl. dazu* ***Sanatorium***); ~**prozess** *m* konvaleska proceso

Genetiv *m* = ***Genitiv***

Genetik *f Wissenschaft von den Vorgängen der Vererbung* genetiko (↑ *auch* ***Bakterien-***, ***Epi-***, ***Mikroben-***, ***Molekular-***, ***Pharmako-***, ***Populations-***, ***Strahlen-*** *u.* ***Zytogenetik***); ***experimentelle*** (***molekulare***) ~ eksperimenta (molekula) genetiko; ***psychiatrische*** ~ *Arbeitsrichtung der Psychiatrie, die den Einfluss genetischer Faktoren auf psychische Störungen untersucht <im Vordergrund steht dabei die Erforschung von angeborenen Stoffwechsel- u. Chromosomenanomalien>* psikiatria genetiko

Genetiker *m*, *auch* ***Vererbungsforscher*** *m* genetikisto, *auch* sciencisto pri genetiko

genetisch 1. *Adj* genetika; ~***er Code*** *m Verschlüsselung der genetischen Information in den Basissequenzen der Nucleinsäuren* genetika kodo; ~***e Defekte*** *m/Pl Mutatio-*

nen, die Erbkrankheiten und Erbfehler hervorrufen genetikaj difektoj *Pl*; ~***er Fingerabdruck*** *m, auch* ***DNA-Fingerprinting*** *n* genetika fingrospuro; ***Träger*** *m* ***der ~en Information*** portanto de [la] genetika informo; ~***es Material*** *n* genetika materialo; ~***e Ursachen haben*** havi genetikajn kaŭzojn **2.** *Adv* genetike; ***das ist ~ bedingt*** tio estas genetike kaŭzita
Genette *f Zool* ↑ ***Ginsterkatze***
Genever *m niederländischer Wacholderbranntwein* nederlanda ĝino
Genezareth (*n*) ↑ *unter* ***Tiberias***
Genf (*n*), *franz.* ***Genève*** *eine Stadt in der Schweiz* Ĝenevo
Genfer 1. *attributives Adj*: ~ ***Flüchtlingskonvention*** *f* Konvencio de Ĝenevo pri Rifuĝintoj; ~ ***Indochina-Konferenz*** *f* ***(von 1954)*** Ĝeneva Konferenco pri Hindoĉinio [en 1954]; ~ ***Konvention*** *f* Ĝeneva Konvencio; ~ ***See*** *m, franz.* ***Lac Léman*** Ĝeneva Lago; ~ ***Verhandlungen*** *f/Pl* Ĝenevaj Intertraktoj *Pl* **2.** *m Subst: Einwohner von Genf* ĝenevano
genferisch *Adj aus (od von) Genf* ĝeneva
Genforschung *f* genesploro *od* esplorado de la genoj
genial *Adj* genia (*vgl. dazu* ***großartig***); ~***e Tat*** (*bzw.* ***Schöpfung***) *f* geniaĵo
Genialität *f* genieco
Genick *n* nuko; ~**schuss** *m* pafo en la nukon; ~**starre** *f* (Meningitis cerebrospinalis epidemica) cerebro-spina meningito [epidemia]; *pop für «steifer Hals»* rigida nuko
Genie *n* ***a)*** *höchste schöpferische Geisteskraft* genio ***b)*** *hoch begabter u. schöpferischer Mensch* geniulo
genieren, sich *refl* sin ĝeni *od* esti sinĝena (***vor jmdm.*** kontraŭ iu); *verlegen sein* esti embarasita; *sich schämen* honti; *sich belästigt bzw. gestört fühlen* senti sin ĝenata; ***genieren Sie sich nicht!*** ne ĝenu vin!
genierlich *Adj [ein bisschen] zimperlich* sinĝenema (*vgl. dazu* ***genant***)
Genierlichkeit *f* sinĝenemo
genießbar *Adj essbar* manĝebla; *trinkbar* trinkebla
genießen *tr* ***a)*** *mit Wohlbehagen zu sich nehmen, mit Freude sehen, hören, fühlen, erleben u.a.* ĝui; *Vergnügen finden an* trovi plezuron en; ***das*** (***sein***) ***Leben*** ~ ĝui la (sian) vivon; ***die Ruhe*** (*od* ***Stille***) ~ ĝui [la] trankvil[ec]on; ***etw. in vollen Zügen*** ~ ĝui ion plenanime ***b)*** *erhalten, bekommen*: ***sie hat eine gute Erziehung genossen*** ŝi ricevis bonan edukon ***c)*** *in Fügungen*: ***Ansehen*** ~ ĝui altan estimon (***bei*** ĉe); ***jmds. Vertrauen*** ~ ĝui ies konfidon
Genießen *n* ĝuado
Genießer *m* ĝuanto *bzw.* ĝuemulo, *geh (Genussmensch)* epikurano (↑ *auch* ***Feinschmecker***, ***Gourmet*** *u.* ***Phäake***)
Genießerin *f* ĝuantino *bzw.* ĝuemulino
Genisolierung *f Genetik* izolado de geno
Genitalien *Pl, auch* ***Genitalorgane*** *n/Pl, Fachspr meist* ***Genitale*** *n Anat* generaj organoj *Pl od fachsprachl.* genitalo, *fam* generiloj *Pl* (↑ *auch* ***Geschlechtsteil***)
Genital|herpes *m Med* genitala herpeto; ~**system** *n Anat* genitala sistemo; ~**verstümmelung** *f* genitala kripligo (*od* mutilado)
Genitiv *m* (*Abk* ***Gen.***) *Gramm (zweiter Fall)* genitivo
Genius *m* ***a)*** *Genie* geniulo; *Genialität* genieco ***b)*** *Myth u. im Märchen (guter bzw. böser Geist)* genio, *i.e.S. Schutzgeist* protekta genio
Genkarte *f Genetik* gen-mapo
Genlocus *m* ↑ ***Genort***
Gen|mais *m* genetike modifita maizo; ~**manipulation** *f gezielter Eingriff in das Erbgut von Individuen* genmanipulado; ~**mutation** *f Genetik (spontane od künstliche Veränderung einzelner Gene in ihrem Molekulargefüge)* genmutacio *od* mutacio de genoj (↑ *auch* ***Letalfaktor***)
Gennadi (*m*) *russischer männl. Vorname* Genado
Gennadios II. (*m*), *eigtl* ***Georgios Scholarios*** (*m*) *Eig (griechischer Theologe [um 1405-um 1472] u. Patriarch von Konstantinopel [1453-1456])* Genadio II. (= la dua)
Genom *n 1. Genetik (die im Chromosomensatz vorhandenen Erbanlagen, d.h. die Summe der Erbanlagen eines Lebewesens) 2. Zytologie (einfacher od haploider Chromosomensatz)* genomo; ~**analyse** *f Bestimmung der Basenfolge der DNS, d.h. der chemischen Gen-«Buchstaben» für das gesamte Genom eines Lebewesens* genomanalizo
genomisch *Adj* genoma
Genom|mutation *f eine spontane od experimentell erzeugte Veränderung der Anzahl ganzer Chromosomen* genommutacio; ~-

projekt *n* genomprojekto
Genörgel *n kleinliche Kritisiererei* [pedanta] kritikaĉ[ad]o; *[ständige] griesgrämige Brummelei* [daŭra] grumblado
genormt *Adj* normita
Genort *m, Fachspr auch* ***Genlocus*** *m Stelle an einem Chromosom, an der ein bestimmtes Gen liegt [liegt für jedes Gen fest]* genloko
Genosse *m* (*Abk* ***Gen.***) kamarado (*Abk* k-do) (↑ *auch* ***Hausgenosse***)
Genossenschaft *f* (*Abk* ***Gen.***) kooperativo (↑ *auch* ***Kooperative, Bau-, Konsum-, Verbraucher-*** *u.* ***Winzergenossenschaft***); ***landwirtschaftliche*** ~ agrikultura kooperativo (↑ *auch* ***LPG***)
Genossenschaft[l]er *m* kooperativano, membro de kooperativo
genossenschaftlich *Adj (auf die Genossenschaft bezogen)* kooperativa; *(auf Kooperation bezogen)* koopera
Genossenschafts|bank *f* koopera kreditbanko; ~**bauer** *m* kooperativa agrikulturisto (*od i.w.S.* kamparano); ~**bewegung** *f* kooperativa movado; ~**wesen** *n* kooperativismo
Genossin *f* kamaradino (*Abk* k-dino)
genotypisch *Adj Genetik* genotipa
Genotyp[us] *m Genetik (Gesamtheit der im Zellkern gelegenen Erbanlagen eines Organismus)* genotipo (*vgl. dazu* ***Phänotyp[us]***)
Genoveva (*f*), *franz.* ***Geneviève*** (*f*) *weibl. Vorname* Ĝenoveva *auch Name der Patronin von Paris*
Genozid *m, auch* ***Völkermord*** *m* genocido
Genre [ˈʒãrə] *n Kunst, Lit* ĝenro; ~**bild** *n Mal (Bild aus dem täglichen Leben)* ĝenrobildo *od* ĝenropentraĵo; ~**maler** *m Maler von Genrebidern* ĝenropentristo; ~**malerei** *f* ĝenropentrado <*als eigene Gattung in der niederländischen Malerei des 16. Jh.s ausgebildet*>
Gensfleisch (*m*) *Eig* ↑ ***Gutenberg***
Gent (*n*), *franz.* ***Gand*** (*n*) *Hptst. der belgischen Provinz Ostflandern* Gento
Gentechnik *od* **Gentechnologie** *f molekularbiologische Methode zur gezielten Isolierung u. Klonierung von einzelnen DNA-Fragmenten über Artgrenzen hinweg* genteknik *od* genteknologio
gentechnisch 1. *Adj* genteknika **2.** *Adv* genteknike; ~ ***veränderter Organismus*** *m* genteknike modifita organismo
Gen|test *m* gentesto; ~**therapie** *f Med (Behandlung erblicher od erworbener Krankheiten durch Einschleusen von Genen in menschliche Zellen)* genterapio
Gentianin *n Biochemie (ein Terpenalkaloid)* gencianino *[Vorkommen in Enziangewächsen]*
Gentleman *m* ĝentlemano, *[dafür meist:]* sinjoro kun perfektaj manieroj *bzw.* honesta viro (↑ *auch* ***¹Kavalier***)
Gentlemen's Agreement *n, auch* ***Abkommen n auf Treu und Glauben*** *Übereinkunft ohne formalen Vertrag* ĝentlemana interkonsento, *auch* akordo inter sinjoroj
Genua (*n*), *ital.* ***Genova*** *ital. Hafenstadt u. Hptst. der Region Ligurien* Ĝenovo; ***Golf von*** ~ Golfo de Ĝenovo *od* Ĝenova Golfo
Genuese *m Einwohner von Genua* ĝenovano
Genuesin *f* ĝenovanino
genug *Adv* sufiĉe; ~***!*** *es reicht!* sufiĉas!; *aufhören!* finu!; ~ ***Geld*** (***Platz, Zeit***) sufiĉe da mono (spaco, tempo); ***ich habe ~ davon*** *habe genügend von etw.* mi havas sufiĉe da tio; *mir reicht es* mi estas [plene] tedita de tio *od [krasser]* tio jam naŭzas min; ***es ist ~ [für heute]*** sufiĉas [por hodiaŭ]; ***mehr als*** ~ pli ol sufiĉe
Genüge *f*: ***jmdm. ~ tun*** *geh* kontentigi iun; ***zur*** ~ *ausreichend* sufiĉe; *bis zum Überdruss* ĝis tediĝo
genügen *intr [aus]reichen, langen* sufiĉi; ***das genügt*** tio sufiĉas; ***das genügt mir völlig*** *ist völlig ausreichend* tio plene sufiĉas (*bzw. futurisch* sufiĉos) por mi; *ist völlig zufriedenstellend* tio plene (*od* tute) kontentigas min
genügend 1. *Adj ausreichend* sufiĉa; *zufriedenstellend* kontentiga **2.** *Adv* sufiĉe
genügsam *Adj* kontentiĝema (*vgl. dazu* ***zufrieden***); *leicht zufrieden zu stellen* facile kontentigebla; *i.w.S. (bescheiden)* modesta, *(moderat, mäßig)* modera, *(nicht fordernd)* nepostulema, *(einfach)* simpla
Genugtuung *f* ***a)*** *die man gibt* kontentigo; *die man empfindet* kontentiĝo; ***das ist eine ~ für mich*** tio estas kontentiĝo por mi ***b)*** *Entschädigung, Wiedergutmachung (für eine Beleidigung od ein Unrecht)* kompenso; *alt Satisfaktion (Genugtuung durch Duell od Ehrenerklärung)* satisfakcio
genuin *Adj* ***a)*** *geh für «echt», «rein» od «unverfälscht»* pura, nefalsita ***b)*** *Fachspr Med u. Psych: angeboren* denaska; *erblich* he-

reda

Genus *n* (*Pl:* ***Genera***) *Gramm, Biol (Taxonomie)* genro (*vgl. dazu* ***Geschlecht b)*** *u.* ***Gattung b)***); ~ ***verbi*** verba genro

Genuss *m* ***a)*** ĝuo, *auch ([großes] Vergnügen)* plezur[eg]o (↑ *auch* ***Genießen***); ***die Genüsse des Lebens*** la plezuroj (*od* delicoj) de la vivo; ***das ist ein*** ~ *z.B. eine Speise* tio estas bongust[eg]a; ***das ist ein ~ für die Sinne*** tio estas ĝuo por la sensoj; ***etw. mit großem ~ essen*** (*od geh* ***verspeisen***) manĝi ion kun granda ĝuo ***b)*** *das Zusichnehmen* uzo *bzw. häufig verbal übersetzt:* ***nach dem ~ von Pilzen*** post la manĝado de fungoj *od auch* manĝinte fungojn; ***der ~ von Alkohol ist Kindern verboten*** trinkado (*od* konsumado) de alkoholo estas malpermesata al infanoj ***c)*** *Jur (Nießbrauch, Nutznießung)* fruktuzo

genussfreudig *Adj* amanta la plezurojn [de la vivo]

genüsslich *Adj* ĝue, plezure, kun videbla ĝuo (*od* plezuro)

Genüssling *m* plezur-avidulo; *geh u. i.e.S. (Sybarit [verweichlichter Schlemmer])* sibarito

Genuss|mensch *m* ĝuema (*od* plezur-ama) homo, *geh auch* epikurano (*vgl. dazu* ***Lebemann***); *Phil auch* hedonisto; ~**mittel** *n/(Pl) etwa:* luksnutraĵoj *Pl, [meist anders ausgedrückt:]* kafo, tabako, alkoholo *u. dgl.*; *Delikatessen* delikataĵoj *Pl*

genussreich *Adj* ĝuplena *od nachgest* plena de ĝuo (↑ *auch* ***deliziös***)

Genusssucht *f* ĝuamo, *[stärker:]* ĝuavido; *Vergnügungssucht* plezurserĉo, *[stärker:]* plezuravido, *[noch stärker:]* plezuromanio; *geh* epikurismo (*vgl. dazu* ***Hedonismus***)

genusssüchtig *Adj* ĝuama, ĝuavida; *vergnügungssüchtig* pleszurserĉa, plezuravida, plezuromania; *geh (epikureisch)* epikurea, *(hedonistisch)* hedonisma

Geobiologie *f Wissenschaft, die sich mit den Beziehungen zw. Geosphäre u. Menschen befasst* geobiologio

geobiologisch 1. *Adj* geobiologia **2.** *Adv* geobiologie

Geobotanik *f* ↑ ***Pflanzengeografie***

geobotanisch 1. *Adj* geobotanika **2.** *Adv* geobotanike

Geochemie *f Lehre vom chemischen Aufbau der Erde* geokemio (↑ *auch* ***Bio-*** *u.* ***Hydrogeochemie***)

geochemisch 1. *Adj* geokemia; ~***e Prozesse*** *m/Pl* geokemiaj procesoj **2.** *Adv* geokemie

Geochronologie *f Wissenschaft, die sich mit der absoluten Zeitbestimmung in der Erdgeschichte befasst* geokronologio

Geodäsie *f Vermessungskunde* geodezio (↑ *auch* ***Kosmo-*** *u.* ***Satellitengeodäsie***)

Geodät *m* geodeziisto

geodätisch 1. *Adj* geodezia **2.** *Adv* geodezie

Geode *f Min (Bez für verschiedenste Konkretionen in Sedimentiten)* geodo (↑ *auch* ***¹Druse***)

Geodynamik *f Lehre von den Bewegungen der Erdkruste* geodinamiko

Geogenie *od* **Geogonie** *f Geol (Lehre von der Entstehung u. Entwicklung der Erde)* geogenio

Geognosie *f veraltete Bez für «Geologie»* geognozio (*vgl. dazu* ***Geologie***)

Geograf *m, auch* ***Geograph*** *m* geografo

Geografie *f, auch* ***Geographie*** *f* (*Syn:* ***Erdkunde***) geografio (↑ *auch* ***Anthropo-***, ***Klima-***, ***Öko-***, ***Pflanzen-***, ***Siedlungs-***, ***Vegetations-***, ***Wirtschafts-*** *u.* ***Zoogeografie***); ***allgemeine*** ~ ĝenerala geografio; ***physikalische*** ~ *od* ***Physiogeografie*** *f* fizika geografio; ***zoologische*** ~ *eine Arbeitsrichtung der Tiergeografie* zoologia geografio <*die zoologische Geografie wird auch als* ***vergleichende Faunistik*** *bezeichnet*>

geografisch, *auch* ***geographisch*** **1.** *Adj* geografia; ~***e Breite*** (***Länge***) *f* geografia latitudo (longitudo); ~***e Verbreitung*** *f* geografia distribuo **2.** *Adv* geografie

Geohydrologie *f, auch* ***Grundwasserkunde*** *f ein Teilgebiet der Geologie* geohidrologio

Geoid *n Geodäsie, Topografie (die wegen der Erhebungen u. Vertiefungen der Erdoberfläche von einem Rotationsellipsoid abweichende Form der Erdfigur* geoido

Geoisotherme *f eine Linie gleicher Erdwärme (Temperatur) in definierter Bohrtiefe* geoizotermo

Geologe *m* geologo

Geologie *f* geologio (↑ *auch* ***Anthropo-***, ***Foto-***, ***Ingenieur-***, ***Isotopen-*** *u.* ***Phytogeologie***); ***angewandte*** (***dynamische***, ***historische***, ***regionale***) ~ aplikata (dinamika, historia, regiona) geologio

geologisch *Adj* geologia; ~***e Karte*** (***Struktur***) *f* geologia mapo (strukturo)

geomagnetisch *Adj*: ~***er Sturm*** *m Astron* geomagneta ŝtormo

Geomantie *od* **Geomantik** *f sog. Erdweissagung (ehemals bei den alten Arabern u. Chinesen): die Kunst, aus Linien u. Figuren im Sand wahrzusagen* geomancio

Geomathematik *f ein Teilgebiet der Mathematik, das sich als Aufgabe gesetzt hat eine Brücke zu spannen zw. der mathematischen Theorie u. der geotechnischen Anwendung* geomatematiko

geomathematisch 1. *Adj* geomatematika **2.** *Adv* geomatematike

Geomechanik *f ein Teilgebiet der Geologie* geomekaniko

Geomedizin *f Teilgebiet der Medizin, das sich mit Vorkommen, Ausbreitung u. Verlauf von Krankheiten in ihrer Abhängigkeit von geografischen u. klimatischen Bedingungen befasst* geomedicino

Geometer *m, auch* ***Landmesser*** *m* geometro

Geometrie *f* geometrio (↑ *auch* ***Elementar-, Linien-*** *u.* ***Metageometrie***); ***affine*** (***algebraische, analytische, euklidische, nichteuklidische***) ~ afina (algebra, analiza, eŭklida, neeŭklida) geometrio; ***darstellende*** (*od* ***deskriptive***) ~ priskriba geometrio; ***projektive*** ~ *od* ***Geometrie des projektiven Raumes*** projektiva geometrio; ***synthetische*** ~ *Herleitung der geometrischen Sätze aus einem geometrischen Axiomensystem (z.B. bei Euklid)* sinteza geometrio

geometrisch 1. *Adj* geometria; ***~e Folge (od Reihe)*** *f* geometria vico **2.** *Adv* geometrie

Geomorphologie *f Geol) Lehre von der äußeren Gestalt der Erde u. deren Veränderungen* geomorfologio

geomorphologisch 1. *Adj* geomorfologia **2.** *Adv* geomorfologie

Geonomie *f Naturw (Wissenschaft von der komplexen geologischen, geophysikalischen u. geochemischen Erforschung der tieferen Erdzonen [Erdkruste u. oberer Erdmantel] zur Erkenntnis der ablaufenden Prozesse u. ihrer Bedeutung für die Krustengestaltung)* geonomio

Geopathologie *f Med (Wissenschaft, die die Zusammenhänge zw. geografischen, klimatischen u. meteorologischen Bedingungen und Krankheiten untersucht* geopatologio

geopathologisch 1. *Adj* geopatologia **2.** *Adv* geopatologie

Geophagie *f Ethn u. Volksmedizin (weltweit bei vielen Völkern verbreitete Sitte, bestimmte ton-, salz- u. fetthaltige Erden als Genussmittel od Medizin, aber auch bei Fruchtbarkeitsriten zu essen)* geofagio

Geophon *n Geophysik, Seismologie (Gerät zur Aufnahme u. Messung von Schwingungen der Erdkruste)* geofono

Geophysik *f i.w,S. Wissenschaft von den natürlichen physikalischen Erscheinungen der Erde, des Meeres u. der Lufthülle; i.e.S. nur der Erde* geofiziko

geophysikalisch 1. *Adj* geofizika; ***Internationales ≗es Jahr*** Internacia Geofizika Jaro *[1957]* **2.** *Adv* geofizike

Geophysiker *m* geofizikisto

Geopolitik *f Lehre von der Einwirkung geografischer Faktoren auf politische Vorgänge* geopolitiko

geopolitisch 1. *Adj* geopolitika **2.** *Adv* geopolitike

Geopsychologie *f Wissenschaft von der Beeinflussung der Psyche durch Klima, Wetter, Jahreszeiten u. Landschaft* geopsikologio

geopsychologisch 1. *Adj* geopsikologia **2.** *Adv* geopsikologie

geordnet *Adj u. Partizip* ordigita

Georg (*m*), *engl.* ***George*** [dʒɔ:dʒ] (*m*) *männl. Vorname* Georgo *auch Name etlicher europäischer Könige*; ***Heiliger*** ~ *[† um 303]* Sankta Georgo, *auch* Georgo de Kapadokio

Georgetown (*n*) *Hptst. von Guyana* Ĝorĝtaŭno, *auch* Georgurbo

Georgette *m, auch* ***Crêpe Georgette*** *m Textil (leichtes, durchsichtiges Kreppgewebe mit körniger Oberfläche)* ĝorĝeto

Georgia (*n*) (*Abk* ***Ga.****, [postalisch]* ***GA***) *ein US-Bundesstaat* Georgio *[Hptst.: Atlanta]*

Georgica *Pl*: ***die ~ des Vergil*** *Lit (ein in Hexametern abgefasstes Lehrgedicht <preist in 4 Büchern die mühevolle Landarbeit des italischen Bauern>)* la Georgikoj de Vergilio

Georgien (*n*) *ein Staat im Kaukasus* Kartvelio, *selt* Gruzio *[Hptst.: Tbilissi (Tiflis)]*

Georgier *m, Eigenbezeichnung* ***Kart[h]welier*** *m* kartvelo, *selt* gruzo (↑ *auch* ***Adscharen*** *u.* ***Mingrelier***)

Georgine *f ältere Bez für «Dahlie»* georgino (*vgl. dazu* ***Dahlie***)

georgisch *Adj* kartvel[i]a, *selt* gruza; ***≗e Heerstraße*** *f* (*auch* ***Grusinische Heerstraße*** *genannt*) kartvel[i[a militvojo <*historischer Name einer Fernstraße im Großen*

Kaukasus (von strategischer Bedeutung für die Entwicklung der transkaukasischen Beziehungen)>
Georgskreuz *n* ↑ *unter* ***Kreuz a)***
Geospezies *f Biol (eine durch geografische Isolierung entstandene Art)* geospecio
Geosphäre *f Geol (Raum, in dem die Gesteinskruste der Erde, die Wasser- u. Lufthülle aneinander grenzen)* geosfero (↑ *auch* ***Biogeosphäre***)
Geostatik *f Lehre vom Gleichgewicht starrer Körper* geostatiko
geostationär *od* **geosynchron** *Adj*: *~**e Umlaufbahn*** (*od kurz* ***Bahn***) *f eines Nachrichtensatelliten* geosinkrona orbito; *~**er Satellit** m* geosinkrona satelito
Geostrategie *f* geostrategio
geostrategisch **1.** *Adj aufgrund der geografischen Lage strategisch bedeutsam* geostrategia **2.** *Adv* geostrategie
geostrophisch *Adj*: *~**er Wind** m Met (Wind in hohen Luftschichten bei geradlinigen Isobaren)* geostrofa vento
geosynchron ↑ ***geostationär***
Geosynklinale *f Geol (weiträumiges Senkungsgebiet der Erdkruste, in dem sich mächtige Sedimentgesteine ablagern, die später gefaltet u. schließlich zu Gebirgen gehoben werden)* geosinklinalo
Geotechnik *f Bauw (Gebiet der Bautechnik, das die Anwendung geologischen Wissens bei Bauvorhaben umfasst [z.B. beim Brücken- od Tunnelbau]* geotekniko
Geotektonik *f Geol* ↑ ***Tektonik a)***
geotektonisch *Adj* geotekton[ik]a
Geothermie *f, auch* ***Erdwärme*** *f Geophysik* geotermo, geoterma energio
Geothermik *f Wissenschaft von der Temperaturverteilung u. den Wärmeströmen innerhalb des Erdkörpers* geotermiko
geothermisch *Adj auf Erdwärme beruhend* geoterma; *~**e Energie** f* geoterma energio
Geothermometer *n Messgerät zur Bestimmung der Temperatur in verschieden tiefen Erdschichten)* geotermometro
Geotropismus *m Bot (Vermögen der Pflanzen, sich in Richtung der Schwerkraft zu orientieren)* geotropismo (↑ *auch* ***Klinostat***)
Geowissenschaften *Pl alle mit der Erforschung der Erde sich befassenden Wissenschaften* geosciencoj *Pl*
geozentrisch *Adj 1. die Erde als Mittelpunkt betrachtend (Konzept) 2. Astron (auf die Erde als Mittelpunkt bezogen [vgl. dazu* ***heliozentrisch****])* geocentra
Gepäck *n* pakaĵo(j) *(Pl)*, *(Reise~)* bagaĝo (↑ *auch* ***Hand-***, ***Kabinen-*** *u.* ***Kuriergepäck***); ***auf das ~ aufpassen*** atenti pri sia bagaĝo; ***das ~ kontrollieren*** *z.B. beim Zoll* kontroli la bagaĝon
Gepäck|abfertigung *f Eisenb* ekspedado de bagaĝo (*bzw.* pakaĵoj); *~***anhänger** *m* adresetikedo; *~***annahme** *f Eisenb* bagaĝ-akceptejo; *~***aufbewahrung** *f (Stelle)* deponejo por pakaĵoj *bzw.* bagaĝ-deponejo; *(das Aufbewahren)* deponado de bagaĝo; *~***ausgabe** *f* bagaĝ-redonejo; *~***hinterlegungsschein** *m* atesto pri bagaĝodepono, *umg auch* bagaĝobileto; *~***karren** *m z.B. auf Bahnhöfen od Flugplätzen* bagaĝ-ĉareto; *~***kontrolle** *f* kontrolo de la bagaĝo (*od* pakaĵoj); *~***netz** *n Eisenb, Bus* bagaĝoreto; *~***raum** *m* pakaĵejo; *~***rutsche** *f* deglitejo por bagaĝo; *~***schalter** *m* bagaĝogiĉeto; *~***schein** *m* bagaĝobileto
Gepäckträger *m bes. auf Bahnsteigen* portisto [de bagaĝo], bagaĝoportisto; *am Fahr- od Motorrad* pakaĵportilo (↑ *auch* ***Dachgepäckträger***); ***auf dem ~ mitfahren*** kunveturi sur la pakaĵportilo
Gepäck|transport *m z.B. bei Fahrradtourismus* pakaĵ-transporto; *~***versicherung** *f* bagaĝ-asekuro *bzw.* pakaĵ-asekuro; *~***wagen** *m Eisenb* pakaĵvagono
gepanzert *Adj* kiras[it]a; *~**es Fahrzeug** n* kirasita veturilo (*vgl. dazu* ***Panzer***)
Gepard *m, auch* ***Jagdleopard*** *m* (Acinonyx jubatus) *Zool* gepardo, *auch* ĉasleopardo
gepfeffert *Adj Speise* piprita (*vgl. dazu* ***Pfeffer***); *i.w.S. (scharf gewürzt)* forte spicita; *Kritik* severa; *Scherz* sufiĉa forta, pikanta, *auch* pipra, *(anzüglich)* [sufiĉe] maldeca, obscena; *~**e Preise** m/Pl salopp für «sehr hohe Preise»* salitaj prezoj *Pl*
ge|pflastert *Adj* pavimita; *~***pflegt** *Adj* flegita *auch Auto*; *kultiviert, z.B. jmds. Sprache* kulturita; *adrett* [pura kaj] belaspekta; *Getränk, Konversation* altkvalita
Gepflogenheit *f* kutimo
Gepiden *m/Pl Gesch (ein ostgermanischer Stamm)* gepidoj *Pl*
Gepiep[s]e *n* pepado
Geplänkel *n leichter Streit* eta kverelo; *Mil (Scharmützel)* bataleto
Geplapper *n von Tieren od Geschnatter von Menschen* [senĉesa *od* daŭra] babilado;

leeres Gerede nura [senenhava] babilado

Geplätscher *n* plaŭdado (↑ *auch* ***Gemurmel***)

Geplauder *n das Plaudern* [familiara] babilado; *das Geplauderte selbst* [familiara] babilaĵo

Gepökelte *n Nahr* pekl[it]aĵo

Gepolter *n ständiges Aufschlagen von etw.* pum-pumado

Gepräge *n kennzeichnende Merkmale* karakterizaj trajtoj (*od* ecoj)

Gepränge *n* ↑ ***Pomp***

Geprassel *n* kraketado (*vgl.dazu* ***Geklapper***)

gepudert *Adj* pudrita

gepunktet *Adj* punktita; ***eine weiß ~e Krawatte*** kravato kun blankaj punktoj

Gequake *n von Ente od Frosch* kvakado; *umg scherzh* ranbleka koncerto (↑ *auch* ***Enten-*** *u.* ***Froschgequake***)

gequält *Adv*: ~ ***lächeln*** rideti per torditaj trajtoj

Gequieke *n* kvikado

Gequietsche *n* knarado

gerade 1. ***a)*** *Adj nicht krumm, geradlinig, aufrecht*; *eben* rekta (↑ *auch* ***kerzengerade***); ~ ***Linie*** *f* rekta linio ***b)*** *aufrichtig* sincera (*vgl. dazu* ***ehrlich***) ***c)*** *Math*: ~ ***Zahl*** *f* para nombro ***d)*** *in Verbindung mit Verben*: ~ ***biegen*** fleksi rekte; ~ ***legen*** meti rekte; *ordentlich hinlegen* meti en maniero ĝusta *bzw.* meti [ion] sur la ĝustan lokon; ~ ***machen*** *begradigen* rektigi (***etw.*** ion); ~ ***sitzen*** sidi rekte; ~ ***stehen*** stari rekte (*od* en rekta pozicio) **2.** *Adv* ***a)*** *nicht krumm; aufrecht; direkt* rekte; *genau, ausgerechnet* ĝuste; *soeben [erst]* ĵus; ~ ***deshalb*** ĝuste tial, ĝuste pro tio; ~ ***heute*** ĝuste hodiaŭ; ~ ***jetzt*** ĝuste nun; ***das wollte ich ~ sagen*** tion mi ĵus volis diri ***b)*** *um die Verlaufsform zu kennzeichnen [das Verb erscheint in der* ...anta-*Form]*: ***Vater schläft*** (***telefoniert***) ~ patro estas dormanta (telefonanta)

Gerade *f Geom, Sport* rekto (↑ *auch* ***Halbgerade***); ***ideale*** (***orientierte***) ~ *Geom* ideala (orientita) rekto; ***unendliche*** ~ *Geom* rekto en infinito

geradeaus *Adv* rekte antaŭen; ~ ***gehen*** iri rekte antaŭen; ***gehen Sie fünfzig Meter*** ~ iru kvindek metrojn rekte antaŭen

Geradeausprogramm *n EDV* ↑ ***Einwegprogramm***

geradeheraus *Adv freimütig, direkt* sincere, malkaŝe, sen pluaĵoj

gerademal *Adv*: ~ ***so*** *umg (mit einiger Mühe)* pene apenaŭ (*vgl. dazu* ***mit Ach und Krach***)

Geraden|bündel *od* ~**büschel** *n Geom* fasko de rektoj *od* rektofasko; ~**gleichung** *f Geom* ekvacio de rekto; ~**komplex** *m Geom* komplekso de rektoj

gerädert *Adj*: ***wie ~ sein*** *od* ***sich wie ~ fühlen*** senti sin plenplene elĉerpita

geradeso *Adv genauso* ĝuste; *ebenso* same (***wie*** kiel); ***das kann ich ~ gut wie du*** tion mi kapablas [fari] same bone kiel vi

geradestehen *intr*: ***für etw.*** ~ *die Folgen auf sich nehmen* preni sur sin la respondecon [por la sekvoj]

geradewegs *Adv* rekte (***auf... zu*** al); *direkt, unmittelbar* senpere; ***er kam ~ auf mich zu*** li rekte alpaŝis min

geradezu 1. *prädikatives Adj, reg für «offen»*: ***er ist immer sehr*** ~ li parolas ĉiam tre malkaŝe **2.** *Adv wahrlich, wirklich* vere, efektive (↑ *auch* ***ungekünstelt***)

Geradflügler *m/Pl Ent*: ***[Ordnung der]*** ~ *Pl* (Orthoptera) ortopteroj *Pl*

Geradheit *f* rekteco; *Ebenheit, ebene Beschaffenheit* ebeneco; *des Charakters* senafekteco (↑ *auch* ***Ungekünsteltheit***)

geradlinig *Adj Geom (in gerader Linie verlaufend)* rektlinia; *konsequent [veranlagt] (Mensch)* konsekvenc[em]a, *ohne Falsch, charakterlich ehrlich* senartifika

geradstehend *Adj*: ~***e Schrift*** *f Typ* rektaj tipoj *Pl*

Gerah *m bibl: eine alte hebräische Münz- u. Gewichtseinheit* gero

Gerald (*m*) *männl. Vorname* Ĝeraldo

Geranial *n Biochemie* ↑ ***Zitral***

Geranie *f Bot* ↑ ***Storchschnabel***

Geraniin *n Biochemie (Bitterstoff der Geranie)* geraniino <*wird auch pharmazeutisch genutzt*>

Geraniol *n Biochemie (farbloser od gelblicher Terpenalkohol von rosenartigem Duft)* geraniolo <*enthalten in Garanium- u. Rosenöl u. anderen ätherischen Ölen*>

Geranium|aldehyd *m Chem* aldehido de geraniolo, citralo; ~**öl** *n* gerania oleo

Gérard (*m*) ↑ ***Gerhard***

Gerassel *n* raslado, raslosonado

Gerät *n* ilo, aparato, instrumento (↑ *auch* ***Ausgabe-*** *u.* ***Wärmegerät***); *Ausrüstung* ekipaĵo (*vgl. dazu* ***Waffen***); *kurz für «Turngerät»* gimnastikilo; ~***e*** *Pl Gerätschaften* ilaro; ***landwirtschaftliche ~e*** *Pl* agrikulturaj iloj (*od* maŝinoj) (↑ *auch* ***Erntegerät***)

geraten 1. *intr* ***a)*** *[zufällig an einen Ort, in einen Zustand] gelangen* [hazarde] veni al (*bzw.* en), trafi (*od* fali) en *mit Akk*; ***in Angst*** ~ esti prenata de timo; ***außer sich*** ~ *od* ***außer Fassung*** ~ *ausflippen* perdi la sinregon; ***in die Hände von Kriminellen*** ~ trafi en la manojn de krimuloj; ***in die falsche Kehle*** ~ *sich verschlucken* misgluti ion; *etw. falsch auffassen [und beleidigt sein]* malbone (*bzw.* malfavore) akcepti ion [kaj esti ofendita]; ***mit jmdm. in Konflikt*** ~ veni en konflikton kun iu, ekkonflikti kun iu; ***ins Schwitzen*** ~ ekŝviti; ***in Vergessenheit*** ~ esti forgesata; ***in Verzweiflung*** ~ fali en malesperon; ***in Wut*** ~ ekkoleri, subite senti koleron; ***zu kurz*** ~ iĝi tro mallonga ◇ ***vom Regen in die Traufe*** ~ trafi el sub la pluvo en riveron *(Zam)* ***b)*** *[gut] gelingen* [bone] sukcesi; ***c)*** *gedeihen, sich entwickeln* prosperi, evolui; *wachsen* kreski; ***das Getreide ist dieses Jahr gut*** ~ la greno ĉi-jare bone kreskis; ***der Kuchen ist gut*** ~ la kuko fariĝis bona; ***sie ist nach ihrem Vater*** ~ laŭ karaktero ŝi similas al sia patro **2.** *Adj ratsam*: ***ich halte es für*** ~ ŝajnas al mi konsilinde

Geräte|schuppen *m* ilar-ŝedo; ~**träger** *m Landw* il-portanta traktoro

Gerät[e]turnen *n Sport* il-gimnastiko

Geratewohl *n*: ***aufs*** ~ *auf gut Glück* trafe-maltrafe; *ohne viel zu überlegen* sen multe pripensi; *blindlings* divenprove

Gerätschaften *f/Pl* ilaro (*vgl. dazu* ***Apparatur***, ***Ausrüstung*** *u.* ***Werkzeug***)

Gerätturnen *n Sport* ↑ ***Geräteturnen***

Geraubte *n* rab[it]ajo

geräuchert *Adj* fumaĵita (*vgl. dazu* ***räuchern***); ~***er Hering*** *m* fumaĵita haringo; ~***e Wurst*** *f* fumaĵita kolbaso

Geräucherte *n Nahr* fumaĵitaĵo, fumaĵita nutraĵo

geraum *Adj geh*: ***eine*** ~***e Zeit*** *(als Zeitdauer)* sufiĉe longan tempon *bzw.* ne mallongan tempon; ***nach*** (***seit***, ***vor***) ~***er Zeit*** post (de-[post], antaŭ) sufiĉe longa tempo

geräumig *Adj* grandspaca, [grand]ampleksa; *weiträumig* vasta; *i.w.S. groß* granda

Geräumigkeit *f [riesige] Weite* vasteco

Geräusch *n* ***a)*** bru[et]o; *i.w.S. (Laut)* sono, *(Stimme)* voĉo (↑ *auch* ***Schnarchgeräusch***); ***ein glucksendes*** ~ *Plätschergeräusch* plaŭda brueto; ***ein*** ~ ***machen*** (*od* ***hervorbringen***) bru[et]i (↑ *auch* ***lärmen***) ***b)*** *Med* murmuro (↑ *auch* ***Herzgeräusch***)

geräuschlos 1. *Adj* senbrua; *nicht hörbar* neaŭdebla; *still* silenta **2.** *Adv* senbrue; neaŭdeble; silente; *i.w.S. leise* mallaŭte

Geräuschmesser *m El* ↑ ***Tonmesser***

Geräuschpegel *m* sononivelo: bruonivelo

geräuschvoll 1. *Adj laut, lärmend* laŭta, bru-[ant]a; *tumultartig* tumulta **2.** *Adv* laŭte, brue, kun bruo; ***sich*** ~ ***die Nase schnäuzen*** laŭte (*od bildh* trumpete) purigi al si la nazon

gerautet *Heraldik* ↑ *unter* ***rautenförmig 2.***

gerbbar *Adj* tanebla

gerben *tr* tani; ***sämisch*** (***weiß***) ~ ŝame (blanke) tani ◇ ***jmdm. das Fell*** ~ *jmdn. tüchtig verprügeln* tani al iu la haŭton *(Zam)*

Gerben *n* tanado

Gerber *m*, *reg u.* *<österr> dial* ***Lederer*** *m* tanisto

Gerbera *f* (*Gattung* Gerbera) *Bot* gerbero

Gerberei *f das Gerben* tanado; *Betrieb* tanejo; *Gerberhandwerk* tanista metio

Gerber|lohe *f*, *auch kurz* ***[1]Lohe*** tanŝelo (↑ *auch* ***Eichenlohrinde***); ~**sumach** *m*, *auch* ***sizilianischer Sumach*** *m* (Rhus coriaria) *Bot* sicilia sumako

Gerb|säure *f Chem* tanacido, *(Gallusgerbsäure [Tannin])* tanino; ~**stoff** *m z.B. Gerberlohe* tanilo

Gerbung *f*, *auch* ***Gerbe*** *f* tanado (↑ *auch* ***Nach-*** *u.* ***Vorgerbung***)

Gerda (*f*) *weibl. Vorname* Gerda

gerecht 1. *Adj* justa (***gegenüber jmdm.*** al iu) (*vgl. dazu* ***fair*** *u.* ***legitim***); ***ein*** ~***er Richter*** justa juĝisto; ~***e Strafe*** *f* justa puno; *verdiente Strafe* meritita puno; ***streng***, ***aber*** ~ severa, sed justa; ***allen Ansprüchen*** ~ ***werden*** kontentigi ĉiujn (*bzw.* ĉies) postulojn; ***jmds. Wünschen*** ~ ***werden*** kontentigi (*od* plenumi) ies dezirojn **2.** *Adv* juste; ***etw.*** ~ ***beurteilen*** [pri]juĝi ion juste

Gerechte *m* justulo

Gerechtigkeit *f* just[ec]o; ***soziale*** ~ sociala justeco; ~ ***fordern*** postuli justecon

Gerechtigkeits|prinzip *n* principo de justeco; ~**sinn** *m* justosento

Gerede *n* babilaĵo; *vieles, nichtssagendes Reden* multa sensenca babilado; *Gerücht, Gerede der Leute* onidiro; *Klatsch* klaĉo; ***dummes*** ~ stulta babilaĵo; ***ins*** ~ ***kommen*** fariĝi la objekto de klaĉo(j) (*od* onidiroj)

gereichen *intr*: ***das gereicht dir zur Ehre*** tio

honoras vin; ***das kann dir nur zum Nutzen*** ~ el tio vi nur povos profiti *od* tio nur povas esti utila al vi

gereist *Adj*: ***viel*** ~ *Person* multvojaĝinta

gereizt *Adj u. Partizip* incitita; *verärgert* ĉagrenita; *erzürnt* kolerigita

Gereiztheit *f* inciititeco, incit[iĝ]o; *Reizbarkeit* koleremo; *Nervosität* nervozeco

gereuen *intr geh unpers*: ***es gereut mich, dass ...*** mi pentas pri tio, ke ...; *i.w.S.* mi bedaŭras, ke ...

Gerfalke *m Orn* ↑ ***Jagdfalke***

Gerhard (*m*), *franz.* ***Gérard*** (*m*) *männl. Vorname* Gerardo

Geriatrie *f, auch* ***Altersheilkunde*** *f Med (Lehre von den Alterskrankheiten)* geriatrio (*vgl. dazu* ***Gerontologie***)

geriatrisch *Adj die Geriatrie betreffend* geriatria

[1]Gericht *n Speise* manĝaĵo, kuiraĵo (*vgl. dazu* ***Essen*** *u.* ***Nahrung***; ↑ *auch*, ***Fleisch-***, ***Leib-***, ***Nudel-***, ***Pfannen-***, ***Pilz-***, ***Reis-*** *u.* ***Schnellgericht***); *Gang* plado (↑ *auch* ***Hauptgang***); ***ein warmes*** ~ varma plado

[2]Gericht *n Jur (Gerichtshof [als Behörde])* kortumo, tribunalo, *umg auch* juĝejo (↑ *auch* ***Appellations-***, ***Berufungs-***, ***Bundesverfassungs-***, ***Geschworenen-***, ***Handels-***, ***Kassations-***, ***Land-***, ***Militär-***, ***Nachlass-***, ***Schieds-***, ***Sonder-***, ***Sozial-***, ***Straf-***, ***Verfassungs-*** *u.* ***Verwaltungsgericht***); *(abgehaltenes Gericht)* juĝo; *die Richter* juĝistaro; *das Richten, die Rechtsprechung* juĝado, juĝofarado; *Gerichtsgebäude* juĝejo; ***das Jüngste*** ~ *Rel* la Lasta Juĝo; ***das Oberste*** ~ *Jur* la supera kortumo *(auch Großschr)*; ***vor*** ~ antaŭ la tribunalo; ***eine Klage bei*** ~ ***gegen jmdn. einreichen*** meti plendon kontraŭ iu ĉe la tribunalo; ***vor*** ~ ***erscheinen*** aperi antaŭ la tribunalo; ***über jmdn.*** ~ ***halten*** fari juĝon super (*od* kontraŭ) iu ***jmdn. vor Gericht vorladen*** alvoki (*od* asigni) iun antaŭ [la] tribunalon

gerichtlich *Adj* juĝ[ej]a; *vor Gericht* antaŭ [la] tribunalo (*od* juĝejo); *richterlich* juĝista; ~***e Verfügung*** *f* juĝ]ist]a ordono

Gerichts|akten *f/Pl* juĝaj dokumentoj *Pl*; ~**-assessor** *m* juĝeja asesoro

Gerichtsbarkeit *f* jurisdikcio, juĝopovo (↑ *auch* ***Konsulargerichtsbarkeit***)

Gerichts|beamte *m* juĝeja oficisto; ~**beschluss** *od* ~**entscheid** *m od* ~**entscheidung** *f* tribunala decido; ~**bezirk** *m* juĝeja distrikto; ~**diener** *m* juĝeja pedelo (*od auch* servisto); ~**fall** *m, auch* ***Gerichtssache*** *f* juĝafero; ~**gebäude** *n* juĝejo; ~**gebühren** *od* ~**kosten** *Pl* proceskostoj *Pl*

Gerichtshof *m* kortumo, tribunalo (*vgl. dazu* ***Areopag***; ↑ *auch* ***Bundesgerichtshof***); ***Europäischer*** ~ (*Abk* ***EuGH***) Eŭropa Kortumo; ***Internationaler*** ~ ***in Den Haag*** Internacia Tribunalo en Hago; ***Oberster*** ~ Supera Kortumo

Gerichts|kanzlei *f* juĝeja kancelario; ~**kosten** *Pl* proceskostoj *Pl*; ~**medizin** *f, auch* ***forensische Medizin*** *f* jurmedicino; ~**mediziner** *m* specialisto pri jurmedicino

gerichtsmedizinisch *Adj* jurmedicina; ~***es Gutachten*** *n* jurmedicina ekspertizo

Gerichts|präsident *m* tribunala prezidanto; ~**praxis** *f* kortuma praktiko

Gerichtssache *f* ↑ ***Gerichtsfall***

Gerichts|sitzung *f* kortuma kunsido, juĝokunsido; ~**verfahren** *n* tribunala (*od* juĝa) proceduro; *Prozess* [jur]proceso; ~**verhandlung** *f* procesdebato, juĝodebatoj *Pl*; *i.w.S.* proceso; ~**versammlung** *f* juĝokunveno; ~**vollzieher** *m*, *<österr>* ***Exekutor*** *m* juĝeja persekutisto, ekzekuciisto; ~**vorsitzende** *m* prezidanta juĝisto

gerieben *Adj gerissen, schlau* ruz[eg]a [↑ *auch* ***reiben***]

gerillt *Adj kanneliert* kanelita

gering 1. *Adj klein* malgranda, eta; *Einkommen* malmulta, malgranda; *minderwertig* malaltkvalita *od nachgest* de malalta kvalito; *unbedeutend* malgrava; *einfach* simpla; *wertlos* senvalora; *nicht eigentlich viele* fakte ne multaj *(Pl)*; ***nicht das Geringste*** *im Nom* absolute nenio, *im Akk* absolute nenion; ***es entgeht ihm nicht das Geringste*** oni fakte povas [absolute] nenion kaŝi antaŭ li; ***nicht die*** ~***ste Lust haben*** havi absolute nenian emon *od* absolute ne[niel] emi **2.** *Adv*: ~ ***schätzen***, *auch* ***geringschätzen*** disdegni, ne tre alte estimi (*vgl. dazu* ***verachten***; ***nicht im Geringsten*** tute ne[niel]; *nicht mal etwas* eĉ ne iomete

geringfügig 1. *Adj unbedeutend, unwichtig* sensignifa, malgrava; *nichtig* bagatela **2.** *Adv ein wenig* iom[ete]; ~ ***ändern*** iom[ete] ŝanĝi

Geringfügigkeit *f unwichtige Sache od Tat, Bagatelle* malgravaĵo, bagatelo; *Bedeutungslosigkeit* malgraveco

geringschätzen *tr* ↑ *unter* ***gering 2.***

geringschätzig **1.** *Adj* malŝata *auch Blick*; *verächtlich* neestima, malestima, disdegna **2.** *Adv* malŝate; neestime, malestime, disdegne; ~ ***lachen*** malestime ridi

Geringschätzung *f* disdegno, malŝat[ad]o (***gegenüber*** kontraŭ; ***von*** de); *Verachtung* malestimo, disdegno; *Indifferenz* indiferenteco; ~ ***verdienend*** malŝatinda; malestiminda

Geringverdiener *m* malaltslajrulo; *Arbeiter im Niedriglohnsektor* malaltsalajra laboristo

geringwertig *Adj* malaltvalora, etvalora; *von minderer Qualität* malaltkvalita *od nachgest* de malalta kvalito

Gerinnbarkeit *f* koaguliĝeblo

gerinnen *intr* koaguliĝi; *Milch auch* kazeiĝi; ~ ***lassen*** *zum Gerinnen bringen* koaguli; ***geronnenes Blut*** koaguliĝinta sango

Gerinnsel *n*, *Fachspr* ***Koagulum*** *n Med* koagulaĵo (↑ *auch* ***Blutgerinnsel*** *u.* ***Thrombus***)

Gerinnung *f* koaguliĝo (↑ *auch* ***Blutgerinnung***); ***Eigenschaft*** *f* ***des Blutes zur*** ~ *nur Fachspr Med* krazo

Gerinnungsfaktor *m* ↑ ***Blutgerinnungsfaktor***

Gerinnungshemmer *m Med, Pharm* antikoagulanto

Gerinnungs|neigung *f*: ***vermehrte*** ~ *des Bluts* trokoaguliĝemo; ~**störung** *f*, *<wiss>* ***Koagulopathie*** *f Med* koagulopatio; ~**zeit** *f* koaguliĝa tempo

Gerippe *n Anat* [homa] skeleto *auch übertr*; *Tech* skeleto ◇ ***zum*** ~ ***abmagern*** *salopp* malgrasiĝi ĝis la ostoj

gerippt *Adj* rip[hav]a; ~***er Stoff*** *m Textil* ripa ŝtofo

gerissen *Adj* ruza, *pej* ruzaĉa (*vgl. dazu* ***schlau***)

Gerissenheit *f* ruzeco

Gerling *od* **Greling** *m Mar* gerleno

Germ *f* ↑ ***Backhefe*** *u.* ***Bierhefe***

Germain (*m*) *französischer männl. Vorname* Ĝermano

Germane *m Gesch* ĝermano

Germanien (*n*), *lat.* ***Germania*** *Gesch (das von den Römern so bezeichnete Siedlungsgebiet der Germanen)* Ĝermanio

Germanin *f* ĝermanino

germanisch *Adj* ĝermana (*vgl. dazu* ***deutsch***); ***die*** ~***e Sprache*** *Ling* la ĝermana [lingvo]

germanisieren *tr eindeutschen* germanigi

Germanisierung *f* germanigo

Germanismus *m bes. Ling* germanismo

Germanist *m i.e.S.* germanisto; *i.w.S.* ĝermanisto

Germanistik *f* ***a)*** *i.e.S.*: *neuzeitliche Fragestellungen behandelnd* germanistiko ***b)*** *i.w.S. Wissenschaft von den germanischen Sprachen* ĝermanistiko

Germanium *n* (*Symbol* ***Ge***) *Chem* germaniumo; ~**diode** *f El* germaniuma diodo

Germer *m* (*Gattung* Veratrum) *Bot* veratro; ***schwarzer*** ~ (Veratrum nigrum) nigra veratro; ***weißer*** ~, *auch* ***weiße Nieswurz*** *f* (Veratrum album) blanka veratro

Germinal *m*, *auch* ***Keimmonat*** *m 7. Monat des franz. Revolutionskalenders* ĝerminalo

Germteig *m* ↑ ***Hefeteig***

gern[e] *Adv* volonte; *mit Vergnügen* kun plezuro; ***äußerst*** ~ volontege; ~ ***Schokolade essen*** volonte manĝi ĉokoladon; ***ich möchte*** ~ ***...*** mi ŝatas...; ***jmdn.*** ~ ***haben*** *mögen* ŝati iun; *lieben* ami iun

Gernegroß *m Großsprecher* granda parolisto; *Prahlhans* fanfaronulo

Geröchel *n* stertorado

Geröll *n* rulŝtonoj *Pl*; *i.w.S. Ruinen* ruinoj *Pl* (*vgl. dazu* ***Detritus c)*** *u.* ***Schutt***); ~**kultur** *f Archäol (eine vorgeschichtliche Kultur)* peblokulturo; ~**stein** *m* rulŝtono

geronnen ↑ *unter* ***gerinnen***

Geronnene *n* koagulaĵo

Geront *m Gesch ([im alten Griechenland:] Mitglied eines Ältestenrats bzw. des Rats der Geronten [Gerusia] in Sparta)* Geronto

Gerontokratie *f Herrschaft der Alten* gerontokratio

Gerontologe *m Med* gerontologo

Gerontologie *f*, *auch* ***Alternsforschung*** *f Med (Lehre von den Alterungsprozessen)* gerontologio (*vgl. dazu* ***Geriatrie***; ↑ *auch* ***Biogerontologie***)

gerontologisch *Adj die Gerontologie betreffend* gerontologia

geröstet *Adj Kaffee, Toast* rostita (↑ *auch* ***rösten***); *auf dem Grill* [krad]rostita; ~***e Feinbrotschnitte*** *f* toasto

Geröstete *Pl Kochk* ↑ ***Bratkartoffeln***

Gerste *f* (Hordeum sativum) *Bot, Nahr* hordeo (↑ ***Roggen-*** *u.* ***Mäusegerste***)

[1]**Gerstel** *n* ↑ ***Malzbier***

[2]**Gerst[e]l** *n Nahr* ↑ ***Graupen***

Gersten|brei *m Kochk* hordea kaĉo; ~**grieß**

m Nahr hordea grio; ~**korn** *n* ***a)*** hordeograjno ***b)*** *<österr>, <schweiz> u. reg auch* ***Werre*** *f Med (Schwellung am Augenlid)* hordeolo; ~**malz** *m Bierherstellung (durch Mälzen gekeimte u. getrocknete Gerste)* hordea malto

Gerstenmehl *n* hordea faruno; ***Speise aus*** ~ *Kochk* hordeaĵo

Gerstensaft *m = scherzh für* ***Bier*** [↑ *dort*]

Gerstenwein *m* hordea vino *<in Tibet>*

Gerte *f* vergo; *Zweig* branĉeto; *Reit*≗ rajdvipo

Gertrud *od* **Gertrude** *(f) weibl. Vorname* Gertruda

Geruch *m* odoro (*vgl. dazu* ***Gestank***; ↑ *auch* ***Aas-***, ***Benzin-***, ***Brand-***, ***Gas-***, ***Leichen-***, ***Moder-***, ***Moschus-*** *u.* ***Stallgeruch***); *Wohlgeruch* bonodoro (*vgl. dazu* ***Duft***); ***übler*** ~ malbonodoro, *(Ekel erregender Geruch)* naŭza odoro (↑ *auch* ***Fuß-***, ***Mund-*** *u.* ***Schweißgeruch***); ~ ***ausströmen*** eligi odoron (*vgl. dazu* ***riechen b)***); ***von Gerüchen*** (*od* ***einem Geruch***) ***befreien*** senodorigi (↑ *auch* ***deodorieren***); ***Gerüche unterscheiden*** distingi odorojn

geruchlos 1. *Adj* senodora **2.** *Adv* senodore

Geruchs|nerv *m, auch* ***Riechnerv*** *m* (Nervus olfactorius) *Anat* flara nervo, *<wiss>* olfakta nervo; ~**organ** *n Anat* flarorgano, *(fachsprachl.)* olfakta organo; ~**sinn** *m Physiol* flarsenso, *(Fachspr) auch* olfakto

Gerücht *n* famo; *Gerede [der Leute]* onidiro; ***falsches*** ~ malvera famo; ~***e über jmdn. verbreiten*** disvastigi famo(j)n pri iu; ***es geht das*** ~, ***dass ...*** kuras la famo, ke ... *(Zam)*

gerüchtweise *Adv* onidire *od* laŭ onidiro(j)

geruhen *intr alt (die Güte haben etw. zu tun)* bonvoli, *(sich gnädig zu etw. herablassen)* degni (***zu*** *folg. Verb im Inf*); *noch heute iron für «sich bereit finden»* esti preta (***zu*** por *od* al)

gerührt *Adj ergriffen* kortuŝita, emociita

Gerührtsein *n Ergriffenheit* kortuŝiteco

geruhsam 1. *Adj* trankvila, senhasta **2.** *Adv* trankvile, senhaste; *ohne sich aufzuregen* senekscite, sen ekscitiĝi

Gerümpel *n verschiedenerlei (od bunt zusammengewürfeltes) Zeug* brikabrako (*vgl. dazu* ***Trödel***); *i.w.S. (Beiseitegelegtes)* formetaĵo, *(etw., das nicht mehr genutzt wird)* neuzataĵo, *(wertlose Dinge)* senvaloraj aĵoj *Pl* (*vgl. dazu* ***Ramsch***)

Gerundium *n Gramm (1. [im Lateinischen] der deklinierte Infinitiv 2. [im Dt. u. Esp] Substantivierung des Infinitivs <Esp-Bildung mit* ***...ado****> 3. [in den latiniden Sprachen, im Englischen u. Esp] ein unveränderliches Partizip im Präsens bzw. im Präteritum <Esp-Bildungen mit* ***...ante*** *bzw.* ***...inte****>)* gerundio

Gerundivum *n, auch* ***Verbaladjektiv*** *n Gramm ([im Lateinischen u. Esp] infinite Verbalform, Participium necessitatis) <Esp-Bildung mit* ***...enda****>* gerundivo

gerunzelt *Adj Stirn* sulkigita

Gerüst *n Bau*≗ skafaldo, *(aus Holz) auch* ĉarpentaĵo (↑ *auch* ***Eisen-***, ***Leiter-*** *u.* ***Schachtgerüst***); *Kran*≗ gantro; *übertr* skeleto; ***ein*** ~ ***aufstellen*** starigi skafaldon, *auch* skafaldi

Gerüst|aufbau *m Erstellen eines Gerüsts* starigo de skafaldo; ~**bauer** *m, <österr> auch* ***Gerüster*** *m Bauw* skafaldisto ~**eiweiße** *od* ~**proteine** *n/Pl auch* ***Faserproteine*** *od* ***fibrilläre Proteine*** *n/Pl, Fachspr* ***Skleroproteine*** *od* ***Strukturproteine*** *n/Pl Biochemie* skleroproteinoj *Pl Anat (Gerüsteiweiß der Knochen)* osteino (↑ *auch* ***Ossein***); ~**stange** *f Bauw* skafalda fosto

Gerüttel *n, auch* ***Rüttelei*** *f* [daŭra] skuado

Geryon *(m) griech. Myth (ein dreileibiger Riese auf Erytheia)* Geriono

ges *Mus (Tonbezeichnung für «Ges-Dur»* g bemola *[sprich: go ...]*

Gesabber *n* ***a)*** *das Austreten von Speichel* bavado ***b)*** *sinnloses Gerede* sensenca babilado

gesägt *Adj Bot (von Blatträndern)* segildenta; ***doppelt*** ~ duoble segildenta

Gesagte *n Äußerung, Ausspruch* diraĵo

gesalzen *Adj* salita *i.w.S. auch Preis*

Gesäme *n Gesamtheit von Pflanzensamen* semaro

gesammelt *Adj*: ~***e Werke*** *n/Pl Lit* verkaro

gesamt *Adj* tuta; *komplett* kompleta; ***die*** ~***e Familie*** (***Welt***) la tuta familio (mondo); ***das*** ~***e Land betreffend*** tutlanda; ***das*** ~***e Volk*** la tuta popolo; ***die*** ~***en Kosten tragen*** pagi ĉiujn kostojn

Gesamt|ansicht *f* tut-aspekto; *Panorama* panoramo; ~**auflage** *f Buchw, Ztgsw* totala eldonkvanto; ~**ausgabe** *f Buchw* [eldono de l'] kompleta verkaro; ~**ausgaben** *Pl* tutaj elspezoj *Pl*; ~**befinden** *n Med* ĝenerala sanstato; ~**betrag** *m* tuta sumo

gesamtdeutsch *Adj* tutgermana
Gesamt|dosis *f z.B. von Medikamenten* totala dozo; ~**eindruck** *m* ĝenerala impreso; ~**einkommen** *n od* ~**einnahmen** *f/Pl* enspezaro, sumo de enspezoj, tutaj enspezoj *Pl*; ~**ertrag** *m* tuta gajno; *bei der Ernte* tuta rikolto
gesamteuropäisch *Adj* tuteŭropa
Gesamtfläche *f* totala areo
Gesamthaftbarkeit *f Jur* ↑ ***Solidarhaftung***
Gesamtheit *f abstrakt (Ganzheit)* tuteco; *konkret (auf ein Objekt bezogen)* tut[aĵ]o; *alle* ĉiuj; ***eine Frage in ihrer ~ betrachten*** konsideri demandon en ĝia tuteco; ***die ~ der Schiffe eines Landes*** la tutaĵo de la ŝipoj de [iu] lando
Gesamthypothek *f Fin* ↑ ***Generalhypothek***
Gesamt|kosten *Pl* tuto de la kostoj, ĉiuj kostoj; ~**lage** *od* ~**situation** *f* ĝenerala situacio; ~**leistung** *f Gesamtproduktion* totala produktado; ~**lohnsumme** *f* totala salajrosumo
Gesamtsituation *f* ↑ ***Gesamtlage***
gesamtstaatlich *Adj das gesamte Land betreffend* tutlanda
Gesamt|summe *f*, *<schweiz> Geschäftssprache* ***Total*** *n* entuta (*od* totala) sumo; ~**werk** *n*, *geh auch* ***Oeuvre*** *n eines Künstlers od Schriftstellers* verkaro
Gesamtwert *m*: ***im ~ von ...*** en totala valoro de ...
Gesamt|wohl *n* [tut]popola bonfarto; ~**zahl** *f* entuta (*od* totala) nombro
Gesandte *m Dipl* sendito (*vgl. dazu* ***Botschafter*** *u.* ***Konsul***); *des Papstes* legato
Gesandtschaft *f Dipl* legacio; ***eine ~ zur Botschaft erheben*** levi legacion al la statuso de ambasado
gesandtschaftlich *Adj* legacia
Gesandtschafts|rat *m Dipl* legacia konsilisto; ~**sekretär** *m Dipl* legacia sekretario
Gesang *m* kant[ad]o (*vgl. dazu* ***Lied*** *u.* ***Singsang***; ↑ *auch* ***Chor-***, ***Kehl-***, ***Kirchen-*** *u.* ***Walgesang***); *Gesangskunst* kantarto; *liturgischer Gesang, bes. Psalmodie* ĉanto
Gesangbuch *n Kirche* kantaro, *(Hymnenbuch)* himnaro
Gesangs|ensemble *n* kantensemblo; ~**kunst** *f* kant-arto; ~**lehrerin** *f* instruistino pri kantado; ~**technik** *f* kantotekniko; ~**- und Tanzensemble** *n* kant- kaj dancensemblo *od* kanta kaj danca ensemblo
Gesangverein *m* kantsocieto; *Singeklub* kantklubo

Gesäß *n umg (Hintern)* postaĵo, pugo, *Anat* gluteoj *Pl* (↑ *auch* ***Hinterteil***); ~**backe** *f* sidvango, *Anat* gluteo; ~**falte** *f Anat* ingvena faldo; ~**furche** *f Anat (Afterfalte)* interglutea sulko; ~**gegend** *f* (Regio glutaea) *Anat* glutea regiono; ~**hernie** *f* (Hernia ischiadica) *Med* iskia hernio; ~**muskel** *m* (Musculus glutaeus) *Anat* glutea muskolo; ~**muskulatur** *f Anat* glutea muskolaro; ~**reflex** *m*, *Fachspr Med* ***Glutäalreflex*** *m (ein Hautreflex)* glutea reflekso; ~**tasche** *f in der Hose* glutea poŝo; ~**umfang** *m als Schneidermaß* pug[o]mezuro
gesattelt *Adj* selita
gesättigt *Adj* ***a)*** *geh für «satt»* sata ***b)*** *Chem* saturita (↑ *auch* ***dampfgesättigt***); ***~e Lösung*** *Chem* saturita solvaĵo
Gesäuge *n bei Tieren* mamo (↑ *auch* ***Euter***)
gesch. = *Abk für* ***geschieden***
Geschacher *od* **Geschachere** *n* ŝakrado (↑ *auch* ***Schacher***)
Geschädigte *m bzw. f* damaĝito
Geschäft *n das man tätigt (zum Zweck des Geldverdienens), bes. Hdl* negoco (↑ *auch* ***Bomben-***, ***Börsen-***, ***Cash-***, ***Termin-*** *u.* ***Verlustgeschäft***); *Laden* butiko, vendejo, magazeno (↑ *auch* ***Fach-***, ***Filial-***, ***Schuh-***, ***Spät-***, ***Spezial-*** *u.* ***Wäschegeschäft***); *Unternehmen* entrepreno; *Verkauf* vendo; *Angelegenheit* afero; ***~e Pl mit Einschiffungstermin*** *Wirtsch* negocoj *Pl* kun dato de enŝipigo; ***ein ~ abschließen*** kontrakti pri negoco; ***ein ~ abwickeln*** aranĝi negocon; ***von ~ zu ~ laufen*** kuri de unu magazeno al la alia; ***gern ~e machend*** *(Person)* negocema; ***gute ~e machen*** fari bonajn negocojn; ***wann öffnen die ~e?*** kiam (*od* kiuhore) la magazenoj malfermiĝas?; ***wie gehen*** (*od* ***stehen***) ***die ~e?*** kiel statas la negocoj? ◇ ***~ ist ~!*** amikeco aparte, afero aparte
Geschäftemacher *m pej* [fi]negocemulo; *Spekulant* spekulanto
geschäftig *Adj* agema; *Treiben* vigla; *aktiv* aktiva (*vgl. dazu* ***eifrig***)
Geschäftigkeit *f* agemo, aktiveco; *auf Märkten u. dgl.* vigleco
geschäftlich 1. *Adj* komerca, negoca; ***~e Beziehungen zu jmdm. haben*** havi komercajn [inter]rilatojn al (*od* kun) iu **2.** *Adv*: ***~ unterwegs sein*** vojaĝi komercocele (*od* negococele)
Geschäfts|angelegenheiten *f/Pl Geschäftliches* negocaj aferoj *Pl*; ~**aufgabe** *f* likvido

de firmo

Geschäftsbereich *m Jur* jurisdikcio; ***Minister ohne ~*** ministro sen portfolio

Geschäftsbrief *m* komerca letero

Geschäftsführer *m* aferdirektanto (*vgl. dazu **Exekutivsekretär** u. **Geschäftsträger***); *Manager* manaĝero; *Direktor* direktoro; ***ich möchte den ~ sprechen*** mi deziras paroli al la direktoro

Geschäfts|führung *f* direkcio de la entrepreno; **~gebaren** *n* negocaj metodoj *Pl*; **~gegend** *f* komerca kvartalo; **~haus** *n* firmo; **~inhaber** *m* posedanto de entrepreno; *Ladenbesitzer* butikisto; **~jahr** *n* (*Abk* ***GJ***) *Fiskaljahr* fiska jaro; *in der Buchhaltung (Rechnungsjahr)* financa jaro

Geschäftskosten *Pl*: ***auf ~*** je kostoj de la firmo (*od* entrepreno)

Geschäftsliste *f* ↑ ***Tagesordnung***

Geschäftsmann *m* (*Pl*: ***Geschäftsleute***) negocisto; *Händler* komercisto; *Unternehmer* entreprenisto

geschäftsmäßig *Adv* negoce, afereme; *routinemäßig* rutine; *mechanisch* mekanike; *unpersönlich* senpersone *od nachgest* en maniero senpersona

Geschäftsmoral *f* komerca moralo

Geschäftsordnung *f* (*Abk* ***GO***) procedura regularo (*vgl. dazu **Agenda***); ***die ~ einhalten*** observi la proceduran regularon

Geschäfts|partner *m* komerca partnero, kunkomercanto; **~räume** *m/Pl* komercaj lokaloj *Pl*; *Büro* kontoro; **~reise** *f* negoca vojaĝo; **~reisende** *m* komerca vojaĝisto; **~schluss** *m* fermohoro de magazenoj; *von Büros u. Dienststellen* fermohoro de ŝtataj instancoj; **~stelle** *f Sekretariat* sekretariejo (*vgl. dazu **Agentur***); **~träger** *m, auch **Chargé d'affaires** m Dipl* aferŝarĝito

geschäftstüchtig *Adj* lerta en negocado, komerciste rutina; *allg (routiniert)* rutina

Geschäfts|unternehmen *n* komerca entrepreno; **~verbindung(en)** *f/(Pl)* komercaj interrilatoj *Pl*; **~viertel** *n* komerca kvartalo

Geschäftswelt *f* komerca mondo; ***in der ~*** en la komerca mondo

Geschäfts|zeit *f* malfermaj horoj *Pl*; *von Instanzen* deĵorhoroj *Pl*; **~zweig** *m* branĉo [de komerco]

geschehen *intr* okazi (*vgl. dazu **andauern**, **passiern** u. **stattfinden***); *sich verwirklichen* efektiviĝi; ***als ob nichts ~ sei*** kvazaŭ nenio estus okazinta; ***es geschieht dir recht*** vi ĝin (*od* tion) meritis; ***es wird dir nichts ~*** nenio okazos al vi, oni ne faros malbonon al vi; *man wird dich nicht bestrafen* oni ne punos vin; ***das geschieht manchmal*** tio kelkfoje okazas; ***was ist ~?*** kio okazis?; ***was ist mit ihm ~?*** *was ist ihm zugestoßen?* kio fariĝis al li? ◇ ***es ist um ihn ~*** *er ist verloren* li estas perdita

Geschehen *n Ereignis, Begebenheit* okaz[int]aĵo, evento (*vgl. dazu **Event***; ↑ *auch **Infektionsgeschehen***); ***~es lässt sich nicht ändern*** kio iam okazis oni poste ne povas ŝanĝi; ***Ort des ~s*** loko de la okazaĵo

gescheit *Adj klug* saĝa; *vernünftig* prudenta; *intelligent* inteligenta ◇ ***du bist wohl nicht [ganz] ~!*** vi frenezas, ĉu?

gescheitelt *Adj*: ***~es Haar*** hararo kun dislimo

Gescheitheit *f Klugheit* saĝeco

Geschenk *n, geh alt **Angebinde** n* donaco (*vgl. dazu **Mitbringsel***); ↑ *auch **Geburtstags-**, **Gegen-**, **Geld-**, **Hochzeits-**, **Neujahrs-**, **Weihnachtsgeschenk** u. **Zugabe***); ***ein ~ der Natur*** donaco de la naturo; ***ein ~ annehmen*** (***machen***) akcepti (fari) donacon; ***jmdm. ein ~ geben*** (*od **überreichen***) [trans]doni al iu donacon; ***jmdn. mit ~en überschütten*** superŝuti iun per donacoj ◇ ***kleine ~e erhalten die Freundschaft*** donacetoj subtenas amikecon *(Zam)*

Geschenk|gutschein *m* donackupono; **~papier** *n* ornampapero por donacoj

geschenkweise *Adv als Geschenk* donace

Geschichte *f **a)** als Geschichtsprozess, Geschichtsdarstellung bzw. Unterrichtsfach* historio (↑ *auch **Kirchen-**, **Kriegs-**, **Kultur-**, **Lokal-**, **Sprach-**, **Stadt-** u. **Weltgeschichte***); *als Wissenschaft* historioscienco; ***~ der Urgesellschaft*** protohistorio (↑ *auch **Frühgeschichte***); ***die ~ lehrt, dass ...*** la historio instruas, ke ...; ***aus der ~ lernen** od **Lehren aus der ~ ziehen*** lerni el la historio ***b)*** *Erzählung* rakonto *auch i.w.S. (z.B. Lügengeschichte)* mensoga rakonto (*vgl. dazu **Anekdote***; ↑ *auch **Geister-**, **Gespenster-**, **Räuber-**. **Schauer-**, **Spuk-** u. **Tiergeschichte***); ***~n erzählen*** rakont[ad]i historiojn ***c)*** *Angelegenheit, Sache* afero; *Begebenheit* okaz[int]aĵo (*vgl. dazu **Abenteuer***); *Ereignis* evento; ***die ~ ist geplatzt*** *umg* la afero [totale] fiaskis; ***es ist die alte ~*** estas la konata afero; ***das ist eine ~ für sich*** tio estas aparta afero; ***das ist ja eine schöne ~!*** tio estas ja bela afero!; ***immer dieselbe ~!*** ĉiam la sama afero (*od* litanio)!; ***mir ist eine eigenartige ~ passiert*** okazis al mi stranga afero

Geschichtenerzähler *m* rakontisto de historioj; *Märchenerzähler* fabelisto

geschichtlich *Adj* historia (*vgl. dazu* ***historisch***); ***ein ~er Augenblick*** historia momento; ***~es Ereignis*** historia evento

Geschichtlichkeit *f* ↑ ***Historizität***

Geschichts|buch *n* libro pri historio; **~fälschung** *f* falsado de la historio; **~forscher** *m* sciencisto pri historio, historiisto (*vgl. dazu* ***Historiker***); **~lehrer** *m* instruisto de historio; **~monument** *n* historia monumento; **~quelle** *f* historia fonto; **~schreiber** *m* historiografo; **~schreibung** *f* historiografio

geschichtsträchtig *Adj* historioplena

Geschichts|unterricht *m* instruado de historio; **~wissenschaft** *f* historioscienco; **~wissenschaftler** *m* historiosciencisto

geschichtswissenschaftlich *Adj* histori[o]scienca

Geschichtszahl *n*, *auch* ***historisches*** (*od* ***historisch bedeutsames***) ***Datum*** *n* [grava] historia dato

[1]**Geschick** *n Schicksal* sorto (*vgl. dazu* ***Fügung***); *Fatum, Verhängnis* fatalo

[2]**Geschick** *n* ***a)*** *Fertigkeit* lert[ec]o; *Erfahrenheit* sperteco (*vgl. dazu* ***Erfahrung*** *u.* ***Talent***) ***b)*** *reg für «Ordnung»*: ***etw. wieder ins ~ bringen*** reordigi ion, glatigi (*bzw.* aranĝi) aferon

Geschicklichkeit *f* lert[ec]o ◇ ***~ ist keine Hexerei*** lerteco sorĉon ne bezonas *(Zam)*

Geschicklichkeitskünstler *m* ĵonglisto

geschickt 1. *Adj gewandt* lerta; ***äußerst ~*** lertega; ***ein ~er Handwerker*** lerta metiisto **2.** *Adv* lerte

Geschiebe|lehm *m* morena argilo; **~mergel** *m Geol* aluvia marno (↑ *auch* ***Tillit***)

geschieden (*Abk* **gesch.**) *Adj* divorcita, *Mann auch* eksedziĝinta, *Frau auch* eksedziniĝinta (***von*** disde), *Ehe auch* ĉesigita

Geschimpfe *n* [daŭra] insultado

[1]**Geschirr** *n Küchen~* vazaro; *Tafel~* servico (*vgl. dazu* [1]***Service***); ***irdenes ~*** *Tonwaren* argilaĵoj; ***~ abwaschen*** lavi la vazaron (*od auch* la telerojn [kaj tasojn])

[2]**Geschirr** *n* ***a*** *für Zugtiere* jungilaro (↑ *auch* ***Blattgeschirr***); *i.e.S.* *(Hals~)* ĉirkaŭkolo; ***einem Pferd das ~ anlegen*** surmeti la jungilaron al ĉevalo ***b)*** *reg für «Gespann»* jungaĵo; **~kammer** *f* jungilarejo

Geschirr|schrank *m* [kuireja] ŝranko por vazaro, *(für Teller)* telerŝranko; **~spüle** *f in Restaurants u. Hotels* vazolavejo; **~spüler** *m jmd., der Geschirr spült [im Restaurant]* vazolavisto (*vgl. dazu* ***Tellerwäscher***); **~spülmaschine** *f*, *umg* ***Geschirrspüler*** *m*, *auch kurz* ***Spülmaschine*** *f* vazolava maŝino, *umg* vazolavilo, *auch* telerlavilo; **~tuch** *n Hausw* telertuko, kuireja sekiga tuko (↑ *auch* ***Wischtuch***)

geschlagen *Adj* ◇ ***eine ~e Stunde warten*** atend[ad]i plenan horon

Geschlecht *n* ***a)*** *Biol* sekso; *Stamm* gento; *Generation* generacio; ***männliches ~*** vira (*od* maskla) sekso; ***weibliches ~*** virina (*od* femala) sekso ◇ ***das dritte ~*** *scherzh für «Homosexuelle»* la tria sekso; ***das schöne*** (*od* ***schwache***) ***~*** *die Frauen* la bela (*od* malforta) sekso; ***das starke ~*** *die Männer* la forta sekso; ***vom gleichen ~ sein*** esti samgenta ***b)*** *Gramm* genro (*vgl. dazu* ***Genus***); ***grammatisches ~ [von Hauptwörtern]*** substantiva genro *[im Esp nicht vorhanden]*

Geschlechterkunde *f* ↑ ***Genealogie***

Geschlechterverhältnis *n Biol (Zahlenverhältnis von Männchen zu Weibchen einer Art in einer Population)* sekskvociento

geschlechtlich 1. *Adj* seksa; ***~e Vereinigung*** *f* sekskuniĝo (*vgl. dazu* ***Fick***, ***Koitus*** *u.* ***Kopulation***) **2.** *Adv* sekse; ***sich ~ vereinigen*** sekskuniĝi

Geschlechtlichkeit *f* sekseco

Geschlechtsakt *m sex* sekskuniĝo, koito

Geschlechtsanhänge *m/Pl Ent* ↑ ***Gonapophysen***

Geschlechts|chromatin *n Biol* sekskromatino; **~chromosom** *n*, <*wiss*> ***Heterosom*** *n Biol, Genetik* seksa kromosomo, <*wiss*> heterosomo; **~dimorphismus** *m*, *auch* ***Sexualdimorphismus*** *m Biol* seksa duformeco; **~drüsen** *f/Pl Anat* seksaj glandoj *Pl* (↑ *auch* ***Gonade***); **~hormon** *n Sexualhormon* seksa hormono

geschlechtskrank *Adj* seksmalsana

Geschlechtskrankheit *f* seksmalsano *od* seksa malsano, venera malsano; ***an einer ~ leiden*** suferi je seksmalsano

Geschlechtsleben *n*, *auch* ***Sexualleben*** *n* seksa vivo; ***das ~ des Mannes*** (***der Frau***) la seksa vivo de la viro (virino)

geschlechtslos, *Fachspr* ***asexual*** *od* ***asexuell***

Adj senseksa; *Biol (sich ohne Befruchtung fortpflanzend), Bot (agam)* agamia; *Gramm* neŭtra

Geschlechtsorgan *n Anat, sex* seksa (*od* genera) organo *od* seksorgano (*vgl. dazu* ***Genitalien***)

geschlechtsreif *Adj* seksmatura (*vgl. dazu* ***pubertär***)

Geschlechtsreife *f* seksa matureco; *Pubertät* pubereco; *Eintritt in die Geschlechtsreife* seksa maturiĝo, puberiĝo

Geschlechtsteil *n* seksorgano; ***männliches ~*** vira seksorgano, *(Penis)* peniso, *salopp* kaco, virilo *od* seksilo; ***weibliches ~*** virina seksorgano, *(Vagina, Scheide)* vagino, vulvo; ***das ~ [des Partners] lecken*** *sex (den Penis)* midzi, penissuĉi; *(die Klitoris, Vulva)* frandzi, klitorleki, vulvosuĉi; *(gegenseitiger oral-genitaler Kontakt [69-Stellung])* sesdeknaŭ[um]i

Geschlechts|trieb *m* seksurĝo, seksa instinkto; *Psych meist* libido; *Aphrodisie* afrodizio (↑ *auch* ***Anaphrodisie***); **~unterschied** *m* diferenco de seksoj

Geschlechtsverkehr *m* seksaj interrilatoj *Pl*, *fam* seksumado (↑ *auch* ***Bumsen*** *u.* ***Sex***); *Koitus* koito; ***erzwungener ~*** trudo sekskunigi per forto (*vgl. dazu* ***sexuelle Gewalt*** *u.* ***Vergewaltigung***); ***~ mit häufig wechselnden Partnern*** promiskuado; ***~ ausüben*** (*od* ***haben***) sekse interrilati, *fam* seksumi (***mit*** kun); ***in obenauf-Position ~ haben*** rajdi (***iun*** mit jmdm.); ***beim ~*** dum [la] seksumado; ***durch ~ übertragen werden*** esti kontaĝata pere de koito; ***vorehelichen ~ haben*** havi seksajn rilatojn antaŭ [la] geedziĝo

Geschlechtswort *n Gramm* artikolo

Geschlechtszellen *f/Pl Biol* ↑ ***Gameten***

geschliffen *Adj abgeschliffen* ŝlifita; *facettiert* facetita, tajlita; *Messer* akrigita; *poliert* polurita *auch Redeweise* (*vgl. dazu* ***schleifen*** *u.* ***polieren***)

geschlossen 1. *Adj u. Part* fermita *auch Geschäft* (↑ *auch* ***schließen***); *dicht* densa; *einmütig* unuanima; *solidarisch* solidara; ***~e Gesellschaft*** *f* privata societo; ***in ~er Reihe marschieren*** marŝi en densa vico **2.** *Adv* ***a)*** dense; unuanime; solidare ***b)*** *alle [zusammen]* ĉiuj [kune]; *gemeinsam* komune; *ohne Ausnahme* senescepte *od nachgest* sen escepto

Geschlossenheit *f Einmütigkeit* unuanimeco; *Solidarität* solidareco (↑ *auch* ***Einheit*** *u.* ***Kompaktheit***)

Geschmack *m* ***a)*** *Art, wie Ess- od Trinkbares schmeckt* gusto, *Fachspr Med auch* saporo (*vgl. dazu* ***Geschmackssinn***; ↑ *auch* ***Bei-, Käufer-, Nach-, Vor-*** *u.* ***Wohlgeschmack***); ***bitterer ~ [auf der Zunge]*** amara gusto [sur la lango], *Fachspr Med* amara saporo; ***saurer*** (***süßer***) ***~*** dolĉa (maldolĉa) gusto; ***seinen ~ verlieren*** perdi sian guston, sengustiĝi ***b)*** *individuelles Empfinden, auch Schönheitssinn* gusto (*vgl. dazu* ***Stil***; ↑ *auch* ***Käufer-, Publikums-*** *u.* ***Zeitgeschmack***); ***persönlicher ~*** persona gusto; ***~ an etw. finden*** trovi ion agrabla (*bzw.* bongusta); ***[guten] ~ haben*** havi bonan guston; ***das ist [ganz] nach meinem ~*** tio estas [tute] laŭ mia gusto; ***das hängt vom [jeweiligen] ~ ab*** tio dependas de [ies] gusto; ***den ~ des Publikums treffen*** trovi la guston de la publiko ◇ ***über [den] ~ soll man nicht streiten*** pri gustoj oni disputi ne devas *(Zam)*; ***Geschmäcker sind verschieden*** ĉiu havas sian [propran] guston *od* kiom da homoj, tiom da gustoj *(beide: Zam)*

geschmackig ↑ ***schmackhaft***

geschmacklich 1. *Adj* laŭ la gusto *od* koncerne la guston *nachgest* **2.** *Adv*: ***dieses Gewürz verbessert das Essen ~ sehr*** tiu ĉi spicaĵo ege gustigas la manĝon

geschmacklos 1. *Adj fad, z.B. eine Speise* sengusta (*vgl. dazu* ***schal***) *auch i.w.S. (z.B. Kleidung)* **2.** *Adv* senguste; ***sie ist ~ gekleidet*** ŝi estas senguste vestita

Geschmacklosigkeit *f geschmacklose Beschaffenheit (von Essen u. Trinken)* sengusteco; *übertr (Mangel an Geschmack)* manko de gusto, *(Trivialität)* trivialeco; *(triviale Bemerkung)* triviala rimarko, trivialaĵo

Geschmacks|empfindung *f übertr* sento pri gusto (*od* estetiko); **~knospen** *f/Pl auf der Zunge* gustoburĝonoj *Pl*; **~papillen** *f/Pl* (Papillae gustatoriae) *Papillen auf der Zungenschleimhaut, die für die Geschmackswahrnehmung verantwortlich sind*

Geschmackssache *f* afero (*od* demando) de gusto; ***das ist ~*** tio estas afero de gusto, *(eine Frage des Geschmacks)* tio estas demando de gusto

Geschmacks|sinn *m Physiol* gustosenso; *ästhetisches Empfinden* gustosento *od* sento pri gusto; **~verirrung** *f* perversio de la gusto[senso] (*bzw.* gustosento); **~verstärker** *m*

ein Lebensmittelzusatzstoff gustointensigilo

Geschmackswärzchen *n/Pl Anat* ↑ ***Zungenpapillen***

geschmackvoll 1. *Adj* gustoplena **2.** *Adv* gustoplene; ***sich ~ anziehen*** (*od* ***kleiden***) sin vesti gustoplene (*od* kun gusto)

geschmackwidrig *Adj* kontraŭa al bona gusto, fuŝgusta; *geschmacklos* sengusta

Geschmeide *n geh für «Schmuck»* juvelaro *Sg*, juveloj *Pl*

geschmeidig *Adj* ***a)*** *elastisch* elasta; *biegbar, biegsam* [facile] fleksebla; *biegsam* fleksema; *i.w.S. (fügsam)* cedema, *(weich)* milda, *(nachgiebig, weich [Kragen, Leder u.a.])* supla *auch übertr, (weich [Haar, Haut u.a.]* softa; ***sie hat eine ~e Figur*** ŝi havas elastan talion ***b)*** *Tech ([kalt] hämmerbar)* maleebla

Geschmeidigkeit *f* elasteco; flekseblo, fleks[iĝ]emo; supleco (↑ *auch* ***Duktilität***, ***Elastizität*** *u.* ***Flexibilität***)

Geschmiere *n* skribaĉaĵo

Geschmorte *n Kochk* stufaĵo (*vgl. dazu* ***Schmorbraten***)

geschnäbelt *Adj mit einem Schnabel [versehen]* bekohava

Geschnalze *n* klakado [per la lango *u.a.*]

Geschnarche *n* ronkado

Geschnatter *n* ***a)*** *Gegake (von Gänsen)* gakado, *von Enten* [anser]blekado ***b)*** *[fortwährendes] Geschwatze* [senĉesa *od* daŭra] babilado (*od pej* babilaĉo)

geschnitten *Adj u. Part* tranĉita, tondita *auch Philat*

Geschöpf *n Kreatur* kre[it]aĵo; *Lebewesen* estaĵo (*vgl. dazu* ***Wesen***); *etw. Geschaffenes* far[it]aĵo (*vgl. dazu* ***Werk b)***)

[1]**Geschoss** *n Mil (einer Kanone)* obuso, *i.e.S. (Projektil)* pafaĵo, *(Kugel)* kuglo, *(Granate)* grenado, *(Wurf*≗*)* ĵetaĵo, *(Schleuderstein)* ĵet-ŝtono, *(Pfeil)* sago (↑ *auch* ***Artillerie-***, ***Brandgeschoss***, ***Bumerang***, ***Gummigeschoss***, ***Kartätsche***, ***Schrapnell***, ***Spreng-*** *u.* ***Wurfgeschoss***); ***ferngelenktes ~*** teleregata (*od* telestirata) obuso

[2]**Geschoss** *n Stockwerk* etaĝo (↑ *auch* ***Keller***, ***Dach-*** *u.* ***Obergeschoss***)

Geschoss|bahn *f Flugbahn eines Geschosses, einer Kugel* trajektorio [de obuso *bzw.* de kuglo]; **~durchmesser** *m* kalibro de obuso; **~zünder** *m* fuzeo de obuso

geschraubt *Adj übertr (affektiert)* afektita, *(unnatürlich)* nenatura; *überfeinert, geziert (Sprache, Stil)* precioza

Geschrei *n* kriado, *von Tieren auch* blekado; (↑ ***Gezeter***, ***Hurra-***, ***Katzen-***, ***Schlacht-***, ***Weh-*** *u.* ***Zetergeschrei***); *übertr (Lärm, Aufhebens)* bruo, skandalo, *(Lamento)* lamentado

Geschubse *n* puŝiĝ[ad]o (↑ *auch* ***Gedränge***)

geschult *Adj u. Part: Personal* trejnita

Geschüttel *n* [daŭra] skuado

Geschütz *n Mil* kanono (↑ *auch* ***Feld-***, ***Festungs-***, ***Flugabwehr-***, ***Schiffs-*** *u.* ***Schnellfeuergeschütz***); ***~ auf Lafette*** kanono sur afusto; ***leichtes ~*** leĝera (*od* malpeza) kanono; ***schweres ~*** grandkalibra (*od* peza) kanono; ***75mm-Geschütz der Artillerie*** artileria kanono de 75-milimetra kalibro

Geschütz|bank *f Mil ([in Festungen:] erhöhte Fläche od Plattform hinter der Brustwehr zur Aufstellung von Geschützen)* barbedo (↑ *auch* ***Emplacement***); **~bedienung** *od* **~besatzung** *f Mil (Einheit, die ein Geschütz bedient)* kanonskipo; **~damm** *m* platformo [por kanono]; **~donner** *m* kanonbru[eg]o; **~feuer** *n* kanona pafado, kanonado; **~führer** *m* kanonestro; **~lafette** *f* afusto [por kanono]; **~rohr** *n* kanontubo

geschützt 1. *Part von* ***schützen*** [↑ *dort*] (↑ *auch* ***frostgeschützt***) **2.** *Adj*: ***~e Pflanzen und Tiere*** *Pl* protektitaj plantoj kaj animaloj *Pl*

Geschütz|turm *m* kanontur[et]o; **~verschluss** *m* kulaso de kanono

Geschw. = *Abk für* ***Geschwister***

Geschwader *n bei den Luft- od Seestreitkräften* eskadro (↑ ***Jagdgeschwader***)

Geschwafel *n* sensenca babilado (*bzw.* babilaĵo)

geschwänzt *Adj mit einem Schwanz [versehen]* vosthava (↑ *auch* ***schwanzförmig***)

Geschwätz *n Geplauder* babilado, *(das Geplauderte)* babilaĵo; ***leeres ~***, *reg* ***Bafel*** *m leeres Gerede* sensenca babilado (*bzw.* babilaĵo); *Klatsch* klaĉo (↑ *auch* ***Tratsch***)

geschwätzig *Adj* babilema, *[milder ausgedrückt:] gern redend* parolema; *alles ausplaudernd* elbabilema; *klatschsüchtig* klaĉema

Geschwätzigkeit *f* babilemo (*vgl. dazu* ***Logorrhöe***); *[milder ausgedrückt:]* parolemo

geschweift *Adj schweifförmig* vost[o]forma; *Arch, Kunst (mit einer [konvexen] Rundung [versehen]* galbita (*vgl. dazu* ***Schweifung***); ***~e Klammer*** *od* ***Schweifklammer*** *f Typ* kuniga krampo

geschweige *Konj*: ~ ***denn*** kaj tute ne, kaj multe malpli

geschwind 1. *Adj* rapida **2.** *Adv* rapide

Geschwindigkeit *f* rapid[ec]o (↑ *auch* ***Anfangs-, End-, Fahr-, Fall-, Höchst-, Lande-, Schall-, Steig-, Überschall-, Umdrehungs-, Windgeschwindigkeit*** *u.* ***Tempo***); ***überhöhte*** ~ troa rapideco; ***volle*** ~ plena rapideco *od* plenrapido; ***bei (mit) hoher*** ~ en (kun) alta rapideco; ***mit affenartiger (voller, wahnsinniger)*** ~ kun simieska (plena, freneza) rapideco; ***die*** ~ ***auf 40 km/h begrenzen*** limigi la rapidecon je 40 km po (*od* en) [unu] horo; ***eine*** ~ ***von 400 km/h erreichen können*** povi (*od* kapabli) atingi rapidecon de 400 km po horo; ***die*** ~ ***herabsetzen*** (*od* ***verringern***) malaltigi (*od* malpliigi) la rapidecon

Geschwindigkeits|begrenzung *od* ~**beschränkung** *f Verk* rapidolimigo; ~**kontrolle** *f* rapidokontrolo; ~**limit** *n* rapid[o]limo; ~**messer** *m*, *Kfz auch* ***Tachometer*** rapidometro; ~**vektor** *m* rapidovektoro

Geschwister *Pl* (*Abk* ***Geschw.***) gefratoj *Pl*

geschwisterlich *Adj* gefrata; *i.w.S. eng, innig* intima

geschwollen *Adj u. Partizip* ***a)*** *aufgedunsen* ŝvelinta *auch Med* (↑ *auch* ***verschwollen***); *aufgebläht durch Luft od Wind, z.B. ein Segel* plenblovita, *auch* ŝvelinta; ***ihre Augen waren vom vielen Weinen ganz*** ~ ŝiaj okuloj estis ŝvelintaj pro la longa plorado ***b)*** *hochtrabend, schwülstig (Redeweise)* bombasta ***c)*** *übertr (eingebildet)* fieraĉa, orgojla, *(angeberisch)* fanfaronema

Geschwollensein *n* ŝvelinteco

Geschworene *m*: ***die*** ~***n*** *Pl* la [ge]ĵurianoj *Pl*, asizaj juĝantoj *od* asizanoj *Pl*; ***Urteilsspruch der*** ~***n*** *Jur* verdikto

Geschworenengericht *n Jur (als periodische Zusammenkunft)* asizo, *(als Instanz)* asiza tribunalo, *(die Mitglieder)* ĵura juĝantaro

Geschwulst *f Schwellung* ŝvelaĵo; *Med (Tumor)* tumoro (*vgl. dazu* ***Fungus, Neurom*** *u.* ***Retikulom***; ↑ *auch* ***Granulationsgeschwulst***); ***bösartige (gutartige)*** ~ *Med* maligna (benigna) tumoro; ***gestielte*** ~ (Tumor pediculatus) *Med* pedikla tumoro; ***schnell wachsende*** ~ *Med* rapide kreskanta tumoro

Geschwulstklinik *f* ↑ ***Tumorklinik***

Geschwulst|krankheiten *f/Pl* tumoraj malsanoj *Pl*; ~**patient** *m* tumorpaciento; ~**zelle** *f* tumorĉelo

Geschwür *n Eiter*², *Abszess* absceso; *Ulkus* ulcero (↑ *auch* ***Darm-, Hornhaut-, Krampfader-, Magen-, Unterschenkel-*** *u.* ***Zwölffingerdarmgeschwür***); ***peptisches*** ~ *andere Bez für «Magengeschwür»* peptika ulcero

Geschwürbildung *f*, *Fachspr* ***Ulzeration*** *f Med* formiĝo de ulcero(j), ulceriĝo (↑ *auch* ***Tumorulzeration***)

geschwürig, *Fachspr* ***ulzerös*** *Med* ulcera; ***sich*** ~ ***verändern***, *Fachspr* ***ulzerös zerfallen*** *od* ***ulzerieren*** *intr* ulceriĝi

Geselle *m* ***a)*** *Handwerks*² submajstro; *Gefährte* kunulo, kamarado ***b)*** *veraltend für «junger Bursche»* junulo, juna viro

gesellen, sich *refl* kun[e]iĝi, aliĝi (***zu jmdm.*** al iu); *sich assoziieren* asociiĝi ◇ ***Gleich und Gleich gesellt sich gern*** similuloj kuniĝas kun similuloj

Gesellenstück *n Handw* provlabor[aĵ]o por akiri submajstrecon

gesellig *Adj* societema; ~***er Abend*** *m mit dem Ziel, sich gegenseitig kennen zu lernen (z.B. am Vorabend eines Kongresses, einer Tagung)* interkon[atiĝ]a vespero

Geselligkeit *f* societemo

Gesellschaft *f Pol, Soziologie* socio (↑ *auch* ***Agrar-, Bürger-, Feudal-, Industrie-, Parallel-, Sklavenhalter-, Spaß-, Überfluss-, Wohlstands-*** *u.* ***Zweiklassengesellschaft***); *Handels*² [komerca] kompanio (↑ *auch* ***Investmentgesellschaft***); *Liga, Vereinigung* ligo, asocio; *Verein, geladener Kreis* societo; *Umgang* kompanio, kunularo; ~ ***des bürgerlichen Rechts*** civiljura kompanio; ~ ***mit beschränkter Haftung*** (*Abk* ***GmbH***) kompanio (*od auch* societo) kun limigita respondeco (*od* risko); ***in*** ~ ***von*** en kompanio de; *begleitet von* akompanate de; *zusammen mit* kune kun; ***geografische*** ~ geografia asocio; ***geschlossene*** ~ privata societo (*bzw.* aranĝo *od* kunveno); ***in der kapitalistischen*** ~ en la kapitalisma socio; ***die menschliche*** ~ la homa socio; ***sich in die*** ~ ***integrieren*** integriĝi en la socio; ***jmdm.*** ~ ***leisten*** esti kun iu *bzw.* resti ĉe iu; *jmdn. begleiten* akompani iun; ***die*** ~ ***verändern*** ŝanĝi la socion; ***Mitglied einer*** ~ societano; ***am Rand der*** ~ ***Stehende*** (*od* ***Lebende***) *Pl Soziologie* marĝenuloj *Pl*

Gesellschafter *m Teilhaber* kompaniano; *Geschäftspartner im* partnero [en negocafero]; *Aktionär* akciulo; *Begleiter* akompananto; ***er ist ein angenehmer*** ~ li estas agrabla kaj societema homo

gesellschaftlich *Adj* socia, *nachgest auch* koncernanta la [homan] socion; *sozial* sociala; *i.w.S. (allgemein)* ĝenerala, *(öffentlich)* publika; ~***es Eigentum*** *n* socia proprâĵo (*od* proprieto); ~***es Leben*** *n* socia vivo; ~***e Stellung*** *f* socia pozicio, loko okupita en la socio

Gesellschafts|abend *m um sich gegenseitig kennen zu lernen (bes. am Vorabend eines Kongresses od einer mehrtägigen Veranstaltung)* interkon[atiĝ]a vespero; ~**anzug** *m* ceremonia vesto; ~**inseln** *Pl, franz.* ***Îles de la Société*** *eine zu Französisch-Polynesien gehörende Inselgruppe [Hauptinsel; Tahiti mit der Hptst. ganz Frz.-Polynesiens Papeete]*; ~**kapital** *n Aktienkapital* akcia kapitalo; ~**kleid** *n* vespera robo (*od* tualeto)

gesellschaftskritisch *Adj* soci[o]kritika

Gesellschaftsordnung *f, audh* ***Sozialordnung*** *f* socia ordo *od* sociordo; ***Staaten*** *m/Pl* ***mit unterschiedlicher*** ~ ŝtatoj *Pl* kun malsama sociordo

gesellschaftspolitisch *Adj* socipolitika

Gesellschafts|prognose *f* prospektivo (↑ *auch* ***Futurologie***); ~**reise** *f* grupa vojaĝo

Gesellschaftsschicht *f* socitavolo *od* socia tavolo; ***die obere*** ~ la supra socitavolo

Gesellschafts|spiel *n* societa ludo; ~**struktur** *f* socia strukturo; ~**system** *n* socia sistemo; ~**tanz** *m, auch* ***Standardtanz*** *m* salona danco; ~**wissenschaften** *f/Pl* sociaj sciencoj *Pl*; ~**wissenschaftler** *m* sociosciencisto

gesellschaftswissenschaftlich *Adj* sociosciencа; *soziologisch* sociologia

Gesellschaftszimmer *n* salono

Gesenk *n Tech (Hohlform zum Schmieden)* forĝostampilo

Gesetz *n Jur, Parl* leĝo *auch Naturw* (↑ *auch* ***Amnestie-***, ***Änderungs-***, ***Antiterror-***, ***Ausnahme-***, ***Bundes-***, ***Einwanderungs-***, ***Haushalts-***, ***Polizei-***, ***Rahmen-***, ***Steuer-***, ***Trägheits-***, ***Verfassungs-*** *u.* ***Verstaatlichungsgesetz***); *Satzung* statuto; *übertr Regel* regulo; ~ ***im formellen Sinn*** *Parlamentsgesetz* leĝo en formala senco; ***die keplerschen*** ~***e*** *Pl Astron* la leĝoj de Kepler; ***die mendelschen*** ~***e*** *Pl Genetik* la leĝoj de Mendel; ***die*** ~***e der Moral*** la leĝoj de moralo (↑ *auch* ***Moralgesetz***); ***das ohmsche*** (*od* ***Ohm'sche***) ~ *El* la leĝo de Ohm; ***ökonomische*** ~***e*** *Pl* ekonomiaj leĝoj *Pl*; ***ein rückwirkendes*** ~ retroaktiva leĝo; ***nach dem*** ~ laŭ (*od* konforme al) la leĝo; ***vor dem*** ~ ***gleich*** leĝe egala (***gegenüber*** al); ***ein*** ~ ***abschaffen*** (***beschließen***, ***brechen***, ***erlassen***) nuligi (aprobi, rompi, doni) leĝon; ***das*** ~ ***achten*** (*od* ***respektieren***) respekti la leĝon; ***en*** ~ ***aufheben*** (*od* ***außer Kraft setzen***) malvalidigi leĝon, *(und es durch ein neues ersetzen* abrog[aci]i leĝon; ***die*** ~***e befolgen*** (*od* ***einhalten***) observi la leĝojn; ***etw. zum*** ~ ***erheben*** levi ion al leĝo; ***gegen das*** ~ ***verstoßen*** ofendi la leĝo(j)n ◇ ***das*** ~ ***des Dschungels*** *Verhaltensweise bei der jedes Mittel erlaubt scheint* la leĝo de la ĝangalo (↑ *auch* ***Gesetz-*** *u.* ***Rechtlosigkeit***)

Gesetzblatt *n Ztgsw* leĝobulteno

Gesetzbuch *n Jur* kodo (*vgl. dazu* ***Codex***); ***Bürgerliches*** ~ (*Abk* ***BGB***) civila kodo *(auch Großschr)*; ***in einem*** ~ ***zusammenfassen*** kodigi

Gesetzentwurf *m* leĝ[o]projekto

Gesetzes|brecher *m* leĝrompanto; ~**initiative** *f Parl* leĝopropona iniciativo

gesetzeskonform 1. *Adj* leĝokonforma **2.** *Adv* leĝokonforme, laŭleĝe

Gesetzes|konformität *f* leĝokonformeco; ~**kraft** *f Jur* leĝa forto; ~**kundige** *m* leĝisto; ~**sammlung** *f Jur* kolekto de leĝoj; ~**text** *m* leĝoteksto; ~**verletzer** *m* leĝ-ofendanto; ~**verletzung** *f* leĝ-ofendo

Gesetzesvorlage *f od* ~**vorschlag** *m Parl* leĝoprojekto *od* leĝopropono (*vgl. dazu* ***Bill***); ***eine Gesetzesvorlage abändern*** amendi leĝoprojekton

gesetzgebend *Adj Jur* leĝ[o]dona; ***die*** ~***e Gewalt*** la leĝodona povo; ***die*** ~***e Versammlung*** la leĝodona asembleo

Gesetz|geber *m* leĝ[o]donanto; ~**gebung** *f* leĝ[o]donado

Gesetzgebungs|recht *n* rajto je leĝ[o]donado; ~**verfahren** *n* proceduro de leĝdonado

gesetzlich 1. *Adj Bestimmungen, Verpflichtung u.a.* leĝa; *rechtmäßig, dem Recht od Gesetz nach* laŭleĝa; *gesetzeskonform* leĝokonforma; ***auf*** ~***er Grundlage*** sur leĝa bazo; ***mit*** ~***en Mitteln*** per leĝaj rimedoj **2.** *Adv* leĝe; ~ ***anerkannt*** (*bzw.* ***zulässig***) legitima; ~ ***geschützt*** leĝe protektata (↑ *auch* ***patentiert***)

Gesetzlichkeit *f Legalität* leĝeco

gesetzlos 1. *Adj* senleĝa; *ungesetzlich* neleĝa; *anarchisch* anarkia **2.** *Adv* senleĝe; neleĝe; anarkie

Gesetzlosigkeit *f* senleĝeco; *Ungesetzlichkeit* neleĝeco; *Anarchie* anarkio

gesetzmäßig 1. *Adj legal* laŭleĝa; *mit dem Gesetz übereinstimmend* leĝokonforma **2.** *Adv* laŭleĝe; *auf legale Weise* laŭ leĝa maniero

Gesetzmäßigkeit *f* laŭleĝeco; *Gesetzeskonformität, Übereinstimmung mit dem Gesetz* leĝokonformeco; *Regelmäßigkeit* reguleco

gesetzt 1. *Adj ruhig* kvieta; *besonnen* pripensema; *reif* [plen]matura; *seriös* serioza; *würdevoll (z.B. jmds. Benehmen)* digna; *[etwas] älter* [iom] pli aĝa **2.** *Konj*: ~ ***den Fall [, dass] ...*** supoze, ke ...; *nehmen wir an, dass ...* ni supozu, ke ...

Gesetztheit *f Ruhe* kviet[ec]o; *Besonnenheit* pripensemo; *Reife* matureco; *Seriosität* seriozeco **illegitim** *Adj gesetzwidrig* neleĝa

gesetzwidrig 1. *Adj* kontraŭleĝa, neleĝa (↑ *auch* ***illegal***) **2.** *Adv* kontraŭleĝe, neleĝe; ~ ***handeln*** agi kontraŭleĝe

Gesetzwidrigkeit *f* kontraŭleĝeco; *gesetzwidrige Tat* kontraŭleĝa faro

Geseufze *n vor Kummer, Sehnsucht* suspir[ad]o; *Stöhnen* ĝemado

Gesicht *n **a)** geh od poet* ***Antlitz*** *n* [↑ *dort*] vizaĝo, *Med auch* facio (↑ *auch* ***Madonnen-*** *u.* ***Puppengesicht***); *Gesichtsausdruck* vizaĝesprimo, fizionomio; *Miene* mieno (*vgl. dazu* ***Mienenspiel***); *Grimasse* grimaco ***b)*** *übertr (Äusseres)* eksteraĵo, *(Aussehen)* aspekto; ***ein faltiges*** ~ faltoplena vizaĝo; ***hässliches*** ~ hida vizaĝo, *Fratze* vizaĝaĉo; ***mit lachendem*** ~ kun ridanta vizaĝo; ***ich habe ihm das vom*** ~ ***abgelesen*** mi komprenis tion el lia mieno; ***das*** ~ ***abwenden*** forturni sian vizaĝon; ***sich das*** ~ ***abwischen*** viŝi al si la vizaĝon; ***jmdn. zu*** ~ ***bekommen*** [ek]vidi iun; ***die Sonne im*** ~ ***haben*** stari kontraŭ la suno; ***ein böses*** (***freundliches***) ~ ***machen*** malamike (afable) rigardi; ***jmdm. etw. ins*** ~ ***sagen*** tute senkaŝe diri ion al iu; ~***er schneiden*** fari grimacojn, grimaci; ***er ist seinem Vater wie aus dem*** ~ ***geschnitten*** li estas kvazaŭ portreto de sia patro; ***das*** ~ ***verlieren*** perdi la reputacion, perdi sian prestiĝon, *auch* perdi la vizaĝon; ***das*** ~ ***verziehen*** fari grimacojn, grimaci; ***das*** ~ ***wahren*** savi sian dignon

Gesichtchen *n* vizaĝeto

Gesichts|ausdruck *m, geh* ***Physiognomie*** *f* vizaĝesprimo, *geh* fizionomio (*vgl. dazu* ***Miene***); ~**behandlung** *f Kosmetik* [kosmetika] vizaĝoflegado; ~**binde** *f des Chirurgen* kirurga masko; ~**chirurg** *m* vizaĝokirurgo; ~**chirurgie** *f* vizaĝokirurgio; ~**creme** *f Kosmetik* vizaĝokremo, kremo por [la] vizaĝo

Gesichtserkennung *f* vizaĝorekono; ***automatische*** ~ aŭtomata vizaĝorekono

Gesichts|farbe *f Teint* koloro de la vizaĝa haŭto, vizaĝ-koloro; ~**feld** *n* vidkampo (*vgl. dazu* ***Gesichtskreis***); ~**haut** *f* vizaĝa haŭto; ~**kompresse** *f Kosmetik* vizaĝokompreso; ~**kreis** *m Horizont* horizonto; ~**lähmung** *f, Fachspr* ***Fazialislähmung*** *f Med* paralizo de la vizaĝaj muskoloj (↑ *auch* ***Prosopoplegie***)

gesichtslos *Adj* senvizaĝa

Gesichtslotion *f, auch* ***Gesichtwasser*** *n Kosmetik* vizaĝlocio

Gesichtsmaske *f* vizaĝomasko; ~ ***des Torwarts*** *Eishockey* golula masko

Gesichts|massage *f Kosmetik* vizaĝ-masaĝo; ~**muskeln** *m/Pl* faciaj muskoloj *Pl*; ~**muskelkrampf** *m* (Spasmus facialis) *Med* spasmo de la faciaj muskoloj (↑ *auch* ***Prosopospasmus***); ~**nerv** *m, Fachspr Anat* ***Facialis*** *od* ***Fazialis*** (Nervus facialis) *Anat* facia nervo (*vgl. dazu* ***Trigeminusnerv***); ~**pflege** *f Kosmetik* vizaĝoflegado; ~**puder** *m Kosmetik* vizaĝopudro

Gesichtspunkt *m Gesichtswinkel, Standpunkt* vidpunkto, starpunkto; ***unter diesem*** ~ ***betrachtet*** rigardata laŭ tiu vidpunkto

Gesichts|schlagader *f* (Arteria facialis) *Anat* facia arterio; ~**schleier** *m Islam* vizaĝa vualo, *(Tschador [ein Schleier, der Kopf u. Körper mit Ausnahme der Hände u. teilweise des Gesichts verhüllt])* ĉadoro (↑ *auch* ***Jaschmak***); ~**schutzmaske** *f* vizaĝoprotekta masko *auch des Eishockeytorwarts*; ~**straffung** *f, auch engl.* ***Facelifting*** *n kosmetische Chir* sulkoforiga operacio, *pop auch* vangostreĉigo *od* vangoglatigo; ~**verlust** *m* perdo de la reputacio, perdo de sia prestiĝo, *auch* perdo de la vizaĝo

Gesichtswasser *n Kosmetik* ↑ ***Gesichtslotion***

Gesichtswinkel *m Sehwinkel* optika angulo; *Gesichtspunkt* vidpunkto, starpunkto; *Aspekt* aspekto; *Anat (Schädellehre)* (Angulus facialis) facia angulo

Gesichtszüge *m/Pl* vizaĝaj trajtoj *Pl*; ***grobe*** ~ ***haben*** havi krudajn vizaĝajn trajtojn

Gesims *n Arch (Kranz*² *[an Innen- od Außenwänden])* kornico (↑ *auch* ***Dach-***

gesims); *(Mauerkranz)* kordono; ~**leiste** *f Arch* cimatio

Gesinde *n alt: Dienerschaft* servistaro

Gesindel *n* kanajlaro, friponaro (↑ *auch* ***Abschaum***, ***^{2}Pack*** *u.* ***Pöbel***)

gesinnt *Adj, meist prädikativ:* ***jmdm. gut*** (*od* ***wohl***) ~ ***sein*** esti bonvolema al iu *od* senti simpation al iu

Gesinnung *f* pensmaniero; *Sinnesart* karaktero; *Ethos, sittlicher Gehalt* etoso; *i.w.S. (Standpunkt)* vidpunkto, starpunkto, *(Meinung)* opinio, *(Überzeugung)* konvinko

Gesinnungs|freund *od* ~**genosse** *m* samideano (*Abk* s-ano) *auch unter Esperantisten übliche Anrede*

gesinnungslos *Adj ohne feste Meinung* sen firma opinio *nachgest*; *prinzipienlos* senproncipa *od nachgest* sen principoj; *charakterlos* senkaraktera, *pej* fikaraktera

Gesinnungslosigkeit *f* senprincipeco; *Skrupellosigkeit* senskrupuleco

gesinnungstreu *Adj loyal* lojala; *treu* fidela

gesittet *Adj* bonmora, bonmaniera; *wohlerzogen* bonedukita; *von gutem Betragen* bonkonduta; *zivilisiert* civilizita

Gesittung *f zivilisiertes Verhalten* civilizit-eco (*vgl. dazu* ***Gesinnung***)

Gesnerie *f* (*Gattung* Gesneria) *Bot* gesnerio

Gesneriengewächse *n/Pl Bot*: ***[Familie der]*** ~ (Gesneriaceae) gesneriacoj *Pl*

Gesöff *n salopp* aĉa trinkaĵo, *(im Falle von Alkohol) auch* aĉa drinkaĵo

gesondert *Adv* aparta, apartigita (*vgl. dazu* ***getrennt***)

gespalten *Adj Zool (Huf mancher Huftiere, Zunge einer Schlange)* bifida (*vgl. dazu* ***spalten***)

Gespann *n allg* jungaĵo; *i.e.S. (Geschirr eines Zugtiers)* jungilaro, *(die eingespannten Zugtiere)* jungitaro (↑ *auch* ***Ochsen-*** *u.* ***Vier[er]-*** *u.* ***Zweiergespann***); *übertr: zwei [zusammengehörige] Personen* paro, duopo

gespannt *Adj Beziehungen, Seil, Situation* streĉita; *Aufmerksamkeit* grandega; *neugierig* scivola (***auf*** pri); ~***e Lage*** *f* streĉita situacio; ***auf etw.*** ~ ***sein*** esti scivola pri io; *i.w.S. etw. ungeduldig erwarten* senpacience atendi ion

Gespanntheit *f Angespanntheit* streĉiteco *auch der Lage*; *Neugier* scivol[em]o

Gespenst *n* ***a)*** *Spukgestalt* fantomo (*vgl. dazu* ***Geist b)***, ***Nacht-*** *u.* ***Schreckgespenst***); ***das*** ~ ***eines Verstorbenen*** la fantomo de mortinto; ***an*** ~***er glauben*** kredi je fantomoj; ***ein Kind mit*** ~***ern ängstigen*** timigi infanon per fantomoj ***b)*** *übertr für «Gefahr»* danĝero; ***das*** ~ ***einer Epidemie*** la danĝero de epidemio

Gespenstaffe *m Zool* ↑ ***Koboldmaki***

Gespenster|erscheinung *f* fantomapero; ~**geschichte** *f* fantomrakonto *od* fantoma rakonto

gespensterhaft *od* **gespenstisch** *Adj* fantom[ec]a (↑ *auch* ***dämonisch***); *i.w.S. (zum Fürchten)* timiga, *(schauderhaft)* horora, *nachgest* kaŭzanta hororon

Gespensterschiff *n* fantomŝipo

Gespenstfledermaus *f* (Diclidurus albus) *Zool* blanka vesperto

Gespenst- *od* **Stabheuschrecke** *f* (*Gattung* Phasma) *Ent* fasmo; ***indische Stabheuschrecke*** *f* (Carausius morosus) bastonetfasmo <*auch als partheogenetisches Laboratoriumstier bekannt*>; ***[Ordnung der] Gespenst-*** *od* ***Stabschrecken*** *f/Pl* (Phasmida) fasmuloj *Pl*

gespenstisch ↑ ***gespensterhaft***

Gespiele *m alt für «Spielkamerad»* ludkamarado; *i.w.S. Freund aus der Kinderzeit* amiko el infanaĝa tempo

Gespinst *n* ŝpinaĵo *auch eines Insekts*; *Seidenraupen*≗ kokono; *übertr*: ***ein*** ~ ***von Lügen*** ŝpinaĵo el mensogoj

gespornt *Adj sporntragend* spronhava

Gespött *n* [fi]mokado; *Gegenstand des Spotts* mokataĵo, mokindaĵo; *etw. Lächerliches* ridindaĵo; ***sich zum*** ~ ***der Leute machen*** ridindigi sin mem; ***zum*** ~ ***werden*** iĝi mokindaĵo por kiu ajn

Gespräch *n* interparolo, konversacio (↑ *auch* ***Bewerbungs-***, ***Privatgespräch***, ***Rundtischgespräche*** *u.* ***Tischgespräch***); *Telefon*≗ telefona interparolo (*vgl. dazu* ***Anruf***); *Dialog* dialogo; ***ein*** ~ ***unter vier Augen*** interparolo senatestantoj; ***informelle*** (*od* ***zwanglose***) ~***e*** *Pl* neformalaj interparoloj; *inoffizielle Gespräche, bes. Dipl* neoficialaj interparoloj; ***vertrauliche*** ~***e*** *Pl* konfidencaj interparoloj *Pl*; ~***e führen*** interparoli, konversacii (***über*** pri); ***das*** ~ ***in Gang halten*** subteni la konversacion, ***anwesend bei dem*** ~ (*od* ***den Gesprächen***) ***waren ...*** dum la interparolo(j) ĉeestis ...; ***das Thema des*** ~***s wechseln*** ŝanĝi la temon de la konversacio; ***sich in ein*** ~ ***einmischen*** sin enmiksi en interparolon (*od* konversacion) [de aliaj]

gesprächig *Adj redselig* parolema; *viel redend* multe parolanta; *mitteilsam* komunikema; *i.w.S. geschwätzig* babilema; ***allzu ~*** *zu viel redend (Person)* troparolema
Gesprächigkeit *f* parolemo; *Mitteilsamkeit* komunikemo (*vgl. dazu* ***Geschwätzigkeit***)
Gesprächsbuch *n Buchw* konversacia libro (*vgl. dazu* ***Sprachführer***); ***ein deutsch-indonesisches ~*** konversacia libro germana--indonezia
Gesprächs|dauer *f Tel* interparoldaŭro; **~-einheit** *f Tel* pulso; **~gegenstand** *m* konversacia temo; **~kreis** *m* forumo; **~partner** *m* konversaci-partnero, kunparolanto, interparolanto
Gesprächsrunde *f* ↑ ***Diskussionsrunde***
Gesprächsthema *n* temo de la konversacio; ***das ~ wechseln*** ŝanĝi la temon de la konversacio, *fam auch* salto al alia temo [en la konversacio]
gesprächsweise *Adv im Gespräch* interparolante, koversaciante; *während des Gesprächs* dum la interparolo; ***etw. ~ erfahren*** ekscii ion dum interparoloj
gespreizt *Adj* ***a)*** *Beine, Schenkel* disetendita; ***mit ~en Beinen*** kun gamboj disetenditaj ***b)*** *gekünstelt, geziert* afekt[it]a; *aufgeblasen* memgraviga, parad[em]a
Gespreiztheit *f Geziertheit* afekt[it]eco; parademo
gesprenkelt *Adj* ŝprucmakula
Gespür *n feines Gefühl für etw.* sensiveco (***für etw.*** por io); *Vorahnung, Vorgefühl* antaŭsento
gest. = *Abk für* ***gestorben***
Gest *m* ↑ ***Backhefe***
Gestade *n poet (an das Wasser grenzende Seite)* ĉeborda (*od* apudborda) flanko, *(Küste)* bordo (*vgl. dazu* ***Ufer***)
Gestagen *n Physiol (ein im Eierstock gebildetes Hormon)* gestageno; ***~e*** *Pl Biochemie (Stoffklasse von synthetischen Hormonen, die nur z. T. ähnliche Eigenschaften wie das physiologische Gelbkörperhormon Progesteron haben [Bestandteil von Ovulationshemmern])* gestagenoj *Pl*
Gestalt *f* ***a)*** *Form* formo; *Statur* staturo; *Körperform* korpoformo (*vgl. dazu* ***Körperbau***); *Wuchs* kresko ***b)*** *bekannte Person* konata persono; *Individuum* individuo
gestalten *tr formen* formi, doni formon al; *ausschmücken* ornami; ***ein Kunstwerk ~*** krei artaĵon; ***sein Leben selbst ~*** formi sian vivon [mem]; ***sich ~*** formiĝi, fariĝi; ***die Sache gestaltete sich ganz anders*** la afero fariĝis tute alia
Gestalter *m jmd., der etw. formt od gestaltet* formanto (↑ *auch* ***Bildner***, ***Designer*** *u.* ***Formgestalter***)
Gestaltlehre *f Biol* ↑ ***Morphologie a)***
gestaltlos *Adj formlos* senforma; *amorph (bes. Kristalle)* amorfa
Gestaltung *f das Formen* formado (*vgl. dazu* ***Konfiguration***; ↑ *auch* ***Raumgestaltung***); *Entstehung* sinformado, formiĝo; *Entwicklung* evoluado; *i.w.S. (das Planen)* planado, *(Form)* formo, *(Dekoration)* dekoraciado
Gestammel *n* balbutado
geständig *Adj*: ***~ sein*** esti konfesema, esti preta konfesi
Geständnis *n*, *bes.* *<österr>* ***Anerkenntnis*** *n* konfeso *auch Jur* (↑ *auch* ***Schuldgeständnis***); ***ein ehrliches ~*** honesta konfeso; ***ein ~ ablegen*** *allg u. Jur* fari konfeson
Gestänge *n [eiserne] Stangen* [feraj] stangoj (↑ *auch* ***Bremsgestänge***)
Gestank *m (durch Giftgase)* mefito, *(ekliger Geruch)* naŭza odoro, *(übler Geruch)* malbonodoro, fetoro (*vgl. dazu* ***Mief***)
Gestapo *f* (*Abk für* ***Geheime Staatspolizei***) *Nationalsozialismus* gestapo
gestärkt *od* **gesteift** *Adj Kragen, Wäsche* amelita
Gestation *f selt* = ***Gravidität***
gestatten *tr geh für «erlauben»* permesi (***jmdm. etw.*** ion al iu); *i.w.S. ermöglichen* ebligi; ***~ Sie!*** permesu!; ***~ Sie mir*** permesu al mi; ***~ Sie eine Frage*** permesu demandon; ***es ist nicht gestattet, dass ...*** ne estas permesite, ke ...; ***wenn es die Umstände ~*** se la cirkonstancoj permesas
Geste *f Handbewegung, die etw.ausdrücken soll (bes. beim Sprechen]* gesto *auch i.w.S.* (*vgl. dazu* ***Gebärde***); ***durch eine ~*** *od* ***durch ~n*** per gesto(j), *auch* geste; ***das war eine freundliche ~*** *Verhalten* tio estis gesto de afableco; ***eine symbolische ~*** simbola gesto
gestehen ***a)*** *tr* konfesi *auch Jur*; ***seine Schuld ~*** konfesi sian kulpon; ***jmdm. seine Sünden ~*** konfesi al iu siajn pekojn ***b)*** *intr*: ***ich muss ~, dass ...*** mi devas konfesi, ke ...; ***offen gestanden*** por diri la veron
Gestehen *n* konfesado
Gestehungskosten *Pl Herstellungskosten* kostoj *Pl* de produktado

gesteift ↑ ***gestärkt***

Gestein *n* ŝtonaĵo; *Geol (der Erdkruste)* rokoj *Pl od* rokaĵo (↑ *auch* ***Dolomit-, Effusiv-, Eruptiv-, Fels-, Gang-, Hart-, Kometen-, Mond-, Sediment-, Silikat-, Tiefen-*** *u.* ***Vulkangestein***); *Mineral* mineralo; ***magmatisches*** *~ od* ***Magmagestein*** magma rokaĵo *od* magmorokaĵo (↑ *auch* ***Spilit***); ***taubes*** *~ Bergb* ŝtonaĵo ne enhavanta ercon

Gesteins|bildung *f Geol* petrogenezo (↑ *auch* ***Lithogenese***); *~***gang** *m Bergb (Stollen)* [mineja] galerio

Gesteinsglas *n* ↑ *unter* ***vulkanisch***

Gesteinsgrotte *f*: ***künstlich angelegte*** *~ z.B. in Parks* artefarita rokaĵo

Gesteinshülle *f, auch* ***Gesteinsmantel*** *m Geol*: *~* ***der Erde*** litosfero

Gesteinskunde *f* ↑ ***Lithologie*** *u.* ***Petrografie***

gesteinskundlich *Adj* petrografia

Gesteinsmantel *m Geol* ↑ ***Gesteinshülle***

Gesteinsmehl *n* ↑ ***Steinmehl***

Gesteinsschicht *f* tavolo de rokaĵo; ***Wissenschaft f von den*** *~****en*** stratigrafio

Gesteinsstruktur *f Geol* rokaĵa strukturo

Gestell *n Unter*~, *niedriges Stützgerüst, Bock* stablo (↑ *auch* ***Montagegestell***); *tragendes Gerüst* framo (*vgl. dazu* ***Rahmen***); *hölzernes Gerüst od Untergestell* tresto; *Unterbau von Fahrzeugen* ĉasio, subekipaĵo; *Ständer (z.B. für Bücher od Zeitschriften), Raufe* rako (*vgl. dazu* ***Regal*** *u.* ***Fahrradständer***); *Brillen*~ okulvitra kadro; *Bauw, Tech (Gerüst)* skeleto *auch eines Schirms*; *~***säge** *f* stegframa segilo

Gestellungsbefehl *m Mil* ordono pri soldatiĝo

gestempelt *Adj* stampita; ***sauber*** (***sorgfältig***) *~ bes. Philat* pure (zorge) stampita

gestern *Adv* hieraŭ; *~* ***Abend*** hieraŭ vespere; ***wo waren Sie*** *~* ***Abend?*** kie vi estis hieraŭ vespere?; *~* ***früh*** *od ~* ***Morgen*** hieraŭ matene; *~* ***Mittag*** hieraŭ tagmeze; *~* ***Nachmittag*** hieraŭ posttagmeze; *~* ***Nacht*** hieraŭ nokte; *~* ***vor einem Monat*** de hieraŭ antaŭ monato

Gestern *n* hieraŭo

gestiefelt *Adj* botvestita; ***der*** ~***e Kater*** *im Märchen* la botvestita Kato *od* la Kato kun botoj

gestielt *Adj Anat, Med (Fachspr lat.* ***pediculatus****)* pedikla; *~****e Geschwulst*** *f* (Tumor pediculatus) pedikla tumoro

Gestik *f [Gesamtheit der] Gesten* gestoj *Pl*

Gestikulation *n, auch* ***Gestikulieren*** *n* gestado; *Gebärdensprache* lingvo de gestoj

gestikulieren *intr* gest[ad]i, fari gesto(j)n (***beim Sprechen*** dum [la] parolado) (↑ *auch* ***fuchteln***)

Gestirn *n Himmelskörper* astro; *Stern* stelo (*vgl. dazu* ***Sternbild***); ***die*** *~****e beobachten*** observi la astrojn

gestirnt *Adj*: ***der*** *~****e Himmel*** *voller Sterne* la ĉielo plena de steloj

Gestöber *n* kirlado; *Schnee*~ kirlneĝado

gestohlen ↑ *unter* ***stehlen*** ◇ ***du kannst mir*** *~* ***bleiben*** *iron* mi danke rezignas pri vi (*od* pri via ĉeesto *bzw.* helpo)

Gestöhn *od* **Gestöhne** *n wehklagend od lamentierend* ĝemado; *vor Schmerz* dolorĝemado; *sex (Lust*~*)* amorĝemado *od* amorĝemoj *Pl*

gestorben (*Abk* ***gest.***) *präd. Adj tot* mortinta; *verhüllend ausgedrückt (verschieden)* forpasinta; ***sein Vater ist vor zwei Monaten*** *~* lia patro forpasis antaŭ du monatoj

gestört *Adj Med, Tech, TV* perturbita (*vgl. dazu* ***stören***); ***einen*** *~****en Fernsehempfang haben*** havi perturbitan televidan ricevon

Gestose *f, auch* ***Präeklampsie*** *f Gynäkologie* preeklampsio

Gestotter *n* balbutado

Gesträuch *n Strauchwerk* arbedaĵo; *Gebüsch* arbustaĵo; *niedrige Bäumchen, z.B. als Unterholz* arbet[aĵ]aro

gestreift *Adj* striita; ***blau-weiß*** (*od* ***blau und weiß***) *~* blua kun blankaj strioj; ***längs*** *~* laŭlonge (*od* vertikale) striita; ***wie ein Tiger*** *~* tigrostria; ***zebraartig*** *~* zebrostria

gestrickt *Adj* trikita (*vgl. dazu* ***stricken***)

gestrig *Adj* hieraŭa; ***die*** *~****e Zeitung*** la hieraŭa gazeto

Gestrüpp *n* densa (*bzw.* dorna) arbedaĵo; *schwer durchdringbares (auch dorniges) Buschwerk* vepro (*vgl. dazu* ***Gesträuch*** *u.* ***Macchie***); ***von*** *~* ***befreien*** senveprigi

Gestüt *n* ĉevalbredejo

gestutzt *Adj* stucita *auch Ohren od Schwanz* (*vgl. dazu* ***kupieren*** *u.* ***stutzen***)

Gesuch *n Bitte* peto [al la estraro *od* al supera instanco *u.a.*] (*vgl. dazu* ***Antrag***; ↑ *auch* ***Begnadigungsgesuch***); *Bittschrift, Petition* petskribo, peticio; ***ein*** *~* ***ablehnen*** (*od* ***abschlägig bescheiden***) malakcepti (*od [krasser]* rifuzi) peton; ***ein*** *~* ***an jmdn. richten*** direkti (*od* fari) peton al iu

gesucht *Adj* ***a)*** *begehrt* ege dezirata, multe serĉata *auch Ware*; *~* ***werden ...*** *in einem*

Inserat serĉataj estas ... ***b)*** *gekünstelt* afektita; *unnatürlich* nenatura

Gesuchtheit *f meist im Sinne von «große Nachfrage (nach etw.)»* serĉateco

Gesumm *od* **Gesumme** *n* [daŭra] zumado (↑ *auch* ***Summen***); ***das ~ der Bienen*** la zumado de [la] abeloj

gesund 1. *Adj* sana *auch übertr, z.B. Anschauung, Empfinden, Finanzen, Wirtschaft eines Landes u.a.* (↑ *auch* ***kerngesund***); *der Gesundheit zuträglich, heilsam* salubra, saniga; *~ **sein*** esti sana, *umg auch* sani; *~ **und munter*** sana kaj vigla; ***ein ~er Geist in einem ~en Körper*** sana menso en sana korpo; ***~es Klima*** *n* salubra klimato *od* klimato favora al (*od* por) la sano; ***~e Luft*** *f* saniga (*od* salubra) aero; ***~er Menschenverstand*** *m* normala (*od* sana) prudento; *gesunder Geist* sana menso; *~ **aussehen*** aspekti sana; *~ **bleiben*** resti sana; ***[wieder] ~ machen*** [re]sanigi (*vgl. dazu* ***sanieren***); ***wieder ~ werden*** resaniĝi (↑ *auch* ***gesunden***); ***ich hoffe, Sie werden schnell wieder ~*** *od formelhaft* ***werden Sie [nur] schnell wieder ~!*** mi esperas, ke vi baldaŭ resaniĝu! **2.** *Adv*: *~ **leben*** sane vivi

Gesundbrunnen *n* mineralakva fonto

Gesunde *m* sanulo, sana homo

gesunden *intr* resaniĝi (*vgl. dazu* ***genesen***)

Gesundheit *f* san[ec]o (*vgl. dazu* ***Wohlbefinden***; ↑ *auch* ***Zahngesundheit***); *Gesundheitszustand* sanstato; ***geistige*** (***körperliche***) ~ mensa (korpa) sano; ***von strahlender*** ~ radianta de sano; ***zarte*** ~ delikata sano; ***auf Ihre ~!*** je (*od* por) via sano!; ***die ~ erhalten*** (***gefährden***, ***schützen***, ***verbessern***) konservi (endanĝerigi, protekti, plibonigi) la sanon; ***ich wünsche Ihnen*** ~ mi deziras al vi san[ec]on; ***seine ~ ist nicht die beste*** *umg* lia sanstato ne estas la plej bona ◇ ***[die] ~ ist das höchste Gut*** sano estas plej valora trezoro

gesundheitlich *Adj*: ***~e Betreuung*** *f* medicina prizorgado; ***aus ~en Gründen*** *od Adv* ***gesundheitshalber*** pro kaŭzo de [malbona] saneco *od* pro sanecaj kaŭzoj

Gesundheits|amt *n* sanitara oficejo; **~attest** *n* san-atesto, *auch* sanitara atesto; **~bestimmungen** *f/Pl* sanitara regularo

gesundheitsbewusst *Adj* sankonscia

Gesundheitsdienst *m* sanitara servo

gesundheitsfördernd *Adj der Gesundheit zuträglich* salubra

Gesundheitsfürsorge *f*: ***öffentliche ~*** publika sano (↑ *auch* ***Amtsarzt***)

gesundheitsgefährdend *Adj* endanĝeriganta la sanecon *od* danĝera al la sano *nachgest*

Gesundheitsgründe *m/Pl*: ***aus ~n*** pro sankialoj

gesundheitshalber ↑ *unter* ***gesundheitlich***

Gesundheits|helfer *m z.B. auf dem Lande* ano de sanitara servo; **~kontrolle** *f* sanitara kontrolo; **~minister** *m* ministro pri sanitaraj aferoj; **~ministerium** *n* ministerio pri sanitaraj aferoj; **~pass** *m* san-atesto; **~pflege** *f* higieno; **~politik** *f* sanpolitiko; **~polizei** *f* sanitara polico; **~probleme** *n/Pl* sanproblemoj *Pl*; **~risiko** *n* san-risko, *auch* risko pri la sano

gesundheits|schädigend *od* **~schädlich** *Adj* damaĝa al la sano; *krankmachend* malsaniga

Gesundheits|schutz *m* sanprotektado; **~system** *n* sansistemo

Gesundheitswesen *n (auf die Leistungen, die erbracht werden, bezogen* sanitara servo *od* sanservo, *[adminstrativ:] auch* sanitaraj aferoj *Pl*; ***im ~ arbeiten*** (*od* ***tätig sein***) labori en la sanitara servo

Gesundheits|wissenschaft *f* sanscienco; **~zeugnis** *n* oficiala san-atesto; **~zustand** *m* sanstato

gesundschreiben *tr*: ***jmdn.*** *~ Arzt* deklari iun sana (*od* ree laborkapabla)

Gesundung *f als Vorgang od erreichter Zustand* resaniĝo; *das Gesundmachen* resanigo (↑ *auch* ***Heilung***)

gesunken *Adj Schiff* sinkinta (↑ *auch* ***sinken***)

Getäfel *n* ↑ ***Täfelung***

getäfelt *Adj* tegita per panelo

Getäfer *n* ↑ ***Täfelung***

Getändel *n Geflirte* flirtado; *kleine Spielerei* ludetado

geteert *Adj*: ***~es Segeltuch*** *n* ↑ ***Persenning***

Gethsemane (*n*), *ökumenisch* ***Getsemani*** (*n*) *bibl (der Garten am Ölberg bei Jerusalem, in dem Jesus festgenommen wurde)* Getsemano, *auch* Getsemane

Getier *n nicht näher bezeichnetes Tier* iu besto; *Gesamtheit von Tieren* bestaro, *auch* bestoj *Pl*

getigert *Adj Längsstreifen wie ein Tiger aufweisend (bes. bei Hauskatzen)* tigrostria; ***eine ~e Katze*** tigrostria kato

Getose *od* **Getöse** *n starker Lärm* bruego; *von Meer od Sturm* muĝado [de la maro *od*

de la ŝtormo]; *Donnern* tondrado

Getötete ***a)*** *m* mortigito ***b)*** *f* mortigitino

getragen *Adj feierlich* solena *auch ein Musikstück*, ceremonia; *innerlich ruhig* kvieta

Getränk *n* trinkaĵo (↑ *auch* ***Drink***, ***Erfrischungs-***, ***Mix-***, ***Orangengetränk*** *u.* ***Gesöff***); ***alkoholisches*** (***alkoholfreies***) ~ alkohola (senalkohola) trinkaĵo (↑ *auch* ***Spirituosen***)

Getränke|automat *m* aŭtomato por trinkaĵoj; ~**dose** *f* trinkaĵoskatolo; ~**fabrik** *f* fabriko de trinkaĵoj (*vgl. dazu* ***Brauerei***); ~**karte** *f* [prez]karto de trinkaĵoj (*vgl. dazu* ***Weinkarte***); ~**kiste** *f* botelkesto (↑ *auch* ***Bierkiste***); ~**laden** *m* butiko de trinkaĵoj

Getrappel *n [hörbares] Aufstampfen mehrfach hintereinander* piedfrapado, *(von Huftieren)* hufofrapado

getrauen, sich *refl* kuraĝi; ***er getraut sich nicht, ihn zu fragen*** li ne kuraĝas demandi lin; ***er getraute sich nicht, es ihr zu sagen*** li ne kuraĝis tion diri al ŝi

Getreide *n*, *reg auch* ***Korn*** *n*, *<schweiz> auch* ***Frucht*** *f* greno (*vgl. dazu* ***Zerealien***; ↑ *auch* ***Brot-***, ***Saat-***, ***Sommer-*** *u.* ***Wintergetreide***); *i.e.S. (Futter*≗*)* furaĝa greno, *(Nahrungs*≗*)* nutraĵa greno; ~ ***dreschen*** draŝi grenon; ***ein Sack [voll]*** ~ sako da greno

Getreide|art *f* grenospeco; ~**börse** *f* borso pri greno; ~**brand** *m Phytopathologie* smuto [de grenplantoj]; ~**ernte** *f*, *reg* ***Kornernte*** *f* grenrikolto; ~**erzeugung** *f* grenproduktado; ~**feld** *n*, *reg* ***Kornfeld*** *n* grenkampo; ~**handel** *m* grenkomerco; ~**keim** *m* grenoĝermo; ~**keimöl** *n* grenoĝerma oleo; ~**korn** *n* grenero, grajno de greno; ~**markt** *m Wirtsch* grenmerkato *od* merkato de [la] greno; ~**maß** *n*, *bibl* ***Kornmaß*** *n Metr* grenmezuro; ~**mühle** *f* grenmuelejo; ~**pflanze** *f* grenoplanto; ~**preis** *m* prezo de greno; ~**sack** *m Sack für Getreide* grensako; *Sack voll Getreide* sako da greno; ~**schober** *m [geschichteter] Getreidehaufen* grenstako; ~**schrot** *m od n grob gemahlenes Getreide* ŝroto; ~**[schwarz]rost** *m eine Pflanzenkrankheit* nigra rusto

Getreideschwinge *f* ↑ ***Kornschwinge***

Getreide|silo *n* grenosilo; ~**speicher** *m*, *<österr> auch* ***Traidboden*** *m* grenprovizejo *od* grenostokejo; ~**spreu** *f*, *reg (norddt.)* ***Kaff*** *n* grenventumaĵo

getrennt 1. *Adj* dis[igit]a; *abgesondert* separita (***von*** de) **2.** *Adv*: ~ ***leben*** *Eheleute* loĝi malkune; ***er lebt von seiner Frau*** ~ li vivas separite de sia edzino

Getrenntgeschlechtigkeit *f*, *auch* ***Eingeschlechtigkeit*** *f Bot* diklineco

Getrenntheit *f* dis[igit]eco

getreu *Adj treu* fidela (↑ *auch* ***wahrheitsgetreu***); *loyal* lojala; *zuverlässig* fidinda; *entsprechend* konforma al ◇ ~ ***bis in den Tod*** fidela ĝis la morto

Getreue *m* fidelulo

getreulich *Adv* fidele, lojale

Getriebe *n* ***a)*** *Kfz, Tech* transmisio, *(Übertragungsmechanismus)* transmisiilo (↑ *auch* ***Automatik-***, ***Differenzial-***, ***Schnecken-***, ***Synchron-*** *u.* ***Zahnradgetriebe***) ***b)*** *lebhaftesTreiben* vigla moviĝo [de homoj]; *i.w.S. viele Leute, z.B. auf dem Markt* multaj (*od* multe da) homoj *Pl*

Getriebelehre *f* ↑ ***Kinematik***

getrocknet *Adj trocken geworden* sekiĝinta; *trocken gemacht* sekigita

Getrommel *n* tamburado

getrost 1. *Adj*: ~ ***sein*** *ruhig sein* esti trankvila (*od* kvieta) **2.** *Adv* trankvile, kviete; *ohne Bedenken* sen hezitemo; *ohne dass man sich fürchten muss* sentime

getrüffelt *Adj*: ~***e Gänseleber*** *f Kochk* trufita anserhepataĵo

Getsemani (*n*) *bibl* ↑ ***Gethsemane***

Getto *n*, *auch* ***Ghetto*** *n jüdisches Wohnviertel* geto; *Wohnviertel von Minoritäten in einer Stadt* [loĝ]kvartalo de etna minoritato

gettoisieren *tr* getigi, enfermi en geto

Gettoisierung *f* getigo

Getue *n Ziererei* afektado, afektoplenaj manieroj *Pl* ◇ ***lass das*** ~***!*** lasu la afektadon! *bzw.* ne faru ceremoniojn!

Getümmel *n Auflauf, Aufruhr* tumulto; *i.w.S. viele Leute [in Bewegung]* ondanta homamaso

getüpfelt *Adj* punktita, makuldesegn[it]a

geübt ekzercita; *erfahren* sperta

Geusen *m/Pl Gesch (niederländische Freiheitskämpfer gegen die span. Herrschaft in der 2. Hälfte des 16. Jh.s)* geŭzoj *Pl*

Gevatter *m* ***a)*** *alt für «Taufpate»* baptopatro ***b)*** *alt: freundschaftliche Anrede (Freund)* amiko, *(Kamerad)* kamarado, *(Nachbar)* najbaro

Geviert *n* ↑ ***Quadrat***

Gewächs *n Bot* kreskaĵo, vegetaĵo (*vgl. dazu* ***Pflanze***; ↑ *auch* ***Knollengewächs***); *Med*

(Schwellung) ŝvelaĵo, *(Tumor)* tumoro

gewachsen *Adj*: ***jmdm.*** (***nicht***) ~ ***sein*** (ne) povi egali al iu; ***einer Aufgabe*** (***nicht***) ~ ***sein*** (ne) majstri taskon, *auch* (ne) kapabli efektivigi ion [↑ *auch* **²wachsen**]

Gewächshaus *n* forcejo, *auch* varmodomo (↑ *auch* ***Treibhaus***); *Orangerie* oranĝerio

gewachst *Adj mit Wachs behandelt* vaksita; ***~er Bindfaden*** *m od* ***~e Schnur*** *f* vaksŝnuro

gewagt *Adj kühn* kuraĝa *auch übertr*; *riskant* riska (↑ *auch* ***abenteuerlich***); *Bild, Witz* frivola (↑ *auch* ***wagen***); ***eine ~e Behauptung*** rsika aserto; ***ein ~es Unternehmen*** (*od* ***Unterfangen***) riska entrepreno (*od auch* faro)

gewählt *Adj* elektita; *vornehm* eleganta; *Ausdruck* bone (*od* saĝe *od* trafe) vortigita; ***das ~e Parlament*** la elektita parlamento

gewahr *prädikatives Adj*: ***einer Sache ~ werden*** *sich einer Sache bewusst werden* konscii pri io; *erkennen* ekkoni ion; *durchschauen, verstehen* [ek]rimarki (*bzw.* ekkompreni) ion; *fühlen* senti ion

Gewähr *f* garantio (***für*** por) (↑ *auch* ***Obligo***); ***ohne*** ~ sen garantio; ***die ~ übernehmen, dass ...*** doni la garantion, ke ...

gewahren *tr wahrnehmen* apercepti (↑ *auch* ***begreifen*** *u.* ***bemerken***)

gewähren *tr zugestehen* koncedi; *allg auch* permesi, doni, konsenti; *erfüllen* plenumi; ***jmdm. Amnestie*** (*od* ***Straferlass***) ~ amnestii iun; ***finanzielle Hilfe in Höhe von ...*** ~ doni financan helpon en grandeco de ...; ***einen Kredit*** ~ doni (*od* konsenti) krediton; ***jmdn. ~ lassen*** *zulassen, dass jmd. etw. tut* permesi, ke iu [faru ion *bzw.* agu tiel ĉi]

gewährleisten *tr* garantii

Gewährleistung *f* garantio; ***zur ~ der Sicherheit*** por garantii [la] sekurecon

Gewahrsam *m* ***a)*** *Haft* aresto; *Haftzeit* daŭro de aresto; ***jmdn. in ~ nehmen*** aresti iun *od* meti iun en arestejon; *i.w.S. ins Gefängnis sperren* enprizonigi iun; ***in ~ sein*** *od* ***sich in ~ befinden*** esti sub polica gardo ***b)*** *Obhut* gardo, zorgo

Gewährsmann *m Garant* garantianto; *Informant* informanto *bzw.* informinto, donanto (*bzw.* doninto) de informoj

Gewährung *f z.B. eines Kredits* donado (*od* koncedo); *einer Bitte* plenum[ad]o

Gewalt *f Zwang* devigo; *Gewaltanwendung, Gewalttätigkeit, Handgreiflichkeit* uzo de forto, perforto, violento (↑ *auch* ***Polizeigewalt***); *Macht* potenco, *[allgemeiner ausgedrückt:]* povo (***über*** super); *Kraft* fort[eg]o; *Strenge* sever[ec]o, rigoreco *Einfluss, Gewicht* aŭtoritato; ~ ***gegen Frauen*** (***Kinder***) perforto al (*od* kontraŭ) virinoj (infanoj); ***gesetzgebende*** ~ *Jur (Legislative)* leĝ[o]dona povo; ***häusliche*** ~ [en]hejma perforto (*od [stärker:]* violento); ***höhere*** ~, *auch* ***Force majeure*** *f* supera forto; ***physische*** ~ fizika perforto; ***rohe*** ~ violento, brutala forto; ***sexuelle*** ~ seksa perforto *od* seksperforto (↑ *auch* ***Vergewaltigung***); ***unumschränkte*** ~ *allg* absoluta povo; ***vollziehende*** ~ *od* ***Vollzugsgewalt*** *f Exekutive* ekzekutivo; ***mit aller*** ~ *mit aller Kraft* per la tuta forto *od* per ĉiuj fortoj; *mit aller Härte* per senindulga severeco; ***mit unwiderstehlicher*** ~ per neretenebla forto; ***jmdm. ~ antun*** perforti (*od* violenti) iun; ~ ***über etw.*** (***jmdn.***) ***haben*** havi potencon super io (iu), *auch* potenci ion (iun); ***in jmds. ~ sein*** esti sub ies potenco, esti en ies manoj; ***sich in der ~ haben*** *sich zügeln [können]* [povi] bridi sin ◇ ~ ***geht vor Recht*** kiam forto ordonas, leĝo pardonas *(Zam)*

Gewalt|akt *m* perforta ago, perfortaĵo; **~androhung** *f* minaco per forto; **~anwendung** *f* uzo de forto, perforto

gewaltbereit *Adj* perfortema

Gewalten|teilung *od* **~trennung** *f Pol* disigo de povoj, *auch* divido de regpovo

Gewalt|explosion *f* eksplodo de perforto; **~exzess** *m* eksceso de perforto; **~herrschaft** *f* regado de perforto, kruela regado; *als Herrschaftsform [Despotismus]* despotismo, *[Tyrannei]* tiranismo; *in der Antike (Tyrannis)* tiraneco; **~herrscher** *m grausamer Herrscher* kruela regnestro; *Despot* despoto; *Tyrann* tirano

gewaltig *Adj mächtig, machtvoll* potenc[eg]a; *enorm* enorma; *sehr groß, kolossal* grandega, kolosa; *von großer Ausdehnung od Weite* vastega; *außergewöhnlich* eksterordinara; *großartig, stattlich* grandioza, majesta

gewaltlos *Adj* senperforta, neviolenta; ***~er Widerstand*** *m* senperforta rezistado

Gewalt|losigkeit *f* neperforto, neviolent[ec]o, *[stärker:]* senperfort[ec]o (↑ *auch* ***Ahimsa***); **~maßnahme** *f* perforta rimedo; **~mensch** *m* perfortulo; *brutaler Mensch* brutala homo, brutalulo (↑ *auch* ***Despot*** *u.*

***Wüterich*)**

Gewaltmonopol *n* monopolo je (*od* pri) potenco; ~ ***des Staates*** ŝtata monopolo pri potenco

Gewaltprävention *f* preventado de perforto

gewaltsam 1. *Adj* perforta; *handgreiflich* violenta (↑ *auch* ***tätlich***); ***ein ~er Tod*** perforta (*od* violenta) morto; *unnatürlicher Tod* nenatura morto **2.** *Adj* perforte, violente

Gewalt|tat *f* perfortaĵo (↑ *auch* ***Gewaltakt***); **~täter** *m* perfortulo

gewalttätig 1. *Adj* perforta, violenta; *grausam* kruela; *brutal* brutala; *despotisch* despota; ***von ~em Charakter sein*** esti kruelkaraktera **2.** *Adv* perforte, violente; kruele; brutale; despote

Gewalt|tätigkeit *f* perforteco; *Handgreiflichkeit* violento; *Grausamkeit* krueleco; *Brutalität* brutaleco; *Despotie* despoteco; *[die entsprechende Tat:]* perfortaĵo; kruelaĵo; brutalaĵo; despotaĵo; **~verbrechen** *n* violenta krimo; **~verbrecher** *m* violenta krimulo; **~verzicht** *m* rezigno pri perforto

Gewand *n* ***a)*** *von den Schultern bis zu den Füßen reichendes Obergewand, z.B. häufig bei Orientalen* robo ***b)*** *geh für «Kleidungsstück»* vestaĵo; *Kleid* robo; **~spange** *f an altrömischen Gewändern* fibolo

Gewandstatue *f Arch* ↑ ***Karyatide***

gewandt *Adj geschickt* lerta; *lebhaft* vigla, lertmova, *(im Reden)* parollerta, viglalanga, *geh (eloquent)* elokventa; *findig* inĝenia

Gewandtheit *f* lerteco; vigleco; lertmoveco, *(im Reden)* parollerteco; *Findigkeit* inĝenieco

gewärtig *Adj*: ***einer Sache ~ sein*** *etw. erwarten* atendi ion; *auf etw. gefasst sein* jam supozi ion

Gewäsch *n dummes Gerede* stulta parol[ad]o

Gewässer *n Limnologie* akv[ej]o (↑ *auch* ***Binnen-***, ***Küsten-*** *u.* ***Territorialgewässer***); ***fließendes ~*** flua akvejo; ***stehendes ~*** *od* ***Standgewässer*** *n*, *auch* ***Stillgewässer*** *n* senflua (*od* stagnanta) akvejo

Gewässerchemie *f* ↑ ***Hydrochemie***

Gewässerkunde *f* hidrografio; *Binnen~* limnologio

Gewässer|netz *n* [natura] akvoreto; *Flussnetz* riverreto; **~ökologie** *f* akva ekologio; **~verschmutzung** *f* poluado de la akvejoj

Gewebe *n* ***a)*** *Textil* teksaĵo (*vgl. dazu* ***Leinen***; ↑ *auch* ***Baumwoll-***, ***Jute-***, ***Seiden-*** *u.* ***Wollgewebe***) ***b)*** *Anat (organisches Gewebe)* histo (↑ *auch* ***Binde-***, ***Fett-***, ***Herzmuskel-***, ***Knochen-***, ***Knorpel-***, ***Muskel-***, ***Narben-*** ***Nerven-*** *u.* ***Zellgewebe***) ***c)*** *übertr (Netz)* reto; ***ein ~ von Lügen*** reto de mensogoj

Gewebelehre *f Med* = ***Histologie***

Gewebekleber *m Med* ↑ ***Fibrinkleber***

Gewebeleiste *f* ↑ ***Webkante***

Gewebe|lose *Pl* (Parazoa) *Zool* senhistuloj *Pl*, <*wiss*> parazooj *Pl*; **~probe** *f für mikroskopische Untersuchung* histosekcaĵo [por mikroskopa ekzamenado]

Gewebeschrumpfung *f*: ***narbige ~*** *Med* cirozo

Gewebsneubildung *f Med* ↑ ***Neoplasie***

Gewebs[saft]behandlung *f* ↑ ***Histotherapie***

Gewebstod *m Biol, Med* nekrozo

Gewehr *n* fusilo, *umg meist* pafilo (↑ *auch* ***Chassepot-***, ***Mauser-***, ***Narkose-***, ***Präzisions-*** *u.* ***Repetiergewehr***); ***doppelläufiges*** (***dreiläufiges***) ~ du-tuba (tri-tuba) pafilo; ***das ~ anlegen*** (*od* ***in Anschlag bringen***) alŝultrigi la pafilon; ***das ~ schultern*** surŝultrigi la pafilon; ***~ über!*** *Mil* pafilo(j)n ŝultren! ◇ ***~ bei Fuß stehen*** *übertr (bereit sein, sofort einzugreifen)* esti preta por tuja ago, esti [absolute] agopreta

Gewehr|kolben *m* pafilkapo, kolbo; **~kugel** *f* kuglo; **~lauf** *m* pafila tubo; **~schaft** *m* fusto de pafilo; **~schloss** *n od* **~verschluss** *m* kulaso [de pafila tubo], *auch* kulasbloko

Geweih *n* [plurbranĉa] kornaro (↑ *auch* ***Hirsch-*** *u.* ***Schaufelgeweih***); **~farn** *m* (*Gattung* Platycerium) *Bot* platicerio

geweiht, *auch* ***gottgeweiht*** *Adj* konsekrita [al Dio]

Geweihte *m*, *auch* ***Gottgeweihte*** *m* konsekrito

Gewerbe *n Erwerbszweig* [branĉo de] industrio; *Handwerk* metio; *Arbeit, Beruf, Beschäftigung* laboro, profesio, okupo; ***Handel und ~*** komerco kaj industrio

Gewerbe|aufsicht *od* **~inspektion** *f* laborinspekto; **~gebiet** *n* komerca [kaj metiista] zono; **~schule** *f* metilernejo; **~steuer** *f* komerca imposto; **~treibende** *m Hdl* [memstara] komercisto; *Handw* [memstara] metiisto

gewerbsmäßig 1. *Adj* profesia **2.** *Adv* profesie, *nachgest auch* sur profesia bazo

Gewerkschaft *f Berufsverband* sindikato (*vgl. dazu* ***Berufsgenossenschaft*** ↑ *auch* ***Arbeiter-***, ***Industrie-*** *u.* ***Transportarbeiter-***

gewerkschaft); ***christliche*** (***freie***) **~*en*** *Pl* kristanaj (liberaj) sindikatoj *Pl*
Gewerkschaft[l]er *m* sindikatano
gewerkschaftlich *Adj* sindikata
Gewerkschafts|arbeit *f* sindikata laboro; **~bewegung** *f* sindikata movado (↑ *auch* ***Syndikalismus***); **~bibliothek** *f* sindikata biblioteko; **~bund** *m* sindikata unuiĝo; **~führer** *m* sindikata gvidanto; **~funktionär** *m* sindikata funkciulo; **~kongress** *m* sindikata kongreso; **~leitung** *f* sindikata gvidantaro; **~mitglied** *n* membro de [la] sindikato, sindikatano; **~organisation** *f* sindikata organizaĵo; **~vertreter** *m* sindikata reprezentanto
gewesen(e, ~er, ~es) *Adj* estinta
Gewicht *n* ***a)*** *Schwere (auch übertr)* pezo *auch Kraftsport* (*vgl. dazu* ***Hantel***; ↑ *auch* ***Brutto-, Leer-, Maximal-, Netto-, Normal-, Rein-, Roh-, Über-*** *u.* ***Untergewicht***); *zum Beschweren von etw.* pezaĵo *auch für eine Waage*; ***im ~ von 20 kg*** pezanta 20 kilogramojn; ***nach ~*** *z.B. verkaufen* laŭ [la] pezo, *auch* laŭpeze; ***spezifisches ~*** *Phys* specifa pezo; ***sein ~ kontrollieren*** kontroli sian [korpo]pezon ***b)*** *für eine Waage* pezilo ***c)*** *übertr (Wichtigkeit)* grav[ec]o, *(Bedeutung)* signifo, *(Einfluss)* [grava] influo; *Autorität* aŭtoritato; ***ins ~ fallen*** esti grava (*od auch* konsiderinda) [por]; ***auf etw. ~ legen*** *od* ***einer Sache ~ beimessen*** [speciale] akcenti ion, akcenti la gravecon de io; ***er ist jemand, dessen Wort ~ hat*** li estas iu, kies vorto pezas
Gewicht|heben *n Sport* halterlev[ad]o; **~heber** *m, kurz* ***Heber*** *m Sport* halterlevisto
gewichtig *Adj schwer* peza; *wichtig* grava; *bedeutend* [mult]signifa; ***von ~em Äußeren*** *nach etwas aussehend* grav-aspekta (↑ *auch* ***gravitätisch***)
Gewichts|abnahme *f des Körpergewichts* malpliiĝo de la korpopezo; **~einheit** *f Metr* pez-unuo; **~klasse** *f Sport* pezokategorio
gewichtslos *Adj ohne Gewicht* senpeza
Gewichts|reduktion *od* **~verringerung** *f (das Verringern)* malpliigo (*od* redukto) de la [korpo]pezo; *(das Sichverringern)* malpliiĝo (*od* reduktiĝo) de la [korpo]pezo; **~verlust** *m* perdo de [korpo]pezo, *umg auch* pezoperdo; **~zunahme** *f* pliiĝo de [korpo]pezo; **~zuwachs** *m* pezokresko
Gewiegte *n Schabefleisch* muelita viando
Gewieher *n* henado
gewillt *Adj*: ***~ sein zu ...*** *den Willen haben zu* voli; *die Absicht haben zu* esti ema, esti inklina al; *bereit sein zu* esti preta *u. Verb im Inf,* esti preta al (*od* je)
Gewimmel *n* svarmado (↑ *auch* ***Schwarm***); ***ein ~ von Ameisen*** (***Menschen***) svarmado de formikoj (homoj)
Gewimmer *n* veado, lamentado
gewimpert, <*wiss*> ***fimbriatus*** *Adj Anat, Biol (gefranst)* fimbria
Gewinde *n* ***a)*** *Blumen*~ [flora] girlando, *als Halskette* kolĉeno el floroj ***b)*** *Tech* helico (↑ *auch* ***Außen-, Links-, Rechts-*** *u.* ***Zollgewinde***), *Schrauben*~ *auch* ŝraŭbkanelo; ***metrisches ~*** metra helico; ***~ auf ein Rohr schneiden*** *Handw* ŝraŭbigi tubon
Gewinde|bohrer *m Tech* ŝraŭbborilo, tapilo; *(jmd., der Gewinde bohrt: Gewindedreher)* tapisto; **~fräser** *m Tech* ŝraŭbofrezilo; **~schneider** *m Handw* helicotranĉilo, *auch* ŝraŭbigilo; *Schneidkluppe* klupo; **~stift** *m* ŝraubostifto
Gewinn *m* gajno, profito (↑ *auch* ***Brutto-, Extra-, Haupt-, Inflations-, Netto-, Rein-*** *u.* ***Unternehmensgewinn***); *Nutzen* utilo (*vgl. dazu* ***Vorteil***); *in der Lotterie, im Lotto* gajn[aĵ]o; ***~ vor Steuern*** *unversteuerter Gewinn* antaŭimposta profito; ***~ und Verlust*** *bes. Wirtsch* profito kaj perdo; ***echter*** (*od* ***tatsächlicher***) ~ aktuala profito; ***~ ausschütten*** *am Jahresende* ristorni (*vgl. dazu* ***ristornieren***); ***einbehaltener ~*** *Wirtsch* plusprofito; ***nur*** (*od* ***bloß***) ***den ~ suchen*** serĉi nur la profiton; ***mit ~ verkaufen*** vendi profite; ***[einen] ~ aus etw. ziehen*** tiri profiton el io, profiti el io
Gewinnanteil *m Dividende [der Aktionäre]* dividendo (*vgl. dazu* ***Tantieme***)
Gewinnanteilschein *m* ↑ ***Dividendenschein***
Gewinn|ausschüttung *f* profit[o]divido (*vgl. dazu* ***Ristorno***); **~beteiligung** *f* partopreno en la profito
gewinnbringend *Adj* profit[o]dona; *lukrativ* lukra; *i.w.S, nützlich* utila
Gewinn|chance *f im Lotto u. dgl.* gajnoŝanco; *bei Transaktion u. dgl.* profitŝanco; **~einbuße** *f* profitperdo
gewinnen ***a)*** *tr Geld, beim Glücksspiel, die Wahl* gajni; *Bergb (abbauen)* ekspluati, *auch* elminigi, *(durch industrielle Verfahren)* ekstrakti (**aus** el), *i.w.S.* produkti, fabriki; *erobern* konkeri; *erlangen* akiri; ***Luv ~*** *Segelsport* gajni venton; ***eine Medaille ~*** *bes. Sport* gajni medalon; ***den ersten Preis***

~ gajni la unuan premion; ***jmds. Vertrauen*** ~ akiri ies konfidon; ***eine Wette*** ~ gajni veton; ***wir müssen Zeit*** ~ ni devas gajni tempon ◇ ***wer nicht wagt, der nicht gewinnt*** kiu ne riskas, tiu ne gajnas *(Zam)* ***b)*** *intr siegen* venki; ***in der Lotterie*** ~ gajni en loterio; ***mit 3 : 2*** ~ *Sport* gajni (*od* venki) 3 : 2 *od* gajni kun la rezulto 3 : 2 (= tri per du); ***welche Mannschaft hat gewonnen?*** kiu teamo venkis?; ***sie hat sehr gewonnen durch die neue Frisur*** ŝi multe pli belas pro la nova hararanĝo

Gewinner *m jmd., der gewonnen hat* gajninto, *(im Moment des Gewinnens)* gajnanto (↑ *auch* ***Medaillengewinner***); *Sieger* venkinto *bzw.* venkanto

Gewinn|los *n* gajninta loteribileto; **maximierung** *f* maksimumigo de profito(j); ~**nummer** *f Lotterie, Lotto* gajn[int]a numero; ~**quote** *f* profitkvoto; ~**satz** *m Ballspiele* gajnita seto; ~**spanne** *f* profitmarĝeno; ~**spiel** *n* premioludo; ~**steuer** *f* profit-imposto; ~**sucht** *f* avido je venkado; *Profitsucht* profit-avido; *i.w.S. Raffgier* avido je mono (*bzw.* posedaĵo *u. dgl.*)

gewinnsüchtig *Adj* profit-avida

Gewinn- und Verlustkonto *n Fin, Wirtsch* profito- kaj perdokonto

Gewinnung *f* ***a)*** *Erzeugung* produktado; *Bergb, Chem auch* ekstraktado; *Gewinnungsverfahren [durch Extraktion]* procedo de ekstraktado (↑ *auch* ***Recycling*** *u.* ***Rückgewinnung b)***); *z.B. von Abonnenten od Migliedern* varbado (↑ *auch* ***Anwerbung***)

Gewinn|warnung *f Börse* profit-averto; ~**-verteilung** *f* divido de la profito, profit[o]divido; ~**zahl** *f* gajn[int]a numero [en loterio]

Gewinsel *n* hurletado

Gewirbel *n Herumwirbeln* kirlado; *das Herumgewirbeltwerden* kirliĝo

Gewirr *n verworrene Situation* [absolute] konfuza situacio; *Chaos* kaoso; *Wirrwarr* mikskonfuzo, pelmelo (↑ *auch* ***Durcheinander*** *u.* ***Wust***); *Labyrinth* labirinto

gewiss 1. *Adj* ***a)*** certa (*vgl. dazu* ***sicher***); *nicht näher bekannt* iu; ***das ~e Etwas*** la certa io; ***in ~en Fällen*** en certaj okazoj (*bzw.* kazoj) (*vgl. dazu* ***¹Fall***); ***ein ~er Herr A.*** iu sinjoro A., *auch* unu (*od* certa) sinjoro A.; ***bis zu einem ~en Grade*** certagrade; ***~e Leute sagen, dass ...*** certaj homoj diras, ke ...; ***ich bin ~, dass ...*** mi estas certa, ke ... *od* mi certas, ke ...; ***er sagte das mit einer ~en Wichtigkeit*** li diris tion kun ioma graveco ***b)*** *unzweifelhaft* nedubebla **2.** *Adv* certe; *zweifellos* sendube; ~ ***nicht!*** certe ne!; ***ganz ~!*** tute certe! *od* tutcerte!; ***du hast ~ Recht*** vi certe pravas; ***es ist noch nicht ~, ob ...*** estas ankoraŭ ne certe, ĉu ...

Gewissen *n* konscienco; ***ein reines*** (***ruhiges***, ***weites***) ~ ***haben*** havi puran (trankvilan, larĝan) konsciencon; ***das liegt mir schwer auf dem ~*** *od* ***das lastet schwer auf meinem ~*** tio peze kuŝas sur mia konscienco; ***das ~ plagt*** (*od* ***quält***) ***mich*** la konscienco min turmentas ◇ ***die Stimme des ~s*** la voĉo de la konscienco; ***ein gutes ~ ist ein sanftes Ruhekissen*** konscienco senmakula estas kuseno plej mola *od* konscienco trankvila estas bona dormilo *(beide Zam)*

gewissenhaft 1. *Adj* konscienca; *peinlich genau* skrupula; *sorgsam* zorg[em]a **2.** *Adv* konscience; skrupule; zorg[em]e; *mit großer Präzision* kun granda precizeco [en siaj faroj] (*vgl. dazu* ***exakt***)

Gewissenhaftigkeit *f* konscienceco; *Sorgfalt* zorgemo (*vgl. dazu* ***Akkuratesse***; ↑ *auch* ***Diensteifer***); ***höchste, geradezu übertriebene*** (*auch* ***ängstliche***) ~ [plej granda] skrupulo; ***etw. mit äußerster ~*** (*od* ***peinlicher Genauigkeit***) ***tun*** fari ion kun plej granda skrupulo

gewissenlos *Adj* senkonscienca, *nachgest auch* havanta nenian konsciencon; *i.w.S. (unverschämt)* senhonta, *(verantwortungslos)* senrespondeca

Gewissenlosigkeit *f* senkonscienco; *Skrupellosigkeit* senskrupuleco

Gewissensbisse *Pl* riproĉo(j) de la konscienco *od* konsciencriproĉoj *Pl*, *geh od poet* rimorso(j) *(Pl)*; *übertriebene Gewissenhaftigkeit* skrupuloj *Pl*; ~ ***haben*** senti konsciencan riproĉon, rimorsi; ***ohne die geringsten*** ~ sen kiu ajn riproĉo de la konscienco, tute senskrupule; ***sich um ... keine ~ machen*** *keinerlei Bedenken wegen ... haben* fari al si neniajn skrupulojn pri ...

Gewissens|fall *m Moralphilosophie, Rel* kazuo; ~**frage** *f* demando al konscienco, *auch* kazo de konscienco; ~**freiheit** *f* konsciencolibereco *od* libereco de konscienco, *auch* libero agi laŭ [sia] konscienco; ~**konflikt** *m* konflikto de konscienco; ~**not** *f inneres Bedenken, Zweifel* skrupulo; ~**pflicht** *f* morala devo

gewissermaßen *Adv* kvazaŭ, por tiel diri; *bis zu einem gewissen Grade* certagrade (*vgl. dazu* ***gleichsam***)
Gewissheit *f das Sichersein* certeco; *Versicherung* certigo; *i.w.S. Überzeugung* konvinko; ***ich werde mir ~ darüber verschaffen*** mi certigos min pri tio
gewisslich *Adv poet (sonst veraltend) für «gewiss»* certe
Gewitter *n* fulmotondro (↑ *auch* ***Sommergewitter***); ***ein ~ ist im Anzug*** *od* ***ein ~ zieht auf*** fulmotondro proksimiĝas (*od* estas alproksimiĝanta [*od* venanta])
Gewitterfront *f Met* fulmotondra fronto
gewittern *unpers*: ***es gewittert*** fulmotondras
Gewitter|regen *m* fulmotondra pluvo; **~warnung** *f* averto pri fulmotondro(j); **~wolke** *f* fulmotondra nubo, *Met* nimbuso (*vgl. dazu* ***Kumulonimbus*** *u.* ***Regenwolke***)
ge|witzigt *Adj klug geworden* prudentiĝinta, saĝiĝinta; **~witzt** *schlau* ruza; *erfahren* spert[iĝint]a
gewogen *Adj*: ***jmdm. ~ sein*** esti bonintenca (*od* favora) al iu; *für jmdn. Sympathie empfinden* simpatii al iu (*vgl. dazu* ***mögen***)
Gewogenheit *f* favoro
gewöhnen *tr*: ***jmdn. an etw. ~*** kutimigi iun al io; ***sich ~ an ...*** [al]kutimiĝi al ...; ***sich ans*** (*od* ***an das***) ***Klima ~*** alklimatiĝi; ***an etw.*** (***jmdn.***) ***gewöhnt sein*** esti kutiminta al io (iu); ***wir sind das schon gewöhnt*** ni jam [al]kutimiĝis al tio
Gewohnheit *f* kutimo; ***etw. aus bloßer*** (*od* ***reiner***) ***~ tun*** fari ion pro nura kutimo; ***zur ~ werden*** iĝi kutimo
gewohnheitsmäßig **1.** *Adj* [laŭ]kutima **2.** *Adv* [laŭ]kutime, pro [nura] kutimo, pro alkutimiĝo; *mechanisch* mekanike
Gewohnheits|recht *n Jur* juro pro kutimo, *auch* kutimojuro; **~tier** *n übertr*: ***er ist ein ~*** li estas sklavo de siaj kutimoj
gewohnheitswidrig **1.** *Adj gegen die (bzw. jmds.) Gewohnheit(en)* kontraŭkutima **2.** *Adv* kontraŭkutime
gewöhnlich **1.** *Adj* ***a)*** *gewohnt, üblich* kutima; ***in der ~en Weise*** en la kutima maniero ***b)*** *durch nichts Besonderes gekennzeichnet* ordinara (*vgl. dazu* ***normal***) ***c)*** *gebräuchlich* ĝenerale uzata ***d)*** *vulgär* vulgara; *grob* kruda (*vgl. dazu* ***ungebildet*** *u.* ***unhöflich***) **2.** *Adv* kutime; ordinare; vulgare; krude
gewohnt *Adj*: ***ich bin es*** (*od* ***das***) ***~*** mi kutimiĝis al tio; ***in der ~en Weise*** en la kutima maniero; ***zur ~en Zeit*** je la kutima horo; ***das Leben ging seinen ~en Gang*** la vivo iradis sian kutiman vojon
Gewöhnung *f das Sichgewöhnen an etw.* kutimiĝo (***an*** al) *od* alkutimiĝo
Gewölbe *n* ***a)*** *raumüberdeckende Konstruktion mit bogenförmigem Querschnitt* arkaĵo, volb[aĵ]o (*vgl. dazu* ***Wölbung***; ↑ *auch* ***Fächer-***, ***Kreuz-***, ***Stalaktiten-*** *u.* ***Tonnengewölbe***); *Kuppel* kupolo; ***das ~ des Himmels*** *Himmelsgewölbe* la ĉiela volbo (↑ *auch* ***Firmament***); ***spätgotisches ~*** *Arch* malfrugotika volbo; ***unterirdisches ~*** *Archäol (unterirdischer Kultraum [z.B. in der persisch-römischen Mitrasreligion])* hipogeo ***b)*** *Grab*≗ tomba kelo (↑ *auch* ***Gruft*** *u.* ***Krypta***)
Gewölbe|form *f* volboformo; **~keller** *m* volba kelo (↑ *auch* ***Hypogäum***); **~pfeiler** *m Arch* ark-apoga kolono
Gewölberücken *m Arch* ↑ ***Bogenrücken***
Gewölbestein *m* volboŝtono
Gewölbeziegel *m Bauw* ↑ ***Keilziegel***
Gewölbezwickel *m Arch* ↑ ***Hängezwickel***
gewölbt *Adj* arkaĵa, volbita; *kuppelartig* kupolforma; ***etw. ≗es*** volbaĵo
Gewölk *od* **Gewölke** *n* nubaro, nuboj *Pl*; *etw. Wolkenartiges* nubaĵo
Gewöll *n von Eulen u. Greifvögeln als Ballen ausgewürgte, unverdauliche Nahrungsreste [Haare, Federn, Knochen]* vom-bulo
gewonnen *Adj* [↑ *dazu* ***gewinnen***] ◇ ***wie ~, so zerronnen*** kiel akirite, tiel perdite *(Zam)*
Geworbene *m* varbito
Gewühl *n* interpuŝiĝo *od* kunpuŝiĝo, interpremiĝo *od* kunpremiĝo; *i.w.S.: eine Menge Leute* amaso da homoj
gewunden **1.** *Adj Fluss, Weg* sinua; *spiralförmig* spirala; *schlangenförmig* serpentuma; *verdreht* [dis]tordita **2.** *Adv*: ***sich ~ ausdrücken*** sin esprimi en maniero elturniĝema
gewürfelt *Adj kariert* kvadratita
Gewürm *n* [amaso da (etaj)] vermoj *Pl*
Gewürz *n* spico (*vgl. dazu* ***Gewürzkräuter*** *u.* ***Würztunke***); **~gurken** *f/Pl* peklitaj kukum[et]oj *Pl*
Gewürz|handel *m* spicokomerco; **~händler** *m* spic[aĵ]isto, vendisto de spic[aĵ]oj; **~inseln** *f/Pl Bez für «die Molukken»* Insuloj *Pl* de la Spicoj (↑ *auch* ***²Ambon*** *u.* ***Molukken***)
Gewürzkörner *n/Pl* ↑ ***Piment***
Gewürz|kräuter *n/Pl* spicherboj *Pl*; **~laden**

m, reg ***Spezereihandlung*** *f* spic[ovend]ejo, vendejo de spic[aĵ]oj

Gewürzlorbeer *m Bot* ↑ *unter* ***Lorbeer***

Gewürz|mischung *f* spic[o]miksaĵo (↑ *auch* ***Harissa***); ~**mühle** *f Hausw* spicomuelilo; *als Fabrikationsstätte* spicomuelejo; ~**nelke** *f, umg auch* ***Nelke*** *f* kariofilo; ~**nelkenbaum** *m* (Eugenia aromatica = Eugenia caryophyllata) *Bot* kariofilarbo; ~**paprika** *m* spicopapriko; ~**pflanze** *f* spic[o]planto; ~**rindenbaum** *m* (*Gattung* Drymis) *Bot* drimiso

Gewürzsalz *n* ↑ ***Kräutersalz***

Gewürzständer *m, auch* ***Menage*** *f* kondimentujo

Gewürzsumach *m Bot* ↑ *unter*

Geysir *m, auch* ***Geiser*** *m Geol (eine periodisch Wasserfontänen ausstoßende heiße Quelle [durch Vulkanismus entstanden])* gejsero <*Vorkommen: Island, Japan, Neuseeland u. im Yellowstone-Nationalpark in den USA*>

Geyserit *m Min* gejserito

Géza (*m*) *ungarischer männl. Vorname* Gezo *auch Name ungarischer Herrscher aus dem Geschlecht der Arpaden*

gezackt *Adj* dentoforma; *Bot (Blätter)* krenel[it]a; ***fein*** *~ Blätter* kreneleta

gezähnt *Adj* dentita *auch Philat*, dentohava, *nachgest auch* kun dent[et]oj

Gezänk *n* [senĉesa] kverelado

Gezappel *n* baraktado

Gezeiten *f/Pl, reg* ***Tiden*** *f/Pl periodische Bewegungen des Weltmeeres, die durch die gezeitenerzeugenden Kräfte von Mond u. Sonne ausgelöst werden [Steigen u. Fallen des Wasserstandes]* tajdo; ***den ~ unterworfen*** *Ebbe und Flut habend* tajdohava

Gezeiten|energie *f* tajdoenergio; ~**hafen** *m Mar* tajda haveno; ~**kalender** *m, auch* ***Tidenkalender*** *m* kalendaro de flusoj kaj malflusoj; ~**kraft** *f Astron, Phys* tajda forto; ~**kraftwerk** *n, selt auch* ***Flutkraftwerk*** *n* tajdo-energia centralo; ~**kurve** *f Abbild des Wasserstandsablaufs in Gezeitengebieten* tajda kurbo; ~**tafel** *f Mar* tajdotabelo; ~**wellen** *f/Pl Mar, Met (durch die Gezeiten erzeugenden Kräfte entstehende Wasserbewegung)* tajdaj ondoj *Pl*; ~**zone** *f* tajda zono (↑ *auch* ***Litoral***)

geziemen, sich *refl geh*: ***es geziemt sich zu ...*** decas ...; ***wie es sich geziemt*** kiel decas

geziemend *Adj geh* deca; *passend* konvena; *i.w.S. höflich* ĝentila

geziert 1. *Adj gekünstelt, z.B. Benehmen* afekt[it]a; *aus Hemmung geziert* ĝenafekta; *prüde* pruda; *überfeinert, geschraubt (Sprache, Stil)* precioza **2.** *Adv*: ~ ***lächeln*** afekte rideti

Geziertheit *f Gespreiztheit, gekünsteltes Wesen* afekt[it]eco, *(aus Hemmung)* ĝenafekteco; *Prüderie* prudeco

gezinkt *Adj*: ***mit ~en Karten spielen*** ludi per falsitaj kartoj

Gezirp[e] *n einer Grille od Zikade* ĉirpado

gezuckert *Adj* sukerita (*vgl. dazu* ***zuckern***)

gezwirnt *Adj*: ***~er Faden*** *m* tordita fadeno (*vgl. dazu* ***Zwirn***)

Gezwitscher *n* pepadi; ***das ~ der Vögel*** la pepado de [la] birdoj

gezwungen 1. *Adj* ***a)*** devigata *bzw.* devigita; *widerwillig* kontraŭvola ***b)*** *unnatürlich* nenatura; *affektiert* afekt[it]a **2.** *Adv*: ~ ***lachen*** afekte ridi

gezwungenermaßen *Adv unter Zwang* devige

GFK = *Abk für* ***glasfaserverstärkter Kunststoff*** [↑ *unter* ***Kunststoff***]

GG = *Abk für* ***Grundgesetz***

ggf. = *Abk für* ***gegebenenfalls***

Ghadamis (*n*) ↑ ***Gadames***

Ghana (*n*) *ein Staat in Westafrika* Ganao *[Hptst.: Accra]*

Ghanaer *m* ganaano

Ghanaerin *f* ganaanino

ghanaisch *Adj* ganaa

Ghasel *n Lit* ↑ ***Gasel***

Ghasnawiden *od* **Ghaznawiden** *Pl, arab.* ***Gaznawīyūn*** *Pl Gesch (islamische Dynastie türkischer Herkunft im 10.-12. Jh. im Gebiet des heutigen Afghanistans, Irans, Mittelasiens sowie N- und W-Indiens [in der 2. Hälfte des 12. Jh.s von den afghanischen Ghoriden abgelöst]*) gaznavidoj *Pl*

Ghaza (*n*) ↑ ***Gaza***

Ghazal *n Lit* ↑ ***Gasel***

Ghazastreifen *m* ↑ ***Gazastreifen***

Ghee [*gi:*] *n Nahr (in Indien u. im Mittleren Osten zum Kochen verwendetes, aus Büffel- u. Kuhmilch hergestelltes butterschmalzähnliches Fett)* gio

Ghetto *n* ↑ ***Getto***

G[h]ibellinen *m/Pl Gesch ([im Mittelalter:] Anhänger des Kaisers bzw. der kaiserlichen Politik in Italien)* gibelinoj *Pl* (*vgl. dazu* ***Guelfen***)

Ghiberti (*m*) *Eig (ital. Bildhauer, Architekt u. Goldschmied [1378 -1455])* Giberto
Ghom (*n*) ↑ ***Qom***
Ghomara *od* **Ghumara** *Pl, arab.* ***Gumāra*** *Pl eine ethnische Gruppe im Norden Marokkos [nördlich der Hauptkette des Rif]* gumaroj *Pl*
Ghostwriter [ˈ*go:strai...*] *m Lit (für eine andere Person Schreibender)* fantomverkisto
GHz = *Zeichen für* ***Gigahertz***
GIA ↑ *unter* ***²Garuda***
Gibberelline *n/Pl Biochemie (Gruppe von weitverbreiteten pflanzlichen Wuchsstoffen, die insbesondere das pflanzliche Längenwachstum fördern)* giberelinoj *Pl*
Gibbon *m* (*Gattung* Hylobates) *Zool* gibono, <*wiss*> *auch* hilobato (↑ *auch* ***Hulock***, ***Siamang***, ***Schopf-*** *u.* ***Weißhandgibbon***); ***[Familie der] ~s*** *Pl* (Hylobatidae) hilobatedoj *Pl*
Gibbosität *f Fachspr Med* ↑ ***Buck[e]ligkeit***
Gibellinen *m/Pl Gesch* ↑ ***Ghibellinen***
Gibraltar (*n*) *britische Kronkolonie an der Südspitze Spaniens* Ĝibraltaro; ***der Felsen von ~***, *arab.* ***Dschebel al Tarik*** la roko de Ĝibraltaro; ***Straße von ~*** Markolo de Ĝibraltaro *od* Ĝibraltara Markolo
Gibraltarer *m Bewohner von Gibraltar* ĝibraltarano
Gibraltarerin *f* ĝibraltaranino
gibraltarisch *Adj* ĝibraltara
Gibsonwüste *f eine Steinwüste im zentralen West-Australien* Gibsona Dezerto
¹Gicht *f* (Arthritis urica) *Med* ureata artrito; *Fuß- od Zehengicht* podagro (*vgl. dazu* ***Gonagra***)
²Gicht *f, auch* ***Gichtöffnung*** *f Tech (Einsatzloch bei Hoch- u. Kupolöfen)* faŭko [de altforno *u.Ä.*]; **~gas** *n* altforna gaso
Gichtknoten *m Med* tofo
Gideon (*m*) *männl. Vorname* Gideono *auch für «charismatischer Führer aus der Richterzeit im Alten Testament»*
Giebel *m Arch* gablo, *auch* pinjono *(Giebelwand)* pinjonmuro (↑ *auch* ***Brand-***, ***Spitz-*** *u.* ***Ziergiebel***); **~dreieck** *n Arch: über dem Mittelrisalit eines Gebäudes* frontono; **~-feld** *n Arch (verziertes Feld über Türen od Fenstern)* frontispico, *(über mittelalterlichen Portalen)* timpano; **~fenster** *n* frontona fenestro
Giebelknauf *m Arch* ↑ ***Kreuzblume***
Giebel|stube *f* frontona ĉambreto, mansardo; **~wand** *f Arch* pinjonmuro
Giekbaum *m Mar (Rundholz für Gaffelsegel)* bumo (↑ *auch* ***Spiere***)
Gier *f* avido (***nach*** je, *auch* al *od* pri) (*vgl. dazu* ***Begierde***; ↑ *auch* ***Ess-***, ***Hab-***, ***Mord-*** *u.* ***Sensationsgier***); *Gefräßigkeit* manĝavido, voremo; *Raffgier* avido al (*od* je) posedaĵo (*bzw.* mono *od* profito) (↑ *auch* ***Profitgier***)
gieren *intr* avidi (***nach etw.*** ion); *heftig begehren* deziregi; *sich sehr sehnen* sopiregi (***nach etw.*** ion)
Gierfalke *m Orn* ↑ ***Jagdfalke***
gierig 1. *Adj* avida (***nach*** je, *auch* al *od* pri), *bildh auch* ŝakala; *gefräßig* manĝavida, *(alles verschlingen wollend)* vorema; *i.w.S. verrückt* freneza (***nach*** je); *lüstern* [seks]-avida; ***ein ~er Mann*** avidulo; ***~ nach Geld sein*** esti avida je (*od* al) mono **2.** *Adv*: ***~ fressen*** *Tier od pej auch Mensch* vori; ***~ trinken*** avide trinki
Gierigkeit *f* avideco
Giersch *m, reg* ***Geiß-*** *od* ***Ziegenfuß*** *m* (*Gattung* Aegopodium) *Bot* egopodio
Gießbach *m* torento [en la montaro]
Gießbeckenknorpel *m* (Cartilago arytenoidea) *nur Fachspr Anat* aritenoido
Gießblock *m Metallurgie* gisbloko
gießen ***a)*** *tr Flüssigkeit* verŝi (***in*** en *mit Akk*) (↑ *auch* ***aus-***, ***drauf-***, ***ein-***, ***um-***, ***ver-*** *u.* ***weggießen***); *Blumen* akvumi (***mit*** per); *Tech* gisi; *abgießen, zum Guss formen, abformen* muldi; ***die Pflanzen ~*** akvumi la plantojn ◇ ***einen hinter die Binde ~*** engluti bieron (*od* brandon) ***b)*** *intr*: ***es gießt in Strömen*** pluvas torente
Gießen *n von Flüssigem od Breiigem* verŝ[ad]o; *Metallurgie* gisado; *Abformen* muldado; *Einschmelzen [und Gießen]* fandado; ***das ~ der Blumen*** la akvumado de la floroj
Gießer *m Metallurgie* gisisto; *i.w.S. Former* muldisto [en gisejo] (↑ *auch* ***Glockengießer***); *Schmelzer* fandisto
Gießerei *f Metallurgie (Betrieb)* gisejo, *(Vorgang)* gisado (↑ *auch* ***Metallgießerei***)
Gießform *f Metallurgie* ↑ ***Gussform***
Gießkanne *f*, <*schweiz*> ***Spritzkanne*** *f für Blumen u. dgl.* akvumilo, verŝilo [por akvumi florpotojn *u. dgl.*]
Gießkannenprinzip *n*: ***etw. nach dem ~ verteilen*** distribui (*od auch* disdoni) ion sen konsideri ekzistantajn diferencojn, sendiferenca distribuado

Gießkannenschimmel *m Bot* ↑ ***Aspergillus***

Gieß|metall *n* gismetalo; ~**zange** *f Labortechnik, Metallurgie* krampo (↑ *auch* ***Schnabelzange***)

Gift *n, Fachspr Med auch* ***Venenum*** *n* veneno *auch übertr*,<*wiss*> tokso (↑ *auch* ***Fraß-, Gegen-, Kontakt-, Pilz-*** *u.* ***Rattengift***); *Bakteriengiftstoff, Toxin* toksino (↑ *auch* ***Stoffwechselgift***); ***tierisches*** ~, <*wiss*> ***Zootoxin*** *n* animala veneno (*od* toksino) (↑ *auch* ***Bienen-, Insekten-, Kröten-, Pfeilgift, Phytotoxin*** *u.* ***Schlangengift***); ***tödliches*** ~ mortiga veneno; ~ ***[ein]nehmen*** preni *(Zam)* (*od* gluti *bzw.* trinki) venenon; ***immun gegen*** ~ venenimuna; ***von*** ~ ***befreien*** *ungiftig machen, entgiften* senvenenigi ◇ ~ ***und Galle speien*** *jmdn. mit Beschimpfungen überhäufen* sputi insultojn [al iu]; *vor Wut schäumen* ŝaŭmi pro furiozo; ***darauf kannst du*** ~ ***nehmen*** pri tio vi povas ĵuri

Gift|anschlag *m* atenco per tokso (*vgl. dazu* ***Nowitschok***); ~**beere** *f* (*Gattung* Nicandra) *Bot* nikandro; ~**blase** *f z.B. der Biene* venenveziko; ~**drüse** *f* venenglando *od* venena glando; ~**gas** *n* venena (*od* toksa) gaso; ~**gehalt** *m* enhavo de veneno; ~**hahnenfuß** *m* (Ranunculus sceleratus) *Bot* venena ranunkolo

giftig *Adj* venena *auch übertr*; *Med (toxisch)* toksa (↑ *auch* ***hochgiftig***); *übertr* venena, *(bösartig)* malica, *nachgest* plena de malico; ~***e Beeren*** (***Pilze***) *Pl* venenaj beroj (fungoj) *Pl*; ~ ***werden*** *übertr für «zornig werden»* ekkoleri, koleriĝi; ***diese Schlange ist*** ~ tiu [ĉi] serpento estas venena

Giftigkeit *f* veneneco, tokseco; *übertr (Gehässigkeit)* malico, *(etw. Gehässiges)* malicaĵo

Gift|kanal *m im Giftzahn einer Schlange* venenokanalo; ~**körner** *n/Pl zur Schädlingsbekämpfung* venenograjnoj *Pl*; ~**lattich** *m* (Lactuca virosa) *Bot* venena laktuko; ~**milch** *f mancher Pflanzen* venena laktosuko (*vgl. dazu* ***Upas***)

Giftmilchbaum *m Bot* ↑ ***Upasbaum b)***

Gift|mischer *m* venenisto; ~**mord** *m* murdo per veneno

Giftmüll *m* venena rub[aĵ]o; ~**deponie** *f* toksorubejo

Giftnatter *f Zool*: ***amerikanische*** ~ (*Gattung* Elaps) elapo (↑ *auch* ***Krait***)

Gift|otter *f Zool* vipero; ~**pfeil** *m* venena sago; ~**pflanze** *f/Pl* venenaj plantoj *Pl* <*auf dem Acker vorkommende Giftpflanzen sind Taumellolch, Leinlolch u. Kornrade*>; ~**pilz** *m* venena fungo; ~**schlange** *f* venena serpento; *Viper* vipero (↑ *auch* ***Kupferkopf*** *u.* ***Taipan***) *auch übertr für «boshafter Mensch»*; ~**spritze** *f bei Hinrichtung* venena injekto (↑ *auch* ***Todesspritze***); ~**stachel** *m eines Insekts, des Skorpions* venena pikilo; ~**stoff** *m, auch* ***giftige*** (*od* ***toxische***) ***Substanz*** *f* venena (*od* toksa) substanco, *auch* venenaĵo *od* tokso; *von Bakterien abgesondertes Gift* toksino; ~**sumach** *m* (Rhus radicans = Rhus toxicodendron, var. radicans) *Bot* venena sumako

Giftwasserschierling *m Bot* = ***Wasserschierling***

Gift|wirkung *f* venena efiko, efiko de [la] veneno; ~**zahn** *m einer Schlange* venena dento

Gig *f Mar (1. leichtes Beiboot 2. Sportruderboot)* gigo

Giga... (*Zeichen* ***G***) *in Zus (das Milliardenfache einer Einheit)* giga...

Giga|byte [...*'bait*] *ohne Art* (*Zeichen* ***GByte***) *EDV* gigabajto; ~**elektronenvolt** *n (meist ohne Art)* (*Zeichen* ***GeV***) *El* gigaelektronvolto; ~**hertz** *ohne Art* (*Zeichen* ***GHz***) *El* gigaherco

Gigant *m* giganto (↑ *auch* ***Hühne*** *u.* ***Riese***)

gigantisch *Adj* giganta *auch Arbeit, Aufgabe* (*vgl. dazu* ***gewaltig, monströs*** *u.* ***riesig***)

Gigantismus *m, Fachspr auch* ***Makrosomie*** *f, pop* ***Riesenwuchs*** *m Med* gigantismo

Gigantomanie *f, auch* ***Übertreibungssucht*** *f z.B. in der Gestaltung von Bauwerken* gigantomanio (↑ *auch* ***Größenwahn***)

Gigantopithecus *m Anthropol (eine Primatenform aus S-China u. N-Indien)* gigantopiteko

Giga|tonne *f* (*Zeichen* ***Gt***) gigatuno; ~**volt** *n (meist ohne Art)* (*Zeichen* ***GV***) *El* gigavolto; ~**watt** *n (meist ohne Art)* (*Zeichen* ***GW***) *El* gigavato; ~**wattstunde** *f* (*Zeichen* ***GWh***) *El* gigavathoro

giggeln ↑ ***kichern***

Gigolo [*'ʒi:golo*] *m* ĝigolo

Gigue [*ʒi:g*] *f ein Hüpftanz* ĵigo *auch Mus*

GIL = *Abk für* ***Gesellschaft für Interlinguistik***

gilben *geh für «gelb werden»* flaviĝi *od* iĝi flava

[1]**Gilbert** (*m*) *männl. Vorname* Gilberto

[2]**Gilbert** (*m*) *Eig (englischer Arzt u. Natur-*

forscher [1544-1603]) Gilberto

[3]**Gilbert** *n* (*Zeichen* ***Gb***) *El (alte Maßeinheit der magnetischen Spannung)* gilberto

Gilbkauz *m Orn* ↑ ***Gelbkauz***

Gilbweber *m* (Ploceus galbula) *Orn* araba teksbirdo

Gilbweiderich *m*, *auch* ***Felberich*** *m* (*Gattung* Lysimachia) *Bot* lizimakio (↑ *auch* ***Pfennig-*** *u.* ***Waldgilbweiderich***); ***gewöhnlicher*** ~, *auch* ***Rispengilbweiderich*** *m* (Lysimachia vulgaris) ordinara lizimakio; ***straußblütiger*** ~ *od* ***Straußgilbweiderich*** *m* (Lysimachia thyrsiflora) marĉa lizimakio

Gilde *f Gesch* gildo *auch i.w.S. für «Innung» od «Zunft» [bes. im Mittelalter]*; ~**meister** *m* gildestro

Gilead (*n*) *(meist ohne Art) bibl ([im Alten Testament] Bez des Gebietes östlich des Jordan zw. Jarmuk u. Jabbok sowie des gesamten Ostjordanlandes* Gileado

Gilet [*ʒi'le:*] *n* ↑ ***Weste***

Gilgamesch (*m*) *Eig (Sumererkönig von Uruk [ein sagenhafter babylonischer Herrscher])* Gilgameŝo; ***das ~-Epos*** *ein babylonisch-assyrisches Heldenepos* la Eposo pri Gilgameŝo

Giljaken *m/Pl*, *[heute:]* ***Niwchen*** *m/Pl Ethn (ein paläoasiatisches Volk am Unterlauf des Amur u. auf N-Sachalin)* giljakoj *Pl*, nivĥoj *Pl*

Gilles-de-la-Tourette-Syndrom *n Med* ↑ ***Tourette-Syndrom***

[1]**Gimpel** *m*, *auch* ***Dompfaff*** *m* (Pyrrhula pyrrhula) *Orn* nigrakapa pirolo, *umg auch kurz* pirolo (↑ *auch* ***Azoren-***, ***Berg-***, ***Haus-***, ***Karmin-***, ***Meisen-***, ***Nepalgimpel***, ***Pirol***, ***Purpur-***, ***Rosen-***, ***Steinkarmin-***, ***Weißflügel-***, ***Weißwangen-*** *u.* ***Wüstengimpel***)

[2]**Gimpel** *m bornierter Mensch* fermitkapulo; *Narr, Tropf* dupo (↑ *auch* ***Naivling***)

Gin [*dʒin*] *m*, *auch* ***Wacholderbranntwein*** *m* ĝino, *auch* juniperbrando; ~**fizz** *m*, *auch* ***Gin-Fizz*** *m ein Mixgetränk mit Gin* ĝinfizo (↑ *auch* ***Gin Tonic***)

Gingan *od* **Gingham** *ein Baumwollstoff* gingamo

Gingiva *f Anat* ↑ ***Zahnfleisch***

Gingivatasche *f Zahnmedizin* ↑ ***Zahnfleischtasche***

Gingivitis *f Zahnmedizin* ↑ ***Zahnfleischentzündung***

Ginkgo[baum] *m*, *auch* ***chinesischer Tempelbaum*** *m* (*Gattung* Ginkgo *u. die Art* Ginkgo biloba) *Bot* ginko

Ginkgogewächse *n/Pl Bot*: ***[Klasse der]*** ~ (Ginkgoaceae) ginkacoj *Pl*

Ginseng *m* (Panax ginseng) *Bot* ginsengo; ***amerikanischer*** ~ (Panax quinquefolius) amerika (*od* kvinfolia) ginsengo

Ginsengwurzel *f* ginsenga radiko *auch Pharm [volkstümliches Allheilmittel]*

Ginster *m* (*Gattung* Genista) *Bot* genisto (↑ *auch* ***Ätna-***, ***Besen-***, ***Färber-***, ***Flügel-***, ***Skorpion-***, ***Stech-*** *u.* ***Strahlenginster***); ***anatolischer*** ~ (Genista anatolica) anatolia genisto; ***behaarter*** ~ *od* ***Heideginster*** *m* (Genista pilosa) kuŝ[ant]a genisto; ***deutscher*** ~ (Genista germanica) germana genisto; ***englischer*** ~ (Genista anglica) angla genisto <*kommt in zwei Unterarten vor*>; ***korsischer*** ~ (Genista corsica) korsika genisto; ***lydischer*** ~ (*auch* ***Balkanginster*** *genannt*) (Genista lydia) lidia genisto *[Vorkommen: in Gebirgen des östlichen Balkan u. in der kleinasiatischen Landschaft Lydien]*; ***spanischer*** ~ *a)* (Genista hispanica) hispana genisto *b) auch* ***Binsenginster*** *m* (Spartium juncum) *ein gelb blühender Strauch der Macchie* spartio

Ginster|heide *f* genista erikejo; ~**katze** *f*, *auch* ***Genette*** *f* (Genetta genetta) *Zool (eine nordafrikanische Schleichkatze)* genoto (↑ *auch* ***Wasserzivette***)

Gin Tonic *m Gin mit Tonic* tonikakvo kun ĝino

Gipfel *m Berg*≗ [monto]supro; *Spitze* pinto; *übertr* supro, kulmino, zenito, *auch* fundo; ***der ~ des Elends*** la fundo de la mizero; ***der ~ der Macht*** la pinto de la potenco; ***den ~ erreichen*** *eines Berges* atingi la supron (*od* pinton) [de monto] ◇ ***das ist [doch] der ~ der Frechheit!*** (*od geh* ***Impertinenz!***) jen la supro de l' impertinenteco!

Gipfeldiplomatie *f* pintkunvena diplomatio *od* diplomatio de pintkunvenoj

gipfeldürr *Forstw* ↑ ***wipfeltrocken***

Gipfelhöhe *f Flugw* ↑ ***Höchststeighöhe***

Gipfel|konferenz *f Pol* kulmin-konferenco *od* pinta konferenco (↑ *auch* ***EU-Gipfel***); ~**kreuz** *n Kreuz auf einem Berggipfel (auch Rel)* pintokruco [sur monto] *od* montokruco

gipfeln *intr den Höhepunkt erreichen* atingi sian supron (*od* kulminon) (***in*** en), kulmini, klimaksi

Gipfelpunkt *m* plej supra punkto, kulmino, klimakso (↑ *auch* ***Höhepunkt***)

gipfelständig *Adj Bot*: ~*es* ***Blatt*** *n*, *Fachspr auch lat.* ***folium apicale*** apika folio
Gipfeltreffen *n Pol* pinta kunveno (*od* renkontiĝo)
Gips *m Min* gipso *auch Med* (*vgl. dazu* ***Alabaster*** *u.* ***Gipsstein***); ***gebrannter*** ~ *od* ***Gipskalk*** *m* kalcinita gipso; ***das Bein in*** ~ ***legen*** *Med* engipsigi la kruron, *pop auch* meti la kruron en gipson; ***mit*** ~ ***überziehen*** (*bzw.* ***ausfüllen*** *od* ***befestigen***) tegi (*bzw.* ŝmiri *od* plenigi) per gipso
Gipsabdruck *m* (*Pl*: ***Gipsabdrücke***) gipskopio, *auch* gipsa kopio
gipsähnlich *Adj* gipsosimila
Gipsarbeiter *m Arbeiter, der Gips bricht od formt* gipsisto
gipsartig *Adj* gipseca (*vgl. dazu* ***gipsern***)
Gips|beton *m Bauw* gipsbetono; ~**bett** *n Med* gipslito; ~**block** *m Bauw* gipsbloko; ~**büste** *f Bildh* gipsa busto; ~**decke** *f Bauw* gipsa plafono; ~**diele** *f Bauw* gipsplanko
gipsen *tr* gipsi; *mit Gips verschmieren* ŝmiri per gipso; ***das Bein musste gegipst werden*** *Med* la kruron oni devis engipsigi
Gipsen *n* gipsado
gipsern *Adj* gipsa (*vgl. dazu* ***gipsartig***); *aus Gips* [farita] el gipso
Gipsfigur *f* gipsa figuro *od* figuro [farita] el gipso
gipshaltig, *<österr>* ***gipshältig*** *Adj* gipshava
Gipskalk *m* ↑ *unter* ***Gips***
Gipskraut *n* (*Gattung* Gypsophila) *Bot* gipsofilo (↑ *auch* ***Schleierkraut***); ***kriechendes*** ~ (Gypsophila repens) ramp[ant]a gipsofilo
Gips|maske *f aus Gips angefertigte Gesichtsmaske* gipsa masko (*vgl. dazu* ***Totenmaske***); ~**mine** *f Bergb* gipsminejo; ~**mineral** *n* gipsmineralo; ~**modell** *n Bildh* gipsmodelo; ~**putz** *m Bauw* gipspuco; ~**stein** *m Min* gipsŝtono; ~**verband** *m Med* gipsbandaĝo *od* gipsa bandaĝo
Gipüre *f Textil (Spitze mit erhabenem Muster, das vom Gimpefaden umzogen ist)* gipuro (*vgl. dazu* ***²Spitze***)
Gipuzkoa (*n*), *baskisch* ***Guipúzcoa*** *eine der drei Provinzen der span. Autonomen Region Baskenland* [provinco] Gipuzko
Giraffe *f* (Giraffa camelopardalis) *Zool* ĝirafo; *Massai*≗ (Giraffa camelopardalis tippelskirchi) masaja ĝirafo; ***nigerianische*** (*od* ***westafrikanische***), *auch* ***Tschad-Giraffe*** *f* ~ (Giraffa camelopardalis peralta) niĝeria (*od* okcidentafrika) ĝirafo *[Vorkommen: Senegal, Gambia bis Tschad]*; ***nubische*** ~ (Giraffa camelopardalis camelopardalis) nubia ĝirafo (↑ *auch* ***Angola-***, ***Kap-***, ***Netz-*** *u.* ***Rothschildgiraffe***); ***[Familie der]*** ~***n*** *Pl* (Giraffidae) ĝirafedoj *Pl*
Giraffen|dorn *m*, *auch* ***Kameldorn*** *m* (Acacia giraffae) *Bot* ĝirafa akacio *[Charakterbaum der Grassteppen des Hererolandes]*; ~**gazelle** *f* (Litocranius walleri) *Zool* ĝirafogazelo *[Vorkommen: Ostafrika]*
Giralgeld *n*, *auch* ***Buch-*** *od* ***Depositengeld*** *n Bankw* ĝirmono
Girant [ʒi'rant] *m Bankw (jmd., der einen Scheck od Wechsel durch Giro auf einen anderen überträgt)* ĝiranto (*vgl. dazu* ***Indossant***)
Girat [ʒi'ra:t] *m od* **Giratar** [ʒira'ta:r] *m Bankw (Person, der bei der Übertragung eines Orderpapiers ein Indossament erteilt wurde)* ĝirato (*vgl. dazu* ***Indossat***)
girieren *tr Bankw (i.e.S. [einen Wechsel] übertragen; i.w.S. überweisen, bargeldlos zahlen)* ĝiri
Girlande *f* girlando; *Papier*≗ girlando el ornama papero; *Blumen*≗ girlando el floroj
Girlitz *m* (Serinus serinus, *alt* Serinus canaria) *Orn* [eŭropa] serino, *alt* sovaĝa kanario (↑ *auch* ***Dünnschnabel-***, ***Jemen-***, ***Korsen-***, ***Mosambik-***, ***Rotstirn-***, ***Wald-***, ***Weißbauch-***, ***Zedern-***, ***Zitronen-*** *u.* ***Zügelgirlitz***)
Giro *n Bankw* ĝiro; ~**bank** *f* ĝrobanko; ~**konto** *n* ĝirokonto (↑ *auch* ***Postgirokonto***)
Gironde [ʒi'rõ:d] *f* ***a)*** *Mündungstrichter der Garonne u. Dordogne* Ĝirondo ***b)*** *ein Département in SW-Frankreich* Ĝirondio
Girondisten *m/Pl Gesch (gemäßigte Partei der Französischen Revolution)* ĝirondanoj *od* ĝirondistoj *Pl*
Giroverkehr *m bargeldloser Zahlungsverkehr* ĝiropagado
girren ↑ ***gurren***
gis *Mus (Zeichen für «gis-Moll»)* g diesa *[sprich: go ...]*
Gis *n Mus (das um einen halben Ton erhöhte G)* G diesa
Gisbert (*m*) *männl. Vorname* Gisberto
Gischt *f*, *bes. fachsprachl. auch m* ŝaumo [de la maro]
gischten *intr* ŝaŭm[eg]i
Gischten *n*: ***das*** ~ ***des Meeres*** la ŝaŭmado de la maro
Gischtläufer *m* (Aphriza virgata) *Orn* surfokalidro, *pop auch* surfbirdo *[Vorkommen:*

Alaska]
Gise[h] (*n*) = ***Gizeh***
Gisela (*f*) *weibl. Vorname [auch Name einer römisch-deutschen Kaiserin (* um 990, † 1043)], franz.* ***Giselle*** (*f*) Gisela
Gitarre *f, [früher:] pop auch* ***Klampfe*** *f* gitaro (↑ *auch* ***Akustik-, Bass-, Bottleneck-, Elektro-, Flamenco-, Hawaii-, Plektrum-, Rhythmus-, Slide-, Sologitarre*** *u.* ***Ukulele***); ~ ***spielen*** ludi gitaron
Gitarren|begleitung *f Mus* gitara akompano; ~**orchester** *n* gitara orkestro; ~**spiel** *n* gitarludo; ~**spieler** *od* **Gitarrist** *m* ludanto (*bzw.* ludisto) de gitaro, gitar[lud]isto
Gitter *n* krado *auch El, Opt, Phys u. als Schutz od Zaun* (↑ *auch* ***Eisen-. Fenster-, Holz-, Kamin-*** *u.* ***Schutzgitter***); *Gitterwerk* latiso; *El (Netzwerk)* reto (↑ *auch* ***Brems-, Schirm-*** *u.* ***Steuergitter***); ***mit einem ~ umgeben****, auch* ***umgittern*** *tr* ĉirkaŭkradi
Gitter|balken *m* latisa trabo; ~**bauweise** *f* latisa konstruado (*bzw.* konstrumaniero); ~**bett** *n* kradlito; ~**brücke** *f, auch* ***Fachwerkbrücke*** *f* latisa ponto; ~**elektrode** *f, auch* ***gitterförmige Elektrode*** *f El* krada elektrodo; ~**energie** *f Kristallphysik* krada energio; ~**fenster** *n* kradita fenestro
gitterförmig *Adj* krad[oform]a
Gitterkonstante *f Kristallphysik, Opt* krada konstanto
Gitterleinen *n Textil* ↑ ***Kanevas***
Gitter|mast *od* ~**pfeiler** *m* latismasto; ~**-schwamm** *m* (*Gattung* Clathrus) *Bot* klatro
Gitterschwingungsquant *m Phys, Quantenmechanik* ↑ ***Phonon***
Gittertür *f* kradopordo
Gitterwand *f* ↑ ***Spalier a)***
Gitterwerk *n* latiso *auch Bauw*
Gitterzaun *m* latisa barilo
Gitzi *n* *<schweiz> für «Zicklein»* kaprido
Givet *n Geol (eine Stufe des höheren Mitteldevons)* givetio
Giza *od* **Gizeh** (*n*), *arab.* ***al-Ğīza*** *Stadt u. Provinzzentrum in Ägypten* Gizo; ***die Pyramiden von Gizeh*** la piramidoj de Gizo; ***die große Sphinx von Gizeh*** la granda sfinkso de Gizo
Glabella *f nur Fachspr 1. Anat (Erhebung des Stirnbeins über der Nasenwurzel zw. den Augenwülsten) 2. Anthropol (als anthropologischer Messpunkt geltende unbehaarte Stelle zw. den Augenbrauen) 3. Paläozoologie (Teil des Kopfschildes der Trilobiten)* glabelo
Glace [*glas*] *f* ↑ ***Eis b)***
Glacéhandschuhe [*gla'se:...*] *m/(Pl)* glaceaj gantoj *Pl* ◇ ***jmdn. mit ~n anfassen*** trakti iun kiel kristalvitron
Glacéleder *n, auch* ***Glanzleder*** *n* glacea ledo
glacieren *tr satinieren, [ein Material] mit Hochglanz versehen* glaceigi
Glacierung *f, auch* ***Satinage*** *f* glaceigo
Glacis [*gla'si:*] *n* ↑ ***Esplanade a)***
Gladbeck (*n*) *eine Industriestadt in NRW* Gladbeko
Gladiator *m altrömischer Schwertkämpfer [bei Zirkusspielen]* gladiatoro
Gladiatorenspiele *n/Pl Antike* gladiatoraj ludoj *Pl*
Gladiole *f, auch* ***Siegwurz*** *f* (*Gattung* Gladiolus) *Bot (ein Schwertliliengewächs)* gladiolo (↑ *auch* ***Sumpfgladiole***)
Glagoliza *f älteste slawische Schrift* glagolico
Glamour *m od n* glamoro; ~**girl** *n reizvolles Mädchen in betörender Aufmachung (auf Mode- u. Reklamefotos u.a.)* glamorulino
glamourös *Adj* glamora, plena de glamoro
Glandula *f Anat* = ***Drüse***
glandulär *Adj zur Drüse gehörend* glanda (↑ *auch* ***pluriglandulär***)
Glandulografie *f, auch* ***Glandulographie*** *f nur Fachspr Med (Röntgenkontrastdarstellung von Drüsen [z.B. Sialografie u. Galaktografie])* glandografio
Glanz *m* ***a)*** brilo (*vgl. dazu* ***Licht***); *Politur* poluro; ***beim ~ des Mondes*** ĉe la brilo de [la] luno ***b)*** *[wogender] Lichtschein, der von Objekten od einigen Mineralien (z.B. Chrysoberill) ausgeht* glaceo; *Metall*≗ metala glaceo (↑ *auch* ***Hochglanz***); *Seiden*≗ silka glaceo ***c)*** *übertr: Pracht, Ruhm* pompo, gloro (*vgl. dazu* ***Prestige*** *u.* ***Stolz***); ***eine Prüfung mit ~ bestehen*** brile sukcesi en ekzameno ◇ ***mit ~ und Gloria*** kun pompo kaj gloro
glänzen *int strahlen, leuchten* brili *auch Augen, Schuhe*; ***matt*** (*od* ***schwach***) ~ brileti
Glänzen *n* brilado
glänzend *Adj* bril[ant]a; *übertr* brila, bonega, pompa (*vgl. dazu* ***prächtig***); ~***es Haar*** brilantaj haroj *Pl*; ***ein ~er Sieg*** brila venko; ***mit ~en Augen*** kun okuloj brilantaj; ***er ist ein ~er Redner*** li estas brila oratoro
Glanzente *f Orn* ↑ ***Höckerglanzgans***
Glanz|faden *m Textil* glacea fadeno; ~**fasan**

m, eigtl ***Himalaja-Glanzfasan*** *m* (Lophophorus impejanus) *Orn (ein bunter Fasan des Himalaja)* [himalaja] lofoforo
Glanzfisch *m Ichth* ↑ ***Gotteslachs***
Glanzfischartige *Pl* (Lampridiformes) *Ichth (eine Ordnung der ‹Teleostei›)* lampridoformaj fiŝoj *Pl*
Glanzfruchttaube *f Orn* ↑ ***Bronzefruchttaube***
Glanzgras *n* (*Gattung* Phalaris) *Bot* falarido (↑ *auch* ***Kanariengras*** *u.* ***Rohrglanzgras***)
Glanzkohle *f Min* ↑ ***Anthrazit***
Glanzkopfmeise *f Orn* = ***Sumpfmeise***
Glanzkrähe *f* (Corvus splendens) *Orn* blanknuka (*od* hinda) korvo, *pop auch* domkorvo *[Vorkommen: südl. Eurasien (ursprünglich nur Indien)]*
Glanzleder *n* ↑ ***Glacéleder***
Glanzleistung *f* brila faro; brila sukceso (↑ *auch* ***Triumph***)
glanzlos **1.** *Adj* senbrila *auch übertr* (*vgl. dazu* ***¹matt c)*** *u.* ***trübe***) **2.** *Adv* senbrile
Glanzlosigkeit *f Mattheit* senbrileco *auch übertr*
Glanzmann-Naegeli-Syndrom *n Med* ↑ ***Thrombasthenie***
Glanz|nektarvogel *m* (Nectarinia habessinica) *Orn* brilverda nektarbirdo; ~**nummer** *f z.B. eines Varietees* atrakcio; ~**papier** *n* glacea papero *auch Foto u. Philat*; ~**pappe** *f* glacea kartono; ~**parade** *f des Torwarts* brila parato; ~**pressen** *n von Tuchen* katizado; ~**punkt** *m* plejbelaĵo; *Höhepunkt* klimakso (↑ *auch* ***Highlight***); ~**sittich** *m* (Neophema splendida) *Orn* skarlatbrusta papago *[Vorkommen: in Trockengebieten Australiens]*; ~**taft** *m Textil* glacea tafto; ~**vogel** *m, auch* ***Jakamar*** *m* (*Gattungen* Galbula, Brachygalpa *u. andere*) *Orn (ein Baumvogel Lateinamerikas)* galbulo (↑ *auch* ***Rotschwanz-*** *u.* ***Weißschnabel-Glanzvogel***)
glanzvoll *Adj* brilega; *ruhmvoll* glor[plen]a
Glanzzeit *f hist* [plej] glora epoko; *goldenes Zeitalter* ora epoko; *eines Künstlers u. Ä.* [plej] brila periodo (*od umg* tempo)
Glarner Alpen *Pl eine Westalpengruppe zw. Walensee, Rhein- u. Reusstal* Glarnaj Alpoj
Glarus: ***a) Kanton Glarus*** *m ein deutschsprachiger Kanton im Osten der Schweizerischen Eidgenossenschaft* kantono Glaruso ***b) [die Stadt] Glarus*** *Hptst. des Kantons Glarus* [la urbo] Glaruso
Glas *n* ***a)*** *Trink*≗ glaso (↑ *auch* ***Bier-***, ***Bowlen-***, ***Cocktail-***, ***Einmach-***, ***Henkel-***, ***Kognak-***, ***Likör-***, ***Punsch-***, ***Rotwein-***, ***Sekt-***, ***Tee-***, ***Wasser-***, ***Wein-*** *u.* ***Whiskyglas***); ***ein ~ Bier*** (***Wasser***, ***Wein***) glaso da biero (akvo, vino); ***ein ~ austrinken*** (*od salopp* ***leermachen***) eltrinki (*od* fintrinki *od salopp* fini) glason; ***er hat ein ~ zu viel getrunken*** *er ist betrunken* li havis unu glason troan ◇ ***er hat ein bisschen zu tief ins ~ geguckt*** li esploris iom la fundon de la glaso *(Zam)* ***b)*** *Fern- od Opern*≗ binoklo ***c)*** *als Substanz* vitro, *(für Schaufenster- u. PKW-Scheiben, Spiegel*≗*)* glaco, *(Crown*≗ *od Kron*≗*)* kraŭno (↑ *auch* ***Acryl-***, ***Bifokal-***, ***Brenn-***, ***Flach-***, ***Flaschen-***, ***Flint-***, ***Labor-***, ***Matt-***, ***Milch-***, ***Opak-***, ***Opal-***, ***Ornament-***, ***Plexi-***, ***Pyrex-***, ***Rauch-***, ***Sinter-***, ***Spiegel-***, ***Uviol-*** *u.* ***Zierglas***); ***farbiges ~*** kolor[igit]a vitro; ***kugelsicheres ~*** kuglorezista (*od* kuglosekura) vitro; ***zu ~ werden*** *od* ***sich in ~ verwandeln*** vitriĝi ◇ ***Glück und ~, wie leicht bricht das*** vitro kaj feliĉo ne estas fortikaj *(Zam)*
glasartig *Adj* vitreca, aspektanta kiel vitro
Glasartigkeit *f* vitreco; *glasartiges Aussehen* vitreca aspekto
Glas|auge *n* vitrookulo; ~**bau** *m Arch* vitra konstruaĵo; ~**beton** *m lichtdurchlässiger Beton* vitrobetono (↑ *auch* ***Glasfaserbeton***); ~**bild** *n* vitrobildo; ~**bläser** *m* vitroblovisto; ~**bodenboot** *n* boato (*od* ŝipeto) kun vitra fundo
Gläschen *n* glaseto; ***ein ~ Schnaps*** glaseto da brando
Glasdach *n* vitra tegmento
Glaser *m* vitristo; *Kunst*≗ artisma vitristo
Glaserei *f, auch* ***Glaserwerkstatt*** *f* vitristejo, *auch* vitrista metiejo
Gläsergeklirr *n* tintado de glasoj
Glaser|hammer *m* vitrista martelo; ~**handwerk** *n* vitrista metio; ~**kitt** *m* vitrista mastiko
gläsern *Adj aus Glas* vitra, *nachgest* [farita] el vitro; *glasartig* vitreca (↑ *auch* ***glasig***); *durchscheinend, durchsichtig* diafana; ***~e Augen*** *n/Pl* vitrecaj okuloj *Pl*; ***~e Tischplatte*** *f* vitra tabloplato; ***mit ~em Blick*** kun vitreca rigardo
Gläserspülmaschine *f* glaslava maŝino
Glaserwerkstatt *f* ↑ ***Glaserei***
Glaserzange *f, auch* ***Kröselzange*** *f Handw* vitrotenajlo
Glas|fabrik *od* ~**hütte** *f* vitrofabriko, vitrofarejo

Glasfaser *f* vitrofibro *od* vitra fibro; ~**beton** *m Bauw* vitrofibra betono; ~**endoskop** *n Medizintechnik* fibroskopo; ~**kabel** *n El* vitrofibra kablo; ~**optik** *f* vitrofibra optiko

glasfaserverstärkt *Adj* vitrofibrofortigita; ~***er Kunststoff*** *m* vitrofortigita plasto, *auch kurz* vitroplasto

Glas|fassade *f* vitra fasado; ~**feile** *f Kosmetik* vitra fajlilo; ~**fenster** *n* [vitro]fenestro (↑ *auch* ***Bleiglasfenster***); ~**flasche** *f* vitra botelo; ~**gefäß** *n* vitra ujo (*od* vazo) (*vgl. dazu* ***Glasvase***); ~**gegenstand** *m* vitraĵo; ~**glocke** *f* ***a)*** *Hausw* vitra kloŝo (↑ *auch* ***Glassturz***) ***b)*** *Phys* ↑ ***Rezipient***

Glasgow [*...go*] (*n*) *eine Hafenstadt in Schottland* Glasgovo

Glas|graveur [*...gra'vö:r*] *m* vitrogravuristo; ~**harmonika** *f Mus* glasharmoniko

Glashaus *n* vitra domo ◇ ***wer im ~ sitzt, soll nicht mit Steinen werfen*** oni ne ĵetu ŝtonojn sidante en vitra domo

Glasherstellung *f* vitrofarado

Glashütte *f* ↑ ***Glasfabrik***

glasieren *tr Backwerk, Keramik* glazuri (*vgl. dazu* ***glacieren***); ***glasierte Kachel*** glazurita kahelo

Glasieren *n* glazurado

glasig *Adj* vitreca *auch jmds. Blick* (*vgl. dazu* ***gläsern***)

Glas|industrie *f* vitroindustrio; ~**kasten** *m* vitra kesto; *gläserner Schaukasten im Ladentisch, z.B. beim Juwelier* vitra butiktablo (*vgl. dazu* ***Vitrine***); ~**keramik** *f, auch* ***Vitrokeramik*** *f* vitroceramiko

glasklar *Adj* ***a)*** *durchsichtig wie Glas* diafana kiel vitro (↑ *auch* ***kristallklar***) ***b)*** *übertr: sehr deutlich* tre klara

Glas|knopf *m* vitra butono; ~**kolben** *m Chem* [vitra] balono (↑ *auch* ***Destillier-*** *u.* ***Fraktionierkolben***)

Glaskopf *m Mykologie* ↑ ***Saftling***

Glaskörper *m des Auges* (Corpus vitreum) *Anat (zw. Linse u. Netzhaut)* vitreo; ~**membran** *n* (Membrana vitrea) *Anat* vitrea membrano

Glaskraut *n, auch* ***Mauerkraut*** *n* (*Gattung* Parietaria) *Bot* parietario; ***aufrechtes*** ~ (Parietaria officinalis) granda parietario; ***ausgebreitetes*** ~ (Parietaria diffusa) malgranda parietario

Glas|krug *m* vitra kruĉo; ~**kugel** *f* vitroglob[et]o; *mit Loch zum Auffädeln* [vitra] bido; ~**kuppel** *f Arch* vitra kupolo

Glaslava *f Min* ↑ ***Obsidian***

Glas|macher *m* vitrofaristo *bzw.* vitraĵfaristo; ~**macherkunst** *f* vitroarto; ~**maler** *m* vitropentristo; ~**malerei** *f (als Vorgang)* vitropentrado; *(als Ergebnis)* vitropentraĵo *od* survitra pentraĵo; ~**masse** *f* vitromaso

Glasmeteorit *m Astron, Geol* ↑ ***Tektit***

Glas|müll *m, auch* ***Abfallglas*** *n* vitrorubo; ~**museum** *n* muzeo de vitraĵoj, vitromuzeo

Glasnost *f politische Öffnung in der UdSSR [Mitte der 80er Jahre]* glasnosto

Glas|nudeln *f/Pl ostasiat. Küche* celofannudeloj *Pl*; ~**perle** *f* vitroperlo; *zum Auffädeln* [vitra] bido; ~**platte** *f als Material od Substanz* vitra plato *od* vitroplato; *für Speisen u.a.* vitra plado *od* vitroplado; ~**reiniger** *m* vitropurigisto (↑ *auch* ***Fensterputzer***); ~**röhrchen** *n* vitra tubeto (*vgl. dazu* ***Retorte***); ~**scheibe** *f* vitrotabulo, vitraĵo, *umg auch* vitro; *Fensterscheibe* fenestrovitr[aĵ]o, *(beim PKW, für Schaufenster)* glaco (↑ *auch* ***Front-*** *u.* ***Heckscheibe***); ~**scherbe** *f* vitropeceto, vitrero

Glasschlange *f Zool* ↑ ***Blindschleiche a)***

Glasschleifer *m* vitroŝlifisto

Glasschmalz *n Bot* ↑ ***Queller***

Glas|schneider *m Handw (ein Glaserwerkzeug)* vitrotranĉilo (↑ *auch* ***Diamantschneider***); ~**schrank** *m, auch* ***Vitrine*** *f* vitroŝranko, *auch* vitrino

Glasspiel *n Mus* ↑ *unter* ***Glockenspiel b)***

Glas|splitter *m* vitra splito, vitrero; ~**stöpsel** *m* vitra ŝtopilo; ~**sturz** *m bes.* *<österr> Hausw* vitra kloŝo; ~**teller** *m* vitra telero *od* vitrotelero; ~**tisch** *m* vitra tablo *od* vitrotablo; ~**trennwand** *f* vitra septo (*vgl. dazu* ***Glaswand***); ~**tür** *f* vitra pordo *od* vitropordo

Glasur *f* ***a)*** *auf Kacheln, Keramik u. Töpferware* glazuro, *Töpferei auch* verniso; ***mit ~ überziehen*** glazuri ***b)*** *gebrannter glasartiger Überzug [bei bestimmten keramischen Werkstoffen]* glaceo ***c)*** *Zucker- u.a. -guss* glazuro; ***einen Kuchen mit ~ überziehen*** glazuri kukon

Glasurzucker *m* ↑ *unter* ***Puderzucker***

Glas|vase *f* vitra [flor]vazo; ~**wand** *f* vitra vando; *Glastrennwand* vitra septo

Glaswaren *f/Pl Hdl* vitraĵoj *Pl*; ~**fabrik** *f* fabriko de vitraĵoj

glasweise *Adv* en glasoj

Glaswolle *f bes. Bauw* vitrolano; ~**isolierung** *f* izolaĵo el vitrolano

Glaszylinder *m* vitra cilindro

glatt 1. *Adj* ***a)*** *Fell, Fläche, Haut, Stoff u.a.* glata *auch übertr* (*vgl. dazu* ***zart***); *spiegelglatt* glata kiel spegulo; *glitschig, schlüpfrig* glitiga (↑ *auch* ***rutschig***); *eben* ebena; ~ ***hobeln*** ↑ *unter* ***glätten***; ~ ***streichen*** *z.B. Bettdecke* glatumi; ~ ***werden*** *sich glätten* glatiĝi; ***etw.*** ~ ***ziehen*** glatigi ion ***b)*** *reibungslos, ohne Schwierigkeiten* glata, sen malfacilaĵoj; *mühelos* senpena ***c)*** *offenkundig* evidenta; *absolut, völlig* absoluta, totala; ***das ist*** ~***er Unsinn*** tio estas absoluta sensencaĵo; ***das ist*** ~***e Zeitverschwendung*** tio simple signifus absolutan forĵeton (*od* perdon) de tempo **2.** *Adv* glate; *ohne Schwierigkeiten* sen malfacilaĵoj; *geradezu* rekte, vere; *mühelos* senpene; ***ein*** ~ ***rasiertes Gesicht*** glate razita vizaĝo ◇ ***das habe ich*** ~ ***vergessen*** tion mi tutsimple (*bzw.* absolute) forgesis; ***alles ging*** ~ ***[vonstatten]*** *ohne Schwierigkeiten* ĉio iris glate [kaj glite], *auch* ĉio iris sen malfacilaĵoj ◇ ĉio ruliĝis kvazaŭ sur reloj; ***jmdm. etw.*** ~ ***ins Gesicht sagen*** diri ion al iu rekte kaj senkaŝe

Glätte *f*, *auch* ***Glattheit*** *f* glateco (↑ *auch* ***Reifglätte***); *Politur* polur[itec]o; ~**bildung** *f auf Straßen u. Wegen* glacikovriĝo

Glättebrett *n Hausw* ↑ ***Bügelbrett***

Glatteis *n* glatiso, *umg* glatglacio ◇ ***jmdn. aufs*** ~ ***führen*** *jmdn. in eine heikle Situation bringen* meti iun en tiklan situacion; *jmdn. absichtlich irreführen* intence mistifiki iun (*vgl. dazu* ***überlisten***)

Glätteisen *n Hausw* ↑ ***Bügeleisen***

glätten *tr* ***a)*** *glatt machen* glatigi *auch Oberfläche von etw.* (*vgl. dazu* ***schlichten***); *polieren (auch Edelmetalle)* poluri; *von Falten befreien* senfaldigi, forigi la faldojn el; *ebnen* ebenigi; ***etw. mit dem Hobel*** ~ *od* ***etw. glatt hobeln*** glatigi ion per [la] rabotilo ***b)*** *<schweiz> für* ***bügeln*** [↑ *dort*] ***c)*** *refl*: ***sich*** ~ *glatt werden* glatiĝi; ***lia frunto*** ~***iĝis*** seine Stirn glättete sich

glättend *Adj* glatiga

glatterdings = ***glattweg***

Glätterin *f* ↑ ***Plätterin***

Glatthai *m Zool* ↑ ***Marderhai***

Glattheit *f* ↑ ***Glätte***

Glatt|hobel *m*, *auch* ***Schlichthobel*** *m Handw* glatiga rabotilo

glattmachen *tr glätten* glatigi

Glattnasenfledermaus *f Zool*: ***[Familie der]*** ***Glattnasenfledermäuse*** *f/Pl od* ***Nachtschwirrer*** *m/Pl* (Vespertilionidae) vespertilionedoj *Pl* (*vgl. dazu* ***Zweifarbfledermaus***)

Glattnatter *f*, *auch* ***Schlingnatter*** *f* (*Gattung* Coronella) *Zool* koronelo (*vgl. dazu* ***Zornnatter***)

Glattpfirsich *m* = ***Nektarine***

Glättung *f* glatigo

Glattwale *m/Pl Zool*: ***[Gattung der]*** ~ *Pl* (Balaenidae) balenedoj *Pl*

glattweg *Adv freiweg, unverblümt* [tute] malkaŝe; *absolut* absolute; *ganz, völlig* tute, plene (*vgl. dazu* ***kurzerhand***)

glattzüngig *Adj* glatlanga, *auch* glatparola (↑ *auch* ***heuchlerisch*** *u.* ***schmeichlerisch***)

Glatze *f kahle Stelle* kalvaĵo; *glatzköpfige Person* kalvulo (↑ *auch* ***Halbglatze***); ***eine*** ~ ***bekommen*** *kahlköpfig werden* kalviĝi; ***eine*** ~ ***haben*** esti kalva, *pop auch* esti senhara

Glatzflechte *f Med* ↑ ***Trichophytie***

Glatzkopf *m Kopf* kalvaĵo; *Person* kalvulo, *pop auch* senharulo

glatzköpfig *Adj* kalva

Glatzköpfigkeit *f* kalveco

Glaube *m*, *Nom Sg auch* ***Glauben*** *m Verlass, Vertrauen* fido, konfido (***an*** al); *Rel* kredo (↑ *auch* ***Gottesglaube***); ***der*** ~ ***an viele Götter*** *Rel* politeismo; ***in gutem*** ~***n*** *od* ***guten*** ~***s*** *od* ***nach Treu und*** ~***n*** bonafide; ***jmdm.*** ~***n schenken*** konfidi al iu; ***sich in dem*** ~***n wiegen, dass ...*** havi la naivan fidon, ke ... ◇ ~ ***kann Berge versetzen*** kredo povas movi montojn

glauben *tr u. intr* kredi (***an*** je) *auch Rel bzw. i.w.S. für wahrscheinlich halten*; *der Meinung sein* opinii; *denken* pensi; *vermuten* supozi, *umg auch* kredi; *vertrauen (bes. hinsichtlich der Gesinnung)* konfidi; *sich verlassen [auf jmdn.] (unabhängig von dessen Gesinnung)* fidi; ***das glaube ich schon*** *das halte ich durchaus für wahrscheinlich* tion mi [nepre] kredas; ***an Gott*** ~ kredi je Dio; ***glaube mir*** kredu al mi, *umg auch* kredu min; ***an jmds. Unschuld*** ~ kredi je ies senkulpeco; ***jmdm.*** ~ mi kredas [tion] al vi; *jmdm. vertrauen* konfidi al iu; *sich auf jmdn. verlassen* fidi iun; ***jmdm. uneingeschränkt*** ~ senlime konfidi iun (*od* al iu); ***ich glaube es ihm*** mi kredas [tion] al li; ***jmdm. ~ machen, dass ...*** kredigi iun, ke ...; ***niemand glaubte daran*** neniu kredis pri ĝi (*od* tio)

Glauben *m* ↑ ***Glaube***

Glaubensbekenntnis *n Rel, Theologie* kredokonfeso, *(Konfession)* konfesio; ***apostolisches** ~ (auch **Apostolikum** genannt), lat. **Symbolum Apostolorum*** apostola kredokonfeso, *auch* la Simbolo de la Apostoloj; ***das [Symbolum] Nicaenum** auf dem ökumenischen Konzil von Nicaea [im Jahre 325] angenommenes Glaubensbekenntnis* la Simbolo de Niceo

Glaubens|eiferer *m* zeloto; ~**freiheit** *f* libereco de kredo; *Religionsfreiheit* religia libereco; ~**gemeinschaft** *f* kred[o]komunumo; *Religionsgemeinschaft* religia komunumo; ~**genosse** *m Anhänger derselben Religion* samreligiano, samkonfesiano

Glaubensgericht *n* ↑ ***Autodafé***

Glaubens|krieg *m* religia milito; ~**krise** *f* kredokrizo; ~**lehre** *f Kirche* kredodoktrino; *Theologie* dogmaiko; ~**sache** *f i.w.S.* problemo de kredo; ~**satz** *m* dogmo; ~**spaltung** *f Kirche* skismo

Glaubersalz *n* glaŭbera salo (↑ *auch* ***Natriumsulfat***)

glaubhaft *Adj* kredebla (*vgl. dazu* ***plausibel***)

gläubig *Adj Rel* kredanta [je Dio]; *i.w.S. fromm, gottesfürchtig* pia, diotima; *übertr: [blind] vertrauensvoll* [blinde] konfida

Gläubige *m Rel* kredanto; ***die Gemeinde der ~n*** la kredantaro

Gläubiger *m Hdl, Jur* kreditoro (↑ *auch* ***Haupt-** u. **Hypothekengläubiger***); ~**land** *n* kreditora lando, *auch* kreditorlando; ~**versammlung** *f* kreditora kunveno

glaublich *Adj zu glauben* kredebla; ***das ist kaum** ~* tio estas apenaŭ kredebla

glaubwürdig *Adj so, dass man es glauben kann* kredinda; *vertrauenswürdig* konfidinda (*vgl. dazu* ***verlässlich***)

Glaubwürdigkeit *f* kredindeco; *Authentizität* aŭtentikeco (*vgl. dazu* ***Echtheit***)

Glaukom *n* (Glaucoma), *umg* ***grüner Star*** *m Med* glaŭkomo (*vgl. dazu* ***²Star***; ↑ *auch* ***Weitwinkelglaukom***); ***primäres** (**sekundäres**) ~* primara (sekundara) glaŭkomo

glaukomatös *Adj mit dem grünen Star behaftet* glaŭkoma

Glaukonit *m Min (in Meeressedimenten vorkommendes grünliches Mineral)* glaŭkonito

Glaukophan *m Min* glaŭkofano

Glaukos (*m*) *Myth (griechischer Meergott [halb Fisch, halb Mensch])* Glaŭko

glazial *Adj eiszeitlich, die Eiszeit betreffend* glaci-epoka; *die Gletscher betreffend* glaĉera

Glazialrelikt *n* ↑ ***Eiszeitrelikt***

Glazialzeit *f Geol* ↑ ***Eiszeit***

Glaziologe *m* glaciologo

Glaziologie *f*, *auch* ***Eis- und Gletscherkunde*** *f Lehre von Entstehung u. Wirkung des Eises u. der Gletscher* glaciologio

glaziologisch *Adj* glaciologia

Gleditschie *f*, *auch* ***Christusdorn** od **Dornenkronenbaum** m* (*Gattung* Gleditsia) *Bot* glediĉio; ***dreidornige** ~* (Gleditsia triacanthos) tridorna glediĉio; ***kaspische** ~* (Gleditsia caspia) kaspia glediĉio *[Vorkommen: Aserbaidschan u. N-Iran]*

Glee [*gli:*] *n Mus (drei- od mehrstimmiges [unbegleitetes] englisches Chorlied [für Männerstimmen] ohne instrumentale Begleitung)* glio

gleich 1. *Adj qualitativ od quantitativ* egala *gleichgültig* indiferenta, *auch* egala; *derselbe, dieselbe bzw. dasselbe* sama *[immer mit vorhergehendem bestimmten Artikel* (la) *od hinweisendem Fürwort* (tiu *od* tiu ĉi) *gebraucht]*; *ähnlich* simila; *von gleicher Form* samforma; *identisch* identa; *gleichlautend* samsenca, egalsenca; *entsprechend, übereinstimmend* konforma; *sich deckend, bes. Math* kongrua; *([absolut] gleich, aber mit entgegengesetztem Vorzeichen)* kontraŭegala; *adäquat, [völlig] entsprechend* adekvata; ***am ~en Tage*** en la sama tago, *umg* samtage; ***der** (bzw. **die** od **das**) ≗**e*** la sama; ***das bleibt sich** ~* tio restas la sama; ***das ist [ganz] das ≗e*** tio estas [tute] la sama; ***das ist mir ganz** ~ egal* tio estas tute egala (*od* indiferenta) al (*od* por) mi; *das bekümmert mich nicht* tio absolute ne afliktas min; ***mir ist das ≗e passiert wie dir*** la samo okazis al mi, kiel al vi; ***~er Lohn für ~e Arbeit*** egala laborpago je egalvalora laboro; ***~e Rechte und Pflichten** Pl* egalaj rajtoj kaj devoj *Pl*; ***in ~er Weise*** en (*od* laŭ) la sama maniero *od* sammaniere; ***sie haben das ~e Alter*** ili havas la saman aĝon *od* ili estas samaĝaj; ***die ~e Meinung haben wie ...*** havi la saman opinion kiel ...; ***zum ~en Preis*** sampreze; ***zu ~en Teilen*** po du samaj (*od* same grandaj) partoj; ***zu ~er Zeit** od **zur ~en Zeit*** samtempe; ***zur ~en Zeit als ...*** samtempe kiam ... ◇ ***bei Nacht sind alle Katzen** ~* kiam nokto vualas, ĉiuj koloroj egalas *(Zam)* **2.** *Adv sofort* tuj; *sehr bald* tre baldaŭ; *auf der Stelle, unverzüglich* senprokraste; *so bald wie möglich* kiel eble plej baldaŭ; ~ ***als ich dich sah*** tuj kiam mi vidis vin; ~ ***am Anfang*** tuj en la komenco; *schon am Anfang* jam en la komenco, *umg auch* jam komence; ~ ***von Anfang*** (*od* ***Beginn***) ***an*** tuj de la komenco; ***der Bus fährt*** ~ ***ab*** la buso tuj ekveturos; ~ ***danach*** (*od* ***darauf***) tuj poste; ~ ***nach meiner Ankunft***~ tuj post mia alveno; ***sein*** egali al, esti *bes. bei Rechenaufgaben*; ***drei mal vier ist*** ~ ***zwölf*** trioble kvar estas dek du; ~ ***bleibend*** ↑ ***gleichbleibend***; ~***e Wärme*** *f* ***im Zimmer*** konstanta varmo en la ĉambro; ~ ***lautend*** ↑ ***gleichlautend***; ~ ***stark sein*** (*od i.w.S.* ***spielen***) *Sport* esti same forta (*bzw. im Pl:* fortaj) **3.** *Präp mit Dat* simila al; ***einer Sintflut*** ~ simila al diluvo

gleichaltrig *Adj* samaĝa; ***sie sind*** ~ ili estas samaĝaj *od* ili havas la saman aĝon

Gleichaltrige ***a)*** *m* samaĝulo ***b)*** *f* samaĝulino

gleichartig *Adj von gleicher Art od Sorte* samspeca, *Biol (bei Pflanzen- od Tierarten)* samspecia; *sehr ähnlich* tre simila; *gleichförmig* samforma; *analog* analoga; *homogen, gleichmäßig zusammengesetzt* homogena

Gleichartigkeit *f* samformeco; analogeco; homogeneco

gleichbedeutend *Adj* samsignifa, samsenca (***mit*** kun); *sinnverwandt* sinonima

Gleichbehandlung *f* egaleco de traktado

gleichberechtigt **1.** *Adj* samrajta, egalrajta; ***als*** ~***er Partner*** kiel egalrajta partnero **2.** *Adv* samrajte *od [schwächer:]* nerajte, egalrajte

Gleichberechtigung *f* samrajteco, egalrajteco; ~ ***von Mann und Frau*** samrajteco de viro kaj virino

gleichbleiben, sich *refl* resti [ĉiam] la sama; *sich nicht ändern* ne ŝanĝiĝi; *nicht variieren* ne varii

gleichbleibend, *auch* ***gleich bleibend*** *Adj* konstanta, neŝanĝiĝ[ant]a, nevarianta

gleichen *intr* egali (***etw.*** al io); *ähneln* simili (***jmdm.*** al iu, *auch* iun); ***er gleicht mehr seinem Vater als seiner Mutter*** li pli similas al sia patro ol al sia patrino

Gleichenfeier *f* ↑ ***Richtfest***

gleichentags ↑ ***am gleichen Tag*** (↑ *unter* ***Tag***)

gleicher|maßen *od* ~**weise** *Adv* egalgrade, samgrade, samc

gleichfalls *Adv ebenfalls* same; *auch* ankaŭ; *zur gleichen Zeit* je la sama tempo, samtempe; ***danke***, ~***!*** dankon, samon al vi!

gleichfarbig *Adj* samkolora (***mit*** kun)

Gleichflügler *m/Pl Ent*: ***[Ordnung der]*** ~ *od* ***Pflanzensauger*** *Pl* (Homoptera) homopteroj *Pl*; ***[Ordnung der]*** ~ *od* ***Termiten*** *Pl* (Isoptera) izopteroj *Pl*

gleichförmig, *auch* ***uniform*** *Adj* samforma, unuforma; *eintönig* monotona; *langweilig* enuiga

Gleichförmigkeit *f* samformeco; *Eintönigkeit* monotoneco

Gleichfüßer *m/Pl*, *<wiss>* ***Isopoden*** *m/Pl Zool*: ***[Ordnung der]*** ~ *od* ***Asseln*** *Pl* (Isopoda) izopodoj *Pl*

gleichgeschlechtlich *Adj* samseksa; ~***e Ehe*** *f von Männern* samseksa edzeco, *von Frauen* samseksa edzineco (↑ *auch* ***Schwule*** *u.* ***Lesbe***); ~***e Paare*** *n/Pl* samseksaj paroj *Pl*; ~***e Partnerschaft*** *f* samseksa partnereco

Gleich|geschlechtlichkeit *f Homosexualität* samseksemo, *auch* samseksamo; ~**gesinnte** ***a)*** *m* samideano (*Abk* s-ano) ***b)*** *f* samideanino (*Abk* s-anino) *auch als Anrede unter Esperantisten*

gleich|gestaltig *Adj* samforma; *Kristalle* izomorfa; ~**gestellt** *Adj gleichrangig, ebenbürtig* samranga; *gleichberechtigt* samrajta, egalrajta (***mit*** kun)

Gleichgestellte *m* samrangulo

Gleichgewicht *n Phys u. übertr* ekvilibro, *pop auch* egalpezo (↑ *auch* ***Kräftegleichgewicht***); ***biologisches*** (***ökologisches***, ***nukleares***, ***politisches***, ***stabiles***) ~ biologia (ekologia, nuklea, politika, stabila) ekvilibro; ***seelisches*** ~ ekvilibro de l' animo; ***im*** ~ ***befindlich*** ekvilibra (↑ *auch* ***ausgeglichen***); ***aus dem*** ~ ***bringen*** malekvilibrigi; ***ins*** ~ ***bringen*** ekvilibrigi *auch übertr* (↑ *auch* ***austarieren***); ***ins*** ~ ***kommen*** ekvilibriĝi; ***das*** ~ ***verlieren*** perdi la ekvilibron; ***sich im*** ~ ***halten*** teni sin en ekvilibro

Gleichgewichts|akrobat *od* ~**künstler** *m*, *auch* ***Äquilibrist*** *m* ekvilibristo (*vgl. dazu* ***Seiltänzer***); ~**apparat** *m od* ~**organ** *n*, *Fachspr* ***Vestibularapparat*** *m Anat (Teil des inneren Ohrs)* organo de ekvilibra senso

Gleichgewichtskünstler *m* ↑ ***Gleichgewichtsakrobat***

Gleichgewichtslehre *f* = ***Statik***

Gleichgewichtsorgan *n* ↑ ***Gleichgewichtsapparat***

Gleichgewichtsstange *f* ↑ ***Balancierstange***

gleichgültig 1. *Adj teilnahmslos* indiferenta (***gegen*** al *od* kontraŭ); *ohne Bedeutung* sensignifa; *i.w.S. träge* inerta; ***~er Mensch*** *m* indiferenta homo, indiferentulo; ***das ist mir [ganz]*** ~ tio estas [tute] indiferenta (*od* egala) al mi; ~ ***wann*** (***wo***, ***wie***) ne gravas kiam (kie, kiel) **2.** *Adv* indiferente

Gleichgültigkeit *f* indiferenteco (***gegenüber*** al, por *od* kontraŭ); *Passivität* pasiveco

Gleichheit *f* ***a)*** *geh* ***Egalität*** *f* egaleco, sameco (↑ *auch* ***Chancengleichheit***, ***Parallelität*** *u.* ***Stimmengleichheit***); ~ ***vor dem Gesetz*** egaleco antaŭ la leĝo ***b)*** *Gleichförmigkeit* unuformeco ***c)*** *Gleichberechtigung* egalrajteco ***d)*** *Identität* identeco

Gleichheits|grundsatz *m od* **~prinzip** *n bes. Jur* principo de egaleco, egaleco antaŭ la leĝo; **~zeichen** *n* (*Zeichen* =) *Math* signo de egaleco

Gleichklang *m* samsoneco (*vgl. dazu* ***Reim***); *Mus* konsonanco (*vgl. dazu* ***Konsonanz a)***); *Einklang, Harmonie* harmonio

gleichklingend *Adj* samsona

gleichkommen *intr gleichwertig sein* egaliĝi (***jmdm.*** al iu), esti samvalora (***etw.*** kiel io; ***jmdm.*** kiel iu); *i.w.S. heranreichen an etw. bzw. jmdn.* atingi

Gleichlauf *m* sinkroneco; ***auf ~ bringen*** *synchronisieren (1. Maschinen, Uhren 2. Film, TV: Bild u. Ton)* sinkronigi

gleichlaufend *Adj parallel* paralela (***mit*** kun) *auch Geom*; *zeitlich zusammenfallend* sinkrona *auch El u. Tech*

gleichlautend, *auch* **gleich lautend** *Adj aus den gleichen Lauten bestehend* samsona; *mit gleichem Text* samteksta; *mit gleichem Sinn* samsenca *od* egalsenca (↑ *auch* ***gleichbedeutend***); *gleichen Inhalts* samenhava; *identisch* identa; ***~e Abschrift*** *f* duplikato; ***~e Wörter*** *n/Pl Ling* homonimoj *Pl*

gleichmachen *tr gleichstellen, auf dieselbe Stufe stellen, egalisieren* egaligi, *(im Rang) auch* samrangigi; *einebnen, planieren* ebenigi; *nivellieren* niveli, alniveligi; ***dem Erdboden*** ~ *nivellieren* ebenigi (*od* alniveligi) kun la tero; *völlig zerstören* totale (*od* plenplene) detrui; *ausrotten* ekstermi

Gleich|macherei *f* [strikta] egaligo; *Bestreben zur Gleichmacherei* egaligemo; **~maß** *n richtiges Größen- od Maßverhältnis* proporcio; *Symmetrie* simetrio (*vgl. dazu* ***Monotonie*** *u.* ***Regelmäßigkeit***; ↑ *auch* ***Ebenmaß***)

gleichmäßig 1. *Adj qualitativ od quantitativ gleich* egala; *eben* ebena; *konstant, gleichbleibend* konstanta, neŝanĝiĝ[ant]a; *symmetrisch* simetria; *gleichförmig* samforma, unuforma; *regelmäßig* regula; ***~er Puls*** *m* regula pulso **2.** *Adv*: ~ ***verteilt*** egale distribuita

Gleichmäßigkeit *f* egaleco; *Konstanz, Stetigkeit* konstanteco; *Regelmäßigkeit* regul- eco

Gleichmut *m ruhige Gemütslage* egalanimeco; *Gelassenheit* trankvileco; *Gleichgültigkeit* indiferenteco

gleich|mütig *Adj* egalanima; *stoisch* stoika; *sich in der Gewalt habend* sinreganta (*vgl. dazu* ***seelenruhig***); **~namig** *Adj* samnoma

Gleichnis *n als [anschaulich-]sinnbildliche Darstellung abstrakter Begriffe* alegorio; *Parabel [zu einer Erzählung erweitertes Gleichnis]* parabolo

gleichnishaft *Adj* alegoria; parabola

gleich|polig *Adj* sampolusa; **~rangig 1.** *Adj* samranga, *nachgest* sama laŭ rango, *auch* havanta la saman rangon (↑ *auch* ***paritätisch***); *ebenbürtig* egalranga **2.** *Adv* samrange; egalrange

Gleichrangigkeit *f* samrangeco; *Ebenbürtigkeit* egalrangeco (*vgl. dazu* ***Vergleichbarkeit***)

gleichrichten *tr El* rektifi

Gleichrichter *m El* rektifilo; *Hochfrequenz*≗ detektilo (↑ *auch* ***Glimmlicht-***, ***Kontakt-***, ***Kristall-***, ***Lichtbogen-*** *u.* ***Quecksilberdampf-*** *u.* ***Trockengleichrichter***); ***gasgefüllter*** ~ hidrargovapora rektifilo

Gleichrichterröhre *f El, Radio* kenotrono

Gleichrichtung *f El (Umformen von Wechsel- od Drehstrom in Gleichstrom bzw. Rückgewinnen einer einmodulierten Signalspannung aus einer HF-Spannung)* rektif[ad]o *bzw.* detekto; ***lineare*** (***quadratische***) ~ lineara (parabola) detekto

gleichsam *Adv* kvazaŭ

gleichschalten *tr in Einklang bringen* harmoniigi; *koordinieren* kunordigi

gleichschenk[e]lig *Adj Geom* izocela; ***~es Dreieck*** *n* izocela triangulo

gleichschlagen *tr Metall* ebenigi

Gleichschritt *m*: ***im*** ~ egalpaŝe *od* sampaŝe

gleichsehen *intr ähneln*: ***sie sehen einander gleich*** ili similas unu la alian ◇ ***das sieht ihm gleich!*** *das ist typisch für ihn!* tio estas tipa por li!

gleichseitig *Adj Geom* egallatera

gleich|setzen *tr* egaligi; ~**stellen** *tr* samrangigi (***einander*** unu kun la alia) (*vgl. dazu* ***nivellieren***)

Gleichstellung *f* samrangigo; ~ ***von Frau und Mann*** samrangigo de viro kaj virino

Gleichstrom *m El* kontinua kurento; ~**generator** *m El* kontinukurenta generatoro; ~-**motor** *m* kontinukurenta motoro

gleichtun *tr*: ***es jmdm.*** ~ *jmdn. an Leistung erreichen* egali iun, atingi ies kapablecon

Gleichung *f Math* ekvacio (↑ *auch* ***Differenzial-***, ***Expotential-***, ***Funktional-***, ***Geraden-*** *u.* ***Integralgleichung***);~ ***ersten Grades*** *od* ***lineare*** ~ ekvacio de [la] unua grado *od* lineara ekvacio; ~ ***mit zwei Unbekannten*** ekvacio kun du nekonatoj; ***abgeleitete*** (***affine***, ***algebraische***, ***äquivalente***, ***biquadratische***, ***diophantische***) ~ derivita (afina, algebra, ekvivalenta, bikvadrata, diofanta) ekvacio; ***einander widersprechende*** ~***en*** *Pl* neakordaj ekvacioj *Pl*; ***identische*** (***kritische***, ***kubische***, ***lineare***, ***logarithmische***, ***quadratische***, ***transzendente***, ***unlösbare***) ~ identa (krita, kuba, lineara, logaritma, kvadrata, transcenda, nesolvebla) ekvacio

gleichviel *Adv geh*: ~, ***ob ...*** tute egale (*od* indiferente) ĉu ...

gleichwertig *Adj von gleichem Wert* samvalora, egalvalora; *im Preis gleich* sampreza; *Wörter* ekvivalenta *auch Chem u. i.w.S.*; ~***er Gegner*** *m* same forta kontraŭulo

Gleichwertigkeit *f* samvaloreco

gleich|wie *Konj poet* same kiel, *auch* samkiel; ~**wohl** *Konj geh: trotzdem, dennoch* tamen, malgraŭ tio (↑ *auch* ***obwohl***)

gleichzeitig 1. *Adj* samtempa (↑ *auch* ***zeitgenössisch***); *koinzident, zeitlich zusammenfallend* koincida; *simultan* simultana (*vgl. dazu* ***Simultandolmetschen***); ~***es Ereignis*** *n* samtempa okazaĵo, koincidaĵo **2.** *Adv* samtempe, en tiu sama tempo; koincide; simultane; ~ ***stattfinden*** okazi samtempe, *umg auch kurz* samtempi

Gleichzeitigkeit *f* samtempeco; *Synchronismus* sinkroneco

Gleis *n*, *auch* ***Geleise*** *n*, *<schweiz> pop auch* ***Schienenstrang*** *m Eisenb, Straßenbahn u.a.* trako (↑ *auch* ***Ablauf-***, ***Abstell-***, ***Ausweich-***, ***Breitspur-***, ***Doppel-***, ***Haupt-***, ***Lade-***, ***Neben-***, ***Normalspur-***, ***Rangier-***, ***Schmalspur-*** *u.* ***Treidelgleis***); *Schienenweg* relvojo; ***aus den*** ~***en springen*** *pop* = ***entgleisen*** [↑ *dort*]

Gleis|abschnitt *m Eisenb* traksekcio; ~**abstand** *m Eisenb (Abstand der mittigen Gleisachsen)* intertrakaksa distanco

Gleisanschluss *m z.B. zu einem Werk* branĉ-trako (↑ *auch* ***Anschlussbahn***)

Gleis|bau *m* trakkonstruado; ~**bett** *n*, *auch* ***Gleisbettung*** *f od kurz* ***Bettung*** *f* trakbalasto; ~**dreieck** *n Eisenb, Straßenbahn* trakdelto; ~**erneuerung** *f* trak-renovigo

Gleiskraftwagen *m Eisenb* ↑ ***Motordraisine***

Gleiskreuzung *f Eisenb* trakokrucaĵo

Gleisseilbahn *f* ↑ ***Standseilbahn***

gleißen *intr* akre brili [pro reflekto de la suno]

Gleis|unterbau *m* trakbazo; ~**verlegung** *f Eisenb, Straßenbahn* traksternado; ~**verwerfung** *f Eisenb* trakdeformiĝo

Gleit|aar *m* (Elanus caeruleus) *Orn* nigraflugila milvo; ~**bahn** *f* [de]glitejo, glitvojo

gleiten *intr rutschen* gliti (*vgl. dazu* ***ausgleiten***); *Segelflugzeug* glisi; ***etw.*** ~ ***lassen*** glitigi (*od* lasi gliti) ion; ***sich in etw.*** ~ ***lassen*** *z.B. in eine Höhle* lasi sin gliti en ion; ***ihr Blick glitt [unsicher] in die Ferne*** ŝia rigardo [ek]vagis malproksimen

Gleiten *n in der Luft* glisado (*vgl. dazu* ***Gleitflug***); *Rutschen* glitado (↑ *auch* ***Wirbelgleiten***)

gleitend *Adj z.B. eine Bewegung* glita; ~***e Lohnskala*** *f* movebla salajroskalo

Gleiter *m Flugw (Gleit- od Segelflugzeug)* glisilo, glis[aviad]ilo

Gleit|flug *m Flugw (Segelflug)* glisflug[ad]o; ~**flugzeug** *n* glisaviadilo, glisilo

Gleitgel *od* **Gleitmittel** *n sex* ↑ ***Intimgel***

Gleit|hörnchen *n* (Glaucomys volans) *Zool* flugsciuro; ~**lager** *n Tech* glitlagro; ~**schalung** *f*, *auch* ***Rutsch-*** *od* ***Kletterschalung*** *f Bauw* ŝovebla ŝelaĵo

Gleitschirm *m*, *bes. <österr> auch* ***Paragleiter*** *m ein Luftsportgerät speziell zum Gleitsegeln bzw. Gleitschirmfliegen* glisparaŝuto; ~**fliegen** *n*, *häufig engl.* ***Paragliding*** *n* glisparaŝutado

Gleitsicht|brille *f* okulvitroj kun multfokusaj lensoj; ~**glas** *n Opt* multfokusa (*bzw.* du-fokusa) lenso (*od auch* vitro)

Gleitstück *n bes. Tech* glitpeco

Gleiwitz (*n*) ↑ ***Gliwice***

Gletscher *m*, *<österr> reg* ***Ferner*** *od* ***Kees*** *m* glaĉero (*vgl. dazu* ***Eiskappe b)***; ↑ *auch* ***Alpen-***, ***Firn-***, ***Hochgebirgs-***, ***Lawinen-*** *u.*

Talgletscher); ***Abschmelzen** n **der** ~ Gletscherschmelze, z.B. durch Erderwärmung* [for]fandiĝo de la glaĉeroj; ***die** ~ **gehen zurück*** la glaĉeroj retroiras (*od* reduktiĝas)
Gletscher|bach *m* glaĉera rivereto; ~**beben** *n, auch **Gletschererdbeben** n* glaĉera [ter]tremo; ~**bildung** *f* formiĝo de glaĉero(j); ~**eis** *n* glaĉera glacio; ~**brand** *m, auch **Gletscherkatarrh** m Med (Entzündung von Haut u. Augenbindehaut durch ultraviolette Höhenstrahlung, die durch das Gletschereis reflektiert wird)* glaĉera kataro; ~**eis** *n* glaĉera glacio *<durch Verdichtung aus Firneis entstanden>*; ~**erosion** *f, Fachspr **Exaration** f die auspflügende Abtragung durch die Gletscher* glaĉera erozio; ~**floh** *m* (Isotoma saltans = Desoria saltans) *Ent* glaĉera pulo; ~**hahnenfuß** *m* (Ranunculus glacialis) *Bot* glaĉera (*od* glacia) ranunkolo *[Vorkommen: Zentralalpen, Karpaten, Pyrenäen, Skandinavien u. in der Arktis]*
Gletscherkatarrh *m Med* ↑ ***Gletscherbrand***
Gletscher|kunde *f* glaĉeroscienco (↑ *auch **Glaziologie***); ~**mühle** *f, auch **Gletschertopf** m* glaĉermuelejo; ~**oberfläche** *f* glaĉersurfaco; ~**schnee** *m Firnfeld* nevajo; ~**sxhliff** *m od* ~**schramme** *f Geol* glaĉera strio; ~**see** *m* glaĉera lago; ~**spalt** *m od* ~**spalte** *f* glaĉerfendo (↑ *auch **Eisspalte***); ~**tal** *n* glaĉera valo; ~**tor** *n* glaĉera pordego; ~**wanderung** *f* [sur]glacia migrado; ~**wasser** *n* glaĉera akvo; ~**wind** *m Met (lokales Windsystem, das sich über Gletschern ausbildet)* glaĉera vento (*vgl. dazu **katabatischer Wind***) *<Gletscherwind gleitet talwärts ab>*; ~**zunge** *f unterster, zungenartig ausgebildeter Teil eines Gletschers* glaĉera lango; ~**zone** *f* glaĉera zono
Gliadin *n Biochemie (ein Prolamin aus Weizen u. Roggen)* gliadino
Glied *n **a)** Anat* (Membrum) *(Körperteil)* membro (*vgl. dazu **Extremitäten** u. **Gliedmaßen***), *i.e.S. (Finger~, Zehen~)* falango; *(Penis)* peniso, *umg auch* kaco ***b)** Teil od Stück eines Ganzen* parto [de tutaĵo]; *bes. bibl: Glied in der Geschlechterfolge, Generation* generacio; *Ketten~* ĉenero (*vgl. dazu **Ring** u. **Verbindungsglied***); ***im dritten** ~ bibl* en la tria generacio ***c)** Mitglied, z.B. der Gesellschaft* membro (↑ *auch **Familien-** u. **Parteimitglied***); ***ein nützliches** ~ **der Gesellschaft*** utila membro de la socio ***d)** hintereinander angeordnete Reihe* vico *auch Mil*; ***in Reih und** ~* laŭ vicoj ***e)** Term (1. Math: Glied einer Formel, bes. einer Summe 2. Phys: ein Zahlenwert von Frequenzen od Wellenzahlen eines Atoms, Ions od Moleküls)* termo
Gliedendenschmerz *m Med* ↑ ***Akrodynie***
Glieder|füß[l]er *m/Pl, <wiss> **Arthropoden** Pl* (Arthropoda) *Zool* artikuloj *Pl, meist* artropodoj *Pl*; ~**kaktus** *m* (*auch **Weihnachtskaktus** genannt*) (Zygocactus truncatus) *Bot* zigokakto; ~**kette** *f* maŝoĉeno
gliedern *tr ordnen* ordigi (*vgl. dazu **organisieren***); *gruppieren, in Gruppen unterteilen* grupigi; *klassifizieren* klasifiki (*vgl. dazu **einteilen***)
Glieder|puppe *f* artikita [homsimila] pupo (*vgl. dazu **Handpuppe** u. **Marionette***); *als Schaufensterpuppe* montrofenestra pupo; *als Modell für Maler u. Bildhauer meist* manekeno (*vgl. dazu **Schneiderpuppe***); ~**reißen** *n Med* neŭralgiaj doloroj en la artikoj; *i.w.S. Muskelrheumatismus* muskola reŭmatismo
Gliederung *f Einteilung (als Vorgang)* dividado, *(als System)* divido; *Unterteilung* subdividado *bzw.* subdivido; *bei schriftl. Entwürfen u. dgl.* dispozicio; *Eingruppierung* grupigo; *Klassifizierung (als Vorgang)* klasifikado, *(als System)* klasifiko
Gliederzypresse *f Bot* ↑ ***Sandarakbaum***
Gliedmaßen *Pl, auch **Extremitäten** f/Pl Anat* membroj *Pl*, ekstremaĵoj *Pl*; ***hintere** (**vordere**) ~ Zool* malantaŭaj (antaŭaj) membroj *Pl*
glimmen *intr schwach glühen* ardeti; *schwach leuchten, z.B. eine Glimmlampe* malforte lumi; *unter der Asche* subbrul[et]i
Glimmentladung *f El (schwache Entladung)* efluvo
Glimmer *m Min (gesteinsbildendes, blättriges Mineral von auffälligem Glanz)* glimo (↑ *auch **Gold-**, **Hydroglimmer** u. **Lepidokrokit***)
glimmerhaltig, *<österr> **glimmerhältig** Adj* glim[o]hava
glimmern *intr ungewiss schimmern, z.B. wie Schnee unter Sonnenlicht* glimi
Glimmerquarz *m Min* ↑ ***Aventurin***
Glimmer|sandstein *m Geol, Min* glimhava sabloŝtono; ~**schiefer** *m Min* glimoskisto; ~**tintling** *m* (Coprinus micaceus) *Mykologie* glimĉapela kopreno
Glimm|lampe *f El* efluva lampo; ~**licht-**

gleichrichter *m El* efluva rektifilo

glimpflich *Adv*: ***jmdn. ~ behandeln*** *nicht zu streng* trakti iun ne tro severe, *nachsichtig* trakti iun indulg[em]e; ***das ist noch einmal ~ ausgegangen*** *ohne größeren Schaden* tio finiĝis sen granda damaĝo, *ohne großen Verlust* tio finiĝis (*od* pasis) sen granda perdo

Glioblastom *n* (*auch* ***buntes Glioblastom*** *genannt*) *Med (ein bösartiger Hirntumor)* glioblastomo

Gliom *n nur Fachspr Med (Sammelbez. für «in Gehirn, Rückenmark, Netzhaut des Auges u. peripheren Nerven vorkommende Geschwülste aus Glia od dieser entsprechenden Geweben»* gliomo (*vgl. dazu* ***Astrozytom***)

glitschig *Adj* glitiga (*vgl. dazu* ***glatt***, ***rutschig*** *u.* ***schlüfrig***); ***ein ~er Pfad*** glitiga pado

glitzern *intr* trembrili; *funkeln und glitzern, flimmern* scintili; ***~de Sterne am Himmel*** trembrilantaj (*od* scintilantaj) steloj en (*od* sur) la ĉielo

Gliwice (*n*), *dt.* ***Gleiwitz*** (*n*) *eine oberschlesische Industriestadt im Süden Polens* Glivico

global 1. *Adj* ***a)*** *die ganze Welt umfassend* tutmonda (↑ *auch* ***weltweit***); ***~e Erwärmung*** *f* tutmonda [pli]varmiĝ[ad]o ***b)*** *oberflächlich, ungefähr* supraĵa, proksimuma; *ganz allgemein* tute ĝenerala **2.** *Adv* tutmonde; supraĵe, proksimume; tute ĝenerale

globalisieren *tr weltweit ausrichten* tutmondigi

Globalisierung *f* tutmondigo *bzw.* tutmondiĝo

globalisierungskritisch *Adj*: ***~e Bewegung*** *f Pol* antitutmondiga movado

Globalisierungsprozess *m* proceso de tutmondiĝo

Global Positioning System *n* ↑ ***GPS***

Globalstrategie *f Pol* tutmonda strategio

Globetrotter *m Weltenbummler* mondvaganto; *Weltreisender* mondvojaĝanto

Globin *n Biochemie (Eiweißbestandteil des Hämoglobins)* globino (↑ *auch* ***Myoglobin***)

Globoid *n Geom (Fläche, die von einem um eine beliebige Achse rotierenden Kreis erzeugt wird)* globoido

globoidal *Adj Geom* globoida

Globulin *n Biochemie (ein Protein [z.B. in der Milch u. in Eiern])* globulino

Globulinurie *f nur Fachspr Med* globulinurio

Globus *m Erdkugel* terglobo; *Päd (Nachbildung der Erdkugel od anderer Planeten)* globuso (↑ *auch* ***Himmelsglobus***)

Glöckchen *n* sonorileto

Glocke *f* ***a)*** sonorilo (↑ *auch* ***Alarm-***, ***Bronze-*** *u.* ***Sturmglocke***); *Kirchen*~ preĝeja sonorilo; *Tür*~ pordosonorilo (*vgl. dazu* ***Klingel***); ***die ~n läuten*** sonigi (*od* sonorigi) la [preĝejajn] sonorilojn ◇ ***etw. an die große ~ hängen*** *überall [herum] erzählen* vaste diskonigi ion; *ausposaunen* distrumpeti ion ***b)*** *Hausw (Sturz zum Abdecken von Speisen)* kloŝo (↑ *auch* ***Glas-*** *u.* ***Käseglocke***)

Glockenblume *f* (*Gattung* Campanula) *Bot* kampanulo, *umg* kloŝfloro (↑ *auch* ***Karpaten-***, ***Rapunzel-*** *u.* ***Wiesenglockenblume***); ***bärtige ~*** (Campanula barbata) barba kampanulo; ***breitblättrige ~*** (Campanula latifolia) larĝfolia kampanulo, *pop auch* granda kloŝfloro; ***filzige ~*** (Campanula bononiensis) lanfolia kampanulo; ***kanarische ~***, *auch* ***Kanaren-Glockenblume*** (Canarina canariensis) kanaria kampanulo; ***pfirsichblättrige ~*** (Campanula persicifolia) persikfolia kampanulo; ***rautenblättrige ~*** (Campanula rhomboidalis) monta kampanulo; ***rundblättrige ~*** (Campanula rotundifolia) rondfolia kampanulo

Glockenblumengewächse *n/Pl Bot*: ***[Familie der] ~*** *Pl* (Campanulaceae) kampanulacoj *Pl*

Glocken|boje *f Mar* sonoranta buo; **~bronze** *f*, *Fachspr auch* ***Glockenspeise*** *f Gießwerkstoff für Bronzeglocken* sonorila bronzo

glockenförmig *Adj* sonorilforma, kloŝforma

Glockenfrosch *m Zool* ↑ ***Geburtshelferkröte***

Glocken|geläut[e] *n* sonorado de sonoriloj, sonorilado (↑ *auch* ***Angelusläuten***); **~gießer** *m* muldisto de sonoriloj, *auch* sonorilmuldisto

Glockenheide *f*, *auch* ***Moorheide*** *f* (Erica tetralix) *Bot* marĉa eriko; ***graue ~ = Grauheide*** [↑ *dort*]

~isolator *m El* kloŝforma (*od* kloŝkapa) izolilo; **~klöppel** *od* **~schwengel** *m* frapilo (*od* svingilo) de sonorilo

Glockenleiste *f Arch* ↑ ***Karnies***

Glocken|rebe *f* (*Gattung* Cobaea) *Bot* kobeo; **~reiher** *m* (Egretta ardesiaca) *Orn* nigra egretardeo *[Vorkommen: Afrika südl. der Sahara]*; **~rock** *m* kloŝforma jupo; **~schlag**

m sonorila frapo *od* frapo de sonorilo
Glockenschwengel *m* ↑ ***Glockenklöppel***
Glockenseil *n zum Läuten* sonorilŝnuro *od* sonorila ŝnuro
Glockenspeise *f* ↑ ***Glockenbronze***
Glockenspiel *n Mus* ***a)*** *auch* ***Carillon*** *n eine im Rahmen aufgehängte Reihe kleiner abgestimmter Glocken, die mit Hämmern zum Klingen gebracht werden* kariljono; *als Melodie* kariljona ludo; ***ein ~ ertönen lassen*** sonigi kariljonon, *abs auch* kariljoni ***b)*** *auch* ***Campanelli*** *Pl Metallstabspiel aus kleinen abgestimmten Stahlplättchen* kampaneto, *falls aus Glasstreifen [=* ***Glasspiel*** *n ein Schlaginstrument]* vitra kampaneto
Glockenstrauch *m Bot*: ***australischer ~*** (Acnistus australis) aŭstralia aknisto
Glocken|stuhl *m* sonorilejo [en preĝeja turo]; **~tierchen** *n/Pl* (*Gattung* Vorticella) *Zool (glocken- od kugelähnliche, auf einem kontaktilen Stiel festsitzende Ziliaten, eine Gattung der Wimpertierchen [zahlreiche Arten leben im Süßwasser u. im Meer])* vorticeloj *Pl*; **~ton** *m* sono de sonorilo; **~turm** *m* sonorila turo; *in flandrischen Städten auch* belfrido; *frei stehender [bes. in Italien]* kampanilo; **~weihe** *f* ben[ad]o de sonorilo; **~wespe** *f*, *auch* ***Pillenwespe*** *f* (*Gattung* Eumenes) *Ent* eŭmeno
Glöckner *m jmd., der auf dem Kirchturm die Glocken läutet* sonorilisto; *jmd., der zum Gebet mit der Glocke ruft* sonorigisto
Glomerulo|nephritis *f nur Fachspr Med* glomerulonefrito; **~pathie** *f Med (Sammelbez. für eine Vielzahl von Nierenerkrankungen unterschiedlicher Ursache mit pathomorphologischen Veränderungen in den Nierenkörperchen u. sekundär in anderen Teilen des Nephroms u. des Interstitiums)* glomerulopatio; **~sklerose** *f nur Fachspr Med* glomerulosklerozo
Glomerulum *m od* **Glomerulus** *n*, *auch* ***Gefäßknäuel*** *m od n [bes. in der Nierenrinde] nur Fachspr Anat* glomerulo
Glorie *f* ***a)*** *[strahlender] Glanz, Herrlichkeit, Ruhmesglanz* gloro ***b)*** = ***Glorienschein***
Glorienschein *m*, *auch* ***Gloriole*** *f Strahlenkranz, der eine Gestalt [bes. einen Heiligen] umgibt* glorkrono *auch i.w.S.* (*vgl. dazu* ***Nimbus***); ***jmdn. mit einem ~ umgeben*** glorkroni iun
glorifizieren *tr* glori *od* glorigi
Glorifizierung *f*, *auch* ***Glorifikation*** *f* glorado *od* glorigo (*vgl. dazu* ***Verherrlichung***)
Gloriole *f*, *auch* ***Gnadenschein*** *m Strahlenkranz um den Kopf von Heiligenfiguren [zur Versinnbildlichung ihrer Bedeutung]* aŭreolo, glorkrono (↑ *auch* ***Nimbus***)
Gloriosa *f* (Gloriosa) *Bot (eine Gattung tropischer Blühpflanzen)* gloriozo
glorreich *Adj glanzvoll, ruhmreich* glor[plen]a (*vgl.dazu* ***großartig***); *rühmenswert* glorinda
Glossar *n Wörterverzeichnis mit Erklärungen* glosaro
Glosse *f erläuternde Anmerkung bzw. Worterklärung* gloso *auch iron*; *Randbemerkung [zum Text]* marĝena noto; *Kommentar* komentario
Glossektomie *f nur Fachspr Chir (totale od partielle operative Entfernung der Zunge)* glosektomio
Glossematik *f*, *auch* ***Kopenhagener Schule*** *f Ling (eine in Dänemark begründete mathematisch-deduktive Sprachtheorie)* glosematiko
glossematisch *Adj* glosematika
glossieren *tr mit Anmerkungen versehen* glosi; *kommentieren* [ironie] komentarii (*etw.* ion); *i.w.S. bespötteln* ŝercmoketi
Glossinen *f/Pl* (*Gattung* Glossina) *Ent (Stechfliegen des trop. Afrika [Überträger verheerender Trypanosomenkrankheiten])* glosinoj *Pl* (↑ *auch* ***Tsetsefliege***)
Glossitis *f Med* ↑ ***Zungenentzündung***
Glossolalie *f*, *auch* ***Zungenreden*** *n bes. in religiöser Verzückung* glosolalio
glossopharyngeal *Adj nur Fachspr Anat (zu Zunge und Schlund gehörig [z.B. der Geschmacksnerv])* glosofaringa
Glossospasmus *m*, *auch* ***Zungenkrampf*** *m nur Fachspr Med* glosospasmo, spasmo de la lango
Glossotomie *f Chir* ↑ ***Zungenschnitt***
glottal *Adj Phon (im Kehlkopf erzeugt)* glota
Glottal *m Phon* glota plozivo (*vgl. dazu* ***Laryngal***)
Glottis *f Anat* ↑ ***Stimmritze***
Glottiskrampf *m Med* ↑ ***Stimmritzenkrampf***
Glottisödem *n* (Oedema glottidis) *Med* glota edemo
Glottisverschluss *m Phon* ↑ ***Kehlkopfverschlusslaut***
Glottochronologie *f diachronische Linguistik* glotokronologio
Glotzaugen *n/Pl* [elstaraj] gap-okuloj *Pl*,

umg auch globaj okuloj *Pl* (*vgl. dazu* ***Exophthalmus***)

glotzäugig *Adj* gap-okula

glotzen *intr* rigardi per gapaj okuloj (↑ *auch* ***stieren***); *gaffen* gapi; *umg (blöd gucken)* [stulte] rigardaĉi ◇ ~ ***wie eine Kuh*** rigardaĉi kiel bovino *(Zam)*

Gloucester [glɔstə] (*n*) *Hptst. der westenglischen Grafschaft Gloucestershire* Glostro

Gloxinie *f* (*Gattung* Gloxinia) *Bot (ursprünglich im tropischen Amerika]* gloksinio <*Zimmerpflanze, in Kultur vorwiegend Hybriden*>

Glucagon *n Biochemie* ↑ ***Glukagon***

Glück *n Empfinden od Gefühl* feliĉo (↑ *auch* ***Ehe-, Familien-*** *u.* ***Herzensglück***); *günstiger Zufall (bes. im Ggs zu Pech)* bonŝanco (*vgl. dazu* ***Erfolg, Gewinn, ¹Massel, Vorteil***); *Gunst des Schicksals* fortuno; ***auf gut*** ~ trafe-maltrafe; *einfach so* divenprove; ***inneres*** ~ *Herzensglück* feliĉo de koro; ~ ***bringend*** feliĉoporta; ~ ***haben mit*** havi feliĉon (*od* bonŝancon) pri (*od auch* kun); ~ ***bei Frauen haben*** havi feliĉon ĉe virinoj; ***wir haben bestimmt*** ~ ni certe bonŝanĉos; ***sein*** ~ ***machen*** (***suchen***) trovi (serĉi) sian fortunon; ***du kannst von*** ~ ***reden, dass ...*** danku la bonŝancon, ke ...; ***strahlend vor*** ~ radianta pro feliĉo; ~ ***verheißend*** aŭguranta feliĉon; ***jmdm.*** ~ ***wünschen*** deziri feliĉon al iu, bondeziri al iu; *jmdm. gratulieren* gratuli iun; ***zum*** ~ *glücklicherweise* feliĉe, bonŝance; ***zu meinem*** ~ feliĉe (*od* bonŝance) por mi *od* je mia feliĉo (*od* bonŝanco); ***einem*** (*od* ***dem***) ***verlorenen*** ~ ***nachtrauern*** sopiri je perdita feliĉo ◇ ~ ***und Glas, wie leicht bricht das*** feliĉo hodiaŭ karesas, morgaŭ forgesas *(Zam)*; ~ ***und Reichtum macht Neider*** feliĉo kaj riĉo envion elvokas *(Zam)*; ***mit*** ~ ***kommt man weiter als mit Geschick*** pli helpas guto da feliĉo ol barelo da saĝo *(Zam)*

Glucke *f* ***a)*** *selt* ***Gluckhenne*** *f Bruthenne* kovokokino ***b)*** *Mykologie*: ***krause*** ~ *f od* ***fette Henne*** *f* (Sparassis crispa) krispa sparasiso, *pop* florbrasika fungo

glucken *intr* ***a)*** *wie eine Gluckhenne* kluki ***b)*** *brüten* kovi; *brüten wollen* voli kovi ***c)*** *übertr für «bloß herumsitzen»* [nur] sidi kaj nenion fari

Glucken *f/Pl Ent* ↑ ***Wollraupenspinner***

glücken *intr erfolgreich sein, gelingen* sukcesi; *prosperieren, gut vorankommen* prosperi; ***nicht*** ~ malsukcesi; *fehlschlagen* fiaski; ***es ist mir nicht geglückt ...*** mi ne sukcesis ...

Gluckente *f* (Anas formosa) *Orn* bajkala kreko

gluckern *intr Bächlein, Flüssigkeit* glugli

Gluckhenne *f* ↑ ***Glucke***

glücklich 1. *Adj* feliĉa (↑ *auch* ***überglücklich***); *erfolgbegleitet* sukcesa; *froh* gaja; *zufrieden* kontenta (*vgl. dazu* ***erfolgreich***); ~ ***machen*** feliĉigi, *auch* fari ... feliĉa; ***einen Mann*** ~ ***machen*** feliĉigi viron *od* fari viron feliĉa; ~***e Reise!*** feliĉan (*od* bonan) vojaĝon!; ***[ein]*** ~***es neues Jahr!*** feliĉan novan jaron!; ***eine*** ~***e Zeit*** feliĉa tempo ◇ ***eine*** ~***e Hand haben*** ĉiam sukcesi [en siaj faroj] **2.** *Adv* feliĉe; *mit Glück* bonŝance; *endlich, zu guter Letzt* fine *od [intensiver:]* finfine; ~ ***lächeln*** feliĉe rideti

Glückliche ***a)*** *m* feliĉulo ◇ ***dem*** ~***n schlägt keine Stunde*** por feliĉulo tempo ne valoras ***b)*** *f* feliĉulino

glücklicherweise *Adv* feliĉe, bonŝance

Glücklichsein *n* feliĉeco

Glücksbringer *m* talismano

glückselig *Adj überglücklich* feliĉega, *bes. Rel* beata; *strahlend vor Glück* radianta pro feliĉo

Glückseligkeit *f* feliĉego; *Rel* beateco; *Wonne* delico

Glückseligkeitslehre *f Phil, Rel* ↑ ***Eudämonismus***

glucksen *intr* glugli

Glücks|fall *m* bonŝanco, feliĉa okazo, *auch* feliĉaĵo; ~**gefühl** *n* sento de feliĉo; ~**göttin** *f* diino de fortuno *auch i.w.S.* (↑ *auch* ***Fortuna***); ~**haube** *f eines Neugeborenen* kufo [de novnaskito]

Glückskäfer *m Ent* ↑ ***Marienkäfer***

Glücks|kind *n od* ~**pilz** *m* bonŝanĉulo, favorato de fortuno; ~**moment** *m* momento de feliĉo; ~**sache** *f* afero de bonŝanco, feliĉa hazardo; ~**spiel** *n* hazardludo, *auch* monludo (*vgl. dazu* ***Wettspiel***; ↑ *auch* ***Bingo***); ~**spielautomat** *m* hazardluda aŭtomato; ~**spieler** *m, auch* ***Hasardeur*** *m* hazardludisto; ~**tag** *m* tago de bonŝanco (***für*** por)

glückstrahlend *Adj* radianta pro feliĉo *nachgest*

Glückszahl *f Gewinnzahl* gajna numero

Glückwunsch *m Ausdruck der Anerkennung od Mitfreude* gratulo; *Wunsch für eine glückliche Zukunft* bondeziro(j) *(Pl)* (*vgl.*

dazu ***Gratulation***); ***herzlichen ~!*** korajn bondezirojn!; ***jmdm. seinen ~ aussprechen*** (*od geh* ***darbringen***) esprimi (*od geh* prezenti) al iu sia(j)n gratulo(j)n (*od* bondezirojn); ***Glückwünsche überbringen von ...*** transdoni gratulojn (*bzw.* bondezirojn) de ...

Glückwunsch|ansprache *f* gratulparolado; **karte** *f* gratulkarto (*vgl. dazu* ***Geburtstagskarte***); **~schreiben** *n* gratul-letero (↑ *auch* ***Grußbotschaft***)

Glückwunschtelegramm *n* gratultelegramo; ***ein ~ schicken*** sendi gratultelegramon (***an jmdn.*** al iu)

Glucosamin *n Biochemie* ↑ ***Glukosamin***

α-Glucosidase *f* ↑ ***Maltase***

Glühbirne *f* ↑ ***Glühlampe***

Glühelektron *n*, *Fachspr* ***Thermion*** *n El* termiono

glühen ***a)*** *tr Tech (in glühenden Zustand versetzen, z.B. Metalle, Werkstoffe)* ardigi ***b)*** *intr geschmolzenes Eisen, Kohle, Metall* ardi; *weißglühen, z.B. Faden der Glühlampe* inkandeski, *auch* blankardi; *übertr (vor Begeisterung, Verlangen)* ardi (***vor Eifer*** pro fervoro); ***vor Zorn ~*** ardi pro kolero

Glühen *n* ardado; inkandesko

glühend *Adj Kohle* ard[ant]a; *Glühfaden, Metall* inkandeska; *übertr, z.B. eine Rede* arda (*vgl. dazu* ***feurig***); ***~e Liebesbriefe*** *m/Pl* ardaj amleteroj *Pl*; ***mit ~en Wangen*** kun vangoj ardantaj

Glühende *n*: ***etw. ~s*** ardaĵo (↑ *auch* ***Glut***)

Glüh|faden *m*, *auch* ***Heizfaden*** *m El* inkandeska filamento, *(in Form einer Kathode)* hejtkatodo; **~kathode** *f El* inkandeska (*od* termoelektrona) katodo; **~körper** *m Tech* ardilo; **~lampe** *f*, *umg auch* ***Glühbirne*** *f* inkandeska ampolo (*od umg* lampo) (↑ *auch* ***Wolframglühlampe***); **~strumpf** *m der Gaslampe* inkandeska mufo; **~wein** *m ein alkoholhaltiges Heißgetränk* [spicita] varmvino, *auch* vingrogo; **~würmchen** *n Zool* (*Gattung* Lampyra) lampiro, (*Gattung* Luciola) luciolo

Glukagon *n*, *Fachspr auch* ***Glucagon*** *n Biochemie (ein Hormon der Bauchspeicheldrüse <Gegenspieler des Insulins>)* glukagono; **~test** *m* glukagontesto

Glukokinase *f*, *fachsprachl. auch* ***Glucokinase*** *f Biochemie ein Hormon [Vorkommen in der Leber]* glukokinazo

Glukokortikoide *n/Pl Biol (Wirkstoffe aus der Nebennierenrinde)* glukokortikoidoj *Pl*

Glukosamin *n*, *fachsprachl. auch* ***Glucosamin*** *n*, *auch* ***Chitosamin*** *n Biochemie* glukozamino

Glukose *f*, *alt auch* ***Glykose*** *f Biochemie* glukozo (*vgl. dazu* ***Traubenzucker***); **~sirup** *m Nahr* glukoza siropo

Glukosurie *od* **Glykosurie** *f Med (Zuckerausscheidung f im Harn, z.B. bei Diabetes)* glukozurio; ***renale ~*** *erhöhte Glukoseausscheidung im Harn bei normalem Blutzuckergehalt u. ohne diabetische Stoffwechsellage* rena glukozurio

Glukuronide *n/Pl Biochemie (Verbindungen der Glukuronsäure mit endo- od exogenen Substanzen <wichtige Entgiftungsreaktion in der Leber>)* glukuronidoj *Pl*

Gluma *f Bot* ↑ ***Hüllspelze***

Gluon *n* (*Pl*: ***Gluonen***) *Phys (in der Teilchenphysik das Austauschteilchen der extrem starken, zw. den Quarks wirkenden Kräfte)* gluono *<das Gluon hat keine elektrische Ladung u. keine Ruhemasse, jedoch Farbladungen>*; **~paar** *n* gluonparo

Glut *f* ***a)*** ardo, *(als Eigenschaft od Zustand) meist* ardeco; *Kohlen~* braĝo; *große Hitze* varmego; *tiefe Röte, z.B. des Abendhimmels* profunda ruĝo ***b)*** *übertr (Liebes~)* ardo de la amo, *sex* seksardo, *(Leidenschaft)* [forta] pasio, *(Enthusiasmus)* entuziasmo, *(Gefühl der Begeisterung)* sento de fervoro; ***in ~ geraten*** ekardi; ***in ~ versetzen*** ekardigi

Glutäalreflex *m Fachspr Med* ↑ ***Gesäßreflex***

Glutamat *n Chem, Nahr (Würzzusatz od Geschmackszusatz für Suppen u. Konserven)* glutamato

Glutamin *n eine Aminosäure* glutamino

Glutaminase *f Biochemie* glutaminazo *[Vorkommen vor allem in den Tubuluszellen der Niere]*

Glutaminsäure *f eine Aminosäure* glutam[in]ata acido

Glutarsäure *f Chem* glutarata acido; ***Salz der ~*** glutarato

Glutathion *n Chem (ein aus den Aminosäuren Glutaminsäure, Cystein u. Glykokoll gebildetes Peptid [in allen Körperzellen vorkommend (Funktion als Coenzym)])* glutationo

Gluten *n*, *umg* ***Kleber*** *m od* ***Klebereiweiß*** *n Biochemie (klebriger Eiweißstoff im Getreidekorn)* gluteno *<Hauptanteil des Eiweißes aus Weizenmehl>*; **~allergie** *f Med* glutenalergio (↑ *auch* ***Zöliakie***)

glutenfrei *Adj* senglutena; *~**es Mehl** n* senglutena faruno
glutenhaltig, *<österr>* ***glutenhältig*** *Adj [stark] kleberhaltig* gluten[en]hava
Glutenunverträglichkeit *f Med* netoleremo al gluteno
Gluthitze *f* arda varmego
glutrot *Adj* arde ruĝa (*vgl. dazu* ***knallrot***)
Glycerin *n Chem* ↑ ***Glyzerin***
Glycerol *n* = ***Glyzerin***
Glycin *n Biochemie* ↑ ***Glyzin***
Glycocalyx *f (auch* ***Kapsel*** *od* ***Schleimhülle*** *genannt) Zellbiologie (Schicht an der Außenfläche der Zellmembran bei eukaryotischen Zellen, aber ebenso an der Außenseite der Zellwand bei prokaryotischen Zellen)* glikokaliko
Glycol *n Chem* ↑ ***Glykol***
Glykämie *f nur Fachspr Med ([normaler] Zuckergehalt des Blutes)* glikemio (↑ *auch* ***Hypoglykämie***)
glykämisch *Adj* glikemia; *~**er Index** m (Kurzw* ***Glyx®****) Med (Maß zur Bestimmung der Wirkung eines kohlehydrathaltigen Lebensmittels auf den Blutzuckerspiegel)* glikemia indico
Glykogen *n, auch* ***Leberstärke*** *f Biol, Chem* glikogeno (↑ *auch* ***Muskelglykogen***)
Glykogenase *f Biochemie (ein Leberenzym)* glikogenazo
Glykogenie *f Biochemie, Med (Aufbau des Glykogens in der Leber)* glikogen[o]genezo
Glykogenolyse *f Biochemie, Med (Abbau des Glykogens im Körper)* glikogenolizo
Glykogenose *f, auch* ***Glykogenspeicherkrankheit*** *f Med* glikogenozo
Glykol *n, auch* ***Glycol*** *n Chem (ein Frostschutz- u. Lösungsmittel)* glikolo (↑ *auch* ***Propylenglycol***)
Glykolipide *n/Pl Chem (Bestandteile von Zellmembranen, die aus Zuckern u. lipophilen Gruppen [z.B. Fettsäuren] aufgebaut sind)* glikolipidoj *Pl*
Glykolyse *f Biochemie (Aufspaltung des Traubenzuckers in Milchsäure [ein Teilvorgang des Zellstoffwechsels])* glikolizo
Glykoproteide *n/Pl Biochemie* glikoproteidoj *Pl* (↑ *auch* ***Prothrombin***)
Glykoproteine *n/Pl Biochemie (Proteine, die eine Zuckerkomponente enthalten)* glikoproteinoj *Pl* (↑ *auch* ***Avidin***)
Glykose *f Biochemie* ↑ ***Glukose***
Glykosidasen *f/Pl Biochemie (zu den Hydrolasen zählende Enzymgruppe)* glikosidazoj *Pl*
Glykoside *n/Pl Biochemie* glikosidoj *Pl* (↑ *auch* ***Adonidin***)
Glykosurie *f Med* ↑ ***Glukosurie***
Glyoxal *n, auch* ***Äthandial*** *n Chem* glioksalo, *auch* etandialo
Glyoxalin *n Chem* ↑ ***Imidazol***
Glyphosat *n ein [möglicherweise schädliches] Pflanzenschutzmittel* glifosato
Glyptik *f, auch* ***Steinschneidekunst*** *f Gravur von Edelsteinen u.Ä.* gliptiko, *auch* gemogravurado
glyptisch *Adj* gliptika
Glyptodon *n Paläontologie (ein fossiles Riesengürteltier)* gliptodonto
Glyptothek *f 1. Sammlung von Gemmen 2. [in Deutschland:] Sammlung von antiken Skulpturen u. das für eine solche Sammlung eingerichtete Gebäude* gliptoteko
Glyx® *m* ↑ *unter* ***glykämisch***
Glyzerid *n, auch* ***Glyzerinester*** *m Chem* glicerido *<wichtigste Vertreter: Olein, Palmitin u. Stearin>*
Glyzeril *n Chem* glicerilo
Glyzerin *n, Fachspr* ***Glycerin*** *od* ***Glycerol*** *n, pop auch* ***Ölsüß*** *n Chem* glicerino
Glyzerinester *n Chem* ↑ ***Glyzerid***
Glyzerin|seife *f* glicerina sapo; *~**zäpfchen** n Pharm* glicerina supozitorio
Glyzerol *n Chem* ↑ ***Glyzerin***
Glyzin *n, Fachspr auch* ***Glycin*** *n, pop auch* ***Leimsüß*** *n Biochemie (einfachste Aminosäure, Alphaaminoessigsäure)* glicino *<ein Baustein der meisten Eiweißkörper>*
Glyzin[i]e *f Bot* ↑ ***Wistarie***
GmbH = *Abk für* ***Gesellschaft mit beschränkter Haftung***
Gmelin (*m*) *Eig (deutscher Chemiker [1788 -1853])* Gmelino
Gnade *f* ***a)*** *auch* ***Huld*** *f Rel* graco; ***die ~ Gottes*** la graco de Dio (*vgl. dazu* ***Charisma***) ***b)*** *Gunst* favoro; *Gunstbeweis* favoraĵo; *Begnadigung, Nachsicht* pardono, indulgo (*vgl. dazu* ***Amnestie***); *Barmherzigkeit, Mitleid* kompato; ***ohne ~*** senkompate *od* sen kompato; *ohne Nachsicht* senindulge; ***um ~ bitten*** peti indulgon (***bei jmdm.*** de iu); *~* ***finden bei ...*** trovi favoron (*bzw.* gracon) ĉe ... ◇ ***Euer*** (*od altertümelnd* ***Ihro***) *~**n*** *Anrede* via moŝto (*vgl. dazu* ***Hoheit b)***); ***Eure bischöfliche ~n*** *Anrede* via episkopa moŝto

Gnaden|beweis *m od* ~**bezeigung** *f* favoraĵo; ~**frist** *f* prokrasto pro favoro; ~**gesuch** *n* peto (*od* petskribo) pri indulgo; ~**kraut** *n* (*Gattung* Gratiola) *Bot* graciolo, *pop* gracoherbo

gnadenlos 1. *Adj erbarmungslos* senkompata; *ohne Nachsicht, schonungslos* senindulga; **2.** *Adv* senkompate; senindulge

Gnadenrecht *n Jur* rajto je pardono

Gnadenschein *m* ↑ ***Gloriole***

gnadenspendend *Adj* gracodona

Gnadenstoß *m* mortigo pro kompato

gnädig *Adj* favora, favorkora; *barmherzig* kompat[em]a; *nachsichtig* indulg[em]a; *große [herablassende] Güte zeigend* moŝta *auch iron* (*vgl. dazu* ***hochwohllöblich***); ~***e Frau*** *geh [eine veraltende Form der Anrede]* sinjorina moŝto; ~***es Fräulein*** *geh [eine veraltende Form der Anrede]* fraŭlina moŝto; ***Gott sei dir*** ~ Dio estu favora al vi

Gnathologie *f nur Fachspr Zahnmedizin (Lehre von der Kaufunktion)* gnatologio

Gneis *m Geol, Min* gnejso (*vgl. dazu* ***Arterit*** *u.* ***Leptite***; ↑ *auch* ***Augen-***, ***Granit-*** *u.* ***Paragneis***)

gneisähnlich *Adj* gnejsosimila

Gnemonbaum *m Bot* ↑ ***Gnetum***

Gnesen (*n*) ↑ ***Gniezno***

Gnetum *n*, *auch* ***Gnemonbaum*** *m Bot (eine Gattung der Nacktsamer mit ährenartigen Blütenständen [Lianen u. Bäume trop. Regenwälder])* gneto <*auf Java auch kultiviert*>

Gniezno (*n*), *dt.* ***Gnesen*** (*n*) *eine Stadt in Polen nordöstl. von Posen* Gniezno

Gnom *m Myth ([zwergenhafter] Erdgeist)* gnomo, terkoboldo (*vgl. dazu* ***Kobold***, ***Troll*** *u.* ***Zwerg***); *zwergwüchsiger Mensch* nano (*vgl. dazu* ***Pygmäe***)

gnomenhaft *Adj* simila al gnomo *nachgest*, gnomosimila

Gnomiker *m*, *Verfasser von Denk- od Sinnsprüchen* gnomikisto

gnomisch *Adj Dichtung* gnomika; ~***er Dichter*** *od* ***Spruchdichter*** *m* gnomika poeto

Gnomon *m*, *seltener auch* ***Schattenstab*** *m ein antiker Sonnenhöhenzeiger* gnomono (*vgl. dazu* ***Sonnenuhr***)

Gnoseologie *f*, *auch* ***Erkenntnistheorie*** *f ein Teilgebiet der Philosophie* gnoseologio, *auch* teorio de ekkono *od* ekkonteorio

gnoseologisch 1. *Adj* gnoseologia **2.** *Adv* gnoseologie

Gnosis *f* ***a)*** *Religionsphilosophie ([mystisch-religiöse] Erkenntnis)* gnostiko ***b)*** *Phil* ↑ ***Erkenntnis d)***

Gnostik *f* ↑ ***Gnostizismus***

Gnostiker *m Anhänger od Vertreter der Gnosis* gnostikulo

gnostisch *Adj* gnostika (*vgl. dazu* ***mystisch*** *u.* ***okkult***)

Gnostizismus *m*, *auch* ***Gnostik*** *f eine mystisch-religiöse Strömung* gnostikismo

Gnu *n Zool (ein Steppenhuftier)* gnuo; *Weißbart°~* (Connochaetes albojubatus) blankbarba gnuo; *Weißschwanz°~* (Connochaetes gnou) blankvosta gnuo *[Vorkommen: zentrales u. östliches Afrika]*; ***blaues*** ~ *od* ***Streifengnu*** *n* (Connochaetes taurinus) blua (*od* striita) gnuo *[Vorkommen: in den Savannen Ost- u. Südafrikas]*

Go *n ein jap. Brettspiel chinesischen Ursprungs* go-ludo, *auch* goo (*vgl. dazu* ***Gobang***)

GO = *Abk für* ***Geschäftsordnung***

[1]**Goa** (*n*) *ehemals portugiesisches Überseeterritorium [1510-1961], jetzt indischer Unionsstaat* Goao *[Hptst.: Panaji]*

[2]**Goa** *f Zool* ↑ ***Tibetgazelle***

Goal *n* ↑ ***²Tor b)***; ***Golden*** ~ *Fußball* ↑ *unter* ***golden***

Goalgetter *m* ↑ ***Torschütze***

Goalkeeper *od* **Goalmann** *m* ↑ ***Torhüter***

Goallinie *f* ↑ ***Torlinie***

Goaner *m Bewohner von Goa* goaano

Goanerin *f* goaanino

Gobang *n ein jap. Brettspiel [ähnlich dem Go]* gobango (*vgl. dazu* ***Go***)

Gobelin *m gewirkter Wandteppich [mit eingewebten Bildern]* gobelino (↑ *auch* ***Tapisserie***)

Gobi *f eine Wüste in Innerasien* Gobio

gobisch *Adj pflanzengeografische Bez für «im zentralasiatischen Wüstengebiet Takla-Makan u. Gobi vorkommend»* gobia

Gockel *m* ***a)*** *reg für «Hahn»* virkoko ***b)*** *Dandy* dando

Godavari *m ein Strom im Hochland von Dekkan/Indien* [rivero] Godavaro <*einer der heiligen Flüsse der Hindus*>

Godetie *f*, *auch* ***Atlasblume*** *f* (Godetia) *Bot (eine kalifornische Gattung der Nachtschattengewächse)* godetio

Godin *f* ↑ ***Patin***

Godthåb (*n*) ↑ ***Nuuk***

Goethe (*m*) *Eig (dt. Dichter [1749-1832])*

Goeto
Goethit *m, auch* ***Nadeleisenerz*** *n Min* goetito
Go-go-Girl *n Vortänzerin in Nachtlokalen* go-go-knabino
Gogol (*m*) *Eig (russ. Schriftsteller [1809-1852])* Gogolo
Goi *m jiddisch pej für «Nichtjude»* gojo
Goiás (*n*) *ein zentralbrasilianischer Gliedstaat* Gojaso *[Hptst.: Goiânia]*
Gokart *m od n Kfz* gokarto
Golanhöhen *Pl, arab.* ***Ğaulān*** *ein Höhenzug an der SW-Grenze Syriens* Golanaj Altaĵoj *Pl, auch* Golana Altebenaĵo
Golconda (*n*) *westl. von Hyderabad gelegene Ruinenstadt [einstige Hptst. des Qutubshah-Reiches (16./17.Jh.)]* Golkondo
Gold *n* (*Symbol* ***Au***) oro (↑ *auch* ***Blattgold***); ***massives*** ~ masiva oro; ***reines*** (*od* ***pures***) ~ pura oro; ***24karätiges*** ~ *Feingold* oro je 24 karatoj; ***schwarzes*** ~ *bildh für «Erdöl»* nigra oro (*bildh für* nafto); ***in*** ~ ***gefasst*** or-kadrita; ***mit*** ~ ***bezahlen*** pagi per oro; ~ ***schlagen*** (*od* ***aushämmern***) bati oron; ~ ***waschen*** lavi oron ◇ ***es ist nicht alles*** ~, ***was glänzt*** ne ĉio estas oro, kio brilas; ***Morgenstunde hat*** ~ ***im Munde*** matena horo estas plena de oro *(Zam)*; ***Schweigen ist*** ~ al or' similas la silento *(Zam)*
Gold|ader *f Geol* or-vejno, ora vejno *od* vejno el oro; ~**after** *m* (Euproctis chrysorrhoea) *Ent (ein weiß geflügelter Schmetterling aus der Familie der Trägspinner)* eŭprokto; ~**ammer** *f* (Emberiza citrinella) *Orn* flava emberizo
goldartig *Adj* oreca
Goldäsche *f Ichth* ↑ ***Goldmeeräsche***
Gold|aster *f, auch* ***Goldhaaraster*** *f* (Aster linosyris) *Bot* ora astero; ~**ausfuhr** *f* or--eksporto
Goldausfuhrverbot *n* ↑ ***Goldembargo***
Goldbarren *m* or-briko
Goldbarsch *m Ichth* ↑ ***Rotbarsch***
Gold|bergwerk *n* or-minejo; ~**birke** *f* (Betula ermanii) *Bot* kamĉatka (*od* ora) betulo *[Vorkommen: Ostasien, Kurilen, Sachalin u. Kamtschatka]*
Goldblock *m* ↑ ***Goldwährungsblock***
Goldbrasse *f od* **Goldbrassen** *m* (*Gattung* Sparus) *Ichth, Nahr* sparo; (*Art* Sparus auratus) ora sparo
goldbraun *Adj* orbruna
Gold|brokat *m* ora brokato; ~**brüstchen** *n* (Amandava subflava) *Orn* oranĝventra estrildo
Goldbutt *m Ichth, Nahr* ↑ ***²Scholle b)***
Gold|deckung *f Bankw, Wirtsch* or-kovro (*vgl. dazu* ***Metalldeckung***); ~**devisen** *f/Pl* or-devizoj *Pl*
Golddistel *f Bot*: ***spanische*** ~ (Scolymus hispanicus) hispana skolimo
Gold|dublee *n* ora dubleo; ~**embargo** *n, auch* ***Goldausfuhrverbot*** *n* or-embargo, malpermeso de or-eksporto
golden *Adj* ora; *goldfarben* orkolora (↑ *auch* ***mattgolden***); *aus Gold [gefertigt]* [farita] el oro; ~***es Armband*** *n* ora braceleto; ***Golden Goal*** *n Fußball ([ehemals:] ein in der Verlängerung erzieltes Tor, das unmittelbar zum Sieg führt)* ora golo; ~***e Hochzeit*** *f* ora geedziĝo, kvindeka datreveno de geedziĝo; ~***e Palme*** *f ein Filmpreis* Ora Palmo; ~***e Schallplatte*** *f als Auszeichnung* ora [son]-disko *(auch Großschr)*; ***der*** ~***e Schnitt*** *Math* la ora sekco ◇ ~***es Zeitalter*** *n* ora epoko; ***jmdm.*** ~***e Berge versprechen*** *unerfüllbare Versprechungen machen* promesi al iu orajn montojn *(Zam)*; ***der Tanz ums*** ~***e Kalb*** *bibl u. übertr* la danco ĉirkaŭ la Ora Bovido
Gold|eule *f* (Tyto aurantia) *Orn* ora turstrigo *[Vorkommen: endemisch auf New Britain/Bismarck-Archipel (Papua-Neuguinea)]*; ~-**export** *m* or-eksporto; ~**faden** *m* orfadeno *od* ora fadeno
gold|farben *od* ~**farbig** *Adj* orkolora
Gold|fasan (Chrysolophus pictus) *Orn* ora fazano, *auch* or-fazano *[Vorkommen in Mittelchina]*; ~**feingehalt** *m Maß der Feinheit einer Goldlegierung* karato; ~**fieber** *n, auch* ***Goldrausch*** *m* orfebro, oravido, orserĉa furoro; ~**finger** *m alt für «Ringfinger»* ringofingro; ~**fingerkraut** *n* (Potentilla aurea) *Bot* ora potentilo
¹**Goldfisch** *m, Fachspr* ***Dorado*** *m* (*Abk* ***Dor*** *od* ***Dora***) *Astron (ein Sternbild des südlichen Himmels)* Korifeno
²**Goldfisch** *m* (Carassius auratus) *Ichth* orfiŝo *in Asien auch Nahr* (↑ *auch* ***Schleierschwanz***); ~**teich** *m* orfiŝa lageto
Goldfliegen *f/Pl* (*Gattung* Lucilia) *Ent (metallisch schillernde Schmeißfliegen)* lucilioj *Pl* (↑ *auch* ***Waldgoldfliege***)
Goldfliegenschnäpper *m Orn* ↑ ***Narzissenschnäpper***
Gold|flügelgimpel *m* (Rhynchostruthus

socotranus) *Orn* orflugila fringo; ~**fund** *m* trovaĵo de oro; ~**gegenstand** *m* objekto el oro, *auch* oraĵo; ~**gehalt** *m* enhavo je oro

goldgelb *Adj* orflava (*vgl. dazu* ***golden***)

Gold|gewicht *n* pezomezuro por oro (*vgl. dazu* ***Karat***); ~**glimmer** *m*, *auch* ***Katzengold*** *n Min* flava glimo; ~**gräber** *m* orfosisto; *Arbeiter in einer Goldmine* orministo (*vgl. dazu* ***Goldsucher***); ~**grube** *f Bergb* orminejo; *übertr* fonto de riĉeco

Goldgruben-Laufkäfer *m Ent* ↑ ***Gartenlaufkäfer***

Goldhaaraster *f Bot* ↑ ***Goldaster***

Goldhafer *m*, *auch* ***Wiesengoldhafer*** *m* (Trisetum flavescens) *Bot* flava triseto

Goldhähnchen *n* (Regulus) *Orn* regolo (↑ *auch* ***Azoren-***, ***Indianer-***, ***Madeira-***, ***Rubin-***, ***Sommer-*** *u.* ***Wintergoldhähnchen***); ***[Familie der]*** ~ *Pl* (Regulidae) regoledoj *Pl*

Goldhähnchen|-Dornschnabel *m* (Acanthiza reguloides squamata) *Orn* skvambrusta dornbekulo; ~**-Laubsänger** *m* (Phylloscopus proregulus) *Orn* regolfiloskopo

Goldhahnenfuß *m Bot* ↑ ***Goldschopfhahnenfuß***

goldhaltig, *<österr>* ***goldhältig*** *Adj* orhava, *nachgest auch* enhavanta oron (↑ *auch* ***güldisch***)

Goldhamster *m* (Mesocricetus auratus) *Zool* ora hamstro

Goldhase *m Zool* ↑ ***Aguti***

goldig *Adj poet: aus Gold* [farita] el oro; *vergoldet* orumita *od* orizita; *umg übertr (süß)* dolĉa, *(niedlich)* minjona, *(reizend)* ĉarma

Gold|johannisbeere *f* (Ribes aureum) *Bot* ora ribo; ~**kehlbülbül** *m* (Pycnonotus xantholaemus) *Orn* flavgorĝa bulbulo *[Vorkommen: Südindien]*; ~**kette** *f* ora ĉeno *od* ĉeno el oro, *als Halsschmuck* ora kolĉeno; ~**klausel** *f Fin (vertragliche Vereinbarung, dass eine Geldschuld in Gold od dessen Gegenwert zu begleichen ist)* orklaŭzo; ~**-klee** *m* (Trifolium aureum) *Bot* ora trifolio; ~**klumpen** *m* orbulo *od* bulo de (*od* da) oro; ~**korn** *bzw.* ~**körnchen** *n* grajn[et]o de oro; ~**köpfchen** *n* (Auriparus flaviceps) *Orn (eine Meisenart)* flavkapa paruo *[Vorkommen: Süden der USA bis Zentralmexiko]*; ~**krokus** *m* (Crocus flavus) *Bot* flava (*od* ora) krokuso; ~**krone** *f* ora krono; *Zahnmedizin* ora kron[aĵ]o [de dento]; ~**kröte** *f* (Bufo periglenes = Incilius periglenes) *Zool* ora bufo *[endemisches Vorkommen im Norden Costa Ricas (gilt mittlerweile als ausgestorben)]*; ~**kuckuck** *m* (Chrysococcyx caprius) *Orn* orkukolo; ~**kupfer** *n Chem (eine Legierung)* krizokalo; ~**küste** *f hist: Küstenland Ghanas* Ora Bordo; ~**lack** *m* (*Gattung* Cheiranthus) *Bot* keiranto

Goldlärche *f Bot*: ***[chinesische]*** ~ (Pseudolarix amabilis) ora lariko

Gold|laubenvogel *m* (Sericulus aureus) *Orn* ora laŭbobirdo *[Vorkommen: im Osten von Neuguinea]*; ~**laufkäfer** *m* (Carabus auratus) *Ent* ora kur-skarabo; ~**makrele** *f*, *auch* ***Dorade*** *f* (*Gattung* Coryphaena) *Ichth, Nahr* korifeno

Goldmedaille *f* ora medalo *auch Sport*; ***eine ~ erhalten*** (***gewinnnen***) ricevi (gajni) oran medalon

Gold|medaillengewinner *m* gajninto de ora medalo; ~**[meer]äsche** *f* (Mugil auratus) *Ichth* or-makula mugilo; ~**meerkatze** *f* (Cercopithecus kandti) *Zool* ora cerkopiteko

Goldmelisse *f Bot* ↑ ***Monarde***

Goldmilzkraut *n Bot* ↑ *unter* ***Milzkraut***

Goldmine *f Bergb* ormin[ej]o

Goldmünze *f* ormonero *od* ora monero; *eine von Dareios geprägte Goldmünze* darkemono (↑ *auch* ***Dublone***, ***Dukaten*** *u.* ***[2]Hidalgo***)

Goldnarbe *f* (*Gattung* Xanthosoma) *Bot* ksantosomo

Goldnessel *f Bot* ↑ ***Goldtaubnessel***

Goldobligationen *f/Pl*, *auch* ***Goldpfandbriefe*** *m/Pl Fin* or-klaŭzaj obligacioj *Pl*

Goldorange *f Bot* ↑ ***Aukube b)***

Goldparität *f Fin* or-alparo

Goldpfandbriefe *m/Pl Fin* ↑ ***Goldobligationen***

Gold|pflaume *f*, *auch* ***Ambarella*** *f* (Spondias dulcis) *Bot, Nahr* ambarelo, *pop* ora plumo *[Vorkommen: Neuguinea u. Polynesien]*; ~**pieper** *m* (Tmetothylacus tenellus) *Orn* orpipio; ~**pippau** *m* (Crepis aurea) *Bot* ora krepido; ~**pokal** *m als Preis, bes. Sport* ora pokalo; ~**preis** *m* or-prezo *od* prezo de oro (*vgl. dazu* ***Goldwert***)

Goldranunkel *f Bot* ↑ ***Gold[schopf]hahnenfuß***

Goldrausch *m* ↑ ***a) Goldfieber b)*** *Bot* ***Goldregen***

Goldregen *m*, *reg* ***Goldrausch*** *od* ***Gelbstrauch*** *m* ***a)*** (*Gattung* Laburnum) *Bot* laburno orpluvo (↑ *auch* ***Alpengoldregen***) ***b)***

übertr für «unvermuteter Reichtum» ora pluvo

Goldregenpfeifer *m* (Pluvialis apricaria) *Orn* orpluvio; ***kleiner*** (*od* ***sibirischer***) ~, *auch* ***Tundra-Goldregenpfeifer*** *m* (Pluvialis [dominica] fulva) siberia orpluvio *[im nördl. Sibirien u. westl. Alaska vorkommende Unterart]*

Gold|reserven *f/Pl einer Bank, eines Landes* rezervoj *Pl* de oro; ~**ring** *m, auch* ***goldener Ring*** ora ringo

Goldröhrling *m Mykologie* ↑ *unter* ***Lärchenröhrling***

Goldrute *f* (*Gattung* Solidago) *Bot* solidago, *pop* or-vergo (↑ *auch* ***Riesengoldrute***); ***echte*** (*od* ***gewöhnliche***) ~ (Solidago virgaurea) eŭropa solidago; ***kanadische*** ~ (Solidago canadensis) kanada solidago

Gold|salz *n Chem* orato, salo de orata acido; ~**sand** *m* or[o]sablo; ~**schakal** *m, auch* ***Wolfsschakal*** *m* (Canis aureus) *Zool* ora ŝakalo *[Vorkommen: Nord- u. Ostafrika, Vorder- u. Südasien bis Malaysia, SO-Europa mit Tendenz zur Ausbreitung nach Mitteleuropa]*; ~**schlägerhäutchen** *n Lederunterlage für die Herstellung von feinsten Goldblechen* baŭdruĉo; ~**schmied** *m* oraĵisto; ~**schmuck** *m* ornamaĵo el oro; ~**schnepfe** *f* (Rostratula benghalensis) *Orn* orgalinago; ~**schnitt** *m eines Buches* or[um]ita [tranĉ]rando

Gold[schopf]hahnenfuß *m, auch* ***Goldranunkel*** *f* (Ranunculus auricomus) *Bot* ora ranunkolo

Goldschopfpinguin *m* (Eudyptes chrysolophus) *Orn* ortufa pingveno <*die weltweit häufigste Pinguinart*>

Gold|schultersittich *m* (Psephotus chrysopterygius) *Orn (ein australischer Plattschweifsittich)* oroŝultra papago; ~**specht** *m* (Colaptes auratus) *Orn* orpego *[Vorkommen: von Nordamerika bis Kuba]*; ~**sperling** *m, auch* ***gelber Goldsperling*** *od* ***Jemengoldsperling*** *m* (Passer euchlorus = Auripasser euchlorus) *Orn* araba orpasero; ~**standard** *m Bankw* or-etalono; ~**staub** *m* orpolvo; ~**stern** *m, auch* ***Gelbstern*** *m* (*Gattung* Gagea) *Bot* gageo, *pop* or[o]stelo (↑ *auch* ***Wiesengoldstern***); ~**sucher** *m* or[o]serĉisto; ~**tangare** *f* (Tangara arthus) *Orn* ora tangaro *[Vorkommen im NW Südamerikas]*; ~**täubling** *m* (Russula aurea) *Mykologie* orkolora rusolo; ~**[taub]nessel** *f* (Lamium galeobdolon) *Bot* flava lamio

Goldtopas *m Min* ↑ ***Zitrin***

Goldtropfen *m Bot* ↑ ***Lotwurz***

goldüberzogen *Adj Metall* oroplakita

Goldwaage *f* orpesilo ◇ ***jedes Wort auf die ~ legen*** pripensadi ĉiun [diritan] vorton

Gold|währung *f* ora valuto; ~**[währungs]-block** *m* orbloko; ~**waldsänger** *m Orn* ↑ *unter* ***Waldsänger***; ~**wäsche** *f* orlavado; ~**-wäscher** *m* orlavisto

Goldweide *f Bot* ↑ ***Forsythia***

Gold|wert *m* or-valoro (*vgl. dazu* ***Goldpreis***); ~**wespe** *f* (Chrysis ignita) *Ent* or--vespo

Goldwindröschen *n Bot* ↑ *unter* ***Windröschen***

Gold|zahn *m* ora dento; ~**zeisig** *m, auch* ***Trauerzeisig*** *m* (Carduelis tristis = Spinus tristis) *Orn* ora kardelo *od* amerika orfringo

Golem *m jüdische Lit u. Mystik (durch Zauber zum Leben erweckte menschliche Tonfigur der jüdischen Sage)* golemo

[1]**Golf** *m Geogr ([größere] Meeresbucht)* golfo (↑ *auch* ***Bai*** *u.* ***Meerbusen***); ~ ***von Bengalen*** Bengala Golfo; ~ ***von Tomini*** *zw. Nord- u. Zentralsulawesi/Indonesien* Golfo de Tomini; ***Persischer*** ~ Persa Golfo

[2]**Golf** *n Sport* golfo; ~ ***spielen*** ludi golfon

Golf|ausrüstung *f* ekipaĵo de golfisto; ~**ball** *m* golfpilko

Golfer *m* ↑ ***Golfspieler***

Golf|hose *f* golfpantalono; ~**klub** *m* golfklubo

Golf|-Kooperationsrat *m, kurz* ***Golfrat*** *m* (*engl.* ***Gulf Cooperation Council***) *Pol (1981 gegründeter Zusammenschluss von sechs Ölförderstaaten am Persischen Golf Bahrein, Katar, Kuwait, Oman, Saudi-Arabien u. Vereinigte Arabische Emirate mit dem Ziel der Koordination von Außen-, Sicherheits- u. Wirtschaftspolitik)* Golfa Kunordiga Konsilio, *kurz* Golfa Konsilio; ~**krieg** *m Gesch* Golfa Milito; ~**monarchie** *f an den Persischen Golf angrenzender monarchischer Staat* monarkio apud la Persa Golfo; ~**platz** *m* golf[lud]ejo

Golfrat *m Pol* ↑ ***Golf-Kooperationsrat***

Golf|schläger *m* golfbastono; ~**schuh** *m* golfista ŝuo; ~**spiel** *n* golfludo; ~**spieler** *m, auch* ***Golfer*** *m* golfludisto, golfisto

Golfstrom *m*: ***der*** ~ *Geogr* la Golfa Fluo

Golfturnier *n* turniro de golfo

Golgatha (*n*) *Eig (protestantische Bez für*

den Kreuzigungsort Christi [Hügel vor dem alten Jerusalem]) Golgoto
Golgi (*m*) *Eig (italienischer Anatom [1844-1926])* Golĝo; ~**-Apparat** *od* ~**-Komplex** *m, auch* ***Binnennetz*** *n Zytologie (Bestandteil von lebenden Zellen [sogen. Binnennetz], auch von Pflanzenzellen)* golĝ-aparato, *auch* diktiosomaro (*vgl. dazu* ***Diktyosomen***)
Goliard *od* **Goliarde** *m Gesch (1. fahrender Spielmann od Kleriker im Mittelalter 2. Vagant, bes. in Frankreich)* goliardo
Goliath *m* ***a)*** *alttestamentl. Riese* Goljato ***b)*** *Mensch von riesenhaftem Wuchs* goljato (*vgl. dazu* ***Gigant*** *u.* ***Riese***); ~**frosch** *m* (Rana goliath = Conrana goliath) goliata rano *[Vorkommen in W-Afrika] <bis 30 cm lang>*; ~**käfer** *m* (*Gattung* Goliathus) *Ent* goliato; ~**reiher** *m* (Ardea goliath) *Orn* giganta ardeo
Gombobohne *f Bot, Nahr* ↑ ***Okra***
Gomel (*n*) *eine Gebietshptst. im SO Weißrusslands* Gomelo
Gomera (*n*) = ***La Gomera***
Gomorrha (*n*), *ökumenisch* ***Gomorra*** (*n*) *bibl* Gomoro *auch übertr* (*vgl. dazu* ***Sodom*** *u.* ***Sündenpfuhl***)
Gomphrene *f, auch* ***Kugelamarant*** *m* (Gomphrena) *Bot (eine tropische Gattung der Amarantgewächse)* gomfreno
Gonade *f fachsprachl. für «Geschlechts- od Keimdrüse»* gonado
Gonadotropine *n/Pl Hormone, deren Wirkung auf die Keimdrüsen gerichtet ist* gonadotropinoj *Pl*
Gonagra *n, auch* ***Kniegicht*** *f Med (Gichtschmerzen im Kniegelenk)* gonagro
Gonaïves [*gona'i:v*] (*n*) *eine Hafenstadt in Haiti* Gonaivo; ***Golfo de ~o*** Golf von Gonaïves
Gonapophysen *f/Pl, auch* ***Geschlechtsanhänge*** *m/Pl nur Fachspr Ent* gonapofizoj *Pl*
Gonarthritis *f Med* ↑ ***Kniegelenkentzündung***
Gondel *f* ***a)*** *ein Ruderboot (bes. in Venedig)* gondolo ***b)*** *von Seilschwebebahnen od Luftschiffen* nacelo [de telfero *od* de aerŝipo] (↑ *auch* ***Seilbahngondel***); ~**bahn** *f eine Luftseilbahn* nacela telfero (*vgl. dazu* ***Seilbahn***); ~**lied** *n Mus* barkarolo
gondeln *intr* remi (*bzw.* veturi) en gondolo
Gondoliere *m* [venecia] gondolisto
Gondwana (*n*) ***a)*** *ein Tafelland in Mittelindien* Gondvano ***b)*** *auch* ***Gondwanaland*** *n nach einer zentralindischen Landschaft benannte, im Erdmittelalter zusammenhängende, heute in mehrere Teile zerrissene und zum Teil im Meer versunkene Landmasse auf der Südhalbkugel* Gondvano-[-kontinento]
Gonfaloniere *m Gesch (im Mittelalter in Italien Bez für das Stadtoberhaupt)* gonfalono
Gong *m metallener* gongo; *chinesischer Gong od Hindutrommel bzw. afrikanischer Gong [dieser meist aus einem ausgehöhlten Baumstamm]* tamtamo; ***den ~ schlagen*** frapi la gongon (*bzw.* tamtamon)
gongen *intr unpers*: ***es gongt*** gongas
Góngora y Argote (*m*) *Eig (ein span. Dichter des Barock [1561-1627])* Gongoro
Gongorismus *m Lit (schwülstig-gekünstelte, volksfremde Stilform, eine span. Variante des europäischen Barocks [im 16. u. 17. Jh.])* gongorismo
Gongschlag *m (der Schlag)* gongofrapo; (*der Laut)* gongosono *od* sono de gongo
Gonidium *n Bot (Algenzelle in Flechten)* gonidio
Goniometer *n Geom* ↑ ***Winkelmesser***
Goniometrie *f Geom* ↑ ***Winkelmessung***
goniometrisch **1.** *Adj* goniometria **2.** *Adv* goniometrie
Gonioskop *n nur Fachspr Ophthalmologie (Gerät zur Ausleuchtung des Augenkammerwinkels)* gonioskopo
Gonioskopie *f nur Fachspr Ophthalmologie* gonioskopio
Goniotomie *f Chir (Operation zur Behandlung des kongenitalen u. juvenilen Glaukoms)* goniotomio
gönnen *tr*: ***jmdm. etw.*** ~ malenvii ion al iu; ***jmdm. etw. nicht*** ~ envii ion al iu; ***sich etw.*** ~ permesi ion al si; *sich etw. zugute tun, sich an etw. laben* sin regali per io; ***ich gönne ihr das Vergnügen*** mi [volonte] lasas al ŝi la plezuron
Gönner *m [väterlicher] Beschützer* patrono; *Mäzen* mecenato; *Sponsor* sponsoro; *i.w.S. Beschützer, Unterstützer* protektanto, subtenanto
gönnerhaft, *selt* ***gönnerisch*** *Adj* patron[em]a; *mäzenatisch, nach Art eines Mäzens* mecenata
Gönnerschaft *f Patronat* patroneco; *Mäze-*

natentum mecenateco

Gonoblennorrhö *f* (Conjunctivitis gonorrhoica) *Med (durch Gonokokken verursachte eitrige Bindehautentzündung)* gonokoka konjunktivito

Gonokokkus *m* (*meist Pl*: ***Gonokokken***) *Bakt (Trippererreger)* gonokoko

Gonorrhö *f, auch* **Gonorrhöe** *f, umg* ***Tripper*** *m Med* gonoreo

gonorrhoisch *Adj auf Gonorrhö beruhend, zu ihr gehörig* gonorea

Gonzaga *Eig (Name oberitalienischer Fürsten)* Gonzago

Goodwillmission *f Dipl* misio de bona volo

googeln [*ˈgu:gln*] *intr u. abs: mit Google® im Internet suchen* gugli

Google® [*ˈgu:gl*] *ohne Art: eine Internetsuchmaschine* guglo

Gopak *m ukrain. Nationaltanz* gopako

Gopherschildkröte *f Zool*: ***kalifornische*** ~ (Gopherus agassizii) kalifornia dezerta testudo *[Vorkommen: südl. Nordamerika]*

Goral *m, auch* ***grauer Goral*** (Nemorhaedus goral) *Zool (gämsenähnliches Tier im Himalaya-Gebiet (Tibet, Bhutan, Nepal), in Südsibirien, im Norden Myanmars u. in Kaschmir)* [griza] goralo

Gorale *m Angehöriger der poln. Bergbevölkerung in den Beskiden u. der Tatra* goralo

Gordias (*m*) *Eig (mythischer König von Phrygien)* Gordio

gordisch *Adj*: ~***er Knoten*** *m griech. Myth u. übertr* gordia nodo ◇ ***den*** ~***en Knoten zerschlagen*** *etw. verblüffend einfach lösen* [dis]tranĉi la gordian nodon

Göre *f reg für «freches Mädchen»* bubino

Gorgias [von Leontinoi] *Eig (griechischer Philosoph <Sophist> u. Redner [um 487-um 380 v. Chr.])* Gorgio

Gorgonen *Pl Myth (weibl. Ungeheuer der griech. Sage mit versteinerndem Blick)* Gorgonoj *Pl*; ~**haupt** *n* kapo de Gorgono *<sein Anblick versteinert>*

Gorgonie *f, auch* ***Hornkoralle*** *f od* ***Seefächer*** *m* (Gorgonia) *Zool* gorgonio *[gehört zur Ordnung der Weichkorallen]*

Gorgonzola *m Nahr (ein halbfester Edelpilzkäse)* gorgonzolo *od* gorgonzola fromaĝo *<so benannt nach dem gleichnamigen Ort in Oberitalien>*

Gorilla *m* (Gorilla gorilla) *Zool* gorilo *<größter Menschenaffe>*; *Berg*~ *(Gorilla beringei)* montogorilo (*vgl. dazu* ***Flachlandgorilla***)

Gorki (*n*) ↑ ***Nischni Nowgorod***

Görlitz (*n*) *eine Stadt an der Neiße* Gorlico (↑ *auch* ***Zgorzelec***)

Goslar (*n*) *eine Stadt am Nordrand des Harzes* Goslaro

Gospel *m od n, auch* ***Gospelsong*** *m Mus (religiöses Lied der Afroamerikaner)* gospelo

Gosse *f* ***a)*** *Abflussrinne der Straße* strata defluejo, stratkanaleto ***b)*** *[in Getreidemühlen:] Trichter für das Mahlgut* grenfunelo

Gössel *n jung ausgeschlüpfte Gans* anserido

Götaland (*n*) *eine hist. Landschaft, die den Südteil Schwedens umfasst* Gotio

Gotama (*m*), *auch* ***Gautama*** (*m*) *Eig (Sippenname Buddhas)* Gotamo, *auch* Gaŭtamo

Göteborg (*n*), *dt.* ***Gotenburg*** (*n*) *eine Hafenstadt in W-Schweden* Gotenburgo *<größter schwedischer Hafen>*

Goten *m/Pl Gesch (ein ostgermanisches Volk, ursprünglich in Südschweden, danach auf Gotland ansässig)* gotoj *Pl*

Gotik *f Kunststil des 12-15. Jh.s (auf die Epoche bezogen)* gotika epoko, *(auf den Stil bezogen)* gotika stilo (↑ *auch* ***Neogotik***)

gotisch *Adj* ***a)*** *Arch, Kunst* gotika (↑ *auch* ***früh-***, ***neo-*** *u.* ***spätgotisch***); ~***e Architektur*** *f* gotika arkitekturo; ~***e Kathedrale*** *f* gotika katedralo; ~***e Schrift*** *f* gotika [man]skribo; ~***er Stil*** *m* gotika stilo ***b)*** *auf die Goten bezogen* gota; ***die*** ~***e Sprache*** *od* ***das Gotische*** la gota lingvo

Gotland (*n*) *eine schwedische Ostseeinsel* Gotlando *[Hauptort: Visby]*

Gotländer *m* gotlandano

Gotländerin *f* gotlandanino

gotländisch *Adj* gotlanda

Gotlandschaf *n eine Hausschafrasse vom Typ Pelzschaf, die vor allem in Schweden gehalten wird* gotlanda ŝafo

Gott *m* ***a)*** dio *(Kirche meist Großschr)*; *Islam meist* Alaho (↑ *auch* ***Allgegenwärtige***, ***Halb-*** *u.* ***Stammesgott***); ***[römischer]*** ~ ***des Feuers und der Schmiedekunst*** Vulkano; ~ ***des Krieges*** dio de la milito (*vgl. dazu* ***Mars***); ~ ***der Liebe*** dio de la amo (*vgl. dazu* ***Amor*** *u.* ***Eros***); ~ ***der Träume*** dio de la sonĝoj (↑ *auch* ***Morpheus***); ~ ***des Weines*** dio de l' vino (↑ *auch* ***Bacchus***); ~ ***danken*** danki al Dio, *auch* danki Dion; ~ ***sei Dank!*** dank' al Dio!; ~ ***sei mit dir!*** Dio estu kun vi!; ~ ***helfe mir!*** *od* ***steh' mir bei!*** Dio min helpu!; ***mit*** ~***es Hilfe*** kun [la] helpo de Dio;

die Liebe ~es la amo de Dio; *die Mutter ~es* la Dipatrino; *im Namen ~es* en la nomo de Dio; *das Wort ~es* la Vorto de Dio; *behüt dich ~!* gardu vin Dio! *od* Dio gardu vin!; *geh mit ~!* iru kun Dio!; *an ~ glauben* kredi je Dio; *zum ~ erheben* diigi (*vgl. dazu* ***vergöttern***); *auf ~ vertrauen* fidi je Dio ◇ *in ~es Namen widerstrebende Zusage* nu, mi konsentas; *um ~es willen!* pro Dio! ***b)*** *übertr für «über die Maßen bewunderte Person»* dio (↑ *auch* ***Idol***)

Gotte *f od* **Gotteli** *n* ↑ ***Taufpatin***

Götter|baum *m, auch* ***Himmelsbaum*** *m* (*Gattung* Ailanthus) *Bot (ein ostasiatischer Baum der Familie Bitterholzgewächse)* ailanto; ~**dämmerung** *f Myth* krepusko de l' dioj

gottergeben *Adj* devota; *~er Mensch m* devotulo

Götterkönig *m*: *~ Indra vedische Rel (Repräsentant elementarer Naturkräfte u. zugleich der kriegerischen Macht [Hauptgott der vedischen Zeit])* Indro

Götterlehre *f* mitologio

Götterpflaume *f Bot* ↑ ***Persimone***

Götterspeise *f griech. Myth* ↑ ***Ambrosia***

Göttertrank *m griech. Myth* nektaro *auch übertr*

Gottesacker *m reg für «Friedhof»* tombejo

Gottesanbeterin *f, auch* ***Fang[heu]schrecke*** *f* (*Gattung* Mantis) *Ent* manto, *pop* preĝoakrido; *asiatische ~* (Theopompa serrillei) azia preĝoakrido *[Vorkommen; Hinterindien u. Sunda-Inseln]*; *europäische ~* (Mantis religiosa) eŭropa preĝoakrido *[Vorkommen: südl. Europa u. Afrika]*

Gottesdienst di-servo, *auch* Di-servo *od* Diservo (↑ *auch* ***Abend-*** *u.* ***Trauergottesdienst***)

gottesfürchtig *Adj* diotima; *i.w.S. fromm* pia (↑ *auch* ***gläubig*** *u.* ***religiös***)

Gottes|fürchtigkeit *f* diotimo; *Frömmigkeit* pi[ec]o; ~**gericht** *n* dia juĝo (↑ *auch* ***Ordal***)

Gottesgerichtsbohne *f Bot* ↑ ***Calabarbohne***

Gottes|glaube *m* kredo je Dio (*vgl. dazu* ***Deismus*** *u.* ***Theismus***); ~**haus** *n Tempel Gottes* templo de Dio; *christl. Kirche* kirko, *allg* preĝejo; *Moschee* moskeo; ~**lachs** *m, auch* ***Glanzfisch*** *m* (Lampris guttatus = Lampris regius) *Ichth* lamprido; ~**lästerer** *m* blasfemulo [kontraŭ Dio]; ~**lästerung** *f* blasfemo [kontraŭ Dio], *[milder ausgedrückt:]* malpiaĵo; *geh (Sakrileg)* sakrilegio

Gottesleugner *m* ↑ ***Atheist***

Gottes|leugnung *f Verneinung der Existenz Gottes od seiner Erkennbarkeit* neado de Dio, ateismo; ~**mutter** *f* Dipatrino; ~**urteil** *n* ***a)*** *Gottesgericht* dia juĝo ***b)*** *auch* ***Ordal*** *n im mittelalterlichen Recht (Unschuldsprobe)* ordalo; ~**staat** *m* ŝtato de Dio; ~**verehrung** *f* ador[ad]o al dio

gott|gefällig *Adj* dioplaĉa; ~**geweiht** *Adj* konsekrita al Dio

Gottheit *f* ***a)*** diaĵo ***b)*** *auch für «Gott»* dio; *Göttlichkeit* dieco

Gotti *n* ↑ ***Taufpatin***

Göttibub *m* ↑ ***Patenkind***

Göttin *f* diino (↑ *auch* ***Erdgöttin***, ***Idun[a]***, ***Reis-*** *u.* ***Siegesgöttin***); *~ der Gerechtigkeit* diino de just- eco; *~ der Jagd* diino de la ĉaso (*vgl. dazu* ***Diana***); *~ der Liebe* diino de la amo (*vgl. dazu* ***Venera***); *~ der Weisheit* diino de la saĝo (*vgl. dazu* ***Minerva***)

göttlich *Adj Rel* dia *auch bildh, z.B. jmds. Stimme*; *übertr (großartig)* grandioza, *(wunderschön)* mirinde bela, belega; *eine ~e Eingebung haben* senti dian (*od umg auch* grandiozan) inspiron; *die ~e Gnade* la graco [de Dio]

Göttlichkeit *f* dieco

gottlob! *Interj* dank' al Dio!

gottlos *Adj ohne [einen] Gott* sendia; *atheistisch* ateista; *unfromm* malpia; *heidnisch* pagana; *~er Mensch m* sendiulo, malpiulo; *Atheist* ateisto (↑ *auch* ***²Heide***)

Gottlosigkeit *f* sendieco, *auch* malpi[ec]o; *gottlose Tat* malpiaĵo; *Atheismus* ateismo

gottverdammt! *Interj (derb)* damne kaj malbenite!

Gottvergess *f Bot* ↑ ***Stinkandorn***; *schwarze ~* ↑ ***Schwarznessel***

gottverlassen *Adj*: *eine ~e Gegend* fora kaj kvazaŭ dezerta regiono

Gottvertrauen *n* fido al (*od* je) Dio

Gottwaldov (*n*) ↑ ***Zlín***

Götze *m Rel* idolo (↑ *auch* ***Abgott***, ***Fetisch*** *u.* ***Idol***)

Götzen|anbeter *od* ~**diener** *m* idolano (*vgl. dazu* ***Heide***); ~**bild** *n Gegenstand blinder Verehrung* fetiĉo; ~**dienst** *m, geh* ***Idolatrie*** *f* idolservo, idolkulto, *geh* idolismo; ~**liest** *m* (Halcyon sancta = Todirhamphus sanctus) *Orn* sankta alciono *[Vorkommen: Australien, Neuseeland, Neukaledonien u. Salomonen]*; ~**tempel** *m* idola preĝejo, idolejo

Gouache *od* **Guasch** *f, auch* ***Gouachemalerei*** *f, ital.* ***pittura a guazzo*** *Malerei mit de-*

ckenden (undurchsichtigen) Wasserfarben guaŝo, *auch* guaŝa pentrado

Gouda [*'gauda*] (*n*) *eine niederländische Stadt bei Rotterdam* [urbo] Gaŭdo; ~**käse** *m*, *häufig kurz* ***Gauda*** *m* gaŭdofromaĝo

Gouldamadine *f* (Erythrura gouldia = Chloebia gouldiae) *Orn* ĉielarka estrelo *[Vorkommen in Nord- u. NW-Australien]*

Goulds Sturmvogel *m Orn* ↑ ***Weißflügelsturmvogel***

Gourde [*gurd*] *m* (*Abk* ***G*** *od* ***Gde***) *Währungseinheit in Haiti [1 G = 100 Centimes]* gurdo

Gourmet [*gur'me:*] *m* ŝatanto de eksterordinare lukulaj manĝoj, *auch* frandemulo

goutieren [*gu'...*] *tr geh für* ***a)*** *Geschmack an etw. finden* trovi [ion] agrabla ***b)*** *mögen, schätzen* ŝati ***c)*** *einer Sache positiv gegenüberstehen* pozitive alfronti [ion] (↑ *auch* ***billigen*** *u.* ***gutheißen***)

Gouvernante *f Hauslehrerin* guvernistino; *Erzieherin* edukistino

Gouvernement *n* gubernio

Gouverneur *m Pol, Verw* guberniestro (↑ *auch* ***General-*** *u.* ***Militärgouverneur***); ~ ***des Bundesstaates Georgia*** guberniestro de la [usona] federacia ŝtato Georgio; ***stellvertretender*** ~ vicguberniestro

Gowa-Königreich *n Gesch (ein islamisches Herrscherhaus in Süd-Sulawesi/Indonesien [17. Jh.])* Reĝolando de Govo

Gozo (*n*), *maltesisch* ***Għawdex*** *eine maltesische Insel* [insulo] Gozo *[Hauptort: Victoria]*

GPS [*dʒi:pi:es*] *n* (*Abk für* ***Global Positioning System***) *ein satellitengestütztes Navigationssystem* tutmonda pozicitrova sistemo

Graaf-Follikel *m* (Folliculus ovaricus maturus) *Gynäkologie (sprungreifer Tertiärfollikel)* matura ovaria foliklo

Grab *n* tombo (↑ *auch* ***Bogen-***, ***Familien-***, ***Felsen-***, ***Hügel-***, ***Hünen-***. ***Königs-***,***Kriegs-***, ***Kuppel-***, ***Megalith-***, ***Pharaonen-*** *u.* ***Urnengrab***); ***offenes*** ~ tombokavo; ~ ***des Unbekannten Soldaten*** tombo de la nekonata soldato; ***ein*** ~ ***graben*** (*od* ***ausheben*** *od* ***[aus]schaufeln***) [el]fosi tombon; ***Blumen aufs*** ~ ***legen*** meti florojn sur la tombon; ***ins*** ~ ***legen*** meti en la tombon, entombigi (*vgl. dazu* ***beerdigen***); ***im*** ~ ***liegen*** kuŝi en la tombo; ***treu bis ans*** ~ fidela ĝis la tombo ◇ ***er ist verschwiegen wie ein*** ~ li estas silenta (*od* sekreta) kiel tombo; ***er gräbt sich sein eigenes*** ~ *er ruiniert sich selbst* li ruinigas sin mem; ***er steht mit einem Bein im*** ~ *er ist in Todesgefahr bzw. er wird bald sterben* li staras per unu piedo en la tombo *(Zam)*; ***er würde sich im*** ~ ***umdrehen, wenn er wüsste ...*** li turniĝus (*od* turnus sin) en la ĉerko, se li scius ...

Grab|beigabe *f* tombodonaco, *auch* tomba donaco; ~**[denk]mal** *n*, *auch* ***Grabmonument*** *n* tomba monumento *od* tombomonumento (↑ *auch* ***Kenotaph***)

graben *tr* fosi (*vgl. dazu* ***abteufen***, ***buddeln*** *u.* ***schachten***); ***einen Brunnen*** ~ fosi puton; ***ein Loch in die Erde*** ~ fosi truon en la tero; ***zwei Meter tief*** ~ fosi ĝis profundo de du metroj

[1]**Graben** *m* fos[aĵ]o (↑ *auch* ***Burg-***, ***Drän-***, ***Entwässerungs-*** *u.* ***Mühlgraben***); *Mil (Schützen*~*)* tranĉeo; ***in einen*** ~ ***fahren*** (***fallen***) veturi (fali) en foson; ***über einen*** ~ ***springen*** salti trans foson *od* transsalti foson; ***etw. mit einem*** ~ ***umgeben*** ĉirkaŭfosi ion

[2]**Graben** *m*, *auch* ***Grabenbruch*** *m Geol, Geogr* grabeno (↑ *auch* ***Senkungs-*** *u.* ***Tiefseegraben***); ***tektonischer*** ~ tektonika grabeno

Grabenböschung *f Festungsbau*: ***innere*** ~ eskarpo; ***äußere*** ~ kontraŭeskarpo

Grabenbruch *m Geol, Geogr* ↑ [2]***Graben***

Graben|kampf *m Mil* tranĉea batalo; ~**krieg** *m Mil* tranĉea milito; ~**spiegel** *m*, *auch* ***Geländespiegel*** *m Mil* periskopo de tranĉeo

Gräberfeld *n Archäol* tombokampo (*vgl. dazu* ***Nekropole***)

Grabes|ruhe *od* ~**stille** *f* tomba silento

Grab|fund *m Archäol* tomba trovaĵo; ~**füßer** *m/Pl*, *auch* ***Röhrenschnecken*** *f/Pl* (Scaphopoda) *Zool (eine Klasse der Weichtiere)*; ~**gabel** *f Gartenb* fosforkego; ~**gesang** *m* funebra kanto; ~**gewölbe** *n Gruft* tomba kelo; *Krypta* kripto (↑ *auch* ***Hypogäum***)

Grabheuschrecken *f/Pl Zool* ↑ *unter* [1]***Grille***

Grab|hügel *m* tombomonteto; *Archäol (Hügelgrab, Tumulus)* tumulo, *(keltisches Hügelgrab)* kairno, *(falls kegelförmig)* galgalo (↑ *auch* [1]***Kurgan***); ~**inschrift** *f* tomba enskrib[aĵ]o, *auch* tomboskribo (*vgl. dazu* ***Epitaph***); ~**insekten** *n/Pl Ent* fos-insektoj *Pl*

Grabkammer *f*: ***altrömische*** ~ kolumbario

(*vgl. dazu* ***Hypogäum*** *u.* ***Kolumbarium***)

Grabkapelle *f* tomba kapelo

Grablegung *f* ↑ ***Begräbnis***

Grablicht *n* surtomba kandelo *od* kandelo sur tombo

Grabmal *u.* **Grabmonument** *n* ↑ ***Grabdenkmal***

Grabnische *f in einer Katakombe* tomboniĉo

Grabplatte *f* tomboplato, slabo super tombo (*vgl. dazu* ***Epitaph***); ***marmorne*** ~ marmora slabo super [la] tombo

Grab|raub *m Ausplündern eines Grabes u. die Entnahme von Grabbeigaben* tomboprirabado; ~**rede** *f* funebra parolado

Grabsäule *f* ↑ ***Stele***

Grabschändung *f* profanado de tombo(j)

Grabscheit *m* ***a)*** *[einfaches] Gerät zum Graben* [simpla] fosilo ***b)*** *<österr> u. reg für «Spaten»* ŝpato

Grab|stätte *f* tomboloko; *Grab* tombo; ~**stein** *m* tomboŝtono

[1]**Grabstichel** *m spitzes Stahlwerkzeug zum Gravieren* gravurista grifelo *od* grifelo por gravuri; *für feine Metallarbeiten* cizelilo; *Drechselei (Abstechstahl)* gravurĉizilo

[2]**Grabstichel** *m, Fachspr* ***Caelum*** *n* (*Abk* ***Cae***) *Astron (ein Sternbild des südlichen Himmels)* Ĉizilo

Grabtuch *n*: ***das*** ~ ***Christi*** la tomba tuko de Kristo

Grabung *f Ausgrabung (bes. Archäol)* elfosado

Grabungs|bericht *m* elfosad-raporto; ~**erlaubnis** *od* ~**genehmigung** *f* elfosad-permeso; ~**leiter** *m Archäol* gvidanto de elfosado(j); ~**ort** *m* elfosada loko, fosejo; ~**profil** *n Archäol* elfosad-profilo; ~**projekt** *od* ~**vorhaben** *n* elfosad-projekto

Gracia (*f*), *engl.* ***Grace*** *weibl. Vorname* Gracia

Grad *m* ***a)*** *Maß- u. Temperatureinheit* (*Zeichen* °) grado *auch Geom u. i.w.S.* (*vgl. dazu* ***Dimension***, ***Maß*** *u.* ***Umfang***; ↑ *auch* ***Bildungs-***, ***Güte-*** *u.* ***Wirkungsgrad***); ***acht*** ~ ***Celsius*** (*Abk* 8 °C) ok gradoj laŭ Celsius, *auch* ok celsiaj gradoj; ***acht*** ~ ***unter Null*** ok gradoj sub nulo (*od* sub la nulpunkto); ***bis zum*** (*od* ***zu einem***) ***gewissen*** ~***e*** ĝis certa grado, certagrade; ***bis zu welchem*** ~***?*** ĝis kioma grado?, *auch* kiomgrade?; ***in hohem*** ~***e*** en alta grado, altgrade; ***in höchstem*** ~***e*** en plej alta (*od* forta) grado; ***das Thermometer zeigt*** (*od* ***steht auf***) ***...*** ~ la termometro montras ... gradojn; ***ein Winkel von 45*** ~ angulo de 45 gradoj; ***wie viel*** ~ ***sind es draußen?*** kiom da gradoj estas ekstere?; ***30° nördlicher Breite*** (***östlicher Länge***) tridek gradoj de norda latitudo (de orienta longitudo) ***b)*** *Rang* rango *auch Univ*; *Stufe* ŝtupo; ***akademischer*** ~ universitata grado, akademia rango (↑ *auch* ***Doktorgrad***)

Gradation *f* ***a)*** *Stufung od Einteilung nach Graden* gradigo, divido laŭ gradoj (*vgl. dazu* ***Abstufung***) ***b)*** *Ling, Rhetorik, Stilistik (Aufzählung in steigender Linie, d.h. in stufenweiser Erhöhung)* gradacio (*vgl. dazu* ***Antiklimax***)

grade *umg häufig für* ***gerade*** [↑ *dort*]

Gradeinteilung *f* divido laŭ gradoj; *Skala* skalo

Gradient *m* *1. Math (Steigungsmaß einer Funktion in verschiedenen Richtungen [Abk* ***grad****]) 2. Met (barometr. Gefälle)* gradiento (↑ *auch* ***Luftdruck-*** *u.* ***Temperaturgradient***)

Gradieranlage *f, auch* ***Gradierwerk*** *n in Badeorten* salkolekta instalaĵo

Gradkreis *m Geodäsie* ↑ [3]***Limbus***

Grad|maß *n* gradmezuro; ~**messer** *m übertr* kriterio (***für*** por); ~**netz** *n Kartogr* gradreto

Graduale *n kath. Kirche (Liturgiebuch mit Messgesängen)* gradualo, mesa kantlibro

Graduallied *n* graduala kanto

graduell **1.** *Adj* [laŭ]grada; *stufenweise* ŝtupe, ŝtupo(n) post ŝtupo; *i.w.S. (allmählich)* iompostioma, *(sukzessiv)* sinsekva **2.** *Adv* [laŭ]grade

graduieren *tr* ***a)*** *in Grade einteilen, abstufen* gradigi ***b)*** *Univ (einen akademischen Grad od Titel verleihen)* gradui

Graduierte *m jmd., der einen akademischen Grad besitzt* graduito

Graduiertenstudium *n* postuniversitata studado

Graduierung *f* ***a)*** *Skaleneinteilung* gradigo ***b)*** *Erteilung eines akademischen Grades* graduado

Gradus *m* **[ad Parnassum]** *Poetik (Hilfsbuch für lateinische Versübungen)* graduso

gradweise *Adv nach der Gradeinteilung* laŭgrade; *allmählich* iom post iom

[1]**Graf** *m* grafo (↑ *auch* ***Mark-***, ***Pfalz-***,***Reichs-*** *u.* ***Vizegraf***); ***der Herr*** ~ lia grafa moŝto, *auch Großschr:* Lia Grafa Moŝto

[2]**Graf** *m Naturw* ↑ ***Graph***

Grafem *n Ling* ↑ ***Graphem***

Grafen|krone *f* grafa krono; ~**sitz** *m* grafejo; ~**stand** *m od* ~**tum** *n* grafeco

Grafik *f, auch* ***Graphik*** *f Kunstrichtung u. Technik* grafiko; *grafisch dargestellter Gegenstand* grafikaĵo, *i.w.S. Diagramm* diagramo (↑ *auch* ***Computer-, Daten-*** *u.* ***Vektorgrafik***); ~**bereich** *m EDV* grafika areo; ~**design** *n* grafikdezajno; ~**designer** *m* grafikdezajnisto; ~**editor** *m EDV* grafika redaktilo

Grafiker *m, auch* ***Graphiker*** *m* grafikisto (↑ *auch* ***Gebrauchsgrafiker***)

Grafikerin *f, auch* ***Graphikerin*** *f* grafikistino

Grafik|filter *m EDV* grafika filtrilo; ~**karte** *f EDV* grafika karto; ~**modus** *m EDV* grafika reĝimo; ~**plattform** *f EDV* grafika platformo; ~**zeichen** *n* grafika karaktro

Gräfin *f* grafino

grafisch, *auch* ***graphisch*** *zeichnerisch* **1.** *Adj* grafika; ***die ~en Künste*** *f/Pl* la grafikaj artoj *Pl*; ***~es Zeichen*** *n* grafika signo **2.** *Adv* grafike

Grafit *m, auch* ***Graphit*** *m, selt* ***Reißblei*** *n Min* grafito; *für Bleistiftminen* [krajon]grafitaĵo, *auch* plumbago

grafitgrau, *auch* ***graphitgrau*** *Adj* grafitgriza

grafitisch, *auch* ***graphitisch*** *Adj aus Grafit bestehend bzw. Grafit beinhaltend* grafita

Grafitti *m od n/Pl Wandkritzeleien auf Mauern od Fassaden* grafitio

gräflich *Adj* grafa

Grafologe *m, auch* ***Graphologe*** *m* grafologo

Grafologie *f, auch* ***Graphologie*** *f Handschriftendeutung* grafologio

grafologisch, *auch* ***graphologisch*** *Adj* grafologia

Grafschaft *f* graflando *auch Verw (bes. in England) (vgl. dazu* ***Grafenstand****)*

Grahamland *n Teil der Antarktischen Halbinsel* Grahamlando

Gräkomanie *f [übertriebene] Vorliebe für altgriechische Kultur* grekomanio

Gral *m [in Legende u. Dichtung des Mittelalters:] ein Segen spendender Stein od die Schüssel des Abendmahls, in der Josef von Arimatäa Christi Blut am Kreuze aufgefangen haben soll* Gralo; ***der Heilige ~*** *Artussage* la Sankta Gralo

Grals|burg *f* grala burgo; ~**ritter** *m* grala kavaliro; ~**roman** *m* grala romano

gram *Adj*: ***jmdm. ~ sein*** koleri kontraŭ iu

Gram *m [tiefer] Kummer, [tiefes] Leid* [profunda] aflikto (↑ *auch* ***Harm***); *Kränkung* ofendo; *[tiefe] Traurigkeit* [profunda] malĝojo *od* tristo; *tiefe Trauer* profunda funebro

grämen *tr*: ***das soll mich wenig ~*** tio estu la malplej granda el miaj ĉagrenoj; ***sich ~*** afliktiĝi (***über etw.*** pri io *od* pro io);

Gramineen *Pl nur Fachspr Bot für «Gräser»* graminacoj *Pl*

Gramm *n* (*Zeichen* **g**) gramo; ***hundert ~ Wurst*** cent gramoj da kolbaso

Grammatik *f Ling (1. Beschreibung der Struktur einer Sprache als Teil der Sprachwissenschaft 2. einer Sprache zugrunde liegendes Regelsystem 3. Werk, in dem Sprachregeln aufgezeichnet sind)* gramatiko; ***deskriptive*** (*od* ***synchrone***) ~ priskriba (*od* sinkrona) gramatiko; ***generative ~*** generative Grammatik; ***historisch-vergleichende*** (*od* ***diachrone***) ~ historia-kompara (*od* diakrona) gramatiko; ***normative ~*** normiga gramatiko; ***vergleichende ~*** kompara gramatiko; ***der ~ entsprechend*** *grammatisch richtig* laŭgramatika, konforma al la gramatiko; ***der ~ widersprechend*** *ungrammatisch* kontraŭgramatika

grammatikalisch = *selt für* ***grammatisch***

Grammatiker *m* gramatikisto

Grammatikregel *f* gramatika regulo

grammatisch 1. *Adj die Sprachlehre betreffend* gramatika; ***~e Endung*** (***Funktion***) *f* gramatika (finaĵo) funkcio; ***~er Fehler*** *m* gramatika eraro (↑ *auch* ***Solözismus***); ***~es Geschlecht*** *n* genro **2.** *Adj* gramatike; ***~ richtig*** gramatike ĝusta, laŭgramatika

Grammatom *n Chem alt* gram-atomo

Grammeln *f/Pl* ↑ ***Grieben***

Grammkalorie *f* malgranda kalorio

Grammmolekül *n Chem alt* ↑ ***Mol***

Grammophon® *n, auch* ***Grammofon*** *n alte Bez für «Plattenspieler»* gramofono; ~**nadel** *f* gramofona nadlo; ~**platte** *f alt für «Schallplatte»* [↑ *dort*] gramofona disko

gramnegativ *Adj Bakt* gramnegativa; ***~e Bakterien*** *f/Pl* gramnegativaj bakterioj *Pl* <*z.B. Legionellen u. Salmonellen*>

grampositiv *Adj Bakt* grampositiva; ***~e Bakterien*** *f/Pl* gramnegativaj bakterioj *Pl* <*z.B. Enterokokken, Staphylokokken u. Streptokokken*>

Gran *n ein altes Apothekergewicht* grano <*Größe je nach Land verschieden*>

Granada (*n*) *eine südspan. Stadt [Hauptstadt der gleichnamigen Provinz]* Granado

Granat *m Min* grenato *auch als Schmuckstein* (↑ *auch* ***Almandin***, ***Andradit***, ***Pyrop*** *u.* ***Rutilit***)

Granatapfel *m* (*auch* ***punischer Apfel*** *genannt*) *Frucht des Granatapfelbaums* granato

Granat[apfel]baum *m* (Punica granatum) *Bot* granatarbo

Granatapfel[baum]gewächse *n/Pl*: ***[Familie der]*** ~ (Punicaceae) *Bot* punikacoj *Pl*

Granate *f Mil* grenado (*vgl. dazu* ***¹Geschoss***; ↑ *auch* ***Hand-***, ***Nebel-*** *u.* ***Panzergranate***)

Granat[en]hagel *m* hajlo da grenadoj

granatfarben *Adj dunkelrot* grenatkolora

Granat|pitta *f* (Pitta granatica) *Orn* grenata pito *[Vorkommen: Malaysia u. Indonesien (auf Sumatra u. Kalimantan)]*; ~**schmuck** *m* grenat-ornamaĵo; ~**splitter** *m* grenada splito; ~**trichter** *m* grenad-kratero; ~**werfer** *m Mil* grenadĵetilo

Gran Chaco [...ˈtʃ*ako*] *m eine Ebene im Innern Südamerikas* Granĉako

Grand *m Geol* ↑ ***Kies a)***

Grand Cañon *m* ↑ *unter* ***Cañon***

Grande *m*: ***[spanischer]*** ~ *[früher:] Mitglied des Hof- od Hochadels <drei Klassen> in Spanien* [hispana] grandsinjoro

grandios *Adj großartig* grandioza; *außergewöhnlich* eksterordinara; *luxuriös* luksa; *beeindruckend* [forte] impresa (*vgl. dazu* ***imposant***, ***phantastisch*** *u.* ***überwältigend***)

Grandiosität *f Großartigkeit* grandiozeco

Grand Slam *n Tennis (Gewinn aller vier wichtigsten Turniere innerhalb eines Kalenderjahres [Australian Open, French Open, Wimbledon Championships u. die US-Open])* Granda Slamo

Grand-Slam-Sieger *m* venkinto de Granda Slamo

Granit *m Min* granito (↑ *auch* ***Rapakiwigranit***) ◇ ***er hat auf ~ gebissen*** *bildh für «er ist auf starken Widerstand gestoßen»* trafis falĉilo sur ŝtonon *(Zam)*

granit|ähnlich *Adj* granitsimila; ~ **artig** *Adj* graniteca

Granitbruch *m* granitrompejo

graniten *Adj* granita; *hart wie Granit* malmola (*od auch* dura) kiel granito; *aus Granit* el granito; *übertr (unerschütterlich)* neskuebla, *(äußerst starrsinnig)* obstinega, *auch* granita

Granit|felsen *m* granitroko; ~**gebirge** *n* granita montaro; ~**gneis** *m Min* granitgnejso

Granitisation *f ein Umwandlungsprozess, bei dem Gesteine im Mineralbestand u. Gefüge granitähnlich werden, ohne dass ein magmatisches Stadium durchlaufen wurde* granitiĝo

Granitmagma *n*, *auch* ***granitisches Magma*** *Vulkanologie* ↑ *unter* ***Magma***

Granit|marmor *m* granitmarmoro; ~**porphyr** *m Min* granitporfiro

Granne *f Bot (Ährenborste od borstige Spitze an Gräsern u. Getreidefrüchten)* aristo

Granodiorit *m Min (ein granitenes Tiefengestein)* granodiorito

Granulat *n körniges Material* granulaĵo

Granulationsgeschwulst *f Med u. Zahnmedizin* ↑ ***Epulis***, ***Granulom*** *u.* ***Myzetom***

granulieren *tr körnen* grajnigi *auch Tech*

Granulit *m*, *auch* ***Weißstein*** *m Min (ein feinkörniges Metamorphitgestein)* granulito

Granulom *n* (Granuloma), *auch* ***Granulationsgeschwulst*** *f Med, Zahnmedizin* granulomo (↑ *auch* ***Epulis***, ***Pulpa-***, ***Schleimgranulom***, ***Syphilom***, ***Zahn-*** *u.* ***Zahnwurzelgranulom***)

Granulomatose *f Med (Erkrankung, die mit der Bildung zahlreicher Granulome einhergeht)* granulomozo

Granulometrie *f Archäol, Geol (Gesamtheit der Methoden zur prozentualen Erfassung des Kornaufbaus von Sand, Kies u. Böden)* granulometrio

Granulozyten *m/Pl Hämatologie, Zytologie (weiße Blutkörperchen von körniger Struktur)* granulocitoj *Pl*; ~**mangel** *m* manko de granulocitoj

Granulum *n Anat, Bot, Med (Histologie), Pharm (Arzneimittel in Körnchenform)* granulo

Grapefruit [ˈ*gre:pfru:t*] *f* grapfrukto; ~-**baum** *m* (Citrus paradisi) *Bot* grapfruktarbo; ~**saft** *m* grapfrukta suko

Graph *m*, *auch* ***Graf*** *m Naturw (grafische Darstellung von Relationen [von Funktionen] in Form von Punktmengen, bei denen gewisse Punktpaare durch Kurven [meist Strecken] verbunden sind)* grafo; ***gerichteter*** ~ *Math* direktita grafo

Graphem *n*, *auch* ***Grafem*** *n* (*Syn für pop* ***Buchstabe*** [↑ *dort*]) *Ling (kleinste bedeutungsunterscheidende Einheit der geschriebenen Sprache)* grafemo

Graphem[at]ik *f*, *auch* ***Grafem[at]ik*** *f Ling (Wissenschaft von den Grafemen unter dem*

Aspekt ihrer Unterscheidungsmerkmale u. ihrer Stellung im Alphabet) grafem[at]iko

Graphik *f* ↑ ***Grafik***

Graphiker *m* ↑ ***Grafiker***

graphisch ↑ ***grafisch***

Graphismus *m Ling ([Art der] Wiedergabe der Sprachlaute durch die Schrift)* grafismo

Graphit *m* ↑ ***Grafit***

graphitisch ↑ ***grafitisch***

Graphologe *m* ↑ ***Grafologe***

Graphologie *f* ↑ ***Grafologie***

graphologisch ↑ ***grafologisch***

Graphospasmus *m, auch* ***Schreibkrampf*** *m Neurologie* grafospasmo, skribokramfo

Grapscher *m sex* palpisto *(Zam)*

Graptolithen *m/Pl versteinerte Urtierchen* graptolitoj *Pl<Leitfossilien des Kambrium>*

Gras *n* herbo, *als Rasen od als Tierfutter auch* greso (*vgl. dazu* ***Gramineen***; ↑ *auch* ***Pampas-*** *u.* ***Ziergras***); ***im*** ~ sur [la] herbo, sur [la] herbejo; ~ ***fressend*** *Tier, Fachspr Zool* ***herbivor*** herbomanĝa, *Fachspr Zool auch* herbovora; ***im*** ~ ***liegen*** kuŝi sur [la] herbo; ~ ***mähen*** falĉi herbon; ***mitten im grünen*** ~ meze de la verda herbo ◇ ***ins*** ~ ***beißen*** *derb für «sterben»* mortaĉi, kadavriĝi; ***darüber ist längst*** ~ ***gewachsen*** tio estas jam delonge forgesita

Gras|ährchen *n/(Pl) Bot (Teil des Blütenstandes der Gräser mit meist mehreren Einzelblüten)* spiketo(j) *(Pl)*; ~**art** *f Bot <wiss>* herbospecio, *umg* herbospeco

gras|bedeckt *Adj* herbokovrita; ~**bewachsen** *Adj* surkreskita de herbo

Grasbüschel *n* herbotufo, tufo da herboj

Gräschen *n* herbeto

Grasdecke *f* herbokovr[aĵ]o

grasen *intr u. abs weiden* paŝtiĝi *od* sin paŝti (***auf*** sur)

Gräserpollen *m* herbopoleno

Graseule *f* (Tyto longimembris) *Orn* longkrura turstrigo *[Vorkommen: Asien, Neu-Guinea, Australien]*

Grasfisch *m Ichth* ↑ *unter* ***Karpfen***

Grasfrosch *m* (Rana temporaria) *Zool* kampara rano *<ein Froschlurch>*

Grasfrucht *f Bot* ↑ ***Karyopse***

grasgrün *Adj* herboverda *od nachgest* verda kiel herbo

Gras|halm *m* (Caulis herbaceus) *Bot* herbotigo, *umg auch* herbero; ~**heide** *f* herba erikejo

Grashüpfer *m, reg* ***Heugumper*** *m od* ***Heupferd*** *n* (*Gattung* Chorthippus) *Ent* herb[o]saltulo (*vgl. dazu* ***Heuschrecke***); ***brauner*** ~ (Chorthippus brunneus) *eine Kurzfühlerschrecke* bruna akrido; ***bunter*** ~ (Omocestus viridulus) verda akrido

Grashüpfermaus *f* (*Gattung* Onychomys *mit den nachfolgend genannten drei Arten*) *Zool* oniĥomuso *[Vorkommen: SW der USA u. Nordmexiko (bes. in der Chihuaha- u. der Sonora. Wüste)]*; ***nördliche*** ~ (Onychomys leucogaster) blankventra oniĥomuso; ***Sand-Grashüpfermaus*** (Onychomys arenicola) sabla oniĥomuso; ***südliche*** ~ (Onychomys torridus) preria oniĥomuso

grasig *Adj* herba; *grasbedeckt* herbokovrita

Graskarpfen *m Ichth* ↑ *unter* ***Karpfen***

Gras|läufer *m* (Tryngites subruficollis) *Orn* stepkalidro; ~**lilie** *f* (*Gattung* Anthericum) *Bot* anteriko; ~**mähmaschine** *f* gazontonda maŝino; ~**mücke** *f Orn* silvio (↑ *auch* ***Akazien-***, ***Atlas-***, ***Brillen-***, ***Busch-***, ***Dorn-***, ***Garten-***, ***Masken-***, ***Mönchs-***, ***Orpheus-***, ***Provence-***, ***Samtkopf-***, ***Sarden-***, ***Sperber-***, ***Tamarisken-***, ***Weißbart-***, ***Wüsten-***, ***Zaun-*** *u.* ***Zyperngrasmücke***)

Grasnarbe *f* greso (↑ *auch* ***Rasen***)

Grasnelke *f* (*Gattung* Armeria) *Bot* armerio (↑ *auch* ***Alpen-*** *u.* ***Sandgrasnelke***); ***gemeine*** ~ (Armeria maritima) mara armerio

Grasnelkengewächse *n/Pl Bot* ↑ ***Bleiwurzgewächse***

Grasplatterbse *f* (Lathyrus nissolia) *Bot* herbeca latiro

grasreich *Adj* herboriĉa

Gras|savanne *f* herba savano; ~**schwertel** *f* (Sisyrinchium montanum = Sisyrinchium angustifolium) *Bot* monta sisirinko

grassieren *intr Epidemie* furiozi

grässlich *Adj abscheulich* abomena; *ekelhaft, widerlich* naŭza; *grauenhaft, Horror verursachend* horora, kaŭzanta hororon; *Furcht erregend* timiga, kaŭzanta timon (*vgl. dazu* ***schrecklich***); *abstoßend hässlich* forpuŝe (*od* naŭze) malbela, hida; ***ein*** ~***er Mord*** hida murdo

Grassodenhaus *n* ↑ ***Torfplaggenhaus***

Gras|steppe *f Geogr* savano (*vgl. dazu* ***Pampa***); ~**teppich** *m* herbotapiŝo; *sorgsam gepflegter Rasen* gazono; ~**tundra** *f Geogr* herba tundro; ~**vegetation** *f Bot* herba vegetaĵaro

Grat *m* ***a)*** *scharfe Kante* [akra] eĝo; *eines Messers* eĝo de tranĉilo; *hervorspringende*

Schnittkante zweier Dach- od Gewölbeflächen grop-eĝo ***b)*** *Kammlinie eines Bergrückens* firsto *od* kresto [de monto] ***c)*** *Gießerei (Gussnaht)* bavuro ***d)*** *Tech (dünner, überstehender Rand, der an Werkstücken bei Formgebung [Gießen, Drehen, Stanzen usw.] entstehen kann)* bavuro

Gräte *f* fiŝost[et]o; ***voller ~n*** plena de [fiŝ]-ostetoj

Gratian[us] (*m*) *Eig (ein weström. Kaiser [359-383])* Gratiano

Gratifikation *f Sonderzuwendung, [freiwillige] Vergütung* gratifiko

grätig *Adj mit vielen Gräten* plena de [multaj] fiŝ-ostetoj

Gratin [*gra'tɛ̃*] *n od m ein überbackenes Gericht* gratenaĵo (↑ *auch* ***Gemüse-, Käsegratin*** *u.* ***Soufflé***)

gratinieren *tr Kochk (mit Semmelkrume bestreuen u. im Ofen überbacken, bis sich eine braune Kruste bildet)* grateni

Gratinieren *n Kochk* gratenado

gratis *Adv kostenlos* senkoste, senpage

Gratis|aktie *f, auch* ***Freiaktie*** *f Fin, Wirtsch* senpaga akcio; ~**katalog** *m* senkosta katalogo

Gratlinie *f einer abwickelbaren Regelfläche (Geom)* kusp-eĝo

Grätsche *f* disaj gamboj *Pl*

Grätschsitz *m* ↑ ***Spagat***

Grätsch|sprung *m Sport* salto kun disaj gamboj; ~**stellung** *f Gymnastik, Turnen* pozicio kun disaj gamboj

Gratulant *m* gratulanto

Gratulation *f* gratul[ad]o

gratulieren *intr* gratuli (***jmdm. zu etw.*** iun pro io); ***ich gratuliere Ihnen herzlich*** mi kore vin gratulas (***anlässlich*** okaze de)

grau *Adj* griza *auch Haar, Himmel, Tag* (*vgl. dazu* ***düster*** *u.* ***eintönig***; ↑ *auch* ***asch-, blei-, dunkel-, feld-, grafit-, hecht-, hell-, maus-, nebel-, perl-, silber-, stahl-, stein-*** *u.* ***zementgrau***); *grauhaarig* grizhara; ~ ***in*** ~ griza sur griza fono; ~ ***machen*** grizigi; ~ ***werden*** fariĝi griza, griziĝi; ~***e Theorie*** *f* griza teorio ◇ ***nachts sind alle Katzen*** ~ en nokto malhela neniu koloro estas bela *(Zam)*

Grau *n graue Farbe* griza koloro, *auch übertr* grizo; ~**ammer** *f* (Emberiza calandra) *Orn* grenemberizo; ~**astrild** *m* (Estrilda troglodytes) *Orn* nigrapuga estrildo

grauäugig *Adj* griz-okula

Graubär *m Zool* ↑ ***Grizzly[bär]***

Graubart *m graubärtiger Mann* grizbarbulo

graubärtig *Adj* grizbarba

Graubauchhabicht *m* (Accipiter poliogaster) *Orn* grizventra akcipitro

graublau *Adj* grizblua *od* grize blua

Graubrauen-Bambushuhn *n Orn* ↑ *unter* ***Bambushuhn***

graubraun *Adj* grizbruna *od* grize bruna

Grau|brot *n Mischbrot aus Roggen- u. Weizenmehl* griza pano; ~**bruststrandläufer** *m* (Calidris melanotos) *Orn* striokalidro

Graubünden (*n*), *<schweiz> auch* ***Rätien*** (*n*), *rätoromanisch* ***Grischun*** (*n*) *ein schweiz. Kanton* Grizono *[Hptst.: Chur]*

Graubünd[e]ner 1. *auch nachgest* ***aus Graubünden*** *attr gebrauchtes Adj* grizona **2.** *<schweiz> auch* ***Bündner*** *m Subst (Einwohner von Graubünden)* grizonano

graubündnerisch, *<schweiz> auch* ***bündnerisch*** *Adj* grizona

Graubürzel|schwalbe *f* (Pseudhirundo griseopyga) *Orn* grizpuga hirundo; ~**wasserläufer** *m* (Tringa brevipes = Heteroscelus brevipes) *Orn* mallongkrura tringo

Graubutt *m Ichth* ↑ ***Flunder***

Graudrossling *m* (Turdoides squamiceps) *Orn* skvama moktimalio

Graue ***a)*** *m grauer Mensch bzw. graues Tier* grizulo ***b)*** *n etw. Graues, graue Stelle* grizaĵo (*vgl. dazu* ***Grau***)

Graueiche *f* (Quercus grisea) *Bot* griza kverko

Gräuel *m Schrecken* hororo; *Abscheu* abomeno; *Gräueltat* hororaĵo, horora faro (↑ *auch* ***Kriegsgräuel***)

[1]**grauen** *intr geh*: ***der Tag*** (*od* ***Morgen***) ***graut*** tagiĝas, *auch (bes. poet) heraufdämmern* la tago elkrepuskiĝas (*vgl. dazu* ***dämmern a)***); ***der Abend graut*** krepuskiĝas, *i.w.S.* la vespero proksimiĝas

[2]**grauen** *intr unpers*: ***mir graut davor*** *empfinde Furcht* mi sentas tim[eg]on pri tio, *auch* mi timas fari tion; *empfinde Grausen* mi sentas hororon pri tio, *auch* tio kaŭzas hororon al mi; ***sich*** ~ senti hororon (*od* tim[eg]on)

Grauen *n Grausen* hororo; *Entsetzen* terur[eg]o; *große Angst* timego; *i.w.S. Abscheu* abomeno; ~ ***erregend*** horora *od nachgest* kaŭzanta hororon, *auch* teruriga

grauen|haft *od* ~**voll** *Adj* terur[eg]a, horora

Grauerde *f Geol* ↑ ***Podsol[boden]***

Grau|erle *f, auch* ***Weißerle*** *f* (Alnus incana)

Bot griza alno; ~**falke** *m* (Falco ardosiaceus) *Orn* [ardezo]griza turfalko *[Vorkommen: West- u. Zentralafrika]*

Graufäule *f* ↑ *[1]**Grauschimmel***

Grau|fischer *m* (Ceryle rudis) *Orn* blanknigra alciono *[Vorkommen: Afrika u. Südasien]*; ~**fuchs** *m* (Canis cinereoargenteus = Dusicyon cinereoargenteus) *Zool* griza vulpo

Graufuß|hörnchen *n* (*Gattung* Heliosciurus) *Zool* sunsciuro (↑ *auch **Rotarmhörnchen***); ~**tölpel** *m*, *auch **Abbott-Tölpel** m* (Papasula abbotti) *Orn* grizpieda sulo *[Vorkommen: endemisch auf Christmas Island]*

Graugans *f*, *auch **Wildgans** f* (Anser anser) *Orn* griza ansero *<einzige Wildgans, die auch in Mitteleuropa brütet>*

graugelb *Adj* grizflava *od* grize flava; *falb, fahl- od graugelb [bes. das Fell mancher Tiere]* falva

Graugesichtbussard *m* (Butastus indicus) *Orn* grizvanga buteo *[Vorkommen: in Waldgebieten Koreas, Nordchinas, Taiwans u. Südjapans]*

graugrün *Adj* grize verda

Grauguss *m Gießerei* griza giso

grauhaarig *Adj* grizhara (↑ *auch **ergraut***)

Grauhaarige ***a)*** *m* grizharulo ***b)*** *f* grizharulino

Grauhals-Kronenkranich *m Orn* ↑ *unter **Kronenkranich***

Grauhaubenmeise *f* (Lophophanus dichrous) *Orn* griza tufparuo *[Vorkommen: Nepal, S-Tibet, Indien u. Myanmar]*

Grau|heide *f*, *selt auch **graue Heide** f* (Erica cinerea) *Bot* viola eriko; ~**hörnchen** *n*, *auch **kanadisches Grauhörnchen** n* (Sciurus carolinensis) *Zool* griza sciuro *<auch in England eingebürgert, wurde dort zur für das europäische Eichhörnchen bedrohlichen Art>*

Grau-in-Grau-Malerei *f* ↑ ***Grisaille***

Graukappe *f Mykologie* ↑ *unter **Trichterling***

Graukehlsumpfhuhn *n* (Porzana marginalis) *Orn* stria porzano

Graukopf *m* = ***Grauhaarige***

Graukopf|albatros *m* (Diomedea chrysostoma) *Orn* grizkapa albatroso; ~**bülbül** *m* (Pycnonotus priocephalus) *Orn* grizkapa bulbulo *[Vorkommen: Südindien]*; ~**-Flughund** *m* (Pteropus poliocephalus) *Zool* grizkapa pteropo *[Vorkommen: in den australischen Küstengebieten Queenslands u. Neusüdwales]*; ~**gans** *f* (Chloëphaga poliocephala) *Orn* cindrokapa ansero

grauköpfig *Adj* grizkapa

Graukopf|liest *m* (Halcyon leucocephala) *Orn* grizkapa alciono; ~**möwe** *f* (Larus cirrocephalus = Chroicocephalus cirrocephalus) *Orn* grizkapa mevo; ~**sperling** *m* (Pyrgitopsis grisea = Passer griseus) *Orn* grizkapa pasero *[Vorkommen: subsaharisches Afrika]*

Graukresse *f Bot: **gemeine** ~* (Berteroa incana) griza berteroo

graulen, sich *refl sich fürchten* senti tim[eg]on (*od [stärker:]* hororon) (*vgl. dazu **[2]grauen***)

[1]gräulich *Adj veraltend für «Furcht einflößend»* timiga; *schaurig* horora; *widerlich* naŭza; *umg für «sehr» od «äußerst»* tre, ekstreme

[2]gräulich *Adj etwas (od leicht) grau* grizeta

Graumantel|albatros *m* (Phoebetria fusca) *Orn* bruna albatroso; ~**brillenvogel** *m*, *auch **Graurückenbrillenvogel** od **australischer Brillenvogel** m* (Zosterops lateralis) *Orn* grizdorsa zosteropo *[Vorkommen: östliches Australien u. Neuseeland]*; ~**würger** *m*, *auch **Graurückenwürger** od **Tibetwürger** m* (Lanius tephronotus *od* Lanius excubitoroides) *Orn* grizdorsa lanio *[Vorkommen: vom Himalaja bis nach S-China u. fast ganz SO-Asien]*

Graumasama *m* (Mazama gouazoubira) *Zool* griza mazamo (*vgl. dazu **Masama***)

graumeliert, *auch **grau meliert**: ~**es Haar** n* haroj *Pl* kun penetrinta grizo

Grau|möwe *f* (Larus modestus = Leucophaeus modestus) *Orn* cindra mevo *[Vorkommen: an der chilenischen Pazifikküste]*; ~**-noddi** *m* (Procelsterna albivitta) *Orn* griza ŝterno *[Vorkommen im Südpazifik]*; ~**papagei** *m*, *umg auch **Jako** m* (Psittacus erithacus) *Orn* griza papago, *<wiss> auch* psitako *[Vorkommen in Urwaldgebieten West- u. Zentralafrikas]*; ~**pappe** *f* griza kartono; ~**pappel** *f* (Populus canescens) *Bot* griza poplo; ~**pelikan** *m* (Pelecanus philippensis) *Orn* filipina (*od* makulbeka) pelikano *[Vorkommen: Nepal, Sri Lanka u. SO-Asien]*

graupeln *intr Met* grajli; *unpers*: ***es graupelt*** grajlas

Graupeln *f/Pl Met* grajlo *Sg*

Graupelschauer *m Met* grajloŝaŭro

Graupen *f/Pl, <österr>* ***Gerst[e]l*** *n Nahr* senŝeligita [kaj dispecigita] hordeo *Sg*

Graureiher *m, reg* ***Fischreiher*** *m* (Ardea cinerea) *Orn* griza ardeo

Graurückenbrillenvogel *m Orn* ↑ ***Graumantelbrillenvogel***

Graurücken-Krähenwürger *od* **grauer Flötenwürger** *m* (Cracticus torquatus) *Orn* griza kraktiko

Graurückenwürger *m Orn* ↑ ***Graumantelwürger***

Graus *m* hororo, teruro

grausam 1. *Adj* kruela (***gegen*** kontraŭ; ***zu*** al); ***äußerst*** ~ ekstreme kruela, kruelega (↑ *auch* ***barbarisch***) **2.** *Adv*: ~ ***leiden*** terure sufer[ad]i

Grausamkeit *f* krueleco; *etw. Grausames, grausame Tat od Worte* kruelaĵo

[1]**Grauschimmel** *m, auch* ***Grau[schimmel]-fäule*** *f durch Pilzbefall mit Botrytis cinerea (bes. im Erdbeeranbau u. im Weinbau)* griza botrito, *auch* griza ŝimo

[2]**Grauschimmel** *m Pferd* griza ĉevalo

Grausein *n graue Färbung* grizeco

grausen *intr unpers* = [2]***grauen***

Grausen *n* hororo, terur[eg]o

grausig *Adj* horora (*vgl. dazu* ***Grauen erregend***); *schrecklich* terura

grausig-düster *Adj mit dem [Gedanken an den] Tod spielend* makabra

Grau|specht *m* (Picus canus) *Orn* griza pego; ~**star** *m* (Sturnus cineraceus) *Orn* griza sturno *[Vorkommen: Ostasien]*; ~**stirnspecht** *m* (Colaptes atricollis) *Orn* nigrakola pego; ~**sturmvogel** *m* (Procellaria cinerea) *Orn* griza petrelo

Grautanne *f Bot* ↑ ***Coloradotanne***

Grautier *n* = *scherzh für* ***Esel*** [↑ *dort*]

Grau|toko *m Orn (ein Nashornvogel)* griza kornbekulo; ~**uhu** *m, auch* ***Sprenkel-*** *od* ***Wellenuhu*** *m* (Bubo cinerasceus) *Orn* cindra (*od* griza) gufo; ~**wacke** *f Min (ein dunkelgraues Sedimentgestein [meist aus geologisch alter Zeit])* graŭvako; ~**wal** *m* (Eschrichtius robustus) *Zool* griza baleno; ~**wangendrossel** *f* (Hylocichla minima) *Orn* grizvanga turdeto; ~**weide** *f, auch* ***Aschweide*** *f* (Salix cinerea) *Bot* griza saliko

grauweiß *Adj* grizblanka *od* grize blanka

Grauwerden *n* griziĝo; ~ ***der Haare*** griziĝo de la haroj

grauweiß *Adj* grizblanka *od* grize blanka

Grauwolf *m Zool* ↑ [1]***Wolf a)***

Gravettien [*gravɛt'jɛ̃*] *n Urgeschichte (ein Zeitraum in der Altsteinzeit, der eine bestimmte kulturelle Entwicklungsstufe markiert)* gravetio *<so benannt nach dem französischen Fundort La Gravette>*

Graveur [*gra'vö:r*] *m, auch* ***Gravierer*** *u.* ***Stecher*** *m* gravuristo (↑ *auch* ***Glasgraveur*** *u.* ***Kupferstecher***)

Graveurin *f* gravuristino

gravid ↑ ***schwanger***

Gravida *f nur Fachspr Med (schwangere Frau)* gravedulino, graveda virino

Gravidität *f* ↑ ***Schwangerschaft***

Gravieranstalt *f* gravurejo

gravieren *tr in Metall, Stein u.a. einschneiden* gravuri (*vgl. dazu* ***stechen a)***)

Gravieren *n* ↑ ***Gravierung a)***

gravierend *Adj wichtig* [tre] grava; *Verlust* grandega *od* tre granda; *belastend* ŝarĝiga

Gravierer *m* ↑ ***Graveur***

Gravier|kunst *f, auch* ***Stecherkunst*** *f* gravurarto; ~**nadel** *f f, auch* ***Radiernadel*** *f* gravurnadlo; ~**stichel** *m* grifelo, *auch* gravurilo; *Antike (Stylus zum Einritzen in Wachstafeln)* stileto

Gravierung *f* ***a)*** *auch* ***Gravieren*** *n* gravurado (*vgl. dazu* ***Glyptik***) ***b)*** *auch* ***Gravur*** *od* ***Gravüre*** *f gravierte Verzierung od Inschrift* gravuraĵo (↑ *auch* ***Eingravierung***)

Gravimeter *n Geophysik (Gerät zur Bestimmung der Schwerebeschleunigung an einem bestimmten Ort)* gravitometro

Gravimetrie *f* ***a)*** *Chem (Verfahren zur quantitativen Bestimmung von Elementen u. Gruppen in Stoffgemischen)* gravimetrio ***b)*** *Geophysik (Messung der Veränderlichkeit der Schwerkraft der Erde)* gravitometrio

gravimetrisch 1. *Adj* gravimetria; ~***e Karte*** *f Kartogr* gravimetria mapo **2.** *Adv* gravimetrie

Gravitation *f Anziehungs-, Schwerkraft* gravito

Gravitations|beschleunigung *f* gravita akcelo; ~**energie** *f* gravita energio; ~**feld** *n Astron, Raumf* gravita kampo; ~**konstante** *f Phys* gravita konstanto; ~**kraft** *f Phys* gravita forto; ~**linse** *f, auch* ***Schwerkraftlinse*** *f Astron* gravitolenso

gravitätisch *Adj* gravmiena, montranta gravecon; *feierlich* solena, ceremonia (↑ *auch* ***gewichtig***)

gravitieren *intr Phys (infolge der Schwerkraft zu einem Punkt hinstreben)* graviti

Graviton *n, auch* ***Feldquant*** *n Phys (Elementarteilchen des Gravitationsfeldes)* gravitono

Gravur *od* **Gravüre** *f* ↑ ***Gravierung b)***

Grawitz-Tumor *n Med* ↑ ***Hypernephrom***

[1]**Gray** (*m*) *Eig (englischer Physiker [1670-1736])* Grajo

[2]**Gray** *n* (*Zeichen* ***Gy***) *El (Maßeinheit der Energiedosis)* grajo

Graz (*n*) *Hptst. des österreichischen Bundeslandes Steiermark* Graco

[1]**Grazie** *f* ***a)*** *Anmut* graci[ec]o (*vgl. dazu* ***Charme*** *u.* ***Liebreiz***) ***b)*** *anmutiges Geschöpf od Mädchen* graciulino

[2]**Grazie** *f Myth (röm. Göttin der Anmut)* Gracia *auch iron od scherzh, (Zam)* Gracio (↑ *auch* ***Aglaia***)

grazil *Adj anmutig, zart[gliedrig]* gracila (↑ *auch* ***zerbrechlich*** *u.* ***zierlich***)

Grazilität *f* gracileco

graziös *Adj* gracia (↑ *auch* ***anmutig*** *u.* ***zierlich***)

gräzisieren *tr in [alt]griechische Sprachform bringen* grek[ec]igi

Gräzist *m jmd., der sich wissenschaftlich mit dem Altgriechischen befasst* grekisto

Gräzistik *f Wissenschaft von der altgriechischen Sprache [und Kultur]* grekistiko

Great Barrier Reef *n an der Küste von Queensland/Australien* Granda Bara Rifo

Greenwich [*'grinidʒ*] (*n*) *ein Stadtteil von London* Grenviĉo <*mit berühmter Sternwarte*>; ***der Meridian von*** ~ la grenviĉa meridiano

Greenwicher Zeit *f* (*engl. Abk* ***GMT***) *westeuropäische Zeit* grenviĉa tempo

gregär *Adj bes. Fachspr für «zu mehreren od vielen beisammen» [Ggs: solitär]* grega

Gregarinen *f/Pl* (*Unterklasse* Gregarina) *Biol (einzellige Schmarotzer)* gregarinoj *Pl*

Gregor *od* **Gregorius** (*m*) *männl. Vorname* Gregorio *auch Name einiger Päpste*; ***Gregor der Große*** *[* um 540, † 604], als Papst* ***Gregor I.*** *[von 590 bis 604]* Gregorio la Granda, *[als Papst]* Gregorio la 1-a

gregorianisch *Adj*: ~***er Choral*** (*od* ***Gesang***) *m* (Cantus planus) *[im kath. Gottesdienst:] einstimmiger, unbegleiteter liturgischer u. halbliturgischer Kirchengesang in lateinischer Sprache* gregoria ĉanto, *auch* plejnkanto; ~***er Kalender*** *m von Papst Gregor XIII. eingeführter Kalender* gregoria kalendaro; ~***e*** (*od* ***armenische***) ***Kirche*** *f* gregoria eklezio; ~***e Reform*** *f* gregoria reformo

Gregorius (*m*) *Eig* ↑ ***Gregor***

Greif *m* ***a)*** *auch* ***Vogel Greif*** *Myth (ein Fabelwesen in Tiergestalt)* grifo (*vgl. dazu* [1]***Garuda***) ***b)*** *Orn ([größerer] Raubvogel)* grifo (↑ *auch* ***Greifvogel***); ***[Familie der]*** ~***e*** *Pl* (Accipetridae) akcipitredoj *Pl*

Greifbagger *m Tech* termova dragilo

greifbar *Adj* kaptebla, palpebla; *übertr (sichtbar)* videbla, *(offensichtlich)* evidenta; ***nicht*** ~ *Ggs konkret* abstrakta; ***in*** ~***er Nähe*** tute proksime; ~***e Formen annehmen*** esti en la stato de realiĝo, alpreni realan formon

greifen *tr packen* [ek]kapti, kapti per la mano; *berühren* tuŝi *auch übertr*; *tasten* palpi; *allg: nehmen* preni; ~ ***Sie zu!*** *Aufforderung bei Tisch* bonvolu [manĝi]!; ***nach etw.*** ~ *die Hand nach etw. ausstrecken* etendi la mano(j)n al io; ***Platz*** ~ ekesti; enkondukiĝi; *sich ausbreiten* disvastiĝi; ***um sich*** ~ *Aufstand, Epidemie, Feuer, Gerücht u.a.* [rapide] disvastiĝi (↑ *auch* ***sich massenhaft vermehren***); ***zu den Waffen*** ~ [ek]preni la armilojn; ***der Nebel wurde so dicht, dass man ihn nahezu mit der Hand*** ~ ***konnte*** la nebulo fariĝis tiel densa (*od* dika), ke ĝi estis preskaŭ tuŝebla ◇ ***das ist völlig aus der Luft gegriffen*** tio estas absolute senbaza; *erfunden bzw. unbewiesen* tio estas tute eltrovita afero *bzw.* tio estas absolute nepruvita imagaĵo; ***jmdm. unter die Arme*** ~ *jmdm. helfen* doni helpon al iu; *jmdn. unterstützen* subten[ad]i iun

Greifer *m allg für «Greifwerkzeug»* prenilo (*vgl. dazu* ***Zange***)

Greif|reflex *m des Neugeborenen* kapta reflekso; ~**schwanzaffen** *m/Pl* (Cebidae) *Zool (Familie der Breitnasen- od Neuweltaffen)* ceboidoj *Pl*; (*Gattung* Ateles) ateloj *Pl* (↑ *auch* ***Kapuzineraffen***)

Greifstachler *m* (Coendou prehensilis) *Zool* kaptovosta koenduo *[Vorkommen: Mittel- u. Südamerika]*; ***wolliger*** ~ (Coendou villosus) laneca koenduo *[Vorkommen: Brasilien u. Paraguay]*

Greifvogel *m Orn* kaptobirdo

Greifzirkel *m Tech* ↑ ***Außentaster***

greis *Adj* tre[ege] maljuna, grandaĝa (*vgl. dazu* ***greisenhaft*** *u.* ***senil***)

Greis *m* tre[ege] maljuna homo, multjarulo (↑ *auch* ***Tattergreis***)

Greisenalter *n* tre[ege] granda aĝo

greisenhaft *Adj* senila

Greisenhaftigkeit *f* senileco
Greisenheilkunde *f Med* = ***Geriatrie***
Greisenstar *m Ophthalmologie* senila katarakto
Greisin *f* multjarulino, grandaĝa virino
Greiskraut *n*, *reg* ***Kreuzkraut*** *n* (*Gattung* Senecio) *Bot* senecio (↑ *auch* ***Gämswurz-***, ***Jakobs-***, ***Moor-*** *u.* ***Waldgreiskraut***); ***gemeines*** ~ (Senecio vulgaris) malgranda senecio; ***klebriges*** ~ (Senecio viscosus) glua senecio; ***spatelblättriges*** ~ (Senecio spathuliformis) spatelfolia senecio; ***weißfilziges*** ~ *od* ***Silbergreiskraut*** *n* (Senecio cineraria) griza senecio *[Vorkommen: Mittelmeerregion]*
Greling *m Mar* ↑ ***Gerling***
grell *Adj Laut, Ton* akr[eson]a, tranĉa; *ohrenzerreißend* orelŝira (↑ *auch* ***betäubend***); *Licht* akra, blindiga; *Farbe* intensega, flama
Gremium *n Ausschuss* komisiono; *Körperschaft* korporacio
Grenada (*n*) *ein Karibikstaat* Grenado *[Hptst.: Saint George's]*
Grenader *m Bewohner von Grenada* grenadano
Grenaderin *f* grenadanino
Grenadier *m Mil* infanteriano (*vgl. dazu* ***Infanterist***); *Militärgeschichte* grenadisto
Grenadilla *od* **Grenadille** *f* (Passiflora edulis) *Bot* grenadilo *(Pflanze od Frucht)*
grenadisch *Adj auf den Karibikstaat Grenada bezogen* grenada
Grenoble (*n*) *eine Stadt in SO-Frankreich u. Verwaltungssitz des Départements Isère* Grenoblo
Grenzausgleich *m* ↑ ***Grenzregulierung***
Grenz|bahnhof *m* landlima stacio; ~**beamte** *m Zollbeamte* doganisto; ~**befestigung** *f Mil* limfortikaĵo, fortikaĵo(j) ĉe la limo
Grenzbetrag *m Bankw, Fin*: ***oberer*** ~ plafono (↑ *auch* ***Limit***)
Grenz|bevölkerung *f* apudlimaj loĝantoj *Pl*; ~**bewohner** *m* loĝanto de (*od* en) limregiono; ~**bezirk** *m* limdistrikto, distrikto situanta ĉe la [ŝtat]limo
Grenze *f* limo *auch übertr* (*vgl. dazu* ***Limit*** *u.* ***Schwelle***; ↑ *auch* ***Armuts-***, ***Belastungs-***, ***Datums-***, ***Stadt-*** *u.* ***Zonengrenze***); *Landes*~ *auch* landlimo; *Staats*~ *auch* ŝtatlimo; ***künstliche*** (***natürliche***) ~ natura (artefarita) limo; ***in gewissen*** ~***n*** en certaj limoj; ***nahe der deutschen*** ~ proksime de la germana limo; ***die*** ~***n abstecken*** (*od* ***fixieren***) fiksi la limojn; ***eine natürliche*** ~ ***bilden*** formi naturan limon (***zwischen ... und ...*** inter ... kaj ...); ***seine*** ~***n kennen*** *übertr* koni siajn limojn; ***die*** ~ ***passieren*** (*od* ***überschreiten***), *auch* ***über die*** ~ ***gehen*** trapasi la [land]limon; ***die*** ~***n schließen*** fermi la [ŝtat]limojn; ***die*** ~***n seiner Leistungsfähigkeit überschreiten*** transpaŝi la limojn de sia povo (*bzw.* kapacito); ***an der*** ~ ***wohnen*** loĝi ĉe la [land]limo ◇ ***alles muss seine*** ~***[n] haben*** ĉio devas havi limon *(Zam)*
grenzen *intr* limi (***an etw.*** ion *od* al io) (↑ *auch* ***an-*** *u.* ***begrenzen***); ***das grenzt an ...*** *das ist fast so wie ...* tio preskaŭ egalas al ...
grenzenlos 1. *Adj* senlima; *endlos* senfina (↑ *auch* ***unendlich***); ***ein Gefühl*** ~***er Freiheit*** sento pri senlima libereco **2.** *Adv* senlime; *ohne Ende* senfine
Grenzenlosigkeit *f* senlimeco; *i.w.S. Endlosigkeit* senfineco
Grenzfall *m* lim-okazo; *Extremfall* ekstrema kazo
Grenzfestsetzung *f* ↑ ***Grenzziehung***
Grenz|fluss *m* limrivero; ~**gebiet** *n* limregiono *od* apudlima regiono; ~**konflikt** *m Pol* landlima konflikto
Grenzkontrolle *f* landlima kontrolo *od* limkontrolo; ***Abschaffung der*** ~***(n)*** forigo de [la] limkontrolo(j)
Grenz|krieg *m* ŝtatlima milito; ~**linie** *f* limlinio; *Demarkationslinie* demarkacia linio; ~**pfahl** *m* limfosto; ~**polizei** *f* limpolico; ~**polizist** *m* limpolicano *od* limpolicisto; ~**posten** *m* limposteno; ~**rachenlehre** *f ein Messwerkzeug* buŝkalibrilo; ~**region** *f* limregiono *od* apudlima regiono (*vgl. dazu* ***Randgebiet***); ~**regulierung** *f*, *auch* ***Grenzausgleich*** *m* reguligo de limo; ~**schließung** *f* fermo de la limo(j); ~**soldat** *m* soldato gardanta la ŝtatlimon (*vgl. dazu* ***Grenzwächter***); ~**stadt** *f* ĉelima (*od* apudlima *od* landlima) urbo; ~**station** *f Eisenb* limstacio; ~**stein** *m* lim[o]ŝtono
Grenzstrang *m* (Truncus sympathicus) *Anat (beidseits der Wirbelsäule liegende sympathische Ganglienkette)* simpata trunko; ~**ganglien** *n/Pl* (Ganglia trunci sympathici) ganglioj *Pl* de la simpata trunko
Grenz|streit *m Pol* landlima disputo; ~**treffen** *n Treffen an der Staatsgrenze* ĉelima renkontiĝo; ~**übergang** *m* limtransirejo *od* limtrapasejo [inter du ŝtatoj]; ~**übertritt** *m* limtransiro; ~**verkehr** *m* trafiko inter ĉe-

limaj regionoj; ~**verlauf** *m* limlinio (*od auch kurz* limo) [inter ŝtatoj]; ~**verletzung** *f Jur, Pol* ŝtatlima delikto; ~**vertrag** *zw. Staaten* traktato pri la landlimo; ~**wächter** *m* limgardisto; ~**weg** *m* limvoj[et]o

Grenzwert *m* ***a)*** limvaloro; ***den ~ überstei-gen*** *z.B. Schadstoffkonzentrationen* superi la limvaloron ***b)*** *Math* ↑ ***²Limes c)*** *Fin* = ***Grenzbetrag***

grenzwertig *Adj* limvalora

Grenzziehung *f, auch* ***Grenzfestsetzung*** *f* traceado de limo(j), *auch* fiksado de limo(j)

Grenzzoll *m* limimposto; ~**amt** *n* limimpost-ejo

Grenz|zone *f* limzono *od* lima zono (↑ *auch* ***Grenzgebiet***); ~**zwischenfall** *m* landlima incidento

Grésillon (*n*) *Ort bei Baugé/ Frankreich mit international bekanntem Bildungszentrum der Esperanto-Bewegung (Kultura Esperanto-Domo)* Grezijono

Greta *od* **Grete** (*f*) *weibl. Vorname* Greta

Gretchenfrage *f bildh für «entscheidende od hochwichtige Frage»* decida (*od* gravega) demando

Greuel *m* = ***Gräuel***

greulich = ***gräulich***

Grevy-Zebra *n* (Equus grevyi) *Zool* grevia zebro

Greyerzer Käse *m Nahr* ↑ ***Gruyère***

Greyhound [*ˈgre:haunt*] *m* ***a)*** *auch* ***englischer Windhund*** *m bes .für Hunderennen* grejhundo ***b)*** *auch* ***Greyhoundbus*** *m [in den USA:] Überlandbus* grejhund-buso

Grieben *f/Pl, auch* ***Speckgrieben***, *reg* ***Griefen***, *<österr>* ***Grammeln*** *f/Pl* grivoj *Pl*; ~**schmalz** *m* ŝmalco kun grivoj

Grieche *m* greko; ***die alten ~n*** *Pl* la antikvaj grekoj *Pl*

Griechenland (*n*), *neugriech.* ***Ellas*** Grekio *[Hptst.: Athen]*; ***im alten ~*** en [la] antikva Grekio (↑ *auch* ***Hellas***)

Griechin *f* grekino

griechisch *Adj* greka (↑ *auch* ***alt-*** *u.****neugriechisch***); ***~es Alphabet*** *n* greka alfabeto; ***~e Kunst*** (***Mythologie***) *f* greka arto (mitologio)

Griechisch[e] *n Ling* la greka [lingvo] (↑ *auch* ***Alt-*** *u.* ***Neugriechisch***)

griechisch-orthodox *Adj* grek-ortodoksa

griechisch-römisch *Adj*: ***~er Stil*** *m Ringen* grek[a]-romia stilo

Griefen *f/Pl* ↑ ***Grieben***

grienen ↑ ***grinsen***

Griesgram *m* grumblulo, grumblema homo (*od* persono)

griesgrämig *Adj mürrisch, missmutig* moroza; *nörgelig* grumblema; *Gesicht* grizmiena

Grieß *m* grio; *Weizen*~ tritika grio (↑ *auch* ***Gersten-*** *u.* ***Hafergrieß***); ~**mehl** *n Nahr* semolo; ~**speise** *f, i.w.S.* ***Grießbrei*** *m, <österr>* ***Grießkoch*** *n Kochk* griaĵo, manĝaĵo farita el grio

Griff *m* ***a)*** [ek]preno, kapto; *beim Gewichtheben, Ringen* preno ***b)*** *am Fahrradlenker, vom Koffer* anso; *stiel- od kolbenartig* tenilo, prenilo (↑ *auch* ***²Heft***, ***Henkel***, ***Knauf***, ***Stiel d)***, ***Messer-*** *u.* ***Türgriff***); ***mit einem ~ versehen*** ansohava *bzw.* tenilohava ◇ ***etw. in den ~ bekommen*** [iom post iom] majstri ion; ***etw. im ~ haben*** *die Kontrolle über etw. haben* [perfekte] kontroli (*bzw.* majstri *od* regi) ion; ***einen guten ~ tun*** *eine clevere Wahl treffen* fari vere bonan elekton; *Glück haben* havi feliĉon

Griffel *m* ***a)*** *[im Altertum:] Schreib*~ grifelo; *Antike (Gravierstichel um auf Wachstafeln zu schreiben)* stileto ***b)*** *Schieferstift* ardeza krajono ***c)*** *Bot* ↑ ***Stylus a)***

griffelförmig *Bot* ↑ ***styloid***

griffellos, *Fachspr Bot auch lat.* ***astylus*** *Adj* senstilusa

Griffon *m, i.w.S.* ***Rauhaarpinscher*** *m ein Vorstehhund* grifono

Griffregister *n Buchw* ↑ ***Daumenregister***

Grill *m, auch* ***Bratrost*** *m im Ofen* rostkrado, *als Gerät, z.B. Garten*~ [ĝardena] kradrostilo, *(Stangengrill)* turnrostilo *od* stangorostilo (↑ *auch* ***Garten-*** *u.* ***Holzkohlegrill***); ***auf dem ~ braten*** (*od* ***rösten***) kradrosti

¹Grille *f* (*Familie* Gryllus) *Zool* grilo (↑ *auch* ***Heuschrecke***, ***Königs-*** *u.* ***Maulwurfsgrille***) *Feld*~ kampa grilo; *Haus*~, *Heimchen* hejma grilo *od* domgrilo; *Wald*~ arbara grilo; ***[Familie der] ~n*** *od* ***Grabheuschrecken*** *Pl* (Gryllidae) griledoj *Pl*

²Grille *f [eigensinnige] Laune* kaprico; *Hirngespinst* ĥimero

grillen, *<schweiz>* ***grillieren*** *tr auf dem Grill rösten* kradrosti, rosti sur la rostkrado (*bzw.* kradorostilo) (*vgl. dazu* ***Grill***)

Grillen *n* kradrostado

grillenhaft *od* **grillig** *Adj launenhaft* kaprica; *etwas sonderbar* iom stranga

Grillenkonzert *n fam für «das Gezirpe von Grillen»* koncerto de griloj

Grill|fest *n od* **Grill|party** *f, auch* ***Barbecue*** *n* barbekuo, *auch* barbeku[fest]o; ~**gut** *n auf dem Rost Gebratenes* kradrostaĵo
grillieren ↑ ***grillen***
grillig ↑ ***grillenhaft***
Grimasse *f* grimaco (↑ *auch* ***Fratze***); ~***n schneiden*** fari grimacojn, grimaci
Grimassenschneider *m* grimac[em]ulo
Grimm *m Zorn* koler[eg]o, furiozo
Grimmdarm *m, Fachspr* ***Colon*** *od* ***Kolon*** *n Anat (Hauptanteil des Dickdarms)* kojlo; ***absteigender*** ~ (Colon descendens) descenda kojlo; ***aufsteigender*** ~ (Colon ascendens) ascenda kojlo; ***quer liegender*** ~ (Colon transversum) transversa kojlo
grimmig 1. *Adj wütend* koler[eg]a, furioza; *blutdürstig, reißend, wild* feroca; ~***e Kälte*** *f* tranĉa malvarm[eg]o **2.** *Adv*: ***es ist*** ~ ***kalt*** estas tranĉe (*od auch* terure) malvarme
Grind *m Wundschorf* vundkrusto, krusto [sur vundo]; *Erb*~ favo
Grindelia *f* (*Gattung* Grindelia) *Bot* grindelio
Grindflechte *f Med* ↑ ***Eiterflechte***
grindig *Adj mit Grind bedeckt* krustokovrita; *mit Grindflechte behaftet* fava
Grindkranke *m* favulo
Grindkraut *n Bot* ↑ ***Skabiose***
Grindpilz *m Med* ↑ ***Favuspilz***
Grindwal *m, auch* ***Pilotwal*** *m* (*Gattung* Globicephala) *Zool* pilotbaleno
Grinsel *n* ↑ ***Kimme***
grinsen, *umg auch* ***grienen*** *intr (höhnisch)* rikani, *(böswillig)* malice ridaĉi (↑ *auch* ***feixen***)
Grinsen *n, umg* ***Grienen*** *n* rikan[ad]o, malica ridaĉo
grippal *Adj*: ~***er Infekt*** *m Med* gripeca infekto
Grippe *f Med* gripo (*vgl. dazu* ***Influenza***; ↑ *auch* ***Darm-***, ***Gehirn-***, ***Hongkong-***, ***Kopf-***, ***Magen-Darm-***, ***Schweine-*** *u.* ***Virusgrippe***); ***asiatische*** ~ azia gripo, *auch* gripo de Singapuro; ***spanische*** ~ *eine Pandemie 1918-1920* hispana gripo; ***eine verschleppte*** ~ nekuracita gripo; ***nach einer*** ~ ***auftretend*** postgripa *bzw.* postinfluenca; ***sich eine*** ~ ***holen*** kapti gripon; ***ich habe eine starke*** ~ ***bekommen*** forta gripo min kaptis; ***an*** ~ ***leiden*** suferi je gripo
grippeähnlich *Adj* griposimila; ~***e Symptome*** *n/Pl* griposimilaj simptomoj *Pl*
Grippe|epidemie *f* gripa epidemio; ~**exanthem** *n* gripa ekzantemo; ~**impfstoff** *m* kontraŭgripa vakcino *od* vakcino kontraŭ gripo
grippekrank *Adj*: ~ ***sein*** havi [la] gripon, suferi je gripo
Grippe|kranke *m* gripomalsanulo, *auch* gripulo; ~**mittel** *n Pharm* kontraŭgripa medikamento; ~**[schutz]impfung** *f* kontraŭgripa vakcinado *od* vakcinado kontraŭ gripo; ~**virus** *n Bakt* gripa viruso *od* grip[o]viruso; ~**welle** *f* ondo de gripo; ~**wetter** *n* gripa vetero
Grips *m umg für «Verstand»*: ~ ***haben*** esti prudenta
Gripsholm (*n*), *auch* ***Schloss Gripsholm*** *n Schloss auf einer Insel im Mälarsee/Schweden* [kastelo] Gripsholmo
Griqua *Pl Ethn (Sammelbez. für Gesellschaften, die sich aus der Verbindung von Khoikhoi od Nama und Buren entwickelten)* grikvoj *Pl*
Grisaille [*gri'za:i*] *f, auch* ***Grau-in-Grau-Malerei*** *f Malerei od Clair-obscur-Zeichnung, die nur Grautöne verwendet [z.B. zur illusionistischen Nachahmung von Plastik]* grizajlo (*vgl. dazu* ***Camaieumalerei***)
Grischun (*n*) ↑ ***Graubünden***
Griseldis (*f*) *weibl. Vorname* Grizelda *auch Heldin einer mittelalterlichen Sage [Prototyp weiblicher Demut u. Treue]*
Grisli[bär] *m* = ***Grizzly[bär]***
Grison *m* (Grison vittatus) *Zool (große Marderart des tropischen Amerikas)* grizono
Griwna *f* = ***Hrywna***
Grizzly[bär] *m, auch* ***Graubär*** *m* (Ursus horribilis) *Zool* griza urso
grob 1. *Adj roh* kruda; *(Ggs: fein)* malfajna; *im Unreinen [geschrieben], z.B. Konzeption* malneta; *unhöflich* malĝentila; *schwerwiegend* grava; ~***e Arbeit(en) verrichten*** fari kruda(j)n laboro(j)n; ~***e Beschimpfung*** *f* kruda insulto; ~***er Fehler*** *m* granda eraro; ~***er Kerl*** *m* krudulo; ~***e Schätzung*** *f* proksimuma takso; ***in*** ~***en Umrissen*** en ĝeneralaj trajtoj ◇ ***wir sind aus dem Gröbsten heraus*** la plej malfacilan laboron ni jam faris *bzw.* la plej grandajn malfacilaĵojn ni jam venkis **2.** *Adv*: ~ ***zu jmdm. sein*** *mit Worten* paroli krude al iu; *jmdn. grob behandeln* trakti iun en maniero kruda
Grobfeile *f Handw* kruda fajlilo
Grobheit *f* krudeco; *Unhöflichkeit* [kruda] malĝentileco; *grobe Tat* krudaĵo, kruda

malĝentilaĵo; ***jmdm. ~en sagen****, umg auch* ***jmdm. ~en an den Kopf werfen*** diri krudaĵojn al iu

Grobian *m* krudulo

Grobkonzeption *f* malneta koncepto

grobkörnig *Adj* dikgrajna

grobkristallin ↑ ***makrokristallin***

gröblich 1. *Adj* kruda **2.** *Adv* krude; *äußerst* ege, forte, violente

Grobputz *m, auch* ***Rauputz*** *m Bauw* kruda puco

grobschlächtig *Adj* kruda, plumpa, *nachgest auch* de kruda (*od* plumpa) formo

Grodno (*n*), *litauisch* ***Gardinas*** *eine Stadt in Weißrussland [am Njemen]* Grodno

Grog *m* grogo

groggy *prädikatives Adj Boxen* duonsvena, ŝanceliĝa; *angeschlagen* forte [bato]trafita; *übertr total k.o.* plenplene elĉerpita

grölen *intr laut schreien* [brue] kriegi; *laut u. hässlich singen* kantaĉi, fuŝkant[ad]i

Groll *m verhaltener Zorn, stiller Hass* rankoro, [interna] kolero (*vgl. dazu* ***Hass***); ***den ~ begraben*** estingi la rankoron; ***~ gegen jmdn. haben*** (*od geh* ***hegen***) [interne] koleri kontraŭ iu; ***seinen [ganzen] ~ an jmdm. auslassen*** elvomi sian rankoron kontraŭ iu

grollen *intr* ***a)*** *Groll empfinden* rankori, senti [internan] koleron (***jmdm.*** kontraŭ iu *od* al iu) ***b) der Donner grollt*** tondro murmuras

Grollen *n Donner*≗ muĝado (*od* murmur[ad]o de tondro(j)

grollend *Adj voller Groll* rankora, *(nachgest)* plena de rankoro

Grönland (*n*), *grönländisch* ***Kataallit Nunaat*** Gronlando *[Hptst.: Nuuk]*

Grönland-Birkenzeisig *m Orn* ↑ *unter* ***Birkenzeisig***

Grönländer *m* gronlandano

Grönländerin *f* gronlandanino

Grönlandfalke *m Orn* = ***Gerfalke***

Grönlandhai *m, auch* ***Eishai*** *m* (Somniosus microcephalus) *Zool* gronlanda (*od* glacia) ŝarko *[Vorkommen: Nordatlantik]*

Grönlandhund *m, auch* ***Polarspitz*** *m* gronlanda hundo (*vgl. dazu* ***Schlittenhund***)

grönländisch *Adj* gronlanda

Grönländisch[e] *n Ling* la gronlanda [lingvo] *[Amtssprache in Grönland]*

Grönland-Polarbirkenzeisig *m* (Acanthis hornemanni hornemanni) *Orn* arkta flamkardelo

Grönlandrobbe *f Zool* ↑ ***Sattelrobbe***

Grönlandwal *m, auch* ***Nordwal*** *m* (Balaena mysticetus) *Zool* gronlanda baleno

Groom [*gru:m*] *m* = ***Reitknecht***

Groppe *f, auch* ***Kaulkopf*** *m* (*Gattung* Cottus) *Ichth* ĉoto; ***[Familie der] ~n*** *Pl* (Cottidae) ĉotedoj *Pl*

[1]**Gros** [*gro:*] *n Mehrheit* plimulto, majoritato; *Hauptmasse* ĉefa parto; *Mil* ĉefaj [arme]fortoj *Pl*

[2]**Gros** [*grɔs*] *n zwölf Dutzend* groco

Groschen *m* groŝo (*vgl. dazu* ***Grosz***); ***halber ~*** duongroŝo ◇ ***endlich ist bei ihm der ~ gefallen*** finfine li [ek]komprenis

Grosny (*n*) *Hptst. von Tschetschenien* Grozno

groß 1. *Adj groß an Ausdehnung od Raum* granda; *hoch* alta *auch Körpergröße*; *von hohem Wuchs* altkreska, altstatura; *erwachsen* plenkreska, adolta; *ausgedehnt, weit (Fläche)* vasta; *breit* larĝa; *viel* multa; *berühmt* fama; *berühmt, namhaft* fame konata, havanta reputacion; *bekannt* konata; *erhaben, edel* nobla; *hervorragend, von großer Bedeutung* grava, eminenta, grandsignifa; ***~ werden*** *Kind* fariĝi granda, kreski; ***so ~ wie möglich*** kiel eble plej granda (*bzw. Adv* grande); ***nicht allzu*** (*od* ***sehr***) ***~ sein*** *Person* ne tro granda (*bzw.* alta *od* altkreska *od* altstatura); *Sache* ne tro granda (*bzw.* grava); ***~e Augen machen*** *sich sehr wundern* miri grandokule, treege miri; ***ein ~er Buchstabe*** majusklo, *auch* ĉeflitero; ***im ≗en und Ganzen*** ĝenerale; *insgesamt* entute; ***ein ~er Mann in der Politik sein*** *umg* esti gravulo (*od* eminentulo) sur la kampo politika; ***in ~em Maße*** grandstile, grandskale; ***~e Schmerzen haben*** senti fortan doloron; ***~e Sorgen haben*** havi grandajn (*od* gravajn) zorgojn; ***in ~em Stil*** (*od* ***Umfang***) grandskale ◇ ***~e Stücke auf jmdn. halten*** havi altan opinion pri iu; ***auf ~em Fuße leben*** *in großem Stil* vivi en granda (*od* bombasta) stilo; *verschwenderisch* vivi disipe **2.** *Adv*: ***eine ~ angelegte Operation*** *bes. Mil, Polizei* grandskala milita operacio; ***so ~ wie möglich*** kiel eble plej grande

Groß|admiral *n Mar* ĉefadmiralo; **~angriff** *m Mil* grandskala atako

großartig *Adj ausgezeichnet* grandioza; *sehr schön* ege bela; *sehr gut* ege bona; *außergewöhnlich* eksterordinara; *imposant* impona; *majestätisch* majesta; *luxuriös* luksa (*vgl. dazu* ***geil 1. c) u.urst***)

Großartige *n*: ***etw.*** ***~s*** grandiozaĵo; *großartige Tat* grandioza faro; *großartiges Ereignis* grandioza okazaĵo (*od* evento)

Großartigkeit *f* grandiozeco

Groß|aufnahme *f als Vorgang* deproksima fotado (↑ *auch* ***Close-up***); ~**augen-Thunfisch** *m* (Thunnus obesus) *Ichth* grand-okula tinuso

großäugig *Adj* grand-okula, larĝ-okula

Groß|bauer *m* grandbienulo (↑ *auch* ***Kulak***); ~**betrieb** *m Großunternehmen* grandentrepreno, *(der Industrie od Metallurgie)* granduzino; *Landw* grandbieno; ~**blattpappel** *f* (Populus lasiocarpa) *Bot* grandfolia poplo; ~**bourgeoisie** *f* grandburĝaro; ~**bramsegel** *n Mar* granda bramvelo; ~**brand** *m* brulego, incendio

Großbritannien (*n*) Granda Britio, *umg meist England* Anglio *[Hptst.: London]*; ***das Vereinigte Königreich von ~ und Nordirland*** la Unuiĝinta Regno de Granda Britio kaj Nord-Irlando

Groß|buchstabe *m*, *auch* ***Majuskel*** *f od* ***Versal*** *m Typ* ĉeflitero, *auch* majusklo; ~**bürger** *m* grandburĝo

großbürgerlich *Adj* grandburĝa

Großbürgertum *n* grandburĝaro

[1]**Große** *m* grandulo *auch übertr für «bedeutender (od berühmter) Mensch»*

[2]**Große** *n*: ***etw. ~s*** grandaĵo; *große Tat auch* granda faro

Größe *f* ***a)*** grandeco; *Höhe, Körper~* alt[ec]o; *Ausdehnung, Breite, Weite* vasteco; *Umfang* amplekso; ***in natürlicher ~*** en natura grandeco ***b)*** *Math, Naturw (bes. Math u. Phys)* grando *auch von Kleidung od Schuhen* (*vgl. dazu* ***Maß***; ↑ *auch* ***Schuhgröße***); ***abgeleitete*** (***kinematische, physikalische***) ~ derivita (kinematika, fizika) grando; ***eingestrichene*** (***zweigestrichene***) ~ *Math* grando kun unu streko (du strekoj); ***proportionale (skalare)*** ~ *Math* proporcia (skalara) grando; ***ein Hemd ~ ...*** ĉemizo de grando ...; ***das ist die richtige ~*** ĉi tiu estas la ĝusta (*od auch* konvena) grando; ***welche ~ tragen*** (*od umg* ***haben***) ***Sie?*** kiun grandon vi bezonas? ***c)*** *Bedeutung* signifo; *Wichtigkeit* graveco; *Erhabenheit* majesteco ***d)*** *bedeutende Persönlichkeit* grava (*od* eminenta) persono, *kurz* gravulo, eminentulo, *auch* personeco (↑ *auch* ***Berühmtheit***)

Großechsen *f/Pl Zool*: ***[Familie der] ~*** (Varanidae) varanedoj *Pl*

Groß|eltern *Pl* geavoj *Pl*; ~**enkel** *m* pranepo; ~**enkelin** *f* pranepino

großenteils *Adv* grandparte; *im Allgemeinen* ĝenerale (*vgl. dazu* ***hauptsächlich***)

Größenverhältnis *n* proporcio (*vgl. dazu* ***Vergleich***); ***im ~ 1 : 5*** en [la] proporcio 1 : 5 (= unu al kvin)

Größenwahn *m* ***a)*** *Psych auch* ***Größenwahnsinn*** *m od* <*wiss*> ***Megalomanie*** *f* megalomanio ***b)*** *umg auch* ***Großmannssucht*** *f* grandulfrenezo (*vgl. dazu* ***Arroganz***) ***c)*** *Gigantomanie* gigantomanio

größenwahnsinnig *Adj* ***a)*** *Psych* megalomania ***b)*** *umg* grandulfreneza

Größenwahnsinnige *m* megalomaniulo

Großereignis *n* ↑ ***Megaevent***

Grosseto (*n*) *Hptst. der italienischen Provinz Grosseto [in der Region Toskana]* Groseto

Groß|fabrikation *f* grandskala fabrikado (*od* produktado); ~**familie** *f* grandfamilio, *(als Gemeinschaft)* grandfamilia komunumo; *Gefolge u. [Groß-] Familie eines [Araber-] Scheichs samt Zeltlager* smalao; ~**feuer** *n* brulego, incendio, *bildh: Flammenmeer* maro da flamoj

Großfischer *m*: ***nordamerikanischer ~*** (Megaceryle alcyon) *Orn (eine Eisvogelart)* rubandalciono

Großformat *n* grandformato

groß|formatig *Adj* grandformata; ~**früchtig**, *Fachspr auch lat.* ***macrocarpus*** *Adj Bot* grandfrukta

Groß|fürst *m* grandprinco; ~**fürstentum** *n* grandprinclando; ~**garnele** *f* (*Gattung* Penaeus *u. verwandte Gattungen*) *Nahr, Zool* peneo (↑ *auch* ***Großkrabbe***)

Großglockner *m höchster Berg Österreichs [in den Hohen Tauern]* Grosgloknero

Groß|grundbesitzer *m* grandbienulo, grandagrarulo (↑ *auch* ***Zamindar***); ~**handel** *m* grosiera (*od* pogranda) komerco; ~**handelspreis** *m* grosiera (*od* pogranda) prezo; ~**händler** *m* grosiero, pograndisto; ~**handlung** *f* grosiera (*od* pogranda) magazeno

großherzig *Adj* grandanima; *edel* nobla (↑ *auch* ***generös***)

Groß|herzigkeit *f* grandanimeco; ~**herzog** *m* grandduko; ~**herzogin** *f* granddukino

großherzoglich *Adj* granddukа

Großherzogtum *n* grandduklando

Großhirn *n* (Cerebrum) *Anat* cerebro; ~**hemisphären** *f/Pl* (Hemisphaeria cerebri) *Anat* cerebraj hemisferoj *Pl*; ~**rinde**

f (Cortex cerebri) *Anat* cerebra kortekso

Groß|industrie *f* grandindustrio; ~**industrielle** *m* grandindustriisto; *Industriemagnat* industrikapitano *od* industrimagnato

Grossist *m Hdl* grosiero, pograndisto

großjährig ↑ ***volljährig***

Großjährigkeit *f* ↑ ***Volljährigkeit***

großkalibrig *Adj* grandkalibra

Groß|kapital *n* grandkapitalo; ~**kapitalist** *m* grandkapitalisto; ~**kaufmann** *m* grandkomercisto

Großklima *n Met* ↑ ***Makroklima***

Großkopfschildkröten *f/Pl Zool:* ***[Familie der]*** ~ *Pl* (Emydidae) emidedoj *Pl*

großkörnig *Adj* grandgrajna

Großkrabbe *f Nahr, Zool*: ***[Familie der]*** ~***n*** *Pl* (Penaeidae) peneedoj *Pl* *<sie stellt in den Tropen die wichtigste Zuchtart in Aquakultursystemen dar>*

Großkreis *m*, *auch* ***Hauptkreis*** *m Geom (größter Kugelkreis)* ĉefcirklo

Großkudu *m Zool* ↑ *unter* ***Kudu***

Groß|kundgebung *f* grand[eg]a manifestacio; ~**macht** *f Pol* grandpotenco

Großmannssucht *f* ↑ ***Größenwahn b)***

Groß|mast *m Mar* grandmasto; ~**maul** *n*, *umg* ***Großschnauze*** *f* grandbuŝulo; *Prahler* fanfaronulo

großmäulig, *auch* ***großschnäuzig*** *Adj* grandbuŝa; *prahlerisch* fanfaron[em]a

Groß|meister *m Schach* grandmajstro (*vgl. dazu* ***Champion*** *u.* ***Meister***); ~**mogul** *m Titel indischer Herrscher* grandmogolo; ~**mut** *od* ~**mütigkeit** *f Freigebigkeit* grandanimeco, *[stärker:]* vastanimeco; *Edelmütigkeit* nobleco

Großmutation *f Genetik* ↑ ***Makromutation***

großmütig *Adj* grandanima, *[stärker:]* vastanima

Groß|mutter *f*, *<österr> alt* ***Ahnl*** *od* ***Ahndl*** *f* avino (↑ *auch* ***Oma***); ~**mütterchen** *n* avineto, *auch Koseform* avinjo; ~**neffe** *m* pranevo, filo de [ies] nevo; ~**nichte** *f* pra- nevino, filino de [ies] nevino

Großohrfledermaus *f Zool* ↑ ***Ohrenfledermaus***

Großohrhirsch *m Zool* ↑ ***Maultierhirsch***

Groß|onkel *m* praonklo; ~**rah** *f Mar* grandjardo; ~**raumflugzeug** *n* larĝ-fuzelaĝa aviadilo; ~**reinemachen** *n*, *auch* ***Hausputz*** *m* ĝenerala purigado [de la domo *bzw.* loĝejo *u.a.*]; ~**royal[segel]** *n Mar* ĉefa reĝvelo (*vgl. dazu* ***Royal***)

Großschabe *f Ent*: ***amerikanische*** ~ (Periplaneta americana) amerika blato

Großschnauze *f* ↑ ***Großmaul***

großschnäuzig ↑ ***großmäulig***

Großschollentektonik *f Geol* ↑ ***Plattentektonik***

großschreiben *tr mit großem Anfangsbuchstaben schreiben* majuskle skribi

Großschreibtaste *f Computer* ↑ ***Shifttaste***

Groß|schreibung *f* majuskla skribo; *das In-die-Großschreibung-Setzen* majuskligo; ~**segel** *n Mar (ein Rahsegel)* grandvelo, *auch* ĉefa velo; ~**sprecher** *m* frazisto; *Prahler* fanfaronulo

groß|sprecherisch *Adj* fanfaron[em]a (↑ *auch* ***aufschneiderisch***); ~**spurig** *Adj* aplomba, aroganta; *hochnäsig, überheblich* orgojla

Großstadt *f* grandurbo; *Metropole* metropolo; ~**dschungel** *m bildh für «als bedrohlich, geheimnisvoll od vielfältig u. abwechslungsreich empfundene Atmosphäre der Großstadt»* grandurba ĝangalo

Großstädter *m* grandurbano; *i.w.S. Städter (bes. im Ggs zu «Dörfler»)* urbano

großstädtisch *Adj auf die Großstadt bezogen* grandurba; *auf den Großstädter bezogen* grandurbana

Groß|stadtverkehr *m* grandurba trafiko; ~**tante** *f* praonklino; ~**tat** *f* granda faro; *Heldentat* heroa faro, heroaĵo; *edle Tat* nobla faro, noblaĵo

größtenteils *Adv* plejparte, grandparte; *fast immer* preskaŭ ĉiam (↑ *auch* ***überwiegend***)

größtmöglich *Adj* kiel eble plej granda

Groß|trappe *f* (Otis tarda) *Orn* granda otido; ~**tuer** *m Aufschneider, Prahler* fanfaronulo (*vgl. dazu* ***Schwätzer***); *arroganter Mensch* arogantulo

großtuerisch *Adj* fanfaron[em]a

großtun, sich *refl*: ***sich mit etw.*** ~ fanfaroni per io *bzw.* gravigi sin mem rakontante pri

Groß|unternehmen *n* grandentrepreno; ~**unternehmer** *m* grandentreprenisto; ~**vater** *m*, *<österr> veraltet auch* ***Ehnel*** *m* avo

großväterlich *Adj* ava; *nachsichtig und gütig* indulgema kiel bonkora avo *nachgest*

Groß|veranstaltung *f* grandaranĝo; ~**verbraucher** *m* grandkvanta konsumanto; ~**verdiener** *m* homo gajnanta (*od* enspezanta) multon; ~**vieh** *n* grandbrutoj *Pl*

Großwardein (*n*) ↑ ***Oradea***

Groß|wesir *m* ĉefveziro, *auch* grandveziro

(*vgl. dazu* ***Wesir***); ~**wetterlage** *f Met* larĝ-area vetersituacio, vetersituacio en areo pli vasta; ~**wild** *n Jagd* grandaj ĉasbestoj *Pl*, *(in den Tropen) auch* grandaj sovaĝbestoj *Pl*; ~**yam** *f*, *auch* ***Wasseryam*** *f*, ***asiatische Yam*** *f od* ***Flügelyam*** *f* (Dioscorea alata) ala dioskoreo <*wichtigste zur Ernährung dienende Dioscoreenart mit großen stärkereichen Knollen*> (↑ *auch* ***Cayenne-Yam***); ~**zehe** *f* (Hallux) *Anat* pieda dikfingro, <*wiss*> halukso

Großzehen|anzieher *m* (Musculus adductor hallucis) *Anat* haluksa aduktoro; ~**spreizer** *m* (Musculus abductor hallucis) *Anat (einer der Skelettmuskeln auf der Fußsohle)* haluksa abduktoro

großziehen *tr Kinder* [kreskigi kaj] eduki; *Pflanzen* kreskigi; *i.w.S. ernähren* nutri

großzügig 1. *Adj* ***a)*** *großmütig* grandanima; *freigebig* facile [kaj larĝe] donema, donacema, malavara; *weitherzig* larĝanima; *edel* nobla; ***er ist ~ im Schenken*** *umg* li ĉiam malavare donacojn faras ***b)*** *weiträumig* vasta; *enorm* enorma; *allseitig* ĉiuflanka; *Hilfe, Plan* grandstila, grandampleksa; *imponierend* impona, amplekse [kaj moderne] aranĝita **2.** *Adv in großem Stil* grandstile

Großzügigkeit *f Großmütigkeit* grandanimeco; *Freigebigkeit* malavareco; *Großartigkeit* imponeco

Grosz [*gr*ɔʃ] *m* (*Gen Pl:* ***Groszy***) *Untereinheit des Zloty* groŝo

grotesk *Adj seltsam gestaltet od ausgeführt* groteska; *wie eine Farce* farsa *od nachgest* kvazaŭ farso; *i.w.S. (lächerlich)* ridinda, *(mönströs)* monstra (↑ *auch* ***skurril***); ***eine ~e Person*** groteska persono *od* groteskulo *bzw.* groteskulino (↑ *auch* ***komischer Kauz*** [*unter* ***komisch***])

Groteske ***a)*** *n etw. Groteskes* kroteska afero, *auch* groteskaĵo (*vgl. dazu* ***Groteskheit***) ***b)*** *f Kunst, Lit, Mal* groteska verko, *auch* groteskaĵo

Groteskheit *f* groteskeco

Grotesktanz *m* groteska danco

Grotte *f [gewölbte niedere] Felsenhöhle* groto *auch künstlich nachgeahmte Höhle, z.B. in Parks* (*vgl. dazu* ***Höhle***)

grottendoof *Adj umg* eksterordinare stulta

Grottenolm *Zool* ↑ *unter* ***Olm***

Groupie *n weibl. Fan, der engen Kontakt zu seinem Idol sucht* grupulino

growlen *intr Jazz (gepresst, rau od heiser spielen [durch Verwendung eines sogen. wa-wa-Dämpfers])* graŭli

Grubber *m Landw* ↑ ***Kultivator***

Grübchen *n/Pl kleine Grube* kaveto *auch Med (Fossula)*; *kleiner Graben* foseto; ***~ in den Wangen*** vangofosetoj *od* [bel]kavetoj sur la vangoj (*vgl. dazu* ***Kinngrübchen***)

Grube *f* ***a)*** fos[aĵ]o (↑ *auch* ***Abfall-, Aschen-, Dünger-, Fäkalien-, Fang-, Kompost-, Mist-*** *u.* ***Müllgrube***); *Höhlung, Vertiefung* kavo; *Erdloch* tertruo ◇ ***wer andern eine ~ gräbt, fällt selbst hinein*** kiu fosas foson, tiu falos en ĝin ***b)*** *Bergb (Mine)* mino, *(Bergwerk)* minejo (↑ *auch* ***Gold-, Kies-, Kohlen-, Lehm-*** *u.* ***Mergelgrube***); ***in die ~ einfahren*** malsupreniri al la mino ***c)*** *poet auch für «Grab»* tombo ***d)*** *Anat* (Fossa) foso (↑ *auch* ***Ellenbogen-*** *u.* ***Schläfengrube***)

Grübelei *f* cerbumado

grübeln *intr nachdenken* cerbumi; *trübsinnig sein* esti morna

Grubenanteil *m Bergb* = ***Claim***

Gruben|arbeiter *m Bergb* laboristo en minejo, min[labor]isto; ~**bahn** *f Bergb* mineja fervojo (*od* tramvojo); ~**beleuchtung** *f* mineja lumigo; ~**brand** *m* mineja brulo

Grubenflechte *f Bot* ↑ ***Lungenflechte***

Gruben|gas *n* ***a)*** mingaso (*vgl. dazu* ***Methangas***) ***b)*** *explosives Grubengas, schlagende Wetter* mineja [eksplod]gaso, grizuo; ~**holz** *n*, *auch* ***Zechenholz*** *n* min-ligno; ~**lampe** *f* minista lampo; ~**unglück** *n* mineja akcidento, *(schweres) auch* mineja katastrofo *od* katastrofo en minejo

Grubenwurm *m Zool u. Parasitologie* ↑ ***Hakenwurm***

Grübler *m* homo (*od* persono) ema al cerbumado; *nachdenklicher Mensch* meditema homo; *Träumer* revulo

grüblerisch *Adj* ema al cerbumado; meditema (↑ *auch* ***nachdenklich***)

Grude|koks *m* brunkarba koakso; ~**ofen** *m* koaksoforno

Gruft *f* tomba kelo; *in Katakomben od Kirchen* kripto (*vgl. dazu* ***Hypogäum***); *offenes Grab* tombokavo

grummeln ↑ ***brummeln***

Grummet *n*, *auch* ***Grumt*** *n* <*österr*> *nur so*, *reg* ***Öhmd*** *n*, <*schweiz*> ***Emd*** *n Landw (Heu aus dem zweiten od dritten Schnitt des Jahres)* postfojno; ~**ernte** *f*, <*schweiz*> ***Emdet*** *m* rikolto de [la] postfojno

grün *Adj* verda *auch im Sinne von «unreif»* (↑ *auch* ***absinth-***, ***blass-***, ***blatt-***, ***blau-***, ***dunkel-***, ***farn-***, ***flaschen-***, ***gelb-***, ***gras-***, ***grau-***, ***hell-***, ***jade-***, ***kakteen-***, ***lind-***, ***meer-***, ***mint-***, ***moos-***, ***oliv-***, ***papageien-***, ***reseda-*** *u.* ***zartgrün***); *übertr (unerfahren)* sensperta, *(unreif)* nematura; *~er **Kaffee** m* nerostita kafo, *auch* verda kafo; ***~es Licht*** *n Verk* verda [trafik]lumo; ***der ~e Stern*** *Abzeichen der Esperantisten* la verda stelo; ***~ werden*** verdiĝi; *Natur im Frühjahr* sprosi (↑ *auch* ***ausschlagen b)*** *u.* ***ergrünen***); ***jmdm. ~es Licht geben für ...*** doni al iu verdan lumon por ... ◇ ***die ²e Insel*** *bildh für «Irland»* la Verda Insulo (*bildh für* Irlando); ***die ~e Jahreszeit*** *bildh für «Frühling»* la verda sezono (*bildh für* printempo); ***er war ~ vor Eifersucht*** li estis verda de ĵaluzo; ***jmdm. nicht ~ sein*** *keine Sympathie für jmdn. empfinden* ne senti simpation pri iu; *jmdn. hassen* malami iun

Grün *n **a)** grüne Farbe* verda koloro; *in der Natur* verdo, *(grüne Gegend)* verdejo; *etw. Grünes (gegenständlich)* verdaĵo; *Kart* folio, *auch* verdo; ***im ~en*** *in freier Natur* en la libera naturo; ***die Ampel zeigt ~*** *Verk* la lumsignalo montras verdon; ***es zeigt sich schon das erste ~*** *od* ***schon ist das erste ~ zu sehen*** jam montriĝas la unua verdaĵo; ***am Wochenende fahren wir ins ~e*** semajnfine ni veturas (*bzw.* veturos) en la verdejon (*od* verdan naturon) ***b)*** *Heraldik* sinoplo ***c)*** *auch* ***Blatt*** *n eine Farbe im dt. Kartenspiel* folio ***d)*** *Pol*: ***die ~en*** *Pl* la verduloj *Pl*

Grünalgen *f/Pl Bot* verdalgoj *od* verdaj algoj *Pl* (↑ *auch* ***²Armleuchter***, ***Caulerpa***, ***Chlamydomonas***, ***Chlorella***, ***Enteromorpha***, ***Meersalat***, ***Ulva*** *u.* ***Wasserfaden***); ***einzellige ~*** (*Gattung* Chlorella) kloreloj *Pl*

Grünanlage *f* parkaĵo, *(eingezäunte [meist viereckige] Grünanlage inmitten eines öffentlichen Platzes einer Stadt)* skvaro; *Park* [publika] parko

grünäugig *Adj mit grünen Augen* verd-okula

Grün|barbe *f*, *auch* ***Messingbarbe*** *f* (Barbus semifasciolatus) *Ichth* verda barbofiŝo; **~-bindenspecht** *m* (Colaptes melanochlorus) *Orn* verd-nigra pego *[Vorkommen: Südamerika]*

grün|blättrig, *Fachspr Bot auch lat.* ***chlorophyllus*** *Adj grün belaubt* verdfolia; **~blütig**, *Fachspr auch lat.* ***viridiflorus*** *Adj* verdflora *od nachgest* kun verdaj floroj

Grünbrust|nektarvogel *m* (Anthreptes platurus) *Orn* pigmea nektarbirdo *[Vorkommen: Mauretanien, Senegal u. Sidan]*; **~pitta** *f* (Pitta reichenowi) *Orn* verdbrusta pito

Grund *m **a)** Boden von Gefäßen od Gewässern* fundo *auch übertr*; ***Wasser am ~*** *z.B. eines Sees* funda akvo (*vgl. dazu* ***Grundwasser***); ***auf dem ~ des Meeres*** sur la fundo de la maro; ***auf den ~ [ab]sinken*** *z.B. auf den Grund eines Sees* alfundiĝi (*vgl. dazu* ***ausfällen***); ***auf ~ geraten*** surfundiĝi; *den Grund berühren* tuŝi la fundon [de naĝbaseno *bzw.* de rivero *u.a.*]; ***auf ~ laufen*** *Schiff* ekgrundi ***b)*** *Tiefe, Innerstes* fundo; ***im ~e meines Herzens*** en la fundo de mia koro; ***im ~e [genommen]*** *in Wirklichkeit* vere, fakte; *dem Wesen nach* esence; *im Prinzip* en (*od* laŭ) principo, principe; *am Ende, schließlich* fine ***c)*** *Erdboden* grundo; *Grundbesitz* terposedaĵo; *[kleines] Tal* [malgranda] valo; ***auf eigenem ~ und Boden*** *auf eigener Scholle* sur [sia] propra grundo ◇ ***sich in ~ und Boden schämen*** senfine [kaj terure] honti, eksterordinare honti ***d)*** *Ursache* kaŭzo (↑ *auch* ***Anlass***); *Beweggrund* motivo; *Beweisgrund* argumento; ***ein wesentlicher ~*** fundamenta kaŭzo; ***[allen] ~ haben zu ...*** havi [plenan] kaŭzon por ...; ***auf ~ von*** ↑ ***aufgrund***; ***aus demselben ~*** pro la sama kaŭzo, *umg auch* samkaŭze; ***aus diesem ~*** pro tiu kaŭzo, *deshalb* tial; ***aus den genannten Gründen*** pro la menciitaj kaŭzoj; ***aus den gleichen Gründen wie ...*** pro la samaj kaŭzoj kiel...; ***aus finanziellen*** (***gesundheitlichen***, ***humanitären***, ***hygienischen***, ***organisatorischen***, ***politischen***, ***wichtigen***) ***Gründen*** pro financaj (sanecaj, higienaj, humanecaj, organizaj, politikaj, gravaj) kaŭzoj; ***aus irgendeinem ~e*** iukaŭze; ***ohne irgendeinen ~*** sen iu kaŭzo ***e)*** *Grundlage* fundamento; *Hintergrund* fono *auch Mal*; *Anreiz* instigo; ***grüner Stern auf weißem ~*** *Farben des Esperanto-Abzeichens* verda stelo sur blanka fono; ***von ~ auf*** *grundlegend* fundamente; *ganz und gar, völlig* absolute; tute, plene; *von ganz unten her, von der Pieke an* komencante de tute malsupre

Grundammer *f* (Pipilo erythrophtalmus) *Orn* rufflanka emberizo

grundanständig *Adj* altgrade (*od fam* ĝisoste) honesta

Grundanstrich *m* baza farb[o]tavolo, *(als Vorgang)* baza farbado (*vgl. dazu* ***Grundfarbe***)

Grundausbildung *f*: ***militärische*** ~ baza instruado (*od* trejnado) de soldatoj (*od auch* rekrutoj)

Grund|ausstattung *f* baza ekipaĵo; ~**bau** *m Bauw [umfangreiches] Fundament für Großbauten, Plätze)* bazamento; ~**bedarf** *m* baza bezono; ~**bedeutung** *f* baza (*od* ĉefa) signifo, origina signifo (*od* senco); ~**bedingung** *f* ĉefa (*od* nepra) kondiĉo; ~**bedürfnisse** *n/Pl* bazaj bezonoj *Pl*; ~**begriff** *m* baza principo; fundamenta ideo; ~**besitz** *m der Grund u. Boden* terposedaĵo; *das Besitzen von Grund u. Boden* terposedo; ~**besitzer** *m Grundeigentümer* terposedanto, posedanto de grundo (*vgl. dazu* ***Großgrundbesitzer***); ~**bestandteil** *m z.B. einer Arznei* baza komponanto *od kurz* bazo

Grundbuch *n* ***a)*** *amtliches Verzeichnis der Grundstücke eines Bezirks* katastro, [oficiala] teren-registro ***b)*** *auch* **Flurbuch** *n Verzeichnis der zu einer Gemeinde gehörigen Grundstücke mit Angabe der Lage, Nutzungsart u. Flächengröße* parcelregistro; ~**amt** *n*, *auch* ***Katasteramt*** *n* administrejo de la katastro, *auch* katastrejo; ~**beamter** *m* oficisto en katastrejo, *i.w.S. auch* hipotekregistristo

grundehrlich *Adj* [plej] altgrade honesta, honestega

Grund|eigentum *n der Grund u. Boden* terposedaĵo; *das Besitzen von Grund u. Boden* terposedo; ~**eigentümer** *m* posedanto de grundo, terposedanto; ~**einkommen** *n Fin* baza enspezo

Grundel *f* (*Gattung* Gobius) *Ichth (Meer*~*)* gobiuso (↑ *auch* ***Flussgrundel***); ***schwarze*** ~ *od* ***Schwarzgrundel***, *reg* ***Schwarzküling*** *m* (Gobius niger) nigra gobiuso (*vgl. dazu* ***Schwarzmund-Grundel***)

gründen *tr* ***a)*** fondi *auch eine Organisation, Partei od einen Verein*; *ein Geschäft od Unternehmen auch* establi; ***wann wurde ... gegründet?*** kiam la ... estis fondita? ***b)*** *basieren* bazi (***auf*** sur); ***sich*** ~ ***auf ...*** baziĝi sur ..., *auch* sin bazi sur ... (↑ *auch* ***basieren b)*** *u.* ***fußen auf***); ***worauf*** ~ ***Sie diese Behauptungen?*** sur kio vi bazas tiujn asertojn?

Gründer *m* fondanto *bzw.* fondinto (↑ *auch* ***Firmengründer***); ~**jahre** *n/Pl od* ~**zeit** *f dt. Gesch* industria revolucio en Germanio, *(in pejorativer Färbung)* periodo de spekulanto-kompanioj [en Germanio dum la jaroj 1871-1873]

Grunderkrankung *f Med* baza malsano

grundfalsch *Adj* fundamente malĝusta, absolute erara

Grund|farbe *f* baza koloro (*vgl. dazu* ***Grundanstrich***); *Heraldik, Mal (Farbe des Untergrunds)* [koloro de la] fono; ~**fehler** *m* ĉefa eraro; *hauptsächlicher Mangel* ĉefa (*od* esenca) manko

Grundfeste *f* fundamento; ***in den*** ~***n erschüttern*** skui ĝis la fundamentoj; ***an den*** ~***n rütteln*** skui la fundamentojn

Grundfläche *f* bazo *auch Geom (eines Körpers)*; *auf Grund und Boden bezogen* grundspaco; ***an der*** ~ ***befindlich*** ĉebaza, *nachgest* troviĝanta ĉe la bazo

Grund|form *f* elementa formo *auch Gramm*, *Originalform* origina formo; ~**frage** *f* ĉefa (*od* esenca) demando; ~**freiheiten** *f/Pl* fundamentaj liberecoj; ~**gebühr** *f* baza kosto (*od* kotizo) (↑ *auch* ***Flatrate***); ~**gedanke** *m* baza ideo; *Hauptgedanke* ĉefa ideo (*vgl. dazu* ***Grundidee***); ~**gehalt** *n* baza salajro; ~**gesetz** *n* (*Abk* ***GG***) *Jur, Pol* konstitucio; ~**größe** *f Phys* baza (*od* fundamenta) grando

Grundhai *m Zool* ↑ ***Stierhai***

Grund|hobel *m Handw, Tischlerei* fundorabotilo; ~**idee** *f* baza ideo

grundieren *tr mit Farbe* farbi la fonon [per baza farbo]

Grundierfarbe *f* fonfarbo, baza farbo [por la fono]

Grundierung *f (Vorgang)* baza farbado; *(Resultat)* baza farbtavolo

Grund|kapital *n* fundamenta kapitalo; *einer AG* nominala kapitalo (*vgl. dazu* ***Stammkapital***); ~**kenntnisse** *f/Pl* bazaj (*od* elementaj) konoj (*od* scioj) *Pl*; ~**komponente** *f* baza komponanto; ~**krankheit** *f Diagnostik* baza malsano, *auch* fundomalsano; ~**kurs** *m Päd* baza (*od* elementa) kurso, *(falls Anschlusskurse folgen) auch* unuaŝtupa kurso

Grundlage *f* fundamento, bazo (↑ *auch* ***Arbeits-***, ***Rechts-*** *u.* ***Vertrauensgrundlage***); ***auf der*** ~, ***[dessen] dass ...*** surbaze de tio, ke ...; ***auf [der]*** ~ ***von ...*** (*od mit Gen*) sur la bazo de ... *od* surbaze de ...; ***auf dieser*** ~ sur tiu ĉi bazo; ***auf kommerzieller*** (***wissenschaftlicher***) ~ sur komerca (scienca) bazo;

jeder ~ ***entbehren*** esti sen ĉia fundamento, ne havi ian fundamenton; ***die*** ~ ***legen für ...*** meti la fundamenton por ...

Grundlagenforschung *f* [scienca] fundamenta esplorado

grundlegend 1. *Adj* fundamenta, baza; *essenziell* esenca; *ganz gründlich* ĝisfunda; ***der ~e Unterschied zwischen ... und ... besteht darin, dass ...*** la fundamenta diferenco inter ... kaj ... konsistas en tio, ke ... **2.** *Adv*: ~ ***anders*** fundamente diferenca (*od* malsama)

Grundlegende *n* ***a)*** *von etw. (abstrakt), z.B. grundlegender Charakter od grundlegende Bedeutung* fundamenteco ***b)*** *(konkret) z.B. Grundpfeiler* fundamentaĵo

gründlich 1. *Adj* ĝisfunda, solida, profunda (↑ *auch* ***profund***); *von Grund auf* funda; *radikal* radikala; *sorgfältig* zorga (*vgl. dazu* ***gewissenhaft***); ~***e Kenntnisse haben*** havi profunda(j)n kono(j)n (*od* sciojn); ***jmdm.*** ~***es*** (*od* ***fundiertes***) ***Wissen vermitteln*** erudi iun **2.** *Adv* ĝisfunde, solide, profunde; funde; radikale; zorg[em]e; *sehr, tüchtig* tre, treege, enorme; ***sich*** ~ ***täuschen*** ĝisfunde (*od umg* terure) erari (***in etw.*** pri io)

Gründlichkeit *f Solidität* solideco; *Sorgfalt* zorgemo; *Genauigkeit* precizeco; *Gewissenhaftigkeit* konscienceco

Gründling *m* (Gobio fluviatilis) *Ichth (ein kleiner Karpfenfisch)* gobio

Grund|linie *f* ***a)*** *Grundzug* ĉefa trajto ***b)*** *Entwurf* ĝenerala skizo; esencaj konturoj *Pl* ***c)*** *Basis (auch Geom [Grundlinie einer ebenen Figur])* bazo; *Hauptlinie* ĉefa linio; *Tennis* baza linio; ~**lohn** *m* baza salajro

grundlos 1. *Adj* ***a)*** *ohne Boden* senfunda; *sehr tief* profundega, kvazaŭ sen fundo; *Weg* malbona [kaj kota], kotega ***b)*** *übertr (unbegründet)* senkaŭza, *auch* senkiala, *(ohne Basis)* senbaza, *(unmotiviert)* senmotiva; ~***e Furcht*** *f* senkaŭza timo **2.** *Adv* senfunde; senkaŭze, *auch* senkiale; senbaze; senmotive

Grundlosigkeit *f* senkaŭzeco; *Unbegründetheit* senbazeco; *Unmotiviertheit* senmotiveco

Grund|mauer *f Bauw* fundamenta muro, *(Haussockel)* grundmuro; ~**moräne** *f Geol, Glaziologie* fundomoreno, *auch* funda (*od* baza) moreno; ~**morphem** *n Ling* baza morfemo; ~**nahrungsmittel** *n/Pl* bazaj nutraĵoj *Pl*

Grün|donnerstag *m Kirche* paska (*od* sankta) ĵaŭdo *(auch Großschr)*; ~**esche** *f* (Fraxinus lanceolata) verda frakseno

Grund|pfeiler *m einer Brücke, eines Triumphbogens u.a.* ĉefa piliero; ~**pflege** *f bes. Med* baza fleg[ad]o; ~**position** *f z.B. einer Partei* fundamenta (*od* baza) pozicio; ~**preis** *m* baza prezo; ~**prinzip** *n* fundamenta (*od* baza) principo; ~**problem** *n* fundamenta (*od* baza *od* esenca) problemo (*vgl. dazu* ***Hauptproblem***); ~**putz** *m* (*Syn*: ***Unterputz***) *Bauw* baza puco

Grundrechnungsart *f*: ***die vier*** ~***en*** *Math* la kvar bazaj operacioj de aritmetiko

Grundrechte *n/Pl* bazaj (*od* fundamentaj) rajtoj *Pl*; ***die*** ~ ***der Menschen verteidigen*** defendi la fundamentajn rajtojn de la homoj

Grund|regel *f* baza regulo; *i.w.S. Grundlage* bazo, fundamento; *Prinzip* principo; ~**rente** *f bei Altersversorgung* baza [maljunaĝa] pensio (↑ *auch* ***Garantierente***); ~**riss** *m* ***a)*** *allg* plano; *Bauw* horizontala projekciaĵo ***b)*** *Buchw* kompendio

Grundsatz *m* principo (↑ *auch* ***Gleichheits- u. Rechtsgrundsatz***); *Erfahrungs*~ maksimo; *Naturw, Phil (Axiom)* aksiomo; ~ ***der Gegenseitigkeit*** principo de reciprokeco *auch in der internationalen Politik*

Grundsatz|entscheidung *f Jur, Pol* baza (*od* fundamenta) decido; ~**erklärung** *f Pol* deklaracio de principoj

grundsätzlich 1. *Adj* principa **2.** *Adv* principe, en principo; *im Allgemeinen* ĝenerale

Grundschuld *f* hipoteko

Grundschule *f*, *<schweiz>* ***Primarschule*** *f* elementa lernejo; ***die*** ~ ***abschließen*** fini la elementan lernejon

Grund|schulpflicht *f* deviga vizitado de elementa lernejo; ~**sprache** *f* baza lingvo

Grundstein *m* fundamenta ŝtono; *übertr auch* fundamento; ***den*** ~ ***für etw. legen*** *übertr* meti la fundamento(j)n (*od* fundamentan ŝtonon) por io

Grund|steinlegung *f* met[ad]o de la fundamenta ŝtono; ~**stellung** *f Gymnastik, Turnen* normala pozicio; ~**steuer** *f Fin* grundimposto *od* terimposto, *auch* terena imposto; ~**stock** *m* baza stoko; *Fin* fonduso

Grundstoff *m Element* elemento; *Grundbestandteil, z.B. einer Arznei* bazo; *Rohstoff* krudmaterialo; ~**industrie** *f* krudmateriala industrio, *auch* bazoindustrio

Grundstück *n* (*Abk* ***Grdst.***) *Parzelle* parcelo; *Grundbesitz* terposedaĵo; *i.w.S. (Areal)*

areo, *(Terrain)* tereno; ~**regulierung** *f Flurbereinigung* rearanĝo de parcelaro, *auch* reparcelado

Grundstücks|eigentümer *m* posedanto de terposedaĵo (*bzw.* parcelo); ~**makler** *m* makleristo pri terposedaĵoj; ~**streit** *m* kverelo pri terposedaĵo

Grund|studium *n* bazaj studoj *Pl*; ~**stufe** *f* baza ŝtupo; *Gramm (Grundform des Eigenschaftswort vor der Steigerung)* pozitivo; ~**ton** *m Mus* bazotono, *auch* fundamenta sono; ~**umsatz** *m, auch* ***Basalumsatz*** *od* ***Basalmetabolismus*** *m Physiol (basale Stoffwechselrate)* baza metabolo

Gründung *f* ***a)*** *das Begründen* fond[ad]o; *das Begründetwerden* fondiĝo; *das Gegründete* fondaĵo (*vgl. dazu* ***Stiftung***) ***b)*** *Bauw (Unterbau [aus Stein, Beton, Pfahlrosten u.a.])* fundamento

Gründünger *m Landw* verda sterkaĵo

Gründungs|akte *f, auch* ***Gründungsurkunde*** *f Jur* fonda akto; ~**jahr** *n* jaro de fondiĝo; ~**konferenz** *f* fonda konferenco; ~**mitglied** *n* fonda membro *od* membro-fondinto; ~**tag** *m* tago de fondiĝo

Gründungsurkunde *f* ↑ ***Gründungsakte***

Gründungsversammlung *f konstituierende Versammlung* fonda kunveno *od* fondkunveno

Grün|dünger *m Landw* verda sterkaĵo; ~**düngung** *f Landw* verda sterkado

grundverschieden *Adj* fundamente malsama (*od* diferenca)

Grundwaage *f Bauw* ↑ ***Lotwaage***

Grund|wanze *f* (Aphelocheirus aestivalis) *Ent* akvogrunda cimo; ~**wasser** *n im Boden* grundakvo *od* grunda (*od* subtera) akvo; *Wasser am Grund eines Sees* funda akvo

Grundwasserkunde *f* ↑ ***Geohydrologie***

Grundwasser|regulierung *f* reguligo de grundakvoj; ~**spiegel** *m* nivelo de grunda(j) akvo(j), subtera akvonivelo

Grundwissen *n* bazaj (*od* elementaj) scioj *Pl*

Grundwort *n Ling* radikvorto; ~**schatz** *m Ling* baza vortprovizo

Grundzahl *f Math* kardinala nombro, *(Basis: Grundzahl eines Logarithmen- od Zahlensystems od einer Potenz)* bazo *auch Geom*; ~**wort** *n Gramm* baza numeralo

Grundzug *m* ĉefa (*od* karakteriza) trajto; *Charakteristikum* karakterizaĵo

Grundzustand *m Phys* normala stato

Grüne *n* ↑ *unter* ***Grün***

Grüne-Bohnen-Suppe *f Kochk* verdfazeola supo

grünen *intr bes. poet (grün sein)* verdi; *grün werden, ergrünen* verdiĝi

Grün|erle *f* (Alnus viridis) *Bot* verda alno; ~**esche** *f* (Fraxinus lanceolata) *Bot* verda frakseno; ~**filter** *m Foto* verda filtrilo

Grünfink *m, auch* ***Grünling*** *m* (Chloris chloris) *Orn* verda fringo; ***ostasiatischer*** ~ *od* ***Ostasien-Grünfink*** *m* (Chloris sinica) ĉina fringo

Grün|fischer *m* (Chloroceryle americana) *Orn* verda alciono *[Vorkommen: südliches Texas, Mittel- u. Südamerika]*; ~**flügelara** *m* (Ara chloropterus) *Orn* verdflugila arao *[Vorkommen: Panama u. Südamerika]*

grün|früchtig, *Fachspr Bot auch lat.* **chlorocarpus** *Adj* verdfrukta; ~**gelb** *Adj* verde flava

Grün|ibis *m, auch* ***Cayenne-Ibis*** *m* (Mesembrinibis cayennensis) *Orn* verda ibiso; ~**käfer** *m* (*Gattung* Chlaenius) *Ent* klenio; ~**kardinal** *m* (Gubernatrix cristata) *Orn* verda kardinalo *[Vorkommen: Argentinien u. Uruguay]*; ~**katzenvogel** *m* (Ailuroedus crassirostris) *Orn* verda katbirdo *[Vorkommen: in Küstengebirgswäldern von Südqueensland u. Neusüdwales/Australien]*

Grünknochen *m Ichth* ↑ ***Hornhecht***

Grünkohl *m, auch* ***Braun-***, ***Kraus-*** *od* ***Winterkohl*** *m* (Brassica olearacea var. crispa) *Bot, Nahr* krispa brasiko

grünlich *Adj* verdeta

Grünling *m Orn* ↑ ***Grünfink***

Grünporphyr *m Min* ↑ ***Ochsenkopf-Proterobas***

Grün|reiher *m* (Butorides virescens) *Orn* verda ardeo; ~**schenkel** *m* (Tringa nebularia) *Orn* griza tringo; ~**schimmel** *m* (Monilia digitata = Penicillium digitatum) *Phytopathologie* verda ŝimo *[befällt bes. Zitrusfrüchte]*; ~**schnabel** *m übertr* flavbekulo, juna senspertul[aĉ]o, *i.w.S. auch* novico

Grünspan *m* (*auch* ***Spanischgrün*** *genannt*) verdigro *auch als Überzug auf auf Kupferdächern*; ***mit*** ~ ***überzogen*** kovrita de verdigro; ***sich mit*** ~ ***überziehen*** kovriĝi de verdigro, *auch* verdigriĝi

Grünspanträuschling *m* (Stropharia aeruginosa) *Mykologie* verdigra strofario

Grünspargel *m Nahr* ↑ *unter* ***Spargel b)***

Grünspecht *m* (Picus viridis) *Orn* verda pego *[Vorkommen: Europa u. Vorderasien]*

(↑ *auch* ***Burma-*** *u.* ***Schuppengrünspecht***)
Grünstein *m Min* ↑ ***Diabas***
Grüntee *m* ↑ *unter* ***Tee b)***
Grünwaldsänger *m Orn* ↑ *unter* ***Waldsänger***
grunzen *intr* grunti
Grunzen *n* gruntado
Grunzer *m Grunzlaut* grunto
Grünzeug *n* verdaĵo, *([grünes] Gemüse) auch* [verda] legomo
Grunzochse *m Zool* ↑ ***Yak***
Grüppchen *n* grupeto (*vgl. dazu* ***Clique***)
Gruppe *f* grupo *auch Chem, Math, Mil u. Wirtsch* (*vgl. dazu* ***[1]Kreis b)***; ↑ *auch* ***Besucher-***, ***Blutgruppe***, ***Gruppierung***, ***Kontroll-***, ***Reise-***, ***Unternehmens-***, ***Vergleichs-*** *u.* ***Zielgruppe***); *Ensemble od Truppe von Schauspielern* ensemblo *od* trupo [de aktoroj]; *eine Band von Musikern* grupo *od* bando *od* trupo [de muzikistoj] (↑ *auch* ***Folklore-*** *u.* ***Popgruppe***); *Haufen* amaso; ***eine ~ Arbeiter*** *od* ***eine ~ von Arbeitern*** grupo da (*od* de) laboristoj; ***in ~n*** en grupoj, grupe; ***in ~n anordnen*** (*od* ***einteilen***) ordigi laŭ grupoj, grupigi
Gruppen|abend *m* grupvespero; **~aufnahme** *f od* **~bild** *n Foto* komuna foto [de homgrupo]; **~bildung** *f das Bilden von Gruppen* grupformado; *das Sichformieren in Gruppen* formiĝo de grupoj; **~fahrschein** *m*, *auch* ***Sammelfahrschein*** *m*, <*schweiz*> ***Kollektivbillett*** *n* kolektiva bileto; **~fahrt** *od* **~reise** *f* grupa (*od* kolektiva) vojaĝo; **~foto** *n* grupa foto; **~führer** *m* grupestro
Gruppenintelligenz *Biol* ↑ *unter* ***Intelligenz***
Gruppen|leben *n* grupa vivo **~mitglied** *n* grupano, membro de grupo; **~reise** *f* grupa vojaĝo; **~reisende** *m/Pl* pasaĝeroj *Pl* en grupo; **~sex** *m* grupa (*od* kolektiva) seksumado; **~therapie** *f Med* grupterapio; **~versammlung** *f* grupkunveno; **~versicherung** *f Versicherungswesen* grup-asekuro
gruppenweise *Adv in Gruppen* grupe, en grupoj; *nach Gruppen* laŭ grupoj
Gruppetto *n*, *auch* ***Doppelschlag*** *m Mus* grupeto
gruppieren *tr* grupigi, ordigi laŭ grupoj; ***sich ~*** *refl* grupiĝi (***um etw. [herum]*** ĉirkaŭ io; ***um jmdn. [herum]*** ĉirkaŭ iu)
Gruppierung *f das Gruppieren* grupigo; *das Sichgruppieren* grupiĝo; *Gruppe* grupo; *Flügel* alo; ***politische ~*** politika grupo
[1]Grus *m Geol (durch Verwitterung entstandene kleine Gesteinsbrocken; i.w.S, grobkörniger Sand* gruzo (↑ *auch* ***Vergrusung***); *Kohlen*~ karbogruzo (*vgl. dazu* ***Kies a)***); ↑ *auch* ***Schottergrus***)
[2]Grus *m Astron* ↑ ***[2]Kranich***
grus[e]lig *Adj* [tim]tremiga, timekscita (*vgl. dazu* ***gespenstisch***, ***grausig*** *u.* ***schauerlich***)
gruseln *intr*: ***es gruselt mich*** (*od* ***mir***) *unpers* mi sentas timtremon *od* mi timotrem[et]as
Gruseln *n* timtremado
grusinisch = ***georgisch***
Gruskohle *f grobkörniger Kohlenstaub* gruzkarbo
Gruß *m* saluto (↑ *auch* ***Ellenbogen-***, ***Neujahrs-*** *u.* ***Willkommensgruß***); *Empfehlung* komplimento; ***mit herzlichen Grüßen*** kun koraj salutoj; ***viele Grüße an Ihre Frau*** multajn salutojn al via edzino; ***einen ~ erwidern*** reciproki saluton *od* respondi al [ies] saluto; *zurückgrüßen* resaluti; ***übermitteln Sie bitte meine Grüße an ...*** bonvolu transdoni miajn salutojn al ...
Grußbotschaft *f* salutmesaĝo, *(als Glückwunsch)* gratulmesaĝo (*vgl. dazu* ***Glückwunsch-*** *u.* ***Grußschreiben***)
grüßen *tr* saluti, *(grüßend zunicken)* kapsaluti, *Mil (salutieren)* honorsaluti; ***jmdn. höflich ~*** ĝentile saluti iun; ***jmdn. ~ lassen*** transdoni salutojn [pere de iu]; ***sei mir gegrüßt!***, *umg* ***grüß dich!***, *salopp* ***hallo!*** saluton!
Grüßen *n* salutado
Gruß|pflicht *f Mil* devo saluti [oficiron]; **~schreiben** *n* salutletero; **~telegramm** *n* saluttelegramo; **~worte** *n/Pl* salutvortoj *Pl*
Grützbeutel *m Med* ↑ ***Atherom***
Grütze *f a) Nahr* grio; *Kochk* griaĵo (↑ *auch* ***Buchweizen-***, ***Hafer-*** *u.* ***Maisgrütze***) *b) salopp für «Verstand»* prudento, saĝo ◇ ***nicht viel ~ im Kopf haben*** ne havi multe da saĝo en la kapo
Gruyère *m*, *auch* ***Greyerzer Käse*** *m ein Hartkäse aus der Schweiz* grujero
Gryllteiste *f* (Cepphus grylle) *Orn* nigra urio
gschamig ↑ ***schamhaft***
Gspusi *n* ↑ ***Liebschaft***
GTZ = *Abk für* ***Deutsche Gesellschaft für Technische Zusammenarbeit*** [↑ *unter* ***technisch***]
Guadalajara (*n*) *1. zweitgrößte Stadt Mexikos 2. eine Provinzhptst. in Zentralspanien*

Guadalaĥaro

Guadalquivir [*...kivir*] *m ein Fluss in Andalusien/Südspanien* [rivero] Guadalkiviro

Guadeloupe [*...'lup*] (*n*) *größte Insel der Kleinen Antillen [ein franz. Überseedepartement]* Gvadelupo *[Hptst.: Basse-Terre]*

Guajak|baum *m, auch* ***Pockholzbaum*** *m* (Guajacum officinale) *Bot (ein mittelamerikanischer Baum mit sehr hartem, harzreichem Holz)* gvajako; ~**harz** *n* gvajakrezino; ~**holz** *n, auch* ***Pockholz*** *n* (*auch* ***Franzosenholz*** *genannt*) gvajakligno *<Hauptexportland ist die Dominikanische Republik>*

Guajakol *n Chem, Pharm (eine als Antiseptikum verwendete Alkoholart)* gvajakolo

Guajave *od* **Guave** *f* (Psidium guajava) *Baum* gujavarbo; *Frucht* gujavo

Guam (*n*) *größte Insel der Marianen im westl. Pazifik* Guamo *[Hauptort: Agana]*

Guamer *m Bewohner von Guam* guamano

Guamerin *f* guamanino

guamisch *Adj* guama

Guanako *n od m* (Lama huanacos [= guanicoë]) *Zool* guanako (↑ *auch* ***[1]Alpaka***)

Guanchen *od* **Guantschen** *m/Pl Urbewohner der Kanarischen Inseln* gvanĉoj *Pl*

Guanciale *m Nahr (ein luftgetrockneter, ungeräucherter Speck aus Italien [Latium u. Sardinien])* gvanĉalo

Guangdong (*n*), *auch* ***Kwangtung*** (*n*) *eine südchinesische Provinz [Hptst.: Kanton]* Gŭangdongo, *auch* Gŭangdong-provinco

Guangzhou (*n*) ↑ ***[2]Kanton***

Guanidin *n Biochemie* guanidino *<kommt im Saft der Zuckerrübe vor>*

Guanin *n Chem (ein Abkömmling des Purins)* guanino

Guano *m Kotablagerungen von Seevögeln [ein Naturdünger]* guano; ~**kormoran** *m od* ~**scharbe** *f* (Phalacrocorax bougainvillii) *Orn* guana kormorano *[Vorkommen: Westküste von Südamerika]*

Guanotölpel *m Orn* ↑ *unter* ***[2]Tölpel***

Guantánamo (*n*) *eine Stadt im südöstlichen Kuba [US-Flottenstützpunkt, seit 2002 Gefangenenlager für Al Qaida- u. Talibankämpfer]* Guantanamo

Guantschen *m/Pl Ethn* ↑ ***Guanchen***

Guarana *f* (Paullinia cupana) *Bot (eine Kletterpflanze im Amazonasgebiet)* gvarano

Guaranda (*n*) *Hptst. der ecuadorianischen Provinz Bolívar* Guarando

[1]Guarani *m* ***a)*** *Ethn (Angehöriger eines indian. Volkes in Südamerika)* gvaranio ***b)*** (*Abk* ***G***) *Währungseinheit in Paraguay* gvaranio

[2]Guaraní *n Ling (neben dem Spanischen Verkehrssprache in Paraguay)* la gvarania [lingvo]

Guasch *f Mal* ↑ ***Gouache***

Guatemala (*n*) *ein Staat in Mittelamerika mit gleichnamiger Hptst.* Gvatemal[i]o; ~-**Brüllaffe** *m* (Alouatta pigra) *Zool* gvatemala hurlosimio (*od* *<wiss>* aluato) *[Vorkommen: Guatemala, Belize u. östl. Mexiko]*

Guatemaltek *n Ling* ↑ ***[2]Quiché***

Guatemalteke *f Einwohner von Guatemala* gvatemal[i]ano

Guatemaltekin *f* gvatemal[i]anino

guatemaltekisch *Adj* gvatemala

Guave *f Bot* ↑ ***Guajave***

Guayana (*n*) *eine südamerikanische Landschaft zw. Orinoco u. Amazonas* Gvajano (*vgl. dazu* ***Guyana*** ↑ *auch* ***Französisch-*** *u.* ***Niederländisch-Guayana***)

gucken *intr umg* rigardi; *gaffen* gapi, grandokule rigard[ad]i; *i.w.S. aufmerksam schauen* atente rigardi; ***dumm*** ~ stulte rigardi, rigardaĉi (*vgl. dazu* ***gaffen***); ***durchs Schlüsselloch*** ~ spioni tra la serurtruo ◇ ***ich habe mir [fast] die Augen aus dem Kopf geguckt*** *suchend* mi streĉe serĉadis per ambaŭ miaj okuloj; *neugierig* mi senĉese devis gapi tien (*bzw.* al iu *u.a.*) kun granda miro (*od* fascino); ***er hat ein bisschen zu tief ins Glas geguckt*** *zu viel Alkohol getrunken* li esploris iom la fundon de la glaso *(Zam)*

Guckloch *n* luketo *auch Türspion*; *Tech auch* rigardilo

Gudrun (*f*) *weibl. Vorname* Gudruna

Guelfen *m/Pl Gesch (im mittelalterl. Italien eine papst- u. frankreichfreundliche Partei)* gelfoj *Pl* (*vgl. dazu* ***G[h]ibellinen***)

Guerilla *m*: ***die ~s*** *Pl* la gerilanoj *Pl* (*vgl. dazu* ***Maquis***)

Guerilla|gebiet *n* regiono de gerilanoj; ~-**gruppe** *f* grupo da gerilanoj; ~**kämpfer** *m, auch* ***Guerillero*** *m* gerilano (*vgl. dazu* ***Partisan*** *u.* ***Untergrundkämpfer***)

Guerillakrieg *m, auch* ***Guerillakriegführung*** *f* gerila milito, *auch* gerilo; ***einen ~ führen*** fari gerilan (*od* partizanan) militon

Guerilla|operation *f* operacio de gerilanoj; ~**taktik** *f* gerila taktiko

Guerillera *f* gerilanino

Guerillero *m* gerilano

Guernsey (*n*), *engl.* ***Bailiwick of Guernsey***

eine britische Kanalinsel [Hptst.: Saint Peter Port] Gernezejo; ~**-Rind** *n eine auf Guernsey entstandene Rinderrasse* gernezeja bovo

Gugelhupf *m* ↑ ***Napfkuchen***

Guggenheim (*f*) *Eig (US-amerikanische Kunstsammlerin [1898-1979])* Gugenhejmo; ~**-Museum** *n Museum für moderne Kunst in New York [seit 1937]* Gugenhejm-Muzeo

Guido (*m*) *männl. Vorname* Gido

Guilloche [*gi'jɔʃ*] *f verschlungene Linienzeichnung auf Banknoten u. Wertpapieren [zur Erschwerung von Fälschungen]* gilôŝo

guillochieren *tr Guillochen stechen* gilôŝi (***auf etw.*** ion)

Guillotine [*giljo*... od. *gijo*...] *f, auch* ***Fallbeil*** *n* gilotino (*vgl. dazu* ***Schafott***)

guillotinieren *tr mit dem Fallbeil hinrichten* gilotini

Guinea (*n*) *ein Staat in Westafrika* Gvineo *[Hptst.: Conakry]* (↑ *auch* ***Äquatorialguinea***); ~**-Bissau** (*n*) *ein Staat in Westafrika* Gvineo-Bisaŭo *[Hptst.: Bissau]* (↑ *auch* ***Portugiesisch-Guinea***); ~**-Pavian** *m, auch* ***roter Pavian*** *od* ***Sphinx-Pavian*** (Papio papio) *Zool* gvinea paviano *kleinste Pavianart [Vorkommen: Guinea, Senegal, Gambia u. südl. Mauretanien]*

Guineapocken *Pl Tropenmedizin* ↑ ***Frambösie***

Guineataube *f, auch* ***Strichelhalstaube*** *f Orn* (Columba guinea) gvinea kolombo *[Vorkommen: subsaharisches Afrika (von Senegal bis nach Somalia)]*

Guinee *f ehemalige engl. Goldmünze* gineo

Guineer *m Einwohner von Guinea* gvineano

Guineerin *f* gvineanino

guineisch *Adj Guinea betreffend bzw. aus Guinea stammend* gvinea

Guinness-Buch *n*: ~ ***der Rekorde*** Guinness--libro de rekordoj

Guipúzcoa (*n*) ↑ ***Gipuzkoa***

Guiyang (*n*) *Hptst. der chin. Provinz Guizhou* Gujjango

Guizhou (*n*), *auch* ***Kweitschou*** (*n*) *eine südchin. Provinz* [provinco] Gujĝoŭo, *auch* Gujĝoŭ-provinco *[Hptst.: Guiyang]*

Gujarat (*n*) *ein indischer Unionsstaat* Guĝaratio *[Hptst.: Gandhinagar]*

Gujarati *n Ling (eine indoarische Sprache [bes. im indischen Unionsstaat Gujarat gesprochen])* la guĝarata [lingvo]

GULag, *auch* ***Gulag*** *m* (*Abk für* <*russ*> ***G****lawnoje* ***U****prawlenie* ***Lag****erej*): *Gesch UdSSR (1. Hauptverwaltung der in den 20er Jahren eingerichteten Straflager 2. i.w.S. diese Straflager selbst)* gulago (*vgl. dazu* ***Konzentrationslager***)

Gulasch *n, auch m,* <*österr*> *auch* ***Gulyás*** *n Kochk* gulaŝo (*vgl. dazu* ***Pörkölt***; ↑ *auch* ***Kessel-*** *u.* ***Paprikagulasch***); ~**kanone** *f scherzh für «Feldküche»* gulaŝkanono; ~**-suppe** *f* gulaŝa supo

Gulden *m* (*Abk* ***gld.***) *ehem. niederländische Währungseinheit* guldeno

Güldenstädt's Rotschwanz *m* (Phoenicurus erythrogaster) *Orn* blankverta ruĝvostulo

güldisch *Bergmannssprache für* ***goldhaltig*** [↑ *dort*]

Gülle *f Landw* flusterko (↑ *auch* ***Jauche a)***)

Gulliver (*m*) *Held eines Romans von J. Swift* Gulivero

Gully *m, auch n, auch* ***Straßenablauf*** *m* enfluejo [apudstrata] al kloaka kanalo

gültig *Adj* valida (***bis*** ĝis); *Jur* legitima, laŭleĝa; ***eine ~e Fahrkarte*** *Eisenb* valida [fervoja] bileto; ~ ***machen*** *bzw.* ***für ~ erklären*** validigi; ~ ***sein*** esti valida, validi; ~ ***werden*** validiĝi *od* ekvalidi; ***Ihr Pass ist nicht mehr*** ~ via pasporto ne plu validas

Gültigkeit *f, geh* ***Validität*** *f* valideco (*vgl. dazu* ***Inkrafttreten***); ***volle*** ~ plena valideco (↑ *auch* ***Vollgültigkeit***); ~ ***haben*** validi (***für*** por); ***seine ~ verlieren*** *z.B. ein Pass* perdi sian valideco n, *umg auch* eksvalidiĝi; ~ ***werden*** validiĝi

Gültigkeits|datum *n* validodato; ~**dauer** *f* validodaŭro

Gumbo *m, auch* ***essbarer Eibisch*** *m od* ***Rosenpappel*** *f* (Hibiscus esculentus) *Bot* gumbo

Gumma *n Med* ↑ ***Syphilom*** *n*

Gummi *m* ***a)*** *Roh*~ *(rein od verarbeitet)* gumo, *(Kautschuk [Stoffbez. für die beiden Materialgruppen Natur- u. Synthesekautschuk])* kaŭĉuko (↑ *auch* ***Chicle-***, ***Krepp-***, ***Senegal-*** *u.* ***Tragantgummi***); *Hart*~ ebonito; *Radier*~ frotgumo *od* [skrap]gumo; *Philat (Gummierung)* gum[aĵ]o; ***synthetischer*** ~ sinteza kaŭĉuko ***b)*** *umg für «Kondom»* kondomo

Gummiabsatz *m* kaŭĉuka kalkanumo

Gummiarabikum *n, auch* ***Akazien-*** *od* ***Senegalgummi*** *m* araba gumo, *auch* akacia gumo; ~**baum** *m, auch* ***Senegal-Akazie*** *f*

(Acacia senegal = Senegalia senegal) *Bot* senegalia akacio (*vgl. dazu **Gummibaum***)

gummiartig *Adj* gumeca; *wie Gummi* kiel gumo *nachgest*; *wie Kautschuksaft* kiel kaŭĉuka suko *nachgest*

Gummi|ball *m* kaŭĉuka pilko; ~**band** *n* kaŭĉuka bendo; ~**bärchen** *n/Pl eine Art Fruchtgummis* gum-ursetoj *Pl*; ~**baum** *m* (Hevea brasiliensis *bzw.* Ficus elastica) *Bot* gumo, *Zimmerpflanze* guma figarbeto

gummibereift *Adj* kun pneŭmatikoj *nachgest*

Gummi|bereifung *f* pneŭmatikoj *Pl*; ~**boot** *n* kaŭĉuka boato; ~**elastikum** *n* (*Syn*: ***Kautschuk***) elasta gumo

gummieren *tr mit Gummilösung bestreichen od Gummischicht überziehen bzw. mit einer Gummierung versehen* gumi, kovri (*od* tegi *bzw.* ŝmiri) per gumo (*bzw.* gumaĵo); ***gummiert*** kovrita (*od* tegita *bzw.* ŝmirita) per gumo; *Briefmarke, Etikett* gumita

Gummierung *f Philat* gumo

Gummi|faden *m* kaŭĉuka fadeno; ~**gelenk** *n Tech* kaŭĉuka artiko; ~**geschoss** *n od* ~-**kugel** *f eine spezielle Munition, z.B. bei einem Polizeieinsatz* gumopafaĵo *bzw.* gumokuglo *od* kaŭĉuka kuglo

Gummigutt *n, auch **Gelbharz** n ein natürlicher Pflanzenpigmentfarbstoff, der Farb- u. Bindemittel gleichzeitig enthält* gumiguto; ~**baum** *m* (Garcinia morella, Garcinia mangostana *u. weitere Arten*) *Bot* gumigutarbo

Gummi|handschuhe *m/Pl* kaŭĉukaj gantoj *Pl*; ~**kabel** *n* kaŭĉuka kablo

Gummiknoten *m Med* = ***Gumma***

Gummiknüppel *m pop* = ***Schlagstock***

Gummikugel *f* ↑ ***Gummigeschoss***

Gummilatschen *f/Pl* zorioj *Pl* (↑ *auch **Zōri***)

Gummilinse *f Foto* ↑ ***Zoomobjektiv***

Gummi|lösung *f ein Klebstoff, bes. für Schuhmacher* gumsolvaĵo *od* solvaĵo de kaŭĉuko; ~**mantel** *m* kaŭĉuka mantelo; ~-**plantage** *f* kaŭĉukplantejo; ~**reifen** *m* pneŭmatika bendo, pneŭmatiko; ~**resina** *f, auch **Schleimharz** n* gumrezino; ~**ring** *m* kaŭĉuka ringo; ~**schlauch** *m* kaŭĉuka hoso; *Gummirohr* kaŭĉuka tubo; ~**schnur** *f* kaŭĉuka fadeno; ~**schuh** *m* kaŭĉuka ŝuo, *Gummiüberschuh* [kaŭĉuka]galoŝo; ~**schwamm** *m* kaŭĉuka spongo; ~**seil** *n für Segelflugstart* sandovo; ~**sohle** *f* kaŭĉuka plandumo; ~**stempel** *m* kaŭĉuka stampilo; ~**stiefel** *m* kaŭĉuka boto, *auch* gumboto; ~**strumpf** *m* kaŭĉuka ŝtrumpo; ~**überschuhe** *m/Pl* [kaŭĉukaj] galoŝoj *Pl*; ~**unterlage** *f z.B. im Bett* kaŭĉuka subtuko; ~**wärmflasche** *f* kaŭĉuka varmobotelo; ~**zug** *m* kaŭĉuka elastaĵo; ~**zylinder** *m Tech* kaŭĉuka cilindro

Gummose *f Phytopathologie (krankhafter Harzfluss an Laubbäumen, bes. an Steinobstbäumen der Gattung Prunus [Kirsche, Pflaume, Marille u.a.])* gumozo

Gumuz *Pl eine Ethnie in Äthiopien u. im Sudan* gumuzoj *Pl*

Gundelrebe *f Bot* ↑ ***Efeu-Gundermann***

Gundermann *m* (*Gattung* Glechoma) *Bot* glekomo *auch Gewürz* (↑ *auch **Efeu-Gundermann***)

Gundula (*f*) *weibl. Vorname* Gundula

Günsel *m* (*Gattung* Ajuga) *Bot (ein Lippenblütler)* ajugo (↑ *auch **Pyramidengünsel***); ***gelber*** ~ (Ajuga chamaepitys) flava ajugo; ***Genfer*** ~ *od **Heidegünsel*** (Ajuga genevensis) vila ajugo; ***kriechender*** ~ (Ajuga reptans) ramp[ant]a ajugo

Gunst *f* favor[aĵ]o (*vgl. dazu **Gunstbeweis**, **Güte, Freundlichkeit***); *Rel (Gnade)* graco; ***jmdm. eine ~ erweisen*** fari (*od auch* doni) favor[aĵ]on al iu; ***sich um jmds. ~ bemühen*** klopodi pri ies favoro; ***zu ~en von*** favore al; profite al *od* je la profito de; *Fin* je kredito de ◇ ***die ~ der Stunde nutzen*** uzi la favoran momenton *od* uzi la favoron de l' ebleco

Gunst|beweis *m od* ~**bezeigung** *f Sympathiebeweis* signo (*od* montro) de simpatio

günstig 1. *Adj* favora (***für*** al *od* por) (↑ *auch **kostengünstig** u. **vorteilhaft***); *erfreulich* ĝojiga; *von guter Vorbedeutung* bonaŭgura; *i.w.S.* prosperiga, sukcesiga, bonŝanca; ***eine ~e Nachricht*** favora (*od auch* ĝojiga) sciigo; ***~e Umstände*** *m/Pl* (***Zahlungsbedingungen*** *f/Pl*) favoraj cirkonstancoj (pagokondiĉoj) *Pl*; ***zu ~en Preisen*** je favoraj prezoj, *auch* favorpreze; ***eine ~e Gelegenheit abwarten*** atendi ŝancon (*od* favoran okazon); ***jmdn. für etw. ~ stimmen*** *im Sinne von «jmdn. für etw. gewinnen»* **2.** *Adv* favore; ***er ist mir ~ gesinnt*** li favoras min, *i.w.S.: er behandelt mich vorteilhaft* li favore min traktas

Günstling *m* favorato (*vgl. dazu **Schützling***)

Günstlingswirtschaft *f* ↑ ***Nepotismus***

Gunther *od* **Günt[h]er** (*m*) *männl. Vorname* Guntero

Guomindang *od* **Kuomintang** *f Volkspartei*

Sun Yat-sens in China, nach 1945 Partei in Taiwan Kuomintango

Guppy *m, auch* ***Millionenfisch*** *m* (Poecilia reticulata) *Ichth (ein Aquarienfisch)* gupio

Gupta (*m*) *indischer männl. Vorname* Gupto

Gupta|**-Dynastie** *f Gesch (nordindische Dynastie des 4. bis 6. Jh. [Höhepunkt der indischen Kunst im Tempelbau])* Gupta-dinastio <*Blütezeit unter Chndragupta II.*>; ~**-Kunst** *f* Gupta-arto

Guqin *f Mus (eine Griffbettzither, die in der klassischen chinesischen Musik gespielt wird)* guĉino; ~**-Spieler** *m* guĉin-ludanto

Gurage *Pl Ethn (Sammelbez. für mehrere ethnische Gruppen in Äthiopien)* guragoj *Pl*

Gurami *m* (Osphronemus goramy) *Ichth (ein trop. Süßwasserfisch)* guramio *auch Nahr*

Gurgel *f* gorĝo (↑ *auch* ***Kehle***); ***jmdn. an*** (*od* ***bei***) ***der ~ packen****, umg auch* ***jmdn. an die ~ fahren*** kapti iun ĉe la gorĝo

Gurgelmittel *n, Fachspr* ***Gargarisma*** *n, auch* ***Gurgelwasser*** *n Pharm* medikamento por gargari, gargaraĵo

gurgeln *intr u. abs* ***a)*** *Mund spülen* gargari (***mit*** per); ***mit Salzwasser ~*** gargari per salakvo ***b)*** *brodeln (Flut)* bole ŝaŭmi; *gluckern (Bach)* glugli

Gurgelwasser *Pharm* gargaraĵo

Gurke *f* (*Gattung* Cucumis *bzw. die Art* Cucumis sativus) *Bot, Nahr* kukumo; ***saure ~*** *od* ***Gewürzgurken*** *f/Pl* peklitaj (*od* marinitaj) kukum[et]oj *Pl* (↑ *auch* ***Essiggurken***)

Gurkenbaum *m* (Averrhoa carambola) *Bot* averoo *[die Frucht dieses tropischen Baumes wird in Europa ‹Carambola› od ‹Sternfrucht›* (stelfrukto) *genannt]* (↑ *auch* ***Bilimbing***)

gurkenförmig **1.** *Adj* kukumoforma **2.** *Adj* kukumoforme

Gurkenkraut *n Bot, Gewürz* ↑ ***Dill***

Gurken|**magnolie** *f* (Magnolia acuminata) *Bot* kukuma magnolio *[Vorkommen: östl. Nordamerika]*; ~**salat** *m* kukuma salato *od* salato el kukumoj; ~**scheibe** *f* tranĉaĵo de kukumo

Gurkha *m Ethn (Angehöriger eines nepalesischen Bergvolkes)* gurko

gurren, *auch* ***girren*** *intr Taube* kveri *auch übertr*

Gurren *n, auch* ***Girren*** *n* kverado *auch von Verliebten* (↑ *auch* ***Gegurre***)

Gurt *m allg* zono, fortika bendo (↑ *auch* ***Gürtel***, ***Anschnall-***, ***Patronen-***, ***Sattel-*** *u.* ***Sicherheitsgurt***); ~**band** *n* zonbendo

Gürtel *m zur Kleidung* zono *auch Geogr* (↑ *auch* ***Leder-*** *u.* ***Rettungsgürtel***); *Taille* talio; ***geflochtener*** (***seidener***) ~ plektita (silka) zono; ***bis zum ~ im Wasser stehen*** stari ĝis la talio en la akvo; ***den ~ weiter schnallen*** disbuki la zonon pli vaste

Gürtelausschlag *m Med* ↑ ***Gürtelrose***

Gürtel|**börse** *f* burso [alligita al zono]; ~**fischer** *m* (Ceryle alcyon) *Orn* kolumalciono; ~**rose** *f, auch* ***Gürtelausschlag*** *m od* ***Gürtelflechte*** *f* (Herpes zoster) *Med* zonerupcio, *Fachspr auch* zostro; ~**schmuck** *m* zon-ornamaĵo; ~**schnalle** *f* buko de zono

Gürteltier *n* (*Gattung* Dasypus *u. viele weitere Gattungen*) *Zool* dazipo (↑ *auch* ***Braunborsten-***, ***Sechsbinden-***, ***Nacktschwanz-***, ***Neunbinden-*** *u.* ***Riesengürteltier***); ***[Familie der] ~e*** *Pl* (Dasypodidae) dazipedoj *Pl*

Gürtelwürmer *m/Pl Zool*: ***[Ordnung der] ~*** *Pl* (Hirudinea) hiruduloj *Pl*

gürten *tr* surmeti zonon sur (*od* ĉirkaŭ) la talion

Guru *m Hinduismus (in Indien Bez des geistlichen Lehrers, der wie od als Gott verehrt wird)* guruo *auch i.w.S.*

GUS *f* ↑ *unter* ***Gemeinschaft***

Gusla *f Mus (ein einsaitiges Streichinstrument der südslawischen Volksmusik)* guzlo

Guss *m* ***a)*** *etw. Hingegossenes* verŝaĵo; *Regen*~ pluvoverŝo; *Zucker*~*, Glasur* glazuro (↑ *auch* ***Schokoladen-*** *u.* ***Tortenguss***) ***b)*** *Tech (die entsprechende Legierung)* giso, *(Gießen [Vorgang])* gisado, (*Gussstück [Erzeugnis])* gisaĵo (↑ *auch* ***Grau-***, ***Hart-***, ***Metall-***, ***Spritz-***, ***Weich-*** *u.* ***Weißguss***)

Gussbeton *m* ↑ *unter* ***Beton***

Gusseisen *n* gisfero (↑ *auch* ***Weichguss***); ***schmiedbares ~*** forĝebla gisfero (↑ *auch* ***Temperguss***)

gusseisern *Adj* gisfera, *nachgest* [farita] el gisfero

Guss|**form** *f, auch* ***Gießform*** *f Gießerei* gismuldilo (*vgl. dazu* ***Kokille***); ~**mauerwerk** *n Bauw (Füllwerk)* rablo <*ein Mauerungsverfahren, das bereits den Römern als ‹opus incertum› bekannt war*>; ~**naht** *f Gießerei (dünner, überstehender Rand, der an Werkstücken bei Formgebung entstehen kann)* bavuro; ~**stahl** *m, auch* ***Stahlguss*** *m* gisŝtalo; ~**stück** *n* gisaĵo; ~**technik** *f* gistekniko

gustatorisch *Adj bes. Fachspr Med (den Ge-*

schmackssinn betreffend) gustosensa
Gustav (*m*) *Eig* Gustavo *auch Name einiger schwedischer Könige*
gustieren *tr* ↑ ***abschmecken***
gustiös ↑ ***appetitlich***
Gustometer *n Medizintechnik (Gerät zur Prüfung des Geschmackssinnes)* gustometro
gut 1. *Adj* bona (↑ *auch* ***herzensgut***); *von guter Qualität* bonkvalita; *leicht, mühelos* facila, sen multa peno; ~ ***sein in ...*** bone scipovi ..., ege bone kapabli ...; *Experte sein* esti eksperto pri ...; ***wieder*** ~ (*bzw.* ***besser***) ***werden*** reboniĝi; ***er ist*** ~ ***in Biologie*** li estas eksperto pri biologio; ***er ist*** ~ ***in Tennis*** li estas bonega tenisludanto; ~***en Abend!*** bonan vesperon!; ~***e Besserung!*** bonan resaniĝon!; ~***en Morgen!*** bonan matenon!; ~***e Nacht!*** bonan nokton!; ~***er Rat*** *m* bona konsilo; ~***e Reise!*** bonan vojaĝon!; ~***en Tag!*** bonan tagon!; ***ein*** ~***er Mensch*** bona (*od* bonkora) homo; ***in*** ~***er Absicht*** kun bonaj intencoj, bonintence; ***in*** ~***em Glauben*** *Jur* bonafide; ***das ist eine*** ~***e Idee!*** tio estas bona ideo!; ***eine*** ~***e Stunde wird das schon dauern*** tio daŭros tutcerte unu horon aŭ pli; ***mir ist [es] nicht*** ~ mi ne fartas bone; *mir ist übel* mi sentas vomemon; ***seien Sie so*** ~ ***und geben Sie mir ...*** estu tiel afabla kaj donu al mi ... *od* bonvolu doni al mi ... ; ***so*** ~ ***wie möglich*** kiel eble plej bone; ***so*** ~ ***wie [gar] nichts*** kvazaŭ nenio, preskaŭ nenio; ***es ist so*** ~ ***wie unmöglich*** estas preskaŭ ne eble; ***es wird alles*** ~ ***[werden]*** ĉio fariĝos bona; ***wozu ist das*** ~***?*** por kio ĝi taŭgas? ◇ ~***er Dinge sein*** *fröhlich sein* esti gaja (*od auch* bonhumora); *optimistisch sein* esti optimisma; ***jmdm.*** ~ ***sein*** *jmdn. mögen* ŝati iun; ***lass es*** ~ ***sein*** *hören wir damit auf!* [ni] ĉesigu tion!; ***wieder*** ~ ***sein*** *umg sich versöhnen* repaciĝi **2.** *Adv* bone; ~ ***arbeiten*** bone labori; ~ ***aussehen*** bone aspekti; ***ein*** ~ ***aussehender junger Mann*** bonaspekta juna viro; ~ ***gelaunt*** bonhumora; ~ ***gekleidet*** bone vestita; ~ ***gemeint*** *z.B. Rat* bonintenc[it]a; ~ ***situiert*** bonhava (*vgl. dazu* ***reich***); ~ ***tun*** *erfrischend wirken* esti refreŝiga; ***mach's gut!*** ĝis baldaŭ! *od kurz* ĝis!; ***nun*** ~***!*** *okay!* nu bone!, *auch* bone do!; ***jmdn.*** ~ ***kennen*** bone koni iun; ***es*** ~ ***mit jmdm. meinen*** esti bonintenca al iu; ~ ***zu Tieren sein*** esti bonkora kontraŭ bestoj; ***so*** ~ ***wie möglich*** kiel eble plej bone; ***Sie täten*** ~ ***daran zu kommen*** vi prudente agus, se vi venus (*bzw.* irus tien); ***wie geht es Ihnen? – danke***, ~ kiel vi fartas? – bone [mi dankas]!; ***es geht mir gut*** mi bone fartas, *umg auch* mi bonfartas ◇ ~ ***hundert Mann*** *reichlich hundert Personen* cent homoj (*od* personoj) aŭ pli; ***kurz und*** ~ per unu vorto, unuvorte; ***du hast*** ~ ***reden*** tion vi povas facile diri
Gut *n **a)** Besitz, Eigentum* havaĵo, posedaĵo; *Landbesitz* terposedaĵo (↑ *auch* ***Allgemeingut***) ***b)*** *landwirtschaftlicher Betrieb* bieno (↑ *auch* ***Freilehen*** *u.* ***Rittergut***) ***c)*** *Hdl meist Pl:* ***Güter*** *Waren* varoj, komercaĵoj; ***leicht entzündbares*** ~ ekflamiĝema varo
Gutachten *n Expertise, Bewertung durch einen Fachmann* ekspertizo (***über*** pri); *i.w.S. Ratschlag* konsilo; ***gerichtsmedizinisches*** (***hydrogeologisches***) ~ jurmedicina (hidrogeologia) ekspertizo
Gutachter *m* ekspertizisto, *i.w.S. auch* eksperto; ***medizinischer*** ~ medicina eksperto
gutartig *Adj Mensch* bonnatura, bonkaraktera; *Tumor* benigna
Gutartigkeit *f*, *Fachspr Med* ***Benignität*** *f eines Tumors* benigneco
Gutdünken *n* bontrovo; *Gefallen* plaĉo (↑ *auch* ***Entscheidungsfreiheit***); ***nach*** ~ *nach Belieben* laŭ bontrovo, *nach Gefallen* laŭ plaĉo *od* laŭplaĉe
Gute *n (abstrakt)* bono, *(konkret)* bonaĵo; ~***s und Böses*** bono kaj malbono; ***alles*** ~***!*** ĉion bonan!; ***jmdm. etw.*** ~***s tun*** fari bon[aĵ]on al iu; ***jmdm. alles*** ~***e wünschen*** deziri al iu ĉion bonan; ***jmdm.*** ~***s wünschen*** bondeziri al iu; ***jmdm. alles*** ~ ***zum Geburtstag wünschen*** deziri al iu ĉion bonan okaze de la naskiĝdatreveno (*od umg auch* naskiĝtago) ◇ ***am Ende siegt immer das*** ~ finfine ĉiam venkas la bono; ***nichts*** ~***s im Schilde führen*** havi malbonan intencon
Güte *f Qualität* kvalito; *eines Menschen (Herzens*≗*)* bonkoreco, *(Wohlwollen)* bonvol[em]o; ***in*** ~ *auf friedliche Weise* en paca maniero, pace; ***von ausgezeichneter*** ~ de unuaranga kvalito; ***würden Sie die*** ~ ***haben zu ...?*** estu tiel bona (*od* afabla) kaj ...?, estu bonvola kaj ..., *auch kurz* bonvolu ...
Güte|grad *m od* ~**klasse** *f Hdl* kvalitoklaso; ~**kontrolle** *f* kvalitokontrolo *od* kontrolo de kvalito; ~**kontrolleur** *m* kvalitokontrolisto
Gutenberg (*m*), *eigtl* ***Johannes Gensfleisch*** *Eig (Erfinder des Buchdrucks mit beweglichen Lettern [* zw. 1394 u. 1399, † 1468])*

Gutenbergo

Güter *Pl* ↑ *unter* ***Gut c)***

Güter|abfertigung *f* [var]eksped-oficejo, *i.e.S.* ekspedejo de ŝarĝaĵo (*bzw.* frajtaĵo); ~**bahnhof** *m Eisenb* varstacio; ~**beförderung** *f* eksped[ad]o de varoj; ~**fernverkehr** *m* longdistanca vartransporto; ~**gemeinschaft** *f Jur* komuna posedo; ~**tarif** *m Transportwesen* var-tarifo; ~**transport** *m* transport[ad]o de varoj

Gütertransportversicherung *f* ↑ ***Frachtversicherung***

Güterumschlag *m* ↑ ***Warenumschlag***

Güter|verkehr *m* var-trafiko; ~**verkehrsdienst** *m Eisenb* vartrafika servo; ~**versand** *m Hdl* ekspedo de varoj; ~**versicherung** *f* frajt-asekuro (↑ *auch* ***Kargoversicherung***)

Güterwagen *m Eisenb* varvagono, *auch* ŝarĝvagono; ***gedeckter*** ~ tegita (*od auch* tegmentita) varvagono; ***offener*** ~ malferma (*od* netegita) varvagono (↑ *auch* ***Lore***)

Güterzug *m Eisenb* vartrajno; ~**lokomotive** *f Eisenb* vartrajna lokomotivo

Gütezeichen *n*, *auch* ***Güte-*** *od* ***Qualitätssiegel*** *n* kvalitmarko

gutgläubig 1. *Adj* bonfida, bonkreda, nedubema, malsuspekta (↑ *auch* ***vertrauensselig***) **2.** *Adv in gutem Glauben* bonafide

guthaben *tr*: ***ich habe bei dir [noch] zehn Euro gut*** mi ankoraŭ havas ĉe vi bonhavon de dek eŭroj

Guthaben *n Fin* bonhav[aĵ]o, kredito (↑ *auch* ***Bank-*** *u.* ***Sparguthaben***)

gutheißen *tr billigen* aprobi (↑ *auch* ***akzeptieren***); *sanktionieren* sankcii; *sich einverstanden erklären mit* konsenti (***etw.*** al io)

gutherzig *Adj* bonkora

Gutherzigkeit *f* bonkoreco

Guti *m Zool* ↑ ***Aguti***

gütig *Adj gutherzig* bonkora; *gut gemeint* bonintenca; *i.w.S. freundlich* afabla

gütlich 1. *Adj* paca, *auch* amika; ~***e Einigung*** *f od* ~***er Vergleich*** *m* aranĝo per interkonsento, amika interkonsento; *Hdl, Jur* senprocesa aranĝo (*vgl. dazu* ***Kompromiss***); ***auf*** ~***em Wege*** per paca akordiĝo;

gutmachen *tr* ***a)*** *wieder in Ordnung bringen* reordigi; *reparieren* ripari; ***ich werde den Fehler auf jeden Fall wieder*** ~ mi nepre riparos tiun [ĉi] eraron ***b)*** *wieder vergüten* rekompenci, rebonigi, [sur bazo de bonvolemo] ripari *u. dgl.* (*vgl. dazu* ***haften b)***); *Profit erzielen* tiri profiton el, elprofiti

gutmütig *Adj* bonkora, bonanima, bonnatura

Gutmütigkeit *f* bonkoreco, bonanimeco, bonnatureco; *i.w.S. Freundlichkeit* afableco ◇ ***das habe ich nun von meiner*** ~***!*** jen la sekvoj de mia bonanimeco (*bzw.* afableco)!

gutnachbarlich *Adj*: ~***e Beziehungen*** *f/Pl* bonnajbaraj rilatoj *Pl*

gutsagen *intr selt für «bürgen»* garantii (***für jmdn.*** por iu)

Guts|besitzer *m* bienposedanto (*vgl. dazu* ***Großgrundbesitzer***)

Gutsche *f Handw* ↑ ***Hohlbeitel***

Gutschein *m* kupono [pri bonhavaĵo], kreditbileto (↑ *auch* ***Einkaufs-***, ***Geschenk-*** *u.* ***Reisegutschein***); *Schuldschein* ŝuldatesto

gutschreiben *tr*: ***jmdm. etw.*** ~ *Fin* skribi (*od* aldoni) en ies krediton; *Gewinnausschüttung am Jahresende* ristorni ion al iu

Gutschriftsanzeige *f Bankw* kreditnoto (*vgl. dazu* ***Ristorno***)

Gutsel *n* ↑ ***Bonbon***

Guts|haus *n* [grand]bienula domo, domo de [grand]bienulo; ~**herr** *m* bienmastro, bienulo; ~**hof** *m* bieno; ~**verwalter** *m* bienadministranto, biena intendanto

Guttapercha *f od n ein kautschukähnlicher Stoff [gewonnen aus dem Milchsaft einiger südostasiatischer Bäume]* gutaperko; ~**baum** *m* (*aus der Gattung* Payena, *bes. die Art* Payena leeri) pajeno, (*aus der Gattung* Palaquium, *bes. die Art* Palaquium gutta) palakvio <*aus dem Milchsaft dieser Arten wird in SO-Asien Guttapercha gewonnen*>

Gutteil *n od m ein großer Teil* granda parto

guttun *intr*: ***der heiße Tee wird dir*** ~ la varmega teo bonfartigos vin

guttural *Adj* ***a)*** *die Kehle betreffend, kehlig* gorĝa ***b)*** *Phon (in der Kehle gebildet)* gutturala

Guttural *m Phon* ↑ ***Gutturallaut***

Gutturalisierung *f eine Artikulationsgewohnheit, bes. in Mundarten* guturaligo *bzw.* guturaliĝo

Guttural[laut] *m*, *auch* ***Kehllaut*** *m Phon* guturalo (*vgl. dazu* ***Gaumenlaut*** *u.* ***Velar***)

gutwillig 1. *Adj freiwillig* propravola, nedevigita; *voll guten Willens* bonvolema, *i.w.S. auch* servopreta *od* komplezema **2.** *Adv* propravole, nedevigite; bonvol[em]e, servoprete, komplezeme

Gutwilligkeit *f* bonvolemo

gutwüchsig *Adj bes. Bot* bonkreska

Guyana (*n*) *ein Staat in Südamerika* Gvajano *[Hptst.: Georgetown]*

Guyaner *m* gvajanano

Guyanerin *f* gvajananino

guyanisch *Adj* gvajana

Guyenne *f historische Landschaft in SW-Frankreich [das restliche Aquitanien nach Verselbständigung der Gascogne]* Gujeno

Guzmán (*m*) *Eig (mexikanischer Schriftsteller [1887-1976])* Guzmano

Guzuly *Pl Ethn (Bewohner der Ukraine, die im an die Karpaten angrenzenden Bergland südwestlich von Ivano-Frankovsk ansässig sind)* guzuloj *Pl*

GW = *Zeichen für* ***Gigawatt***

Gwalior (*n*) *eine Stadt im indischen Unionsstaat Madhya Pradesh [mit alter Bergfestung (5/6. Jh.), mit Hindu-Tempeln u. Palästen]* Gvalioro *<1771-1947 Hptst. des Reichs der Sindhia-Dynastie>*

Gy = *Zeichen für die Maßeinheit* ***²Gray***

Gydulka *f Mus (bulgarisches Volksmusikinstrument mit birnenförmigem Schallkörper u. kurzem Hals, ohne Griffbrett, mit 2 bis 5 Saiten)* gidulko

Gyges (*m*) *Eig (ehemaliger König von Lydien [halb legendäre Persönlichkeit bei Herodot u. Plato])* Gigeso

Gymir (*m*) *german.u.nordische Myth* ↑ ***Ägir***

Gymkhana *f* ***a)*** *[ursprünglich:] indisches Reiterspiel* ***b)*** *[heute:] Geschicklichkeitswettbewerb in verschiedenen Sportarten, bes. im Motorsport* ĝimkano

gymnasial *Adj* gimnazia

Gymnasial|direktor *m* gimnazia direktoro, *auch* gimnaziestro; ~**lehrer** *m* gimnazia instruisto

Gymnasiast *m* gimnaziano

Gymnasiastin *f* gimnazianino

Gymnasium *n höhere, zum Abitur führende Schule* gimnazio (*vgl. dazu* ***Lyzeum***)

Gymnast *m Antike (Sportlehrer der Athleten in der altgriech. Gymnastik)* gimnasto

Gymnastik *f* gimnastiko (↑ *auch* ***Früh-***, ***Jazz-***, ***Kranken-***, ***Morgen- Schwangerschafts-*** *u.* ***Wassergymnastik***); *Leibesübungen* korpaj ekzercoj *Pl* (↑ *auch* ***Turnen***); ***rhythmische*** ~ ritma gimnastiko; ***schwedische*** ~, *auch* **Lingsche** ~ *in Schweden von P.H. Ling [1776-1839] entwickelte Gymnastik, die auf dem Prinzip des Übungszweckes, der physiologischen Übungsabsicht beruht* sveda gimnastiko; ~ ***machen*** (*od* ***treiben***) fari gimnastkon, gimnastiki

Gymnastik|anzug *m* gimnastikvesto; ~**reifen** *m* gimnastikringo

gymnastisch *Adj* gimnastika; ~***e Übung*** *f* gimnastika ekzerco

Gymnospermen *f/Pl Bot* ↑ ***Nacktsamer***

Gynäkeion *n* ***a)*** *Frauengemach des altgriechischen Hauses* gineceo ***b)*** *auch* ***Stempel*** *m Bot (Gesamtheit der weiblichen Blütenorgane)* gineceo (*vgl. dazu* ***Andrözeum***)

Gynäkologe *m Frauenarzt* ginekologo

Gynäkologie *f, auch* ***Frauenheilkunde*** *f Med* ginekologio

Gynäkologin *f Frauenärztin* ginekologino

gynäkologisch *Adj die Frauenheilkunde betreffend* ginekologia; ~***er Stuhl*** *m Medizintechnik* ginekologia [esplor]seĝo; ~***e Untersuchung*** *f Med* ginekologia esploro

Gynäkomastie *f Med (Vergrößerung der männlichen Brustdrüse)* ginekomastio

Gynäkophobie *f nur Fachspr Psych (Abneigung gegen Frauen bzw. Scheu vor Frauen)* ginekofobio (↑ *auch* ***Weiberhass***)

Gynandrie *f od* **Gynandrismus** *m Verweiblichung* ginandrismo; ***adipöser Gynandrismus*** *körperliche u. geistige Verweiblichung von Knaben* adipoza ginandrismo

gynandrisch, *auch* ***scheinzwitterartig*** *Adj von Tieren* ginandra

Gynandromorphie *f od* **Gynandromorphismus** *m Biol* ginandromorfio *od* ginandromorfismo

Gynatresie *f nur Fachspr Med (eine Fehlbildung des weiblichen Genitale)* ginatrezio

Gynäzeum *n Bot (Gesamtheit der weiblichen Blütenorgane einer Pflanze)* gineceo

Gynogenese *f Biol (Eientwicklung durch Scheinbefruchtunng)* ginogenezo

Gyrase *f Genetik (DNA-Replikationsenzym)* girazo; ~**hemmer** *m* girazoinhibitoro

Gyre *f Kristallografie* ↑ ***Symmetrieachse***

Gyrokompass *m* ↑ ***Kreiselkompass***

gyromagnetisch, *auch* ***kreiselmagnetisch*** *Adj Phys* giromagneta

Gyromitrin *n Toxikologie (Pilzgift der Frühjahrslorchel)* giromitrino

Gyros *n Nahr (ein griech. Gericht: am Drehspieß gebratenes Fleisch)* giroso

Gyroskop *n, auch* ***Kreisel*** *m am Kompass, Flugw, Raumf (Messgerät zum Nachweis der Achsendrehung der Erde)* giroskopo

Gyttja [ˈjytja] *f in Seen abgelagerter grünlich-grauer Halbfaulschlamm aus organischen Resten* gitjo (*vgl. dazu* ***Sapropel***)

Ingram Content Group UK Ltd.
Milton Keynes UK
UKHW032149130323
418514UK00001B/11

9 781595 694423